Inhalt.

Erftes Buch.
Geschichtliche Einleitung.
Erfter Theil.
Die ftaatsrechtlichen Verhältniffe Bayerns bis gegen Ende des 18. Jahrhunderts.

1. Abschnitt.

2. Abschnitt.

3. Abschnitt.

Zweiter Theil.

staatsrechtlichen Verhältnisse Bayerns vom Ende des 18. Jahrhunderts bis zur Verfassungsurkunde von 1818.

1. Abschnitt.

2. Abschnitt.

3. Abschnitt.

1. Hauptstück.

Bayerisches Staatsrecht, Volume 1

Max Von Seydel, Gottlieb Krais

Bayerisches Staatsrecht.

_____

Erster Band.

Bayerisches

Staatsrecht.

Von

Max von Seydel.

Erster Band.

Zweite durchgesehene Auflage.

Freiburg i. B. und Leipzig, 1896.
Akademische Verlagsbuchhandlung von J. C. B. Mohr
(Paul Siebeck).

Vorwort zur erſten Auflage.

———

Die königliche Staatsregierung hat mir auf Anſuchen geſtattet, bei Ausarbeitung dieſes Werkes die Akten der Miniſterien und des Staatsrathes zu benützen.

Ich habe vor Allem meinen Dank für das Entgegenkommen auszuſprechen, welches die königliche Staatsregierung auch in dieſem Falle wiſſenſchaftlichen Beſtrebungen gegenüber bethätigt hat.

Beſchränkungen in der Art und Weiſe der Verwerthung des Materiales, ſoweit daſſelbe überhaupt zur Veröffentlichung geeignet erſchien, ſind mir, wie ich hier aus-drücklich hervorheben möchte, nicht auferlegt geweſen. Die Anſchauungen, welche ich ver-trete, ſtellen meine perſönliche Ueberzeugung dar, nicht mehr und nicht weniger.

Für den ſachkundigen Leſer wird es keiner Ausführung bedürfen, welche große Vortheile gerade einem ſtaatsrechtlichen Werke aus der Ausbeutung des amtlichen Akten-materiales und aus der dadurch gewonnenen näheren Fühlung mit der Praxis dann er-wachſen, wenn der Autor zugleich dieſem Stoffe mit wiſſenſchaftlicher Unabhängigkeit gegenüber ſteht.

München, im Juli 1884.

Der Verfaſſer.

Inhalt.

—— · —

Zweites Buch.

Herrſcher und Staat.

Erſter Theil.
Der Herrſcher.

1. Abſchnitt.

2. Abſchnitt.

2. Abschnitt.

— — —

Drittes Buch.

Das Verfassungsrecht.

Erster Theil.

Die Staatsverfassung.

1. Abschnitt.

1. Hauptstück.

Geschichtliche und staatsrechtliche Gesammtdarstellungen.

Andreas Buchner, Geschichte von Bayern. 10 Bände. Regensburg und München 1820—1855.
Siegmund Riezler, Geschichte Baierns. Bis jetzt 3 Bände. Gotha 1878/89.
J. J. Moser, Einleitung in das churf. bayerische Staatsrecht. 1754.
J. J. Moser, Einleitung in das churf. pfälzische Staatsrecht. 1762.
J. St. Pütter, Historisch-politisches Handbuch von den besonderen teutschen Staaten. 1. Theil. 1758.
(W. Frhr. von Kreittmayr) Grundriß des Allgemeinen, Deutsch- und Bayerischen Staatsrechts. Frankfurt und Leipzig 1769.
J. H. Bachmann, Pfalz-zweibrückisches Staatsrecht. 1784.
J. G. Feßmaier, Grundriß des baierischen Staatsrechts. Ingolstadt 1801.
J. Schmelzing, Staatsrecht des Königreichs Baiern. 2 Theile. Leipzig 1820/21.
Friedr. Chr. K. Schunck, Staatsrecht des Königreichs Baiern. 1. Band. Erlangen 1824 (unvollendet).
Conrad Cucumus, Lehrbuch des Staatsrechtes der konstitutionellen Monarchie Baierns. Würzburg 1825.
L. von Dresch, Grundzüge des bayerischen Staatsrechts. 1. Aufl. Ulm 1823, 2. Aufl. 1835.
C. von Moy, Staatsrecht des Königreichs Bayern. 2 Theile. Regensburg 1840/46.
J. von Pözl, Lehrbuch des bayerischen Verfassungsrechts. 1. Aufl. München 1851, 5. Aufl. 1877.
J. von Pözl, Lehrbuch des bayerischen Verwaltungsrechts. 1. Aufl. München 1856, 3. Aufl. 1871.
M. von Seydel, Staatsrecht des Königreichs Bayern. 2. Aufl. Freiburg i. B. 1894.
Wilhelm Vogel, Das Staatsrecht des Königreichs Bayern. Freiburg i. B. 1884 ff. (Bruchstück).

Handbücher.

W. Krais, Handbuch der inneren Verwaltung im diesrheinischen Bayern. 3 Bände. 3. Aufl. Würzburg 1891/92.
Siebenpfeiffer, Handbuch der Verfassung, Gerichtsordnung und gesammten Verwaltung Rheinbayerns. 5 Bände. Neustadt 1831/33. Fortf. von Luttringshausen. 2 Bände. Speyer 1846.
A. Geib, Handbuch für die Gemeindebehörden der Pfalz, 2. Aufl. von Gräf und Gresbeck. 2 Bände. Kaiserslautern 1883/84.

Quellensammlungen.

(Kreittmayr) Sammlung der neuest- und merkwürdigsten churbaierischen Generalien und Landesverordnungen. 1771.
G. K. Mayr, Sammlung der churpfalzbaierischen allgemeinen und besonderen Landesverordnungen. 6 Bände 1784—1799; 2 Bände 1800 und 1802 (Maximilian Josef IV.).
Handbuch der Staats-Verfassung und Staats-Verwaltung des Königreichs Baiern. München, Redaction des Regierungsblattes. 7 Bände und Registerband 1809—1813.
Georg Döllinger, Sammlung der im Gebiete der inneren Staatsverwaltung des Königreichs Bayern

bestehenden Verordnungen. 20 Bände. München 1835/39. Fortf. von Freiherrn von Strauß. 13 Bände. München 1853/54.

Karl Weber, Neue Gesetz- und Verordnungensammlung für das Königreich Bayern mit Einschluß der Reichsgesetzgebung, bis jetzt 20 Bände, Nördlingen, dann München 1890/95 [1].

---

[1] Die Sammlungen von Döllinger und Weber sind nur mit den Namen der Herausgeber angeführt. Gleiches ist der Fall hinsichtlich der Entscheidungen der Gerichte und Verwaltungsbehörden auf dem Gebiete des auf reichsrechtlichen und gemeinrechtlichen Bestimmungen beruhenden Verwaltungs- und Polizeistrafrechtes, herausgegeben von A. Reger, Nördlingen, nun München 1881 ff.

Erstes Buch.
Geschichtliche Einleitung.

Erster Theil.
Die staatsrechtlichen Verhältnisse Bayerns bis gegen Ende des 18. Jahrhunderts.

1. Abschnitt.
Der Landesherr und seine Rechte.

§ 1. Das landesherrliche Haus und die Erbfolge.

Der Begründer des bayerischen Herrschergeschlechtes ist Otto von Wittelsbach, der vom Kaiser Friedrich I. am 16. September 1180 zu Altenburg in Thüringen mit dem Herzogthume Bayern belehnt wurde[1]. Otto erwarb jedoch das alte Herzogthum nicht im vollen Umfange. Wichtige Bestandtheile, insbesondere Oesterreich, Steiermark und Tirol, waren oder wurden losgetrennt[2]; der Verband der geistlichen Fürsten mit dem Herzogthume lockerte sich mehr und mehr. Andererseits gelangen sowohl Otto dem Großen selbst als seinem Sohne Ludwig I. werthvolle Landerwerbungen. Der wichtigste Ländergewinn aber war jener der Pfalzgraffchaft bei Rhein, welchen Otto II. der Erlauchte, Ludwigs Sohn, bereits 1214 mit der Pfalzgraffchaft belehnt, durch seine Vermählung mit der Pfalzgräfin Agnes im Jahre 1220 vermittelte[3]. Otto des Erlauchten Söhne, Ludwig II. und Heinrich XIII., nahmen am 28. März 1255 die erste Landestheilung vor. Ludwig der Strenge erhielt die Pfalzgraffchaft, das obere Bayern und die Aemter im Nordgau, welche zur früheren Burggraffchaft Regensburg gehört hatten, mit München und Heidelberg als Hauptstädten; Heinrich Niederbayern mit der Hauptstadt Landshut. Die Trennung von Ober- und Niederbayern wurde damals zuerst vollzogen[4]. Die Theilung war eine Theilung nur zur Nutzung. Die Brüder nannten sich nach wie vor beide comites Palatini Rheni duces Bavariae[5].

---

[1] S. Riezler, Geschichte Baierns I S. 722.
[2] S. Riezler a. a. O. I S. 662, 723, II S. 8. Ueber die Abtretung Kärnthens ebenda I S. 410. Ueber die Besitzungen und Gerechtsame des Wittelsbachischen Hauses bei Ottos Besitznahme von Bayern M. Frhr. v. Freyberg, pragmat. Geschichte der bayer. Gesetzgebung u. Staatsverwaltung seit den Zeiten Maximilians I. VI, 1 S. 16 u. Rockinger bei G. Frhrn. v. Lerchenfeld, die altbaier. landständischen Freiheitsbriefe mit den Landesfreiheitserklärungen, München 1853, S. XLIII ff.
[3] Riezler a. a. O. II S. 45.
[4] Riezler a. a. O. II S. 104, Rockinger a. a. O. S. XLIX.
[5] So in dem Theilungsbriefe von 1269 über die Conradinische Schenkung. (Bei J. A. Ättenthover, kurzgefaßte Geschichte der Herzoge von Bayern von Otto dem Großen von Wittelsbach bis auf gegenwärtige Zeiten, Regensburg 1767, S. 174.) Ueber die Streitigkeiten der Brüder Riezler a. a. O. II S. 118 ff.

Seybel, Bayer. Staatsrecht. 2. Aufl. I.   1

Daß dem Hause Wittelsbach zwei Kurstimmen, wegen der Pfalz und wegen Bayerns, zustünden, kam, unter Zurückweisung der Ansprüche Böhmens, bei der Königswahl Rudolfs von Habsburg zur Anerkennung[6].

Die niederbayerische Linie Heinrichs dauerte bis zum Jahre 1340[7]. Ludwig den Strengen überlebten, als er am 1. Februar 1294 zu Heidelberg starb, zwei Söhne, Rudolf und Ludwig IV. Der ältere, ursprünglich allein regierende Bruder mußte 1302 den jüngeren zur Mitregierung zulassen. Am 1. October 1310 folgte ein Theilungsvertrag, welcher Rudolf das südöstliche Oberbayern mit München, Ludwig das nordwestliche Oberbayern mit Ingolstadt zuwies, auch das Bißthumamt Lengenfeld zertrennte, den übrigen Länderbesitz ungeschieden ließ[8]. Da indessen diese Maßregel die zwiespältigen Brüder nicht zu einigen vermochte, so wurde nach erbittertem Kriege zwischen beiden ein Friedensvertrag zu München am 21. Juni 1313 abgeschlossen, der die Landestheilung aufhob und die gemeinsame Regierung wieder herstellte[9]. Die Kurstimme sollte Rudolf allein führen. Beim Tode eines Bruders sollte der überlebende ihn völlig beerben, nach dem Tode beider Brüder aber die Regierung von ihren Söhnen ungetheilt, die Kurstimme vom Aeltesten geführt werden. Würden sie theilen wollen, so sollte jeder gleichen Theil vom bayerischen und rheinischen Lande erhalten, derjenige aber, welcher die Kurwürde bekäme, die Uebrigen entschädigen.

Ludwig wurde 1314 gegen die Stimme des eigenen Bruders König. Rudolf starb 1319.

Ludwig, 1328 zum Kaiser gekrönt, schloß am 4. August 1329 mit den Abkömmlingen seines Bruders, dessen Söhnen Rudolf und Ruprecht I. und dessen Enkel Ruprecht II., den Hausvertrag von Pavia[10]. Dieser Vertrag ist mit Recht als die älteste und wichtigste Grundlage der wittelsbachischen Hausverfassung bezeichnet worden[11]. Er hatte eine neue, fast fünfthalb Jahrhunderte während Landestheilung zur Folge. Er überwies die Pfalz und den größeren Theil des Nordgaues (Oberpfalz) der Rudolfischen, das übrige Land der Ludwigischen Linie. Beide Linien gestanden sich bezüglich ihrer Besitzungen das Vorkaufsrecht und, für den Fall des Erlöschens einer Linie, das Erbrecht zu. Die Kurstimme sollte wechseln, zuerst aber der Rudolfischen Linie zukommen.

Die jüngere Linie Ludwigs, welche das bayerische Hauptland erhalten hatte, dauerte bis 1777.

Ludwig selbst erwarb nach dem Aussterben der Linie Heinrichs XIII. im Jahre 1341 Niederbayern. Was er sonst seinem Hause an Ländern zuzuwenden wußte, erwies sich in der Folge nicht als bleibender Besitz.

Der Staatsgedanke, der gegenüber der privatrechtlichen Auffassung die Untheilbarkeit der bayerischen Lande forderte, war in Ludwig schon lebendig[12]; aber es gelang dem Kaiser nicht, ihn zu scharfem Ausdrucke und zu bleibender Geltung zu bringen.

Die nach seinem Tode, 1347, eingesetzte gemeinsame Regierung hatte keinen langen Bestand. Im Jahre 1349 nahmen Ludwigs sechs Söhne eine Theilung der Stammlande und der neu erworbenen Länder vor[13]. Zwei Theile wurden gebildet: Oberbayern und Brandenburg erhielten Ludwig der Brandenburger, Ludwig der Römer und Otto; Niederbayern und die niederländischen Provinzen Stephan, Wilhelm und Albrecht.

Die Ludwig'sche Linie blühte schließlich nur in den Abkommen Stephans I. weiter[14]. Dessen Söhne, Stephan II., Friedrich und Johann, regierten nach des Vaters Tode gemeinsam bis zum Jahre 1392. Am 19. November 1392 theilten sie. Stephan II. erhielt Bayern-Ingolstadt; seine Linie erlosch 1447. Friedrich bekam Bayern-Landshut; sein Stamm starb 1503 aus. Johanns Linie, Bayern-München, setzte hienach die Ludwig'sche Hauptlinie allein fort.

---

[6] Riezler a. a. O. II S. 139.

[7] Vgl. dazu Rockinger a. a. O. LXII ff. über die 1331 gebildeten Unterlinien Landshut, Burghausen und Deggendorf.

[8] Riezler a. a. O. II S. 277 u. 286.

[9] Riezler a. a. O. II S. 296.

[10] Tailbrieff zwischen Herzogen Rueprechten und Rudolfen von ir selbs- und anstatt Rueprechten Wey[l]. Adolphen ihres Bruders Sune an ainem, dan Kayser Ludwigen von Rom- und seinen Sunen andern Thails. Abgedruckt bei H. Schulze, die Hausges. der regierenden deutschen Fürstenhäuser, Jena 1862, I S. 280.

[11] H. Schulze a. a. O. I S. 228, Riezler a. a. O. II S. 389.

[12] Riezler a. a. O. II S. 452 f., H. Schulze a. a. O. I S. 229, Rockinger a. a. O. S. LXVII.

[13] Rockinger a. a. O. S. LXVII.

[14] Die Linie Straubing-Holland starb 1425 aus. Der kaiserliche Spruch vom 26. April 1429 theilte die Straubingischen Lande zwischen den damals lebenden bayer. Herzögen nach Köpfen. A. Buchner, Geschichte von Bayern V S. 256.

Der Theilungsvertrag vom 19. November 1392 [15] ſprach den Linien der drei Brüder ein gegen=
ſeitiges Erbrecht zu und ſtellte den Grundſatz der agnatiſchen Erbfolge feſt. „Wir bekennen auch mer,"
ſo heißt es im Vertrage, „das Wir unnſere Land ze Obern und Nidern Bayrn mit Erbſchafft auf ain=
ander vermacht haben, und vermachen auch mit dem gegenwärtigen Brieff in ſölicher Maß, ob unnſer
ainer oder mer von todswegen abgienge, da Got lanng vor ſey: und nicht eelich Sun ließen, ſo ſüllen
die anndern unnder uns oder ir Erben, das Eelich Sun wären, deſſelben, der da abgangen wär, Lannd
und Leut, Veſt und Sloß, als Wir die jetzo mit einannder getailt haben, oder die er nach der taylung
gewün oder in ſein Gewalt prächt, gleich erben mit aller irer Zugehörung. Welher aber unnder unns
oder unnſern Erben Tochter ließ, die nicht beraten wären, dieſelben Tochter ſullen die andern Herren
verheuraten beraten und beſorgen nach iren Eren, als ſy ir ſelbs kind wären, on alles Geverd, alſo
das unnſer aller Lannd und Leut alltzeit bey dem Namen und Fürſtentumben zu Bayrn beleiben."

Der Verſuch des letzten Landshuter Herzogs, Georgs des Reichen, die Beſitzungen ſeiner Linie
ſeiner Tochter Eliſabeth und deren Gatten Ruprecht von der Pfalz zuzuwenden, mißlang [16]. Die des=
halb ausgebrochenen Wirren [17] fanden ihren Abſchluß in dem Schiedsſpruche zu Köln vom 30. Juli
1505 [18], welcher den Söhnen Ruprechts und Eliſabeths, den Pfalzgrafen Otto Heinrich und Philipp,
nur Neuburg nebſt einigen Gebietstheilen in Bayern, der Oberpfalz und Schwaben, die ſogen. junge
Pfalz, überwies [19].

So vereinigte die Münchener Linie, abgeſehen von den angeführten Gebietsverluſten und mehreren
Abtretungen an Kaiſer Maximilian I. [20], wiederum die bayeriſchen Lande der Ludwig'ſchen Hauptlinie.

Herzog Albrecht IV. faßte nun den Gedanken, die Untheilbarkeit Bayerns und die Erbfolge nach
Erſtgeburtsrecht zu ſichern. Der Durchführung dieſes Planes war der Umſtand günſtig, daß von ſeinen
Brüdern ſchließlich nur noch einer, der unvermählte Herzog Wolfgang, übrig geblieben war. In
einem unter Mitwirkung der Stände geſchloſſenen Vertrage vom 8. Juli 1506 [21] verzichtete Wolfgang
auf ſeine Regierungsrechte. Es wurde ferner vereinbart, „daß nun füran in ewige Zeit in vorgemeldten
unſern Fürſtenthümern, des vätterlichen vor gehabten und vetterlichen Uns jüngſt erblich angefallenen,
die nun füran ein Herzogthum genannt werden und ſeyn ſollen, keine Theilung noch Zertrennung mehr
geſchehen, auch in ſolchem unſern Herzogthum nicht mehr, denn ein regierender Herzog Landesfürſt
und Herr ſeyn ſolle." Die Regierung ſolle ſich nach Erſtgeburtsrecht vererben, die Nachgeborenen
ſollen nicht mehr als eines Grafen Titel und Stand gebrauchen, mit 18 Jahren ein jährliches Deputat
erhalten und dem regierenden Herzoge wie die andern Landſaſſen unterthan ſein [22].

Indeſſen erhob nach dem Tode Albrechts des Weiſen deſſen jüngerer Sohn Ludwig gegenüber
dem Erſtgeborenen Wilhelm IV. gleichwohl mit Unterſtützung der Landſtände den Anſpruch auf
Landestheilung oder Zulaſſung zur Mitregierung [23]. Ein Vertrag vom 20. November 1514 [24] beendete
den Streit. Das Herzogthum blieb ungetheilt; Wilhelm ſollte zu München über die Rentämter
München und Burghauſen, Ludwig zu Landshut über die Rentämter Landshut und Straubing
regieren. Da Ludwig 1545 unvermählt ſtarb, hatte dieſe Regierungstheilung keine bleibenden Folgen.

Die endgiltige Befeſtigung des Erſtgeburtsrechtes wurde durch Wilhelms IV. [25] Sohn, Albrecht V.,

---

[15] Abgedr. bei H. Schulze a. a. O. I S. 265 u. Rockinger a. a. O. S. LXXV. Vgl.
W. Vogel, Staatsrecht des Kgr.'s Bayern S. 7 Anm. 2.

[16] Das Teſtament Georgs vom 19. September 1496 iſt abgedr. bei Frz. v. Krenner, bayer.
Landtags Handlungen in den Jahren 1429—1513, München 1805, XIV S. 68.

[17] S. darüber A. Buchner a. a. O. VI S. 490 ff.

[18] Abgedr. bei Frz. v. Krenner a. a. O. XV S. 111 u. im Auszuge bei Rockinger in G.
Frhr. v. Lerchenfeld, die altbaier. landſtändiſchen Freibriefe ꝛc. S. LXXXIX.

[19] Vgl. über den Erbfolgeſtreit auch J. J. Moſer, teutſches Staatsrecht XVI S. 132; ferner
Frz. v. Krenner a. a. O. IX S. 382, 551, XI S. 553 ff., XIII S. 366 ff. und XIV S. 1 ff.

[20] Ueber die ziemlich reiche Matlergebühr (das kaiſerliche Intereſſe), die ſich der Kaiſer ausbedang,
(darunter insbeſondere die Landgerichte Kufſtein, Kitzbühl u. Rattenberg nebſt dem Zillerthal)
Buchner a. a. O. VI S. 592 u. Rockinger bei G. Frhrn. v. Lerchenfeld, die altbaier. landſtänd.
Freibriefe ꝛc. S. LX, LXXXVII ff.

[21] Ueber die Verhandlungen J. Adlzreiter, annales boiicae gentis, Mon. 1662, P. II
lib. 9 n. 97. Dazu J. J. Moſer, teutſches Staatsrecht XII S. 429. Ferner Frz. v. Krenner
a. a. O. XV, woſelbſt S. 355 der Vertrag; letzterer auch abgedr. bei Rockinger a. a. O. S. CCCX
Anm. 930.

[22] S. den Vertrag (nach Krenner) bei H. Schulze a. a. O. I S. 270.

[23] Vgl. J. A. Aettenkhover, kurzgefaßte Geſchichte der Herzoge von Bayern ꝛc. S. 86.

[24] Abgedr. bei J. A. Aettenkhover a. a. O. S. 403. Der Vertrag wurde durch fernere
Uebereinkunft vom 12. Febr. 1516 auf weitere fünf Jahre erſtreckt. A. a. O. S. 415.

[25] Ueber die Hervorhebung des Erſtgeburtsrechts in den Ehepakten für Albrecht von 1546 (mit
Anna von Oeſterreich, Tochter Ferdinands I.) J. J. Moſer, teutſches Staatsrecht XII S. 429 und
Aettenkhover a. a. O. S. 487 u. 491.

bewirkt. In einer testamentarischen Verordnung vom 11. April 1578, die noch in demselben Jahre die kaiserliche Bestätigung erhielt, bestimmte Albrecht, daß nach seinem Tode „die völlige Regierung des Landes" auf den Erstgeborenen Wilhelm „ohne Hinderung und Eintrag seiner Gebrüder" übergehen solle. Die weitere Erbfolge solle in der Weise geschehen, „daß jederzeit der Aelteste und dessen Nachkommen den Jüngern vorgezogen werde" ²⁶. Von da ab erfuhr das Erstgeburtsrecht in Bayern keine weitere Anfechtung, vielmehr durch die unter Maximilian I. erfolgte Erwerbung der Kurwürde eine Verstärkung ³⁷.

Die Linie Kaiser Ludwigs des Bayern erlosch mit dem Kurfürsten Maximilian III. Josef, welcher am 30. December 1777 starb. Bayern gelangte nunmehr an die ältere, Rudolfische Linie. Mit dieser hatte schon Kurfürst Maximilian Emanuel am 17. Mai 1724 einen Vereinigungsvertrag geschlossen. Deren Erbrecht war durch mehrfache Verträge 1766, 1771 und 1774 gesichert worden.

Ehe wir diese Verträge näher betrachten, haben wir einen Blick auf die Entwickelung des pfälzischen Hauses zu werfen ²⁸.

Die pfälzischen Lande blieben bis auf Rudolfs des I. Urenkel, Ruprecht III., der 1398 Kurfürst, 1400 Kaiser wurde, vereinigt. Unter den vier Söhnen Ruprechts wurde das Land getheilt. Ludwig III. als der Aelteste bekam die Kur und das sogenannte Kurpräcipuum: Gebietstheile am Rhein und in der Oberpfalz mit den Hauptorten Heidelberg und Amberg. Der Rest wurde unter die vier Brüder, Ludwig III. selbst, Johann, Stephan und Otto, ausgetheilt. Von den hienach begründeten Linien hatten nur die Kurlinie Ludwigs und die Linie Stephans, der Simmern und Zweibrücken erhielt, längeren Bestand. Die Linie Ludwigs blühte von 1470 bis 1559. Eine Landestheilung fand in ihr nicht statt. Die Enkel des Kurfürsten Philipp des Aufrichtigen, Otto Heinrich und Philipp, erwarben, wie schon erwähnt, die junge Pfalz. Otto Heinrich war der letzte Kurfürst dieser Linie. In der Linie Stephans, der zwei Söhne, Friedrich und Ludwig den Schwarzen, hatte, kam es zur Theilung. Friedrich erhielt Simmern, Ludwig Zweibrücken.

Die Linie Friedrichs wurde mit Friedrich III. Kurlinie. Letzterer vereinigte, da seine beiden Brüder ohne Erben starben, die Kurlande und die Simmern'schen Lande. Diese Linie verlor unter Friedrich V., bezw. dessen Sohn Karl Ludwig die pfälzische Kur und die Oberpfalz an Bayern, erlangte aber im westfälischen Frieden eine neue Kur und die Ausdehnung des Erstgeburtsrechtes auf alle ihre Lande. Simmern und Lautern, welche Friedrich des V. Bruder, Philipp Ludwig, erhalten hatte, fielen nach dem Abgange seiner Nebenlinie 1674 wieder der Kurlinie zu, die aber bereits 1685 erlosch.

Die Zweibrücker Linie Ludwigs des Schwarzen, auf welche nunmehr die Kur sich vererbte, hatte sich inzwischen gespalten. Von Ludwigs beiden Enkeln, Ludwig und Ruprecht, bekam 1543 ersterer Zweibrücken, letzterer Veldenz. Die Linie Veldenz starb 1694 aus.

Ludwig von Zweibrücken hatte einen einzigen Sohn Wolfgang, der ihm 1552 folgte. Wolfgang erhielt, als der letzte Sprosse Ludwigs des III., Otto Heinrich, 1556 Kurfürst wurde, von diesem Pfalz-Neuburg abgetreten.

Unter Wolfgangs fünf Söhnen wurde 1570 eine Landestheilung vorgenommen ²⁹. Philipp Ludwig, der älteste Sohn, empfing Neuburg, Johann Zweibrücken, Otto Heinrich Sulzbach nebst Hilpoltstein und Allersberg, Friedrich Hohenstrauß (Aemter Parkstein und Weiden und Neuburg'sche Gebietstheile), Karl Birkenfeld. Die Linie Friedrichs erlosch bereits 1597, jene Otto Heinrichs 1604. Pfalz-Neuburg, Pfalz-Zweibrücken und Pfalz-Birkenfeld blieben hienach übrig.

Philipp Ludwig von Pfalz-Neuburg, welchem auch noch Sulzbach zufiel, hatte von seiner Gattin Anna von Jülich drei Söhne, unter welche die Besitzungen getheilt wurden. Wolfgang Wilhelm bekam Neuburg, August Sulzbach. Johann Friedrich, der seine Linie nicht fortsetzte, Hilpoltstein. Wolfgang Wilhelm erwarb durch den Xantener Vergleich von 1614 Jülich und Berg. Sein einziger Sohn, Philipp Wilhelm, erbte 1685 die pfälzischen Kurlande ³⁰. Die Linie erlosch 1742 mit Karl Philipp.

---

²⁶ J. J. Moser a. a. O. XII S. 431, H. Schulze a. a. O. I S. 236.

²⁷ W. Frhr. v. Kreittmayr, Grundriß des allg., deutsch. u. bayer. Staatsrechts, 1769, § 121 bemerkt: „Bei der mittlerweile dazu gekommener Churwürde beruhet die Hausprimogenitur nunmehr auf einem dreifachen Grund; nämlich auf jetzt-bemeldet vorälterlichen Dispositionen, auf der güldenen Bulle und der in die 200 Jahr her unverruckt beibehaltener Hausobservanz." Kurfürst Maximilian I. hinterließ zwar seinem zweiten Sohne Maximilian Philipp die neuerworbenen Besitzungen Mindelheim u. Leuchtenberg, dieselben fielen aber nach dem kinderlosen Tode des Letzteren 1705 wieder an die Hauptlinie zurück. Vgl. H. Schulze a. a. O. I S. 237.

²⁸ Vgl. hierher H. Schulze a. a. O. I S. 240 ff.; dann L. Häusser, Geschichte der rhein. Pfalz nach ihren polit., kirchlichen u. literarischen Verhältnissen, Heidelberg 1845, 2 Bde.

²⁹ Vgl. über Herzog Wolfgangs Testament vom 18. Aug. 1568, das der Kaiser am 7. April 1570 bestätigte, J. H. Bachmann, pfalz-zweibrückisches Staatsrecht, 1784, § 40.

³⁰ Ueber die Streitigkeiten wegen dieser Erbschaft H. Schulze a. a. O. I S. 247.

Wenige Jahre vorher, 1731, war auch die Zweibrücker Linie, die Wolfgangs Sohn Johann gegründet hatte, ausgestorben. Die Kurlinie Neuburg und die Linie Birkenfeld stritten wegen der Erbschaft. Ein Vergleich vom 23. December 1733 überwies Zweibrücken an Birkenfeld, den Rest an die Kurlinie[31].

Die pfälzische Kur gelangte nach dem Abgange der Linie Neuburg 1742 mit Karl Theodor an die Linie Sulzbach. Karl Theodor, dem bereits 1733 die Nachfolge in Sulzbach sich eröffnet hatte, war außerdem durch seine Mutter Maria Anna von Auvergne Erbe des Marquisates Bergen op Zoom in den Niederlanden geworden. Wenn Kurfürst Maximilian III. Josef von Bayern kinderlos blieb, erschien die Möglichkeit einer Wiedervereinigung von Kurbayern und Kurpfalz nahe gerückt.

Mit Hinblick hierauf schlossen die Kurfürsten Max Josef und Karl Theodor einen Erbvertrag, gegeben Nymphenburg den 5. und Schwezingen den 23. September 1766[32]. In diesem „vorläuffigen Traktat" wurde „unter anhoffendem Beytritt der übrigen im Leben sich befindenden Agnaten" eine „Erbverbrüderungs-Erneuerung" vereinbart. Der Vertrag fand durch einen weiteren (pactum mutuae successionis), gegeben München 26. Februar 1771[33], seine Vervollständigung.

Durch einen Vertrag, gegeben München 19. Juni 1774[34], wurde endlich bestimmt, daß „das Constitutum Possessorium auf alle und jede in dem Pacto mutuae Successionis begriffene beederseitige Lande und Besitzthümer zuvörderist Uns selbsten und hiernächst auch allen darinn eingeschlossenen Hauß-Agnaten reciproce et eventualiter jedoch dergestalten hiermit eingeräumet seyn solle, daß solches zwar contra quemcunque tertium die volle Wirkung einer Compossession nach sich ziehen, inter Compaciscentes aber so lang der im Hauß-Pacto begriffene beederseitige Manns-Stamme dauert, zu gar keinen Gebrauch gegen einander dienen, folglich kein Theil dem andern bey seinem oder seiner Männlichen Descendenz Lebzeiten, in den Regierungs- oder anderen Geschäften, unter dem Vorwand des Constituti einen Eingriff, Hinderniß und Einhalt erzeigen, oder sich im mindesten darinn mischen; sondern nichts desto weniger ein Jeder Theil ganz frey und ungesperrte Hand hierinn haben und behalten solle".

Kurfürst Max Josef starb am 30. December 1777. Karl Theodor trat die bayerische Erbschaft an. Die Ansprüche des pfälzischen Hauses waren von Oesterreich bezüglich erheblicher bayerischer Landestheile bestritten worden. Sie fanden indessen nach Beendigung des bayerischen Erbfolgekrieges im Frieden von Teschen vom 13. Mai 1779 ihre Anerkennung[35]. Das Innviertel ging jedoch an Oesterreich verloren[36].

Karl Theodor, der den Bestimmungen des Vertrages vom 26. Februar 1771 entsprechend seinen Regierungssitz zu München genommen hatte, starb am 16. Februar 1799 ohne Leibeserben.

Die Nachfolge gelangte nunmehr an die Linie Birkenfeld. Diese Linie stammte von Wolfgangs von Zweibrücken fünftem Sohne Karl ab. Sie hatte bei der Theilung von 1570[37] Birkenfeld erhalten und 1733 Zweibrücken dazu erworben. Die Linie hatte sich unter Karls Enkeln Christian II. und Johann Karl in zwei Unterlinien gespalten. Nur die ältere Linie, die sich nach dem Anfall Zweibrückens Zweibrücken-Birkenfeld nannte, war regierende Linie, nicht dagegen die Nebenlinie Gelnhausen. Deren Begründer Johann Karl, der am 21. Februar 1704 starb, hatte lediglich aus seiner zweiten Ehe mit Maria Esther von Wizleben, verwittweten von Bromsee, Söhne. Der überlebende ältere Bruder wollte diese Ehe blos als morganatische gelten lassen. Auf Klage der Wittwe erging jedoch ein Erkenntniß des Reichshofraths vom 11. April 1715, welches aussprach, daß die fragliche Ehe „vor ein ordentliches, giltiges und vollständiges Matrimonium allerdings zu achten" sei[38]. Der Teschener Friede (Art. 8) vom 13. Mai 1779 erkannte das Erbfolgerecht der gesammten Linie Birkenfeld und damit auch ihres Zweiges Gelnhausen ausdrücklich an[39].

---

[31] Darüber J. St. Pütter, historisch-polit. Handb. von den besonderen teutschen Staaten, Erster Theil, 1758, S. 429 f., J. J. Moser, teutsches Staatsrecht XIII S. 55 ff.

[32] Abgedr. bei H. Schulze a. a. O. I S. 284.

[33] Abgedr. bei H. Schulze a. a. O. I S. 289.

[34] Abgedr. bei H. Schulze a. a. O. I S. 299.

[35] Vgl. die nähere Darstellung bei H. Schulze a. a. O. I S. 250 ff. u. J. J. Moser, Staatsgeschichte des Kriegs zwischen Oesterreich u. Preußen in den Jahren 1778 u. 1779 ꝛc. u. Der Teschenische Friedensschluß vom Jahr 1779 mit Anm., Frankfurt a. M. 1779. S. auch den kurf. Erlaß vom 5. Dec. 1783 u. die beigegebene interessante Prozeßanweisung bei G. K. Mayr, Sammlung ꝛc. 1784, II S. 1417; ferner ebenda, 1788, III S. 182. Eine Uebersicht der Schriften, die durch den bayer. Erbfolgestreit hervorgerufen wurden, bei J. G. Feßmaier a. a. O., §§ 29—36.

[36] Vgl. über die Gebietsabtretungen den Erlaß bei G. K. Mayr, Sammlung ꝛc. II S. 1392 u. die Convention vom 31. August 1784 ebenda IV S. 1003.

[37] S. oben Anm. 29.

[38] J. J. Moser, Familien-Staats-Recht derer Teutschen Reichsstände II S. 51 u. teutsches Staatsrecht XIX S. 94.

[39] Vgl. dazu J. J. Moser, der Teschenische Friedensschluß ꝛc., S. 136.

Beim Tode des Kurfürsten Karl Theodor war Maximilian Josef seit 1795 Herzog von Zwei-brücken; das Haupt der Linie Gelnhausen war Herzog Wilhelm, der Enkel Johann Karls. Die beiden Herzoge hatten bereits früher mit Rücksicht auf die Möglichkeit des Aussterbens des pfalzneu-burgischen Mannesstammes vertragsmäßige Vereinbarungen getroffen. Insbesondere wurden im Ansbacher Vertrage vom 12. October 1796⁴⁰ eine Reihe der wichtigsten Grundsätze, namentlich über die fürstlichen Obervormundschaften, über die Verwaltung des Staats bei Minderjährigkeit des Landes-herrn und über die Finanzverwaltung aufgestellt.

Unterm 16. Februar 1799 erließ Kurfürst Max IV. Josef das „Besitzergreifungs-Patent der Baie-risch-pfälzischen Staaten" ⁴¹. Er erklärte in demselben: Durch den Tod des Kurfürsten Karl Theodor sei „die Chur und das Erztruchseßamt nebst allen von Ihro Hochseligen Liebden besessenen Pfalzbaie-rischen Landen, Chur- und Fürstenthümern, auch Graf- und Herrschaften nach Vorschrift der goldenen Bulle und der Pfalzbaierischen ältern und neuern, namentlich auch im Teschener Frieden anerkannten und garantirten Hausverträge" an ihn „als nächsten Agnaten und Fideicommiserben, nach dem Rechte der Erstgeburt gefallen und vererbt" worden. Da er sich „nach Maaßgab erstermeldter neuerer Haus-verträge ohnehin allbereits in dem Civilmitbesitze bisher befunden", so habe er „keinen Anstand ge-nommen", „nunmehr auch die natürliche und solidarische Possession zu ergreifen und die wirkliche Re-gierung in allen obverstandenen von Ihro Hochseligen Liebden besessenen Pfalzbaierischen Landen, anzutretten".

Der Titel des neuen Kurfürsten lautete: Pfalzgraf bei Rhein, in Ober- und Niederbaiern Her-zog, des heil. Römischen Reichs Erztruchseß und Kurfürst, wie auch Herzog zu Gülch (Jülich), Kleve und Berg, Landgraf zu Leuchtenberg, Fürst zu Mörs, Marquis zu Bergen op Zoom, Graf zu Veldenz, Sponheim, der Mark, Ravensberg und Rappoltstein, Herr zu Ravenstein und Hohenack rc. rc.⁴²

§ 2. Das Gebiet und die landesherrlichen Rechte.

Das pfalzbayerische Gebiet bestand beim Regierungsantritte des Kurfürsten Maximilian IV. Josef aus den zwei, 1329 getrennten, 1777 wieder vereinigten Hauptländern, Bayern und der Pfalz-grafschaft bei Rhein¹. Zu jedem der beiden Hauptländer gehörten eine Anzahl von Nebenländern, die dem Hauptlande nicht einverleibt waren, sondern ihre eigene Verfassung hatten.

Nebenländer Bayerns waren diejenigen Gebiete, welche die Ludwigische Linie des Hauses Wittels-bach seit 1517 erworben hatte². Diese Nebenländer lagen theils im bayerischen, theils im schwäbischen Reichskreise. Zum ersteren gehörten die Landgrafschaft Leuchtenberg, die Grafschaft Haag, die Wolf-stein'schen Herrschaften Sulzbürg und Pürbaum (Pyrbaum) und die Herrschaft Hohenwaldeck³. Im schwäbischen Kreise lagen das Fürstenthum Mindelheim, die Grafschaft Helfenstein, die Stadt Donau-

---

⁴⁰ Abgedr. bei H. Schulze a. a. O. I S. 300.

⁴¹ Abgedr. im Münchener Intelligenzblatt 1799 S. 133.

⁴² Feßmaier a. a. O. § 110; über das Wappen ebenda § 111; vgl. auch Riezler a. a. O. III S. 656 Anm., Weber Anh. Bd. S. 577. Ueber Titel u. Wappen der Herzoge von Pfalz-Zwei-brücken J. H. Bachmann, pfalz-zweibrück. Staatsrecht §§ 24, 25, der Kurfürsten von Bayern J. J. Moser, Einl. in das churf. bayr. Staatsrecht Cap. 1 §§ 4, 5, Kreittmayr a. a. O. § 128 (s. auch das Rescr. vom 8. August 1681 wegen Einrückung des Reichsapfels in das Wappen bei G. K. Mayr, Sammlung rc., 1788, III S. 16), der Kurfürsten von der Pfalz J. J. Moser, Einl. in das churf. pfälz. Staatsrecht, 1762, Cap. 1 §§ 4, 5.

¹ Eine Uebersicht der geschichtlichen Entstehung des Gebietsbestandes beider Hauptländer gibt J. G. Feßmaier a. a. O. §§ 57—65, 76. Vgl. auch M. Frhr. v. Freyberg, pragmat. Ge-schichte der bayer. Gesetzgebung u. Staatsverwaltung seit den Zeiten Maximilians I. IV, 1 S. 135 ff.; Rockinger bei G. Frhrn. v. Lerchenfeld, die altbaier. landständ. Freiheitsbriefe rc. S. XLIII ff.; Weber, Anh. Bd. S. 3 ff., 48 ff. Geschlossene Gebiete waren weder Bayern noch Pfalz. Inner-halb Bayerns lagen in selbständigen Gebieten die Bisthümer Freising und Regensburg, Besitzungen des Erzstifts Salzburg (insbes. die Stadt Mühldorf, die erst durch den Reichsdeputationshauptschluß vom 25. Februar 1803 § 2 bayerisch wurde), der Abteien St. Emmeran (s. den Vergleich mit St. Emmeran vom 24. Juni 1786 bei G. K. Mayr, Sammlung rc., 1788, IV S. 1011) und Ober- und Nieder-Münster zu Regensburg. Eine Anzahl von Grafschaften und Herrschaften wurden im Laufe des 16. bis 18. Jahrhunderts einverleibt, so Hals bei Passau 1517, Haag 1567, Hohenschwangau 1670, Hohenwaldeck (mit Miesbach) 1734.

² Feßmaier a. a. O. § 55.

³ S. über diese Erwerbungen J. J. Moser, Einl. in das churf. bayr. Staatsrecht, Cap. 9 §§ 5, 8, 9, 10; W. Frhr. v. Kreittmayr, Grundriß des allg., deutsch- u. bayr. Staatsrechtes, §§ 104, 106, 107; J. St. Pütter, historisch-polit. Handb. von den besonderen teutschen Staaten, Erster Theil, 1758, S. 265, 269, 285, 291; Feßmaier a. a. O. §§ 66—69.

wörth mit der Reichspflege Wörth⁴, die Herrſchaft Hohenſchwangau (Hohenſchongau), die Grafſchaft Schwabeck⁵ und eine Anzahl reichsritterſchaftlicher Gebiete⁶.

Die pfälziſchen Nebenländer waren im bayeriſchen Kreiſe das Herzogthum Oberpfalz mit Breiten-eck⁷ und die Grafſchaft Cham⁸, die Herzogthümer Neuburg und Sulzbach⁹ mit Stauf-Ehrenfels (Regenſtauf); im oberrheiniſchen Kreiſe Simmern, Lautern, Velden und Sponheim (Spanheim), dann das Herzogthum Zweibrücken mit Rappoltſtein und Hohenack;: im weſtfäliſchen Kreiſe die Herzog-thümer Jülich und Berg, ſowie die Herrſchaft Erkelenz; endlich in den Niederlanden das Marquiſat Bergen op Zoom und die Herrſchaft Ravenſtein¹⁰.

Wegen all dieſer verſchiedenen Beſitzungen hatte der Kurfürſt von Pfalz-Bayern 22 Lehenbriefe zu empfangen¹¹.

Die Kurwürde, Gegenſtand des beſtändigen Streites zwiſchen der pfälziſchen und bayeriſchen

---

⁴ Donauwörth, früher bayeriſch, durch Kaiſer Karl IV. zur Reichsſtadt erhoben, kam 1607 in die Reichsacht, mit deren Vollzug Bayern betraut wurde. Seitdem blieb die Stadt bayeriſch. Die Reichspflege Wörth beſtand aus den Rechten, welche die früheren Reichspfleger in der Stadt gehabt hatten, und einem Bezirke in der Nähe der Stadt. Sie wurde 1749 von Bayern erkauft. Kreitt-mayr a. a. O. § 109.

⁵ Ueber die Verwaltung von Schwabeck und Türkheim G. K. Mayr, Sammlung ꝛc., 1788, IV S. 1000.

⁶ Ueber die Gebietserwerbungen J. J. Moſer Cap. 9 §§ 13—16, Kreittmayr §§ 108—110, Pütter S. 292, Feßmaier §§ 70—75. Ueber die Organiſation der ſog. Cabinetsherrſchaften (Haag und Wald, Sulzbürg und Pürbaum, Wertingen, Hohenreichen und Jllertiſſen) ſ. auch die Erlaſſe bei G. K. Mayr, Sammlung ꝛc. 1784, I S. 196; 1788, III S. 13, 46, 54. Ueber die beſondere Ver-waltung der vom Herzoge Max Philipp (vgl. oben § 1 Anm. 27) der Kurlinie angefallenen Graf- u. Herrſchaften ebenda III S. 13.

⁷ In Breiteneck wurden 1798, in Parsberg (Neuburgiſche Herrſchaft) 1794 die bayer. Geſetz-bücher eingeführt. G. K. Mayr, Sammlung ꝛc. VI S. 225 u. S. 13. Vgl. auch V S. 88, 185.

⁸ Die Oberpfalz und Cham gelangten durch Kurfürſt Maximilian I. von der pfälz. an die Wil-helminiſche Linie, die, von einer kurzen Unterbrechung abgeſehen (1708—1714 war die Oberpfalz kur-pfälziſch), bis zu ihrem Erlöſchen in deren Beſitze verblieb. J. P. O. art. 4 § 3 . . . Palatinatus superior totus una cum comitatu Cham . . . . sicut hactenus ita et in posterum maneant penes dominum Maximilianum, comitem Palatinum Rheni, Bavariae ducem eiusque liberos totamque lineam Guilhelmianam, quamdiu masculi ex ea superstites fuerint. Als die Wilhelminiſche Linie im Jahre 1777 mit dem Kurfürſten Maximilian III. Joſef erloſch, und die pfälz. Linie mit dem Kur-fürſten Karl Theodor Bayern erbte, wurden die oberpfälz. Lande nach den Beſtimmungen des weſtfäl. Friedens wieder zu Nebenländern der Pfalz, was indeſſen keine thatſächliche Bedeutung hatte. J. P. O. art. 4 § 9. Quod si vero contigerit, lineam Guilhelmianam masculinam prorsus deficere, superstite Palatina, . . Palatinatus superior . . . ad eosdem superstites Palatinos interim simultanea investitura gavisuros redeat . . . Ita tamen Palatinatus superior hoc casu ad Palatinos superstites redeat, ut heredibus allodialibus electoris Bavariae actiones et bene-ficia, quae ipsis ibidem de iure competant, reservata maneant.

⁹ Durch Verordn. vom 2. Dec. 1778 wurden der Codex civilis iudicarius u. criminalis auf Neuburg und Sulzbach erſtreckt. Appellation und Reviſion gingen von da an zum Hofrath und Revi-ſorium in München, nicht mehr an's O.-A.-G. Mannheim. Doch wurde ausdrücklich bemerkt, dies geſchehe unabbrüchig der inneren Landesverfaſſung. G. K. Mayr, Sammlung ꝛc. I S. 135, III S. 13. Vgl. auch III S. 22, 78, 104. — Durch Entſchl. vom 23. Oct. 1790 wurden 11 neuburgiſche Aemter wegen zu großer Entfernung von der Regierung zu Neuburg in Juſtiz- u. Polizeiſachen an die ober-pfälz. Regierung zu Amberg gewieſen. S. ebenda V S. 782. Durch weitere Entſchl. vom 25. Nov. 1790 wurde die Vereinigung der kurf. Regierung zu Sulzbach mit jener zu Amberg verfügt; ebenda V S. 784. Durch Entſchl. vom 20. Juli 1791 (ſ. auch Entſchl. vom 16. Sept. gl. Js.) wurden endlich die Herzogthümer der oberen Pfalz, Neuburg u. Sulzbach „conſolidirt" und die beſtandenen Collegien auf zwei, eine Regierung und eine Hofkammer in Amberg eingeſchränkt, unter Aufrechthaltung der Appellationsinſtanz beim kurf. Hofrathe und Reviſorium; ebenda V S. 792. Bereits unterm 9. Nov. 1795 wurde aber die Regierung in Neuburg „für das Herzogthum mit Inbegriff der nordgauiſchen Aemter" wieder hergeſtellt, jedoch unbeſchadet der immer aufrecht zu erhaltenden Vereinigung der drei Herzogthümer (ebenda V S. 813), dagegen unterm 23. gl. Mts. die Rentdeputation zu Neuburg auf-gehoben und deren Geſchäfte der Hofkammer in Amberg übertragen; ebenda V S. 815. Unterm 15. Mai 1797 wurde auch die Hofkammer zu Neuburg wieder hergeſtellt; ebenda VI S. 40.

¹⁰ Vgl. wegen dieſer Nebenländer J. J. Moſer, Einl. in das churf. bayer. Staatsrecht, Cap. 9, §§ 3, 6, u. Einl. in das churf. pfälz. Staatsrecht, Cap. 9, §§ 10—86; Kreittmayr a. a. O. §§ 103, 105; Pütter a. a. O. S. 337 ff., 435 ff., 448 f., 456 ff., 487 ff., 496; J. H. Bachmann, pfalz-zwei-brückiſches Staatsrecht, §§ 1—22; Feßmaier a. a. O. §§ 77—92.

¹¹ Feßmaier a. a. O. § 4.

Linie des Hauses Wittelsbach [12], war 1356 durch die goldene Bulle (Cap. VII. § 2) dem pfälzischen Hause ausschließlich zugesprochen worden. Nachdem jedoch Kurfürst Friedrich von der Pfalz im Jahre 1621 durch Kaiser Ferdinand II. in die Reichsacht erklärt worden war, wurde Herzog Maximilian von Bayern 1623 mit der pfälzischen Kur belehnt. Der Westfälische Friede beließ es hierbei. Es wurde indessen für die Pfalz eine achte Kur errichtet. Dabei wurde bestimmt, daß die neuerrichtete Kur wieder zu erlöschen habe, wenn die Wilhelminische Linie von dem pfälzischen Hause beerbt werden sollte [13]. Dieser Fall trat mit dem Tode des Kurfürsten Max III. Josef und der Vereinigung Bayerns und der Pfalz unter Karl Theodor im Jahre 1777 ein [14].

Mit der bayerischen Kurwürde war das Reichs-Erztruchsessenamt, mit der pfälzischen das Reichs-Erzschatzmeisteramt (1652) verbunden [15].

Ueber die Führung des Reichsvicariates, welches nach der goldenen Bulle [16] dem Pfalzgrafen bei Rhein „in partibus Rheni et Sueviae et in iure Franconico“ zustand, war zwischen Bayern und Pfalz Streit [17]. Bayern erachtete das Reichsvicariat als zur fünften Kur, Pfalz als zur Pfalzgraffschaft gehörig. Im Erbeinigungsvertrage vom 15. Mai 1724 [18] verständigte man sich dahin, daß das Reichsvicariat „künftighin simultanee geführt“ werden solle. Ein neuerlicher Vertrag vom 26. März 1745 dagegen, der im Jahre 1752 durch Reichsschluß bestätigt wurde, bestimmte, daß das Reichsvicariat zwischen Bayern und Pfalz zu wechseln habe [19]. Durch die Vereinigung von Bayern und Pfalz im Jahre 1777 wurde der Vertrag gegenstandslos [20].

Der Kurfürst von Pfalzbayern hatte im kurfürstlichen Collegium die fünfte Stimme [21]; ferner sieben Stimmen im Reichsfürstenrathe [22] mit dem Vorsitze auf der weltlichen Bank [23]; endlich die sechste Curiatstimme im schwäbischen Grafencollegium [24].

---

[12] Der Reichsapfel sei „ein beständiger Zankapfel im Haus gewesen“, bemerkt Kreittmayr a. a. O. § 117. Vgl. darüber J. J. Moser, Einl. in das churf. bayer. Staatsrecht Cap. 6 § 2; Feßmaier a. a. O. § 20.

[13] J. P. O. art. IV § 3. Et primo quidem, quod attinet domum Bavaricam, dignitas electoralis, quam Electores Palatini antehac habuerunt, cum omnibus regaliis, officiis, praecedentiis, insigniis et iuribus quibuscunque ad hanc dignitatem spectantibus, nullo prorsus excepto, . . . sicut hactenus, ita et in posterum maneat penes Dominum Maximilianum, Comitem Palatinum Rheni, Bavariae ducem, totamque lineam Guilhielmianam, quamdiu masculi ex ea superstites fuerint. § 5. Quod ad Domum Palatinam attinet, Imperator cum Imperio, publicae tranquillitatis causa consentit, ut vigore praesentis conventionis institutus sit Electoratus octavus, quo Dominus Carolus Ludovicus, Comes Palatinus, eiusque heredes et agnati totius Lineae Rudolphinae, iuxta ordinem succedendi in Aurea Bulla expressum, deinceps fruantur. Nihil tamen iuris, praeter simultaneam investituram, ipsi Domino Carolo Ludovico aut eius successoribus ad ea, quae cum dignitate Electorali Domino Electori Bavariae, totique Lineae Guilhielmianae attributa sunt, competat. § 9. Quodsi vero contigerit lineam Guilhielmianam masculinam prorsus deficere, superstite Palatina, . . . dignitas Electoralis, quae penes Bavariae duces fuit, ad eosdem superstites Palatinos, interim simultanea investitura gavisuros redeat, octavo tunc Electoratu prorsus expungendo . . . Ebenso J. P. Monast. art. V §§ 11, 13, 17.

[14] Ueber das kurze Intermezzo von 1708—1714 J. J. Moser, teutsches Staatsrecht XXXII S. 595 ff.

[15] Vgl. darüber J. J. Moser, Einl. in das churf. bayr. Staatsrecht, Cap. 3 §§ 8—12; Kreittmayr a. a. O. § 118; Pütter a. a. O. S. 405; J. J. Moser, Einl. in das churf. pfälz. Staatsrecht Cap. 3 §§ 12—17. Reichserbtruchsessen waren die Grafen Waldburg-Zeil. J. J. Moser, teutsches Staatsrecht VI S. 150.

[16] Cap. V § 1. Ueber das Reichsvicariat vgl. auch H. Triepel, das Interregnum, Leipzig 1892, S. 16 ff.

[17] J. J. Moser, Einl. in das churf. bayer. Staatsrecht Cap. 4 § 1, Einl. in das churf. pfälz. Staatsrecht Cap. 4 § 2, teutsches Staatsrecht VII S. 426 ff.; Kreittmayr a. a. O. §§ 56, 119; Feßmaier a. a. O. §§ 21, 212.

[18] Abgedr. bei H. Schulze, die Hausgesetze ꝛc. I S. 279.

[19] J. J. Moser, teutsches Staatsarchiv, 1752, I S. 774, II S. 421, 583, 923.

[20] Ueber den Umfang des pfälz. Reichsvicariatssprengels vgl. Gribner, de terris iuris Saxonici, Wittenb. 1711; J. J. Moser, teutsches Staatsrecht VII S. 532 ff., Einl. in das churf. bayer. Staatsrecht Cap. 4 § 2; v. Krenner, über den kurpfälz. Reichsvicariatssprengel, Ingolstadt 1793.

[21] Vgl. J. J. Moser, Einl. in das churf. bayer. Staatsrecht Cap. 6 §§ 6, 7, Einl. in das churf. pfälz. Staatsrecht Cap. 6 § 12; Kreittmayr a. a. O. § 131.

[22] Davon zwei bayer. wegen Bayern u. Leuchtenberg, fünf pfälz. wegen Lautern, Simmern, Neuburg, Zweibrücken und Veldenz.

[23] J. J. Moser, Einl. in das churf. bayer. Staatsrecht Cap. 6 §§ 8—14, Einl. in das churf. pfälz. Staatsrecht Cap. 6 § 15 ff.; Pütter a. a. O. S. 321, 506 f.; Kreittmayr a. a. O. § 131; Feßmaier § 213.

Die pfalzbaheriſchen Lande lagen in vier Reichskreiſen.

Im bayeriſchen Kreiſe²⁵ hatte Bayern das Directorium abwechſelnd mit Salzburg; die Ausſchreibungen der Kreistage ergingen von beiden Ständen gemeinſam. Seit Erlangung der Kurwürde beanſpruchte Bayern den Rang vor Salzburg. Von den 20 Stimmen des Kreistags führte Pfalzbayern 9. Bayern hatte ferner das Kreisoberſtenamt und das Münzdirectorium im Kreiſe²⁶.

Im ſchwäbiſchen Kreiſe hatte Bayern wegen Wieſenſteig und Mindelheim zwei Stimmen auf der Grafenbank²⁷.

Im kurrheiniſchen Kreiſe hatte Kurpfalz die vierte Stelle und das Amt des Kreisoberſten²⁸, im oberrheiniſchen Kreiſe fünf Stimmen und gemeinſam mit Worms das Amt des kreisausſchreibenden Fürſten und das „Condirectorium", beides wegen Simmern²⁹. Im weſtfäliſchen Kreiſe führte Kurpfalz eine Stimme wegen Jülich und das Kreisausſchreibamt abwechſelnd mit Cleve³⁰.

Pfalzbayern hatte gleich den andern Reichsſtänden die allgemeinen Verpflichtungen gegen Kaiſer und Reich zu erfüllen³¹.

Sowohl Kurbayern als Kurpfalz befanden ſich im Beſitze wichtiger Vorrechte gegenüber dem Reiche³². So hatten beide ein privilegium de non evocando und ein privilegium illimitatum de non appellando³³, wonach Beſchwerden zu den Reichsgerichten nur wegen verzögerter oder verweigerter Rechtspflege ſtattfinden konnten³⁴.

Nach Innen übte der Landesherr alle weſentlichen ſtaatlichen Rechte aus. Er hatte das Recht der Geſetzgebung, deſſen Beſchränkung durch das Reich nach der Entwickelung, welche die Dinge ſchließlich genommen hatten, ohne große Bedeutung war. Er war Träger der Gerichts- und Polizeigewalt³⁵,

---

²⁴ Wegen der Grafſchaft Helfenſtein Feßmaier a. a. O. § 213. Kreittmahr a. a. O. § 131 bemerkt: „Der übrigen Graf- u. Herrſchaften halber hält ſich ſelbes (Bayern) an keines von allen vier reichsgräflichen Collegiis."

²⁵ Ueber deſſen Beſtandtheile vgl. G. Ph. Finck, S. R. Imp. Circuli et Electoratus Bavariae geographica descriptio 1684; J. W. J. B. Widmer, Repertorium Bavariae oder kurze Geographiſche Beſchreib- u. Eintheilung des Bayer. Crahſes, Augsburg 1752.

²⁶ J. J. Moſer, Einl. in das churf. bayr. Staatsrecht Cap. 5 §§ 1—21, Einl. in das churf. pfälz. Staatsrecht Cap. 5 §§ 27 ff.; Pütter a. a. O. I S. 322 u. 507; Kreittmahr a. a. O. § 131; Feßmaier a. a. O. § 216 u. § 41; (Vori,) Sammlung des bayer. Kreisrechtes.

²⁷ J. J. Moſer, Einl. in das churf. bayr. Staatsrecht Cap. 5 § 22; Kreittmahr a. a. O. § 132; Feßmaier a. a. O. § 217.

²⁸ J. J. Moſer, Einl. in das churf. pfälz. Staatsrecht Cap. 5 §§ 8, 10; teutſches Staatsrecht XXVI S. 432, XXIX S. 141.

²⁹ J. J. Moſer, Einl. in das churf. pfälz. Staatsrecht Cap. 5 §§ 13—15; Pütter a. a. O. S. 507.

³⁰ J. J. Moſer, Einl. in das churf. pfälz. Staatsrecht Cap. 5 §§ 38—40.

³¹ Dahin gehörten insbeſ. die Stellung des Reichscontingents und die Entrichtung der Reichsabgaben. Vgl. J. J. Moſer, Einl. in das churf. bayr. Staatsrecht Cap. 4 §§ 13—21, Einl. in das churf. pfälz. Staatsrecht Cap. 4 §§ 8 ff., Cap. 8 §§ 9 ff.; Kreittmahr a. a. O. § 133; Feßmaier a. a. O. §§ 214, 215.

³² Näheres bei J. J. Moſer, Einl. in das churf. bayr. Staatsrecht Cap. 8, 11, Einl. in das churf. pfälz. Staatsrecht Cap. 7, 8, 11; Kreittmahr a. a. O. § 123. Ein Verzeichniß, das aber auch Privilegien mit aufführt, die allen Reichsſtänden zukamen, und überdies nicht vollſtändig iſt, bei Feßmaier a. a. O. § 5. Ueber die kurpfälz. Rechte des Keßlerſchutzes und des Wildfangs (laudum Heilbronnense von 1667) vgl. insbeſ. J. J. Moſer, Einl. in das churf. pfälz. Staatsrecht Cap. 7 §§ 14, 15.

³³ Vgl. hierüber E. Roſenthal, Geſchichte des Gerichtsweſens und der Verwaltungsorganiſation Baierns, Würzburg 1889, I S. 9 ff.

³⁴ Die Hofrathsordn. vom 2. Juni 1750 Art. 3 § 17 (Sammlung von 1771, S. 9) hebt bezüglich des priv. de non appellando et non evocando hervor, „daß ſelbes ſich nicht blos auf die chur- u. oberpfälziſchen Lande, ſondern auch auf alle ſeithero acquirirten und außerhalb derſelben gelegenen Herrſchaften und Güter vermög kaiſerlicher Specialprivilegien erſtreckt".

³⁵ Ein wichtiger Verwaltungsgegenſtand, das Poſtweſen, war jedoch nicht in landesherrlichen Händen. Ferdinand Maria hatte im Jahre 1665 mit dem General-Reichspoſtmeiſter einen Vertrag geſchloſſen, kraft deſſen letzterer den Poſtdienſt in Bayern übernahm. Verſuche, welche Max Emanuel machte, eine Landespoſt einzurichten, ſcheiterten. (Näheres bei M. Frhrn. v. Freyberg, pragmat. Geſchichte der bayer. Geſetzgebung u. Staatsverwaltung ꝛc. II S. 383 ff.) Die Verhältniſſe zur Reichspoſt wurden zuletzt unter Karl Theodor im Jahre 1784 durch einen Vertrag mit dem Fürſten von Thurn u. Taxis geregelt. S. den Vertrag bei G. K. Mahr, Sammlung ꝛc., 1799, VI S. 177; dazu die Brieftaxordnungen und Fahrpoſttarife für das Reichsoberpoſtamt zu München und die Reichspoſtverwaltungen Landshut, Ingolſtadt, Straubing, Amberg u. Burghauſen S. 184 ff., Reichspoſttaxe S. 202; Verzeichniß der Poſtkurſe S. 203. Zur Auslegung des Vertrags vgl. auch ebenda S. 211.

der Finanz- und Militärgewalt. Er besaß im Staatenverkehre thatsächlich alle Rechte eines wirklichen Herrschers[36].

Diese Rechte waren in der Ausübung so weit landesrechtlich beschränkt, als es das Bestehen landständischer Verfassungen mit sich brachte.

2. Abschnitt.

Die Landstände.

§ 3. Entstehung und Entwickelung der Landstände.

Zwei der Länder[1], welche den bayerischen Gesammtbesitz ausmachten, hatten landständische Verfassung: das Hauptland Bayern und Neuburg[2]. Die folgende Darstellung wird sich auf die bayerischen Landstände beschränken, die allerdings gegen Ende des 18. Jahrhunderts nur mehr einen Schatten ihrer früheren Bedeutung aufzuweisen hatten.

Der Ursprung der bayerischen Landstände fällt in das 14. Jahrhundert. Mit den früheren Landtagen[3] des Herzogthums Bayern haben sie keinen rechtlichen Zusammenhang. Der äußere Anlaß ihrer Entstehung waren Geldverlegenheiten der Herzoge, die innere Ursache lag in dem Zuge der Zeit, welcher auf körperschaftliche Gestaltungen hinging und in denselben den Schutz der persönlichen Selbständigkeit und der ständischen Interessen suchte. Man würde fehlgehen, wenn man die Landstände als staatsrechtlich gleichartig mit den Volksvertretungen der Neuzeit erachten wollte.

Eine Geschichte der bayerischen Landstände zu liefern, liegt nicht in dem Bereiche der Aufgabe dieser Einleitung[4]. Es muß genügen, die Art ihrer Entstehung, ihre Gestaltung und den Umfang ihrer Rechte zu schildern.

---

[36] Ueber die Anfänge des diplomatischen Dienstes S. Rosenthal a. a. O. I S. 457 ff.

[1] Ohne Landstände waren außer der Oberpfalz, wovon Anm. 2, Kurpfalz und Zweibrücken. Vgl. J. J. Moser, Einl. in das churf. pfälz. Staatsrecht Cap. 11 § 32; J. H. Bachmann, pfalz-zweibrückisches Staatsrecht § 193.

[2] Das 1505 aus Altbayern herausgeschnitten worden war. S. § 1 Anm. 18, 19. Vgl. hierüber Lipowsky, Geschichte der Landstände von Pfalzneuburg, 1787. Die Oberpfalz hatte unter den pfälz. Landesherren gleichfalls Landstände gehabt, verlor sie aber bei der Vereinigung mit Bayern unter Maximilian I. Die Freiheiten der Stände wurden für erloschen erklärt und es „der freien Disposition und Verordnung" des neuen Landesherrn „herumgegeben" und „anheimgestellt", welches Maß von Privilegien er den Ständen wieder bewilligen wolle. Maximilian bestimmte über die neu gegebenen Privilegien und Freiheiten in einem Gnadenbriefe vom 28. Nov. 1629. S. denselben in der Sammlung einiger Urkunden, welche in die Landesverfassung des Fürstenthums der oberen Pfalz einschlagen und sich großentheils verloren haben, dermalen aber mit churf. gnädigster Bewilligung von neuem in Druck gelegt worden, Anno 1782, S. 85; auch bei G. K. Mayr, Sammlung ꝛc., 1788, IV S. 945. Vgl. L. Frhr. v. Egcker, Geschichte der vormal. Landschaft in der Oberpfalz, Amberg 1802; J. F. Obernberger, histor. Abhandlung von den Freiheiten u. Privilegien des landsässigen Adels in der Oberpfalz, Ingolstadt 1784.

[3] Vgl. darüber Rockinger bei Lerchenfeld a. a. O. S. V ff.; S. Riezler, Geschichte Baierns I S. 730 ff. Der letzte ältere Landtag war 1255, Riezler a. a. O. II S. 11 gegen Rockinger a. a. O. S. CLXXVIII.

[4] Ueber die Geschichte der Landstände vgl. (Panzer) Versuch über den Ursprung u. Umfang der landständischen Rechte in Baiern. 2 Abth. ohne Druckort, 1798; J. N. G. v. Krenner, Anleitung zu dem näheren Kenntnisse der baier. Landtage des Mittelalters, München 1804; J. Rudhart, die Geschichte der Landstände in Baiern, 2 Bde., Heidelberg 1816 (neuer Abdruck, München 1819); M. Frhr. v. Freyberg, Geschichte der baier. Landstände und ihrer Verhandlungen, Sulzbach 1828/29; L. Rockinger, Einleitung zu G. Frhr. v. Lerchenfeld, die altbaier. landständischen Freibriefe u. die Landesfreiheitserklärungen, München 1853; K. Maurer in Bluntschli u. Braters Staatswörterbuch VI S. 251; O. Gierke, das deutsche Genossenschaftsrecht, Berlin 1868, I S. 543 ff.; 801 ff.; S. Riezler a. a. O. II S. 507 ff., III S. 659 ff. Folgende Landtagsverhandlungen sind veröffentlicht: 1) Franz v. Krenner, baier. Landtagshandlungen in den Jahren 1429—1513. München 1803—1805. 18 Bände. 2) Der Landtag im Herzogthum Baiern vom Jahre 1514. Erste u. zweyte Handlung. Ohne Druckort. 1804. 3) Die Landtäge im Herzogthum Baiern von den Jahren 1515 u. 1516, als Fortsetzung der Landtagsverhandlungen vom Jahre 1514. O. D. 1804. 4) Der Landtag im Herzogthum Baiern auf den ersten November zu Ingolstadt im Jahre 1542. O. D. 1807. 5) Der Landtag im Herzogthum Baiern gehalten zu Landshut im Jahre 1543. Nebst dem Ausschuß-Tag vom nämlichen Jahre. O. D. 1807. 6) Der Landtag im Herzogthum Baiern vom Jahre 1557. O. D. 1808. 7) Der Landtag im Herzogthum Baiern, gehalten zu München im Jahre 1568. Nebst

Ein Gesuch der oberbaherischen Herzoge Rudolf und Ludwig — letzterer der spätere Kaiser — um Bewilligung einer Nothsteuer gab im Jahre 1302 Anlaß zur Verbindung des Adels[5]. Auf dem Rittertag zu Schnaitpach wurde den Herzogen eine Klauen- oder Viehsteuer bewilligt, welche der Adel und seine Grundholden leisteten[6]. Die Herzoge versprachen dagegen, fürbaß keine Steuer zu nehmen. Sollten sie dem entgegen handeln, so mögen die Ritter sich nach ihrem Schwur verbinden und ihnen auch Andere beistehen[7]. Eine neue Steuerbewilligung der drei Stände, Prälaten, Ritter und Städte, folgte im Jahre 1307, um die Verschlechterung der Münze hintanzuhalten[8].

In Niederbahern hatten wenige Jahre später gleiche Ursachen eine gleiche Wirkung. Am St. Veitstage 1311 stellte Herzog Otto, der König von Ungarn, den Ständen den ersten Freibrief, die sog. große oder Ottonische Handveste aus[9]. Gegen eine Steuerbewilligung entäußerte sich der Landesherr zu Gunsten der Stände der niederen Gerichtsbarkeit. Zugleich wurde ihnen das Recht des Bündnisses und der Selbsthilfe[10] (ius collegii et armorum) zugestanden. „Es habent auch unser Landherren, Graven, Freien und Dinstmann vor uns gesworn ainen Aid mit unserm Willen und Haissen, daß sy an einander geholffen sein, ob in icht an diesen Sachen von uns oder von unsern Ambtleutn begrengt würd oder uberfaren, daß sy sich des weren sullen; als ferr ob sy sich darumb an ain anderen Herrn habten mit Dinst durch Helffe und Rettung wider uns, daß sy das noch ir Erben nicht entgelten sullen an irn Treuen noch an kainen Gnaden oder Sachen gen uns oder unsern Erben, noch die Herren, da sy sich anhabent sullen das auch an ir Treuen nicht entgelten . . Wir wellen auch, daß man diß Hand-vest oder ain Rotl der Handvest an allen Steten leß, da man die Steuer abnimbt; und sollen dann arm und reich sweren, deßhalb zu behalten, und auch an ainander geholffen sein, ob von uns oder unsern Amtleuten das icht würd uberfaren.["]

Eine dauernde Vereinigung der Stände, durch welche diese Verbindung zu einem bleibenden Bestandtheile des Landesstaatsrechtes sich gestaltete, wurde zuerst in Niederbahern 1347, beim Regierungsantritte der Söhne Ludwigs, zwischen Adel und Städten eingegangen[11]. 1363, unter Herzog Stephan II. geschah dasselbe in Oberbahern[12]. Die Prälaten traten erst später, 1394 in Niederbahern, 1396 in Oberbahern bei[13]. Damit war die Bildung der „Landschaft" abgeschlossen[14].

Als im Jahre 1506 die Vereinigung der getrennt gewesenen baherischen Lande sich vollzog, erfolgte auch die Vereinigung der Stände zu Einer Landschaft[15].

Das Recht, welches Landesherren und Stände vereinbart hatten, war in den Frei- oder Frei-heitsbriefen enthalten. Deren 64 aus den Jahren 1311 bis 1568 bilden die unterm 26. August 1568 erschienene Druckausgabe, welche von der Landschaft selbst veranlaßt wurde[16].

Ihrem Inhalte nach theilen sich die Urkunden in Schadlosbriefe, welche den Ständen bei Steuerwilligungen zur Sicherung ihres Willigungsrechtes und der Steuerfreiheit gegeben wurden,

zween Anhängen. O. D. 1807. 8) Der Landtag im Herzogthum Baiern vom Jahr 1605. Erste u. zweite Abtheilung. O. D. 1802. 9) Der Landtag im Herzogthum Baiern vom Jahre 1612. Erste u. zweite Abtheilung. O. D. 1803. 10) Der Landtag im Churfürstenthum Baiern vom Jahre 1669. Erste u. zweite Abtheilung. O. D. 1802.

[5] Panzer a. a. O. S. 87.

[6] L. Hoffmann, Geschichte der directen Steuern in Baiern vom Ende des XIII. bis zum Beginn des XIX. Jahrhunderts, Leipzig 1883, S. 6. (Staats- und socialwissenschaftliche Forschungen. Herausgegeb. von G. Schmoller. Band IV Heft 5.)

[7] Rudhart a. a. O. I S. 51. Rockinger a. a. O. S. CXXIX gibt den Wortlaut der Urkunde.

[8] S. die Urkunde bei Rockinger a. a. O. S. CXXX.

[9] Abgedr. bei Lerchenfeld a. a. O. S. 1, s. auch Rockinger ebenda S. CXXXII ff. Ueber den nachträglichen Beitritt der Prälaten Rudhart a. a. O. I S. 65 f.

[10] Das Recht der Selbsthilfe ging durch den ewigen Landfrieden von 1495 verloren.

[11] S. die Urkunde bei Rockinger a. a. O. S. CXCI. Richtig kennzeichnet Rudhart a. a. O. I S. 107 die Bedeutung des Ereignisses: „Der Verein zum Schutz gegen die Willkür war nun nicht mehr zufällig und augenblicklich, sondern nothwendig und ein Theil des bayer. Staatsrechts und wohl läßt sich behaupten, daß ohne diese Erblichkeit der Föderation die Landstände niemals zur Festigkeit gekommen wären."

[12] Vgl. Rockinger a. a. O. S. CCVI u. den 10. Freibrief S. 25; Rudhart a. a. O. I S. 116.

[13] Rockinger a. a. O. S. CCXXIV u. CCXXVI.

[14] Die Bezeichnung Landschaft tritt zuerst im 23. Freibriefe (Lerchenfeld a. a. O. S. 50) auf. Vgl. Pözl, Lehrb. des bayer. Verf.-Rechts, S. 15 Anm. 6.

[15] Rockinger a. a. O. S. CCCX.

[16] „Des löblichen Hauß und Fürstenthumbs Obern und Nidern Bahren Freyheiten von ainem Regierenden Fürsten von Bahern, auff den andern, gemainem Landt gegeben, vernewt und bestättigt, Die auch von Kaisern und Königen zugelassen und Confirmirt sein, jetzt gemehrt und wiederumb gedruckt

landesherrliche und kaiſerliche Beſtätigungen der landſtändiſchen Freiheiten, Bundbriefe der Landſtände unter einander und mit Auswärtigen und eigentliche, die Verleihung neuer Rechte enthaltende
Freibriefe[17].

Den Gipfelpunkt ihrer Macht erreichten die Landſtände im Anfange des 16. Jahrhunderts.

Das Streben der Herzoge einerſeits, ihre landesherrlichen Rechte zu erhalten und wo möglich
wieder auszudehnen, der Landſtände andererſeits, in ihren Freiheiten ſich zu behaupten und in die fürſtlichen Gerechtſame ſogar überzugreifen, erzeugte vielfachen Zwiſt und damit das Bedürfniß des Aus-
gleiches. Schon unter Albrecht dem Weiſen hatten Verhandlungen über die Mäßigung und Erklärung
der Landesfreiheiten begonnen; ſie kamen jedoch erſt unter der nach ſeinem Tode folgenden vormund-
ſchaftlichen Regierung zum Abſchluſſe. Am 11. September 1508 wurde die Erklärung der Landesfreiheit
erlaſſen[18]. Dieſelbe erhielt ihre letzte Faſſung unter Albrecht V. im Jahre 1553[19] und iſt ſo wörtlich
in das Geſetzbuch Maximilians I. von 1616 übergegangen.

Die erklärte Landesfreiheit in ihrer letzten Geſtalt weiſt gegenüber den früheren Faſſungen[20]
außer mehrfachen Zuſätzen auch den Unterſchied auf, daß eine Gliederung der Urkunde nach dem Inhalte verſucht iſt. Sie hat vier Theile. Der erſte Theil handelt in 17 Artikeln von der Beſetzung und
dem Wirkungskreiſe der landesherrlichen Aemter und ſtellt einige Grundſätze für das cibil-[21] und ſtrafgerichtliche Verfahren ſowie über die Beſchwerden der Unterthanen gegen ihre Obrigkeiten auf. Der
zweite Theil umfaßt 40 Artikel und trifft Beſtimmungen über die Hofmarken und die Hofmarksobrig-
keiten, über die Edelmannsfreiheiten und über die Scharwerke. Der dritte Theil zählt 18 Artikel.
Sein Inhalt iſt ein ziemlich buntſcheckiger. Es iſt darin die Rede von Befreiungen in Bezug auf
Zoll, Maut und Ungeld, vom Verbote der Pfändung des Landes und von Kriegserklärung, vom Verbote der Abſage und Fehde, von landesherrlicher Ungnade, Ehehaft, Futterſammlung und Brobbauern
der Fronboten, Eigenleuten, Heirat, Entſetzung der Gewer, Forſt- und Jagdſachen. Der vierte Theil
regelt in den Artikeln 1—13 die Behandlung der Uebelthäter, in den übrigen Artikeln 14—25 die
künftige Beſtätigung und Sicherung der Landesfreiheit.

Der Landesherr ſollte beim Regierungsantritte erſt nach Beſtätigung der Landesfreiheit die
Erbhuldigung der Landſchaft empfangen, und es ſollten die landesherrlichen Bedienſteten bei ihrer
Verpflichtung auf die Landesprivilegien vereidigt werden[22].

An die letzte Landesfreiheitserklärung ſchloß ſich noch unter Albrecht V. Regierung der Freibrief vom 22. December 1557, welcher nur der Ritterſchaft ertheilt iſt. Indem dieſer die Einrichtung
der Edelmannsfreiheit ausbildete, wurde er die Urſache, daß Rechtspflege und Verwaltung, durch
die Patrimonialgerichtsbarkeit ohnedies ſchwer geſchädigt, vollends in Zerrüttung geriethen[23].

Der Niedergang der Landſtände folgte ihrer höchſten Machtentwickelung unmittelbar. Er beginnt im zweiten Jahrzehnte des 16. Jahrhunderts[24] und ſteigert ſich unter der kraftvollen Regierung
Maximilians I. zur offen vor Augen liegenden Ohnmacht. Maximilian berief 1612 die Landſchaft,
um dann 39 Jahre lang ohne dieſelbe zu regieren. Als 1627 die Landſchaftsverordnung darüber

---

zu München Anno Domini Tauſend fünffhundert acht und ſechzig Jar.“ Ueber die beiden durch die
Landſtände veranlaßten Ausgaben von 1514 und 1568 ſiehe Rockinger a. a. O. S. CCCL u.
CCCCXII ff. An der Sammlung von 1514 war vorzugsweiſe Dr. Dietrich von Plieningen, Landſaß
zu Eiſenhofen betheiligt, der auch ein Regiſter dazu verfaßte. Vgl. Panzer, Verſuch über den
Urſprung u. Umfang der landſtändiſchen Rechte in Baiern, S. XXI. Ein mit Anhang vermehrter
Neuabdruck der Sammlung erſchien 1778.

[17] Schadlosbriefe ſind die Nr. 3, 18, 22, 25, 49, 51—57, 59, 61, 64; landesherrliche (Huldi-
gungs-)Confirmationen ſind Nr. 5, 21, 33, 34, 37, 40, 41, 43, 45, 47, 48; kaiſerliche Confirmationen
Nr. 30, 39, 46, 58, 62, 63; Bundbriefe Nr. 14, 15, 19, 26—28, 31, 35, 36, 38, 50; Freibriefe Nr. 1, 2,
4, 6—11, 13, 16, 17, 20, 23, 29, 32, 42, 44, 60. Die beiden Nummern 12 und 24 ſind nur von
vorübergehender Bedeutung. Die Freibriefe beziehen ſich nicht alle auf das ganze Land, ſind aber
durch die erklärte Landesfreiheit auf daſſelbe ausgedehnt worden. Vgl. hierüber Feßmaier, Grundriß
des baier. Staatsrechts § 139; Panzer a. a. O. S. XXIII.

[18] Vgl. Panzer a. a. O. Anhang S. 31; Fr. v. Krenner, baier. Landtagshandlungen von
1429—1513, München 1805, XVII S. 73; Rockinger a. a. O. CCCXXI; Rudhart a. a. O. II S. 14.

[19] Rockinger a. a. O. S. CCCLXXVII; Rudhart a. a. O. II S. 188.

[20] Die letztvorhergegangene iſt von 1516.

[21] Wichtig iſt der Grundſatz, daß der Landesherr ſowohl bei Klagen der Unterthanen vor ſeinen
Räthen Recht nehmen, als auch ſeine Klagen um liegende oder fahrende Güter vor den ordentlichen
Gerichten vorbringen ſoll. Art. 10 und 11.

[22] Erkl. Landesfreiheit Th. IV Art. 14 und 20.

[23] S. Riezler, zur Würdigung Herzog Albrecht V. von Bayern u. ſeiner innern Regierung,
München 1894 (Abh. d. k. bayer. Akademie der Wiſſenſch. III Cl. XXI. Bd. 1. Abth.) S. 48 f.

[24] Rudhart a. a. O. II S. 89 ff.

klagte, daß Landgebote ausgingen, worüber die Landſchaft nicht vernommen werde, antwortete er zwar, es ſolle nicht unterlaſſen werden, in künftig vorfallenden Sachen der Importanz nach vor Ausfertigung der Landbote mit gemeiner Landſchaft oder den Verordneten gebührende Deliberation zu pflegen; es blieb indeſſen bei dieſem Verſprechen²⁵.

Zum letzten Male berief Ferdinand Maria die Landſchaft auf den 1. Januar 1669²⁶. Aehnlich wie der Landtag von 1612 klagte auch dieſer, daß „bei etlichen Jahren hero unterſchidliche Generalmandat und Decreta, ſo pro legibus et statutis provincialibus ſeindt decretirt worden," ohne Zuziehung und Berathſchlagung der Landſchaft ergangen ſeien. Es wurde gebeten, „vber dergleichen Landts-Statuta, bei welchen der Stände Intereſſe auch mit einlauffet, dieſelbe mit ihrer unterthenigſten Meinung vorhero gnedigſt zu vernemen."²⁷ Der Kurfürſt antwortete ziemlich ſchroff²⁸, er wiſſe „von kheinen abſonderlichen Statutis oder Decretis, ſo bei etlichen Jahren hero weren gemacht worden; was etwan zu Zeiten Jres in Gott ruhenden Herrn Vatters Curf. Drlt. Regierung mag geſchehen ſeyn, das hat des gemainen Vatterlandts wolfarth erfordert und ſein hechſtgedacht Se. Curf. Drlt. deſſen, als einig regierender Herr und Landtsfürſt befuegt geweſen, weil die Landſchafft darbei khein ander Concurrenz, als etwa auf gnedigſtes Begern mit erthaillung Jres guetachtens wie vor dieſem bei aufricht- und verneurung der Landrecht geſchehen, haben khan."

Seit jener Zeit ward die Landſchaft zu keiner, ihr Ausſchuß nur zur formellen Theilnahme an den Landesangelegenheiten berufen. Wo in ſpäteren landesherrlichen Erlaſſen der Zuziehung der Landſchaft gedacht wird, ſind die Verordneten gemeint²⁹.

§ 4. Zuſammenſetzung und körperſchaftliche Rechte der Landſchaft.

Die Landſchaft ſetzte ſich aus den drei Ständen zuſammen¹. Zum Prälatenſtande gehörten die Landesuniverſität, die Prälaten und Aebtiſſinen des Landes und die Collegiatſtifter, ſeit 1782 auch der Malteſerorden². Zum Ritterſtande gehörte (als Landſaſſe) jeder Angehörige eines der gefreiten Stände, welcher ein in die Landtafel eingetragenes Gut beſaß³. Den Stand der Städte und gebannten Märkte bildeten jene ſtädtiſchen Gemeinweſen, welche in die Landtafel eingeſchrieben und ſonach keinem andern Landſtande unterworfen waren⁴.

Die Verſammlung der Stände zur Berathung der Landesangelegenheiten hieß der Landtag. Deſſen Berufung⁵ und Eröffnung⁶ geſchah durch den Landesherrn. Nach der Eröffnung erfolgte die Verleſung und Uebergabe der landesherrlichen Vorſchläge („Propoſitionen") an die Landſchaft.

Oberhaupt des Landtags war der Erblandmarſchall⁷; Vorſtand der Kanzlei der Landſchaftskanzler.

Zur Berathung der landesherrlichen Anträge wurde vom Landtage der „große Ausſchuß" gewählt. Dieſer zählte außer dem Landmarſchall und Kanzler und unter Vorſitz des Erſteren 64 Mitglieder, nämlich 4 Prälaten, 8 Ritter und 4 Städte und Märkte für jedes Rentamt. Die Antwort

---

²⁵ M. Frhr. v. Freyberg, pragmat. Geſch. der bayer. Geſetzgebung u. Staatsverwaltung ꝛc. I S. 66 f. Das bezeichnendſte Beiſpiel der Beiſeitelaſſung der Landſtände iſt das Decret vom 1. März 1641, durch welches Maximilian für ſich allein den 60. Freiheitsbrief von 1557 auslegte. Vgl. darüber unten § 5 Anm. 7.

²⁶ Ueber dieſen ſehr kläglichen Landtag Rubhart a. a. O. II S. 277 und M. Frhr. v. Freyberg a. a. O. I S. 160 ff.

²⁷ Der Landtag im Churfürſtenthum Baiern vom Jahre 1669, S. 328.

²⁸ A. a. O. S. 341.   ²⁹ Rubhart a. a. O. II S. 295 Anm. 165.

¹ Ueber die Zahl der Landſtände bei Errichtung der erſten Landtafel 1557 J. J. Moſer, Einl. in das churf. bayer. Staatsrecht Cap. 11 §§ 64—66, auf dem letzten Landtage 1669 Kreittmayr, Grundriß des allg., deutſch- u. bayer. Staatsrechts § 184.

² Vgl. Entſchl. vom 22. Juli 1782 §§ 5, 6 bei G. K. Mayr Sammlung ꝛc., 1788, II S. 1409.

³ Die erſte Landtafel wurde 1557 errichtet (Rubhart a. a. O. II S. 191) und dann öfters erneuert. Vgl. auch unten § 5.

⁴ Kreittmayr a. a. O. § 181 bemerkt: „Der Bürgerſchaft aber kommt ius status provincialis nicht viritim, ſondern nur curiatim, das iſt einer jeden Stadt oder Bannmark in corpore zu. Wir ſagen Bannmark; dann die ungebannte haben ſich der Landſtandſchaft keineswegs zu erfreuen, ſondern ſtehen vielmehr ſelbſt unter den Landſtänden."

⁵ Der 16. Freiheitsbrief von 1393 räumte zwar den Ständen das Recht ein, ſie möchten „wol tag ſuechen unnd zu einander kommen her gen München oder anderswo, als offt in das noth beſchicht", was aber, wie Kreittmayr a. a. O. § 184 bemerkt, „ohne landesfürſtlichen Befehl und Vorwiſſen entweder gar niemal, oder wenigſt ſchon lang nicht mehr geſchehen iſt."

⁶ Ueber das Ceremoniell Kreittmayr a. a. O. § 184.

⁷ L. A. Frhr. v. Gumppenberg, das Erblandmarſchallamt von Oberbayern, oberbayer. Archiv für vaterländiſche Geſchichte III S. 97.

auf die Vorschläge verfertigte nach geschehener Beschlußfassung der Kanzler und überreichte sie gemeinsam mit dem Marschall dem Landesherrn. Letzterer erwiderte in Decretsform, und es ging der Schriftenwechsel in Replik, Duplik ꝛc. bis zur erzielten möglichsten Einigung über die Vorschläge fort. Das Ergebniß der Verhandlungen wurde beim Schlusse des Landtags vom Landesherrn in dem Landtagsabschiede zusammengefaßt.

Der zweite regelmäßige Berathungsgegenstand auf den Landtagen waren die gravamina statuum. Der libellus gravaminum wurde durch je 3 Deputirte jedes Standes unter Mitwirkung des
Kanzlers abgefaßt und dem Landesherrn übergeben, der seine Entschließungen auf die ständischen Beschwerden ertheilte, wonach dann der Schriftenwechsel in ähnlicher Weise wie bei den Propositionen
weiter ging.

Vor dem Schlusse des Landtages wurde ein Ausschuß von 4 Prälaten, 8 Rittern und 4 Bürgern,
je die Hälfte aus dem Ober- und Unterlande, gewählt. Diese „Verordnung" hatte von einem Landtage
zum andern die Landschaft zu vertreten und die Rechte der Stände wahrzunehmen. Hiezu kamen noch
behufs etwaiger Verstärkung des Ausschusses 16 Adjuncten, die sich unter die Stände in gleicher Weise
wie die Verordneten vertheilten, sowie 4 Rechnungsaufnehmer, je einer von den Prälaten und Bürgern
und zwei von den Rittern.

Dieser Ausschuß, zuerst 1514 bestellt⁸, erhielt 1612 eine Anweisung, welche auf dem letzten Landtage von 1669 einer Durchsicht unterzogen wurde⁹.

Die von diesem Landtage eingesetzte Verordnung war zwar nur auf neun Jahre bevollmächtigt
worden¹⁰, blieb aber gleichwohl, da ein Landtag nie mehr berufen wurde, beisammen. Beim Tode eines
Verordneten oder Adjuncten wurde durch die übrigen Mitglieder, beim Tode eines Rechnungsaufneh-
mers durch die anderen Rechnungsaufnehmer eine Ersatzwahl vorgenommen¹¹. Seit Karl Albert wurde
es üblich, daß die Verordneten sich vom Landesherrn einen Revers ausstellen ließen, er werde sie wegen
ihrer Willigungen bei dem nächsten Landtage vertreten¹².

Die thatsächliche Bedeutungslosigkeit der landschaftlichen Verordnung leuchtet aus Kreitt-
mayrs¹³ trockenem Berichte über ihren Geschäftsgang hervor. „Die ganze Landschaft oder das uni-
versale mit Einschluß der vier Rechnungsaufnehmer und des Landschaftskanzlers versammelt sich alle
Jahre regulariter nur einmal, und zwar nach heil. drei König in hiesiger Residenzstadt, um mit der
Landsherrschaft die gewöhnliche Postulatshandlung zu pflegen, welche kurz darin besteht, daß man gedachtes Postulat durch zwei auf dem Landhaus erscheinende churfürstliche commissarios mündlich und
schriftlich eröffnet, remonstranda dagegen remonstrirt, nach dem gewöhnlichen Schriftenwechsel endlich
den Schluß macht und solchen, soviel wenigst das bewilligte Steuerquantum betrifft, per mandatum
generale publicirt, sohin die Verordnung gegen gewöhnlichen Revers, daß sie ihrer Bewilligung halber
bei nächst künftigem Landtag vertreten werden solle, wiederum entlasset und bei Hof ausspeiset."¹⁴

Zu den landschaftlichen Organen gehörten auch die Steuereinnehmer (Landsteuerer), denen die
Erhebung der bewilligten Abgaben oblag¹⁵.

Die Landschaft hatte die Rechte einer Körperschaft. Sie war dem zu Folge vermögensfähig, hatte
eigenes Archiv, Siegel und Kanzlei und eine eigene Landschaftskasse, ferner das Recht, neue Mitglieder
aufzunehmen und ihre Bediensteten¹⁶ anzustellen und zu entlassen.

Die staatsrechtlichen Befugnisse der Landschaft erstreckten sich sowohl auf die innern wie auf die
auswärtigen Angelegenheiten.

Man sprach dabei von einem Vertretungsrechte (Repräsentationsrechte) der Stände. Damit

---

⁸ Panzer a. a. O. S. 152 Anm. 3; Rudhart a. a. O. II S. 71. Vgl. auch den 50. Freiheitsbrief von Lichtmeß 1514. Kreittmayr bemerkt a. a. O. § 183, es sei, was dieser Brief „von
den Zusammenkünften in der ordinari und verstärkten Anzahl, dann deren Verköstung mit sich
bringt, nicht mehr in usu". Dazu Rudhart a. a. O. II S. 298 Anm. 168.

⁹ Die Instr. vom 23. Febr. 1669 bei Panzer a. a. O. Beilage XI S. 105.

¹⁰ Rudhart a. a. O. II S. 297.　　¹¹ Kreittmayr a. a. O. § 182.

¹² Kreittmayr a. a. O. § 183; Rudhart a. a. O. II S. 305.

¹³ A. a. O. § 183.

¹⁴ Kreittmayr bemerkt weiter: „Außer jetztvermeldter Postulatshandlung kommen die Verordnete auch particulariter und zwar die oberländischen allhier, die unterländischen in Landshut das
Jahr zweimal zusammen, damit sowohl die Aufschlags- als Vorraths- und Steuerrechnungen allda
aufgenommen werden, jener Versammlungen zu geschweigen, welche sowohl unter den sogenannten
Anwesenden als den Adjuncten in landschaftlichen Angelegenheiten vorzugehen pflegen."

¹⁵ Nach Kreittmayr a. a. O. § 182 gelangte beim Ritterstande keiner zu landschaftlichen Aemtern, der nicht von altadeliger und seit wenigstens 80 Jahren im Lande begüterter Familie war.

¹⁶ Dies waren insbes. der Kanzler und das Kanzleipersonal, dann der Zinszahlmeister, Kassier,
die Steuerschreiber und Aufschläger.

wurde der Rechtssatz zum Ausdrucke gebracht, daß in denjenigen Angelegenheiten, bei welchen ihnen ein Mitwirkungsrecht zukam, dasselbe nicht auf jene Fälle sich beschränkte, wo ihrer oder ihrer Hintersassen Interessen betheiligt waren [17].

Auf dem Gebiete der inneren Landesangelegenheiten hatte die Landschaft vor Allem das Recht der Mitwirkung bei der Gesetzgebung. Dieses Recht bezog sich auf alle Gesetze ohne Unterschied, mochten sie die Rechte der Landstände berühren oder nicht; es war ferner nicht blos ein Recht des Beirathes, sondern auch der Zustimmung. Nur zum Erlasse von Vollzugsverordnungen zu den Gesetzen war der Landesherr allein befugt [18].

Allerdings entsprachen diesen Sätzen im späteren Verlaufe der Dinge die Thatsachen nicht mehr. Das Mitwirkungsrecht der Stände bei der Gesetzgebung wurde schon im 17. und noch mehr im 18. Jahrhunderte von den Landesherren vielfach mißachtet. Bereits oben wurde erwähnt, wie Maximilian I. hierin den Anfang machte [19], und wie dessen Sohn gegenüber dem Landtage von 1669 sogar erklärte, daß er den Ständen in Bezug auf die Gesetzgebung nichts weiter zugestehe, als die Abgabe eines Gutachtens, wenn sie etwa gefragt würden. Die Gesetzbücher Maximilian III. Josefs erwähnen zwar das „räthliche Zuthun" der Landschaft, d. h. ihres Ausschusses, wobei dahin gestellt bleiben mag, was man sich unter diesem Ausdrucke zu denken hat. Allein im Uebrigen ist in all den verschiedenen Generalien, Mandaten, Verordnungen des vorigen Jahrhunderts kein Grundsatz zu entdecken, welcher bezüglich der Beiziehung oder Nichtbeiziehung des landschaftlichen Ausschusses maßgebend gewesen wäre. Während Letzterer bei Berathung von Maßregeln zur Vertilgung der Spatzen seine Stimme erheben durfte, wurde er zum Oefteren da umgangen, wo es sich um Androhung von Karbatschstreichen und noch Schlimmerem für die Unterthanen handelte.

Sehr erheblich waren die landständischen Rechte in Bezug auf das Finanzwesen. Den Landständen kam vor Allem die Bewilligung der directen und indirecten Steuern zu [20]. Der Ausgangspunkt dieses Bewilligungsrechtes war der Gedanke, daß der Landesherr als solcher kein Recht besitze, Steuern zu fordern, sondern Abgaben nur als Grundherr verlangen könne. Die Steuererhebung stellte sich sonach als ein Eingriff in den Privatrechtskreis dar. Die Entrichtung von Steuern durch die freien Güterbesitzer erschien daher rechtlich nur als freiwillige Leistung möglich, die der Landesherr zu erbitten hatte. Dieses Verhältniß zum klaren Ausdrucke zu bringen, war der Zweck der Schadlosbriefe, welche sich die Stände bei ihren Steuerbewilligungen ertheilen ließen. Es ist einleuchtend, daß die erstarkende landesherrliche Gewalt und der mehr und mehr erwachende Staatsgedanke mit dieser privatrechtlichen Auffassung sich wenig zu befreunden vermochten. Und so zeigt sich denn in der Folge das Bestreben der Landesherren, sich Einnahmequellen zu verschaffen, die von der ständischen Willigung unabhängig sind. Dieselben werden im Finanzrechte zu erwähnen sein.

Hier ist noch der Umstand hervorzuheben, daß die Landesherren zur Durchbrechung des ständischen Steuerbewilligungsrechtes die Hilfe der Reichsgewalt schon sehr frühzeitig in Anspruch nahmen. So erwirkten die Herzoge bezüglich der Erhebung von Aufschlägen kaiserliche Privilegien, deren rechtliche Verbindlichkeit die Landstände allerdings bestritten [21].

Eine grundsätzliche Einschränkung aber erhielt das landständische Steuerbewilligungsrecht im Wege der Reichsgesetzgebung durch eine Reihe von Reichsabschieden, welche im Allgemeinen auf dem leitenden Gedanken beruhen, daß die Unterthanen für jene Leistungen zu steuern haben, welche den Reichs-

---

[17] Vgl. dazu Panzer a. a. O. S. 36 ff., 350 ff., Feßmaier, Grundriß des baier. Staatsrechts § 149. Die Stände, so sagte man, seien die Vertreter der Interessen des ganzen Volkes und daher auch der landgerichtlichen Unterthanen. Bei Feßmaier liest man Folgendes: „Die Unterthanen sahen durch Jahrhunderte alle Landesangelegenheiten von den Ständen in ihrem Namen berathen und widersprachen nicht, ratificirten also stillschweigend alle Handlungen ihrer Vertreter. Die Repräsentation der baierischen Stände für alle Unterthanen beruhet also auf stillschweigender Vollmacht." (!) Man vergleiche dagegen die bittern Auslassungen in der Schrift: Die Landstände von Bayern; Was waren sie? Was sind sie? Was sollen sie seyn? O. D. 1800, S. 123: „Man versammelt sich auf dem Landtage heißt eigentlich soviel, als: der Markt ist eröffnet. Der Fürst verlangt die Waare, Unterthanensteuer genannt, man marktet eine Zeit lang um ihre Quantität; die Landstände als Verkäufer fordern einen Preis dafür; der Fürst marktet nun seinerseits; man wird endlich einig, nur mit dem Unterschiede von andern ehrlichen Märkten, daß hier ein Dritter — das gemeine Volk — die Waare sowohl als den Preis dafür liefern muß. Man hieß dies die Postulatshandlung."

[18] Vgl. die Ausführungen bei Panzer a. a. O. S. 109—144, insbes. S. 136 ff.

[19] Vgl. auch den bezeichnenden Vorfall im Jahre 1604, über welchen M. Frhr. v. Freyberg a. a. O. III S. 161 berichtet.

[20] Vgl. zum Folgenden Panzer a. a. O. S. 145 ff.

[21] Insbes. ist das Privileg Maximilian II. vom 7. Febr. 1566 zu nennen. Vgl. Panzer a. a. O. S. 162 u. 182.

ständen gegenüber dem Reiche obliegen²². Es ist dies staatsrechtlich deshalb sehr bemerkenswerth, weil hiedurch zweifellos eine öffentlichrechtliche Steuerpflicht begründet wurde.

Den Anfang machte der Reichsabschied von Augsburg 1530, der in § 118²³ den Reichsständen gestattete, zum Zwecke der „eilenden Hülf gegen den Türken" ihre Unterthanen um „Hülf und Steuer" zu ersuchen. Der Reichsabschied von Nürnberg 1543 sprach in § 24²⁴ zum gleichen Zwecke die Steuerpflicht der Unterthanen aus. In ihrer weiteren Entwickelung stellte die Reichsgesetzgebung fest, daß jeder Reichsstand den Anschlag, welcher ihn von Reichswegen treffe, von seinen Unterthanen aufbringen möge, und das kaiserliche Commissionsdecret vom 12. Januar 1671²⁵ besagte, es könnten „die Landsassen und Unterthanen zu allem deme zu contribuiren angewiesen werden, was das Reich pro securitate publica verwilliget, die Executions-Ordnung vermag und die Landesdefension contra quemvis agressorem dem Herkommen und erheischender Nothburft nach erfordert"²⁶. Hienach waren auch die Kreissteuern auf die Unterthanen übergewälzt.

Die Reichsstände wurden ferner durch §§ 14 und 180 des jüngsten Reichsabschiedes²⁷ für berechtigt erklärt, zu den Kammerzielern, sowie zu den Kosten der Besetzung und Erhaltung der nöthigen Festungen, Plätze und Garnisonen die Unterthanen heranzuziehen. Durch ein kaiserliches Commissionsdecret vom 19. Juni 1670²⁸ wurde dies auch auf die Legationskosten zu Reichsdeputations- und Kreisconventen ausgedehnt.

Um dieselbe Zeit versuchten die Reichsstände, gegen das Steuerbewilligungsrecht der Landstände im Wege der Reichsgesetzgebung einen entscheidenden Schlag zu führen. Sie verlangten in einem Reichsgutachten, es möge reichsgesetzlich ausgesprochen werden, daß die Landstände, Landsassen, Städte und Unterthanen nicht nur zur „Landesdefensionsverfassung", sondern auch zu „Handhab- und Erfüllung" der dem Westfälischen Frieden nicht zuwiderlaufenden Bündnisse, ferner nicht nur zur Erhaltung und Besetzung der nöthigen, „sondern indefinite der Festungen, Orte und Plätze, auch zu Verpflegung der Völker und andern hiezu gehörigen Nothwendigkeiten ihren Landesfürsten, Herrschaften und Obern die jedesmal erforderten Mittel und folglich alles, was an sie und so oft es begehrt wird, gehorsamlich und unweigerlich darzugeben schuldig sein" sollten. Eine Klage dagegen bei den Reichsgerichten solle nicht angenommen, „auch denen Landständen, Landsassen und Unterthanen einige Privilegien und Exemptiones, wie sie auch Namen haben, oder zu was Zeit selbig erlangt sein möchten, nicht zu statten kommen." Der Kaiser lehnte dies jedoch inhaltlich des Commissionsdecrets vom 12. Februar 1671 rundweg ab und erklärte sich „gemüßiget, einen jeden bei dem, wessen er berechtigt und wie es bis dato observirt worden, in alle Wege verbleiben zu lassen"²⁹.

Nebst dem Rechte der Steuerverwilligung hatten die Stände auch Selbstverwaltungsrechte in Bezug auf die Steuern, welche von ihnen genehmigt wurden³⁰. Sie hatten die Befugniß, diese Auflagen — die landschaftlichen Gefälle — durch ihre eigenen Organe, die Steuereinnehmer oder Untersteuerer und die Obersteuerer, zu erheben³¹ und in die Landschaftskasse abzuführen, von wo dann entweder an den Landesherrn die verwilligten Beträge ausgezahlt oder die betreffenden Summen durch die Landschaft selbst zur gehörigen Verwendung gebracht wurden³². War ersteres der Fall, dann kam den

---

²² Vgl. zum Folgenden J. J. Moser, von der Landeshoheit in Steuersachen ꝛc.; Pütter, Institutionen des deutschen Staatsrechts §§ 255, 256; H. A. Zachariä, deutsches Staats- u. Bundesrecht II S. 483 ff.

²³ Neue und vollständige Sammlung der Reichsabschiede, welche von den Zeiten Kayser Konrads II. bis jetzo auf den Teutschen Reichs-Tagen abgefasset worden, sammt den wichtigsten Reichs-Schlüssen, so auf dem noch fürwährenden Reichs-Tage zur Richtigkeit gekommen sind. Franckfurt am Mayn bei Ernst August Koch. 1747. II S. 324.

²⁴ A. a. O. II S. 487. ²⁵ A. a. O. IV S. 84.

²⁶ Vgl. dazu Reichsexecutionsordnung von 1555 § 81, jüngster Reichsabschied von 1654 § 178, a. a. O. III S. 29, 674.

²⁷ A. a. O. III S. 645, 674. ²⁸ A. a. O. IV S. 80.

²⁹ Ueber die Einwirkung dieser reichsgesetzlichen Bestimmungen auf das bayer. Finanzrecht Panzer a. a. O. S. 197—205.

³⁰ Vgl. Steuerinstr. von 1612 §§ 46 ff. Sammlung von 1771, S. 242. Ueber die geschichtliche Entwickelung E. Rosenthal, Geschichte des Gerichtswesens u. der Verwaltungsorganisation Baierns I S. 398 ff.

³¹ S. die Instr. für die landschaftlichen Steuer- u. Aufschlagsbeamten von 1759 bei G. K. Mayr, Sammlung ꝛc. 1784, I S. 491.

³² Zuerst sind diese Rechte der Landschaft im 44. Freibriefe von 1463 zur dauernden Geltung gekommen, wo es heißt: „Es sol auch sollich hülff, so die gesetzt, geantwort werden den von der Landtschaft darzu erwelt sind, unnd bann nach unter unnd unter Räthe und derselbigen von der Landtschafft darzu gegeben Räth außgeben und angeleget werden zu unser notturfft, uns und Land und Leuten zu nutz und frommen." Ueber die geschichtliche Entwickelung Panzer a. a. O. S. 208 ff. u.

Ständen auch ein Recht der Aufsicht darüber zu, daß die Verausgabung der Gelder zu dem bestimmungs= gemäßen Zwecke erfolge ³³.

Aus dem Steuerbewilligungs= und Steuerverwaltungsrechte der Landstände ergab sich auch eine Einflußnahme derselben auf das Landesschuldenwesen, das theils unter ihrer ausschließenden, theils unter ihrer Mitverwaltung stand. Hierauf ist bei Darstellung des Finanzrechtes noch zurückzukommen.

Ob zur Veräußerung der Kammergüter die Zustimmung der Landstände erfordert werde, war ein in der Literatur des vorigen Jahrhunderts viel erörterter, aber nicht ausgetragener Streit ³⁴.

Auf dem Gebiete der auswärtigen Angelegenheiten hatten die Stände das allerdings thatsächlich wenig beachtete Recht, daß zum Abschlusse von Bündnissen, zu Kriegserklärungen und Friedensschlüssen ihre Zustimmung nothwendig war ³⁵. Landesveräußerungen waren ohne Genehmigung der Stände unstatthaft ³⁶.

§ 5. Persönliche ständische Vorrechte.

Von den körperschaftlichen Rechten der Stände unterschied man die persönlichen Vorrechte, durch welche die Angehörigen der Stände als bevorrechtete Unterthanen vor den nicht bevorrechteten, den Bauern, ausgezeichnet waren ¹. Zu den alten, in der Landschaft vertretenen Ständen gesellte sich mit der Ausbildung eines berufsmäßigen Beamtenthums ein neuer bevorrechteter Stand, derjenige der Staatsdiener, den man wohl auch als Amtsadel bezeichnete ².

Unter den ständischen Vorrechten sind die Vorrechte der Landsassen, die Edelmannsfreiheit und die Siegelmäßigkeit die wichtigsten.

Die Güter, an deren Besitz die Landsasseneigenschaft geknüpft war ³, theilten sich je nach dem Um= fange der damit verbundenen Gerichtsbarkeit in Herrschaften, Hofmarken und Edelsitze. Ueber die Ge= richtsbarkeitsverhältnisse wird besser im folgenden Abschnitte gehandelt werden. Die persönlichen Vor= rechte der Landsassen waren ihre Befreiung von der Gerichtsbarkeit der Landgerichte, so daß sie unmittel= bar unter den Landesdikasterien ⁴ standen, das Scharwerksrecht, das Jagdrecht und das Bierbraurecht, d. h. das Recht der Bereitung des Haustrunkes u. a. m. ⁵.

Die Edelmannsfreiheit ⁶ war ein besonderes Vorrecht eines Theiles des Adels, der deshalb als mehr gefreiter von dem minder gefreiten unterschieden wurde. Voraussetzung des Besitzes der Edel= mannsfreiheit war, daß die betreffende adelige Familie bei Erlassung des 60. Freibriefes d. i. im Jahre 1557 dem bayerischen Ritterstande beigethan gewesen war, oder besondere landesherrliche Verleihung ⁷. Die hauptsächlichste Wirkung der Edelmannsfreiheit war die durch den 60. Freibrief den adeligen Land= sassen bewilligte Gerichtsbarkeit, wovon später noch zu handeln ist ⁸. Außerdem waren noch folgende Vorrechte mit der Edelmannsfreiheit verknüpft:

1) Das Recht der persönlichen Ausübung des kleinen Waidwerkes außerhalb des eigenen Grundes und Bodens im „Landgerichtischen" ⁹;

Rockinger bei Lerchenfeld a. a. O. S. CCII Anm. 582, CCV, CCXXVII Anm. 617. 　³³ Panzer a. a. O. S. 228 ff.

³⁴ Vgl. Panzer a. a. O. S. 279—292 und die dort S. 245 Anm. 2 angegebenen Schriften.

³⁵ Vgl. erkl. Landesfreiheit Th. III Art. 2: „Wir sollen auch keinen Landkrieg anfahen, dann nach Rath unserer Landherren, Ritter und Knecht, Stätt und Märckt." Panzer a. a. O. S. 293 ff. Ueber die Betheiligung landschaftlicher Deputirter an den Verhandlungen mit dem französischen General Moreau 1796 a. a. O. S. 244 u. Rudhart a. a. O. II S. 325.

³⁶ Panzer a. a. O. S. 243 ff.

¹ Vgl. Kreittmayr, Grundriß des allg., deutsch= u. bayer. Staatsrechts § 185.

² Vgl. Kreittmayr, Anm. über den Cod. Max. Bav. Civ. Th. V Cap. 22 §§ 8 u. 16.

³ Vgl. darüber oben § 4 Anm. 3. 　⁴ Ueber den Begriff unten § 7 Anm. 3.

⁵ Vgl. die Schriftenangaben bei J. G. Feßmaier, Grundriß des baier. Staatsrechts § 128. Kreittmayr, Grundriß des allg., deutsch= u. bayer. Staatsrechts § 187. Ueber die Zoll= u. Maut= freiheit des Prälaten= u. Ritterstandes G. K. Mayr, Sammlung ꝛc., 1788, III S. 6 und 877.

⁶ Darüber Feßmaier a. a. O. §§ 129, 130; Kreittmayr a. a. O. § 189; H. L. Spengel, staatsrechtlicher Versuch über die Edelmannsfreiheit in Baiern, München 1799; Nibler, die Edel= mannsfreiheit in Bayern, Landshut 1808; G. K. Mayr, Sammlung ꝛc., 1784, II S. 1315. Ueber die Verhältnisse des oberpfälz. Adels J. J. Obernberger, histor. Abhandlung von den Freyheiten u. Privilegien des landsäßigen Adels in der Oberpfalz, Ingolstadt 1784; M. Gärtner, die Landsassen= freiheit in der obern Pfalz, Landshut 1807.

⁷ Kurf. Decret vom 1. März 1641 zur Erklärung des 60. Freiheitsbriefs in der Sammlung von 1771, S. 78. Vgl. oben § 3 Anm. 24.

⁸ Vgl. auch § 3 nach Anm. 22.

⁹ Darüber Kreittmayr, Anm. über den Cod. Max. Bav. Civ. Th. II Cap. 3 § 3 Nr. 23, G. K. Mayr, Sammlung ꝛc., 1784, I S. 212, und insbes. 1788, III S. 86 ff.

2) der Mannsvortheil bei der Erbfolge [10];

3) der gesetzliche Verzicht der Töchter auf das älterliche und brüderliche Erbe zu Gunsten des Mannsstamms [11].

Das Recht der Siegelmäßigkeit [12] stand den Landsassen und dem Adel, sowie einer Anzahl anderer Classen von Personen zu, insbesondere den Graduirten der Rechte, der Theologie und Medicin, den Oberofficieren, den Priestern, den Bürgermeistern und Patriciern der Hauptstädte und den höheren Staatsdienern. Die damit verbundenen Vorrechte lagen auf dem Gebiete des bürgerlichen Rechtes [13], des Prozeßrechtes [14] und der freiwilligen Gerichtsbarkeit [15].

3. Abschnitt.
Die Behörden der Rechtspflege und Verwaltung.
§ 6. Der geheime Rath und die geheime Conferenz.

Das höchste Collegium, in und mit welchem der Landesherr die Regierungsangelegenheiten in Berathung nahm, war, seit überhaupt eine entwickeltere Behördenverfassung sich ausgebildet hatte, also etwa seit den letzten Jahrzehnten des 16. Jahrhunderts, der geheime Rath [1]. In Abwesenheit des Landesherrn führte der Obersthofmeister den Vorsitz. Die Seele des Collegiums war indessen der geheime Rathskanzler, zugleich Vorstand der geheimen Rathskanzlei [2].

Unter Karl Albrecht wurde 1726 ein Ausschuß des geheimen Raths, die geheime Conferenz, ge-bildet, der aus einigen geheimen Raths- und Conferenzministern, worunter auch der Kanzler, bestand [3]. Dieser verdrängte thatsächlich den geheimen Rath so ziemlich aus seinem Antheile an den Staatsange-legenheiten [4]. Der Geschäftsgang in der Conferenz gestaltete sich in der Weise, daß jedem Minister ein bestimmtes „Departement" [5] zugetheilt war [6]. Den Einlauf eröffnete der Kurfürst selbst. Jedem Mi-nister wurde dann, was in sein Fach gehörte, von kurzer Hand durch den geheimen Cabinetssecretär zu-

[10] Kreittmayr a. a. O. Th. III Cap. 12 § 2 Nr. 2, d.

[11] Kreittmayr a. a. O. Th. III Cap. 11 §§ 8, 9.

[12] Vgl. darüber Kreittmayr, Anm. über den Cod. Max. Bav. Civ. Th. V Cap. 22 § 16. J. G. Feßmaier, Grundriß des baier. Staatsrechts §§ 131, 132, J. B. Graf, oberbayr. Archiv für vaterländische Geschichte III S. 313, Pözl, Lehrbuch des bayer. Verf.-Rechts S. 11 f.

[13] Beneficium competentiae bei Gant; Nutznießrecht am Muttergut der Kinder.

[14] Privilegirter Gerichtsstand vor den Dikasterien; kein Advokatenzwang, mildere Behandlung im Strafprozeß, insbes. Befreiung von der peinlichen Frage.

[15] Errichtung von Privaturkunden mit der Kraft öffentlicher Urkunden, Fertigung von Voll-machten, Verträgen, Hypotheken ohne obrigkeitliche Mitwirkung.

[1] Wo, wie Kreittmayr, Grundriß des allg., deutsch- u. bayer. Staatsrechts § 165 bemerkt, „nicht nur die in- u. auswärtigen Staatsangelegenheiten, sondern auch die gratialia und all andere Sachen, welche die subordinirte Stellen ihrer Instruction und Ordnung nach selbst abzumachen nicht autorisirt sind, regulariter vorzukommen pflegen".

[2] Ueber die Entwickelung des Kanzleramtes E. Rosenthal, Geschichte des Gerichtswesens u. der Verwaltungsorganisation Baierns, I S. 265 ff.

[3] Diese Entwickelung ist, wenn man Kleines mit Großem vergleichen darf, ähnlich wie die des englischen Cabinets aus dem privy Council. Vgl. R. Gneist, das englische Verwaltungsrecht der Gegenwart in Vergleichung mit den deutschen Verwaltungssystemen, 3. Aufl., Berlin 1883, I S. 201.

[4] Von vorübergehender Bedeutung war die 1688 eingesetzte Reformationsdeputation, welche eine Aufsicht zum Zwecke der Beseitigung von Mißständen in der gesammten Landesverwaltung aus-üben sollte. S. das Rescr. bei G. K. Mayr, Sammlung ꝛc., 1788, IV S. 961. Eine geh. Hofcom-mission zur Berathung von Maßregeln gegen die große Theuerung wurde 1770 angeordnet, G. K. Mayr ebenda S. 627. Ferner wurde an Stelle der vorherigen Finanz- (Status-) Commission bei der Hofkammer (darüber Kreittmayr a. a. O. § 169 u. G. K. Mayr, Sammlung ꝛc., 1788, IV S. 995) im Jahre 1786 eine Ministerialconferenz eingesetzt, deren Aufgabe die „Untersuchung des Cameralstatus und dessen jeder Einnahms- und Ausgabsposten", sowie die „Regulirung des Cameral-status" war. (G. K. Mayr, Sammlung ꝛc., 1788, III S. 202.)

[5] Das Departement der auswärtigen Angelegenheiten wurde nach Kreittmayr a. a. O. § 165 zuerst im Jahre 1764 gebildet.

[6] Karl Theodor nahm 1778 folgende Geschäftsvertheilung vor: Frhr. v. Vieregg: auswärtige Staatsgeschäfte; Frhr. von Hompesch: das gesammte Finanz-, Oekonomie- u. Kassenwesen in Kurbayern, Neuburg u. Sulzbach, Jülich u. Berg; Frhr. v. Kreittmayr: Reichs- u. Kreissachen, geistliche An-gelegenheiten, Hoheits-, Lehen-, Justiz- u. Polizeisachen in Kurbayern, Neuburg u. Sulzbach. Vgl. auch M. Frhr. v. Freyberg, Rede zum Andenken an den verewigten Staatsminister M. Grafen von Montgelas, München 1839, S. 68 Anm., G. Frhr. v. Lerchenfeld, Geschichte Baierns unter König Maximilian Joseph I S. 25.

gesendet. Der Minister hatte hienach über diese Gegenstände in der Conferenz Vortrag zu erstatten und die höchste Entschließung zu veranlassen, sowie die Ausfertigung der Conferenzschlüsse zu besorgen⁷.

§ 7. Das Revisorium, der Hofrath und die Regierungen.

Zur Handhabung der Rechtspflege bestand ein geordneter Instanzenzug von Landesgerichten¹. Die Cabinetsjustiz war jedoch keineswegs ausgeschlossen, der Landesherr konnte vielmehr gemäß der erklärten Landesfreiheit einen Civil- oder Strafrechtshandel aus „beweglichen Ursachen" vom ordent- lichen Richter ab und an sich selbst oder seine Räthe ziehen².

1. Das Revisorium. Die oberste Justizstelle³ des Landes war das Revisorium in München. Die Einrichtung einer Revisionsinstanz erfolgte durch Generale vom 17. April 1625, nachdem mit Er- langung des privilegium de non appellando illimitatum die Zuständigkeit des Kammergerichts für Bayern in Wegfall gekommen war. Die Aufgaben der Revisionsinstanz wurden vorerst dem geheimen Rathe übertragen⁴. Die zunehmende Geschäftslast führte indessen schon im Jahre 1644 zur Errichtung eines eigenen Collegiums von Revisionsräthen⁵. An dessen Spitze stand ein Director⁶ (und Vice- director). Es theilte sich in eine Ritter- und gelehrte Bank. Das Revisorium hatte nur Gerichts- barkeit in bürgerlichen Sachen; Straffachen und Polizeisachen fielen nicht in seine Zuständigkeit⁷. Für das Revisorium war die beim Hofrathe geltende Ordnung in soweit maßgebend, als nicht mit Rücksicht auf die Verschiedenheiten in Einrichtung und Zuständigkeit Abänderungen ausdrücklich ver- fügt waren⁸.

2. Der Hofrath. Der Hofrath⁹ war ein Collegium, bestehend aus einem Präsidenten¹⁰, Vice-

---

⁷ Vgl. die kurf. Verordn. vom 23. August 1778 bei G. K. Mayr, Sammlung ꝛc., 1784, II S. 1390.

¹ Das 1469 erlassene Landgebot der Herzoge Sigmund und Albrecht gegen die Berufung an die westfälischen Gerichte (vgl. darüber E. Rosenthal a. a. O. I S. 24 ff.) bei Fr. v. Krenner, baier. Landtagshandlungen in den Jahren 1429 bis 1513, V S. 375. Ueber die Wahrung der Jurisdiction in causis temporalibus gegen die Prälaten s. Rescr. vom 21. Juni 1670, G. K. Mayr, Samm- lung ꝛc., 1788, IV S. 744; über die kirchliche Gerichtsbarkeit E. Rosenthal a. a. O. I S. 38 ff.

² Erkl. Landesfreiheit Th. I Art. 6: „Ob aber beweglich ursach aine oder mer vorhannden wären, darburch wir vermainten ain sach selbs, oder durch unnser Hofräthe zu hörn, So mügen wir alßdann die Partheyen erfordern, die solln auch durch sich selbs, oder ir volmechtig anwälld erscheinen und güetlicher billicher hanndlung nach verhör der sachen gewartten" ... Vgl. J. J. Moser, von der Landeshoheit in Justizsachen ꝛc. S. 24, E. Rosenthal a. a. O. I S. 108 ff. Dieses landesherrliche Recht wurde noch 1787 und 1788 geübt und dabei hervorgehoben, daß es sich nicht bloß auf Civil-, sondern auch auf Straffachen erstrecke. Ein früherer Hofkammerrath, „ein Freigeist, welcher keinen Funken von Religion blicken läßt", wurde vom Kurfürsten „bei gesessener geheimer Conferenz" wegen Blasphemie abgeurtheilt und durch Rescr. vom 29. Juli 1788 verfügt, daß der Verbrecher, der sogar im Reuthurm „mit dem Thurmwächter zu raufen sich erfrecht" habe, auf unbestimmte Zeit nach dem Rottenberg zu verbringen sei. G. K. Mayr, Sammlung ꝛc., 1797, V S. 765.

³ Die mit Gerichtsbarkeit betrauten Collegien führten die Gesammtbezeichnung Dikasterien oder Justizdikasterien.

⁴ Im summarischen Prozesse ging bis dahin die Appellation von den Regierungen an den Hof- rath, vom Hofrath an den Landesherrn, wobei man es zunächst beließ.

⁵ Vgl. Kreittmayr, Anm. über den Codicem jur. Bav. judiciar. Cap. XV § 12.

⁶ Kein Präsident, weil man als dem Gerichte vorsitzend den Landesherrn ansah.

⁷ Vgl. Hofrathsordn., Art. III § 3 Anm.

⁸ Vgl. Kreittmayr, Grundriß des allg., deutsch- u. bayer. Staatsrechts § 166. Die für das Revisorium geltenden Abweichungen sind den Hofrathsordnungen von 1750 und 1779 anmerkungs- weise beigefügt. Vgl. wegen der Hofrathsordnungen unten Anm. 9. Ein Gutachten über eine neue Rathsordnung für das Revisorium war letzterem bereits durch kurf. Rescr. vom 20. Januar 1746 ab- verlangt worden. (S. G. K. Mayr, Sammlung ꝛc., 1788, IV S. 983.)

⁹ Ueber die geschichtliche Entwickelung des Hofraths vgl. E. Rosenthal a. a. O. I S. 108 ff., 236 ff., 409 ff., Manfred Mayer, Quellen zur Behördengeschichte Bayerns, Bamberg 1890, S. 20 ff., 133 ff., auch Buchner, Geschichte von Baiern VI S. 3. Die collegiale Verfassung des Hofraths erhielt im 16. Jahrhunderte ihre schärfere Ausbildung. Die Hofraths- und Hofrathskanzleiordnungen des 16. u. 17. Jahrhunderts sind, soweit erhalten, abgedruckt bei M. Mayer a. a. O. S. 133 ff., wozu noch G. K. Mayr, Sammlung ꝛc., 1799, VI S. 1. Neu verbesserte Hofrathsordnung vom 2. Juni 1750, Sammlung von 1771, S. 1. Neu verbesserte Hofrathskanzleiordnung von 1766 ebenda S. 21. Hofrathsordnung vom 10. August 1779, G. K. Mayr a. a. O. I S. 158. Hofrathskanzleiordnung von 1779 ebenda I S. 178. Archiv- u. Registraturordnung (für alle Collegien) von 1640, G. K. Mayr a. a. O., 1788, IV S. 953.

¹⁰ Seit 1573; früher führte der Landhofmeister den Vorsitz. E. Rosenthal a. a. O. I S. 440 Anm. 2.

2*

präsidenten und Kanzler[11], welche zusammen das Directorium bildeten, dann aus „einer hinlänglichen Anzahl Räthe von Grafen, Herren und Adeligen, auch graduirten oder sonst gelehrten Personen guten Namens und Herkommens"[12]. Der Hofrath theilte sich in die gelehrte und Ritterbank[13], seit 1779 auch in zwei Senate, bestehend aus Präsident und Kanzler, bzw. Vicepräsident und Vicedirector und der Hälfte der Räthe beider Bänke[14]. Die Hofrathskanzlei stand ursprünglich ausschließlich unter der Direction des Hofkanzlers, seit 1779 unter dem Plenum, zugleich jedoch unter der „vorzüglichen Aufsicht" des Kanzlers[15]. Der Geschäftsgang beim Hofrathe war durch die Hofraths- und Hofrathskanzleiordnung genau geregelt.

Die Zuständigkeit des Hofrathes erstreckte sich bis zu seiner Umgestaltung im Jahre 1779 sachlich auf Rechtspflege und Polizei; die Polizeisachen wurden ihm bei Errichtung der Oberlandesregierung entzogen. Die örtliche Zuständigkeit des Hofrathes war in der Weise bemessen, daß er für den Rentamtsbezirk München die Stelle der Regierung vertrat[16], für die andern Rentamtsbezirke aber Oberaufsichtsstelle und zum Theil auch Instanz über den Regierungen war[17].

Beim Hofrathe sollten alle in das Justizwesen einschlägigen Sachen angenommen und ausgemacht, jedoch Niemand in seiner rechtgehörigen Instanz verkürzt und den Unterregierungen oder anderen untergebenen Gerichten nicht vorgegriffen werden[18].

Dem Hofrathe stand die iurisdictio ordinaria in Civil-[19] und Strafsachen zu, ausgenommen jene „Malefizsachen", die „unter die Unterregierungen oder unter die des Malefizes berechtigten Stände gehören oder in das forum militare einschlagen". Die Unterregierungen waren dem Hofrathe in Strafsachen nicht untergeordnet. „Was einmal hierinfalls zu Rechte erkannt ist, solle ohne weitere Anfrage, auch ohne Gestattung einer Appellation alsofort zur Execution gebracht werden." Das Begnadigungsrecht war dem Landesherrn vorbehalten[20]. In Civilsachen nahm auch der Landesherr (Fiscus) vor seinen Räthen Recht[21].

In Polizeisachen hatte der Hofrath nach der HO. von 1750 (Art. III § 4) die Oberaufsicht und Anordnung über die Rentämter, doch durfte er, außer im Rentamte München, nichts ohne Einvernahme der Regierung verfügen und hatte in wichtigeren Sachen gemeinsam mit der Hofkammer zu verfahren, Bericht ad intimum zu erstatten und Resolution zu erwarten. Nach der HO. von 1779 hatte der Hofrath in Polizeisachen nur zu entscheiden, wenn iura partium et singulorum bestritten waren; im Uebrigen stand die „Oberaufsicht und Erhaltung einer guten Ordnung" der Oberlandesregierung zu[22].

Die geistlichen Sachen hatte der Hofrath nach der HO. von 1750[23] benehmlich mit dem geistlichen Rathe, welchem die „Incumbenz hierin hauptsächlich übertragen" war, zu behandeln. Nach der HO. von 1779 ist die Oberlandesregierung hinsichtlich der Obsorge für die „landesherrlichen Rechte circa ecclesiastica und das Kirchenrechnungswesen" an Stelle des Hofraths getreten. Letzterem verblieben nur die caussae privatae einzelner Kirchen[24].

Die Grenzsachen und alle Irrungen mit den benachbarten Ständen, welche nach der HO. von 1750 (Art. III § 7) der Hofrath nach Vernehmung der einschlägigen Regierung und communicato consilio mit der Hofkammer zu behandeln hatte, gehörten nach der HO. von 1779[25] zur Oberlandesregierung.

---

[11] E. Rosenthal a. a. O. I S. 442 f. Auch ein Vicedirector als Stellvertreter des Kanzlers kam vor. G. K. Mayr, Sammlung ꝛc., 1797, V S. 759.

[12] HO. Art. I § 1. Bei Neubesetzungen hat der Hofrath das Gutachten.

[13] HO. Art. II § 1. Mitglied der Ritterbant war auch der Hofoberrichter, dem hauptsächlich die „prima cognitio, inspectio et executio" im hauptstädtischen Polizeiwesen zukam. Vgl. Kreittmayr, Grundriß des allg., deutsch- u. bayer. Staatsrechts § 116, E. Rosenthal a. a. O. I S. 229 ff., bes. S. 235. Die Hofoberrichterinstr. vom 5. August 1655 bei G. K. Mayr, Sammlung ꝛc., 1797, V S. 720. Das kurf. Rescr. vom 13. Oct. 1790 ebenda S. 14.

[14] Rescr. vom 3. Dec. 1779 bei G. K. Mayr, Sammlung ꝛc., 1797, V S. 759. Ueber frühere Senatseintheilungen E. Rosenthal a. a. O. I S. 449 ff.

[15] HO. Art. I § 4.

[16] Er war für diesen Bezirk Appellationsinstanz über den Untergerichten und erste Instanz in einer Mehrzahl von bürgerlichen und in Strafrechtssachen. Vgl. Kreittmayr, Anm. über den Cod. jur. Bav. judiciar. Cap. I § 11, c.

[17] Vgl. Hofrathsordn. von 1750 und von 1779 Art. III §§ 2 und 4 und Kreittmayr a. a. O. Cap. XV § 4, h.

[18] In Lehensachen stand nach Art. III § 12 der HO. das extraiudiciale dem Lehenhof, das iudiciale dem Hofrathe zu. Bei strittigen Jurisdictionsfällen mit oder zwischen den Hofstäben sollte er nach § 13 die Entscheidung der höchsten Stelle einholen.

[19] HO. Art. III §§ 1 und 2. Ueber die Zuständigkeit des Hofraths und der Regierungen in Civilsachen Kreittmayr, Anm. über den Cod. iur. Bav. judiciar., Cap. I § 11, c.

[20] § 3.   [21] § 5. Vgl. auch oben § 3 Anm. 21.   [22] § 4.   [23] Art. III § 6.   [24] § 6.   [25] § 7.

Bei liquiden Kammer= und Landschaftsgefällen sollte der Hofrath keinen Prozeß gestatten, sondern auf Ersuchen die Execution fördern helfen. Wo sich aber solche Sachen auf den Rechtsweg eigneten, sollte darüber vor Allem mit der Hofkammer, bzw. der Landschaft in's Benehmen getreten werden ²⁶.

In Münzsachen hatte nach der H.O. von 1750 ²⁷ die Hofkammer das Directorium benehmlich mit dem Hofrathe. Nach der H.O. von 1779 stand das Directorium in Münzsachen, „insoweit sie die Erhöherung oder Verminderung des Geldcurses und dergleichen das allgemeine Wohl der Churlande betreffen", der Oberlandesregierung zu ²⁸.

Nach der H.O. von 1750 ²⁹ war „dem Hofrath der rentmeisterliche Umritt insoweit subordinirt, als er in das Justiz= und Polizeiwesen einschlägt". Dagegen verfügte die H.O. von 1779: „Da in Zukunft die Rentmeister nur mehr die blosen Cameralia zu besorgen haben, und derselben bisherige übrige Verrichtungen unter die Gegenstände der obern Landesregierung gehören, so sind auch daselbst das Umrittwesen und andere ihr angewiesene Geschäfte alldort zu besorgen." ³⁰

Die Bestätigung der bürgerlichen Rathswahlen, Ertheilung allerlei Freiheiten und Gerechtigkeiten, Majorennitätserklärungen, Ertheilung der venia aetatis, Legitimationen und Dispensationen, wie auch die Aufnahmen und Immatriculationen der Advocaten, Pfalzgrafen, Notarien und Procuratoren, was Alles früher dem Hofrathe zustand, gebührte nach der H.O. von 1779 der obern Landesregierung ³¹.

3. Die Regierungen. In den Rentamtsbezirken Burghausen, Landshut und Straubing nahmen die Regierungen ³² die Stelle des Hofraths ein ³³. Der Vorstand der Regierung war der Vicedom (Vizthum), ein Titel, der an die früher bestandene Eintheilung des Landes in Vizthumämter erinnert ³⁴. Das Collegium gliederte sich in die Ritter= und gelehrte Bank. Außerdem war ein Kanzler aufgestellt ³⁵. Auf die Regierungen ³⁶ fanden die Hofrathsordnungen mit jenen Aenderungen Anwendung, welche den einzelnen Paragraphen derselben anmerkungsweise beigefügt waren ³⁷.

§ 8. Die Oberlandesregierung und das Commerciencollegium.

Die Oberlandesregierung wurde durch kurfürstliches Edict vom 16. August 1779 errichtet ¹. Der Grund der Maßregel war der, daß die beiden bestehenden Obercollegien, Hofrath und Hofkammer, zur Erledigung der sich mehrenden Geschäfte nicht mehr ausreichten; ferner das Bedürfniß nach Ausscheidung innerlich verschiedener Angelegenheiten ². Es sollten dem Hofrathe „lediglich die Civil= und

---

²⁶ § 8.   ²⁷ Art. III § 9.
²⁸ § 9.   ²⁹ Art. III § 10.   ³⁰ § 10.
³¹ § 15. Es wurde ein Examen practicum für die Advocaten ꝛc. eingeführt. Die Prüfungscommission bestand aus dem Oberlandesregierungspräsidenten und je zwei Räthen der Oberlandesregierung und des Hofraths. Gutachten des Hofrathsplenums und Entscheidung über Befähigung oder Nichtbefähigung durch die Oberlandesregierung.
³² Auch äußere Regierungen oder Regimenter genannt.
³³ In Amberg bestand gleichfalls eine Regierung. Die Regierung zu Landshut wurde 1779 aufgehoben, schon 1784 aber wieder hergestellt. Vgl. G. K. Mayr, Sammlung ꝛc., 1784, II S. 1352, 1420. Eine Uebersicht der Eintheilung der Rentämter nach Aufhebung und nach Wiederherstellung des Rentamtsbezirkes Landshut ebenda I S. 188, II S. 1421.
³⁴ Ueber die Eintheilung im 13. Jahrhunderte Rockinger bei G. Frhrn. v. Lerchenfeld, die altbaier. Landständischen Freibriefe ꝛc. S. LIII. Ueber die vicedomini Riezler, Geschichte Baierns II S. 172, E. Rosenthal a. a. O. I S. 275 ff.
³⁵ Vgl. J. J. Moser, Einl. in das churf. bayer. Staatsrecht Cap. 11 §§ 11—15.
³⁶ Ueber das Rathscollegium zu Ingolstadt Kreittmayr, Anm. über den Cod. jur. Bav. judiciar. Cap. I § 11 c.
³⁷ Ein Sondergericht wurde durch Mandat vom 11. Aug. 1664 zur Aburtheilung von Wildschützen eingesetzt — das Wildschützencollegium. Dasselbe hatte aber keinen langen Bestand. Vgl. darüber M. Frhr. v. Freyberg, pragmatische Geschichte der bayer. Gesetzgebung u. Staatsverwaltung ꝛc. II S. 25, Kreittmayr, Grundriß des allg., deutsch= u. bayer. Staatsrechts § 166, G. K. Mayr, Sammlung ꝛc. I S. 35 u. 36.
¹ G. K. Mayr, Sammlung ꝛc., 1784, I S. 392. Ueber die bei der Oberlandesregierung im J. 1781 angeordnete Almosendeputation zur Besorgung des Münchener Almosenwesens ebenda II S. 960.
² Die Instr. bemerkt in § 1, die dem Hofrathe und der Hofkammer seither überwiesenen Gegenstände seien „so beschaffen und so unterschieblich", „daß fast die Behandlung der einen Gattung deren selben vor einer und der nämlichen Stelle die Berathschlagung über die andere und deren Wirksamkeit behindert". Vgl. auch die Ausführungen im Edicte selbst.

Malefizhändel", der Hofkammer „die nur in das eigentliche Finanz-, Steuer- und Cameralwesen ein-
schlagende Vorwürfe" überwiesen bleiben, die „übrigen wichtigen Landes- und Polizeigeschäfte" aber
der oberen Landesregierung obliegen[3].

Die neue Stelle wurde mit 15 Personen „vom Grafen-, Herren-, Ritter- und gelehrten Stande"
besetzt. Das Directorium bildeten der Oberlandes-Regierungs-Präsident[4], der Vicepräsident und der
Vicekanzler, letzterer zugleich Kanzleidirector[5]. Der Geschäftskreis der Oberlandesregierung war ein
sehr umfassender[6].

In denselben gehörten vor Allem die Beziehungen zum Reiche, nemlich die Kreissachen,
soferne sie nicht vom Kurfürsten selbst oder dem Ministerium dirigirt wurden, die Prozesse bei den
höchsten Reichsgerichten und die von den Reichsgerichten dem bayerischen Kreisausschreibamte auf-
getragenen Commissionen und Executionen[7]; ferner die Beziehungen zu den Nachbarländern, Grenzsachen und nachbarliche Streitigkeiten[8].

Der Oberlandesregierung waren außerdem die Angelegenheiten überwiesen, welche die Verfassung des Landes im Weltlichen und Geistlichen betrafen[9]. Die geistlichen Sachen sollte die Oberlandesregierung „mit und nebst" dem ihr „absonderlich bei- und untergeordneten" geistlichen Rathe
behandeln[10]. Als weltliche Verfassungsangelegenheiten sind zu erwähnen die Wahrnehmung der
Rechte des landesherrlichen Hauses[11], die Landtags- und Landschaftssachen[12], die nicht streitigen Lehensachen[13], „Handhabung und Schützung der gesammten Unterthanen so Ge- als Ungefreiten bei ihrem
wesentlichen Stande"[14].

Der Oberlandesregierung kam auch die Dienstesaufsicht über die untergebenen Regierungen,
Land- und Pflegegerichte, dann sonstigen Aemter und Stellen zu[15], insbesondere die Vornahme von
Landesvisitationen[16]; ferner die Prüfung der Candidaten für „Jurisdictionalbedienungen" und Ad-
vocatur, der ersteren mit der Hofkammer, der letzteren mit dem Hofrathe gemeinschaftlich[17].

Nebstdem oblagen ihr die Aufgaben der inneren Verwaltung: wie der „Bedacht auf die erweiternde Bevölkerung"[18], die Sicherheitspolizei und das Armenwesen[19], die Gemeindeaufsicht, insbesondere über den gemeindlichen Haushalt und die Handhabung der Ortspolizei, dann die Bestätigung der Rathswahlen[20], das Schulwesen auf dem Lande wie in Städten und Märkten[21], die
Sorge[22] für das Münzwesen[23], für Hebung des Credits unter Bekämpfung des Wuchers[24], für Land-

---

[3] Edict Abs. III. Vgl. auch Instr. § 6 Ziff. 60, „alle Sachen die von Uns an die obere Landesregierung verwiesen werden, auch dem Hofrathe und der Hofkammer nicht besonders übertragen sind."
[4] Die Verordn. vom 12. Jan. 1796 (G. K. Mayr, Sammlung x., 1797, V S. 386) übertrug
diesem auch die Leitung der neu errichteten Polizei-Oberdirection für München. Letztere wurde unterm
27. Jan. 1798 wieder aufgehoben und Graf Rumford persönlich mit der Polizeidirection betraut
(G. K. Mayr, Sammlung x., 1799, VI S. 110). Als die Polizei noch zum Hofrathe zuständig war,
hatte München einen 1759 errichteten Polizeirath, in dessen Stellung und Geschäftskreis 1768 u. 1775
Aenderungen getroffen wurden. (G. K. Mayr, Sammlung x., 1784, II S. 775, 810, 905.) Vgl. auch
Kreittmayr, Grundriß des allg., deutsch- u. bayer. Staatsrechts § 166.
[5] Instr. §§ 2—4.
[6] Er ist durch § 6 der Instr. in 60 Ziffern normirt.
[7] Ziff. 4, 7, 8.
[8] Ziff. 5, 6 „auf vorherige genugsame Vernehmung der Unterregierungen und Aemter, worin
dergleichen sich begeben, sodann communicato consilio mit der Hofkammer und Hörung des Archivs".
Ueber die frühere „Gränizdeputation" vgl. kurf. Rescr. vom 14. April 1773 bei G. K. Mayr, Sammlung x., 1788, IV S. 997.
[9] Ziff. 1.   [10] Ziff. 2; vgl. auch Ziff. 34.   [11] Ziff. 56.   [12] Ziff. 3.   [13] Ziff. 9.
[14] Ziff. 12. Dazu vgl. Ziff. 57 „die Untersuchung der ohne höchste unmittelbar landesfürstliche
Bewilligung in der obern Pfalz erschlichenen Landsassenfreiheiten."
[15] Ziff. 13, 15—19, s. auch § 42 (Bedachtnahme auf Verminderung der Beamten).
[16] Ziff. 18.   [17] Ziff. 55.   [18] Ziff. 48.
[19] Ziff. 10, 11, 20—23. In Ziff. 32 und 33 wird die Handhabung der Luxusgesetze eingeschärft.
[20] Ziff. 25, 52—54.
[21] Ziff. 24. Es soll auf Vermehrung der Schulen Bedacht genommen und da, „solche große
Aufwände erfordern", wegen deren Bestreitung aus den ad pias causas vorhandenen Mitteln mit
dem geistlichen Rathe berathschlagt werden.
[22] Das Folgende wird in Ziff. 26 unter der Bezeichnung „die Generaldirection der allgemeinen
Landespolizei" zusammengefaßt.
[23] Ziff. 35.
[24] Ziff. 36, 38. Ziff. 37 spricht ferner von der „Einführung der wohleingerichteten Hypothekenbücher bei jeglichem Ort und Gericht".

und Wasserstraßen²⁵, für Gewerbe, Industrie und Fabriken²⁶, für Land- und Forstwirthschaft²⁷, für das Gesundheitswesen²⁸.

Der Oberlandesregierung wurde endlich gemeinsam mit der Hofkammer die Einleitung der Steuerreform²⁹ und die Revision der Taxordnungen³⁰ übertragen.

Im Jahre 1788 erhielt sie auch die Geschäfte des aufgehobenen Commerciencollegiums zuge= wiesen. Die Organisation dieses Collegiums³¹, welches unmittelbar dem Kurfürsten unterstand, be= ruhte auf dem Generale vom 15. März 1689³². Das Collegium wurde mit sechs dem Revisorium, dem Hofrathe und der Hofkammer entnommenen „Commercienräthen" besetzt.

Es sollte sich nach der Instruction vom 22. Mai 1690³³ mit Beförderung des Handels befassen, die Direction und Aufsicht über die kurfürstlichen Fabriken, Manufacturen und Accishäuser führen, als oberste Behörde in Handelssachen insbesondere die letzte Instanz in Confiscationsfällen über den äußern Behörden und dem Hofrathe bezw. den Regierungen bilden, die Güter- und Waarenbeschauer, sowie die Commercien=Ueberreiter aufstellen, die Hausirpatente und Gewerbepässe ertheilen.

Die Bestimmungen über die Zuständigkeit des Collegiums sind keineswegs sehr klar. Dasselbe gerieth auch in der Folge, wie ein kurfürstlicher Erlaß vom 2. April 1748 sich ausdrückt, „in völligen Verfall und Abgang"³⁴. Durch dieselbe Entschließung³⁵ wurde dem wieder erneuerten Collegium „zu Vermeidung vieler Confusion und Unordnungen" „seines unabsonderlichen Zusammenhangs wegen" Alles zugewiesen, „was in Manufactur=, Commercien=, Maut=, Zoll=, Accise=, Aufschlags=, Tobacks= und anderen dahin einschlagenden Sachen bishero von unterschiedlichen Stellen und durch verschiedene Deputationen besorgt worden" war.

Eine nähere Ausscheidung der Zuständigkeiten zwischen dem Collegium, der Schuldenwerks= deputation³⁶ und den Justizdikasterien erfolgte durch Regulativ vom 12. Januar 1754³⁷.

Das Commerciencollegium wurde 1759 zu einer Deputation der Hofkammer gemacht³⁸, 1765 als ordentliches Collegium wieder hergestellt³⁹, durch die Hofkammerordnung von 1779 jedoch abermals,

---

²⁵ Ziff. 29.
²⁶ Ziff. 27, 28, 30, 31, 49. Vgl. auch G. K. Mayr, Sammlung ꝛc., II S. 995 und 996, über Gewerbepatente V S. 100. Eine neue Schöpfung von höchst zweifelhaftem Werthe war die durch Rescr. vom 28. Dec. 1781 angeordnete „Maulbeerbaum=Plantage= und Seidenzuchtdirection" (auch ge= heime oder General=Seidenzuchtsdirection genannt). Vgl. G. K. Mayr, Sammlung ꝛc., 1788, III S. 448, 583. Mit der Hebung der Seidenzucht beschäftigte sich schon ein Rescr. Maximilians I. vom 5. Sept. 1625, a. a. O. S. 449.
²⁷ Ziff. 39—47, 51; insbesondere wird die Bemeierung und Aufrichtung der „in Menge vor= handenen" öden Höfe erwähnt. Vorher bestand für „allgemeine Einrichtungen und Anstalten" zur Förderung der Landwirthschaft ꝛc. eine Landverbesserungs= und Landesökonomiecommission. (Vgl. die Erlasse vom 8. März 1762 und 2. Juni 1773, G. K. Mayr, Sammlung ꝛc., IV S. 993 und I S. 79.) Deren Aufgabe ging auf die Oberlandesregierung über. (Vgl. Erlaß vom 7. Nov. 1783 Ziff. 1, G. K. Mayr, Sammlung ꝛc., II S. 1011; s. auch IV S. 699.). Durch kurf. Entschl. vom 8. Mai 1787 (a. a. O. IV S. 712) wurden die Landesculturachen dem Fiscalatsdepartement der Hofkammer übertragen, diese Anordnung aber schon unterm 24. Oct. gl. Js. (a. a. O. S. 717) wieder zurück= genommen. Die Errichtung eines Landgestüts im Jahre 1770 wurde eine gemeinsame kurf. und land= schaftliche Landgestütscommission niedergesetzt, die auch in der Folge beibehalten wurde. S. Samm= lung ꝛc. von 1771, S. 585. Das Gestüt ging 1800 ein und wurde 1808 wieder errichtet. Vgl. auch Repert. über die Landtagsverh. 1819 S. 467 Anm.
²⁸ Ziff. 50 „die Sanitätsanstalten und Bedacht auf die Anstellung geschickter Land=Physicorum und Chyrurgorum, auch Hebammen und Ausfindung derselben Besoldung und Unterhaltsmittel."
²⁹ Ziff. 58 und 59. „Die hochnothwendige Einleitung der endlichen Bevollständigung des ordentlichen, rechtmäßigen und unverwerflichen durchgängigen Steuerfußes oder Matrikels, und dessen Verbesserung nach denen von Unserer Hofkammer zu gesinnenden Anmerkungen, und mit der Landschaft abzuschließenden Maßregeln, namentlich der länger unvermeidlichen Aequiparation oder Gleichstellung."   ³⁰ Ziff. 14.
³¹ Vgl. über dasselbe auch Kreittmayr, Grundriß des allg., deutsch= u. bayer. Staats= rechts § 175.
³² Nach M. Frhr. v. Freyberg, Geschichte der bayer. Gesetzgebung u. Staatsverwaltung ꝛc. II S. 281 ist dasselbe zuerst durch Maximilian I. in's Leben gerufen worden.
³³ Abgedruckt bei G. K. Mayr, Sammlung ꝛc., 1788, III S. 379. Vgl. auch über die Stellung des Collegiums ebenda S. 386.   ³⁴ Max Emanuel und Karl Albrecht „erneuerten" es.
³⁵ G. K. Mayr, Sammlung ꝛc., 1784, I S. 538.
³⁶ Diese hatte die Defraudations= und Confiscationsverhandlungen bezüglich der Braunbier= aufschlags= und der Wein- und Branntweinaccise.
³⁷ S. dasselbe bei G. K. Mayr, Sammlung ꝛc., 1784, I S. 550; ferner das Mandat vom 23. Mai 1770 in der Sammlung von 1771, S. 383.
³⁸ Kreittmayr, Grundriß des allg., deutsch= u. bayer. Staatsrechts § 170.
³⁹ G. K. Mayr, Sammlung ꝛc., 1784, I S. 589 Nr. 35.

mit der Mautdeputation, eine Abtheilung der Hoftammer[40]. 1788 wurde es aufgehoben und seine Erbschaft, wie erwähnt, der Oberlandesregierung zugewiesen[41].

§ 9. Besondere Collegien für einzelne Zweige der Rechtspflege und Polizei.

1. Die Wechselgerichte. Besondere Gerichte für Wechselstreitigkeiten wurden zuerst durch die Wechsel- und Gerichtsordnung vom 1. Juli 1776[1] geschaffen. Dieselben hatten sämmtlich ihren Sitz in München. Das Wechselgericht erster Instanz hatte einen Wechselrichter und fünf Assessoren nebst zwei substituirten Assessoren aus dem Stande der Münchener Wechsler und Kaufleute[2]. Das Appellationswechselgericht war beim Commerciencollegium. Mitglieder waren der Präsident und zwei Räthe des letzteren, zwei Justizräthe und zwei Richter vom Handelsstande[3]. Letzte Instanz war das Revisorium[4].

Anläßlich der Verkündigung einer verbesserten Wechselordnung am 24. November 1784[5] wurde das Wechselgericht erster Instanz ohne eine Aenderung seiner Zusammensetzung in ein Wechsel- und Mercantilgericht umgewandelt[6], über welchem das Wechsel- und Mercantilgericht zweiter Instanz und als dritte Instanz das Revisorium stand[7]. Durch Mandat vom 11. Mai 1788 wurde jedoch die dritte Instanz in Wechsel- und Mercantilsachen aufgehoben[8].

2. Der geistliche Rath[9]. Der Hofrath zählte ursprünglich auch die Wahrnehmung der landesherrlichen Rechte in Bezug auf das Kirchenwesen unter seine Aufgaben[10]. Vorübergehend, von 1557—1559, war eine besondere Deputation desselben für Kirchenangelegenheiten unter dem Namen „Religionsrath" gebildet[11]. 1570 wurde zuerst ein selbständiges Collegium für diese Gegenstände errichtet, der Religions- und geistliche Lehenrath[12], auch geistlicher Rath genannt[13]. Die Concordatsverhandlungen der Jahre 1578 bis 1583 führten zu einer Aenderung in seiner Zusammensetzung insoferne, als überwiegend Geistliche in denselben berufen wurden. Probst, Dechant und ein Canonicus des Stifts zu Unserer Lieben Frau in München wurden Mitglieder des Collegiums. Der geistliche Rath erhielt zugleich eine neue Instruction[14]. Nach einer von Maximilian I. erlassenen Rathsinstruction vom 20. December 1608[15] sollten der jeweilige Probst und Dechant des Frauenstifts und der jeweilige Dechant zu St. Peter in München, sowie die eigens hiezu ernannten Chorherren des ersteren Stifts den geistlichen Rath bilden und demselben in wichtigen Fällen der Hofkanzler, außerdem auch etliche Hofräthe beigegeben sein. Präsident war der Probst, dessen Vertreter der Dechant von U. L. Frau. Diese Instruction erfuhr unterm 2. Juli 1629 eine Durchsicht[16]. Unterm 30. August 1768[17] verfügte Kur-

---

[40] § 1 der Verordn. G. K. Mayr, Sammlung ꝛc., 1784, I S. 406.

[41] G. K. Mayr, Sammlung ꝛc., 1788, IV S. 1076.

[1] G. K. Mayr, Sammlung ꝛc., 1784, I S. 92.

[2] WGO. Th. II Tit. 1 § 2. Ueber die ersten Ernennungen siehe Mayr a. a. O. S. 107. Der erste Wechselrichter war der Münchener Bürgermeister v. Reindl.

[3] WGO. Th. II Tit. 2 § 2.   [4] WGO. Th. II Tit. 3.

[5] G. K. Mayr, Sammlung ꝛc., 1788, III S. 59.

[6] Neue WGO. Th. II, Cap. 2 § 1.

[7] Neue WGO. Th. II, Cap. 9 § 2.

[8] G. K. Mayr, Sammlung ꝛc., 1788, III S. 113.

[9] E. Rosenthal a. a. O. I S. 506 ff., Manfred Mayer, Quellen zur Behördengeschichte Bayerns, Bamberg 1890, S. 3 ff., 87 ff.

[10] Ueber die älteren Verhältnisse E. Mayer, die Kirchenhoheitsrechte des Königs von Bayern, München 1884, S. 22 ff.; auch Kreittmayr, Grundriß des allg., deutsch. u. bayer. Staatsrechts § 167.

[11] E. Mayer a. a. O. S. 33. Die Instr. vom 3. Oct. 1557 bei F. J. Lipowsky, Argula v. Grumbach, gebornc Freiinn v. Stauffen (Akad. Abhandlung), München 1801, Beil. XII u. bei M. Mayer a. a. O. S. 87.

[12] Instr. vom 5. Jan. 1570 bei M. Mayer a. a. O. S. 89.

[13] Instr. vom 5. Oct. 1573 bei F. J. Lipowsky a. a. O. Beil. XIII und bei M. Mayer a. a. O. S. 96.

[14] Instr. vom 10. März 1584 bei M. Mayer a. a. O. S. 100. Vgl. M. Frhr. v. Freyberg, pragmat. Geschichte der bayer. Gesetzgebung ꝛc. III S. 183, Kreittmayr a. a. O. § 167 S. 359.

[15] Abgedr. bei M. Mayer a. a. O. S. 113.

[16] Auszug bei Freyberg S. 187. Ueber Versuche Freisings, den geistlichen Rath nicht anzuerkennen, G. K. Mayr, Sammlung ꝛc., 1788, IV S. 762.

[17] G. K. Mayr, Sammlung ꝛc., 1784, II S. 1089. Ueber die Errichtung einer Kirchenbauconcurrenzcommission im Jahre 1770 Sammlung von 1771, S. 493; über die Rechnungsaufnahmscommission G. K. Mayr, Sammlung ꝛc., 1797, V S. 478, 483, 486.

fürst Maximilian III. Josef eine Aenderung der Zusammensetzung des geistlichen Rathes in der Absicht, denselben „auf einen anderen sowohl seinem ersten Institut als der älteren Observanz gleichförmigen Fuß zu setzen". Das Collegium erhielt einen weltlichen Präsidenten [18], einen weltlichen und geistlichen Director, ersterer Vertreter des Präsidenten, ferner vier weltliche und drei geistliche Räthe. Der Unterschied der geistlichen und weltlichen Bank wurde beseitigt [19]. Die zugleich in Aussicht gestellte neue Rathsinstruction wurde erst unterm 16. August 1779 von Karl Theodor erlassen [20].

Max Josefs Verfügung über die Zusammensetzung des geistlichen Rathes wurde unter seinem Nachfolger nicht lange aufrecht erhalten. Am 25. April 1783 [21] wurde bekannt gegeben, daß der Kurfürst „aus mehr erheblichen Ursachen" beschlossen habe, den geistlichen Rath „in den vorigen Stand, worin sich selber seit An. 1629 bis auf diese letztere Zeiten der vorig kurfürstlichen Regierung befunden habe, wiederum zurück, mithin nicht nur den gesammten Vorstand desselben mit Personen geistlichen Standes zu besetzen, sondern auch zwei Bänke, nemlich die geistlich- und weltliche darin herzustellen". Hienach wurde das Präsidium dem Propst des Frauenstifts, das Vicepräsidium dem Abt Häffelin, das Directorium dem Dechanten von St. Peter übertragen und die geistliche Bank mit sechs, die weltliche mit drei Mitgliedern besetzt. Zugleich wurde eine neue Instruction erlassen [22]. Die Instruction bezeichnete als die Gegenstände, womit sich der geistliche Rath hauptsächlich zu beschäftigen habe, die Religion und die geistliche Disciplin, dies vorzugsweise im Sinne einer Unterstützung der geistlichen Gewalt, ferner die geistlichen Beneficien, Lehenschaften und Installationen, die geistlichen Güter und die Kirchengelder, die geistlichen Verlassenschaften, die Klöster und die Wahl ihrer Obern, die bischöflichen Visitationen d. h. deren Förderung nach Maßgabe der Concordate, das Volksschulwesen, jedoch unbeschadet der Zuständigkeit der Schulcuratel, an welche die Schulsachen und die dieselben betreffenden Vorschläge zu leiten seien, das geistliche Fiscalat [23] und die Differenzen mit den Ordinariaten [24].

3. Das Büchercensurcollegium. Eine besondere polizeiliche Oberbehörde bestand für die Presse, das Büchercensurcollegium in München, dessen Thätigkeit sich auf die bayerischen Kurlande und die Oberpfalz erstreckte. Das Collegium sollte den Uebeln steuern, welche die eingerissene „Bücherschreibsucht" für Kirche und Staat mit sich bringe. Die Stelle wurde vom Kurfürsten Max III. Josef „in Kraft der von Gott verliehenen landesfürstlichen eigenen Macht und höchsten Schutz- und Schirmgewalt über das Kirchenwesen" eingerichtet [25]. Das Collegium wurde, wie das Mandat vom 1. August 1769 [26] sich ausdrückte, mit „gelehrten, bescheidenen und in allen Gattungen der Wissenschaften bewanderten Männern" besetzt [27]. Es war den Mittelstellen und äußeren Aemtern in Sachen des Bücherwesens und der Censur vorgesetzt. Seiner Censur wurden „alle Bücher, Schriften, Theses, Zeitungen, Monat- und Wochenstücke" unterworfen [28], die im Inlande erscheinen oder von Außen eingeführt

---

[18] Den Oberstkämmerer und Minister des Aeußern Grafen Baumgarten.

[19] Vgl. auch über die Zuständigkeit das Decret vom 5. April 1769 bei G. K. Mayr a. a. O. II S. 1092; ferner den Erlaß vom 26. Juni gl. J. ebenda I S. 49. Ueber die Zusammensetzung der Kirchendeputationen bei den Regierungen und deren unmittelbare Unterordnung unter den geistlichen Rath ebenda II S. 1093.

[20] S. a. a. O. II S. 1126. Ueber die Errichtung einer Deputation beim geistlichen Rathe für das Kirchendecimationswesen a. a. O. II S. 1174. Die 1775 beim geistlichen Rathe gebildete Kirchenrechnungsdeputation (a. a. O. V S. 392, auch II S. 1117, woselbst ein Regulativ von 1777, und V S. 504) wurde durch § 22 der neuen Instr. wieder aufgehoben.

[21] S. a. a. O. II S. 1153.

[22] A. a. O. II S. 1154. Dazu Berichtigung IV S. 850. Regulativ in Kirchenrechnungssachen von 1795 V S. 504.

[23] Ueber den 1773 ernannten eigenen Fiscal in ecclesiasticis a. a. O. II S. 1109 und § 22 der Geistl. Raths-Instr. von 1779.

[24] Ueber die Behandlung der kirchlichen Angelegenheiten in der Oberpfalz, Neuburg u. Sulzbach G. K. Mayr, Sammlung 2c., 1797, V S. 879. Dem geistlichen Rathe wurde 1785 auch das Georgianum (geistliches Seminar) in Ingolstadt unter Befreiung von der Jurisdiction der Universität unterstellt. G. K. Mayr, Sammlung 2c., 1788, IV S. 839.

[25] Eine Büchercensurcommission, der die Jesuiten Canisius und Peltanus als Mitglieder angehörten, wurde schon 1561 bestellt.

[26] S. dasselbe in der Sammlung 2c. von 1771, S. 479. Dazu eine Erläuterung vom 28. Nov. 1769, ebenda S. 483. Eine Ergänzung des Mandats, vom 7. Nov. 1792, bei G. K. Mayr, Sammlung 2c., 1797, V S. 126.

[27] Nach dem Mandat vom 2. Sept. 1784 (G. K. Mayr, Sammlung 2c., 1784, II S. 956) wurde es „mit mehreren Beisitzern aus weltlich- und geistlichen Ständen" vermehrt.

[28] Bei Schriften, welche die kurf. „Staaten di- oder indirecte nur betreffen oder zum Nachtheil in einiger Weise gereichen mögen", sollte nach Mandat vom 2. Sept. 1780 (G. K. Mayr, Sammlung 2c., 1784, II S. 956) das Imprimatur „ohne vorherigen unterthänigst gutachtlichen Bericht und

würden²⁹. Die Maut- und Accisämter an der Grenze hatten die Büchereinfuhr zu beaufsichtigen. Die einzuführenden Bücher bedurften eines Freipasses des Censurcollegiums; Mangels solchen waren sie von den Maut- und Accisämtern an das Collegium abzuliefern. Bücherhausirer mußten mit einem Paß oder Licenzzettel des Censurcollegiums versehen sein ³⁰. Verbotene Bücher³¹ wurden confiscirt³². Die Gerichtsbarkeit in Confiscationsfällen war in erster Instanz die gewöhnliche; zweite und letzte Instanz war das Censurcollegium.

Einige Erleichterungen brachte die kurfürstliche Entschließung vom 6. Mai 1795, welche in Folge von Zwistigkeiten zwischen dem Büchercensurcollegium und der Universität Ingolstadt erging. Eine Entschließung vom 26. Juli 1794 hatte nemlich der Universität das Recht der Censur über die Werke ihrer Mitglieder entzogen, das sie gleich den Hochschulen in anderen Ländern besessen hatte. Der Kurfürst erklärte jedoch nunmehr, daß er überspannte Ausdehnungen der Censur nicht gutheißen könne. Er verfügte daher, daß alle jene Bücher ohne nochmalige Censur zu erlauben seien, „die in der gelehrten Welt und von ganz Deutschland mit einem entschiedenen Beifall aufgenommen sind und wahren inneren Werth haben, oder die von einem Ordinariat oder von einer Universität oder anderen zuverlässigen Stellen im katholischen Auslande mit Recht gutgeheißen worden sind und sonst von einem bewährten Druck- und Verlagsorte kommen." Zugleich wurde der Universität das Recht der Censur wieder eingeräumt, „jedoch dergestalt, daß die Verfasser und Censoren für die Werke haften" und die Censurvorschriften genau beobachtet werden sollten.

4. Die Schulcuratel. Für das gesammte Schulwesen wurde unter Karl Theodor eine besondere Oberbehörde, die Schulcuratel, geschaffen. In einem Rescript vom 31. August 1781³³ erklärte der Kurfürst, er habe sich entschlossen, „das Supremum Protectorium und Curatelam der Studien höchstselbst unmittelbar auf sich zu nehmen". Für den Vortrag der Studienangelegenheiten wurden Curatores studiorum, nemlich der Präsident der Oberlandesregierung, ein geistlicher geheimer Rath und ein Revisionsrath ernannt und diesen zunächst das Lyceal- und Gymnasialwesen unterstellt. Ein Rescript vom 19. November 1781 ³⁴ fügte hiezu das Volksschulwesen. Ein weiteres Rescript vom gleichen Tage ordnete auch das Collegium Albertinum zu Ingolstadt ³⁵, ein Rescript vom 13. Februar 1782 die Landesuniversität der neuen Schulcuratel unter ³⁶.

5. Das Collegium medicum. Eine oberste fachmännische Behörde für das Heilwesen wurde zuerst vom Kurfürsten Maximilian III. Josef 1755 in's Leben gerufen, das Collegium medicum ³⁷. Dasselbe bestand lediglich aus den kurfürstlichen Leibärzten und brachte es nach einem späteren Zeugnisse weder zu einer förmlichen Verfassung noch zu einer hinlänglichen Instruction ³⁸. Karl Theodor unterzog das Collegium 1782 einer Reform und besetzte es mit einem Director und

---

Erwärtigung der höheren Resolution" nicht ertheilt werden. Ueber die Vorstellung des Collegiums hiegegen s. Rescr. vom 1. Dec. gl. Js., G. K. Mayr a. a. O., 1788, IV S. 642.

²⁹ Bei geistlichen Schriften war zwar die „übliche Licenz" der geistlichen Obern nachzusuchen, und der Autor hatte nachzuweisen, daß dies mit oder ohne Erfolg geschehen sei. Das Censurcollegium war aber in seiner Entscheidung an jene der geistlichen Obern nicht gebunden. Mandat vom 28. Juli 1775, G. K. Mayr, Sammlung ꝛc., 1784, II S. 909. Das Mandat vom 2. Sept. 1780 (ebenda S. 956) verfügte indessen, daß bei Schriften, „welche das Glaubens- und Religionsgeschäft fürnehmlich berühren, der mehreren Behutsamkeit willen mit ein- so anderem Ordinariat die vertrauliche Communication gepflogen" werden solle. Vgl. über die hiegegen erhobene Vorstellung des Collegiums das Rescr. bei G. K. Mayr, a. a. O., 1788, IV S. 642.

³⁰ Vgl. über die Hausirer auch das Mandat vom 28. Juli 1775, G. K. Mayr, Sammlung ꝛc., 1784, S. 909.

³¹ Ueber welche ein Catalogus librorum prohibitorum veröffentlicht wurde.

³² Prediger, Professoren und andere distinguirte Personen konnten mit kurf. Erlaubniß sich verbotene Bücher kommen lassen. Für öffentliche — geistliche und weltliche — Bibliotheken bestand freie Einfuhr.   ³³ G. K. Mayr, Sammlung ꝛc., 1784, II S. 977.

³⁴ A. a. O. S. 979.   ³⁵ A. a. O. S. 980; vgl. auch S. 1001.

³⁶ A. a. O. S. 984; vgl. auch S. 1482. — Ueber das Verhältniß zwischen Schulcuratel und geistlichem Rath a. a. O. V S. 482, 486.

³⁷ Dasselbe war eine Centralstelle und daher vom Hofrathe und andern Collegien unabhängig. G. K. Mayr, Sammlung ꝛc., 1788, IV S. 1000. Durch die dort abgedruckte Entscheidung von 1777 wurde die bei Kreittmayr, Grundriß des allg., deutsch. u. bayer. Staatsrechts § 166, erwähnte Streitfrage entschieden.

³⁸ Vgl. auch Kreittmayr a. a. O. § 166. Die „Instructionspunkte" vom 31. October 1755 (G. K. Mayr, Sammlung ꝛc., 1784, II S. 768) enthalten nur zwei materielle Weisungen, den Auftrag, eine gute Medicinalpolizeiordnung zu entwerfen, welche „gleichsam die Seele" sei, „wodurch das Corpus Collegii medici in dem ihm gnädigst anvertrauten Departement der darauf sich beziehenden medicinischen Wesens zur rechten Activität und Bewegung gebracht werden" müsse; ferner daß „in schwerer Leibskrankheit der gnädigsten Herrschaften" der „ordinari Leibmedicus" „mit dem Collegio über den

Medicinalräthen, die nicht mehr ausschließend den Leibärzten entnommen waren[³⁹], sowie einem Beisitzer in pharmaceuticis. Die Instructionen vom 2. April 1782 übertrugen dem Collegium außer der Erstattung von Gutachten die Oberaufsicht im gesammten Arzneiwesen, insbesondere über das Heilpersonal, die Apotheker und Materialisten, die Spitäler, die Prüfung der Aerzte, Wundärzte, Apotheker und Hebammen, die Maßnahmen gegen Pfuscher, die Streitigkeiten über ärztliche Taxen und den Entwurf einer Taxordnung, ferner die Seuchenpolizei. Das Collegium hatte sogar ein beschränktes Executionsrecht. Es wurde ermächtigt, in jedem Rentamte als seine Aufsichtsorgane einen oder zwei geschickte Physici als „adiunctos concilii medici" auszuwählen, ihnen einen District zuzuweisen und eine Instruction zu geben[⁴⁰]. Eine revidirte Ordnung für das Collegium medicum wurde unterm 3. Mai 1785 erlassen[⁴¹].

§ 10. Die Hoflammer und andere Finanzstellen.

1. Die Hofkammer[¹]. Die Hofkammer, die oberste Finanzstelle des Landes, hat sich aus einer dem Hofrathe untergeordneten Deputation herausgebildet, die aus einem Kammermeister und einigen Räthen bestand. In der zweiten Hälfte des 16. Jahrhunderts wurde sie zu einem selbständigen Collegium mit einem Präsidenten an der Spitze[²]. Die Geschäfte der Hofkammer wurden im Laufe der Zeit wiederholt durch Instructionen und Ordnungen geregelt, auch erfuhr sie in ihren Einrichtungen mancherlei Umgestaltungen. Von den älteren Instructionen[³] ist jene vom 15. Juli 1640 die bemerkenswertheste[⁴]. In der Folge führte die wachsende Ausdehnung der Finanzverwaltung dazu, daß die Hofkammer in verschiedene Deputationen getheilt, auch für einzelne Geschäftszweige besondere neue Behörden, oft nur von vorübergehendem Bestande, eingesetzt wurden[⁵].

Eine neue Verfassung erhielt die Hofkammer durch die Hofkammerordnung vom 30. August 1765[⁶], dann abermals anläßlich der Errichtung der Oberlandesregierung durch die Hofkammerordnung vom 16. August 1779[⁷]. Die Kammer gliederte sich hienach in das Plenum mit einem Präsidenten und Director und eine Anzahl von Abtheilungen. Zum Plenum gehörten insbesondere alle Personalsachen, fiscalische Angelegenheiten und in Widerspruch gesetzte iura principis, die zu den Justizstellen abzugebenden Cameralerinnerungen, Landschafts-, Landtags- und Polizeisachen, welche das Camerale berührten, Straßenbauten, Jagdsachen, das Perlfischereiregal, dann die Angelegenheiten mehrerer besonders benannten Oekonomien und Verwaltungen[⁸].

Die Abtheilungen waren die Fiscalatsdeputation für fiscalische Rechtsstreitigkeiten[⁹]; das Commerciencollegium[¹⁰] mit der Mautdeputation[¹¹], „als womit auch das

---

statum morbi sich fleißig zu berathschlagen" habe, „damit er in curatione desto sicherer procediren möge". Wie der ordinari Leibmedicus Max Josefs 1777 mit seinem Herrn „procedirte", ist bekannt.

[³⁹] Die Mitglieder sollten künftig nur nach genauester Prüfung ernannt werden.

[⁴⁰] G. K. Mayr, Sammlung ꝛc., 1784, II S. 985. 988; 1788, IV S. 653.

[⁴¹] G. K. Mayr, Sammlung ꝛc., 1788, IV S. 677.

[¹] Vgl. zum Folgenden Kreittmayr, Grundriß des allg., deutsch- und bayer. Staatsrechts § 169; E. Rosenthal a. a. O. I S. 461 ff.; Manfred Mayer, Quellen zur Behördengeschichte Bayerns, Bamberg 1890, S. 50 ff., 275 ff.

[²] Der erste Präsident der Hofkammer (1573) war Johann Jakob Fugger, der Verfasser des „österreichischen C erenwerks" (E. Rosenthal a. a. O. I S. 471 Anm. 1, 575 Anm. 6). Vorher leitete der Kammermeister die Geschäfte.

[³] S. hierüber E. Rosenthal a. a. O. I S. 464 ff. Die Instr. sind abgedruckt bei M. Mayer a. a. O. S. 275 ff.

[⁴] M. Mayer a. a. O. S. 425. Kreittmayr a. a. O. nennt Ulrich Josius als deren Verfasser und sagt, daß man sie „wenigst pro illo tempore für ein vollkommenes Werk und Meisterstück" ansehe.

[⁵] So wurde 1765 eine Generaldirection des Kartenwesens (Spielkartenstempel) bestellt, deren Aufgaben schon 1768 auf die Hofkammer übergingen. G. K. Mayr, Sammlung ꝛc., 1784, I S. 285 und 301.

[⁶] Sammlung von 1771, S. 93.

[⁷] G. K. Mayr, Sammlung ꝛc., 1784, I S. 406.

[⁸] § 2 der HKO.; f. auch § 3.

[⁹] Nach Entschl. vom 3. Mai 1787 sollten die Landesculturfälle der Fiscalatsdeputation zur Erledigung überwiesen werden, was aber schon unterm 24. Oct. gl. Js. wieder rückgängig gemacht wurde. G. K. Mayr, Sammlung ꝛc., 1788, IV S. 712 und 717.

[¹⁰] Vgl. darüber oben § 8 Anm. 31 ff.

[¹¹] Ueber die ältere Zollverwaltung E. Rosenthal a. a. O. I S. 389 ff. Ueber eine im Jahre 1726 errichtete Maut- und Confiscationsdeputation, an welche die Judicatur der Regierungen in Defraudationssachen übertragen wurde, G. K. Mayr, Sammlung ꝛc., 1788, IV S. 975, M. Frhr. v. Freyberg, pragmatische Geschichte der bayer. Gesetzgebung u. Staatsverwaltung ꝛc., II S. 328. —

Fabriken⸗¹², Straßen⸗ oder Schiffahrt⸗, Chaussee⸗, Schacht⸗ und Wasserbauwesen in gewisser Maß verbunden sind"; die Salz⸗ und Bräudeputation; die Domänen⸗ und Landesverbesserungsdeputation; die Amtsrechnungsdeputation, „als wohin auch das Bauwesen gehörig ist"¹³, die Hof⸗ und landesherrliche Oekonomiedeputation; die Forstdeputation¹⁴; die oberpfälzische Deputation¹⁵.

Diese Ordnung der Dinge bestand nicht lange. Ein kurfürstlicher Erlaß vom 27. October 1786 hob die Departements und Deputationen auf und verfügte, daß alle wichtigeren Sachen im Plenum, geringere Sachen und Currentien in einem „Separatum" von fünf Räthen zu erledigen seien¹⁶.

2. Die oberste Forstbehörde¹⁷. Durch Verordnung vom 16. November 1790¹⁸ wurde für das Forstwesen eine besondere Oberbehörde, das Oberstforstmeisteramt, geschaffen.

Dasselbe bestand aus einem Oberstforstmeister, einem Cameralforstcommissär und einem Forstfiscal, die zugleich Sitz und Stimme in der Hofkammer hatten, und war der Hofkammer unmittelbar unter-

---

¹² Im Jahre 1764 wurde, anläßlich einer neu bearbeiteten und unterm 23. Nov. 1764 veröffentlichten Maut⸗ und Accisordnung (Sammlung von 1771, S. 351, 367; G. K. Mahr, Sammlung rc., 1788, III S. 389 und 1784, I S. 590) zur Verwaltung des Maut⸗ und Accisregales ein Haupt⸗ u. General⸗Maut⸗Directorium errichtet. S. die Instr. für dasselbe vom 29. Sept. 1764 bei G. K. Mahr a. a. O. III S. 393. Eine Instr. für die Grenzamtleute wegen Besorgung des Mautregale vom 4. Jan. 1768 ebenda S. 406. Eine „Anzeige über die in den Churlanden zu Bahern für dermal vorhandenen Haupt⸗ Land⸗ u. Commercialstraßen, verfaßt Anno 1766", bei G. K. Mahr a. a. O., 1784, I S. 594. — Nach Freybergs Angabe (a. a. O. II S. 331, Anm.) bestanden in Bayern in der Mitte des 18. Jahrhunderts 106 Hauptmauten (darunter ein Großzollamt in München), 316 Beiämter, 104 Wegzollstationen und 178 Aufschlags⸗, Neuzoll⸗, Accis⸗ und Umgeldämter. Allerdings ein ganz unmäßiger Behörden⸗apparat! — Zur Beaufsichtigung der Zollgrenze dienten die Confinwächter.

¹² Eine eigene Manufacturdeputation war 1746 errichtet worden.

¹³ Für das Bauwesen bestand vorher ein Generalbaudirectionsrath als Centralstelle (vgl. Entschl. vom 28. Juni 1689 und 14. Jan. 1692 bei G. K. Mahr, Sammlung rc., 1788, IV S. 962 und 963), dem aber noch allerlei nebenbei übertragen war. Ein Hofbauamt bestand seit 1597. Vgl. M. Frhr. v. Freyberg a. a. L. II S. 198. Ueber eine Generalstraßendirection, die 1751 errichtet und 1767 in eine Generalbaudirection für Straßen⸗ und Wasserbauten verwandelt wurde, G. K. Mahr a. a. L. II S. 755 und I S. 292. Die Instr. vom 31. Mai 1790 (a. a. L., 1797, V S. 112) übertrug dem bei der Hofkammer aufgestellten Straßen⸗ und Wasserbaudirector persönlich wichtige Befugnisse, insbesondere die Aufstellung der Straßeninspectoren und Uebersteher. Bei ersteren Functionen sollte besonders auf die kurf. Pfleggericht⸗, Kasten⸗, Maut⸗ und Forstbeamten Bedacht genommen werden. Ueber das Wasserbauwesen (Wasserbaumeister) f. auch Entschl. vom 26. Jan. 1790 a. a. O. V S. 55. Vgl. Kreittmahr, Grundriß des allg., deutsch⸗ und bair. Staatsrechts § 169.

¹⁴ Mit dieser sollte später das Münz⸗ u. Bergwerkscollegium vereinigt werden (§ 12), was aber nie geschah. — Durch kurf. Erlaß vom 14. März 1752 (G. K. Mahr, Sammlung rc., 1784, II S. 755) wurde eine unmittelbare Forstcommission eingesetzt, da der Kurfürst „mit gewisser Verlässigkeit zum ungnädigsten Mißfallen vernommen" hatte, daß die „Forst⸗ und Waldungen wie auch die Gemeindegehölz allenthalben so sehr abgeschwendet werden, daß, wenn man nicht in Zeiten remedirt, in kurzen Jahren die Först und alles Gehölz in gänzlichen Ruin und Abschleif verfallen" müßten. Man dachte übrigens dabei nur an die Gefahr des Holzmangels. Es sollte ohne die Commission in den landesherrlichen, gemeindlichen und Kirchenstiftungs⸗Waldungen „nichts mehr unternommen werden".

Nach der schon unterm 23. Oct. 1759 (G. K. Mahr a. a. L., 1788, IV S. 992) verfügten Vereinigung des Forstwesens mit der Hofkammer erfolgte auf deren und des Oberstjägermeisteramts Vorschlag unterm 14. März 1789 (G. K. Mahr a. a. O. 1797, V S. 173) zur besseren Verwaltung des Forstwesens, welches „sowohl in Rücksicht der jährlichen Forstgefälle als der Cultur der Waldungen in ganz Bayern in größter Unordnung" sei, eine Eintheilung des Landes in zwanzig Forstmeistereien (Forstmeisterämter). Ein Rescr. vom 7. Juli 1790 (ebenda V S. 199) beschäftigte sich mit Widerlegung der Beschwerden gegen das neue Forstsystem. Ueber die spätere Trennung des Forstwesens von der Hofkammer f. oben im Texte.

Wegen der durch Generale von 1787 verfügten Gründung eines Forstculturfonds mittels einer Abgabe von dem aus den kurf. Waldungen abgegebenen Holze f. G. K. Mahr, Sammlung rc., 1788, IV S. 1042, 1056; über Waldvermessung und einen Forstverbesserungsplan ebenda S. 1035.

¹⁵ Vgl. darüber § 14. Ueber die Exjesuitengüter⸗Deputation § 15.

¹⁶ G. K. Mahr, Sammlung rc., 1788, III S. 294. Der Grund der Maßregel war der, daß das Plenum durch die Abtheilungen aus den wichtigeren Geschäften verdrängt worden war, wodurch, wie es hieß, „die ganze Ordnung all und jeder wohlbestellten Collegien verkehrt" sei.

¹⁷ Ueber die ältere Einrichtung der Forst⸗ und Jagdverwaltung C. Rosenthal a. a. O. I S. 356 ff.

¹⁸ Die Verordn. (abgedr. bei G. K. Mahr, Sammlung rc., 1797, V S. 209) klagt, gleich jener von 1752, daß die zum Besten des Landes und der Nachkommen getroffenen Einrichtungen „bisher beinahe ganz vereitelt worden" seien, und will eine strengere Subordination im Forstwesen durchführen. Eine „Instruction für jene Geometers, welche churf. Waldungen ausmessen", erging unterm 18. Jan. 1791 (a. a. L. S. 786).

geben. Das Jagdwesen war schon vorher einer selbständigen Stelle, dem Oberstjägermeisteramte, über=
tragen. Die neue Verordnung sprach bezüglich des materiellen Verhältnisses der beiden Geschäftszweige
den Grundsatz aus, daß das Jagdwesen dem Forstwesen allezeit nachstehen müsse. Dem Oberstforst=
meisteramte wurde auch die Direction der zu errichtenden Forstschule [19] und die Vornahme der Forst=
prüfungen übertragen [20].

Eine abermalige Neugestaltung erfolgte durch Verordnung vom 24. December 1795 [21]. Es wurde
eine Forstkammer als selbständige Stelle errichtet, bestehend aus einem Präsidenten, zugleich Präsident
der Hofkammer [22], einem Vicepräsidenten, sechs Räthen, worunter der Forstfiscal und der Triftamts=
commissär, dem jeweiligen Gejaidamtsverwalter und zwei Forstcommissären und zugleich Taxatoren.
Ter Kammer wurde außer den eigentlichen Forstsachen [23] die Oberaufsicht über die bestehenden und die
Errichtung neuer Glashütten, ferner die Verleihung der Pechlereien, Potaschfiedereien, Kohlen= und
Aschenbrennereien übertragen [24].

3. Das Münz= und Bergwerkscollegium [25]. Das Münz= und Bergwesen war schon vor
der Neugestaltung der Hofkammer von letzterer abgetrennt worden. Durch Entschließung vom 2. October
1751 [26] wurde ein Obristmünzmeisteramt errichtet und demselben zugleich die Bergwerksdirection über=
tragen. Die neue Stelle war ein den Gerichtscollegien und der Hofkammer gleichgeordnetes Collegium
mit einem „Obristmünzmeister und Oberbergwerksdirector" an der Spitze. Ihre Zuständigkeit erstreckte
sich auf Bayern und die Oberpfalz.

Die Hofkammerordnung von 1779 [27] verfügte, daß das Münz= und Bergwerkscollegium vorläufig
von der Hofkammer abgesondert bleiben solle.

Die Bergordnung vom 6. Mai 1784 [28] bestimmte, daß in streitigen Bergsachen die Bergämter die
erste, das Bergwerkscollegium die zweite und letzte Instanz bilden solle [29].

Eine Entschließung vom 1. Februar 1799 [30] ordnete die Trennung des bayerischen und ober=
pfälzischen Hüttenwesens, die Aufhebung des bisherigen Collegiums und die Zuweisung seiner Geschäfte
an die Hofkammern in München und Amberg an. Zur Handhabung der Berggerichtsbarkeit zweiter
Instanz sollte bei jeder Kammer ein „Bergwerks=Separatum" gebildet werden. Schon unterm 22. Sep=
tember 1794 [31] wurden aber diese Maßregeln zurückgenommen und ein neues Oberst= Münz= und Berg=
meisteramt für Bayern und die Oberpfalz wieder errichtet, zugleich auch Bayern und die Oberpfalz
in je drei Bergreviere getheilt [32]. Eine weitere Entschließung vom 24. October 1794 [33] verfügte, daß
dieses neu errichtete Collegium die Zuständigkeiten haben solle [34], welche seinem Vorgänger im Jahre 1751
zugewiesen worden waren.

4. Die Generallotteriedirection. Eine weitere Finanzstelle, deren Bestand von der Neu=
gestaltung der Hofkammer unberührt blieb, war die Generallotteriedirection (Lotteriekammer). Die=

---

[19] Dieselbe war schon 1786 beschlossen worden. Wegen eines Lehrbuches für die Försterschule
G. K. Mayr, Sammlung ꝛc., 1788, IV S. 1053; 1797, V S. 160.
[20] Es solle in Zukunft von der Pique auf gedient werden, sagte § 25 der Verordn.
[21] G. K. Mayr, Sammlung ꝛc., 1797, V S. 80. Im folgenden Jahre wurde auch eine
oberpfälz. Forstkammer errichtet; ebenda S. 856.
[22] „Damit die nothwendige genaue Verbindung der Forstkammer mit der churfürstlichen Hof=
kammer stets beibehalten werde." Vgl. auch Entschl. vom 11. März 1796, a. a. O., V S. 344.
[23] Ausgenommen von der Zuständigkeit der Forststelle waren, wie schon vorher, die salinen= u.
bergämtischen Waldungen. Die Einnahme und Verrechnung der Forstgefälle blieb bei der Forstkammer
und den Kastenämtern.
[24] Zu erwähnen sind noch das kurf. Rescr. vom 17. Mai 1796, die churf. Cameralforstregie in
Baiern betr., welches hauptsächlich von Vermessung, Beschreibung, Taxation und Bewirthschaftung
der Waldungen handelt (G. K. Mayr, Sammlung ꝛc., 1797, V S. 830); ferner die auf Grund dieses
Rescr. erlassene Instr. für die churpfalzbaier. Forstmeister, Oberförster, Revier= u. Unterförster, vom
23. Juni gl. Js. (a. a. O., 1799, VI S. 99). Durch letztere wurde die Anm. 14 erwähnte Verordn.
vom 14. März 1789 (a. a. O. V S. 173) ergänzt.
[25] Ueber die älteren Einrichtungen S. Rosenthal a. a. O. I S. 366 ff., 384 ff., mit 216 ff.
[26] G. K. Mayr, Sammlung ꝛc., 1788, III S. 150.   [27] § 12.
[28] Art. 97 und 98; s. G. K. Mayr, Sammlung ꝛc., 1784, II S. 1464.
[29] „Bis Wir in Unsern Gebürgen einen Oberberghauptmann und ein Oberberggericht nieder=
zusetzen oder etwas anderes zu verordnen gut finden."
[30] G. K. Mayr, Sammlung ꝛc., 1797, V S. 72.   [31] G. K. Mayr a. a. O. S. 75.
[32] S. dazu auch G. K. Mayr a. a. O. S. 342.   [33] G. K. Mayr a. a. O. S. 77.
[34] Gleichzeitig wurde dessen Wirkungskreis auf Neuburg, Sulzbach, Leuchtenberg und die
bayerischen Herrschaften in Schwaben ausgedehnt und die Bergordnung von 1784 in den pfalz=
neuburgischen und sulzbachischen Landen eingeführt.

selbe wurde durch Verordnung vom 12. März 1773³⁵ zur Leitung des vom Staate betriebenen Lotto-spiels errichtet³⁶. Spielstreitigkeiten sollten von den Gerichten, Streitigkeiten in Bezug auf die innere Verfassung, insbesondere das Oeconomicum der Anstalt, von einem collegialen Judicium delegatum unter Vorsitz des Generallotteriedirectors entschieden werden³⁷.

5. Die Haupt- und Generalkasse. Durch Mandat vom 10. September 1762³⁸ wurde eine Haupt- und Generalkasse unter der Direction zweier Minister und eines geheimen Rathes und un-mittelbarer Leitung eines Kassiers errichtet³⁹. Sie sollte dazu dienen, die „verschiedenen Einnahms-, Ausgabstatus" in einen Hauptstatum zu bringen, diesen in eine gute Ordnung zu setzen, folglich den-selben wie im ganzen, also auch in seinen Theilen desto klärer übersehen, combiniren und in beständiger guter Richtigkeit erhalten zu können". Dem zu Folge wurde sie allen „chur- und landesfürstlichen Ge-fällen und Einnahmen (nur die Cabinetseinflüsse ausgenommen)", sowie den „Zahl- und Ausgab-ämtern" „vorgesetzt". In dieselbe sollten, theils monatlich, theils vierteljährlich, theils jährlich, „neben allen andern Fundis, auch alle und jede sowohl alte als neue unter der Direction der Hofkammer be-findliche Cameral-, Militär- und Schuldenwerks-Gefälle als zu ihrem Centrum einfließen"⁴⁰. Neben der Hauptkasse sollten keine anderen Einnahmekassen mehr bestehen, „als allein die derselben nachgesetzte Unterlagskassen", d. h. vornehmlich die Rentzahlamtskassen. „Gleichwie nun," so wurde weiter be-stimmt, „nach solchergestalt die Hauptkassa das Centrum des hieoben geordneten Ein- und Zusammen-flusses aller Unserer Gefälle, hiemit auch jene Verfassung ist, worin Unser Hauptstatus mit der Ein-nahme ruhet, so ist sie auch der ordentliche Ausfluß zu allen Unsern gnädigst verordneten Ausgab-ämtern und demnach der Generalpunkt all Unserer übrigen Verfassungen"⁴¹. Die Anweisungen zu Ausgaben waren hienach bei der Hauptkasse zu ingrossiren. Ohne Ingrossirung durften Zahlungen nicht geleistet werden⁴².

6. Die Kastenämter⁴³. Zur Verwaltung des Kammergutes bestanden die Kastenämter. Denselben oblag insbesondere die Einbringung der landesherrlichen sog. Kastenamtsgefälle, wie des Gült- und Zehntgetreides und dessen Abgabe⁴⁴ und Verwerthung. Die Kastenämter waren in der Regel mit zwei Beamten, dem Kastner und Gegenschreiber, besetzt, bisweilen hatten dieselben auch Jurisdiction. Sie wurden alljährlich durch Umsturzcommissäre der Hofkammer visitirt. Vierteljähr-lich war ein Getreidevorrathsbericht an die Hofkammer einzusenden. Der Verkauf der Getreidekasten-vorräthe fand auf allgemeines Ausschreiben hin statt⁴⁵.

§ 11. Die Rentmeister und die Rentdeputationen.

Die wichtigsten Mittelorgane zwischen der höchsten Stelle und den äußeren Behörden waren, wenigstens bis in das letzte Viertel des vorigen Jahrhunderts, die Rentmeister, denen ein Rentschreiber

---

³⁵ G. K. Mayr, Sammlung ꝛc., 1784, I S. 340.

³⁶ Karl Albert hatte das Lotto 1735 in München eingeführt. Durch Generalmandat vom 6. Aug. 1760 war dem Josef di Santo Vito ein Privileg von 12 Jahren zum Betriebe eines Lotto di Genova ertheilt worden. Diese Form des Spieles wurde gewählt, weil sie „die anständigste", auch „am leichtesten zu verstehen und von kurzem Begriffe" sei; „über das aber ein jeder ihm selbst den Ein-lagspreis auch nur mit wenig Geld nach Belieben erwählen" könne, so daß es ihm freistehe, „nach Maße selbsteigener Gesinnung und Vermögens sein Glück zu probieren". Als Santo Vitos Privileg abgelaufen war, wurde das Spiel in landesherrlichen Betrieb übernommen. Zur Sicherung der Ge-winnste bei Unzulänglichkeit der „Vorrathskasse" der Lotterie wurden 60,000 fl. baar bei den Wechslern Nocker und Schaller hinterlegt.

³⁷ G. K. Mayr, Sammlung ꝛc., 1784, I S. 378 und 438.

³⁸ Sammlung von 1771, S. 115. Ueber den früheren Zahlmeister bei der Hofkammer (Hof-zahlamt) E. Rosenthal a. a. O. I S. 491 ff.

³⁹ Durch Erlaß vom 22. Jan. 1785 (G. K. Mayr, Sammlung ꝛc., 1788, III S. 305) wurde verfügt, daß der General-Haupt-Kassier „alleinig und besonders in wichtigen Fällen von Seiner Chur-fürstlichen Durchlaucht, übrigens aber in Ansehung der General-Hauptkasse von einem zeitlichen Finanzminister oder dermaligen Finanzvorstand abhangen solle".

⁴⁰ Vgl hieher auch den Erlaß vom 22. Jan. 1785

⁴¹ Vgl. dazu den Erlaß vom 22. Jan. 1785. Die Hofausgaben wurden beim Hofzahlamte be-zahlt und verrechnet.

⁴² Vgl. die Erlasse bei G. K. Mayr, Sammlung ꝛc., 1784, I S. 305; 1788, III S. 297.

⁴³ E. Rosenthal a. a. O. I S. 848 ff.

⁴⁴ Als Besoldung, für Naturalverpflegung, als Darlehen an die landesherrlichen Urbars-unterthanen.

⁴⁵ Vgl. Mandat über die Kastenämter vom 1. Nov. 1757 (Sammlung von 1771, S. 720), dazu puncta observanda vom gl. Tage und Entschl. vom 5. Dec. 1758 (G. K. Mayr, Sammlung ꝛc., 1784, I S. 240 und 244; s. auch S. 302); ferner die Instr. der Kastenämter vom 22. April 1798 (G. K. Mayr a. a. O., 1797, V S. 46).

zur Seite stand ¹. Ursprünglich über die Verwaltung des herzoglichen Kammergutes gesetzt, wurden sie in der Folge die ordentliche Aufsichtsstelle über die Verwaltung ihres Bezirkes, des Rentamtes, commissarii nati der landesherrlichen Dikasterien ². Seit Anfang des 16. Jahrhunderts gab es vier solcher Aemter im Herzogthume Bayern: München. Burghausen, Landshut und Straubing ³. Zu Rentmeistern sollten nur „edl oder annder erber redlich Person so Landleut und darzu geschickt sind, und nit Frembd oder Außlender fürgenommen und gebraucht werden" ⁴.

Zur wirksamen Geltendmachung der Aufsicht über die Unterbehörden diente hauptsächlich der rentmeisterische Umritt d. h. die regelmäßig vorzunehmende Visitation über die Geschäftsführung bei den genannten Behörden ⁵. Einige Herrschaften und die Haupt-Regierungs- und Festungsstädte waren von dieser Visitation ausgenommen ⁶.

Die Thätigkeit der Rentmeister war durch landesherrliche Instructionen geregelt ⁷; insbesondere war den Rentmeistern genau vorgezeichnet, was sie bei den Umritten zu beachten hatten. Diese Instructionen geben ein ziemlich genaues Bild des Wirkungskreises der Rentmeister.

Derselbe umfaßte ⁸, abgesehen von der Aufsicht über das Kassen- und Rechnungswesen ⁹, nach der vollen Ausbildung des Rentmeisteramtes zu einer allgemeinen Mittelstelle ¹⁰ folgende Gegenstände.

Der Rentmeister hat die Aufsicht über die Thätigkeit der äußeren Beamten ¹¹, insbesondere über

---

¹ S. Rosenthal a. a. O. I S. 288 ff.

² Kreittmayr, Grundriß des allg., deutsch- u. bayer. Staatsrechts § 116, bemerkt: „Was die visitatores in spiritualibus et ecclesiasticis sind, das sind unsere Rentmeister in temporalibus."

³ Kreittmayr a. a. O., § 102. Die Zahl der Rentämter war früher größer; in der zweiten Hälfte des 15. Jahrhunderts waren z. B. im Landshut-Ingolstädter Antheil deren fünf, im München-Straubinger Antheil zwei. Die Eintheilung des Landshut-Ingolstädter Gebietes ist ersichtlich aus der Hauptrechnung über die Landsteuer von 1464 bei Fr. v. Krenner, baier. Landtagshandlungen in den Jahren 1429 bis 1513, VII S. 116 ff.

⁴ Erkl. Landesfreiheit I Art. 2. Ein Decret vom 8. Nov. 1776 erklärt die Rentmeisterstelle für unvereinbar mit der Eigenschaft eines landschaftlichen Verordneten. G. K. Mayr, Sammlung ꝛc., 1784, II S. 1385.

⁵ S. Rosenthal a. a. O. I S. 297 f. Nach der Instr. von 1774 soll „mit diesem Umritt jährlich hinfüro fortgefahren und dieser dergestalten beschleunigt werden, daß Unsere Rentmeister fürohin wo nicht früher, doch mindestens in Zeit 3 Jahren das ganze Rentamt ... absolviren mögen". Für die Visitation bildeten sich gewisse feststehende Interrogatorien heraus, die in der Folge in Formulare gebracht wurden. Vgl. § 15 der Instr. von 1774.

⁶ Instr. von 1774 § 2.

⁷ Vgl. aus der älteren Zeit Instr. Herzog Ludwigs vom 8. Jan. 1470 wegen der Rechnungs-aufnahme im Rentmeisteramt Wasserburg bei Frz. v. Krenner a. a. O. VII S. 245—257 und die damit größten Theils wörtlich übereinstimmende Instr. Herzog Georgs vom 2. Febr. 1485 für das Rentmeisteramt des Oberlandes, ebenda XII S. 53 ff.; ferner die Rentmeisteramtsinstr. Herzog Wilhelms vom 16. Febr. 1512, ebenda XVIII S. 314—346, wo der Rentmeister noch als Untergebener der Vizthumämter erscheint (S. 314, 315, 345). — Die erkl. Landesfreiheit handelt in Theil I Art. 3 davon, „was die fürstlichen Renntmaister in irem Umbreiten verrichten und hanndln sollen". Es heißt dort: „Wo unser Renntmaister und Landschreiber füran umbreiten, sollen sy das mit unserm Vorwissen thuen, sich frembder Henndl und Sachen on unser und unser Hofräthe, auch unser Vizdomb und Räthe Haissen und jnen ꝛe sonnderm Nutz nit beladen, sonnder allain zu unser (der Fürsten) Notdurfft sehen, wie es in yedem Ambt und unser Pfleg, Gericht, Zöl, Maut, Cästn und Vorstambt, auch Schloß, Stet, Märckht und ander unser Heuser, auch unser Getraid, urbar und alle anndere ligende und varende Güter, Rennt, Gült, Fäll, Ambtnutzung, Scharwerch, Gericht und Obrigkait Gestallt hab, auch wie sich ain jeder Ambtman merers und minders Stannds in seinem Ambt hallt, ob er uns auf unser Obrigkait, Herrligkait und Gerechtigkait bie er in seiner Ambtsverwaltung hab mit Vleis sehe, dise Er-clärung und ander unser Landpot und Landsordnung hallt, die armen Leut nit beschwäre, und zum Ambt geschickt sey, oder nachläßigklich oder aigennützlich hanndl oder nit, damit wir und sy uns in den Ambtrechnungen und allen anndern unsern Notdurfften allenthalb darnach verrer wissen ꝛe richten." — Eine umfassende rentmeisterische Instr., in welcher das Amt in seiner vollen Entwickelung erscheint, erging unterm 24. Dec. 1669 (Sammlung von 1771, S. 547 ff.) Ergänzungen und Abänderungen hiezu verfügte die Instr. Maximilians III. Josef vom 3. Jan. 1774 (G. K. Mayr, Sammlung ꝛc., 1784, I S. 384 ff. S. auch ebenda III S. 323).

⁸ Ueber die rentmeisterisch abzustrafenden Verbrechen vgl. erkl. Landesfreiheit Th. I Art. 15, Instr. von 1669 § 21.

⁹ Davon handelt besonders die Instr. von 1774 eingehend.

¹⁰ Die oben gegebene Darstellung schließt sich an die Instr. von 1669 an, auf welche sich, wo nichts Anderes gesagt, die angeführten Paragraphen beziehen.

¹¹ Der Rentmeister soll insbesondere „fleißig nachsehen, ob die Beamte mit denen Landrechten versehen und darinn genugsam informirt sind". § 14.

die Handhabung der freiwilligen und streitigen Civilrechtspflege und der Strafrechtspflege, dann das Depositenwesen ¹². Ueber seine Beobachtungen in Bezug auf Justiz= und Polizeiwesen soll er den Justiz= bikasterien berichten ¹³.

Dem Rentmeister obliegt ferner die Wahrnehmung der landesherrlichen Rechte ¹⁴ und die Controle über die Landes= und Amtsgrenzen ¹⁵.

Er ist Organ der Staatsaufsicht in kirchlichen Angelegenheiten, insbesondere in Bezug auf die Verwaltung des Kirchenvermögens ¹⁶.

Er hat auf die Hebung des landesherrlichen Camerales Bedacht zu nehmen ¹⁷ und über die Einziehung der Steuern und sonstigen Lasten der Unterthanen, über die Kastenämter und Getreidekästen Aufsicht zu üben ¹⁸. Seiner Ueberwachung unterliegen das Zoll= und Mautwesen ¹⁹, das Forst= und Jagdwesen ²⁰, das Hochbau=, Straßen= und Wasserbauwesen ²¹. Er soll sich die Verbesserung von Handel, Gewerbe, Landwirthschaft und Bergbau ²² und den Vollzug der Münzmandate angelegen sein lassen ²³.

Er hat ferner auf die Handhabung der Sicherheits= und Sittlichkeitspolizei sein Augenmerk zu richten ²⁴. Er beaufsichtigt das gesammte Gemeinde= und das Volksschulwesen ²⁵. Auch das „Landes= defensionswesen" hat der Rentmeister zu überwachen ²⁶.

Die Rentmeisterämter erfuhren unter Karl Theodor 1779 eine durchgreifende Umgestaltung. Die Civil= und Polizeisachen wurden ihnen abgenommen und ihnen lediglich die Cameralsachen be= lassen, da man fand, daß sie all diese Angelegenheiten „in ihrem ganzen Rentamtsbezirke mit einander vollkommen nicht besorgen" könnten. Der rentmeisterliche Umritt wurde abgeschafft ²⁷ und die Er= ledigung der Geschäfte „vom Hause aus" angeordnet. Die Rentmeisterämter erhielten collegiale Ver= fassung und die Bezeichnung Cameralrentdeputation. Das Personal bestand aus dem Rentmeister als Vorstande, dann dem Rentamtscommissarius, dem Rentamtsfiscal, dem Land= und Rentschreiber und dem Rentamtskassiere, sämmtlich ordentliche Räthe cum voto et sessione. Beim Rentamte München wurden dem Rentschreiber zwei Räthe der Hofkammer beigeordnet ²⁸. Rechnungswesen und Secretariat besorgte ein vom Rentschreiber angestellter Oberschreiber. Die früheren Instructionen wurden soweit aufrecht erhalten, als sie auf die den Rentdeputationen verbliebenen Geschäftsauf= gaben noch anwendbar waren ²⁹. Reine Finanzbehörden waren übrigens auch die neu eingerichteten Rent= deputationen nicht. Es oblag ihnen außer dem gesammten Finanzwesen das Gemeinde= und Stiftungs= wesen bei allen Städten und Märkten und die Aufsicht über die Handhabung der unteren Polizei bei diesen und auf dem Lande.

§ 12. Der Hofkriegsrath.

Eine oberste Stelle für die Heeresverwaltung, der Kriegsrath, wurde zuerst 1583 errichtet, ge= langte jedoch zu keiner erheblichen Bedeutung und ging bald wieder ein ¹. Erst Maximilian I. erweckte die Einrichtung zu neuem Leben. Durch Erlaß vom 8. Februar 1620 ² wurde für die Behandlung der

---

¹² §§ 14—20, 22, 24, 29, 30, 32, 113, 117 (Qualificationslisten über die Beamten).
¹³ §§ 27—117.   ¹⁴ §§ 28, 30, 31.   ¹⁵ § 29; Instr. von 1774 § 38.
¹⁶ §§ 3—13, 26. Instr. von 1774 § 2.   ¹⁷ §§ 30, 43, 52.
¹⁸ §§ 33—42, 44—46, 54, 89, 90.   ¹⁹ § 51.   ²⁰ §§ 53 und 55.   ²¹ §§ 47—50.
²² §§ 35, 56, 67, 91. Nach der Instr. von 1774 § 2 waren die Salz=, Bräu= und Bergwerks= ämter von den rentmeisterischen Umritten ausgenommen.
²³ § 25.   ²⁴ §§ 3 und 23 (Streifen, Bettelordnung).
²⁵ §§ 57—115: vgl. auch Instr. von 1774 § 43 ff.
²⁶ § 116: „Der Rentmeister soll die Schergen besonders über das Landesdefensionswesen exami= niren, wie es mit dem Exercitio der jungen Mannschaft stehe, ob die vacirenden Plätz ersetzt, ob nicht die Reichen um Geld entlassen worden."
²⁷ Zur Kostenersparung sollen die Land= und Pflegegerichte mit Besorgung „der außer Orts nothwendig bestehenden Aufträge" betraut werden. Der Umritt scheint übrigens im Laufe der Zeit sehr vernachlässigt worden zu sein. Max Josefs Rentmeisterinstr. von 1774 klagt, daß die rentmeisterischen Visitationen bisher hin und wieder 30, 40, 50 und noch mehr Jahre unterblieben wären.
²⁸ Instr. für die Oberlandesregierung vom 16. August 1779 § 6 Nr. 25, b (G. K. Mayr, Sammlung ꝛc., 1784, I S. 396); Hofkammerordnung vom 16. August 1779 § 16 (a. a. O. S. 414). Die Rentkammer in Amberg sollte in ihrer „Verfassung, so viel solche in das Camerale einschlug", unver= ändert bleiben.
²⁹ Instr. von 1669 §§ 30—56, von 1774 §§ 30—49.
¹ E. Rosenthal a. a. O. I S. 529 ff.
² G. K. Mayr, Sammlung ꝛc., 1788, IV S. 895.

Kriegssachen³, „welche bis anhero guten Theils auf die Kammer geschoben und von dannen aus expedirt worden" waren, ein besonderer Kriegsrath gebildet. Hiezu wurden der Hoffammerpräsident und zwei Hoffammerräthe deputirt⁴.

Der Hoftriegsrath gestaltete sich in der Folge zu einem auch hinsichtlich der Besetzung gesonderten Collegium, an dessen Spitze ein militärischer Präsident stand⁵. In Bezug auf den Umfang seiner Zuständigkeit stellte er vollkommen ein Kriegsministerium dar. Es waren ihm die militärischen Personalangelegenheiten: Beförderungen sammt Decretsausfertigung und Anstellung, Rangsachen, Beurlaubungs, Entlassungs und Heirathslicenzen und das Pensionswesen überwiesen, ferner die „Malefiz bei Militärpersonen", die „Inquisitionsprocesse in Militärvorfallenheiten"⁶, die „Anordnung des Kriegsraths in Injurien und Cassationshändeln, sonderbar wenn es cum infamia geschehen soll". In den Geschäftsbereich des Hoftriegsraths gehörten außerdem die Recrutirungen, die Auswahl und Entlassung des engen und weiten Ausschusses (der Miliz), das Werbungsgeschäft, die Maßregeln gegen Deserteure und die cartelmäßige Reclamirung derselben; ferner Alles, was das Commandowesen der Regimenter und sämmtlicher Militärpersonen betraf, die Marschsachen im Benehmen mit der Hoffammer, das Festungsbauwesen⁷.

Die Civilsachen der Militärpersonen waren im Jahre 1768 den Justizdikasterien überwiesen worden⁸. Im Jahre 1787 wurde indessen diese Anordnung wieder rückgängig gemacht. Der Hoftriegsrath wurde für Civilhändel der Militärpersonen theils erste⁹, theils zweite Instanz; über ihm stand als letzte Instanz das Revisorium¹⁰. Von dem forum rei sitae sollten jedoch die Militärpersonen nicht befreit sein¹¹.

Eine neue Hoftriegsrathsordnung wurde unterm 21. März 1792 genehmigt und unterm 27. April 1793 eingeführt¹².

§ 13. Die äußeren Gerichts- und Polizeibehörden.

Die äußeren Behörden für die Handhabung der Rechtspflege und der Polizei waren theils landesherrliche, theils landständische¹.

Die kurfürstlichen Behörden waren die Pfleg oder Landgerichte². Sie hatten die höhere, ins

---

³ Besonders genannt wird das Proviant u. „Artolereywesen", dann das Zahlungs u. Rechnungswesen.

⁴ Ueber die 1704 angeordnete Cameralkriegsdeputation G. K. Mayr, a. a. O. S. 917 und II S. 1217 unter Ziff. 6.

⁵ Vgl. Kreittmayr, Grundriß des allg., deutsch u. bayr. Staatsrechts § 168 und Anm. über den Cod. Max. Bav. Civ. Th. V Cap 21.

⁶ Ueber die Ausdehnung der militärischen Strafgerichtsbarkeit auf gewisse Verbrechen von Civilpersonen (Beleidigung der Soldaten im Dienst und unter den Waffen, Verbrechen in Bezug auf Desertion) G. K. Mayr, Sammlung ꝛc., 1799, IV S. 168.

⁷ Vgl. Rescr. vom 3. Oct. 1768 mit Specification A bei G. K. Mayr, Sammlung ꝛc., 1784, II S. 1215 und 1216; ferner ebenda S. 1218, VI S. 926, IV S. 168. Instr. des Hoftriegsraths vom 18. Aug. 1778, a. a. O. II S. 1287.

⁸ Vgl. das in der vorigen Anm. erwähnte Rescr.

⁹ Ueber den „Regiments oder Commandantschaftsverbscheidungen".

¹⁰ Dagegen nicht in Strafsachen, G. K. Mayr, Sammlung ꝛc., 1788, IV S. 936; 1797, V S. 519.

¹¹ Rescr. vom 30. Mai 1787 bei G. K. Mayr, Sammlung ꝛc., 1788, IV S. 938; f. auch 1784, II S. 1217.

¹² G. K. Mayr, Sammlung ꝛc., 1797, V S. 634. — Unterm 18. Jan. 1790 wurde beim Hofkriegsrathe eine Vorschußkasse errichtet, um dem „schädlichen Wuchergewerbe" mit den Monat und Quartalsoldscheinen der Civil und Militärdienstpersonen zu steuern. Der Handel mit solchen Soldscheinen wurde „durchaus für rechtsunkräftig und unverbindlich" erklärt. G. K. Mayr, Sammlung ꝛc., 1797, V S. 600, 602 und 603.

¹ Kreittmayr, Anm. über den Cod. jur. Bav. judic. Cap. 1 § 21. — Geiß, Oberbayer. Archiv für vaterländische Geschichte XXVI S. 26, Riezler, Geschichte Baierns II S. 178, E. Rosenthal a. a. O. I S. 49 ff., 323 ff. Ueber die Zahl der unter kurf. und der unter hofmärkischer Gerichtsbarkeit stehenden Familien u. Höfe im Jahre 1791 f. die Mittheilung von Fr. v. Krenner im R. u. Intell.Bl. 1800 S. 27.

² Pflege und Landgericht waren von Anfang an nicht nothwendig verbunden. Vgl. z. B. die erklärte Landesfreiheit Th. III Art. 7: „wo aber ein Pfleger wär, der das Gericht nit hätte". Eine interessante Unterweisung in Briefform über die Thätigkeit des Pflegers enthält die 1513 zu München durch K. Schobsser gedruckte Schrift: „Ain lateische anzaigung, So allen Landsässen unnd denen die ördentlich oder bevolhen oberkait haben ... auch ingemein allen inwonern des loblich hauß und

besondere die peinliche Gerichtsbarkeit⁸ und urtheilten in Streitigkeiten über Grund und Boden⁴.

Die eigentlichen Pflegerstellen waren im Laufe der Zeit fast durchweg zu blosen Sinecuren für den Adel geworden, mit welchen der Genuß der Pflegeeinkünfte verbunden war⁵. Die Amtsobliegenheiten wurden durch Verweser wahrgenommen⁶, die regelmäßig auch die Pflegnutzung für den Hauptpfleger verwalteten. Wie bei einer derartigen Einrichtung der äußere Dienst beschaffen sein mußte, bedarf keiner Ausführung; ganz abgesehen von der ungeheuren Verschwendung des Staatsgutes, welche dabei stattfand⁷. Es ist klar, daß der Pfleginhaber bei

Fürstenth. Bairn zu dienst und guetem in druck geben worden." Dort heißt es bezüglich der Rechtspflege, es sei „wol nit alweg aine klaine purd neben den pflegen auch gerichtlich Verwaltung ze haben. Darumb wo die pfleg an die Gericht erlangt werden, darbey mögen die (so wöllen) wol in mer rhue und in mynder Arbeit leben". Es wird vom Adressaten, einem neu ernannten Pfleger, erwähnt, daß er bei seiner Pflege auch „Stat= und Landgericht zu verwalten haben" werde, und „wie du ain Richter den gebrauch nach der ort haben muest, so lige doch enntlich die würde aller güetlicher und rechtlicher hanndlung auff dir". Das bereite Schwierigkeit, da der neue Pfleger sich „als ainer von Abl der Kriegßhändel, des Waidwerks und ander kurtzweyl mer dann solcher vernunfft hänndl geflissen" habe. — Vgl. auch die von Fr. v. Krenner im R.= u. Intell.=Blatt 1800 S. 185 mitgetheilte Bestallung des Pflegers zu Dachau vom Jahre 1502. — Kreittmayr a. a. L. bemerkt: „An manichen Orten giebt es Pfleg= und Landgerichte zugleich, wie in Scharding, Friedberg, Landsperg und Dachau, allwo aber die jurisdictionalia durch den Landrichter allein besorgt, und dem Pfleger nur gewisse Amtsnutzungen überlassen zu werden pflegen."

Den churf. Beamten und „Amtleuten" (Gerichtsdienern) war der Erwerb von Grundstücken in ihrem Gerichtsbezirke verboten. Vgl. Rescr. vom 7. März 1650 bei G. K. Mayr, Sammlung x., 1788, III S. 313; Sammlung von 1771, S. 193 § 14. Ebenso war den Beamten der Betrieb bürgerlicher Gewerbe untersagt. Rescr. vom 9. Aug. 1650 bei Mayr a. a. L. III S. 313.

³ Vgl. jedoch Cod. crim. Th. II Cap. 8 und J. G. Feßmaier, Grundriß des baier. Staatsrechts § 206.

⁴ Vgl. Fr. v. Krenner, baier. Landtagshandlungen in den Jahren 1429 bis 1513, XII S. 51.

⁵ Riezler, Geschichte Baierns II S. 176, E. Rosenthal a. a. L. I S. 344 ff. So besaß der Ritterorden vom hl. Georg eine Anzahl Pflegen; sogar Frauen und Minderjährige hatten den Pfleggenuß. Vgl. J. J. Moser, Einl. in das churf. bayr. Staatsrecht Cap. 11 § 21. Schon in einer Steuerrechnung von 1464 bei Fr. v. Krenner, baier. Landtagshandlungen in den Jahren 1429 bis 1513, VI S. 68, erscheint eine „Sattlbogerin, Pflegerin zu Offenberg".

⁶ Ein Rescr. vom 4. Jan. 1797 (G. K. Mayr, Sammlung x., 1797, V S. 907) sagt über die Entstehung dieses Verhältnisses: „Seiner churf. Durchl. höchstselige Regierungsvorfahrer haben in den Urzeiten ihren meistens von dem Ritterstande gewählten Beamten, welchen sie die Polizei= und Justizpflege anvertrauten, zum Besten der Landesunterthanen die ansehnliche Sustentationen ausgewiesen. Da aber in der Zeitfolge diese Männer, als die damals meistens geschickteste und erfahrenste öfftermal in den fürstlichen Rath nach Hof gezogen oder auch in den damaligen Kriegszeiten derselben persönliche Kriegsdienste gefordert worden, und sowohl hierdurch, als auch durch die allgemach zugenommene Beschwerlichkeit dieser Bedienstungen der Gebrauch, das Amt durch einen andern verwesen zu lassen, üblich wurde; so ist endlich der Unterschied von Pfleger und Pflegsverweser in den jüngeren Zeiten so allgemein geworden, daß, ganz gegen die gemeinnützige Absicht der alten Landesfürsten, die von dem Kammergute blos zum Besten der Unterthanen für die Pfleger abgerissene ansehnliche Einkünfte nun größtentheils nicht mehr derjenige, so die Justiz und Polizei pflegte, sondern dritte Personen als blose Gnade genossen, indessen diejenigen, denen jetzt die Justiz und Polizei anvertraut ist, meistentheils entweder von willkürlich contrahirten Aversis oder unbeständigen Einnahmen, welche öfters durch das Kammergut noch weiters nothdürftig ergänzt werden mußten, leben müssen." Ein fast endloses Verzeichniß der verschiedenen Pflegebezüge ebenda § 4, darunter „für Winter= und Sommerkleider, vor Pfeffer und Handschuhe". Vgl. über diese Verhältnisse und über die finanziellen Beziehungen zwischen dem Hauptpfleger und dem Pflegscommissarius oder Verweser den Mandat vom 29. Juli 1779 § 2 bei G. K. Mayr, Sammlung x., 1784, I S. 386, wo insbesondere bemerkt wird, es sei nöthig, daß der Hauptpfleger „dem für ihn arbeitenden Verweser hinlänglich zu leben gebe und hiedurch den Staat außer Besorgniß von Nebenparticipationen und anderen gar wohl möglichen Unterthanspressungen setze".

⁷ Eine Erhebung von 1796 ergab, „daß die Hauptpfleger in ganz Bayern ex aerario gegen 30 000 fl. Burghut=, Besoldungs= und Scharwerksrecompensgelder beziehen, daß ihnen um ungefähr 4000 fl. verschiedene Stiftgelder und Abgaben der Unterthanen, um ungefähr 3000 fl. Naturalkuchendienst und um ungefähr 2000 fl. Laudemialantheile überlassen seien, daß sie theils von den Kastenämtern, theils von den Unterthanen gegen 60 Schäffel Weizen, 300 Schäffel Korn und über 3000 Schäffel Haber, dann aus den churfürstl. Forsten gegen 4000 Klafter unterschiedlichen Holzes in Natura neben verschiedenen anderen Posten an Heu, Stroh, Schmalz, Salz, Bier, Unschlitt, Flachs x. und nebenbei sehr viele ansehnliche Jagdbarkeiten genießen, und daß sie endlich noch über alles dieses eine Menge der ansehnlichsten Hofbau, Zehnten, Fischwässer und andere beinahe eine Million Gulden Werths, von dem Kammergut überlassene Realitäten inhaben und nutznießen". G. K. Mayr, Sammlung x., 1797, V S. 908. Vgl. auch Graf, Oberbayer. Archiv für vaterländische Geschichte IV S. 17.

Aufstellung seines Verwesers mehr auf die Wohlfeilheit als auf die Tüchtigkeit und Redlichkeit des Arbeiters sah[8].

Kurfürst Karl Theodor nahm einen Anlauf zur Reform der in völligen Verfall gerathenen äußeren Verwaltung, jedoch ohne Erfolg. Ein Mandat vom 29. Juli 1779 versuchte eine Besserung in Bezug auf den Dienst der Pflegsverweser, Gerichtsschreiber und Gerichtsdiener zu erzielen, letztere zu vermindern und die Gehaltsverhältnisse zu ordnen. Das Mandat trat aber nie in Wirksamkeit und wurde, wie später in anderem Zusammenhange zu erwähnen sein wird, schon 1783 wieder aufgehoben. In den letzten Jahren seiner Regierung kam Karl Theodor auf die Bemühungen zur Umgestaltung der Pflegen neuerlich zurück. Eine Entschließung vom 4. Januar 1797[9] sprach aus, es sollten zwar die zur Zeit mit Pflegen begnadeten Personen auf ihre Lebenstage in diesem Genusse belassen werden; doch seien die Hauptpflegsnutzungen nur als das, was sie jetzt eigentlich geworden seien, nemlich als Gnadengehalte, anzusehen. Sie seien daher nicht mehr bei den Aemtern und nicht mehr in Naturalien, sondern in Geld bei den Rentzahlämtern und dem Hofzahlamte München zu beziehen. Ueber die Festsetzung dieses Fixums wurden eingehende Bestimmungen getroffen. Die Solde der Pflegsbeamten, Bannrichter und anderer Personen, welche von den Hauptpflegern etwas legaliter bezogen hatten, sollten auf das Aerar übernommen werden. Es sollten ferner Einleitungen wegen des Verkaufs aller Pflegsrealitäten getroffen und die fixe Besoldung der wirklich dienenden Beamten, jedoch „ohne Verlust an dermaliger legaler Perception", vorbereitet werden. Ein kurfürstlicher Specialcommissär wurde zum Verkauf der Pflegschaftsgründe abgeordnet. Der Commissär erhielt unterm 19. September 1798 seine Dienstanweisung[10] und unterm 22. Januar 1799[11] „nach nun eingekommenen agnatischen Consensen" den Auftrag, sich nach hinlänglicher Akteninformation bei der erst thunlichen Witterung zur Abreise in die bestimmten Districte bereit zu halten. Kurze Zeit nachher starb Karl Theodor und hinterließ, nebst vielem Anderen, auch diese Reformarbeit seinem Nachfolger als Erbschaft.

Mit der äußeren Verwaltung und Rechtspflege war es, soweit sie sich in den Händen kurfürstlicher Behörden befanden, schlimm genug bestellt. Ein noch größerer Mißstand aber lag darin, daß zwischen die Organe der landesherrlichen Gewalt die ständische Gerichtsbarkeit und Polizei sich eindrängte. Besonders die Einheitlichkeit, welche der Verwaltung nothwendig ist, mußte darunter leiden; ganz abgesehen davon, daß die Geschäftsführung in den landständischen Gerichtsbezirken noch erheblich minderwerthiger war, als in den landesherrlichen. Nur das Selbstverwaltungsrecht, welches den Städten zustand, im Laufe der Zeit aber allerdings eingeschränkt worden ist, entsprach der Natur der Verhältnisse; die gutsherrliche Gerichts- und Polizeigewalt auf dem Lande dagegen ragte als ein fremder Körper störend in den geordneten staatlichen Organismus herein. Erst gegen die Mitte unseres Jahrhunderts ist es gelungen, diese zum Nachtheile des Staates bestehenden patrimonialen Bildungen zu beseitigen.

Die landsässigen Güter[12] theilten sich in Herrschaften mit höherer Gerichtsbarkeit und Polizeigewalt, welche den kurfürstlichen Land- und Pfleggerichten gleichgeordnet waren, Hofmarken, welche nur niedere Patrimonialgerichtsbarkeit in Unterordnung unter die Land- und Pfleggerichte besaßen[13],

---

[8] Der kurf. Erlaß vom 29. Juli 1779 erklärt, daß der Landesherr „die schändlichen Corruptionen der Pflegsverweser allemal mit der schimpflichsten Leibesstrafe belegen lassen" würde. „Ebenso", heißt es ferner, „würden Wir auch gegen sie ohne Gnade verfahren lassen, wenn mit Grunde dargethan werden könnte, daß Malefiz-, Civil- oder andere Cameralarbeiten aus ihrem auf Eigennutz oder andern Saumsal beruhenden Verschulden liegen blieben, oder wohl gar Brief- und Verhörs- oder andere Gerichtstage (deren Wir in jeder Woche einen zu halten befehlen), zurückgesetzt oder sonst die Amtsobliegenheiten wie immer entweder protrahirt oder gar unterlassen würden."

[9] G. K. Mayr, Sammlung ꝛc., 1797, V S. 907.

[10] G. K. Mayr, Sammlung ꝛc., 1799, IV S. 227. — [11] A. a. O. S. 233.

[12] Erkl. Landesfreiheit Th. II; 6. Freiheitsbrief vom 22. Dec. 1557; Erklärung desselben vom 1. März 1641 (Sammlung von 1771, S. 78 und 80). A. Ertl, praxis aurea de iurisdictione inferiore civili etc. Norimb. 1693. H. de Chlingensberg, semicenturia considerationum super iure hofmarchiali Bavarico, Ingolst. 1717, und tractatus iurid. de hofm. iure, Ingolst. 1731; Kreittmayr, Grundriß des allg., deutsch- und bayer. Staatsrechtes § 188, Anm. über den Cod. crim. Th. II Cap. 1 § 7, b, über den Cod. iudic. Cap. 1 § 21; J. N. v. Krenner, über Land-, Hofmarchs- u. Dorfgerichte in Baiern, München 1795; H. Wirschinger, Darstellung der Entstehung, Ausbildung und des jetzigen rechtlichen Zustands der Patrimonialgerichtsbarkeit in Bayern (Preisschrift), München 1837; E. Rosenthal a. a. O. I S. 188 ff.; S. Riezler a. a. O. III S. 701 ff. Entsch. d. B. G. H.'s XI S. 574.

[13] Sie waren geschlossene oder ungeschlossene. In den ersteren übte der Besitzer die Gerichtsbarkeit innerhalb des bestimmten Bezirks über alle Grundholden; in den letzteren blos über die eigenen Grundholden.

endlich gefreite Sitze mit Gerichtsbarkeit innerhalb der Dachtraufe[14]. Zum Erwerbe der gutsherrlichen Gerichtsbarkeit waren im Allgemeinen sämmtliche gefreite Stände fähig[15]. Jedoch konnten „adelige Landgüter" durch Rechtsgeschäfte unter Lebenden an Nichtadelige nur mit landesherrlicher Genehmigung gelangen[16]. Eine schädliche Ausdehnung hatte der Adel seinem Vorrechte dadurch noch zu geben gewußt, daß er in dem 60. Freiheitsbriefe vom 22. December 1557 sich auch die Gerichtsbarkeit über seine sog. einschichtigen Güter zusichern ließ, d. h. über jene Güter, welche außerhalb der Hofmarken in den Landgerichtssprengeln gelegen waren[17]. Dieses Vorrecht blieb indessen auf den gefreiten Adel beschränkt. Der mißbräuchlichen Anwendung des 60. Freibriefs trat Maximilian I. mit einem Erklärungsdecret vom 1. März 1641 entgegen[18].

§ 14. Die Vollzugsorgane der äußeren Behörden und der Sicherheitsdienst.

Die Vollzugsorgane der Behörden sowohl in Sachen der Rechtspflege als der Polizei waren die Gerichtsdiener, auch Amtleute[1], Fronboten, Büttel oder Schergen genannt[2]. Nach der erklärten Landesfreiheit sollte darauf gehalten werden, daß sie keine unehrbare Handlung getrieben und keine „Unleumat" auf sich hätten, sondern von „Frümbkait und guets wanndls wegen" aufgenommen würden. Indessen geriethen diese Organe gleichwohl in, wie es scheint, meist nicht unverdiente[3] Mißachtung[4].

---

[14] Erklärung des 60. Freiheitsbriefes, vom 1. März 1641, § 13.

[15] Erkl. Landesfreiheit Th. II Art. 38: „Doch wo die Burger von den Prälaten oder Edelleuten, oder die Prälaten von den Edelleuten oder Burgern Hofmarch kaufften oder sonst mit dem Aigenthumb an sich bringen, den sollen wir solch Hofmarchs-Gerechtigkeit, wie vorsteht, auch halten."

[16] Pragmatik wegen der Fidei-Commissen, Verzicht der adeligen Töchter, so anders, vom 20. April 1672 (Sammlung von 1771 S. 83) § 5: „Wir statuirn ... daß und hinfüran kein adeliche Landgüter, als Herrschaften, Hofmärken, Sitz und Sedl, ohne Unsern Specialbefehl und Bewilligung per contractus seu actus inter vivos in andere Händ sollen, mögen oder könnten veralienirt werden, als welche der Edelmannsfreiheit fähig sind, auch Wir darfür erkennen oder noch künftig erkennen werden." Vgl. auch G. K. Mayr, Sammlung 2c., 1788, IV S. 959. W. Kahl, die deutschen Amortisationsgesetze, Tübingen 1879, S. 191 ff.

[17] Vgl. Kreittmayr, Grundriß 2c. § 189, G. K. Mayr, Sammlung 2c., 1788, VI S. 951 ff. E. Rosenthal a. a. O. I S. 202 f.

[18] S. oben Anm. 12. Der Ansbacher Hausvertrag vom 12. Oct. 1796 (s. oben § 1 Anm. 40) enthielt in § 30, c, f Bestimmungen gegen weitere Vermehrungen der „besonderen Jurisdictionsausübungen" und Neuverleihungen der Edelmannsfreiheit.

[1] Ein Mandat vom 29. Juli 1779 Ziff. 6 (G. K. Mayr, Sammlung 2c., 1784, I S. 388) nennt diese Bezeichnung mißbräuchlich, indessen wurde sie früher auch amtlich angewandt.

[2] Kreittmayr, Anm. über den Codicem jur. Bav. judiciar. Cap. 2 § 9, sagt: „Fronboten, Amts-Leut, Gerichts-Diener, Büttel und Schergen seynd Synonima in Bayrn, wie aus der erklärten Lands-Freyheit p. 1 art. 5, dann der Pol. Ordn. L. 4 tit. 4 art. 2 und anderen vielen Passagen des hiesigen Land-Rechts erhellet." Ueber die Befugniß zur Aufnahme derselben vgl. Kreittmayr ebenda und erkl. Landesfreiheit Th. I Art. 5 Abs. II. Ueber die ursprüngliche Stellung der Schergen s. Riezler, Geschichte Baierns II S. 176; vgl. auch E. Rosenthal a. a. O. I S. 79 ff.

[3] Eine mittelbare Schilderung des Treibens der Schergen enthält § 113 der Rentmeisterinstr. von 1669. Hienach soll der Rentmeister die Schergen „wohl beobachten, damit sie ihr Amt nicht mehr in Wirthshäusern als an andern Orten verrichten, durch die Finger sehen, die Unterthanen mit Habersammlung, Stroh, Flachs, Eier, Leibbrod, Weihnachtsammel, Viehzungen, Roßeisen u. dgl. beschweren, bei Ehehaften, Rauchfängen und Mühlbeschau ein gewisses fordern, in der Unterthanen Feld allerhand Früchten bauen, Bittfuhren, Vieheinschlagung und anders von denen Bauern erpressen; dahingegen viele Verbrechen in der Still hingehen lassen oder sich deswegen wohl gar vergleichen". Das Mandat vom 24. Dec. 1779 (G. K. Mayr, Sammlung 2c., I S. 424) hebt die Nothwendigkeit hervor, das Landvolk von den Bedrückungen einiger Beamten und besonders der Schergen zu befreien. Vgl. auch die Instr. für die Oberlandesregierung von 1779 § 17, ebenda S. 395.

[4] Ueber ihre Anmaßung Rescr. von 1639 bei G. K. Mayr, Sammlung 2c., 1788, IV S. 734. Heut zu Tage, bemerkt Kreittmayr, werden sie nicht viel besser als die Bauern geschätzt. Vgl. auch Kreittmayr, Anm. über den Cod. Max. Bav. Civ. Th. V Cap. 29 § 2. Das Mandat v. 12. Aug. 1768 Ziff. 24 (G. K. Mayr, Sammlung 2c., 1784, II S. 820) sagt: Es sei „ein so schädlich als unleidentlicher Mißbrauch, daß die Schinder und Blutschergen oder ihre Kinder nicht nur unter den Handwerkern, sondern auch sogar unter den Bauersleuten, Taglöhnern und Dienstboten auf dem Lande nicht mehr gelitten, folglich von allem menschlichen Consortio völlig ausgeschlossen und in solch armseligen Stand gesetzt werden wollen, worin sie nothwendiger Weise erhungern oder stehlen und rauben müssen". Was die Handwerker betreffe, solle es zwar noch beim Reichsschluß von 1731 sein Bewenden haben, dagegen sollten sich Bauern und ländliche Dienstboten nicht mehr weigern, solche Leute in Dienst zu nehmen, bezw. neben ihnen zu dienen. Widerspenstige werden mit Zucht- und Arbeitshaus und „nach Proportion mit wöchentlichen Karbatschstreichen", unter Umständen sogar mit Ehrloserklärung bedroht.

Zu den Ausschreitungen, welche diese Amtleute ebenso wie die Gerichtsschreiber sich erlaubten, trug der Umstand wesentlich bei, daß sie von den Taxen und Sporteln, die ihnen als Besoldungstheil angewiesen waren, fast ausschließlich leben mußten⁵. Der Kurfürst selbst führte in einem Erlasse vom 29. Juli 1779⁶ bittere Klage über die ungeheueren Bedrückungen der Unterthanen, besonders der Bürger und Bauern, „sowohl durch Uebermaß, als andere heimliche und sonst ausgekünstelte Gerichtstaxerpressungen", gegen welche die Taxordnungen und Regulative seit 1515 vergeblich angekämpft hätten. Karl Theodor suchte dem Uebel dadurch zu steuern, daß er dem gerichtlichen Unterpersonal feste Gehalte anwies und ihm den Genuß der Taxen entzog⁷. Zugleich bestimmte er, daß die Schergen- oder Amtmannsdienste bei den Aemtern und Gerichten eingezogen werden sollten⁸, die Blut- und Malefizschergen (Eisenschergen) ausgenommen. Letztere, welche die Bezeichnung Gerichtsdiener erhielten, wurden auf festen Gehalt gestellt und ihnen besoldete Amtsknechte beigegeben.

Als örtliche Polizeiorgane sollten in jedem großen Dorfe für dieses und die Umgebung drei Dorfgerichtspersonen, ein Obmann und zwei Beisitzer, ernannt werden. Es sollten dies „ehrliche, angesessene und wackere Männer", keine gewesenen Schergen sein; wo möglich sollten sie lesen und schreiben können⁹.

Das Mandat vom 18. Juli 1781¹⁰ verfügte ferner, daß in den größern Gerichtsbezirken zwei bis drei Untergerichtsdiener aufzustellen seien, welche den Commandirenden des Jägercorps „die verdächtigen Winkel, Diebs- und Räuberherbergen, Gängsteige und Abwege durch Wälder, Möser, Berge und Thäler zu zeigen und Nachricht zu geben vermögen". Für diese Untergerichtsdiener wurde unterm 8. August 1781 eine Dienstanweisung erlassen¹¹.

Schon unterm 17. Rovember 1788¹² wurde indessen das bisher Geschehene im Wesentlichen wieder rückgängig gemacht. Die Einrichtung der Obmänner und Beisitzer wurde aufgehoben, weil dieselben durch die ihnen guten Theils übertragenen Gerichtsdienerverrichtungen ihren Haus- und Feldbaugeschäften zu sehr entzogen würden. Die Besorgung der Gemeindesachen sollte an die wieder aufzu-

---

⁴ Bezeichnend ist die Bestimmung, daß Schinder, Schergen und Scharfrichter in Geburts- oder Taufscheinen und anderen obrigkeitlichen Urkunden nicht als solche, sondern als Söldner u. dgl. bezeichnet werden sollen. Das schon erwähnte Mandat vom 24. Dec. 1779 erachtete es für veranlaßt, die dienstlos gewordenen und die in Dienst stehenden Schergen nebst Kindern und Knechten aus „landesherrlicher Vollmacht" „von aller Mackel und Vorwurf frei" zu sprechen und als ehrlich zu erklären. Dessen ungeachtet mußte ein Mandat vom 14. März 1781 (G. K. Mayr, Sammlung ꝛc., 1784, II S. 962) den Zünften die Zulassung der Gerichtsdienersleute zum Handwerk unter scharfen Strafbedrohungen anbefehlen. Noch im Jahre 1792 strengte ein Starnberger Gerichtsdiener einen Injurieuprozeß gegen den Schützenmeister zu Dießen wegen Ausschlusses von einem öffentlichen Scheibenschießen an. G. K. Mayr, Sammlung ꝛc., 1797, V S. 251.

⁵ Vgl. erneuerte Taxordnung von 1735 nebst Novelle von 1750 (Sammlung von 1771, S. 40, 75), welche an Stelle der Taxregulative der Landes- und Polizeiordnung von 1616 trat. Die oberpfälz. Taxordnung von 1750 bei G. K. Mayr, Sammlung ꝛc., 1784, II S. 1272.

⁶ G. K. Mayr, Sammlung ꝛc., 1784, I S. 385. Dazu Erläuterungen und Ergänzungen durch Mandat vom 24. Dec. gl. J., ebenda S. 424; ferner die Erklärung des Obmänner- und Schergenmandats, vom 23. Oct. 1780, ebenda S. 433. S. auch § 17 der Instr. für die Oberlandesregierung von 1779 (a. a. O. S. 395), welcher der letzteren die Einziehung „des den Unterthanen nach der Kundbarkeit allzu viel beschwerlichen Haufen der Schergen und sog. Amtsleute" aufträgt.

⁷ „Wir hätten," setzte er bei, „nach dem Triebe Unserer landesväterlichen Liebe gewünscht, diese Taxen und Sporteln ganz aboliren zu können und die Justizpflege unentgeltlich zu machen." Das Mandat vom 24. Dec. 1779 (G. K. Mayr a. a. O. S. 424) bezeichnet die Anordnungen vom 29. Juli als vorläufige, als „vortheilhaften Eingang und Vorschritt" zu der noch „vorhabenden Einrichtung", „wo alle Taxen aufhören und die Justiz gegen Herstellung eines zu fixirter Besoldung der Beamten und anderer Gerichtsleute und Diener hinlängliche Fonds in Unseren baierisch- und oberpfälzischen Landen durchgehends unentgeltlich verwaltet werden sollte".

⁸ Die dienstlos gewordenen Schergen sollten durch Anweisung oder Gründe oder sonstwie versorgt werden. Vgl. auch Mandat vom 24. Dec. 1779 Ziff. 7, G. K. Mayr, Sammlung ꝛc., 1784, I S. 425. Diese entlassenen Schergen scheinen vielfach zur Landplage geworden zu sein. Vgl. Erlaß vom 28. Jan. 1780 bei G. K. Mayr a. a. O. 1788, IV S. 640, wo Maßregeln gegen die müßiggehenden abgeschafften Amtleute angeordnet werden und zugleich den „nach alter Gewohnheit dem Schörgengesinde connivirenden Beamten" mit „Suspension und Lieferung in den neuen Thurm" gedroht wird.

⁹ Sie erhielten zu „mehrerer Anfrischung auch Schadloshaltung" den Bezug des Steuerbatzens und einiger anderer Gebühren.

¹⁰ G. K. Mayr, Sammlung ꝛc., 1784, I S. 435.   ¹¹ A. a. O. S. 436.

¹² A. a. O. S. 447. Entsch. d. B. G. H.'s XI S. 578.

stellenden Dorfsführer, Ob- oder Hauptleute übergehen. Die übrigen den Obmännern und Beisitzern anvertraut gewesenen Obliegenheiten sollten an die Gerichtsdiener zurückfallen und deren Zahl zu diesem Behufe vermehrt werden. Die Aufstellung derselben sollte den Rentdeputationen nach vorerholter Entschließung der Hofkammer und mit Confirmirung der Regierung zukommen. Uebrigens sollten die Gerichtsdiener nicht mehr, wie früher, unmittelbar unter dem Rentmeister, bezw. der Rentdeputation, sondern unter den äußeren Beamten stehen. Die Gerichtsdiener wurden wieder „in den vorig billigen Dienstgenuß" an Geld- und Naturalbesoldungen, Taxen und Sporteln gesetzt. Doch sollten sie nichts selbst einbringen, sondern die Einziehung der Taxen ꝛc. durch das Gericht geschehen. Die Naturalsammlungen wurden gegen Geldentschädigung abgeschafft.

Auf diese Wiedereinsetzung des vorigen Standes folgte unterm 19. Mai 1784 eine ausführliche Anweisung für die Dorfsführer, Ob- oder Hauptleute und die Gerichtsdiener¹³.

Das Bedürfniß, die sicherheitspolizeiliche Thätigkeit durch eine organisirte bewaffnete Macht zu unterstützen, trat sehr frühzeitig auf. So verfügten schon die Landesordnungen von 1516 und 1558¹⁴ die Bildung streifender Rotten aus dem herzoglichen Hofgesinde, Dienern und Amtleuten sowohl an den Landesgrenzen, als an anderen Orten im Lande, wo es nöthig scheine. Ueber die Thätigkeit dieser Streifrotten und deren Unterstützung wurden eingehende Vorschriften getroffen und den Rotten zu ihrem Ausweise offene Briefe gegeben¹⁵. Sehr wirksam erwies sich indessen diese Maßregel nicht¹⁶.

Die Landes- und Polizeiordnung von 1616 gedenkt der mit offenen Briefen versehenen Streifrotten nicht mehr. Sie weist die Beamten an, die zur Erhaltung der Sicherheit in ihrem Bezirke erforderlichen Vorkehrungen zu treffen, auch einige Male im Jahre unversehens eilende Streifen in ihrem Landgerichtssprengel abzuhalten¹⁷ und sich dabei nach Bedarf gegenseitig zu unterstützen.

Eine Verfügung vom 14. November 1671 beauftragte die Militärbefehlshaber, den Amtleuten auf Verlangen durch Abordnung eines Unteroffiziers und etlicher Mannschaft zur Ausrottung des schlimmen Gesindels an die Hand zu gehen¹⁸.

Die Verordnungen wegen der Streifen wurden auch in der Folge noch oftmals erneuert¹⁹.

Im Jahre 1773 wurde die Aufstellung eines militärischen Landcordons verfügt und im folgenden Jahre eine allgemeine Streife im ganzen Lande auf den 28. April angeordnet, welche von jeder Obrigkeit in ihrem Distrikte, an der Grenze nöthigen Falls mit Zuziehung der Cordonsmannschaft, vorzunehmen sei. Auch sollten nun an öftere Particularstreifen vorgenommen werden²⁰.

All diese Maßregeln zeigten sich aber als nicht völlig zulänglich²¹. Es wurde daher beschlossen, anstatt des Landcordons in den Rentämtern Streifcommandos aufzustellen, die den Land- und Pfleg-

---

¹³ G. K. Mayr, Sammlung ꝛc., 1784 II S. 1474. Bezeichnend ist, daß den Gerichtsdienern nicht bloß für sich und die Ihrigen der übertriebene Aufwand in Essen, Trinken und Kleidung, sondern auch die „Haltung der Rennpferde" verboten wird, was auf einen sehr gesicherten Nahrungsstand dieser Bediensteten schließen läßt.

¹⁴ Buch VI Tit. 9.

¹⁵ Ueber die geschichtliche Entwickelung der Streifen E. Rosenthal a. a. O. I S. 329 ff.

¹⁶ Maximilian I. verlangte 1613 vom Hofrathe Vorschläge über die Mittel zur Ausrottung des sicherheitsgefährlichen Gesindels. Der Hofrath beantragte u. A. die Aufstellung von besonderen Rotten für jeden Regierungsbezirk oder eines Landprofosen. Maximilian nahm aber das Gutachten sehr ungnädig auf und meinte, die Rotten sollten wohl streifen, um dem Unterthan noch mehr zur Last zu fallen und damit die Beamten desto länger schlafen können. Zudem pflegten die Streifer mehr dem Wirthshause, als der Straße nachzugehen. M. Frhr. v. Freyberg, pragmatische Geschichte der bayer. Gesetzgebung u. Staatsverwaltung ꝛc., II S. 7 f.

¹⁷ „Rit also, daß die Schergen zuvor in ein Wirthshauß hineinsitzen, allda zechen, die Bauern zu sich berufen und daß sie die Zech für sie bezahlen, tringen oder sonst also handeln, daß die Streiff nichts dienstlich oder nutzlich sehe." Landts- u. Polic. Ordnu. Buch V Tit. 10 Art. 2.

¹⁸ Freyberg a. a. O. S. 13.

¹⁹ 1765 und 1768 wurde verfügt, daß eine Streifcommission in Begleitung eines Militärcommandos im Lande herumzuschicken sei, welche die Baganten und Müßiggänger aufzugreifen und sofort abzuwandeln habe. S. Generalmandate vom 14. Aug. 1765 Ziff. 1 u. 12. Aug. 1768 Ziff. 1, G. K. Mayr, Sammlung ꝛc., 1784, II S. 802 und 818.

²⁰ G. K. Mayr, Sammlung ꝛc., 1784, II S. 895, 1221.

²¹ Der Landcordon insbes. deshalb nicht, weil, wie es in einem Rescr. vom 28. Juli 1774 heißt, das „Militär allzu weitschichtig und nur einzelnweis hin und wieder verlegter sich befunden, und also nicht jedesmalen sogleich in einer Anzahl beisammen zu haben gewesen sei, zu geschweigen, daß einige einzele Commandirte von dem liederlichen Gesindel allschon sehr oft gewaltthätig überfallen, geschlagen und einige getödtet worden." G. K. Mayr a. a. O. S. 1221.

gerichten zur Verfügung stehen sollten. Auch sollten die Garnisonen auf Verlangen Mannschaften der Infanterie und Cavallerie an die Polizeibehörde abgeben²².

Eine förmliche militärische Sicherheitstruppe, das Landsecuritätscommando, wurde durch Verordnung vom 6. October 1775²³ errichtet. Dasselbe bestand aus abcommandirten Offizieren und Mannschaften des Heeres. Es hatte einen dem Hofkriegsrath untergeordneten Commandanten mit dem Sitz in Neustadt a/D. Es wurden fünf Commandos mit einem Lieutenant als Befehlshaber für die fünf Rentämter Bayerns und der Oberpfalz gebildet. Commandositze waren die Hauptorte der Rentämter²⁴. Die Commandos sollten den Befehlen des Hof= und Polizeiraths, bezw. der Regierungen Folge leisten und diesen ebenso wie den militärischen Vorgesetzten Rapport erstatten. Die Mannschaften der Commandos sollten so vertheilt werden, daß jedem Corporal mit 3 bis 4 Mann ein besonderer Landdistrict zur Abpatrouillirung angewiesen würde²⁵.

Durch Rescript vom 19. Januar 1780²⁶ wurde statt des Landsecuritätscommandos ein eigenes, nur den Civilbehörden untergebenes Securitätscorps in's Leben gerufen²⁷. Dasselbe bestand aus einem Ober= und drei Unterinspecteurs, einem Fourier, 25 Rottmeistern und 100 Gemeinen. Es sollte auf die Rentämter München, Straubing und Burghausen²⁸ und die Oberpfalz nach der Größe und Lage jedes Bezirks vertheilt werden. Jedem Inspecteur war ein Rentamtsbezirk, jedem Rottmeister ein Patrouillendistrict zugewiesen. Das Securitätscorps wurde unmittelbar der Oberlandesregierung unterstellt, hatte aber auch von dem Hofrathe und den Unterregierungen Befehle anzunehmen und den Anordnungen der äußeren Beamten zu entsprechen.

Durch Rescript vom 18. Juli 1781²⁹ wurde indessen angeordnet, daß an Stelle des Securitätscorps und der Confinwächter ein militärisches Jägercorps zu errichten sei, dessen Formirung und Instruction dem Hofkriegsrathe übertragen wurde.

Bereits im Jahre 1788 fand man aber, daß das Jägercorps seinen Zweck nicht erfülle, „theils wegen zu geringer Mannschaft, theils wegen derselben allzuweit entfernten Entlegenheit und ebendarum sich eigenmächtig angemaßter Excessen". Es wurde daher durch Rescripte vom 18. und 19. September³⁰ verfügt, daß an Stelle dessen die ganze Cavallerie auf das Land und an die Grenzen verlegt werde. Die beträchtlicheren Orte sollten mit Standquartieren und Vorposten, die kleineren Ortschaften und Dörfer mit Patrouillen versehen, auch ein förmlicher Grenzcordon

---

²² G. R. Mayr a. a. O. S. 1221.

²³ G. R. Mayr a. a. O. S. 1235.

²⁴ München, Landshut, Straubing, Burghausen und Amberg.

²⁵ „Wobei jedoch der Antrag zu machen ist, daß z. E. die Patrouillen jedesmal gegeneinander streifen und auf einen gewissen Mittelpunkt zugleich beisammen eintreffen, und sonach von dort aus gleich wiederum durch andere Districte patrouilliren mögen; der Offizier hat mit der bei sich habenden Patrouil jedesmal den Mittelpunkt seiner rechts und links ausgeschickten Patrouillen durchzupassiren, um den Zusammenstoßung aller Patrouillen und nach den von selben empfangenen Rapports, die weiteren Befehle sogleich geben zu können."

²⁶ G. R. Mayr a. a. O. S. 1251. Die Einrichtung war schon in dem Mandat vom 29. Juli 1779 Ziff. 8 (G. R. Mayr, Sammlung ꝛc., 1784, I S. 389) eventuell in Aussicht genommen worden. Vgl. auch § 6 Ziff. 11 der Instr. für die Oberlandesregierung vom 16. Aug. 1779 a. a. O. I S. 392.

²⁷ Es recrutirte sich, wenigstens theilweise, aus den im vorhergehenden Jahre entlassenen Schergen. Vgl. Mandat vom 24. Dec. 1779 Ziff. 7b bei R. G. Mayr a. a. O. I S. 425, auch IV S. 981.

²⁸ Das Rentamt Landshut war 1779 aufgehoben worden; oben § 7 Anm. 33.

²⁹ G. R. Mayr, Sammlung ꝛc., 1784, I S. 435. Vgl. auch ebenda 1788, IV S. 687 (§ 12), 706; 1799, VI S. 156. Gleichzeitig wurde für Neuburg ein besonderes Jägercorps errichtet, s. ebenda IV S. 992. — Auf die herrschenden Sicherheitszustände werfen die beiden Erlasse vom 18. u. 21. Mai 1781 (R. G. Mayr a. a. O. I S. 199 und 200) ein grelles Licht. Es wird über „die bereits so hoch angewachsene und sich immer vermehrende Anzahl des in hiesigen Landen befindlichen Diebs=Räubergesindels", die „fast allgemeine Unsicherheit", die „unmenschlichen Grausamkeiten" der Räuber geklagt.

³⁰ G. R. Mayr, Sammlung ꝛc., 1797, V S. 520, 526, 527; s. auch S. 541. Der Urheber der Maßregel war der Generalleibadjutant B. Thompson, der spätere Graf v. Rumford, auf dessen Rath hin man im Jahre 1788 ein neues „Kriegssystem" (s. darüber § 28) einzuführen beschloß. Anläßlich der hier erwähnten Verwendung der Cavallerie wurden die Jäger mit den Dragonern vereinigt und daraus die noch bestehenden Chevaurlegers gebildet. E. v. Xylander im Jahrb. der militär. Gesellschaft München 1882/83 S. 93 bemerkt richtig: „Wenn man die Sache beim rechten Namen nennt, so wurde von diesem Zeitpunkte ab die gesammte bayerische Cavallerie eine Sicherheitstruppe."

gebildet werden[31]. Bei diesem Cordonsysteme verblieb es bis zum Ende des vorigen Jahrhunderts[32].

§ 15. Die Gemeinden.

Als selbständige Verwaltungskörper erscheinen die Städte[1] und die denselben gleichgestellten gefreiten oder gebannten Märkte[2]. Zu den Städten zählten jene Gemeinden, die mit dem Stadtrechte begabt waren[3]. Die Verleihung des Stadtrechts galt als ein Recht der Landeshoheit[4].

Die Städte hatten Landstandschaft und daher Sitz und Stimme im Landtage.

Aus der Zahl der Städte hoben sich als eine bevorzugte Klasse die Hauptstädte — München, Landshut, Straubing, Burghausen und Ingolstadt — heraus. Sie waren den rentmeisterischen Umritte nicht unterworfen[5] und standen unmittelbar unter dem Hofrathe oder den Regierungen, bezw. später der Oberlandesregierung. Sie besaßen die hohe und niedere Gerichtsbarkeit[6]. München, Landshut und Straubing waren außerdem zur landschaftlichen Verordnung fähig[7]. Im Uebrigen bemaßen sich die Vorrechte dieser Städte nach den ihnen besonders ertheilten, im Einzelnen ziemlich verschiedenen Privilegien[8].

---

[31] Es wurden auch die Verpflichtungen der Gemeinden und Unterthanen bezüglich der Unterbringung der Truppen geregelt. Die durch Rescr. vom 25. Nov. 1795 eingeführte allgemeine Cordonsanlage nach dem Hof=, bezw. Steuerfuß (G. R. Mayr, Sammlung ꝛc., 1797, V S. 676) wurde unterm 20. Febr. 1796 (ebenda S. 678) gegen einen landschaftlichen Beitrag aus den Steuergefällen wieder eingestellt. Schon früher, 1769, war die Erhebung eines jährlichen Landschutz= und Militärbeitrags in nicht unbedeutender Höhe angeordnet und diese Forderung damit begründet worden, daß das Militär zur Erhaltung „der sowohl äußer= als innerlichen Landessicherheit" und daher des Friedens und der Ruhe des Einzelnen diene. S. Sammlung ꝛc. von 1771, S. 208, 209, 211, 212.

[32] Ueber die ungenügenden polizeilichen und die nachtheiligen militärischen Wirkungen des Systems E. v. Xylander a. a. O. S. 95.

[1] Land= oder Municipalstädte im Gegensatze zu den Reichsstädten. Die Landstädte schied man wieder in Hauptstädte und Landstädte i. e. S.

[2] Kreittmayr, Anm. über den Codic. Max. Bav. Civ. Th. V Cap. 25 § 1: „Die ungefreiten Märkte oder jene, welche einem Stand oder Landsassen untergeben sind, haben kein jus municipii und nähern sich weit mehr den Dörfern als Städten." Vgl. auch Kreittmayr, Anm. über den Codic. jur. Bav. judic. Cap. 1 § 21, a und Schmid, Commentarii ad ius municipale Bav. Tit. 15 art. 3 nr. 4.

[3] Kreittmayr (am erstangef. O.), der alle sonstigen Merkmale verwirft, meint, kürzer und adäquater ließen sich die Städte kaum beschreiben.

[4] Kreittmayr a. a. O. Cap. 25 § 2.

[5] Vgl. Rentmeisterinstr. von 1774 § 2, wo als vom Umritte ausgenommen auch noch Braunau genannt wird. G. R. Mayr, Sammlung ꝛc., 1784, I S. 348.

[6] Kreittmayr a. a. O. Cap. 25 § 2.   [7] Kreittmayr a. a. O. Cap. 25 § 2.

[8] Vgl. wegen München Monum. Boica XXXV, b. In der Mayr'schen Sammlung sind abgedruckt: Wahlbrief von 1403 (1797, V S. 687); Privilegia de anno 1458, Ewiggeld betr. (a. a. O. S. 7), und de anno 1500, Priv. Albertinum (a. a. O. S. 20); Receß von 1561 (dieser im R. Bl. 1802 S. 637, 652, 670); Erläuterung der Münchener Privilegien vom 4. April 1607 (1788, IV S. 971); Confirmation der Münchener Privilegien vom 7. Nov. 1724 (a. a. O. S. 967; dazu 1784, II S. 1380); Entschl., das priv. de non app. in Ewiggeldsachen betr., vom 28. Juli 1755 und 10. April 1756 (II S. 1310, I S. 22); neuer Wahlbrief vom 1. Dec. 1795 (1797, V S. 815; dazu ebenda S. 904, vgl. auch S. 903); Entschl., die Erläuterung des priv. Albert. betr., vom 27. Aug. 1791 u. 24. Nov. 1797 (ebenda V S. 902 und VI [1799] S. 27). S. noch Mayr, I S. 35, 47, II S. 1325, 1483, V S. 16, 799. Vgl. außerdem Verordn. vom 18. Juli 1799, das privilegium appellationis hiesiger Stadt betr., im Münchener Intell.=Blatt 1799 S. 547.

Wegen Landshut vgl. Privilegienbrief von 1599 (R. Bl. 1802 S. 671); Verleihung des Oberrichteramts von 1601 (ebenda S. 674 und 686, auch G. R. Mayr, Sammlung ꝛc., 1797, V 710); Rescr. vom 6. Mai 1676 über einige Beschwerden der Stadt Landshut (Mayr ebenda S. 731). S. auch Mayr a. a. O. I S. 483.

Wegen Straubing s. Oberrichteramtsconcession von 1602 (Mayr a. a. O., V S. 713; dazu S. 715; ferner II S. 1385 und IV S. 1018).

Ueber die Stellung der Haupt= u. Regierungsstädte in Sachen der Kirchenstiftungsrechnungen § 31 des Mandats von 1779 bei Mayr II S. 1143.

Zur Verfassungsgeschichte der bayer. Hauptstädte vgl. L. Rockinger in der Bavaria I, 2 S. 757 (München), 793 (Ingolstadt) 837 (Burghausen), 1075 (Landshut) u. A. Schels ebenda S. 1080 (Straubing); wegen München und Landshut s. Riezler, Geschichte Baierns II S. 202 u. die dort angegebenen Schriften; A. Wehner, die Gerichtsverfassung der Stadt München, München 1876; E. Rosenthal, Beiträge zur deutschen Stadtrechtsgeschichte, Heft 1 u. 2, zur Rechtsgeschichte der Städte Landshut u. Straubing, Würzburg 1883.

Die übrigen Städte waren dem rentmeisterischen Umritte unterworfen⁹, den Land und Pfleggerichten untergeordnet und nur im Besitze einer beschränkten niederen Gerichtsbarkeit¹⁰.

Das Gebiet einer Stadt hieß der Burgfrieden und war durch Vermarkung und Beschreibung festgestellt.

Die Gemeindebehörde (das Stadtregiment) war der Magistrat (Rath, Senat), bestehend aus dem Bürgermeister (in Märkten Kämmerer genannt) als Vorstande und den inneren und äußeren Rathsmitgliedern¹¹. Die Besetzung der Stellen geschah regelmäßig durch Wahl¹². Unter den Gemeindebeamten sind insbesondere die Syndici oder Stadt- und Marktschreiber¹³ und die Stadtrichter hervorzuheben¹⁴.

Ein allgemein giltiges Recht bezüglich der Stadtgemeindeverfassung gab es übrigens nicht¹⁵.

Die wesentlichen Befugnisse der Stadtgemeinden waren die Gerichtsbarkeit innerhalb des Burgfriedens über Bürger, Beisassen und Fremde, und zwar in den Hauptstädten auch die peinliche und die Gantgerichtsbarkeit¹⁶; die Polizei; die Bewaffnung der Bürger; das Recht der selbständigen Finanzverwaltung und der selbständigen Erhebung der Steuern¹⁷.

Eine Stadt- und Marktinstruction, welche im Jahre 1670 erlassen und unterm 1. Januar 1748 durchgesehen wurde¹⁸, enthielt allgemeine Bestimmungen, vorzugsweise in Bezug auf die Geschäftsführung der gemeindlichen Organe und den Gemeindehaushalt. Die Instruction hatte nur die Städte im Auge, welche dem rentmeisterischen Umritte unterworfen waren. Indessen diente sie¹⁹ auch den Hauptstädten als Norm, soweit sie nicht mit deren Privilegien und besonderem Herkommen unvereinbar war.

Die Instruction²⁰ gibt neben einer Anzahl allgemeiner guter Lehren für die bürgerliche Obrigkeit²¹ Vorschriften über Geschäftsgang Führung der Gemeinde- und Stiftungsverwaltungen, Be-

---

⁹ Vgl. die Rentmeisterinstr. von 1669, bes. §§ 57 ff. (Sammlung ꝛc. von 1771, S. 547), ferner jene von 1774, bes. §§ 43 ff. (G. K. Mayr a. a. O. I S. 348, 361).

¹⁰ Kreittmayr a. a. O. Cap. 25 § 2. — Ueber die Gerichtsbarkeit der Städte auch Kreittmayr, Anm. über den Cod. jur. Bav. judiciar. Cap. 1 § 21 a.

¹¹ Vgl. E. Rosenthal, Geschichte des Gerichtswesens u. der Verwaltungsorganisation Baierns. I S. 167 ff.

¹² Nach der Stadt- u. Marktinstr. sollen die Wahlen um das neue Jahr vorgenommen werden, und zwar auch da, wo bisher ein Anderes hergebracht war. Die Confirmation soll da, wo es bisher gebräuchlich war, nachgesucht werden. Widersäßigen oder saumseligen Städten und Märkten wird mit Aufhebung des Wahlrechts gedroht. Uebermäßige Aemtercumulationen werden untersagt.

¹³ Syndici hießen die Stadtschreiber der Hauptstädte. Die Stadt- u. Marktinstr. (vgl. darüber unten bei Anm. 18) verfügte in § 5, daß die Stadt- u. Marktschreiberstellen nicht mehr privatim durch den bürgerlichen Rath besetzt werden, sondern die Bewerber in Bezug auf ihre Tüchtigkeit vorerst durch den Hofrath, bezw. die Regierung untersucht werden sollen, damit dann die Aufnahme um so unbedenklicher ratificirt werden könne. Dabei wurde bemerkt, die bürgerlichen Obrigkeiten hätten auf ordentliche und praktisch erprobte Leute, „nicht aber den Antrag dahin zu nehmen, daß ein unerfahrener Mensch darum angestellt werde, weil er entweders bemittelt und Schmiralien darzureichen im Stand, oder aber durch Heurath eines interessirten Rathsfreunds Tochter eindringen müsse".

¹⁴ Nach § 35 der Stadt- u. Marktinstr. sind ferner „zu den Kammerämtern zwei von dem innern und äußern Rath qualificirte Verwalter zu verordnen".

¹⁵ Kreittmayr a. a. O. Cap. 25 § 8 bemerkt: „Das Stadtregiment ist sowohl in Bestellung derjenigen, welchen solches anvertraut ist, als in Modo, wie es geführt wird, so unterschiedlich, daß man weder im Ansehen der Reichs- noch Landstädte eine allgemeine Regul hievon geben kann, sondern solches vielmehr ex Moribus et statutis cujusvis Loci, als ex doctrina generali erkannt und erlernet werden muß.

¹⁶ Ueber die geschichtliche Entwickelung E. Rosenthal a. a. O. I S. 153 ff.

¹⁷ J. G. Feßmaier, Grundriß des baier. Staatsrechtes § 125.

¹⁸ Sammlung ꝛc. von 1771, S. 558. Vgl. auch die Rentmeisterinstr. von 1669 §§ 57 ff. ebenda S. 552.

¹⁹ Nach dem Zeugnisse Kreittmayrs a. a. O. Cap. 25 § 2.

²⁰ Wegen der Oberaufsicht der Oberlandesregierung vgl. deren Instr. § 6 Ziff. 52, G. K. Mayr, Sammlung ꝛc., 1784, I S. 398.

²¹ Rath und Bürgerschaft sollen dem Gottesdienste mit Andacht beiwohnen und die hochheiligen Sacramente öfters gebrauchen. (Darüber auch G. K. Mayr, Sammlung ꝛc., 1788, IV S. 790.) „Es ist in keine Weg zu gedulden, daß theils Rathsfreunde in ein Horn blasen, allerhand Knittelbünd unter sich machen und durch offenbare Ungerechtigkeit einer zu ihrem Vortheil, dem gemeinen Wesen aber oder denen Parteien zum Nachtheil hinaus zu drucken sich unterfangen." „Den Stadt- und Marktknechten ist auch, weilens insgemein harte Leut und die der Bürgerschaft viel Drangs anthun, eine bessere Bescheidenheit wohl einzubinden." Auf gute Besetzung der Rathsstellen und Aemter soll geachtet werden, man soll „nicht nur auf befreunde, ganz einfältig und unvermögliche antragen, so hernach bloße Ja-Herren abgeben und deme, so den Meister spielt, alles hinausdrucken helfen". Das Rathsgeheimniß wird eingeschärft.

handlung der Gemeindegüter und Gefälle, Gemeindebauwesen, Depositen-, Kassen- und Rechnungswesen, Registratur u. dgl. Rechtsstreitigkeiten dürfen ohne rentmeisterische Zustimmung nicht begonnen werden. Die Instruction handelt ferner von der den Gemeindebehörden obliegenden Sorge für
die Verlassenschaften, für Wittwen und Waisen, dann für Herstellung der Grund- und Saalbücher.
Denselben wird außerdem die Aufsicht über die Gasthäuser, die Handhabung der Lebensmittelpolizei,
insbesondere Fleisch-, Brob- und Bierbeschau, eingeschärft, nicht minder die Controle von Maß und
Gewicht die mit einem Stadt- oder Marktzeichen versehen sein sollen. Die Gemeinden haben sich die
Hebung der Jahr- und Wochenmärkte und der Getreideschrannen angelegen sein zu lassen. Die Schulen
sollen visitirt [22], die Schulversäumnisse geahndet, die Christenlehrstunden gehörig abgehalten werden.
Gegen Ueberlastung des armen Mannes mit dem Seelgeräth und Stolgebühren ist Abhilfe nachzusuchen.
Die Bettel- und Sicherheitspolizei soll eifrig gehandhabt, insbesondere für gute Polizei zur Nachtzeit [23]
und für pünktliche Thorsperre gesorgt werden. Es wird ferner eine sorgsame Feuerpolizei und die Be-
schaffung und Instandhaltung der nöthigen „Feuerinstrumente" gefordert. Auf Reinlichkeit in der
Stadt und Unterhaltung von Weg und Steg ist zu achten; „Infectionsfreithöfe" dürfen innerhalb der
Orte nicht angelegt werden [24].

Die Einwohner der Stadtgemeinden [25] theilten sich in verschiedene Classen [26]. Den Bürgern und
Beisaffen, welch letztere mit dem kleinen Bürgerrecht begabt waren, standen die übrigen Einwohner
gegenüber, welche ohne Bürgerrecht im Burgfrieden Wohnsitz hatten [27]. Die Bürgerrechtsverleihung [28]
kam der bürgerlichen Obrigkeit mit Genehmigung der Aufsichtstelle zu [29]. Die Wirkung des vollen
Bürgerrechts war einerseits die Wahlberechtigung und Wählbarkeit zu den Gemeindeämtern, die Fähigkeit zur Ausübung bürgerlicher Gewerbe und die Theilnahme an den Stadtrechten, Freiheiten und
Privilegien [30], andererseits die Verpflichtung zur Mittragung der Gemeindelasten und Abgaben [31]. Be-

---

[22] § 15 sagt: „Weil auch an der Kinderzucht nicht wenig, sondern das meiste gelegen, sich jedoch
die Aeltern hierinfalls in dem Werk schlecht bezeigen und ihren Kindern allerhand Muthwillen ver-
statten, als will nothwendig sein, daß die Schulvisitation mit Zuziehung jeden Orts Pfarrer ein oder
das andere Mal im Jahr vorgenommen, und nicht nur auf die Kinder, sondern vornehmlich auch auf
der Schulhalter Mores und Qualitäten, und ob sie andere zu unterrichten die Kunst und den Verstand
haben, auch bei ihrer Function unverdrossen und emsig sein, oder vielmehr dem Trunk, Spazierengehen
und anderen liederlichen Wesen immerzu obliegen, oder wohl beinebens Handwerker, Wirthschaften
und allerhand Handthierungen treiben, inquirirt . . werden solle."

[23] Die Straßenbeleuchtung wurde 1731 in München eingeführt und eine Hausanlage zu diesem
Zwecke erhoben. G. K. Mayr, Sammlung ic., 1788, IV S. 603.

[24] § 31: „Die Infections-Freithöf sind aller Orten außerhalb der Städte und Märkte zu
halten, und selbige, daß nicht alles Vieh von- und zugehen kann, und vorderst durch die reverendo
Schwein nicht untergraben werden. der Nothdurft nach zu versichern."

[25] Vgl. zum Folgenden H. Rehm, Annalen des deutschen Reichs 1892 S. 181 ff.

[26] Bisweilen kam vor, daß der Burgfrieden einer Stadt auch ländliche Orte mit umfaßte. Vgl.
z. B. Schmid, Commentarii ad ius municipale Bav. Tit. 14 art. 7 n. 5: „Notum enim est,
quod civitas Ingolstadiensis in suo districtu iurisdictionali aliquot pagos habeat, quorum
incolae Ingolstadii cives sunt, et hinc communitas Ingolstadiensis solet scribere: wir Burger
und Bauern zu Ingolstadt."

[27] Eine besondere Klasse der letzteren waren die Tolerati, Taglöhner und dgl. Leute, besonders
in München, die einen Toleranzzettel vom Stadtoberrichteramt hatten. Vgl. Kreittmayr a. a. O.
Cap. 25 §§ 5 und 9, auch H. Rehm, Annalen des Deutschen Reichs 1892 S. 172 Anm. 4.

[28] Die Landes- u. Polizeiordn. von 1616 Buch IV Tit. 12 Art. 10 bestimmt: „Deßgleichen
sollen auch die Bürgerliche Obrigkeiten in Stätten und Märkten . . solche unvermögliche Leut, die ihr
Nahrung one Beschwerde der andern Burger nit haben künden, zu Burgern nit auffnemmen . ."
Aehnlich Rentmeisterinstr. von 1669 § 95. Vgl. dazu Stadt- und Marktinstr. § 21: „Es sind auch
keine liederliche Leut, dadurch nur Bettler und Faullenzer erzieglet werden, zu Burgern oder Beisitzern
aufzunehmen, noch ist jemand das Burgerrecht zu erstatten, der nicht vorhero Anzeige thun kann, wie
und auf welche Weis er nächst göttlichen Gnaden sich und die Seinige zu ernähren getraue."

[29] Kreittmayr a. a. O. Cap. 25 § 6; s. auch Instr. für die Oberlandesregierung von 1779 § 6
Ziff. 54 bei G. K. Mayr, Sammlung ic., 1784, I S. 398. H. Rehm a. a. O. S. 201.

[30] Kreittmayr a. a. O. Cap. 25 § 7. Die Bürger waren, weil zu den gefreiten Ständen gehörig, auch fähig, Landsassengüter mit Landsassenfreiheit zu besitzen. J. G. Feßmaier, Grundriß des
baier. Staatsrechts § 124.

[31] Kreittmayr a. a. O. Cap. 25 § 8. Wie dort bemerkt wird, „versteuert der Bürger zur
Stadtkammer nicht nur das, was er im Burgfrieden hat, sondern auch all anderes außerhalb, und
zwar, wie die hiesige (Münchener) Stadtsteuerordnung Art. 12 lautet, in der ganzen Welt gelegenes
Vermögen, jedoch nach Abzug der Rittersteuer, welche er etwa von seinen besitzenden adeligen Land-
gütern verreichen muß". Ueber die Nachsteuer, welche beim Abzuge sowie dann zu entrichten war,
wenn ein Auswärtiger heimisches Gut an sich brachte, ebenda §§ 11—22.

züglich der rechtlichen Stellung der Beisassen bemerkt Kreittmayr[32]: Dieselben „treiben kein bürgerliches Gewerb zu offenem Kram und Laden, werden auch zu Raths- und andern öffentlichen Stadt-
ämtern nicht leicht gezogen und geben statt der Bürgersteuer ein Beisitzgeld. Im Uebrigen ist aber
zwischen ihnen und Andern, welche das große Bürgerrecht haben, kein Unterschied"[33]. Das Bürger-
und Beisitzrecht konnte durch Entlassung zur Strafe[34] oder auf Nachsuchen verloren gehen[35].

Die Dörfer waren Gemeinden ohne Stadt- und Marktrecht. Ihre Eigenschaft als Körperschaften
war anerkannt[36].

Die Vorsteher hießen Dorfsführer, Hauptleute oder Obmänner (auch Vierer). Sie wurden
regelmäßig von versammelter Gemeinde gewählt, bedurften aber der Bestätigung durch das Landgericht
oder die Gemeindeherrschaft. Sie sollten nach der Dorfsführerinstruction von 1784 zwei an der Zahl
und wo möglich beide, mindestens aber einer des Lesens und Schreibens kundig sein.

In gleicher Weise geschah die Bestallung der untergeordneten Gemeindebediensteten, des Ge-
meindehirten, der Feld-, Holz- und Brückenwächter (Wies-, Esch-, Holz- und Bruckhay genannt)[37].

Gemeindeversammlungen durften von den Ortsführern außer wegen der regelmäßig vorkommenden und besonders dringender Gemeindeangelegenheiten nur mit obrigkeitlicher oder herrschaftlicher Erlaubniß berufen werden[38].

Die Führung des Gemeindehaushaltes und die Wahrnehmung der gemeinlichen Aufgaben oblag vornehmlich den Ortsführern. Zu diesen Obliegenheiten gehörte die Unterstützung der Fronboten
und Gerichtsdiener bei Handhabung der Bettel-, Sicherheits- und Feuerpolizei, insbesondere durch
Aufstellung von Bettel- und Nachtwachen, die Mitwirkung bei der Zaun- und Mühlbesichtigungen,
ferner die Sorge für die Viehzucht (Haltung des erforderlichen Geilviehs rc.), die Aufsicht über die Ehehaften und Einhaltung der Ehehaftspunkte, die Armenpflege[39].

Von den Unterscheidungen, welche man zwischen den Bauern hinsichtlich ihrer rechtlichen Stellung machte, ist die zwischen Freien und Leibeigenen die wichtigste[40].

---

[32] A. a. O. Cap. 25 § 9.

[33] Ueber Pfahlbürger und Ausbürger (letztere solche, „welche zwar an mehreren Orten Bürger
werden, jedoch so, daß sie überall die bürgerlichen onera tragen") Kreittmayr a. a. O. Cap. 25 § 4.

[34] § 10 der Stadt- u. Marktinstr. von 1748 erklärt die Aufkündigung des Bürger- oder Beisitz-
rechtes bei Widersetzlichkeit gegen die bürgerliche Obrigkeit für zulässig.

[35] Vgl. Entschl. vom 9. Dec. 1788 (G. K. Mayr, Sammlung rc., 1797, V S. 767): „Um das
Bürgerrecht zu verlieren und aus der bürgerlichen Jurisdiction zu treten, ist nicht genug, daß man
das bürgerliche Gewerb oder die Gerechtigkeit desselben aufgibt, die Hofarbeit mit oder ohne Pension
und Besoldung erhält (Hofschutz), oder sich selbst eigenmächtiger Weise von dem nexu civico zu ex-
imiren sucht, sondern es wird die obrigkeitliche Entlassung und zwar praestitis praestandis (insbes.
der Nachsteuer!) hierzu erfordert."

[36] Kreittmayr a. a. O. Cap. 28 § 1: „Man hat sämmtliche Einwohner eines jeden Dorfs,
ihres Verbands wegen, worin sie in Absicht auf das gemeine Dorfsbeste beisammen stehen, als eine
wahre Communität zu consideriren, folglich die nemlichen jura, deren sich auch andere corpora zu erfreuen haben, denselben einzugestehen." Einöden sind nach Kreittmayr, „weil sie mit keinem Dorf in
Gemeinschaft stehen, sondern noch auf altdeutschen Fuß stehen, als ganz besondere corpora zu erachten".
Wegen der Flur- und Urbarsbücher s. a. a. O., wegen der Güterconscription ebenda und unten § 19
Anm. 5.

[37] Vgl. Landrecht von 1616 Tit. XXIV „Von Pruck- und Eschhay".

[38] Vgl. die sehr einschränkenden Bestimmungen der Landes- u. Polizeiordn. von 1616 Buch V
Tit. 6 Art. 3 „von der Baurschafft Gemeinhaltung und Zusammenkunften" und noch § 3 der Dorfs-
führerinstr. vom 19. Mai 1784. (G. K. Mayr, Sammlung rc., 1784, II S. 1474.) Die Rentmeisterinstr. von 1669 § 115 sagt ferner: Dorfsgemeinde soll ohne Beisein der Amtleuten nicht gehalten werden.
Sammlung von 1771 S. 557.

[39] Ueber die Dorf- und Ehehaftsgerichte Kreittmayr, Anm. über den Cod. jur. Bav. judiciar.
Cap. 1 § 21, a gegen Schmid, Commentarii ad ius municipale Bav. tit. 11 art. 1, nr. 8; J. J.
Moser, Einl. in das churf. bayer. Staatsrecht Cap. 11 § 29; M. Frhr. v. Freyberg, pragmat. Geschichte der bayer. Gesetzgebung u. Staatsverwaltung rc. IV, 1 S. 30; J. R. G. v. Krenner, über Land-,
Hofmarchs- u. Dorfgerichte, München 1795; C. v. Bacchiery, über die Ehehaften u. Ehehaftsgerichte
in Baiern, München 1798. J. G. Fetzmaier, Grundriß des baier. Staatsrechts § 123; G. Rosenthal a. a. O. I S. 204 ff. S. auch churf. Rescr. vom 16. Oct. 1758 bei G. K. Mayr, Sammlung rc.,
1788, IV S. 991. Die erkl. Landesfreiheit Th. II Art. 13 sagt: „Item insonderheit sollen die Dorff-
gericht und Ehehafft in jhrem gebrauch bleiben, als in den alten Freyheiten auch begriffen ist."

[40] Vgl. Kreittmayr a. a. O. Cap. 28 § 2 und 3; über die Leibeigenen auch Schmid, Commentarii ad ius municipale Bavaricum tit. 4.

4. Abschnitt.

Das Finanzwesen.

§ 16. Die Kammereinkünfte.

Das Finanzwesen hat sich in Bayern ziemlich ähnlich wie in anderen deutschen Ländern entwickelt[1]. Auch in Bayern bildete sich aus Erwerbungen, die auf den verschiedenartigsten Rechtstiteln beruhten, ein Kammergut, das im Eigenthume der landesherrlichen Familie stand[2].

Der patrimonialen Auffassung entsprechend galt es zunächst als Sache des Landesherrn, aus den Cameraleinkünften seine und des Landes Bedürfnisse zu bestreiten. Zu den Cameraleinkünften zählten die Erträgnisse der Kammergüter und Kammergefälle[3], dann der nutzbaren Regalien oder Monopole, wie des Weißbier- und Salzmonopols[4], des Lotto[5], der Bergregalien[6], der Regalien des Perlfangs[7] und der Goldwäscherei[8], der Münze ꝛc.

Die Ausgaben für die Kosten der Regierung erschienen ursprünglich nicht etwa als eine auf dem Kammergute ruhende öffentlichrechtliche Verpflichtung, sondern als eine Verwaltungsausgabe des Patrimoniums der Familie[9].

Die Bedeutung des Kammergutes für den Landeshaushalt minderte sich im Laufe der Zeit immer mehr. Die landesherrlichen Kammereinkünfte erwiesen sich schon sehr bald als unzulänglich, so daß, wie bereits[10] gezeigt wurde, die Inanspruchnahme von Steuern der Unterthanen zur Bestreitung der Landesausgaben nöthig ward. Wie hieraus der Einfluß der Stände und eine doppelte, landesherrliche und landständische Finanzverwaltung, Fiscus und Aerar[11], sich entwickelte, wurde gleichfalls oben angedeutet.

Aber auch für die eigenen Bedürfnisse des Hofes mußten die Landesherren in der Folge ständische Beihilfe theils in Einzelfällen, theils dauernd in Anspruch nehmen. Der bleibende ständische Zuschuß für diese Zwecke hieß die Kammergutsbesserung. Zuerst 1563 verlangt und 1568 mit 40 000 fl. wirklich bewilligt, war sie 1577 schon auf 100 000, 1612 auf 150 000 fl. jährlich gestiegen[12] und wies schließlich ein Ordinarium von 250 000 fl. auf[13].

Von dem Kammergute waren einige Güter und Gefälle ausgeschieden, die, unter der Verwaltung des kurfürstlichen Cabinets stehend, ihre Erträgnisse zur persönlichen Verfügung und für die persönlichen Ausgaben des Landesherrn in dessen Chatoulle ablieferten. Man rechnete diese zu den Cabinets- und Chatoullegütern, unter welchen man aber auch das rein private Vermögen des Landesherrn mit begriff[14].

Als in der zweiten Hälfte des vorigen Jahrhunderts eine mehr staatsrechtliche Auffassung der Stellung des Landesherrn sich geltend machte, begann auch bezüglich der rechtlichen Natur des Kammergutes eine Wandlung der Anschauungen sich zu vollziehen. Schon seither war, wie bereits bemerkt, anerkannt gewesen, daß auf dem Kammergute die Verpflichtung laste, aus dessen Renten die Kosten der Landesregierung zu bestreiten; dies wenigstens insoweit, als die fraglichen Einkünfte nicht für den Unterhalt des landesherrlichen Hauses und Hofes erforderlich waren. Mit Rücksicht auf diese Verpflichtung gelangte man dazu, das Verhältniß des Landesherrn zum Kammergute mehr unter einen

---

[1] Vgl. H. Schulze, Lehrb. des deutschen Staatsrechts, Leipzig 1881, I S. 579 ff.

[2] Vgl. die Schriftenangaben bei H. A. Zachariä, deutsches Staats- u. Bundesrecht, 3. Aufl., Göttingen 1867, II S. 410, ferner H. Schulze a. a. O. I S. 198 ff.

[3] Vgl. darüber Kreittmayr, Grundriß des allg., deutsch- u. bayer. Staatsrechts § 179. Panzer, Versuch über den Ursprung u. Umfang der landständischen Rechte in Bayern, S. 146 Anm 2.— Ueber den 1798 eingeleiteten Verkauf der Zehnten G. K. Mayr, Sammlung ꝛc., 1799, VI S. 52.

[4] Kreittmayr a. a. O. § 170.   [5] Vgl. oben § 5 Anm. 35 ff.

[6] Vgl. oben § 5 Anm. 25 ff.   [7] G. K. Mayr, Sammlung ꝛc., 1788, III S. 138.

[8] Ebenda S. 180.

[9] Die Vermengung von Hoheitsrecht und Privatrecht, die sich in dieser Auffassung kund gibt, wirkte noch lange nach. Wirft doch unsere Verf.-Urk. von 1818, in welcher die Scheidung zwischen Staatsgut und Privatvermögen des Herrschers bereits mit voller Schärfe sich vollzogen hat, in ihrem dritten Titel unter dem Begriffe des Staatsgutes noch das Hoheitsrecht über Land und Leute und das fiscalische Vermögen durcheinander.

[10] S. 31.   [11] P. v. Roth, bayer. Civilrecht, 2. Aufl., Tübingen 1881, I S. 237 ff.

[12] Panzer a. a. O. S. 237.   [13] Kreittmayr a. a. O. § 179.

[14] Kreittmayr a. a. O. § 179, E. v. Moy, Staatsrecht des Kgr.'s Bayern, I, 1 S. 171 ff.

öffentlichrechtlichen Gesichtspunkt zu bringen. Kreittmayr¹⁵ bezeichnete die Kammergüter als solche, „welche der Landesherr nicht titulo vel iure mere privato, sondern publico und als Landesherr zu seinem und seines Hofs Unterhalt genießt"¹⁶. Diese Lehre fand in dem Umstande Unterstützung, daß einige Bestandtheile des Kammergutes aus Landesmitteln erworben, andere, welche verpfändet gewesen¹⁷, aus gleichen Mitteln eingelöst worden waren¹⁸. Hiezu kam, nachdem mit Karl Theodor die Erbfolge in Kurbayern an die pfälzische Linie gelangt war, noch ein weiterer bedeutsamer Vorgang. Max III. Josef, der letzte männliche Sproße der Ludwig'schen Linie, hatte eine Schwester, die verwittwete Kurfürstin von Sachsen, Maria Antonia, hinterlassen. Diese, bezw. der Kurfürst von Sachsen als deren Cessionar, trat in Folge des Friedens zu Teschen vom 13. Mai 1779 durch Uebereinkunft vom gleichen Tage alle Allodialforderungen auf das altbayerische Familiengut gegen eine Summe von 6 Millionen Gulden Reichsgeld der pfälzischen Linie ab¹⁹. Die vereinbarte Abfindungssumme aber wurde aus Landesmitteln bezahlt²⁰.

Die rechtsförmliche Umwandlung des Kammergutes in Staatsgut vollzog sich indessen erst unter der Regierung des Kurfürsten Max IV. Josef.

§ 17. Die Steuern.

Die directen Steuern, welche der landständischen Bewilligung unterlagen, waren die Standsteuer, die Landsteuer, die Grund- und Herrengiltsteuer, die Capital- und Widumsteuer.

Der Unterschied zwischen Stand- und Landsteuer bildete sich erst im 16. Jahrhunderte aus. Vorher gab es, von anderen hier nicht zu erörternden Steuerformen abgesehen, nur eine Landsteuer.

Die Landsteuer war ihrer ursprünglichen Bedeutung nach eine dem ganzen Lande, den Ständen wie dem gemeinen Unterthanen auferlegte Steuer. Allein die Stände der Prälaten und Ritter wußten es vermittels ihres Rechtes der Selbsterhebung der Abgaben so einzurichten, daß lediglich ihre Hintersassen steuerten, sie selbst nichts beitrugen oder wohl gar die Steuererhebung zum Anlasse eigenen Gewinnes nahmen¹. So kam es, daß die fragliche Steuer auf dem Lande zu einer Steuer der Nichtbevorrechteten, der Gerichts- und Hofmarksunterthanen wurde. Nur der dritte Stand, die Städte und gebannten Märkte, trugen als Körperschaften zur Landsteuer bei und erhoben die übernommenen Beiträge durch Umlagen von ihren Bürgern².

Eine Standsteuer oder Ständeanlage wurde zuerst im Jahre 1526 geleistet. Die Stände erklärten sich bereit, zu der bewilligten gemeinen Landsteuer noch die Summe von 100 000 fl. zu übernehmen. Davon sollten die Prälaten 50 000 fl., die Städte und Märkte 40 000 fl., die Ritter 10 000 fl. beitragen³. Diese 100 000 fl. bildeten das Simplum der Ständeanlage⁴. Der letzte Landtag von 1669 minderte dieses Simplum um ein Drittel, so daß es von da ab im Bruttoertrage auf nur 66 000 fl. festgesetzt wurde⁵.

Der Landsteuer unterlagen nach der Steuerrevisionsinstruction von 1721 alle Güter, Grundstücke, Gerechtigkeiten und Zehnten, das Huf- und Klauenvieh und das Silbergeschmeid und Schenk-

---

¹⁵ A. a. O. § 179.

¹⁶ Auch in seinen Anm. über den Cod. Max. Bav. Civ. Th. II Cap. 1 § 5, Nr. 6 rechnet Kreittmayr die Kammergüter zum patrimonium publicum.

¹⁷ Ueber den damals entstandenen Domänenstreit vgl. folgende Schriften aus den Jahren 1768 und 1769: A. J. Lipowsky, Ungrund der Domanien in Bajern ꝛc. und Gründliche Abfertigung der im Druck erschienenen fiscalischen Deduction ꝛc.; J. G. v. Köppler, Wirklichkeit der Domanien in Baiern ꝛc. Dazu J. J. Moser, Familienstaatsrecht derer teutschen Reichsstände II Cap. 19 § 6 und Von der teutschen Reichsstände Landen ꝛc. I. Buch Cap. 18 Anhang. A. Kräter, über Ursprung und Eigenthum der Domänen in Deutschland und insbes. in Bayern, München 1840 (unbedeutend).

¹⁸ E. v. Moy a. a. O. I, 1 S. 141 u. 156 Anm. g.

¹⁹ J. J. Moser, der Teschenische Friedensschluß vom Jahre 1779 mit Anm., Franckfurt a/M. 1779, S. 37, 201.

²⁰ J. G. Feßmaier, Grundriß des baier. Staatsrechtes, 1801, S. 106.

¹ Das erhellt sehr deutlich aus § 7 der Steuerinstr. von 1493 (bei J. E. v. Seyfried, zur Geschichte bayer. Landschaft u. Steuern bearbeitete Urkunden u. Beilagen S. 336).

² L. Hoffmann, Geschichte der direkten Steuern in Baiern vom Ende des XIII. bis zum Beginn des XIX. Jahrhunderts, Leipzig 1883, S. 29 f. — Ueber die Erhebung vgl. Stadt- und Marktinstr. von 1748 § 40; Sammlung ꝛc. von 1771, S. 569.

³ Panzer, Versuch über den Ursprung u. Umfang der landständischen Rechte in Bayern S. 156; Hoffmann a. a. O. S. 53.

⁴ Vgl. z. B. Steuerinstr. von 1612 § 6, Sammlung ꝛc. von 1771, S. 236.

⁵ Panzer a. a. O. S. 158, Hoffmann a. a. O. S. 95 und 162.

zeug der Wirthe nach dem Werthanschlage von 1612. Die Steuereinheit betrug 5 % vom vierten Theile des steuerbaren Vermögens⁶.

Die Grund- und Herrengiltsteuer zahlten jene geistlichen und weltlichen Grundherrschaften, welche den drei gefreiten Ständen nicht angehörten, von den Zinsen und Gilten ihrer im Lande gelegenen Güter sowie von den Zehnten und dinglichen Abgaben. Die Höhe der Steuer bemaß sich nach der mit den Pflichtigen vereinbarten Composition und in Ermangelung solcher nach den Bestimmungen der Steuerinstructionen und Steuermandate⁷.

Die Capitals- und Widumssteuer war von den Capitalisten, die nicht zu den gefreiten Ständen gehörten, aus ihren Capitalien, bezw. von den Geistlichen wegen ihrer Widumsgüter zu entrichten⁸.

All diese regelmäßigen directen Steuern hießen die Ordinaristeuern. In außerordentlichen Fällen wurde auch zu anderen Formen der directen Besteuerung gegriffen⁹, oder es verwilligten die gefreiten Stände neben den Standsteuern ein besonderes donum gratuitum.

Eine außerordentliche Besteuerung, die aber im 18. Jahrhunderte zur regelmäßigen wurde, war die Besteuerung des kirchlichen Vermögens. Man schlug hiebei den Weg ein, daß man sich vom Papste Decimationen des Klerus und des Kirchengutes verwilligen ließ¹⁰. Solche Willigungen folgen unter Max III. Josef und Karl Theodor in fast ununterbrochener Reihe bis zum Jahre 1797¹¹.

Durch eine Bulle Pius' VI. vom 7. September 1798 aber wurde dem Kurfürsten Karl Theodor gestattet, in seinen Staaten von den Kirchengütern mit Ausnahme der Pfarrpfründen 15 Millionen Gulden zu erheben. Für den Nothfall wurde sogar die Veräußerung geistlicher Güter unter gewissen Einschränkungen als zulässig erklärt¹². Der Kurfürst kam indessen nicht mehr dazu, von der Ermächtigung Gebrauch zu machen¹³.

§ 18. Die Aufschläge, Accisen, Zölle und Mauten.

Eine zweite Gattung von Abgaben, welche mit Bewilligung der Landstände zur Einführung gelangten, waren die Aufschläge, d. h. Abgaben von Artikeln, welche im Lande erzeugt und verzehrt wurden¹.

---

⁶ *Kreittmahr*, Grundriß des allg., deutsch- u. bayer. Staatsrechtes § 171. Die Instr. von 1612 und 1721 s. in der Sammlung von 1771 S. 235 und 244. — Ueber die Verwirrung, welche in der Steuerveranlagung eingerissen war, vgl. Mandat vom 22. Oct. 1776 a. a. O. S. 152. Insbesondere wird geklagt, daß „bei den mehresten Hofmarksgütern die Steuerbelegung gegen Unsere churf. Pfleg- und Landgerichtsunterthanen so ungleich herabgesetzet und so unterschieden sich bezeigt, daß letztere gegen die erstere ungemein prägravirt sind".

⁷ *Kreittmahr* a. a. O. Ueber die auch hier gemachten Versuche der Abwälzung auf die Unterthanen vgl. G. K. Mahr, Sammlung ⁊c., 1784, II S. 111. Ein tabellarisches Verzeichniß der pflichtigen Objecte wurde 1761 angeordnet. Sammlung von 1771 S. 165.

⁸ *Kreittmahr* a. a. O. und Anm. über den Cod. Max. Bav. Civ. Th. V Cap. 19 § 36 Nr. 8. Wegen der Widumsteuer auch G. K. Mahr, Sammlung ⁊c., 1788, III S. 373.

⁹ Dahin gehört insbesondere die Kopfsteuer. *Kreittmahr* a. a. O. bemerkt darüber: „Dieweil sie aber ihrer allzugroßen Irregularität wegen res maxime odiosa ist, so pflegt man ihr gern einen andern Namen zu geben, wie z. E. mit der Personalanlage An. 1746 und der extraordinari Conditionssteuer An. 1704, 41 und 59 geschehen ist." Ueber den „Personalbeitrag" von 1746, der den Ansatz zu einer Art Einkommensteuer enthält, s. G. K. Mahr, Sammlung ⁊c., 1784, II S. 154.

¹⁰ *Kreittmahr*, Anm. über den Cod. Max. Bav. Civ. Th. V Cap. 19 § 27 Nr. 7 bemerkt: „Man glaubt zwar landesherrschaftlicher Seits selbst in solchen Nothfällen zur Collectirung der Geistlichkeit und ihrer Güter, auch ohne Vorwissen des römischen Stuhles berechtigt zu sein. Um aber die Einbringung desto mehr zu faciliiren, und alle Anstößigkeiten hierunter zu vermeiden, hat man die päpstliche Autorität, soweit es die Zeit und Umständ anderst zugelassen haben, allemal zu Hilf zu nehmen für gut und rathsam befunden." Aeltere Beispiele bei G. K. Mahr, Sammlung ⁊c., 1797, V S. 346 und 350 (Bulle von 1523 und Breve von 1524 wegen einer Türkenhilfe); ferner ebenda S. 352, 354 (Beiträge für die Universität und die Errichtung von Collegien 1549, 1578). Vgl. auch E. Mayer, die Kirchenhoheitsrechte des Königs von Bayern, S. 13, 57.

¹¹ Vgl. Bulle von 1757 bei G. K. Mahr, Sammlung ⁊c., 1797, V S. 378; Breve von 1764 ebenda S. 382; Bulle von 1771 ebenda S. 388; Breve von 1776 ebenda S. 394, und Confirmation von 1778 S. 399; Bulle von 1782 ebenda S. 402 und hiezu die Erlasse a. a. O. II S. 1160, 1162, 1174 (Uebertragung des Decimationswesens an eine geistliche Raths-Commission, die geheime Decimationscommission); Breve von 1787 a. a. O. V S. 409 u. dazu die Erlasse S. 414, 417, 420 (Zwist mit Augsburg), 424 (neue Decimationsfassionen), 502; Breve von 1797 a. a. O. VI S. 131.

¹² Vgl. die Bulle bei G. K. Mahr, Sammlung ⁊c., 1799, VI S. 136 u. die Ausführungsentschl. ebenda S. 144. S. auch E. Mayer, die Kirchenhoheitsrechte des Königs von Bayern, S. 87.

¹³ G. Frhr. v. Lerchenfeld, Geschichte Bayerns unter König Maximilian Joseph I., Berlin 1854, S. 9.

¹ So die Begriffsbestimmung bei *Kreittmahr* a. a. O. § 173 („von dem inländisch erzielten Consumo") u. Panzer a. a. O. S. 158.

Der Antrag auf Erhebung eines Aufschlages von Getränken wurde den Ständen zum ersten Male im Jahre 1516 von den Herzogen Wilhelm und Ludwig gemacht, fand aber keinen Anklang. Erst der Landtag von 1542 [2] genehmigte nebst einer Accise auf fremden Getränken auch einen Aufschlag auf „Baierwein", von welchem man indessen 1565 wieder ablam [3].

Im Jahre 1572 wurde sodann ein Aufschlag von braunem und weißem Bier, Meth und Branntwein bewilligt [4]. Maximilian I. fügte dazu 1634 noch einen Fleischaufschlag [5].

Von den Aufschlägen unterschied man die Accisen, d. i. Abgaben von der Einfuhr ausländischer oder von der Ausfuhr inländischer Artikel [6]. Im Jahre 1542 wurden zuerst auf ausländischen Wein, Bier, Meth und Branntwein Accisen gelegt. Ebenso nahmen damals die Accisen von ausgeführten Getränken ihren Anfang. Auch andere Fabrikate, besonders der Tabak, wurden in der Folge für abgabenpflichtig erklärt.

An einigen Orten des Oberlandes war noch eine besondere Art von Abgaben, das Ungeld (Umgeld), von Getränken und Vieh hergebracht [7].

Endlich kamen Abgaben (Zölle) von durchgehenden Waaren vor [8].

Indessen wurden die Bezeichnungen für diese verschiedenen Gefälle vielfach mit einander vermengt [9].

Die Einnahme und Verwaltung der Getränkaufschläge und des Fleischaufschlages stand der Landschaft zu.

Die wichtigeren der im Vorstehenden erwähnten Abgaben sollen nunmehr nach dem Rechtsstande des vorigen Jahrhunderts näher betrachtet werden [10].

Die Besteuerung des Weines und Branntweins [11] wurde durch ein Generalmandat vom 16. April 1749 [12] neu geregelt. Unter Beseitigung aller bisherigen verschiedenen Abgaben wurde auf den Eimer Wein eine Steuer von 2 fl. 30 kr., auf den Eimer Weinbranntwein eine solche von 5 fl. gelegt; der Bayerwein sollte jedoch nur 45 kr. vom Eimer, der durchgehende Wein aber den alten Grenzaufschlag von 5 Schilling zahlen [13]. Zur Erhebung der Steuer wurde in Unterordnung unter die gemeinsame Schuldenablebigungswerks-Commission ein Hauptpollitenamt in München errichtet. Filialpollitenämter bestanden an den Grenz- und Aufschlagsorten [14].

---

[2] Vgl. den 56. Freibrief.

[3] O felix patria, ubi acetum, quod alibi studioso labore sit, sua sponte nascitur, heißt es bei Kreittmayr, Anm. über den Cod. Max. Bav. Civ. Th. II Cap. 8 § 20 Ziff. 7. Vgl. über Weinbau und Weinaufschlag auch die Bemerkungen im Repert. über die Landtagsverh. 1819 S. 798 ff. Anm., 802 ff. Anm.

[4] Ein kaiserlicher Freibrief von 1543 hatte den Ständen wegen der Tilgung der Türkenschuld, ein anderer von 1546 den Herzogen den Bieraufschlag zugestanden.

[5] Vorübergehend war auch ein Salzaufschlag (1593—1601) und ein Getreideaufschlag (1702) eingeführt, Panzer a. a. O. S. 165, Kreittmayr a. a. O. § 173.

[6] Letztere Abgabe hieß auch Effitozoll oder, von ihrer ersten Einführung im Jahre 1530 her, Neuzoll. Vgl. Kreittmayr, Anm. über den Cod. Max. Bav. Civ. Th. II Cap. 8 § 11 Ziff. 8.

[7] S. darüber Kreittmayr, Grundriß des allg., deutsch. u. bayer. Staatsrechts § 173, Panzer a. a. O. S. 176, Repert. über die Landtagsverh. 1819, S. 802—811, E. Rosenthal a. a. O. I S. 395 ff., W. Tröltsch, Finanzarchiv Jahrg. VII (1890) S. 265. Ueber die Bezeichnung S. Riezler a. a. O. S. 735 Anm. 1. Umgeldinstr. vom 12. Juli 1786 bei G. R. Mayr, Sammlung 2c., 1788, III S. 193. Vgl. ferner Hofkammerinstr. in Rücksicht des Mautwesens vom 29. Nov. 1764 § 6, ebenda S. 390. Wegen der Viehumgelder angef. Sammlung I S. 525, III S. 189, V S. 43. Ueber den wegen Differenzen mit der Landschaft 1786 verfügten „Instand im Umgeldwesen" ebenda V S. 41 und weiteres Reglement von 1789 S. 44.

[8] Sie waren, wenigstens ihrem Ursprunge nach, Abgaben für die Benützung und die Sicherheit der Straßen. Ueber die eigentlichen Weggelder vgl. Kreittmayr, Anm. über den Cod. Max. Bav. Civ. Th. II Cap. 8 § 20 Ziff. 8, 14, G. R. Mayr, Sammlung 2c., 1784, I S. 550, 588, 621, V S. 137.

[9] So schied man Transito-, Consumo- und Effitozölle; so nannte man auch die Accisen Aufschläge (Panzer a. a. O. S. 148 Anm. 8).

[10] Einen Extract von 1711 aus den bisher ergangenen Aufschlagsinstructionen siehe in der Sammlung von 1771, S. 255.

[11] Vgl. hieher M. Frhr. v. Freyberg, pragmat. Geschichte der bayer. Gesetzgebung u. Staatsverwaltung II S. 128, 137, u. bezüglich des Branntweins die Denkschrift Verh. der K. d. Abg. 1879/80 Beil.-Bd. IX S. 513.

[12] G. R. Mayr, Sammlung 2c., 1784, I S. 464. Dazu Kreittmayr, Anm. über den Cod. Max. Bav. Civ. Th. II Cap. 8 § 20 Ziff. 8.

[13] §§ 1, 27—29, 32 des Mandats.

[14] § 10 des Mandats. Dazu die Instr. für die Grenz-Aufschlags- u. Pollitenämter vom 22. April 1749, G. R. Mayr a. a. O. I S. 473 und Sammlung von 1771 S. 331. Vgl. auch Mayr a. a. O. II S. 1473.

Ein Generalmandat vom 24. Juli 1760 erhöhte den Aufschlag auf 3 fl. vom Eimer Wein und 6 fl. vom Eimer Weinbrannttwein¹⁵. Ein weiteres Mandat vom 1. September 1768¹⁶ fügte noch eine Consumogebühr von 2½, bezw. 5 fl. auf den Eimer dem bisherigen Aufschlagssreichniß hinzu, was ein Mandat vom 24. Mai 1769 im Einverständnisse mit der Landschaftsverordnung wieder zurücknahm¹⁷.

Ein wichtiger Besteuerungsgegenstand war das Bier¹⁸. Die Befugniß, Weißbier herzustellen, war ein landesherrliches Regal¹⁹, dagegen wurde braunes Bier auch von den hiezu concessionirten Angehörigen der Stände gebraut²⁰. Hinsichtlich des Rechtes, weißes Weizenbier zu sieden, wurde jedoch laut Rescripts vom 6. August 1798²¹ beschlossen, dasselbe „an die sämmtlichen Bräuberechtigten gegen eine angemessene, individuelle Abkommung und gegen ein verhältnißmäßiges jährliches Kammersurrogat" „freizugeben und auf beständiges Eigenthum zu überlassen". München wurde davon ausgenommen.

Von braunem Bier war ein Aufschlag zu entrichten. Die Höhe desselben änderte sich im Laufe der Zeit oftmals²². Das Mandat vom 4. Mai 1761 verfügte²³, „daß zu einer ganzen Winter- oder Sommersud 5 Schäffel gedörrtes oder gereutertes Malz genommen und hieraus 24 Emmer Winter-, dann 22 Emmer Sommerbier gesotten und angerechnet werden". Der Aufschlag sollte für den Prälatenstand und für die bürgerlichen und Landbräuer 15 fl. 42 kr. 6 hl., für den Ritter- oder Adelstand 13 fl. 12 kr. 6 hl. vom ganzen Winter- oder Sommersud betragen. Die nur zum Haustrunk berechtigten adeligen und geistlichen Stände, Klöster und andere Stiftungen sollten 23 kr. 4 hl. vom Eimer entrichten.

Der Fleischaufschlag, der seit seiner ersten Einführung im Jahre 1634 öfters erneuert wurde²⁴, war durch Mandate von 1754, 1760 und 1761 geregelt²⁵. Die Sätze waren 1 fl. 40 kr. von schweren, 1 fl. von geringen Ochsen, 45 kr. von Stieren und Kühen, 40 kr. von Jungrindern, 9 kr. von Kälbern, 6 kr. von Schafen, Böcken oder Geisen, 4 kr. von Lämmern oder Kitzen, 80 kr. von feisten, 10 kr. von gemeinen Schweinen, 5 kr. von Frischlingen bis 25 Pfd. Gewicht. Nach diesen Normen war der Auf-

---

¹⁵ G. K. Mayr a. a. O. I S. 493. ¹⁶ Ebenda S. 620.

¹⁷ Sammlung von 1771 S. 331. Ueber das Verhältniß zur Pfalz vgl. G. K. Mayr a. a. O. I S. 528, 692, 712.

¹⁸ Zum Folgenden M. Frhr. v. Freyberg a. a. O. II S. 113 ff. (§ 25 Bierbrannttweinaufschlag, vgl. auch ebenda S. 264); W. Tröltsch, Finanzarchiv Jahrg. VII (1890) S. 264 ff.; E. Strube, die Entwickelung des bayer. Braugewerbes im 19. Jahrhundert (G. Schmoller, staats- und socialwissenschaftliche Forschungen XII, 1), Leipzig 1893; L. v. May, Commentar zum Malzaufschlaggesetze in der Gesetzgebung des Königreichs Bayern seit Maximilian II. mit Erläuterungen, Th. 2 Bd. X.

¹⁹ Ein Generalmandat vom 22. Dec. 1567 verbot das weiße Weizenbier, sowohl weil dabei zuviel Weizen verbraucht werde, als auch weil es „ein unnützes Getränk" sei, „das weder führt noch nehrt, noch Kraft und Macht gibt, sondern nur zum Trinken reizt". Einige wenige Stände jenseits der Donau, worunter die Familie von Degernberg, waren davon ausgenommen. Als beim Aussterben letzterer Familie deren Güter an den Landesherrn kamen, wurde das Sudwerk fortgesetzt und der Einträglichkeit des Betriebes halber mehrere neue derartige Bräuhäuser errichtet, das zu München 1605. Das allgemeine Verbot blieb aufrecht erhalten. Kreittmayr, Anm. über den Cod. Max. Bav. Civ. Th. II Cap. 8 § 23 Ziff. 1. In seinem Grundriß des allg., deutsch- u. bayer. Staatsrechts § 170 bemerkt derselbe, das Bier- und Salzmonopol nebst der Schweinmast werde von einigen „das bayrische Klee mit den drei güldenen Blättern" genannt. § 173 a. a. O. sagt Kreittmayr richtig, der sog. weiße Bieraufschlag sei eigentlich weder Aufschlag noch Accise, sondern eine Preissteigerung.

²⁰ Vgl. darüber die sehr ausführlichen Mittheilungen bei Kreittmayr. Anm. über den Cod. Max. Bav. Civ. Th. II Cap. 8 § 23; F. X. v. Moshamm, über das Bierbraurecht in Bayern, Ingolstadt 1791. Ein Namensverzeichniß der Bräuhäuser nach den landschaftlichen Aufschlagsrechnungen von 1798 s. R.- u. Intell.-Bl. 1800 S. 333.

²¹ G. K. Mayr, Sammlung ꝛc., 1799, VI S. 45.

²² Vgl. darüber Kreittmayr, Anm. über den Cod. Max. Bav. Civ. Th. II Cap. 8 § 23 Ziff. 21; ferner Sammlung von 1771, S. 260, 267, 284—331. G. K. Mayr, Sammlung ꝛc., 1784, I S. 460; 1788, III S. 349, 350, 372. Eine übersichtliche Darstellung auch im Vortrage des Abg. v. Morett, Verh. d. K. d. Abg. 1866/68 Beil. Bd. III S. 465.

²³ Sammlung von 1771 S. 326.

²⁴ Vgl. Kreittmayr, Anm. über den Cod. Max. Bav. Civ. Th. II Cap. 8 § 22 Ziff. 5. S. auch M. Frhr. v. Freyberg a. a. O. II S. 112.

²⁵ S. dieselben in der Sammlung von 1771, I S. 338, 344 u. bei G. K. Mayr, Sammlung ꝛc. 1784, I S. 495. In der ersteren Sammlung ist S. 344 u. 350 das Datum falsch angegeben, dort 16. Aug. 1761, hier 26. Aug. 1760; das richtige Datum ist, wie aus Mayr I S. 495 zu ersehen, der 16. Aug. 1760. Vgl. ferner Sammlung von 1771, S. 262 § 30, S. 265 § 38; G. K. Mayr, Sammlung III S. 343 (Pflichtigkeit der Geistlichen, 1643), 357, 368, V S. 86.

schlag beim Eintrieb des Viehs in die Hauptstädte zu entrichten. In den übrigen Orten war entweder 1 Pfennig weißer Münze vom Pfund geschlachteten Fleisches oder, nach Wahl, der angeführte Stücksatz zu zahlen ²⁶.

Eine sehr wechselnde Geschichte hat die Besteuerung des Tabaks in Bayern ²⁷. Der Tabak wurde anfänglich von Seite der Regierung mit wenig günstigen Augen betrachtet. Zum ersten Male verbot ein Mandat vom 22. August 1652 das „höchst schädliche Tabaktrinken", unter den Bauers- und gemeinen Leuten", besonders der Feuersgefahr halber. Spätere Mandate erweiterten das Verbot auch aus wirthschaftlichen Gründen auf alle Stände und untersagten den Tabakhandel ²⁸.

Da dies Alles nicht fruchtete, entschloß man sich auf dem Landtage von 1669, den Tabak wenigstens zu besteuern. Ein Mandat vom 28. Juni 1669 legte auf den Zentner Tabak eine Abgabe von 10 oder 5 fl., je nach der Güte. Bald darauf ging man weiter und erklärte den Tabak als Regal. Das Tabakmonopol wurde unterm 2. December 1675 an einen Pietro Bignami von Piacenza verpachtet und dieser „Appalto" im folgenden Jahre auf den pulverisirten und Schnupftabak ausgedehnt. Das System der Verpachtung wurde bis 1692 fortgesetzt ²⁹.

1692 wurde der Tabak in eigenen Betrieb der kurfürstlichen Kammer übernommen und eine Tabakadministration errichtet, 1706 unter der österreichischen Verwaltung der Tabakhandel wieder verpachtet, 1715 aber durch Max Emanuel der Appalto und 1717 das Monopol aufgehoben ³⁰.

Bald jedoch begann das Experimentiren von Neuem, das Monopol wurde wieder eingeführt (1728) und, von einer vorübergehenden Beseitigung (1730—1732) abgesehen, abwechselnd verpachtet und in eigener Regie betrieben. Tabaksvisitatoren und Tabaksüberreiter belästigten den Verkehr.

Ein Generalmandat vom 18. December 1745 ³¹ gab endlich, den allgemeinen Beschwerden Rechnung tragend, den Tabakhandel für die Handelsleute und Krämer gegen einen Aufschlag (Accise) von 2 fl. 30 kr. vom Zentner frei. Dazu fügte ein Mandat vom 15. August 1748 ³² noch 30 kr. Pollitengeld und bestimmte eine gesonderte Versteuerung des Schnupftabaks mit 2 kr. vom Pfund ³³. Ein Mandat vom 1. Juni 1754 erhöhte den Aufschlagssatz auf 4 fl. 30 kr. vom Rauchtabak ohne Unterschied der Sorten und auf 8 fl. vom Schnupftabak ³⁴, welche Sätze unterm 16. December 1758 auf 6, bzw. 13 fl. gesteigert wurden ³⁵.

Im Jahre 1768 kam man auf die früheren Bahnen zurück. Die Herstellung des Schnupftabaks und die Einschaffung und Verlegung des Rauchtabaks wurde an eine Compagnie vom 1. Januar 1769 ab veraccordirt und derselben eine „besondere Octroi" ertheilt ³⁶. Die Compagnie hatte auch die Tabakaccise nach dem seitherigen Satze zu bezahlen.

Mit Mandat vom 4. August 1773 wurde indessen die Tabakeinfuhr gegen die frühere Accise und 9 kr. Maut vom Zentner den Handelsleuten und Krämern wieder freigegeben ³⁷. Ein weiteres Mandat vom 9. December 1775 ³⁸ dehnte diese Freigabe auf „jedermänniglich", jedoch nur zum eigenen Gebrauch,

---

²⁶ Das Vieh durfte nur im Beisein der verpflichteten Fleischbeschauer oder Bankmetzger geschlachtet werden.

²⁷ Vgl. den Aufsatz „Geschichte des Tabaks in Bayern" im R.-Bl. 1802 S. 114, 151, 215, 231, 439, 544, 679. J. Micheler, das Tabakwesen in Bayern von dem Bekanntwerden des Tabaks bis zu Einführung eines Herdstättgelbes, Finanzarchiv Jahrg. V (1888) S. 61 ff.

²⁸ Ein Mandat vom 1. Febr. 1662 klagt bezüglich des zunehmenden Tabaktrinkens, „daß dieser Mißbrauch durch den gemeinen Mann in Wirthshäusern, ja sogar auf der Gasse öffentlich getrieben werde, also daß mancher soweit gekommen, daß er vermeine, er könnte nicht leben, wenn er die Pfeife im Tage nicht etliche Mal im Maul hat, wodurch die Leute in der ohnehin geldklemmen Zeit noch ganz um ihren Pfennig kämen".

²⁹ Ueber Tabakbau und Tabakfabriken im Lande vergl. R.-Bl. 1802 S. 231.

³⁰ Damals wurde als Ersatz für den Wegfall dieser Einnahmen durch Generalmandat vom 23. März 1717 die Herdstättenanlage eingeführt, wovon unten § 19.

³¹ G. K. Mayr, Sammlung ꝛc., 1784, I S. 529. — ³² A. a. O. I S. 540.

³³ Die Einrichtung der „Großconsumenten", bei welchen ihren Kleinverkäufer ihren Bedarf an gemeinem Tabak beziehen sollten — Mandat vom 30. Dec. 1747, a. a. O. I S. 537 — wurde durch das Mandat vom 15. Aug. 1748 wieder abgeschafft. — Ueber die Strafen der Tabakeinschwärzer a. a. O. I S. 539.

³⁴ A. a. O. I S. 554; dazu ein Strafmandat gegen die Schwärzer S. 557.

³⁵ A. a. O. I S. 569. Dabei wurde den Unterthanen die unmittelbare Bestellung des Tabaks ohne die bisher nöthige Vermittelung der Händler freigegeben. Nach vorübergehender Abminderung wurde 1768 der alte Satz wieder hergestellt, die Einführung des sog. Säckeltabaks oder tabac en poudre aber verboten. Sammlung von 1771 S. 403.

³⁶ Mandat vom 16. Dec. 1768, Sammlung von 1771 S. 405. Vgl. dazu auch S. 408, 413. Das Geschäft der Compagnie Anton Schmid u. Cons. ging 1770 auf Johann Karl Edlen v. Sobeck u. Cons. über; G. K. Mayr, Sammlung ꝛc., 1784, I S. 647. — Vgl. ferner III S. 439, 440.

³⁷ G. K. Mayr a. a. O. I S. 675.   ³⁸ A. a. O. S. 682.

keineswegs aber zum Wiederverkauf", aus³⁹ und setzte die Accise von 1776 an auf 2 kr. vom Sporcopfund Rauchtabak und 4¹/₂ kr. vom Sporcopfund Schnupftabak fest. Im Jahre 1778 kehrte man aber
wieder zu dem früheren Satze von 6, bezw. 13 fl. für den Zentner zurück⁴⁰.

Das Zoll- und Mautwesen⁴¹ erfuhr unter Maximilian III. Josef eine durchgreifende Neuregelung. Zum ersten Male verband man mit der Zollerhebung auch wirthschaftliche Zwecke und setzte
zu diesem Ende Schutzzölle fest. Nach einer Reihe einzelner Verordnungen gewann das Schutzzoll-
system feste Gestalt in der Maut- und Accisordnung vom 29. November 1764⁴². Dem Mandate
wurde ein Tarif⁴³ beigefügt, welcher in alphabetischer Folge die maut- und accisbaren Artikel auf-
zählte und dazu die Transito-, Consumo-, Essito- und Rückzollgebühr angab. Eine Mautkarte verzeichnete die Mautstationen und Commercialstraßen. Eine Anzahl von Beilagen enthielt nebst der
Regelung der Weggelder und einem „Straflibell" verschiedene Vollzugsverordnungen⁴⁴. Ein weiteres
Mandat vom 12. April 1766⁴⁵ erläuterte und rechtfertigte die neue Zollordnung zur Entkräftung der
dagegen „aus irrigem Begriff geschöpften Vorurtheile und unter dem Publicum herumschweifenden ge-
hässigen Ausstreuungen".

Wichtig ist insbesondere die Erklärung in § 5 des Mandats von 1764, welche den Umfang des
„Mautregales" bestimmt. Es soll „aller innere Handel und Wandel in ganz Bayern . . hinfür einer
durchgehenden Mautfreiheit genießen . . . so daß bei dieser Beschaffenheit der Gegenstand Unseres Mautregals in Zukunft nur mehr das Aeußere, das ist jener Handel und Wandel sein wird, der da zwischen
Unsern und fremden Landen, und eigentlich in dem Umlaufe des Transito-, Consumo- und Essitoguts
besteht".

Durch Mandat vom 9. October 1769⁴⁶ wurde auch in der Oberpfalz eine neue Maut- und
Accisordnung eingeführt, die durch Verordnungen vom 18. Juni 1770 und 26. Januar 1774⁴⁷ in
einigen Punkten „gemildert" wurde.

Die Gesichtspunkte der neuen Zollordnungen waren nicht nur finanzielle, sondern vorwiegend
volkswirthschaftliche⁴⁸.

Der Verkehr mit Kurpfalz wurde 1770 durch einen „Verein- und Commercientractat" ge-
regelt⁴⁹. Ein Patent vom 16. April 1774 gewährte Verkehrserleichterungen zwischen Bayern und der
Oberpfalz⁵⁰, und nach Vereinigung von Pfalz und Bayern wurde 1778 bestimmt, daß die Neuburgischen und Sulzbachischen Lande „auf gleichem Fuß" mit der Oberpfalz zu behandeln seien⁵¹.

Unterm 23. September 1778 erging sobann mit Rücksicht auf die „bayerisch- und pfälzische Landes-
vereinigung" eine neue Mautordnung⁵², welcher ein Schema beigefügt war, „wornach sämmtliche

---

³⁹ Auch die Einführung des Säckeltabaks wurde gestattet.

⁴⁰ A. a. O. S. 696. Vgl. auch III S. 454, 481, IV S. 689, V S. 99, 104.

⁴¹ Ueber das ius vectigalium oder Zollrecht der bayer. Landesherren Kreittmayr, Anm. über
den Cod. Max. Bav. Civ. Th. II Cap. 8 § 11 Ziff. 9. Ueber die geschichtliche Entwickelung des Zoll-
u. Mautwesens bis auf Max III. Josef M. Frhr. v. Freyberg a. a. O. II S. 315.

⁴² Sammlung von 1771 S. 351.

⁴³ Ein Supplement dazu von 1769 bei G. K. Mayr, Sammlung ꝛc., 1788, III S. 411.

⁴⁴ Inhaltsübersicht bei Kreittmayr, Anm. über den Cod. Max. Bav. Civ. Th. IV Cap. 16,
§ 12 Ziff. 3.

⁴⁵ Sammlung von 1771 S. 367.

⁴⁶ A. a. O. S. 377. Der spätere Mauttarif vom 1. März 1774 wurde 1787 mit Rücksicht auf
die inzwischen verfügten Aenderungen neu aufgelegt. G. K. Mayr, Sammlung ꝛc., 1788, III S. 483.

⁴⁷ G. K. Mayr, Sammlung ꝛc., 1784, I S. 638, 676.

⁴⁸ Der Eingang des Mautmandats von 1764 sagte, daß die bisherige Einrichtung „weder den
nützlichen Landesgewerben die nöthige Begünstigung, noch der geldverzehrenden übermäßigen Pracht
und Lust zu fremden entbehrlichen Dingen die verdiente Beschwerung widerfahren läßt, mithin fast
durchaus von solcher Beschaffenheit ist, daß dabei Unsere Lande nothwendig nach und nach verarmen,
und in der Folge allen vortheilhaften Handel und Wandel verlieren, Wir aber Uns der Früchte Unseres
Mautregals verlustig sehen müßten". Durch die neue Ordnung sollen „alle nutzbringende Handels-
geschäfte im Lande belebt und vervielfacht, die schädlichen aber in ihrem Laufe gestört und abgetrieben"
werden. Das Erläuterungsmandat von 1766 und das Mandat für die Oberpfalz von 1769 heben die
Absicht hervor, dem „schädlichen Geldausfluß" Einhalt zu thun. Dem arbeitsamen Landmanne solle
„zum Absatz seiner sauer erworbenen Producte und Fabrikate und sonst zu einem vortheilhaften Gewerbe, Handel und Wandel verholfen werden". — Eine Kritik der Mautordnungen vom volkswirthschaftlichen Standpunkte, die wohl kaum sehr günstig ausfallen könnte, liegt nicht in meiner Aufgabe.

⁴⁹ G. K. Mayr, Sammlung ꝛc., 1784, I S. 640, 647, 652.

⁵⁰ A. a. O. S. 677.

⁵¹ A. a. O. S. 689. Ueber die nach dieser Richtung 1787 weiter getroffenen Maßnahmen G. K.
Mayr, Sammlung ꝛc., 1788, III S. 477 und 500.

⁵² A. a. O. I S. 692.

Maut- und Accisämter nachstehende Waarenartikeln zu behandeln und die bei jedem ausgesetzte Gebühr .. zur Consumoaccise stricte einzuheben und getreulich zu verrechnen haben". Ein Mandat vom 6. Mai 1783 nebst Schema ⁵⁰ traf hierin wieder Aenderungen.

Im Ganzen weist die Entwickelung der Zollpolitik unter Karl Theodor eine fortgesetzte Verschärfung des Schutzzollsystems auf.

§ 19. Die Anlagen und sonstigen Abgaben.

Bis in die sechziger Jahre des 17. Jahrhunderts gab es keine andern regelmäßigen Auflagen, als die oben erwähnten Ordinaristeuern, die verschiedenen Aufschläge und das Ungeld.

Die landesherrliche Gewalt benützte aber das Schwinden des ständischen Einflusses dazu, sich eine neue Quelle der mannchfachsten Abgaben in den sogenannten Anlagen zu eröffnen. Die Anlagen hießen auch Hofanlagen, welchen Ausdruck man theils damit erklärte, daß sie nicht von der Landschaft, sondern vom Hofe ausgeschrieben, theils damit, daß die meisten derselben nach dem Hoffuße erhoben wurden ¹. Ob der Landesherr befugt sei, ohne ständische Bewilligung solche Anlagen zu erheben, war streitig, durch die Uebung aber im bejahenden Sinne entschieden ².

Der Hoffuß ³, nach welchem die Mehrzahl der Anlagen sich richtete, war im Laufe der Zeit in arge Verwirrung gerathen. Eine beträchtliche Zahl von Hofgütern und die einschichtigen oder walzenden Güter hatten sich der Anlage entzogen; für die getheilten Höfe waren allerlei willkürliche Bruchtheile zur Veranlagung angenommen worden, die einen Güter waren überlastet, die andern zu gering belegt. Kreittmayr ⁴ bemerkt, daß der Hoffuß „nicht nach den Juchgarten oder Tagwerken abgemessen, sondern nur nach der althergebrachten, obschon sehr ungleich und in größter Disproportion schwebenden Einhöfung regulirt" sei.

Unter Max III. Regierung wurden Versuche gemacht, Ordnung in die Sache zu bringen. Generalmandate von 1751, 1760 und 1761 ⁵ befahlen die Vornahme einer allgemeinen Güterconscription und die Anfertigung eines „einmal für allezeit" abzufassenden „Universalhofanlagsbuches". Es sollten dabei außer ganzen Höfen nur die verordnungsmäßig bestimmten Bruchtheile eines ganzen Hofes (³/₄, ¹/₂, ¹/₃, ¹/₄, ¹/₆, ¹/₈, ¹/₁₂, ¹/₁₆, ¹/₃₂ Hof) angenommen werden dürfen ⁶.

Die bestehenden Mängel der Veranlagung kamen dadurch noch lebhafter zum Bewußtsein. „Diese vorausgegangenen Dispositionen," heißt es in dem Mandat vom 22. October 1761 ⁷, „und besonders die Gegeneinanderhaltung deren auf die Hofgüter gelegten Steuern und Hofanlagen haben in Bälde nicht nur die Disproportion an deren beiderseitigen Prästationen, sondern unter andern auch dieses mit mehreren aufgedeckt, daß zur Herstellung eines äquitätenmäßigen Anlagsfußes die dermalige Steuerbelegung" (weil auch ungleichmäßig) „so wenig zum Grund und zur Richtschnur zu nehmen, als wenig thunlich, und praktikabel erscheint, daß bei so unterschiedenen Umständen des Grund und Bodens, auch sonstig allzusehr unterschiedenen Beschaffenheit der Güter und Grundstücker eine bessere und zuverläßigere Hoffußeintheilung weder nach der Quantität der Aecker oder Wiesgründen, noch durch andere Weg und Mittel sollte können regulirt oder determinirt werden."

Man hatte, wie Kreittmayr ⁸ berichtet, an eine allgemeine Bodenvermessung nach dem Vorbilde Böhmens und anderer Länder gedacht, sich aber schließlich „wegen der hierzu erforderlich großen Kosten und Länge der Zeit" für einen andern, „obschon ungewisseren, doch kürzer- und minder kostbaren Weg" entschieden.

---

⁵⁰ A. a. O. I S. 710.
¹ Kreittmayr, Grundriß des allg., deutsch- u. bayer. Staatsrechts § 172, Panzer, Versuch über den Ursprung u. Umfang der landständischen Rechte in Bayern S. 190.
² Kreittmayr a. a. O. bemerkt: „Die Stände glauben, daß nach ihren Freiheitsbriefen, sonderbar den 13., 20., 23. und 42. keine ordinari oder extraordinari Anlage ohne ihre Mitbewilligung Platz habe, womit aber die Meinung des Hofs nebst der ständigen Observanz nicht übereinstimmt." Der eifrige Anwalt der landständischen Rechte, Panzer, wendet sich a. a. O. S. 190 Anm. 4 (vgl. auch S. 183 Anm. 1) mit großer Schärfe gegen diesen Satz des kurfürstlichen Kanzlers.
³ Vgl. darüber J. G. Feßmaier, Grundriß des bayer. Staatsrechts § 122.
⁴ Anm. über den Cod. Max. Bav. Civ. Th. V Cap. 28 § 3.
⁵ Sammlung von 1771 S. 125—155. Vgl. auch S. 206 (Beiziehung der Leerhäusler und walzenden Stücke zu den Hofanlagen).
⁶ Die Zahl der Familien und Höfe nach den landgerichtlichen und hofmärkischen Hofanlagsbüchern von 1760 ist von Fr. v. Krenner im R. u. Int.-Bl. 1800 S. 12, 253 bekannt gegeben.
⁷ A. a. O. 152.
⁸ Anm. über den Cod. Max. Bav. Civ. Th. V Cap. 28 § 3.

4*

Das Mandat vom 22. October 1761⁹ verkündete den Entschluß, die bisher nach dem Hoffuße erhobenen Anlagen in Zukunft „mit gänzlicher Umgehung des Hoffußes nach dem Werth und Schätzung eines jeden Guts eintheilen und einbringen zu lassen". Die Schätzung sollte sich nicht nur auf die „Hofgüter und Maierschaftscorpora", sondern auch auf „alle und jede walzende Grundstücker" erstrecken. Wie die Herstellung der Anlagebücher, so sollte auch die Schätzung, für welche eingehende Vorschriften getroffen wurden¹⁰, derjenigen Obrigkeit zustehen, unter deren Niedergerichtsbarkeit das Gut oder Grundstück gehörte.

Wie es um den Vollzug all dieser landesherrlichen Anordnungen bestellt war, zeigen spätere Erlasse. In einem Rescripte vom 28. Juni 1773¹¹ sagt der Kurfürst, er habe mißfälligst wahrgenommen, daß zahlreiche Behörden in einem Zeitumlaufe von mehr benn 13 Jahren an die Hofanlagsbücher „noch keine Hand angelegt" oder sie wenigstens noch nicht eingeschickt hätten. Diese „morosen" Gerichts- und Kastenbeamten und Jurisdictionsobrigkeiten werden angewiesen, innerhalb 4 Wochen bei Meidung der Execution die Bücher einzusenden. Ein Rescript vom 14. November 1787¹² aber klagt, aller ergangenen Generalien unerachtet komme zu vernehmen und zeige es fast die tägliche Erfahrung, „daß noch zur Zeit, sonderbar in den Bezirken der ständischen Jurisdiction sich Unterthanen und Güter befinden, welche zum Theil nicht nur allein von den Hofmarchsverwaltungen gegen die ältere der 1752sten Güterbeschreibung, dann dem Hofanlagsbuch de Anno 1760 im Hoffuß eigenmächtig herabgesetzt, sondern zum Theil wohl gar sträflich verschwiegen und dem Staate die von jedem Unterthan beizutragende Steuern und landesfürstliche Prästanden entzogen worden"¹³.

Die Anlagen nahmen daraus ihren Ursprung, daß Naturalleistungen, zu welchen die Landesangehörigen verpflichtet waren, in feste Geldabgaben umgewandelt wurden. Ferdinand Maria machte damit den Anfang. In den Jahren 1665 und 1666 wurde die Scharwerkspflicht der landesherrlichen Gerichtsunterthanen durch eine Geldabgabe, die Ordinarischarwerksanlage, ersetzt¹⁴. Die damals noch aufrecht erhaltene Jagdscharwerk wurde erst durch Mandat vom 23. August 1733¹⁵ in eine Anlage nach dem Hoffuße umgewandelt.

An Stelle von Naturalleistungen für das Heer traten eine Fourageanlage, eine Servisanlage und eine Vorspannanlage, von welchen die erste und letzte nach dem Hoffuße, die zweite von der Stadtbevölkerung eingebracht wurde. Eine Recrutenanlage nach dem Hoffuße wurde statt der Militärauswahl erhoben. Dieser Anlagen ist im Abschnitte über das Heerwesen noch näher zu gedenken¹⁶.

Die Herdstättanlage gelangte durch Mandat vom 23. März 1717 als Ersatz für die Aufhebung des Tabakmonopols zur Einführung. Sie war, von einigen wenigen Befreiungen abgesehen, in einem festen Satze von jedem in den kurfürstlichen Landen Ansässigen, sowie auch von den blosen Inwohnern zu zahlen¹⁷. 1782 wurde zu Gunsten des Schuldenwerks der bisherige Satz von 25 kr. jährlich verdoppelt¹⁸, diese Verdoppelung aber 1792 wieder aufgehoben¹⁹.

---

⁹ S. dasselbe in der Sammlung von 1771 S. 151 u. die ausführlichen „Observanda" hiezu S. 155.

¹⁰ „Zur Schätzung sollen auserließen und gebraucht werden 4 oder wenigst 3 Mann von guten Leymuth, welche dem Gutsbesitzer nicht verwandt noch in anderweg einen Verdacht einer Gefährde oder eines Mißtrauens auf sich haben, sondern dergestalten anständig, auch verständig und dessen zuverlässig kundig und erfahren, über was sie ein Erkänntniß und Schätzung zu schöpfen haben." § 18 der Observanda; a. a. O. S. 162.

¹¹ G. K. Mayr, Sammlung ꝛc., 1784, I S. 843. Vgl. auch §§ 39, 40 der Rentmeisterinstr. von 1774, ebenda I S. 359.　　¹² G. K. Mayr, Sammlung ꝛc., 1788, IV S. 1050.

¹³ Die Zahl der bäuerlichen Familien und den Hoffuß nach dem Stande von 1791, ausgeschieden nach Regierungs- u. Gerichtsbezirken, hat Fr. v. Krenner im K. u. Intell.-Bl. 1800, S. 91, 139 mitgetheilt. Die gleiche Uebersicht für die Oberpfalz nach dem Stande von 1783 (von Biechl) ebenda S. 153.

¹⁴ Kreittmayr, Grundriß des allg., deutsch- und bayer. Staatsrechts § 172, bemerkt: „Die ordinari Scharwerk wird nicht nach dem Hoffuß, sondern nach den in an. 1665 und 1666 gepflogenen Tractaten abgemessen, kraft welcher mancher Hof 6, 7 und mehr Gulden gibt." Ein Regulativ über die Ordinarischarwerksanlage erging 1756; s. Sammlung von 1771 S. 186, 187, 191.

¹⁵ Angef. Sammlung S. 194.

¹⁶ Ueber den Landesdefensionsbeitrag des weltlichen Klerus von 1708 G. K. Mayr, Sammlung ꝛc., 1797, V S. 373; Kriegsanlage der Geistlichen von 1743 ebenda S. 377; Beitrag derselben zum Landschutz von 1769 in der Sammlung von 1771 S. 212. Siehe auch G. K. Mayr a. a. O. V S. 487 („Seine Churfürstl Durchl. finden nicht für nothwendig, sich mit dem Ordinariat Augsburg in eine Discussion einzulassen, ob Höchstselbe befugt seien, die Geistlichkeit und milde Stiftungen in ihren Staaten zu denen Kriegsbeiträgen zu belegen").

¹⁷ Kreittmayr, Grundriß des allg., deutsch- u. bayer. Staatsrechts § 172. G. K. Mayr, Sammlung ꝛc., 1788, III S. 161 s. Instr. vom 11. Mai 1762 in der Sammlung von 1771 S. 176. Vgl. auch ebenda S. 185.　　¹⁸ G. K. Mayr, Sammlung ꝛc., 1784, I S. 438.

¹⁹ G. K. Mayr, Sammlung ꝛc., 1784, V S. 70.

Die Mähnatanlage wurde als Ersatz für die beseitigten Mittelmaut- und Wegzollgebührnisse durch Mandat vom 25. October 1765 [20] mit 16 kr. von jedem Mähnstücke angeordnet und im folgenden Jahre auf 24 kr. erhöht [21]. Die gefreiten Stände zahlten eine jährliche Composition (8000 fl.).

Mehrere Anlagen trafen nur einzelne Klassen von Gewerbetreibenden. So entrichteten die Müller nach Abschaffung des früheren Mühlbeuteltuchsappalto [22] gemäß Mandat vom 31. October 1752 [23] eine Mühlanlage, die nach der Zahl der Mahlgänge bestimmt war [24]. Die Tanzanlage wurde von den Wirthen, bei welchen „das Jahr über getanzt" wurde, oder welche „Tänze zu halten berechtigt" waren, nach Mandat vom 20. August 1724 ihrem Gewerbebetriebe entsprechend erhoben [25]; ebenso nach Mandat vom 20. Juli 1748 [26] eine Roßhaaranlage in Natur oder Geld von den ansässigen Schindern für die Unterhaltung des „Zuchtthurns", in welchem die abgeschafften vagirenden Schinder beschäftigt werden sollten [27].

Weitere Abgaben [28] waren der Besoldungsabzug oder die Conditionssteuer der kurfürstlichen Hofbediensteten und der Beamten [29], das in den Haupt- und Grenzstädten erhobene Thor- und Sperrgeld, der bei der Bürgeraufnahme zu entrichtende Bürgergulden, die Nachsteuer, das Freigeld, das Hund- und Jägergeld [30].

Das Siegel- oder Stempelpapier wurde von Maximilian Emanuel 1690 eingeführt. Das Generalmandat vom 15. Juni jenes Jahres sagte zwar, daß der Stempel mit dem Kriege, der seine Einführung veranlaßte, wieder aufhören solle. Doch blieb die einmal geschaffene Einrichtung in der Folge mit vielfachen Abänderungen bestehen [31].

Ein Spielkartenstempel kam 1724 [32], ein Kalenderstempel 1748 [33] hinzu.

---

[20] Sammlung von 1771 S. 198.   [21] G. K. Mayr, Sammlung rc., 1784, I S. 195.
[22] Wonach sie nur inländische privilegirte Beuteltücher beziehen durften.
[23] Sammlung von 1771 S. 199; vgl. auch G. K. Mayr, Sammlung rc., 1784, I S. 233.
[24] S. die „Norma" bei G. K. Mayr, Sammlung rc., 1788, III S. 315. Der höchste Satz war 14 fl. für 7 und mehr Gänge; der geringste 1 fl. für einen Gang.
[25] Sammlung von 1771 S. 203. Es sollten „die vornehme Weinwirthe in den 5 Haupt- und Regierungsstädten" jährlich 4, „die in andern Städt und Märkten auf dem Lande sich befindende Weinwirth" 2, „jeder Bierbräu und weißer Bierzäpfler" 1 fl., „die Land- und Geywirth auch gemeine Bierschenk auf dem Lande" 45 kr. entrichten und sich hingegen dieses Betrags nach und nach von den Spielleuten wiederum zu erholen haben". Vgl. auch G. K. Mayr, Sammlung rc., 1788, III S. 158, IV S. 1074.
[26] Sammlung von 1771 S. 204.
[27] Nach den älteren Verordnungen, insbes. jener vom 16. Mai 1695, sollten „die herumvagirende oder sonst verdächtige Freileut und Schinder allenthalben aufgehoben und den Venetianern auf die Galeeren übergeben" werden. Das Mandat von 1748 milderte dieß dahin, daß diese Leute Sommers für opera publica, Winters im Arbeitshaus oder Zuchtthurm beschäftigt werden sollten.
[28] Ueber den „Tariffagulden" von Brod und Mehl (1771) und dessen Abschaffung (1774) G. K. Mayr, Sammlung rc., 1784, II S. 859, 861, 874, 894, 897. Ueber den Versuch mit einer Kaminanlage ebenda III S. 159. Ueber Maximilians I. Plan einer Rauchfangsteuer: Der Landtag im Herzogthum Baiern vom Jahre 1605, S. 74.
[29] Ueber deren Ueberlassung an die Landschaft M. Frhr. v. Freyberg, pragm. Geschichte der bayer. Gesetzgebung u. Staatsverwaltung rc., I S. 237; L. Hoffmann, Geschichte der directen Steuern in Baiern rc., S. 108 f.
[30] Vgl. darüber Kreittmayr, Grundriß des allg., deutsch- u. bayer. Staatsrechts § 172. Ferner über den „Sperrkreuzer" Sammlung von 1771, S. 233; G. K. Mayr, Sammlung rc., I S. 219, 443, VI S. 44; über Nachsteuer und Freigeld Sammlung von 1771, S. 214 und die Register der Mayr'schen Sammlung u. d. W., dann Kreittmayr, Anm. über den Cod. Max. Bav. Civ. Th. V Cap. 25 § 11; über die Nachsteuer J. G. Feßmaier, Grundriß des baier. Staatsrechtes § 116, G. Krieg, Auswanderungswesen in Bayern, in den Schriften des Vereins für Socialpolitik Bd. LII; über das Hund- u. Jägergeld Kreittmayr a. a. O. Th. II Cap. 8 § 20 Nr. 13; G. K. Mayr, Sammlung rc., II S. 1063, IV S. 814; W. Kahl, über die Temporaliensperre, bes. nach bayer. Kirchenstaatsrecht, Erlangen 1876, S. 63. Ueber den 1746 wegen „dermalen allgemein obwaltender Bedrängniß" erhobenen „Personalbeitrag" G. K. Mayr, Sammlung rc., II S. 1184; über den Land- schutz- und Militärbeitrag von 1769 Sammlung von 1771 S. 208—213.
[31] Vgl. Kreittmayr, Anm. über den Cod. Max. Bav. Civ. Th. IV Cap. 1 §§ 6, 7, Nr. 5. Stempelmandat vom 16. Nov. 1750 in der Sammlung von 1771 S. 219. Vgl. auch G. K. Mayr, Sammlung rc., I S. 226, 272, 276, 290, 297, 300, 305, 313, 329; IV S. 1072, V S. 58, 61.
[32] Sammlung von 1771 S. 228; s. auch die Register der Mayr'schen Sammlung unter dem Worte Kartenstempel. Diese Abgabe war indeß in sehr ausgedehntem Maße Hinterziehungen ausgesetzt. Vgl. R. u. Intell.-Bl. 1800 S. 7.
[33] Sammlung von 1771 S. 231, Mayr'sche Sammlung, s. Register unter Kalenderstempel.

Eine weitere Einnahmequelle bildeten endlich die Kanzleitaxen. An die Stelle der durch die Landes- und Polizeiordnung von 1616 festgesetzten Taxen und Gerichtsgebühren trat unter Karl Albert die „erneuerte Taxordnung" von 1735[34]. Diese Taxordnung wollte zwar angeblich eingerissenen Mißbräuchen und den „Bedruckungen der Unterthanen" steuern, brachte aber in der That eine wesentliche Erhöhung der Gebührensätze. Eine weitere Steigerung derselben erfolgte durch die Taxordnungen vom 24. Januar 1756[35].

§ 20. Die Schuldenverwaltung.

Die Geschichte des bayerischen Landesschuldenwesens ist ziemlich verwickelter Natur. Eine eingehende Darstellung desselben kann im Rahmen dieser Einleitung nicht gegeben werden[1]. Folgende Bemerkungen mögen genügen.

Man theilte das „Schuldenwerk" in das alte und das neue. Das alte Schuldenwerk umfaßte die seit dem 16. Jahrhunderte bis 1721 von der Landschaft übernommenen Schulden, welche von letzterer durch das landschaftliche Zinszahlamt verwaltet und verzinst wurden. Das neue Schuldenwerk begriff die Schulden aus der Zeit von 1721 bis 1745 und stand unter der Verwaltung der Schuldenablebigungsdeputation, welche aus kurfürstlichen und landschaftlichen Commissären zusammengesetzt war. Es hieß daher auch das gemeinsame Schuldenwerk[2].

Die späteren, nach 1745 eingegangenen Schulden befanden sich in der Verwaltung der Hofkammer[3]. Dem Schuldenwerk waren bestimmte Gefälle zugewiesen; insbesondere waren die Getränkesteuern ursprünglich demselben gewidmet. Indessen wurden diese in der Folge ihrem Zwecke entfremdet, und der Kurfürst zahlte nur ein unerhebliches Aversum dafür zur Schuldentilgung[4].

Zur Beförderung des Handels und Landescredits, vorzugsweise aber zur Regulirung des gemeinsamen Schuldenwerks und „zu dessen Bestärkung und schnellerer Abführung" wurde durch Max III. Josef im Benehmen mit der Landschaft unterm 4. April 1767 die Errichtung eines „Landbanco" verfügt, welcher der Landschaft unterstellt war und durch eine landschaftliche Commission benehmlich mit kurfürstlichen Deputirten verwaltet wurde. Die Einrichtung hatte jedoch keinen langen Bestand. Durch einen Gewaltstreich Karl Theodors wurde der Landbanco im Jahre 1779 suspendirt und trat nicht mehr in's Leben[5].

5. Abschnitt.
Justiz und Polizei.

§ 21. Die Reichspolizeigesetzgebung bis zur Polizeiordnung von 1577.

Bis in das letzte Viertel des 16. Jahrhunderts hat das Reich sich einen nicht unbeträchtlichen Einfluß auf die Gestaltung des öffentlichen Rechtes in den Reichsländern zu erhalten gewußt. In den folgenden zwei Jahrhunderten dagegen fließt diese Rechtsquelle nur noch spärlich.

---

[34] S. dieselbe in der Sammlung von 1771 S. 40 u. Abditionale dazu ebenda S. 75; auch G. K. Mayr, Sammlung ꝛc., II S. 1272.

[35] G. K. Mayr, Sammlung ꝛc., I S. 246 ff. Der Zweck der Maßregel war die Beschaffung der Mittel zur Aufbesserung der Beamten.

[1] Vgl. darüber Kreittmayr, Grundriß des allg., deutsch. u. bayer. Staatsrechts § 180; Fr. v. Krenner, baier. Finanzzustand in den Jahren 1777, 1792, 1798, 1799 u. 1800, München 1803; J. Ritter v. Mussinan, geschichtliche Uebersicht u. Darstellung des bayer. Staatsschuldenwesens, München 1881; M. Frhr. v. Freyberg, pragmat. Geschichte der bayer. Gesetzgebung u. Staatsverwaltung ꝛc., Bd. I; L. Hoffmann, Geschichte der directen Steuern in Baiern vom Ende des XIII. bis zum Beginn des XIX. Jahrhunderts, Leipzig 1883.

[2] Ueber dessen Bestandtheile § 5 des Mandats über das gemeinschaftliche Schuldenablebigungswerk vom 23. Sept. 1749, Sammlung von 1771 S. 574.

[3] Ueber das allg. Landanlehen (Zwangsanlehen) von 1796 G. K. Mayr, Sammlung ꝛc., 1797, V S. 849 (auch VI S. 64).

[4] G. Frhr. v. Lerchenfeld, Geschichte Baierns unter König Maximilian Joseph I., Berlin 1854, S. 15.

[5] Ueber den Landbanco H. v. Poschinger, Bankgeschichte des Kgrs. Bayern. 1. Lieferung. Die Banken u. Bankprojekte des Mutterlandes vom Jahre 1664—1806. Erlangen 1874.

Der erste wichtige Akt der Reichsgesetzgebung, welcher den Grund zu einer gesicherten Rechtsordnung in Deutschland legte, ist der Reichsabschied von Worms vom Jahre 1495[1]. Im Gegensatze zu den früheren, zeitlich beschränkten Landfrieden schuf er einen ewigen Landfrieden für das Reich[2] und damit die wesentliche Voraussetzung für jene staatliche Thätigkeit, die, an Bedeutung fortwährend wachsend, im heutigen Staate die erste Stelle errungen hat, für die Verwaltung. Zur Durchführung des gebotenen Friedens sollte ein ständiges richterliches Organ des Reiches, das Reichskammergericht, dienen, für welches eine eigene Ordnung erlassen wurde[3]. Die Sorge für die Executive sollte der Reichsversammlung obliegen[4].

Eine Vervollkommnung dieser Reichsexecutive strebte der Augsburger Reichsabschied von 1500 an[5]. Das Reich wurde zur bessern Wahrung des Landfriedens in sechs Kreise getheilt[6]. Zugleich wurde, da man erwog, daß die Stände des Reichs nur „langsam und beschwerlich" zusammen gefordert werden und kommen mögen", was bei dringlichen Sachen schädlich sei, die Einrichtung einer ständigen obersten Reichsbehörde, des Reichsregiments (Reichsraths), mit dem Sitze in Nürnberg verfügt. Das Reichsregiment, für welches eine Regimentsordnung erlassen wurde[7], sollte aus dem Kaiser oder dessen Vertreter als Präsidium und „zwanzig Personen von den Ständen des Reichs deutscher Nation genommen und geordnet" bestehen[8].

Es blieb indessen mit all diesen Maßnahmen, wie so manchmal im alten Reiche, mehr beim guten Vorsatze. Der Schwerpunkt der thatsächlichen Handhabung der Ordnung war bei den Kreisen, deren Zahl durch den Reichsabschied von Köln 1512 auf zehn erhöht wurde[9].

Der Reichstag von Worms 1521 traf neuerlich wegen des Reichsregiments[10] und der Kreiseintheilung des Reiches Bestimmung[11]. Zugleich wurde der Landfriede erneuert[12]. Eine Erklärung dieses Landfriedens, welche insbesondere die Sicherung seines Vollzuges im Auge hatte, geschah auf dem Reichstage zu Nürnberg 1522[13].

Eine abermalige Landfriedenserneuerung brachte der Reichstag zu Augsburg 1548[14]. Durch den Augsburger Reichsabschied von 1555 wurde dann eine „Executionsordnung" erlassen[15].

Neben diesen Anordnungen, welche auf dem Gebiete der höheren Sicherheitspolizei sich bewegen, ist eine ziemlich ausgedehnte gesetzgeberische Thätigkeit im Bereiche der übrigen Polizei und der Verwaltung zu verzeichnen.

Auf eine Reihe von Einzelvorschriften[16] folgte eine Zusammenfassung des Reichspolizeirechtes

---

[1] Neue u. vollständige Sammlung der Reichs-Abschiede, welche von den Zeiten Kayser Conrads des II. bis jetzo, auf den Teutschen Reichs-Tägen abgefasset worden, sammt den wichtigsten ReichsSchlüssen, so auf dem noch fürwährenden Reichs-Tage zur Richtigkeit gekommen sind. Franckfurt am Mayn, bei Ernst August Koch. 1747. II S. 3.

[2] Ueber die älteren bayerischen Landfrieden vgl. L. Rockinger, zur äußeren Geschichte der älteren bayer. Landfrieden. München 1866. (Aus den Abhandlungen der k. bayer. Akademie der Wissenschaften, III. Cl. Bd. X Abth. II.)

[3] S. dieselbe in der angef. Sammlung II S. 6.

[4] S. a. a. O. II S. 11 „3. Handhabung Friedens und Rechtens." Vgl. auch weitere Erklärung des Landfriedens (Freiburg 1498, Augsburg 1500) ebenda S. 38 und 64.

[5] A. a. O. II S. 68.

[6] A. a. O. II S. 58; über die frühere Kreiseintheilung (1438) ebenda I S. 156 und 164.

[7] A. a. O. II S. 56.

[8] Art. LIV des Reichsabschiedes bestimmte ferner: „Nachdem zur Handhabung und Vollziehung Friedens und Rechtens, auch zu Widerstand dem Türken und andern Anfechtern der Christenheit und deß H. Reichs angesehen worden, einen gemeinen verständigen Hauptmann des H. Reichs in solchen Sachen zu machen, So ist der Hochgebohrne Fürst, Albrecht, Pfalzgraf bey Rhein und Herzog in Obern und Nidern Bayern ... von dieser Versamblung zu einem gemeinen Hauptmann des Heil. Reichs erwählt. Der auch solch Hauptmannschafft angenommen hat, mit den Artikeln und Ordnungen hernach folgende."

[9] A. a. O. II S. 138.

[10] A. a. O. II S. 172. An Stelle des Reichsregiments trat Mitte desselben Jahrhunderts die ordentliche Reichsdeputation, die aber im 17. Jahrhunderte wieder ablam.

[11] A. a. O. II S. 175, 211; s. auch S. 231.

[12] A. a. O. II S. 194.　　[13] A. a. O. II S. 229.

[14] A. a. O. II S. 574.　　[15] A. a. O. III S. 20.

[16] Eine Uebersicht der hauptsächlichsten Bestimmungen mag hier Platz finden. Die latein. und arab. Ziff. am Schlusse beziehen sich auf Band u. Seite der bisher angef. Sammlung.

1) Regensburg 1487. Weinordnung. I, 282.

2) Worms 1495, Münzwesen, Gotteslästerung. II, 27, 28.

3) Lindau 1497, Kleiderordnung. II, 31, Zutrinken 32, Uebermaß bei Hochzeiten 31, Bettler Zigeuner ꝛc. 32, gewerbepolizeiliche Bestimmungen (Tuch, Wein) 31, 32, Münzwesen 33.

in der durch §§ 98 und 99 des Reichsabschieds von Augsburg vom 19. November 1530[17] sanctionirten Reichspolizeiordnung[18]. Dieselbe hat 39, meist in Paragraphen abgetheilte Titel und beschäftigt sich mit den üblichen Polizeigegenständen: Gotteslästern und Schwören (Tit. 1—7), Zutrinken (Tit. 8), Kleiderordnung[19] und sonstige Vorschriften gegen Luxus (Tit. 9—23), Gewerbepolizei, Maß und Gewicht, Verhältnisse des Dienstpersonals und Wucher (Tit. 24—30), Bestimmungen gegen sicherheitsgefährliche Personen (Tit. 31—39)[20]. In manchen Gegenständen wird den Obrigkeiten der Erlaß der Vollzugsverordnungen übertragen[21]. Nachdem eine beabsichtigte Durchsicht dieser Polizeiordnung auf dem Reichstage zu Nürnberg 1541 vertagt worden war[22], erfolgte dieselbe 1548 auf dem Reichstage zu Augsburg[23].

Die neue Fassung der Polizeiordnung enthielt manche bemerkenswerthe Zusätze[24]. So wurde eine jährliche Visitation der Apotheken und der Erlaß obrigkeitlicher Arzneitaxordnungen verfügt[25]; ferner bestimmt, daß die Buchdrucker verpflichtet seien, „in alle Bücher, so sie mit Zulassen der Obrigkeit hinfüro drucken werden, den Autorem oder Dichter des Buchs, auch seinen des Druckers Namen, deßgleichen die Stadt oder das Ort, da es gedruckt worden, unterschiedlich und mit Namen zu benennen und zu vermelden"[26]. Außerdem finden sich Anordnungen über den Feingehalt des von den Goldschmieden verarbeiteten Silbers, dessen obrigkeitliche „Prob oder Schau" und die Anbringung des Goldschmiedszeichens, sowie des Wappens des Herrn oder der Stadt, darunter der Meister seßhaft ist[27]. Es sind ferner eine Anzahl an sich dem bürgerlichen Rechte angehöriger Vorschriften unter polizeilichem Gesichtspunkte aufgenommen[28].

Auf dem Reichstage zu Augsburg 1551 wurde die Polizeiordnung erneuert[29] und durch ge-

---

4) Freiburg i/Br. 1498, Münzwesen II 46, Kleiderordnung und andere Bestimmungen gegen Luxus 47 ff., Weinordnung 54, Bettel ꝛc. 48 f., Tuchhandel 48.

5) Augsburg 1500, die bisherigen Materien II, 77 ff.

6) Trier und Köln 1512, Gotteslästerung. II, 141.

7) Worms 1521, § 29. Auftrag an Statthalter und Regiment, Ordnung und Polizei in Bezug auf eine Reihe von Materien (Münze, Luxus, Gotteslästerung, Monopole, Vorkauf, Gesellschaften, neue und unerhöchte Zölle, Maß und Gewicht) aufzurichten. II, 207.

8) Nürnberg 1524, Münze, Monopolien, Preßpolizei. II, 257 f.

9) Münzordnung von Eßlingen 1524, II, 261.

10) Speyer 1529, Preßpolizei II, 294, Münze, Monopolien 300.

[17] A. a. O. II S. 322.

[18] Römischer kayserlicher Majestät Ordnung und Reformation guter Polizey im Heiligen Römischen Reich, zu Augspurg Anno 1530 auffgericht. A. a. O. II S. 332.

[19] Tit. 22 § 1 verordnet, „daß die Juden einen gelben Ring an dem Rock oder Kappen allenthalben unverborgen, zu ihrer Erkäntnüß, öffentlich tragen".

[20] Auf dem Reichstage zu Regensburg 1532, mit welchem die peinliche Halsgerichtsordnung vereinbart wurde, erfolgte auch eine Einschärfung der Augsburger Polizeiordnung (Reichstagsabsch. Tit. 8, a. a. O. II S. 361). Dasselbe geschah auf dem Reichstage zu Regensburg 1541 (Reichstagsabschied §§ 76 und 77, a. a. O. II S. 440; vgl. auch das Verbot der Schmähschriften § 40, a. a. O. II S. 436).

[21] Vgl. Tit. 23 und 25 § 5.   [22] Reichstagsabsch. § 35, a. a. O. II S. 478.

[23] Der Römisch-Kayserlichen Majestät Ordnung und Reformation guter Policey, zu Beförderung des gemeinen Nutzens auff dem Reichs-Tag zu Augspurg Anno Domini 1548 auffgericht. A. a. O. II S. 587.

[24] Außer dem oben im Text Erwähnten ist noch zu bemerken Tit. 16 (gegen die Weinfälschung durch Schiff- und Fuhrleute), Tit. 18 (gegen Monopolien und schädliche Fürkäufe), Tit. 36 (Pakt der Handwerksleut in Steigerung ihrer Arbeit). Als Tit. 7 ist der Tit. 24 des Landfriedens vom gleichen Jahre aufgenommen. Tit. 6 bestimmt, was in Kriegsläuften gefreit sein soll. Andererseits ist die Kleiderordnung weniger eingehend. Insbesondere fehlt die oben Anm. 19 erwähnte Bestimmung über die Kleidung der Juden. In Tit. 15 sind eine Reihe von Gegenständen zusammengefaßt, deren nähere Ordnung innerhalb Jahresfrist durch die Obrigkeit erfolgen soll. Letzterer wird — wie schon in Tit. 25 § 5 der PO. von 1530 — eine Strafe von 2 Mark löthigen Golds für den Fall der Säumniß angedroht.

[25] Tit. 33.

[26] Tit. 34 § 1. Der Titel erweitert überhaupt die bestehenden Bestimmungen gegen „Schmähschriften, Gemälde und Gemächte".

[27] Tit. 35.

[28] Dahin gehören Tit. 19 (von Verkauffung der Frücht im Feld), Tit. 22 (von verdorbenen Kaufleuten), Tit. 31 (von der Pupillen und minderjähriger Kinder Tutorn und Vormündern), Tit. 32 (von Richtern, Advocaten und Procuratoren — Beschleunigung Rechtens, gefährlich Umziehen der Advocaten und Procuratoren, Injurien zu meiden).

[29] Reichstagsabsch. §§ 69—71 (a. a. O. S. 621). § 69 bemerkt, „daß solche Ordnung durchaus bei den Unterthanen, Bürgern und Einwohnern der Städt und Flecken schwerlich in Gang zu bringen".

werbepolizeiliche Bestimmungen[30] und Vorschriften gegen „Zusammenlaufung, Vergadberung oder Versammlung der Kriegsleut" und gegen garbende Knechte ergänzt[31]. Ferner wurde die auf einem Münztage zu Speyer vereinbarte Münzordnung genehmigt[32].

Die nun folgenden Reichstage von 1555—1576 weisen eine Reihe von verwaltungs- und polizeirechtlichen Einzelbestimmungen auf. In erster Linie stehen die Maßregeln gegen die Störung des Landfriedens, besonders durch die herrenlosen Kriegsknechte. Der Reichstagsabschied von 1555 enthält darüber eingehende Vorschriften in einer eigenen „Executionsordnung"[33], und die Kammergerichtsordnung vom gleichen Jahre[34] läßt Klage beim Kammergericht gegen die Obrigkeiten zu, „die wider die herrenlosen Knecht Andern nicht Hülf thun". Der erste Reichstagsabschied von Augsburg 1559 traf in Ergänzung der Executionsordnung von 1555 Anordnungen gegen die „ungebührlichen Reutereien, Plackereien, Raubereien und Mord," verfügte Nacheile gegen die Missethäter und Zerstörung der „Raubhäuser", darin „die Straßenräuber und andere Beschädiger wissentlich untergeschleift und enthalten" wären[35]. Dasselbe Thema des Landfriedensbruchs behandelt auch der Abschied des Deputationstags zu Worms 1564[36], während der Frankfurter Reichsabschied von 1569 über die „unteutsche barbarische Frechheit" und „der Kriegsleut Muthwill" klagt, „so ebenso wenig ihrer Freund und der Unschuldigen in ihrem eigen Vaterland, als ihrer Feind, mit Raub, Plündern und andern sträflichen Unthaten verschonen".

Ein weiterer Hauptgegenstand reichsgesetzlicher Sorge war die Besserung des Münzwesens, mit welchem die Reichstage von 1555[37], 1557[38], 1559[39], 1570[40], der Deputationstag von 1571[41] und der Reichstag von 1576[42] sich beschäftigten. Insbesondere wurde auf dem Reichstage zu Augsburg 1559 eine neue Münzordnung aufgerichtet und auf dem Deputationstage zu Frankfurt eingehend verbessert.

Auch mit der Presse befaßte man sich wiederholt, besonders im Reichstagsabschied von Speyer 1570[43]. Nach dessen Bestimmungen sollten „Buchdruckereien an keine anderen Oerter, dann in denen Städten, da Churfürsten oder Fürsten ihre gewöhnliche Hofhaltung haben, oder da Universitates studiorum gehalten, oder in ansehnlichen Reichsstädten verstattet, aber sonsten alle Winkeldruckereien stracks abgeschafft werden".

Eine durchgreifende Verbesserung und Erneuerung der Reichspolizeiordnung im Ganzen kam auf dem Reichstage zu Regensburg 1576 zur Sprache, die Erledigung der Aufgabe wurde jedoch im Abschiede[44] auf den Reichsdeputationstag zu Frankfurt verwiesen. Der Kaiser sollte ermächtigt sein, das mit der Reichsdeputation vereinbarte Gesetz zu verkünden. Unterm 9. November 1577 wurde die auf solche Weise zu Stande gekommene neue Polizeiordnung von Kaiser Rudolf II. erlassen[45].

Diese letzte Fassung der Reichspolizeiordnung unterscheidet sich von den früheren nicht wesentlich. Sie bringt nur Vervollständigungen in einzelnen Punkten[46] und einige neue gewerbepolizeiliche Vorschriften[47].

---

[30] Reichstagsabsch. §§ 72—86. Darunter befindet sich eine civilrechtliche Bestimmung über die Schuldverschreibungen der Christen an Juden. Diese Verschreibungen sollen, „die aufrichtigen Handthierungen und Commercien in den offenen freien Messen und Jahrmärkten" ausgenommen, nur bei obrigkeitlicher Verbriefung giltig sein. Die Abtretung von Forderungen welche Juden gegen Christen haben, an Christen ist bei Verlust der Forderung verboten.

[31] Reichstagsabsch. §§ 95—100, a. a. O. II S. 624.

[32] Reichstagsabsch. §§ 35—52, a. a. O. II S. 617.

[33] §§ 31 ff., a. a. O. III S. 20.   [34] Th. II Art. 15, a. a. O. III S. 97.

[35] §§ 19 ff., a. a. O. III S. 166.   [36] A. a. O. III S. 201.

[37] Reichstagsabsch. von Augsburg 1555 §§ 137 und 138, a. a. O. III S. 38.

[38] Reichstagsabsch. von Regensburg 1557 §§ 82—85, a. a. O. III S. 149.

[39] Münzordnung vom 19. Aug. 1559, a. a. O. III S. 186.

[40] Reichstagsabsch. von Speyer 1570 §§ 120—150, a. a. O. III S. 303.

[41] Abschied des Deputationstags zu Frankfurt 1571, a. a. O. III S. 342, kaiserliches Mandat ebenda S. 348.   [42] Reichstagsabsch. von Regensburg 1576 §§ 65—82, a. a. O. III S. 363.

[43] §§ 154—159, a. a. O. III S. 308.

[44] § 117, a. a. O. III O. S. 371. Es waren hauptsächlich die Klagen über den Wucher der Juden, welche zur Revision den Anstoß gaben.

[45] Der Römischen Kayserl. Majestät reformirte und gebesserte Policey-Ordnung, zu Beförderung gemeines guten bürgerlichen Wesen und Nutzen auf Anno MDLXXVII zu Franckfort gehaltenem Reichs-Deputation-Tag, verfaßt und aufgericht. A. a. O. III S. 379.

[46] So in Tit. 15 eine Vermehrung derjenigen „Articuln, darin den Obrigkeiten Ordnung fürzunehmen (d. h. Verordnungen zu erlassen) befohlen wird"; ferner in Tit. 19 vom Verkauf der Früchte auf dem Feld, Korn und Weingilten.

[47] Neu eingeschaltet sind die Tit. 21 und 22 vom Verkauf und betrüglichen Färben (fressende oder Teufelsfarbe) der wollenen Tücher, dann vom Verkauf und „Verführung" der Wolle und des Leders. Erweitert ist Tit. 24 über Betrug beim Verkaufe von Gewürzen und Spezereien; ferner Tit. 35 über die Preßpolizei, wo § 6 dem Reichstagsabschiede von 1570 entnommen ist.

§ 22. Die ſpäteren Reichspolizeigeſetze.

Ob die Reichspolizeiordnungen geeignet geweſen wären, zu einem einheitlichen Verwaltungs=
geſetzbuche für das Reich ſich zu entwickeln, darf man wohl bezweifeln. Es fehlten hiezu zwei weſent=
liche Vorbedingungen: die Gleichartigkeit der Verhältniſſe in den einzelnen Reichsländern und vor
Allem eine wirkſame Vollzugsgewalt.

Indeſſen verſchwand die weitere Ausgeſtaltung des Polizeirechts auch in der Folge nicht von
dem geſetzgeberiſchen Programm des Reiches. Der weſtfäliſche Friede[1] ſagte: „In proximis Comitiis …
de … reformatione Politiae et iustitiae … ex communi Statuum consensu agatur et statuatur.“

Der jüngſte Reichsabſchied von 1654 ferner enthielt in § 195 die Beſtimmung[2]: „Damit aber
auch die hinterbliebene, und auf nächſtkünfftige gemeine Reichs=Verſammlung verſchobene Materien,
ſonderlich aber die, zu welcher Erledigung ein mehrere Information aus den Crayſſen von nöthen, bey
künfftigem Reichs=Tag deſto beſſer und geſchwinder richtig gemachet werden mögen; So wollen Wir in=
mittels, wie Wir Uns mit Chur=Fürſten und Ständen deßhalben verglichen, an alle Crayß=ausſchreibende
Chur= und Fürſten gnädigſte Erinnerungs=Schreiben ausfertigen und abgehen laſſen, damit … der
Müntz halber nothwendige Probations=Tag angeſtellt und gehalten, auch der … von jedem Crayß
verfaßter Bericht Uns und Unſers lieben Neven des Chur=Fürſten von Maynz Liebben bey Zeiten und
ſo bald müglich, was aber ein jeder Crayß wegen guter Policey zu verordnen, vor rathſam anſehen
wird, nach Franckfurt zu obgemelter Ordinari=Reichs=Deputation fürderlich überſchickt werde.“

Auch in den kaiſerlichen Wahlcapitulationen und noch in jener Franz II.[3] fand ſich ein Artikel
aufgenommen, durch welchen der Kaiſer ſich anheiſchig machte, ein ausführliches Reichsgutachten über
die Reviſion der Reichspolizeiordnungen und über Maßregeln zur Hebung des Handels zu erholen.

Indeſſen kam es all dieſer Worte unerachtet niemals zur geſetzgeberiſchen That. Es blieb der
landesherrlichen Gewalt überlaſſen, den Bedürfniſſen gerecht zu werden, welche die Aenderungen der
Verhältniſſe mit ſich brachten. Das Reichsrecht ſelbſt hatte der Landesgeſetzgebung hierin ziemlich
weiten Spielraum gewährt. Die Reichspolizeiordnungen von 1530[4] und 1548[5] erklärten, es ſei „einer
jeden Oberkeit, ſo Regalien von Uns und dem Heil. Römiſchen Reich hat, unbenommen, dieſe Unſer
Ordnung, nach eines jeden Lands Gelegenheit, einzuziehen, zu ringern und zu mäßigen, aber in keinem
Weg zu erhöhen oder zu mehren“. Wenn in der Reichspolizeiordnung von 1577 ſich dieſe Beſtimmung
nicht mehr findet, ſo darf man dies ſicher nicht dahin auffaſſen, daß den Reichsſtänden jene Befugniß
zur Milderung der reichsgeſetzlichen Beſtimmungen genommen werden wollte, ſondern nur dahin, daß
ſie auch der Beſchränkung bezüglich der Verſchärfung der reichsrechtlichen Vorſchriften nicht mehr
unterliegen ſollten.

Die Reichsgeſetzgebung beſchäftigte ſich ſeit dem Erlaſſe der reformirten Polizeiordnung von 1577,
abgeſehen von der Erneuerung der beſtehenden Beſtimmungen[6], nur mehr mit einzelnen Gegenſtänden
der Verwaltung, bei welchen ihrer Natur nach lediglich ein Eingreifen von Reichs wegen Erfolg ver=
ſprechen konnte. Freilich gerade am Erfolge hat es gar oft und gar ſehr gefehlt.

Zu den Gegenſtänden, an welchen die Reichsgeſetzgebung am meiſten und am vergeblichſten ſich ver=
ſuchte, gehörte das Münzweſen. Die Reichsabſchiede von 1582 (§ 66), 1594 (§§ 101 ff.), 1598 (§§ 51 ff.),
1600 (§ 149), 1603 (§ 48 ff.), 1613 (§ 15) brangen auf Beobachtung der beſtehenden Münzordnung. Die
Wiederholung dieſer Beſtimmungen zeigt ihre geringe Wirkung. Der jüngſte Reichsabſchied verlangte in
dem oben bereits erwähnten § 195 von den Kreiſen Information wegen der Ordnung des Münzweſens. Erſt
im Jahre 1667 kam es jedoch zu einem Reichsgutachten, das in der Hauptſache die kaiſerliche Sanction
erhielt[7]. Daran ſchloſſen ſich zwei kaiſerliche Commiſſionsdecrete vom 4. April und 4. September
1669[8]. Weitere kaiſerliche Edicte, die in den Jahren 1676, 1677 und 1680[9] ergingen, vermochten eben=
ſowenig wie die früheren praktiſche Ergebniſſe zu erzielen. Die bedeutenderen Reichsſtände griffen nun
zu Münzverträgen. Der zwiſchen Kurſachſen, Brandenburg und Braunſchweig 1690 vereinbarte ſog.
Leipziger Münzfuß wurde ſogar durch Reichsſchluß (1737 und 1738) zum Reichsmünzfuß erklärt, in=
deſſen ohne Erfolg. Bayern ſchloß mit Oeſterreich am 21. September 1753 eine Münzconvention

---

[1] J. P. O. art. VIII § 3.   [2] A. a. O. III S. 677.

[3] Art. VII, Emminghaus, Corpus juris Germ., 2. Aufl., S. 595.

[4] Tit. XXXIX § 2. A. a. O. II S. 345.

[5] Tit. XXXVII § 5. A. a. O. II S. 606.

[6] Vgl. z. B. Reichsabſch. von 1594 §§ 68—70 (a. a. O. III S. 432).

[7] A. a. O. IV S. 51.   [8] A. a. O. IV S. 62 und 65.

[9] A. a. O. IV S. 108, 113, 115, 129, 135.

(„Conventionsmünzen")¹⁰. Der letzte von Reichs wegen gemachte Reformversuch, das Münzedict Franz I.
von 1759¹¹, mißglückte gleich den früheren.

Auch mit der Gewerbepolizei und dem Zunftwesen, sowie mit der Förderung des Handelsverkehrs beschäftigten sich mehrere Reichsabschiede. So enthalten jene von 1594 (§§ 125—129)¹² und von
1603 (§§ 61—65)¹³ gewerbepolizeiliche Bestimmungen. Der Reichsabschied von 1641¹⁴ suchte den durch
den Krieg hervorgerufenen Verkehrshindernissen zu steuern, indem er die von „Generalspersonen, Com-
mendanten, Obristen und anderen Kriegsoffizieren" geübten Mißbräuche „in Anstellung gewisser Maut
und Zöll, auch Weggelder zu Wasser und zu Land" rügte¹⁵ und diese Abgaben für aufgehoben erklärte,
auch bezüglich des Generalpostamtes im Reiche aussprach, daß das Postregal „in seinem Esse erhalten"
werden solle.

Der westfälische Friede aber setzte im Anschlusse hieran fest¹⁶: „Et quia publice interest, ut
facta pace commercia vicissim reflorescant, ideo conventum est, ut quae eorum praeiudicio
et contra utilitatem publicam hinc inde per imperium belli occasione noviter propria auctoritate contra iura, privilegia et sine consensu imperatoris atque electorum imperii invecta
sunt vectigalia et telonia . . . itemque immoderata postarum omniaque alia inusitata onera
et impedimenta, quibus commerciorum et navigationis usus deterior redditus est, penitus
tollantur . . ."¹⁷

Ins Einzelne eingehende Vorschriften zur „Restabilir- und Wiederaufbringung der Commercien
und Handelschaften" brachte der Reichsschluß von 1671¹⁸.

Der Reichsschluß von 1731 richtete sich gegen die Zunft- und Handwerksmißbräuche¹⁹. Durch
kaiserliches Patent vom 23. April 1772 wurde er eingeschärft und erläutert²⁰.

Auch in der Wahlcapitulation ist der Polizei- und Handlungsfachen, insbesondere der Monopole
und Zölle gedacht²¹. Die Einführung neuer Zölle und die Erhöhung der bestehenden sollte ohne Zustimmung aller Kurfürsten nicht statthaft sein.

Einer besonderen Aufmerksamkeit der Reichsgesetzgebung hatten sich die Preßgewerbe — Buchdruckereien und Buchhandel — zu erfreuen²². Abgesehen von der Einschärfung der bestehenden Be-

---

¹⁰ Abgedr. bei Emminghaus, Corpus juris Germ. I S. 573. Ueber die der Convention
beigetretenen Stände ebenda Anm. 2. Ueber die Entwickelung der bayer. Münzgesetzgebung M. Frhr.
v. Freyberg a. a. O. II S. 286 ff.

¹¹ Abgedr. bei Emminghaus a. a. O. I S. 578.

¹² Neue und vollständige Sammlung der Reichsabschiede ꝛc. III S. 442.

¹³ A. a. O. III S. 512.

¹⁴ §§ 58, 93; a. a. O. III S. 560, 566.

¹⁵ In Bayern hatte schon ein Rescr. vom 11. Mai 1634 derartige Ungebühr verboten. Es war
angezeigt worden, daß Commandanten in ihren Garnisonsorten „sonderlich zu Landshut, sich unterfangen sollen, von jedem Wagen, Wein und andern Gütern ein gewiß Geld einzufordern und sich's zu-
zueignen". Dies wurde als unbillig, den Commercien verhinderlich und dem Landesherrn nachtheilig
abgestellt. (G. R. Mayr, Sammlung ꝛc., 1788, IV S. 898). Indessen dauerte dieser an den Bauern
geübte Unfug doch fort, zum Theil mit höherer Genehmigung. Das Dienstreglement vom 4. Juni
1774 verbot zwar den Wachen, den Leuten, welche Gegenstände zum Verkauf brächten, an den Thoren
etwas davon abzufordern. Allein, so war beigefügt, „von denen Bauerwägen, welche Holz zu jedermanns Kauf in die Stadt führen, kann der Commendant von jedem Wagen ein Scheit abnehmen"!
(G. R. Mayr, Sammlung ꝛc.. 1784, II S. 1230.) Noch ein Erlaß vom 3. Febr. 1798 läßt den
Fortbestand ähnlicher Brandschatzungen der Bauern bei den Münchener Thorwachen entnehmen.
(G. R. Mayr, Sammlung ꝛc., 1799, VI S. 167.)

¹⁶ J. P. O. art. IX § 1; siehe auch § 2; a. a. O. III S. 591.

¹⁷ Vgl. dazu kais. Mandat, die Abschaffung der im Reich unbefugter Dinge eingeführten oder
erhöhten Zölle, Mauth, Aufschläge und anderen Auflagen belangend, vom 4. März 1666; a. a. O. IV
S. 45. S. auch M. Frhr. v. Freyberg a. a. O. II S. 315.

¹⁸ A. a. O. IV S. 73.   ¹⁹ A. a. O. IV S. 377.

²⁰ Emminghaus a. a. O. S. 582. Das Patent wurde in Bayern durch kurf. Generalverordnung vom 23. Mai gl. Js. verkündet. G. R. Mayr, Sammlung ꝛc., 1784, II S. 876.

²¹ Vgl. insbes. Wahlcapitulation Franz II. von 1792 Art. VII und VIII, Emminghaus
a. a. O. S. 595.

²² Die landesherrliche Gewalt in Bayern wahrte übrigens die Polizeihoheit in Preßsachen
gegenüber den eigenen Landesangehörigen sehr energisch. Ein Erlaß des Kurfürsten Ferdinand Maria
vom 22. März 1675 spricht aus, daß die Buchdrucker in Dero Landen „neben der kaiserlichen, wenn sie
eben dergleichen haben wollen, auch um Ihrer Churfürstlichen Durchlaucht landesfürstliche Freiheit
anhalten und also in Frontispicio beeder gedenken" sollen; „denn würden sie solches unterlassen, werde
man im Land so solche Freiheit nicht gebunden sein, auch ihnen Buchdruckern schon in andere Weg
weisen, was sie gegen ihren Chur- und Landesfürsten für Respect tragen sollen". Vgl. G. R. Mayr,
Sammlung ꝛc., 1788, IV S. 556.

ſtimmungen ſuchte der Kaiſer durch Einſetzung einer Büchercommiſſion zu Frankfurt a/M., die 1608 eine Inſtruction erhielt, eine Controle über den Bücherverkehr zu üben, der damals auf den Frankfurter Meſſen ſich concentrirte. Beſchwerden der Proteſtanten über die Beſetzung und die Thätigkeit der Commiſſion gaben Anlaß, daß in die Wahlcapitulation Art. II²³ folgende Cautel aufgenommen wurde: „Wir wollen ... weder den Reichsgerichten noch dem Büchercommiſſarius zu Frankfurt a/M. verſtatten, daß jene auf des Fiscals oder eines Anderen Angeben in Erkennung, Fortſetz= und Aburtheilung der Proceſſe, ſodann gebührlicher Execution und dieſer in Cenſirung oder Beurtheilung und Confiscirung der Bücher, einem Theile mehr als dem andern favoriſiren.“ Die Büchercommiſſion ſah ſich indeſſen auf's Trockene geſetzt, als ſeit der Mitte des vorigen Jahrhunderts der Buchhandel ſich von Frankfurt nach Leipzig gezogen hatte. Aus dem 18. Jahrhunderte ſind nur zwei preßgeſetzliche Akte des Reiches zu erwähnen, das kaiſerliche Edict vom 18. Juli 1715 zur Aufrechterhaltung des confeſſionellen Friedens²⁴ und das kaiſerliche Generalpatent vom 10. Februar 1746 über das Bücherweſen im Reiche und die hiezu eingeſetzte Commiſſion²⁵.

§ 23. Die Landesgeſetzgebung bis auf Maximilian I.

Die Vereinigung der bayeriſchen Lande, die ſich zu Anfang des 16. Jahrhunderts unter Herzog Albrecht IV. vollzog, bewirkte nicht zugleich auch eine Rechtseinheit. In den Theilen des Herzogthums, welche ſich in Folge der früheren Landestheilung gebildet hatten, galten verſchiedene Particularrechte.

Im größten Theile Oberbayerns ſtanden die Geſetzbücher Kaiſer Ludwigs des Bayern, das Landrecht und das Stadtrecht, in Kraft¹. Die Geſetzgebung Ludwigs enthält außer civil=, ſtraf= und prozeßrechtlichen Vorſchriften auch in ſehr ausgedehntem Maße verwaltungs= und polizeirechtliche Beſtimmungen. Dieſelben betreffen vor Allem das Gemeinderecht und das Gewerbeweſen, dann Bau=, Feuer= und Straßenpolizei, Sicherheitspolizei, Geſundheitspolizei und Feldpolizei².

In Niederbayern³ gelangten Kaiſer Ludwigs Rechtsbücher nicht zur Geltung. Niederbayern erhielt erſt unterm 6. November 1474 unter Herzog Ludwig dem Reichen⁴ eine Landsordnung (Rechts=. Gerichts= und Landespolizeiordnung)⁵. Eine neue und umfaſſendere Landesordnung, in welche jene von 1474 mit einigen wenigen Aenderungen wörtlich aufgenommen iſt, erließ Ludwig des Reichen Sohn, Georg der Reiche, nach Vereinbarung mit den Ständen am 15. Auguſt 1501⁶. Dieſelbe erſtreckte ſich, ähnlich wie die Geſetzgebung Kaiſer Ludwigs, auf Civil= und Strafrecht, Prozeß, Verwaltung und Polizei.

In jenen Landestheilen der niederbayeriſchen Linie, die zur Zeit des Erlaſſes der Geſetzgebung Kaiſer Ludwigs zu Oberbayern gehört hatten, blieb letztere in Kraft⁷.

Erwähnung verdient auch, daß gegen Ende des 15. Jahrhunderts die Wittelsbachiſchen Landesherren wiederholt gleichheitliche Anordnungen in ihren Gebieten verabredeten. So wurde auf dem Fürſtenverein zu Amberg im März 1490 zwiſchen dem Kurfürſten Philipp von der Pfalz und den Herzogen Otto, Georg und Albrecht ein Landesgebot zur Wiederherſtellung der öffentlichen Sicherheit vereinbart⁸. Ein übereinſtimmendes Landgebot der Herzoge Georg und Albrecht wegen Getreideläufen und Vorläufen erging 1491⁹, ein anderes in Münzſachen 1497¹⁰.

²³ S. jene von 1792 bei Emminghaus a. a. O. S. 592 Art. II § 7.
²⁴ G. K. Mayr a. a. O. IV S. 336.   ²⁵ A. a. O. Zugabe S. 114.
¹ Ueber deren Geltungsgebiet L. Frhr. von der Pfordten, Studien zu Kaiſer Ludwigs oberbair. Stadt= u. Landrecht, München 1875, S. 222 ff.
² Zahlreiche Landbote über einzelne Materien des öffentlichen Rechtes, beſonders über Gegenſtände der Polizei aus der Zeit ſeit 1429, bei Fr. v. Krenner, baier. Landtagshandlungen in den Jahren 1429 bis 1513, München 1803 ff.
³ Ueber den geographiſchen Begriff, in welchem es hier zu nehmen iſt, vgl. L. Frhr. v. d. Pfordten a. a. O. S. 225 ff.
⁴ Dem Gründer der Univerſität Ingolſtadt, 1472. Vgl. K. Prantl, Geſchichte der Ludwig=Maximilians=Univerſität in Ingolſtadt, Landshut, München, 2 Bde., München 1872; E. Roſenthal a. a. O. I S. 224 ff.
⁵ Abgedruckt bei Fr. v. Krenner a. a. O. VII S. 472—512.
⁶ Fr. v. Krenner a. a. O. XIII S. 261—313. Ein Landgebot, bzw. Landesordnung in Gerichts= u. Polizeiſachen Herzog Georgs vom 28. Febr. 1491, ebenda XII S. 337.
⁷ Vgl. 41. Freiheitsbrief Herzog Ludwigs von 1350 bei G. Frhr. von Lerchenfeld, die altbaier. landſtändiſchen Freibriefe mit den Landesfreiheitserklärungen S. 102, Fr. v. Krenner a. a. O. VII S. 512, XII S. 342, XIII S. 313.
⁸ S. die wörtlich gleichlautenden Landgebote Georgs und Albrechts vom 30. März 1490 bei Fr. v. Krenner a. a. IX S. 11—17 und XII S. 288.
⁹ Fr. v. Krenner a. a. O. IX S. 23—27.
¹⁰ Die Statthalter Herzog Georgs regten mit Schreiben vom 20. Jan. 1497 bei Herzog Albrecht den Erlaß gleichheitlicher Beſtimmungen über die Münze an, weil ſein und ihres Herren Land

Eine eingehende Neuregelung des Verwaltungsrechtes brachte die, gleichzeitig mit der Landesfreiheitserklärung, zwischen den Herzogen Wilhelm und Ludwig und der Landſchaft vereinbarte Landesordnung vom 24. April 1516 [11], welche 1520, nach vorgenommener Durchſicht einiger Beſtimmungen,
abermals verkündet wurde [12]. Das neue Geſetz beſchränkte ſich, darin von den früheren Landesordnungen
ſich unterſcheidend, in der Hauptſache auf die Polizei im damaligen Sinne. Der erſte Theil enthält die
Landgebote zur „Handhabung des heil. Reichs und gemeinen Landfriedens". Voran ſteht der 1495 zu
Worms beſchloſſene königliche Landfriede, „damit dann menigklich im Fürſtenthomb Bayrn wiſſen empfach,
was der Lannffriden und warauff er geſetzt ſey, auch ain yber die nachvolgenden Landtpot und ordnung jnn Erſten tail ditz buechs beſzt ſtattlicher verſteen müg". Der zweite Theil, „Geſatz unnd Ordnung etlicher recht, Gewonhait und gebreüch jm Land ze Bayrn," trifft vorzugsweiſe prozeſſuale und
einige civilrechtliche Vorſchriften. Der dritte Theil gibt „ettlich ſytliche Lanndpot" über Gottesläſterung,
Zutrinken und Trunkenheit, Spiel, Hochzeits- und andere Feſtlichkeiten. Der vierte und umfaſſendſte
Theil enthält nach dem Rubrum „etwovil Lanndpott und ordnung, ſo zu ſonder guter polizei aufnemen
und untterhaltung Land und Leut in gemain und ſonnder dienſtlich ſind". Aus dem ſehr manchfaltigen
Inhalte dieſes Theiles ſind die eingehenden Beſtimmungen über die Wirthſchaftsgewerbe, den Gewerbebetrieb auf dem Lande, die Mühlordnung, die Controle von Maß und Gewicht, die Ehehaltenordnung,
die Tarife verſchiedener Arbeiter, wie Maurer, Zimmerleute, Taglöhner ꝛc., hervorzuheben. Der vierte
Theil beſtimmt ferner eingehend über die Rechtsverhältniſſe zwiſchen Grundherren und Grundholden
und über wucheriſche Käuſe [13].

Da die Landesordnung indeſſen zu verſchiedenen Beſchwerden Anlaß gab, ſo wurde nach langen
Verhandlungen mit dem Landtage [14] im Jahre 1553 am nemlichen Tage (Montag nach Dreikönig), an
welchem die neue Landesfreiheitserklärung erging, auch eine neue Landesordnung erlaſſen [15]. In der
Einleitung wird hervorgehoben, daß es ſich im Weſentlichen um eine Durchſicht des älteren Geſetzes
handle, wobei die erforderlichen Aenderungen und Zuſätze „nach glegenhait der yetzigen leuff" vor-

---

„ohne Unterſchied an einander gelegen, und eines Theils unter einander vermengt" ſeien. In Folge
deſſen fanden Conferenzen zu Freiſing ſtatt. Vgl. Fr. v. Krenner a. a. O. IX S. 379—381, XI
S. 486—496, Lori, Sammlung des baieriſchen Münzrechtes I S. 99. Das auf Grund der getroffenen
Abmachungen erlaſſene Landgebot Herzog Georgs bei Krenner a. a. O. XIII S. 57—61.

[11] Sie führt den Titel: „Das Buch der gemeinen Landpot Landsordnung Satzung und Ge-
breuch des Fürſtenthombs in Oberenn und Nidernn Bairn, im funfzehenhundert unnd Sechtzehenden
Jar aufgericht." Verfaſſer des Entwurfes war Kanzler Dr. Joh. Neuhauſer, der einige Monate
vor Verkündigung des Geſetzes, im Jan. 1516, ſtarb. Ueber die Vorarbeiten ſiehe Fr. v. Krenner,
baier. Landtagshandlungen in den Jahren 1429—1513, München 1805, XVI S. 353. Ferner: Die
Landtäge im Herzogthum Baiern von den Jahren 1515 u. 1516, O. D. 1804, beſ. S. 45, 116, 119,
366. M. Frhr. v. Freyberg a. a. O. I S. XXV.

[12] Das amtlich veröffentlichte Libell berichtet hierüber auf der letzten Seite, daß nach erſter
Aufrichtung der Landesordnung etliche Irrung und Mißverſtand vorgefallen ſei. Es ſei daher zwiſchen
einem verordneten Ausſchuſſe der Landſchaft und etlichen herzoglichen Räthen über die Reviſion berath-
ſchlagt und ſeien einige Beſtimmungen aufgehoben, andere geändert, gemehrt und gebeſſert worden, „die
wir darnach in diſz Libell von neuem zu drüchen bevolhen haben, zu München am Montag nach
dem Sonntag Jubica in der vaſten im fünffzehenhundert und zwainzigiſten Jare".

[13] In die Zeit zwiſchen dieſe Landesordnung und jene von 1553 fallen: „Neu Ordnung unnd
Lanndpot im Fürſtenthomb Obern- und Nidern Bairn mit etlichen anſtöſſern zum tail verglichen."
Dieſes Landgebot, zu München am St. Martinstag 1533 erlaſſen, enthält Beſtimmungen zur Vollziehung der Augsburger Reformation guter Polizei von 1530, dann eine mit den benachbarten regierenden Wittelsbachern vereinbarte Ordnung „von wegen des Pier und Preuhandels", Beſtimmungen über
den Verkehr mit Fleiſch und Vieh und über den Vorlauf und Erneuerung einiger „fitlicher Landpot
und Pollizeyen". „Ain ſonder Neu erclärung, leytterung, peſſerung und Satzung über etliche Landpot
und Mandat, davon in unſer der regierennden Fürſten in Obern unnd Nidern Bayrn Hertzogthumbs
aufgangner Lanndsordnung hievor auch melbung beſchehen iſt. Anno 1542." Auch hierin wird haupt-
ſächlich von Lebensmittelpolizei gehandelt. Ueber die Bierordnung von 1542 unten Anm. 18. 1548 erging auch die erſte Schulordnung, ein Werk von Herzog Wilhelm IV. eingeſetzten Religionscom-
miſſion. Vgl. darüber K. Prantl in der Bavaria I, 1 S. 531.

[14] Vgl. insbeſ.: Der Landtag im Herzogthum Baiern auf den 1. Nov. zu Ingolſtadt im Jahre
1542, O. D. 1807, namentlich S. 54, 78, 80, 110. Ferner Rockinger bei G. Frhr. v. Lerchenfeld,
die altbaier. landſtändiſchen Freibriefe mit den Landesfreiheitserklärungen S. CCCCIII f. u. M. Frhr.
v. Freyberg a. a. O. I S. XXVI.

[15] „Baieriſche Landtsordnung 1553. In dieſem Buch bayriſcher Landsordnung ſeind begriffen
die gmainen Landpot, Satzung und Gepreuch des Fürſtenthumbs Obern unnd Nidern Bayern, wie
dieſelben Reformirt, geböſſert, unnd im Fünffzehenhundert dreyundfünffzigiſten Jar ſeind publicirt
worden. Getruckt in unſer Stat Ingolbtſtat MDLIII."

genommen worden seien. Ferner wird betont, daß man auf eine „richtigere Ordnung" Bedacht genommen habe.

Die neue Landesordnung ist in 6 Bücher getheilt, die mit Ausnahme des ersten in Titel und Artikel, je mit besonderen Ueberschriften, zerfallen.

Das erste Buch enthält den Landfrieden in der Fassung des Reichstags zu Augsburg von 1548¹⁶.

Das zweite Buch in 11 Titeln thut, wie der Eingang sagt, „erstlich meldung vonn Summarischem Proceß in gütlichen sachen. Item von der Fürstlichen Pfleger und Ambtleut, Hoffmarch und Gerichtsherrn abschied, besiglung und Sigelgelt, auch anderer Gerichtspersonen, deßgleichen der Procuratorn, Rednern und Stulschreibern Belonung. Zum andern wird tractirt von den Geystlichen und Kirchengütern, wie dieselben von der Obrigkait sambt den Kirchpröbsten verwart, verwaltt und verrechnet sollen werden."¹⁷

Im dritten Buche werden in 15 Titeln „anfengklich die satzungen von Vormundtschafften, darnach von Kauffshandlungen unnd andern Contracten gesetzt, darunder auch die Landpott von Fürkauff begriffen seind".

Das vierte Buch mit 23 Titeln enthält „etliche sittliche Landpot von der Wirtschafft und abstellung überflüssiger theürer zerung, under welchen Landpoten auch die Pier¹⁸ unnd Pranntweinordnung begriffen ist. Zum andern volgen etlich gmaine statut und ordnungen, so zu erhaltung guter zucht unnd erbars lebens fürgenommen sein. Und zum Dritten seind begriffen etlich sonderbare satzung, so altem herkommen, gebreüch und gewonhaiten, auch nach gelegenhait des loblichen Fürstenthumbs Bayrn, den Inwonern zu nutz und gutem geordnet und auffgericht sein." Dieses Buch gewährt ein ziemlich buntschecktiges Bild. Den Anfang machen Bestimmungen, die auf die Wirthschaften sich beziehen, worunter auch die Branntweinordnung. Daran schließen sich Vorschriften gegen den Luxus bei Familienfesten, Kirchtagen und Einladungen. Zwischen den neu aufgenommenen Titeln von den Schulen (10; „das man die abkommen Schulen wider auffrichten sol")¹⁹, Apotheken (11; jährliche Apothekenvisitation), der Feuerordnung (13) und von Landstraßen, Weg und Steg (14) steht ein Titel (12) sittlichkeitspolizeilichen Inhaltes. Es folgen endlich Vorschriften über Schuldrecht und leichtsinniges Schuldenmachen, über eine Reihe bäuerlicher Verhältnisse und einige jagdpolizeiliche Verfügungen.

Das fünfte Buch in 13 Titeln handelt „von Handwerchen, auch etlichen Handwerchsordnungen, und gewerbßhandlungen, Item von Dienern, Gehalten, Taglönern und jrer Besoldung". Neu ist darin Tit. 9 „Fischordnung, wie die auf der Thunaw, und sonst allenthalb, in unserm Fürstenthumb gehalten werden soll".²⁰

Das sechste Buch in 14 Titeln beschäftigt sich mit sicherheits- und sittlichkeitspolizeilichen sowie strafprozessualen Anordnungen. Es sind darin „erstlich begriffen die Landpot, so zu außreutung der schödlichen²¹ und leichtvertigen auch verdächtigen Personen, darzu auch von straff der Gotteslesterer, Spiler

---

¹⁶ Vgl. die Vorbemerkung zum ersten Buche. Die Aufnahme des Landfriedens wird ähnlich wie früher begründet, „damit dann mennigklich im Fürstenthumb Bayrn wissen empfach, was der Landfrieden unnd worauff er gesetzt sey". Der Landfriede ist nicht in Titel und Artikel, sondern nur durch Rubriken eingetheilt.

¹⁷ Neu ist in diesem Buche der Titel 3 „von Beschauen (Augenscheinnahme) und Beschaugeld", welcher durch eingehende Bestimmungen der Ueberlastung der Parteien mit Unkosten („also das manichs mal der unkost den rechten werdt der haubtsach ubertrifft") entgegen zu wirken sucht.

¹⁸ Eine Bierbräu- und Bierschenkensordnung, wodurch die Landesordnung von 1520 in einigen Punkten abgeändert worden war, war bereits zu Weihnachten 1542 ergangen. S. dieselbe in: Der Landtag im Herzogthum Baiern auf den 1. Nov. zu Ingolstadt im Jahre 1542, O. D. 1806, S. 125.

¹⁹ Vgl. dazu M. Frhr. v. Freyberg a. a. O. III S. 266. Ueber die Aufstellung von „Schulherren" 1569 ebenda S. 277; über die Schulordnung Albrechts V. von 1569 ebenda S. 289.

²⁰ Dem Titel sind das Brüttelmaß und Abbildungen eines Krebses und einer Anzahl von Fischgattungen in Naturgröße beigefügt, die das Maß angeben, welches die zu fangenden Thiere haben müssen. In Tit. 9 wird auch erwähnt, daß der Herzog zur Vereinbarung gleichheitlicher Bestimmungen mit den benachbarten Landesherren Verhandlungen einzuleiten beabsichtige. Diese Vereinbarung erfolgte noch im selben Jahre zu München zwischen Albrecht V. und den Neuburger Pfalzgrafen Otto Heinrich und Philipp I., nachdem bereits 1528 eine solche zu Ingolstadt zwischen denselben Pfalzgrafen und den Herzogen Wilhelm IV. und Ludwig abgeschlossen worden war. Sie ist abgedruckt bei G. K. Mayr, Sammlung ꝛc., 1788, IV S. 1. In der Folge erließen Herzog Wilhelm V. und Pfalzgraf Philipp Ludwig von Neuburg unterm 5. Jan. 1581 eine gemeinsame Fischordnung (libellweise und mit Abbildungen erschienen), auch bei G. K. Mayr, Sammlung ꝛc., V S. 690. Die Fischordnungen Herzog Albrechts vom 13. Mai 1484 und Georgs vom 2. Juli 1500 bei Fr. v. Krenner, baier. Landtagshandlungen in den Jahren 1429 bis 1513 VIII S. 396, XIII S. 140.

²¹ Dazu werden auch die Juden gezählt.

und ander sündiger sachen wegen, geordnt unnd auffgericht seind. Zum andern wirdet tractiert von peinlichem Proceß, wie gegen den Maleficischen übelthätern unnd dero enthaltern, mit sengklicher annemmung, strenger frag und rechtvertigung soll gehandelt werden, Unnd lestlich beschieht meldung von handthabung diser Landsordnung.' Dabei wird den Regierungsnachfolgern ausdrücklich das Recht der Abänderung gewahrt.

Auf die Gestaltung der Landesordnung war die Reichspolizeiordnung nicht ohne wesentlichen Einfluß.

Zu der Landesordnung erging schon am 12. Mai 1557 eine Novelle²², die durch das Bedürfniß der Auslegung zweifelhafter Bestimmungen²³ und nebstdem auch durch die Beschwerden veranlaßt wurde, welche insbesondere die Grenzorte über manche beschränkende Polizeivorschriften führten²⁴. Die Novelle bezieht sich auf Taxen und Gebühren, den Handel mit Getreide, Vieh und Wein, gewerbliche Verhältnisse, dann auf Forst-, Jagd- und Fischereirecht und einiges Andere²⁵.

Fortgesetzte Beschwerden der Landschaft veranlaßten eine neue, umfangreichere Durchsicht der Landesordnung, vom 12. Juni 1578²⁶. Die Novelle hält sich in der Form von Bemerkungen und Zusätzen zu den einzelnen Titeln, Büchern und Artikeln der Landesordnung, deren bisheriger mangelhafter Vollzug im Eingange beklagt wird. Vollkommen neu sind in der Novelle die Kleiderordnung, deren Aufnahme mit der Mißachtung der reichsgesetzlichen Bestimmungen begründet wird, und eine Gantordnung. Von sonstigen Bestimmungen sind bemerkenswerth jene gegen den Luxus bei den Hochzeiten (Primizen) der Geistlichen und die Festsetzung einer Taxe für das Seelgeräthe (Buch IV Tit. 6), die Vorschriften über die Hebung des Schulwesens (Buch IV Tit. 10), die Anordnung, „das hinfüran die gantzen Höfe one erheblich ursachen nit mer zerrißen, noch in Sölben zertailt werden sollen" (Buch V Tit. 12), endlich ein Strafcoder gegen den Ehebruch und das Schwächen von Jungfrauen (Buch IV)²⁷.

Bei Abfassung der Landesordnung von 1516 und 1520 waltete unverkennbar die Absicht, den zu gestaltenden Rechtsstoff auch systematisch richtig auseinander zu halten. Indessen enthielt die Landesordnung, wie aus der oben gegebenen Uebersicht ihres Inhalts erhellt, Manches, was dem Gebiete des Verwaltungs- und Polizeirechts nicht angehört. Eine völlig zutreffende Ausscheidung von Polizei- und Strafrecht kann man von vornherein nicht erwarten. Aber auch civil- und prozeßrechtliche Vorschriften haben in jene Landesordnung Eingang gefunden. Auf der andern Seite greift die übrige gleichzeitige Gesetzgebung theilweise in das verwaltungsrechtliche Gebiet über. So vervollständigt sich denn das Bild der damaligen Entwickelung sowohl für das öffentliche wie für das bürgerliche Recht erst durch die Zusammenfassung der sämmtlichen unter den Herzogen Wilhelm und Ludwig erlassenen Gesetzbücher. Es waren dies außer der Landesordnung die Reformation der bayerischen Landrechte vom 24. April 1518²⁸ und die Gerichtsordnung vom 24. April 1520²⁹.

---

²² Declaration unnd erleytterung etlicher in Jüngst Bairischer aufgerichter Policeiordnung begriffner Articul im 1557 Jar aufgangen.

²³ Der Eingang bemerkt, daß „ain yeder die auslegung (wie gemainclich in allen neuen satzungen beschicht) zu seinem vorthail und gefallen zedeütten und zerichten vermaint".

²⁴ Dieweil, heißt es in der Einleitung, „auch der umbligennden Fürstenthumben unnd Herrschafften ordnungen, satzungen und gebreüch sich mit den unnsern nit allerding vergleichen, So welle die Handhabung unnd volziehung angeregter unser Policeiordnung etlich vilen underthanen, und sunderlich den ort und grenitzflecken gantz schwärlich fallen".

²⁵ In die Zeit zwischen die Revisionen der Landesordnung fallen zwei erheblichere verwaltungsrechtliche Gesetze, die Forstordnung von 1568 (einzelne forstpolizeiliche Anordnungen enthielten bereits die Landesfreiheitserklärung, das Landrecht und die Landesordnung; s. auch die Hönheimer Forstordnung von 1508 bei Fr. v. Krenner, baier. Landtagshandlungen in den Jahren 1429 bis 1513 XVII S. 166; dann die Holz- u. Kollordnung vor dem Gebürg auf und bei der Iser und Loysach, von 1536 bei G. K. Mayr, Sammlung ꝛc., 1788, IV S. 541) und die Fischordnung von 1581 (mit Neuburg vereinbart). Zu erwähnen ist ferner die unter jesuitischem Einflusse zu Stande gekommene Schulordnung der Fürstenthumb Obern unnd Nidern Bayerlands von 1569, welche auf die deutschen und lateinischen Schulen (letztere auch „große Poeterrien" genannt) sich bezieht. Vgl. K. Prantl in der Bavaria I, 1 S. 537.

²⁶ Der Fürstlichen bayrischen Landsordnung weitere ercelerung sambt etlichen von neuem daran gehengten unnd zu anstellung guter löblicher Policci dienstlichen satzungen, Auffgericht im Jar 1578. Gedruckt zu München bey Adam Berg.

²⁷ Ueber den Erlaß einer neuen Hofrathsordnung im Jahre 1580 oben § 7 Anm. 9.

²⁸ Reformacion der bayrischen Lanndrecht nach Cristi unsers Hailmachers geburde jm funftzehendhundert unnd achtzehenden Jar aufgericht. — Ueber die Fortgeltung des Stadtrechts Kaiser Ludwigs vgl. L. Frhr. v. d. Pfordten, Studien zu Kaiser Ludwigs oberbayer. Stadt- u. Landrecht S. 231 ff.

²⁹ Gerichtordnung im Fürstenthumb Obern und Nidern Bayrn Anno 1520 aufgericht.

Die Reformation des Landrechtes [30] ist eine Durchsicht des Gesetzbuches Ludwigs des Bayern [31]. Die Herzoge erklären in der Vorrede, daß sie und ihre Landstände in jenem Rechtsbuche „etwovil und merklich gebrechen, mangl unnd mißverstanndt gefunden hätten". Aus diesem Grunde hätten sie sich mit Rath ihrer Landleute in Oberbayern entschlossen, das alte Landbuch erneuern, erläutern, erklären und mit etlichen Zusätzen in bessere Ordnung bringen zu lassen. Ueberall, wo das Landbuch von Alter gelegen und darnach bisher gerichtet und gehandelt worden sei oder wo es künftig zugelegt werden würde, solle von nun an nach dem reformirten Landrechte Recht gesprochen werden [32]. Zugleich wird an die andern Landsassen zu Bayern (Niederbayern-Straubing), „bey denen das Landtpuech bißhere nit gelegen ist", und „die für sich selbs gericht haben", das „gnädig beger und ersucht" gerichtet, das Land= recht auch anzunehmen und darnach zu handeln und Recht zu sprechen. Doch solle das „zu irem willen steen", und es würden diejenigen, die es thäten, den Herzogen daran „sonnder annemigs wolgefallen" erzeigen [33]. Das reformirte Landrecht zerfällt in 53 Titel, die in Artikel abgetheilt sind. Es enthält eine nicht unerhebliche Anzahl verwaltungsrechtlicher Vorschriften [34].

Die Gerichtsordnung, welche 13, in „Gesätze" abgetheilte Titel zählt, regelt den ordentlichen Prozeß. Alle Gerichte in Ober= und Niederbayern wurden zu ihrer Befolgung angewiesen. Ueber den summarischen Prozeß traf die spätere Landesordnung von 1553 Bestimmung.

§ 24. Die Landesgesetzgebung von Maximilian I. bis auf Maximilian III.

Mit dem Herzoge, späteren Kurfürsten Maximilian I. bestieg einer der bedeutendsten Herrscher den Thron, die Bayern jemals gehabt hat. Mag man sonst über seine Persönlichkeit ꝛc nach dem poli= tischen und Glaubensstandpunkte urtheilen, wie man will, jedenfalls muß man zugeben, daß er sein landesfürstliches Amt und seinen Herrscherberuf — so pflegte er selbst seine Stellung zu bezeichnen — mit hohem Ernste auffaßte. Trotzdem die Zeiten der Thätigkeit des Gesetzgebers und Regenten wenig günstig waren, hat Maximilian auch nach dieser Richtung Bedeutendes geleistet. Er stand zudem den gesetzgeberischen Aufgaben nicht als Laie gegenüber. An der Ingolstädter Universität, deren Schüler er von 1587 bis 1591 gewesen war, hatte er auch der Rechtswissenschaft sich gewidmet [1].

Sofort nach seinem Regierungsantritte erließ Maximilian unterm 13. März 1598 „erneuerte Mandate und Landgebote" [2], die für seine Richtung bezeichnend sind. Abgesehen von der Einschärfung

---

[30] Ueber eine 1487 geplante Reformation Fr. v. Krenner, baier. Landtagshandlungen in den Jahren 1429 bis 1513, VIII S. 505 ff., XII S. 57 ff.

[31] Das Landrecht Kaiser Ludwigs blieb auch in der Folge für jene Landestheile geltend, welche durch den Kölner Spruch vom 30. Juli 1505 von Bayern abgetrennt worden waren, nemlich im Neu= burgischen und, als sog. „Puechsag", in dem oberländischen Gebiete (Kufstein, Rattenberg und Kitzbüchel), welches an den Kaiser abgetreten worden war. Vgl. über letztere L. Frhr. v. d. Pfordten a. a. O. S. 230. In den Neuburgischen und in den Sulzbachischen Landen führte nach deren Vereinigung mit Bayern Karl Theodor unterm 2. Dec. 1778 die Gesetzbücher Maximilians III. Josef ein. G. K. Mayr, Sammlung ꝛc., 1784, I S. 135. Vgl. oben § 2 Anm. 9.

[32] Vgl. L. Frhr. v. d. Pfordten a. a. O. S. 228 f.

[33] Die Landsassen mit Gerichtszwang waren zur Einführung des Landrechts bei ihren Gerichten weder früher verpflichtet gewesen, noch sollten sie künftig hiezu verbunden sein. Vgl. v. d. Pfordten a. a. O. S. 271. S. auch Schmid, comment. ad processum summarium et edictalem, tom. I, tit. 2, art. 2. „Haec fuit communis formula loquendi: Man mueß sprechen nach dem Buech, wo das Buech leut, id est iudicandum esse secundum hunc libellum statutarium, ubi a iudicibus fuit receptus."

[34] So soll nach Tit. 1 Art. 9 jeder Richter einmal im Jahre nach zweier oder dreier Bürger oder anderer Geschworener Rath Maß und Gewicht beschauen. Die Titel 15—17 handeln von Friedens= störungen und streifen in einigen Bestimmungen das polizeiliche Gebiet. Tit. 22 bezieht sich auf die Fischerei der Wasser, Seen und Weiher, Tit. 32 auf Schäden, die Jemandem an seinem Vieh oder andern Gütern geschehen. In den Titeln 35 bis 37 finden sich forst= und flurpolizeiliche Vorschriften, in Tit. 37 ist von „Panzeun" und ländlichen Markungs= und Grenzverhältnissen, in Art. 6 insbesondere „von zwayer dörffer krieg umb ain gemain" die Rede; Tit. 39 hat Vorschriften über Straßenpolizei (von Wagenleuten, Wägen und Weinfuhren). Die Tit. 40—43 enthalten Anordnungen gewerbepolizei= licher Natur (Müller, Wirthe, Handwerker) und solche über die Verhältnisse der Gewerbegehilfen und des Gesindes.

[1] Vgl. K. Prantl, Geschichte der Ludwig=Maximilians=Universität, München 1872, I S. 378.

[2] Erneuerte Mandata unnd Landtgebott, deß Durchleuchtigsten Fürsten unnd Herrn, Herrn Maximilian, Pfaltzgrave bei Rheyn, Herzog in Obern und Nidern Bayern ꝛc. Gedruckt zu München, durch Nicolaum Henricum. MDXCVIII. Vgl. auch: Der Landtag im Herzogthum Baiern vom Jahre 1612, O. D. 1803, S. 141. Bemerkenswerth ist auch die Bettelordnung für die Städte und Märkte von 1599 (Armenconscription!), die 1610 erneuert wurde. Vgl. M. Frhr. v. Freyberg a. a. O. II S. 41.

bestehender Bestimmungen enthält der Erlaß eine Reihe von Anordnungen zum Schutze der katholischen und Abwehr der „widerwerttigen" Religion, insbesondere Verbote in Bezug auf das Studiren und Erlernen von Gewerben außer Landes und das „unbedachtsamb außheuraten der Kinder an allerley Sectische ort".

Die Reformation der Polizei wurde auf dem Landtage des Jahres 1605 Seitens der Stände angeregt². Der Herzog erwiderte, seine Räthe⁴ seien hierin bereits soweit verfahren, daß man die Berathschlagung unverzüglich beginnen könne. Er wolle daher hiefür Termin auf nächst kommenden Reminiscere bestimmen, und die Stände möchten ihre Deputirten hiezu absenden⁵. Die Stände erklärten sich dazu bereit⁶. Die längere Zeit unterbrochenen Verhandlungen führten zu einer Erweiterung des vorgesetzten Programms⁷. Es wäre schon bei einer richtigen Ausscheidung der Materien in den vorhandenen Gesetzbüchern schwer gewesen, die Landes- und Polizeiordnung für sich allein einer Durcharbeitung zu unterziehen. Da jene Voraussetzung nicht zutraf, erwies sich eine solche Einzeldurchsicht als unmöglich. So war man denn genöthigt, die Arbeit auf das gesammte Landesrecht zu erstrecken. Selbstverständlich war damit auch der Zeitpunkt des Abschlusses bedeutend hinausgerückt.

Der dem Landtage des Jahres 1612 vorgelegte Entwurf einer Landes- und Polizeiordnung⁷ konnte erst im Jahre 1616 durch den Landesherrn zum Gesetze erhoben werden. „Am Abend des hl. Erzengels St. Michaels" (29. September) 1616 unterzeichnete Maximilian zu München das Verkündigungspatent des neuen Gesetzbuches. Letzteres führt den Titel: „Landrecht, Policey-, Gerichts-, Malefiz- und andere Ordnungen der Fürstenthumben Obern und Nidern Bayrn"⁸.

In dem Patente (der „Vorrede") erklärt der Herzog, er habe sich zu Gemüthe geführt und reif bei sich erwogen, wie sein von Gott tragendes landesfürstliches Amt und Beruf vornehmlich in dem bestehe, daß in seinen Landen nächst Beförderung der Ehre des Allerhöchsten und Handhabung der wahren allein seligmachenden katholischen Religion, heilsame Justiz verwaltet, gute Polizei angestellt und Unterthanen wie Fremden unparteiisches gleiches Recht und Gericht gehalten und jeder ohne billige Beklagung dabei erhalten werde. Der Herzog habe es nun „in mehr Weg handgreiflich befunden, daß sowohl von wegen Veränderung der Zeit und Läuf als täglich zunehmender menschlicher Boshaftigkeit und Hadersucht, auch mitunterlaufender Negligenz deren zu den Gericht und Recht bestellten Personen, wie nicht weniger um anderer mehr Ursachen und Umständen willen, die wohlgeordneten Landrecht und Polizeiordnungen theils außer Acht gelassen und überschritten, theils aber verfaßter Maßen nicht mögen observirt und denselben also stracks nachgegangen werden". So habe er denn eine Erneuerung und Verbesserung des bestehenden Rechtes für eine hohe, unumgängliche Nothwendigkeit erachtet und das Werk mit dem Rathe der Landschaft durch seine hiezu verordneten Räthe und die Deputirten der Stände vollenden lassen.

Das Gesetzbuch ist in neun „Stuck" oder „Thail" gegliedert, nemlich summarischer Proceß, Gandtproceß, Gerichtsordnung, Landt-Recht, Erklärung der Landtsfreyheit, Lands- und Policey-Ordnung, Forst-Ordnung, Gejaidts-Ordnung, Malefizproceßordnung⁹. Wie hieraus ersichtlich, um-

---

² Am Schlusse der ständischen Gravamina heißt es: „Beschließlichen weil an erhaltung gueten Polizeywesens, gemaines Landtswohlfahrt nit Wenig gelegen, alß bitten E. F. D. wir unterthenigst, sie wöllen die Reformation derselben durch dero hierzu verordnete Herrn Räthe, auch auß unserm mittel so hierzue, wie hievor beschehen, zu deputirn mit eheistem es immer sein kann, gnädigst anstellen und fürnemmen lassen." Der Landtag im Herzogthum Baiern vom Jahre 1605, O. D. 1802, S. 161.
⁴ An deren Spitze stand der Hofkanzler Gaillkirchner.
⁵ Vgl. a. a. O. S. 176.
⁶ A. a. O. S. 200; vgl. auch S. 207. M. Frhr. v. Freyberg a. a. O. I S. XXX und 35, II S. 352.
⁷ Der Landtag im Herzogthum Baiern vom Jahre 1612, O. D. 1803, S. 4, 12, 24, 39, 59, 64, 206, 225. M. Frhr. v. Freyberg a. a. O. I S. 47, II S. 364. Den Entw. verfaßte der Kanzler Gailkirchner; a. a. O. I S. XXX.
⁸ Dasselbe wurde im gleichen Jahre gedruckt durch Nicolaum Henricum (Niklas Hainrich) zu München. Die Ausgabe umfaßt 827 Folioseiten. Ein Theil des Gesetzbuches, nämlich der summarische und Gantproceß sowie das Landrecht, ist vom Kanzler Kaspar Schmid Frhrn. von Haslbach commentirt worden. Der erst nach des Verfassers Tod zu München in 3 Foliobänden erschienene commentarius amplissimus ad ius provinciale Bavaricum enthält in tom. I: Commentarii ad processum summarium et edictalem etc. und in tom. II und III: Commentarii ad ius municipale Bavaricum. Schmid ist aber nicht, wie I. Ritter v. Mussinan, Bayerns Gesetzgebung, München 1835, S. 44, meint, der Verfasser des fraglichen Gesetzbuches. Denn da er 1693, 71 Jahre alt, starb, war er, als dasselbe verkündet wurde, noch gar nicht geboren. Vgl. Hoheneicher, oberbayer. Archiv f. vaterländische Geschichte, I, München 1839, S. 379 ff.
⁹ Was die weitere Theilung der einzelnen Stücke betrifft, so zerfallen der summarische und Gantprozeß, das Landrecht und die Malefizprozeßordnung in Titel und diese in Artikel; die Landes- und

faßt das Gesetzeswerk fast das gesammte weltliche, bürgerliche und öffentliche, Recht des Staates. Nur das Strafrecht ist lediglich durch einzelne Bestimmungen vertreten, während im Uebrigen auf Kaiser Karls peinliche Gerichtsordnung verwiesen wird.

Der summarische und Gantprozeß, der Strafprozeß und das Jagdrecht erfuhren zuerst eine zusammenfassende gesetzgeberische Behandlung. Die Landes- und Polizeiordnung ist das durchgesehene Gesetz von 1553[10], die Forstordnung die durchgesehene Ordnung von 1568[11]. Die Landesfreiheit ist nach dem Texte von 1553 beibehalten. Bemerkenswerth ist folgende Stelle der der Landesfreiheitserklärung vorausgeschickten Einleitung. „Wiewol nun seithero in den fürgangen Landtägen und sonsten etlicher Schluß gemacht worden und den Ständen solche bewilligungen beschehen, die bey jetziger erneuerung der Landt-Recht, Policey- und anderer Ordnungen auch hetten in diese Erklärung der Landtsfreyheit mögen gebracht werden" (vor Allem zählt hiezu der Freibrief von 1557), „so ist doch solches zu thun diser Zeit underlassen und dise Erklärung von worten zu worten, allermaffen man sie Anno 1553 publicirt (ausser der wort, darvon gleich hernach) wider in Truck gegeben und publicirt worden." Doch solle das weder dem Landesherrn noch den Ständen in ihren Rechten präjudiciren.

„Wann aber hiervor das Buech der Bayrischen Landtrechten, welches den Namen der Reformation Bayerischen Landt Rechten bißhero gehabt, nit allenthalben in beeden Fürstenthumben Obern und Nidern Bayrn, sonder allein an etlichen Orten, fürnemblich aber im Obern Landt gelegen und angenommen gewesen, und daher in der vorgedachten Anno 1553 publicirten Landsfreyheit Erklärung bei etlichen underschidlichen Articuln dise Clausul einkommen, Doch wo das Buech ligt, sol es nach Buechs sag gehalten werden: Als ist an jetzo dise Clausul allenthalben außgelassen worden, in ansehung, alle Ständ in den Fürstenthumben Obern unnd Nidern Bayrn das neue Landt Recht . . . durchgehend einhellig angenommen, also solche Clausul nunmehro undienstlich und unnötig were, zu deme sie auch irrung und mißverstandt verursacht hätte."

Es läßt sich nicht verkennen, daß die Anordnung des Stoffes in dem neuen Gesetzbuche eine bessere ist, als in den früheren. So ist in der Landes- und Polizeiordnung aus Buch I der summarische Prozeß, aus Buch V der Titel über die peinliche Frage beseitigt und jener in den ersten, dieser in den letzten „Theil" verwiesen. Auch aus dem zweiten (dem frühern dritten) Buche sind zahlreiche privatrechtliche Gegenstände ausgeschieden und dem Landrechte[12] einverleibt. Indessen ist die Scheidung der Rechtsgebiete nicht allenthalben vollkommen richtig durchgeführt, und es findet sich besonders im Landrechte eine erhebliche Zahl von verwaltungsrechtlichen Bestimmungen[13].

Auch nach der Vollendung des großen Gesetzeswerkes ruhte die gesetzgeberische Thätigkeit Maximilians I. keineswegs. Dabei brachte es die Ungunst der Zeitverhältnisse allerdings mit sich, daß ein erheblicher Theil jener späteren Verordnungen in den auch bei der Reichsgesetzgebung üblichen Erneuerungen und Einschärfungen des bereits geschaffenen Rechts sich erschöpft[14] und so den bis zum Ende des 18. Jahrhunderts andauernden Kampf zwischen dem guten Willen des Gesetzgebers und dem

---

Polizeiordnung in Bücher, Titel und Artikel; die Gerichtsordnung in Titel und „Gesätze", die Landesfreiheitserklärung in Theile und Artikel, die Forstordnung nur in Artikel, die Jagdordnung nur in Capitel. Die Landes- und Polizeiordnung zählt fünf Bücher, eines weniger als jene von 1553, weil der ewige Landfriede nicht aufgenommen ist.

[10] Bemerkenswerth sind die in Buch III Titel 10 bei den Bestimmungen über das Schulwesen vorgenommenen Aenderungen und Ergänzungen. Lateinische Schulen sollen in den Dörfern gar abgestellt, in den „schlechten Märkten" anders nicht zugelassen sein, „dann als vil man deren zu erhaltung deß Gottsdiensts und zu lernung der Bürgerskinder bedürfftig ist". Deutsche Schulen außerhalb der Städte, Märkte und großen Dörfer sollen nur mit Erlaubniß des Landesherrn oder der Regierungen errichtet werden. Bauerkinder soll man nicht über 12 Jahre in die Schule gehen lassen, „sondern nach solcher Zeit zu andrer Arbeit, Diensten oder Lernung anhalten". — Zur Entstehungsgeschichte vgl. M. Frhr. v. Freyberg a. a. O. III S. 294. Ueber das Gymnasialwesen ebenda S. 302, über den Schulplan der Jesuiten S. 306.

[11] Die Forstordnung greift in einer Bestimmung ihres letzten Artikels (82) über ihr eigentliches Thema hinaus. Die Vorschrift bezieht sich auf das Feldmaß und verfügt, „daß fürterhin in kauffen und verkauffen der Holzmarchen, wie auch Aecker, Wismäder und andern Feldgründen zwischen den Jucharten und Tagwerchen der größ halber kein underschid sol gehalten, sondern biß für ein Juchart oder Tagwerch gerechnet werden, so der lenge nach 25 Rueten, deren jede 10 Münchner Werchschuech lang, und nach der braite 16 Rueten, also der ganze Platz 40000 Creutzschuech halten thuet". Der Herzog hatte angeordnet, daß „ein sonderbares Tractätlein und Instruction" im Druck erscheine, „damit die Feldmessung nach und nach in unsern Landen möchte erlernet werden".

[12] Tit. 5, 8, 10, 21.

[13] Man vgl. z. B. die Titel 23—25, 27, 31 und insbesondere 45—48.

[14] Ueber verschiedene verunglückte Versuche, der Theuerung der Lebensmittel zu steuern, vgl. M. Frhr. v. Freyberg a. a. O. II S. 78 ff.

ſchwachen Fleiſche der Verwaltung kennzeichnet. Daß dabei insbeſondere an den verſchiedenſten Bettel-
mandaten kein Mangel war, bedarf kaum der Bemerkung [15].

Geſetzgeberiſche Akte, welche ſich außerhalb des Rahmens des Geſetzbuches von 1616 bewegen,
finden ſich verhältnißmäßig wenige. Es gehören hieher die Kleiderordnung vom 26. Juni 1626, welche
zu Folge landesherrlichen Befehls vom 21. Juni 1624 im Anſchluſſe an die reichsgeſetzlichen Vorſchriften von der Hofkammer entworfen wurde [16]; ferner eine Anzahl von Mandaten zur Beſſerung des
Münzweſens [17] und zur Hebung des Handels [18].

In das Jahr 1625 fällt eine wichtige organiſatoriſche Maßnahme, die Errichtung einer oberſten
Juſtizſtelle, des Reviſoriums zu München [19].

Das Geſetzbuch Maximilians I. erfuhr unter den drei folgenden Kurfürſten keine Durchſicht im
Ganzen. Es ſtellten ſich allerdings manchfache Mängel an demſelben heraus, die ſchon unter Ferdinand
Maria den Gedanken an eine Neubearbeitung hervorriefen. Es wurden auch zu dieſem Zwecke verſchiedene Deputationen eingeſetzt und unter Ferdinand Marias Nachfolger Maximilian II. Emanuel
erneuert, ein greifbares Ergebniß wurde jedoch nicht erzielt. Gleichwie, bemerkt Kreittmayr [20],
„die Deputirten ſich in modo niemal recht haben vereinigen können, ſo iſt die Hauptſach ſelbſt bis
nunzu darüber verliegen geblieben".

Aus der Zeit Ferdinand Marias (1651—1679) iſt für das Hauptland Bayern wenig Erheb-
liches zu erwähnen: außer zahlreichen Erneuerungen und Verbeſſerungen älterer Polizeimandate eine
Schulordnung von 1659 [21], ferner die an früherer Stelle [22] bereits eingehend beſprochene rentmeiſteriſche
Inſtruction vom 24. December 1669.

Zur Hebung der Manufacturen im Lande wurde mancherlei verſucht, doch wenig erzielt [23].

Eines geſetzgeberiſchen Aktes größeren Stiles hatte ſich die von Maximilian I. erworbene Oberpfalz zu erfreuen, wo bisher eine Landesordnung des Kurfürſten Friedrich vom 12. März 1598 in
Geltung geſtanden war [24]. Ferdinand Maria erließ am 12. November 1657 ein neues Geſetzbuch für
die Oberpfalz [25]. Daſſelbe behandelt die gleichen Gegenſtände wie das Geſetzbuch Maximilians I. von
1616, mit Ausnahme der Jagdordnung und der Erklärung der Landesfreiheit, welche aus den früher [26]
angegebenen ſtaatsrechtlichen Gründen fehlt [27]. Die Beſtimmungen über Civil- und Strafprozeß

---

[15] Vgl. darüber M. Frhr. v. Freyberg a. a. O. II S. 43—47. Hervorzuheben iſt insbeſondere
das Landgebot vom 19. Nov. 1627, das auch den Bettel der Landesangehörigen unbedingt unterſagte
und eine gemeindliche Armenbeſchreibung, Gemeindeconcurrenz für Armenzwecke und die Unterſtützung
überbürdeter Gemeinden durch Concurrenz aus anderen Gemeinden anordnete. Ferner iſt das Mandat
vom 20. Sept. 1635 gegen Leichtfertigkeit und Ehebruch zu erwähnen. A. a. O. S. 176 ff. Eine Reihe
landwirthſchaftlicher Mandate ebenda S. 233 ff. S. auch über die Wildſchützenmandate ebenda S. 24.

[16] Das Libell iſt in München bei Anna Bergin, Wittib, Hofbuchdruckerin, gedruckt. Ein Abdruck nebſt den ſpäteren Zuſätzen bei M. Frhr. v. Freyberg a. a. O. II S. 154—163. Die Kleider-
ordnungen wurden auch in der Folge noch erneuert und ſogar verſchärft. Vgl. M. Frhr. v. Freyberg
a. a. O. II S. 163 ff. und Mandate vom 4. März 1747, 7. Nov. 1749, 12. Nov. 1750, 1. April 1751
und 21. Aug. 1752 bei G. K. Mayr, Sammlung 2c., 1784, II S. 720, 737, 739, 740, 759.

[17] Vgl. darüber Freyberg a. a. O. II S. 287 ff.

[18] Vgl. Freyberg a. a. O. II S. 368 ff.   [19] Vgl. oben § 7 Ziff. 1.

[20] Anm. über den Cod. iur. Bav. crim. unter d, ad mandatum electorale praemissum.

[21] S. dieſelbe bei Freyberg a. a. O. III S. 279.   [22] Oben § 11 Anm. 7.

[23] Vgl. darüber Freyberg a. a. O. II S. 386 ff. u. Beil. S. 27. Eine Reihe von Plänen
heckte der kurf. Leibmedicus Dr. Becher, ein bekannter Projectenmacher, aus, der ſogar auf den abentheuer-
lichen Gedanken verfiel, eine bayer. Colonie in Amerika zu gründen. H. Simonsfeld, bayer.
Colonialpläne im 17. Jahrhundert, Allg. Zeitung vom 23. u. 25. Juni 1885, Beil. Nr. 172, 174. Zu
einigen praktiſchen Ergebniſſen brachte es nur die 1665 gegründete kurbayr. Seidencompagnie.

[24] Churfürſtlicher Pfalz Fürſtenthumbs in Obern Bayern Landesordnung. Amberg (gedruckt
durch Michael Forſtern) 1599, Fol.

Für die Pfalz hatte Kurfürſt Ludwig, Friedrichs Vater, unterm 4. April 1582 eine Landesordnung erlaſſen (Churfürſtlicher Pfalz Landtsordnung. Gedruckt in der churfürſtlichen Pfalz zu Neu-
ſtadt an der Hardt, durch Mattheum Harniſch, 1594), welche der oberpfälziſchen Landesordnung
Friedrichs zu Grunde liegt. Kurfürſt Ludwig erließ auch unterm 3. Sept. 1582 ein Landrecht für die
Pfalz, das in fünf Theilen Iudicialia, bürgerliches Recht und Criminalia umfaßt; ferner eine Ehe-
und Ehegerichtsordnung und eine Hofgerichtsordnung. (Sämmtlich gleichfalls bei M. Harniſch 1594
gedruckt.)

[25] Landrecht der churfürſt. Du: in Bayern 2c. Fürſtenthumbs der Obern Pfalz. München 1657
Fol. (gedruckt durch Johann Jäcklin).

[26] Oben § 3 Anm. 2.

[27] Es enthält folgende Theile: I. Summariſcher Prozeß, II. Gantprozeß, III. Gerichtsordnung,
IV. Landrecht, V. Landes- und Polizeiordnung, VI. Malefizprozeßordnung, VII. Forſtordnung.

schließen sich jenen des Gesetzbuches Maximilians I. an, dem sie auch in der systematischen Gliederung folgen. Die Eintheilung des Landrechtes ist dagegen eine andere. Für dasselbe hat ebenso wie für das Polizeirecht das bisherige oberpfälzische Recht als Vorbild gedient²⁸.

Nicht viel fruchtbarer für die Verwaltung als die Zeit Ferdinand Marias war die an kriegerischen Verwickelungen und Unfällen reiche Regierung Maximilian Emanuels (1679—1726).

Wenn man von einer Reihe sicherheitspolizeilicher Mandate absieht²⁹, so sind nur mehrere, allerdings zum Theile nicht unerhebliche Maßnahmen auf dem Gebiete der wirthschaftlichen Verwaltung zu erwähnen. Dieselben beziehen sich vor Allem auf Begünstigung des Bergbaus³⁰ durch Verkündung „eines freien Bergbaues" für Gold, Silber, Quecksilber, Zinn, Kupfer und Blei, Eisen, Vitriol und „allerhand Mineralien, wie die Namen haben"³¹; ferner auf Förderung der Manufacturen, besonders der Tuchmanufactur³². Das neu organisirte Commerciencollegium sollte helfen, Handel und Fabriken in die Höhe zu bringen³³.

Unter Max Emanuel erschienen auch zuerst umfassende Culturmandate, um zur Urbarmachung der öden Gründe anzueifern, die in Folge der Kriege noch in erheblichem Umfange vorhanden waren. Diese Grundstücke wurden nach bayerischem Rechte als bona vacantia für landesherrliches Eigenthum angesehen³⁴. Mandate von 1722 und 1723, insbesondere ein eingehendes Mandat vom 30. Juli 1723³⁵ forderten die Unterthanen zur Bebauung dieser öde liegenden Gründe auf. Es wurde als Belohnung die Gewährung von Freijahren hinsichtlich der Stiftsteuern und anderen Bürden, den „Eisen- und andern Amtleuten, auch Abdeckern und ihren Kindern" aber, wenn sie Häuser und Dorfschaften errichteten, „die Ehrlichsprechung und Legitimation" in Aussicht gestellt³⁶.

Eine sehr dürftige Ausbeute für die Geschichte der bayerischen Gesetzgebung und Verwaltung liefert die Regierungszeit Karl Albrechts (1726—1745). Es ist wenig mehr zu bemerken, als der Erlaß einiger Anordnungen armenrechtlicher und sicherheitspolizeilicher Natur³⁷, die abermalige Erneuerung des Commerciencollegiums und die Fortsetzung der Bemühungen zur Hebung der Fabriken und Manufacturen³⁸.

§ 25. Die Landesgesetzgebung unter Maximilian III. und Karl Theodor.

Einen neuen Aufschwung nahm das Land unter Maximilian III. Josef. Die Regierungszeit dieses Fürsten ist vor Allem durch jene großen Gesetzbücher ausgezeichnet, mit welchen der Name des Kanzlers Freiherrn von Kreittmayr¹ verknüpft ist. Dieselben enthalten eine Durchsicht des gesammten

²⁸ Die Vorrede bemerkt, es sei, seit die Oberpfalz an Bayern gekommen, „in Bestellung der Gericht und Administrirung der heilsamen Gerechtigkeit, insonderheit aber bey den Gerichts- und Malefiz-Prozessen die in unserm Churfürstenthumb Bayern wolhergebracht Sätz- und Ordnungen mit verspürtem guetem Nutzen deß Lands und der Unterthanen besagten Fürstenthumbs der Obern Pfalz eingeführt und gebraucht worden". Im Uebrigen seien „die hiebevor zu underschidlichen Zeiten publicirte Ober Pfälzische Ordnungen, Statuten und Satzungen" durchgesehen und nach Bedarf verändert worden.

²⁹ Vgl. darüber Freyberg a. a. O. II S. 13—20, 26, 30, 49, G. K. Mayr, Sammlung x., 1788, IV S. 559. Die wichtigste Maßregel war die Errichtung eines Zuchthauses in München, 1682; s. den Erlaß bei G. K. Mayr a. a. O. S. 563.

³⁰ Ueber das Bergwesen Lori, Sammlung des baier. Bergrechts, München 1764, E. Rosenthal a. a. O. I S. 216 ff.

³¹ Vgl. Freyberg a. a. O. II S. 260 und die Mandate von 1691 und 1716 bei G. K. Mayr a. a. O. IV S. 784, 739. Vgl. auch S. 742.

³² Vgl. Freyberg a. a. O. II S. 398 ff. Die Erfolge in dieser Beziehung waren aber Alles eher als glänzend. Vgl. auch die Tuchbeschauordnung von 1691 bei G. K. Mayr, Sammlung x. 1797, V S. 735.

³³ Vgl. darüber oben § 8.

³⁴ Vgl. Kreittmayr, Anm. über den Cod. Max. Bav. Civ. Th. II Cap. 1 § 7 Ziff. 5.

³⁵ Abgedr. in der Sammlung von 1771 S. 449.

³⁶ Vgl. hieher auch Freyberg a. a. O. II S. 245.

³⁷ Vgl. Freyberg a. a. O. II S. 21, 27, 29, 31, 54, 55 (Regelung der Heimat der Armen, 23. Sept. 1726).

³⁸ Freyberg a. a. O. II S. 438 ff.

¹ Alois Wiguläus Xaver Kreittmayr, geb. zu München den 14. Dec. 1705, gestorben ebenda am 27. Oct. 1790. Vgl. über denselben: J. B. Reingruber, Abhandlungen über dunkle Civil-Gesetzesstellen mit der Biographie des Frhrn. v. Kreittmayr x. Landshut 1814 (enthält manche persönliche Nachrichten); J. A. Kalb, Biographie des churf. bayr. Staatskanzlers Frhrn. v. Kreittmayr, München 1825; Biographische Skizze von A. W. Frhr. v. Kreittmayr, München 1838; C. F. Dollmann, zum Säcularfest des Cod. Max. Civ. vom J. 1756, in der Kritischen Ueberschau

Rechtes mit Ausnahme des Staats- und Verwaltungsrechtes. Eine Zusammenfassung des letzteren war durch den Umstand ausgeschlossen, daß die bezüglichen Verhältnisse zu sehr im Flusse sich befanden, um ein anderes Verfahren als das der Einzelreform zu gestatten. Dem entsprechend sah man auch die „Polizei" mehr als einen Gegenstand der verwaltenden als der gesetzgebenden Thätigkeit an[1].

Zunächst wurden mit Mandat vom 7. October 1751 die „neuverbesserten churbayerischen Criminalrechte", der Codex iuris Bavarici criminalis verkündet. Das Gesetzbuch, in zwei Theile und diese in Capitel und Paragraphen gegliedert, regelt Strafrecht und Strafprozeß. Es wurde nach Einvernahme der Justizdikasterien und „mit räthlichem Zuthun" der Landschaftsverordnung erlassen.

Das Mandat vom 7. October 1751 bezeichnete den neuen Codex ausdrücklich als den Anfang einer Gesammtdurchsicht des vaterländischen Rechtes[2]. Er wurde nicht nur in allen Kurlanden zu Bayern und der Oberpfalz, sondern auch in sämmtlichen dem Kurfürsten gehörigen „Herrschaften und Ländereien" eingeführt.

Dem Codex criminalis folgte, auf gleiche Weise vorbereitet, unterm 14. December 1753 die „neuverbesserte churbayerische Gerichtsordnung", der Codex iuris Bavarici iudiciarii[4]. Derselbe erstreckt sich auch auf den Concursprozeß. Er ist in Kapitel und Paragraphen gegliedert. Er trat für sämmtliche kurfürstliche Lande in Kraft.

Den Abschluß des Gesetzgebungswerkes bildete das ebenfalls im Benehmen mit den Dikasterien und „mit räthlichem Gutachten" der Landschaftsverordneten unterm 2. Januar 1756 erlassene „neue churbayerische Landrecht", der Codex Bavaricus civilis. Die hierbei obwaltende gesetzgeberische Absicht ergibt sich aus der Aeußerung des Verkündigungsmandates, daß „hierin eben nicht viel Neues enthalten, sondern nur das ältere sowohl gemein= als statutarische Recht, wie solches in hiesigen Churlanden bishero meistentheils gangbar und üblich gewest, aus seiner fast unübersehlicher Weitschichtigkeit und höchstbeschwerlicher Unordnung in solche Gestalt und Enge gebracht worden ist, daß es auch jeder, welcher selbes entweder von Amts oder eigener Angelegenheit wegen zu wissen bedarf, desto leichter begreifen, behalten und befolgen kann"[*]. Der Codex hat vier Theile, die in Capitel und Paragraphen zerfallen. Sein Geltungsgebiet ist das nemliche wie das der beiden vorhergehenden Gesetzbücher[5].

IV S. 366 ff; derselbe in Bluntschli's u. Brater's Staatswörterbuch VI S. 80. Kreittmayr's Hauptwerke sind die Anmerkungen zu den von ihm verfaßten drei Codices, sowie der Grundriß des allg., deutsch= u. bayer. Staatsrechts. Auch die öfters erwähnte Generaliensammlung von 1771 ist durch ihn veranstaltet.

[2] Vgl. die Ausführungen in Kreittmayr's Grundriß des allg., deutsch= u. bayer. Staatsrechts § 17.

[3] „Es liegt ohne viel und weitläufiger Anführung von selbst zu Tag, in was verwirrt= und mangelhaftem Zustand sowohl das gemeine als statutarische Recht ohngeacht dessen, was man seithero durch allerhand Specialverordnungen daran zu verbessern gesucht hat, sich bato noch in Unseren Churlanden befinde und wie sehr man sowohl bei hoch= als niederen Gerichten im schleunig= und gleich durchgehender Justizabministration fast täglich dadurch gehindert werde. Dieser großen Beschwer= und Hindernuß abzuhelfen, haben Wir einen vollständigen neuen Codicem Juris Patrii verfertigen zu lassen den Entschluß gefaßt, und anbei wegen des Werkes Weitschichtigkeit für gut befunden, daß zuvorderist mit jenem Theil desselben, welcher nicht so viel Hab und Gut als Leib und Leben betrifft, mithin das allerfürnehmst und vorzüglichste Objectum juris in sich begreift, der erste Anfang gemacht werde."

[4] Im Verkündigungsmandat wird gesagt: „Nach denen peinlichen Rechten, womit in Revidirung Unserer Landsstatuten bereits im Jahre 1751 der Anfang gemacht worden, befinden Wir keinen Theil derselben von größerem Mangel und Unrichtigkeit zu sein, als jenen, worin das Gerichts= und Prozeßwesen begriffen ist. Dahero auch in weiterer Fortsetzung jetztgedachter Revision vor andern hierin Hand anlegen, und solchen in bessere Ordnung und vollständige Richtigkeit bringen zu lassen, für nöthig ermessen haben." — Miltner, die bayerische Gerichtordnung Max Josephs III. vom Jahre 1753, historisch dargestellt, Landshut 1816; J. A. Seuffert, Commentar über die bayer. Gerichtsordnung, 2. Aufl. von K. Brater 1855.

[5] J. Rudhart, Abriß der Geschichte der baier. Gesetzgebung, Akad. Rede, München 1820, S. 24, sagt über die Kreittmayr'schen Gesetzbücher: Sie „waren nicht die Frucht der Ansichten und Bedürfnisse des Volkes, sondern der Gelehrsamkeit Eines Mannes und der juristischen Schule, zu welcher er sich bekannte, und daher nach Form und Inhalt Systeme des damals gemeinen Rechtes, wodurch aber der vierhundertjährige Bau der Nationalgesetzgebung gänzlich zerstört worden ist." Das ist eine sehr ideale, aber auch unpraktische Auffassung der Sache. Die neue Gesetzgebung war ein Bedürfniß und konnte damals in anderer Weise kaum gemacht werden, als sie gemacht wurde. Gerechter urtheilt G. Frhr. v. Lerchenfeld, Geschichte Baierns unter Maximilian Joseph I., 1854, S. 16. — Max Danzer, das bayer. Landrecht (Cod. Max. Bav. Civ.) vom Jahre 1756 in seiner heutigen Geltung, München 1894.

Unterm 1. Juli 1776 folgte noch eine auf dem Grundsatze der allgemeinen Wechselfähigkeit beruhende Wechsel- und Gerichtsordnung⁶ und zugleich die Einsetzung besonderer Wechselgerichte, damit
„alle vorfallenden Wechselstreitigkeiten von den ansonst den gewöhnlichen Landesrechten unterworfenen Aufzüglichkeiten befreit, in möglichster Kürze angebracht, entschieden und exequirt werden
können".

Die Verwaltung erfuhr, wie bereits bemerkt, nur in einzelnen Gegenständen Umgestaltungen.
Die Aenderungen in der Behördeneinrichtung sind schon oben am betreffenden Orte erwähnt worden⁷.

Bemerkenswerth ist auch der erste Versuch, der Verwaltung auf statistischem Wege Stoff zur
Erkenntniß der Landesverhältnisse zuzuführen. Im Jahre 1771 wurde nemlich eine allgemeine Beschreibung des Real- und Personalstandes in Bayern und der Oberpfalz angeordnet⁸. Die Erhebung
war ziemlich unvollkommen. Die Zahl der Personen wurde nach Geschlecht und Stand oder Beruf
ausgeschieden ermittelt⁹; außerdem wurden die Ortschaften, Häuser, Herdstätten und Schutzgelder
gezählt. Die Aufnahme geschah durch die Stifter und Klöster, Städte und Märkte, Hofmarken, Gerichte und mit Jurisdiction begabten Kastenämter. Die Tabellen waren unmittelbar an einen zur Verfassung des Hauptconspects aufgestellten Commissär einzusenden. Als Zweck der Zählung wurde die
„Ausführung und endliche Exequirung systematischer Landesverfassungen in Polizei- und anderen
Regierungsvorfällen" bezeichnet¹⁰.

Eine Verbesserung der Verwaltung in den städtischen Gemeinwesen erstrebte die Stadt- und
Marktinstruction vom 1. Januar 1748, deren bereits in anderem Zusammenhange gedacht wurde¹¹.
In das Gebiet des städtischen Polizeirechtes gehört auch die für die Getreideschrannen erlassene
Schrannenordnung vom 21. März 1771¹².

Durch mehrfache gewerbepolizeiliche Verordnungen wurde auf den Schutz der zünftigen Gewerbe
gegen die Pfuscher und „Stümpler" und auf Beseitigung von Handwerksmißbräuchen hingewirkt¹³.
Eine besondere polizeiliche Berücksichtigung wurde dabei denjenigen Gewerbebetrieben zu Theil, die
sich mit Bereitung und Verkauf der nothwendigen Lebensmittel befaßten¹⁴.

Zur Hebung der Fabriken und Manufacturen gab man sich alle erdenkliche Mühe und setzte
jedes Mittel in's Werk, welches die volkswirthschaftlichen Lehren jener Zeit an die Hand gaben. Eine
eigene Deputation wurde im Jahre 1746 eingesetzt, um Vorschläge wegen Errichtung von Tuch- und
anderen Fabriken entgegen zu nehmen¹⁵. Die Ausfuhr von Rohstoffen aus dem Lande sollte ohne
Erlaubniß dieser Manufacturdeputation verboten sein, die Einfuhr ausländischer Rohstoffe auf jede
Weise gefördert werden. Bezüglich der Verwendung von Tüchern und Zeugen zur Kleidung wurden
Bestimmungen getroffen, welche den Gebrauch inländischer Waaren fördern, die Verwendung ausländischer Artikel hintanhalten sollten¹⁶. Vornehmlich in den sechziger und siebziger Jahren zeigt

---

⁶ G. K. Mayr, Sammlung ꝛc., 1784, I S. 92.

⁷ Ueber die verbesserte Hofrathsordnung von 1750 oben § 7 Anm. 9; über die Reform des Commerciencollegiums (1748, 1754) § 8 Anm. 35, 37; über die Errichtung des Collegium medicum (1755)
§ 9 Anm. 37, des Büchercensurcollegiums (1769) § 9 Anm. 26, über die Rentmeisterinstr. von 1774
§ 11 Anm. 7, über das Landessecuritätscommando (1775) § 14 Anm. 23.

⁸ G. K. Mayr, Sammlung ꝛc., 1784, I S. 309.

⁹ Bei den Häusern wird ausgeschieden: Summa der zu diesem Hause gehörigen Seelen und
der allda wirklich sich befindenden Seelen.

¹⁰ Ueber die zu Polizeizwecken angeordnete Münchener Einwohnerbeschreibung (1765) G. K.
Mayr a. a. O. II S. 804, dann 829 und 830.

¹¹ § 15 Anm. 18. Von besonderen ortspolizeilichen Bestimmungen für München sind zu erwähnen die Feuerordnung von 1751 (G. K. Mayr, Sammlung ꝛc., 1784, II S. 742, 751, s. auch IV
S. 607), dann die Polizeiverordnung vom 4. Dec. 1776 (ebenda S. 921), in welcher u. A. die Fremden-
anmeldung geregelt wird.

¹² A. a. O. II S. 836.

¹³ A. a. O. II S. 733, 774, 789, 791, 1364 (an letzterer Stelle wird ausgesprochen, daß „die
Handwerksgerechtigkeiten sua natura nicht erblich, sondern bloße Personalsachen seynd, welche mit dem
Tod hinweg und der Obrigkeit zur weiteren Verleihung, jedoch solchergestalten heimfallen, daß die
Billigkeit allemal vorzügliche Reflexion auf Wittwe und Kinder verdient". Sammlung von 1771
S. 431, 432). Erwähnenswerth sind auch die Mandate von 1768 u. 1769 wegen der Baumaterialien,
a. a. O. II S. 811, Sammlung von 1771 S. 440.

¹⁴ Vgl. die wegen Theuerung von Fleisch und Getreide 1770 u. 1771 getroffenen Verfügungen
in der Sammlung von 1771 S. 589, 591, 594, sowie bei G. K. Mayr a. a. O. II S. 825, 842, 845,
847, 850 (Errichtung von Getreidemagazinen), 857, 858 (Getreideausschwärzer sind standrechtlich hin-
zurichten!). Eine ausführliche Müller- u. Vermahlungsinstr. vom 5. Juli 1770 ebenda S. 862.

¹⁵ G. K. Mayr, Sammlung ꝛc., 1784, I S. 532.

¹⁶ A. a. O. I S. 533, 536, 667; II S. 720.

sich eine erhöhte Thätigkeit auf diesem Gebiete. Man war insbesondere bestrebt, neue Fabriken in's Leben zu rufen und die bestehenden Manufacturen zu heben[17].

Zu den Maßnahmen, welche die Förderung von Handel und Wandel bezweckten, gehörte auch die Sorge für Verbesserung des Münzwesens, die sich in der Vereinbarung des Conventionsfußes mit Oesterreich durch den Vertrag vom 21. September 1753[18] und in fortgesetzten Verboten des Umlaufes nicht conventionsmäßiger Geldsorten äußerte[19]. Nicht minder war man darauf bedacht, zwischen Bayern und dessen Nebenländern und Herrschaften Gleichheit in Maß und Gewicht herzustellen[20].

Den Straßen wurde eine erhöhte Sorgfalt zugewendet. Unterm 5. Juni 1765 erging eine Instruction über die Erhaltung der Chausseen[21]. Ein Mandat vom 1. Februar 1766[22] verfügte die Herstellung der stark in Verfall gerathenen Vicinalwege. Hiezu sollten die Unterthanen auf je 2 Stunden Entfernung zu beiden Seiten des Weges Concurrenz leisten. Die Vicinalwege sollten allmälig in einen den Chausseen gleichkommenden Stand gesetzt werden, ein allerdings sehr ideales Ziel. Im Anschlusse an ältere Normen wurden ferner Bestimmungen für die Fuhrwerke zur Schonung der Straßen getroffen[23]. Zur Beaufsichtigung des Straßenwesens errichtete man 1751 eine Generalstraßendirection, die 1767 zu einer Generalbaudirection für Straßen- und Wasserbauten umgestaltet wurde[24].

Eine ziemlich eifrige Thätigkeit entfaltete die Gesetzgebung und Verwaltung unter Max Josef in Bezug auf die Bettelpolizei und die Armenpflege. Nachdem bereits am 2. Januar 1748 eine Bettelordnung für München[25] und am 23. Januar 1751 ein Mandat über das Verfahren mit in- und ausländischen Bettlern erlassen worden war[26], erging unterm 27. Juli 1770 ein ausführliches Bettelmandat[27].

Auf dem Gebiete der Armenpflege machte ein Mandat vom 3. Juli 1756 den Versuch, einen Theil der für kirchliche Zwecke letztwillig vermachten Mittel den Armen zuzuwenden[28]. Es sollte „von aller Verlassenschaft, soweit solche nicht ohnehin schon denen Armen zu Gute gehet, sondern an andere causas pias verschafft wird, a proportione ein leidentliches Quantum, jedoch niemal über den vierten Theil sothaner Vermächtniß befalcirt und zur Almosenbüchsen genommen" werden. (Quarta pauperum.)

Ein Mandat vom 9. October 1775[29] sprach aus, daß in Zukunft die Gerichte, Hofmarken, Städte und Märkte ihre Armen selbst zu verpflegen und zu beherbergen hätten. Die Verpflegung war im Orte selbst von der Gemeinde concurrenzmäßig zu verabreichen[30]. Mehrere Mandate vom selben

---

[17] Vgl. G. K. Mayr a. a. O. II S. 781 (Seilereien), I S. 582, 796, II S. 1334, Sammlung von 1771 S. 384 (Wollzeug- u. Baumwollmanufacturen, 1762), Sammlung von 1771 S. 389, G. K. Mayr I S. 585 (Ledermanufactur, 1762), Sammlung von 1771 S. 387 (Strümpfemanufactur, 1763), G. K. Mayr II S. 797 (Papiermühle des Grafen Törring, 1766), S. 807 (Spiegel- u. Bleistiftenfabrik des Grafen Törring, 1766), Sammlung von 1771 S. 398, G. K. Mayr I S. 679, III S. 409 (Bombasin- u. Kottonmanufactur-Compagnie, 1766), Sammlung von 1771 S. 398, 401 (Tuch- u. Wollzeugaccise, 1767 u. 1769), S. 394 (Gerbereien, 1768), G. K. Mayr I S. 657 (Gold- u. Silberbortenfabrik, 1770).

[18] S. § 22 Anm. 10.

[19] Zahlreiche Verrufe in der Mayr'schen Gen.-Sammlung. S. z. B. I S. 332.

[20] Vgl. den Erlaß vom 4. Dec. 1759 bei G. K. Mayr, Sammlung ꝛc., 1784, II S. 1326; ferner wegen des Holzmaßes ebenda S. 717, 777, 785, 809, 822.

[21] G. K. Mayr I S. 287.

[22] G. K. Mayr II S. 806, 1788 III S. 405. Vgl. auch die früheren Erlasse II S. 755, 764.

[23] G. K. Mayr I S. 563.

[24] G. K. Mayr II S. 755, I S. 292. S. auch oben § 10 Anm. 13.

[25] G. K. Mayr, Sammlung ꝛc., 1784, II S. 621; vgl. auch S. 782.

[26] G. K. Mayr, Sammlung ꝛc. 1784, I S. 11; vgl. auch die Erlasse von 1763, 1765 und 1768 ebenda II S. 779, 794, 801, 817.

[27] Sammlung von 1771 S. 421. Im Jahre 1783 wurde die Aufhebung der Bettler und Baganten mittels allgemeiner Streife und deren Einstellung in das Militär angeordnet. G. K. Mayr a. a. O. II S. 895.

[28] G. K. Mayr, a. a. O. II S. 771. Vgl. auch S. 774, 775, 1069, 1078. Eine Gegenvorstellung des Salzburger Erzbischofs vom 28. Nov. 1760 erfuhr unterm 12. Jan. 1761 durch den Kurfürsten eine ziemlich deutliche Abweisung. S. ebenda S. 780.

[29] G. K. Mayr, Sammlung ꝛc., 1784, II S. 910. Ueber den Unterhalt der Findelkinder s. G. K. Mayr, Sammlung ꝛc., 1788, IV S. 716. Aus älterer Zeit sind zu vergleichen eine Entschl. von 1687 über den Unterhalt „sinnloser Personen" und von 1732 über die Concurrenz bei „pestilenzischen Seuchen" und „bei hitzigen und derlei ansteckenden Krankheiten" a. a. O., IV S. 651.

[30] Die Armen und deren Kinder hatten ein Blechzeichen zu tragen. Bettel außerhalb des Bezirks war bei Strafe verboten.

Jahre verfügten die Gründung eines fundus pauperum et operum publicorum[31]. Derselbe sollte mit Beihilfe des Aerárs errichtet werden und das Erträgniß einer Abgabe von öffentlichen Spielen und von Musikpatenten, sowie des Heiraths= oder Brautgulbens zugewiesen erhalten[32].

Das Armenwesen von München erfuhr im Jahre 1776 eine neue und eingehende Regelung[33].

Auch zur Hebung des Heilwesens geschah Einiges. Von der im Jahre 1755 erfolgten Errichtung eines Collegium medicum ist bei Darstellung der Behördenverfassung bereits gehandelt worden. Ein Mandat vom 5. Januar 1756[34] suchte dem Unfuge der herumziehenden „Aerzte, Zahnbrecher, Waldmänner und Marktschreier" durch beschränkende Bestimmungen zu steuern. Es verfügte ferner eine Prüfung der Apotheker und jährliche Untersuchung der Apotheken in den Städten und Märkten. Es erneuerte endlich die bezüglich der Prüfung und des Geschäftsbetriebes der Landbaber bestehenden Bestimmungen[35]. Ein weiteres Mandat vom 9. Juni 1766[36] schränkte den Betrieb der klösterlichen Apotheken[37] zu Gunsten der bürgerlichen Apotheken ein.

Auf dem Gebiete der landwirthschaftlichen Verwaltung wurden durch eine Reihe von Generalien die Bemühungen der früheren Culturmandate fortgesetzt[38]. Eine größere Anzahl solcher Verordnungen fällt in die Jahre 1762/63. Sie beschäftigen sich insbesondere mit Förderung der Cultur öder Gründe, Maßnahmen gegen Gutsabschwendung, Anbau der Brache, Regelung der Weide, insbesondere Verbot der Nachtweide[39].

Neue Erlasse dieser Art treten in den siebenziger Jahren auf[40]. Aus dieser Zeit sind auch die

---

[31] Ueber die 1748 getroffene Einrichtung einer beständigen Armenlotterie s. G. K. Mayr a. a. O. II S. 726 und 732. Vgl. auch M. Frhr. v. Freyberg, a. a. O. II S. 55.

[32] G. K. Mayr a. a. O. II S. 913—917. Der Brautgulden wurde 1787 verdoppelt; ebenda, 1788, VI S. 718. Durch Mandat vom 23. April 1776 wurde ferner bestimmt, daß eine Erbsteuer zu Gunsten des Armenfundus erhoben werden solle. G. K. Mayr II S. 918. Blutsverwandte in auf= und absteigender Linie waren frei, Geschwister und Geschwisterkinder sollten 2%, Ehegatten, wenn Kinder aus der Ehe hinterblieben, nichts, sonst, von Heirathsgut, Errungenschaft u. dgl. abgesehen, 2%, alle übrigen Personen 4% zahlen. Die Einführung wurde damit begründet, daß der Ertrag der quarta pauperum in Folge der neuesten Amortisationsgesetzgebung auf ein Geringes gesunken sei. Die Steuer trat indessen niemals in Wirksamkeit, wie aus dem Erlasse vom 3. März 1800 (R.= u. Int. Bl. S. 181) ersichtlich ist. Vgl. auch G. K. Mayr, Sammlung ꝛc., 1802, II S. 98 und 88.

[33] G. K. Mayr, Sammlung ꝛc., II S. 921 und 924. Die 1748 zuerst errichtete Münchener Armendeputation war bereits im Jahre 1756 „restaurirt" worden, s. ebenda S. 769.

[34] Sammlung von 1771 S. 444.

[35] Ueber Hebammenwesen vgl. G. K. Mayr, Sammlung ꝛc., 1788, IV S. 619, 685 (Hebammen= schule Altötting).

[36] Sammlung von 1771 S. 446.

[37] Das Mandat bemerkt, daß „bei denen mehresten dergleichen klösterlichen Apotheken nur un= wissende Leute, in denen Frauenklöstern hingegen nur unerfahrene Schwestern vorhanden, welche vor= hero in einer Officin etwan zwei Jahr lang zur Lehr der Apothekerkunst das Geschirr waschen, den Mörser stoßen, und einige Medicamente zu vermischen beigeholfen, in der so wichtigen Hauptsach selbsten aber gar nichts gründliches erlernet haben".

[38] In die ersten Regierungsjahre Max Josefs fiel ein landwirthschaftlicher Nothstand, bewirkt durch den Einfall einer ungeheueren Menge von Henschrecken, die sich 1747, aus der Moldau und Walachei einwandernd, in Siebenbürgen gezeigt hatten und am 23. u. 24. Aug. 1749 im Landgerichte Schärding die bayer. Grenze überschritten. Sie drangen bis Aichach vor. Doch war in Folge der ge= troffenen Maßnahmen das Land Anfangs September wieder von ihnen frei. Vgl. G. K. Mayr, Sammlung ꝛc., 1784, II S. 1266 ff., wo sich auch eine interessante Beschreibung dieses Einfalles findet.

[39] Vgl. Sammlung von 1771 S. 448, 453, 458, 462. 464; G. K. Mayr, Sammlung ꝛc., 1784, I S. 280, II S. 787.

[40] Sammlung von 1771 S. 109, 471; G. K. Mayr a. a. O. I S. 54 (Landculturmandat von 1772), II S. 879 (Anbau der Brachfelder, Todesstrafe in § 7!) 902 (Hebung der Schafzucht und Ver= tilgung der Spatzen), 907 (Verbesserung der Landwirthschaft und Aussetzung von Prämien für Urbar= machung von Gründen). Sehr erheiternd ist das Mandat vom 7. Nov. 1774. Dasselbe betont die Nothwendigkeit der Abminderung des für die Landwirthschaft schädlichen Viehes, „unter welchen nicht das geringste Schadenthier der Spatzenvogel von jedermänniglich erkennet würde". Es wird daher nach dem Gutachten der Landschaft angeordnet, daß für die nächsten drei Jahre jeder Landmann alljährlich eine nach der Größe seines Besitzes abgestufte Zahl von Spatzenköpfen bei Gericht abzuliefern habe, „doch ohne daß weder die Beamten noch Amtsleute hievor das mindeste fordern dürfen". Die abge= lieferten Köpfe sind „unter Aufsicht der Obrigkeit, damit solche nicht nochmalen zur Lieferung gebraucht würden, verbrennen zu lassen". Für jeden von der auferlegten Zahl fehlenden Spatzenkopf ist 1 Kreuzer Strafe zu Gunsten der Armen zu zahlen. „Fanget einer mehrere Spatzen, als ihn zu liefern trifft, mag er solche nicht nur allein einem Dritten überlassen, sondern auch die Köpfe trocknen und dörren, dann solche zur Lieferung auf das künftige Jahr vor sich oder andere aufbehalten."

Verordnungen vom 19. November 1770 über die Hebung der Pferdezucht und vom 7. November 1774 über die Beförderung der Schafzucht zu erwähnen ⁴¹.

Mit den Verhältniſſen des Geſindes und der Tagwerker, insbeſonere auf dem Lande, befaßten ſich mehrere Mandate, die mit Androhung ſehr empfindlicher Strafen dem Müßiggange, der Liederlichkeit und dem Vertragsbruche der Dienſtboten zu ſteuern ſuchten. Hieher gehören die Ehehalten und Tagwerkerordnungen vom 20. Auguſt 1746 und 17. März 1755 ⁴², ſowie die Ehehaltenordnung vom 14. März 1761 ⁴³.

Bei Weitem der bemerkenswertheſte Theil der Verwaltungsthätigkeit Maximilian Joſefs iſt jener, der ſich auf die Hebung der Wiſſenſchaft und des Unterrichtsweſens bezog ⁴⁴. Es handelte ſich dabei vor Allem darum, den ſtaatlichen Einfluß auf dieſen Gebieten an die Stelle des kirchlichen zu ſetzen. Die Aufhebung des Jeſuitenordens kam dieſen Beſtrebungen zu ſtatten.

Unterm 28. März 1759 erfolgte die Gründung der Akademie der Wiſſenſchaften ⁴⁵. Die Akademie ſollte unter dem Protectorate des Kurfürſten „der Aufnahme nützlicher Wiſſenſchaften und freien Künſte" dienen. „Glaubensſachen und juriſtiſche Ausführungen beſonderer Streitigkeiten" ſollten von ihr ausgeſchloſſen ſein.

Auch die Reform der Landesuniverſität Ingolſtadt, welche völlig unter die Gewalt des Jeſuitenordens gekommen war, wurde, beſonders durch Max Joſefs Lehrer, den Freiherrn von Ickſtatt ⁴⁶, verſucht ⁴⁷.

In den Jahren 1770 und 1771 erfolgte die Umgeſtaltung der Volksſchulen ⁴⁸. Ein Mandat vom 18. September 1770 ⁴⁹ verfügte mit Rückſicht auf den ſchlechten Stand der ſogenannten deutſchen oder Trivialſchulen eine neue Einrichtung derſelben. Sie ſollten in ſechs Claſſen getheilt ſein. Auf gute Schulbücher ⁵⁰, tüchtige Lehrer und eine zweckmäßige Lehrart ſollte hingewirkt werden. Das Schulweſen wurde dem geiſtlichen Rathe und deſſen Schuldirectorium unterſtellt. Nur von dieſem geprüfte Perſonen ſollten künftig als Lehrer angenommen werden. Eine umfaſſende Erhebung über den Stand der Volksſchulen, insbeſondere das Lehrereinkommen und ſeine Verbeſſerung, wurde angeordnet. Ein

---

⁴¹ Sammlung von 1771 S. 585, G. K. Mayr a. a. O. II S. 907. In dieſen Verordnungen wird u. A. auch die Vertheilung von Preiſen in Ausſicht geſtellt. Ueber die Errichtung eines Geſtütes oben § 8 Anm. 27. Zur Geſchichte der bayer. Pferdezucht E. v. Xylander, Jahrb. der militäriſchen Geſellſchaft München 1882/83 S. 98 f.

⁴² G. K. Mayr a. a. O. II S. 765.

⁴³ Sammlung von 1771 S. 429. In § 13 wird dort wegen des Mangels an „inländiſcher Geſpunſt" den Hausvätern auferlegt, ihre Kinder und Ehehalten zur Geſpunſt anzuhalten. Die Obrigkeiten ſollen „ſowohl den hierin nachläſſig befindenden Hausvater als widerſpenſtig ſich erzeigenden Ehehalten alsſofort in das nächſte Arbeitshaus liefern laſſen, damit alldort gleich mit leibsconſtitutionsmäßigen Schlägen empfangen und von wenigſt ein Monat lang zur Geſpunſt angeſtellt werden". Ein Berruf vom 17. Sept. 1762 (Sammlung von 1771 S. 431) verbietet, mehr Taglohn als höchſtens 15 Kr. zu geben oder zu fordern, erſteres bei Geldſtrafe, letzteres bei 8 Tagen Arbeitshaus mit Waſſer und Brot und täglichen 12 Karbatſchſtreichen.

⁴⁴ Indeſſen erließ der ſpätere Gründer der Akademie der Wiſſenſchaften im Anfange ſeiner Regirung, am 12. April 1746, noch erneuerte Landgebote wider Aberglauben, Zauberei, Hexerei und andere ſträfliche Teufelskünſte. (Gedruckt bei J. J. Vötter in München.) Die Vorläufer dieſes Generales ſind die Mandate des Kurf. Maximilian I. vom 21. Juni 1612 und des Kurf. Ferdinand Maria vom 23. März 1665. Das Landgebot von 1746 ſteht noch voll und ganz auf dem Standpunkte des Wahnglaubens an Zauberer und Hexen. Ueber die ſpäter, 1766, entſtandene literariſche Fehde ſ. die Angaben bei H. v. Sicherer, Staat u. Kirche in Bayern ꝛc. S. 7.

⁴⁵ Deren „Geſetze" bei G. K. Mayr, Sammlung ꝛc., 1784, II S. 1316. Vgl. L. Weſtenrieder, Geſchichte der baier. Akademie der Wiſſenſchaften, 2 Bände. München 1784, 1800. K. Prantl in der Bavaria I, 2, S. 721. Ueber den Parnaſſus boicus, welcher in § 1 des Geſetze erwähnt wird, Prantl ebenda I, 1 S. 549.

⁴⁶ Vgl. A. Kluckhohn, der Frhr. v. Ickſtatt. Akad. Rede. München 1869.

⁴⁷ Vgl. darüber K. Prantl in der Bavaria I, 2. S. 711 u. deſſelben Geſchichte der LudwigsMaximilians-Univerſität, München 1872, I S. 546. — Zahlreiche Erlaſſe, in welchen mit Rückſicht auf die Verbeſſerung der einheimiſchen Hochſchule der Beſuch auswärtiger Univerſitäten verboten wird, bei G. K. Mayr, Sammlung ꝛc., 1784, II S. 719, 736, 761. Erlaſſe über die Organiſation und die akademiſche Gerichtsbarkeit ebenda I S. 20. 89, II S. 1315 (Errichtung einer Profeſſur iuris patrii, 1758).

⁴⁸ Vgl. zum Folgenden K. Prantl in der Bavaria I, 1 S. 551 u. die Schriftenangaben ebenda S. 509.

⁴⁹ Sammlung von 1771 S. 475.

⁵⁰ Vgl. darüber auch zwei Reſcripte von 1765 bei G. K. Mayr, Sammlung ꝛc., 1784, II S. 800, 1346.

weiteres Mandat vom 5. Februar 1771⁵¹ ſprach den Grundſatz des allgemeinen Schulzwanges aus⁵² und regelte die ſtaatliche Schulaufſicht⁵³. Eine Verordnung vom 25. Juni deſſelben Jahres endlich ſchärfte die neue Schuleinrichtung⁵⁴ wiederholt ein und traf einige ergänzende Beſtimmungen⁵⁵.

Nach der Aufhebung des Jeſuitenordens im Jahre 1773 wurde auch die Reform der Mittelſchulen in Berathung gezogen. Das Endergebniß war die Schulverordnung für die churbaieriſchen Lyceen und Gymnaſien vom 1. September 1777⁵⁶. Die Verordnung erklärte, „daß die ehemal von den Jeſuiten im Genuſſe gehabten Güter und Einkünfte als ein beſtändiger immerwährender Fond, als ein Corpus pium perpetuum individuum angeſehen, für künftige Zeiten immer beiſammen bleiben und blos zum Unterhalte der Exjeſuiten, der Kirchen, Gottesdienſte, Schulen und Lehrer und andern dergleichen hergebrachten milden und gottſeligen Werken gewidmet ſein ſollen". „Die erforderliche und hinlängliche Summe von den Gütern und Einkünften der ehemaligen Jeſuiten" ſollte „als ein ſeparatum aversionis Quantum" den Mittelſchulen „als ein beſtändiger Fond verbleiben"⁵⁷.

Die Mittelſchulen gliederten ſich nach dem Syſtem der Verordnung in die Lyceen, die Gymnaſien und die Vorbereitungs- und Principienclaſſen bei denſelben, womit eine Realſchule für die bürgerlichen Kinder verbunden ſein ſollte.

Die ſehr ausführliche Schulordnung handelt in ſechs Abſchnitten vom Schulfond und der Direction überhaupt, von den Profeſſoren überhaupt und ihrem Zuſammenhange, von den ſonderheitlichen Pflichten des Rectors und der Profeſſoren, von der Eintheilung der Gymnaſien und der Ordnung der Studien, von der Subordination, Schulviſitation und Schulpolizei, von der Ordnung des Schuljahrs, Prüfungen und derlei Anſtalten. Wegen der Oberleitung des Mittelſchulweſens wurde beſtimmt, daß dieſelbe der „höchſten Stelle" zuſtehe, „wozu unter dem Präſidio der Miniſterial-hohen-Schulcommiſſion zu Ingolſtadt, der Director des churf. akademiſchen Gymnaſiums zu Ingolſtadt, zugleich Commiſſarius und Director der ſämmtlichen Gymnaſien im Lande . . . um ſo mehr gnädigſt ernannt iſt, als die Einrichtung des Gymnaſiums dieſer hohen Schule zu Ingolſtadt pro norma genommen iſt, nach der alle Gymnaſien im Lande eingerichtet, und die Einrichtung dirigirt werden muß".

Im Jahre 1777 gelangte nach Max Joſefs Ableben Bayern an den pfälziſchen Kurfürſten Karl Theodor.

In deſſen Regierungszeit fallen auf dem Gebiete des bürgerlichen Rechtes nur zwei erheblichere geſetzgeberiſche Acte, der Erlaß einer neuen Wechſelordnung unterm 24. November 1782⁵⁸, welcher unterm 11. Mai 1787 die Beſchränkung der Wechſelfähigkeit auf „die Handelsleute und Negotianten"⁵⁹ folgte, ſowie die Reform des Bergrechtes, deren unten noch zu gedenken iſt.

Im Bereiche der Verwaltung zeigt ſich vor Allem ein nicht unrühmliches, wenn auch nicht ſehr erfolgreiches Streben, die Einrichtung der Aemter zu verbeſſern⁶⁰. Wie ſchon in anderem Zuſammen-

---

⁵¹ G. K. Mayr, Sammlung ꝛc., 1784, II S. 831.

⁵² §§ 1, 2. „Standesperſonen allein ausgenommen, die ſich von Amts und Charakters wegen eigene Haushofmeiſter halten können."

⁵³ § 10 ff. des Mandats. — Vgl. auch § 15 der Münchener Bettelordn. von 1748, a. a. O. S. 724. „Gemeiner oder unvermöglicher Altern Kinder" ſind, „wenn ſie gleich gute Talente ſpüren laſſen, zu den lateiniſchen Schulen nicht zu admittiren, ſondern zu andern freien Künſten und Handwerken zu appliciren, anerwogen dem Publico hieran weit mehr als an der großen Anzahl der Studenten gelegen iſt." S. dazu den bei K. Prantl in der Bavaria I, 1 S. 550 erwähnten Erlaß von 1761.

⁵⁴ Zur Unterweiſung im „modus docendi" wurde für die Lehrer ein Büchlein „Plan der neuen Schuleinrichtung in Baiern" herausgegeben.

⁵⁵ G. K. Mayr, Sammlung ꝛc., 1784, II S. 1102. Bemerkenswerth iſt folgende Anordnung: „Damit aber auch den Schulhaltern allenthalben die Vermehrung ihres Unterhalts deſto leichter gegeben werden kann, ſo iſt zu beobachten, daß bei Ergebung eines Todesfalls der Meßner- und Schulhalterdienſt, wo es immer thunlich iſt, zuſammengelegt werde."

⁵⁶ G. K. Mayr, Sammlung ꝛc., 1784, II S. 925. Zur Entſtehungsgeſchichte K. Prantl in der Bavaria I, 1 S. 553 ff.

⁵⁷ Ueber die Jeſuitenaufhebung G. K. Mayr, Sammlung ꝛc., 1784, II S. 1111; über die Beſchreibung der Jeſuitengüter und Einkünfte und die hiezu angeordnete Fundations-Güter-Deputation ebenda I S. 344.

⁵⁸ G. K. Mayr, Sammlung ꝛc., 1788, III S. 59. Dazu auch IV S. 1018.

⁵⁹ A. a. O. III S. 113.

⁶⁰ Unglücklicher Weiſe war es nicht nur um die Verfaſſung, ſondern auch um die Träger der Aemter ſchlimm beſtellt. G. Frhr. v. Lerchenfeld, Geſchichte Baierns unter König Maximilian Joſef I. S. 5, ſpricht von dem „ebenſo beſchränkten als engherzigen Beamtenheere, welches ſich ſelbſt in ſeinen tüchtigſten Mitgliedern nicht über das Beſtreben maßloſer Bevormundung des Volkes ohne alle

lange erwähnt[61], wurde im Jahre 1779 das Polizeiwesen vom Hofrathe getrennt und einer besonderen Stelle, der Oberlandesregierung, übertragen.

In demselben Jahre erfolgte die Errichtung der Rentdeputationen[62]. Das Amtsbürgschaftswesen wurde neu geordnet[63]. Durch Einführung eines stufenweisen Vorbereitungsdienstes sollte eine gründlichere Vorbildung der künftigen Beamten erzielt werden[64]. Auch fehlte es nicht an Bemühungen, die äußeren Behörden besser einzurichten und für die Handhabung des Sicherheitsdienstes auf dem Lande die geeigneten Organe zu schaffen.

Es wurde ferner versucht, die Regierung in den Besitz eines besseren statistischen Materials zur Kenntniß des Bevölkerungsstandes zu setzen. Unterm 2. April 1794 wurde eine neue, gegen die frühere von 1771 bedeutend vervollkommnete Volks- und zugleich Viehzählung angeordnet[65]. Bei der Bevölkerung werden in der Hauptübersicht der weltliche und geistliche Stand und innerhalb des erstern die Altersgruppen von 1—21, 22—50, 51 und mehr Jahren auseinandergehalten. In der zweiten und dritten Altersgruppe wird der Civilstand und beim männlichen Geschlechte auch der Stand (Bauern, Bürger, Adel und Staatsdiener, Dienerschaft der Bauern, Bürger, Adeligen und Staatsdiener, übrige Volksklassen) ausgeschieden. Beim Vieh werden Pferde, Ochsen, Kühe, Rinder, Schafe, Schweine und Geisen gezählt. Die äußeren Behörden hatten ihre Tabellen an die Regierungen und diese die Gerichtstabellen nebst einer Rentamtstabelle an die Oberlandesregierung zu senden. Die Er

---

Rücksicht auf dessen Ansicht und Wünsche zu erheben vermochte, in seiner Mehrzahl aber ohne Bewußtsein des Staatszweckes wie ohne Kenntniß der Mittel zu dessen Erreichung nur nach den Bedürfnissen und Launen des Augenblickes sein schleppendes Tagewerk in der Art und Weise betrieb, welche dem Vortheil des eigenen Beutels am besten zusagte". Diese geistige und sittliche Verderbniß des Staatsdienstes wurde übrigens durch die bestehenden Einrichtungen geradezu mit Naturnothwendigkeit hervorgerufen.

Auf der einen Seite war Käuflichkeit der Aemter und Anwartschaften, sogar eine Art von Erblichkeit eingerissen. „Der Sohn erbte des Vaters Stelle, war kein Sohn vorhanden, auch wohl die Tochter oder vielmehr deren Freier. Die Stellen dienten in Ermangelung eines geordneten Pensionssystems zur Versorgung der Familien, welche sie entweder durch Dritte in ihrem Interesse versehen ließen oder gegen eine Abfindungssumme an den Nachfolger abtraten." So Lerchenfeld a. a. O. S. 8, der erwähnt, daß ein Fräulein die Oberforstmeisterstelle in Burglengenfeld besaß, ein anderes die Anwartschaft auf die Grenzhauptmannstelle in Stadtamhof. Ueber den Zustand der Pflegen wurde schon oben (§ 13) gesprochen. Karl Theodor versuchte hiegegen einzuschreiten. 1786 wurde erklärt, daß keine Dienstexspectanzen mehr verliehen würden (G. K. Mayr, Sammlung x., 1788, III S. 207), 1788 die Anwartschaften beim Jagd- und Forstwesen abgeschafft (ebenda IV S. 1061), 1790 und 1791 ausgesprochen, daß Dienste durch Anheirathung von Töchtern oder sonstigen weiblichen Verwandten und von Wittwen nicht mehr erlangt werden könnten (ebenda V S. 56 und 66). Ueber die Zahl der Anwartschaften, welche gleichwohl 1799 noch vorhanden waren, G. Frhr. v. Aretin, der Genius von Baiern unter Maximilian IV. Bd. I Stück 1 (1802) S. 43 Anm.

Andererseits war die Möglichkeit, einen gesinnungstüchtigen und unabhängigen Beamtenstand zu erhalten, dadurch abgeschnitten, daß der Staatsdiener als willkürlich entlaßbar galt. Vgl. Rescr. vom 8. Juli 1775 (wo noch ein Vorbehalt bei „ausdrücklichem Geding" wegen der Auskündigung) und vom 5. Dec. 1788 bei G. K. Mayr a. a. O. I S. 370 und 446. Letzteres Rescr. äußert: „Seine kurf. Durchleucht glauben wenigstens das nämliche Recht zu haben, dessen sich ein jeder Hofmarksherr soweit zu erfreuen hat, daß derselbe seine Beamten des Dienstes entlassen kann, ohne daß er die Ursache der Entlassung zu sagen, Rede und Antwort zu geben, oder sich gar auf einen Prozeß einzulassen schuldig ist." Vgl. auch Kreittmayr, Anm. über den Cod. Max. Bav. Civ. Th. V Cap. 24 § 15, G. K. Mayr, Sammlung x., 1802, II S. 24.

Ein dritter Mißstand war die ungenügende und oft nicht einmal rechtzeitig ausbezahlte (Lerchenfeld a. a. O. S. 8) Besoldung, die unter Max Josef III. zwar erheblich, aber nicht ausreichend verbessert worden war. Kreittmayr a. a. O. § 11, G. K. Mayr, Sammlung x., 1784, I S. 246. Schmid, Comment. ad ius municip. Bav. II p. 120, bemerkt, daß die Zuckerbäcker manchmal maiora salaria accipiant, quam consiliarii principum, quibus rei publicae cura incumbit. — Ueber die älteren Verhältnisse E. Rosenthal a. a. O. I S. 552 ff. § 61.

    [61] Oben § 8. Vgl. hieher auch Bl. f. Rechtsanw. XV S. 113 ff.

    [62] Oben § 11 Anm. 28.

    [63] G. K. Mayr, Sammlung x., 1784, I S. 428; 1797, V S. 58. Wegen der früheren Bestimmungen Kreittmayr, Grundriß des allg., deutsch- u. bayer. Staatsrechts § 172.

    [64] G. K. Mayr, Sammlung x., 1799, VI S. 9, 12, 16, 17, 20, 21, 22, 29.

    [65] G. K. Mayr, Sammlung x., 1797, V S. 279. Dazu Erläuterung S. 288. Ueber eine neue Einwohnerbeschreibung von München (1784) ebenda, 1788, VI S. 666. Tabellarischer Conspect der Handwerker in den 4 Rentämtern vom Jahre 1792 a. a. O. V S. 325 ff.

hebung sollte alle zwei Jahre wiederholt werden⁶⁶. Im Jahre 1794 scheint sie ziemlich mangelhaft vollzogen worden zu sein⁶⁷.

Im Bereiche der politischen Polizei veranlaßte das Auftreten des Illuminatenordens⁶⁸ mehrfache Bestimmungen gegen geheime Verbindungen⁶⁹. Außerdem sind zahlreiche Maßnahmen gegen das Eindringen und Erscheinen politisch oder kirchlich bedenklicher Preßerzeugnisse⁷⁰ zu verzeichnen.

Die gewerbepolizeiliche Gesetzgebung unter Karl Theodor weist nichts Hervorragendes auf. Es ist lediglich ein Mandat wegen Aufhebung von Handwerksmißbräuchen von 1788⁷¹ und ein solches über Gewerbepatente und Ausfuhrpässe von 1788 anzuführen⁷².

Eine erwähnenswerthe Leistung ist die allgemeine Feuerordnung für Bayern und die Oberpfalz vom 30. März 1791⁷³. Das bisherige Recht war in den sehr ungenügenden Bestimmungen des Buchs III Tit. 12 (Feuerordnung) der Landes- und Polizeiordnung von 1616 und einigen Mandaten enthalten gewesen⁷⁴. Die neue Feuerordnung handelt in 6 Abschnitten und 141 Paragraphen von den Mitteln zur Verhinderung der Feuersbrünste, zu deren Entdeckung und Bekanntmachung und zur Löschung der ausgebrochenen Brände, ferner vom Verhalten nach gedämpftem Feuer, von den Mitteln, den durch Feuer Beschädigten zu helfen, wobei der Erlaß einer Feuerassecuranzordnung in Aussicht genommen wird, endlich von der Beobachtung der Feuerordnung und den Strafen für ihre Uebertretung.

Wichtige Erlasse ergingen bezüglich des Straßen- und Wasserbauwesens. Auf Grund eines Rescripts vom 21. Januar 1790⁷⁵ über die Unterhaltung der Chausseen und Brücken, dann Ladung der Güterwägen wurde unterm 31. Mai gleichen Jahres eine umfassende Instruction, betreffend die Unterhaltung der landesherrlichen Chausseen durch die Cameralstraßeninspectionsämter, veröffentlicht⁷⁶. Unterm 24. December 1793 folgte eine eingehende Dienstanweisung für die Straßenübersteher⁷⁷. Eine Verordnung, das allgemeine systematische Wasserbauwesen betr., die gleichzeitig mit dem oben erwähnten Rescripte vom 26. Januar 1790 erging⁷⁸, traf Bestimmungen zum Schutze gegen Ueberschwemmungen. Es sollte insbesondere der Generalwasserbaudirector jeden Fluß jährlich einmal im Beisein des für den Fluß gesetzten Wasserbaumeisters und, wenn nöthig, mit Zuziehung der Interessenten befahren und die Schäden genau untersuchen. Der Wasserbaumeister sollte ferner, da die Hochwasser im Sommer meist große Veränderungen nach sich ziehen, eine nochmalige Flußbesichtigung im Herbste vornehmen.

Auf dem Gebiete der Bettelpolizei und Armenpflege ist die erneuerte Bettelordnung vom 3. März 1780⁷⁹ zu erwähnen, welche eine Zusammenfassung und Ergänzung der älteren Vorschriften

---

⁶⁶ Die Hauptergebnisse der Zählung von 1794 bei G. Frhrn. v. Aretin, der Genius von Baiern unter Maximilian IV., Bd. I, Stück 3, München 1802, S. 129 ff. Eine Hauptübersicht der ermittelten Seelenzahl mit Ausscheidung der Altersgruppen, des Geschlechts, Civilstands und Standes im R. u. Int. Blatt 1800 S. 29. Die Bevölkerung der Städte u. Märkte s. S. 399, 414. Bemerkungen über die Volkszählungen von 1771 u. 1794 S. 495. Vgl. auch die Tabelle über den Viehstand ebenda S. 89.

⁶⁷ Es wurden z. B. 220238 verheirathete Männer, aber nur 214527 verheirathete Frauen gezählt.

⁶⁸ Vgl. K. Prantl in Bluntschli u. Brater, Staatswörterbuch V S. 290 ff. u. derselbe, Geschichte der Ludwigs-Maximilians-Universität in Ingolstadt, Landshut, München, I S. 637 ff., sowie A. Kluckhohn, Allg. Zeitung 1874 Nr. 173, 174, 176, 179, 182, 185, 191. W. Kahl, über die Temporaliensperre, bes. nach bayer. Kirchenstaatsrecht, Erlangen 1876, S. 121. Ein Verbot der Freimaurer erging schon unter Max Josef. G. K. Mayr, Sammlung ꝛc., 1784, II S. 1307.

⁶⁹ Vgl. a. a. O. II S. 1482, IV S. 1006—1008, 1044, V S. 454, 458, 462, 464, 465, 492, 880. Bei der Anstellung und Verpflichtung im öffentlichen Dienste mußte der sog. Illuminateneid abgelegt werden (1790). Die Eidesformeln a. a. O. V S. 458, 465.

⁷⁰ Vgl. a. a. O. II S. 956, IV S. 1065 (Verbot mehrerer auswärtiger, als "stinkende Waare" bezeichneter Zeitungen), V S. 110, 194, 250 (Verbot von Schriften über die französische Revolution und von Zeitungen, welche „die neu aufgestellte verderbliche Grundsätze" enthalten, bes. „des Wochenblatts der Monitor genannt"), 467. Wegen des Büchercensurcollegiums oben § 9 Ziff. 3.

⁷¹ G. K. Mayr, Sammlung ꝛc., 1788, IV S. 661.

⁷² A. a. O. 1797 V S. 100. Vgl. auch 1784, II S. 994, 996, 1013, 1018; 1788, III S. 460, IV S. 1076. Ein Bild aus dem damaligen Zunftwesen liefert der Streit zwischen Münchener Kistlern und Zimmerleuten, der ebenda V S. 876 erwähnt ist. Errichtung der Freibank in München 1798, VI S. 114.

⁷³ G. K. Mayr, Sammlung ꝛc., 1797, V S. 212. Eine Hoffeuerordnung von 1794 ebenda S. 741.

⁷⁴ Vgl. darüber M. Frhr. v. Freyberg a. a. O. II S. 32. S. auch oben § 23 nach Anm. 19.

⁷⁵ G. K. Mayr, Sammlung ꝛc., 1797, V S. 111.

⁷⁶ Ebenda S. 112.　　⁷⁷ Ebenda S. 141.　　⁷⁸ Ebenda S. 55.

⁷⁹ G. K. Mayr, Sammlung ꝛc., 1784, II S. 948. Urphedsformulare für auswärtige Vaganten bei deren Landesverweisung ebenda I S. 156.

enthielt⁸⁰. Den gleichen polizeilichen Zwecken waren auch die Militärarbeitshäuser zu dienen bestimmt, deren Errichtung im Jahre 1789 verfügt wurde⁸¹. In diese Anstalten sollten sowohl Bettler und Landstreicher zwangsweise verbracht, als auch nahrungslose Personen auf Ansuchen aufgenommen werden.

Auf dem Gebiete des Heil- und Gesundheitswesens⁸² ist vor Allem die Umgestaltung des Collegium medicum im Jahre 1785 zu verzeichnen, deren bereits bei der Darstellung der Behörden-verfassung gedacht wurde⁸³. Die neue Instruction traf auch Bestimmungen über die Standespflichten der Aerzte, der Chirurgen und des niederen Heilpersonals, sowie über den Betrieb der Apotheken und deren Visitation⁸⁴. Es wurde ferner „nachdrücklich verboten, einen neuen Arzt, Wundarzt, Baber, Apotheker, Operateur, Hebamme u. dgl. irgendwo im Lande aufzunehmen oder zu gedulden, dieselben haben denn vorher sich beim Collegio medico angemeldet und seien daselbst nach erstandener Prüfung für tauglich befunden, sohin mit einer schriftlichen Approbationsurkunde versehen worden"⁸⁵.

Eine Generalverordnung vom 3. August 1794 regelte den Verkauf von Giften, drastischen und heroischen Mitteln⁸⁶.

Ein besonderes Augenmerk wurde der Verbesserung des Hebammenwesens zugewendet. Ein Erlaß vom 27. August 1782⁸⁷ erklärte es für „eine allgemein bekannte Sache," wie übel das Hebammen-wesen, zumal auf dem Lande, zur Zeit noch bestellt sei. Es wurde daher die Abhaltung eines drei-monatlichen Hebammencurses in München angeordnet⁸⁸, was aber, wie ein Erlaß vom folgenden Jahre beweist, bei der Passivität der Behörden und Betheiligten Schwierigkeiten begegnete⁸⁹. Erst 1786 trat eine Haupt-Hebammenschule am Münchener Heiligengeistspitale in's Leben⁹⁰.

Auf dem Gebiete der landwirthschaftlichen Verwaltung setzte Karl Theodor die Bemühungen seines Vorgängers fort. Manche seiner Erlasse weisen einen Zug von zielbewußter Entschiedenheit auf, der gegen den sonstigen Verwaltungsdilettantismus jener Zeit vortheilhaft absticht. Einen bemerkens-werthen Anfang machte das Mandat vom 3. Mai 1779⁹¹, welches für die landesherrlichen Urbars-güter (Kastengüter) „den Besitzern und Grundholden derselben zum Besten und den übrigen Grund-herrschaften zum Beispiel" die Umwandlung in ein Erbrecht ermöglichte und den Besitzern freistellte, anstatt der bisherigen Besitzveränderungsabgaben eine jährliche feste Leistung, die „Mayerschaftsfrist", zu entrichten⁹². Durch Verordnung vom 2. Juli 1782⁹³ verfügte der Kurfürst, auf seine Eigenschaft

---

⁸⁰ Ueber das Münchener Bettelwesen und die Einrichtung einer Deputation hiefür a. a. O., 1788, IV S. 645, 684, dann V S. 599 (Armeninstitutsdeputation).

⁸¹ A. a. O. V S. 541. Dazu S. 198 über die Förderung der in kleinen Städten, Märkten und Dörfern zur Versorgung der Armen getroffenen Anstalten.

⁸² Ueber die Todtenschau und die Einrichtung von Leichenhäusern, welche wegen der Kosten als undurchführbar erklärt wurde, G. K. Mayr, Sammlung ꝛc., 1797, V S. 472 und 491.

⁸³ § 9 Anm. 41.

⁸⁴ Vgl. auch G. K. Mayr, Sammlung ꝛc., 1784, II S. 988, woraus die Bestimmungen der Instr. von 1785 zum Theile entnommen sind. — Ueber die Armenärzte ꝛc. und Hebammen in München a. a. O., 1788, IV S. 654, 656 (Eintheilung vom Jahre 1782), Verbot der Pfuscherei von 1788, ebenda II S. 1013, V S. 102 Ziff. 12, dagegen ausnahmsweise Zulassung der „Empyricker," wenn ärztliche Hilfe vergeblich gesucht wurde, (1796) ebenda V S. 876. — Eine Kurvorschrift wegen der grassirenden Dysenterie V S. 304.

⁸⁵ Vgl. auch a. a. O. IV S. 686, V S. 278.

⁸⁶ A. a. O. V S. 298. Beigegeben ist ein Verzeichniß der Gifte und Mittel, deren Führung Wundärzten und Landbabern verboten ist, sowie jener, deren äußerlicher Gebrauch ihnen gestattet wird.

⁸⁷ G. K. Mayr, Sammlung ꝛc., 1784, II S. 997; vgl. auch IV S. 657. Ueber Hebammen-unterricht und Anstellung in Neuburg und Sulzbach IV S. 658, 663.

⁸⁸ Ueber die Ernennung des Lehrers s. a. a. O. IV S. 653.　　⁸⁹ A. a. O. II S. 1010.

⁹⁰ In Altötting bestand eine solche seit 1768. A. a. O. IV S. 685. Vgl. auch V S. 249, 317.

⁹¹ G. K. Mayr, Sammlung ꝛc., 1784, I S. 382. Auch bei Döllinger V S. 322. Dazu Er-läuterungen vom 16. Oct. 1790 u. 17. Dec. 1797, Döllinger V S. 386, 388.

⁹² Zur Begründung der Maßregel wird gesagt, „daß jene Unterthanen, welche ihre Güter nicht eigenthümlich, sondern nur mit gewissen von Gutsherrschafts wegen ihnen verliehenen Gerechtigkeiten besitzen, sich um deßwillen so hart behausen und außer Stand gehalten werden, auf die Besserung des Guts etwas zu verwenden, weil dieselben gleich bei Anstand des Guts auf die erlangte Mayerschaften, als Laudemien, Mortuarien, Leibgelder, Gutskaufschillinge und so weiters, fort die hiemit verbundenen Taxe und Sportelforderungen, nach Verschiedenheit der im Lande üblichen Grundbarkeiten, so viel Baarschaft verwenden müssen, daß sie demnächst die Mittel, Gebäude, Viehstand, Ackergeräth und den sonstigen Gutsbeschlag in bessern Stand zu bringen, größtentheils entblößet sind". Ueber den Inhalt des Mandats vgl. auch F. Pözl in Dollmann's Gesetzgebung des Kgrs. Bayern ꝛc. Th. I Bd. I S. 156 (Commentar zum Grundlastenablösungsges. vom 4. Juni 1848).

⁹³ G. K. Mayr, Sammlung ꝛc., 1784, II S. 1151.

als oberster Kirchenschutzherr sich berufend, daß auch „die unter die Kirchen gehörigen bisherigen Leibgüter" nach Maßgabe des Generalmandats vom 3. Mai 1779 in Erbrechte sollten verändert werden
dürfen [94]. Es folgten eine Reihe von Culturmandaten zur Beförderung der Landwirthschaft und
Regelung des Verfahrens in Landesculturfachen [95]. Ein Mandat von 1790 [96], das aber in Folge von
Vorstellungen der Landschaft nur Entwurf blieb [97], wollte sogar „aus landesherrlicher Machtvollkommenheit" bestimmen, „daß alle sowohl auf gemeinen als eigenthümlichen öden Gründen, dann Waisel-
äckern, Haiden, Mösern, bonis vacantibus u. f. w. gemacht werdende Weidrechts- und ander Dienst-
barkeitsansprüche, insoweit die Benutzung solcher Gründe zu Acker, Wies oder forstmäßigem Wald
dadurch verhindert wird . . . für immer und allenthalben aufgehoben, widerrufen und abgethan sein
sollen". Der Entwurf traf ferner Bestimmungen, um die Vertheilung der Gemeindeweidegründe behufs
Cultur zu fördern [98], hob die Brache auf, regelte die Viehweide zum Zwecke der Verbesserung der
Wiesen, erließ Anordnungen zur Begünstigung und Unterstützung von Culturarbeiten [99].

Ein mißglücktes Unternehmen war der Versuch der Urbarmachung des Donaumooses durch eine
landesherrlich privilegirte Donaumooscultursocietät auf Actien [100].

Eine neue Taglöhner- und Ehehaltenordnung erging unterm 2. Mai 1781 [101].

Der Hebung der Viehzucht, insbesondere der Pferdezucht [102], wurde fortgesetzte Aufmerksamkeit
geschenkt. Das Veterinärwesen fand Seitens der Staatsverwaltung zuerst eine sorgfältigere Pflege.
Im Jahre 1790 wurde, „um den einbrechenden Viehseuchen zu steuern, hiedurch aber die Viehzucht zu
verbessern und den Ackerbau zu befördern", die Errichtung einer „förmlichen Thierarzneischule (école
vétérinaire)" in München verfügt [103]. Die damals wiederholt auftretenden Viehseuchen gaben zu
einer Reihe polizeilicher Anordnungen Veranlassung [104]. Bemerkenswerth ist insbesondere das ausführliche Mandat wegen der Hornviehseuche vom 9. Juni 1796, das in drei Titeln von den Polizei-
verfügungen vor und nach Ausbruch, sowie nach Beendigung der Seuche handelt [105]. Ein „medicinischer
Unterricht" ist dem Mandate beigegeben. Bei diesem Anlasse wurde auch eine Erhebung über die Zahl
des vorhandenen Hornviehs vorgenommen [106].

---

[94] Es wird geltend gemacht, daß hiedurch eine Verbesserung der Kirchengüter und damit eine
richtigere „Erfüllung der grundherrlichen Praestanda" bewirkt werde, und daß „auf diese Weise den
Kirchen dasjenige, was ihnen an dem Kaufschilling oder Leibgeldern entgeht, in anderweg wieder viel-
fältig zufließe und hereinkomme".

[95] Vgl. G. K. Mayr, Sammlung ꝛc., 1784, I S. 109, II S. 1011; 1788, IV S. 665, 666, 669,
712, 717; 1797, V S. 165, 186, 197, 202, 262, 278; 1799, VI S. 98 (Kartoffelbranntwein). Ueber
die Einführung der Seidenzucht oben § 8 Anm. 26.

[96] G. K. Mayr, Sammlung ꝛc., 1799, VI S. 204.

[97] G. K. Mayr, Sammlung ꝛc., 1802, II S. 372.

[98] Den Gemeinden wurde die Erhebung eines Zinses zu 5 Kreuzern vom Tagwerk gestattet, um
daraus einen Theil ihrer Gemeindebürden wie „Anschaffung von Feuergeräthschaften, Unterhaltung
der Vicinalwege, Beiträge für die Hebammen und Schulen, Versorgung ihrer Armen und Wahn-
finnigen, auch gemeinschaftliche Hilfe bei Wasser- und Feuersnöthen" zu bestreiten.

[99] Dazu gehörte insbesondere die Bewilligung von Freijahren. Klöster, Abteien und geistliche
Stiftungen, welche nicht nur ihre eigenen, sondern auch andere in ihrer Gegend gelegene öde Gründe
cultiviren würden, wurden in Ansehung dieser neuen Erwerbungen von den Amortisationsgesetzen befreit.

[100] S. die Privilegien vom 11. Jan. 1790 bei G. K. Mayr, Sammlung ꝛc., 1797, V S. 190;
Erweiterung der Privilegien vom 15. März 1791 ebenda S. 210. Weitere Rescripte S. 237, 240 ff.,
250 (1792, das vagabunde und müßige Gesindel soll auf das Donaumoos geliefert werden!), 252, 268
(die eben erwähnte Anordnung wird 1793 zurückgenommen), 313, 316, 319. Zur Geschichte des Unternehmens vgl. die Schrift: Versuch einer Gallerie churpfalz-baier. Staatsdiener u. Beamter. 2. Lieferung, O. T. 1794; ferner die Angaben Repert. über die Landtagsverh. 1819 S. 455 Anm.

[101] G. K. Mayr, Sammlung ꝛc., 1784, II S. 965.

[102] Vgl. die Erlasse von 1784 u. 1792 bei G. K. Mayr, Sammlung ꝛc., 1788, IV S. 670 und
1797, V S. 255.

[103] A. a. O. V S. 195. Die Schule unterstand dem Hofkriegsrath.

[104] Vgl. a. a. O. IV S. 1075, V S. 307 (Unterricht für den baier. Unterthan nebst den
Mitteln, wie selber sein Vieh für Krankheit und Seuche bewahren oder im Falle dessen behandeln
soll. Auf Befehl einer churfürstl. hohen oberen Landesregierung herausgegeben 1794), 839 (Viehsperre
in der Oberpfalz). Aeltere Anordnungen von 1664 u. 1669 siehe IV S. 555. Ueber Maßnahmen
gegen die Hundswuth ebenda II S. 1016—1018, 1020 (Blechzeichen), IV S. 672, V S. 315.

[105] G. K. Mayr, Sammlung ꝛc., 1797, V S. 840; vgl. auch S. 897. S. ferner die Note der
Hofkammer ebenda 1788, IV S. 650, wonach „bis anhero allzeit observirt worden, daß bei ent-
standener Viehseuche für die anwendende Rettungsmittel jedesmal gnädigste Landesherrschaft ein
Drittel und die Landschaft zwei Drittel an denen erloffenen Kurkösten beigetragen".

[106] Die Löserdürre (Rinderpest), um die es sich handelte, kam in Bayern vorher schon viermal
im Laufe des 18. Jahrhunderts vor, 1713—1716, 1729—1735, 1742—1745. „Jedesmal wüthete sie

Das Bergrecht erfuhr eine durchgreifende Neugestaltung. Ein kurfürstliches Mandat vom 6. Mai 1784 erklärte für Bayern, die Oberpfalz und die Herrschaften jenseits des Lechs „ein durchgehends freies Bergwerk, doch mit Vorbehaltung des aller Orten gewöhnlichen landesherrlichen Zehends und anderer Gebühren". Zugleich erging eine umfassende Bergordnung, welche das private wie das öffentliche Bergrecht in sich begreift[107]. Der einschlägigen organisatorischen Verfügungen ist bereits an anderer Stelle gedacht worden[108].

Während die Schulverwaltung als der rühmlichste Theil der Regierungsthätigkeit Max Josefs bezeichnet werden konnte, läßt sich über die Maßnahmen, welche sein Nachfolger in dieser Richtung traf, eher das entgegengesetzte Urtheil fällen. Der Staat gab den Einfluß, den er im Schulwesen errungen hatte, in erheblichem Umfange zu Gunsten der Kirche wieder auf. Durch Donationsbrief vom 14. December 1781[109] bestimmte Karl Theodor das gesammte dem aufgehobenen Jesuitenorden in Bayern, Neuburg, Sulzbach und der Oberpfalz gehörig gewesene Vermögen zur Stiftung einer bayerischen Zunge des Malteserordens. Den Mittelschulen war dadurch mit einem Schlage ihre Dotation entzogen. Die Prälaten der bayerischen Klöster stellten bei diesem Anlasse das Anerbieten, den Unterricht an den Lyceen, Gymnasien und Realschulen unentgeltlich zu übernehmen. Dieses Anerbieten fand die landesherrliche Genehmigung. Der Prälatenstand (corpus docentium) führte durch ein Generaldirectorium die obere Schulleitung unter Aufsicht der bereits erwähnten, gleichzeitig errichteten Schulcuratel[110].

Bezüglich des Volksschulwesens ist zu verzeichnen, daß ein Mandat vom 4. October 1783[111] die Behörden anwies, auf Verbesserung des Lehrereinkommens Bedacht zu nehmen und insbesondere die Vereinigung der Schul- und Meßnerdienste nach Thunlichkeit zu bewerkstelligen[112]. Unterm 14. Januar 1787 erging ferner eine Instruction für die Rectoren und Inspectoren der Real- und Trivialschulen[113]. Eine Verordnung über die Erziehung der Jugend vom 3. Januar 1795[114] endlich setzte unter Erneuerung der älteren Bestimmungen über die Schulpflicht[115] die Dauer der letzteren für München auf die Zeit vom 7. bis 14. Lebensjahre fest und ordnete eine staatliche Prüfung der Privatlehrer an. Für die Städte und Märkte wurde die Bildung von Localschulcommissionen als Schulaufsichtsbehörden verfügt, die aus kurfürstlichen Beamten, dem Ortspfarrer und zwei Magistratsdeputirten bestehen sollten[116].

---

so heftig, daß es in Bayern und in dem angrenzenden Schwaben etwas Seltenes war, ein Stück Hornvieh zu sehen." G. K. Mayr a. a. O. V S. 846. Vgl. auch Ph. Göring, Annalen des Deutschen Reichs 1881 S. 827.

[107] G. K. Mayr, Sammlung ꝛc., 1784, II S. 1426 u. 1435. Chr. H. G. Hacke, Commentar über das (bayer.) Bergrecht. Sulzbach 1823. Ueber das landesherrliche Regal in Bezug auf Steinkohlenbergbau und Alabasterbrüche G. K. Mayr a. a. O. V S. 80, 82. Vgl. auch S. 842.

[108] Oben § 10 Ziff. 3.

[109] S. denselben bei G. K. Mayr, Sammlung ꝛc., 1784, II S. 1407. S. ferner ebenda S. 1401, 1410, 1423, 1788, IV S. 787, 803, V S. 418. Vgl. auch: Verhandlungen über die Errichtung der baier. Zunge des Johanniterordens vom Jahre 1781 zwischen dem Kurfürsten zu Pfalz und dem Großmeister von Malta, München 1782.

[110] Vgl. K. Prantl in der Bavaria I, 1 S. 561 ff. G. K. Mayr, Sammlung ꝛc., 1784, II S. 977, 979, 982, 998; 1788, IV S. 788. Ueber spätere Zwistigkeiten mit dem Generalstudiendirectorium wegen der Verordn. vom 31. Aug. 1781 s. Entschl. vom 12. Jan. 1798 bei G. K. Mayr, Sammlung ꝛc., 1799, VI S. 108.

[111] G. K. Mayr a. a. O. II S. 1167.

[112] Ueber die 1783 verfügte Einverleibung der „Convertitenkasse" in den deutschen Schulfond G. K. Mayr, Sammlung ꝛc., 1788, IV S. 796. Der deutsche Schulfond erhielt auch das Privileg des Schulbücherverlags; ebenda S. 836 und V S. 460. Auch V S. 513.

[113] G. K. Mayr, Sammlung ꝛc., 1788, IV S. 1025.

[114] Ebenda, 1797, V S. 310. Ueber die Errichtung der Münchner Feiertagsschule (1793) K. Prantl in der Bavaria I, 1 S. 564.

[115] Privatunterricht sollte für die Kinder der höheren und vermöglicheren Classe zwar gestattet sein; doch sollten solche Zöglinge beim Eintritte in die Lateinschule oder Universität scharf geprüft werden. Die Angabe bei Prantl in der Bavaria I, 1 S. 565, daß die Benützung der Privatlehrer nur Adeligen erlaubt worden sei, ist nicht ganz genau.

[116] Prantl a. a. O. bemerkt: „So hatte das letzte Drittel des 18. Jahrhunderts jedenfalls eine reiche und mannichfaltige Bewegung in dem Gebiete des bayerischen Schulwesens mit sich gebracht, und wenn auch hiebei die Umwandlungen nicht immer oder in jeder Beziehung als vorwärts schreitende bezeichnet werden können, so waren es doch im Allgemeinen zwei hauptsächliche Momente, welche mit bleibender Nachwirkung in der Folgezeit fortlebten, nemlich einerseits die Pflege und Hebung der Elementarschule, andererseits die Richtung auf die Realien, deren stärkere Betonung im Zusammen-

In Bezug auf die engherzigen Verbote des Studirens im Auslande blieb man den früheren Ueberlieferungen treu [117].

§ 26. Die Verkündigung der Landesgeſetze.

Am Schluſſe dieſes Abſchnittes mögen noch einige Nachrichten über die Art und Weiſe der Verkündigung der Landesgeſetze und ſonſtigen landesherrlichen Erlaſſe Platz finden.

Buchdruckereien beſtanden in Bayern bereits im 15. Jahrhunderte. Der Druck wurde auch als Hilfsmittel für die Bekanntmachung der landesherrlichen Anordnungen benützt [1]. Aber zur eigentlichen Veröffentlichung gegenüber den Unterthanen konnte er bei dem damaligen Stande der Bildung nicht gebraucht werden. Man bediente ſich der Preſſe lediglich dazu, die landesherrlichen Erlaſſe „libellweiſe" an die Behörden zu verſchicken [2], gab ſie auch wohl käuflich an das Publicum ab [3]. Die Verkündigung der Geſetze aber geſchah mündlich an die Gerichtsangehörigen an Tagen und Orten, wo eine größere Menſchenmenge ſich zu verſammeln pflegte, entweder an kirchlichen Feſttagen in oder vor der Kirche nach dem Gottesdienſte, oder an Gerichtstagen, „nachdem die Rechte ihr Ende haben", auf der Gerichtsſtätte (Schranne). Bei umfangreichen oder beſonders wichtigen Geſetzen war eine zeitweiſe zu wiederholende Bekanntmachung angeordnet [4].

Die Verkündigung der landesfürſtlichen Verordnungen in der Kirche geſchah durch den Geiſtlichen von der Kanzel nach der Predigt oder Chriſtenlehre. Der Land- oder Hofmarksrichter ſtellte unter Ueberſendung der gedruckten Verordnung das Erſuchen. Die Form der Verkündigung von der Kanzel wurde urſprünglich wohl nur bei Verordnungen glaubens- oder ſittenpolizeilichen Inhalts gewählt [5]. Im Laufe der Zeit wurde aber dieſe Art der Verkündigung auch auf weltliche Gegenſtände

---

hang ſteht ſowohl mit der Aufklärungsperiode überhaupt, als auch mit den Beſtrebungen des vielfach ſich kundgebenden populären Philanthropismus. Erſt der nächſten Periode war es vorbehalten, zu dieſen treibenden Kräften noch das mit vollem Bewußtſein durchgeführte Princip des modernen Humanismus hinzuzufügen."

[117] Vgl. G. K. Mayr, Sammlung ꝛc., 1784, II S. 957; 1788, IV S. 697; 1797, V S. 263 und 861.

[1] Gedruckte Landgebote aus dem Jahre 1488 gibt Fr. v. Krenner, baier. Landtagshandlungen in den J. 1429 bis 1513, VIII S. 517, 523, 526 wieder.

[2] So verfuhr man noch 1753 mit dem Codex iudiciarius. G. K. Mayr, Sammlung ꝛc., 1797, V S. 748.

[3] In der Inſtr. für die Landſchaftsverordneten von 1542 (Der Landtag im Herzogthum Baiern auf den 1. Nov. zu Ingolſtadt im Jahre 1542, C. D. 1807, S. 113) heißt es: „Die obgedachten unſer 8 Verordneten ſollen ... mit allen Fleiß anhalten, auf daß ſolche neue Polizei und Ordnung auf unſer gemeiner Landſchaft Koſten gedruckt und alsdann neben mit der alten Landsordnung in allen Rentamt, wie hievor auch geſchehen, verordnet, feilgehabt und zu kaufen gefunden werden." Manchmal fand man es auch bedenklich, die gedruckten Originale in die Hände des Volks gelangen zu laſſen. So wird Maximilians I. Mandat gegen Aberglauben und Hexerei vom 21. Juni 1612 den Landgerichten zu eigener Kenntnißnahme und öffentlicher Verleſung zugefertigt. Es wird aber verboten, das Mandat den Unterthanen zum Leſen zu geben. Für den gemeinen Mann ſei ein beſonderes Libell gedruckt und zu verkaufen.

[4] Herzog Ludwig trug, als er 1474 ſeine Landbote erließ, den Pflegern auf, dieſelben am nächſtkünftigen Sonntag zu Ende der Meſſe im Beiweſen des Volkes vom Gerichtsdiener verkünden zu laſſen. Ein Landgebot Herzog Albrechts vom 14. Juni 1501 (bei Fr. v. Krenner a. a. O. XI S. 535) ſagt: „Darauf befehlen wir euch ernſtlich und wollen, daß ihr ſolches unſer Landbot wiederum öffentlich vor den Kirchmaningen und Schrannen und zum wenigſten viermal im Jahr berufen laſſet." Die Landsordnung von 1516 (Th. IV letzter Artikel) ſoll das erſte Mal an dem Tage, „wo der nächſte Recht hält", dann aber jedes Jahr am letzten Pfingſtfeiertage, und zwar wenigſtens die nothdürftigſten Artikel, öffentlich verleſen werden. Aehnlich die revid. Landsordnung von 1553 (Buch VI Tit. XIV Art. 6). Als Verkündigungstag wird hier der zweite Pfingſtfeiertag mit dem Beifügen bezeichnet, es ſei, wenn nöthig, am letzten Pfingſtfeiertage mit der Verleſung fortzufahren. Die erklärte Landesfreiheit ſollte in jedem Landgerichte jährlich zweimal, am letzten Weihnachts- und Pfingſtfeiertage, öffentlich vor verſammeltem Volke verleſen werden. (Th. 4 Art. 19.) Die Lands- und Polizeiordnung von 1616 nimmt von öffentlicher Verleſung Umgang. Herzog und Landſchaft hätten dieſelbe libellweiſe drucken und öffentlich ausgehen laſſen, damit jeder, den ſie angehe, ſich darüber unterrichten könne. Es wird zugleich, wie ſchon 1516 und 1553, verordnet, daß jeder Beamte ein Exemplar bei Amt haben müſſe. (Tit. XIV Art. 5.) Die Gerichtsangehörigen konnten die amtliche Ausgabe erwerben.

Privaten war der Nachdruck von Generalien ohne Erlaubniß nicht geſtattet. Vgl. den Erlaß vom 4. Febr. 1776, G. K. Mayr, Sammlung ꝛc., 1788, IV S. 639.

[5] Vgl. z. B. Reichsabſch. von Köln 1512, der (IV § 1) anordnet, daß die Strafbeſtimmungen gegen Schwören, Gottesläſtern und Zutrinken an vier Kirchenfeſten, Oſtern, Pfingſten, Unſer Lieben

erstreckt[6] und blieb bis in die zweite Hälfte des vorigen Jahrhunderts vorwiegend im Gebrauch. Sehr häufig verlegte man indessen die eigentliche Verkündigung vor die Kirchenthüren nach beendetem Gottesdienste (sog. Berruf)[7].

Neben der mündlichen Bekanntgabe wurde später die Anheftung an öffentlichen Plätzen, in Gast- und Wirthshäusern üblich[8]. In den beiden letzten Jahrzehnten des vorigen Jahrhunderts hörte die kirchliche Verkündigung der landesherrlichen Verordnungen zwar nicht auf, doch ließ sich die Geistlichkeit nur widerwillig dazu herbei[9]. Die Veröffentlichung durch die Presse gewann zudem immer weitere Ausdehnung und wurde schließlich zur Regel.

Die Auffassung, daß ein Gesetz durch die Ausgabe im Drucke giltig verkündet sei, gelangte bereits im 18. Jahrhunderte zu entschiedenem Ausdrucke[10]. Das erste, wenn auch nicht amtliche, doch halbamtliche Preßorgan für die Verkündigung der Erlasse des Landesherrn und der Landesstellen war das „churbaierische Intelligenzblatt". Durch Anlage D der Maut- und Accisordnung vom 29. April 1764 zum Behufe der in- und auswärtigen Commercianten eingeführt und durch kurfürstliche Resolution vom 29. November 1764[11] mit einem Privilegium gegen Nachdruck versehen, erschien es seit

——— ..

Frauentag und Christtag durch die Pfarrherren oder Prediger (auch durch Druck und Vorlesen) zu verkünden seien. Nach den Landboten von 1516 sollen die Prediger insbesonder die Verbote der Gotteslästerung, des Zutrinkens und der Trunkenheit, wie anderer „sündiger Sachen" dem Volke an's Herz legen.

[6] So enthält schon ein Rescr. vom 14. Nov. 1579 über die Perlfischerei die Anweisung, „daß du diesen unsern Bebelch von den Cannzlen öffentlich vorlesen und die Sache offtenmalen erneuern laffest". G. K. Mayr, Sammlung ꝛc., 1797, V S. 689. Gegenüber einer desfallsigen Beschwerde der Prälaten auf dem Landtage von 1612 berief sich der Herzog auf das alte Herkommen und die Nothwendigkeit. Die Beschwerdeführer gaben dagegen zu bedenken, daß die Verlesung der Mandate nicht nach ihrer ganzen Länge verlangt werden möge, auch auf den Inhalt Rücksicht zu nehmen sei, daß endlich die Pfleger gegen den Pfarrer sich „bescheidentlich" halten und ihn nicht wie einen Diener oder Amtsknecht behandeln sollten. Der Landtag im Herzogthum Baiern im Jahre 1612, O. D. 1803, S. 277, 287, 293. Das Mandat vom 29. Juli 1779 Ziff. 10 (G. K. Mayr, Sammlung ꝛc., 1784, I S. 390) droht den Geistlichen „im Unterbleibungsfalle" mit Sperre der Temporalien. — Die Verkündigung von Generalmandaten oder anderer Berufe unter Trompetenschall findet sich erwähnt bei G. K. Mayr, Sammlung ꝛc., 1784, II S. 1186.

[7] So z. B. Mandat über die Woll- und Garngespunst vom 12. Jan. 1762. Sammlung von 1771 S. 386. Ein Formular, nach welchem der Amtmann seine Amtleute verrufen läßt, enthält das Praktische Handbuch für Beamte, München 1786, S. 290.

[8] Vgl. z. B. Mandat vom 29. Juli 1779 Ziff. 10 (G. K. Mayr, Sammlung ꝛc., 1784, I S. 390): „Die Landesgeneralien hat der Obmann (des Dorfgerichts) an gewöhnlichen Orten anzuheften, nachdem sie von dem Seelsorger jeden Ortes von der Kanzel verkündet und abgelesen worden." Das Generalmandat vom 19. Juni 1741 über die Straßenreparation und Concurrenz (G. K. Mayr, Sammlung ꝛc., 1797, V S. 745) ist „aller Orthen zu publiciren = affigiren zu lassen und der Berruf quartaliter vor denen Kirchen und andern gewöhnlichen Orthen zu erneuern".

[9] Nach einem Mandate vom 18. März 1780 (G. K. Mayr, Sammlung ꝛc., 1788, IV S. 784, Döllinger XIX S. 122) fand sich der Kurfürst für dermalen bewogen, geschehen zu lassen, daß die „Generalverordnungen nicht durch den Pfarrer in der Kirche, sondern nach geendetem Gottesdienste vor der Freythofthüre entweder von den Obleuten, oder wenn sie nicht lesen können, von dem Schulmeister, Meßner, oder jemand andern verkündet, und daß solches geschehen wird, von dem Pfarrer in der Kirche voraus gemeldet werde". Dagegen wurde in dem Mandate vom 7. Juni 1794 (Mayr a. a. O., 1797, V S. 492, Döllinger VIII S. 440) „ungeachtet der von den bischöflichen Ordinariaten erfolgten Einwendungen auf der Verkündigung aller landesherrlichen Generalmandate in den Kirchen von der Kanzel an das gesammte Volk bestanden, wenn anders nicht in Rückbetracht der Gegenstände ein oder der andern Verordnung der Anständigkeit wegen das Schweigen in der Kirche für räthlicher angesehen würde".

[10] Ein turf. Erlaß vom 11. Dec. 1751, dessen Stil die Feder Kreittmayr's verräth, erklärte den Berruf des neuen Codex criminalis für unnöthig. „Nachdem Unsere Justiztasterien und Obrigkeiten sowohl auf die neue Malefizordnung als Carolinam poenalem und das römische Recht zu sprechen niemals einigen Anstand genommen haben, ohngeachtet keines von allen dreien anders als durch öffentlich Druck und Verkauf kund gemacht worden, auch sogar das letztere nicht einmal in teutscher, sondern nur in lateinischer Sprache abgefaßt ist, so sehen Wir nicht ein, warum nicht auch auf gegenwärtigen neuen Codicem ebenso unbedenklich gesprochen werden möge." Es genüge, daß den Verbrechern die Strafbarkeit ihrer That nicht unbekannt sei; die darauf stehenden Strafen zu wissen hätten sie nicht von nöthen, „maßen die Richter und Rechtsgelehrten das genus poenae oft selbst nicht zu errathen wissen" und sich in den Meinungen darüber nicht einigen können. G. K. Mayr, Sammlung ꝛc., 1784, I S. 15.

[11] Dieselbe ist am Schlusse des Jahrgangs 1779 des Intell. Bl. abgedruckt.

1766 „zu mehrerer Beförderung des Commercii der baierischen Lande"¹². Diese Zeitung brachte an erster Stelle landesherrliche Verordnungen und obrigkeitliche Edicte, zunächst nicht im Sinne einer amtlichen Verkündigung, die vielmehr immer noch durch Versendung der gedruckten, förmlich ausgefertigten und gesiegelten Erlasse an die Dikasterien und Aemter geschah. Indessen verfügte der Kurfürst bereits unterm 22. December 1768¹³, daß die in den Intelligenzblättern, die da „ordentlich censirt und auctoritate publica" erscheinen, abgedruckten Generalien und Verordnungen von den Behörden und Unterthanen zu befolgen seien, auch wenn das Original der Ausfertigung noch nicht zu Handen wäre¹⁴. Bald unterblieb die Versendung dieser Ausfertigungen gänzlich, und galt der Abdruck im Intelligenzblatte als rechtsförmliche Veröffentlichung, trotzdem letzteres ein Privatunternehmen verblieb. Erst nach dem Regierungsantritte Max IV. Josefs wurde das Intelligenzblatt als churpfalzbaierisches Regierungs- und Intelligenzblatt zum amtlichen Blatte erklärt und der Leitung und Aufsicht der Generallandesdirection unterstellt.

6. Abschnitt.

§ 27. Die landesherrliche Gewalt und die katholische Kirche¹.

„Bis zum Beginne des 19. Jahrhunderts war Bayern ein katholisches Land."² Das Verhältniß, in welchem Bayern bis zu seiner Umgestaltung durch Maximilian IV. Josef zur katholischen Religion stand, ist mit diesem Satze erschöpfend bezeichnet. Nur das katholische Glaubensbekenntniß war zugelassen, nur die katholische Kirchengesellschaft anerkannt.

Die Katholicität des Landes wurde von der staatlichen Polizeigewalt durch abwehrende und fördernde Maßregeln zur Geltung gebracht.

Den Angehörigen der übrigen christlichen Bekenntnisse war die Niederlassung, der Gewerbebetrieb und die Verehelichung in Bayern nicht gestattet³. Die Juden waren schon durch die Landesordnung von 1553 aus Bayern verwiesen worden⁴, und die Landes- und Polizeiordnung von 1616⁵

¹² Bei dem akademischen Buchdrucker Joh. Friedr. Ott in München. Das Privilegium zur Herausgabe des Intell. Bl. wurde durch die oben angeführte Entschließung dem Franz v. Kohlbrenner, nachmals Hofkammerrath, ertheilt, nach dessen Tode dem Secretär Peter Paul Finauer. Die Wittwe Finauer's wurde im Besitze des Privilegs belassen (Intell. Bl. 1789 S. 185) und trat es 1795 an den Buchhändler Professor Joh. Bapt. Strobel in München ab. Eine kurf. Entschl. vom 8. Dec. 1795 vollzog die Uebertragung des Privilegs auf Strobel mit der Auflage, den Ministern, den Präsidenten und Directorialpersonen der obern Landesregierung und der Hofkammer, wie nicht minder den Registraturen dieser Stellen Freiexemplare zu liefern. Strobel behielt das Privileg auch dann noch, als das Intell. Bl. 1799 zum amtlichen R. u. Intell. Bl. wurde. Vgl. auch R. u. Intell. Bl. 1800, Beil. zu Nr. I. Erst 1806 ging das Blatt in den eigenen Vertrieb der Regierung über.
¹³ Intell. Bl. 1772 Nr. 1.
¹⁴ Bezeichnend ist ein kurf. Erlaß vom 21. Febr. 1775 (G. K. Mayr, Sammlung ꝛc., I S. 87), durch welchen die Befolgung der landesherrlichen Gesetze und Generalien anbefohlen wird, mit dem Bemerken, der Kurfürst habe mißfällig vernommen, „was gestalt Unsere Landesgesetze und Generalien von Unseren Beamten und nachgesetzten Obrigkeiten theils gar nicht, theils mit solcher Lau- und Schläfrigkeit beobachtet werden, daß mancher solche kaum zu lesen und einzusehen, geschweige zu publiciren oder zu exequiren und mit erforderlichem Fleiß und Eifer darauf zu halten sich die Mühe gibt".
¹ Vgl. zum Folgenden Kreittmayr, Anm. über den Cod. Max. Bav. Civ. Th. V Cap. 19, 20.
² H. v. Sicherer, Staat u. Kirche in Bayern vom Regierungsantritte des Kurf. Maximilian Joseph IV. bis zur Erklärung von Tegernsee 1799—1821, München 1874, S. 1; F. Stieve, das kirchliche Polizeiregiment in Baiern unter Wilhelm V. und Max I., München 1876.
³ Vgl. H. v. Sicherer a. a. O.; E. Mayer, die Kirchenhoheitsrechte des Königs von Bayern, München 1884, S. 65. S. auch G. K. Mayr, Sammlung ꝛc., 1788, IV S. 730, 775, M. Frhr. v. Freyberg a. a. O. III S. 166.
⁴ Buch IV Tit. 1 Art. 1 . . „So wöllen unnd gebieten Wir hiemit ernstlich, das hinfüran kain Jud noch Jüdin in unserm Fürstenthumb weder mit heußlicher wonung noch gewerben oder handthierungen mer komen, noch von jemand darinn gedult, oder auffgenommen werden, sondern sie sollen sich aller handlungen mit leihen, versatzungen, kauffen, verkauffen unnd gemaintlich aller handthierung wie die namen haben oder genent werden mögen, in ermeltem unserm Fürstenthumb, dergleichen auch mit unsern Landsässn unnd unsers Lands Innwonern, Underthonen und zugehörigen ganz unnd gar enthalten, und unser Land genzlich meiden."
⁵ Buch V Tit. 1 Art. 1.

erneuerte diese Anordnung mit fast den gleichen Worten. Allerdings blieben diese Verbote im 18. Jahr=
hunderte nicht mit voller Schärfe in Kraft, insbesondere wurden Juden mit kurfürstlichen Pässen oder
Toleranzpatenten geduldet⁶ und als Hoffactores oder Schutzverwandte aufgenommen⁷.

Und nicht bloß das Eindringen unkatholischer Bewohner, es wurde auch das Eindringen un=
katholischer Gedanken von außen durch eine strenge Preßpolizei fernzuhalten gesucht.

Die Erziehung des Volkes im katholischen Glauben galt als ein Hauptziel des öffentlichen
Unterrichtes. Die gelehrten Schulen waren seit 1561 den Jesuiten überliefert, und wenn auch nach
Aufhebung des Jesuitenordens das Schulwesen unter Max Josef III. vom kirchlichen Einflusse sich
freimachen zu wollen schien, so wurden doch schon nach einigen Jahren durch Karl Theodor die Mittel=
schulen wiederum in geistliche Hände gegeben. Das Volkschulwesen aber stand fortgesetzt unter der
Mitaufsicht der kirchlichen Organe.

Auch dafür war Sorge getragen, daß nicht durch den Verkehr mit ganz oder theilweise ketzerischen
Orten das Seelenheil der Unterthanen Schaden nehme⁸. In einem protestantischen Orte sollten sich
letztere überhaupt nicht aufhalten; in den confessionell gemischten Nachbarstädten, wohin sie sich mit
einem „Vergunstzettel" begeben durften, unterlagen sie hinsichtlich ihres religiösen Lebens der Aufsicht
kurfürstlicher Religionsagenten und der nächstbefindlichen bayerischen Beamten (Landrichter, Pfleger,
Gerichtsschreiber ꝛc.) als Religionscommissarien. Noch im Jahre 1738 faßte ein landesherrliches
Mandat die diesbezüglichen Vorschriften neuerlich zusammen⁹.

Die Ablegung des katholischen Glaubensbekenntnisses war Vorbedingung zur Anstellung im
Civil= und Militärdienst¹⁰, zur Aufnahme als Gewerbelehrling, zur Gestattung der Wanderschaft und
zum selbständigen Gewerbebetriebe.

Die weltliche Gewalt erachtete es ferner für ihre Aufgabe, darüber zu wachen, daß die Unter=
thanen ihren kirchlichen Verpflichtungen genügten, und daß die Obrigkeiten ihnen hierin mit gutem Bei=
spiele vorangingen¹¹.

Wie sehr das öffentliche Leben und die Gesinnungen des Volkes in Folge dessen von con=
fessionellem Geiste beherrscht waren, zeigt der Umstand, daß, als unter Max Josef III. ein nur sehr
mäßiger Nachlaß in dem starren Confessionalismus der Regierungsgrundsätze sich bemerklich machte,
Gerüchte sich verbreiteten, als stehe die Religion in Gefahr. Durch ein Patent vom 16. Januar 1767
trat der Kurfürst diesen Ausstreuungen entgegen¹².

So sehr aber auch die Ausbildung der Glaubenspolizei den kirchlichen Anforderungen ent=
sprechen mochte, die weltliche Gewalt in Bayern betrachtete sich zwar als die Dienerin des katholischen

---

⁶ Vgl. die Erläuterung der Landes= u. Polizeiordnung wegen denen Juden vom 27. Nov. 1750,
G. K. Mayr, Sammlung ꝛc., 1784, II S. 1266. S. auch ebenda IV S. 775.

⁷ Vgl. ebenda II S. 981. Ueber die Behandlung der Juden auch M. Frhr. v. Freyberg a. a.
O. II S. 349, J. Heimberger, die staatskirchenrechtliche Stellung der Israeliten in Bayern, Frei=
burg i. Br. u. Leipzig 1893, S. 2 ff. Ein Rescr. vom 17. Aug. 1787, bei G. K. Mayr a. a. O. II S.
1044, besagt, „daß der oder diejenige, welche sich fernerhin unterstünden, einen der hiesigen Juden in
und außer dem Haus mit Wort oder Werken zu insultiren oder zu beleidigen, als Störer der öffent=
lichen Ruhe und Sicherheit criminaliter behandelt" werden würden.

⁸ Vgl. hieher M. Frhr. v. Freyberg a. a. O. III S. 159 ff.

⁹ S. das Mandat vom 22. Sept. 1738 in der Sammlung von 1771 S. 485. Dasselbe be=
ginnt mit der Bestimmung, „daß sich keiner bei unausbleiblicher Straf außer Lands in Dienst
oder Wanderschaft, weniger mit Haushaben begeben solle, ehe und bevor er sich bei seiner ordentlichen
Obrigkeit, wie auch des Orts Pfarrer und Seelsorger derentwillen gebührend angemeldet habe". S.
auch M. Frhr. v. Freyberg a. a. O. III S. 172.

¹⁰ So soll nach Art. I § 6 der Hofrathsordn. vom 16. Aug. 1779 ein jeder, der in den Hofrath
(das Revisorium oder eine Regierung) aufgenommen wird, in der öffentlichen Rathssession das katho=
lische Glaubensbekenntniß ablegen. G. K. Mayr, Sammlung ꝛc., 1784, I S. 159. S. auch M. Frhr.
v. Freyberg a. a. O. III S. 160.

¹¹ M. Frhr. v. Freyberg a. a. O. III S. 166 ff. G. K. Mayr, Sammlung ꝛc., 1797, V S.
376 u. 511 (Verbot des Fleischessens an Fasttagen noch 1796 erneuert), 451 (Erlaß von 1790, daß die
Beamten dem öffentlichen Pfarrgottesdienste beiwohnen). In der Stadt= u. Marktinstr. von 1748
(Sammlung von 1771 S. 558) § 1 heißt es, daß Rath und Bürgerschaft „den heiligen Gottesdiensten,
der Meß und Predig, in specie dem pfingsttäglichen Umgang" mit Andacht beiwohnen, die hochheilige
Sacrament öfters gebrauchen, auch auf denen Gassen den Kindern, Ehehalten und anderen unter dem
Ave Maria=, Scheidung= und Angstgeläut einigen Muthwillen nicht gestatten sollen".

¹² S. dasselbe bei G. K. Mayr, Sammlung ꝛc., 1784, II S. 1088. Vgl. auch ebenda 1788, IV
S. 777, und andererseits II S. 1112 Nr. LXXXIV. S. ferner die Darstellung bei H. v. Sicherer
a. a. O. S. 6 ff.

6*

Glaubens, nicht jedoch als die Dienerin der katholischen Kirche. Der Landesherr war Inhaber der Kirchenhoheit; sein Organ für deren Ausübung war der geistliche Rath¹³.

Den Ausgangspunkt für die neuere Entwickelung des Verhältnisses zwischen der weltlichen und geistlichen Gewalt in Bayern bildete das Concordat, welches unter Vermittelung des päpstlichen Nuntius am 5. September 1583 mit den Erz- und Hochstiftern Salzburg, Passau, Freising, Regensburg und Chiemsee abgeschlossen wurde¹⁴. Ein Receß mit dem Hochstifte Augsburg folgte unterm 20. September 1631¹⁵ und fand durch weiteren Receß vom 29. Januar 1684¹⁶ seine Vervollständigung¹⁷.

Eine Uebersicht über den Rechtsstand Bayerns in kirchlicher Beziehung, wie er sich seit Ende des 16. Jahrhunderts gestaltet hatte, ergibt Folgendes¹⁸.

Auf dem Gebiete der kirchlichen Verwaltung übte der Landesherr als solcher vor Allem das Recht der Posseßgebung d. h. der Einweisung in die mit dem geistlichen Amte verbundenen Temporalien¹⁹. Die Posseßbriefe ertheilte der geistliche Rath. Die Geistliche-Raths-Ordnung traf eingehende Bestimmungen über den „Temporalieneinsatz und Erhebung der Possessionsbefehle"²⁰. Noch unter Karl Theodor ergingen unterm 12. Juni 1790 und 9. December 1797²¹ Verordnungen zur Wahrung des landesherrlichen Rechtes der Posseßgebung.

Der Landesherr hatte ferner, nicht kraft seiner Landeshoheit, sondern kraft eines Herkommens, welches durch päpstliche Indulte bestätigt war, das Recht der Präsentation auf die Pfründen in den päpstlichen Monaten²². Den Versuchen, dieses landesfürstliche Recht zu umgehen, wurde durch zahlreiche Erlasse entgegen getreten²³. Die Bewerber um die landesherrliche Präsentation hatten sich dem Pfarrconcurse zu unterziehen²⁴. Bezüglich der Aebte hatte der Landesherr das Recht der Wahlbestätigung zu erringen gewußt²⁵.

---

¹³ Vgl. darüber oben § 9 Ziff. 2.

¹⁴ Ueber die Verhandlungen E. Mayer, die Kirchenhoheitsrechte des Königs von Bayern, S. 42 ff.; A. Reinhard, die Kirchenhoheitsrechte des Königs von Bayern, München 1884, S. 21 ff. Vgl. auch E. Rosenthal a. a. O. I S. 33 ff., insbes. 41 ff. Das Concordat ist abgedruckt bei M. Frhrn. v. Freyberg a. a. O. III S. 375 u. G. K. Mayr, Sammlung ꝛc., 1784, II S. 1021. Dazu Rescr. vom 29. April 1584 a. a. O., 1788, IV S. 723.

¹⁵ Abgedruckt bei Freyberg a. a. O. III S. 387.

¹⁶ Abgedruckt bei Freyberg a. a. O. III S. 391 u. G. K. Mayr a. a. O. II S. 1030.

¹⁷ In der Folge wurden mit einigen der am Concordate von 1583 betheiligten Hochstifter Recesse abgeschlossen. G. K. Mayr a. a. O. II S. 1037, 1048, 1049; der Freisinger Receß auch bei Freyberg a. a. O. III S. 399. Vgl. A. Reinhard a. a. O. S. 28. — Eine Gesammtausgabe der sämmtlichen Verträge erschien unter dem Titel: „Concordaten und Recessen, welche zwischen Chur-Bayern, dann denen umliegenden Erz- und resp. Hoch-Stiftern Salzburg, Passau, Freysing, Regenspurg, Augspurg und Chiemsee, sowohl in älteren als neueren Zeiten, so vil das Ecclesiasticum in hiesigen Chur-Landen belanget, getroffen, und sowohl denen geistlichen als weltlichen Obrigkeiten, Beamten und Unterthanen, zur Nachricht und resp. Nachachtung, aus Churfürstlichen Befehl in öffentlichen Druck gegeben worden. Neue Auflage. Gedruckt bei der churfürstlichen Akademie der Wissenschaften, 1769. Weitere Recesse wurden mit Augsburg 1785, mit Regensburg 1789 abgeschlossen. Ersterer bei G. K. Mayr a. a. O. IV S. 818 u. Erläuterung dazu S. 857; letzterer bei Warnkönig, staatsrechtliche Stellung der kathol. Kirche S. 228; s. auch G. K. Mayr a. a. O. V S. 443.

¹⁸ Vgl. hieher H. v. Sicherer a. a. O. S. 4 u. E. Mayer a. a. O. S. 52—64, 69—88.

¹⁹ M. Frhr. v. Freyberg a. a. O. III S. 40 ff. Nach dem Concordate von 1583 Cap. 4 „soll das Examen von dem Lands-Fürsten, welches bisher die Priester, denen die Seelsorge vertrauet worden, ausgestanden, unterlassen werden". Vgl. auch W. Kahl, über die Temporaliensperre, bes. nach bayr. Kirchenstaatsrecht, Erlangen 1876, S. 77.

²⁰ G. R. Ordn. von 1779 § 11, G. R. Mayr, Sammlung ꝛc., 1784, II S. 1182. — Vgl. Rescr. vom 29. April 1584 ebenda, 1788, IV S. 723, auch 774. Ueber die Posseßnehmung der exponirten klösterlichen Pfarrvicare ebenda II S. 1054. — S. ferner A. Reinhard a. a. O. S. 34.

²¹ G. R. Mayr, Sammlung ꝛc., 1797, V S. 449; 1799, VI S. 139. Dazu W. Kahl a. a. O. S. 80 f. u. 89. Ueber die Temporaliensperre gegen Pfarrer wegen unterlassener Posseßnehmung ebenda S. 82 ff.

²² W. Kahl a. a. O. S. 92 ff., woselbst auch die Schriften angegeben sind. Vgl. G. R. Ordn. von 1779 §§ 5—7.

²³ Vgl. W. Kahl a. a. O. S. 102 ff., G. R. Ordn. von 1779 § 6, G. R. Mayr, Sammlung ꝛc., 1784, II S. 1147, 1173; 1788, IV S. 733.

²⁴ Vgl. E. Mayer a. a. O. S. 59 Anm. 34. Geistl. R. Ordn. von 1779 § 10; Rescr. vom 3. März u. 30. Mai 1780, G. R. Mayr, Sammlung ꝛc., 1788, IV S. 783; 1784, II S. 1146.

²⁵ E. Mayer a. a. O. S. 59, 76. G. R. Mayr, Sammlung ꝛc., 1788, IV S. 779; 1797, V S. 458 (turf. Wahlcommissäre als custodes und executores canonum). S. auch ebenda 1784, II S. 1064. — Ueber die Landcapitelwahlen ebenda IV S. 805, auch A. Reinhard a. a. O. S. 74.

Auch inſoferne äußerte die landesherrliche Gewalt einen Einfluß auf die Beſetzung der Kirchen=ämter, als durch mehrfache Erlaſſe deren Verleihung an Ausländer als unſtatthaft erklärt wurde. Insbeſondere verfügte ein Mandat vom 20. December 1768²⁶, daß „keiner durch was immer für eine Wahl oder von was immer für einem Patronen zu einer inländiſchen Prälatur, Probſtei, Dechanei, Pfarr, Canonicat oder ſonſtig geiſtliches Beneficium mehr zugelaſſen werden ſolle, wenn er nicht ein geborenes Landeskind oder aber mit dem iure indigenatus ſchon vorläufig begnadiget" ſei²⁷. Ein weiteres Mandat vom 30. December 1760²⁶ ſchloß Richteingeborene von den Aemtern und Dignitäten in den Klöſtern unbedingt aus und beſtimmte, daß in keiner geiſtlichen Communität mehr als der ſechſte Theil Ausländer ſein dürften.

Die Landesherren betrachteten es als ihr Recht, Aufſicht darüber zu üben, daß die Geiſtlichkeit den Pflichten ihres Amtes und Standes nachkomme, und die Erfüllung dieſer Obliegenheiten durch weltliche Zwangsmittel, insbeſondere durch die Temporalienſperre, zu bewirken²⁹. Die Rentmeiſter=inſtruction von 1669³⁰ befiehlt den Rentmeiſtern, bei ihrem Umritte auf Laſter und Untugenden bei Geiſtlichen, insbeſondere auf geiſtliche Concubinen, Obacht zu geben, ſich wegen Haltung des Gottes=dienſtes und der Kinderlehre zu erkundigen, ſowie zu erforſchen, ob die Unterthanen nicht mit Seel=geräthe, Stolgebühren ꝛc. ungebührlich bedrängt werden. Die Rentmeiſterinſtruction von 1774³¹ ver=weiſt bezüglich der Aufſicht über „das geiſtliche Weſen" auf jene älteren Vorſchriften.

Mag auch die landesherrliche Gewalt der kirchenaufſichtlichen Thätigkeit in der Zeit nach Maximilian I. nicht mehr mit ſolchem Eifer obgelegen haben, wie früher, ein grundſätzlicher Verzicht auf dieſe Aufſichtsrechte hat niemals ſtattgefunden³².

Mit beſonderer Entſchiedenheit wurden unter Maximilian III. Joſef die Kirchenhoheitsrechte gegenüber den Klöſtern³³ und ſonſtigen geiſtlichen Genoſſenſchaften geltend gemacht. Von ein=ſchneidender Bedeutung war das Mandat vom 2. November 1769³⁴, welches für Ablegung der feier=lichen Ordensgelübde das 21. Lebensjahr forderte, die Kloſterkerker ſowie die Verhängung von Ge=fängniß=³⁵ und Leibesſtrafen durch die Kloſterobern unterſagte und „das Herumbagiren und Betteln derjenigen Religioſen, die man Mendicanten nennt", verbot³⁶.

---

²⁶ Sammlung von 1771 S. 512.

²⁷ S. auch G. K. Mayr, Sammlung ꝛc., 1784, II S. 1065, 1091. Vgl. unten § 75 Anm. 1.

²⁸ §§ 3, 7. Sammlung von 1771 S. 511.

²⁹ Vgl. W. Kahl a. a. O. S. 110—120; E. Mayer a. a. O. S. 60; A. Reinhard a. a. O. S. 33, 73; G. K. Mayr, Sammlung ꝛc., 1788, IV S. 725. Vgl. übrigens andererſeits den Erlaß vom 21. April 1648, ebenda S. 737.

³⁰ §§ 3 u. 4. Sammlung von 1771 S. 547.

³¹ § 42; G. K. Mayr, Sammlung ꝛc., 1784, I S. 360.

³² Vgl. außer den Beiſpielen aus den Jahren 1790 u. 1798 bei W. Kahl a. a. O. S. 112 Anm. 8, S. 120 Anm. 89 (letzteres auch bei G. K. Mayr, Sammlung ꝛc., 1799, VI S. 139), die Entſchl. vom 14. Juli 1778 bei G. K. Mayr, Sammlung ꝛc., 1784, II S. 1124, wo es heißt: „Denen beeden Pfarrern aber habt ihr zu bedeuten, ſelbe hätten fürwärts die Gottesdienſte zur ordentlich und nicht mehr ungleicher Zeit abzuhalten, auch die Unterthanen in Erheiſchung der Stolgebürniſſen um ſo weniger mehr zu übernehmen, als Wir in unerwarteten Vernehmungsfalle deſſen ganz beſondere Be=ſtrafungsmittel vorkehren würden." S. ferner a. a. O., 1784, II S. 1148 Nr. CII; 1788, IV S. 491 Nr. CXXXIV, S. 771 Nr. LXXVIII, S. 786; 1797, V S. 458 Nr. LXI.

³³ Ueber die früheren Verhältniſſe E. Mayer a. a. O. S. 33. Vgl. ferner A. Reinhard a. a. O. S. 35, 75.

³⁴ Sammlung von 1771 S. 502. Dazu G. K. Mayr, Sammlung ꝛc., 1784, II S. 1100. Vgl. auch den ſehr entſchieden gehaltenen Erlaß an die Franciscaner vom 2. Febr. 1769 wegen Prüfung ihrer Statuten, G. K. Mayr, Sammlung ꝛc., 1784, II S. 1099.

³⁵ Das Recht, Gefängniſſe zu halten, gehöre „unſtreitig zu den landesherrlichen Regalien", be=merkt § 1 des Mandats. Ein Reſcr. Karl Theodors vom 5. Mai 1791 (G. K. Mayr, Sammlung ꝛc., 1797, V S. 464) räumte jedoch den Kloſterobern das Recht wieder ein, „ohne vorläufige Anfrage" „gegen ihre ſtraffällige Untergebene nach denen Ordens=Satzungen und Gewohnheiten mit geeigneter Beſtrafung derſelben per gradus zu erfahren, ſofort im Erfordernußfalle ſie in einem abgeſonderten, jedoch reinlich und den übrigen Zellen ganz gleichen Ort und allenfalls mit geringer Aezung, jedoch unter hiendächſtig= jedmaliger Anzeige in ſo lange einzuſperren, bis eine anhaltende Beſſerung eintreten wird". „Wir verſehen Uns aber zu euch gnädigſt, daß ihr auch in Zukunft den euch anvertrauten Ge=walt nicht mißbrauchen und das Publications=Protokoll von allen unterſchrieben zu Unſerem geiſt=lichen Rath hieher gehorſamſt einſenden werdet".

³⁶ Ausnahmen von dieſem Verbote geſtattete in beſchränkter Weiſe das Mandat vom 8. Juni 1770; Sammlung von 1771 S. 507. Ueber die Collecturen der Mendicanten vgl. auch G. K. Mayr, Sammlung ꝛc., 1788, IV S. 745 und 804; 1784, II S. 1101. Ueber die 1750 geſtatteten barm=herzigen Brüder und deren Sammlungen ebenda S. 1058, 1066, 1067. Unterm 17. Dec. 1778 wurde

Ein Mandat vom 30. December 1769³⁷ über „die Separation der inländischen Klöster von auswärtigen Provinzen" bezielte, einerseits die Verbindung der bayerischen Klöster „mit auswärtigen General- und Provincialobern" zwar nicht „völlig aufzuheben", aber doch zu „mobificiren" d. h. zu lockern, andererseits die landesherrliche Aufficht zu schärferer Geltung zu bringen. Als Grund seiner Anordnungen bezeichnete der Kurfürst „die bedenklichen Folgen", welche jene auswärtigen Verbindungen „in Abficht auf das politische Interesse, die Ruhe und Wohlfahrt Unseres Staats zu gewissen Zeiten und in gewissen Umständen nach sich ziehen können"³⁸.

Bezüglich der geistlichen Bruderschaften wurde durch Mandate vom 9. December 1768³⁹ und 7. April 1769⁴⁰ verfügt, daß die bereits bestehenden innerhalb zweier Monate den „landesherrlichen Consens" zu erholen hätten, neue aber ohne „Wissen und Willen" des Landesherrn hinfür nicht mehr errichtet werden dürften.

Einen maßgebenden Einfluß, der auch durch das Concordat von 1583 vollinhaltlich anerkannt war, übte der Landesherr auf die Verwaltung des Kirchenvermögens⁴¹. Die Landesordnung von 1553 (Buch II Titel 10) und ziemlich übereinstimmend mit ihr die Landes- und Polizeiordnung von 1616 (Buch I Titel 9) enthielten eine eingehende Regelung der „Verrechnung, Verwahrung und Verwaltung der Kirchengüter"⁴². Die letzere Polizeiordnung sprach (Art. 16) den allgemeinen Grundsatz aus, daß keinerlei Kirchenvermögen ohne Genehmigung der weltlichen Gewalt⁴³ veräußert werden dürfe⁴⁴. Auf der Grundlage der Landes- und Polizeiordnung von 1616 vollzog sich die Weiterentwickelung des Kirchenverwaltungsrechtes. Dieselbe bezieht sich vor Allem auf die Rechtsgrundsätze über die Verpflichtung zur Baufallwendung an Cultusgebäuden⁴⁵. Erwähnung verdient insbesondere das Mandat vom 4. October 1770⁴⁶ über die Concurrenz zu den Kirchen- und Pfarrhofbauten, welches unter Einsetzung eigener Commission eine allgemeine Concurrenzleistung der Gotteshäuser „zu den Baunothdürften unbemittelter Kirchen" verfügte und die Concurrenz der Decimatoren regelte.

Ueber die Führung und Beaufsichtigung der kirchlichen Vermögensverwaltung ergingen in der

---

eine besondere Commission niedergesetzt, welche über die Einschränkung des „in hiefigen Landen kundbar allzu sehr überseten Mönchswesens" und der „lediglich zur Ungebühr und äußerster Belästigung Dero getreuen Unterthanen übel gewordenen übermäßigen Sammlung" berathen sollte; a. a. O. II S. 1125. Ueber Aufnahmsbeschränkungen f. auch a. a. O., 1799, VI S. 147.

³⁷ Sammlung von 1771 S. 510.

³⁸ Erwähnt seien noch die Bestimmungen gegen übermäßige Gastereien in den Klöstern. § 15 des Mandats vom 13. Oct. 1764 und Rescr. vom 7. März 1775, G. K. Mayr, Sammlung ꝛc., 1784, II S. 1080 und 1113. Ferner ein Rescr. vom 18. April 1769 (a. a. O. II S. 1095), sich bei der Feuerbeschau hinsichtlich der Klöster und andern geistlichen Gebäude „durch die vorschützende Immunität nicht irr machen" zu lassen.

³⁹ G. K. Mayr, Sammlung ꝛc., II S. 1092.

⁴⁰ Sammlung von 1771 S. 513. Das letere Mandat fordert „kraft landesherrlicher Gewalt und advocatiae ecclesiasticae" genaue Aufschlüsse über Bestand und Verfassung der Bruderschaften.

⁴¹ Vgl. wegen der älteren Rechtsverhältnisse M. Frhr. v. Freyberg a. a. O. III S. 73 ff. E. Mayer a. a. O. S. 21, 39, 61. S. auch A. Reinhard a. a. O. S. 37, 77.

⁴² Die Ueberschriften der Artikel geben ein Bild des Inhaltes: 1. Wie die Kirchengüter beschrieben und inventirt sollen werden. 2. Wie von den Kirchengütern Rechnung geschehen soll. 3. Wie der Kirchen Gelt, Ornat, Kleinoter und briefliche Urkunden zu verwahren sein. 4. Die fürstlichen Beamten sollen der Kirchen Rechnungen Register in ihrer Amts-Rechnung überantworten. 5. Wie die Landsassen ihre zugehörigen Kirchenrechnungen aufnehmen sollen. 6. Wieviel den fürstlichen Beamten in den Kirchenrechnungen für Zehrung gegeben soll werden. 7. Daß der unvermöglichen Gotteshäuser Rechnung sollen zusammen gelegt werden. 8. Pfleger, Richter oder Kastner sollen in den Kirchenrechnungen die Pfarr- und Widemhöf besichtigen. 9. Der Gerichtsschreiber Besoldung, um daß sie die Kirchenrechnung ordentlich beschreiben. 10 und 11 enthalten Vorschriften gegen Ueberforderungen Seitens der Beamten. 12. Daß die Kirchenpröpste und Zechleut nit mit einander abzuseten. 14. Wie es mit Einnahm und Ausgab bei Kirchengüter, auch bei Kirchenbauten gehalten werden soll. 15. Wie mit der Kirchenbaarschaft zu handeln. 16. Kein Kirchengut ohne Vorwissen der Obrigkeit zu verändern, zu vererben noch zu verleihen. 17. Wie die Kirchengüter Zehent oder Gründ verlassen, und der Zehent oder Dienst-Traid soll verkauft werden. 18. Daß diese Ordnung zu jeder Kirchenrechnung soll verlesen werden.

⁴³ Die L. und P. O. nennt die weltliche ordentliche Obrigkeit. Der Freisinger Receß von 1718 § 6 fordert Zustimmung des Landesherrn. Vgl. G. K. Mayr, Sammlung ꝛc. 1788, IV S. 751, 853.

⁴⁴ Ueber die Verhältnisse des Klosterguts vgl. die Angaben bei E. Mayer a. a. O. S. 62 u. 63. Sammlung von 1771 S. 500, 501.

⁴⁵ Vgl. darüber M. Frhr. v. Freyberg a. a. O. III S. 87, E. Mayer a. a. O. S. 61. G. K. Mayr, Sammlung ꝛc., 1784, II S. 1160; 1788, IV S. 747, 750, 752.

⁴⁶ Sammlung von 1771 S. 493. Vgl. auch G. K. Mayr, Sammlung ꝛc., 1784, II S. 1087.

zweiten Hälfte des vorigen Jahrhunderts umfaſſende Anordnungen, ſowohl in beſonderen Mandaten ⁴⁷, als auch in den Geiſtlichen-Raths-Inſtructionen von 1779 und 1788 ⁴⁸. Das Beſtreben der weltlichen Gewalt war hiebei darauf gerichtet, die Ordinariate von dem Einfluſſe auf die Verwaltung des Kirchenvermögens möglichſt auszuſchließen ⁴⁹.

Auf höchſt empfindliche Weiſe griff die Landesgewalt in das kirchliche Vermögensrecht dadurch ein, daß ſie ihr Aufſichtsrecht über das Kirchenvermögen zur Einſchränkung der Vermögenserwerbsfähigkeit der Kirche benützte. Dieſe Amortiſationsgeſetzgebung ⁵⁰ wurde, wenn man von vereinzelten älteren Beſtimmungen abſieht, zuerſt durch die Mandate vom 20. Februar 1669, 20. April 1672, 3. Januar und 20. April 1675 eingeleitet ⁵¹. Das Amortiſationsgeſetz vom 1. Auguſt 1701 ⁵² band, in Erweiterung der früheren Vorſchriften, den Erwerb unbeweglicher Güter durch die todte Hand überhaupt an die landesherrliche Zuſtimmung, und der Codex Civilis von 1756 bekräftigte die Giltigkeit dieſes Geſetzes ⁵³. Die Pragmatik vom 13. October 1764 ⁵⁴ aber dehnte, indem ſie zugleich einige Aenderungen der bisherigen Beſtimmungen verfügte, das Syſtem der Erwerbsbeſchränkungen auch auf bewegliches Gut aus (summa pragmatica). Ein Mandat vom 9. Februar 1787 ⁵⁵ endlich unterwarf die ausländiſchen manus mortuas dem Amortiſationsrechte.

Auch an das in anderem Zuſammenhange bereits erwähnte ⁵⁶ Mandat vom 2. Juli 1782 ⁵⁷ wegen der Umwandlung der unter die Kirchen gehörigen Leibgüter in Erbrechte iſt hier zu erinnern.

Seinen Abſchluß fand das Syſtem der Kirchenhoheitsrechte im 18. Jahrhundert durch die volle Ausbildung zweier Rechtseinrichtungen, durch welche, trotz der theoretiſch angenommenen Nebenordnung von geiſtlicher und weltlicher Gewalt ⁵⁸, doch die Herrſchaft der letzteren über die erſtere thatſächlich zur Geltung kam, des Placets und des recursus ab abusu.

Das Mandat vom 3. April 1770 ⁵⁹ beſtimmte: „Nachdem von Unſerer höchſten Stelle gnädigſt reſolvirt worden, in Unſern Landen zu Baiern und der obern Pfalz gleich anderen katholiſchen Staaten keinerlei geiſtliche Verordnungen und Geſetze ohne vorausgehender Unſerer Landesherrlichen Einſicht und Begnehmigung fürohin ad Effectum bringen zu laſſen; ſo befehlen Wir hiemit gnädigſt, daß zur Execution einig biſchöflicher Generalverordnungen, wenn ſie nicht vorher von Uns eingeſehen und zu exequiren anbefohlen worden, keine Hand geboten, und wofern ein Pfarrer oder anderer Geiſtlicher ſich unterſtehen dörfte, eine dergleichen Verordnung zu publiciren, worinnen Unſerer höchſten Lands- und Kirchenſchutzgerechtſame zu nahe getreten würde: ſo ſolle derſelbe ohne weiteres mit der Temporal-

---

⁴⁷ Vgl. G. K. Mayr, Sammlung ꝛc., 1784, II S. 1058, Sammlung von 1771 S. 490, 501.

⁴⁸ G. K Mayr, Sammlung ꝛc., 1784, II S. 1137 ff., 1155 ff. — An älteren Anordnungen ſind zu vergleichen a. a. O. 1788, IV S. 754, 764; 1797 V S. 360.

⁴⁹ E. Mayer a. a. O. S. 63. G. K. Mayr, Sammlung ꝛc., 1784, II S. 1055; 1788, IV S. 750, 761. Ueber die Beſteuerung des Kirchengutes durch die Biſchöfe vgl. E. Mayer ebenda, G. K. Mayr a. a. O. II S. 1047, IV S. 727, 729 (portio canonica). Auch auf die Handhabung des biſchöflichen Viſitationsrechtes hatte ſich der Landesherr einen erheblichen Einfluß geſichert. Näheres bei Kreittmayr, Anm. über den Cod. Max. Bav. Civ. Th. V Cap. 19 § 43, M. Frhr. v. Freyberg a. a. O. III S. 120 ff., E. Mayer a. a. O. G. R. Ordn. von 1779 § 13; von 1788 § 9.

⁵⁰ Vgl. zum Folgenden A. Widder, die Amortiſationsgeſetzgebung im Kgr. Bayern, München 1873, u. vor Allem W. Kahl, die deutſchen Amortiſationsgeſ. Tübingen 1879, S. 190 ff.; auch P. v. Roth, bayer. Civilrecht, 2. Aufl., I S. 257 ff., Chr. Meurer in K. Frhrn. v. Stengel's Wörterb. des deutſchen Verw.-Rechts I S. 30 ff.

⁵¹ M. Frhr. v. Freyberg a. a. O. III S. 99, Sammlung von 1771 S. 83 (vgl. auch oben § 13 Anm. 16); G. K. Mayr, Sammlung ꝛc., 1788, IV S. 746.

⁵² G. K. Mayr a. a. O. IV S. 756. Dazu II S. 1054, 1059, 1071, 1073, 1074. Bemerkenswerth iſt auch das Decret vom 16. Sept. 1790 ebenda IV S. 771, worüber A. Widder a. a. O. S. 21 Anm. 53, S. 27.

⁵³ A. a. O. IV S. 776. Ueber eine durch Mandat vom 24. März 1762 bewirkte Milderung Sammlung von 1771 S. 455; über die quarta pauperum oben § 25 Anm. 28.

⁵⁴ A. a. O. II S. 1078; dazu S. 1082, 1090, 1094; IV S. 785, 841 V S. 697. Sammlung von 1771 S. 91.

⁵⁵ G. K. Mayr, Sammlung ꝛc., 1788, IV S. 892; vgl. auch 1797, V S. 483.

⁵⁶ Oben § 25 Anm. 93.

⁵⁷ G. K. Mayr, Sammlung ꝛc., 1784. II S. 1175.

⁵⁸ Vgl. E. Mayer a. a. O. S. 70.

⁵⁹ G. K. Mayr, Sammlung ꝛc., 1784, II S. 1099; vgl. auch S. 1086 (Veremund von Lochſtein). G. R. Ordn. von 1779 § 4, ebenda S. 1127.

sperr beleget, und wann eine solche nachtheilige Verordnung ad valvas Ecclesiae angeschlagen wurde, selbige sofort jedoch mit vorheriger Anfrage bei Unserm geistlichen Rath abgenommen werden" ⁶⁰.

Was die Beschwerde wegen Mißbrauchs der geistlichen Gewalt anlangt, so war das remedium cassatorium, der Recurs wegen geistlicher Amtshandlungen, die weltlichen Gesetzen widersprechen, dem bayerischen Rechte schon in älteren Zeiten bekannt ⁶¹. Die Geistliche=Raths=Ordnungen von 1779 und 1783 ⁶² aber ließen auch den Recurs wegen Verletzung des canonischen Rechtes allgemein mit der Wirkung zu, daß bei begründet befundener Beschwerde die Rechtshilfe versagt würde ⁶³.

Als staatliches Zwangsmittel zur Erzielung des Gehorsams der Geistlichen diente insbesondere die Temporaliensperre ⁶⁴.

Bezüglich der Geltung des weltlichen Rechtes für Geistliche und geistliche Sachen waren die Forderungen des canonischen Rechtes nicht nach jeder Richtung hin erfüllt, wenn denselben auch in manchen Beziehungen Rechnung getragen war.

Erhebliche Ausnahmen bestanden zu Gunsten der Geistlichkeit und der geistlichen Sachen hin= sichtlich der Gerichtsbarkeit ⁶⁵. Bezüglich der Verhandlungen über die geistlichen Verlassenschaften herrschte in vielen Punkten Streit zwischen der weltlichen Gewalt und den Ordinariaten, zumal die Concordatsbestimmungen nicht ganz klar waren ⁶⁶.

Auf dem Gebiete des Eherechtes nahm die weltliche Gewalt die Befugniß in Anspruch, aus polizeilichen und anderen Gründen die Trauungen von obrigkeitlicher Zustimmung abhängig zu machen ⁶⁷. Max III. verfügte sogar durch Mandat vom 24. Juli 1769 ⁶⁸, daß Verlöbnisse regelmäßig vor Gericht abzuschließen seien, und daß Verlöbnißstreitigkeiten der weltlichen Gerichtsbarkeit unter= liegen sollten. Indessen räumte eine „Provisionalverordnung" von 1776 der geistlichen Gerichtsbarkeit wieder einen Antheil an der Entscheidung jener Streitigkeiten ein ⁶⁹.

Daß die landesherrliche Gewalt, der canonischen Satzungen unerachtet, ihre Finanzhoheit gegenüber den Geistlichen und dem Kirchengute voll zur Geltung brachte, ist bereits aus der Darstellung des Finanzrechtes ersichtlich geworden. Die Erhebung von Abgaben Seitens der Bischöfe war von landesherrlicher Genehmigung abhängig ⁷⁰.

---

⁶⁰ Ueber die geschichtliche Entwickelung und die rechtliche Natur des Placets, worauf hier nicht näher eingegangen werden kann: W. Kahl, über die Temporaliensperre, bes. nach bayer. Kirchenstaats= recht S. 132 ff.; E. Mayer a. a. O. S. 76 f., A. Reinhard a. a. O. S. 29 ff., 65 ff. S. auch unten § 379 Anm. 15 ff. Ueber zwei Fälle der Handhabung des Placetrechtes unter Karl Theodor vgl. G. R. Mayr, Sammlung ꝛc., 1797, V S. 417, 420 (vom Jahre 1789), dann S. 459 Nr. LXXIV (vom Jahre 1791). Beide Fälle ereigneten sich gegenüber dem Ordinariate Augsburg.

⁶¹ W. Kahl a. a. O. S. 126 ff., E. Mayer a. a. O. S. 83 ff. S. auch G. R. Mayr, Samm= lung ꝛc., 1788, IV S. 734, 736, 740.

⁶² G. R. Ordn. von 1779 § 16; von 1783 § 3. Vgl. auch Receß mit Augsburg von 1785 § 20; mit Regensburg von 1789 (appellatio ab abusu). G. R. Mayr, Sammlung ꝛc., 1784, II S. 1152.

⁶³ Vgl. dazu E. Mayer a. a. O. S. 86 f., A. Reinhard a. a. O. S. 68 ff.

⁶⁴ Darüber W. Kahl's angef. Schrift und E. Mayer a. a. O. S. 77 ff. Vgl. auch unten § 379 Anm. 45, 46. Die Verhängung der Temporaliensperre war dem Landesherrn vorbehalten. G. R. Mayr, Sammlung ꝛc., 1784, II S. 1112.

⁶⁵ M. Frhr. v. Freyberg a. a. O. III S. 128 ff.; W. Kahl, die Temporaliensperre S. 123 ff.; E. Mayer a. a. O. S. 53 ff. G. R. Mayr, Sammlung ꝛc., 1788, II S. 1151, 1165, IV S. 744, 753, 777, 842.

⁶⁶ Vgl. M. Frhr. v. Freyberg a. a. O. III S. 105 ff., W. Kahl a. a. O. S. 124 ff., E. Mayer a. a. O. S. 54. Zahlreiche Erlasse in G. R. Mayr's Sammlung, II S. 1052, 1054, 1057, 1062, 1064, 1069—1077, 1087, 1092, 1095, 1100, 1114, 1164, 1168, 1174; IV S. 726, 727, 737, 743, 747, 762, 767, 775, 797, 800, 807, 815, 831, 835; V S. 374, 428, 444, 457, 461, 462, 487, 493, 513, 514; VI S. 141.

⁶⁷ Vgl. z. B. G. R. Mayr, Sammlung ꝛc., 1784, II S. 1061; 1788, IV S. 769; 1799, VI S. 141, 148. — Ueber Trauungen im Auslande ebenda 1797, V S. 479; 1799, VI S. 143. — Ueber die Gestattung gemischter Ehen in der Oberpfalz, 1788, IV S. 855.

⁶⁸ Sammlung von 1771 S. 514.

⁶⁹ G. R. Mayr, Sammlung ꝛc., 1784, I S. 148. Dazu ebenda S. 209 u. 1797 V S. 408. Die 1782 verfügte Wiederherstellung des Mandates von 1769 wurde schon 1783 auf Beschwerde der Ordi= nariate zurückgenommen.

⁷⁰ Vgl. oben Anm. 49.

7. Abſchnitt.

§ 28. Das Heerweſen [¹].

Die bewaffnete Macht des Landes beſtand vorzugsweiſe aus dem ſtehenden Heere [²] (miles perpetuus), das regelmäßig durch Werbung ergänzt wurde [³].

Indeſſen fanden auch ſtrafweiſe Einſtellungen [⁴] und im Bedarfsfalle Aushebungen ſtatt (Landcapitulanten) [⁵]. Ein Mandat vom 11. April 1767 [⁶] ſprach zwar aus, daß die bei den Regimentern befindlichen Landcapitulanten wieder zu entlaſſen ſeien, und daß von nun ab das Heer „aus lauter freiwillig angeworbenen und regulirten Leuten beſtehen ſolle" [⁷]; allein hieran wurde auf die Dauer nicht feſtgehalten.

Ebenſo verhielt es ſich mit den Anordnungen eines Mandates vom 28. April 1788, das unter Ankündigung eines neuen Kriegsſyſtems zur Hebung des Heeres [⁸] nachdrücklich verbot, Verbrecher zum Militär zu verurtheilen oder Vagabunden und übelbeleumundete Leute in daſſelbe aufzunehmen. Ein Generalmandat vom 18. März 1793 [⁹] ordnete eine allgemeine Razzia auf „übelbeſchriebene dienſtloſe und müßiggehende Perſonen" im Alter von 17 bis 42 Jahren an. Solche ſubſiſtenzloſe Leute ſollten aufgehoben und, wenn tauglich, wohl verwahrt zur nächſten Garniſon oder Commandantſchaft behufs

---

[1] Vgl. hiezu Kreittmayr, Anm. über den Cod. Max. Bav. Civ. Th. V Cap. 21. Ueber die ältere Zeit S. Riezler a. a. O. III S. 717 ff.

[2] Ueber die Höhe des bayer. Kreiscontingents J. J. Moſer, teutſches Staatsrecht XXIX S. 303 ff. und beſ. S. 335. Moſer gibt 1555 Mann im Triplum an. Vgl. auch E. v. Xylander, Jahrb. der militär. Geſellſchaft München 1882/83 S. 79 ff., der das kurpfalzbayer. Kreiscontingent im Triplum auf 6276 Mann Infanterie berechnet.

[3] S. z. B. die Inſtr. vom 30. Mai 1788 (G. K. Mayr, Sammlung ꝛc., 1784, II S. 1235) und die Inſtr. für die churpfalzbaier. Infanterie- u. Cavallerieregimenter bei der in Baiern aufzuſtellenden öffentlichen Werbung, vom 14. Juli 1794 (G. K. Mayr, Sammlung ꝛc., 1779, V S. 668), wo es heißt, daß die „Regimenter niemals den completen Stand erhalten werden, wenn nicht auch durch öffentliche Werbungen beigeholfen wird". Ueber die Werbe-, Hand- u. Anbringgelder a. a. O., 1799, VI S. 151; über die Capitulationszeit V S. 531, 535, 627. Kreittmayr a. a. O. § 2. Vgl. auch E. v. Xylander a. a. O. S. 111.

[4] So ſollten nach Mandat vom 6. Aug. 1769 (Sammlung von 1771 S. 546) alle Vaganten und Müßiggänger überhaupt, ſonderbar aber die dienſt- und herrnloſe Burſchen, herumgehenden Schreiber, Studenten und Jäger, legitimationsloſe in- und ausländiſche Handwerksburſche, Ehehalten, die gegen ihre Brodherrn aufpochen oder vor der Zeit aus dem Dienſt treten, „nicht minder auch andere liederliche, ungehorſam und incorrigible Leut" auf drei oder ſechs und mehr Jahre unter das Militär geſtoßen werden. S. auch G. K. Mayr, Sammlung ꝛc., 1788, IV S. 932. Ueber die gerichtliche condemnatio ad militiam der „delinquirenden Bauernburſche" G. K. Mayr, Sammlung ꝛc., 1788, III S. 83, 84. Auf dem unerlaubten Eintritte in fremde Kriegsdienſte ſtand 6jähriger Militärdienſt als Strafe (G. K. Mayr, Sammlung ꝛc., 1784, II S. 1236). Ein Mandat vom 8. Juli 1799 (G. K. Mayr, Sammlung ꝛc., 1797, V S. 638) dehnte die Strafaushebung auch auf die liederlichen Ehemänner aus, „wobei die Eheweiber ſelbſt wünſchen und verſtanden ſind, daß man ſolch ihre ſchädlich- und verderbliche Ehemänner nach Befund deren Aushebungscommiſſionen auf 4, 6 oder 8 Jahre lang in die Beſſerung zu Militärdienſten übernimmt". S. auch E. v. Xylander a. a. O. S. 114 f.

[5] S. z. B. über die Aushebung von 1500 Mann im Jahre 1760 G. K. Mayr, Sammlung ꝛc., 1784, II S. 1203 und 1205. Auf 20 Höfe ſollte ein Mann geſtellt werden, wobei die Bauernſöhne möglichſt zu übergehen waren.

[6] G. K. Mayr, Sammlung ꝛc., 1784, II S. 1211.

[7] Zu dieſem Ende wurde eine allgemeine Hofanlage (Recrutenanlage) mit 3 fl. vom Hofe erhoben. Kreittmayr, Anm. über den Cod. Max. Bav. Civ. Th. V Cap. 21 § 39 E. Dieſe Anlage wurde erſt im Jahre 1800 aufgehoben. Intell. Bl. S. 165.

[8] Vorzugsweiſe wurde Verbeſſerung der Montirung und Erhöhung des Solds in Ausſicht geſtellt. Vgl. über die Einführung der Oeconomiecommiſſionen bei den Regimentern im Jahre 1788 G. K. Mayr, Sammlung ꝛc., 1797, V S. 529 (die früheren Beſtimmungen ebenda, 1788, IV S. 929), über die Militärarbeitshaus- und Monturmagazinsämter (1790) ebenda V S. 609; über die Solderhöhung im Jahre 1789 ebenda V S. 533; über die Kaſernen-, Proviant- und Fourageämter S. 612. Weitere Maßnahmen zur Beſſerung der perſönlichen Verhältniſſe des Militärs bezogen ſich auf die Fürſorge für verwaiſte Soldatenkinder und die Einrichtung von Lehr- und Arbeitsſchulen für Soldatenkinder (1789) ebenda S. 558, 564. — Der Urheber des neuen „Syſtems" war der kurf. General-Leibadjutant Benjamin Thompſon, ſeit 1792 Reichsgraf v. Rumford.

[9] G. K. Mayr, Sammlung ꝛc., 1797, V S. 628; dazu auch S. 638.

Assentirung abgeliefert werden. Eine weitere Verordnung vom gleichen Jahre[10] verfügte eine allgemeine Aushebung von „ledigen Unterthanssöhnen" als Landcapitulanten. Auf 40 Familien auf dem Lande sollte ein Mann treffen. Die Dienstzeit der Capitulanten sollte 6 Jahre betragen, vorbehaltlich thunlichster Beurlaubungen. Die Capitulanten sollten außer dem Nothfalle nur zu inländischen Diensten verwendet werden.

Die Auswanderung und der Eintritt in fremde Kriegsdienste, noch mehr aber die Werbung für letztere war stets bei den schärfsten Strafen untersagt[11].

Für die Offiziersstellen des Heeres mit Ausnahme der Artillerie war der Stellenkauf zugelassen[12]. Vorzugsweise zur Heranbildung von Offizieren wurde im Jahre 1789 eine Militärakademie in München errichtet und der Aufsicht des Hofkriegsrathes unterstellt[13]. Die Aufnahme von Cadetten bei den Truppen war schon 1788 abgeschafft worden[14]. Im Jahre 1790 wurde indessen die Annahme von Volontärs bei der Infanterie und Cavallerie gestattet, jedoch sollten dieselben nur als Gemeine eintreten können[15].

Das militärische Heilwesen war früher in den Händen von Feldscheerern. Erst ein Rescript vom 19. Juli 1788 ordnete die Aufstellung von Chirurgen an, die auch in dem medicinischen Fache erfahren sein sollten[16].

Die Militärpersonen[17] unterlagen wegen gemeiner Verbrechen den gemeinen Rechten und der Carolina[18], wegen militärischer Verbrechen den Kriegsartikeln[19]. Die Aburtheilung erfolgte in allen Fällen durch die Militärgerichte[20]. Ueber den Gerichtsstand der Militärpersonen in bürgerlichen Sachen wurde bereits früher das Nöthige bemerkt[21].

Eine umfassende Regelung der Dienstverhältnisse, die vielfach auch in das polizeiliche Gebiet übergriff, war in dem Dienstreglement von 1774 enthalten[22].

Außer dem stehenden Heere bestand auch eine Miliz, der Landausschuß (Landfahnen)[23]. Herzog Wilhelm IV. errichtete 1513 zuerst einen beständigen Landausschuß und erließ eine allgemeine Landaufbotordnung und Instruction[24]. Die für die Landfahnen ausgewählten Bürger und Bauern ge-

---

[10] A. a. O. S. 634; s. auch die Instr. S. 657.

[11] G. K. Mayr, Sammlung ꝛc., 1784, II S. 1193, 1208, 1209, 1236; 1788, IV S. 934; 1797, V S. 516, 618, 687; 1799, VI S. 155, 156.

[12] Vgl. G. K. Mayr, Sammlung ꝛc., 1797, V S. 532 und 678. Der Stellenkauf wurde erst 1799 abgeschafft. Ein bezeichnendes Licht auf die Zustände im Offizierskörper wirft der Erlaß über das Absentgehen und den Urlaub der Offiziere vom 28. Febr. 1774, a. a. O. II S. 1219. S. auch E. v. Xylander a. a. O. S. 121.

[13] A. a. O. V S. 571, 605, sowie 1799, VI S. 175. Ueber die Aufhebung des Cadettencorps (1778) und die herzoglich marianische Landesakademie K. Prantl in der Bavaria I, 1 S. 561; über deren Umgestaltung zur Militärakademie S. 564. Vgl. auch Frhr. v. Schönhueb, Geschichte des k. bayer. Cadettencorps, München 1856. Die Akademie sollte indessen auch zur Vorbereitung für den Civildienst dienen, vgl. § 1 des Lehr- u. Erziehungsplans.

[14] A. a. O. V S. 519; weil „junge Leute, resp. Kinder, welche vor erhaltener Grundlage ihrer Erziehung bei Regimentern als Cadeten angestellt werden, niemal mehr eine gründliche Erziehung erlangen".

[15] A. a. O. S. 604.

[16] G. K. Mayr, Sammlung ꝛc., 1797, V S. 515. — Die „churpfalzbaier. Militär-Lazareth-Einrichtung" vom 17. Sept. 1793 ebenda S. 639.

[17] Ueber deren Verehelichung G. K. Mayr, Sammlung ꝛc., II S. 1237, 1240, IV S. 769, 931, V S. 556, 569, 669, 670.

[18] „Wegen der unter sammentlich Churf. Truppen zu beobachtender Gleichförmigkeit." Vgl. Erlaß vom 24. Dec. 1785, G. K. Mayr, Sammlung ꝛc., 1788, IV S. 935 f. Die Carolina trat erst im Jahre 1818 für das Heer außer Kraft. R. Bl. 1818 S. 1050.

[19] Wegen der älteren Artikelsbriefe s. die Angaben bei J. J. Moser, Einl. in das churf. bayer. Staatsrecht Cap. 11 § 41. Die Kriegsartikel vom 22. Jan. 1746 in der Sammlung von 1771 S. 517. Ueber die Aufhebung der Kriegsartikel vgl. R. Bl. 1813 S. 1050.

[20] Vgl. auch oben § 12 u. dazu G. K. Mayr, Sammlung ꝛc., 1784, II S. 1217, 1218. Die Instr. bei Militäruntersuchungen, Kriegs- u. Standrecht von 1748 in der Sammlung von 1771 S. 525. Auch Kreittmayr a. a. O. § 29 ff.

[21] § 12 Anm. 8—11.

[22] Dasselbe ist libellweise erschienen. Auszug bei G. K. Mayr, Sammlung ꝛc., 1784, II S. 1223. Ein Kriegsreglement für die Infanterie erging 1778, für die Cavallerie 1780.

[23] Vgl. hieher Kreittmayr a. a. O. § 39. Ueber den „Landaufbott" „in casu extremae necessitatis" ebenda § 40.

[24] J. J. Moser, Einl. in das churf. bayer. Staatsrecht Cap. 11 § 43.

nossen nach einem Mandat vom 29. December 1663 [25] gewisse Vorrechte, insbesondere in Bezug auf den Marktverkehr und in privatrechtlicher Beziehung; die Bürger auch hinsichtlich des Gewerbebetriebes. Sie wurden von den Landlieutenants [26] abexercirt, denen sie ein Exercirgeld zu bezahlen hatten [27]. Kurfürst Max Emanuel verfügte im Jahre 1691 eine Verbesserung und Verstärkung der Landfahnen [28].

Eine Umgestaltung des „Landesdefensionswesens" erfolgte durch Verordnung vom 17. September 1758 [29]. Die Zahl der auszuwählenden Mannschaften wurde gegen früher vermindert und auf 3000 Mann „ledige Unterthanenkinder" für Bayern und Oberpfalz festgesetzt. Die Auswahl wurde den Pfleg-, Landgerichts- und Hofmarksbeamten übertragen. Die Mannschaften sollten auf 3 Jahre in Capitulation genommen, jedoch jährlich nur eine gewisse Zeit im Exercitium und Dienst geübt werden. Nach Maßgabe des Abganges hatte neue Auswahl stattzufinden. Es wurde ausdrücklich betont, daß „das dermalige Vorhaben auf wirkliche Militärdienst nicht, sondern allein auf Herstellung einer allgemeinen Landesdefension abziele".

Nachdem unterm 24. Mai 1762 in einer Ministerialconferenz unter Beiziehung landschaftlicher Deputirter über die Herstellung des Landesdefensionsstandes d. h. des Landausschusses berathen worden war [30], erging im folgenden Jahre unterm 9. Februar eine Instruction für den engen und weiten Ausschuß [31]. Ersterer sollte in acht Bataillone zu 500 Mann formirt und jedem Infanterieregiment eines zugetheilt werden. Der weitere Ausschuß sollte zwölf Bataillone von gleicher Stärke zählen. Nur die erste Classe, der engere Ausschuß, war uniformirt, die zweite Classe, der weitere Ausschuß, hatte nur einige militärische Abzeichen. Jedem Regimente wurden die entsprechenden Gerichtsbezirke zugewiesen und die Exercirplätze bestimmt. Das Exercitium fand nur an Sonn- und Feiertagen in zwei Abtheilungen, für jede zwei Monate lang, statt.

Durch Mandat vom 18. Januar 1782 [32] wurde der Ausschuß, nachdem er einige Zeit hindurch beseitigt gewesen war [33], wieder in dem vorigen Bestande erneuert. Der engere Ausschuß sollte aus Leuten von 17 bis 30 Jahren mit einem Maß von 5 Schuh 7 Zoll und von gutem Wuchs bestehen, dem weiteren Ausschusse Leute von 17 bis 30 Jahren, welche das Maß nicht erreichten oder „nicht zum besten gewachsen" wären, sowie Leute bis zu 40 Jahren zugewiesen werden. Zahlreiche Kategorien waren mit Rücksicht auf Standes-, Dienstes- und Geschäftsverhältnisse ausgenommen. Für die Entlassung war Taxe zu zahlen. Die Gerichte hatten Musterlisten zu führen. Der Kurfürst erklärte übrigens und gedenke „den Ausschuß für dermalen noch nicht mit Exerciren und einigen Waffenübungen zu belästigen, sondern werde nach befundener Nothdurft des Landes, ingleichen wie es mit der Montirung alsdann gehalten werden solle, das Weitere verordnen".

Bezüglich der Heerlasten galt im Allgemeinen der Grundsatz, daß die Unterthanen zu Naturalleistungen an den Landesherrn für Zwecke des Heeres verpflichtet seien. Zu diesen Leistungen zählte die Bequartierung der Truppen und deren Verpflegung, Vorspann mit oder ohne Fuhrwerk, endlich Stellung von Pferden für den Dienst und zwar, Mangels bestehender besonderer Verbindlichkeit, gegen Bezahlung oder baaren Ersatz im Falle der Nichtzurückgabe [34]. Diese Naturalleistungspflicht bot, wie schon in anderem Zusammenhange erwähnt [35], die Handhabe zur Eröffnung einer Steuerquelle ohne Mitwirkung der Landstände, indem an die Stelle der Einforderung der Naturalleistung die Erhebung einer sogenannten Anlage trat.

---

[25] G. K. Mayr, Sammlung ꝛc., 1788, IV S. 899; vgl. auch S. 904.

[26] A. a. O. S. 904, 907.   [27] A. a. O. S. 901.   [28] J. J. Moser a. a. O.

[29] G. K. Mayr, Sammlung ꝛc., 1784, II S. 1190. J. J. Moser a. a. O. bemerkt darüber: „Im Jahre 1758 aber solle, denen öffentlichen Nachrichten zu Folge, das Land-Militär-Wesen auf einen ganz neuen, der Preußischen Verfassung ähnlichen, regulairen Fuß gesetzet worden seyn."

[30] G. K. Mayr, Sammlung ꝛc., 1784, II S. 1205.

[31] Sammlung von 1771 S. 532. Vgl. auch G. K. Mayr, Sammlung ꝛc., 1788, IV S. 928. (Die Landburschce sollen bei Meidung vierjähriger Dienstzeit im Regiment „ihre Haare lang ziegeln und nicht abschneiden lassen".)

[32] G. K. Mayr, Sammlung ꝛc., 1788, II S. 1257.

[33] A. a. O. S. 1211, Kreittmayr a. a. O. § 89. Mandat vom 11. April 1767.

[34] Quartier- u. Marschreglement von 1775 u. 1779 u. Erläuterung von 1792 bei G. K. Mayr, Sammlung ꝛc., 1784, II S. 1241; 1797 V S. 625; vgl. auch II S. 1181, dann 1788, IV S. 901, 917 mit II S. 1324 (Quartierfreiheit des Adels und der kurf. Räthe, Secretarien und Officianten nach den Albertinischen Recessen vom 31. Oct. 1561). Vorschriften über die Vorspannstellungen von 1752 u. 1759, Sammlung von 1771 S. 197, G. K. Mayr, Sammlung ꝛc., 1784, II S. 1201. Vgl. auch II S. 1187. — Uebersicht der verschiedenen Arten von Naturalstellung der Pferde bei G. K. Mayr, Sammlung ꝛc., 1799, VI S. 149, s. auch S. 173, 1788, IV S. 734. — Vgl. hiezu E. v. Xylander a. a. O. S. 105 ff.

[35] S. oben § 19 Anm. 16.

Es wurde statt der Naturallieferungen für das Heer eine Fourageanlage im Jahre 1719 eingeführt, zu deren Entrichtung die Gerichts- und Hofmarksunterthanen, und zwar auch Leerhäusler und Besitzer walzender Grundstücke, verpflichtet waren. Bürger und Inwohner der Städte und Märkte waren davon frei²⁶.

Nachdem im spanischen Erbfolgekriege Kasernen gebaut worden waren, trat an Stelle der Naturalquartierleistung die Servisanlage. Von dieser Anlage war die Landbevölkerung frei: nur die Stadtbevölkerung, mit Ausnahme der quartierfreien Personen, war derselben unterworfen²⁷. Anstatt des Naturalvorspanns endlich wurde im Jahre 1736 eine Vorspannsanlage eingeführt, welche von den Gerichts- und Hofmarksunterthanen mit Ausschluß der Söldner und Leerhäusler nach dem Hoffuße zu zahlen war²⁸.

Außer den Erträgnissen dieser Anlagen dienten zur Bestreitung des Geldaufwandes für die Heeresbedürfnisse Beiträge aus den Land- und Standsteuern und aus den Einkünften des Kammerguts²⁹.

²⁶ Kreittmayr, Grundriß des allg., deutsch- u. bayer. Staatsrechts § 172 und Sammlung von 1771 S. 195, 206; G. K. Mayr, Sammlung ꝛc., 1788, III S. 161.

²⁷ Kreittmayr a. a. O.; J. J. Moser, Einl. in das churf. bayer. Staatsrecht Cap. 11 § 42. G. K. Mayr, Sammlung ꝛc., 1784, II S. 1324.

²⁸ Kreittmayr a. a. O.; Sammlung von 1771 S. 196.

²⁹ Die Höhe des Militäretats wird von Panzer, Versuch über den Ursprung und Umfang der landständischen Rechte in Baiern S. 192 Anm. 5, in folgender Weise berechnet: „Diese Militäranlagen mögen zusammen ungefähr 344000 fl. ertragen. Neben dieser Summe werden aus Landsteuern und Ständeanlagen alljährlich 432000 fl. zur Kriegskasse entrichtet. Es tragen also die Stände und Unterthanen zu dem Landesdefensionswesen jährlich pro ordinario beiläufig 776000 fl. bei. Da aber, den Landtagsabschlüssen zu Folge, das landesfürstliche Kammergut an den Landesdefensionsbedürfnissen ein Drittheil bestreitet, und die oberpfälzischen Herzogthümer nebst Leuchtenberg und andern in oder um Baiern liegenden Besitzungen des pfalzbaierischen Hauses zum Herzogthume Ober- und Niederbaiern sich wenigstens wie 1 zu 4 verhalten, so kann man annehmen, daß der auf diese Länder zusammen sich erstreckende Etat militaire einen ordentlichen Fond von jährlichen 1552000 fl. habe." — Das bayer. Heer zählte unter Max III. Josef 12204 Mann, getheilt in 8 Infanterie-, 4 Cavallerieregimenter, eine Artilleriebrigade und 1 Husarencorps; unter Karl Theodor 31300 Mann in 4 Regimentern Grenadiere, 2 Regimentern Feldjäger, 14 Regimentern Füsiliere, 1 Regiment Artillerie, je 2 Regimentern Küraffiere und Dragoner, 3 Regimentern Chevauxlegers, einem Geniecorps und 2 Compagnien Fuhrwesen. Vgl. J. Rudhart, über den Zustand des Kgrs. Bayern nach amtlichen Quellen, Erlangen 1827, III S. 248.

Zweiter Theil.

Die staatsrechtlichen Verhältnisse Bayerns vom Ende des 18. Jahrhunderts bis zur Verfassungsurkunde von 1818.

I. Abschnitt.

§ 29. Aeußere politische Entwickelung [1].

Die staatsrechtliche Stellung Bayerns zum Reiche blieb in den ersten Regierungsjahren des Kurfürsten Maximilian IV. Josef der Form nach unverändert. Thatsächlich aber hatte sich die Loslösung des Landes aus dem Reichsverbande bereits längst vollzogen, als sie rechtlich zum Ausdrucke gelangte.

Bayern nahm am Kriege der zweiten Coalition gegen Frankreich [2]. an den Niederlagen der Verbündeten und an den Folgen des Lunéviller Friedens [3] vom 9. Februar 1801 Theil. Unterm 24. August 1801 schloß der Kurfürst einen Friedensvertrag mit der französischen Republik [4], in welchem er auf seine Länder und Domänen links des Rheines, insbesondere die Herzogthümer Jülich und Zweibrücken und die rheinpfälzischen Aemter [5], verzichtete. Frankreich verpflichtete sich dagegen, für eine genügende Schadloshaltung Bayerns im Reiche nach Maßgabe des Art. 7 des Lunéviller Friedens einzutreten. In Folge dieser Uebereinkunft und §§ 1 und 2 des Reichsdeputationshauptschlusses vom 25. Februar 1803 [6] erhielt Bayern die säcularisirten Bisthümer Augsburg, Freising, Bamberg und Würzburg, Theile der Bisthümer Eichstädt und Passau und der Grafschaft Neuburg, die Probstei Kempten, eine Anzahl von Abteien, Reichsstädten und Reichsdörfern in Franken und Schwaben und die bisher salzburgische Stadt Mühldorf. Andererseits verzichtete der Kurfürst auf die rechtsrheinische Pfalz [7] und seine böhmischen Herrschaften und schloß unterm 21. November 1802 und 30. Juni 1803 Grenz- und Gebietstauschverträge mit Preußen wegen der fränkischen Besitzungen ab [8].

Am Kriege Frankreichs gegen Oesterreich im Jahre 1805 betheiligte sich Bayern als Bundesgenosse Napoleons. Der Friede von Preßburg vom 26. December 1805 [9] bewirkte die größte politische Veränderung, die Bayern jemals unter dem Hause Wittelsbach erfahren hatte. Artikel 7 des Vertrages erklärte, daß der Kurfürst von Bayern den Königstitel angenommen habe, ohne jedoch auf-

---

[1] Denkwürdigkeiten des bayer. Staatsministers Maximilian Grafen v. Montgelas (1799 bis 1817), Stuttgart 1887.

[2] Wie G. Frhr. v. Lerchenfeld, Geschichte Bayerns unter König Maximilian Josef I., S. 20, erwähnt, hatte Bayern einen Subsidientractat mit England geschlossen. Die Verhandlungen wurden Anfang März 1800 zwischen Montgelas und dem englischen Gesandten in der Schweiz, Wikham, geführt, welch letzterer zu diesem Zwecke nach München gekommen war.

[3] S. den Vertrag bei Döllinger I S. 116 u. G. K. Mayr, Sammlung ꝛc., 1802, II Nachtrag S. LVI, woselbst eine Anzahl Urkunden über die französ. Besetzung Bayerns in den Jahren 1800 u. 1801 abgedruckt sind.

[4] R. Bl. 1802 S. 32; Döllinger I S. 121.

[5] Neber die Abtretung von Bergen op Zoom und der Herrschaft St. Michael Gestel an die batavische Republik durch Vertrag vom 24. Febr. 1801 R. u. Intell. Bl. 1801 S. 321.

[6] Döllinger, I S. 128 ff., Weber, Anh. Bd. S. 14, R. Bl. 1802 S. 841, 845, 881, 883, 885; 1803 S. 169, 323.

[7] „Pfalzbaiern" blieb aber die amtliche Benennung des Landes. R. Bl. 1803 S. 734.

[8] Döllinger I S. 192, 183. Fränk. R. Bl. 1803 S. 9.

[9] R. Bl. 1806 S. 50; Weber, Anh. Bd. S. 31.

zuhören, dem „deutschen Bunde" anzugehören. Damit war die Eigenschaft eines souveränen Staates Bayern zugesprochen, dem Reiche abgesprochen. Eine königliche Proclamation vom 1. Januar 1806 [10] verkündete dem Lande, daß „der bayerische Staat sich zu seiner ursprünglichen Würde emporgehoben" habe. Gemäß der Fiction, daß das Reich als deutscher Bund noch fortbestehe, blieben mit der königlichen Titulatur die Titel „des heiligen römischen Reichs Erzpfalzgraf, Erztruchseß und Kurfürst" verbunden [11].

Der Preßburger Friede hatte auch erhebliche Gebietsveränderungen zu Gunsten Bayerns im Gefolge. Es erwarb die Markgrafschaft Burgau, das Fürstenthum Eichstädt, den salzburgischen Theil von Passau, Tirol [12], Brixen, Trient und Vorarlberg, die Grafschaften Hohenems und Königsegg-Rothenfels, die Herrschaften Tettnang und Argen, Lindau und die Reichsstadt Augsburg [13]. Dagegen trat es Würzburg an den Großherzog von Toscana ab [14]. Durch Vertrag mit Napoleon wurde ferner das Herzogthum Berg dem letzteren überlassen; dagegen erwarb Bayern von Preußen die Markgrafschaft Ansbach [15].

Bald vollzog sich auch die förmliche Auflösung des Reiches. Am 12. Juli 1806 wurde zu Paris die rheinische Bundesacte [16] abgeschlossen, durch welche sich der König von Bayern und 15 andere deutsche Fürsten unter dem Protectorate Napoleons zu einem Bunde mit der Bezeichnung „rheinische Bundesstaaten" vereinigten. In Folge des Art. 1 dieses Vertrages sagten sich die neuen Verbündeten am 1. August 1806 vom Reiche los [17]. Franz II. legte die deutsche Kaiserwürde nieder, und damit hörte das Reich zu bestehen auf.

Die Verfassung des Rheinbundes zu erörtern, ist hier nicht der Ort. Hievon kann um so mehr Umgang genommen werden, als dieselbe niemals ausgebaut worden ist [18] und auf die inneren staatsrechtlichen Verhältnisse Bayerns keinen Einfluß geäußert hat [19].

Die Rheinbundacte enthielt aber außer den Grundbestimmungen über die Einrichtungen des Bundes auch eine Reihe von Verfügungen, welche den Gebietsbestand Bayerns erheblich veränderten. Bayern trat an Württemberg die Herrschaft Wiesensteig ab und verzichtete auf seine Ansprüche an die Abtei Wiblingen [20]. Es erwarb die Reichsstadt Nürnberg nebst Gebiet [21], sowie die Deutsch-Ordens-Commenden Rohr und Waldstetten [22], ferner das Fürstenthum Schwarzenberg, die Grafschaft Castell, die Herrschaften Speckfeld und Wiesentheid, die Dependenzen des Fürstenthums Hohenlohe in der Markgrafschaft Ansbach und im Gebiete von Rothenburg (Oberämter Schillingsfürst und Kirchberg), die Grafschaft Sternstein, die Fürstenthümer Oettingen, die fürstlich Thurn- und Taxis'schen Besitzungen nördlich des Herzogthums Neuburg, die Grafschaft Edelstetten, die Besitzungen des Fürsten und der Grafen Fugger, die Burggrafschaft Winterrieden, die Herrschaften Burgheim und Thannhausen und die Heerstraße von Memmingen nach Lindau [23]. Ferner sollte jeder der Verbündeten die reichsritterschaftlichen Güter, welche in seine Besitzungen eingeschlossen waren, mit voller Souveränität besitzen. Die zwischen zwei Staaten gelegenen ritterschaftlichen Güter aber sollten möglichst gleich, jedoch so getheilt werden, daß weder eine Zerstückelung noch Gebietsvermischung entstehe [24]. Eine solche Auseinandersetzung erfolgte zwischen Bayern und dem Großherzogthume Würzburg durch Vertrag vom 12. Juni 1807 [25].

---

[10] R. Bl. 3.

[11] Vgl. R. Bl. 1806 S. 289 mit 293. Eine staatsrechtliche Merkwürdigkeit, die hiemit im Zusammenhange steht, ist die im R. Bl. 1806 S. 181 veröffentlichte Adelsverleihung, wonach der König die Gebrüder Hilz „nach den Uns als des heiligen römischen Reiches Erzpfalzgrafen zukommenden Befugnissen in des heiligen römischen Reiches, auch, vermög der Uns zustehenden Souveränität, in Unserer königlichen Erblande Adel- u. Ritterstand" erhob.

[12] Dazu Grenzvertrag mit Frankreich vom 25. Mai 1806, R. Bl. 1807 S. 289.

[13] Friedensvertr. Art. 8, 13.   [14] Friedensvertr. Art. 11.

[15] R. B. 1806 S. 121, 189; Döllinger I S. 210, 211.

[16] Weber, Anh. Bd. S. 33.

[17] Der König legte nunmehr die auf das Reich bezüglichen Titel ab. Vgl. R. Bl. 1806 S. 293.

[18] Art. 11 der rhein. Bundesakte sah allerdings die Erlassung eines Fundamentalstatutes vor; allein ein solches ist gleichwohl niemals ergangen. Es lag auch nicht im Interesse der Rheinbundfürsten, durch Förderung einer weiteren Ausbildung des Bundes ihre innere Souveränität noch mehr zu gefährden.

[19] Vgl. hieher G. Meyer, Lehrb. des deutschen Staatsrechts, 3. Aufl. S. 79 ff., woselbst auch die einschlägigen Schriften angegeben sind.

[20] BA. Art. 13. Einen Grenzberichtigungsvertrag mit Württemberg vom 3. Juli 1806 f. bei Martens, nouv. recueil des principaux traités IV p. 289.

[21] Vgl. dazu Winkopp, der rhein. Bund, I. 1806, S. 152, 262.

[22] BA. Art. 17. Ueber Einverleibung weiterer Besitzungen des deutschen Ordens W. Vogel, Staatsrecht des Königreichs Bayern, S. 51 Anm. 4.

[23] BA. Art. 24; R. Bl. 1806 S. 353, 363; Döllinger I S. 227.

[24] BA. Art 25.   [25] R. Bl. S. 1245; Döllinger I S. 228.

Die rheinische Bundesakte setzte auch in den Grundzügen die rechtliche Stellung jener vor=
maligen Reichsstände fest, welche der Staatsgewalt der Rheinbundfürsten unterworfen worden waren.
Für Bayern erfolgte eine nähere Regelung dieser Verhältnisse durch die königliche Erklärung vom
19. März 1807²⁶. Auch bezüglich der Rechtsverhältnisse der Ritterschaft war unterm 31. December
1806 eine Erklärung erlassen worden²⁷. Auf diese Erklärungen wird im systematischen Theile noch
zurückgekommen werden.

Nach Abschluß des Wiener Friedens vom 14. October 1809 erwarb Bayern durch Staats=
vertrag mit Frankreich vom 28. Februar 1810²⁸ die Markgrafschaft Bayreuth nebst Kaulsdorf,
Regensburg, das Inn= und Hausruckviertel, Salzburg und Berchtesgaden; es trat Südtirol an Frank=
reich ab. Weitere Gebietsveränderungen wurden durch Verträge mit Württemberg und Würzburg
vom 18. und 26. Mai 1819 bewirkt²⁹.

Die Reihe der Umgestaltungen des bayerischen Staatsgebietes während der Zeit des Rhein=
bundes ist hiemit abgeschlossen.

Die Auflösung des Rheinbundes vollzog sich durch die Macht der geschichtlichen Ereignisse.
Bayern schloß mit Oesterreich den Rieder Vertrag vom 8. October 1813³⁰, vereinigte sich mit den gegen
Frankreich verbündeten Mächten und entsagte dem Rheinbunde. Oesterreich gewährleistete dagegen
in seinem und seiner Verbündeten Namen dem Könige von Bayern „den freien und ruhigen Besitz,
sowie die volle Souveränetät über alle Staaten, Städte, Domänen und Festungen, in deren Besitz
Seine Majestät sich vor dem Anfange der Feindseligkeiten befunden hat". Die Zusicherung der un=
geschmälerten Souveränetät wurde in den geheimen Artikeln zum Vertrage noch eindringlicher wieder=
holt und zugleich Bayern volle Entschädigung für etwaige Gebietsabtretungen versprochen.

Zu Folge des Pariser Vertrages vom 3. Juni 1814⁸¹, welcher zur Ausführung des Vertrages
von Ried zwischen Oesterreich und Preußen vereinbart wurde, gingen noch im nemlichen Jahre das
Großherzogthum Würzburg und das Fürstenthum Aschaffenburg in bayerischen Besitz über⁸², während
Bayern Tirol und Vorarlberg mit Ausnahme der Aemter Vils und Weiler an Oesterreich abtrat⁸³.

Durch Vertrag mit Oesterreich vom 14. April 1816⁸⁴ und den Frankfurter Territorialreceß
vom 20. Juli 1819 ergaben sich ferner folgende Aenderungen: Bayern erwarb die Pfalz⁸⁵ und mehrere
vormals Fuldaische Aemter⁸⁶, das österreichische Amt Redwitz⁸⁷, die hessischen Aemter Alzenau,
Miltenberg, Amorbach und Heubach⁸⁸, dann einen Theil des Amtes Wertheim⁸⁹. Es überließ an
Oesterreich das tirolische Amt Vils, das Hausruck= und Innviertel und Salzburg mit Ausnahme der
Landgerichte Waging, Tittmoning, Teisendorf und Laufen, soweit dieselben rechts der Salzach und Sal
gelegen sind⁴⁰.

Nach alledem zerfiel das bayerische Gebiet in zwei von einander getrennte Theile rechts und
links des Rheines. Die Bayern gemachten Versprechungen, daß sein Gebiet eine zusammenhängende
Gestalt erhalten werde, blieben unerfüllt⁴¹.

---

²⁶ R. Bl. S. 465, Döllinger IV S. 14, Weber I S. 126.

²⁷ R. Bl. 1807 S. 193, Döllinger IV S. 199.

²⁸ Döllinger I S. 232, R. Bl. 1810 S. 537, 539, 601, 857, 859.

²⁹ Döllinger I S. 241, 252; R Bl. 1811 S. 361, 1225, 1232; 1810 S. 863. Vgl. Art. 7
des Vertr. vom 28. Febr. 1810.

³⁰ R. Bl. S. 1393; Döllinger I S. 273. Vgl. dazu auch die königl. Erklärung vom 14. u. den
Aufruf vom 28. Oct. 1813, R. Bl. S. 1305 und 1321.

³¹ Döllinger I S. 253.

³² R. Bl. 1814 S. 1257, 1260, Döllinger I S. 290 und 293.

³³ R. Bl. 1814 S. 1263, 1264, Döllinger I S. 296.

³⁴ R. Bl. 1816 S. 435, Döllinger I S. 257. Dazu Frankfurter Territorialreceß vom
20. Juli 1819 ebenda S. 262.

³⁵ R. Bl. 1816 S. 309, Döllinger I S. 294, 296 ff.

³⁶ R. Bl. 1816 S. 311, Döllinger I S. 291.

³⁷ R. Bl. 1816 S. 353, Döllinger I S. 292.

³⁸ R. Bl. 1816 S. 588, Döllinger I S. 262.

³⁹ Döllinger I S. 301.

⁴⁰ R. Bl. 1816 S. 307, Döllinger I S. 295.

⁴¹ Der Rieder Vertrag bestimmte im geheimen Art. III, daß Bayern für seine allenfallsigen
Gebietsabtretungen volle Entschädigung erhalten solle, und fügte bei: „La dite indemnité devra être
à la convenance du royaume de Bavière et de manière à former avec lui un contigu complet
et non interrompu." Baden verpflichtete sich durch die geheimen Artikel des Vertrags vom 20. Nov.
1813 (Martens, nouv. recueil I S. 650), in die erforderlichen Gebietsabtretungen gegen thunlichste
Entschädigung zu willigen. In einem Vertrage, abgeschlossen zu Wien am 23. April 1815 zwischen
den Vertretern von Oesterreich, Rußland, Preußen und Bayern, unter Mitwirkung von England

Bayern war inzwischen einer neu gebildeten Staatenvereinigung, dem deutschen Bunde, beigetreten. Dessen Grundverträge waren die Bundesakte vom 8. Juni 1815 und die Wiener Schlußakte vom 15. Mai 1820⁴².

Erstere wurde durch königliche Erklärung vom 18. Juni 1816 im Regierungsblatte von 1817⁴³ veröffentlicht, jedoch nicht als Gesetz, sondern lediglich als Staatsvertrag.

Die Darstellung der Rechtsverhältnisse des deutschen Bundes fällt nicht in das Bereich unserer Aufgabe. Soweit die vertragsmäßigen Vereinbarungen des Bundes Einfluß auf die Gestaltung des bayerischen Staatsrechtes geäußert haben, werden sie im systematischen Theile Berücksichtigung finden.

(Döllinger I S. 279), wurden, unter Verzicht Oesterreichs auf einen Theil der im Vertrage vom 6. Juni 1814 bedungenen Abtretungen, die Gebietsverhältnisse Bayerns neu geregelt, insbesondere der Anfall beträchtlicher badischer Gebietstheile an Bayern verabredet. Bayern erhielt zugleich in Art. XVI die Zusicherung der »réversibilité des parties de l'ancien Palatinat qui sont et tomberont encore sous la domination du Grand-Duc de Bade à défaut d'héritier mâle de la dynastie regnante aujourd'hui dans le grand-duché de Bade.« Der Vertrag sollte der Wiener Schlußakte einverleibt werden. Allein die durch denselben für Bayern eröffneten Aussichten verwirklichten sich nicht, da der Vertrag nicht genehmigt wurde. (Vgl. wegen der dazwischen liegenden Verhandlungen Martens II S. 138, 146, 458, Klüber, Staatsarchiv des deutschen Bundes I S. 316, 380.) Im Vertrage mit Oesterreich vom 14. April 1816 mußte Bayern auf den Zusammenhang seines Gebietes verzichten. Art. IV des Vertrags besagte: »La contiguité des acquisitions que fait la Bavière en échange des rétrocessions susmentionées étant une stipulation du traité de Ried S. M. l'Empéreur d'Autriche reconnait le droit de S. M. le Roi de Bavière à une indemnité pour le désistement du principe de contiguité.« In den beigefügten geheimen Artikeln wurde Bayern »la réversion de la partie du Palatinat du Rhin, dite le cercle du Neckar« zugesichert und zwar »au cas d'extinction de la ligne mâle et directe de S. A. R. le Grand-Duc (de Bade) régnant.« Ferner wurde im Vollzuge des Art. IV des Vertr. bestimmt: »Le cercle badois de Mein et Tauber est destiné à servir d'indemnité à la Couronne de Bavière pour la contiguité de territoire«, und außerdem: »Afin que les intérêts de la Bavière ne puissent être lésés par un retard qu'éprouverait la cession du dit cercle de Mein et Tauber, S. M. l'Empéreur d'Autriche prend sur elle, de lui en payer annuellement le revenu, qui est évalué, de gré à gré, à cent mille florins, valeur d'Empire.« Bei diesen 100000 fl. ist es denn verblieben. Auf Grund eines Vertrages mit Baden vom 10. Juli 1819 wurde in den Frankfurter Gebietsreceß vom 20. Juli 1819 die Bestimmung aufgenommen, daß die Baden im Vertrage vom 20. Nov. 1813 auferlegte belastende Clausel widerrufen sein solle. Der damalige badische Besitzstand und das Erbrecht der Grafen von Hochberg wurde anerkannt. Zugleich verwandelte Oesterreich »in eine immerwährende Rente zum Vortheile Bayerns diejenige bedingte und temporäre Rente von 100000 fl.«, welche es 1816 zu entrichten übernommen hatte. Ueber den badisch-bayer. Gebietsstreit ist sofort im Jahre 1818 eine ziemliche Zahl von Schriften erschienen: Einige mögen hier angeführt werden: Aktenstücke zur Beleuchtung der badischen Territorialfrage, Deutschland, 2. Aufl. Oeffentliche Stimmen über die badische Territorialfrage seit Erscheinung der Aktenstücke, Deutschland, Nr. I und II. Bignon, coup d'oeil sur les démêlés des cours de Bavière et de Bade, Paris, Delaunay. Auch deutsch unter dem Titel: Die Zwistigkeiten der Höfe Baiern und Baden, Frankfurt a/M. Considérations sur l'ouvrage de M. de Bignon etc. Par un membre de la chambre des députés, Paris, Delaunay. — Wegen des späteren Sponheim'schen Surrogat- und Successionsstreits zwischen Bayern und Baden vgl. Uebersicht der Controvers- u. Wechselschriften über den Anspruch der Krone Bayern, Gießen, Heyer, 1828; 2. Lieferung. Nürnberg, Riegel u. Wießner 1828; dann insbesondere die beiden officiellen Denkschriften: Denkschrift über die Ansprüche von Bayern an Baden, Carlsruhe 1827, und Beantwortung der Denkschrift von Baden gegen Bayern wegen der Bestellung eines Surrogats für die zwischen beiden Häusern gemeinschaftliche Grafschaft Sponheim, München 1827. Ueber die Ansprüche der Krone Bayern an Landestheile des Großherzogthums Baden. Mannheim, Schwan u. Götz, 1827; dagegen: Kurze vorläufige Beleuchtung der Druckschrift unter dem Titel: Ueber die Ansprüche ꝛc. Nürnberg, Riegel u. Wießner, 1827. Der Sponheim'sche Surrogat- und Successionsstreit zwischen Bayern und Baden (von Klüber), Gießen, Heyer, 1828. Ueber letztere Schrift handeln K. S. Zachariä, über die Ansprüche Baierns an Baden wegen der Grafschaft Sponheim. (Aus den Heidelb. Jahrb. der Literatur) Heidelberg 1828 und über die Sponheimische Surrogat- und Successionsfrage, Stuttgart u. Tübingen, Cotta, 1828. Gegen letztere Schrift richtet sich wieder: Für den Sieg der historischen und rechtlichen Wahrheit in dem Sponheimischen Surrogat- und Successionsstreit zwischen Bayern und Baden, Frankfurt a/M. Andreä, 1829. — Vgl. zum Vorstehenden auch H. Schulze, die Hausges. der regierenden deutschen Fürstenhäuser I S. 165 ff.

⁴² Döllinger XX S. 26, Weber I S. 474, II S. 40.

⁴³ S. 665; Döllinger XX S. 3, Weber I S. 474. Vgl. auch die Bemerkungen bei M. Frhr. v. Freyberg, Rede zum Andenken an den verewigten Staatsminister M. Grafen v. Montgelas S. 53**).

2. Abschnitt.

Verfassungsgeschichte.

§ 30. Der Untergang der Landschaft und die Constitution von 1808.

Die landständischen Verfassungen in den bayerischen Staaten blieben nach dem Regierungs-antritte Maximilians IV. Josef zunächst unverändert. Indessen beschäftigten sich zahlreiche Flug-schriften mit der Frage der ferneren Daseinsberechtigung der Landschaft, während andererseits in den Kreisen der Stände selbst das Verlangen nach Einberufung eines neuen Landtags zu Tage trat, auf welchem man eine Neugestaltung der ständischen Verfassung erzielen zu können hoffte[1]. Die Regierung erachtete es jedoch nicht für zweckmäßig, diesen letztern Wünschen Gehör zu schenken. Anträge auf Versammlung des Landtags, welche von der landschaftlichen Verordnung im Jahre 1800 wiederholt gestellt worden waren, wurden verzögerlich behandelt, die hierauf zielende Bewegung unter den Stän-den des Rentamts Straubing im folgenden Jahre unterdrückt[2].

Eine sehr eingreifende Veränderung erlitt die Zusammensetzung der Landschaft durch die Säcularisation der fundirten Mediatklöster, Abteien und Stifter, welche im Vollzuge des Entschädigungs-planes der Reichshauptdeputation 1802 verfügt wurde[3]. Der Stand der Prälaten kam dadurch in Wegfall. Im Jahre 1803 wurde in Folge dessen erwogen, ob es nicht veranlaßt sei, von den Land-ständen einen neuen außerordentlichen Ausschuß wählen zu lassen, um die Vorlagen an einen künftigen Landtag vorzubereiten. Man gelangte indessen nicht dazu, diesen Gedanken zu verwirklichen.[4]

Die Tage der Landschaft, deren Rumpfausschuß die Steuern geduldig weiter bewilligte[5], waren gezählt. Durch den Preßburger Frieden war der Landesherr von Bayern Souverän und König ge-worden. Aus der neu erworbenen Souveränetät schöpfte man die Berechtigung und den Muth, der landständischen Verfassung sich zu entledigen. Den ersten Schlag führte die Verordnung vom 8. Juni 1807[6]. Dieselbe[7] sprach den Grundsatz aus, daß die bisherigen Befreiungen von Staatsauflagen, insbesondere von der Grundvermögenssteuer, aufzuhören hätten. Zugleich wurde die Aufhebung der landschaftlichen Kassen und der Einziehung der Steuern durch ständische Steuereinnehmer für alle Provinzen mit landständischer Verfassung verfügt. Die Verordnung setzte hinzu: „Die landschaftlichen Ausschüsse und Deputationen, welche nicht einen besonderen und eigenthümlichen Bezug auf die Rechnungsaufnahme und Steuererhebung haben, bleiben, solange die bisherigen ständischen Ver-fassungen keine andere Einrichtung erhalten, unverändert, und das Postulat wird in der nemlichen Form wie bisher gestellt. Auch wollen Wir den ständischen Deputirten das Recht der Einsicht in die jährliche Verwendung der Steuerfonds gestatten." Es sollten ferner zur Central-Schuldenetats-Commission landschaftliche Deputirte beigezogen werden.

Schon damals war es indessen entschieden, daß die Landstände aufgehoben werden sollten[8]. In der Verordnung selbst war das Schicksal, welches den landständischen Verfassungen bevorstand, mit einer vorsichtigen Wendung angedeutet. Der König, so hieß es, behalte sich vor, „ihre Erhaltung oder ihre Umformung nach den Erfordernissen höherer Staatszwecke und der Einheit des Reiches" „in die reifste Ueberlegung zu nehmen" und hienach seine Entschließung zu treffen.

---

[1] Vgl. darüber die Angaben bei J. Ritter v. Mussinan, Bayerns Gesetzgebung, München 1835, S. 65 f.

[2] Näheres bei Mussinan a. a. O. S. 66—71.

[3] Vgl. R. Bl. 1802 S. 778; 1803 S. 585.

[4] M. Frhr. v. Freyberg, Rede zum Andenken an den verewigten Staatsminister M. Grafen v. Montgelas, München 1839, S. 63.

[5] Vgl. R. Bl. 1803 S. 969; 1804 S. 621, 801; 1805 S. 284, 1201; 1806 S. 148, 217, 318; 1807 S. 220, 278, 670. 1050, 1819; 1808 S. 393. Zuletzt ist noch die „Erinnerung der Deputirten Unserer lieben und getreuen Landschaft in Baiern" in der Verordn. erwähnt, welche unterm 13. Mai 1808 (R. Bl. S. 1089) über das allgemeine Steuerprovisorium der Provinz Bayern erging. Am 1. desselben Monats war die Landschaft aufgelöst worden.

[6] R. Bl. S. 969.

[7] Den Bericht darüber erstattete in der geh. Staatsconferenz vom gl. T. der Finanzminister Hompesch. M. Frhr. v. Freyberg a. a. L. S. 64.

[8] Montgelas hatte die Frage in der nemlichen Sitzung aufgeworfen. Der König verfügte, „daß eine Repräsentation des Landes auch für die Zukunft, aber nur eine vereint für das ganze Königreich, doch nach anderen festzusetzenden Grundsätzen" bestehen solle. Zugleich wurden die Vorarbeiten für eine neue Verfassung angeordnet.

Bald darauf kam die Verfassungsfrage in einen rascheren Fluß. Napoleon hatte am 7. Juli 1807 den Frieden zu Tilsit geschlossen, aus welchem eine staatliche Schöpfung, das Königreich Westfalen, hervorging. Letzteres erhielt unterm 25. November 1807 eine Verfassung, die als Vorbild für die rheinischen Bundesstaaten dienen sollte. Der König von Bayern begab sich noch im nemlichen Jahre zu Napoleon nach Mailand, wohin er vom Kaiser eingeladen worden war[9]. Nach der Rückkehr des Königs begannen im Januar 1808 die Berathungen über den Erlaß einer Verfassung. Dieselben wurden durch die geheime Staatsconferenz im April zum Abschlusse gebracht, während eine besondere Commission mit der Bearbeitung der Edicte und der sonstigen zum Vollzuge der Verfassung erforderlichen Anordnungen betraut wurde. Die Aufhebung der landschaftlichen Versammlungen in allen Provinzen, wo solche bestanden, mußte nun selbstverständlich eintreten.

In der Nummer des Regierungsblattes vom 18. Mai 1808[10] erschien eine Verordnung vom 1. gl. Mts., worin der König erklärte, er habe für zweckmäßig gefunden, seinem Reiche eine neue, allgemein gleiche Constitution zu geben und statt der bisher nur in einigen Provinzen bestandenen besonderen landschaftlichen Verfassungen eine allgemeine Repräsentation einzuführen. In Folge dieses Beschlusses seien alle bisherigen landschaftlichen Körperschaften[11] als aufgehoben erklärt.

Dieser Verordnung folgte in der Nummer des Regierungsblattes vom 25. Mai 1808[12] die Constitution für das Königreich Bayern, gegeben am 1. gl. Mts. Die neue Verfassung sollte am 1. October 1808 eingeführt werden. In der Zwischenzeit sollten „die hienach zu entwerfenden Gesetzbücher", sowie „die einzelnen organischen Gesetze", welche den Verfassungsbestimmungen „theils zur näheren Erläuterung dienen, theils die Art und Weise ihres Vollzugs vorzeichnen" würden, nachfolgen.

In der Constitution vom Jahre 1808 prägen sich die Vorzüge und Mängel des damaligen Regierungssystems deutlich aus: einerseits das zielbewußte Streben nach fester Begründung und Zusammenschließung der Staatsgewalt, andererseits die Unfähigkeit, den Gedanken eines wahrhaft constitutionellen Staatswesens zu erfassen und lebenskräftig zu gestalten. Immerhin aber ist in dieser Verfassung eine große Summe politischen Fortschrittes niedergelegt[13].

Die schön geschriebene Vorrede spiegelt den klaren und kraftvollen Geist des leitenden Staatsmannes wieder.

„Von der Ueberzeugung geleitet," so heißt es in derselben, „daß der Staat, so lange er ein bloßes Aggregat verschiedenartiger Bestandtheile bleibt, weder zur Erreichung der vollen Gesammtkraft, die in seinen Mitteln liegt, gelangen, noch den einzelnen Gliedern desselben alle Vortheile der bürgerlichen Vereinigung, in dem Maaße, wie es diese bezweckt, gewähren kann, haben Wir bereits durch mehrere Verordnungen die Verschiedenheit der Verwaltungsformen in Unserem Reiche, soweit es vor der Hand möglich war, zu heben, für die directen Auflagen sowohl, als für die indirecten, ein gleichförmigeres System zu gründen und die wichtigsten öffentlichen Anstalten dem Gemeinsamen ihrer Bestimmung durch Einrichtungen, die zugleich ihre besonderen sichern, entsprechender zu machen gesucht. Ferner haben Wir, um Unsern gesammten Staaten den Vortheil angemessener gleicher bürgerlicher und peinlicher Gesetze zu verschaffen, auch die hiezu nöthigen Vorarbeiten angeordnet, die zum Theil schon wirklich vollendet sind. Da aber diese einzelnen Ausbildungen besonderer Theile der Staatseinrichtung nur unvollkommen zum Zwecke führen und Lücken zurücklassen, deren Ausfüllung ein wesentliches Bedürfniß der nothwendigen Einheit des Ganzen ist; so haben Wir beschlossen, sämmtlichen Bestandtheilen der Gesetzgebung und Verwaltung Unsers Reichs, mit Rücksicht auf die äußeren und inneren Verhältnisse desselben, durch organische Gesetze einen vollständigen Zusammenhang zu geben und hiezu den Grund durch gegenwärtige Konstitutionsurkunde zu legen, die zur Absicht hat, durch entsprechende Anordnungen und Bestimmungen den gerechten, im allgemeinen Staatszwecke gegründeten Forderungen des Staats an seine einzelnen Glieder, sowie der einzelnen Glieder an den Staat, die Gewährleistung ihrer Erfüllung, dem Ganzen feste Haltung und Verbindung und jedem Theile der Staatsgewalt die ihm angewiesene Wirkungskraft nach den Bedürfnissen des Gesammtwohls zu verschaffen."

---

[9] Vgl. darüber die Bemerkungen bei J. Ritter v. Mussinan, Bayerns Gesetzgebung, München 1835, S. 106.

[10] R. Bl. S. 961.

[11] Solche bestanden in Bayern, Neuburg, Tirol und Vorarlberg.

[12] R. Bl. S. 985.

[13] Was G. Frhr. v. Lerchenfeld, Geschichte Bayerns unter König Maximilian Joseph I., S. 39 zu tadeln scheint, die „Nichtbeachtung bestehender Rechte und Verhältnisse" bei Aufhebung der „besonderen Verfassungen, Privilegien, Erbämter und landschaftlicher Corporationen", möchte ich keinen Fehler nennen. Denn es ist doch wohl sehr fraglich, ob jene „Rechte und Verhältnisse" beachtenswerth waren.

Das wenig umfangreiche Grundgesetz ist in sechs Titel getheilt.

Der erste Titel enthält die „Grundbestimmungen". Hienach ist Bayern Mitglied des rheinischen Bundes. Die besonderen Verfassungen, Privilegien, Erbämter, Landstände der Provinzen sind aufgehoben; eine Nationalrepräsentation vertritt das ganze Königreich. Im Staate wird überall nach gleichen Gesetzen gerichtet, nach gleichen Grundsätzen verwaltet, gilt überall dasselbe Steuersystem. Eine gleichmäßige Kreiseintheilung nach natürlichen Grenzen tritt an Stelle der bisherigen Provinzen.

Die Leibeigenschaft hört auf. Der Adel behält seine Titel und wie jeder Gutseigenthümer seine gutsherrlichen Rechte. Aber er trägt die Staatslasten gleich anderen Bürgern, bildet keinen besonderen Theil der Nationalrepräsentation, hat kein ausschließliches Recht auf Aemter, Würden und Pfründen des Staates. Auch die Geistlichkeit genießt keine Vorrechte. Der Staat gewährt seinen Bürgern Sicherheit der Person und des Eigenthums, Gewissens- und Preßfreiheit¹⁴, den Religionstheilen Sicherheit ihres Besitzthums. Nur Eingeborene oder im Staate Begüterte können Staatsämter bekleiden. Der Staatsbürger leistet, wenn er das 21. Jahr zurückgelegt hat, den Constitutions- und Treueid. Er darf keine fremde Gerichtsbarkeit über sich erkennen, ohne Erlaubniß des Königs weder auswandern, noch in's Ausland reisen, noch Aemter, Gehälter oder Ehrenzeichen von einer fremden Macht annehmen: all dies bei Vermeidung des Verlustes der bürgerlichen Rechte.

Die Staatsangehörigkeit kann nur durch königliche Erklärung oder Gesetz erworben werden.

Die folgenden Titel handeln von der Thronfolge und den Rechtsverhältnissen des königlichen Hauses, von der Verwaltung des Reiches, von der Nationalrepräsentation, von der Rechtspflege und vom Heere.

Hervorzuheben sind die völlig mißlungenen Bestimmungen über die Kreis- und Landesvertretung¹⁵. In jedem Kreise soll eine allgemeine Versammlung und eine Deputation bestehen. Die Mitglieder der Kreisversammlung ernennt der König auf Lebenszeit aus denjenigen 400 Landeigenthümern, Kaufleuten oder Fabrikanten des Bezirks, welche die höchste Grundsteuer bezahlen, nach dem Verhältnisse von 1 zu 1000 Einwohnern. Der König ernennt auch den Präsidenten und die übrigen Officianten. Die Kreisversammlung wählt die Nationalrepräsentanten. Sie tritt zusammen, so oft eine solche Wahl nöthig wird oder der König sie beruft. Sie kann höchstens acht Tage dauern. Die Mitglieder der Kreisdeputation ernennt der König aus der Kreisversammlung. Ebenso ernennt der König den Präsidenten und die Secretäre. Die Deputation wird jährlich nach Bestimmung durch das Loos zum dritten Theile erneuert. Die Deputation versammelt sich jährlich auf höchstens drei Wochen. Sie bringt die zur Bestreitung der Localausgaben nöthigen Auflagen in Vorschlag und läßt Anträge und Wünsche in Bezug auf die Verbesserung des Zustandes des Kreises durch das Ministerium des Innern an den König gelangen. In jedem Kreise werden aus den 200 Landeigenthümern, Kaufleuten und Fabrikanten, welche die höchste Grundsteuer bezahlen, von der Kreisversammlung 7 Mitglieder zur Reichsversammlung auf die Dauer von 6 Jahren gewählt. Der König ernennt den Präsidenten und vier Secretäre dieser Nationalrepräsentation. Letztere versammelt sich auf königliche Einberufung wenigstens einmal jährlich. Dem Könige steht die Eröffnung und Schließung, Vertagung und Auflösung der Nationalrepräsentation zu. Im letzteren Falle muß innerhalb zwei Monaten eine neue Repräsentation berufen werden. Die Nationalrepräsentation wählt aus ihrer Mitte vier Commissionen von 3, höchstens 4 Mitgliedern für die Finanzen, die bürgerliche und peinliche Gesetzgebung, die innere Verwaltung und die Tilgung der Staatsschulden. Diese Commissionen treten mit den einschlägigen Sectionen des geheimen Rathes über die Entwürfe der Gesetze und Hauptreglements, sowie über den jährlichen Finanzetat in's Benehmen, so oft es die Regierung von ihnen verlangt. Die auf solche Weise vorbereiteten Gesetze werden durch zwei, höchstens drei Mitglieder des geheimen Rathes an die Repräsentation gebracht. Letztere stimmt darüber in geheimem Scrutinium nach absoluter Mehrheit ab. Niemand darf das Wort führen, als die königlichen Commissäre aus dem geheimen Rathe und die Mitglieder des einschlägigen Ausschusses der Repräsentation.

Weder die Kreisvertretungen noch die Landesvertretung nach der Verfassung von 1808 sind jemals in's Leben gerufen worden¹⁶.

---

¹⁴ Letzteres war allerdings mehr Schein als Wirklichkeit, wie sofort klar wird, wenn man die Bestimmungen der Edicte und Verordnungen nachliest, auf welche Tit. 1 § VII Bezug nimmt.

¹⁵ Tit. 3 § IV u. Tit. 4. Vgl. auch unten § 173 Anm. 1.

¹⁶ Ein organ. Edict über die Nationalrepräsentation, die Kreisdeputationen und Wahlversammlungen hatte in der Sitzung der geh. Staatsconferenz vom 20. April 1808 die Genehmigung des Königs erhalten, erschien aber nicht. Vgl. Handb. der Staatsverfassung u. Staatsverwaltung des Kgrs. Baiern, 1810, III S. 283. Es wurde lediglich unterm 15. Juli 1808 eine Verordn. wegen Herstellung der Steuerlisten für die Wahl der künftigen Kreisversammlung erlassen. R. Bl. S. 1577

Dagegen erging, zumeist in rascher Folge bald nach Erlaß der Verfassung, eine Reihe von organischen Edicten und Verordnungen, welche die nähere Ausführung der Verfassungsbestimmungen bezweckten. Der König hatte für diese Arbeiten die Bildung zweier Commissionen angeordnet, einer Organisationscommission für Gegenstände der Verfassung und Verwaltung und einer Gesetzcommission für Schaffung eines neuen bürgerlichen Rechtes.

Als allgemeiner Grundsatz wurde dabei aufgestellt, „daß bei allen Rechten der Privaten, welche in Folge der Constitution des Reiches und der damit verbundenen Edicte ohne ausdrückliche Festsetzung eines Ersatzanspruches aufgehoben worden sind, die Forderung einer Entschädigung weder vom Staate noch von anderen Interessenten statt habe" [17].

Die neuen Edicte und Erlasse [18] umfaßten ein sehr beträchtliches Gebiet der Gesetzgebung: die Rechtsverhältnisse des königlichen Hauses [19], die gesammte Organisation der Staats- und Gemeindeverwaltung und der Rechtspflege [20] sowie des Heerwesens [21], die Besteuerung [22], die kirchlichen Verhältnisse [23], eine Reihe persönlicher und vermögensrechtlicher Verhältnisse der Unterthanen, insbesondere die ständischen Vorrechte [24]. Von öffentlichrechtlicher Bedeutung ist in letzterer Beziehung vorzugsweise die Regelung des Erwerbes und Verlustes des Adels und die Aufhebung der Edelmannsfreiheit.

§ 31. Die Verfassungsurkunde von 1818.

Von Anfang an konnte kein Zweifel darüber bestehen, daß die Verfassung von 1808 auf die Dauer dem Bedürfnisse des Landes nicht genügen werde. Die kriegerischen Ereignisse jener Zeit waren indessen nicht dazu angethan, eine Reformthätigkeit auf dem Gebiete des Landesverfassungsrechtes zu

---

(vgl. auch S. 1755). — Die manchmal vorkommende Behauptung (vgl. z. B. Bl. f. adm. Praxis XXXI S. 280 Anm. 1), die Verfassung von 1808 sei nicht in's Leben getreten, ist wohl dadurch veranlaßt, daß sie hinsichtlich ihrer Bestimmungen über die Vertretungskörper unvollzogen geblieben ist. Die Behauptung ist aber in ihrer Allgemeinheit ganz falsch.

[17] Kgl. Erklärung vom 6. Jan. 1809 (R. Bl. S. 97).

[18] Eine Entschl. vom 11. April 1809 (R. Bl. S. 665) verfügte mit Rücksicht auf die „gegenwärtig eingetretenen Verhältnisse" die Suspension der in den organ. Edicten festgesetzten Termine für Arrondirung der Patrimonialgerichtsbarkeit, Bildung der Gemeinden, Allodificirung der Lehen u. dgl.

[19] Familiengef. vom 28. Juli 1808, R. Bl. 1810 S. 777; Familiengef. vom 18. Jan. 1816, R. Bl. S. 747. Darüber unten § 62.

[20] Die einzelnen Verordnungen über die Ministerialverfassung s. unten § 37. Außerdem sind hauptsächlich zu nennen: 1) Org. Edict, die Bildung des geheimen Raths betr., vom 4. Juni 1808 — zu Const. Tit. 3 §§ II und III — R. Bl. S. 1329; 2) Verordn., die Territorialeintheilung des Königreichs Bayern betr., vom 21. gl. Mts. — zu Const. Tit. 1 § IV — R. Bl. S. 1481; 3) Instr. für die General-Kreis-Commissäre vom 17. Juli 1808 — zu Const. Tit. 1 § II und Titel 3 § IV — R. Bl. S. 1649; 4) org. Edict, die Gerichtsverfassung betr., vom 24. Juli 1808 — zu Const. Tit. V — R. Bl. S. 1785; 5) org. Edict, die Anordnung der Kreis-Finanz-Directionen betr., vom 8. Aug. 1808 — zu Const. Tit. 1 § II — R. Bl. S. 1869; 6) org. Edict über die Patrimonialgerichtsbarkeit vom 8. Sept. 1808 — zu Const. Tit 1 § II — R. Bl. S. 2245; 7) Edict über das Gemeindewesen vom 24. Sept. 1808, R. Bl. S. 2405; 8) org. Edict über die Bildung der Gemeinden vom 18. Juli 1808, R. Bl. S. 2789.

Später erging noch 9) Edict, die Errichtung einer Gensdarmerie betr., vom 11. Oct. 1812 — zu Const. Tit. 6 § V — R. Bl. S. 1737.

[21] Hieher gehören: 1) Verordn., die Errichtung einer Nationalgarde betr., vom 6. April 1808 — zu Const. Tit. 6 § V — R. Bl. S. 657; 2) org. Verordn. gl. Betreffs vom 6. Juli 1809, R. Bl. S. 1093; 3) Conscriptionsgef. vom 29. März 1812 — zu Const. Tit 6 § II — R. Bl. S. 593; 4) (revid.) org. Verordn. über die Errichtung einer Nationalgarde vom 10. Juni 1813, R. Bl. S. 849.

[22] Darüber § 43.

[23] Edict über die äußeren Rechtsverhältnisse der Einwohner des Kgrs. Bayern, in Beziehung auf Religion und kirchliche Gesellschaften, zur näheren Bestimmung der §§ VI und VII des ersten Titels der Constitution, vom 24. März 1809. R. Bl. S. 897.

[24] Hieher gehören: 1) org. Edict über die gutsherrlichen Rechte vom 28. Juli 1808 — zu Const. Tit. 1 § V — R. Bl. S. 1833; 2) Edict über die Lehenverhältnisse im Kgr. Bayern vom 7. Juli 1808, R. Bl. S. 1898 (vgl. R. Bl. 1810 S. 657); 3) Edict über die Aufhebung der Leibeigenschaft vom 31. Aug. 1808 — zu Const. Tit. 1 § III — R. Bl. S. 1983; 4) Edict über die Confiscationen vom 29. Aug. 1808 — zu Const. Tit. 5 § V — R. Bl. S. 1987; 5) Edict über den Adel im Kgr. Bayern vom 28. Juli 1808 — zu Const. Tit. 1 § V — R. Bl. S. 2029, dazu S. 2887 u. R. Bl. 1809 S. 49; 6) org. Gef., die Aufhebung der Edelmannsfreiheit betr., vom 20. April 1808 — zu Const. Tit. 1 § II, V — R. Bl. 1809 S. 113; 7) org. Gef., die Aufhebung der Siegelmäßigkeit betr., vom 20. April 1808 — zu Const. Tit. 1 § II — R. Bl. 1809 S. 115.

ermöglichen. Erst nach dem Sturze Napoleons vermochte die Regierung dieser Frage ihre Aufmerksamkeit zuzuwenden.

Den Anstoß gab eine königliche Entschließung, die auf Montgelas' Bericht vom 14. September 1814¹ unterm 17. gleichen Monats an den geheimen Rath erlassen wurde². Im Eingange
derselben wird darauf Bezug genommen, daß bei Auflösung der Landschaften die Einführung einer
ständischen Verfassung zugesichert worden sei. Die Verfassung von 1808 habe zwar die Grundzüge der
Bildung einer Nationalrepräsentation gegeben; „die vollständige Anordnung" dieser Volksvertretung
sei jedoch „aus verschiedenartigen Hindernissen bis jetzt nicht zur Ausführung gekommen". Der König
habe sich inzwischen von der Nothwendigkeit einer Durchsicht des Grundgesetzes überzeugt. An „der
früheren Ausführung des hierunter gefaßten Beschlusses" hätten ihn „lediglich die kriegerischen Zeit-
umstände und der dadurch herbeigeführte Drang anderer Geschäfte gehindert". Nunmehr, „wo die
äußere Ruhe zurückgekehrt und die erfreuliche Aussicht auf glückliche Verhältnisse und dauerhafte
Ordnung geöffnet" sei, finde er den richtigen Augenblick gekommen. Der König ordnete hienach die
Durchsicht der Verfassung vom 1. Mai 1808 „mit gehöriger Beobachtung der seit ihrer Erscheinung
erfolgten organischen Edicte und der seitdem geschöpften mannichfaltigen Erfahrungen" an. Dieses
Geschäft wurde einem besonderen Ausschusse von Staatsdienern übertragen, der seine Berathungen
sofort beginnen sollte. Dem Ausschusse wurden folgende Weisungen ertheilt: „Alles dasjenige, was
in den Entwurf der . . revidirten Constitution aufgenommen wird, muß durch die Mehrheit der
Stimmen des Ausschusses entschieden worden sein". „Um hiebei den einfachsten Gang einzuhalten,
ist die Constitutionsurkunde vom 1. Mai 1808 nach ihren verschiedenen Titeln und den einschlägigen
organischen Edicten aufmerksam vorzunehmen und der Revision zu untergeben." Die Hauptbestimmungen der Constitution von 1808 „sollen auch jene der künftigen Constitution sein". „Der
dritte Titel über die Form der Verwaltung kann, als eine Bestimmung über einen seiner Natur nach
nicht unabänderlichen Gegenstand, ohne weiteres umgangen werden." Ueber Zusammensetzung und
Wirkungskreis der „Versammlung der Stände des Reichs", welche aus den zwei Kammern der Reichsräthe und der Deputirten bestehen soll, werden sehr eingehende Anleitungen gegeben.

Durch eine gleichfalls am 17. September 1814 erlassene königliche Entschließung wurden die
Mitglieder des Revisionsausschusses ernannt. Dies waren der geheime Staats- und Conferenzminister
Graf von Reigersberg als Vorsitzender, die wirklichen geheimen Räthe Graf Preysing, Graf Törring,
von Zentner, von Krenner, Karl Graf Arco, von Effner, Graf Thürheim, Freiherr von Cetto; der geheime Rath und Hofcommissär zu Aschaffenburg Freiherr von Aretin, der Hofcommissär zu Würzburg
Freiherr von Lerchenfeld, die geheimen Referendarien von Widder und von Schilcher, der Oberfinanzrath von Suttner. Dazu kam noch gemäß königlicher Entschließung vom 21. October 1814 der Vorstand des Reichsheroldenamtes und Director des Reichsarchives, geheimer Referendär Ritter von Lang.

Ein Erlaß des Grafen Reigersberg vom 1. October 1814 ordnete „zur Entwerfung der vorbereitenden Bearbeitung der verschiedenen Artikel" die Bildung eines engeren Ausschusses an, „von
welchem sodann als Referenten die Gegenstände an die versammelte Commission zur Berathung gebracht werden" sollten. Zu Mitgliedern dieses engeren oder Redactionsausschusses wurden Zentner,
Krenner, Arco, Aretin und Suttner ernannt und unter diese sofort „die verschiedenen Gegenstände
zum Vortrage vertheilt". Die Sitzungen des Revisionsausschusses nahmen am 20. October 1814
ihren Anfang und endigten mit der 22. Sitzung vom 26. Januar 1815.

Während dieser Verhandlungen erging aus Wien eine neuerliche königliche Entschließung vom
10. December 1814³, durch welche die Versammlung angewiesen wurde, ihre Berathungen auf jene
Gegenstände zu beschränken, über welche der König ihr Gutachten eingefordert habe. Alle übrigen Bestimmungen, welche in der Entschließung vom 17. September als fortbestehend oder als directive
Normen für die Zukunft erklärt worden seien, seien kein Gegenstand weiterer Erörterung, sondern
lediglich in den neuen Entwurf aufzunehmen⁴. Die Edicte sollten vorläufig nur insoweit in Betracht
gezogen werden, als sie auf den Wortlaut der Verfassung Einfluß hätten. Zugleich wurden theils
einige neue Anleitungen gegeben, theils die früheren eingeschärft.

---

¹ Vgl. darüber M. Frhr. v. Freyberg, Rede zum Andenken an den verewigten Staatsminister
M. Grafen v. Montgelas, S. 66.
² Abgedr. bei G. Frhr. v. Lerchenfeld, Geschichte Bayerns unter König Maximilian
Josef I., S. 336.
³ Dieselbe ist erwähnt bei G. Frhrn. v. Lerchenfeld a. a. O. S. 73 und wurde durch Reigersberg veranlaßt oder doch befürwortet.
⁴ Als unveränderliche Vorschriften werden alle jene Bestimmungen bezeichnet, welche in den
§§ V, VII, VIII und IX der Entschließung vom 17. Sept. als fortbestehend oder als künftig bestehende
Normen benannt seien. Insbesondere, heißt es sodann weiter, „zeichnen Wir folgende Vorschriften aus:

Unterm 14. Februar 1815 berichtete Graf Reigersberg über das Ergebniß der Berathungen an den König, dabei empfehlend, noch „die gedachteste Prüfung der allerhöchsten definitiven Bestimmung vorausgehen zu lassen" [a].

Eine königliche Entschließung aus Wien vom 7. März 1815 ordnete hierauf die Durchsicht der Verfassungsedicte an. Unter Leitung des Grafen Reigersberg sollten die geheimen Räthe von Zentner, Graf Thürheim, von Krenner, Graf Arco und Freiherr von Aretin, sowie der Oberfinanzrath von Suttner „sich diesem Geschäfte mit Zugrundelage der begutachteten Staats-Verfassungs-Urkunde ungesäumt unterziehen".

Eine weitere königliche Entschließung an Reigersberg vom 14. gleichen Monats sprach dem Revisionsausschusse die königliche Zufriedenheit aus. Ich bin übrigens, fügte der König bei, „mit der Meinung meiner Minister in den Berichten vom 14. und 15. Februar einverstanden, daß eine für die Dauer bestimmte und in einer für Deutschland ebenso wichtigen als bedenklichen Krisis entworfene Verfassung der sorgfältigsten Prüfung noch zu unterwerfen ist. Nach reifer Ueberlegung und nachdem Ich den Kronprinzen vernommen habe, remittire Ich Ihnen daher den Entwurf mit der Entschließung, diesen Gegenstand unter Berücksichtigung der hier beifolgenden Bemerkungen meines Sohnes einer nochmaligen genauen Revision und Discussion zu unterlegen." Die Entschließung führt sodann einige Punkte an, auf welche sich die Durchsicht zu erstrecken habe, und fügt bei: „Bis diese Vorarbeiten beendigt sein können, werden sich die Verhältnisse Deutschlands näher entwickeln, und die Ansichten ergeben, welche benützt werden dürften."

Die beigeschlossenen „Bemerkungen über den Entwurf der Verfassungsurkunde", die vom Kronprinzen Ludwig eigenhändig geschrieben sind, sind ein sehr denkwürdiges Aktenstück. Sie gehen in die Einzelheiten der Vorlage mit großer Gründlichkeit ein und sind vielfach von Einfluß auf die endgiltige Gestaltung der Verfassungsurkunde gewesen [c].

---

a) Die Rechte und Vorzüge der vormals unmittelbaren Fürsten und Grafen und des gesammten Adels sind nach den hierauf Bezug habenden Edicten und neueren Bestimmungen durchgehends gehörig zu beachten. Ebenso

b) die Verfügungen in Hinsicht der gutsherrlichen Rechte.

c) Die gutsherrliche Gerichtsbarkeit hat ihren ungekränkten Fortbestand nach dem Edicte vom 16. Aug. 1812, welches daher einer weiteren Prüfung durch den Ausschuß nicht mehr zu unterwerfen ist.

d) Die Gesetze und Verordnungen wegen der Lehen bleiben bei ihrem Bestande.

e) Dasjenige, was die Form der Staatsverwaltung betrifft, soll umgangen werden, jedoch ist über die Bildung und den Wirkungskreis der anzuordnenden Kreisdeputationen umständliches Gutachten zu erstatten.

f) Die beiden Kammern der Stände des Reiches bilden sich nur aus denjenigen Mitgliedern, welche wir in der Entschließung vom 17. Sept. § VIII Nr. 2 und 8 hiezu zu berufen für gut gefunden haben.

g) Die Competenz der Kammern ist in keinem Punkte über jenen Wirkungskreis auszudehnen, welcher denselben in der Instruction § VIII Nr. 12, 13 und 14, dann § IX angewiesen ist."

[b] Reigersberg regte in diesem Berichte hauptsächlich folgende Punkte an. Die k. Entschl. vom 17. Sept. 1814 nehme die Grundholden von der Repräsentationsfähigkeit deshalb aus, weil sie von ihren Grundherren vertreten werden sollten. Diese Erwägung sei weder theoretisch noch praktisch zutreffend. Ferner wird befürwortet, den Kammern das Petitionsrecht in Bezug auf Gegenstände ihres Wirkungskreises einzuräumen. Auch dagegen werden Erinnerungen erhoben, daß bei Bestimmung der jährlichen Steuern die indirecten Auflagen gänzlich von dem Wirkungskreise des Landtags ausgeschlossen sein sollen. Reigersberg begutachtet, den Wirkungskreis der Kammern zu erstrecken auf „die Höherung oder Minderung der bereits bestehenden allgemeinen indirecten Consumtionsauflagen von den täglichen Lebensbedürfnissen oder die Einführung neuer allgemeiner Abgaben dieser Art mit Ausnahme der von dem Könige nach den Verhältnissen der Fabrication zu bestimmenden Salzpreise". — Endlich beanstandet der Minister jenen Artikel der Verfassung, welcher dem Könige vorbehält, jährlich einen Vorschuß der Steuern ohne Bewilligung der Stände zu erheben. Er schlägt dagegen folgende Bestimmung vor: „Jedoch ist dem Könige vorbehalten, im Falle die Stände zur gehörigen Zeit nicht einberufen werden könnten, oder die Versammlung gänzlich aufgelöst werden würde, die bis zum Eintritte der künftigen Versammlung verfallenden Steuerziele nach der für das letztverflossene Jahr gegebenen Steuerbestimmung vorschußweise erheben zu lassen. Doch muß die Zustimmung der Stände bei ihrer künftigen Versammlung, die jedesmal wenigstens nach drei Monaten erfolgen muß, nachgeholt werden."

[c] Ich habe über diese Bemerkungen zuerst nähere Mittheilungen in meinem Aufsatze: „Die bayerische Verfassung u. die Karlsbader Beschlüsse" (Allg. Zeitung, Hauptbl. vom 10. Aug. 1888) gemacht. (S. nun auch K. Th. Heigel, Quellen und Abhandlungen zur neueren Geschichte Bayerns, München 1884, S. 375 ff.)

Im Eingange sagt der Kronprinz: „Da seine Meinung über den baierischen Verfassungs-Entwurf von Endesunterzeichnetem verlangt wurde, so folgt sie hiemit aufrichtig, als hätte er nur für sich geschrieben. Weil Staatsverfassung nicht bloß eine Regierung ausdauern soll, muß sie Verfügungen

Im Vollzuge der königlichen Weisung vom 7. März 1815 veranlaßte Graf Reigersberg den Beginn der Ausschußberathungen über die Verfassungsedicte. Die Verhandlungen nahmen am 16. April ihren Anfang, geriethen aber alsbald ins Stocken.

Während zweier Jahre ruhte nun die Verfassungsfrage. Erst in der Instruction für den Staatsrath vom 3. Mai 1817 geschah ihrer wieder Erwähnung. In Titel II dieser Instruction⁷ wurde die Berathung über die Durchsicht der Verfassung und der darauf sich beziehenden Edicte dem Staatsrathe aufgetragen, und eine königliche Entschließung von 10. gleichen Monats hob diesen Gegenstand als einen solchen „des ersten Ranges" hervor. Auch die Verordnung vom 6. Juni 1817⁸ über die im Staatsrathe zunächst zu erledigenden Angelegenheiten führte die Vollendung der Arbeiten für die künftige Verfassung des Reiches, allerdings so ziemlich in letzter Linie, auf.

Erst im folgenden Jahre jedoch wurden durch eine königliche Entschließung, welche unterm 16. Februar an die Staatsminister, den Feldmarschall und den Staatsrathspräsidenten erging, die Verhandlungen über die Verfassungsurkunde wirklich in Fluß gebracht. Der König befahl, es solle nach

enthalten, die überflüssig in Ansehung des eben waltenden Herrschers wären. Aus diesem Gesichtspunkte betrachte man nachstehende Bemerkungen, und das Streben zu verhüten, daß der König Nachtheiliges vornehmen könne; denn nicht läßt sich hoffen, daß Baiern immer ein Maximilian Josef bekomme. Es wußte der Thronerbe sehr wohl, als er diese Beschränkungen vorschlug, daß jede die angenommen wird, auch für ihn giltig sey, und daß er sich selbst große — vielleicht unüberwindliche Hindernisse in den Weg lege, manche lebhafte Lieblingsneigung auszuführen."

Von den Aeußerungen des Kronprinzen mögen einige, welche besonders bezeichnend sind, hier Platz finden.

Zu Tit. V § 14 des Entw. wird gesagt: „Mögte die Preßfreiheit auf ähnliche Weise wie in Großbritanien bestehen. Der hieraus entstehende Nachtheil würde durch den Nutzen weit übertroffen."

Bei Tit. VII § 4 spricht sich der Kronprinz gegen allzuweit gehende Beschränkungen des ständischen Steuerbewilligungsrechtes aus. „Das heißt eine schlechte Meinung haben von dem herrlich in treuer Anhänglichkeit sich erprobten bayerischen Volke, es fähig wähnend, die zur Staatserhaltung nöthigen Auflagen abzuschlagen. Darum wäre es ein überflüssiger und widerlicher Vorbehalt, ²/₃ der Grundsteuer ohne ständische Bewilligung zu erheben, desgleichen der mittelbaren Auflagen (impots indirectes) Größe nur vom königlichen Willen abhängen zu lassen, wodurch überdieß sogar das letzte ¹/₃ der Grundsteuer betreffende Bejahungs- und Verneinungs-Recht den Ständen nur scheinbar wird, weil durch gedrohte Höhe der mittelbaren dasselbe und mehr noch leicht durch die Regierung zu erzwingen ist."

Bei Tit. VIII § 15 des Entw. erklärt der Kronprinz: „Wenn den Abgeordneten gar keine Taggelder (Diaeten) zu geben nöthig ist, dürften keine gereicht werden, selbstständiger, und wenn es auch nur dem Scheine nach wäre, steht der Mann da, welcher kein Geld empfängt, und selbstständig trete auf der zu dem Land-Tag Abgeordnete. Wären aber seine Vermögens-Umstände so, daß der Aushilfe er bedürfe, würde diese am besten jedesmal von den Wählenden festgesetzt, aber nie dürfte solche aus der Staatskasse gereicht werden."

An einer andern Stelle heißt es: „Das vermögen Menschen nicht etwas für immer anzuordnen, seyen es Einrichtungen oder Verfassungen, es wäre auch nicht gut, wenn sie dieses könnten, unaufhaltbar schreitet die Zeit, aber dafür sollen sie Sorge tragen, daß Aenderungen gesetzlich vorgenommen werden können, möglichst zu vermeiden, daß sie nicht gewaltsam geschehen. Darum stehe nothwendig jedem Mitglied das Recht zu, in seiner Kammer Aenderungen in der Verfassung vorzuschlagen, und für solche zu stimmen."

Der Kronprinz macht den Vorschlag, eine verfassungberathende Versammlung zu berufen, deren Zusammensetzung er skizzirt. Er bemerkt zur Rechtfertigung dieses seines „lebhaften Wunsches": „Nebst andern gewichtigen Gründen spricht auch dasjenige dafür, welcher freie ständische Erörterung so nützlich macht, nemlich: daß der, welchen die Sache angeht, am besten darüber urtheilt."

Der Kronprinz schließt mit folgender „freimüthigen Aeußerung":

„Sezt die Regierung nicht fest, daß ohne Stimmenmehrheit der Stände keine Gesetze, Auflagen, Schulden werden können, so wäre besser, es würde gar keine Verfassung, denn eine Mittel darbiethende, um jene dennoch zu machen, erreicht weder den Zweck gegen Willkühr sicher zu stellen, noch bessert sie das Staatswirthschaftsvertrauen (le Credit en finance) und würde statt Zufriedenheit erst recht Mißvergnügen im Volke bewirken, weil ihm vorkäme, die Regierung wolle scheinen, was sie seyn nicht will. Sei Baierns Verfassung, die dem Volke am meisten Rechte giebt, um so größer nur wird die Anhänglichkeit an den Thron, desto fester wird er sich gründen auf Liebe und Einsicht. Man erwarte eben nicht anfangs den Nuzen, welcher sich ergiebt, wo solche Verfassung schon Jahrhunderte wirket. — Ungeschicklichkeiten wird es im Beginn geben, überflüssige Anstände auch in der Folge, was auf Erden ist vollkommen, aber das Gute wird vergleichlos mehr seyn. Wenn einmal seine Verfassung mit dem Baier verwebt seyn wird, und die Jugend sie gleichsam mit der Muttermilch eingesogen wird haben, dann erst wird ihre Wirkung herrlich sich zeigen. — Lange Zeit braucht es bis die Eiche erwachsen, dann ist sie aber auch tief gewurzelt, wanket im Sturme nicht."

⁷ R. Bl. S. 428.   ⁸ R. Bl. S. 571.

Fertigstellung der im Vortrage befindlichen Verordnung über das Gemeinwesen die „Verfassung in allen ihren Theilen ohne Verzug in Berathung genommen werden".

„Es soll dabei," so heißt es weiter, „die im Jahre 1814 entworfene Constitutionsurkunde mit den darnach verfaßten einschlägigen organischen Edicten zum Grund gelegt und die seit dem Ansbacher Hausvertrage errichteten Familiengesetze, soweit sie zugleich pragmatische Staatsgesetze sind, unter welchen vorzüglich die Fideicommiß- und Schuldenpragmatik gehören, sowie die durch die deutsche Bundesakte eingetretenen politischen Verhältnisse dabei gehörig berücksichtigt werden. Damit aber die Berathungen über diese wichtigen Gegenstände einen raschen Gang erhalten und mit Consequenz durchgeführt werden, so wollen Wir, daß die Hauptarbeiten in Ministerialconferenzen von Unsern Staatsministern, dem Feldmarschall und dem Staatsrathspräsidenten — unter dem Vorsitz des ältesten Staatsministers — vorbereitet werden. Das Protokoll jeder Sitzung, die — soweit die gewöhnlichen Ministerialarbeiten es gestatten — ununterbrochen fortzusetzen sind, hat Uns der Generalsecretär des Staatsraths, welcher solche zu führen hat, allezeit zur Einsicht vorzulegen. Sobald diese Vorarbeiten vollendet sind, so werden Wir näher bestimmen, in welcher Art dieselben zur definitiven Berathung an den gesammten Staatsrath gebracht werden sollen."

Ein weiterer königlicher Erlaß an den Grafen Reigersberg vom 25. gleichen Monats ordnete den Beginn der Berathungen ohne Rücksicht auf die Vollendung des Gemeindeedictes an. Der König fügte bei, daß er mit Sehnsucht das Ergebniß der Arbeit erwarte.

Schon am folgenden Tage begannen die Sitzungen. Theilnehmer an denselben waren die königlichen Staatsminister Graf Reigersberg (Justiz), Graf Triva (Armee), Graf Rechberg (Aeußeres), Graf Thürheim (Inneres), Freiherr von Lerchenfeld (Finanzen); der Feldmarschall Fürst Wrede, der Präsident des Staatsraths, Graf Törring, die Staatsräthe und Generaldirectoren von Zentner, von Krenner, von Ringel, Freiherr von Colonge und von der Becke, vorübergehend auch Freiherr von Seckendorff und von Gönner.

In der Sitzung vom 26. Februar 1818 fand lediglich eine Verhandlung über die Geschäftsordnung statt. Erst in der zweiten Sitzung vom 3. März trat man in die sachlichen Erörterungen ein. In der 29. Sitzung vom 20. Mai wurde die in einem kleineren „Comité" nochmal geprüfte Verfassungsurkunde in zweiter Lesung festgestellt. In der 30. Sitzung vom 22. Mai, in welcher der König selbst den Vorsitz führte und der Kronprinz und Prinz Karl anwesend waren, wurden die zehn Titel der Verfassung vom Staatsrathe von Zentner vorgetragen, und der König ertheilte denselben „durch Unterzeichnung des Protokolls" seine „Sanction". Am folgenden Tage fand unter Leitung des Kronprinzen eine Staatsrathssitzung über die Verfassungsurkunde statt, wobei bezüglich des Titels VIII § 4 Erinnerungen erhoben wurden. Ein Signat des Königs, gegeben Nymphenburg am 25. Mai 1818, sprach hierauf aus: „Der durch gegenwärtiges Protokoll Uns vorgelegten Verfassungsurkunde und den darauf sich beziehenden constitutionellen Edicten ertheilen Wir hiemit Unsere Genehmigung, und wollen, daß der § 4 Tit. VIII der Verfassungsurkunde nach seiner Fassung beibehalten bleibe."

Die Ministerialconferenz hielt vom 25. Mai bis 23. Juni noch sechs Sitzungen, in welchen einige Edicte und das Familiengesetz festgestellt wurden. Auf Grund einer Berathung in der Staatsrathssitzung vom 27. Juni 1818 erhielten diese Edicte zu Baden den 9. Juli 1818 die Genehmigung des Königs.

Die Verfassungsurkunde wurde, zu München den 26. Mai 1818 ausgefertigt, durch das Gesetzblatt verkündet⁹. Zugleich wurde eine Erklärung des Kronprinzen vom 30. gleichen Monats veröffentlicht, worin derselbe die neue Verfassung als ein bindendes Staatsgrundgesetz anerkannte. Im Anschlusse an die Verfassungsurkunde wurden sodann die Beilagen und Anhänge hiezu bekannt gegeben.

Die neue Verfassung mußte von jedem billig Denkenden mit Freude und Dank begrüßt werden. Sie fand auch außerhalb der Grenzen des Landes einen, zum Theile begeisterten Beifall¹⁰. In der That verdient sie, wenn man den Maßstab des damals Erreichbaren anlegt, das Lob, welches die Zeitgenossen ihr spendeten. Der beste Beweis ihres inneren Werthes aber liegt darin, daß sie der Ausgangspunkt einer geordneten staatsrechtlichen Entwickelung Bayerns geworden ist. Der Entwurf, wie er aus den Berathungen von 1814/15 hervorgegangen war, hätte kaum eine solche Lebensfähigkeit be-

---

⁹ Ges. Bl. S. 101. Vgl. auch Döllinger I S. 380. Neuere Ausgaben der Verfassungsurkunde sind erschienen von K. Brater, 4. Aufl. von G. Pfeil, Nördlingen 1872; K. Frhr. v. Stengel, Würzburg 1893; R. Piloty, München 1895.

¹⁰ Vgl. G. Frhr. v. Lerchenfeld, Geschichte Bayerns unter König Maximilian Josef I. S. 94 ff., M. Frhr. v. Lerchenfeld, die baier. Verfassung u. die Karlsbader Beschlüsse, Nördlingen 1883, S. 23 ff.

währt [11]. In der entscheidenden Angelegenheit, der Zusammensetzung der Kammern [12] und der Bestimmung ihrer Rechte, war jener Entwurf geradezu ungenügend. Hatte doch, als die oben erwähnte königliche Entschließung vom 10. December 1814 eben auf dem Wege war, in der Conferenzsitzung vom 13. gleichen Monats Graf Arco mit bitteren Worten sich beschwert, daß die Versammlung von den Grundzügen des Rescripts von 17. September nur da abweiche, wo es sich um Einschränkungen der constitutionellen Rechte handle, trotzdem jenes Rescript hinter dem zurückbleibe, was die französische Charte biete, und was der Großherzog von Baden zu gewähren beabsichtige. Die Conferenz setze sich dadurch dem Vorwurfe aus, daß sie dem Zwecke jeder vernünftigen Verfassung, Sicherung der Rechte und Befugnisse des Volkes, entgegen arbeite und dieselben beinahe auf ein Nichts herabbringe. Auch Törring klagte über die zunehmende Neigung, die Stände zu beschränken. Nur mit Mühe entschied sich die Conferenz für ein, bei der Steuerbewilligung überdies sehr beschränktes Zustimmungsrecht der Kammern [13]. In diesem für den Werth des Verfassungswerkes maßgebenden Punkte nun gelang es, besonders in Folge des entschiedenen Eingreifens des Kronprinzen, bei den Berathungen von 1818 nicht nur ein Zurückgehen hinter die früheren Beschlüsse zu verhindern, sondern auch die rechtliche Stellung der Stände in befriedigender Weise zu gestalten [14].

Im Uebrigen ist als das schwerste Gebrechen der neuen Verfassung wohl die Aufrechterhaltung der gutsherrlichen Gerichtsbarkeit anzusehen, wenn auch anerkannt werden muß, daß letztere auf den Stand von 1806 zurückgeführt und dadurch wenigstens die unglückliche Wirkung des Edicts vom 16. August 1812 [15] wieder rückgängig gemacht wurde. Auch die Beseitigung der Kreisdeputationen (Landräthe), von welchen ein Titel des Entwurfs von 1815 gehandelt hatte, kann als ein Mißgriff bezeichnet werden [16]. In formeller Beziehung weist die Verfassungsurkunde ziemlich bedeutende Mängel auf. Oft tritt in störender Weise zu Tage, daß ihre Bearbeitung manche verschiedene Stadien durchgemacht hat, und daß zahlreiche Köpfe von zum Theile sehr ungleicher Begabung dabei mitgewirkt haben.

---

[11] Vgl. die Zusammenstellung der Hauptpunkte bei G. Frhrn. v. Lerchenfeld, Geschichte Bayerns unter König Maximilian Joseph I. S. 73—75.

[12] Nach Tit. VIII § 6 des Entw. sollte die zweite Kammer bestehen aus den Deputirten der Städte und Märkte, den Besitzern der Herrschafts- und Ortsgerichte, der freieigenen, keinem Grundherrn untergebenen Güter und den Deputirten der Universitäten. Die Aufnahme der Grundholden hatte, wie oben Anm. 5 bereits erwähnt, schon Reigersberg befürwortet. Der Kronprinz wollte dazu auch den Prälaten jeder bestehenden Prälatur oder Abtei gefügt wissen. Bezüglich der ersten Kammer fehlten die in Tit. VI §§ 3, 4 der Verf. enthaltenen Beschränkungen des k. Ernennungsrechts. Es hieß lediglich hinsichtlich der erblichen Reichsrathswürde, daß der König sie nur denjenigen verleihen werde, „welche ein derselben angemessenes Grundvermögen besitzen".

[13] Vgl. über die Sitzung auch den Bericht bei M. Frhrn. v. Lerchenfeld, aus den Papieren des k. b. Staatsministers M. Frhrn. v. Lerchenfeld, Nördlingen 1887, S. 45 ff., 283.

[14] Die Frage, ob den Ständen für gewisse Angelegenheiten nur das Recht des Beirathes oder auch das Recht der Zustimmung zuzustehen sei, kam in der Conferenzsitzung vom 9. April 1818 zur Erörterung. Feldmarschall Fürst Wrede sprach sich als Erster, welcher abstimmte, nach ausführlicher geschichtlicher und politischer Erörterung dahin aus, daß den Ständen das Steuerbewilligungsrecht unter geeigneten Sicherungen gegen Störung des Staatshaushaltes, ferner das Recht der Zustimmung zur Gesetzgebung und das Recht der Wünsche und Anträge zu verleihen sei. Eine beschränktere Fassung würde den Erwartungen des In- und Auslandes nicht entsprechen. Glaube man die Verfassung nicht nach den Erfordernissen der Zeit und nach den Verhältnissen, in denen man lebe, geben zu können, so gebe man besser keine. Allerdings laufe man dann Gefahr, durch fremde Einwirkung später doch dazu genöthigt zu werden. Graf Rechberg, welcher meinte, daß das „System der Repräsentation" „immer und unter allen Gestalten auf die Grundsätze der droits de l'homme hinführe", wollte den Ständen bei der Gesetzgebung nur den Beirath, nicht das Zustimmungsrecht einräumen. Thürheim, Lerchenfeld, Zentner, Ringel, Colonge und von der Becke stellten sich auf den freieren Standpunkt Wrede's. Törring und Krenner stimmten Rechberg bei. Reigersberg aber wollte den Ständen in allen Fällen nur ein Recht des Beirathes zugestehen. Man dürfe nicht „die theuer errungene Souveränetät" an „in Classen getheilte Unterthanen" hingeben. Die freisinnigeren Anschauungen erlangten die Mehrheit. Lerchenfeld hatte die Grundzüge der Bestimmungen über den Wirkungskreis der Stände entworfen und unterbreitete der Conferenz in der Sitzung vom 18. April die von ihm bearbeitete Fassung der Paragraphen über das Mitwirkungsrecht der Stände beim Staatshaushalte. Er erwähnte, daß er dabei die einschlägigen Bestimmungen der niederländischen Verfassung benützt habe. Lerchenfeld's Vorschläge fanden Annahme und gingen in die Verf.-Url. über. Vgl. den Bericht über die Verhandlungen bei C. v. Moy, Staatsrecht des Königreichs Bayern I, 2 S. 95 ff.

[15] Unten § 39 Anm. 15.

[16] Der Kronprinz hatte sich in seinen Bemerkungen gegen die Kreisdeputationen „als die Geschäfte unnütz vermehrende, neue Unkosten machende, Spaltung veranlassen könnende Einrichtung" ausgesprochen.

Die äußere Anordnung der Verfassungsurkunde ist folgende. Die Verfassung wird durch eine Einleitung eröffnet, die, trotz ihrer rednerischen Färbung, den Schwung der Eingangsworte zur Verfassung von 1808 nicht erreicht. Auch schadet es dem Eindrucke, daß die innere Ausgestaltung des Verfassungsbaues den Erwartungen nicht ganz entspricht, welche die Façade rege macht[17]. Die Verfassungsurkunde selbst ist in zehn Titel getheilt, welche in Paragraphen gegliedert sind. Die Titel handeln, nach vorausgeschickten „allgemeinen Bestimmungen" in Titel I, vom Könige und der Thronfolge, dann der Reichsverwesung; von dem Staatsgute; von allgemeinen Rechten und Pflichten; von besonderen Rechten und Vorzügen; von der Ständeversammlung; von dem Wirkungskreise der Ständeversammlung; von der Rechtspflege; von der Militärverfassung; von der Gewähr der Verfassung. Zur näheren Ausführung einzelner Bestimmungen der Verfassung sind derselben zehn Edicte ohne Eingang und Schluß lediglich als Beilagen angefügt. Die Edicte sind gleichfalls in Paragraphen getheilt. Sie handeln über das Indigenat; über die äußern Rechtsverhältnisse der Einwohner des Königreichs Bayern in Beziehung auf Religion und kirchliche Gesellschaften; über die Freiheit der Presse und des Buchhandels; über die staatsrechtlichen Verhältnisse der vormals reichsständischen Fürsten, Grafen und Herren; über den Adel im Königreiche Bayern; über die gutsherrlichen Rechte und die gutsherrliche Gerichtsbarkeit; über die Familienfideicommiße; über die Siegelmäßigkeit; über die Verhältnisse der Staatsdiener, vorzüglich in Beziehung auf ihren Stand und Gehalt; über die Ständeversammlung. Dem Religionsedicte sind zwei „Anhänge" beigegeben: das die innern katholischen Kirchenangelegenheiten im Königreiche ordnende Concordat mit Sr. päpstlichen Heiligkeit Pius VII., abgeschlossen zu Rom den 5. Juni 1817, bestätigt zu München den 24. October gleichen Jahres, und das Edict über die innern kirchlichen Angelegenheiten der protestantischen Gesammtgemeinde in dem Königreiche.

Einige Schwierigkeiten waren bezüglich der Einführung der neuen Verfassung in der Pfalz zu überwinden. Man war bei den Berathungen von 1818 sofort darüber einig, daß die Verfassung in der Pfalz nicht ohne Aenderungen eingeführt werden könne. In der Sitzung vom 3. März strich man aus dem Entwurfe den der Constitution von 1808 entnommenen Satz: „Alle besonderen Verfassungen . . . der einzelnen Provinzen bleiben aufgehoben." Es wurde darauf hingewiesen, daß der Rheinkreis gegenwärtig noch eine besondere Verfassung nach der ihm ertheilten allerhöchsten Zusicherung habe, und daß folglich jener Satz Unruhe und Mißtrauen bei den Bewohnern des Rheinkreises würde erregen können.

Die königliche Entschließung vom 24. Mai 1818[18], welche dem Generalcommissär des Rheinkreises die Verkündigung der Verfassung befahl, fügte bei: „Da jedoch mehrere Bestimmungen in dem Titel V von § 2 bis 5 einschlüssig mit den darauf sich beziehenden Edicten, sowie einige in Titel VI, soweit sie die Klasse des Adels mit einer gutsherrlichen Gerichtsbarkeit betreffen, mit den im Rheinkreise bestehenden besonderen, von Uns demselben zugesicherten Institutionen nicht vereinbarlich sind, so soll die Vollziehung der mitgetheilten Verfassung mit den Modificationen geschehen, welche jene besonderen Institutionen erfordern, worüber Wir seiner Zeit die Anzeige oder, bei sich ergebenden Anständen, vor der Verkündigung näheren gutachtlichen Bericht erwarten."[19] Der Generalcommissär von Stichaner erstattete diesen Bericht unterm 14. des folgenden Monats. Auf Grund eingehender Berathungen im engeren Ausschusse der zur Vollziehung der Verfassungsurkunde angeordneten Ministerialconferenz erging hierauf die königliche Entschließung vom 5. October 1818, die Verfassung des Königreichs Bayern betreffend. Die Entschließung führt die Aenderungen auf, welche für die Pfalz an der Verfassung eintreten sollen, und bemerkt sodann: „Nach diesen gegebenen Bestimmungen hat Unser Generalcommissär sich in vorkommenden Fällen zu achten und die Modificationen auf geeignete Weise zur öffentlichen Kenntniß zu bringen." Diese Bekanntgabe geschah durch die Kreisregierung unterm 17. October 1818 in Nr. 23 des Kreisamtsblattes vom 20. gleichen Monats[20].

Durch königliche Entschließung vom 29. Mai 1818[21] wurde verfügt, daß die zur Verfassungsdurchsicht niedergesetzte Ministerialconferenz auch mit der Vollziehung der Verfassung und der dazu gehörigen Edicte betraut sein solle, bis die erste Sitzung der Ständeversammlung beendigt sein werde. Die vorbereitenden und laufenden Geschäfte hatte ein engerer Ausschuß zu besorgen[22], der in wichtigen,

---

[17] Ein sehr maßvolles und gerechtes Urtheil über die Versprechungen der Vorrede bei G. Frhrn. v. Lerchenfeld, Geschichte Bayerns unter König Maximilian Joseph I., S. 97.

[18] Döllinger I S. 381.

[19] Vgl. Bekanntm. der Regierung des Rheinkreises vom 12. Juni 1818. Amtsbl. S. 717; Döllinger I S. 382.

[20] S. 847; Weber I S. 733.

[21] Döllinger I S. 386; s. auch R. Bl. 1818 S. 635. Vgl. ferner Döllinger I S. 388.

[22] Dessen Mitglieder waren die Minister des Aeußern und der Finanzen, Staatsrath v. Zentner und in dessen Verhinderung Staatsrath von der Becke, dann die Ministerialräthe v. Stürmer und v. Sutner.

die königliche Entſcheidung erfordernden Gegenſtänden Vortrag an die verſammelte Miniſterialconferenz erſtatten ſollte. Letztere hatte ſodann die Entſchließungen des Königs zu erholen. Nach Beendigung der erſten Landtagsverſammlung wurde die Miniſterialconferenz durch königliche Entſchließung vom 29. September 1819²² ihrer Aufgabe enthoben.

Wir können die Darſtellung der Verfaſſungsgeſchichte hier beendigen. Die Verfaſſungsurkunde von 1818 iſt die Grundlage, auf welcher das beſtehende Staatsrecht Bayerns aufgebaut iſt. Auch die Geltung der Reichsverfaſſung in Bayern beruht auf einem ſtaatsrechtlichen Akte des Königs, welcher nach Maßgabe der Beſtimmungen der Verfaſſungsurkunde von 1818 ſich vollzogen hat.

3. Abſchnitt.
Der Organismus der Rechtspflege und der Verwaltung.

I. Hauptſtück.
Entwickelung von 1799 bis 1808.

§ 32. Das Miniſterium.

Das Land befand ſich beim Regierungsantritte Maximilians IV. Joſef in einem wahrhaft kläg-lichen Zuſtande. Der neue Kurfürſt und der leitende Staatsmann, welchem in dieſer entſcheidenden Zeit die Geſchicke Bayerns anvertraut waren, Freiherr von Montgelas¹, überzeugten ſich ſofort, daß die beſtehenden Behörden, überdies großen Theils mit untauglichen Beamten beſetzt, nicht die Werk-zeuge ſein konnten, um die unaufſchieblichen Verbeſſerungen durchzuführen.

Die Behördenverfaſſung war während des 18. Jahrhunderts in einem wahren Zopfſtile auf-gebaut worden. Vortrefflich ſchildert ein gleichzeitiger Schriftſteller dieſe Zuſtände².

„Die Regierungen bemerken gewöhnlich, und dieſes geſchah auch in Bayern, daß einzelne Zweige der Verwaltung übel behandelt, einer größeren Aufmerkſamkeit würdig ſeien. Nun errichten ſie dafür, ohne den unzertrennlichen Zuſammenhang mit anderen verwandten Gegenſtänden zu bedenken, eigene Collegien, Deputationen und Commiſſionen; vermehren die Zahl des Perſonals, die Aktenſtöße, die Schwierigkeiten der Benehmungen und ſetzen, wenn es gut geht, nach einigen mißlungenen Probejahren Alles wieder in den vorigen Stand zurück. Ohne ſo genau zu erwägen, daß der eigentliche Grund des üblen Geſchäftsbetriebs weniger in dieſen Formen, als in dem Mangel erfahrener Geſchäftsmänner liege . . . ſucht man ſich meiſtens nur durch veränderte Beſtimmung dieſer Formen zu helfen, die zwar allerdings einen weſentlichen Theil, aber lange nicht das Ganze der Verbeſſerung ausmachen. Dieſe Mißgriffe wurden in neueren Zeiten am häufigſten, wo die immer verwickelter gewordene Staats-verwaltung alle Aufmerkſamkeit auf möglichſte Vereinfachung der Geſchäfte nothwendig machte, bevor man die Natur derſelben im vollen Zuſammenhange überſchaut hatte. Dies gab den vielerlei Landes-ſtellen, die unter Karl Theodor und auch ſchon früher in Bayern errichtet wurden, ihre Entſtehung. So unverkennbar in ihren Inſtructionen das Streben nach Vollkommenheit liegt, ſo verfehlten ſie doch ſämmtlich ihren Zweck und mußten ihrer fehlerhaften Grundbeſtimmung wegen die Geſchäfte noth-wendig in ein Chaos bringen. Der Streit über die Competenz einiger Gegenſtände zwiſchen mehreren Collegien verurſachte nicht nur ſelbſt ganz neue Geſchäfte, ſondern ſtörte auch die nöthige Eintracht und gab nicht ſelten zu geſetzwidrigen oder ſchädlichen Speculationen Veranlaſſung. Manche glaubten

---

²² Döllinger I S. 388, R. Bl. S. 921.

¹ Geb. zu München 10. Nov. 1759, geſt. 15. Juni 1838. Auf ſeine dienſtliche Laufbahn beziehen ſich folgende Stellen im R. Bl. 1803 S. 297; 1809 S. 1921, 1962; 1810 S. 5, 473; 1812 S. 1001, 1924; 1813 S. 1369; 1814 S. 1969; 1816 S. 390, 939; 1817 S. 49. Vgl. über Montgelas M. Frhr. v. Freyberg, (akad.) Rede zum Andenken an den verewigten Staatsminiſter Maximilian Grafen v. Montgelas, München 1839; Clemens Theodor Perthes, polit. Zuſtände und Perſonen in Deutſch-land zur Zeit der franzöſiſchen Herrſchaft, Gotha 1862, S. 388; F. Pözl in Bluntſchli's u. Brater's Staatswörterbuch VI S. 771; H. v. Sicherer, Staat u. Kirche in Bayern vom Regierungs-antritt des Kurf. Maximilian Joſeph IV. bis zur Erklärung von Tegernſee 1799—1821, München 1874, S. 21; Denkwürdigkeiten des bayer. Staatsminiſters Maximilian Grafen von Montgelas (1799—1817), Stuttgart 1887; R. Graf Du Moulin Eckart, Bayern unter dem Miniſterium Montgelas, I. München 1895.

² S. Frhr. v. Aretin, der Genius von Baiern unter Maximilian IV. Bd. I Stück 2 (1802) S. 8.

dann, dem Staate einen großen Dienst geleistet oder einen wichtigen Sieg errungen zu haben, wenn ein günstiger Beschluß der obersten Staatsgewalt einen zwischen mehreren Stellen strittigen Gegenstand dem Collegio zusprach, dessen Sache sie zu verfechten hatten; wenn schon dieser Triumph bei den immer wieder nachgefolgten Veränderungen nie von Dauer war."

Montgelas' kräftige Hand ging sofort an das Werk, in diesem Wirrsal Ordnung zu stiften.

Eine kurfürstliche Resolution vom 25. Februar 1799 ³ führte eine neue Ministerialverfassung nach dem Realsystem ein. Es wurden vier „Departements" für die auswärtigen Geschäfte, die Finanzen, die Justiz und die geistlichen Angelegenheiten gebildet. Mit den auswärtigen Geschäften waren auch die Angelegenheiten des landesherrlichen Hauses, mit den Finanzen die Gewerbe=, Handels= und Straßenbausachen, mit der Justiz die „Polizei", mit den Cultusangelegenheiten das Unterrichtswesen ⁴ verbunden. An der Spitze jedes Departements stand ein geheimer Staats= und Conferenzminister ⁵. Eine Dienstanweisung regelte die Geschäftsvertheilung des Näheren. Die Minister der Justiz, der Finanzen und des Cultus nebst ihren Referendarien sollten einen Staatsrath bilden, der in wöchentlichen Sitzungen über die laufenden Geschäfte zu berathen hatte ⁷. Der Kurfürst behielt sich vor, den Sitzungen „etliche Male" beizuwohnen. Ein Decret vom 14. April 1801 erweiterte die Zuständigkeiten des Staatsrathes in der Weise, daß derselbe auch den Ministerrath ersetzte ⁸.

Eine weitere Verordnung vom 26. Mai 1801 ⁹ bezweckte den Ausbau der neuen Ministerialeinrichtung auf der geschaffenen Grundlage ¹⁰. Es wurde hervorgehoben, daß hienach „die oberste Staatsverwaltung nach allen ihren Zweigen Unserer sämmtlichen Erbländer, ohne Unterschied der Provinzen dergestalt vertheilt" sei, „daß keine Provinz unter einem Ministerio allein, sondern unter allen, nach den einem jeden zugetheilten Gegenständen", stehen solle ¹¹.

Der älteste Staatsminister hatte die Dienstaufsicht über die Landesdirectionen und über die Landesarchive.

Den Oberbefehl über die Truppen und die Erledigung der militärischen Angelegenheiten übernahm der Kurfürst im nemlichen Jahre persönlich. Dem zu Folge wurde das 1799 an die Stelle des Hofkriegsrathes getretene Oberkriegscollegium ¹² aufgehoben und lediglich ein Kriegsjustiz= und Kriegsökonomierath gebildet ¹³. Im Jahre 1804 wurde jedoch ein geheimes Kriegsbureau errichtet ¹⁴, das die Dienst=, Personal= und Commandosachen des Heeres für die höchste Entscheidung „vorbereitlich" zu bearbeiten hatte. Der Kriegsjustizrath wurde durch eine selbständige oberste Militärjustizstelle dritter Instanz, das Generalauditoriat, ersetzt ¹⁵.

Eine Umgestaltung der Ministerialverfassung erfolgte durch Verordnung vom 29. October 1806 ¹⁶. Die Geschäfte wurden unter die vier Departements der auswärtigen Angelegenheiten, des Innern, der Finanzen und der Justiz vertheilt ¹⁷, für welche das Realsystem ausnahmslose Geltung hatte. Dem Ministerium des Aeußern wurde sein bisheriger Wirkungskreis belassen. Es hatte ferner die Aufsicht über das Postwesen und das Haus= und Staatsarchiv, sowie den Vortrag über „die Er-

---

³ G. K. Mayr, Sammlung ꝛc., 1800, I S. 31. Ueber Bestellung eines Generalhofcommissariats im Jahre 1800 ebenda 1802, II S. 285.

⁴ Die geh. Universitätscuratel erlosch. Intell. Bl. 1799 S. 279, G. K. Mayr, Sammlung ꝛc., 1800, I S. 255.

⁵ Das Ministerium wurde wie folgt zusammengesetzt: Frhr. v. Hompesch Finanzen, Frhr. v. Monjellas (Montgelas) Aeußeres, Graf v. Morawitzky Cultus, Frhr. v. Hertling Justiz.

⁶ Bezeichnend ist, daß diese Instr. sofort auf feste Normen für die den Departements zu eröffnenden Credite Bedacht nahm und den Generalkassier persönlich für deren Einhaltung haftbar machte.

⁷ „Die Referendarien erstatten ihre Berichte und haben ein votum consultativum, die Minister aber können die Conclusionen derselben nach der Mehrheit der Stimmen unter sich annehmen oder verwerfen."

⁸ Eine Nachricht darüber bei M. Frhrn. v. Freyberg, Rede zum Andenken an den verewigten Staatsminister Grafen v. Montgelas, München 1839, S. 70.

⁹ R. u. Intell.=Bl. S. 353.

¹⁰ Dem Finanzministerium wurden auch die landwirthschaftlichen Angelegenheiten und die Wasserbausachen zugetheilt.

¹¹ Nur bezüglich der Rheinpfalz und des Herzogthums Berg wurde „zur Zeit" noch eine Ausnahme gemacht und diese Provinzen unter der obersten Leitung des Ministerialdepartements der auswärtigen Angelegenheiten belassen.

¹² G. K. Mayr, Sammlung ꝛc., 1800, I S. 321; vgl. auch S. 318.

¹³ R. u. Intell. Bl. 1801 S. 363, 580. Vgl. auch K. Bl. 1802 S. 10.

¹⁴ R. Bl. 1804 S. 293.

¹⁵ Kurf. Entschl. vom 15. März 1804, R. Bl. S. 427.   ¹⁶ R. Bl. S. 425.

¹⁷ Deren Besetzung war folgende: Frhr. v. Montgelas Aeußeres und Inneres, Frhr. v. Hompesch Finanzen, Graf Morawitzky Justiz.

theilung der auf den Civilstand Bezug habenden Rechte und Privilegien". Dem Ministerium des Innern wurden auch die Cultus- und Unterrichtsangelegenheiten, sowie die bisher zum Finanzdepartement gehörig gewesenen Gewerbe-, Handels- und Bausachen überwiesen. Die Vorrechte des ältesten Staatsministers und im Wesentlichen auch die Einrichtung des Staatsrathes als „Centralversammlung der Ministerien" blieben aufrecht erhalten.

§ 33. Die Verwaltungs- und Gerichtscollegien.

Der Ministerialverfassung vom 25. Februar 1799 folgte schon unterm 28. April desselben Jahres eine durchgreifende Neugestaltung der obersten Landescollegien¹. „Sämmtliche Gegenstände der Staatsverwaltung in den herobern Kurlanden mit alleiniger Ausnahme der Justiz und der Gegenstände des kurfürstlichen geistlichen Raths" wurden einer Generallandesdirection zu München und einer oberpfälzischen Landesdirection zu Amberg übertragen. Die Oberlandesregierung, die Hofkammern zu München, Neuburg und Amberg, die Forstkammer, das Oberst-Münz- und Bergmeisteramt, das Collegium medicum, die Rentdeputationen zu Straubing und Burghausen und das Rentamt Landshut wurden aufgehoben. Dem Herzogthume Neuburg wurde auf Andringen der Stände durch den Deputationsabschied vom 5. October 1799 eine eigene Landesdirection mit dem Sitze in Neuburg nachträglich bewilligt². Die Generallandesdirection zerfiel unter Leitung eines Präsidenten und zweier Vicepräsidenten in sieben Deputationen, je mit einem Director an der Spitze³. Die Deputationen waren folgende: für Landeshoheits-, Grenz- und fiscalische Sachen, für Polizei (einschließlich der Gerichtspolizei)⁴, für Rechnungswesen, für Salinen-, Münz- und Bergwerkssachen, für Cultur-, Forst- und Bausachen, für Commercien- und Mautsachen⁵, für Kriegsökonomiesachen. Noch im selben Jahre wurden jedoch die 3. und 6. Deputation zu einer vereinigt und die 7. Deputation zu einer neuen obersten Kriegsstelle umgestaltet⁶.

Zur Vornahme der Amtsübergaben und Amtsbesichtigungen bei den äußeren Behörden sollten an Stelle der Rentdeputationen vier „Landcommissarien" ⁷ ohne bestimmten Bezirk treten.

Die oberpfälzische Landesdirection erhielt vier Deputationen und zwei Landcommissarien, die neuburgische nur zwei Deputationen. Im Uebrigen waren beide Provinzialstellen nach dem Vorbilde der Generallandesdirection eingerichtet.

Das Münz- und Bergwesen, Maut-, Stempel- und Commerzwesen, sowie die Kriegsökonomiesachen waren ausschließlich bei der Generallandesdirection vereinigt.

Mit der Errichtung dieser letztern Stelle war unleugbar eine Verbesserung gegenüber der früheren Zersplitterung der Geschäfte erzielt worden; allein man war dabei in den entgegengesetzten Fehler verfallen, eine unübersehbare Masse der verschiedenartigsten Angelegenheiten bei einem Collegium aufzuhäufen⁸.

---

¹ Intell. Bl. S. 310, 405; G. K. Mayr, Sammlung ꝛc., 1800, I S. 40, 57.

² G. K. Mayr, Sammlung ꝛc., 1800, I S. 116, 132, 137. Intell. Bl. 1799 S. 789.

³ Ein Ueberbleibsel der vergangenen Zustände war die Bestimmung, daß die Präsidenten dem Ritterstande, die Directoren dem Gelehrtenstande entnommen werden sollten. Die Zahl der Räthe war 42.

⁴ Dieser Deputation waren die (8) Medicinalräthe beigegeben. Vgl. auch R. Bl. 1803 S. 953.

⁵ Die provisor. Zoll- u. Mautordnung vom 7. Dec. 1799 (Intell. Bl. S. 819) hob die Mittel-Mauth- u. Accisämter auf, veränderte die Grenz-Maut- u. Zollämter und unterstellte dieselben der Generallandesdirection. Die Aburtheilung von Defraudationsfällen wurde in erster Instanz den Erhebungsbehörden, in zweiter Instanz der Generallandesdirection übertragen (§§ 2—4, 14 des angef. Gen.-Mand.).

⁶ Vgl. G. K. Mayr, Sammlung ꝛc., 1800, I S. 112, 318.

⁷ Zwei rechtskundige und zwei rechnungsverständige. Man wollte dadurch offenbar den früheren rentmeisterischen Umritt in moderner Form wieder herstellen.

⁸ Ein Staatsmann jener Zeit (Cl. von Neumayr) fällt über die Einrichtung folgendes Urtheil: „Die Generallandesdirection, auf die Trümmer von 9 aufgelösten Collegien als einzige oberste Landesstelle in Eile hingebaut, hätte nie ihrem Zweck entsprechen können. Sie war zu monströs angelegt. Das gemeinschaftliche Präsidium und die Directorialsitzungen (vgl. darüber G. K. Mayr, Sammlung ꝛc., 1800, I S. 51) waren unzureichend, die 7 Deputationen in einen Körper zu vereinigen; durchaus fehlte es an Uebersicht und Leitung des Ganzen. Man sah dies bald ein und suchte den Körper leichter und beweglicher zu machen, indem man die Kriegsökonomiegegenstände wieder einem besonderen Collegium unterstellte und das Maut- und Commerzienwesen mit der staatswirthschaftlichen Deputation vereinigte. Indessen diese Hilfe war zu schwach. Das größte Uebel zeigte sich für die Comptabilität. Der Präsident und der Director der staatswirthschaftlichen Deputation waren nicht im Stande, zu übersehen, was bei den übrigen Deputationen .... im Einzelnen gewilligt und selbst angewiesen wurde.

Die äußeren Regierungen waren der Generallandesdirection als „delegirte Behörden" in Polizeisachen untergeordnet⁹. Im Jahre 1802 wurde jedoch die Auflösung der Regierungen zu Burghausen
und Landshut verfügt und die Regierung zu Straubing in eine reine Justizstelle umgewandelt, so daß
nunmehr die äußeren Regierungsbezirke gleich jenem von München unmittelbar der Generallandesdirection unterstanden¹⁰.

Durch Verordnung vom 6. October 1802¹¹ wurde auch der geistliche Rath aufgehoben. Die
Kirchenangelegenheiten wurden den Landesdirectionen zugewiesen; für die Verwaltung des Kirchen-
und „sonstigen frommen geistlichen Stiftungsvermögens", sowie des Schulfonds¹² wurde ein neues
Collegium, der Administrationsrath der Kirchen- und milden Stiftungen¹³, eingesetzt¹⁴.

Eine Verordnung vom 15. August 1803¹⁵ unternahm es, der Einrichtung und dem Geschäftsgange der Generallandesdirection, welche von nun ab Landesdirection von Bayern hieß, eine einfachere
Gestalt zu geben¹⁶. Die Landesdirection sollte sich in drei Hauptdeputationen, die staatsrechtliche,
polizeiliche und staatswirthschaftliche gliedern und von diesen die zweite Deputation wieder in drei,
die dritte in vier Sectionen zerfallen. Die „Deliberationsgegenstände" sollten collegial, die „Execution-
gegenstände" bureaumäßig behandelt werden. Auch die Einrichtung der Landescommissäre suchte man
zu verbessern.

Es bestanden nunmehr fünf Landesdirectionen für Bayern, Neuburg, Oberpfalz, Franken und
Schwaben¹⁷.

Durch Verordnung vom 15. October 1804¹⁸ erfuhr die Stellung der Landesdirectionspräsidenten
eine wesentliche Verstärkung. Dieselben wurden zugleich Generallandescommissäre ihrer Provinz
und als solche Organe des Ministeriums in derselben. Sie sollten „im Allgemeinen darüber wachen,
daß auf dem Grund der angenommenen Regierungsprincipien die Geschäfte in allen ihren Zweigen
auf eine feste, übereinstimmende und zusammengreifende Weise behandelt" würden. Dabei wurde
ihnen, und das war das Wichtigste, gemeinsam mit dem Director der staatswirthschaftlichen Deputation
die Curatel des Provinzialfinanzetats anvertraut, wie dies bereits die Verordnung vom 9. September 1803¹⁹ vorgesehen hatte.

Eine Möglichkeit, die allgemeine Comptabilität festzustellen und zu erhalten, war also durchaus nicht
gegeben. Hievon nahm man nun Veranlassung, eine eigene Etatscuratel zu bestellen, in den Personen
des Präsidenten und des erwähnten Directors der 3. Deputation, denen alle Beschlüsse aller Deputationen in Geldsachen zur vorläufigen Sanction und Ingrossation vorgelegt werden mußten, und wobei
alle untergeordneten Stellen und Kassen angewiesen wurden, ohne diese Ingrossation und sanctionirende
Unterschrift der beiden Etatscuratoren auf keine Anweisung Zahlung zu leisten. Diese Verfügung
konnte ihren Zweck nicht verfehlen; allein sie führte ein anderes, beinahe ebenso großes Uebel herbei.
Der Geschäftsgang wurde, da in den meisten Fällen die einzelnen Referenten bei der Curatel neuen
Vortrag erstatten mußten, außerordentlich verzögert. Die wichtigsten Gegenstände wurden der collegialen
Berathung allmälig ganz entzogen. Das bureaukratische Verfahren ward vorherrschend. Der Willkür
zweier Einzelner, der Etatscuratoren, war eine ungemessene Gewalt in die Hände gegeben." Eine ausführliche Besprechung der Organisation von 1799 bei G. Frhrn. v. Aretin, der Genius von Baiern
unter Maximilian IV., Bd. I, Stück 2, 1802, S. 3 ff.

⁹ Näheres bei G. K. Mayr, Sammlung 2c., 1800, I S. 45. Ueber den Status der Regierungen
ebenda S. 72 ff. Deren Vorstände (Vicedom, Statthalter) erhielten den Titel Präsident.
¹⁰ R. Bl. S. 89, 160, 192; 793, 905.   ¹¹ R. Bl. S. 707; vgl. auch S. 887.
¹² Vgl. Decret vom 26. März 1799 (Intell. Bl. S. 261).
¹³ Demselben waren die Kirchenfiscale untergeordnet, die Kirchendeputationen wurden beseitigt;
a. a. O. S. 890.
¹⁴ Ueber das Schulwesen unten.
¹⁵ R. Bl. 657. Der Urheber des Entw. ist geh. Rath v. Zentner. Die Berathungen darüber
kamen in der Staatsrathssitzung vom 6. Juli 1803 zum Abschlusse.
¹⁶ Die Commerz- und Bergsachen wurden dabei den beiden anderen Landesdirectionen für ihre
Bezirke zugewiesen, das Salz-, Maut-, Münz- und Siegelwesen blieb bei der Landesdirection von
Bayern vereinigt.
¹⁷ Ueber die Landesdirectionen in den neu erworbenen Provinzen Fränk. R. Bl. 1803 S. 96,
Churbaier. R. Bl. 1803 S. 323, Ulm. R. Bl. 1803 S. 4, 57, 1804 S. 558. Die älteren Landestheile
jenseits des Lechs wurden der Provinz Schwaben zugetheilt, Churbaier. R. Bl. 1803 S. 5. — Ueber
die gleichförmige Einrichtung der Landesdirectionen Amberg und Neuburg mit jener in München Amb.
R. Bl. 1803 S. 663, 1805 S. 999; Neub. R. Bl. 1803 S. 677, 1805 S. 1000. Ueber die Landcommissariate in Schwaben und Franken Ulm. R. Bl. 1804 S. 207, fränk. R. Bl. 1804 S. 278.
¹⁸ R. Bl. S. 453. — Eine Verordn. vom 18. Oct. 1803 (R. Bl. S. 874), hob den obersten Lehenhof und die Lehenpropstämter auf und übertrug ihre Geschäfte den Landesdirectionen.
¹⁹ Die Formation des Finanzetats betr. (R. Bl. S. 929), unter Ziffer XXV.

Bezüglich des Unterrichtswesens wurde zuerst unterm 6. April 1799 ²⁰ verfügt, daß die geheime Schulcuratel aufzuheben und das lateinische zusammt dem deutschen Schulwesen durch eine Schuldeputation des geistlichen Rathes zu behandeln sei. Bei Auflösung des letztern durch die Verordnung vom 6. October 1802 wurde für das deutsche und lateinische Schulwesen eine besondere Landesstelle, das Generalschuldirectorium, geschaffen ²¹. Durch Verordnung vom 3. August 1803 ²² wurde diesem „General-Schul- und Studiendirectorium" ein System von Unterbehörden unterstellt, die Oberschulcommissariate, je für eine Mehrzahl von Land- und Herrschaftsgerichten ²³, und unter diesen die Schulinspectorate in den Gerichtssprengeln und die Localschulcommissionen in den Städten und Märkten ²⁴. Eine Verordnung vom 6. September 1805 ²⁵ hob das General-Schul- und Studiendirectorium auf. Für die Oberleitung des Schulwesens wurde ein Ministerialbureau, das geheime Schul- und Studienbureau gebildet; die Geschäfte des beseitigten Directoriums wurden den fünf Landesdirectionen übertragen, welche eigene Schulreferenten bei der Polizeideputation erhielten. Eine weitere Vereinfachung trat durch die Verordnung vom 31. Januar 1807 ²⁶ ein, welche alle „seither bestandenen besonderen oberen Leitungen der höheren, mittleren und unteren Lehrinstitute", die geheimen Universitätscuratelen und das Schul- und Studienbureau beseitigte und die Leitung beim Ministerium zusammenfaßte ²⁷.

Das Büchercensurcollegium wurde durch Verordnung vom 10. April 1799 ²⁸ aufgehoben, weil dessen collegiale Verfassung „dem liberalen Gange der Wissenschaften nachtheilig" zu sein schien. An seine Stelle trat eine Büchercensur-Specialcommission in unmittelbarer Unterordnung unter das Ministerium der geistlichen Angelegenheiten. Durch Verordnung vom 13. Juni 1808 ²⁹ aber wurden die in den alten und neuen bayerischen Landen noch bestehenden Censurcommissionen aufgelöst, weil die Censur „in ihrer Anwendung auf die einzelnen Fälle weder gerecht noch zweckdienlich noch hinreichend" sei. Die Handhabung der Preßpolizei wurde den allgemeinen Polizeibehörden übertragen.

Mit der neuen Einrichtung der Verwaltungsmittelstellen verband sich die wichtige Maßnahme der Trennung der Rechtspflege von der Polizei in der Mittelinstanz. Die Verordnung vom 5. November 1802 ³⁰ verfügte, daß in Zukunft unter der obersten Justizstelle, dem Revisorium, vier Hofgerichte zu München, Straubing, Amberg und Neuburg bestehen sollten, und daß demgemäß der Hofrath zu München und die äußeren Regierungen die Bezeichnung Hofgericht anzunehmen hätten ³¹.

§ 34. Die Verwaltung des Stiftungs- und Armenwesens.

Der centralisirende Zug, welcher die Regierungszeit von Montgelas kennzeichnet, führte zu einer verhängnißvollen Maßregel hinsichtlich der Verwaltung des Stiftungs- und Gemeindevermögens. Eine Verordnung vom 29. December 1806 ¹ sprach den Grundsatz aus, daß das Stiftungs- und Gemeindevermögen einen von dem allgemeinen Staats- oder Finanzvermögen getrennten, selbständigen Theil der Staatsverwaltung unter der Oberleitung des Ministeriums des Innern ausmache. Die Einzelheiten dieser Verordnung können hier übergangen werden, da dieselbe alsbald durch das organische Edict vom 1. October 1807 ² ersetzt wurde. Dieses Edict beruht auf dem gleichen Grundgedanken, wie die Verordnung von 1806. Seine wesentlichen Bestimmungen sind folgende.

Das Stiftungsvermögen, welches theils aus dem Staatsvermögen in Folge besonderer Fundirung ausgeschieden, theils aus dem Vermögen von Privaten zugewendet und hinterlassen worden ist,

---

²⁰ G. K. Mayr, Sammlung ꝛc., 1800, I S. 253, 255, Intell. Bl. 1799 S. 887. Vgl. auch R. Bl. 1804 S. 719.

²¹ Demselben wurde unterm 29. Juli 1804 auch das Schulwesen in Franken und Schwaben zugewiesen. Fränk. R. Bl. 1804 S. 264.

²² R. Bl. S. 605. ²³ 4 für Bayern, je 1 für die Oberpfalz und Neuburg.

²⁴ S. die Instructionen R. Bl. 1803 S. 633, 639, 642, 651.

²⁵ R. Bl. S. 993. ²⁶ R. Bl. S. 260.

²⁷ Für die Mittel- und Volksschulen wurden ein kathol. und ein protest. Centralschulrath aufgestellt und als sachverständige Beiräthe den betreffenden Ministerialreferenten untergeordnet.

²⁸ Intell. Bl. S. 277. Dazu vergl. den Erlaß über die Censur der polit. Zeitschriften vom 6. Sept. 1799 ebenda S. 665.

²⁹ R. Bl. S. 377. Verfasser des Entw. ist der geh. Rath v. Zentner.

³⁰ R. Bl. S. 793.

³¹ Ueber die Justizzustände und die bis zum Jahre 1802 getroffenen Maßnahmen gibt Aufschluß G. K. Mayr, Sammlung ꝛc., 1800, I S. 1 ff., 1802, II S. 1 ff. Vgl. insbes. I S. 135, II S. 2.

¹ R. Bl. 1807 S. 49; dazu S. 425.

² Ueber die Generaladministration des Stiftungs- u. Communalvermögens im Kgr. Baiern. Verkündet als Beil. I nebst einer Reihe weiterer Beilagen durch die Verordn. gl. Betr. vom 30. Dec. 1807, R. Bl. 1808 S. 209—390. Ueber eine vergebliche Gegenvorstellung Münchens ebenda S. 471.

zerfällt nach seinen Zwecken in drei Theile: das Stiftungsvermögen des Cultus, der Erziehung und des Unterrichts, der Wohlthätigkeit. Jener Theil des Stiftungsvermögens, der aus Privatmitteln herrührt und ausschließend einem Cultus, einer Familie oder einem Orte gewidmet ist, bleibt für diesen Zweck „isolirt". Das übrige Stiftungsvermögen wird³ nach der Abtheilung des dreifachen Stiftungszweckes und, soweit der Zweck confessioneller Natur ist, nach Religionstheilen „consolidirt". In jeder Abtheilung wird die Masse des consolidirten Stiftungsvermögens mit dem Gesammtbedürfnisse des betreffenden Zweckes „in Bilanz gesetzt". Die aus dieser Abgleichung hervorgehenden Ueberschüsse des consolidirten Stiftungsvermögens werden „centralisirt" und bilden die Fundirung einer Centralstiftungskasse. Deren Bestimmung ist dreifach: sie liefert die Dotation jener Nationalanstalten, welche sich nach ihrem Zwecke und Umfange zu einzelnen Centralinstitutionen eignen; sie leistet Zuschüsse für die außerordentliche Exigenz, welche ein Stiftungszweck vorübergehend in Anspruch nimmt; sie gibt Vorschüsse „zu jenen Unternehmungen von Privaten und Gemeinheiten, welche der Cultur, dem Gewerbe oder der örtlichen Verschönerung und also der Verbreitung theils des Wohlstandes theils des Geschmackes gewidmet sind".

Das Communalvermögen zerfällt gleichfalls in drei Theile: jenes der Städte, der Märkte und der Dorfgemeinden. Es wird keiner Consolidirung unterworfen, sondern bleibt isolirt und ausschließend der Gemeinde gewidmet, für welche es bestimmt ist⁴.

Die oberste Curatel über das Stiftungs- und Communalvermögen steht dem Ministerium des Innern zu. Sie wird von letzterem bezüglich des Stiftungsvermögens unmittelbar durch ein geheimes Centralrechnungscommissariat des Innern⁵ geübt. Beim Ministerium ist auch der Sitz der Centralstiftungskasse⁶. Das Stiftungsvermögen wird durch allgemeine und besondere Stiftungsadministrationen verwaltet. Erstere sind nach Districten, je für eine Stadt oder 3—5 Rentämter, eingetheilt. Sie verwalten das ganze Stiftungsvermögen ihres Districts. Für die Erhebung der Renten sind ihnen Perceptionsstationen untergeben. Die besonderen Stiftungsadministrationen verwalten entweder eine isolirte Stiftung oder das für einen einzelnen Stiftungszweck, also für Cultus, Unterricht oder Wohlthätigkeit gewidmete Vermögen⁷.

Die Obercuratel über das Communalvermögen wird vom Ministerium des Innern mittelbar durch die Generallandescommissariate geübt, welchen die Communaladministratoren untergeordnet sind.

Besondere Bestimmungen wurden bezüglich jenes Stiftungs- und Communalvermögens getroffen, welches der Verwaltung der Patrimonialgerichtsherrschaften anvertraut war. Dieses Vermögen wurde mit jenem, welches unter königlicher Verwaltung stand, nicht vermischt⁸. Doch sollten die Grundsätze über die Verwendung des letzteren auch auf ersteres Anwendung finden. Die Ministerialcuratel über die Patrimonialgerichtsherrschaften wurde durch die Generallandescommissariate⁹ ausgeübt.

In demselben Geiste wie die Einrichtung des Stiftungswesens und im Anschlusse an dieselbe erfolgte die Umgestaltung des Armenwesens unterm 22. Februar 1808¹⁰. Die erneuerte Bettelordnung vom 5. October 1801¹¹ hatte noch mit Bezug auf das Bettelmandat von 1780 die Armenpflege als Sache der Gerichte, Hofmarken, Städte und Märkte erklärt. Eine Verordnung vom 23. November 1804¹² erließ Grundbestimmungen zur Errichtung der Armenanstalten in den Landgerichtsbezirken und zur Ausmittelung der erforderlichen Hilfsquellen. Als örtliches Organ der Armenpflege sollte der Pfarrer dienen. In der Verordnung vom 22. Februar 1808 werden völlig neue Wege eingeschlagen. Hienach ist die Armenpflege „eine Staatsanstalt der Wohlthätigkeit für den Stand der Armuth". Diese

---

³ „Zur Erzielung der Einheit, zur Vermehrung der Kräfte und zur Ersparung der Verwaltungskosten."

⁴ Die Dreitheilung des Communalvermögens ist also lediglich eine schematische Spielerei, durch welche eine reine äußerliche Gleichheit mit der Dreitheilung des Stiftungsvermögens hergestellt werden soll.

⁵ Dessen Instr. R. Bl. 1808 S. 231; vgl. auch S. 389, 457, 641 (Herausgabe eines Jahrbuchs).

⁶ Instr. R. Bl. 1808 S. 246.

⁷ Instr. für die äußeren allg. u. bes. Stiftungsadministrationen s. R. Bl. 1808 S. 283, 335. Daselbst S. 285 eine Darstellung des bisherigen Verwaltungsorganismus.

⁸ Es ist ungemein bezeichnend, wie das Edict, welches in rücksichtsloser, man darf fast sagen umstürzender Weise die Individualität der Stiftungen vernichtet, vor den ständischen Vorrechten Halt macht.

⁹ Instr. R. Bl. 1808 S. 267.　　　　　¹⁰ R. Bl. S. 593. Vgl. auch S. 1509 Ziff. 14.

¹¹ R. u. Intell. Bl. S. 689.

¹² R. Bl. 1804 S. 991. Ueber das Armeninstitut in München Intell. Bl. 1799 S. 661: R. Bl. 1804 S. 1015; 1805 S. 717.

Anſtalt „fällt in die dem Miniſterium des Innern gegebene oberſte Polizei= und Curatel=Competenz". Sie „löſt ſich in eigene, durch das ganze Königreich vertheilte Armeninſtitute auf". „Ein jeder Com= munaldiſtrict der Städte und des Landes, wofür eine eigene Polizeiſtelle beſteht, erhält ein beſonderes Armeninſtitut." Auch die Hofmarken oder Patrimonialgerichtsbezirke gehören zum Diſtricte. Jedes Inſtitut ſoll ein Armenverpflegungs= und Armenbeſchäftigungshaus haben. Die Polizeiſtellen der Städte und des Landes ſind hinſichtlich des Armeninſtitutes ihres Communaldiſtricts „zugleich die Polizei= und die Adminiſtrationsbeamten" der Regierung und in beiden Beziehungen unmittelbar dem Generallandescommiſſariat untergeben¹³. Als „Functionsgehilfen" dienen den Polizeibeamten der Armenanſtalt die Abtheilungscommiſſarien in den Städten und die Pfarrer auf dem Lande. Das Fundationsvermögen der Armenpflege fällt in den Verwaltungskreis der Stiftungsadminiſtrationen, welche die Renten an die einſchlägigen Verwaltungsbeamten der Armeninſtitute hinüber geben. Letztere Beamte verwalten nur das Ergänzungsvermögen der Armenpflege (Armenſteuer und unſtändige Anfälle).

Eine weitere Verordnung vom 7. März 1808¹⁴ conſolidirte das Vermögen der Münchener Krankenſtiftungen in der Hand des dort aufgeſtellten beſonderen Stiftungsadminiſtrators der Wohl= thätigkeit, beſtimmte über die Krankeninſtitute und verfügte, daß dieſe „organiſchen Beſchlüſſe" „in einer jeden Hauptſtadt des Reichs nach den Bedürfniſſen des Orts und nach den Kräften des Local= vermögens in ſucceſſive analoge Anwendung" zu kommen hätten.

§ 35. Die Finanzbehörden.

Im Jahre 1803 trat die Regierung an eine ihrer bringlichſten Aufgaben, die Neugeſtaltung der Finanzverwaltung, heran.

Eine Entſchließung vom 6. Mai¹ erklärte, der Kurfürſt habe ſich von der „äußerſten Noth= wendigkeit" überzeugt, die Finanzadminiſtrationen aller alten und neuen Erbſtaaten zu concentriren, „damit ſelbe alle zu den Univerſal=Staatsausgaben, nachdem dieſe vorläufig auf das Verhältniß der Möglichkeit werden reducirt worden ſein, gleichheitlich in die Concurrenz gezogen werden können". Montgelas übernahm auch noch das Finanzminiſterium². Er erfaßte ſeine Aufgabe mit der ge= wohnten Thatkraft. Schon am 9. September 1803 erging die grundlegende Verordnung, die For= mation des Finanzetats betreffend³.

Dieſelbe ſtellte „für die Bildung und Erhaltung eines vollſtändigen Finanzetats" folgende „organiſche Geſetze" feſt. Jede Provinz ſoll ihren eigenen Provinzial=Finanzetat und ihre eigene Provinzialſtaatskaſſe beſitzen, „welche in ſich den Hauptempfang aller einzelnen Rentkaſſen der Provinz vereinigt". Die Rechnungen der Provinzialkaſſen und die Rechnungen der Rentkaſſen derſelben Provinz ſollen gleiche Einrichtung haben⁴. Der Provinzialetat ſoll alle ordentlichen Einnahmen⁵ und Aus= gaben⁶ der Provinz in ſich begreifen⁷. Der etatsmäßige Ueberſchuß jeder Provinzialkaſſe ſoll in Monatsraten zur Centralſtaatskaſſe, „als Dotation derſelben zu den Univerſal=Staatsausgaben", ab= geführt werden. Letztere zerfallen in vier Haupttheile: für den Kurfürſten und deſſen Haus und Hof, für das Miniſterium, für das Militär⁸ und für „den von dieſen drei Theilen ausgehenden Schuldenſtand". Der Ueberſchuß der Centralſtaatskaſſe nach Beſtreitung der angegebenen Ausgaben liefert die Fundirung einer Generaldispoſitionskaſſe. Die Beſtimmung der letztern iſt zweifach. „Sie leiſtet die Vorſchüſſe, und zwar theils im ordentlichen Zuſtande bei zeitlichen Stockungen der Einnahmen und bei zeitlichen Anhäufungen der Ausgaben; theils im außerordentlichen Zuſtande bis zur Flüſſigkeit der hiefür geöffneten außerordentlichen Quellen." Sie gewährt ferner „die Hilfsmittel theils in den außerordentlichen Fällen, welche den Geſammtſtaat oder eine einzelne Provinz betreffen, theils für die Ausführung oder Verbeſſerung aller großen und gemeinnützigen Anſtalten, welche ent= weder durch alle Provinzen eine gleiche oder in einzelnen Provinzen eine einzelne Anwendung haben oder erhalten ſollen."

---

¹³ Die Polizeidirection München unmittelbar dem Miniſterium.
¹⁴ R. Bl. S. 645.   ¹ R. Bl. S. 297.
² Das er bis 1806 behielt, um es 1809 abermals zu übernehmen.
³ R. Bl. S. 929; dazu Reſcr. vom 14. Oct. u. 23. Dec. 1803, ebenda S. 940 u. 1037.
⁴ Vollzugsvorſchr. R. Bl. 1804 S. 1051; 1805 S. 52, 567.
⁵ In drei Haupttheilen: Staatsauflagen, Regalien, Staatsgüter.
⁶ In vier Haupttheilen: Beſoldungen, Penſionen, Regie, Provinzialſchulden.
⁷ Für Cultus, Unterricht und Bildung, dann Wohlthätigkeitsanſtalten ſollen geſonderte Special= etats entworfen werden.
⁸ Der Bedarf für das Heer ſoll monatweiſe „ſummariſch" an die Militärhauptkaſſe aus= bezahlt werden.

Der Etat wird für ein Jahr feſtgeſtellt. Das Etatsjahr, urſprünglich mit dem Kalenderjahre gleich, hatte nach ſpäterer Verfügung⁹ am 1. October zu beginnen. Das Finanzminiſterium entwirft den Etat, iſt die unmittelbar vorgeſetzte Stelle der Central-Staats- und Generaldispoſitionskaſſe und beauffichtigt den Vollzug des Budgets.

Zum Zwecke der Finanzcontrole und der Prüfung der Jahresrechnungen der Haupt- und Centralkaſſen¹⁰ wurde durch Verordnung vom 15. October 1804¹¹ ein geheimes Centralrechnungs-commiſſariat beim Finanzminiſterium geſchaffen. Die Prüfung der Rechnungen der äußeren Rent- und Cameralämter oblag dem der Provinzialetatscuratel unterſtellten Rechnungsbureau.

Ein weiterer bedeutſamer Schritt auf dem Wege der Neugeſtaltung der Finanzbehörden geſchah durch die Verordnung vom 8. Juni 1807¹². Dieſelbe machte der beſonderen landſchaftlichen Finanz-verwaltung ein Ende. Die landſchaftlichen und ſtändiſchen Steuerkaſſen wurden aufgehoben, die Er-hebung der Steuern durch eigene ſtändiſche Einnehmer wurde beſeitigt¹³. Die landſchaftlichen Kaſſen ſollten an die Provinzialetatscuratelen ausgeantwortet werden.

Zugleich wurde bezüglich des Staatsſchuldenweſens Folgendes verfügt. Als Centralſtelle ſoll eine Central-Schulden-Etats-Commiſſion gebildet werden, beſtehend aus einem oder zwei Finanz-referendären, den Etatscuratoren oder Mitcuratoren der Provinzen und „verſchiedenen landſchaftlichen Deputirten derjenigen Provinzen, wo Landſchaften ſind“. Den Sitzungen, die regelmäßig ein oder zwei Mal jährlich ſtattzufinden haben, wohnt der Miniſter des Aeußern und der Finanzen bei. Die Com-miſſion berichtet über den Schulden- und Schuldentilgungsetat an das Finanzminiſterium, welches die königliche Entſchließung erholt. Das Centralſchuldenrechnungsweſen wird dem Centralrechnungs-commiſſariate übergeben. In jeder Provinz ſoll „ein eigener, von der ordinären Staatskaſſe abge-ſonderter Schuldentilgungsfond“ beſtehen und, wo er nicht, wie in Bayern und Neuburg, ſchon vor-handen iſt, gebildet werden. „Die Adminiſtration dieſer Provinzialfonds theilt ſich in ihre Erhebung und ihre Verwendung.“ Die Erhebung ſteht der Landesdirection zu. Die Verwendung wird unter der Leitung und nach den Beſtimmungen des Finanzminiſteriums von einer beſonderen Provinzial-Schuldentilgungscommiſſion beſorgt, welcher die „ſtrenge Liquidation aller Staatsſchulden“ ob-liegt¹⁴. Die Commiſſion beſteht aus dem Generalcommiſſär und Provinzialetatscurator als Vor-ſitzendem, zwei oder drei Räthen, worunter der Director der ſtaatswirthſchaftlichen Deputation als Mitcurator, und eventuell einigen landſchaftlichen Deputirten.

Die Verordnung vom 8. Juni 1807 nahm ferner die Bildung einer Steuer-Rectifications-Commiſſion in Ausſicht, welche den Steuerfuß für die allgemeine Grundſteuer berichtigen ſollte.

Es erübrigt noch, von den centraliſirten Zweigen der Finanzverwaltung zu handeln¹⁵.

Durch die Verordnung vom 2. November 1807¹⁶ wurde für das ganze Königreich eine General-Zoll- und Mautdirection in unmittelbarer Unterordnung unter das Finanzminiſterium errichtet. Der Geſchäftskreis der neuen Stelle erſtreckte ſich auf die Maut- und Zollſachen, das Weggeld, den Auf-ſchlag von eingeführtem Wein und Branntwein und die Zollpatente¹⁷. Die bisherigen Zuſtändigkeiten

---

⁹ R. Bl. 1804 S. 667. Vgl. auch S. 751, 847.

¹⁰ Der Provinzialhauptkaſſen, der Centralſtaatskaſſe, der Generaldispoſitionskaſſe, der Militär-hauptkaſſe und der ſämmtlichen Hofſtäbe und Intendanzen.

¹¹ R. Bl. S. 895.

¹² R. Bl. S. 969. Die Verordn. wurde auf Grund eines ausführlichen Vortrages des Finanz-miniſters Frhrn. v. Hompeſch in der Sitzung der geh. Staatsconferenz vom gleichen Tage beſchloſſen. S. ferner R. Bl. S. 982 bis 1000 die Vollzugsanordnungen für die einzelnen Provinzen.

¹³ Zur Begründung der Maßregel wird angeführt, daß die geſonderte landſchaftliche Steuer-verwaltung die Erhebungskoſten unnöthig vermehre, Weitläufigkeiten verurſache und dem Landesherrn die freie Verfügung über die Steuergelder „zu den Staatsbedürfniſſen nach dem Maße ihres jedes-maligen größeren oder minderen Dranges“ entziehe, „der übrigen Mißbräuche nicht zu erwähnen, die ſich in der Führung ſolcher abgeſonderter. der unmittelbaren allgemeinen Rechnungsaufſicht der oberſten Staatsgewalt ſich entziehender Kaſſen nur gar zu leicht einzuſchleichen pflegen“. „Weder nach der Ge-ſchichte noch nach den Begriffen einer ſtändiſchen Verfaſſung gehört die eigene Erhebung und Verrech-nung der Staatsauflagen zur Weſenheit dieſer Verfaſſung. Sie iſt vielmehr als eine Verrückung der Scheidewand der Gewalten und als ein Ueberſchritt des repräſentativen Körpers in das Gebiet der executiven Macht überall, wo ſie exiſtirt, zu betrachten, lähmt dieſe und hat ihren Urſprung in Zeiten und Verhältniſſen, die von den gegenwärtigen durchaus verſchieden waren, und worin man von den Steuern überhaupt ganz andere Begriffe, als die aus den letzteren fließen, hatte.“

¹⁴ Für die Schuldentilgungspläne, Schuldübernahmen und Heimzahlungen außerhalb des Tilgungsplanes wird die königliche Genehmigung vorbehalten.

¹⁵ Ueber den Erwerb der preuß. Bank zu Fürth R. Bl. 1807 S. 37.

¹⁶ R. Bl. S. 1825.

¹⁷ Ueber letztere ergingen erſt ſpäter Beſtimmungen. R. Bl. 1808 S. 833, 2309.

der Landesdirection in Bayern hinsichtlich der Mautsachen¹⁸ erloschen damit. Die einschlägigen Gefälle flossen nicht mehr in die Provinzialkassen, sondern in die Central-Mautkasse. Die Mautinspectionen, Mautämter, Hallverwaltungen und sonstigen Zollbehörden wurden der Centralstelle untergeben, an welche auch die Gerichtsbarkeit zweiter Instanz in Defraudationssachen überging.

In dasselbe Jahr fällt die Errichtung einer General-Lottoadministration¹⁹ für die bereits bestehende und auf das ganze Königreich ausgedehnte Lottoanstalt.

Durch Verordnung vom 7. October 1808²⁰ wurden organische Gesetze für die Forstverwaltung erlassen. Hienach sollte für das Forstwesen, welches der Oberleitung des Finanzministeriums unterstand, in jeder Provinz eine eigene Section oder nur ein Referent bei der Landesdirection bestellt werden. Die Waldungen jeder Provinz sollten in Inspectionen, diese in Oberforstereien und letztere in Reviere abgetheilt werden. Für jede Inspection war ein Forstinspector nebst einem Forsttaxator und zwei Gehilfen, für jede Oberforsterei ein Oberforster, für jedes Revier ein Revierforster nebst Hilfspersonal bestimmt. Der Inspector sollte vornehmlich Aufsichtsorgan sein, die Hauptaufgabe des Taxators war die Bearbeitung eines „ständigen Materialforstetats"; den Oberforster bezeichnet die Verordnung als die eigentliche Seele der Verwaltung, während die Revierbediensteten das „administrative Executionspersonal" zu bilden hatten²¹.

Die Forstschule, welche seit 1790 zu München bestand, wurde vom 1. December 1808 ab nach Weihenstephan verlegt, neu eingerichtet und eine Musterlandwirthschaft damit verbunden²².

Durch Verordnung vom 27. August 1807²³ wurde als Centralstelle für das Forst- und Jagdwesen ein dem Finanzministerium untergebenes Collegium, das oberste Forstamt, errichtet.

Bezüglich des Berg- und Hüttenwesens verfügte die Verordnung vom 4. Januar 1804²⁴, daß dessen Oberleitung vom Finanzministerium mittels eines eigenen Generalbureaus des Berg- und Hüttenwesens zu führen sei. Diesem Bureau wurde auch die unmittelbare Leitung des Münzwesens übertragen. Als vollziehende Stellen wurden dem Bureau die Landesdirectionen untergeordnet. Letztere hatten durch eigene sachkundige Referenten die unmittelbare Aufsicht über die in der Provinz vorhandenen Berg- und Hüttenetablissements, die metallischen Fabriken und Perlfischereien zu führen. Nach dem Reglement vom 20. Juli gleichen Jahres²⁵ sollten die Bergdistricte mit den Provinzen zusammenfallen, die einzelnen Reviere Bergämter und die bloßen Hüttenwerke Hüttenämter heißen. Neue Reglements ordneten den Geschäftsgang bei den Berg- und Hüttenämtern und die Einrichtung des Berg- und Hütten-Eleven-Institutes²⁶. Auch die Salzämter, auf welche das Reglement für die Berg- und Hüttenämter Anwendung zu finden hatte, wurden umgestaltet²⁷.

Eine veränderte Verfassung der leitenden Oberbehörden des Berg-, Hütten- und Salinenwesens trat im Jahre 1807 ein. Das Generalbureau wurde aufgehoben. Zwei neue, dem Finanzministerium unmittelbar untergeordnete Centralstellen wurden errichtet: eine General-Salinenadministration, bestehend aus einem Generaladministrator und einem Salinenrath (Collegium), und ein oberstes Bergamt, dem die Berg-, Hütten- und Münzämter „ohne fernere Dazwischenkunft der administrativen Landesstellen" untergeben wurden²⁸.

Im folgenden Jahre wurden alle Münzstätten bis auf jene zu München geschlossen. Dem Hauptmünzamte München wurde eine unmittelbare Münzcommission vorgesetzt²⁹.

Das bayerische Postwesen war zu Zeiten des alten Reiches in den Händen der Fürsten von Thurn und Taxis gewesen³⁰. Nach Erlangung der Souveränetät erließ der König unterm 14. Februar 1806 eine Verordnung³¹, durch welche den Fürsten von Taxis die Würde eines bayerischen Erblandpostmeisters als Thronlehen verliehen und „vor der Hand" die Regie des gesammten Postwesens belassen wurde; beides jedoch mit Beschränkung „auf die altbayerischen und die durch den Friedensschluß von Preßburg erhaltenen Staaten, worin bis jetzt keine eigene oder besondere Postanstalten eingeführt waren". Der Erblandpostmeister erhielt bezüglich der Anstellungen im Postdienst nur ein Vorschlagsrecht; die Postämter hatten die Bezeichnung königlich bayerisch zu führen. Das Postwesen stand unter der Aufsicht königlicher Commissäre und des Ministeriums des Aeußern.

Im Bereiche des Bauwesens blieb die bestehende General-Straßen- und Wasserbaudirection für

---

¹⁸ Vgl. oben § 33 Anm. 16.
¹⁹ R. Bl. 1807 S. 790.   ²⁰ R. Bl. 1808 S. 825.
²¹ Der Forstschutz oblag den Forstgehilfen und Forstwärtern.
²² R. Bl. 1808 S. 885, 897.   ²³ R. Bl. S. 1450.   ²⁴ R. Bl. S. 109.
²⁵ R. Bl. S. 721.   ²⁶ R. Bl. 1804 S. 67, 95.   ²⁷ R. Bl. 1804 S. 65, 84, 937.
²⁸ R. Bl. 1807 S. 300, 303.
²⁹ R. Bl. 1808 S. 2751.
³⁰ Vgl. oben § 2 Anm. 35.   ³¹ R. Bl. S. 65.

Bayern und Neuburg zunächſt mit Unterſtellung unter die Generallandesdirection aufrecht erhalten[22], und es wurden in der Folge mehrfache Anordnungen über Verbeſſerung und Inſtandhaltung der Straßen und Waſſerbauten erlaſſen[23].

Im Jahre 1805 erhielt das Straßen- und Waſſerbauweſen der Provinz Bayern eine neue Behördeneinrichtung. Einige Fluß- und Straßenbauten wurden unmittelbar dem Vorſtande des betreffenden Miniſterialbureaus zur Oberleitung zugewieſen, im Uebrigen aber eine Straßen- und eine Waſſerbaudirection errichtet und denſelben Waſſer- und Straßenbauinſpectionen untergeben[24]. Die bisherige Zuſtändigkeit der Rentämter erloſch damit[25].

Auch in den übrigen Provinzen erfolgte eine entſprechende Neueinrichtung, worauf unterm 1. October 1805[26] Beſtimmungen über die Vorausſetzungen der dienſtlichen Verwendung im Baufache ergingen.

Für das Landbauweſen wurden im Jahre 1805[27] als Mittelſtellen Provinzial-Landbauinſpectionen geſchaffen, welche den Generallandescommiſſariaten untergeordnet und den für beſtimmte Bezirke eingeſetzten Landbaumeiſtern übergeordnet waren.

Durch die Bauordnung vom 28. Januar 1805[28] wurde beſtimmt, daß in jeder Stadt, wo eine beſondere Polizeicommiſſion beſtehe, eine Baupolizeicommiſſion mit dem Polizeicommiſſär als Vorſtand und zwei Baumeiſtern als Mitgliedern zu bilden ſei. In den übrigen Orten ſollte der Landrichter mit Zuziehung eines Magiſtratsmitglieds, bezw. der Incorporationsobrigkeit für die ſtändiſchen Gerichte, die Baupolizei leiten. Beiſitzer ſollten zwei Baumeiſter und in deren Ermangelung zwei gebildete Werkmeiſter des Landgerichtsbezirkes ſein.

§ 36. Die äußeren Behörden und die Gemeinden.

Auch die Verbeſſerung der äußeren Behörden wurde von der neuen Regierung ſofort in Angriff genommen. Ein Erlaß vom 29. März 1799[1] beſtimmte, daß die Anordnungen Karl Theodors über die Umgeſtaltung der Pflegen und den Verkauf der Pfleggründe ihren Fortgang nehmen ſollten; die Erbpflegen aber wurden durch Verordnung vom 11. April 1803[2] als aufgehoben erklärt[3].

Der äußere Dienſt bei den kurfürſtlichen Landgerichten wurde durch die Verordnung vom 24. März 1802[4] unter Beſeitigung des bisherigen Gewirres mannichfaltig betitelter Stellen auf einfache und klare Formen gebracht. Die Gerichtsſprengel ſollten einen genügenden Umfang und zweckmäßige Geſtaltung erhalten. Für jeden Landgerichtsbezirk wurde zur Verwaltung der Juſtiz- und Polizeigeſchäfte ein Landgericht beſtellt und mit einem Landrichter, einem Actuar, einem Gerichtsdiener und ſonſtigem Unterperſonale beſetzt[5].

Zur Einnahme und Verrechnung der Staatsgefälle waren ein oder zwei Rentämter für jeden Landgerichtsbezirk beſtimmt, mit einem Rentbeamten als Vorſtande, einem Amtsboten und dem erforderlichen weiteren Unterperſonale[6].

---

[22] Intell. Bl. 1799 S. 423, R. Bl. 1804 S. 263.

[23] R. u. Intell. Bl. 1800 S. 53; R. Bl. 1802 S. 571, 825; 1803 S. 879; 1804 S. 263 (Inſtr. für die Rent- als Straßeninſpectionsämter), 870; 1805 S. 898 (Verbeſſerung der öffentlichen Straßen betr.); 1806 S. 67.

[24] R. Bl. 1805 S. 650, 682, 1004. Dienſtesinſtructionen S. 1219 ff.

[25] R. Bl. 1805 S. 769.

[26] R. Bl. 1805 S. 1122.

[27] R. Bl. 1805 S. 275.

[28] R. Bl. S. 323.

[1] G. K. Mayr, Sammlung ꝛc., 1800, I S. 36, 37, 97.

[2] R. Bl. S. 241.

[3] Es wird bemerkt, „daß die Erbpflegen in die Kategorie wahrer Staatsämter gehören, folglich nach ihrer Natur und nach den einem jeden Regenten obliegenden Pflichten nie hätten erblich oder an ſolche Individuen verliehen werden ſollen, welche nicht nach vorgängiger Würdigung die dafür erforderliche Eigenſchaften beſitzen, ferner, daß die Pfleggründe als wahre Staatsnutzungen ihrer urſprünglichen Beſtimmung nie hätten entzogen werden ſollen". Bei Erwerb der Erbpflege aus beſonderem Titel ſoll eine billige Abfindung mit Ausſchluß des Rechtsweges gewährt werden.

[4] R. Bl. S. 236, 249; Weber, Anh. Bd. S. 116 ff.

[5] Bei jedem Landgerichte ſoll eine Frohnfeſte beſtehen. Auch über die Dorfsführer als Organe der Polizei trifft die Verordn. im Anſchluſſe an das Mandat vom 19. Mai 1784 (vgl. oben § 14 Anm. 13) Beſtimmung.

[6] Die neue Landgerichts- und Rentamtseintheilung machte auch eine Veränderung in den Bezirken der landſchaftlichen Oberſteuerämter nöthig. R. Bl. 1804 S. 761, vgl. auch S. 681.

Als fachmännischer Beirath für die gerichtliche Heilkunde und für die Gesundheitsverwaltung wurde für jedes Landgericht ein Landgerichtarzt mit fester Besoldung ernannt[7].

Die Patrimonialgerichtspflege blieb zunächst von der Reform ausgenommen. Erst nachdem deren Regelung in den neu erworbenen fränkischen und schwäbischen Landen erfolgt war[8], erging auch für Altbayern, die Oberpfalz und Neuburg unterm 6. Juni 1807 eine bezügliche Verordnung, die unterm 7. November gleichen Jahres in mehreren Punkten erläutert wurde[9]. Diese Verordnung bezweckte vor Allem die Erzielung einer genügenden Befähigung der Gerichtshalter und der selbst die Gerichtsbarkeit ausübenden Guts- oder Hofmarksherren, sowie die Sicherung der Unabhängigkeit der ersteren gegenüber den letzteren bei Handhabung der Rechtspflege. Den Gerichtsherren sollte es frei stehen, ihre Gerichtsbarkeit widerruflich den Landgerichten zu übertragen.

Für die Hauptstädte wurde durch Erlasse vom 31. December 1802 und 4. Mai 1803[10] verfügt, daß die Justiz, die Polizei und die eigentlichen Gemeindeangelegenheiten zu trennen seien. Nur letztere sollten dem Magistrate, jedoch unter Aufsicht eines kurfürstlichen Commissärs, verbleiben. Die Rechtspflege sollte unabhängig vom Magistrate durch ein Stadtgericht, die Polizei durch eine kurfürstliche Localpolizeidirection verwaltet werden[11]. Für die übrigen städtischen Gemeinden wurden besondere Verfügungen vorbehalten.

Die Gemeindeverfassung von München wurde auf der geschilderten Grundlage durch Verordnung vom 19. Februar 1805[12] geregelt.

Ueber die Verfassung der kleineren Municipalstädte ergingen erst unterm 20. März 1806[13] Bestimmungen, welche auf den Grundgedanken der Erlasse von 1802 und 1803 beruhen. Die Rechtspflege soll hienach durch rechtskundige Stadt- und Marktrichter ausgeübt werden, die Leitung und Verwaltung der Polizei dem Landgerichte zustehen, dem der Bürgermeister oder ein Magistratsdeputirter als Organ untergeben ist. Ueber die Verwaltung der Gemeindeangelegenheiten durch den Magistrat soll der Landrichter als beständiger Commissär wachen.

Bezüglich des äußeren Sicherheitsdienstes hatte man es ursprünglich bei der veralteten Einrichtung des Polizeicordons belassen. Eine Verordnung vom 5. October 1801[14] bestimmte, daß in jedes Landgericht der heruntern Staaten ein Commando regulärer Truppen zu verlegen sei, um dem Uebel des Bettels und Landstreichens abzuhelfen. Nach Erreichung dieses Zieles sollten die vertheilten Commandos wieder zur Grenzbedeckung zusammengezogen werden.

Die Verordnung vom 24. März 1802 erklärte[15], daß die Cordonsanstalt erneuert worden sei und auch künftig immer ein Theil des Militärs „zur Reinigung des Landes und Sicherstellung der Unterthanen auf dem Lande" verwendet werden solle. Es sollten bleibende Cordonstationen festgesetzt und für Unterbringung der Cordonsmannschaften dortselbst gesorgt werden. Eine ausführliche Cordonsinstruction erging unterm 21. December 1803[16]. Anläßlich des Kriegs vom Jahre 1805 wurde der bisher vom Militär versehene Cordonsdienst einer Polizeiwache übertragen, die den Landgerichten unterstellt wurde[17].

---

[7] R. Bl. 1808 S. 911; Instr. 1804 S. 196.

[8] Fränk. R. Bl. 1803 S. 161, Ulm. R. Bl. 1805 S. 282.

[9] R. Bl. S. 1001, 1465, 1723.

[10] R. Bl. 1803 S. 8, 291. Ueber die Auflösung des Rathscollegiums in Ingolstadt R. Bl. 1802 S. 234.

[11] Der Erlaß vom 31. Dec. 1802 klagt über die Gebrechen des Gemeindewesens. „Sie bestehen", so wird gesagt, „vorzüglich darin, daß die Rechtspflege allenthalben unter dem administrativen Einflusse der Magistrate verwaltet wird, welche sich die nothwendigen Kenntnisse des positiven Rechtes nicht verschaffen konnten; daß die Polizei nicht als Mittel zu allgemein nützlichen Zwecken, sondern vielmehr als Schutzwehre staatsschädlicher Privatzwecke und als eine Erträgnißquelle angesehen wird; daß endlich die öffentlichen Einkünfte großen Theils durch überzählige Magistrate und Verwaltungen aufgezehrt und ihrer eigentlichen Bestimmung entzogen werden."

[12] R. Bl. S. 333. Im selben Jahre wurde auch die Localbaucommission errichtet; ebenda S. 376. Ueber das Stadtgericht R. Bl. 1803 S. 353, 1804 S. 704. Wegen Ingolstadt, Straubing und Landshut R. Bl. 1804 S. 1061; 1805 S. 389, 510.

[13] R. Bl. S. 129.

[14] R. u. Intell. Bl. S. 639. Die Dislocation bei G. K. Mayr, Sammlung ꝛc., 1802, II S. 345.

[15] R. Bl. S. 261; dazu S. 1023.

[16] Sie ist besonders gedruckt. S. auch R. Bl. 1805 S. 381, 1740.

[17] R. Bl. 1805 S. 702. S. auch R. Bl. 1808 im Verzeichnisse unter dem Worte „Kordonsdienst", ferner Repert. über die Landtagsverh. 1819 S. 321 ff. Anm.

2. Hauptstück.

Entwickelung von 1808 bis 1818.

§ 37. Die Ministerien und der geheime Rath (Staatsrath).

Die Verfassung von 1808 bewirkte eine durchgreifende Aenderung in der Einrichtung der Staatsämter.

Das Ministerium wurde in fünf Departements: der auswärtigen Verhältnisse, der Justiz, der Finanzen, des Innern und des Kriegswesens getheilt. Für deren Geschäftskreis sollten die bisherigen Vorschriften[1] maßgebend sein. Die ministerielle Gegenzeichnung wurde als nothwendig für die „Rechtskraft" der königlichen Decrete erklärt. „Die Minister", bestimmte die Verfassung ferner, „sind für die genaue Vollziehung der königlichen Befehle sowohl, als für jede Verletzung der Constitution, welche auf ihre Veranlassung oder ihre Mitwirkung stattfindet, dem Könige verantwortlich"[2].

Die Ministerien erhielten, soweit es angezeigt erschien[3], soviel Sectionen, als sie Hauptverwaltungszweige hatten. Diese Maßregel wurde durch die neue Verfassung der Mittelstellen veranlaßt, welche unten[4] zu schildern ist.

Hienach theilte sich das Ministerium des Aeußern[5] in die französische (politische) Section[6], die Lehen- und Hoheitsection[7] mit dem statistisch-topographischen Bureau[8], das Reichsheroldenamt[9] und die Generalpostdirection[10].

Das Finanzministerium zerfiel in die Steuer- und Domänensection[11], die Generalforstadministration, die General-Zoll- und Mautdirection[12], die General-Salinenadministration, die General-Bergwerksadministration[13] und die Münzcommission[14]. Die Sectionen des Finanzministeriums wurden, mit Ausnahme der vollständig neu geschaffenen ersten, aus den bisherigen Centralstellen für die betreffenden Dienstzweige gebildet.

Das Ministerium des Innern gliederte sich in die Polizeisection[15] mit dem Medicinalbureau[16], die Section für öffentliche Unterrichts- und Erziehungsanstalten[17], die Generaldirection des Wasser-, Brücken- und Straßenbaues[18], die Section der kirchlichen Gegenstände, zugleich Generalconsistorium für die protestantischen Glaubensbekenntnisse[19], endlich die Ministerial-Stiftungs- und Communalsection[20].

Bezüglich des Kriegsministeriums, das an Stelle des bisherigen geheimen Kriegsbureaus trat, bestimmte ein Armeebefehl vom 27. September 1808[21], daß der König sich mit dem Oberbefehle über das Heer auch die Leitung dieses Ministeriums nach seinem ganzen Umfange vorbehalte. Daher wurde für dasselbe nur ein Minister-Staatssecretär im Kriegswesen ernannt. Dieses Verhältniß dauerte bis 1814, in welchem Jahre der Staatssecretär des Kriegswesens zum dirigirenden Minister ernannt wurde[22].

---

[1] Verordn. vom 26. Mai 1801, 29. Oct. 1806 und 9. März 1804 (Kriegsbureau). Ueber die Ministerial-Kriegscommission R. Bl. 1815 S. 489 (aufgelöst 1819); über die ständige Gesetzcommission beim Justizministerium ebenda S. 585.

[2] Constit. von 1808 Tit. 3 § 1.

[3] Das Justizministerium hatte keine Sectionen.

[4] § 38.

[5] Ueber die „diplomatische Pflanzschule" und deren Auflösung R. Bl. 1810 S. 1288.

[6] R. Bl. 1808 S. 1373.

[7] R. Bl. 1808 S. 1939; vgl. S. 1929. Derselben waren die Fiscale bei den Appellationsgerichten untergeordnet.

[8] R. Bl. 1808 S. 2164. Mit dem Bureau war eine topographische Schule verbunden. R. Bl. 1809 S. 1657.

[9] R. Bl. 1808 S. 2629.   [10] R. Bl. 1808 S. 1281 und 2261.

[11] Dies war die wichtigste Section des Ministeriums, deren Wirkungskreis durch den Namen nur sehr unvollständig bezeichnet wird. Montgelas nannte sie seine schwere Cavallerie.

[12] Derselben wurde durch Verordn. vom 20. Aug. 1811 (R. Bl. S. 1060) § 33 auch die Verwaltung der neu eingeführten Tabaksregie als abgesonderter Geschäftszweig übertragen.

[13] R. Bl. 1808 S. 2045.   [14] R. Bl. 1808 S. 2751.   [15] R. Bl. 1808 S. 1953.

[16] R. Bl. 1808 S. 2210.   [17] R. Bl. 1808 S. 2461.

[18] R. Bl. 1808 S. 1964; 1809 S. 1617.

[19] R. Bl. 1808 S. 2271; 1809 S. 1489.

[20] R. Bl. 1808 S. 209; 1809 S. 65, 1516; 1810 S. 1146.

[21] R. Bl. S. 2292.   [22] R. Bl. 1814 S. 537.

Die Vereinigung der drei Ministerien des Aeußern, des Innern und der Finanzen in der Hand des Grafen Montgelas, welche im December 1809 eintrat²³, wurde der Anlaß, daß im folgenden Jahre der etwas schwerfällige Aufbau der Ministerien des Innern und der Finanzen einige Verbesserungen erfuhr. Abgesehen davon, daß durch Erweiterung der Zuständigkeit der Mittelstellen eine Entlastung bewirkt wurde, wurde beim Ministerium des Innern durch Einführung von Departementalsitzungen der Sectionsvorstände größere Einheit der Geschäftsbehandlung herzustellen gesucht. Beim Finanzministerium wurde der Wirkungskreis der Steuer- und Domänensection erweitert und im Uebrigen dem Minister Vollmacht ertheilt, zweckmäßige Aenderungen in der Einrichtung nach Ermessen vorzunehmen²⁴.

Die Entlassung des Grafen Montgelas hatte auch eine Umgestaltung der Ministerien zur Folge. Die Verordnung vom 2. Februar 1817²⁵ bestimmte: Die oberste vollziehende Stelle bildet das Gesammtstaatsministerium²⁶. Es wird in fünf für sich bestehende Staatsministerien: des Hauses und des Aeußern, der Justiz, des Innern, der Finanzen und der Armee eingetheilt. Jedes derselben wird mit einem eigenen Minister besetzt²⁷. Jedes Ministerium besteht aus dem Minister, einem Generaldirector, welchem „theils die Ersetzung, theils die Controlirung²⁸ des Ministers" obliegt, der erforderlichen Zahl von Ministerialräthen und einem Generalsecretäre nebst der Kanzlei.

Der Cabinetsbefehl an den königlichen Staatsrath vom 15. April 1817²⁹ regelte die Formation und den Geschäftsgang der Staatsministerien des Näheren. Für wichtigere Gegenstände wurde collegiale Berathung bei den Ministerien in Sitzungen des „Ministerialrathes" vorgeschrieben. Der unmittelbaren obersten Leitung des Ministeriums des Aeußern sollten unterstellt sein: die Generaladministration der Posten, eine Ministerialarchivscommission³⁰ und das Reichsheroldenamt als ein dem Ministerium untergeordnetes Bureau. Als „ergänzender Bestandtheil" des Ministeriums des Innern wurden bezeichnet: das Generalconsistorium, die Oberstudienräthe, zwei Kreisräthe für Gegenstände der öffentlichen Sicherheit, der Landwehr und Militärconscription, das Obermedicinalcollegium³¹ und das Oberbaucommissariat³². Eine eingehende Erörterung der Geschäftsvertheilung kann hier unterbleiben, da die Verfügungen von 1817 Grundlage der geltenden Bestimmungen sind. Sämmtlichen Ministerien wurde zur Oberleitung der Rechtsstreitigkeiten des Fiscus ein Generalfiscalat beigegeben³³.

Neben dem Gesammtministerium als oberster vollziehender Stelle schuf die Verfassung von 1808³⁴ nach dem Vorbilde des französischen Staatsrathes einen geheimen Rath als oberste berathende Stelle. Das organische Edict vom 4. Juni 1808 traf die näheren Bestimmungen³⁵. Der geheime Rath, an dessen Sitzungen der König und der Kronprinz Theil nahmen, sollte aus den Ministern, 12 bis 16 geheimen Räthen und den Kronbeamten, wenn diese in der Hauptstadt weilten, bestehen. Die geheimen Räthe wurden zunächst auf ein Jahr ernannt und sollten erst nach sechsjähriger Dienstleistung in dieser Eigenschaft als ständig angesehen werden. Der geheime Rath hatte über die wichtigsten inneren Angelegenheiten des Reichs zu berathschlagen, die Gesetze und Hauptverwaltungsverordnungen

---

²³ Vgl. zum Folgenden M. Frhr. v. Freyberg, Rede zum Andenken an den verewigten Staatsminister M. Grafen v. Montgelas, S. 74.

²⁴ Organ. Edicte vom 7. u. 8. Oct. 1810, R. Bl. S. 1017 u. 889. Ueber die Errichtung einer Central-Hauptbuchhaltung bei dem Central-Rechnungscommissariate des Finanzministeriums ebenda S. 1141.

²⁵ Die Bildung u. Errichtung der obersten Stellen des Staats betr., R. Bl. S. 49.

²⁶ Der Cabinetsbefehl vom 15. April 1817 (s. unten Anm. 29) fügt bei: „Die Minister werden daher in den wichtigsten Gegenständen der Vollziehung, wenn diese den Wirkungskreis mehrerer oder aller Staatsministerien berühren, mit dem Feldmarschall sich zu einer Ministerialbesprechung vereinigen" (§ 103). Ueber Ministerialconferenzen in Gegenwart des Königs § 102.

²⁷ Es waren dies nach der Ordnung der Ministerien: Graf Alois Rechberg, Graf Reigersberg, Graf Thürheim, Frhr. v. Lerchenfeld, Graf Triva.

²⁸ Diese Controle ist nie in's Leben getreten. Die Generaldirectoren, von den Ministern abhängig, waren durch keine Dienstanweisung geschützt. Die Minister machten ihre ausschließliche Verantwortlichkeit geltend. Sie wußten sich übrigens ihrer Aufseher allmälig ganz zu entledigen.

²⁹ R. Bl. S. 329.

³⁰ Ein „allg. Reichsarchiv" neben dem Haus- u. Staatsarchiv war 1812 an Stelle des geh. Landesarchivs errichtet worden. R. Bl. S. 808.

³¹ Cabinetsbefehl vom 16. April 1817, R. Bl. S. 369.

³² Ueber die Centraladministration der Strafarbeitshäuser R. Bl. 1812 S. 1673.

³³ Cabinetsbefehl vom 16. April 1817, R. Bl. S. 380. Das Generalfiscalat hatte einen Vorstand und 6 Räthe.

³⁴ Titel 3 §§ II, III.

³⁵ R. Bl. S. 1329.

nach den von den Ministerien mitgetheilten Grundzügen zu entwerfen, insbesondere das Gesetz über die Staatsauflagen oder das Finanzgesetz. Zugleich aber sollte er richterliche Aufgaben wahrnehmen: als oberste Instanz für administrativ=contentiöse Sachen, als entscheidende Instanz bei Zuständigkeits= streitigkeiten zwischen den Behörden der Rechtspflege und der Verwaltung, endlich als beurtheilende Stelle für die Vorfrage, ob öffentliche Beamte wegen begangenen Verbrechens zur gerichtlichen Ver= antwortung zu ziehen seien. Zur Vorbereitung der Geschäfte wurde der geheime Rath in drei Sectionen der bürgerlichen und peinlichen Gesetzgebung, der Finanzen und der inneren Verwaltung getheilt. Die Bestimmungen über die richterlichen Zuständigkeiten des geheimen Rathes wurden durch Verordnung vom 8. August 1810 ³⁶ vervollständigt.

Die Verordnung vom 2. Februar 1817 ³⁷ über die Bildung und Einrichtung der obersten Staats= stellen verwandelte den geheimen Rath in einen Staatsrath. Dessen Formation und Dienstesinstruction bestimmte die Verordnung vom 3. Mai 1817 ³⁸. Derselbe hatte unter Oberleitung des Königs aus dem Kronprinzen und den vom Könige etwa berufenen Prinzen, den Ministern, dem Feldmarschalle oder einem besonders ernannten activen Generale, dem Staatsrathspräsidenten, den Generaldirectoren der Ministerien und einer Anzahl weiterer Mitglieder zu bestehen. Seine Verstärkung durch andere höhere Staatsbeamte bei wichtigen Anlässen blieb vorbehalten. Der Staatsrath sollte, der Abtheilung der Ministerien entsprechend, in fünf Sectionen zerfallen. Er erhielt gleich seinem Vorgänger, dem ge= heimen Rathe, berathende und erkennende Aufgaben zugewiesen. Die Recurse in gemischten Rechts= sachen sollten durch eine besondere Commission unter dem Vorsitze eines Staatsrathes entschieden werden ³⁹.

§ 38. Die Behörden der inneren Verwaltung.

Die Verwaltungsmittelstellen erfuhren in Folge der Verfassung von 1808 eine übermäßige Vermehrung. Titel 1 § III der Verfassung bestimmte, daß das Land ohne Rücksicht auf die seitherigen Provinzen in möglichst gleiche Kreise nach natürlichen Grenzen zu theilen sei. Die Verordnung vom 21. Juni 1808 ¹ bildete nun 15 Kreise, die in französischer Weise nach Flüssen benannt wurden ².

Im Vollzuge der Vorschrift des Titel 3 § IV der Verfassung regelte sodann eine Verordnung vom 17. Juli gleichen Jahres ³ die Formation, den Wirkungskreis und den Geschäftsgang der Kreis= verwaltungsstellen, welche den Namen Generalkreiscommissariat erhielten ⁴. Sie hatten einen Generalcommissär als Vorstand, einen Kreiskanzleidirector und drei bis fünf Kreisräthe. Ihre amt= liche Wirksamkeit erstreckte sich im Allgemeinen auf „alle Theile der Staatsverwaltung und inneren öffentlichen Angelegenheiten", welche nach der Ministerialeintheilung vom 29. October 1806 zum Ministerium des Aeußern oder Innern gehörten und nicht besonderen Centralstellen und ihren Unter= behörden übertragen waren. Für die Finanzverwaltung wurden besondere Mittelstellen in den Kreis= finanzdirectionen geschaffen ⁵.

Das Jahr 1810 brachte auch für die Kreisstellen eine neue Gestaltung. Die Verordnung vom 23. September ⁶ theilte das Königreich in neun Kreise ⁷. Durch Verordnung vom 7. October gleichen Jahres ⁸ wurde bestimmt, daß die Generalkreiscommissariate aus dem Generalcommissäre, dem Kanzlei= director, vier Kreisräthen, einem Schulrathe und einem Medicinalrathe bestehen sollten. Die Städte Augsburg und Nürnberg erhielten eigene Commissäre mit den Befugnissen von Generalcommissären.

---

³⁶ R. Bl. S. 642.   ³⁷ R. Bl. S. 49.

³⁸ R. Bl. S. 425; vgl. auch S. 571.

³⁹ Vgl. im Uebrigen unten § 113.

¹ R. Bl. S. 1481. Weber, Anh. Bd. S. 126.

² Mainkreis (Hauptstadt Bamberg), Pegnizkreis (Nürnberg), Nabkreis (Amberg), Rezatkreis (Ansbach), Altmühlkreis (Eichstädt), Oberdonaukreis (Ulm), Lechkreis (Augsburg), Regenkreis (Strau= bing), Unterdonaukreis (Passau), Jsarkreis (München), Salzachkreis (Burghausen), Jllerkreis (Kempten), Jnnkreis (Innsbruck), Eisackkreis (Brixen), Etschkreis (Trient).

³ R. Bl. S. 1649. Vgl. auch R. Bl. 1809 S. 1721.

⁴ Aufgehoben wurden in Folge dessen die bisherigen Generallandescommissariate und Landesdirectionen, die Kriegs= u. Domänenkammer in Ansbach, das Gubernium in Innsbruck, ferner die in Ansbach, Tirol und Vorarlberg bestehenden Kreisämter und die in einigen Provinzen noch vor= handenen Landescommissariate.

⁵ Davon unten § 40.

⁶ R. Bl. 1810 S. 809. Weber, Anh. Bd. S. 129.

⁷ Mainkreis (Sitz des Generalkreiscommissariates: Baireuth), Rezatkreis (Ansbach), Regenkreis (Regensburg), Oberdonaukreis (Eichstädt), Unterdonaukreis (Passau), Jllerkreis (Kempten), Jsar= kreis (München), Salzachkreis (Salzburg), Jnnkreis (Innsbruck).

⁸ R. Bl. S. 899.

In der Verordnung waren Beſtimmungen über die Erweiterung der Zuſtändigkeit der Generalkreis-
und Localcommiſſariate im Sinne einer Entlaſtung der Miniſterien vorbehalten. Dieſe Verfügungen
ergingen unterm 2. October 1811⁹. Eine umfaſſende Ergänzung brachte die Verordnung vom
6. Auguſt 1815¹⁰.

Einen weiteren Abſchnitt der Entwickelung bezeichnet das Jahr 1817. Im Vollzuge der ſchon
früher erwähnten Verordnung vom 2. Februar 1817¹¹ wurde das Königreich durch Verordnung vom
20. gleichen Monats¹² in acht Kreiſe getheilt¹³. Nach dem Vorbilde, welches bereits im vorausgegangenen Jahre in der Pfalz aufgeſtellt worden war¹⁴, wurden durch die Formationsverordnung
vom 27. März 1817¹⁵ Kreisregierungen geſchaffen, die ſich unter einem Generalcommiſſäre und Präſidenten als Vorſtand in zwei Kammern, des Innern und der Finanzen, gliederten. Dieſe Verordnung bildet den Ausgangspunkt des geltenden Rechtes und iſt daher hier nicht näher zu erörtern.

Die äußeren Behörden der Verwaltung auf dem Lande — die Landgerichte und die gutsherrlichen Gerichte — blieben während des ganzen hier geſchilderten Zeitraumes, wie noch lange nachher, zugleich Behörden der Rechtspflege. Es kann daher von ihnen im Zuſammenhange mit den Bemerkungen über die Entwickelung der Gerichtsverfaſſung gehandelt werden.

Der äußere Sicherheitsdienſt behielt zunächſt ſeine frühere, unvollkommene Einrichtung, obſchon
die Verfaſſung von 1808 Titel 6 § V in Ausſicht nahm, daß zur Handhabung der Polizei eine
Gensdarmerie werde errichtet werden. Die Verordnung vom 31. December 1809¹⁶ verſuchte vorerſt
eine beſſere Leitung des Cordonsweſens zu erzielen. Daſſelbe wurde dem Miniſterium des Innern
und den Generalkreiscommiſſariaten zugewieſen, die unmittelbare Aufſicht und Verfügung über die
Polizeicordons aber den Landgerichten belaſſen. Die erwähnte Verfaſſungsbeſtimmung fand erſt durch
das Edict vom 11. October 1812¹⁷ ihre Erfüllung¹⁸. Der Polizeicordon und das Mautpatrouillen-
corps¹⁹ wurden aufgelöſt und eine Gensdarmerie zu drei Escadronen und 12 Compagnien²⁰ errichtet.
Das Gensdarmeriecorps theilte ſich in drei Legionen, je mit einer Escadron und vier Compagnien.
An der Spitze jeder Legion ſtand ein Stabsoffizier, an der Spitze des Corps ein General. Die Com-
mandoſitze waren München für den Iſar-, Inn- und Salzachkreis; Augsburg für den Iller-, Ober-
donau- und Rezatkreis; Regensburg für den Main-, Regen- und Unterdonaukreis. Das Gensdarmeriecorps wurde in dienſtlicher Beziehung dem Miniſterium des Innern unterſtellt²¹, ſtand aber unter
militäriſcher Disciplin²² und militäriſcher Gerichtsbarkeit²³. Die dienſtlichen Verpflichtungen der
Gensdarmerie wurden eingehend geregelt²⁴.

Eine Aenderung der Formation trat mit Verordnung vom 13. September 1815²⁵ ein. Die
Escadronen wurden aufgelöſt und die berittenen Mannſchaften den Compagnien zugetheilt. Commando-
ſitze der Legionen wurden München, Nürnberg und Regensburg.

Die Verhältniſſe der Gemeinden wurden durch die Edicte über die Bildung der Gemeinden vom
28. Juli 1808 und über das Gemeindeweſen vom 24. September 1808²⁶ geordnet. Man hat letzterem
Edicte den Vorwurf gemacht, daß es von dem Geiſte franzöſiſcher Centraliſation durchdrungen geweſen
ſei. Dieſe Ausſtellung iſt an ſich gewiß berechtigt. Allein ſo ſehr es richtig iſt, daß die Centraliſation

---

⁹ R. Bl. S. 1497. Nachträgliche Beſtimmungen R. Bl. 1812 S. 1305.

¹⁰ R. Bl. S. 689.

¹¹ Ziff. VI, R. Bl. S. 52.

¹² R. Bl. S. 113. Weber, Anh. Bd. S. 134.

¹³ Iſarkreis (Sitz des Generalcommiſſariates: München), Unterdonaukreis (Paſſau), Regenkreis
(Regensburg), Oberdonaukreis (Augsburg), Rezatkreis (Ansbach), Obermainkreis (Baireuth), Untermainkreis (Würzburg), Rheinkreis (Speyer).

¹⁴ Verordn. vom 18. Aug. 1816, R. Bl. S. 563.

¹⁵ R. Bl. S. 233. Dazu S. 531.   ¹⁶ R. Bl. S. 169.

¹⁷ R. Bl. S. 1737. Vgl. auch R. Bl. 1813 S. 777, 869; 1815 S. 434.

¹⁸ Vgl. zum Folgenden auch Döllinger XIII S. 154 ff. und Repert. über die Landtagsverh.
1819 S. 321 ff. Anm., S. 588 ff. Anm.

¹⁹ Das „Grenzpatrouilleurcorps" war durch Verordn. vom 16. Sept. 1811 (R. Bl. S. 1160)
errichtet worden.

²⁰ 348 Mann zu Pferd, 1332 zu Fuß. Die Escadron hatte 16, die Compagnie 12 Brigaden,
erſtere zu 6, letztere zu 8 Gemeinen.

²¹ Vgl. übrigens R. Bl. 1812 S. 1990 (beſonderes Bureau für Gensdarmeriegegenſtände bei
den Miniſterien des Innern u. der Finanzen).

²² Reglement R. Bl. 1813 S. 158.

²³ Ueber den Inſtanzenzug R. Bl. 1813 S. 1097.

²⁴ S. auch Handb. f. d. k. baier. Gendarmerie als Unterricht in ihren Dienſtobliegenheiten,
München 1813.

²⁵ R. Bl. S. 899.   ²⁶ R. Bl. S. 2789, 2405.

der Gemeindeangelegenheiten und die Bevormundung der Gemeinden arg übertrieben wurde, so muß doch auch andererseits hervorgehoben werden, daß die Landgemeinden für die Selbstverwaltung sicher nicht reif waren, während über die Befähigung der Städte hiezu, nachdem eben erst der Staat deren verrottetes Regiment beseitigt hatte, billiger Weise noch gezweifelt werden durfte.

Die Grundzüge der neuen Gemeindeverfassung sind folgende.

Die Gemeinden sind öffentliche Körperschaften unter der beständigen Curatel des Staates. Gemeindemitglieder sind alle Einwohner, welche in der Markung besteuerte Gründe besitzen oder besteuerte Gewerbe ausüben. In- und Miethleute sowie Ausmärker sind von der Gemeindemitgliedschaft ausgeschlossen.

Die Gemeinden sind vermögensfähig²⁷. Sie können bei Unzulänglichkeit ihrer eigenen Einkünfte Gemeindeanlagen (Umlagen) erheben, die den ordentlichen Staatssteuern beigeschlagen werden, und können Gemeindefrohnen fordern²⁸.

Die Gemeinden theilen sich in Ruralgemeinden, d. h. kleinere Märkte und Dorfgemeinden, in Städte und größere Märkte unter 5000 Seelen und Städte von größerer Bevölkerung.

Die Ruralgemeinden besorgen ihre Angelegenheiten durch Gemeindeversammlungen und Gemeindebeschlüsse. Sie können keine beständigen Vertreter ernennen. Die Ortspolizei wird vom Untergerichte durch einen Vorsteher verwaltet, den das Gericht auf Vorschlag der Gemeinde ernennt²⁹. Der Vorsteher verwaltet auch das Gemeindevermögen, wenn nicht ausnahmsweise ein besonderer Verwalter in gleicher Weise ernannt wird.

In städtischen Gemeinden ist ein Municipalrath Vertreter der Gemeinde. Er wird in den kleineren Städten und Märkten von den Gemeindegliedern unmittelbar gewählt. Die Polizei handhabt dort ein vom Municipalrathe vorgeschlagener, vom Generalkreiscommissariate bestätigter Bürgermeister. Der Vermögensverwalter, wo ein solcher aufgestellt wird, ist gleich dem Bürgermeister dem Untergerichte untergeben. Ueber seine Wahl gilt dasselbe wie bei den Ruralgemeinden. Ausnahmsweise kann Ernennung durch das Ministerium des Innern eintreten. In größeren Städten erfolgt die Wahl des Municipalrathes durch Wahlmänner, welche das Generalkreiscommissariat bezeichnet. Die Polizei wird durch besondere, vom Ministerium des Innern bestellte Polizeidirectoren oder Commissäre³⁰ verwaltet³¹, die dem Generalkreiscommissariate unmittelbar untergeordnet sind. Die Polizeidirectoren vertreten zugleich die Stelle von Gemeindevorstehern. Die Verwaltung des Gemeindevermögens besorgt ein besonderer Beamter, welcher vom Ministerium des Innern ernannt wird und dem Generalcommissariate unmittelbar untergeben ist.

Die Gemeinden und die Municipalräthe können nur auf Berufung und unter Leitung der Polizeibehörde zusammentreten und ohne deren Wissen und Genehmigung nichts beschließen. Ihre Berathungsgegenstände beschränken sich auf die gemeindliche Vermögensverwaltung. Sie können nichts zur Berathung ziehen, was zur ausübenden Polizei gehört und den Gemeindevorstehern übertragen ist, sie können auch keine Art von Gerichtsbarkeit ausüben.

Kurz vor dem Erlasse der Verfassungsurkunde erschien unterm 17. Mai 1818 ein neues Gemeindeedict, das den Gemeinden eine wesentlich freiere Bewegung einräumte. Die Erörterung seines Inhaltes bleibt dem systematischen Theile vorbehalten.

Die Leitung des Unterrichtswesens blieb während dieses Zeitraumes in der obersten und

---

²⁷ Sehr gut wird dabei (§ 14) das Gemeindeverwaltungsvermögen („Gemeindegut") und Gemeindefinanzvermögen („Gemeindevermögen") auseinander gehalten. Dazu kommen noch die „Gemeindegründe," „welche zwar der Gemeinde gehören, aber von den Mitgliedern selbst einzeln benützt werden". Ueber Vertheilung der Gemeindewaldungen R. Bl. 1812 S. 1564; über Gemeinheitstheilungen 1814 S. 1105.

²⁸ Ueber die Erhebung der „Localauflagen" vgl. Constit. Tit. 8 § IV, ferner R. Bl. 1808 S. 2554; 1810 S. 678; endlich die umfassende Verordn., die besonderen Umlagen für die Gemeindebedürfnisse betr., vom 6. Febr. 1812, R. Bl. S. 321. (Oertliche und Bezirksumlagen, Höchstbetrag der ordentlichen Umlagen ⅙ der jährlichen Haus-, Grund- und Gewerbsteuer; königliche Genehmigung des jährlichen Umlagenbetrages.) Ueber den Fleisch- und Getreideaufschlag R. Bl. 1809 S. 75; 1813 S. 129; 1815 S. 393 (Verordn., die Erleichterung der Gemeindeumlagen betreffend). Eine kurze zusammenfassende Darstellung des damaligen gemeindlichen Finanzwesens gibt W. Tröltsch, die bayer. Gemeindebesteuerung seit Anfang des 19. Jahrhunderts ꝛc., München 1891, I S. 7 ff. Vgl. auch unten § 267.

²⁹ Seine Thätigkeit wurde durch ausführliche Instr. vom 24. Sept. 1808 geregelt. R. Bl. S. 2431. Dazu R. Bl. 1810 S. 441.

³⁰ Vgl. dazu R. Bl. 1809 S. 5, 524.

³¹ Nach Maßgabe einer Instr. vom 24. Sept. 1808 (R. Bl. S. 2509). Dazu eine Erläuterung über die Amtsgewalt der Polizeidirectionen in den Umgebungen der Städte R. Bl. 1814 S. 1673.

mittleren Instanz mit dem Geschäftskreise der allgemeinen Verwaltungsbehörden vereinigt. Das organische Edict vom 15. September 1808 über die Unterrichtssection des Ministeriums des Innern, dann die dem Edicte beigegebenen Instructionen³² regelten dieses Verwaltungsgebiet näher. Als untergeordnete Organe der Kreisverwaltungsstellen in Schulsachen bestanden die Rectorate der höheren Unterrichtsanstalten, die Districtsschulinspectionen, die für den Bezirk eines Landgerichts oder einer größeren Stadt, und die Localschulinspectionen, die für jede Schule aufgestellt wurden. Die Districtsschulinspectoren waren in der Regel aus der Zahl der Ruraldechanten und Pfarrer zu entnehmen; der Pfarrer wurde als „beständiger Inspector" seiner Gemeindeschule erklärt.

Bezüglich der Stiftungen enthielt die Verfassung von 1808 in Titel 1 § VI für die Religionstheile die Gewährleistung ihres Cultus-, Unterrichts- und Wohlthätigkeits-Stiftungsvermögens unter Aufrechthaltung der Verordnung vom 1. October 1807. Bei der Neubildung der Ministerien im Jahre 1808 verwandelte sich das Centralrechnungscommissariat des Innern in eine Generaladministration des Stiftungs- und Communalvermögens als Section des Ministeriums des Innern. Den Kronfiscalen wurde zugleich die Aufgabe von Stiftungsfiscalen übertragen³³.

Durch Edict vom 16. October 1810³⁴ wurden durchgreifendere Aenderungen in der Organisation bewirkt. Das Ministerium des Innern führt hienach die oberste Staatscuratel über das Gesammtvermögen der Stiftungen und Communen durch die Ministerial-Stiftungs- und Communalsection. Unter dieser steht zunächst die Centraladministration mit den Zuständigkeiten der bisherigen Centralstiftungskasse. Es werden ferner Kreisadministrationen gebildet, welchen der Generalkreiscommissär, der Kreiskanzleidirector und ein Administrationsrath angehören. Diese erhalten in Bezug auf das gesammte Stiftungsvermögen die nemliche Zuständigkeit, welche bisher die Generalcommissariate nur hinsichtlich des Patrimonial-Stiftungs- und Communalvermögens hatten³⁵. Unter der Kreisadministration stehen mit ihrer bisherigen Zuständigkeit die Districtsadministrationen. Dies sind für das Stiftungsvermögen die königlichen allgemeinen und besonderen, dann die Patrimonial-Stiftungsadministratoren, für das Gemeindevermögen die Communaladministratoren.

Wenige Jahre nachdem diese neuen Einrichtungen getroffen worden waren, erfolgte auf dem Gebiete des Stiftungs- und Armenwesens ein vollständiger Bruch mit den bisherigen Regierungsgrundsätzen. Die Centralisirung dieser Verwaltungszweige wurde beseitigt. Eine Verordnung vom 17. November 1816³⁶ verfügte die Errichtung von örtlichen Armenpflegen und ergänzenden Bezirkspflegen für die Land- und Herrschaftsgerichte unter Leitung und Aufsicht der Behörden der inneren Verwaltung; eine weitere Verordnung vom 6. März 1817³⁷ sprach die Auflösung der unterm 1. October 1807 begründeten Stiftungs- und Communaladministrationen aus. Die Verwaltung des örtlichen Stiftungs- und des Gemeindevermögens wurde den Gemeinden zurückgegeben, über die Verwaltung der Stiftungen zu Gunsten von Privaten, Gesellschaften, Congregationen ꝛc. sollte die Stiftungsurkunde entscheiden, bezüglich der Verwaltung allgemeiner Stiftungen der Zustand vor dem 1. October 1807 hergestellt oder, wenn dies unthunlich wäre, eine andere zweckmäßige Verwaltung angeordnet werden. Die staatliche Curatel wurde aufrecht erhalten. Als Wirkung der bisherigen Centralisirung blieb nur eine bedeutende Verwirrung in Bezug auf den Rechtsbestand der Stiftungen übrig³⁸.

Den Ausgangspunkt einer neuen Gestaltung der Gesundheitsverwaltung bildet das organische Edict über das Medicinalwesen im Königreiche vom 8. September 1808³⁹. Das oberste sachverständige Organ für Medicinalangelegenheiten war, wie bereits erwähnt, das Medicinalbureau beim Ministerium des Innern⁴⁰. Den Kreiscommissariaten wurden Medicinalräthe beigegeben. Für die medicinischen Prüfungen und zur Erstattung von Gutachten an die Appellationsgerichte wurden Medicinalcomités bestellt⁴¹. Für jedes Landgericht sollte ein eigener Landgerichtsarzt, für jede größere Stadt mit Stadtgericht ein Stadtgerichtsarzt aufgestellt werden⁴². Dem Gerichtsarzte sollte die Aufsicht

---

³² R. Bl. S. 1461.   ³³ R. Bl. 1808 S. 2281, 2812.

³⁴ R. Bl. S. 1145; dazu eine die Zuständigkeit der Kreis- und Oberadministrationen erweiternde Novelle R. Bl. 1811 S. 1449. .

³⁵ Vgl. ferner wegen der Rechtsangelegenheiten Eb. Art. 20 Abs. II.

³⁶ R. Bl. S. 779.   ³⁷ R. Bl. S. 153; vgl auch S. 185.

³⁸ Vgl. über diese Folgeerscheinungen die Landtagsverh. Repert. 1819 S. 755 ff. Näheres über den Inhalt der beiden Verordn. von 1816 u. 1817 unten §§ 303, 283.

³⁹ R. Bl. S. 2189.

⁴⁰ Vgl. auch R. Bl. 1810 S. 891.

⁴¹ In München, Bamberg, Trient. Vgl. über die Organisation R. Bl. 1808 S. 2889; 1815 S. 202. Das Comité zu Trient nach Salzburg verlegt R. Bl. 1811 S. 305. Fortbestand der Comités in München und Bamberg R. Bl. 1810 S. 902 f.

⁴² Für die Gerichtsärzte wurde eine besondere Concursprüfung angeordnet.

über das gesammte medicinische Personal seines Bezirkes, „was die Befolgung der erlassenen Verordnungen, sowie die medicinische Polizei überhaupt betrifft", zustehen. Ueberhaupt sollte er für das ärztliche Personal und das Publicum „in allen Gegenständen der Medicinalpolizei das zunächst gelegene Organ der Regierung sein"⁴³. Die Verordnung traf auch ausführliche Bestimmungen über die Qualification des höheren und niederen Heilpersonales und der Apotheker⁴⁴. An die Stelle des Medicinalbureaus trat zu Folge der Verordnung vom 16. April 1817⁴⁵ ein Obermedicinalcollegium. Das Veterinärwesen wurde durch ein organisches Edict vom 1. Februar 1810⁴⁶ geordnet. Das Edict verfügte die Umwandlung der Thierarzneischule zu München in eine Centralveterinärschule für das Königreich und regelte das Prüfungswesen⁴⁷ und die Standespflichten⁴⁸ der Thierärzte. Die Gerichtsärzte wurden den Thierärzten vorgesetzt, wie überhaupt den höheren Medicinalorganen zugleich die Veterinärpolizei anvertraut war.

§ 39. Die Gerichtsverfassung.

Die Constitution von 1808 gab auch den Anstoß zu einer neuen Gerichtsverfassung. Zum Vollzuge des fünften Titels der Constitution erging das organische Edict vom 24. Juli 1808¹. Dasselbe sprach den Grundsatz aus: „Die Justiz kann in Unserem ganzen Königreiche nur von den von Uns neu organisirten oder bestätigten Gerichtshöfen in Unserem Namen, nach Unseren Gesetzen und Vorschriften verwaltet werden."

Als „Obertribunal" wurde ein Oberappellationsgericht in München gebildet, das unter der Leitung eines Präsidenten und dreier Directoren in drei, höchstens vier Senate sich gliedern sollte.

Für je zwei Kreise, ausnahmsweise für einen, sollte ein Appellationsgericht als zweite Instanz in Civilsachen und erste entscheidende Stelle in peinlichen Fällen errichtet werden². Die Zahl der Appellationsgerichte war hiernach neun³.

Untergerichte, d. h. erste Instanzen in Civilsachen und instruirende Behörden in peinlichen Prozessen waren die Stadtgerichte (Collegialgerichte)⁴, die Landgerichte⁵ und die Patrimonialgerichte⁶.

Die Wechselgerichte blieben aufrecht erhalten.

Die besonderen Berggerichte wurden durch das organische Edict über die Berggerichtsverfassung vom 14. September 1809⁷ aufgehoben und die Berggerichtsbarkeit den ordentlichen Gerichten übergeben. Doch erhielten dieselben in ihrer Eigenschaft als Berggerichte neben den richterlichen auch fachmännische Beisitzer⁸.

Die standesherrlichen Gerichte erster Instanz hatten nach dem Edicte vom 24. Juli 1808 gleiche Verfassung wie die königlichen Untergerichte anzunehmen. Appellationsinstanz über ihnen war die

---

⁴³ Die näheren organisatorischen Bestimmungen wurden unterm 6. Oct. 1809 erlassen. R. Bl. S. 1817.

⁴⁴ Verordn. über die Prüfung der medicinischen Candidaten. R. Bl. 1808 S. 2909. Vgl. auch 1805 S. 645. Ueber die Errichtung von Schulen für Landärzte R. Bl. 1808 S. 1701; ferner 1809 S. 1844 (Eröffnung der Schulen in Bamberg und München), 1811 S. 1132 (in Salzburg).

⁴⁵ R. Bl. S. 369. ⁴⁶ R. Bl. S. 113.

⁴⁷ Auch wurde verfügt, daß, wer das Recht des Hufbeschlags als Meister ausüben oder einer Beschlagschmiede vorstehen wolle, eine Prüfung bei der Centralveterinärschule zu erstehen habe. Vgl. ferner R. Bl. 1811 S. 113.

⁴⁸ Insbes. die Anmeldepflicht bei Viehseuchen. Vgl. auch Verordn. vom 22. Dec. 1813 über die Rinderpest R. Bl. S. 1609.

¹ R. Bl. S. 1785. Ueber die 1809 erlassenen Bestimmungen wegen Errichtung von Specialgerichten und wegen des Standrechtes R. Bl. 1809 S. 1257, 1393. In der Folge regelte die Strafgesetzgebung von 1813 diesen Gegenstand.

² Ueber den bevorzugten Gerichtsstand vgl. Ed. §§ 11, 23, sowie Verordn. vom 14. Dec. 1808, R. Bl. S. 2885.

³ Mainkreis: Bamberg; Pegniz- u. Nabkreis: Amberg; Rezatkreis: Ansbach; Oberdonau- u. Altmühlkreis: Neuburg; Iller- u. Lechkreis: Memmingen; Regen- u. Unterdonaukreis: Straubing; Isar- u. Salzachkreis: München; Eisak- u. Inntreis: Innsbruck; Etschkreis: Trient.

⁴ Vgl. dazu Verordn. vom 3. Nov. 1808, die Anordnung der neuen Stadtgerichte im Kgr. betr., R. Bl. S. 2803, wonach die Stadtgerichte in drei Klassen getheilt wurden.

⁵ Geschäftsinstructionen R. Bl. 1809 S. 1227; 1810 S. 505; 1814 S. 1675.

⁶ Die Bezeichnung Herrschaftsgerichte hörte auf. R. Bl. 1809 S. 147.

⁷ R. Bl. S. 1577.

⁸ Zwei Oberberggräthe im siebengliederigen Senate des obersten Gerichtshofs; ein Bergcommissär im fünfgliederigen Senate der Appellationsgerichte (Bamberg, Amberg, München, Memmingen, Innsbruck); der Bergbeamte des einschlägigen Bergamts neben dem Vorstande und einem Assessor des Untergerichtes.

standesherrliche Justizkanzlei⁹. Die Patrimonialgerichtsbarkeit wurde, unter bedeutender Einschränkung derselben, durch das organische Edict vom 8. September 1808¹⁰ geregelt¹¹, während die gutsherrliche Polizeigewalt nach dem organischen Edicte vom 28. Juli gleichen Jahres sich bemaß¹².

Die neue Kreiseintheilung des Königreiches im Jahre 1810 hatte auch eine Aenderung der Appellationsgerichtssprengel zur Folge. Jeder der neun Kreise erhielt ein Appellationsgericht¹³. Ebenso schloß sich die Bildung der Appellationsgerichtsbezirke an die Kreiseintheilung von 1817 an¹⁴.

Einen bedenklichen Rückschritt in der Verfassung der Untergerichte bezeichnete das organische Edict vom 16. August 1812 über die gutsherrliche Gerichtsbarkeit¹⁵. Das Edict regelte die Verhältnisse der sämmtlichen gutsherrlichen Gerichte, welche in Herrschaftsgerichte und Ortsgerichte getheilt wurden. Erstere zerfielen in die Herrschaftsgerichte erster Classe der Mediatisirten und zweiter Classe der Majoratsbesitzer und adeligen Kronvasallen. Die Inhaber der Herrschaftsgerichte erster Classe konnten auch Gerichtsbarkeit zweiter Instanz besitzen und durch ein Collegium, die Justizkanzlei, ausüben. Die gutsherrlichen Gerichte vereinigten, gleich den königlichen Landgerichten, richterliche und polizeiliche Zuständigkeiten. Die Verordnung begünstigte geradezu die Bildung gutsherrlicher Gerichte, indem sie nicht nur den kauf- und tauschweisen Erwerb von Gerichtsholden zwischen Gutsherren gestattete, sondern auch „zum Behufe der Purification gutsherrlicher Gerichte" zuließ, daß die Gerichtsbarkeit über Familien, welche unmittelbar unter den königlichen Landgerichten gesessen waren, „mittels eines Tausches oder durch Infeudation erworben" werde¹⁶.

§ 40. Die Finanzbehörden.

Für die Finanzverwaltung wurden durch organisches Edict vom 8. August 1808¹ besondere Kreisstellen, die Kreisfinanzdirectionen, errichtet und mit einem Kreisdirector und zwei Finanzräthen besetzt. Ihr Geschäftskreis umfaßte alle nicht an besondere Centralstellen und deren Unterbehörden übertragenen Finanzgegenstände. Die Provinzialetatscuratel² ging auf den Finanzdirector über. Der Oberaufschläger, Siegelbeamte und Landbauinspector des Kreises unterstanden seiner Aufsicht, unbeschadet ihrer Unterordnung unter die betreffenden Centralstellen.

Die Formation der Kreisfinanzdirectionen wurde durch Verordnung vom 7. October 1810³ neu bestimmt. Sie sollten, neun an der Zahl, ihren Sitz am Sitze des Generalcommissariates haben und mit einem Director und drei Räthen besetzt sein.

Die schon oben⁴ erwähnte Formationsverordnung vom 27. März 1817 vereinigte dann die Finanzkammern mit den Kammern des Innern zu Kreisregierungen unter gemeinsamem Präsidium.

Durch Verordnung vom 8. August 1808⁵ erhielt das Kassenwesen eine neue Gestalt. Die Hauptbestimmungen sind folgende.

Alle Staatseinnahmen fließen in die Centralstaatskasse. Sie bezieht von sämmtlichen Kreis- und General- ꝛc. Kassen⁶ die Geldüberschüsse; im Detail nur jene besonderen Einnahmen, die durch keine andere Kasse laufen. Alle Staatsausgaben werden nur aus der Centralstaatskasse geleistet. Die Centralstaatskasserechnung muß daher „ein getreues, vollständiges und klares Bild aller Einnahmen und aller Ausgaben des Reichs specifisch darstellen". Die Gelder der Centralstaatskasse

---

⁹ Erläuternde Verordn. R. Bl. 1809 S. 369.   ¹⁰ R. Bl. S. 2245.

¹¹ Umtausch von Gerichtsantheilen und Privatkauf von solchen zur Arrondirung und Erreichung der Normalfamilienzahl (50) war gestattet; dagegen Erkaufung vom Staate verboten. Ein Erläuterungsedict s. R. Bl. 1810 S. 1001.

¹² R. Bl. S. 1835.

¹³ Die Sitze waren: Bamberg, Ansbach, Amberg, Neuburg, Straubing, Memmingen, München, Burghausen, Innsbruck. R. Bl. 1810 S. 809, 1113.

¹⁴ Die Sitze der Appellationsgerichte waren: München, Straubing, Amberg, Neuburg, Ansbach, Bamberg, Würzburg, Zweibrücken. R. Bl. 1817 S. 113, 209.

¹⁵ R. Bl. S. 1505. Dazu R. Bl. 1813 S. 1249.

¹⁶ G. Frhr. v. Lerchenfeld, Geschichte Bayerns unter König Maximilian Joseph I., S. 55 f., verurtheilt mit Recht diese Bestimmung auf das Bitterste. Er erblickt darin, „wenn auch in verjüngtem Maßstab, eine Wiederholung jener Veräußerung einer wesentlichen Staatspflicht der Gerichtsbarkeit an Unterthanen, welche solche des daraus zu ziehenden Gewinnes wegen zu erwerben suchten, wovon die ottonische Handfeste ein so auffallendes Beispiel aus der Zeit gänzlicher Verwirrung aller Begriffe über Staatsrecht und Staatspflicht, völliger finanzieller Rathlosigkeit bietet". Es entwickelte sich ein förmlicher Schacher mit Gerichtsholden.

¹ R. Bl. S. 1869.   ² S. oben § 38 bei Anm. 19.

³ R. Bl. S. 904.   ⁴ § 38 Anm. 15.   ⁵ R. Bl. S. 1787.

⁶ Zoll- u. Maut-, Salinen-, Post-, Lotto-Generalkasse; Kassen des obersten Bergamts, des geheimen und des Lehen-Taxationsamts, des Regierungsblattes.

sammt dem Depot aller Activcapitals-Obligationen und Effecten sind einem einzigen Centralstaats-kassier anvertraut, dem für den ganzen Umfang seines Geschäftes ein Controleur beigegeben ist. Außerdem werden ein Einnahme- und sieben Ausgabebuchhalter mit eigenen Handkassen für den Hofetat, Aeußeres, Justiz, Finanz, Inneres, Säcularisationspensionen und den Schuldenetat aufgestellt.

Die Buchhaltung für den Schuldenetat „begreift nicht blos jene Schulden, welche bisher schon unmittelbar auf der Centralstaatskasse lagen, sondern auch alle Schulden der ehemaligen Provinzen". „Hier werden sie alle in ein einziges Bild und in eine einzige Rechnung zusammengestellt." Im Uebrigen aber bleibt der durch die Verordnung vom 8. Juni 1807⁷ geschaffene Organismus aufrecht erhalten. Die Provinzial-, nun Special-Schuldentilgungskassen⁸ bestehen fort.

Die Provinzial-Hauptkassen werden aufgelöst. Kreiskassen unter einem Kreiskassier treten an die Stelle. In diese fließen die Empfänge von den Rentämtern und die besonderen Empfänge wie Aufschläge, Taxen c. Was die Kreiskasse unmittelbar vereinnahmt, vereinnahmt sie für die Staatskasse und sendet es sofort an letztere. Die Kreiskassen haben keine eigenen Ausgaben, sondern leisten dieselben nach Anweisung, auf Rechnung der Centralstaatskasse.

Die äußern Rentämter bleiben die ersten Empfangsstationen für die ihnen zugewiesenen Gefälle und leisten und verrechnen die Ausgaben nach den drei Haupttheilen: Justiz, Finanzen und Inneres und den zwei Abschnitten: Besoldungen und Regie.

Die finanziellen Bedrängnisse des Staates, welche sich immer mehr steigerten, führten im Jahre 1811 zu einer neuen Maßnahme in Bezug auf die Behördeneinrichtung der Kassen- und Schuldenverwaltung. Den Anstoß hiezu gab eine königliche Entschließung vom 22. Juni jenes Jahres, auf Grund deren ein Finanzcomité in Berathung trat, das bereits seit 1810 bestand. Das Comité „erklärte die Verbindung des laufenden Dienstes mit der Staatsschuld sowohl in den oberen Verwaltungsbehörden als in den Kassen für den hauptsächlichsten Mißstand des bisherigen Finanzhaushalts, da hieburch die Uebersicht, die Bestimmung und Einhaltung fester Etats sehr erschwert, die Verwendung aller vorhandenen Mittel zur Deckung der täglichen Bedürfnisse ohne alle Rücksicht auf die Rechte der Staatsgläubiger sehr erleichtert würde"⁹.

Das Ergebniß der Berathungen war zunächst eine Verordnung vom 20. August 1811¹⁰, welche den Grundsatz der Trennung der Staatsschuldenverwaltung von der übrigen Finanzverwaltung aussprach. „Der ganze Schuldenetat Unseres Königreichs", so verfügte die Verordnung, „soll künftig von Unserer Centralstaatskasse sowie von Unsern Kreiskassen gänzlich getrennt werden. Dagegen wird eine besondere Schuldentilgungskasse errichtet und diese einer eigenen Staatsschuldentilgungscommission¹¹ untergeben." Die Commission sollte an geeigneten Plätzen Correspondenten zur Besorgung ihrer Geschäfte aufstellen. Der neuen Kasse wurden bestimmte Mittel¹² zur Zinszahlung und Schuldentilgung¹³ überwiesen. Die betreffenden Renten und Gefälle sollten von den Erhebungsbeamten unmittelbar an die Staatsschuldentilgungscommission eingesandt werden. Letztere hatte für den richtigen Eingang zu sorgen und für die bestimmungsgemäße Verwendung zu haften. Neue Schulden sollte die Kasse nur nach Ausmittelung hinlänglicher Mittel für Verzinsung und Heimzahlung übernehmen¹⁴.

Die neue Einrichtung fand, wie bereits durch die Verordnung vom 20. August in Aussicht gestellt war, ihre Ergänzung durch die Verordnung vom 17. November 1811¹⁵. Letztere bestimmte: „Die

---

⁷ S. oben § 35 Anm. 12.

⁸ München, Innsbruck, Ulm, Eichstädt, Amberg, Bamberg, Nürnberg.

⁹ S. Frhr. v. Lerchenfeld, Geschichte Bayerns unter König Maximilian Joseph I., S. 52.

¹⁰ R. Bl. S. 1063. Sie wurde in einer geh. Staatsconferenzsitzung am gl. T. endgiltig berathen und vom Könige genehmigt. Eine besondere Schuldentilgungskasse für den Untermainkreis wurde durch Verordn. vom 16. Aug. 1815 (R. Bl. S. 228) errichtet. Diese Kasse wurde durch das Ges. über das Staatsschuldenwesen vom 28. Dec. 1831 (G. Bl. S. 217) mit der Centralschuldentilgungskasse vereinigt.

¹¹ Der Vorstand, der Generalcontroleur, zwei Controleure und der Hauptbuchhalter bildeten ein Collegium.

¹² Der Reinertrag des Malzaufschlags, die Activcapitalien der Schuldentilgungs- und Kreiskassen, sowie der Centralstaatskasse, der Erlös aus Domänenverkäufen im Baireuther und Regensburger Gebiete, der Reinertrag einer einzurichtenden Tabaksregie und eines Aufschlags vom innern Consum eingeführter Güter und Waaren. Durch Verordn. vom 18. Sept. 1810 (R. Bl. S. 833) § 12 wurde auch der Ertrag der Ablösung der ärarialischen Geld- u. Kornbodenzinse für die Staatsschuldentilgung bestimmt. Vgl. auch R. Bl. 1813 S. 1209, 1344.

¹³ Letztere sollte innerhalb 30 Jahren erfolgen.

¹⁴ Ueber die Erfolge der Maßregeln Lerchenfeld a. a. O. S. 52 ff.

¹⁵ R. Bl. S. 1697.

ganze bayerische Staatsschuld unterliegt einer allgemeinen Revision, und was davon noch nicht förmlich liquidirt, als giltige Staatsschuld decretirt und wirklich schon verzinst worden ist, wird überdies noch der Liquidation unterworfen." Mit Leitung dieser Geschäfte wurde eine Staatsschuldenliquidationscommission betraut, welcher die schon bestehende Commission für Liquidation der altbayerischen Schulden und besonders ernannte Commissäre in den Kreisen untergeordnet wurden.

Die Verordnung vom 20. August 1811 hatte auch die Zusicherung enthalten, es werde für eine fortwährende Ordnung der Staatsfinanzen durch eine strenge und genaue Comptabilität Sorge getragen werden. Die Verordnung vom 20. October 1812¹⁶ brachte die Erfüllung dieser Verheißung. Die Prüfung der Finanzrechnungen vom Jahre 1811/12 ab wurde einem obersten Rechnungshofe übertragen, der aus einem Präsidenten, einem Director und 10 Räthen bestehen sollte und unmittelbar dem Finanzministerium untergeordnet wurde. Dem Rechnungshofe wurden eine Anzahl von Rechnungen zur unmittelbaren, die übrigen zur mittelbaren Erledigung oder „Superrevision" übertragen¹⁷. Die näheren Bestimmungen über Formation, Wirkungskreis und Geschäftsgang der neuen Stelle können, da sie den Ausgangspunkt des geltenden Rechts bilden, hier außer Betracht bleiben.

Ueber die Behörden, welche zum Zwecke der Steuerreform in's Leben gerufen wurden, wird besser bei Darstellung der Entwickelung des Finanzrechts gehandelt werden.

Das oberste Forstamt verwandelte sich, wie bereits erwähnt¹⁸, im Jahre 1808 in eine Generalforstadministration als Section des Finanzministeriums. Die Zuständigkeit der Landesdirectionen hörte auf. Die Forstinspectoren und die Forstämter (Oberförster) standen unmittelbar unter der Generaladministration. Die Gestaltung der äußeren Forstbehörden blieb im Wesentlichen unverändert, doch beließ man es in den neu erworbenen Gebietstheilen, die Fürstenthümer Bamberg, Eichstätt und Passau ausgenommen, bei den dort bestehenden Einrichtungen¹⁹. Die Verordnung vom 25. September 1813²⁰ übertrug den Finanzdirectionen das Forstrechnungswesen und beschränkte die Generaladministration auf die technischen Angelegenheiten. Nachdem sodann die Verordnung vom 15. September 1816 die Forstinspectoren zu Referenten der Finanzdirectionen gemacht hatte, wurde bei Bildung der Kreisregierungen im folgenden Jahre das Forst- und Jagdwesen den Finanzkammern zugewiesen und diesen ein Kreisforstrath beigegeben²¹. Die Verordnung vom 14. Juli 1818²² beseitigte die Generalforstadministration und theilte deren Aufgaben den Finanzkammern zu.

Durch Verordnung vom 29. September 1808²³ wurde das Land hinsichtlich des Berg- und Hüttenwesens in drei Hauptbergdistricte eingetheilt, denen ein Oberbergcommissär zur Aufsicht und Leitung der Berg- und Hüttenökonomie und als Vollzugsbeamter der Generaladministration²⁴ vorgesetzt wurde. Diese Commissäre sollten sich wenigstens 3—4 Monate zu München bei der Generaladministration, sonst in den Revieren ihres Districts aufhalten. Durch Verordnung vom 7. Mai 1814²⁵ erhielten die Oberbergcommissariate collegiale Verfassung und einen erweiterten Wirkungskreis. Es wurde ihnen unter oberster Aufsicht der Centralstelle die Leitung der technischen und ökonomischen Verwaltungsgegenstände bei den landesherrlichen Etablissements, die obere Aufsicht auf die gewerkschaftlichen Berg- und Hüttenwerke und die Vereinnahmung der Berg- und Hüttengefälle, sowie der Bergzehnten in ihrem Hauptbergdistricte überwiesen²⁶.

Durch Verordnung vom 1. März 1808²⁷ ging das Postwesen vollständig an den Staat über. Der Fürst von Thurn und Taxis wurde in der Würde eines „Reichsoberpostmeisters" und den nach der Constitution damit verbundenen Vorzügen belassen, im Uebrigen aber die Verordnung vom 14. Februar 1806²⁸ aufgehoben. Den bestehenden Oberpostämtern wurde eine Centralstelle, die Generaldirection der königlichen Posten, vorgesetzt, die mit dem Ministerialdepartement der auswärtigen Angelegenheiten in unmittelbarer Verbindung stehen sollte. Durch Edict vom 17. September

---

¹⁶ R. Bl. S. 1785; vgl. auch S. 2073 u. R. Bl. 1814 S. 513.

¹⁷ Die Finanzrechnungsrückstände bis 1810/11 einschließlich wurden den bisherigen Revisionsbehörden abgenommen. Zu ihrer Aufarbeitung sollte eine eigene Centralanstalt errichtet und dem obersten Rechnungshofe untergeben werden.

¹⁸ Oben § 37 nach Anm. 11. Vgl. zum Folgenden die Denkschrift über die Reorganisation der bayer. Staatsforstverwaltung Verh. d. K. d. Abg. 1883 Beil. Bd. I Nr. 37.

¹⁹ Ueber die Reorganisation im Fürstenthum Bayreuth R. Bl. 1813 S. 473.

²⁰ R. Bl. S. 1249.

²¹ R. Bl. 1817 S. 235, 267.   ²³ Allg. Intell. Bl. S. 772.

²² R. Bl. S. 2965.   ²⁴ Oben § 37 Anm. 13.

²⁵ R. Bl. S. 1229.   ²⁶ Ueber die Berggerichtsverfassung oben § 39 Anm. 7, 8.

²⁷ R. Bl. S. 1281. Montgelas beantragte in der Sitzung der geh. Staatsconferenz vom 13. Febr. 1808, in Verhandlungen mit dem Fürsten von Thurn u. Taxis wegen Ueberlassung der Postregie einzutreten.

²⁸ Oben § 35 Anm. 31.

1808²⁹ wurde dieſelbe als Section des genannten Miniſteriums eingerichtet. Aus Anlaß der neuen
Miniſterialverfaſſung von 1817 wurde dieſe Section durch eine Generaladminiſtration der Poſten
als Centralſtelle unter dem Miniſterium des Aeußern erſetzt. Dieſelbe bildete ein Collegium, beſtehend aus dem Director und vier Poſträthen. Ueber Formation, Wirkungskreis und Geſchäftsgang
beſtimmte eine Verordnung vom 31. Juli 1817³⁰.

Bezüglich des Landbauweſens verfügte eine Verordnung vom 29. November 1808³¹ im Anſchluſſe an die organiſchen Edicte vom 8. und 25. Auguſt gleichen Jahres³², daß die Oberleitung desſelben der Steuer- und Domänenſection des Finanzminiſteriums zukommen ſolle. Bei den Kreisfinanzdirectionen wurde ein ſelbſtändiger Landbauinſpector aufgeſtellt und dieſem ein Landbaumeiſter,
wie nach der Einrichtung von 1805, beigegeben. Nachdem indeſſen das Bauweſen der Stiftungen und
Communitäten eine ſelbſtändige, mit der Verwaltung des Stiftungs- und Communalvermögens zu-
ſammenhängende Einrichtung erhalten hatte³³ und die Militärbauten den Militärbehörden überwieſen
worden waren, wurden durch Verordnung vom 29. Mai 1810³⁴ die Landbauinſpectionen auf je eine
für zwei Kreiſe vermindert und den Finanzdirectionen untergeordnet.

Das Waſſer-, Brücken- und Straßenbauweſen gehörte, wie bereits erwähnt wurde, zum Geſchäftskreiſe des Staatsminiſteriums des Innern³⁵. Schließlich wurde auch das ärarialiſche Waſſer-
und Straßenbauweſen dem Finanzminiſterium unterſtellt³⁶ und den Regierungsfinanzkammern die
Oberleitung des geſammten Bauweſens in den Kreiſen übertragen³⁷. Dem Miniſterium wurde ein
collegiales Straßen- und Waſſerbaubureau und den Finanzkammern ein Kreisbaurath beigegeben.
Die Straßen- und Waſſerbauinſpectoren waren die äußern Beamten³⁸.

3. Hauptſtück.

§ 41. Der Staatsdienſt.

Die Reformarbeit der Montgelas'ſchen Regierung konnte ſich ſelbſtverſtändlich nicht auf die
Verbeſſerung der Behördenverfaſſung beſchränken. Nicht minder wichtig war die Sorge für die Hebung
des Staatsdienerſtandes. Das Staatsdienerrecht erfuhr denn auch in dieſem Zeitraume eine völlige
Umgeſtaltung.

Vor Allem ſetzte die Verordnung vom 21. Februar 1799¹ an die Stelle der halben Maßregeln
Karl Theodors² die völlige Beſeitigung der Dienſtanwartſchaften und Adjunctionen³. Die Erbpflegen
wurden durch Verordnung vom 11. April 1803 aufgehoben⁴. Auch § 9 der Fideicommißpragmatik
von 1804⁵ bezeichnete es als ein „Haupt-Staats- und Familiengrundgeſetz", daß „nach den Schranken,
welche die Natur der Macht eines zeitlichen Herrſchers geſetzt" habe, „keinem regierenden Landesfürſten
das Recht zuſtehe, ſeinen Nachfolger durch Anwartſchaften, Errichtung neuer erblicher Aemter oder
Verleihung der ſchon beſtehenden im voraus zu binden".

Der ſittlichen und dienſtlichen Beſchaffenheit der Staatsdiener wurde eine ſorgfältige Beachtung
zugewandt. Der Kurfürſt erklärte ſich in der Verordnung vom 23. April 1799⁶ „feſt entſchloſſen, die
Beſorgung des öffentlichen Wohles und die Adminiſtration der kurfürſtlichen Gefälle niemal ſolchen
Subjecten anzuvertrauen, oder auch zu belaſſen, welche entweder die dazu erforderliche Kenntniß und
Rechtſchaffenheit nicht beſitzen oder ſie dazu nicht gehörig verwenden". Scharfe Strafdrohungen wurden
gegen jene Staatsdiener gerichtet, welche „durch eine ſchändliche Beſtechlichkeit ihren Stand und

---

²⁹ R. Bl. S. 2261. Dazu R. Bl. 1812 S. 1915. Vgl. oben § 37 Anm. 10.
³⁰ R. Bl. S. 724.   ³¹ R. Bl. S. 2853. Vgl. auch R. Bl. 1809 S. 873.
³² R. Bl. S. 1869, 2045.
³³ Org. Verordn. vom 26. Dec. 1808, R. Bl. 1809 S. 65. Baucommiſſariat bei der Generaladminiſtration des Stiftungs- u. Communalvermögens (Oberbaucommiſſär), Kreisbauinſpectionen
(Inſpectoren).
³⁴ R. Bl. S. 606.   ³⁵ Oben § 37 Anm. 18.
³⁶ R. Bl. 1817 S. 353 (Form.-Verordn.).   ³⁷ R. Bl. 1817 S. 267 (Form.-Verordn.).
³⁸ Verordn. vom 5. Nov. 1817 (R. Bl. S. 915).
¹ Intell. Bl. S. 149. Vgl. auch wegen der ſtädtiſchen Bedienſtungen R. Bl. 1804 S. 781.
² Oben § 18 nach Anm. 8, § 25 Anm. 60.
³ Unter Adjunction verſtand man die Dienſtleiſtung zur Unterſtützung eines Staatsdieners mit
der Zuſicherung der Nachfolge. Vgl. über den Gegenſtand R. Th. Gönner, der Staatsdienſt ꝛc.,
Landshut 1808, S. 171 ff.
⁴ Oben § 36 Anm. 2.   ⁵ R. Bl. 1805 S. 169.   ⁶ Intell. Bl. S. 328.

Charakter herabwürdigen und das ihnen anvertraute Amt mißbrauchen" [7]. Die Staatsdiener mußten sich eidlich verpflichten, keiner geheimen Gesellschaft anzugehören [8].

Die Vorbedingungen für die Zulassung zum Staatsdienste wurden eingehend geregelt. Schon eine Verordnung vom 25. Juni 1799 [9] traf Bestimmungen über die Vorbereitungspraxis und über den Rathsacceß bei den Justizcollegien. Die Verordnung über die Organisation der Landesdirectionen vom 14. August 1808 [10] setzte die Vorbedingungen zur Anstellung in Bezug auf Studiengang, Vorbereitungspraxis, Staatsprüfungen und Erlangung des Accesses fest und stellte Vorschriften über die Qualification und Beförderung im Staatsdienste auf [11].

Unterm 20. September 1809 erging sodann eine ausführliche Verordnung, betreffend die Concursprüfungen der Aspiranten zum Staatsdienste [12], welche, wie es im Eingange heißt, bezweckte, der „Unbestimmtheit und Willkür" zu steuern, die in Folge des Mangels ausreichender Vorschriften bisher bei den Prüfungsbehörden herrschten. Die Verordnung handelt von den Vorbedingungen der Zulassung zur Prüfung, von der Prüfungscommission, den Prüfungsgegenständen und der Censur. Die Prüfungscommission war aus zwei Kreisräthen und zwei Appellationsgerichtsräthen zusammengesetzt; für Staatswirthschaft und Finanzwissenschaft fand eine besondere, für die Candidaten obligatorische Prüfung bei den Finanzdirectionen statt [13]. Eine Verordnung vom 21. März 1812 [14] verfügte nebst anderen minder erheblichen Aenderungen auch die, daß für die Entwerfung der Prüfungsfragen, die Censur und Classification eine Centralprüfungscommission gebildet wurde, während die Prüfung selbst wie bisher bei den Kreisstellen stattzufinden hatte.

Eine Neuregelung des Prüfungswesens trat durch die Verordnung vom 16. December 1817 [15] ein. Hienach finden die Prüfungen am Sitze der Kreisregierung statt. Die Prüfungsgegenstände theilen sich in das Justiz- und das Administrativfach, zu welch letzterem auch Staatswissenschaft und Staatswirthschaft gehören. Die Fragen werden von den betreffenden Ministerien gestellt. Je zwei Räthe der Regierung und des Appellationsgerichts unter Vorsitz ihres ersten Directors bilden zwei Prüfungscommissionen, welche abgesondert censiren, wonach das Hauptergebniß festgestellt wird.

An sonstigen Vorschriften für die Staatsdienstaspiranten sind zu erwähnen Bestimmungen über den Acceß bei den Generalkreiscommissariaten (1814) und die Einführung des Rathsaccesses bei den Finanzdirectionen (1816) [16], ferner Anordnungen über die Amtspraxis der Rechtscandidaten (1816) [17].

Für den Justizdienst erging unterm 24. Januar 1815 eine Verordnung [18] über die Ernennungen und Beförderungen.

In Bezug auf das rechtliche Verhältniß des Staatsdieners zum Landesherrn stellte bereits die Verordnung vom 23. April 1799 [19] beachtenswerthe Grundsätze auf. Wenn sich bei einem Amte „solche Dienstgebrechen ergeben, daß die längere Verwaltung desselben ohne gegründete Beschwerden der Unterthanen oder offenbare Gefahr des Aerarii nicht mehr länger in denselben Händen belassen werden kann", behält sich der Kurfürst vor, „über die Entlassung eines solchen Staatsdieners, dann ob ihm zu bestimmende Zeit seines Abstandes und in welchem Maß selber auf einen Gnadengehalt Anspruch machen könne . . . die geeignete Entschließung zu fassen". Er werde aber „sodann nie gestatten, daß über eine solche Entlassung — ausgenommen soviel den einem Beamten auferlegten Ersatz der Amtsrückstände betrifft, welchenfalls nach dem Herkommen die Appellation ad Revisorium statt hat — von einer richterlichen Behörde noch eine weitere Einsicht genommen werden könne". In Criminalfällen solle richterliche Entscheidung Platz greifen, „während der Untersuchung aber der Beamte von seinen Amtsverrichtungen suspendirt bleibe".

In einer Entschließung vom 28. December 1801 [20] werden die früheren privatrechtlichen Auffassungen des Staatsdienstvertrages verworfen. Der Kurfürst bemerkt, daß er in der Instruction vom 23. April 1799 „die aus der Natur eines Staatsamts und des Dienstvertrags hervorgehenden richtigeren Grundsätze über das Verhältniß zwischen dem Regenten und Staatsbeamten" „feierlich sanctionirt" habe, und daß er „die Entlassung eines Staatsdieners nach bloser Willkür für ungerecht und für das gemeine Beste höchst nachtheilig erkenne".

Zunächst ergingen eine Reihe von Verordnungen, welche einzelne Rechtsverhältnisse des Staats-

---

[7] R. Bl. 1802 S. 262. Eine ausführliche Verordn. im R. Bl. 1807 S. 1041. Vgl. auch St. G. B. von 1813.

[8] R. Bl. 1804 S. 231.   [9] Intell. Bl. S. 483.   [10] R. Bl. S. 657.

[11] Vgl. R. Bl. 1806 S. 234; 1807 S. 1681.   [12] R. Bl. S. 1737.

[13] Vgl. R. Bl. 1808 S. 1330.   [14] R. Bl. S. 541.

[15] R. Bl. S. 1011.   [16] R. Bl. 1814 S. 1009; 1816 S. 467.

[17] R. Bl. S. 483.   [18] R. Bl. S. 65.   [19] Intell. Bl. S. 329.

[20] G. K. Mayr, Sammlung ꝛc., 1802, II S. 24. Vgl. auch oben § 25 Anm. 60.

dienſtes regelten, ſo über die Beſchlagnahme der Beſoldungen[21], über die Gehalte[22] und die Gehalts-anſprüche bei Veränderung der Amtsbezirke[23], über Umzugskoſten[24], über Reiſebewilligung[25].

Auch wurden Maßregeln wegen Verſorgung der Hinterbliebenen getroffen. Schon ein kurfürſt-licher Erlaß vom 26. December 1799[26] befahl, es ſollten zum Zwecke der Errichtung einer Wittwen-kaſſenanſtalt für die Staatsdiener der herobern Staaten Berechnungen angeſtellt werden. Dabei wurde „ein beträchtlicher jährlicher Beitrag" aus der Staatskaſſe hiezu verheißen. Inzwiſchen erging unterm 14. Juni 1803 ein Penſionsregulativ für die Wittwen und Waiſen der Staatsdiener[27]. Bemerkens-werth ſind die vorausgeſchickten grundſätzlichen Erörterungen. „In Erwägung, daß die Kräfte der Staatskaſſen nicht hinreichen, den Staatsbeamten eine ſolche Beſoldung zu verleihen, wodurch ſie für ihre Dienſte und für das der Regel nach eintretende Opfer eines jeden anderen freien bürgerlichen Er-werbes jene vollkommene Gegenreichniß erhielten, welche dem wahren . . . Lebensbedürfniße einer Fa-milie genügen und noch überdies den Familienvater in der Möglichkeit erhalten würde, die ihm ſonſt allein obliegende Pflicht der Vorſorge für ſeine Familie nach ſeinem Tode erfüllen zu können, finden Wir . . . angemeſſen, einen Surrogattheil dieſes Abgangs in das Penſionsſyſtem der Wittwen und Kinder zu legen." Dieſe Penſionirung iſt zwar keine vollkommene Verſorgung, ſondern nur ein „Unterhaltsbeitrag"; „aber eben deswegen ſoll dieſelbe zu einer mehreren Ergiebigkeit auch mit der Errichtung einer beſonderen Wittwenkaſſe aus dem Privatvermögen der zu dieſem Ende in eine Ge-ſellſchaft tretenden Perſonen noch immer vereinbarlich bleiben, und ſo wie es bereits in Unſerm Herzog-thum Neuburg geſchehen iſt, nach Unſerer Abſicht eheſtens vereinigt werden." Abweichend von dem früheren Regulative werden die Wittwen- und die Waiſenpenſionen, je in 16 Claſſen, geſondert feſt-geſetzt[28]. Die Unterhaltsbeiträge der Kinder erhöhen ſich bei Doppelwaiſen um die Hälfte und dauern bei der 6.—16. Claſſe regelmäßig nur bis zum 21. Jahre.

Den bisher erwähnten einzelnen Verordnungen folgte am 1. Januar 1805 ein zuſammenfaſſendes Geſetz, die „Haupt-Landes-Pragmatik über die Dienſtverhältniſſe der Staatsdiener vorzüglich in Be-ziehung auf ihren Stand und Gehalt"[29]. Dieſes Geſetz, eine der größten Leiſtungen des Miniſteriums Montgelas, iſt ein Markſtein in der Geſchichte nicht nur des bayeriſchen, ſondern auch des deutſchen Staatsdienerrechtes. Zum erſten Male in Deutſchland[30] war hier eine befriedigende und erſchöpfende Beſtimmung des Staatsdienſtverhältniſſes nach Geſichtspunkten des öffentlichen Rechtes gegeben. Man muß, um die Bedeutung des Werkes zu verſtehen, den unerfreulichen Zuſtand mit berückſichtigen, worin ſich das Staatsdienſtrecht zuvor in der wiſſenſchaftlichen und, was wenigſtens Bayern anlangt, auch in der praktiſchen Behandlung fand. Dann wird man das Lob nicht übertrieben finden, welches Gönner in einem der geiſtvollſten Bücher, die unſere ſtaatsrechtliche Literatur aufzuweiſen hat[31], der Pragmatik von 1805 ſpendet, daß ſie „ein unübertreffliches Muſter der weiſeſten Legislation" darſtelle.

Der dogmatiſche Gehalt der Pragmatik kann hier um ſo mehr unerörtert bleiben, als dieſelbe

---

[21] Intell. Bl. 1799 S. 437.

[22] Beſoldungsregulativ für die Miniſterialdepartements- und Collegialrathsſtellen ſ. im Neub. R. Bl. 1803 S. 463. Aelteſter Staatsminiſter 25000 fl., die beiden anderen 16000 fl., geh. Referendäre 4400 fl., Präſident der Generallandesdirection 6600 fl., die anderen Landescollegien 4000 fl., Director des Reviſoriums 5000 fl. ꝛc. Die übrigen Kategorien (Directoren und Räthe) hatten vier Quinquennal-zulagen und Geſammtgehalte von 3000—1100 fl. Landrichter und Rentbeamte hatten neben feſtem Gehalte (900, ſpäter 1200 fl.) eine Geldzulage, jene nach der Zahl der Familien des Bezirks, dieſe nach Verhältniß der Einnahmen. R. Bl. 1802 S. 254; 1803 S. 416, 464; 1804 S. 939.

[23] R. Bl. 1803 S. 886.

[24] R. Bl. 1803 S. 887. Hier tritt ſchon der Grundſatz auf, daß, inſoweit bei Verſetzung Ge-haltsmehrung ſtattfindet, der Umzugsbeitrag wegfällt.

[25] R. Bl. 1804 S. 261. Dazu 1806 S. 6; 1809 S. 937.

[26] Intell. Bl. S. 20.

[27] R. Bl. S. 383. Dazu R. Bl. 1804 S. 485, 943. Vorbild für das Regulativ von 1803 war eine kurf. Entſchl. an das Generallandescommiſſariat in Mannheim vom 25. Mai 1802, durch welche der gleiche Gegenſtand für die Pfalz geordnet worden war. Vgl. unten § 190 Anm. 21.

[28] Claſſe 1 (Staatsminiſter) Wittwe 2000 fl., Waiſe 200 fl., Doppelwaiſe 300 fl., Claſſe 14, 15 (obere Juſtiz-, Polizei- und Rentbeamte) 300 fl., 50 fl., 75 fl.

[29] R. Bl. S. 225. Dazu S. 242. Die Verhandlungen über dieſe Pragmatik ſind leider verloren gegangen. Nachforſchungen nach denſelben, welche 1838 angeſtellt wurden, blieben ohne Ergebniß.

[30] Die Beſtimmungen des preuß. Landrechtes Th. II Tit. 10 bezeichnen zwar gewiß einen erheb-lichen Fortſchritt, ſind aber doch in weſentlichen Punkten noch lückenhaft. Sie werden gegenüber der weit bedeutenderen bayer. Geſetzgebung vielfach überſchätzt. Vgl. z. B. C. Bornhak, preuß. Staats-recht II S. 14.

[31] N. Th. Gönner, der Staatsdienſt aus dem Geſichtspunkt des Rechtes und der National-ökonomie betrachtet. Landshut 1808.

in ihren wesentlichen Bestimmungen Grundlage unseres geltenden Staatsrechtes ist und daher im systematischen Theile darauf zurückzukommen sein wird. Hier wird es genügen, sie als Glied der geschichtlichen Entwickelung des bayerischen Staatsdienerrechtes vor Augen zu führen.

In der Einleitung zur Pragmatik erklärt der Kurfürst: „Wir haben seit Unserem Regierungsantritte wiederholt Beweise gegeben, wie sehr wir das öffentliche Verhältniß unserer Staatsdiener in der dreifachen Beziehung auf die Würde und den Schutz ihres Standes, auf einen gerechten und anständigen Besoldungsgrad und endlich auf ein beruhigendes Schicksal ihrer hinterlassenen Wittwen und Waisen zum Gegenstande Unserer landesfürstlichen Angelegenheiten gemacht haben, und Wir finden das nach der neuen Formation Unseres Finanzsystems eintretende erste Etatsjahr vorzüglich dazu geeignet, ihm auch von dieser Seite eine bleibende Bezeichnung durch eine combinirte und ergänzende Redaction der desfallsigen Bestimmungen zu geben.“ Die letztere, bescheidene Redewendung ist übrigens nicht zutreffend; es handelte sich nicht blos um eine „Redaction“ der bisherigen Bestimmungen, sondern um eine geniale Neuschöpfung.

Der Hauptinhalt der Pragmatik ist folgender.

Der Staatsdienerstand, welcher den „Centraldienst des Hofes und des Ministeriums“ und den „Provinzialdienst in allen seinen Zweigen“ umfaßt, wird durch das Anstellungsrescript erworben, mit welchem jedesmal die Einreihung in den Besoldungsetat verbunden ist. Die Besoldung zerfällt in den Standes- und Dienstgehalt. „Der Gehalt des Standes ist derjenige Besoldungstheil, durch welchen im Allgemeinen die Competenz des Individuums als Gliedes einer gewissen Classe des dienerschaftlichen Standes gesichert wird. Der Gehalt des Dienstes ist derjenigen Besoldungstheil, durch welchen insbesondere die Befriedigung jener inneren Bedürfnisse und äußeren Formen, welche für das Individuum als Functionär in der Classe seines Standes entstehen, gesichert ist.“ Die Ausscheidung dieser zwei Besoldungsbestandtheile geschieht entweder durch das Anstellungsrescript oder, falls dieses darüber schweigt, nach einem von der Pragmatik bestimmten festen Verhältnisse.

Der Verlust des Staatsdienerstandes, die Cassation, kann nur durch Richterspruch eintreten. Hievon abgesehen „hat der einmal verliehene Dienerstand und Standesgehalt die unverletzliche Natur der Perpetuität“. Dagegen sind die Function des Staatsdieners und — außer bei den Vorständen und Räthen der Justizcollegien — auch der Dienstgehalt „precärer Natur“ und können „ohne Recurs an den Richter in Folge einer administrativen Erwägung oder einer organischen Verfügung entweder für immer, mittels Dimission, oder für eine gewisse Zeit mittels Quiescirung benommen werden“. Der Dimittirte verliert das Functionszeichen (die Amtskleidung), der Quiescirte nicht. Letzterer muß sich wieder verwenden lassen.

Der Staatsdiener muß sich die „Translocation“ gefallen lassen, soferne er in Bezug auf die Dienstesclasse und auf den Gesammtgehalt nicht verkürzt und für die Umzugskosten entschädigt wird. Bei Versetzungen auf Ansuchen fallen diese Vorbehalte weg.

Der Staatsdiener kann jederzeit gegen Verzicht auf alle Rechte seine Entlassung, unter gewissen Voraussetzungen (40 Dienstjahre, 70 Lebensjahre, Dienstunfähigkeit) seine Quiescirung fordern.

„Der Staat übernimmt, für die unter allen Umständen unvermeidlich zurückbleibende Insufficienz der Gehälter in einem Pensionssystem für die hinterlassenen Wittwen und Waisen seiner Staatsdiener .. ein der Familiensorge der Staatsbeamten und den Kräften des Staates entsprechendes Surrogat herzustellen.“ Die Pragmatik enthält hierüber ein noch jetzt giltiges Regulativ. Daneben sollen besondere Wittwen- und Waisenkassen bestehen³².

Aus seiner Fürsorge für den Staatsdiener schöpft der Staat aber auch die innere Berechtigung, seinem Diener die bürgerliche Erwerbsthätigkeit zu beschränken, den äußeren Beamten den Besitz von Grund und Boden im Amtsbezirke zu untersagen und überhaupt zu verlangen, daß, wenn private und amtliche Verhältnisse mit einander in Gegensatz kommen, erstere zu weichen haben.

Im Zusammenhange mit der Regelung der Wittwen- und Waisenpensionen steht das Erforderniß der dienstlichen Bewilligung zur Verehelichung der Staatsdiener, welches durch Verordnung vom 16. December 1806³³ aufgestellt wurde.

Finanzielle Gründe führten jedoch bald zu Abminderungen dessen, was in der Pragmatik von 1805 den Staatsdienern und ihren Familien zugesichert worden war. Im Widerspruche mit den Anschauungen, zu welchen das Regulativ vom 14. Juni 1808 ausdrücklich sich bekannt hatte, fand es die Verordnung vom 8. Juni 1807³⁴ „der Billigkeit und richtigen Regierungsgrundsätzen angemessen“, daß die Unterstützung der Hinterbliebenen der Staatsdiener „nicht der Staatskasse ausschließend aufgebürdet werde“, sondern daß letztere durch einen aus Beiträgen der Staatsdiener zu bildenden Wittwen-

---

³² Vgl. auch R. Bl. 1805 S. 242.
³³ R. Bl. 1807 S. 11. Vgl. auch S. 218; dann 1808 S. 2760; 1813 S. 817.
³⁴ R. Bl. S. 1105; dazu S. 1341.

und Waisenfond „eine Erleichterung erhalte". Demgemäß wurde auf die Besoldungen und Ruhegehalte von mehr als 600 fl. ein Wittwen- und Waisenfondsbeitrag gelegt, der je nach der Höhe des betreffenden Geldbezugs mit 1—3% bemessen war.

Einen erheblichen Schritt weiter ging die Verfassung von 1808. Sie bestimmte in Titel 3 § VII: „Alle Verwaltungsbeamte von dem wirklichen Rathe (Collegialrathe) an unterliegen den Bestimmungen der Hauptverordnungen vom 1. Jänner 1805 und 8. Junius 1807; jedoch werden alle künftig Anzustellende nur dann als wirkliche Staatsbeamte angesehen, wenn sie ein Amt, welches dieses Recht mit sich bringt, sechs Jahre lang ununterbrochen verwaltet haben²⁵. Wegen den Unterstützungsbeiträgen der übrigen königlichen Diener und ihrer Wittwen wird eine eigene zweckmäßige Verordnung erlassen."

Mit diesen wenigen Sätzen war das Werk von 1805 zu einem großen Theile zerstört. Was nach der Hauptlandespragmatik Gemeingut aller Staatsdiener gewesen, war nun zum Vorrechte des höheren Staatsdienstes gemacht. Man hatte sich dem französischen System der „Functionäre" in bedenklicher Weise genähert. Diese Maßregel, so erklärte später Staatsrath von der Becke bei den Verfassungsberathungen von 1818, „hat den Staatsdienerstand in seiner Wesenheit angegriffen und dadurch dem Staatsdienste selbst einen Schaden zugefügt, der, wenn auch nicht in Ziffern zu berechnen, durch nothwendige Einwirkung auf die Moralität, auf die Art der Dienstleistung und die öffentliche Achtung nicht minder gewiß besteht."

Eine Verordnung, welche zum Vollzuge der Verfassungsbestimmung unterm 28. November 1812 erging²⁶, besserte die Sache nicht wesentlich. Sie gestand zwar wenigstens wieder allen jenen, „welche durch ein Decret und durch eine legale Berufung gegen den Bezug eines fixen Gehaltes ihre Kräfte dem Staate widmen", den Namen Staatsdiener zu und sicherte die auf Grund der früheren Vorschriften bereits erworbenen Rechte. Aber sie beließ es bezüglich der Kategorien, welche sich pragmatischer Rechte zu erfreuen haben sollten, bei den Verfügungen der Verfassung, mit der einzigen Aenderung, daß den Räthen der Justizcollegien die Vortheile der Dienstespragmatik sofort bei ihrer Anstellung als Räthe zukommen sollten. Im Uebrigen wurden den Staatsdienern und ihren Hinterbliebenen nach Maßgabe der Würdigkeit und Bedürftigkeit lediglich „Unterstützungen" in Aussicht gestellt. Der Unterhaltsbeitrag für Wittwen und Waisen sollte, wenn gewährt, nach dem Regulative vom 14. Juni 1803 bemessen werden³⁷. Bei diesem Rechtsstande verblieb es bis zur Verfassungsurkunde von 1818, die im Staatsdieneredicte sich wieder den Grundsätzen der Pragmatik zuwandte.

Zu erwähnen ist schließlich noch, daß im Jahre 1817 die Bestimmungen über die Umzugs- und Dienstreisegebühren einer Durchsicht unterstellt wurden³⁸.

4. Abschnitt.

Das Finanzwesen.

§ 42. Staatsvermögen und Staatsschulden.

Bereits im Ansbacher Hausvertrage vom 12. October 1796¹ hatten Herzog Maximilian Josef von Zweibrücken und Herzog Wilhelm eine Reihe von Grundsätzen über die Veräußerung der Domanialgüter, „dieses wichtigen Theiles der Staatseinkünfte und Unseres Hausfideicommisses", und über die Regelung der Staatsschulden vereinbart. Bezüglich der Domanialgüter wurde der Grundsatz der Unveräußerlichkeit mit einigen sachgemäßen Ausnahmen festgestellt, bezüglich der Schulden wurden die Fälle einzeln aufgeführt, in welchen die Aufnahme neuer Capitalien zulässig sein sollte. Herzog Maximilian verpflichtete sich in § 15 des Vertrags,² „längstens in einem Jahre nach Unserer Wieder-

---

³⁵ Dazu R. Bl. 1810 S. 689. (Die Professoren der höheren Lehranstalten sollen nach der Pragmatik behandelt werden.)

³⁶ R. Bl. S. 761. Der König gab durch Entschl. an den geh. Rath vom 28. Nov. 1811 Auftrag, ein „Supplementargesetz" zur Pragmatik von 1805 mit Rücksicht auf die Bestimmungen der Constitution auszuarbeiten, wobei ausdrücklich die Schranken, welche letztere den pragm. Rechten gezogen hatte, als unabänderlich bezeichnet wurden. Die Berathung geschah zuerst in der Finanzsection, dann im Plenum des geh. Raths am 4. u. 11. Juni 1812. Eine k. Entschl. vom 6. Aug. gl. J. bestimmte hierauf in den Grundzügen dasjenige, was in der Verordn. vom 28. Nov. 1812 formulirt wurde.

³⁷ Dazu vgl. wegen der Heirathsbewilligungen für die nicht pragm. Staatsdiener R. Bl. 1813 S. 817.

³⁸ R. Bl. S. 835, 859.　　　¹ Vgl. oben § 1 Anm. 40.

einsetzung in Unsere Erblande durch Unsere Landesregierung ein Gesetz entwerfen zu lassen, welches alle Verordnungen des gegenwärtigen Haus-Hauptvertrages über die Domanialgesetzgebungen in sich begreifen wird und in der Form einer solennen unabänderlichen Landespragmatik kund gemacht werden soll". § 28 aber bestimmte, daß „alle und jede Grundsätze des gegenwärtigen Hausvertrages auch auf jene Lande, welche von der pfalzneuburgischen Linie dermalen noch besessen werden, in ihrem ganzen Umfange angewendet werden sollen", wenn Pfalzbayern an der Linie Zweibrücken fallen würde.

Als Maximilian IV. Josef zur Kur gelangt war, zeigte er sich der übernommenen hausvertragsmäßigen Verpflichtung sofort eingedenk. Die durch die bisherige Entwickelung der Dinge bereits angebahnte Verschmelzung des Kammergutes und des Staatsgutes wurde unter seiner Regierung durchgeführt. Zunächst bestimmte eine landesherrliche Entschließung vom 18. März 1799², „daß die bisher bestandene eigene Cabinetsgüterabministration von nun an aufhören und die ganze Verwaltung hiesiger kurfürstlicher Hofkammer übertragen sein solle". Die Gefälle dieser Güter seien gleich den übrigen Kammereinkünften zu behandeln und bei der Hauptkasse zu vereinnahmen. Damit war der Unterschied zwischen Cabinets-² und Kammergütern aufgehoben. Die persönlichen Ausgaben des Kurfürsten bestritt von da an die Staatskasse⁴.

Der entscheidende Schritt zur Neuregelung der Rechtsverhältnisse des Haus- und Staatsvermögens aber geschah durch die beiden Verordnungen vom 20. October 1804, betreffend die Domanial-Fideicommißpragmatik und die Schuldenpragmatik des Kurhauses Pfalzbayern⁵.

Die Fideicommißpragmatik hält zwar die „Staats- und Kammergüter" und die „Staats- und Kammergefälle", (das „Staats- und Cameralvermögen") äußerlich noch auseinander, vereinigt aber zugleich „den ganzen gegenwärtigen Complex" sämmtlicher Erbstaaten an Landen, Leuten, Herrschaften, Gütern, Regalien, Renten, mit allem Zugehöre" zu einer „einzigen untheilbaren, unveräußerlichen Fideicommißmasse", einem „Haus- und Staatsfideicommiß", im Gegensatze zu den Allobien. Die „Staatsverlassenschaft" wird von der „Privatverlassenschaft" gesondert. Es ist bezeichnend, wie man bei der klaren Auseinanderhaltung von staatsrechtlicher und privatrechtlicher Nachfolge doch für den Gegenstand der ersteren nur die privatrechtliche Formel des Fideicommisses zu finden wußte. Staatshoheit und Staatsvermögen bleiben in der Pragmatik unausgeschieden. Bei Aufzählung der Bestandtheile des „Hausfideicommisses" werden Hoheits- und Vermögensrechte genannt. Die Veräußerungsverbote beziehen sich auf beide Arten von Rechten. So sollen „sämmtliche Theile der Landeshoheit" bei der Primogenitur erhalten werden; die Schmälerung oder Verleihung der landesherrlichen Gerichtsbarkeit, die Errichtung neuer Hofmarken und Edelsitze, die Ertheilung neuer Edelmannsfreiheiten, die Verleihung erblicher Aemter mit Anwartschaften, die Errichtung erblicher Aemter mit Ausnahme der Landerbämter wird untersagt, die Verleihung neuer Bräuconcessionen beschränkt. Die Pragmatik verbietet ferner die Veräußerung der Staats- und Kammer-Güter und -Gefälle und bestimmt des Näheren, was unter Veräußerung zu verstehen sei. Ausnahmen werden unter dem Gesichtspunkte zugelassen, daß der Landesherr nicht behindert sein solle, „dasjenige zu thun, was einem jeden Regenten nach guten Gründen der Staatswirthschaft und seiner Regenten-Rechte und -Pflichten zu thun in gewissen Fällen obliegen oder wenigstens räthlich scheinen möchte." Als Ausnahmen werden genannt: „giltige Staatshandlungen", insbesondere Abtretungen zur Beendigung von Prozessen und zur Grenzberichtigung gegen Aquivalent, Tausch von Realitäten gegen gleichwerthige Objecte, Cessionen durch den Apanagialrezeß mit Herzog Wilhelm vom 30. November 1803, Veränderungen in Staats- und Cameralgütern nach Grundsätzen der Staatswirthschaft und einer zweckmäßigen Verwaltung, Verfügungen über bewegliche Sachen. Es wird ferner die Vindication geschehener ungiltiger Veräußerungen im Wege Rechtens verfügt und werden Rechtsgrundsätze hierüber aufgestellt. Außerdem sind Maßregeln zur Wiederergänzung und Erhaltung des Fideicommisses vorgesehen.

Die Schuldenpragmatik zählt zunächst die Fälle auf, in welchen die Eingehung von Schulden zulässig sein soll, und erklärt alle anderen Schulden für nichtig. Schulden sollen gemacht werden können zur Rettung des Herrn oder des Landes in Kriegs- und anderen gefährlichen Zeiten, zum Ersatz von Kriegsschäden und zur Erleichterung von Kriegsbürden, zur Aushilfe der Unterthanen in Fällen öffentlicher Noth, zur Wiedererbauung zerstörter unentbehrlicher Residenzen und Staatsgebäude, zur Tilgung fremder Ansprüche auf das Ganze oder einen Theil des Landes, zur Erwerbung von Besitzungen und

² Abgedr. bei G. Frhrn. v. Aretin, der Genius von Baiern unter Maximilian IV., Bd. I Stück 2 S. 67; Auszug im Intell. Bl. 1799 S. 247.
³ Die Cabinetsgüter, welche beim Regierungsantritte Max IV. Josef vorhanden waren, sind aufgeführt Verh. der K. d. Abg. 1819 Prot. Bd. VI S. 40 f. Dabei sind jedoch die Herrschaften des Clementinischen Fideicommisses mitgezählt.
⁴ Vgl. E. v. Moy, Staatsrecht des Kgrs. Bayern 1, 1 S. 172.
⁵ R. Bl. 1805 S. 164, 203.

nutzbaren Renten und Rechten, sowie zur Ablösung von Pfandschaften, zu anerkannt nützlichen Landes=
verbesserungen, zur Rückerstattung des eingebrachten Vermögens fürstlicher Wittwen, falls letzteres
nachweisbar zum Landesbesten verwendet wurde, zur Tilgung älterer, höher verzinslicher Capitalien.
An diese Bestimmungen schließen sich formelle Vorschriften über das bei künftigen Schuldverschreibungen
einzuhaltende Verfahren und über die Festsetzung und Einhaltung des Tilgungsplanes. Privatschulden
des Landesherrn können niemals als Land= oder Kammerschulden anerkannt werden. Die dermal vor=
handenen Schulden sind genau zu ermitteln und für „ihre redliche allmähliche Tilgung" jährlich be=
stimmte Fonds anzuweisen.

    Dies ist der wesentlichste Inhalt der beiden bedeutungsvollen Gesetze.

    Die Verfassung von 1808 beschränkte sich in § XI des zweiten Titels darauf, die Pragmatik
vom 20. October 1804 über die Unveräußerlichkeit der Staatsgüter zu bestätigen. Es wurde lediglich
die Ausnahme beigefügt, daß es dem Könige freistehen solle, zur Belohnung großer und bestimmter
dem Staate geleisteter Dienste vorzüglich die künftig heimfallenden Lehen oder neuerworbenen Staats=
domänen als Mannlehen der Krone zu verleihen.

    Die durch Verordnung vom 20. August 1811 verfügte neue Regelung des Staatsschuldenwesens
wurde bereits oben⁶ in anderem Zusammenhange erwähnt. In Verbindung damit steht die unterm
30. September 1811 erlassene Verordnung, betreffend die künftigen Normen bei den Veräußerungen
von Staatsrealitäten⁷.

    Den Abschluß der Rechtsentwickelung bildet die Verfassungsurkunde von 1818, in deren drittem
Titel die Scheidung von Staats= und Kammergut, sowie der Begriff des Haus= und Staatsfidei=
commisses vollständig verschwindet, und der Begriff des Staatsgutes im Gegensatze zu dem Privatver=
mögen des Königs an die Stelle tritt.

    Es mag zum Schlusse noch zweier Maßnahmen gedacht werden, durch welche das bayerische
Staatsvermögen einen nicht unbeträchtlichen Zuwachs erhielt.

    Der § 35 des Reichsdeputationsrecesses⁸ verfügte, daß die Güter der fundirten Stifter, Abteien
und Klöster, mittelbarer und unmittelbarer, soweit nicht der Receß selbst darüber Anordnung traf, der
freien Verfügung der betreffenden Landesherren sowohl für Zwecke des Cultus, des Unterrichts und
anderer gemeinnütziger Anstalten, als zur Erleichterung ihrer Finanzen überlassen seien⁹. Demgemäß
wurde unterm 25. Januar 1802¹⁰ eine turfürstliche Commission in Klostersachen bestellt und mit der
Einziehung des Klostervermögens betraut. Die Commission entledigte sich allerdings dieser Aufgabe so
schlecht wie möglich, und der Nutzen für die Staatskasse war nicht so groß, als er hätte sein können¹¹.
Durch turfürstliche Entschließung vom 27. Januar 1805 wurde die Commission aufgelöst¹². Im Jahre
1808 wurde sodann „zur Berichtigung der in Klostersachen noch rückständigen Geschäfte" eine neue
Commission eingesetzt¹³

---

    ⁶ § 40 Anm. 10.

    ⁷ R. Bl. S. 1577. Dazu R. Bl. 1813 S. 353; 1817 S. 535. Ueber die Ablösung der Korn=
u. Geldbodenzinse R. Bl. 1810 S. 833; 1813 S. 1209. S. auch oben § 40 Anm. 12.

    ⁸ Döllinger I S. 160.

    ⁹ Schon im November 1799 hatte sich die bayer. Regierung schlüssig gemacht, „bei dem ver=
worfenen Papiergeld zu Rettung des Staates" „von äußerster Staatsgewalt wegen" 8 Millionen geist=
licher Güter in Bayern, Neuburg, Sulzbach und Oberpfalz zu verkaufen, und es wurden Commissäre
ernannt, um „die Ausführung mit aller Verschwiegenheit vorzubereiten".

    ¹⁰ S. die Instr. in Häberlin's Staatsarchiv VIII S. 111. Vgl. auch R. Bl. 1802 S.
328, 778.

    ¹¹ Vgl. darüber G. Rudhart, über den Zustand des Kgrs. Bayern nach amtlichen Quellen,
III S. 4, G. Frhr. v. Lerchenfeld, Geschichte Bayerns unter König Maximilian Joseph I., S. 30 ff.,
H. v. Sicherer, Staat u. Kirche in Bayern ꝛc., S. 46.

    ¹² Die Entschl. sprach der Commission die Anerkennung für die „Ausführung dieses wichtigen
Werkes" aus, „welches in der Culturgeschichte des Vaterlandes dereinst eine der merkwürdigsten Epochen
bezeichnen" werde.

    ¹³ R. Bl. 1808 S. 565, 2259. Folgende Aeußerung eines Mitgliedes dieser Commission wirft
ein Licht auf das frühere Verfahren: „Durch Rescr. vom 9. Febr. 1808 wurde eine Specialkloster=
commission errichtet, um die in Klostersachen noch rückständigen Geschäfte zu berichtigen. Es handelte
sich aber hauptsächlich darum, dem Ministerium das Ergebniß der ersten Klosteraufhebungscommission
vorzulegen. Denn das Rechnungswesen dieser ersten Commission ist größten Theils unberichtigt ge=
blieben. Nur die inkammerirten Abgaben der Klosterunterthanen sind zur Kenntniß der Regierung
gekommen. Von allen übrigen Operationen der Aufhebungscommission, namentlich über Werth und
Ertrag der verkauften Realitäten, Vorräthe, Vieh und Fahrniß, Silber, Pretiosen, Bibliotheken, Ge=
mälde und anderer Mobiliarschaft hat die Regierung Verläßliges nie erfahren. Die Commissarien
machten Eile zu ihrem Hauptzweck, und um Eile war es auch zu thun. Silber und Pretiosen wurden

Einen weiteren Zuwachs für das Staatsgut bildete das Vermögen des Johanniterordens ¹⁴. Dasſelbe war 1799 beſchlagnahmt und unter die Verwaltung einer kurfürſtlichen geiſtlichen Güter-adminiſtration geſtellt worden ¹⁵; jedoch ſetzte ein Vertrag mit dem Ordensgroßmeiſter, Kaiſer Paul von Rußland, vom nemlichen Jahre, der indeſſen erſt im Jahre 1802 verkündet wurde ¹⁶, den Orden in ſeine Rechte wieder ein. Durch Verordnung vom 8. September 1808 ¹⁷ wurde aber der Johanniter-orden in Bayern endgiltig aufgehoben und von ſeinem Vermögen für den Staat Beſitz ergriffen.

§ 43. Die directen Steuern.

Die neue Regierung mußte ſich ſelbſtverſtändlich für's Erſte mit dem hergebrachten Steuerſyſtem, ſo kläglich dasſelbe auch war, begnügen. Für den außerordentlichen Bedarf, den die kriegeriſchen Er-eigniſſe verurſachten, ſuchte man, wie dies früher ſchon manchmal geſchehen war, durch Zwangsanlehen ¹ und beſondere Kriegsauflagen Mittel zu beſchaffen, ein Weg, der übrigens auch nach der Umgeſtaltung des Steuerſyſtems noch öfter betreten wurde². Auch der ſogenannte geiſtliche Staatsbeitrag (Decimation) wurde erhoben³.

Die Verbeſſerung des Steuerweſens wurde indeſſen als zu erſtrebendes Ziel alsbald in's Auge gefaßt. Ein Erlaß des Kurfürſten an die Generallandesdirection vom 22. Mai 1802⁴ hob das Be-dürfniß einer gleichheitlichen Vertheilung der Staatslaſten hervor. Die Staatsverwaltung könne „die inneren Staatskräfte nie mit Sicherheit anziehen", weil ſie bei der großen Ungleichheit der Anlage immer in Gefahr ſtehe, gegen einzelne Glieder des Staates ungerecht zu werden. So bleibe „die Macht des Staates ſelbſt bei dem höchſten Grade der inneren Kräfte gelähmt". Seit 1721 ſei „an dieſem wichtigen Gegenſtande nichts mehr geſchehen". Der Kurfürſt habe daher ſofort nach hergeſtelltem Frieden den Landſchaftsverordneten Vorſtellungen gemacht und ſich von denſelben vorerſt die beſtehen-den Steuerbelegungsnormen und deren praktiſche Anwendung vorlegen laſſen, um zu ſehen, ob die Gebrechen der bisherigen Steuerperception in den vorhandenen Normen oder nur in deren Anwendung lägen. Da indeſſen Verhandlungen mit der Landſchaft erſt dann mit Erfolg geführt werden könnten, wenn ein Plan über die Verbeſſerung des alten oder Herſtellung eines neuen Perceptionsfußes vorliege, ſo habe der Kurfürſt zur Berathung hierüber eine eigene Commiſſion ernannt⁵. Zugleich wurden die-jenigen, „welche berufen oder unberufen aus Vaterlandsliebe hiezu beitragen wollen", aufgefordert, ihre Bemerkungen und Erfahrungen der Commiſſion mitzutheilen.

Allein auf dieſem theoretiſchen Wege kam die Sache nicht vorwärts, und die weſentlichſte Vor-bedingung jeder Steuerverbeſſerung, die Einführung des Grundſatzes der allgemeinen gleichmäßigen

---

ohne Inventar eingeſchickt. Die Münzbeamten, gedrängt — denn die Ausbeute war für die franzöſiſche Kriegscontribution beſtimmt — nahmen ſich gleichfalls nicht die Zeit, nähere Beſchreibungen zu ver-faſſen. Noch ſchlimmer ging es mit den Bibliotheken. Faſt alle Bibliotheken der nicht ſtändiſchen und Mendicanten-Klöſter wurden von den Commiſſarien für Plunder angeſehen und wie Maculatur nach dem Zentner verkauft. Einige Individuen, wie jedermann weiß, ſind durch den Ankauf dieſer Bücher-ſammlungen und Manuſcripte reich geworden; der Erlös für die Regierung war äußerſt unbedeutend."

¹⁴ Vgl. § 25 Anm. 109.   ¹⁵ Intell. Bl. 1799 S. 261.
¹⁶ R. Bl. 1802 S. 297, 321, 337, 361, 377, 393, 409, 425.
¹⁷ R. Bl. S. 2157. Vgl. auch S. 2549.
¹ Landanlehen von den bräuenden Ständen, 1801, G. K. Mayr, Sammlung ꝛc., 1802, II S. 320; allg. Landanlehen 1809, R. Bl. S. 1145; Zwangslotterieanlehen 1813, R. Bl. S. 209.
² Vgl. Verordn. über einen allg. Kriegskoſtenvorſchuß vom 3. Dec. 1800, R. u. Intell. Bl. S. 808, u. dazu 1801 S. 17, G. K. Mayr, Sammlung ꝛc., 1802 S. 309 ff.; Verordn. wegen einer Kriegs-umlage für die Koſten der franzöſ. Feldſpitäler vom 31. März 1801, R. u. Intell. Bl. S. 225; Verordn., die Kriegsſteuer betr., vom 7. Nov. 1806, R. Bl. S. 417; Verordn., die Erhebung einer extraordinären Umlage betr. (zur Deckung der Verpflegungskoſten von drei Uebungslagern), vom 15. Sept. 1808, R. Bl. S. 2170; Verordn., die Erhebung einer außerordentlichen Steuer für die Bedürfniſſe der k. Armee betr., vom 17. März 1809, R. Bl. S. 553; Verordn., die Erhebung einer allg. Kriegsumlage ꝛc. betr., vom 22. Dec. 1810, R. Bl. 1811 S. 81; Verordn., den Concurrenzfuß zu Kriegs- u. Communalumlagen betr., vom 21. Juni 1811, R. Bl. S. 905; Verordn., die Erhebung einer außerordentlichen Kriegsſteuer betr., vom 19. Sept. u. 26. Nov. 1813, R. Bl. S. 1161, 1457; Verordn., die Erhebung eines außer-ordentlichen Militärverpflegungsbeitrags betr., vom 10. Dec. 1814, R. Bl. S. 1790; ferner 1814 S. 729, 1790.
³ Vgl. R. Bl. 1802 S. 27, 745; 1803 S. 981; 1805 S. 251.
⁴ R. Bl. S. 395. Vgl. auch ebenda S. 68.
⁵ Mitglieder waren der Präſident der Generallandesdirection Frhr. v. Weichs u. die Räthe Graf Arco, Neumayr u. Frhr. v. Stengel.

Steuerpflicht, konnte man im Wege der Vereinbarung mit der Landſchaft wohl überhaupt nicht zu erreichen hoffen. So trieb denn, nachdem mit der erlangten Souveränetät die bisherigen ſtaatsrechtlichen Bedenken geſchwunden waren, die finanzielle Bedrängniß des Staates im Jahre 1807 zu einem entſcheidenden Schritte.

In der Sitzung der geheimen Staatsconferenz vom 8. Juni 1807 legte der Finanzminiſter Frhr. von Hompeſch in ausführlichem Vortrage die bedenkliche Finanzlage dar. An eine Reihe von Vorſchlägen vorübergehender Natur knüpfte der Miniſter die Bemerkung: „Die permanenten Mittel der Ausgleichung der Ausgaben mit den Einnahmen, wenn ſie ihrem Endzwecke entſprechen ſollten, müſſen ſich jährlich erneuern, in der Gerechtigkeit gegründet und von ſolcher Beſchaffenheit ſein, daß ſie den Privatwohlſtand mit dem öffentlichen beförbern.‟ Dieſes Ziel werde erreicht, wenn der König als unverbrüchlichen Grundſatz die Gleichheit der Abgaben aufſtelle, letztere mit dem Vermögen der Beitragspflichtigen in das angemeſſene Verhältniß bringe und ihre Erhebung und Verwaltung in den Händen des Staates zuſammenfaſſe. Mit dieſer Gleichheit der Abgaben müſſe aber auch „eine Steuerrectification verbunden werden, nicht eine ſolche, die von mathematiſchen Subtilitäten und allen theoretiſchen Spitzfindigkeiten der Kataſtrirung ausgehe, wodurch alſo die Aufgabe mehr verwickelt als gelöſt werde, ſondern eine einfache praktiſche Ausgleichung der Grundabgaben, die ſich vor der Hand begnüge, die roheſten und auffallendſten Ungleichheiten wegzuſchaffen, und der Zeit überlaſſe, den Maßſtab zu vervollkommnen, der von ihr (der Steuerrectification) gebraucht worden‟.

Hompeſch's Vorſchläge fanden die Billigung des Königs, und ſo erging die denkwürdige Verordnung vom 8. Juni 1807, die Gleichheit der Abgaben, Steuerrectification und Aufhebung der beſonderen landſchaftlichen Steuerkaſſen betreffend⁶.

Die Verordnung lautet, ſoweit ihre Beſtimmungen ſich auf die Verbeſſerung der Steueranlage beziehen, wie folgt: „Was den Grundſatz der allgemeinen Theilnahme an den Staatslaſten betrifft, ſo iſt derſelbe ſo gerecht, ſo ſehr in dem Weſen des Staatsverbandes gegründet, fließt ſo evident aus der Verbindlichkeit eines jeden Staatsbürgers, die ihm der gemeinſchaftliche Genuß ſeiner perſönlichen Sicherheit und des öffentlichen Schutzes ſeines Eigenthums mit den übrigen Staatsbürgern auferlegt; die beſtehenden Ausnahmen und Befreiungs-Vorrechte hingegen ſind ſo ſehr in einer nunmehr ganz veränderten inneren und äußeren Lage der Dinge gegründet, waren urſprünglich blos die Folge von ſo läſtigen beſonderen Pflichten und Verbindlichkeiten, die von dem Befreiten dafür übernommen werden mußten, und deren Leiſtung größtentheils längſt aufgehört hat, — daß die Aufhebung ſolcher Befreiungs-Vorrechte eine unverkennbare Pflicht des Staates geworden iſt, und Wir dürfen von jedem Billigdenkenden ſelbſt des befreiten Standes mit Zuverſicht erwarten, daß er bereitwillig das Opfer dieſer Vorrechte auf den Altar des Vaterlandes bringen und dadurch zu ſeinem eigenen Beſten, ſo wie zum Beſten des Staates die Bande befeſtigen werde, welche alle Stände und alle Bürger deſſelben zur Erhöhung ſeiner Geſammtkraft auf das engſte aneinander ſchließen müſſen. Wir verordnen demnach und wollen, daß in Zukunft jedes Grundvermögen, ohne Unterſchied, es mag bisher befreit geweſen ſein, oder nicht, und zu Unſeren eigenen Domänen, oder zu jedem anderen Eigenthume gehören, einen verhältnißmäßigen Antheil an der Grundvermögensſteuer tragen ſoll; wogegen ſich von ſelbſt verſtehet, daß diejenigen beſonderen Auflagen, welche als ein Surrogat der bisherigen Befreiungen entrichtet worden ſind, für die Zukunft aufzuhören haben. Mit der Allgemeinheit der Entrichtung der Grundvermögens-Steuer muß ſich die Rectification des Steuerfußes nothwendig verbinden; weil auch hierin die größten Ungleichheiten herrſchen, und der eine nach dem Maße ſeiner Kräfte bei weitem noch nicht beiträgt, was er zu leiſten verbunden wäre, indeſſen der andere durch den jetzigen Steuerfuß ſchon über ſeine Kräfte angeſtrengt wird. — Wir werden demnach unverzüglich eine Steuer-Rectifications-Commiſſion anordnen, und dieſer die Leitung des Geſchäftes, nebſt der Oberaufſicht darüber in allen Provinzen Unſeres Königreiches, übertragen.‟

Die in ſolcher Weiſe feſtgeſtellten Grundſätze wurden ſofort mit Entſchiedenheit zur Geltung gebracht. Bereits unterm 20. November 1807 erging eine Verordnung⁷, welche als momentanes und von dem künftigen allgemeinen wohl zu unterſcheidendes Proviſorium verfügte, es ſei ein halbes Procent des heutigen Werthes als Steuergabe von allen Realitäten zu entrichten, die bisher noch gar keine Steuer oder unter dem Titel von Ritterſteuern, Kammerſteuern und dgl. nur ganz willkürliche, unverhältnißmäßige Beiträge leiſteten. Dagegen kämen die letzterwähnten, ſeitherigen Abgabenſurrogate in Wegfall. An dieſem „proviſorium momentaneum‟ wurde bis zum Eintritte des allgemeinen Proviſoriums feſtgehalten⁸.

---

⁶ R. Bl. S. 969. Der Theil der Verordn., der ſich auf die Organiſation der Finanzverwaltung bezieht, iſt bereits oben (§ 35 Anm. 12) behandelt worden.

⁷ R. Bl. S. 1788.

⁸ Vgl. R. Bl. 1808 S. 393, 409, 481, 732, 963; 1809 S. 1857; 1810 S. 1129.

Unterm 27. Januar 1808 erging sodann eine Verordnung⁹ über die Rectification der Besteuerung des Grundvermögens. Es wurde beschlossen, „das Steuerrectificationsgeschäft in zwei besondere Zweige zu vertheilen, und auf der einen Seite durch unverzügliche Einleitung der allgemeinen und besonderen Vermessungen den Grund zu einer vollständigen und definitiven Steuerrectification zu legen; zugleich aber auf der anderen Seite die Einleitung zur Festsetzung eines allgemeinen Steuerprovisoriums zu treffen, welches in einem weit kürzeren Zeitraume zur Ausübung gebracht werden kann und dennoch so beschaffen ist, daß es die wesentlichsten Unrichtigkeiten und Ungleichheiten der jetzigen verschiedenen Steuereinrichtungen ... in einem hinlänglichen Grade beseitigt". Zu dem ersteren Zwecke wurde eine Commission ernannt, welche durch Vornahme der Parcellarvermessung des Landes¹⁰ die Einführung einer Grundertragssteuer, des Definitivums, vorbereiten sollte¹¹. Die Ausmittelung des Steuerprovisoriums in den einzelnen Provinzen sollte durch Steuerrectificationscommissionen geschehen, welche den Werth des Grundvermögens nach Maßgabe des Ertrages innerhalb höchstens sechs Monaten zu erheben hatten. Durch die Gutachten und Arbeiten dieser Commissionen sah sich die Regierung sehr bald in die Möglichkeit versetzt, dem allgemeinen Provisorium eine Ausdehnung zu geben, in welcher, wie man sich ausdrückte, es beinahe alle directen Steuern umfaßte und in seinem Maße selbst der definitiven Steuerrectification vorarbeitete.

Zunächst erging unterm 13. Mai 1808 eine Verordnung über das allgemeine Steuerprovisorium für die Provinz Bayern¹², welche an Stelle der bisherigen Steuern, Anlagen und sonstigen Abgaben¹³ vier directe Steuern: die Grund- oder Rusticalsteuer, die Haussteuer, die Dominicalsteuer und die Gewerbsteuer setzte. Die Grundlage dieser provisorischen Besteuerung sollte der Currentwerth der Gegenstände sein. Zum Vollzuge der Veranlagung wurde Folgendes bestimmt. Jedes Landgericht ist in Steuerdistricte zu theilen¹⁴. Sodann sind von allen Besitzern steuerbarer Gegenstände schriftliche Fassionen ihres Besitzthums zu erholen¹⁵. Zugleich oder nachher sind die Kaufschillinge der letzten 20 Jahre zu ermitteln, welche zur Bestimmung des Werthes der Realitäten dienen¹⁶. Hieran schließt sich die Wertherhebung durch Schätzung, eigene Angabe der Eigenthümer und dgl.¹⁷ Den Abschluß bildet die Fertigstellung und Revision sowohl der drei Kataster für die Grundbesitzungen und Häuser, die Dominicalrenten und die Gewerbe als auch der entsprechenden Umschreibbücher für die Eintragung der Änderungen in den steuerpflichtigen Personen und steuerbaren Gegenständen, endlich die Zusammenstellung des gesammten Steuercapitales¹⁸.

Das Steuerprovisorium wurde gleichzeitig in entsprechender Weise für die Oberpfalz, Neuburg und Schwaben eingeführt und im selben Jahre noch auf die Provinz Bamberg ausgedehnt¹⁹.

An diese Maßnahmen zur Umgestaltung der Ertragsteuern schloß sich unterm 25. November 1808 die Aufhebung der bisherigen Personalsteuern und die Einführung einer neuen, des Familienschutzgeldes²⁰. Dasselbe wurde in 8 Classen mit Sätzen von 20 Kr. bis 12 fl. ohne Rücksicht auf sonstige Besteuerung von jedem „Familienoberhaupte" (jeder selbständigen Person mit eigenem Einkommen) erhoben. „Die Classification richtet sich," wie § 9 der Verordnung sagt, „nach dem Stande der Personen, und um diesen classificiren zu können, nimmt sie, jedoch in großen Abstufungen, auf die Renten und den Erwerb des zahlungspflichtigen Familienoberhaupts Rücksicht." Die Anlage geschah mittels Katastrirung.

Eine Verordnung vom 16. August 1808²¹ hatte ferner als Ersatz für das aufgehobene Weggeld²² die altbayerische Einrichtung der Mähnatanlage als Weggeldsurrogat auf das ganze Königreich ausgedehnt.

---

⁹ R. Bl. S. 431. Vgl. dazu Verh. der K. d. Abg. 1827, I S. 70 f.

¹⁰ Topographische und trigonometrische Landesvermessungen waren schon seit 1801 unternommen worden. Errichtung des topogr. Bureau R. u. Intell. Bl. 1801 S. 403. Vgl. auch R. Bl. 1802 S. 240.

¹¹ Ueber die Geometer und deren Ausbildung vgl. R. Bl. 1808 S. 632 und 1325.

¹² R. Bl. S. 1069. Dazu R. Bl. 1809 S. 100; 1811 S. 1614; 1812 S. 481, 1338; 1813 S. 1838. Ueber die Besteuerung der Geistlichen R. Bl. 1810 S. 585; 1811 S. 66; 1812 S. 1355.

¹³ Aufgezählt in § I. Vgl. auch J. Rudhart, über den Zustand des Kgrs. Bayern nach amtlichen Quellen, Erlangen 1827, III S. 74.

¹⁴ § XIII; dazu Instr. R. Bl. S. 1110.

¹⁵ § XIV; dazu Instr. R. Bl. S. 1118.

¹⁶ § XV; dazu Instr. R. Bl. S. 1147.   ¹⁷ § XVI; dazu Instr. R. Bl. S. 1155.

¹⁸ §§ XVII und XVIII; dazu Instr. R. Bl. S. 1177.

¹⁹ R. Bl. S. 1271, 1273, 1275, 2315. Vgl. auch R. Bl. 1811 S. 236, 307.

²⁰ R. Bl. S. 2820. Dazu R. Bl. 1810 S. 1116; 1813 S. 1081.

²¹ R. Bl. S. 1808.

²² Zoll- u. Mautordn. von 1808 §§ 144 ff. R. Bl. S. 53.

Durch Edict vom 30. September 1811²³ wurde die bevorstehende Einführung des allgemeinen Steuerprovisoriums angekündigt²⁴ und den Steuerpflichtigen die Möglichkeit eröffnet, wegen unrichtiger Anwendung des Edicts vom 13. Mai 1808 bei ihrer Veranlagung Einspruch zu erheben²⁵.

Das Steuermandat vom 22. November 1811²⁶ ordnete sodann an, daß im Laufe des Etatsjahres 1811/12 das allgemeine Steuerprovisorium im ganzen Königreiche mit Ausnahme von Baireuth, Salzburg, Berchtesgaden, dem Inn- und Hausruckviertel und Tirol zur Anwendung kommen solle²⁷. Hienach sollten mit Eintritt des Provisoriums als directe Staatssteuern nur mehr die Grundsteuer, Haussteuer, Dominicalsteuer, Gewerbesteuer, Familiensteuer²⁸ und die aus der früheren Mähnatanlage oder dem Weggeldsurrogat hervorgegangene Zugviehsteuer²⁹ bestehen³⁰.

Im Jahre 1814 konnte durch das Steuermandat³¹ die Ausdehnung des Provisoriums auch auf Baireuth, Salzburg, Berchtesgaden, sowie das Inn- und Hausruckviertel angeordnet werden.

Damit war für die älteren Landestheile ein vorläufiger Abschluß gegeben. Die neu erworbenen Fürstenthümer Würzburg und Aschaffenburg nahmen eine Sonderstellung ein³².

Nunmehr regelte eine Verordnung vom 18. Februar 1814³³ das Verhältniß zwischen der provisorischen Grund- und Dominicalsteuer, nahm eine weitere Verordnung vom 15. April gleichen Jahres³⁴ die im Edicte vom 13. Mai 1808 vorgesehene periodische „Rectification" der Gewerbesteuer vor, erfolgte endlich unterm 10. December 1814³⁵ eine „Leuteration" des Edicts über das Familienschutzgeld, welch letzteres die Bezeichnung allgemeine Familiensteuer und eine neue Eintheilung nach Berufs- und Erwerbsarten und Steuerclassen erhielt.

Inzwischen hatten die Arbeiten für das Grundsteuerdefinitivum Fortschritte gemacht. „Unter königlicher Genehmigung (5. Juli 1808) unternahm die Messungscommission einen Versuch, die Burgfrieden der Städte München und Augsburg, dann das Amt Dachau nach Flächeninhalt und natürlicher Bonität oder, in Bezug auf die Häuser der Städte, nach Miethertrag zu besteuern. Nachdem dieser Versuch gleichen Beifall bei den Steuerbaren wie bei dem Könige und seinem Minister der Finanzen gefunden, die gesammelten Entwürfe und Erfahrungen benützt und die Grundsätze für die definitive Besteuerung und Katastrirung in Instructionen gefaßt worden, erhielten diese die königliche Sanction (13. März 1811)³⁶. Die Messungscommission wurde in eine unmittelbare Steuerkatastercommission umgewandelt, welche mit „successiver Bearbeitung der definitiven Grundsteuer-Peräquation in allen Kreisen des Königreichs beauftragt war". Demgemäß hatte die Commission mit der Vermessung, die ihr durch Verordnung vom 27. Januar 1808 aufgetragen war, auch die Erhebung der Bonität und die Katastrirung zu verbinden³⁷.

Ueber die damalige Entwickelung der Dinge äußert die Begründung zu dem späteren Grundsteuergesetze³⁸: „Bayern sah von nun an in Bezug auf sein Grundsteuerwesen zwei ganz entgegengesetzte Principe, Currentwerth und natürlichen Ertrag, in Ausführung kommen .., sah einen in den Annalen der Besteuerung einzigen Kampf der Meinungen und Ansichten der Finanzen über das beste Steuerprincip. Unter ununterbrochenen Anfechtungen von Seite der obersten Finanzstellen, aber auch unter ungetheiltem Beifalle der Steuerbaren ging das Steuerdefinitivum, bis es durch ein ministerielles Rescript vom 25. December 1814 sistirt wurde, seinen Weg, belegte nach seinem Princip die vier Hauptstädte München mit der Vorstadt Au, Nürnberg, Augsburg und Regensburg, 19 Aemter des Isarkreises, 3 Aemter des Oberdonaukreises³⁹ und, ausnahmsweise nach dem Jahre 1815, ein Amt des Regenkreises."

---

²³ R. Bl. S. 1521; dazu R. Bl. 1813 S. 513, 1274; 1814 S. 81.

²⁴ Vgl. auch R. Bl. 1811 S. 478.

²⁵ Eine Durchsicht des Edicts erfolgte unterm 2. April 1814, R. Bl. S. 849; vgl. S. 1584.

²⁶ R. Bl. S. 1745. Vgl. auch 1813 S. 9.

²⁷ Für München war die Einführung bereits unterm 13. März 1811 erfolgt. R. Bl. S. 372; vgl. auch S. 1807.

²⁸ Vgl. hierher R. Bl. 1813 S. 13, 257.

²⁹ Vgl. Zoll- u. Mautordn. von 1811 §§ 106 ff., R. Bl. S. 1380.

³⁰ Eine Verordn. vom 11. Mai 1811 (R. Bl. S. 705) gestattete die Berichtigung der Steuern durch Naturallieferungen für das Heer.

³¹ R. Bl. S. 337.   ³² R. Bl. 1814 S. 1746.   ³³ R. Bl. S. 345.

³⁴ R. Bl. S. 977.   ³⁵ R. Bl. S. 1777.

³⁶ R. Bl. S. 412. Die Instructionen finden sich Verh. d. K. b. Abg. 1827 Beil. Bd. V S. 465—480.

³⁷ Vgl. G. v. Grünberger, kurzgefaßte Geschichte und Darstellung der Kataster-Commissionsarbeiten, München 1820.

³⁸ Verh. d. K. b. Abg. 1827, I S. 72.

³⁹ Vgl. R. Bl. 1813 S. 10 1814 S. 706, 899, 1761.

Der Kampf zwischen Provisorium und Definitivum kam erst im Jahre 1828 zum Austrage. Inzwischen bestanden neben beiden Systemen eine eigene Steuerverfassung in der Pfalz und fünf verschiedene im Untermainkreise⁴⁰.

Schließlich ist noch einiger, außerhalb des Steuersystems stehender besonderer Steuern zu gedenken. Die Bestimmungen über die quarta pauperum⁴¹ wurden durch Verordnung vom 27. Juni 1801⁴² erneuert. Durch kurfürstliches Rescript vom 6. Mai 1803⁴³ wurde ferner verordnet, „daß künftig von allen Vermächtnissen, bei denen der Abzug des vierten Theils zum Besten der Armen nach den hierüber bereits bestehenden Generalien statt hat, auch ein weiterer vierter Theil für den Land- und Bürgerschulfond unter den nemlichen Bedingungen, welchen die quarta pauperum unterliegt, abgezogen werden solle". Eine Verordnung vom 31. December 1810⁴⁴ dehnte die quarta scolarum auf die neu erworbenen Gebietstheile aus⁴⁵.

Für Armenzwecke wurde nach der Verordnung vom 22. Februar 1808⁴⁶ ein districtiver Zuschlag zu den Staatssteuern als Armensteuer erhoben.

§ 44. Die indirecten Steuern, Taxen und Stempelabgaben.

Auf dem Gebiete der indirecten Besteuerung wurde das Umgeld im Jahre 1808 beseitigt¹, dagegen wurden die Getränkaufschläge beibehalten und neu geregelt. Durch Verordnung vom 24. September 1806² wurde über den Bier- und Branntweinaufschlag in Ober- und Niederbayern Bestimmung getroffen. Der Aufschlagsatz war 2 fl. 24 kr. vom Scheffel eingesprengten Malzes (27 kr. vom Metzen). „Compositionen" (Abfindungen) wurden verboten. Die Verordnung vom 28. Juli 1807³ setzte an Stelle der verschiedenen im Königreiche bestehenden Tranksteuern eine Abgabe von Bier, Branntwein und Essig, den Malzaufschlag in der Höhe von 37½ kr. vom Metzen Malz. Die Verordnung vom 26. Januar 1808⁴ fügte dazu noch einen Kesselaufschlag von dem nicht aus Malz bereiteten Branntwein. Die Verordnung vom 11. Februar 1811⁵ erhöhte den Malzaufschlag auf 50 kr. vom Metzen oder 5 fl. vom Scheffel und hob dagegen den Branntweinkesselaufschlag, weil seine Erhebung im Verhältnisse zum Ertrage zu umständlich war, wieder auf⁶. Die Verordnung vom 4. Januar 1811⁷ belegte den eingeführten Wein neben der Maut mit 10 fl. Aufschlag von 100 fl. des Werthes.

Der Fleischaufschlag erhielt zuerst durch Verordnung vom 31. December 1808⁸ eine einheitliche Regelung in der Weise, daß das platte Land von demselben befreit wurde, für die Städte (einschließlich der nächsten Umgebung der Städte erster Classe) aber die Sätze des Mandats vom 16. August 1760⁹ als maßgebend erklärt wurden. Compositionen waren auch hier verboten. Die eine Hälfte des Ertrages wurde den Gemeinden überlassen, im Jahre 1813¹⁰ auch die zweite Hälfte¹¹.

Auch der Tabak, der von jeher Gegenstand der mannigfaltigsten gesetzgeberischen Behandlungen gewesen war, wurde anläßlich der Regelung der Staatsschuldentilgung einem neuen Versuche unter-

---

⁴⁰ Vgl. darüber J. Hock, Handb. der ges. Finanzverw. im Kgr. Bayern, Bamberg 1883, II S. 6.

⁴¹ Oben § 25 Anm. 28.　　⁴² R. u. Intell. Bl. S. 465.

⁴³ R. Bl. S. 293, vgl. auch S. 764.　　⁴⁴ R. Bl. S. 65.

⁴⁵ Erwähnt sei noch, daß, nachdem 1801 die alte Erbsteuer (s. oben § 25 Anm. 32) formell als aufgehoben erklärt worden war, 1816 die Einführung einer Erbsteuer zur Deckung des Currentdeficits geplant, aber nicht verwirklicht wurde. Es blieb bei einem Vortrage der Steuer- u. Domänensection.

⁴⁶ R. Bl. S. 593.

¹ Zoll- u. Mautordn. von 1807 § 1, R. Bl. 1808 S. 5 und 154.

² R. Bl. S. 377. Vgl. über den Malzaufschlag den Vortrag des Abg. v. Morett Verh. der K. d. Abg. 1866/68 Beil. Bd. III S. 465; über die Branntweinbesteuerung die sehr erschöpfenden Erörterungen in der Denkschrift zum Gesetzentw. über den Branntweinaufschlag, Verh. d. K. d. Abg. 1879/80 Beil. Bd. IX S. 514 ff.; L. v. May, Commentar zum Malzaufschlaggesetze, 2. Aufl., in der Sammlung: Gesetzgebung des Königreichs Bayern seit Maximilian II. mit Erl., Th. 2, Bd. X.

³ R. Bl. S. 1273; dazu S. 1492; ferner R. Bl. 1809 S. 175. Ueber die Einführung der Verordn. in den später erworbenen Provinzen R. Bl. 1810 S. 797, 1449, 1452, G. Bl. 1818 S. 32.

⁴ R. Bl. S. 425.

⁵ R. Bl. S. 274. Daran schloß sich eine umfassende Verordn. über die Biersatzregulierung. R. Bl. 1811 S. 617; 1812 S. 900.

⁶ Auch den bisher noch bestandenen Aufschlag von inländischem Meth und Honig.

⁷ R. Bl. S. 83.　　⁸ R. Bl. 1809 S. 75; dazu 1811 S. 889.

⁹ Vgl. oben § 18 Anm. 25.　　¹⁰ R. Bl. S. 129.

¹¹ Die geschichtliche Entwickelung des Fleischaufschlages ist auch kurz dargestellt Entsch. d. V. G. H.'s XIII S. 281 ff.

worfen, zu dem man sich übrigens nur ungern entschloß. Die Verordnung vom 20. August 1811, welche schon unterm 14. October gleichen Jahres geändert wurde[12], verfügte die Einführung einer Tabakregie in der Weise, daß die Tabakpflanzung und die Tabakfabrikation unter staatlicher Aufsicht frei gegeben war, der Tabakhandel für das inländische Fabrikat aber unter die Leitung einer staatlichen Tabak-regie (General-Zoll und Mautdirection) und ihrer Unterbehörden gestellt wurde. Die Befugniß zum Handel mit in- und ausländischem Tabak war durch eine Concession und jährliche Lösung eines Patentes zu erlangen. Der Tabakaufschlag betrug 5 fl. vom Nettocentner inländischen Fabrikats, beim eingeführten Tabak 24 fl. vom Centner nebst der gewöhnlichen Consumomaut. Eine Verordnung vom 26. Juli 1812[13] verfügte eine besondere Belegung der eingeführten Tabakblätter[14], verbot die Einfuhr von Tabaksmehl und bestimmte, daß der Aufschlag von inländischen Fabrikaten mittels Composition zu erheben sei. Die Composition sollte von den Tabakspinnern und Händlern entrichtet werden. Als Maßstab sollte im Falle eines Widerspruches die Bevölkerung des Orts der gewerblichen Niederlassung dienen. Die Tabakregie bestand bis zum Jahre 1819, wo sie durch das Zollgesetz vom 22. Juli[15] wieder aufgehoben wurde.

Auf dem Gebiete des Taxwesens gab es eine Unzahl provinzieller Vorschriften[16]. Ein einheit-liches Tax- und Sportelnormativ war zwar für den Fall der Einführung des Civilgesetzbuchs und der Gerichtsordnung in Aussicht gestellt, kam aber ebensowenig wie diese Gesetzbücher zu Stande. Nur eine provisorische Taxordnung für die nichtstreitige Gerichtsbarkeit und die Verwaltung wurde durch Edict vom 8. October 1810[17] erlassen[18].

Dagegen war das Stempelwesen durch eine Stempelordnung vom 1. März 1805[19] geregelt worden, die das Siegelmandat von 1772 ersetzte, und die Stempelgebühren in die zwei Hauptgattungen des Gradations- und Classenstempels schied. Eine Durchsicht der Stempelgesetzgebung erfolgte durch die Verordnung vom 18. December 1812[20]. Dabei blieb auch der schon bestehende Spielkarten- und Kalenderstempel aufrecht erhalten[21].

§ 45. Die Zölle.

Auf die Geschichte des Zollwesens während des hier dargestellten Zeitraums kann selbstverständ-lich nicht in allen Einzelheiten eingegangen werden. Folgende Uebersicht mag genügen.

Schon ein kurfürstlicher Erlaß vom 25. Juli 1799[1] verurtheilte mit den schärfsten Worten die bestehende Maut- und Accisordnung, stellte eine neue Mauteinrichtung in Aussicht und verlangte von den Städten und Märkten sogar ein Gutachten darüber, wie bei einer allgemeinen Aufhebung aller Mauten und Accisen der berechtigte Bürger gegen fremde Gewerbsbeeinträchtigungen geschützt und die Staatskasse für ihren Entgang an Einnahmen entschädigt werden könne[2]. Dieses Ziel erwies sich aber doch als unerreichbar. Das Generalmandat vom 7. December 1799[3] äußerte sich zwar höchst be-geistert für den Freihandel und bezeichnete es „als ein volksdrückendes, alle Industrie zerstörendes Unternehmen, durch Gesetze und Auflagen das Commerz leiten zu wollen"[4]. Der Kurfürst erklärte ferner, er würde seinem Lande schon jetzt vollkommene Handelsfreiheit gegeben haben, wenn man ihm „wegen dem Entgange der bisherigen Maut- und Accisgefälle in einer anderen, leichter einzuhebenden

¹² R. Bl. S. 1049, 1603.   ¹³ R. Bl. S. 1369.
¹⁴ Wieder abgeändert auf den Satz vom 14. Oct. 1811, R. Bl. 1815 S. 505.
¹⁵ G. Bl. S. 100.
¹⁶ S. die Angaben bei J. Hock, Handb. der ges. Finanzverw. im Kgr. Bayern II S. 322; Verh. d. K. d. Abg. 1877/78 Beil. Bd. VII, 1 S. 49.
¹⁷ R. Bl. S. 969.
¹⁸ Ueber verschiedene besondere Taxen wie geh. Raths- u. Kanzleitaxen ꝛc. J. Hock a. a. O. S. 325 u. R. Bl. 1808 S. 569; 1814 S. 1793.
¹⁹ R. Bl. S. 401; 1806 S. 282. Stempelmandat für Tirol R. Bl. 1807 S. 1800.
²⁰ R. Bl. 1813 S. 65.
²¹ Darüber Hock a. a. O. II S. 634 Anm. 1 a. Vgl. auch R. u. Intell. Bl. 1800 S. 7; R. Bl. 1802 S. 428; 1803 S. 100.
¹ Intell. Bl. S. 515.
² Vgl. auch Intell. Bl. 1799 S. 611. — Man hatte an eine Fenstertaxe als Ersatz der Maut-gefälle gedacht. Die Generallandesdirection sprach sich jedoch dagegen aus, und auch die Städte und Märkte zeigten sich dem Plane wenig geneigt.
³ Intell. Bl. S. 819.
⁴ Ein unzweifelhafter Vortheil, den diese Anschauungen der Regierung mit sich brachten, war der, daß man all das volkswirthschaftliche Spielzeug der früheren Zeit an Fabriken, Manufacturen, Plantagen ꝛc. schleunigst verkaufte.

Abgabe einen hinlänglichen Erſatz für die Staatskaſſe hätte auszeigen können“. Allein nachdem ein ſolcher Erſatz erſt bei einer allgemeinen Steuerrectification gefunden werden könne, ſo werde hiemit für Bayern, Neuburg, Oberpfalz, Sulzbach und Leuchtenberg eine neue vorläufige Zoll- und Maut-ordnung mit Wirkſamkeit vom 1. Januar ab erlaſſen. Dieſe Zoll- und Mautordnung, die gegen früher bedeutende Erleichterungen bot, kennt Conſumo-⁵, Eſſito- und Tranſito-Gebühren. Für den Eingangszoll (Conſumogebühr) hat ſie nur zwei Sätze: 2 fl. 30 kr. vom Sporcocentner, wodurch man ſich von jeder Waarenunterſuchung befreien konnte, und 50 kr. Zahlreiche Artikel waren ganz frei. Eſſitogebühren wurden nur ausnahmsweiſe (von Butter und Schmalz, Getreide ꝛc., Holz, Vieh) er-hoben. Die Tranſitogebühr war 6 kr. vom Sporcocentner zu Waſſer, 3 kr. zu Land. Das Verbot der Salzeinfuhr blieb aufrecht erhalten. Das Weggeld wurde geregelt und der Verkehr innerhalb der Zoll-grenzen freigegeben⁶.

Auf die früheren Träume von Beſeitigung der Zollſchranken kam man in der Folge nicht mehr zurück, was ſich aus der Finanzlage des Landes hinreichend erklärt.

Unterm 7. December 1804⁷ wurde eine neue Zoll- und Mautordnung für die Provinzen Bayern, Neuburg und Oberpfalz erlaſſen, da die bisherige unzählige Beſchwerden hervorgerufen hatte⁸. Die neue Ordnung hielt zwar an den Grundlagen von 1799 feſt, verfügte aber doch im Sinne einer Begünſtigung der inländiſchen Erzeugung erhebliche Aenderungen in den Zollſätzen und in der Be-ſtimmung über die Erhebung. In fünf Beilagen war der Tranſito-, Conſumo-, Eſſito-, Weg- und Brückengeldtarif⁹ enthalten. Für Eingangszölle gab es nun fünf Sätze (3 fl., 2 fl., 1 fl., 20 kr., 5 kr.), von denen aber der höchſte die Regel bildete. Die Ausgangszölle erfuhren theilweiſe eine nicht un-beträchtliche Erhöhung.

Eine Zoll- und Mautordnung „für die Geſammtſtaaten des Königreichs Bayern“ erging unterm 1. December 1807¹⁰. Sie wurde aber, da die darin enthaltenen Beſtimmungen über die Nach-borge des Hauptzollſatzes an der Grenze nicht den Beifall des Handelsſtandes fanden, alsbald wieder umgearbeitet und erſchien unterm 8. März 1808 in neuer, überdies ſachlich nicht unweſentlich ge-änderter Faſſung¹¹. Durch dieſelbe wurden ſämmtliche Gebietstheile in einen Mautverband gezogen und demgemäß die Mautgrenzen überall an die Reichsgrenzen verlegt. Alle Abgaben im Innern des Königreichs an Zöllen, Mauten, Acciſen, Aufſchlägen ꝛc. wurden aufgehoben. Ausgenommen blieb nur der neu geregelte Malzaufſchlag und der inländiſche Wein- und Branntwein-, ſowie ſonſtiger Trankaufſchlag. Die inneren Maut-, Weg- und Brückenzollſchranken ſollten, ſoweit es ſich um Staats-abgaben handle, fallen, die von den Stadt- und Marktgemeinden erhobenen Abgaben an Zöllen, Weg-geldern u. dgl. zwar vorläufig aufrecht erhalten bleiben, aber einer ſtrengen Durchſicht der Tarife unter-liegen. Von großer Bedeutung war die Weglaſſung des niederſten Eingangszollſatzes (5 kr.), den die Mautordnung vom 1. December 1807 noch beibehalten hatte. Auch die Ausfuhr erlitt Erſchwerungen.

Neu war die Einführung von jährlich zu löſenden Zollpatents für allen Handel mit aus-ländiſchen Waaren und Producten. Solche Patente hatten alle Verkäufer ausländiſcher Waaren als „Surrogat einer höheren Mautbelegung“ zu löſen. Der Zweck der Maßregel war, wie die Zoll-ordnung ſagt, „nicht allein der inneren Fabrication und Production vor der ausländiſchen den ihr zu-kommenden billigen Vortheil, ſondern auch Unſern Staatskaſſen einen paraten Fond zur Unterſtützung der inländiſchen Induſtrie, wo und wie Wir eine ſolche Unterſtützung nach richtigen Staatsverwaltungs-

---

⁵ Die Einfuhr von Getreide ꝛc. iſt frei. Ueber die weitere Entwickelung der Getreidehandels-politik R. u. Intell. Bl. 1801 S. 449; R. Bl. 1802 S. 734, 767, 770, 812; 1805 S. 639; 1808 S. 1391; 1813 S. 153; 1816 S. 686, 689, 826, 843, 899; 1817 S. 450, 587, 694, 808.

⁶ Dazu eine ergänzende Beſtimmung bezüglich des Veredlungsverkehrs R. Bl. 1802 S. 809.

⁷ R. Bl. 1805 S. 5.

⁸ In einem Vortrage von 1818 heißt es: „Die Urheber derſelben ſcheinen von Smith nur die Kapitel über die Freiheit des Handelsverkehrs geleſen, anbei aber die richtige Lehre des nemlichen Ge-währsmanns überſehen oder doch zu wenig geachtet zu haben, daß, wo einmal in Folge des Leitungs-ſyſtems hohe Zölle beſtehen, die Billigkeit gegen die inländiſchen Fabrikanten und Manufakturiſten gebiete, den inländiſchen Markt für die Concurrenz der Fremden nicht plötzlich, ſondern nur langſam, ſtufenweiſe und mit Vorbereitung zu öffnen, um jene gegen die Verluſte zu ſichern, die mit plötzlichen Veränderungen dieſer Art immer verbunden ſind.“

⁹ Das Sperrgeld in den Städten u. Märkten (vgl. oben § 19 Anm. 30) war ſchon 1803 auf-gehoben worden. R. Bl. S. 57.

¹⁰ R. Bl. 1808 S. 5.

¹¹ R. Bl. S. 607, wo übrigens die neue Mautordn. nicht abgedruckt iſt. Dazu auch S. 626, 1553, 1717.

grundsätzen nützlich und zweckmäßig finden, zu verschaffen". Eine Reihe von Verordnungen und Erlassen regelten das Zollpatentwesen des Näheren[12].

Ein schroffer Bruch mit den bisherigen zollpolitischen Grundsätzen trat im Jahre 1810 ein. Durch Verordnungen vom 21. und 28. October 1810[13] wurden im Anschlusse an Napoleons Continentalsperre[14] die Consumomauten für verschiedene Colonialwaaren ungeheuer erhöht.

Unterm 23. September 1811 wurde abermals eine neue Zoll- und Mautordnung nebst Tarifen erlassen[15]. Den Anstoß dazu gab die Neuregelung des Schuldenwesens durch die Verordnung vom 20. August gleichen Jahres[16]. Diese hatte bestimmt, daß zum Zwecke der Schuldentilgung von allen Gütern, die zum inneren Verbrauche aus dem Auslande eingeführt würden, neben dem bisherigen Consumozoll noch ein besonderer Aufschlag erhoben werden solle.

Nach dem neuen Gesetze kamen außer den Transito-, Consumo- und Effuto-Zöllen und Mauten noch der erwähnte Consumoaufschlag, das Weggeld, die Ueberfuhr-, Stempel-, Wag- und Niederlagsgebühren und das Weggeldsurrogat zur Erhebung. Die Zollpatente fielen weg. Ihrem fiscalischen Zwecke entsprechend brachte die neue Zollordnung zum Theile sehr beträchtliche Mehrbelastungen der Einfuhr.

Im Jahre 1818[17] wurden sämmtliche Verordnungen, wodurch seit 1810 die Einfuhr von Colonial- und englischen Waaren durch außerordentliche Auflagen beschränkt oder gänzlich verboten worden war, wieder aufgehoben.

Die Mautverhältnisse zu Würzburg und Aschaffenburg wurden 1814[18] vorläufig geregelt, da die Einbeziehung dieser Gebiete in den Zollverband noch nicht möglich war. Letztere erfolgte erst durch Verordnung vom 13. März 1818[19].

5. Abschnitt.

Justiz und Verwaltung.

§ 46. Die Justizgesetzgebung.

Die Verbesserung der Justizgesetzgebung, sowohl hinsichtlich des Verfahrens als in Bezug auf das materielle Recht, wurde vom Kurfürsten Max Josef bald nach seinem Regierungsantritte ins Auge gefaßt. Ein Erlaß an das geheime Ministerial-Justizdepartement vom 24. Januar 1800[1] stellte einen Plan für diese Gesetzgebungsarbeiten auf. Zugleich wurde hervorgehoben, was bisher zur Verbesserung des Richter- und Advocatenpersonals und zur Beseitigung der Cabinetsjustiz geschehen sei. Als dringendstes Bedürfniß wurde die Verbesserung des peinlichen Rechtes bezeichnet und verfügt, daß zuvörderst dieses „in Verbindung mit den zur Erhaltung öffentlicher Sicherheit und zur Vorbeugung vor Verbrechen nöthigen Polizeigesetzen, dann aber auch die Gerichtordnung" zu bearbeiten sei. Nach Vollendung dieser Entwürfe solle „mit den bürgerlichen Gesetzen unaufhaltsam fortgefahren werden". Das Justizdepartement wurde beauftragt, für die Entwürfe des peinlichen Gesetzbuches und der Gerichtsordnung je einen Bearbeiter zu ernennen und die Entwürfe durch eine Commission prüfen zu lassen. Alsdann sollten dieselben durch den Druck zur allgemeinen Beurtheilung bekannt gegeben werden.

Auch die Verfassung von 1808 (Titel 5 § VII) sprach wiederholt aus, daß für das ganze Reich ein eigenes bürgerliches und peinliches Gesetzbuch eingeführt werden solle.

In Folge des Erlasses vom 24. Januar 1800[2] wurde zunächst Professor Kleinschrod in Würzburg beauftragt, ein Strafgesetzbuch zu verfassen. Derselbe übergab schon im Jahre 1802 einen Entwurf, der in zwei Theilen von den Verbrechen und Strafen, dann von den Beweisen und dem Verfahren handelte. Das Werk wurde durch den Druck veröffentlicht und für die Einsendung der Be-

---

[12] Vgl. R. Bl. 1808 S. 833, 1881, 2309, 2863; 1809 S. 1540.

[13] R. Bl. S. 1093 u. 1115.

[14] Décret imp. vom 5. Aug. 1810, Bull. des lois 4ᵉ sér., t. 13 p. 93.

[15] R. Bl. S. 1345. Vgl. auch S. 83, 774, 1390, 1670; R. Bl. 1812 S. 301, 487, 865, 1002, 1373; 1813 S. 157, 258, 520, 897. 　[16] R. Bl. S. 1063. 　[17] R. Bl. S. 1319, 1352. 　[18] R. Bl. S. 1617.

[19] G. Bl. S. 28.

[1] R. u. Intell. Bl. S. 117.

[2] Vgl. die Darstellung in dem amtlichen Werke: Anm. zum Strafgesetzb. f. d. Kgr. Baiern. Nach den Prot. des k. geh. Rathes. München 1813. I S. 8 ff.

urtheilungen und Erinnerungen eine Frist bis Ende 1803 festgesetzt³. Professor Feuerbach in Landshut, einer der Kritiker der Kleinschrod'schen Arbeit, erhielt 1804 den gesammten Stoff zur Abfassung
eines neuen Entwurfes. Im December 1807 reichte Feuerbach, der inzwischen als geheimer Referendär
in das Justizministerium berufen worden war, den ersten Theil des Strafgesetzbuches ein, der nach
Durchberathung in einer Commission als „Entwurf des Gesetzbuches über Verbrechen und Vergehen
für das Königreich Baiern" im Jahre 1810⁴ veröffentlicht wurde⁵. Nachdem Feuerbach auch den
zweiten, prozessualen Theil vollendet hatte, erfolgte nach mehrjährigen Commissionsberathungen unterm
16. Mai 1813 die Verkündigung des neuen Strafgesetzbuches⁶.

Hieran schloß sich unterm 19. August 1813⁷ die Aufhebung der bisherigen Kriegsartikel für
das Heer, an deren Stelle neue „militärische Strafgesetze" traten. Die für das Heer in Geltung gewesene Carolina wurde durch das allgemeine Strafgesetzbuch ersetzt⁸.

Auf dem Gebiete des bürgerlichen Rechtes und Prozesses kam es zu keiner umfassenden Gesetzgebung⁹. Allerdings war die Einführung des Code civil in Aussicht genommen¹⁰ und die Gesetzgebungscommission mit der Berathung hierüber betraut worden. In der Sitzung der geheimen
Staatsconferenz vom 8. August 1808 begann Feuerbach seine Vorträge über den Entwurf, die sich dort
und im geheimen Rathe bis in das Jahr 1810 fortsetzten¹¹. In der Sitzung des geheimen Rathes vom
6. September 1810, in welcher Montgelas das Festhalten an der Grundlage des Code Napoléon entschieden vertrat¹², verfügte der König. es solle der Entwurf nach vollendeter Prüfung des Strafgesetzbuches in einer neuen Commission in Bausch und Bogen durchgesehen und zur Erörterung im geheimen
Rathe vorbereitet werden. Hiebei seien die Verfassung nebst den organischen Edicten und der Code
Napoléon zu Grunde zu legen, zugleich aber auch der Codex Maximilianeus und andere bewährte
Gesetzbücher rücksichtlich der besonderen Verhältnisse des Königreiches zu benützen.

In der Sitzung des geheimen Rathes vom 17. Januar 1811 brachte Feuerbach mit Hinblick
auf die bestehende Zersplitterung des Civilrechts und die vermuthlich lange Dauer der Ausarbeitung
des neuen Gesetzbuches den Antrag vor, einstweilen den Codex Maximilianeus als bürgerliches Gesetzbuch des Königreiches einzuführen. Nachdem die Schwierigkeiten dieses Unternehmens eingehend er

---

³ R. Bl. 1802 S. 351, 685. Die wichtigsten Schriften über den Kleinschrod'schen Entw. bei
J. Ritter v. Mussinan, Bayerns Gesetzgebung, München 1838, S. 65 Anm. *)

⁴ Der Entw. war schon unterm 26. Nov. 1808 vom Könige gutgeheißen worden. Der Vortrag
erfolgte in zwei Sitzungen der geh. Conferenz vom 19. u. 26. Nov. sehr in Bausch und Bogen, gegen
welches Verfahren Montgelas, jedoch vergeblich, Einspruch erhob. Montgelas wollte den Entw. dem
geh. Rathe nach Maßgabe der Verfassung unterbreitet wissen. Feuerbach erhielt damals auch den
Auftrag, einen Polizeicoder zu bearbeiten, der jedoch bekanntlich nicht erschienen ist.

⁵ In der Zwischenzeit erfolgten einzelne Abänderungen des bestehenden Straf- u. Strafprozeßrechts. S. darüber Mussinan a. a. O. S. 97 f. Insbes. wurde unterm 27. Juli 1809 (R. Bl. S.
1281) ein vorläufiges Ges. über die Staatsverbrechen erlassen.

⁶ Verkündigungspatent im R. Bl. 1813 S. 665. Die Berathung des ganzen Entw. im geh.
Rathe geschah in neun Sitzungen vom 7. Januar bis 11. März 1813.

⁷ R. Bl. S. 1049 ff. Vgl. dazu R. Bl. 1815 S. 937.

⁸ Bezüglich des Strafverfahrens verfügte eine k. Entschl. vom 10. Nov. 1813, welche an das
Generalauditoriat erging, daß vom II. Theile des Strafgesetzbuchs nur „jenes in fortgesetzte Anwendung" zu kommen habe, „was etwa schon bei den Militärgerichten durch frühere Gesetze und Verordnungen eingeführt und giltig ist"; im Uebrigen sei die „bisherige Prozeßform" beizubehalten, bis ein
neues Militärstrafgesetzbuch, das sich auch mit dem Prozesse zu befassen haben werde, fertig gestellt sei.
Vgl. auch L. Oberniedermayr, Commentar über das Militärstrafgesetzbuch f. d. Kgr. Bayern,
München 1870, S. 1 ff.

⁹ Vgl. zum Folgenden P. v. Roth, bayer. Civilrecht, 2. Aufl., I S. 2.

¹⁰ M. Frhr. v. Freyberg, Rede zum Andenken an den verewigten Staatsminister M. Grafen
v. Montgelas, S. 34, berichtet, Montgelas habe bei einer Unterredung, die er mit Napoleon vor dessen
Abreise nach Erfurt in München hatte, „dem Verlangen Napoleons, sein Gesetzbuch in Bayern einzuführen, mit großer Festigkeit das ganz Unausführbare eines solchen, die bayerische Nationalität auf
das Tiefste verletzenden Unternehmens entgegen gestellt". Diese Erzählung stimmt indessen nicht zu
Montgelas' Haltung in der Frage. Wahrscheinlich richteten sich seine Vorstellungen nur gegen die unveränderte Annahme des Code. Unter der tief verletzten „bayer. Nationalität" hat man sich jedenfalls
lediglich die Patrimonialherren zu denken.

¹¹ Ein Theil des Entw. erschien unter dem Titel: „Allg. bürgerl. Gesetzb. f. d. Kgr. Bayern"
in der Redaction des R. Bl. Diese Veröffentlichung bricht aber mit Heft 3 ab.

¹² Von anderer Seite war der Codex Maximilianeus als Grundlage befürwortet und der „republicanische" Charakter des Code gerügt worden. Diese politischen oder doch in politisches Gewand gekleideten Abneigungen waren es wohl auch, welche bewirkten, daß die ganze Gesetzgebungsarbeit schließlich liegen blieb.

wogen worden waren, beschloß der König, eine Commission einzusetzen, welche ein vorläufiges bürger=
liches Gesetzbuch im Anschlusse an den Codex Maximilianeus mit solcher Beschleunigung ausarbeiten
solle, daß dasselbe bis zum 1. October in Kraft treten könne. Es kam indessen weder zu einem vor=
läufigen noch zu einem endgiltigen Gesetzbuche. Das einzige bemerkenswerthere Lebenszeichen der letzt=
erwähnten Commission enthält die Verordnung vom 26. October 1818¹³, durch welche auf Antrag der
„mit der Revision des Maximilianeischen Codex“ beauftragten Commission“ das 21. Jahr als einheit=
licher Volljährigkeitstermin für alle bayerischen Unterthanen festgesetzt wurde¹⁴.

Mehr Erfolg erzielte Feuerbach, als er in der Sitzung des geheimen Rathes vom 4. October
1810 die allgemeine Einführung des Codex iudiciarius im Königreiche beantragte. Eine Verordnung
vom gleichen Tage¹⁵ verfügte diese Einführung mit einigen, durch die Verschiedenheiten des bürger=
lichen Rechtes veranlaßten Einschränkungen.

Der Entwurf einer neuen Gerichtsordnung aus der Feder Gönner's erschien zwar 1815 im
Drucke, kam aber über das Stadium der Prüfung nicht hinaus¹⁶.

Im Uebrigen ist auf dem Gebiete des materiellen Civilrechtes lediglich eine Reihe von Gesetzen
zu verzeichnen, welche einzelne Gegenstände regelten. Es handelt sich dabei zumeist um Dinge, bei
welchen auch öffentlichrechtliche und politische Gesichtspunkte mit in Betracht kommen¹⁷. Dahin gehört
vor Allem die Aufhebung der Leibeigenschaft, die nach vorbereitenden Erhebungen¹⁸ durch Titel 1
§ III der Verfassung von 1808 und das dazu gehörige Edict vom 31. August gleichen Jahres¹⁹ verfügt
wurde²⁰. Ferner sind die Bestimmungen des Edicts vom 28. Juli 1808 über die gutsherrlichen Rechte
§§ 73 ff.²¹ zu erwähnen. Hiedurch wurden insbesondere die Laudemien beschränkt, Gutsheimfälligkeit
und Einstandsrecht beseitigt, die Umwandlung der ungemessenen Scharwerke in gemessene und der
letzteren in eine Geldabgabe, ferner die Ablösbarkeit der Zehnten und Bodenzinse im Wege der Ver=
einbarung vorgesehen²². Die Gebundenheit der Güter wurde unter gewissen Sicherungsbestimmungen
aufgehoben²³.

Privatrechtliche Wirkungen äußerte die Beseitigung der Edelmannsfreiheit durch das Gesetz vom
20. April 1808²⁴. In einem weiteren Edicte vom nemlichen Tage²⁵ war auch die Aufhebung der
Siegelmäßigkeit²⁶ von dem Zeitpunkte an in Aussicht genommen, wo das geplante bürgerliche Gesetz=
buch und die Gerichtsordnung verkündet werden würden. Da indessen diese beiden Gesetzbücher nicht

---

¹³ R. Bl. S. 1337.
¹⁴ Ueber die Einführung des bayer. Landrechts in einigen Gebietstheilen, sowie für die Ober=
offiziere und gleichstehenden Militärbeamten hinsichtlich der Rechtsverhältnisse, die nach dem Gesetze
des Wohnsitzes sich richten, s. P. v. Roth, bayer. Civilrecht, 2. Aufl., I S. 33 f.
¹⁵ R. Bl. S. 878.
¹⁶ Vgl. unten § 122 Anm. 57. — Die Novellen zum Codex iudiciarius können hier nicht einzeln
aufgeführt werden. Vgl. darüber die Sammlung: Novellen zur Gerichtsordnung, München 1811,
II. Band Landshut 1818, III. Memmingen 1819, IV. Memmingen 1823. Ueber die Aufhebung des
Notariats (kaiserliche u. päpstliche Notarien) R. Bl. 1807 S. 506, 1489. S. auch E. v. Zink, bei T. F.
v. Dollmann, die Gesetzgebung des Königreichs Bayern ꝛc., Th. 2 Bd. III S. 343.
¹⁷ Außer dem Folgenden mag hier noch die Verordn. vom 18. August 1806 (R. Bl. S. 313)
über die Erbeinsetzung der armen Seele genannt werden.
¹⁸ R. Bl. 1802 S. 63; 1803 S. 333. Vgl. auch über den Dienstzwang der Ehehalten R. u.
Intell. Bl. 1801 S. 821.
¹⁹ R. Bl. S. 1933.　　　　²⁰ Darüber Mussinan a. a. O. S. 76 ff.
²¹ R. Bl. S. 1849. Vgl. auch Intell. Bl. 1799 S. 728, R. u. Intell. Bl. 1801 S. 623, 689.
Dazu Mussinan a. a. O. S. 81.
²² Ueber die Erfolglosigkeit dieser letzteren Bestimmungen G. Frhr. v. Lerchenfeld, Geschichte
Bayerns unter König Maximilian Josef I., S. 43 f. Vgl. auch Mussinan a. a. O. S. 80 ff. Etwas
kläglich nehmen sich die beiden Bemerkungen Freyberg's in seiner Rede auf Montgelas S. 77, 83 aus.
An ersterer Stelle glaubt Fr. entschuldigend hervorheben zu müssen, daß die Beschränkungen der Frohn=
und Scharwerke, sowie anderer „lucrativer Prärogativen“ des Adels nicht von dem Ministerium aus=
gingen, dessen Vorstand der Verewigte gewesen sei. S. 83 aber wird gerühmt, daß Montgelas die Ver=
besserung der Lage der Grundholden immer als eine der schönsten Aufgaben der inneren Verwaltung
betrachtet habe, und dabei wird die Abschaffung der ungemessenen Scharwerke ꝛc. unter den Maßregeln
hervorgehoben, „welche von dem Minister zu diesem Zwecke ergriffen wurden“. Freilich wird beigefügt:
„Das Bedenkliche solcher Principien, insbesondere in Beziehung auf die den deutschen Verfassungen
von jeher zur festen Basis dienenden grundherrlichen Verhältnisse, wurde damals wohl von sehr
Wenigen vermuthet oder beachtet.“ (!)
²³ R. Bl. 1803 S. 116, 228; 1804 S. 325; 1805 S. 859, 465, 941; 1807 S. 1329.
²⁴ R. Bl. 1809 S. 113. Vgl. oben § 30 Anm. 24.
²⁵ R. Bl. 1809 S. 115.　　　　²⁶ Vgl. darüber oben § 5 Anm. 12.

zu Stande kamen, so trat auch jenes Edict nicht in Kraft. So geschah es, daß die Einrichtung der Siegelmäßigkeit, da später die Anschauungen den ständischen Vorrechten günstiger wurden, in die Verfassungsurkunde von 1818 überging.

Das Edict über den Adel vom 28. Juli 1808[27] hob die bisher bestandenen Fideicommisse der Adeligen und Nichtadeligen auf und setzte an deren Stelle die nur für den Adel bestimmten Majorate[28].

Die Vorschriften jenes Edictes wurden durch ein weiteres Edict vom 22. December 1811[29] geändert. Die neue Einrichtung erwies sich indessen als verfehlt, da von derselben so gut wie gar kein Gebrauch gemacht wurde[30].

Auch das Lehenwesen, in welchem man ein „Hinderniß der Cultur und Industrie" erblickte, gab Anlaß zu gesetzgeberischer Thätigkeit. Schon im Jahre 1802 hatte der Kurfürst nach erholter Zustimmung der Agnaten für die herobern Erbstaaten die Allodification der Beutellehen eingeleitet[31]. Die Passivlehen des Staates wurden durch Entschließung vom 17. April 1807 gegen Entschädigung als freies Eigenthum des Staates erklärt[32]. Das Edict vom 7. Juli 1808[33] brachte sodann eine erschöpfende Neuregelung des Lehenwesens. Dabei wurde die Eignung der königlichen Lehen, mit Ausnahme der Thronlehen und der Kanzleilehen mit Gerichtsbarkeit, nach Maßgabe gütlicher Vereinbarung, gegebenen Falles gegen Entrichtung einer ablösbaren jährlichen Grundrente, verfügt[34] und auch die Auflösung der Privatlehen ausgesprochen[35]. Hieran schloß sich die Aufhebung des Lehenverbandes zwischen den Mediatisirten und deren Vasallen durch die königlichen Erklärungen vom 3. Februar 1809 und 2. Januar 1813[36].

Schließlich ist noch zu erwähnen, daß unterm 14. August 1815[37] eine, allerdings sehr unvollkommene Verordnung über die Abtretung von Privateigenthum für öffentliche Zwecke erging.

§ 47. Die Verwaltungsgesetzgebung.

Die bayerische Verwaltungsgesetzgebung war, auch abgesehen von den bereits dargestellten großen organisatorischen Maßnahmen, unter Montgelas eine äußerst fruchtbare und im Allgemeinen segensreiche.

Im Bereiche der Polizei bewies das Gebiet der Bettelpolizei seine in Bayern längst hergebrachte Unerschöpflichkeit. Unterm 5. October 1801 erging eine höchst ausführliche erneuerte Bettelordnung[1]. Dieselbe greift unter Anderem gegenüber den arbeitsfähigen Müßiggängern wieder zu dem alten Mittel, sie an das Heer abzugeben[2]. Falls sie da nicht angenommen werden, sollen sie zum Ersatze Prügel bekommen. Damit rechtliche Leute von den Landstreichern unterschieden werden können, mögen sie sich, wenn sie in eine Gegend reisen, wo sie unbekannt sind, von ihrer Obrigkeit einen Paß geben lassen, der unentgeltlich auszufertigen ist[3].

Die Verordnung enthält auch Bestimmungen über Armenpflege, welche durch die Verstaatlichung der letzteren gegenstandslos wurden. Als dann im Jahre 1816 die Armenpflege den Gemeinden zurückgegeben worden war, wurde unterm 28. November eine Verordnung, die Bettler und Landstreicher betreffend[4], erlassen, welche den ganzen Gegenstand nach der strafrechtlichen und polizeilichen Seite

---

[27] § 69, R. Bl. S. 2043. Dazu Erläuterung vom 5. Dec. 1808 ebenda S. 2887.

[28] Tit. II, R. Bl. 1808 S. 2034; dazu 1809 S. 485.

[29] R. Bl. 1812 S. 5. In der Einleitung werden die Beweggründe für die Abschaffung der Fideicommisse und Einführung der Majorate entwickelt. Vgl. dazu ebenda S. 54, 812, 1481.

[30] G. Frhr. v. Lerchenfeld, Geschichte Bayerns unter König Maximilian Joseph I., S. 112, bemerkt, daß, soviel ihm bekannt geworden sei, mit Ausnahme der Majorate königlicher Dotation bis zum Jahre 1818 nur ein einziges gegründet wurde. Dies erinnert an das Schicksal des späteren Ges. vom 22. Febr. 1855 über die bäuerlichen Erbgüter.

[31] R. Bl. 1802 S. 541; vgl. auch 1804 S. 743.

[32] R. Bl. 1807 S. 1346. Die Entschädigung wurde erst durch Verordn. vom 18. Aug. 1815 (R. Bl. S. 753) festgesetzt.

[33] R. Bl. S. 1893.

[34] Eine Durchsicht dieser Bestimmungen erfolgte durch Verordn. vom 6. Juni 1815, R. Bl. S. 481. — Vgl. auch R. Bl. 1811 S. 1883.

[35] Vgl. dazu noch R. Bl. 1810 S. 657; 1814 S. 209; 1815 S. 721; 1816 S. 612.

[36] R. Bl. 1809 S. 257; 1813 S. 41. Vgl. jedoch Verf. Beil. IV § 57.

[37] R. Bl. S. 724.

[1] R. u. Intell. Bl. S. 639, vgl. 815. S. auch oben § 34 Anm. 11.

[2] Vgl. jedoch R. Bl. 1804 S. 161.

[3] Vgl. auch §§ 1 u. 2 der Paßverordn. von 1809, R. Bl. S. 1697.

[4] R. Bl. S. 859.

zusammenfassend regelte und auch über die Vorsorge für die Kinder der Bettler und Landstreicher Bestimmungen traf.

Eine Verordnung vom gleichen Tage[5] verfügte die Errichtung mehrerer Zwangsarbeitshäuser,
welche hauptsächlich zur Unterbringung lüderlicher Personen verschiedener Art dienen sollten. Die
Arbeitshäuser waren Polizeianstalten und daher den Generalkreiscommissariaten unterstellt.

Allgemeine Beschränkungen der Bewegungsfreiheit innerhalb des Staates bestanden nicht. Die
Freizügigkeit zwischen sämmtlichen kurfürstlichen Provinzen, welche im früheren Rechte bereits anerkannt war, wurde auch auf die neuen Gebietserwerbungen ausgedehnt[6]. Dagegen war der persönliche
Verkehr der Unterthanen im Auslande sowohl aus polizeilichen wie aus finanziellen Rücksichten (Nachsteuer) Beschränkungen unterworfen. Es wurde als ein „Grundsatz der allgemeinen Landespolizei" erachtet, daß kein Unterthan ohne Vorwissen und ohne die ausdrückliche Bewilligung des Landesherrn
sich außer Landes begeben könne[7]. Auch in die Verfassung von 1808 Tit. 1 § VIII wurde diese Bestimmung aufgenommen. Dem zu Folge bestand für Reisen in das Ausland die Pflicht, einen Paß zu
nehmen und sich bei den diplomatischen Vertretern Bayerns an- und abzumelden. Eine Verordnung
vom 16. März 1809[8] regelte das Paßwesen und stattete es mit allen damals üblichen Quälereien aus.
Für Reisen der Inländer im Inlande sollte hienach die Paßpflicht allerdings nur ausnahmsweise
kraft besonderer königlicher Verordnung bestehen[9]; unbedingt dagegen für Reisen der Inländer in's
Ausland und für Reisen der Ausländer im Inlande. Letztere sollten bei der Eintrittsmautstation
einen Paß vorweisen, der von einer bekannten Behörde des Landes, aus welchem sie kamen, ausgestellt
und, sofern dies möglich, von einer bayerischen Gesandtschaft visirt war.

Selbstverständlich hielt man auch an dem Verbote fest, ohne landesherrliche Erlaubniß auszuwandern[10]. Die Verfassung von 1808 (Tit. 1 § VIII) wiederholte dasselbe ausdrücklich. Die auf unbefugte Auswanderung gesetzte Strafe der Vermögenseinziehung[11] wurde durch das Edict vom 29. August
1808[12] im Einklange mit Tit. 5 § VI der Verfassung dahin gemildert, daß nur dem Ausgewanderten
selbst Besitz und Genuß seines Vermögens genommen und letzteres seiner Zeit den Erben ohne Abzug
und ohne Zinsen ausgefolgt werden solle.

Gegen die geheimen Gesellschaften wurden, wie schon unter der vorigen Regierung, Verbote gerichtet. So durch die Verordnung vom 4. November 1799[13] und abermals unterm 5. März 1804[14].
Beide Verordnungen wurden im Jahre 1814 erneuert und verschärft[15].

Die Censur blieb, trotz der im Jahre 1803 verfügten Aufhebung der Büchercensurcommission[16]
und des freisinnigeren Geistes der Regierung, für die Zeitungen aufrecht erhalten. Die Verfassung von
1808 bestätigte, indem sie in Tit. 1 § VII von Preßfreiheit sprach, zugleich die Giltigkeit der bereits
erlassenen, ziemlich engherzigen Preßgesetze. Es waren dies die Verordnung über die Preß- und Buch-
handelsfreiheit vom 13. Juni 1803[17] und für die Zeitungen, Zeitschriften ⁊c. die Verordnungen vom
6. September 1799[18] und vom 17. Februar 1806[19]. Die Verordnung von 1803 verpflichtete die Buchhändler zur Vorlage ihrer Bücherverzeichnisse bei der Polizeiobrigkeit. Schriften oder sinnliche Dar-
stellungen, deren Inhalt „was immer für illegale Angriffe einer physischen oder moralischen Person
sich erlaubt", sind von der Landesdirection zu verbieten und nach Befinden zu beschlagnahmen. Preß-
erzeugnisse, in denen „zwar kein gesetzliches Verbrechen gefunden" wird, die aber „offenbar entweder in
Rücksicht auf Moralität oder auf physisches Wohl der Staatsbürger schädlich" sind, kann das Ministerialdepartement für Unterrichtsangelegenheiten verbieten. Bezüglich der periodischen Presse galten
folgende Vorschriften. Ohne landesherrliche Bewilligung darf keine periodische Schrift politischen oder
statistischen Inhalts herausgegeben werden. Jedes Blatt oder Heft unterliegt vor der Ausgabe der
Censur. Den Censor ernennt in München das Ministerium des Aeußern, in den Provinzen der
Provinzialchef. Die Zeitungsschreiber haben sich „alles unanständigen Schimpfens und harter Ausdrücke gegen die allerhöchsten Höfe und alle bestehenden Regierungen auf das Sorgfältigste zu enthalten".

---

[5] R. Bl. S. 886.

[6] R. Bl. 1803 S. 5; 1806 S. 369.

[7] R. Bl. 1804 S. 420; 1807 S. 1083. Vgl. auch G. Krieg, Auswanderungswesen in
Bayern; Schriften des Vereins für Socialpolitik, Bd. LII.

[8] R. Bl. S. 1697.   [9] Vgl. z. B. R. Bl. 1812 S. 866.

[10] Intell. Bl. 1799 S. 518. R. Bl. 1802 S. 382; 1803 S. 431; 1804 S. 633.

[11] Intell. Bl. 1799 S. 518.

[12] R. Bl. S. 1937.   [13] Intell. Bl. S. 755.   [14] R. Bl. S. 231.

[15] R. Bl. 1814 S. 1521. Vgl. auch R. Bl. 1813 S. 321 (geheime Verbindungen an den Universitäten. S. K. Prantl, Geschichte der Ludwig-Maximilians-Universität in Ingolstadt, Landshut,
München, München 1872, I S. 720).

[16] Darüber oben § 33 Anm. 29.   [17] R. Bl. S. 377.

[18] Intell. Bl. S. 665.   [19] R. Bl. S. 70.

Sie haben „die Thatsachen soviel möglich einfach und ohne alle Bemerkungen und Raisonnement, insoweit sie nicht aus der Natur der Sachen fließen oder zu ihrer Aufklärung dienen, zu erzählen". „Auffallende und nicht genug verbürgte Nachrichten" dürfen nur mit genauer Angabe der Quelle gebracht werden.

Was die Sorge des Staates für das physische Dasein seiner Angehörigen betrifft, so sind die Bestimmungen über die Armenpflege schon oben[20] erwähnt worden. Ebenso ist die organisatorische Seite der Gesundheitsverwaltung bereits[21] zur Darstellung gekommen. Unter den materiellen Rechtsvorschriften auf diesem Gebiete aber stehen jene an Bedeutung obenan, durch welche die Kuhpockenimpfung zur Einführung gelangte. Im Jahre 1801[22] wurde zuerst ein Aufruf des geheimen Medicinalrathes Besnard, welcher die Impfung empfahl, durch die Regierung bekannt gemacht. Auch in den folgenden Jahren wurde der Bevölkerung der Nutzen der Impfung wiederholt an's Herz gelegt; die Geistlichen, Lehrer und Medicinalpersonen wurden zur Förderung derselben unter Zusicherung von Belohnungen aufgefordert, Impfungsanstalten errichtet und Impfärzte bestellt[23]. Ein theilweiser Impfzwang trat zuerst im Jahre 1805[24] durch die Verfügung ein, daß in kein Kinderhaus, Jugend- oder Erziehungsinstitut ein Kind aufgenommen werden dürfe, welches nicht die natürlichen Blattern überstanden habe oder mit Schutzpocken geimpft worden sei, und daß die Aufgenommenen „unter den nöthigen Vorschriften und in schicklichen Zeitpunkten" der Wiederimpfung zu unterwerfen seien. Diese Verfügung wurde im Jahre 1807 auf alle öffentlichen Schulen ausgedehnt[25]. Der entscheidende Schritt zur vollständigen Regelung des Impfwesens geschah durch die Verordnung vom 26. August 1807[26] welche den allgemeinen Impfzwang bestimmte. Die Verordnung bestimmt: Alle Unterthanen, welche das 3. Lebensjahr zurückgelegt und weder die Kindsblattern überstanden haben, noch mit Schutzpocken geimpft wurden, müssen bis zum 1. Juli 1808 geimpft sein. Ebenso müssen in Zukunft alle Kinder, welche am 1. Juli jedes Jahres ihr drittes Lebensjahr erreicht haben, mit den Schutzpocken geimpft sein. Die Mißachtung dieser Vorschriften ist mit Strafe bedroht. Nur approbirte Aerzte dürfen impfen. Gesetzlich verpflichtet hiezu sind in den Städten die Impfärzte und Stadtphysiker, auf dem Lande die Landgerichtsärzte. Das Impfgeschäft findet zweimal jährlich unentgeltlich statt. Die Pfarrer haben Listen der Impfungspflichtigen zu fertigen, die Aerzte Impftabellen zu führen. Ueber die vollzogene Impfung wird ein Schein ausgestellt. Die Verordnung trifft auch Bestimmungen über die Behandlung der Häuser, in welchen die natürlichen Blattern aufgetreten sind. An diese Verordnung schloß sich eine Anweisung für die Vornahme des Impfgeschäfts nebst Formularen[27]. Die Lehrer und Vorstände der Schulen und Unterrichtsanstalten wurden wiederholt und bei Strafe angewiesen[28], ungeimpfte Kinder nicht aufzunehmen und der Polizeibehörde Listen der mit Blattern-, Impf- und Ausnahmescheinen versehenen Schulkinder vorzulegen[29].

Zu erwähnen ist noch, daß durch Verordnung vom 30. Januar 1811[30] ein neues Apothekergewicht (1 Apothekerpfund zu 12 Unzen = 360 Gramm) eingeführt wurde, nachdem die Verordnung vom 28. Februar 1809[31] das Nürnberger Medicinalgewicht als allein giltig für alle Apotheken erklärt hatte.

In das Schulwesen des Landes kam unter Max Josef ein neuer und besserer Geist[32]. Der Umschwung, welcher in den Regierungsgrundsätzen eingetreten war, zeigt sich am deutlichsten in den Worten der kurfürstlichen Entschließung vom 26. November 1804[33], daß „nach richtigen Begriffen" „die bürgerlichen Schulen nicht als eine kirchliche, sondern als eine wichtige Polizeianstalt zu betrachten" seien, daß sie „eine Beziehung auf Kirchenwesen und Religionsmeinung" nur insoweit haben, „als Religionsunterricht zugleich ertheilt wird". Indessen würde man die Absichten der damaligen Regierung mißkennen, wenn man annähme, es sei auf eine Entfernung der Geistlichen aus der Schule abgesehen gewesen. Ein Aufruf des General-Schul- und Studiendirectoriums vom 11. Januar 1803[34] wandte sich in beweglichen Worten an den Klerus mit der Aufforderung, sich der Volksbildung zu

---

[20] §§ 34, 38 Anm. 36. [21] §§ 33 Anm. 4, 38 Anm. 39.

[22] R. u. Intell. Bl. S. 561. Vgl. auch R. Bl. 1803 S. 54.

[23] R. Bl. 1804 S. 199, 655, 710; Ulm. R. Bl. 1804 S. 457; R. Bl. 1806 S. 418.

[24] R. Bl. S. 466. [25] R. Bl. S. 354; vgl. auch S. 705.

[26] R. Bl. S. 1426; vgl. auch S. 1862; ferner R. Bl. 1808 S. 442, 610, 899; 1810 S. 263.

[27] R. Bl. 1807 S. 1493. [28] R. Bl. 1811 S. 729.

[29] Von vorübergehender Bedeutung sind die Anordnungen gegen Einschleppung des gelben Fiebers. Vgl. R. Bl. 1804 S. 1029 (Militärcordon gegen Italien); 1805 S. 449, 521.

[30] R. Bl. S. 193. [31] R. Bl. S. 473.

[32] Vgl. zum Folgenden K. Prantl in der Bavaria I S. 566 ff.; H. v. Sicherer, Staat u. Kirche in Bayern ꝛc., S. 28 ff.

[33] Fränk. R. Bl. 1805 S. 20; vgl. auch H. v. Sicherer a. a. O. S. 29.

[34] R. Bl. 1803 S. 28.

widmen. „Es ist Verath an der guten Sache, wenn ihr euch kräftiger Mitwirkung in Schulen weigert. Mensch ist der Landmann und die Stütze des Staates. Ihr seid ja zur Belehrung, zur Bildung desselben berufen. Was kein Anderer so gut als ihr thun kann, weil er nicht in euerem Kreise, auf euerer Stelle steht, das seid ihr zu thun schuldig." „Es ist viel auf euch gerechnet. Laßt euch die Jugendbildung eine der ersten Angelegenheiten sein."⁸⁵ Nicht der Einfluß der Geistlichen in der Schule, sondern die Herrschaft der Kirche über die Schule war es, was nicht mehr geduldet werden sollte.

Unterm 23. December 1802⁸⁶ erging eine Verordnung über den Besuch der Land= und Stadtschulen³⁷, welche die Schulpflicht auf die Zeit „vom 6. bis wenigst in's vollstreckte 12. Jahr" festsetzte. Kein Kind, so wird bestimmt, soll, ehe es das 12. Jahr vollendet hat, und dann erst nach einer öffentlichen Prüfung und darüber von dem Inspector erhaltenen Scheine, aus der Schule entlassen werden. Dieser Schein soll ein „wesentliches Requisit" bei Aufdingung zu Handwerken, der Verheiratung und Besitznahme eines Gutes oder Hauses sein. Die Schule soll, die Zeit von Mitte Juli bis zum 8. September ausgenommen, das ganze Jahr hindurch gehalten werden, vom 1. Mai bis zur Ernte jedoch nur als Halbschule. Das Schulgeld hatten die Altern mit 2 kr. wöchentlich von jedem schulfähigen Kinde, „sie mögen selbiges in die Schule schicken oder nicht", zu entrichten.

Die Verordnung vom 12. September 1803⁸⁸ verfügte, daß an die Werktagsschule eine Sonn= und Feiertagsschule sich anschließen solle. Vernünftige Altern würden selbst einsehen, daß in 6 Jahren nur das Nothwendigste gelehrt werden könne, daß das Gelernte, wenn aller Unterricht mit dem 12. Jahre aufhöre, größten Theils wieder vergessen werde, und daß endlich besonders die moralische Ausbildung in diesen Jahren nicht vollendet werden könne. Die Sonntagsschulpflicht hatte vom 12 bis 18. Jahre zu dauern, wogegen der Besuch der Christenlehre wegfiel. Die Erfüllung der Verpflichtung sollte Voraussetzung der Ansässigmachung sein. Handwerksgesellen war der Besuch der Sonntagsschule freigestellt.

Im Zusammenhange mit der Einrichtung der Schulleitung durch die Verordnung vom 3. August 1808⁸⁹ wurden „allgemeine Grundsätze, nach welchen bei öffentlichen Erziehungs= und Lehranstalten zu Werke gegangen werden soll", bekannt gegeben⁴⁰.

Unterm 3. Mai 1804 folgte ein Lehrplan für die Volksschulen, der vorzüglich die Realien berücksichtigte und die praktischen Zwecke der Volksschule betonte⁴¹.

Im Jahre 1806 wurde sodann durch das Regierungsblatt ein „Lehrplan für die königlichen Elementarschulen in Städten sowohl als auf dem Lande" und eine Instruction für die Elementarlehrer veröffentlicht⁴². Dieser Lehrplan wurde unterm 3. Mai 1811 durch einen neuen und umfassenden Lehrplan nebst Instruction⁴³ ersetzt⁴⁴.

Bezüglich der Bildung der Schulsprengel hatte die oben erwähnte Entschließung vom 26. November 1804 unter Ziffer 4 verfügt, daß die Schulen ferner nicht nach Bekenntnissen getrennt werden sollten. Auch die Entschließung vom 10. Mai 1810⁴⁵ hielt noch daran fest, daß der Schulsprengel einer Ortschaft durch die Grenzen des Gemeindegebiets bestimmt werde und, wo nur Eine Schule sei, die Kinder aller Bekenntnisse umfasse. Doch wurde, um „auch hierin die Gewissen nicht zu beschweren und die individuelle Ueberzeugung zu schonen", gestattet, daß ein Vater, welcher der Glaubensverschiedenheit wegen Bedenken trage, seine Kinder zur Ortsschule zu schicken, dieselben mit Erlaubniß des Generalkreiscommissariates in eine Nachbarschule seines Glaubensbekenntnisses senden dürfe.

---

⁸⁵ In Folge dieses Erlasses wurden eine geraume Zeit hindurch die Namen von Geistlichen, welche sich um das Schulwesen verdient gemacht hatten, öffentlich bekannt gegeben. Deren war keine kleine Zahl. Vgl. z. B. R. Bl. 1803 S. 100, 162, 191, 276, 310, 351, 418 und noch 1812 S. 957.

⁸⁶ R. Bl. S. 911, Döllinger IX, 3 S. 987; vgl. auch R. Bl. 1803 S. 987.

³⁷ München ausgenommen, für welches besondere Bestimmungen galten. Vgl. K. Prantl a. a. O. S. 566.

⁸⁸ R. Bl. S. 757; Döllinger IX, 3 S. 1496.

³⁹ Vgl. oben § 33 Anm. 22.

⁴⁰ R. Bl. 651. Dazu über Arbeitsschulen für Knaben und Mädchen („Industrieschulen") R. Bl. 1804 S. 187.

⁴¹ Vgl. die Angaben bei H. v. Sicherer a. a. O. S. 31. S. auch über die Verbesserung des Schulunterrichts der Juden R. Bl. 1804 S. 319. Taubstummenschule in Freising R. Bl. 1804 S. 735.

⁴² R. Bl. S. 9, 16, 19, 25, 33, 41. Ueber Schulprüfungen u. Preisevertheilungen R. Bl. 1808 S. 1459, 1464.

⁴³ Döllinger IX, 3 S. 1344. Vgl. K. Prantl a. a. O. S. 574.

⁴⁴ Der Centralschulbücherverlag, welcher seit 1785 bestand (vgl. oben § 25 Anm. 112), wurde aufrecht erhalten. R. Bl. 1808 S. 909; 1817 S. 591; Döllinger IX, 3 S. 1737.

⁴⁵ Döllinger IX, 3 S. 1294.

Auf diese Durchbrechung des Grundsatzes, daß der Schulunterricht mit Ausnahme der Glaubens-lehre nicht nach Bekenntnissen verschieden sei, folgte dessen völlige Preisgabe durch die Verordnung vom 22. Januar 1815[46]. Die Trennung der Volksschulen nach Bekenntnissen wurde ausgesprochen und als Regel festgesetzt, daß der Schulsprengel nach dem Pfarrsprengel sich bestimme.

Ueber die Bildung der Schullehrer, insbesondere über die Einrichtung der Lehrerseminarien, deren Zahl von 4 auf 6 vermehrt wurde, erging unterm 11. Juni 1809 ein umfassendes Regulativ[47].

Das Mittelschulwesen hatte sich unter der neuen Regierung einer nicht minderen Aufmerksam-keit zu erfreuen, wie die Volksschulen. Bereits unterm 24. September 1799[48] erschien eine Verordnung, in welcher die Grundgedanken, von welchen die Schulverwaltung ausging, schon sehr erkennbar hervor-treten. Es wird tadelnd bemerkt, daß man bisher die sogenannten lateinischen oder gelehrten Schulen zum Nachtheile der Real- und Bürgerschulen zu sehr begünstigt, überhaupt mehr für den Unterricht als für die Erziehung gesorgt habe. So seien den arbeitenden Classen viele brauchbare Hände entzogen und sei zugleich dem Staate ein unverhältnißmäßig großes, zum Theil unbrauchbares Studenten-proletariat herangezogen worden. Bei alledem fehle es in auffallender Weise an geeigneten Kräften für den Staatsdienst. Es wurde daher eine erhebliche Verminderung der Lyceen, Gymnasien und Lateinschulen verfügt und die Umwandlung der klösterlichen Seminarien und Lateinschulen in Real-schulen angeordnet.

Das Lehramt sollte befähigten Personen ohne Rücksicht des Standes, also nicht blos Geistlichen, zugänglich sein.

Das im Jahre 1802 an die Stelle des geistlichen Rathes getretene General-Schul- und Studien-directorium erließ unterm 1. Januar 1803 für die Schüler der Gymnasien und der Lyceen „Gesetze und Vorschriften"[49], durch welche insbesondere auf eine strassere Disciplin hingewirkt werden sollte.

Unterm 27. August 1804 erschien sodann für die Mittelschulen, deren bisheriges corpus do-centium, der Prälatenstand, aufgelöst worden war, der erste große Lehrplan[50]. Diesem Lehrplane lag, wie die Regierung selbst erklärte, die doppelte Absicht zu Grunde, brauchbares Wissen für's wirkliche Leben zu erzielen, also verständige Bürger und unterrichtete Geschäftsmänner zu bilden; sodann aus den höheren Classen allen Sectengeist fern zu halten und dafür in die Mittelschulen den aus denselben „lange verscheuchten Geist wahrer Lebensweisheit", vorzüglich durch das Studium der alten Sprachen und Classiker, wieder zurückzurufen.

Der Studiengang, welcher in der Regel mit dem 10. Lebensjahre beginnt, umfaßt drei Trien-nalcurse, die Realschule, welche vorzüglich auch für die Fortbildung des niedern Bürgerstandes dienen soll, das Gymnasium für die Fortbildung des höheren Bürgerstandes, das Lyceum für jene, welche zu den höheren, eigentliche Gelehrsamkeit fordernden Staats- und Kirchenämtern sich vorbereiten. Nur letztere Schüler sind verbunden, sämmtliche Curse in allen Lehrfächern zu durchlaufen. In den beiden höheren Cursen herrscht das Fachlehrersystem. Der Lehrplan, welcher die Realien gegenüber den alten Sprachen einigermaßen bevorzugte, erhielt unterm 12. November 1805 einen Nachtrag[51], welcher dieses Verhältniß zu Gunsten der classischen Studien änderte[52].

Im Jahre 1808[53] wurde verfügt, daß die bisherigen sogenannten Singknaben- oder Studenten-seminarien und Alumnen unter der Benennung Erziehungs- und Bildungsinstitute für studierende Jünglinge aus allen Ständen zu reorganisiren seien. Diese Institute sollten neben dem Zwecke all-gemeiner Bildung auch der Vorbereitung ausgezeichneter Candidaten des Lehramts. besonders der Philologie, dienen.

Einen neuen Abschnitt in der Geschichte des bayerischen Studienwesens bezeichnete das „all-gemeine Normativ der Einrichtung der öffentlichen Unterrichtsanstalten in dem Königreiche"[54], welches vom Könige im November 1808 erlassen wurde.

Die Grundzüge dieser Schuleinrichtung sind folgende.

Die Volksschulen sind von den Studienanstalten vollkommen getrennt, sie haben ihr selbständiges

---

[46] R. Bl. S. 73, Döllinger IX, 3 S. 1297.
[47] R. Bl. S. 953; Döllinger IX, 3 S. 1158. Der Unterricht wurde in 2 Cursen unentgelt-lich ertheilt. Hinsichtlich der Lehrweise wird auf Pestalozzi verwiesen.
[48] G. K. Mayr, Sammlung ꝛc., 1800, I S. 277.
[49] R. Bl. 1803 S. 104, 119, 167, 198, 205; 244, 279, 312, 358, 375, 439.
[50] Vgl. die „Ankündigung" in Nr. 37 des R. Bl. vom 12. Sept. 1804, S. 807.
[51] R. Bl. Nr. 48 vom 27. Nov. 1805.
[52] Ueber Preisevertheilungen R. Bl. 1808 S. 1464.
[53] R. Bl. S. 2569.
[54] Der Entw. ist von Niethammer. Vgl. darüber K. Prantl a. a. O. S. 571, ferner die erläuternde Min. Bek. R. Bl. 1809 S. 265.

Unterrichtsziel und sind nicht mehr als Elementarschulen zur Vorbereitung der Studienschüler zu betrachten. Dem letzteren Zwecke dienen die Primärschulen, welche die Schüler vom 8. bis zum 11. oder
12. Lebensjahre aufnehmen. Von da ab tritt völlige Trennung des humanistischen und des realistischen
Bildungsganges ein. Die Secundärschule, die Schüler vom 11. oder 12. bis zum 13. oder 14. Lebensjahre umfassend, theilt sich in das Progymnasium zur Vorbereitung für die höheren Gymnasialstudien
und die Realschule („gesteigerte Volksschule") für jene, die nicht zum eigentlichen gelehrten Studium
bestimmt sind, gleichwohl aber eine höhere als die Volksschulbildung erlangen wollen⁵⁵. Hieran
schließt sich für die Schüler bis zum 17. oder 18. Jahre ein zweifaches Studieninstitut: das Gymnasium für das gelehrte Studium, das Realinstitut für jene, „die sich mehr dem contemplativen
Studium der Naturwissenschaften und der Kunst widmen". Den Abschluß bildet nach Erstehung einer
Absolutorialprüfung⁵⁶ das akademische Studium auf einem Lyceum oder einer Universität.

　　　Für die Candidaten zum Lehramte an den Studienanstalten wurde unterm 9. Juli 1809⁵⁷
eine allgemeine Concursprüfung angeordnet.

　　　Eine abermalige Aenderung der Schulverfassung erfolgte im Jahre 1816.

　　　Die realistischen Mittelschulen (Realschulen und Realinstitute) wurden beseitigt und an deren
Stelle zweicursige höhere Bürgerschulen aus örtlichen Mitteln errichtet⁵⁸. Die Primärschulen, nun
Vorbereitungsschulen genannt, wurden von dem Zusammenhange mit den Gymnasien getrennt und
gleichfalls auf örtliche Hilfsquellen verwiesen⁵⁹.

　　　Die alte Landesuniversität Ingolstadt gelangte unter Max Josef zu hoher Blüthe⁶⁰. Die Universität erhielt schon unterm 25. November 1799⁶¹ eine neue, „dem Geist der Zeit anpassende und mit
den Bedürfnissen des Staatsdienstes übereinstimmende Einrichtung" und wurde im folgenden Jahre
wegen der „sich zu nähern scheinenden Belagerungsgefahren" vorläufig⁶², durch kurfürstliche Entschließung vom 2. November 1801⁶³ aber endgiltig nach Landshut verlegt. Durch Verordnung vom
26. Januar 1804⁶⁴ erfolgte eine völlige Umgestaltung der Universität. An Stelle der Eintheilung in
Facultäten trat die Scheidung in zwei „Hauptclassen" der allgemeinen und der besonderen Wissenschaften, jede zu vier Sectionen⁶⁵. Die Universität sollte einer geheimen Curatel beim Ministerialdepartement der geistlichen Angelegenheiten unterstellt sein und einen Rector und akademischen Senat
haben. Zugleich wurden revidirte „akademische Gesetze" erlassen⁶⁶. Die Verordnungen gegen den
Besuch fremder Universitäten blieben aufrecht erhalten⁶⁷.

　　　Nach Annahme der Königswürde verfügte der König (1807), daß die Promotionen nicht mehr
imperiali et pontificia, sondern regia auctoritate vorgenommen werden, und (1808) daß der Eid auf
das Tridentinum wegfallen solle⁶⁸.

　　　Die akademischen Gesetze vom 6. März 1814⁶⁹ bewirkten einige Aenderungen in Einrichtung
(fünf „Lehrkurse" statt der 8 Sectionen) und Studiengang.

　　　1815 wurde der Universität die Verwaltung ihres Vermögens zurückgegeben, die ihr durch die
Centralisation der Stiftungen entzogen gewesen war. Zu diesem Behufe wurde der noch bestehende
Verwaltungsausschuß geschaffen⁷⁰.

　　　Von den Universitäten, welche mit den neuen Gebietserwerbungen an Bayern gelangten, wurden fünf, Bamberg 1803, Dillingen 1804⁷¹, Altdorf 1809, Innsbruck 1810, Salzburg 1811, auf-

---

⁵⁵ Primär- u. Secundärschulen bilden zusammen die „Studienschulen", die nach Bedürfniß
auch abgesondert von Gymnasien errichtet werden können.

⁵⁶ R. Bl. 1809 S. 1336.　　　⁵⁷ R. Bl. S. 1131.　　　⁵⁸ Döllinger IX, 3 S. 1685.

⁵⁹ Döllinger IX, 2 S. 969, R. Prantl a. a. O. S. 575.

⁶⁰ Vgl. R. Prantl, Geschichte der Ludwig-Maximilians-Universität, I S. 645 ff., 697 ff.

⁶¹ G. R. Mayr, Sammlung ꝛc., 1800, I S. 289. Der Urheber der Verordnung ist Zentner.

⁶² G. R. Mayr, Sammlung ꝛc., 1802, II S. 258.

⁶³ R. Bl. 1802 S. 305.　　　⁶⁴ R. Bl. S. 443, Döllinger IX, I S. 140.

⁶⁵ Philosophische, mathematisch-physikalische, historische und Section der schönen Künste und
Wissenschaften; Section „der für die Bildung der religiösen Volkslehrer erforderlichen Kenntnisse",
der Rechtskunde, der staatswirthschaftlichen oder Cameralwissenschaften, der Heilkunde.

⁶⁶ R. Bl. S. 467. Dazu R. Bl. 1808 S. 119. Ueber geheime Verbindungen 1813 S. 321;
1814 S. 1521. Ueber Stipendienwesen 1807 S. 1685; 1812 S. 2025. (Vgl. auch 1810 S. 425.)

⁶⁷ Ausschreiben vom 3. Oct. 1804, R. Bl. S. 873.

⁶⁸ Prantl a. a. O. S. 704.　　　⁶⁹ Prantl a. a. O. S. 706.

⁷⁰ R. Bl. 1816 S. 183; Döllinger IX, 1 S. 205.

⁷¹ R. Prantl in der Bavaria I S. 568, Ulm. R Bl. 1804 S. 956.

gehoben ⁷³. Dagegen wurden die Universitäten Erlangen ⁷³ und in der Folge auch Würzburg bei-behalten. Die Universität Heidelberg war mit den pfälzischen Landen verloren gegangen.

Es erübrigt noch zu erwähnen, daß die Akademie der Wissenschaften durch Constitutionsurkunde vom 1. Mai 1807 ⁷⁴ eine neue Verfassung erhielt, die 1809 eine Ergänzung durch eine neue Wahl-ordnung ⁷⁵ und 1812 einige Abänderungen erfuhr ⁷⁶; ferner, daß durch Constitutionsurkunde vom 13. Mai 1808 ⁷⁷ die Akademie der bildenden Künste zu München errichtet wurde ⁷⁸.

Eine umfassende Thätigkeit entfaltete die Gesetzgebung auf wirthschaftlichem Gebiete.

Es ist hier zunächst der Anordnungen in Bezug auf Verkehrsanstalten und Verkehrsmittel zu gedenken.

Die Post war, wie schon oben erwähnt ⁷⁹, seit 1808 vollständig an den Staat übergegangen. Man war sofort bestrebt, den Postbetrieb gegen den privaten Wettbewerb zu sichern. Noch im nem-lichen Jahre wurden daher die Angelegenheiten des Boten- und Lehnrößlergewerbes der Generalpost-direction übertragen und das Botenwesen im Interesse der Postanstalt und des öffentlichen Verkehrs Beschränkungen unterworfen ⁸⁰. Eine Durchsicht dieser Bestimmungen erfolgte durch Verordnung vom 28. April 1815 ⁸¹.

Außerdem ergingen Vorschriften über Fahrpostsendungen und die Taxen hiefür ⁸², über Porto ⁸³ und Portofreiheiten ⁸⁴, über Estafetten ⁸⁵ u. a. m.

Bezüglich des Straßenwesens sind die Vorschriften der Verordnung vom 8. Februar 1809 zu erwähnen ⁸⁶. Durch diese Verordnung wurden die unentgeltlichen Naturaldienste zum Straßenbau für die Regel aufgehoben. Aufrecht erhalten blieben diese Verpflichtungen nur bei Neuanlagen von Chausseen oder Chausseebezirken, Herstellung von Chausseedämmen als Zufahrt zu neuen Brücken, Wiederherstellung von Chausseen, die durch Kriegsfuhrwerk oder außerordentliche Ereignisse völlig zer-stört wurden, endlich, allgemein nach den bisherigen Vorschriften, für Herstellung und Unterhaltung der Vicinalstraßen. Die ausnahmsweise Concurrenzpflicht für Chausseen sollte jedesmal im einzelnen Falle durch königliche Verfügung geregelt werden ⁸⁷. Für die Beiführung des Straßenbaumateriales wurde eine Concurrenzpflicht gegen „verhältnißmäßige Zahlung" festgesetzt ⁸⁸.

In Bezug auf Maß, Münze und Gewicht herrschte im Königreiche nach den mancherlei Gebiets-erwerbungen, die es gemacht hatte, große Verschiedenheit. Die Verordnung vom 28. Februar 1809 ⁸⁹ setzte einen gleichen Maß-, Gewicht- und Münzfuß fest, der aber, was Maß und Gewicht betrifft, erst vom 1. October 1812 an zur allgemeinen Geltung kam. Die Einheit wurde für das Längenmaß der altbayerische Fuß, für das Flächenmaß der Quadratfuß, für Flüssigkeiten die Maßkanne, für Getreide der altbayerische Metzen ⁹⁰, für das Gewicht das Münchener oder bayerische Pfund ⁹¹. Als Münzfuß wurde der „dermalige allgemein bekannte Conventionsfuß" erklärt. Die Bestimmungen über Maß und Gewicht gelangten in Unterfranken und im Rheinkreise nicht zur Einführung.

Die Errichtung einer Brandversicherungsanstalt war schon unter Karl Theodor in Anregung

---

⁷³ R. Bl. 1809 S. 1591; 1810 S. 1349 (Organisation der Universität Innsbruck 1808 S. 2653); 1811 S. 99.

⁷³ R. Bl. 1810 S. 1331.

⁷⁴ R. Bl. S. 1201, Döllinger IX, 1 S. 8. Vgl. dazu K. Prantl in der Bavaria I S. 729.

⁷⁵ R. Bl. S. 1177, Döllinger IX, 1 S. 23.

⁷⁶ R. Bl. S. 1713, Döllinger IX, 1 S. 30.

⁷⁷ R. Bl. S. 1049, Döllinger IX, 1 S. 84.

⁷⁸ Einen Erlaß über die Förderung der Kunst, dann Errichtung der Zeichnungsschule und der Maleraakademie s. R. Bl. 1802 S. 78, Döllinger IX, 1 S. 82.

⁷⁹ § 40 Anm. 27.

⁸⁰ R. Bl. 1808 S. 1537, 1538. Erläuterungen R. Bl. 1809 S. 1965; 1811 S. 1483.

⁸¹ R. Bl. S. 363.

⁸² R. Bl. 1808 S. 1581; vgl. 1809 S. 42; 1811 S. 563.

⁸³ Ueber das Briefporto im Inlande R. Bl. 1810 S. 1201.

⁸⁴ Briefportofreiheit R. Bl. 1807 S. 6; 1803 S. 33. Die Portofreiheit der k. Stellen und Be-hörden wurde auch auf die Postwägen ausgedehnt. R. Bl. 1814 S. 1577.

⁸⁵ R. Bl. 1813 S. 1585.

⁸⁶ Die Anlage, Wiederherstellung u. Unterhaltung der Chausseen u. Vicinalwege betr., R. Bl. S. 289.

⁸⁷ Ausnahmebestimmungen zu Gunsten Münchens in Ziff. III der Verordn.

⁸⁸ Ueber die Abtretung von Gründen zu Kiesgruben u. Steinbrüchen R. Bl. 1812 S. 1353.

⁸⁹ R. Bl. S. 473; dazu R. Bl. 1811 S. 225; 1812 S. 785, 1177.

⁹⁰ Zugleich Kaltmaß. R. Bl. 1811 S. 819.

⁹¹ Ueber das Apothekergewicht Ziff. 6 der Verordn. u. R. Bl. 1811 S. 193, sowie oben Anm. 30.

gekommen, aber nahezu zwei Jahrzehnte lang verschleppt worden. Die neue Regierung brachte die
Sache noch im ersten Jahre ihres Bestehens zum Abschlusse, und unterm 17. September 1799 erging
bereits, nach Benehmen mit den Landschaften von Bayern und Neuburg, eine Verordnung, die Feuer-
assecuranz in Bayern betreffend⁹². Hienach wurde unter kurfürstlichem „Schutz und Ansehen" eine
Brandversicherungsgesellschaft für die gesammten herobern Lande Bayerns, die Oberpfalz, Neuburg,
Sulzbach, Leuchtenberg und die schwäbischen Herrschaften errichtet. Wir verstehen, heißt es im Eingange der Verordnung, „unter dieser Brandassecurationsgesellschaft diejenige Anstalt, wo sich die Haus-
besitzer untereinander verbindlich machen, bei entstehender Feuersbrunst denjenigen aus der Gesellschaft,
welcher durch den Brand ein oder anderes von den Gebäuden ganz oder zum Theil verliert, solchen
Verlustes halber insoweit schadlos zu halten, als das abgebrannte Gebäude dem Werthe nach angegeben
und eingeschrieben worden, zu welcher Indemnisation das nöthige Geld in dem Verhältnisse unter
ihnen aufgebracht werden solle, in welchem ein jeder bei entstehendem Unglücksfall die Vergütung selbst
zu gewarten hat". Zur Direction der Anstalt ernennt der Kurfürst „von oberster Polizei wegen"
einen Commissär nebst einem Rechnungsführer, welche der Oberaufsicht der Generallandesdirection
unterstehen. Die äußeren Behörden führen die Anstaltsgeschäfte gegen einen Abzug von den „Brand-
steuerbeiträgen" mit höchstens 2 Pfennig vom Gulden. Der Beitritt zur Gesellschaft ist freigestellt⁹³,
ebenso der Austritt⁹⁴. Gewisse besonders feuergefährliche Gebäude sind von der Versicherung ausgeschlossen; desgleichen bewegliche Sachen. Sobald ein Brandschaden sich ergibt, hat die ordentliche
Obrigkeit sowohl die Veranlassung als den Betrag desselben zu untersuchen und an die Direction zu
berichten. Alsdann wird der Brandschaden ausgeschrieben und die Einhebung der Beträge von den
einzelnen Mitgliedern bewerkstelligt. Die Anstalt sollte, wenn bis dahin ein Concurrenzcapital von
10 Millionen Gulden eingeschrieben wäre, am 1. Januar 1800 ins Leben treten; doch gab es nach
diesem Termine noch manche Schwierigkeiten zu überwinden, bis die Geschäfte in Gang kamen⁹⁵.

Im Jahre 1801 wurden die Gebäude der Städte und Märkte dem Versicherungszwange unter-
worfen⁹⁶ und sämmtliche Hof-, Cameral- und Staatsgebäude in die Anstalt aufgenommen⁹⁷. Dazu
kamen 1802 die unter landesfürstlichem Schutze stehenden Kirchen bezüglich ihrer verbrennbaren Theile,
nebst den Meßnerhäusern, dann die Pfarr- und Oeconomiegebäude⁹⁸.

Die Verordnung vom 23. Januar 1811⁹⁹ vereinigte nach längeren, bereits im Jahre 1808
begonnenen Berathungen die in den alten und neuen Provinzen bestehenden Brandversicherungs-
gesellschaften¹⁰⁰ vom 1. October ab zu einer einzigen allgemeinen Brandversicherungsanstalt für das
Königreich. Eine umfassende Brandversicherungsordnung wurde erlassen. An dem Grundgedanken
einer staatlich geleiteten, auf Freiwilligkeit beruhenden Gesellschaft wurde festgehalten. Dagegen tritt
die Idee des Versicherungsmonopols in der Form auf, daß kein Unterthan, welcher nicht der vaterländischen Anstalt schon beigetreten ist, mit auswärtigen Gesellschaften der nemlichen Art sich verbinden
darf. Die Ausnahmen vom Grundsatze der Freiwilligkeit wurden vermehrt (Artikel 5—7 der Brandversicherungsordnung). Wiederherstellung des abgebrannten Gebäudes war Bedingung der Ent-
schädigungsleistung. Die Beiträge sollten nicht mehr im Einzelfalle, sondern nach Ablauf des Jahres
im Ganzen erhoben werden. Die Anstaltsgeschäfte waren von den äußeren Behörden unter Aufsicht der

---

⁹² Intell. Bl. S. 773, 787. Der Entw. ist vom geh. Referendär v. Stichaner, der in der Staatsrathssitzung vom 8. Aug. 1799 darüber vortrug. Vgl. ferner R. u. Intell. Bl. 1800 S. 57, 102; R.
Bl. 1803 S. 721.

⁹³ Nichtversicherten wird aber angedroht, daß sie bei Brandschaden weder ein Sammlungs-
patent noch Abgabennachlaß noch Gnadenholz erhalten.

⁹⁴ Beschränkungen bestehen für solche, die einmal Entschädigung erhalten haben, ferner für
verpfändete Gebäude.

⁹⁵ Vgl. R. u. Intell. Bl. 1800 S. 61, 66, 133. Ueber das erste Geschäftsjahr R. u. Intell. Bl.
1801 S. 527.

⁹⁶ R. u. Intell. Bl. 1801 S. 671.　　　　⁹⁷ R. u. Intell. Bl. 1801 S. 721.

⁹⁸ R. Bl. 1802 S. 269 ff., 537.

⁹⁹ R. Bl. S. 129. Dazu R. Bl. 1815 S. 33, 330, 332.

¹⁰⁰ Es waren folgende:
1) für Altbayern in München, Gründungsjahr 1799, Versicherungscapital 1810: 125 041 450 fl.;
Jahresbeitrag 2—4 kr.;
2) für Schwaben in Ulm seit 1804, Capital 46 682 504 fl.; Beitrag 6—7 kr., auch höher;
3) für Bamberg seit 1776, Capital 13 089 743 fl.; Beitrag bis 4 kr. (1806 2 kr.);
4) für Ansbach seit 1745, Capital 39 085 150 fl.; Beitrag bis 4 kr.
5) für Nürnberg (Gebiet der Reichsstadt) seit 1783, Capital 23 577 050 fl., Beitrag bis 4 kr. (1806
1½ kr.);
6) Pappenheim seit 1759, Capital 365 620 fl.

Generalkreis-, bzw. Stabtcommissariate und Oberleitung des Ministeriums des Innern zu führen. Nur bei letzterem wurde ein eigenes Personal für die Brandversicherungsgeschäfte, ein Rechnungsbureau aufgestellt, das von der Anstalt zu besolden war. Alle eigentlichen Brandversicherungsstreitigkeiten wurden als „wahre Polizei- und Verwaltungsgegenstände" erklärt.

Die neue Einrichtung war entschieden vollkommener als die frühere, doch wies sie noch immer erhebliche Mängel auf. So kam der Grad der Feuergefährlichkeit der Gebäude nur insoferne in Betracht, als gewisse Gebäude mit Rücksicht darauf von der Versicherung ausgeschlossen waren; dagegen nicht für die Bemessung der Versicherungsprämie. Daß eine Versicherung der brennbaren Bestandtheile allein zulässig sei, wurde erst im Jahre 1815¹⁰¹ durch eine authentische Auslegung der Brandversicherungsordnung außer Zweifel gestellt.

Die Brandversicherungsanstalt wurde in der Folge auch auf das neuerworbene Gebiet des Großherzogthums Würzburg unter Beseitigung der dort bestehenden Assecuranzanstalt und auf die Fulda'schen Aemter, sowie auf die sonstigen Erwerbungen diesseits des Rheins ausgedehnt¹⁰².

In diesem Zusammenhange mag auch erwähnt werden, daß mit Rücksicht auf die Interessen der Brandversicherungsanstalt zusätzliche Bestimmungen zu der Feuerordnung vom 30. März 1791¹⁰³ unterm 17. Mai 1803¹⁰⁴ ergingen.

Auf dem Gebiete des Verwaltungsrechts der einzelnen Erwerbsarten ist vor Allem der landwirthschaftlichen Gesetzgebung zu gedenken. Durch Verordnung vom 5. Juni 1801¹⁰⁵ wurde die Zehntfreiheit, welche seit 1779 für neubebaute öde Gründe bewilligt worden war, von 10 auf 25 Jahre verlängert. Verbesserungen in der Bewirthschaftung wurden, auch dem Mißverstande und den Belästigungen von Behörden gegenüber, entschieden in Schutz genommen¹⁰⁶. Insbesondere wurde an dem Grundsatze der älteren Mandate festgehalten, daß der Eigenthümer an Verbesserungen nicht gehindert werden dürfe und jede Prozeßeinleitung hiegegen verboten sei. Der Kurfürst durfte mit Recht schon nach wenigen Jahren seiner Regierung sich rühmen, daß er „den Geist der landwirthschaftichen Betriebsamkeit nicht selten mit Aufopferung großer Summen, aber auch nicht ohne glücklichen Erfolg zu beleben und zu ermuntern gesucht" habe¹⁰⁷.

Man sah es als ein wesentliches Mittel zur Förderung der Landwirthschaft an, wenn der Bauer zum Grundeigenthümer gemacht werde, zumal auch „das Eigenthum die so heilsame und nöthige Güterauflösung und Zertheilung vorzüglich begünstige". Eine gute Gelegenheit, in dieser Richtung vorzugehen, bot die Aufhebung der Klöster. Man veräußerte nicht nur die angefallenen landwirthschaftlichen Güter, Schwaigen u. dgl., da man deren Selbstverwaltung durch den Staat für unzweckmäßig erachtete, an Private unter Vorbehalt einer ständigen Rente (Census); sondern man bestimmte außerdem¹⁰⁸, daß den vormaligen Grunduntertanen der Klöster innerhalb Jahresfrist die Ablösung des Eigenthums gestattet werde. An Stelle der bisherigen Geldreichnisse oder Naturaldienste solle ein Bodenzins (Census) treten, für den Entgang der Leibgelder, Laudemien und Taxen, für das dominium directum und die damit verbundenen Rechte eine mäßige Ablösungssumme zu entrichten sein.

Ein Erlaß vom 22. Mai 1804¹⁰⁹ über die Verwaltung der kurfürstlichen Zehnten sprach ferner die Absicht aus, „für diese lästige und die Cultur hemmende Abgabe ein billiges Surrogat auszumitteln".

Die Gemeinheitsabtheilungen suchte man auf alle Weise zu fördern. Der Maßstab der Abtheilung wurde in einer Art bestimmt, die äußerst vortheilhaft für die Kleinbegüterten war, da man bei diesen am meisten Lust und Liebe zur Cultur voraussetzen zu dürfen glaubte. Dabei hielt man daran fest, daß solche „Cultursproceduren", wenn es sich nicht um Auseinandersetzungen von privatem, sondern von gemeinblichem Eigenthume handle, im Verwaltungswege ohne Einmischung der Gerichte und ohne Rücksicht auf die Weidenschaften (und den „wilden Hirtenstand") durchzuführen seien, und ordnete ein summarisches Verfahren an. Bei Zweifeln, ob eine Sache vor die „Culturstellen" oder die Justizstellen gehöre, sollte höchsten Orts angefragt werden¹¹⁰.

Ein Erlaß der Generallandesdirection vom 20. Mai 1803¹¹¹ hob mit Befriedigung hervor, wie

¹⁰¹ R. Bl. S. 33.   ¹⁰² Döllinger XIII S. 1097.   ¹⁰³ Oben § 25 Anm. 73.
¹⁰⁴ R. Bl. S. 328. Vgl. auch R. Bl. 1807 S. 713, 1143.
¹⁰⁵ R. u. Intell. Bl. S. 401. Dazu R. Bl. 1802 S. 105.
¹⁰⁶ Vgl. z. B. R. Bl. 1803 S. 16, 57.
¹⁰⁷ Vgl. zum Folgenden eine gemeinverständliche Schrift aus jener Zeit: J. Hazzi, Katechismus der baierischen Landesculturgesetze sammt einem Unterricht der Landwirthschaft für das Landvolk, München 1803.
¹⁰⁸ R. Bl. S. 426, 501. Vgl. auch 1804 S. 300, 732, 823.   ¹⁰⁹ R. Bl. S. 539.
¹¹⁰ Vgl. R. Bl. 1803 S. 147, 336, 485, 1025; 1804 S. 697, 936; 1805 S. 105, 729.
¹¹¹ R. Bl. S. 336. Eine Entschl. derselben Direction vom 15. März 1805 hatte auch die Aufstellung von Flurschützen zur Handhabung der Feldpolizei angeordnet und unter Festsetzung von Vor-

„die Abtheilungen und Culturen so außerordentliche Fortschritte machen, daß sehr wenige Städte, Flecken und Dörfer mehr sein mögen, die nicht ihre Gemeindswaldungen und Weidenschaften schon abgetheilt und sich dabei zur Cultur angeschickt haben"¹¹².

In jene Zeit fällt auch die Errichtung einer Musterlandwirthschaftschule zu Weihenstephan, die unter Benützung der dortigen Klosterökonomie mit der neuen Forstschule verbunden und am 1. Januar 1804 eröffnet wurde¹¹³.

Nicht unwichtig sind die Bestimmungen der Verordnung vom 15. März 1808¹¹⁴. Durch diese wird im Einklange mit älteren Anordnungen die Weide auf Aeckern während der „Fructification" und auf Wiesen während der Hegezeit als ohne Entschädigung aufgehoben erklärt. Der Eigenthümer kann aber überdies die Weide auch von seinen leeren Feldern und von den Wiesen zur offenen Zeit entfernen, dieß jedoch nur gegen billige Entschädigung des Weideberechtigten. Wenn über die Entschädigung keine Vereinbarung erzielt wird, entscheiden hierüber die Culturbehörden. Die offene Zeit wird für die Wiesen anstatt des bisherigen Michaeli- und Georgiziels auf die Monate October bis einschließlich März festgesetzt.

Ueber die in demselben Jahre gemachten Versuche, dem bäuerlichen Besitze die Befreiung von den gutsherrlichen Rechten zu ermöglichen, wurde bereits oben¹¹⁵ berichtet.

Nicht unerwähnt darf auch die Gründung des landwirthschaftlichen Vereines in Bayern bleiben, welche vom Könige unterm 30. December 1809 genehmigt wurde. Die Vereinssatzungen erhielten unterm 9. October 1810 die landesherrliche Bestätigung¹¹⁶.

Auch zur Hebung der Forstwirthschaft geschah Manches. Schon 1799¹¹⁷ wurden die Pechlerpatente aufgehoben und das Pech als eine Nebennutzung des Waldeigenthümers erklärt. Unterm 20. April 1804 erging eine Verordnung wegen Fixirung der Forstrechte in den Staatswaldungen¹¹⁸. 1805 wurden Bestimmungen über bessere Verwaltung der den Cultusstiftungen gehörigen Wälder erlassen¹¹⁹, insbesondere wurde aller Natural- Holz- und Streugenuß gegen Anweisung einer entsprechenden Waldfläche oder eines Ersatzes in Geld an die Berechtigten aufgehoben. Daran schloß sich eine Verordnung vom 18. Januar 1805¹²⁰, welche bestimmte, daß die Ablösung und Abtheilung der Forstdienstbarkeiten sowohl vom Eigenthümer als vom Holzberechtigten verlangt werden könne. Die Abfindung des letzteren solle in Grund und Boden geschehen, und zwar, je nach der Güte des Waldes, zum Satze von 1, 1½ oder 2 Tagwerk für ein Klafter Berechtigung. Allenfallige Abgaben der Berechtigten seien als Bodenzins auf den surrogirten Grund und Boden zu übertragen. Weidenschaften in den Wäldern, Laubrechen oder Streusammeln sollen den Waldeigenthümer in der freien Verfügung und Benützung nicht hindern. Bei gänzlicher Beseitigung solcher Nutzungen solle nur dann eine Entschädigungspflicht bestehen, wenn sie auf ausdrücklicher Concession oder Verträgen mit dem Waldeigenthümer beruhen. Mit der Entfernung dieser Rechte solle übrigens nur allmählich vorgegangen werden. Streitigkeiten wurden auf den Verwaltungsweg verwiesen.

Im nemlichen Jahre¹²¹ wurde auch der Verkauf entbehrlicher Staatswaldungen in größerem Maßstabe angeordnet. Dies geschah mit Rücksicht auf die Kosten des eigenen Forstbetriebes und die angeblich besseren Erfolge der Privatwirthschaft, sowie weil man glaubte, daß eine theilweise Umwandlung des Waldes in Aecker und Wiesen wünschenswerth sei.

Im Jahre 1808¹²² ergingen neuerlich Erlasse über die Weide- und Streudienstbarkeiten in den Waldungen. In den bereits „purificirten" Staatswaldungen sollte der dienstbarkeitfreie Zustand auf-

---

schriften über deren Thätigkeit die äußeren Behörden beauftragt, die Vorschläge zur Einrichtung des Flurschützendienstes in ihren Bezirken einzureichen. Auf kurfürstlichen Befehl wurde jedoch der Auftrag zurückgenommen. R. Bl. 1805 S. 471. 508.

¹¹² Auch der Pflege der Fruchtbäume wurde Aufmerksamkeit zugewandt und die Bepflanzung der Chausseen mit solchen angeordnet. R. Bl. 1803 S. 805, 881, 1015. Die Herstellung und Unterhaltung dieser Obstbaumalleen wurde den Angrenzern zur Pflicht gemacht. Auch wurde jedem neu anstehenden Gutsmaier und jedem neuen Bürger die Verbindlichkeit auferlegt, zwei Obstbäume zu pflanzen und vier Jahre lang zu pflegen. „Diese zwei Obstbäume kommen auf ihre eigene Gründe und sind mit dem Namen des Eigenthümers und dem Jahre der Setzung auf einem kleinen Schilde auszuzeichnen." (!) Man nahm übrigens schon im folgenden Jahre diese sonderbaren Zwangsvorschriften, die vielen Unmuth erzeugten, wieder zurück. R. Bl. 1804 S. 157.

¹¹³ R. Bl. 1803 S. 899, 1051.   ¹¹⁴ R. Bl. S. 677.   ¹¹⁵ § 46 Anm. 22.

¹¹⁶ R. Bl. 1810 S. 1057, 1330. Ueber die vom Vereine angeregten landwirthschaftlichen Feste in den Kreisen und das Centralfest (Octoberfest) in München R. Bl. 1812 S. 1482.

¹¹⁷ R. u. Intell. Bl. 1800 S. 11, 127.

¹¹⁸ R. Bl. S. 418. Vgl. auch R. Bl. 1809 S. 633.   ¹¹⁹ R. Bl. S. 60.

¹²⁰ R. Bl. S. 105.   ¹²¹ R. Bl. S. 537.   ¹²² R. Bl. S. 602, 679.

recht erhalten und nur auf bestimmte Zeit und gegen Recognitionsgebühr die Weide an unschädlichen Plätzen gestattet werden. Bei den nicht purificirten Waldungen sollte mit der Purification fortgefahren werden. In Privatwaldungen müssen schädliche Dienstbarkeiten ohne Entschädigung und nur gegen Ersatz des ursprünglichen Erwerbspreises und Aufhebung der bedungenen Prästationen aufhören. Unschädliche Dienstbarkeiten kann der Eigenthümer ablösen.

Die Bestimmungen der „Normalverordnungen" vom 20. April 1804 und 18. Januar 1805 wurden durch eine Verordnung vom 13. December 1811 [133] erneuert und erläutert.

Für den forstlichen Unterricht war seit 1804 durch eine in Weihenstephan errichtete Forstschule Sorge getragen [134].

Auf dem Gebiete des Gewerberechtes ist es der Montgelas'schen Verwaltung zwar gelungen, das entartete Zunftwesen in seinen Grundlagen zu erschüttern und eine Reihe erheblicher Mißstände zu beseitigen; aber eine Gesetzgebung, welche dieses gesammte Gebiet planvoll geregelt hätte, ist nicht zu Stande gekommen. Dem entsprechend weist jener Zeitraum nur eine allerdings bedeutende Zahl von Einzelverordnungen gewerberechtlicher Natur auf [135]. Immerhin aber ist anzuerkennen, daß der Gesetzgeber mit richtigem Blicke die bessernde Hand da anlegte, wo es zumeist Noth that. Vor Allem wurden die Zwangs- oder Bannrechte und überhaupt die Ausschlußrechte der zünftigen Gewerbetreibenden innerhalb bestimmter Bezirke beseitigt. So fiel der Bierzwang schon im Jahre 1799 [136], der Brotzwang 1801 [137]; die Zwangsrechte der Tavernwirthe bei Hochzeiten wurden 1802 abgeschafft [138]. Eine Verordnung von 1804 hob den Zunftzwang der inländischen Gewerbe gegeneinander auf. Es solle „der freien Gewerbsausübung jedes Handwerkers, in welchem Orte oder in welchem Gerichtsbezirke er arbeiten wolle, kein Hinderniß in den Weg gelegt werden", vorbehaltlich jedoch des bestehenden Verbots des Hausirens [139]. In Anwendung dieses Grundsatzes wurde 1809 ausgesprochen, daß der Mühlenzwang ebenfalls nicht mehr fortbestehen könne [140].

Auch gegen den Bestand der realen und radicirten Gewerbe [131] wurde, wenngleich in sehr schonender Weise, vorgegangen. Bereits eine Verfügung der Landesdirection in Bayern vom Jahre 1803 [132] war dem Mißbrauche entgegengetreten, daß persönliche Concessionen gleich realen veräußert würden. Eine Verordnung vom 1. December 1804 [133] aber, die Handwerksbefugnisse betr., verwarf die Realrechte grundsätzlich. Nach der Natur der Sache, den bestehenden Bestimmungen und dem alten deutschen Grundsatze: Kunst erbt nicht, können, so sagt die Verordnung, „die Handwerksbefugnisse, welche blos auf persönlicher Geschicklichkeit beruhen, die Natur reeller Gerechtigkeiten oder eines veräußerlichen Eigenthums nicht annehmen". Die Verordnung will gleichwohl für die Vergangenheit die erworbenen Privatrechte schonen und nur Schranken für die Zukunft aufrichten. Hienach wird die fernere Begründung neuer und die Wiedererrichtung erloschener [134] Realrechte verboten. Als radicirte Gewerbe sollen nur jene verliehen werden können, deren Ausübung mit besonders eingerichteten Häusern und

---

[122] R. Bl. 1812 S. 170.   [124] R. Bl. 1803 S. 897.

[125] Vgl. hieher den Bericht des Abg. Dr. Pözl, Verh. d. K. d. Abg. 1859/61 Beil. Bd. VI S. 225 ff., J. Kaizl, der Kampf um Gewerbereform u. Gewerbefreiheit in Bayern von 1799—1868, Leipzig 1879, S. 46 ff., wo übrigens die Anführungen aus dem R. Bl. sehr an Genauigkeit zu wünschen übrig lassen.

[126] Verordn. vom 20. Dec. 1799, G. K. Mayr, Sammlung ꝛc., 1800, I S. 246. Eine Gegenvorstellung der „bräuenden Stände" wurde abgewiesen. R. u. Intell. Bl. 1801 S. 687. Vgl. auch Amberg. R. Bl. 1803 S. 33 u. R. Bl. 1807 S. 1295, 1371. Ueber den Minutoverschleiß, welcher den Bräuhäusern gestattet war, R. Bl. 1805 S. 50, 619. Den Weißbierwirthen wurde auch die Führung braunen Biers erlaubt, doch sollten sie gehalten sein, „zur Befriedigung des Publicums sich immer auch weißes Bier beizulegen". R. Bl. 1807 S. 1492. Ueber die Beseitigung der Verpflichtung der Bräuer, die Bräuabfälle den Branntweinbrennern zu überlassen, R. Bl. 1812 S. 483. Vgl. 1807 S. 297.

[127] R. u. Intell. Bl. 1801 S. 231; 1802 S. 139.

[128] R. Bl. 1802 S. 73; vgl. auch 1807 S. 946.

[129] R. Bl. 1804 S. 298. Dazu 1807 S. 224. S. auch schon die sehr merkwürdigen Erlasse über den Verkauf von Brot und Fleisch in München R. u. Intell. Bl. 1800 S. 69, 121; ferner R. Bl. 1802 S. 94, 810.

[130] R. Bl. 1809 S. 1329.

[131] Ueber den Begriff unten § 360 Anm. 41, dann Verh. der K. b. Abg. 1859/61 Beil. Bd. VI S. 228, J. Kaizl a. a. O. S. 50 ff.

[132] R. Bl. 1803 S. 958. Ueber die Münchener Gewerbegerechtigkeiten J. Kaizl a. a. O. S. 52, R. Bl. 1803 S. 1002.

[133] R. Bl. 1805 S. 43, 546. Vgl. dazu die einschärfenden Bestimmungen R. Bl. 1807 S. 1087. S. auch § 25 Anm. 13.

[134] Vgl. dazu die erläuternde Verordn. vom 8. Febr. 1811 (R. Bl. S. 233).

Gebäuden verbunden sein muß, nemlich Bräuereien und Mühlen [135]. Die Vermuthung streitet für die persönliche Natur der Handwerksgerechtigkeit. Gerechtigkeiten, welche ohne beschwerlichen Titel erlangt sind, werden niemals als real anerkannt. Die Verordnung setzt zugleich weitgehende Beschränkungen fest, welchen die Uebertragung der aufrecht erhaltenen dinglichen Gewerbrechte unterliegen soll [136].

Auf der so geschaffenen Grundlage konnte nunmehr der Grundsatz der staatlichen Concessionirung der Gewerbe zur ausschließenden Geltung erhoben, das bisher schon geübte landesherrliche Recht der Gewerbeconcessionirung zum System der allgemeinen Gewerbeconcessionspflicht ausgebaut werden [137]. Durch Verordnung vom 5. Januar 1807 [138] wurde den Patrimonialgerichten das Recht der Ertheilung von Gewerbeconcessionen entzogen. Auch die Verleihung von Gewerben unter Hofschutz wurde abgestellt [139].

Bezüglich der Ertheilung der Gewerbeconcessionen traf die Verordnung vom 2. October 1811 folgende Bestimmungen [140].

„Ganz neue Concessionen, insbesondere solche, wodurch die Zahl der gegenwärtigen Concessionisten gleicher Art an ein und demselben Orte vermehrt würde, sind vor der Hand nirgends mehr zu verleihen, den einzigen Fall ausgenommen, wo das wirkliche Bedürfniß der Verleihung evident und ausgesprochen vorliegt. Auch die Wiederbesetzung erledigter Gewerbsconcessionen findet nur dann statt, wenn sich, nach vorgängiger genauer Untersuchung aller Umstände, die Wiederverleihung ebenfalls evident und unwidersprochen als wirklich nothwendig darstellt." [141] Die Ertheilung der Concessionen für „wirkliche Fabriken", Manufacturen, Bräuereien und neue Buchdruckereien [142] behielt sich der König persönlich vor. Der Hausirhandel war regelmäßig bei Strafe verboten [143]. Das Boten- und Lehnrößlergewerbe war mit Rücksicht auf das Postregal besonderen Vorschriften unterworfen [144], die Salpetererzeugung mit Rücksicht auf das Salpeterregal [145].

Auch der Betrieb der Gewerbe war der polizeilichen Regelung und Aufsicht unterstellt.

Zahlreiche Erlasse ergingen zur Abschaffung von Handwerksmißbräuchen [146]. Den Zünften, denen durch das System der staatlichen Concessionirung das Recht der Zulassung zum Gewerbe entzogen war, wurde der schriftliche Verkehr mit andern in- und ausländischen Zünften verboten [147]. In Bezug auf die Abgrenzungen der Gewerbebefugnisse blieb es in der Hauptsache beim Alten [148], wenn

---

[135] „Bei den Fabrikunternehmungen, wobei der Unternehmer meistens blos den Capitalisten vorstellt, enthalten die Privilegien selbst die Zeit und Art der Berechtigung."

[136] Vgl. dazu auch R. Bl. 1804 S. 122.

[137] Vgl. übrigens wegen der Freigabe des Vieh- u. Obsthandels Intell. Bl. 1799 S. 595; R. u. Intell. Bl. 1801 S. 703; des Ziegel- u. Kalkbrennens R. u. Intell. Bl. 1800 S. 231.

[138] R. Bl. S. 55. Vgl. auch lit. F der k. Decl. über die Reichsritterschaft vom 31. Dec. 1806 (R. Bl. 1807 S. 202) u. Edict über die gutsherrlichen Rechte vom 28. Juli 1808, § 25 (R. Bl. S. 1838). Dazu wegen der gutsherrlichen Gewerbslaudemien u. Recognitionen für Gewerbeverleihungen R. Bl. 1809 S. 1947; 1811 S. 97.

[139] R. Bl. 1811 S. 802 (s. auch G. K. Mayr, Sammlung ꝛc., 1800, I S. 236). Ueber die Hofschutzgewerbe J. Kaizl a. a. O. S. 59, 60 Anm. 1.

[140] R. Bl. S. 1502. Dazu R. Bl. 1815 S. 877. — Vgl. auch R. Bl. 1807 S. 523.

[141] Die Bemerkung von J. Kaizl a. a. O. S. 61: „Ueber die Art, wie die staatlichen Behörden das Concessionssystem handhaben sollen, erfolgten zunächst keine besonderen Vorschriften", ist hiernach unrichtig.

[142] Vgl. angef. Verordn. vom 2. Oct. 1811, Verordn. vom 27. Febr. 1816, R. Bl. S. 97.

[143] Vgl. R. u. Intell. Bl. 1800 S. 33, 387; 1801 S. 433; R. Bl. 1814 S. 57. Besondere Bestimmungen für Tirol R. Bl. 1806 S. 473; 1807 S. 1729. Vgl. auch R. Bl. 1809 S. 836; 1810 S. 431; 1811 S. 1869 (Lumpensammeln); 1816 S. 683 (Scheerenschleifer).

[144] S. oben Anm. 80, 81.

[145] R. Bl. 1808 S. 449; 1807 S. 1108; 1815 S. 97.

[146] Vgl. z. B. R. u. Intell. Bl. 1801 S. 719; 1804 S. 299 (Aufhebung des Gesellenthalers u. des Handgeldes bei den Schuhmachern); 1802 S. 137 (Aufhebung eines Mißbrauchs bezüglich der eingekauften Meister), S. 18, 697 (Auszechen der Gesellen); 1804 S. 885 (Aufhebung des Postulats u. Cornutengeldes bei den Buchdruckern); 1808 S. 2552 (des Ausschenkens u. Auszechens bei den Zünften); 1810 S. 839 (des Weißmachens bei den Nagelschmieden); 1811 S. 5 (der Sitz- oder Muthjahre bei den Zünften); Ulm. R. Bl. 1804 S. 35 (Aufhebung von Mißbräuchen bei Aufbingung u. Ledigzählung der Lehrjungen).

[147] R. Bl. 1815 S. 17. Dies war übrigens nur eine Erneuerung älterer Polizeigesetze. Ueber die Zunftstrafen Amb. R. Bl. 1802 S. 195; R. Bl. 1806 S. 127.

[148] Vgl. J. Kaizl a. a. O. S. 68.

auch einzelne zeitgemäße Aenderungen eintraten [149]. Den Kalt- und Kupferschmieden wurden jedoch im Jahre 1805 ihre Privilegien bestätigt [150]. An dem Erfordernisse des Meisterstückes wurde festgehalten [151].

Für einzelne Gewerbe wurden aus verschiedenen polizeilichen Rücksichten Vorschriften über den Betrieb erlassen, so für die Kaminkehrer [152], Wasenmeister [153], Bier- und Kaffeewirthe [154] und Tändler [155].

Die Lebensmittelgewerbe waren, wie seither, bezüglich gewisser Waaren (Bier, Fleisch, Mehl, Brod) obrigkeitlicher Taxirung [156] und Aufsicht unterworfen, ebenso wurden Maß, Gewicht und Elle polizeilich untersucht [157].

Von einschneidender Bedeutung war jene Gruppe von Verfügungen, welche die Rechtsverhältnisse des gewerblichen Hilfspersonals betrafen. So wurden die Bestimmungen der Handwerksordnungen, welche die Meister in der Zahl der aufzunehmenden Lehrlinge beschränkten, beseitigt [158]. Es wurde vorgeschrieben, daß regelmäßig Lehrlinge nach zurückgelegtem 15. Jahre nicht mehr angenommen werden sollten; nur bei Handwerken, welche ausgebildetere Leibeskräfte erfordern, wurde das vollendete 18. Jahr als Aufnahmegrenze festgesetzt. Die Lehrzeit sollte wenigstens 1½ und höchstens 3 Jahre dauern und nur im Inlande zurückgelegt werden; die Aufnahme von Lehrlingen war der Obrigkeit anzuzeigen [159]. Die Wanderpflicht wurde durch Verordnung vom 4. März 1806 aufgehoben [160] und das Recht, in's Ausland zu wandern, durch Verordnung vom 11. October 1807 [161] nur mehr ausnahmsweise zugestanden. An Stelle der Handwerkskundschaften [162] wurden durch Verordnung vom 17. März 1808 [163] Wanderbücher eingeführt. Auch in die Bestimmung des Arbeitslohnes wurde manchmal gesetzlich eingegriffen [164].

Der Marktverkehr wurde durch eine Mehrzahl von Verordnungen in freierem Sinne geregelt [165].

§ 48. Die Verkündigung der Gesetze und Verordnungen.

Die altherkömmliche Verkündigung der landesherrlichen Erlasse durch Verruf vor der Kirche und Anschlag, ausnahmsweise durch Bekanntgabe von der Kanzel herab, erhielt sich im 19. Jahrhunderte noch einige Zeit. Eine Verordnung vom 5. Juni 1801 [1] verfügte in diesem Sinne. Sie bestimmte auch, daß „diejenigen Verordnungen, welche dem Volke besonders eingeprägt werden sollen und auf seinen Wohlstand besonderen Einfluß haben", „durch die Pfarrer in den Kirchen von den Kanzeln verkündet werden sollen". Es werde dies übrigens jedesmal ausdrücklich angeordnet werden. Auch die

---

[149] Vgl. z. B. R. Bl. 1802 S. 138 (den Weißgerbern wird das Färben der selbstgearbeiteten Felle, den Färbern das Pressen der selbstgefärbten Zeuge gestattet); 1807 S. 297 (Branntweinbrennen betr.), 1808 S. 770 (Niederlagen der Professionisten); 1808 S. 897 (den Barchent- u. Leinwebern wird das Selbstfärben des zu ihrer Arbeit nöthigen Stoffes erlaubt).

[150] R. Bl. 1805 S. 802. Dazu J. Kaizl a. a. O. S. 70.

[151] Vgl. z. B. R. Bl. 1802 S. 137. Ausnahme für die von der Centralveterinärschule approbirten Hufschmiede R. Bl. 1816 S. 371.

[152] R. Bl. 1805 S. 307, 840.   [153] R. Bl. 1805 S. 414 (vgl. auch S. 491).

[154] Vgl. z. B. R. Bl. 1804 S. 701; 1805 S. 831. R. Bl. 1804 S. 201.

[155] R. Bl. 1805 S. 931.

[156] Vgl. z. B. R. u. Intell. Bl. 1801 S. 691; 1806 S. 259 (Ochsenfleisch); R. Bl. 1808 S. 1021, 1805 S. 641 (Brot); bezüglich des Biers hauptsächlich die Verordn. vom 25. April 1811, betr. die künftige Regulirung des Biersatzes im Kgr. Bayern u. die Verhältnisse der Bräuer zu den Wirthen sowohl unter sich, als zu dem Publicum, R. Bl. S. 617. S. darüber auch J. Kaizl a. a. O. S. 62 f. — Ueber den Wachstarif R. u. Intell. Bl. 1801 S. 435; die Tarifirung aufgehoben R. Bl. 1808 S. 356.

[157] R. Bl. 1808 S. 2558.

[158] R. Bl. 1807 S. 227 (Verfügung der Landesdirection Bamberg); 1810 S. 514 (allg. Verordn.)

[159] Verordn. vom 11. Oct. 1807 § 8, R. Bl. S. 1614.

[160] R. Bl. S. 81; vgl. dagegen noch R. Bl. 1805 S. 667. Ueber die Wanderscheine ebenda S. 263.

[161] R. Bl. S. 1610.

[162] Darüber J. Kaizl a. a. O. S. 66. Vgl. auch R. Bl. 1805 S. 507, 759.

[163] R. Bl. S. 680. Dazu R. Bl. 1809 S. 503; 1810 S. 178; 1811 S. 1505, 1681; 1812 S. 1307.

[164] Vgl. R. Bl. 1808 S. 132, 769, 771. Verbot der verabredeten Arbeitseinstellung R. Bl. 1809 S. 1295.

[165] Vgl. hieher J. Kaizl a. a. O. S. 72 ff., R. Bl. 1805 S. 303, 331, 527, 888, 975, 1026; 1806 S. 316; 1811 S. 649.

[1] R. u. Intell. Bl. S. 417. Dazu R. Bl. 1808 S. 1469, Döllinger VIII S. 443.

libellweiſe Veröffentlichung der Erlaſſe kam noch vor³. Das letzte Ueberbleibſel dieſer Uebung iſt die amtliche Bekanntgabe größerer Geſetzeswerke in Buchform, wobei nur das Verkündigungspatent in die fortlaufende Sammlung der Geſetze und Generalien aufgenommen wurde³.

Das Münchener Intelligenzblatt bildete ſich nunmehr allmählich zu einem Geſetzblatte um. Durch eine Verordnung vom 5. October 1799⁴ wurde verfügt, daß künftig die „das allgemeine Beſte betreffenden Landesgeſetze und Verordnungen aller Gattungen", ſowie die Ausſchreibungen der Landes-ſtellen in den herobern Kurlanden unter Leitung und Aufſicht der Generallandesdirection bekannt zu machen ſeien. „Indem nun," ſagte die Verordnung, „auf dieſe Art dieſes von ſeinem Urſprunge an offizielle Blatt mit Unſerer Regierung in noch unmittelbarere Verbindung kommt, ſo ſoll daſſelbe mit Anfang des künftigen Jahres den Titel: Churpfalzbaieriſches Regierungs- und Intelligenzblatt führen und von Jedermann in dieſer Eigenſchaft anerkannt, folglich die darin enthaltenen Verordnungen, Verrufe und Bekanntmachungen als geſetzmäßig publicirt angeſehen werden."⁵

Durch kurfürſtliche Entſchließungen vom 17. October und 23. November 1801 wurde ſodann befohlen, daß das Regierungsblatt vom Intelligenzblatte zu trennen ſei. Erſteres ſolle von 1802 ab er-ſcheinen und „nur die landesherrlichen Verordnungen, Geſetze, Bekanntmachungen der Regierung und ſtatiſtiſche Behelfe ohne Beimiſchung von fremden Aufſätzen und Privatgegenſtänden enthalten"⁶. Für die „äußeren Provinzen" Oberpfalz, Neuburg, Franken und Schwaben wurden ſeit 1803 in Amberg, Neuburg, Bamberg bezw. Würzburg und Ulm unter Leitung und Aufſicht der Landesdirectionen be-ſondere Provinzialregierungsblätter herausgegeben.

Durch Verordnung vom 1. Januar 1806⁷ wurde jedoch verfügt, daß von dieſem Jahre ab nur ein einziges amtliches Blatt unter der unmittelbaren Aufſicht des geheimen Miniſterialdepartements der auswärtigen Angelegenheiten erſcheinen und den Titel Königlich-Baieriſches Regierungsblatt führen ſolle. Daſſelbe ſollte zugleich für die Veröffentlichungen der Generallandescommiſſariate und Landesdirectionen dienen. „Alle darin enthaltenen Verfügungen, geſetzlichen Weiſungen und Auf-träge" ſollten „von ſämmtlichen Unterthanen ungeſäumt zu befolgen" ſein.

Eine Verordnung vom 7. März 1814⁸ beſtimmte, daß in jedem Kreiſe des Königreichs für die Verkündigung „aller amtlichen Anordnungen und Verfügungen ſämmtlicher adminiſtrativer, gericht-licher und finanzieller Ober- und Unterbehörden des Kreiſes" ein Kreisintelligenzblatt beſtehen ſolle.

Durch Verordnung vom 29. December 1817⁹ wurden endlich folgende Verfügungen getroffen. An Stelle des Regierungsblattes treten von 1818 ab zwei im Miniſterium des Innern herausgegebene Blätter: das Geſetzblatt für das Königreich Baiern und das allgemeine Intelligenzblatt. Nach Art. II der Verordnung ſoll das Geſetzblatt enthalten:

„1. alle neuen organiſchen Einrichtungen der Beſtandtheile und Verfaſſung des Reichs, der öffentlichen Stellen und Behörden und der allgemeinen öffentlichen Verwaltungsanſtalten, nebſt den diesfallſigen allgemeinen Inſtructionen;

2. alle für das Reich geltenden Geſetze und Verordnungen in den verſchiedenen Fächern der Staatsverwaltung, mit den damit in unmittelbarem Zuſammenhange ſtehenden ergänzenden Inſtruc-tionen; alle authentiſchen Erläuterungen und näheren Beſtimmungen jener Geſetze und Verordnungen, ſowie die Beſchlüſſe über deren allenfallſige Abänderungen, Aufhebungen oder Ausdehnungen auf neue Gebietstheile;

3. die Patente zur Verkündigung neuer Civil-, Criminal- und Polizeigeſetzbücher;

4. die mit auswärtigen Mächten geſchloſſenen Verträge, welche durch Unſere Sanction zu Staatsgeſetzen erhoben werden, und alle öffentlichen Declarationen über auswärtige ſowie über innere ſtaatsrechtliche Verhältniſſe".

„Die bisherigen übrigen Artikel des Regierungsblattes gehen in das allgemeine Intelligenz-blatt über."

---

² Intell. Bl. 1799 S. 723.

³ Vgl. Verordn. vom 29. Dec. 1817 Art. II Ziff. 3, Geſ. Bl. 1818 S. 5.

⁴ Intell. Bl. S. 723.

⁵ Das Strobel'ſche Privilegium (f. oben § 26 Anm. 12) wurde gleichzeitig verlängert. Intell. Bl. 1799 S. 726. Vgl. auch Beil. zu Nr. 1 des R. u. Intell. Bl. von 1800.

⁶ R. u. Intell. Bl. 1801 S. 789; R. Bl. 1802 S. 5.   ⁷ R. Bl. S. 4.

⁸ R. Bl. S. 673.

⁹ Geſ. Bl. 1818 S. 5. Ueber die ſpätere Entwickelung Weber I S. 547.

6. Abschnitt.

§ 49. Der Staat und die Glaubensgesellschaften.

Das Verhältniß zwischen Staat und Kirche wurde unter Maximilian IV. Josef[1] sofort ein völlig anderes. Die katholische Kirche hörte auf, Landeskirche in Bayern[2] zu sein.

Zunächst gestatteten kurfürstliche Erlasse vom 24. Januar und 6. April 1800[3] dem Cabinetsprediger der Kurfürstin in München die Vornahme geistlicher Verrichtungen für den protestantischen Hofstab und die sonstigen protestantischen Bewohner von München, jedoch in nicht öffentlicher Weise und ohne äußere Zeichen des Amtes. Den Münchener Protestanten wurde ferner der Besuch des protestantischen Hofgottesdienstes erlaubt. Am bemerkenswerthesten aber ist, daß der Kurfürst sich vorbehielt, unter Umständen die protestantische Taufe von Kindern aus gemischten Ehen, sowie die protestantische Trauung von Brautleuten verschiedenen Bekenntnisses zu gestatten. Letztere habe der Cabinetsprediger „in einem Privatregister vorzumerken, bis Wir eine vollständige Verordnung über die vermischten Ehen bekannt machen und in selber auch über diesen Punkt bestimmte allgemeine Verfügungen treffen lassen werden, welches nächstens geschehen soll".

Unterm 1. und 30. September gleichen Jahres ergingen Entschließungen[4], daß in der Oberpfalz, ebenso wie in Cham und Neuburg, bei Veräußerung der Landesgüter an Protestanten „alle beschränkende Clauseln künftig wegzulassen und dergleichen nichtkatholische Käufer den übrigen, soviel den Genuß und Besitz der Güter betrifft, ganz gleich zu halten seien". Von diesem Grundsatze sei „niemals abzugehen, jedoch derselbe durch den Druck nicht öffentlich bekannt zu machen".

Eine offenere und entschiedenere Sprache führte bereits der kurfürstliche Erlaß vom 10. November 1800[5]. „Wir haben," sagte der Kurfürst, „bei verschiedenen Anlässen wahrgenommen, daß Viele die irrige Meinung hegen, die katholische Religionseigenschaft sei eine wesentliche Bedingniß der Ansäßigmachung in Bayern, welches von den nachtheiligsten Folgen für die Beförderung der Industrie und Cultur in diesem Lande Zeithero gewesen ist. Gleichwie aber weder in der Reichs noch Landesverfassung[6] einiger Grund für diese Meinung beruhet, so wollen Wir, daß bei der Ansäßigmachung in Unsern sämmtlichen heroberen Staaten die katholische Religionseigenschaft nicht ferner als eine wesentliche Bedingniß anzusehen sei und darnach andere Glaubensgenossen davon ausgeschlossen werden." Eine Entschließung vom 26. August 1801[7] wiederholte diese Anordnung nachdrücklich und ermahnte zum Frieden zwischen den Angehörigen der verschiedenen Glaubensbekenntnisse, während unterm 21. des folgenden Monats[8] bemerkt wurde, daß die Zulassung der Nichtkatholiken „zur Zeit nur auf die christlichen Confessionen und nicht auf die Juden im Allgemeinen" sich erstrecke.

Der Kurfürst brachte seinen landesherrlichen Willen engherzigem Widerstande gegenüber mit edler Entschiedenheit zur Geltung. Die landschaftliche Verordnung aber ließ es sich nicht entgehen, bei dieser Gelegenheit nochmal eine traurige Rolle zu spielen und den Beweis zu liefern, wie wenig sie in die neue Zeit passe[9].

Ein Edict vom 10. Januar 1803[10] dehnte die Glaubensfreiheit auch auf die Herzogthümer Franken und Schwaben aus. Dabei werden zum ersten Male die Folgerungen aus jenem Grundsatze vom Gesetzgeber im Einzelnen gezogen. Allen christlichen Glaubensgenossen wird der volle Genuß bürgerlicher und politischer Rechte, den Angehörigen der drei im Reiche eingeführten christlichen Bekenntnisse die Berücksichtigung bei Anstellungen im Staatsdienste zugesichert. Niemand darf in seiner Hausandacht gestört werden. Die Angehörigen einer Glaubensgesellschaft brauchen die besonderen

---

[1] Ueber die gleichzeitigen literarischen Erscheinungen auf dem Gebiete des Kirchenstaatsrechtes A. Reinhard, die Kirchenhoheitsrechte des Königs von Bayern, München 1884, S. 87 ff.

[2] Bezüglich der Pfalz vgl. Religionsdeclaration vom 9. Mai 1799, G. K. Mayr, Sammlung ꝛc., 1801, I S. 256.

[3] G. K. Mayr, Sammlung ꝛc., 1802, II S. 242, 252.

[4] G. K. Mayr a. a. O. II S. 364.   [5] G. K. Mayr a. a. O. II S. 259.

[6] Ueber diese Rechtsfrage ausführlich E. Mayer, die Kirchenhoheitsrechte des Königs von Bayern, S. 92 Anm. 15.

[7] R. u. Intell. Bl. S. 559, G. K. Mayr a. a. O. II S. 267.

[8] G. K. Mayr a. a. O. II S. 369.

[9] Vgl. über die damaligen Vorgänge in München H. v. Sicherer, Staat u. Kirche in Bayern S. 24.

[10] R. Bl. S. 25; auch fränk. R. Bl. S. 13, Ulm. R. Bl. S. 161.

Feiertage eines andern Bekenntniſſes nicht zu feiern, ſollen jedoch den fremden Gottesdienſt nicht ſtören. Unterthanen, die noch zu keiner kirchlichen Gemeinde vereinigt ſind, werden „in Allem, was ihre Ge-wiſſensfreiheit nicht beſchränkt, zur gewöhnlichen Ortspfarrei gerechnet und müſſen dahin die her-gebrachten Stolgebühren entrichten". Doch ſteht ihnen, wenn ſie die Mittel haben, die Bildung einer eigenen Gemeinde frei. Der Kurfürſt erklärt endlich: „Wir werden Uns zwar in die innere conſti-tutionelle Geſetzgebung des Kirchenweſens, in eigentliche Lehr- und Glaubensſachen nie einmiſchen, über die Ausübung derjenigen Rechte aber, beſonders der oberſten Aufſicht, welche der höchſten Staats-gewalt ſowohl nach dem allgemeinen als poſitiven deutſchen Staatsrecht darüber zuſteht, ſoll ſorg-fältig gewacht werden."

Hier ſind, wie man ſieht, die erſten Anſätze des modernen Kirchenſtaatsrechtes gegeben.

Die nächſte Folge des neuen Syſtems war, daß die landesherrliche Gewalt ſich genöthigt ſah, nicht nur das commercium, ſondern auch das connubium zwiſchen den Angehörigen der verſchiedenen Bekenntniſſe zu regeln¹¹. Dies konnte ſelbſtverſtändlich ohne Abbruch des kanoniſchen Rechtes nicht geſchehen.

Vor Allem wurde ſeit 1802 die Verehelichung von Katholiken mit geſchiedenen Proteſtanten als ſtatthaft erklärt¹². Die Verordnung vom 18. Mai 1803¹³ bezeichnete es als Folge der „eingeführten bürgerlichen Toleranz", daß gemiſchten Ehen kein Hinderniß in den Weg gelegt und den „Neuverlobten ohne Unterſchied, ob ſie ſich bei dem Pfarrer des Bräutigams oder der Braut trauen laſſen wollen, wenn ſie die hergebrachten Gebühren bezahlt haben, die Dimiſſoriales ertheilt werden". Zugleich wurde bezüglich des Glaubensbekenntniſſes der Kinder aus gemiſchten Ehen beſtimmt, daß hiefür zu-nächſt die Eheverträge und die während der Ehe etwa vereinbarten Abänderungen derſelben maßgebend ſein, ſonſt aber jedem Ehetheile die Kinder ſeines Geſchlechtes im Bekenntniſſe folgen ſollen. Das „Discretionsalter" wurde auf das zurückgelegte 18. Jahr feſtgeſetzt¹⁴. Ein ſpäterer Nachtrag zu der Verordnung erklärte, daß den unehelichen Müttern geſtattet ſei, ihre Kinder in ihrem Glaubensbekennt-niſſe zu erziehen. Die Verordnung von 1803 habe erſt zur Anwendung zu kommen, wenn etwa in der Folge der uneheliche Vater die Mutter eheliche¹⁵.

Den Geiſtlichen wurden die beſtehenden Verbote, Ehen ohne Bewilligung der weltlichen Obrig-keit einzuſegnen, eingeſchärft¹⁶. Die Verlöbniſſe wurden wiederum, wie es nach dem Mandate von 1769 der Fall geweſen war¹⁷, als weltliche Angelegenheit erklärt¹⁸. Die Ehegerichtsbarkeit dagegen wurde für die Katholiken den geiſtlichen Gerichten belaſſen, für die Proteſtanten 1807 den Hofgerichten übertragen¹⁹.

Eine Verordnung vom 7. Mai 1804²⁰ regelte, in den Hauptpunkten auf der Grundlage des bis-herigen Rechtes, „die Verhältniſſe zur geiſtlichen Gewalt". In Redewendungen, welche theilweiſe wörtlich in die Verfaſſungsurkunde übergegangen ſind, wird betont, daß die weltliche Regierung in rein geiſtliche Gegenſtände des Gewiſſens und der Glaubenslehre und in die Handhabung des biſchöf-lichen Oberhirtenamtes über innere Kirchenangelegenheiten ſich nicht weiter einmiſche, „als um Miß-bräuche, die dem Wohle des Staates nachtheilig werden könnten, zu verhüten". Andererſeits werde aber auch nie geduldet werden, „daß die Geiſtlichkeit und irgend eine Kirche einen Staat im Staate

---

¹¹ Vgl. zum Folgenden H. v. Sicherer, über Eherecht u. Ehegerichtsbarkeit in Bayern, München 1875, und Staat u. Kirche in Bayern S. 27. — Zuerſt iſt von einer ſtaatlichen Regelung der Eheſachen in einem kurf. Reſcr. vom 22. Mai 1801 (G. K. Mayr, Sammlung ꝛc., 1802 II S. 261) die Rede, wo es bezüglich „der landesfürſtlichen Befugniß, von dirimirenden Ehehinderniſſen zu dis-penſiren", heißt, daß „bei Gelegenheit des zu entwerfenden Geſetzbuches für die kurf. Staaten alle dies-falls eintretenden rechtlichen Verhältniſſe genauer geprüft, ſofort auch nach einem richtigen Syſteme über die Grenzen der beiden Gewalten feſtgeſetzt werden" ſollen. Die Frage kam denn auch bei Erörte-rung der Art. 162—164 des Code civil in der Geſetzgebungscommiſſion zur Sprache. Einige Mit-glieder hegten Bedenken, daß dem Landesherrn bezüglich der kathol. Unterthanen das Recht der Dis-penſation von verbotenen Verwandtſchaftsgraden zukommen ſolle, da die Katholiken nach den Grund-ſätzen ihres Glaubens verpflichtet ſeien, dieſe Dispenſation nur bei den geiſtlichen Obern nachzuſuchen. Der Miniſter Graf Morawitzky hielt darüber dem Könige in der geh. Staatsconferenz vom 30. Juni 1808 beſonderen Vortrag. Der König verfügte, entſprechend dem Gutachten des Miniſters, die unver-änderte Aufnahme des Art. 164 des Code civil in den Entw. des bürgerl. Geſetzb.

¹² Döllinger VIII, 1 S. 241 ff.   ¹³ R. Bl. S. 321, Döllinger VIII, 1 S. 38.

¹⁴ Vgl. hieher E. Mayer a. a. O. S. 94.   ¹⁵ R. Bl. 1807 S. 518.

¹⁶ R. Bl. 1806 S. 275.   ¹⁷ Vgl. oben § 27 Anm. 68.

¹⁸ R. Bl. 1806 S. 175; dazu wegen der Sponſalienklagen der Proteſtanten 1807 S. 1082.

¹⁹ R. Bl. 1807 S. 285. Ueber Ehedispenſationstaxen der Proteſtanten R. Bl. 1810 S. 516; über Aufgebotsdispenſation R. Bl. 1809 S. 499, 1813 S. 1033.

²⁰ R. Bl. 1804 S. 509; Döllinger VIII, 1 S. 67.

bilde" und „in ihren weltlichen Handlungen und mit ihren Besitzungen den Gesetzen und den gesetzmäßigen Obrigkeiten sich entziehe". Die weltliche Oberaufsicht werde immer strenge gehandhabt werden. In gemischten Angelegenheiten werde der Landesherr seine Mitwirkung nicht ausschließen lassen.

Im Einzelnen wird Folgendes verfügt. Das Placet wird aufrecht erhalten²¹. Dessen Ertheilung ist im Eingange der oberhirtlichen Erlasse zu erwähnen. Die Geistlichkeit unterliegt der weltlichen Civil- und Strafgerichtsbarkeit²². Bezüglich der Hinterlassenschaften von Geistlichen wird
keine kirchliche Cumulativgerichtsbarkeit zugestanden²³. In Disciplinarsachen bleibt die Anrufung des
landesfürstlichen Schutzes gegen Mißbrauch der geistlichen Gewalt vorbehalten.

„Bei Eintheilung und Dismembrirung der Pfarreien oder bei Errichtung neuer Pfarreien,
sowie bei übrigen Dispositionen über das eigentliche Kirchenvermögen und bei neuen Einrichtungen,
welche auf die katholischen Divina im Lande Bezug haben, soll nichts ohne vorhergegangenes gemein-
schaftliches Benehmen mit den Ordinariaten einseitig vorgenommen werden." Maßregeln werden vorbehalten, durch welche sich der Landesherr „der künftigen Befähigung und Würdigkeit der anzustellen-
den Geistlichen versichern" könne²⁴.

Es wird von Interesse sein, zu untersuchen, wie die in der Verordnung von 1804 aufgestellten
allgemeinen Grundsätze und besonderen Bestimmungen in der Anwendung sich gestalteten. Dabei darf,
was die ersteren anlangt, auch auf die Zeit vor 1804 zurückgegangen werden, da ja diese Grundsätze die
Richtschnur nicht blos des künftigen, sondern schon des früheren Verhaltens der Regierung gewesen sind.

Dem Vorbehalte, unter welchem man die Nichteinmischung in innere Kirchenangelegenheiten
verkündet hatte, und dem Begriffe der Gegenstände, „welche zwar geistlich sind, aber die Religion nicht
wesentlich berühren und zugleich irgend eine Beziehung auf den Staat und das weltliche Wohl der
Einwohner desselben haben", gab man eine ziemlich weite Ausdehnung. Besonders ergingen in Bezug
auf Andachten, Ceremonien und Gebräuche der katholischen Kirche Gebote, Verbote und Beschränkungen
in großer Zahl. Die Blüthezeit dieser Erlasse fällt in das Jahr 1803²⁵. Man muß allerdings dabei
billiger Weise berücksichtigen, daß es sich in der That vielfach um die Beseitigung wirklicher Mißbräuche
und mitunter unglaublicher Geschmacklosigkeiten handelte. Auf der anderen Seite läßt sich aber nicht

---

²¹ Dies war schon durch vorhergehende Erlasse von 1803 eingeschärft worden, R. Bl. S. 346,
777, 801; 1804 S. 179. Döllinger VIII S. 65 ff. Dazu H. v. Sicherer, Staat u. Kirche in
Bayern S. 36, A. Reinhard, die Kirchenhoheitsrechte des Königs von Bayern S. 95.

²² R. Bl. 1803 S. 956 (Ziff. 2); 1804 S. 521.

²³ Vgl. dazu R. Bl. 1803 S. 425, 955, 956; 1804 S. 521; 1807 S. 667, 1111 u. Döllinger
VIII, 1 S. 146 ff.

²⁴ Ein Rescr. vom 21. Juli 1806 verfügte, daß „die in Religions- u. Kirchenangelegenheiten erlassenen Verordnungen, welche bisher in den alten bayer. Staaten eingeführt waren, auch in den durch
den Preßburger Frieden erworbenen neuen Landen u. Gebieten zur Ausübung gebracht werden, wann
nicht schon durch bestehende Verordnungen ein Mehreres zu Gunsten der landesfürstlichen Macht in
einem oder dem andern Punkte eingeführt worden wäre, wobei es sodann sein Bewenden hätte".

²⁵ Vgl. die Beispiele bei H. v. Sicherer, Staat u. Kirche in Bayern S. 44, A. Reinhard,
die Kirchenhoheitsrechte des Königs von Bayern S. 98. Ferner R. u. Intell. Bl. 1801 S. 767 mit
R. Bl. 1807 S. 1755 (Verlegung des Christnachtgottesdienstes auf 5 Uhr früh im Interesse „der guten
Sitte und der Ruhe"); 1803 S. 178 (heilige Gräber); 1803 S. 190. — 1803 S. 217 (Verbot des Felder-
umritts mit dem Sanctissimum zur Pfingstzeit). — 1803 S. 232, 289; 1804 S. 94, 123, 438; 1807
S. 780, 1266, 1867 (Beschränkungen der Prozessionen, Kreuzgänge x. und Verbote von Masteraden
u. dgl. bei denselben). — 1803 S. 465 (öffentliche Feier des Kirchweihfestes in den Hauskapellen als
„Winkelandacht" untersagt). — [1803 S. 467 Verbot, auf Leichen Teig gähren zu lassen und daraus
Küchein für die Leichengäste zu backen.] — 1803 S. 481 (Verbot der goldenen Samstagandachten, wo-
bei „die Zeit mit Hinlaufen auch in die entfernteren Kirchen verschwendet wird"). — 1803 S. 688
(Verbot des Verkündens von Wundergeschichten auf der Kanzel). — 1803 S. 762 (das Exorcisiren,
Segensprechen und Austheilen so betitelter geistlicher Mittel in Beziehung auf physische Uebel bei
Menschen und Vieh wird als „gräulicher Unfug" bei Pfründeverlust und Personalarrest verboten). —
1803 S. 762 (das Einladen zu großen Kirchenfesten durch Verkündzettel in fremden Pfarreien verboten,
weil „dieses ewige Hin- und Herlaufen" zu Mißständen führe). — 1804 S. 232 (Verbot von Predigten
in Feldkapellen). — 1804 S. 801 (Aufhebung der sog. ewigen Andachten). — 1805 S. 105 (Beschränkung der Opfergänge). — 1804 S. 749; 1805 S. 1049 (Beschränkungen in Bezug auf das ewige Licht).
— 1806 S. 157; 1807 S. 619 (Verbot des Wetterläutens); 1806 S. 258 (die Polizeivorschriften zur
Handhabung des Fastengebots aufgehoben). — 1808 S. 402; 1807 S. 1559, 1694 (Beschränkungen der
Patrocinien und Kirchweihfeste). — 1807 S. 341, 1121 (Regelung des Glockengeläutes). — 1807 S. 1757
(Verbot des Himmelläutens als „widersinnigen Mißbrauchs"); 1807 S. 1861; 1808 S. 898 (Verbot
der Feuerweihe am Charsamstag). — Zahlreich sind auch die Erlasse wegen der abgewürdigten Feier-

leugnen, daß man durch allzu weit gehendes und allzu schroffes Eingreifen die Gefühle der Bevölkerung unnöthig verletze. So wenn die Landesdirection von Bayern unterm 3. October 1803 ³⁶ ausschrieb: „Da auf den Chausseen die Aushängschilder der Religionsschwärmerei als Figuren, Capellen ³⁷, Marter-säulen ꝛc. ohnehin nicht mehr geduldet werden, sollen dafür vielmehr einzelne von Stein erbaute Ruhe-bänke, dem müden Wanderer zur Labung, abwechseln."

Gemeinden, welche den getroffenen Anordnungen entgegen von den übermäßigen Kreuzgängen nicht abstehen wollten, wurden durch militärische Gewalt „zur Ordnung und Erkenntniß der hohen Absichten der Regierung zurückgeführt" ³⁸.

Man beschränkte sich übrigens nicht durchweg auf Abstellung von Mißbräuchen in Bezug auf kirchliche Feierlichkeiten und Handlungen, sondern griff wohl auch, insbesondere wo staatspolizeiliche Gesichtspunkte mit in Betracht kamen, mit eigenen Anordnungen ein ³⁹.

Bezüglich der Besetzung der katholischen Pfründen hatte die landesherrliche Gewalt schon vor Erlaß der Verordnung vom 7. Mai 1804 weitgehende Befugnisse in Anspruch genommen. Mit aller-dings zweifelhafter Begründung wurde der Satz aufgestellt und als „Normalgesetz" für sämmtliche Erbstaaten erklärt, daß „nach den durch die Säcularisationen veränderten Verhältnissen der bischöflichen Gerechtsame" in den neu erworbenen Gebieten dem Kurfürsten das Patronatrecht bezüglich aller jener Pfarreien und sonstigen Beneficien zustehe, „auf welchen kein ius patronatus laicale privatum hafte" ³⁰. Verzichte auf eine Pfarrei zu Gunsten einer bestimmten Person wurden nicht mehr gestattet, da sie „zu einem unanständigen, der geistlichen Seelsorge nachtheiligen Gewerbe mit geistlichen Aemtern Anlaß geben" und dadurch „dem Staate die Mittel benommen werden, würdige Priester auf eine ihren Verdiensten entsprechende Art zu befördern" ³¹. Die Installation der neu ernannten Pfarrer und anderer präbendirter Geistlichen und die Einweisung derselben in die Temporalien wurde als „eine reine Folge der landesherrlichen Rechte", die mit dem Patronats- und Präsentationsrechte „nicht wesentlich verbunden" sei, für alle kurfürstlichen Staaten in Anspruch genommen ³². Den inländischen Theologiecandidaten wurde im Interesse der Erhaltung eines gebildeten Priesterstandes verboten, im Auslande eine Weihe anzunehmen ³³. Die Priesterseminarien wurden unter staatliche Aufsicht gestellt ³⁴.

Die Einrichtung der Pfarrconcurse wurde aufrecht erhalten und weiter ausgebildet. Nachdem durch Entschließung vom 5. December 1806 ³⁵ für die Bewerber um Pfründen königlichen Patronats in Ober- und Niederbayern ein Concurs nach den bisherigen Bestimmungen ausgeschrieben worden war ³⁶, erfolgte unterm 30. gleichen Monats eine Verordnung ³⁷, welche die Abhaltung der Pfarr-

---

tage. R. Bl. 1801 S. 799; 1802 S. 75, 141; 1803 S. 225, 513; 1805 S. 815; 1807 S. 1050, 1171; 1810 S. 7. Gegen einen Kaplan, der sich erlaubt hatte, wider die landesherrliche Verordnung über die abgewürdigten Feiertage zu predigen, wurde „beschlossen, denselben in das Priesterhaus nach Dorfen auf eine unbestimmte Zeit einzuweisen, um daselbst, entfernt vom Lehramte, sich zu bilden". (R. Bl. 1802 S. 308.) Ferner wurde verfügt, „keinen Unterthan in irgend einem Nachlaßlibell gut-achtlich vorzutragen", er hätte denn „vorher genugsam bewiesen", daß er die abgewürdigten Feiertage zur Arbeit angewendet habe. (R. Bl. 1803 S. 273.)

³⁶ R. Bl. 1803 S. 805.

³⁷ Vgl. R. Bl. 1802 S. 303; 1804 S. 233; 1812 S. 249. Entbehrliche Nebenkirchen und Feld-kapellen sind abzutragen oder zu andern Zwecken, wie zu Schulhäusern ꝛc., zu verwenden.

³⁸ R. Bl. 1803 S. 715, wo die Namen von 47 durch Unwissenheit, Aberglauben, Verwilderung und unsinnigen Hang zu Zügellosigkeit strafbar gewordener Gemeinden bekannt gegeben werden, „welche heuer mehrmal in wilden Horden ausgezogen sind, um dem Gesetze zu trotzen und der Religion einen, eben darum von ihr verabscheuten Dienst zu leisten".

³⁹ Beispiele dafür finden sich schon unter den Anm. 25 angef. Erlassen. Vgl. auch R. Bl. 1802 S. 633; 1803 S. 90 (über die Einführung deutschen Kirchengesangs). — Ueber Beerdigungen u. Kirch-höfe 1803 S. 65, 92, 345 (Beerdigung unehelicher Kinder); 1809 S. 865 (Beerdigung der Selbstmörder „in dem gewöhnlichen Ortskirchhofe" mit Berufung auf „die milderen Sitten unserer Zeit"); 1805 S. 295 (Verlegung der Kirchhöfe aus den Städten u. Märkten).

³⁰ Vgl. Döllinger VIII, 1 S. 590 ff., 690 und dazu die ausführlichen Erörterungen von E. Mayer, die Kirchenhoheitsrechte des Königs von Bayern S. 99. H. v. Sicherer, Staat u. Kirche in Bayern S. 38.

³¹ R. Bl. 1803 S. 115; vgl. 1807 S. 274 (Ziff. 28).

³² Ulm. R. Bl. 1805 S. 768.   ³³ R. Bl. 1804 S. 349.

³⁴ H. v. Sicherer, a. a. O. S. 42.   ³⁵ R. Bl. S. 465.

³⁶ „Der Concurs wird genau nach jenen Vorschriften geordnet werden, welche in den von Wil-helm V., Max Joseph III. und Karl Theodor .. erlassenen Landesverordnungen und in den Satzungen des Kirchenraths von Trient deutlich vorgezeichnet sind."

³⁷ R. Bl. 1807 S. 270 u. 701. Aenderungen für Tirol S. 275. Vgl. auch S. 923, 1582; dann 1808 S. 186, 633, 1715, 2709; 1815 S. 825.

concurſe neu regelte³⁸. Die Verordnung beſtimmte insbeſondere, daß nach Eröffnung des erſten, gemäß den erlaſſenen Normen abgehaltenen Concurſes kein Prieſter auf eine geiſtliche Pfründe Anſpruch machen könne, welcher nicht im Concurſe ein Befähigungszeugniß erworben habe. Auch Privatpatrone ſollten gehalten ſein, nur geprüfte und befähigt erkannte Geiſtliche zu präſentiren, jedoch brauchten ſie der Claſſificationsordnung nicht zu folgen. Eine Verordnung vom 14. November 1808³⁹ beſtimmte ferner, daß „bei Beſetzung erledigter Pfarreien und geiſtlicher Pfründen, auf welche bisher Städte, Märkte, Gemeinden, Stiftungen und überhaupt myſtiſche Perſonen⁴⁰ zu präſentiren hatten", das nemliche Verfahren wie bei den geiſtlichen Stellen königlichen Patronates zu beobachten ſei. Außerdem wurden ſpäter unterm 26. März 1812⁴¹ für die ſelbſtändigen katholiſchen Predigerſtellen beſondere Predigerconcurſe eingeführt.

Ueber die Verſorgung dienſtuntauglich gewordener katholiſcher Geiſtlicher erging unterm 11. October 1807⁴² eine umfaſſende Verordnung. Für den Beweis der Dienſtuntauglichkeit wurden die Vorſchriften der Staatsdienerpragmatik als maßgebend erklärt. Es ſollten Emeritenhäuſer errichtet und ein Emeritenfond gebildet werden, welchem unter Anderem alle „zu dieſem Behufe entbehrlichen einfachen Benefizien" zugewieſen wurden. Ueber die Behandlung „der durch ein Vergehen unfähigen Geiſtlichen" wurden beſondere Vorſchriften erlaſſen.

An Verordnungen, welche auf weltliche Verhältniſſe der katholiſchen Pfarreien und Pfründen ſich beziehen, ſind folgende aufzuführen: über die Einrichtung der Pfarrmatrikeln⁴³, über die Intercalarfrüchte bei erledigten Kirchenpfründen⁴⁴, Verbote der Sammlungen der Pfarrer, Vicare, Capläne, Meßner ꝛc.⁴⁵, Beſtimmungen über die Kirchentrachten⁴⁶. Ferner erging eine Verordnung über die Wahlen der Ruralcapitel⁴⁷.

Eine weitere wichtige Gruppe von Maßnahmen und Verordnungen bezieht ſich auf die Klöſter und deren Aufhebung, welch' letztere nach ihrer finanziellen Seite bereits⁴⁸ Erwähnung gefunden hat. Im Jahre 1802 begann der Feldzug gegen die Klöſter, insbeſondere die Bettelklöſter, der durch die kurfürſtliche Entſchließung vom 25. Januar 1802 eingeleitet wurde⁴⁹.

Die nicht ſtändiſchen fundirten Klöſter und alle Klöſter in der Oberpfalz wurden aufgehoben und ihre Angehörigen in Sammelklöſter vereinigt. Nur einige weibliche Orden für Unterricht und Krankenpflege (engliſche Fräulein, Eliſabethinerinnen, Urſulinerinnen) ließ man beſtehen. Den Bettelorden wurde die Aufnahme neuer Mitglieder verboten und nach Maßgabe des Ausſterbens gleichfalls Sammelklöſter für ſie angeordnet. Den Bettelmönchen wurde gegen Anweiſung eines Unterhaltsbeitrages das Sammeln unterſagt⁵⁰. Den Eremiten, welche in der Freiſinger Diöceſe eine Congregation unter einem „Altvater" in Tölz bildeten, wurde unterm 28. Auguſt 1802⁵¹ bedeutet, daß ihre alljährlich am 29. gleichen Monats zu Föhring ſtattfindende Capitelverſammlung nicht mehr abgehalten werden dürfe, da der Kurfürſt das Inſtitut der Klausner zu reformiren beabſichtige. Dieſe Reform erfolgte unterm 12. Mai 1804⁵² in der Weiſe, daß das Inſtitut „als ganz zwecklos" aufgelöſt wurde.

Der Reichsdeputationshauptſchluß von 1803⁵³, welcher in § 35 die Güter der fundirten Stifter, Abteien und Klöſter zur Verfügung des Landesherrn ſtellte, beſtimmte bezüglich der Aufhebung der Klöſter ſelbſt in § 42: „Die Säcularifation der geſchloſſenen Frauenklöſter (couvents de femmes

---

³⁸ Vgl. außerdem über das Verbitten nachgeſuchter Pfarreien R. Bl. 1810 S. 840. — Im Jahre 1812 wurden die Kanoniker der aufgelöſten Collegiatſtifter aufgefordert, dem Pfarrconcurſe ſich zu unterziehen. Würden ſie ſich nicht ſtellen oder in der Folge, obſchon befähigt, keine Pfarrei übernehmen wollen, ſo ſolle ihnen ein Drittel der Penſion abgezogen werden. R. Bl. 1812 S. 825. Aehnlich ſchon R. Bl. 1807 S. 748.

³⁹ R. Bl. S. 2713.

⁴⁰ Eine Erläuterung vom 12. Dec. 1810 (R. Bl. 1409) erklärte, daß die Verordn. vom 14. Nov. 1808 „auch auf alle in dem gegenwärtigen Umfang Unſeres Kgrs. entlegenen geiſtlichen Körperſchaften, als Dom=, Collegiat= und andere Stifter, Klöſter, Univerſitäten, Seminarien ꝛc. ſich erſtrecken" ſolle.

⁴¹ R. Bl. S. 561.　　⁴² R. Bl. S. 1615.

⁴³ R. Bl. 1803 S. 73; dazu 1804 S. 124, 186.

⁴⁴ R. Bl. 1807 S. 702; dazu 1812 S. 769; 1814 S. 433 (bei ſimultanem Kirchenvermögen).

⁴⁵ R. Bl. 1803 S. 1041; 1805 S. 135.　　⁴⁶ R. Bl. 1805 S. 455.

⁴⁷ R. Bl. 1807 S. 147. Vgl. dazu A. Reinhard, die Kirchenhoheitsrechte des Königs von Bayern, S. 99.

⁴⁸ § 42 Anm. 8 ff.　　　　⁴⁹ Vgl. H. v. Sicherer a. a. O. S. 45.

⁵⁰ Vgl. auch R. Bl. 1802 S. 182. Vorläufige Ausnahme zu Gunſten der fratres Miſericordiae S. 264. Ueber die ſog. Gratialien u. dgl. R. Bl. 1802 S. 785, 853; 1803 S. 66, 93, 862.

⁵¹ R. Bl. S. 617.　　　　⁵² R. Bl. S. 533.　　　　⁵³ Döllinger I S. 160, 164.

récluses) kann nur im Einverständnisse mit dem Diöcesanbischof geschehen. Die Mannsklöster hin= gegen sind der Verfügung der Landesherren oder neuen Besitzer unterworfen, welche sie nach freiem Be= lieben aufheben oder beibehalten können. Beiderlei Gattungen können nur mit Einwilligung des Landesherrn oder neuen Besitzers Novizen aufnehmen.« Die Conventualen, Canoniker ꝛc. sollten an= gemessene Pensionsbezüge erhalten. (§§ 57, 64.) Auf Grund dieser Bestimmungen wurden sämmtliche Mannsklöster aufgehoben⁵⁴. Bezüglich der Nonnenklöster verfügte § 6 der Verordnung vom 7. Mai 1804⁵⁵, daß bei ihrer Aufhebung die Bestimmungen des Reichsdeputationsschlusses genau einzuhalten seien. In die Entbindung von Gelübben solle man sich von Landesherrschafts wegen als in eine Ge= wissenssache nicht einmischen, doch bleibe vorbehalten, die Bedingungen ihrer Ableistung künftig fest= zusetzen. Die Verordnung vom 23. Juli 1808⁵⁶ stellte es indessen jeder Nonne frei, mit Bewilligung des Generalkreiscommissariates jederzeit aus dem Kloster zu treten. Auch wurde der Chorgesang ab= geschafft, ben Nonnen die Wahl des Beichtvaters freigegeben und gestattet, mit ihren Verwandten am Sprechgitter ohne Zeugen zu reden. Ferner wurde die weltliche Aufsicht über die Nonnenklöster geregelt.

Den Angehörigen der aufgelösten Klöster, sowie den Ordensmitgliedern, welche mit landes= fürstlicher Bewilligung aus den Klöstern ausgetreten waren, wurde die Vermögens= und Erbfähigkeit eingeräumt⁵⁷. Der Eintritt von Unterthanen in ausländische Klöster wurde von landesherrlicher Be= willigung abhängig gemacht. Heerpflichtigen und Personen unter 25 Jahren war er unbedingt ver= boten. Auch wurden vermögensrechtliche Beschränkungen festgesetzt⁵⁸.

Die gesetzlichen Bestimmungen, welche über die Verwaltung des Kirchenstiftungsvermögens ergingen, wurden bereits⁵⁹ in anderem Zusammenhange erwähnt.

Den Abschluß der Entwickelung des Staatskirchenrechts bis zur Verfassungsurkunde von 1818 bildet das Edict vom 24. März 1809 „über die äußeren Rechtverhältnisse der Einwohner des König= reichs Baiern in Beziehung auf Religion und kirchliche Gesellschaften, zur näheren Bestimmung der §§ VI und VII des ersten Titels der Constitution“⁶⁰. Dieses Edict, dessen Bestimmungen theilweise dem preußischen Landrechte entnommen sind⁶¹, ist zum größten Theile wörtlich in das Religionsedict von 1818 übergegangen. Sein Inhalt wird daher in der systematischen Darstellung zu erörtern sein⁶².

Während im bayerischen Kirchenstaatsrechte diese Wandlungen sich vollzogen, hatten seit 1802 zur Regelung der Beziehungen mit der katholischen Kirche Verhandlungen begonnen, die nach manch= fachen Wechselfällen in dem Concordate ihren Abschluß fanden, das mit der Verfassungsurkunde ver= öffentlicht wurde. Ein Bild jenes verwickelten diplomatischen Schachspieles in kurzen Zügen zu geben, ist nicht möglich und bei dem erschöpfenden Aufschlusse, welchen H. von Sicherer’s ausgezeichnetes Werk⁶³ gibt, auch nicht nöthig. Soweit jenen Verhandlungen aber Bedeutung für die Auslegung des geltenden Rechtes zukömmt, werden dieselben im systematischen Theile zu berücksichtigen sein.

Mit geringeren Schwierigkeiten, als dies bei der katholischen Kirche der Fall war, vollzog sich die Neuordnung der protestantischen Landeskirche Bayerns, welche in dem Träger der Staatsgewalt auch den Träger des Episcopates erblickte⁶⁴.

_____

⁵⁴ Vgl. auch E. Mayer, die Kirchenhoheitsrechte des Königs von Bayern S. 97. S. ferner R. Bl. 1809 S. 593.

⁵⁵ R. Bl. S. 509.　　　⁵⁶ R. Bl. S. 1593.

⁵⁷ R. Bl. 1808 S. 997. 999; 1807 S. 750 (Eigenthums= u. Erbfähigkeit der Nonnen mit ein= jährigem Gelübbe).

⁵⁸ R. Bl. 1807 S. 608.　　　⁵⁹ §§ 34, 38 Anm. 37.　　　⁶⁰ R. Bl. S. 897.

⁶¹ Vgl. E. Mayer a. a. O. S. 103, A. Reinhard a. a. O. S. 100.

⁶² Von den Bestimmungen, welche nach dem Edicte von 1809 und vor jenem von 1818 ergingen, find folgende zu erwähnen: R. Bl. 1811 S. 17 (Besetzung der niederen kath. u. prot. Kirchendienste), S. 891 (Pfarreidismembrationen), S. 873, 1818 mit R. Bl. 1812 S. 1434 (bauliche Unterhaltung der Pfarr= u. Beneficialgebäude); 1811 S. 1720 (Verbot von Vermächtnissen u. Schenkungen ad pias cau= sas ins Ausland); 1812 S. 73 (Pfarrkassionen), S. 155 (Reisebewilligungen der Geistlichen, Anwendung der Bestimmungen für Staatsdiener), S. 537 (Stolgebührenentrichtung an Pfarrer fremder Confessionen), S. 1836 (Appellation in kath. Ehescheidungssachen); 1818 S. 1369 (Verbot, Meßstipendien ins Ausland zu senden); 1814 S. 1573 (Trauungsrecht bei gemischten Ehen); 1815 S. 381 (religiöse Kindererziehung bei gemischten Ehen). Vgl. auch wegen der prot. Kirche unten Anm. 78.

⁶³ Staat u. Kirche in Bayern vom Regierungsantritt des Kurf. Maximilian Joseph IV. bis zur Erklärung von Tegernsee 1799—1821, München 1874. Vgl. außerdem M. Frhr. v. Lerchenfeld, zur Geschichte des baier. Concordats, Nördlingen 1883; derselbe, aus den Papieren des k. bayer. Staats= ministers M. Frhrn. v. Lerchenfeld, Nördlingen 1887, S. 79 ff.; E. Mayer, die Kirchenhoheitsrechte des Königs von Bayern S. 104.

⁶⁴ Vgl. zum Folgenden J. Chr. K. Schunck, Staatsrecht des Kgrs. Baiern, I § 175.

Im Jahre 1804 wurde für die fränkischen Fürstenthümer ein Generalconsistorium bei der Landesdirection in Würzburg errichtet⁶⁶, das schon im folgenden Jahre aufgelöst wurde. Die betreffenden Geschäfte gingen an die Landesdirection Bamberg über. 1804 wurde auch für die Provinz Schwaben ein mit der Landesdirection vereinigtes protestantisches Consistorium gebildet⁶⁶. An dieses Consistorium wurden 1806⁶⁷ die Consistorialsachen der protestantischen Unterthanen in Bayern und Neuburg zur Entscheidung „aus besonderem allerhöchsten Auftrage" gewiesen, im folgenden Jahre aber die protestantischen Gemeinden Bayerns der Landesdirection München als ihrem Consistorium unterstellt⁶⁸. Auch bei der Landesdirection in Amberg⁶⁹, sowie bei der Kriegs= und Domänenkammer in Ansbach bestanden protestantische Consistorien⁷⁰.

Durch Verordnung vom 1. September 1808⁷¹ Ziffer VI wurde die Ministerialsection der kirchlichen Angelegenheiten als „Generalconsistorium für die in dem Reiche öffentlich recipirten protestantischen Confessionen" erklärt und demselben die Handhabung der Kirchenpolizei und der aus dem obersten Episcopate hervorgehenden Rechte übertragen⁷². Im folgenden Jahre erging eine Instruction für das Generalconsistorium⁷³.

Ein organisches Edict vom 17. März 1809⁷⁴ setzte jene (6) Generalkreiscommissariate, in deren Bezirke mehrere protestantische Decanate sich befanden, als Mittelorgane der Kirchenregierung (Generaldecanate) ein, welche die Stelle der Generaldecane oder Superintendenten vertreten sollten. Die fünf bisherigen Consistorialbehörden in München, Ulm, Bamberg, Ansbach und Amberg hörten auf. Im nemlichen Jahre ergingen Specialinstructionen für die General= und Districtsdecanate⁷⁵. Im Jahre 1817⁷⁶ wurde die Zahl der Generaldecanate diesseits des Rheins auf zwei, in Baireuth und Ansbach, vermindert⁷⁷, das Consistorium in Speyer aber beibehalten. Außerdem erging eine Reihe von Erlassen zur Regelung der persönlichen und dienstlichen Verhältnisse der protestantischen Geistlichen⁷⁸.

Ueber die rechtliche Stellung der jüdischen Glaubensgenossen wurde unterm 10. Juni 1813⁷⁹ ein Edict erlassen. Dieses Edict unterwarf die Juden in bürgerlicher und staatsbürgerlicher Beziehung einem höchst nachtheiligen Sonderrechte, wenn es auch ihre Lage gegen früher wesentlich verbesserte. In staatskirchenrechtlicher Hinsicht wurden ihnen die Befugnisse der Privatkirchengesellschaften nach dem Edicte vom 24. März 1809 insoweit eingeräumt, als nicht die Verordnung vom 10. Juni 1813 selbst ein Anderes festsetzte.

7. Abschnitt.

§ 50. Das Heerwesen.

Die Zeit der napoleonischen Kriege mußte eine durchgreifende Neugestaltung des bayerischen Heerwesens um so mehr bewirken, als dasselbe in einem höchst unbefriedigenden Zustande sich befand.

---

⁶⁶ Fränk. R. Bl. 1804 S. 172.   ⁶⁶ Ulm. R. Bl. 1804 S. 228.
⁶⁷ R. Bl. 1806 S. 285.   ⁶⁸ R. Bl. 1807 S. 77.
⁶⁹ Seit Auflösung der simultanischen Religions= u. Kirchendeputation in Sulzbach, R. Bl. 1807 S. 60.
⁷⁰ R. Bl. 1809 S. 569.   ⁷¹ R. Bl. S. 2271.
⁷² Als ihre Organe für die Aufsicht über die Kirchendisciplin werden der Generalsuperintendent und die Decane bezeichnet.
⁷³ R. Bl. 1809 S. 1489, 1491. Ueber die Wirkung der Ministerialverfassung von 1817 auf die Führung der Geschäfte des Generalconsistoriums Schunck a. a. O. S. 670.
⁷⁴ R. Bl. S. 569.
⁷⁵ R. Bl. 1809 S. 1521, 1529. Dazu R. Bl. 1811 S. 1501; 1815 S. 700.
⁷⁶ R. Bl. 1817 S. 817. Ueber die Neueintheilung der Generaldecanate im J. 1810 R. Bl. S. 1137. Daran schloß sich eine neue Eintheilung der Districtsdecanate, ebenda S. 1410. Ueber die Pfarrsprengelpurification ebenda S. 177.
⁷⁷ Das Consistorium Würzburg (mit dem Großherzogth. Würzburg 1814 überkommen) hörte damit auf.
⁷⁸ Vgl. insbes. R. Bl. 1809 S. 185 (Prüfung u. Beförderung der Pfarramtscandidaten), S. 1591 (theol. Studium); 1809 S. 1889, 1810 S. 193 (Verhältnisse der Pfarrvicare); 1810 S. 137 (Pfarrfassionen); 1812 S. 568 (Errichtung einer allg. Unterstützungsanstalt für prot. Geistliche des Kgrs.), S. 994 (Besteuerung), S. 1409 (Dienstesjahre); 1813 S. 1433 (Beförderungsordnung); 1814 S. 265 (Wittwenkassebeiträge), S. 1481 (Verlassenschaftsversiegelung. — Ueber die Besetzung der niederen Kirchendienste R. Bl. 1811 S. 17; 1812 S. 1561.
⁷⁹ R. Bl. S. 921.

Der Umbildungen, welche in der obersten Stelle für Heeresangelegenheiten vor sich gingen, wurde bereits früher gedacht[1].

Es folgten sich in dieser Eigenschaft das Oberkriegscollegium (1799)[2], der Kriegsjustiz- und Kriegsökonomierath (1801), das geheime Kriegsbureau und das Generalauditoriat (1804), endlich das Kriegsministerium (1808).

Die nächsten Maßregeln, welche unter der neuen Regierung 1799 getroffen wurden, richteten sich auf Ersparung überflüssiger Ausgaben, um für eine bessere Heeresverfassung Mittel zu gewinnen[3].

Das Kaufen und Verkaufen der Militärdienststellen war alsbald nach Max Josefs Regierungsantritte, unterm 26. Februar 1799, abgeschafft worden[4]. Die Militärakademie wurde neu eingerichtet[5], um dann einige Zeit später in ein rein militärisches Cadettencorps umgewandelt zu werden[6].

Im nemlichen Jahre 1799 wurde eine neue Beschreibung der ledigen Unterthansöhne in zwei Classen von 17—35 und von 36—50 Jahren angeordnet[7]. Durch Verordnung vom 7. März 1800[8] wurde unter Aufhebung der bisherigen Recrutenanlage[9] eine neue Militärauswahl (Landcapitulanten-zug) mit sechsjähriger Dienstzeit verfügt. Dieselbe geschah im Allgemeinen in der hergebrachten Weise, insbesondere wurden auch die Vorschriften über Aushebung der Landstreicher rc. erneuert[10]. Mit Verordnung vom 26. Mai desselben Jahres[11] wurde an Stelle der als veraltet bezeichneten Ausschüsse die Bildung einer Landesdefensionslegion aus sämmtlichen verabschiedeten und noch nicht ansässig gemachten Soldaten eingeleitet.

Für das Oberstmarschcommissariat als ständiges Mittelorgan zwischen den Civilstellen und Militärbehörden auch in Friedenszeiten wurden durch Verordnung vom 20. April 1802[12] Bestimmungen erlassen.

Das Jahr 1803 brachte eine Neueintheilung des Heeres[13], dem seit 1804 Niemand mehr zur Strafe überwiesen werden sollte[14].

Es ergingen ferner Anordnungen zur Verbesserung der materiellen Lage der Heeresangehörigen. So wurden Besoldungen und Quartiergeld der Offiziere erhöht[15] und das Pensionsregulativ von 1750 durch ein neues ersetzt[16], auch den Mannschaften eine Menagezulage gewährt[17].

Durch zwei Verordnungen vom 18. März 1804 wurde das Heer in fünf Militärinspectionen eingetheilt[18] und dem schon seit 1800 neu eingerichteten Militärlazarethwesen[19] eine Generallazareth-inspection vorgesetzt[20].

Unterm 7. Januar 1805 wurde ein umfassendes Wehrgesetz (Cantonsreglement) erlassen[21], welches die Kriegsdienstpflicht auf neue Grundlagen stellte. Das Gesetz spricht als Regel aus, daß jeder militärdiensttaugliche Unterthan zum persönlichen Kriegsdienste verpflichtet und ihm nicht erlaubt sei, einen Andern für sich einzustellen. Diese Regel wird aber durch zahlreiche Ausnahmen mit Rücksicht auf Geburt, Glaubensbekenntniß, Stand, Ansässigkeit und Gewerbe durchbrochen. Die Dienstzeit wird auf

---

[1] Vgl. oben § 32 Anm. 12—14, § 37 Anm. 21, 22.

[2] Vgl. oben § 32 Anm. 12, § 33 Anm. 6. Dazu G. K. Mayr, Sammlung rc., 1800, I S. 333 (Wirkungskreis des Oberkriegscommissärs).

[3] Vgl. G. K. Mayr, Sammlung rc., 1800, I S. 316, 317, 319, 324, 328, 329.

[4] A. a. O. S. 309.

[5] G. K. Mayr, Sammlung rc., 1800, I S. 329.

[6] R. Bl. 1805 S. 280. S. auch die oben § 28 Anm. 13 angef. Schrift.

[7] R. u. Intell. Bl. 1800 S. 17.

[8] R. u. Intell. Bl. S. 165, 247. G. K. Mayr, Sammlung rc., 1802, II S. 278, 280, 281, 282.

[9] Mandat vom 11. April 1767, vgl. oben § 28 Anm. 7.

[10] Vgl. auch G. K. Mayr, Sammlung rc., 1802, II S. 284; R. u. Intell. Bl. 1800 S. 229. — Ueber die Landcapitulanten auch R. Bl. 1802 S. 41, 235, 241, 283; 1803 S. 40, 113, 303; 1804 S. 364, 1056.

[11] G. K. Mayr, Sammlung rc., 1802, II S. 282, 293. R. u. Intell. Bl. 1800 S. 841.

[12] R. Bl. S. 342. Dazu R. Bl. 1805 S. 633.

[13] R. Bl. S. 262. Vgl. auch R. Bl. 1804 S. 347.

[14] R. Bl. 1804 S. 161.   [15] R. Bl. 1803 S. 529.

[16] R. Bl. 1803 S. 598. Dazu R. Bl. 1802 S. 569, 684; 1804 S. 766, 891. Ueber die Militär-Wittwen- und Waisenkasse R. Bl. 1804 S. 489, 591, 891; 1807 S. 730, ferner J. Schmelzing, Staatsrecht des Kgrs. Baiern, II S. 81.

[17] R. Bl. 1803 S. 603.   [18] R. Bl. S. 294.

[19] G. K. Mayr, Sammlung rc., 1800, I S. 337.

[20] R. Bl. S. 295.

[21] R. Bl. S. 245. Dazu ebenda S. 427, 590, 618, 619, 881; dann 1806 S. 855; 1809 S. 497.

8 Jahre festgesetzt. Dienstpflichtig sind die Altersclassen vom 16. bis 40. Jahre, regelmäßig aber die vom 18. bis 36. Jahre. Die Verordnung trifft Bestimmungen über die Recrutirungsdistricte und die Vornahme des Recrutirungsgeschäftes, über die Maßregeln gegen Entziehung von der Wehrpflicht, über die Gerichtsbarkeit der Dienstpflichtigen²² und über die Verabschiedung²³.

Im Jahre 1807 wurden Bestimmungen über die Einrichtung des bürgerlichen Militärs in den Städten, Flecken und Märkten erlassen²⁴.

Die Verfassung von 1808 handelte in ihrem sechsten Titel vom Militärstande. Sie stellte folgende Grundsätze auf. Zur Vertheidigung des Staats und zur Erfüllung der durch die rheinische Bundesakte eingegangenen Verbindlichkeiten wird eine stehende Armee unterhalten. Die Truppen werden auf dem Wege der allgemeinen Militärconscription ergänzt. Das Heer handelt nur gegen äußere Feinde; im Innern aber blos dann, wenn dies der König in einem besonderen Falle ausdrücklich befiehlt, oder die Militärmacht von der Civilbehörde förmlich dazu aufgefordert wird. Die Militärpersonen stehen nur in Criminal- und Dienstsachen unter der Militärgerichtsbarkeit; im Uebrigen aber sind sie, wie jeder Staatsbürger, den einschlägigen Civilgerichten unterworfen. Die Bürgermiliz wird bestätigt. Zur Erhaltung der Ruhe in Kriegszeiten wird eine Nationalgarde errichtet werden.

Eine Reihe von gesetzgeberischen Akten und Verordnungen auf dem Gebiete des Heerwesens schloß sich an die Verfassung von 1808 an.

Durch Armeebefehl vom 27. September 1808²⁵ wurde mit Rücksicht auf die neue Kreiseintheilung eine neue Eintheilung der Generalcommandos verfügt²⁶.

Verordnungen vom 19. Juni und 12. August desselben Jahres²⁷ regelten die Friedensleistungen für das Heer, eine Verordnung vom 23. Februar 1809²⁸ die allgemeine Concurrenz zu Kriegslasten bei Durchzügen und Cantonirungen fremder Truppen.

Die Bestimmungen über die Errichtung einer Nationalgarde ergingen nach einer vorläufigen Verordnung vom 6. April 1809²⁹ durch organische Verordnung vom 6. Juli 1809³⁰. Die Nationalgarde theilte sich hienach in drei Classen: die Reservebataillone, welche in ihren Verpflichtungen dem activen Heere gleichstanden und wie dieses durch Conscription gebildet wurden, die mobilen Legionen, die nur in Zeiten wirklicher Gefahr innerhalb des Landes gegen innere und äußere Feinde verwendet werden sollten und den nicht bereits im activen Heere oder der Reserve eingereihten Diensttauglichen vom 18. bis 40. Jahre entnommen wurden, endlich das Bürgermilitär, das regelmäßig nur zur Erhaltung der Ruhe innerhalb des Landgerichtsbezirkes zu dienen hatte, und welchem die übrigen tauglichen Männer unter 60 Jahren angehörten.

Unterm 29. März 1812³¹ erging sodann ein durchgesehenes Conscriptionsgesetz, wonach die Conscription auf die ledigen Bayern vom vollendeten 19. bis zum zurückgelegten 23. Lebensjahre sich erstreckte, und unterm 10. Juni 1813³² eine durchgesehene Verordnung über die Nationalgarde, deren Bestimmungen durch die Verordnung vom 27. October 1813 über die allgemeine Landesbewaffnung noch weiter ausgedehnt wurden³³.

---

²² Ueber die militär. Gerichtsbarkeit auch R. Bl. 1803 S. 308; 1804 S. 427, 609; Novellen zur baier. Gerichtsordnung, München 1811, S. 37 ff.

²³ Ueber die 1805 anläßlich des Kriegs erfolgte Bildung eines Jägercorps und eines Gebirgsschützencorps R. Bl. 1805 S. 1091, 1098. Dazu R. Bl. 1808 S. 650. Dasselbe geschah aus gleichem Anlasse 1809 R. Bl. 1809 S. 785, 790, 938.

²⁴ R. Bl. 1807 S. 653, 857, 1298 ff., 1582 ff., 1641, 1660, 1661, 1667, 1728, 1736, 1737, 1870, 1942 ff. Dazu 1808 S. 180, 489, 579, 1543, 1665, 1718, 1772, 1958, 2146, 2822 (Aufhebung des Bürgerexercirguldens; s. oben § 28 Anm. 27); 1809 S. 857.

²⁵ R. Bl. S. 2292.

²⁶ Es waren vier: in München, Augsburg, Nürnberg, Innsbruck.

²⁷ R. Bl. S. 1401, 1746 u. 1766. Dazu Nov. R. Bl. 1811 S. 1617 u. Erläuterungen R. Bl. 1816 S. 819.

²⁸ R. Bl. S. 385.   ²⁹ R. Bl. S. 657.

³⁰ R. Bl. S. 1098. Vgl. auch S. 1113, 1193, 1449, 1905.

³¹ R. Bl. S. 593. Dazu Vollzugsvorschr. S. 1017. Vgl. auch J. Schmelzing, Nachtrag der zum k. baier. Militärconscriptionsgesetz u. dessen Vorschriften zur Vollziehung u. Anwendung gehörigen allerh. Supplementarverordnungen, Erläuterungsrescripte ic., Würzburg 1817.

³² R. Bl. S. 849. Vgl. auch S. 273, 401.

³³ R. Bl. S. 1325.

Eine Verordnung vom 21. October 1814, ben künftigen Bestand der Landesvertheidigungs-anstalten in Bayern betreffend³⁴, verfügte enblich: Die Streitkräfte des Königreichs theilen sich in die active Armee als erste Classe, die mobilen Legionen oder Nationalgarbe II. Classe, welche, in Land-regimenter eingetheilt, zur Unterstützung des stehenden Heeres bient, enblich die Nationalgarbe III. Classe oder Landwehr, bie im Kriege auf besonberen königlichen Befehl auch gegen ben äußeren Feind, jedoch nur innerhalb ber Landesgrenzen, verwendet werben kann.

---

³⁴ R. Bl. S. 1649. Dazu J. Schmelzing, Staatsrecht des Kgrs. Baiern, 1 S. 198, 200. Die Formation vom 24. Juni 1817 ebenda S. 196.

Zweites Buch.
Herrscher und Staat.

Erster Theil.
Der Herrscher.

I. Abschnitt.

§ 51. Natur und Inhalt der Herrschergewalt.

Der Staat Bayern ist aus Gebieten des vormaligen deutschen Reiches entstanden, jedoch nicht auf dem Wege friedlicher Umbildung, sondern dadurch, daß der Landesherr von Bayern in Folge kriegerischer Ereignisse in den Besitz der Staatshoheit gelangte.

Der Preßburger Friede vom 26. December 1805 machte aus dem Kurfürsten von Pfalzbayern, dem bisherigen Reichsstande, einen Herrscher, der den Königstitel annahm, aus seinen Erblanden und den neuerworbenen Gebieten einen Staat. Von da ab beginnt eine neue öffentliche Rechtsordnung für Bayern.

„Das Königreich Bayern," so erklärt die Verfassungsurkunde[1], „in der Gesammt-vereinigung aller älteren und neueren Gebietstheile ist ein souveräner monarchischer Staat."

„Der König," heißt es weiter, „ist das Oberhaupt des Staates, vereinigt in sich alle Rechte der Staatsgewalt und übt sie unter den von Ihm gegebenen in der gegen-wärtigen Verfassungsurkunde festgesetzten Bestimmungen aus"[2].

In diesem Satze ist das Wesen der königlichen Gewalt zu scharfem und bezeichnen-dem Ausdrucke gebracht.

Es kann bei dessen näherer Erläuterung unsere Aufgabe nicht sein, die Natur der Herrschaft und des Staates eingehend zu erörtern und die verschiedenartigen Begriffs-

---

[1] Titel I § 1.

[2] Verf. Urk. Tit. II § 1 Abs. I. Diese Stelle entspricht der Forderung des Art. 57 der Wiener Schlußakte: „Da der deutsche Bund mit Ausnahme der vier freien Städte aus souveränen Fürsten be-steht, so muß, dem hiedurch gegebenen Grundbegriffe zu Folge, die gesammte Staatsgewalt in dem Ober-haupte des Staates vereinigt bleiben." Der angef. Paragraph der Verf. Urk. wurde in der Sitzung der Ministerialconferenz vom 21. April 1818 auf Antrag Zentner's eingefügt, um „den Charakter der Monarchie" gegenüber den Ständen eingeräumten Rechten „schärfer auszudrücken". Wrede wünschte beigesetzt, „daß der König diese Verfassung gegeben habe, indem man sonst glauben könnte, die hierin enthaltenen Bestim-mungen wären mit Bewilligung der Stände gemacht worden". Unter Berücksichtigung dieser Bemerkung erhielt der Paragraph seine jetzige Fassung.

bestimmungen beider zu würdigen, welche im Laufe der Entwickelung der Rechtswissen schaft zu Tage getreten sind. Dies würde darauf hinauslaufen, ein System der Staats lehre oder der Rechtsphilosophie in die Darstellung des bayerischen Staatsrechtes einzu schieben. Meine eigene Auffassung habe ich bereits anderwärts³ niedergelegt und hal an derselben in allen wesentlichen Punkten noch fest.

Der Staat ist jene thatsächliche Erscheinung, aus welcher mittels der Herrscha das Recht entsteht. Der Staat ist die Vereinigung der Menschen eines Landes unt Einem höchsten Willen, dem des Herrschers. Im Sinne dieser Begriffsbestimmung i der Staat ein Zustand. Bezeichnet man aber, um einen kurzen Ausdruck zu gewinne der auch sprachgebräuchlich ist, Land und Leute, welche der Herrschaft unterworfen sind, als Staat, dann sind Herrscher und Staat von einander geschieden wie Subject und Object.

Am klarsten tritt diese Scheidung in der Einherrschaft zu Tage. Der Fürst ist kein „Organ" des Staates, er steht als Herrscher, als Souverän über ihm.

Will man den Staat selbst zum Subjecte machen, sei es nun in der Form des Organismus oder der juristischen Person⁴ oder sonst wie, so geräth man in bloße Rechts vorstellungen⁵, d. h. man verläßt den Boden der Wirklichkeit.

Daß der Herrscher der Natur seiner Aufgabe nach nicht um seinet-, sondern um des Staates willen herrscht, daß er nicht persönliche, sondern Staatsinteressen verfolgt, daß seine Gewalt keine selbstsüchtig bestimmte, kein privatrechtliches Eigenthum, sondern eine öffentliche, eine Staatsgewalt ist, all dies macht ihn nicht zu einem Organe des Staates, soferne diese Bezeichnung einen rechtlichen Sinn haben soll. Denn mit dem Begriffe des Staatsorgans, wie man ihn sonst wohl anwendet, verbindet sich der Gedanke an irgend ein Werkzeug eines höheren Staatswillens, das von letzterem seine Befugnisse herschreibt und den Umkreis und die Art seiner Wirksamkeit zugewiesen erhält. Dies ist aber nicht das Wesen unseres Königthums. Dasselbe leitet seine Gewalt aus keiner Rechtsquelle, insbesondere aus keiner Uebertragung durch das Volk oder den „Staat" ab. Es herrscht aus eigener Macht, und eben deshalb kennt diese Macht kein Gebiet, das rechtlich ihrer Einwirkung entzogen wäre. Die Staatsgewalt bestimmt den Umfang ihrer Thätig keit selbst.

Wenn sonach die Verfassungsurkunde vom Könige sagt, daß er in sich alle Rechte der Staatsgewalt vereinige, so hat dies den doppelten Sinn, daß er sein Recht in sich selbst und von Niemandem zu Lehen trägt, und daß seine Gewalt eine allum fassende ist.

Die königliche Gewalt besteht nicht kraft der Verfassungsurkunde, sondern die Ver fassungsurkunde kraft der königlichen Gewalt. Die Verfassungsurkunde ist eine vom Könige gegebene, und es hat einen tiefen Sinn, daß sie selbst die Sicherheit für ihre Einhaltung durch den König nicht in irgend einer, Menschen gegenüber eingegangenen Verpflichtung, sondern in einem religiösen Gelöbnisse, dem Eide, sucht.

---

³ Grundzüge einer allg. Staatslehre, Würzburg 1873. (Freiburg i. B. 1889.) Vgl. auch u. Lingg, empirische Untersuchungen zur allg. Staatslehre, Wien 1890; F. Herzfelder, Gewalt und Recht, München 1890.
⁴ Ueber den Werth des Begriffs der juristischen Person für das Staatsrecht vgl. meine Staats rechtlichen und politischen Abhandlungen, Freiburg i. B. u. Leipzig 1893, S. 109 ff., und meine Aus führungen im Jahrb. für Gesetzgebung, Verwaltung u. Volkswirthschaft im Deutschen Reich von Holtzen dorff u. Brentano III S. 274.
⁵ Vgl. z. B. Ph. Zorn, das Staatsrecht des deutschen Reiches, 2. Aufl., I S. 88. „Inhaber der Souveränetät ist die ideale (d. h., wie auch in der 1. Aufl. steht, die fingirte) Persönlichkeit des Staates." Hiegegen ist einzuwenden, daß etwas, was nur fingirt, also thatsächlich nicht vorhanden ist, in Wirklichkeit nichts innehaben kann.

rechtliche Unbeschränktheit der Staatsgewalt in Bezug auf ihren Umfang
ie Selbstbeschränkung des Herrschers in Bezug auf die Ausübung dieser Gewalt
Auch das verfassungsmäßige Königthum, das an die Mitwirkung der Volks-
und an die Einhaltung der unter dieser Mitwirkung erlassenen Gesetze sich
hat, ist wahres Königthum [6].

re Verfassungsurkunde enthält sonach keinen Widerspruch, wenn sie einerseits
igung aller Rechte der Staatsgewalt im Könige, andererseits die Ausübung
te nach den verfassungsmäßigen Bestimmungen ausspricht [7].

ei ist selbstverständlich, daß diese Gebundenheit des Königs in der Ausübung
der Staatsgewalt nicht nur auf dasjenige sich erstreckt, was in der Verfassungsurkunde
selbst festgesetzt ist, sondern ebenso auf all das, was auf Grund der Verfassungsurkunde
weiter sich entwickelt hat. Auch diejenigen Beschränkungen, welche dem Könige in der
Ausübung seiner Herrschaft aus dem Eintritte Bayerns in das Reich erwuchsen, sind auf
dem Wege der verfassungsmäßigen Fortgestaltung unseres öffentlichen Rechtes entstanden.

Eine nothwendige Folge der Herrscherstellung des Königs ist dessen Unverantwortlichkeit; denn eine Verantwortlichkeit dessen, der Niemanden über sich erkennt, ist rechtlich
nicht möglich.

Die Verfassungsurkunde erklärt [8] die Person des Königs als heilig und unverletz-
lich [9]. Eine andere Wendung des Gedankens ist der Satz des englischen Staatsrechtes:
Der König kann nicht Unrecht thun. Das soll natürlich nicht heißen, daß der König
sachlich kein Unrecht zu thun vermöge, sondern nur, daß an keine seiner Handlungen für
ihn sich die Folgen des Unrechtes knüpfen können.

Aus dieser Unverantwortlichkeit des Königs ergibt sich, daß er wegen Regierungshandlungen überhaupt nicht, wegen privater Handlung nicht strafgerichtlich zur Rechenschaft gezogen werden kann.

Wo dagegen der König außerhalb des Gebietes des öffentlichen Rechtes im vermögensrechtlichen Verkehre sich bewegt, kann er unbeschadet seiner Herrscherstellung vor
den Gerichten Recht nehmen. Der König thut dies auch, und zwar sowohl in seiner
Eigenschaft als Inhaber des Staatsvermögens, wie nicht minder als Inhaber seines
eigenen Privatvermögens.

Die Unverletzlichkeit des Königs äußert sich nicht nur in der Unverantwortlichkeit,
sondern auch in einem erhöhten strafrechtlichen Schutze seiner Person.

Jeder Angriff auf die Unversehrtheit des Königs oder seiner Herrschaft erscheint als
gegen das höchste staatliche Interesse gerichtet, die Rechtsordnung in demjenigen verletzt,
von dessen Macht sie ihren Ausgang nimmt. Jedes Unternehmen, welches bezweckt, dem
Könige Leben, Freiheit oder Herrschaft zu entziehen oder ihn zur Regierung unfähig zu
machen, wird als Hochverrath gestraft [10].

Die Herrscherstellung des Königs in ihrer Ganzheit ist kein Recht, sondern eine
Macht, welche die Quelle der Rechtsordnung und von Rechten ist. Diese Macht kann
und muß aber auch Quelle von Befugnissen für den König sein, und insoferne wird man

---

[6] H. Schulze, preuß. Staatsrecht, 2. Aufl., Leipzig 1888, I S. 151 ff.

[7] In der Sitzung der für die ständischen Angelegenheiten angeordneten Ministerialconferenz vom
7. Juli 1819 bemerkte Staatsrath v. Zentner zu Tit. II § 1 der Verf. Urk.: „Die Staatsgewalt
ist also nicht getheilt, sondern nur nach den in der Verf. Urk. festgesetzten Bestimmungen beschränkt.
Unsere Staatsverfassung ist hierin von anderen Verfassungen wesentlich verschieden." Vgl. auch Verh.
d. K. d. Abg. 1840 Prot. Bd. VII S. 291 (Minister von Abel).

[8] Tit. II § 1 Abs. II.

[9] Vgl. hieher K. Binding, Handb. des Strafrechts, Leipzig 1885, I S. 667 ff.

[10] R. St. G. B. §§ 80 ff.

von Rechten des Königs sprechen dürfen, nicht jedoch in dem Sinne, als ob sie ihm von
irgend Jemandem verliehen wären.

Man pflegt die Rechte des Herrschers in Hoheitsrechte, Ehrenrechte und Vermögensrechte zu theilen. Die beiden letzteren Gruppen von Rechten bilden gleichsam die
persönliche Ausstattung der Herrscherwürde; sie sind nach Art und Zahl willkürlich be-
stimmbar und können daher nur aufzählend dargestellt werden. Die Hoheitsrechte dagegen sind jene, in welchen die Herrschergewalt des Königs über den Staat sich bethätigt.
Sie sind nicht zusammenhanglos neben einander stehende Befugnisse, sondern nur die
concrete Erscheinung der Einen und untheilbaren Staatsgewalt in ihrer Bethätigung
auf den verschiedenen Gebieten des staatlichen Lebens, einzelne Strahlen, die aus einem
und demselben Lichtquell stammen.

Der Landesherr im früheren deutschen Reiche konnte ein Verzeichniß seiner landesherrlichen Gerechtsame aufstellen; der Herrscher bezeichnet seine Stellung erschöpfend mit
dem Satze, daß er Träger der Staatsgewalt ist. Will man also zu einzelnen Hoheitsrechten gelangen, so kann dies nur dadurch geschehen, daß man systematisch die Gesammtheit der staatlichen Aufgaben entwickelt, und man mag dann nach Maßgabe der gefundenen Gliederung verschiedene Hoheitsrechte benennen. Aber dabei muß man sich gegenwärtig halten, daß es sich nicht sowohl um eine Eintheilung der Staatsgewalt als um
eine Gruppirung des Stoffes handelt, an welchem sich die Staatsgewalt bethätigt. In
diesem Sinne läßt sich von Gerichtshoheit, Finanzhoheit und dgl. reden.

Die systematische Darlegung der staatlichen Thätigkeit des Herrschers, wie sie in
Gesetzgebung, Regierung (Rechtspflege und Verwaltung) und Wahrnehmung der Staats-
interessen gegenüber anderen Staaten sich äußert, darf dem allgemeinen Staatsrechte an-
heimgegeben werden ¹¹. Freilich vermag letzteres nur die Umrisse zu zeichnen. Denn die
Frage, welche staatliche Aufgaben im Einzelnen und wie sie zu erfüllen sind, ist für jeden
Staat eine besondere und wird daher auch in jedem verschieden beantwortet.

Es ist nun allerdings Sache der Darstellung eines einzelnen Staatsrechtes, zu
zeigen, welche Ziele die betreffende Staatsgewalt sich setzt, und in welcher Weise sie ihre
Thätigkeiten ausübt. Allein es wäre ein Fehler in der Anlage, dies am gegenwärtigen
Orte zu thun. Denn ein solches Verfahren würde dazu führen, unter dem Capitel der
Regierungsrechte des Königs das gesammte Staatsrecht durchzugehen und, da man den
Stoff doch hier nicht erschöpfen wollte und könnte, nach irgend einem willkürlichen Gesichtspunkte Zusammengehöriges auseinander zu reißen. Die Art und Weise der Be-
thätigung der Staatsgewalt gegenüber den verschiedenen staatlichen Aufgaben und damit
der Inhalt der einzelnen sogenannten Hoheitsrechte wird sich im Fortgange der systematischen Entwickelung ergeben. Hier dagegen genügt es, das Wesen der Staatsgewalt als
Ganzes erörtert zu haben.

Nur eine Bemerkung ist noch anzufügen. Man findet bisweilen in staatsrechtlichen Werken den wesentlichen Hoheitsrechten die zufälligen Hoheitsrechte gegenüber gestellt. Diese Unterscheidung kann man dann angehen lassen, wenn damit gemeint ist, daß
neben den Aufgaben, welche die Staatsgewalt eines gebildeten Volkes nach der jeweiligen
Auffassung nothwendig erfüllen muß, und neben den Hoheitsrechten, welche diesen Aufgaben entsprechen, zuweilen noch andere Aufgaben und Hoheitsrechte vorkommen, die unbeschadet der vollständigen Erfüllung des Staatszweckes auch fehlen könnten. Insoferne
mag man z. B. die Lehensherrlichkeit im heutigen Staate als ein zufälliges Hoheitsrecht
bezeichnen, da deren Beseitigung keine Lücke im Staatsleben zurücklassen würde. Dagegen

---

¹¹ Vgl. meine Grundzüge einer allg. Staatslehre, Abschnitt II, S. 19 ff.

wird der Begriff der zufälligen Hoheitsrechte zu einem staatsrechtlich unrichtigen, wenn man damit die Vorstellung verbindet, als stünden sie dem Herrscher aus irgend einem besonderen, aus einem anderen Titel als dem seiner Staatsgewalt zu. Denn insoferne dies der Fall ist, sind sie keine Hoheitsrechte.

Von den Rechten, welche der König als Staatsoberhaupt inne hat, sind hier nur die Ehrenrechte und die Vermögensrechte eingehend zu erörtern.

Zu all diesen, aus der Herrscherstellung an sich hervorgehenden Rechten des Königs tritt aber noch eine weitere Gruppe von Rechten, deren innerer Grund nicht im Wesen der Herrschaft selbst, sondern in dem der besonderen Staatsform liegt. Bayern ist eine erbliche Einherrschaft; der Herrscher geht nach Geblütsrecht in verfassungsmäßiger Ordnung aus einem bestimmten Geschlechte, dem königlichen Hause, hervor. Diese Beziehung des königlichen Hauses zum Staate und zur Krone macht es im staatlichen Interesse nothwendig, daß der König über dasselbe eine besondere Gewalt, die Familiengewalt, übe. Diese ist keine privatrechtliche, sondern eine staatsrechtliche Gewalt, da der bestimmende Grund für deren Gestaltung und Ausübung das staatliche Interesse ist. Es wird daher in diesem Buche auch von dem königlichen Hause und der Familiengewalt des Königs zu handeln sein.

2. Abschnitt.

§ 52. Die Ehrenrechte des Königs.

Die Ehre des Königs ist die höchste im Staate. Dies kömmt vor Allem in einer Reihe von Ehrenvorzügen zum Ausdrucke, welche dem Könige ausschließend zustehen, ferner in dem Dienste, der die Person des Herrschers umgibt, endlich in dem besonderen strafrechtlichen Schutze, welcher der Ehre des Staatsoberhauptes zu Theil wird [1].

Zu den Ehrenvorzügen des Königs gehören Titel, Wappen und Siegel und die Führung der königlichen Abzeichen. Ueber diese Auszeichnungen seiner Person bestimmt der König selbst. Dabei werden indessen, um denselben die Anerkennung im Staatenverkehre zu sichern, die Gepflogenheiten dieses Verkehrs berücksichtigt.

Der König [2] führt ausschließlich die Beiworte „von Gottes Gnaden" [3] und den Titel „Majestät" [4]. Er nennt sich „König von Bayern, Pfalzgraf bei Rhein, Herzog von Bayern, Franken und in Schwaben ꝛc. ꝛc." Das königliche Wappen [5] ist in der Verord-

---

[1] Herkömmlich wird bei den Ehrenrechten des Herrschers auch von dessen Rechte, Auszeichnungen zu verleihen, gehandelt. Das Recht, Andere zu ehren, ist indessen wohl kaum ein Ehrenrecht des Königs, sondern vielmehr ein Hoheitsrecht. Uebereinstimmend G. Jellinek, System der subjectiven öffentlichen Rechte, Freiburg i. B. 1892, S. 145 Anm. 1.

[2] Proclamation, die Annahme der Königswürde betr., vom 1. Jan. 1806 (R. Bl. S. 1, Weber I S. 111); Preßburger Friede vom 26. Dec. 1805 (Weber Anh. Bd. S. 31) Art. VII.

[3] Vgl. k. Decl. vom 19. März 1807 (Weber I S. 126) A Ziff. 3, Verbot des Prädicats für die Standesherren; Verordn. vom 10. Jan. 1822 (Weber II S. 71) Ziff. 4: Das Prädicat „von Gottes Gnaden", welches in Bayern nur der Souverän führt, wird denselben (den Erzbischöfen und Bischöfen) nicht gestattet. — Schon ein kurf. Erlaß vom 3. Mai 1774 (G. K. Mayr, Sammlung ꝛc., 1784, II S. 1111) rügt, daß einige Aebte, Aebtissinnen u. Pröbste sich „Wir von Gottes Gnaden" nannten, und verbietet diese Ungehörigkeit.

[4] Vgl. H. Schulze, preuß. Staatsrecht, 2. Aufl., I S. 163 Anm. 1; Pözl in Bluntschli's u. Brater's Staatswörterb. VI S. 553.

[5] Verordn., das k. Wappen u. Siegel betr., vom 18. Oct. 1835 (Weber III S. 40 u. Anh. Bd. S. 578). — Strafrechtlicher Schutz des k. Wappens R. St. G. B. § 360 Ziff. 7.

nung vom 18. October 1835 beschrieben⁶. Die königlichen Farben und zugleich Landes-
farben sind weiß und blau⁷.

Im mündlichen und schriftlichen Verkehre mit dem Könige sind die vorschrifts-
mäßigen Formen zu beobachten⁸. Gewisse, einzelnen Classen von Staatsangehörigen
bewilligte Ehrenbezeichnungen dürfen von denselben dem Könige gegenüber nicht gebraucht
werden⁹. Das Geburts- und Namensfest des Königs wird amtlich gefeiert und das
Kirchengebet für denselben verrichtet¹⁰.

Dem Könige als dem obersten Kriegsherrn gebühren ferner gewisse militärische
Ehren¹¹.

Beim Tode des Königs tritt Landestrauer ein¹².

Der König ist von einem Hofe und Hofstaate umgeben. Den Hof bilden die Mitglieder des königlichen Hauses nebst ihren und des Königs Hofstaaten¹³. Der König
bestimmt über die Zulassung zum Hofe, über den Hofrang, die Hofämter und deren Besetzung. Die Darstellung all dieser Einrichtungen gehört nicht in das Staatsrecht¹⁴.
Weder sind die Hofämter Staatsämter, noch die Hofbediensteten Staatsdiener¹⁵, noch ist
der Hofrang Staatsrang.

Die äußere Darstellung der königlichen Würde liegt allerdings im Interesse des
Staates, ähnlich wie dies, freilich in so viel bescheidenerem Maße, daß es fast den Vergleich ausschließt, bei der Repräsentation eines Amtes unter Umständen der Fall sein
mag. Allein so wenig diese letztere Repräsentation in den Bereich der amtlichen Thätigkeit und der dabei geleistete Dienst unter den Begriff des Staatsdienstes fällt, ebensowenig ist dies bei der königlichen Repräsentation und beim Hofdienste der Fall. Ins-

---

⁶ Ueber die früheren Titel- ꝛc. Verhältnisse a) vor Annahme der Königswürde vgl. oben § 1
Anm. 42; Bekanntm. vom 3. Oct. 1804 (R. Bl. S. 849), b) nach Annahme der Königswürde Bekanntm.
vom 20. Dec. 1806 (R.Bl. 1807 S. 135) und oben § 29 Anm. 11. Buchinger, über Ursprung u. Fortbildung des bayr. Landes-, Haus- u. Reichswappens, München 1848.
⁷ Nicht blau u. weiß. Diese Ordnung der Farben hat nur die Verordn., die Nationalcocarde
betr., vom 16. Jan. 1806 (R. Bl. S. 25). Dagegen spricht schon die Verordn. vom 20. Dec. 1806, das
k. Wappen u. Siegel betr. (R.Bl. S. 135), bei Beschreibung des Wappens und der Paniere Silber vor
Blau an; ebenso die Verordn., das Uniformreglement für das Bürgermilitär betr., vom 31. Oct. 1813
(R. Bl. S. 1425) § 67. Die geltende Verordn. vom 18. Oct. 1835 sagt: „Das Herzschild enthält die
bayerischen silbernen und lasurenen Rauten von der Linken zur Rechten in einer Diagonallinie auf-
steigend."
⁸ Instr. vom 1. Jan. 1806 (Weber I S. 111); Min. Bek. vom 6. April 1874 Ziff. 1 (Weber X
S. 240). Ueber die Empfangsfeierlichkeiten bei Reisen des Königs W. Krais, Handb. der inneren Verwaltung ꝛc., 3. Aufl., I S. 180.
⁹ Verf. Urk. Beil. IV § 2 (Standesherren), Verordn. vom 10. Jan. 1822 (Weber II S. 71)
Ziff. 4 (Erzbischöfe und Bischöfe).
¹⁰ Verf. Urk. Beil. II § 55. Weber I S. 112, 377. — Daß nicht alle diese Vorschriften die
Natur von Rechtsvorschriften haben, bedarf kaum der Bemerkung.
¹¹ Die Bestimmungen hierüber sind in den Dienstvorschr. für das Heer enthalten.
¹² Trauerordn. vom 20. Juli 1827 (Weber II S. 387) und M. E. vom 29. Nov. 1841 (Weber II
S. 388 Anm.) und 5. Febr. 1890 (Weber XX S. 99).
¹³ Vgl. v. Kaltenborn in Bluntschli's ꝛc. u. Brater's Staatswörterb. V S. 200. Einen
Hof und Hofstäbe hatte in Bayern stets nur der Landesherr. Eine Entschl. vom 14. Nov. 1793
(G. K. Mayr, Sammlung ꝛc., 1797, V S. 30) sagt: „Gleichwie es bei den churpfalz- und baier. hohen
Häusern niemals üblich gewesen, daß appanagirte Prinzen für sich einen Hofstab mit Jurisdiction über
ihre Dienerschaft oder sonsten aufstellen und führen dürfen, also soll es auch ... bei solchem Herkommen
ohne Gestattung einer Neuerung belassen werden."
¹⁴ Aufschluß über den jeweiligen Stand der Hofstäbe ꝛc. gibt das Hof- u. Staatshandb. Wegen
der früheren Verhältnisse R.Bl. 1803 S. 1039, 1805 S. 865. Vgl. auch Pözl, Lehrb. des bayr. Verf.
Rechtes S. 391 f. Die Angabe, welche sich dort findet, an der Spitze des Hofstaates stehe der Minister
des k. Hauses, dem der ganze Hofstaat untergeordnet sei, ist unrichtig. Die Ernennungen für den Hofdienst erfolgen überdies ohne Gegenzeichnung eines Ministers. Vgl. unten Anm. 22.
¹⁵ Vgl. unten § 178 Anm. 13. H. Schulze, preuß. Staatsrecht, 2. Aufl., I S. 164 f.

besondere kann die Art der Dienstleistung und der Rang des Bediensteten keinen Unterschied begründen. Oeffentlichrechtlicher Natur ist nur der staatliche Schutz, der die Einrichtungen umgiebt, welche vom Könige für den Glanz seines Hofes getroffen sind, das
Berbot, die äußeren Zeichen des Hofdienstes unbefugt sich anzueignen oder nachzuahmen,
das in strafrechtlichen Bestimmungen ausgedrückt ist ¹⁶.

　　Die Scheidung von Staats- und Hofdienst hat sich allerdings nur langsam vollzogen. Sie
konnte überhaupt insolange nicht in Frage kommen, als die patrimoniale Auffassung der landesherrlichen Gewalt vorherrschte und daher die vermögensrechtlichen und staatsrechtlichen Verhältnisse des
Fürsten nicht gesondert wurden. Obliegenheiten, die jetzt in den Aemtern des Oberhofmeisters und
des Staatsministers des Innern, des Oberstkämmerers und des Finanzministers ziemlich weit auseinander liegen, konnten damals zu einem Amte vereinigt sein. Mochte nun auch allmählich die Trennung
von Staats- und Hofdienst in Bezug auf die sachlichen Aufgaben sich vollziehen ¹⁷, so gelangte doch die
innere Berschiedenheit derselben sehr spät zur Anerkennung. Noch bis tief in unser Jahrhundert
wurden die Hofdiener als Staatsdiener behandelt. Wenn früher die Gehalte der obersten Hof- und
Staatsdiener aus der Hofkammerkasse flossen, so waren seit der Domanialfideicommißpragmatik vom
20. October 1804 ¹⁸ die Hofdiener, so weit sie nicht lediglich ein Ehrenamt bekleideten, ebenso wie die
Staatsdiener aus der Staatskasse zu besolden. Die kurfürstliche Berordnung vom 1. Jänner 1805 ¹⁹,
die Staatsdienerpragmatik, rechnet in Art. XXV die Angehörigen des „Centraldienstes des Hofes"
noch zu der „gesammten Staatsdienerschaft". In der IX. Berfassungsbeilage, die auf der Grundlage
der Pragmatik von 1805 ruht, sind nur mehr die Staatsdiener erwähnt. Allerdings war eine Beziehung der Hofdiener zum Staate insoferne fortwährend gegeben, als dieselben aus der Staatskasse
ihren Gehalt empfingen; denn der gesammte Aufwand des Hofes wurde im Budget festgesetzt. Man
konnte also die für den Staatsdienst geltenden Bestimmungen über Gehalts- und Pensionsrechte auf
die Hofdiener und deren Hinterbliebenen um so mehr für anwendbar erachten, als in § 28 der
IX. Berf. Beil. auf die Pragmatik von 1805 verwiesen war. Indessen konnte schon damals diese
lediglich finanzielle Beziehung der Hofdiener zum Staate ihr Dienstverhältniß nicht als ein staatliches
erscheinen lassen ²⁰. Auch diese Beziehung des Hofdienstes zur Staatskasse ist aber weggefallen, seit
durch das Finanzgesetz vom 28. December 1831 §§ 6 und 7 und durch das Gesetz über die Civilliste
Artikel 4 die Gehalte der Hofdiener, sowie ihre und ihrer Hinterbliebenen Pensionen als Last der
Civilliste erklärt worden sind. Damit sind auch die Bestimmungen der Verfassungsurkunde und der
Staatsdienerpragmatik, die sich auf Gehalte und Pensionen beziehen, den Hofdienern gegenüber
zweifellos unanwendbar geworden, da diese Vorschriften lediglich Verpflichtungen der Staatskasse im
Auge haben. Die Ansprüche der Hofdiener gegen die Cabinetskasse sind lediglich nach dem Dienstver-
trage, also nach Privatrecht zu beurtheilen ²¹. Mit dem Wegfalle der staatlichen Besoldung und Pen-
sionirung der Hofdienerschaft ist auch der letzte Grund beseitigt, welcher für Ernennungen im Hofdienste die ministerielle Gegenzeichnung der königlichen Verfügungen als nothwendig erscheinen
lassen konnte ²².

　　Eine grundsätzlich andere Stellung nehmen die Kronämter ein ²³. Dieselben sind
keine Hofämter, sondern „oberste Würden des Reichs", deren Bestand auf verfassungs-

---

　　¹⁶ Uebereinstimmend G. Jellinek, System der subjectiven öffentlichen Rechte, S. 144 Anm. 1.
R. St. G. B. § 360 Ziff. 8, Pol. St. G. B. Art. 26.
　　¹⁷ J. J. Moser, Einl. in das churf. bayr. Staatsrecht, Cap. 1 § 9, Frhr. v. Kreittmayr,
Grundriß des allg., deutsch- u. bayr. Staatsrechtes § 113.
　　¹⁸ R. Bl. 1805 S. 161.　　¹⁹ R. Bl. 1805 S. 225.
　　²⁰ Bl. f. adm. Praxis XV S. 281.
　　²¹ Die Bezahlung der Hofdienerschaft ist zwar verfassungsgesetzlich als Last der Civilliste erklärt;
allein selbstverständlich werden dadurch die Ansprüche der Hofdienerschaft gegen die Cabinetskasse nicht
zu öffentlichrechtlichen. Sie sind dies ebenso wenig wie die Ansprüche aus sonstigen Berträgen, welche
der König in Bezug auf Bedürfnisse abschließt, die der Civilliste überwiesen sind.
　　²² Allerdings ist diese veränderte Rechtslage nicht sofort erkannt worden. Pözl, Lehrb. des
bayer. Berf. Rechtes S. 392 Anm. 7, 8 behandelt die Bestimmungen der Pragmatik von 1805 als für
die Hofdiener fortdauernd geltend, trotzdem er erwähnt, daß nach Art. 4 des Ges. über die Civilliste der
Aufwand für den Hofstaat aus der Civilliste zu bestreiten sei. Ueber die Rangverhältnisse x. der Hofbeamten Weber XX S. 197 u. Anh. Bd. S. 464 ff., 499 ff.
　　²³ Ueber die früheren Erbhofämter Frhr. v. Kreittmayr, Grundriß des allg., deutsch- u. bayr.
Staatsrechtes § 115, J. J. Moser, Einl. in das churf. bayr. Staatsrecht Cap. 1 § 8. Die Würde des
Erblandhofmeisters wurde noch 1804 an den Grafen Ignaz Arco verliehen. R. Bl. S. 309. Durch die

rechtlicher Anordnung beruht[24]. Kronämter sind das Amt des Kronoberſthofmeiſters, Kronoberſtkämmerers, Kronoberſtmarſchalls und Kronoberſtpoſtmeiſters. Dieſe Reichs⸗ würden ſind Mannlehen der Krone und werden vom Könige auf dem Throne verliehen (Thronlehen)[25]. Die Belehnung geſchieht entweder auf Lebenszeit oder vererblich[26], letzteren Falles nach dem Rechte der Erſtgeburt und der agnatiſch⸗linealen Erbfolge[27]. Die Lehensverhältniſſe richten ſich nach dem Lehenedicte vom 7. Juli 1808[28]. Die Kron⸗ würdenträger ſind bei feierlichen Anläſſen Bewahrer der Reichsinſignien und haben da⸗ bei außerdem gewiſſe ceremonielle Aufgaben zu erfüllen[29]. Sie ſind kraft ihrer Würde Mitglieder der Kammer der Reichsräthe[30] und unter Vorausſetzungen, die am betreffen⸗ den Orte näher zu erörtern ſein werden, zur Reichsverweſung berufen[31]. Sie ſind Mit⸗ glieder des königlichen Familienrathes[32].

Auch die militäriſche Umgebung des Königs (Adjutantur, Leibgarde der Hartſchiere) gehört nicht zum Hofdienſte, da ſie dem Könige als oberſtem Kriegsherrn zur Seite ſteht. Der Heerdienſt, welcher bei der Perſon des Königs geleiſtet wird, iſt alſo Staatsdienſt.

Die Ehre des Königs genießt beſonderen Schutz inſoferne, als Angriffe auf dieſelbe — Majeſtätsbeleidigungen — ſtrenger als andere Beleidigungen beſtraft und von Amts wegen verfolgt werden[33].

3. Abſchnitt.

Die Vermögensrechte des Königs.

§ 53. Geſchichtliche Entwickelung.

Die Verfaſſungsurkunde traf wegen des Unterhaltes des Königs keine Vorſehung. Als ſelbſt⸗ verſtändliche Folge der Einverleibung des Kammergutes in das Staatsgut ergab ſich indeſſen, daß der Aufwand für den Unterhalt des Königs, ſeines Hauſes und ſeines Hofes auch unter der Herrſchaft der Verfaſſungsurkunde eine Staatslaſt bildete. Für die Feſtſtellung der Höhe dieſes Aufwandes und die Anweiſung der Mittel zu deſſen Beſtreitung mußten Mangels anderweitiger Anordnung die all⸗

Verf. von 1808, Tit. I § II, wurden die Erbämter aufgehoben. Vgl. auch Verordn. vom 3. Juni 1811 (R. Bl. S. 833). — Ein Geſ. Entw., die Wiedereinführung der vormaligen Erbämter betr., der 1848 an den Landtag gebracht wurde, ging in der K. der Abg. nicht durch. Vgl. Verh. der K. d. R. R. Prot. Bd. I S. 43, 73, 215, Beil. Bd. II Nr. 5; Verh. d. K. d. Abg. Prot. Bd. II S. 553, III S. 3, 170, Beil. Bd. II S. 284.

²⁴ Schon die Verf. von 1808 Tit. 2 § X verfügte die Errichtung von vier Kronämtern, über welche dann das Reglement vom 28. Juli 1808, die Kronämter des Reichs betr. (Weber I S. 198), nähere Beſtimmungen traf, die in der Hauptſache noch gelten. Der Fortbeſtand der Kronämter iſt in Tit. V § 1 der Verf. Urk. ausgeſprochen.

²⁵ Regl. § 1.

²⁶ Erblich iſt die Kronoberſtpoſtmeiſterwürde, welche dem Haupte der fürſtlichen Familie Thurn u. Taxis zukömmt. Die Verleihung geſchah durch das Edict über die Poſtanſtalten vom 14. Febr. 1806 (R. Bl. S. 65) mit dem Titel Erblandpoſtmeiſter. Vgl. oben § 35 Anm. 31, § 40 Anm. 27. Verh. d. K. d. R. R. 1848 Beil. Bd. III S. 189 ff.

²⁷ Regl. §§ 2, 3. Die erblichen Reichswürden gehen ſofort beim Erbfalle, nicht erſt mit der Lehenserneuerung auf den Erben über. II feud. 11 pr.

²⁸ Weber I S. 176. Die Angelegenheiten der Thronlehen gehören nun zum Wirkungskreiſe des Staatsminiſteriums des k. Hauſes u. des Aeußern. Verordn. vom 27. Nov. 1825 § 2 und vom 9. Dec. 1825, die Formation der Miniſterien betr., § 41 (Weber II S. 255, 261).

²⁹ Das Nähere in §§ 15—20 des Regl.   ³¹ Verf. Urk. Tit. II § 13.

³⁰ Verf. Urk. Tit. V § 1 Abſ. II, Tit. VI § 2 Ziff. 2.

³² Regl. § 8, Familienſtatut vom 5. Aug. 1819 Tit. X § 4. — Die Beſtimmung in § 9 des Regl. — Theilnahme an den Sitzungen des geh. Rathes (Staatsrathes) — iſt außer Wirkſamkeit ge⸗ treten. Vgl. Inſtr. für den Staatsrath vom 18. Nov. 1825 § 2 u. nunmehr Verordn., den Staatsrath betr., vom 3. Aug. 1879 § 2.

³³ R. St. G. B. §§ 94, 95; vgl. auch §§ 98, 99.

gemeinen Bestimmungen über die Staatsausgaben maßgebend sein. Dem entsprechend wurde denn
auch der Gesammtbedarf des königlichen Hauses und Hofes mit Einschluß der Apanagen und Wittwengehalte in den drei ersten Finanzperioden jedes Mal neu durch das Budget bestimmt[1]. Erst durch
Verfassungsgesetz vom 1. Juli 1834[2] wurde eine Civilliste für den König festgestellt[3].

Des Ausdruckes Civilliste hatte man sich in Bayern, auch in der Gesetzessprache[4], bereits vor
dem Gesetze von 1834 bedient, um den Betrag zu bezeichnen, der im Budget für den Hofetat ausgeworfen
war. Indessen entspricht dies jenem Begriffe nicht, welchen das Staatsrecht mit dem Worte verbindet[5]. Das Staatsrecht versteht unter Civilliste eine Jahresrente, welche dem Herrscher aus Mitteln
des Staates durch Gesetz dauernd überwiesen ist[6]. Eine solche hat der König erst seit dem Gesetze vom
1. Juli 1834.

Seither hat sich übrigens ein Sprachgebrauch herausgebildet, welcher den Ausdruck Civilliste
nicht für die Leistung, sondern für das Rechtssubject, welchem sie geschuldet wird, anwendet; mit andern
Worten, man bezeichnet mit Civilliste auch die privatrechtliche Persönlichkeit des Königs. Dieser Sprachgebrauch herrscht vorzugsweise im Prozeßrechte, indem man aus einer Art von Schicklichkeitsrücksicht
die persönliche Bezeichnung des Königs auf solche Weise umgeht[7]. Von diesem Standpunkte aus
mag man die Gepflogenheit gelten lassen. Dagegen wäre es völlig falsch, wenn man mit jener Anwendung des Wortes Civilliste den Begriff einer juristischen Persönlichkeit derselben verbinden wollte.
Eine derartige Persönlichkeit ist durch keinerlei ausdrückliche Gesetzesbestimmung geschaffen worden[8].
Eine solche Bestimmung hätte auch keinen Sinn. Man mag für ein Vermögen, das keiner wirklichen
Person zusteht, eine juristische Person annehmen; aber es wäre ein inhaltsleerer Rechtssatz, der einem

---

[1] G. Bl. 1819 S. 227; 1825 S. 143; 1831 S. 125. Der Etat des k. Hauses u. Hofes betrug
für die 1. Finanzper. 2 745 000 fl. Der Aufwand für Bauten und Pensionen des Hofes wurde aus den
allg. Landbau= und Pensionsetats gedeckt. Außerdem wurden in den sechs Jahren der ersten Finanzper.
jedes Mal 260 000 fl. zur außerordentlichen Bedürfnisse des Hofes aus dem Reichsreservefond zugeschossen.
Man stellte die Summe daher für die zweite Finanzper. auf 3 005 000 fl. fest. Dessenungeachtet wurde
nach wie vor der Reservefond alljährlich in Anspruch genommen. Eine Zusammenstellung f. in den
Aeußerungen des Abg. v. Mussinan in der Sitzung der K. d. Abg. vom 6. Dec. 1831 (Verh. 1831,
Bd. XXV Prot. Nr. CXLIV S. 75. Vgl. auch ebenda Prot. Nr. C S. 4 u. Verh. d. K. d. R. R. 1831
Prot. Bd. IX S. 60 ff.) Ueber die dritte Finanzper. f. unten § 54 Anm. 4.

[2] Ges., die Festsetzung einer permanenten Civilliste betr., vom 1. Juli 1834 (G. Bl. S. 25).
Dessen Eigenschaft als Verf. Ges. erhellt aus dem Eingange u. Art. 9. — Verh. d. K. d. Abg. 1834
Beil. Bd. I S. 1 (Vortrag des Finanzministers Frhrn. v. Lerchenfeld), 3 (Ges. Entw.), S. 55 ff., 80 ff.
90 f. (Ausschußverh.). Prot. Bd. I S. 58, 109 ff., 245, 391 f. Verh. d. K. d. R. R. 1834 Prot. Bd. I
S. 34 f., 49 ff., Beil. Bd. S. 73 ff. Eine Vorlage an den Landtag wegen Festsetzung einer lebensläng-
lichen Civilliste war schon 1830 in Erwägung gezogen worden, unterblieb aber damals.

[3] „Zur Befestigung der Verfassung und zur Beseitigung einer wesentlichen Lücke in derselben",
wie der Landtagsabsch. vom 1. Juli 1834 (G. Bl. S. 5) unter I A bemerkt. Aus demselben ist auch ersichtlich, daß man damals die Zustimmung der Agnaten zu dem Ges. für nothwendig erachtete. Denn
der König sagt, er habe dasselbe erlassen, nachdem „Unsere Agnaten ihren Consens, wovon getreue Abschriften im ständischen und Reichs-Archive werden niedergelegt werden, ertheilt haben". Von dieser
irrigen Auffassung ist man, wie unten § 54 Anm. 5 ersichtlich, in der Folge wieder abgekommen.

[4] Vgl. Finanzges. vom 28. Dec. 1831 (G. Bl. S. 125) § 6 ff.

[5] Der Ausdruck Civilliste entstammt dem englischen Rechte. Ueber die Entstehung der englischen
civil list Dahlmann, Politik § 125, A. Höfler, Geschichte der engl. Civilliste, 1834, R. Gneist,
das engl. Verw. Recht der Gegenwart, 1883, I S. 160. Die Bezeichnung, welche für unsere Verhältnisse
keinen, nicht einmal einen geschichtlichen Sinn hat, wanderte durch Vermittelung des franzöf. Rechtes
auf das europäische Festland über. Das Wort findet sich zuerst in der franzöf. Verf. vom 3. Sept. 1791
Cap. II Abschn. I Art. 10, dann in dem org. Senatsconsult vom 18. Mai 1804 Tit. III § 14 u. in der
Charte vom 4. Juni 1814 Art. 23. Von Frankreich gelangte der Ausdruck nach Deutschland. Eine zu-
treffendere Bezeichnung wäre Kronrente („Kronfideicommißrente" in Preußen).

[6] Lorieux, Revue étrangère et française 1839 II p. 801: „De nos jours on entend
par liste civile, dans les pays constitutionels, une dotation fixe et annuelle, prélevée sur
les revenus de l'état et qui demeure affectée aux dépen=es personnelles du souverain
ainsi, qu'à l'entretien de sa maison."

[7] So sprechen die bayer. Civilprozeßordnung von 1869 in Art. 15 u. das bayer. Ausf. Ges. zur
R. C. P. O. vom 23. Febr. 1879 Art. 1 von einem Gerichtsstande der „Civilliste des Königs", während
die Reichsjustizgesetze sich dieser Umschreibung nicht bedienen, sondern den „Landesherrn" nennen.

[8] Es geht nicht an, aus den eben erwähnten Bestimmungen des Prozeßrechtes die Rechtspersön-
lichkeit der Civilliste abzuleiten. Sehr richtig wird dies in einem Aufsatze nachgewiesen, den die zweite
Beilage zu den Nrn. 40, 41 der Allg. Zeitung vom 9. u. 10. Febr. 1883 enthält. Derselbe wird in der
Folge noch öfter zu erwähnen sein.

Vermögen, welches einen natürlichen Herrn hat, noch einen künstlichen dazu gäbe⁹. Die Feststellung der Civilliste kann entweder auf die Lebenszeit des jeweiligen Herrschers¹⁰ oder ein für allemal bis zur Aenderung im Wege der Gesetzgebung (permanente Civilliste) geschehen. Die letztere Art der Feststellung wurde in Bayern angenommen. Die gesetzlich bestimmte Civilliste ist „eine unveränderliche Civilliste eines jeden Königs von Bayern"¹¹.

§ 54. Civilliste und Privatvermögen des Königs.

Die Civilliste des Königs gehört zu jenen Staatsausgaben, deren Nothwendigkeit und Höhe gesetzlich festgestellt ist¹. Sie steht zur freien persönlichen Verfügung des Königs und hat zugleich die Natur einer Bauschsumme für diejenigen Ausgaben, welche gesetzlich auf dieselbe angewiesen sind². Hieraus ergibt sich, daß der Landtag keine Rechnungsablage über die Verwendung der Civilliste fordern kann³. Auf der andern Seite aber erhellt, daß eine rechtliche Verpflichtung des Landtags zu Mehrbewilligungen in keinem Falle besteht.

Das Gesetz von 1834 bestimmte die unveränderliche Civilliste in derjenigen Höhe, in welcher dieselbe durch das Finanzgesetz vom 28. December 1831 festgestellt worden war, nemlich auf die Summe von 2 350 580 fl.⁴ Dieser Betrag wurde in der Folge durch das Finanzgesetz vom 29. Juli 1876⁵ in bleibender Weise auf 4 231 044 Mark erhöht.

---

⁹ P. Laband, Zeitschr. für Handelsrecht XXX S. 33: „Ueberall, wo die Annahme einer juristischen Person unnöthig ist, ist sie ein unzulässiges Mittel der juristischen Construction." Ich gehe übrigens noch weiter und sage: Ueberall, wo man ohne Annahme einer juristischen Person nicht construiren zu können glaubt, handelt es sich um eine falsche juristische Construction.

¹⁰ In dieser Form fand die Einrichtung in Frankreich durch die Verf. von 1791 Eingang. Auch die Charte vom 4. Juni 1814 bestimmte in Art. 23: La liste civile est fixée pour toute la durée du règne, par la première législature assemblée depuis l'avènement du Roi.

¹¹ Die Einführung einer lebenslänglichen Civilliste, welche schon im Jahre 1825 der Abg. Rudhart in der zweiten Kammer (Prot. Bd. VI S. 460 ff.) befürwortet hatte, fand bei Berathung des Civillistenges. in der K. b. Abg. zwar Vertretung, aber keinen Anklang.

¹ Ueberflüssiger Weise fügt Art. 3 des Ges. bei: „Diese Summe kann zu keiner Zeit ohne die Zustimmung der Stände erhöht, noch ohne Bewilligung des Königs gemindert werden."

² Ges. Art. 4 Abs. II: „Von den aus dem Hofhaushalte entspringenden Ausgaben soll zu keiner Zeit ohne Bewilligung der Stände etwas auf die Staatskasse überwiesen werden können." — S. auch Verh. der K. d. Abg. 1834 Prot. Bd. I Prot. Nr. 3 S. 18 „Aversalsumme".

³ Auch vor der Einführung der bleibenden Civilliste war dieser Satz anerkannt. Nur bei der ersten Ständeversammlung beging man den Fehler, alle Einzelheiten der Hofausgaben den Ständen zu unterbreiten. Indessen ließen sich letztere auf eine Untersuchung derselben nicht ein. Vgl. auch Verh. d. K. b. Abg. 1825 Prot. Bd. X S. 110.

⁴ Ges. Art. 1, 2 (G. Bl. S. 125). Die angegebene Summe entstand auf folgende Weise. Der Budgetentw. für die III. Finanzper. verlangte für den Gesammtbedarf des k. Hauses u. Hofes einschließlich der Apanagen u. Wittwengehalte 3 200 800 fl., bzw. nach dem später erfolgten Heimfalle des Wittwengehaltes der Herzogin Amalie von Pfalz-Zweibrücken 3 149 420 fl. Hievon trafen auf die eigentliche Civilliste 2½ Mill. fl., der Rest auf Apanagen (337 000 fl.) und Wittwengehalte (312 420 fl.). (Verh. der K. d. Abg. 1831 Beil. Bd. X Beil. XLIV lit. C S. 7.) Die K. d. Abg. faßte jedoch am 26. Sept. 1831 (Verh. Bd. XVIII Prot. Nr. C) den Beschluß, daß mit einer Aversalsumme von 2½ Mill. fl. der Gesammtbedarf des k. Hauses und Hofes bestritten werden könne, wogegen die K. d. R. R. unterm 24. Nov. 1831 (Verh. Bd. X S. 35 ff.) der Regierungsforderung zustimmte. Darauf hin beschloß die K. d. Abg. am 6. Dec. gl. J. (Verh. Bd. XXV Prot. Nr. CLIV S. 25 ff.), 3 Mill. für den ganzen Hofetat, Apanagen u. Wittwengehalte inbegriffen, zu genehmigen. Am 12. gl. Mts. kam dieser Beschluß in der K. d. R. R. zur Berathung. (Verh. d. k. d. R. R. Bd. XI S. 418 f.) Der Berichterstatter des Aussch. war in der Lage, zu erklären, daß die Sache erledigt sei, da der König dem Ausschusse habe eröffnen lassen, er nehme die Festsetzung der Civilliste nach dem zweiten Beschlusse der K. d. Abg. an. Hiernach entzifferte sich bei Abzug der oben angegebenen Beträge für Apanagen von 337 000 fl. u. für Wittwengehalte von 312 420 fl. eine eigentliche Civilliste von 2 350 580 fl., worunter 240 000 fl. für Hofbauten.

⁵ Finanzges. vom 29. Juli 1876 (G. u. V. Bl. S. 528) § 7. Dazu Verh. der K. d. Abg. 1875/76 Beil. Bd. II S. 670 (Regierungsantrag), III S. 239 (Ausschußbericht), Sten. Ber. Bd. II S. 200, 852. — Verh. der K. d. R. R. 1875/76 Beil. Bd. S. 342, Prot. Bd. I S. 437. — Vgl. auch Landtagsabsch. vom 29. Juli 1876 a. E. — Die Zustimmung der Agnaten zu dieser Aenderung des Ges. vom 1. Juli 1834 ist mit Recht nicht für erforderlich erachtet worden.

Die Erträgnisse der Staatsgüter haften in erster Linie für die Auszahlung der Civilliste⁶. Die Civilliste ist in monatlichen Theilbeträgen aus der Centralstaatskasse zu entrichten⁷.

Der Civilliste sind durch ausdrückliche gesetzliche Bestimmungen eine Reihe von Ausgaben überbürdet⁸. Aus der Civilliste ist vor Allem der Bedarf für den Haus- und Hofhalt des Königs zu bestreiten⁹. Ihr obliegt ferner der Unterhalt der („regierenden") Königin und der minderjährigen Kinder des Königs¹⁰. Eine Last der Civilliste bildet

---

⁶ Art. 2 des Ges. sagt, die Civilliste werde „hiemit ausdrücklich auf die gesammten Staats-domänen radicirt". Vgl. hieher Verh. d. K. d. Abg. 1834 Beil. Bd. II S. 86 ff.

⁷ Ges. Art. 2. Vorauserhebungen sind also unstatthaft. Die Forderung des Königs gegen die Staatskasse wird je am 1. jedes Monates mit ¹/₁₂ des Jahresbetrages der Civilliste fällig.

⁸ Finanzges. vom 28. Dec. 1831 (G. Bl. 1832 S. 125) §§ 6 u. 7; Ges. über die Civilliste Art. 4 ff. Vgl. zu den ersteren Bestimmungen Verh. d. K. d. Abg. 1831 Bd. XX Prot. Nr. CXI S. 103 ff., Nr. CXII S. 1 ff.

⁹ Art. 4 des Ges. zählt, indem er zugleich auf die §§ 6, 7 des angef. Finanzges. zurückverweist, in ziemlich verworrener Reihe neben den „sämmtlichen Bedürfnissen der Hof- u. Haushaltung des Kö-nigs" mehrere Ausgabenkategorieen auf, die an sich schon unter den Begriff jener Bedürfnisse fallen. Dies hat lediglich die Bedeutung, daß bezüglich einzelner genannten Ausgaben Zweifel darüber abgeschnitten sind, ob sie unter die Bedürfnisse des Hof- u. Haushaltes gehören oder nicht. Das Ges. nennt „die Dotation der Cabinetskasse", worunter auch die in § 7 unter a des Finanzges. von 1831 auf-geführten Ausgaben für das Hofelemosinariat begriffen sind, da dieses „der Cabinetskasse einverleibt" wurde (Verh. d. K. d. Abg. 1834 Beil. Bd. II S. 73 — Ausschußvortrag); ferner „den Aufwand für den ganzen Hofstaat", „die Ausgaben bei sämmtlichen Hofstäben u. Intendanzen — einschließlich der Hausritterorden". Außerdem werden aufgezählt „die seit dem 1. Oct. 1831 angefallenen und ferner anfallenden Pensionen u. Quiescenzgehalte der Hofdienerschaft mit Rücksicht auf die eigene errichtete Hofpensionskasse". § 7 unter b des Finanzges. von 1831 erwähnt weiter die nach dem 30. Sept. 1831 „sich ergebenden Pensionen der Wittwen u. Waisen" der Hofdienerschaft. Die Weglassung der Hinter-bliebenen im Ges. von 1834 bezweckte keine sachliche Aenderung. Man war der allerdings sonderbaren Ansicht, daß „der Ausdruck Hofdienerschaft den collectiven Begriff von Dienern u. ihren Relicten zu-reichend bezeichne" (Verh. d. K. d. Abg. 1834 Beil. Bd. II S. 74). Früher wurden die fraglichen Pen-sionen aus dem allg. Pensionsetat bestritten, und dabei verblieb es bezüglich der vor dem 1. Oct. 1831 angefallenen Pensionen. Ueber den Schlußsatz von § 7 lit. b des Finanzges. von 1831 vgl. Landtags-absch. vom 29. Dec. 1831 (G. Bl. S. 57) unter I, Q u. Verh. d. K. d. Abg. 1834 Beil. Bd. II S. 75. Als Lasten der Civilliste werden endlich noch genannt „sämmtliche Hofbauten", „sie mögen Neubauten oder bloße Reparaturen an den zum Gebrauche des Hofs bestimmten Gebäuden sein". Hierzu kommt noch die in Art. 6 des Ges. festgestellte Unterhaltungs- bzw. Erhaltungspflicht hinsichtlich der unbeweg-lichen und beweglichen Sachen, die dem Könige zur Benützung überwiesen sind. Von diesen Verpflich-tungen ist später noch näher zu handeln. — Für die Frage, ob eine Ausgabe unter die Lasten der Civil-liste zu rechnen sei, kann in Zweifelsfällen der Umstand ausschlaggebende Bedeutung gewinnen, daß sie in eine Gattung von Ausgaben fällt, welche bis zum Finanzges. von 1831 aus dem Hofetat bestritten wurden. Art. 4 des Ges. über die Civilliste verweist nemlich auf die §§ 6, 7 des angef. Finanzges. § 7 des letztern aber beginnt mit den Worten: „Außer jenen Kategorieen von Ausgaben, welche bisher von der Cabinetskasse, den Hofstäben und Intendanzen, einschließlich der Hausritterorden, für Rechnung des Hofetats bestritten wurden, übernimmt die Civilliste in Zukunft auch . . . ."

¹⁰ Ges. Art. 4; vgl. Art. 7. Die übrigen Mitglieder des k. Hauses haben keine gesetzlichen Unter-haltsansprüche gegen die Civilliste. Inwieweit ihnen Ansprüche gegen die Staatskasse zustehen, ist in diesem Zusammenhange nicht zu erörtern. § 6 des Finanzges. von 1831 überwies der Civilliste auch noch „die Dispositionsgelder u. Reisekosten der volljährigen nicht etablirten Kinder des Königs". Diese Fassung beruht auf einem Beschlusse der K. d. Abg. (Verh. 1831 Bd. XX Prot. Nr. CXI S. 104 ff.). Der Regierungsvorschlag lautete: „Die Dispositionsgelder u. Reisekosten volljähriger nicht etablirter königlicher Kinder werden aus dem Reichsreservefond bestritten." Daneben aber gab Art. 8 des Finanzges. dem Könige anheim, den Unterhalt der volljährigen, noch nicht etablirten k. Prinzen auf die Staatskasse nach Maßgabe des Familienstatuts anzuweisen. In seinem Vortrage über den Entw. des Civilliste-Ges. bemerkte der 2. Aussch. der K. d. Abg. (Verh. 1834 Beil. Bd. II S. 73) mit Recht: „Gibt man nun zu, was wohl nicht verweigert werden kann, daß der Begriff von Unterhalt ein collectiver, und hievon die Reise- u. Dispositionsgelder die Species ist, so wird der Widerspruch klar." Das Ges. über die Civilliste hat daher die angegebene Bestimmung des § 6 des Finanzges. von 1831 fallen ge-lassen. Der angeführte Ausschußbericht sagt in unmittelbarem Anschlusse an die eben erwähnten Worte: „Die Staatsregierung will offenbar auch diesen Conflict durch den vorliegenden Gesetzentw. dadurch entscheiden, daß sie beim Ges. stehen bleibt und nach § 8 des Finanzges. alle Kosten des Unterhaltes großjähriger nicht etablirter Kinder den Staatsfonds zur Last legt, was bisher ohne alle Ausnahme geschehen ist. Dieser Auslegung entspricht auch der Art. 7 des Ges. Entw."

12*

endlich der dem Reichsverweser verfassungsmäßig gebührende Unterhalt im Falle der ordentlichen Reichsverwesung [11].

Außer der Civilliste ist zur Ausstattung der Krone auch die Nutzung einer Anzahl von Grundstücken sammt Gebäuden, Einrichtung und sonstigem Zubehör, sowie der Hausschatz bestimmt.

Bezüglich des unbeweglichen Staatsgutes, welches der Civilliste überwiesen ist, ist eine Anlage zu dem Gesetze über die Civilliste [12] maßgebend („Verzeichniß der für den Dienst des königlichen Hofes bestimmten Gebäude") [13]. Hiezu ist in Folge Verfassungsgesetzes vom 11. April 1848 noch der Wittelsbacher Palast zu München gekommen [14]. Die rechtliche Bedeutung des erwähnten Verzeichnisses liegt darin, daß bezüglich der unbeweglichen Sachen, die darin aufgeführt sind, deren Eigenschaft als Grundstücke des Hofes („Hofgebäude") außer Zweifel gestellt ist; nicht aber darin, daß etwa andere als die dort genannten unbeweglichen Gegenstände Hofgrundstücke („Hofgebäude") nicht sein können, wenn sie nicht gesetzlich dazu erklärt werden. Entscheidend für die letztere Eigenschaft eines Grundstückes ist vielmehr, daß es für Hofzwecke bestimmt und auf Grund irgend eines Rechtstitels der Civilliste überwiesen ist [15].

Ueber die beweglichen Gegenstände, welche dem Könige zur Nutzung überwiesen sind [16], müssen Verzeichnisse geführt und mit Angabe der Ab- und Zugänge richtig erhalten werden. Die Grundlage bildet das Verzeichniß, welches bei der Thronbesteigung König

---

Keinerlei Bestimmung besteht bezüglich des Unterhaltes eines von der Regierung zurückgetretenen Königs und seiner Gemahlin. Der Staat ist zu dessen Bestreitung gesetzlich ebensowenig verpflichtet, als die Civilliste. Es erübrigt also nichts, als daß der abdankende Herrscher durch gleichzeitigen Vertrag mit seinem Nachfolger sich seinen Unterhalt aus der Civilliste ausbedingt. So wurde in dem einzigen seit Bestand des Kgrs. Bayern vorgekommenen Falle verfahren. (Vertrag zwischen König Ludwig I. u. König Maximilian II. vom 20. März 1848.) Daß die Wittwe eines zurückgetretenen Königs alle Ansprüche einer Königin-Wittwe gegen die Staatskasse hat, ist selbstverständlich.

[11] Art. 8 des Ges.

[12] Vgl. dessen Art. 5 Abs. I.

[13] Vgl. hiezu Verh. d. K. d. Abg. 1831 Bd. XX Prot. Nr. CXII S. 2 ff. Das Verzeichniß enthält nicht blos Gebäude, sondern auch nicht bebaute Grundstücke wie Hofgärten rc. Die Gebäude treten nur deshalb in den Vordergrund, weil man hauptsächlich die Ausscheidung der Bauunterhaltungspflicht zwischen Aerar und Civilliste im Auge hatte.

[14] Derselbe wurde auf Staatskosten erbaut. Ges., die Erbauung eines der Civilliste einzuverleibenden Palastes in München betr., vom 11. April 1848 (G. Bl. S. 21). Dazu Verh. d. K. d. Abg. 1842/43 Beil. Bd. I S. 301 (Ges. Entw.), III S. 353—367 (Ausschußverh.); Prot. Bd. IV S. 254, 313. Verh. d. K. d. R. R. Prot. Bd. I S. 291, II S. 4, Beil. Bd. III S. 1. Nach Art. II des Ges. steht es dem Könige zu, „diesen Palast nach seinem Ermessen einem Mitgliede des k. Hauses zur Wohnung anzuweisen".

[15] Bei Annahme des Verzeichnisses lit. C zu § 7 des Finanzges. vom 28. Dec. 1831, an dessen Stelle nun die Beilage zu Art. 5 des Ges. über die Civilliste getreten ist, war man allerdings, wie die Verh. d. K. d. Abg. zeigen, der Meinung, ein erschöpfendes Verzeichniß aufzustellen. Allein man war darin im Irrthume. Die Verzeichnisse sind nicht vollständig. Ein Beispiel (Gestüt Rohrenfeld) ist erwähnt Verh. d. K. d. Abg. 1880/81 Beil. Bd. XII S. 1058, Sten. Ber. Bd. V S. 897. Es fehlt jeder Anhaltspunkt für die Auffassung, als habe man durch Annahme des Verzeichnisses eine Schmälerung des bisherigen Bestandes an Hofgebäuden rc. bewirken wollen. Aber auch abgesehen hievon kann sich eine Mehrung der Hofgrundstücke z. B. dadurch ergeben, daß Besitzungen aus dem Privatvermögen des Königs, dem Chatoullegute, in das Staatsgut mit der Bestimmung für Hofzwecke übergehen, sei es durch Verfügung unter Lebenden oder im Todesfalle. Vgl. Verf. Urk. Tit. III § 1 Abs. II.

[16] Art. 6 Abs. I des Ges. nennt im Anschlusse an Tit. III § 2 Ziff. 4 u. 5 der Verf. Urk. (vgl. Domanialfideicommißpragmatik vom 20. Oct. 1804, II Ziff. 4, 5) „alle Einrichtungen der Residenzen und Hofgebäude, Hofkapellen und Hofämter mit allen Mobilien, welche der Aufsicht der Hofstäbe u. Hofintendanzen anvertraut, und zum Bedarfe oder zum Glanze des Hofes bestimmt sind, sowie Alles, was zur Einrichtung oder zur Zierde der Residenzen u. Lustschlösser dient".

Ludwigs I. bestanden hat[17]. Dem Landtage ist auf Verlangen die Einsicht in diese Inventare zu gestatten[18].

Für die rechtliche Stellung des Herrschers zu diesen Vermögensgegenständen ist entscheidend, daß dieselben einerseits Staatsgut sind, andererseits in persönlicher Nutzung des Königs stehen. Der König kömmt also hier nach doppelter Richtung in Betracht: als Subject des Staatsvermögens (Aerar) und als Subject seiner eigenen, persönlichen vermögensrechtlichen Beziehungen (Civilliste).

In ersterer Hinsicht gilt der Satz, daß das Staatsgut, welches der Civilliste überwiesen ist, uneingeschränkt den Bestimmungen im dritten Titel der Verfassungsurkunde unterliegt. Die Veräußerungsbefugnisse des Königs sind demnach für diesen Theil des Staatsgutes keine anderen wie für das übrige Staatsgut[19]. Die Vorschriften des Gesetzes vom 1. Juli 1834, welche nur die Regelung des Rechtsverhältnisses der „Civilliste" zu dem ihr überwiesenen Staatsgute bezwecken, haben hieran nichts geändert.

In seiner Eigenschaft als persönlicher Nutznießer der fraglichen Vermögensgegenstände wird der König im Allgemeinen, und soweit nicht das Gesetz über die Civilliste ausdrückliche Bestimmungen trifft, den Rechtsgrundsätzen unterliegen, welche für die Nutznießung fremden Vermögens gelten[20].

Die ausdrücklich vom Gesetze über die Civilliste getroffenen Bestimmungen sind folgende.

Ausbesserungen an den Gebäuden, die zum Gebrauche des Hofes bestimmt sind, fallen der Civilliste zur Last[21]. Wenn jedoch der König vorübergehend ein Hof-

---

[17] Art. 6 Abs. II des Ges. Es ist also in Zweifelsfällen nicht hinter dieses Verzeichniß zurückzugehen, sondern dasselbe als entscheidend anzunehmen.

[18] Art. 6 Abs. II des Ges. Weiter in § 7 Abs. V des Finanzges. vom 28. Dec. 1831, wozu jedoch der Landtagsabsch. vom 29. Dec. 1831 (G. Bl. S. 57) I, Q Abs. III zu vergleichen ist. S. ferner die Bemerkung im Ausschußberichte Verh. d. K. d. Abg. 1834 Beil. Bd. II S. 75 f. — Von dem oben erwähnten Rechte hat der Landtag zum ersten Male im Jahre 1869 Gebrauch gemacht. Verh. d. K. d. Abg. 1866/'69 Beil. Bd. IV S. 265, V S. 643; auch 1883/86 Sten. Ber. II S. 611 f.

[19] Vgl. unten § 213.

[20] Vgl. auch Familienges. von 1816 Art. 58; Familienstatut von 1819 Tit. VIII § 1. Die Auffassung des Staats und Staatsgutes als Fideicommiß („Haus- und Staatsfideicommiß"), wie sie der Pragmatik vom 20. Oct. 1804 noch zu Grunde liegt, ist selbstverständlich nicht mehr haltbar.

[21] Art. 4 des Ges. sagt: „Aus der Civilliste werden . . . bestritten . . . sämmtliche Hofbauten . . . sie mögen Neubauten oder bloße Reparaturen an den zum Gebrauche des Hofes bestimmten Gebäuden sein." Der Begriff der Neubauten ergibt sich aus dem Gegensatze zu Reparaturen. Reparaturen sind Bauvornahmen, welche die Erhaltung des Gebäudes im bisherigen Stande bezwecken; Neubauten alle andern Bauvornahmen an einem bereits bestehenden Gebäude, sowie die Errichtung bisher noch nicht bestandener Gebäude. Neubauten obliegen der Civilliste kraft des Rechtssatzes, daß sie für die Bedürfnisse des k. Hauses und Hofes aufzukommen hat, nicht wegen des Nutznießrechtes des Königs an den vorhandenen Hofgebäuden. Dagegen ist die Verpflichtung der Civilliste zur Bestreitung der Gebäudereparaturkosten Folge des k. Nutzgenußrechtes an den Hofgebäuden. In Art. 4 des Ges. sind also zwei grundverschiedene Dinge zusammengefaßt. Der eine Satz lautet: Für Neubauten kann das Staatsärar von der Civilliste nicht in Anspruch genommen werden; der andere: Zur Vornahme der nothwendigen Baureparaturen an den Hofgebäuden ist die Civilliste verpflichtet. Nur so gewinnen die angeführten Worte des Art. 4 ihren richtigen und vernünftigen Sinn. Es wäre geradezu ungereimt, anzunehmen, man habe beabsichtigt, die Verpflichtungen des Nutznießers der Hofgebäude über ihren regelmäßigen Umfang dahin zu erweitern, daß er auch durch Zufall zerstörte Gebäude wieder aufzubauen gehalten sei. Im Gegentheile ist das Staatsärar der Civilliste gegenüber verpflichtet, in solchem Falle das Gebäude im früheren Stande wieder herzustellen. Der Satz, daß das Aerar von der Civilliste für Neubauten von Hofgebäuden nicht in Anspruch genommen werden kann, muß durch den Beisatz eingeschränkt werden: insoferne nicht eine bezügliche Verpflichtung des Aerars kraft besonderen Rechtstitels besteht. Ein besonderer Rechtstitel liegt aber dann vor, wenn die Nutznießung eines Staatsgebäudes dem Könige gesetzlich gewährleistet wurde, wie dies bezüglich der Hofgebäude nach dem Ges. vom 1. Juli 1834 der Fall ist. Vgl. die vollkommen zutreffenden Ausführungen der Staatsregierung Verh. d. K. d. Abg. 1881 Beil. Bd. XII S. 1058 u. dazu Sten. Ber. 1880/81 V S. 897. S. ferner die in Anm. 22 angef. Kammerverh. über die Baupflicht an den k. Theatern zu München.

gebäude zu einem andern Staatszwecke überläßt, so steht es ihm frei, auf die Dauer dieser Benützung auch die Unterhaltungskosten desselben in gleichem Maße auf die Staatskasse zu überweisen²².

Hinsichtlich der beweglichen Sachen, die dem Hofe überwiesen sind, ist bestimmt, daß sie vom Könige aus der Civilliste erhalten und alle erforderlichen Nachschaffungen aus derselben besorgt werden²⁸.

Aus dem Ausdrucke „erforderliche Nachschaffungen" in der angeführten Gesetzesstelle darf nicht die Befugniß des Königs abgeleitet werden, das ihm überwiesene bewegliche Vermögen im Werthe dadurch zu mindern, daß er den Ersatz von Abgängen an demselben als überflüssig unterläßt. Der Titel III der Verfassungsurkunde will — was die zu Grunde liegende Fideicommißpragmatik von 1804 unter Ziffer III ausdrücklich betont²⁴ — daß Staatsgut ungeschmälert erhalten wissen. Nach Titel III § 7 Absatz II der Verfassungsurkunde kann zwar der König „mit dem unter dem Staatsgute begriffenen beweglichen Vermögen" „nach Zeit und Umständen zweckmäßige Veränderungen und Verbesserungen vornehmen"; allein eine Minderung des Staatsguts darf dadurch nicht bewirkt werden. Es ist nun klar, daß der König als Nutznießer der zum Hofgebrauche überwiesenen beweglichen Sachen (Civilliste) nicht mehr Rechte haben kann, wie er sie als Subject des Staatsvermögens (Aerar) hat. Er darf also zwar mit fraglichen Sachen „zweckmäßige Veränderungen und Verbesserungen" vornehmen, es muß aber der Gesammtwerth des der Civilliste überwiesenen Bestandes ungeschmälert erhalten bleiben. Bestandstücke, deren Nachschaffung überflüssig ist, brauchen daher nicht als solche ersetzt, es muß aber ihr Werth dem Bestande in anderer Weise wieder zugeführt werden.

Wegen des Hausschatzes, dessen Bestandtheile einer Abnützung durch den Gebrauch nicht unterliegen, ist lediglich bestimmt, daß er „stets ohne Verminderung seines Werthes fortbestehen" solle²⁵. Natürlich kann sich dies nur auf die vermeidliche Werthminderungen beziehen, und insoferne ist der Satz ein selbstverständlicher. Seine eigentliche Bedeutung ergibt sich aus dem Vergleiche mit den Vorschriften, welche für die übrigen, der Civilliste überwiesenen beweglichen Sachen getroffen sind. Man wollte die Nachschaffungspflicht, die bezüglich der letzteren ausgesprochen ist, beim Hausschatze nicht festsetzen.

Alle Rechtsverhältnisse, welche durch das Gesetz über die Civilliste zwischen dem Könige und dem Staatsärare begründet worden sind, sind öffentlichrechtlicher Natur.

Die Kronrente und die dazu gehörigen Nutzungen sind kein privatrechtliches Entgelt für die Abtretung des Kammergutes an den Staat. Wie die Vereinigung des Kammergutes mit dem Staatsgute weder eine Schenkung noch ein Verkauf, sondern ein Akt der Staatsgewalt war, so ist auch die Ausstattung des Königs aus Staatsmitteln eine Leistung, die derselbe um seiner Herrscherstellung willen im Interesse des Staates empfängt. Zutreffend hebt das allgemeine preußische Landrecht²⁶ diesen Gesichtspunkt hervor, indem es sagt: „Damit das Oberhaupt des Staates die ihm obliegenden

<hr/>

²² Ges. Art. 5 Abs. II. Vgl. dazu die Erörterungen Verh. d. K. d. Abg. 1831 Prot. Bd. XX Prot. Nr. CXII S. 6 ff., Beil. Bd. X Beil. XLIV S. 349, wobei die angeführte Bestimmung mit Recht als eine selbstverständliche bezeichnet wurde. Die Unterhaltungspflicht der Civilliste ist lediglich Folge der Benützung eines Staatsgebäudes für Hofzwecke; insoweit die Benützung des Gebäudes für Staatszwecke eintritt, fällt der Rechtsgrund für die Verpflichtung der Civilliste weg. — Interessante Erörterungen über die Baupflichtverhältnisse an dem k. Hof- u. Nationaltheater und dem k. Residenztheater s. Verh. d. K. d. Abg. 1882 Beil. Bd. III S. 271, 492 (Denkschrift der Staatsregierung), 586, Sten. Ber. Bd. III S. 444 u. 532. Verh. d. K. d. R. R. 1881/82 Prot. Bd. II S. 1236, Beil. Bd. X Beil. XLIV S. 349. Vgl. ferner den Aufsatz in der Allg. Zeitung vom 9. u. 10. Febr. 1883 Nr. 40, 41, zweite Beil., „Der Streit um die Baupflicht am k. Hof- und Nationaltheater". Ein Urtheil des k. Oberlandesgerichts München vom 1. Juni 1883 nahm bezüglich der Baupflicht am k. Hof- u. Nationaltheater eine vertragsmäßige Verbindlichkeit des Staatsärars gegenüber der Civilliste an. Auch Württemberg hat seinen Hoftheaterstreit. Vgl. O. v. Sarwey, Staatsrecht des Kgrs. Württemberg I S. 121.

²³ Art. 6 Abs. I des Ges.

²⁴ Sie erklärt dort die dem Staats- u. Hausfideicommißgute einverleibten Mobilien für „unveräußerlich", hat aber zugleich unter XI f die jetzt in Verf. Urk. Tit. III § 7 Abs. II übergegangene Bestimmung als eine „selbstverständliche".

²⁵ Ges. Art. 6 Abs. III. Ueber die durch k. Entschl. vom 11. Juni 1861 eingesetzte Hausschatzcommission, welche die Beobachtung der verfassungsrechtlichen Bestimmungen über die Erhaltung des Hausschatzes zu überwachen hat, Verh. d. K. d. Abg. 1866/69 Beil. Bd. V S. 644.

²⁶ Thl. II Tit. 13 § 14.

Pflichten erfüllen und die erforderlichen Kosten bestreiten könne, sind ihm gewisse Einkünfte und nutz-
bare Rechte beigelegt." [27]

Wohl ergeben sich für den König hinsichtlich der Vermögensgegenstände, welche er kraft des Gesetzes über die Civilliste empfängt, theils möglicher, theils nothwendiger Weise privatrechtliche Verhältnisse, er kann über seine Rentenansprüche verfügen, wird Eigenthümer des Geldes, Nutznießer der Gebäude rc.; allein es ist klar, daß dadurch sein Anspruch gegen das Staatsärar ebensowenig zu einem
privatrechtlichen wird, als dies etwa bei der staatlichen Steuerforderung deshalb der Fall ist, weil das
Aerar an der bezahlten Steuersumme Eigenthum erwirbt.

Ist dies richtig, so gelangt man mit Nothwendigkeit zu der Folgerung, daß
Streitigkeiten zwischen König und Staatsärar über Ansprüche aus dem Civillistegesetze
öffentlichrechtlicher Natur sind und daher nicht vor die bürgerlichen Gerichte gehören [28].
Da sie auch der Verwaltungsrechtsprechung nicht überwiesen sind, so fehlt es für dieselben
an einem zuständigen Richter. Selbstverständlich kann diese Lücke des Prozeßrechtes an
der Natur des materiellen Rechtes nichts ändern.

Von dem Staatsgute, welches dem Könige zur Nutzung überwiesen ist, ist sein
Privatvermögen (Chatoullegut) zu unterscheiden [29]. Ueber dieses Vermögen steht dem
Könige die freie, an die bürgerlichen Gesetze nicht gebundene Verfügung zu [30].

Wenn der König ohne Hinterlassung einer letztwilligen Verfügung stirbt, so werden
die unbeweglichen Sachen, welche er für sein Privatvermögen neu erworben hat, Staatsgut [31], jedoch in der Weise, daß deren Nutzgenuß sich nach der gesetzlichen Erbfolge vererbt [32].

---

[27] Was E. v. Moy, Staatsrecht des Kgrs. Bayern I, 1 S. 138 ff., 171 ff., vorbringt, ist völlig
verfehlt. Pözl, Lehrb. des bayr. Verf. Rechts S. 399, ist mit der hier vorgetragenen Ansicht einverstanden. Er sagt, daß „der Anspruch auf die Civilliste, mit den Nutzungen, welche dazu gehören",
seinen Grund „im Staatsrechte" habe. Der oben erwähnte Aufsatz in der zweiten Beil. zu Nr. 40 der
Allg. Zeitung vom 9. Febr. 1883 bemerkt: „Bei dem Civillistegesetze handelt es sich nicht um die Privat-
rechtsverhältnisse des Königs, sondern um die verfassungsrechtliche Regelung des Staatsaufwandes für
die Bedürfnisse des Staatsoberhaupts, bzw. um die Errichtung verfassungsmäßiger Schranken gegenüber dem verfassungsmäßigen Bewilligungsrecht des Landtages in Ansehung der mit Hilfe von Steuern
zu befriedigenden Bedürfnisse des gesammten Staatshaushaltes. So wenig bei der freien Bestimmung
des Aufwandes für die k. Hofhaltung, wie dieselbe während der ersten zwei Finanzperioden seitens des
Landtages erfolgt ist, Differenzen über die Größe dieses Aufwands einen Anlaß zur Anrufung des Civilrichters gewähren konnten, ebenso wenig kann dies jetzt nach Fixirung dieses Aufwands durch das
Finanzges. von 1831, bezw. Civillisteges. von 1834 der Fall sein."

[28] Uebereinstimmend der Verf. des angef. Aufsatzes, der „in Ermangelung einer die gerichtliche
Zuständigkeit hier — ähnlich wie im Falle des § 29 der IX. Verf. Beil. (Staatsdienstpragmatik) —
begründenden Ausnahmebestimmung die Competenz der Gerichte zur Entscheidung nicht als gegeben"
erachtet. Anb. Ans. H. Becher, das rechtsrhein. bayer. Landescivilrecht und Landescivilprozeßrecht,
München 1894, S. 72.

[29] Der Begriff desselben bedarf keiner Bestimmung, am allerwenigsten einer so verworrenen, wie
sie Art. 58 des Familienges. von 1816 u. Tit. VIII § 1 des Familienstatuts von 1819 enthalten.

[30] Familienstatut von 1819 Tit. VIII § 2; vgl. Familienges. von 1816 Art. 59.

[31] So bereits die französ. Verf. vom 3. Sept. 1791 Cap. II Abschn. I Art. 9.

[32] Tit. III § 1 Abs. II der Verf. Urk., dessen Fassung völlig mißglückt ist, sagt: „Auch alle neuen
Erwerbungen aus Privat-Titeln, an unbeweglichen Gütern, sie mögen in der Haupt- oder Nebenlinie
geschehen, wenn der erste Erwerber während seines Lebens nicht darüber verfügt hat, kommen in den
Erbgang des Mannsstammes und werden als der Gesammtmasse einverleibt angesehen." Der Sinn
dieser Bestimmung wird erst klar, wenn man die zu Grunde liegende Vorschrift in Ziff. II, c der Domanialfideicommißpragmatik von 1804 vergleicht, welche lautet: „alle künftigen Erwerbungen dieser
Art, sie mögen herrühren, woher sie wollen, sie mögen in der Haupt- oder Nebenlinie geschehen; wenn
der erste Erwerber während seines Lebens nicht darüber disponirt hat, und sie in den Erbgang des
Mannsstammes gekommen sind, so sollen sie, unbeschadet des Genusses der erwerbenden
Linie, dem allgemeinen Hausverbande einverleibt und mit Unserem Gesammtfamilien-Fideicommiße
vereiniget seyn." Was der Gesetzgeber bestimmen will, ist also Folgendes: Unbewegliche Güter, die in
der Haupt- oder Nebenlinie erworben wurden, werden, wenn der erste Erwerber ohne Verfügung darüber
stirbt, Staatsgut und daher unveräußerlich. Dagegen vererbt sich der Nutzgenuß im Mannsstamme der
erwerbenden Linie, gleichviel, ob es die Haupt- oder Nebenlinie ist, nach gesetzlicher Erbfolge. Anders
P. v. Roth, bayr. Civilrecht, 2. Aufl., Tübingen 1881, I S. 214 f. Eine ganz verfehlte Erklärung

Die bewegliche Verlassenschaft des Königs vererbt sich Mangels letztwilliger Verfügung nach bürgerlichem Rechte ³³.

Eine Ausnahmebestimmung besteht jedoch bezüglich jener beweglichen Sachen des königlichen Privatvermögens, welche der König in eine wissenschaftliche oder Kunstsammlung des Staates hat verbringen lassen, ohne sie dabei dem Staatsvermögen förmlich einzuverleiben. Diese gehen in das Privatvermögen der Erben nur dann über, wenn sie als königliches „Privateigenthum unter der Fertigung derjenigen Staatsbeamten, welchen die Aufsicht über die betreffenden Sammlungen anvertraut ist, in den Verzeichnissen vorgemerkt sind" ³⁴.

Der König als Inhaber seines Privatvermögens (Civilliste) nimmt vor seinen Gerichten Recht ³⁵. Die Civilliste des Königs hat ihren allgemeinen Gerichtsstand vor den

---

der Bestimmung liefert Spies, Beleuchtung der Verf. Urk. f. d. Kgr. Bayern I S. 71 ff. — Vgl. wegen der unbeweglichen Sachen auch Vertrag zwischen Kurbayern u. Kurpfalz vom 26. Febr. 1771 Ziff. 11, Ansbacher Vertrag vom 12. Oct. 1796 Ziff. 12. Herm. Schulze, die Hausges. der regierenden deutschen Fürstenhäuser I S. 296, 303. — Im Falle einer Verschuldung der Erbschaft sind die gesetzlichen Bestimmungen nicht oder doch nur vorbehaltlich der Erbschaftsauseinandersetzung anwendbar.

³³ Familienstatut von 1819 Tit. VIII §§ 3, 4. Die Prinzessinnen sind nach Tit. V § 3 von dieser gesetzlichen Erbfolge ausgeschlossen, „solange noch männliche Sprossen im königlichen Hause vorhanden sind".

³⁴ Verf. Ges., die Bestimmung des § 2 Ziff. 7 des Tit. III der Verf. Urk. betr., vom 9. März 1828 (G. Bl. S. 5). Dazu Verh. d. K. d. Abg. 1827/28 Beil. Bd. VII Beil. Nr. XLV (Ges. Entw., Schreiben der K. b. R.R., Vortrag des Ausschußberichterstatters u. Ausschußprot.), Prot. Bd. II S. 90 ff., 249 f., 421 ff. — S. ferner M. E. vom 18. Oct. 1836 (Weber III S. 71). — Das Ges. verfolgt einen doppelten Zweck. Es will fürs erste die (sicherlich falsche) Auslegung der Vorschrift in Tit. III § 2 Ziff. 7 der Verf. Urk. verhüten, als ob dem Könige gehörige Gegenstände, welche sich in den oben genannten Staatssammlungen befinden, dadurch allein „gleichsam dem Staate verfallen" seien. Solche Gegenstände sollen bei Lebzeiten des Königs in dessen Vermögen verbleiben, soferne sie „dem Vermögen des Staates und der Krone nicht förmlich einverleibt wurden". Dies bestimmt das Ges. „zu mehrerer Deutlichkeit", wie es im Eingange heißt. Das Ges. bestimmt dann weiter „zu mehrerer Genauigkeit", daß, wenn der König die Vormerkung seines Privateigenthums an den bezeichneten Gegenständen in der oben erörterten Form veranlaßt hat, dieselben nach dem Tode des Königs auf dessen Privaterben übergehen. Mit andern Worten: aus der Unterlassung der Vormerkung wird die Vermuthung abgeleitet, der König habe den Gegenstand auf Todesfall dem Staate zugewendet. Daraus folgt, daß, wenn der König ausdrücklich über den Gegenstand verfügt, die Verfügung gilt, auch wenn die Vormerkung fehlt.

Das Ges. ist sehr schlecht gefaßt und wird dadurch undeutlich, daß die oben erörterten zwei Gedanken in einen Satz verschlungen sind. Es gibt aber nur bei der hier vertretenen Auslegung einen vernünftigen Sinn. Pözl, Lehrbuch des bayr. Verf. Rechts S. 377 Anm. 5, 402 Anm. 11, versteht das Ges. dahin, daß die Vormerkung Bedingung für die Aufrechterhaltung des Eigenthums des Erwerbers (des Königs) sei; allein das Ges. verlangt die Vormerkung nur als Bedingung des Eigenthumsübergangs an die Erben und setzt diese Bedingung neben die andere, daß eine förmliche Einverleibung des Gegenstandes in das Staatsvermögen nicht stattgefunden habe, derselbe „sohin zu der Privatverlassenschaft des Monarchen gehöre". Die letztere Bedingung wäre ein Widerspruch, wenn Pözl's Ansicht richtig wäre. Denn die Abgabe des Gegenstandes an die Sammlung ohne Vormerkung enthielte ja dann die förmliche Einverleibung in das Staatsgut. Dazu kömmt noch, daß, wenn der Vormerkung schon für den Bestand des Eigentums des Königs selbst Bedeutung zukommen soll, doch gesagt sein müßte, bis wann dieselbe spätestens zu erfolgen habe.

Gegen die hier vertretene Auffassung scheint allerdings zu sprechen, was das im Gedankengange offenbar völlig unklare Ges. weiter sagt. Die Gegenstände, die in das Privateigenthum der Erben übergegangen sind, sollen nemlich auch dann in solchem verbleiben, „wenn dieselben (die Erben) sie ferner, jedoch mit der geeigneten Bemerkung in den Verzeichnissen, bei diesen Sammlungen belassen". Indessen kann die Bedeutung dieses Satzes doch wohl nur die sein, daß die Erben, wenn sie die Gegenstände unbeschadet ihrer Rechte in den betreffenden Sammlungen belassen wollen, den Eigenthumsvorbehalt erklären müssen, und daß die zuständigen Beamten dann verpflichtet sind, den Vorbehalt vorzumerken.

Die Kammerverh. sind wegen der darin herrschenden gänzlichen Gedankenverwirrung für die Frage werthlos. Das ganze Ges. wäre besser unterblieben, da es an die Stelle klaren Rechtes unklares gebracht hat. Die in der Begründung des Entw. befürchtete Buchstabenauslegung hat sich Spies, Beleuchtung der Verf. Urk., S. 74 ff., in der That bezüglich des ganzen § 2 des dritten Verf. Tit. zu eigen gemacht.

³⁵ Einf. Ges. zum R. G. V. G. vom 27. Jan. 1877 § 5; Einf. Ges. zur R. C. P. O. vom 30. Jan. 1877 § 5. Dazu P. Laband, Staatsrecht des deutschen Reichs, 2. Aufl., II S. 357 f.,

Gerichten der Hauptstadt, und zwar, wenn die letztere in mehrere Gerichtsbezirke getheilt ist [36], vor den durch Verordnung bestimmten Gerichten [37].

§ 55. Vorrechte des Königs in Bezug auf öffentliche Abgaben.

Der König ist von allen directen Staatssteuern frei. Dieser Satz ist zwar weder in der Verfassungsurkunde noch in einem Steuergesetze ausgesprochen, muß aber nichtsdestoweniger als ein Grundsatz des bayerischen Staatsrechtes anerkannt werden [1].

Allerdings hat der Kurfürst und König Maximilian I. Josef wiederholt sich selbst staatlicher Besteuerung unterworfen [2]. Allein gerade der Umstand, daß man diese Selbstverpflichtung des Landesherrn ausdrücklich hervorheben zu müssen glaubte, beweist, daß das Schweigen der Gesetze über diesen Punkt nicht zu Gunsten der Steuerpflicht des Landesherrn ausgelegt werden darf. Man hat vielmehr nach Beseitigung der Steuerbefreiungen und Durchführung der Steuerreform bei der späteren Gesetzgebung über die directen Steuern die Steuerfreiheit des Königs als selbstverständlich angesehen und sie deshalb nicht ausdrücklich betont [3].

Ausdrücklich wurde der Satz zuerst ausgesprochen (abgesehen vom älteren Rechte, s. oben § 3 Anm. 21) durch Art. 15 Abs. II der bayer. C. P. O. von 1869; früher war die Frage streitig, aber doch wohl zu bejahen. Vgl. die Anführungen bei Pözl, Lehrb. des bayr. Verf. Rechts, S. 402 Anm. 12, P. v. Roth, bayer. Civilrecht I S. 212 Anm. 10, und in dem öfter erwähnten Aufsatze der Allg. Zeitung vom 9. Febr. 1883, Nr. 40, zweite Beil.

[36] Zur Zeit ist das nicht der Fall. Vgl. Verordn., die Bestimmung der Gerichtssitze und die Bildung der Gerichtsbezirke betr., vom 2. April 1879, Beilage (G. u. V. Bl. S. 360).

[37] Bayer. Ausf. Ges. z. R. C. P. u. Conc. O. vom 23. Febr. 1879 (G. u. V. Bl. S. 62), Art. 1.

[1] Ueber die Frage der Steuerpflicht der Kammergüter im Allgemeinen nach früherem deutschen Rechte vgl. H. A. Zachariä, deutsches Staats- u. Bundesrecht II S. 529 ff. u. die dort S. 535 Anm. 20 angef. Schriften.

[2] Vgl. die kurf. Verfügung vom 27. Mai 1799 (Intell. Bl. S. 502) über den Weinaufschlag, das Generalmandat vom 13. Dec. 1799 (K. u. Intell. Bl. 1800 S. 7) über das Kartensiegelwesen, § 7 der Verordn. vom 3. Dec. 1800 (R. u. Intell. Bl. S. 806) über den allg. Kriegskostenvorschuß, von welchem die kurf. Privat- u. Kammergüter nicht ausgenommen sein sollen, u. Ziff. 1 der Verordn. vom 8. Juni 1807 (R. Bl. S. 969), wo bestimmt ist, daß die k. Domänen der Grundvermögenssteuer zu unterwerfen seien. S. auch § VII der Verordn. vom 13. Mai 1808 (R. Bl. S. 1095) über das allg. Steuerprovisorium für die Provinz Bayern. Es handelte sich hiebei darum, den bevorrechteten Ständen die Beseitigung ihrer Steuerfreiheiten mundgerecht zu machen. So äußerte der Finanzminister Frhr. von Hompesch in der Conferenzsitzung vom 8. Juni 1807: „Se. k. Maj. müßten Sich entschließen, daß Allerhöchstdieselben wie jeder andere Unterthan von Ihren Domänen den Sie treffenden Steuerbetrag entrichten. Wenn Se. k. Maj. Ihre Domänen besteuern ließen, wer könne dann noch auf eine Befreiung von dieser Staatsauflage Anspruch machen“. Und in der Conferenzsitzung vom 13. Mai 1818 sagte der Finanzminister Frhr. von Lerchenfeld, Se. Maj. seien „großmüthig genug“, Ihre Privatgüter der Steuer zu unterwerfen. In der That war, abgesehen von dem gegebenen guten Beispiele für die früher Bevorrechteten, die finanzielle Bedeutung jener Steuerzahlung seit dem Erlasse der Fideicommißpragmatik keine erhebliche. Denn der Unterhalt des Königs, seines Hauses u. Hofes oblag im vollen Umfange der Staatskasse.

[3] Diese Auffassung findet sich wiederholt bezeugt. In der Sitzung der K. d. Abg. vom 30. April 1850 (Sten. Ber. Bd. IV S. 699) richtete der Abg. Reinhart bei Berathung eines Ges. Entw. über die Capitalrenten- u. Einkommensteuer an den Finanzminister die Anfrage, ob die Einkommensteuer im Jahre 1848 von der Civilliste entrichtet wurde? Reinhart glaubte die Verpflichtung der Civilliste hiezu annehmen zu sollen, weil das Steuergesetz zu ihren Gunsten keine Ausnahme mache. Der Finanzminister hob in seiner Antwort, sich streng an die vorgelegte Frage haltend, hervor, daß in dem Ges. über die Civilliste „alle Lasten, welche auf der permanenten Civilliste ruhen, speciell aufgeführt, nirgends aber eine Verpflichtung zur Steuerzahlung erwähnt sei“. Dagegen sprach der Berichterstatter über den zur Berathung stehenden Ges. Entw., Abg. Frhr. v. Lerchenfeld, den maßgebenden staatsrechtlichen Grundsatz mit voller Schärfe aus, indem er sagte, „daß in unserer ganzen Steuergesetzgebung überall das Princip festgestellt ist, daß die Staatsgewalt selbst und ihr oberster Inhaber die Steuer nicht entrichtet“. Auch die in Anm. 4 erwähnten Aeußerungen bei den Verh. über das Gebührenges. vom 18. Aug. 1879 können hier als Zeugnisse angezogen werden, nicht blos mit Rücksicht

Hienach ist bezüglich der Steuerfreiheit des Königs kein Unterschied zu machen zwischen jenem Vermögen oder Einkommen, das ihm kraft des Gesetzes über die Civilliste zusteht, und jenem, das er aus anderen Titeln besitzt, und ebensowenig zwischen den verschiedenen Gattungen von directen Steuern⁴.

Eine Befreiung des Königs von indirecten Staatssteuern ist nicht anzunehmen. Eine solche findet auch für das Staatsärar nicht statt, und der hiefür maßgebende innere Grund trifft der privatrechtlichen Persönlichkeit des Königs gegenüber gleichfalls zu⁵.

Hinsichtlich der Reichssteuern, welche ohnedies vornehmlich indirecte sind, besteht

───────────────

auf die Analogie, sondern auch deshalb, weil ein erheblicher Theil der Gebühren, die in diesem Ges. geregelt sind, die Natur von Steuern an sich trägt. Einen weiteren Beleg für die Anerkennung des Grundsatzes, daß der König von directen Steuern frei sei, bietet die Begründung zum Entw. des Einkommensteuerges. vom 19. Mai 1881: „Es wurde," so heißt es dort (Verh. der K. d. Abg. 1879/80 Beil. Bd. IX S: 328), „von der Voraussetzung ausgegangen, daß nach den in Bayern bestehenden staatsrechtlichen Grundsätzen die Befreiung des Staatsoberhauptes von der Einkommensteuer als natürliches Attribut der Souveränetät feststehe und daher einer besonderen Erwähnung im Gesetze nicht bedürfe." „Natürliches Attribut der Souveränetät" ist diese Befreiung wohl nicht. Der Herrscher kann durch seine Gesetzgebung, unbeschadet seiner Souveränetät, auch anders verfügen und sich der Besteuerung unterwerfen. Aber man wird sein Schweigen nicht dahin auslegen dürfen, daß er sich jedenfalls selbst habe besteuern wollen. Denn immerhin ist im Allgemeinen richtig, daß die Steuerpflicht eine Unterthanenpflicht gegenüber dem Herrscher ist. Der Satz, den R. v. Mohl, Staatsrecht des Kgrs. Württemberg I § 53 Anm. 4, geltend macht, daß Ausnahmen von allgemeinen Staatslasten, d. h. Vorrechte, keineswegs gesetzlich vermuthet werden, schlägt also hier nicht an.

⁴ H. A. Zachariä a. a. O. S. 543 Anm. 18 sagt: „Hinsichtlich der Person des Landesherrn kann rechtlich von gar keiner Steuerpflicht und mithin auch von keiner Steuerbefreiung die Rede sein," und sodann im Texte: „Privatgüter, welche der Landesherr . . . besitzt oder neu erwirbt, können ohne besondere Bestimmung keine Steuerfreiheit in Anspruch nehmen." Der erste Satz ist in der Allgemeinheit und Schärfe, wie er aufgestellt ist, nicht richtig; der zweite dem ersteren gegenüber nicht folgerichtig; denn auch bei der Grundsteuer handelt es sich, wie bei jeder andern, um eine persönliche Verpflichtung, nicht um eine dingliche Last. Für die Ansicht, daß das Privateigenthum des Königs an Grundstücken und Gebäuden von der Grund- u. Haussteuer nicht befreit sei, hat sich Abg. Dr. Edel als Berichterstatter bei den Ausschußberathungen über die Gem. Ordn. ausgesprochen. Verh. d. K. d. Abg. ꝛc. insbes. des bef. Ausſch. ꝛc. 1867/69 II. Abth. S. 501. Die Gründe für diese Anschauung sind aus dem Protokolle nicht ersichtlich. Edel erkennt nur bezüglich der zur Civilliste gehörigen „Schlösser u. Gärten" die Steuerfreiheit an, weil diese Bestandtheile des Staatseigenthums seien. Dabei ist jedoch zu bemerken, daß, wie das dem Civillisteges. angehängte Verzeichniß ausweist, nicht blos „Schlösser u. Gärten" der Civilliste überwiesen sind. Dafür, daß die Abgabenfreiheit des Königs auch hinsichtlich seines unbeweglichen Vermögens nicht zu bezweifeln ist, bieten das Ges. über das Gebührenwesen vom 18. Aug. 1879 und dessen Entstehungsgeschichte einen vollgiltigen Beweis. Die Gebühren von Verträgen über Liegenschaften, von Besitzveränderungen in Bezug auf unbewegliche Sachen und das Gebührenäquivalent, welche in diesem Ges. geregelt sind, sind Steuern aus dem Grundvermögen (vgl. Begründung des Entw., Verh. d. K. d. Abg. 1879, hier Verh. des bef. Ausſch. Beil. Bd. VII, I. Abth. S. 76). Gleichwohl wurde die Gebührenfreiheit des Königs bezüglich aller im Ges. geregelten Gebühren, also auch bezüglich aller Gebühren, welche die Natur von Steuern an sich tragen, als selbstverständlich anerkannt. (Vgl. a. a. O. I. Abth. S. 82 — Begründung zu Art. 3 Ziff. 2 — u. II. Abth. S. 122 — Abg. Kopp.)

Es führt zu reiner Willkür, hier einen Unterschied zwischen den einzelnen Steuergattungen zu machen. (Vgl. hieher auch die Aeußerung Lerchenfeld's in Anm. 3.) Nach welchem Gesichtspunkte soll dann z. B. die Frage beantwortet werden, ob der König Gewerbe-, Erb- oder Capitalrentensteuer oder die Hundegebühr, welche sachlich auch eine directe (Luxus-)Steuer ist, zu zahlen habe? Es ist möglich, daß der König Grundsteuer, Haussteuer oder Gewerbsteuer (Hofapotheke zu München) entrichtet oder entrichtet hat. Indessen würde von einer solchen Leistung die Bemerkung R. v. Mohl's (Staatsrecht des Kgrs. Württemberg I § 53 Anm. 5) gelten, daß „sie nur als ein freiwilliges Geschenk an den Staat betrachtet werden" kann. Mit der hier vertretenen Ansicht stimmt überein A. Seitzer, Gesetze über die directen Steuern ꝛc., 2. Aufl., I S. 88 Anm. 1.

⁵ Die indirecten Steuern sind nur der Form nach dem Erzeuger des besteuerten Gegenstandes auferlegt, sachlich sollen sie vom Verzehrer getragen werden. Deren Nichterhebung vom Könige würde also nicht als Steuerbefreiung desselben wirken, sondern nur entweder als Steuerbefreiung für die Verzehrer oder als Gewinnzuwendung an den Erzeuger. Das Malzaufschlagsges., Fassung vom 10. Dec. 1889 (G. u. V. Bl. S. 600) sagt in Art. 9 Abs. 11 ausdrücklich, daß der Staat ebenso wie die Privaten den Malzaufschlag zu entrichten habe. Das Ges. über den Branntweinaufschlag vom 25. Febr. 1880 (G. u. V. Bl. S. 37) enthält eine ausdrückliche Bestimmung dieses Inhaltes wohl nur deshalb nicht, weil der Staat thatsächlich keine Brennerei betreibt. Vgl. auch unten § 240 Anm. 19.

ein allgemeiner Rechtsſatz, aus welchem ſich eine Befreiung für die Bundesfürſten ableiten ließe, nicht. Hier müßte alſo die Steuerbefreiung, um begründet zu ſein, ausdrücklich ausgeſprochen werden. Auch für die Zölle iſt der Grundſatz anerkannt, daß die
Gegenſtände, welche für die Hofhaltung der Bundesfürſten über die Zollgrenze eingehen,
von der tarifmäßigen Abgabenentrichtung nicht frei bleiben. Rückvergütungen können
zwar ſtattfinden, fallen aber der betreffenden Staatskaſſe zur Laſt⁶. Nach bayeriſchem
Rechte hat der König ſolche Rückvergütung bezüglich jener Gegenſtände zu beanſpruchen,
welche er „zu eigenem Gebrauche", d. h. für ſeinen Haus- und Hofhalt einführt⁷.

　　Der König iſt in dem reichsgeſetzlich beſtimmten Umfange von den Heerlaſten frei⁸.

　　Er iſt ferner frei von allen an die Staatskaſſe zu entrichtenden Gebühren⁹. Der
König genießt in ſeinen perſönlichen wie Vermögensangelegenheiten ſowohl ſelbſt als
auch für ſeine bezüglichen Organe Freiheit von Poſt- und Telegraphengebühren, und
zwar nach Reichs- und Landesrecht¹⁰.

　　Was die Abgaben anlangt, welche durch die Orts-, Diſtricts- und Kreisgemeinden
erhoben werden, ſo läßt ſich ein allgemeiner Rechtsgrundſatz, wonach der König der gemeindlichen Beſteuerung entzogen wäre, nicht behaupten. Die Gemeindeverbände ſind
innerhalb eines gewiſſen Umkreiſes ſelbſtändige Körper mit eigener Finanzgewalt. Unſer
Recht hat daher kein Bedenken getragen, das Staatsvermögen mit Rückſicht auf die Vortheile, welche ihm aus dem Gemeindeverbande zugehen, der gemeindlichen Beſteuerung
zu unterwerfen. Hienach beſteht kein Grund, eine perſönliche Beſteuerung des Königs
durch den Gemeindeverband für grundſätzlich unzuläſſig zu erachten. Auf dem Gebiete
des Gemeinderechts darf vielmehr Steuerfreiheit des Königs nur inſoweit angenommen
werden, als ſie ſich aus den Beſtimmungen der Geſetze nachweiſen läßt. Nach den Ge-

---

　　⁶ Vertrag, die Fortdauer des Zoll- u. Handelsvereins betreffend, vom 8. Juli 1867 Art. 15.
Vgl. unten § 247 Anm. 9.
　　⁷ Zollgeſ. vom 17. Nov. 1837 (G. Bl. S. 177) § 23 lit. a.
　　⁸ 1. R. Geſ. über die Quartierleiſtung für die bewaffnete Macht während des Friedenszuſtandes,
vom 25. Juni 1868 (B. G. Bl. S. 523) § 4 Abſ. 2;
　　2. R. Geſ. über die Naturalleiſtungen für die bewaffnete Macht im Frieden, vom 13. Febr.
1875 (R. G. Bl. S. 52) §§ 3 und 5 Abſ. III; dazu meine Abhandlung, das Kriegsweſen des Deutſchen
Reichs, Annalen des Deutſchen Reiches 1875 S. 1086 Anm. 3.
　　3. R. Geſ. über die Kriegsleiſtungen vom 13. Juni 1873 (R. G. Bl. S. 129) § 25.
　　⁹ Das Gebührenweſen iſt, inſoweit nicht das R. Gerichtskoſtengeſ. vom 18. Juni 1878 Platz
greift, durch das Geſ. vom 18. Aug. 1879, jetzige Faſſung vom 6. Juli 1892 (G. u. V. Bl. S. 489), geregelt. Nach R. Gerichtskoſtengeſ. § 98 Abſ. II bleibt das Landesrecht ſoweit unberührt, als es „für
gewiſſe Rechtsſachen oder gewiſſe Perſonen in dem Verfahren vor den Landesgerichten" Gebührenfreiheit gewährt. In Betreff der Frage, ob der König dem Staate gegenüber gebührenfrei iſt, findet
alſo im vollen Umfange das Landesrecht Anwendung. Hinſichtlich der Gebührenfreiheit des Königs
gilt nun daſſelbe wie bezüglich ſeiner Freiheit von direkten Staatsſteuern, daß ſie nemlich als ſelbſtverſtändlich ſtets anerkannt worden iſt. In Art. 3 Ziff. 2 des Gebührengeſ. wird zwar die Gebührenfreiheit der Civilliſte ausdrücklich ausgeſprochen. Indeſſen bemerkt die Begründung des Regierungsentw. (Verh. d. K. d. Abg. 1879, hier Verh. d. beſ. Ausſch. Beil. Bd. VII, Abth. I S. 82): „Die Befreiung der Civilliſte wird in dem Geſ. zur Fernhaltung von Zweifeln zweckmäßig beſonders zum
Ausdrucke zu bringen ſein, während die Gebührenfreiheit des Staatsoberhauptes als ohnehin ſelbſtverſtändlich einer ſpeciellen Erwähnung nicht bedürfen wird." Der Gegenſatz zwiſchen „Civilliſte" und
„Staatsoberhaupt" iſt in dieſem Zuſammenhange zwar nicht recht klar, ſoviel aber jedenfalls erſichtlich,
daß man die allgemeine Gebührenfreiheit des Königs als anerkannten Rechtsſatz erachtete. Deutlich
ſprach der Abg. Kopp (a. a. O. Abth. II S. 122) dieſen Gedanken mit den Worten aus, „die Civilliſte
erſcheine als vermögensrechtliche Repräſentantin des Königs und ſei als ſolche überhaupt gebührenfrei".
　　¹⁰ 1. Reichsrecht. Geſ., betr. die Portofreiheiten im Gebiete des Nordd. Bundes, vom 5. Juni
1869 (B. G. Bl. S. 141) § 1: „Den regierenden Fürſten des Nordd. Bundes ... verbleibt die Befreiung von Portogebühren in dem bisherigen Umfange." Das Geſ. iſt als Reichsgeſ. in Bayern eingeführt durch R. Geſ. vom 29. Mai 1872 (R. G. Bl. S. 167). Nähere Beſtimmung des Umfanges
dieſes Rechtes im Regulativ. Kaiſ. Verordn., betr. die gebührenfreie Beförderung von Telegrammen,
vom 2. Juni 1877 (R. G. Bl. S. 524) § 1 Ziff. 1. Vgl. auch § 4 Abſ. II.

meindeordnungen ist nun die Verpflichtung zur Zahlung von Ortsgemeindeumlagen von der Veranlagung in der Gemeinde mit einer directen Staatssteuer abhängig ¹¹, und das gleiche gilt nach den einschlägigen Gesetzen hinsichtlich der Districts- und Kreisumlagen ¹². Hieraus ergibt sich, daß, wenn der König von directen Staatssteuern frei ist, er auch nicht zur Bezahlung von Umlagen an die Orts-, Districts- und Kreisgemeinden für verpflichtet erachtet werden kann ¹³. Nur die Umlagenpflicht des Staatsärars kann in Frage kommen, soferne Staatsgut gesetzlich dem Könige zur Nutznießung überwiesen ist ¹⁴. Wenn jedoch der König thatsächlich directe Steuern entrichtet, dann kommen, da die Umlagenpflicht nur an die thatsächliche Steueranlage, bzw. Steuererhebung geknüpft ist, insoweit dies der Fall ist, auch Umlagen vom Könige zur Erhebung ¹⁵.

Von den übrigen nicht unter den Begriff der Umlagen fallenden Gemeindeabgaben ist der König nicht befreit.

4. Abschnitt.
Erwerb und Verlust der Herrschergewalt.
§ 56. Rechtliche Natur der Thronfolge.

Das Königreich Bayern ist eine Geblüts- und Erbmonarchie ¹. Die ordentliche Thronfolge vollzieht sich nach Geblütsrecht (ex iure sanguinis) im Mannsstamme des königlichen Hauses Wittelsbach. Nur für den Fall des Erlöschens dieses Hauses ist der

---

2. Nach Landesrecht galt die Portofreiheit des Königs stets als selbstverständlich. Vgl. auch Verordn., die Briefportofreiheit betr., vom 19. Dec. 1808 (R. Bl. 1809 S. 33), Verordn., die Postportofreiheit in Amtssachen betr., vom 23. Juni 1829 (Weber II S. 473) § 1 c.

¹¹ Diesß. Gem. Ordn. Art. 43 Abf. I; pfälz. Gem. Ordn. Art. 34 Abf. I.

¹² Ges., die Districtsräthe betr., vom 28. Mai 1852, Art. 31 Abf. I; Ges., die Landräthe betr., vom 2. T. Art. 16 Abf. I.

¹³ Mit der oben entwickelten Ansicht steht die Bestimmung der beiden Gem. Ordn. (Art. 44, bezw. 35) im Widerspruche, wonach zu Gemeindeumlagen nicht beigezogen werden können: „Schlösser und Gärten, welche zur k. Civilliste gehören, desgleichen Schlösser nebst den dazu gehörigen Gärten, welche sich im Privateigenthum des regierenden Königs befinden." Hieraus ist jedenfalls soviel zu entnehmen, daß man glaubte, der König sei im Uebrigen grundsteuer- und daher umlagenpflichtig. Was man bezüglich der andern Steuern für eine Meinung hatte, läßt sich natürlich nicht errathen. Die Begründung zu Art. 49 Abf. I des Entw. begnügt sich mit der Bemerkung, daß bezüglich der fraglichen Ausnahme „eine weitere Begründung nicht nothwendig sein dürfte" (Verh. d. K. d. Abg. 1866/69 ꝛc., insbef. Verh. des bef. Ausschß. I. Abth. Beil. Bd. S. 35), und im Vortrage des Berichterstatters (ebenda S. 123) heißt es nur: „Mit der Umlagefreiheit k. Schlösser und Gärten wird wohl jeder einverstanden sein." Ueber eine weitere Aeußerung Edel's wurde schon oben Anm. 4 berichtet. Aus dem Angeführten ist ersichtlich, daß man der Frage der Steuerpflicht des Königs bei Berathung der Gem. Ordn. kein eingehenderes Studium widmete und sich darüber durchaus nicht klar war. Gewiß ist ferner, daß man in dieser Beziehung an dem geltenden Rechte durch die Gem. Ordn. nichts ändern konnte noch wollte. Andererseits ist es ebenso unzweifelhaft, daß man beabsichtigte, den König, insoweit er steuerpflichtig sei, also in einem Umfange, über den man nicht mit sich im Reinen war, für umlagepflichtig zu erklären. Wenn sich indessen herausstellt, daß der König directe Steuern zu zahlen nicht schuldig ist, so hat man ihn durch Feststellung obiger „Ausnahme" nicht umlagepflichtig gemacht. Das hätte nur bewirkt werden können, wenn, wie beim Staatsärar, für ihn eine Steuerermittelung behufs Umlagenerhebung (vgl. diesß. Gem. Ordn. Art. 43 Abf. III, pfälz. Gem. Ordn. Art. 34 Abf. III, revid. Grundsteuerges. § 117, revid. Haussteuerges. § 2, Gewerbesteuerges. Art. 16) vorgeschrieben worden wäre.

¹⁴ Eine M. E. vom 23. Aug. 1859 (Weber V S. 152) ordnet an, „daß die auf die Staatsrealitäten des k. Hofgestütes zu Bergstetten treffenden Kreis- und Bezirksumlagen ferner wie bisher aus der Staatskasse entrichtet und auf den Etat der Finanzverwaltung verausgabt werden".

¹⁵ Vgl. die Bemerkung Brater's in seinem Commentare zum Districtsrathsges., Gesetzgebung des Kgrs. Bayern ꝛc., herausg. von C. F. Dollmann, 2. Th. Bd. I S. 88.

¹ Pfeiffer, über die Ordnung der Regierungsnachfolge in den monarchischen Staaten des deutschen Bundes. 2 Bände, Kassel 1826. Weitere Schriften bei G. Meyer, Lehrb. d. deutschen Staatsrechts, 3. Aufl., S. 210 Anm. 1, G. Seidler, Studien zur Geschichte u. Dogmatik des österr. Staatsrechts, Wien 1894, S. 56 ff.

Eintritt fremder Familien, die außerordentliche Thronfolge, vorgesehen, jedoch so, daß auch in dem neuen Hause das Geblütsrecht sofort wieder zur Geltung kömmt.

Die Thronfolge in dem zum Staate gewordenen Lande hat eine wesentlich andere Natur, als die Erbfolge in demselben zur Zeit des alten Reiches. Auch der Umstand ändert daran nichts, daß die Grundsätze über die Nachfolge im Wesentlichen nach wie vor die gleichen geblieben sind.

In der Auffassung des Mittelalters hatte die Betrachtung des Landes als Familiengut und der Erbfolge als einer privatrechtlichen den Sieg errungen. Es war zunächst nicht der Schaden, welchen die privatrechtliche Erbfolgeordnung dem Gemeinwesen brachte, sondern die Sorge um das Wohl der landesherrlichen Familie, die zur Einführung der agnatischen Erbfolge, der Einheit und Untheilbarkeit des Familienbesitzes, endlich des Erstgeburtsrechts führte.

Mochten auch schließlich staatliche Gesichtspunkte mehr und mehr neben den privatrechtlichen sich Geltung verschaffen, ja in Bayern durch die Domanialfideicommißpragmatik vom 20. October 1804 das entschiedene Uebergewicht erlangen, so hat doch jenes Ereigniß, welches aus Bayern einen Staat, aus seinem Landesherrn einen Herrscher machte, zwar nicht den geschichtlichen, aber den rechtlichen Zusammenhang in Bezug auf die Erbfolge zerrissen. Mit der Staatsgewalt über das Königreich Bayern erwarb König Max Josef etwas, was er und sein Haus niemals besessen hatten. Wohl gaben die früher innegehabten landesherrlichen Rechte die Bausteine zu dem neuen Gebäude ab, aber sie verloren damit auch ihr rechtliches Dasein. Man darf also vor der Folgerung nicht zurückschrecken, daß zwischen der Thronfolgeordnung, welche das „erste souveräne königliche Haupt"² des Hauses Wittelsbach schuf, und dem alten Erbrechte des Hauses kein staatsrechtlicher Zusammenhang besteht³.

Die Thronfolge ist Berufung zur Herrschaft über den Staat. Damit ist jede civilrechtliche Auffassung derselben ausgeschlossen. Der Staat ist kein Hausgut der königlichen Familie, kein Fideicommiß, dessen Nutznießer der König wäre⁴. Das Königthum als eine öffentliche Gewalt steht dem Herrscher nicht um seinetwillen, sondern um des Staates willen zu⁵; es fällt daher nicht in den Bereich seiner persönlichen Interessen, seines privaten Vermögens, und kann darum auch nicht Gegenstand eines Erbrechts sein.

Es ist kein zutreffender Ausdruck, wenn man von einer Staatsverlassenschaft spricht⁶. Der Thronfolger, der nach dem Ausscheiden des bisherigen Herrschers den Thron besteigt, empfängt damit nicht den Nachlaß eines Verstorbenen, sondern übernimmt aus eigener Macht die Staatsgewalt. Zwischen den Persönlichkeiten der Herrscher, welche einander ablösen, findet nur eine zeitliche Folge statt; der König als Einrichtung

---

² Worte des Familienstatuts vom 28. Juli 1808.

³ Dies wäre selbst dann nicht der Fall gewesen, wenn das alte Erbrecht auf die Thronfolge im neuen Staate — und sei es auch stillschweigend — übertragen worden wäre. E. v. Moy, Staatsrecht des Kgrs. Bayern I, 1 S. 105, sagt: „Das Recht zur Regierung in Bayern ist abzuleiten aus Otto's I... im Jahre 1180 erfolgter Belehnung mit der herzoglichen Würde." Und H. Schulze, Lehrb. des deutschen Staatsrechts I S. 211 Anm. 1, bemerkt mit Bezug auf diese Aeußerung: „So kann man z. B. sagen, daß das Recht der Thronfolge in Bayern zunächst allerdings auf den entsprechenden Bestimmungen der bayer. Verf. Urk. von 1818 beruht, zugleich seine Begründung aber in der 1180 erfolgten Belehnung Otto's von Wittelsbach, als noch fortwirkendem Rechtstitel, findet." Schulze verwahrt sich dagegen, „daß die deutschen Fürsten gewissermaßen als novi acquirentes zu betrachten seien". Indessen wird sich das doch kaum in Abrede stellen lassen, wenn anders derjenige, der etwas der Gattung nach völlig Verschiedenes an Stelle des bisher Besessenen erwirbt, ein novus acquirens genannt werden darf. Die Belehnung Otto's von Wittelsbach mit der bayer. Herzogswürde wird man als Rechtstitel für den Souverän von Bayern um so weniger ansehen können, als letzterer die Souveränität gerade durch den Bruch derjenigen Rechtsordnung erworben hat, auf welcher die Belehnung beruhte, und unter deren Geltung sie fortwirkte.

⁴ H. Schulze, Lehrb. des deutschen Staatsrechts I S. 209: „Sie (die Thronfolge) ist aus der Sphäre des fürstlichen Hausrechtes in das Verfassungsrecht der Staaten, aus den Hausgesetzen in die Verfassungsurkunden übergegangen, von denen jetzt die Grundsätze über die Thronfolge einen integrirenden Theil bilden."

⁵ Vgl. meine Grundzüge einer allg. Staatslehre S. 8. Das Recht auf die Krone „existirt nicht zur vermögensrechtlichen Befriedigung des Berechtigten, sondern lediglich um des Staates willen". H. Schulze a. a. O. I S. 210.

⁶ H. Schulze a. a. O. I S. 247 ff.

aber ist unsterblich. Die rechtliche Natur des Verhältnisses des späteren Herrschers zu
seinem Vorfahren ist ganz dieselbe, mag er kraft seiner Abstammung oder auf irgend welche
andere Art zur Krone gelangt sein. Dieses Verhältniß aber läßt sich in Kürze dahin bezeichnen, daß die Wirksamkeit der Staatshandlungen des Herrschers durch den Wechsel
in der Person desselben unberührt bleibt[7]. Die Beziehung der Thronfolge zum Erbrechte
ist eine rein formelle. Der gesicherte Bestand des Staates fordert eine feste und unver-
rückbare Ordnung in der Uebernahme der Staatsgewalt. Diese Berufsordnung entlehnt
das Staatsrecht dem privaten Erbrechte, von dem es sie geschichtlich überkommen hat.
Aber nur diese Ordnung. Der rechtliche Inhalt der Thronfolge wird dadurch nicht berührt. Es handelt sich, wie richtig bemerkt worden ist[8], nicht um Verwendung des Erbrechts nach seinem Wesen, sondern um Erborgung einer im Erbrechte für ganz andere
Zwecke ausgebildeten formellen Ordnung.

Die Thronfolgeordnung ist eine staatsrechtliche und zwar eine verfassungsmäßige
Ordnung. Sie kann daher in derselben Weise Aenderungen erfahren, wie dies bei andern
verfassungsrechtlichen Vorschriften möglich ist. Einer Zustimmung derjenigen, die nach
dem bestehenden Rechte eine Aussicht auf die Thronfolge haben, bedarf es dazu nicht.
Dem Gesetze gegenüber gibt es keine wohlerworbenen Rechte[9].

§ 57. Die ordentliche Thronfolge.

Die Verfassungsurkunde[1] sagt: „Die Krone ist erblich in dem Mannsstamme[2] des
königlichen Hauses nach dem Rechte der Erstgeburt und der agnatisch-linealischen Erb-

---

[7] Die frühere Frage über die Stellung des Regierungsnachfolgers zu Regierungshandlungen
seines Vorgängers — darüber das abschließende Werk von C. Chr. v. Kampz, Erörterung der Verbindlichkeiten des weltlichen Reichsfürsten aus den Handlungen seines Vorfahren, 1800 — kann, wie
C. F. v. Gerber, Grundzüge eines Systems des deutschen Staatsrechts § 31, treffend ausführt, im
Staatsrechte der Neuzeit gar nicht mehr erhoben werden. Vgl. auch H. Schulze a. a. O. I S. 250 ff.
[8] Von C. F. v. Gerber in seinem hervorragenden Aufsatze über die Untheilbarkeit deutscher
Staatsgebiete, Zeitschr. für deutsches Staatsrecht u. deutsche Verfassungsgesch. I S. 13. Vgl. außer
diesem auch J. v. Held ebenda S. 40 ff. „über die geschichtliche Entwickelung des deutschen Thronfolge-
rechts", desselben Verf. Recht der monarchischen Staaten Deutschlands II §§ 906, 335, ferner
H. Schulze in Bluntschli's u. Brater's Staatswörterb. X S. 518 ff. Dagegen kleben an der
Lehre der beiden älteren Schriftsteller Zöpfl (Grundsätze des gemeinen deutschen Staatsrechtes I
S. 688 ff.) und Zachariä (deutsches Staats- u. Bundesrecht I S. 341 ff.) noch mehr oder weniger die
Eierschalen des Privatrechts.
[9] Mit Entschiedenheit erklären sich für diese Ansicht H. Schulze, preuß. Staatsrecht, 2. Aufl.,
I S. 175 ff., und G. Meyer, Lehrb. des deutschen Staatsrechtes, 3. Aufl., S. 212 f. Ersterer bemerkt,
daß die Bestimmungen über die Thronfolge „an allen Garantien der Verfassungssätze Theil haben,
consequenter Weise aber auch auf verfassungsmäßigem Wege abgeändert werden können. Es gibt in
der constitutionellen Staatsordnung keine festern und höhern Rechte, als die in der Verfassungsurkunde
verbürgten." Daß Schriftsteller, welche noch in privatrechtlicher Auffassung befangen sind, diese Ansicht
nicht theilen können, ist selbstverständlich. Aber auch C. F. v. Gerber (Grundzüge eines Systems des
deutschen Staatsrechtes § 29 Anm. 7) tritt derselben entgegen, allerdings aus dem Grunde, „weil es
eine der ersten Forderungen des modernen Staatsrechts ist, daß die Thronfolge jeder Willkür entrückt
sei". „Indessen," so erwidert G. Meyer sehr zutreffend, „man kann von Rechtsgrundsätzen und Rechtsverhältnissen deßhalb, weil sie der Fortbildung durch die Gesetzgebung unterliegen, unmöglich behaupten,
daß sie der Willkür unterworfen seien." Uebereinstimmend auch G. Seidler a. a. O. S. 58. In Bayern
hat man, seit seiner Umwandlung zu einem Staate, nicht gezweifelt, daß die Thronfolgeordnung Veränderungen durch die Gesetzgebung erleiden könne. In einem noch öfter zu erwähnenden Berichte an
den König vom 19. Aug. 1816 äußerte Staatsminister Graf Montgelas, daß der König als erster
souveräner Fürst seines Hauses „ohne allen Anstand eine bestimmte Successionsordnung reguliren
könne". Dies hat sich inzwischen nur insofern anders gestaltet, als hiezu die Form des Verfassungsges.
nöthig ist.
[1] Tit. II §§ 2 u. 3.
[2] Der Vorzug des Mannsstammes vor den weiblichen Nachkommen ist nochmals betont in dem
überhaupt überflüssigen § 4 des Tit. II der Verf. Urk.

folge. Zur Successionsfähigkeit wird eine rechtmäßige Geburt aus einer ebenbürtigen, mit Bewilligung des Königs geschlossenen Ehe erfordert."

Die Thronfolge der Agnaten des Wittelsbachischen Hauses ist sonach die ordentliche Thronfolge.

Die angeführten Bestimmungen der Verfassung regeln ein doppeltes: die Thronfolgefähigkeit und die Thronfolgeordnung.

Zur Thronfolgefähigkeit wird erfordert:

1. Abstammung von dem Ahnherrn des Herrscherhauses, d. h. von dem ersten Erwerber der Landeshoheit in Bayern, nicht von dem ersten Erwerber der Königskrone.

2. Diese Abstammung muß auf natürlicher Zeugung beruhen. Adoptionen sind im königlichen Hause verboten³.

3. Ferner wird Geburt aus rechtmäßiger Ehe verlangt. Nicht thronfolgefähig sind daher sowohl die vor der Ehe Erzeugten, aber in der Ehe Geborenen, als auch die durch nachherige Ehe Legitimirten⁴. Die Frage, ob eine Ehe rechtmäßig ist, und ob Zeugung in der Ehe vorliegt, ist nach bürgerlichem Rechte zu beantworten⁵.

4. Die Ehe muß mit vorgängiger Bewilligung des Königs geschlossen sein⁶. Eine nachträglich erfolgende Genehmigung hat keine rückwirkende Kraft⁷.

Das Familienstatut von 1819 Tit. V § 2 Abs. II schreibt vor, daß der „Verzicht" der Prinzessinnen auf die Thronfolge, solange Agnaten des königlichen oder erbverbrüderten Hauses vorhanden sind, „in künftigen Eheverträgen unter Beziehung auf die einschlägige Stelle der Verf. Urk. besonders ausgedrückt" werden soll. Dieser „Verzicht" auf einen nicht vorhandenen Anspruch ist zwecklos. Das Familiengef. von 1808 Art. 28 und jenes von 1816 Art. 31 hatten mit Recht einen Verzicht für überflüssig und es für genügend erklärt, wenn in den Eheverträgen auf die einschlägigen Bestimmungen Bezug genommen werde.

³ Familienstatut Tit. II § 5. — Das Familiengef. von 1808 Art. 16 gestattet die Adoption mit Einwilligung des Königs; „von dessen Bestimmungen hängen die Wirkungen der Adoption ab." In Art. 34 wird sodann beim Mangel eines nachfolgefähigen Erben dem letzten Monarchen die Adoption eines Nachfolgers aus einem fürstlichen Hause, „welcher noch keinen Staat besitzt und zur Regierung desselben nicht unmittelbar berufen ist", „zur Pflicht gemacht". Das Familiengef. von 1816 Art. 15, 35 dagegen erlaubt die Adoption nur in diesem letzteren Falle und verbietet sie im Uebrigen ganz. Die Verf. Urk. und das Familienstatut von 1819 sind dann durch gänzlichen Ausschluß der Adoption vollständig zu den Grundsätzen des deutschen Fürstenrechts zurückgekehrt. Ueber letzteres insbes. J. J. Moser, Familienstaatsrecht derer teutschen Reichsstände II S. 886.

⁴ Wegen des Nachfolgerechts der Mantelkinder s. die Angaben bei G. Meyer, Lehrb. des deutschen Staatsrechts, 3. Aufl., S. 217 Anm. 2.

⁵ Ueber die Form der Eheschließung vgl. unten § 63 Anm. 48.

⁶ Ueber die Form der Bewilligungsertheilung Familienstatut Tit. II § 2. Vgl. Familiengef. von 1816 Art. 11. Die Worte des letzteren Art.: „Wenn dieser keine Anstände findet" wurden durch die jetzigen: „Wenn der König die Bewilligung ertheilt" bei der Berathung der Ministerialconferenz vom 3. Dec. 1818 auf Antrag des Staatsraths von der Becke ersetzt, „indem sonst die Vermuthung daraus abgeleitet werden könnte, als ob diese Anstände bekannt zu machen wären und die Entfernung derselben der Gegenstand einer Rücksprache werden könnte".

⁷ Ebenso Pözl, Lehrb. des bayr. Verf. Rechts S. 370 Anm. 4. Vgl. auch O. v. Sarwey, Staatsrecht des Kgrs. Württemberg I S. 46, 101 Anm. 6. Zur Begründung dieser Ansicht ist Folgendes zu bemerken. Die Bestimmungen der Verf. und des Familiengef. von 1808 lehnen sich an Art. 12 des sénatusconsulte organique vom 28. floréal XII (Bull. des lois, 4° série t. I p. 1) an. Die Verfassung von 1808 sagt in Tit. 2 § VII, daß die Glieder des k. Hauses „bei Verlust ihres Erbfolgerechtes" nur mit Einwilligung des Königs zur Ehe schreiten können. In den Art. 11, 13 u. 14 des Familiengef. aber wird bestimmt, daß die königliche Einwilligung „zuvor" zu erholen ist, daß, wenn dieselbe unterbleibt, die geschlossene Ehe „nichtig" sei und die „aus einer solchen Ehe erzeugten Kinder" „als uneheliche betrachtet" werden. Das Familiengef. von 1816 hat die nemlichen Bestimmungen. Das letztere stand in Geltung, als die Verf. erging, und Tit. II § 3 hat also den Rechtszustand vor Augen, daß die ohne vorgängige königliche Genehmigung geschlossene Ehe eines Mitgliedes des k. Hauses nichtig, die Kinder uneheliche seien. Hienach ist zweifellos, daß die Verf. Urk. die Abkommen aus einer solchen Verbindung unbedingt von der Thronfolge ausgeschlossen wissen wollte und einer nachfolgenden Genehmigung gar keine Wirkung zuschreiben konnte. Wenn nun das Familienstatut von

5. Die Ehe muß eine ebenbürtige sein⁸. Die Frage der Ebenbürtigkeit beantwortet sich, Mangels einer ausdrücklichen gesetzlichen Bestimmung, nach deutschem Privat-
fürstenrechte⁹.

Gemeinrechtlich wird der Satz gelehrt, daß jede an sich nicht ebenbürtige Ehe durch die Zustimmung aller nachfolgeberechtigten Agnaten in eine ebenbürtige verwandelt werden könne¹⁰. Für
das bayerische Staatsrecht ist dieser Satz keinenfalls richtig. Bei Anerkennung der an sich unebenbürtigen Ehe eines Mitgliedes des königlichen Hauses als ebenbürtige handelt es sich nicht um ein Abkommen über persönliche gegenseitige Rechtsverhältnisse, sondern um einen Akt der Gesetzgebung. An
die Stelle der geltenden allgemeinen Rechtsvorschrift soll eine besondere Rechtsvorschrift für einen
einzelnen Fall gesetzt werden. Diese letztere wird also nur in der Form zu Stande kommen können,
welche für Abänderung der ersteren nothwendig ist, d. h. hier in der Form des verfassungsändernden
Gesetzes¹¹.

Von dem erörterten Falle verschieden ist der, wenn es sich nicht um die Erhebung einer unebenbürtigen Ehe zur ebenbürtigen, sondern um eine Entscheidung auf Grund des geltenden Rechtes
darüber handelt, ob eine Ehe ebenbürtig sei. Hiefür ist allein der König zuständig; aber nicht als
Gesetzgeber, sondern als Richter auf Grund des Titel X § 2 des Familienstatuts, wonach er über persönliche gerichtliche Angelegenheiten der Mitglieder des königlichen Hauses urtheilt. Daß die Feststellung des Personenstands eine persönliche gerichtliche Angelegenheit ist, wird nicht zu bestreiten sein.

Dabei ist zu betonen, daß die bloße Genehmigung einer Eheschließung durch den König noch
keinen Rückschluß auf die Ebenbürtigkeit der Ehe gestattet, da auch unebenbürtige Ehen der Mitglieder
des königlichen Hauses der Genehmigung des Königs bedürfen.

1819 zwar solche Ehen nicht mehr für nichtig erklärt, ihnen jedoch die Wirkung gegenüber dem k. Hause
benimmt, so konnte dadurch am Inhalte des Tit. II § 3 der Verf. Urk. nichts mehr geändert werden,
und es wird einer nachträglichen königlichen Genehmigung der Ehe eine Wirkung auf die Thronfolge
nicht zukommen.

⁸ De lege ferenda R. v. M o h l, Staatsrecht, Völkerrecht u. Politik. II S. 131.
⁹ Ueber die Ebenbürtigkeitsfrage vgl. insbes. die Darstellung bei H. S c h u l z e, Lehrb. des
deutschen Staatsrechtes I S. 218 ff., G. M e y e r, Lehrb. des deutschen Staatsrechtes, 3. Aufl., S. 219
Anm. 12 (bei beiden sind die einschlägigen Schriften angegeben). — Ueber die Entstehung der geltenden
Bestimmung des bayer. Rechts ist Folgendes zu bemerken. Verf. und Familienges. von 1808 gedenken
der Ebenbürtigkeit nicht. Bei den Berathungen über die Durchsicht der Verf. im Jahre 1814 brachte
Z e n t n e r (in der Sitzung vom 8. Nov.) zu Tit. II folgende Bestimmung in Antrag: „Zur Successionsfähigkeit wird eine rechtmäßige Geburt aus einer solchen Ehe erfordert, welche von dem k. Hause als
standesmäßig anerkannt ist." Z e n t n e r bemerkte, zur Beseitigung des bekannten, noch unentschiedenen
Streits, welche Ehe als eine Mißheirath anzusehen sei, finde er kein richtigeres Merkmal einer standesmäßigen Ehe, als ihre Anerkennung im Hause. Z e n t n e r's Faffung wurde zunächst in Art. 26 des
Familienges. von 1816 wörtlich aufgenommen. In seinen Bemerkungen zum Verf. Entw. von 1815
befürwortete Kronprinz Ludwig, zu sagen: „welche vermöge den von den teutschen Fürsten auf dem
Wiener Congresse ausgesprochenen Grundsätzen standesmäßig ist und die mit Genehmigung des Königs
geschlossen wurde". Der Kronprinz fügte bei: Es ist „Pflicht, Alles in's Reine zu bringen, was sonsten
Streitigkeiten erzeugen könnte, wozu hauptsächlich gehört, daß bestimmt werde, welche Ehen standesmäßig sind." Bei den Berathungen des Jahres 1818 kam die fragliche Bestimmung in der Sitzung
vom 3. März zur Erörterung. Dem Entw. wurde entgegen gehalten, daß die vorgeschriebene Zustimmung des k. Hauses zur Anerkennung einer Heirath als standesmäßig dem einzelnen Familiengliede es
ermögliche, willkürlich seine Zustimmung zu verweigern. „Sollte," so wurde bemerkt, „nicht für diesen
Fall bestimmt werden, daß der König die verweigerte Einwilligung eines einzigen Mitgliedes der k. Familie suppliren (könne), oder daß die Zustimmung der Mehrheit hinlänglich oder daß die Einwilligung
des Königs allein hinreichend sei?" Indessen trat Graf Reigersberg mit dem Antrage hervor, „die
Successionsfähigkeit auf eine rechtmäßige Geburt aus einer ebenbürtigen, mit Bewilligung des Königs
geschlossenen Ehe zu begründen". Dadurch werde der Zweifel wegen der Einwilligung aller Familienglieder gelöst, und die Einwilligung des Königs scheine ihm hinlänglich. Das Wort „ebenbürtig" könne
nicht wohl eine zu ausgedehnte Deutung erhalten, indem die bei dem k. Hause bestehende Observanz insolange entscheide, als nicht sämmtliche deutsche Fürsten eine bestimmte Vereinbarung über den Begriff
der Ebenbürtigkeit getroffen hätten. Sollte eine der Hausobservanz nachtheilige Folgerung zu besorgen
sein, so könne durch eine nähere Erläuterung im Familienges. vorgebeugt werden. Für die Verf. Urk.
glaube er durch das Wort „ebenbürtig" nach dem bisher damit im Staats-, Völker- u. deutschen Fürsten-
rechte verbundenen Begriffen genügende Vorsorge gegen Mißheirathen getroffen. Der Antrag Reigersberg's wurde mit Stimmenmehrheit angenommen.
¹⁰ H. S c h u l z e a. a. O. S. 223.
¹¹ Uebereinstimmend G. M e y e r a. a. O. S. 220 f.

Die Erfordernisse der Thronfolgefähigkeit, welche von der Verfassungsurkunde aufgestellt sind, sind erschöpfend[12]. Insbesondere schließt Regierungsunfähigkeit von der Thronfolge nicht aus[13]. Ebensowenig ist hier das Glaubensbekenntniß oder die Zugehörigkeit zum geistlichen Stande von Einfluß[14].

Die Thronfolgeordnung der Agnaten (ordentliche Thronfolge) ist durch die Verfassung nach jenen Grundsätzen geregelt, wie sie in Bayern bereits zur Zeit des alten Reiches, und zwar endgiltig durch Albrechts des V. Verordnung vom 11. April 1578[15], zur Anerkennung gelangt waren und in der Verfassung von 1808 wie in dem Familiengesetze von 1816 festgehalten wurden[16].

Die Thronfolgeordnung beruht auf dem Gedanken der Untheilbarkeit des bayerischen Staates. Hieraus ergibt sich, daß zur Krone stets nur Einer aus dem Kreise der hiezu durch Geburt Befähigten gelangen kann.

Bei der agnatisch-linealen Erbfolge mit dem Vorrechte der Erstgeburt entscheidet das Alter zwischen den Söhnen des ersten Erwerbers. Von da ab tritt Linealfolge ein, d. h. die von einem jüngeren Sprossen abstammende Linie („jüngere Linie") kömmt erst dann zur Thronfolge, wenn der thronfolgefähige Mannsstamm der älteren Linie abgestorben ist. Innerhalb jeder Linie aber waltet wiederum der Vorzug der Erstgeburt. Eine Berücksichtigung der Nähe des Verwandtschaftsgrades zum letzten Träger der Krone ist unbedingt ausgeschlossen[17].

Die Frage, ob bei der Thronfolgeordnung auch der Ungeborene im Mutterleibe in Betracht kommen könne, wird von der Verfassung nicht entschieden. Privatrechtliche Regeln können hiefür an sich nicht ausschlaggebend sein. Indessen spricht für die Bejahung der Frage eine allgemeine Rechtsanschauung[18]. Außerdem läßt sich die Erwägung geltend machen, daß durch Uebergehung des bei der Thronerledigung Ungeborenen eine Verwirrung der verfassungsmäßigen Thronfolgeordnung eintreten würde, wenn nachträglich ein Agnat zur Welt käme. Denn die Bestimmungen der Verfassung über die Thronfolge sind auf den Fall einer solchen Uebergehung nicht berechnet.

§ 58. Die außerordentliche Thronfolge.

Wenn der Mannsstamm des königlichen Hauses ausgestorben ist, tritt die außerordentliche Thronfolge ein. Die Verfassungsurkunde kennt zwei Formen derselben: die

---

[12] Pözl, Lehrb. d. bayer. Verf. Rechts S. 371.

[13] A. M. ist Schunck, Staatsrecht des Kgrs. Baiern I § 47 Ziff. 4, jedoch nur mit Berufung auf die „Natur der Sache". Dagegen Spies, Beleuchtung der Verf. Urk. S. 23, 45, aber mit nicht gerade scharfsinniger Begründung. S. auch Tabor, die körperliche Thronfolgefähigkeit in den deutschen Bundesstaaten, Zeitschr. für deutsches Recht und deutsche Rechtswiss. IX S. 258.

[14] H. Schulze, Lehrb. des deutschen Staatsrechts I S. 227, sagt: „Die obliegenden geistlichen Pflichten und die Obedienz gegen kirchliche Obern, insbesondere gegen den römischen Stuhl, machen jeden kath. Priester unfähig zum unabhängigen Oberhaupte eines deutschen Staats." Für das zu gebende Gesetz sind diese Erwägungen sicher beachtenswerth; dem gegebenen Gesetze gegenüber werden sie aber kaum Platz greifen können.

[15] Oben § 1 Anm. 26.

[16] Constit. von 1808 Tit. II § 1, Familiengef. von 1816 Art. 25.

[17] Letzteres ist allgemein anerkannt. Nur bei C. Cucumus, Lehrb. des Staatsrechts der constit. Monarchie Baierns, S. 98 Anm. 1, regen sich noch Bedenken, denen er indessen keine Folge gibt. — Aus der Literatur ist hervorzuheben H. Schulze, das Recht der Erstgeburt in den deutschen Fürstenhäusern u. seine Bedeutung für die deutsche Staatsentwicklung, Leipzig 1851.

[18] Vgl. H. A. Zachariä, deutsches Staats- u. Bundesrecht I S. 346 Anm. 12, R. v. Mohl, Staatsrecht des Kgrs. Württemberg I § 25 Anm. 4, H. Schulze, preuß. Staatsrecht, 2. Aufl. I S. 195 f. u. Lehrb. des deutschen Staatsrechts I S. 245, L. v. Rönne, Staatsrecht der preuß. Monarchie I S. 171, E. v. Moy, Staatsrecht des Kgrs. Bayern I, 1 S. 112, G. Meyer, Lehrb. des deutschen Staatsrechts, 3. Aufl., S. 227.

Thronfolge kraft Erbverbrüderung und die Thronfolge der Cognaten. Die erste geht der zweiten vor[1].

Auch bei der Erbverbrüderung findet, wie bei der regelmäßigen Thronfolgeordnung, die Verwendung einer privatrechtlichen Form für einen staatsrechtlichen Zweck statt.

Die Erbverbrüderung im privatrechtlichen Sinne ist ein Vertrag zwischen Familien des hohen Adels, wodurch einseitig einer Familie oder den vertragschließenden Familien wechselseitig die Erbfolge für den Fall des Erlöschens des andern Hauses[2] zugesichert wird[3]. Gegenstand der staatsrechtlichen Erbverbrüderung ist die Zusicherung der Thronfolge.

Die rechtliche Natur der staatsrechtlichen Erbverbrüderung bedarf einer näheren Untersuchung. Daß sie die äußere Form des Vertrags an sich trägt, wurde schon bemerkt; ob sie auch dem Wesen nach ein Vertrag ist, steht in Frage.

Inhalt der Erbverbrüderung ist, daß im Falle des Erlöschens eines Herrscherhauses die Krone an Mitglieder einer andern Familie gelangen solle. Es handelt sich also um die Bestimmung der Thronfolge im Staate. Die Thronfolge aber, das ist klar, kann rechtlich niemals durch Vertrag, sondern nur durch Gesetz festgestellt werden. Der Inhalt des sog. Erbverbrüderungsvertrags vermöchte also jedenfalls nur in der Zusicherung zu bestehen, daß durch die Landesgesetzgebung die Thronfolge für einen bestimmten Fall einer bestimmten Familie zugeschrieben werden solle. Nun kann man sich zwar eine vertragsmäßige Verpflichtung unterhalb der Rechtsordnung wohl denken[4]; eine solche oberhalb derselben, welche die Gestaltung dieser Rechtsordnung selbst zum Gegenstande hat, ist dagegen nicht möglich. Allerdings wird diese Möglichkeit von der herrschenden Meinung behauptet, indem nach dieser eine rechtliche Verpflichtung durch Staatsvertrag übernommen werden kann[5].

Die Frage läßt sich an dieser Stelle nicht austragen. Sie kann auch um so mehr umgangen werden, als die Erbverbrüderung, von welcher unsere Verfassungsurkunde spricht, überhaupt kein Staatsvertrag ist[6]. Ein solcher setzt zwei Staaten als Vertragstheile voraus. Dieses Begriffsmerkmal aber fehlt hier nicht nur dann, wenn der andere Vertragstheil keine Herrscherfamilie ist, sondern auch dann, wenn er dies ist. Denn auch im letzteren Falle handelt es sich nicht um die Herstellung von Beziehungen zwischen den Staaten, sondern um die Zusicherung der Thronfolge an das betreffende Haus. Der „Staat" A sichert der Familie B die Thronfolge zu. Mit dem „Staate" B tritt er dadurch in keinerlei Beziehung. Denn als solche kann die sich eröffnende Möglichkeit kaum gelten, daß irgend einmal eine zufällige Gemeinsamkeit des Staatsoberhauptes sich ergibt — eine Möglichkeit, die in unserer Verfassungsurkunde (Titel II § 6) zudem noch bedeutend beschränkt wird. Aus dem Gesagten erhellt aber weiter, daß die sog. gegenseitigen Erbverbrüderungen in der That nicht Eine Abmachung, ein Geschäft do ut des enthalten, sondern zwei von einander völlig getrennte Abmachungen. Der Staat A sichert der Familie B die Thronfolge; der Staat B sichert dem Hause A die Thronfolge. Die eine Zusicherung geschieht allerdings mit Rücksicht auf die andere; aber, wie man sieht, entsteht weder zwischen den beiden Staaten, noch zwischen den beiden Häusern eine innere Beziehung.

Der Nachweis, daß hier ein Staatsvertrag nicht vorliegt, dürfte erbracht sein. Damit ist, mag man über die Staatsverträge denken, wie man will, entschieden, daß von einer einseitigen oder beiderseitigen Verpflichtung hier überhaupt nicht die Rede sein kann, nicht für den Staat — denn dieser hat die jederzeitige Möglichkeit, die auf Grund der vereinbarten Erbverbrüderung geschaffenen Gesetzesbestimmungen wieder zu ändern; nicht für das betreffende fremde Haus — denn für keines seiner Mitglieder erwächst eine rechtliche Nothwendigkeit, im eintretenden Falle die Thronfolge anzunehmen.

Auf Grund all dieser Ausführungen kommen wir nothwendig zu folgendem Ergebnisse. Der sog. Erbverbrüderungsvertrag über die Thronfolge ist überhaupt keine Handlung von rechtlicher Bedeutung. Er hat den lediglich politischen Werth festzustellen, daß die thatsächlichen Grundlagen für einen beabsichtigten Akt der Gesetzgebung vorhanden sind.

Ueber die Erbverbrüderung gelten nach bayerischem Staatsrechte folgende Bestimmungen.

---

[1] Verf. Urk. Tit. II §§ 4, 5.

[2] Entweder des völligen Erlöschens oder des Erlöschens im Mannsstamme.

[3] Die einschlägigen Schriften bei G. Meyer a. a. O. S. 222 Anm. 1.

[4] Wie dies bei den Erbverbrüderungen zur Zeit des alten Reiches der Fall war.

[5] Ich bin zu Folge der Anschauungen, welche in meinen Grundzügen einer allg. Staatslehre S. 31 f. entwickelt sind, nicht dieser Meinung, stimme vielmehr mit Ph. Zorn (Ztschr. für d. ges. Staatswissensch. 1880 S. 9) überein.

[6] A. M. ist Pözl, Lehrb. des bayer. Verf. Rechts S. 372 f.

Eine Erbverbrüderung kann nur auf den Fall des Aussterbens des Mannsstammes des königlichen Hauses stattfinden[7]. Sie kann ferner nur mit einem anderen fürstlichen Hause aus dem vormaligen deutschen Bunde eingegangen werden[8]. Zum Abschlusse einer Erbverbrüderung innerhalb der angegebenen verfassungsmäßigen Schranken und zum Erlasse der entsprechenden gesetzlichen Bestimmungen ist der König befugt. Er bedarf hiezu weder einer Zustimmung des Landtags noch einer solchen der Agnaten[9].

Die Erbverbrüderung macht die Angehörigen der erbverbrüderten Familie nicht zu Mitgliedern des königlichen Hauses. Abgesehen von der eventuellen Thronfolge, treten sie in keine staatsrechtliche Beziehung zum bayerischen Staate. Die erbverbrüderte Familie wird zum königlichen Hause erst dann, wenn der Mannsstamm des jetzigen königlichen Hauses ausgestorben ist.

Eine Erbverbrüderung besteht für Bayern dermalen nicht[10].

In Ermangelung einer solchen, oder wenn der Mannsstamm des erbverbrüderten Hauses bereits erloschen ist[11], tritt die Thronfolge der Cognaten ein[12], und zwar nach dem gleichen Grundsatze wie jene der Agnaten, d. h. nach der Linealfolge mit dem Vorzuge der Erstgeburt. Die Verfassungsurkunde[13] sagt: „Die zur Zeit des Ablebens des letztregierenden Königs lebenden bayerischen Prinzessinen oder Abkömmlinge von denselben ohne Unterschied des Geschlechts"[14] sollen, „ebenso als wären sie Prinzen des ursprünglichen Mannsstammes des bayerischen Hauses[15], nach dem Erstgeburtsrecht und der

---

[7] Verf. Urk. Tit. II §§ 4 u. 5.

[8] Verf. Urk. Tit. II § 5. Die Bestimmung wird, wenn auch der frühere deutsche Bund nicht mehr besteht, noch als anwendbar zu erachten sein, da die Absicht offenbar dahin ging, durch die Worte „mit einem anderen fürstlichen Hause aus dem deutschen Bunde" den Kreis der damaligen deutschen Herrscherfamilien zu bezeichnen, im Gegensatze einerseits zu den standesherrlichen Familien, andererseits zu den Fürstenhäusern nichtdeutscher Staaten. Eben deßhalb möchte die Frage, ob auch mit den seither entsetzten deutschen Fürstenfamilien Erbverbrüderungen möglich sind, wohl zu bejahen sein. Fürstenhäuser nicht deutscher Staaten sind unbedingt ausgeschlossen, auch wenn sie deutscher Abkunft sind.

[9] Letzteres ergibt sich aus der Stellung der Agnaten nach bayer. Staatsrechte von selbst; ersteres aus den Bestimmungen der Verf. Urk. Die Verf. Urk. enthält in Tit. II §§ 4 u. 5 die Ermächtigung zum Abschlusse einer Erbverbrüderung. Deren Ausstattung mit Gesetzeskraft aber kann der König allein bewirken, da hier weder Tit. VII § 2 der Verf. Urk. zutrifft, noch eine Verfassungsänderung in Frage steht, vielmehr eine von der Verf. eröffnete Möglichkeit benützt wird. Zu unbedingt lautet m. E. der Satz bei H. Schulze, Lehrb. des deutschen Staatsrechts I S. 241: „Eine neue Erbverbrüderung kann heutzutage nur in den Formen eines verfassungsändernden Gesetzes zu Stande kommen."

[10] Die Bestimmung wegen der Erbverbrüderung hat Kronprinz Ludwig angeregt. S. unten § 59.

[11] Pözl, Lehrb. des bayer. Verf. Rechts S. 369, will bei späterem Aussterben des Mannsstammes der erbverbrüderten Familie — also dann, wenn die Krone bereits in den Erbgang der letzteren gekommen ist — der weiblichen Nachkommenschaft des Wittelsbachischen Hauses den Vorzug vor jener der erbverbrüderten Hauses einräumen. „Die gegentheilige Meinung," bemerkt Pözl, „hat die Natur der Sache (die Analogie der Ordnung der beiden Mannsstämme) und die Worte des Gesetzes gegen sich." Schon früher hatte Dresch, Abh. über Gegenstände des öffentlichen Rechts S. 223, dieselbe Ansicht ausgesprochen. Dagegen v. Moy, Staatsrecht des Kgrs. Bayern I, 1 S. 113 f. Ich halte Pözl's Anschauung für unrichtig. Sobald die Krone in die erbverbrüderte Familie gelangt ist, ist letztere „das regierende neue königliche Haus", für welches die gleichen Bestimmungen über die Thronfolge gelten, wie für die Wittelsbacher. Vollkommen durchschlagend ist in dieser Beziehung, was Moy a. a. O. ausführt. Es wäre übrigens eine schwer zu beantwortende Frage, nach welchen Grundsätzen, wenn Pözl's Lehre richtig wäre, der Anfall der Krone sich hier bestimmen sollte.

[12] Ueber diese im Allg. vgl. H. Schulze, Lehrb. d. deutschen Staatsrechts I S. 234 ff., woselbst auch Literaturangaben. Ueber die Entwickelung des geltenden bayer. Rechts unten § 59.

[13] Tit. II § 5.

[14] Also Ausschluß der Regredienterbfolge. Schriften bei G. Meyer, Lehrb. des deutschen Staatsrechts, 3. Aufl., S. 216 Anm. 6.

[15] Eine Berücksichtigung des Verwandtschaftsgrades ist also ausgeschlossen. So richtig Pözl, Lehrb. des bayer. Verf. Rechts, S. 374 Anm. 7, gegen Schunck, Staatsrecht des Kgrs. Baiern § 46 Anm. 6.

13*

Linealerbfolgeordnung zur Thronfolge berufen werden." Wenn in dem neuen königlichen Hause Abkömmlinge des ersten Grades von beiderlei Geschlecht geboren sind [16], tritt der Vorzug des männlichen Geschlechts vor dem weiblichen wieder ein.

Wenn nun auch bei beiden Arten der außerordentlichen Thronfolge, sobald dieselbe eingetreten ist, grundsätzlich die gleiche Thronfolgeordnung stattfindet, wie im königlichen Hause Wittelsbach, so hat doch die Verfassung zur Sicherung der Selbständigkeit des Staates Ausnahmebestimmungen für den Fall getroffen, daß die bayerische Krone an den Träger einer fremden Krone gelangen würde [17]. Die Fassung dieser Bestimmungen ist so mangelhaft, daß sie zahlreiche Schwierigkeiten für die Auslegung bieten.

Es wird die Möglichkeit in's Auge gefaßt, daß „die bayerische Krone nach Erlöschung des Mannsstammes an den Regenten einer größern Monarchie" oder „an die Gemahlin eines auswärtigen größeren Monarchen" gelange [18]. Als größere Monarchie wird wohl eine solche mit einer größeren Bevölkerungszahl als Bayern anzusehen sein.

Von den erwähnten beiden Fällen kann der letztere nur bei der cognatischen Erbfolge, der erstere sowohl bei dieser als auch bei Erbverbrüderung eintreten [19].

---

[16] Die Verf. sagt geboren „werden". Doch ist, wie Spies, Beleuchtung der Verf. Urk. S. 30, richtig bemerkt, dies nicht wörtlich, sondern auch von dem Falle zu verstehen, wenn in dem Augenblicke, da die Krone an die Prinzessin gelangt, aus deren Ehe schon Kinder beiderlei Geschlechtes geboren sind. Ein innerer Grund für eine verschiedene Behandlung der vor und nach Anfall der Krone geborenen Kinder ist nicht abzusehen. Und wie wollte man alsdann entscheiden, wenn vor und nach Anfall der Krone Kinder beiderlei Geschlechts geboren sind? A. M. sind Dresch, Abh. über Gegenstände des öffentlichen Rechts S. 118 Anm. c, und E. v. Moy, Staatsrecht des Kgrs. Bayern. I, 1 S. 115 f. Anm. m.

[17] Der Verf. Entw. von 1814 hatte in Tit. II §§ 7, 8 für die Fälle außerordentlicher Thronfolge bestimmt, daß der minderjährige Thronerbe im Königreiche unter der Aufsicht der Reichsverwesung zu erziehen sei, sowie daß alle künftigen bayer. Könige, welche etwa noch andere deutsche Staaten besäßen, ihre gewöhnliche Residenz in der Hauptstadt des Königreichs aufschlagen müßten. Wie aus dem Prot. der Ministerialconferenz vom 20. Mai 1818 zu entnehmen ist, hatte Kronprinz Ludwig diese Bestimmungen für unannehmbar erklärt, weil sie für den König zu beschränkend seien. Die Conferenz entschloß sich daher, wenn auch, wie es scheint, mit Widerstreben, zum Abstriche der beiden Paragraphen. Staatsminister Frhr. v. Lerchenfeld regte aber bei diesem Anlasse an, wenigstens in einem anderen Paragraphen „die beruhigende Anordnung" auszusprechen, „daß, falls Bayern in Folge der Erbverbrüderung an ein größeres Haus fallen sollte, dieses verbunden werde, eine Secundogenitur in Bayern zu errichten und dadurch Bayerns Selbständigkeit zu erhalten, die sonst in großer Gefahr stünde, und um welche zu sichern der § 8 aufgenommen worden". Lerchenfeld beantragte hienach die Aufnahme des nunmehrigen § 6 des Tit. II der Verf. Urk.

[18] Verf. Urk. Tit. II § 6.

[19] Tit. II 6 § der Verf. Urk. hat in Abs. I nur den Fall der Erbverbrüderung, in Abs. II nur den Fall der Cognatenthronfolge im Auge. Die Aeußerungen des Antragstellers Lerchenfeld deuten darauf hin, daß er die beiden verfaßten Paragraphen beziehen können. Ein zwingender Beweis aber für die Richtigkeit der hier vertretenen Ansicht ergibt sich aus dem Wortlaute des § 6 selbst. Im Abs. I heißt es, die Krone solle „an den zweitgeborenen Prinzen dieses Hauses" übergehen; im Abs. II: „die Krone kömmt nach ihrem (der Gemahlin des auswärtigen Monarchen) Ableben an ihren zweitgebornen Prinzen." Die ersteren Worte passen offenbar nur auf den Fall der Erbverbrüderung, nicht auf die cognatische Thronfolge. Denn der zweitgeborene Prinz des fremden Hauses, in welches die bayer. Erbtochter durch ihre Verehelichung mit dem Monarchen getreten ist, hat möglicher Weise keinen Tropfen Wittelsbachischen Blutes in den Adern. Man denke folgenden Fall. Die bayer. Prinzessin P hat den König A geheirathet und ihm einen Prinzen B geboren. Nach ihrem Tode zeugt A aus zweiter Ehe den einen Sohn C. Beim Aussterben des bayer. Mannsstammes ist B König und kinderlos. C ist also der zweitgeborene Prinz dieses Hauses. Daß er aber Ansprüche auf die bayer. Krone habe, wird man schwerlich behaupten wollen. Daran, daß bei cognatischer Erbfolge die Erbtochter schon verstorben sein kann, hat Lerchenfeld bei Abfassung seines Paragraphen offenbar nicht gedacht. Aber es wird in diesem Falle doch der in Abs. II ausgedrückte gesetzgeberische Gedanke zur Geltung gebracht werden können, daß die bayer. Krone nicht mit dem fremden vereinigt werde, sondern „nach ihrem (der Erbtochter) Ableben an ihren zweitgebornen Prinzen" übergehen soll.

Ueber die Frage handeln Cucumus, Lehrb. d. Staatsrechts der constit. Monarchie Bayerns S. 105 ff. (für die hier vertheidigte Meinung) u. Spies, Beleuchtung der Verf. Urk. S. 32 (gegen dieselbe); beide ungenügend.

Wird in Folge einer Erbverbrüderung der Herrscher eines größeren Staats zur Thronfolge in Bayern berufen, so fällt, wenn er seine Residenz im Lande nicht nehmen kann oder will, die Krone sofort an den zweitgeborenen Prinzen des erbverbrüderten Hauses[20], d. h. an den Erstgeborenen der zweitältesten Linie dieses Hauses[21].

Im Falle der cognatischen Thronfolge ist zu unterscheiden, ob die bayerische Prinzessin, durch welche die Thronfolge vermittelt wird, noch lebt oder nicht.

Lebt dieselbe und ist sie Gemahlin des Herrschers eines größeren Staats, so wird sie zwar Königin, muß jedoch einen Vicekönig ernennen[22], der in der Hauptstadt des Landes seinen Wohnsitz zu nehmen hat. Nach ihrem Tode geht die Krone „an ihren zweitgeborenen Prinzen" über.

Ist die Erbtochter bereits verstorben und ihr erstgeborener Sohn Herrscher oder Thronerbe eines größeren Staates, so wird ihr zweitgeborener Sohn König[23].

Für sämmtliche vorerörterte Fälle ist selbstverständlich, daß, wenn ein zweitgeborener Prinz beim Anfalle der Krone nicht da ist, die Thronfolge nach den allgemeinen Grundsätzen weiter geht. Es ist ferner hervorzuheben, daß der neue Erwerber der Krone nur mit seiner von ihm abstammenden Linie das neue königliche Haus bildet[24]. In dieser Linie vererbt sich dann die Krone ebenso, wie im Wittelsbachischen Hause[25].

Bezüglich der Thronfolgefähigkeit gilt bei der außerordentlichen Thronfolge der Grundsatz, daß die einschlägigen Vorschriften des bayerischen Staatsrechtes erst dann Platz greifen können, wenn durch den Anfall der Krone ein neues königliches Haus Bayern entstanden ist. Für die Zeit, welche dem Anfalle vorhergeht, entscheidet das Hausrecht der betreffenden Familie über die Familienzugehörigkeit.

Ueber die Thronfolge beim Mangel jedes nach der verfassungsmäßigen Ordnung Berufenen läßt sich nichts Besseres sagen, als bei den Berathungen über die Verfassungsurkunde in der Sitzung vom 5. März 1818 bemerkt worden ist. Man strich einen hierauf bezüglichen Paragraphen, „weil es geeignet sei, derlei Fälle nicht als möglich aufzunehmen. Sollten sie sich ereignen, so würden doch nicht die Bestimmungen der Verfassungsurkunde, sondern Gewalt und Interesse entscheiden"[26].

Anhang.
§ 59. Die Thronfolge der Cognaten.

Auch im Wittelsbachischen Hause war stets anerkannt, daß die Töchter, solange der Mannsstamm blühte, von der Erbfolge in Land und Leute ausgeschlossen seien.

---

[20] Vgl. Pözl, Lehrb. d. bayer. Verf. Rechts S. 372 Anm. 3, gegen Dresch. Zu S. 373 Anm. 4 ist indessen zu sagen, daß die Sache hier nicht anders liegt, wie bei jedem Anfalle der Krone. Die Möglichkeit eines Zwischenraumes der Ungewißheit darüber, ob der Berufene König werden will, ist stets gegeben. Gegen die von Pözl erwähnte Ansicht Dresch's auch E. v. Moy a. a. O. S. 116 f. Anm. p.

[21] Daß dies der Sinn der Bestimmung ist, wird überzeugend dargethan von H. v. Sicherer, Secundogenitur u. Primogenitur, in der Festgabe zum Doctorjubiläum von J. J. W. v. Planck, München 1887, S. 27 ff.

[22] Darüber unten § 72.   [23] Hier kann also der Erstgeborene in keinem Falle zur Krone gelangen.

[24] Pözl, Lehrb. des bayer. Verf. Rechts S. 375 Anm. 9. Für den Fall der Erbverbrüderung ist es in Tit. II § 6 Abs. I ausdrücklich gesagt, Beweis die Worte „und in dessen Linie"; für die cognatische Thronfolge ist es als vom Gesetzgeber gewollt nach der Analogie anzunehmen.

[25] Es ist selbstverständlich, daß das neue k. Haus auch Erbverbrüderungen abschließen kann. Richtig Pözl, Lehrb. des bayer. Verf. Rechts S. 372 Anm. 2, gegen Spies.

[26] Vgl. übrigens H. Schulze, Lehrb. des deutschen Staatsrechts I S. 243 f. Die dort angeführte oldenburgische Verfassungsvorschrift, wonach auf solchen Fall „zeitig vom Großherzoge und vom Landtage durch eine weitere grundgesetzliche Bestimmung für die Regierungsnachfolge Vorsorge getroffen werden soll", ist ein gewiß beherzigenswerther guter Rath des augenblicklichen Gesetzgebers an den Gesetzgeber der Zukunft.

Das eventuelle Erbrecht der Töchter findet sich zuerst in der Constitutio Ruperti von 1395 [1] erwähnt. Weibliche Erbansprüche wurden beim Aussterben der Linie Straubing-Holland 1425 geltend gemacht. Herzog Georg der Reiche, der letzte der Landshuter Linie, suchte das Erbe seiner Tochter Elisabeth, die im Jahre 1503 mit Rupert von der Pfalz sich vermählt hatte, zuguwenden [2]. Dagegen wurde in der Erbeinigung zwischen Bayern und Pfalz von 1559 bestimmt, es solle, wo sich begäbe, daß der pfälzische oder bayerische Mannsstamm ohne männliche Leibeserben abstürbe, der andere männliche Stamm als Blutsfreund und Schwertlehenserbe nachfolgen und regieren. Den Töchtern wurde nur Allodialerbrecht und Anspruch auf Heiratgut und Abfindung zugestanden.

Das Testament Albrechts V. vom 11. April 1578, durch welches die Erstgeburtsordnung in Bayern endgiltig befestigt wurde, gibt den Töchtern auf den Fall des Erlöschens des Mannsstammes ein Erbrecht in allen Landen, Leuten, Grafschaften, Herrschaften und andern liegenden Gütern, deren Weibserben von Rechts und Gewohnheits wegen fähig sind. Die Hausverträge des 18. Jahrhunderts betonen gleichfalls das nur eventuelle Erbrecht der Töchter [3].

Die Verfassung von 1808 bestimmte in Titel 2 §§ II und III: Die Prinzessinnen sind auf immer von der Regierung ausgeschlossen und bleiben es von der Erbfolge insolange, als noch ein männlicher Sprosse des regierenden Hauses vorhanden ist. Nach gänzlicher Erlöschung des Mannsstammes fällt die Erbschaft auf die Töchter und ihre männliche Nachkommenschaft. Der § IV verweist auf die näheren Bestimmungen im Familiengesetze, woselbst diese in Titel V sich finden. Hienach sollte nach Erlöschung des Mannsstammes des königlichen Hauses die Erbfolge auf die männliche Nachkommenschaft der Töchter übergehen und in dieser dieselbe sein, wie sie in der Verfassung Tit. 2 § I für den Mannsstamm festgesetzt wurde.

Die königliche Entschließung vom 17. September 1814 über die Durchsicht der Verfassung vom Jahre 1808 enthielt unter Anderem auch den Auftrag, „den II. Titel dieser Constitution von dem königlichen Hause nebst dem später erfolgten Familienstatut in eine nähere Betrachtung zu ziehen". In der Ausschußsitzung vom 8. November 1814 kam aus diesem Anlasse die Frage zur Erörterung, was im königlichen Hause über die Thronfolge beim Erlöschen des Mannsstammes bestimmt sei. Die einschlägigen Vorschriften der Verfassung und des Familiengesetzes von 1808 fand man mit Recht der Klarstellung bedürftig. Man brachte drei verschiedene Erbfolgeordnungen in Vorschlag.

1. Beim Erlöschen des Mannsstammes sollen die Töchter, sie befinden sich in der directen Linie oder in Seitenlinien, für sich selbst von der Regierung ausgeschlossen bleiben und nur ihre männlichen Nachkommen erbfolgefähig sein. Letztere sollen in der Ordnung zur Krone berufen werden, wie im Familiengesetze vom 28. Juli 1808 Titel V Art. 31 und 32 bestimmt ist.

2. Es soll mit gänzlicher Ausschließung der Cognaten das Erbfolgerecht nur den Töchtern in der directen Linie des letztverstorbenen Herrschers eröffnet werden; in der Erbfolgeordnung aber soll stets der Mannsstamm nach dem Rechte der Erstgeburt und der Linealerbfolge den Vorzug haben. Nur in Ermangelung männlicher erbfolgefähiger Abkömmlinge von den Töchtern soll die dem letztverstorbenen Könige nächste erstgeborene Tochter und so weiter zur Thronfolge berufen sein. Unter den Töchtern muß dieselbe Erbfolgeordnung wie bei dem Mannsstamme beobachtet werden, jedoch in der Art, daß „a. in jeder zur Succession berufenen Linie allzeit der Mannsstamm nach dem Rechte der Erstgeburt den Vorzug vor den Weibern habe, b. die zur Succession berufene Tochter oder der Sohn einer Tochter nicht bereits für einen auswärtigen Thron bestimmt sei und darauf nicht verzichten wolle, c. die noch minderjährige Tochter oder der minderjährige Sohn im Lande erzogen werden müsse, d. die unverehelichte Tochter, wenn der letzte Monarch deshalb nicht selbst eine Vorsehung getroffen hat, nur mit Zustimmung des Reichsrathes sich giltig verehelichen dürfe, e. nach erfolgter Verehelichung der Gemahl in die Rechte des Monarchen als eigentlicher regierender Herr eintrete".

3. Es soll das Erbfolgerecht in dem vorausgesetzten Falle allen weiblichen Nachkommen des Hauses ohne Unterschied der directen oder Seitenlinien eröffnet sein. Unter diesen soll „die dem letztverstorbenen Monarchen nächste älteste und nach ihr die nächstfolgende, jedoch immer in der Art zur Succession berufen werden, daß die Succession immer in derselben Linie bleibt, solange noch ein successionsfähiges Subject in derselben sich findet, und erst nach ihrer Erlöschung die Erbfolgeordnung in die Linie der nächstfolgenden übergeht".

Der Justizminister Graf Reigersberg, als Vorsitzender des Revisionsausschusses, brachte diese Vorschläge mit Bericht vom 26. November 1814 durch Vermittelung des Staatsministers Grafen

---

[1] Vgl. jedoch H. Schulze, Das Recht der Erstgeburt in den deutschen Fürstenhäusern rc. S. 417.
[2] Vgl. oben § 1 Anm. 16.
[3] Vgl. die Erbverträge zwischen Bayern und Pfalz von 1766 Ziff. 4 und von 1771 Ziff. 6 H. Schulze, die Hausgesetze der regierenden deutschen Fürstenhäuser I S. 287 und 293).

Montgelas, als des Ministers des königlichen Hauses, dem Könige in Vorlage. Reigersberg sprach die Meinung aus, daß man die älteren Hausverträge hier sorgfältig zu Rathe ziehen solle, indem diese Verträge selbst unter den neuen Souveränetätsverhältnissen unverletzbar seien.

Montgelas erstattete dem Könige erst unterm 29. August 1816 in der Sache Vortrag. Der Minister äußerte dabei gegenüber Reigersberg's eben erwähnter Bemerkung, „daß Seine Majestät Sich nicht strenge an die älteren Hausverträge zu halten haben, sondern als erster souveräner Fürst Ihres Hauses, welcher bedeutende neue Erwerbungen gemacht und die ehemaligen Reichslehen mit dem allodialen Stammgute vereinigt haben, ohne allen Anstand eine bestimmte Successionsordnung regu- liren können".

Den Vorschlägen von Montgelas entsprechend erging unterm 31. August 1816 „an die zur Revision der Constitution angeordnete Commission" eine königliche Entschließung mit folgender „Er- klärung", wonach, wie es hieß, „die Bestimmungen der Constitution sowohl als des Familiengesetzes in Betreff dieses Punktes keinem Zweifel mehr unterliegen werden". „Die Krone ist erblich in dem Mannsstamme des königlichen Hauses nach dem Rechte der Erstgeburt und der agnatisch-linealischen Erbfolge. Wenn der Mannsstamm des königlichen Hauses erlöschen sollte, so bleiben die weiblichen Nachkommen für sich selbst von der Regierung ausgeschlossen, und das Recht der Erbfolge geht nur auf die Söhne dieser weiblichen Nachkommen über. Die Erbfolgeordnung derselben ist dahin zu bestimmen, daß nach dem Tode des letzten Monarchen der erstgeborene Sohn der ältesten Tochter oder, wenn keine Töchter des letzten Monarchen vorhanden sein sollten, der erstgeborene Sohn derjenigen Prinzessin, welche dem letzten Monarchen im Grade am nächsten verwandt ist, succedire. Bei mehreren in gleichem Grade verwandten Prinzessinnen soll dem erstgeborenen Sohne der ältesten Prinzessin in der Erbfolge- ordnung der Vorzug gegeben werden. Sollte keine männliche Nachkommenschaft von der ältesten Tochter vorhanden sein, so fällt die Succession auf den erstgeborenen Sohn der zweitgeborenen Tochter, und das Nemliche hat statt bei den zur Succession berufenen männlichen Nachkommen der übrigen Prinzessinnen. Wenn eine Prinzessin sich ohne die Einwilligung des Monarchen verehelicht hat, so bleibt ihre männ- liche Nachkommenschaft von der Erbfolge ausgeschlossen. Fällt die Successionsordnung in der weib- lichen Descendenz auf einen Prinzen, welcher bereits für einen auswärtigen Thron berufen und auf denselben zu verzichten nicht geneigt ist, so tritt der ihm zunächst folgende Sohn an seine Stelle. Der zur Succession berufene Sohn einer Prinzessin, wenn er minderjährig ist, muß im Lande unter der in dem Familiengesetz bestimmten Aufsicht erzogen werden." Die Entschließung knüpfte daran den Auf- trag, „hienach die Aenderung in dem revidirten Constitutionsentwurfe, dann in jenem des Familien- gesetzes vorzunehmen und dieses letztere in kürzester Zeit vorzulegen".

Die Vorlage an den König geschah mit Bericht des Ministeriums der auswärtigen Angelegen- heiten vom 3. October 1816. Das Familiengesetz erhielt alsdann die königliche Sanction mit dem fin- girten Datum vom 18. Januar 1816. Der V. Titel des neuen Gesetzes regelte den königlichen Anord- nungen entsprechend die weibliche Thronfolge.

Bei den Ministerialconferenzen über die Verfassung im Jahre 1818 kam die Frage der weiblichen Thronfolge abermals zur Erörterung. Als man in den Sitzungen vom 4. und 5. März 1818 zur Be- rathung der einschlägigen §§ 3—6 des II. Titels des durchgesehenen Verfassungsentwurfs gelangte, be- schloß man, unter Abstrich der §§ 4—6, dem § 3 folgende Gestalt zu geben: „Der Mannsstamm hat vor den weiblichen Nachkommen den Vorzug, und die Prinzessinnen sind von der Regierungs-Folge inso- lange ausgeschlossen, als in dem königlichen Hause noch ein successionsfähiger männlicher Sprosse vor- handen ist. Ueber die weitere Erbfolge entscheidet das Familien-Gesetz." ⁴

Kronprinz Ludwig hatte in seinen Bemerkungen zum Verfassungsentwurfe geäußert: „Nicht ihr Gemahl, sondern des letzten Königs älteste Tochter selbst besteigt den Thron. Bleibe diese ohne Kinder, folgt die nächste Schwester und ihre Nachkommen, wenn keine vorhanden, immer des vorher- gegangenen nächsten Tochter gehabt habenden Königs älteste und deren Nachkommen, in Ermangelung die zweite u. s. w."

Man kam in der Sitzung vom 21. April nochmals auf die Sache zu sprechen. Zentner hob hervor, daß die Vollständigkeit der Verfassungsurkunde die Aufnahme von Bestimmungen über die Thron- folge beim Aussterben des Mannsstammes erheische. Man einigte sich dahin, daß Graf Rechberg die Willensmeinung des Königs darüber einholen solle, ob die Vorschläge des Kronprinzen anzunehmen seien. Graf Rechberg erwähnte dabei, daß der Kronprinz auf die Möglichkeit, Erbverbrüderungen mit anderen Staaten abzuschließen, aufmerksam gemacht habe.

Erst bei der zweiten Lesung des Entwurfes gelangten in der Sitzung vom 20. Mai die Bestim- mungen zur Annahme, welche jetzt den Inhalt der §§ 4—6 des II. Verfassungstitels bilden. Die nun-

---

⁴ Man setzte dabei voraus, das Familiengesetz werde zugleich mit der Verfassung erscheinen.

mehrige Fassung der §§ 4 und 5 rührt vom Staatsrathe von Zentner her⁵. Zentner äußerte, nach reifem Nachdenken und Durchgehung der Erbfolgeordnung in den meisten europäischen Fürstenhäusern habe er sich überzeugt, daß, falls die weibliche Erbfolge nach Erlöschung des Mannsstammes und bei Mangel einer Erbverbrüderung nach den Wünschen des Kronprinzen angenommen werden wolle, das reinste und geeignetste System dasjenige sei, wonach, wenn Prinzessinnen auf den Thron gelangten, bei den weiblichen Nachkommen die nemliche Linealerbfolge wie beim Mannsstamme angenommen werde. Jede andere Erbfolge, nach der die Krone von einer Linie auf die andere überspringe, könne mit großen Nachtheilen für den Staat und das königliche Haus verbunden sein und Verwickelungen herbeiführen, deren Folgen nicht zu berechnen seien.

§ 6 wurde auf Antrag des Freiherrn v. Lerchenfeld im Einverständnisse mit dem Kronprinzen angenommen.

§ 60. Der Anfall der Krone.

Auch für Bayern gilt der Satz, der im deutschen Staatsrechte allgemein anerkannt ist, daß bei Erledigung des Thrones durch Tod oder Verzicht des bisherigen Inhabers die Krone dem verfassungsmäßig Berufenen von selbst anfällt. Einer Erwerbungshandlung bedarf es zunächst nicht. Allein, wenn auch die Krone dem Berufenen ohne seinen Willen anfällt, so erwirbt er sie doch nicht gegen seinen Willen. Er muß daher, sobald er hiezu in der Lage ist, sich über die Annahme der Krone erklären. Fällt Kronerwerb und Regierungsantritt zusammen, so erfolgt diese Erklärung durch das Regierungs-antritts- oder Besitznahmepatent¹.

Beim Regierungsantritte soll der neue Herrscher den Königseid leisten². Die Eidesleistung geschieht in einer feierlichen Versammlung der Staatsminister und übrigen Mitglieder des Staatsrathes, dann einer Abordnung des Landtages, wenn dieser zur Zeit versammelt ist.

Der Eid lautet: Ich schwöre nach der Verfassung und den Gesetzen des Reichs zu regieren, so wahr mir Gott helfe und sein heiliges Evangelium.

Ueber den Akt wird eine Urkunde verfaßt und im Reichsarchive hinterlegt, dem Landtage aber beglaubigte Abschrift hievon mitgetheilt³.

Die Eidesleistung ist keine Bedingung des Kronerwerbes oder des Regierungs-antritts⁴.

Die derselben entsprechende allgemeine Landeshuldigung, von welcher die Ver-

---

⁵ In dessen Antrage heißt es jedoch bei § 5 Abs. I: „ebenso als wären sie Prinzen des baier. Hauses“. und die Worte „des ursprünglichen Mannsstamms“ nach „Prinzen“ fehlen.

¹ Vgl. die Patente vom 23. Oct. 1825 (R. Bl. S. 764), vom 21. März 1848 (R. Bl. S. 153), vom 11. März 1864 (R. Bl. S. 297), vom 14. Juni 1886 (G. u. V. Bl. S. 301). In sämmtlichen Patenten ist gesagt, daß der Kronerwerb „nach den Bestimmungen der Verfassungsurkunde auf dem Grund der Staats- und Hausverträge“ erfolgt sei. Indessen ist nicht abzusehen, welche noch zu Recht bestehenden „Staats- und Hausverträge“ damit gemeint sein sollen. Richtig ist dagegen die Fassung in der Botschaft an die Kammern Verh. d. K. d. R. R. 1883/86 Prot. Bd. V S. 870. Ueber das Regierungsantrittspatent Max Josefs vom 16. Febr. 1799, das sich noch ganz in privatrechtlichen Formen bewegt, oben § 1 Anm. 41.

² Dies ist eine Erinnerung an die frühere landesherrliche Bestätigung der Landesfreiheiten, welche der Erbhuldigung vorausging. Vgl. oben § 3 Anm. 22.

³ Verf. Urk. Tit. X § 1.

⁴ Pözl, Lehrb. des bayer. Verf. Rechts S. 380 Anm. 2, H. Schulze, preuß. Staatsrecht, 2. Aufl., I S. 196 ff., G. Meyer, Lehrb. des deutschen Staatsrechts, 3. Aufl., S. 225, Fricker, Thronunfähigkeit und Reichsverwesung, Zeitschr. f. d. ges. Staatswissensch. XXXI S. 243, F. Haute, die geschichtlichen Grundlagen des Monarchenrechts, Wien u. Leipzig 1894, S. 141 ff. Viel Stoff, aber unklare Erörterungen bei L. v. Rönne, Staatsrecht der preuß. Monarchie II S. 341 ff. R. v. Mohl, Staatsrecht des Kgrs. Württemberg I § 27, will in der Verweigerung der feierlichen Bekräftigung der Verfassung einen Verzicht erblicken. Dagegen O. v. Sarwey, Staatsrecht des Kgrs. Württemberg I S. 54 f.

faffungsurkunde in Titel X § 3 redet, ist mit Recht als eine überflüssige Umständlichkeit außer Uebung gekommen.

Der Verzicht auf den Erwerb der Krone kann ausdrücklich oder stillschweigend — durch Nichtübernahme der Regierungsgeschäfte — erklärt werden.

Die Berufung zur Krone ist nicht Gegenstand vertragsmäßiger Verfügungen. Eine einseitige Erklärung, welche vor Anfall der Krone abgegeben wurde, bindet den Erklärenden für die Zukunft nicht. Der Verzicht auf die Krone hat daher rechtliche Bedeutung nur als Ablehnung im Augenblicke des Anfalles[5]. Denn erst dann tritt durch die Weitervergebung der Krone eine Zerstörung des Thronfolgerechts des Ablehnenden ein. Der Verzicht kann an keinerlei Bedingung geknüpft und mit keinem Vorbehalte versehen werden. Wer die Krone nicht so annimmt, wie sie ihm verfassungsmäßig zufällt, kann weder jetzt noch überhaupt jemals König werden.

Der Verzicht wirkt nur für die Person dessen, der ihn leistet, nicht für seine vorhandenen oder künftigen Nachkommen. Denn das Thronfolgerecht derselben ist kein Bestandtheil des ererbten väterlichen Vermögens, sondern kömmt ihnen selbst ursprünglich kraft der Verfassung zu[6]. Der Verzicht kann nicht die Thronfolgefähigkeit der Nachkommen des Verzichtenden, sondern nur die Reihenfolge der Berufung zur Krone beeinflussen. Kömmt nemlich durch den Verzicht die Krone in eine andere Linie, so muß sie in dieser nach dem Grundsatze der Linealfolge weiter gehen. Ist aber diese Linie erloschen, dann muß die Frage, wer nunmehr zur Krone berufen ist, von der Person des Verzichtenden abgesehen, ohne Rücksicht auf den Verzicht beantwortet werden[7].

Soll aus irgend welchem Grunde ein Prinz oder dessen Linie von der Thronfolge rechtswirksam ausgeschlossen oder ihnen ein anderer Platz in der Reihenfolge der Berufenen angewiesen werden, so kann dies nur durch Verfassungsänderungsgesetz geschehen. Dabei ist aber dann das rechtlich Entscheidende nicht der etwa vorliegende „Verzicht", sondern das Gesetz[8].

§ 61. Verlust der Herrschaft.

Der Verlust der Herrschaft ist staatsrechtlich nur mit dem Willen des Herrschers, thatsächlich allerdings auch gegen dessen Willen möglich. Daß der letztere Vorgang nicht Gegenstand einer rechtswissenschaftlichen Erklärung oder Darstellung sein kann, bedarf keines Beweises. Die Frage, ob die Entsetzung eines Herrschers möglich ist, ist keine schwierige Rechtsfrage, sondern gar keine Rechtsfrage[1]. Die Frage aber, „ob ein deutscher Monarch auf verfassungsmäßigem Wege, d. h. innerhalb der bestehenden Staatsordnung, des Thrones gegen seinen Willen entsetzt werden kann"[2], ist unbedingt und ohne jeden Vorbehalt zu verneinen.

---

[5] Richtig G. Meyer a. a. O. S. 224; G. Seidler, Studien zur Geschichte u. Dogmatik des österreich. Staatsrechts, Wien 1894, S. 65 f.

[6] Richtig G. Meyer, a. a. O. S. 224 Anm. 3, 4.

[7] So G. Meyer a. a. O.; H. Schulze, preuß. Staatsrecht, 2. Aufl., I S. 223. Anders Fricker in der Anm. 4 erwähnten Abh. u. C. F. v. Gerber, Grundzüge eines Systems des deutschen Staatsrechts § 29 Anm. 8.

[8] Eine irrige Auffassung der maßgebenden staatsrechtlichen Grundsätze zeigte sich bei Behandlung des eventuellen Thronverzichtes des Königs Otto von Griechenland. König Otto behielt sich durch Urkunde vom 6/18. März 1836 die Erbfolge „unter gewissen Voraussetzungen" vor (Verh. d. K. d. Abg. 1837 Prot. Bd. XIV S. 261), indem er mit seiner Linie in einer hier nicht weiter interessirenden Weise hinter nachgeborene Linien zurücktrat. Es ist klar, daß einer derartigen Aenderung der durch die Verf. Urk. Tit. II § 2 vorgezeichneten Thronfolgeordnung nur durch ein Verf. Ges. die Rechtswirksamkeit hätte gesichert werden können.

[1] Vgl. meine Grundzüge einer allg. Staatslehre S. 8 ff.

[2] H. Schulze, preuß. Staatsrecht, 2. Aufl., I S. 222.

Das Recht des alten deutschen Reiches kann hier selbstverständlich nicht herangezogen werden. Innerhalb des Staates gibt es Niemanden, der über dem Herrscher stünde und ihn richten könnte. Insbesondere kömmt den Agnaten des Herrscherhauses, welche Unterthanen sind wie alle anderen Staatsangehörigen, das Recht nicht zu, den Thron für erledigt zu erklären; die Staatsgewalt ist kein Familienbesitz, der Herrscher nicht Fideicommißnutznießer im Namen seines Hauses. Die bekannte, zu Zeiten des deutschen Bundes erfolgte Absetzung des Herzogs Karl von Braunschweig mag ein nothwendiger Gewaltakt gewesen sein; ein Gewaltakt, der außerhalb der bestehenden Rechtsordnung sich vollzog, war sie gleichwohl.

An diesem Stande der Dinge hat sich auch durch die Begründung des Teutschen Reiches nichts geändert. Das Reich, d. h. die deutschen Verbündeten können von jedem Bundesgliede die Erfüllung der verfassungsmäßigen Bundespflichten verlangen. Gegen den Widerstrebenden kann Bundesexecution eintreten³. Aber zu den verfassungsmäßigen Bundespflichten gehört die Führung einer geordneten Landesregierung unmittelbar nicht. Aus einer ungeordneten Landesregierung kann sich nur mittelbar eine Nichterfüllung der Bundespflichten ergeben, und diese letztere bildet dann den Titel zum Einschreiten von Reichs wegen. Die Bundesexecution ferner kann zwar bis zur Entziehung der Ausübung der Staatsgewalt, sie kann aber rechtlich niemals bis zur Entziehung der Staatsgewalt selbst gehen. Denn die Entziehung der Staatsgewalt ist keine Vollstreckung gegen die Staatsgewalt, sondern eine Verneinung derselben⁴.

Als rechtmäßiger Verlustgrund der Herrschaft erübrigt sonach nur der freiwillige Verzicht, die Abdankung. Deren Zulässigkeit ist in der bayerischen Verfassungsurkunde nicht ausdrücklich erwähnt, aber vernünftiger Weise nicht zu bestreiten⁵, da es kein Mittel gibt, Jemanden zu zwingen, König zu bleiben, der es nicht mehr sein will. Uebrigens hat seit dem Bestehen der Verfassungsurkunde eine Abdankung bereits stattgefunden⁶.

Die Thronentsagung setzt volle Handlungsfähigkeit und Willensfreiheit des Königs voraus⁷. Der Verzicht kann selbstverständlich nur bewirken, daß der Verzichtende aufhört, König zu sein; die Krone geht wie beim Tode des Königs in der verfassungsmäßigen Thronfolgeordnung weiter. Der Verzicht kann, was die Staatsgewalt betrifft, nur ein unbedingter sein⁸. Der König, der vom Throne steigt, wird Unterthan des neuen Herrschers. Was er sich diesem gegenüber durch Uebereinkommen persönlich ausbedingt⁹, steht mit der Verzichtleistung auf die Krone in keinem staatsrechtlichen Zusammenhange.

· 5. Abschnitt.

Das königliche Haus und die Familiengewalt des Königs.

§ 62. Die Entwickelung des geltenden Familienrechts des königlichen Hauses¹.

Die Stellung des Landesherrn zu den Mitgliedern seines Hauses erfuhr durch das Ausscheiden Bayerns aus dem Reichsverbande und den Erwerb der Souveränetät eine gänzliche Umgestaltung. Die Angehörigen der nunmehr königlichen Familie waren vor der Auflösung des Reiches reichsunmittelbar²

---

³ Reichsverf. Art. 19.

⁴ Vgl. meinen Commentar z. Verf. Urk. f. d. Deutsche Reich S. 186 und die dort angef. Erklärung des Präsidenten des Bundeskanzleramts Delbrück.

⁵ J. L. Klüber, öffentliches Recht des deutschen Bundes u. der Bundesstaaten § 256, versucht dies gleichwohl.

⁶ Abdankungsurk. des Königs Ludwig I. vom 20. März 1848 (R. Bl. S. 145).

⁷ Ministerielle Gegenzeichnung ist nicht nothwendig. Vgl. unten § 117 Anm. 3.

⁸ Ein Verzicht auf die Ausübung der Staatsgewalt in irgend welcher Form, sei es ganz oder theilweise (Mitregentschaft), ist staatsrechtlich unmöglich. A. M. ist Pözl, Lehrb. des bayer. Verf. Rechts S. 361 Anm. 6; dagegen richtig H. Schulze, preuß. Staatsrecht, 2. Aufl., I S. 223.

⁹ Vgl. darüber oben § 54 Anm. 10.

¹ H. Schulze, das deutsche Fürstenrecht in Fr. v. Holtzendorff's Encyklopädie der Rechtswissenschaft, 5. Aufl., I S. 1349 ff., S. Brie in K. Frhrn. v. Stengel's Wörterb. des deutschen Verw. Rechts II S. 10 ff.

² Ueber die rechtliche Stellung der Gemahlin und der Kinder des Landesherrn J. J. Moser, Familienstaatsrecht derer teutschen Reichsstände Th. II Cap. 15 § 9, Cap. 17 § 8.

gewesen, nach derselben wurden sie Unterthanen des Königs.   Die Folgen dieses veränderten Standes der Glieder des Fürstenhauses waren tiefgreifende.   Die rechtlichen Grundlagen der Hausverfassung wurden völlig andere.   Mit den reichsunmittelbaren Familiengliedern, welche seiner Gesetzgebung und Gerichtsbarkeit entzogen waren, hatte der Landesherr über die Hausgesetze sich vertragen müssen; der König trat den Angehörigen seines Hauses ebenso wie den andern Unterthanen als unumschränkter Herrscher gegenüber.   Daß er dies that, war nicht blos eine Wirkung des „napoleonisch-despotischen Geistes", welcher die Zeit des Rheinbundes kennzeichnet³, sondern eine staatsrechtliche Nothwendigkeit. Der Herrscher, durch kein über ihm stehendes Recht gebunden, konnte bei Regelung der Verhältnisse seines Hauses zu den Gliedern desselben nicht als gleichberechtigter Vertragstheil, sondern nur als Gesetzgeber sprechen.   Aber selbst wenn der König es bei dem bestehenden Rechte hätte bewenden lassen, wäre der staatsrechtliche Umsturz der gleiche geblieben.   Denn der Grund der Fortgeltung der Familiengesetze, welche bisher auf Vereinbarung mit den Agnaten beruhten, wäre das souveräne Belieben des Königs gewesen.   Indessen gestatteten „die veränderten politischen Verhältnisse" ein so conservatives Verfahren nicht.   Sie forderten eine durchgreifende Neugestaltung des Hausrechtes.   Der zweite Titel der Verfassung vom 1. Mai 1808, welcher von dem königlichen Hause handelt, traf eine Reihe wesentlicher Bestimmungen und verwies in § IV auf „ein besonderes Familiengesetz", das unter dem Datum des 28. Juli 1808 im Jahre 1810 erlassen wurde.   Eine Zustimmung der Agnaten zu demselben wurde nicht erholt, wie sie auch rechtlich in der That nicht nothwendig war⁴.

Am Schlusse des Gesetzes betont der König mit ganzer Schärfe, daß er die Befugniß in Anspruch nimmt, die Verhältnisse seines Hauses allein zu regeln.   Er erklärt, daß alle in dem Gesetze nicht ausdrücklich bestätigten älteren Familiengesetze und Verträge aufgehoben seien, und daß denselben künftig keine rechtliche Wirkung mehr beigelegt werden solle.   Zur Begründung dieser Verfügung wird gesagt: „Wir halten Uns als erstes souveraines Königliches Haupt Unserer Familie hiezu um so mehr berechtigt, als Wir dadurch Unser Königliches Haus mit dem Wohle Unseres Volkes enger verbunden haben . . ."

Des Weiteren wird hervorgehoben, daß das Familiengesetz ein pragmatisches Staatsgesetz sei, daß es, insbesondere in den Verfügungen über Erbfolge und Regentschaft, als Anhang der Verfassung anzusehen sei und mit jener einer gleichen Gewähr übergeben werde.

Es sind, wie man sieht, ausschließlich staatliche Gesichtspunkte, welche den ganzen gesetzgeberischen Akt beherrschen⁵.   Der Staat ist nicht mehr Gegenstand eines Rechtes der „regierenden" Familie, sondern der im Könige persönlich gewordene Staat ergreift mit seinem Rechte die Familie des Herrschers.

An dieser Lage der Sache änderte sich nichts, als die Verhandlungen, welche im Jahre 1814 über eine Durchsicht der Verfassung eingeleitet wurden, bereits vor Vollendung der letzteren zum Erlasse des Familiengesetzes vom 18. Januar 1816 führten.   Die Stellung des immer noch unumschränkten Herrschers zu den Mitgliedern seines Hauses war dieselbe geblieben.   So erfolgte denn auch die königliche Sanction

---

³ H. Schulze a. a. O.

⁴ In der Sitzung der geh. Staatsconferenz vom 7. Juli 1808, die unter der Leitung des Königs stattfand, brachte Staatsminister Frhr. v. Montgelas den Entw. eines Familienges. zum Vortrage, welchen er in Folge des 2. Titels § IV der Verf. hatte ausarbeiten lassen.   Montgelas hatte an dem Entw. eine Reihe von Ausstellungen zu machen, und auf seinen Antrag wurde beschlossen, denselben dem entsprechend umzuarbeiten.   In der Sitzung der Conferenz vom 28. gl. M. legte der Minister den abgeänderten Entw. vor, der nunmehr die königliche Genehmigung erhielt.   Das Ges. gelangte indessen damals nicht zur Veröffentlichung.   Erst im Jahre 1810 kam die Sache wieder in Fluß.   Der vom Könige unterzeichnete Entw. gelangte an Staatsrath v. Zentner, versehen mit folgender eigenhändiger Bemerkung des Königs: „Soll mit auslassung desjenigen, was sich auf die Heurath Celebration bezieht Publicirt werden Max Joseph."   An dem Texte des Familienges. wurden hienach von Zentner Abänderungen vorgenommen, welche durchweg Annahme fanden.   Unterm 21. Aug. 1810 wurde das Familienges. durch k. Entschl. den Ministerien, dem k. Hausarchive und den volljährigen Prinzen, nemlich dem Kronprinzen und den Herzogen Wilhelm und Pius, mitgetheilt.   Die Mittheilung an die Agnaten geschah lediglich zur Kenntnißnahme, nicht zur Zustimmung.   Im R. Bl. vom 26. Sept. 1810 (S. 777 ff.) wurde sodann das Ges. verkündet.   Aus dem Dargelegten erhellt, daß das fragliche Familienges. in der Gestalt, in welcher es Geltung erlangte, erst am 21. Aug. 1810 die k. Sanction erhalten hat.   Die Datirung vom 28. Juli 1808 ist eine fingirte.

⁵ Im Eingange der napoleon. Familienstatuten vom 30. März 1806 (Bull. des lois, 4e série, t. IV, p. 367) heißt es: „Comme tout ce qui concerne l'existence sociale de ces princes appartient plus au droit politique qu'au droit civil, les dispositions de celui-ci ne peuvent leur être appliquées qu'avec les modifications déterminées par la raison d'état."

des Gesetzes, ohne daß dessen Rechtsbestand von einer Zustimmung der Agnaten abhängig gemacht worden wäre⁶.

Eine Sonderung zwischen Staatsrecht und Hausrecht in Bezug auf die Regelung der Verhältnisse der königlichen Familie war in der Zeit des unumschränkten Königthums kein Bedürfniß. Denn da die rechterzeugende Thätigkeit des Herrschers nach keiner Richtung hin gebunden war, machte es in formeller Beziehung keinen Unterschied, auf welchen Gegenstand sie jeweils sich erstreckte. Und so wurde denn das Familiengesetz von 1816, ebenso wie jenes von 1808, im letzten Absatze seinem gesammten Inhalte nach als „ein pragmatisches Staatsgesetz" erklärt.

Eine andere Gestaltung dieser rechtlichen Verhältnisse trat ein, als Bayern Verfassungsstaat wurde. Bei Feststellung der Bestimmungen des zweiten Verfassungstitels „von dem Könige und der Thronfolge, dann der Reichsverwesung" mußte nothwendig die Frage auftauchen, welche Vorschriften in Bezug auf das königliche Haus in die Verfassungsurkunde, welche in das Familiengesetz zu verweisen seien⁷. Denn diese Frage gewann nun erhebliche Bedeutung, da diejenigen Vorschriften, welche Aufnahme in die Verfassung fanden, künftig nur im Wege der Verfassungsgesetzgebung, also mit Zustimmung der Volksvertretung, umgestaltet werden konnten. Es war natürlich Sache des Ermessens für den Geber der Verfassung, wie er die Grenze zwischen Verfassungsrecht und Familienrecht ziehen wollte.

Die Verfassungsurkunde sagt in Titel II § 8, nachdem sie vorher die rechtliche Stellung des Königs, die Thronfolge und den Zeitpunkt der Volljährigkeit für die Mitglieder des königlichen Hauses geregelt hat: „Die übrigen Verhältnisse der Mitglieder des Königlichen Hauses richten sich nach den Bestimmungen des pragmatischen Familien-Gesetzes." Das Familiengesetz, welches zur Zeit der Ver-

---

⁶ Die k. Entschl. vom 17. Sept. 1814 über die Revision der Constitution vom Jahre 1808 enthielt auch den Auftrag, den zweiten Titel dieser Verf. „von dem königlichen Hause" nebst dem später erfolgten Familienstatut in eine nähere Betrachtung zu ziehen. Der Revisionsausschuß berieth, nachdem er in den Sitzungen vom 8., 15. u. 17. Nov. 1814 den Titel II der Verf. durchgenommen und einige Bestimmungen aus demselben in das Familienges. übertragen hatte, über das letztere in der Sitzung vom 17. Nov. 1814. Das Ministerium der auswärtigen Angelegenheiten war erst unterm 3. Oct. 1816 in der Lage, den Entw. dem Könige zu unterbreiten. Das Gesetz erhielt so, wie vom Ministerium begutachtet war, die k. Sanction, und zwar mit dem fingirten Datum vom 18. Jan. 1816. Der Antrag des Ministeriums begründete letzteres damit, „weil auf diesen Tag die Vorlage an Se. Maj. den König hätte geschehen können und eine längere Zurückhaltung von der Vorlage der revid. Constitution und von Ausfüllung einiger inzwischen vorgefundenen Lücken abhängig gemacht worden war". Das Ges. wurde durch k. Entschl. vom 3. Oct. 1816 den volljährigen Agnaten, nemlich dem Kronprinzen, dem Prinzen Karl, sowie den Herzogen Wilhelm und Pius, mitgetheilt.

An der Berechtigung des Königs, für sich allein und ohne Zustimmung der Agnaten ein Hausges. zu erlassen, ist auch hier noch festgehalten, wie sich schon daraus ergibt, daß gleichzeitig mit der Zustellung an die Prinzen die Veröffentlichung des Familienges. angeordnet wurde. Indessen bringt die angef. Entschl. diesen Gedanken, wohl absichtlich, in einer milderen Form zum Ausdrucke. Es heißt nämlich: „Ich habe nach vorangegangenen reifen Berathschlagungen keinen Anstand genommen, diesem in der bemerkten Art revid. Ges. . . . meine k. Sanction zu ertheilen, und ich glaube von den Mitgliedern meines Hauses erwarten zu können, daß auch Sie demselben nach genommener Einsicht Ihre vollkommene Beistimmung geben und es als ein pragmatisches Staatsges. in allen seinen Artikeln künftig beachten zu wollen in einer schriftlichen Erklärung mir zusichern werden."

Daß in der Rechtsauffassung des leitenden Ministers eine Aenderung nicht eingetreten war, beweist der oben § 59 bereits erwähnte Bericht Montgelas' an den König vom 29. Aug. 1816, in welchem mit unverkennbarem Anklange an die Worte des Familienges. von 1808 dem Könige als „erstem souveränen Fürsten" seines Hauses das Recht zugeschrieben wird, „eine bestimmte Successionsordnung" zu „reguliren", ohne sich „strenge an die älteren Hausverträge zu halten". Es könnte allerdings auffallen, daß in dem neuen Ges. selbst am Schlusse eben jene Stelle des Ges. von 1808 sich nicht mehr vorfindet, worin der König auf seine Eigenschaft als erstes souveränes Haupt seines Hauses sich beruft. Diese Stelle ist in dem vom Könige unterzeichneten Entw. des Ges. von 1816 durchstrichen. Indessen ist dieser Abstrich wohl nur mit Rücksicht darauf erfolgt, daß in dem betreffenden Satze das Familienges. als ein Anhang der Constitution des Reiches bezeichnet war. Eine dem sanctionirten Entw. beigefügte Anmerkung sagt nemlich: „Da die Constitution von 1808 durch die angeordnete Revision einer Abänderung unterliegt, und der Entw. der revid. Constitution die allerh. Genehmigung noch nicht erhalten hat, so schien zweckmäßig zu sein, keine bestimmte Constitution, weder jene von 1808, noch die revidirte, anzuführen, sondern in den betreffenden Stellen sich nur im Allgemeinen auf die Constitution des Reiches zu beziehen." Man entschied sich aber dahin, die Bezugnahme auf die Constitution ganz zu umgehen, und so ist dieselbe aus einer Anzahl von Stellen beseitigt, und sind insbes. auch im Eingange des Ges. die Worte „in Gemäßheit der Constitution Unseres Reiches" weggelassen worden.

⁷ Diese Frage kam schon in der Ministerialconferenz vom 5. März 1818 zur Erörterung.

kündung der Verfassung bestand, war jenes vom 18. Januar 1816. Die Absicht des Tit. II § 8 der Verfassung war nicht die, jenes damals bestehende Gesetz zum Bestandtheile der Verfassungsurkunde⁸ oder zum Staatsgesetze im Sinne des Titels VII § 2 derselben zu erklären. Aus der Entstehungsgeschichte erhellt vielmehr, daß durch Tit. II § 8 die Verhältnisse des königlichen Hauses, welche nicht verfassungsmäßig geordnet wurden, der familiengesetzlichen Regelung überwiesen werden wollten. Und zwar hat Titel II § 8 nicht blos das damals, sondern das jeweils geltende Familiengesetz im Auge⁹. Auf die

---

⁸ Uebereinstimmend K. Brater, die Verf. Urk. des Kgrs. Bayern. 3. Aufl. Nördlingen 1868, S. 204 Anm. *, 4. Aufl. (von Pfeil) 1872, S. 166 Anm. *.

⁹ Der jetzige § 8 des Titels II der Verf. Urk. verdankt seine Entstehung einem Antrage des Frhrn. v. Lerchenfeld in der Sitzung der Ministerialconferenz vom 14. März 1818. In Lerchenfeld's Formulirung fehlt nur das Wort „übrigen". Der Antrag, dadurch veranlaßt, daß man den Tit. III des Entw. „von dem königlichen Hause" als in das Familienges. gehörig strich, wurde mit allen Stimmen gegen die Stimme Zentner's angenommen. Lerchenfeld erklärte es für nothwendig, „in der Verf. Urk. selbst eine Garantie des Familienges., welches als ein pragmatisches Ges. angenommen werden müsse, zu ertheilen, um dadurch die Rechte der Glieder des k. Hauses auf Apanage und andere Verhältnisse zu sichern und zu verhüten (?), daß, wenn ein Monarch dieses Familienges. ohne die Zustimmung aller Agnaten und mit Verletzung der nothwendigen Formen aus eigenem Interesse oder zur Schmälerung der Rechte der übrigen Familienglieder abändern wollte, die Stände einen Anhaltspunkt erhielten, um den Monarchen auf die Festhaltung dieses pragmat. Ges. aufmerksam zu machen und die übrigen Mitglieder bei ihren Rechten zu sichern". Zentner wendete ein, es könnte „die Folge daraus gezogen werden, als ob das Familienges. ohne Zustimmung der Stände nicht abgeändert werden könnte, und dieses für ewige Zeiten fest und unabänderlich gegeben sei, welches mit dem Begriffe und Zwecke eines Familienges. im Widerspruch stünde, da dieses nach den Zeitverhältnissen sich richten und, daß dadurch für die k. Familie und den Staat keine Nachtheile entstünden, berücksichtigen müsse. Fänden der König und die Agnaten eine Abänderung des Familienges. den Verhältnissen angemessen, so könnten sie diese ohne Zustimmung der Stände bewirken, nur in der Thronfolge und der Reichsverwesung könnte ohne Einwilligung der Stände keine Abänderung vorgenommen werden; alle übrigen Bestimmungen des Familienges. seien nur auf die Zustimmung der Agnaten und die Beobachtung der gegebenen Formen bedingt". „Mehrere Mitglieder äußerten hierauf, daß aus der Aufnahme der angetragenen Garantie des pragmatischen Familienges. in die Verf. die Folge mit Grund nicht gezogen werden könnte, daß das Familienges. — wenn alle Agnaten zu einer Abänderung desselben, mit Ausnahme derjenigen Bestimmungen, wozu die Zustimmung der Stände verfassungsmäßig erforderlich, eingewilligt — unabänderlich sei; wohl aber würde dadurch erreicht, daß ein solches ohne die Zustimmung der Familienmitglieder allenfalls abgeändertes Familienges. von den Ständen als Vertretern der Nation nicht als giltig anerkannt und die Rechte des Monarchen, sowie der übrigen Mitglieder des k. Hauses, welche in Ansehung ihrer Privatverhältnisse durch das Familienges. bestimmt seien, dadurch eine weitere Garantie erhielten."

Auch bei den Verhandlungen über das Familienstatut von 1819 bemerkte Zentner, daß die constitutionellen Bestandtheile des Familienges. der Verf., die übrigen dem Privatfürstenrechte angehören. „Da in das zu publicirende Familienges. nichts aufgenommen ist, was in Beziehung auf diese Gegenstände nicht schon in den früheren Familienstatuten, insbesondere von 1816, enthalten ist, so bedarf es auch hierüber keiner besonderen Mitwirkung der Stände, solange keine Abänderungen in solchen Artikeln geschehen, welche nach der neu eingeführten Verf. die Zustimmung der Stände nothwendig machen."

Als im Jahre 1826 König Ludwig I. eine Durchsicht der Verf. plante, kam auch die Frage der Auslegung des Tit. II § 8 auf Anregung des Königs zur Erörterung. Der König hatte bemerkt, es müsse auffallen, daß die Verhältnisse der Mitglieder des k. Hauses sich nach den Bestimmungen eines Familienges. richten sollen, welches im Jahre 1818 nicht bestanden habe. Man erwiderte darauf, „es sei in der Verf. Urk. eben aus dieser Ursache, weil man schon damals vorsah, daß das zu jener Zeit bestandene Familienges. von 1816 einige Abänderungen erhalten müsse, das Familienges. nur im Allgemeinen, ohne ein Jahr und ein Datum beizufügen, angeführt worden. Es verstehe sich übrigens, daß das letzte Familienstatut das einzig verbindliche sei. Jede nähere Bezeichnung in der Verf. Urk. sei nicht räthlich, indem die Errichtung eines solchen Statuts einzig den Mitgliedern der k. Familie zustehe und in den Wirkungskreis der Stände nur insoweit gehöre, als in demselben keine Abänderungen gegen die Bestimmungen der Verf. Urk. getroffen werden dürfen". In der Sitzung der Ministerialconferenz vom 14. Jan. 1826, welcher der König, der Feldmarschall Fürst Wrede und die Minister Graf Thürheim, Frhr. v. Zentner, v. Maillot und Graf Armansperg anwohnten, sprach man sich allseitig dahin aus, es „könne nach der Fassung des § 8 und nach den Grundsätzen der Hermeneutik kein anderes Familienges. als das letztgegebene darunter verstanden werden — wie auch bei den Ständen nicht der mindeste Zweifel hierüber entstanden und geäußert worden" sei; das Familienges. von 1819 gelte, „bis der regierende König im Einverständniß mit seinen Agnaten ein neues festsetzt". Dem Prot. ist die „nachträgliche Bemerkung" von der eigenen Hand des Königs beigefügt: „Das jedesmalig letztbeschlossene Familiengesetz zu setzen dürfte das zweckmäßigste sein. 19. Jan. 1826. Ludwig."

Frage, wie eine Abänderung des bestehenden Familiengesetzes bewirkt werden könne, gibt Titel II § 8 keine ausdrückliche Antwort. Dieser Punkt bedarf daher einer eingehenderen Untersuchung.

Nicht zu bezweifeln ist, daß die Verfassungsurkunde durch Titel II § 8 alle Bestimmungen über die Verhältnisse des königlichen Hauses, welche nicht in der Verfassung selbst getroffen sind, der Hausgesetzgebung zuweisen wollte[10]. Die Zuständigkeit der letzteren reicht also jedenfalls so weit als die Regelung, die im Familiengesetze von 1816 enthalten ist, nach Abzug der Gegenstände, die nunmehr in der Verfassung geordnet sind. Allein das Familiengesetz von 1816 enthält eine Reihe von Sätzen, durch welche Verpflichtungen der Staatskasse gegenüber den Mitgliedern der königlichen Familie begründet werden, Sätze also, die an sich gewiß nicht ausschließlich dem Gebiete der Hausgesetzgebung angehören. Nach der Entstehungsgeschichte des Titels II § 8 der Verfassungsurkunde[11] ist allerdings nicht zu läugnen, daß auch die eben erwähnten Bestimmungen der Hausgesetzgebung überwiesen werden wollten. Diese Auffassung gelangte zur thatsächlichen Geltung dadurch, daß das Familienstatut vom 5. August 1819[12] Aenderungen an den fraglichen Anordnungen traf. Indessen konnte man immerhin Bedenken hegen.

Es war zweifellos richtig, daß es sich hier um die Festsetzung von öffentlichrechtlichen Verpflichtungen der Staatskasse, also um eine staatsrechtliche Frage handle. Die Erwägungen der Redactoren der Verfassungsurkunde waren nicht zur allgemeinen Kenntniß gelangt; allein abgesehen von letzterem Umstande ließ sich jenen Erwägungen gegenüber sagen, daß sie in der Verfassung keinen zwingenden Ausdruck gefunden hätten und ihnen also Angesichts klarer Verfassungsgrundsätze eine ausschlaggebende Bedeutung nicht zukomme. Von dieser Anschauung aus mußte man zu dem Schlusse gelangen, daß die Bestimmungen des Familiengesetzes von 1816 nach Erlaß der Verfassungsurkunde theils hausgesetzliche, theils, und zwar eben in den hier erörterten Punkten, staatsgesetzliche Kraft hätten[13].

Diese Ansicht ist durch Artikel 8 des Finanzgesetzes vom 28. December 1831[14] zur gesetzlichen Geltung gelangt. In diesem Artikel wird für die Apanagen, Wittwengehalte ꝛc. der Mitglieder des königlichen Hauses auf das Familiengesetz von 1816 als das maßgebende Recht Bezug genommen[15]. Damit war anerkannt, daß in dieser Beziehung das Gesetzgebungsrecht des Königs an die Mitwirkung des Landtags gebunden sei.

Indessen blieben die Bestimmungen des Familiengesetzes von 1816, welche auf solche Weise als giltig anerkannt worden waren, nicht lange bestehen. Durch die Artikel 6 und 7 des Gesetzes über die Civilliste vom 1. Juli 1834 wurde, unter gleichzeitiger Vornahme einiger Aenderungen, ausgesprochen, daß von nun an die Vorschriften des Familienstatuts vom 5. August 1819 über Apanagen, Wittwengehalte ꝛc. Geltung haben sollen. Dieselben erhielten, weil in das Verfassungsgesetz vom 1. Juli 1834 aufgenommen, zugleich die Kraft verfassungsrechtlicher Bestimmungen[16].

Die Verfassungsurkunde kennt keine andere Art der Beschränkung des königlichen Gesetzgebungsrechtes als durch ständische Zustimmung. Wo also letztere nicht nothwendig ist, ist das Gesetzgebungs-

---

[10] Auch bei Berathung des Ges. über die Civilliste erkannte der Berichterstatter der K. b. Abg. an, daß „die Familienstatuten als solche einer ständischen Berathung nicht bedürfen".

[11] Oben Anm. 9.   [12] Weber II S. 19.

[13] Bei der Berathung des Finanzges. in der Sitzung der K. b. Abg. vom 10. Oct. 1881 (Verh. Prot. Bd. XX, Prot. Nr. CXII S. 25) äußerte der Abg. Rudhart: „Nur in Ansehung derjenigen Bestimmungen, welche die Mitglieder des k. Hauses unter sich betreffen und soweit sie nicht von der Mitwirkung der Stände abhängen, konnte der König nach der Bekanntmachung der Verf. Urk. Aenderungen an dem Hausges. machen. Insofern das ältere Familienstatut eine Bestimmung enthält, welche mit der Verf. im Zusammenhange steht, ist die Regierung nicht befugt, daran etwas ohne Zustimmung der Stände zu ändern; daher die Bestimmungen des alten Familienstatuts in Ansehung der aus der Staatskasse zu zahlenden Apanagen noch gelten." S. auch Spies, Beleuchtung der Verf. Urk. I, S. 38.

[14] G. Bl. S. 121.

[15] Die Worte „von 1816" wurden auf Antrag des Abg. Rudhart eingesetzt. A. a. O. S. 29 und 37. Der Antragsteller bemerkte: „Mir scheint das Familienstatut von 1816 das geltende zu sein. Da aber dieses noch controvers ist, so muß auch bei der Bezugnahme auf das Familienstatut dieses zur Vermeidung der Mißverständnisse ausdrücklich bezeichnet sein; daher habe ich die bestimmte Bezeichnung des Familienges. vom Jahre 1816 beantragt."

[16] So auch K. Brater, die Verf. Urk. des Kgrs. Bayern ꝛc. 4. Aufl. S. 166 Anm. Die Bemerkung Pözl's, Lehrb. des bayer. Verf. Rechts S. 210 Anm. 1 (auch bei H. Schulze, die Hausges. der regierenden deutschen Fürstenhäuser I S. 257), daß die früheren Zweifel über die Gesetzeskraft des Familienstatuts von 1819 durch das Ges. über die Civilliste als gehoben anzusehen seien, läßt, wie aus der vorstehend gegebenen Darstellung ersichtlich sein wird, den wirklichen Sachverhalt nicht ganz richtig erkennen.

recht des Herrschers überhaupt nicht gebunden. Es besteht keine Vorschrift der Verfassung, welche für Akte der Familiengesetzgebung oder gar der Staatsgesetzgebung eine Mitwirkung der Agnaten des königlichen Hauses fordert. Damit ist für jenen Theil des königlichen Familienrechtes, welcher keine Regelung mittels formellen Gesetzes gefunden hat, der Rechtszustand aufrecht erhalten, der durch den Erwerb der Souveränetät für die Krone Bayern eingetreten war. Denn abgesehen von den schon berührten Verfassungs- und Gesetzesbestimmungen liegt zwischen dem Jahre 1808 und dem Jahre 1818 kein rechtlicher Vorgang, durch welchen die Befugniß des Königs zur gesetzlichen Ordnung der Verhältnisse seines Hauses eine Schmälerung erfahren hätte [17].

Allerdings hat sich sowohl bei den Berathungen, welche der Verkündung der Verfassung unmittelbar vorhergingen, als auch in der Folgezeit eine Anschauung geltend gemacht, welche mit der hier entwickelten Rechtsauffassung nicht im Einklange steht. Bei den Ministerialconferenzen vom Jahre 1818 herrschte die Ansicht, daß der König die Verhältnisse seines Hauses nur mit Zustimmung aller Agnaten und in den verfassungsmäßig geregelten Punkten außerdem nur mit Zustimmung des Landtags gesetzlich ordnen könne [18]. Diese Lehre gelangte zur thatsächlichen Geltung, als nach Erlaß der Verfassungsurkunde von 1818 eine Ueberarbeitung des Familiengesetzes nothwendig wurde. Das Familienstatut vom 5. August 1819 wurde, wie sein Eingang angibt, unter Zustimmung der Agnaten des königlichen Hauses erlassen [19]. Das Gleiche geschah bezüglich des Gesetzes über die Civilliste vom 1. Juli 1834 [20]. Indessen blieb König Ludwig I., auf dessen persönliche Auffassung jene Aenderung in der herrschenden Rechtsanschauung wohl hauptsächlich zurückzuführen war, derselben nicht stets getreu. Die Zustimmung der Agnaten wurde weder zu dem Verfassungsgesetze vom 11. April 1843 erholt, wodurch

---

[17] Uebereinstimmend P. v. Roth, bayr. Civilrecht, 2. Aufl., I S. 211 Anm. 2, 212 Anm. 11; a. M. ist E. v. Moy, Staatsrecht des Kgrs. Bayern, I, 1 S. 176. — Vgl. auch R. v. Mohl, Staatsrecht des Kgrs. Württemberg I § 80.

[18] Bereits bei den Berathungen über Titel II der Verf. kam dies zum Ausdrucke. In der Sitzung vom 5. März äußerte Staatsrath v. Zentner, daß „ohne die Zustimmung aller Agnaten keine geltende Bestimmung in Ansehung der Succession festgestellt werden könnte", und Graf Rechberg sprach von dem „mit Zustimmung der Agnaten" zu gebenden Familienges. Der gleiche Gedanke ist in den Erörterungen der Sitzung vom 14. März erkennbar, über welche oben Anm. 9 berichtet ist.

[19] In der Sitzung der Ministerialconferenz über die auf die Verf. Bezug habenden organ. Edicte vom 30. Mai 1818 erstattete Graf Rechberg Vortrag über das Familienges. Auf Grundlage der damaligen Beschlüsse erfolgte eine nochmalige Berathung der neuen Fassung des Ges. in der zur Vollziehung der Verf. Urk. angeordneten Ministerialconferenz vom 3. Dec. 1818. Der vorläufig festgestellte und vom Könige genehmigte Entw. wurde durch k. Entschl. vom 5. April 1819 dem Kronprinzen, dem Prinzen Karl und den Herzogen Wilhelm und Pius mit dem Bemerken zugeschlossen, daß der König nunmehr der Zustimmung der Agnaten seines Hauses und der Abgabe der Beitrittsurkunden entgegensehe. Diese Zustimmungserklärungen erfolgten sämmtlich noch im Laufe desselben Monats. Unterm 5. Aug. 1819 erhielt das Statut (im Entw.) die Unterschrift des Königs, wurde aber nicht verkündet. Erst mit Antrag vom 5. Dec. 1820 unterbreitete das Gesammtstaatsministerium „das von Sr. Kgl. Maj. bereits genehmigte Familienstatut, nachdem die von Allerhöchst demselben unterm 5. April 1819 abverlangten agnatischen Accessionen wirklich erfolgt sind, nunmehr zur allerh. Unterzeichnung", „damit hierauf die Bekanntmachung durch das Gesetzblatt erfolge". Die Verkündigung geschah im R. Bl. 1821 S. 5.

Von Interesse ist eine Ausführung, welche sich in einer Note des Staatsministers des Aeußern Grafen Rechberg an den Justizminister Grafen Reigersberg findet, die vom 25. Febr. 1820 datirt ist, also in die Zeit nach Sanction und vor Verkündigung des Familienstatutes fällt. Es frug sich um die prozessuale Behandlung einer von einem Privaten gegen die Kurfürstin von Bayern erhobenen Personalklage. „Würde es sich," so bemerkte Graf Rechberg, „lediglich um eine gerichtliche Erledigung zwischen den Gliedern des k. Hauses handeln, so möchte wohl nicht zu zweifeln seyn, daß das Ges. vom 5. Aug. v. Js. wenigstens als lex conventionalis bestehe, indem die agnatischen Beytrittsacten bereits erfolgt sind. (?) Da es sich aber um die Forderung eines Privatmannes handelt, welcher an der Form der richterlichen Behörde ein wesentliches Interesse hat, und auf welchen das nicht verkündete k. Familienges. nicht anzuwenden seyn wird, so kann nicht wohl eine andere Form des Gerichtes als die in dem Ges. v. J. 1816 in dessen Rücksicht Platz finden." Diese Ansicht scheint übrigens keine weitere Verbreitung gefunden zu haben. Wenigstens wurde anläßlich der Ministerialconferenzen, welche König Ludwig I. im Jahre 1826 über die Verf. Urk. veranstaltete, in der vom Könige selbst geleiteten Sitzung vom 14. Jan. 1826 ausgesprochen, daß, solange das Familienges. von 1819 nicht durch das R. Bl. bekannt gemacht war, die Bestimmungen des Ges. von 1816 für die Glieder des k. Hauses verbindend gewesen seien.

[20] Vgl. oben § 53 Anm. 3. Auch in einer Staatsrathssitzung vom 27. Sept. 1827 war das Erforderniß der Zustimmung der Agnaten zu hausgesetzlichen Bestimmungen als zweifellos angesehen worden.

der Wittelsbacher Palast der Civilliste überwiesen wurde²¹, noch zu der Verordnung vom 14. März 1845²², welche eine Abänderung des Artikels 6 des Familiengesetzes von 1816 in Bezug auf die Titel der herzoglichen Nebenlinie verfügte. In neuerer Zeit aber — bei der im Jahre 1876 erfolgten Erhöhung der Civilliste²³ — hat man sich jener früheren Ansicht überhaupt nicht mehr erinnert²⁴. Dieselbe darf somit als beseitigt erachtet werden.

Der Stand des geltenden Familienrechtes des königlichen Hauses ist nach alledem folgender.

Die Familiengesetze von 1808 und 1816 erklären in ihren Schlußbestimmungen gleichlautend „alle in dem gegenwärtigen Gesetze nicht ausdrücklich bestätigten älteren Familiengesetze und Verträge als aufgehoben" und fügen bei: „denselben soll künftig keine rechtliche Wirkung mehr beigelegt werden." Sonach ist auch das Familiengesetz von 1808 durch jenes von 1816 beseitigt worden.

Das Familienstatut von 1819 wird in seinem Eingange als „künftig allein giltiges Haus-Grund-Gesetz" bezeichnet, „in welchem alle Anordnungen der älteren Familiengesetze und Verträge, soweit sie mit den in der Verfassungsurkunde enthaltenen Bestimmungen vereinbarlich und auf die übrigen Verhältnisse Unseres Hauses noch anwendbar sind, aufgenommen worden".

Angesichts dieses Wortlautes des Statuts von 1819 ist es unbedingt sicher, daß dasselbe beabsichtigte, das Familiengesetz von 1816 nicht blos in sich aufzunehmen, sondern auch formell aufzuheben. Seit Erlaß des Gesetzes über die Civilliste vom 1. Juli 1834 ist auch kein Zweifel mehr darüber möglich, daß diese Absicht im Wesentlichen erreicht ist²⁵. Nur bezüglich der Bestimmungen in den Artikeln 4—9 des Familiengesetzes von 1816, die übrigens seither Aenderungen erlitten haben²⁶, ist anzunehmen, daß sie durch das Statut von 1819 nicht berührt wurden, da sie sowohl mit der Verfassung „vereinbarlich" als auch auf die „Verhältnisse" des königlichen Hauses „noch anwendbar" sind oder es bis zu ihrer Abänderung waren.

Die in Kraft stehenden familiengesetzlichen Vorschriften haben nicht nur für die Mitglieder des königlichen Hauses, sondern, gleich allen anderen Gesetzen, allgemeine Geltung²⁷.

Abgesehen von diesen Vorschriften ist das Sonderrecht des königlichen Hauses in den bereits mehrfach erwähnten verfassungsgesetzlichen Bestimmungen und einigen Verordnungen enthalten, welche im Laufe der folgenden Darstellung anzuführen sind.

§ 63. Die Rechtsverhältnisse des königlichen Hauses.

Das königliche Haus umfaßt unter dem Könige als Haupt folgende Mitglieder:
1. die ebenbürtige Gemahlin des Königs,

---

²¹ Vgl. oben § 54 Anm. 14.   ²² R. Bl. S. 177.

²³ Vgl. oben § 54 Anm. 5.

²⁴ Es kann natürlich, wenn man hier einmal die Nothwendigkeit der agnatischen Zustimmung annimmt, nicht darauf ankommen, um welche Punkte es sich jeweils handelt, und wie weit die Aenderung die persönlichen Interessen der Agnaten berührt.

²⁵ Dieses Ges. hat gerade jene Vorschriften des Familienges. von 1819 zur Geltung gebracht, welchen allein durch das Finanzges. vom 28. Dec. 1831 die Rechtswirksamkeit versagt worden war. Anders H. Schulze, die Hausgesetze der regierenden deutschen Fürstenhäuser I S. 257, mit Berufung auf E. v. Moy, Staatsrecht des Kgrs. Bayern, I, 1 S. 108 und auf Art. 8 des Finanzges. vom 28. Dec. 1831, dessen Bedeutung aber, wie bereits oben bei Anm. 14 gezeigt wurde, eine andere ist.

²⁶ Sie beziehen sich auf Titel u. Wappen der Mitglieder des k. Hauses.

²⁷ Das Familienstatut von 1819 sagt am Schlusse: „Wir erklären dieses Familienstatut als ein pragmat. Hausgesetz, welches nicht nur sämmtliche Mitglieder Unseres Hauses verbindet, sondern auf dessen Beobachtung auch sämmtliche Staatsministerien und übrige Landesstellen angewiesen werden."

2. den von der Regierung zurückgetretenen König und dessen ebenbürtige Gemahlin, dann die Königin-Wittwe,

3. alle Prinzen und Prinzessinnen, welche von dem gemeinschaftlichen Stamm-vater des königlichen Hauses durch anerkannte, ebenbürtige, rechtmäßige Ehen in männ-licher Linie¹ abstammen²,

4. die ebenbürtigen Gemahlinen und Wittwen der Prinzen des königlichen Hauses³.

Die weiblichen Mitglieder des königlichen Hauses scheiden aus demselben aus, wenn sie sich mit einem Gatten verehelichen, der dem königlichen Hause nicht angehört⁴.

Alle Mitglieder des königlichen Hauses sind, soferne sie bayerische Unterthanen sind, der Hoheit, Gerichtsbarkeit und Aufsicht des Königs unterworfen⁵. Wenn ein Reichsverweser an Stelle des Königs regiert, so übt dieser auch die Befugnisse des Königs als Familienhaupt aus⁶.

Hinsichtlich des Aufsichtsrechtes des Königs enthält das Familiengesetz, abgesehen von den in der Folge zu erwähnenden Einzelvorschriften, die allgemeine Bestimmung, daß es dem König zustehe, „alle zur Erhaltung der Ruhe, Ehre, Ordnung und Wohlfahrt

---

¹ Oben § 57.

² A. W. Heffter, die Sonderrechte der souveränen u. der mediatifirten vormals reichs-ständischen Häuser Teutschlands S. 242, sagt, das bayer. Königshaus begreife alle vom ersten Könige abstammenden Prinzen und Prinzessinnen. Nur auf dieses „königliche Haus" seien die k. Hausgesetze anwendbar. Er rechnet also die herzogliche Nebenlinie nicht zum k. Hause und meint (S. 244), daß be-züglich der inneren Verhältnisse jener Linie „anscheinend die früheren Hausverträge und Regulativen noch immer von Bedeutung sein können". Es ist unerklärlich, wie Heffter zu dieser Ansicht kam. Die Art. 1 der Familienges. von 1808 und 1816 hätten ihn von seinem Irrthume überzeugen können, in welchen der „erste König" Max Josef sagt: „Das königliche Haus begreift: a) alle Prinzen und Prinzessinnen Unseres Hauses, welche von Uns oder von einem Descendenten des gemeinschaft-lichen Stammvaters Unseres Hauses abstammen."

³ Familienstatut Tit. I § 1. Die oben unter Ziff. 1 u. 2 Genannten sind im Familienstatute nicht aufgeführt. Doch kann über deren Zugehörigkeit zum k. Hause kein Zweifel sein. Königin und Königin-Wittwe sind im Familienstatute wiederholt erwähnt.

⁴ Nach Familienstatut Tit. I § 1, b gehören die Wittwen der k. Prinzen nur „während ihres Wittwenstandes" zum k. Hause. Dieser Satz ist, wie oben geschehen, zu verallgemeinern. Daß nur die ebenbürtige Ehe das Ausscheiden des weiblichen Familiengliedes aus dem k. Hause bewirken soll, ist im Statute nicht gesagt, daher auch nicht anzunehmen. Der Satz Pözl's (Lehrb. des bayer. Verf. Rechts S. 211): „Die Prinzessinnen treten aus dem k. Hause aus, sobald sie sich mit einem Prinzen aus einem fremden Hause verehelichen," ist also zu eng gefaßt. Vgl. hieher R. v. Mohl, Staatsrecht des Kgrs. Württemberg I § 81 Anm. 3.

⁵ Familienstatut Tit. I § 2, wo aber der oben gemachte Vorbehalt sich nicht findet, obschon man bei Abfassung des Statuts an die Fälle der „Niederlassung unter eine andere Souveränität" und der „Besteigung eines auswärtigen Thrones" dachte. Letzterer Fall ist durch die Berufung des Prinzen Otto auf den Thron von Griechenland (vgl. R. Bl. 1832 S. 613, H. Schulze, die Hausges. der regierenden deutschen Fürstenhäuser I S. 348) eingetreten. Daß, wer nicht bayer. Staatsangehöriger ist, der Familiengewalt des Königs von Bayern nicht unterliegen kann, ist selbstverständlich. Denn diese Gewalt ist keine privatrechtliche, sondern eine staatsrechtliche und daher vom Bestande eines Unterthanenverhältnisses abhängig. Ohne Genehmigung des Königs kann übrigens ein Glied des k. Hauses aus dem bayer. Staatsverbande nicht ausscheiden, wie sich mittelbar aus Tit. IV § 2 des Familienstatuts ergibt. Der Verlust der bayer. Staatsangehörigkeit zieht den Verlust der Zugehörigkeit zum k. Hause nicht nach sich. Dieser Verlust ist nirgends ausgesprochen, und bezüglich des Königs Otto von Griechenland wurde anerkannt, daß er Prinz des k. Hauses verblieben sei. Vgl. die interessanten Er-örterungen Verh. d. K. d. Abg. 1837 Prot. Bd. VII S. 71 ff., Bd. XIV S. 259 ff. Aus dem Gesagten erhellt, daß ein Mitglied des k. Hauses, das aus dem Staatsverbande geschieden ist, der Bestimmung in Tit. II § 1 des Familienstatuts nicht unterliegt. Es „darf" daher „eine eheliche Verbindung ein-gehen, ohne dazu vorher die Einwilligung des Königs erhalten zu haben". Allein, wenn es seinen Ab-kommen das Thronfolgerecht in Bayern wahren will, muß es bei der Eheschließung die Erfordernisse des Tit. II § 3 der Verf. Urk. erfüllen. — Es ist ferner auch rechtlich möglich, daß ein Mitglied des bayer. Königshauses zugleich Mitglied eines anderen Herrscherhauses ist.

⁶ Familienstatut Tit. I § 3.

des königlichen Hauses dienliche Maßregeln zu ergreifen". Dies ist selbstverständlich kein Dictaturparagraph, welcher die Mitglieder des königlichen Hauses dem Könige gegenüber rechtlos stellen würde, sondern nur solche Maßregeln sind gemeint, die sich innerhalb der Schranken der Gesetze bewegen[7].

Die Mitglieder des königlichen Hauses bilden die rechtlich am meisten ausgezeichnete Classe der Staatsangehörigen, und zwar eine Classe für sich. Es wäre insbesondere falsch, sie dem Adel zuzurechnen[8]. Ihre bevorzugte Stellung beruht auf ihrer Mitgliedschaft zu jener Familie, aus welcher der Herrscher hervorgeht, also auf einem völlig anderen Grunde wie die Vorrechte des Adels. Die Rechtssätze ferner, welche für den Adel gelten, sind auf die landesherrliche Familie nicht anwendbar.

Die sonderrechtlichen Bestimmungen, welche für das königliche Haus gelten, lassen sich allerdings einzeln aufzählen. Daneben ist aber zu beachten, daß die Vorschriften des gemeinen Rechtes manchmal auch da, wo die Gesetze eine Ausnahme ausdrücklich nicht vorsehen, ihrem Zwecke nach für die Mitglieder des königlichen Hauses nicht berechnet sein können[9].

Die Mitglieder des königlichen Hauses haben als solche gewisse Ehrenrechte[10].

Die erste Stelle nimmt unter ihnen die Gemahlin des Königs ein, welche die Ehrenrechte des Königs, insbesondere dessen Majestätstitel theilt. Derselbe verbleibt ihr als Wittwe. Auch der zurückgetretene König behält den Majestätstitel.

Was die übrigen Mitglieder des königlichen Hauses anlangt, so ist zwischen der von Maximilian I. abstammenden königlichen Hauptlinie und der Linie Gelnhausen, der herzoglichen Nebenlinie, zu unterscheiden.

Die Mitglieder der königlichen Hauptlinie führen die Titel königlicher Prinz oder königliche Prinzessin von Bayern und königliche Hoheit, sowie das königliche Wappen mit der Königskrone oder dem Schilde[11].

Der älteste Sohn des Königs heißt Kronprinz[12], der älteste Sohn des Kronprinzen Erbprinz[13].

Die Mitglieder der herzoglichen Linie führen die Titel Herzog oder Her-

----

[7] Familienstatut Tit. IV § 3. Zutreffend bemerkt H. Schulze, Lehrb. des deutschen Staatsrechtes I S. 399, daß mit dieser Befugniß des Königs „eine gewisse Disciplinargewalt gegen alle Mitglieder des Hauses verbunden ist, welche Vorschriften der Hausgesetze verletzen, sich Ungehorsam gegen Anordnungen des Familienoberhauptes zu Schulden kommen lassen oder ein mit der Ehre des Hauses nicht vereinbares Verhalten beobachten; doch darf dieselbe keine peinlichen Strafen verhängen und nicht weiter in die wohlerworbenen Privat- und staatsbürgerlichen Rechte der Familienglieder eingreifen, als dies durch Hausgesetze und Herkommen gestattet ist".

[8] Dies thun E. v. Moy, Staatsrecht des Kgrs. Bayern I, 1 S. 186, und Schunck, Staatsrecht des Kgrs. Bayern I §§ 61, 67.

[9] Vgl. F. Hauke, die geschichtlichen Grundlagen des Monarchenrechts, Wien u. Leipzig 1894, S. 128 f., der Anm. 49 ein schlagendes Beispiel nennt: „So wird es z. B. Niemandem im Ernste einfallen, die Frage nach der Heimatberechtigung eines Mitgliedes des Allerh. Kaiserhauses aufzuwerfen, wiewohl nach § 2 des (österr.) Ges. vom 3. Dec. 1863 jeder Staatsbürger in einer Gemeinde heimatberechtigt sein soll."

[10] Ueber das Kirchengebet für das k. Haus Weber I S. 112.

[11] Familienges. von 1816 Art. 5. Frühere Bestimmungen: Verordn. vom 8. Juni 1799 (Intell. Bl. S. 421) u. vom 7. Febr. 1807 (R. Bl. S. 257), Fam. Ges. von 1808 Art. 6. — Verordn., das k. Wappen u. Siegel betr., vom 18. Oct. 1835 (Weber III S. 40). Frühere Bestimmungen: Verordn. vom 20. Dec. 1806 (R. Bl. 1807 S. 135) und Familienges. von 1816 Art. 7, 8.

[12] Familienges. von 1816 Art. 4.

[13] Verordn. vom 15. Nov. 1845 (Weber I S. 490).

zogin in Bayern¹⁴ und königliche Hoheit¹⁵, sowie das Wappen der königlichen Prinzen¹⁶.

Die Mitglieder des königlichen Hauses genießen einen besonderen strafrechtlichen Schutz gegen Angriffe auf ihre Ehre¹⁷.

Die Mitglieder des königlichen Hauses haben, sobald sie selbständig eingerichtet sind¹⁸, nach Maßgabe der Bestimmungen des Familienstatuts das Recht, sich mit einem Hofstaate d. h. einem persönlichen Ehrendienste¹⁹ zu umgeben.

Den Hofstaat der Königin, des Kronprinzen, der verwittweten Königinen und der Apanagirten in der königlichen directen Linie²⁰ ernennt der König. Die übrigen Mitglieder des königlichen Hauses bedürfen für die Wahl ihres Hofstaates der Bestätigung des Königs²¹.

In privatrechtlicher Beziehung unterliegen die Mitglieder des königlichen Hauses, abgesehen vom Reichsrechte, zunächst den Vorschriften des Familienstatutes; soweit dieses nicht Bestimmungen trifft, dem gemeinen deutschen Privatfürstenrechte und, aushilfs-weise nach diesem, dem Landesrechte²². Das Reichscivilrecht ist für die Mitglieder des königlichen Hauses unbedingt maßgebend, wenn es nicht ausdrücklich einen Vorbehalt zu ihren Gunsten macht²³.

Es liegt nicht im Bereiche meiner Aufgabe, das Privatrecht des königlichen Hauses darzustellen. Nur jene Punkte sollen kurze Erwähnung finden, in welchen die Familien-gewalt des Königs sich äußert.

1. Kein Mitglied des königlichen Hauses darf ohne vorgängige Einwilligung des Königs eine Ehe eingehen²⁴. Eine Ehe, die diesem Verbote zuwider geschlossen wurde, ist zwar deshalb nicht nichtig²⁵; Gattin und Kinder erwerben aber, selbst wenn die Ehe eine ebenbürtige ist, die Mitgliedschaft im königlichen Hause nicht²⁶. Die Eheverträge

¹⁴ Familienges. von 1816 Art. 6. Der Titel war bereits durch kurf. Rescr. vom 2. Juni 1799 (Intell. Bl. S. 431) bestimmt und im Hausges. von 1808 aufrecht erhalten worden.
¹⁵ Verordn. vom 14. März 1845 (Weber I S. 490). Früher war der herzoglichen Linie nur der Titel Hoheit bewilligt. Vgl. Verordn. vom 7. Febr. 1807 (R. Bl. S. 257). Eine k. Entschl. vom 10. Dec. 1817 (R. Bl. S. 1021) hatte dem Herzoge Wilhelm den Titel königliche Hoheit für seine Person zugestanden. Anlaß zur Verordn. von 1845 war der Bundesbeschluß wegen Verleihung des Titels Hoheit an die regierenden deutschen Herzoge.
¹⁶ Der Nachtrag zur Verordn. vom 18. Oct. 1835, vom 31. gl. Mts. (Weber III S. 41 Anm. 1) bestimmte für die herzogliche Linie das königliche Wappen mit dem Herzogshute; nunmehr Bekanntm. vom 28. Febr. 1889 (G. u. V. Bl. S. 193).   ¹⁷ R. St. G. B. §§ 96, 97, 100.
¹⁸ Sobald „ein eigenes Haus für sie gebildet wird“. Die Bestellung eines eigenen Hauses für eine Prinzessin ist in Tit. VI §§ 8—10 des Familienstatuts nur für die Töchter des Königs vorgesehen. Sie kann nach dem Tode des Vaters und erreichtem 25. Lebensjahre von ihnen beansprucht werden. Die übrigen Prinzessinnen haben keinen Anspruch auf ein eigenes Haus; vgl. a. a. O. Tit. VI § 6 und Tit. IX § 5.
¹⁹ Vgl. Bluntschli's u. Brater's Staatswörterb. V S. 202.
²⁰ Mit „königlicher Hauptlinie“ und „königlicher directer Linie“ bezeichnet das Familienstatut die Kinder des jeweiligen Königs.
²¹ Familienstatut Tit. VII § 1. Bezüglich der Anstellung höherer oder niederer Bediensteter, die nicht zum Hofstaate gehören, haben die Mitglieder des k. Hauses freie Hand. Privatdiensttitel, welche lediglich die Berufsbezeichnung enthalten, können sie verleihen, nicht aber Hofstaatstitel und staatliche Amts- oder Ehrentitel, da dies Kronrecht ist. Vgl. z. B. R. Bl. 1867 S. 1924. Die be-stehende Uebung geht jedoch weiter. S. auch Bl. f. adm. Praxis XLI S. 8 ff.
²² P. v. Roth, bayer. Civilrecht, 2. Aufl., I S. 211 ff.   ²³ Reichsverf. Art. 2.
²⁴ Familienstatut Tit. II § 1; Reichsges. über die Beurkundung des Personenstandes u. die Eheschließung vom 6. Febr. 1875 § 72 Abs. III. Die civilrechtlichen Vorschriften über die Einwilligung der Aeltern sind damit natürlich nicht beseitigt. Vgl. H. Schulze, Lehrb. des deutschen Staatsrechts I S. 216.
²⁵ Wie dies nach den Familienges. von 1808 Art. 13, 14 u. von 1816 Art. 12, 13 der Fall war.
²⁶ Familienstatut Tit. II § 3. Bei den dort erwähnten „Familienverträgen“ ist an den Ans-bacher Vertr. vom 12. Oct. 1796 Ziff. 26 (H. Schulze, die Hausges. der regierenden deutschen Fürsten-häuser I S. 307) gedacht.

14*

der Mitglieder des königlichen Hauses sind nichtig, wenn sie nicht die Bestätigung des Königs erlangt haben [27].

2. Der König hat das Recht, von der Erziehung der Prinzen und Prinzessinen Einsicht zu nehmen [28]. Er führt die Obervormundschaft über die minderjährigen Mitglieder des königlichen Hauses nach Maßgabe des Titels IX des Familienstatuts. Er übt die Pflegschaft über die Prinzessinen Töchter seiner Regierungsvorfahren bis zu ihrer Vermählung [29].

Von den Bestimmungen des Reichs- und Landesstrafrechtes sind die Mitglieder des königlichen Hauses nicht ausgenommen [30].

Dagegen genießen sie eine sonderrechtliche Stellung auf dem Gebiete der Civil- und Strafrechtspflege und der freiwilligen Gerichtsbarkeit. Die Bestimmungen des Reichsgerichtsverfassungsgesetzes, der Reichscivilprozeßordnung, der Reichsstrafprozeßordnung und der Reichsconcursordnung finden auf die Mitglieder des königlichen Hauses „nur insoweit Anwendung, als nicht besondere Vorschriften der Hausverfassungen oder der Landesgesetze abweichende Bestimmungen enthalten" [31].

In bürgerlichen Rechtsstreitigleiten haben die Mitglieder des königlichen Hauses ihren allgemeinen Gerichtsstand vor dem Könige [32]. Nur für „Real- und vermischte Klagen" gegen dieselben ist das Oberlandesgericht der belegenen Sache zuständig [33]. Mit dieser letzteren Ausnahme trägt das Familienstatut dem Grundsatze der bayerischen Gerichtsordnung von 1753 [34] Rechnung, welche zur Zeit seiner Erlassung galt. Hienach war der Gerichtsstand der belegenen Sache ein ausschließlicher für alle Klagen, „welche mehr auf die Sache selbst, als auf die Person gehen" [35]. In diesen Fällen sind übrigens die Bestimmungen des jeweils geltenden Prozeßrechtes anwendbar. In jenen Fällen dagegen, welche zur Entscheidung vor den König gehören, richtet sich das Verfahren, soweit das Familienstatut bestimmt, nach diesem, im Uebrigen nach der Gerichtsordnung von 1753 und ihren Novellen [36].

---

[27] Familienstatut Tit. II § 4.
[28] Familienstatut Tit. IV § 1.
[29] Familienstatut Tit. IX § 5. Es heißt dort: „ohne Unterschied, ob sie bei der verwittweten Königin sich befinden, oder ein besonderes Haus für sie gebildet worden ist". Diese Alternative trifft nur auf die Töchter eines Königs zu. Richtig E. v. Moy, Staatsrecht des Kgrs. Bayern I, 1 S. 177.
[30] Vgl. Pözl, Lehrb. des bayer. Verf. Rechts S. 213 Anm. 11.
[31] Vgl. die betr. R. Einf. Ges. vom 27. Jan. 1877 § 5, 30. gl. Mts. § 5, 1. Febr. 1877 § 4, 10. gl. Mts. § 7. — R. G. Bl. S. 77, 244, 346, 390. Dazu P. Laband, Staatsrecht des Deutschen Reichs, 2. Aufl., II S. 357 f., u. G. Meyer, Annalen des Deutschen Reichs 1882 S. 773. Das Einf. Ges. z. C. P. O. fügt bei: „Für vermögensrechtliche Ansprüche Dritter darf jedoch die Zulässigkeit des Rechtsweges nicht an die Einwilligung des Landesherrn abhängig gemacht werden." Vgl. ferner bayer. Ausf. Ges. z. R. C. P. O. vom 23. Febr. 1879 (G. u. V. Bl. S. 273) Art. 81 Abf. II, Ausf. Ges. zur R. St. P. O. vom 18. Aug. 1879 (G. u. V. Bl. S. 781) Art. 3 Abf. II.
[32] Familienstatut Tit. X § 2 Abf. I. Die Bestimmungen über Behinderung und Ablehnung von Richtern können natürlich der unbedingten Vorschrift des Statuts gegenüber nicht Platz greifen. Auch durch Schiedsvertrag wird die Zuständigkeit des Königs nicht beseitigt werden können, außer wenn der König den Schiedsvertrag bestätigt und dadurch ein Sondergesetz schafft.
[33] Familienstatut Tit. X § 1.   [34] Cap. 1 § 9.
[35] Die Vorschrift in Tit. X § 1 des Familienstatuts ist demnach im Einklange mit den Bestimmungen der Gerichtsordn. von 1753 auszulegen. Actiones in rem, welche nicht „auf die Sache selbst" gehen, wie Statusklagen, Präjudicialklagen (Seuffert, Commentar zur bayer. Gerichtsordn. 2. Aufl. I S. 90), gehören also nicht vor das Gericht der belegenen Sache. Dasselbe muß auch hinsichtlich der Erbschaftsklagen angenommen werden, weil für diese nicht der Gerichtsstand der belegenen Sache, sondern der des Erblassers begründet war. Vgl. Seuffert a. a. O. S. 248 u. Verordn. vom 6. Aug. 1764 bei G. K. Mayr, Sammlung ꝛc., 1788, IV S. 928.
[36] Familienstatut Tit. X § 2 Abf. II sagt: „nach der bestehenden Gerichtsordnung". Man könnte vielleicht zweifeln, ob damit die damals oder die jeweils bestehende Gerichtsordn. gemeint sei.

Die besonderen Vorschriften des Familienstatuts sind folgende:

Dem eigentlichen Prozeßverfahren hat ein vorläufiger Versuch gütlicher Vereinbarung durch den Staatsminister der Justiz vorauszugehen ⁸⁷. Bleibt der Sühneversuch erfolglos, so wird der Prozeß durch die Präsidenten des obersten Landesgerichtes und des Oberlandesgerichtes München instruirt. Die Verhandlungen werden alsdann dem königlichen Staatsministerium der Justiz eingesendet. Der König entscheidet hierauf in erster und zugleich letzter Instanz nach vorher erholtem gemeinschaftlichem Gutachten der Staatsministerien des königlichen Hauses und der Justiz ⁸⁸.

Auch in den Fällen, welche in das Bereich der freiwilligen Gerichtsbarkeit, dann der Civil- und Militärstrafrechtspflege gehören, ist der König für die Mitglieder des königlichen Hauses entscheidende Instanz ⁸⁹. Besondere Vorschriften über das Verfahren sind nicht gegeben.

Der König kann zur Entscheidung wichtiger Fälle in persönlichen Angelegenheiten der Mitglieder des königlichen Hauses einen Familienrath als „königlichen obersten Gerichtshof" berufen. Der Familienrath besteht aus dem Könige, dem Kronprinzen, wenn er volljährig ist, den übrigen Prinzen des Hauses, welche 21 Jahre alt sind, den Kronbeamten und den Staatsministern. Der König, an dessen Stelle der Kronprinz, in beider Abwesenheit ein Mitglied, das durch königliche Verfügung bestimmt wird, führt den Vorsitz. Den Vortrag hat der Justizminister. Der Familienrath erkennt „nach den rechtlichen Verhältnissen des Falles". Seine Entscheidung bedarf der Bestätigung des Königs, kann also vom Könige auch abgeändert werden ⁴⁰.

Bei näherer Erwägung wird man sich aber im ersteren Sinne entscheiden müssen. Die in Tit. X des Familienstatutes gegebenen Vorschriften über das Verfahren haben nemlich unverkennbar das damals geltende Prozeßrecht zur Voraussetzung und sind mit dem System der bayer. C. P. O. von 1869 wie der R. C. P. O. durchaus unvereinbar.

⁸⁷ Familienstatut Tit. X § 2 Abs. II. Die Bestimmung schließt sich an jene der Gerichtsordn. von 1753 Cap. XVII § 1 Nr. 2 an, wonach, wenn Adelige oder sonst vornehme Personen unter sich streiten, der Richter allen möglichen Fleiß zu gütlicher Beilegung anwenden soll. Der Sühneversuch ist also wohl als gesetzlich nothwendig anzusehen. Das Statut sagt, daß derselbe vom Justizminister „auf königlichen Auftrag" anzustellen sei. Damit ist, ähnlich wie in Tit. III §§ 2, 3 und im weiteren Verlaufe der hier besprochenen Stelle selbst („nach vorläufigem besonderen Auftrag des Königs"), wohl eine ständige, durch das Statut selbst ertheilte Ermächtigung gemeint.

⁸⁸ Familienstatut Tit. X § 2 Abs. II.

⁸⁹ So auch Pözl, Lehrb. des bayer. Verf. Rechts S. 213 Anm. 11, welcher sagt, der Ausdruck „persönliche gerichtliche Angelegenheiten" in Tit. X § 2 Abs. I des Familienstatuts sei „in seinem Wortlaute und der Natur der Sache nach auch von Strafthaten der Glieder des k. Hauses, sowie von den Gegenständen der freiwilligen Gerichtsbarkeit zu verstehen". So einfach, wie Pözl anzunehmen scheint, ist die Frage nun wohl nicht, insbes. nicht, was die Straffachen anlangt. Die Tit. X der Familienges. von 1808 u. 1816 sind überschrieben: „Von der Gerichtsbarkeit über das k. Haus und von dem Familienrathe". Der Tit. X des Familienstatuts von 1819 trägt die Ueberschrift: „Von der Gerichtsbarkeit über das k. Haus in streitigen Fällen und von dem Familienrathe." Der hervorgehobene Zusatz in letzterer Ueberschrift scheint mehr auf Civilprozeßsachen zu deuten. Auch der Zusammenhang von Abs. I und II in Tit. X § 2 des Familienstatuts von 1819 legt es nahe, nur an bürgerliche Rechtsstreitigkeiten zu denken, da blos bei diesen, nicht bei Straffachen ein „vorläufiger Versuch gütlicher Vereinbarung" möglich ist. Indessen wird man doch, allerdings auf einem umständlicheren Wege, als ihn Pözl eingeschlagen hat, zu dessen Ansicht gelangen können, wenn man nemlich in Erwägung zieht, wie die Vorschriften des Familienstatuts von 1819 aus jenen der Familienges. von 1808 u. 1816 entstanden sind. Die beiden Ges. enthalten (in Art. 83 bezw. 94) eine nähere Bestimmung dessen, was unter persönlichen gerichtlichen Angelegenheiten zu verstehen sei. Es werden genannt: a) alle Beschwerden gegen die Prinzen und Prinzessinnen des k. Hauses, b) alle blos persönlichen Klagen gegen dieselben, c) die Interdictionen der Prinzen und Prinzessinnen, d) die Ehescheidungen in Beziehung auf ihre bürgerlichen Wirkungen, e) die Vormundschaften. Der anschließende Art. (84, bzw. 95) spricht dann von der gütlichen Vereinbarung bei „persönlichen Klagen". Hienach ist klar, daß die Bestimmungen von 1819 nur durch allzu starkes Zusammenziehen undeutlich geworden sind, aber hier sachlich dasselbe ausdrücken wollen, wie die älteren. Unter den „Beschwerden" der lit. a bergen sich in schicklichem Ausdrucke die Straffachen.

⁴⁰ Familienstatut Tit. X §§ 4—8. Vgl. Form. Verordn. vom 9. Dec. 1825 § 60.

In dem Verfahren vor den Civil- und Strafgerichten genießen die Mitglieder des königlichen Hauses folgende Vorrechte.

Sie sind in bürgerlichen Rechtsstreitigkeiten zum persönlichen Erscheinen an der Gerichtsstelle nicht verpflichtet[41]. Ihre zeugschaftliche Vernehmung hat durch ein Mitglied des Prozeßgerichts oder durch ein anderes Gericht in ihrer Wohnung zu geschehen[42]. Das Gleiche gilt bezüglich der Abnahme von Eiden[43]. Die Eidesleistung erfolgt mittels Unterschreibens der Eidesformel, in welche die Eidesnorm aufgenommen ist[44].

Auch in Civilstraffachen wird die zeugschaftliche Vernehmung der Mitglieder des königlichen Hauses in ihrer Wohnung vorgenommen. Der Eid wird in der eben beschriebenen Weise geleistet. Zur Hauptverhandlung werden sie nicht geladen, sondern es ist das Protokoll über ihre gerichtliche Vernehmung in der Hauptverhandlung zu verlesen[45].

Bezüglich der zeugschaftlichen Vernehmung der Mitglieder des königlichen Hauses in Militärstraffachen gilt noch die Vorschrift in Titel X § 3 des Familienstatuts. Hienach ist deren Aussage bei fürstlichem Trauen und Glauben durch einen Präsidenten des obersten Landesgerichts zu erholen und dem einschlägigen Gerichte mitzutheilen.

Wenn Mitglieder des königlichen Hauses in den Civilstaatsdienst oder in den Militärdienst treten, unterliegen sie der Dienstgewalt und daher auch der entsprechenden Dienststrafgewalt und dem Dienststrafverfahren[46]. Dienststraffachen sind keine „gerichtlichen Angelegenheiten".

Für die Mitglieder des königlichen Hauses bestehen Sondervorschriften in Bezug auf das standesamtliche Verfahren. Zwar findet im Allgemeinen das Reichsgesetz über die Beurkundung des Personenstandes und die Eheschließung vom 6. Februar 1875 auch auf sie Anwendung. Doch enthält das Gesetz zu Gunsten der Landesherren und der Mitglieder der landesherrlichen Familien theils Aenderungen des gemeinen Rechtes, theils Vorbehalte. Hienach erfolgt für diese „die Ernennung des Standesbeamten und die Bestimmung über die Art der Führung und Aufbewahrung der Standesregister durch Anordnung des Landesherrn"[47].

Nach den Bestimmungen, welche auf Grund dieser reichsgesetzlichen Ermächtigung erlassen worden sind[48], ist Standesbeamter für das königliche Haus der Staatsminister des königlichen Hauses und des Aeußern, in dessen Verhinderung sein Stellvertreter[49]. Dieselben können sich für die Wahrnehmung eines standesamtlichen Geschäftes außerhalb der Haupt- und Residenzstadt einen andern öffentlichen Beamten als Vertreter bestellen[50].

Bei Eheschließungen im Auslande ist jene Form zu beobachten, welche das Recht des Eheschließungsortes vorschreibt[51]. Die Zuständigkeit des Standesbeamten des königlichen Hauses tritt also hier nicht ein.

---

[41] R. C. P. O. § 196 Abs. II.   [42] A. a. O. § 340 Abs. II.
[43] A. a. O. § 441 Abs. II.   [44] A. a. O. § 444 Abs. III.   [45] R. St. P. O. § 71.
[46] Bei den Berathungen über die Verf. Urk. äußerte in der Sitzung vom 14. März 1818 der Feldmarschall Fürst Wrede, in das Familienges. müsse aufgenommen werden, daß ein Prinz, der Militär sei, den Militärges. unterliege. Man erkannte diesen Satz als richtig an und bemerkte, es gelte entsprechend dasselbe, wenn ein Prinz ein Ministerium oder ein Gouvernement übernehme. Die Ernennung eines Prinzen zum Minister war in der That einmal geplant (vgl. M. Frhr. v. Lerchenfeld, die baier. Verfassung u. die Karlsbader Beschlüsse S. 52, 134). In solchem Falle würde der Prinz zweifellos vor dem Staatsgerichtshofe — der, wie später zu zeigen sein wird, ein Dienststrafgericht ist — zur Verantwortung gezogen werden können.
[47] Ges. vom 6. Febr. 1875 § 72 Abs. I.
[48] Verordn., die Führung der standesamtlichen Geschäfte im k. Hause betr., vom 18. Juni 1876 (G. u. V. Bl. S. 385).
[49] Vgl. H. v. Sicherer, Personenstand u. Eheschließung in Deutschland S. 429.
[50] Angef. Verordn. § 1.   [51] H. v. Sicherer a. a. O. S. 349.

Nach reichsgesetzlicher Vorschrift hat auch der Standesbeamte des königlichen Hauses drei Standesregister, ein Geburts-, Heiraths- und Sterberegister, zu führen⁵². Ueber den Eintrag bestimmt das Landesrecht. Hienach werden über die Geburts- und Sterbefälle im königlichen Hause Verhandlungen aufgenommen, und zwar regelmäßig unter Leitung des Staatsministers des königlichen Hauses und des Aeußern, gegebenen Falles des ersten am Orte befindlichen Beamten. Die erforderlichen Zeugen ernennt der König oder in dessen Namen der Staatsminister des königlichen Hauses und des Aeußern⁵³. War eine Ernennung nicht möglich, so treten die Personen als Zeugen ein, welche im Familienstatute für diesen Fall bezeichnet sind⁵⁴. Auf Grund der aufgenommenen Urkunden erfolgen die Eintragungen in das Geburts- und Sterberegister⁵⁵.

Die Eintragungen in das Heirathsregister werden in der Form einer Verhandlung bewirkt, welche den §§ 52 und 54 des Reichsgesetzes vom 6. Februar 1875 entspricht.

Für die Zuziehung der erforderlichen (zwei) Zeugen sind die eben erörterten Bestimmungen gleichfalls maßgebend⁵⁶.

Bei Eheschließungen von Angehörigen des königlichen Hauses im Auslande kann ein Eintrag in das Heirathsregister nicht erfolgen⁵⁷. Ueber solche Eheschließungen wird nach denselben Bestimmungen, wie sie für Geburts- und Sterbefälle im königlichen Hause getroffen sind, eine Verhandlung aufgenommen⁵⁸. Beglaubigte Abschrift der Urkunde wird zu den Sammelakten gelegt, welche die Beilage zu den Registern bilden⁵⁹.

Bei Sterbefällen der Mitglieder des königlichen Hauses wird das Siegel in ihren Palästen und Häusern durch den Staatsminister des königlichen Hauses und des Aeußern angelegt. An dem Orte, wo derselbe nicht gegenwärtig ist, ist der erste dort wohnende Staatsbeamte sein gesetzlicher Vertreter⁶⁰.

Die Mitglieder des königlichen Hauses⁶¹ haben als solche eine Reihe von vermögensrechtlichen Ansprüchen gegen die Staatskasse, die gleich jenen des Königs und aus gleichartigen Gründen öffentlichrechtlicher Natur sind⁶².

Es sind dies folgende:

1. Die Königin Gemahlin des regierenden Königs und die Kronprinzessin erhalten bei Entbindungen das herkömmliche Geschenk aus der Staatskasse⁶³. Dasselbe beträgt

---

⁵² Angef. Ges. §§ 1, 12 und 72 Abf. I. Vgl. Verordn. § 2.

⁵³ "Aus den nächsten Prinzen des Hauses, nach diesen aus den Ministern, Kron- und ersten Staatsbeamten".

⁵⁴ Ein volljähriger Prinz des Hauses, wenn ein solcher anwesend ist; die zwei ersten im Orte befindlichen Staatsdiener nebst den Hofbeamten des Prinzen, welchen die Verhandlung betrifft.

⁵⁵ Familienstatut Tit. III §§ 1 und 2, angef. Verordn. § 3.

⁵⁶ Verordn. § 4. § 72 Abf. II des Ges. sagt: "In Betreff der Stellvertretung der Verlobten und in Betreff des Aufgebots entscheidet die Observanz."

⁵⁷ Die vorgeschriebene Form der Eintragung (Verordn. § 4) schließt dies aus.

⁵⁸ Da die Verordn. vom 18. Juni 1876 das bisherige Recht nur so weit ändert, als dies zum Vollzuge des Personenstandsges. erforderlich war, das letztere aber lediglich die Form der Eheschließung im Inlande regelt, so folgt, daß die Vorschriften des Tit. III §§ 1, 2 des Familienstatuts auf im Auslande geschlossene Ehen noch anwendbar sind, wenn sie es früher überhaupt waren. Man wird letzteres annehmen dürfen, wenn auch aus dem Wortlaute der §§ 1, 2 ersichtlich ist, daß man an Fälle, die im Auslande vorkommen, nicht gedacht hat. Zur Leitung der Verhandlung pflegt der betreffende k. Gesandte ermächtigt zu werden. — Das Reichsges., betr. die Eheschließung ꝛc. im Auslande, vom 4. Mai 1870 (R. G. Bl. S. 599) wird Mitgliedern des k. Hauses gegenüber kaum praktisch werden.

⁵⁹ Nach dem Vorbilde des § 9 der Ausführungsverordn. des Bundesraths vom 22. Juni 1875 (Weber XI S. 18) zum Reichsgesetze vom 6. Febr. 1875. — Die Urschrift der bezeichneten Urkunde kann nicht zu den Sammelakten genommen werden, da sie nach Tit. III § 4 des Familienstatuts an das Hausarchiv geht.

⁶⁰ Familienstatut Tit. III § 3.

⁶¹ Bezüglich des zurückgetretenen Königs vgl. oben § 54 Anm. 10.

⁶² Vgl. oben § 54 Anm. 28.

⁶³ Ges. über die Civilliste Art. 7.

2000 Dukaten für die Königin und 1000 Dukaten für die Kronprinzessin, wozu noch je 50 Dukaten für die „Kammer" oder den „Dienst" kommen.

2. Die Königinen-Wittwen haben Anspruch auf ein Wittbum [64]. Dasselbe besteht aus einer „anständigen eingerichteten Residenz" [65], einer jährlichen Geldrente, welche den Betrag von 120 000 fl. nicht übersteigen darf, und „benöthigter Fourage und Holz" [66].

Die Höhe der Geldrente wird im Ebevertrage oder, wenn dieser nichts darüber bestimmt, nachträglich [67] vom Könige festgesetzt. Vom Könige ist darüber Urkunde auszufertigen. Das Familienstatut [68] gibt nähere Vorschriften wegen der zu beachtenden Förmlichkeiten und der Aufbewahrung der Urkunde. Eine Erhöhung der einmal festgesetzten Rente Seitens des Königs kann überhaupt nicht [69], eine Abminderung nur mit Zustimmung der Königin stattfinden.

3. Der Kronprinz hat, sobald er volljährig ist, Anspruch auf Unterhalt aus der Staatskasse. Die hiefür erforderliche Summe wird jedesmal vom Könige besonders festgesetzt [70]. Sie darf aber den Jahresbetrag von 230 000 fl. nicht übersteigen [71]. Der Bezug des Kronprinzen ist rein persönlich. Wenn sich der Kronprinz selbständig einrichtet, so hat die Staatskasse die Einrichtungskosten bis zum Höchstbetrage von 230 000 fl. zu bestreiten [72].

4. Bezüglich der übrigen Prinzen des königlichen Hauses ist vor Allem zwischen der eigentlichen königlichen Linie, den Abkömmlingen des Königs Maximilian I. Josef, und der herzoglichen Linie zu unterscheiden. Für die letztere ist der Apanagialvertrag vom 30. November 1803 maßgebend, durch dessen Artikel 9 dem Herzoge Wilhelm für sich und seine fürstliche männliche Linie eine Apanagialrente von 225 000 fl. jährlich zugesichert wurde. Diese Rente wird aus der Staatskasse gezahlt [73]. Die Ansprüche der Prinzen der königlichen Linie gegen die Staatskasse bemessen sich nach den Bestimmungen des Familienstatuts und des Artikels 7 des Gesetzes über die Civilliste.

Die nachgeborenen Prinzen, Söhne eines Königs, werden, soweit nicht die Civil-

---

[64] Auch die Wittwe eines zurückgetretenen Königs. Ueber das Wittbum einer verwittweten Kronprinzessin ist nichts vorgesehen. Gegebenen Falles müßte also, wenn eine Leistung aus der Staatskasse in Anspruch genommen werden wollte, der Weg der Vereinbarung mit dem Landtage beschritten werden.

[65] In der Sitzung der Ministerialconferenz vom 3. Dec. 1818 wurde dies dahin erklärt, „daß hierunter auch die Unterhaltung der Schloßeinrichtung zu verstehen sei".

[66] Familienstatut Tit. VI § 12 Abs. I, Ges. über die Civilliste Art. 7.

[67] Es ist denkbar, daß bei Abschluß der Ehe eines Prinzen nicht vorausgesehen wurde, er werde bereinst zur Krone gelangen, daß also das ausgemachte Wittbum nicht für eine Königin-Wittwe bemessen ist.

[68] Tit. VI §§ 13—15.

[69] Der Zusammenhang der Bestimmungen des Familienstatuts zeigt, daß die Festsetzung der Rente als eine endgiltige gedacht ist. Die Verpflichtung des Staats ist mit der Ausfertigung der Urkunde auf die darin bestimmte Summe festgestellt.

[70] Familienstatut Tit. VI § 2.

[71] Das Ges. über die Civilliste Art. 7 Abs. II sagt: „den im Jahre 1819 hiefür bestimmt gewesenen Betrag", d. i. der oben angegebene. Vgl. Verh. der K. b. Abg. 1831 Prot. Bd. XX Prot. Nr. CXII S. 18 ff.

[72] Ges. über die Civilliste Art. 7 Abs. I Beweis die Worte „resp. Unterhaltsbetrag". Was zur Etablirung angeschafft wurde, ist natürlich Privateigenthum des Etablirten. Verf. Urk. Tit. III § 2 Ziff. 9 paßt nicht hieher; denn es wird nichts für den Staat aus Staatsmitteln erworben, sondern es werden durch den Staat für den Erwerber Kosten bezahlt.

[73] Das Familienstatut Tit. VI § 4 sagt: „Da, wo bereits besondere Apanagialverträge im k. Hause bestehen, hat es hiebei sein Verbleiben." Mit dieser Umschreibung ist der oben genannte Vertrag gemeint. Weitere Verträge dieser Art sind nach dem Wortlaute der angef. Bestimmung unzulässig.

liste hiezu verpflichtet ist [74], auf Kosten des Staats unterhalten. Dieser Unterhalt wird „jährlich von dem König besonders bestimmt" [75], und zwar, da er ein Staatsbedarf ist, dessen Höhe gesetzlich nicht feststeht, innerhalb der Grenzen der budgetmäßigen Willigung [76]. Der Unterhalt ist zu gewähren, bis mit der Bildung eines eigenen Hauses für die Prinzen [77] deren Apanagirung eintritt.

Die Bildung eines eigenen Hauses für die nachgeborenen Prinzen kann vom Könige verfügt werden, sobald dieselben volljährig geworden sind. Sie tritt nothwendig ein, wenn die Prinzen sich vermählen [78]. Nach dem Tode ihres Vaters sind sie berechtigt, sich selbständig einzurichten, wenn sie das 21. Lebensjahr erreicht haben [79].

Durch die Etablirung entstehen für die Staatskasse folgende Verpflichtungen.

Dieselbe hat die Kosten hiefür zu bestreiten; doch dürfen diese in keinem Falle den einjährigen Betrag der Apanage des Prinzen übersteigen [80].

Die nachgeborenen Söhne des Königs haben ferner Anspruch auf eine Apanage aus der Staatskasse.

Für die Apanagen [81] gelten folgende allgemeine Grundsätze.

Keine Apanage darf auf liegende Güter angewiesen werden [82]. Die Apanage besteht in einer Geldrente von höchstens 100 000 fl. jährlich [83] und ist in Monatsbeträgen fällig. Nebeneinkünfte, welche aus öffentlichen Dienstverhältnissen oder aus besonderen Titeln bezogen werden [84], können in die Apanage nicht eingerechnet werden.

---

[74] Das ist der Fall bezüglich der minderjährigen Söhne des regierenden Königs nach Art. 4 des Ges. über die Civilliste. S. oben § 54 Anm. 10. Art. 7 des angef. Ges. nennt lediglich die „volljährigen noch nicht etablirten k. Prinzen" als solche, für deren Unterhalt der Staat zu sorgen hat. Die minderjährigen Brüder des Königs sind offenbar nur vergessen. Vgl. Familienges. von 1816 Art. 45.

[75] Familienstatut Tit. VI § 3.

[76] Diese Frage ist berührt in den zwischen dem Staatsminister Grafen Armansperg und dem Abg. Frhrn. v. Closen ausgetauschten Bemerkungen Verh. d. K. d. Abg. 1831 Prot. Bd. XX Prot. Nr. CXII S. 22 und 23. Vgl. auch Abg. Rudhart a. a. O. S. 25.

[77] Familienstatut Tit. VI §§ 3 und 5.

[78] Familienstatut Tit. VI §§ 1, 3. Aus dem Unterschiede in der Fassung des Tit. VI § 3: „sobald für den nachgeborenen Prinzen ein eigenes Haus gebildet wird" und des Art. 44 Abf. I des Familiengesetzes von 1816: „sobald für den nachgeborenen Prinzen bei seiner Vermählung ein eigenes Haus gebildet wird" erhellt, daß nach dem geltenden Rechte die Etablirung volljähriger Nachgeborener auch ohne Vermählung unbedingt zulässig ist. Vgl. auch Verh. d. K. d. Abg. 1831 Prot. Bd. XX Prot. Nr. CXII S. 20. Familienstatut Tit. VI § 5 gehört nicht hieher, sondern bezieht sich auf den Fall, wenn der Vater verstorben ist, ehe die Söhne etablirt wurden Sie haben dann auch ohne Verehelichung ein Recht auf Etablirung, aber erst nach vollendetem 21. Lebensjahre. Der Satz bei Pözl, Lehrb. des bayer. Verf. Rechts S. 217 Anm. 12: „Jeder Prinz hat das Recht, sich nach erreichtem 21. Lebensjahr zu etabliren," ist also zu allgemein gefaßt.

[79] Familienstatut Tit. VI § 5.

[80] Ges. über die Civilliste Art. 7 Abf. I. Dieser Anspruch ist erst durch das angef. Ges. rechtlich begründet worden. Thatsächlich erhielten allerdings Prinzen auch früher schon Etablirungsgelder.

[81] Ueber deren rechtliche Natur interessante Erörterungen Verh. der K. d. Abg. 1837 Prot. Bd. VII S. 71 ff., insbes. S. 109—114 (Julius Stahl).

[82] Paragien sind also verboten. Vgl. Domanialfideicommißpragmatik vom 20. Oct. 1804 Ziff. XII, d. Ueber den Unterschied von Apanagium und Paragium vgl. z. B. H. A. Zachariä, Teutsches Staats- u. Bundesrecht I S. 497 Anm. 5, H. Zöpfl, Grundsätze des gem. deutschen Staatsrechtes I S. 732 ff., I, H. Schulze, Lehrb. des deutschen Staatsrechtes I S. 397 f.

[83] Dieser Höchstbetrag erscheint schon in Ziff. 5 des Familienvertrags vom 26. Febr. 1771 (H. Schulze, die Hausges. der regierenden deutschen Fürstenhäuser I S. 293), aber nur für den „sonderbaren Fall" der Förderung einer „convenablen Mariage".

[84] Auch dadurch, daß ein k. Prinz auf einen fremden Thron gelangt, verliert er also seinen Anspruch auf Apanage nicht. Die Frage wurde, als Prinz Otto von Bayern König von Griechenland geworden war, erörtert und im Sinne der hier vertretenen Ansicht vom Landtage beantwortet. Vgl. die oben Anm. 81 angeführten Verh. u. ebenda Bd. XIV S. 259 ff., bei welchen allerdings auch von der Minderheit eine entgegengesetzte Anschauung geltend gemacht wurde. Selbstverständlich ist eine solche Apanage auch vererblich. A. a. O. Bd. XIV S. 292 (Abg. Stahl).

Die Apanage der Nachgeborenen soll, wenn sie verheirathet sind, nicht unter 80 000 fl., wenn sie unverheirathet sind, nicht unter 60 000 fl. betragen. Dieser Mindestbetrag erhöht sich, wenn der König bei seinem Tode nur zwei Prinzen hinterlassen hat. Er beläuft sich dann für den unvermählten Nachgeborenen auf 80 000 fl., wogegen im Falle der Vermählung die volle Apanage von 100 000 fl. eintritt⁸⁵.

Die Festsetzung der Apanagen erfolgt durch den König mittels besonderer Urkunde⁸⁶. Die Zulässigkeit einer späteren Erhöhung der bewilligten Apanage innerhalb der gesetzlichen Grenze ist hier anzunehmen⁸⁷, selbstverständlich nur, solange der Nachgeborene lebt⁸⁸.

Für die Apanagen gilt das gemeinrechtliche Vererbungssystem, d. h. die Apanage geht in der männlichen Linie des zuerst apanagirten Nachgeborenen bis zu deren Erlöschen weiter. Beim Abgange einzelner Zweige der Linie wächst der eröffnete Antheil der Apanage den übrigen Zweigen der Linie gleichheitlich an. Das Nemliche gilt, wenn die Krone an einen Zweig der apanagirten Linie gelangt.

Aus der Apanage sind der Unterhalt des prinzlichen Hauses, die Aussteuer der Töchter, die Etablirung und Versorgung der Söhne, der standesmäßige Unterhalt der ledigen Prinzessinen und die Witthume zu bestreiten. Beim Anwachsen des Apanagenantheils eines abgestorbenen Zweiges an die übrigen Zweige der Linie geht auch die Verpflichtung zur Leistung der Witthume sowie des Unterhalts und der Aussteuer der Prinzessinen gleichheitlich auf die andern Zweige über⁸⁹.

Alle Einrichtungen, welche ein Apanagirter in den vorerörterten Beziehungen für sein Haus trifft, und alle Verfügungen über die Apanage auf Todesfall bedürfen der Bestätigung des Königs, dem sie daher anzuzeigen sind⁹⁰.

Wenn beim Abgange eines Zweiges der Linie der letzte Sprosse wegen des Unterhaltes und der Aussteuer seiner Prinzessinen⁹¹ nichts rechtswirksam verfügt hat, so bestimmt der König Unterhalt und Aussteuer aus dem eröffneten Apanagentheil⁹².

Unter bestimmten Voraussetzungen kann der König eine Ergänzung der Apanage auch über den gesetzlichen Höchstbetrag aus der Staatskasse⁹³ eintreten lassen, und zwar

a. für den Nachgeborenen dann, wenn seine Familie so zahlreich ist, daß die ausgesetzte Apanage zu ihrem standesmäßigen Unterhalte nicht mehr hinreicht;

---

⁸⁵ Familienstatut Tit. VI § 1. Dort ist auch eine Sonderbestimmung zu Gunsten des zweiten Sohnes des Königs Max Josef, des Prinzen Karl, enthalten. Was ebenda der Beisatz: „ohne daß in der Folge eine Verminderung stattfinden darf" bedeuten soll, ist nicht recht klar, man müßte denn etwa an die Geburt eines postumus gedacht haben.

⁸⁶ Familienstatut Tit. VI § 3.

⁸⁷ Das Statut selbst macht solche Aenderungen unter gewissen Voraussetzungen nöthig. Wollte man die Apanage, abgesehen vom Eintritte dieser Fälle, für unabänderlich halten, so ergäben sich ungereimte Folgen. Hätte z. B. der König einem verehelichten Sohne 80 000 fl., einem bei der Etablirung noch ledigen 60 000 fl. angewiesen, so könnte er zwar letzteren, wenn er heirathet, auf 100 000 fl. aufbessern, den ersteren aber nie mehr. Eine solche spätere Erhöhung erfuhr 1863 die Apanage König Ottos von Griechenland.

⁸⁸ Denn nur ihm gegenüber gibt es nach Tit. VI § 3 des Statuts eine „Festsetzung der Apanage".

⁸⁹ Familienstatut Tit. VI § 6 und 8.

⁹⁰ Familienstatut Tit. VI § 7, Tit. VIII § 6.

⁹¹ Das Witthum ist nicht genannt, weil nach Tit. VI § 16 des Familienstatuts dessen Regelung im Ehevertrage vorausgesetzt wird.

⁹² Familienstatut Tit. VI § 6 Abs. II.

⁹³ Familienstatut Tit. VI § 6 Abs. I sagt: „so wird der König für solche einzelne Fälle das Abgängige ergänzen". Da eine solche Ergänzung keine gesetzliche Last der Civilliste ist, so obliegt sie selbstverständlich der Staatskasse.

b. für die Nebenlinien, welche von einem Nachgeborenen sich abzweigen, dann, wenn auf das betreffende prinzliche Haus nicht wenigstens 20 000 fl. als Apanagenantheil ⁹⁴ treffen, bis zu diesem Betrage.

Die Apanagenergänzung ist keine ständige Apanagenerhöhung, daher rein persönlich ⁹⁵. Im ersten der beiden Fälle ist die Höhe des Bedarfs budgetmäßig zu bestimmen; im zweiten Falle ist dies nicht nöthig, da die Höhe gesetzlich feststeht.

Die Apanage fällt mit dem Tode des letzten männlichen Sprossen der Linie, für welche sie angewiesen war, dem Staate heim ⁹⁶. Sind Wittwen oder Töchter hinterblieben, so haben diese, selbstverständlich innerhalb der Grenzen der heimgefallenen Apanage, Witthum oder Unterhalt und Aussteuer aus der Staatskasse zu beanspruchen ⁹⁷; denn diese Leistungen sind gesetzliche Lasten der Apanage. Dagegen können durch anderweitige Anordnungen eines Apanagirten die Apanagen mit Wirkung über seinen Tod hinaus nicht belastet werden, da ein solcher Prinz über die Apanage nur so lange verfügen kann, als er sie hat ⁹⁸.

5. Von den Prinzessinen haben nur jene, welche Töchter eines Königs sind, unmittelbare Ansprüche gegen die Staatskasse. Nach erreichter Volljährigkeit haben dieselben Anspruch auf standesmäßigen Unterhalt ⁹⁹. Ist der König, ihr Vater, gestorben, so haben sie einen Unterhaltsanspruch sofort, auch wenn sie noch minderjährig sind ¹⁰⁰. Es ist sodann zu unterscheiden, je nachdem die Königin-Wittwe ohne Aenderung ihres Wittwenstandes noch lebt oder nicht. Wenn ersteres der Fall ist, so verbleiben die ledigen Prinzessinen Töchter im Hause der Königin-Wittwe unter deren unmittelbarer Aufsicht und erhalten zu ihrem Unterhalte eine Jahresrente von wenigstens 12 000 und höchstens 15 000 fl. in Monatsbeträgen aus der Staatskasse ¹⁰¹. Im anderen Falle soll zunächst die „besondere Verabredung" maßgeben, welche der Vater mit seinem Regierungsnachfolger getroffen hat ¹⁰²; mangels solcher erfolgt die Festsetzung des Unterhaltungsbetrags nach den gewöhnlichen Grundsätzen ¹⁰³. In den beiden erörterten Fällen haben die Prinzessinen nach zurückgelegtem 25. Lebensjahre Anspruch auf Bestellung eines eigenen

---

⁹⁴ Familienstatut Tit. VI § 6 Abs. I sagt: „der dritte Theil des Minimums der Apanage eines k. Prinzen".

⁹⁵ Im Falle b wächst sie also bei Absterben des Zweiges den andern Zweigen der Linie nicht zu.

⁹⁶ Familienstatut Tit. VIII § 7 sagt: „an die Krone", womit offenbar der Staat gemeint ist. Die Bewilligung eines Sterbemonats oder Sterbenachmonats ist hier unbedingt unstatthaft.

⁹⁷ Nach Analogie des Tit. VI § 6 Absatz II des Familienstatuts. Die Feststellung muß jedoch durch das Budget geschehen. Die Verpflichtung wurde bezüglich der Wittwe des Prinzen Otto, Königs von Griechenland, anerkannt. Verh. der K. b. Abg. 1866/69 Beil. Bd. IV S. 263.

⁹⁸ Hier ist von keiner Vererbung die Rede. Die Söhne eines Apanagirten „erben" ihre Apanagentheile nicht vom Vater, sondern haben sie kraft eigenen Rechtes gegenüber dem Staate. Vollends unpassend ist es, beim Heimfalle der Apanage von einer „Erbschaft" des Staats zu reden. Es ergibt sich also als zweifellos, daß ein Apanagirter seine Apanage über seinen Tod hinaus nicht mit Pensionen u. dgl. belasten kann. Vgl. Verh. der K. b. Abg. 1831 Prot. Bd. XX Prot. Nr. CXII S. 39 ff. Ablehnung des § 10 des Finanzges. Entw. wegen Uebernahme von Pensionen auf die Staatskasse bei Heimfall von Apanagen, was die Staatsregierung „mehr aus Billigkeit, denn aus strengem Recht" (Staatsminister Graf Armansperg S. 44) vorschlug; ferner die eingehenden Erörterungen Verh. b. K. b. Abg. 1837 Prot. Bd. VII S. 11 ff.; am treffendsten Stahl S. 27 ff.

⁹⁹ Familienstatut Tit. VI § 8, Ges. über die Civilliste Art. 7. Ueber die Bemessung der Höhe des Unterhalts oben Anm. 97.

¹⁰⁰ Vgl. oben § 54 und § 63 Anm 74.

¹⁰¹ Familienstatut Tit. VI § 10, Ges. über die Civilliste Art. 7.

¹⁰² Dieser Vorbehalt in Tit. VI § 9 hat nur Sinn, wenn etwa der Nachfolger persönliche Verpflichtungen übernimmt. Dem Staate gegenüber handelt es sich um eine Budgetfrage, wobei nichts zu „verabreden" ist.

¹⁰³ Vgl. oben Anm. 99.

Hauses, wenn nicht nach Ermessen des Königs [104] „besondere Gründe" entgegenstehen. Sie erhalten dann, solange sie ledig bleiben, eine jährliche Rente von wenigstens 24 000 und höchstens 30 000 fl. in Monatsbeträgen aus der Staatskasse [105].

Wenn sie sich verehelichen, sind die Kosten der Ausstattung und der Vermählung aus Staatsmitteln zu bestreiten. Zugleich erhalten sie aus denselben Mitteln den Betrag von 100 000 fl. als „Aussteuer und Dotalabfindung" [106].

Auf dem Gebiete des öffentlichen Rechtes bestehen für die Mitglieder des königlichen Hauses theils besondere Rechte, theils Ausnahmen von allgemeinen Verpflichtungen der Staatsangehörigen.

Die Prinzen des königlichen Hauses haben nach erreichter Volljährigkeit einen Eid auf die genaue Beobachtung der Verfassung zu leisten [107].

Die volljährigen Prinzen sind Mitglieder der Kammer der Reichsräthe [108] und in derselben nach vollendetem 21. Lebensjahre stimmberechtigt [109]. Der Kronprinz ist, wenn volljährig, Mitglied des Staatsrathes; die nachgeborenen volljährigen Prinzen in der directen Linie können vom Könige in den Staatsrath berufen werden [110].

Kein Prinz und keine Prinzessin des königlichen Hauses [111] darf ohne ausdrückliche Erlaubniß des Königs in einen fremden Staat sich begeben [112].

Die Mitglieder des königlichen Hauses genießen Vorrechte in Bezug auf die staatlichen Abgaben.

Die Königin-Gemahlin, die Königin-Wittwe und der zurückgetretene König und seine Gemahlin sind in demselben Umfange steuer- und gebührenfrei, in welchem es der regierende König ist. Dies beruht nicht auf ausdrücklicher Bestimmung, sondern auf den

---

[104] In der Sitzung der Ministerialconferenz vom 3. Dec. 1818 wurde § 9 Abs. II beigefügt und festgestellt, daß über die „besonderen Gründe" der Regierungsnachfolger allein entscheide.

[105] Familienstatut Tit. VI §§ 9 und 10; Ges. über die Civilliste Art. 7. Anspruch auf Bezahlung der Etablirungskosten aus Staatsmitteln haben die Prinzessinen nicht; da das Civilliste-ges. a. a. O. ausdrücklich nur von Prinzen spricht, das Familienstatut aber, wie schon oben Anm. 80 erwähnt, einen solchen Anspruch überhaupt nicht kennt.

[106] Familienstatut Tit. VI § 11, Ges. über die Civilliste Art. 7. Es heißt „Dotalabfindung". „Totalabfindung" ist Druckfehler. Verh. d. K. d. Abg. 1831 Prot. Bd. VIII Prot. XLII S. 42 f., XLIII S. 78 f., 103; Prot. Bd. IX Prot. L S. 54 ff.

[107] Verf. Urk. Tit. X § 2 Abs. II. Der Eid wurde auffallender Weise auch von König Otto von Griechenland gefordert und zu Nauplia 8/20. Mai 1834 wirklich geleistet. (Vgl. Verh. d. K. d. Abg. 1837 Prot. Bd. XIV S. 260, wo aber beim Datum ein Druckfehler vorliegt.) Der König fügte indessen der Eidesleistung Folgendes bei: „Wir verbinden jedoch damit den ausdrücklichen Vorbehalt, daß aus dieser Eidesleistung keine mit den als König von Griechenland Uns zustehenden vollen Souveränetätsrechten unvereinbare und diese Unsere königlichen Rechte schmälernde, mindernde oder beschränkende Verpflichtung zu irgend einer Zeit abgeleitet werden dürfe noch solle."

[108] Selbstverständlich nur dann, wenn sie bayer. Unterthanen sind. König Otto von Griechenland gehörte daher der Reichsrathskammer nicht an.

[109] Verf. Urk. Tit. VI § 2 Ziff. 1 und § 5.

[110] Verordn., den Staatsrath betr., vom 3. Aug. 1879, § 2 Ziff. 1, 2.

[111] Die Mitglieder von königlichem Range sind nicht genannt und durch die Vorschrift wohl auch nicht getroffen. Bei der Königin Gemahlin, die der eheherrlichen Gewalt des Königs untersteht, macht dies keinen Unterschied.

[112] Familienstatut Titel VI § 2. Pözl, Lehrb. des bayer. Verf. Rechts S. 215 Anm. 19, glaubt, „als fremde Staaten können seit 1871 wohl nur nichtdeutsche betrachtet werden". Ich vermag nicht zu verstehen, welchen Einfluß das Jahr 1871 auf die Auslegung der Verf. Urk. von 1818 haben soll. Letztere meint mit fremdem Staate jeden andern als den eigenen, Bayern. Der Zweck des Ges. aber, welcher keineswegs (wie K. W. Dames, Freizügigkeit und Aufenthalt, Würzburg 1893, S. 38 Anm. ** meint) lediglich der ist, „internationalen Verwickelungen vorzubeugen", trifft auf Reisen in andere deutsche Bundesstaaten ebenso gut, unter Umständen vielleicht noch mehr zu, als auf Reisen in's Bundesausland. Man könnte sich höchstens etwa auf den reichsrechtlichen Grundsatz der Freizügigkeit innerhalb des Bundesgebietes berufen. Dagegen ist indessen zu bemerken, daß dieser an Pflichten, welche die besondere persönliche Stellung mit sich bringt, nichts ändert. Uebereinstimmend S. Brie in K. Frhrn. v. Stengel's Wörterb. d. deutschen Verw. Rechts II S. 12 (§ 4, b).

beiden stillschweigend anerkannten Sätzen, daß, sofern nicht ausdrücklich ein Anderes bestimmt ist, die persönlichen Vorrechte der Majestät durch Abdankung nicht verloren gehen und von der ebenbürtigen Gattin und Wittwe getheilt werden ¹¹³.

Die übrigen Mitglieder des königlichen Hauses sind frei von staatlichen Personalsteuern, d. h. nach der dermaligen Gesetzgebung von der Einkommensteuer ¹¹⁴. Die Schloß-

---

¹¹³ Vgl. die Begründung zum Entw. des Einkommensteuerges. vom 19. Mai 1881, Verh. d. K. d. Abg. 1879/80 Beil. Bd. IX S. 326.

¹¹⁴ Dieses Steuervorrecht ist in der Verf. Urk. Beil. IV § 53 auf eine höchst sonderbare Weise zum Ausdrucke gebracht, indem es dort heißt, den Standesherren werde „die bisher nur den Mitgliedern des k. Hauses zugestandene Freiheit von allen Personalsteuern" bewilligt. Die Verf. erkennt also hier die Fortdauer des fraglichen Steuervorrechtes der Mitglieder des k. Hauses an; denn offenbar will sie nur, um der Bestimmung des Art. 14 lit. b der deutschen Bundesakte zu genügen, die Standesherren den Mitgliedern des k. Hauses gleich, nicht aber erstere besser stellen, als letztere. In diesem Sinne ist die Verfassungsbestimmung auch stets aufgefaßt worden. (Vgl. z. B. Verh. d. K. d. Abg 1855/56 Sten. Ber. I S. 555.) Dagegen ist es nicht immer zweifellos gewesen, in welchem Sinne der Ausdruck Personalsteuern zu verstehen sei. Zur Zeit der Verkündigung der Verf. Urk. bestand neben der Grund- u. Dominicalsteuer, Haussteuer und Gewerbsteuer, deren Eigenschaft als Real- oder Objectsteuern unbestritten war, noch die Familiensteuer auf Grund des Edictes vom 10. Dec. 1814. Bezüglich dieser letzteren wurde, unmittelbar nachdem die Verf. Urk. erlassen war, von der Staatsregierung in zwei Entschl. vom 9. Juli u. 9. Sept. 1818 ausgesprochen, daß sie als Personalsteuer anzusehen sei. (Vgl. die Angaben Brater's, Bl. f. adm. Praxis V S. 282 Anm. 5, 6.) Das Edict beruhte auf dem Grundsatze, daß jeder, der sich im Bezuge eines Einkommens befinde, dafür, und zwar familienweise, Steuer zu bezahlen habe. Das Edict besteuerte dem zu Folge auch das Einkommen aus verzinslichen Capitalien, aus unbeweglichem Eigenthum und Gewerbebetrieb. Durch § 7 des Finanzges. vom 29. Dec. 1831 wurde das Einkommen aus unbeweglichem Vermögen ganz, jenes aus Gewerbebetrieb in der Hauptsache von der Familiensteuer befreit. Durch die Gesetzgebung von 1848 wurde an Stelle der Familiensteuer eine allg. Einkommensteuer und eine selbständige Capitalrentensteuer, zunächst vorläufig, eingeführt. Diese Steuern wurden, im Wesentlichen unverändert, durch Ges. vom 11. Juli 1850 endgiltig belassen. Die allg. Einkommensteuer scheint von den nach Beil. IV § 53 der Verf. Urk. Bevorrechteten bezahlt worden zu sein, wenn auch zum Theile unter Verwahrung (vgl. Verh. d. K. d. Abg. 1855/56 Sten. Ber. I S. 535). Man konnte zu Gunsten der Steuerpflicht anführen, daß eine allgemeine Einkommensteuer keine reine Personalsteuer im Sinne der Verf. Urk. sei, da sie auch eine Besteuerung bestimmter Vermögensgegenstände umfaßte. Indeß hätte dies bei der Familiensteuer ebenso gesagt werden können. Die Zweifel erledigten sich mit Erlaß des Einkommensteuerges. vom 31. Mai 1856, nach welchem nur das Einkommen, das nicht bereits ein der Objectsteuer getroffen war, der Einkommensteuer unterworfen wurde. Diese Steuer war also unstreitig eine Personalsteuer. (Vgl. die Erörterungen in den bereits angef. Kammerverh.) Bezüglich der Capitalrentensteuer wurde zwar versucht, die Eigenschaft einer Personalsteuer für sie in Anspruch zu nehmen, jedoch vergeblich. Die Begründung zum Entw. eines Einkommensteuerges. (Verh. d. K. d. Abg. 1879/80 Beil. Bd. IX S. 326) bezeugt: „Während die Einkommensteuer nach dem Ges. vom 31. Mai 1856 nach den Absichten der Staatsregierung sowohl als nach den bei den Verhandlungen über dieses Ges. hervorgetretenen Anschauungen der Mehrheit des Landtages als eine Personalsteuer im Sinne des § 53 der IV. Verf. Beil. angesehen wurde, hat die Praxis daran festgehalten, daß der Grund- und Haussteuer, der Gewerbe- und Capitalrentensteuer eine solche Qualität nicht beigelegt werden könne." Vgl. auch ebenda Beil. Bd. X S. 554 f., ferner Verh. des bef. Aussch. d. K. d. R. R. zur Berathung der Gesetzentw. betr. die Einkommensteuer ꝛc. 1880/81 Prot. Bd. I S. 122. Die Min. Bek. vom 29. Juli 1881, den Vollzug des Ges. vom 19. Mai 1881 über die Einkommensteuer betr., (G. u. V. Bl. S. 865) bemerkt in § 8, daß auch gegenüber dem gegenwärtigen Einkommensteuerges. die verfassungsmäßige Steuerfreiheit der Mitglieder des k. Hauses und der Standesherren aufrecht erhalten bleibe. Nach alledem kann über die herrschende Rechtsauffassung kein Zweifel bestehen. Dieselbe ist auch eine wohlbegründete.

Ueber die Frage hat sich zwischen Brater und Pözl ein Streit entsponnen. Ersterer (Dollmann's Gesetzgebung des Kgrs. Bayern ꝛc. Th. II Bd. I S. 87, u. Bl. f. adm. Praxis V S. 279) behauptete, daß im Sinne der Verf. Realsteuern nur solche seien, die auf die Rente des unbeweglichen Vermögens gelegt sind, und daß daher nicht blos die Einkommensteuer, sondern auch die Capitalrentensteuer zu den Personalsteuern zu rechnen sei. Er stützte sich dabei hauptsächlich auf das System des Edicts vom 10. Dec. 1814, welches die Steuern von „Besitzungen" (Grund-, Haus-, Dominical- und Gewerbsteuer) und die „Personalsteuern" (Capital- und Lohnsteuer) scheide. Pözl (Lehrb. des bayer. Verf. Rechts S. 203 Anm. 7) dagegen, der übrigens Brater's Beweisführung nicht genau wiedergibt, will die Capitalrentensteuer den Realsteuern zugezählt wissen. M. E. thut man Unrecht, den Urhebern der fraglichen Verfassungsbestimmung eine allzu scharfe Erwägung zuzutrauen. Sie hatten allerdings zunächst die damals bestehende Familiensteuer im Auge, suchten aber dabei nach einem Aus-

gebäude, welche in ihrem Eigenthume stehen und von ihnen bewohnt werden, sind ferner frei von der Haussteuer [115]. Die letztere Befreiung erstreckt sich nur auf solche Gebäude, die zum gewöhnlichen oder regelmäßigen Aufenthalte ihrer Eigenthümer dienen, und umfaßt auch die Nebengebäude, insoferne sie Zugehörungen des Schlosses bilden und mit zu dessen Bewohnbarkeit dienen, wie Stallungen und Wagenschupfen, Wohnungen der Dienerschaft und dergl. Dagegen können nach der Absicht der Verfassung zum Erwerbe bestimmte Gebäude, wie Brauereien, Brennereien, Wirthschaftsräume, selbst dann nicht als steuerfrei erachtet werden, wenn sie mit den Wohnräumen baulich verbunden sind [116]. Zu beachten ist ferner, daß nur Freiheit von der Haussteuer zugestanden ist. Die Zugehörungen der Schloßgebäude sind also, auch wenn die vorhin angegebenen Voraussetzungen zutreffen, nur steuerfrei, soweit sie der Haussteuer, nicht soweit sie der Grundsteuer unterliegen [117].

Die vorerörterten Befreiungen haben, da die directen Staatssteuern den Maßstab für die Umlagen der Gemeindeverbände bilden, auch eine entsprechende Minderung der Umlagenpflicht im Gefolge [118].

---

drucke, der einen Begriff gebe, welcher den Wechsel der Steuergesetzgebung überdauere. Der Begriff der Personalsteuer kann aber nur im Gegensatze zu dem Begriffe der Real- oder Objectsteuer erfaßt werden. Der Umstand, daß durch die damalige Gesetzgebung das Einkommen aus Capitalien nur einer Personalsteuer und nicht, wie das Einkommen aus unbeweglichem Vermögen und Gewerben, auch einer Objectsteuer unterworfen wurde, berechtigt nicht, wenn in der späteren Gesetzgebung die Capitalrentensteuer als selbständige Objectsteuer behandelt wurde, diese neue Steuer, ihrem Wesen entgegen, als Personalsteuer zu erklären. Mit der hier vertretenen Ansicht stimmt A. Seißer, die Ges. über die directen Steuern c., 2. Aufl., I S. 90 ff. überein. Gegen die herrschende Ansicht W. Bocke, daß k. bayer. Ges. v. 19. Mai 1881, die Gewerbesteuer btr., S. 39 ff., welcher der Meinung ist, „daß zur Zeit eine Personalsteuer im Sinne der IV. Verf. Beil. in Bayern überhaupt gar nicht mehr besteht", und E. Müller, Hat der Staat das Recht, die Standesherren zur Einkommensteuer heranzuziehen? Leipzig 1892, nach dessen Auffassung nur die Kopfsteuer Personalsteuer im Sinne der Verf. Urk. wäre. — R. Rohmer, die rechtliche Natur des standesherrlichen Steuervorrechts c., München 1893, S. 22 ff., gelangt dagegen nach sorgfältiger Untersuchung zur Billigung der amtlichen Auffassung. Rohmer bemerkt auch S. 42 richtig, daß die Erbschaftsteuer keine Personalsteuer im Sinne der Verf. Urk. ist. A. Diepolder, Umfang der Steuerfreiheit der Standesherren in Bayern, Augsburg 1892, S. 9 ff., erachtet die Einkommen-, Capitalrenten- und Erbschaftsteuer als Personalsteuern.

[115] Kraft der nemlichen Verfassungsbestimmung. Nach dem strengen Wortlaute bezieht sich allerdings die Erwähnung der Mitglieder des k. Hauses in Beil. IV § 53 der Verf. Urk. nur auf die Personalsteuern; indeß ist kaum zweifelhaft, daß auch bezüglich der Schloßgebäude ihre Steuerfreiheit vorausgesetzt wird. Uebereinstimmend A. Seißer, die Ges. über die directen Steuern I S. 89 Anm. 5.

[116] Vgl. den Beschluß des Ausschusses der für die Vollziehung der Verfassung angeordneten Ministerialconferenz bei A. Seißer a. a. O.

[117] Zweifelhaft könnte es erscheinen, ob die erörterten beiden Steuervorrechte den Mitgliedern des k. Hauses auch in der Pfalz zukommen, da nach der k. Entschl., die Verf. des Kgrs. Bayern btr., vom 5. Oct. 1818 unter C die Verf. Beil. IV auf die Pfalz nicht anwendbar sein soll. Indessen werden sich diese Bedenken durch folgende Erwägungen beseitigen lassen. Die Bestimmung in Verf. Beil. IV § 53 stellt bezüglich der Steuerfreiheiten der Mitglieder des k. Hauses nicht nur einen bisherigen Rechtszustand fest, sondern erkennt auch dessen Fortbauer in der Zukunft an, und zwar, wie man wohl annehmen darf, in dem Sinne, daß diese Vorrechte nicht bloß auf den Geltungsbereich der bestehenden bayer. Steuergesetze sich beschränken, sondern für den ganzen Staat in seinem damaligen und jeweiligen Umfange wirksam sein sollten. Die angef. Stelle der Verf. enthält also in diesem Punkte nicht lediglich eine Feststellung für die Vergangenheit, sondern auch eine Bestimmung für die Zukunft. Diese Bestimmung ist aber, soweit sie auf die Mitglieder des k. Hauses sich bezieht, durch die Entschl. vom 5. Oct. 1818 für die Pfalz nicht entkräftet worden. Denn die Entschl. erklärt als für die Pfalz unanwendbar „die in § 2 u. 3 (des Tit. IV der Verf. Urk.) den ehemals reichsständischen Fürsten und Grafen, sowie den ehemaligen unmittelbaren Reichsadeligen zugesicherten Rechte nebst der hierauf bezüglichen Beilage Nr. 4". Man wollte also nur die Vorrechte der früheren Reichsstände und Reichsunmittelbaren von der Pfalz fern halten. Die einschränkende Absicht der Entschl. erstreckte sich offenbar nicht auf die Steuerbefreiung der Angehörigen des k. Hauses, die in § 53 der IV. Verf. Beil. nur in einem Nebensatze erwähnt ist. Man dachte vielmehr gar nicht daran, daß in der IV. Verf. Beil. überhaupt hievon die Rede sei.

[118] Vgl. übrigens oben § 55 Anm. 15.

Die Empfangsbestätigungen über Apanagen und sonstige Bezüge aus der Staatskasse, welche den Mitgliedern des königlichen Hauses auf Grund des Artikels 7 des Gesetzes über die Civilliste zukommen, sind gebührenfrei [119].

In Bezug auf Zollentrichtung genießen die Mitglieder des königlichen Hauses das
nemliche Vorrecht wie der König [120].

Dieselben sind ferner frei von der Wehrpflicht [121], sowie in gleicher Weise wie der
König von den Heerlasten [122].

6. Abschnitt.
Die Ausübung der Staatsgewalt für den Herrscher.

§ 64. Formen der Ausübung der Staatsgewalt für den Herrscher[1].

Das Wesen des Staates erheischt, daß derselbe keinen Augenblick ohne Herrscher
sei; es fordert aber auch nicht minder, daß die Ausübung der Herrschaft, die Regierung,
keine Unterbrechung erleide. Allein der König ist ein Mensch, allen Zufällen und Unfällen, Bedürfnissen und Schwächen der menschlichen Natur unterworfen. Es kann daher
der Fall eintreten, daß das Staatsoberhaupt zeitweilig oder dauernd nicht in der Lage
ist, die Regierungsgeschäfte wahrzunehmen. Ob solche persönliche Verhältnisse beim Anfalle der Krone vorliegen, oder ob sie erst später sich ergeben, macht nach bayerischem
Staatsrechte keinen Unterschied, da die Thronfolge nicht davon abhängig ist, daß der
Berufene im Stande sei, die Regierung des Landes selbst zu führen.

Die Gründe, welche den König von der persönlichen Erfüllung seiner Regierungs-
obliegenheiten fern halten, können von dreifacher Art sein. Es kann sich für's Erste um
eine zeitweilige, aus freiem Belieben erfolgende Abgabe von Regierungsgeschäften handeln.
Man kann dies als Fälle der Abhaltung bezeichnen. Der Umfang der Abhaltung
kann ein verschiedener sein. Sie kann sich auf ein einzelnes Geschäft z. B. die Eröffnung
oder Schließung des Landtags, auf einen Theil der Staatsangelegenheiten oder auf die
Gesammtheit derselben beziehen. Das Bedürfniß des Königs nach Erholung, der Antritt einer Reise in's Ausland[2] und andere ähnliche Umstände können eine derartige
Abhaltung bewirken. Ferner sind Fälle denkbar, wo der König zwar an sich vollkommen
regierungsfähig, aber durch äußere, von seinem Willen unabhängige Umstände an der
Regierung behindert ist, z. B. dadurch, daß er in Kriegsgefangenschaft gerieth. Endlich
ist die Möglichkeit gegeben, daß der König regierungsunfähig d. h. körperlich oder
geistig außer Stand ist, die Staatsgeschäfte persönlich wahrzunehmen.

---

[119] Gebührenges. Art. 235 Ziff. 29.

[120] Vertrag, die Fortdauer des Zoll- u. Handelsvereins betr., vom 8. Juli 1867 (G. Bl. 1866/69
S. 93) Art. 15; Zollges. vom 17. Nov. 1837 (G. Bl. S. 177) § 23 lit. a. Vgl. oben § 55 Anm. 6, 7.

[121] R. Kriegsdienstges. vom 9. Nov. 1867 (B. G. Bl. S. 131) § 1.

[122] Vgl. oben § 55 Anm. 8.

[1] A. v. Kirchenheim, die Regentschaft, Leipzig 1880, wo S. 161 ff. die einschlägigen Schriften
angegeben sind. Neuerlich sind mehrere Doctorschriften über den Gegenstand erschienen, wovon die erstgenannte die beste ist: E. Hauke, Regentschaft u. Stellvertretung des Landesherrn nach deutschem
Staatsrechte, Breslau 1887; W. Diedmann, die Regentschaft u. Stellvertretung des Monarchen im
deutschen Staatsrecht, Hannover 1888; F. Peters, die Regentschaft u. Regierungsstellvertretung der
deutschen Landesherrn, Breslau 1889. Vgl. auch G. Jellinek, System der subjectiven öffentlichen
Rechte, Freiburg i. B. 1892, S. 145 f., J. Graßmann, die Regentschaft in Preußen u. im Deutschen
Reich, Archiv f. öff. Recht VI S. 489 ff., C. Bornhak, preuß. Staatsrecht, Freiburg i. B. 1888,
I S. 191 ff.

[2] Vgl. z. B. G. Bl. 1819 S. 25, R. Bl. 1835 S. 997.

Für all diese Fälle muß Vorsorge getroffen werden, damit der Fortgang der Regierung keine störende Unterbrechung erleidet. Diese Vorsorge kann der Natur der Sache nach nur darin bestehen, daß die mangelnde Regierungsthätigkeit des Herrschers durch die Thätigkeit Anderer ersetzt wird.

Ein solcher Ersatz kann nach bayerischem Staatsrechte entweder in Folge eigener Verfügung des Königs oder kraft des Gesetzes eintreten. Im ersten Falle spricht man von Stellvertretung, im zweiten Falle von Reichsverwesung oder Regentschaft. Das Gemeinsame dieser beiden Arten der Ersetzung des Königs ist, daß die Regierungshandlungen stets im Namen des Königs geschehen, das Unterscheidende, daß die Stellvertretung in persönlichem Auftrage, die Reichsverwesung in gesetzlicher Berufung ihren Grund hat. Dieser Unterschied in dem Grunde, aus welchem der Ersatzmann seine Berechtigung herleitet, für den König zu handeln, bringt auch einen Unterschied in der Gestaltung des Inhalts dieser Berechtigung mit sich. Der Umfang der Befugnisse des Stellvertreters bemißt sich nach seinem Auftrage, der Umfang der Befugnisse des Reichsverwesers nach dem Gesetze[3]. Es bedarf kaum der Bemerkung, daß Regierungsstellvertretung und Reichsverwesung öffentlichrechtliche Verhältnisse sind, da es sich hiebei um den Ersatz der staatlichen Persönlichkeit des Herrschers handelt.

Als unbedingt unzulässig erscheint nach bayerischem Staatsrechte die Einsetzung eines Mitregenten, soferne dies nicht bloßer Titel für einen theilweisen Stellvertreter ist. Die Mitregentschaft im eigentlichen Sinne des Wortes als gleichberechtigte Theilnahme an der Ausübung der Staatsgewalt neben dem Könige widerspricht dem Wesen der Einherrschaft, dem Satze der Verfassung, daß der König alle Rechte der Staatsgewalt in sich vereinigt[4].

Eine außerordentliche Form der Regierungsausübung für den Herrscher ist nach der bayerischen Verfassungsurkunde das Vicekönigthum, dessen Einsetzung dann nöthig ist, wenn „die Krone an die Gemahlin eines auswärtigen größeren Monarchen" gelangt[5]. Die Verfassung gibt über die staatsrechtliche Natur dieser Einrichtung keinen näheren Aufschluß. Hievon soll am Schlusse des gegenwärtigen Abschnittes noch näher gehandelt werden.

§ 65. Begriff der Reichsverwesung.

Reichsverwesung ist Ausübung der Staatsgewalt für den Herrscher kraft Berufung durch das Gesetz[1].

Die Regentschaft ist Ausübung der Staatsgewalt, sie ist nicht die Staatsgewalt selbst. Der Regent ist nicht Herrscher. Er hat die persönlichen Rechte, welche dem Herrscher zukommen, nur so weit, als das Gesetz sie ihm ausdrücklich zubilligt. Er hat also in Bezug auf diese Rechte die Vermuthung gegen sich.

---

[3] Vgl. über den Unterschied von Stellvertretung und Reichsverwesung vor Allem H. Schulze, preuß. Staatsrecht, 2. Aufl., I S. 219 f.; ferner A. v. Kirchenheim, die Regentschaft S. 58 f., und meine Bemerkungen hiezu Krit. Vierteljahresschr. für Gesetzgebung u. Rechtswiss., N. F., IV S. 450. S. auch Mittnacht, über Stellvertretung des vorübergehend an der Regierung verhinderten Fürsten, Deutsche Vierteljahresschr. 1864, 2. Heft S. 228, Fricker, Thronunfähigkeit u. Reichsverwesung, Zeitschrift f. d. ges. Staatswissenschaft XXXI (1875) S. 266 f.

[4] H. Schulze, preuß. Staatsrecht, 2. Aufl., I S. 223. C. F. v. Gerber, Grundzüge eines Systems des deutschen Staatsrechts § 34 Anm. 7; G. Meyer, Lehrb. des deutschen Staatsrechts, 3. Aufl., S. 233. S. auch Mittnacht a. a. O. S. 242 ff.

[5] Verf. Urk. Tit. II § 6 Abs. II.

[1] Aehnlich A. v. Kirchenheim, die Regentschaft S. 52.

Die Regentschaft ist Ausübung der Staatsgewalt. Sie bezieht sich nicht auf bestimmte einzelne Hoheitsrechte, sondern auf die Staatshoheit als Ganzes. Der Regent darf, soweit er nicht durch ausdrückliche gesetzliche Vorschrift beschränkt ist [2], dem Grundsatze nach Alles thun, was der König thun darf. Er hat die Vermuthung der Zuständigkeit für sich. Die Beschränkungen des Regenten bewirken keine Theilung der Staatsgewalt dem Rechte nach; denn dem Rechte nach ist die Staatsgewalt voll und ganz des Königs. Sie begründet aber auch keine Theilung der Staatsgewalt der Ausübung nach; denn die Befugnisse, welche dem Regenten entzogen sind, übt kein Anderer aus, sondern sie ruhen, bis der König selbst in der Lage ist, sie geltend zu machen.

Der Regent darf ferner Alles so thun, wie es der König thun darf, soferne die Verfassung nicht ausdrücklich ein Anderes vorschreibt.

Die Reichsverwesung ist Ausübung der Staatsgewalt für den Herrscher. Der Regent muß Alles, was er als solcher thut, im Namen des Königs thun [3]. Der Bestand seiner Regentschaft ist vom Bestande der Herrschaft des Königs, für den er Regent ist, abhängig. Die gesetzmäßigen Regierungshandlungen des Regenten sind Regierungshandlungen des Königs. Der Herrscher, welcher zur Selbstregierung gelangt, steht denselben so gegenüber, wie wenn er selbst sie vorgenommen hätte.

Die Reichsverwesung ist Ausübung der Staatsgewalt für den Herrscher kraft Berufung durch das Gesetz. Der Regent ist Ersatzmann des Königs, aber nicht dessen Beauftragter. Seine Stellung ist hienach zwar vom Bestande der Herrschaft des Königs, nicht aber vom Willen des Königs abhängig. Die Reichsverwesung beruht auch dann auf gesetzlicher Berufung, wenn der Regent vom vorigen Könige für den Regierungsnachfolger ernannt ist [4]. Denn eine solche Ernennung kann nicht unter den Gesichtspunkt eines Auftrags, sondern nur unter den Gesichtspunkt eines Sondergesetzes (lex specialis) gebracht werden [5]. Sie kann als Auftrag nicht gefaßt werden, weil der Urheber der Willenserklärung in dem Augenblicke, wo dieselbe wirksam werden soll, aufhört, einen Herrscherwillen zu haben, während derjenige, für welchen der Regent eintritt, einen Auftrag weder gegeben hat, noch geben konnte. Dagegen erfüllt diese Ernennung vollkommen den Begriff des Sondergesetzes [6], und ein solches kann der König auch mit Wirkung über seinen Tod oder seine Regierungszeit hinaus erlassen [7].

Da die Berufung zur Regentschaft, ebenso wie die Berufung zur Krone, stets auf Gesetz beruht, so folgt, daß die Regentschaft, ebenso wie die Krone, zwar nie gegen den Willen, wohl aber ohne den Willen des Berufenen anfällt. Die Ablehnung hat hier wie dort die Wirkung, daß der Anfall als nicht geschehen gilt [8].

---

[2] Verf. Urk. Tit. II § 17: „Der Regent übt während seiner Reichsverwesung alle Regierungsrechte aus, welche durch die Verfassung nicht besonders ausgenommen sind."

[3] Verf. Urk. Tit. II § 15. [4] Verf. Urk. Tit. II § 10 Abs. I.

[5] Als letztwillige Verfügung kann eine solche Ernennung nicht angesehen werden, weil sie sich nicht auf dem Gebiete des bürgerlichen Rechtes bewegt. Sie ist nicht einmal nothwendig Verfügung auf Todesfall, da auch der abdankende Herrscher sie vornehmen kann. Vgl. übrigens auch G. Seidler, Studien zur Geschichte u. Dogmatik des österreich. Staatsrechts, Wien 1894, S. 68 Anm. 32.

[6] Vgl. unten § 201 Anm. 6. Paul Laband, das Staatsrecht des Deutschen Reiches, 3. Aufl., I S. 488 ff.

[7] Den Sachverhalt erkennt richtig J. v. Held, System des Verf. Rechts der monarch. Staaten Teutschlands II § 355 Anm. 2.

[8] Unrichtig Pözl, Lehrb. des bayer. Verf. Rechts S. 384 Anm. 1: „Die Regentschaft geht nicht überall von Rechts wegen über; da wo sie auf den Grund von letztwilliger Verfügung oder besonderer Anordnung deferirt wird, muß sie von dem, der sie ausüben will, durch Antretung erworben werden." Pözl verkennt die wahre Natur der eben bezeichneten Art der Berufung. Zwischen der „gesetzlichen Fürsorge" des Art. 57 der preuß. Verf. Urk. und der Ernennung durch den König allein nach Tit. II §§ 10 Abs. I, 13 Abs. II der bayer. Verf. Urk. ist nur ein Unterschied in der Form, nicht im Wesen.

Wenn man den Satz, daß der Regent kraft Gesetzes Regent ist, dahin faßt, er sei dies kraft eigenen Rechtes, so ist dieser Satz, richtig verstanden, nicht unzutreffend. Der Inhalt des „eigenen Rechtes" des Regenten ist der, an Stelle des Herrschers zu regieren, nicht Herrscher zu sein. Es ist daher kein glücklich gewählter Ausdruck, wenn die Reichsverwesung als „eine unvollkommene Art der Thronfolge" bezeichnet wird⁹. Es gibt ebensowenig eine unvollkommene Art der Thronfolge, als es eine unvollkommene Art der Herrschaft gibt. Die Reichsverwesung ist gegenüber der Herrschaft nicht blos ein Minderes, sondern etwas der Gattung nach Anderes. Darum wird sie auch nicht nothwendig nach denselben Grundsätzen, wie die Herrschaft, übertragen. Wohl liegt es nahe, denjenigen zum Regenten zu berufen, der gegebenen Falles der berufene Herrscher wäre; gewichtige Gründe der Gesetzgebungspolitik sprechen dafür. Aber doch tritt, gerade bei dieser Berufungsordnung für die Regentschaft, der innere Unterschied von Reichsverwesung und Herrschaft darin zu Tage, daß zur Regentschaft derjenige gelangen kann, der rechtlich niemals Herrscher zu werden vermöchte¹⁰.

Nach der vorstehend entwickelten Begriffsbestimmung erscheint die Bezeichnung der Regentschaft als Vormundschaft völlig unmöglich¹¹. Die Umwandlung der Auffassung, welche sich bezüglich der rechtlichen Natur der Herrschaft in der neueren Staatsrechtswissenschaft vollzogen hat, äußert nothwendig auch hier ihre Wirkung. Die Herrschaft ist kein privatrechtliches Vermögen des Herrschers. Der König ist nicht König um seinet-, sondern um des Staates willen. Und ebenso ist der Regent Regent nicht um seinet-, und nicht um des Königs, sondern um des Staates willen. Wohl wahrt der Regent sein Recht und des Königs Macht; aber der innere Grund jenes Rechtes und dieser Macht ist nicht sein oder des Königs Interesse, sondern das Interesse des Staates. Dieser wesentliche Unterschied von Vormundschaft und Regentschaft zeigt sich insbesondere auch darin, daß die Nothwendigkeit der letzteren eintreten kann, wo die der ersteren nicht gegeben ist; nicht minder darin, daß der Vormund des Königs und der Regent des Staates verschiedene Personen sein können¹².

§ 66. Ordentliche und außerordentliche Reichsverwesung.

Die Reichsverwesung ist entweder eine ordentliche oder eine außerordentliche. Nach der bayerischen Verfassungsurkunde ist ordentliche Reichsverwesung diejenige, welche bei gegebener thatsächlicher Voraussetzung mit rechtlicher Nothwendigkeit von selbst eintritt. Dies ist die Regentschaft wegen Minderjährigkeit des Königs. Außerordentliche Reichsverwesung ist diejenige, welche, auch bei gegebenen Voraussetzungen, nur dann statt-

---

⁹ So C. F. v. Gerber, Grundzüge eines Systems des deutschen Staatsrechts § 34.

¹⁰ Verf. Urk. Tit. II § 13.

¹¹ Man sprach früher von „vormundschaftlicher Regierung" u. dgl. Der Ausdruck, wenn auch nicht im Sinne einer gänzlichen Verkennung des Unterschiedes von Regentschaft und Vormundschaft, findet sich z. B. auch bei W. Th. Kraut, die Vormundschaft nach den Grundsätzen des Deutschen Rechts dargestellt, Göttingen 1859, III S. 111, H. A. Zachariä, deutsches Staats- u. Bundesrecht I S. 406 ff., H. Zöpfl, Grundsätze des gem. deutschen Staatsrechts I S. 661 ff. Vgl. die treffenden Bemerkungen von H. Schulze, Lehrbuch des deutschen Staatsrechtes I S. 255 (ähnlich preuß. Staatsrecht, 2. Aufl., I S. 206 f.): „Die Unfähigkeit des Mittelalters, privatrechtliche und staatsrechtliche Verhältnisse scharf auseinander zu halten, zeigt sich auf diesem Gebiete in besonders auffallender Weise. Wie man den Begriff der Staatssuccession durch die Einmischung privatrechtlicher Erbgrundsätze verlor, so legte man hier die Principien der Vormundschaft zum Grunde. Hier wie dort wurde ein allerdings analoges Verhältniß des Privatrechtes als leitendes Princip eines öffentlichrechtlichen Instituts angewendet. Die Bevormundung, welche ein minderjähriger Fürst ebensowenig entbehren kann, wie eine Privatperson, wird auch auf seine landesherrliche Stellung übertragen, und derjenige, welcher ihn als Landesherrn vertrat, lediglich als Vormund betrachtet. Man legte den Schwerpunkt auf das Recht des zu bevormundenden Fürsten, nicht auf die Nothwendigkeit, daß das Land jederzeit eines regierungsfähigen Herrschers bedarf."

¹² Verf. Urk. Tit. II § 14; Familienstatut vom 5. August 1819 Tit. IX §§ 2—4.

findet, wenn der behinderte König keinen Stellvertreter eingesetzt hat[1], und wenn die Nothwendigkeit einer Regentschaft in der verfassungsmäßigen Weise anerkannt ist.

Die Minderjährigkeit des Königs dauert bis zum vollendeten 18. Lebensjahre[2]. Eine Volljährigerklärung des minderjährigen Königs ist nach dem geltenden Rechte unmöglich[3].

Bejaht man die Frage, ob das Kind im Mutterleibe zur Krone gelangen kann, so ist selbstverständlich dieser Fall gleich dem Falle der Minderjährigkeit zu behandeln. Denn bei dem Mangel einer ausdrücklichen Bestimmung der Verfassungsurkunde hierüber ist dies die einzige sich darbietende Analogie. Allerdings eben nur eine Analogie und nicht mehr; denn daß eine derartige Reichsverwesung etwas wesentlich Anderes wäre als die gewöhnliche liegt auf der Hand[4]. Bei einer solchen Zwischenregierung handelt es sich nicht um Ausübung der Staatsgewalt für den König, da ein solcher nicht vorhanden ist. Der Reichsverweser ist vielmehr, solange die Zwischenregierung dauert, thatsächlich Herrscher[5]. Allein dieser Unterschied in der Stellung des Zwischenherrschers und des eigentlichen Reichsverwesers tritt in keiner Rechtswirkung zu Tage, da die Zwischenherrschaft nach den Grundsätzen zu führen ist, die für die Reichsverwesung gelten. An den hier besprochenen Fall ist bei den Bestimmungen der Verfassungsurkunde über die Reichsverwesung offenbar nicht gedacht. Es kann sich also nur darum handeln, diejenige Lösung zu finden, welche der Geber der Verfassung der Frage hätte zu Theil werden lassen, wenn er sich die Frage vorgelegt hätte[6].

Die Ursachen der außerordentlichen Reichsverwesung werden von der Verfassungsurkunde nur in allgemeinen Wendungen bezeichnet. Nach Titel II § 9, b soll Regentschaft eintreten, wenn der König „an der Ausübung der Regierung auf längere Zeit verhindert ist", und ebenso spricht § 11 von „irgend einer Ursache", die den König „an der Ausübung der Regierung" hindere[7]. Ein Unterschied zwischen Verhinderungsursachen, welche beim Anfalle der Krone bereits vorliegen, und solchen, welche erst später eintreten, wird dabei nicht gemacht[8].

Diese Bestimmungen lassen, wie man sieht, der auslegenden Thätigkeit einen ziemlich weiten Spielraum[9]. Als Ursachen der außerordentlichen Reichsverwesung werden

---

[1] Verf. Urk. Tit. II § 9 „für die Verwaltung des Reichs nicht selbst Vorsorge getroffen hat." § 11 „Sollte der Monarch . . . für diesen Fall nicht selbst Vorsehung getroffen haben."

[2] Verf. Urk. Tit. IX § 7. Fam. Statut Tit. IX § 1. So schon zur Reichszeit für die Kurhäuser nach Aur. Bull. cap. VII § 4. Zusammenstellung der Volljährigkeitstermine in den deutschen reichsständischen und in den nachmals souveränen Häusern bei Kraut a. a. O. III S. 148 ff. und 157 ff. S. auch H. Schulze, Lehrb. des deutschen Staatsrechts I S. 256 f., G. Meyer, Lehrb. des deutschen Staatsrechts, 3. Aufl., S. 227.

[3] So auch E. v. Moy, Staatsrecht des Kgrs. Bayern, I, 1 S. 183, Pözl, Lehrb. des bayer. Verf. Rechts S. 382 Anm. 2. Vgl. R. v. Mohl, das Staatsrecht des Kgrs. Württemberg I § 60 Ziff. 1. Die Volljährigerklärung durch den Regierungsvorgänger könnte nur mittels oder auf Grund verfassungändernden Gesetzes geschehen. Vgl. R. v. Mohl, über die ständischen Rechte in Beziehung auf Reichsverwesung, in Staatsrecht, Völkerrecht u. Politik I S. 170 Anm. 1 (gegen Zöpfl).

[4] Dies hebt A. v. Kirchenheim a. a. O. S. 65 richtig hervor.

[5] Ich sehe keinen Grund, an einem Herrscher auf Zeit Anstoß zu nehmen, zumal nichts Menschliches ewig ist.

[6] Vgl. im Allg. H. Triepel, das Interregnum, Leipzig 1892, der übrigens m. E. zu keinen befriedigenden Ergebnissen gelangt. Eine eigenthümliche und interessante Auffassung bei F. Haule, die geschichtlichen Grundlagen des Monarchenrechts, Wien u. Leipzig 1894, S. 122 f.

[7] In der Sitzung des Revisionsausschusses vom 15. Nov. 1814 nannte der Berichterstatter v. Zentner als Fälle „Verstandeszerrüttung wie bei dem dermaligen Könige von England", „sonstige unheilbare Krankheit" und Gefangenschaft.

[8] Tit. II § 9, b, § 11 der Verf. Urk. find den Art. 65, b, 68 des Familienges. vom 18. Jan. 1816 nachgebildet.

[9] Auch andere deutsche Verfassungen bewegen sich in ähnlicher Allgemeinheit. Vgl. H. Schulze, Lehrb. des deutschen Staatsrechts I S. 257; ferner A. v. Kirchenheim a. a. O. S. 62.

im Allgemeinen jene sich darstellen, welche oben als Fälle der Behinderung und der Regierungsunfähigkeit bezeichnet worden sind. Es handelt sich dabei durchweg um eine thatsächliche Unmöglichkeit, zu regieren. Rechtliche Hindernisse der Regierung für den König, der nach der Verfassung zur Krone berufen ist, kennt das bayerische Staatsrecht, vom Falle der ordentlichen Reichsverwesung wegen Minderjährigkeit abgesehen, nicht. Solche haben durch Titel II §§ 9 und 11 der Verfassungsurkunde auch nicht mittelbar eingeführt werden wollen. Rechtliche Hindernisse können nur bei der Berufung auf den Thron [10], nicht bei der Ausübung der Regierung zur Geltung kommen [11].

Ueber die Fälle der Behinderung ist eine weitere Bemerkung nicht erforderlich; die Mannichfaltigkeit der möglichen thatsächlichen Behinderungsfälle könnte doch durch keine Erörterung erschöpft werden. Hervorzuheben ist nur, daß auch der Fall der Verschollenheit des Königs hieher zu rechnen sein wird [12].

Dagegen bedarf der Begriff der Regierungsunfähigkeit einer näheren Bestimmung. Dieser Begriff hat schon im älteren Staatsrechte Behandlung gefunden, wo derselbe für die Frage der Thronfolgefähigkeit Bedeutung hatte [13].

Von vorneherein ist hier zu bemerken, daß Regierungsfähigkeit und privatrechtliche Handlungsfähigkeit nicht dasselbe sind. Wohl ist es richtig, daß, wo die letztere mangelt, auch die erstere nicht gegeben ist. Aber ein privatrechtlich handlungsfähiger Herrscher kann nicht regierungsfähig sein. Es ist eine andere Frage, ob Jemand im Stande ist, in dem immerhin beschränkten Kreise seiner privatrechtlichen Beziehungen mit selbständiger Entschließung sich zu bewegen, eine andere, ob er einen Staat zu regieren vermag. Diese letztere Frage beantwortet sich nicht nach Rechtsregeln — denn solche stellt die Verfassungsurkunde nicht auf —, sondern nach den Verhältnissen des einzelnen Falles. Auf der anderen Seite aber ist nicht außer Acht zu lassen, daß der Begriff der Regierungsunfähigkeit, trotzdem er weiter ist als jener der Handlungsunfähigkeit, strenge gefaßt werden muß. Nicht die mangelhafte Fähigkeit, sondern nur die völlige Unfähigkeit zu regieren, kann den Eintritt einer Reichsverwesung rechtfertigen. Die Regierungsunfähigkeit besteht in der Unfähigkeit, die Willensakte selbständig vorzunehmen, die zur Regierung erforderlich sind. Die Regierung ist eine geistige, keine körperliche Thätigkeit. Geisteskrankheit macht daher unbedingt regierungsunfähig. Körperliche Gebrechen dagegen können niemals unmittelbar, sondern nur mittelbar Regierungsunfähigkeit begründen. Letzteres ist dann der Fall, wenn körperliche Gebrechen von der Art sind, daß

---

[10] Vgl. Verf. Urk. Tit. II § 6 Abs. I.

[11] Fricker, Thronunfähigkeit u. Reichsverwesung, Zeitschr. für die ges. Staatswissenschaft XXXI (1875) S. 223 bemerkt richtig: „Die in den deutschen Verfassungsurkunden gewählten Ausdrücke „verhindert", „nicht im Stande", „unfähig", „in der Unmöglichkeit sich befindend", zu regieren, wollen offenbar einen und denselben Gedanken ausdrücken und zwar jedenfalls den der factischen Unmöglichkeit der Ausübung der Regierung durch den Monarchen aus irgend welchem Grund. Ob auch rechtliche Hindernisse darunter begriffen sein sollen, kann zweifelhaft erscheinen. Rechtliche Hindernisse der Regierung müssen nothwendig ausdrücklich bestimmt sein; enthält nun eine Verfassung wirklich solche rechtliche Hindernisse, so sind sie auch in jener allgemeinen Begründung der Reichsverwesung mit begriffen. Diese allgemeine Begründung darf aber offenbar nicht dazu benützt werden, aus irgend einer Forderung der Verfassung ein rechtliches Hinderniß erst zu formuliren, wo die Verfassung nicht nachweisbar jener Forderung diese Folge geben wollte."

[12] Kraut a. a. O. III S. 166.

[13] A. B. cap. 24 § 3: Primogenitus filius succedat .. nisi forsitan mente captus, fatuus seu alterius famosi et notabilis defectus existeret, propter quem non deberet seu posset hominibus principari. Ob diese Vorschrift der goldenen Bulle nur geistige oder auch körperliche Gebrechen im Auge hatte, war streitig. Vgl. Tabor, die körperliche Thronfolgefähigkeit in den deutschen Bundesstaaten, Zeitschr. für deutsches Recht u. deutsche Rechtswiss. IX (1844) S. 291.

dem Könige die physischen Voraussetzungen fehlen, einen selbständigen Herrscherwillen zu faffen oder zu äußern ¹⁴.

Die Verfaffungsurkunde läßt nicht in jedem Falle der Behinderung oder Regierungsunfähigkeit die Nothwendigkeit einer Reichsverwesung eintreten. Die Regentschaft soll vielmehr nur dann Platz greifen, wenn 1) die Ursache, welche dem Könige die Ausübung der Regierung unmöglich macht, „auf längere Zeit" wirkt, und wenn außerdem 2) der König „für die Verwaltung des Reiches nicht selbst Vorsorge getroffen hat oder treffen kann" ¹⁵.

Was als „längere Zeit" im Sinne der erstgenannten Gesetzesverfügung zu erachten sei, wird an anderer Stelle ¹⁶ näher mit den Worten bezeichnet, daß es sich um eine Ursache handeln müffe, „die in ihrer Wirkung länger als ein Jahr dauert". Es kann vernünftiger Weise nicht die Absicht der Verfaffungsurkunde sein, hiemit auszusprechen, daß die Wirkung fraglicher Ursache bereits ein Jahr gedauert h a b e n müffe, wenn an eine Reichsverwesung solle gedacht werden dürfen. Vielmehr wird, wenn nach menschlichem Ermeffen von vornherein anzunehmen ist, daß die Behinderung oder Regierungsunfähigkeit des Herrschers länger als ein Jahr anhalten werde, die Reichsverwesung sofort einzutreten haben ¹⁷. Ja es wird sogar die Frage aufzuwerfen sein, ob es denn überhaupt möglich ist, selbst bei vorausfichtlich kürzerer Dauer der Behinderung oder Regierungsunfähigkeit von der Einführung einer Reichsverwesung abzusehen ¹⁸.

Die Reichsverwesung tritt nicht ein, wenn der König für seine Stellvertretung Vorsorge getroffen hat. Nach dem Wortlaute der Verfassung schließt nur diejenige Stellvertretung den Eintritt der Reichsverwesung aus, welche von dem Könige selbst, dem die Ausübung der Regierung unmöglich ist, und zwar für d i e s e n F a l l, angeordnet wurde. Daraus ergibt fich zweierlei. Der Regierungsvorgänger kann in den Fällen der außerordentlichen Reichsverwesung keine Stellvertretung für seinen Nachfolger (und ebensowenig einen Reichsverweser) bestimmen. Eine solche Verfügung könnte nur in der Form eines Verfaffungsgesetzes stattfinden. Auch muß die vom Könige wegen seiner Stellvertretung getroffene Anordnung auf dasjenige Ereigniß Bezug haben, durch welches er in die Unmöglichkeit zu regieren versetzt worden ist. Diese Beziehung kann allerdings bei einer allgemeinen Faffung der königlichen Verfügung gegenüber einer Mehrzahl verschiedenartiger Ereigniffe bestehen. Wenn aber die Stellvertretung vom Könige mit Hinblick auf einen bestimmten Grund der Unmöglichkeit zu regieren eingesetzt worden ist, dann

---

¹⁴ P ö z l, Lehrb. des bayer. Verf. Rechts S. 382 Anm. 4 sagt: „Welche Gebrechen diese Wirkung haben, darüber enthält weder die Verf. Urk. noch das Fam. Statut irgend eine genauere Bestimmung." Dies ist kein Mangel unserer Gesetzgebung, sobald man die im Texte vertretene Ansicht als richtig anerkennt, daß die Regierungsunfähigkeit in letzter Linie immer Unfähigkeit ist, einen Herrscherwillen zu bethätigen. Die Frage, wann letztere vorliegt, wird stets Thatfrage bleiben müffen. Der ganze Gegensatz aber zwischen geistiger und körperlicher Regierungsfähigkeit, der dem neueren Staatsrechte nicht gemäß ist, schwindet bei unserer Auffaffung. Bestimmungen, welche beim Vorhandensein gewiffer körperlicher Mängel Regierungsunfähigkeit unbedingt aussprechen, wie z. B. das württembergische Hausstatut von 1808 bei unheilbarer Blindheit (R. v. M o h l, Staatsrecht des Kgrs. Württemberg I § 60 Anm. 6), haben nur die Bedeutung einer zwingenden Rechtsvermuthung, daß hier die Fähigkeit zur freien Bethätigung eines Herrscherwillens fehle. In der Sache erscheint einverstanden H. S c h u l z e, Lehrb. des deutschen Staatsrechts I S. 257 Anm. 2. Vgl. hieher auch T a b o r a. a. O. S. 258 ff., R. v. M o h l, über die ständischen Rechte in Beziehung auf Reichsverwesung, in Staatsrecht, Völkerrecht u. Politik I S. 171 ff.

¹⁵ Verf. Urk. Tit. II § 9, b.   ¹⁶ Verf. Urk. Tit. II § 11.

¹⁷ Man denke nur z. B. an den thatsächlich eingetretenen Fall, daß ein unheilbar Geisteskranker König wird.

¹⁸ Bei den Berathungen über die Verf. hatte Staatsrath Graf Seyden bemerkt: „Kann wohl der Staat ein Jahr lang ohne Regenten bleiben? Nach meinem Dafürhalten dürfte es heißen: Sollte der Monarch durch irgend eine Ursache, die nicht nach einer großen Wahrscheinlichkeit in Kurzem wieder aufhören wird, verhindert werden 2c."

ist es unstatthaft, diese Anordnung auf eine andere Ursache zu beziehen. Die Stellvertretung, welche vom Könige wegen eines nothwendig gewordenen längeren Aufenthalts außer Landes verfügt worden ist, kann z. B. nicht auf den Fall eintretender Geisteskrankheit erstreckt werden. Ferner ist klar, daß durch eine Stellvertretung, welche nicht die Gesammtheit der Regierungsgeschäfte begreift, sondern nur eine beschränkte ist, die Nothwendigkeit der außerordentlichen Reichsverwesung nicht beseitigt werden kann. In einem solchen Falle würde vielmehr der Stellvertreter dem gesetzlich berufenen Reichsverweser den Platz zu räumen haben.

Die außerordentliche Reichsverwesung tritt, wie bereits früher bemerkt wurde, bei gegebenen Voraussetzungen zwar kraft der Verfassung ein; deren Nothwendigkeit muß aber in der verfassungsmäßig vorgeschriebenen Weise anerkannt werden. Was die Verfassung in dieser Richtung anordnet, ist sehr unvollkommen. Die gesetzliche Regentschaft soll „mit Zustimmung der Stände, welchen die Verhinderungsursachen anzuzeigen sind", stattfinden¹⁹.

Hier wird die Thätigkeit von irgend Jemandem vorausgesetzt, der dem Landtage anzeigt, daß der Fall einer außerordentlichen Reichsverwesung vorliegt, und der die Anerkennung der Volksvertretung hiefür erholt. Darüber aber, wer dieser Jemand sein solle, schweigt die Verfassung²⁰. Daß der König selbst, wenn er hiezu fähig sein sollte, die Einleitung zur Anordnung einer Reichsverwesung treffen kann, ist selbstverständlich²¹. Dagegen fehlen ausdrückliche Bestimmungen für die übrigen Fälle. Man kömmt über diese Lücke nicht mit der Bemerkung weg, daß in Folge derselben zu fürchten sei, die Verfassungsbestimmung werde unausführbar bleiben²². Es gibt allerdings Gesetzeslücken, denen gegenüber man sich damit helfen kann, daß man die lückenhafte Anordnung unvollzogen läßt. In dem hier fraglichen Falle indessen ist ein solches Verfahren unmöglich. Die Lücke muß ausgefüllt werden.

Diese Aufgabe wäre leicht, wenn richtig wäre, was behauptet worden ist, daß es „auch heut zu Tage" „noch gemeinrechtlich als ein Recht der fürstlichen Agnaten betrachtet werden" müsse, „im Falle der Behinderung des Souveräns als Familienrath zusammenzutreten und über die Nothwendigkeit einer Regentschaft allein zu beschließen, sofern nicht ein neueres Verfassungsgesetz darüber Bestimmungen enthält, wobei die Mitwirkung der Landstände erfordert wird"²³. Diese Sätze sind indessen gänzlich unhaltbar. Es gibt vor Allem, vom Reichsstaatsrechte abgesehen, kein gemeines deutsches Staatsrecht. Durch die Umwandlung der deutschen landesherrlichen Gebiete in Staaten ist in Bezug auf Besitz und Ausübung der landesherrlichen Gewalt eine so grundsätzliche Aenderung der Rechtslage vor sich gegangen, daß ein Rückgriff auf die früheren patrimonialen Anschauungen völlig unzulässig ist. Der Staat ist kein Erbgut der landesherrlichen Familie. Dieselbe hat als solche kein Recht am Staate. Nur für den einzelnen Agnaten kann die Erlangung der Krone oder die Ausübung der Kronrechte als Regent in Frage kommen. Der Familienrath der Agnaten scheidet also jedenfalls aus der Reihe derjenigen aus, die zur Berufung des Landtags nach Titel II § 11 der Verfassungsurkunde möglicher Weise befugt sein können. Der Familienrath ist kein staatsrechtlicher Factor²⁴, sondern hat nur die ziemlich beschränkten Aufgaben zu erfüllen, welche ihm im Familienstatute zugewiesen sind.

---

¹⁹ Verf. Urk. Tit. II § 11.

²⁰ Staatsrath Graf Leyden hatte in seinen Bemerkungen zur Verfassung die Frage aufgeworfen, ohne jedoch hiemit Beachtung zu finden.

²¹ Vgl. dazu die Bemerkung bei O. v. Sarwey, Staatsrecht des Kgrs. Württemberg, I S. 64, in einem solchen Falle seien „die Stände nicht verhindert, die Einsetzung der Reichsverwesung zu beschließen, auch wenn es zweifelhaft wäre, ob im Falle des Widerspruchs des Königs eine solche eingesetzt werden könne und müsse."

²² So Pözl, Lehrb. des bayer. Verf. Rechts S. 384 Anm. 10.

²³ So Zöpfl, Grundsätze des gem. deutschen Staatsrechts I S. 671; s. auch ebenda S. 772 f. Dagegen R. v. Mohl in der mehrerwähnten Abhandlung, Staatsrecht, Völkerrecht u. Politik I S. 175, 195; ferner H. Schulze, Lehrb. des deutschen Staatsrechts I S. 259 Anm. 1.

²⁴ R. v. Mohl a. a. O. S. 176 bemerkt richtig: „Die Agnaten als solche haben kein Recht zu staatsrechtlichen Handlungen und keinen Anspruch auf Gehorsam."

Hienach können, zumal wenn man die Bestimmungen anderer deutscher Verfassungen in Vergleich zieht, überhaupt nur zwei Factoren als solche in Betracht kommen, welchen allenfalls das Recht zugestanden werden kann, eine außerordentliche Reichsverwesung herbeizuführen und den Landtag zum Zwecke der Anerkennung ihrer Voraussetzungen zu versammeln ²⁵: das Gesammtstaatsministerium und derjenige, welcher verfassungsmäßig zur Regentschaft berufen ist ²⁶.

Die Entscheidung dürfte zu Gunsten des Letzteren zu treffen sein, nicht obschon, sondern weil er neben dem Könige zunächst an der Einführung der Reichsverwesung rechtlich betheiligt ist ²⁷. Es handelt sich für ihn darum, die Anerkennung der Kammern dafür zu erwirken, daß er die Reichsverwesung mit Grund übernommen habe. Mangels anderer Vorschrift der Verfassung ist es daher das Natürlichste, daß auch er diese Anerkennung einhole. Daß, wenn die Reichsverwesung nothwendig ist, er der berufene Regent sei, steht bereits gesetzlich fest. Es ist demnach wohl auch seine Sache, durch Bewirkung der formellen Anerkennung jener Nothwendigkeit die Möglichkeit herbeiführen, daß er sich der Aufgabe, zu welcher ihn die Verfassung beruft, unterziehe. Er wird dabei, nachdem die Versammlung des Landtags ein Regierungsakt im Namen des Königs ist, der verantwortlichen Mitwirkung des Staatsministeriums bedürfen ²⁸.

Selbstverständlich ist, daß mit dem Augenblicke, mit welchem durch diese Einberufung des Landtags die Regierungsfähigkeit des Königs in Zweifel gezogen ist, die Ausübung der Regierungsgewalt durch den König gehemmt sein muß, bis über die Anerkennung der Nothwendigkeit der Regentschaft entschieden ist. Denn sonst könnte der König durch seine Regierungshandlungen die Entscheidung darüber unmöglich machen, ob der Fall der Reichsverwesung vorliege. Dies zuzulassen, kann nicht in der Absicht der Verfassung gelegen sein.

Es ist ferner hervorzuheben, daß, wenn auch die Nothwendigkeit der Reichsverwesung der Anerkennung durch den Landtag bedarf, doch die Reichsverwesung nicht erst mit

---

²⁵ Die Befugniß des Landtags, sich selbst zu versammeln, erscheint nach seiner ganzen staatsrechtlichen Stellung als ausgeschlossen, ganz abgesehen davon, daß der Wortlaut der Verf. Urk. dem entgegen steht. Vgl. auch R. v. Mohl a. a. O. S. 176.

²⁶ Nach der preuß. Verfassung (Art. 56, 57) übernimmt gegebenen Falls derjenige volljährige Agnat zur Regentschaft, welcher der Krone am nächsten steht. Derselbe muß sofort die Kammern zur Entscheidung darüber berufen, ob Reichsverwesung nöthig sei. Ist ein volljähriger Agnat nicht vorhanden, so hat das Staatsministerium die Kammern zur Wahl eines Regenten zu berufen. H. Schulze, preuß. Staatsrecht, 2. Aufl., I S. 208 f. Vgl. auch die Verf. Urk. des Kgrs. Sachsen § 11 u. Württembergs § 13. R. v. Mohl, Staatsrecht des Kgrs. Württemberg I § 60, b, ſ.

²⁷ R. v. Mohl, Staatsrecht, Völkerrecht u. Politik I S. 176 spricht sich de lege ferenda dahin aus, daß der zur Reichsverwesung Berufene von der „Berathung und Beschlußnahme" über deren Nothwendigkeit auszuschließen sei. S. dagegen die Bemerkungen bei A. v. Kirchenheim, die Regentschaft S. 81 f.

²⁸ In den Ministerialconferenzen, welche Ludwig I. im Jahre 1826 über die Durchsicht der Verf. Urk. veranlaßte, brachte der König auch bei Tit. II § 9 der Verf. Urk. die hier besprochene Lücke zur Erörterung. Es sei nicht bestimmt, wer zu entscheiden habe, wann der Zeitpunkt der Regierungsunfähigkeit des Herrschers eintrete, bzw. wann derselbe die Zügel der Regierung wieder übernehmen könne. In der Sitzung vom 14. Jan. 1826 äußerte die Conferenz, der unter der Leitung des Königs der Feldmarschall Fürst Wrede, dann die Minister Grafen Thürheim und Armannsperg, Frhr. v. Zentner und v. Maillot anwohnten: „Aus der Analogie der in §§ 11 u. 12 (Tit. II der Verf. Urk.) gegebenen Bestimmungen dürfte es dem Gesammtstaatsministerium obliegen, in einem solch traurigen Fall die geeigneten Einleitungen auf die Zeugnisse der in besonderen Pflichten noch zu nehmenden Aerzte, sowie die Einberufung der Stände zu veranlassen, und die besondere Verantwortlichkeit hierüber gegen den kranken König bei seiner Wiedergenesung, gegen den Nachfolger und gegen die Stände zu übernehmen." — Die von mir vertretene Ansicht (vgl. auch O. v. Sarwey, Staatsrecht des Kgrs. Württemberg I S. 65 Anm. 5) ist im Jahre 1886 zur Anerkennung gelangt. G. u. V. Bl. 1886 S. 299, 301. In dem Vortrage des Reichsraths Dr. v. Neumayr (Verh. d. K. b. K. R. 1883/86 Prot. Bd. V S. 911 f.) wird auf die oben gegebenen Ausführungen Bezug genommen.

dem Gesammtbeschlusse der Kammern, sondern mit dem Augenblicke begründet ist, wo sie von dem Berufenen ergriffen worden ist[29]. Andererseits kann die Giltigkeit königlicher Regierungshandlungen, welche vor diesem Zeitpunkte liegen, nicht mit der Behauptung angefochten werden, daß der König schon vorher regierungsunfähig gewesen sei[30].

Die Betheiligung an der Einleitung einer Regentschaft kann selbst dann, wenn deren Nothwendigkeit in der Folge nicht anerkannt werden sollte, unter der Voraussetzung guten Glaubens niemals irgend eine Verantwortlichkeit begründen. Denn es handelt sich in dem gegebenen Falle um die, wenigstens vermeintliche Erfüllung einer staatsrechtlichen Verpflichtung[31].

§ 67. Berufung zur Reichsverwesung.

Die staatsrechtlichen Grundsätze über die Berufung zur Reichsverwesung sind für die ordentliche und außerordentliche Reichsverwesung theilweise verschieden.

Bei der ordentlichen Reichsverwesung steht dem Regierungsvorgänger das Recht zu, den Reichsverweser für seinen minderjährigen Nachfolger unter den volljährigen Prinzen des königlichen Hauses[1] zu wählen[2]. Auch Ernennungen im Hinblick auf die Möglichkeit, daß der in erster Linie Ernannte wegfällt, werden als statthaft zu erachten sein.

Die Ernennung geschieht mittels einer Urkunde, welche der König ausfertigt. Sie bedarf zu ihrer Giltigkeit der Gegenzeichnung des Staatsministers des königlichen Hauses und des Aeußern[3].

Der genannte Minister hat die Urkunde bis zum Ableben des Königs oder bis zu dessen Abdankung[4] im Hausarchive verwahren zu lassen. Tritt der Fall der Regentschaft ein, so hat der Minister des Hauses die Urkunde dem Gesammtstaatsministerium zur Einsicht und öffentlichen Bekanntmachung (durch das Gesetz- und Verordnungs-

---

[29] Vgl. Bekanntm. vom 10. und Patent vom 14. Juni 1886 (G. u. V. Bl. S. 299, 301). In der Botschaft des Prinz-Regenten Luitpold an den Landtag vom 14. Juni 1886 wird an die Kammern der Antrag gestellt, „der auf Grund des Tit. II § 11 der Verf. Urk. gemäß Bekanntm. vom 10. Juni d. Js. von Uns übernommenen und nunmehr fortzusetzenden Regentschaft zuzustimmen." In diesem Sinne lautete auch der Gesammtbeschluß der Kammern. Die Verh. sind nachgewiesen Repert. 1883/86 S. 224 ff. Reichsrath Dr. v. Neumayr (Verh. d. K. d. R. R. 1883/86 Prot. Bd. V S. 912) bezeichnete es als selbstverständlich, „daß der zur Regentschaft berufene Agnat, vorbehaltlich natürlich der Zustimmung des Landtags, sofort die Regentschaft antreten muß, weil das Land nie auch nur einen Moment lang ohne ein Organ der Ausübung der Regierung sein darf."

[30] Vgl. insbes. die Aeußerungen des Reichsraths Dr. v. Neumayr a. a. O. S. 910 f. und des Staatsministers Dr. Frhrn. v. Lutz ebenda S. 930 ff. (gegen den Reichsrath Grafen zu Ortenburg a. a. O. S. 917 f.).

[31] Die Frage ist von R. v. Mohl, Staatsrecht des Kgrs. Württemberg I § 60 Anm. 8 bezüglich der strafrechtlichen Verantwortlichkeit aufgeworfen worden. Uebrigens paßt keiner der Thatbestände des § 81 des R. St. G. B. auf den erörterten Fall. Zutreffend äußert sich hierüber O. v. Sarwey, Staatsrecht des Kgrs. Württemberg I S. 65.

[1] D. h. also wohl unter denjenigen, die zur Zeit der Ernennung volljährig sind.

[2] Verf. Urk. Tit. II § 10 Abs. I. Ebenso schon die Verf. von 1808, 2. Titel § IX. Zur Zeit des alten Reiches gab die Frage vielfach zum Streite Anlaß, ob die in A. B. cap. VII § 4 angeordnete gesetzliche Vormundschaft hinter der tutela testamentaria zurück zu stehen habe. Zur Beseitigung dieser auch im wittelsbachischen Hause zu Tage getretenen Schwierigkeiten hatte der Ansbacher Hausvertrag vom 12. Oct. 1796 (Art. 1, vgl. 29) lediglich die gesetzliche Regentschaft (Landesadministration) des nächsten volljährigen und fähigen Agnaten zugelassen und andere Verfügungen „für null und nichtig" erklärt.

[3] Ges., die Verantwortlichkeit der Minister betr., vom 4. Juni 1848, Art. 4.

[4] Wenn diese nicht etwa gleichzeitig mit der Ernennung des Reichsverwesers erfolgt.

blatt) vorzulegen.   Zugleich erfolgt Mittheilung der Urkunde an den ernannten Reichs-verweser⁵.

Ist im Falle der ordentlichen Reichsverwesung vom Regierungsvorgänger kein Re-gent ernannt, so „gebührt die Reichsverwesung demjenigen volljährigen Agnaten, welcher nach der festgesetzten Erbfolgeordnung der Nächste ist"⁶.   Dabei ist selbstverständlich vorausgesetzt, daß der nächstberufene Agnat in der Lage sei, die Regierung führen zu können.   Kann er dies nicht, so wird die Regentschaft unter den Agnaten nach der Thron-folgeordnung an den nächsten Regierungsfähigen weiter vergeben⁷.

„Wenn kein zur Reichsverwesung geeigneter Agnat vorhanden ist, der Monarch je-doch eine verwittibte Königin hinterläßt, so gebührt dieser die Reichsverwesung"⁸.   Hie-bei ist gleichgiltig, ob die Königin-Wittwe die Mutter des neuen Königs ist oder nicht. Dagegen kann die Mutter des neuen Königs, wenn sie nicht Königin-Wittwe ist, nicht zur Reichsverwesung gelangen.   Die Königin-Wittwe darf, wenn sie Regentin werden soll, weder an der Regierung behindert, noch regierungsunfähig sein⁹.

In letzter Linie sind die Kronbeamten zur Regentschaft berufen.   Unter diesen hat zunächst derjenige den Vorzug, welchen der letztverstorbene König hiezu ernannt hat¹⁰. Dieses Ernennungsrecht des Königs besteht nur für den Fall, und die Ernennung wird nur unter der Voraussetzung wirksam, daß kein Agnat und keine Königin-Wittwe, welche zur Reichsverwesung geeignet wäre, vorhanden ist.   Die Verfassung bestimmt nichts über die Form der Ernennung und deren Bekanntgabe.   Es wird aber wegen der Gleichheit der Sachlage die Lücke dahin zu ergänzen sein, daß für diese Ernennung dasselbe gilt, wie für die Ernennung eines Agnaten zum Regenten.

Hat der Regierungsvorgänger keine Ernennung vorgenommen, so sind die Kron-beamten nach ihrer Rangordnung zur Reichsverwesung berufen¹¹.   Die Rangfolge der-selben ist nachstehende: *Kron-Oberst-Hofmeister, Kron-Oberst-Kämmerer, Kron-Oberst-Marschall, Kron-Oberst-Postmeister*¹².

Die Uebernahme der Regentschaft durch einen Kronbeamten setzt selbstverständlich voraus, daß derselbe nicht behindert, und daß er fähig ist, zu regieren¹³.   Für die Re-gierungsfähigkeit der Kronbeamten gelten im Allgemeinen dieselben Grundsätze, wie für die Regierungsfähigkeit des Herrschers und der sonst zur Regentschaft berufenen Personen. Nur in Einem Punkte ergibt sich eine Verschiedenheit.   Da die Regierungsfähigkeit durch die Großjährigkeit bedingt ist und diese für die Kronbeamten erst mit dem vollendeten 21. Lebensjahre eintritt¹⁴, so können dieselben auch erst vom letzteren Zeitpunkte an zur Regentschaft gelangen.

---

⁵ Verf. Urk. Tit. II § 12.   Die Verf. Urk. hat an den Fall der Abdankung des Königs nicht gedacht.   Sie hätte ihn jedoch, wenn sie daran gedacht hätte, entsprechend dem Falle des Todes be-handeln müssen.
⁶ Verf. Urk. Tit. II § 10 Abs. II.
⁷ Verf. Urk. Tit. II § 10 Abs. III.   Ueber die Beendigung dieser Regentschaft unten nach Anm. 18.   ⁸ Verf. Urk. Tit. II § 13 Abs. I.
⁹ Sie darf insbes. nicht minderjährig sein; denn es ist nicht anzunehmen, daß die Verf. vom Weibe weniger fordern wolle wie vom Manne.
¹⁰ Verf. Urk. Tit. II § 13 Abs. II.   Die Bestimmung wurde auf Anregung des Kronprinzen Ludwig getroffen, der mit Recht auf die Aehnlichkeit dieses Falles mit jenem in § 10 Abs. I hinwies.
¹¹ Verf. Urk. Tit. II § 13 Abs. II.
¹² Regl., die Kronämter des Reichs betr., vom 28. Juli 1808 (Weber I S. 198) im Eingange u. § 7.
¹³ „welchem kein gesetzliches Hinderniß entgegensteht". Verf. Urk. Tit. II § 13 Abs. II.
¹⁴ Reichsges., betr. das Alter der Großjährigkeit, vom 17. Febr. 1875 (R. G. Bl. S. 71). Vgl. auch das Anm. 12 erwähnte Regl. § 5: „Bis der Kronbeamte das 21. Jahr erreicht, muß er in seinen Obliegenheiten durch einen Lehnträger aus der nemlichen Classe vertreten werden." Daß dieser Ver-treter nicht an Stelle des Kronbeamten Reichsverweser werden kann, bedarf kaum der Erwähnung.

Bei der außerordentlichen Reichsverwesung soll nach den Worten der Verfassung „gleichfalls die für den Fall der Minderjährigkeit bestimmte gesetzliche Regentschaft" stattfinden¹⁵.

Die Bedeutung dieses Satzes läßt Zweifeln Raum. Sicher ist soviel, daß mit den Worten „gesetzliche Regentschaft" die Bestellung des Reichsverwesers durch den Regierungsvorgänger bei der außerordentlichen Regentschaft ausgeschlossen werden will. Für die Berufung der Agnaten soll also lediglich die Thronfolgeordnung Maß geben. Dagegen könnte man Bedenken hegen, ob die Verfassung auch hier nach den Agnaten die Königin-Wittwe und die Kronbeamten zur Regentschaft berufen wolle. Zwei Gründe lassen sich gegen diese Annahme geltend machen. Zunächst der, daß die Bestimmung über die Berufung zur außerordentlichen Reichsverwesung zwischen die Vorschriften über die Berufung der Agnaten und jene über die Berufung der Königin-Wittwe und der Kronbeamten eingeschoben ist. Sodann kömmt weiter in Betracht, daß letztere Vorschriften an Anordnungen sich reihen, die zweifellos nur die ordentliche Reichsverwesung betreffen, und daß sie ihrer Fassung nach nur die ordentliche Reichsverwesung im Auge zu haben scheinen. Indessen erweisen sich diese Bedenken bei näherer Erwägung nicht als durchschlagend¹⁶. Vor Allem fehlt es an jedem inneren Grunde, die Königin-Wittwe und die Kronbeamten bei der außerordentlichen Reichsverwesung auszuschließen; auch würde, wenn dies angenommen werden wollte, eine sehr bedenkliche Lücke in der Verfassung entstehen; endlich spricht die Entstehungsgeschichte der einschlägigen Bestimmungen dafür, daß man Königin-Wittwe und Kronbeamte auch zur außerordentlichen Regentschaft berufen wollte¹⁷.

Sind nun die Königin-Wittwe und die Kronbeamten zur außerordentlichen Regentschaft zugelassen, so ergibt sich bezüglich der Berufsordnung gegenüber der ordentlichen Regentschaft nur eine Aenderung. Es fällt, entsprechend wie bei den Agnaten, die Möglichkeit weg, daß ein Kronbeamter durch den Regierungsvorgänger zum Regenten ernannt wird.

Unbedingt unzulässig aber ist es, bei der außerordentlichen Regentschaft die Gemahlin des Königs an die Stelle der Königin-Wittwe oder neben dieselbe zu setzen. Denn die Verfassung enthält kein Wort, welches auf eine Berufung der Gemahlin des Königs schließen ließe¹⁸.

Bezüglich der Bedeutung der Berufungsordnung sowohl bei der ordentlichen wie bei der außerordentlichen Reichsverwesung erhebt sich eine ebenso schwierige als wichtige Frage, nemlich die, ob die Berufungsordnung nur für den Anfall der Regentschaft, oder ob sie auch für die Fortführung der Regentschaft nach deren Anfall Geltung hat. Ist ersteres zutreffend, dann bleibt derjenige, der einmal Regent geworden ist, dies so lange, bis entweder die Ursache der Regentschaft beseitigt ist, oder ein Grund, der in der Person des Regenten liegt, die Beendigung seiner Regierungsverwesung herbeiführt. Ist

---

¹⁵ Verf. Urk. Tit. II § 11.
¹⁶ Die Bemerkung Pözl's, Lehrb. des bayer. Verf. Rechts S. 384 Anm. 11 ist nicht ausreichend.
¹⁷ Der Entwurf von 1814 hat als Tit. II § 18: „In dem oben § 14 c vorausgesetzten Falle (Aussterben der regierenden Familie und Mangel eines für diesen Fall ernannten Nachfolgers) steht die Reichsverwesung dem ersten Kronbeamten zu, welcher auch in gänzlicher Ermangelung eines volljährigen Agnaten das Reich verwaltet, bis der durch das Gesetz zur Reichsverwesung berufene Agnat die Volljährigkeit erlangt hat." Ebenso Familienstatut von 1816 Art. 70. Bei dieser Fassung ist klar, daß der erste Kronbeamte zu jeder Art von Regentschaft für fähig erklärt werden wollte. § 19 schloß dann die Königin-Wittwe von der Regentschaft aus.
In der zweiten Lesung von 1818 wurde, als man für die Zulassung der Königin zur Reichsverwesung sich entschied, jener frühere § 18 in die Form gebracht, welche er jetzt als § 13 hat. Dessen nunmehriger Abs. II hatte schon in erster Lesung wegen der oben Anm. 10 erwähnten Ausstellung des Kronprinzen jene Umgestaltung erfahren, die, indem sie die Ernennung des Regenten durch den letzten König vorsieht, den Schein erweckt, als habe man nur an den Fall der Minderjährigkeit gedacht.
¹⁸ Pözl a. a. O. S. 384 nennt ohne weitere Begründung als zur außerordentlichen Reichsverwesung berufen „die Königin-Wittwe (oder die Gemahlin des Königs)". Dabei ist nicht ganz klar, welchen Sinn Pözl hier mit „oder" verbindet. Die Unmöglichkeit seiner Ansicht erhellt schon daraus, daß nicht zu ermitteln wäre, ob die Königin-Wittwe oder die Königin-Gemahlin den Vorrang hat. Dieselbe Ansicht wie Pözl hatte schon Schunck, Staatsrecht des Kgrs. Baiern § 52 Anm. 1, aufgestellt mit Berufung auf die „Analogie". Richtig E. v. Moy, Staatsrecht des Kgrs. Bayern I, 1 S. 180: „Die Königin namentlich kann nur als Wittwe zur Regentschaft gelangen, nicht so lange sie etwa mit dem blos verhinderten Monarchen in ehelicher Gemeinschaft lebt oder zu leben verpflichtet ist."

dagegen Letzteres richtig, dann muß der Reichsverweser zurücktreten, sobald derjenige, der gesetzlich vor ihm berufen, aber bei Anfall der Regentschaft zu deren Uebernahme ungeeignet war, in der Lage ist, die Reichsverwesung zu führen.

Die Verfassung von 1808 ¹⁹ hatte sich mit klaren Worten für das erstere System entschieden.   Die Verfassung von 1818 gibt keine ausdrückliche Antwort auf die Frage. Eine nähere Untersuchung, welches der beiden Systeme von der Verfassung gewollt ist, erscheint daher nothwendig ²⁰.

Diese Untersuchung wird noch dadurch erschwert, daß verschiedene Kategorien von Personen nach einander und innerhalb dieser Kategorien — von der Königin-Wittwe ab- gesehen — die derselben angehörigen Personen nach einer bestimmten Reihenfolge zur Regentschaft berufen sind.   Hier ist noch die Möglichkeit zu erwägen, daß die Verfassung für das Verhältniß der Kategorien unter einander das zweite System, für das Verhältniß der Personen gleicher Kategorie unter sich aber das erste System habe annehmen wollen.

Zur Lösung unserer Aufgabe wird zweierlei dienlich sein.   Es wird erörtert werden müssen, welches System der verfassungsmäßigen Berufungsordnung am meisten entspricht, und es wird zuzusehen sein, welche Aufschlüsse über die Absicht des Gesetzgebers etwa der Entstehungsgeschichte der Verfassungsurkunde entnommen werden können.

Faßt man zunächst den ersten Gesichtspunkt in's Auge, so wird nicht zu verkennen sein', daß der Berufungsordnung bei der Regentschaft der Gedanke zu Grunde liegt, es solle regelmäßig derjenige Reichsverweser sein, welcher der Krone zunächst steht.   Die Re- gierung an des Königs Statt soll demjenigen zukommen, der, wenn die Krone sich er- ledigen würde, selbst König wäre.   Dies ist jene Ordnung der Dinge, die dem Wesen des erblichen Königthums am gemäßesten ist.   Wenn besondere Umstände eine Trennung der Herrschaft nach Innehabung und Ausübung erheischen, soll diese Ausnahme von der Regel thunlichst dadurch gemildert werden, daß in der Folgeordnung der Regentschaft die Thron- folgeordnung gleichsam vorweg genommen wird ²¹.

Allein es können Gründe, welche entweder unbedingt zwingender Natur sind oder vom Gesetzgeber als überwiegend erachtet werden, dazu führen, von der Regel, daß Regentschaftsfolge und Thronfolge übereinstimmen, abzuweichen.   Solche Abweichungen müssen indeß, eben weil sie Ausnahmen sind, im Zweifel enge ausgelegt werden.

Nothwendig ist eine Ausnahme da, wo derjenige, welcher nach der Regel zur Regent- schaft berufen wäre, falls er zur Krone berufen sein würde, selbst eines Regenten bedürfte. Hier ist nach Maßgabe der Thronfolgeordnung weiter zu gehen, oder es sind, wenn letztere

---

¹⁹ Tit. II § IX.

²⁰ Dies ist nicht, wie A. v. Kirchenheim, die Regentschaft S. 89, meint, eine „Doctorfrage"; denn die voraussichtliche Seltenheit ihres Auftretens thut ihrer Wichtigkeit, wenn sie auftritt, keinen Eintrag.

²¹ Dies ist der richtige Gedanke, der in Gerber's unrichtigem Begriffe der Regentschaft „als einer unvollkommenen Art der Thronfolge" versteckt liegt. (Grundzüge eines Systems des deutschen Staatsrechts § 34.) Läßt man aber Gerber's Formel als Gleichniß mit dem bekannten, alle Gleich- nisse treffenden Vorbehalte gelten, dann muß man das, was er a. a. O. sagt, geradezu umkehren. Nicht weil die Regentschaft eine unvollkommene Art der Thronfolge ist, muß das Recht auf die Regentschaft „denselben Personen" zustehen, „welchen die Thronfolge überhaupt gebührt, und zwar auch nach Maß- gabe der bestehenden Thronfolgeordnung", sondern, insofern die Regentschaft nach letzterer Ordnung vergeben wird, kann man sie allenfalls mit der Thronfolge vergleichen.   Gerber's Formel läßt die Fälle unerklärt, wo die Regentschaft nicht nach der Thronfolgeordnung vergeben wird und wo doch auch eine vollkommene Regentschaft vorliegt.   Es geht nicht an, diesen Fällen gegenüber zu sagen, daß manche Verfassungen „unter dem Einflusse des unrichtigen Princips der Vormundschaft dazu geführt worden sind, jene rechtliche Ordnung durch das Dazwischenschieben eines Rechtes der Mutter oder Ge- mahlin zu stören, oder sie gar einem willkürlichen Bestimmungsrechte des früheren Monarchen Preis zu geben."

erschöpft ist, andere Personen zu berufen. Aber wie der Agnat, welcher zur Regentschaft
erstberufen, jedoch behindert oder regierungsunfähig ist, wenn man ihn sich als König
denkt, die Regierung dem Regenten abnehmen würde, sobald er sie selbst führen kann,
ebenso muß er dies, dem leitenden Gedanken der Regentschaftsordnung gemäß, seinem
Nachmanne in der Regentschaft gegenüber thun dürfen[22]. Dieser Folgerung gegenüber
läßt sich nicht geltend machen, daß sie der Stetigkeit der Regierung widerstreite, die im
Wesen der Herrschergewalt und im Interesse des Staates liegt[23]. Solche Betrachtungen
können zwar den Gesetzgeber veranlassen, die Regentschaftsordnung entsprechend zu gestalten; wenn aber eine Verfassung die Uebereinstimmung von Thronfolge und Regentschaftsordnung als Regel ausspricht, so ist es nicht statthaft, ohne Anhalt im Wortlaute
des Gesetzes auf derartige allgemeine Erwägungen eine Ausnahme zu gründen[24]. Das
Gesetz kann ferner, wie dies in der bayerischen Verfassungsurkunde geschehen ist, dem Regierungsvorgänger gestatten, eine Abweichung von der regelmäßigen Uebereinstimmung
zwischen der Ordnung der Regentschafts- und Thronfolge durch einen besonderen Willensakt im Einzelfalle zu bewirken. Mögen die Gründe, aus welchen das Gesetz dies zuläßt,
sein, welche sie wollen, jedenfalls ist auch hier sicher, daß diese Ausnahme nicht über den
Wortlaut des Gesetzes ausgedehnt werden darf.

    Wesentlich anders gestaltet sich die Sache da, wo ausnahmsweise Kategorien von
Personen zur Regentschaft berufen werden müssen, die keine möglichen Thronerben sind.
Da deren Berufung ein Nothbehelf ist, so ist anzunehmen, daß sie nach der Absicht des
Gesetzgebers zurückzutreten haben, wenn ein Agnat regierungsfähig wird. Dagegen be-
steht im Verhältnisse dieser Personen unter einander, da ihre Berufungsordnung nicht der
Thronfolgeordnung nachgebildet, sondern eine willkürliche ist, im Zweifel kein Grund zur
Annahme, daß diese Berufungsordnung auch für die Fortführung der erworbenen Regent-
schaft gelten solle[25].

    Wir fassen unser Ergebniß in folgende Sätze zusammen.

    Wo die Reihenfolge der zur Regentschaft Berufenen nach der Thronfolgeordnung
sich bestimmt, hat auch nach erworbener Regentschaft der fernere Agnat dem näheren zu
weichen, sofern das Gesetz dies nicht ausdrücklich ausschließt. Dagegen kann der Agnat,

---

[22] So auch R. v. Mohl, das Staatsrecht des Kgrs. Württemberg I § 61.

[23] Das ist die Auffassung der Mehrzahl der Schriftsteller. S. z. B. Pözl in Bluntschli's u.
Brater's Staatswörterb. VIII S. 574, H. Schulze, preuß. Staatsrecht, 2. Aufl. I S. 217 Anm. 1,
L. v. Rönne, Staatsrecht der preuß. Monarchie I S. 186, C. F. v. Gerber, Grundzüge eines
Systems des deutschen Staatsrechtes § 34 Anm. 9, G. Meyer, Lehrb. des deutschen Staatsrechtes,
3. Aufl. S. 231 Anm. 41.

[24] Gerber a. a. O. bemerkt: „Es kann im Allgemeinen keineswegs als selbstverständlich betrachtet werden, daß die für den Erwerb eines Rechtes bestehenden Voraussetzungen immer auch fortdauernde Bedingungen seiner Innehabung sind. Vielmehr muß im Zweifel ihre Erfüllung im Momente des Erwerbs genügen." Dieser Beweisgrund trifft nicht zu. Die Frage, um die es sich handelt,
ist nicht die subjective Befähigung oder Berechtigung zur Regentschaft, sondern die Auslegung des
Sinnes der objectiven Ordnung der Regentschaftsfolge. Für die subjective Befähigung zur Regentschaft würde übrigens gerade der Satz richtig sein, daß die für ihren Erwerb bestehenden Voraussetzungen auch fortdauernde Bedingungen ihrer Innehabung sind. Ebenso wenig beweiskräftig ist die
Erwägung, die Meyer a. a. O. für seine Ansicht geltend macht, daß „die Nähe zur Krone zwar einen
Maßstab für die Reihenfolge der Berufungen abgeben, aber keine Abstufung in der Befähigung zur
Regentschaft feststellen solle". Denn der entferntere Agnat tritt dem regierungsfähig gewordenen näheren
Agnaten die Regentschaft nicht wegen dessen größerer Befähigung zur Regierung ab, sondern weil dieser
nunmehr das nähere Recht zur Regentschaft hat.

[25] Vgl. zum Vorstehenden A. v. Kirchenheim, die Regentschaft, S. 86 ff., bei welchem der
richtige Gedanke, daß zwischen der regelmäßigen Regentschaft der Agnaten und der „eventualen"
Regentschaft Anderer ein Unterschied sei, zur Anerkennung gelangt. Er folgert daraus aber nur, daß
letztere vor ersteren zurücktreten müssen. Für das Verhältniß der Agnaten unter sich nimmt er den
Grundsatz agnatus semel exclusus semper exclusus an.

der vom Könige zum Verweser ernannt worden ist, wenn er die Regentschaft beim Anfalle nicht erworben hat, später nur mehr nach Maßgabe der gesetzlichen Ordnung zur Regentschaft gelangen. Der Regent, der wegen Mangels eines geeigneten Agnaten zur Regierung kam, hat gegebenen Falles vor einem Agnaten, dagegen niemals vor einem Nicht-Agnaten, zurückzutreten.

Diese Sätze dürfen auch für das bayerische Staatsrecht als richtig anerkannt werden, da, wie zu zeigen ist, die Entstehungsgeschichte der betreffenden Verfassungsbestimmungen mindestens nicht den Beweis einer entgegengesetzten Absicht des Gesetzgebers liefert, ja vielmehr für die hier vertretene Anschauung spricht.

Ueber die Regentschaft der Agnaten sagt die Verfassung von 1808 im § IX des zweiten Titels, daß Mangels einer Verfügung des verstorbenen Königs die Reichsverwesung an Stelle des minderjährigen Königs dem „nächsten volljährigen Agnaten gebühre". „Der weiter Entfernte, welcher wegen Unmündigkeit eines näheren die Verwaltung übernommen hat, setzt sie bis zur Volljährigkeit des Monarchen fort" *⁶.

Die Verfassungsurkunde von 1818 Titel II § 10 Absatz II und III beruft in dem angegebenen Falle gleichfalls denjenigen volljährigen Agnaten zur Regentschaft, „welcher nach der festgesetzten Erbfolgeordnung der Nächste ist". „Wäre der Prinz, welchem dieselbe nach obiger Bestimmung gebührt, selbst noch minderjährig oder durch ein sonstiges Hinderniß abgehalten, die Regentschaft zu übernehmen, so fällt sie auf denjenigen Agnaten, welcher nach ihm der Nächste ist." Die ausdrückliche Bestimmung, daß Letzterer die Regentschaft bis zum selbständigen Regierungsantritte des Königs behalte, fehlt.

Die Frage, ob der Grundsatz agnatus semel exclusus semper exclusus beizubehalten sei, kam in der Sitzung des Verfassungsrevisionsausschusses vom 15. November 1814 zur Erörterung. Der Berichterstatter von Zentner brachte eine Fassung der betreffenden Bestimmung zum Vorschlage, die in ihrem ersten Theile sich mit dem Inhalte des jetzigen § 10 des II. Verfassungstitels deckt. Daran reiht sich sodann folgender Absatz: „Dieser (der dem regierungsunfähigen Agnaten folgende nächste Agnat) setzt dieselbe (die Reichsverwesung) bis zur Volljährigkeit des zur Regierung berufenen Prinzen fort, wenn auch in der Zwischenzeit der nähere Agnat volljährig geworden ist, oder das Hinderniß, welches ihn nach folgendem § III ad b (§ 11 des jetzigen Titels II der Verfassung) von der Uebernahme der Regentschaft abgehalten hatte, aufgehört hat." Zentner hob indessen hervor, es liege darin eine Härte, wenn der nächstberufene Agnat wegen eines vorübergehenden Hindernisses, das nur kurze Zeit noch währe, der Regentschaft verlustig werde. „Es scheine reiner und consequenter zu sein, daß der durch das Gesetz zur Regentschaft berufene Agnat in dieselbe eintrete, sobald er die Volljährigkeit erreicht, oder das Hinderniß, welches ihn von der Uebernahme der Regentschaft abhielt, aufgehört hat. Sollte ein Wechsel in der Regentschaft gänzlich beseitigt werden wollen, so könnte vielleicht die oben bemerkte Härte dadurch gemildert werden, daß dem entfernten Agnaten die Nachfolge in der Regentschaft nur dann gestattet werde, wenn dem durch das Gesetz zur Regentschaft berufenen Agnaten zu seiner Volljährigkeit noch mehr als ein Jahr abgehe, oder nicht zu erwarten sei, daß das eingetretene Hinderniß, welches ihn von der Uebernahme der Regentschaft abhalte, während dem Zeitraume eines Jahres werde gehoben werden. In der Zwischenzeit führe das Gesammtministerium unter seiner Verantwortlichkeit die Regierung nach den bestehenden Gesetzen fort."

Der Ausschuß trat in eine eingehende Berathung der Sache ein, und es fanden hiebei auch die Gründe des staatlichen Interesses Vertretung, welche gegen einen Wechsel in der Person des Reichsverwesers sprechen. Schließlich kam man zu dem Ergebnisse, daß die Frage geeignet sei, der Entscheidung des Königs unterbreitet zu werden. Die Mehrheit begutachtete aber dabei, zu verfügen, „daß der durch das Gesetz zur Regentschaft berufene Agnat in dieselbe eintrete, sobald er die Volljährigkeit erreicht, oder das Hinderniß, welches ihn von der Uebernahme der Regentschaft abhielt, aufgehört hat".

Im Entwurfe von 1814 bilden die hier besprochenen Bestimmungen den § 15 des II. Titels der Verfassung. Sie lauten: „Einem jeden Monarchen steht es frei, unter den volljährigen Prinzen des Hauses den Reichsverweser während der Minderjährigkeit seines Nachfolgers zu wählen. In Ermangelung einer solchen Bestimmung gebührt dieselbe demjenigen volljährigen Agnaten, welcher nach der Linealerbfolgeordnung und nach dem Rechte der Erstgeburt der nächste an der Erbfolge ist.

Wäre derjenige Prinz, welchem die Reichsverwesung nach obiger Bestimmung gebührt, selbst noch minderjährig oder durch ein sonstiges Hinderniß abgehalten, die Regentschaft zu übernehmen, so fällt sie auf denjenigen Agnaten, welcher in der oben festgesetzten Ordnung nach ihm der Nächste ist.

---

*⁶ Ebenso sénatuscons. org. vom 28 floréal XII art. 22 (Bull. des lois 4ᵉ série, t. I p. 5).

Dieser setzt dieselbe so lange fort, bis der durch das Gesetz vor ihm berufene Agnat die Volljährigkeit erreicht oder das Hinderniß, welches ihn von der Uebernahme der Regentschaft abhielt, aufgehört hat."

Auch das Familiengesetz vom 18. Januar 1816 Titel 9 Art. 67 beließ es dabei.

Bei den Ministerialconferenzen von 1818 waren die hier erörterten Vorschriften über die Berufung zur Regentschaft neuerdings Gegenstand sorgfältiger Erwägung. In der Sitzung vom 7. März wurde bei Besprechung des § 15 a. a. O. von mehreren Mitgliedern beantragt, „die Nachsätze: wäre derjenige Prinz ꝛc. bis zum Schlusse, als überflüssig, und da er (der §) Bestimmungen enthalte, die sich bei eintretenden Fällen von selbst verstünden, auszulassen und dafür am Schlusse des ersten Absatzes dieses § zu setzen: und durch kein gesetzliches Hinderniß abgehalten ist."

Im Sitzungsprotokolle heißt es dann wörtlich weiter:

„Diesem Vorschlage wurde von anderen Mitgliedern entgegengesetzt, daß der Fall, wenn der durch das Gesetz zur Reichsverwesung berufene Agnat bei dem Ableben des letzten Monarchen und der Minderjährigkeit des Thronerben selbst noch nicht volljährig wäre, und es erst während der Dauer der Reichsverwesung würde, folglich die Stelle des Reichsverwesers in Folge des ihm zustehenden Rechtes übernehme, eine eigene Entscheidung in der Verfassung nothwendig mache, um den sonst entstehen könnenden bedeutenden Nachtheilen für den Staat, wenn der Verwalter der Reichsverwesung sich einen Anhang und Parteien zu gewinnen suchte, um sich bei der Regentschaft zu erhalten, durch bestimmte Anordnungen in der Verfassung selbst zuvorzukommen.

Der Herr Staatsminister der Finanzen Frhr. v. Lerchenfeld und mit Ihnen einige Mitglieder bemerkten, wie Sie diesen Fall als entschieden um so mehr beurtheilten, als das baierische Privatrecht denselben bei Vormundschaften auf gleiche Art festsetze; da Sie keine Controvers deswegen denkbar geglaubt, so hätten Sie sich für die Auslassung dieser Sätze bestimmt. Glaube man aber, daß es zur festeren Bestimmung für Fälle der Art wesentlich, so könnten Sie sich auch damit vereinigen, den § 15 nach seiner Fassung beizubehalten . . . .

Der Herr Präsident des Staatsraths Graf v. Törring bemerkten, wie Sie gegen jeden Wechsel in der Reichsverwesung sich erklärten, weil Sie es für den Staat und die Unterthanen gleich nachtheilig glaubten, wenn durch Aufstellung verschiedener Systeme in der Regierung der feste Gang derselben gestört und den Intriguen und Privatmeinungen der Reichsverweser freier Spielraum gegeben wäre. Da inzwischen das baierische Privatrecht diesen Wechsel in dem gegebenen Falle gesetzlich ausspreche³⁷, so bestimmten Sie sich für die Beibehaltung der Nachsätze . . . ."

Die Mehrheit der Mitglieder der Conferenz entschied sich für Beibehaltung des § 15 nach dem Entwurfe als § 11.

Nachdem unterm 13. Mai die Conferenz Aussetzung der Berathungen beschlossen hatte, „um inzwischen in einem kleinen Comité mit der Redaction der Verfassungsurkunde sich zu beschäftigen," gelangte in der Sitzung vom 20. Mai der Titel II der Verfassungsurkunde wiederholt zur Erörterung. Das Sitzungsprotokoll gibt die Verhandlungen über einige Paragraphen dieses Titels wieder und fügt daran die Bemerkung: „Die übrigen des II. Titel bildenden Paragraphen wurden hierauf durchgegangen und nach der in der Anlage enthaltenen Fassung angenommen." Die bezeichnete Anlage enthält die vom kleinen Comité festgestellte Fassung des II. Titels; zu den „übrigen Paragraphen" gehört auch der frühere § 11, nunmehr § 10, welcher genau den Wortlaut hat, wie ihn die verkündete Verfassung aufweist.

Der Unterschied der neuen Redaction von der älteren ist, von unbedeutenden stilistischen Abweichungen abgesehen, der, daß der letzte Absatz, welcher eine ausdrückliche Entscheidung der hier erörterten Frage enthalten hatte, gestrichen ist. Eine Angabe der Gründe für diesen Abstrich fehlt.

Dies ist die Entstehungsgeschichte des § 10 Titel II der Verfassungsurkunde. Es ist zu untersuchen, welche Bedeutung derselben für die Auslegung dieser Gesetzesstelle zukommt.

Fest steht soviel, daß sowohl der Verfassungsentwurf von 1814 als auch der Entwurf erster Lesung von 1818 die Bestimmung der Constitution von 1808 nicht annehmen wollten, wonach der

---

³⁷ Die hier erwähnte Stelle des bayer. Landrechts ist Th. 1 Cap. 7 § 6: „Ein Tutor legitimus muß 5 to zur Vormundschaft tüchtig seyn, dergestalt, daß der nächste Unfähige von den zwar weiter Gesippten, aber Fähigen ausgeschlossen wird; welches auch 6 to bey minderjährigen Befreundten, jedoch nur so lange, bis sie zu vollen Jahren gelangen, beobachtet und mittlerweil die Vormundschaft den übrigen Befreundten oder anderen von der Obrigkeit übertragen soll". In Kreittmayr's Anm. wird hiezu gesagt: „Sind die nächste Anverwandte minderjährig oder blödsinnig, so bestellt man fünftens einen aus den übrigen Befreundten, oder sonst Jemand andern zum Interims-Vormund, bis gleichwohl die Blödsinnigkeit oder Minorennität cessirt . . . welches auch bei Illustribus üblich ist."

einmal zur Regentſchaft berufene entferntere Agnat bis zur Volljährigkeit des Königs Reichsverweſer bleiben ſollte. Aus den Berathungen erſter Leſung vom Jahre 1818 iſt ferner erſichtlich, daß man in der Conferenz nur darüber ſchwankte, ob die Beſtimmung, die in § 15 Abſatz III des Entwurfs von 1814 enthalten iſt, ausdrücklich ausgeſprochen werden müſſe, oder ob ſie ſich nicht, wenn das Geſetz das Gegentheil nicht ausdrücklich ſage, von ſelbſt verſtehe. Die letztere Anſicht war deshalb möglich, weil man, wie aus den Verhandlungen erhellt, ſtark in privatrechtlichen Anſchauungen befangen war. Bei der erſten Leſung entſchied man ſich für Beibehaltung des Abſatzes III.

Wenn nun nach dem Vorſchlage des kleinen Comités in der Faſſung zweiter Leſung dieſer Abſatz III verſchwindet, ohne daß es darüber bei den Verhandlungen zu einem Worte der Erklärung oder der Erörterung kommt, ſo iſt nicht anzunehmen, daß die Conferenz bei einem Punkte, den ſie früher eingehend gewürdigt hatte, ihre Meinung in ſachlicher Beziehung geändert haben ſollte. Man wird vielmehr berechtigt ſein, die vorgenommene Aenderung als eine lediglich redactionelle zu betrachten. Das kleine Comité wollte offenbar den Gedanken, der in der Sitzung vom 7. März angenommen worden war, nicht verwerfen, ſondern nur den Paragraphen kürzer faſſen. Entſprechend der Anſchauung, die bereits früher in der Conferenz zu Tage getreten war, ging man dabei davon aus, daß der Inhalt des § 15 Abſatz III einer ausdrücklichen Hervorhebung nicht bedürfe. Man erachtete das, was die Verfaſſung von 1808 über dieſen Punkt mit ausdrücklichen Worten geſagt hatte, als Regelwidrigkeit, die mit dem Abſtriche der betreffenden Worte für beſeitigt erachtet wurde²⁸.

Bezüglich der Königin-Wittwe und der Kronbeamten iſt die Frage, welche den Gegenſtand der gegenwärtigen Ausführungen bildet, bei den Verhandlungen über die Verfaſſungsurkunde nicht zur Erörterung gekommen. Indeſſen iſt auch ohnedies klar, daß es folgerichtiger Weiſe in der Abſicht der Verfaſſung gelegen ſein muß, den Agnaten das unbedingte Vorzugsrecht vor dieſen Perſonen einzuräumen. Für das Verhältniß der letzteren unter ſich wird dagegen beim Mangel von Anhaltspunkten für die entgegengeſetzte Abſicht der Verfaſſung anzunehmen ſein, daß, wer einmal Regent geworden iſt, dies bleibt, ſo lange die Regentſchaft nothwendig und er dazu geeignet iſt.

---

²⁸ Der hier vertretenen Anſicht iſt, wie es ſcheint, auch E. v. Moy, Staatsrecht des Königreichs Bayern I, 1 S. 180: „Es verſteht ſich, daß die bezeichneten Perſonen nicht ſelbſt einem geſetzlichen Hinderniſſe unterliegen dürfen; ſonſt bleiben ſie auf ſo lange ausgeſchloſſen, als das Hinderniß währt. (V. U. Tit. II § 10 Abſ. III, § 13 Abſ. II.)" A. M. iſt Pözl. Lehrb. des bayer. Verf. Rechts S. 388. „Es hat . . . derjenige, welchem die Reichsverweſung urſprünglich deferirt wurde, dieſelbe bis zu ihrer Beendigung fortzuführen, auch wenn ſpäter im Laufe der Regentſchaft ein Näherberechtigter als er die Fähigkeit erlangte." In einer Anmerkung wird dies in nachſtehender Weiſe gerechtfertigt: „Die Richtigkeit dieſer Sätze folgt aus Verf. Urk. Tit. II § 10 Abſ. II, wo der Entferntere nicht proviſoriſch, ſondern für immer gerufen iſt, dann aus § 16 und aus der Analogie der tutela legitima im Privatrecht; vgl. auch Conſtitution von 1808 Tit. II § 9." Die Berufung auf den Wortlaut des § 10 iſt indeſſen nicht beweiskräftig, nachdem die Entſtehungsgeſchichte lehrt, daß § 10 das nicht ausdrücken ſollte, was Pözl meint. Wenn ferner nach § 16 des Tit. II der Reichsverweſer zu ſchwören hat, daß er dem Könige die Gewalt, deren Ausübung ihm anvertraut ſei, getreu übergeben werde, ſo iſt bei dieſer Faſſung des Eides eben nur an den gewöhnlichen Fall gedacht. Dies erklärt ſich folgender Maßen. Das Familiengeſ. vom 28. Juli 1808 geſtaltete den Eid des Reichsverweſers gleichfalls dahin, daß derſelbe gelobe: „dem künftigen Könige die Gewalt, deren Ausübung mir anvertraut iſt, getreu zu übergeben." Dieſer Wortlaut war gegenüber der Beſtimmung des Tit. 2 § IX der Verfaſſung von 1808 ſicher tadellos. Der Verf. Entwurf von 1814 Tit. II § 22 übernahm dieſe Eidesformel aus dem Familiengeſ. von 1808 faſt wörtlich (es fehlt nur das Wort „künftige" vor „Könige"), obſchon er in § 15 a. a. O. die oben erwähnte Beſtimmung getroffen und außerdem in § 18 angeordnet hatte, daß der erſte Kronbeamte, der bei Mangel eines volljährigen Agnaten zur Reichsverweſung gelangt, das Reich verwalte, „bis der zur Reichsverweſung berufene Agnat die Volljährigkeit erlangt" habe. Die Conferenz von 1818 geſtaltete den Regenteneid zwar in anderen Punkten um, bemerkte aber das Verſehen nicht, welches der Entw. in dem Punkte, der hier in Rede ſteht, ſich zu Schulden kommen ließ. Am Wenigſten zutreffend iſt Pözl's Berufung auf die „Analogie der tutela legitima"; denn dieſe Analogie ſpricht, wie aus Anm. 27 erhellt, gegen ſeine Anſicht.

Kraut, die Vormundſchaft ꝛc. III S. 256 Anm. 26, der mit Pözl übereinſtimmt, beruft ſich gegen Moy auf § 21 des II. Verf. Tit. Dieſe Stelle beweiſt aber offenbar nichts, da hier nur von der Dauer der Regentſchaft, nicht von der Regierungsdauer des einzelnen Regenten die Rede iſt. Dies erhellt insbeſ. daraus, daß ſchon der Entw. von 1814 im II. Tit. § 28 Aehnliches enthielt.

§ 68.　Befugnisse des Reichsverwesers.

Bereits oben wurde bei der Entwickelung des Begriffes der Regentschaft dargelegt, welche rechtliche Stellung dem Reichsverweser im Allgemeinen zukömmt. Das dort Gesagte ist nunmehr mit Rücksicht auf das geltende bayerische Staatsrecht im Besonderen auszuführen. Zweierlei ist hiebei zu erörtern: die rechtliche Stellung des Regenten in Bezug auf seine sachlichen Befugnisse und in Bezug auf seine Person. Zunächst soll von den ersteren gehandelt werden.

„Der Regent," so sagt die Verfassungsurkunde [1], „übt während seiner Reichsverwesung alle Regierungsrechte aus, welche durch die Verfassung nicht besonders ausgenommen sind." Er übt ferner die Rechte aus, welche dem Könige als Haupt des königlichen Hauses familiengesetzlich zukommen [2].

Voraussetzung nicht des Antritts, wohl aber der Fortführung der Regentschaft ist die Leistung des Regenteneides. Der Regent muß „gleich nach dem Antritte der Regentschaft" die Kammern versammeln „und in ihrer Mitte und in Gegenwart der Staatsminister, sowie der Mitglieder des Staatsraths nachstehenden Eid ablegen: Ich schwöre, den Staat in Gemäßheit der Verfassung und der Gesetze des Reiches zu verwalten, die Integrität des Königreiches und die Rechte der Krone zu erhalten, und dem Könige die Gewalt, deren Ausübung mir anvertraut ist, getreu zu übergeben, so wahr mir Gott helfe und sein heiliges Evangelium." Ueber diese Eidesleistung wird eine besondere Urkunde aufgenommen [3].

Daß der Regent schon vor der Eidesleistung Regent ist, ergibt der Wortlaut der Verfassung. Daß er, wenn seine Eidesverweigerung feststeht, Regent nicht bleiben kann, folgt daraus, daß er das Regentenamt als Unterthan [4] übernimmt und daß ihm dasselbe demnach nur gegen Erfüllung der verfassungsmäßigen Vorschriften zusteht [5]. Immerhin ist aber der eidverweigernde Regent Regent gewesen.

Die sachlichen Beschränkungen der Regierungsrechte des Reichsverwesers werden in der Verfassung einzeln aufgezählt [6]. Vor deren näheren Betrachtung ist indessen die Frage zu beantworten, ob dem Reichsverweser das Recht zukomme, die Verfassung selbst zu ändern und damit auch jene Beschränkungen seiner Befugnisse zu beseitigen. Die Verfassung enthält hierüber keine ausdrückliche Bestimmung [7].

---

[1] Tit. II § 17.

[2] Familienstatut vom 5. Aug. 1819 Tit. 1 § 3.

[3] Verf. Urk. Tit. II § 16.

[4] Deßwegen ist dieser Fall von dem Falle der Eidesverweigerung des Königs verschieden.

[5] Uebereinstimmend H. Schulze, Lehrb. des deutschen Staatsrechtes I S. 263, L. v. Rönne, Staatsrecht der preuß. Monarchie I S. 184, R. v. Mohl, Staatsrecht des Kgrs. Württemberg I § 62, H. A. Zachariä, deutsches Staats- u. Bundesrecht I S. 412 ff., Kraut, die Vormundschaft nach den Grundsätzen des deutschen Rechtes III § 138 Anm. 21.

[6] Vgl. über die Frage der Beschränkung des Regierungsrechtes des Regenten A. v. Kirchenheim, die Regentschaft S. 94 ff.

[7] Vgl. hieher G. Stölzle, Verfassungsänderung während der Regentschaft nach bayer. Staatsrechte unter Berücksichtigung des in den übrigen deutschen Staaten geltenden Rechts, Archiv f. öffentl. Recht X S. 1 ff. — Eine Beschränkung des Regenten in Bezug auf Verfassungsänderungen könnte übrigens jedenfalls nur für das bayer. Verf., nicht für das Reichsverfassungsrecht Geltung haben. Hinsichtlich der Stimmführung im Bundesrathe steht der Regent dem Könige gleich. Der Schluß a minore ad maius ist hier unstatthaft, weil die bayer. Verf. diesen Fall gar nicht im Auge haben konnte. Dazu kommt, daß es zwar Sache des bayer. Staatsrechts ist, zu bestimmen, wer die Rechte der bayer. Krone im Reiche wahrzunehmen habe, daß aber der Umfang dieser Rechte sich nach Reichsstaatsrecht bemißt. So wenig es zulässig ist, den König landesrechtlich in Bezug auf die Abstimmungen im Bundesrathe an die Mitwirkung des Landtags zu binden, ebenso wenig ist es statthaft, den Regenten bezüglich dieser Abstimmungen einzuschränken und dadurch dem Reiche zeitweilig ein Bundesglied mit geminderter Verfügungsfähigkeit aufzudrängen.

Die Frage ist im deutschen Staatsrechte schon vielfach erörtert worden⁸. Der herrschenden Meinung ist gewiß insoweit beizustimmen, als sie sagt, daß nach dem Wesen der Regentschaft „Verfassungsänderungen auf verfassungsmäßigem Wege" durch den Regenten „an sich nicht ausgeschlossen" sind⁹. Wo also eine Verfassung Beschränkungen der Regierungsrechte des Reichsverwesers überhaupt nicht kennt, da ist dessen Befugniß zur Vornahme von Verfassungsänderungen zweifellos. Anders liegt die Sache da, wo eine Verfassung, wie dies die bayerische thut, den Regierungsrechten des Regenten in der Absicht, die Kronrechte zu sichern, gewisse Grenzen zieht. Man hat solchen Bestimmungen gegenüber gesagt¹⁰: „Da jede Beschränkung dieser Art eine Ausnahme von der Regel bildet und wider die normale Natur des Regentschaftsinstituts streitet, so darf eine solche Vorschrift nicht über ihren klaren Wortlaut hinaus ausgedehnt und nicht analog angewendet werden." Allein man wird diesen Gedanken, der ja doch nur aus der Natur der Regentschaft eine Vermuthung über die Absicht des Gesetzgebers ableiten will, mit einiger Vorsicht verwerthen müssen. Es ist sehr wohl möglich, daß ein Gesetzgeber, besonders in der Zeit minder scharfer Ausbildung der staatsrechtlichen Begriffe, eine andere Auffassung gehabt hat. Der Umstand, daß er überhaupt Beschränkungen des Regenten feststellt, spricht schon sehr stark dafür, daß die heutige Anschauung von der Stellung¹¹, die dem Regenten einzuräumen ist, nicht die seinige gewesen sei. Liegt aber die Sache einmal so, dann wird, da ein Gesetz ex tunc und nicht ex nunc zu erklären ist, die oben erwähnte Auslegungsregel keine untrügliche sein. Wenn der Geber einer Verfassung dem Regenten gewisse Beschränkungen in Bezug auf die Ausübung der Regierungsrechte auferlegt, von dem Rechte zur Vornahme von Verfassungsänderungen aber schweigt, so kann der Grund dieses Schweigens, ja er wird sehr wahrscheinlich der sein, daß er die letztere Beschränkung für selbstverständlich hält. Sein Gedanke kann dahin gehen, daß er sich sagt: Wenn ich dem Reichsverweser in der Verfassung Einschränkungen auferlege, dann ist es klar, daß ich ihm nicht habe die Befugniß einräumen wollen, die Verfassung selbst, in welcher diese Beschränkungen enthalten sind, zu ändern. Dieser Schluß mag vielleicht kein völlig zwingender sein, aber immerhin ist er nicht unlogisch, und es ist möglich, daß der Gesetzgeber einen solchen Gedanken gehabt hat. Die bayerische Verfassung bietet einen Nachweis für diese Möglichkeit; denn der bayerische Gesetzgeber hat in der That, wie sich darthun läßt, jenen Gedankengang verfolgt.

Das Protokoll über die Sitzung des Staatsrathes vom 23. Mai 1818, in welcher die Schluß-berathung über das Verfassungswerk stattfand, berichtet:

---

⁸ Der bekannteste Streitfall ist der zwischen Herzog Karl von Braunschweig und seinem Regierungsvormund König Georg IV. von Großbritannien und Hannover. H. Zöpfl, die Regierungs-vormundschaft im Verhältnisse zur Landesverfassung, Heidelberg 1830.
⁹ So H. A. Zachariä, deutsches Staats- u. Bundesrecht I S. 416 ff. Vgl. auch H. Zöpfl, Grundsätze des gem. deutschen Staatsrechtes I S. 677 f.: „Auch ist der Regent im Zweifel befugt... in den bestehenden Grundgesetzen auf verfassungsmäßigem Wege die für zeitgemäß erachteten Abänderungen vorzunehmen." L. v. Rönne, Staatsrecht der preuß. Monarchie I S. 185 Anm. 4, H. Schulze, Lehrb. des deutschen Staatsrechts I S. 263 ff., G. Meyer, Lehrb. des deutschen Staatsrechts, 3. Aufl., S. 229 f.
¹⁰ H. Schulze a. a. O. I S. 264.
¹¹ H. Schulze a. a. O. I S. 264: „Noch viel weniger als die unentwickelte Territorialhoheit kann die monarchische Staatsgewalt der Gegenwart eine Unterbrechung vertragen. Der Staat bedarf zu jeder Zeit eines Oberhauptes. Wenn daher das von Rechtswegen auf den Thron berufene Individuum verhindert ist, die monarchischen Functionen auszuüben, so muß an seine Stelle ein interimistisches Staatsoberhaupt treten mit allen Befugnissen, welche die Staatsordnung dem Monarchen gewährt. Keine ist so gleichgiltig, daß sie zu einer wirksamen Staatslenkung entbehrt werden könnte. In Ansehung der Rechte und Pflichten des Regenten muß daher als leitender Grundsatz aufgestellt werden, daß derselbe in jeder Beziehung die Stelle des regierungsunfähigen Monarchen vertritt, und daß er Alles ohne Unterschied thun darf, wozu der Monarch selbst verfassungsmäßig berechtigt wäre."

„Bei der Stelle in Titel II, der von der Reichsverweſung handelt, bemerkte Seine Königliche Hoheit der Herr Kronprinz, wie unter den Regentenhandlungen, die der Reichsverweſer während dem Antritte (?) ſeines Amtes nicht ausüben dürfe, nicht begriffen ſeien (ſei), daß derſelbe während der Reichsverweſung keine Anträge zu Abänderungen in der Verfaſſungsurkunde machen könnte. Sie beurtheilten die Aufnahme dieſer Stelle als wichtig, um die Feſtigkeit der Verfaſſung noch mehr zu gründen.

Gegen dieſe Bemerkung wurde von mehreren Mitgliedern erinnert, daß, wenn auch dieſe Beſtimmung nicht ausdrücklich in der Verfaſſungsurkunde enthalten, dieſelbe doch aus dem ganzen Sinne des II. und X. Titels hervorginge, und ihre ausdrückliche Aufnahme nicht nothwendig ſcheine, weil in dem § 7 Titel X beſtimmt ausgeſprochen, daß alle Abänderungen allein vom Könige ausgehen, dem Reichsverweſer nicht einmal die Gründung eines neuen Amtes oder eine definitive Dienſtverleihung mit Ausnahme der Juſtizſtellen geſtattet werde, und ihm die Rückgabe der Rechte und Gerechtſame der Krone in der Art, wie ihm dieſelben zur Verweſung anvertraut worden, worunter die Aufrechthaltung der Verfaſſung, ſo wie ſie der König gegeben, als einer der vorzüglichſten Beſtandtheile betrachtet werden müſſe, durch einen feierlichen Eid zur Pflicht gemacht werde.

Bei dieſen Erinnerungen gaben Seine Königliche Hoheit der Herr Kronprinz der gemachten Bemerkung keine weitere Folge.“

Dem Protokolle iſt unter dem Datum Nymphenburg den 25. Mai 1818 die königliche Genehmigung der Verfaſſungsurkunde und der dazu gehörigen Edicte beigefügt.

An der Rechtslage, wie ſie durch die Verfaſſungsurkunde geſchaffen iſt, hat das Verfaſſungsgeſetz vom 4. Juni 1848, die ſtändiſche Initiative betreffend, nichts geändert. Denn indem dieſes Geſetz dem Landtage innerhalb gewiſſer Grenzen das Recht einräumte, Verfaſſungsänderungen zu beantragen, hat es die Frage, ob nicht unter Umſtänden einem ſolchen Antrage eine Folge gar nicht gegeben werden d ü r f e, völlig unberührt gelaſſen. Nur eine Erweiterung der Befugniſſe des Landtags, nicht eine Erweiterung der Befugniſſe des Regenten lag in der Abſicht des Geſetzes.

Es frägt ſich nun, was bei Würdigung des Wortlautes und der Entſtehungsgeſchichte der Verfaſſung als geltendes Recht anzuſehen iſt. Die Meinungen über dieſe Frage gehen weit auseinander.

Von den älteren Schriftſtellern hat Ernſt v. Moy¹² ſich gegen die Zuläſſigkeit von Verfaſſungsänderungen unter einer Reichsverweſung ausgeſprochen. Er iſt zu dieſer Anſicht zweifellos auf Grund ſeiner Kenntniß des Staatsrathsprotokolls vom 23. Mai 1818 gelangt. Denn er beruft ſich auf „die Natur der Sache“, auf die „Schlußfolgerung a minore ad maius“ und auf Verfaſſungsurkunde Titel II § 16, d. h. auf den Inhalt des Eides, welchen der Reichsverweſer zu leiſten hat. J. v. Pözl¹³ dagegen, dem das Staatsrathsprotokoll unbekannt war, erachtet Verfaſſungsänderungen während einer Reichsverweſung für ſtatthaft. Er bemerkt gegen Moy, daß deſſen Anſicht dahin führen würde, den Grundſatz des Titels II § 17 der Verfaſſungsurkunde in ſein Gegentheil zu verwandeln.

Die Streitfrage iſt dann mit größter Lebhaftigkeit erörtert worden, nachdem der Fall der Reichsverweſung in Bayern ſeit 1886 eingetreten iſt.

Die eine Meinung geht dahin, daß Verfaſſungsänderungen unter einer Reichsverweſung durch den Wortlaut der Verfaſſungsurkunde nicht verboten ſeien, und daß auf den Inhalt des Staatsrathsprotokolls vom 23. Mai 1818 überhaupt nichts ankomme. Letztere Behauptung wird mit zweierlei Gründen gerechtfertigt, die von einander völlig verſchieden ſind.

Von der einen Seite wird nemlich vorgebracht, die Verfaſſungsurkunde ſei vom Könige bereits ſanctionirt geweſen, ehe die Staatsrathsſitzung vom 23. Mai 1818 ſtatt-

---

¹² Staatsrecht des Kgrs. Bayern I, 1 S. 182.
¹³ Lehrb. des bayer. Verf. Rechts S. 386 Anm. 9.

gefunden habe.   Demnach ſei das, was in dieſer Sitzung verhandelt wurde, für die Auslegung der Verfaſſung gleichgiltig.   Es mag dahingeſtellt bleiben, ob letztere Folgerung
richtig iſt.   Aber die thatſächliche Vorausſetzung, auf welcher ſie ruht, iſt vollſtändig irrig.
Der Irrthum iſt durch eine miniſterielle Aeußerung ¹⁴ entſtanden, welche 1887 in einem
Ausſchuſſe der Kammer der Abgeordneten gemacht wurde.   Auf dieſer Aeußerung wurde
dann von verſchiedenen Rednern der Kammer weiter gebaut ¹⁵, obſchon aus meiner Darſtellung der Entſtehungsgeſchichte der Verfaſſung ¹⁶ der richtige Sachverhalt leicht zu entnehmen war.   In Wirklichkeit ſtellt die Staatsrathsverhandlung vom 23. Mai 1818
gerade die vorſchriftsmäßige ¹⁷ Schlußberathung dar, wie denn auch die Vernehmung des
Staatsraths in der Einleitung der Verfaſſungsurkunde ausdrücklich erwähnt iſt.

Während hienach dieſem Verſuche, das Staatsrathsprotokoll vom 23. Mai 1818
als unerheblich darzuſtellen, keine Bedeutung zukömmt, verdient eine zweite Art der Beweisführung ernſtere Beachtung.   Dieſe Beweisführung ſtützt ſich darauf, daß das, was
im Staatsrathsprotokolle vom 23. Mai 1818 ſtehe, nicht in der Verfaſſung ſtehe.   Nur
letztere ſei maßgebend; der Inhalt des Protokolls ſei nicht Geſetz ¹⁸.   Den letzteren Satz
wird Niemand zu beſtreiten vermögen.   Aber es handelt ſich auch nicht darum, den Inhalt des Protokolls in dieſem Sinne, ſondern darum, ihn als Auslegungsmittel zu verwerthen.   Wenn man nun dem gegenüber im Eifer für den einzelnen Fall ſo weit gegangen iſt, die Verhandlungen über die Verfaſſungsurkunde als ein unzuläſſiges oder
doch minderwerthiges Auslegungsmittel zu erklären ¹⁹, ſo muß dagegen im wiſſenſchaftlichen Intereſſe Verwahrung eingelegt werden.   Ich vermag nicht einzuſehen, wie der
Werth dieſer Verhandlungen davon abhängig ſein ſoll, ob ſie amtlich veröffentlicht
worden ſind oder nicht.   Und auch die Behauptung, daß jene Verhandlungen bisher
todtes Gut, daß ſie verſchollen geweſen ſeien, iſt unrichtig.   Sie ſind vielmehr von 1819
bis heute in zahlreichen Fällen benutzt worden.

Damit alſo kann man das Staatsrathsprotokoll vom 23. Mai 1818 nicht ablehnen.   Die Frage iſt vielmehr einzig die, ob die geſetzgeberiſche Abſicht, welche in dem
Protokolle ihren deutlichen Ausdruck gefunden hat, auch aus dem Inhalte der Verfaſſung
entnommen werden kann.   Darüber nun, das iſt zuzugeben, läßt ſich ſtreiten.

Die Schlußfolgerungen, welche in dem Protokolle aus dem Inhalte der Verfaſſungsurkunde gezogen werden, ſind zum Theile offenſichtlich nicht probehaltig.

Die Berufung auf Titel X § 7 der Verfaſſungsurkunde iſt zweifellos unerheblich ²⁰.
Auch die Bezugnahme auf den Inhalt des Eides des Reichsverweſers beweiſt mindeſtens
nicht, daß dem Reichsverweſer a l l e Verfaſſungsänderungen verwehrt ſein ſollen, ganz
abgeſehen davon, daß der Eid zunächſt nur eine Gewiſſenspflicht deſſen begründet, der
ihn leiſtet.

---

¹⁴ Sie iſt angeführt Verh. d. K. d. Abg. 1892/93 Sten. Ber. I S. 109.
¹⁵ Vgl. Verh. d. K. d. Abg. 1887/88 Sten. Ber. I S. 69 (Abg. Joſ. Wagner), 1892/93 Sten.
Ber. I S. 108 ff. (Abg. Frhr. v. Stauffenberg), S. 116 f. (Abg. Dr. Ratzinger). Der Sachverhalt
iſt dagegen richtig erkannt vom Abg. Dr. Orterer ebenda S. 121 f.
¹⁶ Oben § 15 nach Anm. 8.
¹⁷ Vgl. oben § 15 Anm. 7.
¹⁸ Vgl. Reichsrath Dr. v. Neumayr, Verh. d. K. d. R. R. 1887/88 Beil. Bd. I S. 99 ff., Prot.
Bd. I S. 111.
¹⁹ Reichsrath Dr. v. Neumayr a. a. O. Beil. Bd. I S. 101, Abg. Frhr. v. Stauffenberg
Verh. d. K. d. Abg. 1892/93 Sten. Ber. I S. 109 Sp. 1; dagegen zutreffend Abg. Dr. Orterer ebenda
S. 121 Sp. 2.
²⁰ Staatsminiſter Dr. Frhr. v. Riedel bemerkte mit Recht (Verh. d. K. d. Abg. 1892/93 Sten.
Ber. I S. 109): „Der Wortlaut des § 7 iſt mit Tit. VII § 30 der Verf. Urk. gleichlautend, obwohl doch
Niemand beſtreitet, daß das im letzteren Paragraphen ſtatuirte Recht (der Sanction der Geſetze) auch dem
Regenten zukomme.“ Der Gegenſatz zum Könige iſt hier wie dort der Landtag.

Von Erheblichkeit ist einzig und allein der dritte Beweisgrund, den man als das argumentum a minore ad maius bezeichnet hat. Es handelt sich darum, was der Geber der Verfassung bestimmen wollte, nicht darum, ob das, was er bestimmte, haltbar ist. Man darf sich daher hier nicht von dem Vorurtheile einnehmen lassen, der Geber der Verfassung dürfe oder könne so oder so gar nicht gedacht haben. Die Frage ist vielmehr, wie schon oben dargelegt, die: Ist für die Auslegung der Verfassung von 1818 die Logik ihrer Zeit und ihrer Urheber, oder ist die Logik unserer Zeit und unserer staatsrechtlichen Anschauungen maßgebend? Diese Frage ist von der Art, daß, mag man sie so oder so entscheiden, es schwer sein wird, den Gegner davon zu überzeugen, er habe Unrecht.

Ich bin der Meinung, daß, zumal bei einer verliehenen Verfassung, das Gesetz nach dem Gedankengange seines Urhebers auszulegen ist, wenn dieser Gedankengang sich irgendwie logisch zurechtlegen läßt [21]. Die staatsrechtliche Auffassung unserer Zeit hat sich nicht hier geltend zu machen, wo es sich frägt, was der Gesetzgeber gewollt hat. Diese Auffassung kömmt zu ihrem Rechte, wenn es sich darum handelt, ob das, was der Gesetzgeber gewollt hat, vollziehbar ist, ob es nicht gegen die Natur des Staates geht.

Damit komme ich zur Würdigung einer zweiten Gruppe von Ansichten, welche unter verschiedener Begründung darauf hinauslaufen, daß ein Verbot, die Verfassung während einer Reichsverwesung zu ändern, solche Verfassungsänderungen gleichwohl nicht hindere.

Ich gebe zunächst diejenige Ausgestaltung dieser Lehre, welche die entschiedenste ist. Sie lautet bei J. Kohler folgendermaßen. Es gibt keine unabänderlichen Gesetze, daher auch keine unabänderlichen Verfassungsgesetze. Eine Verfassung kann ihre eigene Unabänderlichkeit weder auf immer, noch für bestimmte Zeiten festsetzen. Dies ergibt sich aus dem Wesen des Rechtes als eines stets entwickelungsfähigen und nach Entwickelung strebenden von selbst. „Die Vergangenheit hat in sich nicht die Kraft, die Verfassungsgesetzgebungsgewalt der Gegenwart zu mindern; die Immobilisationsbestimmungen der Vergangenheit sind nicht im Stande, die Wirkungskraft des gegenwärtigen Staates zu verringern." [22]

Man wird sich diesen Ausführungen gegenüber des Eindruckes nicht erwehren können, daß sie einigermaßen nach Rechtsphilosophie klingen. Philosophischen Sätzen gegenüber ist es aber immer eine räthliche Vorsicht, sie mit der Wirklichkeit zu vergleichen. Im gegebenen Falle wird es daher gerechtfertigt sein, sich danach umzusehen, wie die Gesetzgeber selbst, und zwar die neueren Gesetzgeber, über die Frage denken.

Auf deutschem Boden finden sich zwei Verfassungen, welche Beschränkungen des Regenten in Bezug auf Verfassungsänderungen enthalten.

Die württembergische Verfassung vom 25. September 1819 trifft in § 15 Absatz II die eigenthümliche Bestimmung [23]: „Jede während einer Reichsverwesung verabschiedete Abänderung eines Verfassungspunktes gilt nur auf die Dauer der Regentschaft." Dies wird indessen gegen den Grundsatz, welchen Kohler aufstellt, kaum verstoßen.

Dagegen sagt das Landesgrundgesetz für Schwarzburg-Sondershausen vom 8. Juli 1857 § 17 [24]: „Es dürfen .. während der Regentschaft Veränderungen der Verfassung,

---

[21] Dagegen insbes. E. Hancke, Regentschaft u. Stellvertretung des Landesherrn rc. S. 45 ff., auch G. Stölzle im Archiv für öff. Recht X S. 31 ff.

[22] J. Kohler, Verfassungsänderung während der Regentschaft, Annalen des Deutschen Reichs 1888 S. 1 ff.

[23] F. Störk, Handb. der deutschen Verfassungen, Leipzig 1884, S. 173.

[24] F. Störk a. a. O. S. 485.

welche die Rechte des Fürsten schmälern oder demselben neue Verpflichtungen auferlegen, nicht vorgenommen werden."

Das hervorragendste Beispiel aber dafür, daß ein Gesetzgeber, der ganz von neuzeitlichem Geiste erfüllt war, es für möglich hielt, ein Verfassungsänderungsverbot für die Zeit einer Reichsverwesung auszusprechen, bietet die belgische Verfassung. Diese Verfassung, die nicht vom Könige seinem Volke, sondern umgekehrt vom Volke seinem Könige gegeben ist, spricht in Artikel 84 dieses Verbot unbedingt und ohne jede Einschränkung aus, trotzdem sie von dem Grundsatze der Volkssouveränetät ausgeht und dem Könige nur pouvoirs d'attribution zuschreibt. Oder vielmehr nicht trotzdem, sondern gerade deshalb. Man hielt es für nöthig, die ohnedies schwache königliche Gewalt gegen Schmälerungen während der Zeit der Reichsverwesung zu schützen³⁶. · · · · —

Wir können bei diesem Beispiele stehen bleiben.

Sollte wirklich der angegebene Satz der belgischen Verfassung völlig unerheblich und für nicht geschrieben zu erachten sein? Sollte der belgische Congreß, als er den Artikel 84 der Verfassung beschloß, lediglich einen gesetzgeberischen Thorenstreich begangen haben?

Betrachtet man die Sache zunächst nur politisch, so muß man diese Frage sicher verneinen. Es ist einleuchtend, daß die Organe der Gesetzgebung in Belgien einer Verfassungsänderung während der Reichsverwesung anders gegenüberstehen werden, wenn ein Verfassungsverbot solcher Aenderungen vorliegt, als wenn keines vorliegt. Die Urheber der belgischen Verfassung haben durch Annahme des Artikels 84 Verfassungsänderungen unter einer Reichsverwesung mindestens erschwert. Sie haben also damit vom Standpunkte ihrer Absicht aus nichts Nutzloses gethan. Aber auch hievon abgesehen will es mir scheinen, als ob es doch nicht wohl angängig sei, einer Bestimmung, welche der Gesetzgeber nun einmal getroffen hat, aus allgemeinen Erwägungen einfach das rechtliche Dasein abzusprechen. Formell rechtlich besteht sie jedenfalls, und es kann sich nur fragen, wie sie nach ihrem Inhalte wirkt.

Und hiemit gelange ich zur Darlegung derjenigen Ansicht, welche die meine ist.

Es ist, glaube ich, vor Allem zu untersuchen, welche rechtliche Natur ein gesetzliches Verbot, die Verfassung während der Reichsverwesung zu ändern, an sich trägt. Um ein Gesetz im materiellen Sinne handelt es sich hiebei nicht; denn das Verbot richtet sich nicht an die Unterthanen. Das Verbot ist ein Verbot des Gesetzgebers an sich selbst, d. h. an denjenigen, der jeweils die gesetzgebende Gewalt ausübt, und an diejenigen, welche dabei mitwirken, die Kammern. Das Verbot ist also nicht eigentlich ein Verbot, dessen Befolgung erzwingbar ist, sondern ein Grundsatz, nach welchem der Gesetzgeber sich richten zu wollen erklärt. Daraus ergibt sich, daß auch zu Zeiten der Reichsverwesung selbst, während welcher ja nicht die Staatsgewalt in ihrem Bestande gemindert, sondern nur die Person des Königs von der Selbstregierung ausgeschlossen ist, der angegebene Grundsatz nur so lange gilt, als die Factoren der Gesetzgebung ihn aufrecht erhalten. Sie können ihn jederzeit, wenn sie es für nothwendig erachten, beseitigen. Diese Beseitigung wird, wenn man formell richtig verfährt, durch ausdrückliche Aufhebung der bezüglichen Verfassungsbestimmung oder durch gesetzliche Auslegung der Verfassung geschehen. Sie kann aber auch dadurch erfolgen, daß der Gesetzgeber thatsächlich durch Vornahme von Verfassungsänderungen den seither bestandenen Grundsatz aufgibt.

Der Unterschied in der Rechtslage gegenüber jenem Falle, wo ein Verfassungs-

---

³⁶ Vgl. M. Vauthier, Staatsrecht des Kgrs. Belgien, in Marquardsen's Handb. des öff. Rechts, IV, 1, 5 S. 26.

änderungsverbot überhaupt nicht vorliegt, ist hiebei der, daß die Factoren der Gesetzgebung nicht blos darüber einig sein müssen, ob sie ein bestimmtes Gesetz wollen, sondern auch darüber, ob sie das Verbot der Verfassungsänderung beseitigen wollen. Und dies ist der Punkt, welchen ich oben, von der belgischen Verfassung sprechend, als den politisch bedeutsamen hervorgehoben habe.

Noch Eines mag schließlich bemerkt werden. Der Grundsatz, daß während einer Reichsverwesung die Verfassung nicht geändert werden soll, ist nur deswegen thatsächlich undurchführbar, weil er zu weit gefaßt ist. Wenn man z. B. den gesammten mancherlei Inhalt des formellen bayerischen Verfassungsrechts überblickt, der auf die wichtigsten Dinge und auf Kleinigkeiten, auf die stetigsten und die wandelbarsten Verhältnisse sich bezieht, so wird man alsbald sich sagen, daß diese ganze Stoffmasse nicht auf dreißig Jahre als unabänderlich erklärt werden kann. Gleichwohl wird man aber, mag nun ein Verbot der Verfassungsänderung bestehen oder nicht, doch die Empfindung haben, daß es gewisse Verfassungsbestimmungen gibt, an welche derjenige, der im Namen des Königs regiert, der Natur der Sache nach nicht rühren soll. Dieser Gedanke prägt sich in den Worten des Eides, welcher dem Reichsverweser auferlegt ist, sehr deutlich aus ²⁶. Den Versuch indessen, das Verbot der Verfassungsänderung unter der Reichsverwesung auf einen Theil der Verfassung einzuschränken, für welchen es durchführbar ist, kann nur die Gesetzgebung machen.

Für das bayerische Staatsrecht ist die Frage, welche uns zu lösen bleibt, folgende. Besteht das Verbot der Verfassungsänderung unter der Reichsverwesung, welches wir als stillschweigend in der Verfassung enthalten angenommen haben, auch jetzt noch, oder besteht es nicht mehr?

Die Frage ist nach dem, was oben gesagt wurde, zu verneinen, wenn der Gesetzgeber durch Vornahme von Verfassungsänderungen während der Reichsverwesung bekundet hat, daß er sich an das Verbot nicht bindet. Denn damit hat er erklärt, daß das Verbot für ihn nicht vorhanden sei.

Ob nun in Wirklichkeit solche schlüssige Handlungen des Gesetzgebers vorliegen oder nicht, das beantwortet sich nicht nach dem, was bei den Berathungen im Landtage gesprochen worden ist, sondern nach den wirklich erlassenen Gesetzen. Die wissenschaftliche Frage, ob Verfassungsänderungen unter der Reichsverwesung statthaft sind, ist als solche niemals Gegenstand einer Beschlußfassung des Landtags und einer Erklärung des Staatsoberhauptes gewesen. Einzelne Redner im Landtage haben sich, die einen für Bejahung, die andern für Verneinung der Frage, ausgesprochen ²⁷; die Kammern als solche sind der

---

²⁶ Aus dieser Empfindung heraus wird sich wohl die Ansicht erklären, welche der Abg. Wagner (Verh. d. K. d. Abg. 1892/93 Sten. Ber. I S. 119) gelegentlich geäußert hat, „daß die Verfassung während der Regentschaft geändert werden darf, soweit nicht der Eid des Regenten u. soweit nicht der Tit. II § 18 entgegensteht". Die Bezugnahme auf § 18 scheint mir allerdings nicht zutreffend u. gerade dieser ist, wie sich zeigen wird, geändert worden. Auf den Eid des Reichsverwesers scheinen auch folgende Worte des Staatsministers Dr. Frhrn. v. Riedel anzuspielen (Verh. d. K. d. Abg. 1889/90 Sten. Ber. IV S. 165 f.): „Man wird, wenn auch dauernde Aenderungen der Verfassung nicht unbedingt ausgeschlossen sind, doch Anstand nehmen müssen, Rechte, welche dem Könige unmittelbar in der Verfassung vorbehalten sind, während einer Reichsverwesung aufzuheben oder zu ändern." Der geleistete Eid wird den Reichsverweser hindern, Gesetze zu sanctioniren, deren Inhalt ihm gegen seine beschworenen Pflichten zu gehen scheint. Darin liegt eine sittliche Gewähr gegen den Mißbrauch der gesetzgebenden Gewalt.

²⁷ Vgl. die Zusammenstellung im Repert. über die Landtagsverh. 1887/88 S. 158 ff. (unter Verfassungsurkunde) und die Berathung über den Antrag Grillenberger u. Gen. Verh. d. K. d. Abg. 1892/93 Sten. Ber. I S. 93 ff.

Frage eher aus dem Wege gegangen²⁸, und auch die Vertreter der Staatsregierung²⁹ haben sich zumeist nur sehr vorsichtig ausgedrückt.

Trotz all' dieser Zurückhaltung hat aber in der That der Gesetzgeber unter der gegenwärtigen Reichsverwesung in einer Mehrzahl von Gesetzen die Verfassung geändert³⁰.

Die Finanzgesetze vom 27. März 1888, 5. Mai 1890, 26. Mai 1892 und 11. Juni 1894 sagen in ihrem Eingange gleichmäßig, daß die Zustimmung der Kammern zu § 13 Absatz I „unter Beobachtung der in § 7 Titel X der Verfassungsurkunde vorgeschriebenen Formen", d. h. der Formen der Verfassungsänderung, erfolgt sei. Man kann dem gegenüber nicht geltend machen, daß die gleiche Bestimmung bereits in § 13 Absatz I des Finanzgesetzes vom 27. März 1886 enthalten gewesen sei, welches Gesetz noch vom Könige Ludwig II. erlassen ist. Denn jedes Finanzgesetz gilt nur für die Finanzperiode, und daher sind auch die sich wiederholenden Bestimmungen der Finanzgesetze formell rechtlich stets neue Bestimmungen³¹.

Von ausschlaggebender Bedeutung aber ist das Verfassungsgesetz vom 26. October 1887, von welchem unten noch näher zu handeln sein wird. Durch dieses Gesetz wurde die Verfassung gerade hinsichtlich derjenigen Bestimmungen, welche Einschränkungen der Gewalt des Reichsverwesers enthalten, ausgelegt. Damit ist eine ganz unbestreitbare Verfassungsänderung vorgenommen worden. Man hat allerdings dieser Thatsache gegenüber bei den Verhandlungen über das Gesetz im Landtage den Kopf in den Sand gesteckt. Allein dies nützt nichts. Die Behauptung, welche aufgestellt wurde, eine authentische Aus-

---

²⁸ Vgl. z. B. Verh. der K. d. Abg. 1887/88 Sten. Ber. I S. 68 Sp. 1 Berichterstatter Walter: „Man hat ... die Frage darüber offen gelassen, ob unter der Regentschaft auch eine Verfassungsänderung zulässig sei, weil man der Anschauung war, daß die Erörterung dieser Frage weit über den Rahmen der gegenwärtigen Vorlage hinausgreifen würde, und daß (die Entscheidung) auch nicht so leichthin getroffen werden könnte ..."

²⁹ Vgl. die Aeußerung in Anm. 28. S. ferner Verh. d. K. d. Abg. 1887/88 Sten. Ber. III S. 215, wo Staatsminister Frhr. v. Feilitzsch erklärte, die Staatsregierung habe sich nie in dem Sinne geäußert, daß eine Verfassungsänderung unter der Regentschaft unstatthaft sei, d. h. die Staatsregierung habe die Frage offen gelassen. Derselbe Staatsminister äußerte sich hierüber in den Verh. d. K. d. Abg. 1892/93 Sten. Ber. I S. 133 folgendermaßen. Es sei als Verpflichtung der Staatsregierung hingestellt worden, sich über die Frage rückhaltlos zu erklären. „Die Erklärung meinerseits geht dahin, daß in der Verfassung, wie Ihnen Allen bekannt, eine Bestimmung darüber mit präcisen Worten nicht enthalten ist, und daß bei dieser Lücke in der Verfassung jedenfalls die eine Anschauung im bejahenden Sinne und die andere Anschauung im verneinenden Sinne geltend gemacht und auch begründet werden kann. Wenn man sich hiebei auf Protokolle, Erklärungen ꝛc. bezieht, so sind diese Producte jedenfalls nicht so maßgebend, daß daraus eine ganz bestimmte Entscheidung dieser hochwichtigen Frage deducirt werden kann; es sind lediglich Interpretationsbehelfe. Meines Erachtens hat die k. Staatsregierung zur Zeit eigentlich keinen Anlaß, in diese Frage einzutreten, wird aber eintreten müssen, sobald der Fall sich ergibt, daß ein Verfassungsgesetz nothwendig werden sollte, und sie wird dann jedenfalls auch Stellung nehmen. Aber heute könnte ich bei einer so wichtigen Frage mich direct weder in diesem noch in jenem Sinne aussprechen. Das kann ich jedoch bemerken, daß, wenn von einer Seite gesagt wird, daß es gegen den Geist der Verfassung ist, eine Verfassungsänderung während der Regentschaft als zulässig zu erklären, diese Anschauung jedenfalls viel für sich hat. Ich möchte dem andererseits beifügen, daß, wenn ein Gesetz von den drei in Bayern maßgebenden Factoren auch während der Regentschaft erlassen wird, und zwar ein Gesetz, durch welches die Verfassung geändert wird, daß dies dann unbedingt vollständige Giltigkeit hat, und daß dessen rechtmäßige Erlassung nicht angezweifelt werden kann, indem die drei Gesetzgebungsfactoren jedenfalls dazu berufen sind, Gesetze zu erlassen, welche auch theilweise eine Verfassungsänderung erheischen; und die k. Staatsregierung steht ferner auf dem Standpunkte, daß, wenn eine zwingende Nothwendigkeit, ein Nothstand oder die salus publica in Frage steht, sie sich nicht auf den Buchstaben des Gesetzes, bzw. auf den nicht vorhandenen Buchstaben des Gesetzes stützen wird."

³⁰ Vgl. zum Folgenden G. Stölzle, Archiv f. öff. Recht X S. 6 ff.

³¹ Die Abstimmung Verh. d. K. d. Abg. 1887/88 Sten. Ber. III S. 151 war demnach nicht veranlaßt.

legung der Verfassung sei keine Verfassungsänderung[82], ist offensichtlich falsch. Die authentische Auslegung fügt dem Wortlaute der Verfassung etwas hinzu, was bisher nicht darinnen stand, und ist daher eine Aenderung der Verfassung. Sie ist auch nicht blos formell, sondern sachlich eine Aenderung; sie bildet keinen bloßen Zusatz zu dem bisherigen Texte, sondern bezieht sich auf den Sinn dieses Textes. Zu allem Ueberflusse aber bekennt es der Eingang des Gesetzes selber, daß dasselbe eine Verfassungsänderung enthalte. Denn es wird die Beobachtung der Formen, welche Titel X § 7 der Verfassungsurkunde vorschreibt, ausdrücklich festgestellt.

Das Endergebniß ist also, daß der bayerische Gesetzgeber den Grundsatz, es seien unter der Reichsverwesung Verfassungsänderungen nicht vorzunehmen, bereits verworfen hat.

Die geschilderten wissenschaftlichen Meinungsverschiedenheiten haben daher nunmehr ihre thatsächliche Bedeutung verloren. Denn sie führen alle zu dem nemlichen Endergebnisse, daß Aenderungen der Verfassungsurkunde unter der Reichsverwesung möglich sind.

Die sachlichen Beschränkungen, welchen der Reichsverweser in Bezug auf Handlungen der laufenden Staatsverwaltung unterliegen soll, sind in Titel II § 18 der Verfassungsurkunde enthalten.

In der ersten Auflage dieses Werkes (Bd. I S. 480 ff.) ist versucht worden, den Sinn dieser Bestimmungen nach Maßgabe des damaligen Standes der Gesetzgebung zu entwickeln. Dieser Stand hat sich inzwischen verändert. Man überzeugte sich sofort davon, daß sich mit Titel II § 18 der Verfassungsurkunde, so wie er lautet, nicht regieren lasse. Die Frucht dieser Erkenntniß ist das Verfassungsgesetz vom 26. October 1887, die Erläuterung und den Vollzug des Titels II § 18 der Verfassungsurkunde betreffend[83].

Diese gesetzliche Erläuterung der Verfassung weicht von den Auslegungsergebnissen erheblich ab, welche meine frühere Darstellung gewonnen hatte. Damit sind indessen jene Ergebnisse keineswegs als unrichtig dargethan. Sachlich enthält meines Erachtens das Gesetz vom 26. October 1887 keine Erläuterung, sondern eine inhaltliche Aenderung der Verfassung[84]. Das Gesetz ist lediglich deshalb als Erläuterungsgesetz bezeichnet worden, weil man dadurch der Entscheidung der Frage ausweichen zu können meinte, ob Verfassungsänderungen unter der Reichsverwesung statthaft seien. Nachdem indessen das Gesetz sich selbst als Erläuterung der Verfassung bezeichnet[85], muß es formell als solche angesehen werden. Dies hat zur Folge, daß ihm rückwirkende Kraft zukömmt[86].

Die Beschränkungen des Reichsverwesers sind nach Maßgabe der Verfassungsbestimmung und ihrer „Erläuterung" folgende.

---

[82] Vgl. die Aeußerung des Berichterstatters Walter Verh. der K. d. Abg. 1887/88 Sten. Ber. I S. 68 Sp. 1, wo gesagt wird, der Ausschuß habe den Streit, ob eine authentische Auslegung der Verf. eine Verfassungsänderung sei, „nicht weiter verfolgt", und Reichsrath Dr. v. Neumayr, Verh. d. K. d. R. R. 1887/88 Beil. Bd. I S. 99 ff.

[83] G. u. V. Bl. S. 625. Dazu Verh. d. Landtags 1887/88 K. d. Abg. Beil. Bd. I S. 251 ff. (Entw.), Sten. Ber. I S. 5, 51 f., 64 ff., K. d. R. R. Beil. Bd. I S. 98 ff., Prot. Bd. I S. 109 ff. Ein Entw. gl. Betrs. war schon im Jahre 1886 an den Landtag gebracht worden; doch hatte ihn die Staatsregierung Angesichts der ablehnenden Haltung des Ausschusses der K. d. Abg. wieder zurückgezogen. Vgl. Verh. d. K. d. Abg. 1883/86 Beil. Bd. X S. 445 ff. (Entw.), Sten. Ber. VI S. 801 Sp. 1.

[84] Vgl. auch Abg. Walter Sten. Ber. I S. 52 Sp. 1.

[85] Der Entw. hatte den Betreff: „Der Vollzug des Tit. II § 18 der Verf. Urk." Die K. d. Abg. änderte dies. Ueber die Gründe Sten. Ber. I S. 73.

[86] Vgl. die Schlußbemerkung der Begründung u. Sten. Ber. I S. 65, 73.

1. Der Reichsverweser kann keine „neuen Aemter einführen" [37]. Der Sinn dieser Worte der Verfassungsurkunde kann wohl kaum der sein, daß es dem Reichsverweser verwehrt sein solle, innerhalb einer Gattung bestehender Aemter eine Personalvermehrung eintreten zu lassen, also z. B. einem Bezirksamte einen zweiten Nebenbeamten beizugeben [38]. Der Ausdruck Einführung neuer Aemter wird vielmehr die Schaffung solcher Gattungen von Staatsämtern [39] bedeuten, welche bisher nicht vorhanden waren.

Die angegebene Beschränkung des Reichsverwesers greift schon nach reichsrechtlichen Grundsätzen bezüglich solcher Aemter nicht Platz, deren Errichtung durch reichsgesetzliche Bestimmung veranlaßt ist.

Sie bezieht sich ferner nach dem Erläuterungsgesetze nicht „auf Aemter, welche im Vollzuge von Gesetzen" [40] — also auch von Landesgesetzen — „oder nach vorgängiger Einvernahme des Landtags zu errichten sind" [41]. Eine solche Einvernahme ist überall da nöthig, wo die Schaffung neuer Aemter von der Bewilligung der Mittel hiezu durch den Landtag abhängig ist.

Nach alledem ist die hier besprochene Beschränkung des Reichsverwesers thatsächlich bedeutungslos.

2. Der Reichsverweser kann ferner „alle erledigten Aemter, mit Ausnahme der Justizstellen", „nur provisorisch" besetzen [42].

Auch diese Bestimmung der Verfassung hat eine Erläuterung erfahren. Die Erläuterung bezieht sich nur auf die Bedeutung des Provisoriums, welches für die Aemterbesetzung durch den Reichsverweser Geltung hat, nicht auf den Aemterkreis, der durch die Verfassungsbestimmung getroffen wird.

Die Verfassung spricht von der Besetzung erledigter Aemter. Hierunter fällt jede Amtsübertragung, gleichviel, ob sie für den Ernannten die Aufnahme in den Staatsdienst, eine Versetzung oder eine Beförderung bedeutet [43].

Das Erläuterungsgesetz will nun die Bedeutung der provisorischen Aemterbesetzung während der Reichsverwesung nach einer doppelten Richtung festetellen: im Verhältnisse zum Reichsverweser und im Verhältnisse zum Könige.

---

[37] Die Verf. von 1808 Tit. 2 § IX sagt, er könne keine neuen Aemter „schaffen".

[38] Wie sollte es sonst der Reichsverweser z. B. angehen, wenn etwa neue Landestheile erworben werden und für diese die entsprechenden Behörden einzusetzen sind?

[39] Daß nur Staatsämter gemeint sind, ergibt der Zusammenhang.

[40] Vgl. hieher Pözl, Lehrb. des bayer. Verf. Rechts S. 386 Anm. 6 u. 1. Aufl. dieses Werkes I S. 483 Anm. 3.   [41] Vgl. dazu Sten. Ber. I S. 72.

[42] Vgl. Verf. von 1808 Tit. 2 § IX: „Alle Aemter mit Ausnahme der Justizstellen können während der Regentschaft nur provisorisch vergeben werden." Das Prot. der Ministerialconferenz v. 7. März 1818 enthält über die oben angeführte Bestimmung Folgendes: „Bei diesem § wurde die Frage in Berathung gestellt, ob es vorzuziehen, daß die erledigt werdenden Stellen nur provisorisch und nicht definitiv besetzt würden, da der Fall sich ereignen könnte, daß während einer langen Dauer der Reichsverwesung der rechtlichste und geprüfteste Diener nach Jahren von dem neuen Monarchen entlassen würde. — Sollte ein solcher Diener nicht wenigstens auf die Vortheile der Dienstpragmatik Anspruch machen können? ... In Beantwortung dieser Fragen wurde auseinandergesetzt, wie gefährlich es sei, einem Reichsverweser die definitive Besetzung der erledigt werdenden Aemter einzuräumen, da er dadurch bei einer langen Reichsverwesung ein Heer von Günstlingen und Fremden in die ersten Staatsämter bringen und dem neuen Monarchen und dem Staate die größten Nachtheile zufügen könnte. Den angestellt werdenden provisorischen Dienern die Vortheile der Dienstpragmatik zuzusichern, hiezu sei kein rechtlicher Grund vorhanden, indem einberufene Fremde sich selbst verbescheiden könnten, daß ihr Amt ihnen nur provisorisch übertragen sei, und derjenige Bayer, der vorher schon im Staatsdienste gewesen, wenn er während der Reichsverwesung befördert und von dem neuen Monarchen nicht bestätigt würde, seine Ansprüche auf seine früheren Dienstverhältnisse behielte." Vgl. auch die Bemerkungen des Ministers v. Abel, Verh. d. K. d. R. R. 1840 Prot. Bd. I S. 133 f.

[43] Vgl. die Begründung zum Erläuterungsges. Verh. d. K. d. Abg. 1883/86 Beil. Bd. X S. 446 Sp. 1: „die von dem Reichsverweser provisorisch ernannten, d. h. neu angestellten, beförderten oder versetzten Beamten".

Die erstere Feststellung bezieht sich nicht blos auf das Verhältniß des Ernannten zu dem ernennenden Reichsverweser, sondern auf das Verhältniß zu jedem Reichsverweser während der Dauer der Reichsverwesung [44].

Der Gedanke des Gesetzes ist der, daß während der Reichsverwesung die von einem Reichsverweser ernannten Staatsdiener ebenso anzusehen sind, als wenn sie von einem Könige ernannt worden wären. Sie sind „nach Maßgabe der IX. Verfassungsbeilage zu behandeln und erreichen insbesondere [45], sofern die provisorische Ernennung zugleich die erste Anstellung bildet, nach Ablauf einer dreijährigen Dienstzeit das Definitivum" [46].

Weniger klar ist, was das Erläuterungsgesetz über das Verhältniß bestimmt, in welchem der König zu den Aemterbesetzungen aus der Zeit der Reichsverwesung steht.

In der Begründung zum Entwurfe des Gesetzes wird als der leitende Gedanke der Verfassung, welcher unangetastet bleiben solle, der bezeichnet, „die von dem Reichsverweser vorgenommenen Ernennungen nach Beendigung der Reichsverwesung der Bestätigung des Königs zu unterstellen". Das Gesetz selbst spricht von dem Falle, „daß die von dem Reichsverweser ausgegangenen Ernennungen widerrufen werden sollten".

Es frägt sich, welche Rechtshandlung unter dem Widerrufe zu verstehen ist.

Das Gesetz hat bei den eben angeführten Worten gar nicht die Absicht, die Verfassung zu „erläutern", sondern nimmt lediglich auf den Fall Bezug, daß der König von seinem Rechte aus Titel II § 18 der Verfassungsurkunde Gebrauch macht. Unter Widerruf ist also nichts Anderes zu verstehen, als der Inhalt eben dieses Rechtes aus § 18. Der Inhalt dieses Rechtes aber ist folgender. Da die Ernennungen, welche der Reichsverweser vorgenommen hat, dem Könige gegenüber nur provisorisch sind [47], so kann der König denjenigen, der erst unter der Reichsverwesung Staatsdiener geworden ist, aus dem Staatsdienste entlassen, denjenigen, welcher unter der Reichsverwesung befördert worden ist, in das frühere, niedrere Dienstverhältniß zurückversetzen [48]. Das Erläuterungsgesetz schränkt lediglich die Wirkung einer derartigen königlichen Verfügung insofern ein, als sie dem hievon betroffenen Staatsdiener, falls er das Definitivum nach der IX. Verfassungsbeilage besitzt, die erworbenen Pensionsrechte [49] und Heimatrechte wahrt.

Auch das Auslegungsergebniß, zu welchem man nach dem Erläuterungsgesetze gelangt, ist hienach sachlich kein sehr befriedigendes. Aber es ist das einzig Mögliche. Auf das bloße Recht, die vom Reichsverweser ernannten Staatsdiener in den Ruhestand zu versetzen, kann der König nach Titel II § 18 nicht angewiesen sein. Denn dieses Recht hat der König nach § 19 der IX. Verfassungsbeilage ohnehin. Eine Versetzung in den Ruhestand nach dieser Bestimmung würde die Anerkennung der vom Reichsverweser ausgegangenen Ernennung in sich schließen.

Staatsdiener im Sinne der IX. Verfassungsbeilage, bzw. befördert ist auch der vom Regenten Berufene immerhin und bleibt es, soferne er nicht entlassen oder zurückversetzt wird. Daraus ergibt sich, daß, wenn der vom Regenten Ernannte oder Beförderte vom Könige bestätigt wird, dies keine Neuanstellung oder Neubeförderung ist. Diese Bestätigung enthält vielmehr eine Genehmhaltung des Geschehenen, einen Verzicht

---

[44] Das Ges. sagt: „während der Reichsverwesung".

[45] Der erste Entw. hatte eine etwas andere Fassung, die vielleicht weniger klar war, aber zweifellos dasselbe sagen wollte, wie die jetzige. Vgl. darüber Abg. Walter Sten. Ber. I S. 68.

[46] Das Ges. hat sich hiemit den Gedanken von Pözl, Lehrb. des bayer. Verf. Rechts S. 386 Anm. 7, angeeignet, worüber 1. Aufl. Bd. I S. 486.

[47] D. h. mit dem Augenblicke, in welchem der König die Regierung antritt, geht das Definitivum, welches während der Reichsverwesung bestand, unter, und das Provisorium tritt an die Stelle.

[48] Vgl. hieher die oben Anm. 42 angeführte Stelle des Conferenzprot.

[49] Nicht das Recht auf den Activitätsgehalt und nicht die Ehrenrechte.

auf dessen Rückgängigmachung und wirkt daher zurück. Aber die Verfassung setzt keine Frist vor, bis zu welcher über die Bestätigung entschieden sein muß. Man wird indessen eine solche Fristbestimmung mittelbar gewinnen können. Die stillschweigende Belassung des vom Regenten provisorisch Angestellten oder Beförderten im Amte enthält Seitens des Königs zwar nicht die Verleihung des Definitivums, jedenfalls aber die Bestätigung der provisorischen Anstellung, bzw. Beförderung. Der vom Könige im Dienste Belassene kann nicht schlechter gestellt werden wollen, wie derjenige, welchem vom Könige ein Amt verliehen worden ist. Sein Provisorium muß sich also nach Ablauf von drei Jahren seit Uebernahme der Regierung durch den König in das Definitivum verwandeln, wenn inzwischen keine Entlassung oder Rückversetzung stattgefunden hat⁵⁰.

Von der bisher erörterten Regel, daß Besetzungen von Staatsämtern durch den Reichsverweser dem Könige gegenüber nur provisorische Natur haben, bestehen Ausnahmen. Zunächst ist hervorzuheben, daß nach der Ausdrucksweise und der Absicht der Verfassung die Stellen im Heerdienste nicht unter den Staatsämtern begriffen sind⁵¹. Ohnehin würde die Bestimmung der bayerischen Verfassung, selbst wenn hieher bezüglich, auf die reichsgesetzlich geregelten Verhältnisse keinen Einfluß ausüben können.

Eine ausdrückliche Ausnahme macht die Verfassung zu Gunsten der „Justizstellen", d. h. der Richterstellen bei den Civil- und Strafgerichten⁵². Soweit diese Bestimmung wörtlich reicht, ist sie nunmehr durch die reichsrechtliche Vorschrift ersetzt, daß die Ernennung der Richter auf Lebenszeit erfolgt⁵³. Aber der gesetzgeberische Gedanke wird eine Ausdehnung jener Ausnahme auf andere Fälle erheischen. Der Gedanke ist offenbar der, daß überall da, wo das Gesetz nicht mit Rücksicht auf das persönliche Interesse des Staatsdieners, sondern mit Rücksicht auf das Amt den Erwerb definitiver Rechte sofort eintreten läßt, auch die Ernennung oder Beförderung durch den Reichsverweser sogleich definitive Wirkung haben soll. Hienach werden also die Mitglieder des Verwaltungsgerichtshofes, welchen die Rechte der Richter eingeräumt sind⁵⁴, unter die hier in Rede stehende Ausnahme fallen, wenngleich dieselben keine „Justizstellen" im Sinne der Verfassungsurkunde bekleiden⁵⁵. Das Gleiche muß dem oben entwickelten Grundgedanken zu Folge hinsichtlich der Militärrichter⁵⁶ sowie der Notare⁵⁷ gelten.

---

⁵⁰ Uebereinstimmend die Begründung des Gesetzentwurfs von 1887 a. a. O. Beil. Bd. X S. 446 Sp. 1.

⁵¹ In der Ministerialconferenz vom 7. März 1818 wurde bemerkt: „Da die Militärstellen keine Staatsämter seien und das Herkommen dagegen spreche, daß diese provisorisch vergeben werden, so scheine es überflüssig, deswegen etwas zu erwähnen."

⁵² Verf. Urk. Tit. II § 18. Daß unter Justizstellen nur Richterstellen gemeint sind, erhellt aus § 4 der IX. Verf. Beil., welcher das sofortige Definitivum „allen Richteramtsfunctionen versehenden Staatsdienern sämmtlicher Ober- und Untergerichte" zugesteht. Vgl. auch Verf. Urk. Tit. VIII § 3.

⁵³ R. G. V. G. vom 27. Jan. 1877 § 6.

⁵⁴ Ges., die Errichtung eines Verwaltungsgerichtshofes und das Verfahren in Verwaltungsrechtssachen betr., vom 8. Aug. 1878, Art. 2 Abs. I.

⁵⁵ Bezüglich der Richter des V. G. H.'s kann man auch auf anderem Wege, nemlich im Hinblick auf die Absicht des Ges. vom 8. Aug. 1878, zum gleichen Ergebnisse gelangen. Art. 2 Abs. I des Ges. ist inhaltlich des Eingangs „unter Beobachtung der in Tit. X § 7 der Verf. Urk. vorgeschriebenen Formen beschlossen" worden, und nach Art. 53 des Ges. kann dessen Bestimmung „nur unter den für Veränderungen der Verfassung vorgeschriebenen Formen aufgehoben oder geändert werden". Wenn auch bei den Verh. über das Ges. vorzugsweise die Bestimmung des § 23 der IX. Verf. betont wurde, so darf man doch annehmen, daß den Mitgliedern des V. G. H.'s alle richterlichen Rechte haben eingeräumt werden wollen und daß, wie Beil. IX § 4 mit Tit. II § 18 der Verf. Urk., so jetzt § 6 des G. V. G.'s uneingeschränkt auf sie Anwendung findet.

⁵⁶ Mil. St. P. O. vom 29. April 1869 (Beil. zu Nr. 64 des Ges. Bl. von 1866/1869) Art. 23: „Sämmtlichen in Folge dieses Ges. zum Richteramt berufenen Auditoren kommen diejenigen Rechte zu, welche nach Beil. IX der Verf. Urk. den bei den Civilgerichten angestellten Richtern zustehen."

⁵⁷ Nach Art. 1 des Rotariatsges. vom 10. Nov. 1861 sind die Notare „öffentliche Beamte". „Das verliehene Amt kann ihnen nur durch strafrichterliches oder Disciplinar-Erkenntniß entzogen werden."

3. Die Verfassungsurkunde verbietet endlich dem Reichsverweser die Verleihung heimgefallener Lehen und die Veräußerung von Krongütern⁵⁸.

Nach dem Erläuterungsgesetze sind unter Krongütern die „königlichen Schlösser und Grundcomplexe"⁵⁹ zu verstehen, welche durch das Gesetz über die Civilliste vom 1. Juli 1834 für den Dienst des königlichen Hofes bestimmt sind. Bezüglich der Veräußerung und Veränderung einzelner Bestandtheile dieser Besitzungen sollen die Bestimmungen in Titel III § 6 der Verfassungsurkunde⁶⁰ Anwendung finden.

Was die Verfassungsurkunde unter Veräußerung verstanden wissen will, ist aus Titel III § 4 Absatz I ersichtlich. Dieser Begriff wird im Finanzrechte näher zu erörtern sein.

Das dem Regenten gegenüber ausgesprochene Veräußerungsverbot hat den Inhalt, daß auch in den Fällen, in welchen nach der Verfassungsurkunde dem Könige das Recht der Veräußerung von Staatsgütern gewahrt ist, der Reichsverweser hiezu nicht befugt sein soll.

Das Verbot enthält eine auch nach außen wirkende Verfügungsbeschränkung für den Reichsverweser. Verbotswidrig geschehene Veräußerungen sind privatrechtlich ungiltig.

Noch eine andere, in der Verfassung dem Regenten nicht ausdrücklich auferlegte Beschränkung dürfte aus dem Wesen der Regentschaft abzuleiten sein. Die Herrschaft des Königs ist in ihrem Bestande von der Möglichkeit zu regieren nicht abhängig; wohl aber ist das bei der Regentschaft der Fall. Denn es ist gerade der Zweck der Regentschaft, daß der Regent an des Königs Statt regiert, und in dem Augenblicke, wo er dies dauernd nicht mehr vermag, hört er auf, Regent zu sein. Daraus folgt, daß der Regent zwar gleich dem Könige Stellvertreter einsetzen kann, solange er Regent ist; denn dieses Recht ist ihm nicht benommen⁶¹. Aber er kann nicht für den Fall, daß er in die Unmöglichkeit geräth zu regieren, die Nothwendigkeit eines Regentenwechsels durch Einsetzung eines Stellvertreters beseitigen.

Zu den bisher betrachteten materiellen Beschränkungen, welche dem Regenten auferlegt sind, treten formelle hinzu. Auch was die Verfassung in dieser Richtung bestimmt, trägt den Charakter der Ausnahme an sich. Wie der Regent alle Regierungsrechte aus-

---

Daß den Notaren eine der richterlichen entsprechende Stellung aus sachlichen Gründen eingeräumt wurde, erhellt aus der Begründung zu Art. 109 des Entw. eines Notariatsges. von 1851 (Verh. d. K. b. Abg. 1851/52 Beil. Bd. I S. 40). Uebrigens sind sie zwar öffentliche Diener, aber keine Staatsdiener im Sinne der IX. Verf. Beil., wie die Begründung zu Art. 1 des Entw. von 1861 ausdrücklich hervorhebt (Verh. d. K. d. Abg 1859/61 Beil. Bd. V S. 231).

⁵⁸ Die Verf. von 1808 Titel 2 § IX hat bereits den Satz: „Der Reichsverweser kann weder Krongüter veräußern, noch neue Aemter schaffen." In die Verfassung von 1818 kam der Ausdruck „Krongüter" dadurch, daß in dieselbe der Art. 76 des Familienges. von 1816 mit einer unbedeutenden Aenderung wörtlich als Tit. II § 18 aufgenommen wurde. Das Familienges. von 1816 aber behandelt die Ausdrücke „Staats- und Hausfideicommißvermögen" (Art. 58) und „der Krone angehöriges Vermögen" (Art. 41) als gleichbedeutend. Als zu diesem Kronvermögen gehörig bezeichnet das Familienges. von 1816 in Art. 41 Abs. II, und zwar fast mit denselben Worten, all das, was in der Verf. Urk. von 1818 Tit. III § 2 als Bestandtheil des „unveräußerlichen Staatsgutes" aufgeführt wird. Auch das Familienstatut von 1819 spricht in Tit. 5 § 4 von jenem Vermögen, welches „nach . . . dem Verf. Urk. des Reichs Titel III §§ 1 und 2" als „der Krone angehörig" erklärt ist. Vgl. auch ebenda Titel 8 § 1.

⁵⁹ „Davon jeder für sich ein individuell ausgeschiedenes und abgeschlossenes Ganzes bildet", im Gegensatze zu „einzelnen Parzellen". Reichsrath Dr. v. Neumayr a. a. O. Prot. Bd. I S. 120. Vgl. auch den Ausdruck „Gebäudecomplex" im Sinne des Enteignungsrechts, unten § 210 Anm. 37.

⁶⁰ S. darüber unten § 218.

⁶¹ Fricker, Thronunfähigkeit u. Reichsverwesung, Zeitschr. für die ges. Staatswissenschaft XXXI (1875) S. 269: „Wenn sie (die Stellvertretung) zulässig ist, muß auch der Reichsverweser befugt sein, sie eintreten zu lassen."

übt, „welche durch die Verfassung nicht besonders ausgenommen sind", so übt er sie auch in derselben Weise wie der König aus, soweit nicht die Verfassung ein Anderes vorschreibt.

Aus der Natur der Regentschaft selbst folgt, daß die Regierung nicht auf den Namen des Regenten, sondern „im Namen des minderjährigen oder in der Ausübung der Regierung gehinderten Monarchen geführt" wird. Alle Ausfertigungen werden daher im Namen des Königs und unter dem gewöhnlichen königlichen Siegel erlassen. Ueberall da, wo Brustbild, Wappen oder Titel des Königs als Hoheitszeichen anzubringen sind, werden sie auch während der Dauer der Regentschaft angebracht⁶².

Der Regent unterzeichnet als: „Des Königreichs Bayern Verweser"⁶³.

Der Regent muß in allen wichtigen Angelegenheiten das Gutachten des Regent-schaftsrathes erholen. Regentschaftsrath ist das Gesammtministerium⁶⁴. Diese Bestim-mung ist aus dem Grunde rein formeller Natur, weil der Regent an das Gutachten des Regentschaftsrathes ebensowenig gebunden ist, wie der König an jenes des Ministerrathes. Ueberdies hat der Regent das Recht der Ministerentlassung, und es ist Sache seines Er-messens, was er als wichtige Angelegenheit erachtet. Da er andererseits bei seinen Re-gierungshandlungen an die ministerielle Gegenzeichnung gebunden ist und die Minister auch ihm gegenüber das Recht haben, ihre Entlassung zu fordern, so ergibt sich, daß das Ministerium dem Regenten rechtlich nicht wesentlich anders gegenübersteht, als dem Kö-nige, das Ganze also in der Hauptsache auf die Titulatur Regentschaftsrath hinausläuft.

§ 69. Die persönlichen Rechte des Reichsverwesers.

Bei Würdigung der persönlichen Rechtsstellung des Regenten kömmt in Betracht, daß er einerseits Unterthan ist, andererseits kraft gesetzlichen Rechtstitels die Staatsgewalt ausübt. Es sind dies keine zwei Eigenschaften, die sich widersprechen, sondern das zweite ist eine Eigenschaft, die zur ersten hinzukömmt. Der Regent hat die Staatsgewalt, auch abgesehen von der zeitlichen Beschränkung seines Rechtes, anders als der König. Der König ist Träger der Staatsgewalt kraft eigenen Rechtes; er hat die Staatsgewalt nicht aus einer Rechtsordnung, die von einer höheren Gewalt ausgeht. Der Regent dagegen übt die Staatsgewalt kraft des Gesetzes, also kraft einer Rechtsordnung, die in der höheren Gewalt des Königs ihre Quelle hat¹.

Die beiden oben hervorgehobenen Eigenschaften des Reichsverwesers sind insbeson-dere bei der Frage in Erwägung zu ziehen, die für seine persönliche Stellung die wichtigste ist, ob ihm nemlich gleich dem Könige rechtliche Unverantwortlichkeit zukomme.

Die bayerische Verfassungsurkunde gibt keine ausdrückliche Antwort auf die Frage. Es ist daher, wenn auch, wie später zu zeigen sein wird, aus der Entstehungsgeschichte der Verfassung Anhaltspunkte für die Absicht des Gesetzgebers gewonnen werden können, eine Würdigung des Gegenstandes nach allgemeinen staatsrechtlichen Gesichtspunkten nicht ohne Nutzen. Dabei ist die Frage, was in dieser Beziehung zu bestimmen zweck-mäßig wäre, sorgfältig von der anderen Frage zu trennen, was aus der Natur der Stel-lung des Regenten hinsichtlich seiner Verantwortlichkeit oder Unverantwortlichkeit dann sich ergibt, wenn eine Verfassungsurkunde hierüber keine Bestimmung trifft. Wir fassen nur die letztere Frage in's Auge.

---

⁶² Die Verf. Urk. spricht insbesondere von der Prägung der Münzen „mit seinem Brustbild, Wappen und Titel". Nach den Reichsmünzges. erscheint indeß das k. Wappen auf den Münzen nicht mehr und Brustbild und Titel des Königs nicht auf allen Münzen.
⁶³ Verf. Urk. Tit. II § 15.   ⁶⁴ Verf. Urk. Tit. II § 19.
¹ Anders A. v. Kirchenheim, die Regentschaft, S. 104, welcher sagt, der Regent sei „weder König noch Unterthan", er sei „ein drittes", seine Stellung eine „durch und durch exceptionelle".

Vor Allem wird hier zu untersuchen sein, welche Verantwortlichkeit des Regenten überhaupt in Betracht kommen kann. Die Handlungen des Reichsverwesers sind, gleich jenen des Königs, entweder Regierungshandlungen oder Privathandlungen. Da auch der König in bürgerlichen Rechtssachen sowohl als Herrscher wie als Privatrechtssubject vor den Gerichten Recht nimmt, so muß in dieser Beziehung vom Regenten selbstverständlich dasselbe gelten². Zweifelhaft bleibt sonach nur seine öffentlichrechtliche Verantwortlichkeit für die Regentenhandlungen und seine strafrechtliche Verantwortlichkeit³. Daß eine solche Verantwortlichkeit grundsätzlich unmöglich sei, läßt sich nicht behaupten⁴. Der Regent ist immerhin Unterthan, also dem gemeinen Rechte so weit unterworfen, als er nicht von demselben ausdrücklich, sei es als Regent, sei es persönlich aus anderweitigen Gründen, ausgenommen ist. Der Regent übt ferner als solcher fremde Rechte in fremdem Namen aus, und ein derartiges Verhältniß begründet an sich Verantwortlichkeit gegenüber demjenigen, in dessen Namen die Rechtsausübung geschieht, sofern nicht das Gesetz anders verfügt. Allein der Satz, daß diese Verantwortlichkeit möglich ist, schließt noch nicht in sich, daß sie in dem hier vorausgesetzten Falle des Schweigens des Gesetzgebers durchweg verwirklicht werden kann. Die öffentlichrechtliche Verantwortlichkeit des Regenten für seine Regierungshandlungen und dessen strafrechtliche Verantwortlichkeit können während der Dauer seiner Regentschaft in keinem Falle geltend gemacht werden. Denn solange er an Stelle des Königs steht, ist Niemand da, der über ihn richten könnte, und, soweit das strafrechtliche Gebiet in Frage kömmt, auch kein Ankläger, da ja die Anklage, obschon nicht auf seinen Namen, so doch in seinem Auftrage erhoben wird⁵. Aber auch nach beendigter Regentschaft ist die Verwirklichung der Verantwortlichkeit des Reichsverwesers Mangels gesetzlicher Vorschriften hierüber zu einem beträchtlichen Theile unmöglich. Zieht man zunächst die öffentlichrechtliche Verantwortung für die Regentenhandlungen, abgesehen von der strafrechtlichen Verantwortung, in Betracht, so ergibt sich, daß eine solche nicht geltend gemacht werden kann. Denn der Regent ist nicht Staatsdiener, unterliegt also weder dem allgemeinen Dienststrafrechte, noch den besonderen Bestimmungen über Ministerverantwortlichkeit; anderweitige Bestimmungen aber, nach welchen eine Verantwortung für die Führung der Regentschaft zur Geltung gebracht werden könnte, bestehen nicht. Auch ein civilrechtlicher Anspruch gegen den Regenten wegen behaupteter Ueberschreitung seiner Regierungsbefugnisse kann nicht verwirklicht werden, da über die Frage, ob eine solche Ueberschreitung vorliegt, die Civilgerichte nicht erkennen können, ein sonstiger Weg zur Entscheidung hierüber aber nicht eröffnet ist. Der strafrechtlichen Verantwortlichkeit des Regenten nach beendeter Regentschaft steht dagegen⁶

---

² Vgl. jedoch unten.

³ S. über die Frage H. Zöpfl, Grundsätze des gem. deutschen Staatsrechtes I S. 679, R. v. Mohl, Staatsrecht des Kgrs. Württemberg I § 62, C. F. v. Gerber, Grundzüge eines Systems des deutschen Staatsrechts § 31 Anm. 14, H. Schulze, Lehrb. des deutschen Staatsrechts I S. 267, sämmtlich für die Unverantwortlichkeit des Regenten. Vgl. andererseits: Maurenbrecher, die deutschen regierenden Fürsten S. 114, H. A. Zachariä, deutsches Staats- u. Bundesrecht I S. 420, J. v. Held, System des Verfassungsrechts u. II S. 295, L. v. Rönne, Staatsrecht der preuß. Monarchie I S. 185, J. v. Pözl in Bluntschli's u. Brater's Staatswörterb. VIII S. 572, L. v. Sarwey, Staatsrecht des Kgrs. Württemberg I S. 66 f. Vgl. auch die Anführung der Schriftsteller bei H. Stölzle, die rechtliche Verantwortlichkeit des Regenten u. Regierungsstellvertreters nach deutschem Staatsrecht, Würzburg 1894, S. 5 ff., der selbst sich für die Unverantwortlichkeit des Reichsverwesers erklärt.

⁴ So auch G. Meyer, Lehrb. des deutschen Staatsrechts 3. Aufl., S. 230 f., der die maßgebenden Gesichtspunkte treffend hervorhebt.

⁵ Wenn der Regent Mitglied des k. Hauses ist, ergibt sich diese Unmöglichkeit daraus, daß der Regent selbst die Strafgerichtsbarkeit über die Mitglieder des k. Hauses an Stelle des Königs ausübt.

⁶ Falls nicht etwa der Regent König wird.

nichts im Wege. Der Regent unterliegt als Unterthan dem Strafgesetze, wenn er nicht durch ausdrückliche Rechtsvorschrift davon ausgenommen ist.

Das Ergebniß dieser Erörterungen wird in seiner Anwendung auf Bayern durch die Entstehungsgeschichte der Verfassungsurkunde unterstützt. Artikel 63 des Familiengesetzes von 1808 bestimmte: Der Regent „ist für die Handlungen seiner Verwaltung nicht persönlich verantwortlich." [7] Dieser Satz ging auch in den Verfassungsentwurf von 1814 über, dessen Titel II § 25 lautete: „Der Reichsverweser ist für die Handlungen seiner Verwaltung nicht persönlich verantwortlich. In allen wichtigen Angelegenheiten ist er aber verbunden, das Gutachten des Gesammt-Ministeriums zu erholen, welches als der Regentschaftsrath anzusehen ist."

Bei den Verfassungsberathungen vom Jahre 1818 machte sich jedoch eine andere Anschauung geltend. Die Frage der Verantwortlichkeit des Regenten kam in der Sitzung vom 7. März zur Erörterung. Das Ergebniß war, daß die Mehrheit der Conferenz sich für Abstrich des Satzes entschied, welcher die Unverantwortlichkeit des Reichsverwesers aussprach. So entstand aus Titel II § 25 des Entwurfs von 1814 der jetzige § 19 des II. Verfassungstitels (in der ersten Lesung von 1818 § 20). Daß man beabsichtigte, durch die Streichung des bezeichneten Satzes die Verantwortlichkeit des Reichsverwesers festzustellen, erhellt aus den damaligen Berathungen mit aller Deutlichkeit. Das Sitzungsprotokoll gibt hierüber folgenden Bericht:

„Mehrere Mitglieder bemerkten, wie die Nichtverantwortlichkeit des Verwesers in der Verfassungsurkunde auszusprechen in dem Falle bedenklich werden könnte, wenn er gegen seinen Eid die Integrität des Königreichs nicht erhalte, die Verfassung umgeworfen, nicht nach dem Gesetze regiert oder dem künftigen Könige die Gewalt der Ausübung, die ihm anvertraut war, nicht getreu übergebe. Daß er dafür nicht einer gewöhnlichen Verantwortlichkeit gegen die Stände und Bestrafung [8] untergeben werden könnte, läge in dem Begriffe seiner Stellung; allein ob er nicht dem die Regierung antretenden Monarchen verantwortlich bleibe, sei eine schwer zu entscheidende Frage. Sie glaubten, es möchte geeignet sein, diesen Satz auszulassen.

Einige Mitglieder äußerten die Ueberzeugung, der Reichsverweser handle als Monarch, könnte folglich für seine Handlungen in dieser Eigenschaft nie persönlich verantwortlich gemacht werden; es würde zu weit führen, wenn man diesen Satz ausließe und dadurch den Reichsverweser in seinem Verhältnisse als Regent der Verantwortlichkeit gegen den neuen Monarchen preisgäbe ... handle er gegen die Verfassung und Gesetze, gefährde er die Integrität des Reiches, so sei es Pflicht der Stände, ihn daran zu hindern; allein seine Verantwortlichkeit stillschweigend bestehen zu lassen, sei zu gefährlich und werde in alle Regierungshandlungen die Schüchternheit legen, die gefährlich werden könnte." [9]

Aus diesen Aeußerungen ist klar, daß man die Verantwortlichkeit des Regenten nicht ausschließen wollte. Es ist ferner ersichtlich, daß man die Bestimmungen des Titels X § 6 der Verfassungsurkunde über die Anklage eines „höheren Staatsbeamten" durch die Stände als unanwendbar auf den Reichsverweser erachtete. Dagegen hielt man eine Verantwortung des Regenten gegenüber dem Könige für möglich und wollte sie offen lassen. Man scheute nur vor der Mühe oder der Schwierigkeit zurück, diese Verantwortlichkeit rechtlich auszugestalten. Damit ist die Lösung dieser Aufgabe der Wissenschaft überlassen. Nach meinem Ermessen ist hienach das, was oben aus allgemeinen staatsrechtlichen Grundsätzen abgeleitet wurde, auch für das bayerische Staatsrecht giltig.

Wenn somit der Reichsverweser die Unverantwortlichkeit des Königs nicht theilt, so kann noch viel weniger davon die Rede sein, daß ihm die persönlichen Ehrenrechte des Herrschers zukommen. Der Regent als solcher genießt nach der Verfassung überhaupt keine besonderen Ehrenrechte. Jedoch besteht kein Hinderniß, daß er sich die äußeren Auszeichnungen beilegt, welche seiner Stellung entsprechen [10].

Auch in Bezug auf den strafrechtlichen Schutz seiner Person ist der Regent dem Könige nicht gleich gestellt. Das Strafgesetzbuch für das Deutsche Reich kennt kein Ver-

---

[7] Dies ist die Uebersetzung des art. 25 des sénatus-consulte org. vom 28 floréal XII (Bull. des lois, 4 e série t. I p. 5): Il n'est pas personellement responsable des actes de son administration.

[8] Diese Bemerkung hat den § 6 des Tit. X der Verf. Urk. im Auge.

[9] Justizminister Graf Reigersberg, der zur Minderheit gehörte, begründete seine Abstimmung ausdrücklich damit, daß er die für die Nichtverantwortlichkeit des Reichsverwesers geltend gemachten Erwägungen als „überwiegend" ansehe und deshalb „für die Beibehaltung des § 25 nach seiner Fassung sich erkläre".

[10] Vgl. hieher auch Weber XVIII S. 121, 217.

brechen des Hochverrathes gegen den Regenten [11]; es bedroht ferner Thätlichkeiten oder Beleidigungen, welche sich gegen ihn richten, nur mit jenen Strafen, die es auf die gleichen Handlungen dann setzt, wenn sie ein Mitglied der landesherrlichen Familie treffen [12]. Ein besonderer strafrechtlicher Schutz ergibt sich hienach für den Regenten nur dann, wenn er nicht dem königlichen Hause angehört.

Der Regent hat während der Dauer der Reichsverwesung verfassungsmäßig Anspruch auf Wohnung, auf Unterhalt und auf eine jährliche Rente [13] von 200 000 fl. (342 857 Mk. 14 Pf.), die in Monatsbeträgen auszuzahlen ist [14]. Seine Wohnung hat er in der königlichen Residenz. Es wird ihm freistehen, sich dieselbe dort nach seinem Gutbefinden zu wählen. Unterhalt und Geldrente bezieht er bei der ordentlichen Reichsverwesung aus der königlichen Civilliste, bei der außerordentlichen Reichsverwesung aus der Staatskasse [15].

Der Umfang der Unterhaltspflicht ist durch die Verfassung nicht näher festgestellt. Indessen ist nach dem Wortlaute der einschlägigen Bestimmungen sicher, daß nur der Unterhalt des Regenten, nicht der seiner Familie in Betracht kommen kann; aus der Natur der Sache aber folgt, daß der Regent einen seiner Stellung angemessenen Unterhalt zu beanspruchen hat.

§ 70. Beendigung der Reichsverwesung.

Die Reichsverwesung ist zwar eine Einrichtung, die unmittelbar auf Gesetz beruht, gleichwohl hat sie einen persönlichen Charakter, sowohl was die Person dessen betrifft, welcher regiert, als auch in Bezug auf die Person des Königs, für den regiert wird. Die Regentschaft endet daher einerseits dann, wenn in oder gegenüber der Person des Regenten Verhältnisse eintreten, wegen welcher er die Regentschaft nicht fortführen kann, andererseits dann, wenn die Nothwendigkeit der Regentschaft in Ansehung des Königs, für welchen sie geführt wird, nicht mehr vorliegt. Dauert im einen oder im anderen Falle das Bedürfniß einer Regentschaft fort, so ist die weiter eintretende Reichsverwesung rechtlich eine neue. Dies gilt nicht nur dann, wenn für den nemlichen König ein neuer Reichsverweser, sondern auch dann, wenn für den neuen König der bisherige Reichsverweser eintritt. Es sind demnach hier wie dort die Bestimmungen über den Antritt der

---

[11] Vgl. John in F. v. Holtzendorff's Handb. des deutschen Strafrechtes III S. 12 Anm. 3, A. v. Kirchenheim, die Regentschaft S. 107, E. Hanke a. a. O. S. 55 ff.

[12] R. St. G. B. §§ 96, 97; 100, 101.

[13] „Zu seiner eigenen Verfügung" Verf. Urk. Tit. II § 20.

[14] Art. 67 des Familiengesetzes von 1808 ermächtigte den Regenten, auf die „Kronschatzkammer" „zu seiner Privatdisposition in monatlichen Raten jährlich 500 000 fl." anzuweisen. Der Revisionsausschuß von 1814 hielt 200 000 fl. für genügend, da der Regent ohnehin auf Staatskosten erhalten werde. (Sitzung vom 15. Nov. 1814.)

[15] Verf. Urk. Tit. II § 20 wies Unterhalt und Civilliste des Regenten in allen Fällen auf die Staatskasse an. Das Verf. Ges., die Festsetzung einer permanenten Civilliste betr., vom 1. Juli 1834 Art. VIII traf dagegen die abändernde Bestimmung: „Sollte sich der Fall der Minderjährigkeit des Königs in der Folge der Zeiten ergeben, so wird der gesammte, dem Reichsverweser nach § 20 des Tit. II der Verf. Urk. gebührende Unterhalt während der Dauer der Regentschaft aus der permanenten Civilliste bestritten." Das Wort „Unterhalt" begreift hier auch den jährlichen Geldbezug mit, der in Tit. II § 20 der Verf. Urk. ausgesetzt ist. Dies erhellt aus dem beigefügten Eigenschaftswort „gesammte" und aus der Absicht des Gesetzes. Es besteht kein Grund, zwischen dem eigentlichen Unterhalte und dieser Civilliste des Regenten einen Unterschied zu machen. Der Vortrag des Berichterstatters der K. d. Abg. über das Civillistegef. (Betterlin) bezeichnet dem entsprechend die Bestimmung des Art. VIII dieses Gef. als „eine Folge von der Permanenz der Civilliste". (Verh. d. K. d. Abg. 1834 Beil. Bd. II S. 79). S. auch das Gef. vom 30. Juni 1886 (G. u. B. Bl. S. 330).

Reichsverwesung zu beobachten[1]. Ein Wechsel in der Person des Königs bei fortdauernder Nothwendigkeit der Regentschaft kann also einen Wechsel auch in der Person des Regenten hervorrufen, wenn letzterer seine Berechtigung aus Ernennung durch den Regierungsvorfahren des vorigen Königs herleitet und nach der verfassungsmäßigen Ordnung nicht der Nächstberufene ist.

Unter den Beendigungsgründen der Reichsverwesung auf Seite des Regenten kömmt, abgesehen von dessen Tode, vor Allem der Fall in Betracht, daß dem Regenten die Fortführung der Regierung dauernd unmöglich wird[2]. Die Verfassung sagt nicht, in welcher Weise das Vorhandensein dieser Unmöglichkeit festgestellt werden soll. Unter diesen Umständen wird nichts erübrigen, als die Bestimmung des Titels II § 11 der Verfassungsurkunde entsprechend zur Anwendung zu bringen, da anzunehmen ist, der Gesetzgeber würde so verfügt haben, wenn er an den Fall gedacht hätte. Nur wird, dem bereits früher Bemerkten[3] zu Folge, der Regent nicht befugt sein, durch Einsetzung eines Stellvertreters den Wechsel in der Regentschaft hintanzuhalten.

Das Recht des Regenten erlischt außerdem dann, wenn ein näher zur Reichsverwesung Berechtigter übernahmefähig wird, ferner im Falle der Verweigerung des Regenteneides und für die Königin-Wittwe durch ihre Wiederverehelichung[4].

Dem Regenten ist endlich unverwehrt, die Regentschaft niederzulegen. Dies wird als ein Verzicht nur für den vorliegenden Fall der Nothwendigkeit einer Regentschaft aufzufassen sein. Der Verzichtleistende wird also nur für diesen Fall, nicht auch in künftigen Fällen, bei der Weitervergebung der Regentschaft nicht mehr in Betracht kommen.

Die Gründe der Beendigung der Regentschaft, welche in der Person des Königs liegen, sind Tod oder Abdankung, Erlangung der Volljährigkeit und Aufhören der Unmöglichkeit zu regieren[5].

Die Verfassung enthält keine Bestimmung darüber, ob und wie festzustellen ist, daß dem Könige die Selbstregierung wieder möglich geworden sei. Die Folgerichtigkeit scheint zu fordern, daß hier dasselbe Verfahren eingehalten werde, wie es für die Einführung der außerordentlichen Reichsverwesung nothwendig ist[6]. Die Einberufung der Kammern zu dem Zwecke, damit dieselben der Regierungsübernahme durch den König ihre Anerkennung ertheilen, wird durch den Reichsverweser zu geschehen haben. Denn dem Regenten steht die Ausübung der Regierungsgewalt in diesem Augenblicke noch zu, da ja die Beendigung der Regentschaft erst herbeigeführt werden soll[7].

---

[1] Vgl. G. u. B. Bl. 1886 S. 299, 301.

[2] Es wird sich um dieselbe Unmöglichkeit zu regieren handeln, wie sie nach Tit. II § 11 der Verf. Urk. beim Könige vorliegen muß, um die Nothwendigkeit der Regentschaft zu begründen.

[3] Vgl. oben § 68 bei Anm. 61.

[4] H. Schulze, Lehrb. des deutschen Staatsrechts I S. 269.

[5] Verf. Urk. Tit. II § 21.

[6] Man könnte dagegen sagen, Tit. II § 11 der Verf. Urk. habe den Schutz des Königs gegen unberechtigte Entfernung von der Regierung im Auge, und dieser Beweggrund des Gesetzes treffe auf den Fall des Wiedereintrittes der Selbstregierung nicht zu. Allein es handelt sich im letzteren Falle immerhin um die Beseitigung des Ausspruches der Kammern, daß der König regierungsfähig sei. Vgl. Pözl, Lehrb. des bayr. Verf. Rechts S. 387. H. A. Zachariä, deutsches Staats- u. Bundesrecht I S. 422 f., II, R. v. Mohl, Staatsrecht des Kgrs. Württemberg I § 60 Anm. 10, C. F. v. Gerber, Grundzüge eines Systems des deutschen Staatsrechts § 34 Anm. 16, L. v. Rönne, Staatsrecht der preuß. Monarchie I S. 186, H. Schulze, Lehrb. des deutschen Staatsrechts I S. 269, G. Meyer, Lehrb. des deutschen Staatsrechts, 3. Aufl., S. 231 Anm. 40, A. v. Kirchenheim, die Regentschaft S. 89.

[7] In dem unwahrscheinlichen Falle, daß der Regent böswillig sich weigert, die Anerkennung der wiedereingetretenen Regierungsfähigkeit des Königs zu bewirken, würde nichts erübrigen, als daß der König durch eigene Einberufung des Landtags den Knoten durchhaue.

Wenn die Regentschaft durch den Regierungsantritt des Königs ihr Ende erreicht, sind alle Regentschaftsverhandlungen zu schließen, und ist der Regierungsantritt des Königs in der Hauptstadt und im ganzen Königreiche feierlich kund zu machen. Hat der Herrscher den Königseid noch nicht geschworen, so ist der Eid mit dem Regierungsantritte zu leisten [8].

Während in den Zeiten einer privatrechtlichen Auffassung der Regentschaft die Ansicht möglich war, daß der Landesherr, wenn zur Selbstregierung gelangt, den Regierungshandlungen des Regenten so gegenüberstehe, wie der volljährig gewordene Mündel den Handlungen des Vormundes [9], ist nunmehr eine andere, staatsrechtliche Auffassung die herrschende geworden, die schon in den Zeiten des alten Reiches Vertretung fand [10]. Die Regierungshandlungen des Regenten sind rechtlich Regierungshandlungen des Königs. Daraus folgt, daß für den späteren Regenten die Regierungshandlungen des früheren die gleiche Bedeutung haben, wie wenn sie vom Könige selbst ausgegangen wären; daß für den Herrscher, der zur Selbstregierung kommt, die Regierungshandlungen des Regenten gleich eigenen Regierungshandlungen gelten; daß für den König, der neu auf den Thron gelangt, das, was der Regent seines Vorfahren als solcher gethan hat, die gleiche Wirksamkeit besitzt, als wäre es durch den früheren Träger der Krone selbst geschehen. „Der einzig staatsrechtlich correcte Maßstab für die Beurtheilung der Handlungen des Regenten bleibt ihre Verfassungsmäßigkeit." [11] Es gibt keine Wiedereinsetzung in den vorigen Stand gegen gesetzmäßige Handlungen des Reichsverwesers [12].

§ 71. Die Regierungsstellvertretung.

Die Regierungsstellvertretung ist Stellvertretung aus Auftrag des Königs. Dadurch allein unterscheidet sie sich nach bayerischem Staatsrechte in ihrem Wesen von der Regentschaft.

Im Allgemeinen kann jeder Grund, welcher den König von der Selbstregierung fern hält, zur Einsetzung einer Regierungsstellvertretung führen. Nur muß, da die Stellvertretung durch einen Auftrag des Königs bedingt ist, der letztere im Augenblicke ihrer Einsetzung auch rechtlich fähig sein, einen Auftrag zu ertheilen. Der minderjährige König kann daher nie einen Stellvertreter, sondern nur einen Reichsverweser haben. Dagegen kennt das bayerische Staatsrecht keinen Fall, wo bei vorhandener Möglichkeit einer Auftragertheilung Regierungsstellvertretung nicht eintreten dürfte, sondern Reichsverwesung eintreten müßte. Die außerordentliche Reichsverwesung tritt vielmehr stets aushilfsweise, nemlich nur dann ein, wenn der Herrscher, der von der Regierung ferngehalten ist, „für die Verwaltung des Reichs nicht selbst Vorsorge getroffen hat oder treffen kann" [1].

Aber die Fälle, in welchen Regierungsstellvertretung möglich ist, decken sich nicht durchaus mit jenen, in welchen bei mangelnder Stellvertretung Regentschaft nothwendig wird. Zwar wird in der Verfassungsurkunde die Regierungsstellvertretung nur anläß-

⁸ Verf. Urk. Tit. II § 22.
⁹ Vgl. Kraut, die Vormundschaft III S. 257.
¹⁰ Griebner, iuris priv. illustr. lib. I c. 6 § 7: »Ex facto tutoris pupillus illustris obstringitur, quousque successor ex iis, quae ab antecessore gesta sunt, obligatur.« J. J. Moser, von den Reichsstände Landen S. 1133: „Stehet ein Landesherr unter der Vormundschaft, so ist bekannt, daß diese Alles thun kann, was der Regent selber thun könnte, und daß es eben die Rechtskraft habe, als wenn es von dem Regenten selber geschehen wäre."
¹¹ So H. Schulze, preuß. Staatsrecht, 2. Aufl., I S. 217.
¹² Vgl. auch A. v. Kirchenheim, die Regentschaft S. 91 f.
¹ Verf. Urk. Tit. II § 9, b, § 11.

lich der letzteren Fälle erwähnt.   Allein dies hat nicht den Sinn, als ob solche Stellvertretung nur eintreten könnte, wenn der König „an der Ausübung der Regierung auf längere Zeit", also „länger als ein Jahr" „verhindert ist".   Die Befugniß, eine Regierungsstellvertretung einzusetzen, ist vielmehr ein selbstverständliches Recht des Königs und besteht in allen Fällen, in welchen der Herrscher dies für gut findet².

Wollte man dies auch von allgemeinen staatsrechtlichen Gesichtspunkten aus nicht anerkennen, so ist doch jedenfalls für das bayerische Staatsrecht sicher, daß, wenn die Verfassung dem Könige das Recht, einen Stellvertreter zu ernennen, für die Fälle der dauernden Verhinderung einräumt, sie es ihm noch weniger für Fälle vorübergehender Natur versagen wollte.   In der That hat auch der Urheber der Verfassung selbst, wie seine Erlasse vom 30. Juni 1819³ beweisen, diese letztere Befugniß für sich in Anspruch genommen und damit über seine gesetzgeberische Absicht die unzweideutigste Aufklärung ertheilt.

Die Verfassung enthält bezüglich der Einsetzung einer Regierungsstellvertretung keinerlei besondere Bestimmungen.   Die maßgebenden Grundsätze müssen daher theils aus der staatsrechtlichen Natur des Rechtsverhältnisses selbst, theils aus allgemeinen, auch hier anwendbaren Bestimmungen entnommen werden.

Die Einsetzung der Stellvertretung ist eine Regierungshandlung des Königs.   Die bezügliche Anordnung bedarf sonach ministerieller Gegenzeichnung⁴.   Eine allgemeine Veröffentlichung des Erlasses ist, weil nicht vorgeschrieben, nicht unbedingt als ein Erforderniß seiner Wirksamkeit zu betrachten⁵.   Der Natur der Sache nach muß der Erlaß

---

² J. J. Moser, persönliches Staatsrecht der teutschen Reichsstände II § 4: „Ein resp. beständig oder eine Zeit lang abwesender Regent kann, ordentlicher Weise, nach freiem Belieben disponiren, wie es während der Abwesenheit mit der Landesregierung gehalten werden solle." H. Zöpfl, Grundzüge des gem. deutschen Staatsrechts I S. 668 f.; R. v. Mohl, Staatsrecht des Kgrs. Württemberg I § 65 u. Staatsrecht, Völkerrecht und Politik I S. 149 Anm. 1; O. v. Sarwey, Staatsrecht des Kgrs. Württemberg I S. 68 ff.; Mittnacht a. a. O. S. 226 ff.; H. Schulze, preuß. Staatsrecht, 2. Aufl., I S. 218: „Bei dem Schweigen der Verfassungen über diesen Punkt muß nach allgemeinen Grundsätzen wie nach älterem deutschen Herkommen und neuerer Staatspraxis angenommen werden, daß es dem vorübergehend verhinderten Monarchen zusteht, allein für die Fortsetzung der Staatsgeschäfte zu sorgen." F. v. Martitz, Art. Regierungsstellvertretung, in F. v. Holzendorff's Rechtslexikon III, 1 S. 325; A. v. Kirchenheim, die Regentschaft S. 57. — Eine grundsätzlich andere Auffassung haben Fricker, Thronunfähigkeit u. Reichsverwesung, Zeitschrift für die ges. Staatswiss. XXXI (1875) S. 266 ff., u. G. Meyer, Lehrb. des deutschen Staatsrechts, 3. Aufl., S. 232 f.

Für Preußen ist die Zulässigkeit vorübergehender Stellvertretung (mit Unrecht) bestritten. Vgl. G. Meyer a. a. O. S. 232 Anm. 2, H. Schulze a. a. O. I S. 218 ff., C. Bornhak, preuß. Staatsrecht I S. 214 ff.

³ G. Bl. 1819 S. 25. Aus der Zeit vor der Verf. Urk. sind folgende Fälle der Stellvertretung hervorzuheben. Durch Entschl. des Kurf. Karl Theodor vom 19. Oct. 1788 erhielt der Staats- u. Conferenzminister Frhr. v. Oberndorf für die Dauer des Aufenthaltes des Kurf. in der Pfalz „die Directive der Regierung in jeglichen ihren Theilen in Unsern darobigen Landen zu Baiern". G. R. Mayr, Sammlung ꝛc., 1797, V S. 766. Im Entschl. vom 18. Aug. 1796 (a. a. O. V S. 685) setzte Karl Theodor, als er durch die Kriegsläufte zur Abreise von München veranlaßt wurde, eine Landesoberdirection ein, die aus mehreren hohen Staatsdienern bestand. König Max Josef verfügte wiederholt in Fällen seiner Abwesenheit ministerielle Stellvertretung; vgl. R. Bl. 1810 S. 473; 1812 S. 1001; 1813 S. 1369; 1814 S. 1369; 1816 S. 390, 939.

⁴ Ges., die Verantwortlichkeit der Minister betr., vom 4. Juni 1848, Art. 4. Vgl. auch Mittnacht a. a. O. S. 240 ff., H. Schulze, Lehrb. des deutschen Staatsrechts I S. 274, O. v. Sarwey, Staatsrecht des Kgrs. Württemberg I S. 69 f.

⁵ Sie wird indeß unter Umständen politisch zweckmäßig sein. Im ersten Falle der Einsetzung einer Stellvertretung, der nach der Verkündigung der Verf. vorkam, erfolgte Bekanntgabe im G. Bl. (1819 S. 25 ff.). Der König richtete je eine Entschl. an das Gesammtministerium und an die Ständeversammlung, welche Erlasse dann veröffentlicht wurden. Im Uebrigen ist die Nichtveröffentlichung solcher k. Erlasse stets die Regel gewesen. Dies erklärt sich daraus, daß es sich zumeist nur um einige erweiterte Vollmachten für die Minister handelte.

17*

denen kundgegeben werden, für welche aus demselben Gehorsamspflichten erwachsen. Es wird also von Art und Umfang der ertheilten Vollmacht abhängen, wie weit eine Bekanntmachung zur Wirksamkeit der königlichen Anordnung nothwendig ist. Unter Umständen⁶ kann hienach auch eine allgemeine Veröffentlichung nothwendig werden⁷.

Wenn der König selbst den Eintritt einer Regentschaft eingeleitet hat, so ist dies nicht als Einsetzung einer Regierungsstellvertretung anzusehen. Denn der Regent wird dadurch nicht seiner verfassungsmäßig selbständigen Stellung entkleidet, er wird nicht zu einem abhängigen Beauftragten des Königs. Der König erklärt vielmehr gerade durch ein derartiges Verfahren, daß er von seinem Rechte, einen Stellvertreter einzusetzen, keinen Gebrauch machen wolle⁸.

Der König ist bei Anordnung einer Regierungsstellvertretung in der Wahl der Persönlichkeiten unbeschränkt. Er kann zwar seinen Stellvertreter aus dem Kreise derjenigen wählen, die zur Reichsverwesung berufen sind, er muß dies aber nicht; er kann jeden zum Stellvertreter ernennen, der vollkommen handlungsfähig und dem die Fähigkeit, öffentliche Aemter und Würden zu erlangen, nicht aberkannt ist⁹. Der König kann ferner mit seiner Stellvertretung einen Einzelnen oder eine Mehrheit von Personen, z.B. das Gesammtstaatsministerium, betrauen.

Auf der anderen Seite besteht keine allgemeine staatsrechtliche Pflicht zur Uebernahme einer Stellvertretung; es kann nur unter Umständen eine Amtspflicht hiezu begründet sein.

Die Stellvertretung enthält einen Auftrag zur Führung von Regierungsgeschäften. Das Verhältniß ist der Art nach dasselbe, wie bei der Uebertragung eines Amtes. Nur spricht man von Regierungsstellvertretung lediglich dann, wenn der Auftrag sich auf solche Regierungsgeschäfte bezieht, welche ihrer Natur oder den bestehenden Vorschriften zu Folge regelmäßig die persönliche Wahrnehmung durch den König erheischen¹⁰.

Die Regierungsstellvertretung begründet ebenso wie die Amtsübertragung ein vertragsmäßiges Rechtsverhältniß nach innen zwischen dem auftraggebenden Herrscher und dem Stellvertreter und ein Rechtsverhältniß nach außen, eine Amtsgewalt des Vertreters innerhalb des Umkreises seines Auftrages.

Die Auftragertheilung an den Stellvertreter verleiht demselben kein Recht auf den Auftrag gegenüber dem Könige. Der Auftrag kann jeder Zeit ganz oder theilweise zurückgenommen werden. In Bezug auf den Umfang desselben unterliegt der König keiner Be-

---

⁶ Bei einer allgemeinen Stellvertretung.

⁷ Vgl. Mittnacht a. a. O. S. 239 f. — H. Schulze, Lehrb. des deutschen Staatsrechtes I S. 274, fordert stets allgemeine Bekanntgabe. Die Bek. vom 21. Nov. 1835 (R. Bl. 1835 S. 997), die Führung der Geschäfte während der Reise Sr. Maj. des Königs betr., wird formell kaum als tadelfrei bezeichnet werden können. Darin heißt es: „Se. Maj. der König haben bei dem Antritte Allerhöchstihrer Reise nach Griechenland an sämmtliche Staatsminister die Allerhöchsten Anordnungen zur ununterbrochenen Fortführung der Regierungsgeschäfte während Allerhöchstihrer Abwesenheit mit ausgedehnten Vollmachten ergehen lassen ... Sämmtliche Landesstellen und Behörden werden hievon (d. h. von den nicht näher bezeichneten Vollmachten) durch das R. Bl. zur Nachachtung in Kenntniß gesetzt." Die Bek. hat keine Unterschrift.

⁸ Daß Eintritt der Regentschaft mit dem Willen des Königs nicht gleichbedeutend sei mit Eintritt derselben durch den Willen des Königs, betont richtig der Aufsatz „die Regentschaft in Preußen" Preuß. Jahrbücher II (1858) S. 453. Vgl. auch H. Schulze, preuß. Staatsrecht, 2. Aufl., I S. 219 f.

⁹ Mittnacht a. a. O. S. 230 bemerkt hierüber mit Recht: „Wo keine gesetzliche Regelung getroffen ist, besteht die Garantie einer passenden Wahl in dem Takte des wählenden Monarchen und in der Verantwortlichkeit der Minister für Rath und Vollziehung."

¹⁰ Fricker a. a. O. S. 271 hält Stellvertretung ausgeschlossen bezüglich jener Akte, „die nach der Verfassung oder Gesetzgebung rechtlich nur der Monarch vornehmen kann".

schränkung.   Er kann die Regierung dem Stellvertreter vollständig übertragen; er kann den Auftrag nur auf einzelne Regierungshandlungen[11] oder auf einzelne Gebiete der Regierungsthätigkeit erstrecken; er kann die Befugnisse zwischen mehreren Stellvertretern beliebig abgrenzen. Es ist ihm ferner unbenommen, innerhalb des überwiesenen Geschäftsbereiches den Vertreter an Anweisungen zu binden und in dessen Geschäftsführung jeder Zeit persönlich einzugreifen.   Keine Handlung der Staatsgewalt aber, welche der König überhaupt selbst vornehmen kann, ist an sich rechtlich ungeeignet, durch einen Stellvertreter ausgeübt zu werden[12].

Nur bezüglich jener Regierungsrechte, welche verfassungsmäßig vom Regenten nicht ausgeübt werden können, wird eine Ausnahme gemacht werden müssen.   Denn wenn auch die Verfassung bei jenen Beschränkungen zunächst den Reichsverweser im Auge hat, so ist der Gedanke, welcher zu Grunde liegt, doch der, daß gewisse Regierungsrechte nur unter der persönlichen Autorität des Königs ausgeübt werden sollen.   Die Beweggründe jener Anordnungen der Verfassung aber treffen auf den Stellvertreter in verstärktem Maße zu[13].

Das Rechtsverhältniß des Stellvertreters nach Außen weist alle Merkmale einer Amtsgewalt auf.   Der Stellvertreter übt Hoheitsrechte des Königs mit dessen Vollmacht aus.   Er hat daher wie jeder Träger eines Amtes Anspruch auf Gehorsam; auf Unterthanengehorsam Seitens der Staatsangehörigen, auf dienstlichen Gehorsam Seitens der Staatsdiener.   Der Gehorsam gegen den Stellvertreter ist Gehorsam gegen den König. Aber die Befugnisse des Stellvertreters sind durch seine Vollmacht begrenzt.   Der Stellvertreter hat keine Vermuthung der Zuständigkeit für sich; er muß jede Befugniß, die er in Anspruch nimmt, mit seiner Vollmacht beweisen können[14].   Handlungen, die er außerhalb seiner Vollmacht oder entgegen den ihm ertheilten Weisungen vorgenommen hat, sind staatsrechtlich ungiltig.   Andererseits sind Handlungen des Stellvertreters innerhalb der Vollmacht auch für den König gleich eigenen Handlungen rechtsverbindlich[15].   Der Stellvertreter muß sich selbstverständlich bei der Vornahme von Regierungshandlungen einer Form bedienen, welche das Vertretungsverhältniß zum Ausdruck bringt, z. B. „Im Allerhöchsten Auftrage Seiner Majestät des Königs"[16] oder „Aus besonderer Allerhöchster Vollmacht".

Der Stellvertreter hat als solcher keinerlei persönliche Vorrechte, wie sie dem Re-

---

[11] Dahin gehören die — zahlreich vorgekommenen — Ermächtigungen zur Eröffnung und Schließung des Landtags.   Der k. Erlaß an das Gesammtministerium vom 30. Juni 1819 sagt: „Wir ertheilen denselben Vollmacht, nicht nur die von den Kammern an Uns zu bringenden gemeinschaftlichen Beschlüsse in Unserem Namen zu empfangen, sondern überhaupt Alles dasjenige in verfassungsmäßige Wege einzuleiten und zu verfügen, was bis zum Schlusse der Sitzungen zur Erledigung der von Unsern Ministerien an die Stände gebrachten unaufschiebbaren wichtigen Angelegenheiten noch erforderlich sein mag."

[12] Mittnacht a. a. O. S. 283 bemerkt zutreffend, „daß von keiner einzelnen (Regierungshandlung) dargethan werden kann, daß sie ein persönlicheres Recht wäre, als sonstige anerkannt übertragbare Regierungsbefugnisse".   Er hebt auch mit Recht hervor, daß eine clausula generalis für Nothfälle bei Bevollmächtigung eines Stellvertreters sich empfiehlt.

[13] Mittnacht a. a. O. S. 283: „Die hierin liegende Beschränkung rechtfertigt sich dadurch, daß der Grund der häufigen Beschränkung des Reichsverwesers in Ausübung einzelner verfassungsmäßiger Rechte des Staatsoberhauptes, die Besorgniß vor der Einführung weitgreifender Veränderungen während einer kurzen Zwischenherrschaft und vor der Verschleuderung wichtiger Regierungsrechte durch einen Regenten, in erhöhtem Maße Anwendung findet auf den Stellvertreter noch kürzerer Dauer und beliebiger Wahl."   Uebereinstimmend R. v. Mohl, Staatsrecht des Kgrs. Württemberg I § 65 Ziff. 2a, O. v. Sarwey, Staatsrecht des Kgrs. Württemberg I S. 73 f.   And. Anf. ist E. Hande a. a. O. S. 63 f.

[14] H. Schulze, Lehrb. des deutschen Staatsrechts I S. 272.

[15] O. v. Sarwey a. a. O. I S. 69.

[16] Vgl. R. G. Bl. 1878 S. 103 ff.

genten zukommen. Er trägt für seine Handlungen die rechtliche Verantwortlichkeit[17]. Insoferne er Staatsdiener ist und in dieser Eigenschaft mit der Stellvertretung des Königs betraut wurde, ist er für seine Amtsführung auch dienstrechtlich verantwortlich. Denn die ihm übertragene Vertretung erscheint unter dem Gesichtspunkte einer Ausdehnung seiner dienstlichen Obliegenheiten.

Da die Regierungsstellvertretung auf einem persönlichen Auftrage beruht, so erlischt sie durch Tod oder eintretende Unfähigkeit des Beauftragten, durch Zurückziehung des Auftrags, durch den Eintritt einer Regentschaft, durch den Tod oder Thronverzicht des Auftraggebers. Dagegen wird ein freies Rücktrittsrecht des Stellvertreters nicht anerkannt werden können, da er sich der übernommenen Verpflichtung nicht einseitig zu entziehen vermag[18]. Eine Ausnahme bildet, abgesehen von dem ausdrücklichen Vorbehalte des Rücktritts, der Fall, wo die Stellvertretung einem Staatsdiener als solchem übertragen wurde; hier kann der Staatsdiener dadurch, daß er von seinem Rechte, jeder Zeit die Entlassung zu fordern, Gebrauch macht, auch die Stellvertretung beendigen.

§ 72. Der Vicekönig.

Nach den Bestimmungen der Verfassung[1] soll, wenn bei der außerordentlichen Thronfolge die Krone „an die Gemahlin eines auswärtigen größeren Monarchen" gelangt, dieselbe zwar Königin werden, jedoch verpflichtet sein, einen Vicekönig zu ernennen.

Die Verfassung sagt nicht, welche Stellung dieser Vicekönig einzunehmen hat, und auch mit dem Ausdrucke selbst verbindet sich kein fester staatsrechtlicher Begriff, der etwa eine nähere Bestimmung als überflüssig erscheinen ließe. Als sicher kann man nur soviel annehmen, daß der Vicekönig etwas Anderes sein soll, als ein Regierungsstellvertreter oder ein Regent; denn sonst hätte man die besondere Bezeichnung nicht gewählt.

Man wird der Absicht des Gesetzgebers näher kommen, wenn man den Zweck seiner Bestimmung in's Auge faßt. Dieser Zweck ist kein anderer, als der, die Selbständigkeit des Staates durch Bestellung eines selbständigen Hauptes der Regierung zu sichern. Die Meinung kann also nicht die gewesen sein, den Vicekönig irgendwie als bloßen Stellvertreter erscheinen zu lassen; denn der Stellvertreter ist von dem Könige persönlich unbedingt abhängig[2]. Dagegen würde eine Stellung, wie sie dem Regenten zugewiesen ist, den fraglichen Zweck vollkommen erfüllen. Man darf daher wohl annehmen, daß der Vicekönig nach der Absicht der Verfassung sachlich die Befugnisse eines Regenten haben soll. Der Unterschied zwischen den Rechtssätzen, welche für den Regenten, und jenen, welche für den Vicekönig gelten, läge sonach in dem, was die Verfassung da, wo sie vom Vicekönig handelt, ausdrücklich beifügt; in allen Punkten, über welche die Verfassung schweigt, hätten die Vorschriften über die Regentschaft Anwendung zu finden.

Die Verfassung bestimmt nun, daß der Vicekönig von der Königin ernannt wird, und das Familienstatut von 1819[3] setzt ergänzend hinzu, daß zum Vicekönige entweder der zur Thronfolge bestimmte Prinz oder in Ermangelung eines solchen ein Eingeborener bestellt werden solle.

---

[17] Mittnacht a. a. O. S. 237. H. Schulze, Lehrb. des deutschen Staatsrechtes I S. 272 f.
[18] Anderenfalls könnten, wenn der König nicht in der Lage wäre, sofort für Ersatz zu sorgen, erhebliche geschäftliche Verlegenheiten entstehen.
[1] Verf. Urk. Tit. II § 6 Abs. II.
[2] Pözl, Lehrb. des bayer. Verf. Rechts S. 375 Anm. 8, meint, der Vicekönig sei „wohl nur als Mandatar der Königin ohne selbständige Berechtigung zu betrachten".
[3] Tit. V § 1.

Der Vicekönig wird, ähnlich dem Regenten, zwar im Namen der Königin, aber selbständig zu regieren haben.　Als besondere Verpflichtung ist ihm von der Verfassung auferlegt, daß er „seine Residenz in der Hauptstadt des Königreichs zu nehmen hat" ⁴. Willkürlich absetzbar darf der Vicekönig nicht sein, wenn anders seine Selbständigkeit wirksam gesichert sein soll.　Daraus würde sich ergeben, daß sein Recht nur durch den Tod der Königin und aus Gründen, die in seiner Person liegen, erlöschen kann.　Auf alle Fälle werden die Bestimmungen der Verfassung über den Vicekönig, wenn je die Möglichkeit ihrer Anwendung in's Auge gefaßt werden muß, im Interesse der Rechtssicherheit der Ergänzung durch ein Gesetz bedürfen.

7. Abschnitt.

§ 73.　Das Verhältniß Bayerns zum Deutschen Reiche.

Die Zugehörigkeit Bayerns zum Deutschen Bunde dauerte bis zur Beendigung des letzteren in Folge der kriegerischen Ereignisse des Jahres 1866.　In den Präliminarien von Nickolsburg vom 26. Juli und dem Prager Friedensvertrage vom 23. August 1866 wurde die Auflösung des Bundes von Seite Oesterreichs anerkannt, die Anerkennung des von Preußen zu gründenden Norddeutschen Bundes versprochen und das Einverständniß damit erklärt, daß die süddeutschen Staaten einen besonderen Verein bilden sollten, dessen Verhältniß zum Nordbund durch Verträge seine Regelung finden werde.　Bayern ertheilte im Friedensvertrage mit Preußen vom 22. August 1866 ¹ den Bestimmungen der Nickolsburger Präliminarien, „soweit sie die Zukunft Deutschlands betreffen", auch seinerseits seine Zustimmung.

Während die norddeutsche Bundesverfassung mit dem 1. Juli 1867 in's Leben trat, kam ein Verein der süddeutschen Staaten unter sich nicht zu Stande ². Deren Verbindung mit dem Norden beruhte zunächst auf den Schutz- und Trutzbündnissen, welche zwischen ihnen und Preußen gleichzeitig mit den Friedensverträgen abgeschlossen worden waren ³.　Durch Staatsvertrag vom 8. Juli 1867 ⁴ wurde sodann zwischen dem Norddeutschen Bunde und den süddeutschen Staaten der Zollverein unter Umgestaltung seiner bisherigen Verfassung erneuert.

Die Ereignisse des Jahres 1870 führten zur Gründung des Deutschen Reiches, welchem Bayern durch den Vertrag von Versailles vom 23. November 1870 beitrat. Der Vertrag und die durch denselben vereinbarte Bundesverfassung erlangten in Bayern durch die königliche Erklärung vom 30. Januar 1871 ⁵ mit rückwirkender Kraft vom 1. gl. Mts. gesetzliche Geltung.

Der König von Bayern ist hienach Bundesglied des Deutschen Reiches.　Nach derjenigen Auffassung, welche im Reiche einen Staat erblickt, hat der König mit seinem Ein-

---

⁴ Verf. Urk. Tit. II § 6 Abs. II.

¹ G. Bl. 1866/69 S. 21; vgl. auch S. 816. Dazu Landtagsverh. 1866/69, K. d. Abg. Beil. Bd. I S. 101, 109, Sten. Ber. Bd. I S. 124, 131, 133; K. d. R. R. Beil. Bd. I S. 125, 137, 147, Prot. Bd. II S. 17, 22, 36. S. ferner K. d. Abg. Sten. Ber. Bd. I S. 232.

² Vgl. hieher O. Frhr. v. Völderndorff, Annalen des Deutschen Reichs 1890 S. 280 ff.

³ Glaser, Archiv des Nordb. Bundes, Berlin 1867, S. 39.

⁴ G. Bl. 1866/69 S. 89; vgl. auch S. 818. Dazu Landtagsverh. 1866/69, K. d. Abg. Beil. Bd. II S. 355, 359, 479, Sten. Ber. Bd. II S. 47, 50, 94, 112, 117, 119, 123; K. d. R. R. Beil. Bd. II S. 33, 64, 72, 76, Prot. Bd. III S. 45, 50, 102, 115, 133.

⁵ G. Bl. 1870/71 S. 149; vgl. auch S. 302. Dazu Landtagsverh. 1870/71, K. d. Abg. Beil. Bd. IV S. 9, 27, 79, 84, Sten. Ber. Bd. IV S. 19, 28, 30, 108, 138, 163, 187, 209, 237, 265, 295, 318, 348, 375; K. d. R. R. Beil. Bd. II S. 38, 113, 148, 149, Prot. Bd. II S. 8, 37, 91.

tritte in den Reichsverband aufgehört, Herrscher von Bayern zu sein, sind die Sätze der
bayerischen Verfassungsurkunde, daß das Königreich Bayern ein souveräner Staat sei,
und daß sein König alle Rechte der Staatsgewalt in sich vereinige, außer Kraft getreten.
Von jenem Standpunkte aus gibt es nach Abschluß der Bündnißverträge nur mehr die
Eine souveräne Gewalt des Reiches, deren Inhaber die Gesammtheit der Mitglieder des
Reiches ist. Der Herrscher des einzelnen Staates ist nicht mehr dessen Monarch, sondern
Mitherrscher über das Reich. Was er von seinen früheren Rechten in seinem Lande noch
besitzt, besitzt er nicht mehr als Souverän, sondern in Unterordnung unter die Souveränetät des Reiches. Hienach steht „die gesammte Rechtssphäre der Einzelstaaten zur Disposition des verfassungsmäßig erklärten Willens des Reiches"⁶. Diesem Satze gegenüber
ist es von geringer Bedeutung, ob man sagt, daß die Glieder des Reiches ihre Rechte als
vom Reiche abgeleitete besitzen⁷, oder ob man behauptet, daß sie dieselben als eigene,
aber jederzeit durch das Reich entziehbare innehaben.

Es ist hier nicht der Ort, die vorstehend bezeichneten Ansichten zu bekämpfen. Im
Zusammenhange der gegenwärtigen Erörterungen darf ich das Verhältniß des Königs als
Bundesgliedes so darstellen, wie es nach meiner Auffassung, die ich bereits anderwärts
zur Genüge erörtert habe⁸, sich gestaltet.

Das Deutsche Reich ist ein Staatenbund⁹, der von den Verbündeten zur gemeinsamen Ausübung einzelner staatlicher Hoheitsrechte eingegangen worden ist. Die Gründung des Reiches hatte weder den Zweck, noch die Wirkung, die Souveränetät der einzelnen Verbündeten zu vernichten. Das Reich ist ein „ewiger Bund", dessen Thätigkeit
auf jene Gebiete der Gesetzgebung, Rechtsprechung und Verwaltung sich bezieht, welche die
Verbündeten in der Verfassung bezeichnet haben oder künftig auf verfassungsmäßigem
Wege bezeichnen werden. Die Bundesgewalt ist in jedem Bundesstaate Staatsgewalt.
Hienach ist der Satz unserer Verfassung, daß der König alle Rechte der Staatsgewalt in
sich vereinigt, durch den Eintritt Bayerns in das Reich nicht im Mindesten verändert
worden. Nach wie vor bleibt die königliche Gewalt Quelle alles Rechtes, welches im
Lande gilt. Die Veränderungen, welche durch den Eintritt in jenes Bundesverhältniß
bewirkt worden sind, beziehen sich nicht auf die Innehabung der Staatsgewalt, sondern
auf deren Ausübung. Diese Aenderungen sind auf dem Wege in Wirksamkeit getreten,
welchen die bayerische Verfassung selbst in Titel X § 7 vorgesehen hat. Die Reichsverfassung ist in Bayern nicht „octroyirt"¹⁰, sondern als Landesgesetz verkündet worden.
Auf der königlichen Erklärung vom 30. Januar 1871, welche den Bündnißverträgen für
Bayern „gesetzliche Kraft und Geltung" ertheilte, beruht der Rechtsbestand des gesammten
Reichsrechtes im Königreiche. Und so ergibt sich denn für die Ausübung der Staatsgewalt durch den König eine doppelte Selbstbeschränkung durch das besondere bayerische
und das gemeinsame deutsche Verfassungsrecht.

Das letztere hat eine Bundesgewalt als gemeinsame Gewalt der Verbündeten geschaffen. Diese Bundesgewalt hat einen verfassungsmäßig beschränkten Wirkungskreis,
ihre Zuständigkeit steht zu jener der gesonderten Staatsgewalt der einzelnen Bundes-

---

⁶ P. Laband, Staatsrecht des Deutschen Reiches, 3. Aufl., I S. 84.
⁷ Ph. Zorn, Staatsrecht des Deutschen Reiches, 2. Aufl., I S. 80.
⁸ Vgl. meine staatsrechtlichen u. polit. Abhandlungen, Freiburg i. B. u. Leipzig 1893 S. 1—120
u. meinen Commentar z. Verf. Urk. f. d. Deutsche Reich, Würzburg, nun Freiburg i. B. 1873.
⁹ Vgl. auch die Erklärung der preuß. Regierung in der Bundesrathssitzung vom 5. April 1884,
Annalen des Deutschen Reichs 1886 S. 350 ff. Dort werden in sehr nachdrücklicher Weise die „Verträge" betont, „auf denen der Bund der deutschen Staaten beruht".
¹⁰ So Ph. Zorn a. a. O. I S. 55.

staaten im Verhältnisse der Ausnahme zur Regel. Daran ändert auch der Umstand nichts, daß nach den Bestimmungen der Reichsverfassung eine Erweiterung der Zuständigkeiten der Bundesgewalt eintreten kann; denn es bedarf hiezu eines Mehrheitsbeschlusses der Verbündeten selbst nach den Vorschriften des Artikels 78 der Reichsverfassung.

Träger der deutschen Bundesgewalt sind die verbündeten Herrscher. Ihre gemeinsame Thätigkeit vollzieht sich aber nicht in persönlichem Zusammentritte, sondern durch zwei Organe, den Bundesrath und den Kaiser.

Der Bundesrath¹¹ ist eine Versammlung von Vertretern der Bundesglieder¹². Eine Vertretung kann an sich in doppelter Weise stattfinden: entweder so, daß der Vertretende seinen Willen anstatt des Willens des Vertretenen mit Wirksamkeit für den letzteren erklärt, oder so, daß der Vertretende den Willen des Vertretenen erklärt. Im einen Falle ist der Vertreter Erzeuger eines eigenen Willensaktes, im anderen Falle Verkünder eines fremden Willensaktes. Die Mitglieder des Bundesrathes sind das letztere. Der Satz, daß die Bundesrathsbevollmächtigten unmittelbar den Willen ihres Auftraggebers aussprechen, hat die Bedeutung einer zwingenden Rechtsvermuthung. Die Verbündeten im Bundesrathe haben zwar das Recht und die Pflicht, die Vollmacht der Vertreter ihrer Mitverbündeten zu prüfen, nicht aber deren Dienstanweisung. Die Abstimmung im Bundesrathe ist ein Formalakt¹³. Die Vollmacht kann mit Wirkung nach außen nicht beschränkt, auch der Vollmachtgeber selbst bezüglich des Inhaltes der Vollmacht staatsrechtlich nicht gebunden werden. Die Dienstanweisung der Bevollmächtigten ist eine rein innere Angelegenheit der Bundesglieder¹⁴.

Die Ernennung der bayerischen Bevollmächtigten und die Ertheilung der Anweisungen an dieselben steht dem Könige zu. Da dies Regierungshandlungen des Herrschers sind, so ist zu ihrer giltigen Vornahme die ministerielle Gegenzeichnung oder Unterzeichnung erforderlich¹⁵.

Die geschäftliche Behandlung dieser Angelegenheiten steht im Allgemeinen dem Staatsministerium des königlichen Hauses und des Aeußern zu. Bezüglich des sachlichen Inhaltes der zu ertheilenden Anweisungen ist jedoch in erster Linie dasjenige Ministerium zur Abgabe seines Gutachtens berufen, in dessen Geschäftskreis die Angelegenheit fällt, auf welche die Weisung sich bezieht.

Hinsichtlich des Inhaltes der Anweisung ist der König ebensowenig wie hinsichtlich des Inhaltes der Vollmacht an die Zustimmung des Landtages gebunden. Darüber, daß eine solche Beschränkung nach dem geltenden Rechte nicht stattfindet, besteht kein Zweifel. Sie kann aber auch auf dem Wege der Landesgesetzgebung nicht eingeführt werden. Die Reichsverfassung erklärt in Artikel 6 die Bundesrathsbevollmächtigten als Vertreter der Bundesglieder, d. h. der Herrscher, und bindet die Bundesglieder bezüglich der Ertheilung der Anweisungen nirgends an die Zustimmung ihrer Landtage. In der Zustimmung des Landtages zu Artikel 6 der Reichsverfassung liegt der Verzicht darauf, bei Ertheilung der Weisungen an die Bundesrathsbevollmächtigten mitzuwirken. Ist es

---

¹¹ Der folgenden Darstellung liegt meine Abhandlung „der Bundesrath" in F. v. Holtzendorff's u. L. Brentano's Jahrb. für Gesetzgebung, Verwaltung u. Volkswirthschaft III (1879) S. 273—296 zu Grunde.
¹² Reichsverf. Art. 6. Ueber deren persönliche Rechtsstellung vgl. meine angef. Abhandlung S. 280.
¹³ P. Laband, Staatsrecht des Deutschen Reiches, 3. Aufl., I S. 217.
¹⁴ Ueber die Bedeutung des Art. 7 Abs. III der Reichsverf. vgl. meine angef. Abh. S. 277. Die Ansicht von Ph. Zorn a. a. O. S. 157 ist m. E. unrichtig. Vgl. dagegen auch P. Laband a. a. O. I S. 209 ff.
¹⁵ Ges., die Verantwortlichkeit der Minister betr., vom 4. Juni 1848, Art. 4.

unleugbar, daß die unbeschränkte Befugniß des Königs zur Anweisung seiner Bevollmächtigten in Artikel 6 ihren Grund hat, dann muß auch zugegeben werden, daß eine
Aenderung hierin durch Landesgesetz nicht bewirkt werden kann ¹⁶.

Der Satz, daß der König allein das Recht hat, die bayerischen Bundesrathsbevollmächtigten mit Weisungen zu versehen, gilt unbedingt. Es macht keinen Unterschied,
auf welchen Gegenstand die Anweisung sich bezieht. Selbst wenn es sich um Beschlüsse
des Bundesrathes handelt, aus welchen eine Aenderung der bayerischen Verfassung sich
ergeben kann, besteht kein Mitwirkungs r e c h t des Landtages ¹⁷. Selbstverständlich bleibt
es der Staatsregierung unbenommen, da, wo sie es für wünschenswerth erachtet, vor Ertheilung einer Weisung an die Bundesrathsbevollmächtigten die Ansicht des Landtages zu
vernehmen.

Der Bundesrath beschließt regelmäßig mit Stimmenmehrheit; bei Stimmengleichheit gibt Preußen den Ausschlag ¹⁸.

Die Stimmenzahl, welche den einzelnen Bundesgliedern zukömmt, ist in Artikel 6
Absatz I der Reichsverfassung festgestellt. Von den 58 Stimmen im Bundesrathe hat
Bayern 6 ¹⁹. Jedes Bundesglied kann soviel Bevollmächtigte ernennen, als es Stimmen
hat ²⁰. Die Uebung läßt auch die Ernennung stellvertretender Bevollmächtigter zu. Die

---

¹⁶ Vgl. die näheren Ausführungen in meiner angef. Abhandlung S. 277 und in meinem
Commentar z. Verf. Urk. f. d. Deutsche Reich S. 97, 270. Gegen die hier vertretenen Ansichten haben
sich insbes. erklärt P. L a b a n d a. a. O. I S. 226 f., Ph. Z o r n a. a. O. I S. 168 f., Th. P i s t o r i u s ,
die Staatsgerichtshöfe und die Ministerverantwortlichkeit, Tübingen 1891, S. 198 ff.
¹⁷ Die Frage ist in der K. d. Abg. 1871/72 anläßlich eines Antrages B a r t h — S c h ü t t i n g e r
zu eingehender Erörterung gekommen. Vgl. darüber Beil. Bd. I S. 527, II S. 169, 221. Sten. Ber.
I S. 108, 132, 455, 480. Eine Beleuchtung dieser Verh. enthält m e i n Commentar zur Verf. Urk.
für das Deutsche Reich S. 276—287. Außerdem sind noch folgende Stellen aus den Verh. der K. d.
Abg. 1870/71 über die Bündnißverträge zu vergleichen: Beil. Bd. IV S. 82 Sp. 1, S. 86 Sp. 2;
ferner 1883/86 Sten. Ber. V S. 267. In der Folge hat sich die Staatsregierung die Ermächtigung
zum Eintritte in die Branntweinsteuergemeinschaft durch ein Ges. vom 27. Sept. 1887 (G. u. V. Bl.
S. 547) ertheilen lassen. Bei den Landtagsverh. (Repert. 1887/88 S. 21 ff.) wurden die oben erörterten
staatsrechtlichen Fragen besprochen, blieben aber unentschieden. Die Erklärung, welche Staatsminister
Dr. v. R i e d e l (Sten. Ber. I S. 26 f.) Namens der Staatsregierung abgab, ist, wohl unter dem
Einflusse politischer Erwägungen, zu Sätzen gelangt, die staatsrechtlichen Bedenken unterliegen. Es
wird gesagt, daß „ein Reservatrecht vom reichsrechtlichen Standpunkte aus als in giltiger Weise aufgegeben zu erachten sei, wenn Bayern gemäß Art. 78 Abs. II (der Reichsverf.) seine Zustimmung im
Bundesrathe erklärt" habe; „dem Lande gegenüber" trage das Ministerium die volle Verantwortung
hiefür, und daher werde kein Ministerium daran denken, „ein Reservatrecht von irgend einem
Belange ohne vorherige Zustimmung des Landtags aufzugeben". Der erste, staatsrechtliche Theil
dieser Darlegung ist richtig; der zweite Theil ist wesentlich politischen Inhalts.
    Sodann heißt es weiter: Es sei gefragt worden, ob Gesetzesvorlagen wegen Aufgabe eines
Reservatrechts im Landtage wie Verfassungsänderungsges. zu behandeln seien, und wenn ja, ob auch
die vorliegende. Letztere Frage habe der Aussch. der K. d. Abg. selbst verneint. Die erstere „äußerst
schwierige principielle Frage" sei besser „von Fall zu Fall je nach der Natur und Tragweite des einzelnen in Betracht kommenden Reservatrechts zur Erledigung zu bringen". Die Staatsregierung gehe
davon aus, daß aus der Behandlung des vorliegenden Falles keine Folgerungen für künftige Fälle abgeleitet werden könnten. Sie sei nicht der Meinung, sich selbst oder dem Landtage die Befugniß zu entziehen, „für die Zukunft bei Fällen, welche anders als der gegenwärtige gelagert sind, auf die Beobachtung der erwähnten Förmlichkeiten zu bringen".
    Bedenklich ist vor Allem die Unterscheidung zwischen Sonderrechten, welche „von Belang" oder
nicht von Belang sind. Das ist kein rechtliches Unterscheidungsmerkmal. Sodann ist, selbst wenn man
einen Augenblick zugibt, daß zum Verzichte auf irgend welche bayer. Sonderrechte die Ermächtigung
durch ein Landesges. rechtlich nothwendig sei, nicht abzusehen, wie dieses Ges. sich als ein solches darstellen soll, welches „Abänderungen in den Bestimmungen der (bayer.) Verf. Urk. oder Zusätze zu derselben" (Verf. Urk. Tit. X § 7) enthält. Durch ein derartiges Ges. wird überdies nicht einmal das bayer.
Sonderrecht beseitigt, sondern nur genehmigt, daß Bayern der Beseitigung zustimme.
¹⁸ Reichsverf. Art. 7 Abs. III.
¹⁹ Näheres in meiner angef. Abh. S. 281.
²⁰ Reichsverf. Art. 6 Abs. II.

Stimmführung ist ein Recht, keine Pflicht der Bundesglieder. Bei Gegenständen, hinsichtlich welcher die Reichszuständigkeit für das Gebiet eines Bundesgliedes verfassungsmäßig ausgeschlossen ist, hat das betreffende Bundesglied kein Stimmrecht ²¹.

Von dem Grundsatze, daß der Bundesrath mit einfacher Mehrheit beschließt, gibt es folgende Ausnahmen:

1. Gesetzesvorschläge, welche die Abänderung bestehender Einrichtungen auf dem Gebiete des Land- und Seekriegswesens, dann hinsichtlich der in Artikel 35 der Reichsverfassung aufgeführten Abgaben bezwecken, sind abgelehnt, wenn Preußen Widerspruch einlegt ²².

2. Bei der Beschlußfassung über die Ausführungsverordnungen und Vollzugseinrichtungen zu den Gesetzen, die in Artikel 35 der Reichsverfassung bezeichnet sind, kann eine Aenderung bestehender Vorschriften oder Einrichtungen nur stattfinden, wenn Preußen nicht widerspricht ²³.

3. Gesetzesvorschläge, welche auf Abänderung von Verfassungsbestimmungen zielen, durch die bestimmte Rechte einzelner Bundesglieder in deren Verhältnisse zur Gesammtheit festgestellt sind, gelten als abgelehnt, wenn der berechtigte Verbündete nicht zustimmt ²⁴.

4. Gesetzesvorschläge auf Abänderung der Verfassung sind verworfen, wenn 14 Stimmen sich widersetzen ²⁵.

Der Bundesrath ist innerhalb des Rahmens der Verfassung das ordentliche Organ des Bundes. Alle Reichsangelegenheiten fallen in seine Zuständigkeit, soferne sie nicht ausdrücklich davon ausgenommen sind. Er hat innerhalb des Wirkungskreises des Reiches die Vermuthung der Zuständigkeit für sich ²⁶.

Die Berufung, Eröffnung, Vertagung und Schließung des Bundesrathes steht dem Kaiser zu, der dabei durch mehrfache verfassungsmäßige Bestimmungen gebunden ist ²⁷.

Den Vorsitz im Bundesrathe hat Preußen, das denselben durch den Reichskanzler führt ²⁸. Der Reichskanzler kann sich im Vorsitze vertreten lassen. Will oder kann er den Vorsitz an keinen preußischen Bevollmächtigten übertragen, so muß er ihn zunächst an Bayern abgeben ²⁹.

Jedes Bundesglied kann Anträge im Bundesrathe ³⁰ stellen ³¹.

Der Bundesrath bildet aus seiner Mitte nach Maßgabe des Artikels 8 der Reichsverfassung Ausschüsse ³². Bayern hat in Bezug auf diese Ausschüsse das Vorrecht eines ständigen Sitzes im Ausschusse für das Landheer und die Festungen und des Vorsitzes im Ausschusse für die auswärtigen Angelegenheiten.

Das zweite Organ der deutschen Bundesgewalt ist das Bundespräsidium, der Kaiser. Das Präsidium des Bundes steht der Krone Preußen zu. Der König von Preußen führt den Titel Deutscher Kaiser ³³. Das Bundespräsidium ist ein Sonderrecht Preußens innerhalb des Bundes. Wer die preußischen Kronrechte ausübt, übt auch die Präsidialrechte aus, sei es der König oder der Regent von Preußen ³⁴.

---

²¹ Reichsverf. Art. 7 Abf. IV.
²² Reichsverf. Art. 5 Abf. II.   ²³ Reichsverf. Art. 37.
²⁴ Reichsverf. Art. 78 Abf. II.   ²⁵ Reichsverf. Art. 78 Abf. I.
²⁶ Näheres in meiner angef. Abh. S. 284 ff.
²⁷ Reichsverf. Art. 12—14.   ²⁸ Reichsverf. Art. 15.
²⁹ Bayer. Schlußprot. Ziff. IX.   ³⁰ Reichsverf. Art. 7 Abf. II.
³¹ Näheres zum Vorstehenden in meiner angef. Abh. S. 292 ff.
³² Näheres a. a. O. S. 295 ff.
³³ Reichsverf. Art. 11 Abf. I. Das Handschreiben des Königs von Bayern an den König von Preußen f. Sten. Ber. des Norddb. Reichstags 1870, II. außerord. Session S. 76.
³⁴ S. meinen Commentar z. Verf. Urk. f. d. Deutsche Reich S. 113.

Der Kaiser ist als solcher nicht Herrscher; er ist Bundesorgan. Aber er ist dies in anderem Sinne als der Bundesrath. Während letzterer als ein unselbständiges Werkzeug unmittelbar den Willen der Verbündeten ausspricht, ist ersterer regelmäßig Vertreter derselben in der Art, daß er seinen frei gefaßten Willen im Namen der Gesammtheit kundgibt.

Die Präsidialrechte lassen sich nicht in einer allgemeinen Formel ausdrücken [85]. Sie bestehen in bestimmten einzelnen Befugnissen, welche die Reichsverfassung oder die Reichsgesetze dem Bundespräsidium zuschreiben. Die wichtigsten verfassungsmäßigen Befugnisse des Kaisers sind die Vertretung des Reiches nach Außen, das Bundesfeldherrnamt, die Leitung des Reichs-Post- und Telegraphenwesens [86], das Recht der Berufung, Eröffnung, Vertagung und Schließung von Bundesrath und Reichstag, die Ausfertigung und Verkündigung der Reichsgesetze und die Ueberwachung ihrer Ausführung, die Ernennung und Enthebung des Reichskanzlers und der meisten Reichsbeamten [87].

Der Kaiser hat als solcher gewisse persönliche Ehrenrechte, und er genießt im ganzen Reiche denselben strafrechtlichen Schutz wie der Landesherr.

Die nähere Entwickelung all dieser rechtlichen Verhältnisse ist der Darstellung des Reichsstaatsrechtes zu überlassen [88].

---

[85] Es ist z. B. entschieden falsch, wenn Pözl, Lehrb. des bayer. Verf. Rechts S. 596, sagt: „Der Kaiser .. ordnet Alles an, was zur Verwirklichung der Zwecke des Reiches nothwendig ist."

[86] Jedoch nicht für Bayern und Württemberg. Reichsverf. Art. 52.

[87] Der Kaiser übt ferner Rechte der Staatsgewalt Namens des Reiches in Elsaß-Lothringen und in den deutschen Schutzgebieten aus.

[88] Vgl. hieher P. Laband a. a. O. I S. 182 ff., G. Meyer, Lehrb. des deutschen Staatsrechtes, 3. Aufl., S. 364 ff.; ferner meinen Commentar z. Verf. Urk. f. d. Deutsche Reich, S. 84 ff., 112 ff.

Zweiter Theil.

Die Gegenstände der Herrschaft.

§ 74. Einleitende Bemerkungen.

Aus dem Begriffe des Staates ergeben sich die beiden Gegenstände der Staatsgewalt: Volk und Land, Staatsangehörige und Staatsgebiet. Staatsangehöriger ist
nicht gleichbedeutend mit Bewohner des Staatsgebietes, wenn auch in der Regel die
Bewohner des Staates zugleich dessen Angehörige sind. Es gibt sowohl Bewohner des
Staatsgebietes, welche nicht Unterthanen sind, als auch Unterthanen, die außerhalb des
Staatsgebietes wohnen. Staatsangehörige sind nur jene, die unter dem Herrscherwillen,
der über dem Staate waltet, vereinigt sind, d. h. der Staatsgemeinschaft als Glieder
angehören und daher der Herrschaft voll und ganz unterliegen. Es ist nicht nöthig, daß
die Staatsangehörigkeit sich stets auch in der Form des Aufenthaltes im Staatsgebiete
kundgebe; die rechtliche Möglichkeit, im Staate als Staatsgenosse zu leben, genügt.
Das Staatsgebiet ist der nach Außen gegen andere Staatsgebiete (oder staatlose Flächen)
abgegrenzte Theil der Erde, innerhalb dessen die Herrschergewalt ausschließend sich
bethätigt.

Aus der absoluten Natur der Herrschaft folgt, daß Volk und Land nur Einer
Staatsgewalt unterliegen können. Allerdings ist, da jede Staatsgewalt die Voraus-
setzungen des Erwerbes und Verlustes der Staatsangehörigkeit selbständig feststellt, der
Fall möglich, daß zwei Staaten ein- und denselben Menschen als ihren Angehörigen in
Anspruch nehmen. Allein eben dann wird die innere Unhaltbarkeit einer doppelten
Staatsangehörigkeit sich zeigen, da bei einem Zwiespalte der Unterthanenpflichten nur
eine der beiden Staatsangehörigkeiten zur thatsächlichen Wirksamkeit wird gelangen
können[1].

In der Art und Weise, wie Staatsgebiet und Staatsangehörige Gegenstand der
Herrschaft sind, besteht ein Unterschied. Derselbe hat mit der privatrechtlichen Unter-
scheidung dinglicher und persönlicher Rechte einige Aehnlichkeit. Das Staatsgebiet ist
Gegenstand der Herrschaft insofern, als über dasselbe kein anderer als der Wille des

---

[1] Vgl. L. v. Bar, das internat. Privat- u. Strafrecht § 27, Fr. v. Martitz, das Recht der
Staatsangehörigkeit im internat. Verkehr, Annalen des Deutschen Reichs 1875 S. 806.

Staatsoberhauptes herrschend sich bethätigen darf, der Herrscherwille also ausschließend sich geltend macht. Die Bedeutung des Gebietes ist demnach eine verneinende nach Außen, eine bejahende aber insoferne, als Alles, was auf dem Staatsgebiete sich befindet, unter die Einwirkung der Staatsgewalt kömmt².

Will man von einer besonderen Gebietshoheit reden, so kann mit diesem Ausdrucke nur jene verneinende Seite der Herrschaft über das Land bezeichnet werden. Die Akte der Staatsgewalt innerhalb des Gebietes, mögen sie auch auf Grund und Boden sich beziehen, lassen sich unter dem Begriffe einer Gebietshoheit nicht vereinigen³. Das Gebiet ist zwar Gegenstand der Gebietshoheit, aber die Ausübung der Staatsgewalt innerhalb des Gebietes ist nicht der Inhalt der Gebietshoheit⁴.

Der Staatsangehörige ist Gegenstand der Herrschaft insoferne, als sein Wille dem Herrscherwillen staatsrechtlich unterworfen, unterthan ist.

Nennt man diese Herrschaft der Staatsgewalt über die Unterthanen, entsprechend dem Ausdrucke Gebietshoheit, Personalhoheit, so kann man den Unterschied beider in nachstehender Weise bezeichnen. Der begriffliche Inhalt der Gebietshoheit ist ein verneinender, Ausschluß jeder anderen Staatsgewalt vom Gebiete; das ungestörte Schalten der Staatsgewalt innerhalb des Gebietes ergibt sich daraus als Folge. Der begriffliche Inhalt der Personalhoheit ist ein bejahender, staatsrechtliche Unterworfenheit der Unterthanen unter die Staatsgewalt; der verneinende Satz, daß keiner anderen Staatsgewalt zugestanden werden kann, in die Ausübung dieser Gewalt störend einzugreifen, ist die Folge jenes bejahenden Inhaltes der Personalhoheit.

Aus dem Gesagten ergibt sich die richtige Auffassung des Verhältnisses der Fremden zur Staatsgewalt. Fremde können zur Staatsgewalt nur insoferne in Beziehung treten, als sie im Staatsgebiete sich aufhalten oder innerhalb desselben Rechte besitzen. Die Gewalt, welche der Herrscher über solche Personen ausübt, ist kein Ausfluß der Personalhoheit, sondern der Gebietshoheit, also nicht der unbedingten Unterworfenheit der Personen, sondern des Landes. Die Ausländer kommen zur Staatsgewalt in Beziehung, nicht weil sie Staatsgenossen, sondern weil sie in den räumlichen Bereich der Staatsgewalt eingetreten sind⁵.

---

² Quidquid est in territorio est etiam de territorio.

³ Vorzüglich klar ist die Entwickelung des Begriffs bei C. Fr. v. Gerber, Grundzüge eines Systems des deutschen Staatsrechts § 22. Vgl. auch P. Laband, Staatsrecht des Deutschen Reiches, 3. Aufl., I S. 164 ff. C. Bornhak, preuß. Staatsrecht I S. 223 f. Bei der Mehrzahl der anderen Schriftsteller figurirt unter dem Begriffe der Gebietshoheit allerlei Durcheinander. H. Zöpfl, Grundsätze des gem. deutschen Staatsrechts II S. 532, u. Pözl, Lehrb. des bayer. Verf. Rechts S. 55, bezeichnen als „Ausfluß" der „Territorialgewalt" sogar „das Recht, gesetzlich zu bestimmen, wer fähig sei, Eigenthum im Gebiet zu erwerben". — Ist es nun auch richtig, daß die „sog. Gebietshoheit kein Inbegriff materieller Befugnisse" ist, so geht doch G. Meyer (Lehrb. des deutschen Staatsrechts, 3. Aufl., S. 179, vgl. auch Frider, vom Staatsgebiete, Tübingen 1867) zu weit, wenn er daraus folgert, daß das Gebiet „kein Object der Staatsherrschaft" sei. Das Gebiet steht in der staatlichen Gewalt, im imperium des Herrschers, es ist Gegenstand der Herrschaft ebenso gut, wie die Sache Gegenstand des Eigenthumsrechtes ist. Die Abtretung eines Stückes Staatsgebiet ist Abtretung eines Stückes Grund und Boden (nicht blos und nicht nothwendig auch der darauf befindlichen Personen) zu staatlicher Beherrschung, also doch wohl Abtretung eines Gegenstandes. Wäre Meyer's Satz richtig, so hätte das Oberhaupt eines Staats vor dem Oberhaupte eines Nomadenstammes an Herrschaftsgegenständen nichts voraus. Vgl. hieher auch F. Curtius, Archiv f. öff. Recht IX S. 1 ff.

⁴ Vgl. meine Grundzüge einer allg. Staatslehre S. 34.

⁵ In diesem Sinne ist der Satz richtig: Qui in territorio meo est, etiam meus subditus est. Der Rechtsbegriff des Ausländers ist übrigens nur ein verneinender: Mangel der inländischen, nicht Besitz einer ausländischen Staatsangehörigkeit. Reger XIII S. 409.

I. Abschnitt.

Die Staatsangehörigen.

§ 75. Entwickelung der Gesetzgebung über die Staatsangehörigkeit[1].

Nach dem Rechte, welches zu Zeiten des alten Reiches in Bayern galt, wurde die Landesangehörigkeit auf folgende Weise erworben:

1. durch Geburt, d. h. eheliche Abstammung von bayerischen Aeltern und uneheliche Abstammung von einer bayerischen Mutter;
2. durch zehnjährigen fortgesetzten Aufenthalt im Lande;
3. durch Aufnahme, d. h. polizeilich genehmigte Niederlassung;
4. durch Verehelichung einer Ausländerin mit einem Bayern[2].

Der Verlust der Landesangehörigkeit[3] trat, abgesehen von dem Falle der Verehelichung einer Bayerin mit einem Ausländer, hauptsächlich durch Entlassung aus der Unterthanenpflicht (Emigration, Abzug) ein[4]. Die Auswanderung durfte bei Strafe (insbesondere der Vermögenseinziehung) nur nach ertheilter Erlaubniß (Emigrationsconsens) erfolgen[5]. Beim Abzug war, als Entgelt für die dadurch bewirkte Befreiung von der Beitragspflicht zu den Staatslasten und Staatsschulden, nach Maßgabe des ausgeführten Vermögens ein Freigeld oder Nachsteuer zu bezahlen[6]. Neue Bestimmungen hierüber traf eine Verordnung vom 6. Juli 1804[7].

---

[1] H. Rehm, der Erwerb von Staats- u. Gemeindeangehörigkeit in geschichtlicher Entwickelung nach römischem u. deutschem Staatsrecht, Annalen des Deutschen Reichs, 1892 S. 136 ff. (auch in Sonderabdruck erschienen).

[2] Vgl. über die verschiedenen Erwerbsarten:

a) Bettelordnung Karl Albrechts vom 20. Juli 1726 § 20 (als Libell gedr.; erwähnt bei E. Frhrn. v. Riedel, Commentar zum bayer. Ges. über Heimat ꝛc., 6. Aufl., München 1892, S. 7 Anm. 3; Text des § 20 bei Weber I S. 190 u. Bl. f. abm. Praxis XI S. 152). Hienach sind „die Auswendigen, wann sie sich nähren können und bereits 10 Jahr im Land aufgehalten haben, vor Lands-Inwohner zu halten, die andern Ausländer aber, wann's nicht schon Burger seynd, wieder hinaus an ihr Geburts-Orth zu verweisen". S. auch G. K. Mayr, Sammlung ꝛc., 1784, II S. 1010; 1797, V S. 864.

b) Mandat de anno 1768, 20. Dec. Von dem ad beneficia ecclesiastica erforderlichen indigenatu. (Sammlung von 1771 S. 512). „Gebohrnes Landskind oder aber mit dem Jure indigenatus schon vorläufig von Uns begnadigt." Dazu geistlicher Rathschluß vom 4. März 1769, G. K. Mayr, Sammlung ꝛc., II S. 1095 u. Leuteration des angef. Mandats, vom 4. April 1786, G. K. Mayr, Sammlung ꝛc., 1788, IV S. 853. S. auch oben § 27 Anm. 26.

c) Entschl. vom 4. April 1786. (G. K. Mayr, Sammlung ꝛc., 1788, IV S. 853.) Das vorerwähnte Mandat wird bestätigt.

d) Entschl. vom 11. Juli 1786 (ebenda S. 852) erklärt es als „observanzmäßig, daß jeder Ausländer, der 10 Jahre in Bayern dient, als ein Bayer betrachtet wird", und bemerkt, daß ein solcher „zu einer weiteren Legitimation des erlangten Indigenatrechtes nicht mehr angehalten werden" kann.

Der Fortbestand des älteren Rechtes wird anerkannt im Militärcantonsreglement vom 7. Juni 1805 § 2 a (R. Bl. S. 274) u. im Edict über die Armenpflege vom 22. Febr. 1808 Art. 6 (R. Bl. S. 593, Weber I S. 192).

Vgl. auch Bl. f. abm. Praxis XXXI S. 280, XL S. 323 f.; H. Rehm a. a. O. S. 205 f., 209 f., 213, 215 f., 218 f.

[3] Vgl. hieher auch Döllinger III S. 44 ff., Bl. f. abm. Praxis XL S. 857 f.

[4] Fr. J. Bodmann, inneres Territorialverhältniß des Abzugs- u. Nachsteuerrechtes in Teutschland, Mainz 1791.

[5] Vgl. die Uebersicht der Bestimmungen bei Döllinger III S. 43. Noch eine Verordn. vom 5. Juli 1799 (Intell. Blatt S. 518) verbot die Auswanderung ohne Erlaubniß „bei Vermögensconfiscation und anderer willkürlicher Bestrafung". S. auch zum Folgenden die § 47 Anm. 7 angef. Abhandlung von G. Krieg.

[6] Mandat vom 14. Juni 1740, das Freigeld oder die Nachsteuer betr., Stadt- u. Marktinstr. vom 1. Jan. 1748 Ziff. 41. Sammlung von 1771 S. 214, 569, Döllinger III S. 91.

[7] Die Bestimmungen über Auswanderung und Vermögensexportation im Allg. betr. R. Bl. S. 321.

Die Angehörigen einiger benachbarter oder eingeschlossener Gebiete (Hochstifter Freising und Passau, Reichsstadt Regensburg, salzburgische Stadt Mühldorf) besaßen das bayerische Incolat, welches mehrere, sonst nur den Landesangehörigen zukommende Vortheile gewährte⁸.

Die Verfassung vom 1. Mai 1808⁹ sprach aus: „Das Indigenat kann nur durch eine königliche Erklärung oder ein Gesetz ertheilt werden." Das Edict über die Confiscationen vom 29. August 1808¹⁰ enthielt bezüglich der Vermögenseinziehungen bei unbefugter Auswanderung mildere Vorschriften¹¹.

Nach Verkündigung der neuen Verfassung wurde der Erlaß von Verordnungen über das Staatsbürgerrecht und die Verleihung der Staatsangehörigkeit, über das Rechtsverhältniß bayerischer Unterthanen und Gutsbesitzer, welche zugleich in einer persönlichen oder dinglichen Verbindung mit fremden Staaten stünden, insbesondere über die Erwerbung einer doppelten Staatsangehörigkeit, in Erwägung gezogen. Man vertagte indessen diese gesetzgeberischen Arbeiten theils mit Rücksicht auf das beabsichtigte bürgerliche Gesetzbuch, theils im Hinblicke darauf, daß die unruhigen politischen Verhältnisse es räthlich erscheinen ließen, die Erledigung der Fragen, welche die Beziehungen zu anderen Staaten berührten, bis zur Wiederherstellung des Friedens aufzuschieben¹². So erfolgte denn eine neue Regelung des Gegenstandes erst durch das königliche Edict über das Indigenat, das Staatsbürgerrecht und die Rechte der Forensen und der Fremden in Bayern, vom 6. Januar 1812, dessen erster Titel von der Staatsangehörigkeit handelt¹³. Bei Abfassung dieses Edicts war auf die damals geplante Einführung eines bürgerlichen Gesetzbuchs nach dem Vorbilde des Code Napoléon Rücksicht genommen worden, man mußte ferner die Beziehungen zum rheinischen Bunde und zu Frankreich, insbesondere das kurz zuvor ergangene Decret von Trianon¹⁴ beachten.

Auf der Grundlage des Edictes von 1812 ruht, trotz erheblicher einzelner Abweichungen, im Allgemeinen die erste Beilage zur Verfassungsurkunde von 1818, das Edict über das Indigenat vom 26. Mai 1818¹⁵.

Nach letzterem Edicte¹⁶ wird die bayerische Staatsangehörigkeit entweder durch Geburt¹⁷ oder durch Naturalisation erworben. Die Naturalisation erfolgt, wenn eine Ausländerin einen Bayern heirathet, ferner wenn Fremde in das Königreich einwandern, sich darin ansässig machen und die Entlassung aus dem fremden persönlichen Unterthanenverband beibringen¹⁸, endlich durch ein besonderes nach Vernehmung des Staatsraths ausgefertigtes königliches Decret¹⁹.

---

⁸ Vgl. G. K. Mayr, Sammlung ꝛc., 1784, I S. 248, 669, II S. 826; 1788 III S. 480 f., IV S. 650. J. de Weinbach, exercitatio iur. publ. de singulari incolatus iure in Bavaria. Ingolst. 1772.　　⁹ Tit. 1 § VII Abs. 3.

¹⁰ R. Bl. S. 1987. Zu Constit. Tit. 1 § VIII; vgl. Tit. 5 § VI.

¹¹ „Bei Auswanderungen ohne Unsere Bewilligung wird zwar dem Ausgewanderten der Besitz und der Genuß des Vermögens benommen, dasselbe soll aber den rechtmäßigen Erben, welche sich nach dem Tode des Auswanderers dazu legitimiren werden, ohne Abzug, aber auch ohne Zinsen wieder verabfolgt werden."　　¹² Sitzung des geh. Rathes vom 22. Juni 1809.

¹³ R. Bl. S. 209, Döllinger III S. 13. Bl. f. adm. Praxis XL S. 325 f., 358 f.

¹⁴ Décret impérial concernant les Français naturalisés en pays étranger etc. vom 26. Aug. 1811 (Bull. des lois 4e série, t. V p. 182). Das Decret von Trianon erschien gerade, als man das neue Indigenatsedict verkünden wollte. Das napoleon. Decret bestimmte u. A., daß ein Franzose ohne kaiserliche Genehmigung in fremden Landen nicht naturalisirt werden könne, und daß er, selbst wenn er diese Genehmigung erlangt habe, niemals gegen Frankreich die Waffen tragen dürfe. In Folge dessen sah man sich zu einer nochmaligen Berathung über das Indigenatsedict veranlaßt, wodurch dessen Verkündigung sich verzögerte. Man stellte dem Decrete von Trianon in Art. 36 des Edicts den Satz entgegen, daß kein einem fremden Staate Angehöriger das bayer. Staatsbürgerrecht erwerben oder beibehalten könne, „ohne der persönlichen auswärtigen Unterthans= (und Lehens=) Verbindung gänzlich entsagt zu haben und aus derselben ohne Vorbehalt entlassen worden zu sein". Vgl. auch die wegen des Decrets von Trianon ergangenen Bek. vom 5. Febr., 2. März, 3. Juni 1812 (R. Bl. S. 988, 991 und 993).

¹⁵ Dazu eine authentische Erläuterung des § 5 durch Ges. vom 15. Aug. 1828. (G. Bl. S. 37.) Repert. über die Landtagsverh. 1827/28 S. 194 ff.

¹⁶ Vgl. darüber die älteren Auflagen von Pözl's Lehrb. des bayer. Verf. Rechtes Buch II Abschn. 1, I, 3; Bl. f. adm. Praxis XL S. 327 ff., 359 ff.

¹⁷ Nicht durch Adoption, vgl. Bl. f. adm. Praxis II S. 74.

¹⁸ Vgl. Bl. f. adm. Praxis IV S. 234, V S. 410. Nach Art. 14 der dießf., Art. 12 der pfälz. Gem. Ordn. vom 29. April 1869 (urspr. Fassung) bewirkte die Verleihung des Gemeindebürgerrechts (Bestätigung durch die Districtsverwaltungsbehörde bei mittelbaren Gemeinden!) an Ausländer, welche die nach ihrem heimatlichen Rechte erforderliche Auswanderungsbewilligung beigebracht hatten, den Erwerb der bayer. Staatsangehörigkeit.

¹⁹ Verf. Urk. Beil. I §§ 1—3. Das ältere Edict von 1812 hat eine eingehende Casuistik des Erwerbs der Staatsangehörigkeit durch Geburt; bei der Naturalisation wird für den Erwerb durch

Der Verlust der Staatsangehörigkeit wird durch Erwerb oder Beibehaltung einer fremden Staatsangehörigkeit ohne besondere königliche Bewilligung, durch Entlassung oder Auswanderung ³⁰, durch Verheirathung einer Bayerin mit einem Ausländer ³¹ und durch Gebietsabtretung ³² bewirkt. Bezüglich der Auswanderung bestimmte die Verfassung ³³ selbst: „Es ist den Bayern gestattet, in einen andern Bundesstaat, welcher erweislich sie zu Unterthanen annehmen will, auszuwandern ..., wenn sie den gesetzlichen Verbindlichkeiten gegen ihr bisheriges Vaterland Genüge geleistet haben." ³⁴

Die Bestimmungen der Verfassungsurkunde über Erwerb und Verlust der Staatsangehörigkeit ³⁵ sind bis zum Eintritte Bayerns in das Reich in Geltung geblieben.

Nach der Reichsverfassung Art. 4 Ziff. 1 erstreckt sich die Gesetzgebungszuständigkeit des Reichs auch auf die Bestimmungen über die Staatsangehörigkeit ³⁶. Die gleiche Zuständigkeit besaß bereits der Norddeutsche Bund, welcher unterm 1. Juni 1870 ein Gesetz über die Erwerbung und den Verlust der Bundes- und Staatsangehörigkeit erließ ³⁷. Dieses Gesetz gilt nunmehr als Reichsgesetz und ist in Bayern durch Reichsgesetz vom 22. April 1871 ³⁸ eingeführt worden.

§ 76. Erwerb der Staatsangehörigkeit.

Die Staatsangehörigkeit in einem deutschen Bundesstaate wird mittelbar durch familienrechtliche Verhältnisse — Abstammung, Legitimation und Verheirathung — oder unmittelbar durch staatliche Verleihung — Aufnahme und Naturalisation — begründet ¹.

Wohnsitz wie früher zehnjährige Dauer des letzteren verlangt, für die Verleihung durch Decret werden eine Anzahl sachlicher Voraussetzungen aufgeführt; endlich kömmt noch Naturalisation „durch ein der Constitution gemäß verfaßtes und publicirtes Gesetz" hinzu.

²⁰ Vgl. Bl. f. adm. Praxis III S. 227, 270, 337, IV S. 85, VI S. 362. Döllinger XXV S. 140. Entsch. d. V.G.H.'s III S. 132 f., IV S. 509, VIII S. 161, XII S. 230; E. v. Riedel, Commentar zum bayer. Ges. über Heimat ꝛc. S. 149 f.

²¹ Entsch. d. V.G.H.'s VIII S. 131.

²² Verf. Urk. Beil. I § 6. Das ältere Edict hat eine größere Zahl von Verlustgründen, nemlich außer den oben genannten (wobei Naturalisation im Auslande ohne weiteren Beisatz aufgeführt wird) noch folgende: Annahme fremder Staatsdienste, Bezüge, Ehrenzeichen ohne königliche Erlaubniß, Anerkennung einer fremden Gerichtsbarkeit „außer den durch Gesetz, Herkommen oder Verträge bestimmten Fällen", „jede Niederlassung im Auslande, woraus die Absicht nicht zurückzukehren erhellt", sogar Reisen mit einem Aufenthalte im Auslande von mehr als einem Jahre ohne ausdrückliche königliche Erlaubniß, endlich bürgerlicher Tod. Das Edict von 1812 kennt ferner Gründe der Wiedererlangung der verlorenen Staatsangehörigkeit. Sie tritt ein in den erwähnten Fällen der Annahme fremder Dienste ꝛc. bei nachträglich erlangter königlicher Genehmigung, dann, „wenn eine Bayerin, welche durch Heirath das Indigenat verloren hat, als Wittwe nach Bayern zurückkehrt und ihren ständigen Wohnsitz allda nimmt".

²³ Tit. IV § 14 Abs. I. Vgl. deutsche Bundesakte vom 8. Juni 1815 (Weber I S. 474) Art. 18, b, 1.

²⁴ Vgl. dazu E. v. Moy, Staatsrecht des Kgrs. Bayern, I, 2 S. 18 ff., Pözl, Lehrb. des bayer. Verf. Rechts, 4. Aufl., S. 82, G. Krieg a. a. O. S. 10 ff.

²⁵ Uebersichtliche Darstellung derselben bei E. v. Riedel a. a. O. S. 148 ff.

²⁶ Die Reichs Verf. hat a. a. O. den Ausdruck „Staatsbürgerrecht". Dieser Ausdruck hat im Schlußprot. zum Bündnißvertrage mit Bayern unter II eine maßgebende Auslegung dahin gefunden, „daß unter der Gesetzgebungsbefugniß des Bundes über Staatsbürgerrecht nur das Recht verstanden werden solle, die Bundes- und Staatsangehörigkeit zu regeln und den Grundsatz der politischen Gleichberechtigung aller Confessionen durchzuführen, daß sich im Uebrigen diese Legislative nicht auf die Frage erstrecken soll, unter welchen Voraussetzungen Jemand zur Ausübung politischer Rechte in einem einzelnen Staate befugt sei". Vgl. meinen Commentar z. Verf. Urk. f. d. Deutsche Reich S. 61 f., A. Hänel, deutsches Staatsrecht, I S. 359 ff.

²⁷ B. G. Bl. S. 355. Dazu Verh. des norddt. Reichstags 1870 III S. 153 (Entw.), Sten. Ber. I S. 81, 251, 1076 (Berathungen), II S. 1091 (Schlußabstimmung). Ueber die Nov. vom 20. Dec. 1875 unten § 76 Anm. 88. W. Cahn, das Reichsgef. über die Erwerbung u. den Verlust der Reichs- u. Staatsangehörigkeit, Berlin u. Leipzig 1889; Bl. f. adm. Praxis XL S. 336 ff., 370 ff. Die übrigen Schriften sind angegeben bei P. Laband, Staatsrecht des Deutschen Reichs, 3. Aufl., I S. 118 Anm. *, G. Meyer, Lehrb. des deutschen Staatsrechts, 3. Aufl., S. 180 Anm. 1 u. in meiner Abhandlung, Annalen des Deutschen Reiches 1876 S. 136 Anm. 3. Letztere bildet die Grundlage der folgenden Darstellung.

²⁸ B. G. Bl. S. 87. Nr. 17, ausgegeben 29. April 1871. Dazu für Bayern M. E. vom 9. Mai 1871 (Weber IX S. 6), im Folgenden angeführt als Vollz. Vorschr.

¹ Ges. § 2.

Der Wohnsitz innerhalb eines Bundesstaates bewirkt für sich allein den Erwerb der Staatsangehörigkeit nicht[2].

1. Was zunächst den Erwerb durch Abstammung betrifft, so verwirft das deutsche Recht den Grundsatz der Territorialität, demgemäß nur die Geburt innerhalb des Staatsgebietes die Staatsangehörigkeit zur Folge hat. Im deutschen Staatsrechte ist vielmehr der Grundsatz der Personalität zur Anerkennung gelangt[3]. Eheliche Kinder eines Deutschen und uneheliche Kinder einer Deutschen erwerben hienach durch die Geburt, auch wenn diese außerhalb des Heimatstaates erfolgt, die Staatsangehörigkeit des Vaters, bzw. der Mutter[4]. Andererseits wird der im deutschen Bundesgebiete von ausländischen Aeltern Geborene in keinem Falle deutscher Staatsangehöriger[5].

Die Adoption steht der Geburt nicht gleich, hat somit nicht die Wirkung, daß der an Kindesstatt Angenommene die deutsche Staatsangehörigkeit des Adoptirenden erwirbt[6].

2. Das uneheliche Kind eines Deutschen erwirbt die Staatsangehörigkeit des Vaters durch Legitimation, selbstverständlich vorausgesetzt, daß die Mutter nicht die Staatsangehörigkeit des außerehelichen Vaters besitzt und letztere daher ohnedies schon auf das Kind übergegangen ist[7]. Ob die Mutter Deutsche oder Ausländerin ist, macht bezüglich der Wirkung der Legitimation keinen Unterschied. Die bloße Anerkennung der Vaterschaft steht der Legitimation nicht gleich[8].

3. Die Verheirathung mit einem Deutschen begründet für die Ehefrau die Staatsangehörigkeit des Gatten[9]. Diese Wirkung ist eine nothwendige, die durch keinerlei Vorbehalt ausgeschlossen werden kann. „Auf die Kinder einer früheren Ehe der Frau erstreckt sich diese Wirkung der Verheirathung nicht; ebensowenig auf uneheliche Kinder der Frau, soferne nicht mit der Verheirathung der letzteren eine Legitimation der Kinder eintritt."[10] Die Nichtigerklärung der Ehe vernichtet auch deren Wirkung auf die

---

[2] Ges. § 12.

[3] Daß dieser Grundsatz in Verbindung mit der im Reiche bestehenden Freizügigkeit „nothwendig dahin führe, die Staatsangehörigkeit immer mehr der Reichsangehörigkeit gegenüber zurücktreten zu lassen" (P. Laband a. a. O. I S. 145 f.) ist wenigstens für Bayern nicht zu befürchten. Hiegegen schützt der Umstand, daß die Gemeindeangehörigkeit und die Ausübung der wichtigsten polit. Rechte vom Besitze der Staatsangehörigkeit abhängig sind.

[4] Ges. § 3. Vgl. P. Laband a. a. O. S. 146 Anm. 2. (Die dort erörterte Streitfrage des bayer. Rechts — Verehelichungszeugniß — ist jetzt erledigt.) Unehelich sind auch die Kinder aus nichtiger Ehe, ausgenommen wenn dieselbe eine Putativehe ist und das Landesrecht die Kinder aus solcher Ehe den ehelichen gleichstellt. (Vgl. darüber P. v. Roth, bayer. Civilrecht, 2. Aufl., I S. 547, H. v. Sicherer, Personenstand u. Eheschließung in Deutschland S. 200 Anm. 15.) A.M. ist E. Bornhak, preuß. Staatsrecht I S. 249 Anm. 2.

[5] Ueber den Rechtszustand in andern Staaten F. v. Martitz, das Recht der Staatsangehörigkeit im internat. Verkehr, Annalen des Deutschen Reichs 1875 S. 1126 ff.; s. ferner dessen Bemerkungen zur Kritik des geltenden deutschen Rechts ebenda S. 1144 ff.

[6] Ges. § 2 Abs. II. Vgl. die Begründung zu § 2 des Entw.

[7] § 4 des Ges. Die gesetzlichen Bestimmungen, nach welchen die Legitimation vorgenommen sein muß, sind die landesrechtlichen. Vgl. darüber H. v. Sicherer a. a. O. S. 118, P. Hinschius, das Reichsges. über die Beurkundung des Personenstandes ⁊c., Commentar, S. 93, P. v. Roth a. a. O. I S. 552 ff. Nach Landesrecht beantwortet sich auch die Frage, ob für die Legitimation das Recht des Wohnsitzes oder des Heimatstaates des Vaters maßgibt. Hierüber P. Laband a. a. O. I S. 147, W. Cahn a. a. O. S. 36 ff., die mir beide nach entgegengesetzten Richtungen zu weit zu gehen scheinen. Nach der Begründung zu § 4 des Ges. entscheiden die Landesgesetze über die Frage, „ob eine Legitimation mit rechtlicher Wirkung erfolgt sei". Dies heißt keineswegs, wie Cahn annimmt, daß der Legitimationsakt sich stets nach Landesrecht richten muß. Welche der gesetzlichen Formen der Legitimation gewählt wurde, ist ohne Belang.

[8] E. Riedel, die Reichsverf. Urk. ⁊c. S. 255.

[9] § 5 des Ges.

[10] Begründung zu § 5.

Staatsangehörigkeit[11], wogegen die Eheſcheidung eine derartige·Folge nicht nach ſich zieht[12].

4. Die Verleihung der Staatsangehörigkeit erfolgt durch einen ſtaatlichen Verwaltungsakt[13]. Zuſtändig iſt hiefür die Kreisregierung, Kammer des Innern[14], in deren Bezirke der Geſuchſteller ſich niedergelaſſen hat oder niederzulaſſen beabſichtigt. Die Vorverhandlung über die Geſuche obliegt den Diſtrictsverwaltungsbehörden, deren örtliche Zuſtändigkeit nach dem gleichen Geſichtspunkte ſich bemißt[15]. Die Form der Verleihung iſt die Ausſtellung einer Urkunde, welche dem Nachſuchenden durch die genannte Diſtrictsverwaltungsbehörde zuzufertigen iſt[16]. Die Staatsangehörigkeit und die mit ihr verbundenen Rechte und Pflichten[17] werden mit dem Zeitpunkte der Aushändigung der Verleihungsurkunde erworben[18], d. h. mit dem Augenblicke, in welchem die Urkunde dem Geſuchſteller oder deſſen rechtmäßigem Vertreter[19] zu Handen kömmt, nicht mit dem Augenblicke der Abſendung der Urkunde durch die Behörde[20]. Die Verleihung durch Urkunde iſt ein Formalakt. Sie iſt auch dann wirkſam, wenn ſie in einem Falle erfolgt iſt, in welchem ſie nach den geſetzlichen Beſtimmungen nicht hätte erfolgen ſollen[21].

---

[11] Abgeſehen von der oben erwähnten Ausnahme bei der Putativehe. Ueber den Einfluß der früheren bayer. Beſtimmungen wegen des Verehelichungszeugniſſes vgl. die 1. Aufl. dieſes Werks Bd. I S. 525 Anm. 5.

[12] Landgraff, Annalen des Norddeutſchen Bundes u. des Zollvereins 1870 S. 633; Bl. f. adm. Praxis XXXI S. 286.

[13] P. Laband, Staatsrecht des Deutſchen Reichs, 3. Aufl., I S. 147, bezeichnet die Verleihung der Staatsangehörigkeit als ein zweiſeitiges Rechtsgeſchäft, einen Vertrag, da es „die Acceptation der Staatsangehörigkeit Seitens des aufzunehmenden Bürgers erfordert". Gegen dieſe Anſicht erklären ſich Ph. Zorn, Staatsrecht des Deutſchen Reiches, 2. Aufl., I S. 357 Anm. 15, G. Meyer, Lehrb. des deutſchen Staatsrechts, 3. Aufl., S. 184, C. Bornhak, preuß. Staatsrecht I S. 251, E. Radnitzky, die Parteiwillkür im öffentlichen Recht, Wien 1888, S. 59 ff. G. Meyer bemerkt, Laband ſei geneigt, überall da einen Vertrag anzunehmen, wo eine Willensübereinſtimmung zwiſchen Staat und Einzelnen vorliegt. Es wäre aber ſchwer zu ſagen, was man in ſolchem Falle denn anders annehmen ſoll.

[14] § 6 des Geſ. ſagt, die „höhere Verwaltungsbehörde". Vgl. dazu die Begründung und die Erklärung des Staatsminiſters Delbrück im Reichstage Sten. Ber. II S. 1076. Die Beſtimmung der zuſtändigen Behörden iſt Sache der Bundesſtaaten. Höhere Verwaltungsbehörde iſt jede, welche noch andere unter ſich hat, gleichviel, wie ihre ſachliche Zuſtändigkeit bemeſſen iſt. Dem Reichsgeſ. iſt alſo genügt, wenn nicht die unterſten Verwaltungsbehörden mit der Verleihung der Staatsangehörigkeit betraut werden. Die Zuſtändigkeit der Kreisregierungen iſt ausgeſprochen Vollz. Vorſchr. Ziff. 2, a, bezüglich der übrigen Staaten vgl. W. Cahn a. a. O. S. 44 ff. De lege ferenda H. Harburger, F. v. Holtzendorff's Jahrb. für Geſetzgebung xc. des Deutſchen Reichs 1876 S. 479, dagegen Seydel, Annalen des Deutſchen Reichs 1876 S. 733. S. auch Th. Landgraff, Annalen des Deutſchen Reichs 1876 S. 1027.

[15] Vollz. Vorſchr. Ziff. 3; nähere Beſtimmungen Ziff. 4, 5.

[16] Geſ. § 6, Vollz. Vorſchr. Ziff. 3.

[17] Die Begründung zu § 10 bemerkt: „Von ſelbſt verſteht es ſich, daß hier unter den mit der Staatsangehörigkeit verbundenen Rechten und Pflichten nur diejenigen begriffen ſind, welche eben den ſtaatsrechtlichen Begriff des Indigenats ausmachen (?) und deshalb jedem Staatsangehörigen ohne Unterſchied des Alters, Geſchlechtes xc. zuſtehen, reſp. obliegen. Dagegen beginnen diejenigen ſtaatsbürgerlichen Rechte und Pflichten, welche auch für den als Inländer Geborenen erſt unter gewiſſen Vorausſetzungen entſtehen, wie z. B. das Recht der Theilnahme an politiſchen Wahlen u. dgl., ſelbſtverſtändlich auch für den Naturaliſirten erſt, wenn bei ihm dieſe Vorausſetzungen eintreten."

[18] Geſ. § 10.

[19] Hiefür nun auch das württemb. Miniſterium des Innern. Reger III S. 333.

[20] Bloße Kenntniß vom Daſein und Inhalte der Urkunde iſt keine Aushändigung. — Vgl. auch Reger VI S. 97 (Entſch. d. V.G.H.'s VI S. 90). Ueber die frühere preußiſche Uebung L. v. Rönne, Staatsrecht der preuß. Monarchie II S. 22 Anm. 2a.

[21] Das Geſ. kennt kein Nichtigkeitsverfahren. Gegen meine Anſicht haben ſich erklärt: Th. Landgraff, Annalen des Deutſchen Reichs 1876 S. 1028; O. v. Sarwey, Staatsrecht des Kgrs. Württemberg I S. 165 f., vgl. auch O. v. Sarwey, das öffentl. Recht u. die Verwaltungsrechtspflege

Die Verleihung der Staatsangehörigkeit kann außer durch Urkunde auch mittelbar durch Anstellung geschehen, wovon unten noch näher zu handeln ist.

Die Verleihung der Staatsangehörigkeit erstreckt sich Mangels ausdrücklichen Vorbehaltes auch auf die Ehefrau und die[22] noch unter väterlicher Gewalt befindlichen minderjährigen Kinder, nicht dagegen auf die gewaltunterworfenen volljährigen[23] und nicht auf die emancipirten minderjährigen Kinder. Die Frage, ob ein Kind volljährig ist, beantwortet sich nach dem Rechte seines Heimatstaates[24], für Deutsche nach dem Reichsgesetze vom 17. Februar 1875. Darüber, ob der erwähnte Vorbehalt zugelassen werden will, entscheidet das freie Ermessen der verleihenden Behörde[25].

Eine Ehefrau kann selbständig eine von der Staatsangehörigkeit ihres Gatten verschiedene Staatsangehörigkeit nach deutschem Rechte nicht erwerben[26].

S. 461. Für die hier vertretene Meinung G. Meyer, Lehrb. des deutschen Verw. Rechts, 2. Aufl., I S. 152 Anm. 5, L. v. Rönne, Staatsrecht der preuß. Monarchie II S. 22 Anm. 2 b, W. Cahn a. a. O. S. 83 ff. Reger VII S. 79, XIV S. 412.

[22] Im Zeitpunkte des Erwerbes der Staatsangehörigkeit.

[23] Die Begründung des Ges. Entw. sagt, die Frage, ob ein Großjähriger noch in väterlicher Gewalt stehe, sei häufig zweifelhaft. Die Verleihung der Staatsangehörigkeit könne ja übrigens auch auf die volljährigen Kinder ausgedehnt werden. Hiezu ist noch zu bemerken, daß diese Verleihung nicht una eademque causa mit der Verleihung der Staatsangehörigkeit an den Vater (keine „Ausdehnung") ist, daß also die Frage der gesetzlichen Zulässigkeit der ersteren selbständig geprüft werden muß.

[24] Riedel a. a. O. S. 262. W. Cahn a. a. O. S. 110 bemerkt, es handle sich in § 11 um die erworbene Naturalisation. Dies ist unrichtig. Es handelt sich um eine Wirkung, die mit der Naturalisation oder Verleihung gleichzeitig eintritt.

[25] Vgl. Reger III S. 375.

[26] Dies ist zwar im Ges. nicht unmittelbar ausgesprochen, ergibt sich aber auf dem Wege der Auslegung. § 5 des Ges. sagt, daß die Verheirathung mit einem Deutschen für die Ehefrau die Staatsangehörigkeit des Mannes begründet; § 13 Ziff. 5 bestimmt, daß die Verheirathung mit dem Angehörigen eines anderen Staates für die Ehefrau den Verlust ihrer bisherigen Staatsangehörigkeit bewirkt. Diese Vorschriften sind nur bei der Annahme erklärbar, daß das Ges. an dem allgemeinen Rechtsgrundsatze festhält, wonach die Ehefrau, wie den Namen und Stand, so auch den Staatsangehörigkeit des Gatten theilt. Hiemit stehen die später zu erörternden Ausnahmen in §§ 11, 19, 21 Abs. II des Ges. (die allerdings sehr ungerechtfertigt sind und zu der bedenklichsten Rechtsunsicherheit für beide Ehetheile führen können) nicht im Widerspruche; denn diese Bestimmungen halten den angegebenen Grundsatz ausdrücklich als Regel aufrecht und lassen daher die ausdehnende Auslegung nicht zu. Es ist auch in der That kein innerer Grund einzusehen, warum die Wirkung der Eingehung einer Ehe auf die Staatsangehörigkeit einer Frau keine Ausnahme leiden, dagegen nach eingegangener Ehe sofort eine Trennung beider Ehegatten in Bezug auf die Staatsangehörigkeit statthaft sein sollte. Die angegebenen Ausnahmen lassen sich gegen diese Erwägungen nicht geltend machen, da es sich in diesen Fällen nicht um den Erwerb einer neuen, sondern um die Zurückbehaltung der bisherigen Staatsangehörigkeit für die Ehefrau handelt, also darum, daß die Veränderung der Staatsangehörigkeit des Ehemanns ausnahmsweise sich auf die Gattin nicht erstreckt. Eine Verleihungsurkunde, welche entgegen dem erörterten Rechtsgrundsatze ausgestellt würde, wäre zwar, wie bereits oben bei Anm. 21 ausgeführt, formell giltig; sie wird aber in der Regel in sich selbst wirkungslos sein, da die Ehefrau sofort dem deutschen Gesetze unterliegt und demnach als Frau eines Nichtstaatsangehörigen die neue Staatsangehörigkeit im Augenblicke des Erwerbes wieder verliert. Gegen meine Ansicht Th. Landgraff, Annalen des Deutschen Reichs 1876 S. 1029, W. Cahn a. a. O. S. 79 f., C. Bornhak, preuß. Staatsrecht I S. 257 Anm. 14, G. Meyer, Lehrb. des deutschen Staatsrechts, 3. Aufl., S. 186 Anm. 18, L. v. Sarwey, Staatsrecht des Kgrs. Württemberg I S. 160, Ph. Zorn, Staatsrecht des Deutschen Reiches, 2. Aufl., I S. 359. Letzterer beruft sich auf § 17 des Ges. über den Unterstützungswohnsitz zum Beweise dafür, daß „der Gedanke der rechtlichen Selbständigkeit einer Ehefrau unter bestimmten Voraussetzungen" „dem deutschen Rechte wohlbekannt sei". Das Beweismittel scheint mir indessen nicht glücklich gewählt. Die angeführte Bestimmung erklärt ausnahmsweise die Ehefrau als selbständig in Bezug auf Erwerb und Verlust des Unterstützungswohnsitzes: „wenn und solange der Ehemann sie böslich verlassen hat, ferner wenn und solange sie während der Dauer der Haft des Ehemannes oder in Folge ausdrücklicher Einwilligung desselben oder kraft der nach den Landesgesetzen ihr zustehenden Befugniß vom Ehemanne getrennt lebt und ohne dessen Beihilfe ihre Ernährung findet". Es wird also die thatsächlich und wirthschaftlich getrennte Ehe gleich der rechtlich getrennten Ehe behandelt. Wenn irgendwo, so gilt hier der Satz: exceptio firmat regulam. Mit mir übereinstimmend Fr. Karminski, zur Codification des österr. Staatsbürgerschaftsrechts. Wien 1887, S. 77 Anm. 38. Ueber den hier einschlägigen Fall Vauffremont vgl. W. Cahn a. a. O. S. 76 f., Seydel, Annalen

Die Verleihung der Staatsangehörigkeit an den Angehörigen eines andern deutschen Bundesstaats wird als Aufnahme [27] bezeichnet, die Verleihung an einen Bundes-
ausländer als Naturalisation. Dem entsprechend unterscheidet man auch Aufnahme- und
Naturalisationsurkunden.

Die sachlichen Voraussetzungen der Aufnahme und der Naturalisation sind verschieden.

Die Aufnahmeurkunde muß [28] jedem Angehörigen eines anderen Bundesstaates
kostenfrei [29] ertheilt werden, wenn er nachweist, daß er in dem Bundesstaate, in welchem
er die Aufnahme nachsucht, sich niedergelassen habe [30], d. h. eine eigene Wohnung oder
ein Unterkommen in einem Orte des betreffenden Staates mit der erklärten Absicht [31]
besitze, dortselbst sich dauernd aufzuhalten [32]. Die Niederlassung im Staatsgebiete ist
Voraussetzung für den Anspruch, aufgenommen zu werden, aber nicht Voraussetzung der
reichsrechtlichen Zulässigkeit der Aufnahme. Die Aufnahme darf also auch dann ertheilt
werden, wenn der Gesuchsteller sich nicht im Staatsgebiete niedergelassen hat [33]. Nach

---

des Deutschen Reichs 1876 S. 189 Anm. 2, Th. Landgraff a. a. O. S. 1022 ff, bei letzterem auch
Literaturangaben, denen noch beizufügen sind: Bolin, mémoire pour la princesse Bibesco contre
Bauffremont, Gand 1876, Gabba, le second mariage de la princ. de Bauffremont et le droit
international, Paris 1877, Stölzel, Wiederverheirathung eines beständig von Tisch und Bett getrennten Ehegatten, Berlin 1876, Teichmann, étude sur l'affaire de Bauffremont, Bâle 1876.
[27] Der Ausdruck verdankt seine Entstehung einem Verbesserungsantrage Prosch—Grumbrecht
im Reichstage.
[28] Die Begründung des Entw. sagt: "Es widerspricht dem Begriffe der staatlichen Selbständigkeit, daß freie Ermessen des Staates darüber einschränken zu wollen, wem er die Aufnahme unter seine
Angehörigen gewähren oder versagen will. Von diesem Grundsatze wird jedoch den Angehörigen der
anderen Bundesstaaten gegenüber eine Ausnahme zu machen sein."
[29] Ges. § 24.
[30] Reger XI S. 417, XII S. 323, 416 (?), XIII S. 318 (?).
[31] Der Besitz einer Wohnung ohne die Absicht dauernden Aufenthalts genügt also nicht. Ob
die erklärte Absicht auch wirklich besteht, ist eine thatsächliche Frage. Der bayer. V.G.H. (Sammlung IV S. 91, Reger III S. 331) vertritt die Anschauung, daß die Erklärung einer solchen Absicht
"jeder behördlichen Anfechtung entrückt" sei, d. h. unbedingt geglaubt werden müsse. Hier wird "erklärte Absicht" mit "Erklärung der Absicht" verwechselt.
P. Laband a. a. O. I S. 149 bemerkt zutreffend: "So zweifellos es nun ist, daß ein bereits
begründeter Wohnsitz trotz des Aufenthalts an anderen Orten fortbestehen kann, Wohnsitz und Aufenthalt demnach verschieden sein können, so gewiß ist doch andererseits, daß die Begründung eines
neuen Wohnsitzes ohne Aufenthalt daselbst nicht erfolgen kann."
[32] Ges. § 7. Vgl. Begründung dazu mit Freizügigkeitsges. vom 1. Nov. 1867 § 1 Ziff. 1 (B.
G. Bl. S. 55), ferner Sten. Ber. I S. 260 (Miquel). Die Begründung sagt ungenau, der Nachsuchende müsse sich Wohnung oder Unterkunft zu verschaffen im Stande sein, während er sie sich in
der That nach dem Wortlaute des Gesetzes verschafft haben muß.
Riebel a. a. O. S. 258 bemerkt richtig: "Der Besitz eines eigenen Haushalts oder Geschäfts
ist zur Substanzirung des Ausdrucks Niederlassung im Sinne des § 7 nicht erforderlich. Es können
demgemäß auch Gewerbegehilfen, Dienstboten zc., welche in der Gemeinde ein Unterkommen gefunden
haben, die Aufnahme beanspruchen." Selbstverständlich kann auch nicht der Heimaterwerb gefordert
werden. Entsch. d. V.G.H.'s IV S. 91.
[33] Uebereinstimmend G. Meyer, Lehrb. des deutschen Staatsrechts, 3. Aufl., S. 186 Anm. 15,
Ph. Zorn, Staatsrecht des Deutschen Reichs I S. 361 Anm. 29, O. v Sarwey, Staatsrecht des
Kgrs. Württemberg I S. 162, W. Cahn a. a. O. S. 54 und nun auch P. Laband a. a. O. I S. 149
Anm. 2. — Dagegen halten Riebel a. a. O. S. 258 Anm. 3, b und einige Andere, worunter auch
C. Bornhak, preuß. Staatsrecht I S. 253 f., die Aufnahme ohne Niederlassung für unstatthaft. Die
Frage ist schwer zu beantworten, da die Ausdrucksweise des Ges. es unklar läßt, ob man den Anspruch
auf Aufnahme oder die Voraussetzungen der Aufnahme überhaupt regeln wollte. Mir scheinen indessen
sowohl innere Gründe als auch die oben Anm. 28 angegebene Stelle für die erstere Absicht zu sprechen.
Der Gedanke des Ges. ist der, daß an sich der Staat nach seinem Ermessen darüber zu entscheiden habe,
wen er aufnehmen wolle und wen nicht. Von diesem Grundsatze soll jedoch eine Ausnahme zu
Gunsten der Angehörigen anderer Bundesstaaten gemacht werden. Dieselben sollen unter bestimmter
Voraussetzung die Aufnahme beanspruchen können. Dagegen war von Bundes wegen kein Anlaß, beschränkende Bestimmungen für die Aufnahme zu treffen; ein solcher Anlaß bestand nur für die Naturalisation.

den Bestimmungen, welche in Bayern gelten, wird der Nachweis der Niederlassung in einer bayerischen Gemeinde stets gefordert ³⁴.

Die Aufnahme in den Staatsverband kann, muß aber nicht versagt werden, wenn die Voraussetzungen gegeben sind, unter welchen reichsrechtlich die Abweisung eines Neuanziehenden oder die Versagung des ferneren Aufenthaltes eintreten kann ³⁵.

Eine Vermehrung der reichsgesetzlichen Aufnahmebedingungen im Wege der Landesgesetzgebung ist nicht zulässig ³⁶. Insbesondere kann der Nachweis der Entlassung aus dem früheren Staatsverbande nicht verlangt werden. Sonach ist die Möglichkeit, daß ein Deutscher mehreren Bundesstaaten angehört, nicht ausgeschlossen ³⁷. Der Begriff der Aufnahme hat sogar diese Möglichkeit geradezu zur Voraussetzung; denn der Deutsche, der zuerst die Entlassung aus seinem bisherigen Staatsverbande nachsuchen und erst nach bewirkter Entlassung um die Staatsangehörigkeit in einem anderen Bundesstaate sich bewerben würde, müßte als Ausländer nach den Grundsätzen über die Naturalisation behandelt werden ³⁸.

Da der Deutsche bei gegebenen Voraussetzungen einen öffentlichrechtlichen Anspruch auf Aufnahme in den Staatsverband hat, so ist, wenn ein gesetzlicher Versagungsgrund geltend gemacht werden will, die Sache im verwaltungsrechtlichen Verfahren zu behandeln. Der ablehnende Bescheid der Kreisregierung, Kammer des Innern, kann durch Beschwerde zum Verwaltungsgerichtshofe angefochten werden ³⁹.

Eine Verpflichtung zur Naturalisation von Ausländern besteht nicht. Dagegen sind reichsrechtlich gewisse Voraussetzungen festgestellt, Mangels derer die Naturalisation nicht ertheilt werden darf. Dabei bleibt es den Bundesstaaten unbenommen, neben diesen Bedingungen noch weitere Erfordernisse für die Naturalisation festzusetzen ⁴⁰.

Nach Reichsrecht ⁴¹ darf die Naturalisationsurkunde ⁴² Ausländern nur ertheilt werden, wenn dieselben

---

³⁴ Vgl. Vollz. Vorschr. Ziff. 4, a. Wie es scheint, hat jedoch diese Bestimmung ihren Grund darin, daß man von der Rechtsauffassung ausging, welche in Anm. 33 bekämpft ist.
³⁵ § 7 des Ges.; Freizügigkeitsges. vom 1. Nov. 1867 §§ 2—5. Vollz. Vorschr. Ziff. 4. Vgl. auch die Begründung. Die nähere Erörterung dieser Voraussetzungen gehört in's Polizeirecht. S. auch meine Abh., Annalen des Deutschen Reichs 1876 S. 165 ff. Wenn Personen gesetzlich an einen bestimmten Aufenthalt gebunden, also nicht in der Lage sind, sich rechtmäßig anderswo niederzulassen (vgl. z. B. Reichsges. vom 4. Juli 1872 § 2), so können sie selbstverständlich einen Anspruch darauf nicht erlangen, daß ein anderer Bundesstaat sie aufnehme.
³⁶ Hierüber herrscht Uebereinstimmung. Vgl. Sten. Ber. I S. 82 (Hofmann).
³⁷ Auch dies ist allgem. in anerkannt. Vgl. § 15 Abs. I des Ges. u. Begründung zu § 3 des Ges. über die Kirchenämter Verh. des Reichstags 1874 III S. 314; ferner Vollz. Vorschr. Ziff. 4 f., Reger II S. 69, Entsch. d. V. G. H.'s II S. 586. Falcke, über gleichzeitige Staatsangehörigkeit in mehreren deutschen Bundesstaaten und deren Einfluß auf die Beurtheilung der Status- und Familienverhältnisse, Leipzig 1888. — Ueber den früheren Rechtszustand im Nordd. Bunde (Bundesrathsbeschluß vom 29. Juni 1868) F. Thudichum, Verfassungsrecht des Nordd. Bundes S. 70.
³⁸ Vgl. Bl. f. adm. Praxis XXIV S. 183 f.
³⁹ Ges. vom 8. Aug. 1878, Art. 8 Ziff. 1; dazu W. Krais, Commentar S. 48, 308 Anm. 2, 439. Entsch. d. V. G. H.'s XVI S. 116.
⁴⁰ Begründung zu § 8 des Ges. Auch diese Sätze sind nahezu unbestritten. Nur will Th. Landgraff, Annalen des Deutschen Reiches 1876 S. 1024, den Behörden, welche die Naturalisation ertheilen, das Recht zugestehen, die Erfüllung der reichsgesetzlichen Anforderungen nachzusehen. Dazu bedürfte es aber gesetzlicher Ermächtigung, die nicht vorliegt. Richtig P. Laband a. a. O. I S. 150 Anm. 3, G. Meyer, Lehrb. des deutschen Staatsrechts, 3. Aufl., S. 185 Anm. 10, Ph. Zorn a. a. O. I S. 358 Anm. 16, Riedel a. a. O. S. 251. A. M. ist C. Bornhak, preuß. Staatsrecht I S. 256 Anm. 18, mit etwas spitzfindiger Begründung.
⁴¹ § 8 des Ges.
⁴² Für Naturalisationsurkunden wird eine Gebühr von 20 Mark erhoben. Gebührenges., Fassung vom 6. Juli 1892, Art. 182. § 24 des Staatsangehörigkeitsges. verbietet die Gebührenerhebung nur bei Aufnahmeurkunden und gedenkt der Naturalisationsurkunden gar nicht. Das Landesrecht hat also

·. a. nach den Gesetzen ihres bisherigen Heimatstaates verfügungsfähig sind, was im Zweifelsfalle nachzuweisen ist [43], oder [44] wenn der Mangel dieser Fähigkeit durch die Zustimmung des Vaters, Vormundes oder Pflegers [45] ergänzt wird [46];

b. wenn dieselben ferner einen unbescholtenen Lebenswandel geführt haben,

c. an dem Orte, wo sie sich niederlassen wollen [47], eine eigene Wohnung oder ein Unterkommen finden und

d. an diesem Orte nach den dortselbst bestehenden Verhältnissen sich und ihre Angehörigen [48] zu ernähren im Stande sind [49].

Das Reichsgesetz verlangt den Nachweis der Entlassung aus dem früheren Staatsverbande nicht. Doch kann dieses Erforderniß in Folge Staatsvertrages oder durch landesrechtliche Bestimmung aufgestellt werden. Letzteres ist in Bayern nicht geschehen [50]. Dagegen ist auf Grund getroffener Vereinbarung vorgeschrieben, daß Angehörigen der im österreichischen Reichsrathe vertretenen Königreiche und Länder der österreichisch-ungarischen Monarchie die Naturalisation nur ertheilt werden soll, wenn sie die Entlassung aus dem bisherigen Staatsverbande nachweisen. Aehnliche Verträge bestehen mit einigen anderen Staaten [51].

Nach bayerischem Rechte soll ferner die Naturalisation in der Regel nur dann gewährt werden, wenn der Gesuchsteller nachweist, daß er für den Fall der Naturalisation

hier freie Hand. Th. Landgraff, Annalen des Nordd. Bundes ꝛc. 1870 S. 648, vgl. auch Annalen des Deutschen Reichs 1876 S. 729 ff., nimmt an, diese Nichterwähnung beruhe auf Versehen; sonach müsse bezüglich der Gebühren für Naturalisationsurkunden die Beschränkung in § 24 Abs. II gelten. Dies scheint mir nicht richtig. Denn erstlich steht es keineswegs unumstößlich fest, daß hier ein Versehen vorliege; sodann aber würde dieser Umstand, selbst wenn bewiesen, die Thatsache nicht ändern daß das Ges. nun einmal bezüglich der Kosten für Naturalisationsertheilung keine Beschränkung ausspricht. Mit meiner Ansicht stimmen alle übrigen Schriftsteller überein. Vgl. die Anführungen bei G. Meyer, Lehrb. des deutschen Staatsrechts S. 186 Anm. 16.

[43] Vermag der Gesuchsteller glaubhaft darzuthun, daß in seiner bisherigen Heimat über die Verfügungsfähigkeit und über die hierauf bezüglichen Gesetze Nachweis überhaupt nicht zu erlangen ist, so ist von solchem Nachweis abzusehen. Sten. Ber. II S. 1077 (Staatsminister Delbrück), S. 1080 (Abg. Ackermann). Vgl. Vollz. Vorschr. Ziff. 5, b.

[44] Im Ges. ist hier in Folge Versehens der Ausdruck „des Aufzunehmenden" stehen geblieben.

[45] Reger VIII S. 408.

[46] Vorausgesetzt, daß das ausländische Recht für diesen Fall der Zustimmung des Gewalthabers ergänzende Kraft zuerkennt und nicht z. B. obervormundschaftliche Genehmigung fordert. Dies scheint selbstverständlich, da die Verfügungsfähigkeit überhaupt nach dem ausländischen Rechte bemessen wird. A. M. sind P. Laband a. a. O. I S. 151 Anm. 2, W. Cahn a. a. O. S. 81. Vgl. hieher auch F. Karminski, Zur Codification des österr. Staatsbürgerschaftsrechts, Wien 1887, S. 32 Anm. 12.

[47] Hier ist also nicht, wie bei dem Verlangen der Aufnahme, erforderlich, daß sich der Gesuchsteller bereits niedergelassen habe, er braucht sich auch nicht zur Zeit seiner Eingabe gar nicht im Gebiete des betreffenden Bundesstaats aufzuhalten, soferne er nur die ernstliche Absicht der Niederlassung im Lande glaubhaft macht. Uebereinstimmend G. Meyer, Lehrb. des deutschen Verw. Rechts, 2. Aufl., I S. 153 Anm. 8, Reger VII S. 82. S. auch W. Cahn a. a. O. S. 82. Vgl. Vollz. Vorschr. Ziff. 5, b.

[48] W. Cahn a. a. O. S. 83.

[49] In dieser Hinsicht ist zu bemerken, daß keineswegs ein Vermögensnachweis gefordert werden muß, sondern den reichsgesetzlichen Bestimmungen schon Genüge geschieht, wenn dem Gesuchsteller angesonnen wird, darzuthun, daß er durch Arbeitsverdienst ꝛc. sich und die Seinen nothdürftig zu erhalten vermag. Vgl. Begründung zu § 8.

[50] Vollz. Vorschr. Ziff. 5, c.

[51] Prot. des Bundesraths 1877 § 323; M. E. vom 15. Jan. 1878 (Weber IX S. 8 Anm. 4). Ueber weitere derartige Verträge W. Cahn a. a. O. S. 72 ff., W. Krais, Handb. der inn. Verw. ꝛc., 3. Aufl., I S. 134 f. Im Uebrigen ist es Sache des Naturalisirten, durch Lösung des Bandes, das ihn an den früheren Heimatstaat knüpft, die Möglichkeit eines Widerstreits der Pflichten von sich abzuwenden. Ueber die deutschen Grundsätze in dieser Beziehung vgl. die bemerkenswerthe Mittheilung bei Reger I S. 217.

sofort die Heimat in einer bayerischen Gemeinde erhält. Ausnahmen sind nur mit Genehmigung des Staatsministeriums des Innern zulässig [52].

Vor Ausfertigung der Naturalisationsurkunde ist die Gemeinde [53] desjenigen Ortes, in welchem der Gesuchsteller sich niederlassen will, hinsichtlich der Erfordernisse der Unbescholtenheit, der Unterkunft und der Ernährungsfähigkeit zu hören [54]. Diese Erklärung ist aber lediglich eine gutachtliche, ein Einspruchsrecht gegen die Naturalisation kömmt der Gemeinde nicht zu [55].

Die zuständige Kreisstelle würdigt das Naturalisationsgesuch nach freiem Ermessen [56]. Sie kann es selbst dann ablehnen, wenn keiner der vorerörterten Ablehnungsgründe vorliegt [57]. Der abweisende Bescheid kann lediglich durch Verwaltungsbeschwerde zum Staatsministerium des Innern angefochten werden [58].

Eine bevorzugte Stellung nehmen in Bezug auf ihre Naturalisation diejenigen ein, welche früher deutsche Staatsangehörige waren und durch zehnjährigen Aufenthalt im Auslande [59] ihre Staatsangehörigkeit verloren haben. Haben diese eine andere Staatsangehörigkeit nicht erworben, so kann ihnen auf Nachsuchen die Staatsangehörigkeit in ihrem früheren Heimatstaate [60] wieder verliehen werden [61], auch ohne daß sie sich dort [62] niederlassen [63]. Diese Naturalisation ist reichsgesetzlich an besondere Voraussetzungen nicht geknüpft, doch wird jedenfalls Verfügungsfähigkeit oder die Zustimmung des Gewalthabers des Gesuchstellers gegeben sein müssen [64]. Landesrechtlich kann auch die Erfüllung besonderer Bedingungen verlangt, doch dürfen keine Gebühren erhoben [65] werden. Das bayerische Recht überläßt die Ertheilung dieser Naturalisation dem Ermessen der zuständigen Behörde [66]. Zuständig ist jene Kreisregierung, Kammer des Innern, in deren Bezirke der Betreffende zuletzt heimatberechtigt war [67].

Deutsche, deren Staatsangehörigkeit durch zehnjährige Verjährung [68] erloschen

---

[52] Vollz. Vorschr. Ziff. 5, a.

[53] Das Reichsges. fügt bei: „bzw. der Armenverband". Für Bayern ist dieser Beisatz gegenstandslos.

[54] Ges. § 8 Abs. II.

[55] Uebereinstimmend Riebel a. a. O. S. 260, Ph. Zorn a. a. O. I S. 359.

[56] Vgl. auch Bundesrathsbeschl. vom 22. Febr. 1891 (Reger XI S. 433).

[57] Vgl. Vollz. Vorschr. Ziff. 5, a.

[58] Ueber die Verleihung der Reichsangehörigkeit an Ausländer und Eingeborene in den Schutzgebieten R. Ges. vom 15. März 1888 (R. G. Bl. S. 71) § 6.

[59] Davon unten § 77 Anm. 52 ff. Nur dieser Verlustgrund kömmt hier in Betracht. Vgl. Reger XI S. 258.

[60] Nur in diesem, nicht in anderen Bundesstaaten genießen sie diesen Rechtsvorzug.

[61] W. Cahn a. a. O. S. 188 f.

[62] Sei es nun, daß sie im Auslande bleiben oder in einem andern Bundesstaate sich niederlassen. Th. Landgraff, Annalen des Norddb. Bundes rc. 1870 S. 646.

[63] Ges. § 21 Abs. IV.

[64] Für diese Frage wird dasjenige Recht maßgebend sein, nach welchem der Gesuchsteller lebt.

[65] Reger II S. 427. Das bad. Ministerium des Innern führt dort richtig aus, daß es nicht Absicht des Ges. sein kann, den Gesuchsteller im Falle des § 21 Abs. IV (gegenüber dem Heimatstaate) bezüglich der Gebührenpflicht strenger zu behandeln, wie im Falle des Abs. V. Das bayer. Gebührenges. hat auch für die Wiederverleihung der Staatsangehörigkeit keinen Gebührensatz.

[66] Ueber die Frage, ob der Nachweis eines Heimaterwerbs in Bayern zu fordern ist, vgl. Bl. f. adm. Praxis XL S. 1 ff. (C. Krazeisen), 209 ff., 215 ff. (A. Luthardt), XLIII S. 154 ff. M. E. kann er, muß aber nicht gefordert werden.

[67] Vollz. Vorschr. Ziff. 10.

[68] Das Ges. spricht nicht von der abgekürzten fünfjährigen Verjährungszeit nach § 21 Abs. III.

ist ⁶⁹, haben ferner, wenn sie in das Bundesgebiet zurückkehren, Anspruch auf Erwerb der Staatsangehörigkeit in jenem Bundesstaate, in welchem sie sich niedergelassen haben ⁷⁰. Ob der Gesuchsteller eine andere Staatsangehörigkeit erworben hat oder nicht, begründet keinen Unterschied ⁷¹. Die Naturalisation ⁷² erfolgt kostenfrei durch eine von der Kreisregierung, Kammer des Innern, des Niederlassungsortes auszustellende Urkunde ⁷³. Da es sich hier um einen Anspruch handelt, so kann zu dessen Durchsetzung der Verwaltungsrechtsweg beschritten werden ⁷⁴.

5. Die Aufnahme oder Naturalisation kann auch mittelbar durch öffentliche Anstellung ⁷⁵ in der Weise geschehen, daß unter bestimmten Voraussetzungen die Anstellungsurkunde an die Stelle der Naturalisation oder Aufnahmeurkunde tritt. Die Naturalisation oder Aufnahme vollzieht sich also hier mit dem Augenblicke, in welchem die Anstellung wirksam wird. Ein besonderes Aufnahme- oder Naturalisationsverfahren findet nicht statt. Die bezeichnete Rechtsfolge kann übrigens durch einen allgemeinen oder besonderen ⁷⁶ Vorbehalt ausgeschlossen werden ⁷⁷. Dieser Vorbehalt kann aber nachträglich nicht gemacht werden und muß daher, wenn er nicht allgemein im Voraus ausgesprochen ist, in der Anstellungsurkunde ausgedrückt sein.

Die Voraussetzungen, unter welchen eine Anstellung den Erwerb der Staatsangehörigkeit bewirkt, sind, was zunächst den öffentlichen Dienst in den Bundesstaaten betrifft, die nachstehenden ⁷⁸:

In letzterem Falle besteht also der bezeichnete Anspruch nicht. Landgraff a. a. O. S. 647. Reger VII S. 283. Ob diese Unterscheidung innerlich gerechtfertigt ist, bleibt fraglich. Vgl. hieher auch Bl. f. adm. Praxis XXVI S. 409.

⁶⁹ Man wird dem preuß. Oberverwaltungsgerichte (Reger XII S. 323) wohl beipflichten können, wenn es annimmt, daß die Bestimmung auch dann anwendbar ist, wenn Jemand die Staatsangehörigkeit in Folge der Verjährung, die für seinen Vater eingetreten ist, mitverloren hat.

⁷⁰ Vgl. Reger XI S. 72, XII S. 323; W. Cahn a. a. O. S. 187, der mit Recht bemerkt, daß die Einschränkung nach § 7 des Ges. auch hier gilt.

⁷¹ A. M. sind W. Cahn a. a. O. S. 185 f. u. das preuß. O. V. G. (Reger XIV S. 300). M. E. ist aber nicht darüber wegzukommen, daß der Wortlaut des Ges. keinen Unterschied macht.

⁷² Das Ges. nennt die Urkunde „Aufnahmeurkunde". Daraus folgt, daß sie nach § 24 Abs. I des Ges. kostenfrei zu ertheilen ist. Reger II S. 427.

⁷³ Ges. § 21 Abs. V.

⁷⁴ Ges. vom 8. Aug. 1878, Art. 8 Ziff. 1. Vgl. W. Krais, Commentar, S. 48.

⁷⁵ Ges. § 9 Abs. I. Durch diese Bestimmung werden die Vorschriften in Tit. IV § 4, Beil. I § 7 der bayer. Verf. Urk. größten Theils beseitigt, welche als Vorbedingung zur Erlangung von Kron- und Oberhofämtern, Civilstaatsdiensten, obersten Militärstellen und Kirchenämtern oder Pfründen den Besitz der bayerischen Staatsangehörigkeit verlangen. Irrig aber ist die Behauptung, daß die bezeichneten Vorschriften ganz aufgehoben seien. So Pfeil in Brater's Verf. Urk. für das Kgr. Bayern S. 13 Anm. 4. Jene Vorschriften gelten durchweg noch bezüglich der Kronämter, da diese nicht unter den Begriff des Staatsdienstes im Sinne des gesetzlichen Sprachgebrauches fallen, aus demselben Grunde für die Oberhofämter, falls man nicht annimmt, daß bei diesen mit der Bezahlung aus der Staatskasse der Beweggrund des Gesetzes weggefallen sei, endlich für die bloßen Kirchenpfründen, da deren Verleihung keine Anstellung im Kirchendienste ist. Die angef. Verfassungsvorschriften gelten in all diesen Fällen auch gegenüber nichtbayerischen Deutschen, da Art. 3 Abs. I der Reichsverf. („öffentliche Aemter") hier nicht zutrifft. Dieselben sind ferner im Verhältnisse zu Ausländern für jene sonstigen Anstellungen in Kraft geblieben, bei welchen etwa die Bestallung nicht in der Weise erfolgt, welche § 9 Abs. I des Staatsangehörigkeitsges. im Auge hat.

⁷⁶ W. Cahn a. a. O. S. 90.

⁷⁷ Zorn a. a. O. I S. 356 behauptet, der Vorbehalt könne sich nicht auf den Beamten selbst, sondern nur auf dessen Familie beziehen. Ein Grund für diese Unterscheidung ist indessen aus dem Wortlaute des Ges. nicht zu entnehmen.

⁷⁸ Ges. § 9 Abs. I.

a. Es muß sich um eine Anstellung im „unmittelbaren oder mittelbaren Staatsdienste" ⁷⁹, im Kirchen-⁸⁰, Schul-⁸¹ oder Gemeindedienste handeln ⁸².

b. Die Anstellung muß eine solche sein, durch welche das betreffende Dienstverhältniß nicht als ein privatrechtliches, sondern als ein öffentlichrechtliches begründet wird. Dabei liegt es im Begriffe der Anstellung, daß nur ein Dienstverhältniß gemeint ist, welches auf öffentlichrechtlichem Vertrage beruht ⁸³.

---

⁷⁹ Mittelbarer Staatsdienst ist eigentlich nur der Gemeindedienst (vgl. Zorn a. a. O. I S. 300, 356). Da aber dieser letztere noch besonders genannt wird, und der Gesetzgeber doch wohl mit dem Ausdrucke etwas gemeint haben muß, so liegt die Annahme nahe, daß an die sog. öffentlichen Diener gedacht ist. Dahin gehören die Notare (Zorn a. a. O. I S. 356, G. Meyer, Lehrb. des deutschen Staatsrechts, 3. Aufl., S. 187 Anm. 20); die Rechtsanwälte zwar ebenfalls, doch fehlt es bei diesen an einer „Bestallung". Die Anstellung im Hofdienste ist nicht Anstellung im Staatsdienste (vgl. oben Anm. 75 u. L. v. Rönne, Staatsrecht der preuß. Monarchie III S. 402 Anm. 2). Dagegen ist die Anstellung im Heerdienste zum Staatsdienste im Sinne des § 9 Abs. I des Ges. zu rechnen. (Uebereinstimmend P. Laband a. a. O. I S. 152 Anm. 4, W. Cahn a. a. O. S. 92.) Daß der Heerdienst an sich alle Merkmale des Staatsdienstes besitzt, ist wohl kaum zu läugnen (vgl. auch Döllinger XVII S. 803), und so rechnet denn auch das preuß. allg. Landrecht Th. II Tit. 10 die „Militärbedienten" zu den „Dienern des Staats". Ebenso wird vom Staatsangehörigkeitsges. selbst in § 22 das Wort Staatsdienst in einem Zusammenhange gebraucht, aus welchem deutlich erhellt, daß der Heerdienst unter dem Ausdrucke mitbegriffen ist. Laband (a. a. O. II S. 649) bemerkt treffend: „Der Eintritt in den berufsmäßigen Militärdienst ist Eintritt in den berufsmäßigen Staatsdienst, der Offizier ist im juristischen Sinne ein Staatsbeamter, die von ihm verwaltete Stelle im Heere ist im juristischen Sinne ein Staatsamt; die ihm obliegenden Pflichten sind Beamtenpflichten." Wenn der gewöhnliche Sprachgebrauch dazu gelangt ist, bei Staatsdienern regelmäßig an bürgerliche Staatsdiener zu denken, so hat das seinen Grund in der gesonderten Ausbildung, welche das Recht des Heerdienstes gefunden hat. Wo also eine gesetzliche Bestimmung das besondere Berufsrecht im Auge hat, wird man beim Worte Staatsdienst an den bürgerlichen Staatsdienst zu denken haben. Dagegen ist an unserer Stelle eine solche einschränkende Auffassung des Wortes nicht nur nicht nöthig, sondern sie widerspricht so sehr der Absicht des Gesetzes, daß man nach den Grundsätzen der analogen Gesetzesauslegung die Bestimmung auf den Staatsdienst im Heere ausdehnen müßte, wenn der gebrauchte Ausdruck in der That nur vom bürgerlichen Staatsdienste verstanden werden könnte. Der innere Grund ist also offenbar folgender. Durch den Staatsdienst wird ein so enges Verhältniß des Staatsdieners zum Staate begründet, daß die Aufnahme in den Staatsverband als eine natürliche Wirkung der Anstellung erscheint. Die Pflicht zur Treue und zum Gehorsam ist im Heerdienste sicherlich keine schwächere, wie beim bürgerlichen Staatsdienste. Sie ist bei jenem sogar durch schärfere Bestimmungen des Dienst- und Strafrechts gegen Verletzung gesichert, wie bei diesem. Ein innerer Grund ist also nicht vorhanden, hinsichtlich der Wirkung auf die Staatsangehörigkeit einen Unterschied zwischen der Anstellung im einen und im andern Dienste zu machen. Gegen die hier vorgetragene Ansicht: die k. sächs. Ministerien des Innern und des Kriegs, Reger I S. 111, IX S. 342 und Bl. f. adm. Praxis XXXII S. 10; für dieselbe das württ. Ministerium des Innern, Reger V S. 86, und nun auch die k. sächs. Regierung, Reger IX S. 488. S. ferner Entsch. d. B. G. H.'s XII S. 444, Reger XII S. 62, 417, XIII S. 410 (Reserveoffizier).

⁸⁰ Der Ausdruck „Kirche" bezeichnet die öffentlichen Glaubensgesellschaften. Uebereinstimmend Zorn a. a. O. I S. 305 Anm. 6; dagegen W. Cahn a. a. O. S. 98 f. Vgl. auch Begründung des Ges. Entw. a. a. O. I, d, letzter Absatz S. 156 Sp. 1.

⁸¹ Entsch. d. B. G. H.'s VI S. 255.

⁸² Pözl, Lehrb. des bayer. Verf. Rechts S. 59 Anm. 4, sagt, der in Privatdiensten Angestellte bleibe ein Fremder, soferne nicht die Anstellung eine ständige sei, und führt hiefür das Verf. Ges. vom 15. Aug. 1828 über die Bestimmungen des § 5 der I. Beil. zur Verf. Urt. (G. Bl. S. 37) an. Er fügt bei, das Gleiche gelte wohl auch für die im öffentlichen Dienste vorübergehend Angestellten. Da Pözl S. 65 ff. die Bestimmungen des Reichsges. richtig wiedergibt, so darf wohl angenommen werden, daß jene Anm. aus Versehen in der neuesten Auflage des Buches stehen geblieben ist.

⁸³ Das Ges. sagt „Bestallung". Bestallung bezeichnet nach reichsrechtlichem und preußischem wie nach allgemeinem Sprachgebrauche soviel wie Anstellungsurkunde. Vgl. Reichsbeamtenges. vom 31. März 1873 § 4 Abs. I mit §§ 54 und 66, kais. Verordn. vom 23. Nov. 1874 §§ 2 und 3, wo der Ausdruck „Bestallung" von den Anstellungsurkunden gebraucht wird, die der Kaiser ausfertigt; dann L. v. Rönne, Staatsrecht der preuß. Monarchie III S. 413 f. W. Cahn a. a. O. S. 89. Wie mir scheint, kann man, wenn man auf die Absicht des Gesetzes blickt, nichts Anderes annehmen, als daß das Ges. den oben bezeichneten öffentlichen Dienst, im Gegensatze zum blos privatrechtlichen Verhältnisse der Dienstmiethe meint. Der in Folge Unterthanenpflicht geleistete öffentliche Dienst kann hier der Natur der Sache nach nicht in Betracht kommen. Vgl. auch Riebel a. a. O. S. 261, der allein die Sache näher erörtert, Bl. f. adm. Praxis XXXII S. 72, Entsch. d. B. G. H.'s II S. 583.

c. Die Anstellung muß von der Staatsregierung oder von einer Central- oder höheren Verwaltungsbehörde, das sind in Bayern die Kreisregierungen und die denselben gleich- oder übergeordneten Behörden [84], ausgehen oder bestätigt [85] sein.

Anstellungen im Reichsdienste haben nur dann eine Wirkung auf die Staatsangehörigkeit, wenn sie einen Ausländer betreffen [86]. Der Ausländer, der im Reichsdienste innerhalb des Bundesgebietes angestellt wird, erwirbt [87] die Staatsangehörigkeit in jenem Bundesstaate, in welchem er seinen ersten dienstlichen Wohnsitz erlangt [88]. Liegt dagegen dessen dienstlicher Wohnsitz außerhalb des Bundesgebietes, so erwirbt er eine deutsche Staatsangehörigkeit überhaupt nicht; auch ist er nicht verpflichtet, eine solche zu erwerben. Dagegen hat er, wenn er ein Diensteinkommen aus der Reichskasse bezieht, ein Recht auf Verleihung der Staatsangehörigkeit (Naturalisation) gegenüber jedem deutschen Bundesstaate [89]. In Bayern wird er sich, Mangels besonderer Bestimmung über die Zuständigkeit, an jede Kreisregierung, Kammer des Innern, wenden und gegenüber einem ablehnenden Bescheide den Verwaltungsrechtsweg betreten können [90].

§ 77. Verlust der Staatsangehörigkeit.

Der Verlust der Staatsangehörigkeit tritt nur unter den Voraussetzungen ein, welche das Reichsgesetz vorsieht [1], nemlich entweder als Folge familienrechtlicher Verhältnisse, der Legitimation und der Verheirathung, oder durch Entlassung auf Antrag, Aberkennung und Verjährung [2]. Weitere Verlustgründe können landesrechtlich nicht aufgestellt werden.

1. Die Legitimation bewirkt bei unehelichen Kindern den Verlust der Staatsangehörigkeit, wenn der Vater einem anderen Staate als die Mutter angehört [3].

2. Eine Deutsche verliert ihre bisherige Staatsangehörigkeit durch Verheirathung mit dem Angehörigen eines anderen Staates [4].

---

[84] Vollz. Vorschr. Ziff. 6. Vgl. auch Reger V S. 370, VII S. 87 (Entsch. d. V. G. H.'s VI S. 255, Schullehrer).

[85] Ueber den Sinn des Ausdrucks W. Cahn a. a. O. S. 88 f.

[86] Vgl. meinen Commentar z. Verf. Urk. f. d. Deutsche Reich S. 48. Uebereinstimmend P. Laband a. a. O. I S. 153 Anm. 2, G. Meyer, Lehrb. des deutschen Staatsrechts S. 187 f., Bl. f. adm. Praxis XXVI S. 385. A. M. ist Riedel a. a. O. S. 261. — § 9 Abs. I des Ges. spricht zwar von In- und Ausländern, aber nur von Staatsdiensten, Abf. II zwar vom Reichsdienste, aber nur von Ausländern; es fehlt also eine Vorschrift, wonach die Anstellung von Inländern im Reichsdienste Folgen für die Staatsangehörigkeit hätte. Dies ist auch natürlich. Der Reichsbeamte, der aus dem Auslande stammt, muß irgend eine deutsche Staatsangehörigkeit erhalten, um Reichsangehöriger zu werden; beim Deutschen ist dies nicht nöthig. Letzterer tritt zudem mit dem Staate, wo er zufällig seinen dienstlichen Wohnsitz hat, in keine nähere Beziehung, wie jeder andere Aufenthalter, und § 12 des Ges. bestimmt ausdrücklich, daß der Wohnsitz für sich allein die Staatsangehörigkeit nicht begründe.

[87] Gegentheiliger Vorbehalt ist nach dem Wortlaute des Ges. unstatthaft. W. Cahn a. a. O. S. 105.

[88] Ges. § 9 Abf. II. P. Laband a. a. O. I S. 153 Anm. 2.

[89] R. Ges., betr. die Naturalisation von Ausländern, welche im Reichsdienste angestellt sind, vom 20. Dec. 1875 (R. G. Bl. S. 324). W. Cahn a. a. O. S. 102 ff.

[90] Ges. vom 8. Aug. 1878 Art. 8 Ziff. 1. Vgl. W. Krais, Commentar, S. 48.

[1] Ueber außerordentliche Verlustgründe (Staats- und insbef. Friedensverträge) W. Cahn a. a. O. S. 113 ff.

[2] Ges. § 13.

[3] Ges. § 13 Ziff. 4. Dagegen bleibt die Staatsangehörigkeit unehelicher Kinder unverändert, wenn sie durch die Ehe ihrer Mutter nicht ehelich werden. Entsch. d. V. G. H.'s XII S. 290, Reger XI S. 418.

[4] Ges. § 13 Ziff. 5. Auch bei einer Putativehe. Entsch. d. V. G. H.'s XII S. 1.

3. Die Entlassung erfolgt auf Antrag⁵ durch einen staatlichen Verwaltungsakt⁶. Das Gesuch ist bei der Districtsverwaltungsbehörde der Heimat des Gesuchstellers anzubringen⁷ und zu behandeln und durch die vorgesetzte Kreisregierung, Kammer des Innern, zu bescheiden. Die Entlassung geschieht mittels einer Entlassungsurkunde, die durch die Districtsverwaltungsbehörde zugefertigt wird⁸.

Die Entlassungsurkunde bewirkt mit dem Zeitpunkte der Aushändigung⁹ den Verlust der Staatsangehörigkeit¹⁰. Besitzt jedoch der Entlassene nicht bereits eine andere deutsche Staatsangehörigkeit¹¹, so wird die Entlassung unwirksam, wenn er nicht binnen sechs Monaten vom Tage der Aushändigung der Entlassungsurkunde¹² an entweder seinen Wohnsitz¹³ außerhalb des Bundesgebietes verlegt¹⁴ oder die Staatsangehörigkeit in einem anderen Bundesstaate erwirbt¹⁵.

Der unbenützte Ablauf der Frist hat zur Folge, daß angenommen wird, es habe derjenige, welchem die Entlassungsurkunde ausgestellt worden ist, nie aufgehört, Staatsangehöriger zu sein¹⁶.

Die Entlassung ist gleich der Verleihung der Staatsangehörigkeit ein Formalakt,

----

⁵ Auch hier wird selbstverständlich Verfügungsfähigkeit des Antragstellers oder Zustimmung des Gewalthabers oder der Vormundschaft erfordert. Vollz. Vorschr. Ziff. 7, c. M. E. vom 8. April 1873 (Weber IX S. 9 Anm. 6). Reger V S. 230. W. Cahn a. a. O. S. 129 f.

⁶ P. Laband a. a. O. I S. 154 bemerkt treffend: „Die Entlassung ist der contrarius actus der Verleihung und in der juristischen Gestaltung ihr völlig gleichartig."

⁷ Entsch. d. B. G. H.'s X S. 340, Reger X S. 467.

⁸ Ges. § 14, Vollz. Vorschr. Ziff. 2, 3, 7.

⁹ Vgl. oben § 76 Anm. 20. Entsch. d. B. G. H.'s VI S. 90. W. Cahn a. a. O. S. 142 f.

¹⁰ G. Meyer, Lehrb. des deutschen Staatsrechts, 3. Aufl., S. 194 Anm. 3, sagt, daß, wenn Jemand, der mehrere deutsche Staatsangehörigkeiten besitzt, die Entlassung zum Zwecke der Auswanderung aus dem Bundesgebiete nachsucht, durch Ertheilung der Entlassung alle deutschen Staatsangehörigkeiten verloren gehen. Ich halte diese Ansicht nicht für richtig. Jeder Staat kann nur seine Unterthanen aus seinem Staatsverbande, nicht fremde Unterthanen aus fremdem Staatsverbande entlassen. Ein „Aufgeben der Reichsangehörigkeit" ist nur mittelbar durch Aufgeben der Staatsangehörigkeit möglich; eine Entlassung aus der Reichsangehörigkeit gibt es staatsrechtlich überhaupt nicht, da die Reichsangehörigkeit als ein selbständiges Verhältniß nicht besteht.

¹¹ Diese Voraussetzung ist in Art. 18 Abs. II des Ges. nicht besonders ausgesprochen, erscheint jedoch im Hinblicke auf die Absicht des Gesetzes als selbstverständlich. Bl. f. adm. Praxis XLII S. 350 f.

¹² Die Berechnung der Frist beginnt mit dem Tage der Aushändigung. Die Frist ist von Datum zu Datum zu berechnen; fehlt im letzten Monate der dem Anfangstage entsprechende Tag, so läuft die Frist mit dem letzten Monatstage ab. Vgl. B. Windscheid, Lehrb. des Pandektenrechts I § 103 e.

¹³ Das Ges. spricht von Verlegung des Wohnsitzes in das Ausland, nicht blos von Aufgeben des Wohnsitzes im Inlande. Vgl. Reger VI S. 401, 483, VIII S. 9 (Entsch. d. B. G. H.'s VIII S. 134) gegen Reger VI S. 98. — Vgl. auch Reger VII S. 325, X S. 307. P. Laband a. a. O. I S. 154 Anm. 4.

¹⁴ Eine Verlegung des Wohnsitzes im Sinne des Ges. liegt auch dann nicht vor, wenn innerhalb der sechs Monate der Wohnsitz wieder in das Bundesgebiet zurückverlegt worden ist. — Riedel a. a. O. S. 266 bemerkt richtig, daß der Erwerb einer fremden Staatsangehörigkeit ohne Wohnsitzverlegung nichts nützt.

¹⁵ Ges. § 18.

¹⁶ Landgraff, Annalen des Nordb. Bundes ꝛc. 1870 S. 643. P. Laband a. a. O. I S. 155 Anm. 1, G. Meyer a. a. O. S. 190 Anm. 18. Die staatsbürgerlichen Pflichten müssen zwar nicht in der Zwischenzeit, wohl aber gegebenen Falles nachträglich für die Zwischenzeit erfüllt werden. Denn in der Zwischenzeit ist die auflösende Wirkung des unbenützten Fristablaufes noch nicht eingetreten, und die Wirkung der Entlassung tritt nach § 18 Abs. I sofort ein. Mit Recht erklären sich die beiden letztgenannten Schriftsteller gegen Böhlau's Ansicht (Jahrb. für Nationalökonomie u. Statistik XIX S. 355 Anm. 168), daß während der sechs Monate die Reichsangehörigkeit ohne Staatsangehörigkeit fortbestehe. Denn eine selbständige Reichsangehörigkeit ist nach dem Staatsangehörigkeitsgesetze unmöglich. —

der nachträglich durch ein Nichtigkeitsverfahren nicht mehr rückgängig gemacht werden kann [17].

Sie erstreckt sich, insoferne nicht eine ausdrückliche Ausnahme gemacht wurde, auch auf die Ehefrau und die in väterlicher Gewalt stehenden minderjährigen Kinder [18]. Ein Recht darauf, daß auf sein Verlangen eine solche Ausnahme gemacht werde, hat der Gesuchsteller nicht [19].

Bezüglich der sachlichen Voraussetzungen der Entlassung gelten folgende Bestimmungen:

Die Entlassung muß unbedingt und kostenfrei [20] erfolgen, wenn der Gesuchsteller darthut, daß er in einem anderen Bundesstaate die Staatsangehörigkeit besitzt [21]. Wird ein solcher Nachweis nicht erbracht [22], so muß die Entlassung unter gewissen Voraussetzungen verweigert werden [23], und es kömmt, wo sie gewährt wird, in Bayern eine Gebühr von 3 Mark zur Erhebung [24].

Die Entlassung ist zu versagen [25]:

a. Wehrpflichtigen im Alter vom vollendeten 17. bis zum vollendeten 25. Lebensjahre [26], welche noch nicht ausgehoben sind [27], bevor sie ein Zeugniß der Er-

---

Der Zweck der erörterten Bestimmungen ist, wie die Begründung des Gesetzes angibt, zu verhüten, daß man sich durch Scheinauswanderung den Verpflichtungen gegen das bisherige Vaterland entziehen kann.

[17] Ebenso G. Meyer, Lehrb. des deutschen Verw. Rechtes, 2. Aufl., I S. 157 Anm. 15.

[18] Ges. § 19. Vgl. oben § 76 Anm. 22 ff. Sicher unrichtig Entsch. d. V. G. H.'s XI S. 88 (auch Reger, Erg. Bd. I S. 172) und A. Luthardt, Bl. f. adm. Praxis XXXVIII S. 217 ff.; denn die Kinder kommen hier nicht selbständig in Betracht. Vgl. auch Reger III S. 90. — Riedel a. a. O. S. 266 bemerkt: „Sind die minderjährigen Kinder militärpflichtig, so werden bei der Instruction des Gesuches die Vorschriften des § 15 zu beachten sein." S. P. Laband a. a. O. II S. 600.

[19] Vgl. oben § 76 Anm. 26, Reger III S. 357.

[20] Ges. § 24 Abf. I.

[21] Ges. § 15 Abf. I. Das Ges. sagt „erworben hat". Selbstverständlich genügt auch der Nachweis angeborener Staatsangehörigkeit in einem andern Bundesstaate. — Ueber das Formular Weber XVI S. 223.

[22] Riedel a. a. O. bemerkt zutreffend, daß, wenn der bezeichnete Nachweis fehlt, es keinen Unterschied macht, ob die Entlassung zum Zwecke der Ueberwanderung oder der Auswanderung gefordert wird, da der Empfang der Entlassungsurkunde jedenfalls die Möglichkeit gibt, in das Ausland zu verziehen.

[23] Wenn auch, wie oben schon bemerkt, die trotz des Verbots ertheilte Entlassung nicht ungiltig ist, so hindert dies doch nicht, daß der Entlassene durch seine Auswanderung sich strafbar machen kann.

[24] Gebührenges., Fassung vom 6. Juli 1892 Art. 176. „Die Instructionsverhandlungen sind gebührenfrei." Nach § 24 Abf. II des Staatsangehörigkeitsges. sind nemlich 3 M. der zulässige Höchstbetrag an „Stempelabgaben und Ausfertigungsgebühren".

[25] Vgl. zum Folgenden W. Cahn a. a. O. S. 133 ff.

[26] Erlasse des württemb. und k. sächs. Ministeriums des Innern bei Reger I S. 452, VIII S. 409 (IX S. 106) erklären die Bestimmung des § 15 Abf. II Ziff. 1 des Ges. auch auf Militärpflichtige anwendbar, die das 25. Lebensjahr zurückgelegt haben, über deren Dienstpflicht aber, weil sie sich vor den Ersatzbehörden nicht gestellt haben, eine endgiltige Entscheidung noch nicht getroffen worden ist. Die Erlasse berufen sich auf die Absicht des Ges. Es mag sich auch in der That mit dieser Absicht so verhalten, wie die Erlasse annehmen, oder genauer gesprochen, hätte der Gesetzgeber an den Fall gedacht, so würde er ihn wahrscheinlich im angegebenen Sinne geregelt haben. Aber er hat dies eben nicht gethan, und der Wortlaut des § 15 Abf. II Ziff. 1 ist deutlich und klar. Für Vergeßlichkeiten des Gesetzgebers kann und darf die Auslegung nicht aufkommen. Ich halte also eine derartige Berichtigung des Ges. für unstatthaft. Vgl. Bl. f. adm. Praxis XXVI S. 391, XXXII S. 77, P. Laband a. a. O. II S. 599 Anm. 4, G. Meyer, Lehrb. des deutschen Staatsrechts, 3. Aufl., S. 189 Anm. 9.

[27] Der im Texte eingeschobene Relativsatz steht nicht in § 15 Ziff. 1 des Ges.; daß er aber der Absicht des Ges. entspricht, habe ich bereits in den Annalen des Deutschen Reiches 1881 S. 67 nachzuweisen versucht. Auf der Grundlage dieser Ausführungen ruht auch die bayer. M.E. bei Reger I S. 218. Vgl. ferner Bl. f. adm. Praxis XXVI S. 389.

Die Frage, um welche es sich handelt, ist die, ob § 15 Ziff. 1 auf Reservisten Anwendung findet,

satzcommission²⁸ darüber erbracht haben, daß sie die Entlassung nicht blos in der Absicht nachsuchen, um sich der Dienstpflicht zu entziehen;

b. Militärpersonen des stehenden Heeres und der Flotte, Offizieren und Sanitätsoffizieren des Beurlaubtenstandes, ferner „Beamten"²⁹, bevor sie aus dem Dienste entlassen sind;

c. Angehörigen der Reserve, Land- und Seewehr, der Ersatzreserve und des Landsturms, die nicht als Offiziere angestellt sind, nach ihrer Einberufung zum activen Dienste;

d. den Personen des Beurlaubtenstandes, welche nicht zur Reserve des Heeres oder zur Landwehr gehören, wenn sie die Genehmigung der Militärbehörde zur Auswanderung nicht erlangt haben³⁰.

Aus anderen als den vorbezeichneten Gründen darf in Friedenszeiten die Entlassung nicht verweigert werden, also insbesondere nicht wegen strafgerichtlicher Verurtheilung, oder wegen bestehender Privat- oder anderer Verpflichtungen, z. B. Steuerrückständen³¹.

---

die das 25. Lebensjahr noch nicht überschritten haben. Der Wortlaut der Ziff. 1 u. 3 (a u. c im Texte) des § 15 scheint sich zu widersprechen, da der Ausdruck „Wehrpflichtige" in Ziff. 1 auch die Reservisten umfaßt. (Vgl. jedoch auch W. Cahn a. a. O. S. 139.) Man kann also zweifeln, ob Ziff. 1 durch Ziff. 3 oder umgekehrt diese durch jene eingeschränkt werde. Begründung und Reichstagsverh. geben keinen Aufschluß. Die Absicht des Gesetzgebers läßt sich aber gleichwohl ermitteln. In Art. 56 Abs. II der nordd. Bundesverf. war, ebenso wie jetzt in der Reichsverf., gesagt, daß in Bezug auf die Auswanderung der Reservisten lediglich jene Bestimmungen maßgebend sein sollen, welche für die Auswanderung der Landwehrmänner gelten. Damit im Einklange bestimmt § 15 Abs. III des Ges., betr. die Verpflichtung zum Kriegsdienste, vom 9. Nov. 1867: „Reserve-, land- und seewehrpflichtigen Mannschaften darf in der Zeit, in welcher sie nicht zum activen Dienste einberufen sind, die Erlaubniß zur Auswanderung nicht versagt werden." Wollte man den § 15 des Staatsangehörigkeitsges. dahin auslegen, daß Ziff. 1 die Ziff. 3 beschränkt, also Reservisten im Alter unter 25 Jahren eines Zeugnisses nach Ziff. 1 bedürfen, so würde das genannte Ges. unverkennbar eine Abänderung des § 15 Abs. III des Kriegsdienstges. enthalten. Daß man eine solche Veränderung des früheren Rechtszustandes beabsichtigt haben sollte, ist nicht anzunehmen. Dies um so weniger, als der Gedanke, welcher dem § 15 Ziff. 1 a. a. O. zu Grunde liegt, auf Reservisten kaum zutrifft und bei § 15 Ziff. 3 ein innerer Grund nicht besteht, zwischen Reservisten, welche mehr, und solchen, welche weniger als 25 Jahre alt sind, einen Unterschied zu machen. Der Gesetzgeber wird nemlich bei denjenigen, welche ihre active Dienstzeit bereits zurückgelegt haben, die Frage überhaupt nicht aufgeworfen wissen wollen, ob sie die Entlassung aus der Staatsangehörigkeit blos in der Absicht nachsuchen, sich der Dienstpflicht zu entziehen. Er wird vielmehr in der Thatsache der Ableistung jenes activen Militärdienstes bereits einen hinlänglichen Gegenbeweis gegen die Annahme einer solchen Absicht erblicken. Es ist also nicht zu bezweifeln, daß Reservisten das Zeugniß nach § 15 Ziff. 1 a. a. O. auch dann nicht bedürfen, wenn sie unter 25 Jahren alt sind. Uebereinstimmend M. E. vom 28. Dec. 1880 (Weber XIV S. 650), G. Meyer a. a. O. S. 189 Anm. 8.

²⁸ Vgl. Reger VIII S. 410.

²⁹ Diese Bezeichnung ist unbestimmt genug. Riedel glaubt (a. a. O. S. 264), daß das Ges. hier alle Angestellten des öffentlichen Dienstes meine, bei welchen nach § 9 Abs. I, II des Ges. die Naturalisation durch die Anstellungsurkunde ersetzt wird. Diese Annahme hat, zumal es sich hier fast mehr darum handelt, den Gedanken des Gesetzgebers zu ersetzen, als ihn zu errathen, viel für sich.

³⁰ Ges. § 15 Abs. II, R. Mil. Ges. vom 2. Mai 1874 § 60 Ziff. 1, R. Ges. vom 11. Febr. 1888 § 19. Die Wehrleute des zweiten Aufgebotes sind nur verpflichtet, ihre bevorstehende Auswanderung bei der Militärbehörde anzuzeigen. R. G. vom 11. Febr. 1888 § 4 Ziff. 3, R. St. G. B. § 360 Ziff. 3.

³¹ Nach der Begründung zu § 17 soll die Anwendung prozeßrechtlicher Sicherungsmaßregeln selbstverständlich nicht ausgeschlossen sein. Die Vollz. Vorschr. Ziff. 7, c aber bemerken, daß, wenn der Gesuchsteller sich in strafrechtlicher Untersuchung oder im Rückstande mit öffentlichen Leistungen befindet, „das Entsprechende vorzukehren sei". Es ist klar, daß das Vorzukehrende auch den reichsgesetzlichen Bestimmungen entsprechen muß. Hienach aber ist die Verwaltungsstelle niemals befugt, ein Entlassungsgesuch aus anderen als den gesetzlichen Gründen abzulehnen oder die ausgefertigte Entlassungsurkunde dem Entlassenen vorzuenthalten. Die oben angef. Bemerkung der Begründung bezieht sich nur auf Maßnahmen, die etwa von den Gerichten verfügt werden. Vgl. auch Bl. f. adm. Praxis XXI S. 138. W. Krais, Handb. der inneren Verwaltung 2c., 3. Aufl., I S. 137, m. Reger VIII S. 257 ff.

Ueber die Nachsteuer unten § 245.

Für die Zeit eines Krieges oder einer Kriegsgefahr kann durch kaiserliche Verordnung die Auswanderungsfreiheit beschränkt werden ³².

Der Staatsangehörige hat ein Recht, entlassen zu werden, wenn er es verlangt, soferne diesem Verlangen nicht eines der eben erörterten gesetzlichen Hindernisse sich entgegenstellt. Der Anspruch auf Entlassung tritt also durch das Entlassungsgesuch in's Leben, vorausgesetzt, daß kein Umstand vorliegt, welcher ihn gesetzlich ausschließt. Daraus folgt, daß die Frage, ob ein Recht auf Entlassung besteht, so beantwortet werden muß, wie sie in dem Augenblicke zu beantworten war, als der Anspruch auf Entlassung erhoben wurde. Spätere Aenderungen in der Rechtslage können nur in Betracht kommen, soweit sie dem Gesuchsteller günstig sind ³³. Erhoben ist der Anspruch, sobald er bei derjenigen Behörde, welche zur Entgegennahme des Entlassungsgesuches zuständig ist, geltend gemacht wird ³⁴. Und zwar ist für die Wirksamkeit dieser Geltendmachung weiter nichts erforderlich, als daß der Anspruch begründet ist; es ist nicht nothwendig, daß diese Begründung zugleich nachgewiesen ist ³⁵.

---

³² Ges. § 17.

³³ Die Berücksichtigung solcher Aenderungen rechtfertigt sich daraus, daß es keinen Sinn hätte, ein Gesuch ex tunc abzulehnen, das man, wenn jetzt gestellt, genehmigen muß; wie z. B., wenn derjenige, welcher um Entlassung einkömmt, bei Einreichung des Gesuches noch nicht 25 Jahre alt war, bei Bescheidung desselben aber das 25. Lebensjahr zurückgelegt hat.

³⁴ Vgl. übrigens die oben Anm. 7 angef. Entsch.

³⁵ Mit der hier erörterten Frage beschäftigt sich ein Schreiben des Reichsamts des Innern vom 20. Jan. 1883 (Reger III S. 424, vgl. auch ebenda S. 332 und IV S. 91). Die dort gegebene Lösung ist nicht befriedigend, die Begründung aber ungenügend, weil sie den rechtlichen Kern der Frage nicht trifft. Die Begründung klebt an dem vorgelegten Falle, während die daraus gezogene Folgerung, wie es scheint, unbewußt, über diesen Fall hinausgeht. Das Schreiben erörtert, ob im Falle des § 15 Abs. II Ziff. 1 des Staatsangehörigkeitsgesetzes das Zeugniß der Kreisersatzcommission zu fordern sei, wenn der Gesuchsteller zwar bei Einreichung des Gesuches das 17. Lebensjahr noch nicht erreicht, dasselbe aber im Augenblicke der Entscheidung über das Gesuch bereits vollendet hat. Es wird zu Gunsten des ersteren Zeitpunktes Verschiedenes beigebracht, dann aber überhaupt die Ansicht ausgesprochen, "daß für die Beurtheilung und Entscheidung von Anträgen auf Entlassung aus der Staatsangehörigkeit in den Fällen des § 15 derjenige Zeitpunkt als maßgebend zu erachten sei, an welchem das entscheidungsreife, mit allen sonst erforderlichen Belegen (Einwilligung des Vaters, bzw. Vormunds) versehene Entlassungsgesuch bei der zur Ausfertigung der Entlassungsurkunde zuständigen höheren Verwaltungsbehörde (§ 14 des Ges.) eingegangen ist". Auf diese Behauptung folgt dann ein Satz, welcher deren allgemeine Rechtfertigung bezweckt: "Man wird die Annahme nicht als unzutreffend bezeichnen dürfen, daß die Ertheilung oder Entlassung ohne Zeitverlust, unmittelbar nach, d. h. nahezu gleichzeitig mit dem Eingange des entscheidungsreifen Gesuches erfolgen kann und streng genommen auch erfolgen muß."

Es fällt sofort in die Augen, daß all diese Ausführungen mehr bureaukratisch als juristisch sind. Auf die "Entscheidungsreife", die "erforderlichen Belege", die Geschäftsregel der schleunigen Erledigung des Einlaufes kann nichts ankommen. Maßgebend sind die im Texte dargelegten rechtlichen Gesichtspunkte. Aus diesen aber ergibt sich der Ansicht des Reichsamtes des Innern gegenüber Folgendes:

1. Der Grundsatz, daß für das Recht, die Entlassung zu fordern, der Zeitpunkt des gestellten Gesuches maßgebend ist, gilt nicht nur für die Fälle des § 15 Ziff. 1, sondern überhaupt, also insbesondere, was das Reichsamt nicht zu billigen scheint, auch für die Fälle ("unvorhergesehene Ereignisse") des § 15 Ziff. 3.

2. Der Zeitpunkt des gestellten Gesuches ist nicht jener, wo das "entscheidungsreife" ꝛc. Gesuch bei der Behörde einläuft, die zur Ausfertigung der Entlassungsurkunde zuständig ist, sondern jener, wo es in die Hände der Behörde gelangt, die zur Empfangnahme berufen ist. Denn abgesehen von allen anderen Erwägungen würde ja sonst eintreten, was das Reichsamt verwirft, daß Schicksal des Entlassungsgesuches würde "ausschließlich von dem schnelleren oder langsameren Geschäftsgange bei den betheiligten Behörden abhängen".

3. Das Gesuch ist mit dem Augenblicke richtig eingereicht, wo alle Umstände gegeben sind, die für seine sachliche Begründung erfordert werden. Kann der Gesuchsteller z. B. nachweisen, daß, als er sein Gesuch einreichte, die Einwilligung seines Gewalthabers bereits vorlag, so schadet es dem Gesuche nichts, wenn er die Urkunde über diese Einwilligung erst nachträglich einsendet. Mit meiner Ansicht stimmen überein. G. Meyer a. a. O. S. 189 Anm. 10, O. v. Sarwey, Staatsrecht des Kgrs. Württemberg I S. 172.

Der Anspruch auf Entlassung aus der Staatsangehörigkeit ist auf dem Verwaltungs-rechtswege verfolgbar[36].

4. Die Staatsangehörigkeit kann durch Aberkennung verloren werden. Diese kann eintreten:

a. gegen Deutsche, welche sich im Auslande aufhalten, wenn sie im Falle eines Krieges oder einer Kriegsgefahr einer ausdrücklichen Aufforderung zur Rückkehr, welche der Kaiser für das ganze Bundesgebiet[37] erlassen hat, binnen der im Erlasse bestimmten Frist schuldhafter Weise keine Folge leisten[38];

b. gegen Deutsche, welche ohne Erlaubniß ihrer Regierung, d. i. in Bayern ohne Erlaubniß des Königs[39], in einen fremden Staatsdienst[40] treten und einer ausdrück-lichen Aufforderung zum Austritte aus solchem Dienste binnen der bestimmten Frist nicht gehorchen[41].

Wenn die Erlaubniß zum Eintritte in fremde Staatsdienste ertheilt ist, so bleibt die Staatsangehörigkeit gewahrt[42]. Ein späterer Widerruf der Erlaubniß zieht im Falle des Ungehorsams den Verlust der Staatsangehörigkeit nicht nach sich[43].

In beiden Fällen erfolgt die Aberkennung durch die Centralbehörde[44] des Heimat-staates des Ungehorsamen, in Bayern durch das Staatsministerium des Innern[45].

Die Frage, ob die Aberkennung der Staatsangehörigkeit auch auf die Familie sich erstreckt, ist im Staatsangehörigkeitsgesetze nicht beantwortet. Man wird zwischen der Ehefrau und den Kindern unterscheiden müssen. Bezüglich der ersteren ist der allgemeine Rechtssatz maßgebend, daß die Frau Namen, Stand und Staatsangehörigkeit des Mannes theilt. Sie verliert also die Staatsangehörigkeit mit ihrem Gatten, nicht zur Strafe, sondern weil sie Gattin ist[46]. Nach dem Staatsangehörigkeitsgesetze[47] ist es der Regel nach nicht möglich, daß die Frau eines Fremden Staatsangehörige sei. Anders wird hinsichtlich der Kinder zu entscheiden sein. Das Gesetz bestimmt nur bei Entlassung und Verjährung ausdrücklich, daß der Verlust der Staatsangehörigkeit durch den Vater auf die Kinder — und auch da nicht auf alle Kinder — sich erstrecke. Es ist daher nicht zu-lässig, da, wo der Verlust der Staatsangehörigkeit zur Strafe eintritt, dessen Ausdehnung auf die bereits vorhandenen Kinder anzunehmen[48]. Die später geborenen Kinder können

---

[36] Die Kreisregierung muß also, wenn sie das Gesuch ablehnen will, im verwaltungsrechtlichen Senate entscheiden. Entsch. d. V. G. H.'s X S. 340. Ges. vom 8. Aug. 1878 Art. 8 Ziff. 1. Vgl. W. Krais, Commentar S. 50, 507 f.

[37] Der Kaiser kann also keine solche Aufforderung an die Angehörigen einzelner Staaten oder Provinzen erlassen, ebensowenig an einzelne Personen.

[38] Ges. § 20.   [39] Verf. Urk. Beil. I § 10. Vgl. Vollz. Vorschr. Ziff. 11.

[40] D. h. in die Dienste eines dem Reiche nicht angehörigen Staats. Riedel a. a. O. S. 269.

[41] Ges. § 22.   [42] Ges. § 23.

[43] Vgl. auch P. Laband a. a. O. I S. 133 Anm. 1. Ueber das Verhältniß der Bestimmungen in §§ 20, 23 des Ges. zu jenen in Beil. I § 11 der Verf. Urk. unten § 78 Anm. 35.

[44] Verbesserungsantrag Puttkamer, Sten. Ver. I S. 261. Uebrigens besteht hier keine Vor-schrift, wie früher in dem aufgehobenen R. G. vom 4. Mai 1874 (R. G. Bl. S. 43), daß die Ab-erkennung einer deutschen Staatsangehörigkeit den Verlust aller übrigen nach sich zieht. Ueber-einstimmend G. Meyer a. a. O. S. 194 Anm. 3; dagegen Ph. Zorn a. a. O. I S. 368, theilweise auch W. Cahn a. a. O. S. 150 f., P. Laband a. a. O. I S. 159. Zorn sagt von der gegnerischen An-sicht, daß sie einen „principiell ganz unhaltbaren, ja begrifflich unmöglichen Rechtszustand" ergebe. Das ist eine Behauptung, aber kein Beweis.

[45] Vollz. Vorschr. Ziff. 8.

[46] Aehnlich wie da, wo das Strafrecht den Adelsverlust als Straffolge kennt, nach richtiger Ansicht die Frau den durch die Verheirathung erworbenen Adel verliert, wenn er dem Manne ab-erkannt wird, während die bereits vorhandenen Kinder adelig bleiben. — Gegen die oben entwickelte Ansicht G. Meyer a. a. O. S. 191 Anm. 24, Ph. Zorn a. a. O. I S. 367 f.

[47] § 13 Ziff. 5.

[48] W. Cahn a. a. O. S. 149 will auch für die minderjährigen Kinder Verlust der Staats-angehörigkeit eintreten lassen.

selbstverständlich die Staatsangehörigkeit, welche ihr Vater vormals besessen hat, nicht durch Geburt erwerben.

Der Beschluß, durch welchen die Staatsangehörigkeit aberkannt wird, kann im Verwaltungsrechtswege nicht angefochten werden [49]. Dagegen liegt es im Wesen der Aberkennung als einer Strafe der verletzten Unterthanentreue, daß sie zurückgenommen werden kann, wenn ihre Voraussetzung sich als irrig erweist [50].

5. Die Staatsangehörigkeit erlischt durch Verjährung.

Deutsche, welche das Bundesgebiet verlassen und sich 10 Jahre lang ununterbrochen im Auslande [51] aufhalten, verlieren hierdurch ihre Staatsangehörigkeit [52]. Entscheidend ist hiebei einzig und allein die Thatsache des Aufenthaltes im Auslande. Die Willens- oder Handlungsfähigkeit kömmt nicht in Betracht, gleichviel, ob sie schon beim Beginne der Abwesenheit nicht vorhanden oder beschränkt war, oder später verloren ging [53].

---

[49] Vgl. W. Krais, Ges. vom 8. Aug. 1878 ꝛc. S. 49, 50, 308 Anm. 1. — An sich handelt es sich hier nicht blos um eine Frage des Verwaltungsermessens, sondern auch um eine Rechtsfrage. Ob die Centralbehörde im Einzelfalle befugt ist, Jemandem die Staatsangehörigkeit abzuerkennen, ist eine Rechtsfrage, ob sie von ihrer Befugniß Gebrauch machen will, eine Frage des Verwaltungsermessens.

[50] Es bedarf hier keiner Verleihung der Staatsangehörigkeit.

[51] Die Schutzgebiete gelten hier als Inland. R. G. vom 15. März 1888 (R. G. Bl. S. 71) § 6 Abs. III.

[52] Ges. § 21 Abs. I.

[53] A. M. ist Th. Landgraff, Annalen des Norddb. Bundes ꝛc. 1870 S. 645. Ich habe die oben vertretene Ansicht schon früher gehabt; Annalen des Deutschen Reichs 1883 S. 582. Dieselbe wird auch von P. Laband a. a. O. I S. 156 Anm. 6, G. Meyer a. a. O. S. 192 Anm. 29, O. v. Sarwey, Staatsrecht des Kgrs. Württemberg I S. 172 Anm. 11, C. Bornhak, preuß. Staatsrecht I S. 266 f. getheilt, und auch das Reichsgericht hat sich ihr angeschlossen (Urth. vom 4. Febr. 1895, Reger XV S. 201). Diese Auffassung ist die einzige, welche dem Wortlaute des Ges. entspricht und, um mit der Begründung des Entw. zu reden, das Erlöschen der Staatsangehörigkeit „an ein einfaches, im einzelnen Falle ohne besondere Schwierigkeit festzustellendes Merkmal" knüpft. Bei etwaigen Härten werden in der Regel die Bestimmungen des § 21 Abs. IV und V Abhilfe ermöglichen. Neuerlich hat sich unter dem Einflusse der früheren preuß. Uebung (§ 23 des preuß. Staatsang. Ges. vom 31. Mai 1842; vgl. L. v. Rönne, Staatsrecht der preuß. Monarchie II S. 32 Anm. 1, b) und des Reichsamts des Innern eine andere Anschauung in den Bundesstaaten geltend gemacht. Vgl. Reger III S. 71 (Württemberg). IV S. 92 (Bayern); dann Weber XVI S. 334. (Vgl. auch Entsch. d. B. G. H.'s IV S. 576, XII S. 230; Reger IV S. 351, XI S. 418, XV S. 87). In den angef. Ministerialerlassen wird der Satz aufgestellt, daß bei Berechnung der Verjährungszeit nach § 21 Abs. I des Ges. die Zeit der Minderjährigkeit oder des Irrsinns nicht eingerechnet werden dürfe. Es wird also verlangt, daß der Abwesende während der Zeit der Abwesenheit handlungsfähig bzw. nicht in seiner Handlungsfähigkeit beschränkt gewesen sei. Der Gedanke ist demnach der, es müsse die Abwesenheit und der dadurch verursachte Verlust der Staatsangehörigkeit auf dem rechtlich wirksamen Willen des Abwesenden beruhen. Die Aufdeckung dieses zu Grunde liegenden Gedankens zeigt vor Allem, daß der erwähnte Satz ungenau gefaßt ist, weil man sich nicht über die gerade vorliegenden Fälle zu erheben vermochte. Denn erstlich ist klar, was auch die preuß. Uebung anerkannt hat, daß, wenn der Minderjährige oder Geisteskranke mit Zustimmung seines Gewalthabers oder Pflegers abwesend ist, die Beschränkung oder der Mangel seiner Handlungsfähigkeit ergänzt erscheint; sodann ist zweitens einleuchtend, daß folgerichtiger Weise die Verjährung auch dann nicht als laufend angenommen werden darf, wenn der Abwesende zwar handlungsfähig, seine Willensfreiheit in Bezug auf die Rückkehr aber ausgeschlossen ist. Die nunmehrige amtliche Ansicht wird auf zwei Gründe, einen äußeren und einen inneren, gestützt. § 21 Abs. I des Ges., so sagt man zunächst, sei dem § 23 des preuß. Ges. von 1842 nachgebildet, letzterer sei in Preußen in der angegebenen Weise ausgelegt worden; hätte man die preuß. Uebung ändern wollen, so hätte man sie durch entsprechende Aenderung in der Fassung des Gesetzes abschneiden müssen. Man beruft sich überdies auf folgende Stelle in der Begründung: Der Satz des § 21 Abs. II des Ges. „erschöpft freilich nicht alle Fälle, in welchen Zweifel z. B. über den Beginn der Verlustfrist während der Minderjährigkeit der Kinder entstehen können. (Es dürfte sich jedoch empfehlen, die Entscheidung solcher Fälle der Praxis zu überlassen und das Gesetz selbst von Casuistik frei zu erhalten." Diese Bemerkung ist nun allerdings sehr erstaunlich. Der Gesetzgeber, wie wir ihn der Kürze halber nennen wollen, findet, ob mit Recht, sei dahin gestellt, daß seine Bestimmung zu Zweifeln Anlaß geben könne; aber er überläßt es der Auslegung, zu ermitteln, was er hätte denken sollen, wenn er hätte denken wollen. Er sieht bezeichnender Weise nur Ein Mittel zur Verhütung von Zweifeln, die „Casuistik", und er-

endlich nicht gegen jenen, der in einem Reichs= oder Staatsdienstverhältnisse steht, welches gesetzlich den Anspruch auf Erwerb oder den Erwerb einer deutschen Staats=angehörigkeit begründet[67].

Die Verjährung wird unterbrochen[68]:

a. durch, sei es auch nur vorübergehende, Verlegung des Wohnsitzes[69] in das Bundesgebiet,

b. durch Eintragung[70] in eine Consulatsmatrikel[71].

Die Verjährung läuft von Neuem mit dem Wegfalle der unterbrechenden oder hemmenden Thatsache, sonach mit dem Austritte aus dem Staatsdienste, mit dem Verlassen des Bundesgebietes, mit dem Tage, welcher auf die Löschung des Eintrages in der Consulatsmatrikel folgt[72].

Die Berechnung der Verjährungszeit ist die gewöhnliche von Datum zu Datum[73]. Einer besonderen Erwägung bedarf der Fall, wenn die Verjährungszeit selbständig für Kinder zu berechnen ist, die mit dem Vater ausgewandert sind, aber von der Wirkung der Verjährung nicht ergriffen werden, die für den Vater eingetreten ist. Hier wird Folgendes festzuhalten sein. Die Verjährungsfrist beginnt für das Kind nicht eher als für den Vater, solange es in dessen Familiengemeinschaft steht; dagegen läuft nach Lösung der Gemeinschaft bei gegebenen Voraussetzungen die Verjährung sofort. Hinsichtlich der Unterbrechung der Verjährungsfrist wird dahin zu entscheiden sein, daß die Thatsache, welche die Verjährung für den Vater unterbricht, nur dann die gleiche Wirkung für das Kind hat, wenn diese Thatsache auch beim Kinde gegeben ist.

Für Deutsche, welche sich in einem Staate des Auslandes mindestens fünf Jahre lang ununterbrochen aufhalten und in dem nemlichen Staate die Staatsangehörigkeit erwerben, kann durch Staatsvertrag die zehnjährige Frist bis auf eine fünfjährige vermindert werden, ohne Unterschied, ob dieselben sich im Besitze eines Reisepapiers oder Heimatscheines befinden oder nicht[74]. Der Erwerb der fremden Staatsangehörigkeit erscheint hier nicht als ein selbständiger Verlustgrund für die deutsche Staatsangehörigkeit, sondern als ein Umstand, welcher zu der abgekürzten Verjährungszeit hinzutreten muß. Wortlaut und Absicht des Gesetzes verlangen dabei, daß der fünfjährige Aufenthalt ununterbrochen in demjenigen Staate stattgefunden hat, durch welchen die Naturalisation vorgenommen worden ist[75].

Ein derartiger Vertrag ist zwischen Bayern und den Vereinigten Staaten von Amerika unterm 26. Mai 1868 eingegangen worden[76]. Aehnliche, wenn auch nicht völlig gleichlautende Verträge haben der Norddeutsche Bund, Baden, Württemberg und Hessen mit den Vereinigten Staaten abgeschlossen[77]. Nach diesen Verträgen sollen Staatsangehörige des einen Theils, wenn sie vom anderen Theile natura=

[67] W. Cahn a. a. O. S. 156 f.

[68] Ges. § 21 Abs. I.

[69] Eine Reise nach Deutschland unterbricht die Verjährung nicht. Vgl. Th. Landgraff, Annalen des Nordd. Bundes ꝛc. 1870 S. 643; Entsch. d. B. G. H.'s VI S. 96, XIII S. 339, Reger VI S. 102, XIII S. 74. A. M. ist W. Cahn a. a. O. S. 159 f.

[70] Vgl. R. Ges., betr. die Organisation der Bundesconsulate ꝛc., vom 8. Nov. 1867 § 12.

[71] Nicht dagegen bei Ausstellung eines Passes durch einen Reichsconsul nach Consulatges. § 25; denn der Besitz eines Reisepapieres hemmt wohl nach § 21 Abs. I des Ges. den Beginn der Verjährungsfrist, aber er unterbricht sie nicht. A. M. ist O. v. Sarwey, Staatsrecht des Kgrs. Württemberg I S. 171 Anm. 8.

[72] Ges. § 21 Abs. I. Ueber den Matrikeleintrag W. Cahn a. a. O. S. 165 ff. Einer jährlich erneuerten Anmeldung zur Matrikel bedarf es nicht mehr.

[73] Vgl. oben Anm. 12.   [74] Ges. § 21 Abs. III.

[75] Vgl. das Erk. des Reichsgerichtes Reger 1 S. 423.

[76] Weber VII S. 302.

[77] Sie sind nach obiger Reihenfolge vom 22. Febr. (B. G. Bl. S. 228), 19. Juli, 27. Juli und 1. Aug. 1868. Ueber diese sog. Bancroftverträge F. v. Martitz, Annalen des Deutschen Reiches 1875

lisirt worden sind und fünf Jahre ununterbrochen in dessen Gebiete zugebracht haben⁷⁸, auch vom früheren Heimatstaate als Angehörige ihres Adoptivstaates erachtet und behandelt werden⁷⁹. Läßt ein Naturalisirter sich wieder in seinem früheren Heimatstaate nieder, ohne die Absicht, in seinen Adoptivstaat zurückzukehren, so soll dies als „Verzicht" auf die Naturalisation betrachtet werden. „Der Verzicht auf die Rückkehr kann als vorhanden angesehen werden, wenn der Naturalisirte des einen Theils sich länger als zwei Jahre im Gebiete des anderen Theils aufhält." ⁸⁰

Diese Bestimmungen stellen lediglich zwischen den vertragschließenden Theilen fest, wann Jemand von ihnen noch als Staatsangehöriger angesprochen werden kann. Die Frage dagegen, ob Jemand, der durch amerikanische Naturalisation aus seinem deutschen Staatsverbande ausgeschieden ist, wieder Deutscher geworden sei, oder wie er es wieder werden könne, ist ausschließlich nach den Bestimmungen des Staatsangehörigkeitsgesetzes zu beantworten⁸¹. Daraus folgt, daß der naturalisirte Amerikaner durch den im Vertrage erwähnten „Verzicht" nicht von selbst zum Angehörigen seines früheren Heimatstaates wird, sondern daß er die verlorene Staatsangehörigkeit wieder erwerben muß⁸². Die fragliche Bestimmung soll nach den bayerisch-amerikanischen Vereinbarungen „nur die Bedeutung haben, daß derjenige Staat, in welchem der Ausgewanderte die neue Staatsangehörigkeit erworben hat, diesen nicht hindern kann, die frühere Staatsangehörigkeit wieder zurückzuerwerben", und es soll im „freien Ermessen" des in seinen früheren Heimatstaat Zurückgekehrten liegen, ob er dort die Naturalisation nachsuchen „oder seine bisher erworbene Staatsangehörigkeit beibehalten will" ⁸³.

§ 78. Die Wirkungen der Staatsangehörigkeit.

Der rechtliche Inhalt der Staatsangehörigkeit ist durch den Begriff selbst gegeben ¹. Die Staatsangehörigkeit ist Unterthänigkeit unter die Staatsgewalt. Nur diese Unter-

---

S. 793 ff., 1113 ff.; H. Wesendonck, ebenda 1877 S. 204 ff., F. Thudichum, Verfassungsrecht des Norddeutschen Bundes rc. S. 74 ff., G. Meyer, Lehrb. des deutschen Staatsrechts, 3. Aufl., S. 194 ff., W. Cahn a. a. L. S. 173 ff., 402 ff. Reger VII S. 283.

⁷⁸ Vgl. dazu die Erläuterungen unter Ziff. I des Schlußprot. zum bayer. Vertrage.

⁷⁹ Art. 1 des bayer. Vertrags. Die Ansicht G. Meyer's a. a. O. S. 195 Anm. 4 (gegen Thudichum a. a. L. S. 77 u. Wesendonck a. a. O. S. 215), daß der Vertrag sich nur auf solche Personen bezieht, „welche im Augenblicke ihrer Naturalisation die frühere Staatsangehörigkeit noch besitzen, dagegen nicht auf solche, welche vor ihrer Naturalisation aus dem früheren Staatsverbande förmlich entlassen sind", ist zweifellos richtig. Denn für solche, die im Augenblicke, wo der eine Vertragstheil sie naturalisirt, dem andern Vertragstheile nicht mehr angehören, bedarf es keiner Abmachung, abgesehen davon, daß dieselben ihren früheren Heimatstaat nichts mehr angehen. Hätte aber selbst der Vertrag auch solche Personen im Auge, so wäre er in Bezug auf diese für das Deutsche Reich durch § 21 Abs. III des Staatsangehörigkeitsges. außer Kraft getreten, der nur von Deutschen, nicht von vormaligen Deutschen spricht. Denn „die in das Gebiet der Gesetzgebung eingreifenden Bestimmungen des Staatsvertrags gelten, was ihre verbindliche Kraft als Rechtsnormen für das Inland betrifft, nach den für die Gesetze im Allgemeinen giltigen Regeln; sie können daher insoweit . . . auch durch die Gesetzgebung geändert werden". (Urth. des Reichsgerichts, Reger I S. 426.)

⁸⁰ Art. 4 a. a. O. Vgl. auch Reger X S. 102.

⁸¹ Thudichum a. a. O. S. 78. Bl. f. adm. Praxis XXXII S. 83.

⁸² Vgl. Schlußprot. zum bayer. Vertr. Ziff. III, 2, Verh. des Reichstags 1874 Sten. Ber. II S. 845 (Staatsminister Delbrück); F. v. Martitz a. a. O. S. 827, 1122; G. Meyer a. a. O. S. 196 Anm. 7.

⁸³ Vgl. die Kritik bei F. v. Martitz a. a. O. 1122. — Der Streit, ob die Worte „der Verzicht kann als vorhanden angesehen werden" nur eine entkräftbare Vermuthung oder ein Recht des früheren Heimatstaates begründen, seine vormaligen Angehörigen nicht mehr als Angehörige des andern Vertragstheiles zu behandeln, ist sonach für Bayern unmöglich. Nach dem bayer. Schlußprot. kann weder von jener Vermuthung noch von diesem Rechte die Rede sein. Ueber jenen Streit vgl. einerseits F. v. Martitz a. a. O. S. 1124, andererseits Thudichum a. a. O. S. 78, Landgraff, Annalen des Norddeutschen Bundes rc. 1870 S. 630 und G. Meyer a. a. O. S. 196 Anm. 8, 9. S. auch A. Reger, Bl. f. adm. Praxis XXVI S. 401.

¹ Vgl. hieher vor Allem die Ausführungen von C. Fr. v. Gerber, Grundzüge eines Systems des deutschen Staatsrechtes §§ 15—17 u. Beil. II, sowie P. Laband, Staatsrecht des Deutschen Reiches, 3. Aufl., I S. 124 ff., C. Bornhak, preuß. Staatsrecht I S. 238 ff., G. Jellinek, System der subj. öffentl. Rechte, Freiburg i. B. 1892, S. 109 ff. Gegen Gerber: Zeitschrift für die ges. Staatswiss. XXII S. 434 und H. Schulze, Zeitschrift für deutsches Staatsrecht und deutsche Verfassungsgeschichte I S. 424.

worfenheit und nichts Anderes ist demnach der Rechtsinhalt der Staatsangehörigkeit. Aus ihr ergibt sich die Verpflichtung zum Gehorsam gegen die Staatsgewalt, also die Verbindlichkeit, nicht nur deren Befehlen nachzukommen (Gehorsamspflicht im engeren Sinne), sondern auch Handlungen zu unterlassen, „welche auf Beschädigung des Staates abzielen" (Treuepflicht). Die Gehorsamspflicht ist ebenso allgemein, wie die Staatsgewalt, welcher gegenüber sie besteht.

Es würde gerade so wenig angebracht sein, die einzelnen Verbindlichkeiten hier aufzuzählen und zu erörtern, welche aus der Gehorsamspflicht sich ergeben, als es uns thunlich erschien, bei Betrachtung des Wesens der Herrschaft ein Verzeichniß aller daraus abzuleitenden Hoheitsrechte aufzustellen. Auch hier müßte ein derartiges Verfahren zu einer Rundreise durch das gesammte Bereich des Staatsrechts sich gestalten. Das wäre weder richtig, noch zweckmäßig, da die aus ihrem Zusammenhange gerissene „Pflicht" nicht zum vollen Verständnisse gebracht werden könnte. Die Lehre von der Steuerpflicht gehört in das Finanzrecht, die Lehre von der Wehrpflicht in das Militärrecht u. s. f.².

Es kann sich also an dieser Stelle nicht um die Darstellung der Einzelwirkungen der Unterthanenpflicht handeln, sondern nur um die Erklärung ihres Wesens im Allgemeinen und derjenigen Folgen derselben, welche keinen besonderen Bezug zu den einzelnen Zweigen der staatlichen Thätigkeit haben.

Die Natur des Bundesverhältnisses zwischen den deutschen Staaten bringt es mit sich, daß die Bundesgewalt in unmittelbare Beziehungen zu den Angehörigen der einzelnen Staaten tritt. Die Staatsangehörigen kommen hiedurch nicht in eine weitere Unterthanschaft, welche neben ihrer Unterordnung unter die Staatsgewalt bestünde, sondern sie sind Reichsangehörige, weil und insoferne sie Staatsangehörige sind. Gleichwie die Bundesgewalt von der Staatsgewalt abgeleitet und dadurch Staatsgewalt innerhalb jedes Bundesstaates ist, ebenso ist die Bundesangehörigkeit in der Staatsangehörigkeit enthalten, wie ein Theil im Ganzen³. Daraus ergibt sich, daß die eine ohne die andere nicht gedacht werden kann, daß die Reichsangehörigkeit durch die Staatsangehörigkeit in einem Bundesstaate erworben wird und mit dieser letzteren erlischt⁴. Reichs- und Landesangehörigkeit sind demnach nicht zwei verschiedene, sondern ein- und dieselbe Thatsache⁵. Daraus ergibt sich, daß aus der Reichsangehörigkeit eine besondere, selbständige Gehorsams- und Treuepflicht gegen das Reich neben derjenigen, die dem Staate geschuldet wird, nicht entsteht. Indem der Einzelne der Bundesgewalt gehorcht, gehorcht er ihr als der von seinem Staate bestellten Gewalt, er gehorcht seiner eigenen Staatsgewalt⁶. Bezüglich dieser Gehorsamspflicht sind also besondere Grundsätze nicht aufzustellen⁷.

---

² Ph. Zorn, Staatsrecht des Deutschen Reiches, 2. Aufl., I S. 369 ff., welcher an die hier und im Folgenden erörterte Frage mit scharfem juristischen Urtheile herantritt, äußert, „daß die strenge Systematik des Staatsrechtes für die Darstellung des Rechtsinhaltes der Staatsangehörigkeit fordern müßte: entweder daß man sich begnüge mit dem allgemeinen Satze: der Staatsangehörige ist seinem Staate zum Gehorsam und der Staat seinen Angehörigen zum Schutz verpflichtet, oder aber, daß man die ganze Rechtsordnung unter der Rubrik Rechtsinhalt der Staatsangehörigkeit darstelle". Er meint jedoch, daß aus praktischen Gründen ein Mittelweg einzuschlagen sei. „Ich empfehle sich, „bei der Lehre von der Staatsangehörigkeit die Grundzüge derjenigen Ordnung darzulegen, in deren Rahmen das Leben der Angehörigen des betreffenden Staates sich bewegt".

³ Vgl. meinen Commentar z. Verf. Urk. f. d. Deutsche Reich S. 43 ff., Böhlau, mecklenb. Landrecht I S. 289, 309.

⁴ Staatsangehörigkeitsges. § 1 Abs. I. Eine Reichsangehörigkeit ohne Angehörigkeit zu einem deutschen Bundesstaate kann nunmehr nach § 6 des R. Ges. über die Schutzgebiete vom 15. März 1888 (R. G. Bl. S. 71) vorkommen. Bloße Reichsangehörigkeit ist auch diese nicht, da sie sich mit der Schutzgebietsangehörigkeit verbindet.

⁵ Landgraff, Annalen des Nordd. Bundes ꝛc. 1870 S. 627.

⁶ Vgl. meinen angef. Commentar S. 43.

⁷ Die Auffassung der rechtlichen Natur der Reichsangehörigkeit hängt mit der Auffassung der rechtlichen Natur des Reiches zusammen. Es ist sonach selbstverständlich, daß die Anhänger der verschiedenen Bundesstaatstheorien die Reichsangehörigkeit als ein besonderes Verhältniß neben der

Die Gehorsamspflicht, das Wort im engeren Sinne genommen, ist eine einheitliche. Der Gehorsam, welchen der Unterthan als solcher leistet, ist stets Gehorsam gegen seine Staatsgewalt. Auch der Gehorsam der Amtsuntergebenen gegen die Obrigkeit ist nur eine Erscheinungsform des Unterthanengehorsams. Der Widerstand gegen die Obrigkeit ist Widerstand gegen die Staatsgewalt[8].

Die Pflicht des Gehorsams gegen die Staatsgewalt ist an sich ihrem Inhalte nach unbeschränkt. Wie die Staatsgewalt, so hat auch die Gehorsamspflicht inhaltlich keine rechtlichen, sondern nur natürliche Grenzen[9]. Dem Staatswillen gegenüber, der im Gesetze ausgesprochen ist, gibt es kein Recht des Widerstandes, weder des activen, noch des passiven[10]. Die Staatsgewalt kann niemals die, wenn auch noch so ehrliche und sittliche, Ueberzeugung des Einzelnen als Instanz über sich erkennen. Wenngleich es hienach keine Beschränkung des Gehorsams gegenüber dem Gesetze gibt, so gibt es doch eine Beschränkung desselben durch das Gesetz. Die Gehorsamspflicht des Unterthanen ist eine Pflicht zu gesetzmäßigem Gehorsame[11]. Der Unterthan ist den Organen der Staatsgewalt nur insoweit Gehorsam schuldig, als deren Handlungen (Anordnungen) auf dem Boden des Gesetzes sich bewegen. Dabei ist zwischen solchen Handlungen zu unterscheiden, welche Amtshandlungen sind, und solchen, welche dies nicht sind. Bezüglich der ersteren ist es selbstverständlich, daß der Unterthan sich nicht zur Instanz über die Obrigkeit aufwerfen darf. Er kann die Amtshandlung derselben in ihrer Gesetzmäßigkeit nur vor den gesetzlich verordneten Instanzen und im gesetzlich geordneten Verfahren anfechten. Ob diese Anfechtung aufschiebende Wirkung hat oder nicht, entscheidet sich nach den betreffenden Bestimmungen. Jedenfalls ist da, wo eine Anfechtung nicht oder nicht weiter möglich ist, die Gesetzmäßigkeit der Amtshandlung für den Unterthanen eine formell feststehende. Ist dagegen die Handlung eines staatlichen Organes gar keine Amtshandlung[12], so besteht ihr gegenüber überhaupt keine Gehorsamspflicht, vielmehr bei gegebenen gesetzlichen Voraussetzungen sogar das Recht der Nothwehr[13].

Die Sicherung des Gehorsams der Staatsangehörigen wird in einem eidlichen Gelöbnisse und in strafrechtlichen Bestimmungen gesucht.

Die männlichen Staatsangehörigen[14] sind beim Erwerbe der selbständigen

---

Staatsangehörigkeit betrachten müssen. Ein näheres Eingehen auf die Frage liegt außerhalb der Aufgabe dieses Buches. Vgl. hauptsächlich P. Laband, Staatsrecht des Deutschen Reiches, 3. Aufl., I S. 118 ff., A. Hänel, Teutsches Staatsrecht I S. 353 ff.

[8] R. St. G. B. Abschnitt VI.

[9] Vgl. meine Grundzüge einer allg. Staatslehre S. 10 ff.

[10] Dieser Satz ist ein sehr bestrittener. Vgl. z. B. H. Schulze, Einl. in das deutsche Staatsrecht S. 163 u. Lehrb. des deutschen Staatsrechtes I S. 356 ff., Ph. Zorn, Staatsrecht des Deutschen Reiches I S. 374, bemerkt mit Recht: „Die vielberufene Theorie vom passiven Widerstand als der erlaubten Opposition gegen Anordnungen des Staates, die ein positives Thun fordern, wenn man sich nur den durch das Nichtthun verursachten Rechtsfolgen unterwerfe, ist in nuce die Auflösung jeder staatlichen Ordnung."

[11] Vgl. über die Frage H. Schulze, Lehrb. des deutschen Staatsrechts I S. 356 ff., woselbst Anm. 1 Literaturnachweise.

[12] Keine Amtshandlung ist sie auch dann, wenn die örtliche oder sachliche Zuständigkeit fehlt oder die Form nicht beobachtet ist, welche zur Giltigkeit gesetzlich gefordert wird.

[13] R. St. G. B. § 113 „rechtmäßige Ausübung" des Amtes, § 110 „innerhalb ihrer Zuständigkeit". Die Frage gehört wesentlich dem Strafrechte an. Literaturangaben bei H. Schulze, Lehrb. des deutschen Staatsrechtes I S. 359 Anm. 1, wozu noch beizufügen ist E. Guggenheimer, Irrthum des Thäters in Bezug auf die Rechtmäßigkeit der Amtsausübung beim Vergehen des Widerstandes gegen die Staatsgewalt, München 1883.

[14] Die Verfassung sagt „alle Staatsbürger". Der Ausdruck darf indessen hier nicht im Sinne der Verf. Beil. I § 8 verstanden werden, sondern er bezeichnet offenbar, wie noch an zwei anderen Stellen der Verf. Urk. (Tit. III § 4 Abs. II und Tit. VII § 21), einfach die Staatsangehörigen. So

Heimat¹⁵ in einer Gemeinde verpflichtet¹⁶, den Unterthaneneid (Staatsbürgereid, Verfassungseid) zu leisten¹⁷.

---

ist er auch stets ausgelegt worden. Vgl. M. E. vom 7. März 1836 (Döllinger VI S. 273). Ebenso Pözl, Lehrb. des bayer. Verf. Rechts § 76 Anm. 9, S. 570, wo dies in früherer Auflage anmerkungsweise besonders betont war. S. ferner Brater u. Pfeil, die Verf. Urk. des Kgrs. Bayern S. 12 Anm. 2, S. 33 Anm. 1, Bl. f. adm. Praxis XVIII S. 24, XXII S. 62.

¹⁵ Die Verf. sagt „bei der Ansässigmachung". Dem Wortsinne nach bedeutet dies die Begründung wirthschaftlicher Selbständigkeit mit gleichzeitigem festen Wohnorte. Der Begriff reicht also weiter als der eines wirklichen Gemeindegliedes nach dem z. Z. des Erlasses der Verf. Urk. giltigen Gem. Ed. vom 17. Mai 1818 §§ 11 u. 12. (Vgl. § 13 Ziff. 1 des revid. Gem. Ed. vom 1. Juli 1834 „Ansässigkeit aus einem in § 11 u. 12 nicht erwähnten Ansässigkeitstitel".) Für den Gebrauch des Wortes in jener allgemeinen Bedeutung vgl. Verordn., die allg. Landesbewaffnung betr., vom 27. Oct. 1813 (R. Bl. S. 1325) Art. 2; Verordn., das Armenwesen betr., vom 17. Nov. 1816 (R. Bl. S. 779) Art. 7. Zu einer festbestimmten Rechtseinrichtung wurde die Ansässigmachung durch das Ges. vom 11. Sept. 1825 über die Ansässigmachung u. Verehelichung (revid. durch Ges. vom 1. Juli 1834). An diese neu geregelte Ansässigmachung knüpfte man nunmehr die Verpflichtung zur Leistung des Staatsbürgereides an. Vgl. M. E. vom 7. März 1836 (Döllinger VI S. 273).

Die Ansässigmachung wurde durch das Ges. vom 16. April 1868 beseitigt. Dadurch ist die Bestimmung des Tit. X § 3 der Verf. Urk. aber nicht unanwendbar geworden, weil die dort erwähnte Ansässigmachung nicht die Rechtseinrichtung des späteren Ges. von 1825 ist, sondern im oben angegebenen natürlichen Wortsinne verstanden werden muß. Erwägt man nun die Absicht des Tit. X § 3, so ist zu sagen, daß der Gesetzgeber mit seinem Ausdrucke die wirthschaftlich selbständigen Gemeindeglieder treffen wollte, wobei er die Ansässigmachung als das äußere Zeichen der wirthschaftlichen Selbständigkeit nannte. Hienach ist nicht zu bezweifeln, daß die Absicht des Gesetzgebers auf jene Personen zielt, welche nach den jetzt geltenden Bestimmungen des Ges. vom 16. April 1868 als selbständig heimatberechtigt erscheinen. Von dieser Auffassung geht auch die M. E. vom 25. Aug. 1868, die Ableistung des Verfassungseides betr. (Weber VII S. 452), aus. Durch dieselbe wurde angeordnet, daß künftig der Verfassungseid „jedem, welcher in einer Gemeinde des Kgrs. eine selbständige Heimat im Sinne der Art. 3, 5—9 des Ges. vom 16. April 1868, bzw. in der Pfalz im Sinne der Art. 28 u. 29 desselben erworben hat, sofort nach dieser Erwerbung abzunehmen ist". Der Zeitpunkt der Eidesabnahme bemißt sich nach der Art des Heimaterwerbes, worüber die Entschl. sich eingehend äußert. Für den Fall des Heimaterwerbes durch Verehelichung hat die M. E. vom 15. Mai 1876 (Weber XI S. 540) Ziff. I eine Aenderung verfügt (Abnahme des Eides — dieß. des Rheins — sofort bei Behändigung des Verehelichungszeugnisses). Staatsangehörigen, die sich außerhalb Bayerns befinden, soll der Eid zu Folge M. E. vom 7. Jan. 1874 (Weber IX S. 754 Anm. * b) in der Regel erst abgenommen werden, wenn sie nach Bayern zurückkehren.

Auf Mißverständniß beruht es, wenn Pözl, Lehrb. des bayer. Verf. Rechts S. 570 Anm. 3, meint, die Uebung habe beim Vollzuge des Tit. X § 3 der Verf. Urk. die Verehelichung an Stelle der Ansässigmachung gesetzt. Dies würde auch kaum „historische und sachliche Berechtigung" haben.

¹⁶ Eine brennende Frage war früher die Ableitung des Verfassungseides durch das Heer. Dieselbe hat an Bedeutung verloren, seitdem durch § 49 Abs. I des R. Mil. Ges. vom 2. Mai 1874 ausgesprochen ist, daß für Personen des activen Heeres mit Ausnahme der Militärbeamten die Berechtigung zum Wählen „in Betreff der einzelnen Landesvertretungen" ruht. Die Vereidigung des Militärs auf die Verf. wurde schon bei dem ersten Landtage 1819 durch einen Antrag des Abg. v. Hornthal angeregt. Verh. d. K. d. Abg. 1819 Bd. I S. 320 ff., II S. 16 ff., 165 ff.; b. Soden, der baier. Landtag von 1819 S. 3 ff. Vgl. auch Repert. Verh. d. K. d. Abg. 1831 S. 483. Einen Erfolg hatten die hierauf zielenden Bestrebungen aber erst im Jahre 1848. Durch die k. Proclamation vom 6. März 1848 (Weber III S. 675) wurde die Vereidigung des Heeres auf die Verf. verfügt und dem entsprechend auch in der Landtagswahlinstr. vom 24. Sept. 1848 (Handbibliothek des bayer. Staatsbürgers I S. 37) Ziff. II, 1 der Leistung des Verfassungseides durch die Militärbeamten und die Personen des activen Militärdienstes Erwähnung gethan. In Folge k. Entschl. vom 9. Juni 1852 (Weber IV S. 475) kam die Vereidigung des Heeres auf die Verf. wieder in Wegfall, wobei es seither verblieben ist. Vgl. auch Weber X S. 475, XVI S. 101 f. (unter Ziff. III).

Es ist zweifellos, daß eine Verfassungsbestimmung nicht besteht, welche die Vereidigung des Heeres als solchen auf die Verf. fordert. (S. Cucumus, Lehrb. des Staatsrechts der constit. Monarchie Bayerns S. 363 Anm. 4, 540 f.) Die Angehörigen der bewaffneten Macht fallen insbesondere nicht unter den Begriff der Staatsdiener im Sinne der Verf. Urk. Vgl. oben § 68 Anm. 51. Auf der anderen Seite ist ebenso sicher, daß, wenn die Voraussetzungen, unter welchen nach Tit. X § 3 der Verf. Urk. die Verpflichtung zur Leistung des Verfassungseides besteht, bei einem Angehörigen des Heeres zutreffen, er von dieser Verpflichtung deswegen, weil er Militärperson ist, nicht frei wird. Denn die Verf. macht keinen Unterschied, sie spricht von allen Staatsbürgern.

¹⁷ Verf. Urk. Tit. X § 3. (Ueber den früheren Staatsbürgereid Verf. von 1808 Tit. 1 § VIII, Edict über das Indigenat ꝛc. vom 6. Jan. 1812 Art. XV ff., Weber I S. 378). Die Eides-

Ferner kann diese Eidesleistung bei der allgemeinen Landeshuldigung gefordert werden [18]; doch ist letztere außer Uebung gekommen [19].

Eine Sicherung des Gehorsams der Unterthanen liegt auch darin, daß die Leistung des fraglichen Eides Voraussetzung für den Erwerb gewisser öffentlicher Rechte ist. Dadurch wird für die männlichen Staatsangehörigen die Leistung des Verfassungseides zu einem Rechte [20], dessen Bestand von nichts Weiterem abhängig ist, als von dem Besitze der Eidesfähigkeit und dem Vorhandensein eines staatsrechtlichen Interesses an der Ableistung des Eides [21].

Zur Abnahme des Eides sind die Magistrate in Gemeinden mit Stadtverfassung und die Bezirksämter zuständig [22], im Auslande die bayerischen Gesandtschaften [23] und wohl auch die Gesandtschaften und Consulate des Deutschen Reiches. Von einer örtlichen Ausscheidung der Zuständigkeit wird dabei keine Rede sein können.

Anders liegt die Sache dann, wenn die Berechtigung oder Verpflichtung zur Leistung des Verfassungseides streitig wird. Ein solcher Streit ist im Verwaltungsrechtsverfahren zu erledigen. Zuständig ist in erster Instanz die Districtsverwaltungsbehörde, und zwar beim Streite über die Berechtigung stets die Behörde des Wohnsitzes, event. Aufenthaltsortes, beim Streite über die Verpflichtung regelmäßig die Districtsverwaltungsbehörde der Heimat [24] desjenigen, dessen Eidesleistung in Frage steht. Zweite und letzte Instanz ist der Verwaltungsgerichtshof [25]. Eine Streiterledigung ist demnach unmöglich, wo eine zuständigkeitbegründende Thatsache fehlt.

Die Eidesleistung kann nicht unmittelbar erzwungen werden [26].

Durch die strafrechtlichen Bestimmungen, welche auf Sicherung des Unterthanengehorsams abzielen, werden nicht alle Fälle des Ungehorsams, sondern nur die schwereren getroffen. Für die Regel wird die Staatsgewalt mit den Vollzugsbefugnissen, die ihr zu Gebote stehen, ausreichen, um etwaigen Ungehorsam zu brechen. Das Strafgesetzbuch

---

formel ist in der angeführten Verfassungsbestimmung vorgeschrieben. Bei Angehörigen nichtchristlicher Glaubensbekenntnisse kann der Eid mit Weglassung des Beisatzes „und sein heiliges Evangelium" geleistet werden. Ges., die Wahl der Landtagsabg. betr., vom 4. Juni 1848 (und 21. März 1881) Art. 4 Abs. IV.

[18] Verf. Urk. Tit. X § 4.

[19] Wie auch in Preußen. H. Schulze, preuß. Staatsrecht, 2. Aufl., I S. 198.

[20] Die Verf. Urk. erwähnt die Leistung des Verfassungseides unter dem Gesichtspunkte eines Rechtes nicht. Dieses Recht ergibt sich aber schon aus der Erwägung, daß keinem Staatsangehörigen die Möglichkeit verkürzt werden darf, das gesetzliche Erforderniß für die Ausübung oder den Erwerb polit. Rechte zu erfüllen. Vgl. Landtagswahlges. Art. 4 Abs. III, M. E., den Vollzug des Ges. über die Wahl der Landtagsabg. betr., vom 2. April 1881 (Weber XV S. 31) § 3. Ausdrücklich anerkannt ist das Recht auf Ableistung des Verfassungseides im Ges., die Errichtung eines Verwaltungsgerichtshofes ꝛc. betr., vom 8. Aug. 1878, Art. 8 Ziff. 2.

[21] So richtig W. Krais, Ges. vom 8. Aug. 1878 ꝛc., Commentar, S. 51.

[22] M. E. vom 25. Aug. 1868 (Weber VII S. 452); vgl. oben Anm. 15.

[23] M. E. vom 7. Jan. 1874 (Weber IX S. 754 Anm. *b).

[24] Vgl. W. Krais, Ges. vom 8. Aug. 1878 ꝛc., S. 167, 309.

[25] Ges. vom 8. August 1878 Art. 8 Ziff. 2, Art. 9 Abs. I.

[26] Art. 46 des Ges. vom 8. Aug. 1878 bietet kein Mittel hiezu. Ungehorsamsstrafen nach P. St. G. B. Art. 21 Abs. II sind unzulässig, wenn die Verpflichtung im Verwaltungsrechtswege festgestellt wurde. W. Krais a. a. O. S. 309 Anm. 1. Die Anwendung anderer mittelbarer Zwangsmaßregeln ist Mangels gesetzlicher Grundlage unstatthaft. So kann z. B. wegen Nichtleistung des Verfassungseides weder die Ausstellung des Verehelichungszeugnisses verweigert, noch das ausgestellte Zeugniß zurückgehalten werden. Dies ergibt sich übrigens auch noch aus anderen Gründen. Die Ausstellung des Zeugnisses ist lediglich von der Erfüllung der Voraussetzungen in Art. 34 des Heimatsges. abhängig. Die Verpflichtung zur Eidesleistung entsteht ferner erst mit dem Erwerbe der selbständigen Heimat, welcher durch die Verehelichung eintritt. Die Vorschrift der M. E. vom 15. Mai 1876 Ziff. 1 (Weber XI S. 540) kann und will daran nichts ändern, sondern gestattet nur im Interesse der Geschäftsvereinfachung die Abnahme des Eides bei Behändigung des Zeugnisses.

hat für die strafbaren Fälle des Ungehorsams die Bezeichnung Widerstand gegen die Staatsgewalt[27].

Die Treuepflicht ist rechtlich nur als ein verneinender Begriff faßbar, nemlich als die Verpflichtung, Angriffe auf das Staatswohl zu unterlassen. Die Verletzung der Treuepflicht hat strafrechtliche Folgen. Sie bildet je nach dem Thatbestande die Verbrechen des Hoch- oder Landesverrathes[28].

Neben diesen strafrechtlichen Bestimmungen bestehen indessen auch staatsrechtliche, welche bezwecken, Gefährdungen der Unterthanentreue zu verhüten.

Den Staatsangehörigen ist es verboten, ohne ausdrückliche Genehmigung des Königs Gehalte, Pensionen oder Ehrenzeichen[29] eines fremden Staates[30] anzunehmen[31]. Die Verfassung bedroht die Zuwiderhandlung mit dem Verluste des „Staatsbürgerrechtes" „vorbehaltlich der verwirkten besonderen Strafen"[32].

Unter gleicher Strafandrohung ist es ferner verboten, ohne Erlaubniß des Königs in den Dienst eines nichtdeutschen Staates[33] einzutreten[34]. Auch wenn die Genehmigung hiezu ertheilt ist, darf der Diensteid von dem bayerischen Staatsangehörigen nur unter dem Vorbehalte geleistet werden, daß er niemals gegen sein Vaterland dienen werde. Der bayerische Unterthan muß ferner auf allgemeine und besondere Aufforderung hin den fremden Dienst sofort verlassen, und er muß dies auch ohne Aufforderung thun, wenn

---

[27] R. St. G. B. §§ 110—122.

[28] R. St. G. B. §§ 80—93. P. Laband, Staatsrecht des Deutschen Reiches, 3. Aufl., I S. 126, bemerkt richtig, daß zwar staatsfeindliche Handlungen unter Umständen auch an Ausländern gestraft werden, aber nicht, weil letztere eine Rechtspflicht (bzw. Unterthanenpflicht) verletzt hätten, sondern aus Gründen des politischen Staatsinteresses.

[29] Dazu gehören auch Titel, insbesondere Adelstitel. Vgl. über letztere unten § 81. Für die Bewilligung zur Annahme solcher Auszeichnungen ist nach Art. 207 des Gebührenges., Fassung vom 6. Juli 1892, eine Gebühr von 60 Mark zu erheben. Vgl. auch Art. 209. Der König kann jedoch die Gebühr erlassen. Verh. der K. b. Abg. 1879, Gesetzgebungsaussch., Beil. Bd. VII Abth. I S. 94, Abth. II S. 84 f.

[30] Die Verf. sagt „einer auswärtigen Macht". Pözl, Lehrb. des bayer. Verf. Rechtes S. 78 Anm. 18, meint, die deutschen Bundesstaaten dürften nun nicht mehr hierunter begriffen werden. Indessen wird es m. E. doch nur darauf ankommen, was die Verf. Urk. unter einer auswärtigen Macht verstanden hat, nicht was man jetzt darunter versteht. Beim Vollzuge ist auch noch nicht bezweifelt worden, daß der bayer. Staatsangehörige zur Annahme eines Ordens von einem deutschen Bundesfürsten der königlichen Genehmigung bedarf.

[31] Verf. Urk. Tit. IV § 14 Abs. II und Beil. I § 10 Ziff. 2. (Vgl. Weber I S. 51, Constit. von 1808 Tit. 1 § VIII, R. Bl. 1811 S. 1583.) Weber III S. 29. Die Verf. Urk. spricht an beiden Stellen von der Annahme fremder Ehrenzeichen ohne königliche Erlaubniß. Schon dieser Wortlaut und nicht minder die Absicht des Gesetzes ergibt, daß, wer in den bayer. Staatsverband eintritt, zur Beibehaltung fremder Ehrenzeichen, die ihm bereits früher verliehen worden sind, einer königlichen Genehmigung nicht bedarf. Die ertheilte Genehmigung kann, da die Verf. keine bezügliche Bestimmung enthält, nicht widerrufen werden.

[32] R. St. G. B. § 360 Ziff. 8.

[33] Darunter wurde mit Recht stets der öffentliche Dienst überhaupt, also auch Gemeindedienst ꝛc. verstanden.

[34] Verf. Urk. Beil. I § 10 Ziff. 2. Vgl. über das ältere Recht Döllinger III S. 240; Constit. von 1808 Tit. 1 § VIII, Edict über das Indigenat ꝛc. vom 6. Jan. 1812 Art. XXIX ff. (R. Bl. S. 209) und Verordn. vom 21. März 1812 (R. Bl. S. 548). Die Verf. Urk. meint auch hier nicht blos nichtdeutsche Staaten, sondern sie hat die deutschen Bundesstaaten gleichfalls im Auge. Aus Tit. IV § 14 Abs. I ist dies klar ersichtlich. Allein in der Richtung gegen die Bundesstaaten des Deutschen Reiches ist die Vorschrift des § 10 Ziff. 2 der I. Verf. Beil. nicht mehr durchführbar. Nach Art. 3 der Reichsverf. ist jeder Deutsche in allen Bundesstaaten „zu öffentlichen Aemtern zuzulassen". Wenngleich dieser Satz seine Spitze gegen jenen Bundesstaat richtet, in welchem Jemand angestellt werden will (vgl. meinen Commentar z. Verf. Urk. f. d. Deutsche Reich S. 47), so ergibt sich doch aus demselben nothwendig, daß auch Beschränkungen Seitens des Heimatstaates gegenüber den eigenen Angehörigen, welche in einem anderen Bundesstaate Anstellung suchen, nicht statthaft sein können. Dazu kömmt dann noch die Bestimmung in § 9 des Staatsangehörigkeitsges., wonach die Anstellung im Dienste eines Bundesstaates als Aufnahme wirkt.

der betreffende fremde Staat in Kriegsstand gegen das Deutsche Reich und damit gegen Bayern tritt³⁵.

Welche Folgen bezüglich der Staatsangehörigkeit an den unerlaubten Eintritt in fremde Staatsdienste sich knüpfen können, wurde bereits früher erörtert³⁶. Ebenso wurde schon erwähnt, daß und unter welchen Voraussetzungen die im Auslande lebenden Deutschen in das Vaterland zurückberufen werden können³⁷.

Bei Betrachtung der Wirkungen, welche die Staatsangehörigkeit auf den verschiedenen Gebieten der staatlichen Thätigkeit äußert, drängt sich eine allgemeine Wahrnehmung auf, die in der eigenthümlichen Natur der Herrschaft ihre Erklärung findet. Schon früher haben wir darauf hingewiesen³⁸, daß der Herrscherwille seinem Zwecke nach kein selbstsüchtiger ist, daß die Staatsgewalt als solche nicht persönliche Interessen ihres Trägers, sondern die Gesammtinteressen der Staatsangehörigen, der Beherrschten, wahrzunehmen hat³⁹. Aus dieser inneren Natur der Herrschaft ergibt es sich, daß die Staatsangehörigkeit für die Unterthanen nicht blos Quelle von Pflichten, sondern auch von Rechten wird. Diese Rechte besitzen sie jedoch nicht aus sich selbst, sondern kraft der Rechtsordnung, die von der Staatsgewalt ausgeht. Auch da also, wo die Staatsangehörigen der Staatsgewalt mit Rechten gegenübertreten, hören sie nicht auf, Unterthanen zu sein. Alle derartigen Rechte bilden indessen nicht den begrifflichen Inhalt der

---

³⁵ Verf. Urk. Beil. I § 11. — Vorbild ist das französ. Decret von Trianon vom 26. Aug. 1811 (vgl. oben § 75 Anm. 14), dessen Art. 17 (Aucun Français ne pourra entrer au service d'une puissance étrangère sans notre autorisation spéciale et sous la condition de revenir, si nous le rappelons soit par une disposition générale, soit par un ordre direct) in § 11 a fast wörtlich übersetzt ist. Riedel, die Reichsverf. Urk. ꝛc., bemerkt zum Reichsges. über die Erwerbung u. den Verlust der Bundes- u. Staatsangehörigkeit S. 269 und 267, daß, wer mit Erlaubniß seiner Regierung in fremde Dienste getreten ist, von derselben nicht mehr zum Austritte genöthigt werden könne, und daß die Bestimmungen der Beil. I § 11 der Verf. Urk. mit den §§ 20, 22, 23 des angef. Reichsges. unvereinbar und daher außer Kraft getreten seien. Ich halte dies, obwohl ich früher (Annalen des Deutschen Reiches 1876 S. 149 Anm. 1) Riedel im ersteren Punkte beigepflichtet habe, nicht mehr für richtig, und zwar aus folgenden Gründen. Die Bestimmungen in Beil. I § 10 Ziff. 2 u. § 11 der Verf. Urk. stellen bezüglich des Eintrittes bayer. Unterthanen in fremde Staatsdienste Beschränkungen mit Rücksicht auf die Pflicht der Treue auf, welche der Unterthan seinem Landesherrn schuldet. Die §§ 22, 23 des Staatsangehörigkeitsges. handeln lediglich von den Folgen, welche der unerlaubte Eintritt in fremden Staatsdienst auf die Staatsangehörigkeit äußern kann. Sie thun dies deshalb, weil nach reichsrechtlicher Regelung des Erwerbs und Verlustes der Staatsangehörigkeit das Landesrecht an den unerlaubten Eintritt in fremden Staatsdienst diese Folge nicht mehr knüpfen konnte. Dagegen liegt es außerhalb des Zweckes des Reichsges., ja außerhalb der Zuständigkeit des Reiches, zu bestimmen, ob und wann ein deutscher Unterthan der Erlaubniß zum Eintritte in fremde Staatsdienste bedarf, welche Bedingungen ihm auferlegt werden können, ob die Erlaubniß widerruflich ist oder nicht, welche anderweitige Nachtheile, abgesehen vom Verluste der Staatsangehörigkeit, aus dem Ungehorsame etwa sich ergeben. Der § 20 des Reichsges. aber kann unsere Verfassungsbestimmungen deshalb nicht berühren, weil er auf etwas ganz Anderes sich bezieht, als letztere. Er handelt vom Aufenthalte im Auslande, § 11 der I. Verf. Beil. vom Eintritte in einen fremden Staatsdienst und vom Verweilen in demselben. Wenn dort unter a von der Rückkehr in's Vaterland die Rede ist, so ist damit auch (vgl. c) der Austritt aus dem fremden Dienste gemeint, und in dieser Beziehung besteht die Bestimmung m. E. fort. Vgl. P. Laband, Staatsrecht des Deutschen Reichs, 3. Aufl., I S. 188 Anm. 1, der die Frage für zweifelhaft erklärt. Selbst wenn sich ergibt, daß die Mißachtung der Vorschriften in § 11 der I. Verf. Beil. nennenswerthe Rechtsfolgen nicht hat, bleibt doch die Giltigkeit der Bestimmungen hievon unberührt, und die Verletzung derselben kann immerhin dem Uebertreter thatsächlich empfindlich werden.

³⁶ § 77 Anm. 41.

³⁷ § 77 Anm. 38. Die Bestimmung in Verf. Beil. I § 12, worüber Bl. f. adm. Praxis III S. 286, ist hienach als aufgehoben zu erachten.

³⁸ S. meine Grundzüge einer allg. Staatslehre S. 8.

³⁹ Gerber, Grundzüge eines Systems des deutschen Staatsrechts § 16 Anm. 2, betont zutreffend die Ähnlichkeit mit den familienrechtlichen Gewaltverhältnissen.

Staatsangehörigkeit, sondern sind nur deren mittelbare Folgen [40]. Sie bewegen sich, gleich den Verpflichtungen, die aus der Gehorsamspflicht abgeleitet sind, in den Grenzen der einzelnen Gebiete, auf welchen die Staatsgewalt ihre Wirksamkeit entfaltet. Ihr systematischer Platz ist damit bestimmt. Diese Rechte sind kein Patrimonium, welches die Staatsangehörigkeit von vornherein in das Staatsrecht mitbringt, ähnlich wie der Herrscher seine Staatsgewalt, sondern es sind Befugnisse, welche da und dort, in diesem Staate so, in jenem anders, an die Staatsangehörigkeit geknüpft sind; Befugnisse, deren Vorhandensein und Gestaltung sich nicht mit Naturnothwendigkeit aus dem Begriffe der Staatsangehörigkeit, sondern durch die Erwägung ergibt, ob und inwieweit auf diesem oder jenem Gebiete die Einräumung solcher Rechte für die Erreichung der betreffenden Staatszwecke nothwendig oder förderlich erscheint. Um dieses letzteren Umstandes willen theilen all diese Rechte mit der Staatsgewalt, trotz der sonstigen wesentlichen Verschiedenheit, das Merkmal, daß sie ihrem Träger nicht um seines Sonderinteresses willen, privatrechtlich, sondern um des allgemeinen Interesses willen, öffentlichrechtlich, zustehen. Aber dieses gemeinsame Merkmal, welches die bezeichneten Rechte aufweisen, scheidet sie zwar scharf von den Privatrechten; es kann jedoch nicht dazu führen, sie unter dem Begriffe von Rechten, die aus der Staatsangehörigkeit fließen, begrifflich zusammenzufassen. „Ein Verhältniß, welches das Indigenat als Bedingung voraussetzt, ist darum noch nicht ein Ausfluß desselben." [41] Eine Lehre von den öffentlichen Rechten läßt sich im allgemeinen Staatsrechte allerdings geben [42], aber diese Lehre ist keine Lehre von der Staatsangehörigkeit. Von den Rechten, welche hier in Rede stehen, gilt also noch viel mehr, wie von den früher erwähnten Unterthanenpflichten, daß sie ihre Darstellung in den betreffenden Theilen des öffentlichen Rechtes zu finden haben. Zwischen den sogenannten staatsbürgerlichen und den sogenannten bürgerlichen Rechten ist dabei kein Unterschied [43].

---

[40] Gerber sagt a. a. O. weiter: „Und auch darin stimmt das Gewaltrecht des Staates an den Staatsbürgern mit jenen übrigen Gewaltrechten überein, daß für die Personen, welche die Gegenstände desselben sind, daraus gleichzeitig Gegenrechte an dem Subjecte der herrschenden Gewalt erwachsen; jedoch erscheinen diese nur als die Reflexwirkungen des Gewaltrechts und können daher systematisch nicht als die entscheidenden Momente in Anrechnung gebracht werden."

[41] Gerber a. a. O. § 17 Anm. 5. Gerber belegt seinen Satz durch ein sehr schlagendes Beispiel aus der bayer. Verf. Urk. Wenn diese, Beil. I § 7, sagt: „Das Indigenat ist die wesentliche Bedingung, ohne welche man zu Kron-Ober-Hofämtern, zu Civilstaatsdiensten ⁊c. nicht gelangen kann" (der Eingang der Verf. spricht sogar von einem gleichen „Recht" der Eingebornen zu allen Graden des Staatsdienstes ⁊c.!), so ist damit nicht die Staatsangehörigkeit mit einem Rechtsinhalte ausgestattet, sondern der rechtliche Inhalt der Bestimmung ist der, daß einem Fremden die bezeichneten Aemter nicht sollen verliehen werden können. Die „Fähigkeit zur Erlangung von Staatsämtern" ist so wenig ein Recht, als die Fähigkeit, eine Million zu besitzen.

[42] Vgl. C. F. v. Gerber, über öffentliche Rechte 1852, meine Grundzüge einer allg. Staatslehre S. 38 ff., G. Jellinek, System der subjectiven öffentlichen Rechte. Freiburg i. B. 1892, S. 63 ff., 89 ff.

[43] Ueber diese vgl. z. B. H. Schulze, Lehrb. des deutschen Staatsrechts I S. 364 ff., woselbst Anm. 1 Literaturübersicht; G. Meyer, Lehrb. des deutschen Staatsrechts, 3. Aufl., S. 645 ff. Als droits politiques werden aufgezählt: Theilnahme an der Volksvertretung und die bezüglichen Wahlrechte, Theilnahme an der Ausübung der Gerichtsbarkeit, Fähigkeit zur Erlangung von Staatsämtern, Betheiligung an der Selbstverwaltung; als droits civils Anspruch auf völkerrechtlichen Schutz, auf gerichtlichen Schutz, auf die fürsorgende Thätigkeit der Verwaltung. S. auch P. Laband, Staatsrecht des Deutschen Reiches, 3. Aufl., I S. 133 ff. Letzterer zählt folgende drei Rechte auf: Anspruch auf Schutz im Auslande, auf Theilnahme an den Wohlthaten an den staatlichen Gemeinwesens, auf Theilnahme am Verfassungsleben (droits politiques). Es ist nicht zu läugnen, daß unter diesen allgemeinen Kategorien eine Anzahl wirklicher Rechte sich findet, bezüglich welcher ich lediglich behaupte, daß ihr systematischer Platz nicht bei der Lehre von der Staatsangehörigkeit ist. Es werden aber auch andere „Rechte" aufgezählt, deren Werth mindestens ebenso zweifelhaft ist, wie jener der Grundrechte. Der Schutz im Auslande z. B. ist — des Art. 3 Abs. VI der Reichsverf. ungeachtet — kein „Recht" des

Man pflegt aber zu dem Inhalte der Staatsangehörigkeit noch eine dritte Art von Rechten zu zählen, denen wir nicht, wie jenen beiden ersteren, einen anderen, sondern denen wir überhaupt keinen Platz im Staatsrechte anzuweisen vermögen. Dies sind die sog. Grund- oder Freiheitsrechte. Diese angeblichen Rechte, wie Gewerbefreiheit, Freizügigkeit, Verehelichungsfreiheit, und wie sie sonst heißen mögen, sind „Normen" des „Handelns der Regierungsgewalt"[44], aber keine Rechte der einzelnen Staatsangehörigen. Denn, wie ich bereits an einem anderen Orte[45] bemerkt habe, im Grunde genommen sind diese sämmtlichen Rechte und Freiheiten nur Ausdrücke des sehr bekannten Satzes, daß Alles erlaubt ist, was rechtlich nicht verboten ist. Nun wird sicher Niemandem einfallen, wenn irgend eine Bethätigung der Handlungsfreiheit niemals verboten war, diesen Mangel einer Beschränkung ein Recht zu nennen; denn sonst könnte man ebenso gut von einem Grundrechte des Staatsangehörigen reden, zu essen oder zu schlafen. Aehnlich verhält es sich mit anderen sogenannten Rechten, die man auch unter die Grundrechte zu zählen pflegt, und in welchen gleichfalls nur ein allgemeiner Gedanke zum Ausdrucke kömmt, nemlich der, daß Niemand, also auch keine Behörde, ohne Rechtsgrund in den Rechts- und Handlungsbereich eines Andern eingreifen darf. Die erwähnten Begriffe sind auch nicht logisch, sondern geschichtlich zu erklären. Sie bezeichnen nemlich die Thatsache, daß früher einmal etwas verboten war, was jetzt erlaubt ist, oder umgekehrt, sowie die Absicht des Herrschers, dergleichen Bestimmungen künftig nicht mehr zu erlassen. Eine rechtliche Bedeutung können derartige Erklärungen, vorausgesetzt, daß sie nicht als allgemeine Programmsätze, sondern als Rechtssätze geformt sind, in den Verfassungsurkunden allerdings haben; aber nicht jene, welche man ihnen gewöhnlich beimißt. Sie begründen nemlich nicht persönliche Rechte der Staatsangehörigen, sondern sie besagen, daß, wenn die Gesetzgebung die Freiheit des Einzelnen in gewissen Gebieten beschränken wolle, sie auf dem Wege der Verfassungsänderung verfahren müsse[46].

Als Ergebniß unserer bisherigen Betrachtung gewinnen wir hienach folgende Sätze. Die Staatsangehörigkeit ist kein Recht, sondern das Verhältniß der Unterthänigkeit unter die Staatsgewalt. Aus derselben ergibt sich unmittelbar die Gehorsamspflicht, deren verschiedene Folgen in den einzelnen Gebieten staatlicher Thätigkeit zu Tage treten; an dieselbe knüpfen sich eine Reihe von Rechten, die zwar den Besitz der Staatsangehörigkeit zur Voraussetzung haben, aber nicht daraus hervorgehen. Eine Erörterung des In-

---

Staatsangehörigen, sondern eine Staatsaufgabe. Welches sollte auch wohl der Inhalt dieses Rechtes sein? Hat der Kaufmann, welcher eine Niederlassung in Afrika gegründet hat, ein Recht darauf, daß ein Kriegsschiff abgeschickt wird, um ihn zu schützen? Hat der Staatsangehörige das Recht, daß wegen der Unbill, die er persönlich erlitten, sein Staat mit einem andern Krieg anfängt? Ich glaube nicht, daß man hier von Rechten der Staatsangehörigen reden kann. Daß der Staat auf diesem Gebiete — wie auf vielen der inneren Verwaltung — keine Rechte verleiht, hat seinen guten praktischen Grund. Der nichtrechtswissenschaftlichen Betrachtung wird sich das Fehlen eines Rechtsanspruchs vielfach verbergen; sie wird z. B. nicht gewahren, daß der Gesandte, der seinen Staatsangehörigen in Schutz nimmt, zwar eine Amtspflicht erfüllt, aber keinen Anspruch des Staatsangehörigen befriedigt. (Uebereinstimmend G. Jellinek a. a. O. S. 114 f., dagegen P. Laband a. a. O. I S. 135 Anm. 2.) Es ist ein Irrthum, anzunehmen, daß die Interessen des Staatsangehörigen nur da gewahrt und geschützt seien, wo er Rechte gegen den Staat hat. Ist ja doch der Staat selbst um der Interessen seiner Angehörigen willen da.

[44] H. A. Zachariä, deutsches Staats- u. Bundesrecht I S. 443 Anm. 1, der das Richtige vollkommen erkennt, jedoch „den gewöhnlichen Ausdruck Rechte" beibehält.

[45] Grundzüge einer allg. Staatslehre S. 49.

[46] Mit der hier vertretenen Auffassung der Grundrechte stimmen überein C. Fr. v. Gerber, über öffentliche Rechte S. 76 ff. u. Grundzüge eines Systems des deutschen Staatsrechts § 11, P. Laband a. a. O. I S. 133 f., C. Bornhak, preuß. Staatsrecht I S. 274 ff. u. A. Literatur bei H. Schulze, Lehrb. des deutschen Staatsrechts I S. 364 Anm. 1, G. Meyer, Lehrb. des deutschen Staatsrechts, 3. Aufl., S. 651 Anm. 1, 2. S. ferner die Erörterungen von G. Jellinek, System der subj. öff. Rechte S. 63 ff., O. Gluth, Archiv f. öff. Recht III S. 569 ff., O. Gierke in G. Schmoller's Jahrb. f. Gesetzgebung, Verwaltung u. Volkswirthschaft im Deutschen Reich VII (1883) S. 1132 ff., A. Hänel, deutsches Staatsrecht I S. 356. Von den neueren Schriftstellern ist insbes. G. Meyer a. a. O. S. 651 ff. mit Entschiedenheit für den Begriff der „individuellen Freiheitsrechte" eingetreten, wobei er bemerkt, daß eine erschöpfende Darstellung derselben sich nur in einem System des Verwaltungsrechtes geben lasse, da sie Schranken für die verwaltende Thätigkeit des Staates seien. Als die wichtigsten dieser Freiheitsrechte bezeichnet Meyer: die Unverletzlichkeit der Person, der Wohnung und der Papiere; die Freiheit der persönlichen und wirthschaftlichen Bewegung; die Freiheit der geistigen Bewegung; die Unverletzlichkeit des Vermögens.

haltes der Staatsangehörigkeit vermag also diese Rechte überhaupt nicht zu berück-sichtigen [47].

All den Rechten gegenüber, welche sich an die Staatsangehörigkeit knüpfen, und all den Pflichten gegenüber, die aus der Unterthänigkeit sich ergeben, nimmt die Frage nach der Staatsangehörigkeit im Einzelfalle die Natur einer Frage nach dem status, nach dem caput der Person an. Daraus ergibt sich, daß, wer die Staatsangehörigkeit läugnet oder in Anspruch nimmt, die Pflicht wie das Recht hat, dieselbe in der gesetzlich vor-geschriebenen Weise feststellen zu lassen. Diese Feststellung geschieht in Bayern, ent-sprechend der Natur des Rechtsverhältnisses, im Wege des verwaltungsrechtlichen Ver-fahrens [48]. Zuständig sind in erster Instanz die Districtsverwaltungsbehörden [49], in zweiter Instanz der Verwaltungsgerichtshof [50]. Die örtliche Zuständigkeit wird sich nach

---

[47] Mithin ist auch hier nicht in eine Erörterung der Rechte gegenüber dem Reiche einzugehen, die sich an die Staatsangehörigkeit knüpfen. Vgl. darüber P. Laband a. a. O. I S. 133 ff., Ph. Zorn, Staatsrecht des Deutschen Reiches I S. 381 ff. Die Bestimmung des Art. 3 Abf. I der Reichsverf. ist nicht hier, sondern bei der Darstellung der Rechtsverhältnisse der Staatsfremden zu besprechen. Denn sie bezieht sich auf die Behandlung der „Angehörigen jedes Bundesstaates in jedem andern Bundes-staate".

[48] Entsch. d. B.G.H.'s X S. 100 wird mit Recht angenommen, daß der Fiscus hiebei dann eine Parteirolle beanspruchen kann, wenn die Anweisung einer vorläufigen Heimat möglicher Weise in Frage kömmt.

[49] In München die Polizeidirection.

[50] Die letztinstanzielle Zuständigkeit des B. G. H.'s bei Streitigkeiten über den Besitz der Staats-angehörigkeit ist in Art. 8 Ziff. 1 des Ges. vom 8. Aug. 1878 ausgesprochen. Dagegen fehlt eine ausdrückliche Bestimmung darüber, wer in erster Instanz solche Streitigkeiten zu entscheiden habe. Art. 9 Abs. I des angef. Ges. nennt allerdings die Fälle des Art. 8 Ziff. 1 unter jenen, wo die Be-schwerde unmittelbar an den B. G. H. geht, soweit nach den bestehenden Ges. oder Verordn. die Districtsverwaltungsbehörden zur Entscheidung in erster oder zweiter Instanz zuständig sind. Allein aus dieser Bestimmung ist nach ihrem Wortlaute und nach der Absicht des Gesetzgebers ein zwingender Schluß zu Gunsten der Zuständigkeit der Districtsverwaltungsbehörden nicht zu ziehen. (G. Kahr, Commentar z. Ges. vom 8. Aug. 1878 ꝛc. S. 126, W. Krais, das Ges. vom 8. Aug. 1878 ꝛc. Commen-tar S. 114.) Die Vollz. Vorschr. zum Staatsangehörigkeitsges. reden von Streitigkeiten über Erwerb und Besitz der Staatsangehörigkeit und über die Entlassung aus dem Staatsverbande nicht. Sie über-tragen in Ziff. 2a die Ausfertigung der Aufnahme-, Naturalisations- und Entlassungsurkunden den Kreisregierungen, K. d. J. Da der Anspruch auf Verleihung der Staatsangehörigkeit und auf Entlassung aus derselben nur in der Form des Verlangens nach Ausstellung der entsprechenden Urkunde geltend gemacht werden kann, so ist mit der angeführten Bestimmung auch die Zuständigkeit der Kreis-stellen, über die Berechtigung des erhobenen Anspruches zu entscheiden, gegeben. Die Vollz. Vorschr. überweisen ferner in Ziff. 9 den Districtsverwaltungsbehörden die Obliegenheit, auf Verlangen Heimat-angehörigen ihres Bezirkes eine Urkunde über den Besitz der bayer. Staatsangehörigkeit auszustellen. Eine Erörterung in den Bl. f. adm. Praxis XXXII S. 152 bemerkt hiezu (S. 156): „Mit derselben Logischen Nothwendigkeit, mit welcher aus den Kreisregierungen auf Grund von Ziff. 2a zu-stehenden Befugniß zur Ausfertigung der dort genannten Urkunden die Zuständigkeit dieser Stellen zur Entscheidung einschlägiger Streitigkeiten gefolgert wurde, muß mit Rücksicht auf die den Districts-polizeibehörden gemäß Ziff. 9 übertragene Befugniß deren Competenz zur erstinstanziellen Entscheidung von Streitigkeiten über den Besitz der bayerischen Staatsangehörigkeit als zweifellos angesehen werden." Dieselbe logische Nothwendigkeit scheint mir indessen hier nicht vorzuliegen. Die Streitigkeit über den Anspruch auf Verleihung der Staatsangehörigkeit und auf Entlassung aus derselben kann nur anläßlich des Verlangens nach Ausstellung der betreffenden Urkunde entstehen, der Streit über den Besitz der Staatsangehörigkeit dagegen auch dann, wenn eine Bescheinigung darüber nicht gefordert wird. Das Entscheidende wird Folgendes sein. Vor dem Erlasse der Vollz. Vorschr. waren die Districtsverwaltungsbehörden zweifellos berufen, über den Besitz der Staatsangehörigkeit zu ent-scheiden. §§ 19, 23 der Form. Verordn. vom 17. Dec. 1825. Auch bei den Behörden hatte man be-züglich dieser Zuständigkeit kein Bedenken. Vgl. C. Kar, Handb. der bayer. Districtsverwaltungs-behörden, 1862, S. 88, 89. Da nun die Vollz. Vorschr. eine abändernde Bestimmung nicht treffen, so ist anzunehmen, daß es bei dem früheren Rechte sein Verbleiben habe. Als Unterstützung für diese Annahme kann die Anordnung in Ziff. 9 der Vollz. Vorschr. geltend gemacht werden. Die Frage ist mit großer Zurückhaltung berührt Entsch. d. B. G. H.'s III S. 134. Vgl. auch W. Krais, das Ges. vom 8. Aug. 1878 ꝛc. S. 115, 307 f. — Ueber die Frage der Staatsangehörigkeit bei einem Heimat-streite (Döllinger XXII S. 4) Entsch. d. B. G. H.'s VIII S. 131, IX S. 95, X S. 100.

dem Wohnsitze oder Aufenthalte dessen richten, dessen Staatsangehörigkeit in Frage steht⁵¹.

Ueber den Besitz der Staatsangehörigkeit werden amtliche Bescheinigungen durch die Districtsverwaltungsbehörden ausgestellt⁵². Zuständig zur Ausstellung ist jene Behörde, in deren Bezirk der Staatsangehörige seine Heimat hat⁵³.

Anhang.
§ 79. Das Staatsbürgerrecht¹.

Die Verfassungsurkunde unterscheidet von der Staatsangehörigkeit das Staatsbürgerrecht als einen besonderen „politischen Stand". Schon das Edict vom 6. Jänner 1812² kannte diese Unterscheidung, stimmt jedoch, was die Voraussetzungen des Erwerbes und die Wirkungen des Staatsbürgerrechtes betrifft, mit der Verfassungsurkunde nicht überein³. Die Bedeutung eines staatsrechtlichen Begriffes hat dieses „Staatsbürgerrecht" niemals gehabt. Es bezeichnete lediglich das Vorhandensein einer Reihe von Thatsachen, woran die Gesetze eine Anzahl einzelner öffentlicher Rechte knüpften, die inhaltlich weit auseinander liegen⁴. Der beste Beweis für die Richtigkeit dieser Aufstellung ist durch die weitere Entwickelung unseres Staatsrechtes geliefert worden; denn der ganze Begriff ist durch Wegfall der gesetzlichen Einzelvorschriften, die sich daran anschlossen, gleichsam verdunstet. Würde man jetzt das Staatsbürgerrecht nach seinem Rechtsinhalte umschreiben wollen, so ergäbe sich die sonderbare Begriffsbestimmung: Staatsbürger ist derjenige, welcher die Fähigkeit besitzt, bei gegebenen sonstigen Voraussetzungen erblicher Reichsrath zu werden⁵, Bevollmächtigter eines Höchstbesteuerten im Districtsrathe zu sein⁶ und zur Vertretung des Großgrundbesitzes im Landrathe zu wählen und gewählt zu werden⁷. Dieses sind nemlich in der That die einzigen noch übrigen Wirkungen des „Staatsbürgerrechtes"⁸. Die einschlägigen Bestimmungen der Verfassungsurkunde haben daher nunmehr ihren Platz bei den Erörterungen über die Bildung der ersten Kammer und über die Districts- und Kreisgemeinden. Die Hauptbedeutung des „Staatsbürgerrechtes" nach der Verfassungsurkunde⁹ lag darin, daß dasselbe die Voraussetzung für „die verfassungsmäßige Theilnahme an der Ständeversammlung" bildete. Streitigkeiten über den Besitz des Staatsbürgerrechtes sind Verwaltungsrechtssachen¹⁰, werden aber nicht leicht vorkommen.

§ 80. Rechtsunterschiede und Auszeichnungen der Staatsangehörigen.

Im Eingange der Verfassungsurkunde ist unter Anderem als ein leitender Grundsatz derselben die „Gleichheit der Gesetze und vor dem Gesetze" ausgesprochen. Diesen

---

⁵¹ Hiefür spricht die Analogie des Art. 19 Abs. II des Ges. über Heimat ꝛc. vom 16. April 1868.
⁵² M. E. vom 1. April 1881 u. 26. Mai 1883 (Weber XV S. 29, XVI S. 223). Sie heißen „Heimatscheine", wenn sie zum Zwecke des Aufenthaltes im Auslande, „Staatsangehörigkeitsausweise", wenn sie zur Benützung innerhalb des deutschen Bundesgebietes bestimmt sind. Gebühr 1 Mk. nach Gebührenges., Fassung vom 6. Juli 1892, Art. 173 Ziff. 1.
⁵³ Vollz. Vorschr. Ziff. 9.
¹ Bl. f. adm. Praxis XVIII S. 1, 17.
² Ueber das Indigenat, das Staatsbürgerrecht, die Rechte der Forensen u. Fremden in Bayern (R. Bl. S. 209).
³ Die Voraussetzungen des Staatsbürgerrechts sind nach dem Ed. von 1812 nur: Staatsangehörigkeit, Volljährigkeit und Leistung des Staatsbürgereides; nach dem Ed. von 1818 Volljährigkeit, Ansäßigkeit mit bestimmten Arten von Besitz oder durch öffentliches Amt, endlich Besitz der Staatsangehörigkeit seit mindestens sechs Jahren. Das Ed. von 1812 zählt ferner als Wirkungen des Staatsbürgerrechts auf: Fähigkeit zur Ausübung öffentlicher Rechte in einer Gemeinde, zur Theilnahme an den polit. Vertretungskörpern, zu Staats-, Kron- und Hofämtern und geistlichen Pfründen.
⁴ Vgl. die Bemerkungen in meinen Grundzügen einer allg. Staatslehre S. 47.
⁵ Verf. Urk. Tit. VI § 3. Vgl. unten § 94 Anm. 10.
⁶ Ges. über die Districtsräthe vom 28. Mai 1852 Art. 4 Abs. III.
⁷ Ges. über die Landräthe vom 28. Mai 1852 Art. 8.
⁸ Vgl. wegen des früheren Rechtes Pözl, Lehrb. des bayer. Verf. Rechts S. 76 f. u. die älteren Aufl.
⁹ Beil. I § 9.   ¹⁰ Ges. vom 8. Aug. 1878 Art. 8 Ziff. 2.

Programmsatz, so wie er wörtlich lautet, hat indessen die Verfassungsurkunde nicht durchgeführt, theils weil sie nicht konnte, theils weil sie nicht wollte. Eine allgemeine räumliche Gleichheit der Gesetze hat in Bayern bisher noch nicht bestanden; ebensowenig auch
eine allgemeine persönliche Gleichheit. Die erstere ist ein erreichbares Ziel, die letztere
nicht. Die Verfassung meint auch mit jenem Satze nur, daß **Grundlage der Rechtsordnung** das allgemeine Staatsbürgerthum, nicht die mittelalterliche Ständegliederung
sein solle. Aber sie konnte nicht meinen und meinte nicht, daß der öffentliche oder bürgerliche Beruf besondere damit zusammenhängende Rechte nicht solle bewirken können. Die
Verfassung hat indessen, selbst wenn man ihr Versprechen mit diesem Korn Salz nimmt,
dasselbe nicht in vollem Umfange erfüllt. Sie kennt innerhalb des Umkreises der Staatsangehörigen Ungleichheiten der Gesetze, die ihre Erklärung nicht in den eben erwähnten
inneren, sondern in geschichtlichen Gründen finden. Nach der Verfassungsurkunde gab es
sowohl rechtlich benachtheiligte, als auch rechtlich bevorzugte Classen der Bevölkerung.
Jene sind nicht mehr vorhanden; diese bestehen noch, wenn auch in vermindertem Umfange und mit wesentlich geminderten Vorrechten.

Eine Classe der rechtlich benachtheiligten Unterthanen, die Leibeigenen, war schon
seit dem Jahre 1808 beseitigt [1], und die Verfassungsurkunde [2] wiederholte ausdrücklich,
daß „in dem Umfange des Reichs keine Leibeigenschaft bestehen" könne.

Dagegen begründete die Verfassungsurkunde einen Unterschied zwischen Christen
und Nichtchristen zum Nachtheile der letzteren, indem sie bestimmte [3]: „Die nichtchrist-
lichen Glaubensgenossen haben zwar vollkommene Gewissensfreiheit; sie erhalten aber an
den staatsbürgerlichen Rechten nur in dem Maße einen Antheil, wie ihnen derselbe in
den organischen Edicten über ihre Aufnahme in die Staatsgesellschaft zugesichert ist."
Die Spitze dieser Bestimmung richtete sich gegen die Juden, die in den Landestheilen
diesseits des Rheines nach dem Edicte vom 10. Juni 1813 [4] einem sehr nachtheiligen
Sonderrechte unterworfen waren [5]. Dieses Edict blieb aufrecht erhalten, wurde jedoch
auf die Pfalz nicht ausgedehnt. Man beließ es [6] für diesen Regierungsbezirk bei den
dort geltenden französischen Bestimmungen und einigen späteren Verordnungen [7].

---

[1] Constit. von 1808 Tit. 1 § III; Edict über die Aufhebung der Leibeigenschaft vom 31. Aug.
1808 (Weber I S. 205). Vgl. oben § 46 Anm. 19.

[2] Tit. IV § 6.

[3] Tit. IV § 9 Abs. III; vgl. Beil. II § 25.

[4] Dazu Verordn. vom 17. März 1814 (R. Bl. S. 897). Diesem Edicte ging eine auffallend
rege gesetzgeberische Thätigkeit in Bezug auf die Juden vorher. Vgl. z. B. folgende Verordn. u. Erlasse: vom 3. April 1805 (R Bl. S. 493), 25. gl. Mts. (R. Bl. S. 712), 31. Dec. 1806 (R. Bl. 1807
S. 58), 4. Aug. u. 9. Oct. 1807 (R. Bl. S. 1329 u. 1652), 16. März 1808 (R. Bl. S. 1388 — Aufhebung des Leibzolls), 16. Aug. 1809 (R. Bl. S. 1357), 31. Dec. 1811 (R. Bl. 1812 S. 193). Ueber
die früheren Verhältnisse Chr. v. Aretin, Geschichte der Juden in Bayern, Landshut 1808.

[5] Ueber die Verhältnisse der jüdischen Glaubensgenossen im Kgr. Bayern (Weber I S. 417).
Vgl. oben § 49 Anm. 79. Das Edict wurde durch Verordn. vom 5. Dec. 1816 (Döllinger VI S. 9)
auf das ehem. Großh. Würzburg und das Fürstenthum Aschaffenburg ausgedehnt. Der zur Revision
der constit. Edicte niedergesetzte Ausschuß erörterte in der Sitzung vom 18. April 1815 die Frage, ob
ein revid. Judenedict als constitut. Edict zu erlassen sei, verneinte dieselbe jedoch. Vgl. über das Edict
auch unten § 374 Anm. 14 ff, § 386.

[6] K. Entschl. vom 5. Oct. 1818 (Weber I S. 733) B, Ziff. 3, wo gesagt ist, es solle „den staatsbürgerlichen Rechten, welche die Juden im Rheinkreise bisher genossen, kein Entgang zugehen";
„doch verbleibt es hinsichtlich der Wahlfähigkeit zur Ständeversammlung bei den diesfalls verordneten
Bestimmungen."

[7] Décret, concernant les Juifs, vom 17. März 1808 (Bull. des lois 4e série, t. VIII p. 200.)
Aufrecht erhalten durch die Verordn. über die nähere Bestimmung des Decrets vom 17. März 1808, die

Eine Gesetzesvorlage der Regierung beim Landtage 1849/50 ⁸, welche die Gleichstellung der Juden mit den übrigen Staatsangehörigen bezweckte, scheiterte an dem Widerstreben der Kammer der Reichsräthe ⁹. Indessen wurden durch die weitere Entwickelung der bayerischen Gesetzgebung die verschiedenen rechtlichen Benachtheiligungen der Juden allmählich beseitigt.

Es war sonach für Bayern wesentlich nur die Zusammenfassung eines bereits vorhandenen Rechtszustandes in einem allgemeinen Grundsatze, wenn das Reichsgesetz vom 3. Juli 1869 ¹⁰ aussprach: „Alle noch bestehenden, aus der Verschiedenheit des religiösen Bekenntnisses hergeleiteten Beschränkungen der bürgerlichen und staatsbürgerlichen Rechte sind aufgehoben.“ Dieser Grundsatz bezieht sich nicht auf die Regelung der Verhältnisse der Glaubensgesellschaften ¹¹. Aus demselben kann also nicht das Verlangen abgeleitet werden, daß eine gleiche Behandlung der Glaubensgesellschaften als solcher im öffentlichen Rechte eintrete; insbesondere will das Reichsgesetz den Unterschied zwischen öffentlichen und Privatglaubensgesellschaften nicht beseitigen. Der angeführte Grundsatz hat vielmehr ausschließlich die Rechtsstellung der Einzelnen zum Gegenstande. Zwischen diesen soll auf Grund des Glaubensbekenntnisses ein Unterschied in der rechtlichen Lage nicht in der Art stattfinden, daß die Genossen einer Glaubensgesellschaft gegenüber den anderen Staatsangehörigen als benachtheiligt erscheinen. Dagegen ist eine Rechtsverschiedenheit zwischen den Angehörigen der einzelnen Glaubensgesellschaften dann nicht ausgeschlossen, wenn diese Verschiedenheit nicht das Merkmal der Benachtheiligung für die Bekenner des einen oder anderen Glaubens an sich trägt. Dies gilt insbesondere in Ansehung jener Rechte, welche ihrer Natur nach bei dem Inhaber die Zugehörigkeit zu einem bestimmten Glaubensbekenntnisse voraussetzen. Der reichsgesetzliche Grundsatz wirkt unmittelbar, d. h. durch denselben sind sofort alle entgegenstehenden landesgesetzlichen Bestimmungen außer Kraft getreten ¹².

Auch durch Bevorzugungen einzelner Classen von Staatsangehörigen hat die bayerische Verfassungsurkunde den allgemeinen Grundsatz der Rechtsgleichheit durchbrochen. Hiebei kommen nicht jene Rechtsvorzüge in Betracht, welche als nothwendige oder doch natürliche Folge einer besonderen staatlichen Stellung, also mittelbar aus staatlichem Interesse sich ergeben, wie z. B. jene sonderrechtlichen und zum Theile auch bevorrechtenden Bestimmungen, welche für die Mitglieder des königlichen Hauses gelten. Als wirkliche Ausnahmen erscheinen nur jene Bevorzugungen, welche rein persönlicher Natur sind.

Juden betr., vom 1. Aug. 1815 (A. Bl. der k. k. österr. u. k. bayer. gemeinsch. Landesadministrationscommission 1814/15 Nr. 43 S. 237 — die Seitenzahl ist verdruckt) und Verordn., das französ. Decret vom 17. März 1808 betr., vom 6. April 1818 (Pfälz. Kr. A. Bl. S. 659). S. ferner Verordn., Patente für die Juden betr., vom 24. Jan. 1815 (A. Bl. der ꝛc. Landesabm. Comm. 1814/15 Nr. 30 S. 182).

⁸ Verh. d. Landtags 1849/50 K. d. Abg. Beil. Bd. I S. 116, III S. 1, Sten. Ber. II S. 465, 483; K. d. R. R. Prot. Bd. III S. 164, V S. 5, 24, Beil. Bd. III S. 337, 382.

⁹ Ueber den früheren Rechtsstand J. Gotthelf, die Rechtsverhältnisse der Juden in Bayern. München 1852.

¹⁰ Die Gleichberechtigung der Confessionen in bürgerlicher u. staatsbürgerlicher Beziehung betr. (B. G. Bl. S. 292). Eingef. in Bayern durch R. Ges. vom 22. April 1871 (R. G. Bl. S. 87) § 2, I Ziff. 10. — Das Ges. wurde zuerst im nordd. Reichstage vom Abg. Wiggers beantragt (Entw. Verh. des Reichstags 1869 III S. 690) und angenommen (ebenda II S. 1246 und 1298). Zur Vorgeschichte Verh. des ord. Reichstags 1867 I S. 595; 1868 I S. 494; 1869 I S. 31, II S. 738.

¹¹ Das Reich ist zu dieser Regelung überhaupt nicht zuständig.

¹² Das R. Ges. zieht aus dem aufgestellten Grundsatze beispielsweise Folgerungen, indem es bestimmt, daß insbes. die Befähigung zur Theilnahme an der Gemeinde- u. Landesvertretung u. zur Bekleidung öffentlicher Aemter vom Glaubensbekenntnisse unabhängig sein solle.

Die wenigen eigentlich ständischen, d. h. berufsständischen Vorrechte, welche die Verfassung kannte, sind von der späteren Gesetzgebung beseitigt worden[13]. Die übrigen Vorrechte, welche die Verfassungsurkunde einräumt, sind mit dem Besitze gewisser staatlicher Auszeichnungen verbunden, von welch letzteren nunmehr zu handeln ist.

Mit dem Grundsatze der staatsbürgerlichen Gleichheit steht das Vorhandensein öffentlicher Ehrenauszeichnungen nicht im Widerspruche, insoferne nur an solche Auszeichnungen sachliche Vorrechte ihrer Inhaber nicht geknüpft sind. Das geltende Recht ist indessen gerade auf diesem Gebiete von geschichtlichen Ueberlieferungen beeinflußt, so daß seine Gestaltung nicht durchweg mit dem übereinstimmt, was eine rein theoretische, von den thatsächlichen Verhältnissen absehende Betrachtung ergeben könnte.

An sich liegt es im Wesen der öffentlichen Auszeichnung, daß sie als Anerkennung eines persönlich erworbenen Verdienstes um die öffentlichen Interessen sich darstellt. Damit ist für die öffentlichen Auszeichnungen als Regel gegeben, daß sie streng persönlich sind. Diese Regel erleidet jedoch eine Ausnahme dadurch, daß der heutige Staat die äußeren Zeichen eines früheren Geburtsstandes, des Adels, unter seine öffentlichen Auszeichnungen aufnahm und dieselben nicht nur den Nachkommen jener ehemaligen Standesgenossenschaft beließ, sondern sie auch als Belohnung persönlichen Verdienstes in regelmäßig erblicher Weise verleiht. Dieser Grundsatz der Vererblichkeit und der weitere Umstand, daß mit dem Adel, insbesondere mit der Classe des hohen Adels, sachliche Vorrechte sich verbinden, läßt es gerechtfertigt erscheinen, denselben gesondert von den übrigen Auszeichnungen zu behandeln. Dabei ist aber ausdrücklich zu betonen, daß der Adel, trotz seiner regelwidrigen Gestaltung, grundsätzlich den öffentlichen Auszeichnungen zuzurechnen ist. Der Adel ist, wie später noch näher darzulegen sein wird, kein Stand[14]. Das Staatsrecht der Neuzeit kennt überhaupt keine Lehre von den Geburtsständen.

Die öffentlichen Auszeichnungen gehen regelmäßig, aber nicht nothwendig vom Könige aus[15]. Der König ist allerdings, wie die Quelle alles staatlichen Rechtes, so auch die Quelle aller öffentlichen Ehren. Allein das schließt nicht aus, daß er das Recht der Verleihung öffentlicher Auszeichnungen auch anderen öffentlichen Organen zugesteht. Ein solches Recht besitzen in Bayern zwei Arten öffentlicher Körperschaften: die Universitäten, welchen die Befugniß zur Verleihung der akademischen Ehren unter der Autorität des Königs, und die Ortsgemeinden, welchen die Befugniß zukommt, das Ehrenbürgerrecht, an Nichtbayern aber nur mit königlicher Bestätigung, zu verleihen[16].

Die Verleihung unmittelbar staatlicher Auszeichnungen geht regelmäßig[17] vom Könige aus, dessen Verfügungen ministerieller Gegenzeichnung bedürfen[18]. Die Formen

---

[13] Sie sind in Tit. V § 5 enthalten: befreiter Gerichtsstand der Collegialräthe und höheren Beamten, sowie der Geistlichen; Siegelmäßigkeit der genannten Staatsdienerkategorien und Cabettenrecht ihrer Söhne. Diese Vorrechte sind mit den gleichartigen Vorrechten des Adels gefallen.

[14] Es läßt sich also hier, wie bei allen anderen Auszeichnungen, der Gegensatz zwischen denen, welche sie besitzen, und jenen, welche sie nicht besitzen, nur durch die Verneinung ausdrücken. Es wäre staatsrechtlich völlig verfehlt, als Gegensatz des Adeligen den „Bürgerlichen" zu nennen. Denn es gibt ebensowenig einen Bürgerstand, als einen Adelstand. Der Gegensatz des Adeligen ist lediglich der Nichtadelige.

[15] Gewöhnlich wird das letztere behauptet, und man pflegt von den öffentlichen Auszeichnungen bei der Lehre von den Ehrenrechten des Königs zu handeln. Vgl. die Bemerkung oben § 52 Anm. 1, O. v. Sarwey, Staatsrecht des Kgrs. Württemberg I S. 88 Anm. 4.

[16] Dießf. Gem. Ordn. Art. 24, pfälz. Gem. Ordn. Art. 17. Vgl. unten § 162 Anm. 108.

[17] Ausnahme (Feuerwehrehrenzeichen) z. B. nach Verordn. vom 24. Juni 1884 (Weber XVI S. 553, 616).

[18] Ges., die Verantwortlichkeit der Minister betr., vom 4. Juni 1848, Art. 4.

dieſer Auszeichnungen ſind Orden und Ehrenzeichen [19], Titel und Beiworte für die Anrede.

Die Ordensſachen gehören in den Geſchäftskreis des Staatsminiſteriums des königlichen Hauſes und des Aeußern [20]. Anträge auf Ordensverleihungen können indeſſen von jedem Staatsminiſterium geſtellt werden.

Von den Titeln des Adels iſt, wie ſchon bemerkt, noch geſondert zu handeln. Im Uebrigen ſchließen ſich die Titel und Beiworte ihrer geſchichtlichen Entſtehung nach an die Bezeichnungen und Auszeichnungen des Staatsdienſtes an. Soweit der Titel nur der Ausdruck eines Staatsdienſtverhältniſſes iſt, ſteht er mit dieſem in untrennbarem Zuſammenhange. Er fällt alſo nicht unter den Begriff der allgemeinen Auszeichnungen. Zu letzteren gehören nur jene Titel, welche nicht an eine Staatsdienſtſtelle geknüpft ſind. Dies ſind theils ſolche, welche einer beſtehenden Staatsdienſtſtelle entſprechen, aber auch an Perſonen, die dieſelbe nicht bekleiden, zur Auszeichnung verliehen werden, theils ſolche, welche von nicht mehr beſtehenden oder lediglich vorgeſtellten Aemtern entnommen ſind. Mit dem Titel kann ein Rang und eine Uniform verbunden ſein oder nicht [21]. Erſteres iſt da als ſelbſtverſtändlich anzunehmen, wo der Titel einem dermaligen oder vormaligen Amte entſpricht, indem hier mit dem Titel auch der betreffende Rang bewilligt erſcheint [22].

Als auszeichnendes Beiwort für die Anrede wird der Titel Excellenz verliehen [23].

Das Titelweſen iſt keinem Staatsminiſterium beſonders zugewieſen, ſondern jeder Miniſter kann für ſeinen Geſchäftskreis Anträge auf Titelverleihungen beim Könige ſtellen.

Für die Verleihung von Titeln werden Gebühren erhoben, die, ſoweit ſie nicht beſonders beſtimmt ſind, ſich den Gebühren angleichen, welche Hof= oder Staatsdiener von dem nemlichen oder ähnlichem Range nach ihrem Dienſteinkommen bei der Verleihung des Dienſtes zu entrichten haben. Der König kann jedoch Gebührenfreiheit bewilligen [24].

Es liegt im Weſen der öffentlichen Auszeichnung, daß ihr Beſitz mit einem Zuſtande geminderter bürgerlicher Ehre ſich nicht verträgt. Die ſtrafgerichtliche Aberkennung der bürgerlichen Ehrenrechte bewirkt daher den dauernden Verluſt der öffentlichen Titel, Orden und Ehrenzeichen und, während der im Urtheile beſtimmten Zeit, die Unfähigkeit, ſolche Auszeichnungen zu erlangen [25].

---

[19] Vgl. über die in Bayern beſtehenden Orden und Ehrenzeichen das Hof= u. Staatshandb., dann Bl. f. adm. Praxis XXXI S. 353, W. Krais, Handb. der inneren Verwaltung ꝛc., 3. Aufl., S. 146 f. — Ueber die Entſtehung der Orden H. Schulze, Lehrb. des deutſchen Staatsrechts I S. 197 Anm. 1, und die dort angegebenen Schriften.

[20] Form. Verordn. vom 9. Dec. 1825 § 39.

[21] Ein Rang oder irgend welche ſonſtige Vorzüge ſind dem Titel nicht weſentlich. Es genügt, daß er zum Zwecke der Auszeichnung verliehen iſt. Vgl. auch O. v. Sarwey, Staatsrecht des Kgrs. Württemberg I S. 97 Anm. 6.

[22] Es hätte keinen Werth, die verſchiedenen, überdies jeder Zeit beliebig vermehrbaren Ehrentitel aufzuzählen. Als höchſte Titelauszeichnung, die nur als ſolche vorkam, wurde bis 1888 der Titel „geheimer Rath" verliehen, früher Amtsbezeichnung der Mitglieder des gleichnamigen Collegiums, an deſſen Stelle nun der Staatsrath getreten iſt. Dieſe geh. Räthe haben, wie aus Tit. 1 § 3 der Verordn. vom 3. Mai 1817 (R. Bl. S. 425) u. § 3 der Verordn. vom 18. Nov. 1825 (R. Bl. S. 865) hervorgeht, den Rang unmittelbar nach den Staatsräthen. Jetzt wird (G. u. V. Bl. 1888 S. 538) nur der Titel „geh. Rath" ohne Rang verliehen, ſo daß derſelbe nunmehr zu den niederen Titelauszeichnungen gehört.

[23] Vgl. darüber die an Stelle der Verordn. vom 1. Dec. 1808 (R. Bl. S. 2867) getretene Verordn. vom 2. Febr. 1812 (Weber I S. 383); ferner Verordn. vom 10. Jan. 1822 (Weber II S. 71), Bek. vom 16. Dec. 1825 und 17. März 1847 (Weber II S. 279, III S. 661), k. Entſchl. vom 15. Mai u. 14. Juni 1875 (Weber I S. 384 Anm.), Verordn. vom 31. Aug. 1879 (Weber XIII S. 349) § 4 Abſ. III.

[24] Gebührengeſ., Faſſung vom 6. Juli 1892, Art. 201, 202, Verordn., Gebühren für Würden u. Titel betr., vom 20. Sept. 1879 (G. und V. Bl. S. 1193).

[25] R. St. G. B. §§ 33, 34. Ueber eine Abweichung beim Adel unten § 81 Anm. 54, 55.

20*

Die öffentlichen Auszeichnungen sind in erster Linie für Staatsangehörige bestimmt. Doch können sie auch an Fremde verliehen werden. Am meisten ist dies bei Orden und Ehrenzeichen üblich; nur ausnahmsweise kömmt es bei nichterblichen Titeln vor, während die Verleihung des Adels an Fremde nach bayerischem Staatsrechte überhaupt nicht statthaft ist. Selbstverständlich setzt die Verleihung einer Auszeichnung an einen fremden Unterthanen zu ihrer Wirksamkeit voraus, daß letzterem die Annahme seitens seines Staates erlaubt ist.

Die öffentlichen Auszeichnungen genießen strafrechtlichen Schutz, indem die Anmaßung von solchen als Uebertretung behandelt wird[26].

§ 81. Der Adel.

Der Adel ist eine staatliche Einrichtung, welche nicht aus den Grundsätzen des heutigen Staatsrechtes, sondern nur geschichtlich erklärt werden kann. Er hat sich als ein Rest der mittelalterlichen Ständebildung erhalten, jedoch unter völliger Veränderung seines Wesens.

Will man den geschichtlichen Vorgang, um welchen es sich hier handelt, begreifen, so ist vor Allem nöthig, von einer richtigen Auffassung des Standes auszugehen. Stand ist eine Gruppe von Staatsangehörigen[1], die durch Gemeinsamkeit des Berufes vereinigt sind. Der Begriff des Standes bleibt auch dann gewahrt, wenn der Beruf erblich wird; der Geburtsstand ist wirklicher Stand, solange er sich als Berufsstand erhält. Sobald er aber aufhört, dies zu sein, dann mag er in gewissen äußeren Formen fortbestehen, ein Stand ist er nicht mehr. Die mittelalterlichen Stände in Deutschland sind, vom geistlichen Stande abgesehen, erblich gewordene Berufsstände. Der Stand der Herren, der Ritter, der Bürger, der Bauern schöpfte die Gemeinsamkeit des Rechts aus der Gemeinsamkeit des Berufes. In dem Maße jedoch, als die Geburt aufhörte, den Beruf zu bestimmen, mußten jene erblichen Berufsstände in den persönlichen Berufsständen untergehen, die sich nach naturgemäßer Berufswahl bilden. Diese Zersetzung der mittelalterlichen Stände hat sich bereits vollständig vollzogen. Es gibt keinen erblichen Berufsstand des Bürgers oder Bauern mehr; es gibt ebensowenig einen erblichen Kriegerstand; der Stand der Herren, der Träger der Landeshoheit, ist theils zur Staatsgewalt hinauf, theils zur Stellung des bloßen Grundbesitzers hinabgerückt. Ueber diese Umgestaltung darf der Umstand nicht täuschen, daß die nicht souverän gewordenen Reste des ehemaligen Herrenstandes und der frühere Ritterstand als Adel gewisse äußere Auszeichnungen ihrer einstigen Stellung und einzelne sachliche Vorrechte in erblicher Weise bewahrt haben. Es fehlt diesen Volkstheilen das verknüpfende Band des gemeinsamen Berufes und damit auch die ständische Verfassung und das auf besondere ständische Aufgaben bezügliche Recht. Was ihnen an Recht gemeinsam ist, ist persönliches, wenn auch geschichtlich hergebrachtes und erbliches Vorrecht, kein Standesrecht. Das gilt insbesondere auch von den unterthänig gewordenen Familien des vormaligen Herrenstandes, den standesherrlichen Familien. Denn die geschichtliche Thatsache, daß sie vordem einmal die Landeshoheit besessen haben, also ein entschwundener Beruf, kann sie, aller ihnen zukommenden Vorrechte ungeachtet, in der Gegenwart nicht zu einem Stande vereinigen. Schon lange, ehe der Artikel 2 § 7 der deutschen Grundrechte aussprach: Der Adel als Stand ist aufgehoben, war dieser Satz durch die Macht der geschichtlichen Entwickelung zur thatsächlichen Geltung gelangt. Die Aufhebung der meisten Adelsvorrechte in der neueren Zeit, wovon nur der hohe Adel in geringerem Maße betroffen worden ist, hat nicht die Wirkung gehabt, den Adel als Stand zu beseitigen, sondern war vielmehr eine Wirkung des bereits erfolgten Unterganges dieses Standes. Der Adel wurde, nach H. Schulze's treffender Aeußerung[2], „aus einem Stande eine ehrenvolle erbliche Titularauszeichnung", „welche der Staat anerkennt, verleiht und gegen Mißbrauch schützt". Der Adel steht also nunmehr staatsrechtlich in der That „mit anderen Titeln, Orden u. dgl. auf derselben Stufe und unterscheidet sich von ihnen nur durch die regelmäßige Erblichkeit der Aus-

---

[26] R. St. G. B. § 360 Ziff. 8. Damit ist aber kein staatliches Titelmonopol gegenüber den sog. Titeln im weiteren Sinne, den Amts- oder Berufsbezeichnungen, ausgesprochen. Vgl. Reger I S. 209.

[1] Vgl. die näheren Ausführungen in meinen Grundzügen einer allg. Staatslehre S. 73 ff.

[2] Lehrb. des deutschen Staatsrechts I S. 393.

zeichnung". Daran ändert auch der Umstand nichts, daß an den Adel Vorrechte sich knüpfen, „welche noch eine Ausnahme von der sonstigen staatsbürgerlichen Gleichberechtigung bilden" ³. Denn der Besitz von Vorrechten kann sich zwar an einen Stand knüpfen⁴, aber er begründet keinen Stand. Wo Vor- rechte mit einem Berufsstande verbunden sind, da können sie möglicher Weise mit dem Wesen dieses Berufes im Zusammenhange stehen und daher mit dem betreffenden Berufsrechte dargestellt werden; dagegen werden Vorrechte, die an eine bloße Auszeichnung sich knüpfen, nothwendig stets etwas Will- kürliches an sich tragen. Was insbesondere die Vorrechte des Adels betrifft, so gilt bezüglich dieser die Bemerkung Schulze's, daß sie „mehr einen historisch-zufälligen, als einen organisch-nothwendigen Charakter in unserm Staatsleben" haben. Sie können einen organisch-nothwendigen Charakter in der Vergangenheit einmal gehabt haben, in der Gegenwart haben sie ihn nicht mehr. Und eben darum finden sie nicht, wie jene Rechte und Pflichten, die aus der Staatsangehörigkeit hervorgehen, einen Platz in der Darstellung der staatlichen Aufgaben, der sich aus der Natur der Sache selbst ergeben würde. Sie können dort nur unvermittelt als Ausnahmen von dem gemeinen Rechte erscheinen, deren Begründung lediglich in dem hoc volo des Gesetzgebers liegt. Unter sich aber hängen sie blos dadurch zusammen, daß sie Vorrechte bestimmter Personen sind. Dieser rein persönliche und nur geschichtlich, nicht rechtswissenschaftlich erklärbare Zusammenhang, in welchem sie stehen, bringt es mit sich, daß hier eine Art der Darstellung gerechtfertigt ist, die wir bei der Erörterung der rechtlichen Wirkungen der Staatsangehörigkeit grundsätzlich verworfen haben. Die Abfassung eines Verzeichnisses über die Rechte und Pflichten der Staatsangehörigen hat keinen rechtswissenschaftlichen Werth; die Vorrechte dagegen, die mit dem Adel verbunden sind, lassen sich nirgends systematisch entwickeln, sondern nur bei der Lehre vom Adel der Reihe nach aufzählen. Dabei ist es nothwendig, die Rechtsverhältnisse der vormals reichsständischen und landesherrlichen Familien nach den allgemeinen Erörterungen über den Adel gesondert zu behandeln. Denn während der niedere Adel dem Grundsatze der allgemeinen Rechts- gleichheit fast vollständig unterworfen ist, hat der hohe Adel als Entschädigung für die verlorene Landeshoheit eine ziemlich reichliche Ausstattung an Sonderrechten sich bewahrt.

Der Adel als eine staatliche Auszeichnung kann nur im Rechte eines bestimmten einzelnen Staates seinen Grund haben. Der Adel ist keine Rechtseinrichtung des „Völker- rechts". Es gibt keinen Adel schlechthin, sondern nur einen bayerischen, preußischen ꝛc. Adel. Der Adel jedes Staates ist von dem Adel jedes anderen Staates rechtlich ver- schieden, selbst wenn die geschichtliche Wurzel eine gemeinsame ist. Auf diesem Stand- punkte steht auch die bayerische Verfassungsurkunde. Sie kennt lediglich einen „Adel des Reichs"⁵, einen „Adel im Königreich Bayern"⁶; nur „ein bayerischer Unterthan" ist fähig, „die dem Adel im Königreiche Bayern zustehenden Rechte" auszuüben⁷.

Daraus ergibt sich Folgendes.

1. Der Besitz eines fremden Adels ist für das bayerische Recht ohne Belang, und zwar sowohl dann, wenn der Besitzer eines fremden Adels kein Bayer, als auch wenn er ein Bayer ist. Der Satz, daß ein Staatsfremder adelig sei, besagt für dessen Rechts- verhältnisse in Bayern nicht mehr, als der Satz, daß er nicht Staatsangehöriger sei. Daraus erhellt ein Doppeltes. Der fremde Adelige kann die Rechte eines bayerischen Adeligen nicht beanspruchen⁸. Dies gilt nicht blos gegenüber Bundesausländern, son-

---

³ Vorrechte, die übrigens nicht nur beim hohen, sondern auch beim niederen Adel vorkommen.
⁴ Vgl. z. B. Verf. Urk. Tit. V § 5.
⁵ Tit. V § 4.
⁶ Ueberschrift der V. Verf. Beil.
⁷ Verf. Beil. V § 8 Abs. 1.
⁸ Die Verf. Urk. enthält keine Bestimmung, worauf sich ein solcher Anspruch gründen ließe. Insbes. verlangt Verf. Beil. V § 8 zur Ausübung der Adelsrechte Matrikeleintrag und spricht dabei nur von einem Eintrage bayer. Unterthanen in die Matrikel. Eine Bestimmung über die Eintragung fremder Adeliger ist nicht vorhanden. (Eine andere Ansicht liegt, wie es scheint, der M. E. vom 7. März 1832, Döllinger V S. 50, zu Grunde.) Dazu kömmt, daß man ohne Noth dem Gesetzgeber einen so groben Verstoß contra bonos mores nicht zutrauen darf, wie er darin läge, wenn Fremde Vor- rechte vor den Staatsangehörigen genössen. Man hat aus volkswirthschaftlichen Gründen die Fidei- commisse auf den Adel beschränkt (vgl. unten Anm. 68) und letzterem diese Einrichtung zur Aufrecht- haltung des Glanzes der Familie belassen. Welches Interesse sollte der bayer. Staat am Glanze von

dern auch gegenüber den Angehörigen der mit Bayern zum Reiche vereinten Bundesstaaten. Die Bestimmung des Artikels 3 Absatz I der Reichsverfassung läßt sich dagegen
nicht anführen. Dieselbe verlangt lediglich, daß der Angehörige eines jeden Bundesstaates in jedem anderen Bundesstaate als Inländer zu behandeln sei, und zieht aus
diesem Satze erschöpfend die Folgerungen. Sie fordert dagegen nicht, daß, wer in dem
einen Staate bevorzugt ist, dies auch in dem anderen Staate sein müsse. Der fremde
Adelige wird ferner dadurch, daß er Bayer wird, nicht von selbst bayerischer Adeliger.
Er kann den bayerischen Adel nur in derselben Weise wie jeder andere Staatsangehörige
erwerben; es besteht kein Verhältniß der Rechtsfortsetzung zwischen seinem früheren und
dem etwa neu erworbenen bayerischen Adel. Ob er, hievon abgesehen, den fremden Adel
behält, hängt von dem Rechte des betreffenden fremden Staates ab; das bayerische Recht
steht dieser Beibehaltung nicht im Wege⁹.

Der bayerische Staatsangehörige kann den Adel in einem fremden Staate erwerben.
Er bedarf jedoch hiezu, wie bei anderen Auszeichnungen, der königlichen Genehmigung ¹⁰.
Diese Genehmigung hat aber nicht die Bedeutung einer Verleihung des bayerischen Adels.

2. Den bayerischen Adel kann nur ein bayerischer Staatsangehöriger besitzen. Der
bayerische Adel kann daher nur einem Bayern verliehen werden ¹¹, und er erlischt mit
dem Verluste der bayerischen Staatsangehörigkeit. Bei späterem Wiedererwerbe der
Staatsangehörigkeit bedarf es einer neuen Verleihung.

Da der Adel eine staatliche Auszeichnung ist, so geht seine Verleihung ¹² nur vom
Könige aus. Dies ist nach dem bestehenden bayerischen Staatsrechte der einzige Erwerbs-

---

Familien haben, die ihm nicht angehören? Auch kann der bayer. Staat füglich nicht Vorrechte an einen
Adel knüpfen, der auf einem fremden Rechte beruht, das möglicher Weise von dem bayer. völlig verschieden ist. Daß in der Zeit des alten Reiches adelige Ausmärker in Bezug auf ihren Gutsbesitz die
Adelsrechte hatten, beweist nichts für die Auslegung des geltenden Rechts. Der Reichsadel war eine
Einrichtung des Reichs, also Adel in jedem Gebiete desselben. Die Kurfürsten von Bayern adelten
allerdings, auch wenn sie nicht Reichsvicarien waren. J. J. Moser, Einl. in das churf. bayr. Staatsrecht S. 354, bemerkt dazu: Mir ist nicht bekannt, auf was für einem Grund dieses Recht beruhe. Ueber
die comitiva maior des Hauses Pfalz H. Zöpfl, Grundsätze des gem. deutschen Staatsrechts I S. 181 f.
Die letzte Anwendung derselben zur Adelsverleihung ist wohl die oben § 29 Anm. 11 erwähnte. Auf
alle Fälle läßt sich aus der Zeit, wo Bayern ein Bestandtheil des Reiches war, nichts für die Zeit beweisen, wo es selbständiger Staat geworden war. In der Verordn. vom 31. Dec. 1806, die der k. Souveränität unterworfene Ritterschaft u. ihre Hintersassen betr. (R. Bl. 1807 S. 193), A, Ziff. 6 ist eine
Ausnahme aus besondern Gründen gemacht, die eben deshalb lediglich die Regel bestätigt. Vgl. unten
Anm. 80.

⁹ In Verf. Beil. V § 8 ist nur von bayer. Adel die Rede, nicht von fremdem.

¹⁰ Verf. Beil. I § 10 Ziff. 2. Daß die Annahme fremder Adelstitel durch Bayern von der
Verf. nicht verboten sei, setzt auch Art. 207 des Gebührenges., Fassung vom 6. Juli 1892, voraus, der
auf die Bewilligung zur Annahme fremdherrlicher Auszeichnungen eine Gebühr von 60 Mark legt und
dabei neben Orden, Titeln und Ehrenzeichen noch „Würden" nennt.

¹¹ Dies erhellt, abgesehen von den oben Anm. 5—7 angeführten Stellen, aus Verf. Beil. V § 5
Abs. I. Auch wird es durch die Uebung aus der Zeit vor Erlaß der Verf. Urk. bestätigt. Bei den zahl-
reichen Einträgen in die Adelsmatrikel, welche durch die Verordn. im J. 1812 u. 1813 (unten
Anm. 14) veranlaßt wurden, finden sich sehr häufig Ausnahmen vom Eintrage für die „im Auslande
domicilirenden" Mitglieder der betr. Familien. Vgl. z. B. R. Bl. 1812 S. 1648 Nr. 26, S. 1681
Nr. 1, 2, S. 1683 Nr. 14, S. 1685 Nr. 21, S. 2040 Nr. 23, S. 2081 Nr. 17; R. Bl. 1813 S. 23 Nr. 9,
S. 25 Nr. 20, S. 31 Nr. 43, S. 111 Nr. 23, S. 151 Nr. 15, S. 500 Nr. 3, 6, S. 504 Nr. 21, S. 506
Nr. 32 ꝛc.

¹² Nur der Ausdruck „Verleihung des Adels" ist staatsrechtlich richtig, nicht dagegen der Ausdruck „Erhebung in den Adels= (oder Freiherrn= ꝛc.) stand". Vgl. auch L. v. Rönne, Staatsrecht
der preuß. Monarchie II S. 329 Anm. 1. Die Verf. spricht von „Verleihung des Adels" und „Erhebung auf eine höhere Adelsstufe".

titel ¹³. Die Ueberführung der Familien, welche nach Bestimmungen des früheren Rechtes adelig geworden waren, in den Adel des neu begründeten bayerischen Staates ist bereits vollzogen und abgeschlossen ¹⁴. Insbesondere ist der Unterschied zwischen Reichsritterschaft und landsässigem Adel verschwunden ¹⁵.

Die Verleihung des Adels kann entweder nur mit Wirkung für die Person des Beliehenen oder in erblicher Weise geschehen.

Die einzige Form der persönlichen Adelsverleihung, welche die Verfassung kennt, ist die mittelbare durch „Ertheilung des Militär- oder Civilverdienstordens" ¹⁶, d. i. des Militär-Max-Josef-Ordens und des Verdienstordens der bayerischen Krone ¹⁷. Den persönlichen Adel theilt, wie nach allgemeinen Rechtsgrundsätzen stets anerkannt worden ist, auch die Ehefrau und Wittwe des Beliehenen.

Der erbliche Adel erstreckt sich auf den Beliehenen und dessen eheliche Nach-kommen ¹⁸, sowie auf die Gattinen und Wittwen der erblich Adeligen ¹⁹. Nur die Legiti-

---

¹³ Verf. Beil. V § 1 stellt Ererbung und Verleihung neben einander, was nicht richtig ist. Denn die Ererbung ist kein Rechtstitel des Adels, sondern der Adel vererbt sich auf Grund eines Rechtstitels. Die Verleihung ist der Rechtsgrund des Adels nicht blos für den zuerst Beliehenen, sondern auch für dessen Nachkommen.

¹⁴ Das Edict über den Adel im Königreich Baiern vom 28. Juli 1808 (Weber I S. 199) ver-fügte in §§ XIV ff., daß sämmtliche Adelige des Königreichs, „sowohl der alten Geschlechter, als auch diejenigen, welche erst in neueren Zeiten den Adelstitel erhalten haben", in eine Matrikel einzutragen seien. (Vgl. auch das Militär-Cantons-Reglement vom 7. Jan. 1805, § 4 a, R. Bl. S. 248, wo es heißt, daß zum Adel „in den ehemaligen Reichsstädten die adeligen Patrizier und in den Hauptstädten in Bayern die alten Geschlechter gehören".) Für die gehörig zu belegenden Anmeldungen wurde eine Frist von sechs Monaten vorgestellt und bestimmt: „Wer in diese Matrikel nicht eingetragen ist, wird in Unserem Königreiche in den öffentlichen Akten nicht als adelig erkannt." Dazu königliche Erklärung vom 22. Dec. 1808 (R. Bl. 1809 S. 49). Die Anmeldefrist wurde durch Verordn. vom 11. April 1809 (R. Bl. S. 665) eingestellt. Die Verordn. vom 22. Mai 1812 (Weber I S. 393) setzte eine neue Frist bis zum 1. Jan. 1813 und erklärte zugleich, daß alle jene, welche bis dahin nicht angemeldet wären, so angesehen werden sollten, „als hätten sie auf ihre bisherige Adelstitel und Prädicate selbst verzichtet". Eine abermalige Fristverlängerung brachte die Verordn. vom 15. Oct. 1812 (Weber I S. 400). Dazu „Terminserinnerung" des Reichsherolbamts v. 9. März 1813 (Döllinger V S. 45) und Bek. desselben Amts vom 3. Juli 1813 (Döllinger V S. 45), wodurch die nicht angemeldeten Titel für erloschen erklärt wurden. Für die später an Bayern gekommenen Landestheile erfolgten nach Erlaß der Ver-fassungsurkunde Terminausschreibungen, und zwar unterm 17. Dec. 1818 (Döllinger V S. 48) für den Untermainkreis und erst unterm 12. Juli 1830 (Döllinger V S. 49) für die Pfalz. Bezüglich der Folgen der Terminversäumniß verwies die erstere Entschließung auf „die durch die Gesetze vor-geschriebenen Verfügungen", die letztere erklärte, man werde „die Sistirung in der Ausübung des Adels und der zuständigen Adelsrechte so lange verhängen lassen, bis diesfalls dem constitutionellen Gesetze Genüge geschehen" sei.

¹⁵ Vgl. unten § 81 Anm. 71 ff.

¹⁶ Verf. Beil. V § 5 Abs. I, II.

¹⁷ Daher kann (was die Verfassung a. a. O. ausdrücklich ausspricht) mit diesen Orden satzungs-mäßig nicht die Verleihung des erblichen Adels verbunden werden. Ferner kann der persönliche Adel nur mittels dieser Orden verliehen werden.

¹⁸ Verf. Beil. V § 1 sagt „Abstammung von einem adeligen Vater". Diese letzteren Worte wurden statt der Fassung „rechtmäßige Geburt von adeligen Aeltern" bei Berathung des Adelsedicts von 1808 in der Sitzung der geheimen Staatsconferenz vom 28. Juli 1808 zu dem Zwecke angenommen, um den Begriff der Mißheirath zu beseitigen. Pözl, Lehrb. des bayer. Verf. Rechts S. 142 Anm. 2, 7, meint, der Vater müsse bereits zur Zeit der Geburt (des Abkömmlings) den erblichen Adel besessen haben. Dies ist schon dem Wortlaute der Bestimmung nach unrichtig und hätte überdies keine innere Rechtfertigung. Nach der Absicht des Gesetzes muß man vielmehr annehmen, daß der neuverliehene Adel sogar auf die Kinder eines nicht mehr lebenden Sohnes sich vererbt.

¹⁹ Vgl. die Erklärung des 60. Freiheitsbriefs, vom 1. März 1641 (G. Frhr. v. Lerchenfeld, die altbaier. ständischen Freibriefe mit den Landesfreiheitserklärungen S. 157 Anm. *), unter Ziff. 10 und Kreittmayr, Anm. über den Cod. Max. Bav. Civ. Th. V Cap. 22 § 9.

mation durch nachfolgende Ehe wird dabei ehelicher Geburt gleichgeachtet²⁰. Dagegen wird durch Legitimation mittels königlicher Entschließung, durch Adoption²¹ oder irgend einen andern Privatakt Vererbung des Adels nicht bewirkt. Der in solcher Weise Legitimirte, Adoptirte ꝛc. kann den Adel nur durch königliche Verleihung neu erwerben. Soll er dabei Titel und Wappen der Familie dessen erhalten, zu welchem er durch die bezeichneten Akte in Kindschaftsverhältniß tritt, so ist hiezu die Einwilligung der Agnaten der Familie erforderlich²².

Eine Beschränkung der Vererbung des Adels bei der Verleihung ist, und zwar sowohl was den Adel überhaupt, als was den Adelsgrad betrifft, verfassungsmäßig unzulässig²⁸.

Die Verleihung des Adels ist Sache der freien königlichen Gnade²⁴. Nur in Einem Falle besteht ein Anspruch auf diese Verleihung, nemlich für Mitglieder des Militär-Max-Josef-Ordens und des Verdienstordens der bayerischen Krone, deren Vater und Großvater väterlicherseits sich ebenfalls eine dieser Auszeichnungen²⁵ erworben hatten²⁶. Im Uebrigen gestattet die Verfassung die Stellung von Gesuchen um Adelsverleihung, die beim Staatsministerium des königlichen Hauses und des Aeußern einzureichen sind und von diesem dem Könige vorgelegt werden²⁷.

Der bayerische Adel hat fünf Grade: Fürsten, Grafen, Freiherren, Ritter²⁸ und

---

²⁰ Verf. Beil. V § 2 Abs. I. Ob und inwieweit die nachfolgende Ehe Legitimation bewirkt, entscheidet sich nach bürgerlichem Rechte. Vgl. P. v. Roth, bayer. Civilrecht, 2. Aufl., I S. 220 Anm. 34, S. 552 ff. Ueber adulterini Bl. f. Rechtsanw. IX S. 43.

²¹ Das Adelsedict vom 28. Juli 1808 § 6 ließ die Vererbung des Adels durch Adoption zu.

²² Verf. Beil. V § 2 Abs. II, III, welche Bestimmungen sich durch hervorragend schlechte Fassung auszeichnen.

²³ Der Gedanke, unter den Abkommen desselben Stammes Unterschiede des Adelsgrades zu machen, wurde bei den Verfassungsberathungen erörtert. (Es war angeregt worden, die Adelsclasse des Vaters nur auf den ältesten Sohn übergehen zu lassen, „während die übrigen männlichen Nachkommen in eine geringere Classe des Adels zurückträten". Dies wurde jedoch verworfen. — Die Verordn. vom 23. Dec. 1812, Nachtrag zum Edict über den Adel (Weber I S. 403), hatte einen „Personal- und Transmissionsadel" geschaffen. Sie bestimmte: „Jedem Inhaber eines Militär- oder Civilverdienstordens-Patents steht frei, seinen adeligen Titel auf einen seiner ehelichen oder adoptirten Söhne in der Art erblich zu machen, daß dieser, jedoch erst nach seines Vaters Tod, den adeligen Titel ebenfalls annimmt, der dann fortwährend in derselben Art . . . nach der Reihenfolge der Erstgeburt übergeht." Nach der Weise der damaligen Zeit werden in der Verordn. selbst die Gründe der neuen Einrichtung auseinandergesetzt. Sie sind von der Art, wie sie allenfalls auf die Stiftung einer englischen Pairie passen würden.

²⁴ Die Bestimmungen in Verf. Beil. V § 3 beziehen sich nur auf die Belegung von Gesuchen um Adelsverleihungen, beschränken aber nicht das Ermessen des Königs. A. M. ist E. v. Moy, Staatsrecht des Königreichs Bayern, I, 1 S. 230. — Der Grund der königlichen Gnade kann auch der sein, daß Jemand in dem Staate, dem er bisher angehörte, den Adel besaß. Aber ein Eintrag in die bayer. Adelsmatrikel kann auf die letztere Thatsache allein hin nicht erfolgen, sondern nur auf Grund eines bayerischen Adelsbriefs.

²⁵ D. h. die Orden. Daß die Vorfahren sich in die Adelsmatrikel eintragen ließen, ist nicht nöthig.

²⁶ Verf. Beil. V § 5 Abs. III. Die Bestimmung wurde auf Antrag des Staatsrathes Frhrn. von Colonge in der Sitzung der Ministerialconferenz vom 2. Mai 1818 angenommen. Sie hat ihr Vorbild im früheren französischen Rechte (des ancien régime), wonach Familien, deren Vorfahren bereits in zwei Generationen die Stelle eines Präsidenten oder Parlamentsrathes bekleidet oder das Ludwigskreuz erhalten hatten, bei Erlangung der gleichen Stelle oder Auszeichnung in der dritten Generation erblich adelig wurden.

²⁷ Verf. Beil. V § 3. Hienach müssen die Gesuche „mit den Angaben und Bescheinigungen der Personalverhältnisse, der Verdienste des Bittstellers und seiner Familie um den Staat und eines zum standesmäßigen Auskommen hinlänglichen Vermögens versehen sein". Vgl. auch Form. Verordn. vom 9. Nov. 1825 § 42.

²⁸ Die Bezeichnung „Ritter" wird nur von Männern geführt; die weiblichen Familienangehörigen führen lediglich das Beiwort „von". Vgl. Weber XI S. 539 Anm. 2.

Adelige mit dem Beiworte „von"²⁹. Dieſe Grade haben jedoch keine größere Bedeutung, als etwa die verſchiedenen Grade eines Ordens³⁰.

Die Inhaber des Militär-Max-Joſef-Ordens und des Verdienſtordens der bayeriſchen Krone gehören der Ritterclaſſe an, wenn ſie nicht ohnedies einen höheren Adelsgrad beſitzen³¹.

Die Verleihung eines höheren Adelsgrades ſteht im freien Ermeſſen des Königs³².
Sie kann ebenſo wie die Verleihung des Adels nachgeſucht werden³³.

Die Verleihung des Adels oder eines höheren Adelsgrades geſchieht durch einen
Adelsbrief, welcher Titel und Wappen feſtſetzt³⁴. Für denſelben iſt regelmäßig eine
Gebühr zu entrichten, die nach dem verliehenen Adelsgrade abgeſtuft iſt³⁵. Der König
kann indeſſen die Gebühr nachſehen³⁶.

Die Führung des Adels iſt außerdem von der formellen Vorausſetzung des Eintrags des Adelstitels in die Adelsmatrikel³⁷ abhängig³⁸. Beim erblichen Adel genügt
der Eintrag des Adelstitels der Familie; der Eintrag der einzelnen Perſon iſt zur Wahrung ihres Adels nicht erforderlich³⁹. Allerdings beſteht die Verwaltungseinrichtung,
daß die Matrikel auch über den Perſonalſtand der eingetragenen Familien vollſtändigen
Aufſchluß gibt. Zu dieſem Zwecke ſind Vorſchriften⁴⁰ erlaſſen, wonach Veränderungen
im Perſonenſtande der adeligen Familien zu der Adelsmatrikel anzumelden ſind. Die
Matrikel wird beim Staatsminiſterium des königlichen Hauſes und des Aeußern
geführt⁴¹. Der Eintrag eines Adelstitels in die Adelsmatrikel darf nicht eher geſchehen, als

---

²⁹ Verf. Beil. V § 6 Abſ. I. Die Verordn. vom 22. Mai 1812 (Weber I S. 393) kannte noch
eine Claſſe der „Edeln" zwiſchen den oben angeführten zwei letzten Claſſen. Im R. Bl. 1814 S. 1338
Nr. 7 findet ſich ſogar der Eintrag eines Marquis in die Adelsmatrikel! Es iſt unſtatthaft, die ver-
faſſungsmäßig feſtgeſtellten Bezeichnungen der Adelsgrade durch eigenmächtige Zuthaten, z. B. Vor-
ſetzung des Wortes Reichs vor Freiherr oder Graf, auszuſchmücken.

³⁰ Zu Pözl, Lehrb. des bayer. Verf. Rechts S. 141 Anm. 7, iſt hervorzuheben, daß in § 5 des
Lehnedictes vom 7. Juli 1808 von den thronlehenbaren Gütern, nicht Würden die Rede iſt.

³¹ Verf. Beil. V § 6 Abſ. II. Der Anſpruch nach § 5 Abſ. III geht alſo auf Verleihung des
Adels in der Ritterclaſſe.

³² Verf. Beil. V § 6 Abſ. III, IV ſagt: „Um zu einer höheren Adelsſtufe zu gelangen, wird
der vorherige Beſitz der unteren erfordert. Ausnahmen können jedoch aus beſonderer Gnade des Königs
ſtattfinden." Das kömmt auf den oben ſtehenden Satz hinaus.

³³ Verf. Beil. V § 4.

³⁴ Verf. Beil. V §§ 2 Abſ. IV, 3, 4.

³⁵ Gebührengeſ., Faſſung vom 6. Juli 1892, Art. 204; dazu Art. 208. Die Sätze ſind nach der
oben angegebenen Reihenfolge der Grade 20 000, 10 000, 5000, 2000, 1500 Mark. — Die früheren Beſtimmungen enthält die Bekanntm. vom 9. März 1808, die Taxen der Adelsſtandserhebungen betr.
(Weber I S. 155). S. auch die Taxordnung vom 24. Jan. 1759 bei G. K. Mayr, Sammlung ꝛc.,
1784, I S. 248.

³⁶ Verh. d. K. d. Abg. 1877/81 Geſetzgeb. Ausſch. Beil. Bd. VII Abth. I S. 94, Abth. II
S. 84 f.

³⁷ Die Adelsmatrikel wurde durch das Edict über den Adel vom 28. Juli 1808 §§ XIV—XXII
eingeführt.

³⁸ Verf. Beil. V § 8 Abſ. I. Min. Bek. vom 12. Mai 1841 (Weber III S. 377), Gebührengeſ.
Art. 205, 206.

³⁹ In der Miniſterialconferenz vom 27. April 1818 wurde zu § 8 der V. Verf. Beil. bemerkt,
nicht ein Einzelner, ſondern der ganze Stamm einer adeligen Familie werde in die Matrikel eingetragen.
Damit ſtimmt auch der Wortlaut der Verf. Beil. V § 8 Abſ. I („deſſen Adelstitel") und § 9 („immatri-
culirte Familie") überein, welcher von § 18 des Ed. vom 28. Juli 1808 („Wer") abweicht.

⁴⁰ Aufgeführt bei Weber I S. 485 Anm. **. Nach M. E. vom 14. Juni 1876 (Weber XI
S. 539) haben die Standesämter Regiſterauszüge für die Adelsmatrikel zu fertigen und an die Kreisregierungen einzuſenden.

⁴¹ Nach dem organ. Edicte über die Anordnung des Reichsheroldenamts vom 1. Nov. 1808, § 13
(Weber I S. 249) hatte dieſes Amt die bezeichnete Obliegenheit. Nach ſeiner Auflöſung durch Verordn.
vom 27. Nov. 1825 (Weber II S. 258) ging dieſe Aufgabe an das oben gen. Miniſterium über, bei
welchem ein Reichsherold aufgeſtellt iſt. Vgl. Form. Verordn. vom 9. Dec. 1825 §§ 10, 42, 43.

bis die geschuldeten Gebühren und sonstigen Kosten bezahlt oder hinterlegt sind [42]. Diese Eintragung unterliegt außerdem einer besonderen Gebühr [43], vor deren Entrichtung ein Matrikelauszug nicht ertheilt werden darf [44].

Beglaubigte Auszüge aus der Adelsmatrikel liefern vollkommenen Beweis für den Adel einer eingetragenen Familie [45].

Der Eintrag in die Adelsmatrikel wird durch das Gesetz- und Verordnungsblatt (früher durch das Regierungsblatt) veröffentlicht [46].

Eine Verpflichtung zur Annahme des verliehenen Adels besteht selbstverständlich nicht. Die Verleihung bleibt also unwirksam, wenn sie ausdrücklich oder stillschweigend abgelehnt worden ist. Stillschweigend ist sie abgelehnt, wenn der Beliehene den Eintrag in die Adelsmatrikel nicht nachgesucht hat [47].

Der Adel erlischt, wie bereits erwähnt, durch Ausscheiden aus dem Staatsverbande, ferner durch ausdrücklichen Verzicht, welcher dem Könige durch das Staatsministerium des königlichen Hauses und des Aeußern anzuzeigen ist [48]. Die Wirkung des Verzichts erstreckt sich auf die Ehefrau und die nach dem Verzichte geborenen Kinder des Verzichtenden [49]. Der Adel geht außerdem für eine Adelige durch Verheirathung mit einem Nichtadeligen verloren [50]. Dagegen kann eine Verjährung des Adels durch Nichtgebrauch nicht eintreten; der Eintrag in die Adelsmatrikel schützt gegen Verjährung [51]. Wenn jedoch der Nichtgebrauch durch wenigstens zwei Generationen gedauert hat, so können spätere Abkömmlinge [52] den Adel nur nach vorgängiger Prüfung und Bestätigung des Rechtstitels wieder aufnehmen. Die Verfassung hat hiefür den unpassenden Ausdruck „Erneuerung des Adels". Die Bestätigung des Adels ist unter Vorlage der Beweise für die Abstammung durch Vermittelung des Staatsministeriums des königlichen Hauses und des Aeußern beim Könige nachzusuchen. Sie darf, wenn der Beweis der Zugehörigkeit zu der eingetragenen Familie erbracht ist, nicht verweigert werden [53].

---

[42] Gebührenges. Art. 209.   [43] Gebührenges. Art. 205.

[44] Gebührenges. Art. 209. — Frühere Vorschrift Verordn. vom 22. Mai 1812 (Weber I S. 393).

[45] Verf. Beil. V § 8 Abf. II. Vgl. hieher M. E. vom 31. Aug. 1847 (Döllinger XXII S. 206).

[46] Verordn. vom 22. Mai 1812.

[47] Der Eintrag ist die Voraussetzung für die Ausübung der Adelsrechte. Wer ihn nicht nachsucht, erklärt, daß er von der Verleihung keinen Gebrauch machen will, und zwar bei erblichem Adel nicht blos persönlich, sondern überhaupt, da der Eintrag dem Adelstitel der Familie gilt. Verliehen aber wird der Adel dem Begnadigten für seine Familie, so daß letztere den Adel nur durch seine Vermittelung empfängt. Der Adel kann sich erst vererben, wenn der Beliehene ihn angenommen hat. Es liegt also, wenn der Betreffende stirbt, ohne den Eintrag erbeten zu haben, nicht ein Verzicht auf einen erworbenen Adel, sondern ein Verzicht auf den Erwerb des Adels vor. A. M. ist Pözl, Lehrb. des bayer. Verf. Rechts S. 148 Anm. 5, der hier den § 20 der V. Verf. Beil. „analog" anwenden will.

[48] Verf. Beil. V § 18 Abf. I spricht von „freiwilligem" Verzichte und einer „förmlichen" Anzeige, welche „jedoch" dem König zu erstatten sei. Diese Worte sind sämmtlich überflüssig.

[49] Verf. Beil. V § 18 Abf. II: „Der Verzicht ist ohne Nachtheil für die bereits geborenen Kinder des Verzichtenden und noch mehr für andere Mitglieder der Familie." Letzteres hätte sich wohl von selbst verstanden.

[50] Das war im bayer. Rechte stets anerkannt. Vgl. Erklärung des 60. Freiheitsbriefes, vom 1. März 1641 (G. Frhr. v. Lerchenfeld, die altbaier. landständischen Freibriefe mit den Landesfreiheitserklärungen S. 157 Anm. *), wo unter 8 ausgesprochen ist, daß, „wann ain Weibspersohn, welche für sich selbst der Edlmannsfreiheit oder Nidergerichtsbarkeit fähig, sich zu ainem, welcher der Nidergerichtsbarkeit nit fähig ist, verheurath", sie hiedurch ihr Vorrecht verliert. S. auch Kreittmayr, Anm. über den Cod. Max. Bav. Civ. Th. V Cap. 22 § 9.

[51] Verf. Beil. V § 19. Auch hier macht das Ges. viel unnöthige Worte.

[52] Vgl. hiezu die zutreffenden Bemerkungen Pözl's a. a. O. S. 148 Anm. 4.

[53] Verf. Beil. V § 20. Die sog. Erneuerung wird in der Matrikel vorgemerkt und darüber ein Zeugniß ausgestellt, ein neuer Adelsbrief nur dann, wenn der frühere verloren gegangen ist.

Strafgerichtliche Verurtheilung hat den Adelsverlust nicht zur Folge ⁵⁴. Auch der persönliche Adel wird durch dieselbe nicht berührt ⁵⁵.

In gewissen Fällen tritt Einstellung (nicht Verlust) des Adels ein ⁵⁶. Dies ist der Fall

1. bei Uebernahme niederer, blos ⁵⁷ in Handarbeit bestehender Lohndienste;
2. bei Ausübung ⁵⁸ eines Handwerkes ⁵⁹;
3. bei Ausübung sonstiger Gewerbe dann, wenn dies mit offenem Kram und Laden geschieht ⁶⁰.

Die Einstellung des Adels dauert nur so lange, als der Einstellungsgrund gegeben ist, und erstreckt sich zwar auf die Gattin, nicht aber auf die Kinder, „welche sich nicht im gleichen Falle befinden" ⁶¹.

---

⁵⁴ Die Bestimmungen des § 17 der V. Verf. Beil. (vgl. auch Adelsedict von 1808 § 12, St. G. B. von 1813 Th. I § 23) sind aufgehoben. Bayer. Einf. Ges. zum R. St. G. B. vom 26. Dec. 1871 Art. 2 Ziff. 24. Während also der Betrieb eines Gewerbes nach Verf. Beil. V § 21 unter Umständen die Einstellung des Gebrauches des Adelstitels zur Folge hat, hat der Aufenthalt im Zuchthause nicht einmal diese Wirkung. Dies ist eine gesetzgeberische Ungeheuerlichkeit, die ihre Erklärung nur in der falschen Auffassung des Adels als eines Standes findet. Man sah den Adelsverlust als eine Versetzung in den „Bürgerstand" und sonach als eine Beleidigung des letzteren an. Indessen gibt es, wie schon oben § 80 Anm. 14 bemerkt wurde, staatsrechtlich weder einen Adels-, noch einen Bürgerstand. Der Adel ist eine staatliche Auszeichnung, deren Besitz ebenso wie der eines Ordens durch eine entehrende Bestrafung verwirkt werden sollte. In der Aberkennung des Adels liegt für die Nichtadeligen ebensowenig etwas Verletzendes, als etwa in der Aberkennung des St. Michaelsordens eine Beleidigung der Nichtbesitzer dieses Ordens zu erblicken ist. Uebrigens ist hervorzuheben, daß die bayer. Gesetzgebung durch das R. St. G. B. nicht gehindert wäre, gewisse strafgerichtliche Verurtheilungen für unvereinbar mit der Fortführung des Adels zu erklären; denn es liegt zweifellos in der Zuständigkeit der Landesgesetzgebung, zu bestimmen, unter welchen Voraussetzungen der Adel verloren geht. Es kann also auch ein gewisses Verhalten, es können gewisse einzelne Handlungen als unverträglich mit dem Adel bezeichnet werden. Es wäre offenbar nicht folgerichtig, zu sagen, daß deswegen, weil eine Handlung strafbar ist, sie keinesfalls zu denjenigen gezählt werden dürfe, welche mit dem Adel unvereinbar sind. Die Vorschriften in § 17 der V. Verf. Beil. sind durch das R. St. G. B. nicht aus dem Grunde aufgehoben worden, weil nunmehr ein Adelsverlust überhaupt nicht mehr möglich ist: denn darüber zu befinden, liegt außerhalb der Zuständigkeit des Reiches. Das R. St. G. B. hat nur den Adelsverlust als Strafe beseitigt, und zwar dadurch, daß es diese Strafe nicht nennt. Die Vorschriften in § 17 a. a. O. sind blos deshalb durch das R. St. G. B. außer Wirkung getreten, weil sie, insbes. in Abs. II, in eine strafrechtliche Form gekleidet sind. — Aehnliche Fälle, wie der hier erörterte, sind erwähnt bei H. v. Sicherer, Personenstand u. Eheschließung in Deutschland S. 156 Anm. 20.

⁵⁵ Die Ertheilung der mehrerwähnten Orden „schließt" nach Verf. Beil. V § 5 „die Verleihung des Adels in sich". Aber es ist nicht gesagt, daß der Bestand des verliehenen Adels vom Fortbesitze des Ordens abhängig sei. Der Gesetzgeber konnte Angesichts der Vorschrift in § 17 a. a. O. den oben erörterten Fall gar nicht im Auge haben, höchstens den sehr unwahrscheinlichen Fall des Verzichts auf den Orden ohne Verzicht auf den Adel. Die Sache ist ungereimt; allein man muß eben die Folge der in der vorigen Anm. erörterten Ungereimtheit mit in den Kauf nehmen. — A. M. ist Pözl a. a. O. S. 149 Anm. 7.

⁵⁶ Verf. Beil. V § 21 Abs. I. Dort ist zwar blos von Einstellung des „Gebrauchs des Adelstitels" die Rede, aber § 22 zeigt, daß Einstellung des Adels gemeint ist. Vgl. hieher auch Cod. Max. Bav. Civ. Th. V Cap. XXII § 14 als Vorbild der Bestimmung.

⁵⁷ Das Wort „blos" ist zu beachten.

⁵⁸ An sich ist „Ausübung" jeder Gewerbebetrieb auf eigene Rechnung. Das ist aber hier nicht gemeint, sondern nur die Ausübung durch den Besitzer persönlich, sei es allein, sei es in Gemeinschaft mit Gehilfen. Nicht unter die Bestimmung fällt also der Gewerbebetrieb durch einen Geschäftsführer, wenn der Geschäftsherr sich nur auf die Oberleitung und Rechnungsabnahme beschränkt. Vgl. M. E. vom 20. Dec. 1818 (Weber I S. 747).

⁵⁹ Die Verf. Urt. sagt: eines „eigentlichen" Handwerkes. Damit wollten einerseits die sog. freien Künste („Kupferstecher, Bildhauer und Maler, mit Ausnahme der bloßen Anstreicher", nennt die M. E. vom 20. Dec. 1818 als Beispiele), andererseits die fabrikmäßigen Betriebe ausgeschlossen werden, letztere, insoferne nicht Einzelverkauf damit verknüpft ist und also der unter Ziff. 3 genannte Fall vorliegt. (Vgl. die angef. M. E.)

⁶⁰ Nach der Absicht des Ges. wird wohl auch der Betrieb einer Gast- und Schankwirthschaft hierunter zu begreifen sein. Die M. E. vom 20. Dec. 1818 rechnet auch die Apotheker „ungeachtet ihrer höheren Bildung" hieher.

⁶¹ Verf. Beil. V § 21 Abs. II.

Der Adel als eine öffentliche Auszeichnung steht unter staatlichem Schuße. Die unbefugte Führung von Adelstiteln ist strafbar [62]. Die Mitglieder der eingetragenen Adelsfamilien haben ferner das ausschließliche Recht, sich der im Adelsbriefe verliehenen Titel und Wappen zu bedienen [63]. Andererseits ist ihnen auch jede eigenmächtige Aenderung des Namens oder Titels untersagt [64].

Der bevorzugte Gerichtsstand für die „über den Adelsstand vorkommenden Rechtsstreite", welchen die Verfassungsurkunde [65] bestimmte, ist seit Einführung der Reichsjustizgeseße jedenfalls beseitigt [66], da ein reichsrechtlicher Vorbehalt zu Gunsten dieses Gerichtsstandes nirgends gemacht ist. Dabei ist übrigens zu bemerken, daß eine gerichtliche Zuständigkeit bezüglich des Eintrags des Adelstitels einer Familie in die Adelsmatrikel überhaupt nicht Plaß greift. Die Prüfung der Frage, ob die Voraussetzungen eines solchen Eintrages vorliegen, steht vielmehr ausschließlich dem Staatsministerium des königlichen Hauses und des Aeußern zu [67].

Mit dem Besiße des Adels waren nach den Bestimmungen der Verfassungsurkunde eine Reihe erheblicher Vorrechte privat- und öffentlichrechtlicher Natur verknüpft. Soweit dieselben dem bürgerlichen Rechte angehören, fallen sie nicht in das Bereich einer staatsrechtlichen Darstellung [68]. Uebrigens haben die Vorrechte des Adels im Laufe der weiteren Entwickelung unseres Rechtes eine wesentliche Abminderung erfahren [69]. Auf

---

[62] R. St. G. B. § 360 Ziff. 8.

[63] Verf. Beil. V § 9 Abs. II lautet: „Anmaßungen nicht gebührender Titel und Wappen können sowohl von den bestellten Kronfiscalen als den Mitgliedern der betheiligten Familien entweder zur unmittelbaren Abstellung dem Staatsministerium des k. Hauses angezeigt oder nach Umständen gerichtlich verfolgt werden."

[64] Vgl. M. E. vom 8. Jan. 1835 (Döllinger V S. 52) und oben Anm. 29.

[65] Beil. V § 7, wonach in erster Instanz das Appellationsgericht, „unter welchem der Adelsprätendent steht", „mit Vorbehalt der Berufung an das k. Oberappellationsgericht" zuständig sein soll.

[66] Ueber die frühere Streitfrage gegenüber dem Art. 76 des Gerichtsverfassungsgesetzes vom 10. Nov. 1861 vgl. Pözl, Lehrb. des bayer. Verf. Rechts S. 147 Anm. 13.

[67] In der Sißung des Verfassungsrevisionsausschusses vom 15. Dec. 1814 machte der Vorstand des Reichsheroldenamts v. Lang aufmerksam, daß die in Rede stehende Bestimmung mißverstanden werden könne. Sie könne nur Anwendung finden, „wenn zwei Familien wegen Führung gleichen Schildes und Namens streiten", oder wenn eine Familie „einem Dritten die Familienrechte streitig machen wolle", „nicht aber, wenn der Adel von dem Heroldenamte selbst noch zweifelhaft gemacht ist". — Vgl. R. Bl. 1857 S. 270 (Comp. Confl. Erk.).

[68] Vgl. darüber P. v. Roth, bayer. Civilrecht, 2. Aufl., I S. 215 ff., und wegen der Familienfideicommisse Pözl, Lehrb. des bayer. Verf. Rechts S. 149 ff. Bezüglich der Familienfideicommisse bedarf es wohl kaum des Nachweises, daß, wenn sie auch ihre Regelung durch die Verf. Urk. gefunden haben, sie damit nicht die Eigenschaft einer öffentlichrechtlichen Einrichtung erhielten. Ueber die Rechtsentwickelung ist in Kürze Folgendes zu bemerken. Nach bayer. Landrechte war die Einrichtung der Familienfideicommisse kein Adelsvorrecht (Th. III Cap. X §§ 1 ff.). Das Edict über den Adel vom 28. Juli 1808 Tit. II (dazu Entschl. vom 5. Dec. 1808) hob, wie bereits oben § 46 Anm. 27 erwähnt, die F. C. der adeligen und nichtadeligen Familien auf und setzte an die Stelle ein „politisches Institut", die Majorate, jedoch nur für den Adel. Eine umfassende Regelung erfolgte dann durch Edict vom 22. Dec. 1811, die bisherigen adeligen Fideicommisse u. künftigen Majorate betr. (R. Bl. 1812 S. 5). Dieses Edict wurde seinerseits wieder durch die Verf. Beil. VII über die F. F. C. verdrängt. Erwähnenswerth ist, daß die Gründe der Beschränkung der F. F. C. auf den Adel wirthschaftlicher Natur waren. Noch in der Conferenzsißung vom 4. April 1818 wurde die Frage erörtert, ob das Recht der Fideicommißerrichtung auch auf den „Bürger- und Bauernstand" auszudehnen sei, aber verneint, weil dies „der Cultur des Landes tiefe Wunden schlagen und eine Gebundenheit der Güter wieder herbeiführen würde, der die Regierung durch mehrere zweckmäßige Verordnungen entgegengearbeitet". Spätere Versuche der Regierung, das Adelsvorrecht bei den F. F. C. zu beseitigen, blieben erfolglos. Vgl. Verh. d. K. d. R. R. 1849/50 Beil. Bb. V S. 149, 1851/52 Beil. Bb. I S. 909.

[69] Die Vorrechte des Adels nach der Verf. Urk. sind der Mehrzahl nach in Tit. V § 4 aufgezählt. Nicht unter dieselben gehören nach Abs. I die gutsherrlichen Rechte überhaupt, da der Adel diese Rechte „wie jeder Gutseigenthümer" behalten soll. Von den gutsherrlichen Rechten handelt Abschn. I der VI. Verf. Beil. Es sind nur einige, wenig erhebliche Bestimmungen noch in Kraft (vgl. hauptsächlich §§ 21, 22, 24).

dem Gebiete des öffentlichen Rechtes ist lediglich die Verfaſſungsbeſtimmung zu erwähnen,
wonach nur adelige Gutsbeſitzer zu erblichen Reichsräthen ernannt werden können ⁷⁰.

Dem bayeriſchen Adel iſt auch die vormalige Reichsritterſchaft ⁷¹ einverleibt worden,
ſoweit ſie unter die bayeriſche Staatsgewalt gekommen iſt ⁷². Die Rechtsverhältniſſe der
Reichsritterſchaft wurden durch eine königliche Erklärung vom 31. December 1806 ⁷³ geregelt. Die Stellung der ehemaligen Reichsritter unterſchied ſich hienach nicht nennens-
werth von jener des landſäſſigen bayeriſchen Adels. Auch die deutſche Bundesakte nahm
keine weſentliche Aenderung dieſer rechtlichen Lage in Ausſicht ⁷⁴. Ebenſo beließ es die
Verfaſſungsurkunde von 1818 ⁷⁵ in der Hauptſache bei der Gleichſtellung des reichsunmittelbaren mit dem landſäſſigen Adel ⁷⁶. Nur hinſichtlich der gutsherrlichen Rechte

---

Wirkliche Adelsrechte ſind nach der Verf. Urk. folgende:

1. Das ausſchließliche Recht, eine gutsherrliche Gerichtsbarkeit ausüben zu können. Verf. Beil. VI.
Daſſelbe iſt durch Art. 1 des Geſ. über Aufhebung der ſtandes- u. gutsherrlichen Gerichtsbarkeit ꝛc. vom
4. Juni 1848 beſeitigt.

2. Das Recht, Familienfideicommiſſe auf Grundvermögen zu beſitzen. Verf. Beil. VII. Vgl.
darüber Anm. 68.

3. Ein von dem landgerichtlichen befreiter Gerichtsſtand in bürgerlichen und ſtrafrechtlichen
Fällen. Derſelbe iſt aufgehoben. Geſ. vom 4. Juni 1848, die Grundlagen der Geſetzgebung über die
Gerichtsorganiſation ꝛc. betr., Art. 2; Ger. Verf. Geſ. vom 10. Nov. 1861 Art. 76 Abſ. II. Näheres bei
Pözl, Lehrb. des bayer. Verf. Rechts S. 144 Anm. 3.

4. Die Rechte der Siegelmäßigkeit unter den Beſchränkungen der Geſ. über das Hypotheken-
weſen. Verf. Beil. VIII (vgl. Edict, die Aufhebung der Siegelmäßigkeit betr., vom 20. April 1808
R. Bl. 1809 S. 115 u. oben § 46 Anm. 25). Die Siegelmäßigkeit iſt für das Gebiet der ſtreitigen und
nichtſtreitigen Rechtspflege aufgehoben. Geſ., die Grundlagen der Geſetzgebung über die Gerichtsorganiſation ꝛc. betr., vom 4. Juni 1848 Art. 7; Geſ., die Siegelmäßigkeit betr., vom 28. Mai 1852;
Notariatsgeſ. vom 10. Nov. 1861, insbeſ. Art. 150 Abſ. II; Einf. Geſ. zur C. P. O. vom 29. April 1869
Art. 3 Ziff. 16. Vgl. dazu Pözl a. a. O. S. 30 ff., P. v. Roth, bayer. Civilrecht I S. 220 f.

5. Die Auszeichnung bei der Militärconſcription, daß die Söhne der Adeligen als Cadetten
eintreten. Aufgehoben durch Wehrverfaſſungsgeſ. vom 30. Jan. 1868 Art. 96.

Außer dieſen, ſämmtlich in Tit. V § 4 der Verf. Urk. aufgef. Rechten ſind noch zu erwähnen: die
beſondere Vertretung der adeligen Gutsherren in der zweiten Kammer, Verf. Urk. Tit. VI § 7a, und die
ausſchließliche Fähigkeit zur Erlangung der erblichen Reichsrathswürde, ebenda § 3. Erſtere Beſtimmung iſt durch das Landtagswahlgeſ. vom 4. Juni 1848 aufgehoben, letztere noch in Kraft. — Ueber
die Lehen Pözl a. a. O. S. 144 Anm. 7.

⁷⁰ Tit. VI § 3.

⁷¹ Sie wird auch als unmittelbarer Reichsadel bezeichnet. Vgl. Verf. Urk. Tit. V § 3. Ueber
die Reichsritterſchaft N. Th. Gönner, teutſches Staatsrecht, Landshut 1804, S. 399 ff., und die Denk-
ſchrift: Staatsrechtliche Verhältniſſe der adeligen Gutsbeſitzer in den churpfalzbaier. Entſchädigungs-
landen, beſonders den fränkiſchen Fürſtenthümern Bamberg und Würzburg, O. D. 1803.

⁷² Rhein. Bundesakte Art. 25.

⁷³ Die der k. Souveränetät unterworfene Ritterſchaft und ihre Hinterſaſſen betr. R. Bl. 1807
S. 193. Ausgedehnt auf den Untermainkreis durch Entſchl. vom 27. Juli 1818 (Döllinger IV
S. 211). Zu A Ziff. 6 der Declaration vgl. Verordn. vom 3. April 1807, das Verhältniß der Forenſen
zur Staatsgewalt betr. (R. Bl. S. 609).

⁷⁴ Vgl. Art. 14 Abſ. III, IV. Ueber die damaligen Beſtrebungen der Reichsritterſchaft zur Erlangung größerer Rechte Klüber, Ueberſicht der diplomatiſchen Verhandlungen des Wiener Con-
greſſes S. 349 ff., 556 ff.

⁷⁵ Tit. V § 3: „Die der bayer. Hoheit untergebenen ehemaligen unmittelbaren Reichsadeligen
genießen diejenigen Rechte, welche in Gemäßheit der k. Declaration durch die conſtitutionellen
Edicte ihnen zugeſichert ſind."

⁷⁶ Die vormals reichsritterſchaftlichen Familien haben ſich nur mit äußerſtem Widerſtreben in
dieſe Lage gefunden. Auf eine allgemeine Vorſtellung an den Bundestag vom 12. Febr. 1817, gezeichnet
von den Frhrn. v. Zobel und v. Rüdt als Vertretern der Ritterſchaft, folgten Beſchwerden, die ſich
gegen die bayer. Regierung richteten, insbeſondere die gleichzeitig an den König und den Bundestag
gerichtete Vorſtellung vom 8. Juli 1818 (Allg. Zeitung 1818 Nr 214). Auf letztere Vorſtellung bezieht
ſich die Entſchl. vom 7. Dec. 1818 (Döllinger IV S. 211), welche an die betheiligten Kreisregierungen
des Oberdonau-, Rezat-, Ober- und Unter-Main-Kreiſes erging. Ferner wurde bei der Bundesverſamm-
lung am 15. Sept. 1820 eingereicht eine „Darlegung des Rechtszuſtandes des vormaligen Reichsadels
in dem Kgr. Bayern mit ſubmiſſeſter Bitte um deſſen Würdigung nach dem 14. Artikel der Wiener
Akte". Erfolg hatten dieſe Bemühungen nicht. Die Aktenſtücke finden ſich im Archiv für ſtandes- u.
grundherrliche Rechte Bd. I, 1821.

und der Fideicommiſſe ⁷⁷ wurden Ausnahmen von dem allgemeinen Adelsrechte zu
Gunſten der vormaligen Reichsritterſchaft gemacht.   Das Recht der Selbſtgeſetzgebung,
das der Reichsritterſchaft von der Bundesakte zugedacht war, erhielt ſie jedoch nicht ⁷⁸.

Die Beſtimmungen der königlichen Erklärung von 1806 blieben nach Erlaß der
Verfaſſungsurkunde lediglich ſo weit in Kraft, als ſie auf die ebenerwähnten beiden Ausnahmen ſich bezogen ⁷⁹.   Sie ſind, was die gutsherrlichen Rechte anlangt, mit Aufhebung
der gutsherrlichen Gerichtsbarkeit im Weſentlichen gegenstandslos geworden, im Uebrigen
aber privatrechtlicher Natur.   Nur Eine Beſtimmung ſtaatsrechtlichen Inhaltes hat
Geltung behalten.   Sie bildet eine Ausnahme von dem Satze, daß die Rechte des Adels
in Bayern nur bayeriſchen Staatsangehörigen zukommen können.   Solche der ehemaligen
Reichsritterſchaft angehörigen Gutsbeſitzer nemlich, deren Beſitz unter die Hoheit Bayerns
und anderer deutſcher Staaten getheilt worden iſt, genießen bezüglich dieſes Beſitzes die
Rechte des bayeriſchen Adels auch dann, wenn ſie nicht bayeriſche Staatsangehörige geworden ſind ⁸⁰.

Schließlich iſt noch zu bemerken, daß für die Pfalz der erheblichſte Theil der Vor-
rechte, welche nach der Verfaſſung dem Adel eingeräumt waren, von Anfang an nicht in
Kraft getreten iſt ⁸¹.   Nach dem gegenwärtigen Stande der Geſetzgebung beſteht für die
Pfalz überhaupt keinerlei Vorrecht des Adels ⁸².

---

⁷⁷ Verf. Beil. VI § 136, VII § 104. Vgl. über den zweiten Punkt P. v. Roth, bayer. Civilrecht,
2. Aufl., I S. 221 Anm. 45, Bl. f. Rechtsanw. XI S. 140.
⁷⁸ Dies iſt ausdrücklich ausgeſprochen Verf. Beil. VII § 105.
⁷⁹ Brater u. Pfeil, Verf. Urk. des Kgrs. Bayern S. 148 Anm. *
⁸⁰ Declar. vom 31. Dec. 1806, A Ziff. 6, k. Entſchl. vom 7. Dec. 1818 Ziff. I.
⁸¹ Kgl. Entſchl. vom 5. Oct. 1818 (Weber I S. 733), unter C.
⁸² Ein Zweifel in dieſer Hinſicht könnte höchſtens bezüglich des Rechtes zum Beſitze von Familien-
fideicommiſſen obwalten. Wenn man die k. Entſchl. vom 5. Oct. 1818 unter C lieſt, fällt ſofort auf, daß
von den Beſtimmungen des Tit. V der Verf. Urk. über die Adelsvorrechte nur jene ausdrücklich als unanwendbar für die Pfalz bezeichnet werden, welche in §§ 2, 3, 4 Abſ. I, 4 Abſ. II Ziff. 1, 3, 4 enthalten
ſind. Nicht erwähnt ſind § 4 Abſ. II Ziff. 2 (Familienfideicommiſſe) u. 5 (Cadettenrecht). Es heißt aber
a. a. O. weiter: „Von den übrigen in der Beil. V der Verf. Urk. zugeſtandenen Rechten (das ſind die angegebenen zwei) kommen dem Adel des Rheinkreiſes nur jene zu, welche mit den Geſ. und beſonderen
Inſtitutionen des letzteren vereinbarlich ſind.“ Der Sinn der Beſtimmung iſt klar. Die Adelsvorrechte
ſollen in das geſchloſſene Syſtem des pfälz. (franzöſ.) Rechtes keine Lücke reißen. Hienach war das
Cadettenrecht unbedenklich auf die Pfalz anwendbar, das Vorrecht bezüglich der Familienfideicommiſſe
dagegen iſt ebenſo zweifellos dort unanwendbar. Denn es ſteht mit den Beſtimmungen des Code civil
nicht im Einklange. Art. 896 deſſelben ſagt: „Les substitutions sont prohibées. Toute disposition
par laquelle le donataire, l'héritier inſtitué ou le légataire, sera chargé de conserver et de
rendre à un tiers, sera nulle, même à l'égard du donataire, de l'héritier inſtitué ou du légataire.“ Die zwei Ausnahmen. welche in demſelben Art. und in dem folgenden Art. 897 zugelaſſen ſind,
haben keinen Bezug auf die Fideicommiſſe. An dieſem Ergebniſſe ändert der Umſtand nichts, daß in
der angef. Entſchl. unter D Ziff. 1 geſagt wird: „Es bleibt uns daher die Ernennung von Reichsräthen
auch aus den im erwähnten Kreiſe entweder wegen ausgezeichneter Verdienſte oder wegen ihrer übrigen
Verhältniſſe zu Mitgliedern dieſer Kammer geeigneten Individuen nach § 2 Nr. 6 (des Tit. VI der
Verf. Urk.) vorbehalten.“ Denn dort iſt zwar auch von erblichen Reichsräthen, alſo Fideicommiß-
beſitzern, die Rede, ſolche können aber in der Pfalz nach dem oben Ausgeführten nicht vorkommen.

Man wird ſich nach alledem wundern, warum die k. Entſchl. vom 5. Oct. 1818 das, was ſich aus
ihrem Wortlaute mit ſo unbedingter Sicherheit ergibt, nicht geradezu ausgeſprochen und geſagt hat, daß
der § 4 Ziff. 2 des V. Titels und die Beil. VII der Verf. Urk. für die Pfalz nicht gelten. Die Entſtehungsgeſchichte der Entſchl. gibt die Erklärung. Durch k. Entſchl. vom 24. Mai 1818 war die Verf. Urk. an
die Regierung des Rheinkreiſes mit dem Beifügen hinausgegeben worden, daß mehrere Beſtimmungen
derſelben und ihrer Beilagen mit den beſonderen Einrichtungen der Pfalz nicht vereinbar ſeien. Die
Vollziehung der Verf. erfordere daher in der Pfalz Aenderungen, über welche der Generalcommiſſär ſich
äußern möge. In ſeinem Berichte vom 14. Juni 1818 meinte Generalcommiſſär v. Stichaner, daß
das Fideicommiß- und Cadettenrecht auf die Pfalz Anwendung finden könnten. Der engere Ausſchuß
der Miniſterialconferenz zur Vollziehung der Verf. Urk. war auch in ſeiner Sitzung vom 23. Juni 1818
geneigt, dieſer Anſicht beizupflichten. In der folgenden Sitzung vom 22. Aug. 1818 machte jedoch
Staatsrath v. Zentner, der bei der früheren Verhandlung nicht anweſend geweſen war, auf die Be-

§ 82. Der standesherrliche Adel.

Der hohe Adel des alten Deutschen Reiches bildete sich aus jenen reichsunmittelbaren Häusern, welche Reichsstandschaft und Landeshoheit besaßen ¹. Durch die Rheinbundakte vom 12. Juli 1806 erwarb ein Theil dieses hohen Reichsadels die Souveränetät, ein anderer Theil wurde der Souveränetät der Mitglieder des Rheinbundes unterworfen. Die Standesgemeinschaft zwischen der ersteren und der letzteren Gruppe von Familien hörte damit auf. Die Häuser, welche unter die Staatsgewalt ihrer vormaligen Standesgenossen geriethen, wurden indessen, wenn auch Unterthanen, doch bevorrechtete Unterthanen. Zwar sollten sie bezüglich ihrer Gebiete nach Artikel 26 der Rheinbundakte den Hoheitsrechten der législation, juridiction suprême, haute police, conscription militaire ou recrument, impôt unterliegen, andererseits bestimmte aber Artikel 27: »Les princes et comtes actuellement régnants conserveront chacun, comme propriété patrimoniale et privée, tous les domaines sans exception, qu'ils possèdent maintenant, ainsi que tous les droits seigneuriaux et féodaux non essentiellement inhérents à la souveraineté.« Nach Artikel 28 sollten sie in Strafsachen von Standesgenossen gerichtet werden und ihre Güter der Einziehung nicht unterliegen. Die Freiheit des Aufenthaltes in den Staaten des Rheinbundes und seiner Verbündeten wurde ihnen durch Artikel 31 gesichert. Man nannte, mit allerdings nicht zutreffendem Ausdrucke, die ehemaligen Reichsunmittelbaren, welche in solcher Weise der Staatsgewalt unterworfen wurden, Mediatisirte ².

In Bayern wurde die Stellung der standesherrlichen Häuser auf der Grundlage der Rheinbundakte durch die königliche Erklärung vom 19. März 1807 ³ näher geregelt. Diese Erklärung bezieht sich nicht auf die standesherrlichen Familien überhaupt, sondern nur auf jene, die unter die bayerische Hoheit kamen ⁴.

stimmungen des Code Napoléon aufmerksam. Man müsse, wolle man in der Pfalz Fideicommisse zulassen, den Art. 896 des Code ausdrücklich als abgeschafft erklären. Es scheine aber wirklich bedenklich, in dieser Weise einen Art. aus einem Gesetzbuche herauszureißen. Lieber solle man die Frage umgehen „und sich stillschweigend vorbehalten, einzelne Fälle besonders zu instruiren". Der Ausschuß glaubte dann ebenfalls, man solle dem Adel in der Pfalz „das Recht zur Errichtung von Fideicommissen zwar nicht absprechen, aber solches doch umgehen und abwarten, bis es in einem einzelnen Falle zur Sprache komme; in dem Rescripte wäre aber zu setzen, daß der Adel seine Titel und jene Rechte behalte, welche mit den dortigen Einrichtungen vereinbar seien. Weniger Anstand finde es, in dem Rheinkreise einzelne Personen wegen ihrer dem Staate geleisteten ausgezeichneten Dienste, ihrer Geburt oder ihres Vermögens zu lebenslänglichen Reichsräthen zu ernennen. In dieser Hinsicht dürfte des Instituts der Reichsräthe wohl erwähnt werden, jedoch ohne Angabe dieser Motive und ohne Ausscheidung in lebenslängliche und erbliche". Aus dieser Entstehungsgeschichte ist soviel klar, daß Zentner einen Eingriff in das System des Code civil vermieden wissen wollte, und daß er diese Absicht in der Form einer sehr künstlichen Umgehung eines unmittelbaren Ausspruches erreichte. Man wollte einen zur Zeit noch belanglosen Fall — vor der Hand, sagte Zentner, habe der Adel als solcher im Rheinkreise nichts als seine Titel — unentschieden lassen und es der Zukunft anheimgeben, die Frage auf Grund der getroffenen Bestimmungen zu lösen. Diese Lösung ist nach dem oben Dargelegten sehr einfach. Die Errichtung von Familienfideicommissen in der Pfalz ist „mit den Gesetzen und besonderen Institutionen" derselben nicht „vereinbarlich".

¹ Ein sehr vollständiges Literaturverzeichniß bei L. v. Rönne, Staatsrecht der preuß. Monarchie II S. 280 Anm. 6, a; auch bei G. Meyer, Lehrb. des deutschen Staatsrechts, 3. Aufl., S. 677 Anm. 1.

² Ueber die Gestaltung der damaligen Rechtsverhältnisse der Mediatisirten Behr, syst. Darstellung des rhein. Bundes §§ 98 ff., Klüber, Staatsrecht des Rheinbundes §§ 188 ff. S. auch Archiv für standes- u. grundherrliche Rechte ꝛc. I S. 122, 172.

³ Die Bestimmung der künftigen Verhältnisse der der k. Souveränetät unterworfenen Fürsten, Grafen u. Herren zu den verschiedenen Zweigen der Staatsgewalt betr. (Weber I S. 126). S. auch Verordn. vom 25. Dec. 1807 (R. Bl. 1808 S. 113). Durch k. Entschl. vom 4. April 1807 (R. Bl. S. 610, Döllinger IV S. 14) wurde die Decl. vom 19. März auch auf die im „Königreiche residirenden abgetretenen geistlichen Regenten", soweit sie auf diese anwendbar sei, ausgedehnt.

⁴ Man ging damals davon aus, daß die Besitzer der Standesherrschaften, die unter bayer. Hoheit gekommen waren, nothwendig auch bayer. Unterthanen sein und bleiben müßten. Dies hing damit zusammen, daß unter dem Einflusse Napoleons in den Rheinbundstaaten das System des „geschlossenen Staats", wie man es nannte, zur Geltung kam. In Bayern, wo vor 1809 gegenüber den Ausmärkern ziemlich milde Grundsätze gehandhabt worden waren, wurde der Krieg mit Oesterreich zum Anlasse, gegen die österr. Ausmärker schärfer vorzugehen. Man nahm an, daß nach dem „Geiste" der rhein. Bundesakte die in den Bundesstaaten Begüterten auch deren Unterthanen seien und in keinem auswärtigen Dienstverhältnisse stehen dürften. In Folge dessen wurde Beschlag auf die Besitzungen jener Mediatisirten gelegt, die in Oesterreich wohnten oder dort in Diensten standen. (Vgl. auch Verordn.

Bei den Verhandlungen des Wiener Congresses über die deutsche Bundesverfassung wurde beschlossen, die Rechte der standesherrlichen Häuser unter die Gewährleistung des Bundes zu stellen[5]. Dies geschah durch Artikel 14 der Bundesakte, welcher zu Gunsten der „im Jahre 1806 und seitdem mittelbar gewordenen ehemaligen Reichsstände und Reichsangehörigen" bestimmte Vorrechte festsetzte und beifügte: „Bei der näheren Bestimmung der angeführten Befugnisse sowohl, wie überhaupt und in allen übrigen Punkten wird zur weiteren Begründung und Feststellung eines in allen Bundesstaaten übereinstimmenden Rechtszustandes der mittelbar gewordenen Fürsten, Grafen und Herren die in dem Betreffe erlassene königlich bayerische Verordnung vom Jahre 1807 als Basis und Norm unterlegt werden."[6]

Der Artikel 14 der Bundesakte bezieht sich, wenngleich dies in seinem Wortlaute nicht klar hervortritt, auf dreierlei: auf die Rechte der Standesherren in dem Staate, dessen Angehörige sie sind, auf die Rechte derselben in dem Staate, in welchem sie standesherrliche Besitzungen haben, ohne Unterthanen zu sein, endlich auf ihre Rechte in den übrigen deutschen Staaten. Ausgeschieden ist nur die letzte Gruppe von den beiden ersteren. Als allgemein in allen deutschen Staaten zustehendes Recht wird lediglich das Recht der Ebenbürtigkeit ausgesprochen. Die übrigen Rechte sollen den Standesherren und ihren Familien nur in jenen Staaten zukommen, zu welchen sie „gehören"[7]. Dieser Ausdruck bezeichnet die Zugehörigkeit mit standesherrlichem Besitze, gleichviel, ob sich damit auch die Staatsangehörigkeit verbindet oder nicht. Dabei ist aber selbstverständlich, daß im letzteren Falle den Standesherren, wie überhaupt solche Rechte, so auch solche Vorrechte nicht zustehen können, für welche der Besitz der Staatsangehörigkeit die nothwendige Voraussetzung ist.

Die Verbindlichkeit der Bundesakte und damit auch des Artikels 14 für Bayern wurde durch die königliche Erklärung vom 18. Juni 1816[8] anerkannt.

In Erfüllung der eingegangenen bundesmäßigen Verpflichtung wurden die Verhältnisse der in Bayern standesherrlich begüterten, aber nicht staatsangehörigen Familien durch Beilage I §§ 14 und 15 der Verfassungsurkunde, die Rechtsverhältnisse der staatsangehörigen standesherrlichen Familien durch die IV. Verfassungsbeilage, das Edict, die staatsrechtlichen Verhältnisse der vormals reichs-

---

vom 17. März 1809, R. Bl. S. 556.) Nach dem Friedensschlusse mit Oesterreich bestimmte eine Uebereinkunft zwischen diesem und Frankreich, vom 30. Aug. 1810, welche den rhein. Bundeshöfen mitgetheilt wurde, die Wiederaufhebung der erwähnten Beschlagnahmen. Zugleich wurden aber die Bedingungen vorgeschrieben, unter welchen die Mediatisirten künftig ihre in den Bundesstaaten gelegenen Güter besitzen könnten, wenn sie in diesen nicht ihren Wohnsitz nähmen. In Folge dieser Uebereinkunft erging die k. Entschl. vom 13. Nov. 1810 (R. Bl. S. 1241, Döllinger IV S. 15). Diese Entschl. nahm indessen nicht auf die Uebereinkunft, sondern auf die Anordnungen in Art. 31 der Rheinbundacte und die Erklärungen vom 31. Dec. 1806 u. 19. März 1807 Bezug. Hienach wurden „diejenigen Mediatisirten, welche in Unsern Staaten begütert sind und, obiger Verfügungen ungeachtet, ihr ständiges Domicil bisher im Auslande behalten haben", beauftragt, sich zu entscheiden, ob sie dem bayer. Unterthanenverbande angehören oder aus demselben austreten wollen. „In letzterem Falle müssen solche Mediatisirte ihre im Königreiche gelegenen Besitzungen (und zwar innerhalb sechs Jahren) an ein Glied ihrer Familie, welches alle Unsern Unterthanen obliegenden Pflichten gehörig zu erfüllen hat, mit vollem Eigenthum — oder dieselben an einen andern diesseitigen Unterthan, es sei durch Kauf oder durch Tausch, erb- und eigenthümlich abtreten." Indessen hat man diese Forderung in der Folge nicht festgehalten. Mit den Bestimmungen des Art. 14 der deutschen Bundesakte wäre sie auch in keiner Weise vereinbar gewesen. Vgl. nunmehr Verf. Beil. I §§ 14, 15.

[5] Vgl. Klüber, Uebersicht der biplom. Verhandlungen des Wiener Congresses S. 291 ff.

[6] Vgl. auch Schlußakte der Wiener Ministerialconferenzen vom 15. Mai 1820 (Weber II S. 40) Art. LXIII.

[7] Daß dies der Sinn des Art. 14 ist, wird überzeugend dargethan in einem Erf. des bayer. o. G. H.'s vom 6. Nov. 1857, Bl. f. Rechtsanw. XXIII S. 89. Dort wird hervorgehoben, wie Art. 14 unter a Rechte aufführt, die ihrer Natur nach auf alle Bundesstaaten sich erstrecken, unter b solche, von denen ausdrücklich bemerkt ist, daß sie nur in dem Staate gelten sollen, dem die ehemals reichsständischen Besitzungen unterworfen sind. „Wenn nun sub lit. c weitere Rechte angeführt werden, so läßt schon diese Reihenfolge darauf schließen, daß nicht an dieser Stelle Rechte des unter lit. a erwähnten Umfangs gewährt werden wollten, sondern daß von den unter lit. c aufgeführten gelten solle, was unmittelbar vorher unter lit. b bestimmt wurde, nemlich die Beschränkung auf den treffenden Bundesstaat. Dieses wird aber noch klarer dadurch, daß unter lit. c . . . auch solche Rechte aufgeführt sind, welche nur der Souveränetät, welcher die reichsständischen Besitzungen untergeordnet sind, gegenüber Sinn und Bedeutung haben." Vgl. hieher auch J. A. Seuffert, Commentar über die Gerichtsordnung, 2. Aufl., I S. 186 f. Nr. 3 u. Anm. 13.

[8] R. Bl. S. 1817 S. 635, Weber I S. 474.

ständischen Fürsten, Grafen und Herren betr.⁹, neu geregelt. Dabei wurde jedoch¹⁰ ausgesprochen, daß die königliche Erklärung vom 19. März 1807 in allen jenen Bestimmungen in Kraft bleibe, welche durch das Verfassungsedict nicht abgeändert seien¹¹. Auch die VI. Verfassungsbeilage, das Edict über die gutsherrlichen Rechte und die gutsherrliche Gerichtsbarkeit, sollte im Allgemeinen auf die Standesherren Anwendung finden, soweit nicht die IV. Beilage andere Bestimmung traf und insbesondere höhere Rechte bewilligte¹².

Die rechtliche Stellung der Standesherren in Bayern ist demnach im Vollzuge eines Staatsvertrages landesgesetzlich bestimmt worden. Der Rechtsgrund der Vorzüge, die den standesherrlichen Familien zukommen, ist also das Gesetz. Aus der deutschen Bundesakte erwuchsen nur für die vertragschließenden Staaten vertragsmäßige Verhältnisse¹³, aber keine Vertragsansprüche für die standesherrlichen Häuser¹⁴. Die letzteren gewannen zwar Rechte aus der deutschen Bundesakte und aus der Landesgesetzgebung, die zu deren Verwirklichung erging, aber keine Rechte auf die Bestimmungen der Bundesakte und der Landesgesetze. Die Bundesstaaten konnten unter sich ihre Verabredungen, für sich ihre Gesetzgebung bezüglich der standesherrlichen Familien ändern, ohne damit Rechtspflichten gegen dieselben zu verletzen. Es stand nur, solange der Deutsche Bund dauerte, die Erfüllung der Verpflichtungen, welche von den Bundesstaaten im Artikel 14 der Bundesakte gegenseitig übernommen worden waren, unter der Gewährleistung des Bundes. Wenn Artikel 63 der Wiener Schlußakte den Mediatisirten wegen Verletzung ihrer Rechte eine Beschwerde zur Bundesversammlung eingeräumt hat, so sind dieselben dadurch ebensowenig in die Stellung von Vertragstheilen gekommen, wie etwa andere Unterthanen durch das Recht der Beschwerde wegen Justizverweigerung, das ihnen in Artikel 29 ebenda zugestanden ist.

Die Frage, welchen Einfluß die Auflösung des früheren Deutschen Bundes auf die Rechtsverhältnisse der Mediatisirten gehabt hat, ist eine bestrittene¹⁵. Will man zu einer richtigen Beantwortung derselben gelangen, so muß man an dem Stande der Dinge, wie er bis zur Auflösung des Bundes vorlag, dreierlei unterscheiden.

Es gab vertragsmäßige Verpflichtungen der Bundesglieder unter sich, dahin gehend, daß in ihren Staaten den Mediatisirten gewisse Rechte eingeräumt werden sollten. Es gab Landesgesetze, wodurch diese vertragsmäßigen Verpflichtungen ihre Erfüllung fanden, aber keine Rechte zu deren unmittelbarer Verwirklichung, weil eine Bundesgesetzgebung überhaupt nicht statthaft war. Es gab endlich eine Bundesaufsicht über die Erfüllung der eingegangenen Verpflichtungen in den Bundesstaaten.

Darüber, daß mit dem Bunde und seiner Verfassung auch diese Aufsicht weggefallen ist, herrscht kein Streit¹⁶. Nicht minder ist zweifellos, daß das Landesrecht, welches in Erfüllung der bundes-

---

⁹ Vgl. dazu Verf. Urk. Tit. V § 2, Tit. VI § 2 Ziff. 4.

¹⁰ Verf. Beil. IV § 65.

¹¹ Pözl, Lehrb. des bayer. Verf. Rechts S. 198 Anm. 6, macht auf den Unterschied der Fassung zwischen Beil. IV § 65 u. Beil. VI § 136 aufmerksam. Uebersicht der noch geltenden Bestimmungen der Erklärung bei Weber I S. 126 Anm.**. Man strich im Edicte von 1818 vor Allem die Bestimmungen der Erklärung von 1807, welche sich auf die dem Könige vorbehaltenen Rechte beziehen. Dies wurde in der Ministerialconferenzsitzung vom 7. Mai 1818 damit begründet, daß die Verhältnisse nunmehr ganz verschieden von den früheren seien. Damals seien die Standesherren eben unterworfen worden, und es habe sich darum gehandelt, auszuscheiden, was dem Souveräne gehöre, und was ihnen verbleibe. Diese Ausscheidung sei jetzt bewirkt und daher im Edicte nur zu bestimmen, welche Rechte in ihrem bereits unterworfenen Gebiete ihnen zukommen, und welche persönliche Vorzüge sie zu genießen haben.

¹² Verf. Beil. VI § 136.

¹³ Nach der Wiener Schlußakte Art. 63 bleiben die Bundesglieder gegen den Bund zur unverrückten Aufrechthaltung der durch Art. XIV der Bundesakte begründeten staatsrechtlichen Verhältnisse verpflichtet.

¹⁴ H. Schulze, Lehrb. des deutschen Staatsrechts I S. 401, sagt: „Unmittelbare Contrahenten waren allerdings nur die Bundesstaaten; aber auch die mediatisirten Häuser haben aus den zu ihren Gunsten getroffenen Bestimmungen des Art. XIV, welche sie ausdrücklich oder stillschweigend angenommen haben, unzweifelhaft Vertragsansprüche gewonnen." Ich vermag mich diesem Gedankengange nicht anzuschließen. Die Giltigkeit eines Staatsvertrages und eines in dessen Vollzug ergehenden Ges. ist von der Zustimmung von Unterthanen nicht abhängig.

¹⁵ Vgl. zum Folgenden G. Rohmer, die rechtliche Natur des standesherrlichen Steuervorrechts ꝛc., München 1893, S. 5 ff.

¹⁶ Vgl. H. Schulze a. a. O. I S. 402: „Der durch die Bundesverfassung gegebene formelle Rechtsschutz ist mit derselben hinweggefallen." Aehnlich H. A. Zachariä, Denkschrift über den territorialen Umfang der standesherrlichen Rechte in Deutschland § 24.

mäßigen Verpflichtungen zu Gunsten der Mediatisirten geschaffen wurde, durch die Auflösung des Deutschen Bundes seine gesetzliche Kraft nicht verloren hat[17]. Somit erübrigt nur noch zu untersuchen, ob auch die vertragsmäßige Verpflichtung fortbestehe, welche im Artikel 14 der Bundesakte enthalten ist.

Man hat in dieser Beziehung ein Doppeltes behauptet. Es wurde gesagt, daß durch die Auflösung des Deutschen Bundes „nur die Bundesverfassung aufgehoben, keineswegs aber der ganze Inhalt der Bundesakte, als eines von der Existenz der Bundesverfassung unabhängigen Vertrages, beseitigt worden" sei[18]. Hienach gäbe es also noch Bestimmungen der Bundesakte, welche auch während des Krieges von 1866 und nach demselben zwischen den Staaten des vormaligen Deutschen Bundes in fortdauernder Geltung geblieben sind. Nun ist allerdings richtig, daß in der Bundesakte Bestimmungen sich finden, deren Dasein auch abgesehen von dem Bestande der Bundesverfassung denkbar ist; allein dadurch werden sie nicht zu einem Vertrage, der von dem Bestande der Bundesverfassung unabhängig wäre. Die deutsche Bundesakte enthält nicht zwei Verträge, deren einer auf die Bundesverfassung, der andere auf alles Uebrige, was etwa sonst noch in der Bundesakte steht, sich bezöge, sondern sie ist Ein Vertrag. Indessen, selbst wenn der Abschnitt II der Bundesakte eine selbständige Urkunde wäre, würde dies die Sache nicht ändern. Es soll außer Betracht bleiben, daß die Auflösung des Deutschen Bundes nicht friedlich, sondern durch Krieg erfolgte. Jedenfalls aber sind durch diese Auflösung alle diejenigen vertragsmäßigen Vereinbarungen hinfällig geworden, welche von den Bundesgliedern als solchen getroffen worden sind. Es hätte, nachdem der Bund zerrissen war, einer neuen Abmachung bedurft, um jene Vertragsbestimmungen wieder in's Leben zu rufen. Jene Vereinbarungen begründeten Bundespflichten; Bundespflichten aber aus einem Bundesverhältnisse, das nicht mehr besteht, sind nicht möglich[19].

Eine andere Behauptung, mit welcher der Fortbestand der Vertragsverbindlichkeit aus Artikel 14 der Bundesakte dargethan werden will, ist die. Durch diesen Artikel seien „in vertragsmäßiger bindender Form bestimmte Rechtszusicherungen ertheilt" und letztere „damit zu integrirenden Bestandtheilen der privativen Rechtssphäre der Betheiligten" gemacht worden. Es handle sich also hier um wohlerworbene Rechte[20].

Dies kömmt im Wesentlichen auf die oben bereits widerlegte Ansicht hinaus, daß die Mediatisirten Vertragsrechte aus der Bundesakte haben. Es kann also auf das dort Gesagte zurückverwiesen und mag hier nur noch beigefügt werden, daß es dem Gesetze gegenüber eine Berufung auf wohlerworbene Rechte nicht gibt[21].

Wir fassen hienach unser Ergebniß in folgende Sätze zusammen. Die rechtliche Stellung der standesherrlichen Familien in Bayern beruht, von vereinzelten reichsrechtlichen Bestimmungen abgesehen, auf der Verfassungsurkunde. Die Rechte dieser Familien haben nach Auflösung des Deutschen Bundes keine andere Gewährleistung als die übrigen Vorschriften, die in der Verfassungsurkunde enthalten sind. Diese Rechte können also, ohne daß es einer Zustimmung der Berechtigten bedürfte, im Wege der Reichsgesetzgebung und des Landesverfassungsgesetzes jeder Zeit beseitigt werden[22]. Auf dem

---

[17] H. A. Zachariä, deutsches Staats- u. Bundesrecht II, Vorrede S. IV, u. Sten. Ber. des verfassungsber. Reichstags des Nordd. Bundes S. 556.

[18] H. Schulze a. a. O. I S. 401 f., Pözl, das bayer. Verf. Recht auf Grundlage des Reichsrechts S. 45 u. Lehrb. des bayer. Rechts S. 58 Anm. 3, S. 198 Anm. 5. Höchst unklar L. v. Rönne, Staatsrecht der preuß. Monarchie II S. 313, 314.

[19] Vgl. auch meinen Commentar z. Verf. Urk. f. d. Deutsche Reich S. 213: „Ist einmal der alte Bund aufgelöst . . ., dann ist auch der Bundesvertrag zerrissen, und zwar nicht theilweise nach der oder jener Seite hin, sondern ganz." Uebereinstimmend F. Thudichum, Verf. Recht des Nordb. Bundes S. 7, G. Meyer, Lehrb. des deutschen Staatsrechts, 3. Aufl., S. 679 Anm. 9, O. v. Sarwey, Staatsrecht des Kgrs. Württemberg I S. 314 ff. S. auch Druckf. des Bundesraths 1873 Nr. 30.

[20] H. A. Zachariä in der angef. Denkschrift § 24, H. Zöpfl, neueste Angriffe auf die staatsrechtliche Stellung der Standesherren, 1867.

[21] Vgl. hieher die Ausführungen in meinem Commentare z. Verf. Urk. f. d. Deutsche Reich S. 214 ff. Die dort S. 215 im letzten Absatze enthaltenen Sätze würde ich übrigens jetzt anders fassen. Der Herrscher kann allerdings auf Grund seiner Rechtsordnung mit Unterthanen auch auf öffentlichrechtlichem Gebiete Verträge schließen; aber er kann sich als Gesetzgeber den Unterthanen gegenüber nicht vertragsmäßig binden. Ebenso O. v. Sarwey a. a. O. I S. 315 Anm. 9.

[22] H. Schulze a. a. O. I S. 402 sagt dagegen: „Man geht entschieden zu weit, wenn man jetzt den ganzen, durch die Bundesakte gewährten Rechtszustand der standesherrlichen Häuser dem Belieben der Landesgesetzgebung jedes Einzelstaates anheimstellt. Nur soviel ist zuzugeben, daß Rechtsverhältnisse irgend welcher Art nicht für alle Zeiten einen unveränderlichen Bestand gegen höhere Mächte und unwiderstehlich sich geltend machende Zeitbedürfnisse in Anspruch nehmen können. Werden den Berechtigten

Gebiete des Reichsrechtes sind sie, sobald sie mit aufgestellten allgemeinen Rechtssatzungen nicht im Einklange stehen, stets als abgeschafft zu betrachten, wenn ein Vorbehalt zu ihren Gunsten nicht gemacht ist.

Standesherrliche Häuser im Sinne des Staatsrechtes Bayerns und der übrigen deutschen Staaten sind jene, welche bis²³ zum Jahre 1806 Reichsstandschaft und Landeshoheit besessen und entweder damals oder später diese Eigenschaften verloren haben²⁴. Nur diese Familien genießen die Vorrechte standesherrlicher Häuser in Bayern und den übrigen Staaten des vormaligen Deutschen Bundes auch dann, wenn sie nicht staatsangehörig sind²⁵. („Deutsche" Standesherren.) Dagegen erstreckt die Gleichstellung einer Familie mit den standesherrlichen Häusern, die durch einen einzelnen Staat erfolgt ist, ihre Wirkung an sich über den betreffenden Staat nicht hinaus²⁶. Hervorzuheben ist dabei für Bayern, daß seit dem Erlasse der Verfassungsurkunde die Einräumung der standesherrlichen Rechte an eine Familie nicht mehr durch königliche Entschließung erfolgen kann, sondern daß es hiezu der Form des Verfassungsgesetzes bedarf²⁷.

Damit eine standesherrliche Familie alle Rechte einer solchen in Bayern ausüben könne, ist nöthig:

1. daß sie vormals reichsständischen Besitz in Bayern hat²⁸;

---

aus solchen Gründen zugesicherte Rechte entzogen, so ist ihnen wenigstens eine Entschädigung zu gewähren, soweit sich das entzogene Recht nach Geldeswerth abschätzen läßt." Mir will scheinen, als ob in diesen letzteren Sätzen doch der Gedanke zur Anerkennung komme, daß die gesetzgebende Gewalt sich den Unterthanen gegenüber nicht binden lasse.

²³ Pözl, Lehrb. des bayer. Verf. Rechts S. 206 Anm. 1.

²⁴ Dieselben sind aufgeführt bei A. W. Heffter, die Sonderrechte der souveränen und der mediatisirten vormals reichsständischen Häuser Deutschlands S. 325 ff. Vgl. auch J. G. Kohler, die staatsrechtlichen Verhältnisse des mittelbar gewordenen, vormals reichsständischen Adels in Deutschland S. 208, Klüber, öffentliches Recht des Deutschen Bundes S. 815 ff. Die Grafen von Giech, bezüglich deren standesherrlicher Eigenschaft Streit bestand, sind zu Folge Bundesbeschlusses vom 27. April 1861 als Standesherren anerkannt worden. Bek. vom 9. April 1861 (Weber V S. 283). Ueber die früher den Grafen Giech zugestandenen Rechte Döllinger IV S. 183 ff. Näheres bei Pözl, Lehrb. des bayer. Verf. Rechts S. 208 Anm. 2. Ueber die Grafen Pückler-Limpurg Weber VI S. 98.

²⁵ H. A. Zachariä, deutsches Staats- u. Bundesrecht I S. 521 ff.

²⁶ Bezüglich der gräflichen Familie Pappenheim vgl. Döllinger IV S. 190 ff., Klüber a. a. O. § 315 Anm. b, H. Zöpfl, Grundsätze des gem. deutschen Staatsrechtes I S. 284 Anm. 6, II S. 96 Anm. 14. Ueber das herzogliche Haus Leuchtenberg, welches aus dem bayer. Staatsverbande ausgeschieden ist, Döllinger IV S. 155 ff., Weber IV S. 630 und die Angaben bei Pözl a. a. O. S. 208 Anm. 1. Vgl. auch O. v. Sarwey, Staatsrecht des Kgrs. Württemberg I S. 316 Anm. 2.

²⁷ Zusammenstellung der standesherrlichen Häuser Bayerns bei Weber Anh. Bd. S. 587 ff. Die Bestimmungen der IV. Verf. Beil. können selbstverständlich nicht auf jene deutschen Herrscherhäuser entsprechend angewandt werden, deren Staaten in Folge späterer Ereignisse zu bestehen aufgehört haben. Vgl. Ges., die Hausgesetze des fürstl. Gesammthauses Nassau betr., vom 26. April 1882 (G. u. V. Bl. S. 163); dazu Verh. des Landtags 1881/82 K. d. R. R. Prot. Bd. II S. 922, 937, 1070, Beil. Bd. I S. 749, II S. 789, 924: K. d. Abg. Sten. Ber. III S. 387, Beil. Bd. III S. 505, 585. Die Bedeutung des Ges. ist übrigens eine rein privatrechtliche.

²⁸ Es genügt, wenn auch nur ein Theil dieses Besitzes in Bayern liegt. Wollte man anders entscheiden, so würden standesherrliche Häuser, deren Besitz zwischen mehreren Staaten getheilt ist, nirgends die vollen standesherrlichen Rechte beanspruchen können. Ganz willkürlich aber wäre es, das standesherrliche Haus mit der vollen Standschaft etwa dahin zu weisen, wo es die größere Grundfläche besitzt. Zweifel könnte man höchstens bezüglich der Bestimmung in Tit. VI § 2 Ziff. 4 der Verf. Urk. hegen, welche die Mitgliedschaft der Häupter ehemals reichsständischer Familien in der ersten Kammer vom „Besitze ihrer vormaligen reichsständischen im Kgr. gelegenen Herrschaften" abhängig macht. Man könnte daraus ableiten wollen, daß hier an das gesammte, vormals reichsständische Gebiet gedacht sei. Indessen kömmt, abgesehen von der eben geltend gemachten Erwägung, dagegen in Betracht, daß sowohl die Rheinbundakte, als die Erklärung von 1807 und die Verf. Urk. (vgl. Beil. IV §§ 2, 17, 26, 33, 34, 37, 39, 43, 48, 50, 53—56) die Ausdrücke Fürstenthum, Grafschaft, Herrschaft, mediatisirtes Gebiet, Besitzungen abwechselnd und als gleichbedeutend gebrauchen, während die deutsche Bundesakte in Art. 14 nur von Besitzungen spricht. Dem Ausdrucke „Herrschaft" in Tit. VI § 2 der Verf. Urk. kann also nicht die Bedeutung von standesherrlichem Gesammtgebiet untergelegt werden. Für die hier vertretene Auffassung ist auch eine ständige Uebung. In mehreren Fällen wurde die Reichsrathswürde Standesherren

2. daß sie, bzw. deren Haupt dem bayerischen Staate angehört [29];

3. daß sie in die Adelsmatrikel eingetragen ist [30].

Fehlt von diesen Voraussetzungen die zweite und damit auch die dritte [31], so hat die standesherrliche Familie diejenigen Vorrechte nicht, welche durch die Staatsangehörigkeit bedingt sind. Hierunter fällt indessen nach dem dermaligen Rechtsstande nur das Eine Vorrecht, wonach die Häupter der standesherrlichen Familien erbliche Reichsräthe sind [32].

Die standesherrlichen Rechte stehen den betreffenden Häusern mit Rücksicht auf die Landeshoheit zu, welche von ihnen über ihre vormals reichsständischen Besitzungen geübt worden ist. Daraus ergibt sich ein Doppeltes. Die standesherrlichen Rechte sind an die

---

zuerkannt, welche nur mit einem kleinen Theile ihrer Besitzungen Bayern angehörten, so dem Fürsten Waldburg-Zeil-Trauchburg 1842, Verh. d. K. b. R.R. 1843 Prot. Bd. I S. 11, 36, dem Fürsten Waldburg-Zeil-Wurzach 1846, Verh. d. K. b. R.R. 1847 Prot. Bd. I S. 9, dem Grafen Quadt-Wykradt-Jsny 1851, Verh. d. K. b. R.R. 1851 Prot. Bd. I S. 303, Beil. Bd. I S. 303. Bei Erörterung der Legitimation des Grafen Quadt in der K. b. R.R. hatte der Berichterstatter persönlich allerdings die jedenfalls irrige Ansicht vertreten, daß, nachdem die Standesherrschaft Jsny größtentheils in Württemberg und nur zu einem kleinen Theile in Bayern gelegen sei, die Reichsrathswürde dem Haupte der Familie nur so lange werde zukommen können, als die gesammte Herrschaft in dessen Besitze sei. S. a. a. O. Beil. Bd. I S. 305, Prot. Bd. I S. 304. Der Fürst von Waldburg-Zeil-Wurzach, der mit einem Theile der Herrschaft Marstetten nach Bayern gehörte, hatte dort zuletzt nach Ablösung der Dominicalien nur eine Fischgerechtigkeit in der Iller besessen. Seine bayer. Reichsrathswürde wurde indeß erst im Jahre 1869 als erloschen erachtet, nachdem er mit der genannten Herrschaft auch das Fischrecht verkauft hatte. Das ist nun allerdings ein Fall, wo die Ungereimtheit an der Richtigkeit des Grundsatzes irre machen könnte. Indessen muß man sich hier mit Celsus (l. 4, 5 D. 1, 3) trösten: In his, quae forte uno aliquo casu accidere possunt, iura non constituuntur. Nam ad ea potius debet aptari ius, quae et frequenter et facile, quam quae perraro eveniunt. Vgl. hieher auch M. E. vom 23. Juni 1852 (Döllinger XXII S. 198).

[29] Der Erwerb der bayer. Staatsangehörigkeit für die Familie ist durch die Thatsache der seinerzeitigen Unterwerfung unter die bayer. Staatsgewalt von selbst begründet, und zwar auch dann, wenn das betreffende reichsständische Gebiet unter mehrere Staaten getheilt wurde. Daß man den Erwerb der Staatsangehörigkeit als nothwendige Folge der Mediatisirung ansah, beweist auch die oben (Anm. 4) erwähnte k. Entschl. vom 13. Nov. 1810. Hieraus ergibt sich, daß eine standesherrliche Familie, die unter bayer. Hoheit gelangt ist, als staatsangehörig erachtet werden muß, wenn nicht nachgewiesen ist, daß sie die Staatsangehörigkeit in der Folge verloren hat. In letzterer Beziehung kömmt für das frühere bayer. Recht Nachstehendes in Betracht. Der Aufenthalt außer Landes konnte für die Standesherren und ihre Familien niemals den Verlust der Staatsangehörigkeit bewirken. Verf. Beil. I §§ 14, 15 sind aus Beil. IV § 5 zu erklären. „Forensis" wurde der Standesherr nicht durch bloßen Aufenthalt im Auslande, sondern nur durch Erwerb einer fremden Staatsangehörigkeit (Beil. I § 6 Ziff. 1). Aber auch der Besitz, bzw. die Beibehaltung einer fremden Staatsangehörigkeit konnte für jene Standesherren den Verlust der bayer. Staatsangehörigkeit nicht bewirken, bei welchen die mehrfache Staatsangehörigkeit nothwendige Folge ihrer mehrfachen Unterwerfung war. Vgl. die zutreffenden Ausführungen von Pözl, Bl. f. adm. Praxis VII S. 73. Anders H. Zöpfl, Grundsätze des gem. deutschen Staatsrechts II S. 111. Nach dem geltenden Rechte unterliegen die standesherrlichen Familien in Bezug auf Erwerb u. Verlust der Staatsangehörigkeit denselben Grundsätzen, wie die übrigen Unterthanen: es steht also dem Besitze einer mehrfachen Staatsangehörigkeit regelmäßig nichts im Wege. Nur für die österr. Standesherren ergeben sich Schwierigkeiten wegen des Staatsvertrages mit Oesterreich (oben § 76 Anm. 51).

[30] Die Bestimmung in Verf. Beil. V § 8 gilt für alle Adeligen. Vgl. auch M. E. vom 1. Aug. 1830 (Döllinger V S. 49).

[31] Fremde dürfen, wie bereits früher bemerkt, nicht in die Adelsmatrikel eingetragen werden. Dieser Eintrag kann also für die standesherrlichen Ausmärker nicht Vorbedingung zur Ausübung der standesherrlichen Vorrechte sein.

[32] Verf. Beil. I §§ 14, 15. Die oben vertretene Ansicht wurde nach Erlaß der Verf. Urt. sofort bei den ersten Berufungen zur K. b. R.R. zur Geltung gebracht. Die zum Vollzuge der Verf. Urt. eingesetzte Ministerialconferenz ging davon aus, daß nur jene Standesherren, welche ihre in Bayern gelegenen, vormals reichsständischen Besitzungen in vollen Unterthanenverband besaßen oder besitzen zu wollen erklären würden, in die erste Kammer zu berufen seien, nicht aber diejenigen, welche das Forensisverhältniß zu Bayern gewählt hätten. Dieser Grundsatz fand auch die Billigung der K. b. R.R. und blieb seitdem maßgebend. Vgl. z. B. den oben Anm. 28 erwähnten Fall des Fürsten Waldburg-Zeil-Trauchburg.

Familie gebunden; sie können nicht mit den Gütern auf eine andere Familie übertragen werden[33], und zwar auch dann nicht, wenn diese letztere selbst reichsständisch ist[34]. Die standesherrlichen Rechte sind an die Besitzungen gebunden und gehen mit deren Verlust für die Familie vollständig verloren[35]. Diese Wirkung tritt indessen nur dann ein, wenn der Verlust ein vollständiger ist. Die Stellung eines bayerischen Standesherrn erlischt schon dann, wenn derselbe seinen vormals reichsständischen Besitz in Bayern nicht mehr inne hat[36].

Die Vorrechte der standesherrlichen Familien erstrecken sich ihrem räumlichen Umfange nach nicht auf das ganze Königreich. In der Pfalz genießen diese Familien keinerlei Vorrechte[37].

Die Vorrechte sind theils solche, welche sämmtlichen Familiengliedern, theils solche, welche nur den Häuptern der standesherrlichen Familien zukommen.

Die Familienmitgliedschaft ist durch Abstammung aus hausgesetzlich giltiger Ehe eines männlichen Familienmitgliedes bedingt[38]. Auch die Frage, wer Haupt der Fa-

---

[33] H. A. Zachariä a. a. O. I S. 517 ff., Pözl, Lehrb. des bayer. Verf. Rechts S. 206 Anm. 4. Anders H. Zöpfl a. a. O. II S. 153 ff.; Göriz, Zeitschr. f. d. ges. Staatswiss. XXVII S. 599.

[34] Im letzteren Falle sollte nach einem Ges. Entw., der im Jahre 1842 dem Landtage vorgelegt wurde, die Uebertragung der Reichsrathswürde zulässig sein, wenn eine standesherrliche Reichsrathswürde erloschen wäre. Vgl. Verh. d. K. d. R. R. 1842 Beil. Bd. II S. 29 ff., 47 ff., Prot. Bd. I S. 44 ff. Der Entw. kam indessen in der K. d. Abg. nicht zur Verh. — Es ist ein offenbarer Verstoß, wenn die Entschl. vom 29. April 1820 (Weber II S. 37) sagt, daß die gemäß Verf. Beil. IV § 53 bewilligte Rente nur bei Veräußerung an eine nicht zur Classe der Standesherren gehörige Person erlöschen soll.

[35] Die Frage ist sehr umstritten. Für die hier vertretene Ansicht sind L. Pernice, de principum comitumque imp. Germ. anno 1806 subiectorum iuris privati immutata ratione, Halis 1827, ferner L. v. Dresch, Abhandlungen über Gegenstände des öffentlichen Rechts S. 206, Pözl, Lehrb. des bayer. Verf. Rechts S. 207. Dagegen H. A. Zachariä a. a. O. I S. 518 Anm. 4, H. Zöpfl a. a. O. II S. 154, Berchtold im Staatswörterb. X S. 195 Anm. 54, Golther, Zeitschr. f. d. ges. Staatswiss. XVII S. 208, H. Schulze, Lehrb. des deutschen Staatsrechts I S. 406, G. Meyer, Lehrb. des deutschen Staatsrechts, 3. Aufl., S. 681, Anm. 18, A. W. Heffter, die Sonderrechte ꝛc. S. 30, letzterer jedoch nicht mit großer Entschiedenheit, O. v. Sarwey, Staatsrecht des Kgrs. Württemberg I S. 317 Anm. 3. Für das bayer. Recht wird m. E. die Meinung der erstgenannten Schriftsteller jedenfalls zutreffen. Sicher ist, daß die in der k. Erklärung von 1807 bewilligten Rechte nur jenen vormaligen Reichsständen verliehen worden sind, welche mit reichsständischen Besitzungen unter bayer. Hoheit kamen, und ebendieselben hat auch die IV. Verf. Beil. ausschließlich im Auge. Reichsständische Personalisten haben als solche nach bayer. Staatsrechte gar keine besonderen Rechte; sie gehören zum „übrigen Adel des Reichs" nach Tit. V § 4 der Verf. Urk. Nur Eine schon zur Zeit des alten Reichs mediatisirte Familie, die trotzdem die volle Reichsstandschaft bis zu Ende des Reichs bewahrt hatte, die Familie Giech, wurde in der Folge noch als standesherrlich anerkannt — vgl. oben Anm. 24 und Zöpfl a. a. O. I S. 198 Anm. 17; und nur Eine bloße Personalistenfamilie, Pappenheim, wurde den standesherrlichen Familien gleichgestellt — vgl. oben Anm. 26. Die Regel des bayer. Staatsrechtes steht sonach dahin fest, daß zum Genuße der standesherrlichen Rechte zwei Voraussetzungen gefordert werden: vormalige Reichsstandschaft und Besitz eines Gebietes, das im Jahre 1806 noch reichsständisch war. Mit dem Verluste des Gebietes, nun Grundbesitzes, fällt die eine der beiden Grundlagen der Standesherrlichkeit weg. Die Standesherrlichkeit ist an Stelle der Reichsstandschaft getreten, und wie letztere früher mit Veräußerung des Landes, auf welchem sie haftete, erlosch, so nun im gleichen Falle die Standesherrlichkeit. Eine Umwandlung der vollen Standesherrlichkeit in die Stellung eines sog. standesherrlichen Personalisten kann nicht stattfinden, weil das bayer. Staatsrecht derartige Personalisten nicht kennt und kein innerer Grund besteht, solche Personen besser zu behandeln, als die reichsständischen Personalisten.

[36] Uebereinstimmend Pözl, Lehrb. des bayer. Verf. Rechts S. 207. Die Richtigkeit der obigen Sätze bedarf wohl kaum des Nachweises. Auch hier kann, wie in dem oben Anm. 28 erörterten Falle, der Besitz so weit sich mindern, daß er nahezu zum bloßen Scheine wird. Allein es besteht hier gleichfalls keine Möglichkeit, rechtlich eine Grenze zwischen erheblicher und unerheblicher Minderung zu ziehen.

[37] K. Entschl. vom 5. Oct. 1818, C. a. Unter die Bestimmungen der Verf. Urk., die in der Pfalz nicht anwendbar sind, gehören hienach die in Tit. V § 2 „den ehemals reichsständischen Fürsten und Grafen . . . zugesicherten Rechte nebst der hierauf bezüglichen Beilage Nr. 4".

[38] Die Bestimmungen in Verf. Beil. V §§ 1, 2 sind für die standesherrlichen Häuser nicht maßgebend. Wer von dem Angehörigen eines standesherrlichen Hauses abstammt, hat entweder den hohen

milie sei, beantwortet sich nach den Hausgesetzen. Ein standesherrliches Haus kann hienach auch mehrere Häupter haben. In solchem Falle stehen jedem Familienhaupte alle verfassungsmäßigen Vorrechte eines solchen zu[39].

Die Vorrechte der standesherrlichen Häuser sind Ehrenrechte und materielle Rechte.

Ihre Ehrenrechte sind folgende. Sie behalten die Titel, welche sie früher geführt haben, jedoch mit Weglaffung aller Bezeichnungen, die sich auf ihre früheren reichsständischen Verhältnisse beziehen[40], und nennen sich nach ihren ursprünglichen Stammgütern und Herrschaften.

Das Haupt des Hauses darf sich, zur Unterscheidung von den Nachgeborenen, in allen nicht an den König oder königliche Behörden gerichteten Schriften und Handlungen Fürst und Herr oder Graf und Herr nennen und des Wortes „Wir" bedienen[41]. Er führt ferner den Titel Durchlaucht, wenn er ein Fürst, Erlaucht, wenn er ein Graf ist[42].

Den übrigen Mitgliedern der standesherrlichen Häuser kömmt lediglich der betreffende Adelstitel (Fürst, Fürstin[43], Graf, Gräfin) und das Beiwort durchlauchtig hochgeboren oder hochgeboren zu[44].

Gegen die Standesherren und die Mitglieder ihres Hauses wird im amtlichen Verkehre ein angemessenes Kanzleiceremoniell beobachtet[45].

Den Häuptern der standesherrlichen Familien ist gestattet, in den Schlössern ihres Wohnsitzes eine Ehrenwache aus nicht mehr wehrpflichtigen Staatsangehörigen zu halten[46].

Einige sonstige Ehrenrechte, welche die Verfassungsurkunde den Standesherren bewilligt hatte, sind theils gegenstandlos geworden, theils weggefallen[47].

Adel seines Vaters oder, wenn die Ehe den hausgesetzlichen Anforderungen nicht genügt, gar keinen Adel. Eine hausgesetzliche Bestimmung, welche unebenbürtigen Sprößlingen den niederen Adel zugestehen würde, wäre ungiltig, weil außerhalb des Rahmens des Hausgesetzgebungsrechtes liegend.

[39] Dies hat insbes. Bedeutung für die Mitgliedschaft in der ersten Kammer. In einem sehr interessanten Falle (der Grafen von Castell) ist 1866 anerkannt worden, daß auch bei einem Condominium zweier Linien eines Hauses (vgl. Haus- u. Familienges. der Grafen zu Castell vom 14. Juni 1861 — R.Bl. 1864 S. 753 — § 4) die Häupter beider Linien Anspruch auf die Reichsrathswürde haben. Verh. d. K. d. R.R. 1866 Prot. Bd. II S. 148, Beil. Bd. (I) S. 219. Hiemit wurde der Standpunkt verlassen, der (bezüglich derselben Familie) in der k. Entschl. vom 8. April 1819 (Weber I S. 756) eingenommen worden war. Vgl. auch unten § 95 Anm. 2.

[40] Dies ist näher erläutert in der k. Declar. vom 19. März 1807 A Ziff. 2—4. S. auch Döllinger IV S. 35, Weber I S. 615 Anm. 2.   [41] Verf. Beil. IV § 2.

[42] Bundesbeschlüsse vom 18. Aug. 1825 u. 13. Febr. 1829; k. Entschl. vom 22. April 1829. Weber I S. 616 Anm. 4, II S. 468.

[43] Nicht Prinz oder Prinzessin. M. E. vom 5. Jan. u. 6. Dec. 1837 (Weber I S. 615 Anm. 3). H. Zöpfl, Grundsätze des gemeinen deutschen Staatsrechts II S. 104 Anm. 20, meint, das Verbot des Prädicats Prinz habe „keinen gesetzlichen Grund". Für Bayern liegt der gesetzliche Grund in Verf. Beil. IV § 2.

[44] Verf. Beil. IV §§ 2, 3 mit Bundesbeschluß vom 13. Febr. 1829.

[45] Verf. Beil. IV § 3. Vgl. Weber III S. 36, IV S. 301.

[46] Verf. Beil. IV § 13, wo beigefügt ist, daß die betreffenden „Eingeborenen" „dem Souverän den Huldigungseid geleistet haben" müssen. Der Ausdruck „Militaire-Pflichtigkeit" ist nach der Absicht des Gesetzes jetzt als Wehrpflicht zu verstehen.

[47] Gegenstandslos ist das Ehrenrecht nach Verf. Beil. IV § 4, daß die standesherrlichen „Stellen" und „Beamten" bei gewissen Trauerfällen „eine Trauer von sechs Wochen anlegen" können. Solange es standesherrliche Stellen und Beamte mit obrigkeitlichen Aufgaben und diesen entsprechenden Rang- und Dienstverhältnissen gab, mochte in der angef. Bestimmung ein Ehrenrecht gesehen werden. Nunmehr sind aber die betreffenden Angestellten bloße Privatbedienstete für die Vermögensverwaltung. R. Bl. 1871 S. 1067 (Comp. Confl. Erk.). Es steht also diesen, gleich allen anderen Menschen zu, für wen und solange sie wollen, Trauer anzulegen oder sich, worüber eine Entschl. bei Döllinger IV S. 40 handelt, schwarzgeränderten Papiers zu bedienen.

Unanwendbar sind ferner die Bestimmungen in Verf. Beil. IV § 61 über das Recht der Standesherren, Titel an ihre Bediensteten zu verleihen. Diese Vorschriften beziehen sich nur auf die standes-

Die standesherrlichen Familien haben das Recht der Selbstgesetzgebung⁴⁸. „Ihre nach den Grundsätzen der früheren deutschen Verfassung noch bestehenden Familienverträge (Familiengesetze) bleiben aufrecht erhalten, und sie haben die Befugniß, über ihre Güter und Familienverhältnisse verbindliche Verfügungen zu treffen"⁴⁹. Solche Verfügungen⁵⁰ müssen dem Könige vorgelegt werden. Einer Bestätigung durch denselben unterliegen sie nicht⁵¹. Jedoch hat der König das Recht, sie auf ihre Gesetzmäßigkeit⁵² zu prüfen.

---

herrlichen Mediatbeamten (d. h. mittelbaren Staatsdiener — M. E. vom 21. Sept. 1824, Döllinger IV S. 141), welche nicht mehr bestehen, und hatten auch nur bezüglich dieser, denen nach § 64 a. a. O. ein staatsdienerlicher Rang zukam, einen Sinn. Die standesherrlichen Bediensteten für die Vermögens=verwaltung hatten niemals die Eigenschaft mittelbarer Staatsdiener (M. E. vom 5. Nov. 1837, wo übrigens zu lesen ist, daß die standesherrlichen Domanialkanzleien „öffentliche Behörden" (!) und „mit staatsdienerlichem Charakter nicht bekleidete öffentliche Corporationen" (!) seien; vgl. auch L. v. Dresch, Abhandlungen über Gegenstände des öffentlichen Rechtes S. 176) und daher auch niemals staats=dienerlichen Rang (M. E. vom 21. Sept. 1824 u. vom 16. Juni 1829, Döllinger IV S. 141, 142). Es gibt nunmehr, von einer später zu erörternden Ausnahme für die Familie Thurn u. Taxis ab=gesehen, lediglich standesherrliche Privatbedienstete, und bezüglich der Bezeichnung dieser befinden sich die Standesherren in der gleichen Lage wie die übrigen Staatsangehörigen. Sie können ihre Be=diensteten nennen, wie sie wollen, nur werden sie Bezeichnungen vermeiden müssen, die ein Staats=dienstverhältniß ausdrücken oder mit staatlich verliehenen Titeln gleich sind, deren Gebrauch also die Bediensteten mit dem § 360 Ziff. 8 des R. St. G. B. in Zwiespalt bringen würde. Das Entsprechende gilt auch bezüglich der Tracht solcher Bediensteter. Uebereinstimmend L. v. Sarwey, Staatsrecht des Kgrs. Württemberg I S. 96 Anm. 4, S. 322.
    Eine in der Begründung sehr mißglückte M. E. vom 16. Febr. 1838 bei Döllinger XXII S. 201, auch Weber I S. 625 Anm. 35. Vgl. ferner M. E. vom 11. Oct. 1825 (Weber II S. 249).
    Bei Bezeichnung ihrer Guts= und sonstigen Vermögensverwaltungen haben die Standesherren mit der gleichen Maßgabe freie Hand wie alle anderen Unterthanen. Wenn ihnen Verf. Beil. IV § 58 die Befugniß zugesteht, „ein eigenes Collegium für die Verwaltung ihrer gutsherrlichen Einkünfte unter dem Namen Domanialkanzlei anzuordnen", so wäre darin ein Vorrecht nur dann zu sehen, wenn eine Bestimmung bestünde, wonach es anderen verboten wäre, ihr Vermögen einer beliebig eingerichteten und bezeichneten Verwaltung anzuvertrauen. Vgl. hieher Entsch. d. B. G. H.'s XVI S. 111.
    Auch die „Berechtigung" der Standesherren, von ihren Beamten sich einen Diensteid leisten zu lassen (Verf. Beil. IV §§ 14, 62 handelt von den nicht mehr vorhandenen Mediatbeamten), ist kein Vorrecht, da es Niemandem verwehrt ist, die Erfüllung der Dienstpflicht gegen seinen Dienstherrn eidlich zu versprechen, und jener Eid nicht die Bedeutung hat, daß dem Standesherrn (und noch weniger den Staatsbehörden, M. E. vom 5. Nov. 1837, Weber III S. 196) eine Disciplinargewalt über solche Privatbedienstete zukomme.
    Die in Verf. Beil. IV § 4 aufgezählten Ehrenrechte bezüglich des Kirchengebets und des Trauer=geläutes „in allen Städten, Märkten und Dörfern, welche den standesherrlichen Häusern angehören", und der Einstellung öffentlicher Lustbarkeiten „in den standesherrlichen Gebieten" bei gewissen Trauer=fällen (darüber theilweise sich widersprechende ältere Entschließungen bei Weber I S. 616, II S. 469, 689 u. Döllinger IV S. 37 ff., XXII S. 186) sind in Wegfall gekommen, da die Standesherren keinerlei obrigkeitliche Gewalt mehr besitzen, es also weder standesherrliche Orte noch standesherrliche Gebiete mehr gibt. Die Standesherren haben lediglich die Ehrenrechte der Kirchenpatrone nach Verf. Beil. VI § 20 gegebenen Falls zu beanspruchen.
    ⁴⁸ Vgl. J. L. Klüber, Abhandlungen u. Beobachtungen für Geschichtskunde, Staats= u. Rechts=wiss. I S. 83; R. Scholly, das Autonomierecht des hohen Adels ꝛc., München 1894; Entsch. d. R.G.'s in Civilsachen XVIII S. 198 und insbes. XXVI S. 135.
    ⁴⁹ Verf. Beil. IV § 9. Die Bestimmung ist dem Art. 14, c, 2 der deutschen Bundesakte nach=gebildet. Dort steht auch der Satz: „Alle bisher dagegen erlassenen Verordnungen sollen für künftige Fälle nicht weiter anwendbar sein." Dieser Satz (über seine Bedeutung H. A. Zachariä, deutsches Staats= u. Bundesrecht I S. 523 Anm. 4, A. W. Heffter, die Sonderrechte ꝛc. S. 43) ist in die bayer. Verf. nicht aufgenommen worden. Er war überflüssig, da eine Aufhebung der standesherrlichen Familiengesetze nicht stattgefunden hat. Vgl. Verordn. vom 27. Mai 1807 (Weber I S. 141), A. Schlund, die Giltigkeit der Hausges. des hohen deutschen Adels, München 1842, S. 24.
    ⁵⁰ Ueber deren rechtliche Natur P. v. Roth, bayer. Civilrecht, 2. Aufl., I S. 111 ff.
    ⁵¹ Königliche Bestätigung war in der Declar. vom 19. März 1807, A, Ziff. 12 gefordert. Vgl. indeß dazu die Verordn. vom 27. Mai 1807.
    ⁵² Verf. Beil. IV § 9 sagt, offenbar zu eng, „soweit sie nichts gegen die Verfassung enthalten". Vgl. P. v. Roth a. a. O. I S. 112 Anm. 9. „Soweit" heißt hier soviel als „wenn". Der König kann nicht etwa Bestimmungen aus den Hausges. herausstreichen und den Rest verkünden. Er kann sie nur ganz zurückweisen oder zur Abänderung zurückgeben.

Findet sich kein Anstand, so werden sie, und zwar jetzt durch das Gesetz- und Verordnungsblatt, zur allgemeinen Kenntniß und Nachachtung gebracht [53]. Diese Vorlage, Prüfung
und Verkündigung ist also keine leere Form. Die standesherrlichen Hausgesetze erlangen
erst durch die landesherrliche Verkündigung Gesetzeskraft [54].

Das standesherrliche Selbstgesetzgebungsrecht besteht nur gegenüber dem Landesrechte, nicht gegenüber dem Reichsrechte [55], es müßte denn ein Reichsgesetz ausdrücklich zu
Gunsten jener Selbstgesetzgebung eine Ausnahme machen [56].

Die Häupter der standesherrlichen Familien haben das Recht, nichtstreitige Verlassenschaftsverhandlungen, welche Mitglieder ihrer Familien betreffen, ohne Dazwischen-
kunft der Gerichte durch ihre Kanzlei erledigen zu lassen [57]; ferner innerhalb ihres Hauses,
soferne sie nicht persönlich betheiligt sind [58], die Vormundschaften zu bestellen. Dem
Staatsministerium der Justiz ist über die angeordnete Vormundschaft Anzeige zu machen.
Dasselbe handhabt die Oberaufsicht über standesherrliche Vormundschaftssachen; die
Obervormundschaft dagegen führt das zuständige Oberlandesgericht [59]. Die erwähnten
Vorrechte sind [60] ähnlich den früheren Vorrechten der Siegelmäßigkeit. Die betreffenden
Handlungen der Standesherren und ihrer Kanzleien haben also keinen obrigkeitlichen,
sondern lediglich einen privatrechtlichen Charakter. Die Beziehung zum öffentlichen
Rechte, wegen deren diese Vorrechte hier zu erwähnen waren, liegt in der Beschränkung
und Aenderung der regelmäßigen Zuständigkeit der Behörden.

Den standesherrlichen Familien ist durch die Verfassungsurkunde [61] zugesichert, daß
sie „die Ebenbürtigkeit in dem bisher damit verbundenen Begriffe" behalten. Der Begriff
der Ebenbürtigkeit gehört dem Privatrechte, und zwar dem Privatfürstenrechte, an.
Staatsrechtliche Bedeutung kömmt ihm nur mittelbar zu, wie bereits früher erwähnt [62]
wurde [63].

---

[53] Ein Verzeichniß der in Bayern erlassenen standesherrlichen Hausges. bei Weber Anh. Bd.
S. 589 ff.

[54] Art. 14 der Bundesakte sagt: „welche jedoch dem Souverän vorgelegt und bei den höchsten
Landesstellen zur allgemeinen Kenntniß und Nachachtung gebracht werden sollen"; Verf. Beil. IV § 9
sagt: „welche dem Souverän vorgelegt werden müssen, worauf sie, soweit sie nichts gegen die Verfassung
enthalten, durch die obersten Landesstellen zur allgemeinen Kenntniß und Nachachtung gebracht werden." Der in letzterer Fassung eingeschobene Satz muß nothwendig sachliche Bedeutung haben. Sie kann
sie nur dann, wenn die Versagung der landesherrlichen Verkündigung auf die Gesetzeskraft der Vorlage Einfluß äußert. Wie alle Gesetze, so treten auch die Hausgesetze erst in Wirksamkeit, wenn sie in
der vorgeschriebenen Weise verkündet worden sind. Vgl. über die Frage R. Probst im
Württemb. Archiv XXII S. 423.

[55] P. v. Roth a. a. O. I S. 112 Anm. 9.

[56] An die Bestimmungen der VII. Verf. Beil. sind die Standesherren bei Errichtung von
Fideicommissen nicht gebunden. Ueber die Führung der Hypothekenbücher für standesherrliche Fideicommisse vgl. die Erörterung in der Begründung zu Art. 36 des Ausf. Ges. zum R. C. P. O., vom
23. Febr. 1879. Verh. d. K. d. Abg. 1877/81 Beil. Bd. V S. 142 ff.

[57] Verf. Beil. IV § 7; bayer. Ger. Verf. Ges. vom 10. Nov. 1861 Art. 76 Abs. III. Aufrecht
erhalten durch bayer. Ausf. Ges. z. R. C. B. G., vom 23. Febr. 1879, Art. 81 Abs. I.

[58] Ist dies der Fall, so ernennt das zuständige Oberlandesgericht den Vormund, vorbehaltlich
der Beschwerde zum obersten Landesgericht. Verf. Beil. IV § 10 Abs. I. Entsch. d. o. L. G.'s f. Bayern
in Gegenständen des Civilrechts ꝛc. X S. 216.

[59] Verf. Beil. IV § 10. Ausf. Ges. zur R. C. Pr. O. ꝛc. vom 23. Febr. 1879 Art. 102. Die
Streitfrage, ob das Justizministerium oder das Oberlandes- (Appellations-) Gericht Obervormund-
schaftsbehörde sei, ist zu Gunsten des letzteren entschieden. Vgl. Hellmuth, Zuständigkeit in standesherrlichen Vormundschaftssachen, München 1845; P. v. Roth a. a. O. I S. 634 Anm. 3; Bl. f. Rechtsanw. X S. 188, XI S. 360, XII S. 139, XXIX S. 55 f., XXXI S. 86. H. Becher, das rechtsrhein.-bayer. Landescivilrecht ꝛc., München 1894, S. 94 Anm. 67.

[60] Wie Pözl, Lehrb. des bayer. Verf. Rechts S. 199 Anm. 7, richtig bemerkt.

[61] Beil. IV § 1.　　　　[62] § 57 Anm. 9.

[63] Vgl. hieher auch J. L. Klüber, Abhandlungen u. Beobachtungen für Geschichtskunde,
Staats- u. Rechtswiss. I S. 225.

Auf privatrechtlichem Gebiete ist im Uebrigen nur ein wenig erhebliches Vorrecht der Standesherren zu erwähnen, daß sie nemlich fähig sind, Activlehen zu besitzen [64].

Die Bestimmungen über die Ausscheidung zwischen dem Vermögen, welches ihnen verblieb, und jenen Einkünften, welche als landesherrliche mit der Unterwerfung verloren gingen, haben nur mehr geschichtliche Bedeutung [65].

Die Standesherren sind in der Verfügung über ihre vormals reichsständischen Besitzungen insoferne beschränkt, als sie bei beabsichtigter gänzlicher oder theilweiser Veräußerung derselben der Staatsregierung Anzeige zu erstatten verpflichtet sind und dem Staate alsdann das Vorkaufsrecht zusteht [66].

Die Häupter der standesherrlichen Häuser sind geborene Reichsräthe [67].

Die Standesherren und die Mitglieder ihrer Familien haben das Recht, in die Dienste deutscher und fremder, mit dem Reiche im Frieden befindlicher Staaten zu treten, ohne hiezu einer besonderen königlichen Erlaubniß zu bedürfen [68]. Diejenigen jedoch, welche im Staatsdienste stehen oder einen Staatsdienerruhegehalt aus der Staatskasse beziehen, unterliegen den Bestimmungen des Staatsdienstrechtes [69].

Die Standesherren und ihre Familien sind von einer Reihe allgemeiner Pflichten und Lasten der Staatsangehörigen befreit.

1. Sie sind frei von der Wehrpflicht [70].

2. Die Gebäude, welche zu ihren vormals reichsständischen Besitzungen gehören [71], sind, soferne sie für immer oder zeitweise zum Wohnsitze der Eigenthümer bestimmt sind,

---

[64] Declar. vom 19. März 1807, M Ziff. 2, Verf. Beil. IV § 57. Dies ist eine Ausnahme von der Bestimmung in § 22 des Lehenedicts vom 7. Juli 1808, wonach außer dem Könige in Bayern Niemand Lehensherr sein kann. — Verf. Beil. IV § 57 fügt noch bei: „Die Ritterdienste können nur für den Souverän gefordert werden; alle übrigen Lehengefälle bleiben dem Mediatherrn." Vgl. übrigens Lehenablösungsges. vom 4. Juni 1848, wonach diese Lehen ablösbar sind. Vgl. auch die zwischen der Erklärung von 1807 und der IV. Verf. Beil. liegenden k. Erklärungen vom 3. Febr. 1809 (R. Bl. S. 257) u. 2. Jan. 1813 (R. Bl. S. 41), wonach die Auflösung des Lehensverhältnisses zwischen den Mediatisirten und ihren Vasallen angeordnet war.

[65] Vgl. darüber Declar. vom 19. März 1807, H, J, Verf. Beil. IV §§ 49, 52, 60. Die §§ 15 und 16, letzterer soweit er nicht aufgehoben ist, enthalten Selbstverständliches. Die Lehensherrlichkeit über die Lehen, welche die Standesherren in Bayern besaßen, wurde durch die k. Declar. vom 19. März 1807, M auf den König übertragen. Sie sind nach den Bestimmungen des Ges. vom 4. Juni 1848 ablösbar. Vgl. im Uebrigen Pözl, Lehrb. des bayer. Verf. Rechts S. 201 f.

[66] Declar. vom 19. März 1807, H Ziff. 14 mit Art. 27 der Rheinbundakte, Verf. Beil. IV § 65. S. auch M. E. vom 2. Juni 1827 (Weber I S. 133 Anm. **).

[67] Verf. Urk. Tit. VI § 2 Ziff. 4. Vgl. oben Anm. 32. C. F. Göriz, Beitrag zur Lehre vom Landstandschaftsrecht der Standesherren, Zeitschr. f. d. ges. Staatswiss. XXVII S. 599.

[68] Kaum haltbar ist die Ansicht in der M. E. vom 9. April 1837 (Weber III S. 96), daß die Mitglieder standesherrlicher Familien zur Annahme fremder Orden keiner königlichen Bewilligung bedürfen. Es ist nicht erfindlich, wie dies aus Verf. Beil. IV § 5 folgen soll.

[69] Verf. Beil. IV § 5. O. Frhr. v. Völderndorff, Bl. f. adm. Praxis III S. 277. — Das Recht freien Aufenthaltes außerhalb Bayerns, das die Verf. Urk. den Standesherren und ihren Familien in Beil. I § 14, Beil. IV § 5 einräumt (vgl. H. Zöpfl, Grunds. des gem. deutschen Staatsrechtes II S. 109 ff.), ist, was den Aufenthalt im Bundesgebiete betrifft, in dem reichsrechtlichen Grundsatze der Freizügigkeit untergegangen, was den Aufenthalt im Auslande anlangt, gegenstandslos geworden, indem die allgemeinen polizeilichen Beschränkungen weggefallen sind, die früher in dieser Beziehung bestanden. Selbstverständlich finden die besonderen Beschränkungen, welche nach Reichsrecht und nach Landespolizeirecht hinsichtlich des Aufenthaltes zulässig sind, auf die Mitglieder der standesherrlichen Familien ebenfalls Anwendung. Dies wurde insbesondere im Falle des Jesuitenpaters Hermann Grafen Fugger-Glött durch M. E. vom 16. Nov. 1872 anerkannt. Vgl. meine Erörterungen, Annalen des Deutschen Reiches 1876 S. 159 Anm. 3, und unten § 93 Ziff. 18. Auch die Bestimmungen des R. Ges. vom 1. Juni 1870 über die Verjährung der Staatsangehörigkeit gelten für die Angehörigen der standesherrlichen Häuser. W. Cahn, das Reichsges. über die Erwerbung und den Verlust der Reichs- und Staatsangehörigkeit, S. 154 †.

[70] R. Ges., betr. die Verpflichtung zum Kriegsdienste, vom 9. Nov. 1867, § 1 Abf. I, b; gilt an Stelle von Verf. Beil. IV § 11.

[71] Also nicht sonstige Wohngebäude.

frei von der Quartierleistung für die bewaffnete Macht im Frieden [72]. Sie sind in Folge dessen, soweit diese Befreiung reicht, auch frei von der Verpflichtung zur Naturalverpflegung der Truppen [73].

3. Die Standesherren und deren Familien [74] sind frei von den staatlichen Personalsteuern [75]. Ferner sind die Schloßgebäude, welche die Standesherren bewohnen, frei von der Haussteuer [76]. Zu außerordentlichen Staatsumlagen haben jedoch die Standesherren und deren Familien gleichmäßig nach dem allgemeinen Steuerfuße beizutragen [77].

4. Die Standesherren genießen eine, jedoch beschränkte Befreiung von der Entrichtung von Ortsgemeindeumlagen [78]. Diese Befreiung [79] bezieht sich nemlich nach dem

---

[72] R. Ges., betr. die Quartierleistung für die bewaffnete Macht während des Friedenszustandes. vom 25. Juni 1868, § 4 Abs. II Ziff. 1. Die Bestimmung in Verf. Beil. IV § 12 ist hienach aufgehoben.

[73] R. Ges. über die Naturalleistungen für die bewaffnete Macht im Frieden vom 13. Febr. 1875 § 4.

[74] M. E. vom 23. Nov. 1855 (Weber V S. 120). Anderer Ansicht K. Brater, Bl. f. adm. Praxis V S. 280, G. Rohmer, die rechtliche Natur des standesherrlichen Steuervorrechts rc., München 1893, S. 21; m. E. mit Unrecht.

[75] Ueber die Bedeutung des Ausdruckes oben § 63 Anm. 114.

[76] Verf. Beil. IV § 53. Vgl. darüber oben § 63 Anm. 115. Weber V S. 120. Daß nur Schloßgebäude in den vormals reichständischen Besitzungen gemeint sein können, zeigt der Zusammenhang und ergibt sich zudem aus der Absicht des Gesetzes. Uebereinstimmend A. Seißer, die Ges. über die directen Steuern, 2. Aufl., I S. 89 Anm. 5, G. Rohmer a. a. O. S. 39 f., anderer Ansicht F. Englert, die Ortsgemeindeumlagen vom unbeweglichen Besitze rc., München 1887, S. 19, und A. Diepolder, Umfang der Steuerfreiheit der Standesherren in Bayern, Augsburg 1892, S. 8.

[77] Verf. Beil. IV § 54. K. Entschl. vom 2. März 1819 (Döllinger IV S. 130). S. auch Bl. f. adm. Praxis VI S. 248 und G. Rohmer a. a. O. S. 22.

[78] Von der Entrichtung der Kreis- u. Districtsumlagen sind die Standesherren nicht befreit. Bezüglich der Districtsumlagen war lange Zeit eine andere Auffassung herrschend. Daß die Verf. in Beil. IV § 55 das Wort „Gemeindeumlage" anders als im gewöhnlichen Sinne verstehe, wonach es örtliche Gemeindeumlage bedeutet, war jedenfalls eine unbewiesene Behauptung. Man bezog sich dafür auf die Verordn. vom 6. Febr. 1812 (R. Bl. S. 321). Etwas mehr Berechtigung hatte die Berufung darauf, daß nach dem Ges., die Umlagen für Gemeindebedürfnisse betr., vom 22. Juli 1819 (G. Bl. S. 83) Art. VII die Districtsumlagen nicht als solche, sondern als Gemeindeumlagen zur Erhebung kamen. (Vgl. auch Ges. vom 11. Sept. 1825 — G. Bl. S. 87 — §§ 1, 8.) Auf dieser rechtlichen Grundlage hielt dann die Uebung vor Erlaß des Ges. über die Districtsräthe vom 28. Mai 1852 an der Ansicht fest, daß die Standesherren frei von Districtsumlagen seien. Vgl. Döllinger XI S. 1134. XXII S. 193, Bl. f. adm. Praxis I S. 144. Die wirkliche Begründung dieser Uebung konnte aber nicht unmittelbar in der angef. Verfassungsvorschrift, sondern nur in den Ges. von 1819 u. 1825 und dadurch mittelbar in Verf. Beil. IV § 55 gefunden werden. Die Freiheit der Standesherren von Districtsumlagen mußte aufhören, sobald die Gesetzgebung dazu überging, diese Umlagen als solche erheben zu lassen. Dies geschah durch das Ges. von 1852. In den drei Ges. Entw. (Gemeindeordnung, Districtsräthe u. Kreisräthe betr.), welche dem Landtage 1849/50 vorgelegt wurden, wollte für die Gemeinde-, Districts- u. Kreisumlagen gleichmäßig die Pflichtigkeit der Standesherren durchgeführt werden. Nur zur Beseitigung der Freiheit von Gemeindeumlagen aber hielt man die Formen der Verfassungsänderung für nöthig. Verh. d. K. d. Abg. 1850 Beil. Bd. III S. 671, 674, 699. Die Ges. Entw. blieben damals unerledigt; dem Landtage von 1851/52 gingen vier Ges. Entw. über die Districts- u. Landräthe wieder zu. In diesen Entw., wie in den daraus hervorgegangenen Ges. ist von einer Umlagenfreiheit der Standesherren keine Rede. Vgl. Verh. der K. d. Abg. Beil. Bd. II S. 566, Begründung zu Art. 27, 28 des Districtsrathsges. Die Wissenschaft erklärte sich sofort für die richtige Auffassung. Pözl, Lehrb. des bayer. Verf. Rechts, 2. Aufl. § 114 Ziff. 3 (nun S. 205, 235), K. Brater in Dollmann's Gesetzgebung des Kgrs. Bayern Th. II Bd. I S. 87 f. u. in dem Bl. f. adm. Praxis II S. 230 ff. (vgl. auch VII S. 139). Die Rechtsanwendung der Behörden dagegen blieb noch eine Weile im festgefahrenen Geleise. S. Sammlung von principiellen Erlassen u. Präjudicien auf dem Gebiete der Verwaltung, Nördlingen 1854, S. 5 f.; ferner Verh. d. K. d. Abg. 1856, Sten. Ber. I S. 348, II S. 242; II S. 314, IV S. 97; I S. 287, 572, II S. 248; 1859 Sten. Ber. S. 125, 388; 1861 Sten. Ber. II S. 46, III S. 206, IV S. 89. Die richtige Ansicht gelangte erst mit der M. E. vom 1. Jan. 1862 u. der dieselbe bestätigenden Staatsrathsentsch. vom 20. Jan. 1863, dann einer weiteren M. E. vom 3. Febr. 1863 (Weber VI S. 138) zur Geltung und ist seitdem festgehalten worden. Eine gemeinsame Beschwerde der Standesherren vom 1. Juli 1863 hatte keinen Erfolg; der Staatsrath beharrte vielmehr bei seiner Rechtsanschauung. — Vgl. hieher auch G. Rohmer a. a. O. S. 43 ff.

[79] Verf. Beil. IV § 55: diesf. Gem. Ordn. Art. 44 Ziff. 3. Die Frage der Ablösung dieses und der übrigen Abgabenvorrechte der Standesherren ist beim Landtage 1893/94 angeregt worden. Die K. b.

Wortlaute der Verfassungsurkunde nur auf ihre „dermaligen Besitzungen". Hierunter sind ihre vormals reichsständischen Besitzungen zu verstehen [80]. Die Befreiung soll außerdem den Standesherren hinsichtlich dieser Besitzungen nur zukommen, „wofern sie nicht Vortheile aus dem Gemeindeverbande ziehen". Was diese Bestimmung besagen will, ist deshalb schwer zu ermitteln, weil es sich nicht blos um eine Unklarheit des Ausdruckes, sondern auch um eine Unklarheit des Gedankens handelt. Jedenfalls unrichtig ist die Auffassung, als ob nur besondere Vortheile die Umlagenpflicht begründen, also solche, die sich nicht im Allgemeinen schon aus der Gemeindeangehörigkeit ergeben. Diese Meinung ist aus dem einfachen Grunde nicht haltbar, weil die Verfassung nicht von besonderen Vortheilen, sondern schlechtweg von Vortheilen spricht. Nicht minder irrig wäre es, anzunehmen, daß die Umlagenpflicht begründet sein solle, wenn der Standesherr nur irgend welchen Vortheil aus dem Gemeindeverbande zieht. Denn das hieße dem Gesetzgeber aufbürden, daß er einen Widersinn ausgesprochen habe. Die getroffene Bestimmung würde sich dann selbst aufheben. Daß Jemand aus einem Gemeindeverbande gar keine Vortheile zu ziehen in der Lage sei, ist begrifflich ebenso unmöglich, wie daß er vom Staatsverbande keinen Vortheil habe. Eben deshalb können an der angeführten Stelle auch die persönlichen Vortheile aus dem Gemeindeverbande, wie z. B. Aussicht auf Armenunterstützung in der Heimatgemeinde, Aufenthaltsrecht und dergl., nicht gemeint sein. Die Verfassungsbestimmung gewinnt nur dann, ich will nicht gerade sagen einen guten, aber überhaupt einen Sinn, wenn man sie dahin versteht, die Umlagenpflicht solle davon abhängig sein, daß dem vormals reichsständischen Besitze aus dem Gemeindeverbande, dem er einverleibt ist, ein Vortheil von Vermögenswerth zugeht. Ob dies der Fall ist oder nicht, das ist — und darin liegt das hervorragend Unzweckmäßige der Bestimmung — eine Thatfrage, die mitunter schwer zu beantworten und unter keine Rechtsregel zu bringen ist [81].

Abg. nahm in der Sitzung vom 22. Nov. 1893 (Sten. Ber. I S. 561 ff.) einen Antrag an, welcher bezügliche Erhebungen erbat; die K. d. R. R. ging in der Sitzung vom 21. April 1894 (Prot. Bd. II S. 46) hierüber zur Tagesordnung über, da Staatsregierung und Standesherren zu einer „freiwilligen Vereinbarung" geneigt seien. Im Jahre 1869 hatte die K. d. R. R. Ablösung der Umlagenfreiheit beantragt, die K. d. Abg. jedoch nicht beigestimmt. Verh. d. Landtags 1866/69 K. d. R. R. Prot. Bd. VI S. 756 ff., K. d. Abg. Verh. d. bes. Aussch. II S. 742 ff., Sten. Ber. VI S. 98 f.

[80] Uebereinstimmend Pözl, Lehrb. des bayer. Verf. Rechts S. 205; Entsch. d. V. G. H.'s IV S. 581, V S. 56. Im Gegensatze hiezu ist die Meinung vertreten worden, daß diese Umlagenfreiheit sich nicht nur auf die vormals reichsständischen, sondern auf alle Besitzungen beziehe, welche am 22. Juli 1819 den Standesherren gehörten. Letzterer Tag soll maßgebend sein, weil § 55 der IV. Verf. Beil. in Art. III Ziff. 4 des Gemeindeumlagenges. vom 22. Juli 1819 abgeschrieben ist. (Darüber auch Entsch. d. V. G. H.'s V S. 59.) So Bl. f. adm. Praxis VI S. 241, F. Englert a. a. O. S. 19 ff. — G. Rohmer a. a. O. S. 49 ff. vertritt die Ansicht, die Umlagenfreiheit beziehe sich auf alle Besitzungen, welche die standesherrliche Familie z. Z. der Verkündung des Gem. Ed. bzw. der Verf. Urk. „innerhalb des fürstlichen oder gräflichen Gebiets" innegehabt habe. — M. E. ist nach dem Zusammenhange der §§ 53—55 der IV. Verf. Beil. wie nach der Entstehungsgeschichte und dem Beweggrunde des Gesetzes eine andere Auslegung des Ausdruckes „dermalige Besitzungen" nicht möglich, als die oben vertretene. Es ist kein Grund erfindlich, der den Gesetzgeber sollte bewogen haben, den Standesherren Vorzüge über das Maß der Bundesakte hinaus einzuräumen, ihnen auf Kosten der Gemeinden eine Umlagenbefreiung für Besitzungen zu ertheilen, die nicht von der Mediatisirung betroffen wurden. Daher hat die Rechtsprechung sowohl des Staatsministeriums des Innern als des Staatsrathes (so z. B. in dem Staatsrathsbeschl. vom 5. Nov. 1827, 5. Juli 1875) von jeher daran festgehalten, daß nur dem vormals reichsständischen Besitze Umlagenfreiheit zukomme. (S. auch Entsch. d. V. G. H.'s IX S. 43 f.) Diesem Besitze aber steht Umlagenfreiheit auch dann zu, wenn er erst nach Erlaß der Verf. Urk. unter bayer. Hoheit gelangt ist. (Entsch. d. V. G. H.'s IX S. 97.) Ueber einen Zweifel, zu welchem Art. 17 des früheren, Art. 15 des jetzigen Gewerbesteuerges. (vom 19. Mai 1881) Anlaß gibt, Bl. f. adm. Praxis XI S. 94. Die dort getroffene Entscheidung scheint richtig zu sein. Uebereinstimmend G. Rohmer a. a. O. S. 48 Anm. 2.

[81] Die oben vertretene Ansicht wird durch eine ständige Rechtsprechung des Staatsrathes gestützt. (Hervorgehoben in einem Beschlusse vom 9. Jan. 1879.)

Der Verwaltungsgerichtshof⁸² will, weil nach früherem Gemeinderechte die Umlagen nicht allgemein für Gemeindezwecke, sondern getrennt für einzelne Gemeindezwecke
auferlegt wurden, auch jetzt noch die standesherrliche Umlagenpflicht auf das Maß des
Aufwandes beschränken, der dem Vortheile des standesherrlichen Besitzes aus dem Gemeindeverbande entspricht. Allein, daß dieses der Inhalt des standesherrlichen Vor-
rechtes sei, steht nicht in der Verfassungsurkunde, nicht im Umlagengesetze von 1819 und
nicht in der Gemeindeordnung von 1869. Die Wirkung, welche der verfassungsrechtliche
Satz unter der Herrschaft des früheren Gemeinderechts hatte, ist nicht der Inhalt des
Verfassungsrechtssatzes⁸³. Allerdings versucht der Verwaltungsgerichtshof zu beweisen,
daß jene Wirkung der Verfassungsbestimmung auch deren ausgesprochener Inhalt sei.
Aber dieser Beweis ist nicht gelungen. Der Verwaltungsgerichtshof meint, das Wort
„woferne" in Verfassungsbeilage IV § 55, Umlagengesetz Artikel III Ziffer 1, diesseitige
Gemeindeordnung Artikel 44 Absatz I Ziffer 3 sei nicht in der „eigentlichen Bedeutung"
als „wenn", sondern als „insoweit" zu verstehen. Aber es gibt keine eigentliche und un-
eigentliche, sondern nur Eine Bedeutung von „woferne"⁸⁴. Worte, deren sprachlicher
Sinn unzweifelhaft ist, kann man nicht umdeuten⁸⁵. Im Uebrigen stehen, von allem
Anderen abgesehen, dem Versuche, zu Gunsten der Standesherren die beseitigte Einrichtung
der Sonderumlagen wieder einzuführen, dieselben Bedenken entgegen, welche ich an einem
anderen Orte⁸⁶ gegen die fernere Anwendbarkeit des Artikels V des Umlagengesetzes von
1819 geltend gemacht habe⁸⁷.

Eine Befreiung der Standesherren von Steuern und Umlagen wegen ihrer nicht
reichsständisch gewesenen Besitzungen wird von der Verfassung ausdrücklich und grundsätzlich abgelehnt. „Da jedoch die deutsche Bundesakte Artikel 14 die Standesherren für
die privilegirteste Classe insbesondere in Ansehung der Besteuerung erklärt hat, so soll
ihnen zur Entschädigung für das ihnen hierin zugedachte Vorrecht entweder eine ständige
Rente, welche dem dritten Theil des Betrages der ordentlichen Grundsteuer, Haussteuer
und Dominicalsteuer von ihren vormaligen reichsständischen Besitzungen gleichkömmt,
bei einem königlichen Rentamte angewiesen, oder es soll von den Schulden, welche ihnen
bei der Abtheilung zugewiesen sind⁸⁸, ein dem mit 20 erhöhten Capitalstock einer solchen
Rente gleichkommender Antheil auf die Staatskasse übernommen werden"⁸⁹.

Vgl. über die Frage aus älterer Zeit Döllinger IV S. 131, XI S. 1120, 1134, XXII S. 193.
Bl. f. adm. Praxis I S. 140, VI S. 243, XVI S. 30. Nunmehr Entsch. des V. G. H.'s III S. 565 ff.,
wo insbes. die S. 568 f. wiedergegebenen Ausführungen des Staatsanwalts (Krais) bemerkenswerth
sind. F. Englert a. a. O. S. 23, G. Rohmer a. a. O. S. 52 ff. Ersterer erklärt das Vorrecht als
gegenstandslos, weil für die Umlagenpflichtigkeit jeder Vortheil aus dem Gemeindeverbande in Betracht
komme, die Voraussetzung der Umlagenpflicht also stets vorliege.
  ⁸² Entsch. VII S. 120; vgl. IX S. 42.
  ⁸³ Verfassungsgesetz, bemerkt Englert a. a. O. richtig, ist blos die Satzung selbst, nicht ihr
Beweggrund.
  ⁸⁴ Das Wort bezeichnet sprachlich, wie Englert zutreffend sagt, eine Voraussetzung, keinen
Maßstab.
  ⁸⁵ Daß man übrigens 1818 und 1819 keinen anderen Sprachgebrauch gehabt hat, wie heutzutage, möge ein Beispiel zeigen. Art. 22 der Verordn. vom 12. Mai 1815 (R. Bl. S. 393) sagt: „sofern
nicht ein gemeinschaftlicher Genuß vorwaltet", Art. V des Umlagenges. von 1819: „wenn nicht ein
gemeinschaftlicher Genuß . . . besteht".
  ⁸⁶ Bl. f. adm. Praxis XXXVIII S. 65 ff.
  ⁸⁷ Gegen den V. G. H. auch G. Rohmer a. a. O. S. 54 ff. — Für die nicht geringen
Schwierigkeiten in der Rechtsanwendung, zu welchen die Auffassung des V. G. H.'s führt, bieten Beispiele die Entsch. IX S. 33, 97.
  ⁸⁸ Verf. Beil. IV § 60, Ges., die Staatsschulden betr., vom 1. Juni 1822, Ziff. I.
  ⁸⁹ Verf. Beil. IV § 53; s. Entschl. vom 29. April 1820, die aber, wie bereits oben Anm. 34
erwähnt, der Berichtigung bedarf. Vgl. hieher auch J. Hock, Handb. der ges. Finanzverwaltung im
Kgr. Bayern, Bamberg 1883, II S. 24 f., wo eine abändernde k. Entschl. vom 6. Febr. 1861 erwähnt ist.

5. Die Häupter der standesherrlichen Familien erhalten die Zölle zurückvergütet, welche von den Verzehrungsgegenständen entrichtet worden, die für ihren eigenen Hausbedarf eingeführt wurden. Sie müssen jedoch zu diesem Ende die Zollscheine vorlegen und auf denselben mit eigenhändiger Unterschrift bestätigen, daß die eingeführten Gegenstände wirklich für den Bedarf ihres Hauses bestimmt waren. Von Wag- und Niederlagebühren sind sie nicht frei. Ferner ist ihnen gestattet, die Naturerzeugnisse und Gefälle aus ihren Besitzungen, die außer Landes gelegen sind und an ihre bayerischen Herrschaften angrenzen⁹⁰, zollfrei einzuführen, unter der Voraussetzung der Beibringung der erforderlichen Nachweise⁹¹. Die Zollvergünstigungen der Standesherren fallen der bayerischen Staatskasse, nicht der Reichskasse zur Last⁹².

Ein Vorrecht, das mit der jetzigen Gerichtsverfassung nicht im Einklange steht, besitzt das Haupt der fürstlichen Familie Thurn und Taxis. Demselben war durch königliche Erklärung vom 27. März 1812⁹³ die bürgerliche Gerichtsbarkeit erster und zweiter Instanz über seine Dienerschaft zu Regensburg und deren Hausgenossen, und zwar sowohl in streitigen als in nichtstreitigen Sachen bewilligt worden. Zugleich wurde den fürstlichen Behörden die Vornahme gewisser Akte freiwilliger Gerichtsbarkeit⁹⁴ hinsichtlich der Mitglieder des fürstlichen Hauses überlassen. Nachdem das Gerichtsverfassungsgesetz vom 10. November 1861 ergangen war, verneinte das Oberappellationsgericht mit Rücksicht auf Artikel 76 Absatz I dieses Gesetzes⁹⁵ den Fortbestand der fraglichen standesherrlichen Gerichte⁹⁶. In Folge dessen erging ein Gesetz vom 29. April 1869⁹⁷, welches die Ansicht des genannten Gerichtshofes mißbilligte, zugleich aber die Thurn und Taxis'schen Gerichte für die Zukunft auf die freiwillige Gerichtsbarkeit beschränkte⁹⁸. In Folge dessen ist der Bestand dieser Gerichte durch die Reichsjustizgesetzgebung nicht berührt worden⁹⁹.

Eine Reihe von Vorrechten, welche den Standesherren nach der Verfassungsurkunde zukamen, ist durch die spätere Gesetzgebung beseitigt worden¹⁰⁰.

---

⁹⁰ Dieser Fall kömmt nicht vor. Vgl. Staatsminister Frhr. von Feilitzsch Verh. d. K. d. Abg. 1893/94 Sten. Ber. I S. 567 f.
⁹¹ K. Declar. vom 19. März 1807, H Ziff. 12 (dazu die Entschl. der Landesdirection von Baiern vom 29. Mai 1807, R. Bl. S. 1052), Verf. Beil. IV § 56, Zollges. vom 17. Nov. 1837 § 23, e, M. E. vom 23. Juni 1852 (Döllinger XXII S. 198). — Die Befreiung von der Entrichtung der Chaussee- oder Weggelder nach H Ziff. 13 der Declar. u. Verf. Beil. IV § 56 ist jetzt gegenstandslos.
⁹² Vertrag, die Fortdauer des Zoll- u. Handelsvereins betr., vom 8. Juli 1867, Art. 15.
⁹³ K. Declar. über die dem Herrn Fürsten von Thurn u. Taxis und seinem Dienstpersonale bewilligten Rechte und Immunitäten (R. Bl. S. 841, Döllinger IV S. 169). Vgl. auch unten § 122 Anm. 39.
⁹⁴ „Obsignationen und Verlassenschaftssachen", „Bestellung der Vormünder und die dahin einschlagenden Gegenstände".
⁹⁵ Derselbe lautet: „Die dermal bestehenden allgemeinen, sowie die in diesem Gesetze nicht ausdrücklich beibehaltenen besonderen Gerichte sind aufgehoben."
⁹⁶ Urtheile vom 7. Jan. 1867 u. 4. Febr. 1868. Vgl. Verh. d. K. d. R. R. 1868/69 Beil. Bd. V S. 137.
⁹⁷ Die fürstlich Thurn u. Taxis'schen Civilgerichte in Regensburg betr. (G. Bl. 1866/69 S. 1229). Vgl. unten § 123 Anm. 66.
⁹⁸ Vgl. Landtagsverh. 1866/69, K. d. R. R. Prot. Bd. VII S. 215, VIII S. 476, Beil. Bd. V S. 131, VI S. 250, VII S. 670, K. d. Abg. Sten. Ber. VI S. 280, 289, Beil. Bd. V S. 597.
⁹⁹ P. Laband, Staatsrecht des Deutschen Reiches, 3. Aufl., II S. 354 Anm. 2. Vgl. unten § 124 Anm. 34.
¹⁰⁰ Aufgehoben sind folgende standesherrliche Vorrechte (vgl. auch unten §§ 122, 123):
1) Der in Verf. Beil. IV § 8 eingeräumte bevorzugte Gerichtsstand in peinlichen Fällen (sog. Austrägalinstanz; über die Bezeichnung H. Zöpfl, Grundsätze des gem. deutschen Staatsrechts I S. 265 f., P. Laband a. a. O. II S. 351 ff.) durch Art. 76 des G. V. G. vom 10. Nov. 1861 (vgl. Art. 2 des Grundlagenges. vom 4. Juni 1848). Die Frage war früher streitig. Fr. Walther, Lehrbuch des bayer. Strafprozeßrechts S. 155, u. die Angaben dortselbst in Anm. †; dann Chr. Fr.

2. Abschnitt.

Die Gebietshoheit.

§ 83. Das Gebiet.

Unter Gebiet versteht man staatsrechtlich einen räumlich begrenzten Theil der Erde, welcher für irgend eine öffentliche Gewalt oder für eine bestimmte Aeußerung derselben den Umkreis ihrer Wirksamkeit bildet. So spricht man innerhalb des Staates von dem Geltungsgebiete einzelner Gesetze; so kann man von Amtsgebieten reden. Auch wenn mehrere Staaten zu irgend einer gemeinsamen Bethätigung von Hoheitsrechten sich vereinigen, werden Ausdrücke wie Bundesgebiet, Postgebiet, Zollvereinsgebiet und dergl. angewandt. Das Staatsgebiet ist derjenige begrenzte Theil der Erde, innerhalb dessen der Herrscher seine Herrschaft geltend macht.

Der Begriff der Gebietshoheit ist bereits oben[1] bestimmt worden. Die Gebietshoheit ist ebensowenig ein privatrechtliches Eigenthum, als die Personalhoheit eine privatrechtliche Gewalt über die Unterthanen ist. Aber die Gebietshoheit entspricht im öffentlichen Rechte einigermaßen dem, was im bürgerlichen Rechte das Eigenthumsrecht ist. Sie hat nemlich mit letzterem die Natur einer absoluten Gewalt gemein. Aber diese absolute Gewalt bewegt sich hier und dort in zwei ganz verschiedenen Kreisen, und des-

---

v. Arnold, der Gerichtsstand der Standesherren im Kgr. Bayern in Strafsachen, Erlangen 1860; H. A. Zachariä, Denkschrift, den privilegirten Gerichtsstand der Standesherren im Kgr. Bayern in Strafsachen betr., Nürnberg 1858. Der Vorbehalt des „landesgesetzlich den Standesherren gewährten Rechts auf Austräge" in § 7 des R. Einf. Ges. z. G. V. G. vom 27. Jan. 1877 ist also für Bayern gegenstandslos.

2) Der in Verf. Beil. IV § 6 eingeräumte bevorzugte Gerichtsstand bei Real- und Personalklagen. Derselbe ist gleichfalls durch Art. 76 des G. V. G. von 1861 beseitigt. Auch die in der angef. Verfassungsstelle enthaltene Bestimmung über „besondere Austrägalgerichte" (welche Weber I S. 617 als noch geltend behandelt) ist in Wegfall gekommen, da der oben erwähnte Vorbehalt in § 7 des Einf. Ges. zum G. V. G. sich nur auf Strafsachen bezieht. Vgl. H. Schulze, Lehrb. des deutschen Staatsrechts I S. 403 f., P. Laband a. a. O. II S. 353.

3) Aufgehoben sind sämmtliche Bestimmungen, durch welche den Standesherren und ihren Behörden Befugnisse auf dem Gebiete der Rechtsprechung und Verwaltung (Polizei) eingeräumt waren (Verf. Beil. IV §§ 14, 16 theilweise, 17—47, 48 theilweise, 50, 51, dann 57, 58 theilweise), durch Art. 1 des Ges., die Aufhebung der standes- u. gutsherrlichen Gerichtsbarkeit ꝛc. betr., vom 4. Juni 1848. Ueber die Mediatconsistorien Pözl, Lehrb. des bayer. Verf. Rechts S. 202 Anm. 5, Weber I S. 622 Anm. 19. Die Stiftungscuratel steht den Standesherren nicht mehr zu, da die Curatel eine obrigkeitliche Thätigkeit („Mediatbehörde"!) ist. Auch auf Verf. Beil. VI § 96 läßt sich ein Recht der Stiftungscuratel nicht gründen. Dort ist von einer „aus besonderem Privatrechtstitel" zustehenden „niederen Curatel" die Rede. Das ist lediglich ein schiefer Ausdruck. Aufsichts- (und Verwaltungs-) Befugnisse, die auf privatrechtlichem Titel beruhen, sind eben keine Curatelbefugnisse. Soweit sie aber bestehen, sind solche Befugnisse kein Vorrecht der Standesherren. Falsch M. E. vom 14. Juli 1849 (Weber IV S. 37; vgl. Bl. f. adm. Praxis V S. 78). Sehr richtig sind die Ausführungen bei Pözl, Lehrb. des bayer. Verf. Rechts, 2. Aufl. § 73 Anm. 5 (4. Aufl. § 77); was dagegen Bl. f. adm. Praxis V S. 332 vorgebracht wird, ist unzutreffend, weil auf Mißverständniß der Pözl'schen Ansicht beruhend. Mit den obrigkeitlichen Obliegenheiten sind einerseits die Lasten, andererseits die Einkünfte (Sporteln, Nachsteuer ꝛc.) aus denselben weggefallen. Vgl. Pözl a. a. O. S. 202. Wegen der Nachsteuer Ges. vom 4. Juni 1848 Art. 6; M. E. vom 3. Oct. 1848 (Weber I S. 95 Anm. *).

Die „landesherrlichen Gefälle" kamen den Standesherren überhaupt nicht zu, sondern gingen schon nach der Declar. vom 19. März 1807, Abschn. H, an den Staat über. Vgl. Verf. Beil. IV § 52. Die Standesherren haben sonach auch das ius fisci nicht (vgl. M. E. vom 11. Oct. 1825 (Weber II S. 249). A. M. war H. Zöpfl, Grundsätze des gem. deutschen Staatsrechts II S. 143, woselbst Anm. 18 die Literatur angegeben ist. Vgl. hieher auch die Schrift von Karl Prinzen (Fürsten) zu Oettingen u. Wallerstein, die Gefälle der vormals reichsständischen, nun mediatisirten Fürsten u. Grafen, vor und nach der Mediatisirung, München 1828.

¹ § 74.

halb können beide Gewalten an demselben Gegenstande gleichzeitig bestehen. Es ist daher verfehlt, eine Ueberlegenheit der Gebietshoheit über das Eigenthumsrecht in der Form eines dominium eminens oder eines Obereigenthums des Herrschers am Lande anzunehmen, also in der Form des höheren Rechtes in demselben Rechtskreise. Diese Ueberlegenheit besteht allerdings und äußert sich auch thatsächlich; aber sie ist eine Ueberlegenheit des höheren Rechtskreises über den niederen.

Aus dem Wesen der Staatsgewalt des Herrschers als der Einen und untheilbaren Gewalt über den Staat ergibt sich in Anwendung auf das Staatsgebiet die Folgerung, daß es für das Staatsgebiet nur Eine Staatsgewalt geben kann.

Allerdings scheint das Vorkommen von Gemeinherrschaften (Condominaten) dem zu widersprechen ². Allein dieses ausnahmsweise Verhältniß mehrerer Herrscher zu einem Gebiete ist überhaupt nur haltbar, wenn entweder die Ausübung der Staatsgewalt räumlich getheilt wird (condominium pro partibus divisis), oder wenn die mehreren Mitherrscher eine einheitliche gemeinsame Ausübung der Staatsgewalt zu erzielen vermögen (condominium pro indiviso). Es muß also, wenn anders die Gemeinherrschaft nicht eine Anarchie sein soll, trotz der Mehrheit der Herrscher die Einheitlichkeit der Staatsgewalt für das gemeinsame Gebiet gewahrt bleiben. Verhältnißmäßig am leichtesten läßt sich die Gemeinherrschaft bezüglich unbewohnter Gebietstheile aufrecht erhalten ³.

Eine solche Gemeinherrschaft ist die gemeinsame Hoheit der Bodenseeuferstaaten über den Bodensee. Dieselbe ist eine Gebietshoheit über eine Fläche, die in keinem Privateigenthume steht. Nur im privatrechtlichen Sinne ist der Bodensee res communis, im staatsrechtlichen Sinne dagegen ist er ein Gewässer der sämmtlichen Uferstaaten (condominium pro indiviso). Die Befugniß zur allgemeinen Benützung des Sees ist Folge jener civilrechtlichen Eigenschaft desselben. In staatsrechtlicher Beziehung dagegen kann letztere Eigenschaft keine Wirkung äußern. Staatliche Verfügungen, welche auf die Gebietshoheit sich gründen, können also für den Bodensee nur in Gemäßheit eines gemeinsamen Willensaktes aller Uferstaaten erlassen werden. Staatliche Anordnungen, welche sich auf die Personalhoheit stützen, kann dagegen jeder Staat für sich allein treffen. Die Grenze des Gebietes der Uferstaaten gegenüber dem gemeinsamen Gebiete wird Mangels anderweitiger Festsetzung das Ufer sein ⁴. Die Häfen ⁵ gehören selbstverständlich zum Gebiete des betreffenden Uferstaates ⁶.

---

² Ueber dieselben H. A. Zachariä, deutsches Staats- u. Bundesrecht I S. 76 Anm. 3, G. Meyer, Lehrb. des deutschen Staatsrechts, 3. Aufl., S. 180 Anm. 6.

³ Eine Gemeinherrschaft bestand zwischen Bayern und Oesterreich bezüglich des Fraischbezirks bei Waldsassen (vgl. O. Frhr. v. Völderndorff, Civilgesetzstatistik des Kgrs. Bayern, 2. Aufl., S. 251 Anm. 38, Verh. d. K. d. Abg. 1848 Beil. Bd. II S. 262 und unten Anm. 8); ferner zwischen Bayern und Kurhessen bezüglich des Sinngrundes in Unterfranken (Verh. d. K. d. Abg. 1863/65 Beil. Bd. IV S. 228, 295, Staatsvertrag vom 18./22. Oct. 1860 ebenda S. 302, sowie unten Anm. 8).

⁴ Nach Pözl, bayer. Wassergef. 1. Aufl. S. 41, soll auch „der unmittelbar an das Land stoßende Theil des Sees, und zwar soweit, als man noch leicht Grund faßt — oder auf den Gründen und Halbdinen — noch der ausschließlichen Herrschaft des angrenzenden Staates unterworfen" sein, was jedenfalls eine etwas unsichere Grenzbestimmung ist.

⁵ Vgl. Annalen des Reichsgerichts I S. 545.

⁶ Die hier vertretene Auffassung gründet sich auf den thatsächlichen Zustand, der im Verhältnisse zwischen Staaten wohl das Entscheidende ist. Die Meinungen der Schriftsteller sind sehr verschieden. Vgl. Pözl a. a. O. u. Lehrb. des bayer. Verf. Rechts S. 50 Anm. 6, H. Rettich, die völker- u. staatsrechtlichen Verhältnisse des Bodensees, Tübingen 1884, Fr. v. Martitz, Annalen des Deutschen Reichs 1885 S. 278 ff., Otto Mayer, Wörterb. des deutschen Verwaltungsrechts I S. 213 ff., H. Rehm, Handwörterb. der Staatswiss. II S. 654 ff., L. Gaupp, Staatsrecht des Kgrs. Württemberg, 2. Aufl., Freiburg i. B. u. Leipzig 1895, S. 14 f. S. auch P. Laband, Staatsrecht des Deutschen Reichs, 3. Aufl., I S. 170 Anm.

Die Verfassungsurkunde stellt den Satz auf, daß das Staatsgebiet untheilbar und unveräußerlich sei[7]. Soweit hiedurch zum Ausdrucke gebracht werden soll, daß das Staatsgebiet nicht Gegenstand der Theilung im Erbgange oder privatrechtlicher Veräußerungshandlungen sein kann, ist dieser Satz eine selbstverständliche Folge des Wesens der Staatsgewalt. Insoferne er sich aber auf Veränderungen des Staatsgebietes durch staatsrechtliche Akte bezieht, hat er eine andere Bedeutung. Derartige Aenderungen sind an sich nicht unmöglich und können auch durch keine Verfassungsbestimmung hintangehalten werden. Wenn also die Verfassungsurkunde Theilungen und Veräußerungen des Staatsgebietes untersagt, so hat dieses Verbot staatsrechtlichen Akten gegenüber die Bedeutung, daß dieselben, wenn sie eine Abweichung von dem angegebenen Verfassungsgrundsatze enthalten, in der Form der Verfassungsänderung vor sich gehen müssen. Nur für Veräußerung von Staatsgebiet wird diese Form erfordert; Gebietserwerbungen kann der König machen, ohne einer Zustimmung des Landtages zu bedürfen[8].

Das „Veräußerungsverbot" der Verfassungsurkunde gilt nicht ausnahmslos. Gewisse Veräußerungen sind unter demselben „nicht begriffen".

Bei der großen Unklarheit, welche in dem Titel III der Verfassungsurkunde herrscht, ist es nicht ganz leicht, zwischen Regel und Ausnahme die Grenze abzustecken. Jene Verwirrung wird hauptsächlich dadurch erzeugt, daß Titel III ziemlich kritiklos aus der Domanialfideicommißpragmatik vom 20. October 1804[9] zusammengestellt wurde, die noch stark in patrimonialen Auffassungen befangen ist. In Folge dessen werden unter dem Begriffe des Staatsgutes Staatsgebiet und Staatsvermögen durcheinander geworfen. So ist es gekommen, daß im § 6 des angeführten Titels die Ausnahmen vom Veräußerungsverbote, welche das Staatsgebiet betreffen, mit jenen vermengt sind, welche auf das Staatsvermögen sich beziehen.

Nach § 6, insoweit dessen Bestimmungen hieher gehören, fallen nicht unter das Veräußerungsverbot:

„1. alle Staatshandlungen des Monarchen, welche innerhalb der Grenzen des ihm zustehenden Regierungsrechtes nach dem Zwecke und zur Wohlfahrt des Staates mit Auswärtigen ... über Stamm- und Staatsgüter vorgenommen werden, insbesondere, was

2. an einzelnen Gütern und Gefällen .... zur Grenzberichtigung mit benachbarten Staaten gegen angemessenen Ersatz abgetreten wird"[10].

Daß hier nicht blos von „Staatsgütern" im heutigen Sinne des Wortes, sondern auch von Staatsgebiet die Rede ist, kann nach der Ausdrucksweise des Titels III der Verfassungsurkunde[11] und nach dessen Entstehungsgeschichte[12] nicht bezweifelt werden.

Schwieriger ist die Frage zu lösen, welchen Umfang hienach die Ausnahmen in Titel III § 6 der Verfassungsurkunde gegenüber der allgemeinen Regel haben. Verhängnißvoll ist für die Gestaltung

---

[7] Verf. Urk. Tit. III § 1 Abs. I: „Der ganze Umfang des Königreichs Bayern bildet eine einzige untheilbare, unveräußerliche Gesammtmasse ..."

[8] Solche Erwerbungen sind stets nur mittelbar zur Kenntniß des Landtages gelangt, wenn es sich um Einführung bayer. Ges. in demselben handelte. Vgl. Ges. vom 1. Juni 1822 (G. Bl. S. 193), fürstl. Löwenstein'sches Amt Steinfeld; Ges. vom 4. Juni 1848 (G. Bl. S. 158, dazu R. Bl. 1846 S. 577), Erwerbungen an der böhmischen Grenze, Fraischbezirk; Ges. vom 29. Juni 1851 (G. Bl. 1851/52 S. 41), Verträge mit Preußen und Baden; Ges. vom 10. Nov. 1861 (G. Bl. S. 281, dazu R. Bl. 1852 S. 731), Spitz am Hallthurm bei Reichenhall; Ges. vom 5. Oct. 1863 (G. Bl. 1863/65 S. 9), bayer. kurhess. Condominat, dazu Verordn. vom 23. Nov. 1863 (R. Bl. S. 1809), vgl. auch Friedensvertrag mit Preußen vom 22. Aug. 1866 (G. Bl. 1866/69 S. 21), Art. XIV u. R. Bl. 1868 S. 468; Ges. vom 16. Mai 1868 (G. Bl. 1866/69 S. 625), Verträge mit Hessen, Sachsen-Meiningen und Baden; Ges. vom 18. Febr. 1871 (G. Bl. 1870/71 S. 345), Verträge mit Württemberg.   [9] R. Bl. 1805 S. 164.

[10] Diese Bestimmungen sind mit XII, a, b der Pragmatik vom 20. Oct. 1804 fast gleichlautend. Es heißt in letzterer nur am Schlusse: „... mit benachbarten Reichsständen gegen andere der Convenienz angemessene verhältnißmäßige Aequivalente abgetreten wird".

[11] Vgl. insbes. den § 3, der unter „sämmtliche Bestandtheile des Staatsguts" (Abs. I) „vorzüglich" „alle Rechte der Souveränetät" (Abs. II) zählt.

[12] Vgl. die bereits angef. Domanialfideicommißpragmatik. Deren Bestimmungen unter XII knüpfen zum Theile wörtlich an Ziff. 7 des Ansbacher Vertrags vom 12. Oct. 1796 (H. Schulze, die Hausges. der regierenden deutschen Fürstenhäuser I S. 302) an, welcher seinerseits wieder auf Art. 14 des Hausvertrags vom 26. Febr. 1771 (ebenda S. 297) zurückverweist.

dieser Bestimmungen vor Allem der Umstand geworden, daß die Bearbeiter der Verfassungsurkunde, als sie die Sätze der Pragmatik von 1804 und der älteren Hausverträge in die Verfassung herübernahmen, keinen Begriff davon hatten, wie denselben nunmehr eine völlig andere Bedeutung als vordem zukomme. Früher verfolgte man den Zweck, die Rechte der Fideicommißanwärter gegenüber Veräußerungen des Hausfideicommißbesitzers zu wahren. Von diesem Standpunkte aus mochte einige Verschwommenheit im Ausdrucke, wenn auch nicht löblich, so doch angängig sein. Man konnte es allenfalls für genügend halten, Ausschreitungen, welche sich der Landesherr bei Verfügungen über das Fideicommiß etwa sollte erlauben wollen, durch die Androhung zu verhüten, daß der Nachfolger solche Verfügungen nicht anzuerkennen brauche ¹³. Bei den Bestimmungen in Titel III § 6 der Verfassungsurkunde dagegen handelte es sich nicht darum, Rechte der Agnaten, sondern die Interessen des bayerischen Staates zu sichern.

Titel III § 1 stellt die Unveräußerlichkeit des Staatsgebietes als Verfassungsgrundsatz auf; er sagt damit, wie aus Titel X § 7 der Verfassungsurkunde sich ergibt, daß Veräußerungen von Staatsgebietstheilen nur mit der dort vorgeschriebenen Zustimmung des Landtages vor sich gehen können. Solche Veräußerungen sind auch für die Agnaten des königlichen Hauses unanfechtbar, wenn die fragliche Zustimmung vorliegt; sie sind ohne die letztere überhaupt unzulässig. Die Bestimmung in Titel III § 1 enthält also kein unbedingtes Verbot für die Staatsgewalt, was nicht möglich wäre, sondern eine Beschränkung des Königs in der Ausübung der Staatsgewalt; Titel III § 6 keine Ausnahme von einem unbedingten Verbote, sondern eine Ausnahme von der angegebenen Beschränkung. In den Fällen des § 6 soll der König an die Mitwirkung des Landtages nicht gebunden sein. Es wird keiner weiteren Ausführung bedürfen, um darzuthun, daß hienach den Verfassungsvorschriften eine grundsätzlich andere Bedeutung zukömmt, wie den oben erwähnten älteren Vorschriften, trotz der äußerlichen Anlehnung jener an diese.

Steht demgemäß die rechtliche Natur der Ausnahmen in § 6 a. a. O. fest, so ergibt sich für deren Auslegung gegenüber § 1 Folgendes. Nach Titel II § 1 der Verfassungsurkunde vereinigt allerdings der König alle Rechte der Staatsgewalt in sich, und seine Gebundenheit an die Mitwirkung des Landtages ist eine Ausnahme von der Regel, welche streng auszulegen ist. Der Grundsatz des Titels III § 1 begründet eine solche Ausnahme, und er wäre, wenn seine unbedingte Fassung nicht ohnehin jede Möglichkeit eines Zweifels ausschlösse, der angegebenen Auslegungsregel entsprechend zu erklären. Die Bestimmungen des Titels III § 6 aber knüpfen nicht unmittelbar an die Regel des Titels II § 1 an, sondern sind Ausnahmen von der Ausnahme in Titel III § 1, die ihnen gegenüber als Regel erscheint. Sie dürfen also nicht als eine Entfaltung des Titels II § 1 weit, sondern müssen als eine Beschränkung des Titels III § 1 eng ausgelegt werden ¹⁴. Bei der großen Undeutlichkeit des Inhaltes des § 6 ist dieses Ergebniß von hoher Bedeutung.

Faßt man den Wortlaut der Ziffer 1 des § 6 in's Auge, so könnte es auf den ersten Blick scheinen, als werde durch die Ausnahme, die dort gemacht ist, die Regel so ziemlich wieder aufgehoben. Denn wenn von „Staatshandlungen des Monarchen" „innerhalb der Grenzen des ihm zustehenden Regierungsrechtes nach dem Zwecke und zur Wohlfahrt des Staates" die Rede ist, so klingt dies so allgemein wie möglich. Indessen ist sofort klar, daß eine Auffassung der Ziffer 1, wonach dem Könige jede Verfügung über das Staatsgebiet frei stünde, welche er für zweckmäßig und nützlich hält, nicht statt-

---

¹³ Domanialfideicommißpragmatik vom 20. Oct. 1804, XI, letzter Abs.; Ansbacher Vertr. vom 12. Oct. 1796, Ziff. 6, b; Hausvertr. vom 26. Febr. 1771 Art. 14.

¹⁴ Kronprinz Ludwig hatte schon in seinen Bemerkungen zum Verf. Entw. angeregt, daß durch eine ausdrückliche Vorschrift zu Gebietsabtretungen die Zustimmung der Stände gefordert werde. Die Sache kam in der Conferenzsitzung vom 23. April 1818 zur Sprache, blieb aber unerledigt. Als später König Ludwig I. im Jahre 1826 mit seinen Ministern die zweifelhaften Bestimmungen der Verf. durchging, warf er auch die Frage auf, ob der Austausch von Landestheilen zu den Regierungsrechten des Königs gehöre. Er hatte seine, unten (Anm. 16) zu erörternden Bedenken hierüber in der Sitzung der Ministerialconferenz vom 14. Jan. 1826 ausgeführt. Als er in der Sitzung vom 23. gl. Mts. darauf zurückkam, wurde ihm, wie das Prot. sagt, „einstimmig .. erwidert, daß das Recht eines solchen Austausches dem Monarchen unzweifelhaft zustehe, gleichwie überhaupt jedes Regierungsrecht, welches nicht durch die Verf. Urk. eine besondere .. Beschränkung erhalten habe. Jede Interpretation der verfassungsmäßigen Bestimmungen müsse in Gemäßheit des ihnen zu Grunde liegenden monarchischen Princips zu Gunsten der Rechte des Regenten geschehen". In dieser Aeußerung ist der entscheidende Umstand übersehen, den ich oben im Texte hervorgehoben habe. In einer Staatsrathssitzung vom 18. Jan. 1831 wurde auf Befehl des Königs neuerlich dieselbe Frage, sowie die weitere erörtert, ob zu einem Gebietsaustausche die Zustimmung der Agnaten nöthig sei. Der Staatsrath verneinte beide Fragen einstimmig, die zweite sicher mit Recht.

haft ist. Sie würde die Regel vernichten. Abgesehen von der Einschränkung in § 7, welche mehr die finanzielle Seite der Sache trifft, ergibt sich ein engerer Sinn der Ziffer 1 des § 6 aus Artikel 14 des Hausvertrages von 1771. Die beiden ersten Ziffern des § 6 des III. Verfassungstitels sind nemlich aus Ziffer 7 a des Ansbacher Vertrages und aus folgenden Sätzen des Vertrages von 1771 zusammengestellt: „Doch erstreckt sich die Meynung dieses Articuls auf die **Landesfürstliche gemeine Handlungen** mit ihren Land, Leuten und Unterthan keineswegs, noch auf die Verträge und Receß, welche mit Nachbaren wegen strittigen Gränzen und Regalien oder dergleichen Gerechtsamen abgeschlossen werden und zum öftern vorfallen. Es wäre dann, daß sie von einer sonderbaren Beträchtlichkeit wären, oder bey den unterhandelnden Räthen solche Gefährten unterläufften, welche die erste Absicht blos vereitlen solten." Hienach wird so ziemlich deutlich sein, was § 6 Ziffer 1 des III. Verfassungstitels mit den Worten „innerhalb der Grenzen des ihm zustehenden Regierungsrechtes" meint. Offenbar dasselbe, was der Vertrag von 1771 mit „landesfürstlichen gemeinen Handlungen" bezeichnen will, also solche Handlungen, welche innerhalb des Bereiches der laufenden Verwaltungsthätigkeit liegen. Verfügungen über das Staatsgebiet fallen aber unter diesen Begriff nur, wenn es sich um Erledigung nachbarlicher Grenzstreitigkeiten und um Grenzregelungen zur Herstellung eines zweckmäßigen Grenzlaufes handelt. Soweit also § 6 Ziffer 1 auf Verfügungen über das Gebiet Bezug hat, ist sein Inhalt mit der Befugniß zur Vornahme von Grenzberichtigungen erschöpft, die in Ziffer 2 beispielsweise („insbesondere") hervorgehoben ist[15]. Diese Auslegung ist, was den § 6 betrifft, statthaft, da Ziffer 1 nicht ausschließlich, ja nicht einmal vorzugsweise auf Verfügungen über das Gebiet sich bezieht, und sie ist gegenüber § 1 des Titels III die einzig mögliche, da man vom Gesetzgeber vernünftiger Weise nicht annehmen kann, er habe durch die Bestimmung in § 6 Ziffer 1 jene in § 1 wieder außer Wirksamkeit setzen wollen[16].

Hienach ergibt sich, daß Ländertäusche und einseitige Gebietsabtretungen, welche nicht unter den Begriff der Grenzregelung fallen, nur mittels eines staatlichen Willensaktes vorgenommen werden können, der in der Form der Verfassungsänderung sich vollzieht[17]; dagegen können Grenzregelungen mit benachbarten Staaten durch den König

---

[15] Es ist also unrichtig, wenn Pözl, Lehrb. des bayer. Verf. Rechtes S. 52 f., aus § 6 zwei Ausnahmen folgert: eine allgemeine aus Ziff. 1 und eine besondere aus Ziff. 2. Pözl läßt es überdies unerörtert, welchen Inhalt nach seiner Ansicht die erstere Ausnahme haben soll.

[16] König Ludwig I. äußerte in der Ministerialconferenz vom 14. Jan. 1826 sehr richtig, er könne „sich nicht davon überzeugen, daß der Monarch über einen Theil der Gesammtmasse durch Tausch verfügen könne, ohne die Verf. zu verletzen.... Der Vordersatz des § 7 zeige unwidersprechlich, daß der Fall des Tausches in dem Sinne, wie er bei Unterhandlungen dieser Art unter zwei Nachbarstaaten genommen werde, nicht aufgefaßt würde, indem hier immer nur von Ersatz durch Dominicalrenten, wo möglich in Getreide, oder von einem Kaufschilling zu neuen Erwerbungen gehandelt werde, und folglich nur die Rede von kleinen Veräußerungen sei, die durch solche Erwerbungen der Gesammtmasse wieder ersetzt werden". In § 7 tritt eben der Gedanke an ein rentirendes Staatsvermögen wieder in den Vordergrund, da in § 6 die Grenzberichtigungen nur beiläufig vorkommen.

[17] Die Frage wurde anläßlich der Landtagsverh. über den Friedensvertrag mit Preußen vom 22. Aug. 1866 (G. Bl. 1866/69 S. 21), welcher u. A. auch Gebietsabtretungen zur Folge hatte, berührt. Während der Berichterstatter der K. d. Abg. dieselbe umging (Verh. der K. d. Abg. 1866/67 Beil. Bd. I S. 110), äußerte der Berichterstatter der K. d. Abg., v. Harleß (Verh. der K. d. R. R. 1866 Beil. Bd. S. 139) als persönliche Ansicht (vgl. ebenda S. 144) Folgendes: „In § 1 Tit. III der Verf. Urk. wird der ganze Umfang des Kgrs. Bayern als eine einzige untheilbare, unveräußerliche Gesammtmasse aus sämmtlichen Bestandtheilen an Landen, Leuten ⁊c. bezeichnet und unter die Garantie des Verfassungsges. gestellt. Die in den §§ 3 u. 6 angeführten Modificationen oder Ausnahmen von Veräußerungsverbote bezeichnen zwar als vom Veräußerungsverbote ausgenommen (§ 6 Ziff. 1) alle Staatshandlungen des Monarchen, welche innerhalb der Grenzen des ihm zustehenden Regierungsrechtes nach dem Zwecke und zur Wohlfahrt des Staates mit Auswärtigen oder mit Unterthanen im Lande über Stamm- u. Staatsgüter vorgenommen werden. Allein in den in den folgenden Ziff. namhaft gemachten Einzelfällen wird der Abtretung von Gebietstheilen im Falle der Beendigung eines Krieges durch Friedensschluß nicht gedacht, und aus dem § 7 gemachten Zusatz, daß in allen diesen (§ 6 angenommen) Fällen die Staatseinkünfte nicht geschmälert werden dürfen, geht hervor, daß eine Abtretung von Land und Leuten durch Friedensschluß unter den § 6 Ziff. 1 nicht subsumirt werden kann. Sonach wird, da die Abtretung von Land und Leuten durch Friedensschluß nicht ausdrücklich als eine dem Monarchen ohne Mitwirkung der Stände zustehende Staatshandlung vorgesehen ist, und dieselbe nur mit der im § 7 festgesetzten Bedingung zulässiger Veräußerung vereinbaren läßt, die Consequenz des § 1 Tit. III der Verf. volle Kraft behalten und die Abtretung von Theilen der nach der Verf. untheilbaren unveräußerlichen Gesammtmasse nicht ohne Zustimmung der beiden Kammern des Landtages geschehen können."

allein vereinbart und in Vollzug gesetzt werden [18], soferne dabei für etwaige Gebietsabtretungen ein anderer angemessener Ersatz erlangt wird. Im Falle des Zweifels wird
die Form der Verfassungsänderung einzuhalten sein.

Das bayerische Gebiet [19] bildet kein zusammenhängendes Ganzes. Der Regierungsbezirk der Pfalz ist von dem Hauptlande getrennt [20].

Das bayerische Staatsgebiet gehört nach Artikel 1 der Reichsverfassung zum
deutschen Bundesgebiete. Es tritt dadurch nicht unter die Gebietshoheit des Reiches;
vielmehr ist, wie der Reichskanzler Fürst Bismarck in der Reichstagssitzung vom
1. April 1871 [21] äußerte, „die Souveränetät, die Landeshoheit, die Territorialhoheit bei
den einzelnen Staaten verblieben" [22]. Das Reich kann also über Gebietstheile der
Bundesstaaten niemals verfügen [23]. Es ergeben sich aber für die Bundesglieder aus der
Zuständigkeit des Staatsgebietes zum Bundesgebiete Verfügungsbeschränkungen. Die
Bundesstaaten können nemlich ohne Zustimmung des Reiches demselben nichts von jenem
Gebiete entziehen, mit welchem sie am 1. Januar 1871 in die Bundesgemeinschaft eingetreten sind [24]. Gebietsabtretungen an einen nicht bundesangehörigen Staat können
also nur stattfinden, wenn das Reich seine Zustimmung hiezu erklärt hat. Dabei sind,
nachdem eine Aenderung des Artikels 1 der Reichsverfassung in Frage kömmt, die Vorschriften in Artikel 78 Absatz I derselben zu beachten [25]. Zu betonen ist jedoch, daß als
vertragabschließender Theil bei solchen Gebietsabtretungen richtiger Weise nur der betreffende Bundesstaat auftreten kann, das Reich lediglich als zustimmende Nebenpartei [26].
In Bezug auf die Nothwendigkeit dieser Zustimmung ist es selbstverständlich gleichgiltig,
ob die Gebietsveränderung erheblich ist oder nicht; zwischen Gebietstäuschen zum Zwecke

[18] Hiefür ist auch eine ständige Uebung seit Einführung der Verf. Eine Reihe von Grenzverträgen ist in den oben Anm. 8 aufgef. Ges. erwähnt. Da die Kenntniß des Umfanges des Staatsgebietes nicht bloß für alle Staatsbehörden, sondern auch für die Staatsangehörigen unter Umständen
von Belang sein kann, so wäre es richtig, alle solche Verträge im G. u. V. Bl. zu verkünden. Leider
wird aber dieses Verfahren nicht eingehalten. Bekanntmachungen von Grenzverträgen finden sich nur
gelegentlich in den Regierungs- und Kreisamtsblättern. Eine Zusammenstellung für 1806—1858 gibt
G. M. Klette, die Staatsverträge des Kgrs. Bayern, Regensburg 1860, S. 161 ff.

[19] Ueber die geschichtliche Entwickelung oben §§ 2 u. 29, ferner E. v. Moy, Staatsrecht des
Kgrs. Bayern I, 1 S. 51 ff. Aus späterer Zeit kömmt hauptsächlich noch der Friedensvertrag mit
Preußen vom 22. Aug. 1866 Art. XIV in Betracht. Die Verträge von 1806—1858 bei Klette a.a.O.
Vgl. auch Weber, Anh. Bd. S. 48 ff., L. Frhr. v. Völderndorff, Civilgesetzstatistik des Kgrs.
Bayern, 2. Aufl., Nördlingen 1880, S. 147, 153, 173, 242, 317, und für die Pfalz A. Geib, Handb.
für die Gemeindebehörden der Pfalz, 2. Aufl. 1 S. 1, 7.

[20] Vgl. oben § 29 Anm. 41.   [21] Sten. Ber. S. 95.

[22] Selbstverständlich müssen diejenigen Schriftsteller, welche dem Reiche die Eigenschaft eines
Staates beilegen, demselben auch eine Gebietshoheit zuschreiben. So z. B. P. Laband, Staatsrecht
des Deutschen Reiches, 3. Aufl., I S. 164 ff.

[23] Auch nicht bei Friedensschlüssen nach Art. 11 der Reichsverf. Der Grund ist einfach der, daß
Niemand abtreten kann, was ihm nicht gehört. Vgl. meinen Commentar z. Verf. Urk. f. d. Deutsche
Reich S. 29, C. Bornhak, preuß. Staatsrecht I S. 226 Anm. 7. Dagegen P. Laband a. a. O. I
S. 172 f., G. Meyer, Lehrb. des deutschen Staatsrechts, 3. Aufl., S. 486 Anm. 14, Pözl, Lehrb. des
bayer. Verf. Rechts S. 53, M. Pröbst, Annalen des Deutschen Reichs 1882 S. 248.

[24] Vgl. meinen angef. Commentar S. 29, 31.

[25] Hierüber herrscht Einstimmigkeit der Schriftsteller.

[26] Das Verfahren, welches bei dem badisch-schweizer. Grenzvertrage vom 28. April 1878 (R. G. Bl.
S. 308) eingehalten wurde, war in seinen beiden Abschnitten unrichtig. Unrichtig war, daß Baden den
Vertrag abschloß, ohne der Zustimmung des Reichs vorher sich zu versichern oder dieselbe vorzubehalten;
unrichtig nicht minder, daß dann das Reich einen zweiten Vertrag mit der Schweiz (vom 24. Juni 1879,
R. G. Bl. S. 307) einging. Uebrigens wurde in dem fraglichen Falle vom Bundesrathe ausdrücklich
beschlossen, daß er nicht für künftige Fälle vorentscheidend sein solle. Verh. des Bundesraths 1878/79
Druckf. Nr. 33, 99, 118, Prot. § 331, 412, 436; Verh. des Reichstags 1879 Sten. Ber. S. 2125, 2230,
Druckf. Nr. 367. — Vgl. P. Laband a. a. O. I S. 172 Anm. 1.

Durch Artikel 3 der Reichsverfassung wurde der Grundsatz aufgestellt, daß der Angehörige eines jeden Bundesstaates in jedem anderen Bundesstaate in einer Reihe von Beziehungen als Inländer zu behandeln sei. Soweit die Bestimmungen der bayerischen Verfassung diesem Grundsatze widersprechen, traten sie den Reichsangehörigen gegenüber außer Kraft¹².

Dies ist der Gang der Rechtsentwickelung. Ehe zur Darstellung des nunmehr geltenden Rechts geschritten wird, sind einige allgemeine Erörterungen vorauszuschicken.

Wie schon früher erwähnt¹³, ist die Voraussetzung, unter welcher die inländische Staatsgewalt gegenüber Fremden sich bethätigen kann, die, daß dieselben in den räumlichen Machtbereich des Herrschers eintreten. Trifft diese Voraussetzung zu, dann macht sich die absolute Natur der Staatsgewalt auch den Fremden gegenüber geltend. Es besteht auch den letzteren gegenüber keine rechtliche Schranke der Gesetzgebung, sondern nur eine solche, welche die Staatsgewalt sich selbst zieht. Wohl sind Rücksichten der Gesetzgebungspolitik und des Staatenverkehrs vorhanden, welche eine Selbstbeschränkung der Staatsgewalt gegenüber den Fremden als innerlich oder politisch nothwendig erscheinen lassen, allein es gibt keinen allgemeinen Rechtsgrundsatz, und kann keinen geben, nach welchem mit Bestimmtheit und unbedingter Giltigkeit gesagt zu werden vermöchte, welche Rechte oder Pflichten für die Fremden bestehen und welche nicht. Es läßt sich lediglich der eine Satz aufstellen, daß die Bedingung, unter welcher der Fremde mit seiner Person oder seinen rechtlichen Verhältnissen in den Machtbereich der Staatsgewalt zugelassen wird, der Gehorsam gegen diese Staatsgewalt ist, ein Gehorsam, der soweit reicht, als die Staatsgewalt ihn zu fordern für gut findet. Damit ist zugleich ausgesprochen, daß eine zusammenfassende und erschöpfende Darstellung des Fremdenrechtes an diesem Orte ebensowenig Berechtigung hat, als bei der Lehre von der Staatsangehörigkeit eine Entwickelung aller Rechte und Pflichten, die aus dem Staatsverbande sich ergeben. Die Rechtsverhältnisse der Fremden gehören den verschiedensten Rechtsgebieten an, und es können die hierüber geltenden Bestimmungen in ihren Einzelheiten nur im Zusammenhange mit dem betreffenden Rechtsstoffe erörtert werden¹⁴. Sowenig bei der Staatsangehörigkeit von der Steuerpflicht der Unterthanen zu handeln ist, ebenso wenig hier von der Steuerpflicht der Fremden. Nur jene Grundsätze sind in gegenwärtigem Zusammenhange zu betrachten, welche, aus der Natur des Rechtsverhältnisses der Fremden zum Staate entspringend oder auf positiver gesetzlicher Vorschrift beruhend, gleichmäßig auf alle Rechtsgebiete einwirken.

Von maßgebender Bedeutung ist vor Allem der Unterschied zwischen reichsangehörigen und nicht reichsangehörigen Fremden (Ausländern).

Artikel 3 Absatz I der Reichsverfassung¹⁵ sagt: „Für ganz Deutschland besteht ein gemeinsames Indigenat mit der Wirkung, daß der Angehörige (Unterthan, Staatsbürger) eines jeden Bundesstaates in jedem anderen Bundesstaate als Inländer zu behandeln und demgemäß zum festen Wohnsitz, zum Gewerbebetrieb, zu öffentlichen Aemtern, zur Erwerbung von Grundstücken, zur Erlangung des Staatsbürgerrechtes und zum Genusse aller sonstigen bürgerlichen Rechte unter denselben Voraussetzungen wie der Einheimische zuzulassen, auch in Betreff der Rechtsverfolgung und des Rechtsschutzes demselben gleich zu behandeln ist."

Der Grundsatz der Reichsverfassung¹⁶ hat vor Allem für jene Rechtsgebiete Bedeutung, welche dem Landesrechte anheimfallen, während dessen Durchführung in jenen

---

¹² Der volle Landsassiat ist in der Folge durch die R. C. P. O. beseitigt worden.

¹³ Oben § 74 Anm. 5.

¹⁴ Dies gilt auch bezüglich der Exterritorialität. Dieselbe ist kein einheitlicher Begriff, sondern ein zusammenfassender Ausdruck für eine Anzahl von Ausnahmen, welche der Grundsatz der Territorialität zu Gunsten gewisser Personen erleidet. Diese Ausnahmen sind also da zu erwähnen, wo der betr. Regel gedacht wird, z. B. im Prozeßrechte, im Finanzrechte, oder, soweit man sie aneinander reihen will, da, wo von denjenigen Personen gehandelt wird, zu deren Gunsten sie bestehen, z B. im Gesandtschafts- und Consularrechte. Vgl. die sehr richtigen Ausführungen von Ph. Zorn, das deutsche Gesandtschafts-, Consular- u. Seerecht, Annalen des Deutschen Reichs, 1882, S. 84 f., 110 f.

¹⁵ Vgl. hiezu R. Brückner, über das gemeinsame Indigenat im Gebiete des Nordd. Bundes, Gotha 1867, bes. S. 5, P. Laband, Staatsrecht des Deutschen Reichs, 3. Aufl., I S. 159 ff.; ferner meinen Commentar z. Verf. Urk. f. d. Deutsche Reich S. 42 ff. und meine Erörterungen, Annalen des Deutschen Reichs 1876 S. 157 ff.

¹⁶ Daß derselbe, bzw. die daraus abgeleiteten Folgerungen auf jurist. Personen keine Anwendung finden, habe ich in meinem angef. Commentar S. 52 f. ausführlich dargethan. Ueberein-

Gebieten, welche durch die Reichsgesetzgebung geordnet sind, sich durch die gemeinsame Regelung unmittelbar ergibt.

Durch Artikel 3 sind nicht nur alle landesrechtlichen Sätze, welche den Fremden ungünstiger als den Einheimischen behandeln, sofort gegenüber den Deutschen außer Kraft getreten[17], sondern es ist auch dem Landesrechte für die Zukunft verwehrt, solche Rechtsungleichheiten zwischen staatsangehörigen und nichtstaatsangehörigen Deutschen zu schaffen. Ebensowenig kann ein Reichsgesetz anders als im Wege der Verfassungsänderung derartige Rechtsunterschiede einführen[18].

Die Folgerungen aus dem angegebenen Grundsatze hat die Reichsverfassung in erschöpfender Weise gezogen[19]. Die Erörterung derselben gehört indessen, dem oben Gesagten gemäß, nicht an diesen Ort.

In eine Beziehung zum Staate, welche sowohl auf das bürgerliche als auf das öffentliche Recht sich erstreckt, tritt der Fremde, wenn er dingliche Rechte innerhalb des Staatsgebietes besitzt (Ausmärker, Forense), und wenn er vorübergehend oder bleibend seinen Aufenthalt im Staate nimmt. Es ist eine Frage des geltenden Rechtes eines jeden Staates, ob und unter welchen Voraussetzungen die Staatsgewalt das Entstehen einer solchen Beziehung überhaupt zuläßt.

Unser Recht gestattet den Fremden den Erwerb von Grundeigenthum unbedingt[20]. Dagegen hat der Fremde ein Recht des Aufenthaltes im Staate nur, wenn er Reichsangehöriger[21], nicht wenn er Ausländer ist. Ausländern ist zwar regelmäßig der Aufenthalt im Königreiche gestattet, wenn sie sich über ihre Staatsangehörigkeit genügend ausweisen und ihrem Aufenthalte ein sonstiges gesetzliches Hinderniß nicht im Wege steht[22]. Allein abgesehen von allgemeinen Beschränkungen ihrer Aufenthaltsbefugniß auf dem Vergeltungswege[23] und von einer Reihe besonderer polizeilicher Ausweisungsgründe[24] kann „aus Rücksicht auf die öffentliche Wohlfahrt" jedem Einzelnen der Eintritt in das Land versagt und kann die Ausweisung gegen ihn verfügt werden[25]. Der Mangel eines Aufenthaltsrechtes der Ausländer kömmt darin zu einem bezeichnenden Ausdrucke, daß ihnen gegen die erwähnten Maßnahmen der Verwaltungsrechtsweg nicht eröffnet ist[26].

Ist der Fremde in den räumlichen Machtbereich des Staates zugelassen, sei es, daß er, wie der Deutsche, ein unbedingtes Recht darauf hat, sei es, daß er, wie der Ausländer, im Staate geduldet wird, dann gelten bezüglich seiner Verhältnisse zum Staate folgende leitenden Grundsätze.

---

stimmend Ph. Zorn, Staatsrecht des Deutschen Reichs, 2. Aufl., I, S. 349, u. P. Laband a. a. O. I S. 161 Anm. 2. Vgl. auch (Jungermann's) Archiv des Deutschen Reichs I S. 199. A. M. ist R. Brückner a. a. O. S. 6. Entsch. d. R. G.'s in Civils. VI S. 134.

[17] So richtig P. Laband a. a. O. I S. 162 gegen v. Groß, Gerichtssaal XIX S. 329 (vgl. Goltdammer's Archiv XVI S. 472). S. auch meinen angef. Commentar S. 50.

[18] P. Laband a. a. O. I S. 164.

[19] Vgl. meinen Commentar S. 47, R. Brückner a. a. O. S. 7, Archiv des Deutschen Reiches I S. 200.

[20] Verf. Beil. I § 13, Reichsverf. Art. 3 Abs. I.

[21] R. G. über die Freizügigkeit vom 1. Nov. 1867, § 1: „Jeder Bundesangehörige hat das Recht, innerhalb des Bundesgebietes 1. an jedem Orte sich aufzuhalten oder niederzulassen, wo er eine eigene Wohnung oder ein Unterkommen sich zu verschaffen im Stande ist."

[22] Heimatges. Art. 43 Abs. II. Vgl. unten § 290.

[23] A. a. O. Art. 50 Abs. III.

[24] A. a. O. Art. 50 Abs. I, 45.

[25] A. a. O. Art. 50 Abs. II. Vgl. auch im Allgemeinen J. Langhard, das Recht der politischen Fremdenausweisung mit bes. Berücksichtigung der Schweiz, Leipzig 1891.

[26] W. Krais, Ges. vom 8. Aug. 1878 ꝛc., S. 52.

Er nimmt an der Gemeinschaft des bürgerlichen Rechtes Antheil, und zwar, wenn er Reichsangehöriger ist, unbedingt, wenn er Ausländer ist, in der Regel. Beschränkungen der Ausländer in Bezug auf das bürgerliche Recht finden nur so weit statt, als sie ausdrücklich ausgesprochen sind.

Für denjenigen Theil des bürgerlichen Rechtes, der durch die Landesgesetzgebung geordnet ist, gelten dabei nachstehende Vorschriften.

Abgesehen von einzelnen Ausnahmebestimmungen, welche die Gesetzgebung für Ausländer bleibend trifft, können vorübergehende Beschränkungen in Folge der Gegenseitigkeit eintreten [27].

Die Verfassungsurkunde enthält hierüber ein Doppeltes. Sie stellt als Programm für die Gesetzgebung den Grundsatz der sachlichen Gegenseitigkeit auf. „Den Fremden (Ausländern) wird in dem Königreiche die Ausübung derjenigen bürgerlichen Privatrechte zugestanden, die der Staat, zu welchem ein solcher Fremder gehört, den königlichen Unterthanen zugesteht." [28] Sind Rechte, welche in Bayern Ausländern gleich den Einheimischen zukommen, in dem fremden Staate bayerischen Staatsangehörigen nicht in gleichem Maße eingeräumt, ohne daß jedoch damit eine Rechtsungleichheit gegenüber den Einheimischen zu Ungunsten der Bayern geschaffen wäre, so kann eine entsprechende Rechtsbeschränkung der Angehörigen jenes fremden Staates in Bayern eintreten. Dieselbe muß jedoch für den betreffenden Fall gesetzlich vorgesehen sein.

Die Verfassung spricht ferner den Grundsatz der formellen Gegenseitigkeit aus, und zwar in der Weise, daß es zu dessen Anwendung einer besonderen gesetzlichen Ermächtigung nicht bedarf. Bei der formellen Gegenseitigkeit handelt es sich nicht um die Forderung sachlicher Rechtsgleichheit zwischen Bayern und dem fremden Staate, sondern darum, daß der Bayer im fremden Staate nicht schlechter als der Einheimische behandelt werde. Die Verfassung sagt [29]: „Werden in einem auswärtigen Staate durch Gesetze oder besondere Verfügungen entweder Fremde im Allgemeinen oder bayerische Unterthanen insbesondere von den Vortheilen gewisser Privatrechte ausgeschlossen, welche nach den allda geltenden Gesetzen den Einheimischen zustehen, so ist gegen die Unterthanen eines solchen Staates derselbe Grundsatz anzuwenden." Die Ausübung der Wiedervergeltung kann nur durch den König verfügt werden [30]. Sie endet mit Wegfall des Grundes [31].

Ausländer, welche sich mit königlicher Erlaubniß im Königreiche aufhalten, genießen, solange jene Erlaubniß nicht zurückgenommen ist, alle bürgerlichen Privatrechte gleich den Staatsangehörigen [32].

Die Fremden nehmen innerhalb des Staatsgebietes auch an der öffentlichen Rechtsordnung so weit Theil, als nicht entweder für gewisse öffentliche Rechte und Pflichten die Staatsangehörigkeit Voraussetzung ist oder, wo dies nicht der Fall, ausdrückliche Ausnahmen für die Fremden gemacht sind.

Dabei ist noch, was die landesfremden Deutschen betrifft, Folgendes zu bemerken. An den Rechten und Pflichten, welche mit der Staatsangehörigkeit verknüpft sind, haben

---

[27] Darüber P. v. Roth, bayer. Civilrecht, 2. Aufl., I S. 199 f.

[28] Verf. Beil. I § 16.

[29] Beil. I § 17.

[30] Verf. Beil. I § 18. Beispiele bei P. v. Roth a. a. O. I S. 200 Anm. 20, die übrigens aus der Zeit vor der Verf. Urk. stammen.

[31] L. Hauser, Bl. f. Rechtsanw. XXIV S. 376 Anm. 24.

[32] Verf. Beil. I § 19. Die Einholung einer besonderen königlichen Aufenthaltserlaubniß durch Ausländer ist selbstverständlich nicht nothwendig. Die ausdrückliche königliche Erlaubniß verschafft aber dem Ausländer den oben im Texte angegebenen Vortheil.

fie keinen Antheil.   Dagegen ift der Unterfchied zwifchen ftaatsangehörigen und ftaats-
fremden Deutfchen für eine Reihe von reichsgefetzlich geregelten Rechtsgebieten befeitigt.

Allgemeine Grundfätze über die Stellung der Fremden innerhalb des öffentlichen
Rechtes laffen fich im Uebrigen nicht aufftellen.   Zu erwähnen ift nur, daß ausländifche
Ausmärker wegen der „auf ihren Gütern haftenden Staatslaften und Verbindlichkeiten"
eine „Stellvertretung" „aus bayerifchen Unterthanen anzuordnen" haben ᵃᵃ.

ᵃᵃ Verf. Beil. I § 15.

Drittes Buch.

Das Verfassungsrecht.

Erster Theil.

Die Staatsverfassung.

§ 85. Einleitende Bemerkungen.

Die Aufgaben der Herrscherthätigkeit sind im Wesentlichen drei: die Schaffung fester Bestimmungen für das Zusammenleben der Menschen im Staate mittels der Gesetzgebung; die Sorge für die Einhaltung dieser Bestimmungen mittels der Rechtspflege; die Verfolgung der gemeinsamen staatlichen Interessen nach Innen und nach Außen innerhalb der Grenzen dieser Bestimmungen mittels der Verwaltung. Diese drei Aufgaben ruhen einheitlich in der Hand des Königs, welcher alle Rechte der Staatsgewalt in sich vereinigt[1]. Indessen ist der König, aller Fülle seiner Macht unerachtet, nur ein Mensch und den Beschränkungen unterworfen, welche die Natur den menschlichen Kräften auferlegt. Es ist ihm physisch unmöglich, die Gesammtheit staatlicher Aufgaben persönlich zu erfüllen; es ist ihm ferner auch geistig unmöglich, in seiner Person die von ihm wahrzunehmenden staatlichen Interessen stets so objectiv zu verkörpern, daß seine Willensbestimmung von Schwächen und Schwankungen frei bliebe. Während sonach einerseits das Wesen des Staates die Zusammenfassung der ganzen Staatsgewalt im Herrscher fordert, bringt die zwingende Nothwendigkeit der Natur die Gebundenheit des Herrschers in der Ausübung der Staatsgewalt mit sich. Diese Gebundenheit aber kann bei der absoluten Natur der Herrschaft nicht in der Form eines Zwanges zur Erscheinung kommen, welcher dem Herrscher von einer höheren Gewalt auferlegt wäre, sondern nur in der Form der Selbstbeschränkung. Denn wäre das erstere der Fall, so läge nicht mehr eine Beschränkung, sondern eine Beseitigung des Herrscherwillens vor.

Die bayerische Verfassung[2] erklärt denn auch, daß der König die Staatsgewalt „unter den von ihm gegebenen, in der Verfassungsurkunde festgesetzten" und, wie man beifügen darf, unter den auf Grund der Verfassung bestehenden „Bestimmungen ausübt". Diese Beschränkungen, welchen der König in Ausübung der Staatsgewalt sich unterwirft,

---

[1] Vgl. oben § 51.   [2] Tit. II § 1.

können naturgemäß nur in der Weise auftreten, daß neben dem königlichen Willen der Wille Anderer zum rechtlichen Ausdrucke kömmt. Dies kann aber, dem eben Gesagten zu Folge, nie in der Art geschehen, daß dieser fremde Wille über den Herrscherwillen sich setzt. Eine solche Beschränkung ist vielmehr nur in drei Formen denkbar, in der Form der Zustimmung, so daß der Herrscherwille ohne den übereinstimmenden Willen Anderer nicht rechtswirksam wird[3]; in der Form des Beiraths, so daß der Herrscherwille rechtswirksam erst ausgedrückt werden kann, wenn zuvor die Ansicht Anderer, die den Herrscher übrigens nicht bindet, erholt worden ist[4]; in der Form der Vertretung, so daß ein anderer Wille im Namen des Herrscherwillens sich geltend macht[5]. Welche dieser Formen auf den einzelnen Gebieten der Staatsthätigkeit Anwendung zu finden hat, bestimmt die Rechtsordnung mit Rücksicht auf die Art der zu erfüllenden Aufgaben.

Eine Beschränkung des Herrschers in der Weise, daß er in der objectiven Wahrnehmung der Staatsinteressen von subjectiven Störungen möglichst frei bleibt, wird sich zum Ziele setzen müssen, den Herrscherwillen an die Mitwirkung von Organen zu binden, welche geeignet sind, die Staatsinteressen zur Geltung zu bringen. Am meisten wird das Bedürfniß nach Sicherung der Objectivität bei der Gesetzgebung zu Tage treten. Denn deren Aufgabe ist es, als objectiv bindenden Rechtssatz das auszusprechen, was im gemeinsamen staatlichen Interesse liegt. Aber auch auf dem Gebiete der Verwaltung sind Akte von so schwerwiegender und weitreichender Bedeutung für das Gemeinwohl denkbar, daß sich hier das gleiche Bedürfniß ergibt. In all' diesen Fällen wird die wirksamste Gewähr für die Staatsinteressen darin liegen, daß der Herrscher an die Zustimmung eines Organes gebunden ist, in welchem die allgemeinen Interessen, d. h. jene der Unterthanen, zum Ausdrucke kommen, eines Organes also, das aus der Mitte der Staatsangehörigen hervorgeht. Dieses Organ ist der Landtag. Dabei ergibt es sich aus der Natur der Dinge, daß ein solches Organ innerhalb seines Wirkungskreises der Krone nicht blos zustimmend, sondern auch berathend zur Seite steht.

Es ist jedoch klar, daß hiemit der staatliche Organismus, dessen der König bedarf, nicht erschöpft sein kann. Auch abgesehen von der Mitwirkung des Landtages, die ohnedies nur bei Staatshandlungen von bleibendem oder hervorragendem Belange eintritt, kann der König bei Führung der Staatsgeschäfte des Beirathes und der Mitwirkung nicht entbehren. Es kann sich ferner für den Bereich dieser laufenden Regierungsthätigkeit gleichfalls das Bedürfniß geltend machen und in staatsrechtlichen Einrichtungen seine Berücksichtigung finden, daß die objective Verfolgung der öffentlichen Interessen gesichert werde. So entsteht die Verfassung des Staatsdienstes, eine gegliederte Ordnung amtlicher Organe, die dem Könige berathend und vollziehend untergeben sind. Diese Staatsämter oder Behörden sind theils solche, welche dem Könige, als dem Subjecte der Staatsgewalt, dienen — Regierungsorgane, theils solche, die für ihn als Subject des Staatsvermögens handeln — fiscalische Organe. Die Darstellung aller dieser Organe, welche unter der Herrschaft des Königs im Staate sich bethätigen, nach ihrem Wesen, ihrer Einrichtung und den Formen ihrer Wirksamkeit ist die Aufgabe der Lehre vom Staatsverfassungsrechte.

Dabei erscheint es jedoch zweckmäßig, nur dasjenige, was von dieser Lehre allgemeiner Natur ist, hier zu behandeln, dasjenige dagegen, was mit einzelnen Theilen der Staatsthätigkeit in besonderem Zusammenhange steht, mit der Erörterung dieser letzteren zu vereinigen.

I. Abschnitt.

Der Landtag.

I. Hauptstück.

Rechtliche Stellung des Landtages.

§ 86. Wesen und Rechte des Landtages im Allgemeinen[1].

Die Verfassungsurkunde[2] sagt: „Für das ganze Königreich besteht eine allgemeine, in zwei Kammern abgetheilte Ständeversammlung." „Die zwei Kammern der allgemeinen Versammlung der Stände des Reichs sind a. die der Reichsräthe, b. die der Abgeordneten."

An die Stelle der Bezeichnung Ständeversammlung ist der Name Landtag getreten, seitdem im Jahre 1848 die Zusammensetzung der Kammer der Abgeordneten eine Veränderung erfahren hat. Die beiden Kammern werden von der Verfassungsurkunde auch erste und zweite Kammer genannt.

Der Landtag der Verfassungsurkunde ist, trotz der Gleichheit der Bezeichnung, seinem staatsrechtlichen Wesen nach etwas völlig Anderes, als der Landtag der früheren Jahrhunderte. Der letztere war eine Vertretung der einzelnen bevorrechteten Stände, keine Volksvertretung, und mochte auch diese letztere Rolle für ihn mitunter in Anspruch genommen werden, so standen doch hiemit weder die Thatsachen noch das Recht im Einklange[3]. Der Landtag der Verfassungsurkunde dagegen hat nicht ständischen Interessen zu dienen, sondern er ist eine Einrichtung im Interesse des Staates. Mit ganzer Schärfe tritt der Unterschied zwischen dem Landtage der Vergangenheit und jenem der Gegenwart in den Worten des eidlichen Gelöbnisses zu Tage, welches nach der Verfassungsurkunde[4] von jedem Landtagsmitgliede zu leisten ist, nur des ganzen Landes allgemeines Wohl und Beste ohne Rücksicht auf besondere Stände oder Classen nach innerer Ueberzeugung zu berathen[5].

Der Landtag ist eine in zwei Kammern gegliederte Versammlung, welche dem Könige in den gesetzlich vorgesehenen Fällen bei Ausübung der Staatsgewalt zur Seite steht. Der Landtag ist kein „Staatsorgan" neben dem Könige, sondern unter dem Könige. Er verhandelt mit dem Könige nicht auf dem Fuße einer gleichberechtigten Partei, nicht in den Formen des Vertrages[6], sondern er erfüllt staatsrechtliche Obliegenheiten in dem Maße und in der Weise, wie sie die Rechtsordnung, die vom Könige ausgeht, ihm übertragen hat. Der Landtag wird durch Willensakt des Königs in Thätigkeit und außer Thätigkeit gesetzt[7]. Auch dem Landtage gegenüber ist der König Herrscher.

---

[1] Vgl. hieher meine staatsrechtlichen und politischen Abhandlungen, Freiburg i. B. 1893, S. 121 ff., K. Rieker, die rechtliche Natur der modernen Volksvertretung, Zeitschr. f. Literatur und Geschichte der Staatswiss. von K. Frankenstein, II (1893) S. 14 ff.

[2] Tit. I § 2; Tit. VI § 1.

[3] Immerhin war aber das Bemühen, welches bei den Schriftstellern (vgl. insbes. J. J. Moser, von der deutschen Reichsstände Landen ꝛc. 1769) hervortrat, in den Landständen eine Volksvertretung zu erblicken, ein Zeichen erwachender staatsrechtlicher Auffassung der öffentlichen Verhältnisse.

[4] Tit. VII § 25.

[5] Zur Entstehungsgeschichte dieser Formel K. Rieker a. a. O. S. 17 ff. — S. ferner H. Schulze, Lehrb. des deutschen Staatsrechts I S. 454 f., O. v. Sarwey, Staatsrecht des Kgrs. Württemberg II S. 133 ff.

[6] Vgl. auch Pözl, Lehrb. des bayer. Verf. Rechts S. 498 Anm. 4; H. Schulze, Lehrb. des deutschen Staatsrechts I S. 460.

[7] Verf. Urk. Tit. VII § 22.

Die Aufgaben, welche dem Landtage verfaſſungsrechtlich zukommen, ändern nichts an dem Satze, daß der König alle Rechte der Staatsgewalt in ſich vereinigt. Der Landtag beſitzt keine Herrſchergewalt, nicht einmal eine Amtsgewalt[8] gegenüber den Staatsangehörigen. Er hat lediglich, und zwar jede ſeiner Kammern für ſich, eine Gewalt über die eigenen Mitglieder[9]. Der Landtag kann nie einen Willen über den Staat äußern. Seine Einmiſchung in die Thätigkeit der Regierungsgewalt iſt durch ausdrückliche geſetzliche Beſtimmungen fern gehalten. Die Kammern verkehren nur mit den Staatsminiſterien. Unmittelbares Benehmen mit anderen Stellen und Behörden iſt ihnen nicht geſtattet[10]. Ferner iſt ihnen verboten, ohne Zuſtimmung der Staatsregierung Aufrufe oder Erklärungen an das Volk oder einzelne Theile deſſelben zu richten, Abordnungen oder Ueberbringer von Bittſchriften zuzulaſſen[11].

Der Landtag tritt nur in Bezug auf die Ausübung der Staatsgewalt[12] durch den König beſchränkend oder anregend hinzu. Aber auch dies nicht allgemein, ſondern lediglich ſo weit, als Verfaſſung oder Geſetz ihn hiezu berufen. Die Kammern, ſo ſagt die Verfaſſung[13], können nur über jene Gegenſtände in Berathung treten, die in ihren Wirkungskreis gehören. Der Landtag hat alſo nirgends eine Vermuthung der Zuſtändigkeit für ſich, ſondern muß ſeine Zuſtändigkeit durch eine Rechtsvorſchrift darthun können[14]. Das Umgekehrte gilt für den König. Der König iſt in Ausübung der Staatsgewalt unbeſchränkt, ſoweit nicht eine beſchränkende Rechtsvorſchrift nachzuweiſen iſt[15].

Da der Landtag kein Rechtsſubject neben dem Herrſcher iſt, bildet er, darin der

---

[8] Vgl. Geſchäftsg. Geſ. vom 19. Jan. 1872 Art. 33 Abſ. IV.

[9] Hievon unten § 87.

[10] Geſchäftsg. Geſ. Art. 33 Abſ. I, II.

[11] A. a. O. Art. 37.

[12] Verf. Urk. Tit. II § 1.   [13] Tit. VII § 1.

[14] Zuſtimmend Reichsrath Dr. v. Neumayr, Verh. d. K. d. R. R. 1883/86, Beil. Bd. III S. 353 f., Prot. Bd. IV S. 486 f. (Gegen dieſen Satz des bayer. Staatsrechts äußert ſich H. Schulze, Lehrb. des deutſchen Staatsrechts I S. 477. Er ſagt: „Den neueren Verfaſſungen..., wie der preuß., iſt eine ſolche Beſchränkung fern geblieben, indem nirgends mehr eine namentliche Zuſammenſtellung der Rechte der Kammern verſucht wird, wie dies auch die Reichsverf. in Betreff der Befugniſſe des Reichstags nicht thut. Ebenſowenig wie die Befugniſſe der Krone laſſen ſich die der Volksvertretung in einem erſchöpfenden Kataloge zuſammenſtellen; jeder ſolche Verſuch gibt ein ungenaues Bild." Dieſe Bemerkungen treffen indeſſen m. E. nur eine redactionelle Frage, ſo ſehr ſie auch in ihrem zweiten Theile jedenfalls für die wiſſenſchaftliche Darſtellung beherzigenswerth ſein mögen. Dagegen ſcheint mir der Satz, dem zu Folge der Landtag nur zuſtändig iſt, wo er eine Rechtsvorſchrift für ſich anführen kann, ſo ſicher zu ſtehen, daß er ſelbſtverſtändlich wäre, auch wenn ihn die Verf. nicht ausſpräche. Er wäre nur dann unrichtig, wenn der entgegengeſetzte Satz richtig wäre, daß das Mitwirkungsrecht des Landtags auf das geſammte Gebiet der Staatsthätigkeit ſich erſtreckt. Dies iſt aber zweifellos nicht der Fall. Vgl. Verh. d. K. d. Abg. 1840 Prot. Bd. VII S. 292 (Miniſter v. Abel).

[15] Vgl. oben § 51. Es iſt nicht ohne Intereſſe, zu hören, wie ein franzöſiſcher Schriftſteller dieſen Rechtsſtand darſtellt. Batbie, traité théorique et pratique de droit public et adm. 2. éd. Paris 1885, III p. 127 sv., ſagt: »Il est de principe aujourd'hui dans les États d'Allemagne que le Monarque... a la plénitude de la puissance publique, et que les assemblées ou diètes n'ont d'autres attributions que celles qui leur sont formellement attribuées par le texte des Constitutions. C'est l'inverse de ce qui se passe en Belgique, où le roi n'a que des pouvoirs d'attribution, tandis que la plénitude du pouvoir réside dans les Chambres. En Belgique, le pouvoir tirant son origine de la volonté nationale, les représentants de cette volonté ont tous les pouvoirs et le Roi n'a que des attributions déterminées. En Allemagne, le principe de la souveraineté populaire n'est pas admis; les souverains sont considérés comme ayant des droits propres, et c'est pour cela que le Chef de l'État a la pleine puissance, sauf les restrictions qui résultent des pouvoirs formellement attribués aux diètes. Cette règle est établie dans presque toutes les Constitutions, et elle résulte notamment de l'opposition entre le titre II § 1ᵉʳ et le titre VII § 1ᵉʳ de la Constitution de Bavière.« An einer andern Stelle, VII p. 354, kennzeichnet Batbie den parlamentariſchen oder, wie er ihn nennt, den conſtitutionellen König richtig mit den Worten: »Le roi constitutionel n'était qu'un président héréditaire et le président de la République est un roi constitutionel temporaire.«

alten Landschaft ungleich, keine Körperschaft mit Rechtspersönlichkeit, sondern ist lediglich collegial zur Erfüllung seiner öffentlichen Aufgaben gestaltet. Der Dienst, der für den Landtag berufsmäßig geleistet wird, ist daher Staatsdienst[16]. Der Landtag ist nicht fähig, eigenes Vermögen zu besitzen. Die Staatskasse bestreitet die Ausgaben des Landtages und leistet den Kammervorständen auf jedesmaliges Begehren Vorschüsse, über deren Verwendung nach geendigter Versammlung Rechnung zu legen ist[17].

Der bayerische Landtag ist kein einheitliches Collegium, sondern er besteht aus zwei Collegien oder Kammern. Dieselben berathen und beschließen selbständig. Aber nur die übereinstimmende Willenserklärung beider Kammern stellt dem Könige gegenüber die staatsrechtlich giltige Willenserklärung des Landtages dar[18]. Ein Gegenstand, über welchen beide Kammern sich nicht vereinigen, kann in derselben Tagung nicht wieder zur Berathung gebracht werden[19].

Die Gründe des Zweikammersystems liegen auf dem Gebiete der politischen Erwägungen[20]. Diese letzteren haben ihren staatsrechtlichen Ausdruck in der verschiedenen Zusammensetzung der beiden Kammern gefunden, dagegen nicht in einer Verschiedenheit ihrer rechtlichen Stellung. Dem Zwecke, die Interessen des Volkes dem Könige gegenüber zu Geltung und Ausdruck zu bringen, dienen sie staatsrechtlich beide in gleicher Weise und in gleichem Maße. Es steht daher im Ermessen des Königs, ob er wegen einer Angelegenheit zuerst mit der einen oder mit der andern Kammer in Verkehr treten will. Nur die „Anträge über die Staatsauflagen" haben zunächst bei der Kammer der Abgeordneten zu geschehen[21]. Ebenso kann innerhalb des Wirkungskreises des Landtages jede Kammer einen Gegenstand zuerst anregen[22], und jeder Staatsangehörige kann, soweit er befugt ist, an den Landtag sich zu wenden, nach seiner Wahl die eine oder die andere Kammer angehen[23]. Die geschäftlichen Beziehungen, welche in Folge dessen zwischen beiden Kammern entstehen, werden von deren Directorien geordnet[24].

Man pflegt neben dem staatsrechtlichen Verhältnisse des Landtages zum Herrscher auch jenes zum Volke zu erörtern. Ein staatsrechtliches Verhältniß zwischen Volk und Landtag besteht indessen nicht. Denn wenn man gewöhnlich den Landtag Volksvertretung nennt oder wohl gar diese Bezeichnung auf die zweite Kammer beschränkt, so ist diese Ausdrucksweise rechtswissenschaftlich nicht richtig[25]. Der Landtag ist keine Vertretung, seine Mitglieder sind keine Vertreter des Volkes im Rechtssinne. Dies würde auf der einen Seite ein vertretenes Rechtssubject, auf der anderen Seite ein Verhältniß voraussetzen, wonach der Landtag oder dessen Mitglieder an Stelle eines Anderen kraft gesetzlicher Ermächtigung oder persönlichen Auftrages zu handeln hätten. Weder das Eine noch das Andere trifft zu. Das Volk als solches ist nur die Gesammtzahl aller Unterthanen und zu einer gemeinsamen Willensbestimmung gegenüber dem Herrscher rechtlich nicht eingerichtet. Der Landtag als solcher ferner und seine Mitglieder handeln nicht als Vertreter von irgend Jemandem, sondern kraft eigenen, im Gesetze begründeten Rechtes. Die gesammte Stellung des Landtagsmitgliedes weist keinen Punkt auf, der von den Rechtsgrundsätzen über Stellvertretung, Vollmacht oder Auftrag bestimmt würde. Auch wer Landtagsmitglied in Folge eines fremden Willensaktes, wie königlicher Ernennung oder Wahl, wird, erwirbt durch diesen Willensakt zwar ein Recht, aber er tritt in seiner Eigenschaft als Landtagsmitglied in kein Rechtsverhältniß zu denjenigen, durch deren Willensakt er Landtags-

---

[16] Vgl. unten § 107 bei Anm. 31.

[17] Geschäftsg. Ges. Art. 12.

[18] Verf. Urk. Tit. VI § 19: „Kein Gegenstand des den Ständen des Reichs angewiesenen gemeinschaftlichen Wirkungskreises kann von einer Kammer allein in Berathung gezogen werden und die Wirkung einer giltigen Einwilligung der Stände erlangen."

[19] Verf. Urk. Tit. VII § 28. Verh. d. K. d. Abg. 1883/86 Sten. Ber. VI S. 243.

[20] Vgl. darüber H. Schulze, preuß. Staatsrecht, 2. Aufl., I S. 573 ff.

[21] Verf. Urk. Tit. VI § 18.   [22] Verf. Urk. Tit. VII § 20 Abs. II.

[23] Verf. Urk. Tit. VII § 21, Geschäftsg. Ges. Abschn. II Ziff. 2.

[24] Geschäftsg. Ges. Art. 38.

[25] Vgl. zum Folgenden H. Schulze, Lehrb. des deutschen Staatsrechts I S. 455 ff., K. Rieker a. a. O. S. 54 ff.

mitglied wird. Der Wille des Ernannten oder Gewählten iſt vom Willen des Ernennenden oder der Wähler rechtlich losgelöſt. Er iſt von ihnen in der Ausübung und in der Dauer ſeiner Mitgliedſchaftsrechte unabhängig. Der landläufige Ausdruck Abgeordnetenmandat iſt daher ſtaatsrechtlich falſch ²⁶. Die Bezeichnungen Volksvertretung und Volksvertreter ſind, wenn ſie auch ſogar in der Geſetzesſprache vorkommen, keine ſtaatsrechtlichen, ſondern ſie entſtammen einem politiſchen Gedanken. Sie deuten den geſetzgeberiſchen Zweck der Einrichtung an, der darauf gerichtet iſt, dem Volksintereſſe und dem Volkswillen einen Einfluß auf die Geſtaltung des Herrſcherwillens zu verſchaffen. In dieſem politiſchen Sinne bringt der Landtag den Volkswillen gegenüber dem Könige zum Ausdrucke. Aber dieſer geſetzgeberiſche Zweck hat ſeine Verwirklichung nicht in der rechtlichen Form der Vertretung oder des Auftrags gefunden. Die Art, wie Jemand Landtagsmitglied wird, iſt für das Weſen und den Inhalt dieſes Mitgliedsrechtes völlig belanglos. In allen Fällen iſt dieſe Mitgliedſchaft ein dem Staate geleiſteter Dienſt und ein perſönliches öffentliches Recht auf Theilnahme an der Thätigkeit des Landtages.

Die Rechte des Landtages ²⁷ ſind einerſeits politiſche, d. h. ſolche, welche auf ſeine Aufgaben im Staatsleben ſich beziehen, andererſeits collegiale, d. h. ſolche, welche das innere Leben der beiden Landtagscollegien betreffen, alſo der Erfüllung der politiſchen Aufgaben dienen. Die politiſchen Rechte des Landtages ſcheiden ſich wieder in materielle, d. h. jene, welche ſeine Betheiligung am Staatsleben, ſeine Einflußnahme auf die Regierungsthätigkeit des Königs unmittelbar zum Gegenſtande haben, und in formelle Rechte, d. h. jene, deren Zweck es iſt, dieſer öffentlichrechtlichen Stellung des Landtages die Gewähr der Sicherheit zu bieten.

Die materiellen Rechte des Landtages ſind nicht in dieſem Zuſammenhange, ſondern bei Erörterung derjenigen Theile des Staatsrechtes darzuſtellen, auf welche ſie ſich beziehen. Sie betreffen im Weſentlichen die Geſetzgebung und die Führung des Staatshaushaltes ²⁸. Dagegen wird die Regierungsthätigkeit, ſoweit nicht das Steuerbewilligungsrecht des Landtages beſchränkend eingreift, ausſchließlich vom Willen des Königs beſtimmt. Dem Landtage kömmt ein ſtaatsrechtlicher Einfluß auf dieſelbe nicht zu ²⁹. Bayern iſt, wie bei der Lehre von der Miniſterverantwortlichkeit noch näher darzuthun ſein wird, zwar Verfaſſungsſtaat, aber kein parlamentariſch regierter Staat. Daß aus dem Steuerbewilligungsrechte des Landtages für denſelben kein Recht abgeleitet werden kann, die Führung der Regierungs und Verwaltungsgeſchäfte ſeinem Willen unterzuordnen, hat die Verfaſſungsurkunde ³⁰ mit voller Klarheit und Entſchiedenheit durch den Satz ausgedrückt: „Die Stände können die Bewilligung der Steuern mit keiner Bedingung verbinden." ³¹ Der Landtag hat daher noch viel weniger das Recht

²⁶ Auf vollſtändiger Verkennung dieſes ſtaatsrechtlichen Verhältniſſes beruhte der Antrag, welchen die Staatsregierung unterm 22. Mai 1849 an die K. d. Abg. richtete, daß wegen des Aufſtandes in der Pfalz „die Berechtigung der Abg. aus dem pfälz. Regierungsbezirke zur Theilnahme an den Verh. des Landtages zu beanſtanden und dieſe Theilnahme für ſo lange zu ſuspendiren ſei, bis der geſetzliche Zuſtand in der Pfalz wieder hergeſtellt ſein wird". Verh. d. K. d. Abg. 1849 Sten. Ber. II S. 85—137, Prot. Bd. S. 47.

²⁷ Vgl. zum Folgenden H. Schulze, Lehrb. des deutſchen Staatsrechts I S. 476.

²⁸ Vgl. Verf. Urk. Tit. VII §§ 2—18.

²⁹ Auch ein „alles umfaſſendes Recht der Ueberwachung und Controle der Staatsverwaltung" (H. Schulze, Lehrb. des deutſchen Staatsrechts I S. 479 f.) hat der bayer. Landtag nicht. Es wird m. E. nicht ohne Bedenken ſein, die politiſche Wirkung des Steuerbewilligungs, Petitions und Beſchwerderechts auf die angegebene Art zu einem ſtaatsrechtlichen Satze zu geſtalten.

³⁰ Tit. VII § 9.

³¹ Die Beſtimmung iſt auf die Anregung des Kronprinzen Ludwig zurückzuführen, welcher in ſeinen Anmerkungen zum Verf. Entw. äußerte: „Wie es in Großbritanniens Verfaſſung enthalten, ſey es auch in der baier., daß unter Bedingung, daß eine Sache von Königlicher Seite zugeſtanden werde, die Stände für das vom Könige Vorgeſchlagene bejahend ſtimmen, als verfaſſungswidrig, als ungültig zu betrachten ſey. (Sonſt iſt äußerſt ſtark zu beſorgen, daß in Zeiten der Noth die Krone ihre meiſten, ihre wichtigſten Rechte verliere)."

der willkürlichen Steuerverweigerung, ein Recht, dessen Besitz in der That die parlamentarische Regierungsform begründen würde [32].

Die formellen Rechte des Landtages, bzw. seiner Kammern sind das Recht der Information, der Petition, der Verfassungsbeschwerde und der Anklage. Das letztgenannte Recht wird besser bei Untersuchung der staatsrechtlichen Stellung der Minister erörtert werden; die übrigen Rechte finden unten [33] ihre nähere Darstellung.

Die Formen, in welchen der Wille des Landtages bei Wahrnehmung seiner politischen Rechte sich äußern kann, sind, abgesehen von der Anklageerhebung, die hier außer Betracht bleibt: die Mitwirkung, die Genehmigung, die Kenntnißnahme und die Ueberweisung [34].

In der Form der Mitwirkung bewegt sich der Landtag da, wo ein staatlicher Willensakt des Königs rechtlich nicht vorhanden ist, wenn nicht ein Willensakt des Landtages von gleichem Inhalte hinzukömmt. Der staatliche Willensakt, für welchen ein gleichheitlicher Willensakt des Landtages Voraussetzung der Wirksamkeit ist, heißt Gesetz im formellen Sinne. Der Willensakt des Landtages muß dem Gesetze zeitlich immer vorangehen. Nur der Gesetzesvorschlag kann entweder zuerst vom Könige an den Landtag oder umgekehrt ergehen. Die Form der Mitwirkung liegt ferner vor, wo der staatliche Willensakt des Königs mit irgend welchem Zeitpunkte aufhört, ein solcher zu sein, also aufhört, rechtliche Geltung zu haben, wenn ein gleichheitlicher Willensakt des Landtages nicht hinzutritt [35].

Die Form der Genehmigung ist gegeben, wo ein staatlicher Willensakt ohne den gleichheitlichen Willensakt des Landtages zwar rechtliche Wirkung hat, aber ohne den letzteren nicht bestehen soll. Das Recht des Landtages ist hier ein Recht der Ermächtigung oder Versagung, wenn sein Willensakt dem staatlichen Willensakte vorherzugehen hat, bei umgekehrter Zeitfolge aber ein Recht der Bestätigung oder des Einspruchs [36].

Die Form der Kenntnißnahme tritt ein, wo der Landtag das Recht hat, zu erfahren, in welcher Weise die Regierung thätig geworden ist. Die Stellung des Landtages gegenüber den Mittheilungen, die ihm zu machen sind, ist dabei verschieden. Er ist entweder befugt, hierüber beschlußmäßig ein Urtheil zu fällen, also die Anerkennung der Erfüllung gesetzlicher Verpflichtungen zu ertheilen oder zu verweigern, oder seine Rolle beschränkt sich darauf, den Bericht zur Kenntniß zu nehmen [37].

---

[32] Bezeichnend für die Absicht der Verf. Urk. ist folgender Vorgang in der Sitzung der Ministerialconferenz vom 21. April 1818. Lerchenfeld erwähnte eines Privatbriefes des Kronprinzen, wonach gegenüber dem Steuerbewilligungsrechte der Stände festzustellen sei, daß Bundesausgaben bestritten werden müßten, und daß, wenn die Stände nicht innerhalb bestimmter Zeit das hiezu Erforderliche bewilligt hätten, der König das Nöthige anzuordnen befugt sei. Lerchenfeld erklärte sich gegen eine solche Bestimmung, „indem hiedurch die alte Idee (vgl. oben § 4 Anm. 22 ff.) wieder hervorgerufen würde, als wenn die Unterthanen nur allein zu den Angelegenheiten des allgemeinen Deutschen Bundes Steuern zu entrichten verbunden wären, alle übrigen Staatsausgaben hingegen aus den übrigen Staatsgefällen bestritten werden müßten, und die hiezu bewilligten Steuern nur als ein freiwilliges Geschenk anzusehen seien". „Der Grundsatz müsse aufrecht erhalten werden, daß alle erforderlichen und nachgewiesenen Staatsbedürfnisse von den Ständen bestritten und bewilligt werden müßten". Vgl. auch Bundesbeschluß vom 28. Juni 1832 Art. 2, 3.
[33] §§ 88—90.
[34] Vgl. hieher P. Laband, Staatsrecht des Deutschen Reichs, 3. Aufl., I S. 260 ff., u. meine Abhandlung „der deutsche Reichstag", Annalen des Deutschen Reiches 1880 S. 357 f.
[35] Vgl. P. St. G. B. vom 26. Dec. 1871 Art. 9 (Nothverordnung).
[36] Beispiele hiefür bietet das Finanzrecht. Das Recht der Budgetprüfung, das mit dem Steuerbewilligungsrechte des Landtags verknüpft ist, kann bei seiner eigenthümlichen Gestaltung hier nicht unter einem allgemeinen Gesichtspunkte dargestellt werden.
[37] Vgl. hieher als Beispiele Verf. Urk. Tit. VII §§ 10, 16; Ges., die Festsetzung einer permanenten Civilliste betr., vom 1. Juli 1834, Art. 6 Abs. II.

Die Form der Ueberweisung findet statt, wo der Landtag berechtigt ist, einen Gegenstand an die Staatsregierung zur Würdigung hinüberzugeben[88].

Ueber die Behandlung der Beschlüsse der Kammern gelten folgende gesetzliche Bestimmungen. Sobald ein übereinstimmender Beschluß beider Kammern zu Stande gekommen ist, wird er dem Gesammtstaatsministerium übersendet und von diesem dem Könige unterbreitet. Dasselbe gilt von den Vorlagen jeder einzelnen Kammer[89]. Der König bescheidet jeden Gesammtbeschluß entweder sogleich nach der Vorlage[40] oder spätestens beim Schlusse der Versammlung im Landtagsabschiede[41]. Diese letztere Vorschrift hat zur Folge, daß, wo zu einem staatlichen Willensakte des Königs die Zustimmung des Landtags erforderlich ist, diese Zustimmung, auch wenn gegeben, nicht mehr wirkt, soferne sie nicht spätestens beim Schlusse des Landtages benutzt worden ist[42].

Die Collegialrechte der Kammern bestehen in der Befugniß, innerhalb der gesetzlichen Schranken ihre Verfassung selbständig zu regeln, ihre Aemter zu besetzen, ihre Disciplin und ihren Geschäftsgang zu ordnen und zu handhaben. Diese Rechte sollen unten[48] zur Darstellung kommen.

§ 87. Die Gewalt der Kammern über ihre Mitglieder.

Die Gewalt der Kammern über ihre Mitglieder äußert sich nach Innen und nach Außen. Nach der ersteren Richtung bethätigt sie sich als Disciplin und ist daher im Zusammenhange mit den Bestimmungen über die Verfassung und den Geschäftsgang der Kammern zu erörtern. Nach der letzteren Richtung hat sie den Zweck, während der Dauer einer Landtagsversammlung von den Landtagsmitgliedern gewisse obrigkeitliche Handlungen ferne zu halten, wodurch einer Kammer die Theilnahme ihrer Angehörigen an den Berathungen entzogen oder beeinträchtigt werden könnte. Diese Rechte sind Rechte der Kammern als solcher, nicht persönliche Rechte der einzelnen Mitglieder.

Die Verfassungsurkunde[1] bestimmt, daß kein Landtagsmitglied während der Dauer einer Landtagsversammlung[2] ohne Einwilligung seiner Kammer zu Verhaft gebracht

---

[88] S. z. B. Verf. Urk. Tit. VII §§ 19 u. 21.

[89] Geschäftsg. Ges. vom 19. Jan. 1872 Art. 39. Der letztere Fall kömmt nur ausnahmsweise, auf dem Gebiete der materiellen Rechte des Landtags überhaupt nicht vor.

[40] Die Verf. Urk. enthielt in Tit. VII § 29 die nunmehr aufgehobene Bestimmung: „Die k. Entschließung auf die Anträge der Reichsstände erfolgt nicht einzeln, sondern auf alle verhandelten Gegenstände zugleich bei dem Schlusse der Versammlung." Vgl. dazu L. v. Dresch, Grundzüge des baier. Staatsrechts, 2. Aufl., S. 69 Anm. o, E. v. Moy, Staatsrecht des Kgrs. Bayern I, 2 S. 161.

[41] Geschäftsg. Ges. Art. 40. Eine Ausnahme enthält Art. VII des Ges., die ständische Initiative betr., vom 4. Juni 1848. Davon unten § 89 Anm. 22.

[42] Art. 40 des Geschäftsg. Ges. (vgl. Art. 41 des Ges. vom 25. Juli 1850 gleichen Betreffs) ist mit unerheblichen Aenderungen in der Fassung dem Kolb'schen Entw. von 1849 (darüber unten § 106 Anm. 26, 27) entnommen. Die oben erörterte Bestimmung bezweckt nach Kolb's Begründung (Verh. d. K. d. Abg. 1849 Beil. Bd. I S. 110) die „Vorsorge, damit Gesetzentw., welchen von der Krone die Genehmigung unter denjenigen Verhältnissen versagt worden, unter denen sie die Volksvertretung gut geheißen hatte, nicht nach längerer Zeit unter vielleicht völlig veränderten Verhältnissen hervorgesucht und nun als Ges. verkündet werden".

[48] §§ 106—110.

[1] Tit. VII § 26. (Aufrecht erhalten zu Folge § 6 Abs. II des Einf. Ges. vom 1. Febr. 1877 zur R. St. P. O) S. k. Entschl. vom 17. Sept. 1814, VIII Ziff. 16 bei G. Frhrn. v. Lerchenfeld, Geschichte Bayerns unter König Maximilian Joseph I. S. 341. — Vgl. hieher auch zum Theile die unten § 104 Anm. 10 angef. Schriften.

[2] Die Verf. Urk. sagt: „während der Dauer der Sitzungen", was den oben angegebenen Sinn hat. Vgl. L. v. Dresch, Grundzüge des baier. Staatsrechts S. 80 Anm. e, E. v. Moy, Staatsrecht des Kgrs. Bayern I, 2 S. 167 Anm. c. Die k. Entschl. vom 17. Sept. 1814 sagte: „während der Sitzung" (Session), der Entw. von 1814 hatte: „während der Dauer der Versammlungszeit". Moy führt richtig aus, daß aus der veränderten Fassung auf eine veränderte Absicht nicht zu schließen sei.

werden kann, den Fall der Ergreifung auf frischer That bei begangenem Verbrechen ausgenommen. Dieser Satz enthält eine Ausnahme von der Regel der Unabhängigkeit der Rechtspflege und unterliegt also strenger Auslegung. Eine nähere Betrachtung seines Wortlautes ergibt zunächst, daß die Kammern die Freilassung eines Mitgliedes nicht verlangen können, das bei Eröffnung des Landtages bereits verhaftet war³. Abgesehen von der regelmäßigen Unzulässigkeit der Verhaftung ist die Führung einer strafgerichtlichen Untersuchung und Verhandlung gegen ein Landtagsmitglied während der Tagung durch die Verfassung nicht untersagt. Die Verhaftung eines Landtagsmitgliedes zum Vollzuge einer bereits erkannten Strafe kann, da die Verfassung keinen Unterschied zwischen Untersuchungs- und Strafhaft macht, während der Dauer der Landtagsversammlung nur mit Zustimmung der betreffenden Kammer erfolgen⁴. Im Falle der Ergreifung auf frischer That bei begangenem Verbrechen bedarf es keiner nachträglichen Genehmigung der Kammer⁵. Die Haft kann aufrecht erhalten bleiben.

Die Verhaftung eines Landtagsmitgliedes behufs Erzwingung eines Offenbarungseides kann bei versammeltem Landtage nur mit Bewilligung der betreffenden Kammer geschehen⁶. Gleicher Zustimmung bedarf es zur Vernehmung eines Kammermitgliedes als Zeugen oder Sachverständigen außerhalb des Landtagssitzes⁷.

In allen Fällen entscheidet darüber, ob die Bewilligung zu ertheilen sei oder nicht, das freie Ermessen der Kammer⁸.

§ 88. Das Informationsrecht¹.

Die Kammern, deren Ausschüsse und Abtheilungen² haben innerhalb des Umfanges ihres Wirkungskreises das Recht, Erläuterungen und Aufschlüsse, welche sie für erforderlich halten, von den Staatsministerien zu verlangen³. Letztere haben solchen Ansinnen zu entsprechen, sogar dann, wenn zu diesem Zwecke Ermittelungen nöthig sein sollten. Aus der Fassung des Artikels 33 Absatz I des Gesetzes vom 19. Januar 1872 über den Geschäftsgang des Landtages ergibt sich von selbst, daß die Staatsregierung zwar verpflichtet ist, innerhalb des angegebenen Umkreises die Kammern, deren Ausschüsse und Abtheilungen über das zu unterrichten, was dieselben zu wissen begehren, daß letztere aber kein Recht darauf haben, sich selbst aus den amtlichen Quellen zu unterrichten. Mit anderen Worten, die Kammern haben kein Recht, die Aushändigung amtlicher Akten zu verlangen⁴. Der Staatsregierung steht indessen selbstverständlich frei, Akteneinsicht

---

³ Dies wurde Seitens der K. d. Abg. in den Fällen der Abg. Kolb, Thomas Meyer u. Dr. Schmidt anerkannt. Verh. b. K. d. Abg. 1849/50 Beil. Bd. I S. 117 ff., 164, 166 ff., Sten. Ber. I S. 34 ff., 96 ff., II S. 39 ff.

⁴ Anders beim Reichstage. Vgl. meine Abh., Annalen des Deutschen Reiches 1880 S. 354 ff. S. auch O. v. Sarwey, Staatsrecht des Kgrs. Württemberg II S. 208 ff.

⁵ Vgl. O. v. Sarwey a. a. O. II S. 212 Anm. 9.

⁶ R. C. P. O. § 785 Ziff. 1.

⁷ R. C. P. O. §§ 347, 367; R. St. Pr. O. §§ 49, 72; Ges. vom 8. Aug. 1878 Art. 20 Abs. VI.

⁸ Vgl. O. v. Sarwey a. a. O. II S. 210 f.

¹ Vgl. hieher L. v. Rönne, Staatsrecht der preuß. Monarchie I S. 290 ff.

² Darüber, daß Art. 33 Abs. I des Geschäftsg. Ges. vom 19. Jan. 1872 auch auf die Abtheilungen sich bezieht, unten § 102 Anm. 42.

³ Geschäftsg. Ges. Art. 33 Abs. I.

⁴ Die Frage kam zwischen der Staatsregierung und den Kammern öfter zur Erörterung, und zwar sowohl unter der Herrschaft der früheren wie der jetzt geltenden Bestimmungen. Die einschlägigen Vorschriften der Verf. Urk., welche durch das Geschäftsg. Ges. vom 2. Sept. 1831 unberührt blieben, sind in Beil. X Tit. II §§ 29, 35 enthalten. Hiernach sollten die Ausschüsse zur Bearbeitung der an sie verwiesenen Gegenstände „alle erforderlichen Erläuterungen sammeln" und sich hierüber mit den betreffenden Staatsministerien „in's Benehmen setzen" können. Die Ausschüsse und die Kammern sollten ferner bei Prüfung von Beschwerden nach Tit. VII § 21 der Verf. Urk. befugt sein, durch den

zu gewähren, wenn ſie es für nützlich oder unbedenklich hält⁵.   Es kann ferner keinem
Zweifel unterliegen, daß die Kammern auch nicht die Befugniß haben, der Staatsregie-

---

Präſidenten von den einſchlägigen Miniſterien, und nur von dieſen, „die erforderlichen Aufſchlüſſe"
zu „erholen". Dieſe Beſtimmungen konnten wohl nicht anders als dahin verſtanden werden, daß die
Kammern ſich mit den ſchriftlichen oder mündlichen Aufklärungen der Staatsregierung zu begnügen
hätten, Akteneinſicht aber nicht fordern könnten. Dies war auch der Standpunkt der Regierung. Die
Sache kam ſchon während des Landtags 1819 in den Sitzungen der für die ſtändiſchen Angelegenheiten
angeordneten Miniſterialconferenz (vgl. oben § 31 Anm. 21) zur Sprache. Die K. d. Abg. hatte bei der
Budgetberathung den Hauptbericht des oberſten Rechnungshofes und die Generalberichte der Finanzkammern verlangt. Sie hatte ferner um Mittheilung aller Aktenſtücke über das Hypothekengeſ., ſogar
der Prot. des Staatsraths und der Staatsrathscommiſſion erſucht. In der Sitzung vom 21. Febr.
1819 erklärte die Conferenz nach den Anträgen Lerchenfeld's und von der Becke's das eine wie
das andere Anſinnen als unſtatthaft. In einer Note des Staatsminiſteriums des Innern an das
Präſidium der K. d. Abg. vom 26. März 1828 wurde geſagt, daß „den Ständen des Reichs durch die
Verf. Urk. das Recht nicht beigelegt worden ſei, von den Staatsminiſterien die Mittheilung der an die
untergebenen Behörden erlaſſenen Verfügungen und Inſtr. oder der Miniſterialakten zu verlangen,
auf dieſem Wege eine Unterſuchung der Amtsführung der Miniſterien einzuleiten und dieſe ihrer
Oberaufſicht unterzuordnen". Verh. d. K. d. Abg. 1827/28 Beil. Bd. XVI, Beil. LXXXIII S. 17,
dazu S. 44 ff. (Bericht des Abg. Jäger, welcher die Aeußerung, daß Miniſterialakten nicht verlangt
werden können, „ſo im Allgemeinen als richtig anzunehmen" nicht vermochte), S. 80 f. (Schreiben der
K. d. R. R.), 110 ff. (Bericht des Abg. Frhrn. v. Künsberg; Prot. Bd. XIV S. 342, 361 ff., 420,
425, 510, 554, XV S. 139 (die K. d. Abg. glaubt dem Antrage der K. d. R. R., „daß die Mittheilung
der Staatsrathsbeſchlüſſe vom 12. Oct. 1826 mittelſt eines gemeinſchaftlichen Antrags zu verlangen
ſei", ihre Zuſtimmung verſagen zu müſſen. Die K. d. Abg. hatte übrigens durch den Abg. v. Cloſen
Abſchrift jener Beſchlüſſe erhalten und dieſelben abdrucken laſſen. (Prot. Bd. XV S. 253, XIV S. 456 ff.)
Ebenſo wurde anläßlich der Beſchwerde des Senats des hl. Kreuzbündniſſes zu München in den J. 1840
u. 1842 (Verh. d. K. d. Abg. 1840 Beil. Bd. IV S. 574 ff.; 1842/43 Beil. Bd. IV S. 119 ff.) die Mittheilung von Miniſterialakten an die K. d. Abg. mit dem Bemerken abgelehnt, daß eine ſolche bisher
nie ſtattgefunden habe. (Schreiben des Staatsminiſteriums des Innern vom 6. März 1840 u. 28. Dec.
1842.) Gleiche Ablehnung erfuhr 1842 die Bitte um Mittheilung von Regierungsberichten, welche von
der K. d. Abg. anläßlich des Geſ. Entw. über die Gaſt- u. Schankwirthſchaften in der Pfalz (Verh. d.
K. d. Abg. 1842/43 Beil. Bd. I S. 307) geſtellt worden war. Dies ſei, äußerte das Miniſterium
(Schreiben vom 9. Dec. 1842), nicht möglich, ohne „die Kammern oder die Ausſchüſſe in eine dem Buchſtaben und Geiſte der Verf. Urk. zuwiderlaufende Berührung mit den den Miniſterien untergeordneten
Stellen und Behörden zu bringen".
    Der Kolb'ſche Entw. eines Geſchäftsg. Geſ., welchen der Ausſchuß der K. d. Abg. im J. 1849
annahm (er kam im Hauſe nicht zur Berathung), wollte in Art. XI beſtimmen: „Die Kammern ſowohl
als die Ausſchüſſe haben innerhalb des Umfanges ihres Wirkungskreiſes das Recht, diejenigen Er-
läuterungsmittel, namentlich vollſtändige Vorlage der Originalakten, welche ſie erforderlich erachten,
von den einſchlägigen Staatsminiſterien zu begehren, welche dieſe letzteren zu ertheilen haben." (Verh.
d. K. d. Abg. 1849 Beil. Bd. S. 111, vgl. auch S. 112.)
    Der Geſ. Entw. über den Geſchäftsgang des Landtags, welchen die Regierung im Herbſte des
nemlichen Jahres einbrachte (Verh. d. K. d. Abg. 1849/50 Beil. Bd. I S. 139), berückſichtigte zwar im
Uebrigen den Kolb'ſchen Entw. großen Theils, geſtand aber in Art. 26, welcher wörtlich dem Art. 33
der Geſchäftsg. Geſ. vom 25. Juli 1850 u. vom 19. Jan. 1872 entſpricht, dem Landtage das Recht nicht
zu, die Aktenaushändigung zu verlangen. Die Anträge, welche bezweckten, die Forderung des Kolb'ſchen
Entw. in dieſem Punkte zur Geltung zu bringen, wurden im Ausſchuſſe der K. d. Abg. (a. a. O. I
S. 276, vgl. auch S. 271) abgelehnt. Das Endergebniß der Verh. beider Kammern war die unver-
änderte Annahme des Art. 26 nach dem Entw. der Regierung. (Vgl. insbeſ. Verh. d. K. d. Abg. 1849/50
Sten. Ber. II S. 474 f.; namentlich die Aeußerungen des Abg. Frhrn. v. Lerchenfeld u. des Staatsminiſters Dr. v. Ringelmann.) Der Art. 33 ging dann in das Geſ. vom 19. Jan. 1872 unverändert über, ohne daß es den Kammern zu einer Beanſtandung deſſelben gekommen iſt.
    Auch unter der Herrſchaft dieſes letzteren Geſ. hat die Staatsregierung an ihrem früheren
Standpunkte feſtgehalten. Als z. B. anläßlich der Verhandlungen der K. d. Abg. über die Ablöſung
der Complexlaſten im Jahre 1876 (1875/76 Sten. Ber. II S. 13, 20, 21, 35, 862) der Ausſchußberichterſtatter die betr. Miniſterialakten mitgetheilt wünſchte, erklärte das Staatsminiſterium des Innern
mit Schreiben vom 9. Juni 1876 ſich zwar zu allen Aufſchlüſſen im Sinne des Art. 33 Abſ. I des Geſ. vom
19. Januar 1872 bereit, lehnte aber die Ueberſendung der Akten ab, da eine ſolche „bisher noch nie
ſtattgefunden habe und mit dem Wortlaute und Geiſte der einſchlägigen geſetzlichen und verfaſſungsmäßigen Beſtimmungen auch kaum vereinbar wäre".
    ⁵ Eine Ausnahme von der Regel enthält Art. 19 Abſ. III des Geſ. vom 30. März 1850, den
Staatsgerichtshof ꝛc. betr. (G. Bl. S. 133). Hienach iſt beiden Kammern geſtattet, von den beim
Staatsgerichtshofe erwachſenen Akten „zu jeder Zeit" „durch Bevollmächtigte aus ihrer Mitte auf der
Kanzlei des o. G. H.'s (nun o. L. G.'s) Einſicht zu nehmen".

rung hinſichtlich ſolcher Erläuterungen, zu welchen dieſe den Stoff ſelbſt noch nicht beſitzt, vorzuſchreiben, wie ſie ſich denſelben beſchaffen ſoll. Die Kammern haben kein Recht, Er-hebungen beſtimmter Art zu verlangen. Sie können in dieſer Richtung nur Wünſche äußern; der Würdigung der Regierung iſt es anheimgeſtellt, ob ſie glaubt, dem Anſinnen entſprechen zu können⁶.

Die Kammern haben, wenn auch nur in beſchränkter Weiſe, das Recht, ſich ſelbſt Informationen zu verſchaffen (Enquête). Ihren Ausſchüſſen ſteht nemlich frei, das mündliche und ſchriftliche Gutachten von Sachverſtändigen zu erholen. Jedoch kann Niemand zur Abgabe ſolcher Gutachten angehalten werden, und der Staatskaſſe dürfen keine eigenen Ausgaben daraus erwachſen⁷.

Ausnahmsweiſe Befugniſſe haben die Ausſchüſſe zur Vorprüfung von Miniſter-anklagen⁸. Hievon wird beſſer bei Erörterung der ſtaatsrechtlichen Stellung der Miniſter gehandelt werden.

§ 89. Das Petitionsrecht.

Ueber das Petitionsrecht des Landtages beſtimmt die Verfaſſungsurkunde in Titel VII § 19: „Die Stände haben das Recht, in Beziehung auf alle zu ihrem Wirkungskreiſe gehörigen Gegenſtände dem Könige ihre gemeinſamen Wünſche und An-träge in der geeigneten Form vorzubringen." § 1 desſelben Titels aber ſagt: „Die beiden Kammern können nur über jene Gegenſtände in Berathung treten¹, die in ihren Wirkungskreis gehören, welcher in §§ 2—19 näher bezeichnet iſt."

Hieraus erhellt alſo, daß nach der Abſicht der Verfaſſung der Umfang des Petitionsrechtes des Landtages mit dem Umfange ſeines Wirkungskreiſes ſich decken ſoll. Man könnte dem zu Folge meinen, daß eine beſondere Unterſuchung der Grenzen des Petitionsrechtes nicht nöthig ſei, ſondern daß ſich dieſe Grenzen aus der Betrachtung des Wirkungskreiſes der Kammern von ſelbſt ergeben müßten. Dem iſt jedoch nicht ſo. Vielmehr iſt die Frage, welche Schranken dem Petitionsrechte geſetzt ſind, Gegenſtand vielfachen und zum Theile erregten Streites geweſen.

Es wird ſachdienlich ſein, vor der Erörterung dieſer Meinungsverſchiedenheiten klar zu ſtellen, welche rechtliche Natur dem Petitionsrechte zukömmt. Die Möglichkeit, an

---

⁶ Dieſe Sätze ſind beſonders für die Wahlprüfungen von Bedeutung. Vgl. unten § 102 Anm. 42 bis 44 und die dort angef. Verh., insbeſ. die Erklärungen der Staatsregierung Verh. d. K. d. Abg. 1877/81 Beil. Bd. III Nr. 47 S. 199, Sten. Ver. II S. 463.

⁷ Geſchäftsg. Geſ. Art. 33 Abſ. III, IV. Die K. d. Abg. hatte im Regierungsentw. von 1850 die Beſchränkung wegen der Koſten ſtreichen wollen, die K. d. R. R. ſtimmte jedoch nicht bei. Verh. d. K. d. R. R. 1849/50 Prot. Bd. V S. 627 f.

⁸ Geſ. vom 30. März 1850, den Staatsgerichtshof ꝛc. betr., Art. 2 Abſ. II.

¹ Der Sinn dieſer Worte iſt natürlich nicht der, daß in der Kammer über Gegenſtände, die nicht zu deren Wirkungskreiſe gehören, gar nicht geſprochen werden dürfe, ſondern nur, daß ſolche Gegenſtände nicht zur Berathung geſtellt werden können. Reichsrath Dr. v. Neumayr (Verh. d. K. d. R. R. 1883/86 Beil. Bd. III S. 363 f.) bemerkte anläßlich des Antrags Kopp über den ruſſiſchen Auslieferungsvertrag (unten § 92 C, 3) ſehr zutreffend: Es iſt nicht außer Acht zu laſſen, „daß in dem § 1 (der Verf. Urk. Tit. XII) den Kammern nur die Berathung — worunter die Verf. Urk. durch-gängig die zum Zwecke und als Vorbereitung einer Beſchlußfaſſung gepflogene Ver-handlung verſteht, vgl. Verf. Urk. Tit. VI § 19, Tit. VII §§ 4, 21, 22, 28, 31 ꝛc. — über Gegenſtände, die außerhalb ihres Wirkungskreiſes liegen, unterſagt, nirgends aber ihnen verwehrt iſt, derlei Gegen-ſtände bei Gelegenheit der Berathung einer zum ſtändiſchen Wirkungskreiſe gehörigen Sache mehr oder minder eingehend zu beſprechen". Der Unterſchied von Beſprechung und Berathung tritt beſonders ſcharf bei Vergleich der Grenzen des Antrags- und Interpellationsrechtes zu Tage. Die „Beſprechung" einer Interpellation führt zu keinem Beſchluſſe, wohl aber die Berathung eines Antrags. Vgl. unten § 110 Anm. 51, 52.

wen immer Wünsche oder Anträge zu richten, ist für den Einzelnen kein Gegenstand des Rechtes, sondern lediglich die Bethätigung seiner Willens- und Handlungsfähigkeit. Diese Möglichkeit, welche für den Einzelnen besteht, darf man aber auf die Thätigkeit von Staatsorganen nicht einfach übertragen. Für den einzelnen Staatsangehörigen gilt der Satz, daß er Alles thun darf, was ihm nicht verboten ist; für die Staatsorgane, mögen es nun Behörden oder parlamentarische Körper sein, gilt dagegen der Satz, daß sie nur das thun dürfen, wozu sie zuständig sind. Der Handlung des Einzelnen gegenüber muß der Rechtssatz nachgewiesen werden, der dieselbe untersagt; für die Handlung des Staatsorganes muß der Rechtssatz angeführt werden können, kraft dessen es hiezu befugt ist. Dieser letztere, allgemein giltige Grundsatz des Staatsrechtes ist für den bayerischen Landtag durch die Verfassungsurkunde außer Zweifel gestellt. Die Kammern können nur über Dinge berathen, die in ihren Wirkungskreis gehören. Die Möglichkeit, daß sie Wünsche und Anträge an die Krone bringen, beruht also nicht auf der allgemeinen Handlungsfähigkeit ihrer einzelnen Mitglieder, sondern auf einem Satze des Staatsrechtes. Darum besteht auch diese Möglichkeit nur in den Grenzen, welche das Staatsrecht gezogen hat. Innerhalb dieser Grenzen aber hat diese Möglichkeit die Natur eines Rechtes gegenüber der Krone. Der Landtag hat, insoweit er sich innerhalb seiner Zuständigkeit bewegt², ein Recht auf Entgegennahme seiner Wünsche und Anträge³ und ein Recht, Bescheid darauf zu erhalten⁴. Will man das Petitionsrecht des Landtages ein natürliches Recht nennen, so ist dies in dem Sinne richtig, daß, wenn eine Volksvertretung die Zwecke erfüllen soll, für welche sie da ist, sie dieses Recht haben muß; aber immerhin bleibt die Grundlage dieses Rechtes das Gesetz. Für die Auslegung der geltenden Bestimmung aber, wo letztere Zweifeln Raum läßt, ist der Gedanke, daß das Petitionsrecht zur zweckgemäßen Ausstattung einer Volksvertretung gehört, nicht ohne einigen Belang. Man wird im Zweifel die anzuwendende Bestimmung in demjenigen Sinne auszulegen haben, der für das Petitionsrecht günstiger ist. Allerdings ist es im Allgemeinen richtig, daß die Rechte des Landtages, insofern sie Beschränkungen der Ausübung der königlichen Gewalt enthalten, strenge auszulegen sind. Allein gerade auf das Petitionsrecht trifft die Voraussetzung für die Anwendbarkeit dieser Regel nicht zu. Denn aus dem Rechte des Landtages, Bitten an den König zu richten, erwächst keine Beschränkung in der Ausübung der Herrschergewalt. Der König ist in seiner Entschließung über die gestellte Bitte völlig frei.

Nach dem oben bereits Angeführten erscheint es nicht erforderlich, die Grenzen des Petitionsrechtes überhaupt festzustellen, sondern es genügt, diejenigen Punkte zu erörtern, wo die Grenzlinie als unsicher befunden worden ist. Solche Unsicherheiten bestehen sowohl insoweit das Petitionsrecht auf dem Gebiete der Gesetzgebung, als auch insoweit es auf dem Gebiete der staatlichen Regierungs- und Verwaltungsthätigkeit sich bewegt.

Was zunächst die Gesetzgebung anlangt, so kann, wenn man die Vorschriften des Titels VII der Verfassungsurkunde allein in Betracht zieht, ein begründeter Zweifel darüber nicht aufkommen, daß das Recht der Wünsche und Anträge, von welchem § 19 spricht, auch auf die Gesetzgebung, von welcher § 2 handelt, sich bezieht. Dabei macht die Verfassungsurkunde keinen Unterschied hinsichtlich des Grades der Bestimmtheit, mit

---

² A. M. ist E. v. Moy, Staatsrecht des Kgrs. Bayern 1, 2 S. 161. Dagegen (v. Roth) Versuch über das Recht der Anträge nach der bayer. Verf. Urk. Von einem Reichsrathe, Erlangen 1836. S. 27.

³ Verf. Urk. Tit. VII § 19.

⁴ Geschäftsg. Ges. vom 19. Jan. 1872 Art. 40. Vgl. Reichsrath Dr. v. Neumayr Verh. d. K. d. R. R. 1883/86 Beil. Bd. III S. 366 f.

welcher der Wunsch oder Antrag ausgestaltet ist. Der Wortlaut des § 19 schließt auf dem Gebiete der Gesetzgebung einen Wunsch oder Antrag nicht aus, der das gewünschte Gesetz in sanctionsreifer Form enthält. Der § 19 umfaßt nicht blos das Petitionsrecht im engeren Sinne, sondern auch das Recht der Gesetzesinitiative. Diese Bedeutung des § 19, welche im Landtagsabschiede vom 22. Juli 1819 bestritten worden war⁵, wurde schon nach wenigen Jahren auf dem Landtage 1827/28 von der Staatsregierung mit solcher Entschiedenheit anerkannt, daß deren Vertreter sogar läugnete, dieses Recht sei jemals geläugnet worden⁶. Es ist sonach für das Gebiet der einfachen Gesetzgebung nur eine Erklärung des geltenden Rechtes, wenn Artikel 1 des Gesetzes, die ständische Initiative betreffend, vom 4. Juni 1848⁷ bestimmt: „Das Recht der Initiative für Gesetze, die keine Verfassungsgesetze sind, steht jeder der beiden Kammern zu." ⁸

Wenn sich also in dieser Richtung begründete Zweifel nicht ergeben können, so sind doch solche in Bezug auf jene Petitionen möglich, welche auf das Verfassungsrecht sich beziehen. Die Verfassungsurkunde sagt nemlich in Titel X § 7: „Abänderungen in den Bestimmungen der Verfassungsurkunde oder Zusätze zu derselben können ohne Zustimmung der Stände nicht geschehen. Die Vorschläge hiezu gehen allein vom Könige aus, und nur wenn derselbe sie an die Stände gebracht hat, dürfen diese darüber berathen." Diese Vorschriften gelten nicht mehr im vollen Umfange. Durch das Gesetz über die ständische Initiative vom 4. Juni 1848 ist hinsichtlich eines Theiles des Verfassungsrechtes dem Landtage das Recht der Initiative eingeräumt worden. Es ist darauf später zurückzukommen.

Die Streitfrage, welche gegenüber Titel X § 7 der Verfassungsurkunde sich erhoben hat, ob hiedurch nur das Initiativrecht, oder ob auch das einfache Petitionsrecht der Kammern ausgeschlossen sei, ist in ihrem Wesen durch das Initiativgesetz nicht beseitigt worden. Sie ist nur auf einen engeren Raum beschränkt, indem sie lediglich für jene Theile des Verfassungsrechtes fortbesteht, bei welchen die Kammern auch jetzt kein Initiativrecht haben⁹.

Der Streit ist fast so alt wie die Verfassungsurkunde selbst, und keiner der betheiligten Factoren kann sich rühmen, in demselben stets eine völlig folgerichtige Haltung eingenommen zu haben. Die Abgeordnetenkammer ist wenigstens seit dem Landtage 1827/28 ihrer Meinung treu geblieben, daß sie das einfache Petitionsrecht auch in Verfassungsangelegenheiten besitze¹⁰. Unter diesen Umständen erheischt die vorwürfige Frage eine sorgfältige Untersuchung.

Zu diesem Behufe sollen zunächst die Gründe in Kürze vorgeführt werden, auf welche die Ansicht gestützt wurde, daß Titel X § 7 der Verfassungsurkunde jede Art von Petition auf dem Gebiete des Verfassungsrechtes ausschließe. Das Petitionsrecht der Kammern, so wurde gesagt, gründet sich auf

⁵ Vgl. unten § 92 A Ziff. 1 u. dazu Ziff. 2.

⁶ § 92 A Ziff. 3.

⁷ G. Bl. S. 61. Dazu Verh. d. K. d. Abg. 1848 Beil. Bd. II S. 1 ff., 247 ff.; Prot. Bd. II S. 456, V S. 170 ff., 178 ff. Verh. d. K. d. R. R. Beil. Bd. III S. 132 ff.; Prot. Bd. III S. 517 ff. Verh. d. K. d. Abg. Beil. Bd. II S. 393 ff.; Prot. Bd. VI S. 389 ff., VII S. 2 ff.

⁸ Vgl. Begründung (Verh. d. K. d. Abg. Beil. Bd. II S. 4 f.) wo gesagt wird, es solle „eine von mehreren Staatsrechtslehrern als controvers behandelte Frage zu Gunsten der Stände festgestellt" werden. Die bezeichneten Staatsrechtslehrer sind Dresch, Grundzüge des baier. Staatsrechtes S. 70 Anm. k, E. v. Moy, Staatsrecht des Kgrs. Bayern, I, 2 S. 161 Anm. a; ebenso (v. Roth) Versuch über das Recht der Anträge nach der bayer. Verf. Urk. Von einem Reichsrathe, 1836, S. 28 ff. Dagegen E. Cucumus, Lehrb. des Staatsrechts der constit. Monarchie Baierns S. 340 Anm. 3. Vgl. hieher auch § 92 B, Ziff. 1.

⁹ Bei äußerster Folgerichtigkeit müßten diejenigen, welche das Petitionsrecht des Landtags in Verfassungsangelegenheiten läugnen, dazu gelangen, dieses Recht in Bezug auf Verf. Ges. auch jetzt noch allgemein zu verneinen. Denn das Initiativges. handelt nur von der Initiative und läßt es hinsichtlich des einfachen Petitionsrechtes in Verfassungsangelegenheiten beim Alten. Dieser Folgerung würde man nur dann entgehen, wenn man etwa den Schluß a maiore ad minus zulassen wollte.

¹⁰ Vgl. hieher die Darstellung unten § 92.

Titel VII § 19 der Verfassungsurkunde. Es wird dort auf den Wirkungskreis der Stände beschränkt. Was zu diesem Wirkungskreise gehört, ist lediglich aus §§ 2—19 jenes Titels zu entnehmen. Von Verfassungsänderungen ist dort keine Rede. Hievon abgesehen erklärt es Titel X § 7 der Verfassungsurkunde geradezu als unstatthaft, daß über Verfassungsänderungen in den Kammern anders als auf Vorschlag des Königs berathen werde. Wie das zu verstehen ist, zeigt Beilage X Titel II § 21 der Verfassungsurkunde, wo den Mitgliedern der Kammern verboten wird, „Anträge gegen die allgemeine Staatsverfassung zu stellen". Die Annahme, daß in Titel X § 7 mit dem Worte Vorschläge nur formulirte Gesetzvorschläge gemeint seien, ist haltlos. Eine solche Unterscheidung ist in der Verfassung nicht gemacht, in Beilage X Titel II § 53 werden vielmehr die Worte Wunsch, Antrag und Vorschlag als gleichbedeutend gebraucht, und es ist ein bekannter Satz: Ubi lex non distinguit, nec nostrum est distinguere. Die Unterscheidung ist aber auch nach der Absicht des Titels X § 7 unmöglich. Bekennt man sich zu der Meinung, daß aus Titel VII § 19 ein Recht der Kammern zur Gesetzesinitiative überhaupt nicht abgeleitet werden kann, sondern daß dasselbe erst durch das Gesetz von 1848 entstanden ist. dann kömmt man natürlich dazu, zu sagen, daß Titel X § 7 es gar nicht nöthig hatte, das Recht der Initiative hinsichtlich der Verfassungsgesetze dem Landtage ausdrücklich abzusprechen. Titel X § 7 hat dann überhaupt nur einen Sinn, wenn man annimmt. daß er seine Spitze gegen das einfache Petitionsrecht kehre. Aber will man auch diesen Beweisgrund nicht gelten lassen, so führt doch die Erwägung des Zweckes des § 7 zum nemlichen Ergebnisse. § 7 sollte verhüten, daß die Stände nicht sogleich bei ihrem ersten Zusammentritte Verfassungsänderungen fordern könnten. Die Stände sollten darüber ohne Anregung des Königs gar nicht berathschlagen dürfen. In dem Verbote der Berathschlagung liegt das politische Schwergewicht der Bestimmung. Auf den allgemeinen Programmsatz im Eingange der Verfassung kann man sich nicht beziehen; denn dieser findet ebenso wie die übrigen Sätze der Einleitung seine nähere Bestimmung durch die Verfassungsurkunde selbst. Auch auf das unbeschränkte Petitionsrecht des Einzelnen darf man sich nicht berufen; denn das Petitionsrecht einer politischen Körperschaft richtet sich nach anderen Gesichtspunkten als die Bemessung der Rechtstellung des Privatmannes.

Prüft man diese ganze Beweisführung auf ihre Probehaltigkeit, so kann man zunächst, was in den beiden letzten Sätzen eingewendet wird, unbedingt als richtig anerkennen ¹¹. Im Uebrigen aber wird eine nähere Würdigung der vorgebrachten Gründe zeigen, daß dieselben nicht so einredefrei sind, als es auf den ersten Blick scheinen mag.

Es ist vor Allem nicht richtig, daß durch Titel VII § 1 der Verfassungsurkunde der Geschäftskreis der Kammern auf das beschränkt wird, was die §§ 2—18 angeben, und daß darum § 19 nur auf die dort genannten Angelegenheiten sich bezieht. Dies ist nicht richtig. weil es schon nach dem Inhalte der Verfassungsurkunde selbst nicht wahr ist, daß die §§ 2—18 den Wirkungskreis der Kammern erschöpfen ¹². Hievon abgesehen aber gehört nach Titel VII § 2 die Gesetzgebung zum Wirkungskreise der Stände, und daß auch die Verfassungsgesetze Gesetze sind, wird man nicht bestreiten können. Die Fassung des § 19 ferner ist so allgemein wie möglich. Die Bezeichnungen Petition und Initiative hatten, als man die Verfassungsurkunde berieth, bereits ihren festen staatsrechtlichen Sinn ¹³. Es hätte nahegelegen, wenn man den Ständen nur das einfache Petitionsrecht einräumen wollte, dies durch den Gebrauch des Wortes Petition anzudeuten. Das ist nicht geschehen. Wohl ist es möglich, daß der Urheber des § 19 nur an einfache Petitionen dachte; denn er hat sich bei den Verfassungsverhandlungen des Ausdruckes Petitionsrecht bedient, allerdings ohne ausdrücklich dessen engeren Sinn zu betonen ¹⁴. Aber jedenfalls ist diese vielleicht beabsichtigte Beschränkung in der Verfassung nicht zum Ausdrucke gekommen, und wo der Wortlaut klar ist, muß dieser entscheiden. Klar zu reden war aber um so mehr Anlaß gegeben, als der Kronprinz die Frage der Gewährung des Initiativrechtes, und zwar gerade mit Beziehung auf Verfassungsänderungen, angeregt hatte. Die Staatsregierung hat es denn auch, wie bereits bemerkt wurde, in der Folge selbst aufgegeben, aus Titel VII § 19 einen Beweisgrund gegen das Initiativrecht herzuleiten. Der Gedanke also, daß Titel X § 7 nur vom einfachen Petitionsrechte handeln könne, weil das Initiativrecht schon allgemein durch Titel VII § 19 ausgeschlossen ge-

---

¹¹ Diese Einwendungen gelten insbes. der Beweisführung Pözl's in seiner Rede vom 12. Juni 1865. Vgl. § 92, B Ziff. 4.

¹² Vgl. z. B. Verf. Urk. Tit. II § 11, Tit. VII § 21, Tit. X §§ 5 u. 6. Der Fall liegt ähnlich wie die Aufzählung der Gesetzgebungszuständigkeiten des Reiches in Art. 4 der Reichsverf.

¹³ Einen Beweis dafür bietet der Landtagsabsch. vom 22. Juli 1819 (§ 92 A Ziff. 1), wo sehr scharf zwischen Anträgen an die Krone auf Ergreifung der Initiative zur Verfassungsänderung und der Ergreifung der Initiative durch die Stände selbst unterschieden wird.

¹⁴ Vgl. § 91.

wesen sei, ist ein verfehlter. Geht man zur Betrachtung des Wortlautes des Titels X § 7 über, so wird man finden, daß dieser das einfache Petitionsrecht der Kammern in Verfassungsangelegenheiten nicht mit Bestimmtheit ausschließt. Nach der oben¹⁵ angegebenen Auslegungsregel würde dieser Umstand allein schon berechtigen, zu Gunsten der Kammern zu entscheiden. Aber es sprechen auch gewichtige Gründe dafür, eine solche Entscheidung nicht nur als durch den Wortlaut der Verfassung zugelassen, sondern auch als der Verfassungsbestimmung entsprechend anzusehen. In Absatz I des § 7 ist zweifellos von formulirten Gesetzesvorschlägen die Rede. Absatz II sagt dann: Die Vorschläge hiezu, d. h. zu dem, wovon Absatz I handelt, gehen allein vom Könige aus, und nur bezüglich solcher Vorschläge, wie sie allein der König einbringen kann, d. h. formulirter Vorschläge, wird den Ständen verboten, aus eigenem Antriebe „darüber" in Berathung zu treten. Der Absatz II verbietet nicht die Berathung über die Verbesserungsbedürftigkeit der Verfassung oder einzelner Bestimmungen derselben, sondern nur die Berathung über den Vorschlag bestimmt formulirter Abänderungen im Sinne des Absatzes I. Dazu kömmt, daß § 7 nach seiner Entstehungsgeschichte das Initiativrecht im Auge hat, und kein zwingender Beweis dafür vorliegt, man habe auch das einfache Petitionsrecht treffen wollen¹⁶. Es würde in der That auf einen Grad von Furchtsamkeit der damaligen Räthe der Krone deuten, den man ohne triftigen Grund nicht annehmen darf, wenn sie vor dem Petitionsrechte der Kammern in Verfassungsfragen Scheu gehabt hätten. Denn man mußte sich doch wohl sagen, daß eine Regierung, welche sich durch eine Petition in ihrer Stellung erschüttert fühlt, nicht durch die Petition geschwächt wird, sondern die bereits vorhandene Schwäche verräth. Dagegen ist für den Ausschluß des Initiativrechtes der Kammern in Verfassungsangelegenheiten ein Grund denkbar, der nur auf dieses paßt, daß nemlich eine größere Behutsamkeit im Vorgehen und eine größere Sorgsamkeit bei Formulirung von Verfassungsänderungen gesichert werden sollte. Der Hinweis auf Beilage X Titel II § 1 der Verfassungsurkunde ist kaum ernsthaft zu nehmen. Denn der ganze Zusammenhang dieser Stelle zeigt, daß mit Anträgen gegen die allgemeine Staatsverfassung solche gemeint sind, welche auf verfassungswidrigen Umsturz der bestehenden Staatsform gehen, also die bestehende Staatsordnung rechtswidrig angreifen. Endlich ist hervorzuheben, daß das Verfassungsgesetz über die ständische Initiative vom 4. Juni 1848 in Artikel II offenbar von der Annahme ausgeht, in Titel X § 7 der Verfassungsurkunde werde vom ausschließlichen Rechte des Königs zur Initiative in Bezug auf Verfassungsgesetze gehandelt.

Aus der Geschichte der Handhabung der einschlägigen Verfassungsbestimmungen einen Beweis für die Richtigkeit der einen oder der andern Ansicht zu entnehmen, wird schwer sein. Denn diese Geschichte ist zu einem guten Theile eine Geschichte von Widersprüchen¹⁷. Indessen wird aus der Darlegung, die im Anhange beigefügt ist, soviel ersichtlich, daß die Staatsregierung mehr und mehr eine Stellung eingenommen hat, welche dem unbeschränkten Petitionsrechte des Landtags auf dem Gebiete der Gesetzgebung günstig ist. Selbst bei dem Ausgleichsverfuche, den die Staatsregierung im Jahre 1868 machte, hat dieselbe vermieden, die rechtliche Begründung der Ansprüche, welche die Abgeordnetenkammer erhob, durch einen Gegenbeweis anzufechten.

Ich bekenne mich nach alledem zu der Ansicht, daß das einfache Petitionsrecht des Landtages auch auf dem Gebiete der Verfassungsgesetzgebung ein unbeschränktes ist¹⁸.

Das Initiativrecht in Verfassungsangelegenheiten ist durch das Gesetz vom 4. Juni 1848¹⁹ den Kammern in beschränkter Weise eingeräumt worden. Sie haben dasselbe hinsichtlich der Titel IV, VII, VIII und X §§ 1—6 der Verfassungsurkunde „und der hierauf Bezug nehmenden Verfassungsbeilagen und Gesetze"²⁰. Was den Titel VI der

---

¹⁵ Nach Anm. 4.

¹⁶ Vgl. § 91. Der § 7 steht im Gegensatze zum Vorschlage des Kronprinzen, der sich auf das Initiativrecht bezog. In der ersten Fassung Zentner's ist das Wort „Initiative" gebraucht und überhaupt offensichtlich nur von formulirten Vorschlägen die Rede. Ebenso ist in den Conferenzverh. stets von Initiative und Versagung derselben die Rede, nicht von Petitionen.

¹⁷ In dieser Beziehung ist auch der Werth des Landtagsabsch. von 1819 für die Auslegung staatsrechtlich kein höherer, wie der Werth der späteren Erklärungen oder Handlungen der Krone und der Staatsregierung. Denn eine bindende Auslegung der Verf. war, nachdem die Volksvertretung in's Leben gerufen worden, nur in Gemeinschaft mit dieser möglich. Als ein Zeugniß aber für die Absicht des Gebers der Verf. würde jener Landtagsabsch. doch wohl nur dann gelten können, wenn er wirklich eine durch die Entstehungsgeschichte der Verf. gestützte Erklärung des Gewollten und nicht vielmehr eine Auslegung des Gesagten wäre.

¹⁸ Ebenso Pözl, Lehrb. des bayer. Verf. Rechts S. 576 Anm. 1.

¹⁹ G. Bl. S. 61. Die Verh. find oben Anm. 7 angegeben.

²⁰ Art. II des Ges. Die K. d. Abg. wollte auch Tit. V aufgenommen wissen, worauf aber die K. d. R. R. nicht einging.

Verfassungsurkunde anlangt, so steht jeder Kammer das Initiativrecht nur bezüglich jener Bestimmungen des Titels zu, welche sie selbst angehen [21].

Hat der Landtag die Initiative zu einem Verfassungsgesetze ergriffen, so bleibt dem Könige vorbehalten, seine Entschließung darüber auf ein Jahr zu vertagen [22]. Dieses Jahr wird von demjenigen Zeitpunkte zu rechnen sein, mit welchem der Regel nach die Landtagsbeschlüsse spätestens zu bescheiden sind, also vom Erlasse des Landtagsabschiedes an [23]. Auch die ablehnende königliche Entschließung ist zu verkünden. Ist in Folge der Initiative des Landtages ein Verfassungsgesetz erlassen worden, so darf die Initiative von den Kammern vor Ablauf von zwölf Jahren nicht wieder ausgeübt werden [24]. Diese Frist ist vom Zeitpunkte der Verkündigung des betreffenden Gesetzes zu rechnen.

Es erübrigt noch, was das Gebiet der Gesetzgebung anlangt, die Frage, ob und inwieweit den Kammern ein Petitionsrecht in Bezug auf Reichsgesetze zukömmt. Darüber, daß die Reichsgesetzgebung als solche nicht in den Wirkungskreis des bayerischen Landtages fällt, kann kein Zweifel sein. Indessen ist ein Petitionsrecht des Landtages in Sachen der Reichsgesetzgebung damit nicht unbedingt ausgeschlossen. Es ist überall da anzuerkennen, wo die Petition sich auf die Mitwirkung Bayerns zu einem Akte der Reichsgesetzgebung bezieht, der die Landesgesetzgebung und damit den Wirkungskreis des bayerischen Landtages berührt. Dies ist vor Allem da der Fall, wo es sich um Ausdehnung der gesetzgeberischen Zuständigkeit des Reiches handelt [25], nicht minder dann, wenn innerhalb der Reichszuständigkeit ein Gesetz erlassen werden soll, durch welches bestehendes bayerisches Landesrecht verändert wird [26]. Aber auch da wird man das Petitionsrecht des Landtages nicht anstreiten dürfen, wo es sich um Reichsgesetze handelt, durch welche zwar nicht die bayerische Gesetzgebung, aber ein anderes Gebiet der Wirksamkeit des Landtages, nämlich das Staatsbudget, berührt wird. Dagegen ist das Petitionsrecht des Landtages bezüglich solcher Akte der Reichsgesetzgebung nicht gegeben, welche weder in das Landesrecht, noch sonst in den Wirkungskreis des Landtages eingreifen [27].

Hinsichtlich des Petitionsrechts des Landtages auf dem Gebiete der Regierungs- oder Verwaltungsthätigkeit ist die Grenze wissenschaftlich allerdings leicht zu ziehen. Im einzelnen Falle dagegen mag sie zweifelhaft sein, und dieser Umstand erklärt es, daß die Uebung hier eine etwas unsichere ist [28]. An sich ist die Regierungs- und Verwaltungsthätigkeit dem Einflusse des Landtages entrückt. Der einzelne Fall, in welchem die Regierung innerhalb der Grenzen ihres gesetzlichen Ermessens gehandelt hat, kann nicht Gegenstand einer Petition des Landtages sein. Dagegen kann das Petitionsrecht gegenüber der Regierungsthätigkeit dann geltend gemacht werden, wenn dieselbe den Wirkungskreis des Landtages irgendwie auch nur mitberührt [29]. Es können also z. B.

---

[21] Gef. Art. III.

[22] Gef. Art. VII. Dasselbe fügt überflüssiger Weise bei: „um inzwischen die nothwendig erscheinenden Erhebungen und Vernehmungen pflegen zu lassen". Die Begründung beruft sich auf das Vorbild des engl. Rechtes (enquêtes).

[23] Geschäftsg. Ges. vom 19. Jan. 1872 Art. 40.   [24] Gef. Art. VIII.

[25] Vgl. z. B. § 92, C Antrag Völk zu Art. 4 Ziffer 13 der Reichsverf.

[26] Vgl. z. B. § 92, C Antrag Völk wegen der R. St. P. O. u. der Schwurgerichte.

[27] Vgl. z. B. § 92, C Antrag Hafenbrädl wegen der Lebensmitteltagen, Antrag Herz-Gerstner wegen der Taggelder u. Reisekosten der Reichstagsabg. — Selbstverständlich steht es aber der Staatsregierung frei, den Landtag auch über die Grenzen des Petitionsrechtes hinaus in Reichsangelegenheiten um seine Meinung zu befragen.

[28] Ueber die frühere Regierungsauffassung, welche das Petitionsrecht in Organisations- u. Verwaltungssachen entschieden über Gebühr einzuschränken suchte, vgl. die Landtagsabsch. von 1831, 1837 u. 1846; § 92, A Ziff. 4, 5, 7.

[29] Vgl. die Erörterungen Verh. d. K. b. Abg. 1873/75, Sten. Ber. I S. 291 ff. Abg. Dr. v. Schauß S. 293: Es ist „nicht mehr nothwendig, als daß ein, wenn auch nur entfernter oder mög-

organisatorische Maßnahmen und Einrichtungen, insoferne sie auf das Budget Einfluß äußern, Gegenstand von Wünschen und Anträgen der Kammern sein; nicht minder der Vollzug der Gesetze, wenn es sich nicht um Benützung des Spielraums handelt, der dem Ermessen der Regierung gewährt ist, sondern um Fragen der Gesetzesauslegung und der Anwendung von Rechtsvorschriften.

Der äußere Anlaß zur Geltendmachung des Petitionsrechtes Seitens der Kammern kann entweder in dem Antrage eines Kammermitgliedes oder in einer von Außen kommenden Eingabe liegen. Die Kammermitglieder haben ein verfassungsmäßiges Recht, Wünsche und Anträge vorzubringen [80].

Dagegen ist ein verfassungsmäßiges Recht der Staatsangehörigen, Petitionen [81] an die Kammern zu richten, nicht gegeben. Ein solches Recht wäre nur dann anzuerkennen, wenn ein gesetzlicher Zwang für die Kammern bestünde, sich mit den eingekommenen Petitionen zu befassen [82]. Es besteht nur kein Verbot für die Staatsangehörigen und ebensowenig für Nicht-Staatsangehörige, an die Kammern zu schreiben, noch für die Kammern, solche Zuschriften anzunehmen [83]. Die Möglichkeit, Briefe zu schreiben, kann man aber nicht als ein besonderes staatsbürgerliches Recht bezeichnen [84]. Selbstverständlich müssen Petitionen, welche an die Kammern gerichtet werden, wenn sie ihren Zweck erreichen sollen, auf einen Gegenstand sich beziehen, welcher innerhalb der Grenzen des eigenen Petitionsrechts der Kammern liegt [85]. In allen Fällen können Petitionen nur in Folge eines übereinstimmenden Beschlusses der beiden Kammern vor den König gebracht werden [86]. Die von der Uebung eingeführte Ueberweisung von Petitionen [87] durch

---

licher Zusammenhang mit dem Geldbewilligungsrecht in Frage kommt, damit die Kammer sich das Recht vindiciren kann, einen Beschluß zu fassen, daß der Gegenstand der Regierung im Wege des Wunsches nahe zu legen sei." Vgl. auch ebenda III S. 87 f.; ferner Reichsrath Dr. v. Neumayr Verh. b. K. b. R. R. 1883/86 Beil. Bd. III S. 359 f.

[80] Verf. Urk. Tit. VII § 20 Abf. I, bzw. Geschäftsg. Ges. Abschn. II Ziff. 1. Das Ges. sagt: „in dieser Beziehung", also innerhalb der Grenzen von Tit. VII § 19.

[81] Vgl. darüber L. v. Rönne, Staatsrecht der preuß. Monarchie II § 176, woselbst Anm. 1 Literaturangaben. Denselben sind noch beizufügen van Bylandt, over het reght van petitie, Gravenhage 1864, L. v. Stein, Verwaltungslehre I S. 382 ff., 481 ff., R. v. Mohl, Zeitschr. für die ges. Staatswiss. XXXI (1875) S. 99 ff., P. Laband, Staatsrecht des Deutschen Reiches, 3. Aufl. I S. 268 f. — Sehr ausführlich erörtert R. v. Mohl das Petitions„recht" in Staatsrecht, Völkerrecht u. Politik I S. 222 ff.

[82] Ein schlagender Beweis für das Nichtbestehen eines Petitionsrechtes ist § 79 der Gesch. Ordn. der K. d. R. R.: „Anträge anderer Personen (als der Kammermitglieder) gehen blos zu den Akten, wenn sich dieselben nicht ein am Landtage anwesender Reichsrath angeeignet hat. Es ist jedoch einem jeden Mitgliede der Kammer die Einsicht davon gestattet."

[83] Sie dürfen nur nach Art. 37 des Geschäftsg. Ges. ohne Zustimmung der Staatsregierung keine „Deputationen oder Ueberbringer von Bittschriften zulassen".

[84] A. M. ist Pözl, Lehrb. des bayer. Verf. Rechts S. 105, mit Berufung auf die „Natur der Sache" und die „bisherige Uebung". Erstere, von Pözl S. 37 f. als ein „Behelf der Rechtswissenschaft" bezeichnet, ist überhaupt ein Behelf von zweifelhaftem Werthe und heißt, soferne sie rechtswissenschaftliche Bedeutung haben soll, Auslegung. Auszulegen ist indessen hier nichts; denn wie Pözl selbst sagt, enthält die Verf. über das Petitionsrecht keine Bestimmung. Die bisherige Uebung aber beweist lediglich das, was oben im Texte angegeben ist, nämlich daß die Petitionen nicht verboten sind. Vgl. übrigens auch § 78 Anm. 45, P. Laband a. a. O. I S. 268 Anm. 3.

[85] Man hat die Sache auch schon umgekehrt und das allgemeine Petitionsrecht der Kammern damit beweisen wollen, daß der Staatsangehörige wegen jedes beliebigen Gegenstandes bei den Kammern petitioniren könne. Das ist natürlich Spiegelfechterei.

[86] Verf. Urk. Tit. VII §§ 19, 20 Abf. II. — Ueber die Behandlung der Petitionen vgl. die sehr richtigen Bemerkungen von R. Gneist, Gesetz u. Budget, 1879, S. 214, der sich dagegen erklärt, daß Petitionscommissionen „im Sinne eines wirklichen Verwaltungsgerichtshofes" arbeiten. Auch die Geschichte des bayer. Landtages bietet zahlreiche Belege für eine solche mißverständliche Auffassung der parlamentarischen Aufgaben.

[87] In der Verh. d. K. b. Abg. 1883/86 Sten. Ber. II S. 464 erklärte Abg. Ruppert die Bedeutung der Ausdrücke, welche von der K. b. Abg. bei Beschlußfassungen über Petitionen gebraucht

eine Kammer allein an die Staatsregierung, d. h. an das sachlich zuständige Ministerium, enthält keine Geltendmachung des verfassungsmäßigen Petitionsrechts. In solchen Fällen besteht daher auch kein Anspruch auf Ertheilung eines Bescheides.

§ 90. Das Beschwerderecht.

Die Kammern haben verfassungsmäßig das Recht, Beschwerden wegen Verletzung „constitutioneller Rechte" entgegenzunehmen und sie, falls dieselben von beiden Kammern begründet befunden worden sind, vor die Krone zu bringen.

Die verfassungsrechtlichen Vorschriften[1] lauten: „Jeder einzelne Staatsangehörige, sowie jede Gemeinde kann Beschwerden über Verletzung der constitutionellen Rechte an den Landtag, und zwar an jede der beiden Kammern, bringen, welche sie durch den hierüber bestehenden Ausschuß prüfen läßt und nach Maßgabe der Geschäftsordnung in Berathung nimmt. Erkennt die Kammer durch Stimmenmehrheit die Beschwerde für gegründet, so theilt sie ihren dießfalls an den König zu erstattenden Antrag der anderen Kammer mit, welcher, wenn diese demselben beistimmt, in einer gemeinsamen Vorstellung dem Könige übergeben wird."

Diese Bestimmungen gehören zu den umstrittensten des bayerischen Verfassungsrechtes[2]. Es handelt sich zunächst um folgende drei Fragen:

1. Wegen welcher Rechtsverletzungen können Verfassungsbeschwerden erhoben werden?

2. Von welchen formellen Voraussetzungen ist die Erhebung der Verfassungsbeschwerde abhängig?

3. Wer ist berechtigt, eine solche Beschwerde an den Landtag zu richten?

Von diesen Fragen bildet die erste den hauptsächlichsten Streitgegenstand.

Als unbezweifelt ist hier zunächst festzustellen, daß es sich um Rechtsverletzungen handeln muß, die von einer Staatsbehörde ausgegangen sind[3]. Man wird sodann mit ziemlicher Zuversicht den Satz aussprechen dürfen, daß die Verfassungsbeschwerde nur bezüglich solcher Rechtsverletzungen eingeräumt ist, welche der Beschwerdeführer oder derjenige, dessen gesetzlicher Vertreter der Beschwerdeführer ist, persönlich erfahren haben. Dafür spricht vor Allem die Erwägung, daß kein innerer Grund ersichtlich ist, weshalb bei subjectiven Rechtsverletzungen ein Anderer als der hievon Betroffene, vielleicht gegen den Willen des Letzteren, zur Beschwerdeführung berufen sein sollte. Ein solcher Grund besteht um so weniger, als da, wo das öffentliche Interesse die Verfolgung einer Verfassungsverletzung zu gebieten scheint, es in die Hand des Landtages gelegt ist, den Beschwerdeweg nach Titel X § 5 der Verfassungsurkunde zu betreten oder Ministeranklage zu erheben. Auch die Entstehungsgeschichte der einschlägigen Verfassungsvorschriften

---

werden. Der Ausdruck „Hinübergabe zur Würdigung" werde gewählt, wenn man die Petition empfehlen wolle; „Hinübergabe zur Kenntnißnahme", wenn die Sache nicht vollständig klar sei; „Uebergang zur Tagesordnung", wenn die Kammer der Petition abgeneigt sei.

[1] Verf. Urk. Tit. VII § 21, Geschäftsg. Ges. Abschn. II Ziff. 2.

[2] Eine Erörterung über die Entstehungsgeschichte der §§ 19—21 des Tit. VII und §§ 4—6 des Tit. X der Verf. Urk. folgt in § 91, eine Darstellung der Handhabung des Beschwerderechts nach Verf. Urk. Tit. VII § 21 u. Tit. X § 5 in § 93.

[3] Dies ergibt der Vergleich mit Verf. Urk. Tit. X § 5 und ist auch an sich schon einleuchtend. Wer in einem constitut. Rechte durch einen Privaten sich verletzt glaubt, kann sich an die Staatsbehörden um Abhilfe wenden. Wird ihm diese mit Unrecht versagt, so sind die Voraussetzungen für die Anwendbarkeit des Tit. VII § 21 der Verf. Urk. gegeben.

spricht für die hier vertretene Ansicht ⁴. Endlich ist zu beachten, daß die Vorschriften über die formellen Voraussetzungen der Beschwerdeführung in Verfassungsbeilage X Abschnitt IV § 33 offenbar auf der Annahme beruhen, der Beschwerdeführer müsse zugleich auch der in seinem Rechte Verletzte sein ⁵. Aus dem aufgestellten Satze ergibt sich des Weiteren, daß eine Staatsbehörde als solche oder ein Staatsdiener als solcher wegen angeblicher Verletzung verfassungsmäßiger Rechte in Bezug auf ihren amtlichen Wirkungskreis Beschwerde zum Landtage nicht erheben können. Denn der amtliche Wirkungskreis ist kein Bestandtheil des persönlichen Rechtskreises des Einzelnen ⁶. Endlich ist hervorzuheben, daß dem Einzelnen kein Beschwerderecht wegen objectiver Verfassungsverletzungen zukömmt, von denen er persönlich nicht berührt wird. Ein solches Beschwerderecht hat nur der Landtag ⁷.

Das eigentliche Gebiet des Zwiespaltes der Meinungen betritt man mit der Erörterung der Frage, was die Verfassung unter „constitutionellen" Rechten verstehe. Dieser Ausdruck ist, wie vorweg bemerkt werden muß, kein Kunstausdruck des Staatsrechtes in dem Sinne, daß derselbe gewisse Rechte in sich schließen würde, die unter einen bestimmten Rechtsbegriff fallen ⁸. Man steht daher vor der Aufgabe, zu ermitteln, was der Geber der Verfassung mit den Worten „constitutionelle Rechte" hat bezeichnen wollen. Diese Untersuchung ist nach meinem Ermessen keine so schwierige, daß die wissenschaftliche Auslegung nicht im Stande wäre, zu einem Ergebnisse zu gelangen, das gegen begründete Bedenken gesichert ist. Was die Erörterung theilweise mißlich macht, ist nur der Umstand, daß Kammern, Staatsregierung und Staatsrath, also die Factoren, die an der Handhabung der einschlägigen Bestimmungen betheiligt sind, seit dem Bestehen der Verfassung niemals zu einem allseitigen Einverständnisse über den Begriff der constitutionellen Rechte haben gelangen können ⁹.

Am weitesten in der Ausdehnung des Begriffes ist die Kammer der Abgeordneten gegangen. In derselben fand sogar die Ansicht Vertretung, daß auf die Programmsätze, welche der Eingang der Verfassungsurkunde enthält, eine Verfassungsbeschwerde sich gründen lasse ¹⁰. Im Uebrigen geht die

---

⁴ Vgl. in § 91 Ziff. IX der k. Entschl. vom 17. Sept. 1814 („der seine durch die Constitution gesicherten Rechte gekränkt glaubt") und die Bemerkungen des Kronprinzen Ludwig („daß an ihm [ihr] die Verfassung verletzt worden").

⁵ Es muß „zugleich bescheinigt sein, daß sie (die Beschwerde) bereits bei den obersten Behörden, resp. den betreffenden Staatsministerien, früher vorgebracht worden ꝛc.". Vgl. über die Frage § 93 Ziff. 6, Beschwerde der Augsburger Bierbrauer (Verh. in der K. d. Abg.), Ziff. 9, Beschwerde der Münchener Bierbrauer (Abg. Dr. v. Scheurl).

⁶ Vgl. § 93 Ziff. 2, Beschwerde des App. Ger. Präs. Grafen Lamberg. Diese Beschwerde war offenbar der Anlaß, daß in die Gesch. Ordn. der K. d. Abg. von 1825 § 79 (Beil. Bd. I S. 226 f.) der Satz aufgenommen wurde, es seien Beschwerden nicht zu berücksichtigen, welche ein Staatsdiener „nicht in eigener persönlicher Sache, sondern in der Sache seiner Stelle und seines Amtes eingericht" habe. S. Frhr. v. Lerchenfeld, Geschichte Bayerns unter König Maximilian Joseph I S. 287, scheint diese Bestimmung als ungehörig zu betrachten.

⁷ Vgl. § 93 Ziff. 11 Antrag Prell (Abg. Weis).

⁸ Einen allerdings nicht sehr gelungenen Versuch einer Begriffsbestimmung machte der Abg. Dr. Schüttinger anläßlich der Beschwerde Fugger (§ 93 Ziff. 18). Er meinte, constitutionelle Rechte seien alle „politischen Rechte". Es ist nicht klar, ob Schüttinger der Ansicht war, die beiden Ausdrücke seien gleichbedeutend, oder ob er nur glaubte, die polit. Rechte seien jedenfalls in den constitut. Rechten enthalten. Auch das ist nicht zu ersehen, was Schüttinger unter polit. Rechten verstand.

⁹ Die hier einschlägigen, erheblichen Fälle sind folgende im § 93 verzeichnete Beschwerdesachen: Ziff. 3 Vonschab, Ziff. 6 Vieregg, Augsburger Bierbrauer; 8 Halder, Leuchtenberg, Habes, Löwenfteiner; 9 Schwandorf, Nürnberg; 12 Feust; 13 Kißingen; 14 Wirsching und Gen.; 15 Grabl, Wolff; 16 Lemberg, pfälzische Communalschulen; 18 Mietraching, Beilngries, Thüngen, Fugger; 19 Münster, Löwenstein, Schwandorf; 20 Siegersdorf, Lindberg, Münchener Simultanschulen.

¹⁰ Vgl. § 93 Ziff. 9 Beschwerde der Gemeinde Schwandorf (Abg. Dr. v. Scheurl). Auf gleicher Linie steht es, wenn in der späteren Beschwerdesache der Gemeinde Schwandorf — a. a. O. Ziff. 19 — der Bericht des Aussch. d. K. d. Abg. auf Tit. IV § 13 der Verf. Urk. sich beruft. Aehnlich übrigens auch Reichsrath Frhr. zu Frankenstein in der Beschwerdesache Fugger, § 93 Ziff. 18.

Anschauung, welche in den Beschlüssen der Kammer der Abgeordneten fast durchweg [11] zum Ausdrucke gelangt ist, dahin, daß auf Grund des Titels IV § 8 der Verfassungsurkunde überall da eine Beschwerde wegen Verletzung eines constitutionellen Rechtes anzunehmen sei, wo über einen Eingriff in die Sicherheit der Person, des Eigenthums oder sonstiger Rechte geklagt werde. Nur in seltenen Fällen wurde Seitens einzelner Mitglieder diese Rechtsauffassung bekämpft [12]. Die Kammer der Reichsräthe befand sich, wenn auch hier die widersprechenden Stimmen häufiger sich vernehmen ließen [13], bis zum Landtage 1875/76, von seltenen Ausnahmefällen abgesehen [14], im Einklange mit der Lehre der Abgeordnetenkammer. Noch während des Landtages 1873/75 vertrat ein Berichterstatter dieser Kammer [15] unter fast allgemeiner Zustimmung des Hauses den Satz, daß „jede Kränkung eines einem Bayern zustehenden Rechtes" Gegenstand der Beschwerde beim Landtage sein könne. Ein entscheidender Umschwung in den Rechtsanschauungen der ersten Kammer hat sich jedoch, vorzugsweise unter dem Eindrucke der ausgezeichneten Darlegungen des Reichsrathes von Bomhard, seit dem Landtage 1875/76 vollzogen. Bei der damals eingekommenen Beschwerdesache der Gemeinden Schwandorf und Genossen, wie bei der späteren Beschwerde von Heiligenbrunner und Wörlein [16] entschied sich die Kammer einstimmig dahin, ihren bisherigen Standpunkt aufzugeben und die Rechtsauffassung der Staatsregierung als richtig anzuerkennen.

Die Staatsregierung hat, dabei von der Rechtsprechung des Staatsrathes [17] unterstützt, seit dem Jahre 1819 ununterbrochen die Meinung vertreten, daß constitutionelle Rechte nur solche seien, welche unmittelbar in der Verfassung oder einem Verfassungsgesetze begründet sind.

Dies ist der Stand des Streites.

Der Versuch einer wissenschaftlichen Auslegung der Verfassungsbestimmungen, um welche es sich hier handelt, wird neben dem Wortlaute derselben auch deren Entstehungsgeschichte und ihr Verhältniß zu jenen anderen Vorschriften der Verfassung zu betrachten haben, welche mit Titel VII § 21 in innerem Zusammenhange stehen.

Was zunächst den Wortlaut anlangt, so drängt sich sofort die Erwägung auf, daß, wenn Titel VII § 21 der Verfassungsurkunde dem Worte „Rechte" das Eigenschaftswort „constitutionell" beifügt, die Absicht dabei die gewesen sein muß, aus der Gesammtheit aller möglichen Rechte eine gewisse Kategorie auszuscheiden. Die Absicht einer Einschränkung des Begriffes ist also unverkennbar. Daher muß jede Auslegung als verdächtig angesehen werden, welche dazu führen würde, jede Rechtsverletzung als eine Verletzung constitutioneller Rechte erscheinen zu lassen. Denn wenn es dem Gesetzgeber überhaupt im Zweifel nicht zugetraut werden darf, daß er eines nichtssagenden Wortes sich

---

[11] Zweifellose Ausnahmen bilden nur die Beschlüsse in den Beschwerdesachen der Gemeinden Mietraching u. Beilngries, dann der Frhrn. v. Thüngen während des Landtags 1873/75. § 93 Ziff. 18 (vgl. auch Ziff. 10). Dabei ist, was die zwei ersten Fälle anlangt, zu bemerken, daß die beiden Berichterstatter Edel u. Schüttinger auf demselben Landtage anläßlich der Beschwerde Fugger zu der Meinung sich bekannten, die in der K. d. Abg. die herrschende ist.

[12] Vgl. z. B. § 93 Ziff. 14 Beschwerde Wirsching (Abg. Nar), 17 Beschwerde der Mariä-SiebenSchmerzen-Bruderschaft (Abg. Dürrschmidt), 18 Beschwerde Fugger (Abg. Stenglein).

[13] Vgl. § 93 Ziff. 6 Beschwerde der Augsburger Bierbrauer; 7 Hayes; 9 Schwandorf, Münchener Bierbrauer; 15 Grabl (Dr. v. Bayer); 16 pfälz. Communalschulen (Böcking); 18 Fugger (Frhr. v. Schrenk, v. Haubenschmied).

[14] Vgl. § 93 Ziff. 8 Beschwerde Hayes; 9 Beschwerde Schwandorf; 15 Beschwerde Grabl. Die Aeußerung des Staatsministers v. Pfeufer (Verh. d. K. d. R. R. 1875/76 Prot. Bd. I S. 697), die K. d. R. R. habe die Mehrzahl ihrer Beschlüsse in Beschwerdesachen nach Maßgabe des Tit. VII § 21, nicht des Tit. IV § 8 der Verf. Urk. gefaßt, ist zwar ganz buchstäblich genommen richtig, aber leicht mißzuverstehen.

[15] Frhr. zu Franckenstein anläßlich der Beschwerde Fugger, § 93 Ziff. 18.

[16] § 93 Ziff. 19, 20. S. unter Ziff. 20 auch die Verh. wegen der Münchener Simultanschulen. Der letztere Fall ist, abgesehen von den hereinspielenden polit. Gesichtspunkten, für die veränderte Stellung der Kammer deshalb nicht so bezeichnend, weil hier die Ablehnung der Beschwerde vor Allem schon durch die fehlerhaft gefaßte Beschwerdebitte herbeigeführt werden mußte.

[17] Vgl. § 93 Ziff. 6 Beschwerde der Augsburger Bierbrauer, Staatsrathsentsch. vom 10. April 1888; Ziff. 8 Beschwerde des Löwensteiner, Staatsrathsentsch. vom 2. April 1844; Ziff. 9 Beschwerde der Münchener Bierbrauer, Staatsrathsentsch. vom 11. Jan. 1847; Beschwerde des Magistrats Nürnberg, Staatsrathsentsch. vom 2. Juni 1847.

bedient habe, so ist dies am wenigsten bei einem Worte angängig, das an so bezeichnender und wichtiger Stelle gebraucht wird.

Da nun, wie bereits bemerkt, der Ausdruck „constitutionelle Rechte" kein festfehender Kunstausdruck des allgemeinen Staatsrechtes ist, so muß deffen Bedeutung aus der Entstehungsgeschichte und dem Zusammenhange der Verfassungsbestimmung ermittelt werden. Diese Untersuchung liefert, wie sich zeigen wird, das denkbar zuverläffigste Ergebniß.

Die königliche Entschließung vom 17. September 1814 will unter Ziffer IX¹⁸ jedem Unter- thanen das Recht der Beschwerde bei den Ständen eingeräumt wiffen, „der seine durch die Constitution gesicherten Rechte gekränkt glaubt". Sie schreibt sodann vor, daß, wenn die ständische Commission die Klage gegründet finde, durch die Reichsrathskammer zu unterfuchen sei, ob „eine Verletzung der Con- stitution anerkannt" werden könne. Diese Worte enthalten eine klare Begriffsbestimmung der con- stitutionellen Rechte. Es sind solche, die durch die Verfaffung in der Art verliehen sind, daß, wenn sie verletzt werden, die Verfaffung selbst verletzt ist. Dies kann, wie einleuchtend ist, nur bei jenen Rechten der Fall sein, die unmittelbar in der Verfaffung zugestanden sind. Dagegen trifft dies nicht bei solchen Rechten zu, welche ein einfaches Gesetz gewährt, mag durch dasselbe auch ein Programmsatz der Ver- faffung verwirklicht werden. Hätte die königliche Entschließung an letztere Rechte gedacht, so durfte sie nicht von „Verletzung der Constitution", sondern mußte einfach von Rechtsverletzungen reden oder doch die Rechte, deren Schutz beabsichtigt war, der Art nach näher bezeichnen. Die erwähnten Sätze der Entschließung vom 17. September 1814 haben in den Verfaffungsentwurf von 1814/15 faft wörtlich Aufnahme gefunden. Der XII. Titel, in dem sie stehen, handelt von der Garantie der constitutionellen Rechte. Der Sinn des letzteren Ausdruckes ist damit außer Zweifel gestellt. Es sind eben jene Rechte, von welchen Ziffer IX der königlichen Entschließung spricht. Wenn also der Ausdruck später in den Text der Verfaffungsurkunde übergegangen ist, so muß angenommen werden, daß er dort in jenem Sinne steht, welcher von Anfang an mit ihm verbunden wurde. Daß man in allgemeinen Programm- sätzen der Verfaffung eine Zuficherung constitutioneller Rechte nicht erblickte, beweisen auch die Er- örterungen im Revisionsausschuffe von 1814. In der Sitzung vom 25. October 1814 wurde über den Satz des Titels 1 § VII der Verfaffung von 1808 berathen: „Der Staat gewährt allen Staatsbürgern Sicherheit der Personen und des Eigenthums." „Diese allgemeine Zuficherung", bemerkte Geheimer Rath von Zentner, werde „keine vollkommene Beruhigung geben, wenn nicht dabei die Art der Sicherstellung ausgedrückt würde", nämlich in Beziehung auf die individuelle Freiheit, daß Niemand verfolgt oder verhaftet werden dürfe, als in den gesetzlich bestimmten Fällen und in den gesetz- lichen Form, in Beziehung auf das Eigenthum, daß Niemand gezwungen werden könne, sein Privat- eigenthum abzutreten, als nach vorgängiger förmlicher Entscheidung und Entschädigung. Aus diesem Antrage, welchem der jetzige § 8 des IV. Verfaffungstitels im Wesentlichen seine Entstehung verdankt, ist sehr deutlich zu entnehmen, daß man es zur Begründung constitutioneller Rechte für nöthig hielt, dieselben dem Bereiche allgemeiner Versprechungen zu entrücken und in das Gewand ausgestalteter Rechtsfätze zu kleiden¹⁹. Die weitere Entstehungsgeschichte der Verfaffungsurkunde zeigt das Festhalten an diesem Standpunkte. Auch die kronprinzliche Kritik des Verfaffungsentwurfes hat, wo sie vom Beschwerderechte spricht, nur Beschwerden eines Unterthanen oder einer Körperschaft darüber im Auge, „daß an ihm (ihr) die Constitution verletzt worden" sei²⁰.

Der Ausdruck „constitutionelle Rechte" für die Rechte, von denen hier die Rede ist, erscheint bei den Verfaffungsberathungen von 1818 wiederum im Antrage Zentner vom 21. April²¹. Derselbe Ausdruck findet sich sodann in dem Antrage Lerchenfeld, der in der nämlichen Sitzung eingebracht wurde, und aus welchem die §§ 19—21 des VII. Verfaffungstitels hervorgegangen sind. Man nahm diesen Ausdruck offenbar aus dem älteren Entwurfe herüber, weil man damit eine kurze Bezeichnung gewann, über deren Bedeutung mit Rücksicht auf die früheren Verhandlungen kein Zweifel aufkommen konnte. Noch erheblicher aber fällt ein anderer Umstand in's Gewicht. Die Bestimmung des § 5 des X. Verfaffungstitels ist in unmittelbarem Zusammenhange mit jener des Titels VII § 21 entworfen

---

¹⁸ Vgl. § 91.

¹⁹ Es mag hier bemerkt werden, daß in der Sitzung der Ministerialconferenz vom 25. März 1818 beschloffen wurde, in Abs. IV des § 8 die Verordn. vom 14. Aug. 1815 aufzunehmen, weil es „zu Höherung des Privateigenthums beitragen würde, wenn dieser Verordn. in der Verf. eine Garantie gegeben würde".

²⁰ S. § 91.

²¹ Vgl. hieher u. zum Folgenden § 91.

worden. Beide Bestimmungen haben sich aus dem Titel XII des Verfassungsentwurfs von 1814/15 herausgebildet. Sie sind nur aus redactionellen Gründen von einander getrennt worden. Ihre Zusammengehörigkeit erhellt schon daraus, daß das, was dem jetzigen Titel VII § 21 entsprach, im Entwurfe von 1814/15 unter dem Titel „von der Garantie der constitutionellen Rechte" stand, und daß der jetzige § 5 des X. Verfassungstitels unter die entsprechende Ueberschrift „von der Gewähr der Verfassung" eingereiht ist. In Titel X § 5 aber wird vom Beschwerderechte der Stände wegen „Verletzung der Verfassung" gesprochen, mithin der nemlichen Wendung sich bedient, welche die königliche Entschließung vom 17. September 1814 zur Umgrenzung des Beschwerderechts des Einzelnen gebraucht. Schon aus äußeren Gründen also ist anzunehmen, daß es sich in Titel VII § 21 ebenso wohl wie in Titel X § 5 um unmittelbare Verletzung von Verfassungsbestimmungen handelt.

Was uns hienach die Entstehungsgeschichte der Verfassung lehrt, ist der Satz, daß unter constitutionellen Rechten nur solche zu begreifen sind, welche in den Bestimmungen des Verfassungsrechtes ihre unmittelbare Begründung finden²². Aber auch wenn diese Entstehungsgeschichte uns unbekannt wäre, müßten wir aus der Betrachtung des Wortlautes²³ der Verfassung zum nemlichen Ergebnisse kommen. Vor Allem kann der sprachliche Sinn der Worte „constitutionelle Rechte" oder, was nach dem Eingange zur Verfassungsurkunde gleichbedeutend ist, „verfassungsmäßige Rechte" kein anderer sein, als der oben angegebene. Diesen natürlichen Sinn der Worte darf man nicht dadurch mittelbar aus der Welt schaffen wollen, daß man alle Rechte als constitutionelle erklärt, welche unter irgend einen Programmsatz, eine allgemeine Zusicherung der Verfassungsurkunde fallen. Denn da diese Zusicherungen, insbesondere jene des ersten Satzes des Titels IV § 8, das gesammte Rechtsgebiet umfassen, so würde der hiernach gefundene Inhalt des Wortes „constitutionell" die Inhaltslosigkeit sein²⁴. Was insbesondere den Titel IV § 8 anlangt, so beweist derselbe gerade das Gegentheil dessen, was die Anhänger des „weiteren" Begriffes der constitutionellen Rechte daraus ableiten wollen. Denn er hebt aus der Gesammtheit der Rechte, welche der Staat „gewährt", einige heraus, welche constitutionelle Rechte sein sollen²⁵. Der hier vertretene Sinn der Worte „constitutionelle Rechte" in Titel VII § 21 der Verfassungsurkunde ergibt sich ferner aus der Vorschrift der X. Verfassungsbeilage Titel II § 33, welche damit im Zusammenhange steht. Dort wird zur Begründung der Beschwerden beim Landtage die Bescheinigung gefordert, daß Seitens der angerufenen obersten Behörde „entweder noch gar keine oder eine den Bestimmungen der Verfassungsurkunde zuwiderlaufende Entscheidung erfolgt sei". Dieser letztere Fall aber kann nur dann eintreten, wenn das verletzte Recht unmittelbar in einer Verfassungsvorschrift begründet ist. Endlich ist noch Titel X § 5 der Verfassungsurkunde in Betracht zu ziehen. Hienach haben die Kammern ein Beschwerderecht nur dann, wenn die Verfassung selbst von Regierungsorganen verletzt worden ist. Auch wenn man die Entstehungsgeschichte der Paragraphen nicht kennt, wird man sich sagen müssen, daß es die Absicht der Verfassung nicht gewesen sein kann, das Beschwerde-

---

²² Gleichgiltig ist dabei, ob diese Rechte civil- oder öffentlichrechtlicher Natur sind. Pözl, Lehrb. des bayer. Verf. Rechtes S. 117 Anm. 7.

²³ Es ist zwar ein übertriebenes Lob, wenn der Abg. Weis (Sten. Ber. 1851 II S. 368) sagte: „Unsere Verf. zeichnet sich durch eine Consequenz und Logik aus, die allerdings nicht immer erkannt wird, die aber wirklich durch die Verf. durchgeht." Indessen darf man dieses Lob, wenigstens der Regel nach, für jene Theile der Verf. gelten lassen, wo ein Lerchenfeld oder Zentner die Feder geführt hat.

²⁴ Vgl. hieher insbes. die Ausführungen des Abg. Nar und der Reichsräthe v. Bayer, v. Haubenschmied u. v. Bomhard § 93 Ziff. 14, 15, 18, 19.

²⁵ Diese Ansicht, welche in der oben erörterten Entstehungsgeschichte des Paragraphen ihre Bestätigung findet, wurde schon mehrfach in den Kammern geltend gemacht. Vgl. § 93 Ziff. 6, 15 (Reichsrath v. Bayer), 18 (Reichsrath Frhr. v. Schrenk), 19 (Reichsrath v. Bomhard). Vgl. auch Staatsrathsentsch. vom 2. Juni 1847 a. a. O. unter Ziff. 9.

recht des einzelnen Staatsangehörigen weiter zu bemessen, als das Beschwerderecht des
Landtages ²⁶.

Was sonach Entstehungsgeschichte und Wortlaut der Verfassung übereinstimmend
lehren, das erweist sich auch aus allgemeinen Erwägungen als den Absichten und der
ganzen Anlage der Verfassung entsprechend.   Die Verfassungsurkunde zeigt sich allenthalben auf das Sorgsamste bedacht, die königlichen Regierungsrechte, insbesondere den
Gang der Verwaltung, gegen Eingriffe der Stände zu schützen. Sie hat eben deshalb das
Petitionsrecht der Kammern auf die Gegenstände ihres Wirkungskreises beschränkt. Soll
es nun glaublich sein, daß der Geber der Verfassung diese genaue Abgrenzung der Zuständigkeit des Landtages nur zu dem Ende vorgenommen habe, um sein eigenes Werk
wieder durch die Bestimmung des Titels VII § 21 zu zerstören, der nach der „weiteren"
Auslegung den Landtag zu einer Art Oberaufsichtsstelle über die gesammte Staatsverwaltung machen würde? Das ist geradezu undenkbar. Nur zu dem einen Zwecke des
Schutzes des eigentlichen Verfassungsrechtes kann ein Beschwerderecht gegeben sein, das,
an sich ein ausnahmsweises, wenn es zur Regel würde, ein größeres Uebel wäre, als diejenigen Mißstände, zu deren Beseitigung es dienen soll.   Denn nicht nur die Sorge um
die Wahrung der königlichen Machtfülle, auch die Rücksicht auf die staatliche Ordnung
mußte den Geber der Verfassung abhalten, ein schrankenloses Beschwerderecht zu verleihen.   Er mußte sich sagen, daß, was hiedurch den staatlichen Behörden an Ansehen
und Selbständigkeit ihres Handelns entzogen werde, nicht etwa durch den Gewinn einer
richtigeren Würdigung der Angelegenheiten in den Kammern seine Ausgleichung finden
könne.   Denn es ist sicher, daß politische Körperschaften im Ganzen zur Beurtheilung von
Rechtsstreitigkeiten sich sehr wenig eignen.   Auch aus dieser Erwägung mußte der Geber
der Verfassung sich veranlaßt sehen, das Beschwerderecht auf jenes Gebiet zu beschränken,
wo höhere politische Rücksichten es zu erheischen schienen, die geschäftlichen Bedenken bei
Seite zu lassen.   Dies ist das Gebiet des formellen Verfassungsrechts.

Der Kreis der Rechte, innerhalb dessen das Beschwerderecht nach Titel VII § 21 der
Verfassungsurkunde sich bewegt, dürfte hienach mit hinlänglicher Bestimmtheit umschrieben sein.   Aber auch in diesem Umkreise ergibt sich noch eine weitere Beschränkung
des Beschwerderechtes mit Rücksicht auf die Erreichbarkeit des Zweckes, den die Beschwerdeführung verfolgt. Sie will erzielen, daß auf Vermittelung der Kammern der König einen
angeblich rechtsverletzenden Akt entweder durch unmittelbare Anordnung oder auf Grund
abermaliger Untersuchung der Sache außer Wirkung setze.   Eine Beschwerde wegen Verletzung verfassungsmäßiger Rechte kann also nur dann zulässig sein, wenn der König
rechtlich in der Lage ist, den behördlichen Ausspruch, welcher den Gegenstand der Beschwerde bildet, zu beseitigen.   Dies ist aber nur bei reinen Verwaltungsakten der Fall.
Dagegen ist eine Aenderung des Geschehenen überall da unmöglich, wo der behördliche
Ausspruch mit Rechtskraft ausgestattet ist, d. h. wo er die Natur des Richterspruches an
sich trägt. Dabei kömmt es nicht auf die Stellung der Behörde an, welche den Ausspruch
erlassen hat, sondern lediglich auf die Natur des Ausspruches selbst.   Eine Beschwerde
wegen Verletzung verfassungsmäßiger Rechte ist hienach, wie jetzt allgemein anerkannt

---

²⁶ Hierauf ist schon öfter aufmerksam gemacht worden. Vgl. z. B. die beiden Staatsrathsentsch.
von 1847, § 93 Ziff. 9, dann die Aeußerungen des Min. Commissärs v. Schubert Ziff. 13, des Reichsraths Frhrn. v. Schrenk in der Fugger'schen Beschwerdesache Ziff. 18, des Reichsraths v. Bomhard
Ziff. 19. Letzterer erklärte es für einen „ungereimten Schluß", „daß das den Ständen durch den § 5
Tit. X für die wichtigsten, die Interessen des ganzen Landes berührenden Fälle verliehene Beschwerderecht ein beschränkteres sei, als das den Staatsbürgern oder Gemeinden für Verletzung der Rechte Einzelner eingeräumte".

wird²⁷, gegenüber Urtheilen der Civil- und Strafgerichte unzulässig. Dies war schon nach den Bestimmungen der Verfassungsurkunde selbst unbestreitbar und steht nunmehr, nach reichsgesetzlicher Ordnung des civil- und strafrechtlichen Verfahrens, vollends außer Zweifel. Aber auch da, wo der Rechtsweg zwar nicht beschritten ist, jedoch offen steht, wird die Verfassungsbeschwerde nicht zuzulassen sein. Das ergibt sich aus der Absicht des Gesetzes. Das Fürwort der Kammern soll derjenige anrufen können, der sich auf andere Weise nicht zu seinem Rechte zu verhelfen vermag. Wer den Schutz des Richters anrufen kann, bedarf eines anderen Schutzes nicht. Dazu kömmt, daß überall da, wo die Zuständigkeit der Gerichte gegeben ist, das bestrittene Recht nur durch diese festgestellt werden kann. Sowenig die Verfassung beabsichtigt hat, zu gestatten, daß in die Rechtspflege eingegriffen werde, ebensowenig wird es ihr Wille sein, jedem Staatsangehörigen das Recht zu geben, zu verlangen, daß der Rechtspflege vorgegriffen werde. Zudem könnte das Verfahren, welches in Folge erhobener Verfassungsbeschwerde eingeleitet wird, niemals die Wirkung haben, den Rechtsweg abzuschneiden; es würde also möglicher Weise nur eine unnöthige Umständlichkeit bilden. Es ist nicht anzunehmen, daß die Verfassung der Würde der Krone wie der Stellung des Landtages in solcher Weise habe Eintrag thun wollen²⁸.

Das Nemliche wie für die Entscheidungen der Civil- und Strafgerichte gilt aus denselben Gründen für alle Entscheidungen, welche im Verwaltungsrechtswege getroffen werden, oder denen gegenüber der Verwaltungsgerichtshof angerufen werden kann²⁹. Mit logischer Nothwendigkeit muß aber der aufgestellte Grundsatz auch auf solche Entscheidungen erstreckt werden, welche von Verwaltungsbehörden zwar nicht nach Maßgabe der Bestimmungen des Gesetzes über den Verwaltungsgerichtshof vom 8. August 1878 erlassen worden sind, die aber die Eigenschaft von Urtheilen in öffentlichrechtlichen Streitsachen haben. Mit anderen Worten, es gilt für dasjenige Gebiet des öffentlichen Rechtes, auf welchem die Handhabung der Rechtspflege der Verwaltung anvertraut geblieben ist, dasselbe, wie für jenes, auf welchem die Rechtspflege nach dem Gesetze über den Verwaltungsgerichtshof geübt wird. Das erstere Gebiet ist nunmehr allerdings ein sehr eng begrenztes. Ihre Begründung findet die aufgestellte Behauptung darin, daß jedes Urtheil, mag es ausgehen, von welcher Behörde es will, sobald es ergangen ist, für die rechtsprechende Behörde und, sobald es rechtskräftig geworden, überhaupt unabänderlich ist. Es erzeugt formales Recht für beide Parteien; die angebliche materielle Rechts-

---

²⁷ Vgl. hieher, außer zahlreichen anderen, von den Kammern kurzweg erledigten Fällen, § 93 Ziff. 6 Beschwerde Endreß, Beschwerde der Augsburger Bierbrauer (insbes. Frhr. v. Freyberg); 9 Beschwerde Hornthal; 12 Beschwerde Feust (entgegengesetzte Meinung des Abg. v. Gombart); 14 Beschwerde Premauer (Ausführungen des Reichsrathes Dr. v. Bayer); 19 Beschwerde Fugger (Ausführungen des Reichsrathes v. Bomhard).

²⁸ Vgl. hieher § 93 Ziff. 6 Beschwerde der Augsburger Bierbrauer (Frhr. v. Freyberg); Ziff. 9 Beschwerde Schwandorf, Beschwerde der Münchener Bierbrauer (Abg. v. Scheurl ausführlich gegen die hier vertretene Ansicht, Scheidung zwischen „absoluten" und „relativen" Rechten); Ziff. 17 Beschwerde der Mariä-Sieben-Schmerzen-Bruderschaft (der Aussch. der K. d. Abg. erklärt sich für die hier vertheidigte Anschauung unter Berufung auf die „constante Praxis" der Kammer). Uebereinstimmend auch Pözl, Lehrb. des bayer. Verf. Rechts S. 117 Anm. 7.

²⁹ Also nicht blos für die Entsch. des V. G. H.'s, sondern auch für jene der übrigen Instanzen des Verwaltungsrechtsweges; ferner für alle Entsch. der Verwaltungsbehörden, soweit gegen dieselben nach Art. 10 des Ges. vom 8. Aug. 1878 die Beschwerde zum V. G. H. ergriffen werden kann. Die Frage wurde, allerdings nicht vom rechtswissenschaftlichen Standpunkte, bei Berathung über den Entw. des angef. Ges. gestreift. Vgl. Verh. d. K. b. Abg. 1877/78 Sten. Ber. II S. 202 (Abg. Dr. Diendorfer) und S. 204 (Abg. Dr. Völk). Völk meinte, dem Beschwerderechte geschehe durch den V. G. H. kein Eintrag. In einem früheren Stadium der Sache (Bericht über den Entw. eines V. G. H. Ges., Verh. d. K. d. Abg. 1866/68 Beil. Bd. IV S. 174) hatte Brater sich über die Frage geäußert. Brater meinte, formell sei das Beschwerderecht gegenüber Entscheidungen des V. G. H.'s

verletzung, welche dem unterlegenen Theile widerfahren ist, könnte daher nur unter Verletzung des erworbenen formalen Rechtes des siegenden Theiles wieder gut gemacht
werden⁸⁰.

Ist aber das in dem vorgeschriebenen Wege Rechtens anerkannte verfassungsmäßige Recht durch die Staatsregierung verletzt worden, dann erscheint die Beschwerde
als zulässig.

Zur Feststellung des Umfanges des Beschwerderechtes wegen verletzter verfassungsmäßiger Rechte bleibt noch eine Frage zu erörtern, welche erst durch den Eintritt Bayerns
in das Reich entstanden ist. Es ist die Frage, ob dieses Beschwerderecht in solchen Fällen
Platz greifen könne, wo es sich bei der verletzenden Verfügung um die Auslegung reichsrechtlicher Bestimmungen handelt. Man wird hier in folgender Weise unterscheiden
müssen. Wird die Verletzung eines Rechtes behauptet, das in einer reichsgesetzlichen Bestimmung seine Begründung findet, dann kann von einer Beschwerde wegen Verletzung
verfassungsmäßiger Rechte niemals die Rede sein⁸¹. Denn constitutionelle Rechte im
Sinne der Verfassung sind nur solche, die auf einem Satze des bayerischen Verfassungsrechtes beruhen. Wird dagegen behauptet, daß ein constitutionelles Recht in dem angegebenen Sinne durch unrichtige Anwendung eines Reichsgesetzes verletzt worden sei,
dann ist die Zulässigkeit der Beschwerde nicht zu beanstanden. Denn ein Rechtssatz, der
den Kammern untersagen würde, anläßlich der Prüfung einer Beschwerde sich ein Urtheil
über die Auslegung reichsrechtlicher Bestimmungen zu bilden, besteht nicht⁸².

Ueber die formellen Voraussetzungen der Beschwerdeführung hatte die Verfassungs-
urkunde⁸³ bestimmt. Die Beschwerden „müssen mit den erforderlichen Beweisen belegt
und zugleich bescheinigt sein, daß sie bereits bei den obersten Behörden, resp. den betreffenden Staatsministerien früher vorgebracht worden, und hierauf entweder noch gar
keine oder eine den Bestimmungen der Staatsverfassung zuwiderlaufende Entscheidung

---

nicht ausgeschlossen. Nur würden die Kammern aus polit. Gründen, um die Einrichtung nicht zu gefährden, sich kaum entschließen, von ihrer Befugniß in dieser Beziehung Gebrauch zu machen. Es
werde eine thatsächliche Beschränkung des Beschwerderechts eintreten. Brater zeigt auch hier, wie in
dem § 93 Ziff. 15 erwähnten Falle Wolff, eine mehr politische als staatsrechtliche Auffassung. Vgl.
hieher auch W. Krais, Ges. vom 8. Aug. 1878, Commentar S. 29 Anm., S. 295 Anm. 3; G. Meyer,
Lehrb. des deutschen Staatsrechts, 3. Aufl., S. 665 Anm. 3.

⁸⁰ Die Frage kam bes. vor Einführung des V. G. H.'s öfters zur Sprache, zumal da die Ausdehnung, welche die Kammern dem Beschwerderechte gaben, sehr häufige Beschwerden auf dem Gebiete
der von der Verwaltung gehandhabten Rechtspflege veranlaßte. Es ist interessant, zu sehen, wie trotz
jener polit. Erwägungen, welche dazu führten, in dem Beschwerderechte eine Art Ersatz für den Mangel
einer selbständigen Verwaltungsrechtspflege auszubilden, die richtige staatsrechtliche Erkenntniß in
manchen Fällen bei den Kammern oder doch bei einzelnen Mitgliedern derselben zum Durchbruche kam.
Vgl. § 93 Ziff. 16 Beschwerde Lemberg; 17 Beschwerde St. Ingbert (Abg. Haud); 18 Beschwerde
Mietraching (Abg. Dr. Edel), Beilngries (Abg. Dr. Schüttinger), St. Johann, Thüngen; 19 Beschwerde Münster. Anders wieder Ziff. 20 Beschwerden Siegersdorf u. Lindberg. Gegen die hier vertretene Ansicht verwahrte sich der Abg. Dr. Völk anläßlich der Thüngen'schen Beschwerde besonders
eindringlich. Bemerkenswerth aber ist vor Allem der Fall Wolff (Ziff. 15). Bei diesem machte die
K. b. Abg. in der beanspruchten Rolle als Verwaltungsgerichtshof recht eigentlich Bankerott, und der
Abg. Brater sah sich genöthigt, um der Kammer aus einer unhaltbaren Lage zu helfen, die Unterscheidung zwischen solchen Verwaltungsrechtsfällen aufzustellen, die so klar seien, daß die Kammer sich
darüber ein Urtheil bilden könne, und solchen, die zu schwierig seien. Nur erstere solle die Kammer
zur Würdigung ziehen.

⁸¹ Derselben Meinung scheint der Abg. Stenglein anläßlich der Fugger'schen Beschwerde gewesen zu sein (§ 93 Ziff. 17). Die weiteren Aeußerungen im Ausch. der K. b. Abg., über welche dort
berichtet ist, sind nicht recht verständlich. Es ist nicht einzusehen, inwieferne die „bayer. Reservatrechte" sich als bayer. „Verfassungsgesetze" „charakterisiren" sollen.

⁸² Die Frage wurde, allerdings nicht durchweg in befriedigender Weise, anläßlich der Beschwerden Fugger u. Schwandorf (§ 93 Ziff. 17, 19) erörtert.

⁸³ Beil. X Tit. II § 33.

erfolgt ſei". Dieſe Vorſchrift iſt, wie die ganze X. Verfaſſungsbeilage, in welcher ſie ent=
halten iſt, außer Kraft getreten. Sie hat auch überhaupt keine Bedeutung mehr, inſo=
ferne ſie geſchäftliche Anordnungen über die Belegung der Beſchwerden enthält. Sie
wird nach dieſer Richtung hin allerdings von beiden Kammern, von der Kammer der
Reichsräthe nach ausdrücklicher Beſtimmung der Geſchäftsordnung[84], gehandhabt, aber
nur deshalb, weil ſie ſelbſtverſtändlich und zur Sicherung der Kammern gegen Täuſchungen
nothwendig iſt. Ein anderes Gewicht aber kömmt jener Vorſchrift inſoferne zu, als ſie
das Beſchwerderecht an die Vorausſetzung bindet, daß die oberſte, für die Beſchwerdeſache
zuſtändige Behörde vergeblich angerufen worden ſei. Nach dieſer Richtung verbleibt der
Beſtimmung trotz ihrer Aufhebung eine erhebliche Bedeutung für die Auslegung der geſetz=
geberiſchen Abſicht, die bei der Vorſchrift in Titel VII § 21 der Verfaſſung gewaltet hat.
Es ſoll nemlich erſt dann angenommen werden, daß die Verletzung eines verfaſſungs=
mäßigen Rechtes Seitens der Staatsregierung vorliege, wenn von der oberſten, zur Ent=
ſcheidung berufenen Stelle die beſchwerende Verfügung entweder ſelbſt getroffen oder ge=
billigt oder unbeanſtandet gelaſſen worden iſt. Dies iſt auch vollkommen naturgemäß.
Denn es beſteht kein innerer Grund, das außerordentliche Hilfsmittel der Beſchwerde
zum Landtage zu geſtatten, ſolange noch die Möglichkeit geboten iſt, im gewöhnlichen
Inſtanzenzuge Abhilfe zu ſuchen. Die Kammern haben deshalb mit Recht auch in dieſer
Beziehung an den Erforderniſſen des § 33 Beilage X Titel II der Verfaſſungsurkunde
feſtgehalten[85].

Es erübrigt noch die Beantwortung der letzten jener drei Fragen, welche wir Ein=
gangs dieſer Darſtellung aufgeworfen hatten, der Frage, wer berechtigt iſt, wegen Ver=
letzung verfaſſungsmäßiger Rechte ſich mit Beſchwerde an die Kammern zu wenden. Die
Verfaſſung bezeichnet als beſchwerdeberechtigt jeden „Staatsbürger", ſowie jede Gemeinde.
Das Geſetz vom 19. Januar 1872 hat ſtatt des Ausdrucks „Staatsbürger" die Bezeich=
nung „Staatsangehöriger" gewählt, nicht im Sinne einer Neuerung, ſondern zur Klar=
ſtellung der geſetzgeberiſchen Abſicht[86]. Zweifelhaft kann erſcheinen, ob auch anderen
juriſtiſchen Perſonen als den Gemeinden das Beſchwerderecht zukömmt[87]. Es ließe ſich
nemlich vielleicht ein Bedenken daraus ableiten, daß die Gemeinden neben den natür=
lichen Perſonen ausdrücklich hervorgehoben werden. Indeſſen wird man dieſem Bedenken
keine Folge geben dürfen. Es fehlt an einem inneren Grunde, die juriſtiſchen Perſonen
auszuſchließen. Bei Körperſchaften tritt noch die Erwägung hinzu, daß in der Körper=
ſchaft auch deren Mitglieder verletzt erſcheinen, und daß es nicht angehen wird, den
letzteren wegen einer privatrechtlichen Rechtsvorſtellung ein politiſches Recht zu ver=
kümmern.

Das Beſchwerderecht iſt nach der Abſicht der Verfaſſungsurkunde auf bayeriſche
Staatsangehörige beſchränkt. Es wird ſich jedoch fragen, ob dasſelbe angeſichts der Be=
ſtimmung in Artikel 3 der Reichsverfaſſung[88] nicht auch den Reichsangehörigen, welche

---

[84] § 76 Abſ. II—IV. Hier ſind zum Theile die Worte des § 33 Tit. II der X. Verf. Beil.
wiederholt.

[85] Pözl, Lehrb. des bayer. Verf. Rechts S. 120 Anm. 9. Vgl. auch R. v. Mohl, Staatsrecht
des Kgrs. Württemberg I S. 421.

[86] Vgl. oben § 78 Anm. 14. Wenn das Geſ. ſagt: „jeder einzelne Staatsangehörige", ſo iſt
das Wort „einzelner" nur im Gegenſatze zu Gemeinde (Körperſchaft) gebraucht, nicht im Sinne eines
Verbotes der Vereinigung Mehrerer zu einer Beſchwerde. — Selbſtverſtändlich kann nur derjenige
eine Verfaſſungsbeſchwerde erheben, der rechtlich handlungsfähig iſt. Vgl. Verh. d. K. d. Abg. 1883/84
Sten. Ber. I S. 286, II S. 609.

[87] Die Frage wurde gegenüber dem Ausdrucke „Einwohner" in Verf. Urk. Tit. IV § 8 anläßlich
der Nürnberger Beſchwerde (§ 93 Ziff. 9) erörtert.

[88] Vgl. oben § 84 Anm. 15 ff.

nicht Staatsangehörige sind, zugestanden werden muß[39]. Eine nähere Erwägung der Sache zeigt indessen, daß dies zu verneinen ist. Artikel 3 der Reichsverfassung verlangt nur Zulassung des staatsfremden Reichsangehörigen zum Staatsbürgerrechte unter denselben Voraussetzungen, wie sie für den Einheimischen gelten. Er fordert dagegen nicht, daß Reichsangehörigen als solchen alle politischen Rechte eingeräumt werden, deren Voraussetzung der Besitz der Staatsangehörigkeit ist. Der Grundsatz der Gleichbehandlung aller Deutschen in Bezug auf Rechtsverfolgung und Rechtsschutz, welchen Artikel 3 der Reichsverfassung ausspricht, hat selbstverständlich eine politische Einrichtung, wie es die Verfassungsbeschwerde ist, nicht im Auge[40].

Die Bestimmungen über das Verfahren der Kammern bei Erledigung eingekommener Verfassungsbeschwerden sind einer Erläuterung nicht bedürftig. Soweit diese gesetzlichen Vorschriften der selbständigen Regelung durch die Kammern einen Spielraum lassen, finden sie ihre Ergänzung durch die Geschäftsordnungen.

Hinsichtlich der Würdigung der Beschwerden durch die Kammern ist Folgendes hervorzuheben. Die Prüfung hat sich vor Allem auf die formelle Zulässigkeit der Beschwerde zu erstrecken. Für letztere genügt es, daß beim Beschwerdeführer die rechtliche Möglichkeit gegeben ist, eine derartige Beschwerde zu erheben, sowie daß er die Verletzung eines constitutionellen Rechtes behauptet. Die Prüfung hat sodann sich mit der Frage zu befassen, ob die Beschwerde formell begründet, d. h. ob das angeblich verletzte Recht ein constitutionelles ist[41]. Wenn dies bejaht wird, dann ist endlich die materielle Begründung der Beschwerde zu untersuchen. Bei dieser gesammten Prüfung ist nicht außer Acht zu lassen, daß die Erhebung von Verfassungsbeschwerden beim Landtage ein Recht der Staatsangehörigen ist. Die Kammern sind daher nicht blos berechtigt, sondern auch verpflichtet, solche Beschwerden zu würdigen und sie, wenn sie formell zulässig und formell begründet befunden werden, materiell beschlußmäßig zu erledigen[42].

Ist dagegen eine Beschwerde von der einen Kammer geprüft und zurückgewiesen worden, so bedarf dieselbe einer beschlußmäßigen Erledigung durch die andere Kammer nicht mehr. Dies gilt sowohl dann, wenn die Beschwerde gleichzeitig an beide Kammern gerichtet wurde, als auch dann, wenn nach Zurückweisung der Beschwerde durch die eine Kammer die andere Kammer[43] angerufen wurde[44].

Haben sich beide Kammern dahin geeinigt, eine Beschwerde wegen Verletzung verfassungsmäßiger Rechte begründet zu finden, so übergeben sie dieselbe mit gemeinsamem Antrage dem Könige. Das weitere Verfahren ist das nemliche wie bei jenen Verfassungs-

---

[39] Die Frage ist anläßlich der Beschwerde Opitz (§ 93 Ziff. 21) in der K. d. Abg., aber nicht näher, erörtert worden.

[40] A. M. ist G. Meyer, Lehrb. des deutschen Staatsrechts, 3. Aufl., S. 665 Anm. 8, weil das Beschwerderecht ein „bürgerliches" Recht sei.

[41] Man pflegte hier früher mit einem nicht ganz genauen Ausdrucke gleichfalls von formeller Zulässigkeit zu reden. Der Beschwerdeausschuß der K. d. Abg. (Verh. d. K. d. Abg. 1883/86 Sten. Ber. V S. 269) hat nunmehr beschlossen, für den Fall, daß eine Beschwerde wegen Mangels der Voraussetzung eines verletzten constitutionellen Rechtes abgewiesen werden soll, nicht mehr von formeller Unzulässigkeit zu sprechen, sondern zu sagen, der Beschwerde sei wegen Unzulässigkeit (ohne den Beisatz „formell") eine Folge nicht zu geben.

[42] Daraus ergibt sich die Unhaltbarkeit der oben Anm. 30 erwähnten Unterscheidung Brater's. Es wäre eine Verletzung der verfassungsmäßigen Pflichten der Kammer, wenn dieselbe eine Beschwerde deswegen abweisen wollte, weil die Rechtsfrage nicht klar auf der Hand liegt. Die Kammer muß sich darüber klar werden. Dies wird auch, wenn die gesetzlichen Grenzen des Beschwerderechtes beachtet werden, keine Schwierigkeiten bieten.

[43] Während derselben Tagung.

[44] Vgl. die Aeußerung des Reichsraths Dr. v. Neumayr Verh. d. K. d. R. R. 1883/86 Prot. Bd. V S. 552. Derselbe hob übrigens richtig hervor, dies gelte nur für den Fall, wo ein- und dieselbe

beschwerden, welche die Kammern aus eigenem Antriebe an die Krone bringen [45]. Hievon soll nunmehr gehandelt werden.

Die Verfassungsurkunde [46] bestimmt: „Die Stände haben das Recht, Beschwerden über die durch die königlichen Staatsministerien oder andere Staatsbehörden geschehene Verletzung der Verfassung in einem gemeinsamen Antrag an den König zu bringen." Die Erhebung einer solchen Beschwerde setzt Antragstellung [47] (in einer der Kammern), sowie übereinstimmende Beschlüsse beider Kammern voraus.

Der sachliche Umkreis, innerhalb dessen sich das Beschwerderecht bewegt, ist mit Bestimmtheit bezeichnet. Die Beschwerde kann nur wegen Verletzung der Verfassung selbst oder eines Verfassungsgesetzes erhoben werden. Man hat darüber gestritten, ob das Beschwerderecht der Kammern auch dann Platz greife, wenn die Verletzung der Verfassung in der Verletzung eines constitutionellen Rechtes eines Einzelnen besteht, der selbst Beschwerde beim Landtage nicht erhoben hat [48]. Diese Frage ist unbedenklich zu bejahen. Denn eine solche Verletzung des Einzelnen schließt zweifellos eine Verfassungsverletzung in sich, und die Verfassung macht mit keiner Silbe einen Unterschied zwischen rein objectiven und solchen Verfassungsverletzungen, die auch subjective sind. Es hat auch seine gute innere Berechtigung, wenn die Verfassung eine solche Ausscheidung nicht vornimmt. Vor Allem würde es unter Umständen Schwierigkeiten begegnen, die Grenze zwischen den beiden Arten von Verfassungsverletzungen zu ziehen. Aber auch hievon abgesehen muß die Möglichkeit berücksichtigt werden, daß die Verfassungsverletzung, welche einem Einzelnen gegenüber stattgefunden hat, von schwerster Natur und geeignet ist, das Ansehen der Verfassung zu gefährden, während zugleich vielleicht der Betroffene selbst aus persönlichen Rücksichten sich scheut, Beschwerde zu erheben.

Der Unterschied in der Behandlung der Verfassungsbeschwerden, deren der Landtag sich annimmt, und jener, die er aus eigenem Antriebe vorbringt, liegt nur darin, daß im ersten Falle das subjective Interesse des Verletzten, im zweiten Falle das objective Interesse der Aufrechthaltung des Verfassungsrechtes im Vordergrunde steht. Darum kann es auch, wenn der Landtag in der Rechtsverletzung, die dem Einzelnen widerfahren ist, die objective Verletzung der Verfassung verfolgt, darauf nicht ankommen, ob der Betroffene den Instanzenzug erschöpft oder den offenstehenden Rechtsweg betreten hat oder nicht [49]. Denn auch in der Verletzung der Verfassung durch eine untere Instanz kann eine Gefahr für die Unversehrtheit der Verfassung erkannt werden, und es ist sehr wohl möglich, daß dieselbe Furcht, die den Geschädigten abhielt, an den Landtag zu gehen, ihn auch von der Ergreifung von Rechtsmitteln abschreckte. Wer den Muth nicht findet, den Kampf um sein Recht aufzunehmen, der hat allerdings persönlich keinen Anspruch darauf, daß ihm vom Landtage zu seinem Rechte verholfen wird. Aber dieses Verhalten des Verletzten kann dem Landtage in der Erfüllung der Aufgabe, Wächter des Verfassungsrechtes zu sein, keinen Eintrag thun. In dieser Ausdehnung des Beschwerderechtes liegt auch keine Gefahr für die staatliche Ordnung. Vor Allem darf man wohl erwarten, daß der Landtag nur in ganz außergewöhnlichen Fällen aus subjectiven Rechtsverletzungen An-

---

Beschwerde vorgebracht werde, „ohne daß ein Novum vorliege". Ueber die Wiederholung bereits abgewiesener Beschwerden bei der Kammer selbst, welche sie abgewiesen hat, s. die Erörterungen Verh. d. K. d. Abg. 1883/86 Sten. Ber. I S. 235 f., II S. 608 f.

[45] Dies erhellt aus Verf. Beil. X Tit. II § 35.

[46] Tit. X § 5.

[47] Die Behandlung der Anträge ist bei der Darstellung des Geschäftsgangs zu erörtern.

[48] Vgl. § 93 Ziff. 9 Beschwerde der Münchener Bierbrauer; Ziff. 11 Antrag Prell.

[49] Die Frage wurde anläßlich des Antrages Prell erörtert. Vgl. auch Verh. d. K. d. Abg. 1891/92 Sten. Ber. IX S. 778 ff.

laß zur Verfassungsbeschwerde nehmen wird. Sodann ist zu beachten, daß das Beschwerderecht des Landtages in einer sehr wichtigen Beziehung dieselbe Grenze hat, wie das Beschwerderecht des Einzelnen. Es kann aus den Gründen, die bereits früher dargelegt wurden[50], nur gegenüber Akten der Verwaltung Platz greifen[51].

Ist eine Verfassungsbeschwerde vom Landtage an den König gebracht worden, so kömmt es darauf an, ob letzterer sofort von deren Begründung sich überzeugt und daher Abhilfe anordnet, oder ob ihm die Sache zweifelhaft erscheint. Im letzteren Falle ist nach der Verfassung[52] die Beschwerde, je nach der Natur des Gegenstandes, der „obersten Justizstelle" d. h. dem obersten Landesgerichte oder dem Staatsrathe zur Untersuchung und Entscheidung zuzuweisen.

Von thatsächlicher Bedeutung ist nur die Zuständigkeit des Staatsrathes[53]. Hierüber ist Folgendes zu bemerken. Der Staatsrath ist hier erkennende, nicht berathende Stelle. Sein Ausspruch bedarf daher der Genehmigung des Königs nicht[54]. Die Entscheidung muß vielmehr so, wie sie gefällt ist, verkündet werden, und es ist staatsrechtliche Pflicht der Staatsregierung, dieselbe zu vollziehen[55]. Die Staatsrathsentscheidungen über Verfassungsbeschwerden gelangen im Gesetz- und Verordnungsblatte zur Veröffentlichung[56].

---

[50] Oben bei Anm. 27 ff.

[51] Es ist, wie hier noch bemerkt werden mag, nicht zutreffend, wenn man in den Landtagsverh. öfters den Unterschied zwischen § 5 u. 6 des X. Verf. Tit. dahin bezeichnete, daß ersterer von unvorsätzlichen, letzterer von vorsätzlichen Verfassungsverletzungen handle. Die Verf. Urk. sagt nicht, daß bei vorsätzlichen Verfassungsverletzungen der Weg des § 6 beschritten werden müsse, sondern daß er beschritten werden könne. Sie läßt den Ständen in solchem Falle auch den Weg des § 5 offen.

[52] Tit. X § 5.

[53] Die k. Entschl. vom 17. Sept. 1814 nannte, ohne Rücksicht auf die Art der Beschwerde, nur die Justizstelle, offenbar, weil man die richterliche Unabhängigkeit höher anschlug, als die sachliche Zuständigkeit. Der Revisionsausschuß war jedoch in seiner Sitzung vom 15. Dec. 1814 der Meinung, daß für Verwaltungssachen der geh. Rath (Staatsrath) sich besser zur Entscheidung eigne, weil dieser auch die letzte Instanz in administrativ-contentiösen Fällen bilde. Allerdings verkannte man den Mißstand nicht, daß der geh. Rath keine unabhängige Justizstelle sei. Die Frage, in welchen Fällen nun noch eine Zuständigkeit der obersten Justizstelle übrig bleiben werde, wurde nicht näher erwogen. In der That ist nur Ein Fall denkbar, der nicht leicht vorkommen wird, daß nemlich die Kammern wegen Verletzung des verfassungsmäßigen Privatrechts eines Einzelnen durch einen Verwaltungsakt aus eigener Bewegung Beschwerde erheben. Dabei müßte noch überdies der behauptete Eingriff in das Privatrecht auf keinen öffentlichrechtlichen Titel gestützt sein.

[54] Die Instr. für den Staatsrath vom 18. Nov. 1825 (Weber II S. 250) § 7 A Ziff. 4 rechnete die Verfassungsbeschwerden zu dem Wirkungskreise des Staatsraths als berathender Stelle. Die Instr. trat dadurch in Widerspruch mit der klaren Bestimmung der Verf. Uebereinstimmend Brater Verh. d. K. d. Abg. 1866/68 Beil. Bd. IV S. 171 Anm. **. Krone und Staatsrath haben dies auch sofort beim ersten vorgekommenen Falle erkannt (Staatsrathssitzung vom 29. Aug. 1829), und alle Staatsrathsbeschlüsse über Verfassungsbeschwerden sind als Entscheidungen ergangen. Die jetzt maßgebende Verordn., den Staatsrath betr., vom 3. Aug. 1879 (Weber XIII S. 161) hat in § 7 B Ziff. I diese Beschwerden dem Staatsrathe als erkennender Stelle zugewiesen. Allerdings sagt § 13 Abs. II der Verordn., daß die Staatsrathsbeschlüsse der „Genehmigung oder Sanction" des Königs unterliegen. Diese Bestimmung darf aber auf die Entscheidung von Verfassungsbeschwerden nicht angewendet werden, und zwar selbst dann nicht, wenn dies der Absicht der Verordn. entspräche. Denn die Verordn. kann das Verfassungsrecht nicht abändern. Mit Hinblick auf die Vorschrift in § 13 Abs. I der Verordn. wird der Staatsrath, wenn er unter Vorsitz des Königs über Verfassungsbeschwerden entscheidet, eine ungerade Zahl von abstimmenden Mitgliedern haben müssen. Es läßt sich nicht verkennen, daß die Absicht der Verf. es erfordert hätte, mit der Entscheidung von Verfassungsbeschwerden den V. G. H. als nunmehrige höchste Instanz in öffentlichen Rechtsstreitigkeiten zu betrauen.

[55] Das letztere ist selbstverständlich, da sonst die ganze Einrichtung keinen Zweck hätte. In der k. Entschl. vom 17. Sept. 1814 Ziff. IX war es ausdrücklich gesagt („und sofort den Spruch ohne Anstand vollziehen lassen"). Findet der Staatsrath die Beschwerde unzulässig oder unbegründet, so ist dieselbe damit endgiltig abgethan und kann nicht wiederholt vorgebracht werden. Vgl. unten § 93 Ziff. 8 Beschwerde der Münchener Bierbrauer.

[56] Verordn. vom 3. Aug. 1879 § 15, b.

Es erübrigt noch zu untersuchen, wie es sich bei dem vorstehend geschilderten Stande unseres Rechtes mit der Anwendbarkeit des Artikels 76 Absatz II der Reichsverfassung in den Fällen verhält, wo Landtag und Staatsregierung in Verfassungsstreitigkeiten gerathen.

Der genannte Artikel bestimmt nämlich: „Verfassungsstreitigkeiten in solchen Bundesstaaten, in deren Verfassung nicht eine Behörde zur Entscheidung solcher Streitigkeiten bestimmt ist, hat auf Anrufen eines Theiles der Bundesrath gütlich auszugleichen oder, wenn das nicht gelingt, im Wege der Reichsgesetzgebung zur Erledigung zu bringen."⁵⁷

Die Anwendbarkeit dieser Bestimmung auf Bayern wird zu bejahen sein, da die Begriffe der Beschwerde wegen geschehener Verletzung der Verfassung und der Verfassungsstreitigkeit sich nicht decken, der Staatsrath oder die oberste Justizstelle also nicht als Behörden zur Entscheidung von Verfassungsstreitigkeiten im Sinne der Reichsverfassung erscheinen. Uebrigens ist zu bemerken, daß als „Theil", der den Bundesrath anrufen kann, nur der Landtag, nicht eine Kammer für sich zu erachten ist.

Anhang I.

§ 91. Entstehungsgeschichte der Verfassungsbestimmungen über das Petitions- und Beschwerderecht.

Die §§ 19—21 des Titels VII und §§ 4—6 des Titels X der Verfassungsurkunde¹ haben eine gemeinsame Entstehungsgeschichte. Die königliche Entschließung vom 17. September 1814² sagt unter Ziffer IX: „Wir gedenken der neu revidirten Constitution in der Art eine Garantie zu geben, daß aus den Ständen jedes Jahr eine Commission durch sie selbst gewählt und zusammengesetzt werden sollte, an welche es einem jeden Unserer Unterthanen freisteht, der seine durch die Constitution gesicherten Rechte gekränkt glaubt und auf seine — bei den geeigneten Behörden gemachte Vorstellung keine Abhilfe erlangt hat, seine Beschwerde anzubringen. Findet diese Commission die Klagen ungegründet, so kann sie solche ohne Weiteres zurückweisen; wenn sie aber gegründet befunden werden, so sind sie bei Eröffnung der nächsten Versammlung der Kammer der Reichsräthe vorzulegen, welche sie in Ueberlegung nimmt und, wenn eine Verletzung der Constitution anerkannt wird, den Gegenstand an Uns bringt, wo Wir sodann nicht entstehen werden, entweder der Klage abhelfen oder, wenn ein Zweifel dabei obwalten sollte, durch die Justizstelle entscheiden und sofort den Spruch ohne Anstand vollziehen zu lassen." Ein Recht der Stände, aus eigenem Antriebe Beschwerden wegen Verfassungsverletzungen zu erheben oder Staatsdiener hiewegen anzuklagen, war nicht vorgesehen. Auch das Petitionsrecht einschließlich des Rechtes der Gesetzesinitiative war durch die Vorschrift in Ziffer VIII, 12 ausgeschlossen: „Die beiden Kammern können nur über jene Gegenstände in Berathung treten, die Wir an sie bringen lassen, um ihre Zustimmung zu erholen."

In der Sitzung des Revisionsausschusses vom 13. December 1814 erklärte sich Lerchenfeld mit großer Wärme und unter Berufung auf die französische und englische wie auf die nassauische Verfassung dafür, daß das Volk in seinen Ständen „nicht nur das Recht der Antwort, sondern auch der Sprache" haben solle. Er schlug vor, statt des letzterwähnten Satzes in Ziffer VIII, 12 der königlichen Entschließung zu sagen: „Die beiden Kammern können nur über jene Gegenstände in Berathung treten, welche in ihren Wirkungskreis gehören." Lang hob, indem er Lerchenfeld beistimmte, hervor, daß, wenn die Constitution jedem Einzelnen das Recht gebe, Beschwerden über Verletzung der ihm verfassungsmäßig gesicherten Rechte bei den Kammern anzubringen, dieses Recht den Kammern selbst als den Vertretern des ganzen Volkes noch weniger entzogen werden könne. Indessen beließ es der Aus-

---

⁵⁷ Vgl. hierüber P. Laband, Staatsrecht des Deutschen Reiches, 3. Aufl., I S. 237 ff., A. Hänel, deutsches Staatsrecht I S. 567 ff., G. Meyer, Lehrb. des deutschen Staatsrechts, 3. Aufl., S. 643 f., ferner meinen Commentar zur Verf. Urkunde f. d. Deutsche Reich S. 255 u. meine Abhandlung „der Bundesrath" in F. v. Holtzendorff's u. L. Brentano's Jahrb. f. Gesetzgebung, Verwaltung u. Volkswirthschaft im Deutschen Reich III (1879) S. 290 f.
¹ Vgl. dazu Verf. Beil. X Tit. II §§ 33 ff.
² S. dieselbe bei G. Frhrn. v. Lerchenfeld, Geschichte Bayerns unter König Maximilian Joseph I. S. 336.

schuß mit überwiegender Mehrheit bei der Fassung der königlichen Entschließung (Titel VII § 2 des Entwurfes), welche das Recht der Gesetzesinitiative und der Petition ausschloß.

In der Sitzung vom 15. December kam Ziffer IX der königlichen Entschließung zur Erörterung. Lerchenfeld machte einen abermaligen Versuch, den Ständen eine angemessenere rechtliche Stellung zu erringen. Solle, so erörterte er, die künftige Verfassung wirklich eine Garantie erhalten, „so müsse diese sowohl den gesammten Ständen als auch den einzelnen Unterthanen eine vollkommene und beruhigende Sicherheit gewähren, daß auch in der Folge der Zeit die sowohl den treuen Ständen zugestandenen, als die jedem einzelnen Unterthan zukommenden und in der Verfassungsurkunde ausdrücklich anerkannten Rechte nicht verletzt werden können, ohne daß ungesäumte und zuverlässige Hilfe eintrete". Die Bestimmungen der Ziffer IX seien, so that Lerchenfeld mit schlagender Kritik dar, zu diesem Zwecke nicht hinreichend. Lerchenfeld beantragte hienach, es möge

„1. den Ständen das Recht zugestanden werden, daß Vorstellungen von Einzelnen sowie von Gemeinheiten während der Dauer der Sitzung schriftlich, und zwar sowohl an eine als die andere Kammer gebracht werden können;

2. daß auch Vorstellungen, die von der ständischen Deputation abgewiesen wurden, auf gleiche Weise an sie gelangen können;

3. daß sie über diese Beschwerden in Berathung treten, wechselseitig mit einander communiciren und, soferne beide Kammern einstimmig seien, hierüber eine gemeinschaftliche Vorstellung der gesammten Stände Seiner Majestät dem Könige überreichen können;

4. Allerhöchstwelche entweder den Beschwerden abhelfen oder, soferne sie von der Art seien, daß sie sich zur Entscheidung der Justizstellen eignen, diesen zuweisen oder im entgegengesetzten Falle mit Ihren getreuen Ständen in nähere Erörterung treten werden;

5. daß die Verantwortlichkeit der Staatsdiener gegen Verletzung der Constitution im Allgemeinen ausgesprochen werde" ³.

Lerchenfeld wurde auch diesmal überstimmt. Der Verfassungsentwurf von 1815 Titel XII §§ 2—4 entspricht fast wörtlich der Ziffer IX der königlichen Entschließung vom 17. September 1814, nur soll die schließliche Entscheidung über Verfassungsbeschwerden „durch die betreffende oberste Justiz- oder Administrativstelle" erfolgen. Dieser XII. Titel, der außerdem nur noch in § 1 die Bestimmung über die Beschwörung der Verfassung durch den König enthält, führt die Ueberschrift „Von der Garantie der constitutionellen Rechte" und entspricht dem jetzigen Titel X „Von der Gewähr der Verfassung". Die erforderlichen Vollzugsvorschriften zu §§ 2—4 wurden an den Schluß des Edicts über die Nationalrepräsentation gestellt.

Kronprinz Ludwig zeigte sich in seinen Aeußerungen über den Verfassungsentwurf wenig mit jenen beschränkenden Vorschriften einverstanden. Zu Titel VII § 2 bemerkte er: „Das Beste des Königs und seines Volkes erheischt", daß jedes Kammermitglied „jeden zum Wohl des Landes oder einer Classe, einer Körperschaft geeignet haltenden Vorschlag in seiner Kammer zur Berathung thun darf, desgleichen wegen Abschaffung des für schädlich Geglaubten. Wenn die Mehrheit in der Kammer, in welcher der Vorschlag geschehen, dafür stimmt, ein Gesuch an den König zu machen, so erwählt die Kammer drei ihrer Mitglieder, von welchen außerhalb des ständischen Palastes das Gesuch (Petition) anzunehmen der König verbunden sei". In seinen Schlußäußerungen sprach sich der Kronprinz⁴ sogar dafür aus, daß jedes Kammermitglied in seiner Kammer Verfassungsänderungen vorschlagen dürfe. Zu Titel VII § 7, der lediglich einen Hinweis auf die oben erwähnten Bestimmungen des Titels XII enthält, wird ausgeführt: „Jedem Unterthan, jeder Körperschaft, jedem Ort, Bezirk ꝛc. stehe das Recht zu", an eine oder beide Kammern „schriftliche Klagen gelangen zu lassen, daß an ihm (ihr) die Verfassung verletzt worden. Findet die Kammer sie für geeignet, dem Könige einhändigen zu lassen, so hat solches auf früher erwähnte Art zu geschehen. Hier wäre auch der Ort, auszusprechen, daß jeder königliche Angestellte verantwortlich ist nach den bestehenden Gesetzen". Wird ein Minister von einer Kammer angeklagt, so soll darüber ein Gerichtshof entscheiden, zu welchem jede Kammer gleichviel Richter aus ihrer Mitte wählt. Dem Könige soll das Begnadigungsrecht bleiben, der Minister jedoch, der sein Amt verwirkt hat, zu keiner Staatsbedienung mehr fähig sein und keine oder keine größere als die gesetzliche Pension erhalten.

Nach dieser Stellungnahme des Kronprinzen fanden Lerchenfeld's Gedanken bei den Verfassungsberathungen von 1818 einen günstigeren Boden. In der Sitzung der Ministerialconferenz vom

---

³ Vgl. hieher den „Auszug aus dem Schreiben eines Beamten an eine hochstehende Person" bei G. Frhrn. v. Lerchenfeld, Geschichte Bayerns unter König Maximilian Joseph I. S. 343 ff. unter Ziff. IV, VIII, IX.

⁴ Vgl. § 31 Anm. 6.

21. April 1818 beantragte Zentner, das „Petitionsrecht" der Stände in folgendem Paragraphen zu formuliren: „Sie können ihre Wünsche und Anträge über allgemeine Landesangelegenheiten, sowie auch allgemeine oder besondere Beschwerden einzelner Landestheile oder Unterthanenclassen über verletzte constitutionelle Rechte an den König bringen; dergleichen Anträge und Beschwerden müssen aber in jeder Kammer besonders erörtert und es muß in jeder darüber abgestimmt werden; sie können dem Könige nur alsdann vorgelegt werden, wenn sie die Zustimmung der Mehrheit in jeder Kammer erhalten haben."

Lerchenfeld äußerte hierauf, er würde das Petitionsrecht noch mehr, und zwar nur auf die Gegenstände, die in dem Wirkungskreise der Stände lägen, beschränken und deswegen zwischen den Anträgen und Wünschen und den Beschwerden, welche sie an den König bringen könnten, unterscheiden. Er beantragte hienach drei §§ 19—21, welche mit unbedeutenden Abweichungen den jetzigen §§ 19, 20 und 21 Absatz I des VII. Verfassungstitels entsprechen. Sie wurden von der Conferenz angenommen. Zentner hatte geglaubt, man solle das Petitionsrecht nicht auf den Wirkungskreis der Stände beschränken, wogegen Krenner meinte, es sei dies keine Beschränkung, „da alle Gegenstände sich nach der gegebenen Bewilligung der ordentlichen und außerordentlichen Steuern in den Wirkungskreis eigneten". Dieser Einwand hat übrigens einigen spöttischen Beigeschmack. Krenner war nemlich mit seinen Ansichten, die dem ständischen Steuerbewilligungsrechte ungünstig waren, in der Conferenz unterlegen.

In derselben Sitzung wurde auch erwogen, in welcher Weise den Vorschlägen des Kronprinzen zu Titel VII § 7, bzw. Titel XII §§ 2—4 des Entwurfes Rechnung zu tragen sei. Zentner bemerkte dabei, er vermöge sich nicht dafür zu erklären, nach dem Vorbilde der württembergischen Verfassung die Aburtheilung angeklagter höherer Staatsdiener einem aus Kammermitgliedern und Staatsbeamten zusammengesetzten Gerichte zu übertragen. Denn die Stände seien Kläger. Das Oberappellationsgericht eigne sich besser für diese Aufgabe. Man verschob die Festsetzung der einschlägigen Bestimmungen auf die nächste Sitzung vom 23. April. In dieser beantragte Zentner die jetzt in Titel X §§ 4—6 der Verfassungsurkunde enthaltenen Vorschriften, welche ohne weitere Erörterung Annahme fanden.

In der Sitzung vom 21. April hatte Zentner auch vorgeschlagen⁵, „zur Sicherstellung der Verfassung, und um zu verhindern, daß nicht ihre Bestimmungen gleich bei der ersten Zusammenberufung der Stände angegriffen und Abänderungen gefordert würden, die wesentliche Bestimmung aufzunehmen, daß von den Ständen keine Abänderung in den Bestimmungen der Verfassung in Antrag gebracht werden dürfe, sondern daß die Initiative hiezu von dem Könige ausgehen müsse". „Von allen Mitgliedern," berichtet das Protokoll, „wurde diese Bestimmung als wesentlich erkannt." Lerchenfeld wünschte auch in dem Falle, daß „von dem Könige die Initiative zu einer solchen Abänderung gegeben würde", das Erforderniß einer Zweidrittelmehrheit für die Annahme in den Kammern. Man vereinbarte hienach „vorläufig" folgende Fassung: „Abänderungen in den Bestimmungen der Verfassungsurkunde können nur mit Einwilligung der Ständeversammlung getroffen werden. Dazu werden in jeder Kammer zwei Drittel der anwesenden Stimmen erfordert. Die Initiative zu irgend einer Abänderung steht allein dem Könige zu."

In der Sitzung vom 23. April zählte dann Zentner unter den Gewährschaften der Verfassung auch „die Erklärung" auf, „daß die Abänderung irgend einer Bestimmung in der Verfassungsurkunde nur von dem Könige ausgehen könne, und den Ständen in Beziehung auf die Verfassung nicht die mindeste Initiative zuzugestehen" sei. Zentner beantragte sodann jene Gestaltung, welche Titel X § 7 der Verfassungsurkunde jetzt aufweist.

Anhang II.

§ 92. Das Petitionsrecht in den Kammern.

A. Die Zeit von 1819—1848.

1. Auf dem Landtage 1819 veranlaßte zunächst ein Antrag Behr wegen Handhabung der Zeitungscensur (Prot. Bd. II S. 184 ff., 221 ff., 274 ff.) einen Beschluß der Abgeordnetenkammer des Inhaltes, „daß von Seite der Kammer selbst der Vorschlag zu einer gesetzlichen Censur der politischen Zeitungen in Antrag gebracht" und über einen bezüglichen Entwurf des zweiten Präsidenten von

---

⁵ Vgl. M. Frhr. v. Lerchenfeld, aus den Papieren des k. b. Staatsministers M. Frhrn. v. Lerchenfeld, Nördlingen 1887, S. 108 f.

Seuffert berathen werden solle (a. a. O. S. 328 f., 358 ff.; vgl. dazu noch Prot. Bd. XIV S. 610 Nr. 19 e). Im Laufe der Verhandlungen betonte der Kammersecretär Abg. Häcker ausdrücklich (a. a. O. II S. 251), daß es „den Ständen nach ihrem Wirkungskreis zusteht, Initiative zu geben für ein Gesetz". Dadurch war die eine der beiden Streitfragen über die Auslegung des § 19 Titel VII der Verfassungsurkunde zum ersten Male angeregt. Bald darauf wurde durch den Antrag des Abgeordneten Freiherrn von Aretin wegen Ueberlassung der freiwilligen Gerichtsbarkeit an die Städte auch die zweite Streitfrage in's Leben gerufen. Die Kammer der Abgeordneten trat in Erörterungen darüber ein, ob die Stände berechtigt seien, Anträge und Wünsche wegen Verfassungsänderungen an den König zu richten. Obschon der Ausschuß der Kammer (Prot. Bd. VII S. 126) und deren erster Präsident dagegen sich ausgesprochen hatten, wurde die Frage doch schließlich gegen nur vier Stimmen bejaht (a. a. O. S. 54 ff., 127 ff.). Die Gegner hatten Folgendes geltend gemacht. Titel X § 7 der Verfassung beschränke den Titel VII § 19, der Wirkungskreis der Stände sei lediglich in Titel VII §§ 1—19 umschrieben, das Verbot in Titel X § 7, über Verfassungsänderungen zu berathschlagen, schließe von selbst auch das Vorbringen von Bitten in dieser Richtung aus, endlich sei die ganze Unterscheidung zwischen Anträgen und Bitten eine künstliche und entbehre der inneren Berechtigung. Dem entgegen wurde der Unterschied zwischen formulirten Anträgen und allgemein gehaltenen Bitten betont; nur erstere schließe Titel X § 7 aus. Der Vertretung des Volkes könne nicht verwehrt sein, was jedem einzelnen Staatsangehörigen freistehe. Ferner wurde darauf hingewiesen (Abg. Kurz S. 73 ff.), daß der Wirkungskreis der Stände in Titel VII nicht erschöpfend bezeichnet sei; auch noch in anderen Titeln und insbesondere im Titel X werde hievon gehandelt. Nach letzterem Titel aber seien auch Verfassungsänderungen zum Wirkungskreise der Kammern und damit in das Bereich ihres Petitionsrechtes gehörig. Der Landtagsabschied vom 22. Juli 1819 (G. Bl. S. 31), Abschnitt III, wies nach beiden Richtungen hin die Rechtsauffassung der Abgeordnetenkammer sehr entschieden zurück. In der Sitzung der für die ständischen Angelegenheiten angeordneten Ministerialconferenz vom 7. Juli 1819 war hierüber eingehend berathen worden. Der Abschied sah sich veranlaßt, einige „den Bestimmungen der Verfassungsurkunde und des Edicts Beilage X zuwiderlaufende Beschlüsse" der zweiten Kammer zu erwähnen, „welchen eine nicht mißzuverstehende, auf die Erweiterung des durch die Verfassungsurkunde bezeichneten ständischen Wirkungskreises gerichtete Absicht zum Grunde liegt". Hieher wurde der Beschluß vom 16. März über den Entwurf einer Censurinstruction gerechnet, „wodurch die Kammer sich gegen die Bestimmungen der Verfassungsurkunde Titel X § 7 unter einer nichtigen Wendung den Antrag auf Abänderung der Verfassung und gegen Titel VII §§ 2 und 19 das Recht zur Initiative in der Gesetzgebung beizulegen versuchte". Ebenso wurde der Beschluß vom 19. Mai als verfassungswidrig bezeichnet, daß die Ständeversammlung von der Krone die Initiative zu einer Verfassungsänderung erbitten könne. Dieser Beschluß, so wurde gesagt, „ist der klaren Bestimmung in Titel X § 7 der Verfassungsurkunde zuwider und mußte um so mehr Unsere Aufmerksamkeit erregen, als er einen für immer geltenden Grundsatz festsetzen sollte, gegen den nie ein Zweifel, Widerspruch oder Einrede stattfände".

2. In der Geschäftsordnung der Kammer der Abgeordneten von 1825 (Beil. Bd. I S. 187 ff.) erscheinen die Ansprüche, welche 1819 erhoben worden waren, vollständig preisgegeben. § 81 Absatz II der Geschäftsordnung sagt: „Die Wünsche und Anträge der Stände zur Erlassung eines Gesetzes dürfen niemals von einem articulirten Gesetzentwurfe begleitet, noch auf eine Abänderung irgend einer Bestimmung der Verfassungsurkunde oder einer Beilage derselben gerichtet sein." Es ist jedoch nicht außer Acht zu lassen, daß jene Geschäftsordnung der Kammer von der Regierung ausgearbeitet vorgelegt und, wie es scheint, mit Anwendung einigen Druckes durchgesetzt wurde [1]. Der Landtagsabschied vom 11. September 1825 (G. Bl. S. 9) Abschnitt I M Ziffer 1 betonte anläßlich eines einzelnen Falles den Regierungsstandpunkt ziemlich scharf.

3. Die Enthaltsamkeit der Kammer hatte keinen langen Bestand. Auf dem Landtage 1827/28 wurde in der Abgeordnetenkammer ein Antrag wegen gesetzlicher Auslegung des § 44 c der X. Verfassungsbeilage gestellt. Prüfungsausschuß und Präsident erklärten sich gegen die Zulässigkeit des Antrages, und so wurde er zunächst abgewiesen (Prot. Bd. III S. 14 ff.). Allein bei der Berathung des Gesetzentwurfes über die Bildung der Kammer der Reichsräthe beantragte der Abgeordnete Freiherr von Closen, den Entwurf nur unter der Bedingung anzunehmen, daß die erwähnte Bestimmung der X. Verfassungsbeilage eine gesetzliche Auslegung erhalte (Prot. Bd. IV S. 44 ff., 58 ff.). Dies wurde nun zwar nicht beliebt, da formelle Bedenken entgegenstanden; allein die hervorgerufenen Verhandlungen zeigten nahezu Einstimmigkeit der Redner darüber, daß an dem Standpunkte von 1819 festzuhalten sei (a. a. O. S. 68 ff., 214 ff.). Neue Gründe kamen nicht vor. Dagegen ist es höchst bemerkenswerth, daß Seitens der Staatsregierung eine der Stellungen aufgegeben wurde, die sie in den früheren Land-

---

[1] Näheres hierüber unten § 106.

tagsabschieden eingenommen hatte. Das Initiativrecht der Stände bezüglich einfacher Gesetze wurde anerkannt. Der königliche Commissär Abel gab u. A. folgende Erklärung ab (a. a. O. S. 72): „Die Verfassungsurkunde unterscheidet Titel VII §§ 2, 19 und 20, dann in Titel X § 7 wesentlich zwischen der allgemeinen Gesetzgebung und jener über die Fundamentaleinrichtungen des Staats. Während sie im Bereiche der allgemeinen Gesetzgebung durch das Mittel gemeinsamer Wünsche und Anträge den Ständen des Reichs die Befugniß zur Ergreifung der Initiative einräumt, hat sie in Beziehung auf die Verfassungsurkunde benselben diese Befugniß unbedingt, unter jeder Form und ohne irgend eine Ausnahme untersagt." Der Abgeordnete Rudhart, der offenbar mit der Möglichkeit rechnete, dem Ministerialcommissäre könne ein lapsus linguae begegnet sein, suchte das Zugeständniß festzunageln (a. a. O. S. 149). Es überrasche ihn, zu hören, daß der Ständeversammlung in Ansehung der Gesetzgebung, soweit sie nicht Verfassungsgesetzgebung sei, das Recht der Initiative zustehe, was der Landtagsabschied von 1819 bekanntlich bestritten habe. „Da aber vermuthet werden muß, daß kein königlicher Commissär etwas spricht als wozu er ermächtigt ist, so werden wir dieses Zugeständniß annehmen, bis etwa ein anderer königlicher Commissär nachkommt, welcher es etwa wegen Mangels der Ermächtigung zurücknimmt." Abel (a. a. O. S. 165) ließ indessen keinen Zweifel darüber, daß er mit Ermächtigung der Staatsregierung spreche. Er wisse sehr wohl, was er gesagt habe. Und indem er seine Erklärung wiederholte, fügte er bei, der Vorredner könne ganz beruhigt sein, daß ein anderer Commissär nicht erscheinen werde, der dieselbe wieder zurücknehme. Mehr als kühn war es indessen, wenn Abel behauptete, der von ihm aufgestellte Satz sei „weder von der Staatsregierung noch in der Kammer noch in einem Ständeabschied jemals bezweifelt worden". Den königlichen Regierungscommissären seien die Landtagsabschiede sehr wohl bekannt, und sie bedürften hierüber keiner Belehrung.

4. Die Vorgänge auf dem Landtage 1831 sind in mehrfacher Beziehung merkwürdig. Zunächst sei hervorgehoben, daß das Geschäftsgangsgesetz vom 2. September 1831, welches mit diesem Landtage vereinbart wurde, in § 16 (§ 42 Abs. II des Entwurfs, Verh. d. K. d. Abg. Prot. Bd. II Prot. VI S. 89) von Berathungsgegenständen handelt, welche nicht von der Staatsregierung herrühren und die Gesetzgebung betreffen. Ferner ist zu erwähnen, daß in der neuen Geschäftsordnung der Kammer der Abgeordneten die oben angeführte Bestimmung des § 81 Absatz II der Geschäftsordnung von 1825 beseitigt wurde. Bedeutsamer ist, daß die Kammer der Reichsräthe die Initiative zu einem formulirten Vorschlage ergriff, welcher die gesetzliche Erläuterung einer Verfassungsvorschrift, des Artikels XXIV § 9 der Staatsdienerpragmatik vom 1. Januar 1805, bezweckte. Die Abgeordnetenkammer stimmte bei, und es blieb nicht unbemerkt, daß die Reichsrathskammer durch diese Initiative mit ihren bisherigen Grundsätzen gebrochen habe. (Verh. d. K. d. R. R. Prot. Bd. XI S. 207, 219 ff., d. K. d. Abg. Prot. Bd. XXVI Prot. Nr. CXXXXVIII S. 96.) Der Landtagsabschied vom 29. December 1831 (G. Bl. S. 57) aber sanctionirte unter III Nr. 78 den Beschluß ohne ein Wort des Tadels. Dies ist um so auffallender, als am Schlusse des Abschiedes gerügt wird, „daß sich die vielfache Einmischung in Gegenstände des Organismus und der Verwaltung nach §§ 19 und 20 Titel VII der Verfassungsurkunde zum Wirkungskreise der Stände nicht eigne"³. Ebenso erhielt eine Reihe articulirter Vorschläge der Kammern in Bezug auf den Civilprozeß (vgl. Verh. d. K. d. Abg. Beil. Bd. V Beil. XXX S. 24 ff., Prot. Bd. XVI Prot. LXXXVII S. 3 ff., XCII S. 44, 53 ff.), also im Gebiete der gewöhnlichen Gesetzgebung, unter III Ziffer 8 des Abschieds anstandslos die königliche Sanction. Vgl. auch die Anträge in Bezug auf ein Landesculturgesetz Repertorium S. 386 ff. Abgeordneter Freiherr von Closen formulirte bei diesem Anlasse in 71 Anträgen ein solches Gesetz. Dazu Landtagsabschied III Ziffer 41. (S. ferner Verh. d. K. d. R. R. Prot. Bd. XI S. 362 ff.)

5. Der Landtagsabschied vom 17. November 1837 (G. Bl. S. 5) weist unter III, F, Nr. X den Antrag wegen Verlängerung der Werktags- und Verkürzung der Feiertagsschulpflicht zurück, da er sich nicht unter Titel VII § 19 der Verfassungsurkunde „eigne"; unter Nr. XI wird gegenüber dem Antrage wegen der Einrichtung und des Geschäftsgangs der Landgerichte, dann der Bildung der Landgerichtsbezirke auf Titel VII § 19 und Beilage X Titel II § 36 der Verfassungsurkunde hingewiesen, dem Antrage auf Durchsicht der Straf- und Prozeßgesetzbücher aber Erwägung zugesagt. (Vgl. auch Verh. d. K. d. Abg. Prot. Bd. XI S. 23, 74 ff.)

6. Auf dem Landtage 1843 nahmen die Kammern den Antrag an, „es wolle gesetzlich ausgesprochen werden, daß in allen Verhältnissen, welche durch die Bestimmungen der Verfassungsurkunde und späterer Gesetze auf Grundsteuersimpla basirt sind, die durch das Grundsteuergesetz vom 15. August 1828 gesetzlich festgestellten Grundsteuersimpla in Anwendung zu kommen haben". (Vgl. hieher Verh.

---

³ Eine andere Auffassung der Sache vertritt A. Dyroff, Annalen des Deutschen Reichs 1889 S. 927 Anm. 1.

d. K. d. R. R. Prot. Bd. II S. 313, d. K. d. Abg. Prot. Bd. XIII S. 168.) Der Antrag wurde durch den Landtagsabschied vom 25. August 1843 (G. Bl. S. 83) IV § 41 mit der Wendung abgelehnt, der König trage aus mehreren Gründen, namentlich mit Rücksicht auf Titel X § 7 der Verfassungsurkunde, Bedenken, demselben seine Genehmigung zu ertheilen. Die Milde dieser Ausdrucksweise legt die Vermuthung nahe, daß nicht eine Ueberschreitung der Zuständigkeit der Kammern nach Absatz II des angeführten Paragraphen gerügt werden wollte, sondern daß die Bedenken sich auf die Nichteinhaltung der Formvorschriften des Absatzes III bezogen.

Dagegen gab ein, von der Abgeordnetenkammer übrigens abgelehnter Antrag des Abgeordneten Freiherrn von Welden, die Regierung um die Initiative zu einer Abänderung der X. Verfassungsbeilage zu bitten, Anlaß zur Erörterung der alten Streitfrage (Prot. Bd. X S. 75 ff.). Die Redner aus der Mitte der Kammer standen in der Mehrzahl auf dem früheren Standpunkte; nur darüber stritten sie, ob ein „directer" oder ein „formulirter" oder blos ein „articulirter" Antrag auf Verfassungsänderung unstatthaft sei. Der Staatsminister von Abel aber erklärte Namens der Regierung, „daß sie immer und jeder Zeit solche Wünsche und Anträge als mit den Bestimmungen des § 7 Titel X der Verfassung nicht vereinbar betrachten werde".

Im Einklange mit dieser Erklärung steht der Bescheid, welchen der Landtagsabschied vom 25. August 1843 V § 1 Absatz II auf einen Antrag wegen bindender Auslegung der Verfassungsbeilage II §§ 47—49 ertheilte.

Die Kammer der Abgeordneten nahm während derselben Landtagsversammlung mit allen gegen die Stimmen ihrer zwei Präsidenten den Antrag an, den König um gesetzliche Auslegung des § 44 c der X. Verfassungsbeilage zu bitten (Prot. Bd. III S. 219). Eine Erklärung der Regierung erfolgte nicht (S. 237). In der Kammer der Reichsräthe (Prot. Bd. II S. 159 ff.) wurde die Zulässigkeit dieser Bitte ausführlich erörtert. Die Meinungen waren sehr getheilt. Unter den Gründen gegen die Statthaftigkeit des Antrages verdient jener Erwähnung, der aus Verfassungsbeilage X Titel II § 53, 11 abgeleitet wurde, wo die Ausdrücke „Wunsch", „Antrag" und „Vorschlag" als gleichbedeutend behandelt seien. Die Reichsrathskammer lehnte schließlich den Antrag mit Stichentscheid des Präsidenten ab. Ob dabei sachliche Erwägungen oder die Zuständigkeitsbedenken den Ausschlag gaben, ist nicht zu ermitteln.

Ueber die Anträge der Reichsräthe Grafen Castell und Arco auf gesetzliche Auslegung der Verfassungsbeilage VI § 11 s. Verh. d. K. d. R. R. Beil. Bd. IV S. 66 ff., Prot. Bd. II S. 268, 337. Die Sache blieb in der Kammer der Abgeordneten unerledigt. Beil. Bd. X S. 508 ff. (Abg. Dr. Albrecht war gegen die Zulässigkeit, erstattete jedoch sachlichen Bericht mit Rücksicht auf die seiner Ansicht entgegengesetzte Uebung der Kammer.)

Umgekehrt wurde ein Antrag des Abgeordneten Neuland wegen gesetzlicher Auslegung des § 48 der Verfassungsbeilage II von der zweiten Kammer ohne Widerspruch der Regierung als zulässig erachtet und angenommen (Beil. Bd. VIII S. 208 ff., 231 ff., Prot. Bd. VIII S. 330 ff.), in der Reichsrathskammer aber nicht zur Verhandlung gebracht. Abgeordneter Schwindl äußerte bei diesem Anlasse (Prot. Bd. VIII S. 360): „Die Stände sind zwar nicht berechtigt, Vorschläge zu Verfassungsabänderungen zu machen, allein Wünsche, unarticulirte Anträge wird ihnen Niemand verwehren. Wie überhaupt das ganze Gebiet der Gesetzgebung in den Bereich der ständischen Competenz fällt, so fällt auch die ganze Verfassung als solche, als Staatsgrundgesetz, in deren Bereich, nur mit dem Unterschiede, daß man die gewöhnlichen Gesetze articulirt vorlegen kann."

Vgl. auch den Landtagsabschied Abschnitt I § 10 Absatz III.

7. Auf dem Landtage 1845/46 wurde der oben erwähnte Antrag Neuland wieder eingereicht und sowohl in der Kammer der Abgeordneten (Prot. Bd. III S. 346, 414 ff.) als auch, und zwar einstimmig, in der Kammer der Reichsräthe (Prot. Bd. V S. 209 ff.) angenommen. Man hatte auch in der ersten Kammer ausdrücklich die Zulässigkeit des Antrages hervorgehoben. Was nach den Erklärungen Abels im Jahre 1843 nicht zu erwarten war, geschah im Abschnitt III § 35 des Landtagsabschiedes vom 23. Mai 1846 (G. Bl. S. 5). Die Ueberschreitung der Zuständigkeit wurde mit keiner Silbe gerügt, sondern nur bemerkt, es bestehe keine genügende Veranlassung zu einer gesetzlichen Auslegung des § 48 der II. Verfassungsbeilage. In gleicher Weise wurde auf zwei Anträge des Landtags wegen Ergänzung der Zahl der Abgeordneten in der Pfalz und wegen Auslegung des Titels VI § 12 Absatz II der Verfassungsurkunde in Bezug auf die Pfalz im Abschnitt III §§ 36 und 40 des Landtagsabschiedes anstandslos ein sachlicher Bescheid ertheilt. Auch hier mußte, ähnlich wie im Jahre 1831, das, was die Staatsregierung schweigend einräumte, dadurch an Bedeutung gewinnen, daß der Landtag hinsichtlich anderer Anträge auf die Schranken seiner verfassungsmäßigen Rechte verwiesen wurde. In Abschnitt III §§ 15 und 24 des Landtagsabschieds wurde ausgesprochen, daß der König bei mehreren Anträgen in Gegenständen der Heerverwaltung und der Gehalts- und Pensionsverhältnisse der Civil-

staatsdiener und ihrer Hinterbliebenen „die Beachtung des § 19 Titel VII der Verfassungsurkunde vermißt" habe.

8. Der Landtagsabschied vom 4. Juni 1848 (G. Bl. S. 41) leitet zu dem neuen Zeitabschnitte, welcher mit dem Initiativgesetze vom gleichen Tage beginnt, in einer Weise hinüber, die für den Bruch der Regierung mit ihrer früheren Haltung bezeichnend ist. In Abschnitt I § 9 Ziffer 1 wird dem Antrage, daß dem nächsten Landtage ein Gesetzentwurf über zeitgemäße Erweiterung der Kammer der Reichsräthe vorgelegt werde, „sorgfältige Würdigung und geeignete Berücksichtigung" zugesichert. Um die Außerachtlassung der Zuständigkeitsfrage in ihrer vollen Bedeutung zu würdigen, muß man erwägen, daß die Anregung zu jener Bitte von der zweiten Kammer ausgegangen war, und daß nach Artikel IV des neuen Gesetzes die Abgeordnetenkammer das Recht der Initiative bezüglich des Titels VI der Verfassungsurkunde insoweit nicht haben sollte, als der Titel die Kammer der Reichsräthe betrifft. Die zweite Kammer hatte also unbeanstandet einen Wunsch auf einem Gebiete der Verfassungsgesetzgebung zur Geltung gebracht, das auch nach dem neuen Rechte ihrer Gesetzesinitiative entzogen sein sollte.

B. Die Zeit von 1848—1871.

1. Das Gesetz über die ständische Initiative vom 4. Juni 1848 bezweckte und erreichte ein Doppeltes. Es stellte zu Gunsten der Stände das Recht fest, formulirte Vorschläge zu einfachen Gesetzen der Krone zu übergeben. Dieses Recht war, wie die Begründung des Entwurfs sagte, von den Staatsrechtslehrern bisher als streitig behandelt worden. Der Staatsminister Freiherr von Thon-Dittmer ging sogar so weit, zu behaupten, die Regierung habe dasselbe niemals zugestanden, sondern stets bekämpft! Das Gesetz dehnte ferner das Initiativrecht der Stände auf einen Theil der Verfassungsurkunde aus. Ueber das Petitionsrecht im engeren Sinne dagegen enthält das Gesetz nichts. In dieser Beziehung blieb also, wenn auch auf beschränkterem Felde, Raum für den alten Streit. Aus den Kammerverhandlungen über das Gesetz sind lediglich die Aeußerungen einiger Reichsräthe erwähnenswerth. Vgl. Verh. d. K. d. R. R. Beil. Bd. III S. 132, Prot. Bd. III S. 518 (von Maurer), Prot. Bd. III S. 518 ff. (Fürst Oettingen-Wallerstein), S. 520 ff. (Graf Reigersberg).

2. In den fünfziger Jahren kam es zu einzelnen Reibereien über die Frage, inwieweit sich die Kammern kraft ihres Petitionsrechtes in Angelegenheiten der Verwaltung mischen könnten. Vgl. z. B. Verh. d. K. d. Abg. 1853/55 Beil. Bd. III S. 532 ff., Sten. Ber. I S. 12 f., 237, 443, II S. 325 (Antrag Jordan), 1859 Sten. Ber. S. 75 f. (s. auch Landtagsabschied vom 25. Juli 1850, G. Bl. S. 225, Abschnitt III im Eingange und § 40). Die bisherige Hauptstreitfrage kam zum ersten Male wieder im Jahre 1850 in Anregung. In einem Vortrage über verschiedene Anträge und Petitionen zum Grundlastenablösungsgesetze (Verh. d. K. d. Abg. 1850 Beil. Bd. III S. 572 ff.) brachte der Abgeordnete Dr. von Hermann die ältere Lehre der Regierung über das Petitionsrecht in Verfassungsgegenständen mit voller Schärfe zur Geltung (a. a. O. S. 599). Der Ausschuß verwarf jedoch unter dem Schweigen der anwesenden zwei Staatsminister diese Ansicht, indem er einen motivirten Antrag Lerchenfeld annahm (a. a. O. S. 621). Hermann versuchte seine Ansicht im Hause zu vertheidigen (Sten. Ber. V S. 221), ja sogar in Form eines Antrages zur Geltung zu bringen, den die Kammer aber ablehnte (a. a. O. S. 365 ff.), ohne daß Hermann bei den anwesenden Staatsministern Hilfe gefunden hätte. Bis zum Beginn der sechziger Jahre ruhte nun der Kampf.

3. Im Jahre 1861 brachte der Abg. Dr. Barth den Antrag ein, den König zu bitten, daß den Kammern ein Gesetzentwurf über Abkürzung der Finanzperioden vorgelegt werden möge. Der Antrag wurde angenommen und die Zuständigkeit der Kammern als zweifellos betrachtet. (Verh. d. K. d. Abg. 1859/61 Beil. Bd. IV S. 469, Sten. Ber. I S. 337 ff.) In der Kammer der Reichsräthe äußerte der Berichterstatter von Niethammer: Vor dem Initiativgesetze von 1848 seien die Kammern nicht befugt gewesen, wegen Abänderungen der Verfassungsurkunde und Zusätzen zu derselben Wünsche, Bitten oder Anträge an die Krone zu richten. Nur das Recht zu Anträgen auf gesetzliche Auslegung von Verfassungsbestimmungen sei unbestritten geübt worden. Die Vorgänge beim Landtage 1846 könnten ein weiter gehendes Initiativrecht nicht beweisen, weil es sich in den drei Fällen §§ 35, 36 und 40 des Landtagsabschieds von 1846 nur um Auslegung oder Durchführung, nicht um Abänderung von Verfassungsvorschriften gehandelt habe. Nunmehr sei das Initiativrecht zwar ausgedehnt und zu der vorliegenden Bitte der Landtag befugt. Es hätten aber in der Kammer der Abgeordneten bei der Berathschlagung hierüber die Formvorschriften des Initiativgesetzes beobachtet werden müssen. Da dies nicht geschehen, so sei der Antrag der zweiten Kammer aus formellen Gründen abzulehnen. Der Ausschuß stimmte dieser Ansicht zu, und so blieb die Sache liegen. (Verh. d. K. d. R. R. 1863/65 Beil. Bd. I S. 132 ff.)

4. Im Jahre 1863 wurde neuerlich Seitens der Abgeordneten Freiherrn von Lerchenfeld und Dr. Barth der Antrag auf Abkürzung der Finanzperioden, und zwar in Petitionsform, eingebracht. Man war in der Kammer der Meinung, daß auf eine Petition um Verfassungsänderung die Formvorschriften über die Initiative zu Verfassungsgesetzen nicht anwendbar seien. Die Kammer beschloß einstimmig, die bezeichnete Bitte an die Krone zu stellen. (Verh. d. K. d. Abg. 1863/65 Beil. Bd. I S. 140, Sten. Ber. I S. 101, 113 ff.) Im Ausschusse der Kammer der Reichsräthe verblieb Niethammer bei seiner früheren Ansicht, wogegen Freiherr von Thüngen Zweifel äußerte, ob nicht schon vor dem Initiativgesetze dem Landtage das Petitionsrecht in Bezug auf Verfassungsänderungen zugestanden habe. Sei dem so, dann könne das Initiativgesetz dieses Recht nicht geschmälert haben. Staatsminister Freiherr von Schrenk bezeichnete die Frage als „controvers". Die zweite Kammer habe sie bejaht. Angesichts des (oben unter A Ziff. 8 berichteten) Vorgangs vom Jahre 1848 und der dabei auch von der Kammer der Reichsräthe eingenommenen Haltung sei die Staatsregierung nicht in der Lage gewesen, der Auffassung der Kammer der Abgeordneten entgegen zu treten. Der Ausschuß einigte sich schließlich zu dem Antrage, die Gesetzmäßigkeit des Beschlusses der anderen Kammer sei aus Gründen der Geschäftsordnung (§ 79) nicht weiter zu prüfen, von der Reichsrathskammer selbst aber die Sache nach Artikel V des Initiativgesetzes zu behandeln. (Beil. Bd. I S. 128 ff., 143 ff.) Bei der Verhandlung im Hause (Prot. Bd. I S. 114 ff.) äußerte zunächst Reichsrath von Harleß (S. 117 ff.), daß ihm das Initiativgesetz nur formulirte Anträge auf Verfassungsänderungen im Auge zu haben scheine. Niethammer und Bayer widersprachen. Staatsminister Freiherr von Schrenk (S. 126 ff.) berührte die Streitfrage über das Initiativrecht der Kammern in Bezug auf Verfassungsgesetze im Allgemeinen. Er erklärte: Angesichts der Vorgänge von 1846 „haben die Mitglieder des gegenwärtigen Staatsministeriums geglaubt, über diese Controverse eine bestimmte Ansicht noch nicht sich bilden zu können, sondern abwarten zu müssen, welche Anschauungen in dem einen und in dem andern der beiden hohen Häuser sich geltend machen würden, um dann, wenn ein Widerstreit der Meinungen zu Tage treten würde, denselben auf dem allein möglichen Wege der Gesetzgebung auszugleichen zu können; denn ein anderer Weg kann in diesem Falle nicht wohl eingeschlagen werden". Reichsrath von Ringelmann (S. 131 ff.) vertrat in ausführlicher Begründung den älteren Regierungsstandpunkt. Er betonte insbesondere, daß in Titel X § 7 der Verfassungsurkunde der Nachdruck nicht auf dem Worte „Vorschlag", sondern auf dem Worte „Berathung" liege. Das Initiativgesetz habe „an dem ursprünglichen Standpunkte der Verfassungsurkunde" in dieser Beziehung nichts geändert. Der Antrag wurde nach alledem so, wie der Ausschuß vorgeschlagen hatte, behandelt, schließlich aber abgelehnt. (Prot. Bd. I S. 227 ff.)

Auf demselben Landtage brachte der Abg. Völk den Antrag ein, den König um Vorlage eines Gesetzentwurfes über die Umbildung der Kammer der Reichsräthe zu bitten. Die Berichterstatter der betheiligten Ausschüsse erachteten die Zuständigkeit der Kammer als begründet, weil es sich nur um eine Petition handle. Der Staatsminister des Innern von Neumayr erklärte, die Regierung befinde sich hier in einer eigenthümlichen Lage, und er müsse sich die nähere Erwägung der Sache vorbehalten. Die Kammer nahm indessen den Antrag, und zwar unter Einhaltung der gewöhnlichen Geschäftsformen, an. (Vgl. Beil. Bd. V S. 156 ff., Sten. Ber. I S. 237, II S. 80 ff.) Die Kammer der Reichsräthe stellte sich auf einen anderen Rechtsstandpunkt, wie 1848 in dem gleichen Falle. Ihr Berichterstatter Dr. von Bayer läugnete (Beil. Bd. II S. 108 ff., Prot. Bd. II S. 137 ff., 186 ff.), indem er sich u. A. auf Verfassungsbeilage X Titel II § 21 und auf die Geschäftsordnung der Kammer der Abgeordneten von 1825 § 81 bezog, daß ein Petitionsrecht der Kammern da, wo sie kein Initiativrecht hätten, bestanden habe oder bestehe. Die Reichsräthe Graf Seinsheim, von Maurer und besonders ausführlich von Ringelmann pflichteten bei, Fürst Hohenlohe und von Harleß entwickelten eingehend die entgegengesetzte Ansicht. Wesentlich Neues wurde hüben und drüben nicht vorgebracht. Erwähnung verdient jedoch, was Harleß gegen die Meinung geltend machte, daß das Initiativgesetz den Ständen das Petitionsrecht in Bezug auf Verfassungsänderungen erst eingeräumt habe. Es sei nicht zu glauben, daß eine Abgeordnetenkammer wie die von 1848 einem Gesetzentwurfe zugestimmt haben würde, welcher beabsichtigte, ein Recht, das die Kammern thatsächlich schon früher geübt hätten, mit so erschwerenden Förmlichkeiten zu umgeben. Schließlich lehnte die Kammer der Reichsräthe den Antrag der Kammer der Abgeordneten einstimmig ab. (Prot. Bd. II S. 140 ff.)

Zum dritten Male kam die in Rede stehende Frage in und zwischen den Kammern zur Erörterung, als die Abg. Dr. Völk und Dr. Arnheim einen Petitionsantrag wegen Verbesserung des Militärstrafrechtes und Militärstrafverfahrens einbrachten, der den Titel IX § 7 der Verfassungsurkunde berührte. (Beil. Bd. IV S. 338 ff.) Bei der Verhandlung in der Sitzung vom 12. Juni 1865 (Sten. Ber. II S. 333 ff.) ergriff der erste Präsident der Abgeordnetenkammer Dr. Pözl das Wort (S. 340 ff.), um in ausführlicher Darlegung seinen und der Kammer Standpunkt in der Frage des Petitionsrechts zu begründen. Daß Initiativ= und Petitionsrecht zweierlei sei, das hätten „nicht erst

neuerlich einige Publicisten auf das Tapet gebracht", sondern das sei, „solange eine Staatsrechts=
wissenschaft existirt, eine ausgemachte Sache". Das unbeschränkte Petitionsrecht sei ein unbedingt
nothwendiges Recht jeder Volksvertretung. Keine europäische Verfassung versage es, außer der napo=
leonischen von 1852. Auch die alten Landstände hätten es, und zwar hauptsächlich in Verfassungs=
fragen, geübt. Das geltende bayerische Staatsrecht aber stehe dem, was die Natur der Sache fordere,
nicht entgegen. Der Eingang der Verfassungsurkunde nenne das Recht der Wünsche ohne Beschränkung,
während er dem Rechte der Beschwerdeführung eine Beschränkung beisetze. Auch Titel VII § 19 handle
allgemein vom Petitionsrechte innerhalb des Wirkungskreises der Kammern, welcher Wirkungskreis
nicht blos in den Grenzen der §§ 2—18 jenes Titels sich halte. Titel X § 7 spreche im Absatz II nur
vom Initiativrechte, nicht vom Petitionsrechte, was die „Observanz", die „usuelle Interpretation des
Gesetzes" erhärte. Es stehe nicht in der Verfassung, daß der Accent bei jener Bestimmung auf dem Be=
rathschlagungen über Verfassungsfragen liege, sondern nur das Berathschlagen von Vorschlägen über
Verfassungsänderungen sei verboten. Es sei keiner Geschäftsordnung möglich, die Debatte über Ver=
fassungsfragen zu verbieten, vollends nachdem Petitionen der Staatsbürger und Gemeinden an den
Landtag zugelassen würden und diese sich auch auf Verfassungsfragen erstrecken könnten. Pözl er=
klärte sich schließlich auch gegen die Ansicht der Kammer der Reichsräthe, daß Petitionen wegen Ver=
fassungsänderungen nach den Formvorschriften des Initiativgesetzes zu behandeln seien. Die Kammer
der Reichsräthe beharrte auf ihrem Standpunkte. Die Bitte an die Krone, welche von der zweiten
Kammer beschlossen worden war, wurde abgelehnt. (Beil. Bd. II S. 454, Prot. Bd. III S. 29 ff.)
Vgl. außerdem Verh. d. K. d. Abg. Sten. Ber. III S. 164 ff.

		5. Während des Landtags 1866/69 brachte der Abg. Dr. Brater einen Gesetzentwurf, das
Petitionsrecht des Landtags und der Staatsangehörigen betreffend, ein. (Sten. Ber. II S. 257.) Art. 1
desselben lautete: „Das in Titel VII § 19 der Verfassungsurkunde den Kammern gewährte Recht
erstreckt sich auch auf gemeinsame Wünsche und Anträge hinsichtlich der authentischen Auslegung, Auf=
hebung oder Abänderung von Verfassungsbestimmungen. Formulirte Gesetzvorschläge können jedoch
in solchen Angelegenheiten nur unter den in dem Gesetze vom 4. Juni 1848, die ständische Initiative
betreffend, festgestellten Beschränkungen vom Landtag an den König gebracht werden." Die folgenden
Artikel 2—4 bezielten die Abänderung der §§ 20 Absatz I und 21 Absatz I des Titels VII der Ver=
fassungsurkunde, sowie die Aufhebung des Artikels 22 Absatz I des Geschäftsgangsgesetzes vom
25. Juli 1850.
		Bei der weiteren geschäftlichen Behandlung dieses Vorschlages hätte sich für die Kammer der
Reichsräthe, wenn sie sachlich darauf eingehen wollte, ihrer früheren Rechtsauffassung gegenüber ein
circulus vitiosus ergeben.
		Indessen ergriff nun die Staatsregierung ihrerseits die Initiative und legte der Abgeordneten=
kammer einen Gesetzentwurf über das Petitionsrecht des Landtages vor. (Sten. Ber. IV S. 309, Beil.
Bd. IV S. 545.) Der Entwurf bestimmte in Art. 1: „Die beiden Kammern des Landtags haben das
Recht, ihre gemeinsamen Wünsche und Anträge auch hinsichtlich der authentischen Auslegung, Auf=
hebung und Abänderung von Verfassungsbestimmungen an die Krone zu bringen. Ausgeschlossen
hievon bleiben jedoch die Bestimmungen der Titel I, II und III der Verfassungsurkunde, des Gesetzes
über die permanente Civilliste vom 1. Juli 1834 und des gegenwärtigen Gesetzes, dann des Titels VI
der Verfassungsurkunde, bezüglich dessen jeder Kammer nur, soweit es sie selbst betrifft, das Petitions=
recht zustehen soll." Hinsichtlich der Einbringung formulirter Gesetzentwürfe sollte es nach Artikel 2
bei dem Initiativgesetze sein Verbleiben haben.
		Nach der Begründung bezweckte der Entwurf, die seit Langem bestehende Streitfrage, ob und in
welchem Umfange den Kammern das Petitionsrecht in Bezug auf Verfassungsbestimmungen zustehe,
„im legislativen Wege" zu lösen. Der Entwurf beabsichtige, innerhalb der oben angegebenen
Schranken, „das Petitionsrecht der Kammern auch nach dieser Richtung ausdrücklich anzuerkennen und
sicher zu stellen".
		Der Vortrag des Berichterstatters der Kammer, Abgeordneten Dr. Brater (Beil. Bd. V S. 307 ff.),
unterzog den Entwurf einer scharfen Kritik. Er ging davon aus, daß der Entwurf der Landesvertretung
ansinne, theilweise auf ein Recht zu verzichten, das ihr verfassungsmäßig zukomme, das sie wiederholt
geübt habe, und das von der Staatsregierung selbst unzweideutig anerkannt worden sei. Er wies ferner
nach, daß der bayerischen Volksvertretung eine Beschränkung ihres Wirkungskreises vorgeschlagen werde,
der keine andere Volksvertretung in Deutschland unterworfen sei. Als äußerstes Zugeständniß wurde
bezeichnet, den Titel I und Titel II §§ 1—6 der Verfassungsurkunde vom Initiativrechte auszunehmen.
Im Hause selbst (Sten. Ber. VI S. 363 ff.) wurde nach verhältnißmäßig kurzer Verhandlung Artikel I
Absatz II in der Fassung des Regierungsentwurfes einstimmig und sodann der ganze Entwurf in der
Fassung des Ausschusses Mangels der verfassungsmäßig erforderlichen Mehrheit abgelehnt. Der Ver=
such des Ausgleichs war hiemit gescheitert.

C. Die Zeit seit 1871.

1. Nach dem Eintritte Bayerns in das Reich tauchte die neue Streitfrage auf, ob und inwieweit Wünsche in Reichsangelegenheiten an die Krone gebracht werden können, und wie dieselben geschäftlich zu behandeln sind.

Von dem unbedeutenden Gegenstande, der sich im Landtagsabschiede vom 28. April 1872 (G. Bl. S. 233) § 15 berührt findet (Viehsalz), kann abgesehen werden.

Auf dem Landtage 1873/75 brachte der Abgeordnete Dr. Völt den Antrag ein, die Staatsregierung zu bitten, daß sie im Bundesrathe der Abänderung des Artikels 4 Ziffer 13 (Ausdehnung der Reichszuständigkeit auf die Gesetzgebung über das ganze bürgerliche Recht) zustimme. Der Abgeordnete Hauck stellte dazu den Antrag, die Sache nach Artikel V und VI des Initiativgesetzes zu behandeln. Dieser letztere Antrag wurde nach eingehender Erörterung, wobei auf die bisherige Uebung der Kammer Bezug genommen wurde, mit 77 gegen 74 Stimmen abgelehnt; der Antrag Völt, welchen der Justizminister Dr. von Fäustle als willkommen bezeichnete, angenommen (Sten. Ber. I S. 18 ff.). In der Kammer der Reichsräthe war der Berichterstatter von Neumayr gleichfalls der Meinung, daß das Initiativgesetz und Titel X § 7 der Verfassungsurkunde hier unanwendbar seien, es also nicht nöthig wäre, auf die alte Frage über die Behandlung von Petitionen in Verfassungssachen zurückzukommen (Beil. Bd. I S. 213 ff.). Der Ausschuß glaubte jedoch, das Initiativgesetz sei anzuwenden, da es sich mittelbar um Aenderung der bayerischen Verfassung handle (S. 226 ff.). Staatsminister von Pretzschner erklärte, die Staatsregierung halte es in solchen Fällen für ihre „moralische Pflicht", die Ansicht des Landtages zu hören, doch könne es sich bei Kundgabe einer solchen Ansicht nicht um eine Aenderung der bayerischen Verfassung handeln. Bei der Berathung im Hause (Prot. Bd. I S. 85 ff.) äußerte Harleß Bedenken über die Zuständigkeit des Landtages überhaupt; im Uebrigen errang, trotz der ausführlichen Gegenerörterungen Haubenschmied's (S. 92 ff.) und des Staatsministers von Pretzschner (S. 115 ff.), die Meinung des Ausschusses den Sieg. Das hatte zur Folge, daß die Kammer sich gegen die vorliegenden Anträge erklären mußte, obschon die überwiegende Mehrheit dafür war.

Auf demselben Landtage brachten die Abgeordneten Herz und Gerstner eine Petition wegen der Taggelder und Reisekosten der Reichstagsabgeordneten ein (Sten. Ber. I S. 67 ff.). Der Abgeordnete Jörg dagegen beantragte, hierüber zur Tagesordnung überzugehen, weil die Sache nicht zur Zuständigkeit des bayerischen Landtages gehöre. Von dem anwesenden Staatsminister von Pretzschner (S. 75 f.) wurde die Zuständigkeit der Kammer nicht angestritten. (Vgl. hierüber die Aeußerungen Verh. d. K. d. R. R. 1883/86 Prot. Bd. IV S. 500 ff., 517 ff., Graf zu Ortenburg und Frhr. von Pretzschner.) Der Antrag Jörg wurde mit 67 gegen 63 Stimmen abgelehnt und dann der Antrag Herz-Gerstner mit 66 gegen 64 Stimmen angenommen. Die Reichsrathskammer (Prot. Bd. I S. 206 ff.) lehnte es mit allen gegen eine Stimme ab, dem Antrage beizutreten. Es wurde erörtert, daß es sich um eine Aenderung der Reichsverfassung handle, welche weder Rückwirkung auf die bayerische Verfassung äußere, noch ein besonderes bayerisches Interesse berühre, die also dem Wirkungskreise der Kammern ferne liege.

Ganz ähnlich spielten sich die Verhandlungen über den Antrag Völt wegen Erhaltung der Schwurgerichte (in der Reichsstrafprozeßordnung) ab. Die Abgeordnetenkammer verwarf eine motivirte Tagesordnung Jörg's, welche die Zuständigkeitsfrage verneinte, und nahm den Antrag Völt an (Sten. Ber. I S. 189 ff.). Die Kammer der Reichsräthe (Prot. Bd. I S. 240 ff.) wies mit allen gegen 10 Stimmen den Antrag formell zurück. Diesmal hatten mehrere Redner für die Zuständigkeit sich ausgesprochen. Der Justizminister aber erklärte (S. 244): „Die Frage, ob der vorliegende Antrag aus Rücksicht auf die Zuständigkeit des Reiches abzulehnen oder ob in eine materielle Würdigung desselben einzutreten sei, unterliegt ganz dem weisen Ermessen des hohen Hauses, und ich möchte demselben auch in keiner Weise vorgreifen."

Ein Antrag des Abgeordneten Freiherrn von Hafenbrädl wegen Wiedereinführung der Lebensmitteltaxen (Sten. Ber. I S. 181 ff.) kam schon in der zweiten Kammer zu Fall.

Ein Antrag des Reichsrathes von Neuffer (1875, Beil. Bd. II S. 172, Prot. Bd. II S. 229) wegen Herbeiführung einer Aenderung der Handelspolitik und des Zolltarifs wurde von der ersten Kammer nicht erledigt.

2. Auf dem Landtage von 1877/81 wurde von der Abgeordnetenkammer der Beschluß gefaßt, die Staatsregierung zu bitten, durch ihre Vertreter im Bundesrathe auf eine Erschwerung und Beschränkung der Haltung von Wanderlagern und Wanderversteigerungen hinzuwirken (Sten. Ber. I S. 247 ff.). Die Kammer der Reichsräthe stimmte zu (Prot. Bd. I S. 161 ff.). Der Berichterstatter Graf Lerchenfeld hatte es (Beil. Bd. I S. 107) als „etwas Mißliches" bezeichnet, „wenn die Einzellandtage sich, wenn auch nur indirect, auf Gebiete begeben, welche ihrer Gesetzgebungssphäre entrückt sind". Er hatte indessen diese Bedenken selbst beschwichtigt und gemeint, „man könnte es sogar als Pflicht der Einzellandtage erklären, jene Schwierigkeiten, welche durch Reichsgesetze in Folge der Eigenartigkeit des Landes

hervorgerufen werden, zur Sprache zu bringen". Mit Bezug hierauf äußerte der Staatsminiſter von Pfeufer im Hauſe (S. 167 f.): „Es iſt immerhin mit Vorſicht aufzunehmen, wenn es ſich um Materien der Reichsgeſetzgebung handelt, und ſelbſt die hohe Kammer hatte bereits ſchon bei zwei Anträgen die Competenz beſtritten. Aber andererſeits müſſen doch auch die Wünſche der Landesvertretung ſich geltend machen und gehört werden können." Hier iſt, wie man ſieht, eine beſtimmte Stellungnahme zu der Frage vermieden.

3. Die hier beſprochene Frage trat auch beim Landtage 1883/86 heran, ohne daß ſie jedoch näher erörtert wurde. Ein Antrag wegen der Militärpflicht der Geiſtlichen (Repert. S. 109 f.) wurde von der Kammer der Abgeordneten angenommen, von der Kammer der Reichsräthe abgelehnt, jedoch nicht wegen Unzuſtändigkeit. Eine Petition an die Kammer der Abgeordneten wegen Gewährung von Taggeldern an die Reichstagsabgeordneten (Repert. S. 229 unter: Reichstagsabgeordnete) wurde von dieſer Kammer der Staatsregierung zur Berückſichtigung überwieſen. Man berief ſich dabei bezüglich der Zuſtändigkeit auf den oben unter Ziffer 1 erwähnten Vorgang beim Landtage 1873/75. Ein Antrag, betreffend reichsgeſetzliche Beſtimmungen gegen Weinfälſchung (Repert. S. 306), wurde im Landtagsabſchiede von 1886 § 28 beſchieden.

Von beſonderer Wichtigkeit aber ſind die Verhandlungen über den Auslieferungsvertrag mit Rußland (Repert. S. 11 ff.). Bei dieſen Verhandlungen kamen die allgemeinen Grenzen des Petitionsrechtes zur Erörterung ³. Nachdem der genannte Vertrag in der Kammer der Abgeordneten bei der Berathung über die Rechnungsnachweiſungen des Miniſteriums des Aeußern ſehr abfällig gewürdigt worden war, brachte der Abgeordnete Kopp den Antrag ein, den König zu bitten, er möge eine Umgeſtaltung dieſes Vertrages herbeiführen. Zuvor hatte er bei jener Berathung ſelbſt den Antrag geſtellt, die Kündigung des Vertrages zu erbitten. Dieſen Antrag hatte der Präſident aus Gründen der Geſchäftsordnung nicht zugelaſſen.

Bei der Berathung über den zweiten Antrag Kopp ſprachen ſich faſt alle Redner aus dem Hauſe für die Zuſtändigkeit des Landtages aus, während der Staatsminiſter Freiherr von Crailsheim dieſelbe beſtritt. Der Abgeordnete Freiherr von Stauffenberg (Sten. Ber. IV S. 309) berief ſich u. A. auf die „Uebung langer Jahre", ſowie darauf, daß der Miniſter der früheren Verhandlung über den Gegenſtand (bei dem Rechnungsnachweiſungen) nicht widerſprochen habe. Der Antrag Kopp wurde von der Kammer der Abgeordneten angenommen. Eine andere Stellung zur Sache nahm die Kammer der Reichsräthe ein. Deren Berichterſtatter, Reichsrath Dr. von Neumayr, legte in einem meiſterhaften Vortrage (Beil. Bd. III S. 348 ff.) dar, daß der Antrag Kopp außerhalb der verfaſſungsmäßigen Zuſtändigkeit des Landtages liege. Der Auslieferungsvertrag ſtehe weder in einer unmittelbaren, noch in einer mittelbaren Beziehung zum Wirkungskreiſe des Landtages. Nehme man hier eine Zuſtändigkeit des Landtages zur Antragſtellung an, ſo ſei ein Fall der Unzuſtändigkeit überhaupt nicht mehr denkbar, Titel VII § 19 der Verfaſſungsurkunde ſei beſeitigt. Auf eine „langjährige conſtante Praxis" könne man ſich nicht berufen; die Verfaſſung könne nur im Wege des Titels X § 7 abgeändert werden. Gegenüber dem zweiten Beweisgrunde Stauffenberg's betonte Neumayr mit Recht, daß die Berathung, von welcher in Titel VII § 19 der Verfaſſungsurkunde die Rede ſei, etwas Anderes ſei, als die Beſprechung eines Gegenſtandes anläßlich einer Berathung über eine Sache, die zum Wirkungskreiſe des Landtages gehöre. Ein näheres Eingehen auf den Vortrag kann ich unterlaſſen, nachdem ſich derſelbe vollſtändig zu den Rechtsanſchauungen bekennt, die ich bereits in der erſten Auflage dieſes Werkes vertreten habe. Die Kammer der Reichsräthe beſchloß mit großer Mehrheit, daß dem Beſchluſſe der Kammer der Abgeordneten „wegen Unzuſtändigkeit des Landtages in dieſer Sache die Zuſtimmung nicht zu geben ſei" (Prot. Bd. IV S. 582).

4. Beim Landtage 1889/90 wurde ein Antrag Biehl wegen Aenderung des Reichsgeſetzes vom 18. Juli 1884, betreffend die Commanditgeſellſchaften auf Actien und die Actiengeſellſchaften, von der Kammer der Abgeordneten angenommen, von der Kammer der Reichsräthe einſtimmig abgelehnt, jedoch nicht wegen Zuſtändigkeitsbedenken (Repert. S. 68 f.); ferner wurde über einen Antrag Geiger u. Gen. wegen der Redemptoriſten (Jeſuitengeſetz), den die Kammer der Abgeordneten angenommen hatte, von der Kammer der Reichsräthe zur Tagesordnung übergegangen. Reichsrath von Poſchinger, der den Antrag auf Uebergang zur Tagesordnung ſtellte, hielt es nicht für räthlich, ſich in dieſe Reichsangelegenheit zu miſchen (Repert. S. 104 f.).

5. Beim Landtage 1891/92 wurde ein Antrag wegen der künftigen deutſchen Militärſtrafprozeßordnung angenommen (Repert. S. 141 f.) und im Landtagsabſchiede vom 28. Mai 1892 § 22 beſchieden.

---

³ S. hierüber auch A. Luthardt, Bl. f. abm. Pr. XXXVI. S. 247 ff.

Anhang III.

§ 93. Die Behandlung der Verfassungsbeschwerden in den Kammern[1].

1. Es ist leicht begreiflich, daß bei den ersten Landtagsversammlungen nach Erlaß der Verfassungsurkunde viele Beschwerden wegen Verletzung verfassungsmäßiger Rechte einliefen. Sie waren zum Theile ziemlich wunderlicher Natur. So beklagte sich z. B. beim Landtage von 1819 ein Advocat wegen Verweigerung eines Posttourrecepisse. Doch fehlte es auch nicht an einer Anzahl von causes célèbres, wobei es sich vornehmlich um Beschwerden wegen widerrechtlichen Eingriffes in den Gang der Rechtspflege handelte. Vgl. die Fälle Khistler, Mang, Riedl und Schulz auf dem Landtage von 1819. Das Nähere s. im Repert. über die Verh. der Stände S. 894, 910, 926, 935 u. dazu Landtagsabschied vom 22. Juli 1819 (G. Bl. S. 31) unter III Ziffer 4, sowie bei G. Frhrn. von Lerchenfeld, Geschichte Bayerns unter König Maximilian Joseph I. S. 206 ff.

2. Nicht minderes Aufsehen erregte 1822 die Beschwerde, welche Graf Lamberg als Präsident des Appellationsgerichts für den Obermainkreis gegen das Finanzministerium wegen verfassungswidriger Eingriffe in die Rechtspflege erhob. (S. Repert. von 1822 S. 123 und Lerchenfeld a. a. O. S. 270 ff.)

3. Auf dem Landtage von 1827/28 führten zahlreiche Beschwerden von Gerichtsherren wegen Entziehung der Gerichtsbarkeit und sonstiger angeblicher Verletzungen ihrer Rechte zu längeren, theilweise erregten Verhandlungen. Vgl. Repert. S. 135 ff., 147 ff., 277 ff. (Staatsrathsbeschlüsse, betr. die Normen über Ausübung der gutsherrlichen Gerichtsbarkeit, Prot. Bd. XIV S. 456 ff.). Dazu Landtagsabschied vom 15. August 1828 (G. Bl. S. 17) unter IV und Entscheidungen des Staatsrathes vom 21. September 1829 (R. Bl. 1829 S. 777 ff., 789 ff.). S. auch unten § 122 Anm. 28. Ueber die Beschwerde Bonschab wegen verweigerter Weißbierconcession, zu deren Würdigung die Abgeordnetenkammer sich nicht zuständig erachtete, s. Repert. S. 51.

4. Aus dem Jahre 1831 sind die Beschwerden wegen der Censurverordnung vom 28. Januar 1831 (R. Bl. S. 33) hervorzuheben, welche sich durch die unterm 12. Juni gl. Js. (R. Bl. S. 337) erfolgte Zurücknahme dieser Verordnung erledigten. (Vgl. Repert. d. K. d. A. R. S. 40 f., d. K. d. Abg. S. 105 ff.) In ähnlicher Weise wurde die Beschwerde des protestantischen Oberconsistoriums wegen Verletzung verfassungsmäßiger Rechte der protestantischen Kirche behoben. (Repert. über die Verh. d. K. d. R. R. 1831 S. 139)[2].

5. Aus dem Jahre 1834 ist die 1831 unerledigt gebliebene Beschwerde Klippstein wegen Eingriffs in die Justizverwaltung zu erwähnen. (Repert. S. 382 ff.) Dazu Landtagsabschied vom 1. Juli 1834 (G. Bl. S. 5) unter IV. Die Beschwerde, welche „beinahe in ganz Bayern wiedertönte", wurde ohne förmliche Staatsrathsentscheidung beigelegt.

6. Eine beträchtliche Zahl von Verfassungsbeschwerden kam an den Landtag von 1837. Hievon sind zwei zurückgewiesene Beschwerden der Freiherrlich von Vieregg'schen Gerichtsverwaltung Thurnthenning und des qu. Landgerichtsassessors Endreß deshalb hervorzuheben, weil sie bei der Verhandlung in der Kammer der Reichsräthe (Prot. Bd. II S. 168, 190) erwähnenswerthe Aeußerungen veranlaßten. Im ersten Falle bemerkte der Berichterstatter: „Der Einwand..., das Gesetz über Ansässigmachung sei kein constitutionelles, von den Staatsbehörden der Polizei werde daher durch Nichtbeobachtung jenes Gesetzes nicht ein constitutionelles Recht verletzt, sondern eine einfache Gesetzwidrigkeit begangen, gegen welche eine Beschwerde an die Ständeversammlung nicht erhoben werden könne, zerstöre die Beschwerde.. keineswegs; durch die Verfassungsurkunde Titel IV § 8, durch §§ 49 ff. des IV., dann §§ 111 ff. des VI. Verfassungsedicts sei allerdings ein constitutionelles Recht erworben worden, daß Grundeigenthum und Rechte... den bestehenden Gesetzen gemäß von allen Staatsbehörden respectirt und gehandhabt werden." Im zweiten Falle erörterte der 5. Ausschuß, „es eigneten sich Verletzungen auch constitutioneller Rechte nicht zur Beschwerde bei den Ständen des Reichs, wenn der Rechtsweg zu den verfassungsmäßig angeordneten Gerichten geöffnet oder daselbst bereits erledigt sei".

Eingehende Verhandlungen verursachte in beiden Kammern eine Beschwerde der Bierbrauer zu Augsburg über Verletzung constitutioneller Rechte durch ungesetzliche Ausdehnung eines der Stadt Augsburg bewilligten Bieraufschlages und competenzwidrige Execution, bzw. Sperre ihres Gewerbes wegen der städtischen Consumtionsauflage (schon 1834 eingebracht gewesen). S. Repert. S. 48 ff.[3]. Die

---

[1] Die Darstellung bezieht sich selbstverständlich nur auf jene Beschwerden, welche an sich oder durch ihre Behandlung in den Kammern ein erheblicheres Interesse bieten.

[2] S. darüber unten § 370 Anm. 28 ff.

[3] W. Tröltsch, Finanzarchiv Jahrg. X Bd. I (1893) S. 66 f.

Beſchwerde wurde von beiden Kammern als begründet erachtet. Vgl. Landtagsabſchied vom 17. November 1837 (G. Bl. S. 5) unter IV.

Von Intereſſe ſind die Erörterungen im Ausſchuſſe und im Plenum der Kammer der Reichsräthe, wo die Vertreter der ſtrengen und der weiten Auslegung des Begriffes der conſtitutionellen
Rechte lebhaft ſich bekämpften (Prot. Bd. II S. 222 ff.). Auf der einen Seite wurde behauptet, nur die
Verletzung von Verfaſſungsgeſetzen, von beſtimmten conſtitutionellen Rechten, nicht von gewöhnlichen
Geſetzen könne die Verfaſſungsbeſchwerde begründen. Die Gewährleiſtung der Sicherheit der Perſon
und des Vermögens in Verfaſſungsurkunde Titel IV § 8 ſei nur eine allgemeine. „Wohin ſollte es kommen, wozu wären die Gerichte da, wenn jede Rechtsverletzung ohne Unterſchied eine Beſchwerde wegen verletzter Verfaſſung vor den Ständen begründen könne? Offenbar ſeien unter den conſtitutionellen Rechten
nur ſolche verſtanden, welche durch die Conſtitution und deren Beilagen ausdrücklich und beſonders
garantirt ſeien, nicht aber ſolche, welche auf anderen Geſetzen beruhten, und zu deren Wahrung beſondere
Behörden und Stellen, ſeien es nun reine Juſtiz- oder Adminiſtrativjuſtizſtellen, mit geſetzlich be-
ſtimmtem Inſtanzenzuge angeordnet ſind“. Auf der anderen Seite berief man ſich eben auf Titel IV § 8
der Verfaſſungsurkunde. „Er ſetze die verfaſſungsmäßigen Rechte jedes Bayern feſt, und wegen jeder
Kränkung derſelben könne Beſchwerde bei den Ständen erhoben werden“. Sogar der Staatsminiſter
des Innern, Fürſt von Oettingen-Wallerſtein, äußerte ſeine „Anſicht als Reichsrath“ (vgl. Verh.
d. K. d. R. R. 1846 Beil. Bd. V S. 325) dahin, es werde ſich „hinſichtlich der formellen Zuläſſigkeit (der
Beſchwerde) nichts erinnern laſſen“. Dies iſt der einzige Fall, in welchem ein Staatsminiſter, und auch
dieſer unter Verwahrung, daß er nicht als ſolcher ſpreche (ungenau die Darſtellung Verh. d. K. b. R. R.
1873/75 Prot. Bd. I S. 821), für die weitere Auslegung des Begriffs der verfaſſungsmäßigen Rechte
ſich erklärte.

In der Kammer der Abgeordneten hatte ſchon der Ausſchußberichterſtatter von 1834, Freiherr
von Freyberg, hervorgehoben, daß es nicht angehe, die mehrerörterte Stelle des Titels IV § 8 der
Verfaſſungsurkunde in ihrer ganzen Ausdehnung auf das Recht der Beſchwerde wegen Verletzung verfaſſungsmäßiger Rechte anzuwenden. Denn anderenfalls würden „die ſtändiſchen Kammern mit ihren
fünf Ausſchüſſen zu allgemeinen, faſt ausſchließlichen Tribunalen über Rechtsverletzungen erhoben, hiedurch aber die eigentlichen und uneigentlichen (Adminiſtrativ-) Juſtizbehörden und Stellen faſt ganz
entbehrlich gemacht werden. Denn die Sicherheit der Perſonen, des Eigenthums und der Rechte, dies
ſind Begriffe, welche das ganze Gebiet des Privatrechtes und einen großen Theil des öffentlichen Rechtes
in ſich faſſen“. Er ſtellte den Satz auf: „Verletzungen auch conſtitutioneller Rechte einzelner Staatsbürger oder Gemeinden eignen ſich nicht zur Beſchwerde bei den Ständen des Reiches, wenn hierüber
der Rechtsweg zu den grundgeſetzlich vom Könige angeordneten Gerichten geöffnet oder daſelbſt bereits
erlediget iſt, ſei es nun bei den eigentlichen Juſtizbehörden und Stellen oder jenen der ſog. Adminiſtrativ-
juſtiz.“ (Verh. 1837 Beil. Bd. VII S. 56 ff.) Dieſe Ausführungen treffen weniger den Umfang des Begriffs der verfaſſungsmäßigen Rechte, als die Frage, ob in allen oder in welchen Fällen der Verletzung
ſolcher Rechte der Weg zum Landtage offen ſtehe. Im Hauſe fand die weite Auslegung des Begriffs
der verfaſſungsmäßigen Rechte Vertreter. Es wurde ſogar die Anſicht verfochten, daß nicht blos der Verletzte, ſondern quivis ex populo Beſchwerde wegen Verletzung ſolcher Rechte erheben könne. (Vgl. Verh.
Prot. Bd. XII S. 194, 197, 224 Rotenhan, Drechſel, Willich; dagegen Freyberg S. 195, der ſich
aber S. 229 wieder verklauſulirte, wenn nicht gar widerſprach.) Das Staatsrathserkenntniß
vom 10. April 1838 (R. Bl. S. 341 ff.) entſchied jedoch, daß die Beſchwerde als eine ſolche über Verletzung verfaſſungsmäßiger Rechte nicht begründet, daher zu verwerfen ſei.

7. Beim Landtage 1840 kamen einige Verfaſſungsbeſchwerden von Gutsherrſchaften in den Einlauf. (Repert. S. 273 ff.) Unter dieſen wurden die Beſchwerden der Freiherren v. Groß und Zu Rhein
zwar von der erſten, nicht aber von der zweiten Kammer als gerechtfertigt erklärt.

8. Von den Beſchwerden, welche den Landtag 1843 beſchäftigten, wurde jene des Gutsbeſitzers
v. Halder wegen Verurtheilung zur Concurrenz zu Gemeindeumlagen und für Schuldentilgung von der
erſten Kammer als begründet, von der Kammer der Abgeordneten jedoch als unbegründet erkannt.
(Repert. S. 261.) Umgekehrt fand die Beſchwerde der Gemeinden des Landgerichts Eichſtätt darüber,
daß die Herzoglich Leuchtenbergiſche Standesherrſchaft zu Diſtrictsumlagen nicht beitrage, bei der
Kammer der Abgeordneten, nicht aber bei der Kammer der Reichsräthe Gehör. (Repert. S. 235.) Das
Gleiche war bei der Beſchwerde des Hayes wegen Nichteinberufung als Magiſtratsrath der Fall. In
der erſten Kammer wurde darauf hingewieſen, daß die Gemeindewahlordnung vom 5. Auguſt 1818 kein
Beſtandtheil der Verfaſſungsurkunde ſei. (Repert. S. 266.) Zwei Beſchwerden dagegen wurden von
beiden Kammern als gerechtfertigt befunden, die Beſchwerde des Senats des heil. Kreuzverbündniſſes
zum guten Tod in München wegen verfaſſungswidriger Belaſtung mit Concurrenzbeiträgen zu fremden
Zwecken (Repert. S. 93) und des Joſef Löwenſteiner wegen Entziehung ſeines Bürgerrechtes in Strau-

bing (Repert. S. 289). Vgl. Landtagsabschied vom 25. August 1843 (G. Bl. S. 33) unter V. Beide Beschwerden wurden durch Staatsrathsentscheidungen vom 8. Februar und 2. April 1844 (R. Bl. S. 161 ff., 553 ff.) abgewiesen. In der letzteren Entscheidung wird unter Festhaltung des engeren Begriffs der verfassungsmäßigen Rechte betont, daß die Gesetze über Ansässigmachung „als einfache Gesetze ohne die für verfassungsmäßige(?) Gesetze erforderlichen Formen erlassen worden" seien, daß also hieraus „constitutionelle Rechte nicht entspringen können". Die Verfassungsurkunde aber habe den durch die erwähnten Gesetze verliehenen Rechten die Eigenschaft verfassungsmäßiger Rechte weder beigelegt noch beilegen können. Denn die Verfassung sei 7 und 16 Jahre vor jenen Gesetzen erschienen.

9. Bezüglich der Beschwerden beim Landtage 1845/46 mag zuvörderst erwähnt werden, daß der Ausschuß der Kammer der Reichsräthe (Verh. Beil. Bd. VI S. 298) eine Beschwerde v. Hornthal's wegen Verletzung verfassungsmäßiger Rechte durch einen oberstrichterlichen Plenarbeschluß zu den Akten legte.

Ueber eine unerledigt gebliebene Beschwerde des Bierbrauers Brey in München wegen Verletzung constitutioneller Rechte durch das Verfahren der Baupolizeibehörden s. Repert. S. 130, 217.

Eine Beschwerde der Stadtgemeinde Schwandorf wegen Verletzung constitutioneller Rechte bei Handhabung der Stiftungscuratel wurde von der zweiten Kammer als begründet erklärt, nicht dagegen von der ersten, trotzdem der Ausschußantrag der Beschwerde günstig war. (Repert. S. 259.) Man war in der Kammer der Reichsräthe der Meinung, daß es sich lediglich um eine Curatelsache handle. Aus den Aeußerungen in der Kammer der Abgeordneten ist zu erwähnen, daß Abgeordneter von Scheurl (Prot. Bd. V S. 306) glaubte, sogar auf die „Grundzüge" in der Einleitung der Verfassungsurkunde (Wiederbelebung der Gemeindekörper ꝛc.) lasse sich eine Verfassungsbeschwerde stützen! Auch wurde die Frage erörtert (a. a. O. S. 348 ff.), „ob eine Beschwerde wegen Verletzung verfassungsmäßiger Rechte gegen eine Regierungsverfügung erhoben werden könne, wenn der etwa mögliche Rechtsweg noch nicht durchschritten ist".

Im Uebrigen wurden nicht weniger als drei Verfassungsbeschwerden von diesem Landtage an die Krone gebracht. Es waren dies die Beschwerde der Münchener Bierbrauer wegen Aufhebung der Rückvergütung des Localmalzaufschlages (Repert. S. 208⁴), des Magistrats Nürnberg wegen eines von der Regierung auferlegten Zuschusses zum Ausbau der Kreisirrenanstalt (Repert. S. 217), endlich der Gutsbesitzer v. Sichart und Genossen wegen Suspension der gutsherrlichen Gerichtsbarkeit (Repert. S. 265). Dazu Landtagsabschied vom 23. Mai 1846 (G. Bl. S. 5) unter Abschn. IV.

Die erstgenannte Beschwerde, bei der es sich um die nemliche Rechtsfrage handelte, wie im Falle der Augsburger Brauer (oben Ziff. 6), war auf Verfassungsurkunde Titel IV § 8 und Titel VII § 3 gestützt. In der Kammer der Reichsräthe (Prot. Bd. IV S. 41 ff.) fand, wenn auch der Ausschuß nur die zweite Verfassungsstelle hier anwendbar erachtete, unter Widerspruch des Finanz- und Justizministers (als Reichsräthe) die weite Auslegung der verfassungsmäßigen Rechte lebhafte Vertretung. Ein („sechster") Reichsrath brachte, allerdings nicht ohne Einwendungen zu begegnen, die Lehre von der constitutionellen actio popularis vor.

Aus dem Vortrage des Berichterstatters der Abgeordnetenkammer von Scheurl sind zwei grundsätzliche Erörterungen hervorzuheben.

Hinsichtlich der Frage, ob Beschwerde an die Stände bei offen stehendem Rechtswege ausgeschlossen sei, müsse man unterscheiden. Wo „öffentliche oder privative, aber absolute Rechte eines Staatsbürgers durch Handlungen von Staatsbehörden verletzt" seien, sei die Beschwerde zulässig, auch „wenn ebensowohl eine Civilklage gegen den Fiscus angestellt werden könnte". Denn die Verfassungsbeschwerde sei weder in Verfassungsurkunde Titel VI § 21, noch in Beilage X Titel II § 33 als subsidiäres Rechtsmittel bezeichnet. Insbesondere enthalte letztere Stelle nichts davon, daß der Rechtsweg nicht offen stehen dürfe. Es sei auch kein Eingriff der Stände in die Gerichtsbarkeit, wenn sie solche Beschwerden in Berathung ziehen. Denn es geschehe dies „nicht zum Behuf der Entscheidung", sondern blos zu dem Zwecke, um die Wiederherstellung des verletzten verfassungsmäßigen Rechtszustandes durch einen freien Akt königlicher Gerechtigkeit zu erwirken". Dadurch werde die richterliche Thätigkeit nicht gehemmt, „sondern nur das Ziel derselben auf eine andere Art zu erreichen gesucht". Handle es sich dagegen um ein relatives, gegen einen Dritten verfolgbares Recht, so müsse dessen Schutz allerdings den Gerichten überlassen werden. Denn über einen Rechtsstreit, der das Gehör der anderen Partei erfordere, könnten die Kammern, zumal Angesichts der Bestimmung in Verfassungsbeilage X Titel II § 35, nicht entscheiden (Beil. Bd. IX S. 285 ff.). Des Weiteren erklärte sich Scheurl (a. a. O. S. 289 f.) gegen die Lehre von der actio popularis. Es müsse sich um eigene Rechte des Beschwerdeführers handeln. „Dieser doch wohl an sich schon natürliche Sinn dürfte auch aus dem Grunde anzunehmen sein, weil in § 33 Titel II des Edicts über

---

⁴ W. Tröltsch, Finanzarchiv, Jahrg. X Bd. I (1893) S. 97 ff.

die Ständeversammlung gefordert wird, daß solche Beschwerden zuvor bei der höchsten Behörde angebracht seien, was doch auch nur von Seite des unmittelbar Berechtigten selbst geschehen kann, während andererseits Recht und Pflicht der Beschwerdeführung im blos öffentlichen (nicht eigenen privativen) Interesse in Titel X § 5 der Verfassungsurkunde den Ständen übertragen ist." Allerdings
könnten die Kammern den Weg des Titels X § 5 der Verfassungsurkunde beschreiten, wenn sie durch
einen nicht unmittelbar in seinen Rechten gekränkten Staatsbürger verlässige Kenntniß von einer Verfassungsverletzung erhielten.

Durch Staatsrathsentscheidung vom 11. Januar 1847 (R. Bl. S. 41) wurde die Beschwerde abgewiesen. Es heißt in diesem Erkenntnisse u. A. nach Aufzählung einer Reihe von Gesetzen und Verordnungen: „Aber alles dieses sind keine constitutionellen Gesetze, welche allein constitutionelle Rechte
und somit auch gegen vermeintliche Zuwiderhandlungen das Recht der Beschwerdeführung vor und von
den Ständen gewähren."⁵

Bei den Verhandlungen über die Beschwerde des Magistrats Nürnberg (vgl. unten § 173 Anm. 49),
welche auf Verfassungsurkunde Titel IV §§ 8 und 10 gestützt war, wurde u. A., wie gelegentlich schon
früher, die Frage erörtert, ob man in § 8 a. a. O. unter dem Ausdrucke „jeder Einwohner" auch die
juristischen Personen begreifen könne. Durch Staatsrathsentscheidung vom 2. Januar 1847 (R. Bl.
S. 744) wurde die Beschwerde abgewiesen. Der Staatsrath bemerkte u. A.: „Der Titel IV § 8 Absatz I
(der Verfassungsurkunde) gibt nicht neue, sondern gewährt nur vorhandene Rechte. Diese Gewähr richtet
sich nach der Beschaffenheit und dem Gebiete des Rechts, welchem es angehört; sie besteht in dem Schutze
durch die für seine Handhabung bestellten Organe der Staatsgewalt (Justiz- und Administrativstellen)
in dem gesetzlich festgesetzten Instanzenzuge, und nur dann, wenn die Verletzung der Sicherheit der
Person oder des Eigenthums ꝛc. durch Verletzung eines constitutionellen, d. h. eines staatsgrundgesetz-
lichen Rechtes und Gesetzes erfolgt ist, kann nach Titel VII § 21 und Titel X § 5 der Verfassungsurkunde
eine Beschwerde vor und von den Ständen geführt werden."

Die Beschwerde Sichart, bei welcher die Zuständigkeit des Landtages nicht zu bezweifeln war,
wurde, nachdem übrigens inzwischen das Gesetz vom 4. Juni 1848 über die Aufhebung der standes- und
gutsherrlichen Gerichtsbarkeit ergangen war, ohne Erlaß einer Staatsrathsentscheidung ausgeglichen.

Erwähnt sei noch, daß ein Antrag der pfälzischen Abgeordneten wegen Verfassungsverletzung
durch eine Verordnung vom 5. März 1844 (über die Befugnisse der Gensdarmerie bei Uebertretung
der Polizeistunde) zu interessanten Verhandlungen über das ständische Beschwerderecht nach Titel X § 5
der Verfassungsurkunde Anlaß gab. (Verh. d. K. d. Abg. Prot. Bd. VII S. 356 ff., Beil. Bd. IX
S. 344 ff.) Ueber eine weitere Beschwerde kirchlicher Natur unten § 377 Anm. 8.

10. Sehr merkwürdig ist, daß auf dem Landtage 1849/50 anläßlich einer Beschwerde Pöhlmann
wegen „Prohibirung der Benutzung" seines Bräuhauses (Repert. S. 66) der Beschwerdeausschuß der
Kammer der Abgeordneten sich bezüglich des Begriffes der verfassungsmäßigen Rechte ganz auf den
Regierungsstandpunkt stellte und die Beschwerde als nicht geeignet zur Beschlußfassung der Kammer
erklärte. Unter constitutionellen Rechten seien „die in der bayerischen Verfassungsurkunde und in deren
Beilagen und Ergänzungen dem bayerischen Staatsbürger speciell eingeräumten Rechte" zu verstehen,
und es könne „nicht gesagt werden, daß der so generell gefaßte Absatz I des § 8 Titel IV der Verfassungsurkunde . . . . jedes Recht eines Bayern zu einem constitutionellen stemple". (Sten. Ber. VI S. 309 ff.)

11. Auf dem Landtage 1851/52 brachte der Abgeordnete Prell in der zweiten Kammer auf Grund
von Titel X §§ 5 und 6 der Verfassungsurkunde einen Antrag wegen Verfassungsverletzung ein, dessen Anlaß in den vom Stadtcommissariate Nürnberg dem Fränkischen Kurier angedrohten Repressivmaßregeln
gelegen war (Repert. S. 43). Die Verhandlungen, welche mit Ablehnung des Antrages endeten, riefen
eine Reihe grundsätzlicher Erörterungen hervor. Soweit dieselben auf Fragen der geschäftlichen Behandlung sich bezogen, können sie hier übergangen werden. Von Wichtigkeit aber ist das, was über das
Verhältniß zwischen Verfassungsurkunde Titel VII § 21 und Titel X § 5 gesagt wurde. Vom Minister-
tische aus wurde die Lehre vertreten (Ringelmann, Sten. Ber. II S. 366, von der Pfordten III
S. 461), die auch in der Kammer selbst Vertheidiger fand (Weis, Sten. Ber. II S. 368, 384, III
S. 461 f., 475, von Koch III S. 474), daß die Fälle der Verletzung von verfassungsmäßigen Rechten
Einzelner (Titel VII § 21) nicht unter Titel X § 5 der Verfassungsurkunde gebracht werden könnten. § 5
des Titels X handle davon, „daß die Verfassung im Großen, daß constitutionelle Einrichtungen verletzt
seien"; er finde nur dann Anwendung, „wenn das Verfassungsrecht als solches angegriffen und verletzt
wird durch die Regierung, wenn die Verfassungsnormen als solche außer Wirksamkeit zu setzen unternommen werden sollte". Es fehlte aber auch nicht an Widerspruch gegen diese Anschauung. (Vgl. Sten.

---

⁵ Die Beschwerde wurde beim Landtage 1849/50 nochmals vorgebracht; jedoch fand der Ausschuß der Kammer der Abgeordneten dieselbe unstatthaft, da darüber vom Staatsrathe bereits rechtskräftig entschieden sei. Verh. d. K. d. Abg. 1849/50 Sten. Ber. VI S. 308 f.

Ber. III S. 454 ff., 456, 457, 459, 464, 465.) Insbesondere erklärte Fürst Oettingen-Wallerstein (III S. 464) sich sehr entschieden gegen eine Lehre, welche der Absicht des Gebers der Verfassung widerspreche und das Beschwerderecht „wie auf nichts reducire". Es sei beinahe unmöglich, eine Verfassungsverletzung zu begehen, ohne zugleich und zunächst Einzelne zu treffen. Der Abgeordnete Freiherr von Lerchenfeld aber meinte, es handle sich in den Fällen des Titels X § 5 nicht um Verletzung der Rechte eines Einzelnen, sondern um eine mit den Grundsätzen der Verfassung im Widerspruche stehende „Tendenz" des Ministeriums, welche sich durch seine Handlungen kundgegeben habe. Es müsse also eine Reihe von Thatsachen vorliegen, welche den Schluß auf eine verfassungswidrige Absicht des Ministeriums zuließen.

Nebenher ging noch der Streit darüber, ob, wenn Titel X § 5 auch auf subjective Rechtsverletzungen anwendbar sei, die vergebliche Anrufung der letzten Instanz zur Begründung der Beschwerde gefordert werden müsse. Vgl. Sten. Ber. III S. 460 (Kirchgeßner), 461 (Rudhart), 470 (von Lind).

Bemerkenswerth ist endlich noch folgende Aeußerung des Abgeordneten Weis zu Verfassungsurkunde Titel VII § 21 (Sten. Ber. II S. 368). Dort sei nur von Verletzung eigener Rechte des Beschwerdeführers die Rede. „Es steht dem einzelnen Staatsbürger nicht das Recht zu, Beschwerden an die Kammer zu bringen bezüglich allgemeiner Anordnungen der Staatsregierung, wodurch die Verfassung an und für sich verletzt ist; sondern damit seine Beschwerde zulässig erscheine, muß er persönlich in einem ihm zustehenden constitutionellen Rechte verletzt sein."

12. Während des Landtages 1853/55 kam eine Verfassungsbeschwerde des Dr. Feust wegen seiner Ausweisung aus Nürnberg zur Verhandlung. (Repert. S. 70 f.) In der Abgeordnetenkammer, welche die Beschwerde als formell zulässig und sachlich begründet erachtete, wurde die Staatsrathsentscheidung vom 2. April 1844 (Fall Löwensteiner) bekämpft und fast allseitig die weitere Auslegung des Begriffes der verfassungsmäßigen Rechte verfochten. Abgeordneter von Gombart (Sten. Ber. II S. 12) brachte auch die Ansicht vor, daß selbst gegen einen Gerichtsbeschluß Verfassungsbeschwerde erhoben werden könne. Allerdings vermöge das Ministerium das Erkenntniß nicht zu beseitigen; aber die Abhilfe könne für die Zukunft auf gesetzlichem Wege erfolgen. In der Kammer der Reichsräthe vertrat das Gutachten des Ausschußberichterstatters Freiherrn von Freyberg mit voller Schärfe den weiten Begriff der verfassungsmäßigen Rechte. (Beil. Bd. III S. 359 ff.) Nach grammatischer und logischer Auslegung sei es unzulässig, diesen Begriff auf jene Rechte zu beschränken, welche in Verfassungsgesetzen enthalten sind. Der Ausdruck „Verletzung constitutioneller Rechte" sei allgemein der Gattungsbegriff, in welchem beide Arten von Gesetzen, Verfassungs- und einfache Gesetze, enthalten seien. Die Vermuthung, und mehr als diese, spreche dafür, daß alle erworbenen Rechte gemeint seien. Man könne nicht annehmen, daß der Gesetzgeber eine Gewähr für minder wichtige Rechte, wie Siegelmäßigkeit und sonstige Vorrechte, habe geben, für die in Titel IV § 8 der Verfassungsurkunde ausdrücklich gewährten allgemeinen Rechte der Sicherheit der Person, des Eigenthums u. s. w. habe versagen wollen. Der Ausschuß zollte dieser Auffassung mit allen gegen eine Stimme Beifall; ebenso die Kammer gegen eine Minderheit von 10 Stimmen. Die Beschwerde selbst wurde jedoch von der Kammer als sachlich unbegründet erachtet.

13. Auf dem Landtage 1855/56 gab in der Kammer der Abgeordneten die Beschwerde der Gemeindebevollmächtigten von Kitzingen wegen Beschränkung der Gemeindewahlen (Repert. S. 31) Anlaß, den Gegensatz der Meinungen über den Begriff der constitutionellen Rechte zwischen Regierung und Volksvertretung neuerdings zu bekunden. Vgl. insbesondere die Aeußerungen des Ministerialcommissärs von Schubert (Sten. Ber. II S. 179) und des Abgeordneten Fürsten von Oettingen-Wallerstein (S. 184). Die Beschwerde blieb unerledigt.

14. Der Landtag 1859 weist den letzten Fall auf, in welchem eine Beschwerde wegen Verletzung verfassungsmäßiger Rechte durch gemeinschaftlichen Beschluß der Kammern an die Krone gebracht wurde. Es war dies die Beschwerde des Redacteurs des Volksboten, C. Zander in München. Repert. S. 84, Landtagsabschied vom 26. März 1859 (G. Bl. S. 1) Abschn. IV. Dieser Fall ist zugleich unter jenen, welche zu förmlicher Entscheidung kamen, der erste, in welchem der Staatsrath, theilweise wenigstens, die erhobene Beschwerde begründet fand. Staatsrathsentscheidung vom 13. Juli 1859 (R. Bl. S. 793).

Eine andere Beschwerde, des J. Wirsching und Genossen wegen Verletzung verfassungsmäßiger Rechte hinsichtlich der Gemeindewahl zu Astheim (Repert. S. 83) führte in der Kammer der Abgeordneten, in welcher allein sie verhandelt wurde, zur Erörterung der bekannten Streitfrage. Vgl. insbesondere für die Auffassung der Kammer den Bericht des Abgeordneten Keyl (Beil. Bd. II S. 271) und dessen Aeußerungen (Sten. Ber. S. 344), dann Pözl ebenda S. 346. Dagegen der Ministerialcommissär von Tillis S. 352. Auch der Abgeordnete Narr äußerte (S. 348) u. A.: „Das Wort: constitutionell steht hier in einer besonderen Bedeutung. Hätte man die Absicht gehabt, anzuordnen, daß

wegen Verletzung eines jeden bürgerlichen oder politischen Rechtes eine Beschwerde an die Kammer gestellt werden könne, so wäre es nicht nothwendig gewesen, hier diese Rechte dadurch näher zu bezeichnen,
daß man den Ausdruck constitutionell gebrauchte und mit besonderer Betonung von constitutionellen
Rechten spricht."

Ueber eine Beschwerde, welche der Landrichter Premauer bei der Kammer der Reichsräthe einreichte, erstattete Reichsrath Dr. von Bayer (Beil. Bd. S. 225 ff.) Vortrag und wies in gründlicher
Darlegung nach, daß Verfassungsbeschwerden gegen oberstrichterliche Urtheile nicht Platz greifen
können.

15. Von den zahlreichen Beschwerden, welche den Landtag 1859/61 beschäftigten, ohne einen Erfolg zu erzielen (vgl. Repert. S. 17 f.), verdient jene des Landrichters von Gradl wegen des Berichtes
des Reichsrathes Dr. von Bayer Erwähnung (Beil. Bd. I S. 336 ff.), der in ausführlicher Begründung den weiteren Begriff der constitutionellen Rechte verwarf, ohne im Ausschusse oder in der Kammer
selbst Widerspruch zu finden. Bayer äußerte: „Die eigentlich maßgebende Bestimmung über die Zulässigkeit einer Beschwerde ist unbestreitbar nur der § 21 Titel VII der Verfassungsurkunde, weil nur
diese Stelle ex professo von diesem Gegenstande handelt. Die in diesem Paragraphen enthaltene Bestimmung gibt aber deutlich zu erkennen, daß sie die Beschwerdeführung nur in beschränktem Maße
zulassen wolle, indem daselbst nicht gesagt ist, daß jeder Staatsbürger, sowie jede Gemeinde über Verletzung von Rechten überhaupt, sondern nur über Verletzung der constitutionellen Rechte
eine Beschwerde an die Kammern bringen bringen könne. Faßt man aber die Schlußworte im ersten
Absatze des § 8 Titel IV der Verfassungsurkunde („und seiner Rechte") ganz allgemein, im buch-
stäblichen Sinne auf, und gestattet man daher wegen jeder angeblichen Verletzung irgend eines einem
Staatsbürger zustehenden Rechtes durch die Administrativbehörden eine Beschwerde, so erscheint entweder das restringirende Prädicat im § 21 Titel VII als überflüssig, oder es entsteht ein Widerspruch
zwischen beiden Stellen. Ersteres darf aber nach bekannten Grundsätzen der Gesetzauslegung nicht angenommen werden; Widersprüche sind aber durch geeignete Interpretation der betreffenden Bestimmungen auszugleichen. Eine Ausgleichung dieser Art ist aber nach meiner Ueberzeugung hier allerdings möglich. Der § 8 Titel IV der Verfassungsurkunde spricht nemlich in dem Eingangssatze allerdings generell von der Gewähr des Staates für die Sicherheit der Person, des Eigenthums und der
Rechte eines jeden Einwohners. Allein dieser Satz steht nicht isolirt da, sondern demselben folgen unmittelbar in drei Absätzen besondere Bestimmungen, die unbestreitbar in innerem Zusammenhange mit
jener allgemeinen Aeußerung stehen, und welche darüber Aufschluß geben, in wiefern jene Gewähr
von dem Staate geleistet werden soll. Hier heißt es nun:

a. Niemand darf seinem ordentlichen Richter entzogen werden.

b. Niemand darf verfolgt oder verhaftet werden, als in den durch die Gesetze bestimmten Fällen
und in der gesetzlichen Form.

c. Niemand darf gezwungen werden, sein Privateigenthum, selbst für öffentliche Zwecke, abzutreten, als nach einer förmlichen Entscheidung des versammelten Staatsrathes und nach vorgängiger
Entschädigung, wie solches in der Verordnung vom 14. August 1815 bestimmt ist.

Diejenigen Rechte nun, welche aus diesen Bestimmungen folgen, sind in Bezug auf die Person,
das Eigenthum und die sonstigen Befugnisse eines Einwohners constitutionelle Rechte°. Denn
diese gibt die Verfassung selbst. Die dadurch garantirten Rechte, Freiheit und Vermögen haben einen
anderen Grund und Ursprung und könnten im Allgemeinen vorhanden sein, auch ohne die Verfassung.
Ein wahres constitutionelles Recht ist also das Recht, zu verlangen, daß man seinem ordentlichen Richter
nicht entzogen werde, z. B. durch willkürliche Anordnung von Specialcommissionen, durch Verweigerung der Rechtshilfe u. dergl.; und wenn durch die Verfügung einer Verwaltungsbehörde dieses Recht
angetastet wird, dann ist dem Verletzten der verfassungsmäßige Weg der Beschwerde geöffnet. Ein
wahres constitutionelles Recht ist es ferner, gegen eine Verhaftung oder persönliche Verfolgung außer
den gesetzlich bestimmten Fällen und in der gesetzlichen Form zu protestiren, und dieser Protestation
kann ebenfalls durch Beschwerdeführung bei den Kammern Nachdruck verliehen werden. Ein constitutionelles Recht endlich ist es, sich gegen jede ungesetzlich versuchte oder unternommene Expropriation durch
irgend welche Organe der Staatsgewalt zu verwahren und im Falle der Erfolglosigkeit der Gegenvorstellungen Beschwerde zu führen. Daß aber die verschiedenen einzelnen Rechte selbst, welche auf
solche Art geschützt werden, daß z. B. das Eigenthum, das Forderungsrecht eines Gläubigers, das Recht
eines Gewerbsmannes, gewisse Gegenstände zu verfertigen und zu verkaufen, u. dergl. blos deßhalb schon
constitutionelle Rechte sein sollen, weil der Eingangssatz des § 8 Titel IV besagt: der Staat ge-

---

° „Daß sie nicht die einzigen constitut. Rechte sind, versteht sich von selbst. Die übrigen aber,
welche im Tit. IV angegeben werden, kommen hier nicht in Betracht."

währt jedem Einwohner seine Rechte, davon kann ich mich nicht überzeugen. Diese Theorie würde, in scharfer Consequenz durchgeführt, Resultate gewähren, welche sicherlich nicht in der Absicht des Gebers der Verfassung lagen."

An die Abgeordnetenkammer gelangte eine Beschwerde des Rentners Jakob Wolff in Neustadt a. d. H. wegen Entziehung seines Gemeindebürgerrechts in Lambrecht-Grevenhausen und widerrechtlicher Erhebung von Bürgereinzugsgeld in Neustadt a. d. H. Diese Beschwerde (vgl. darüber Beil. Bd. VII S. 247 ff., Sten. Ver. III S. 415 ff., 419 ff.) ist um der Haltung willen bemerkenswerth, welche der Abgeordnete B r a t e r in der Sache einnahm. Brater (a. a. O. S. 425 f.) vertrat, allerdings ohne nähere Begründung, die Meinung, daß mit Rücksicht auf Titel IV § 8 der Verfassungsurkunde „jedes Recht ein constitutionell gewährleistetes Recht" sei⁷. Daß hiebei der Politiker den Juristen beeinflußte, zeigt die Aeußerung, er „nehme das Beschwerderecht und die Pflicht der Kammer, auf solche Beschwerden einzugehen, mit bestem Gewissen im weitesten Umfange, solange unsere Verwaltungseinrichtungen blieben, wie sie jetzt sind". Man dürfe nicht vergessen, daß keine Einrichtungen der Verwaltungsrechtspflege vorhanden seien, „die auch nur den mäßigsten Ansprüchen genügen könnten". Verwaltung und Verwaltungsrechtspflege seien verbunden. „Und der Gipfelpunkt dieser ganzen Institution, meine Herren, ist unser Staatsrath, über den Sie mir erlauben zu schweigen." Trotzdem sprach sich B r a t e r im vorliegenden Falle gegen den Antrag des Ausschusses aus, die Beschwerde für begründet zu erklären. Die Erwägung, die ihn dabei leitete, war kurz gesagt die, daß die Kammer in ihrer Mehrheit von der ziemlich schwierigen und umstrittenen Rechtsfrage, um die es sich handelte, nichts verstehe. „Mein Grundsatz," äußerte B r a t e r, „ist der, daß die Kammer sich nur da mit einer Beschwerde befassen, eine Beschwerde an die Krone bringen soll, wo das Recht klar und evident ist, und wo die Verletzung des Rechts in demselben Maße klar und evident ist. Wir müssen doch zugeben, daß wir nicht eine Versammlung von Rechtsgelehrten sind, die den Beruf, die Befähigung haben, über subtile Controversen zu Gericht zu sitzen. . . . Ich stelle also die Unterscheidung auf, daß ich sage, die Kammer soll in controversen Rechtsfragen, wo sich aus dem Verlaufe ihrer Discussion selbst vollends ergibt, daß die Rechtsfrage unzweifelhaft in hohem Maße controvers ist, sich des Eingreifens enthalten und sich ihre volle Autorität für diejenigen Fälle vorbehalten, die ich vorhin bezeichnet habe." Obschon die Abgeordneten B u h l und Dr. V ö l k der Ansicht B r a t e r's widersprachen, lehnte doch die Mehrheit der Kammer — sei es nun aus den Gründen B r a t e r's oder aus anderen — das Eingehen auf die Beschwerde ab.

Bemerkt mag auch noch werden, daß in der Abgeordnetenkammer der Antrag gestellt wurde, gegen den Generalprocurator der Pfalz (v o n S c h m i t t) Beschwerde wegen Verfassungsverletzung zu erheben, von welchem Vorhaben jedoch schließlich Umgang genommen wurde. (Repert. S. 43.)

16. Aus der Landtagsversammlung 1870/71 sind zwei Fälle hervorzuheben. Die Gemeinde Lemberg beschwerte sich wegen angeblich unrichtiger Anwendung der Gemeindeordnung in Bezug auf die Umlagepflicht des Aerars. Die Abgeordnetenkammer erklärte sich für unzuständig. Vgl. Sten. Ver. IV S. 470 (Abg. L o u i s). Mehrere pfälzische Decane beschwerten sich wegen der Ministerialentschließung vom 27. März 1869 über die Einführung von Communalschulen⁸. Die Kammer der Abgeordneten fand, daß die Beschwerde begründet sei. (Verh. Beil. Bd. IV S. 59 ff., Sten. Ver. IV S. 67 ff.) Der Berichterstatter des Ausschusses der Kammer der Reichsräthe hielt die Beschwerde für formell unzulässig, da die Anrufung der höchsten Instanz nicht bescheinigt sei. Der Ausschuß erachtete die formelle Zulässigkeit als gegeben, da das bischöfliche Ordinariat Beschwerde ergriffen hatte. Bei der Berathung im Hause vertheidigte der Cultusminister, unterstützt vom Reichsrathe B ö c k i n g, die bekannte Lehre der Regierung. Die Beschwerde wurde auch abgewiesen, doch, wie es scheint, aus dem Grunde, welchen der Berichterstatter des Ausschusses geltend gemacht hatte. (Verh. d. K. d. R. R. Beil. Bd. II S. 236 ff., Prot. Bd. II S. 132 ff.)

17. Auf dem Landtage 1871/72 wurde von der Kammer der Abgeordneten eine Beschwerde der Mariä-Sieben-Schmerzen-Bruderschaft zu München wegen Verletzung verfassungsmäßiger Rechte durch Verweigerung der Herausgabe ihres Vermögens abgewiesen. (Sten. Ver. II S. 502 ff.) Der Ausschuß erklärte es hiebei als „constante Praxis" der Kammer, „daß in solchen Fällen, in welchen es auf einen Richterspruch voraussichtlich ankommen muß, dieser richterlichen Entscheidung nicht dadurch vorgegriffen werden solle, daß eine einkommende Beschwerde wegen Verletzung verfassungsmäßiger Rechte als begründet erklärt und Sr. Majestät dem Könige zur Abhilfe unterbreitet wird". Abgeordneter D ü r r s c h m i d t aber bemerkte, es liege nur ein Streit über das Mehr oder Minder der Befugnisse der Curatelbehörde vor. „Eine Entscheidung hierüber kann nicht der Gegenstand der Beschwerde zu den

---

⁷ Bei einem späteren Anlasse dagegen (Verh. d. K. b. Abg. 1866/68 Beil. Bd. IV S. 171) bemerkte B r a t e r, unter den Begriff „constitut. Rechte" ließen sich „sehr wichtige Fragen des öffentlichen Rechts nicht subsumiren".

⁸ Vgl. auch unten § 388 Anm. 139 ff.

Kammern sein; denn es ist dies eine reine Verwaltungssache. Die Voraussetzungen einer Beschwerde an die Kammern sind nicht gegeben, da nicht ein verfassungsmäßig garantirtes Recht als verletzt bezeichnet wird."

Andere Anschauungen, als bei dem Falle der Gemeinde Lemberg 1870/71 (vgl. Ziff. 16), traten bei einer Beschwerde zu Tage, welche von der Gemeinde St. Ingbert 1872 wegen Umlagenbefreiung des Aerars einkam. (Sten. Ber. II S. 717 ff.) Die Beschwerde wurde zwar als unbegründet abgelehnt; doch behaupteten sowohl der Ausschußberichterstatter Dürrschmidt, als auch der Abgeordnete Louis die formelle Zuständigkeit. Ersterer berief sich auf die Staatsrathsentscheidung vom 8. Februar 1844. Es ist jedoch nicht erfindlich, inwieferne dieselbe hieher passen soll. Der Abgeordnete Hauck dagegen sagte (a. a. O. S. 719): „Wenn die Rede davon ist, die Verfassung dürfte verletzt sein, so weiß ich nicht, wie weit wir kommen würden, wenn wir das so weit ausdehnen wollten. Wenn wir von verfassungsmäßigen Rechten sprechen, hat die Verwaltung hier nicht etwa aus sich heraus einen Angriff auf das Eigenthum gemacht, eine Verordnung oder Verfügung erlassen, wodurch solche Rechte beschränkt werden, sondern sie hat auf gesetzlichem Wege nach gegenseitiger Verhandlung im Instanzenzuge entschieden, und ich glaube, die Kammer ist so wenig, wie für gerichtliche Entscheidungen, für administrative Entscheidungen, die für beide Parteien im Instanzenzug ergangen sind, eine Revisionsinstanz."

18. Während des Landtages 1873/75 boten zwei erfolglose Beschwerden der Gemeinden Mietraching (Sten. Ber. I S. 361 f.) und Beilngries (ebenda S. 362) in Heimatssachen, dann eine Beschwerde der Vertreter der 3. und 4. Pfarrei von St. Johann in Schweinfurt (ebenda S. 361) der Abgeordnetenkammer Anlaß, sich anscheinend der Regierungsauffassung über den Begriff verfassungsmäßiger Rechte einigermaßen anzunähern. In der ersten Sache äußerte der Berichterstatter Dr. Ebel (Sten. Ber. I S. 362): „Die Heimatsgesetze sind keine Verfassungsgesetze, sondern einfache Verwaltungsgesetze; die in denselben begründeten Rechte gehören daher nicht zu den durch die Verfassung garantirten Rechten. Die Kammern des Landtages sind zwar berufen, das Wächteramt für Aufrechthaltung der Verfassung durch Handhabung des Beschwerderechts in den geeigneten Fällen auszuüben, sie sind aber keine Revisionsinstanz für zweifelhafte Verwaltungssachen. Sie haben nicht die Aufgabe, zu untersuchen, ob die zur Handhabung der Verwaltungsgesetze innerhalb des gesetzlichen Instanzenzuges berufenen Behörden die verwaltungsrechtlichen Bestimmungen richtig angewendet haben oder nicht, solange bei dieser Gelegenheit nicht verfassungsmäßig garantirte Rechte in Frage kommen." Der Berichterstatter in der zweiten Sache, Dr. Schüttinger, aber berief sich in seinem unmittelbar folgenden Vortrage (ebenda S. 362) auf Ebel's Aeußerungen, indem er zugleich ausdrücklich verneinte, daß Titel IV § 8 der Verfassungsurkunde hier anwendbar sei.

Aus ähnlichen Gründen wurde eine Beschwerde der Freiherren von Thüngen wegen Zutheilung ihnen gehöriger Waldungen zur Gemeindemarkung Heiligkreuz von der Abgeordnetenkammer als formell unzulässig erachtet (Sten. Ber. III S. 236 ff.). Doch bemerkte Abgeordneter Dr. Völk (S. 240), er könne nicht zugeben, daß bei administrativ-contentiösen Entscheidungen der Verwaltungsstellen deshalb, weil zwei Parteien sich gegenüber stehen, eine Verfassungsbeschwerde unstatthaft sei. Eine solche Ausscheidung sei bisher nicht gemacht worden. Wenigstens sei ihm eine derartige Praxis unbekannt.

Die cause célèbre dieses Landtages war die Beschwerde des Priesters der Gesellschaft Jesu, Hermann Grafen Fugger-Glött, wegen Verletzung der bayerischen Staatsverfassung durch seine Ausweisung aus Regensburg auf Grund des Reichsgesetzes vom 4. Juli 1872 (Jesuitengesetzes)°. Im Ausschusse der Kammer der Abgeordneten, welcher sich zunächst mit der Beschwerde beschäftigte (Beil. Bd. II S. 299 ff.), vertrat Abgeordneter Stenglein die Ansicht, die Beschwerde sei formell unzulässig. Weder das Gesetz über den Aufenthalt (Heimatsgesetz) noch das Reichsgesetz über die Freizügigkeit seien bayerische Verfassungsgesetze; nur bei Verletzungen von Rechten, welche auf bayerische Verfassungsgesetze sich gründen, sei Beschwerde wegen Verletzung constitutioneller Rechte statthaft. Insoferne aber die Wahrung von Reservatrechten in Frage komme, sei dies nicht Sache des Einzelnen, sondern der politischen Körperschaften. „Hiegegen wurde von dem Abgeordneten Dr. Ebel und dem Referenten (Schmidt) erwidert, ... der Begriff: constitutionelle Rechte umschließe alle Rechte der Staatsangehörigen, welche die Verfassung unter ihren Schutz gestellt, worunter denn das Recht eines Bayern, seinen Aufenthalt an einem beliebigen Orte in Bayern zu nehmen, seinem Wesen nach zu rechnen sei, überdies werde im vorliegenden Falle die Verletzung der bayerischen Reservatrechte, die als Verfassungsgesetze sich charakterisirten, behauptet; sohin könne die Zuständigkeit der Kammer nicht wohl in Zweifel gestellt werden." (A. a. O. S. 304.) Der Ausschuß bejahte (mit 7 gegen

---

° Vgl. auch oben § 82 Anm. 69.

2 Stimmen) die Zuständigkeitsfrage. Dasselbe geschah im Hause, von welchem die Beschwerde auch sachlich als begründet erachtet wurde (Sten. Ber. I S. 542 ff.). Bei den Verhandlungen brachte Abg.-Dr. Schüttinger (a. a. O. S. 549) den Titel IV § 8 der Verfassungsurkunde und zugleich die Ansicht vor, daß der Begriff der constitutionellen Rechte alle „politischen" Rechte umfasse. Abgeordneter Stenglein (a. a. O. S. 555) blieb bei der Meinung, die er im Ausschusse kundgegeben hatte, und bemerkte, es sei nach der Verfassung „nicht gerechtfertigt", „wegen Verletzung eines bloßen Administrativ-gesetzes eine Beschwerde wegen Verfassungsverletzung zu erheben". Aehnlich äußerte Staatsminister von Pfeufer (a. a. O. S. 560): „Es gibt in der bayerischen Verfassung keinen Titel, der einem bayerischen Staatsangehörigen ein Recht einräumt, an einem bestimmten Orte seinen Aufenthalt zu nehmen. Dieses Recht gewährt nur die Verwaltungsgesetzgebung."

In der Kammer der Reichsräthe vertrat Freiherr zu Franckenstein in seinem Vortrage an den vierten Ausschuß (Beil. Bd. I S. 664 ff.) die allerweiteste Auslegung des Begriffs der constitutionellen Rechte. Alle gesetzlichen Rechte der bayerischen Staatsangehörigen seien durch die Verfassung gewährleistet. „Jede Kränkung eines einem Bayern zustehenden Rechtes könne Gegenstand der Beschwerde beim Landtage sein, soferne der Rechtsweg nicht mehr offen stehe." (A. a. O. S. 669.) Franckenstein bezog sich hiefür auf den Beschluß der Kammer vom Jahre 1837 in Sachen der Beschwerde der Augsburger Bräuer (oben Ziffer 6) und auf eine Aeußerung des früheren Abgeordneten, damaligen Reichsrathes Dr. von Pözl vom Jahre 1859 anläßlich der Beschwerde Wirsching und Genossen (oben Ziff. 14). Auch der Ausschuß erklärte sich für formelle Zulässigkeit der Beschwerde. Freiherr von Schrenk hatte sich dagegen, von Bomhard dafür ausgesprochen, während der Staatsminister des Innern die Ansicht der Staatsregierung betonte, die seit 1819 stets festgehalten worden sei. (A. a. O. S. 678 ff.) Bei den Berathungen im Hause (Prot. Bd. I S. 814 ff.) verfocht zunächst der Berichterstatter von Bomhard die Auffassung des Ausschusses in der Zuständigkeitsfrage. Bezüglich des Begriffes der verfassungsmäßigen Rechte berief er sich darauf, daß sowohl wissenschaftliche Gewährsmänner als auch die Uebung des Hauses den § 21 des VII. Verfassungstitels „in erweiterter, liberaler Weise" ausgelegt hätten. (A. a. O. S. 815.) Dagegen erörterte Reichsrath von Haubenschmied (S. 816 f.): „Wenn man ... eine Beschwerde zugestehen will wegen aller wie immer Namen habenden Rechte, so müßte man zu der Ansicht kommen, daß in Titel VII § 21 das Epitheton „constitutionelle Rechte" überflüssig und widersinnig ist, und es ist nach meiner Meinung nicht zulässig, dem Gesetze eine solche Auslegung zu geben. Ueberdies würde bei solcher Auffassung, welche alle wie immer Namen habende Rechte unter Titel VII § 21 stellt, das Ergebniß herbeigeführt werden, daß die Kammern des bayerischen Landtages zur obersten Revisionsinstanz über alle Entscheidungen der Verwaltungsstellen ... bestellt würden. Es wäre dies nach meiner Meinung ein Ergebniß, welches mit einem geordneten Staatswesen kaum vereinbar ist." Der zweite Präsident, Freiherr von Schrenk, pflichtete dem bei (S. 817 ff.). Titel IV § 8 Absatz I der Verfassungsurkunde enthalte in den folgenden Absätzen „die Erläuterung hiezu, wie dieser zu verstehen sei". Betrachte man alle Rechte, welche irgend ein Verwaltungsgesetz einräume, als constitutionelle, so gelange man zur Folgerung, daß ein derartiges Gesetz selbst Verfassungsgesetz sei und bei Abänderungen als solches behandelt werden müsse. Schrenk bezog sich ferner auf Verfassungsurkunde Titel X § 5 (Beschwerderecht der Kammern wegen Verfassungsverletzung). Er glaube nicht, daß die Verfassung dem einzelnen Staatsbürger ein höheres Recht habe einräumen wollen, als dem Landtage. Was die Praxis des Hauses anlange, so sei die vorliegende Frage nie ex professo entschieden worden. Reichsrath Dr. von Pözl (S. 824 f.) erklärte, bei seiner früheren Ansicht zu bleiben. Er halte die Beschwerde für formell zulässig. Auf die Auslegung des Titels IV § 8 wolle er jetzt nicht näher eingehen. „Soviel steht fest, daß hierüber eine verschiedene Deutung möglich ist, und in solchen Fällen, in welchen das Gesetz verschieden gedeutet werden kann, wie hier, ziehe ich die für die Kammer günstigere Meinung vor; insbesondere wenn es sich um die Zulassung einer Beschwerde vor unser Forum handelt, ziehe ich die benignior interpretatio vor. Ich würde es für Unrecht halten, wenn ein politischer Körper sich in einem solchen Falle an den unklaren Buchstaben der positiven Gesetzesbestimmungen halten würde, sondern ich glaube, daß in einem solchen Falle die weitest mögliche Auslegung des Gesetzes zuzulassen gerathen ist." Die Zuständigkeitsfrage wurde hienach von der Kammer mit allen gegen drei Stimmen bejaht (S. 825), die sachliche Begründung der Beschwerde dagegen verneint (S. 882).

Ueber einen Fall der Ablehnung einer Verfassungsbeschwerde wegen offen stehenden Rechtswegs s. Verh. d. K. d. Abg. Sten. Ber. I S. 78 f.

19. Von den Verfassungsbeschwerden, welche bei dem Landtage 1875/76 einkamen, verdienen folgende Erwähnung.

Der Gutsbesitzer Freiherr v. Münster zu Guerbach beschwerte sich wegen Verletzung verfassungs-mäßiger Rechte durch eine ministerielle Entscheidung bezüglich der Lieferung von Schulgetreide an den Lehrer von Pfändhausen. Der Ausschuß der Kammer der Abgeordneten und dessen Berichterstatter

Dr. Schüttinger erachteten auf Grund der bekannten Beweisführung aus Verfaſſungsurkunde Titel IV § 8 die Kammer für formell zuſtändig (Beil. Bd. II S. 488 ff.), während Staatsminiſter Dr. von Lutz die Gegengründe vorbrachte, die von der Regierung ſtets eingewendet worden waren. Dr. von Lutz machte außerdem, ähnlich wie Hauck in dem oben Ziffer 17 erwähnten Falle St. Ing-bert, die Rechtskraft (mit Rückſicht auf Art. 163 der Gemeindeordnung) geltend. (Vgl. a. a. O. S. 487, wo aber im letzten Abſatze der Spalte 1 entſchieden eine unrichtige Wiedergabe der Aeußerungen des Miniſters vorliegt). Die Kammer ſelbſt verneinte nach eingehender Verhandlung ihre Zuſtändigkeit (Sten. Ber. II S. 210 ff., vgl. insbeſ. S. 216 ff. Staatsminiſter Dr. von Lutz und S. 221 Dr. Kurz). Der Grund des Beſchluſſes, der mit knapper Mehrheit gefaßt wurde, war anſcheinend der, daß es ſich um eine im geſetzmäßigen Inſtanzenzuge entſchiedene Verwaltungsrechtsſache handle.

Eine Beſchwerde des G. Löwenſtein (Repert. S. 109) wegen Verletzung des Verſammlungs- und Vereinsrechts wurde dagegen von der Abgeordnetenkammer nach ihrer „feſtſtehenden Praxis" als formell ſtatthaft, jedoch als ſachlich unbegründet erklärt.

Von großem Intereſſe ſind die Erörterungen beider Kammern über eine Beſchwerde der Ge-meinden Schwandorf und Genoſſen. Dieſe Gemeinden erachteten ſich in ihren verfaſſungsmäßigen Rechten dadurch verletzt, daß ihnen auf Grund des Reichsgeſetzes vom 9. Februar 1875 die Beſchaffung von Quartier für die beſoldeten Landwehrſtämme auferlegt worden ſei. In der Kammer der Abge-ordneten wurde übereinſtimmend mit dem Gutachten des Ausſchuſſes (Beil. Bd. II S. 540 ff.) nach vorgängiger beſonderer Bejahung der Zuſtändigkeitsfrage die Beſchwerde mit 107 gegen 6 Stimmen als zuläſſig und begründet erkannt (Sten. Ber. II S. 453 ff.) Im Ausſchußberichte wurde zur Be-gründung der Beſchwerde auf Verfaſſungsurkunde Titel IV § 8 und — § 13 (!) Bezug genommen. Der Mitberichterſtatter erörterte auch, ob der bayeriſche Landtag zuſtändig ſei, über eine Beſchwerde gegen den Vollzug eines Reichsgeſetzes zu entſcheiden, und bejahte dies. Der Vollzug des in Rede ſtehenden Reichsgeſetzes ſei Sache der Landesregierung; letztere ſei nach dem Miniſterverantwortlichkeitsgeſetze dem Landtage verantwortlich. Die Reichsgeſetze hätten dieſelbe Wirkung wie die Landesgeſetze. Wenn alſo eine hiezu ergangene miniſterielle Vollzugsvorſchrift verfaſſungsmäßige Rechte bayeriſcher Staats-angehöriger verletze, „ſo ſei ausſchließlich der bayeriſche Landtag berechtigt, die deshalb an ihn auf verfaſſungsmäßigem Wege gebrachte Beſchwerde zu prüfen und zu beſcheiden". Im Hauſe bezweifelte Abgeordneter Dr. Frankenburger (Sten. Ber. II S. 460 f.) die Richtigkeit dieſer Beweisführung und glaubte, das Haus ſei nicht befugt, ein „Reichsgeſetz endgiltig auszulegen". Im Uebrigen drehten ſich die Verhandlungen um den bekannten Streitpunkt.

Dem Ausſchuſſe der Kammer der Reichsräthe erſtattete Reichsrath von Bomhard Vortrag über die Beſchwerde. (Beil. Bd. I S. 497 ff.) Zu der oben erwähnten Frage äußerte derſelbe: „Es mag zugegeben werden, daß die Materie der Quartierleiſtung der bayeriſchen Geſetzgebungszuſtändigkeit forthin entrückt iſt, daß alſo Bayern fernerhin nicht befugt ſein könne, das Reichsgeſetz zu ändern oder auch nur authentiſch zu interpretiren, und daß in dieſer Richtung die Aufſicht und Ueberwachung der Reichsgewalt beſteht; aber es wird demohngeachtet dadurch nicht ausgeſchloſſen, daß die bayeriſchen Landtagskammern zuſtändig ſind, zu prüfen, ob durch die angeordnete Vollziehung eines Artikels dieſes Geſetzes, das durch die geſetzliche Einführung zu einem bayeriſchen geworden iſt, bayeriſches Verfaſſungs-recht verletzt und eine deshalb erhobene Beſchwerde gerechtfertigt ſei, um ſo weniger als dieſes Geſetz keine Aenderung der bayeriſchen Verfaſſungsurkunde in dieſer Richtung ſtatuirt und eine Reichsinſtanz zur Würdigung derartiger Beſchwerden nicht aufgeſtellt hat, vielmehr rückſichtlich aller zu deſſen Aus-führung erforderlichen Anordnungen durch § 3 des daſſelbe in Bayern einführenden Geſetzes vom 9. Februar 1875 die bayeriſche Staatsgewalt berechtigt erklärt iſt, ſohin auch bezüglich der bei dem Vollzuge zu wahrenden Rechte bayeriſcher Staatsbürger die durch die bayeriſche Verfaſſung und Geſetz-gebung gegebenen Garantien der Verantwortlichkeit der Staatsminiſterien und Behörden aufrecht er-halten ſind." Von hervorragendem Werthe ſind die Ausführungen des Berichterſtatters über die ſach-liche Zuläſſigkeit der erhobenen Beſchwerden. Dieſe Erörterungen ſind vielleicht das Beſte, was die Landtagsverhandlungen über die Auslegung des Titels VII § 21 der Verfaſſungsurkunde enthalten. Reichsrath von Bomhard bemerkte dabei, daß er früher, im Falle Fugger (oben Ziffer 18), eine andere Anſchauung als jetzt gehabt habe, daß er es aber vorziehe, „ſich dem Vorwurfe der Inconſequenz auszuſetzen, als ſeine aus wiederholtem gründlichen Studium der Frage geſchöpfte Ueberzeugung zu verläugnen". Die Darlegungen Bomhard's lauten folgendermaßen:

„1. Die von den Beſchwerdeführern geltend gemachte Anſchauung, daß die Beſchwerdeführung bei den Kammern des Landtages nicht bloß bei den ſogenannten „conſtitutionellen" Rechten, das iſt bei denjenigen Rechten ſtatthaft ſei, welche durch die Verfaſſungsgeſetze, alſo entweder durch die Verfaſſungs-urkunde ſelbſt und deren Beilagen oder durch eine Verfaſſungsnovelle, begründet oder beſonders an-erkannt ſind, ſondern auch bei allen ſonſtigen Rechten, läßt ſich nicht rechtfertigen.

2. Dieſe Anſchauung iſt durch den Buchſtaben der Verfaſſung ausgeſchloſſen, denn der § 21 im

Titel VII, welcher das Recht der einzelnen Staatsbürger und der Gemeinden statuirt, Beschwerden an den Landtag zu bringen, spricht ausdrücklich nur von Beschwerden über Verletzung „constitutioneller" Rechte, und der § 5 im Titel X der Verfassungsurkunde beschränkt das den Ständen zur „Gewähr der Verfassung" ertheilte Recht, Beschwerden an den König zu bringen, gleichfalls auf die Fälle der geschehenen Verletzung „der Verfassung". —

3. Mehr noch ist es der Geist der Verfassung, welcher die beschränkende Auslegung für den Fall des § 21 Titel VII an die Hand gibt. Würde für diesen Fall ein erweitertes Beschwerderecht, über den Wortlaut des Gesetzes hinaus, mit Hilfe einer ausdehnenden Interpretation angenommen, so würde sich der ungereimte Schluß ergeben, daß das den Ständen durch den § 5 Titel X für die wichtigsten, die Interessen des ganzen Landes berührenden Fälle verliehene Beschwerderecht ein beschränkteres sei, als das den Staatsbürgern oder Gemeinden für Verletzung der Rechte Einzelner eingeräumte.

4. Das Beschwerderecht soll die Integrität der Verfassung gewährleisten, kann also nur grundgesetzliche Rechte zum Gegenstand haben, das heißt solche, welche sie selbst als des Schutzes werth in der Verfassungsurkunde oder in Verfassungsgesetzen bezeichnet hat, und es muß daher dieses Recht, eben weil es eine Gewähr für den Bestand der Verfassung sein soll, vor Allem auch in seinem Umfange auf die strengste Verfassungsgrundlage beschränkt bleiben, um nicht selbst zur Gefahr für die Verfassung zu werden.

5. Würde der Geber der Verfassung mit den demselben bei der Abfassung dieses Grundgesetzes zur Seite stehenden Berathern jede durch ein Ministerium oder eine andere Staatsbehörde verübte Verletzung irgend eines Rechtes, gleichviel, ob eines grundgesetzlichen oder nicht, für so wichtig gehalten haben, um zur Abhülfe die Beschwerde an den Landtag gestatten zu müssen, so müßten sie dieses Schutzmittel consequent auch gegen letztinstanzliche Entscheidungen der Gerichte, in deren Sphäre doch auch objective Rechtsverletzungen nicht außer dem Bereiche der Möglichkeit liegen, zu ertheilen die Absicht gehabt haben. Niemand aber wird glauben, daß dies deren Absicht gewesen sein könne.

6 Den Grundsatz anerkennen, daß bei den Kammern des Landtages Beschwerde über die Verletzung eines jeden Rechtes, auch eines nicht grundgesetzlichen, angebracht und daß eine jede solche Beschwerde von den Kammern in den Kreis ihrer verfassungsmäßigen Wirksamkeit gezogen werden müßte, hieße die Kammern zu einer permanenten Dauer ihrer Sitzungen nöthigen und dieselben als Revisionsinstanz mit der obersten Aufsicht über alle Maßnahmen staatlicher Behörden beauftragen, denn es läßt sich kaum eine Vollzugsentschließung denken, die nicht in einer oder der anderen Beziehung die Rechtssphäre des einzelnen Staatsbürgers berührt. Der ganze bis daher festgehaltene staatliche Organismus würde auf solche Weise verschoben werden. Es läßt sich ein solches Verkennen in Beziehung auf die Aufgabe des Staates zur Gewährung des Rechtsschutzes von den Gebern der Verfassung nicht denken, es wäre auch unvereinbar mit der an der Spitze der Verfassungsurkunde proclamirten präcisen Kennzeichnung der Aufgabe der Kammern des Landtages:

„Eine Standschaft — mit den Rechten des Beirathes und der Beschwerdeführung wegen verletzter verfassungsmäßiger Rechte berufen die Berathung zu verstärken, ohne die Kraft der Regierung zu schwächen".

7. Wenn nun aber nur constitutionelle Rechte, welche unmittelbar durch die Verfassungsurkunde und deren Beilagen oder durch eine Verfassungsnovelle anerkannt sind, den Schutz des Beschwerderechtes genießen dürfen, so ist im gegenwärtigen Falle ein Beschwerderecht nicht gegeben, weil ein constitutionelles Recht nicht in Frage ist, da die von den Beschwerdeführern beanspruchte Freiheit von der Quartierlast in keinem Verfassungsgesetze begründet oder anerkannt ist . . . ."

Unter Ziffer 8 wird sodann bemerkt, daß das Reichsgesetz vom 25. Juni 1868 kein Verfassungsgesetz sei. Hienach heißt es weiter:

„9. Der allgemeine Verfassungsgrundsatz im Titel IV § 13 der „gleichmäßigen Vertheilung der Staatslasten", auf welchen sich die Beschwerdeführer berufen, ist nur bestimmt, gegen willkürliche „ungesetzliche" Belastungen zu schützen und kann durch erlassene Gesetze mannigfachen Beschränkungen und Modificationen unterworfen werden . . . .

10. Der das Princip der „Freiheit des Eigenthumes" sanctionirende Satz § 8 Titel IV der Verfassungsurkunde, auf welchen die Beschwerdeführer das Hauptgewicht ihrer Beschwerden wegen angeblicher Verletzung derselben legen, erhält seine ausdrückliche nähere Erklärung in dem vierten Absatze des Paragraphen: „Niemand darf gezwungen werden, sein Privateigenthum selbst für öffentliche Zwecke abzutreten, als nach Eintritt der grundgesetzlich bestimmten Voraussetzungen" . . . .

Doctrinelle ausdehnende Interpretationen oder Analogien sind bei diesen Grundsätzen der Verfassung und den durch dieselbe als des besonderen Schutzes bedürftig und würdig erklärten Rechten um so weniger zulässig, als diesen Rechten die durch das Ministerverantwortlichkeitsgesetz gewährten Garantien zur Seite stehen . . . ."

Der Ausschuß erklärte hierauf die Beschwerde mit allen Stimmen gegen eine Stimme (Frhr.

z u F r a n c k e n ſt e i n) als formell unzuläſſig. Von der Kammer wurde die Beſchwerde einſtimmig ab-
gewieſen. (Prot. Bd. I S. 691 ff., vgl. übrigens die Aeußerung des Reichsrathes v o n P ö z l S. 698 f.,
es gehe nicht an, zu ſagen, Titel IV § 8 oder 13 der Verf. ſei verletzt, wenn ein Recht verletzt ſei, „welches
allerdings auf indirecte Weiſe unter dieſe Paragraphen ſubſumirt werden könne".)

20. Während des Landtages 1877/81 wurden von der Kammer der Abgeordneten die Beſchwerden mehrerer Gemeindebürger von Siegersdorf wegen Schulumlagen (Sten. Ber. III S. 248 ff.),
dann der Gemeinde Lindberg wegen Schulhausbauconcurrenz (Sten. Ber. IV S. 997 ff.), entgegen dem
Standpunkte, den man früher in der Münſter'ſchen Sache eingenommen hatte, als formell zuläſſig,
zugleich aber als unbegründet erklärt. (Vgl. auch die Aeußerung des Staatsminiſters v o n L u tz a. a. O.
III S. 252.)

Von zwei Eingaben, welche ſich auf die Errichtung gemiſchter Schulen bezogen¹⁰, wurde eine,
aus der Gemeinde Großtarlbach (Repert. S. 171), als Petition behandelt. Die andere Eingabe war
eine Beſchwerde der katholiſchen Stadtpfarrer von München und einer Anzahl Bürger wegen Verletzung verfaſſungsmäßiger Rechte in Bezug auf den Charakter der Volksſchulen (Repert. S. 171). Aus
den Verhandlungen iſt für die ſtaatsrechtliche Frage nach dem Umfange und der Natur des Rechtes der
Verfaſſungsbeſchwerde wenig oder doch nichts Neues zu entnehmen. Die Beſchwerde ſchloß mit einem
Geſuche, das über den Rahmen einer Beſchwerde wegen Verletzung perſönlicher verfaſſungsmäßiger
Rechte jedenfalls weit hinausging. Die Kammer ſolle den König bitten, die Schulſprengelverordnung
vom 29. Auguſt 1873 und alle auf deren Grund getroffenen Verfügungen außer Wirkſamkeit zu ſetzen,
insbeſondere aber die Umwandlung der gemiſchten Schulen zu München in Bekenntnißſchulen anzuordnen. Die Kammer der Abgeordneten eignete ſich dieſe Bitte an, die Kammer der Reichsräthe ver-
ſagte derſelben jedoch ihre Zuſtimmung.

Eine Beſchwerde von M. Heiligenbrunner und H. Wörlein in Nürnberg wegen Verletzung
verfaſſungsmäßiger Rechte durch polizeiliche Ueberwachung einer Generalverſammlung der Genoſſen-
ſchaftsbuchdruckerei zu Nürnberg (Repert. S. 22 Ziff. 31) wurde vom Ausſchuſſe der Abgeordnetenkammer als formell zuläſſig und von der Kammer auch als begründet erachtet. Der Ausſchußbericht
(Beil. Bd. XI S. 725) bemerkte, man habe „in Conſequenz früherer Beſchlüſſe angenommen, daß das
Recht zu Verſammlungen als ein conſtitutionelles zu erachten ſei, das, wenn auch nicht ausdrücklich
in der Verfaſſung ausgeſprochen, doch unter deren Schutz ſtehe, und deſſen Verletzung durch die Ver-
waltungsſtellen die Verfaſſungsbeſchwerde rechtfertige". Die Kammer der Reichsräthe dagegen beſchloß
auf Vortrag des Reichsrathes v o n B o m h a r d einſtimmig, die Beſchwerde als formell unzuläſſig zu
erklären. B o m h a r d ſtützte ſich in ſeinen Erörterungen auf jene Beweisführung, welche er bereits
früher bei der Schwandorfer Beſchwerde (oben Ziff. 19) geltend gemacht hatte. Zwei treffende Bemerkungen ſind aus B o m h a r d's Vortrage hervorzuheben. Mit Anſpielung auf die Aeußerung P ö z l's
in der Fugger'ſchen Beſchwerdeſache (oben Ziff. 18) hob B o m h a r d hervor, eine .benignior interpretatio von Titel IV § 8 und Titel VII § 21 wegen deren angeblicher Zweifelhaftigkeit ſei, abgeſehen davon, daß letztere Vorausſetzung nicht zutreffe, darum nicht zu rechtfertigen, „weil, wo es ſich
um Fragen der Staatsordnung handelt, nicht ſubjective Eindrücke maßgebend ſein dürfen, ſondern nur
objective, dem Worte und Geiſte des Geſetzes entlehnte Auffaſſungen". (Beil. Bd. III S. 1713.) Zu
Verfaſſungsurkunde Titel IV § 8 führte B o m h a r d aus (Prot. Bd. III S. 1968 f.), der dort an die
Spitze geſtellte Satz: Der Staat gewährt jedem Einwohner Sicherheit ſeiner Perſon, ſeines Eigenthums
und ſeiner Rechte, werde durch die folgenden Abſätze näher erläutert. „Wollte man aber unter dem
Ausdruck Rechte alle denkbaren Rechte und Befugniſſe verſtehen, wegen deren Verletzung Beſchwerden
möglich werden können, ſo würde ohne Zweifel noch ein dritter Abſatz nothwendig geweſen ſein, der
dieſes hätte ausſprechen müſſen, wie in den vorausgehenden Fällen, was nicht geſchehen iſt."

Ueber den gleichartigen Beſchwerdefall Kröber, der in der Abgeordnetenkammer unerledigt blieb,
vgl. Sten. Ber. V S. 879 ff.

21. Von den Beſchwerden, welche den Landtag 1881/82 beſchäftigten, verdient nur jene des
J. G. Opitz von Leipzig Erwähnung, weil anläßlich derſelben die Frage berührt wurde, ob mit Rückſicht auf Artikel 3 der Reichsverfaſſung auch einem nicht ſtaatsangehörigen Deutſchen das Recht
der Verfaſſungsbeſchwerde zukomme. Man umging es indeſſen, dieſe Frage zu entſcheiden. (Sten. Ber. II
S. 460.)

22. Auf dem Landtage 1887/88 nahm die Abgeordnetenkammer aus Anlaß der Beſchwerde
Löwenſtein und Purrucker bezüglich des Verſammlungsrechtes denſelben Standpunkt ein, wie früher
(oben Ziff. 20). Die einſchlägigen Verhandlungen (Repert. S. 17) ſind ohne wiſſenſchaftliches Intereſſe.

23. Der folgende Landtag 1889/90 bietet nichts Bemerkenswerthes. Doch mag erwähnt werden

---

¹⁰ S. darüber unten § 388 Anm. 150 ff.

daß anläßlich einer im Uebrigen uninteressanten Beschwerde der Abg. Gunzenhäuser (Sten. Ber. VI S. 393) den Begriff des „constitutionellen Rechts" ganz richtig darlegte.

24. Ueber die Beschwerden beim Landtage 1891/92 vgl. unten § 374 Anm. 47 (Altkatholiken). § 402 Anm. 44 (Militärrichter) und im Uebrigen Repert. S. 13 ff.

2. Hauptstück.

Die Kammer der Reichsräthe.

§ 94. Zusammensetzung der Kammer.

Die Zusammensetzung der ersten Kammer hat seit dem Erlasse der Verfassungs-urkunde Aenderungen nicht erfahren, wenn auch solche wiederholt sowohl von den Kammern als von der Staatsregierung angeregt worden sind [1]. Nur zwei erläuternde

---

[1] Im Jahre 1848 brachte der Landtag anläßlich der Verh. über das neue Abgeordnetenwahlges. den Wunsch an die Krone, es möge ein Ges. Entw. über zeitgemäße Erweiterung (die K. d. Abg. hatte ursprünglich beschlossen „Umbildung") der K. d. R. R. dem nächsten Landtage vorgelegt werden. (Verh. d. K. d. Abg. 1848 Prot. Bd. V S. 169, VII S. 80, der K. d. R. R. Prot. Bd. V S. 64). Der Landtabsabsch. vom 4. Juni 1848 (G. Bl. S. 4 f.) Abschn. I § 9 sicherte diesem Wunsche sorgfältige Würdigung und geeignete Berücksichtigung zu. In der That kam auch im Jahre 1850 ein Ges. Entw. dieses Betreffs bei der K. d. R. R. in Vorlage, blieb jedoch unerledigt. (Verh. d. K. d. R. R. 1850 Prot. Bd. VI S. 253 ff., Beil. Bd. V S. 199 ff.) Das gleiche Schicksal hatte der Entw., als er 1851 unverändert wieder eingebracht wurde. (Verh. d. K. d. R. R. 1851 Prot. Bd. I S. 306, Beil. Bd. I S. 3 57 ff. — Ueber einen abgelehnten Antrag Prell zu Verf. Urk. Tit. VI § 3 vgl. Verh. d. K. d. Abg. 1851/52 Sten. Ber. I S. 82, 149 f.) — Der Entw. beabsichtigte eine Erweiterung der Kammer nach zwei Richtungen. Im Zusammenhange mit dem Plane, die Fideicommisse auch den Nichtadeligen zugänglich zu machen (vgl. oben § 81 Anm. 68), wurde vorgeschlagen, bei den erblichen Reichsräthen von dem Erfordernisse des Adels abzusehen und von ihnen ein „bis zu einem Grund- und Häuser-steuersimplum von wenigstens 130 fl. schuldenfreies Grundvermögen" zu fordern. Ministerpräsident von der Pfordten erklärte, die Regierung habe die Auffassung als eine „zeitwidrige" erachtet, daß nur adelige Grundbesitzer erbliche Reichsräthe sollten werden können. „Es ist", fügte er bei, „zu einem feststehenden Principe des neueren Verfassungslebens geworden, daß die politische Berechtigung nicht mehr eine ausschließliche Befugniß gewisser Stände sein soll." Und die Begründung erklärte: „Nicht die adelige Eigenschaft des Besitzers ist der Kern dieser Institution (der erblichen Reichsräthe), sondern der fideicommissarische Grundbesitz und die hieran sich knüpfende Unabhängigkeit." Es sollte ferner die K. d. R. R. durch 16 Mitglieder vermehrt werden, welche die 300 Höchstbesteuerten jedes Regierungs-bezirkes auf Lebenszeit aus ihrer Mitte zu wählen hätten. Die Begründung hob hervor, daß der Grundbesitz zwar in erster Linie, aber nicht allein zu den erhaltenden Bestandtheilen des Staates ge-höre. Es reihe sich ihm auch das bewegliche Vermögen an, dessen Bedeutung in Gewerbe und Handel eine früher unbekannte Ausdehnung gewonnen habe. Durch die Beifügung eines aus Wahl hervor-gehenden Bestandtheiles werde überdies eine „theilweise Erneuerung" bewirkt, welche verhüte, „daß das erhaltende Princip der ersten Kammer ein erstarrendes werde".

Im Jahre 1863 richtete Abg. Dr. Völk eine Interpellation an die Staatsregierung, ob sie be-absichtige, auf jene früheren Pläne wieder zurückzukommen, erhielt aber eine verneinende Antwort. (Verh. d. K. d. Abg. 1863 Sten. Ber. I S. 109 f., 125 f.) Nunmehr brachte Abg. Völk den Antrag ein, die Kammer wolle beschließen, den König um Vorlage eines Ges. Entw. zu bitten, „wonach die K. d. R. R. in einer eigenen und den Bedürfnissen der Zeit entsprechenden Weise erweitert und umge-bildet werde". Diesen Antrag nahm die K. d. Abg. am 26. April 1865 in der Weise an, daß die Bitte nur auf eine zeitgemäße Erweiterung der ersten Kammer gerichtet wurde. (Vgl. a. a. O. 1863/65 Sten. Ber. I S. 237, 240, II S. 80 ff.; Beil. Bd. V S. 156 ff.) Die K. d. R. R. dagegen lehnte einstimmig ab, dem Antrage beizutreten. Ter erste und dritte Ausschuß der Kammer hatten diese Ablehnung mit der Begründung begutachtet, daß die K. d. Abg. zur Stellung des Antrages gemäß Art. 4 des Ges. über die ständische Initiative vom 4. Juni 1848 nicht befugt sei. (Verh. d. K. d. R. R. 1863/65 Beil. Bd. II S. 108 ff., 120 ff., 127 ff., Prot. Bd. II S. 137 ff.) Vgl. auch Verh. d. K. d. R. R. 1866/67 Prot. Bd. II S. 198 f., 201 Staatsminister des Aeußern: „Ich möchte nur vorläufig darauf hinweisen, daß ich persönlich den Grundsatz nicht anerkennen kann, es müßte das Princip, auf welchem die Zusammen-setzung der K. d. R. R. beruht, in seiner ganzen Ausdehnung gewahrt bleiben." Ferner Verh. d. K. d. Abg. 1867/69 Sten. Ber. VI S. 366 (Staatsminister v. Hörmann).

Gesetze sind zu den verfassungsmäßigen Bestimmungen in der Folge noch hinzugekommen ².

Der Kammer der Reichsräthe gehören als Mitglieder an:

1. die volljährigen Prinzen des königlichen Hauses;

2. die Kronbeamten des Reiches;

3. die Erzbischöfe von München-Freising und von Bamberg;

4. die Häupter der ehemals reichsständischen fürstlichen und gräflichen Familien, solange sie im Besitze ihrer vormals reichsständischen, in Bayern gelegenen Herrschaften bleiben;

5. ein vom Könige auf Lebenszeit ernannter ³ Bischof und der jedesmalige Präsident des protestantischen Oberconsistoriums;

6. die vom Könige ernannten erblichen Reichsräthe;

7. die vom Könige ernannten lebenslänglichen Reichsräthe ⁴.

Allgemeine Voraussetzungen für die Möglichkeit, Mitglied der ersten Kammer zu sein, sind der Besitz der bayerischen Staatsangehörigkeit und der bürgerlichen Ehrenrechte ⁵. Voraussetzung des Zutrittes in die Kammer ist die erreichte Volljährigkeit. Zur Theilnahme an den Abstimmungen aber sind die Prinzen des königlichen Hauses erst mit vollendetem 21., die übrigen Reichsräthe erst mit zurückgelegtem 25. Lebensjahre zugelassen ⁶.

Ueber die Kategorien unter Ziffer 1, 2 und 4 ist bereits früher ⁷ das Erforderliche bemerkt worden.

In Bezug auf die Ernennungen erblicher und lebenslänglicher Reichsräthe ist der König an verfassungsrechtliche Bestimmungen gebunden ⁸.

Der König kann erbliche Reichsräthe zwar in unbeschränkter Zahl ernennen; er ist jedoch in der Auswahl der zu ernennenden Personen gesetzlich beschränkt. Die Voraussetzungen, von welchen die Fähigkeit, erblicher Reichsrath zu werden, abhängt, sind nemlich nach der Verfassungsurkunde ⁹:

1. Besitz der bayerischen Staatsangehörigkeit seit mindestens sechs Jahren ¹⁰;

---

² Ges., die Anwendung u. Vollziehung einiger Bestimmungen des Ed. über die Familienfideicommisse betr., vom 11. Sept. 1825 (G. Bl. S. 31), Ges., die Bildung der K. d. R. R. betr., vom 9. März 1828 (G. Bl. S. 9).
  ³ Daß die Ernennung auf Lebenszeit erfolgen muß, ergibt sich nunmehr aus Art. 1 des Verf. Ges. vom 9. März 1828. Bei der erstmaligen Bildung der K. d. R. R. war der Bischof von Regensburg, v. Wolf, als „ernanntes Mitglied aus den Bischöfen für die erste Ständeversammlung“ bezeichnet worden. Allg. Intell. Bl. 1819 S. 9. Die nächste Ernennung erfolgte ohne Zeitbestimmung. K. u. Intell. Bl. 1822 S. 57. Vgl. auch F. Chr. K. Schunck, Staatsrecht des Kgrs. Baiern (I) § 128 Anm. 11.
  ⁴ Verf. Urk. Tit. VI § 2.   ⁵ R. St. G. B. § 34 Ziff. 4.
  ⁶ Verf. Urk. Tit. VI § 5. Dazu F. Chr. K. Schunck a. a. O. § 128 Anm. 18, 19. § 5 wurde in der Sitzung der Ministerialconferenz vom 21. April 1818 eingeschaltet, „nachdem die Anordnung der französ. Constitution deswegen nachgelesen und deren Anwendung in der Verf. Urk., als für die praktische Ausbildung der Reichsräthe wesentlich, beliebt worden war“.
  ⁷ § 63 Anm. 108, 109 (Prinzen), § 52 Anm. 30 (Kronbeamte), § 82, insbes. Anm. 28, 32, 34, 39 (Standesherren). Vgl. auch O. v. Sarwey, Staatsrecht des Kgrs. Württemberg II S. 150 ff.
  ⁸ Vgl. hieher oben § 31 Anm. 12.
  ⁹ Tit. VI § 3; vgl. Ges. vom 9. März 1828 Art. II Abs. II. S. auch Verh. d. K. d. Abg. 1851/52 Sten. Ber. I S. 82, 149 f.
  ¹⁰ Die Verf. fordert Besitz des „vollen Staatsbürgerrechts“. Vgl. hiezu Verf. Urk. Tit. IV § 3 und Beil. I § 8. Von den Erfordernissen des Staatsbürgerrechts ist das der Ansässigkeit schon in Ziff. 3 des Textes enthalten. Die gesetzliche Volljährigkeit ist nach Verf. Urk. Tit. VI § 5 allgemeine Voraussetzung des Zutritts in die Kammer. Als rechtlicher Inhalt der Bedingung des „vollen Staatsbürgerrechtes“ verbleibt also nur das im Texte unter Ziff. 1 Gesagte. Diese Bedingung findet auch auf jene Staatsangehörigen Anwendung, welche aus dem Verbande eines anderen deutschen Bundesstaates

2. Besitz des erblichen bayerischen Adels;

3. Besitz eines mit dem Lehen- oder fideicommissarischen Verbande belegten Grundvermögens, von welchem an „Grund- oder Dominicalsteuern" in simplo dreihundert Gulden zu entrichten sind [11], und wobei eine agnatisch-lineale Erbfolge nach dem Rechte der Erstgeburt eingeführt ist. An die Stelle der Dominicalien sind mit der Ablösung der Grundlasten die entsprechenden, in gerichtlichen Verwahr genommenen Einlösungssummen oder Ablösungsschuldbriefe getreten [12].

Die erbliche Reichsrathswürde kann nur auf solches unbewegliche Vermögen gegründet werden, welches in einem einheitlichen Lehenverbande oder einem einheitlichen

in den bayer. Staatsverband eingetreten sind. Die Gründe meiner Ansicht sind folgende. Das „Staatsbürgerrecht" ist, wie bereits früher, § 79, dargelegt wurde, kein Recht, sondern eine Zusammenfassung von Thatsachen. Wenn also irgendwo der Besitz des „Staatsbürgerrechts" als Voraussetzung eines Rechtserwerbes bezeichnet wird, so hat dies lediglich die Bedeutung einer Abkürzung. Es ist gerade so anzusehen, als wären jene Thatsachen einzeln aufgezählt, die in Verf. Beil. I § 8 genannt sind. Wenn andererseits Art. 3 der Reichsverf. bestimmt, jeder Angehörige eines Bundesstaates sei in jedem anderen Bundesstaate „zur Erlangung des Staatsbürgerrechtes" unter denselben Voraussetzungen, wie der Einheimische zuzulassen, so ist hiemit offenbar nichts Anderes gemeint, als die Zulassung zu den allgemeinen polit. Rechten der Staatsangehörigen. Dagegen läßt sich, wie der Art. 3 überhaupt (vgl. oben § 81 nach Anm. 8), so auch die in Rede stehende Bestimmung desselben nicht auf die Erlangung einer bevorrechteten polit. Stellung anwenden. Man wird nicht sagen können, daß die Zulassung zur Erlangung der erblichen Reichsrathswürde unter jene Fälle gehört, welche Art. 3 der Reichsverf. im Auge hat.

[11] Bezüglich des Verhältnisses der Bestimmung in Tit. VI § 3 Abs. I der Verf. Urk. zu den Vorschriften der §§ 2, 5 der VII. Verf. Beil. ist, sowenig an sich ein Zweifel hierüber möglich scheint, in Folge einer irrigen Auffassung der Gerichte eine gesetzliche Auslegung nothwendig geworden. Dieselbe erfolgte durch § 2 des Ges. vom 11. Sept. 1825, die Anwendung u. Vollziehung einiger Bestimmungen des Ed. über die Familienfideicommisse betr. (G. Bl. S. 31; dazu Verh. d. K. d. Abg. 1825 Beil. Bd. VIII S. 40—83, 256, Prot. Bd. XII S. 52—61, 66, 230, 236). Die Sache verhielt sich nachstehendermaßen. § 2 der VII. Verf. Beil. fordert zur Fideicommißerrichtung ein Grundvermögen mit einem Grund- u. Dominicalsteuersimplum von mindestens 25 fl. § 5 verlangt, daß dieses Minimum von Grundvermögen u. lastenfrei sei. „Haften darauf unablösbare Lasten, oder soll das Fideicommiß durch besondere Dispositionen des Stifters oder mit Schulden belastet werden, so wird außer jenem Grundvermögen noch ein Fond erfordert, aus dessen Rente jene Bürden und Lasten bestritten werden können." Die Gerichte wandten nun diesen § 5 nicht nur gegenüber dem § 2 der VII. Verf. Beil., sondern auch gegenüber § 3 des VI. Verf. Tit. an, m. a. W., sie forderten bei Fideicommissen, auf welche sich die Reichsrathswürde gründete, den Nachweis der Schuldenfreiheit für ein Grundvermögen von 300, statt mit 25 fl. Steuersimplum. Das war augenfällig falsch; denn § 5 des Ed. bezieht sich lediglich auf dessen § 2. „In keiner Stelle der Verf. oder des Ed.," so bemerkt die Begründung zum Ges. von 1825 richtig, „ist von dieser gesetzlichen Bestimmung hinsichtlich derjenigen Fideicommisse, an deren Besitz die Vererbung der Reichsrathswürde geknüpft ist, eine Ausnahme gemacht. Sie konnte aber auch nicht gemacht werden, weil den Gerichten keine Befugniß gegeben ist, nach dem Zwecke zu forschen, zu welchem ein Fideicommiß gestiftet wird. Sie überschritten daher, indem sie bei den Fideicommissen der erblichen Reichsräthe eine ausgedehntere Schuldenfreiheit als bei den gewöhnlichen Fideicommissen verlangten, nicht allein die im Ges. vorgezeichneten Schranken derselben, sondern auch ihre eigene Competenz." (A. a. O. Beil. Bd. VIII S. 49 f.) Demgemäß bestimmt § 2 des Ges. vom 11. Sept. 1825: „Bei jenen Fideicommissen, mit welchen in Folge königlicher Verleihung das Recht der Vererbung der Reichsrathswürde verbunden ist, muß das hiezu nothwendige und unter allen Umständen unveräußerliche Grundvermögen in Ansehung seines Betrages nach Tit. VI § 3 der Verf. Urk., in Ansehung seiner Beschaffenheit und übrigen Rechtsverhältnisse hingegen nach dem Fideicommißedicte beurtheilt werden.

Daher können zu diesem Grundvermögen die im § 3 des Fideicommiss. benannten Gegenstände gerechnet werden; davon aber muß, den §§ 2 u. 5 dieses Ed. gemäß, nur der Betrag von 25 fl. Steuersimplum frei von Schulden u. Lasten sein, und das Uebrige ist als Fideicommißüberschuß nach §§ 6 u. 7 des Ed. zu betrachten, welcher zwar in Grundvermögen bestehen muß und niemals veräußert oder vermindert werden darf, übrigens nach den Bestimmungen des Ed. mit Schulden belastet sein oder werden kann.

Auch kommt in Ansehung der Constituenten oder Stifter solcher Fideicommisse alles dasjenige zur Anwendung, was in dem Fideicommißed. und in dem vorhergehenden § 1 bestimmt ist."

[12] Ges. über die Aufhebung der standes- u. gutsherrlichen Gerichtsbarkeit ꝛc. vom 4. Juni 1848 (G. Bl. S. 97) Art. 34 Abs. II: „Fideicommißbesitzer genügen durch diese (gerichtliche) Hinterlegung (der eingehenden Einlösungssummen oder Ablösungsschuldbriefe) den staats- u. privatrechtlichen Bestimmungen der Verf. Urk." Vgl. Verh. d. K. d. R. R. 1848 Beil. Bd. III S. 50.

Fideicommißverbande sich befindet und zugleich die verfassungsmäßige Größe hat. Die Reichsrathswürde kann sich also nicht auf zwei verschiedene Lehen oder Fideicommisse mit zusammen 300 fl. Steuersimplum gründen¹³.

Die erbliche Reichsrathswürde ist, wenn auch ein bestimmter Grundbesitz ihre Voraussetzung und die Bedingung ihrer Fortdauer bildet¹⁴, doch ein rein persönliches, vererbliches Recht; sie ist nicht auf den Grundbesitz radicirt. Die erbliche Reichsrathswürde wird dem ersten Erwerber für sich und seine ehelichen männlichen Nachkommen verliehen, und diese Verleihung wirkt, insoferne und insolange die Betreffenden den gesetzlichen Bedingungen für den Bestand der reichsräthlichen Würde genügen. Allerdings müssen also, wenn auf einen fideicommissarischen Besitz die erbliche Reichsrathswürde gegründet werden soll, alle gesetzlich zur Nachfolge in diese Würde Berufenen auch zur Nachfolge in das Fideicommiß berufen sein. Das liegt in der Natur der Einrichtung, die eine dauernde und gesicherte Ausstattung der Reichsrathswürde verlangt. Müssen aber auch hienach die Nachfolge in die reichsräthliche Würde und die Gutserbfolge zusammentreffen, wenn die Reichsrathswürde bestehen soll, so sind doch diese beiden Erbfolgen rechtlich von einander unabhängig. Sobald daher nach der Erbfolgeordnung, die für den Grundbesitz besteht, eine Person zur Nachfolge in das Gut gelangt, welche nach

---

¹³ Dies ist für jene Fälle von selbst klar, wo zwei Erbfolgeordnungen nur zufällig zusammenlaufen, und die Möglichkeit besteht, daß sie wieder auseinander gehen. Der aufgestellte Satz ergibt sich aber auch als ein allgemein richtiger aus dem Wortlaute und der Entstehungsgeschichte des Tit. VI § 3 der Verf. Urk. Dafür, daß in den Worten des Abs. I „ein mit dem Lehen= oder fideicommissarischen Verbande belegtes Grundvermögen" „oder" nicht zusammenfassend, sondern trennend zu verstehen ist (= entweder — oder) spricht die hier („dem ... Verband) und in Abs. II („mit den Gütern, worauf das Fideicommiß begründet ist") gebrauchte Einzahl. Hiezu kömmt noch Folgendes. Der jetzige § 3 ist aus einem Antrage entstanden, welchen der Finanzminister Frhr. v. Lerchenfeld in der Sitzung der Ministerialconferenz vom 11. April 1818 zum jetzigen § 2 Ziff. 6 einbrachte. Lerchenfeld äußerte dabei u. A.: „Jedoch müsse der Grundsatz aufgestellt werden, daß das nach diesem Steuersimplum ausgezeigte Grundvermögen mit dem fideicommissarischen Verbande belegt werde, um der Familie, die eine erbliche Reichsrathsstelle erhalte, für die Zukunft Sicherheit zu geben". Hierauf wurde nachstehende Fassung der Ziff. 6 beschlossen: „denjenigen, welche der König zu Mitgliedern dieser Kammer entweder erblich oder lebenslänglich besonders ernennt; das Recht der Vererbung wird der König nur adeligen Gutsbesitzern verleihen, die im Königreiche das volle Staatsbürgerrecht und ein im fideicommissarischen Verbande befindliches Grundvermögen besitzen, von welchem sie an Grund= und Dominicalsteuer in simplo 300 fl. entrichten". Es ist einleuchtend, daß hier nur an ein einziges Fideicommiß gedacht ist. Die jetzige Gestalt des § 3 entstammt erst der Schlußredaction, bei welcher man durch Einschiebung des Lehenverbandes offenbar blos eine Ergänzung in dem Sinne bezielte, daß der Lehenverband dem Fideicommißverbande gleichgestellt sein solle. Diese Absicht der Ergänzung wird noch deutlicher durch den Umstand, daß die Einschaltung in Abs. II des § 3 übersehen ist. Die hier vertretene Auffassung wird durch eine Aeußerung der Begründung zum Ges. vom 11. Sept. 1825 (G. Bl. S. 31) unterstützt, bei welcher gleichfalls nur an Einen Lehens= oder Fideicommißverband gedacht ist. Diese Aeußerung ist deshalb von besonderer Bedeutung, weil die fragliche Begründung ein Vortrag des Justizministers Frhrn. v. Zentner ist, der an der Verhandlung vom 11. April 1818 Antheil genommen hatte. A. a. O. wird der K. d. Abg. 1825 Beil. Bd. VIII S. 51) gesagt: „In der Stelle der Verf. Urk. (Tit. VI § 3) ist nirgend von einer Schuldenfreiheit des ganzen, ein Steuersimplum von 300 fl. entrichtenden Grundvermögens die Rede, sondern dieses Grundvermögen muß nur mit dem Lehens= oder fideicommissarischen Verbande umstrickt sein 2c." Hier steht „oder" unverkennbar im trennenden Sinne. Auch die Uebung tritt insoferne unserer Ansicht bestätigend hinzu, als in den Fällen, wo ein bestehendes Lehen oder Fideicommiß für sich zur Begründung einer Reichsrathswürde unzulänglich war und daher eine Vergrößerung des Grundbesitzes zu diesem Zwecke angestrebt wurde, stets der geschäftlich umständlichere Weg der Vereinigung der verschiedenen Vermögensbestandtheile zu einem Fideicommißverbande eingeschlagen wurde, niemals der einfachere Weg der Hinzustiftung eines weiteren Fideicommisses. Man vgl. z. B. R. Bl. 1824 S. 598 (Frhr. v. Würzburg); 1827 S. 599 (Graf Sandizell) 641 (Graf Törring-Seefeld), 655 (Graf Törring-Jettenbach); 1837 S. 381 (v. Niethammer); 1847 S. 951 (Graf Deroy).

¹⁴ Verf. Urk. Tit. VI § 3 Abs. II: „Die Würde eines erblichen Reichsraths geht jedesmal mit den Gütern, worauf das Fideicommiß begründet ist, nur auf den nach dieser Erbfolge eintretenden Besitzer über."

der Erbfolgeordnung für die Reichsrathswürde nicht zur Nachfolge in letztere berufen ist, so erlischt die Würde[15].

In Bezug auf die Auswahl der lebenslänglichen Reichsräthe waltet das freie Ermessen des Königs. Es liegt keine eigentliche staatsrechtliche Gebundenheit darin, wenn die Verfassungsurkunde[16] und das Gesetz vom 9. März 1828[17] sagen, daß der König die zu Ernennenden aus jenen Personen auswählen werde, „die entweder dem Staate ausgezeichnete Dienste geleistet haben oder von adeliger Geburt sind oder Vermögen besitzen". Dagegen ist die Zahl der Ernennungen zur lebenslänglichen Reichsrathswürde verfassungsrechtlich beschränkt. Die Zahl der lebenslänglichen Reichsräthe kann nemlich „den dritten Theil der erblichen nicht übersteigen"[18]. Bei Berechnung dieses Drittels sind außer den Standesherren und den erblichen Reichsräthen königlicher Ernennung auch noch die Erzbischöfe, der Bischof und der Präsident des protestantischen Oberconsistoriums den erblichen Reichsräthen beizuzählen. Die Prinzen[19] und die Kronbeamten, welche nicht zugleich wegen ihrer Besitzungen Reichsräthe sind, werden weder den erblichen, noch den lebenslänglichen Reichsräthen zugerechnet[20]. Die zulässige Zahl der lebenslänglichen Mitglieder bemißt sich jedesmal nach dem Personalstande der Kammer in dem Augenblicke, in welchem eine Reichsrathsernennung in Frage kömmt. Indessen kann, der Vorschrift der Verfassungsurkunde unerachtet, durch Wegfall erblicher Reichsrathsstellen das Zahlenverhältniß der lebenslänglichen zu den erblichen Mitgliedern sich zeitweilig über den gesetzlichen Höchstbetrag erheben. Dann dürfen aber frei werdende lebenslängliche Reichsrathswürden insolange nicht besetzt werden, als das verfassungsmäßige Zahlenverhältniß nicht wieder eingetreten ist[21]. Maßgebend für die Berechnung ist ferner die Zahl der vorhandenen erblichen Reichsräthe, nicht die Zahl der wirklich eingetretenen

---

[15] Vollkommen zutreffend bemerkt die M. E. vom 30. Juli 1828, daß „die erbliche Reichsrathswürde von dem ersten Impetranten nur nach der agnatisch-linealischen Erbfolge mit dem Rechte der Erstgeburt verfassungsmäßig mit dem Fideicommisse transmittirt werden könne und daher auch auf die Fideicommißnachfolger nur insoferne, als sie Descendenten des Constituenten sind, übergehen könne". Vgl. auch M. E. vom 25. Nov. 1830 (beide Entschl. bei Weber II S. 545). Dazu die Fälle des Frhrn. Franz Schenk v. Stauffenberg (ernannt 10. März 1835) u. des Grafen Max Preysing-Lichtenegg-Moos (ernannt 19. Jan. 1837). Als neuere Beispiele für die Festhaltung dieser Ansicht sind die beiden Fälle zu nennen, welche sich in den Verh. d. K. d. R. R. 1873/74, Prot. Bd. I S. 265, Beil. Bd. I S. 170 (Graf Seinsheim-Grünbach) und 1875 Prot. Bd. II S. 251 (Frhr. v. Gravenreuth) finden. Ueber die Frage, ob bei agnatisch-linealer Erbfolge mit Erstgeburtrecht gesetzlich auch solche Agnaten zur Nachfolge berufen sind, welche zwar die Eigenschaft des Erstgeborenen der dem Verstorbenen nächsten Linie besitzen, aber nicht vom Gründer oder vom ersten Besitzer abstammen, ist im Uebrigen Folgendes zu bemerken. Nach gemeinem Rechte wird diese Frage bezüglich der Familienfideicommisse meist bejaht (vgl. C. Fr. v. Gerber, System des deutschen Privatrechts § 274); hinsichtlich der Lehens- u. Thronfolge ist sicher, daß dieselbe nur auf die Abkommen des ersten Erwerbers übergeht (vgl. C. Fr. v. Gerber a. a. O. § 271, H. Zöpfl, Grundsätze des gem. deutschen Staatsrechts I S. 688 ff., H. A. Zachariä, deutsches Staats- u. Bundesrecht I S. 347 ff.; wegen der Vererbung der reichsständischen Virilstimmen Zöpfl a. a. O. I S. 194 ff.). Auch den Bestimmungen des bayer. Fideicommißedictes (Verf. Beil. VII §§ 77 ff.) liegt die Nachkommenerbfolge zu Grunde.

[16] Tit. II § 2 Ziff. 6.　　　[17] Art. II.

[18] Verf. Urk. Tit. VI § 4. Ein sog. Pairsschub ist also unmöglich. Kronprinz Ludwig hatte angeregt, zu bestimmen, daß die Zahl der lebenslänglichen Reichsräthe nicht mehr als die Hälfte der erblichen betragen dürfe. Dieser Anregung verdankt die jetzige Vorschrift ihre Entstehung.

[19] Die Prinzen sind pairs nés, nicht pairs héréditaires.

[20] Verf. Ges. vom 9. März 1828 (G. Bl. S. 9) Art. I. Dazu Verh. d. K. d. Abg. 1827/28 Beil. Bd. VIII Beil. LV, Prot. Bd. IV S. 8—166, 215—228, 391—394. Das Ges. bestätigte lediglich die frühere Uebung. Die Einwendungen des Abg. Frhrn. v. Closen hiegegen (Beil. LV S. 44 ff., Prot. Bd. IV S. 18 ff., 57) sind unerheblich. Die ganze Verh. über das Ges. in der K. d. Abg. gehört zum Ungenießbarsten, das man sich denken kann.

[21] Vgl. L. v. Sarwey, Staatsrecht des Kgrs. Württemberg II S. 164 Anm. 23.

oder der stimmführenden ²². Bei der Berechnung können Bruchtheile nicht als ganze Zahlen in Anschlag kommen ²³.

§ 95. Prüfung der Legitimation der Reichsräthe.

Die Kammer der Reichsräthe hat das Recht, die Legitimation ihrer Mitglieder zu prüfen, d. h. zu untersuchen, ob bei dem Neueintretenden die verfassungsmäßigen Voraussetzungen seiner Mitgliedschaft gegeben sind. Die Legitimationsprüfung ist kein Streitverfahren, sondern eine Geschäftshandlung der Kammer. Die Entscheidung der Kammer ist unanfechtbar; sie hat aber selbstverständlich nach dem Gesetze zu erfolgen. Die Gebundenheit der Kammer ist also dieselbe wie die des Richters.

Die Anerkennung der Legitimation ist Voraussetzung des Eintritts in die Kammer ¹. Wer als neues Mitglied in die Kammer der Reichsräthe einzutreten beansprucht, hat den Nachweis seiner Legitimation zu erbringen. Dieser Nachweis geschieht durch Vorlage jener Urkunden, aus welchen das Vorhandensein aller verfassungsmäßigen Erfordernisse der Mitgliedschaft erhellt ². Dabei ist zu bemerken, daß, wo die Reichsrathswürde an die Innehabung eines bestimmten Grundvermögens geknüpft ist, der Kammer nicht zusteht, einen etwaigen Streit über die bürgerlichen Rechtsverhältnisse an diesem Vermögen zu entscheiden. Dies ist vielmehr Sache der Gerichte. Befindet sich von mehreren streitenden Theilen einer im rechtmäßigen Besitze des betreffenden Vermögens, so ist der Besitzstand maßgebend. Ist dies nicht der Fall, so kann, solange eine rechtskräftige Entscheidung wenigstens über den Besitz nicht erfolgt ist, keiner der streitenden Theile Zutritt in die Kammer erhalten ³. Wo eine königliche Ernennung in Frage kömmt, ist, insoweit das königliche Ernennungsrecht verfassungsmäßig gebunden ist, die Legitimationsprüfung nicht auf die Prüfung des Decretes beschränkt, sondern sie erstreckt sich auch auf das Vorhandensein der gesetzlichen Voraussetzungen der Ernennung.

---

²² Das Ges. macht diese Unterscheidung nicht. Nach Verf. Urk. Tit. VI § 5 aber sind auch diejenigen, welche wegen Minderjährigkeit noch nicht Zutritt oder wegen nicht erreichten 21. bzw. 25. Lebensjahres noch nicht Stimmrecht haben, Reichsräthe. Nur die Prinzen des k. Hauses werden nach Tit. VI § 2 Ziff. 1 erst mit erlangter Volljährigkeit Mitglieder. Die Frage, ob auch die minderjährigen erblichen Reichsräthe einzurechnen sind, ist bisher noch nie zu einer ausdrücklichen Entscheidung gelangt.

²³ „Ein halber Mann gilt nirgends als ein ganzer“, bemerkte Abg. Dr. Rudhart, Verh. d. K. d. Abg. 1827/28 Prot. Bd. IV S. 147. Uebereinstimmend Dr. Henle ebenda S. 113, dagegen v. Stachelhausen ebenda S. 61. Vgl. auch die Aeußerung der Staatsregierung a. a. O. Beil. LV S. 25. Entscheidend ist der Wortlaut der Verf.: „kann . . . nicht übersteigen“. Es ist auch bisher bei Ernennung lebenslänglicher Reichsräthe kein Fall vorgekommen, wo die Staatsregierung einen Bruchtheil für voll gerechnet hätte.

¹ Die Bestimmung in Art. 5 Abs. V des Geschäftsg. Ges. vom 19. Jan. 1872 gilt nur für die Abg. Vgl. Gesch. Ordn. d. K. d. R. R. § 16 (dazu Verh. d. K. d. R. R. 1840 Prot. Bd. I S. 179): „Findet aber die Kammer nach dem Vortrage des Legitimationsausschusses, daß die abgängigen Erfordernisse bei den Belegen zur Legitimation leicht zu heben sind, so kann dem mit solchen Belegen versehenen Mitgliede, unter Vorbehalt der Nachbringung des Fehlenden, vorläufig der Zutritt zur Kammer gestattet werden.“ Der Sinn dieser Bestimmung kann wohl nur der sein, daß von solchen formellen Mängeln abgesehen werden darf, durch welche die Legitimation sachlich nicht in Frage gestellt wird. (Vgl. das Anm. 2 erwähnte Beispiel.) Denn auf die Leichtigkeit der Behebung des Mangels kömmt es nicht an, sondern auf dessen sachliche Bedeutung, und einen „vorläufigen“ Zutritt zur K. d. R. R. gibt es nicht.

² Die beizubringenden Belege sind also für die einzelnen Kategorien von Reichsräthen verschieden. Vgl. Gesch. Ordn. §§ 9—14. Wenn dort an mehreren Stellen vom „Taufscheine“ die Rede ist, so ist dies im Sinne einer standesamtlichen Urkunde zu verstehen. — Es ist vorgekommen, daß die Nachbringung des Taufscheines sogar von Bischöfen gefordert wurde. Vgl. z. B. Verh. d. K. d. R. R. 1849 Beil. Bd. II S. 4. Zu § 11 Abs. IV der Gesch. Ordn. (über Condominien) vgl. oben § 82 Anm. 39 und O. v. Sarwey, Staatsrecht des Kgrs. Württemberg II S. 151 Anm. 6.

³ Gesch. Ordn. § 13. Vgl. auch Pözl, Lehrb. des bayer. Verf. Rechts S. 503 Anm. 2.

Die Mitglieder der Kammer der Reichsräthe haben sich über die Ableistung des Verfassungseides auszuweisen ⁴.

Das Verfahren bei der Legitimationsprüfung richtet sich nach den Bestimmungen des Artikels 5 des Gesetzes über den Geschäftsgang des Landtages vom 19. Januar 1872 und der Geschäftsordnung der Kammer der Reichsräthe. Die Legitimationsprüfung hat sofort nach Eröffnung des Landtages zu beginnen ⁵, bei später eintretenden Mitgliedern sofort nach deren Anmeldung ⁶. Die Legitimationsprüfung erfolgt ein- für allemal beim erstmaligen Eintritte in die Kammer, vorbehaltlich der Beanstandungen, welche später auf Grund neuer Thatsachen hervortreten ⁷.

Nach der Geschäftsordnung ist mit der Legitimationsprüfung ein besonderer Ausschuß betraut, der aus dem ersten Präsidenten der Kammer und sechs Mitgliedern besteht. Letztere werden, sobald die Kammer beschlußfähig ist, nach den allgemeinen Vorschriften der Geschäftsordnung gewählt. Der Ausschuß ernennt einen Berichterstatter; Protokollführer ist das an Lebensjahren jüngste Ausschußmitglied ⁸. Der Ausschuß besteht für die ganze Dauer des Landtages ⁹.

Das Recht der Legitimationsbeanstandung steht der Staatsregierung, sowie jedem Mitgliede der Reichsrathskammer zu ¹⁰. Eine Frist für die Anbringung solcher Beanstandungen ist nicht vorgesteckt; doch wird nach anerkannter Legitimation eine Beanstandung nur erhoben werden können, wenn eine Veränderung der Rechtslage in Bezug auf das Mitgliedschaftsrecht eines Reichsrathes eingetreten ist.

Wenn möglich, schreitet die Kammer nach erfolgter Constituirung sogleich auf Vortrag des Legitimationsausschusses ¹¹ zur Entscheidung der etwaigen Anstände, welche sich hinsichtlich der Legitimation eines Reichsrathes ergeben haben ¹².

Die Staatsregierung ist berechtigt, an allen Legitimationsverhandlungen Theil zu nehmen; sie ist daher von den betreffenden Sitzungen des Ausschusses und des Plenums zu verständigen ¹³.

Die Reichsrathskammer führt über ihre Mitglieder ein Verzeichniß (Matrikel), in welches die Namen, Wappen und Legitimationsbelege eingetragen werden ¹⁴.

§ 96. Erlöschen der Reichsrathswürde.

Die Verfassungsurkunde enthält keine ausdrückliche Bestimmung darüber, ob ein Mitglied der Kammer der Reichsräthe seine Würde jeder Zeit nach Belieben niederlegen könne ¹, und wenn ja, in welcher Weise dies zu geschehen habe.

Diese Fragen wurden bei den Verfassungsberathungen nicht erwogen. Auch läßt sich nicht behaupten, daß die Uebung es in dieser Beziehung zu einer feststehenden Rechtsüberzeugung gebracht hätte, welche etwa als Richtschnur zu dienen vermöchte. Die Fälle, in welchen überhaupt eine Erörterung eintrat, betrafen nur den Verzicht lebenslänglicher Reichsräthe. Wenn auch hier die Staats-

---

⁴ Verf. Urk. Tit. X § 3, Gesch. Ordn. § 4 Abf. II.
⁵ Angef. Gef. Art. 5 Abf. I.　　⁶ Gesch. Ordn. § 27.
⁷ Gesch. Ordn. § 7 Abf. I.　　⁸ Näheres Gesch. Ordn. §§ 6, 15.
⁹ Gesch. Ordn. § 16.
¹⁰ Geschäftsg. Gef. Art. 5 Abf. II, Gesch. Ordn. § 7 Abf. III.
¹¹ D. h. des Berichterstatters desselben, nicht des 1. Präsidenten, wie es — offenbar aus Mißverständniß des nicht ganz deutlichen § 15 Abf. II — im Register zur Gesch. Ordn. S. 44 heißt.
¹² Gesch. Ordn. §§ 7 Abf. IV, 15 Abf. II, 30.
¹³ Geschäftsg. Gef. Art. 5 Abf. II, Gesch. Ordn. §§ 7 Abf. III, 30.
¹⁴ Nähere Vorschriften darüber in § 38 der Gesch. Ordn. Vgl. auch Verh. d. K. d. R. R. 1843 Prot. Bd. I S. 144.
¹ Vgl. hierüber auch G. Jellinek, System der subjectiven Rechte, Freiburg i. B. 1892, S. 166 f., der mit mir übereinstimmt.

regierung dazu gelangte, einen bestimmten Standpunkt einzunehmen, so fehlte es doch an einer tieferen Begründung desselben. Die Auffassung der Kammer der Reichsräthe aber weist, trotz wiederholter Versuche, einen sicheren Rechtsboden zu gewinnen, die denkbar größten Schwankungen auf². So erübrigt denn nichts, als die Lösung der Frage aus allgemeinen staatsrechtlichen Grundsätzen zu versuchen. Von einer Erforschung der Absicht des Gesetzgebers kann da nicht die Rede sein, wo keine Absicht, sondern ein Vergessen vorliegt.

Dabei ist Eines vor Allem hervorzuheben. Die Frage liegt für alle Kategorien von Reichsräthen gleich. Denn in Bezug auf Rechte und Pflichten des Reichsrathes nicht nur, sondern des Kammermitgliedes überhaupt macht es keinen Unterschied, auf welchen Titel hin der Einzelne Mitglied geworden ist. Die Titel des Erwerbes der Mitgliedschaft können allerdings auf deren Fortbestand Einfluß äußern, insofern sie nicht blos Bedingungen des Erwerbes, sondern gesetzlich auch Bedingungen des Besitzes der Mitgliedschaft sind. Soweit es sich dagegen um Willensakte handelt, durch welche der Einzelne über seine rechtliche Stellung verfügt, — und eine Verfügung ist auch das Aufgeben derselben — ist der Umstand, wie er zu der Stellung gelangte, ohne Erheblichkeit, es müßte denn das Gesetz ausdrücklich aus der Art der Entstehung des Rechtes einen Unterschied hinsichtlich der Zulässigkeit der Verzichtleistung herleiten.

Die Verfassungsurkunde hat bei den Reichsräthen nicht, wie sie es bei den Abgeordneten in Beilage X Titel I § 47 gethan hatte, ausgesprochen, daß sie zur Beibehaltung ihrer Würde verpflichtet seien, wenn ihnen nicht bestimmte Befreiungsgründe zur Seite stünden. Die Reichsrathswürde ist ein munus publicum, sie begründet ein öffentliches Recht, das auch öffentlichrechtliche Pflichten im Gefolge hat. Aber immerhin sind die Pflichten Folgen des Rechtes, nicht umgekehrt. Es ist falsch, es als einen allgemeinen Rechtssatz aufzustellen, man könne nur solchen Rechten giltig entsagen, die nicht zugleich untrennbar mit Pflichten verbunden seien. Dagegen ist es ein unbestreitbar richtiger Satz, daß die Uebernahme und die Beibehaltung öffentlicher Functionen im Staate nur insoweit Pflicht des Staatsangehörigen ist, als das Gesetz dies ausdrücklich bestimmt. Denn Verpflichtungen werden nicht vermuthet. Im vorliegenden Falle kann eine solche Vermuthung um so weniger Platz greifen, als jedes Zwangsmittel fehlt, die Erfüllung der Pflicht zu erzwingen, und als sogar nach dem nunmehr geltenden Rechte³ ein Mitglied der Kammer der Reichsräthe, welches Mitglied bleiben, gleichwohl aber seine Pflicht zur Anwesenheit nicht erfüllen will, unter bestimmten Voraussetzungen „für die Dauer des Landtages als ausgetreten betrachtet" wird. Hienach ergibt sich, daß jedem Mitgliede der ersten Kammer der Rücktritt frei steht⁴. Aber selbstverständlich kann dieser Verzicht auf ein persönliches Recht auch nur eine persönliche Wirkung äußern. Ist der Titel der Berufung zur Reichsrathswürde ein Amt oder ein erblicher Besitz, so lebt er im Nachfolger, der das Amt oder den Besitz erlangt, wieder auf⁵.

Der Verzicht auf die Reichsrathswürde ist ein Willensakt. Er bedarf, damit er Wirksamkeit äußere, nichts weiter, als daß er alle Merkmale eines rechtsgiltigen Willensaktes besitze, sowie der Erklärung gegenüber demjenigen, der zur Entgegennahme berufen erscheint. Würde es sich darum handeln, vom Standpunkte des zu gebenden Gesetzes zu sagen, wer der naturgemäße Adressat einer solchen Erklärung wäre, so würde man wohl die Frage so beantworten, wie sie in Artikel 35 Absatz I des Landtagswahlgesetzes für die Abgeordneten beantwortet ist. Und dabei wäre zwischen den Reichsräthen königlicher

---

² Hierüber unten § 97. Vgl. auch O. v. Sarwey, Staatsrecht des Kgrs. Württemberg II S. 165 f.

³ Geschäftsg. Ges. vom 19. Jan. 1872 Art. 28.

⁴ Für diese Ansicht auch der Staatsrath in der Sitzung vom 27. Sept. 1827. — Ein nur zeitweiliger Rücktritt ist natürlich unzulässig. Vgl. M. E. vom 26. März 1821 (Weber II S. 62).

⁵ Verfehlt ist die Aeußerung Pözl's, Lehrb. des bayer. Verf. Rechts S. 505 Anm. 8. Wenn dort gesagt wird, die erbliche Reichsrathswürde sei „Zugehör eines Fideicommisses oder Lehens, welche der Besitzer zu veräußern nicht befugt ist", so beruht dies auf einem vollständigen Verkennen des hier obwaltenden staatsrechtlichen Verhältnisses. Die Reichsrathswürde ist kein „Zugehör" eines Vermögens.

Ernennung und den übrigen kein Unterschied zu machen. Denn die ersteren stehen, sobald sie einmal ernannt sind, zum Könige in keiner anderen und näheren Beziehung, wie die sonstigen Mitglieder des Landtages. Allein was für das zu schaffende Recht zweifellos sachgemäß wäre, ist für die Auslegung des geltenden Rechtes ebenso sicher unzutreffend. Die Reichsrathswürde ist eine staatliche Function; die Adresse, an welche die Erklärung zu richten ist, daß man der Reichsrathswürde entsage, kann also Mangels anderer gesetzlicher Bestimmung nur der Träger der Staatsgewalt, der König, sein. Einer Genehmigung des Königs bedarf der Verzicht nicht, da er schon im Augenblicke seiner Erklärung gegenüber dem Könige rechtswirksam ist. Das Einzige, was zu prüfen bleibt, ist, ob eine verzichtende Willenserklärung wirklich vorliegt. Ist dies zu bejahen, dann erübrigt nur, dem Zurückgetretenen den Empfang seiner Erklärung zu bestätigen und der Kammer der Reichsräthe von dem Austritte ihres Mitgliedes Mittheilung zu machen. Die Reichsrathswürde aber ist schon mit dem Augenblicke erledigt, wo der Verzicht dem Könige erklärt ist.

Es erhebt sich noch die Frage, ob der Reichsrath, welcher auf seine Würde verzichtet hat, wieder Reichsrath werden könne. Durch königliche Ernennung zum lebenslänglichen Reichsrathe oder auf Grund eines anderen, neuen Rechtstitels kann dies unbedingt geschehen, nicht dagegen auf Grund des früheren Rechtstitels. Denn auf sein gesetzliches Recht aus dem früheren Titel hat der Zurückgetretene verzichtet, und dieses Recht kann ihm weder eine königliche Ernennung wiedergeben, noch kann er durch einseitigen Willensakt es sich wieder aneignen.

Abgesehen von den Fällen des Verzichtes⁶ erlischt die Reichsrathswürde durch Wegfall der gesetzlichen Voraussetzungen ihrer Begründung. Dabei ist zwischen den Fällen rein persönlichen Verlustes und jenen zu unterscheiden, wo eine erbliche Würde als solche zu bestehen aufhört.

Der persönliche Verlust der Reichsrathswürde tritt für alle Kategorien gleichmäßig ein, wenn bei einem Reichsrathe die allgemeinen persönlichen Vorbedingungen für die Erlangung der Würde wegfallen. Ist die Würde eine erbliche, so ruht sie alsdann so lange, bis Jemand, der persönlich zu ihrer Erlangung befähigt ist, zur Nachfolge in das erbliche Kronamt oder in das Grundvermögen kömmt, an welches die Würde geknüpft ist.

Für die Träger nicht erblicher Kronämter, die Erzbischöfe, den Bischof und den Oberconsistorialpräsidenten, erlischt die Reichsrathswürde mit dem Verluste des Amtes, an welchem sie haftet.

Wo die Reichsrathswürde mit der Innehabung eines bestimmten Grundvermögens verbunden ist, erlischt dieselbe für die Familie mit dem Verluste des betreffenden Vermögens. Bei den Standesherren hat jedoch nur der gänzliche Verlust ihres in Bayern gelegenen standesherrlichen Besitzthums diese Wirkung⁷. Bei den erblichen Reichsrathswürden im engeren Sinne, also jenen, welche an ein im Lehen- oder Fideicommiß-

---

⁶ Die fortgesetzte Nichterfüllung der Pflicht zur Anwesenheit hat bei den Reichsräthen nicht wie bei den Abg. den Verlust der Mitgliedschaft, sondern den Ausschluß auf die Dauer des Landtags zur Folge. (Geschäftsg. Ges. Art. 28.) Es ist also hievon in dem gegenwärtigen Zusammenhange nicht zu handeln. (Vgl. unten §§ 104, 108.) Auf dem Landtage 1831 wurde von einem Mitgliede der K. d. R. R. ein Ergänzungsparagraph zur Gesch. Ordn. beantragt, wonach fortgesetztes Nichterscheinen bei erblichen Reichsräthen als Verzicht auf Lebensdauer, bei den übrigen als unbedingter Verzicht angesehen werden sollte. (Verh. d. K. d. R. R. 1831 III S. 388 ff.) Die Bestimmung war offenbar unstatthaft. Die Gesch. Ordn. von 1831 begnügte sich denn auch in § 5 mit der Anordnung, daß der Präsident jene ausbleibenden Reichsräthe, deren Entschuldigungen von der Kammer nicht als begründet befunden wurden, „auf den Schaden und die möglichen polit. Folgen, die von ihrem Ausbleiben entstehen könnten, aufmerksam zu machen" habe.

⁷ S. oben § 82 Anm. 96.

verbande befindliches Grundvermögen geknüpft sind, tritt die fragliche Wirkung auch dann ein, wenn der Grundbesitz derart sich verringert, daß davon der verfassungsmäßig geforderte Mindestbetrag an Steuern nicht mehr entrichtet wird.

Die bezeichneten Reichsrathswürden gehen für die Person ihres zeitigen Trägers verloren, wenn er aufhört, Eigenthümer, bzw. Nutznießer des betreffenden Grundvermögens zu sein. Dagegen läßt es den Bestand der reichsräthlichen Rechte unberührt, wenn lediglich Beschlagnahme oder Pflegschaft wegen Verschwendung verfügt ist ⁸.

Anhang.
§ 97. Der Verzicht auf die Reichsrathswürde.

Abgesehen vom Rücktritte eines Bischofes im Jahre 1821¹ kamen Verzichte auf lebenslängliche Reichsrathswürden 1828 zum ersten Male vor. (Frhr. v. Franckenstein, Graf Deroy, Ritter v. Gienanth.) Der Berichterstatter der Kammer der Reichsräthe, Staatsminister Graf Alois Rechberg, erörterte die Frage, ob lebenslängliche Reichsräthe ihrer Würde entsagen können. Die Reichsrathswürde, so führte er aus, habe nicht blos Rechte, sondern auch Pflichten im Gefolge. Man könne nur solchen Rechten giltig entsagen, die nicht zugleich unzertrennbar mit Pflichten verbunden seien. Ein lebenslänglicher Reichsrath sei also nicht in der Lage, seine Würde „nach Belieben" niederzulegen. Aber es scheine doch, „daß jene Reichsräthe, welche ihrem Berufe nicht mehr genügen können, die Befugniß besitzen müssen, ihre Stellen niederzulegen". Beurlaube man sie nur, so werde der König gehindert, thatsächlich erledigte Stellen zu besetzen. Offenbar werde „hiedurch die Sache zweifelhaft", und weder die Verfassungsurkunde noch das X. Edict gebe Entscheidung. Rechberg meinte hienach, es müsse, da die Kammer nicht einseitig die Frage lösen könne, im verfassungsmäßigen Wege durch gesetzliche Auslegung der Zweifel gehoben werden. Für den Fall, daß die Kammer es nicht als nöthig erachte, diesen Weg einzuschlagen, sei noch zu erwägen, in welcher Form oder vielmehr wem gegenüber der lebenslängliche Reichsrath seinen Verzicht zu erklären habe, ob gegenüber dem Könige oder auch gegenüber der Kammer. Rechberg hob hervor, daß der lebenslängliche Reichsrath durch seinen Eintritt auch „der Kammer, somit der Nation verpflichtet" werde. „Diese Resignation gehört zu den inneren Angelegenheiten der Kammer, zu dem Legitimationsverfahren, welches die Kammer nach ihrer Autonomie zu verhandeln hat, und hat auch die Regierung die Resignation angenommen, so schließt dieses die Cognition der Kammer nicht aus." Die Kammer müsse in der Lage sein, sich zu überzeugen, „daß die Resignation auf gesetzlichen Gründen beruhe". Für die vorliegenden Fälle beantragte Rechberg, den Verzicht zu „genehmigen". Bei der Berathung in der Kammer faßte Reichsrath Graf Karl Arco die Frage allgemeiner für alle Kategorien von Reichsräthen auf. „Man könne frei und ohne Widerspruch aus der Kammer treten"; aber der Austritt müsse der Kammer gegenüber erklärt werden, „damit sie vollkommen sich überzeugen möge, daß diese Abtretung ganz frei und ohne allen Zwang und Einfluß geschehe, wo dann durch sie, wenn die erledigte Stelle eine solche wäre, die nur auf Lebensdauer verliehen gewesen, die Anzeige an die Krone geschehe, damit diese alsdann ihr verfassungsmäßiges Recht ausüben könne". Der erste Präsident der Kammer, Fürst Wrede, stimmte dieser Ansicht bei, ebenso der zweite Präsident, Graf Montgelas, und eine Reihe anderer Reichsräthe. Etwas abweichender Meinung war Reichsrath Freiherr von Zentner. Krone und Kammer seien berechtigt, vom Austretenden die Anzeige zu fordern, „um ihre besonderen Interessen dabei bewahren zu können". Sei diese Anzeige bei der Krone oder der Kammer unterblieben, „so könne sie nachgeholt werden, entweder durch die Austretenden selbst

---

⁸ Denn der „Besitz" der Standesherrschaft (Verf. Urk. Tit. VI § 2 Ziff. 4) oder des Fideicommisses (ebenda § 3) wird durch eine derartige Maßnahme dem hievon Betroffenen nicht entzogen. Die Verf. Urk. verlangt nicht mehr als die rechtliche Innehabung des standesherrlichen, bzw. fideicommissarischen Grundvermögens. Diese rechtliche Innehabung aber wird durch Beschlagnahme oder Pflegschaft, die nur das Verfügungsrecht treffen, nicht berührt. Die entgegengesetzte Uebung der K. d. R. R. ist m. E. zweifellos unhaltbar. Uebereinstimmend Pözl, Lehrb. des bayer. Verf. Rechts S. 505 Anm. 7, jedoch ohne Angabe von Gründen. Vgl. auch Verh. d. K. b. R. R. 1866 Beil. Bd. S. 313 u. 315.

¹ Durch k. Entschl. vom 27. Dec. 1821 wurde der Verzicht des Bischofs v. Wolf auf die Reichsrathswürde genehmigt und unterm gleichen Tage dem Bischofe Frhrn. v. Fraunberg die hiedurch eröffnete Würde übertragen. (Vgl. hiezu die Bemerkungen des Abg. Dr. Rudhart, Verh. der K. d. Abg. 1827/28 Prot. Bd. IV S. 147.)

oder durch eine Mittheilung desjenigen Theils, bei welchem zuerst die Anzeige geschehen". Zur Begründung der Anzeigepflicht gegenüber der Kammer führte Zentner u. A. an, daß die Kammer wissen müsse, „ob die Resignationen aus einem annehmbaren Grunde freiwillig geschehen und nicht allenfalls durch irreguläre Einwirkungen herbeigeführt worden wären". Die Abstimmung der Kammer über die Frage erfolgte schließlich mit Beschränkung auf die vorliegenden Fälle des Verzichtes lebenslänglicher Reichsräthe. Die gestellte Frage lautete: „Will die hohe Kammer im Falle, wo ein lebenslänglicher Herr Reichsrath Alters halber oder wegen anderen physischen oder moralischen Motiven seine Stelle niederlegen zu müssen glaubt, daß der Antrag hiezu vor Allem an sie und durch dieselbe sodann zur Staatsregierung zu geschehen habe?" Die Frage wurde bejaht. Es wurde ferner beschlossen, daß „den drei Herren Resignanten eröffnet werde, die Kammer habe ihre Resignation, welche vor Allem an sie hätten gerichtet werden sollen, geprüft, und da über die Legalität derselben kein Anstand obwalte, so wolle sie ihre Resignationen genehmigen". Zugleich legte die Kammer „eine ausdrückliche Verwahrung darüber ad protocollum ein, daß die drei Herren Resignanten ihre Resignation zuerst bei der Staatsregierung und erst später bei der Kammer übergeben haben, indem sie dafür hält, daß dieselbe vor Allem bei der Kammer, deren Mitglieder die Herren Reichsräthe sind, einzureichen und der Beschluß derselben abzuwarten gewesen wäre, ehe eine Resignationserklärung an die Staatsregierung hätte erfolgen sollen"².

Diesem Beschlusse gemäß verfuhr die Kammer im Jahre 1831, als der lebenslängliche Reichsrath von Koch die Genehmigung seines Verzichtes auf die Reichsrathswürde beim Könige erwirkt hatte. Es wurde dem genannten Reichsrathe eröffnet, „daß man einer unmittelbaren Anzeige desselben über seine Resignation entgegensehe", und als er diesem Ansinnen entsprochen hatte, wurde beschlossen, die „Resignation anzunehmen und diesen Beschluß sowohl dem Herrn Staatsrathe von Koch als der königlichen Staatsregierung zu notificiren". (Verh. d. K. d. R. R. 1831 Prot. Bd. I S. 7, 24, 37, 38.) Gleichzeitig hatte der König das Gutachten des Staatsrathes in der Sache erholt. Letzterer sprach sich auf Vortrag des Berichterstatters von Stürmer in der Sitzung vom 3. Februar 1831 dahin aus, „daß ein lebenslänglicher Reichsrath auf diese seine Eigenschaft zu verzichten, auch der König den Verzicht anzunehmen berechtigt sei, und die Resignation nicht an die erste Kammer gerichtet und dort eingereicht werden müsse".

Die Staatsregierung verfuhr dieser Auffassung gemäß. Im Jahre 1837 erklärte der lebenslängliche Reichsrath Freiherr von Kesling gegenüber dem Könige seinen Verzicht und bat, als dies genehmigt worden war, auch die Kammer um Enthebung. Als letzteres Gesuch zur Würdigung kam, hatte die Kammer bereits die Legitimation des ernannten Nachfolgers August Grafen Seinsheim und damit mittelbar den Austritt Kesling's anerkannt.

Ein ähnlicher Vorgang, nur in noch schärferer Form, spielte sich im Jahre 1839 ab. Als der lebenslängliche Reichsrath Freiherr von Leonrod seine Würde niederlegte, genehmigte der König dessen Rücktritt und ernannte den Justizminister Freiherrn von Schrenk unterm 16. November 1839 zum lebenslänglichen Reichsrathe und unterm 25. gleichen Monats zum ersten Präsidenten der Kammer der Reichsräthe. Die Legitimation Schrenk's wurde in der ersten Kammersitzung vom 2. Januar 1840 vom Hause geprüft. Eine Beanstandung des Verfahrens der Staatsregierung erfolgte nicht. (Verh. d. K. d. R. R. 1840 Prot. Bd. I S. 7 ff., 10, 16.)

Als dagegen 1846 der lebenslängliche Reichsrath Graf Rechberg seinen Verzicht „in die Hände" des Königs übergab und dies gleichzeitig der Kammer mittheilte, wurde unter Bezugnahme auf die Verhandlungen von 1828 die damals festgestellte Auffassung neuerlich wieder mit aller Entschiedenheit geltend gemacht; nur lautete der Beschluß nicht, wie früher, dahin, die Resignation „anzunehmen", sondern sie „anzuerkennen". (Verh. d. K. d. R. R. 1845/46 Prot. Bd. I S. 322, 389 ff., 402.)

Dagegen blieb es wiederum ohne Beanstandung seitens der Kammer, als Bischof Richarz 1849 dem Könige gegenüber auf seine Reichsrathswürde verzichtete und der König unterm 15. Januar gleichzeitig diesen Verzicht genehmigte und den Bischof Oettl zum Reichsrathe ernannte. (Verh. d. K. d. R. R. 1849 Prot. Bd. I S. 15, 37 f.; Beil. Bd. II S. 3 f.) Als aber der nemliche Bischof von Oettl unterm 22. December 1860 der Kammer anzeigte, er habe unterm 20. gleichen Monats dem Könige seine Bitte um „Enthebung von den Verpflichtungen eines Reichsrathes eingereicht", beschloß die Kammer unter Bezugnahme auf den Beschluß von 1828 den Austritt zu „genehmigen und dem Staatsministerium hievon Nachricht zu geben". (Verh. d. K. d. R. R. 1859/61 Prot. Bd. I S. 84 ff., 92 ff.)

---

² Der Bericht über diese Vorgänge findet sich Verh. d. K. d. R. R. 1845/46 Prot. Bd. I S. 390—400; eine hiemit nicht ganz übereinstimmende Bemerkung Verh. d. K. d. R. R. 1859/61 Prot. Bd. I S. 85 f., woselbst auch der zweite Theil des Beschlusses. Vgl. ferner die Aeußerungen der Abg. Frhrn. v. Closen und v. Aretin. Verh. der K. d. Abg. 1827/28 Prot. Bd. IV S. 38, 157.

Eine abermalige neue Wendung in den Anschauungen der Kammer veranlaßte das Entlassungsgesuch, welches der lebenslängliche Reichsrath Graf Seinsheim unterm 6. Januar 1867 an sie richtete. Der erste Präsident hob hervor, daß Graf Seinsheim, „indem er seine Austrittserklärung unmittelbar der hohen Kammer mittheilte, diejenige Form gewählt habe, welche bereits durch Beschluß der hohen Kammer der Reichsräthe vom 23. Januar 1828 festgestellt wurde". Reichsrath von Heinz dagegen erklärte, er müsse diese Form, soweit sie die lebenslänglichen Reichsräthe betreffe, beanstanden. Die Würde des lebenslänglichen Reichsrathes müsse so, wie sie ertheilt worden, auch wieder aufgehoben werden. „Wolle daher ein lebenslänglicher Reichsrath resigniren, so habe er seine Resignation in die Hände desjenigen zu legen, welcher die Würde ertheilt habe, i. e. des Königs oder der Staatsregierung; letztere theile sie der hohen Kammer mit und erkläre dadurch stillschweigend, daß sie keinen Einwand zu machen habe, und nun erst fasse die Kammer ihren Beschluß, wodurch sie den Austritt sanctionire". Der erste Präsident erwiderte darauf, so sehr er einverstanden sei, daß das Entlassungsgesuch des lebenslänglichen Reichsrathes auch vom Könige genehmigt werden müsse, so müsse er es doch für angemessen erachten, daß die Entlassung zunächst bei der Kammer nachgesucht werde. Man gelangte endlich zu dem einstimmigen Beschlusse, die Resignation des Grafen Seinsheim „unter Vorbehalt der königlichen Genehmigung anzunehmen". (Verh. d. K. d. R. R. 1866/67 Prot. Bd. II S. 137 ff.)

In demselben Jahre gestattete die Kammer dem lebenslänglichen Reichsrathe Dr. von Bayer auf seine Eingabe vom 15. November den Austritt, nachdem der König das gleiche Gesuch, welches auch an ihn gerichtet worden war, unterm 22. desselben Monats bewilligt hatte.

Dagegen erklärte der Bischof von Augsburg im März 1883 dem Könige gegenüber seinen Verzicht auf die Reichsrathswürde. Der König genehmigte den Verzicht und besetzte zugleich die erledigte Stelle. Die Kammer erhob gegen dieses Verfahren keine Erinnerung. (Verh. d. K. d. R. R. 1883/84 Prot. Bd. I Prot. über den ersten Zusammentritt S. 10 und 24, Prot. der ersten öffentlichen Sitzung S. 7.)

Bei den übrigen Kategorien von Reichsräthen sind Verzichtleistungen auf die Reichsrathswürde nicht vorgekommen.

Von den Prinzen des königlichen Hauses erklärte Prinz Karl im Jahre 1867, aus Gesundheitsrücksichten fortan auf die „Thätigkeit" in der Kammer verzichten zu müssen, was letztere mit dem Ausdrucke der Hoffnung erwiderte, daß sie nicht für immer die Gegenwart des Prinzen werde entbehren müssen. Es handelte sich also hier um eine Beurlaubung, allerdings in einer Art, die außerhalb des Rahmens der Geschäftsordnung lag. (Verh. d. K. d. R. R. 1866/67 Prot. Bd. II S. 134 ff.)

In den sonstigen Fällen war die Niederlegung der Reichsrathswürde stets Folge des Verzichtes auf das Amt oder den Besitz, welche die Voraussetzung der Mitgliedschaft bildeten. Vgl. z. B. Verzicht des Fürsten Alois Oettingen=Spielberg auf die Würde des Kronoberstkämmerers 1848 (Verh. d. K. d. R. R. 1848 Prot. Bd. I S. 2 Ziff. 7 und S. 3 Ziff. 14; 1849 Prot. Bd. I S. 4 Ziff. 20), des Fürsten Ludwig von Oettingen=Wallerstein auf die Würde des Kronobersthofmeisters 1849 (Verh. d. K. d. R. R. 1849 Prot. Bd. I S. 11); Abtretungen standesherrlicher Besitzungen an den Sohn: 1839 Graf Fugger von Kirchberg und Weissenhorn (Verh. d. K. d. R. R. 1840 Prot. Bd. I S. 11, 12), 1845 Fürst Alois von Oettingen=Spielberg (der Nemliche wie oben, Verh. d. K. d. R. R. 1845/46 Prot. Bd. I S. 10), 1893 Graf von Quadt=Wykradt=Isny (Verh. d. K. d. R. R. 1893/94 Prot. Bd. I S. 41 f.); Abtretung des Fideicommisses an den Sohn: 1848 Freiherr von Lotzbeck (Verh. d. K. d. R. R. 1848 Prot. Bd. I S. 23 ff.). Im Uebrigen ereigneten sich Fälle des Rücktrittes ernannter erblicher Reichsräthe wegen Nichterfüllung der gesetzlichen Bedingungen, dann des Verlustes der erblichen Reichsrathswürde wegen Fideicommißauflösung (Graf Deroy, Verh. d. K. d. R. R. 1873/75 Prot. Bd. I S. 41).

3. Hauptstück.

Die Kammer der Abgeordneten.

§ 98. Geschichtliche Entwickelung.

Die Zusammensetzung der Kammer der Abgeordneten nach den Bestimmungen der Verfassungsurkunde¹ zeigt deutlich das Gepräge der Uebergangszeit, in welcher die Verfassung geschaffen wurde. Die altständischen Erinnerungen waren während der napoleonischen Herrschaft etwas in den Hinter

---

¹ Vgl. zum Folgenden: J. Schmelzing, Staatsrecht des Kgrs. Baiern (1820) I §§ 127, 128; L. v. Dresch, Grundzüge des baier. Staatsrechts, 2. Aufl. 1835, S. 32—60; Fr. Chr. K. Schunck, Staatsrecht des Kgrs. Baiern (1824) I §§ 127, 129—153; C. Cucumus, Lehrb. des Staatsrechts der constit. Monarchie Baierns (1825) S. 309 ff., 313—334; C. v. Moy, Staatsrecht des Kgrs. Bayern, I, 2 (1841) S. 104—135. Ferner L. A. v. Müller, Annalen des Deutschen Reiches 1881 S. 6 ff.

grund getreten; überdies konnten ihnen die Zeit des Vollgefühles neu errungener Souveränetät und Montgelas' aufgeklärter Absolutismus nicht gerade günstig sein. So war denn auch die „National-repräsentation" der Verfassung von 1808 keine „Umformung" der früheren Landstände, sondern eine Vertretung der höchstbesteuerten Grundbesitzer, in welcher, wenn sie in Thätigkeit gesetzt worden wäre, der Adel wohl thatsächlich zahlreich vorhanden gewesen sein würde, rechtlich aber der Geburtsstand ohne Bedeutung war. Die Verfassung von 1818 machte den Versuch, eine Art von ständischer Ein-theilung in der zweiten Kammer durchzuführen; allein der Versuch mußte, sobald man nicht lediglich die Berufsstände zur Grundlage nahm, sondern auch an die früheren Geburtsstände anknüpfte, noth-wendig deßhalb mangelhaft ausfallen, weil es eine durch Geburt bestimmte ständische Gliederung des Volkes längst nicht mehr gab. Die alte Form der Landstände mochte ein Scheindasein noch fortfristen, obschon die thatsächlichen Verhältnisse des gesellschaftlichen Lebens ihr nicht mehr entsprachen. Aber nachdem diese Form einmal zerschlagen war, war es unmöglich, sie wieder herzustellen. Es ist be-merkenswerth, daß die Verfassung von 1818, trotzdem sie mit Absicht als Gesammtbezeichnung für beide Kammern das Wort „Ständeversammlung" statt „Nationalrepräsentation" gesetzt hat³, für die ein-zelnen Bestandtheile der zweiten Kammer nicht den Namen „Stand", sondern den unbestimmten Ausdruck „Classe" wählt.

Die Mitgliederzahl der Abgeordnetenkammer soll sich „im Ganzen" nach der Zahl der Familien im Königreiche richten, und zwar in der Weise, daß auf 7000 Familien ein Abgeordneter gerechnet wird⁴. Die hienach sich ergebende Abgeordnetenzahl wird in folgender Weise vertheilt⁵.

1. Ein Achttheil trifft auf die Classe der adeligen Grundbesitzer, welche eine gutsherrliche Gerichtsbarkeit und nicht schon Sitz und Stimme in der ersten Kammer haben⁶.

2. Ein weiteres Achttheil trifft auf die Classe der wirklichen selbständigen Pfarrer der katho-lischen (zu ³/₄) und protestantischen Kirche (zu ¹/₄), welche ihre Pfarrei selbst versehen⁷.

3. Ein Viertheil stellt die Classe der Städte und Märkte mit wenigstens 500 Familien. Deren Abgeordnete müssen in der Gemeinde mit freieigenem Grundvermögen oder bürgerlichem Gewerbe seit wenigstens drei Jahren ansässig sein und davon einen bestimmten Mindestbetrag an Steuern ent-richten⁸.

4. Die Hälfte der Abgeordneten entfällt auf die Landeigenthümer, die nicht der ersten Classe oder der Reichsrathskammer angehören. Diese Abgeordneten müssen ein freieigenes oder erblich nutz-bares Eigenthum⁹ in ihrem Regierungsbezirke seit drei Jahren besitzen und hievon wenigstens 10 fl. Steuersimplum bezahlen¹⁰.

5. Endlich entsendet jede der drei Universitäten aus den ordentlichen Professoren ein Mitglied in die Kammer¹¹.

Die Vertheilung der Abgeordneten aus den ersten vier Classen auf die Regierungsbezirke wurde durch die X. Verfassungsbeilage geregelt¹².

Ueber die allgemein erforderlichen Eigenschaften eines Abgeordneten bestimmte die Verfassung Folgendes¹³. „Jedes Mitglied der Kammer der Abgeordneten muß ohne Rücksicht auf Standes- oder Dienstverhältnisse ein selbständiger Staatsbürger sein, welcher das 30. Lebensjahr zurückgelegt hat und den freien Genuß eines solchen im betreffenden Bezirke oder Orte gelegenen Vermögens besitzt, welches

---

² Verordn. vom 8. Juni 1807. Vgl. oben § 30 Anm. 6.

³ Sitzung der Ministerialconferenz vom 9. April 1818.

⁴ Verf. Urk. Tit. VI § 8. Bei der ersten Ständeversammlung zählte die K. d. Abg. hienach 115 Abgeordnete (112 von 789 191 Familien und 3 der Universitäten). Vgl. Verordn. vom 30. Nov. 1818 (G. Bl. S. 629) u. Allg. Intell. Bl. 1819 S. 109.

⁵ Verf. Urk. Tit. VI §§ 7 u. 9.

⁶ Die Ges. vom 28. Dec. 1831 über die Rechtsverhältnisse der auf die Gerichtsbarkeit freiwillig verzichtenden Standes- u. Gutsherren, Art. 11 (G. Bl. 1831/32 S. 258) u. vom 1. Juli 1834, die Vin-dication der Gerichtsbarkeiten betr., Art. II (G. Bl. S. 39) wahrten den Gutsherren, welche zu Gunsten des Staates auf ihre Gerichtsbarkeit Verzicht leisteten, unter bestimmten Voraussetzungen das Recht der Standschaft in ihrer Classe. Vgl. unten § 122 Anm. 29 u. 32. Da die Pfalz Gutsbesitzer mit Gerichtsbarkeit nicht hatte, so bestimmte die k. Entschl. vom 5. Oct. 1818 (Weber I S. 733) unter D Ziff. 2, daß „der hiedurch verursachte Abgang von der den Rheinkreis treffenden verhältnißmäßigen Zahl der Abg. in den übrigen Classen ergänzt" werden solle. Dazu das nur für wenige Monate in Geltung gewesene Verf. Ges. vom 16. April 1848, die Zahl der Abg. zur Ständeversammlung aus der Pfalz betr. (G. Bl. S. 9.)

⁷ Verf. Beil. X Tit. I §§ 5, 8, 19.   ⁸ Verf. Beil. X Tit. I §§ 6 u. 8.

⁹ Vgl. oben § 31 Anm. 5, 12.   ¹⁰ Verf. Beil. X Tit. I § 8.

¹¹ Verf. Beil. X Tit. I § 18.   ¹² Tit. I §§ 2—8.

¹³ Tit. VI § 12.

ſeinen unabhängigen Unterhalt ſichert und durch die im Edicte (Beilage X) feſtgeſetzte Größe der jährlichen Verſteuerung beſtimmt wird. Er muß ſich zu einer der drei chriſtlichen Religionen bekennen und
darf niemals einer Specialunterſuchung wegen Verbrechen oder Vergehen unterlegen haben ¹⁴, wovon
er nicht gänzlich freigeſprochen worden iſt."

Die Wahl konnte nur aus den geſetzlich beſtimmten Gründen abgelehnt werden ¹⁵. Staatsdiener und Staatspenſioniſten, ſowie „alle für den öffentlichen Dienſt verpflichteten Individuen" bedurften zum Eintritte in die Kammer der Bewilligung des Königs, die Beamten der Gutsherren der
Genehmigung der letzteren ¹⁶.

Die Wahlordnung war für die einzelnen Claſſen verſchieden. Die adeligen Gerichtsherren und
die Univerſitätsprofeſſoren wählten unmittelbar, die übrigen Claſſen mittelbar durch Wahlmänner.
Die Wahlmännerwahl geſchah in der Claſſe der Städte und Märkte durch die beiden Gemeindecollegien; nur in den Städten mit eigenen Abgeordneten (München, Augsburg, Nürnberg) waren die
Abgeordneten unmittelbar durch die Gemeindecollegien zu bezeichnen. Bei der Claſſe der Landeigenthümer ohne Gerichtsbarkeit bedurfte es ſogar dreier Wahlhandlungen. Die Gemeindebehörden ernannten Bevollmächtigte; von dieſen wurden die Wahlmänner und von letzteren dann die Abgeordneten
gewählt ¹⁷.

Die perſönlichen Erforderniſſe für die Wähler waren: Beſitz des Staatsbürgerrechtes und
vollendetes 25., für die Betheiligung als Wahlmann bei „den letzten Wahlmomenten" 30. Lebensjahr ¹⁸.

Die Wahl erfolgte, wie noch jetzt, vorbehaltlich der Auflöſung auf ſechs Jahre ¹⁹.

Es kann nicht in Erſtaunen ſetzen, daß eine Gliederung der zweiten Kammer, wie die geſchilderte,
gegenüber der politiſchen Bewegung des Jahres 1848 ſich nicht zu behaupten vermochte. Die Widerſtands-
kraft der beſtehenden Einrichtung wäre vielleicht eine größere geweſen, wenn in der Abgeordnetenkammer
wirklich eine wohlbemeſſene Vertretung der Berufsſtände ſich gefunden hätte ²⁰. Allein, wie wir geſehen haben, war dies nicht der Fall. Mit um ſo mehr Schwergewicht mußte ſich gegenüber dem
Grundſatze der ſtändiſchen Scheidung des Volkes der Gedanke eines einheitlichen Staatsbürgerthums
geltend machen. So war es denn begreiflich, daß das „Repräſentativſyſtem", welches bei den Ver-
faſſungsberathungen von 1818 zurückgewieſen worden war, nunmehr verhältnißmäßig leicht ſich Eingang verſchaffte.

Nachdem bereits der königliche Aufruf vom 6. März 1848 ²¹ eine Verbeſſerung der Stände-
wahlordnung verheißen hatte, brachte die Staatsregierung in der Sitzung der Kammer der Abgeordneten vom 26. April 1848 ²² einen Geſetzentwurf, die Wahl der Abgeordneten zur Ständeverſammlung
betreffend, in Vorlage, welcher ohne Berückſichtigung von „Standesclaſſen" allgemeine indirecte Wahlen

---

¹⁴ Die Beſtimmung bereitete Schwierigkeiten in der Pfalz. Vgl. Landtagsabſch. vom 23. Mai
1846 (G. Bl. S. 5) Abſchn. III § 40.

¹⁵ Verf. Beil. X Tit. I §§ 44 ff.

¹⁶ Verf. Beil. X Tit. I § 44, c. Dieſe Beſtimmung erwies ſich im Vollzuge als eine beſonders
umſtrittene und gehäſſige. Vgl. G. Frhr. v. Lerchenfeld, Geſchichte Bayerns unter König Maximilian Joſeph I. S. 284 f.; Verh. d. K. d. Abg. 1827/28, Prot. Bd. IV S. 40 ff.; 1831 Prot. Bd. I
Prot. Nr. IV S. 44 ff. (Fall des Frhrn. v. Cloſen, der beſondere Erregung hervorrief, u. dazu Landtagsabſch. vom 29. Dec. 1831, G. Bl. S. 57, Abſchn. I M); Verh. des Landtags 1843 K. d. Abg. Prot.
Bd. III S. 219 ff., 277, VIII S. 400, K. d. R. R. Prot. Bd. II S. 159 ff., Beil. Bd. III S. 376.
Es erging daher unterm 23. Mai 1846 (G. Bl. S. 37) ein erläuterndes Geſ.

¹⁷ Verf. Beil. X Tit. I §§ 14—38.

¹⁸ Verf. Beil. I § 9, Beil. X Tit. I § 13. Dazu ebenda § 42 (Verluſt des Wahlrechts wegen
Beſtechung).

¹⁹ Verf. Urk. Tit. VI § 13. An ſpäteren Nov. ſind zu erwähnen:
1. Geſ., die Zwiſchenwahl von Abg. zur 2. Kammer der Ständeverſammlung betr., vom
18. Jan. 1843 (G. Bl. S. 5);
2. Landtagsabſch. vom 25. Aug. 1843 § 41 — den Wahlcenſus der Landeigenthümer ohne Gerichtsbarkeit betr. — (G. Bl. S. 76);
3. Geſ., den § 44 lit. c im I. Titel der X. Beil. zur Verf. Urk. betr., vom 23. Mai 1846 (G.
Bl. S. 37);
4. Geſ., die Zahl der Abg. zur Ständeverſammlung in der Pfalz betr., vom 15. April 1848
(G. Bl. S. 9).

²⁰ Vgl. darüber L. A. v. Müller, Annalen des Deutſchen Reichs 1881 S. 40 f., C. E. Leuthold ebenda 1884 S. 339 f.

²¹ R. Bl. S. 105.

²² Prot. Bd. II S. 454 ff., Beil. Bd. II S. 9 ff.

vorſchlug. Der Entwurf fand in ſeinen Hauptbeſtimmungen die Billigung der Kammern²³. Unterm 4. Juni 1848 erging hienach das Geſetz, die Wahl der Landtagsabgeordneten betreffend²⁴, das im Weſentlichen die Grundlage des geltenden Rechtes bildet²⁵.

Allerdings hat es in der Folge an Verſuchen nicht gefehlt, dieſe Grundlage zu ändern; doch blieben dieſelben ohne Ergebniß.

Zuerſt war es die Staatsregierung, welche an den Landtag mit dem Vorſchlage herantrat, das Wahlſyſtem, welches im Jahre 1848 den Sieg errungen hatte, preiszugeben und wieder auf den Standpunkt der Verfaſſung von 1818 zurückzukehren. In der Sitzung der Kammer der Abgeordneten vom 19. October 1854 legte der Staatsminiſter Frhr. von der Pfordten einen Geſetzentwurf, betreffend die Bildung der zweiten Kammer des Landtages, vor²⁶. Nach dieſem Entwurfe ſollte die Kammer der Abgeordneten aus 128 Mitgliedern beſtehen. Sie ſollte nemlich zählen: 8 Abgeordnete der katholiſchen und 4 der proteſtantiſchen Geiſtlichkeit; je einen Abgeordneten der drei Univerſitäten; für die Landestheile rechts des Rheins je 2 Abgeordnete der höchſtbeſteuerten 70 adeligen und 70 nichtadeligen Grundbeſitzer²⁷ jedes Regierungsbezirkes, für die Pfalz 4 Abgeordnete der 140 höchſtbeſteuerten Grundbeſitzer, im Ganzen alſo 32 Vertreter des Großgrundbeſitzes; 40 Abgeordnete der übrigen Grundbeſitzer, und zwar je 5 für jeden Regierungsbezirk; 17 Abgeordnete der zwei größeren Städte eines jeden Regierungsbezirkes, davon 2 für München; je einen Abgeordneten der Claſſe der conceſſionirten oder patentirten Bankiers, Fabrikanten und Großhändler und je 2 Abgeordnete der übrigen Gewerbetreibenden jedes Regierungsbezirkes, im Ganzen alſo 24 Vertreter des Gewerbeſtandes²⁸. Der Entwurf verlangte für die Ausübung des Wahlrechts im Allgemeinen den Beſitz des Staatsbürgerrechts und das Bekenntniß des chriſtlichen Glaubens in einer der geſetzlich aufgenommenen Kirchengeſellſchaften, da, wie die Begründung ſagte, Bayern ein chriſtlicher Staat ſei. Durch das Erforderniß des Staatsbürgerrechtes ſowohl wie durch die Vorſchriften, welche die Wahl einzelner Claſſen betrafen, wäre das Wahlrecht auf das Aeußerſte beſchränkt worden. Sogar Beſtimmungen über die Nothwendigkeit dienſtlicher Erlaubniß zum Eintritte in die Abgeordnetenkammer fanden ſich wieder aufgenommen.

Der Entwurf, welcher in ſehr weſentlichen Beziehungen einen Rückſchritt ſelbſt gegenüber den Vorſchriften der Verfaſſungsurkunde gebracht hätte, wurde im Ausſchuſſe der Abgeordnetenkammer völlig umgearbeitet²⁹. Allerdings ging dieſe Umgeſtaltung auf den Grundgedanken des Entwurfes, Verwerfung der reinen Kopfzahlvertretung und Berückſichtigung der ſtändiſchen Gliederung des Volkes, ein, aber ſie that dies doch in einer ganz anderen Weiſe. Vor Allem ſollte der Unterſchied von Stadt und Land zum Schutze der ſtädtiſchen Bevölkerung gegen Ueberſtimmung hervorgehoben werden; es ſollte

---

²³ Vgl. Verh. d. K. d. Abg. Beil. Bd. II S. 171 ff. (Vortrag des Ausſchußberichterſtatters) 201 ff. (Zuſammenſtellung), 224 ff. (Ausſchußverh.), Prot. Bd. IV S. 87, 437 ff., V S. 2—160, 165, 170, VII S. 57—81; K. d. R. R. Beil. Bd. IV S. 95 ff. (Vortrag des Ausſchußberichterſtatters), 126 ff. (Ausſchußverhandlungen), Prot. Bd. IV S. 364, 369—474, V S. 2—70.

²⁴ G. Bl. S. 77. Vgl. A. Luthardt, Theorie u. Praxis des Geſ. vom 4. Juni 1848, die Wahl der Landtagsabg. betr., Bl. f. adm. Praxis XIX (1869) S. 249 ff., Vollzugsvorſchr. bei Döllinger XXI S. 329 ff., ferner Vollzugsvorſchr. vom 21. April 1855.

²⁵ Vgl. auch Geſ., die Wahl der bayer. Abg. zur Volksvertretung beim Deutſchen Bunde betr., vom 15. April 1848 (G. Bl. S. 1).

²⁶ Sten. Ber. 1853/54 Bd. I S. 243, Beil. Bd. II S. 1 ff. Das Geſ. von 1848, ſo wurde geſagt, ſei „unter den Stürmen einer leidenſchaftlich erregten Zeit in großer Haſt berathen und beſchloſſen" worden. „Die Erfahrung aller Zeiten und Völker" ſpreche gegen die Grundſätze jenes Geſetzes, die „nicht ohne guten Grund als gleich gefährlich für die Freiheit und Wohlfahrt des Volkes wie für die Kraft und Dauer der Monarchie bezeichnet worden" ſeien. Noch ſtärker trug der Abg. v. Gombart (Sten. Ber. I S. 480) auf, der behauptete, das Geſ. von 1848 ſei „aus der ſog. Theorie der Socialdemokratie hervorgegangen". Dagegen hatte der Landtagsabſch. vom 4. Juni 1848 (G. Bl. S. 54) die „hingebende Thätigkeit" und die „beſonnene Berathung" der bedeutſamen Geſetzesvorlagen durch die Stände rühmend erwähnt.

²⁷ Fideicommiß- oder Erbgutbeſitzer, die, wenn nöthig, bis zur Zahl 70 aus den übrigen höchſtbeſteuerten Grundbeſitzern ergänzt werden ſollten.

²⁸ Abg. Dr. Weiß als Berichterſtatter bemerkte hiezu (Beil. Bd. II S. 151): „So ſchlimm ſteht es Gottlob mit dem bayer. Volke noch nicht, daß 96 Vertreter des Grundbeſitzes und der Gewerbe in Verbindung mit 17 Vertretern von 16 Städten, 12 Geiſtlichen und 3 Univerſitätsprofeſſoren geeignet wären, ein Bild der einzelnen Elemente des Volkes darzuſtellen."

²⁹ Vgl. Beil. Bd. II S. 149—174.

ferner solchen „Elementen von politischer und socialer Bedeutung", „die trotz ihrer Wichtigkeit numerisch so schwach sind, daß sie nicht in allgemeinen Wahlen sich geltend machen können"[30], Vertretung zugesichert sein. Die Zusammensetzung der Kammer war nach den Beschlüssen des Ausschusses: 15 Abgeordnete der 8 größten Städte, 21 Abgeordnete der übrigen Gemeinden von 2500 und mehr Einwohnern, 84 Abgeordnete der kleineren Gemeinden, 13 Abgeordnete der katholischen und protestantischen Pfarrgeistlichkeit, je ein Abgeordneter der drei Universitäten und 8 Vertreter des adeligen größeren Grundbesitzes: im Ganzen also 144 Abgeordnete. Die oben erwähnten allgemeinen Beschränkungen des Wahlrechtes wurden beseitigt und auch sonst tiefgreifende Aenderungen vorgenommen.

Nach eingehenden Verhandlungen in der Kammer wurde indessen auch der umgearbeitete Gesetzentwurf abgelehnt, da er nur 76 von 137 Stimmen, sohin nicht die Mehrheit erlangte, die zu einer Verfassungsänderung erforderlich ist[31]. Das Wahlgesetz von 1848 war hiemit gerettet.

In einer entgegengesetzten Richtung wie bei im Jahre 1854 unternommene Versuch bewegten sich jene Bestrebungen, welche nach den Ereignissen des Jahres 1866 zu Tage traten. Durch das Gesetz vom 16. November 1867, die Wahl der bayerischen Abgeordneten zum deutschen Zollparlament betreffend[32], hatte zum ersten Male das directe Wahlsystem in Bayern Eingang und alsbald auch Anhänger gefunden. Während des Landtages 1866/69 gelangte eine Reihe von Vorstellungen in den Einlauf der Kammer der Abgeordneten, welche die Einführung allgemeiner directer Wahlen verlangten. Indessen wurde eine Anfrage des Abg. Jörg an die Staatsregierung, ob dieselbe beabsichtige, „den Entwurf eines neuen Landtagswahlgesetzes auf der dem Zollparlamentswahlgesetze entsprechenden Basis der allgemeinen und directen Wahlart noch bei dem gegenwärtigen Landtage, jedenfalls aber vor Ablauf der gegenwärtigen Wahlperiode einzubringen"[33], in der Sitzung vom 26. März 1868 dahin beantwortet, daß eine solche Vorlage für die gegenwärtige Wahlperiode nicht geplant werde[34]. Ferner wurden die oben erwähnten Petitionen, sowie der Antrag der Abg. Dr. K. Barth und Jörg, welcher das gleiche Ziel verfolgte, in der Sitzung der Abgeordnetenkammer vom 13. Februar 1869 abgelehnt[35].

In eine neue Entwickelung trat die Sache, als die Thronrede vom 17. Januar 1870 ein Wahlgesetz auf der Grundlage des directen Wahlrechtes verhieß[36]. Der Gesetzentwurf wurde am 21. April 1870 eingebracht, gelangte aber nicht zur Berathung[37].

Unterm 9. Juni 1874 wiederholte die Staatsregierung ihre Vorlage, zog sie aber zurück, als die Verhandlungen im Ausschusse der Abgeordnetenkammer gezeigt hatten, daß eine Verständigung über den Entwurf in der Kammer nicht zu erzielen sein werde[38].

Auf dem Landtage 1875/76 reichte der Abg. Jörg, nachdem er durch eine Interpellation ermittelt hatte, daß eine Vorlage der Staatsregierung nicht zu erwarten sei[39], zwei Gesetzesvorschläge ein. Dieselben, auf der Grundlage der directen Wahlen ruhend, handelten über die Wahl der Landtagsabgeordneten, dann über die Wahlkreiseintheilung und die Zahl der Abgeordneten. Als es aber zur Berathung im Hause kam, stellte sich sofort bei der ersten Abstimmung heraus, daß die Jörg'schen Entwürfe eine Zweidrittelmehrheit nicht finden würden[40].

Spätere Anfragen an die Staatsregierung, ob sie die Umgestaltung des Wahlgesetzes wieder aufzugreifen gesonnen sei (1877 und 1878), wurden mit Hinweis auf die Aussichtslosigkeit des Unter-

---

[30] Weis, Sten. Ber. I S. 525.

[31] Sten. Ber. I S. 478—635.

[32] G. Bl. 1866/69 S. 237.

[33] Die Interpellation hob hervor, es sei ein Mißstand, daß „augenblicklich zwei auf ganz verschiedenen Principien beruhende Wahlgesetze in verfassungsmäßiger Wirksamkeit im Lande bestehen". Es sei zweifellos, daß eines der beiden Wahlsysteme dem andern weichen müsse, und daß das System des Wahlges. von 1848 „den überwundenen Standpunkt bezeichne". Vgl. auch Verh. d. K. d. Abg. 1880/81 Sten. Ber. V S. 372.

[34] Verh. d. K. d. Abg. 1866/68 Sten. Ber. III S. 349 f.

[35] Verh. d. K. d. Abg. 1866/67 Beil. Bd. I S. 293 ff.; 1868/69 Sten. Ber. V S. 215 ff., 237 ff.

[36] Verh. d. K. d. Abg. 1870/71 Prot. Bd. S. 9.

[37] Verh. d. K. d. Abg. 1870/71 Sten. Ber. II S. 113 ff.; Beil. Bd. II S. 425 ff.

[38] Verh. d. K. d. Abg. 1873/75 Sten. Ber. II S. 1 f., III S. 289; Beil. Bd. II S. 319 ff., IV S. 368 ff.

[39] Verh. d. K. d. Abg. 1875/76 Sten. Ber. I S. 125 ff.

[40] Verh. d. K. d. Abg. 1875/76 Beil. Bd. II S. 319 ff., 465 ff., 521 ff.; Sten. Ber. I S. 187 ff., II S. 413 ff.

nehmens verneint⁴¹. So brachte denn der Abg. Schels unterm 7. Januar 1879 den Entwurf eines Landtagswahlgesetzes an die Kammer. Der Entwurf, der auf die Einführung direkter Wahlen und gesetzliche Wahlkreiseintheilung verzichtete, wurde an einen Ausschuß verwiesen, gedieh aber nicht bis zur Berathung im Hause⁴².

Nunmehr wurde die Sache wieder von der Staatsregierung in die Hand genommen. Am 29. Januar 1881 unterbreitete der Staatsminister des Innern der Abgeordnetenkammer den Entwurf einer Novelle zum Wahlgesetze vom 4. Juni 1848⁴³. Die Vorlage sah davon ab, grundsätzliche Aenderungen an dem bestehenden Wahlgesetze zu bewirken. Sie begnügte sich, die Beseitigung einer Mehrzahl technischer Mängel des Gesetzes vom 4. Juni 1848 in Aussicht zu nehmen, um „künftigen Wahlen einen ruhigen Verlauf zu sichern und das Geschäft der Wahlprüfungen auf die naturgemäßen einfachen Bahnen zurückzuführen". Ueber diesen Entwurf wurde, nachdem er durch den Ausschuß der Abgeordnetenkammer in verschiedenen Punkten verändert und erweitert worden war, Vereinbarung erzielt⁴⁴, und so erging das Gesetz vom 21. März 1881⁴⁵.

§ 18 dieses Gesetzes ermächtigte die Staatsregierung, das Wahlgesetz in seiner neuen Fassung durch das Gesetz- und Verordnungsblatt bekannt zu machen und hiebei eine fortlaufende Numerirung der Artikel und die Richtigstellung der Verweisungen vorzunehmen. Dies geschah durch Bekanntmachung vom 22. März 1881⁴⁶. Der hienach veröffentlichte Gesetzestext enthält also das geltende Recht. Das Wahlgesetz findet, was das Wahlverfahren anlangt, seine Ergänzung durch die Vollzugsvorschriften des Staatsministeriums des Innern⁴⁷.

Anträge auf Vorlage eines neuen Wahlgesetzes auf Grundlage des allgemeinen unmittelbaren Wahlrechtes, welche beim Landtage 1892/93 in der Kammer der Abgeordneten gestellt wurden, wurden von der Kammer abgelehnt⁴⁸.

§ 99. Wahlfähigkeit, Wahlberechtigung und Wählbarkeit.

Zur Bemessung des Umkreises jener Personen, welche bei einer Landtagswahl rechtlich in Betracht kommen, sind die Begriffe der Wahlfähigkeit und Wahlberechtigung, dann der Wählbarkeit festzustellen ¹.

Unter Wahlfähigkeit ist diejenige persönliche Beschaffenheit zu verstehen, welche die

---

⁴¹ Verh. d. K. d. Abg. 1877/78 Sten. Ber. I S. 56 f., 74; II S. 133 ff.

⁴² Verh. d. K. d. Abg. 1878/79 Beil. Bd. IV S. 269, Sten. Ber. III S. 179 ff.

⁴³ Verh. d. K. d. Abg. 1881 Sten. Ber. V S. 93 f., Beil. Bd. XI S. 323 ff.

⁴⁴ Verh. d. K. d. Abg. 1881 Beil. Bd. XII S. 281 ff., Sten. Ber. 1880/81 V S. 368 ff., Verh. d. K. d. R. R. 1877/81 Prot. Bd. III S. 1936 ff., Beil. Bd. III S. 1751 ff.

⁴⁵ Die Abänderung einiger Bestimmungen des Ges. über die Wahl der Landtagsabg. vom 4. Juni 1848 betr. (G. u. V. Bl. S. 103). Ueber das Gesetz vgl. L. A. v. Müller, das bayer. Ges. über die Wahl der Landtagsabg. vom 4. Juni 1848, Nördlingen 1881; ferner L. A. v. Müller, zur Theorie u. Praxis des bayer. Landtagswahlges., Bl. f. adm. Praxis XXXII (1882) S. 145 ff., 161 ff., 177 ff. — Ueber spätere Erörterungen im Landtage wegen Aenderungen des Wahlges. Repert. 1883/86 S. 177 f., 304 f.

⁴⁶ G. u. V. Bl. S. 113.

⁴⁷ Die ergangenen Vollzugsvorschr. sind folgende:

1. Min. Bek. vom 22. März 1881, den Termin für die erstmalige Herstellung der Wählerlisten u. die Frist für deren demnächstige öffentliche Auslegung betr. (G. u. V. Bl. S. 122).

2. M. E. vom 24. März 1881, die erstmalige Herstellung, öffentliche Auslegung u. Abschließung der Wählerlisten betr. (Weber XIV S. 762).

3. M. E. vom 2. April 1881, den Vollzug des Ges. über die Wahl der Landtagsabg. betr. (Weber XV S. 31).

Das Wahlges. sagt in Art. 37 Abs. III: „Der Staatsminister des Innern ist mit dem Vollzuge beauftragt." Aus diesen Worten möchte man an sich nicht darauf schließen, daß das ministerielle Vollzugsverordnungsrecht auch das Recht umfaßt, die Vorschriften des Ges. zu ergänzen. Indessen ist dies gleichwohl der Fall. Abgesehen von der unbeanstandet gebliebenen Uebung zeigen mehrfache Aeußerungen in der K. d. Abg. bei der Berathung über die Nov., daß man dem Ministerium jenes Recht einräumen wollte. Dazu kommt, daß ohne eine solche Befugniß der Staatsregierung das Wahlges. unvollziehbar wäre.

⁴⁸ Sten. Ber. I S. 93 ff.

¹ Vgl. auch E. Radnitzky, die Parteiwillkür im öffentlichen Recht, Wien 1888, S. 30 ff.

Möglichkeit gibt, wahlberechtigt zu sein.   Die Wahlberechtigung ist die Befugniß zur Theilnahme an einer bestimmten Wahl².

Das Wahlrecht ist nach einer zweifachen Hinsicht ein höchst persönliches Recht. Einmal nemlich insoferne, als dasselbe nur von dem persönlich anwesenden Wahlberechtigten und nicht durch Stellvertretung ausgeübt werden kann³, sodann insoferne, als es nicht Gegenstand eines Rechtsgeschäftes mit einem Dritten sein darf.   Die übernommene Verpflichtung, das Wahlrecht zu Gunsten einer bestimmten Person auszuüben, ist daher unwirksam.   Wurde die Verpflichtung gegen Zusicherung eines Vermögensvortheils eingegangen, so bewirkt dies Ungiltigkeit der Wahl, soweit sie die Bestechenden und Bestochenen betrifft⁴.   Außerdem fällt eine solche Bestechung⁵ unter die Strafbestimmungen des § 109 des Reichsstrafgesetzbuches⁶.

Mit Wählbarkeit wird diejenige persönliche Beschaffenheit bezeichnet, welche die rechtliche Möglichkeit gibt, gewählt zu werden, also ein Recht a u s der Wahl zu erwerben. Die Wählbarkeit ist demnach ebensowenig ein Recht, als die Wahlfähigkeit⁷.

Da die Abgeordnetenwahl eine mittelbare ist, so spalten sich die Wahlfähigkeit und Wahlberechtigung einerseits, die Wählbarkeit andererseits in eine doppelte als Urwähler und als Wahlmann, bzw. als Wahlmann und als Abgeordneter⁸.

Voraussetzung der Urwahlfähigkeit ist theils das Vorhandensein, theils das Nichtvorhandensein gewisser Thatsachen.

Die Thatsachen, welche die Wahlfähigkeit bedingen, sind: Staatsangehörigkeit, männliches Geschlecht, gesetzliche Volljährigkeit⁹, Entrichtung¹⁰ directer Staatssteuern¹¹ seit mindestens sechs Monaten¹².

Bezüglich des letzteren Punktes kann nach dem Wortlaute des Gesetzes einzig und allein die Thatsache entscheidend sein, ob derjenige, dessen Wahlfähigkeit in Frage kömmt,

---

² Ueber die rechtliche Natur des Wahlrechtes P. Laband, Staatsrecht des Deutschen Reichs, 3. Aufl., I S. 291 ff., dagegen G. Jellinek, System der subjectiven öffentlichen Rechte, Freiburg i. B. 1892, S. 129 ff., ferner ebenda S. 151 ff. Strafrechtlicher Schutz des Wahlrechts R. St. G. B. §§ 107, 339 Abs. III. S. auch Wahlges. Art. 31 Abs. II: „Jede Beschränkung der Freiheit der Wahl und jede Benutzung eines obrigkeitlichen Einflusses auf die Wähler wird strenge geahndet und nach Umständen mit der Dienstesentlassung bestraft."

³ Wahlges. Art. 4 Abs. I u. II.

⁴ Wahlges. Art. 32. Entsch. d. V. G. H.'s II S. 35, IV S. 39.

⁵ Vgl. P. Laband a. a. O. I S. 295 f.

⁶ Ueber das Recht vor der Wahlgesetznov. von 1881 (Art. 26 der früheren Fassung) L. A. v. Müller, das bayr. Ges. über die Wahl der Landtagsabg. S. 44.

⁷ Das Ges. selbst spricht nur von Wahlberechtigung und Wählbarkeit; die Begründung des Entw. von 1881 auch von Wahlfähigkeit. In der Fassung von 1848 (Art. 5, 8) war von activer und passiver Wahlfähigkeit die Rede. Durch die Nov. hat der frühere Art. 8 als Art. 12 eine neue Gestalt erhalten. Es wird gesagt, daß Wahlberechtigung und Wählbarkeit an kein bestimmtes Glaubensbekenntniß gebunden seien. Richtiger wäre es Angesichts der Bestimmungen des R. Ges. vom 3. Juli 1869 (oben § 80 Anm. 10) gewesen, den Art. als überflüssig zu streichen.

⁸ Die Einrichtung der Ersatzmänner (Art. 10 des Wahlges. von 1848) ist durch die Nov. beseitigt worden. Vgl. den Antrag Barth wegen Beseitigung der Ersatzmännerwahl, Verh. d. K. b. Abg. 1863/65 Sten. Ber. I S. 46, 101, 155 ff.; Beil. Bd. I S. 153 ff.

⁹ Volljährigerklärung genügt nicht.

¹⁰ Selbstverständlich wird persönliche Steuerzahlung gefordert. Das Mitglied einer Genossenschaft kann also nicht die durch letztere erfolgende Steuerzahlung für sich geltend machen. Vgl. L. A. v. Müller, Bl. f. adm. Praxis XXXII S. 169.

¹¹ Grundsteuer, Haussteuer, Gewerbe- u. Haussteuer, Capitalrenten- u. Einkommensteuer. M. E. vom 24. März 1881, IV, 1. Die Erbschaftssteuer gehört nicht hieher, da das Ges. offenbar nur Steuern im Auge hat, welche auf ständige Einkommensquellen gelegt sind.

¹² Wahlges. Art. 5 Abs. I.

wirklich directe Staatssteuern gezahlt hat oder nicht.   Hat er solche nicht gezahlt, dann ist es völlig einerlei, warum er nicht gezahlt hat ¹³.

---

¹³ Die Begründung zur Nov. bemerkt: „Bei dem Erfordernisse der Steuerentrichtung sind die Worte: seit mindestens 6 Monaten eingeschaltet. Die Ausdrucksweise: seit mindestens 6 Monaten . . . entrichtet schließt in sich, daß die Anlegung vor mindestens 6 Monaten geschah, und daß die Entrichtung schon statthatte. Die 6 Monate berechnen sich vom Tage der Urwahl rückwärts (nach der Fassung, die das Gesetz erhalten hat — Art. 5 Abs. V — vom Anfangstage der öffentlichen Auslegung der Wähler- listen rückwärts); bei erfolgter Anmeldung (des Steuerpflichtigen bei der Steuerbehörde) ist der Tag der Anmeldung als Endtermin bei der Zurückrechnung zu erachten."

(Das will sagen: fällt der Tag der Steuerzahlung in die sechsmonatliche Frist, der Tag der Anmeldung aber hinter die sechsmonatliche Frist zurück oder doch auf den Anfangstag der Frist, so ist Steuerzahlung seit 6 Monaten anzunehmen; fällt dagegen auch der Tag der Anmeldung in die 6 Monate, so ist der Betreffende nicht wahlfähig. Vgl. M. E. vom 24. März 1881, IV, 2.)

„Die Statuirung des Erfordernisses einer mindestens sechsmonatlichen Steuerentrichtung möchte einerseits in materieller Beziehung wünschenswerth sein, um den in Bezug auf ihre Gesetzmäßigkeit angezweifelten Fällen vorübergehender Steuersatirung nach Thunlichkeit zu begegnen, und wird sich andererseits als eine technisch veranlaßte Maßnahme bei Einführung permanenter, halbjährig zu be- richtigender Wahllisten darstellen."

So die Begründung. Angesichts derselben muß man sagen, daß das Ges. nicht vollkommen aus- drückt, was es ausdrücken wollte. Man wollte denjenigen volljährigen Staatsangehörigen als wahl- fähig erklären, welcher seit mindestens 6 Monaten mit directer Staatssteuer angelegt ist und auf Grund dieser Anlage Steuer bereits entrichtet hat. Bei Einschiebung der Worte „seit mindestens sechs Mo- naten" hatte man ferner, wie es wenigstens den Anschein hat, nur die in der Begründung erwähnten Steueranmelder ad hoc im Auge. Man war lediglich bemüht, festzustellen, unter welchen Bedingungen die Eigenschaft eines wahlfähigen Steuerzahlers solle beginnen können. Aber man hat die Frage nicht erwogen, wie es sich mit den Bedingungen der Fortdauer dieser Eigenschaft verhalte. Mit anderen Worten, die Begründung hat nur zwei Möglichkeiten erörtert, wo es noch keine dritte gibt, nemlich die, daß die Anmeldung des Steuerpflichtigen und die letztmalige Steuerentrichtung hinter die sechs- monatliche Frist zurückfallen. Man könnte hier sagen, daß derjenige, welcher seit sechs Monaten keine Steuer mehr gezahlt hat, wenn er auch mit Steuer angelegt ist, kein solcher ist, der seit mindestens sechs Monaten Steuer zahlt. Sieht man indessen auf die Absicht des Ges., so wird sich sofort heraus- stellen, daß die eben gemachte Bemerkung keinenfalls allgemein zutrifft. Wenn nemlich durch die letzt- malige Steuerzahlung, welche vor der sechsmonatlichen Frist geleistet worden ist, die Steuerschuld auch für eben den sechsmonatlichen Zeitraum berichtigt erscheint, der dem Anfangstage der Listenauslegung vorhergeht, dann kann natürlich nicht davon die Rede sein, daß der Betreffende den Erfordernissen des Art. 5 Abs. I des Wahlges. nicht entspreche.

Aber eine andere und mißlichere Frage ist die, wie sich die Sache dann verhält, wenn innerhalb der sechsmonatlichen Frist eine neue Steuerforderung fällig wurde, und der Steuerschuldner am An- fangstage der Listenauslegung mit der Berichtigung seiner Schuld noch im Verzuge ist. Diesen Fall brachte, bald nach Vereinbarung der Wahlgesetznov., der Abg. Frhr. v. Hafenbrädl in der Sitzung der K. d. Abg. vom 5. Mai 1881 (Sten. Ber. V S. 757) mittels Interpellation zur Sprache. Er sagte: In München habe ein rechtskundiger Magistratsrath in der Magistratssitzung vom 22. April erklärt, daß derjenige seines Wahlrechts verlustig werde, welcher mit seiner Steuer im Rückstande sei, und diesen Satz dann näher dahin erläutert, daß sich derselbe nur auf jene beziehe, welche für 1880 noch im Rückstande seien, sowie auf jene, welche erst im October 1879 mit Steuer zugegangen seien, weil bei diesen die Einhebung noch nicht erfolgt sein werde. Hafenbrädl knüpfte an diese Mittheilung folgende Erörterungen: „Das Motiv zur Wahlberechtigung als Urwähler bietet allerdings die Ent- richtung einer directen Staatssteuer; allein durch die Fassung des Art. 5 im ersten Abs. wollte kaum auf Steuerrückstände Bezug genommen werden, um damit eine Beschränkung des Wahlrechtes zu be- zwecken, wie sie obige Erklärung im Gefolge haben müßte". Man habe nur beim Mißbrauche fingirter Steueranmeldung unmittelbar vor der Wahl entgegentreten wollen. „Durch nichts erscheint bezüglich des Art. 5 die Annahme gerechtfertigt, daß man damit diejenigen treffen wollte, welche gemäß ihrer Steuerpflichtigkeit schon vor den normirten 6 Monaten mit Steuer angelegt waren, jedoch zufällig oder aus verschiedenen Gründen, mit oder ohne ihr Verschulden, innerhalb der 6 Monate vor der Wahl mit ihrer Steuer ganz oder theilweise im Rückstande geblieben sind. Es müßte dann sein, daß das Wort: entrichtet am Schlusse des ersten Absatzes von Art. 5 gleichbedeutend mit: bezahlt hat möglicher Weise interpretirt werde." Frhr. v. Hafenbrädl frug hienach die Staatsregierung, ob sie die Aus- legung für richtig halte, welche in der Sitzung des Magistrats München vom 22. April 1881 dem Art. 5 des Wahlges. gegeben worden sei. Die Interpellationsbeantwortung (a. a. O. S. 788) gab keine erschöpfende Erwiderung auf die gestellte Frage. Die Staatsregierung erklärte: „Es steht außer Zweifel, daß zur Begründung des im Ges. geforderten Steuerverhältnisses die rechtzeitige d. h. mindestens 6 Monate vor dem Anfangstage der öffentlichen Auslegung der Wählerlisten geschehene Veranlagung bzw. Anmeldung zur Steuer für sich nicht genügt, sondern weiterhin die Steuer-

Die allgemeinen Voraussetzungen der Wahlfähigkeit beurtheilen sich nach dem Anfangstage der öffentlichen Auslegung der Wählerlisten [14].

Den Personen, welche diesen Anforderungen genügen, fehlt indessen die Wahlfähigkeit gleichwohl, wenn bei ihnen eines der nachstehend zu erörternden Verhältnisse vorliegt:

1. Nicht wahlfähig sind [15] Personen des Soldatenstandes des Heeres, solange sie sich bei der Fahne befinden. Personen des Soldatenstandes sind die Offiziere, Sanitätsoffiziere und Mannschaften des Heeres [16], nicht dagegen die Militärbeamten und die Civilbeamten der Militärverwaltung [17], wozu auch die Veterinäre gehören. Die Genannten sind wahlunfähig, während sie bei der Fahne sind, d. h. solange sie dem Friedensstande angehören oder sonst zum Dienste einberufen sind. Das Entscheidende ist das Bestehen eines activen Dienstverhältnisses. Eine Beurlaubung, durch welche das active Dienstverhältniß nicht gelöst wird, beseitigt die Wahlunfähigkeit nicht [18].

---

entrichtung und zwar in der Zeit bis zum Anfangstage der öffentlichen Auslegung der Wählerlisten erfolgt sein muß. Aber auch abgesehen von solchen einfach gelagerten Fällen des Eintrittes in die Steuerleistung werden Steuerrückstände, wenn sie auch im Allgemeinen kein Anlaß zur Streichung aus der Wählerliste oder zur Nichtaufnahme in dieselbe sind, immerhin einen Charakter annehmen können, welcher den Bestand des gesetzlich erforderten Steuerverhältnisses als ausgeschlossen erachten läßt. Der Austrag einer derartigen Frage im einzelnen Falle kann sich jedoch ... nur in dem Verfahren abwickeln, welches das Ges. zur Erledigung von Einsprachen (gegen die Wählerlisten) unter Vorbehalt der Prüfung der Wahlen durch die Kammer vorgezeichnet hat." Zweckmäßiger wäre es vielleicht gewesen, wenn man, auf die Zweifelhaftigkeit der eben erst geschaffenen Vorschrift aufmerksam gemacht, die Gelegenheit benützt hätte, deren Sinn durch Verständigung zwischen Staatsregierung und Landtag gesetzlich festzustellen.

Nachdem dies nicht geschehen ist, erwächst der Auslegung eine nicht ganz leichte Aufgabe, bei deren Erfüllung die Interpellationsbeantwortung kaum verwerthet werden kann. Denn Eins ist von vorneherein klar. Der Steuerrückstand schadet der Wahlfähigkeit entweder stets oder niemals. Es ist schlechterdings nicht auszudenken, wie der Rückstand bald einen "Charakter" haben solle, daß er die Wahlfähigkeit unberührt läßt, bald einen solchen, daß er sie aufhebt.

M. E. erübrigt nur folgende Entscheidung: Der Beginn der Eigenschaft als Steuerzahler im Sinne des Wahlges. fällt mit demjenigen Augenblicke zusammen, wo ein mit directer Steuer Veranlagter zum ersten Male Steuer zahlt. Der Fortbestand dieser Eigenschaft ist von der Fortentrichtung der Steuer, sobald dieselbe geschuldet wird, abhängig. Steuerrückstand kann aber dann und muß aber auch dann das Erlöschen der Wahlfähigkeit bewirken, wenn in Folge dessen für die sechs Monate gar keine directe Steuer gezahlt wurde. Dagegen schadet es der Wahlfähigkeit dessen, der bereits Steuerzahler geworden ist, selbstverständlich nicht, wenn etwa, was allerdings nicht leicht vorkommen wird, für die betreffenden sechs Monate keine Steuer fällig wurde. Die Unterscheidung zwischen Beginn der Eigenschaft als directer Steuerzahler und Fortbesitz dieser Eigenschaft rechtfertigt sich aus der Absicht des Ges. "den in Bezug auf ihre Gesetzmäßigkeit angezweifelten Fällen vorübergehender Steuersatirung nach Thunlichkeit zu begegnen".

[14] Wahlges. Art. 5 Abs. V.

[15] Nach R. Mil. Ges. § 49 Abs. I.

[16] Die Gensdarmerie gehört nicht zum Heere im Sinne des R. Mil. Ges. Dem entsprechend verfügt auch die M. E. vom 24. März 1881, IV, 4, daß die Mannschaften der Gensdarmerie bei dem Vorhandensein der übrigen persönlichen Erfordernisse in die Wählerlisten einzutragen seien. Die Gensdarmerieoffiziere sind nicht wahlfähig, weil diese als Angehörige des Heeres betrachtet werden, welche zur Dienstleistung bei der Gensdarmerie befohlen sind. Vgl. M. E. vom 27. Jan. 1883 (Weber XVI S. 100) II A.

[17] R. Mil. Ges. §§ 49 mit 36. Dazu angef. M. E. vom 27. Jan. 1883.

[18] Vgl. Verh. des norddb. Reichstags 1869 Sten. Ber. S. 160: Abg. v. Buck: "Auch für diejenigen Personen des Soldatenstandes, welche innerhalb dieser ihrer gesetzlichen Dienstzeit auf Zeit zur Disposition der einzelnen Truppentheile entlassen werden, greift die Bestimmung des Paragraphen Platz aus dem Grunde, weil sie jeden Augenblick zur Fahne zurückberufen werden können und gesetzlich so betrachtet werden, als ob sie eben auch während ihrer Urlaubszeit sich unter der Fahne befinden." Bundescommissär v. Puttkamer (a. a. O. S. 161): "Diejenigen, welche innerhalb ihrer dreijährigen Verpflichtung bei der Fahne auf bestimmte Zeit zur Disposition ihres Truppentheils beurlaubt sind ..., die sogenannten Königsurlauber, sind in derselben Lage wie ein beurlaubter Civilbeamter, sie befinden sich im activen Dienst, da ihre Verpflichtung ad nutum sich zu stellen, meistens

Nicht wahlfähig sind ferner [19]:

2. Personen, welche unter Pflegschaft stehen, oder welchen nach Artikel 499 und 513 des in der Pfalz geltenden Code civil ein Beistand gerichtlich beigegeben ist;

3. Personen, über deren Vermögen das Concursverfahren gerichtlich erklärt ist, während der Dauer dieses Verfahrens [20];

4. Personen, welche eine öffentliche Armenunterstützung nach Maßgabe des Gesetzes über die öffentliche Armen- und Krankenpflege vom 29. April 1869 [21] beziehen oder in dem Zeitraume eines Jahres vor der öffentlichen Auslegung der Wählerlisten [22] bezogen haben [23]. Die vergebliche Inanspruchnahme der Unterstützung ist für die Wahlfähigkeit unschädlich. Bei bezogener Armenunterstützung aber ist als Tag des Bezuges, entsprechend der Absicht des Gesetzes, schon der Tag der beschlußmäßigen Gewährung der Unterstützung durch das zuständige Organ der öffentlichen Armenpflege anzusehen [24], wenngleich die Empfangnahme der Unterstützung erst später erfolgte [25].

Beihilfen, welche die rein privatrechtliche Natur der Schenkung an sich tragen, wie z. B. außerordentliche Bewilligungen bei allgemeinen Nothständen, Naturereignissen ꝛc., erscheinen als öffentliche Armenunterstützungen selbst dann nicht, wenn sie etwa durch den Staat und auf Grund eines Gesetzes gewährt werden [26].

5. Der Wahlfähigkeit entbehren endlich solche Personen, denen in Folge rechtskräftigen Urtheils die bürgerlichen Ehrenrechte auf Grund des Reichsstrafgesetzbuches [27] aberkannt sind; ferner diejenigen, welche in Folge einer Verurtheilung vor dem 1. Januar 1872 auf Grund der damaligen Strafgesetze diese Fähigkeit verloren haben. Im letzteren Falle bemißt sich die Dauer dieses Verlustes nach Artikel 46 des Gesetzes vom 26. December 1871, den Vollzug der Einführung des Strafgesetzbuches für das Deutsche Reich in Bayern betreffend [28].

Die Wahlberechtigung für die Urwahl ist, außer von der Wahlfähigkeit, von folgenden weiteren Voraussetzungen abhängig. Die Zulassung zur Wahl ist durch den

---

sogar für eine ganz bestimmte Zeit, ausgesprochen ist, und sie dürfen natürlich, auch wenn sie zu Hause sind, nicht wählen." Es ist eben zwischen beurlaubten Personen des activen Dienststandes und Personen des Beurlaubtenstandes zu unterscheiden. S. ferner die angef. M. E. vom 27. Jan. 1883, wodurch eine frühere M. E. vom 23. Dec. 1881 berichtigt wurde.

[19] Wahlges. Art. 5 Abs. II. Vorbild Reichstagswahlges. vom 31. Mai 1869 § 3.

[20] Also in der Zeit von der Erlassung des Concurseröffnungsbeschlusses bis zur Beendigung oder Einstellung des Concursverfahrens. Vgl. hieher P. Laband, Staatsrecht des Deutschen Reichs, 3. Aufl., I S. 274, R. v. Mohl, Zeitschr. für die ges. Staatswiss. XXX S. 542, O. v. Sarwey, Staatsrecht des Kgrs. Württemberg II S. 146 Anm. 10.

[21] Begründung S. 327; Sten. Ber. V S. 382, wo hervorgehoben wird, daß sonstige Unterstützungen, wie z. B. Erlaß von Schulgeld, Gewährung von Lehrmitteln an Kinder, nicht als öffentliche Unterstützungen im Sinne des Wahlges. betrachtet werden können. Vgl. auch meine Abh., Annalen des Deutschen Reiches 1880 S. 361 Anm. 2 u. Verh. d. K. b. Abg. 1873/75 Sten. Ber. I S. 165. Anders liegt die Sache, wenn von der öffentlichen Armenpflege an Stelle des pflichtigen Schulgeld gezahlt werden mußte. Entsch. d. V. G. H's. II S. 197; vgl. auch III S. 277.

[22] Das Jahr berechnet sich vom Anfangstage der öffentlichen Auslegung der Wählerlisten zurück. Begründung a. a. O.

[23] Es ist ganz augenfällig falsch, wenn die K. b. Abg. (Verh. 1881/82 Sten. Ber. I S. 302 ff., Beil. Bd. II S. 259 ff.; vgl. L. A. v. Müller, Bl. f. adm. Praxis XXXII S. 161) annahm, eine einmalige Unterstützung falle nicht unter obige Bestimmung des Wahlges.

[24] Begründung S. 327.

[25] In der K. b. Abg. (Verh. 1881/82 Sten. Ber. I S. 304, Beil. Bd. II S. 259) hat die Ansicht Geltung erlangt, daß keine Armenunterstützung im Sinne des Wahlges. vorliege, wenn der Vorstand der Armenpflege diese Beihilfe ohne Beschluß des Armenpflegschaftsraths gewährt hat. Das ist sicher unrichtig. Vgl. die Ausführungen von L. A. v. Müller, Bl. f. adm. Praxis XXXII S. 161 ff.

[26] Vgl. R. v. Mohl a. a. O. S. 543.

[27] § 34 Ziff. 4.

[28] G. Bl. 1871/72 S. 114.

Nachweis²⁹ der Ableistung des Verfassungseides³⁰ bedingt³¹. Zur Wahlberechtigung ist ferner Wohnsitz innerhalb des Staatsgebietes nöthig³². Nicht wahlberechtigt sind also diejenigen Wahlfähigen, welche ihren Wohnsitz außerhalb des Staatsgebietes haben, sowie jene, welche überhaupt keinen Wohnsitz haben. Der Wohnsitz im Sinne des Wahlgesetzes ist als Gegensatz zum nur vorübergehenden Aufenthalte zu fassen. Der dauernde Aufenthalt dagegen, d. h. der Aufenthalt unter solchen Verhältnissen, welche ihrer Natur nach auf ein längeres Verweilen am Orte hinweisen, wie dies bei Dienstboten, Arbeitern, Studirenden ꝛc. der Fall ist³³, wird als Wohnsitz in dem hier fraglichen Sinne auch dann zu erachten sein, wenn ein Wohnsitz nach bürgerlichem Rechte nicht vorliegt³⁴.

Das Wahlrecht besteht nur für den Wahlbezirk oder die Wahlbezirke der Wohnsitzgemeinde. Maßgebend ist der Wohnsitz zur Zeit, d. h. am Tage der Wahl³⁵. Bei einer Mehrheit von Wohnsitzen kann das Wahlrecht nur an Einem Orte und in Einem Urwahlbezirke geltend gemacht werden³⁶.

Die formelle Voraussetzung der Geltendmachung des Urwahlrechtes ist der Eintrag in die gemeindliche Wählerliste³⁷, von welcher noch später zu handeln sein wird. Der Wahlfähige kann den Eintrag in die Liste fordern. Das Wahlrecht nützt nicht, wenn der Eintrag in die Liste fehlt; aber auch der Eintrag in die Liste nützt nicht, wenn das Wahlrecht fehlt³⁸. Wer in der Wählerliste einer Gemeinde steht, ist also nur dann wahlberechtigt, wenn er zur Zeit der Wahl noch seinen Wohnsitz in der Gemeinde hat. Hat er³⁹ innerhalb der Gemeinde die Wohnung gewechselt, so kömmt ihm das Wahlrecht nur in jenem Urwahlbezirke zu, in welchem die in die Wählerliste eingetragene Wohnung liegt⁴⁰.

Inhalt des Urwahlrechtes ist, die auf den Urwahlbezirk treffende Zahl von Wahlmännern in der gesetzlich vorgeschriebenen Art zu wählen.

Die Wählbarkeit als Wahlmann⁴¹ ist vom Besitze der Urwahlfähigkeit und der

---

²⁹ Vgl. dazu M. E. vom 24. März 1881, V, 4; dann M. E. vom 27. Jan. 1883 III.

³⁰ Darüber oben § 78 Anm. 15.

³¹ Wahlges. Art. 4 Abs. III, IV. Die M. E. vom 24. März 1881, IV, 5 bemerkt hiezu, daß das Ges. nicht bestimme, es müsse die Ableistung vor der öffentlichen Auslegung der Wählerlisten erfolgt sein. Wünschenswerth sei aber, daß die Eidesleistung vor oder während der Auslegung geschehe. Der ersteren Bemerkung scheint allerdings entgegen zu stehen, daß nach Art. 6 des Ges. in die Wählerlisten alle Wahlberechtigten einzutragen sind, und daß nach Art. 4 die Eidesleistung Voraussetzung des Rechtes zu wählen ist. Allein das Ges. nimmt den Ausdruck „Wahlberechtigter" nicht in seiner juristischen Schärfe, sondern im Sinne von „Wahlfähiger", und die Vorschrift in Art. 6, daß ein Vermerk über die Leistung des Verfassungseides in der Liste anzubringen sei, zeigt, daß man den Eintrag nicht von der Eidesleistung abhängig machen wollte.

³² Dies ergibt sich aus Art. 6 Abs. I mit Art. 5 Abs. III des Wahlges. Der Entw. der Nov. Art. 5 Abs. III brachte dieses Erforderniß klarer zum Ausdrucke; nur sprach er mit nicht ganz glücklicher Wendung von „Ausübung der Wahlfähigkeit". Die Aenderungen, die am Entw. vorgenommen wurden, haben auf die Forderung des Wohnsitzes überhaupt keinen Bezug. Vgl. L. A. v. Müller, Commentar S. 28.

³³ R. C. P. O. § 21.

³⁴ Vgl. hieher die Ausführungen des Abg. Dr. Nieper, Verh. des Reichstags 4. Leg. Per., II. Session 1879, V S. 1347 (Druck. Nr. 166, Commissionsbericht). Auch wiedergegeben in meiner Abh., Annalen des Deutschen Reiches 1880 S. 362 Anm. 4.

³⁵ Wahlges. Art. 8. L. A. v. Müller, Commentar S. 30.

³⁶ Wahlges. Art. 5 Abs. IV; M. E. vom 2. April 1881 § 5. Die frühere Bestimmung, wonach Jemand auch da zu wählen konnte, wo er ohne Wohnsitz mit Grundbesitz ansässig war, ist beseitigt.

³⁷ Wahlges. Art. 5 Abs. III.

³⁸ Begründung zu Art. 6 des Entw. der Nov.

³⁹ In der Zeit zwischen dem Abschlusse der Auslegungsfrist und dem Wahltage.

⁴⁰ Wahlges. Art. 8.

⁴¹ Wahlges. Art. 10. Auch § 49 des R. Mil. Ges. trifft hier zu, da Jemand, der nicht in der Lage ist, wählen zu dürfen, auch nicht zum Wahlmanne wählbar sein kann. Nach Art. 6 u. 14 Abs. II der früheren Fassung des Ges. war für die Wählbarkeit zum Wahlmanne das Staatsbürgerrecht, ein

Urwahlberechtigung, von Vollendung des 25. Lebensjahres, sowie vom Eintrage in die Wählerliste abhängig. Außerdem ist die Wählbarkeit auf den Urwahlbezirk des Wohnsitzes oder, wenn eine Gemeinde in mehrere Urwahlbezirke zerfällt, auf die Gemeinde des Wohnsitzes [42] beschränkt.

Die Wahl zum Wahlmanne begründet für den Gewählten nicht blos ein Recht, sondern auch eine Pflicht. Sie kann nicht abgelehnt werden [43]. Die Eigenschaft als Wahlmann ist sonach mit der Verkündung des Urwahlergebnisses begründet. Dieselbe erlischt, abgesehen vom Falle einer Vernichtung der Wahlhandlung, für den einzelnen Wahlmann dann, wenn die Voraussetzungen seiner Wählbarkeit nicht mehr gegeben sind [44]. Im Uebrigen dauert die Eigenschaft der Wahlmänner bis zum Ablaufe der Wahlperiode oder zur Auflösung der Abgeordnetenkammer [45].

Der Wahlmann hat vor der Wahl den gesetzlich vorgeschriebenen Eid zu leisten [46]. Der Inhalt seines Rechtes und seiner Pflicht ist, die Zahl von Abgeordneten, die auf den Wahlkreis trifft, in der gesetzlich bestimmten Weise zu bezeichnen [47]. Ein Rechtsverhältniß zwischen Wahlmann und Wählern entsteht durch die Wahl nicht. Der Wahlmann erfüllt keinen Auftrag, sondern übt eigenes Recht aus. Er stimmt, wie auch sein Eid besagt, aus seiner Ueberzeugung und nach Niemandes Befehl.

Die Wählbarkeit zum Abgeordneten erfordert Besitz der bayerischen Staatsangehörigkeit, vollendetes 30. Lebensjahr und Entrichtung einer directen Staatssteuer [48]. Die Gründe, welche von der Urwahlfähigkeit ausschließen, schließen auch von der Wählbarkeit zum Abgeordneten aus, jene Ausschlußgründe ausgenommen, welche von dem Bestehen eines Dienstverhältnisses im Heere sich herleiten [49].

§ 100. Die Wahlen.

Die Grundlage für die Vornahme des Wahlgeschäftes sind die Wählerlisten [1]. Für jede Gemeinde ist von der Gemeindebehörde eine Wählerliste anzulegen. In die

---

Alter von 25 Jahren und das Nichtvorhandensein strafrechtlicher Ausschließungsgründe gefordert. Wer diese Voraussetzungen erfüllte, konnte sowohl da, wo er wohnte, als auch da, wo er mit Grundbesitz ansässig war, gewählt werden. Näheres bei L. A. v. Müller, Commentar S. 32.

[42] Vgl. dazu L. A. v. Müller, Commentar S. 33.

[43] Dies ergibt sich aus Wahlges. Art. 21 Abs. II, 35 Abs. IV. Weber XV S. 278. Vgl. L. A. v. Müller, Bl. f. adm. Praxis XXXII S. 177. Eine naturgemäße Ausnahme tritt da ein, wo Jemand, der mehrfachen Wohnsitz hat, mehrfach zum Wahlmanne gewählt wird. In solchem Falle kann der Gewählte nur für Einen Urwahlbezirk Wahlmann sein. Dies ist zwar nicht ausdrücklich bestimmt; doch widerspricht es dem System des Ges. (vgl. Art. 5 Abs. IV und 28), ein doppeltes Stimmrecht zuzulassen. Zudem hätte, wenn das Ges. eine solche mehrfache Wahl gelten lassen wollte, Vorsorge für den Fall thatsächlicher Unmöglichkeit der Ausübung beider Wahlrechte getroffen werden müssen. Vgl. hieher A. Luthardt, Bl. f. adm. Praxis XIX S. 262 ff.

[44] Art. 13. Also insbes. durch Wegzug aus dem Urwahlbezirke, bzw. der Gemeinde des Urwahlbezirkes. M. E. vom 2. April 1881 § 11.

[45] Vgl. Wahlges. Art. 35 Abs. IV.

[46] Wahlges. Art. 23 u. 4 Abs. III u. IV. Eine Wiederholung des einmal geleisteten Eides bei Wahlhandlungen, die später während der Wahlperiode nothwendig werden, ist überflüssig.

[47] Wahlges. Art. 14 Abs. II. Vgl. Verh. d. K. d. Abg. 1849/50 Sten. Ber. IV S. 108 f., Beil. Bd. III S. 232.

[48] Ueberhaupt, nicht „seit mindestens 6 Monaten".

[49] Wahlges. Art. 11 u. 30. Leistung des Verfassungseides, Wohnsitz im Königreiche u. Eintrag in die Wählerliste sind zur Wählbarkeit hier nicht erfordert. Art. 14 Abs. III der früheren Fassung (Die Wahl der Abgeordneten ist an keinen Wahlbezirk gebunden) wurde lediglich als selbstverständlich gestrichen.

[1] Deren Herstellung bildet nicht einen Bestandtheil des einzelnen Wahlgeschäftes; sie sind vielmehr durch die Nov. zum Wahlges. als ständige Listen eingeführt worden. Das Reichstagswahlges., dem die Einrichtung entnommen ist, hat keine ständigen Wahllisten, sondern fordert deren Herstellung für jede Wahl. Vgl. meine angef. Abh. S. 370 ff.

Wählerliste sind alle Personen einzutragen, bei welchen die Voraussetzungen der Urwahlfähigkeit gegeben sind, und welche in der Gemeinde ihren Wohnsitz haben. Personen,
denen Ausschließungsgründe entgegenstehen, sind dann in die Liste aufzunehmen, wenn
der Ausschließungsgrund während der Zeit, für welche die Liste abgeschlossen wird,
voraussichtlich wegfällt². Der Eintrag umfaßt Vor- und Zunamen, Alter, Stand oder
Gewerbe und Wohnung nebst Vermerken über Ableistung des Verfassungseides, über
Steuerentrichtung und über etwa vorhandene Ausschließungsgründe³.

Die Staatsbehörden, Pfarrämter und Civilstandsbeamten sind verpflichtet, alle
zur Anfertigung und Richtigstellung der Wählerlisten erforderlichen Aufschlüsse jeder Zeit
sofort und unentgeltlich zu ertheilen⁴.

Die Wählerlisten sind jährlich zweimal⁵, im März und September, durchzusehen
und zu berichtigen⁶ und sodann vom 1. bis 15. April und vom 1. bis 15. October einschließlich öffentlich auszulegen⁷.

Jeder Betheiligte, d. h. jeder Nichteingetragene, der seine Eintragung in die Liste
bewirken will, und jeder Eingetragene, welcher Unrichtigkeiten in den Einträgen be-
hauptet⁸, hat das Recht der Einsprache gegen die Liste. Daher ist Zeit und Ort der
Listenauslegung vor deren Beginne in ortsüblicher Weise bekannt zu geben und auf das
Recht zur Einsprache sowie auf die hiefür gesetzte Frist aufmerksam zu machen. Die Einsprachen sind bei Vermeidung des Ausschlusses innerhalb der Auslegungsfrist vor der
Gemeindebehörde anzubringen. Beruhen die Behauptungen des Einspruchserhebers nicht
auf Offenkundigkeit, so hat er die Beweismittel hiefür beizuschaffen. Selbstverständlich
kann aber auch die nicht bescheinigte Einsprache Ermittelungen von Amts wegen veranlassen. Wird die Einsprache von der Gemeindebehörde als begründet erachtet, so erfolgt
die Berichtigung der Liste von kurzer Hand. Andernfalls ist die Einsprache innerhalb
14 Tagen nach beendigter Auslegung von der nächstvorgesetzten Aufsichtsbehörde⁹ endgiltig, jedoch vorbehaltlich der Prüfung der Wahlen durch die Kammer der Abgeordneten,
zu bescheiden¹⁰, und zwar so, daß der Bescheid noch innerhalb der Frist in die Hände der
Gemeindebehörde gelangt¹¹. Weder dieser Bescheid noch die Berichtigung durch die Gemeindebehörde selbst hat die Natur eines verwaltungsrichterlichen Urtheils über die
Wahlfähigkeit; es handelt sich lediglich um eine Verwaltungsverfügung¹². Eine Ueber-

---

² Diese Möglichkeit ist also nicht gegeben, wo ein Ausschließungsgrund nach Art. 5 Abs. II
Ziff. 3 des Wahlges. (Armenunterstützung) vorliegt.
³ Wahlges. Art. 6 Abs. I. M. E. vom 24. März 1881 Ziff. II—V und Anlage A (Formular
der Wählerliste).
⁴ Wahlges. Art. 6 Abs. II. Dazu L. A. v. Müller, Bl. f. adm. Praxis XXXII S. 170.
⁵ Zufolge gesetzlicher Ermächtigung (Ges. vom 21. März 1881 § 18 Abs. II) wurde durch das
Staatsministerium des Innern der Zeitpunkt, bis zu welchem die erstmalige Herstellung der Wählerlisten zu erfolgen hatte, auf den 8. Mai 1881 festgesetzt und als Frist für die öffentliche Auslegung der
Listen zur Erhebung von Einsprachen die Zeit vom 9. bis einschließlich 23. Mai desf. Jahres bestimmt.
(Min. Bek. vom 22. März 1881, G. u. V. Bl. S. 122.) In letzterer Beziehung fanden die nunmehr
darzustellenden Bestimmungen über das Auslegungs- und Einspruchsverfahren bei Durchsicht der Listen
entsprechende Anwendung. (M. E. vom 24. März 1881 Ziff. VI—VIII u. dazu Weber XV S. 82.)
⁶ Vgl. dazu M. E. vom 2. April 1881 § 6: „Die halbjährige Revision und Berichtigung der
Wählerlisten ist eine Officialthätigkeit. Es ist daher die Fortdauer der in der Wählerliste eingetragenen
Verhältnisse . . ., soweit nach Zeit und Umständen thunlich, der Prüfung zu unterziehen."
⁷ D. h. natürlich während der üblichen Geschäftsstunden. Vgl. meine angef. Abh. S. 372
Anm. 1.
⁸ Begründung zu Art. 7 der Nov.
⁹ M. E. vom 24. März 1881 Ziff. VII.
¹⁰ Wahlges. Art. 7 Abs. I—III.
¹¹ Dies ergibt sich aus der Bestimmung in Art. 7 Abs. IV.
¹² A. M. ist G. Jellinek, System der subjectiven öffentlichen Rechte, Freiburg i. B. 1892,
S. 157 Anm. 3.

prüfung der Rechtsanschauung der Behörden, die im Berichtigungsverfahren zu Tage getreten ist, kann nur mittelbar anläßlich der Legitimationsprüfung in der Abgeordnetenkammer eintreten. Es gibt sonach hinsichtlich der Wahlfähigkeit und des Wahlrechtes überhaupt keinen eigentlichen Rechtsschutz.

Wenn nach Ablauf der Auslegungsfrist weitere 14 Tage verflossen sind[13], werden die Wählerlisten abgeschlossen und durch den Bürgermeister oder dessen gesetzlichen Stellvertreter mit der Bestätigung versehen, daß sie vorschriftsgemäß hergestellt und öffentlich ausgelegt worden sind[14]. Von diesem Augenblicke an ist die Wählerliste bis zur nächsten Durchsicht regelmäßig unveränderlich. Nur in einem einzigen Falle läßt das Gesetz Nachträge zu. Diese Ausnahme findet statt, wenn Jemand, der in die Wählerliste einer Gemeinde eingetragen ist, nach Ablauf der gesetzlichen Auslegungsfrist seinen Wohnsitz in eine andere bayerische Gemeinde verlegt hat. Er kann alsdann verlangen[15], daß er in die Wählerliste seines neuen Wohnsitzes übergetragen werde[16]. Er muß aber dieses Verlangen spätestens acht Tage vor dem Tage der Urwahl stellen und hiebei durch ein Zeugniß der Gemeindebehörde seines früheren Wohnsitzes nachweisen, daß er in die dortige Wählerliste eingeschrieben ist[17].

Die abgeschlossene Wählerliste bildet die einzig zulässige Grundlage für alle Wahlhandlungen, welche in die Zeit zwischen ihren Abschluß und jenen Tag fallen, mit dem die nächstfolgende Durchsicht ihren Abschluß findet[18]. Mit dem Abschlusse der neu durchgesehenen Liste hat die frühere Liste ihr rechtliches Dasein verloren, mag sie auch thatsächlich noch vorhanden oder wieder herzustellen sein. Sie darf also unter keinen Umständen mehr einem Wahlgeschäfte zu Grunde gelegt werden[19].

---

[13] Das Ges. sagt: „Nach Ablauf der zuletzt erwähnten Frist", d. i. der vierzehntägigen Frist für die Bescheide der Aufsichtsbehörde über Einsprachen. Der Ausdruck des Ges. kann insofern Zweifel erregen, als eine „Frist" strenge genommen nur läuft, wenn Einsprachen zu bescheiden sind. Hienach könnte man meinen, daß, wenn Einsprachen nicht vorliegen, also keine „Frist" läuft, der Abschluß der Liste sogleich vorzunehmen sei. Dies würde aber zu einer Folgerung zwingen, die dem Wortlaute des Ges. entgegen ist, nemlich zu der, daß der Abschluß auch dann sofort zu geschehen hat, wenn vor Ablauf der 14 Tage der letzte Bescheid über erhobene Einsprache eingetroffen ist. Das Ges. will aber offenbar einen einheitlichen Zeitpunkt für das Erlöschen der früheren und den Beginn der Giltigkeit der neuen Wählerliste feststellen und den Eintritt dieses Zeitpunktes nicht vom Zufalle abhängig machen. Das Wort „Frist" hat also a. a. O. nur die Bedeutung von Zeitraum.

[14] Wahlges. Art. 7 Abs. IV, M. E. vom 24. März 1881, Ziff. VIII u. Anlage B (Formular).

[15] Von Amts wegen geschieht es nicht.

[16] Es erfolgt aber nur ein Uebertrag in die Liste des neuen Wohnsitzes; in der Liste des bisherigen Wohnsitzes bleibt der Weggezogene bis zur nächsten Durchsicht stehen. Denn die abgeschlossene Wählerliste darf außer der in Art. 8 zugelassenen Uebertragung keinerlei Aenderungen erfahren. Vgl. L. A. v. Müller, Bl. f. abm. Praxis XXXII S. 171.

[17] Wahlges. Art. 8.

[18] In diesem Sinne werden die Ausführungen bei L. A. v. Müller, Bl. f. abm. Praxis XXXII S. 170, richtig zu stellen sein. Vgl. auch ebenda S. 201.

[19] Die von Müller a. a. O. erwähnte Entscheidung der K. d. Abg. (Verh. 1881/82 Beil. Bd. II S. 259 ff., Sten. Ber. I S. 302 ff.) ist hienach unbedingt falsch gewesen. Die Kammer hatte die Urwahl eines einzelnen Urwahlbezirkes der Stadt Regensburg vernichtet, nachdem inzwischen die Regensburger Wählerliste durchgesehen worden war. Die Kammer war der Meinung, es müsse, „da die Neuwahl von 5 Wahlmännern im III. Urwahlbezirke des Wahlkreises Regensburg sich nur als eine Fortsetzung der Wahlhandlung vom 14. Juli 1881, als eine zweite Wahlhandlung im Sinne der §§ 43 u. 44 der Vollzugsinstr. vom 2. April 1881, darstelle", der neuen Wahl die frühere Wählerliste zu Grunde gelegt werden. Diesem Beschlusse entsprach auch die Staatsregierung. In dem Beschlusse ist vor Allem der Satz falsch, daß die neue Wahlmännerwahl eine Fortsetzung der früheren sei. Denn die letztere wurde vernichtet, und eine vernichtete Wahl kann man nicht fortsetzen. Wo vernichtet ist, muß man von vorne anfangen. Zugegeben aber, es wäre eine Fortsetzung in diesem Falle an sich denkbar, so war dieselbe hier nicht möglich, da eine Fortsetzung nur auf derselben Grundlage stattfinden konnte, wie der Beginn, die frühere Wählerliste aber rechtlich nicht mehr bestand. Die Urwahl mußte also unter allen Umständen auf Grund der neuen Liste vor sich gehen. Es ist dem Ges. nicht entgegen, daß Wahlmänner, die auf Grund von Listen aus verschiedener Zeit gewählt wurden, zu einer Abgeord-

Die Zahl der Landtagsabgeordneten vertheilt sich nach Regierungsbezirken[20]. Auf je 31 500 Seelen der Bevölkerung eines Regierungsbezirkes trifft ein Abgeordneter. Maßgebend ist die Ziffer der ortsanwesenden Bevölkerung[21] nach der amtlich festgestellten Volkszählung vom 1. December 1875. Bleibt bei der Berechnung ein Bruchtheil, der über die Hälfte geht, so gilt dieser als voll[22].

Die Wahl der Abgeordneten erfolgt nach Wahlkreisen. Die Eintheilung der Regierungsbezirke in Wahlkreise geschieht durch die Staatsregierung, welche dabei nachstehende gesetzliche Vorschriften[23] einzuhalten hat. Für die Eintheilung gilt dieselbe Bevölkerungsziffer und dasselbe rechnerische Verfahren, wie für die Berechnung der Abgeordnetenzahl[24]. Kein Wahlkreis soll aber weniger als 28 000 Seelen zählen[25]. Kein Wahlkreis darf für mehr als vier Abgeordnete und in jedem Regierungsbezirke dürfen höchstens zwei Wahlkreise für Einen Abgeordneten gebildet werden. Diese Vorschriften finden keine Anwendung auf die Stadt München[26]. München kann entweder einen einzigen Wahlkreis ausmachen oder in zwei Wahlkreise zerlegt werden[27]. Jeder Wahlkreis muß ein räumlich zusammenhängendes Ganze bilden. Zugleich müssen bei der Wahlkreiseintheilung die Grenzen der Amtsgerichte oder der Districtsgemeinden eingehalten werden[28]. Die Bekanntgabe der Wahlkreiseintheilung erfolgt jeweils durch das Gesetz- und Verordnungsblatt.

Der Wahlkreis wird zum Zwecke der Vornahme der Urwahlen in Urwahlbezirke getheilt. Auf 500 Seelen trifft ein Wahlmann; ein Bruchtheil über die Hälfte gilt als voll. Maßgebend ist auch hier die Volkszählung von 1875[29]. Die Zahl der Wahlmänner ist für jeden Bestandtheil eines Wahlkreises (Amtsgericht; unmittelbare Stadt,

---

netenwahl zusammenwirken. Dies zeigt Art. 35 Abs. IV des Wahlges. Wenn bei „Neu- oder Nachwahlen" Wahlmänner nachzuwählen sind, werden dieselben auf Grund der jeweiligen Wählerliste gewählt. Ein Zurückgehen auf Wählerlisten, die vielleicht nahezu sechs Jahre alt sind, wäre ein Widersinn, den der Gesetzgeber nicht beabsichtigt haben kann. Es ist überhaupt ein Irrthum, anzunehmen, man könne durch die Beibehaltung einer früheren Wählerliste Gleichheit der Verhältnisse herstellen. Denn der Eintrag in die Wählerliste hat nicht die Zauberkraft. dasjenige, was in der Wählerliste steht, unabänderlich zu machen. Durch Todesfall, Wegzug, Aenderung in sonstigen persönlichen Verhältnissen können bei gleichbleibender Wählerliste Verschiebungen in der Stärke der Parteien eintreten.

²⁰ Ueber das frühere Recht (nach dem Ges. von 1848) L. A. v. Müller, Commentar S. 22.

²¹ Begründung zu Art. 1 der Nov. Verh. d. K. d. Abg. Beil. Bd. XI S. 325; Weber XV S. 63.

²² Wahlges. Art. 1.

²³ Das Wahlges. nach der Fassung von 1848 Art. 13 sagte lediglich, daß jeder Regierungsbezirk in 4—6 „Wahlbezirke" zu theilen sei. Vgl. dazu Verh. d. K. d. Abg. 1880/81 Beil. Bd. XI S. 325 f. Nunmehr gelten die Bestimmungen der Nov. Art. 1 Abs. II u. Art. 2.

²⁴ L. A. v. Müller, Commentar S. 24 u. Bl. f. adm. Praxis XXXII S. 146; dann Verh. d. K. d. Abg. 1882 Sten. Ber. II S. 320, Beil. Bd. II S. 617 ff. Der Satz, daß ein Bruchtheil über die Hälfte als voll zählt, gilt auch hier.

²⁵ Diese Bestimmung bezieht sich klärlich nur auf die Wahlkreise für Einen Abg. 28,000 ist nicht Verhältnißzahl für Wahlkreise mit mehreren Abg. Vgl. Verh. d. K. d. Abg. 1882 Sten. Ber. II S. 319 f., Beil. Bd. II S. 617 ff.

²⁶ München hat also auch bei Würdigung der Frage außer Betracht zu bleiben, ob für den Regierungsbezirk Oberbayern die Vorschriften des Art. 2 Abs. II eingehalten worden sind.

²⁷ Dies ist der Sinn des Art. 2 Abs. III. Der Entw. der Nov. bestimmte, es solle „kein Wahlbezirk, von städtischen Wahlbezirken abgesehen, für mehr als vier Abg. gebildet werden". Die Begründung bemerkte, daß diese Ausnahme zur Zeit nur durch die Bevölkerungszahl Münchens veranlaßt sei. Es solle frei gelassen werden, entweder die ganze Stadt als ein geschlossenes Wahlgebiet zu erklären oder das Stadtgebiet München I. J. zu einem eigenen Wahlkreise zu machen. Art. 2, wie er nunmehr lautet, beschränkt die Ausnahme auf München. Eine Verbindung Münchens mit andern Bezirken zu einem Wahlkreise ist ausgeschlossen.

²⁸ Dies hat nicht den Sinn, daß entweder nur die Amtsgerichtbezirke oder nur die Districtsgemeindebezirke der Eintheilung zu Grunde gelegt werden dürfen; sondern es kann auch eine Verbindung von Amtsgerichts- und Districtsgemeindebezirken eintreten.

²⁹ Wahlges. Art. 14 Abs. I u. Art. I Abs. II.

in München Stadttheil; Districtsgemeinde) gesondert zu berechnen[80]. Die Eintheilung der Bestandtheile des Wahlkreises in Urwahlbezirke geschieht durch die Districts-verwaltungsbehörden[81], welche dabei an folgende gesetzliche Vorschriften gebunden sind[82]. Für die Bildung der Urwahlbezirke ist die Bevölkerungsziffer von 1875 entscheidend; bei der Theilung durch 500 gilt ein Bruchtheil über die Hälfte als voll[83]. Kein Urwahl-bezirk darf für weniger als 3 und für mehr als 7 Wahlmänner gebildet werden. Die Bildung der Urwahlbezirke erfolgt nach Ortsgemeinden und in der Weise, daß jeder Be-zirk ein räumlich zusammenhängendes Ganzes bildet. Es kann jedoch, was die Zugrunde-legung des Ortsgemeindeverbandes betrifft, eine Ausnahme

1. insoferne eintreten, als die Theilung einer Gemeinde in mehrere Urwahlbezirke statthaft ist, wenn ihre Bevölkerung hiefür ausreicht[84]. Dabei ist, wenn die Gemeinde eine Bezirks- oder Districtseintheilung hat, diese zu Grunde zu legen[85]. Sodann dürfen

2. mit Theilen größerer, d. h. solcher Gemeinden, deren Bevölkerung für mehr als einen Wahlbezirk zureicht[86], anstoßende kleinere Gemeinden[87] zu einem Urwahl-bezirke vereinigt werden.

Der Grundsatz des räumlichen Zusammenhanges der Urwahlbezirke erleidet eine Ausnahme

1. für die Landestheile rechts des Rheines insoferne, als jener Zusammenhang nicht als unterbrochen gilt, wenn Grundflächen in Mitte liegen, die keinem Gemeindeverbande angehören; sodann

2. allgemein insoferne, als jener Zusammenhang nicht gefordert wird, wenn Orts-gemeinden oder Theile von solchen keine geschlossene Markung haben[88].

Die Abgeordnetenwahlen sind theils allgemeine, d. h. solche, welche für alle Wahl-kreise des Königreiches vorgenommen werden, theils besondere Wahlen für einzelne Wahl-kreise. Allgemeine Wahlen treten ein, wenn durch Ablauf der Wahlperiode oder durch Auflösung der Kammer sämmtliche Abgeordnetensitze erledigt sind. Besondere Wahlen finden statt, wenn eine Wahl nicht angenommen oder für ungiltig erklärt wird (Nach-

---

[20] Vgl. Verh. b. K. b. Abg. 1881 Sten. Ber. V S. 383 (Berichterstatter Dr. Daller zu § 4) u. M. E. vom 2. April 1881 § 12. „Was Bestandtheil eines Wahlkreises ist, ergibt die einschlägige Rubrik des die Wahlkreiseintheilung jeweils bekanntgebenden Ausschreibens.“ Vgl. ferner L. A. b. Müller, Bl. f. adm. Praxis XXXII S. 172. S. auch Verh. b. K. b. Abg. 1876 Sten. Ber. II S. 58 u. 60 f. Weber XV S. 68.

[21] Wahlges. Art. 16 Abs. I.

[22] Wahlges. Art. 15—17.

[23] Vgl. L. A. v. Müller, Commentar S. 35. Sten. Ber. V S. 383 (Berichterstatter Dr. Daller zu § 4).

[24] Dazu M. E. vom 2. April 1881 § 15, Sten. Ber. V S. 383. Ueber die in der M. E. ge-gebene Vorschrift wegen Zutheilung der Kasernen u. dgl. vgl. auch Verh. b. K. b. Abg. 1855/56, Sten. Ber. I S. 63, 110, Beil. Bd. I S. 360; 1875/76 Sten. Ber. I S. 497, Beil. Bd. II S. 403.

[25] Das Ges. von 1848 sprach von „möglichster Beachtung“ der Districtseintheilung. Der jetzt gewählte Ausdruck „zu Grunde legen“ soll dies näher „präcisiren“, aber nicht bedeuten, daß die Districts- oder Bezirkseintheilung unbedingt einzuhalten sei. Die Begründung bemerkt: „Die Rück-sicht auf die zu erreichende Gesammtzahl der Wahlmänner, sowie die Rücksicht auf die räumliche Ge-staltung der fraglichen Unterabtheilungen und auf die Erleichterung des Wahlgeschäftes gestatten nicht, diese Unterabtheilungen — gleich kleineren politischen Gemeinden — im Ges. zu geschlossenen Bestandtheilen der Urwahlbezirke zu erklären; sie lassen vielmehr nur eine Vorschrift des Inhalts zu, daß die Unterabtheilungen der Bildung der Wahlbezirke zu Grunde zu legen seien“.

[26] L. A. v. Müller, Commentar S. 36.

[27] D. h. kleiner als die größere Gemeinde, nicht als der zusammenzulegende Theil der größeren Gemeinde. Die Begründung (Beil. Bd. XI S. 328) bemerkt, daß „die Bedachtnahme auf die Com-pletirung der Zahlen und auf die Sicherung eines geordneten Wahlverfahrens, sowie auf die er-forderliche Erleichterung der Wahlbetheiligung“ eine solche Vereinigung „mitunter als geboten er-scheinen“ lasse.

[28] Vgl. Begründung Beil. Bd. XI S. 328.

wahlen), oder wenn ein einzelnes Mitglied aus der Kammer in Folge Todes, Verzichtes oder Verlustes der Abgeordneteneigenschaft kraft Gesetzes ausscheidet (Ersatzwahlen)[39].

Für die Vornahme der allgemeinen Wahlen gelten folgende Bestimmungen.

Die Abgeordnetenkammer ist alle sechs Jahre, vom Tage der letzten allgemeinen Abgeordnetenwahl gerechnet[40], durch Wahl zu erneuern. Innerhalb der Wahlperiode kann der König die Erneuerung der Abgeordnetenkammer (Auflösung) verfügen[41]. Die Auflösung kann jeder Zeit, also auch bei nicht versammeltem Landtage, geschehen[42].

Die Tage für die Abhaltung der allgemeinen Wahlen (Urwahlen und Abgeordnetenwahlen) werden von der Staatsregierung festgesetzt. Die Wahlen sind für das ganze Königreich je auf einen Tag anzuberaumen[43]. Indessen können Ausnahmen für einzelne Urwahlbezirke oder Wahlkreise bei rechtlicher oder thatsächlicher Unmöglichkeit rechtzeitiger Vornahme der Wahl nicht als unstatthaft erachtet werden[44]. Bezüglich der Festsetzung der allgemeinen Wahltage ist die Staatsregierung in verschiedener Weise gebunden, je

---

[39] Das Ges. hat für die besonderen Wahlen andere Ausdrücke, die aber m. E. nicht passen. Das Ges. von 1848 und die Nov. sprechen in den Fällen, wo besondere Wahlen durch Anstellung oder Beförderung des bisherigen Abgeordneten veranlaßt sind, von „Neuwahl". Für die Fälle, wo aus anderen Gründen während der Dauer der Wahlperiode Abgeordnetenwahlen nöthig werden, gebraucht das Ges. von 1848 den Ausdruck „Zwischenwahl", die Nov. das Wort „Nachwahl".

[40] S. darüber § 101.

[41] Verf. Urk. Tit. VI § 13 Abs. I., Tit. VII § 23 Abs. I.

[42] Für diese Ansicht spricht auch die Uebung. Uebereinstimmend Pözl, Lehrb. des bayer. Verf. Rechts S. 520 Anm. 11, jedoch ohne Angabe von Gründen. Die Frage liegt übrigens durchaus nicht glatt. König Ludwig I. ließ sie in der Staatsrathssitzung vom 23. Juni 1830 (s. unten § 101) erörtern. Der Staatsrath gab mit 6 gegen 2 Stimmen (Schenk u. Schilcher) sein Gutachten dahin ab, „daß die Verf. Urk. eine förmliche Auflösung der K. d. Abg. in dem Zwischenraume von einer Sitzung zur anderen, außer der gemeinschaftlichen Versammlung beider Kammern, nicht gestatte". Der König erwiderte darauf: „Da das Recht, die 2. Kammer, wenn sie nicht versammelt, aufzulösen zu dürfen, zweifelhaft erscheint, will ich dies unterlassen." Ich glaube indessen doch, daß jene Ansicht des Staatsrathes eine irrige ist und auf einer zu weit getriebenen Wortauslegung beruht. Die Verf. Urk. gebraucht den Ausdruck „Ständeversammlung" oder „Versammlung" theils, und zwar in der Mehrzahl der Fälle, für den Zustand des Versammeltseins der Stände (Verf. Urk. Tit. VII §§ 10, 16, 22, 29, 31; Beil. X Tit. I § 49, Abschn. III Ueberschrift u. §§ 50, 52, 53, 61, 69, Tit. II §§ 3—6, 12, 36), theils für die Einrichtung als solche (Tit. I § 2, VI §§ 11, 14; Beil. X Ueberschrift des ganzen Edicts u. der Tit. I u. II, dann Tit. I § 48). Bei einzelnen Stellen (Tit. VII § 21, Beil. X Tit. II § 56) ist die eine und die andere Auslegung des Ausdruckes möglich. M. E. geht aber aus alledem lediglich hervor, daß das Wort „Versammlung" sprachlich doppeldeutig ist, daß also die Frage, in welchem Sinne es jeweils steht, nach dem Zusammenhange und darnach zu beantworten ist, was vernünftiger Weise die Absicht des Gesetzgebers gewesen sein kann. Die Verf. spricht nun von der Auflösung der Stände an drei Stellen. Tit. VII § 23: „Dem Könige steht jeder Zeit das Recht zu, die Sitzungen der Stände zu verlängern, sie zu vertagen, oder die ganze Versammlung aufzulösen." § 31: „Wenn die Versammlung der Reichsstände vertagt, förmlich geschlossen oder aufgelöst worden ist, können die Kammern nicht mehr giltig berathschlagen, und jede fernere Verhandlung ist ungesetzlich." In diesen zwei Stellen scheint allerdings zunächst nur an versammelte Reichsstände gedacht zu sein. Ueberdies wird der Begriff der Auflösung auf die gesammten Reichsstände angewandt, obschon eine Auflösung nur bei der zweiten Kammer möglich ist. Dagegen heißt es in Tit. VI § 13 Abs. I: „Alle sechs Jahre wird eine neue Wahl der Abg. vorgenommen und sonst nur in dem Falle, wenn die Kammer von dem Könige aufgelöst wird." Hier ist nicht von versammelten Ständen, und es ist, in richtigerer Fassung, von „der Kammer" die Rede. Wenn man erwägt, daß letzterer Paragraph in dem Titel steht, der die Zusammensetzung der Ständeversammlung betrifft, die beiden anderen im Titel vom Wirkungskreise der Ständeversammlung und im Zusammenhange mit den Bestimmungen über deren Thätigkeit, so wird man sich wohl erklären können, daß die Vorschrift des Tit. VI § 13 weiter gehend lautet, als die §§ 23, 31 des Tit. VII. Für die hier vertretene Auslegung der Verf. ist aber, da dieselbe durch den Wortlaut mindestens nicht unmittelbar ausgeschlossen ist, der Umstand entscheidend, daß ein sachlicher Grund nicht besteht, warum der König nicht auch die nicht versammelte K. d. Abg. sollte auflösen können. Eine derartige Beschränkung wäre sachlich keine Beschränkung für den König, sondern unter Umständen nur eine Belästigung für die Kammer.

[43] Wahlges. Art. 18.

[44] Vgl. meine Abh., Annalen des Deutschen Reiches 1880 S. 369 f.

nachdem die allgemeinen Wahlen in Folge einer Auflösung der Kammer oder in Folge Ablaufes der Wahlperiode nöthig werden. Im ersten Falle müssen innerhalb drei Monaten nach der Auflösung die Neuwahlen für die Kammer vollendet sein [45]. Im zweiten Falle ergibt sich eine mittelbare Gebundenheit der Staatsregierung insoferne, als die Wahlen so anberaumt werden müssen, daß die Kammern rechtzeitig zur Vorlage des Budgets versammelt werden können [46]. Die Bekanntmachung, welche den Wahltag festsetzt, ist selbstverständlich durch das Gesetz- und Verordnungsblatt so zeitig zu veröffentlichen, daß bei Vorbereitung der Wahl die Einhaltung der gesetzlichen Fristen möglich ist.

Die Tage für Abhaltung der besonderen Wahlen werden, wenn letztere durch Wahlablehnung veranlaßt sind, von der Kreisregierung, Kammer des Innern, unmittelbar [47], sonst nach Anordnung des Staatsministeriums des Innern bestimmt [48].

Das gesammte Wahlgeschäft zerfällt in zwei Hauptabschnitte, die Vorbereitung der Wahl und die Wahlhandlung.

Die Wahlvorbereitung beginnt mit der Bildung der Wahlkreise und der Urwahlbezirke.

Die Wahlcommissäre zur Urwahl nebst je einem Stellvertreter werden aus der Zahl der Wahlberechtigten [49] durch die Districtsverwaltungsbehörden, für München durch die Kreisregierung, Kammer des Innern [50], ernannt. Die Wahlcommissäre für die Abgeordnetenwahl werden von den Kreisregierungen, Kammern des Innern, aus der Zahl ihrer Referenten und der Vorstände der Districtsverwaltungsbehörden bestellt [51].

Die Districtsverwaltungsbehörden haben mindestens acht Tage vor der Urwahl die Abgrenzung der Urwahlbezirke, den Wahltag, die Wahlorte und die zur Vornahme der Wahl bestimmten Räumlichkeiten sowohl in einem zu amtlichen Kundmachungen dienenden Blatte als auch in jeder Gemeinde durch Anschlag [52] bekannt zu machen. Innerhalb der letzten acht Tage vor der Urwahl sind Aenderungen in den bezeichneten Punkten nur in Nothfällen statthaft [53].

Wenigstens sechs Tage vor dem Tage der Urwahl haben die Vorstände der Districtsverwaltungsbehörden, soweit es veranlaßt erscheint, die Urwahlcommissäre und deren Stellvertreter mündlich über ihre Verpflichtungen zu belehren. Hiebei ist zugleich, soferne es nicht schon vorher geschehen, die Stunde des Beginnes der ersten Wahlhandlung festzusetzen [54].

Wenigstens drei Tage vor dem Tage der Urwahl ist sodann diese Stunde, sowie der Name des Wahlcommissärs und seines Stellvertreters in ortsüblicher Weise bekannt zu machen. Die Bekanntgabe geschieht durch die Gemeindebehörde, und zwar von unmittelbaren Städten abgesehen, auf Veranlassung der Districtsverwaltungsbehörde [55].

---

[45] Verf. Urk. Tit. VII § 23 Abs. II. Unvorhergesehene Ausnahmen der oben erörterten Art sind selbstverständlich nicht zu vermeiden.

[46] Tit. VII § 22 Abs. I der Verf. Urk.: „Der König wird wenigstens alle drei Jahre die Stände zusammenberufen", hat durch die Abkürzung der Finanzperioden von 6 Jahren auf 2 Jahre wesentlich an Bedeutung verloren. Vgl. jedoch die Erörterungen Verh. d. K. d. Abg. 1863/65 Sten. Ber. II S. 46 ff.

[47] Wahlges. Art. 28 Abs. II.

[48] M. E. vom 2. April 1881 § 58, zu Art. 35 des Wahlges. Ueber den Zeitpunkt ist im Ges. nichts gesagt. Doch liegt es in der Natur der Sache, daß etwa nothwendige besondere Wahlen bei versammeltem Landtage sofort, bei nicht versammeltem Landtage aber, wenn thunlich, so einzuleiten sind, daß bei Zusammentritt der Kammer die Lücke wieder ausgefüllt ist.

[49] Sie brauchen nicht im Urwahlbezirke wahlberechtigt zu sein. Die Ernennung kann abgelehnt werden.

[50] Nach Einvernahme der Gemeindecollegien und der Polizeidirection.

[51] Wahlges. Art. 19; M. E. vom 2. April 1881 §§ 17, 18.

[52] Also beides mindestens 8 Tage vorher. Vgl. hiezu M. E. vom 2. April 1881 §§ 19—21.

[53] Wahlges. Art. 20. Dazu L. A. v. Müller, Commentar S. 38. Verh. d. K. d. Abg. 1877/81 Beil. Bd. III S. 285 ff., Sten. Ber. II S. 584 ff.

[54] Angef. M. E. § 24.

[55] Wahlges. Art. 26, M. E. vom 2. April 1881 § 27. Dazu L. A. v. Müller, Bl. f. adm. Praxis XXXII S. 173 ff.

Vor der Urwahl sind ferner beglaubigte Abschriften, bzw. Auszüge der Wählerlisten für die einzelnen Urwahlbezirke zu fertigen und den Urwahlcommissären rechtzeitig vor der Wahlhandlung zuzustellen⁵⁶.

Die Wahl findet in zwei gesonderten Handlungen statt, der Wahl der Wahlmänner oder Urwahl und der Wahl der Abgeordneten durch die Wahlmänner⁵⁷. Das Wahlverfahren steht unter dem Schutze der Strafsatzung in § 108 des Reichsstrafgesetzbuches.

Die Vorschriften über das Wahlgeschäft sind theils solche, welche für beide Wahlhandlungen gelten, theils solche, die nur auf die Urwahl oder die Abgeordnetenwahl Bezug haben.

Die ersteren Bestimmungen sind folgende.

Die Leitung der Wahlhandlung steht dem Wahlcommissäre oder dessen Stellvertreter zu⁵⁸.

Die Wähler (Urwähler, Wahlmänner), die bei Beginn der Wahlhandlung anwesend sind, ernennen aus ihrer Mitte mit Stimmenmehrheit einen Ausschuß von sieben Mitgliedern⁵⁹. Dem Ausschuße obliegt:

1. Die Bescheidung aller Zweifel und Bedenken, die bei Leitung des Wahlgeschäftes hervortreten (Wahlreclamationen)⁶⁰;

2. die Beschlußfassung über die Giltigkeit der abgegebenen Stimmen;

3. die Unterstützung des Wahlcommissärs⁶¹.

Die Beschlüsse des Wahlausschusses, bei welchen der Wahlcommissär oder dessen Stellvertreter nicht mitstimmen, werden sofort durch Stimmenmehrheit gefaßt und sind, vorbehaltlich des Wahlprüfungsrechtes der Abgeordnetenkammer⁶², endgiltig⁶³.

Der Wahlcommissär und die Mitglieder des Wahlausschusses haben während der Wahlhandlung ihren Platz an dem Tische, der zur Abwickelung des Wahlgeschäftes bestimmt ist⁶⁴. Auf dem Tische befindet sich die Wahlurne⁶⁵, ein Abdruck des Wahlgesetzes und der Vollzugsvorschriften hiezu, ferner geschnittenes Papier für Stimmzettel⁶⁶.

Vor Beginn der Wahlhandlung verkündet der Commissär, wann die Stimmenabgabe endet, und wann das Ergebniß bekannt gemacht wird, sowie daß erforderlichen Falles noch am gleichen Tage eine zweite Wahlhandlung stattfinden werde⁶⁷.

Die Wahlhandlung ist öffentlich für die Betheiligten, d. h. für diejenigen, welche zur Theilnahme an der betreffenden Wahl berechtigt sind. Doch werden hiedurch Maß-

---

⁵⁶ Wahlges. Art. 9, M. E. vom 2. April 1881 § 9. Dazu L. A. v. Müller, Commentar S. 31. Berichtigungen in der Abschrift auf Grund der Urschrift sind jeder Zeit zulässig, „da der Wähler ein Recht hat, auf Grund des allein seiner Controle unterliegenden Hauptexemplars der Wählerliste zur Wahl zu gelangen". S. meine Abh., Annalen des Deutschen Reichs 1880 S. 373 Anm. 1.

⁵⁷ Wahlges. Art. 3.

⁵⁸ Dazu Wahlges. Art. 31, der unbefangene Leitung der Wahlhandlung einschärft.

⁵⁹ Wahlges. Art. 22, angef. M. E. §§ 22, 28. Commissär und Stellvertreter sind dabei nicht wählbar.

⁶⁰ Solche Reclamationen können so lange beschieden werden, als der Wahlcommissär die Verhandlung noch nicht geschlossen hat, also auch nach Verkündigung des Wahlergebnisses. Vgl. die durchaus zutreffenden Erörterungen von L. A. v. Müller, Bl. f. adm. Praxis XXXII S. 195 ff. Dazu Verh. d. K. d. Abg. 1881/82 Sten. Ber. I S. 598 ff., Beil. Bd. II S. 483 f.

⁶¹ Vgl. M. E. vom 2. April 1881 §§ 38, 54.

⁶² Vgl. A. Luthardt, Bl. f. adm. Praxis XIX S. 294 ff. Verh. d. K. d. Abg. 1881/82 Sten. Ber. I S. 303. Ueber das Legitimationsprüfungsrecht des Ausschusses für die Abgeordnetenwahl unten Anm. 99 ff.

⁶³ Wahlges. Art. 29.

⁶⁴ Angef. M. E. §§ 22, 29.

⁶⁵ Vor Beginn der Abstimmung haben Commissär u. Ausschuß sich zu überzeugen, daß das Gefäß leer ist. A. a. O. § 31.

⁶⁶ A. a. O. § 32.   ⁶⁷ A. a. O. § 33.

nahmen nicht ausgeschlossen, welche von den Wahlcommissären zur Aufrechthaltung der Ordnung zu treffen sind, wie Ausweisung von Ruhestörern und Beseitigung von Ueberfüllung [68].

Abgesehen von der Ausübung der Obliegenheiten des Commissärs und Ausschusses dürfen während der Wahlhandlung keine Erörterungen, Ansprachen und dergleichen stattfinden [69].

Ueber die Wahlhandlung ist nach vorgeschriebenem Formulare Protokoll, über die Abstimmung Liste und Gegenliste zu führen. Protokoll und Liste fertigt ein Protokollführer, welchen der Wahlcommissär im Einvernehmen mit dem Wahlausschusse aus den Mitgliedern des letzteren ernennt, die Gegenliste ein weiteres Mitglied des Ausschusses. Das Protokoll ist vom Commissäre und Ausschusse zu unterzeichnen; für die Listen genügen die Unterschriften des Commissärs und des Listenführers [70]. Protokoll und Listen sind öffentliche Urkunden. Die Einträge in denselben gelten bis zum Beweise des Gegentheils als wahr [71].

Die Abstimmung ist geheim [72]. Das Wahlgeheimniß ist in erster Linie ein Recht des Wählers. Derselbe ist Niemandem Rechenschaft oder Aufschluß darüber schuldig, wie er gestimmt hat oder stimmen wird. Neben dieser persönlichen Bedeutung hat der Grundsatz der geheimen Abstimmung aber auch eine sachliche, nemlich die, daß das Nachforschen nach der Abstimmung verboten ist, und daß sie, auch dem Anerbieten des Wählers gegenüber, nie zum Gegenstande amtlicher Ermittelung gemacht werden kann [73]. Dagegen ist das Geheimniß der Abstimmung an sich keine Pflicht des Wählers. Er hat jedoch bei seiner Abstimmung die vorgeschriebenen Formen zu beobachten, welche mehrfach auf Wahrung des Wahlgeheimnisses abzielen. Im Uebrigen aber schadet es seiner Abstimmung nichts, wenn er derselben vor- oder nachher die ihm beliebende Oeffentlichkeit gibt.

Die Abstimmung geschieht mittels Stimmzetteln. Die Ausfüllung derselben im Wahlraume ist unzulässig. Die Stimmzettel müssen von weißem Papiere und dürfen mit keinem äußeren Kennzeichen, d. h. mit keinem außen angebrachten Zeichen, versehen sein. Andernfalls sind sie ungiltig [74]. Sie sollen die Bezeichnung der Personen, welchen der Wähler seine Stimme geben will, handschriftlich oder durch Vervielfältigung hergestellt, jedenfalls aber lesbar enthalten. Als lesbar sind sie dann zu erachten, wenn sie in solcher Sprache und Schrift abgefaßt sind, daß sie dem Wahlausschusse verständlich sein können. Ungiltig sind Stimmzettel, welche keinen oder insoweit sie keinen lesbaren Namen enthalten. Ungiltig sind die Stimmzettel ferner, insoweit hieraus die Person

---

[68] Wahlges. Art. 34 Abs. I, angef. M. E. § 55.

[69] Wahlges. Art. 33, angef. M. E. § 28. Der Art. des Ges. ist wörtlich gleichlautend mit Verf. Beil. X Tit. I § 43.

[70] Wahlges. Art. 34 Abs. II, angef. M. E. §§ 30, 39, 56, 57.

[71] Vgl. Verh. d. K. b. Abg. 1859 Beil. Bd. I S. 237.

[72] Wahlges. Art. 24 Abs. I. Das Ges. von 1848 Art. 20 bestimmte dagegen: „Die Wahlen geschehen durch vom Wähler unterzeichnete Wahlzettel." Vorbild der nunmehrigen Vorschrift ist das Reichstagswahlges.

[73] Hiefür ist auch die ständige Uebung des Reichstags. Vgl. meine Abh., Annalen des Deutschen Reichs 1880 S. 377 Anm. I.

[74] Wahlges. Art. 24 u. 25 Ziff. 1. Vgl. meine angef. Abh. S. 377 Anm. 3—5. Weißes Papier ist solches, das nach allgemeiner Uebung im Papierhandel als weißes gilt. Das Ges. sagt nicht: „und dürfen von außen nicht kenntlich sein". Durchscheinen des Namens ist also kein Ungiltigkeitsgrund. Ebensowenig Flecken u. dgl., die nicht absichtlich angebracht sind. (Anders Bl. f. adm. Praxis XXXII S. 198.) Die ungleiche Größe der Zettel kann wohl ein Kennzeichen derselben sein, aber sie sind nicht damit versehen. Anders, wenn es sich um eine besondere Form derselben handelt. Umschläge sind unstatthaft. Vgl. Verh. d. K. b. Abg. 1880/81 Sten. Ber. V S. 384.

eines Gewählten nicht unzweifelhaft zu erkennen iſt⁷⁵. Es iſt Frage des einzelnen Falles, wie weit die Bezeichnung der Perſon gehen muß, um eine hinlänglich beſtimmte zu ſein, ob insbeſondere zu dem Ende die Angabe des Vornamens, des Wohnortes oder des Standes erforderlich iſt. Unter allen Umſtänden darf da keine Ungiltigkeit angenommen werden, wo nach vernünftigem Ermeſſen kein Zweifel über die bezeichnete Perſönlichkeit ſein kann. Beſonders bei engerer Wahl wird ſchon die einfache Namensangabe als zureichend anzuſehen ſein⁷⁶. Ungiltig ſind ſodann Wahlzettel, welche mehr Namen als zu Wählende⁷⁷ oder inſoweit ſie den Namen eines nicht Wählbaren⁷⁸ oder eine Verwahrung oder einen Vorbehalt enthalten⁷⁹. Anderweitige Zuſätze auf dem Stimmzettel ſind unſchädlich⁸⁰. Ungiltig ſind endlich Stimmzettel, welche zweifellos die Unterſchrift des Wählers tragen⁸¹.

Von der formellen Ungiltigkeit des Stimmzettels iſt die Ungiltigkeit der Abſtimmung zu unterſcheiden. Ungiltig iſt die Abſtimmung eines nicht Wahlberechtigten und eines Beſtochenen, ſowie die nochmalige Abſtimmung eines Wahlberechtigten.

Indeſſen wird, da die Wahl geheim iſt, in der Regel nicht ermittelt werden können, welcher Stimmzettel aus Verſehen entgegengenommen wurde⁸². Eine Ausnahme macht nur der Fall, wo zwei ineinander gelegte Zettel ſich vorfinden. Hier iſt davon auszugehen, daß es ſich nicht um formelle Ungiltigkeit des Zettels, ſondern um einen Fehler in der Abſtimmung handelt. Daß bei doppelter Abſtimmung beide Zettel ungiltig ſein ſollen, ſagt das Geſetz nirgends. Lauten daher die ineinander gelegten Zettel auf dieſelben Namen, ſo iſt einer für giltig zu erachten. Lauten ſie dagegen auf verſchiedene Namen, ſo kann keiner gezählt werden; denn eine der beiden Abſtimmungen muß ungiltig ſein, welche derſelben aber die giltige iſt, läßt ſich nicht feſtſtellen⁸³.

Zur Giltigkeit jeder Wahl iſt abſolute Mehrheit der Stimmen erforderlich⁸⁴. Maßgebend für die Berechnung iſt die Zahl der abgegebenen, ganz oder theilweiſe giltigen Stimmzettel⁸⁵. Die abſolute Mehrheit iſt mit der nächſten vollen Zahl über die Hälfte erreicht⁸⁶. Sind mehrere Candidaten mit der nemlichen Stimmenzahl gewählt worden, und iſt durch dieſe die Zahl der zu wählenden Perſonen überſchritten, ſo

---

⁷⁵ Wahlgeſ. Art. 24, 25 Ziff. 2, 3.

⁷⁶ Vgl. dazu meine angef. Abh. S. 378 Anm. 2; Verh. d. K. d. Abg. 1887/88 Sten. Ber. II S. 558.

⁷⁷ Wahlzettel mit zu wenig Namen ſind ſelbſtverſtändlich giltig. L. A. v. Müller, Bl. f. adm. Praxis XXXII S. 180 Anm., ſagt mit Recht, daß hier von keiner theilweiſen Ungiltigkeit die Rede ſein könne. Ebenſo Verh. d. K. d. Abg. 1887/88 Sten. Ber. II S. 554 f.

⁷⁸ Dazu L. A. v. Müller, Commentar S. 42 Ziff. 8.

⁷⁹ Wahlgeſ. Art. 25 Ziff. 4, 5.

⁸⁰ Vgl. meine angef. Abh. S. 378 Anm. 3, 379 Anm. 1. Unſchädlich iſt insbeſ. eine Wiederholung deſſelben Namens, ferner die Anbringung von Namen (z. B. der Druckerfirma), bezüglich welcher es zweifellos iſt, daß ſie keinen Gewählten bezeichnen, endlich alles deutlich Durchſtrichene.

⁸¹ Dies muß angenommen werden, trotzdem die Anführung dieſes Falles in Art. 25 des Wahlgeſ. unterlaſſen iſt. Denn durch Unterzeichnung des Wahlzettels wird ein weſentlicher Grundſatz des Wahlgeſ. verletzt, und Art. 24 verbietet das Anbringen der Unterſchrift ausdrücklich.

⁸² Vgl. meine angef. Abh. S. 379 Anm. 2. Ein derartiger Fall iſt erwähnt Verh. d. K. d. Abg. 1881/82 Sten. Ber. I S. 303.

⁸³ Vgl. Verh. d. K. d. Abg. 1881/82 Sten. Ber. I S. 598 ff., Beil. Bd. II S. 483 und L. A. v. Müller, Bl. f. adm. Praxis XXXII S. 188. Ueber die Uebung des Reichstages ſ. meine angef. Abh. S. 379 Anm. 3.

⁸⁴ Wahlgeſ. Art. 24 Abſ. II. Es beſteht keine Vorſchrift, welche bei Stimmengleichheit eine Entſcheidung ermöglicht. Vgl. Verh. d. K. d. Abg. 1887/88 Sten. Ber. II S. 510 ff.; auch Weber XV S. 278 u. Anm. 2. Der oben weiter beſprochene Fall iſt ein anderer.

⁸⁵ Wo mehrere Perſonen zu wählen ſind, kann es vorkommen, daß theilweiſe ungiltige Stimmzettel abgegeben wurden, alſo ſolche, wodurch weniger Perſonen gewählt ſind, als zu wählen waren. In dieſem Falle geht es nicht an, zu verſuchen, für jeden einzelnen Candidaten die Zahl der abgegebenen Stimmen und hienach die abſolute Mehrheit geſondert zu berechnen. Denn das wäre eine unmögliche Rechnung. Vgl. Döllinger XXI S. 337, dann die Erörterung Verh. d. K. d. Abg. 1881/82 Beil. Bd. I S. 263, Sten. Ber. I S. 306 ff. und L. A. v. Müller, Bl. f. adm. Praxis XXXII S. 179 ff.

⁸⁶ M. E. vom 2. April 1881 § 42.

hat unter den Candidaten mit gleicher Stimmenzahl das Loos zu entscheiden. Die Loosung ist sofort nach Ermittelung des Wahlergebnisses in der Weise vorzunehmen, daß der Wahlcommissär die Loose in eine Urne legt, und ein Mitglied des Wahlausschusses die Ziehung vornimmt. Der Vorgang und das Ergebniß sind im Protokolle zu vermerken[87].

Dies sind die Vorschriften, welche für Urwahl und Abgeordnetenwahl gleichmäßig gelten.

Für die Urwahl sind folgende besondere Bestimmungen maßgebend.

Die Zeit der ersten Wahlhandlung muß mindestens vier Stunden, und zwar in der Art umfassen, daß in die Dauer der Wahlhandlung die ortsübliche Zeit des Mittagsmahles fällt[88].

Die Abstimmung geht in nachstehender Weise vor sich. Der Wähler tritt an den Tisch des Wahlausschusses und nennt Namen und Wohnung. Der Wahlcommissär oder unter dessen Aufsicht der Protokollführer sucht den Namen in der Wählerliste. Findet sich der Name nicht, so muß Zurückweisung erfolgen. Findet sich der Name, so ist weiter die Identität des Wählers, wenn nöthig, festzustellen und zu prüfen, ob nicht Ausschließungsgründe vorliegen. Ist die Leistung des Verfassungseides aus der Liste nicht ersichtlich, so muß der Wähler sich durch ein Zeugniß darüber ausweisen können. Der Wahlcommissär prüft in erster Linie die Berechtigung des Wählers zur Stimmabgabe. Die Beschlußfassung über entstandene Zweifel und Bedenken steht dagegen dem Ausschusse zu. Ein Rechtsmittel gegen die Bescheide des Ausschusses gibt es nicht. Dieselben können nur mittelbar bei der Legitimationsprüfung der Abgeordneten durch die Kammer auf ihre Richtigkeit gewürdigt werden. Der Wähler, welcher von der Zurückweisung betroffen wird, hat für sich selbst kein Beschwerderecht[89]. Der Stimmzettel muß so gefaltet sein, daß die darauf verzeichneten Namen verdeckt sind. Stimmzettel, welche hiegegen oder gegen die sonstigen Formvorschriften verstoßen, sind zurückzuweisen; ebenso, wenn der Wähler mehrere Zettel abgeben will, sämmtliche. Der Commissär kann die Zettel prüfen, soweit es ohne Eröffnung möglich ist. Auch hier entscheidet über Anstände der Ausschuß. Wird der Zettel in Ordnung befunden, so nimmt ihn der Wahlcommissär entgegen und legt ihn uneröffnet in die Urne. Der Wahlcommissär oder unter seiner Aufsicht der Protokollführer vermerkt die erfolgte Stimmabgabe in der Liste.

Bei Ablauf der Stunde, bis zu welcher die Dauer der Urwahl festgesetzt ist, dürfen nur mehr jene Wahlberechtigten stimmen, welche in diesem Augenblicke im Wahlraume anwesend sind. Der Wahlcommissär erklärt den Schluß der Stimmabgabe[90].

Hienach erfolgt die Ermittelung des Wahlergebnisses, die im gleichen Sinne wie die Wahlhandlung öffentlich ist[91].

Ueber dieselbe wird Protokoll geführt, das sich fortlaufend an das Protokoll über die Wahlhandlung anschließt. Das Ermittelungsgeschäft beginnt mit der Feststellung einerseits der Zahl der Wähler, bei deren Namen der Abstimmungsvermerk in der Wählerliste gemacht ist, andererseits der Zahl der abgegebenen Stimmzettel. Zu letzterem Zwecke sind die Zettel aus der Urne zu nehmen und uneröffnet zu zählen. Ergibt sich auch nach wiederholter Zählung eine Verschiedenheit beider Ziffern, so ist dies nebst dem etwa zur Aufklärung Dienlichen im Protokolle anzuführen[92]. Hieran reiht sich die Eröffnung der Stimmzettel. Der Wahlcommissär eröffnet jeden Stimmzettel einzeln. Er kann die Zettel entweder zur Geschäftserleichterung zunächst so legen, daß möglichst viele Zettel mit gleichen Wahlmännernamen aufeinander folgen, oder sie sofort nach lauter Vorlesung des Inhaltes einem

---

[87] M. E. vom 14. Juli 1881, L. A. v. Müller, Bl. f. adm. Praxis XXXII S. 186.

[88] Wahlges. Art. 26, M. E. vom 2. April 1881 §§ 25, 26. Verh. d. K. d. Abg. 1880/81 Sten. Ber. V S. 384 f. Ein früherer Schluß der Abstimmung, als angesagt, ist selbstverständlich statthaft, wenn alle Berechtigten gestimmt haben. Vgl. meine angef. Abh. S. 376 Anm. 1.

[89] Einen entsprechenden Fall s. Verh. d. K. d. Abg. 1859 Beil. Bd. I S. 152.

[90] M. E. vom 2. April 1881 §§ 34—36.

[91] Auch bei etwaigem früheren Schlusse der Abstimmung (vgl. oben Anm. 88) darf die Ermittelung des Ergebnisses nicht vor Ablauf der ursprünglich festgesetzten Dauer der Abstimmungszeit erfolgen, da sonst das Recht der Wähler, der Ermittelung beizuwohnen, verkürzt wäre. Vgl. meine angef. Abh. S. 380 Anm. 4.

[92] Angef. M. E. § 36 Abs. II.

Mitgliede des Wahlausschusses zur Aufbewahrung bis nach Ende des Ermittelungsverfahrens hinreichen[93]. Gleichzeitig mit der Verlesung geht die Prüfung der Giltigkeit der Stimmzettel vor sich, worüber bei Zweifeln der Ausschuß beschließt[94]. Ueber den Inhalt der Stimmzettel wird Liste und Gegenliste geführt. Die ganz und die theilweise für ungiltig erklärten Zettel werden, jede Gruppe für sich, fortlaufend numerirt dem Protokolle beigeheftet. In letzterem sind die Gründe der Ungiltigerklärung kurz zu vermerken. Die als giltig erklärten Zettel hat der Wahlcommissär in Papier einzuschlagen und zu versiegeln und sie sammt dem Protokolle der Districtsverwaltungsbehörde einzuliefern[95].

Hat die Wahlhandlung nach dem Ergebnisse der Stimmenzählung für keinen Wahlmann oder doch nicht für die Gesammtzahl der zu wählenden Wahlmänner absolute Mehrheit geliefert, so ist eine zweite Wahlhandlung vorzunehmen, welche als Fortsetzung der ersten gilt. Die zweite Wahlhandlung kann entweder sofort nach Bekanntgabe des Ergebnisses der ersten beginnen oder bei dieser Bekanntgabe auf einen kurzen Termin später anberaumt werden. Die Dauer der zweiten Wahlhandlung, die in der Regel nicht unter zwei Stunden betragen soll, ist vom Wahlcommissäre benehmlich mit dem Ausschusse festzusetzen und bei Beginn der Wahlhandlung bekannt zu geben. Auch ist beizufügen, wann das Ergebniß verkündet wird, und auf die Möglichkeit einer weiteren Wahlhandlung hinzuweisen. Das Verfahren bei der zweiten Wahlhandlung ist dasselbe wie bei der ersten.

Für etwa weiter nothwendige Wahlhandlungen, die am selben oder am folgenden Tage sich abzuwickeln haben, gelten die nemlichen Vorschriften wie für die zweite Wahlhandlung[96].

Die Urwahlverhandlungen werden von den Urwahlcommissären an die Districtsverwaltungsbehörde eingeliefert. Letztere sendet diese Verhandlungen spätestens zwei Tage vor der Abgeordnetenwahl an den Wahlort zu Handen des betreffenden Wahlcommissärs. Beizufügen sind die Nachweise über die für die Urwahl und Abgeordnetenwahl vorgeschriebenen Bekanntmachungen, sowie ein Wahlmännerverzeichniß[97].

Jeder Wahlmann erhält einen Ausweis über seine Wahl, den die Districtsverwaltungsbehörde ausstellt[98].

Die Wahlmänner werden durch die Districtsverwaltungsbehörde auf eine vom Wahlcommissär bestimmte Stunde des Wahltages in die genau zu bezeichnende Wahlräumlichkeit einberufen.

Die Verhandlung bei der Abgeordnetenwahl beginnt nach Bildung des Wahlausschusses mit der Prüfung der Legitimation der Erschienenen. Der Wahlmann hat zu dem Ende seinen Ausweis mitzubringen. Es muß außerdem erwiesen sein, daß er den Verfassungseid geleistet hat. Im Uebrigen darf der Wahlausschuß zwar die gesetzliche Befähigung des Wahlmannes untersuchen[99], er ist aber, wenn er keinen Grund hat, dieselbe zu bezweifeln, nicht dazu genöthigt. Die Giltigkeit der Urwahlhandlung selbst entzieht sich dagegen der Prüfung des Ausschusses[100]. Nur in dem Einen Falle ist eine Ausnahme zuzulassen, wenn ein Urwahlbezirk mehr Wahlmänner gewählt hat, als ihn

---

[93] Angef. M. E. § 37.
[94] A. a. O. § 38.   [95] §§ 39—41.
[96] §§ 43—49.   [97] § 50.
[98] § 51 Abs. III. Vgl. dazu L. A. v. Müller, Bl. f. adm. Praxis XXXII S. 186; Verh. d. K. b. Abg. 1887/88 Sten. Ber. II S. 553 f.
[99] Beispiele Verh. d. K. b. Abg. 1859 Beil. Bd. I S. 152, II S. 181.
[100] L. A. v. Müller, Bl. f. adm. Praxis XXXII S. 188. M. E. kann man Mangels einer ausdrücklichen Bestimmung dem Ausschusse für die Abgeordnetenwahl das Recht nicht zuschreiben, Urwahlen zu vernichten. Er ist keine Instanz über dem Urwahlausschusse. Die persönliche Befähigung des Wahlmannes dagegen darf geprüft werden, weil, wer gesetzlich nicht befähigt ist, durch die Wahl allein nicht zum Wahlmanne wird, in solchem Falle also keine Vernichtung der Wahl eintritt, sondern die Wahl an sich wirkungslos ist.

treffen, da der Wahlausschuß mehr als die bestimmte Zahl nicht zulassen darf und eine
Auswahl aus den Gewählten nicht vornehmen kann [101]. Ein Rechtsmittel gegen die
Entscheidungen des Wahlausschusses steht auch hier dem von der Wahl Zurückgewiesenen
nicht zur Verfügung. Insbesondere kann er für sich selbst keine Berufung an die Kammer
ergreifen [102]. Nur bei der Legitimationsprüfung der gewählten Abgeordneten kann mittelbar eine Würdigung jener Entscheidung durch die Kammer eintreten.

Auf die Legitimationsprüfung folgt die feierliche Abnahme des Wahlmänner-
eides [103].

Zur Giltigkeit der Wahl ist die Anwesenheit und Stimmenabgabe [104] von zwei
Drittheilen der Wahlmänner nöthig. Wenn aus Mangel dieser Zahl die Wahl am festgesetzten Tage nicht vor sich gehen kann, so haben die Wahlmänner, die ohne hinreichende
Ursache ausgeblieben sind, die Kosten der vereitelten Wahl zu tragen [105]. Der Wahlcommissär ist für diesen Fall ermächtigt, den neuen Wahltag festzusetzen [106]. Ist die erforderliche Zahl von Wahlmännern erschienen, so bestimmt der Wahlcommissär im Einvernehmen mit dem Wahlausschusse die Frist für die Abgabe der Stimmzettel.

Bezüglich des Wahlverfahrens und der etwa nothwendig werdenden weiteren
Wahlgänge gelten die Vorschriften für die Urwahl in entsprechender Weise [107].

Wenn das Wahlergebniß festgestellt ist, werden die zu Abgeordneten Gewählten
durch den Wahlcommissär, bei dessen Verhinderung durch die Kreisregierung, Kammer
des Innern, davon verständigt [108]. Der Gewählte hat sich spätestens acht Tage nach Empfang der Anzeige [109] über die Annahme der Wahl zu erklären [110]. Im Falle mehrfacher
Wahl kann der Gewählte sich innerhalb der gleichen Frist für die Annahme der einen
oder der anderen Wahl entscheiden [111]. Ist bis zum Ablaufe der Frist keine Annahmeerklärung bei dem Wahlcommissäre oder der Kreisregierung eingelaufen, so gilt die Wahl
als abgelehnt [112]. Erfolgt die Annahme der Wahl, so ist damit formales Recht für den
Gewählten erzeugt, allerdings nicht endgiltig, wohl aber vorläufig. Wer vom Wahl-

---

[101] Dieser unglaubliche Fall ist einmal vorgekommen. Verh. d. K. d. Abg. 1881/82 Sten.
Ber. I S. 301.

[102] Vgl. Verh. d. K. d. Abg. 1859 Beil. Bd. I S. 152 ff., Sten. Ber. S. 63—74. Ein Wahlmann hatte gegen seine Zurückweisung durch den Abgeordnetenwahlausschuß Beschwerde bei der
Kammer erhoben. Letztere beschloß, die Beschwerde an sich zwar als begründet zu erachten, derselben
aber eine weitere Folge nicht zu geben, weil durch jene Zurückweisung das Ergebniß der Abgeordnetenwahl nicht beeinflußt worden sei. Vgl. auch Verh. d. K. d. Abg. 1863 Beil. Bd. IV S. 359 ff. Aus
Anlaß einer ähnlichen Beschwerde wurde die Regierung gebeten, Bedacht zu nehmen, daß bei künftigen
Wahlen die gesetzlichen Bestimmungen beachtet würden.

[103] A. a. O. §§ 23, 51.

[104] Vgl. Verh. d. K. d. Abg. 1855/56 Sten. Ber. I S. 32, A. Luthardt, Bl. f. adm. Praxis
XIX S. 269 f.

[105] Diese Verpflichtung wird durch die Districtsverwaltungsbehörde beschlußmäßig festzusetzen
sein. Die Pflicht der Kostentragung ist eine gesammte. Die Eintreibung geschieht erforderlichen Falles
im Verwaltungszwangsverfahren. Ueber die Kosten vgl. Verh. d. K. d. Abg. 1887/88 Sten. Ber. II
S. 510 ff.; richtig Staatsminister Frhr. v. Feilitzsch S. 518. Bei dieser Verh. wurde auch erörtert,
ob die Anwendung sonstiger Zwangsmittel zulässig sei. Die Frage ist m. E. unbedingt zu verneinen.
Das Ges. würde es gesagt haben, wenn es solchen Zwang gewollt hätte.

[106] Wahlges. Art. 21.

[107] M. E. vom 2. April 1881 § 51. Vgl. Verh. d. K. d. Abg. 1887/88 Beil. Bd. II S. 136 ff.,
703 ff., Sten. Ber. II S. 555 f., III S. 325 ff.

[108] A. a. O. § 53.

[109] Diese hat also gegen Zustellungsnachweis zu geschehen.

[110] Wahlges. Art. 27.   [111] Wahlges. Art. 28 Abs. I.

[112] Dies wird als Absicht des Ges. anzunehmen sein. Eine ausdrückliche Bestimmung fehlt.
Daß eine später eintreffende Annahmeerklärung nichts mehr nützt, ergibt sich aus der Vorschrift des
Art. 28 Abs. II des Wahlges., daß sofort ein neuer Wahlgang zu veranlassen sei. Vgl. auch A.
Luthardt, Bl. f. adm. Praxis XIX S. 293 f.

ausschusse als gewählt anerkannt wurde, ist, gleichviel, ob er der wirklich Gewählte ist oder nicht, so lange Abgeordneter, bis ihm die Abgeordnetenkammer diese Eigenschaft abspricht. Sonach kann kein Anderer mit der Behauptung, daß er der richtig Gewählte sei, als Abgeordneter auftreten. Im Einklange hiemit sagt das Gesetz über den Geschäftsgang des Landtages ¹¹³, daß die zu Abgeordneten Gewählten bis zur Ungiltigerklärung ihrer Wahl Sitz und Stimme in der Kammer behalten. Wenn also ein Beschluß der Kammer in der Folge den betreffenden Abgeordneten zurückweist, so ist die Sache nicht so anzusehen, als sei derselbe nie Abgeordneter gewesen; im Gegentheile, er war Abgeordneter und hört erst mit dem erwähnten Kammerbeschlusse auf, es zu sein ¹¹⁴.

Nach Vornahme der Abgeordnetenwahl hat der Wahlcommissär die sämmtlichen hierauf bezüglichen Wahlverhandlungen der Kreisregierung, Kammer des Innern, vorzulegen. Sie werden von letzterer verwahrt, bis das Staatsministerium des Innern sie zum Zwecke der Mittheilung an die Kammer der Abgeordneten einfordert ¹¹⁵.

Bei den besonderen Wahlen ¹¹⁶ ist zwischen solchen Nachwahlen, welche durch Wahlablehnung entstehen, den übrigen Nachwahlen und den Ersatzwahlen zu unterscheiden.

Im Falle der Wahlablehnung hat die Kreisregierung, Kammer des Innern, sofort einen neuen Zusammentritt der Wahlmänner zu veranlassen ¹¹⁷.

Wird eine Nachwahl in Folge Wahlvernichtung nöthig, so ist verschieden zu verfahren, je nachdem die Vernichtung nur auf die Abgeordnetenwahl oder auch auf einzelne oder alle Urwahlen sich bezieht.

Im ersteren Falle und ebenso bei Ersatzwahlen sind auf Anordnung des Staatsministeriums des Innern die noch vorhandenen Wahlmänner des Wahlkreises zur Vornahme der Abgeordnetenwahl einzuberufen. Eine Ersatzwahl für die etwa in Wegfall gekommenen Wahlmänner findet nur dann statt, wenn innerhalb einer Ausschlußfrist von wenigstens 8 Tagen mindestens 20 Urwahlberechtigte ¹¹⁸ des Wahlkreises es verlangen. Die bezeichnete Frist wird nach eingetroffener Weisung des Staatsministeriums des Innern von der Districtsverwaltungsbehörde nach Bedarf festgesetzt und sowohl in dem Blatte, welches für die amtlichen Kundgebungen dient, als auch in den Gemeinden nach ortsüblicher Weise rechtzeitig bekannt gegeben ¹¹⁹. Die Ersatzwahlen für die Wahlmänner erfolgen selbstverständlich nur in dem Umfange, in welchem sie von den Urwählern beantragt worden sind ¹²⁰.

Umfaßt eine Wahlvernichtung auch ganz oder theilweise die Urwahlen, so sind diese bei der Nachwahl nach Maßgabe der ministeriellen Anordnungen gleichfalls zu wiederholen, wobei unter Umständen die Umbildung von Wahlbezirken nöthig werden kann. Bezüglich der Wahlmännerersatzwahlen in den Urwahlbezirken, deren Wahlen unbeanstandet geblieben sind, gelten die oben erörterten Vorschriften.

---

¹¹³ Vom 19. Jan. 1872, Art. 5 Abs. V.

¹¹⁴ Damit steht nicht im Widerspruche, daß die Anträge, welche von einem solchen Abg. eingebracht und noch nicht geschäftlich erledigt worden sind, als hinfällig behandelt werden. (Verh. d. K. b. Abg. 1887/88 Sten. Ber. III S. 330 Sp. 1.) Bei jedem anderen Grunde des Verlustes der Abgeordneteneigenschaft gilt dasselbe.

¹¹⁵ M. E. vom 2. April 1881 § 52.

¹¹⁶ Vgl. zum Folgenden L. A. v. Müller, Bl. f. abm. Praxis XXXII S. 199 ff.

¹¹⁷ Wahlges. Art. 28 Abs. II.

¹¹⁸ Dieselben müssen in die Wählerliste eingetragen sein. Vgl. Verh. d. K. b. Abg. 1883/86 Beil. Bd. IX S. 333 ff., Sten. Ber. VI S. 3 ff.

¹¹⁹ Wahlges. Art. 35 Abs. IV, M. E. vom 2. April 1881 §§ 58—60.

¹²⁰ Dies ergibt auch der Wortlaut des Ges.: „für jeden in Abgang gekommenen Wahlmann".

Die Wahlkreis- und Wahlbezirkseintheilung, welche für die allgemeinen Wahlen getroffen ist, muß auch für die besonderen Wahlen unverändert bleiben, soferne nicht der Grund einer Wahlvernichtung eben in jener Eintheilung gelegen war.

Anhang.
§ 101. Die Berechnung der Wahlperioden.

Die Frage, von welchem Tage an die sechsjährige Wahlperiode der Abgeordnetenkammer berechnet werden muß, ist nicht so leicht zu beantworten, als man gewöhnlich annimmt. Das Landtagswahlgesetz von 1848 hat allerdings bewirkt, daß die allgemeinen Abgeordnetenwahlen im ganzen Lande an einem und demselben Tage stattfinden; jedoch sind die Bestimmungen der Verfassungsurkunde über die Dauer und daher auch über den Beginn der Wahlperiode bestehen geblieben. Die Verfassung aber bezeichnet den terminus a quo der Wahlperiode nicht mit ausdrücklichen Worten, was um so mißlicher ist, als es nach dem früheren Wahlsysteme einen allgemeinen Abgeordnetenwahltag nicht gab und nicht geben konnte ¹.

Die einschlägigen Stellen der Verfassungsurkunde sind folgende. Titel VI § 11: „Jede Classe wählt in jedem Regierungsbezirke die sie daselbst treffende Zahl von Abgeordneten nach der in dem angeführten Edicte vorgeschriebenen Wahlordnung für die sechsjährige Dauer der Versammlung." § 13: „Alle sechs Jahre wird eine neue Wahl der Abgeordneten vorgenommen . . . ." In Beilage X Abschnitt I §§ 46 und 47 ist von der „Dauer der sechsjährigen Function" und von der „sechsjährigen Dauer der Versammlung" die Rede. Am Schlusse der Verfassungsurkunde wird verfügt, „daß die darin angeordnete Versammlung der Stände zur Ausübung der zu ihrem Wirkungskreise gehörigen Rechte am (nicht auf den) 1. Januar 1819 einberufen und inzwischen die hiezu erforderliche Einleitung veranstaltet werde". Welches der terminus a quo der Wahlperiode sein soll, bleibt dunkel.

Auf Grund der Schlußbestimmung der Verfassung befahl die königliche Verordnung vom 30. November 1818 (G. Bl. S. 629) sofortige Einleitung der Wahlen durch die Kreisregierungen und Vorlage des Ergebnisses bis zum 25. December. Unterm 1. Januar 1819 erfolgte dann die Einberufung der Stände auf den 23. gleichen Monats (G. Bl. S. 5). Die Verordnung vom 12. December 1824 (R. und Intell. Bl. S. 1267) bestimmte, daß die Wahlen „bei Empfang dieses alsbald vorgenommen" und die Ergebnisse bis zum 20. folgenden Monats vorgelegt werden sollten.

Als im Jahre 1830 abermals eine Wahlperiode ihrem Ende zuging, bemerkte König Ludwig I. mit gewohntem Scharfblicke die Unklarheit der oben angeführten Vorschriften der Verfassung und verlangte vom Staatsminister des Innern von Schenk ein Gutachten über die Frage, „wie lange die dermalige Kammer der Abgeordneten noch fortzubestehen und wann deren verfassungsmäßige Erneuerung einzutreten habe". Schenk erachtete, es stehe „außer allem Zweifel", „daß die sechs Jahre, nach deren Ablauf eine Integralerneuerung der Kammer der Abgeordneten regelmäßig stattzufinden habe, immer nur vom Zeitpunkte der letzten Wahl und der dadurch vollzogenen Bildung der Kammer berechnet werden dürfen". Die neue Wahl sei daher „wieder nur im Monate December" vorzunehmen und „bis dahin die Function der dermaligen Kammer der Abgeordneten verfassungsmäßig als fortdauernd anzusehen". Man wird, wie man sieht, durch diese Aeußerungen in nichts gefördert; denn der Tag des Beginns der Wahlperiode ist nicht angegeben. Der König verwies nun die Sache auf Schenk's Anregung an den Staatsrath.

In der Sitzung vom 23. Juni 1830 trat zunächst Staatsminister Graf Armansperg der Ansicht Schenk's entgegen. Die Grundlage aller folgenden Bestimmungen sei § 11 des Titels VI der Verfassungsurkunde, wo es heiße, jede Classe wähle für die sechsjährige Dauer der Versammlung. Die sechsjährige Dauer einer Versammlung aber könne nur nach dem Anfangstermine derselben, nicht nach dem zufälligen Zeitpunkte des Wahlaktes berechnet werden. Dazu stimme es auch, wenn das X. Edict a. a. O. von einer sechsjährigen Function der Abgeordneten spreche. Der Beginn der Function könne erst mit dem Beginne der Versammlung gedacht werden. Titel VI § 13 stehe dem nicht entgegen; er bezeichne nur „das Mittel zur Erzielung der in § 11 getroffenen Anordnung". „Die Wahl müsse der Versammlung vorausgehen; sie bedinge zwar die Vollmacht, diese aber werde offenbar erst wirksam für die Versammlung mit derselben und auf sechs Jahre vom Anfange derselben". Den Wahlact zur Grundlage der Zeitberechnung nehmen, hieße den Zufall zum Regulator wählen; denn es gäbe hienach wohl Zeitberechnungen für die einzelnen Abgeordneten, nicht aber für die Versammlung derselben.

¹ Ueber ähnliche Schwierigkeiten in Württemberg vgl. O. v. Sarwey, Staatsrecht des Kgrs. Württemberg II S. 189 f.

Seiner Meinung nach habe die Periode der ersten Versammlung am 1. Januar 1819 begonnen, am letzten December 1824 geschlossen; die Periode der zweiten Versammlung habe am 1. Januar 1825 begonnen und werde am letzten December 1830 enden. Die Erneuerung trete daher mit dem 1. Januar 1831 verfassungsmäßig ein, und zu diesem Behufe müßten vor diesem Tage die Neuwahlen vollendet sein. Staatsrath von Schilcher erklärte sich mit Schenk einverstanden, von Gutner mit Armansperg, doch fügte er bei, die Anordnung der Wahl hänge vom Könige ab, wenn nur einerseits die Anberaumung so erfolge, daß die Bestimmungen des Titels VII §§ 6 und 22 der Verfassungsurkunde eingehalten werden könnten, und andererseits der noch nicht abgelaufenen Vollmacht der früheren Kammer kein Abtrag geschehe. Staatsrath von Stürmer meinte, die Wahlen zur ersten Ständeversammlung seien kurz vor dem 25. December 1818, die Wahlen zur zweiten Ständeversammlung kurz vor dem 20. Januar 1825 beendet worden; in den entsprechenden Monaten der Jahre 1824 und 1831 erscheine also die Kammer als „erloschen". Dieß entspreche „einer gleichförmigen Praxis der Vorjahre". Staatsrath von Knopp wollte — was Gutner bereits als möglich angedeutet, doch als bedenklich und gewagt bezeichnet hatte — die Wahlperioden mit den Finanzperioden in Zusammenhang bringen. Diese Ausführungen können, da sie jedenfalls als verfehlt zu betrachten sind, übergangen werden. Staatsrath Maurer erklärte sich vollkommen mit Armansperg einverstanden. Staatsminister Freiherr von Zentner hielt der Ansicht Schenk's entgegen, daß, wenn die Verfassung einen so wandelbaren, von zufälligen Umständen abhängigen terminus a quo für die Berechnung der Wahlperiode gewollt hätte, sie dies ausdrücklich hätte bestimmen müssen. Denn ohne solche Bestimmung wäre es zweifelhaft, ob der Tag des Wahlausschreibens, der Vorlage des Wahlergebnisses, der wirklich vollzogenen Wahl oder der ersten Einberufung der Stände der maßgebende sei. Zentner meinte aber doch, daß die bisherige Gepflogenheit, „welche für jede geschriebene Constitution die sicherste Auslegung gebe", anzunehmen sei. Es sei also die sechsjährige Periode „nur von dem Zeitpunkte der letzten Wahl und der dadurch vollzogenen Bildung der Kammer" zu berechnen. Vorbereitungen zur neuen Ständeversammlung könnten, eben weil sie Vorbereitungen seien, auch schon früher statthaben. Als es indessen nach diesen Verhandlungen zur Abstimmung kam, vollzog sich ein allgemeiner Umschwung der gegnerischen Meinungen zu Gunsten der Ansicht Armansperg's, und das einstimmige Gutachten des Staatsrathes lautete: „daß die dermalige Kammer der Abgeordneten bis zum letzten December dieses Jahres verfassungsmäßig fortzubestehen und die Erneuerung derselben mit dem 1. Januar 1831 verfassungsmäßig einzutreten habe, daß aber zu diesem Behufe die neuen Wahlen vor dem 1. Januar 1831 nach der allerhöchsten Bestimmung Seiner Majestät des Königs im ganzen Königreiche durch alle Classen und Bezirke vollendet sein müssen".

In einem Signate vom 2. Juli 1830 wünschte nun der König u. A. die Aeußerung des Staatsraths darüber, wie die Bestimmung des Titels VII § 22 der Verfassungsurkunde zu verstehen sei: „Der König wird wenigstens alle drei Jahre die Stände zusammenberufen." Der König neigte sich der Meinung zu, diese Einberufung müsse nach Ablauf dreier Jahre, vom Eröffnungstage der letzten Versammlung gerechnet, erfolgen. Der Staatsrath äußerte sich jedoch in der Sitzung vom 10. gleichen Monats auf Vortrag des Staatsministers von Schenk dahin, die Verfassung fordere nur, daß wenigstens alle drei Jahre eine Ständeversammlung stattfinden müsse; sie sage nicht, daß zwischen der einen Einberufung und der nächstfolgenden ein längerer Zeitraum als von drei Jahren nicht verfließen dürfe. Darauf erwiderte der König, daß er „nicht mit des Staatsraths Ansicht einverstanden" sei. „Den Ausdruck alle sechs Jahre Titel VI § 13 und alle drei Jahre Titel VII § 22 legt der Staatsrath auf zweierlei von einander ganz verschiedene Weisen aus, den ersten nemlich dahin, daß genau sechs Jahre verlaufen sein müssen, indem die Vollmacht der Stände immer alle sechs Jahre dauernd angenommen wird, den zweiten dahin, daß nicht gerade drei Jahre Zwischenraum sein müßten. Das eine war in des Staatsraths letzter Sitzung, in dieser das andere dessen Ansicht."

Nach alledem erging unterm 12. December 1830 (R. Bl. S. 1285), also genau sechs Jahre nach dem vorhergehenden, das neue Wahlausschreiben, das die Vorlage der Ergebnisse bis zum 15. Januar 1831 verlangte.

Als im Jahre 1836 die Wahlperiode sich dem Ende zuneigte, machte der Minister des Innern Fürst Oettingen-Wallerstein den König auf die früheren Verhandlungen von 1830 aufmerksam. Nach Vernehmung des Staatsrathes beschloß der König, die damals erörterte grundsätzliche Frage zu umgehen. Die Verordnung vom 3. December 1836 (R. Bl. S. 789) bestimmte hierauf, die Abgeordnetenwahlen seien unverzüglich zu eröffnen und die Ergebnisse bis zum 25. gleichen Monats dem Könige vorzulegen.

Im Jahre 1839 erfolgte zum ersten Male eine Auflösung der zweiten Kammer. Dies geschah durch königliche Erklärung vom 24. August (R. Bl. S. 793) mit Rücksicht auf die geschehene Neueintheilung des Königreichs. Unterm 7. October gleichen Jahres (R. Bl. S. 865) wurde dann die Eröffnung der Wahlen und die Einsendung der Ergebnisse bis zum 20. November befohlen.

Das letzte Wahlausschreiben unter der Herrschaft des früheren Rechtes wurde unterm 25. September 1845 (R. Bl. S. 569) erlassen und die Vorlage der Wahlergebnisse bis spätestens 10. November verfügt. Die hienach gewählte Kammer wurde am 12. November 1848 (R. Bl. S. 1097) mit Rücksicht auf das verkündete neue Wahlgesetz aufgelöst.

Wenn man nun nach alledem daran geht, den Rechtszustand des Zeitraumes von 1818 bis 1848 zu untersuchen, so erhält man zunächst das verneinende Ergebniß, daß es zu einer maßgebenden Feststellung des geltenden Rechtes nicht gekommen ist. Ferner ist die Ansicht, die in dem staatsräthlichen Gutachten zum Ausdrucke gelangt war, wie schon König Ludwig I. richtig empfand. jedenfalls irrig, wie nicht minder jene, welche die Wahlperiode in untrennbaren Zusammenhang mit der Finanzperiode bringen wollte. Die Unmöglichkeit der Annahme eines festen Anfangs- und Schlußtermins der Wahlperiode ergibt sich schon daraus, daß diese Anschauung mit dem Rechte des Königs, die Abgeordnetenkammer jeder Zeit aufzulösen, nicht in Einklang zu bringen ist. Die Sache liegt einfach so, daß die Verfassungsurkunde es vergessen hat, den Anfangstermin der Wahlperiode zu bestimmen. Es handelt sich also nicht darum, eine Verfassungsvorschrift auszulegen — denn eine solche fehlt —, sondern darum, zu ermitteln, welches der Natur der Sache nach der Anfangstermin einer Wahlperiode ist. Die Antwort kann nicht zweifelhaft sein. Es ist der Zeitpunkt der letztvorhergegangenen Wahl. Vor dem Wahlgesetze von 1848 war es allerdings schwer, diesen Zeitpunkt zu bezeichnen, da es keinen einheitlichen Wahltag gab. Diese Schwierigkeit in der Anwendung eines unbestreitbar richtigen Grundsatzes ist aber nunmehr weggefallen. Mit der Bestimmung eines gleichheitlichen Zeitpunktes für die Vornahme der allgemeinen Abgeordnetenwahlen ist dieser Wahltag von selbst der natürliche Anfangstag der Wahlperiode geworden. In diesem Sinne hat sich denn auch unter der Herrschaft des neuen Wahlgesetzes eine feste Rechtsüberzeugung gebildet. Dieselbe ist in der königlichen Entschließung vom 28. Februar 1863 (R. Bl. S. 169) über die Auflösung des Landtages zu klarem Ausdrucke gebracht. Die letzten Abgeordnetenwahlen hatten am 14. December 1858 stattgefunden. Mit Hinblick hierauf bemerkte die Entschließung, „daß das Mandat der dermaligen Kammer der Abgeordneten mit dem 14. December 1864 verfassungsmäßig erlischt".

Uebrigens hat unter der Herrschaft des neuen Wahlrechts die zweite Kammer nur einmal ihre regelmäßige Lebensdauer erreicht, wie folgende Uebersicht zeigt.

Wahlausschreiben vom 23. November 1848 (R. Bl. S. 1129), Abgeordnetenwahl 7. December.

Auflösung 10. Juni, Wahlausschreiben 4. Juli 1849 (R. Bl. S. 583, 657), Abgeordnetenwahl 24. gleichen Monats.

Auflösung 25. März, Wahlausschreiben 10. Mai 1855 (R. Bl. S. 233, 461), Abgeordnetenwahl 30. gleichen Monats.

Auflösung 30. September, Wahlausschreiben 20. November 1858 (R. Bl. S. 1193, 1345), Abgeordnetenwahl 14. December.

Auflösung 28. Februar, Wahlausschreiben 21. März 1863 (R. Bl. S. 169, 425), Abgeordnetenwahl 29. April.

Wahlausschreiben 19. April 1869 (R. Bl. S. 721), Abgeordnetenwahl 20. Mai.

Auflösung 6., Wahlausschreiben 18. October 1869 (R. Bl. S. 1801, 1833), Abgeordnetenwahl 25. November.

Auflösung und Wahlausschreiben 5. Juni 1875 (G. u. V. Bl. S. 423, 424), Abgeordnetenwahl 24. Juli.

Auflösung und Wahlausschreiben 16. Juni 1881 (G. u. V. Bl. S. 629, 630), Abgeordnetenwahl 21. Juli.

Auflösung und Wahlausschreiben 16. Mai 1887 (G. u. V. Bl. S. 291, 292), Abgeordnetenwahl 28. Juni.

Auflösung und Wahlausschreiben 31. Mai 1893 (G. u. V. Bl. S. 197, 198), Abgeordnetenwahl 12. Juli.

§ 102. Wahlprüfung[1].

Die endgiltige Prüfung der Abgeordnetenwahlen erfolgt durch die Kammer der Abgeordneten[2]. Diese Legitimationsprüfung ist ebensowenig ein Streitverfahren wie

---

[1] Vgl. hieher G. Jellinek, ein Verfassungsgerichtshof für Oesterreich, Wien 1885; derselbe, Verh. des deutschen Juristentags, Berlin und Leipzig 1888, S. 121 ff.; H. Jaques, die Wahlprüfung in den modernen Staaten und ein Wahlprüfungsgerichtshof für Oesterreich, Wien 1885; meine Staatsrechtlichen und politischen Abhandlungen, Freiburg i. B. u. Leipzig 1893, S. 192 ff.

[2] Vgl. schon Verf. Beil. X Tit. I §§ 61, 62 u. dazu Verf. Urk. Tit. VI § 14 Abs. II. Geschäftsg. Ges. vom 25. Juli 1850 Art. 3 Abs. II. Nunmehr Geschäftsg. Ges. vom 19. Jan. 1872 Art. 5.

jene, welche die erste Kammer bezüglich ihrer Mitglieder vornimmt[3]. Dem Abgeordneten, dessen Wahl untersucht wird, steht keine Partei gegenüber, und auch er selbst hat nicht die Rolle einer Partei. Es gibt keine Klage auf Ungiltigkeit einer Landtagswahl, sondern nur ein „Recht der Beanstandung". Wahlanfechtungen, welche von Außen her an die Kammer gelangen, sind nur Stoff für die Legitimationsprüfung[4]. Die Urheber der bezüglichen Schriftstücke erhalten keinen Bescheid. Die Legitimationsprüfung ist eine Geschäftshandlung der Kammer, durch welche sie ermittelt, ob derjenige, der sich ihr mit dem formellen Nachweise richtiger Wahl vorstellt, auch materiell richtig gewählt ist[5].

Die Legitimationsprüfung hat in der zweiten Kammer eine andere Bedeutung wie in der ersten. Hier ist diese Prüfung Voraussetzung des Eintritts in die Kammer, dort nur Voraussetzung des Verbleibens in derselben. „Die zu Abgeordneten Gewählten treten, wenn sie den Bestimmungen der Geschäftsordnung über die Vorlage ihres Einberufungsschreibens[6] genügt haben, sofort in die Kammer"[7].

Die Kammer kann entweder die von ihr geprüfte Legitimation anerkennen oder den Abgeordneten zurückweisen. Dagegen kann sie nicht an Stelle desjenigen, welcher bei der Wahl als gewählter Abgeordneter verkündet worden ist, einen anderen setzen. Der Kammer ist lediglich das Recht zugeschrieben, die Legitimation ihrer Mitglieder zu prüfen, d. h. darüber zu entscheiden, ob dieselben gesetzmäßig gewählt sind. Der Ausspruch, daß nicht der eingetretene Abgeordnete, sondern ein Anderer der rechtmäßig Gewählte sei, wäre keine Entscheidung über die Legitimation des ersteren. Diese verfassungsrechtliche Beschränkung der Kammer hat auch ihre innere Begründung in der Natur des Wahlprüfungsgeschäftes. Es wird immer möglich sein, zu sagen, ob derjenige, dessen Legitimation in Frage steht, zweifellos der richtig Gewählte ist, oder ob diese Gewißheit nicht vorliegt. Dagegen wird es im letzteren Falle regelmäßig nicht möglich sein, mit Bestimmtheit zu erklären, welcher Andere der richtig Gewählte ist[8].

Da der Abgeordnete aus indirecten Wahlen hervorgeht, so ist eine Prüfung seiner Legitimation nicht möglich ohne Prüfung der Legitimation derer, die ihn gewählt haben. Die Kammer hat daher nothwendig auch das Recht, die Legitimation der Wahlmänner zu untersuchen und durch Nichtanerkennung derselben Urwahlen zu vernichten. Es wäre ein Formalismus, über den sich die Uebung mit Recht hinweggesetzt hat, wenn man etwa sagen wollte, die Vernichtung von Urwahlen könne nur im Zusammenhange mit der Vernichtung von Abgeordnetenwahlen stattfinden. Vielmehr erscheint es richtig und zweckmäßig, daß die Kammer, wenn sie bei Prüfung einer Abgeordnetenwahl die Richtig-

---

[3] Vgl. hieher O. v. Sarwey, das öffentliche Recht u. die Verwaltungsrechtspflege, Tübingen 1880, S. 486 f. Auch R. v. Mohl, über die Untersuchung bestrittener ständischer Wahlen durch die Abgeordnetenkammer selbst, in Staatsrecht, Völkerrecht u. Politik I S. 207 ff.

[4] Die Wahlanfechtung hat nicht die prozessuale Bedeutung einer Klage, sondern die einer Denunciation. Daher ist, wenn eine Reclamation zurückgezogen wird, die Kammer nicht behindert, das darin Vorgebrachte gleichwohl zu würdigen. Die Zurücknahme äußert eine nothwendige Wirkung nur auf das Verfahren nach Art. 6 Abs. II der Gesch. Ordn. Vgl. hieher Verh. d. K. d. Abg. 1877/78 Sten. Ber. I S. 87 f.

[5] Vgl. Verh. d. K. d. Abg. 1859 Beil. Bd. I S. 236, Bericht des Abg. Käfferlein: „Darauf, daß die Reclamanten es unterlassen haben, ihrer Beschwerdevorstellung ein Petitum beizufügen, kommt gar nichts an; die Kammer ist kein Gerichtshof, für welchen der Grundsatz Geltung hat, daß er nicht über den Antrag der Theile hinausgehen darf."

[6] Geschäftsg. Ges. Art. 2. Gesch. Ordn. Art. 1.

[7] Geschäftsg. Ges. Art. 5 Abs. V.

[8] Vgl. meine angef. Abh., Annalen des Deutschen Reichs 1880 S. 386 Anm. 2, 387 Anm. 1. Der 1831 vorgekommene Fall des Abg. Frhrn. v. Closen, welcher zugleich mit Frhrn. v. Bequel auf denselben Abgeordnetensitz Anspruch erhob und hiemit siegte, bezog sich auf die Auslegung der damals geltenden Bestimmungen in Verf. Beil. X Tit. I §§ 44 c, 48. Vgl. Verh. d. K. d. Abg. 1831 Prot. Bd. I Prot. Nr. IV S. 44 ff., Nr. V S. 2 f., Nr. VI S. 56 ff.

keit einer Urwahl wahrnimmt, dies auch dann ausspricht, wenn die Wahl des Abgeordneten hiedurch nicht berührt wird. Denn auf solche Weise wird die Möglichkeit hintangehalten, daß eine später erforderliche besondere Wahl der Nichtigkeit anheimfällt[9]. Erkennt man aber an, daß mit der Legitimation des Abgeordneten auch jene der Wahlmänner zur Untersuchung steht, dann wird man sich zu der Folgerung genöthigt sehen, daß die Legitimation jener Wahlmänner anläßlich einer späteren Legitimationsprüfung nur auf Grund neu eingetretener Thatsachen angestritten werden kann.

Da ferner das Ergebniß einer Abgeordnetenwahl durch die aufeinander folgenden selbständigen Akte der Urwahl und der Wahl der Abgeordneten durch die Wahlmänner erzielt wird, so ergibt sich, daß die Vernichtung des letzteren Wahlaktes nicht nothwendig auch die Vernichtung der ersteren nach sich zieht. Zur Vernichtung der Urwahlen bedarf es vielmehr eines gesonderten Ausspruches, der, wenn die Nichtigkeit keine allgemeine ist, ausdrücklich jene Urwahlbezirke zu bezeichnen hat, deren Urwahlen vernichtet werden sollen.

Der Beschluß der Kammer über Giltigkeit oder Ungiltigkeit einer Wahl ist unanfechtbar und bildet daher formelles Recht für den einzelnen Fall. Aber die Kammer ist bei dieser Prüfung an das Gesetz gebunden. Sie darf nie, auch aus Gründen der Billigkeit nicht, eine Entscheidung treffen, die gegen das Gesetz ist. Ihr Ermessen waltet nur da, wo das Gesetz demselben freies Spiel läßt.

Gegenstand der Prüfung durch die Kammer sind die Elemente, aus welchen das Wahlergebniß sich zusammensetzt, nemlich einerseits die Wählerliste, dann die Bildung der Urwahlbezirke und der Wahlkreise, andererseits jene Umstände, welche auf die Wahlhandlung selbst Bezug haben, nemlich die bei der Urwahl und bei der Abgeordnetenwahl abgegebenen Stimmen, die Wahlvorbereitung, das Wahlverfahren und die Stimmenberechnung.

Der Gesichtspunkt, von welchem aus die Wahl zu prüfen ist, ist der, daß es sich darum handelt, Gewißheit zu erlangen, ob der angeblich Gewählte wirklich gewählt ist. Hieraus ergeben sich folgende Sätze.

Ein Fehler in der Wahl muß erwiesen sein; die bloße Möglichkeit eines solchen kann die Giltigkeit der Wahl nicht beeinträchtigen. Die gesetzmäßige Vornahme der Wahl muß vermuthet werden, solange nicht das Gegentheil dargethan ist. Aber auch wenn ein Fehler bei der Wahl erwiesen ist, so hat dies nicht nothwendig die Vernichtung des Wahlergebnisses zur Folge. Diese Folge tritt nicht ein, sobald feststeht, daß, auch wenn der Fehler nicht geschehen wäre, das Wahlergebniß das nemliche gewesen sein würde[10]. Andererseits aber genügt es, wenn ein Fehler vorliegt, zur Begründung eines wahlvernichtenden Beschlusses, daß der Fehler das Wahlergebniß zweifelhaft macht[11]. Insbesondere ist überall da, wo aus einem vorgefundenen Fehler verschiedene Folgerungen gezogen werden können, diejenige zu ziehen, welche für den, dessen Wahl zur Prüfung steht, das ungünstigste Ergebniß liefert[12]. Schon daraus allein erhellt, daß aus einer

---

[9] Vernichtungen von Urwahlen ohne Vernichtung der betr. Abgeordnetenwahlen sind nicht selten. Vgl. Verh. d. K. d. Abg. 1855/56 Beil. Bd. I S. 352, Sten. Ber. I S. 188; 1876 Sten. Ber. I S. 571, II S. 902 f., 912; 1881/82 Sten. Ber. I S. 598. Dagegen wurden in dem Falle 1876 Sten. Ber. II S. 57 f. Erhebungen über die Rechtsbeständigkeit von Urwahlen abgelehnt, weil, selbst wenn sich deren Ungiltigkeit ergeben sollte, dies die Abgeordnetenwahlen unberührt ließe.

[10] Vgl. Verh. d. K. d. Abg. 1859 Sten. Ber. S. 7 (Abg. Käfferlein), Beil. Bd. I S. 238, II S. 293; 1855/56 Sten. Ber. I S. 58, Beil. Bd. I S. 351; 1863 Beil. Bd. I S. 100, 108; 1876 Sten. Ber. II S. 57 f. Dasselbe gilt natürlich auch für die Wahlmänner; vgl. Verh. d. K. d. Abg. 1855/56 Beil. Bd. I S. 359. Der Abg. Kolb hat allerdings einmal Widerspruch gegen die Behandlung der Wahlprüfung „als Rechenexempel" erhoben. Verh. d. K. d. Abg. 1863 Sten. Ber. I S. 99.

[11] Verh. d. K. d. Abg. 1855/56 Sten. Ber. I S. 35, Beil. Bd. I S. 360.

[12] Vgl. z. B. Verh. d. K. d. Abg. 1881/82 Sten. Ber. I S. 305 Sp. 2.

derartig angestellten Berechnung Schlüsse zu Gunsten eines anderen Candidaten nicht gezogen werden können.

Endlich ist noch hervorzuheben, daß auch da, wo eine Wahl auf mehrere Abgeordnete sich bezogen hat, und wo also etwa aus geschäftlichen Gründen die Prüfung für sämmtliche Abgeordnete eines Wahlkreises gemeinsam geschieht, doch rechtlich die Prüfung für jeden Abgeordneten eine gesonderte ist. Das Ergebniß der Prüfung ist demnach nicht nothwendig für alle Abgeordnete eines Wahlkreises das gleiche[13].

In Bezug auf die Wählerlisten ist bei der Legitimationsprüfung der Gesichtspunkt festzuhalten, daß Mängel, in Folge deren ein Wahlfähiger von der Wahl ausgeschlossen blieb, dann nicht berücksichtigt werden können, wenn der Wahlfähige von seinem Einspruchsrechte oder seinem Rechte, die Uebertragung zu verlangen, keinen Gebrauch gemacht hat. Dagegen kann untersucht werden, ob Anträge auf Berichtigung der Wählerliste oder auf Uebertragung in dieselbe mit Recht abgewiesen worden sind, ferner ob nicht Personen in die Liste aufgenommen wurden, welche nicht hätten aufgenommen werden sollen.

Die Wahlbezirks- und die Wahlkreiseintheilung sind von der Kammer darauf zu prüfen, ob die gesetzlichen Vorschriften beobachtet worden sind, an welche die Regierung gebunden ist. Eine Beanstandung der Eintheilung kann nur dann stattfinden, wenn eine Gesetzesverletzung vorliegt, niemals deshalb, weil die Regierung von ihren Befugnissen einen Gebrauch gemacht hat, der den Wünschen der Kammer nicht entspricht[14].

Die Prüfung der abgegebenen Stimmen bezieht sich auf die Giltigkeit der Wahlzettel nach Form und Inhalt und auf die Giltigkeit der Stimmabgabe. In ersterer Hinsicht läßt das Gesetz dem Ermessen keinen Spielraum. Der Stimmzettel, welcher den Vorschriften nicht entspricht, muß, soweit dies der Fall ist, als nichtig erklärt werden. Auch darüber, wann eine Stimmabgabe ungiltig ist, waltet kein Zweifel[15].

Die Kammer kann somit bei der Legitimationsprüfung in die Lage kommen, über die Wahlberechtigung eines Theilnehmers an der Wahl (Urwählers oder Wahlmannes) zu befinden. Dies darf jedoch nicht dahin ausgelegt werden, als ob die Kammer berufen wäre, im letzten Rechtszuge über die Wahlberechtigung zu erkennen; vielmehr kömmt die Prüfung der Wahlberechtigung nur als Bestandtheil der Legitimationsprüfung in Frage[16]. Wäre erstere Annahme richtig, so müßte ein Streit um die Wahlberechtigung auch selbständig vor der Kammer erhoben werden können, was indessen nicht möglich ist[17].

In all' diesen Fällen liegt die Schwierigkeit darin, zu ermitteln, wie die Ungiltigkeit, die bei der Abstimmung untergelaufen ist, gewirkt hat. Hier stellt sich der Ermittelung der Satz entgegen, daß die Wahl geheim und daß also die Nachforschung nach der Abstimmung des Einzelnen unbedingt verboten ist. Durch die Wahlprüfung kann demnach unter keinen Umständen festgestellt werden, welche bestimmten einzelnen Zettel von einer ungiltigen Stimmabgabe herrühren. Bei dieser Lage der Sache wird man von dem Gedanken ausgehen müssen, daß alle abgegebenen und formell giltigen Stimm-

---

[13] S. z. B. Verh. d. K. d. Abg. 1855/56 Sten. Ber. I S. 28 ff., Beil. Bd. I S. 317 ff.

[14] Vgl. Verh. d. K. d. Abg. 1882 Sten. Ber. II S. 320. Berichterstatter Frhr. v. Lerchenfeld: „Man verschloß sich der Anschauung nicht, daß es sich lediglich darum handle, festzustellen, ob das Gesetz bei Bildung dieses Wahlkreises beachtet worden sei, ob eine Gesetzwidrigkeit vorliege oder nicht, und daß es sich nicht darum handeln könne, ob die Regierung diesen Wahlkreis anders hätte bilden können."

[15] Vgl. oben § 100 Anm. 74 ff. Ungiltig sind insbes. alle Wahlzettel, die durch Betrug in die Urne gelangt sind.

[16] Auch dann, wenn der Abg. für legitimirt erachtet u. nur eine Urwahl vernichtet wird.

[17] Vgl. hieher Erskine May, das englische Parlament u. sein Verfahren, 2. Aufl., übersetzt von Oppenheim, Leipzig 1880, S. 57 (Aylesbury-Fall). S. auch oben § 100 Anm. 102.

zettel möglicher Weise materiell ungiltig sind. Zu diesem Gedanken tritt der weitere, daß unter den abgegebenen, formell giltigen Wahlzetteln nicht mehr materiell ungiltige sein können, als ungiltige Stimmabgaben ermittelt wurden. An der Hand dieser Sätze ist zu berechnen, wie viele giltige Stimmen der in Prüfung stehende Candidat (Abgeordneter, Wahlmann) erhalten haben muß. Hier ergibt denn der Abzug der ungiltig abgegebenen Stimmen von der Gesammtziffer der Stimmen, welche der Candidat im Wahlkreise, bzw. Wahlbezirke erhalten hat, diejenige Zahl von Stimmen, welche zweifellos giltig sind und daher dem Candidaten zugesprochen werden dürfen [18]. Zugleich müssen auch die un- giltig abgegebenen Stimmen an der Gesammtzahl der im Wahlkreise, bzw. Wahlbezirke als giltig angenommenen Stimmen abgerechnet werden. Steht dagegen nur fest, daß Stimmzettel ungiltig abgegeben worden sind, aber nicht wie viele, so sind zweifellos gil- tige Stimmen für den Candidaten überhaupt nicht vorhanden, und es müssen daher sämmtliche für ihn abgegebene Stimmen als ungiltig angesehen werden. Bei Zetteln, welche durch Betrug in die Wahlurne gelangt sind, ist, da hier keine Abstimmung, son- dern eine strafbare Handlung (Strafgesetzbuch § 108) vorliegt, Nachforschung zulässig, auf welche Namen die untergeschobenen Zettel gelautet haben. Werden die Namen ermittelt, so ist der Abzug selbstverständlich dem betreffenden Candidaten zu machen.

Aus anderen als den borerörterten gesetzlichen Gründen darf die Kammer die Un- giltigkeit von Abstimmungen nicht aussprechen [19]. Insbesondere besteht kein Rechts- satz, wonach eine solche Ungiltigkeit daraus abgeleitet werden könnte, daß Jemand auf die Stimmenabgabe des Wählers Einfluß genommen oder zu nehmen versucht hat. Die Art, wie letzteres geschehen ist, kann möglicher Weise denjenigen, welcher die Einwirkung ausgeübt hat, nach Strafrecht oder Dienstrecht verantwortlich machen; für die Giltigkeit der Stimme des Wählers ist die Beeinflussung unerheblich. Nur in dem Einen Falle der Bestechung, der einen mit Sicherheit greifbaren Thatbestand und ein bestimmtes Ver- hältniß zwischen Ursache und Wirkung aufweist, macht das Gesetz eine Ausnahme. Im Uebrigen frägt das Recht nicht nach den Gründen der Abstimmung. Die Unabhängigkeit des Wählers findet ihren Schutz lediglich in den Formen, die für die Wahlhandlung vorgeschrieben sind [20]. Es wäre überdies schwer, Sätze darüber aufzustellen, in

---

[18] Vgl. meine Abh., Annalen des Deutschen Reichs 1880 S. 388 Anm. 3.

[19] Vgl. hieher auch die Erörterungen über den Antrag Greil zu Art. 5 des Geschäftsg. Ges. Verh. d. K. d. Abg. 1871/72 Sten. Ver. I S. 43 ff.

[20] Die Frage ist vortrefflich erörtert im Vortrage des Abg. Nar Verh. d. K. d. Abg. 1855 Beil. Bd. I S. 331 ff. Mit Recht wird der Unterschied zwischen Art. 31 Abs. II u. 32 (früher 25 Abs. II u. 26) des Wahlges. hervorgehoben. Nur für den Fall der Bestechung droht das Ges. Nichtigkeit der Wahl an, nicht für den Fall unerlaubter Beeinflussung. Bei letzterer werden nur dem Beamten, der sich verfehlt hat, Dienststrafen, jenen Personen dagegen, welche sich in der Wahlfreiheit beschränken lassen, keine Rechtsnachtheile in Aussicht gestellt. Nar hebt mit Recht hervor, daß es vom Wähler abhänge, inwieweit er sich beeinflussen lasse, daß das Ges. selbständige Männer voraussetze, daß man endlich die Wirkung der versuchten Beeinflussung nicht ermitteln könne, da der Wähler selbst kein tauglicher Zeuge, ein Dritter aber nicht im Stande sei, in dessen Seele zu blicken. Den gleichen Stand- punkt vertrat der Abg. Dr. Edel Verh. d. K. d. Abg. 1855/56 Sten. Ver. I S. 136 f. Die gewöhnliche unjuristische Auffassung der Sache findet sich in folgender Aeußerung des Abg. Dr. Bölk (Verh. d. K. d. Abg. 1855/56, Sten. Ver. I S. 75) bertreten: „Eine Wahl ist nichtig, wenn von was immer für einer Seite ein unrechtmäßiger Angriff auf das Recht der Wahlberechtigten stattgefunden, ihren Willen nach den gesetzlichen Normen frei zur Geltung zu bringen, welcher Angriff von solcher Bedeutung ist, daß es in Folge dessen zweifelhaft wird, ob das Ergebniß der Wahl das nemliche gewesen wäre, wenn er nicht stattgefunden hätte — denn ein solcher Angriff ist ein Attentat auf die Grundlage jeder Wahl, die gesetzliche Wahlfreiheit — er ist, im Falle derselbe von Erfolg — eine Fälschung des wahren Aus- druckes des Willens der Wähler — eine Vernichtung dieses Willens selbst". Es ist indessen nicht richtig, daß durch Wahlbeeinflussung die Willensfreiheit des Wählers vernichtet wird.

Die Bestimmung des Art. 31 Abs. II bezieht sich übrigens nach ihrem Wortlaute und Zusammen- hange „nur auf die Thätigkeit der Wahlcommissarien, und die an der Stelle vorgesehenen Straf-

welcher Weise eine solche Art von Ungiltigkeit rechnerisch geltend gemacht werden soll ²¹.

Das Wahlvorbereitungs= und das Wahlverfahren sind darauf zu prüfen, ob hiebei die Bestimmungen des Gesetzes und der Vollzugsvorschriften eingehalten worden sind. Es besteht keine gesetzliche Bestimmung, wonach die Verletzung der einen oder der anderen Anordnung die Nichtigkeit der ganzen betreffenden Wahlhandlung zur nothwendigen Folge hätte. Es ist sonach in das Ermessen der Kammer gelegt, ob sie einer vorgekommenen Formverletzung eine Bedeutung für das Wahlergebniß und dessen Giltigkeit beilegen will. Die Kammer ist aber zweifellos berechtigt, an jede derartige Zuwiderhandlung die Folge der Nichtigkeit zu knüpfen, wenn sie es nach Lage des Falles für angezeigt erachtet. Im Allgemeinen sind wohl nur jene Unregelmäßigkeiten geeignet, Nichtigkeit einer Wahlhandlung hervorzurufen, bei welchen mit Grund anzunehmen ist, daß sie auf das Wahlergebniß Einfluß äußern konnten. Dabei wird, wenn sich die denkbar ungünstigste Folge, welche aus dem vorgefallenen Fehler für den Candidaten gezogen werden kann, in Ziffern ausdrücken läßt, diese Ziffer in Anschlag zu bringen, von einer Nichtigerklärung der Wahl aber abzusehen sein. Die Annahme, daß eine Unregelmäßigkeit das Wahlergebniß beeinflußt habe, liegt da näher, wo es sich um Verfehlung gegen eine Bestimmung des Gesetzes, nicht blos der Vollzugsvorschriften handelt, am nächsten da, wo der Grundsatz der geheimen Wahl verletzt wurde. Auch weniger wesentliche Verstöße können in Betracht kommen, wenn sie in ihrem Zusammentreffen das Wahlergebniß unsicher machen. Weitere Regeln für die Entscheidung, insbesondere über den Umfang der Wirkung, welche einer vorgefallenen Unregelmäßigkeit beizumessen ist, lassen sich der Natur der Sache nach nicht wohl aufstellen ²².

Die Kammer hat schließlich, falls nicht ohnehin die Ergebnisse der eigentlichen Wahlprüfung eine neue Berechnung nothwendig machen, auch die Stimmenberechnungen zu prüfen, die von den Wahlausschüssen vorgenommen worden sind. Jene rechnerische Prüfung wird darauf sich beziehen, ob der betreffende Wahlmann oder Abgeordnete die absolute Mehrheit der giltigen Stimmen erhalten hat. Je nach dem Ergebnisse wird die Wahl anzuerkennen oder zu vernichten sein.

Das Verfahren bei den Wahlprüfungen richtet sich nach den Bestimmungen des Artikels 5 des Gesetzes über den Geschäftsgang des Landtages vom 19. Januar 1872 und der Geschäftsordnung der Kammer der Abgeordneten.

Die Prüfung der Legitimation der Kammermitglieder hat sofort nach der Eröffnung des Landtages zu beginnen ²³, bei später gewählten Mitgliedern nach Vertheilung der Wahlakten.

bestimmungen können nur auf diese und zwar nur dann Anwendung finden, wenn dieselben Beamte sind". M. E. vom 4. Nov. 1875 an den Bischof von Würzburg (Archiv f. kath. Kirchenrecht XL S. 130 ff., Verh. d. K. d. Abg. 1876 Sten. Ber. I S. 569, II S. 747, vgl. auch I S. 563).
Eine selbstverständliche Folge der hier vertretenen Ansicht ist die, daß, mag man auch die Wahlbeeinflussung durch kirchliche Organe mit dem Abg. Dr. Ruland (Verh. d. K. d. Abg. 1855/56 Sten. Ber. I S. 68) entschieden mißbilligen, doch aus dem Versuche solcher Einwirkungen ein Nichtigkeitsgrund für die Wahl nicht abgeleitet werden kann. Vgl. Verh. d. K. d. Abg. 1876 Sten. Ber. I S. 553, II S. 742, 750, 896; ferner den Artikel „Die Wahlhirtenbriefe der bayer. Bischöfe und die bayer. Gesetzgebung" in Nr. 210 der Allg. Zeitung vom 29. Juli 1875. S. auch meine angef. Abh., Annalen des Deutschen Reichs 1880 S. 389 Anm. 1, 390. Ueber den Art. 31 (25) auch die Aeußerung des Abg. Greil Verh. d. K. d. Abg. 1871/72 Sten. Ber. I S. 44.
²¹ Vgl. meine angef. Abh. S. 390 Anm. 3.
²² Erläuternde Beispiele zu dem oben Erörterten in den Anm. auf S. 391, 392 meiner angef. Abh.
²³ Angef. Ges. Art. 5 Abs. I. Die Bestimmungen für die Legitimationsprüfung von Abgeordneten, die erst während der Tagung eintreten, sind dieselben wie für die übrigen Mitglieder. Gesch. Ordn. Art. 6 Abs. V.

Gemäß der Geschäftsordnung sind mit den Wahlprüfungen die sieben Abtheilungen ²⁴ und ein besonderer Ausschuß betraut. Der „Ausschuß für die weitere Vorprüfung beanstandeter Wahlen" wird in jeder Tagung für deren Dauer nach den Bestimmungen gewählt, welche für die übrigen ständigen Ausschüsse gelten ²⁵.

Jeder Abtheilung theilt der Präsident eine möglichst gleiche Zahl von Wahlverhandlungen durch das Loos zu ²⁶. Für das weitere Verfahren ist der Umstand entscheidend, ob die betreffenden Wahlen angestritten sind oder nicht.

Das Recht der Wahlbeanstandung kömmt der Staatsregierung ²⁷ und jedem Wahlberechtigten bezüglich der Abgeordneten seines Wahlkreises zu ²⁸.

Die Wahlanfechtungen sind an eine zehntägige Ausschlußfrist gebunden. Die Frist berechnet sich regelmäßig vom Tage nach Eröffnung des Landtages; für Nachwahlen oder Ersatzwahlen, wenn sie bei versammeltem Landtage stattfinden, vom Tage nach der Feststellung des Wahlergebnisses ²⁹, wenn sie bei nichtversammeltem Landtage stattfinden, vom Tage nach dem Tage des Wiederzusammentrittes der Kammer ³⁰. Durch Schließung oder Vertagung des Landtages wird die Frist unterbrochen ³¹. Die Anfechtung muß noch innerhalb der Frist in den Einlauf ³² der Kammer gelangen ³³. Die Frage, ob die zehntägige Ausschlußfrist auch auf Nachträge zu einer bereits erhobenen Wahlbeanstandung sich bezieht, wird zu bejahen sein. Wo das Gesetz eine Ausschlußfrist vorsteckt, ist im Zweifel anzunehmen, daß das, was innerhalb derselben zu geschehen hat, auch vollständig zu geschehen hat ³⁴.

---

²⁴ Gesch. Ordn. Art. 5, 6.

²⁵ Gesch. Ordn. Art. 19, Kammerbeschl. vom 11. März 1881. Der Wahlprüfungsausschuß wurde auf Antrag des Abg. M. Th. Mayer nach dem Vorbilde der Wahlprüfungscommission des Reichstages eingeführt. Verh. d. K. d. Abg. 1877/81, Beil. Bd. XII, 1 S. 217, Sten. Ber. V S. 391. Bis zum Geschäftsg. Ges. vom 25. Juli 1850 geschah die Vorprüfung der Wahlen durch eine Einweisungscommission, welche für den Fall der Zusammenberufung einer neugewählten Kammer vom Könige ernannt wurde, sonst aber aus dem Präsidenten und Secretär der letzten Versammlung bestand. Verf. Beil. X Tit. I § 61, Gesch. Ordn. von 1831 Art. 5—9. Döllinger VII S. 350. Nach der Gesch. Ordn. von 1851 Art. 6 war die Einweisungscommission aus dem Alterspräsidenten, den zwei Jugendsecretären und 6 ausgeloosten Mitgliedern gebildet.

²⁶ Gesch. Ordn. Art. 6 Abs. I. Bei Erneuerung der Abtheilungen findet keine Neuausloosung der Wahlakten statt. Verh. d. K. d. Abg. 1877/81 Sten. Ber. II S. 468.

²⁷ Geschäftsg. Ges. Art. 5 Abs. II.

²⁸ Angef. Ges. Art. 5 Abs. III. Selbstverständlich ist, daß, wenn Abg. in ihrer Eigenschaft als Wahlberechtigte an einer Wahlanfechtung sich betheiligt haben, von einer „analogen" Anwendung des Art. 23 Abs. IV der Gesch. Ordn. auf dieselben keine Rede sein kann. Vgl. Verh. d. K. d. Abg. 1875/76 Beil. Bd. II S. 590 Sp. 1. Eine Merkwürdigkeit — Verlangen der Vernichtung sämmtlicher Abgeordnetenwahlen — s. ebenda Sten. Ber. I S. 83.

²⁹ Angef. Ges. Art. 5 Abs. IV.

³⁰ Vgl. hieher die Aeußerungen des Abg. v. Schlör, Verh. d. K. d. Abg. 1871/72 Sten. Ber. II S. 32 u. Verh. d. K. d. Abg. 1889/90 Sten. Ber. V S. 121 ff., VI S. 32, woraus Anm. 4 zu Art. 6 der Gesch. Ordn. hervorging. Die Ansicht Schlör's, daß die Anfechtungsfrist vom Tage des nächsten Zusammentrittes, bzw. der Feststellung des Wahlergebnisses zu berechnen sei, halte ich nicht für richtig. Das Ges. sagt: später als 10 Tage nach der Eröffnung, bzw. nach Feststellung des Wahlergebnisses.

³¹ So Gesch. Ordn. Art. 6 Anm. 4. Man könnte vielleicht zweifeln, ob diese Auslegung des Geschäftsg. Ges. richtig ist, und ob es nicht heißen sollte: die Frist wird gehemmt. Indessen scheint das Ges. doch zur Wahlanfechtung eine zusammenhängende Frist geben zu wollen; andernfalls könnte leicht die Anfechtung vereitelt werden.

³² Die Staatsregierung kann selbstverständlich eine Wahl auch durch mündliche Erklärung in der Sitzung beanstanden.

³³ Das Ges. sagt: welche später als 10 Tage ... „erfolgen". Den gleichen Ausdruck hat die Gesch. Ordn. des Reichstages. Er ist dort im oben angegebenen Sinne verstanden worden. Vgl. meine angef. Abh. S. 394 Anm. 3.

³⁴ Vgl. hieher meine angef. Abh. S. 394. Eine and. Ans. Verh. d. K. d. Abg. 1875/76 Beil. Bd. II S. 590.

Ist eine Wahlbeanstandung rechtzeitig eingelaufen, und erscheint hiedurch die Giltigkeit der Wahl in Zweifel gestellt, so sind die Verhandlungen von der Abtheilung an den Wahlprüfungsausschuß abzugeben, der dann an die Kammer zu berichten hat³⁵.

Ist eine Anfechtung nicht erhoben, so geht die Abtheilung selbst auf die Prüfung der Wahl ein. Findet sie überhaupt keinen Anlaß zur Erinnerung, so macht sie hievon dem Präsidenten behufs Verständigung der Kammer Anzeige. Läuft die zehntägige Beanstandungsfrist noch, so wird die Wahl erst nach ungestörtem Ablaufe dieser Frist unanfechtbar, andernfalls sofort³⁶.

Ist eine Anfechtung zwar rechtzeitig erhoben, jedoch nicht von der Art, daß dadurch die Giltigkeit der Wahl in Frage gestellt erscheint, so erstattet die Abtheilung Bericht an die Kammer.

Findet die Abtheilung selbst ein erhebliches Bedenken, oder legt ein Mitglied der Abtheilung³⁷ Einspruch gegen die Wahl ein, so ist, je nachdem hiedurch die Rechtsbeständigkeit der Wahl bedroht wird oder nicht, die Sache an den Wahlprüfungsausschuß abzugeben oder von der Abtheilung selbst an die Kammer zu berichten³⁸.

Für die Verhandlungen bei der Wahlprüfung gelten folgende Bestimmungen.

Die Staatsregierung hat das Recht, an allen Wahlprüfungsverhandlungen Theil zu nehmen; sie muß daher auch von den betreffenden Abtheilungs- und Ausschußsitzungen Kenntniß erhalten³⁹.

Kammermitglieder, deren Wahl beanstandet ist, dürfen in Beziehung auf ihre Wahl alle Aufklärungen geben, die ihnen nöthig scheinen, an Abstimmungen aber, die ihre Wahl betreffen, weder in der Abtheilung, noch im Ausschusse, noch im Hause Theil nehmen. Im Uebrigen behalten sie bis zur etwaigen Ungiltigerklärung ihrer Wahl Sitz und Stimme in der Kammer⁴⁰.

Die Abstimmungen geschehen für jeden Abgeordneten gesondert, den Fall der formellen Beanstandung der Wahl eines ganzen Wahlkreises ausgenommen⁴¹.

Die Abtheilungen und der Wahlprüfungsausschuß haben bei der Vorprüfung der Wahlen das Recht, vom Staatsministerium des Innern die Erläuterungen und Aufschlüsse zu verlangen, die von ihnen für erforderlich erachtet werden⁴². Der Umfang dieses Rechtes gegenüber der Staatsregierung bemißt sich nach den bereits dargestellten allgemeinen Bestimmungen⁴³. Ebensowenig wie die Kammern haben deren Abtheilungen und Ausschüsse ein Recht, von der Regierung bestimmt vorgezeichnete Erhebungen zum Zwecke der gewünschten Aufschlüsse zu fordern. Allerdings wird gerade bei Wahlprüfungen oft aus dem Gegenstande der Frage die Art der nothwendigen Erhebungen schon mittelbar sich von selbst ergeben. Immerhin aber bleibt der Satz bestehen, daß in Bezug auf die Vornahme von Erhebungen die Kammern nur Wünsche gegenüber der Staatsregierung zum Ausdrucke bringen können. Ist dies richtig, also von einem Rechte der Kammern nicht die Rede, so folgt auch, daß die Frage, ob die Abtheilungen und der Wahl-

³⁵ Gesch. Ordn. Art. 6 Abs. II. Die in meiner Abh. S. 395 erörterte Streitfrage ist für das bayer. Recht nach der Fassung des Art. 6 a. a. O. nicht möglich.
³⁶ Gesch. Ordn. Art. 8.
³⁷ Vgl. hieher Verh. d. K. d. Abg. 1871/72 Sten. Ber. I S. 43 ff.
³⁸ Gesch. Ordn. Art. 6 Abs. II.
³⁹ Geschäftsg. Ges. Art. 5 Abs. II, Gesch. Ordn. Art. 6 Abs. VI.
⁴⁰ Geschäftsg. Ges. Art. 5 Abs. V, VI, Gesch. Ordn. Art. 50 Abs. II Ziff. 1.
⁴¹ Geschäftsg. Ges. Art. 29 Abs. II, Gesch. Ordn. Art. 50 Abs. III.
⁴² Geschäftsg. Ges. Art. 33 Abs. I. Nach dem Sprachgebrauche des Ges. (vgl. Art. 23, 34) kann kein Zweifel bestehen, daß unter den Ausschüssen auch die Abtheilungen mitbegriffen sind. Vgl. die Ausführungen Verh. d. K. d. Abg. 1877/81 Beil. Bd. III Nr. 47 S. 196 ff., Sten. Ber. II S. 459 ff.
⁴³ S. oben § 88.

prüfungsausschuß befugt sein sollen, solche Wünsche an die Staatsregierung zu bringen, nicht aus Artikel 33 Absatz I des Geschäftsgangsgesetzes beantwortet werden kann. Die Frage, ob die Kammer ihre Abtheilungen und den Wahlprüfungsausschuß hiezu ermächtigen wolle, ist eine Frage der Geschäftsordnung. Ein Kammerbeschluß vom 12. Februar 1878 hat ausgesprochen, daß den Abtheilungen das Recht nicht zukomme, „von sich aus und ohne Genehmigung der Kammer Erhebungen zu verlangen, welche weitere Amtshandlungen zu Untersuchungen und Vernehmungen nothwendig machen" ⁴⁴.

Das Verfahren im Wahlprüfungsausschusse richtet sich nach den später darzustellenden allgemeinen Bestimmungen für die Kammerausschüsse ⁴⁵.

In den Abtheilungen ernennt der Vorsitzende für jeden Wahlakt einen Berichterstatter und einen Mitberichterstatter, welche der Abtheilung mündlichen Vortrag zu halten haben.

Die Wahl des Berichterstatters für einen Vortrag an das Haus geschieht durch die Abtheilung ⁴⁶.

Abgesehen von den Fällen, in welchen die Legitimation der Abgeordneten schon in der Abtheilung anerkannt wird, erfolgt die Entscheidung hierüber durch die Kammer selbst. Der Beschluß kann entweder sofort endgiltig auf Anerkennung oder Nichtanerkennung der Legitimation gehen oder auf Aussetzung der Entscheidung bis zur weiteren Aufklärung. Ist letzteres beantragt, so wird darüber zuerst abzustimmen sein ⁴⁷.

Bei der endlichen Entscheidung muß, wenn auch nur ein Antrag auf Nichtanerkennung der Legitimation eines Abgeordneten vorliegt, die Frage nach der Legitimation in bejahender Form gestellt werden. Ergibt sich alsdann Stimmengleichheit, so ist die Legitimation als nicht anerkannt zu erachten ⁴⁸.

Die Anerkennung der Wahl durch Beschluß der Kammer, bzw. der ungestörte Ablauf der Beanstandungsfrist haben die rechtliche Bedeutung, daß nunmehr dem Abgeordneten sein Mitgliedschaftsrecht nicht mehr angestritten werden kann.

§ 103. Erlöschen der Abgeordneteneigenschaft.

Von dem Augenblicke an, mit welchem eine Wahl als giltig anerkannt ist, kann der Abgeordnetensitz nur in Folge Verzichtes oder wegen Nichterfüllung der Pflicht zur Anwesenheit oder unmittelbar kraft Rechtssatzes verloren gehen.

---

⁴⁴ Verh. d. K. d. Abg. 1877/81 Beil. Bd. III S. 195 ff. (Bericht des Ausschusses für die Geschäftsordn.), Sten. Ber. II S. 464 ff. Die Erörterungen in der Kammer sind einigermaßen verworren, da der oben dargelegte Unterschied zwischen der rechtlichen Stellung der Abtheilungen und Ausschüsse zur Regierung nach Art. 33 des Ges. und zur Kammer nach der Gesch. Ordn. nicht recht klar erkannt wurde. Nur in einer Aeußerung des Abg. M. Th. Mayer S. 466 Sp. 1 Zeile 8 v. o. findet er sich angedeutet. Früher übten die Abtheilungen jenes Recht unbeanstandet. Vgl. z. B. Verh. d. K. d. Abg. 1875/76 Beil. Bd. II S. 590.

⁴⁵ Von vorübergehender Bedeutung war der Antrag Horn (Verh. d. K. d. Abg. 1875/76 Sten. Ber. I S. 18 ff.), wonach die Prüfung der beanstandeten Wahlen nach der Ordnung der Kreise und Wahlbezirke im Wahlausschreiben erfolgen sollte.

⁴⁶ Gesch. Ordn. Art. 7.

⁴⁷ Denn wer die Sache noch nicht für spruchreif erachtet, könnte, wenn sofort über die Legitimation abgestimmt würde, seine Ansicht nicht zur Geltung bringen. Vgl. Verh. des Reichstags des Norbb. Bundes 1867 Sten. Ber. S. 77 ff.

⁴⁸ Geschäftsg. Ges. Art. 32 Abs. II, Gesch. Ordn. Art. 52 Abs. II. Wollte man anders verfahren, so würde es bei Stimmengleichheit vom Zufalle der Fragestellung abhängen, welches Schicksal der Abg. hat. Vgl. auch meine angef. Abh. S. 396, ferner Verh. d. K. d. Abg. 1881/82 Sten. Ber. III S. 237, Abg. Frhr. v. Stauffenberg: „Bis jetzt war es, soviel ich weiß, ausnahmslose Uebung, nicht über die Negation, sondern über die entgegenstehende Positive abstimmen zu lassen."

Der Verzicht wird nicht vermuthet; er muß ausdrücklich, und zwar bei verſammeltem Landtage gegenüber der Kammer der Abgeordneten, ſonſt beim königlichen Staatsminiſterium des Innern, erklärt werden ¹.

Der Verluſt der Abgeordneteneigenſchaft tritt ferner unter gewiſſen Vorausſetzungen dann ein, wenn durch Fernbleiben von Abgeordneten aus den Sitzungen die Beſchlußunfähigkeit der Kammer bewirkt wird.

Die geſetzlichen Beſtimmungen ² lauten wie folgt: Wenn im Augenblicke einer Abſtimmung die zur Beſchlußfähigkeit nothwendige Zahl von Mitgliedern nicht verſammelt iſt, „ſo hat der Präſident die Abweſenden ³ für die nächſte Sitzung perſönlich zu laden und die Ladung beſcheinigen zu laſſen. Jedes Mitglied der Kammer der Abgeordneten, welches nach geſchehener zweimaliger, richtig nachgewieſener Ladung auf die dritte, unter Anbrohung des Ausſchluſſes an ihn (dasſelbe) ergangene und nachgewieſene Vorladung weder erſcheint, noch ſein Ausbleiben durch genügend dargelegte Gründe rechtfertigt, wird als ausgetreten betrachtet" ⁴.

Die Vorbedingung für die Einleitung eines ſolchen Verfahrens iſt alſo die, daß es an einen Fall der Beſchlußunfähigkeit der Kammer ſich anknüpft ⁵. Auch die zweite und dritte Ladung müſſen durch den gleichen Umſtand veranlaßt ſein, und die drei Ladungen müſſen mit einander in ununterbrochenem Zuſammenhange ſtehen ⁶.

Schwierigkeiten bereitet die Entſcheidung der Frage, ob der Ausſchluß aus der Kammer von ſelbſt (ipso iure) eintritt oder eine Beſchlußfaſſung der Kammer zur Vorausſetzung hat. Aus der Entſtehungsgeſchichte der geſetzlichen Beſtimmung iſt zu entnehmen, daß erſteres gewollt iſt. Hienach iſt nicht zu bezweifeln, daß der Abgeordnete, welcher

---

¹ Wahlgeſ. Art. 35 Abſ. I. Nach der Verf. Urk. (Beil. X Tit. I § 47) war der Rücktritt eines Abg. nur aus beſtimmten geſetzlichen Gründen zuläſſig, worüber die Kammer entſchied. Das Wahlgeſ. in der Faſſung von 1848 aber ſagte (Art. 29 Abſ. I): „Jeder Abg. kann mit Zuſtimmung der Kammer aus derſelben treten."

² Geſchäftsg. Geſ. Art. 26, 27. Ueber einen weitergehenden Antrag Lerchenfeld Verh. b. K. b. Abg. 1849 Sten. Ber. II S. 472 ff.

³ Auch die Beurlaubten, wie unten darzulegen ſein wird.

⁴ Zur Entſtehungsgeſchichte vgl. zunächſt die Geſch. Ordn. b. K. b. Abg. von 1831 Art. 16 und 17 (Döllinger VII S. 352), wo die Beſtimmungen über den Ausſchluß eines nicht erſcheinenden Abg. an den Fall anknüpfen, daß ein Urlaubs- oder Austrittsgeſuch abgelehnt und demgemäß die Einberufung des Abg. beſchloſſen wurde; dann den Entw. zum Geſchäftsg. Geſ. vom 25. Juli 1850 Art. 21 Abſ. II, wo die fraglichen Vorſchriften den Fall im Auge haben, daß die Kammer bei einer Abſtimmung nicht beſchlußfähig war, und daß das hienach zur nächſten Sitzung geladene, ſäumig geweſene Kammermitglied abermals bei der Abſtimmung nicht erſcheint. (Verh. b. K. b. Abg. 1849 Beil. Bb. I S. 141.) Aus dieſem Vorſchlage ſind die Beſtimmungen der Art. 26—28 des Geſ. vom 25. Juli 1850 (G. Bl. 1849/50 S. 309) entſtanden, wonach die Folgen des Nichterſcheinens für die Reichsräthe und die Abg. geſondert feſtgeſtellt ſind. Der Zuſammenhang dieſer geſetzlichen Verfügungen mit dem Falle der Beſchlußunfähigkeit blieb aufrecht erhalten. S. a. a. O. Beil. Bb. I S. 270 f., 274, Sten. Ber. II S. 447, beſ. S. 460—462; Verh. b. K. b. R. R. 1850 Beil. Bb. IV S. 106 ff., Prot. Bb. V S. 592 ff., beſ. S. 615—620, wo die Art. 27, 28 die Faſſung erhielten, welche ſie im Geſ. haben (28 wurde neu eingefügt); Verh. b. K. b. Abg. 1850 Beil. Bb. III S. 387 f., Sten. Ber. IV S. 538 f., 547 ff., beſ. S. 550 f.; Verh. b. K. b. R. R. Beil. Bb. V S. 89, Prot. Bb. VI S. 231 ff.; Verh. b. K. b. Abg. Beil. Bb. III S. 633, Sten. Ber. V S. 154. Die Art. 26—28 des Geſ. von 1850 ſind in das Geſchäftsg. Geſ. vom 19. Jan. 1872 unverändert übergegangen.

⁵ Uebereinſtimmend Abg. Frhr. v. Stauffenberg Verh. b. K. b. Abg. 1871/72 Sten. Ber. II S. 31. In Art. 21 Abſ. II des Entw. iſt dies völlig klar: „Wenn im Augenblicke der Abſtimmung dieſe Mehrheit nicht verſammelt iſt, ſo hat der Präſident die Abweſenden für die nächſte Sitzung perſönlich laden zu laſſen. Jeder, der bei dieſer Sitzung ohne beſcheinigte und ausreichende Entſchuldigungsurſache zur Abſtimmung nicht erſcheint, wird ſofort als ausgetreten betrachtet." Die jetzigen Art. 26—28 haben nicht die Abſicht, dieſen Zuſammenhang zwiſchen Beſchlußunfähigkeit und Ladungsverfahren zu beſeitigen.

⁶ Dies ergibt ſich aus der Abſicht des Geſ., ſowie aus der Faſſung des Art. 27 ſelbſt, der unter „Ladung" offenbar jedesmal eine Ladung nach Art. 26 verſteht.

eine dreimalige Ladung ohne ein Wort der Entschuldigung unbeachtet läßt, durch die Thatsache seines Ungehorsams gegenüber der dritten Ladung aufhört, Abgeordneter zu sein. Wenn er dagegen sein Ausbleiben zu rechtfertigen sucht, dann wird doch wohl ein Ausspruch darüber erfolgen müssen, ob die Entschuldigung auf „genügend dargelegte Gründe" [7] gestützt ist. Dies wird durch Kammerbeschluß festzustellen sein. Erklärt die Kammer die Entschuldigung als ungenügend, so tritt der Verlust der Abgeordneteneigenschaft kraft des Gesetzes ein, und zwar mit Wirkung vom Beginne der Sitzung, zu welcher der Abgeordnete hätte erscheinen sollen. Lautet also der Beschluß auf Unentschuldbarkeit des Nichterscheinens, so kömmt der betreffende Abgeordnete für die Beschlußfähigkeitsziffer nicht in Rechnung, und dasselbe gilt für mehrere Abgeordnete zusammen, welche gleichzeitig in demselben Falle sind [8].

Die sonstigen gesetzlichen Gründe des Erlöschens der Abgeordneteneigenschaft sind theils allgemeine, d. h. solche, welche sämmtliche Mitglieder der zweiten Kammer zugleich treffen, theils besondere, d. h. solche, welche in der Person der einzelnen Abgeordneten gegeben sind.

Die allgemeinen Erlöschungsgründe sind Ablauf der Wahlperiode und Auflösung der Kammer. Mit dem Tage, an welchem eine der bezeichneten Thatsachen eintritt, also am Tage nach Ablauf der Wahlperiode und am Tage der Veröffentlichung der Auflösungsverordnung, erlischt die Abgeordneteneigenschaft sämmtlicher Mitglieder der zweiten Kammer.

Die besonderen Erlöschungsgründe sind Wegfall der Wählbarkeit, Eintritt in ein Staatsamt oder eine „Hofcharge", sowie Beförderung zu solchen, Annahme der Ernennung zum Reichsrathe oder eines Sitzes in einem Landrathe [9].

Im Einzelnen ist über die beiden erstgenannten Erlöschungsgründe Folgendes zu bemerken.

Der Satz, daß der Wegfall der Wählbarkeit den Verlust des Abgeordnetensitzes nach sich ziehe, war bereits in der Verfassungsurkunde [10] ausdrücklich zur Anerkennung gelangt. Er war, wenn auch die bezügliche Verfassungsbestimmung durch das Wahlgesetz vom 4. Juni 1848 beseitigt wurde, doch als selbstverständlich fortgeltend zu erachten [11]. Nunmehr ist er durch das Wahlgesetz nach der Fassung vom 21. März 1881 außer Zweifel gestellt [12].

---

[7] Ueber den Ausdruck Verh. d. K. d. R. R. 1850 Prot. Bd. V S. 611 f., 613 ff.

[8] Die Kammerverh. über diesen Punkt zeigen große Verworrenheit im Gedankengange. Zu der Fassung der K. d. Abg. hatte Staatsminister Dr. v. Ringelmann in der Sitzung vom 20. April 1850 (Sten. Ber. IV S. 548) den Zusatz beantragt: „In einem solchen Falle ist die Kammer auch dann beschlußfähig, wenn die in Art. 25 vorgeschriebene Anzahl von Mitgliedern nicht gegenwärtig sein sollte." In der Sitzung der K. d. R. R. vom 10. Mai 1850 befürworteten v. Arnold u. Frhr. v. Freyberg (Prot. Bd. VI S. 236 f.) diesen Beisatz, und zwar letzterer auch für den Fall, daß die Reichsräthe auf ihrer Fassung (also den jetzigen Art. 26—28) beharren würden. Es müsse, meinte Arnold, doch durch einen Beschluß entschieden werden, ob die Gründe des Ausbleibens und die Beweise dieser Gründe genügend seien. Darauf erklärte Staatsminister v. Ringelmann (S. 238), nach der Fassung der K. d. R. R. trete die Ausschließung ipso iure ein, es bedürfe daher keines Beisatzes über die Beschlußfähigkeit, weil kein Beschluß zu fassen sei! Und als dies dem Frhrn. v. Freyberg, wie natürlich, nicht einleuchten wollte, sagte ihm Graf Montgelas, er möge den Art. 27 nachlesen, dann werde er sich davon überzeugen, daß kein Kammerbeschluß mehr nöthig sei! Angesichts dieser Erörterungen ist die Kunst der Auslegung allerdings eine schwere. Es wird kaum eine andere Entscheidung erübrigen, als die, welche im Texte getroffen ist.

[9] Ges., die Landräthe betr. vom 28. Mai 1852, Art. 9. Vgl. schon Ges. vom 15. Aug. 1828, die Einführung der Landräthe betr. (G. Bl. S. 49) und Verh. d. K. d. Abg. 1827/28 Prot. Bd. II S. 534, III S. 36.   [10] Tit. VI § 14.

[11] Vgl. hieher die Erörterungen in meiner angef. Abh. S. 397.

[12] Art. 13 „Die Eigenschaft ... als Abgeordneter endet, sobald eine der Voraussetzungen der Wählbarkeit nicht mehr gegeben ist, oder ein Ausschließungsgrund des Art. 5 Abs. II eintritt." Vgl. dazu R. Str. G. B. § 33.

Das Wahlgesetz sagt ferner: „Ein Abgeordneter, welcher ein Staatsamt, eine Beförderung oder eine Hofcharge annimmt, verliert seinen Sitz in der Kammer und kann denselben nur durch neue Wahl wieder erlangen" [13]. Die Fassung dieser Bestimmung ist nicht gerade mustergiltig. Was zunächst den Begriff des „Staatsamtes" anlangt, so scheint es im Sinne der Vorschrift zu liegen, darunter nur ein staatsdienerliches Verhältniß zum bayerischen Staate nach der IX. Verfassungsbeilage zu verstehen [14]. Auf den Reichsstaatsdienst, obschon derselbe gemeinsamer Staatsdienst der deutschen Staaten ist, kann die Vorschrift des Wahlgesetzes nicht erstreckt werden, da es zur Zeit ihrer Entstehung einen Reichsstaatsdienst nicht gab [15]. Die Annahme eines Staatsamtes ist nicht nothwendig mit dem Eintritte in den Staatsdienst gleichbedeutend. Dieselbe liegt vielmehr auch dann vor, wenn Jemand neben dem Amte, welches er bereits versieht, noch ein weiteres annimmt [16]. Die Wiederverwendung eines zeitweilig in Ruhestand versetzten Staatsdieners [17] fällt nicht unter den Begriff der Annahme eines Staatsamtes [18]. Sie äußert auf die Kammermitgliedschaft nur Einfluß, wenn eine Beförderung damit verbunden ist.

Unter „Hofchargen" sind nur jene ständigen höheren Hofbedienstungen zu verstehen, auf welche diese Bezeichnung herkömmlich angewandt wird. Die bloßen Hofwürden, mit welchen lediglich ein Titel und Hofrang verknüpft sind, wie z. B. der Kammerherren oder Kammerjunker, fallen nicht unter den Begriff.

Mit Beförderung kann das Gesetz nach sinngemäßer Auslegung nur eine Beförderung im Staats- oder Hofdienste meinen [19]. Dabei kann der Ausdruck „Beförderung" nicht wohl anders als in seiner feststehenden staatsrechtlichen Bedeutung verstanden werden. Hienach ist Beförderung das Vorrücken in ein Amt [20], mit dem ein höherer Rang verbunden ist, und das Vorrücken zu einem höheren Range im bisherigen Amte [21].

---

[13] Wahlges. Art. 35 Abs. II. Ueber Art. 29 Abs. II der früheren Fassung Pözl, Lehrb. des bayer. Verf. Rechts S. 517 Anm. 8; vgl. auch A. Luthardt, Bl. f. adm. Praxis XIX S. 298 ff., L. A. v. Müller, Commentar S. 46; dann Verh. d. K. b. Abg. 1849/50 Sten. Ber. II S. 43 ff., Beil. Bd. I S. 285; Sten. Ber. IV S. 108 f., Beil. Bd. III S. 232 f.; Sten. Ber. IV S. 741, Beil. Bd. III S. 456. — Vgl. hieher auch O. v. Sarwey, Staatsrecht des Kgrs. Württemberg II S. 172 f.

[14] So auch Abg. Frhr. v. Lerchenfeld Verh. d. K. b. Abg. 1851 Sten. Ber. I S. 191. Anders Abg. Fürst v. Oettingen-Wallerstein ebenda S. 193, welcher meinte, man müsse aus der Entstehungsgeschichte der Bestimmung darauf schließen, daß das Wort „Amt" im weitesten Sinne gemeint sei. Dies ist aber nur insoferne zutreffend, als Amt nicht im schärfsten rechtlichen Sinne — Innehabung einer Amtsgewalt — sondern im Sinne des berufsmäßigen, öffentlichrechtlichen Staatsdienstes zu fassen ist. Vgl. auch die Erörterungen Verh. d. K. b. Abg. 1875 Sten. Ber. III S. 43 ff., wo man sich an Pözl's (Lehrb. des bayer. Verf. Rechts S. 466 f.) unrichtige Begriffsbestimmung des Staatsdieners gehalten hat. Zweifellos fallen nicht unter Art. 35 Abs. II des Wahlges. die Notare (hieher die eben angef. Verh.), die Offiziere und m. E. alle nichtpragmat. Staatsdiener; selbstverständlich auch nicht die Diener der Glaubensgesellschaften und der Gemeinden.

[15] Hiefür vgl. Verh. d. K. b. Abg. 1879 Beil. Bd. VII Abth. 2 S. 4, Sten. Ber. III S. 716 f.

[16] Vgl. Verh. d. K. b. Abg. 1851/52 Sten. Ber. V S. 189 u. 193; dann meine angef. Abh. 1880 S. 899 Anm. 1.

[17] Verf. Beil. IX §§ 19 Abs. II, 25.

[18] Verh. d. K. b. Abg. 1849/50 Sten. Ber. III S. 321 ff., Beil. Bd. III S. 150.

[19] M. E. ist die Entscheidung der K. b. Abg. vom 21. Juli 1859 (Sten. Ber. I S. 4 ff.) sicher falsch, wonach einem Pfarrer die Abgeordneteneigenschaft aberkannt wurde, der zum Domcapitulare befördert worden war. Vgl. die zutreffenden Ausführungen der Abg. Weis u. Nar a. a. O. S. 4—8. Einen ähnlichen Fall, der aber anders entschieden wurde, s. Verh. d. K. b. Abg. 1893/94 Sten. Ber. II S. 549 ff., wo Abg. Geiger S. 551 f. die richtige Ansicht eingehend begründete.

[20] Also nicht z. B. in eine Function, die für die Dauer ihrer Bekleidung einen höheren Rang gibt.

[21] Dagegen äußerte Abg. Kolb Verh. d. K. b. Abg. 1851/52 Sten. Ber. I S. 146: „Der Begriff der Beförderung schließt nach meiner Ansicht jede Verbesserung in sich, sei es nun eine Verbesserung bezüglich des Ranges oder der dienstlichen Stellung oder des Gehaltes." Dieser Auffassung wurde aber keine weitere Folge gegeben. Wiederum heißt es ebenda Beil. Bd. IV S. 278: „Die

Gleichgiltig ist, ob die Beförderung mit allgemeinen organisatorischen Aenderungen zusammenhängt oder nicht²². Nur wenn die Rangerhöhung keine rein persönliche ist, sondern einer ganzen Dienstesclasse als solcher zu Theil wird, wird mit Rücksicht auf die Absicht des Gesetzgebers eine Beförderung im Sinne des Wahlgesetzes nicht anzunehmen sein.

Maßgebend für die Anwendbarkeit der hier erörterten Bestimmung ist der Zeitpunkt der Annahme der Anstellung oder Beförderung, nicht der Zeitpunkt, von welchem ab die Anstellung oder Beförderung wirkt²³. Es genügt hiebei, daß diese Annahme nach geschehener Abgeordnetenwahl erfolgt ist²⁴.

In all' den hier besprochenen Fällen tritt der Verlust der Abgeordneteneigenschaft mit dem Erlöschungsgrunde von selbst ein. Es bedarf hiezu weder eines förmlichen Verzichtes, der vielmehr gegenstandslos wäre, noch einer ausdrücklichen Aberkennung durch die Kammer. Selbstverständlich kömmt aber, wenn Zweifel oder Streit entsteht, die Entscheidung der Kammer zu. Denn das Recht, die Legitimation der Mitglieder zu prüfen, umfaßt nicht nur die Entscheidung darüber, ob dieselbe anfänglich, sondern auch darüber, ob sie noch vorhanden ist. Auch in diesem Falle hat der betheiligte Abgeordnete sich der Abstimmung zu enthalten²⁵. Da aber, wie schon früher hervorgehoben wurde, die Legitimationsprüfung eine Prüfung nach dem Gesetze ist, so ergibt sich, daß die Kammer die Befugniß nicht hat, die Gründe des Verlustes des Abgeordnetensitzes, etwa durch ihre Geschäftsordnung, zu vermehren²⁶.

4. Hauptstück.

§ 104. Rechtliche Stellung der Landtagsmitglieder¹.

Das Recht des Landtagsmitgliedes ist streng persönlich und kann nicht durch einen Stellvertreter ausgeübt werden². Dieses Recht, welches zugleich Pflicht ist, besteht darin, an der Thätigkeit des Landtages nach Maßgabe der Gesetze und der Geschäftsordnung der

---

Kammer hat schon in einigen früheren Fällen sich klar darüber ausgesprochen, was sie unter Beförderung im Sinne des Wahlges. verstehe, und den Begriff dahin festgestellt, daß als Beförderung a. das Vorrücken eines Staatsdieners in eine höhere Rangstufe, b. die Erlangung eines höheren Gehaltes, der nicht schon an und für sich mit dem Dienste verknüpft ist, zu betrachten sei." Ebenso a. a. O. Sten. Ber. V S. 192, wogegen Staatsminister Ringelmann S. 193 den richtigen Standpunkt vertrat. Verh. d. K. d. Abg. 1854/55 Beil. Bd. II S. 24 wird gesagt, „daß eine Beförderung eines Staatsdieners nur dann als gegeben zu erachten sei, wenn der betreffende Diener in eine höhere Stufe der Rangverhältnisse promovirt worden ist, gleichviel, ob mit dieser höheren Stufe eine gleiche, eine höhere oder sogar eine geringere Besoldung verknüpft ist". Aehnlich bemerkte Abg. Nar Verh. d. K. d. Abg. 1856/61 Sten. Ber. I S. 7, daß „bei Feststellung des Begriffes einer Beförderung" der höhere Rang „allein maßgebend" sei. Vgl. auch unten § 179 Anm. 22 ff.

²² Vgl. meine angef. Abh. S. 400 Anm. 2.

²³ Dies ergibt der Wortlaut des Ges. Gleicher Ansicht scheint auch der Abg. Dr. Henle Verh. d. K. d. Abg. 1879 Beil. Bd. VII Abth. 2 S. 4 gewesen zu sein. Anders liegt die Sache für den Reichstag. Vgl. meine angef. Abh. S. 400.

²⁴ Auf die Bemerkung, daß Art. 29 (nun 35) nur von Abg. spreche, erwiderte Abg. Nar (Verh. d. K. d. Abg. 1859/61 Sten. Ber. I S. 8) mit Recht, „daß es sich hier lediglich um den Akt der Wahl handelt, und daß Art. 29 nur aus Rücksicht auf die Wähler und ihr Recht verfaßt worden ist. Sobald nach dem Zeitpunkte der Wahl in der Person des Gewählten durch Beförderung eine Aenderung eintritt, sind die Wähler befugt, ihrerseits ihre Stimme nach Maßgabe des Art. 29 bezüglich der Fortdauer ihres Vertrauens abzugeben."

²⁵ Gesch. Ordn. Art. 50 Abs. II Ziff. 1.

²⁶ Vgl. meine angef. Abh. S. 401 Anm. 1, Verh. d. K. d. Abg. 1871/72 Sten. Ber. II S. 31 (Abg. Frhr. v. Stauffenberg).

¹ Vgl. im Allgemeinen G. Jellinek, System der subjectiven öffentlichen Rechte, Freiburg i. B. 1892, S. 161 ff.

² Verf. Urk. Tit. VI § 17.

Kammer sich zu betheiligen.   Die Erfüllung ihrer Pflichten haben die Mitglieder beider Kammern durch ein eidliches Gelöbniß zu bekräftigen³.

In der Ausübung ihrer Rechte und in der Erfüllung ihrer Pflichten wird ihnen ein besonderer strafrechtlicher Schutz zu Theil⁴.

Der Angehörige des Landtages kann indessen aus seiner Mitgliedschaft keine allgemeine Befreiung von den Gesetzen und von besonderen persönlichen Verpflichtungen herleiten.   Er unterliegt der Rechtsprechung der Gerichte, der Amtsgewalt der Verwaltungsbehörden, der Dienstgewalt seiner dienstlichen Oberen, den privatrechtlichen Verbindlichkeiten ebenso, wie jeder andere Staatsangehörige in gleicher Lage.   Er muß, wenn er eine Ausnahme hievon in Anspruch nehmen will, auf eine ausdrückliche gesetzliche Bestimmung sich berufen können.   Auf der anderen Seite ist aber auch die Betheiligung an den Landtagsarbeiten eine Pflicht des Landtagsmitgliedes, der zu genügen ihm durch die Einberufung angesonnen wird.

Es erhebt sich also die Frage, wie diese Pflicht des Erscheinens zu etwaigen anderen Verpflichtungen des Landtagsmitgliedes sich verhält.

Dabei sind vor Allem jene Fälle zu besonderer Betrachtung auszuscheiden, wo das bestehende Recht dem Landtagsmitgliede gestattet, zugleich Mitglied einer anderen parlamentarischen Körperschaft zu sein.   Hier ist die Möglichkeit eines Zwiespaltes der Pflichten unausweichlich.   Ein Recht darauf, neben dem bayerischen Landtage einer anderen Volksvertretung anzugehören, besteht für jene Mitglieder der ersten Kammer, welche Standesherren sind, wenn sie wegen standesherrlicher Besitzungen auch Sitz in einem anderen Landtage haben; ferner für alle Mitglieder beider Kammern, wenn sie als Abgeordnete in den Reichstag entsendet sind.   In beiden Fällen müssen, da das Staatsrecht die doppelte Mitgliedschaft gestattet, die hieraus sich ergebenden Folgen vom Staate auch hingenommen werden.   Das Kammermitglied kann also, wenn es in der Lage ist, nur eine der beiden Mitgliedschaftspflichten auf Kosten der anderen zu erfüllen, wählen, welcher Verpflichtung es den Vorzug einräumen will.   Entscheidet es sich zu Ungunsten seiner bayerischen Kammermitgliedschaft, so können daraus niemals jene Rechtsnachtheile abgeleitet werden, welche an die unberechtigte Abwesenheit vom Landtage sich knüpfen. Für das Verhältniß zwischen der Landesvertretung und den Kreisvertretungen hat unser Staatsrecht die Möglichkeit eines Zwiespaltes der Pflichten dadurch abgeschnitten, daß

---

³ Der Eid wird bei der Landtagseröffnung in die Hände des Königs oder seines Bevollmächtigten, von später Eintretenden in die Hände des Präsidenten geleistet.   Verf. Urk. Tit. VII § 25, Wahlges. Art. 4 Abs. IV, Geschäftsg. Ges. vom 19. Jan. 1872 Art. 4.   Ueber Schwierigkeiten, welche wegen Leistung des Verfassungseides beim Landtage 1819 entstanden, unten § 365 Anm. 16, 17, über Erklärungen bezüglich des Verfassungseides in K. d. Abg. 1889/90 § 369 Anm. 23.   Die Verweigerung des Eides hat Mangels einer bezüglichen Gesetzesvorschrift den Verlust der Mitgliedschaft nicht zur Folge.   Jedoch kann der Eidesverweigerer nicht zur Theilnahme an den Geschäften des Landtags zugelassen werden. Vgl. auch O. v. Sarwey, Staatsrecht des Kgrs. Württemberg II S. 206 Anm. 8.

Die Erfüllung der Mitgliedschaftspflichten kann mit andern als disciplinären Mitteln nicht erzwungen werden.   (Vgl. oben § 96 Anm. 6, § 103, unten § 108 Anm. 7; auch § 175 Anm. 57.) Verh. d. K. b. Abg. 1849 Sten. Ber. II S. 458 erwähnte Abg. Fürst Oettingen=Wallerstein eine Regierungsbotschaft, durch welche der K. d. R. R. eröffnet worden sei, „wenn ein Landtag aus Mangel an Vollzähligkeit des Reichsrathes verhindert sei, sich zu constituiren, so seien die ohne ausreichenden Grund Ausbleibenden auf die Möglichkeit eines gerichtlich gegen sie geltend zu machenden Regresses wegen der Kosten des mißlungenen Landtags hinzuweisen"!   Dieser Gedanke findet sich in der That in Ziff. II der an die K. d. R. R. ergangenen k. Entschl. vom 20. Jan. 1820 (Döllinger VII S. 141).   Aehnlich drohten die älteren Gesch. Ordn. d. K. d. Abg. (1825 § 41, 1831 Art. 65) den säumigen Mitgliedern an, sie würden, „wenn durch ihr Ausbleiben die Berathung aufgehalten oder verhindert" werde, „alle dadurch verursachten höheren Kosten zu tragen" haben.

⁴ R. St. G. B. §§ 106, 339.

es ausspricht, Niemand könne gleichzeitig einer Kammer und einem Landrathe angehören⁵.

Abgesehen hievon ist noch zu erörtern, wie sich die Verpflichtung zum Erscheinen beim Landtage allgemeinen Rechtssatzungen gegenüber verhält, wenn letztere auf ein Landtagsmitglied Anwendung zu finden haben.

Die Einberufung zu den Sitzungen berechtigt und verpflichtet den Angehörigen des Landtages zum Erscheinen dann nicht, wenn eine Rechtssatzung, der er persönlich unterliegt, ihn daran hindert. Anders verhält sich die Sache, wo die Rechtssatzung nicht Rechte und Pflichten der Staatsangehörigen begründet, sondern an Behörden Befugnisse verleiht, welche nicht die Natur objectiv zwingender Vorschriften an sich tragen, sondern eine Ermächtigung zu behördlicher Thätigkeit enthalten. In dem ersten Falle handelt es sich um Befolgung eines unmittelbar im Gesetze liegenden Gebotes oder Verbotes, und zwar auch dann, wenn die Befolgung erst auf obrigkeitliche Aufforderung einzutreten hat. In dem zweiten Falle hingegen richtet der objective Rechtssatz sich an die Behörde, welcher er eine Ermächtigung gibt, und wenn die Behörde hievon Gebrauch macht, entsteht die Gehorsamspflicht des Staatsangehörigen gegenüber dem Befehle. Diese ist aber lediglich eine Erscheinungsform der Unterworfenheit Aller unter die gesetzmäßig geübte Amtsgewalt.

In dem ersten Falle wird sich ein Zwiespalt des Rechtes niemals ergeben. Von zwei zur Prüfung vorliegenden Rechtssätzen wird man immer darthun können, entweder, daß der eine den anderen in Wirklichkeit nicht berührt, das Gebot oder Verbot des einen also neben dem des anderen zu bestehen vermag, oder, wenn sie sich berühren, daß der eine den anderen aufhebt oder einschränkt.

In dem zweiten Falle dagegen ist, wenn zwei behördliche Gebote oder Verbote sich kreuzen, bei welchen die Befolgung des einen die Befolgung des anderen ausschließt, ein Zwiespalt der Pflichten allerdings möglich, wenn auch nicht nothwendig. Man wird hier nemlich zu unterscheiden haben.

Das Verhältniß der beiden Rechtssätze, aus welchen die befehlertheilenden Behörden ihre Ermächtigung herleiten, kann ein derartiges sein, daß der eine Rechtssatz den anderen und in Folge dessen auch die eine Zuständigkeit die andere einschränkt. Hier ist der Widerstreit beider amtlicher Befehle nur ein scheinbarer; thatsächlich wird nur dem einen der beiden Befehle Gehorsam geschuldet. Das Verhältniß ist also hier gleichartig mit dem beim ersten Falle geschilderten.

Die Sache kann aber auch so liegen, daß der eine Rechtssatz den anderen und die eine Zuständigkeit die andere nicht berührt, also beide sich widersprechende Befehle rechtmäßige sind. Hier wird derjenige, an welchen die beiden Befehle gerichtet sind, für entschuldigt zu erachten sein, wenn er dem einen derselben gehorcht. Dies gilt sowohl dann, wenn zwischen den beiden befehlenden Behörden eine Beziehung der Ueber- und Unterordnung nicht obwaltet, als auch dann, wenn dies der Fall ist, die sich widersprechenden Befehle aber nicht in einem instanziellen Verhältnisse zu einander stehen. Denn die höhere oder geringere Rangstellung der anordnenden Behörde hat auf die Kraft der Gebote, welche sie an die Staatsangehörigen richtet, nicht den mindesten Einfluß. Die Gehorsamspflicht gegen die Anordnung des Staatsministeriums ist keine der Art oder dem Maße nach andere als die Gehorsamspflicht gegen die Weisung der Districtsverwaltungsbehörde. Hier wie dort ist es die eine und untheilbare Staatsgewalt, welcher

---

⁵ Ges., die Landräthe betr., vom 28. Mai 1852, Art. 9.

der Gehorsam geschuldet wird.   Keine Behörde stellt ihre eigene Gewalt, jede nur die Staatsgewalt dar.

Nur da also, wo der zuletzt erörterte wirkliche Widerstreit der Gehorsamspflichten vorliegt, wird der Landtagsangehörige die Wahl haben, ob er der Einberufung zum Land= tage oder der anderen Weisung folgen will; im Uebrigen aber wird er demjenigen Gesetze zu genügen haben, welches den Vorrang behauptet⁶.

Nach dieser Darlegung der allgemeinen Grundsätze über die rechtliche Stellung der Landtagsmitglieder erübrigt noch, jene Bestimmungen zu erörtern, durch welche den Landtagsmitgliedern zu Folge dieser ihrer Eigenschaft eine gesetzliche Ausnahmestellung eingeräumt wird⁷.

Diese Ausnahmen liegen theils auf dem Gebiete des gemeinen Rechtes, theils auf jenem des Staatsdienerrechtes.

Auf beide Gebiete erstreckt sich folgender Satz der Verfassungsurkunde⁸: „Kein Mitglied der Ständeversammlung kann für die Stimme, welche es in seiner Kammer ge= führt hat⁹, anders als in Folge der Geschäftsordnung durch die Versammlung selbst zur Rede gestellt werden.“ ¹⁰   Dieses Sonderrecht beschränkt sich sonach lediglich auf die be= rufsmäßige Thätigkeit des Kammermitgliedes in der Kammer, deren Abtheilungen und Ausschüssen¹¹.   Innerhalb dieser Grenzen aber bezieht es sich auf die bürgerlich= und strafrechtliche¹², auf die dienststrafrechtliche und sonstige amtliche Verantwortlichkeit¹³.

Für das Gebiet des Strafrechtes ist die Vorschrift der Verfassungsurkunde nun= mehr durch folgende Bestimmung des Reichsstrafgesetzbuches¹⁴ ersetzt: „Kein Mitglied eines Landtages oder einer Kammer eines zum Reiche gehörigen Staates darf außerhalb der Versammlung, zu welcher das Mitglied gehört, wegen seiner Abstimmung oder wegen der in Ausübung seines Berufes gethanen Aeußerungen zur Verantwortung gezogen werden.“

Die Mitglieder des Landtages haben ein Recht der Ablehnung gegenüber der Be= rufung zum Amte eines Schöffen oder Geschworenen¹⁵.

---

⁶ Vgl. hieher meine angef. Abh. S. 403 Anm. 2. (S. auch § 1 Abs. I des aufgehobenen R. Ges. vom 31. Mai 1880, R. G. Bl. S. 177; dazu R. G. Bl. 1884 S. 53.)
⁷ Ueber die frühere Portofreiheit der Landtagsmitglieder vgl. Verh. 1849 K. d. R. R. Prot. Bd. I S. 83, K. d. Abg. Sten. Ber. I S. 1; Verh. 1849/50 K. d. R. R. Prot. Bd. I S. 64, K. d. Abg. Sten. Ber. II S. 31, 71; Verh. d. K. d. Abg. 1851/52 Sten. Ber. I S. 1, 24.
⁸ Tit. VII § 27.
⁹ Daß hiemit nicht blos die Freiheit der Abstimmung, sondern auch die Redefreiheit geschützt werden will, erhellt aus Verf. Beil. X Tit. II § 21. Hievon abgesehen wäre auch nicht ersichtlich, in= wiefern die Kammer ein Mitglied wegen seiner Abstimmung zu Rede stellen sollte. Die K. d. Abg. faßte am 14. April 1819 (Prot. Bd. IV S. 188) den Beschluß, sie „halte sich überzeugt, daß kein Mitglied wegen seiner in der Kammer gemachten mündlichen oder schriftlichen Aeußerung vor irgend einem Gerichte oder Gerichtshofe mit einer Klage oder Untersuchung verfolgt werden könne.“
¹⁰ Die Vorschrift ist der k. Entschl. vom 17. Sept. 1814, VIII Ziff. 16 entnommen. Vgl. G. Frhr. v. Lerchenfeld, Geschichte Bayerns unter König Maximilian Joseph I. S. 341. Dazu L. v. Dresch, Grundzüge des bayer. Staatsrechtes, 2. Aufl., S. 80 Anm. f. — An neueren Erörterungen über die Frage find zu erwähnen: Heinze, die Straflosigkeit parlamentarischer Rechtsverletzungen, Stuttgart 1879, Schleiden, die Disciplinar= u. Strafgewalt parlamentarischer Versammlungen über ihre Mitglieder, Berlin 1879, C. v. Kißling, die Unverantwortlichkeit der Abg. u. der Schutz gegen Mißbrauch derselben, 2. Aufl., Wien 1885, G. Seidler, die Immunität der Mitglieder der Ver= tretungskörper nach österr. Recht, Leipzig u. Wien 1891, L. Fuld, die Immunität der Mitglieder gesetzgebender Versammlungen, Archiv f. öff. Recht IV S. 341 ff., 495 ff. (vgl. auch derselbe, Gerichts= saal XXXV S. 529 ff.), K. Binding, Handb. des Strafrechts, Leipzig 1885, I S. 671 ff.
¹¹ Vgl. meinen Commentar zur Verf. Urk. für das Deutsche Reich S. 160.
¹² Dagegen kann m. E. für das bayer. Recht keine Rede davon sein, daß ein Landtagsmitglied hinsichtlich seiner beruflichen Aeußerungen frei von der Zeugnißpflicht wäre. Vgl. über die Frage im Allgemeinen G. Seidler a. a. O. S. 92 ff.
¹³ Vgl. auch meine angef. Abh. S. 403 f.
¹⁴ § 11.   ¹⁵ R. G. V. G. § 35 Ziff. 1, § 85 Abs. II.

29 *

Einige Vorrechte kommen nur den Mitgliedern der einen oder der anderen Kammer zu.

Die Reichsräthe genießen gewisse Ehrenvorzüge. Sie haben insbesondere den Rang der Staatsräthe und eine besondere Uniform, soferne ihnen nicht aus anderen Gründen eine höhere Auszeichnung gebührt [16].

Abgeordnete, welche Staatsdiener oder öffentliche Diener sind [17], haben zwar, wenn sie behufs Theilnahme an den Landtagsverhandlungen den Dienst zeitweise verlassen wollen, um Urlaub nachzusuchen, derselbe darf ihnen aber nicht verweigert werden [18]. Das Gleiche gilt für Offiziere und Militärbeamte mit der Maßgabe, daß der Urlaub versagt werden kann, wenn außerordentliche Verhältnisse ihrer Entfernung vom Dienste entgegenstehen [19].

„Jeder nicht am Orte der Versammlung wohnende Abgeordnete erhält für deren Dauer unter Einrechnung des vorausgehenden und nachfolgenden Tages" ein Taggeld von 10 Mark [20].

Das Taggeld des Abgeordneten ist kein Entgelt für seine Dienstleistung; letztere ist vielmehr unentgeltlich. Das Taggeld ist eine „Entschädigung" für den persönlichen Aufwand [21], welcher dem Abgeordneten durch die Abwesenheit von seinem Wohnorte erwächst. Daher fällt das Taggeld für den „am Orte der Versammlung wohnenden Abgeordneten" weg. Mit Hinblick auf die Absicht des Gesetzes wird man hier unter „Wohnen" die Innehabung eines Wohnsitzes oder eines ständigen Aufenthaltes am Versammlungsorte zu verstehen haben [22]. Man wird ferner den Ausdruck „Ort der Versammlung" im natürlichen Sinne, nicht im Sinne der Abgrenzung der Ortsgemeinde auffassen müssen. Ort der Versammlung ist, was nach den gewöhnlichen Verkehrsbegriffen als zusammengehörig betrachtet wird, so daß die örtliche Bewegung innerhalb dieses Umkreises nicht als Entfernung vom

---

[16] Vgl. die k. Entschl. vom 30. Juni 1819 und 12. Mai 1843 (Weber I S. 758, III S. 489). Dazu Verh. d. K. d. R. R. 1840 Prot. Bd. I S. 116; 1843 Prot. Bd. II S. 202. Der bevorzugte Gerichtsstand der Reichsräthe wurde gleichzeitig mit jenem der Standesherren und des übrigen Adels (vgl. oben § 81 Anm. 89) beseitigt.

[17] Vgl. hieher auch O. v. Sarwey, Staatsrecht des Kgrs. Württemberg II S. 171 Anm. 6. Die Fassung des bayer. Ges. schließt Zweifel aus.

[18] Es handelt sich also sachlich nur um eine Anzeige, die im dienstlichen Interesse erforderlich erschien. Vgl. Pözl, Lehrb. des bayer. Verf. Rechts S. 516 Anm. 4.

[19] Wahlges. Art. 30. Es mag darauf aufmerksam gemacht werden, daß der entsprechende Art. 24 des Wahlges. von 1848 zwischen den Worten „verweigert werden" und „ebensowenig" einen Strichpunkt hat. Wenn in dem neuen Abdrucke des Wahlges. nach den Aenderungen der Nov. statt dessen ein Beistrich steht (ebenso in allen Abdrücken der Kammerverh. über das Ges.), so beruht dies nur auf Versehen.

[20] Wahlges. Art. 36 Abs. II. — Nach Verf. Beil. X Tit. I § 49 betrug das Taggeld 5 fl. Die k. Entschl. vom 17. Sept. 1814 unter VIII, Ziff. 9 sprach von einer „nach den persönlichen sowohl als nach den Localverhältnissen bemessenen Aversionalentschädigung". Kronprinz Ludwig wünschte, wie bereits oben § 31 Anm. 6 erwähnt, daß keine Taggelder gegeben würden. In der Conferenzsitzung vom 4. Mai 1818 erklärten sich einzelne Stimmen hiefür, andere für Gewährung eines Bauschbetrags von 250—300 fl. Auf dem Landtage von 1831 wurde von den Ständen die Herabsetzung der Taggelder der Abg. auf 4 fl. beantragt. Verh. d. K. d. Abg. Beil. Bd. X Beil. XLIV S. 42, Prot. Bd. XVIII Prot. CI, XXI Prot. CXXI, XXVI Prot. CXXXVIII, CLII, CLIII; K. d. R. Prot. Bd. X S. 440 ff., 490 ff., XI S. 147, XIII S. 100. Indessen verblieb es bei dem Satze der Verf. Urk., und auch das Wahlges. von 1848 beließ es dabei. Im Jahre 1852 brachte die Staatsregierung einen Ges. Entw. ein, wonach die Taggelder auf 4 fl. herabgemindert werden sollten; Abg., welche am Sitze der Versammlung wohnen, sollten „auf Verlangen" die Hälfte erhalten. Auch wurde vorgeschlagen, die Reisegebühren, soweit thunlich, nach dem wirklichen Aufwande zu bemessen. Die K. d. Abg. lehnte den Entw. ab. Verh. 1851/52 Beil. Bd. IV S. 225 ff., 294 ff., Sten. Ber. V S. 257 ff. Aehnliche Bestimmungen enthielt der abgelehnte Ges. Entw. über die Bildung der 2. Kammer von 1854 (s. oben § 98 Anm. 26). Bei diesem Anlasse beantragte Abg. Dr. Sepp Beseitigung der Taggelder. Sten. Ber. I S. 625 ff. Die Nov. zum Wahlges. hat, wie oben erwähnt, das Taggeld auf 10 Mark festgesetzt.

[21] Nicht für etwaige sonstige Vermögensnachtheile.

[22] Wer also z. B. unter Beibehaltung seines Wohnsitzes in München vorübergehend seinen Aufenthalt auswärts, etwa auf dem Lande, genommen hat, hat keinen Anspruch auf Taggeld.

Wohnorte, als Reiſe erſcheint ²³. Das untrügliche Kennzeichen hiefür wird regelmäßig darin liegen, ob der Abgeordnete ohne Veränderung ſeiner gewöhnlichen Wohnung und ohne Anwendung von anderen Fortbewegungsmitteln als jenen des örtlichen Verkehrs im Stande iſt, an den Landtagsgeſchäften ſich zu betheiligen ²⁴.

Es liegt im Weſen des Taggeldes, daß es nur mit Rückſicht auf wirklich geleiſtete Anweſenheit gewährt wird. Die Geſchäftsordnung der Kammer der Abgeordneten ²⁵ beſtimmt daher mit Recht, daß die Zahlung der Taggelder an Beurlaubte bis zu deren Wiederanmeldung eingeſtellt wird. Dieſe Beſtimmung wäre unzuläſſig, wenn ſie nicht eine Auslegung des Geſetzes enthielte. Denn die Geſchäftsordnung vermag am Geſetze nichts zu ändern. Eben deswegen iſt aber auch die Auslegung der geſetzlichen Vorſchrift an die Geſchäftsordnung nicht gebunden. Man wird daher kaum verkennen dürfen, daß jener Satz der Geſchäftsordnung lediglich einen allgemeinen Grundſatz auf einen einzelnen Fall anwendet ²⁶. Der Grundſatz aber reicht weiter. Auch wer ohne Urlaub eigenmächtig vom Landtagsſitze ſich entfernt, hat für die Zeit ſeiner Abweſenheit keinen Anſpruch auf Taggeld ²⁷. Wenn ferner die Kammer aus irgend welchem Grunde zeitweilig eine Pauſe in ihren Sitzungen macht, ſo kann zwar keinem Abgeordneten angeſonnen werden, daß er nach Hauſe gehe ²⁸, wenn er es aber thut, ſo wird er für die Tage, die er zu Hauſe zubringt, Taggelder nicht fordern können ²⁹.

Die Abgeordneten haben während der Landtagsverſammlung, ſowie während der vorausgehenden und nachfolgenden acht Tage freie Fahrt auf den Eiſenbahnen, die in bayeriſchem Staatsbetriebe ſtehen, nach den verordnungsmäßigen Beſtimmungen. Dieſe freie Fahrt kann im Wege der Vereinbarung mit den betreffenden Betriebsleitungen auch auf andere Eiſenbahnen erſtreckt werden.

Die Abgeordneten erhalten ferner bei Beginn und bei Beendigung der Landtagsverſammlung für die Reiſe zwiſchen dem Wohn= und Verſammlungsorte, ſoweit dabei nicht die Eiſenbahnfreikarte benützt werden kann, als Reiſekoſtenentſchädigung 50 Pfennige für den Kilometer ³⁰.

5. Hauptſtück.

§ 105. Rechtliche Vorausſetzungen der Thätigkeit des Landtages.

Die Kammern des Landtages können aus eigener Machtvollkommenheit ihre Thätigkeit weder beginnen noch einſtellen.

Der Landtag wird durch königliche Ausſchreibung einberufen, worin Ort und Tag der Verſammlung beſtimmt wird ¹. Nach der Verfaſſungsurkunde ² iſt der König hiebei

---

²³ Vgl. Wahlgeſ. Art. 36 Abſ. I „für die Reiſe zwiſchen dem Wohn= und Verſammlungsorte".

²⁴ M. E. ſpricht für die oben vertretene Auslegung auch der Umſtand, daß man dem Geſetzgeber nicht zutrauen darf, er habe etwas beſtimmen wollen, was gegen die guten Sitten verſtößt. Ein ſolcher Verſtoß würde darin liegen, wenn der Grundſatz, daß die Abgeordneteneigenſchaft keinen Gewinn abwerfen ſolle, bezüglich einzelner Abg. verletzt würde.

²⁵ Art. 56.

²⁶ Ausführlicher lautete § 28 der Geſch. Ordn. von 1825 u. 1831. Hienach waren die Taggelder in Uebereinſtimmung mit dem Präſenzprotokolle zu zahlen. Für die Zeit der Abweſenheit wurden Taggelder nur dann gereicht, wenn keine Sitzung verſäumt war. Art. 116 der Geſch. Ordn. von 1851 nähert ſich der jetzigen Faſſung in Art. 56.

²⁷ Vgl. O. v. Sarwey, Staatsrecht des Kgrs. Württemberg II S. 215 Anm. 15.

²⁸ Vgl. Wahlgeſ. Art. 36 Abſ. I über die Reiſekoſtenentſchädigung.

²⁹ Es iſt zwar in allen dieſen Fällen keine Aufſicht möglich, indeſſen iſt eine ſolche wohl auch überflüſſig, da jede Forderung und Erhebung von Taggeldern nach Pflicht und Gewiſſen des Abg. geſchieht. Da es ſich um Verwendung von Staatsgeldern handelt (Geſchäftsg. Geſ. Art. 12), ſo unterliegen die Taggelderforderungen der Abg. den allg. Beſtimmungen über die Rechnungsprüfung. Vgl. Verh. d. K. d. Abg. 1851 Sten. Ber. I S. 130—132.

³⁰ Wahlgeſ. Art. 36 Abſ. I, Verordn. vom 1. Sept. 1881 (G. u. V. Bl. S. 1235); Geſch. Ordn. d. K. d. Abg. Art. 56. — Vgl. Verf. Beil. X Tit. I § 49, b; Wahlgeſ. von 1848 Art. 30 b; ferner die oben Anm. 20 erwähnten Kammerverh. von 1851/52 u. Verh. d. K. d. Abg. 1866/69 Beil. Bd. IV S. 547, Sten. Ber. V S. 105.

¹ Außerdem erhält jedes Kammermitglied eine beſondere Mittheilung. Geſchäftsg. Geſ. Art. 2 Abſ. I.

² Tit. VII § 22 Abſ. 1. Vgl. oben § 100 Anm. 46.

insoferne gebunden, als die Einberufung der Stände wenigstens alle drei Jahre zu erfolgen hat. Nunmehr ergibt sich aus dem Gesetze vom 10. Juli 1865 ³ regelmäßig die Nothwendigkeit, den Landtag spätestens drei Monate vor Beginn jeder zweijährigen Finanzperiode zu versammeln.

Die Eröffnung des Landtages erfolgt durch den König. Letzterer kann sie entweder in eigener Person oder durch einen Bevollmächtigten vornehmen ⁴. Der Landtag wird an demjenigen Tage, auf welchen er einberufen ist, eröffnet. Ort und Stunde der Eröffnung, sowie die Formen, unter welchen dieselbe stattfindet, bestimmt der König ⁵. Die Eröffnung ist die Voraussetzung für den Beginn der Thätigkeit des Landtages ⁶.

Eine Landtagsversammlung darf in der Regel nicht über zwei Monate dauern ⁷; doch steht es dem Könige zu, den Landtag zu verlängern ⁸.

Die Schließung des Landtages geschieht in gleicher Weise wie dessen Eröffnung ⁹. Die Thätigkeit der Kammern wird dadurch in der Art beendet, daß alle unerledigten Geschäfte abgebrochen werden und eine Fortsetzung derselben später nicht mehr stattfinden kann ¹⁰.

Die Auflösung des Landtages wirkt auf dessen Geschäfte gleich der Schließung und hat zugleich für die Mitglieder der zweiten Kammer den Verlust ihrer Abgeordneteneigenschaft zur Folge.

Der Zeitraum der Thätigkeit des Landtages zwischen Eröffnung und Schluß oder Auflösung bildet eine Landtagsversammlung (Sitzungsperiode, Session, Tagung). Man pflegt diejenigen Landtage, welche kraft verfassungsrechtlicher Nothwendigkeit alle drei Jahre zu berufen waren und jetzt (als Budgetlandtage) alle zwei Jahre berufen werden, ordentliche, die übrigen außerordentliche Landtage zu nennen. Ein staatsrechtlicher Unterschied zwischen ordentlichen und außerordentlichen Versammlungen besteht indessen nicht ¹¹.

Während einer Landtagsversammlung kann Vertagung des Landtages durch den König eintreten ¹². Die Vertagung bewirkt lediglich ein vorübergehendes Ruhen, nicht einen Abbruch der Geschäfte des Landtages. Dieselben werden nach Ablauf der Vertagungszeit da wieder aufgenommen, wo sie stehen geblieben sind ¹³. Während der Dauer einer Versammlung können die Kammern aus eigener Macht ihre Thätigkeit nicht einstellen. Eine thatsächliche Aussetzung der Arbeiten können sie allerdings herbeiführen, da sie in der Bestimmung des Zeitpunktes ihrer Sitzungen rechtlich unbeschränkt sind.

Wenn eine Landtagsversammlung „vertagt, förmlich geschlossen oder aufgelöst worden ist, können die Kammern nicht mehr giltig berathschlagen, und jede fernere Verhandlung ist ungesetzlich" ¹⁴.

---

³ Die Abkürzung der Finanzperioden betr., Art. 2.
⁴ Verf. Urk. Tit. VII § 22 Abs. II.
⁵ Geschäftsg. Ges. Art. 3.
⁶ Nur die Anmeldung der Kammermitglieder beginnt schon vorher. Gesch. Ordn. d. K. d. R. R. §§ 3, 4; der K. d. Abg. Art. 1 Abs. II u. III.
⁷ Verf. Urk. Tit. VII § 22 Abs. III.
⁸ Verf. Urk. Tit. VII § 23 Abs. I.
⁹ Verf. Urk. Tit. VII § 22 Abs. II.
¹⁰ Vgl. Pözl, Lehrbuch des bayer. Verf. Rechts S. 520 Anm. 9, und meine angef. Abh. S. 407 Anm. 1; auch O. v. Sarwey, Staatsrecht des Kgrs. Württemberg II S. 198 ff.
¹¹ Vgl. Pözl a. a. O. S. 518.
¹² Verf. Urk. Tit. VII § 23 Abs. I.
¹³ Vgl. Pözl a. a. O. S. 519 und meine angef. Abh. S. 407 Anm. 2, 3.
¹⁴ Verf. Urk. Tit. VII § 31.

Abtheilungen oder Ausſchüſſe der Kammern können weder einberufen werden, noch verſammelt bleiben, wenn der Landtag nicht verſammelt iſt¹⁵.

Die Verſammlungen des Landtages ſtehen unter beſonderem ſtrafrechtlichem Schutze¹⁶. Außerdem dürfen, ſolange der Landtag verſammelt iſt, innerhalb der Gemeinde ſeines Sitzes und innerhalb der Entfernung von ſechs Stunden Volksverſammlungen unter freiem Himmel nicht abgehalten werden¹⁷.

Den Kammerpräſidenten wird zur Handhabung des Hausrechtes im Sitzungsgebäude eine Militärwache zur Verfügung geſtellt¹⁸.

6. Hauptſtück.
Verfaſſung, Disciplin und Geſchäftsgang der Kammern.
§ 106. Geſchichtliche Entwickelung.

Die Ordnung der Geſchäfte des Landtages umfaßt dreierlei: die innere Verfaſſung, die Disciplin und das Verfahren¹.

Die Kammern des Landtages haben bei ihrem erſten Entſtehen das Recht der Selbſtgeſetzgebung in Bezug auf ihre Geſchäftsordnung nicht in der Ausdehnung beſeſſen, wie es ihnen jetzt zukömmt. Die X. Verfaſſungsbeilage, das Edict über die Ständeverſammlung, beſtimmte vielmehr über dieſen Gegenſtand in ziemlich eingehender Weiſe². Den Kammern verblieb hienach in der Hauptſache nur die Möglichkeit, Vollzugsbeſtimmungen zu jenem Edicte zu beſchließen³.

Ein ſolches „Reglement" gab ſich die Kammer der Reichsräthe ſchon unterm 14. April 1819⁴. Die Kammer ging dabei von der Anſicht aus, daß die Regelung ihrer inneren Angelegenheiten unter Beachtung der Beſtimmungen des Verfaſſungsedictes nach Titel II § 1 des letzteren ihrer Selbſtgeſetzgebung überlaſſen ſei. Der Staatsregierung wurde nur „aus ſchuldigem Reſpect" von dem Reglement Anzeige gemacht⁵. Als dann bei Beginn der Ständeverſammlung des Jahres 1822 eine königliche Entſchließung vom 20. Januar⁶ mehrere Artikel des Reglements beanſtandete⁷, nahm die Kammer

---

¹⁵ Ausnahmen von dieſem Grundſatze ſind zuweilen gemacht worden. Vgl. z. B. die Geſ., die Behandlung neuer Geſetzbücher betr., vom 9. Aug. 1831 (G. Bl. S. 5, worüber unten § 122 Anm. 64) u. vom 12. Mai 1848 (G. Bl. S. 17, worüber unten § 123 Anm. 1), welch letzteres in der Geſch. Ordn. der K. d. R. R. noch berückſichtigt wird, jetzt indeſſen gegenſtandslos iſt; Geſ., einige Abänderungen des St. G. B. von 1813 u. anderer Strafbeſtimmungen betr., vom 12. Mai 1848 (G. Bl. S. 33, worüber unten § 123 Anm. 2). Ueber zwei abgelehnte Geſetzesvorſchläge der Regierung Repert. über die Landtagsverh. 1849/50 S. 30 u. d. Worte: Geſetzentwürfe, u. 1851 S. 41 u. d. Worten: Kammern, deren Vertagung. Aus neuerer Zeit ſind anzuführen: Geſ., die Behandlung der Geſ. Entw. über das Gemeindeweſen ꝛc. betr., vom 4. Juni 1865 (G. Bl. 1863/65 S. 53); Geſ., die Behandlung der durch die Ausführung der R. P. Ordn. u. des R. G. B. S. veranlaßten Geſ. Entw. betr., vom 15. Juli 1878 (G. Bl. S. 359); Geſ., die Behandlung der Geſ. Entw. über das Gebührenweſen u. die Erbſchaftsſteuer betr., vom 19. Febr. 1879 (G. Bl. S. 33); Geſ., die Behandlung der Geſ. Entw. über die directen Steuern betr., vom 12. Febr. 1880 (G. Bl. S. 25).
¹⁶ R. St. G. B. § 105.
¹⁷ Geſ., die Verſammlungen u. Vereine betr., vom 26. Febr. 1850, Art. 10. S. darüber unten § 293 Anm. 66.
¹⁸ Geſchäftsg. Geſ. Art. 7 Abſ. II.
¹ Sowohl das Verfahren innerhalb der Kammern als auch die formelle Regelung der Beziehungen der Kammern unter ſich und zur Staatsregierung.
² Vgl. über die unzweckmäßige Erſtreckung der verfaſſungsmäßigen Regelung auf rein reglementäre Einzelheiten den Vortrag des Abg. Rudhart Verh. d. K. d. Abg. 1831 Beil. Bd. II, Beil. IX S. 1 f.
³ Verh. d. K. d. Abg. 1819 Prot. Bb: I S. 423 f. Der Finanzminiſter Frhr. v. Lerchenfeld bemerkte, das Reglement dürfe nur „eine Entwickelung der geſetzlichen Beſtimmungen enthalten".
⁴ A. a. O. S. 428 (Abg. v. Aretin).
⁵ Bericht der Kammer an den König vom 2. April 1819.
⁶ Abgedruckt bei Döllinger VII S. 141.
⁷ Die Entſchl. beſtritt u. A. der Kammer das Recht, ſich mit eingelaufenen Petitionen zu befaſſen. Die Mitglieder ſollten hievon nach geſchehener Anzeige des Einlaufes nicht einmal mehr Einſicht nehmen dürfen!

eine Durchsicht desselben vor. Sie war jedoch „weit entfernt", den Inhalt jener Entschließung „als Befehl anzusehen", und zeigte in einem Schreiben vom 28. Mai der Staatsregierung an, daß sie die gegebenen „Winke benützt habe". Sie habe im Uebrigen jetzt wie vorhin von dem Rechte Gebrauch gemacht, in allen Punkten, worüber die Grundgesetze schweigen, oder deren Bestimmungen die Kammer der Reichsräthe nicht berühren, diejenigen Anordnungen zu treffen, welche sie für zweckmäßig und geschäftsbefördernd gehalten habe.

Die Kammer der Abgeordneten brachte es trotz diesbezüglicher Anregungen auf den Landtagen von 1819 und 1822 ⁸ zu keinem Reglement. Der Mangel war um so empfindlicher, als man naturgemäß in dieser Zeit des Anfanges eines parlamentarischen Lebens mit großer geschäftlicher Unbehilflichkeit zu kämpfen hatte.

Die Regierung benützte diesen Umstand, die Gestaltung des Reglements der zweiten Kammer unter ihren Einfluß zu bringen ⁹. Unterm 3. März 1825 wurde nach einem schon im Jahre 1821 erörterten Plane ¹⁰ der Kammer der Abgeordneten durch königliche Entschließung ¹¹ eine Geschäftsordnung mitgetheilt, welche, nachdem eine weitere königliche Entschließung vom 14. gl. Mts. einige Aenderungen genehmigt hatte, durch Kammerbeschluß vom 22. gl. Mts. ¹² Annahme fand ¹³. Auch an die erste Kammer richtete eine königliche Entschließung vom 3. März 1825 das Ansinnen, diese Geschäftsordnung zur Grundlage einer Durchsicht zu nehmen. Die Kammer befolgte diesen „Rath" und theilte unterm 2. September 1825 dem Könige die neue Geschäftsordnung vom 16. August gl. Js. mit, jedoch ohne eine Bestätigung derselben nachzusuchen ¹⁴.

Der Geschäftsgang, wie er nach den Bestimmungen des Verfassungsedictes und der Reglements sich gestaltete, war in vielen Beziehungen Alles eher als zweckmäßig ¹⁵. Besonders galt dies von den verfassungsmäßigen Vorschriften über die Verlesung der Sitzungsprotokolle, den Gang der mündlichen Verhandlungen und der Abstimmungen.

Die Staatsregierung legte daher am 21. März 1831 der Abgeordnetenkammer einen Gesetzentwurf vor, wonach eine Mehrzahl von Paragraphen des II. Titels der X. Verfassungsbeilage ¹⁶ beseitigt und durch neue, ebenfalls verfassungsgesetzliche Bestimmungen ersetzt werden sollten ¹⁷. Hienach hätte, mochten die vorgeschlagenen Aenderungen auch sachlich einen Fortschritt enthalten, das Selbstgesetzgebungsrecht der Kammern nicht nur keine Erweiterung, sondern sogar eine Einschränkung erlitten. In beiden Kammern, am lebhaftesten in jener der Reichsräthe, erwachte Angesichts dessen das Gefühl,

---

⁸ Verh. d. K. d. Abg. 1819 Prot. Bd. I S. 373, 375, 422—429; 1822 Beil. Bd. I S. 299 Nr. 11 V, S. 181 Nr. 180. Vgl. G. Frhr. v. Lerchenfeld, Geschichte Bayerns unter König Maximilian Joseph I. S. 217.

⁹ Hiezu gab auch Art. 59 der Wiener Schlußacte vom 15. Mai 1820 Anlaß, welcher lautet: „Wo die Oeffentlichkeit landständischer Verh. durch die Verf. gestattet ist, muß durch die Geschäftsordnung dafür gesorgt werden, daß die gesetzlichen Grenzen der freien Aeußerung weder bei den Verh. selbst, noch bei deren Bekanntmachung durch den Druck auf eine die Ruhe des einzelnen Bundesstaates oder des gesammten Deutschlands gefährdende Weise überschritten werden."

¹⁰ Auf Grundlage eines vom Abg. Hacker übergebenen Entw. und nach dem Vortrage einer vom Könige eingesetzten Commission stellte der Ministerrath unterm 10. Jan. 1822 eine Geschäftsordn. für die K. d. Abg. fest. Die Absicht ging dabei dahin, den Entw. durch ein Mitglied der Kammer einbringen zu lassen. Staatsrath v. Stürmer überarbeitete diesen Entw. Ende des Jahres 1824 abermals.

¹¹ S. dieselbe Verh. d. K. d. Abg. 1871/72 Beil. Bd. I S. 443. (Bericht des Abg. Dr. Ruland, der einige Einzelheiten über die damaligen Vorgänge gibt.) Bemerkenswerth ist die Redewendung in der Entschl., daß der König die mitgetheilte Geschäftsordn. „genehmige und sanctionire".

¹² Verh. d. K. d. Abg. 1825 Prot. Bd. I S. 93, 97.

¹³ Sie ist abgedr. a. a. O. Beil. Bd. I S. 187—241 und vom 28. Febr. 1825 datirt. Die einschlägigen Bestimmungen der X. Verf. Beil. sind in dieser Geschäftsordn. mit aufgenommen. — Eine scharfe, aber gerechte Kritik der Geschäftsordn., welche „die wesentlichsten Rechte der Kammer auf die unverantwortlichste Weise" „verkümmerte", bei G. Frhrn. v. Lerchenfeld, Geschichte Bayerns unter König Maximilian Joseph I. S. 287 f.

¹⁴ Verh. d. K. d. R. R. 1831 I S. 127. Berichterstatter d. K. d. R. R. war Graf Montgelas, der entschieden für das Selbstgesetzgebungsrecht der Kammer eintrat.

¹⁵ Vgl. die drastischen Schilderungen des zweiten Präsidenten J. A. Seuffert Verh. d. K. d. Abg. 1831, Prot. Bd. III Prot. X S. 42 ff. Ebenda I Prot. I S. 15 bemerkte derselbe: „Der bisherige, aus gesetzlicher Nothwendigkeit schleppende Gang und die Langweiligkeit der Verh., sodann die endlosen Wiederholungen derselben Gedanken und Redensarten, zu welchen das Reglement selbst Gelegenheit machte, mögen wohl die Zuhörer nicht angezogen und die Leser abgeschreckt haben."

¹⁶ §§ 13, 14 (Protokollverlesung), 18, 19, 20, 22 (Debatte), 40—47 (Abstimmung).

¹⁷ Verh. d. K. d. Abg. 1831 Prot. Bd. II Prot. VI S. 17 ff.

daß ihre innere Selbständigkeit gewahrt werden müsse. Wenn die Kammer, so äußerte der Bericht-erstatter der Kammer der Reichsräthe[18], dem Regierungsentwurfe unbedingt zustimme, „so werde sie dadurch sich selbst ihre Freiheit für immer beschränken und damit anerkennen, daß sie nicht vermöge, ihre inneren Angelegenheiten selbst zu ordnen". Sie würde sich hiernach „den gerechten Vorwurf von Schwäche zuziehen".

Die Berichterstatter beider Kammern waren der Meinung, man solle lediglich die als unzweck-mäßig erkannten Paragraphen des X. Edictes aufheben und den Kammern überlassen, im Wege des Reglements hiefür Ersatz zu schaffen[19]. Die Kammern traten jedoch diesem weitgehenden Antrage nicht bei. Nach ziemlich langwierigem Hin- und Herverhandeln[20] einigten sich beide Kammern, entsprechend dem Vorschlage der ersten Kammer, auf folgender Grundlage. Die mehrerwähnten Paragraphen des X. Edictes sollten aufgehoben werden. Dieselben wurden zu einem Theile durch Vorschriften ersetzt, welchen verfassungsrechtliche Eigenschaft beigelegt werden sollte. Von 43 Paragraphen des Regierungs-entwurfes verblieben sonach unter Einrechnung eines neu eingeschalteten (§ 8) nur 17, wovon überdies wenige unverändert gelassen wurden. Im Uebrigen sollte jede Kammer befugt sein, „für die Leitung ihrer inneren Angelegenheiten und die Ordnung ihrer Geschäfte eigene reglementäre Vorschriften, jedoch nur unter der Bedingung festzusetzen, daß solche nichts enthalten, wodurch eine Bestimmung der Ver-fassungsurkunde, ihrer Beilagen und des gegenwärtigen Gesetzes abgeändert oder authentisch erläutert würde". Die Reglements sollten so lange gelten, bis die betreffende Kammer oder eine folgende Kammer sie ändern würde. Die Reglements und deren Aenderungen sollten der Staatsregierung vorgelegt werden, jedoch nicht zur Genehmigung[21], sondern damit sich dieselbe von deren Gesetzmäßigkeit über-zeugen könne[22].

Der Gesetzesvorschlag der Stände erlangte die königliche Sanction. Hienach wurde das Ver-fassungsgesetz vom 2. September 1831, den Geschäftsgang der beiden Kammern der Ständeversamm-lung betreffend, verkündet[23]. Auf Grund dieses Gesetzes gaben sich beide Kammern sofort neue Geschäfts-ordnungen[24].

Die Geschäftsordnung der Kammer der Reichsräthe erfuhr in den Jahren 1840—1849 mehrfache Aenderungen, Erläuterungen und Ergänzungen[25]. In der Kammer der Abgeordneten wurde 1849, nachdem die Thronrede bereits ein neues Geschäftsgangsgesetz verheißen hatte, in der Sitzung vom 14. Februar einstimmig beschlossen, einen Ausschuß für Entwerfung einer neuen Geschäftsordnung zu bilden. Da die Regierung erklärt hatte, eine baldige Gesetzesvorlage nicht in Aussicht stellen zu können,

---

[18] Verh. d. K. d. R. R. 1831 I S. 128.

[19] Verh. d. K. d. Abg. 1831 Beil. Bd. II Beil. IX; Verh. d. K. d. R. R. 1831 I S. 128 ff.

[20] Verh. d. K. d. Abg. 1831 Prot. Bd. III Prot. Nr. X S. 42 bis XIV, Prot. Bd. IV Prot. Nr. XV, XVII Beilage, XVIII S. 4 ff. — Verh. d. K. d. R. R. 1831 I S. 124 ff., 233 ff., 361 ff., 424 ff., 498 ff. — Verh. d. K. d. Abg. Prot. Bd. XI Prot. Nr. LIX S. 11 ff., LX S. 8 ff., Beil. Bd. VI Beil. XXXII. — Verh. d. K. b. R. R. III S. 74 ff., 119 ff., 272 ff, 376 ff. — Verh. d. K. d. Abg. XIV Prot. Nr. LXXV S. 2 ff. — Verh. d. K. d. R. R. III S. 460 ff., 491 f. — Verh. d. K. d. Abg. Prot. Bd. XV Prot. Nr. LXXXII S. 29 ff. — Verh. d. K. d. R. R. IV S. 5 ff.

[21] Die K. d. Abg. hatte ursprünglich (Prot. Bd. IV Prot. Nr. XVIII S. 4) beschlossen gehabt, die Bestimmungen des Ges. Entw. unter mehrfachen Abänderungen durchweg nur als reglementäre Vorschriften „nach den von jeder Kammer für sich zu fassenden und der Genehmigung der Regierung unterliegenden Beschlüssen" anzunehmen. Aenderungen hieran sollten gleichfalls nur mit Zustimmung der Regierung statthaft sein. Im Uebrigen sollte die Erlassung autonomer Normen, soweit hienach und nach dem X. Edicte hiefür noch Spielraum sei, an die Regierungsgenehmigung gebunden sein. Man hatte indessen der Staatsregierung jenes Genehmigungsrecht nur eingeräumt, weil man voraus-setzte, „daß gedachtes Zugeständniß sei die Bedingung, ohne welche man das Zustandekommen der so dringend gewünschten Verbesserungen nicht hoffen könne". (Prot. Bd. XI Prot. Nr. LIX S. 13.) Unter diesen Umständen fiel es der zweiten Kammer nicht schwer, den weiter gehenden Forderungen der Reichsräthe sich anzuschließen.

[22] Ges. vom 2. Sept. 1831 § 18.

[23] G. Bl. S. 25.

[24] S. die Gesch. Ordn. d. K. d. R. R. bei Döllinger VII S. 145; dazu Verh. d. K. d. R. R. 1831 IV S. 22, 25, VI S. 92 ff., 139 ff., 318 ff., VIII S. 306 ff. Gesch. Ordn. d. K. d. Abg. bei Döllinger VII S. 347; dazu Verh. d. K. d. Abg. 1831 Prot. Bd. XVI Prot. Nr. LXXXVIII S. 9 ff., Nr. LXXXIX S. 46 ff., Nr. XC S. 3 ff., Nr. XCI S. 1 ff., Beil. Bd. XI Beil. XLVI und LI (Gesch. Ordn.).

[25] Vgl. insbes. Verh. d. K. d. R. R. 1840 Prot. Bd. I S. 165 ff., 180 f., Beil. Bd. I S. 102 bis 120; 1842/43 Prot. Bd. II S. 53 f.; 1847 Prot. Bd. I S. 44 ff., 63 ff., Beil. Bd. I S. 89—104, Prot. Bd. I S. 464 ff., Beil. Bd. I S. 274—294; 1848 Prot. Bd. I S. 67 ff.; 1849 Prot. Bd. II S. 142 ff., Beil. Bd. III S. 118—128.

so erschien es veranlaßt, vor Allem die Initiative zu einem Gesetze zu ergreifen, welches die bestehenden rechtlichen Hindernisse einer guten Geschäftsordnung beseitigen sollte. Der Abgeordnete Kolb als Ausschußberichterstatter verfaßte auch einen Entwurf, der vom Ausschusse mit wenigen Aenderungen gebilligt wurde, jedoch wegen der bald darauf erfolgten Auflösung des Landtages nicht zur Berathung in der Kammer kam²⁶. Der Kolb'sche Entwurf bezweckte, den Kammern bei ihrer Geschäftsbehandlung eine thunlichst freie und selbständige Bewegung zu sichern²⁷. Er stellte den Grundsatz an die Spitze, daß es jeder Kammer zukomme, unter Beobachtung der gesetzlichen Bestimmungen ihre Geschäftsordnung selbst festzustellen und abzuändern. Die Verpflichtung zur Vorlage der Geschäftsordnung bei der Staatsregierung wurde nicht mehr erwähnt.

Bei der zweiten Landtagsversammlung des Jahres 1849 brachte die Regierung in der Sitzung der zweiten Kammer vom 21. September den Entwurf eines Geschäftsgangsgesetzes ein²⁸, welcher sich im Wesentlichen an den Kolb'schen Entwurf anschloß, doch in einigen Punkten das Gebiet der gesetzlichen Regelung etwas weiter ausdehnte²⁹. Der Entwurf fand mit mehreren Aenderungen, die jedoch nicht von grundsätzlicher Bedeutung waren³⁰, die Zustimmung des Landtages³¹. Hienach erging das Gesetz vom 25. Juli 1850, den Geschäftsgang des Landtages betreffend³². Durch dieses Gesetz wurden eine Reihe von Bestimmungen der Verfassungurkunde (Titel VI §§ 6, 15, Titel VII § 29, Beil. X Titel I Abschnitt III ganz und Titel II ganz), sowie das Geschäftsgangsgesetz vom 2. September 1831 aufgehoben. Das neue Gesetz selbst wurde nicht zum Verfassungsgesetze erklärt³³.

Die Kammern, deren Selbstgesetzgebungsrecht durch das Gesetz vom 25. Juli 1850 eine sehr beträchtliche Erweiterung erfahren hatte, unterzogen sich auf dem Landtage 1851 der Aufgabe, neue Geschäftsordnungen zu erlassen. Die Kammer der Reichsräthe verfuhr hiebei möglichst conservativ, indem sie die bisherige Geschäftsordnung einer eingreifenden Durchsicht unterzog, dabei aber, wo es thunlich und zweckmäßig schien, die seitherigen Bestimmungen aufrecht erhielt³⁴. Auf Wunsch der ersten Kammer wurde ferner ein Gesetzentwurf eingebracht und vom Landtage angenommen, nach welchem das Recht der Ernennung des ersten Präsidenten der Reichsrathskammer dem Könige zukommen sollte³⁵. Das Gesetz wurde unterm 28. Mai 1852 erlassen³⁶. Weitergehend waren die Aenderungen, welche die

---

²⁶ Verh. b. K. d. Abg. 1849 Sten. Ber. I S. 165, 189, Beil. Bd. I S. 109 ff. Vgl. auch ebenda Sten. Ber. I S. 27, 127, Beil. Bd. I S. 101.
²⁷ Die hauptsächlichsten Aenderungen, welche vorgeschlagen wurden, waren folgende: Wahlprüfung durch die Kammer selbst unter Beseitigung der königlichen Einweisungscommission, Wahl der Präsidenten an Stelle des bloßen Vorschlagsrechts und königlicher Ernennung, gesetzliche Gleichstellung beider Kammern in Bezug auf Constituirung und Beschlußfähigkeit, Aufhebung der Sitzordnung der Abg. (Verf. Beil. X Tit. I § 67), bessere Sicherung der Oeffentlichkeit der Verh., Aufhebung des unbedingten Vorranges der Regierungsvorlagen, Beschränkung des Vorrechts der Regierungsvertreter, die Redner oder die Tagesordnung zu unterbrechen, und Vorkehrungen gegen Mißbrauch des Rechtes der Regierungsvertreter zur Schlußäußerung (Wiederaufnahme der Verh.), Feststellung des Rechtes der Kammern, Erläuterungen zu fordern, und eines beschränkten Rechtes der Enquete für die Ausschüsse, neue Bestimmungen über die Ausschüsse, Bestimmungen über die Stellung der Landtagscommissäre bei der Schuldentilgungscommission.
²⁸ Verh. b. K. d. Abg. 1849/50 Beil. Bd. I S. 139 ff., Sten. Ber. I S. 64 u. 93.
²⁹ Vgl. Entw. Art. 2, 5, 6 (Einberufung u. Constituirung betr.), 8, 9 (Befugnisse des Präsidenten), 16 (Ablesen von Vorträgen), 17 (Interpellationen), 18—20 (Berathungen), 21 Abf. II, 22, 23 (Abstimmung), 28 (Schuldencommissäre), 31 (geschäftliche Beziehungen zwischen den Kammern).
³⁰ Vgl. insbes. Ges. vom 25. Juli 1850 Art. 3 Abf. IV, Art. 4, die Schlußsätze der Art. 8 u. 9, Art. 18—21, Art. 22 Abf. II, III, Art. 24 Abf. II, Art. 26—28, Art. 29, Art. 38.
³¹ Vgl. hieher Verh. d. K. d. Abg. 1849/50 Beil. Bd. I S. 265 ff. (Ausschußbericht), 275 ff., Sten. Ber. II S. 65 f., 424 ff., 447 ff., 469 ff., 481 ff. — Verh. d. K. d. R. R. 1849/50 Beil. Bd. IV S. 77 ff. (Ausschußbericht), 126 ff.; Prot. Bd. V S. 501 ff., 639 ff. — Verh. d. K. d. Abg. Beil. Bd. III S. 385 ff., Sten. Ber. IV S. 538 ff., 576 f. — Verh. d. K. d. R. R. Beil. Bd. V S. 89 f., Prot. Bd. VI S. 222 ff. — Verh. d. K. d. Abg. Beil. Bd. III S. 633, Sten. Ber. V S. 147 ff., 171. — Verh. d. K. d. R. R. Beil. Bd. V S. 431 f., Prot. Bd. VI S. 478 ff. — Verh. d. K. d. Abg. Beil. Bd. III S. 714, Sten. Ber. V S. 425 ff.
³² G. Bl. S. 297.
³³ Vgl. hieher die unten Anm. 39 angeführten Verh., insbes. die Erörterungen des Reichsraths Frhrn. v. Schrenk Verh. d. K. d. R. R. 1870 Beil. Bd. I S. 196 ff.
³⁴ Diese Gesch. Ordn. ist abgedr. Verh. d. K. d. R. R. 1851 Beil. Bd. I S. 221 ff. Die Verh. darüber ebenda S. 55 ff., 189 ff., dann Prot. Bd. I S. 32 ff., 194 ff., 285 ff.
³⁵ Verh. d. K. d. R. R. 1851/52 Beil. Bd. IV S. 115, 119, 122, Prot. Bd. III S. 602, IV S. 6 f., 29 f.; Verh. d. K. d. Abg. Beil. Bd. IV S. 134, Sten. Ber. V S. 4 ff., 23.
³⁶ G. Bl. 1851/52 S. 597.   —

Kammer der Abgeordneten an ihrer Geſchäftsordnung ſowohl inhaltlich als in Bezug auf die Gliederung des Stoffes traf. Doch wurden auch hier bewährte Vorſchriften der Geſchäftsordnung von 1831
in die neue Ordnung herübergenommen ⁸⁷. Bei dieſen Geſchäftsordnungen verblieb es im Weſentlichen
bis zum Landtage von 1871/72; nur die Geſchäftsordnung der Abgeordnetenkammer erfuhr einzelne
nennenswerthe Verbeſſerungen ⁸⁸.

In der Sitzung der Kammer der Abgeordneten vom 26. Februar 1870 kam ein Antrag der Abgeordneten Dr. Völk und Genoſſen zum Vortrage, die Krone möge um Vorlage eines Geſetzentwurfes
gebeten werden, durch welchen die geſetzlichen Beſtimmungen über den Geſchäftsgang des Landtages
einer zeitgemäßen Durchſicht unterzogen würden. Im Sinne dieſes Antrages wurde Geſammtbeſchluß
der Kammern erzielt ⁸⁹, und der Landtagsabſchied vom 18. Februar 1871 ⁴⁰ ſicherte die Berückſichtigung der Bitte zu. In Erfüllung dieſer Zuſage wurde dem Landtage 1871/72 ein Geſetzentwurf
über den Geſchäftsgang vorgelegt ⁴¹. Außer Abänderungen der §§ 20 und 21 des Titels VII der Verfaſſungsurkunde ⁴² bezweckte der Entwurf vorzugsweiſe, „durch die Umgeſtaltung der Beſtimmungen
über die Eröffnung des Landtages und Conſtituirung der Kammern, ſowie über die Legitimationsprüfung der Mitglieder der Abgeordnetenkammer eine Zeiterſparung herbeizuführen" und „durch die
Erweiterung der autonomen Befugniſſe der Kammern jeder derſelben die Möglichkeit zu gewähren, in
Zukunft nach eigenem Ermeſſen eine von dem bisherigen Syſteme abweichende Behandlung einzelner
Berathungsgegenſtände eintreten zu laſſen" ⁴³. Nach erfolgter Vereinbarung wurde auf Grund der Beſchlüſſe des Landtages ⁴⁴ das Geſetz vom 19. Januar 1872, den Geſchäftsgang des Landtages betreffend ⁴⁵,
erlaſſen. Dieſes Geſetz iſt nur in denjenigen Beſtimmungen, welche die Abänderung der oben genannten
Verfaſſungsparagraphen bezielen, Verfaſſungsgeſetz, im Uebrigen gleich dem früheren einfaches Geſetz.

Bezüglich dieſes Geſetzes und des erweiterten Selbſtgeſetzgebungsrechtes, welches dadurch den
Kammern eingeräumt wurde, iſt auf einen ſehr wichtigen Grundſatz aufmerkſam zu machen, der
übrigens ſchon hinſichtlich des früheren Geſetzes von 1850 galt. Das Selbſtgeſetzgebungsrecht der
Kammern hat nicht die Bedeutung, als ob die Kammern nun Alles beſtimmen könnten, worüber früher
die X. Verfaſſungsbeilage beſtimmte. Der Geſetzgeber ſelbſt konnte Vorſchriften, die er in der Verfaſſung gegeben hatte, durch die Verfaſſungsbeilage auch in einſchränkender Weiſe näher ausführen ⁴⁶.
Die Kammern können dies nicht thun. Denn ihre Selbſtgeſetzgebung findet an den Anordnungen des
Geſetzes ihre Grenze. Ein verfaſſungsrechtlicher Satz, der einen anderen verfaſſungsrechtlichen Satz ein-
ſchränkte, kann, wenn er durch Geſetz beſeitigt iſt, nicht im Wege der Geſchäftsordnung wieder hergeſtellt
werden.

Beide Kammern gingen nach Erlaß des Geſetzes vom 19. Januar 1872 ſofort daran, ſich neue
Geſchäftsordnungen zu geben. Die Kammer der Reichsräthe, welche ſich damit begnügte, an den bis-
herigen Vorſchriften nur die unumgänglich nöthigen Aenderungen vorzunehmen, genehmigte in der
Sitzung vom 5. Februar 1872 die Vorſchläge ihres Ausſchuſſes ⁴⁷. Weitergehende Umgeſtaltungen,

---

⁸⁷ Vgl. hieher Verh. d. K. d. Abg. 1851/52 Beil. Bd. I S. 4 ff., 7 ff. (Entw.), 19 f., Sten. Ber.
I, 2. Sitzung S. 2—134. S. ferner ebenda Sten. Ber. II S. 216 ff. Die Geſch. Ordn. iſt abgedr. bei
Döllinger XXI S. 338 ff.

⁸⁸ Verh. d. K. d. Abg. 1853/56 Sten. Ber. I S. 326, 462—467, Beil. Bd. II S. 466 ff. Vgl.
dazu auch Sten. Ber. II S. 250. (Abänderung des Art. 53 der Geſch. Ordn.) — 1863/65 Sten. Ber. II
S. 36, III S. 142 ff., Beil. Bd. VI S. 417. (Abänderung des Art. 31 der Geſch. Ordn., 6 ſtatt 5
Ausſchüſſe.) Einem unerledigten Abänderungsantrag zu Art. 92 u. 103 der Geſch. Ordn. ſ. 1866/69
Sten. Ber. II S. 140, IV S. 181 f., Beil. Bd. V S. 494 ff.

⁸⁹ Vgl. Verh. d. K. d. Abg. 1870/71 Sten. Ber. I S. 369, II S. 24 ff., 283, Beil. Bd. II
S. 229 ff.; Verh. d. K. d. R. R. Beil. Bd. I S. 196 ff., Prot. Bd. I S. 324 ff.

⁴⁰ Abſchn. III § 16, G. Bl. 1870/71 S. 297.

⁴¹ Verh. d. K. d. Abg. 1871/72 Beil. Bd. I S. 432 ff.

⁴² Recht der Wünſche u. Anträge, Beſchwerden über Verletzung conſtitutioneller Rechte. Dieſe
Aenderungen waren ſchon früher in den Kammern angeregt worden. Vgl. oben § 92 B Ziff. 5.

⁴³ Von der Durchſicht wurden hienach die Art. 3—6, 13, 22—24, 36 des Geſ. vom 25. Juli
1850 berührt.

⁴⁴ Verh. d. K. d. Abg. 1871/72 Beil. Bd. I S. 443 (Ausſchußbericht), Sten. Ber. I S. 40 ff.,
79 ff., 214; Verh. d. K. d. R. R. Beil. Bd. I S. 87 ff., Prot. Bd. I S. 99 ff.

⁴⁵ G. Bl. 1871/72 S. 173.

⁴⁶ Vgl. z. B. Verf. Urk. Tit. VII § 20 mit Verf. Beil. X Tit. II § 37.

⁴⁷ Verh. d. K. d. R. R. 1871/72 Beil. Bd. I S. 170 ff., Prot. Bd. I S. 159 ff.

hauptsächlich im Sinne einer Annäherung an die Geschäftsordnung des Reichstages⁴⁸, erfuhr die Geschäftsordnung der Kammer der Abgeordneten durch den Beschluß vom 23. Februar 1872⁴⁹.

Diese beiden Geschäftsordnungen sind im Wesentlichen noch dermalen in Geltung. Eine gesetzliche Aenderung ist durch § 26 des Landtagsabschiedes vom 1. Juli 1886 bewirkt worden⁵⁰.

Nach der Uebung des bayerischen Landtages bleibt die Geschäftsordnung beider Kammern auch
dann bis zu erfolgter Abänderung in Kraft, wenn nach geschehener Auflösung ein neuer Landtag
zusammentritt⁵¹. Immerhin ist aber die Geschäftsordnung eine Vorschrift, welche jede Kammer sich selbst
gibt. Jede Kammer ist daher an die bestehende Geschäftsordnung nicht länger gebunden, als sie will.
Sie kann also von der Geschäftsordnung, soweit dieselbe nicht gesetzlich festgestellt ist, jeder Zeit und
auch für den einzelnen Fall abgehen. Indessen ist eine Abweichung von der Geschäftsordnung im einzelnen Falle nur zulässig, wenn kein Mitglied widerspricht⁵². Denn jedes Mitglied hat ein Recht auf
Einhaltung der Geschäftsordnung, sowie darauf, daß von derselben nur dann abgegangen wird, wenn
deren Abänderung im vorgeschriebenen Verfahren erfolgt ist.

§ 107. Verfassung der Kammern.

Die Bestimmungen über die innere Verfassung der Kammern beziehen sich auf die
Aemter und auf die Gliederung der Kammern. Diese Vorschriften sind theils gesetzliche,
theils geschäftsordnungsmäßige.

Die Aemter sind Ehrenämter und besoldete Aemter oder Bedienstungen. Erstere
können nur von Kammermitgliedern bekleidet werden. Soweit die Besetzung der Ehrenämter durch Wahl geschieht, erfolgt dieselbe mittels Stimmzetteln. Das Wahlergebniß
wird durch den Präsidenten und die Schriftführer vom Dienste ermittelt¹.

Jede der beiden Kammern hat zwei Präsidenten. Den ersten Präsidenten der
Kammer der Reichsräthe ernennt der König², der zweite Präsident dieser Kammer und

---

⁴⁸ Außerdem wurden die landständische Gesch. Ordn. des Großh. Hessen vom 8. Sept. 1856, die
Gesch. Ordn. der bad. zweiten Kammer von 1870, die Landtagsordn. für das Kgr. Sachsen von 1857
u. die Gesch. Ordn. der württ. K. d. Abg. benützt. Vgl. Verh. d. K. d. Abg. 1871/72 Beil. Bd. II
S. 281.
⁴⁹ Vgl. hieher Verh. d. K. d. Abg. 1871/72 Beil. Bd. II S. 213 ff. (Entw. der Abg. Frhr.
v. Stauffenberg, Jörg u. Edel), S. 281 ff. (Ausschußbericht und =Fassung), Sten. Ber. II
S. 28 ff. Abdruck bei Weber, Anh. Bd. S. 604.
⁵⁰ An späteren Erläuterungen, Zusätzen u. Aenderungen (nach 1872) sind hervorzuheben:
Zusatz zu § 26 der Gesch. Ordn. der K. d. R. R. Verh. 1873/74 Prot. Bd. I S. 378 f.
Auslegung des Art. 46 der Gesch. Ordn. d. K. d. Abg. Verh. 1874 Sten. Ber. II S. 31 f.
Abänderung der Art. 10 u. 27 ders. Gesch. Ordn. Ebenda 1875 Sten. Ber. III S. 188 ff.,
Beil. Bd. IV S. 305.
Abänderung des Art. 55 ders. Gesch. Ordn. Verh. 1875/76 Sten. Ber. I S. 11 ff.. 16 f.
Rechtsverhältnisse der Abtheilungen. Verh. 1877/78 Sten. Ber. II S. 459 ff.
Auslegung des Art. 39 der Gesch. Ordn. d. K. d. Abg. Verh. 1878/79 Sten. Ber. III S. 497 f.,
Beil. Bd. IV S. 305, 545.
Zusätze zu Art. 27 u. 28 ders. Gesch. Ordn. Verh. 1879/80 Sten. Ber. IV S. 825 ff., Beil.
Bd. IX S. 697 ff.
Abänderungen der Art. 6, 7, 19 ders. Gesch. Ordn. Verh. 1881 Sten. Ber. V S. 391 f., Beil.
Bd. XII Abth. I S. 217.
Wiederaufnahme der geschlossenen Discussion Verh. d. K. d. Abg. 1881/82 Sten. Ber. II
S. 143, III S. 395 ff., Beil. Bd. III S. 403.
Aenderungen der Bestimmungen über Interpellationen Verh. d. K. d. Abg. 1887/88 Beil. Bd. I
S. 366, Sten. Ber. I S. 108 f.
Beifügung einer Erläuterung zu Art. 6 der Gesch. Ordn. d. K. d. Abg. Verh. d. K. d. Abg.
1889/90 Sten. Ber. V S. 121 ff., VI S. 32 f.
Aenderung der §§ 53, 99. 101, 102 der Gesch. Ordn. d. K. d. R. R. Verh. d. K. d. R. R.
1893/94 Prot. Bd. I S. 640 ff., II S. 64 ff., Beil. Bd. I S. 459 ff. Eine Durchsicht der ganzen Gesch.
Ordn. ist in Aussicht genommen.
⁵¹ Vgl. hieher die Erörterungen in meiner angef. Abh. S. 408.
⁵² Vgl. z. B. Verh. d. K. d. Abg. 1873/75 Sten. Ber. I S. 13.
¹ Geschäftsg. Ges. Art. 6 Abf. I, Gesch. Ordn. d. K. d. R. R. § 21, der K. d. Abg. Art. 9.
S. auch Verh. d. K. d. Abg. 1873/75 Sten. Ber. I S. 7, 11.
² Ges. vom 28. Mai 1852.

die beiden Präsidenten der Kammer der Abgeordneten⁸ werden von ihrer Kammer gewählt, sobald die Anwesenheit einer beschlußfähigen Anzahl von Mitgliedern festgestellt⁴
ist⁵. In der Abgeordnetenkammer führt bis zur Wahl des ersten Präsidenten das älteste
Mitglied als Alterspräsident den Vorsitz. Dieses Amt kann von dem Berufenen auf das
nächstälteste Mitglied und von diesem in gleicher Weise weiter übertragen werden. Der
Alterspräsident ernennt vorläufig zwei Schriftführer⁶. Die Präsidentenwahlen erfolgen
in gesonderten Wahlhandlungen durch absolute Stimmenmehrheit⁷. Hat sich eine solche
im ersten Wahlgange nicht ergeben, so sind diejenigen drei Candidaten, welche die meisten
Stimmen erhalten haben, auf die engere Wahl zu bringen. Wird auch bei letzterer keine
absolute Mehrheit erreicht, so sind diejenigen beiden Candidaten, welche in der engeren
Wahl die meisten Stimmen erhalten haben, auf eine zweite engere Wahl zu bringen.
Tritt in dieser Stimmengleichheit ein, so entscheidet das Loos. Ebenso wird bei Ausmittelung derjenigen Candidaten, welche auf die engere Wahl zu bringen sind, im Falle
der Stimmengleichheit verfahren⁸.

Auf die Wahl der Präsidenten folgt jene der Schriftführer nach Maßgabe der Geschäftsordnung jeder Kammer⁹. Die Kammer der Reichsräthe wählt zwei Secretäre in
gesonderten Wahlhandlungen und in gleicher Weise wie die Präsidenten¹⁰. Die Kammer
der Abgeordneten wählt einen ersten und zweiten Schriftführer in gesonderten Wahlhandlungen mit absoluter Mehrheit und sodann einen dritten und vierten Schriftführer
in gemeinsamer Wahlhandlung mit relativer Mehrheit. Die Reihenfolge der beiden
letzteren wird durch die Stimmenmehrheit und bei Stimmengleichheit durch das Loos
festgesetzt¹¹.

Eine Verpflichtung zur Annahme oder Beibehaltung der Ehrenämter besteht nicht¹².

Die beiden Präsidenten nebst den zwei Secretären bilden in der Kammer der Reichsräthe, die beiden Präsidenten nebst dem ersten und zweiten Schriftführer in der Kammer
der Abgeordneten das Directorium¹³.

Von der vollzogenen Zusammensetzung des Directoriums (der Constituirung) gibt
jede Kammer dem Gesammtministerium und der anderen Kammer Nachricht¹⁴.

Die Besetzung der Ehrenämter in der Kammer der Reichsräthe geschieht für die
Dauer des Landtages¹⁵. In der zweiten Kammer werden die Präsidenten zu Anfang

---

⁸ Der 2. Präsident heißt hier Vicepräsident. Gesch. Ordn. Art. 10 Abs. I.
⁴ Und, in der K. d. Abg., die Verloosung der Abtheilungen geschehen ist. Gesch. Ordn. Art. 10.
⁵ Geschäftsg. Ges. Art. 6 Abs. I.
⁶ Gesch. Ordn. d. K. d. Abg. Art. 4.
⁷ Die absolute Mehrheit wird nach der Zahl der abgegebenen giltigen Stimmen zu berechnen
sein. Andernfalls hätte es eine Minderheit in der Hand, jede Wahl zu verhindern, was mit der Absicht des Gesetzgebers, wie sie in Art. 6 Abs. II des Geschäftsg. Ges. deutlich ausgeprägt ist, im Widerspruche stünde. Die Gesch. Ordn. d. K. d. R. R. § 21 Abs. V spricht von der Berechnung „nach der
Zahl aller Stimmenden", was wohl heißt: aller derjenigen, welche giltig gestimmt haben. Vgl. auch
meine angef. Abh. S. 410.
⁸ Geschäftsg. Ges. Art. 6 Abs. I, II. Die oben wiedergegebenen eingehenden Bestimmungen des
Ges. sind durch die Vorgänge im Jahre 1869 veranlaßt worden, wo die K. d. Abg. keine Präsidentenwahl zu erzielen vermochte. (Edel — Weiß.)
⁹ Geschäftsg. Ges. Art. 6 Abs. III.
¹⁰ Gesch. Ordn. d. K. d. R. R. §§ 19, 21.
¹¹ Gesch. Ordn. d. K. d. Abg. Art. 10, Geschäftsg. Ges. Art. 6 Abs. III. Dazu Verh. d. K. d.
Abg. 1875 Sten. Ber. III S. 188 ff., Beil. Bd. IV S. 305.
¹² Vgl. Gesch. Ordn. d. K. d. Abg. Art. 11 Abs. IV.
¹³ Gesch. Ordn. d. K. d. R. R. § 22, der K. d. Abg. Art. 12 Abs. I.
¹⁴ Geschäftsg. Ges. Art. 6 Abs. IV.
¹⁵ Ges. vom 28. Mai 1852; Gesch. Ordn. d. K. d. R. R. § 22.

einer Wahlperiode das erste Mal auf vier Wochen ¹⁶, dann aber für die übrige Dauer der Versammlung gewählt. In den folgenden Tagungen der Wahlperiode erfolgt die Wahl sogleich für die ganze Dauer der Versammlung. Die Wahl der Schriftführer geschieht für die Dauer jeder Versammlung ¹⁷.

Das Oberhaupt jeder Kammer ist der erste Präsident. Er leitet die Verhandlungen und handhabt die Ordnung. Zu diesem Behufe steht ihm gegenüber den Mitgliedern die Disciplinargewalt, gegenüber Nichtmitgliedern die Geltendmachung der Hauspolizei zu ¹⁸. Eine Disciplinargewalt über Nichtmitglieder, insbesondere über die Regierungsvertreter, hat der Präsident nicht ¹⁹. Gegenüber den Entscheidungen des Präsidenten besteht ein Recht der Berufung an die Kammer nur insoweit, als Gesetz oder Geschäftsordnung dies zulassen. Selbstverständlich aber ist der Präsident nicht behindert, einen Beschluß der Kammer auch in einem Falle zu erholen, wo er hiezu nicht verpflichtet wäre. Der Präsident ist Vertreter der Kammer nach Außen; er hat daher den geschäftlichen Verkehr seiner Kammer mit der Staatsregierung und mit der anderen Kammer zu vermitteln ²⁰. Der zweite oder Vicepräsident vertritt den Präsidenten in Verhinderungsfällen ²¹.

Beide Präsidenten haben das Recht, den Sitzungen der Abtheilungen und Ausschüsse mit berathender Stimme beizuwohnen ²².

Der erste Präsident ist Vorsitzender des Kammerdirectoriums und hat in demselben den Stichentscheid ²³. Das Kammerdirectorium beschließt über die Aufnahme, Besoldung, Verwendung und Entlassung des erforderlichen Kanzlei- und sonstigen Dienstpersonals ²⁴ und stellt in der Reichsrathskammer insbesondere den Kassier und Controleur auf ²⁵. Das Directorium der Abgeordnetenkammer überwacht auch die Ausgaben zur Deckung des Bedarfes der Kammer, prüft am Schlusse der Sitzungen die Anschaffungen und ertheilt gegebenen Falles die nachträgliche Genehmigung. Der Präsident der Abgeordnetenkammer ist befugt, die Verfügungen, welche seiner Entscheidung unterliegen, dem Directorium zur Beschlußfassung vorzulegen ²⁶.

Den Secretären oder Schriftführern obliegt vorzugsweise die Sorge für das

---

¹⁶ D. h. 28 Tage bei einberufenem Landtage. Es werden also nur die Tage gerechnet, während welcher der Landtag einberufen war, nicht jene, während welcher er vertagt war. Ein Beispiel Verh. d. K. d. Abg. 1875/76 Sten. Ber. I S. 119: Einberufung auf den 28. Sept. 1875, Präsidentenwahl am 29. gl. Mts.; Vertagung 21. Oct.; Wiederberufung auf 21. Febr. 1876; zweite Präsidentenwahl 25. gl. Mts.

¹⁷ Gesch. Ordn. d. K. d. Abg. Art. 11.

¹⁸ Geschäftsg. Ges. Art. 7—9, 13 Abs. I. Gesch. Ordn. d. K. d. R. R. §§ 33 Abs. I, 104 Abs. I, 110, d. K. d. Abg. Art. 13 Abs. I.

¹⁹ Beweis die Worte: „jedes Kammermitglied" in Art. 9 des angef. Ges. Vgl. Verh. d. K. d. Abg. 1849/50 Sten. Ber. II S. 435 f. Der 1. Präsident äußerte: „Daß nun Jemand, der nicht Mitglied des Gremiums ist, für welches diese Disciplin besteht, mit einem solchen Ordnungsruf resp. Strafe nicht belegt werden kann, scheint mir zweifellos zu sein." Der Antrag, in Art. 9 statt: „jedes Kammermitglied, welches" zu sagen: „jeden, welcher", wurde abgelehnt. S. auch meine Abh. S. 411 Anm. 4, 414 Anm. 1; ferner Schleiben, die Disciplinar- u. Strafgewalt parlamentarischer Versammlungen über ihre Mitglieder, 1879, Heft 1 S. 51 ff.

²⁰ Gesch. Ordn. d. K. d. Abg. Art. 13 Abs. I.

²¹ Gesch. Ordn. d. K. d. R. R. §§ 33 Abs. II, 130, d. K. d. Abg. Art. 13 Abs. IV, 38 Abs. I.

²² Gesch. Ordn. d. K. d. R. R. § 53 Abs. II, d. K. d. Abg. Art. 13 Abs. IV.

²³ Gesch. Ordn. d. K. d. R. R. § 22, der K. d. Abg. Art. 12 Abs. IV.

²⁴ Geschäftsg. Ges. Art. 11 Abs. II, Gesch. Ordn. d. K. d. R. R. §§ 42, 43, d. K. d. Abg. Art. 12 Abs. II.

²⁵ Gesch. Ordn. d. K. d. R. R. § 36 Abs. II.

²⁶ Gesch. Ordn. d. K. d. Abg. Art. 12 Abs. II, III.

Schriftwesen der Kammer, namentlich die Führung der Sitzungsprotokolle und die
Ueberwachung der Veröffentlichung der Verhandlungen²⁷. Dem zweiten Secretäre der
Kammer der Reichsräthe ist die Ueberwachung und Leitung des Kassenwesens, sowie das
Rechnungswesen übertragen²⁸.

Eine Ausnahmestellung unter den Trägern der Ehrenämter der Kammern nehmen
die Commissäre und deren Stellvertreter ein, welche zur Ueberwachung der Geschäftsführung bei der Staatsschuldentilgungscommission von den Kammern zu ernennen sind.
Jede Kammer wählt einen Commissär und einen Stellvertreter desselben sogleich nach
der Wahl der Ausschüsse. Diese Commissäre und Stellvertreter haben ihre Obliegenheiten auch nach Ablauf der Wahlperiode und selbst im Falle der Auflösung der Abgeordnetenkammer bis zur Ernennung von Nachfolgern fortzuversehen²⁹. Die näheren
Erörterungen über die Thätigkeit dieser Commissäre gehören in die Darstellung des
Finanzrechtes³⁰.

Die Inhaber der besoldeten Aemter und Bedienstungen stehen außerhalb des Landtages und haben ausschließlich formale Dienste zu versehen. Sie sind Staatsdiener.

Zur Aufbewahrung der Akten und Ordnung der Registratur des Landtages haben
die Kammern einen gemeinschaftlichen ständigen Archivar zu benennen. Derselbe ist
pragmatischer Staatsdiener. Seine Ernennung erfolgt durch den König, seine Besoldung
aus der Staatskasse³¹. Da der König nur hinsichtlich der Ernennung des Archivars an
den Vorschlag des Landtages gebunden ist, so ergibt sich, daß er den Archivar unter denselben Voraussetzungen wie jeden anderen Staatsdiener des Dienstes entheben kann. Der
Landtagsarchivar steht in Bezug auf seine Dienstleistung bei versammeltem Landtage
unter den Kammern, im Uebrigen und bei nicht versammeltem Landtage unter dem
Staatsministerium des Innern als dem Ministerium für Landtagsangelegenheiten, in
Rechnungssachen unter dem Finanzministerium. In Bezug auf Dienstordnung und
Dienststrafrecht unterliegt er den Bestimmungen des Staatsdienerrechtes³².

Außer dem Archivare können auch sonstige ständige oder pragmatische Beamte beim
Landtage nach Bedürfniß angestellt werden, jedoch nur durch den König. In dieser Weise
ist durch königliche Entschließung vom 20. August 1874 die Stelle eines Bureauvorstandes
der Kammer der Abgeordneten geschaffen worden. Demselben obliegt die Beaufsichtigung

---

²⁷ Gesch. Ordn. d. K. d. R. R. §§ 34 ff., 157, 162, der K. d. Abg. Art. 14.
²⁸ Gesch. Ordn. d. K. d. R. R. § 36.
²⁹ Verf. Urk. Tit. VII § 14, Geschäftsg. Ges. Art. 35, 36, Gesch. Ordn. d. K. d. Abg. Art. 18,
(vgl. Verf. Beil. X Tit. II § 39, dann Geschäftsg. Ges. von 1850 Art. 35, 36). Der Wortlaut von
Tit. VII § 14 der Verf. Urk. beruht auf einem Antrage Zentner's in der Sitzung der Ministerialconferenz vom 18. April 1818. Zentner betonte, „der Begriff, den man mit der Abordnung der
ständischen Commissäre verbinde, müsse so gestellt werden, daß dieselben nicht als handelnde Beamte
auftreten", sondern nur eine Ueberwachung ausüben.
³⁰ § 218.
³¹ Geschäftsg. Ges. Art. 11 Abs. I. Der Kolb'sche Entw. sagte „ernennen", statt „benennen".
Der Grund für die Aenderung bzw. der Wiederherstellung des Ausdruckes der X. Verf. Beil. Tit. II § 3
ist der, daß, wenn der Archivar pragmatische Rechte haben soll, eine königliche Ernennung erforderlich
ist. Verh. d. K. d. Abg. 1849 Beil. Bd. I S. 267. Das Verhältniß ist also dies, daß der König nur
den zum Archivare ernennen kann, der vom Landtage „benannt" ist, aber selbstverständlich den Benannten nicht ernennen muß.
³² Der Grund für diese Sätze ist der, daß der Landtagsarchivar nirgends von dem allgemeinen
Staatsdienerrechte ausgenommen ist. Die Kammern sind ihm nur, solange sie in Thätigkeit sind, vorgesetzt, kraft ihres Rechtes der Regelung ihrer inneren Angelegenheiten. Wollte man anders, als hier
geschieht, entscheiden, so ergäbe sich die ungereimte Folge, daß der Landtagsarchivar bei nichtversammeltem Landtage gar keinen Vorgesetzten hätte, nicht einmal den König. Eine derartige staatsdienerliche Stellung aber kennt unser Staatsrecht nicht. — Vgl. hieher Gesch. Ordn. d. K. d. R. R.
§§ 41, 42, der K. d. Abg. Art. 1 Abs. III, 15. Zu § 42 ist übrigens zu bemerken, daß die Eidesformel
für einen Staatsdiener nicht durch die Kammern vorgeschrieben werden kann.

und Leitung der Bureaugeschäfte der Kammer, soweit sie nicht gesetzlich dem Landtags-archivare überwiesen sind. Die Ernennung erfolgt durch den König unter „Berücksichti-gung" der Vorschläge des Präsidiums der Abgeordnetenkammer. Der Bureauvorstand ist pragmatischer Staatsdiener, dessen Rang und Gehalt der König bestimmt. Bezüglich seiner dienstlichen Stellung gilt also dasselbe, wie für den Archivar. Die Erlassung der Dienstanweisung ist dem Kammerpräsidium, nach vorgängiger Vorlage des Entwurfes an den König, anheimgegeben.

Die Kammern selbst können — und zwar durch ihre geschäftsordnungsmäßig be-stimmten Organe, die Directorien [33] — das erforderliche Kanzlei- und sonstige Dienst-personal nur vorübergehend, d. h. während der Versammlung und bis zur Aufarbeitung der Geschäfte, aufnehmen [34]. Ständige Bedienstete können sie nicht aufstellen [35].

Die Kammer der Reichsräthe gliedert sich in die Ausschüsse und die Vollversamm-lung (das Plenum), die Kammer der Abgeordneten in die Abtheilungen, die Ausschüsse und die Vollversammlung.

Die Gliederung in Abtheilungen muß nach der Geschäftsordnung der Kammer der Abgeordneten eintreten. Es sind deren sieben, welche möglichst gleichviel Köpfe zählen sollen. Jeder Abgeordnete muß einer Abtheilung angehören. Die Bildung der Ab-theilungen erfolgt für jede Tagung sofort nach Zusammentritt der Kammer durch das Loos. Später eintretende Abgeordnete werden nachträglich einer Abtheilung zugeloost. Jede Abtheilung wählt aus ihrer Mitte mit absoluter Stimmenmehrheit einen Vor-sitzenden, einen Schriftführer und Stellvertreter für beide. Die Abtheilungen bestehen fort, bis die Kammer auf einen durch 15 Unterschriften unterstützten Antrag ihre Er-neuerung beschließt, die dann in der nemlichen Weise wie die ursprüngliche Zusammen-setzung stattfindet [36]. Aufgabe der Abtheilungen ist die Prüfung der Wahlen [37] und die Wahl der Mitglieder für jene Ausschüsse, welche nicht als ständige Ausschüsse bei Beginn der Tagung durch das Haus selbst zu wählen sind [38].

Die Ausschüsse sind theils gesetzlich oder geschäftsordnungsmäßig nothwendige [39], theils facultative; sie sind ferner theils ständig, theils für einen bestimmten einzelnen Fall bestellt. Die Bestimmungen über die Ausschüsse sind in beiden Kammern verschieden.

Die Kammer der Reichsräthe wählt unmittelbar nach Eröffnung des Landtages auf dessen Dauer sechs Ausschüsse:

1. für die Gegenstände der Rechtspflege;
2. für die Finanzen mit Einschluß der Staatsschuld [40];
3. für die Gegenstände der inneren Verwaltung;
4. für die Prüfung von Beschwerden wegen Verletzung constitutioneller Rechte;
5. für die Legitimationsprüfung [41];
6. für die Prüfung der Entschuldigungen ausgebliebener Reichsräthe.

---

[33] Gesch. Ordn. d. K. d. R. R. § 43, der K. d. Abg. Art. 12 Abs. II.

[34] Geschäftsg. Ges. Art. 11 Abs. II. Vgl. Verf. Beil. X Tit. II §§ 4, 5.

[35] Also z. B. nicht den Hausmeister des Landtagsgebäudes; diesen auch deshalb nicht, weil das Gebäude ein Staatsgebäude ist, in welchem die Kammern lediglich „während der Dauer der Versamm-lung" nach Art. 7 des Geschäftsg. Ges. die Polizei ausüben.

[36] Gesch. Ordn. d. K. d. Abg. Art. 5. Dazu Verh. d. K. d. Abg. 1877/78 Sten. Ber. II S. 468.

[37] Darüber oben § 102 Anm. 24.

[38] Gesch. Ordn. d. K. d. Abg. Art. 19 Abs. V.

[39] Vgl. Verf. Urk. Tit. VII §§ 4, 21, Geschäftsg. Ges. Art. 22 Abs. I, dann Abschn. II Ziff. 2; Ges., den Staatsgerichtshof ꝛc. betr., vom 30. März 1850, Art. 2. S. auch Ges., die Behandlung neuer Gesetzbücher betr., vom 12. Mai 1848 (G. Bl. S. 17) Art. 2.

[40] Hiezu gehört insbes. auch „unabänderlich" „die Prüfung des Budgets, der Finanzrechen-schaft, des Staatsschuldentilgungsplans und seines Vollzugs". Gesch. Ordn. d. K. d. R. R. § 47.

[41] Darüber oben § 95 Anm. 8.

Der vierte Ausſchuß zählt neun Mitglieder, der Legitimationsausſchuß ſechs, alle übrigen Ausſchüſſe beſtehen aus fünf Mitgliedern ⁴².

Neben den ſtändigen können im Bedarfsfalle auch beſondere Ausſchüſſe von fünf Mitgliedern eingeſetzt werden ⁴³.

Für jeden Ausſchuß wird ein Erſatzmann gewählt ⁴⁴.

Die Geſchäftsordnung beſtimmt des Näheren über die Verſtärkung der Ausſchüſſe, ſowie über die Vereinigung mehrerer Ausſchüſſe zu gemeinſamer Berathung ⁴⁵.

Die Kammer der Abgeordneten wählt nach der Wahl des Directoriums mit relativer Mehrheit für die Dauer der Tagung fünf ſtändige Ausſchüſſe, und zwar jeden Ausſchuß in Einem Wahlgange ⁴⁶. Dieſe Ausſchüſſe ſind:

1. der Ausſchuß für die Geſchäftsordnung;

2. der Ausſchuß für Gegenſtände der Finanzen und der Staatsſchuld;

3. der Ausſchuß für Petitionen;

4. der Ausſchuß für Unterſuchung der Beſchwerden wegen Verletzung der Verfaſſung ⁴⁷;

5. der Ausſchuß für die weitere Vorprüfung beanſtandeter Wahlen ⁴⁸.

Außerdem können nach Beſchluß der Kammer ſtändige Ausſchüſſe für Gegenſtände der Rechtspflege, der inneren Staatsverwaltung und des Handels und Verkehrs ⁴⁹, ferner ſonſtige Ausſchüſſe in beſonderen Fällen gebildet werden.

Abgeſehen von den ſtändigen Ausſchüſſen, die bei Beginn einer Landtagsverſammlung gebildet werden, und von dem Ausſchuſſe für Berathung einer Adreſſe an den König ⁵⁰, werden die Ausſchüſſe durch die Abtheilungen ⁵¹ nach abſoluter Mehrheit der anweſenden Mitglieder gewählt ⁵². Ueber die Mitgliederzahl der Ausſchüſſe beſtimmt jeweils die Kammer ⁵³.

Die Wahl zum Mitgliede eines Ausſchuſſes kann in der Kammer der Reichsräthe regelmäßig nur mit Genehmigung der Kammer abgelehnt werden. Doch iſt kein Reichsrath verpflichtet, mehr als einem der erſten drei ſtändigen Ausſchüſſe anzugehören ⁵⁴. Die Geſchäftsordnung der Kammer der Abgeordneten kennt keine Verpflichtung zur Mitgliedſchaft in einem Ausſchuſſe.

---

⁴² Geſch. Ordn. d. K. d. R. R. §§ 6, 25, 45.

⁴³ Geſch. Ordn. §§ 47, 171. Die Ausſchüſſe für die Berathung einer Adreſſe an den König und für Miniſteranklagen zählen 7 Mitglieder. §§ 31, 46.

⁴⁴ Geſch. Ordn. d. K. d. R. R. § 49.

⁴⁵ Geſch. Ordn. d. K. d. R. R. §§ 48, 56—58.

⁴⁶ Bei Stimmengleichheit entſcheidet das Loos. Geſch. Ordn. d. K. d. Abg. Art. 19 Abſ. IV. Vgl. auch Verh. d. K. d. Abg. 1873/75 Sten. Ber. I S. 11.

⁴⁷ Ueber die wohl zu bejahende Frage, ob dieſer Ausſchuß auch für Anträge auf Grund des Tit. X § 21 der Verf. Urk. zuſtändig iſt, ſ. Verh. d. K. d. Abg. 1851 Sten. Ber. II S. 366 ff. Pözl, Lehrb. des bayer. Verf. Rechts S. 547 Anm. 4.

⁴⁸ Ueber letzteren oben § 102 Anm. 25.

⁴⁹ Dieſe beiden Ausſchüſſe wurden zuerſt 1865 getrennt. Verh. d. K. d. Abg. 1863/65 Sten. Ber. III S. 142 f.

⁵⁰ Dieſer wird ebenſo wie die ſtändigen Ausſchüſſe gewählt. Geſch. Ordn. d. K. d. Abg. Art. 55, Verh. 1875/76 Sten. Ber. I S. 11 ff., 16 f.

⁵¹ Die Ausſchußbildung aus geloosten Abtheilungen befürwortete zuerſt der Abg. Kolb. Verh. d. K. d. Abg. 1851/52 Sten. Ber. I S. 25 ff.

⁵² Jede Abtheilung wählt die gleiche Zahl von Ausſchußmitgliedern, wobei ſie nicht auf die eigenen Mitglieder beſchränkt iſt. Wird Jemand durch mehrere Abtheilungen gewählt, ſo hat die eigene Abtheilung, weiterhin die der Nummer nach voranſtehende den Vorzug. Erſatzwahlen erfolgen durch die Abtheilung, welche den zu Erſetzenden gewählt hat.

⁵³ Vgl. zum Vorſtehenden Geſch. Ordn. d. K. d. Abg. Art. 19.

⁵⁴ Er kann gegebenen Falls für einen dieſer Ausſchüſſe ſich entſcheiden. Geſch. Ordn. d. K. d. R. R. § 50.

Die Ausschüsse der Reichsrathskammer wählen aus ihrer Mitte durch Stimmenmehrheit Vorstand, Secretär und Berichterstatter, erstere beide für die Dauer des Landtages, letzteren für den einzelnen Fall⁵⁵.

Die Ausschüsse der Abgeordnetenkammer wählen aus ihrer Mitte mit relativer
Mehrheit einen Vorsitzenden und einen Schriftführer, sowie Stellvertreter für dieselben.
Der Vorsitzende ernennt für jeden Berathungsgegenstand einen Berichterstatter und einen
Mitberichterstatter; den Berichterstatter für den Vortrag an die Kammer wählt der
Ausschuß⁵⁶.

Die Aufgabe der Ausschüsse besteht in der Regel darin, die Gegenstände, die ihnen
überwiesen sind, für die Berathung und Beschlußfassung im Hause vorzubereiten und
hierüber an ihre Kammer zu berichten.   Nur in der Abgeordnetenkammer kann bei Wahlprüfungen und Petitionen⁵⁷ unter Umständen die Sacherledigung schon im Ausschusse
eintreten.

§ 108.   Disciplin der Kammern¹.

Die Disciplin der Kammern äußert sich in der Verpflichtung ihrer Mitglieder,
den Anordnungen über den Geschäftsgang und den Weisungen der geschäftsleitenden Organe der Kammer Gehorsam zu leisten, ferner an den Sitzungen und Abstimmungen² der
Kammer, ihrer Abtheilungen und ihrer Ausschüsse Theil zu nehmen.

Die Mitglieder müssen, wenn sie von den Sitzungen fern bleiben wollen, die Erlaubniß hiezu erbitten³. Den Mitgliedern der Kammer der Reichsräthe ist es untersagt,
ohne Vorwissen des Präsidenten während der Tagung sich vom Landtagssitze zu entfernen. Ueber Urlaubsgesuche entscheidet auf Vortrag des Entschuldigungsausschusses die
Kammer⁴. In der Kammer der Abgeordneten kann der Präsident Urlaub bis zu 10 Tagen
ertheilen; längerer Urlaub kann nur von der Kammer und nur auf bestimmte Zeit bewilligt werden⁵.

Wie bereits früher⁶ erörtert, hat die Nichterfüllung der Anwesenheitspflicht unter
bestimmten Voraussetzungen für die Abgeordneten den Verlust ihres Sitzes in der
Kammer zur Folge. Für die Mitglieder der Kammer der Reichsräthe tritt unter den
gleichen Voraussetzungen der Ausschluß aus der Kammer für die Dauer des Landtages ein⁷.

Im Uebrigen steht jeder Kammer zur Handhabung der Disciplin in ihren Vollversammlungen ein Disciplinarstrafrecht zu. Diese Strafgewalt ist indessen auf ein

---

⁵⁵ Gesch. Ordn. d. K. d. R. R. § 51. Stellvertreter für den Vorstand oder den Secretär werden
nur gewählt, wenn letztere zu Berichterstattern bestellt sind.

⁵⁶ Gesch. Ordn. d. K. d. Abg. Art. 23.

⁵⁷ Nicht bei Beschwerden. Vgl. Pözl, Lehrb. des bayer. Verf. Rechts S. 547 Anm. 3. —
Ausnahmsweise Befugnisse sind bisweilen den Gesetzgebungsausschüssen durch besondere Ges. verliehen
worden. Vgl. oben § 105 Anm. 15 und Art. 142 des Ges. vom 28. April 1872, G. Bl. S. 339.

¹ Vgl. hieher auch die oben § 104 Anm. 10 angef. Schriften.

² Geschäftsg. Ges. Art. 29.

³ Gesch. Ordn. d. K. d. R. R. §§ 4, 5, 25, 26.

⁴ A. a. O. §§ 25, 26.

⁵ Gesch. Ordn. d. K. d. Abg. Art. 56. Ueber die Urlaubsgesuche und Abwesenheitsfälle wird
ein Verzeichniß geführt.

⁶ Oben § 103 Anm. 2.

⁷ Geschäftsg. Ges. Art. 28. Unrichtig ist die Ansicht, als könne ein ausgeschlossener Reichsrath
jeder Zeit während der Dauer des Landtags seinen Wiedereintritt erklären. (Schreiben des Fürsten
v. Löwenstein-Freudenberg vom 1. Januar 1870, Verh. d. K. d. R. R. 1870/71 Prot. Bd. I S. 142 ff.
und dagegen 145 f.) Dann läge kein Rechtsnachtheil vor. Auch davon kann keine Rede sein, daß die
Bestimmung Standesherren gegenüber unanwendbar wäre. (A. a. O. S. 146 u. 147.)

Rügerecht (Ordnungsruf) und die Wortentziehung beſchränkt⁸. Die Disciplinarſtrafgewalt wird in erſter Inſtanz vom Präſidenten, in zweiter Inſtanz von der Kammer ausgeübt⁹.

Die Verweiſung auf den Gegenſtand der Berathung tritt Seitens des Präſidenten gegen einen Redner ein, wenn derſelbe vom Gegenſtande der Verhandlung abweicht. Dieſe Verweiſung iſt noch keine Disciplinarſtrafe. Es kann aber, wenn ſie wiederholt vergeblich geſchehen iſt, Entziehung des Wortes erfolgen¹⁰.

Der eigentliche Ordnungsruf¹¹ iſt vom Präſidenten gegen Mitglieder¹² auszuſprechen, welche, ohne das Wort zu haben, die Ordnung verletzen; ferner gegen Redner, wenn ſie die Perſon des Königs in die Erörterung ziehen¹³ oder ſich unanſtändiger oder beleidigender Ausdrücke bedienen. Im Wiederholungsfalle iſt der Präſident zur Wortentziehung berechtigt. Gegen den Ordnungsruf und gegen die Wortentziehung kann der Betroffene ſofort Berufung an die Kammer ergreifen¹⁴.

Die anweſenden Staatsminiſter, die königlichen Commiſſäre und alle Kammermitglieder ſind befugt, den Präſidenten auf Zuwiderhandlungen gegen die Ordnung aufmerkſam zu machen und auf Zurückweiſung zur Ordnung anzutragen¹⁵.

Beide Geſchäftsordnungen erklären die Mitglieder der Kammer verantwortlich, wenn ſie gegen Staatsdiener die Beſchuldigung ſtrafgeſetzlich verbotener Amtshandlungen erheben und die Namensnennung verweigern oder die Wahrheit der Anſchuldigung nicht darzuthun vermögen. Die Geſchäftsordnung der Abgeordnetenkammer ſieht für ſolchen Fall die Ertheilung des Ordnungsrufes durch die Kammer ſelbſt vor und läßt die gleiche Einſchreitung auch dann zu, wenn ein Abgeordneter in öffentlicher Sitzung eine benannte oder zweifellos bezeichnete Perſon einer durch die Strafgeſetze verbotenen Handlung fälſchlich bezichtigt¹⁶.

§ 109. Geſchäftsgang der Kammern im Allgemeinen.

Die Vorſchriften über den Geſchäftsgang theilen ſich in ſolche, welche die Abwehr von Störungen im Hauſe zum Gegenſtande haben, ferner in allgemeine Anordnungen über das Verfahren und beſondere Anordnungen über die Verhandlung einzelner Gegenſtände.

---

⁸ Verf. Beil. X Tit. II § 21 ließ auch zeitlichen oder gänzlichen Ausſchluß aus der Kammer zu. Vgl. ferner Geſch. Ordn. d. K. b. Abg. von 1851 Art. 109.

⁹ Geſchäftsg. Geſ. Art. 9.

¹⁰ Geſch. Ordn. d. K. b. R. R. §§ 122, 123. „Ein Redner, welcher zweimal zur Ordnung gerufen wurde, kann nur fortfahren, wenn die Kammer es geſtattet." Geſch. Ordn. d. K. b. Abg. Art. 41 Abſ. I, II, IV. „Iſt ſolches (Zurückverweiſung auf den Gegenſtand) zweimal ohne Erfolg geſchehen, und fährt der Redner fort, ſich von dem Gegenſtande zu entfernen, ſo kann ihm der Präſident das Wort entziehen." Recht der ſofortigen Berufung an die Kammer.

¹¹ Eine beſtimmte Form deſſelben iſt nicht vorgeſchrieben, doch iſt die Formel: „Ich rufe Sie zur Ordnung" üblich. Vgl. meine Abh. S. 415 Anm. 5.

¹² Vgl. oben § 107 Anm. 19.

¹³ Das hat natürlich nicht den Sinn, daß über den König gar nicht geſprochen werden dürfe.

¹⁴ Geſchäftsg. Geſ. Art. 9 (vgl. Verf. Beil. X Tit. II § 21); Geſch. Ordn. d. K. b. R. R. §§ 108, 120; Geſch. Ordn. d. K. b. Abg. Art. 31 Abſ. II, III, 41 Abſ. III, IV. Nach letzterer Geſch. Ordn. iſt beim Ordnungsrufe gegen einen Nichtredner letzterer zu ſchriftlichem Einſpruche befugt, worüber die Kammer in der nächſten Sitzung ohne Verhandlung entſcheidet; bei Maßnahmen gegen einen Redner hat derſelbe das Recht ſofortiger Berufung an die Kammer.

¹⁵ Geſchäftsg. Geſ. Art. 10.

¹⁶ Geſch. Ordn. d. K. b. R. R. § 124, der K. b. Abg. Art. 42. Dieſe Beſtimmungen ſollen einen, allerdings unvollkommenen Erſatz für die ſtrafrechtliche Unverantwortlichkeit der Kammermitglieder bieten.

30*

Störungen im Hause können entweder unter der Versammlung selbst oder unter den Zuhörern zu Tage treten. Gegen Störungen durch Mitglieder hat der Präsident disciplinär einzuschreiten. Auch wird er nöthigen Falls befugt sein, die Sitzung auszusetzen oder aufzuheben. Bezüglich der Störungen, welche von den Zuhörern ausgehen, bestimmt das Gesetz ¹: „Während der Dauer der Versammlung gebührt jeder Kammer die Polizei in ihrem Sitzungsgebäude und (es) wird (dieselbe) in ihrem Namen ausschließlich von dem Präsidenten nach den Bestimmungen der Geschäftsordnung ausgeübt"². „Die Präsidenten der Kammer sind verpflichtet, die Ruhe in den Sitzungen aufrecht zu erhalten, Zeichen des Beifalls oder der Mißbilligung den Zuhörern nicht zu gestatten, nöthigen Falls Jeden, welcher die Ruhe der Sitzungen in irgend einer Weise stört, aus dem Sitzungssaale wegzuweisen und nach Umständen an die zuständige Behörde abführen³ und eintretenden Falles die Galerien räumen zu lassen"⁴.

Die allgemeinen Anordnungen über das Verfahren beziehen sich auf die Verhandlungen im Hause, in den Ausschüssen und in den Abtheilungen.

Die Verfassung bestimmt vor Allem, daß die Staatsminister den Sitzungen der beiden Kammern beiwohnen können, auch wenn sie nicht Mitglieder sind⁵. Dasselbe gilt von den königlichen Commissären⁶.

Hinsichtlich der Vollversammlungen besteht die verfassungsrechtliche Regel, daß sie öffentlich sind⁷. Hienach muß also bei Abhaltung der Kammersitzungen Vorsorge dahin getroffen sein, daß das Publicum den Berathungen zuhören kann.

Ausnahmen von dem Grundsatze der Oeffentlichkeit sind in folgenden Fällen zugelassen⁸:

1. Wenn das Directorium der Kammer oder die geschäftsordnungsmäßige Zahl von Mitgliedern (10 in der ersten, 15 in der zweiten Kammer) es beantragt⁹;

2. wenn ein Staatsminister oder königlicher Commissär erklärt, daß er der Kammer

---

¹ Geschäftsg. Ges. Art. 7, 8.

² Vgl. dazu Verh. d. K. d. Abg. 1849/50 Sten. Ber. II S. 431 ff. Der Präsident übt jene Befugniß unabhängig von der Kammer.

³ Der Präsident hat also ein Verhaftungsrecht. Dies geht über den Rahmen der bloßen Geltendmachung des Hausrechtes hinaus. Der Präsident übt hier eine obrigkeitliche, eine Polizeigewalt. Vgl. Verh. d. K. d. Abg. 1849/50 Sten. Ber. II S. 431.

⁴ Vgl. dazu Gesch. Ordn. d. K. d. Abg. Art. 31 Abs. I.

⁵ Verf. Urk. Tit. VII § 24.

⁶ Geschäftsg. Ges. Art. 10, 14 ff.

⁷ Geschäftsg. Ges. Art. 13 Abs. II. Die Verf. Beil. X Tit. II §§ 7, 15 erklärte nur die allgemeinen Sitzungen der K. d. Abg. für öffentlich. Auch diese konnten auf Verlangen von fünf Mitgliedern „in einen geheimen Ausschuß verwandelt werden". (Ueber die Ausgabe von Karten zu den Galerien Verh. d. K. d. Abg. 1822 Prot. Bd. II S. 92—110.) Bezüglich d. K. d. R. R. schwieg die Verf., was man als ein Verbot der Oeffentlichkeit ihrer Verh. auslegte. In der That wurde auch diese Annahme durch die Fassung des § 7 a. a. O. sehr unterstützt. Ein Antrag, den der Berichterstatter über das Geschäftsg. Ges. im Jahre 1831 stellte, den König um Ausdehnung des §. 7 auf die erste Kammer zu bitten, fand keinen Anklang. (Verh. d. K. d. R. R. 1831 I S. 181 ff., 257, 261, 265, 267, 269, 275, 514.) Im Jahre 1848 (Prot. Bd. I S. 67 ff.) wurde jedoch die Einführung der Oeffentlichkeit der Sitzungen beschlossen. Zur rechtlichen Begründung wurde angeführt, daß die Verf. ein Verbot der Oeffentlichkeit für die Verh. der ersten Kammer nicht enthalte, vielmehr in ihrem Eingange von einer Standschaft, also beiden Kammern, rede, „berufen, ihre Berathungen in öffentlichen Versammlungen zu halten". Hienach sei die Oeffentlichkeit der Sitzungen „als leitende Regel aufgestellt". Art. 13 des Geschäftsg. Ges. vom 25. Juli 1850 (G. Bl. S. 297) erklärte sodann ausdrücklich die Sitzungen der beiden Kammern als öffentlich.

⁸ Geschäftsg. Ges. Art. 13 Abs. III. Bei den Verh. d. K. d. Abg. von 1819 (Prot. Bd. VI S. 6 ff.) war den Ministern das Recht angestritten worden, einer geh. Kammersitzung beizuwohnen. Der Landtagsabsch. vom 22. Juli 1819 (G. Bl. S. 31) III Ziff. 3 wies dies unter Berufung auf Verf. Urk. Tit. VII § 24 mit Recht zurück.

⁹ Gesch. Ordn. d. K. d. R. R. §§ 104 Abs. III a, der K. d. Abg. Art. 29 Abs. II a.

eine Eröffnung in vertraulicher Sitzung zu machen habe. Ueber solche Eröffnungen der Regierung darf ohne deren Zustimmung weder eine öffentliche Berathung, noch eine Bekanntmachung erfolgen [10].

Im Falle veranlaßter Räumung der Galerien ist eine Beschränkung der Oeffentlichkeit insoweit statthaft, als die Sitzung bis zur Erschöpfung der Tagesordnung fortgesetzt werden kann [11].

Die Oeffentlichkeit der Landtagsverhandlungen ist noch weiterhin dadurch gesichert, daß dieselben von den Kammern durch den Druck bekannt gegeben werden [12]. Diese Veröffentlichungen sind von den preßpolizeilichen Beschränkungen befreit [13]. Ferner sind wahrheitsgetreue Berichte über die Verhandlungen der Kammern von jeder strafrechtlichen Verantwortlichkeit frei [14].

Die Kammersitzungen werden vom Präsidenten eröffnet und geschlossen [15]. Derselbe verkündet auch Tag und Stunde, sowie die Tagesordnung der nächsten Sitzung. In der Abgeordnetenkammer entscheidet, falls sich Widerspruch gegen die Festsetzung des Präsidenten erhebt, die Kammer [16]. Gegenstände, welche sich auf Vorlagen und Mittheilungen der Regierung beziehen, sind vor allen anderen auf die Tagesordnung zu bringen, wenn nicht die betreffenden Staatsminister oder Regierungscommissäre einen

---

[10] Dieser letzte Satz fehlte im Kolb'schen Entw. Art. VI (Verh. d. K. d. Abg. 1849 Beil. Bd. I S. 111). Statt dessen war gesagt: „Den Kammern bleibt hiebei vorbehalten, nach Anhörung des Antrages oder der Eröffnung Beschluß zu fassen, ob die weitere Berathung hierüber in geheimer oder öffentlicher Sitzung stattfinden soll." Vgl. hieher Verh. d. K. d. Abg. 1849/50 Sten. Ber. II S. 437 ff. Der gestrichene Satz des Kolb'schen Entw. wird, soweit Anträge des Kammerdirectoriums oder aus der Mitte der Kammer in Frage kommen, als selbstverständlich zu erachten sein. Beseitigt ist derselbe hinsichtlich der Regierungsmittheilungen, bei welchen eher die Bestimmung des geltenden Rechtes als selbstverständlich zu bezeichnen sein wird.

[11] Geschäftsg. Ges. Art. 8. Nach der Gesch. Ordn. d. K. d. Abg. Art. 31 Abs. I kann der Präsident die Sitzung auch aufheben. Es handelt sich hier nicht, wie in den beiden anderen Fällen, um völlige Beseitigung der Oeffentlichkeit. Vgl. die Aeußerung des Abg. Thinnes Verh. 1849/50 Sten. Ber. II S. 437: „In diesem Falle soll zwar die Sitzung fortgesetzt werden, aber es ist keine geh. Sitzung, denn die Geschwindschreiber werden auch in dieser Sitzung gegenwärtig sein und die Verhandlungen nachschreiben, die dem Drucke übergeben werden."

[12] Gesch. Ordn. d. K. d. R. R. §§ 161 (Stenographen), 163 (Druck); der K. d. Abg. Art. 14 Abs. I. Die K. d. Abg. verfügte von Anfang an die Veröffentlichung ihrer Verh. durch den Druck. Vgl. Verh. 1819 Prot. Bd. I S. 29 ff., 87. Die K. d. R. R., welche im Jahre 1819 über ihre Verh. so gut wie nichts (vgl. G. Frhr. v. Lerchenfeld, Geschichte Bayerns unter König Maximilian Joseph I. S. 143 f.), von 1822—1828 überhaupt nichts hatte veröffentlichen lassen, entschloß sich erst unterm 9. März 1831, kurze Auszüge aus ihren Sitzungsprot. herauszugeben. (Verh. d. K. d. R. R. 1831 Prot. Bd. I S. 21.) In der Gesch. Ordn. von 1831, Ziff. VII der besonderen Bestimmungen, war gesagt, daß zur Erleichterung des protokollführenden Secretärs und der Redner zwei „Geschwindschreiber" beizuziehen seien; im Jahre 1840 (Prot. Bd. I S. 167 ff.) wurde jedoch diese Einrichtung zu einer lediglich facultativen gemacht, nachdem man seit 1834 sich ohnedies nicht mehr daran gehalten hatte. (1840 Beil. Bd. I S. 107.) Die Namen der Redner wurden ursprünglich nicht genannt. (Vgl. auch Gesch. Ordn. von 1831, besondere Bestimmungen Ziff. I.) Es heißt stets: ein Herr Reichsrath, ein anderer Herr Reichsrath u. s. w. (S. Verh. d. K. d. R. R. 1831 Prot. Bd. I S. 258 ff., 267.) Erst im Jahre 1847 wurde auf Antrag des Reichsrathes Frhrn. Schenk v. Stauffenberg die Beseitigung der „Anonymität" in den öffentlichen Kammerverh. einstimmig beschlossen. (Verh. d. K. d. R. R. 1847 Prot. Bd. I S. 44 ff., 63 ff., Beil. Bd. I S. 89—104.) Die vollständige Veröffentlichung der Verh. der K. d. R. R. erfolgte nach Annahme des eben erwähnten Antrags seit der Sitzung vom 4. Nov. 1847. (Prot. Bd. I S. 94.)

[13] Reichsges. über die Presse vom 7. Mai 1874 (R. G. Bl. S. 65) § 12. Vgl. unten § 294 Anm. 67.

[14] R. St. G. B. § 12. Dazu K. Binding, Handb. des Strafrechts, Leipzig 1885, I S. 680 ff. Vgl. dagegen Censuredict vom 28. Jan. 1831 (R. Bl. S. 33) § 5.

[15] Geschäftsg. Ges. Art. 13 Abs. I, Gesch. Ordn. d. K. d. R. R. §§ 107, 159, der K. d. Abg. Art. 30 Abs. I.

[16] Gesch. Ordn. d. K. d. R. R. § 110 Abs. I, der K. d. Abg. Art. 30 Abs. II. Vgl. die Begründung zu Art. 18 Abs. I des Entw. Verh. d. K. d. Abg. 1871/72 Beil. Bd. I S. 437.

Aufschub verlangen oder demselben beistimmen [17]. Die Tagesordnung wird gedruckt und den Mitgliedern der Kammer und der Regierung mitgetheilt [18]. Die Tagesordnung ist regelmäßig ausschließend maßgebend für das, was bei einer Sitzung vorgebracht werden darf [19]. Wenn jedoch die Staatsminister oder königlichen Commissäre das Wort verlangen, um im Namen des Königs Vorlagen zu machen, so bleibt die Tagesordnung bis nach Beendigung des Vortrages hierüber unterbrochen [20].

Nach der Geschäftsordnung der Kammer der Abgeordneten [21] sind Anträge auf Abweichung von der Tagesordnung zulässig. Sie bedürfen der Unterstützung von 15 Mitgliedern und können erst am Schlusse der Sitzung oder der Berathung über einen Gegenstand gestellt werden. Die Kammer beschließt darüber nach Anhörung des Antragstellers und eines Redners dagegen. Nach parlamentarischer Uebung, welche in der Geschäftsordnung der Kammer der Abgeordneten ausdrücklich anerkannt ist [22], kann der Präsident nach freiem Ermessen einem Mitgliede des Hauses Bemerkungen außerhalb der Tagesordnung gestatten [23]. Den Regierungsvertretern werden solche Bemerkungen uneingeschränkt zugestanden [24].

In jeder Woche soll ein Tag der Berathung und Erledigung der Anträge der Kammermitglieder, der Petitionen [25] und der Beschwerden gewidmet werden. Der Kammer bleibt es jedoch unbenommen, diese Berathung und Erledigung zu vertagen und eine bereits begonnene Verhandlung fortzusetzen und zu beendigen [26].

Ueber den Gang der Verhandlungen wird ein Protokoll geführt, das von den Kammermitgliedern und den Vertretern der Staatsregierung eingesehen und beanstandet werden kann. Ueber erhobene Anstände entscheidet nöthigen Falls die Kammer [27].

Die Redeordnung wird vom Präsidenten gehandhabt [28]. Der Präsident als solcher darf sich an der Verhandlung nicht betheiligen. Will er dies thun, so muß er den Vorsitz

---

[17] Geschäftsg. Ges. Art. 24 Abs. II. Diese Vorschrift wurde durch die K. d. R. R. in das Ges. vom 25. Juli 1850 hineingebracht. Vgl. auch Verf. Urk. Tit. VII § 22 Abs. III.

[18] Gesch. Ordn. d. K. d. R. R. § 110 Abs. III („am Tage vor der Sitzung"), der K. d. Abg. Art. 20 Abs. II.

[19] Gesch. Ordn. d. K. d. R. R. §§ 113, 114, der K. d. Abg. Art. 32 Abs. II.

[20] Geschäftsg. Ges. Art. 14. Die Bestimmung des Art. 15, daß kein Redner unterbrochen werden darf, bezieht sich nicht hieher.

[21] Art. 32 Abs. IV.

[22] Art. 32 Abs. II: „Nach Schluß der Tagesordnung kann der Präsident zu persönlichen Bemerkungen und Anfragen, welche mit den Gegenständen der Tagesordnung nicht in Verbindung stehen, das Wort ertheilen. Eine Discussion darf in keinem Falle stattfinden."

[23] Dieser Fall ist nicht zu verwechseln mit den persönlichen Bemerkungen bei der Verhandlung, wovon später.

[24] Ein gesetzliches Recht derselben läßt sich, von den Fällen des Art. 14 des Geschäftsg. Ges. abgesehen, aus Art. 15 a. a. O. nicht ableiten, wie aus den Worten „über jeden Berathungsgegenstand" erhellt. Die parlamentarische Uebung steht jedoch in obigem Sinne fest.

[25] Diese fallen bei der K. d. R. R. weg, weil dieselbe Petitionen nur berücksichtigt, wenn ein Mitglied sie sich als Antrag angeeignet hat.

[26] Geschäftsg. Ges. Art. 22 Abs. III, IV. Die beiden Abs. stammen aus § 2 des Geschäftsg. Ges. vom 2. Sept. 1831 und wurden in jenes von 1850 durch die K. d. R. R. eingefügt. Verh. d. K. d. R. R. 1850 Prot. Bd. V S. 577 ff., VI S. 224 ff. Sie sollen ein Gegengewicht gegen das Vorzugsrecht der Regierungsvorlagen (Ges. von 1831 § 2, von 1850 und 1872 Art. 22 Abs. II und Art. 24 Abs. II) bilden. Sie stehen aber in Art. 22 am falschen Platze, da dieser Art. im Uebrigen von den Ausschußverh. spricht, und gehören, wie ein Vergleich mit § 2 des Ges. von 1831 zeigt, zu Art. 24. In der Gesch. Ordn. d. K. d. Abg. Art. 30 Abs. IV und V ist der Zusammenhang richtig gestellt, während in § 61 Abs. II der Gesch. Ordn. d. K. d. R. R. der Fehler stehen geblieben ist und die hieher gehörige Bestimmung des Art. 24 Abs. II des Ges. in § 110 Abs. II sich findet.

[27] Gesch. Ordn. d. K. d. R. R. §§ 35, 157, 160, 162, der K. d. Abg. Art. 14, 54.

[28] Geschäftsg. Ges. Art. 13 Abs. I, Gesch. Ordn. d. K. d. R. R. §§ 33, 119, der K. d. Abg. Art. 13 Abs. I und 38 Abs. I.

abtreten²⁹. Dagegen kann der Präsident in Ausübung seiner amtlichen Befugnisse stets das Wort ergreifen, insbesondere auch einen Redner unterbrechen.

Niemand darf sprechen, ohne zuvor vom Präsidenten das Wort verlangt und erhalten zu haben. Die Staatsminister und königlichen Commissäre sind von den Bestimmungen der Geschäftsordnung über die Voraussetzungen der Ertheilung des Wortes gesetzlich ausgenommen. Sie haben das Recht, über jeden Berathungsgegenstand auf ihr Verlangen zu jeder Zeit gehört zu werden. Jedoch darf dadurch kein Redner in seinem bereits begonnenen Vortrage unterbrochen werden³⁰.

Die Bestimmungen über die Wortertheilung sind in beiden Geschäftsordnungen theilweise verschieden.

Nach den Bestimmungen für die Abgeordnetenkammer³¹ können nur jene Mitglieder sofort zum Worte zugelassen werden, welche über die Verweisung zur Geschäftsordnung reden wollen. Außerdem hat, wenn für einen Berathungsgegenstand ein Berichterstatter ernannt ist, naturgemäß dieser das erste Wort³². In der Reichsrathskammer ist dem zweiten Präsidenten das Vorrecht eingeräumt, vor allen anderen Mitgliedern das Wort zu erlangen³³. In der Kammer der Reichsräthe richtet sich die Reihenfolge der Wortertheilung nach der Anmeldung beim Präsidenten, und, wenn mehrere Mitglieder zugleich das Wort verlangt haben, nach der Reihe der Sitze³⁴. Mitglieder, welche bei einer allgemeinen Verhandlung (Generaldebatte) von der Rednerbühne sprechen wollen, haben sich Tags vorher beim Secretariat zur Rede für oder gegen die Vorlage zu melden. Sie werden dann nach der Sitzreihe abwechselnd für und gegen die Vorlage aufgerufen³⁵. In der Kammer der Abgeordneten besteht durchweg die Einrichtung der Rednerliste. Die Anmeldung zum Worte erfolgt nach eröffneter Berathung über einen Gegenstand schriftlich bei dem dienstthuenden Schriftführer. Der Präsident verkündet, welcher Schriftführer die Rednerliste³⁶ zu halten und die Reihenfolge zu überwachen hat. Die Anmeldung geschieht für oder gegen den Antrag. Wenn beim Beginne der Verhandlung mehrere Redner gleichzeitig sich melden, so wird für sie die Reihenfolge durch das Loos bestimmt³⁷. Jeder, der das Wort erlangt hat, kann auf dasselbe verzichten; in der Abgeordnetenkammer kann der vorgemerkte Redner auch seinen Platz abtreten³⁸.

Die Redner sprechen von der Rednerbühne oder vom Platze aus³⁹. Das Ablesen von Vorträgen ist nur den Regierungsvertretern, sowie denjenigen Mitgliedern der Ausschüsse oder Abtheilungen erlaubt, welche Bericht erstatten oder ein Sondergutachten abgeben⁴⁰. Das Vorlesen von Stellen aus Schriftstücken ist statthaft⁴¹.

Der Redner hat seine Ausführungen auf den Gegenstand zu beschränken, der zur Berathung steht⁴². Nur bei der allgemeinen Berathung über das Budget erlaubt das Herkommen eine Erörterung der gesammten Regierungspolitik⁴³. Der Präsident ist berechtigt, gegen den Redner bei Abschweifungen oder Ausschreitungen nach Maßgabe der schon oben erörterten Bestimmungen vorzugehen.

---

²⁹ Gesch. Ordn. d. K. d. R. R. § 130, der K. d. Abg. Art. 13 Abs. I.

³⁰ Geschäftsg. Ges. Art. 15. Beim Landtage von 1819 hatte man in der K. b. Abg. das Recht der Minister angezweifelt, in die Verhandlung einzugreifen. Vgl. Prot. Bd. II S. 4 ff., 132, X S. 549.

³¹ Gesch. Ordn. Art. 40 Abs. II.   ³² Gesch. Ordn. d. K. d. R. R. § 126.

³³ Gesch. Ordn. § 119 Abs. III.   ³⁴ Gesch. Ordn. § 119.   ³⁵ A. a. O. § 133.

³⁶ Die Rednerliste, welche bei Beginn einer Verh. oder während derselben aufgestellt wurde, gilt fort, wenn die Verh. auf eine weitere Sitzung vertagt wird. Verh. d. K. d. Abg. 1878/79 Sten. Ber. III S. 497 f.

³⁷ Gesch. Ordn. d. K. d. Abg. Art. 39 Abs. I.

³⁸ Gesch. Ordn. d. K. d. R. R. § 119 Abs. V, der K. d. Abg. Art. 39 Abs. II.

³⁹ Vgl. Gesch. Ordn. d. K. d. Abg. Art. 38 Abs. I.

⁴⁰ Geschäftsg. Ges. Art. 17. Das Prot. der Ministerialconferenz vom 4. Mai 1818 bemerkt, diese Beschränkung sei „von mehreren Mitgliedern als sehr zweckmäßig beurtheilt" worden, „um dadurch zu verhindern, daß sich die Abg. nicht diese Reden von Andern bearbeiten lassen"!

⁴¹ Vgl. dazu jedoch Gesch. Ordn. d. K. d. R. R. § 125.

⁴² Gesch. Ordn. d. K. d. R. R. § 122, der K. d. Abg. Art. 41 Abs. I.

⁴³ Vgl. auch meine Abh. S. 420 Anm. 5.

Beide Kammern haben den Grundsatz, daß in einer allgemeinen Verhandlung jedes Mitglied nur einmal das Wort erhalten kann⁴⁴. Die Kammer der Reichsräthe gestattet bei der besonderen Berathung nur zweimalige Wortertheilung durch den Präsidenten über denselben Gegenstand (Artikel, Paragraphen, Abänderungsantrag). Jede weitere Wortertheilung steht der Kammer zu⁴⁵.

Die Trennung der Verhandlung in eine allgemeine und besondere Berathung tritt dann ein, wenn eine Vorlage aus mehreren Unterabtheilungen (Abschnitten, Paragraphen, Artikeln u. dergl.) besteht⁴⁶.

Abänderungsvorschläge können, soferne sie mit dem Berathungsgegenstande in wesentlichem Zusammenhange stehen, vor Schluß der Berathung stets gemacht werden. Sie sind schriftlich dem Präsidenten zu übergeben. Sie bedürfen in der ersten Kammer regelmäßig der Unterstützung durch fünf Mitglieder, in der Abgeordnetenkammer regelmäßig keiner Unterstützung⁴⁷. Bei Gesetzentwürfen haben auch die Regierungsvertreter das Recht, Abänderungsanträge einzubringen⁴⁸.

Die Beendigung der Berathung tritt ein:

1. wenn die Kammer beschließt, zur Tagesordnung überzugehen;

2. wenn die Kammer beschließt, von der allgemeinen zur besonderen Berathung oder von der Berathung zur Abstimmung überzugehen;

3. wenn kein Redner mehr das Wort ergreift.

Ten Uebergang zur Tagesordnung kennt nur die Geschäftsordnung der Abgeordnetenkammer. Er hat die Bedeutung, daß die Kammer den Berathungsgegenstand fallen läßt. Vorlagen der Staatsregierung gegenüber ist dies unstatthaft. Der Uebergang zur Tagesordnung erfolgt nur auf Antrag. Hiebei sind Anträge auf einfache und auf Tagesordnung mit Begründung (motivirte Tagesordnung) zu unterscheiden. Beide können zu jeder Zeit vor dem Schlusse der Verhandlung gestellt werden. Der Antrag auf einfache Tagesordnung kann von jedem einzelnen Mitgliede eingebracht werden. Nachdem ein Redner für und ein Redner gegen denselben gehört worden ist, beschließt die Kammer darüber. Im Laufe der nemlichen Verhandlung darf der einmal verworfene Antrag nicht wiederholt werden. Der Antrag auf Tagesordnung mit Begründung muß in letzterer mit der erörterten Hauptfrage in wesentlichem Zusammenhange stehen. Er ist dem Präsidenten schriftlich zu übergeben, muß den allgemeinen Bestimmungen über Anträge von Kammermitgliedern entsprechen und von 15 Mitgliedern unterstützt sein. Er ist vor sonstigen Anträgen zur Abstimmung zu bringen. Hat er der Kammer noch nicht gedruckt vorgelegen, so ist, wofern er angenommen wurde, in der nächsten Sitzung nach erfolgter Drucklegung und Vertheilung nochmals darüber abzustimmen⁴⁹.

Der Schluß der Berathung kann nach der Geschäftsordnung der Kammer der Reichsräthe auf Antrag von wenigstens 5 Mitgliedern, welche noch nicht gesprochen haben, nach der Geschäftsordnung der Kammer der Abgeordneten auf schriftlichen und von 15 Mitgliedern unterstützten Antrag beschlossen werden. Während nach ersterer Geschäftsordnung das Wort gegen den Schluß der Berathung niemals verweigert

----

⁴⁴ Gesch. Ordn. d. K. d. Abg. Art. 38 Abs. III; für die Reichsräthe ergibt sich der Satz aus Gesch. Ordn. § 133 mit § 136.

⁴⁵ Gesch. Ordn. d. K. d. R. R. § 136.

⁴⁶ Gesch. Ordn. d. K. d. R. R. §§ 131, 132, der K. d. Abg. Art. 22 Abs. I, IV und 37 Abs. II ("soferne die Kammer nicht anders beschließt").

⁴⁷ Näheres Gesch. Ordn. d. K. d. R. R. §§ 85—94, der K. d. Abg. Art. 43 Abs. I—III u. hiezu Sten. Ber. 1872 II S. 355 f., 1873/75 III S. 105 f.

⁴⁸ Geschäftsg. Ges. Art. 16.

⁴⁹ Gesch. Ordn. d. K. d. Abg. Art. 43. Thatsächlich ist der Uebergang zur Tagesordnung beim Landtage 1893/94 auch in der K. d. R. R. zur Anwendung gekommen, und zwar gegenüber Beschlüssen d. K. d. Abg.

werden darf, wird in der Abgeordnetenkammer ohne Begründung und Berathung darüber abgestimmt [⁵⁰].

Wenn der Präsident den Schluß der Berathung ausgesprochen hat, können nur noch der Antragsteller [⁵¹] und der Berichterstatter das Wort zur Sache verlangen [⁵²].

Die Geschäftsordnung der Kammer der Abgeordneten [⁵³] erlaubt außerdem nach Schluß der Berathung oder, im Falle der Vertagung derselben, am Schlusse der Sitzung die Ertheilung des Wortes zur Berichtigung bestimmt bezeichneter Thatsachen oder zur Abwehr eines persönlichen Angriffes. Die Geschäftsordnung der Kammer der Reichsräthe [⁵⁴] dagegen gestattet dies jedem Mitgliede „zu jeder Zeit, wenn der Redner zu sprechen aufgehört hat".

Hat ein Regierungsvertreter von seinem Rechte, zu jeder Zeit über jeden Berathungsgegenstand das Wort zu ergreifen, nach Schluß der Berathung Gebrauch gemacht, so kann die Verhandlung wieder aufgenommen werden [⁵⁵]. In der ersten Kammer kann dies auf Antrag von 10 Mitgliedern beschlossen werden [⁵⁶], wenn bisher nicht vorgekommene Thatsachen vorgebracht werden, in der zweiten Kammer muß es unbedingt geschehen, sobald ein Abgeordneter es verlangt [⁵⁷]. Nach der Geschäftsordnung der Kammer der Abgeordneten steht es, auch abgesehen von der eben erörterten Voraussetzung, jedem Mitgliede frei, nach dem Schlusse der Berathung deren Wiederaufnahme zu beantragen. Die Kammer entscheidet dann hierüber durch Mehrheitsbeschluß [⁵⁸].

An die Verhandlung reiht sich gegebenen Falles die Abstimmung. Letztere ist durch die Fragestellung vorzubereiten, welche dem Präsidenten obliegt. Sind mehrere Fragen erforderlich, so hat der Präsident sämmtliche der Reihe nach vorzulegen. Sie sind in positiver Form [⁵⁹] und so zu fassen, daß sie durch Ja oder Nein beantwortet werden können. Jedem Kammermitgliede steht es frei, Erinnerungen gegen die Fassung und Stellung der Fragen zu machen. Dasselbe Recht haben auch die Regierungsvertreter, wenn die Fragen eine Regierungsvorlage oder einen Gegenstand betreffen, der an die Regierung gebracht werden soll. Die Kammer trifft dann die Entscheidung [⁶⁰].

Die Geschäftsordnungen geben einige leitende Bestimmungen für die Reihenfolge bei der Fragestellung. Abänderungsvorschläge sind vor der Abstimmung über den ganzen Artikel, Absatz ꝛc. in eventueller Weise zur Abstimmung zu bringen, und zwar regelmäßig jeder für sich [⁶¹] und so, daß über den weitergehenden Abänderungsvorschlag vor dem weniger weit gehenden abgestimmt wird [⁶²]. Bei Ab-

---

[⁵⁰] Gesch. Ordn. d. K. d. R. R. § 137, der K. d. Abg. Art. 44.

[⁵¹] D. h. der Hauptantragsteller. Sten. Ber. 1872 II S. 171, 228.

[⁵²] Gesch. Ordn. d. K. d. R. R. §§ 138, 140, der K. d. Abg. Art. 45 Abs. I.

[⁵³] Art. 40 Abs. III. Dazu Sten. Ber. 1872 II S. 35.

[⁵⁴] § 136 Abs. II.

[⁵⁵] Die Bestimmung kam zuerst im Ges. vom 2. Sept. 1831 vor mit Beschränkung auf den Fall, daß in den Schlußäußerungen der Regierungsvertreter neue Thatsachen vorgebracht worden seien, und mit der weiteren Beschränkung, daß jedes Mitglied über diese Thatsachen das Wort verlangen könne. Vgl. hieher auch Verh. d. K. d. Abg. 1849 Sten. Ber. II S. 441 ff. Die einschlägigen Bestimmungen in Art. 15 Abs. II—IV des Ges. von 1850 sind im Ges. von 1872 gestrichen.

[⁵⁶] Gesch. Ordn. § 112 Abs. II; auch kann ohne Wiedereröffnung der Berathung über vorgebrachte neue Thatsachen jedes Mitglied das Wort verlangen.

[⁵⁷] Gesch. Ordn. Art. 45 Abs. II. Vgl. Sten. Ber. 1872 II S. 375 (Abg. Dr. Marquardsen).

[⁵⁸] Beschluß vom 22. April 1882 zu Art. 45 der Gesch. Ordn. Verh. d. K. d. Abg. 1881/82 Sten. Ber. II S. 143, III S. 395 ff., Beil. Bd. III S. 403.

[⁵⁹] Vgl. Verh. d. K. d. Abg. 1881/82 Sten. Ber. III S. 237 und oben § 102 Anm. 48.

[⁶⁰] Geschäftsg. Ges. Art. 30, Gesch. Ordn. der K. d. R. R. §§ 150, 151, der K. d. Abg. Art. 46 Abs. I u. II. Letztere sagt einfach: Ueber die Stellung der Fragen kann das Wort begehrt werden; sie beschränkt also die Regierungsvertreter nicht, wie Art. 30 Abs. II des Ges.

[⁶¹] Verh. d. K. d. Abg. 1872 Sten. Ber. II S. 355 f.

[⁶²] Gesch. Ordn. d. K. d. R. R. §§ 93, 153 Abs. I („insoferne in einzelnen Fällen die Mehrheit der Kammer nicht eine andere Reihenfolge beschließt"), der K. d. Abg. Art. 46 Abs. III.

stimmungen über Zahlen oder Zeitangaben wird in der Regel[63] die Abstimmung mit der höchsten Ziffer begonnen[64]. Eine Theilung der Fragen kann durch Kammerbeschluß oder mit Einwilligung des Antragstellers erfolgen[65].

Reclamationen, Abstimmungen und Beschwerden, welche gegen mehrere Kammermitglieder gerichtet sind, müssen in der Abstimmung getrennt behandelt werden, den Fall der formellen Beanstandung der Wahl eines ganzen Wahlkreises ausgenommen[66].

Unmittelbar vor jeder Abstimmung ist die Frage zu verlesen[67].

Zur giltigen Abstimmung (Beschlußfähigkeit) wird die Gegenwart der Mehrheit jener Mitglieder erfordert, welche der Kammer verfassungsmäßig angehören[68], ausgenommen jene Fälle, in welchen gesetzlich die Anwesenheit einer größeren Anzahl vorgeschrieben ist[69].

Bei Berechnung der Beschlußfähigkeitsziffer kommen in der Kammer der Reichsräthe jene Mitglieder nicht in Anrechnung, welche noch nicht stimmfähig[70] oder noch nicht legitimirt sind, ebensowenig jene, welche auf die Dauer des Landtages ausgeschlossen wurden[71]; in der Kammer der Abgeordneten sind die erledigten Sitze nicht zu zählen[72]. Dagegen sind die beurlaubten Mitglieder mit einzurechnen[73]. Für die Beschlußfähigkeit

---

[63] Vgl. hieher Verh. d. K. d. Abg. 1873/75 Sten. Ber. I S. 508, 512, 517, II S. 31 f. Wenn Anträge auf Erhöhung und Minderung eines Budgetansatzes zugleich vorliegen, ist der Präsident in Anwendung des Art. 46 Abf. III der Gesch. Ordn. befugt, die Anträge auf Erhöhung in eventueller Weise vorher zur Abstimmung zu bringen.

[64] Gesch. Ordn. d. K. d. R. R. § 153 Abf. II, der K. d. Abg. Art. 46 Abf. III.

[65] Gesch. Ordn. d. K. d. Abg. Art. 46 Abf. IV.

[66] Geschäftsg. Ges. Art. 29 Abf. II.

[67] Gesch. Ordn. d. K. d. Abg. Art. 46 Abf. V.

[68] Der Entw. von 1849 (Art. 21) hatte gesagt: „Mehrheit der verfassungsmäßigen Anzahl der Mitglieder einer jeden Kammer". Der jetzige Wortlaut: „Mehrheit jener Mitglieder, aus welchen verfassungsmäßig jede der beiden Kammern zu bestehen hat" wurde vom Aussch. der K. d. Abg. beantragt und dazu bemerkt (Beil. Bd. I S. 270): „Da übrigens der in dem vorgelegten Gesetzentw. enthaltene Ausdruck ‚verfassungsmäßige Anzahl' leicht zu Mißverständnissen Veranlassung geben könnte, so war der Ausschuß bemüht, hiefür eine andere, entschiedenere Fassung zu finden." Diese Bemühungen sind leider nicht von Erfolg gekrönt gewesen. An einer anderen Stelle (a. a. O. S. 266) heißt es: „Unter dem Ausdrucke ‚verfassungsmäßige Anzahl' wird hier die Gesammtzahl aller Kammermitglieder verstanden, aus welchen jede einzelne Kammer verfassungsgemäß zu bestehen hat." Wenn jedoch die Aenderungen und die darüber gemachten Aeußerungen einen Sinn haben sollen, so kann es nur der sein, daß nicht die Zahl von Mitgliedern entscheidet, aus welcher verfassungsmäßig die Kammer besteht, wenn sie voll besetzt ist, sondern die Zahl von Mitgliedern, welche zur Zeit verfassungsmäßig der Kammer angehören. Der Unterschied läge also in den Ausdrücken „Mehrheit der Zahl" und „Mehrheit der Mitglieder". Allerdings ist es sehr schwer, in den Geist der damaligen Kammerverh. einzudringen, da dieselben sich nicht gerade durch Gedankenklarheit auszeichnen.

[69] Geschäftsg. Ges. Art. 25. S. dagegen Verf. Beil. X Tit. II § 48: „Zur gültigen Abstimmung wird die Gegenwart von zwei Drittheilen der im Orte anwesenden Mitglieder .. gefordert." Vgl. dazu Verh. d. K. d. R. R. 1847 Beil. Bd. I S. 274—294, Prot. Bd. I S. 464 ff. Art. 25 des Ges. v. 25. Juli 1850 ist dem jetzigen gleichlautend. Gesch. Ordn. d. K. d. R. R. § 20.

[70] Verh. d. K. d. R. R. 1847 Prot. Bd. I S. 472 ff.

[71] Der Zweck des Ausschlusses ist gerade der, die Beschlußfähigkeit der Kammer zu retten. Einen Antrag auf Umgestaltung der Vorschriften über die Beschlußfähigkeit der K. b. R. R. f. in deren Verh. 1866 Beil. Bd. S. 308 ff., 317 ff., Prot. Bd. II S. 197 ff.

[72] Vgl. die Erörterungen oben § 103 Anm. 8. Wenn bei Aberkennung des Abgeordnetensitzes der erledigte Sitz nicht mitzurechnen ist, wie sich aus dem Zwecke der Bestimmung ergibt, so muß dasselbe für alle erledigten Sitze gelten, gleichviel aus welchem Grunde sie frei geworden sind. Andernfalls könnte durch Austritt aus der Kammer das bewirkt werden, was durch Richterscheinen nicht soll bewirkt werden können. Nach Art. 27 des Geschäftsg. Ges. wird der Abg. in dem dort erörterten Falle „als ausgetreten beachtet". Damit ist also gesagt, daß der Austritt von Abg. der Beschlußfähigkeit nicht schadet. Es besteht kein Grund, anzunehmen, daß der Gesetzgeber für die sonstigen Erledigungsfälle etwas Anderes gelten lassen wolle.

[73] Vgl. Verh. d. K. d. Abg. 1849 Sten. Ber. II S. 473 (Oettingen-Wallerstein u. Lerchenfeld). — Anders wie die Grundsätze des bayer. Rechtes über die Berechnung der Beschlußfähigkeitsziffer sind jene für den Reichstag. Vgl. meine Abh. S. 423 Anm. 2.

der Kammer ist der Zeitraum maßgebend, in welchem die Abstimmung sich vollzieht⁷⁴. Die Beschlußfähigkeit wird vermuthet. Der Mangel derselben kann nur durch die Abstimmung, nicht nachträglich dargethan werden.

Ergibt sich bei der Abstimmung die Beschlußunfähigkeit des Hauses, so hat der Präsident die Abwesenden, und zwar auch die Beurlaubten, für die nächste Sitzung persönlich laden und die Ladung bescheinigen zu lassen⁷⁵. Gegebenen Falles reiht sich hieran die schon früher erörterte Einschreitung.

Jedes anwesende Mitglied ist regelmäßig verpflichtet, an der Abstimmung Theil zu nehmen⁷⁶. Ausnahmsweise ist in gesetzlich bestimmten Fällen den Kammermitgliedern die Theilnahme an der Abstimmung untersagt⁷⁷. Der Abstimmung in der betreffenden Sache hat sich nemlich zu enthalten:

1. jedes Kammermitglied, wenn auf dessen Antrag oder in Folge einer durch die Geschäftsordnung gestatteten Reclamation über die dauernde oder vorübergehende Verpflichtung oder Berechtigung desselben zum Sitze in der Kammer erkannt wird⁷⁸;

2. jedes Kammermitglied, gegen welches eine nach der Geschäftsordnung zulässige Anklage oder Beschwerde erhoben ist, oder welches eine solche gegen ein anderes Kammermitglied erhoben hat;

3. jedes Kammermitglied, welches in irgend einer geschäftsordnungsmäßigen Form die Entscheidung der Kammer bezüglich einer persönlichen Angelegenheit in Anspruch nimmt⁷⁹.

Wird die Frage zweifelhaft, ob einer der drei eben genannten Fälle vorliege, so entscheidet die Kammer. Bei dieser Abstimmung besteht keine Verpflichtung zur Stimmenthaltung⁸⁰. Soweit aber letztere Verpflichtung gegeben ist, können diejenigen Mit-

---

⁷⁴ Nicht der „Augenblick der Abstimmung", wie Art. 26 des Geschäftsg. Ges. sagt. Denn die namentliche Abstimmung vollzieht sich nicht in einem Augenblicke, und es wird genügen, wenn während der Abstimmung die etwa an der Beschlußfähigkeitsziffer noch fehlende Zahl von Mitgliedern eintrifft.

⁷⁵ Geschäftsg. Ges. Art. 26. Auch die Beurlaubten müssen geladen werden, da sie bei der Beschlußfähigkeitsziffer mitzählen und der Urlaub auf den Fall der Beschlußunfähigkeit nicht bemessen ist. Dem Geladenen steht offen, sich zu entschuldigen, wenn er nicht erscheinen kann. Der Abg. Fürst Oettingen=Wallerstein bemerkte (Verh. d. K. d. Abg. 1849 Sten. Ber. II S. 458): „Hier sind alle Anwesenden in Masse angeführt, alle Abwesenden sollen für die nächste Sitzung einberufen werden; es ist nicht einmal klar ausgesprochen, daß die mit Urlaub Abwesenden unter den also Einzuberufenden nicht begriffen sind. Bei dieser allgemeinen Fassung des Ges. könnte mit Recht angenommen werden, die Kammer habe auch diese Mitglieder einzuberufen. Man wird heute aus der Unmöglichkeit (?) richtigen Erscheinens argumentiren, die Beurlaubten seien nicht gemeint. Aber ich möchte meinen Kopf zum Pfande setzen, daß in ernsten Fällen die Interpretation sich auch hier des Feldes und zwar nach Umständen mit Erfolg bemächtigen wird." Eine sehr richtige Prophezeiung!

⁷⁶ Geschäftsg. Ges. Art. 29 Abs. I. Auf der Nichterfüllung dieser Verpflichtung steht aber keine Straffolge. Vgl. Verh. d. K. d. Abg. 1849 Sten. Ber. II S. 462 u. 471 (Staatsminister Dr. v. Ringelmann).

⁷⁷ Die folgenden Bestimmungen des Art. 29 Abs. I des Geschäftsg. Ges. entstammen einem Verbesserungsvorschlage des 1. Präsidenten der K. d. Abg. Grafen Hegnenberg=Dur. Verh. d. K. d. Abg. 1850, Sten. Ber. II S. 469.

⁷⁸ Graf Hegnenberg bemerkte hiezu (a. a. O. S. 470): „Die Frage des Urlaubs, des Austritts, kurz jede Veränderung, welche in dem Rechte oder der Verpflichtung des Abg., in der Kammer zu sitzen, eintreten könnte, scheint mir in diesem Satze begriffen."

⁷⁹ Dazu Graf Hegnenberg: „Wenn der Fall eintritt, daß ein Abg. wegen Verletzung eines verfassungsmäßigen Rechtes, also wegen eines Rechtes, das ihn persönlich angeht, oder durch eine Beschwerde, die ihn persönlich berührt, die Kammer zu einer Entscheidung zu seinen Gunsten provocirt, so scheint mir gleichfalls ganz in der Ordnung zu sein, daß er als direct betheiligt .. der Abstimmung sich enthalte. Es ist das zwar ein einzelner Fall, es schwebte mir aber auch kein anderer Fall vor; gleichwohl glaubte ich diesen Fall berücksichtigen zu müssen, auch wenn er nur einzeln bastteht."

⁸⁰ Der Antrag Hegnenberg beseitigte die entgegengesetzte Bestimmung des Art. 22 des Regierungsentw. a. a. O. Beil. Bd. I S. 141. Der Antragsteller meinte freilich (Sten. Ber. II S. 470), eine Entscheidung durch die Kammer werde bei Annahme seiner Fassung nicht nöthig werden. Staatsminister v. Ringelmann bestritt das aber (S. 471) mit Recht.

glieder, welche derselben unterliegen, bei der Berechnung der Mehrheit nicht in Betracht kommen [81].

Daß die Mitglieder der Kammer der Reichsräthe erst nach Vollendung des gesetzlich festgesetzten Alters von 21, bzw. 25 Jahren an Abstimmungen Theil nehmen dürfen, wurde bereits früher erwähnt.

Die Beschlußfassung erfolgt mit absoluter Stimmenmehrheit der stimmberechtigten Anwesenden, vorbehaltlich jener Fälle, in welchen eine größere Mehrheit gesetzlich erfordert wird. Bei Stimmengleichheit ist die Frage verneint [82].

Die Abstimmung geschieht bei allen Gegenständen, welche öffentlich berathen werden, öffentlich, und zwar in der Regel durch Aufstehen und Sitzenbleiben. Die Kammer kann jedoch die Abstimmung durch Namensaufruf beschließen. Ueber das Ganze von Gesetzen muß jedenfalls öffentlich mittels Namensaufrufes abgestimmt werden [83]. Namentliche Abstimmung kann abgesehen hievon in der Kammer der Reichsräthe auf Antrag von 3, in der Kammer der Abgeordneten auf Antrag von 15 Mitgliedern beschlossen werden [84]. In der letzteren Kammer tritt sie auch dann ein, wenn die gewöhnliche Abstimmung und die Gegenprobe nach der Ansicht des Präsidenten oder eines Schriftführers kein sicheres Ergebniß geliefert haben [85].

Das Abstimmungsergebniß wird vom Präsidenten verkündet. Hat über einen Gegenstand keine Erörterung stattgefunden, so wird gewöhnlich keine Abstimmung vorgenommen, sondern der Präsident spricht, falls kein Widerspruch erfolgt, die Annahme des Vorschlages aus [86].

Die Kammerbeschlüsse werden in der Regel vom Präsidenten mit Beihilfe der Schriftführer entworfen, in der Reichsrathskammer, wenn ein Ausschuß Vortrag erstattet hat, vom Berichterstatter. Hat die Kammer den Entwurf gebilligt, so geht die Mittheilung, falls ein Beschluß beider Kammern erfordert wird, an die andere Kammer [87].

Sobald ein Gesammtbeschluß beider Kammern zu Stande gekommen ist, wird derselbe dem Staatsministerium übersendet und von diesem dem Könige unterbreitet. Dasselbe gilt von den Vorlagen jeder einzelnen Kammer [88].

---

[81] Der Ausschuß der K. d. Abg. a. a. O. Beil. Bd. I S. 271 strich die Worte des Entw. (Art. 22, „und sie werden daher in die Gesammtzahl der Mitglieder, deren Mehrheit zur giltigen Abstimmung nothwendig ist, nicht eingerechnet". Dazu wird gesagt: „Die hier erwähnte Bestimmung möge sich von selbst verstehen, soferne sie nicht etwa so ausgelegt werden will, daß in solchem Falle die Kammer auch dann noch Beschlüsse zu fassen befugt sein soll, wenn sie in Folge des Wegfallens jener Mitglieder nicht mehr die in Art. 21 festgesetzte Zahl von Gliedern haben sollte." Diese Bemerkung ist unzutreffend. Dadurch, daß Mitglieder sich der Abstimmung enthalten müssen, hören sie nicht auf, Mitglieder zu sein, fallen also nicht weg. Sie zählen, wenn sie gegenwärtig sind, als bei der Abstimmung anwesend nach Art. 25 des Ges. (21 des Entw.) und können nur bei der Mehrheitsberechnung (Art. 32) selbstverständlich nicht mit in Betracht kommen. [83] A. a. O. Art. 31.
[82] Geschäftsg. Ges. Art. 32.
[84] Gesch. Ordn. d. K. d. R. R. § 152 Abs. III. der K. d. Abg. Art. 51 Abs. II.
[85] Gesch. Ordn. d. K. d. Abg. Art. 51 Abs. III. Näheres über die Art der Abstimmung Gesch. Ordn. d. K. d. R. R. §§ 152, 154, 156, 157, der K. d. Abg. Art. 14 Abs. II, 51.
[86] Vgl. Gesch. Ordn. d. K. d. R. R. § 152 Abs. II.
[87] Näheres Gesch. Ordn. d. K. d. R. R. § 158, der K. d. Abg. Art. 53. An letzterer Stelle ist vorgeschrieben, daß, wenn ein Berathungsgegenstand in veränderter Fassung aus der K. d. R. R. zurückkömmt, er, wenn er früher im Ausschusse war, an diesen, sonst an das Haus geht. Letzteres kann übrigens bei der Verh. Verweisung an den Ausschuß beschließen. Tritt die Kammer einer oder allen Aenderungen der K. d. R. R. bei, so hat nochmalige Abstimmung über den ganzen Gegenstand zu erfolgen. Die Stellung einer Kammer zu ihren eigenen früheren Beschlüssen und den abweichenden Beschlüssen der anderen Kammer bei der Berathung über die Rückäußerung der letzteren ist erörtert Verh. d. K. d. Abg. 1883/86 Sten. Ber. I S. 101 ff., III S. 391, 585 ff.
[88] Geschäftsg. Ges. Art. 39.

Ein Gegenstand, über welchen beide Kammern sich nicht zu vereinigen vermochten, kann in derselben Tagung nicht wieder zur Berathung gebracht werden[89].

Der Schluß der Sitzung tritt ein, wenn die Tagesordnung erschöpft ist, und wenn vor deren Beendigung die Vertagung ausgesprochen wird. Der Schluß der Sitzung erfolgt durch den Präsidenten[90].

Bezüglich des Geschäftsganges in den Abtheilungen der Abgeordnetenkammer ist nur Weniges zu bemerken. Für ihre Verhandlungen ist weder durch Gesetz, noch durch die Geschäftsordnung Oeffentlichkeit vorgeschrieben. Die Präsidenten können ihren Sitzungen mit berathender Stimme beiwohnen[91], ebenso die Regierungsvertreter[92]. Die Abtheilungen sind bei Anwesenheit der Mehrheit ihrer Mitglieder beschlußfähig[93] und beschließen mit absoluter Mehrheit[94].

Für den Geschäftsgang in den Ausschüssen sind folgende Bestimmungen maßgebend. Den Ausschußsitzungen können alle Kammermitglieder beiwohnen[95], sofern der Ausschuß oder die Kammer nicht in besonderen Fällen anders beschließen[96]. Die Präsidenten haben stets, und zwar nicht blos als Zuhörer, sondern mit berathender Stimme, Zutritt[97]. In den Ausschüssen ist bei Berathungen eines Antrages der Antragsteller oder der zuerst unterzeichnete Antragsteller mit berathender Stimme beizuziehen[98]. Bei allen Berathungsgegenständen, welche kraft gesetzlicher Vorschrift oder auf Antrag der Staatsregierung einem Ausschusse zu überweisen sind, muß der Ausschuß vor der Berichterstattung die betreffenden Staatsminister oder königlichen Commissäre hören[99]. Die Geschäftsordnungen beider Kammern[100] verfügen allgemein, daß „die betreffenden königlichen Staatsminister" zu den Ausschußsitzungen einzuladen sind.

Die Ausschüsse regeln ihre Tagesordnung selbst[101]. Die Regierungsvorlagen sind jedoch, soweit nicht, namentlich wegen besonderer Dringlichkeit sonstiger Gegenstände, mit Zustimmung der Regierungsvertreter ein Anderes von der Kammer[102] beschlossen wird, vor allen übrigen Berathungsgegenständen sowohl hinsichtlich der Bearbeitung als der Berathung zu berücksichtigen[103].

Der Finanzausschuß der Kammer der Abgeordneten kann, vorbehaltlich jener Bestimmungen, welche auf seine Organisation, die Beschlußfassung und die Theilnahme an den Sitzungen sich beziehen, seine Geschäftsordnung selbständig feststellen[104].

Die Beschlußfähigkeitsziffer ist für die Ausschüsse der ersten Kammer regelmäßig vier, bei Berathungen über Gesetzbücher fünf, bei jenen über Beschwerden, sowie über Anträge und Zusätze zur Verfassung sieben[105]. Die Ausschüsse der Abgeordnetenkammer

---

[89] Verf. Urk. Tit. VII § 28. Diese Vorschrift gilt auch für die Vorlagen der Regierung. Vgl. Staatsminister Frhr. v. Crailsheim Verh. d. K. d. Abg. 1883/86 Sten. Ber. VI S. 243.
[90] Gesch. Ordn. d. K. d. R. R. § 159, der K. d. Abg. Art. 30 Abs. I.
[91] Gesch. Ordn. d. K. d. Abg. Art. 13 Abs. IV.   [92] A. a. O. Art. 6 Abs. VI.
[93] A. a. O. Art. 5 Abs. III.   [94] Ueber das Verfahren bei Wahlprüfungen oben § 102.
[95] Bis zum Landtage 1893/94 waren die Ausschußsitzungen der K. d. R. R. für die Mitglieder nicht öffentlich.
[96] Gesch. Ordn. d. K. d. R. R. § 58 Abs. IV, Gesch. Ordn. d. K. d. Abg. Art. 23 Abs. III.
[97] Gesch. Ordn. d. K. d. R. R. § 53 Abs. II, der K. d. Abg. Art. 13 Abs. IV.
[98] Gesch. Ordn. d. K. d. R. R. § 53 Abs. III, der K. d. Abg. Art. 23 Abs. IV.
[99] Geschäftsg. Ges. Art. 22 Abs. V.
[100] K. d. R. R. § 53 Abs. I, K. d. Abg. Art. 23 Abs. V.
[101] Gesch. Ordn. d. K. d. R. R. § 64 Abs. I, der K. d. Abg. Art. 23 Abs. IX.
[102] Der Ausschuß selbst kann also die Berathung einer Regierungsvorlage nicht vertagen, sondern er muß darüber an die Kammer berichten.
[103] Geschäftsg. Ges. Art. 22 Abs. II. Die Bestimmung ist dem § 2 des Ges. vom 2. Sept. 1831 nachgebildet und wurde von der K. d. R. R. (1850 Prot. Bd. V S. 577 ff.) eingeschaltet.
[104] Gesch. Ordn. d. K. d. Abg. Art. 23 Abs. IX.   [105] Gesch. Ordn. d. K. d. R. R. § 52.

sind bei Anwesenheit der Mehrheit ihrer Mitglieder beschlußfähig [106]. Die Beschlüsse werden mit Stimmenmehrheit gefaßt; in den Ausschüssen der Abgeordnetenkammer hat der Vorsitzende bei Stimmengleichheit den Stichentscheid [107].

Die Ausschüsse empfangen ihren Berathungsstoff von der Kammer. Sie haben ebenso wie letztere das Recht, Erläuterungen und Aufschlüsse von der Staatsregierung zu verlangen und Gutachten Sachverständiger zu erholen [108].

Der Berichterstatter hat in den Ausschüssen der Kammer der Reichsräthe schriftlich vorzutragen [109]. In den Ausschüssen der Kammer der Abgeordneten tragen Berichterstatter und Mitberichterstatter regelmäßig mündlich vor. Der Berichterstatter, welcher nach geschlossener Berathung für den Vortrag an das Haus gewählt worden ist, berichtet regelmäßig mündlich, ausnahmsweise auch schriftlich [110]. Die Vorträge der Ausschüsse sind den Staatsministern und königlichen Commissären gleichzeitig mit der Vertheilung an die Kammermitglieder zuzustellen [111].

Ueber die Ausschußverhandlungen wird Protokoll geführt [112].

§ 110. Besondere Bestimmungen für einzelne Geschäftsgegenstände.

Neben den allgemeinen Anordnungen über das Verfahren bestehen noch eine Reihe besonderer Vorschriften für die Behandlung einzelner Berathungsgegenstände.

Die Vorlagen der Regierung haben in Bezug auf ihre geschäftliche Behandlung in den Kammern selbst und in deren Ausschüssen die bereits erörterten Vorzugsrechte.

Regierungsvorlagen und andere Berathungsgegenstände, deren Verweisung an einen Ausschuß gesetzlich vorgeschrieben oder von den Staatsministern beantragt ist, müssen der Vorberathung und Beschlußfassung in einem Ausschusse unterstellt werden. Der Ausschuß hat vor der Berichterstattung an das Haus die Regierungsvertreter zu hören [1]. Berichte und Gutachten der Ausschüsse über Regierungsvorlagen, selbständige Anträge der Kammermitglieder oder Beschwerden müssen, wenn nicht unter Zustimmung der Regierungsvertreter etwas Anderes beschlossen worden ist, für die erste Berathung schriftlich erstattet, gedruckt und gleichzeitig an die Kammermitglieder und die Regierungsvertreter vertheilt werden [2].

Vorlagen der Regierung und gesonderte (selbständige) Anträge, welche ohne vorherige Verweisung an einen Ausschuß im Hause berathen werden sollen, sind gedruckt an die Kammermitglieder zu vertheilen und gleichzeitig den Regierungsvertretern zuzustellen [3].

Die Berathung im Hause über sämmtliche vorbenannte Drucksachen kann ohne

---

[106] Gesch. Ordn. d. K. d. Abg. Art. 23 Abf. II.

[107] Gesch. Ordn. d. K. d. R. R. §§ 63 Abf. VI, 64 Abf. IV, V (hier wird bei Stimmengleichheit nur die Darlegung der Ansichten der beiden Parteien erübrigen); der K. d. Abg. Art. 23 Abf. II.

[108] Geschäftsg. Ges. Art. 33, Gesch. Ordn. d. K. d. R. R. §§ 59, 60; der K. d. Abg. Art. 24.

[109] Gesch. Ordn. d. K. d. R. R. § 63 Abf. III. Derselbe wird regelmäßig gleichzeitig an die Ausschußmitglieder, die übrigen Kammermitglieder und die Regierungsvertreter vertheilt. § 64 Abf. II. Ausnahmsweise mündliche Berichterstattung bei „Recurrentgegenständen" §§ 65 Abf. VI, 66.

[110] Geschäftsg. Ges. Art. 23 Abf. II, Gesch. Ordn. d. K. d. Abg. Art. 23 Abf. VI, VII, Art. 25 Abf. II.

[111] Geschäftsg. Ges. Art. 34.

[112] Gesch. Ordn. d. K. d. R. R. §§ 6, 56, 64 Abf. VI, der K. d. Abg. Art. 23 Abf. VIII: „Eine Veröffentlichung der Sitzungsprot. findet in der Regel nicht statt."

[1] Geschäftsg. Ges. Art. 22 Abf. I u. V.

[2] A. a. O. Art. 23 Abf. II. Gesch. Ordn. d. K. d. R. R. § 128.

[3] A. a. O. Art. 23 Abf. I. Gesch. Ordn. d. K. d. R. R. § 69, der K. d. Abg. Art. 20 Abf. II.

Zustimmung der Regierung nicht früher erfolgen, als nachdem zwischen dem Vertheilungs- und dem Berathungstage zwei volle Tage verflossen sind [4].

Wo die Vorberathung eines Gegenstandes im Ausschusse nicht nothwendig ist, kann, falls die Kammer nicht anders beschließt [5], Vorberathung im Hause eintreten. Für diese Vorberathung gelten die allgemeinen Bestimmungen. In der Kammer der Abgeordneten bedürfen die schriftlich zu stellenden Anträge und Abänderungsvorschläge bei der Vorberathung keiner Unterstützung [6]. Nach Schluß der Vorberathung werden die gefaßten Beschlüsse nebst der Vorlage vom Präsidenten unter Beihilfe der Schrift- führer zusammengestellt [7]. In der ersten Kammer kann von der Vorberathung abgesehen und sofort zur Schlußberathung geschritten werden [8].

Eine zweite Berathung nach geschehener Vorberathung hat dann nicht statt- zufinden, wenn letztere zur völligen Ablehnung der Vorlage geführt hat [9].

In der ersten Kammer kann an die Vorberathung die Schlußberathung sofort sich anreihen, wenn der Gegenstand dringend ist, die Regierungsvertreter sich einver- standen erklären und nicht fünf Mitglieder Einspruch erheben [10]. In der zweiten Kammer kann dies geschehen, wenn nicht 15 Mitglieder widersprechen [11].

Abgesehen hievon ist in der ersten Kammer die zweite oder Schlußberathung „in einer folgenden Sitzung" vorzunehmen [12]. In der Kammer der Abgeordneten erfolgt die zweite Berathung frühestens am zweiten Tage, nachdem an die Mitglieder die Zusammen- stellung der Beschlüsse vertheilt worden ist, die in der Vorberathung gefaßt wurden. Abänderungsvorschläge bedürfen hier der schriftlichen Unterstützung von 15 Mitgliedern [13]. Bei der zweiten Berathung wird über die ganze Vorlage oder den ganzen Antrag ab- gestimmt [14].

Die Kammer kann in jedem Zeitpunkte der Vor- oder Schlußberathung die ganze oder theilweise Verweisung des Gegenstandes an einen Ausschuß beschließen [15].

Selbständige Anträge der Kammermitglieder [16] sind verfassungsmäßig bezüglich

---

[4] A. a. O. Art 24 Abs. I. Gesch. Ordn. d. K. b. R. R. § 70, der K. b. Abg. Art. 21. Vgl. dazu Verh. d. K. d. Abg. 1883/86 Sten. Ber. I S. 12 ff.

[5] Gesch. Ordn. d. K. b. R. R. §§ 71 Ziff. 1, 72, der K. b. Abg. Art. 22 Abs. VI u. Verh. d. K. b. Abg. 1873/75 Sten. Ber. I S. 177 f.

[6] Näheres in der Gesch. Ordn. d. K. b. R. R. § 73 Abs. I, II, der K. b. Abg. Art. 22 Abs. I, II.

[7] Gesch. Ordn. d. K. b. R. R. § 73 Abs. III, der K. b. Abg. Art. 22 Abs. II.

[8] Gesch. Ordn. d. K. b. R. R. §§ 71 Ziff. 3, 74.

[9] In diesem Sinne hat sich die K. b. Abg. ausdrücklich entschieden. Vgl. Verh. 1872 Beil. Bd. III S. 179, Sten. Ber. II S. 628 ff., woselbst die sehr treffende Begründung dieser Entscheidung durch den Abg. Dr. Marquardsen. Derselbe bemerkte u. A., die nochmalige Berathung bezwecke den Schutz „gegen überstürzte, heftige Schaffung von Gesetzen". Auf die bloße Verneinung, welche die Sache beim Alten lasse, treffe diese Erwägung nicht zu. Die Ausführungen Marquardsen's sind so all- gemein richtig, daß sie m. E. Mangels ausdrücklicher Bestimmung auch für die Gesch. Ordn. d. K. d. R. R. anwendbar sind. Auch läßt sich wohl gegenüber der Bestimmung in § 73 Abs. III a. a. O. sagen, daß eine Ablehnung nicht „Grundlage" einer Schlußberathung sein könne.

[10] Gesch. Ordn. d. K. b. R. R. § 74 Abs. IV.

[11] Gesch. Ordn. d. K. b. Abg. Art. 22 Abs. V, Verh. d. K. b. Abg. 1872 Sten. Ber. II S. 695, 701 f.

[12] Gesch. Ordn. d. K. b. R. R. § 73 Abs. III.

[13] „Sind die Abänderungsvorschläge nicht gedruckt vertheilt worden, so ist in der nächsten Sitzung nach deren erfolgtem Drucke und Vertheilung nochmals ohne Discussion über dieselben ab- zustimmen." Gesch. Ordn. d. K. b. Abg. Art. 22 Abs. III—V. Ausnahme nach Art. 28 Abs. III, wovon unten Anm. 24. Vgl. hieher auch Verh. d. K. b. Abg. 1866/69 Beil. Bd. V S. 494, Sten. Ber. VI S. 181; 1872 Beil. Bd. III S. 179, Sten. Ber. II S. 628 ff.

[14] Gesch. Ordn. d. K. b. R. R. § 154, der K. b. Abg. Art. 22 Abs. VII.

[15] Gesch. Ordn. d. K. b. R. R. § 75, der K. b. Abg. Art. 22 Abs. VI.

[16] Gesch. Ordn. d. K. b. R. R. § 78 „nur die bereits legitimirten Reichsräthe", „wenn sie am Landtage anwesend sind". Dies ist selbstverständlich. Auch nicht stimmfähige Reichsräthe können An- träge einbringen.

aller Gegenstände zulässig [17], welche in den Wirkungskreis der Kammern fallen [18]. Sie sind schriftlich zu übergeben und, wie oben bereits erwähnt, gedruckt zu vertheilen [19]. Da die Einbringung selbständiger Anträge innerhalb der oben angegebenen sachlichen Grenzen ein verfassungsmäßiges Recht des e i n z e l n e n Kammermitgliedes ist, so darf die Geltendmachung dieses Rechtes durch die Geschäftsordnung von keiner Unterstützung abhängig gemacht werden [20].

Ueber die weitere geschäftliche Behandlung der Anträge wird in der ersten Kammer sofort berathen. Es finden, je nachdem die Kammer auf Vorschlag des Präsidenten Vorberathung im Ausschusse oder im Hause oder sofortige Schlußberathung beschlossen hat, die hiefür geltenden allgemeinen Bestimmungen Anwendung [21]. In der Abgeordnetenkammer werden Anträge, welche einen ausgearbeiteten Gesetzesvorschlag enthalten, gleich Regierungsvorlagen behandelt [22]. Alle anderen Anträge kommen, soferne sie nicht an einen Ausschuß verwiesen werden [23], nur zu einmaliger Berathung und Abstimmung. Abänderungsvorschläge bedürfen hiebei keiner Unterstützung und keiner nochmaligen Abstimmung, auch wenn sie nicht gedruckt vertheilt waren [24].

Die Zurücknahme eines Antrages ist dem Antragsteller unbedingt gestattet [25]. In der Kammer der Abgeordneten kann aber ein solcher Antrag von jedem anderen Mitgliede wieder aufgenommen werden [26].

Die Wiedereinbringung nicht angenommener Anträge ist nach beiden Geschäftsordnungen Beschränkungen unterworfen. In der Kammer der Reichsräthe kann ein Antrag, wenn er abgelehnt wurde, im Laufe des Landtages nicht mehr eingebracht werden. Wurde er vertagt, so kann er vor Ab-

---

[17] Nach der Gesch. Ordn. d. K. d. R. R. § 77 Abs. II werden Anträge „zur Beifügung an einen Kammerbeschluß zu einem vorliegenden Berathungsgegenstande" wie Abänderungsanträge behandelt. Dazu § 139. Vorschläge und Anträge in Bezug auf den „Geschäftsgang bereits angeregter oder vorliegender Gegenstände" können mündlich im Hause eingebracht werden. — Ueber die geschäftliche Behandlung von Anträgen zum Budget, die keine Abänderungsanträge sind, Verh. d. K. d. Abg. 1873/75 Sten. Ber. I S. 198.

[18] Verf. Urk. Tit. VII § 20, Geschäftsg. Ges. Abth. II Ziff. 1. Durch letztere Bestimmung wurden die unnöthigen geschäftlichen Umständlichkeiten, welche die erstere vorschrieb (regelmäßig zweimalige Berathung im Ausschusse u. Hause), beseitigt. Vgl. darüber Verh. d. K. d. Abg. 1871/72 Beil. Bd. I S. 437 f. S. auch ebenda 1863/65 Sten. Ber. III S. 142 f.

[19] Vgl. Gesch. Ordn. d. K. d. R. R. §§ 77 Abs. I, 80, der K. d. Abg. Art. 28 Abs. I („Alle Anträge von Mitgliedern der Kammer müssen mit der Eingangsformel versehen sein: Die Kammer wolle beschließen." Vgl. dazu Verh. d. K. d. Abg. 1872 Sten. Ber. S. 103 f., 108 ff.)

[20] Die Vorschriften der Gesch. Ordn. d. K. d. R. R. §§ 82, 83 Abs. I stehen hiemit nicht im Einklange. Vgl. oben § 106 Anm. 46. Für die hier vertretene Ansicht spricht auch die Entstehungsgeschichte des § 20 Tit. VII der Verf. Urk. Dieser hatte vorgeschrieben, daß die Kammer darüber, ob Wünsche und Anträge eines „einzelnen Abg." „in nähere Ueberlegung gezogen werden sollen, durch Mehrheit der Stimmen erkennt". Trotz dieser Beschränkung war in der Sitzung der Ministerialconferenz vom 21. April 1818, in welcher Lerchenfeld den fraglichen Paragraphen einbrachte, vom Grafen Törring bemerkt worden, „daß ein Abg. allein nicht das Recht haben sollte, Wünsche und Anträge an seine Kammer zu bringen, sondern daß, wie in England, es immer zwei Abg. sein müßten, die von einer an die Kammer zu bringenden Sache gleiche Ansicht hätten, wodurch manche Aufwallung und unzweckmäßige Petition gemäßigt und verhindert würde". Dieser Anregung wurde indessen keine Folge gegeben.

[21] Gesch. Ordn. d. K. d. R. R. § 83 Abs. II.

[22] Vgl. hieher Verh. d. K. d. Abg. 1872 Sten. Ber. II S. 228 f., 285.

[23] An solchen Anträgen kann der Ausschuß nichts ändern. Er muß sie so seiner Beurtheilung unterziehen, wie sie lauten. Verh. d. K. d. Abg. 1870/71 Sten. Ber. I S. 358 f.

[24] Gesch. Ordn. d. K. d. Abg. Art. 28 Abs. II u. III.

[25] Die Gesch. Ordn. d. K. d. R. R. § 81 will die Zurückziehung nur mehr mit Zustimmung der Kammer gestatten, wenn die Kammer bereits in Berathung über den Antrag getreten ist. Diese Bestimmung ist nach dem, was bereits oben zu Anm. 20 erörtert wurde, nicht unbedenklich, da die Antragstellung ein persönliches Recht des Mitglieds ist, in Bezug auf welches dasselbe keinem Zwange unterliegen kann. Jene Vorschrift der Gesch. Ordn. geht auf § 37 Tit. II der X. Verf. Beil. zurück, der aber beseitigt ist.

[26] Gesch. Ordn. d. K. d. Abg. Art. 28 Abs. IV.

lauf von drei Monaten oder des Zeitraums, welcher allenfalls im Beschlusse festgesetzt wurde, nicht wieder gestellt werden. Er ist, wenn er später wiederholt wird, wie ein neuer Antrag zu behandeln ²⁷. In der Abgeordnetenkammer kann ein abgewiesener Antrag während derselben Landtagsversammlung nicht mehr eingebracht werden ²⁸. Sind die Landtagssitzungen durch königliche Vertagung unterbrochen worden, so ist die Wiedereinbringung eines abgelehnten Antrages dann gestattet, wenn derselbe von 15 Mitgliedern unterstützt wird ²⁹.

Die Anträge, welche von einer Kammer angenommen worden sind, müssen der anderen Kammer mitgetheilt und können erst nach deren erfolgter Beistimmung dem Ministerium zur Vorlage an den König übermittelt werden ³⁰.

Erschwerende Formvorschriften finden Anwendung, wenn es sich um Abänderungen der Bestimmungen der Verfassungsurkunde oder eines Verfassungsgesetzes, sowie wenn es sich um Zusätze hiezu handelt ³¹. Dabei ist zu unterscheiden, ob der Vorschlag aus der Mitte der Kammer oder ob er vom Könige kömmt.

Im ersten Falle sind nach dem Initiativgesetze die betreffenden Anträge sofort nach ihrer Einbringung einer vorläufigen Verhandlung im Hause zu unterwerfen. Wenn dieselben hienach nicht von der Hälfte der anwesenden Kammermitglieder unterstützt werden, können sie zu keiner weiteren Berathung gelangen. Im Falle der Unterstützung sind sie an einen Ausschuß zur Vorberathung zu verweisen. Dieser ist auf die doppelte Zahl der geringsten geschäftsordnungsmäßigen Mitgliederzahl eines Ausschusses zu verstärken ³².

Nach beendeter Vorberathung ist der Antrag in Zwischenräumen von acht Tagen einer dreimaligen Berathung und Beschlußfassung zu unterziehen. Hiebei ist die Gegenwart von drei Viertheilen „der bei der Versammlung anwesenden Mitglieder" und eine Mehrheit von zwei Drittheilen der Stimmen erforderlich. Gleiches Verfahren ist sodann auch in der anderen Kammer einzuhalten ³³.

Bei Vorschlägen zu Verfassungsänderungen, welche vom Könige ausgehen, ist nach der Verfassungsurkunde ³⁴ lediglich für die Beschlußfassung in jeder Kammer das eben angegebene Zahlenverhältniß der Anwesenden und Zustimmenden erfordert.

Unter dem Ausdrucke „bei der Versammlung anwesende Mitglieder", dessen sowohl

---

²⁷ Gesch. Ordn. d. K. d. R. R. § 84.

²⁸ Als der nemliche Antrag wird auch derjenige angesehen, der zwar eine andere Fassung, aber den gleichen Inhalt hat, wie der frühere.

²⁹ Gesch. Ordn. d. K. d. Abg. Art. 28 Abs. V, VI. Kammerbeschluß vom 5. Febr. 1880. Verh. d. K. d. Abg. 1879/80 Beil. Bd. IX S. 697 ff., Sten. Ber. IV S. 825 ff.

³⁰ Verf. Urk. Tit. VII § 20 Abs. I.

³¹ Art. VI des Ges., die ständische Initiative betr., vom 4. Juni 1848 sagt: „Bei . . . Abänderungen der Verf. Urk. oder Zusätzen zu derselben, den Beilagen und Verfassungsgesetzen". Das ist sehr schlecht ausgedrückt. Die Erwähnung der Verf. Beil. ist überflüssig; denn diese sind ein zweifelloser Bestandtheil der Verf. Urk. Hievon abgesehen gehören die Worte „den Beilagen und Verfassungsgesetzen" nicht blos zu „Zusätzen", sondern auch zu „Abänderungen". Das Ges. wollte sagen: Bei Abänderungen der Verf. Urk., ihrer Beilagen und von Verfassungsgesetzen, sowie bei Zusätzen zu denselben.

³² A. a. O. Art. V, dessen Abs. II auffallend ungeschickt gefaßt, aber wohl wie oben angegeben zu verstehen ist. Nach der Gesch. Ordn. d. K. d. R. R. § 58 gehen solche Anträge an den vereinigten 1. und 3. oder einen besonderen Ausschuß von 10 Mitgliedern. Nach § 52 Abs. II müssen mindestens 7 Mitglieder bei der Berathung anwesend sein Die Gesch. Ordn. d. K. d. Abg. Art. 28 Abs. VII verweist bezüglich der Anträge auf Verfassungsänderungen einfach auf das Ges.

³³ Ges. Art. VI Die Begründung des Entw. beruft sich auf das Vorbild des englischen Rechtes. Eine Behandlung im verstärkten Ausschusse fordert das Gesetz nur in jener Kammer, wo der Antrag einkömmt. Dies ergibt der Wortlaut und die Absicht des Art. V, wie sie in der Begründung (Verh. d. K. d. Abg. 1848 Beil Bd. II S. 6) entwickelt ist.

³⁴ Tit. X § 7 Abs. III.

die Verfassungsurkunde als das Initiativgesetz sich bedienen[35], ist die Gesammtzahl jener Mitglieder zu verstehen, welche der Kammer verfassungsmäßig angehören[36].

Die erörterten Zahlenverhältnisse werden im ersten Falle für alle drei Abstimmungen gefordert[37].

Für beide Fälle ist zu bemerken, daß bei den sogenannten vorläufigen Abstimmungen (über die einzelnen Artikel ꝛc.) die Zweidrittelmehrheit nicht ermittelt zu werden

---

[35] Vgl. auch Fr. Ötker, das kurhessische Wahlgesetz vom 5. April 1849 und § 153 der kurhess. Verfassungsurkunde. Separatabbruck aus den Beilagen zu Dr. Friedrich Ötker, Lebenserinnerungen, Bd. III.

[36] Die Gründe für diese Annahme sind: Die Verf. Urk. Tit. X § 7 spricht von drei Viertheilen der bei der Versammlung anwesenden Mitglieder; Verf. Beil. X Tit. II § 48 fordert zur gewöhnlichen Beschlußfähigkeit die Gegenwart von zwei Drittheilen der im Orte anwesenden Mitglieder. In Tit. VI §§ 2, 15, dann Beil. X Tit. I §§ 56, 60 der Verf. Urk. wird weiter gesagt, daß zur Eröffnung der ersten Kammer die Anwesenheit von wenigstens der Hälfte, zur Eröffnung der zweiten Kammer die Anwesenheit von wenigstens zwei Dritteln ihrer Mitglieder verlangt werde. Die Prüfung dieser Bestimmungen ergibt Folgendes. Es besteht kein Grund zur Vermuthung, daß mit den Worten „bei der Versammlung" und „im Orte" etwas sachlich Verschiedenes habe bezeichnet werden wollen. Sie bedeuten an sich das Nemliche, und es ist keine Ursache denkbar, die den Gesetzgeber hätte veranlassen sollen, an beiden Stellen einen verschiedenen Ausgangspunkt der Berechnung zu nehmen. Welches ist nun dieser Ausgangspunkt? Es ist schwer zu glauben, daß der Gesetzgeber die zufällige Ziffer der Ortsanwesenden, die oft nicht mit Sicherheit zu ermitteln wäre, gemeint haben solle. Beide Kammern haben hienach die Sache dahin ausgelegt, daß zum Ausgangspunkte der Berechnung die Mitgliederzahl zu dienen habe, die zur Constituirung der Kammer erforderlich ist. Vgl. Verh. d. K. d. R. K. 1847 Beil. Bd. I S. 274 ff., Prot. Bd. I S. 464 ff., wo nach etwas verworrener Verh. beschlossen wurde: „Dem bisherigen Verfahren gemäß sei die Hälfte der zu jeder Ständeversammlung einberufenen Reichsräthe jeder Zeit als das Minimum zu betrachten, welches der Berechnung der sowohl zu einfachen als Verfassungsabänderungs-Kammerbeschlüssen erforderlichen Anzahl der gegenwärtigen Reichsräthe zu Grunde zu legen sei". S. ferner Verh. d. K. d. Abg. 1849/50 Beil. Bd. I S. 270 zu 1 (wo es aber Spalte 2 Zeile 13, 14 von oben, wie das folgende Beispiel zeigt, heißen muß: „mithin der zur Constituirung der Kammer erforderlichen Anzahl"). Die Bestimmungen der Verf. wurden also dahin verstanden, daß die Ziffer der Constituirungsfähigkeit die Grundlage für die Berechnung der Ziffer der Beschlußfähigkeit bilde.

Das Geschäftsg. Ges. vom 25. Juli 1850 stellte als Ziffer der Constituirungsfähigkeit für beide Kammern die Mehrheit der verfassungsmäßigen Mitgliederzahl fest (Art. 3, 4). Zur Beschlußfähigkeit „wird die Gegenwart der Mehrheit jener Mitglieder erfordert, aus welchen verfassungsmäßig jede der beiden Kammern zu bestehen hat, mit Vorbehalt derjenigen Fälle, in welchen gesetzlich die Anwesenheit einer größeren Anzahl vorgeschrieben ist". (Art. 25.) Den Ausgangspunkt für die Berechnung der Beschlußfähigkeit soll also nicht mehr die Ziffer der Constituirungsfähigkeit bilden, sondern die verfassungsmäßige Mitgliederzahl. Für die Regel soll die Anwesenheit der Mehrheit der Mitglieder, welche eine Kammer zählt, genügen. Die Vorschriften, welche eine größere Zahl Anwesender fordern, sollen unberührt bleiben. Dies sind die Vorschriften des Tit. X § 7 der Verf. Urk. und des Initiativges. Diese haben aber, wie wir sahen, einen anderen Ausgangspunkt der Berechnung. Es frägt sich, ob das Ges. von 1850 diesen unberührt lassen wollte. Das Beispiel, welches im Ausschußberichte (Beil. Bd. I S. 270) sich findet, kann darüber Aufschluß geben. Man nehme an, die K. d. Abg. zähle 144 Mitglieder; dann ist sie für die Regel bei Abwesenheit von 73 Abg. beschlußfähig. Berechnet man aber die Beschlußfähigkeitsziffer für Verfassungsänderungen nach dem alten Maßstabe, so ergibt sich Folgendes. Die Kammer ist constituirungsfähig bei Anwesenheit von ³/₅, also 96 Mitgliedern. Zur Abstimmung über Verfassungsänderungen ist die Anwesenheit von ³/₄ dieser 96 nöthig, also von 72. Die K. d. R. R. wäre bei einem Mitgliederstande von 58 für gewöhnliche Abstimmungen mit 30 Anwesenden beschlußfähig, für Verfassungsänderungen aber nach obiger Berechnungsart schon mit 22 Anwesenden (58 : 2 = 29; hievon ³/₄ sind 22). Es ist klar, daß das nicht gewollt sein kann. Die Absicht des Ges. war vielmehr offenbar die, daß für die Berechnung der Beschlußfähigkeit in allen Fällen die gesetzliche Mitgliederzahl zur Grundlage dienen solle. In dieser Beziehung sollten also Tit. X § 7 der Verf. Urk. und das Initiativges. abgeändert werden. Dies geht aus den Worten „größere Anzahl", womit ein höheres Zahlenverhältniß, allerdings ungeschickt genug, bezeichnet werden wollte, klar hervor. Eine solche Aenderung konnte das Geschäftsg. Ges. auch treffen, da es zwar kein Verfassungsges., aber ein Verfassungsänderungsges. d. h. in den Formen des Tit. X § 7 der Verf. Urk. beschlossen ist. Art. 25 ist in dem neuen Geschäftsg. Ges. vom 19. Jan. 1872 unverändert geblieben.

[37] Vgl. Begründung, Verh. d. K. d. Abg. 1848 Beil. Bd. II S. 6: Es soll „eine dreimalige Berathung stattfinden und erst, wenn diese geschehen und der Beschluß von drei Viertheilen der Anwesenden und zwei Drittheilen der Stimmenden dreimal in beiden Kammern gefaßt worden ist, als Gesammtbeschluß an den König gebracht werden".

braucht, sondern daß dieselbe erst bei der Hauptabstimmung nöthig ist[38]. Der Gesetz-entwurf darf aber in seiner endgiltigen Fassung kein Wort enthalten, das nicht die Zweidrittelmehrheit in beiden Kammern erlangt hat[39].

Enthält eine Vorlage nur einzelne Verfassungsänderungen, so bedarf es der er-höhten Mehrheit nur für diese, nicht für das ganze Gesetz[40].

Es würde, wenn nicht thatsächlich die entgegengesetzte Anschauung bereits zur Gel-tung gekommen wäre[41], kaum ausdrücklich hervorzuheben sein, daß die hier erörterten Formvorschriften lediglich auf die Berathung von Gesetzentwürfen anwendbar sind, nicht dagegen dann, wenn nur eine Bitte um Verfassungsänderung an die Krone in Frage steht.

Die Mitglieder des Landtages[42] haben ein gesetzliches Interpellationsrecht[43]. Man versteht unter Interpellationen Anfragen, welche Kammermitglieder selbständig, d. h. nicht im Laufe der Verhandlung über einen Berathungsgegenstand[44], an die Staats-regierung richten. Das Interpellationsrecht ist nicht auf die Gegenstände des Wirkungs-kreises des Landtages beschränkt[45]. Die Adresse der Interpellation ist nicht der einzelne Minister, sondern die Staatsregierung, d. h. das Gesammtministerium[46].

Die Interpellationen sind kurz begründet und schriftlich dem Präsidenten zu über-geben, welcher sie sofort dem Minister mitzutheilen hat, in dessen Geschäftskreis der

---

[38] Hierüber Verh. d. K. d. R. R. 1848 Prot. Bd. III S. 429 ff.; Verh. d. K. d. Abg. 1851/52 Sten. Ber. IV S. 469—472.

[39] Dies ist zu beachten, wenn ein Entw. von einer Kammer an die andere abgeändert zurückgeht. Eine höchst erstaunliche Erörterung über diese Frage s. Verh. d. K. d. Abg. 1849/50 Sten. Ber. V S. 151 ff. Die Bemerkung des Abg. Boyé, „daß, wenn ein Verf. Ges. mit zwei Drittel Majorität beschlossen ist, eine einfache Stimmenmajorität diesen Verfassungsbeschluß nicht abändern kann", ist zweifellos richtig. Die damals geltend gemachte „Praxis", daß bei „Rückäußerungen der einen oder der andern Kammer immer nur durch einfache Majorität abgestimmt wurde", war verfassungswidrig. Zulässig ist (bei Regierungsvorschlägen) der vom Abg. Gelbert a. a. O. S. 153 angedeutete Weg. Wenn es sich um einen Initiativantrag in einer Kammer handelt, ist der Gegenvorschlag der anderen Kammer in der Kammer, von welcher der Antrag ausging, wieder nach Art. VI zu behandeln. Ob es sich um erhebliche oder unerhebliche Aenderungen frägt, ist gleichgiltig. Dagegen können selbst-verständlich im Laufe der drei Berathungen beliebige Aenderungen des ursprünglichen Antrages be-schlossen werden. Die dreimalige Berathung ist nur für den Vorschlag der Kammer als Ganzes vor-geschrieben.

[40] Eingehende Erörterungen über die Behandlung solcher Entwürfe bei der Abstimmung gibt L. v. Sarwey, Staatsrecht des Kgrs. Württemberg II S. 222 f.

[41] Vgl. oben § 92 B Ziff. 2, 4, C Ziff. 1. Im letzteren Falle war noch überdies die Petition auf eine Aenderung der Reichsverf. gerichtet. Uebereinstimmend mit der hier vertretenen Ansicht Pözl in der Rede vom 12. Juni 1865.

[42] Die Gesch. Ordn. d. K. d. R. R. § 95 erklärt als berechtigt zur Interpellation nur jene Mitglieder, welche nach der Gesch. Ordn. Anträge stellen können. Dies sind nach § 78 jene, welche legitimirt und bei der Versammlung anwesend sind. Dazu ist zu bemerken, daß das Recht der Antrag-stellung und der Interpellation ein gesetzliches Recht der Kammermitglieder ist und nicht auf der Geschäftsordnung beruht. Die Bestimmung des § 78 ist nur deshalb angängig, weil sie mit dem Ges. im Einklange steht. Beizufügen ist noch, daß auch nicht stimmfähige Reichsräthe interpelliren können.

[43] Die einschlägigen Bestimmungen des Geschäftsg. Ges. Art. 18—21 verdanken ihre Fassung dem Ausschusse der K. d. Abg. Vgl. Verh. 1849/50 Beil. Bd. I S. 268 f., Sten. Ber. II S. 444 f. Die K. d. R. R. hatte 1849 nach dem Vorbilde des Beschlusses der deutschen Nationalversammlung vom 28. Juli 1848 Vorschriften über die Interpellationen getroffen. Vgl. Beil. Bd. III S. 118 ff., Prot. Bd. II S. 142 ff. Die Art. 19—21 haben auf Antrag des Landtages durch den Landtagsabschied vom 1. Juli 1886 § 26 eine veränderte Fassung erhalten. Die Verh. sind nachgewiesen Repert. 1883/86 S. 175 f.

[44] Vgl. P. Laband, Staatsrecht des Deutschen Reichs, 3. Aufl., I S. 269 ff. Auch Verh. d. K. b. Abg. 1855/56 Sten. Ber. I S. 93.

[45] Vgl. den Ausschußbericht Verh. d. K. d. Abg. 1849/50 Beil. Bd. I S. 269 unter Ziff. 1 a.

[46] S. a. a. O. unter Ziff. 1 c. „Da es übrigens ... als wünschenswerth erscheinen muß, daß die Beantwortung einer Interpellation ... nicht bloß als die einseitige Erklärung Eines Ministers, sondern als Ausdruck der Politik und Gesinnung des Gesammtministeriums gelte und daß jedem ein-zelnen Minister allenthalben die Gelegenheit abgeschnitten werde, die Handlungen der andern zu

31*

Interpellationsgegenstand gehört⁴⁷. In der hierauf folgenden nächsten oder längstens in der zweiten Sitzung wird die übergebene Interpellation von dem Interpellanten verlesen und hierauf vor Allem die Unterstützungsfrage gestellt⁴⁸. Findet die Interpellation die nöthige Unterstützung, nemlich in der Kammer der Reichsräthe von 10, in der Kammer der Abgeordneten von 15 Mitgliedern, so hat der betreffende Minister oder dessen Vertreter sie entweder gleich zu beantworten oder den Tag zu bestimmen⁴⁹, wann dieses geschehen soll, oder die Gründe anzugeben, aus welchen die Beantwortung nicht stattfinden kann. Der Interpellant ist befugt, seine Interpellation, ehe deren Beantwortung erfolgt, mündlich zu begründen⁵⁰.

Die Interpellation kann übrigens vom Fragesteller jeder Zeit zurückgezogen werden⁵¹.

An die Beantwortung der Interpellation und an die Ablehnung der Beantwortung darf sich eine sofortige Besprechung des Gegenstandes der Interpellation anschließen, wenn in der Kammer der Reichsräthe mindestens 15, in der Kammer der Abgeordneten mindestens 25 Mitglieder darauf antragen. Die Stellung eines Antrages bei dieser Besprechung ist unzulässig. Jedem Kammermitgliede steht aber frei, die Sache in Form eines Antrages weiter zu verfolgen⁵²; dies unter der selbstverständlichen Voraussetzung, daß der Antrag in die Zuständigkeit des Landtags fällt⁵³.

Petitionen⁵⁴ nimmt die Kammer der Reichsräthe zwar an, würdigt sie aber nur dann, wenn ein Kammermitglied sich dieselben angeeignet hat. In letzterem Falle werden sie als Anträge behandelt⁵⁵.

Die Geschäftsordnung der Kammer der Abgeordneten⁵⁶ bestimmt Folgendes. Alle Petitionen, welche nicht mit einem Gegenstande in Verbindung stehen, der bereits einem Ausschusse zugewiesen ist, sind vom Petitionsausschusse zu prüfen. Findet letzterer sie

---

désavouiren, so hat der Ausschuß den weiteren Vorschlag gemacht, daß die schriftlich eingekommene Interpellation dem treffenden Minister sofort mitgetheilt und diesem hierdurch Gelegenheit gegeben werde, sich über die zu ertheilende Antwort mit seinen Collegen berathen zu können.“

⁴⁷ Geschäftsg. Ges. Art. 18. Von den hiezu gehörigen Bestimmungen der Gesch. Ordn. d. K. b. R. R. gibt jene in § 96 keinen rechten Sinn; § 98 Abs. I ist überflüssig, Abs. II sagt, daß die Interpellation „in der Regel“ „vor oder bei dem Beginn der nächsten Sitzung an die Kammermitglieder vertheilt werden“ soll. Die Einbringung von Interpellationen während der Sitzung ist schon durch den Wortlaut des Ges. ausgeschlossen. Vgl. angef. Ausschußbericht Ziff. 1 b. Uebereinstimmend Reichsrath v. Bechmann Verh. d. K. d. R. R. 1893/94 Beil. Bd. I S. 462.

⁴⁸ Geschäftsg. Ges. Art. 19 (Fassung von 1886). Dazu Gesch. Ordn. d. K. b. R. R. § 99 Abs. II.

⁴⁹ Es wird auch die Zusicherung der Beantwortung „in einer der nächsten Sitzungen“ als genügend erachtet.

⁵⁰ Geschäftsg. Ges. Art. 20 (n. F.), Gesch. Ordn. d. K. b. R. R. § 100, d. K. b. Abg. Art. 35.

⁵¹ Dies ergibt sich daraus, daß die Interpellation ein persönliches gesetzliches Recht des Kammermitgliedes ist, dessen Geltendmachung nur so weit beschränkt ist, als Art. 20 des Ges. zuläßt (Unterstützung). Man kann Niemanden zwingen zu interpelliren, der nicht will. Die Bestimmung in § 100 der Gesch. Ordn. d. K. b. R. R., daß die unterstützte Interpellation nicht mehr zurückgezogen werden kann, ist also ungiltig. Anb. Anf. Reichsrath v. Bechmann Verh. d. K. b. R. R. 1893/94 Beil. Bd. I S. 461 f. Vgl. auch die Ausführungen oben § 106 bei Anm. 46 u. § 110 Anm. 25.

⁵² Geschäftsg. Ges. Art. 21 (n. F.). Nach der früheren Fassung durfte eine weitere Verhandlung über die Anfrage und die ertheilte Antwort nicht stattfinden. Die Sache konnte nur in Antragsform weiter verfolgt werden.

⁵³ Andernfalls könnten mittels vorheriger Einbringung einer Interpellation die Bestimmungen der Verf. Urk. Tit. VII §§ 1, 19 und jene über die Grenzen des Initiativrechtes umgangen werden. § 26 des Landtagsabsch. vom 1. Juli 1886 hat an Verfassungsbestimmungen nichts geändert und nichts ändern wollen. Dies erhellt schon daraus, daß der bezügliche Gesetzesvorschlag von den Kammern nicht nach den Bestimmungen über Verfassungsänderung behandelt wurde. Vgl. über den Unterschied von Besprechung und Berathung oben § 89 Anm. 1.

⁵⁴ Ueber deren rechtliche Natur oben § 89 Anm. 31 ff.

⁵⁵ Gesch. Ordn. d. K. b. R. R. § 79.

⁵⁶ Art. 27. Vgl. darüber auch Verh. d. K. d. Abg. 1889/90 Sten. Ber. V S. 618 ff.

zur Erörterung im Hause geeignet, so ist hierüber an dasselbe zu berichten. Auf Antrag von wenigstens 10 Mitgliedern muß jede Petition zur Erörterung im Hause kommen, doch wird in diesem Falle kein besonderer Bericht erstattet⁵⁷. Alle anderen Petitionen sind in tabellarischer Zusammenstellung lediglich zur Kenntniß der Kammer zu bringen. Dasselbe gilt von solchen Petitionen, deren Inhalt, wenn auch in veränderter Fassung, einen Antrag oder eine Bitte wiederholt, die während derselben Landtagsversammlung von der Kammer abgelehnt wurden. Letztere Bestimmung findet jedoch keine Anwendung auf solche Petitionen, welche erneuert werden, nachdem inzwischen die Sitzungen des Landtages durch königliche Vertagung unterbrochen waren⁵⁸. Dem Gesuchsteller und, wenn deren mehrere sind, dem zuerst Unterzeichneten wird in jedem Falle der Bescheid des Ausschusses oder der Kammer eröffnet. Die Mittheilung geschieht unter Angabe des betreffenden Sitzungsprotokolles und des stenographischen Berichtes durch das Bureau⁵⁹ mittels besonders auszufüllender Formulare.

Beschwerden wegen Verletzung verfassungsmäßiger Rechte, welche selbstverständlich mit den erforderlichen Nachweisen zu belegen sind⁶⁰, müssen nach verfassungsgesetzlicher Bestimmung⁶¹ vorerst von dem zuständigen Ausschusse der Kammer geprüft werden. Die geschäftliche Behandlung derselben ist die nemliche, wie die der Anträge⁶². Dabei ist jedoch hervorzuheben, daß nach der Geschäftsordnung der Kammer der Reichsräthe⁶³ die Ausschußberichterstattung stets eine schriftliche sein muß. Nach derselben Geschäftsordnung⁶⁴ ist ferner, wenn inhaltlich der Beschwerdeschrift auf eine bei einem Staatsministerium eingereichte Beschwerde noch keine Entscheidung erfolgt ist, über die Richtigkeit dieses Vorbringens Aufklärung von dem betreffenden Staatsministerium zu erholen. Stellt sich dann heraus, daß seit der Eingabe an das Ministerium sechs Wochen noch nicht verflossen sind, so ist die Prüfung der Sache bis nach Umfluß dieser Zeit zu vertagen.

Die Kammern haben zwar nicht das Recht⁶⁵, aber, da es ihnen nicht verboten ist, die Möglichkeit, Adressen an den König zu richten. Nach der Geschäftsordnung der Kammer der Reichsräthe⁶⁶ wird eine Adresse an den König in der Regel nur erlassen, wenn der Landtag mit einer Thronrede eröffnet wurde⁶⁷. Sie wird in einem durch Stimmzettel gewählten Ausschusse von sieben Mitgliedern entworfen, im Hause festgestellt und dem Könige, falls er es genehmigt, durch eine Abordnung überreicht. Die Kammer der Abgeordneten wählt, so oft sie eine Adresse erlassen will, hiefür einen eigenen

---

⁵⁷ Eine Aneignung der Petitionen ist unzulässig.
⁵⁸ Kammerbeschluß vom 5. Febr. 1880. Verh. d. K. d. Abg. 1879/80 Beil. Bd. IX S. 697 ff., Sten. Ber. IV S. 825 ff.
⁵⁹ Kammerbeschluß v. 1. April 1875. Verh. d. K. d. Abg. 1875 Beil. Bd. IV S. 305, Sten. Ber. III S. 190.
⁶⁰ Vgl. Verf. Beil. X Tit. II § 33. Gesch. Ordn. d. K. d. R. R. § 76 Abf. II.
⁶¹ Geschäftsg. Ges. Abth. II Ziff. 2.
⁶² Geschäftsg. Ges. Art. 22 Abf. III—V, 23 Abf. II, 24 Abf. I, 34. Gesch. Ordn. d. K. d. R. R. §§ 45, 48 Abf. I, 52 Abf. II, 63, 76, der K. d. Abg. Art. 19 Abf. I, 21, 26. Vgl. dazu Verh. d. K. d. Abg. 1883/84, Sten. Ber. I S. 236, II S. 608 ff.
⁶³ § 76 Abf. I.
⁶⁴ § 76 Abf. III, IV. Die Bestimmungen schließen sich an Verf. Beil. X Tit. II § 33 an.
⁶⁵ Von einem Rechte spricht unrichtig die Gesch. Ordn. d. K. d. Abg. Art. 55. Hätten die Kammern ein Recht hiezu, so müßte der König ihre Adressen annehmen. Eine solche Verpflichtung des Königs besteht aber nicht. So wurde die Adresse, welche während des 27. Landtages von der K. d. Abg. beschlossen worden war, vom Könige nicht angenommen. Vgl. Verh. d. K. d. Abg. 1875/76 Sten. Ber. I S. 29—82, 101, Beil. Bd. II S. 15.
⁶⁶ §§ 31, 168.
⁶⁷ Eine Erörterung über die sehr müßige Frage, ob eine Adresse ohne vorhergegangene Thronrede statthaft sei, Verh. d. K. d. Abg. 1847 Prot. Bd. I S. 31 ff., 68 ff.

Ausschuß in der Form, wie sie für die Wahl der ständigen Ausschüsse vorgeschrieben ist. Vortragerstattung und Beschlußfassung richten sich nach den allgemeinen Bestimmungen der Geschäftsordnung [68].

2. Abschnitt.

§ 111. Der Reichstag.

Durch die Vereinigung deutscher Staaten zum Norddeutschen Bunde und später zum Deutschen Reiche sind eine Reihe von Gegenständen zu Bundesangelegenheiten geworden, bei deren Regelung nach dem Landesrechte, insbesondere auch Bayerns, die Mitwirkung des Landtages eingetreten war. Es war daher, abgesehen von politischen Erwägungen, auch sachlich gerechtfertigt, wenn den im Bundesrathe vertretenen verbündeten Herrschern ein Organ beigesellt wurde, das in seiner staatsrechtlichen Bedeutung den Landtagen der Bundesstaaten entspricht — der Reichstag [1].

Der Reichstag ist eine Versammlung, welche aus Volkswahl hervorgeht und den verbündeten deutschen Herrschern in den gesetzlich vorgesehenen Fällen bei Ausübung der gemeinsamen Hoheitsrechte zur Seite steht. Der Reichstag besitzt ebensowenig wie ähnliche Versammlungen in den Bundesstaaten eine Herrscher= oder Amtsgewalt über die Reichsangehörigen. Er steht zu dem Bundesrathe ebensowenig in einem Verhältnisse der Nebenordnung, wie der Landtag zum Könige.

Dem Reichstage kommt lediglich eine Gewalt über die eigenen Mitglieder zu. Diese gibt sich wie beim Landtage nach Innen in der Disciplin, nach Außen aber darin kund, daß der Reichstag das Recht hat, während der Dauer einer Sitzungsperiode von den Abgeordneten gewisse obrigkeitliche Handlungen abzuwehren, durch welche ihm die Theilnahme seiner Mitglieder an den Berathungen entzogen oder beeinträchtigt werden könnte. Diese Rechte sind Rechte des Reichstages als solchen, nicht persönliche Rechte des einzelnen Abgeordneten [2].

Die sachlichen Befugnisse des Reichstages enthalten eine Selbstbeschränkung in der Ausübung der Staatshoheit, welche die Verbündeten sich auferlegt haben. Demgemäß streitet für das Betheiligungsrecht des Reichstages keine Vermuthung, vielmehr muß dasselbe überall durch einen Rechtssatz begründet werden. Nach der Gestaltung aber, welche das Reichsrecht durch Verfassung und Gesetzgebung erhalten hat, gibt es kein Gebiet staatlichen Wirkens, welches dem Reichstage gänzlich fremd wäre. Seine Zuständigkeiten greifen in die Gesetzgebung und in die Regierung ein. Sie berühren ferner die Regierungsthätigkeit in ihrer Richtung nach Außen wie nach Innen.

Die Formen, in welchen der Reichstag an der Ausübung der gemeinsamen Hoheitsrechte der Verbündeten sich betheiligt, sind ähnlich, wie beim Landtage die Mitwirkung, die Genehmigung, die Kenntnißnahme und die Ueberweisung.

Dem Reichstage ist durch Artikel 23 der Reichsverfassung das Recht verliehen, an ihn gerichtete Vorstellungen (Petitionen) an den Bundesrath oder an den Reichskanzler zu überweisen, je nachdem sie ihrem Gegenstande nach in die Zuständigkeit des ersteren oder des letzteren, bzw. des Präsidiums fallen.

---

[68] Gesch. Ordn. d. K. d. Abg. Art. 55, Kammerbeschluß v. 2. Oct. 1875. Verh. d. K. d. Abg. 1875/76 Sten. Ber. I S. 11 ff., 16 f.

[1] Der folgenden Darstellung liegt meine Abhandlung „der deutsche Reichstag", Annalen des Deutschen Reiches 1880 S. 352 ff., zu Grunde. S. ferner P. Laband, Staatsrecht des Deutschen Reiches, 3. Aufl., I S. 255 ff.

[2] Näheres in meiner angef. Abh. S. 352—356.

Ein Recht des Reichstages, Petitionen entgegenzunehmen, oder ein Recht, Petitionen an denselben zu richten, besteht nicht. Aber weder das Eine, noch das Andere ist verboten. Es gibt überhaupt keine gesetzlichen Vorschriften über den Verkehr des Reichstages mit Privatleuten oder von Privatleuten mit dem Reichstage. Dem Reichstage ist z. B. nirgends untersagt, Auskunftspersonen oder Sachverständige schriftlich oder mündlich einzuvernehmen. Aber der Reichstag hat auch kein Recht auf solche Einvernahme; er würde, wenn er sie bewerkstelligen wollte, lediglich auf den guten Willen der Betreffenden angewiesen sein. Diesem Stande der Sache entspricht die Uebung des Reichstages, nur mit den Organen der Bundesgewalt in Beziehung zu treten.

Der Reichstag hat nicht die Rechte einer juristischen Person. Er kann sonach kein Vermögen besitzen und vor Gericht weder klagen, noch beklagt werden. Die zu seinem Gebrauche dienenden Gegenstände sind Eigenthum des Reiches. Die besoldeten Beamten des Reichstages sind Reichsbeamte[3].

Der Reichstag entsteht zwar durch Volkswahl, aber er ist ebensowenig wie der Landtag eine Volksvertretung im Rechtssinne[4].

Aus der Stellung des Reichstages als Organ, wenn auch nicht Vertretung der Beherrschten gegenüber den Herrschern ergibt sich, daß letztere weder Mitglieder des Reichstages sein, noch bei dessen Entstehung mitwirken können.

Ueber die Entstehung des Reichstages enthält die Verfassung nur den einzigen Satz in Artikel 20 Absatz I: „Der Reichstag geht aus allgemeinen und directen Wahlen mit geheimer Abstimmung hervor." Dieser Satz hat seine nähere Durchführung durch das Wahlgesetz vom 31. Mai 1869[5] und das Wahlreglement vom 28. Mai 1870[6] erfahren, welche in Bayern als Beilagen VI und VII der königlichen Erklärung vom 30. Januar 1871[7] verkündet worden sind[8]. Bezüglich der Fähigkeit und des Rechtes, zu wählen und gewählt zu werden, trifft ausschließlich das Wahlgesetz Bestimmung; bezüglich des Wahlverfahrens in erster Linie das Gesetz, soweit aber dieses noch Raum für nähere Vorschriften läßt, das Reglement. Das Reglement ist eine Verordnung des Bundesrathes. Es darf nur einheitliche und für das ganze Bundesgebiet giltige Bestimmungen geben. Es kann nur unter Zustimmung des Reichstages abgeändert werden[9].

Die Voraussetzungen der Wahlfähigkeit zum Reichstage sind Reichsangehörigkeit, männliches Geschlecht und vollendetes 25. Lebensjahr[10]. Die Gründe des Ausschlusses von der Wahlfähigkeit entsprechen jenen, welche von der Wahlfähigkeit zur bayerischen Abgeordnetenwahl ausschließen[11].

Die Wahlberechtigung ist außer durch die Wahlfähigkeit noch durch den Wohnsitz innerhalb des Bundesgebietes bedingt und besteht nur für den Wahlbezirk oder die Wahlbezirke der Wohnsitzgemeinde[12]. Formelle Voraussetzung ihrer Geltendmachung ist der Eintrag in die Wahlliste[13]. Das Wahlrecht ist in demselben Sinne höchst persönlich wie das bayerische Abgeordnetenwahlrecht. Die Ausübung dieses Rechtes steht unter dem Schutze einer Mehrzahl öffentlichrechtlicher Bestimmungen[14].

---

[3] Reichsbeamtenges. vom 31. März 1873 § 156 Abs. I.
[4] Näheres in meiner Abh. S. 358.
[5] B. G. Bl. S. 145. Handausgabe (mit den bayer. Vollz. Vorschr.) von K. Rasp, München 1890.
[6] B. G. Bl. S. 275, 488.   [7] S. oben § 73 Anm. 5.
[8] G. Bl. 1870/71 S. 255, R. G. Bl. 1871 S. 35.
[9] Wahlges. § 15.   [10] Wahlges. § 1.
[11] Näheres in meiner Abh. S. 360 ff. S. auch A. Bl. d. Staatsmin. d. Innern 1872/73 S. 611; Weber X S. 368, XVI S. 100.
[12] Wahlges. § 7. Näheres a. a. O. S. 362 f.
[13] Wahlges. § 8 Abs. II.
[14] Angef. Abh. S. 364 f. Ueber Wählerversammlungen unten § 293 Anm. 50.

Die Wählbarkeit zum Reichstagsabgeordneten erfordert mindestens einjährigen Besitz der Reichsangehörigkeit, männliches Geschlecht und vollendetes 25. Lebensjahr, sowie Nichtvorhandensein der Verhältnisse, welche von der Wahlfähigkeit ausschließen, die Zugehörigkeit zum Soldatenstande ausgenommen[15].

Die Zahl der Reichstagsabgeordneten vertheilt sich nach Bundesstaaten[16]. Von den 382 Reichstagssitzen treffen 48 auf Bayern[17].

Die Wahl der Abgeordneten erfolgt nach Wahlkreisen. Jeder Abgeordnete wird in einem besonderen Wahlkreise gewählt. Die Abgrenzung der Wahlkreise geschieht durch Reichsgesetz[18]. Die dermalige Wahlkreiseintheilung beruht für Bayern auf Abschnitt III § 2 des Bündnißvertrages vom 23. November 1870[19] mit Bundesrathsverordnung vom 27. Februar 1871[20]. Jeder Wahlkreis wird zum Zwecke der Stimmabgabe in kleinere Bezirke (Wahlbezirke, Stimmbezirke) getheilt[21]. Deren Abgrenzung erfolgt in Bayern durch die Districtsverwaltungsbehörden[22].

Die Reichstagswahlen sind theils allgemeine, theils besondere (Nach- und Ersatz-) Wahlen.

Bezüglich der Vornahme der allgemeinen Wahlen gelten folgende verfassungsmäßige Bestimmungen.

Der Reichstag ist alle fünf Jahre, vom Tage der letzten allgemeinen Wahl an gerechnet, durch Wahl zu erneuern. Innerhalb der Wahlperiode kann durch Beschluß des Bundesrathes unter Zustimmung des Kaisers die Erneuerung des Reichstages (Auflösung) verfügt werden[23].

Der Tag für die Abhaltung der allgemeinen Wahlen wird vom Kaiser durch Verordnung bestimmt[24]. Bezüglich der Festsetzung des allgemeinen Wahltages ist der Kaiser in verschiedener Weise gebunden, je nachdem die allgemeinen Wahlen infolge Auflösung des Reichstags oder infolge Ablaufs der Wahlperiode nöthig wurden. Im ersten Falle darf der Wahltag nicht über den 60. auf die Auflösung folgenden Tag hinaus angesetzt werden[25]. Im zweiten Falle muß der Wahltag so anberaumt werden, daß die verfassungsmäßige Verpflichtung zur alljährlichen Berufung des Reichstags[26] erfüllt werden kann.

Der Tag für die Abhaltung der besonderen Wahlen wird in Bayern von den Kreisregierungen, Kammern des Innern, bestimmt[27].

Das gesammte Wahlgeschäft zerfällt in zwei Hauptabschnitte, die Vorbereitung der Wahl und die Wahlhandlung. Die Kosten des Wahlgeschäftes sind von den Gemeinden zu tragen. Eine Ausnahme bilden nur die Kosten für die Druckformulare zu den Wahlprotokollen und für die Ermittelung des Wahlergebnisses in den Wahlkreisen, welche von den Bundesstaaten zu bestreiten sind[28].

---

[15] Wahlges. § 4.   [16] Wahlges. § 5 Abf. I.
[17] Reichsverf. Art. 20 Abf. II.   [18] Wahlges. § 6.
[19] „Für die erste Wahl zum Reichstage wird die Abgrenzung der Wahlbezirke in Bayern in Ermangelung bundesgesetzlicher Feststellung von der k. bayer. Regierung bestimmt werden." Dies geschah durch Bek. vom 1. Febr. 1871 (Weber VIII S. 720).
[20] B. G. Bl. S. 35. Uebersicht der bayer. Wahlkreise nach der Verwaltungseintheilung von 1879 Weber XV S. 428.
[21] Wahlges. § 6 Abf. II.
[22] Regl. § 6, Nachtrag zu Anlage D, R. G. Bl. 1871 S. 44. Ueber die Vorschriften, welche bei der Abgrenzung zu beobachten sind, Wahlges. § 6 und Regl. § 7, dann meine Abh. S. 368 f.
[23] Reichsverf. Art. 24; R. Ges. vom 19. März 1888 (R. G. Bl. S. 110).
[24] Wahlges. § 14.   [25] Reichsverf. Art. 25.
[26] Reichsverf. Art. 13.
[27] Nachtrag zu Anlage D des Regl. (R. G. Bl. 1871 S. 44).
[28] Wahlges. § 16.

Die Vorbereitung der Wahl erfolgt nach Wahlbezirken. Sie besteht in der Herstellung der Wählerliste, der Bezeichnung der Räumlichkeit für die Vornahme der Wahl, der Ernennung des Wahlvorstehers und seines Stellvertreters, sowie des Wahlvorstandes [29].

Die Wählerliste ist keine ständige Liste, sondern eine Liste für eine bestimmte Wahl. Sie muß daher regelmäßig für jede Wahl neu abgefaßt werden, und es ist die Benutzung der für eine frühere Wahl angefertigten Wählerliste unzulässig. Nur bei einzelnen Neuwahlen, welche innerhalb eines Jahres nach der letzten allgemeinen Wahl stattfinden, bedarf es einer neuen Aufstellung und Auslegung der Wählerliste nicht [30]. Die Liste wird, wenn der Wahlbezirk mit einer Gemeindemarkung zusammenfällt, für die Gemeinde; wenn die Gemeinde in Wahlbezirke abgetheilt ist, für jeden Wahlbezirk; wenn der Wahlbezirk aus mehreren Gemeinden besteht, für jede Gemeinde aufgestellt, letzteren Falles in der Weise, daß die vom Wahlvorsteher zusammenzuheftenden Gemeindelisten die Bezirksliste bilden [31]. Die Aufstellung der Listen erfolgt durch den Gemeindevorstand, d. h. unter dessen Leitung und Verantwortung. Sie geschieht in einer Haupt- und in einer Zweitausfertigung nach Formular A des Wahlreglements [32]. Die Hauptausfertigung der Liste ist zu Jedermanns Einsicht auszulegen. Dies darf nicht vor Festsetzung des Wahltages, muß aber spätestens vier Wochen vor dem Wahltage geschehen. Der Tag, mit welchem die Auslegung ihren Anfang nimmt, wird in Bayern durch das Staatsministerium des Innern [33] bestimmt [34]. Ueber Einsprachen gegen die Wählerliste entscheidet die Districtsverwaltungsbehörde.

Die Bestimmung der Räumlichkeiten für die Vornahme der Wahl, dann der Wahlvorsteher und deren Stellvertreter geschieht gleichfalls durch die Districtsverwaltungsbehörde [35].

Auf die Vorbereitung der Wahl folgt das Wahlverfahren, bestehend aus der Wahlhandlung, der Ermittelung des Wahlergebnisses für die Wahlbezirke und der Zusammenstellung desselben für den Wahlkreis [36].

Die Wahl ist geheim [37] und erfolgt durch Stimmzettel in ähnlicher Weise wie bei den bayerischen Abgeordnetenwahlen.

Der Wahlcommissär, welcher den Vorsitz in der Commission zur Ermittelung des Wahlergebnisses im Wahlkreise zu führen hat, wird in Bayern von der Kreisregierung, Kammer des Innern, ernannt [38].

Gewählt ist derjenige, welcher die absolute Mehrheit der im Wahlkreise abgegebenen giltigen Stimmen erhalten hat. Mangels eines solchen Ergebnisses findet Stichwahl zwischen jenen zwei Candidaten statt, die im ersten Wahlgange die meisten Stimmen erhalten haben [39].

Der Reichstag prüft die Legitimation seiner Mitglieder und entscheidet darüber [40]

---

[29] Wahlges. § 8, Regl. §§ 8, 10.

[30] Wahlges. § 8 Abs. III; Regl. § 34 Abs. III.

[31] Regl. § 1 Abs. I, II, § 5 Abs. II.

[32] Regl. § 1 Abs. I; meine Abh. S. 371.

[33] Nachtrag zu Anlage D des Regl. (R. G. Bl. 1871 S. 44).

[34] Ueber das weitere Verfahren Wahlges. §§ 8, 9, Regl. §§ 2—5, 10; meine Abh. S. 371 ff.

[35] Nachtrag zu Anlage D des Regl.

[36] Wahlges. §§ 9—12, Regl. §§ 5, 9, 11 ff. Näheres in meiner Abh. S. 373 ff. u. Weber XII S. 480.

[37] Reichsverf. Art. 20 Abs. I.

[38] Nachtrag zu Anlage D des Regl. An die Kreisregierungen sind auch die Wahlverhandlungen behufs Uebermittlung an das Bureau des Reichstages zu senden.

[39] Wahlges. § 12, Regl. § 28 ff. Vgl. meine Abh. S. 383 f.

[40] Reichsverf. Art. 20.

in ähnlichem Verfahren und nach ähnlichen Rechtsgrundsätzen, wie die bayerische Abgeordnetenkammer über die Legitimation der Abgeordneten[41].

Die Eigenschaft eines Reichstagsabgeordneten erlischt[42] durch Verzicht, Wegfall
der Wählbarkeit, Eintritt in ein Reichs- oder Staatsamt, sowie Aufrücken in einem
solchen[43] und Annahme der Ernennung zum Bundesrathsmitgliede[44].

Der Reichstagsabgeordnete[45] genießt als solcher besonderen strafrechtlichen Schutz[46]
und Unverantwortlichkeit wegen seiner Abstimmungen und der in seinem Berufe gethanen
Aeußerungen[47]. Reichstagsabgeordnete, welche im Dienste des Reiches, des Staates,
der Gemeinde oder Kirche oder in einem sonstigen öffentlichen Dienstverhältnisse stehen,
bedürfen keines Urlaubes zum Eintritte in den Reichstag[48]. Die Reichstagsmitglieder
erhalten keine Besoldung oder Entschädigung[49].

Der Reichstag wird durch kaiserliche Verordnung mindestens einmal jährlich berufen. Bei Auflösung eines Reichstages muß der neugewählte Reichstag innerhalb
90 Tagen, vom Tage nach der Auflösung gerechnet, versammelt sein. Der Reichstag kann
nicht ohne den Bundesrath berufen werden[50].

Der Kaiser eröffnet, vertagt und schließt den Reichstag Namens der Verbündeten[51].
Vertagung kann ohne Zustimmung des Reichstages nicht auf länger als 30 Tage und
nicht wiederholt in derselben Session eintreten[52].

Organisation, Disciplin und Geschäftsgang des Reichstages werden, soweit sie
nicht durch Verfassung oder Gesetz geregelt sind, durch den Reichstag selbst in der Geschäftsordnung bestimmt[53].

Die Verhandlungen des Reichstages sind öffentlich[54]. Zur giltigen Beschlußfassung ist die Anwesenheit der Mehrheit der gesetzlichen Mitgliederzahl erforderlich.
Die Beschlußfassung erfolgt mit absoluter Stimmenmehrheit[55].

3. Abschnitt.

Die Staatsbehörden.

I. Hauptstück.

§ 112. Das Recht der Behördeneinrichtung.

Eine Behörde[1] ist eine Person oder eine Mehrheit von Personen, welcher staatliche Geschäfte in bestimmtem Umfange zur Wahrnehmung anvertraut sind. Insoferne
aber das öffentliche Recht das Vorhandensein der Behörden und deren Zuständigkeiten

---

[41] Näheres in meiner Abh. S. 386 ff.
[42] Vgl. darüber meine Abh. S. 396 ff.
[43] Reichsverf. Art. 21 Abs. II.　　　　[44] Reichsverf. Art. 9.
[45] S. zum Folgenden meine Abh. S. 401 ff.
[46] R. St. G. B. §§ 106, 339.
[47] Reichsverf. Art. 30. Vgl. P. Laband a. a. O. I S. 314.
[48] Reichsverf. Art. 21 Abs. I. S. außerdem R. G. B. G. §§ 35 Ziff. 1, 85 Abs. II, R. Ges. vom
27. Juli 1877 (R. G. Bl. S. 549) § 10 Abs. II Ziff. 1.
[49] Reichsverf. Art. 32.　　　　[50] Reichsverf. Art. 12, 13, 25.
[51] Reichsverf. Art. 12.　　　　[52] Reichsverf. Art. 26.
[53] Reichsverf. Art. 27. Dazu meine Abh. S. 408 ff.
[54] Reichsverf. Art. 22.　　　　[55] Reichsverf. Art. 28.
[1] Ueber die Anwendung der Ausdrücke Behörde und Amt, die eine sehr schwankende ist,
E. Löning, Lehrb. des deutschen Verw. Rechts S. 29 ff. P. Laband, Staatsrecht des Deutschen
Reichs, 3. Aufl., I S. 322 ff. Vgl. auch G. Meyer bei G. Schönberg, Handb. der polit. Oekonomie
III S. 719 ff., O. v. Sarwey im Handb. des öff. Rechts I, 2 S. 96.

dauernd festsetzt, erscheint die Behörde, unbeschadet dessen, daß sie nur in Personen sich verkörpern kann, ähnlich wie das Königthum², als Einrichtung. Dies darf jedoch nicht dazu verleiten, die Behörde zu einer selbständigen Persönlichkeit³ zu erheben. Sie ist dies nicht im Verhältnisse zum Herrscher; denn diesem ist sie nur ein Werkzeug. Sie ist es nicht nach Außen; denn nach Außen wirken die lebendigen Personen der Amtsträger kraft persönlichen Auftrages. Wenn die Wirksamkeit der amtlichen Handlungen vom Wechsel der Amtsinhaber unberührt bleibt, so erklärt sich dies wie beim Herrscher daraus, daß die Amtsinhaber durch ihre Thätigkeit eine bleibende staatliche Einrichtung in das Leben übertragen.

Die Befugniß zur Schaffung der Behörden, welche bei Erfüllung der Staatsaufgaben nothwendig sind, ist mit der Staatsgewalt von selbst gegeben. Die Frage, ob die „Organisationsgewalt" ein Bestandtheil der „vollziehenden" oder der „gesetzgebenden Gewalt" sei, hat Bedeutung für das Staatsrecht jener Staaten, welche von der Lehre der Gewaltentheilung beherrscht oder beeinflußt sind. Faßt man die Gesetzgebung im materiellen Sinne als Schaffung von Rechtsvorschriften, dann ist wohl klar, daß die Schaffung von Behördeneinrichtungen nicht unter diesen Begriff fällt. Faßt man die Gesetzgebung im formellen Sinne als den Inbegriff der staatlichen Willensakte, bei welchen eine Mitwirkung des Landtages eintritt, dann ist es eine Frage des einzelnen Staatsrechtes, ob und inwieweit die Behördeneinrichtung dem Gesetzgebungsgebiete anheimfällt. Nach einem allgemeinen Grundsatze ist diese Frage schlechterdings nicht zu beantworten. Es bewährt sich auch auf diesem Gebiete die Unzulänglichkeit der Lehre von der Gewaltentheilung. Die naturnothwendige Einheitlichkeit der Staatsgewalt macht sich geltend. Es ist geradezu unmöglich, die Aufgaben der Gesetzgebung und der Regierung in Bezug auf die Behördeneinrichtung zwischen zwei selbständige Gewalten durch einen glatten Schnitt zu theilen. Denn die Gestaltung der Gesetzgebung und die Behördenverfassung bedingen sich vielfach gegenseitig. Und so kann unter Umständen die Natur der Verhältnisse dazu führen, die Einrichtung der Behörden durch formelles Gesetz zu binden. Aber man wird darin niemals das Walten eines staatsrechtlichen Grundsatzes, sondern nur die Wirkung von Erwägungen der Zweckmäßigkeit zu erblicken haben.

Das bayerische Staatsrecht kennt keine „Organisationsgewalt" als einen besonderen Bestandtheil der gesetzgebenden oder vollziehenden Gewalt, dies schon deshalb nicht, weil die bayerische Verfassungsurkunde von einer Theilung der Gewalten nichts weiß.

Unsere Verfassungsurkunde erklärt⁴, daß der König als Oberhaupt des Staates alle Rechte der Staatsgewalt in sich vereinigt und unter den verfassungsmäßigen Bestimmungen ausübt. Diesem Satze zu Folge⁵ ist auch das Recht der Behördeneinrichtung ein Recht der Krone⁶, und es kann sich nur fragen, ob es verfassungsmäßige Bestim-

---

² Vgl. oben § 56 Anm. 6, 7.
³ Die Schriftsteller über die Frage sind angeführt von E. Bernatzik, Archiv f. öff. Recht V S. 169 ff.
⁴ Tit. II § 1.
⁵ So auch E. Löning, Lehrb. des deutschen Verw. Rechts S. 57 Anm. 4. Vgl. H. A. Zachariä, deutsches Staats- u. Bundesrecht II S. 8 ff.
⁶ Dies ist hervorgehoben in den Landtagsabsch. vom 15. Aug. 1828 (G. Bl. S. 17) Abschn. I D, vom 29. Dec. 1831 (G. Bl. S. 57) Abschn. III Ziff. 3, vom 29. Juli 1876 (G. u. V. Bl. S. 507) Abschn. I § 2 Abf. III. („Gegenüber den Beschlüssen des Landtags hinsichtlich der Frage der Reorganisation des forstlichen Unterrichts, sowie der postulirten Exigenz für den obersten Schulrath und für eine fünfte Lateinschule der humanist. Gymnasien wollen wir Unser Recht, das Unterrichtswesen nach Maßgabe der Bedürfnisse desselben zu organisiren, ausdrücklich vorbehalten haben.")

mungen gibt, welche die Ausübung dieses Rechtes an die Zustimmung oder Mitwirkung des Landtages binden.

Die Mitwirkung des Landtages ist nach bayerischem Staatsrechte im Wesentlichen auf zwei Gebiete der Staatsthätigkeit beschränkt: auf die Gesetzgebung und auf die Führung des Staatshaushaltes.

Es ist zu untersuchen, ob sich hieraus für die Krone eine Beschränkung in der Ausübung ihres Rechtes der Behördeneinrichtung ergibt.

Hinsichtlich der Gesetzgebung sagt die Verfassung [7]: „Ohne den Beirath und die Zustimmung der Stände des Königreichs kann kein allgemeines neues Gesetz, welches die Freiheit der Personen und das Eigenthum der Staatsangehörigen betrifft, erlassen, noch ein schon bestehendes abgeändert, authentisch erläutert oder aufgehoben werden." Hienach ist klar, daß die Behördeneinrichtung dem Gebiete der Gesetzgebung im formellen Sinne nicht überwiesen ist. Das Recht der Krone ist also nach dieser Richtung grundsätzlich nicht beschränkt. Allein die Verfassung verwehrt nicht, das Gebiet der formellgesetzlichen Regelung über den angegebenen Umkreis auszudehnen [8]. Es können daher im einzelnen Falle Bestimmungen organisatorischer Natur durch formelles Gesetz getroffen werden. Ist dies geschehen, dann ist insoweit das Organisationsrecht der Krone gebunden und können Aenderungen der erlassenen Vorschriften nur wieder im Wege des formellen Gesetzes bewirkt werden. Das Nemliche gilt in entsprechender Weise auch da, wo durch Reichsgesetz organisatorische Verfügungen für die Bundesstaaten erlassen worden sind [9]. Es läßt sich also, wie hieraus ersichtlich ist, zwar als allgemeiner staatsrechtlicher Grundsatz aussprechen, daß das Recht der Behördeneinrichtung regelmäßig dem Könige unbeschränkt zukömmt, dagegen sind die Ausnahmen von dieser Regel in keine allgemeine Formel zu fassen.

Hier kann nur erörtert werden, welcher Art diese formell-gesetzlichen Beschränkungen des Organisationsrechtes möglicher Weise sind. Dies wird sich aus der Betrachtung dessen ergeben, was in dem Begriffe der Behördeneinrichtung enthalten ist. Dieselbe umfaßt die Zusammensetzung und innere Gestaltung der Behörden, deren sachliche und örtliche Zuständigkeit und damit das Verhältniß der Ueber- und Unterordnung, deren Zahl, endlich, in einem weiteren Sinne, auch die Ordnung ihres Geschäftsganges [10] und die Besetzung.

Auf alle diese Punkte oder auch nur auf einen oder mehrere kann sich die formellgesetzliche Regelung beziehen. Es hätte keinen wissenschaftlichen Werth, an dieser Stelle das gesammte bestehende Behördensystem nach dem Gesichtspunkte zu untersuchen, wie weit dasselbe durch formelles Gesetz festgelegt ist. Nur einige Gedanken, welche für die Auslegung der Gesetze im einzelnen Falle wichtig sind, mögen hier entwickelt werden.

Es kömmt nicht selten vor, daß Gesetze bestimmte Behörden im Zusammenhange mit bestimmten auszuübenden Befugnissen erwähnen. Hier ist aus der Absicht des Gesetzes zu ermitteln, welche Bedeutung diese Erwähnung für das Organisationsrecht hat [11].

---

[7] Tit. VII § 2.

[8] Vgl. unten § 203 Anm. 22 ff.

[9] Wie z. B. hinsichtlich der Gerichtsverfassung, der Einführung von Fabriken- u. Gewerbeinspectoren u. dgl.

[10] Ueber den dienstlichen schriftlichen Verkehr vgl. Bek. vom 6. April 1874 u. 28. Oct. 1876 (Weber X S. 240, 259; XI S. 660).

[11] Zu allgemein und daher nicht zutreffend ist es, wenn E. Löning, Lehrb. des deutschen Verw.Rechts S. 58, gegen R. Gneist, Gesetz u. Budget S. 70 ff., sagt: „Ist durch Ges. einer bestehenden Behörde die Vollziehung bestimmter staatlicher Functionen überwiesen worden, so kann ihre Zuständigkeit in dieser Beziehung auch nur durch ein Ges. abgeändert werden, wie auch nach Aufhebung der Behörde nur durch ein Ges. einer andern Behörde diese Zuständigkeit zugewiesen werden kann."

Die Vermuthung wird regelmäßig für diejenige Auslegung sprechen, welche das Organisationsrecht am wenigsten beschränkt.   Nennt das Gesetz eine Behörde sui generis, und
überweist es dieser eine bestimmte Aufgabe, so folgt daraus, daß diese Behörde bestehen
und daß ihr die genannte Aufgabe zugewiesen sein muß.   Im Uebrigen waltet das
Organisationsrecht der Krone, soweit das Gesetz nicht bestimmt, frei¹².   Nennt das Gesetz
Behörden einer bestimmten Art, und verleiht es denselben gewisse Zuständigkeiten, so
wird das Organisationsrecht der Krone dahin gebunden, daß Behörden solcher Art und
mit solcher Zuständigkeit bestehen müssen.   Diese Wirkung tritt auch dann ein, wenn das
Gesetz an vorhandene, durch Verordnung geschaffene Behördeneinrichtungen anknüpft¹³.
Bezeichnet das Gesetz für gewisse Angelegenheiten Eine Behörde aus der Zahl von Behörden bestimmter Art mit Rücksicht auf ihren sachlichen oder örtlichen Wirkungskreis
als zuständig, so ist zu prüfen, in welcher Absicht dies geschehen ist, ob lediglich als Bezugnahme auf den bestehenden Zustand oder mit dem Zwecke der formell-gesetzlichen Fest-
legung.   Im Zweifel ist das erstere anzunehmen.   Die Uebung seit dem Erlasse der Verfassungsurkunde bestätigt dies.   Insbesondere ist stets unbedenklich daran festgehalten
worden, daß die Bezugnahme eines Gesetzes auf ein bestimmt bezeichnetes Ministerium
kein Hinderniß für verordnungsmäßige Aenderungen in der Vertheilung der ministeriellen
Zuständigkeiten bildet¹⁴.

       Das Organisationsrecht der Krone erfährt, abgesehen von unmittelbaren formell-
gesetzlichen Beschränkungen, auch noch eine mittelbare Einschränkung durch das Budgetrecht des Landtages.   Die nähere Erörterung des Inhaltes dieses Budgetrechtes muß der
Darstellung des Finanzrechtes vorbehalten bleiben.   Hier sind nur jene Hauptsätze des
bayerischen Budgetrechtes hervorzuheben, welche auf das Recht der Behördeneinrichtung
Einfluß äußern.

       Das Budget ist nach bayerischem Staatsrechte auch formell kein Gesetz.   Es wird
vom Landtage geprüft und, wenn es nach erzielter Vereinbarung mit der Staatsregierung Grundlage der Steuerbewilligung geworden ist, wird es zu einer für die Staatsregierung bindenden Verwaltungsvorschrift¹⁵.   Das Budget kann nach bayerischem
Staatsrechte um so weniger für ein formelles Gesetz erachtet werden, als staatsrechtlich
die Möglichkeit einer Steuerbewilligung ohne vereinbartes Budget besteht, die Möglich-

---

       ¹² Ein Beispiel bietet Verf. Urk. Tit. VII § 30: „Der König allein sanctionirt die Ges. und
erläßt dieselben mit ... Anführung der Vernehmung des Staatsraths." S. auch Tit. X
§§ 1, 5, Beil. IX § 15.   Ein anderes bemerkenswerthes Beispiel ist Verf. Anh. II § 6: „Die bisherige
Verf. der Districtsdecanate und Districtsschulinspectionen, sowie der übrigen Mittelorgane wird beibehalten."   Ebenso ist in Anh. II die Einrichtung des Oberconsistoriums und der Consistorien geregelt.
Vgl. ferner Verf. Urk. Tit. VII §§ 14, 16 (Schuldentilgungs-Commission u. =Kasse).
       ¹³ Ein Beispiel hiefür bietet das Ges. vom 8. Aug. 1878, betr. die Errichtung eines V. G. H.'s ꝛc.,
hinsichtlich der Kreisregierungen und Districtsverwaltungsbehörden.
       ¹⁴ Es ist im Allg. in der bayer. Gesetzgebung selten, daß sie bestimmte Ministerien als zuständig
nennt.   Besonders die neuere Gesetzgebung gebraucht Wendungen wie: die k. Staatsregierung oder das
zuständige Staatsministerium.   Die früher öfters gebrauchte Schlußformel, daß diese oder jene Ministerien mit dem Vollzuge des Ges. beauftragt seien, wird nicht mehr angewendet.   Ein Staatsrathsbeschluß
vom 21. Sept. 1850 begutachtete deren Weglassung für die Zukunft.   Die Verf. Urk. bezeichnet an
zahlreichen Stellen, außer andern Behörden, auch bestimmte Ministerien, so Beil. II §§ 53, 54, 61, 92,
98, Beil. III §§ 8, 9, Beil. VI § 92, Anhang II § 1 und Abschn. IV das Ministerium des Innern,
Beil. V §§ 3, 9, 18 (vgl. Tit. II § 12) das Ministerium des k. Hauses; Beil. IV §§ 8, 10, Beil. VII
§§ 16, 31 das Justizministerium   Dies hat indessen z. B. nicht gehindert, eine Reihe verfassungsmäßiger Zuständigkeiten vom Ministerium des Innern im Wege der Verordn. auf das Ministerium
des Innern für K. u. Sch. Ang. zu übertragen.   Meinungsverschiedenheiten in dieser Frage, wie sie in
Preußen vorgekommen sind (vgl. darüber R. Gneist, Gesetz u. Budget S. 70 ff., L. v. Rönne, Staatsrecht der preuß. Monarchie I S. 423 ff.), sind hienach in Bayern nicht möglich.
       ¹⁵ Verf. Urk. Tit. VII §§ 3, 4; Verfassungsverständniß von 1843 (Weber III S. 477) § 3
Vgl. unten § 255.

keit also einer einseitigen Festsetzung des Budgets durch die Staatsregierung[16]. Daraus ergibt sich zunächst, daß die Lehre von einer „Organisation durch das Budget"[17], wie im Allgemeinen, so für das bayerische Staatsrecht insbesondere keinen Boden hat[18]. Dagegen erzeugt der Umstand, daß durch die Steuerbewilligung auf Grund vereinbarten Budgets alle Staatseinnahmen auf bestimmte Staatsausgaben zugewiesen sind, eine Beschränkung des Organisationsrechtes dann, wenn eine beabsichtigte neue Einrichtung Geldmittel erheischt[19]. Da die vorhandenen Mittel durch das Budget vergeben sind, so kann in solchem Falle das Organisationsrecht der Krone erst dann geübt werden, wenn durch Bereitstellung der erforderlichen Mittel im Budget die finanzielle Grundlage hiefür gegeben ist[20].

Es hängt von dem Grade der Unterabtheilung (Specialisirung) des Budgets ab, wie weit die Gebundenheit der Staatsregierung in organisatorischer Beziehung reicht. Dabei ist hervorzuheben, daß die Nichtbenützung der für eine Einrichtung verfügbaren Mittel der Staatsregierung die rechtliche Möglichkeit nicht gibt, die frei gewordenen Mittel für eine beliebige andere Einrichtung zu verwenden[21].

---

[16] Vgl. Verfassungsverständniß § 4.

[17] Vgl. R. Gneist, Gesetz u. Budget S. 88 ff.; A. Arndt, das Verordnungsrecht des Deutschen Reichs ꝛc., Berlin u. Leipzig 1884, S. 156 f.

[18] In Bayern zweifelt daher Niemand daran, daß die Staatsregierung an der Aufhebung einer Behörde nicht deßhalb gehindert ist, weil für dieselbe ein Ansatz im Budget steht.

[19] Vgl. hieher die Erörterungen von Gneist in der angef. Schrift u. L. v. Rönne, Staatsrecht der preuß. Monarchie I S. 423 ff.

[20] So wurde z. B. für die neue Einrichtung des Forstwesens (Verordn. vom 19. Febr. 1885, G. u. V. Bl. S. 29) vorher Verständigung mit dem Landtage gesucht. Vgl. auch Verh. d. K. d. Abg. 1887/88 Sten. Ber. I S. 72 (Abg. Walter), II S. 264 Berichterstatter Dr. Daller: „Ich habe mir erlaubt, im Finanzausschusse hervorzuheben, daß wir das Organisationsrecht der Krone anerkennen, solange dasselbe ohne besondere Bewilligung durchgeführt werden könne, daß aber das Organisationsrecht der Krone dann beschränkt resp. bedingt sei, wenn Kosten für die neue Organisation aufgewendet werden müßten, und daß eben eine solche, Kosten mit sich bringende Organisation von der k. Staatsregierung auch in eigener Competenz nicht durchgeführt werden könne, ohne die Bewilligung des Landtags für die hierauf bezüglichen Kosten zu haben. Diese staatsrechtlichen ... Entwickelungen haben S. E. der Herr Staatsminister (Dr. Frhr. v. Lutz) ausdrücklich als die richtigen anerkannt." Vom Vorsitzenden des Finanzausschusses war ausgesprochen worden: „Es sei nunmehr zu constatiren, daß der k. Staatsminister anerkenne, daß das Organisationsrecht der Krone, wenn zur Ausübung desselben staatliche Mittel erforderlich seien, nicht unabhängig sei von der Bewilligung des Landtags ...". Staatsregierung und Landtag haben sich hienach auf den Standpunkt gestellt, der oben vertreten ist.

[21] Bloße Umgestaltungen, die den Zweck und den Umfang der Willigung nicht berühren, gehören selbstverständlich nicht hieher. Gerade hier ist eine allzu formalistische Auffassung ferne zu halten und zu berücksichtigen, daß der Zweck der budgetmäßigen Willigung nicht die Lahmlegung des Rechtes der Behördeneinrichtung und der Inhalt des Budgetrechtes nicht das Recht der Mitwirkung bei der Behördeneinrichtung ist. So war es zum Beispiel nicht zu beanstanden, wenn in Verbindung mit Aenderungen in den Geschäftskreisen der Ministerien Mittel von einem Ministerialetat auf den anderen übertragen, also sachlich für den Zweck verwendet wurden, für welchen sie bewilligt waren. Vgl. Verordn. vom 15. Dec. 1846 (R. Bl. S. 921) § 9: „Die Dotation des für das Ministerium des Innern für kirchliche Angelegenheiten zu bildenden besonderen Etats wird bis zum Schlusse der laufenden Finanzperiode aus dem budgetmäßigen Etat des bisherigen obersten Kirchen= u. Schulrathes geschöpft und ausgeschieden. Bezüglich des von dem Letzteren an besagtes Ministerium zu überweisenden Dienstpersonals bleibt Unsere weitere Bestimmung vorbehalten." Verordn. vom 27. Febr. 1847 (R. Bl. S. 169) § 7: „Ueber die der vorstehenden Formation und Competenzerweiterung angemessene Erhöhung der Dotation des Ministeriums des Innern für Kirchen= u. Schulang. werden Wir besondere Bestimmung erlassen." Verordn. vom 11. Nov. 1848 (R. Bl. S. 1105) § 2: „Das sämmtliche bisher bei dem Staatsministerium des Innern für Kirchen= u. Schulang. verwendete Personal, sowie die dem besagten Staatsministerium bewilligte Dotation wird dem Staatsministerium des Innern überwiesen.", § 11: „Die Dotation des für das Staatsministerium des Handels u. der öffentl. Arbeiten zu bildenden besonderen Etats wird bis zum Schlusse der laufenden Finanzperiode aus den Dotationen des Staatsministeriums des Innern und der Finanzen geschöpft." Verordn. vom 16. März 1849 (R. Bl. S. 249) § 3 und dazu Generalübersicht des Budgets G. Bl. 1849 S. 489 ff. Verordn. vom 1. Dec. 1871 (R. Bl. S. 1833) § 5 u. Generalübersicht des Budgets G. Bl. 1871/72 S. 365 ff. — Vgl. auch A. Batbie, traité

Das Organisationsrecht der Krone ist also durch das Budgetrecht des Landtages gebunden, aber nicht umgekehrt dieses durch jenes.   Man darf z. B. nicht sagen, daß, weil die Krone das Recht hat, im Wege der Verordnung Ministerien zu schaffen, der Landtag verpflichtet sei, nun auch die Mittel für so viele Ministerien zu bewilligen, als die Krone zu errichten für gut findet.   Allerdings besitzt der Landtag kein schrankenloses Recht, die Mittel für Behördeneinrichtungen abzulehnen.   Aber die Beschränkungen seines Rechtes sind nicht aus dem Organisationsrechte der Krone, sondern aus anderen Rechtsgründen abzuleiten.   Der Landtag muß nemlich die Mittel für alle diejenigen Einrichtungen bewilligen, deren Bestand nach den Gesetzen nothwendig ist, ferner für alle diejenigen, deren dauernde Nothwendigkeit zwischen Landtag und Staatsregierung einmal anerkannt worden ist²², beides insolange, als nicht das Gesetz geändert oder die Zulässigkeit der Beseitigung einer Einrichtung von der Staatsregierung zugestanden ist.

Der König erläßt seine Anordnungen über die Einrichtung der Staatsbehörden nach Vernehmung des Staatsrathes²³.

2. Hauptstück.
Der Staatsrath¹.

§ 113. Geschichtliche Entwickelung.

Der Name „Staatsrath" tritt zuerst in der kurfürstlichen Resolution vom 25. Februar 1799 auf. Doch würde die Einrichtung, welche damit bezeichnet wurde, richtiger den Titel „Ministerialconferenz" geführt haben². Erst die Verfassung von 1808 und das organische Edict vom 4. Juni gl. Js. schufen in dem geheimen Rathe³ das oberste berathende und zum Theile auch erkennende Collegium, aus welchem der jetzige Staatsrath sich entwickelt hat. Der geheime Rath erhielt im Jahre 1817 den Titel „Staatsrath" und eine neue Einrichtung und Dienstanweisung⁴.

théorique et pratique du droit public et adm., 2ᵉ éd., Paris 1885, III p. 73: „Le nombre des ministères peut donc être fixé par décret et les Chambres n'ont à intervenir que pour voter les crédits nécessaires aux dépenses. Il en résulte que la réduction du nombre des départements ministériels échapperait entièrement aux Chambres, puisqu'au lieu d'une augmentation de dépenses, elle produirait une économie. Il en serait de même des répartitions ou créations nouvelles qui ne donneraient pas lieu à ouverture de crédit."
²² Vgl. z. B. die Aeußerung des Budgetberichterstatters Abg. Frhrn. v. Lerchenfeld Verh. d. K. d. Abg. 1849/50 Beil. Bd. IV S. 59: „Da indeß das Ministerium für Kirchen- u. Schulang. keine vorübergehende Einrichtung zu sein bestimmt ist, vielmehr fortwährend einen Bestandtheil unserer Verwaltungseinrichtung bilden soll, so dürfte es geeignet sein, den Ansatz hiefür in das ordentliche Budget aufzunehmen." Ferner Verh. d. K. d. Abg. 1881/82 Sten. Ber. III S. 28 ff., insbes. S. 37 die Aeußerung des Abg. Kopp: „Das Staatsministerium des Innern für Kirchen- u. Schulang. ist eine durch Antrag (?) der Krone mit Zustimmung der Kammern schon eine so geraume Zeit bestehende Staatseinrichtung, daß es nach unserem Verfassungsrecht den Kammern einseitig und allein nicht zusteht, dieselbe in eigener Machtvollkommenheit durch gänzliche Verweigerung der erforderlichen Mittel zu beseitigen." Verh. d. K. d. Abg. 1892/93 Sten. Ber. I S. 414 Staatsminister Dr. Frhr. v. Crailsheim: „Es steht nach unserem Verfassungsrechte dem bayer. Landtage nicht die Befugniß zu, Organisationen, welche einmal mit Zustimmung des Landtags bestehen, durch Verweigerung der Mittel einfach aus der Welt zu schaffen." — S. dagegen die Verh. über den obersten Schulrath am Landtage 1875/76, Repert. S. 49, insbef. Verh. b. K. b. R. R. Prot. Bd. I S. 507 f.
²³ Verordn., den Staatsrath betr., vom 3. Aug. 1879 (G. u. V. Bl. S. 737) § 7.
¹ Allg. Erörterungen bei R. Gneist, englische Communalverfassung II S. 1395 ff., L. v. Stein, Verwaltungslehre I, 1 S. 179 ff. Eine Uebersicht des Rechtsstandes der größeren deutschen Staaten gibt E. Löning, Lehrb. des deutschen Verw. Rechtes S. 69 ff. Ueber die Entwickelung des Staatsrathes in Frankreich E. Löning in W. Hartmann's Zeitschr. f. Gesetzgebung u. Praxis auf dem Gebiete des deutschen öffentl. Rechtes V (1879) S. 343 ff., O. Mayer, Theorie des französ. Verw. Rechts, Straßburg 1886, S. 72 ff.
² Vgl. oben § 32 Anm. 7, 8.
³ Ueber den älteren geheimen Rath oben § 6.
⁴ Vgl. oben § 37 Anm. 34 ff. S. auch Müller bei G. Kahr, das bayer. Gesetz über die Errichtung eines V. G. H.'s ꝛc., Nördlingen 1879, S. XVIII ff.

Durch die Verfassungsurkunde von 1818 wurde der Staatsrath zu einer gesetzlich nothwendigen Stelle. Denn in einer Reihe von Bestimmungen wurde auf denselben Bezug genommen[5]. Im Uebrigen wurde das königliche Recht, die Einrichtung des Staatsrathes zu ordnen und seinen Geschäftskreis und Geschäftsgang zu regeln, hiedurch nur insoweit berührt, als die Verfassung ausdrückliche Zuständigkeitsvorschriften enthielt. Auch später noch ergingen Bestimmungen, durch welche die gesetzlichen Grundlagen des Staatsrathes verstärkt wurden. Bestimmungen, welche zum Theile verfassungsrechtliche Eigenschaft an sich tragen[6].

Die Staatsrathsinstruction von 1817 blieb nicht lange in Geltung. Ein königlicher Erlaß an den Staatsminister Freiherrn von Zentner vom 27. August 1820 beauftragte diesen, mit Rücksicht auf die dem Lande gegebene Verfassung eine neue Instruction für den Staatsrath zu entwerfen. Die „revidirte Instruction für den königlichen Staatsrath" wurde nach Einvernahme des Gesammtministeriums unterm 9. Januar 1821 erlassen[7].

Auch diese Instruction wurde schon nach wenigen Jahren durch eine neue, vom 18. November 1825[8], ersetzt. Es handelte sich dabei weniger um grundsätzliche Aenderungen, als um Erzielung von Geschäftsvereinfachungen und Ersparnissen[9]. Die Zahl der Mitglieder des Staatsrathes wurde erheblich verringert. An die Stelle der früheren Staatsrathscommission[10] trat, aus der Mitte des Staatsrathes gebildet, ein Ausschuß zur Entscheidung über Beschwerden in sogenannten gemischten Rechtssachen[11]. Zur Vorprüfung gewisser Beschwerdevorstellungen gegen amtliche Handlungen der Ministerien wurde ein Comité von drei Staatsräthen eingesetzt[12].

Die Eintheilung des Wirkungskreises des Staatsrathes nach seiner doppelten Aufgabe als berathende und erkennende Stelle war beibehalten. Indessen war diese Trennung keineswegs in allen Punkten richtig durchgeführt. Die Entscheidung ständischer Verfassungsbeschwerden war, den Bestimmungen der Verfassungsurkunde entgegen, dem berathenden Geschäftskreise zugewiesen[13], ebenso die Entscheidung von Zuständigkeitsstreiten zwischen Gerichten und Verwaltungsbehörden[14]. Der Werth der erwähnten Eintheilung war übrigens durch die Bestimmung wieder aufgehoben, daß nicht nur die Gutachten des Staatsrathes, sondern auch „die von demselben beantragten Entschließungen" „ohne Ausnahme der Bestätigung des Königs unterworfen" sein und nur durch die königliche „Sanction" „für die vollziehenden Staatsbehörden" „Kraft erhalten" sollten[15]. Will man selbst annehmen, daß die Instruction in den Fällen des erkennenden Wirkungskreises nicht die Möglichkeit der Zurückweisung, nicht die Aenderung eines Staatsrathsbeschlusses vor Augen gehabt habe, so erschien auch bei solcher Auslegung die Unabhängigkeit des Staatsrathes nicht gesichert. Denn die Instruction ließ es offen, daß der König den Gegenstand „zur weiteren Berathung zurückgebe"[16], und daß er für letztere den

---

[5] Verf. Urk. Tit. II § 16, Tit. IV § 8 Abs. IV, Tit. VII § 30, Tit. X §§ 1, 5, Beil. I § 3 c, Beil. II § 92, Beil. III § 9, Beil. IX §§ 15, 16. Vgl. St. G. B. von 1813 Th. II Art. 434 (Vorgerichtstellung der Staatsdiener), 444 (Standrecht); Gemeindewahlordn. vom 5. Aug. 1818 Art. 37 Ziff. 2. S. auch oben § 112 Anm. 12.

[6] Vgl. z. B. Verf. Ges., die Zwangsabtretung von Grundeigenthum für öffentl. Zwecke betr., vom 17. Nov. 1837, Art. I, A, a; Ges., den Schutz des Eigenthums an Erzeugnissen der Literatur u. Kunst gegen Veröffentlichung, Nachbildung u. Nachdruck betr., vom 15. April 1840 Art. X (1865 aufgehoben); Verf. Ges., die Verantwortlichkeit der Minister betr., vom 4. Juni 1848, Art. 1 u. 2; Ges., die Abänderungen des II. Th. des St. G. B.'s vom Jahre 1813 betr., vom 10. Nov. 1848 Art. 72, 73.

[7] R. u. Intell. Bl. S. 49.

[8] R. Bl. S. 865. Vgl. Müller bei Kahr a. a. O. S. XXVIII ff.

[9] So wurde die bisher bestandene Stelle eines Präsidenten des Staatsrathes eingezogen. Vgl. R. Bl. 1825 S. 773. Indessen wurde unterm 22. April 1837 dem Grafen Thürheim bei seiner Entlassung als Minister des Aeußern das Präsidium des Staatsrathes übertragen.

[10] Dieselbe hatte aus einem Staatsrathe als Vorsitzendem, drei Ministerialräthen u. drei Centralräthen des Fiscalates bestanden. Instr. von 1817 § 10.

[11] Instr. von 1825 § 7 B II, § 10.

[12] Instr. von 1825 § 7 A Ziff. 11, § 9.

[13] Instr. § 7 A Ziff. 4; ebenso die Instr. von 1821. Vgl. oben § 90 Anm. 53. Die Uebung hat indessen den Fehler berichtigt. Die Staatsratherk. R. Bl. 1829 S. 777, 789; 1838 S. 341; 1844 S. 161, 553; 1847 S. 41, 744; 1859 S. 793 sprechen von Ueberweisung zur Entscheidung.

[14] Instr. § 7 A Ziff. 10. Die Instr. von 1821 hatte an dem entsprechenden Orte beigefügt, es dürfe dabei nicht „in die den Gerichtstellen innerhalb der Grenzen ihrer amtlichen Befugnisse zustehende verfassungsmäßige Unabhängigkeit in anhängigen Privatrechtssachen, in welchen sie sich als competent erklärt haben, eingegriffen werden". Die Schuld an dieser unrichtigen Einreihung der Zuständigkeitsstreite trägt das französ. Vorbild. Vgl. unten § 145 Anm. 2, 4.

[15] Instr. § 18 Abs. II. Uebereinstimmend Instr. von 1821 § 17 Abs. II.

[16] Instr. § 18 Abs. 1.

Staatsrath durch außerordentliche Mitglieder verstärkte¹⁷. In Wahrheit handelte es sich also bei den sogenannten Entscheidungen des Staatsrathes als erkennende Stelle um eine nach Einvernahme des Staatsrathes geübte Cabinetsjustiz¹⁸.

Es ist wohl erklärlich, daß die rechtliche Stellung des Staatsrathes, seitdem die Verfassungs= urkunde ins Leben getreten war, nicht ohne Bemängelungen Seitens des Landtages blieb. Bezeich= nender Weise bezogen sich die Wünsche der Stände anfänglich zumeist darauf, daß gegenüber dem Ein= flusse des Staatsrathes die Selbständigkeit der Minister und damit deren Verantwortlichkeit gewahrt bleibe¹⁹, während später die Sorge um die Unabhängigkeit des Staatsrathes mehr in den Vordergrund trat²⁰. Jene früheren und diese neueren Wünsche stehen unter sich nicht im Widerspruche, da es sich dort um den berathenden, hier um den „entscheidenden" Staatsrath handelte.

Die steigende Entwickelung des Verfassungslebens und der vorschreitende Ausbau des Ver= waltungsrechtes konnten der Stellung des Staatsrathes nur abträglich sein. Die berathende Thätig= keit des Staatsrathes machte sich allerdings unter König Ludwig I., wie dies bei dem lebhaften persön= lichen Eingreifen des Herrschers in die Regierungsgeschäfte begreiflich war, in nicht unerheblichem Maße geltend, ja man konnte Ludwig I. fast als Wiederhersteller des Staatsrathes in der Eigenschaft einer berathenden Versammlung bezeichnen. Wenn nun in der Folge hierin eine Aenderung eintrat, und der politische Einfluß der verfassungsmäßig verantwortlichen Räthe der Krone sich verstärkte, so konnte dieser allmähliche Umschwung der Natur der Sache nach im Allgemeinen²¹ nur thatsächlich, nicht in der Form einer Umgestaltung des Rechtes zur Erscheinung kommen. Dagegen mußte die sich mindernde Bedeutung des Staatsrathes im Bereiche der öffentlichen Rechtsprechung ihren gesetzlichen Ausdruck in der Schmälerung seiner Zuständigkeiten finden. Die allmähliche Abbröckelung der Wirksamkeit des Staatsrathes auf diesem Gebiete wird gegen die Mitte des Jahrhunderts mehr und mehr erkennbar. Die erste erhebliche Einbuße brachte das Gesetz, die Competenzconflicte betreffend, vom 28. Mai 1850²². Sofort trat, im Gegensatze zu den früheren Bestrebungen und als ein Anzeichen der veränderten Sachlage, im Landtage der Antrag auf, die Staatsrathsstellen möchten als Nebenämter verliehen werden²³. Es würde keinen Werth haben, im Einzelnen die Einschränkungen zu verfolgen, welche die rechtsprechende Thätigkeit des Staatsrathes fortgesetzt erlitt. Den Abschluß dieser Entwickelung bildet das Gesetz vom 8. August 1878 über die Errichtung eines Verwaltungsgerichtshofes, durch welches der Staatsrath als oberste Instanz in Verwaltungsrechtssachen völlig beseitigt wurde²⁴.

---

¹⁷ Instr. § 4.

¹⁸ Vgl. Brater, Verh. d. K. d. Abg. 1866/68 Beil. Bd. IV S. 171. Justice retenue (scil. par le souverain) lautet der bezeichnende französ. Ausdruck. Den Gegensatz bildet die justice déléguée (scil. aux tribunaux).

¹⁹ S. Repert. über die Landtagsverh. 1819 S. 541 ff., 694 ff. (dazu Landtagsabsch. vom 22. Juli 1819 — G. Bl. S. 31 — Abschnitt II F) u. von 1822 S. 201.

²⁰ Repert. über die Verh. der K. d. Abg. 1831 S. 556 f., der K. d. R. R. 1831 S. 222 ff.; Repert. über die Landtagsverh. 1837 S. 526 ff.

²¹ § 7 A Ziff. 6 der Instr. von 1825 (Vorlagen an die Landräthe u. Landrathsabschiede) wurde durch das Ges., die Landräthe betr., vom 28. Mai 1852 gegenstandslos.

²² G. Bl. S. 161. Es darf nach dem früher Erörterten wohl als belanglos angesehen werden, daß die Instr. von 1825 die Entscheidung der Zuständigkeitsstreite in § 7 unter A gestellt hat.

²³ Verh. d. K. d. Abg. 1849/50 Sten. Ber. VI S. 11 ff., 531; Verh. d. K. d. R. R. Prot. Bd. VIII S. 327 ff.

²⁴ Das oben Gesagte mag durch folgende Uebersicht belegt werden, wobei zu den betr. Ziffern des § 7 der Instr. von 1825, bzw. des Art. 1 der Verordn. vom 8. Aug. 1810 die aufhebenden Be= stimmungen angeführt sind.

Instr. § 7 Ziff. 15: Ges. über den B. G. H. Art. 8 Ziff. 10, Art. 47.

Ziff. 16: Einf. Ges. z. R. G. V. G. vom 27. Jan. 1877 § 11.

Ziff. 18: Ges. über die Freiheit der Presse u. des Buchhandels vom 4. Juni 1848 § 10.

Ziff. 19: dieß Gem. Ordn. vom 29. April 1869 Art. 206 Abs. I Ziff. 3.

Ziff. 20: Ges. über den B. G. H. Art. 10 Ziff. 11, Art. 45 Abs. IV.

Ziff. 22: gegenstandslos.

Ziff. 23 verweist auf die Verordn. vom 8. Aug. 1810 Art. 1, deren sämmtliche Bestimmungen beseitigt sind, nämlich

Ziff. 1: Weideges., Forstges., Ges. über die Bewässerungs= u. Entwässerungsunternehmungen von 1852, Gem. Ordn. von 1869 (Gemeindegrundtheilungen).

Ziff. 2: Gewerbeges. vom 11. Sept. 1825 Art 10 Ziff. 2, 3.

Ziff. 3: Zwangsabtretungsges. vom 17. Nov. 1837, Ges. über den B. G. H. Art. 8 Ziff. 10.

Ziff. 4: Strafgesetzgebung von 1861.

Ziff. 5: Verordn. vom 31. Juli 1817 (R. Bl. S. 730) § 7.

Nach diesen tiefgreifenden Aenderungen, welche die Staatsrathsinstruction von 1825 erlitten hatte, erschien eine Umarbeitung derselben unerläßlich. Diese erfolgte, entsprechend den im Landtage gegebenen Zusicherungen [25], durch die Verordnung, den Staatsrath betreffend, vom 3. August 1879 [26]. Die neue Verordnung läßt den Staatsrath fast ausschließlich als berathende Stelle erscheinen. Die Gegenstände seines Geschäftskreises als erkennende Stelle sind wenige und zumeist wenig bedeutende [27].

Ueber den Staatsrath als berathende Versammlung seien noch einige Bemerkungen allgemeiner Natur gestattet.

Es liegt im Wesen des Rathes, daß er keine rechtlich zwingende, sondern nur eine thatsächliche Wirkung äußern kann. Ob und wieweit diese letztere eintritt, wird sich regelmäßig nach dem inneren Werthe des Rathes und nach dem Gewichte bemessen, das der Berathene dem Rathe beilegt. Und so kann der Staatsrath, je nach den obwaltenden persönlichen und Zeitumständen, einen sehr erheblichen Einfluß auf das Staatsleben äußern; er kann aber ebensowohl der politischen Bedeutung entbehren. Staatsrechtlich wird er auf alle Fälle nur eine formelle Rolle spielen. Es wird äußersten Falles nicht mehr vorgeschrieben werden können, als daß er gehört werden muß.

Hienach läßt sich vom staatsrechtlichen Standpunkte aus gewiß nicht behaupten, daß der Bestand eines Staatsrathes mit den Grundsätzen der verfassungsmäßigen Einherrschaft im Widerspruche stehe. Dies ist deshalb nicht der Fall, weil rechtlich dem Staatsrathe kein Einfluß zukommt, weil er sich nicht als ein maßgebendes Organ zwischen die Krone und die Minister einschiebt. Aber damit ist selbstverständlich nicht in Abrede gestellt, daß trotz des mangelnden rechtlichen Einflusses eine thatsächliche politische Einwirkung statthaben kann. In der Aufgabe des Staatsrathes liegt eine solche Rolle nicht, die in der That eine Beeinträchtigung der Wirksamkeit der Minister enthalten würde. Der Staatsrath wird vielmehr im Verfassungsstaate nur den Zweck eines fachmännisch, nicht eines politisch berathenden Organes haben [28]. Die politischen Berather der Krone sind die Minister, und wenn es auch natürlich dem Könige freisteht, sich Rath zu erholen, bei wem er will, so würde doch die förmliche Einrichtung eines mit dem Ministerrathe wetteifernden Beirathes die Gefahr einer Störung in der Leitung der Staatsgeschäfte nahe rücken. Alles in Allem genommen wird also unter regelmäßigen Verhältnissen das Gebiet der Wirksamkeit des Staatsrathes über bescheidene Grenzen nicht hinausgehen. Dieser Umstand sowohl wie die innere Natur seiner Aufgabe selbst rechtfertigt die Besetzung der Staatsrathsstellen im Neben- oder im Ehrenamte.

Ziff. 6: gleiche Bestimmung u. Verf. Beil. IX.

Ziff. 7: Einf. Ges. z. St. G. B. u. P. St. G. B. vom 10. Nov. 1861 Art. 32.

Ziff. 8: Gem. Ordn. von 1869, R. Ges. über die Kriegsleistungen vom 13. Juni 1873, Ausf. Verordn. hiezu vom 1. April 1876.

Ziff. 9: Nachweise bei Döllinger II S. 183.

Ziff. 10: Verordn. vom 6. März 1817 (R. Bl. S. 153) u. 8. März 1826 (R. Bl. S. 323).

Ziff. 11: Ges. über die Untersuchung u. Aburtheilung der Aufschlagsdefraudationen vom 10. Nov. 1848, Landtagsabsch. vom 10. Nov. 1861 § 30. Vgl. auch Malzaufschlagsges. vom 16. Mai 1868 Art. 89, 105 Vollz. Einf. Ges. z. R. St. G. B. vom 26. Dec. 1871 Art. 24 Ziff. 20. Ges. über die Abänderung der beiden Gem. Ordn. vom 19. Jan. 1872 Art. 4, bzw. 3.

Ziff. 12: Zollges. vom 17. Nov. 1837. Vgl. Vereinszollges. vom 26. Sept. 1869, Vollz. Einf. Ges. z. R. St. G. B. Art. 99.

Ziff. 13: Salzsteuerges. vom 16. Nov. 1867. Vgl Vollz. Einf. Ges. z. R. St. G. B. Art. 22.

Ziff. 14: Stempelges. vom 11. Sept. 1825 Art. IX.

Ziff 15: gegenstandslos.

Ziff. 16: Forstges. vom 28. März 1852.

Ziff. 17: gegenstandslos; vgl. Instr. von 1825 § 7 Ziff. 11. —

Die Zuständigkeit des Staatsrathes nach dem Ges., den Schutz des Eigenthums an Erzeugnissen der Literatur u. Kunst ꝛc. betr., vom 15. April 1840 ist durch das Einf. Ges. z. St. G. B. u. P. St. G. B. vom 10. Nov. 1861 Art. 9 mit 31 in Wegfall gekommen.

[25] Verh. d. K. d. Abg. 1877/81 Beil. Bd. III S. 119, 161, 171, Sten. Ber. II S. 265; d. K. d. R. R. Beil. Bd. I S. 418 f., 427, Prot. Bd. I S. 587 ff. Die K. d. Abg. hatte beschlossen, den König um Vorlage eines Ges. Entw. über „Aufhebung oder Umgestaltung des Staatsraths" zu bitten, wonach der Staatsrath „als verfassungsmäßig nothwendige und besonderen Staatsaufwand erfordernde Stelle" zu bestehen aufhören würde. Die K. d. R. R. stimmte jedoch diesem Antrage nicht bei.

[26] G. u. V. Bl. S. 737.

[27] Ueber den ähnlichen Entwickelungsgang in Württemberg O. v. Sarwey, Staatsrecht des Kgrs. Württemberg II S. 112 ff., 121 ff.

[28] Dieser Gedanke kommt in Tit. 3 § II der Constit. von 1808 zum Ausdrucke, wo es u. A. heißt: „Der geh. Rath entwirft und discutirt alle Gesetze und Hauptverordnungen, nach den Grundzügen, welche ihm von dem König durch die einschlägigen Ministerien zugetheilt werden..."

§ 114. Zusammensetzung, Zuständigkeit und Verfahren des Staatsrathes.

Der Staatsrath besteht¹ aus dem Kronprinzen, sobald derselbe volljährig ist, den Ministern und besonders ernannten Staatsräthen im ordentlichen Dienste. Letztere sollen an Zahl den Ministern mindestens gleich kommen² und erhalten als Staatsräthe keine Besoldung, soferne sie nicht älterer Ernennung sind³. Der Staatsrath kann durch außerordentliche Mitglieder verstärkt werden. Als solche können die nachgeborenen volljährigen Prinzen der königlichen directen Linie⁴, Staatsräthe im außerordentlichen Dienste und andere königliche Staatsbeamte berufen werden⁵.

Der Staatsrath ist die oberste berathende Stelle, in und mit welcher der König die wichtigeren Staatsangelegenheiten in Erwägung zieht. An der Verwaltung hat der Staatsrath keinen Antheil⁶. Der berathende Wirkungskreis des Staatsrathes erstreckt sich nach verfassungsmäßiger Bestimmung⁷ auf die Gesetzgebung. Die Verfassung läßt es offen, in welchem Stadium der Feststellung des Gesetzesinhaltes der Staatsrath vernommen werden will. Die Verordnung⁸ überweist der Berathung des Staatsrathes sowohl die Gesetzentwürfe, welche dem Landtage vorzulegen sind, als auch die Gesammtbeschlüsse der Kammern über Gesetzentwürfe⁹. Der Staatsrath beräth ferner über das Budget¹⁰. Seiner Begutachtung unterliegen die Wünsche und Anträge, die durch Gesammtbeschluß der Kammern an den König gebracht worden sind. Er ist außerdem über die Einrichtung der Staatsbehörden, sowie dann einzuvernehmen, wenn zwischen Ministerien unausgleichbare Meinungsverschiedenheiten über die Zuständigkeit oder über die sachliche Erledigung gemeinsamer Geschäftsgegenstände sich ergeben¹¹.

Der Staatsrath ist weiterhin zur Begutachtung zuständig bei Beschwerdevorstellungen an den König über amtliche Handlungen der Ministerien, wodurch angeblich Kränkungen des Eigenthums oder der persönlichen Freiheit entstanden sind¹². Eine solche Beschwerdeführung soll übrigens ausgeschlossen sein, wo der Rechtsweg und, wie

¹ Verordn. § 2 Ziff. 1, 3, 4.
² Nach § 2 Ziff. 4 der Verordn. werden zu Staatsräthen i. o. D. „höhere k. Staatsbeamte u. Militärs oder sonst vorzüglich würdige Persönlichkeiten" ernannt.
³ Verordn. § 3. Hinsichtlich des Rangs u. der Uniform gelten die früheren Bestimmungen fort, nämlich Instr. von 1825 § 3, Verordn. vom 29. Oct. 1808 (R. Bl. S. 2589, Weber II S. 251 Anm. 2). — Nach der Stellung, welche die Staatsräthe nunmehr einnehmen, und da nach § 1 Abf. I der Verordn. der Dienst im Staatsrathe kein eigentlicher Verwaltungsdienst ist, können auch Richter u. Verwaltungsrichter (Ges. vom 8. Aug. 1878 Art. 2 Abs. II) Staatsrathsmitglieder sein.
⁴ Ueber die Bedeutung des Ausdruckes oben § 63 Anm. 20.
⁵ Verordn. § 2 Ziff. 2, § 4.   ⁶ Verordn. § 1.
⁷ Tit. VII § 30.   ⁸ § 7 Ziff. 1, 2.
⁹ Letzteren Falls wird indessen eine nochmalige Berathung im Staatsrathe überflüssig sein, wenn es sich um eine Regierungsvorlage handelt, an welcher der Landtag nichts geändert hat.
¹⁰ § 7 Ziff. 1 der Verordn. nennt die „Gesetzentw., einschließlich des Budgets". Diese Ausdrucksweise ist nicht zutreffend, da das Budget nach bayer. Staatsrechte auch formell kein Gesetz ist. Richtiger, wenn auch weitläufiger, § 7 Ziff. 5 der Instr. von 1825.
¹¹ Verordn. § 7 Ziff. 4, 5.
¹² Die etwas dunkle Bestimmung des § 7 Ziff. 6 der Verordn. ist aus den früheren Instr. übernommen. Sie lautet wörtlich: „Beschwerdevorstellungen an Uns über amtliche Handlungen der Ministerien, wodurch angeblich Kränkungen des Eigenthums oder der persönlichen Freiheit entstanden sind, und worüber die Betretung des Rechtswegs nicht zulässig ist, wenn Wir nach vorläufiger Vernehmung desjenigen Ministeriums, zu dessen Wirkungskreis der Gegenstand gehört, das Gutachten des Staatsraths darüber erholen: a) ob die angebrachte Beschwerde nach der Verf. und den bestehenden Ges. u. Verordn. begründet, und b) in welcher Weise derselben abzuhelfen sei." Vgl. Instr. von 1817 § 7 Ziff. 10 (dazu k. Entschl. vom 11 Jan. 1819, Döllinger II S. 165) von 1821 u. 1825 § 7 Ziff. 11. Weggefallen sind in der neuen Fassung die nicht mehr passenden Verweisungen auf die dritte Instanz für gemischte Rechtssachen und auf das Staatsrathscomite. — Die Fassung der Bestimmung von 1817 wurde in einer Ministerialsitzung am 28. April 1817 festgesetzt. Dabei wurde geäußert, daß der Begriff

man beifügen darf, wo der Verwaltungsrechtsweg offen steht. Sie kann ebensowenig da Platz greifen, wo ausnahmsweise noch das Ministerium als oberste verwaltungsrechtliche Instanz entscheidet[13]. Sie ist endlich nicht statthaft, wenn ein Ministerium innerhalb seines zuständigen Ermessens gehandelt hat, von einer Rechtsverletzung also nicht die Rede sein kann[14]. Hienach bleiben für die Anwendbarkeit der Vorschrift nur die, man darf wohl sagen undenkbaren Fälle übrig, wo ein Ministerium einen nackten Rechtsbruch begangen, etwa gar in die Rechtspflege der Gerichte oder Verwaltungsgerichte gewaltsam eingegriffen hätte. Der gutachtlichen Vernehmung des Staatsrathes geht in solchen Fällen die Anhörung des Ministeriums voraus, gegen welches die Beschwerde sich richtet.

Der Staatsrath ist ferner vor Verhängung des Belagerungsstandes durch den König zu hören[15].

Außerdem wird die Rechenschaft über die Wohlthätigkeitsanstalten für das Heer, welche dem Kriegsministerium obliegt, dem Könige im versammelten Staatsrathe abgelegt[16].

Der König hat sich endlich vorbehalten[17], den Staatsrath auch außerhalb seiner regelmäßigen Zuständigkeit über wichtigere Staatsangelegenheiten zu hören.

Als entscheidende Stelle ist der Staatsrath in folgenden Fällen zuständig[18]:

1. bei Verfassungsbeschwerden des Landtages[19];

2. bei Beschwerden der Staatsdiener gegen Dienststrafverfügungen der Ministerien[20];

3. bei Beschwerden der Rechtsanwälte gegen ministerielle Ordnungsstrafverfügungen in Verwaltungssachen[21];

4. in Gegenständen, welche nach pfälzischem Rechte der Entscheidung durch den Staatsrath unterliegen.

Dieser letztere Punkt erheischt eine eingehendere Untersuchung.

Frankreich hatte schon vor der Revolution in dem königlichen Rathe (conseil du roi) eine Einrichtung, welche dem jetzigen Staatsrathe und mehr noch dem geheimen Rathe der deutschen Landesherren entsprach[22]. Die Verfassung vom 22. Frimaire VII[23] schuf einen Staatsrath[24], dem außer

---

„Eigenthum" auch die wohlerworbenen Rechte umfasse, „worüber entweder die Justiz ihrer Natur nach keine Entscheidung fassen könnte, oder wobei dieselbe durch Einschreiten anderer Gewalten an der richterlichen Einschreitung gehindert würde".

Die Handhabung jener Bestimmung durch den Staatsrath gewährt wenig Ausbeute. Einige Fälle, in welchen die Anwendbarkeit derselben anerkannt wurde, gehören jetzt dem Gebiete der Verwaltungsrechtspflege an (Baufälle, Gewerbepolizei). Bei Beschwerden in Baupolizeisachen wurde die Zuständigkeit verneint (Staatsrathssitzung vom 26. Nov. 1860). Das Gleiche geschah, als ein Landrath wegen Ueberbürdung einer Pensionslast auf Kreisfonds sich beschwerte (Staatsrathssitzung vom 18. März 1865). — Vgl. hieher auch Brater, Verh. d. K. d. Abg. 1866/68 Beil. Bd. IV S. 171.

[13] Vgl. oben § 90 Anm. 30.

[14] C. v. Moy, Staatsrecht des Kgrs. Bayern II S. 28 Ziff. 9 (vgl. auch S. 97 ff.) meint, daß die Bestimmung gerade auf die Fälle „indirecter Beschädigung oder Beeinträchtigung" sich beziehe, „wo auf die Handlungen der Behörden des Königs der Satz paßt: qui iure suo utitur nemini iniuriam facit". Diese Ansicht ist indessen rein aus der Luft gegriffen, wie schon die Anordnung zeigt, daß geprüft werden soll, ob die Beschwerde nach der Verf. und den bestehenden Ges. und Verordn. begründet ist.

[15] St. G. B. von 1813 Art. 441 ff. Näheres unten § 292 Anm. 76.

[16] Form. Verordn. vom 9. Dec. 1825 (Weber II S. 261) § 110 Abf. I.

[17] A. a. O. Ziff. 7.

[18] Verordn. § 7 Ziff. 8—11. Die Einrichtung eines Staatsrathsausschusses wurde beseitigt.

[19] Hievon oben § 90 Anm. 52—55.

[20] Verf. Beil. IX § 15. Hievon unten § 197 Anm. 34.

[21] Verordn. vom 24. März 1816 (Weber I S. 490) Ziff. II Nr. 3. Vgl. unten § 126 Anm. 20 u. W. Krais, Handb. der inneren Verwaltung ꝛc., 3. Aufl., I S. 68 f.

[22] Vgl. darüber L. A. Warnkönig u. L. Stein, französ. Staats- u. Rechtsgeschichte, 1. Band, Staatsgeschichte von Warnkönig, Basel 1846, S. 516 ff., auch A. Batbie, traité théorique et pratique de droit public et adm. III p. 238 sv.

[23] Bull. des lois 2e série, IXe partie, n° 333. Vgl. zum folgenden Batbie p. 242 ff.

[24] Art. 52.

einer berathenden Mitwirkung beim Erlasse von Gesetzen und Verordnungen die Aufgabe überwiesen wurde, „de résoudre les difficultés qui s'élèvent en matière administrative". Die Verordnung vom 5. Nivôse VIII²⁵ traf die näheren Bestimmungen. Hienach hatte der Staatsrath insbesondere „sur le renvoi qui lui est fait par les consuls" sich auszusprechen:

„1. sur les conflits qui peuvent s'élever entre l'administration et les tribunaux;

2. sur les affaires contentieuses dont la décision était précédemment remise aux ministres"²⁶.

Die Senatusconsulte vom 16. Thermidor X²⁷ und vom 28. Floréal XII²⁸ beließen den Staatsrath in seinen Zuständigkeiten. Neue, eingehendere Bestimmungen traf das kaiserliche Decret vom 11. Juni 1806²⁹. Dasselbe handelte insbesondere in den Artikeln 24 ff. von den affaires contentieuses. Ein weiteres Decret vom 22. Juli gl. Js.³⁰ ordnete das Verfahren in solchen Streitsachen³¹. Zu bemerken ist, daß alle Beschlüsse und Gutachten (décisions et avis) des Staatsrathes der kaiserlichen Genehmigung bedurften³².

Die regelmäßige erste Instanz in verwaltungsgerichtlichen Streitsachen (contentieux de l'administration)³³, von welcher an den Staatsrath Berufung ergriffen werden konnte, war der Präfecturrath (conseil de préfecture)³⁴.

Im Gegensatze zum Präfecturrathe als dem Verwaltungsgerichte war der Präfect das Organ der Verwaltung für das Departement³⁵. Indessen konnte unter Umständen auch gegen dessen Verfügungen Beschwerde zum Staatsrathe wegen Verletzung von Privatrechten erhoben werden. Die Beschwerde ging unmittelbar zum Staatsrathe in Fällen einer Gewaltüberschreitung (excès de pouvoir), in den übrigen Fällen zunächst an das einschlägige Ministerium und gegen dessen Entscheidung an den Staatsrath. In den Fällen der letzteren Art konnte es sich entweder um privatrechtsverletzende Verwaltungsakte oder um solche Streitsachen handeln, wo ausnahmsweise³⁶ der Präfect entscheidende Stelle war.

In einigen Fällen waren die Minister ermächtigt, zur Sicherung der Staatseinnahmen erstinstanziell vollstreckbare Entscheidungen vorbehaltlich der Beschwerde an den Staatsrath zu erlassen.

Endlich gab es Angelegenheiten, in welchen der Staatsrath als erste und letzte Instanz zu sprechen hatte³⁷.

Der Staatsrath war außerdem in gewissen Fällen Cassationsinstanz über dem Rechnungshofe (cour des comptes)³⁸.

Die Abtrennung der Pfalz von Frankreich³⁹ erfolgte zunächst auf thatsächlichem Wege durch

---

²⁵ Bull. des lois a. a. O. n° 340 p. 10.

²⁶ Art. 11.

²⁷ Art. 66—68. Bull. des lois 3ᵉ série, t. 6 p. 535 (Einführung des lebenslänglichen Consulats).

²⁸ Art. 75—77. Bull. des lois 4ᵉ série, t. 1 p. 1 (Einführung des Kaiserthums).

²⁹ Décret imp. sur l'organisation et les attributions du conseil d'état. Bull. des lois 4ᵉ série, t. 5 p. 197.

³⁰ Décret imp. contenant règlement sur les affaires contentieuses portées au conseil d'état. A. a. O. p. 337.

³¹ Außerdem erging eine Reihe gesetzlicher u. verordnungsmäßiger Einzelbestimmungen, die hier übergangen werden.

³² Decret vom 11. Juni 1806 Art. 23, 35.

³³ Ueber den Begriff Sirey, du conseil d'état selon la charte p. 237.

³⁴ Ueber dessen Zuständigkeiten vgl., abgesehen von einer Reihe späterer Einzelbestimmungen, loi concernant la division du territoire de la République et l'administration vom 28. Pluviôse VIII (Bull. des lois 3ᵉ série, t. 1 n° 17) Art. 4. Vgl. auch die Entscheidungensammlung von Sirey, jurisprudence du conseil d'état.

³⁵ Ges. vom 28. Pluviôse VIII Art. 3: Le préfet sera chargé seul de l'administration.

³⁶ Dieser Ausnahmen waren übrigens nicht wenige.

³⁷ Vgl. insbes. loi relative à l'organisation des cultes vom 18. Germinal X (zum Vollzuge des Concordates), articles organiques 6 u. 7 (Bull. des lois 3ᵉ série, t. 6 p. 13). Beschwerde wegen Mißbrauchs der geistlichen Gewalt und wegen Eingriffes in die öffentliche Ausübung des Gottesdienstes und in die Freiheiten der Geistlichen.

³⁸ Loi relative à l'organisation de la cour des comptes vom 16. Sept. 1807 (Bull. des lois IVᵉ série, t. 6 p. 102).

³⁹ Ueber die neueste Entwickelung des Staatsraths in Frankreich vgl. M. J. Delarbre, organisation du conseil d'état, 2. éd., Paris 1873; M. J. Delarbre, le conseil d'état, son organisation et ses attributions sous la constitution de 1875, Paris 1876; A. Batbie, a. a. O. Otto Mayer, Theorie des französ. Verw. Rechts S. 72 ff., E. Löning a. o., § 113 Anm., 1 a. O.

lung und ernennt die Berichterstatter⁶¹. Den Vorsitz führt der König, in dessen Abwesenheit der ernannte Stellvertreter, bei Verhinderung des letzteren der Vorsitzende im Ministerrathe oder der älteste Staatsminister⁶².

Beschwerden sind an den König zum Staatsrathe zu richten⁶³.

Die Beschlüsse des Staatsrathes erfolgen durch Stimmenmehrheit. Bei Stimmengleichheit gibt das vorsitzende Mitglied den Stichentscheid⁶⁴. Die Beschlüsse unterliegen, wenn es sich um Gutachten handelt, der königlichen Genehmigung. Erkenntnisse des Staatsrathes können, wo derselbe kraft bayerischen Gesetzes entscheidende Stelle ist, vom Könige nicht abgeändert und es darf deren Vollzug nicht gehemmt werden⁶⁵. In den übrigen Fällen⁶⁶ unterliegen sie der königlichen Bestätigung⁶⁷. Königliche Entschließungen auf Gutachten und Anträge des Staatsrathes werden, soferne eine Ausfertigung veranlaßt ist, mit königlicher Unterschrift und Gegenzeichnung des zuständigen Ministers erlassen. Beschlüsse des Staatsrathes als erkennender Stelle ergehen unter Unterschrift des Königs und Mitzeichnung zweier Minister⁶⁸.

3. Hauptstück.

Die Staatsminister und die Staatsministerien.

§ 115. Geschichtliche Entwickelung der staatsrechtlichen Stellung der Minister.

Man versteht unter Minister¹ einen Staatsdiener, welcher, dem Staatsoberhaupte unmittelbar untergeordnet, einen bestimmten Theil der Staatsgeschäfte unter persönlicher Verantwortung leitet². Eine Darlegung der staatsrechtlichen Stellung der Minister muß sich nothwendig auf zweierlei beziehen, auf diejenigen Bestimmungen nem-

---

⁶¹ Verordn. § 9. Die formellen Geschäfte des Staatsraths werden durch das Staatsministerium des Innern besorgt. Insbesondere geschieht die Protokollführung und die Wahrnehmung des Bureaudienstes durch dessen Beamte. Verordn. §§ 6, 10.

⁶² Verordn. § 11.　　　⁶³ Verordn. § 8.

⁶⁴ Verordn. § 13 Abf. I. Dazu die formellen Vorschriften in §§ 12, 14. Die Bestimmung des § 15 Abf. III der früheren Instr., daß ein Staatsrathsmitglied, welches an einer Sache „persönlich" betheiligt ist, der Berathung hierüber nicht beiwohnen darf, ist beseitigt.

⁶⁵ Vgl. oben § 90 Anm. 53.

⁶⁶ Insbes. in jenen des französ. Rechtes.

⁶⁷ Verordn. § 13 Abf. II.

⁶⁸ In der Regel des Vorsitzenden im Ministerrathe, bzw. des ältesten Ministers u. des betreffenden Fachministers. Verordn. § 15, b, c.

¹ Die amtliche Bezeichnung ist in Bayern nunmehr Staatsminister (Staatsministerium); eine Ausnahme macht nur der Titel Kriegsminister (Kriegsministerium). Die Verf. und die späteren Ges. gebrauchen abwechselnd die Worte Staatsminister, Staatsministerium und Minister, Ministerium. Die Form. Verordn. vom 9. Dec. 1825 (Weber II S. 261) hat die letzteren Ausdrücke, deren ausschließliche Anwendung König Ludwig I. durch Entschl. vom 16. Mai 1840 anordnete. Diese Titelfrage, die man jetzt wohl als eine ziemlich gleichgiltige erachten würde, führte auf dem Landtage 1840, bes. in der K. der R. R., zu weitläufigen und erregten Verh. Der Grund war der, daß man, nicht ganz mit Unrecht, in der Beseitigung des Wortes „Staat" die Absicht zu erkennen glaubte, das persönliche Regiment des Königs zu betonen. Als die Staatsregierung indessen erklärt hatte, es werde nicht daran gedacht, an der Verantwortlichkeit der Minister gegenüber den Ständen etwas zu ändern, gab man den Streit auf, von dem ein Reichsrath bemerkt hatte, er sei zu einer „Discussion de lana caprina" geworden. Vgl. Verh. d. Landtags 1840, K. d. R. R. Prot. Bd. I S. 35 ff., 184 ff.; 53 ff.; 72 ff.; K. d. Abg. Beil. Bd. I S. 107 ff., Prot. Bd. II S. 94 ff.; Beil. Bd. I S. 356 ff., Prot. Bd. II S. 246.

² Fachminister oder eigentlicher Minister im Gegensatze zum Minister ohne Portefeuille. Ueber die Begriffe R. v. Mohl, die Verantwortlichkeit der Minister in Einherrschaften mit Volksvertretung, Tübingen 1837, S. 105 ff., Held in Rotteck's u. Welcker's Staatslexikon X S. 61, Jolly in Bluntschli's u. Brater's Staatswörterb. IX S. 734, dann F. Hauke, die Lehre von der Ministerverantwortlichkeit, Wien 1880, S. 71 ff., u. die dort Anm. 1 angef. Schriften.

lich, welche die Stellung der Minister überhaupt regeln, und auf die Ministerialverfassung, die Vertheilung der gesammten Staatsangelegenheiten unter die Minister
nach Geschäftskreisen.

Jene allgemeine staatsrechtliche Frage, mit welcher wir uns hier zunächst beschäftigen wollen, wird gewöhnlich als die Frage der Ministerverantwortlichkeit bezeichnet. Dies ist insoferne zutreffend, als in Art und Umfang der Verantwortlichkeit
auch die staatsrechtliche Stellung der Minister zum Ausdrucke kömmt. Aber sachlich steht
immerhin die Erörterung in erster Linie, welches die Rechte und welches die Pflichten der
Minister sind; denn erst hienach läßt sich die Verantwortung bemessen.

Die Minister sind Staatsdiener und Inhaber von Staatsämtern. Als letztere
sind sie die obersten Regierungsorgane des Herrschers. Hienach wird grundsätzlich ihre
persönliche Stellung nach dem Rechte des Staatsdienstes, ihre amtliche Thätigkeit nach
den Vorschriften bestimmt, welche für die Ausübung einer Amtsgewalt gelten. Wäre
dies ausnahmslos nach allen Richtungen hin der Fall, so bestände kein Anlaß, von der
Stellung der Minister als solcher gesondert zu handeln. Es würde genügen, die
Ministerialverfassung als einen Theil der gesammten Aemterverfassung zu schildern.
Aber die Rechtssätze über den Staatsdienst und über die Führung der Staatsämter erleiden nach dem Staatsrechte des Verfassungsstaates für die Minister eine Aenderung
von schwerwiegender Bedeutung. Diese Aenderung hat, obschon sie nur auf Einen Punkt
sich bezieht, die Folge, die Minister zu staatlichen Organen eigener Art zu machen, die
mit den übrigen Trägern von Staatsämtern nicht auf eine Linie gestellt werden können.
Diese Aenderung besteht darin, daß einerseits der Grundsatz der dienstlichen Gehorsamspflicht gegenüber ihrem Dienstherrn, dem Könige, für die Minister nicht vollinhaltlich
gilt, und daß andererseits der König bei Führung der Regierung an die Mitwirkung
zwar nicht der Person des Ministers, aber des Amtes des Ministers staatsrechtlich gebunden ist. Dadurch wird das Ministeramt in der verfassungsmäßigen Einherrschaft zu
einem staatlichen Organe, das gleich dem Landtage [3] dem Herrscher bei Ausübung der
Staatsgewalt beschränkend zur Seite steht. Diese Beschränkung des Herrschers durch das
Ministeramt tritt der Beschränkung desselben durch den Landtag als nothwendige Ergänzung hinzu. Während das Mitwirkungsrecht des Landtages sein Schwergewicht auf
dem Gebiete der Gesetzgebung und der Regelung des Staatshaushaltes hat, liegt die
Bedeutung der ministeriellen Mitwirkung auf dem Gebiete der fortlaufenden Regierungsthätigkeit, der Verwaltung des Staates. Diese letztere Mitwirkung, welche ebensowenig
wie die Mitwirkung des Landtages zu einer Herrschaft über den Herrscher werden kann
und darf, soll die Gewähr bieten, daß, was im Einklange mit dem Landtage als Gesetzes-
oder Verwaltungsvorschrift erklärt worden ist, im Staatsleben auch zur Wirklichkeit
werde. Es ist also nicht zuviel behauptet, wenn man sagt, daß der Gedanke des Verfassungsstaates erst dann voll verwirklicht erscheint, wenn das Ministeramt zu jener selb-
ständigeren Stellung emporgehoben ist.

Diese Ergänzung der verfassungsrechtlichen Einrichtungen ist auch in Bayern nicht mühelos errungen worden.

Bestimmungen über die Verantwortlichkeit der Minister finden sich bereits in der Verfassung

---

[3] Nach A. Samuely, das Princip der Ministerverantwortlichkeit S. 63 Anm. 2, ist „die
Parallelisirung des Gebundenseins des Monarchen an die Mitwirkung der Minister mit der nothwendigen Zustimmung der Volksvertretung unrichtig, weil diese aus der Volkswahl hervorgeht, oder
die Mitglieder dauernd ihre Functionen bekleiden, während die Minister vom Monarchen frei ernannt
und entlassen werden". Das ist aber doch kein Unterschied in Bezug auf die Mitwirkung selbst, und
darauf zielt der Vergleich. Der König braucht allerdings nicht die Mitwirkung gerade d i e s e s Ministers,
aber e i n e s Ministers.

vom 1. Mai 1808. In deren drittem Titel § I wird gesagt: „Das Staatssecretariat wird von einem jeden Minister für sein Departement versehen; daher müssen alle königlichen Decrete von demselben unterzeichnet werden, und nur mit dieser Formalität werden sie als rechtsträftig angesehen. Die Minister sind für die genaue Vollziehung der königlichen Befehle sowohl, als für jede Verletzung der Constitution, welche auf ihre Veranlassung und ihre Mitwirkung stattfindet, dem König verantwortlich. Sie erstatten jährlich dem Monarchen einen ausführlichen Bericht über den Zustand ihres Departements" ⁴.

Im Anschlusse hieran bestimmte die Verordnung vom 2. Februar 1817⁵ unter II, der Staatsrath solle am Ende des Verwaltungsjahres „die Rechenschaft der Minister empfangen". In dem Cabinetsbefehle an den Staatsrath vom 15. April 1817⁶, durch welchen Bildung, Wirkungskreis und Geschäftsgang der Ministerien geregelt wurden, wiederholte der König⁷, daß jeder Minister „für die Vollziehung der Gesetze in den ihm anvertrauten Verwaltungszweigen und die Beobachtung der von Uns gegebenen Diensteinstructionen persönlich verantwortlich" sei. Dagegen wurde die im Staatsrathe abzulegende „Rechenschaft" zu einem Verwaltungsberichte an den König im Staatsrathe abgeschwächt und überdies die Berichterstattung des Ministers des Aeußern über die politischen Gegenstände an eine Ministerialconferenz verwiesen, die jeweils besonders anzuordnen sei⁸.

Ueber die Gegenzeichnung der königlichen Erlasse traf ein Cabinetsbefehl vom 16. April 1817⁹ folgende Anordnungen:

„Als Cabinetsbefehle sollen künftig ausgefertigt werden:

1. alle von Uns auf die Gutachten und Anträge Unseres Staatsraths erlassen werdenden Entscheidungen an Unsern Staatsrath und Unsere Staatsministerien, mit Ausnahme der Gesetze aus der bürgerlichen, organischen und administrativen Gesetzgebung, dann aller Verfassungsgegenstände, die unter Unserem königlichen Titel in dem größeren Kanzleistile erscheinen, von Uns unterzeichnet und von den sämmtlichen Staatsministern contrasignirt werden;

2. alle besonderen Aufträge in Regierungsgegenständen, die Wir Unserem Staatsrathe und Unseren Staatsministerien zu ertheilen Uns veranlaßt finden.

Die Cabinetsbefehle werden von Uns allein unterzeichnet und von Unserem Generalsecretär des Staatsraths contrasignirt."

Die Ausfertigungen der Ministerien sollten nach dem Cabinetsbefehle vom 15. April 1817¹⁰ unter der Unterschrift des Ministers ergehen, vorbehaltlich des Rechtes des letzteren „bei Gegenständen der Vollziehung, insofern sie nicht von höherem Belange sind und ihrer Natur nach eine reifere Collegialberathung erfordern", dem Generaldirector¹¹ die Ausfertigung zu übertragen. Ueber die

---

⁴ Vgl. oben § 37.

⁵ Die Bildung u. Einrichtung der obersten Stellen des Staats betr. R. Bl. S. 49. Vgl. auch die k. Entschl. vom 9. Jan. 1821 über Errichtung u. Instruction des Ministerraths, abgedr. bei M. Frhrn. v. Lerchenfeld, aus den Papieren des k. b. Staatsministers M. Frhrn. v. Lerchenfeld, Nördlingen 1887, S. 393 ff.

⁶ R. Bl. S. 330.

⁷ § 106.

⁸ §§ 101, 102. — Feldmarschall Fürst Wrede, vom Kronprinzen Ludwig unterstützt, hatte in den Staatsrathssitzungen vom 20. März u. 12. April 1817 mit Entschiedenheit für Aufrechthaltung der oben erwähnten Bestimmung der Verordn. vom 2. Febr. 1817 sich erklärt. Der Kronprinz äußerte nach einer eigenhändigen Bemerkung zum Prot. vom 20. März, „daß die Verantwortlichkeit der Minister in der Allerh. Verordn. vom 2. Febr. deutlich ausgesprochen ist, und solche keine andere Auslegung zulasse, als daß jeder Minister am Ende des Verwaltungsjahres Rechenschaft S. M. dem Könige vor dem versammelten Staatsrathe abzulegen habe. Ferner ist des Kronprinzen Meinung, daß jedem Staatsrath die Befugniß zustehen möchte, wenn er einen Minister seine Gewalt, sei es in Anordnung oder Ausführung, überschreiten sieht, an S. K. M. vor versammeltem Staatsrath mit Beweisgründen unterstützte Anklage gelangen zu lassen, würde es auch im Laufe des Jahres sein; welchem Allem, wenn Stände des Reichs bestünden und diese die Rechte wie in andern Ländern hätten, der Minister sich zu unterziehen haben würden. Daß dem Staatsrathe, wo keine Stände bestehen, diese Rechte zuzukommen haben, findet der Kronprinz als erforderlich, jedoch daß auf den Minister der auswärtigen Angelegenheiten, was diese betrifft, das Gesagte nicht anzuwenden sei." Die Minister waren diesen Anschauungen entgegengetreten.

⁹ Weber I S. 528 Anm. *. Die Anregung zu diesen Bestimmungen hatte Feldmarschall Fürst Wrede in der Staatsrathssitzung vom 12. gl. Mts. gegeben. Vgl. auch Cabinetsbefehl vom 15. gl. Mts. § 105.

¹⁰ §§ 116 mit 109.

¹¹ Vgl. darüber oben § 37 Anm. 28.

Geſammtvertretung der Miniſter wurde beſtimmt¹²: „Der Generaldirector erſetzt den Miniſter in Fällen der Abweſenheit oder Verhinderung in der Leitung aller Geſchäfte des Miniſteriums. Bei wichtigen Ausfertigungen, wo die Contraſignation eines Staatsminiſters erforderlich iſt, werden wir denjenigen Miniſter benennen, dem die Ausfertigung zur Contraſignatur vorgelegt werden ſolle."

Die Verfaſſungsurkunde traf in Titel X §§ 4 und 6¹³ folgende Beſtimmungen, über deren Entſtehungsgeſchichte bereits früher¹⁴ berichtet wurde:

§ 4. „Die königlichen Staatsminiſter und ſämmtliche Staatsdiener ſind für die genaue Befolgung der Verfaſſung verantwortlich."

§ 6. „Finden die Stände ſich durch ihre Pflichten aufgefordert, gegen einen höheren Staatsbeamten wegen vorſätzlicher Verletzung der Staatsverfaſſung eine förmliche Anklage zu ſtellen, ſo ſind die Anklagspunkte beſtimmt zu bezeichnen und in jeder Kammer durch einen beſonderen Ausſchuß zu prüfen.

Vereinigen ſich beide Kammern hierauf in ihren Beſchlüſſen über die Anklage, ſo bringen ſie dieſelbe mit ihren Belegen in vorgeſchriebener Form an den König.

Dieſer wird ſie ſodann der oberſten Juſtizſtelle, — in welcher im Falle der nothwendigen oder freiwilligen Berufung auch die zweite Inſtanz durch Anordnung eines anderen Senats gebildet wird, — zur Entſcheidung übergeben und die Stände von dem gefällten Urtheile in Kenntniß ſetzen."

Dieſe Beſtimmungen der Verfaſſungsurkunde waren höchſt unvollkommen. § 4, der neben den Miniſtern „ſämmtliche Staatsdiener" nennt, läßt es unklar, wie für letztere die Grenzen zwiſchen ihrer Pflicht zur Befolgung der Verfaſſung und zu dienſtlichem Gehorſame gezogen ſein ſollen. § 6 aber ſtellt eine rein ſtrafrechtliche Verantwortlichkeit¹⁵ der „höheren Staatsbeamten" wegen vorſätzlicher Verfaſſungsverletzung feſt und ſchafft lediglich Ausnahmebeſtimmungen über das Verfahren, indem er den Ständen ein Anklagerecht einräumt und die oberſte Juſtizſtelle, d. h. das Oberappellationsgericht, zur Entſcheidung beruft. Abgeſehen von der Unklarheit des Begriffs der „höheren Staatsbeamten"¹⁶ ergibt die Vorſchrift des § 6 eine klaffende Lücke für jene Fälle, wo die geſchehene Verfaſſungsverletzung nicht den Thatbeſtand eines Verbrechens oder Vergehens nach dem Strafgeſetzbuche bildet. Das Recht der Verfaſſungsurkunde läßt ferner dem Miniſter in Fällen des Meinungszwieſpaltes mit dem Könige keinen anderen Rückzug, als die noch überdies beſchränkte Möglichkeit, ſeine Entlaſſung als Staatsdiener zu fordern¹⁷.

Die Formationsverordnung für die Miniſterien vom 9. December 1825¹⁸ beſeitigte die Erſtattung der miniſteriellen Verwaltungsberichte im Staatsrathe und ſchrieb lediglich Berichterſtattung an den König vor¹⁹. Der Generaldirectoren geſchah nicht mehr Erwähnung. Der König behielt ſich vor, bei Abweſenheit oder Verhinderung eines Miniſters „denjenigen Miniſter oder Staatsrath" zu bezeichnen, „welcher interimiſtiſch das Portefeuille zu übernehmen habe"²⁰.

Ueber die Gegenzeichnung finden ſich folgende Beſtimmungen. Die Landtagsabſchiede ſind von den ſämmtlichen Miniſtern und dem Feldmarſchalle, die Geſetze und Verordnungen, dann die königlichen Decrete und Reſcripte von den Miniſter des betreffenden Geſchäftskreiſes gegenzuzeichnen²¹.

Es war bei dieſem Rechtsſtande ſehr begreiflich, daß im Landtage das Verlangen nach einem Geſetze über die Miniſterverantwortlichkeit rege wurde²². Ein Antrag des Abgeordneten Freiherrn von Cloſen, der gegen die königlichen Cabinetsbefehle gerichtet war²³, gab den Anſtoß, daß die

---

¹² § 106 Abſ. II, III.

¹³ In Tit. VII § 30 iſt bei den Formerforderniſſen der Geſ. die miniſterielle Gegenzeichnung nicht erwähnt.

¹⁴ § 91.

¹⁵ Vgl. darüber L. v. Dreſch, Grundzüge des baier. Staatsrechts, 2. Aufl., S. 104 ff., E. v. Moy, Staatsrecht des Kgrs. Bayern I, 2 S. 162 f., im ausführlichſten von E. v. Moy herausgegebene (nicht verfaßte) Schrift: Materialien zur Erläuterung der Tit. VII der bayer. Verf. Urk., München, in Commiſſion der Lentner'ſchen Buchhandlung, 1843, S. 73—80. Vgl. über die Auslegung der Verfaſſungsbeſtimmungen auch die unten angegebenen Verh. d. K. d. Abg. von 1831 u. 1843.

¹⁶ Man konnte denſelben allenfalls aus Verf. Beil. IX § 16 entnehmen.

¹⁷ Verf. Beil. IX §§ 22 A, 24. Vgl. Verh. d. K. d. R. R. 1848 Prot. Bd. III S. 448 (Reichsrath v. Maurer).

¹⁸ Weber II S. 261.

¹⁹ § 29.   ²⁰ § 113.   ²¹ §§ 26, 27, 122, 123.

²² Vgl. über einige frühere Erörterungen in der K. d. Abg. Repert. 1819 S. 541; 1822 S. 159.

²³ Er lautete dahin, den König um geſetzliche Beſtimmungen zu bitten, wonach „1. die Ausführung eines Cabinetsbefehls in allen Regierungsangelegenheiten, mit Ausnahme der Ernennung oder Entlaſſung eines Miniſters, unterſagt, und 2. ausgeſprochen werde, daß keine Behörde oder Stelle

Kammer der Abgeordneten die Bitte an die Krone zu richten beschloß, dieselbe wolle den Entwurf eines Gesetzes über die Ministerverantwortlichkeit den Ständen vorlegen lassen²⁴. Die Kammer der Reichsräthe war sachlich einverstanden, erklärte aber „nach der von der Staatsregierung gegebenen bestimmten und positiven Zusicherung, noch in der dermaligen Ständeversammlung einen Gesetzentwurf in Beziehung auf diesen Gegenstand an die Kammern zu bringen", die Aeußerung eines Wunsches für überflüssig²⁵. Die Berathungen der Staatsregierung über den Entwurf eines Gesetzes, betreffend die Verantwortlichkeit der Minister und übrigen Staatsdiener, die noch im nemlichen Jahre stattfanden, führten zu keinem Ergebnisse²⁶.

Im Jahre 1843 erneuerte die Abgeordnetenkammer ihren Wunsch; die Kammer der Reichsräthe erkannte ihn, wie deren Berichterstatter sich ausdrückte, als „durch die Eigenthümlichkeit der Lage vollständig gerechtfertigt" an und stimmte bei²⁷. Der Landtagsabschied vom 25. August 1843 überging diese Beschlüsse mit Stillschweigen. Auf dem Landtage 1845/46 wurden in beiden Kammern Anträge wegen eines Gesetzes über Ministerverantwortlichkeit gestellt, führten jedoch zu keiner Beschlußfassung²⁸.

Die königliche Proclamation vom 6. März 1848²⁹ sicherte die Vorlage eines Gesetzes über die „verfassungsmäßige Verantwortlichkeit der Minister" bei dem nächsten Landtage zu, und die Thronrede erneuerte diese Verheißung.

In Erfüllung dieser Zusagen wurden dem Landtage 1848, und zwar zunächst der Abgeordnetenkammer, zwei Gesetzentwürfe über die Verantwortlichkeit der Minister³⁰ und über den Staatsgerichtshof und das Verfahren bei Anklagen gegen Minister³¹ vorgelegt³².

Der erstgenannte Entwurf wurde mit einer Reihe von Abänderungen angenommen³³ und unterm 4. Juni 1848 als Verfassungsgesetz verkündet³⁴. Der zweite Entwurf gelangte in den Kammern nicht zur Behandlung. Der Landtagsabschied vom 4. Juni 1848³⁵ versprach jedoch nach dem Wunsche der Stände dessen Wiedervorlage bei der nächsten Landtagsversammlung. Ebenso wurde ein Wunsch genehmigt, „die Anordnung zu treffen, daß bei allen Ausschreibungen von Unseren Allerhöchsten Entschließungen, sowie von den Entschließungen Unserer Staatsministerien auch die Unterzeichnung und Gegenzeichnung, wie sie in der Urschrift enthalten sind, in den amtlich zu beglaubigenden Abschriften auszudrücken seien".

---

durch einen Cabinetsbefehl von der ihr nach dem jedesmaligen Staatsorganismus obliegenden Verantwortlichkeit entbunden werde". Verh. der K. d. Abg. 1831 Beil. Bd. II, Beil. XVII S. 12 f. Ueber den unmittelbaren Anlaß des Antrags ebenda S. 7 u. Prot. Bd. VII, Prot. Nr. XXXIII S. 61.

²⁴ Verh. der K. d. Abg. 1831 Beil. Bd. II Beil. XVII, Prot. Bd. II Prot. Nr. VII S. 26 ff., Nr. XXXIII S. 3 ff., Nr. XXXV S. 2, Nr. XXXVIII S. 2. Während derselben Tagung war die Frage erörtert worden, ob Minister v Schenk wegen der Preßverordn. vom 28. Jan. 1831 in Anklagestand zu versetzen sei. Repert. S. 105, 448. Die betr. Vorgänge sind besprochen bei (Buddeus) die Ministerverantwortlichkeit in constitut. Monarchien, Leipzig 1833, S. 160 ff.

²⁵ Verh. d. K. d. R. R. Bd. II S. 73 ff., 120 ff., 244 ff., 309.

²⁶ Staatsrathssitzung vom 6. Nov. 1831.

²⁷ Der äußere Anlaß war die Verh. über einen Vertrag, den die Staatsregierung anläßlich des Baues des Ludwigs-Donau-Main-Canals mit dem Hause Rothschild abgeschlossen hatte. Vgl. Verh. d. K. d. Abg. 1843 Prot. Bd. XII S. 90 ff., insbes. S. 138 ff., 143 ff., 156 f., 248; K. d. R. R. Prot. Bd. III S. 290 ff., insbes. S. 314.

²⁸ Landtagsverh. 1845/46 K. d. R. R. Prot. Bd. I S. 91 ff., IV S. 239, Beil. Bd. II S. 14 ff., 115 ff., woselbst S. 147 ff. ein Auszug aus den bisherigen Kammerverh. seit 1819; K. d. Abg. Prot. Bd. IV S. 314, V S. 441 ff., XIII S. 403. — Ueber einen abgelehnten Antrag auf Anklage des Ministers des Innern wegen Verletzung der Verordn. vom 25. April 1811, das Bierregulativ betr., Verh. d. K. d. R. R. Prot. Bd. I S. 49 ff., 260 ff., Beil. Bd. II S. 59 ff., 353 ff.

²⁹ R. Bl. S. 106.

³⁰ Verh. d. K. d. Abg. 1848 Beil. Bd. I S. 145 ff.

³¹ Ebenda Beil. Bd. I S. 327 ff., II S. 21 ff.

³² Der Grund der Trennung beider Entw. war der, daß man die Bestimmungen des zweitgenannten Entw. nicht zu verfassungsgesetzlichen erheben wollte. Verh. d. K. d. Abg. 1848 Beil. Bd. I S. 151.

³³ Landtagsverh. 1848 K. d. Abg. Beil. Bd. II S. 267 ff., Prot. Bd. V S. 173 ff., 221 ff. — K. d. R. R. Beil. Bd. III S. 83 ff., Prot. Bd. III S. 404 ff., 512 ff., 555 ff. — K. d. Abg. Beil. Bd. II S. 389 ff., Prot. Bd. VI S. 381 ff., VII S. 35 ff.

³⁴ G. Bl. S. 69. Ueber die Eigenschaft des Ges. als Verfassungsges. Art. XIV des. Commentar von K. Brater bei C. F. Dollmann, Gesetzgebung des Kgrs. Bayern ꝛc., Th. 2 Bd. 1, Erlangen 1855, S. 3 ff.

³⁵ G. Bl. S. 41. Abschn. I § 8.

Der Gesetzentwurf über die Ministeranklage wurde zwar im Jahre 1849 bei der Kammer der Reichsräthe wieder eingebracht[36], kam jedoch abermals nicht zur Berathung[37]. Erst nach drittmaliger Vorlage des Entwurfes beim Landtage 1849/50 gelang dessen Erledigung[38]. Hienach wurde unterm 30. März 1850 das Gesetz, betreffend den Staatsgerichtshof und das Verfahren bei Anklagen gegen Minister, erlassen[39].

In der Folge sind an Stelle der Artikel 4 und 5 dieses Gesetzes die Bestimmungen des Artikels 72 des Ausführungsgesetzes zur Reichsstrafprozeßordnung vom 18. August 1879 getreten[40].

§ 116. Theorien über die staatsrechtliche Stellung der Minister.

Bevor auf die Darstellung des geltenden Rechtes eingegangen wird, erscheint es nothwendig, einen Blick auf die Entwickelung der staatsrechtlichen Theorien über die Stellung der Minister in der constitutionellen Monarchie zu werfen. Denn es haben gerade hier theoretische Auffassungen auf unsere Rechtsgestaltung mehr als gewöhnlich eingewirkt[1].

Es würde selbstverständlich zu weit führen, eine erschöpfende Geschichte dieser Lehrmeinungen zu geben. Für unsere Zwecke wird es genügen, jene Theorien in aller Kürze so weit vorzuführen und zu beleuchten, als dies nöthig ist, um ein richtiges Verständniß unseres bestehenden Rechtes zu fördern.

Vor Allem nehmen die Anschauungen französischer Schriftsteller unser Interesse in Anspruch, da vorzugsweise unter deren Einflusse die Lehren des constitutionellen Staatsrechtes in den festländischen Staaten Europas sich entwickelt haben.

Die Betrachtungen, von welchen jene Schriftsteller ausgehen, lassen sich in folgende Sätze zusammenfassen.

Im Verfassungsstaate wird die Gesetzgebung, worunter auch die Feststellung des Staatshaushaltes inbegriffen ist, von der Volksvertretung unter der Sanction des Königs ausgeübt[2]. Soll diese gesetzgebende Gewalt der Kammern Werth haben, so muß Sicherheit dafür bestehen, daß die Verwaltung den Gesetzen gemäß geführt werde. Eine solche Gewähr ist dargeboten, wenn der Volksvertretung die Möglichkeit gegeben ist, über den gesetzmäßigen Gang der Verwaltung zu wachen[3] und hiefür

---

[36] Verh. d. K. d. R. R. 1849 Prot. Bd. II S. 165, Beil. Bd. III S. 133 ff., 221 ff.

[37] Der zweite Entw. wich von dem ersten mehrfach ab. Die wichtigste Aenderung war die, daß das Anklagerecht nach dem neuen Entw. jeder Kammer für sich zukommen sollte, während der frühere Vorschlag dieses Recht nur den beiden Kammern gemeinschaftlich zugestehen wollte. Dies geschah, „um sich hierin soviel wie möglich mit dem § 187 der deutschen Reichsverf. und dem darin aufgestellten Grundrechte in Uebereinstimmung zu setzen" (Begründung a. a. O. Beil. Bd. III S. 150.)

[38] Landtagsverh. 1849/50 K. d. R. R. Beil. Bd. I S. 59 ff., 105 ff., 255 ff., Prot. Bd. I S. 56, 83 ff., 250 f. — K. d. Abg. Beil. Bd. III S. 195 ff., Sten. Ber. IV S. 71 ff., 221 ff. — K. d. R. R. Beil. Bd. IV S. 3 ff., Prot. Bd. V S. 445 ff.

[39] G. Bl. S. 133. Dazu der Commentar von K. Brater bei C. F. Dollmann a. a. O., Th. 2, Bd. I, Erlangen 1855, S. 19 ff.

[40] Vgl. im Uebrigen über die fortdauernde Geltung der beiden Ges. von 1848 u. 1850 Einf. Ges. zum St. G. B. u. P. St. G. B. vom 10. Nov. 1861 Art. 3 Ziff. 10, 31 Abs. VIII, 34; Vollz. Ges. zum R. St. G. B. vom 26. Dec. 1871 Art. 3 Ziff. 8, 64; Ausf. Ges. zur R. St. P. O vom 18. Aug. 1879 Art. 3 Ziff. 6, 7.

[1] Literaturübersichten bei L. v. Rönne, Staatsrecht der preuß. Monarchie III S. 75 Anm. 4, dann bei A. Samuely, das Princip der Ministerverantwortlichkeit, Berlin 1869, S. 124 ff., F. Hauke, die Lehre von der Ministerverantwortlichkeit, Wien 1880, S. 30 ff., H. Schulze, Lehrb. des deutschen Staatsrechts I S. 299 Anm. 1, G. Meyer, Lehrb. des deutschen Staatsrechts, 3. Aufl. S. 557 Anm. 1. G. Jellinek, die Entwickelung des Ministeriums in der constit. Monarchie, in Grünhut's Zeitschr. f. d. Privat- u. öff. Recht der Gegenwart. X (1883) S. 304 ff., F. Thudichum, Annalen des Deutschen Reichs 1885 S. 637 ff., S. Brie in K. Frhrn. v. Stengel's Wörterb. d. deutschen Verw. Rechts II S. 492 ff., Th. Pistorius, die Staatsgerichtshöfe u. die Ministerverantwortlichkeit, Tübingen 1891, A. Lucz, Ministerverantwortlichkeit u. Staatsgerichtshöfe, Wien 1893.

[2] Vgl. z. B. die französ. Verf. von 1791, die auf der Lehre der Gewaltentheilung, aber allerdings auch der Volkssouveränetät beruht. Tit. III Art. 3: „Le pouvoir législatif est délégué à une assemblée nationale .. pour être exercé par elle, avec la sanction du Roi." Charte von 1814 Art. 15: „La puissance législative s'exerce collectivement par le Roi, la chambre des pairs et la chambre des députés des départements." Aehnlich die belgische Verf. von 1831 Art. 26.

[3] Montesquieu, de l'esprit des lois liv. XI chap. VI: „Mais si, dans un état libre, la puissance législative ne doit pas avoir le droit d'arrêter la puissance exécutrice, elle a droit et doit avoir la faculté d'examiner de quelle manière les lois qu'elle a faites ont été exécutées . . . ."

irgend Jemanden haftbar zu machen. Eine Verantwortlichkeit des Königs darf nicht stattfinden. The king can do no wrong. Die Verantwortlichkeit muß demnach auf die Schultern Anderer abgeladen werden, und dies sind die Minister. Faßt man die Minister als Diener des Königs auf, so muß man sagen, daß sie ihm Gehorsam schulden; sieht man in ihnen die Träger der verfassungsmäßigen Verantwortung, so läßt sich nicht verkennen, daß eine solche nur den treffen kann, der in seinen Entschlüssen und Thaten frei ist. Die Folgerung liegt nahe: dienstliche Gehorsamspflicht und verfassungsrechtliche Haftbarkeit schließen einander gegenseitig aus. Es gewinnt sonach den Anschein, als ob in der staatsrechtlichen Stellung der Minister ein innerer Widerspruch liege.

Den Bemühungen, diesen Widerspruch zu beseitigen, sind die verschiedenen Theorien über die Ministerverantwortlichkeit entsprungen. Man hat sich dem angegebenen Dilemma dadurch zu entziehen gesucht, daß man dem Satze, der König könne nicht Unrecht thun, die Wendung gab, der König könne nicht Unrecht wollen. Begehe er dennoch ein Unrecht, so liege der Grund hiefür darin, daß er von den Ministern übel berathen oder getäuscht worden sei. Darum seien die Minister für solches Unrecht haftbar und strafbar[4]. Dieser Ausweg ist ein sehr unglücklicher[5]. Es bedarf, um dies darzulegen, nicht vieler Worte. Auf die doppelte Fiction, daß bei jedem rechtswidrigen Regierungsakte der König sich habe täuschen lassen und der Minister ihn habe täuschen wollen, kann man eine staatsrechtliche Lehre nicht aufbauen.

Glänzender und geistreicher ist das Lehrgebäude, welches Benjamin Constant aufgeführt hat[6]. Es ist jene Lehre, welche in dem Satze: „Le roi règne, mais il ne gouverne pas" ihren bezeichnendsten Ausdruck findet. Constant knüpfte an die Dreitheilung der Staatsgewalten in eine gesetzgebende, richterliche und vollziehende Gewalt an. Diese Dreitheilung schien ihm für das verfassungsmäßige Staatswesen ungenügend. Der König könne nicht das Haupt der vollziehenden Gewalt sein; denn als solches müsse er handeln. Jede Handlung begründe die Möglichkeit eines Unrechts, jedes Unrecht eine Verantwortung. Der König aber sei unverantwortlich. Die königliche Gewalt müsse daher in der verfassungsmäßigen Einherrschaft nothwendig über dem Bereiche eigentlicher Staatsthätigkeit stehen, au dessus de la région véritablement active[7]. Träger der Vollzugsgewalt könne nur sein, wem die Verantwortung für deren Ausübung obliege, das Ministerium. Die Selbständigkeit sei nothwendige Folge der Verantwortlichkeit[8]. So entstand für Constant eine neue Gewalt im Staate, le pouvoir ministériel. Die drei bisher bekannten „Gewalten" waren hiemit vergeben und der König glücklich in jener Lage, in welcher sich bei Schiller nach Vertheilung der Erde der Dichter befindet. Indessen wußte Constant Rath. Er schuf für den König eine vierte Gewalt, ein pouvoir neutre, ein pouvoir modérateur, dessen Aufgabe ist, den Einklang zwischen den übrigen Staatsgewalten aufrecht zu erhalten[9]. Die Hauptmittel, welche zu diesem Ende zur Verfügung gestellt werden, sind Kammerauflösung und Ministerwechsel.

Der roi fainéant Benjamin Constant's ist die sonderbarste Figur, die man sich denken kann. Er ist dermaßen abstract geworden, daß er gar nichts zu thun vermag[10], was allerdings die einfachste Art ist, die Unverantwortlichkeit des Fürsten zu rechtfertigen. Constant's König ist Alles eher als ein Herrscher. Die Lehre Constant's ist eine innerlich unwahre. Der Satz von der Untheilbarkeit der Staatsgewalt kommt, der mechanischen Gewaltenvertheilung zum Trotze, thatsächlich dennoch zur Geltung. Die Wirklichkeit, die sich in Constant's künstlich ausgesonnenem Systeme birgt, ist keine andere als die, daß die Herrschaft vom Könige auf das Volk und dessen Vertretung übertragen wird. Der Nachweis hiefür ist nicht schwierig. Im parlamentarisch regierten Staate ruht der Schwerpunkt der Regierung in den Kammern. Sie sind die Gesetzgeber. Das königliche Sanctionsrecht wird, was in der That auch richtig ist, als eine Regelwidrigkeit gegenüber dem Systeme des Parlamentarismus empfunden. Es besteht die Neigung, dasselbe zum bloßen Veto oder zu einer einfachen Förmlichkeit,

---

[4] Montesquieu sagt im Zusammenhange mit der Anm. 3 angef. Stelle: „Mais comme celui qui exécute ne peut rien exécuter mal sans avoir des conseillers méchants et qui haïssent les lois comme ministres, quoiqu'ils les favorisent comme hommes; ceux-ci peuvent être recherchés et punis." Vgl. auch H. Zöpfl, Grundsätze des gem. deutschen Staatsrechts II S. 419 ff. Dieser Gedanke hat in den Eingang des großh. hess. Ges. über die Verantwortlichkeit der Minister vom 5. Juli 1821 Aufnahme gefunden.

[5] Vgl. darüber A. Samuely, Princip der Ministerverantwortlichkeit S. 24 ff.

[6] Constant, cours de politique constitutionelle, Ausg. von Pagès, 2 vol., Bruxelles 1836 (I p. 428 de la responsabilité des ministres, vgl. auch II p. 341) u. Ausg. von Ed. Laboulaye, Paris 1861. Darüber A. Samuely a. a. O. S. 11 ff.

[7] Constant, éd. Pagès, II p. 344.

[8] S. insbes. a. a. O. I p. 184, II p. 344.

[9] A. a. O. I p. 2.

[10] „Un être à part au sommet de l'édifice" nennt ihn Constant I p. 30.

einem Verkündigungsrechte, herabzudrücken¹¹. Die Kammern ſind ferner die beſtimmenden Leiter der Verwaltung. Mittels des ſchrankenloſen Budgetrechtes entſcheiden ſie über die Entlaſſung der Miniſter. Das pouvoir modérateur mag es zwar einmal mit der Kammerauflöſung verſuchen; ſchickt indeß das ſouveräne Volk dieſelbe Kammer wieder, dann muß das pouvoir modérateur die Miniſter im Sinne der Kammermehrheit wählen. Die Kammer hat alſo der Sache nach auch das Recht der Ernennung der Miniſter. Wer aber die Miniſter thatſächlich ernennt und entläßt, der beſtimmt den Gang ihrer Geſchäftsführung. Der König darf nicht einreden; die Kammer darf es. Der König muß mit einem Miniſterium regieren, das ihm nicht gefällt; der Kammer iſt dies nicht zuzumuthen. Vor ihrem Miß⸗ trauensvotum haben die Miniſter zu weichen. Der König des Parlamentarismus hat nicht einmal ein pouvoir modérateur, er hat gar kein pouvoir. Die Krone iſt zu einem über dem Staatsweſen ſchwe⸗ benden bedeutungsloſen Zierrath geworden. Ein König jedoch, der wirklich Herrſcher ſein ſoll, muß die rechtliche Möglichkeit haben, auch gegen den Willen der parlamentariſchen Mehrheit zu regieren. Dieſe Möglichkeit macht ihn im Verfaſſungsſtaate durchaus nicht zum Thrannen. Gegen die perſönliche Laune des Königs ſchützt die verfaſſungsrechtliche Form; aber die Beſtimmung dieſer Form kann und darf es nicht ſein, die Willensfreiheit des Herrſchers in dem Bereiche ſeines ſtaatlichen Handelns zu vernichten.

Haben wir nach dem bisher Angeführten den Verſuch Conſtant's¹² zur Erklärung der Miniſter⸗ verantwortlichkeit verwerfen müſſen, ſo frägt es ſich, auf welche andere Weiſe eine Löſung der Aufgabe gefunden werden könne. Die Erkenntniß eines Fehlers in der Schlußfolgerung, den der Gedankengang Conſtant's aufweiſt, wird auf den richtigen Weg leiten. Aus dem zweifellos wohlbegründeten Satze, daß der Miniſter lediglich dann für eine Regierungshandlung haften könne, wenn ſie ſeine Handlung ſei, hat Conſtant den Satz gemacht, daß der Miniſter lediglich dann hiefür haften könne, wenn ſie nur ſeine Handlung ſei. Das aber iſt nicht zutreffend. Zur Rechtfertigung einer Verantwortlichkeit des Miniſters genügt es, daß eine Regierungshandlung auch ſeine Handlung ſei¹³. Was wir hiemit meinen, wird aus dem Folgenden klar werden. In der verfaſſungsmäßigen Einherrſchaft iſt ein dop⸗ peltes Gebiet der Herrſcherthätigkeit zu unterſcheiden; jenes nemlich, wo der König an die Zuſtimmung des Landtages gebunden iſt, und jenes, wo er einer ſolchen Zuſtimmung nicht bedarf. Das erſtere um⸗ faßt die Geſetzgebung und die wichtigſten Akte der Finanzverwaltung, das letztere die geſammte übrige Staatsthätigkeit: die Rechtsprechung und die Verwaltung. Die Rechtspflege iſt im Verfaſſungsſtaate Behörden anvertraut, welche, mit vom Könige ernannten Beamten beſetzt, unabhängig von deſſen per⸗ ſönlichem Willen, den objectiven Willen des Herrſchers, das Geſetz, vollziehen. In der Verwaltung dagegen iſt der ſubjective Wille des Herrſchers maßgebend. Eine Unabhängigkeit der vollziehenden Be⸗ hörden, wie ſie auf dem Gebiete der Rechtspflege beſteht, iſt hier der Natur der Dinge nach unmöglich; ſie wäre geradezu zweckwidrig. Denn die Verwaltung bedarf der einheitlichen Zuſammenfaſſung aller Staatskräfte; ſie iſt nicht objective Geſetzesanwendung, ſondern ſubjective Thätigkeit innerhalb der Schranken des Geſetzes. Es iſt nun einleuchtend, daß die zuſtimmende Mitwirkung der Volksvertretung bei der Geſetzgebung und bei der Regelung des Staatshaushaltes thatſächlich wirkungslos gemacht werden könnte, wenn die Staatsverwaltung die mit der Volksvertretung vereinbarten Beſtimmungen nicht beachten würde. Gegen ein derartiges Verhalten beſtünde auch kein Schutz, wenn bei der Ver⸗ waltung die ſchrankenloſe Willkür des Herrſchers Maß gäbe. Denn es iſt ein im Weſen des König⸗ thums begründeter Satz: the king can do no wrong. Das will, wie bereits früher bemerkt wurde¹⁴, nicht ſagen, daß der König nicht thatſächlich Recht und Geſetz verletzen könne; es will nur ſagen, daß der König juriſtiſch kein Unrecht thun könne, daß über dem Träger der Staatsgewalt keine richterliche oder dienſtliche Inſtanz denkbar ſei, vor welcher er wegen ſeiner Regierungshandlungen Rechenſchaft zu geben ſchuldig wäre. Soll nun zwiſchen dieſer Möglichkeit, daß der Monarch ſachlich Unrecht thut, und der Unmöglichkeit, daß er perſönlich des Unrechts überführt werde, die Rechtsordnung des Verfaſſungs⸗ ſtaates nicht unter Umſtänden Schaden leiden, ſo muß es Perſonen geben, die für die oberſte Leitung

---

¹¹ Conſtant ſelbſt ſpricht ſich allerdings (a. a. O. I p. 11 sv.) für das „véto absolu" aus.

¹² Es iſt für den hier verfolgten Zweck nicht nöthig, auf die Lehren einiger deutſcher Schrift⸗ ſteller über die Miniſterverantwortlichkeit näher einzugehen. Jene Prügelknabentheorie, welche be⸗ hauptet, daß die Miniſter nicht ihre, ſondern ihres Fürſten Schuld zu büßen haben (Buddeus, die Miniſterverantwortlichkeit in conſtit. Monarchien, Leipzig 1833; H. Biſchof, Miniſterverantwortlich⸗ keit u. Staatsgerichtshöfe in Deutſchland, Gießen 1859, in Linde's Archiv f. d. öff. Recht des Deutſchen Bundes III, 2) bedarf ohnedies kaum der Widerlegung. Vgl. darüber A. Samuely a. a. O. S. 19 ff. Ueber die Auffaſſung R. v. Mohl's (die Verantwortlichkeit der Miniſter in Einherrſchaften mit Volks⸗ vertretung, Tübingen 1837) ebenda S. 31 ff.; über L. v. Stein (Verwaltungslehre I) ebenda S. 15 ff. u. dagegen F. Hauke, die Lehre von der Miniſterverantwortlichkeit S. 7 Anm. 9.

¹³ Vgl. A. Samuely a. a. O. S. 62.   ¹⁴ § 51 Anm. 8.

der Verwaltung verantwortlich sind. Deren rechtliche Stellung aber muß derartig bemessen sein, daß einerseits die Herrschergewalt des Königs gewahrt bleibt, und daß andererseits eine Verantwortlichkeit dieser Personen möglich ist[15]. Dies kann in keiner anderen Weise als in der geschehen, daß sie bei der Leitung der Staatsverwaltung durch den Herrscher mitwirken, nicht indessen so, daß ihr Wille den Herrscherwillen zwingt, sondern nur so, daß er zu demselben gleichinhaltlich hinzutritt. Im Verfassungsstaate erlangt der Herrscherwille auf dem Gebiete der Verwaltung erst dann rechtliche Bedeutung, wenn der Wille jener Organe übereinstimmend sich ihm anschließt. Damit ist die Lösung unserer Frage gegeben. Hienach ist jede Regierungshandlung, die vom Herrscher ausgeht oder in seinem Namen vorgenommen wird, zugleich Handlung des unverantwortlichen Staatsoberhauptes und Handlung von Personen, welche rechtlich hiefür verantwortlich gemacht werden können. Soll aber diese Haftbarkeit vollen Werth haben, so muß deren Geltendmachung in die Hände desjenigen Organs gelegt sein, dessen Mitwirkungsrecht bei der Herrscherthätigkeit vor Verletzung bewahrt werden will, des Landtages.

§ 117. Staatsrechtliche Stellung der Minister nach bayerischem Staatsrechte.

Das bayerische Staatsrecht hat in dem Gesetze vom 4. Juni 1848 die Ministerverantwortlichkeit nach den Grundsätzen geregelt, welche soeben dargelegt wurden.

Die königlichen Staatsminister sind die Träger der Verantwortung für die Gesetzmäßigkeit der Regierung des Staates. Jeder Theil der Regierungsthätigkeit muß dem Geschäftskreise eines Staatsministers zugewiesen sein[1]. Das bayerische Staatsrecht kennt keine Minister ohne Portefeuille. Niemand, also auch kein Staatsdiener, ist verpflichtet, ein Ministerium zu übernehmen[2]. Zum Zustandekommen einer rechtsgiltigen königlichen Regierungsanordnung[3] ist die Uebereinstimmung der Willen des Königs und der Mi-

---

[15] So bemerkt auch die Begründung zum Entw. unseres Ministerverantwortlichkeitsges. (Verh. d. K. b. Abg. 1848 Beil. Bd. I S. 149 f.), die Bestimmungen der Art. 1, 7 seien der Ausdruck des Gedankens, daß die Minister „auf jenen Grad von Selbstständigkeit gehoben werden müßten, welcher die Grundlage aller Verantwortlichkeit bildet".

[1] Ges. vom 4. Juni 1848 Art. IV. Ueber die früher lebhaft erörterte, aber mehr politische als staatsrechtliche Frage, ob der Bestand eines k. Cabinetssecretariates mit der verfassungsmäßigen Stellung der Minister vereinbar sei, vgl. die Kammerverh. von 1831, Repert. über die Verh. d. K. b. R. R. S. 37, der K. b. Abg. S. 102; Verordn., das k. Cabinetssecretariat betr., vom 15. Nov. 1848 (Weber IV S. 7), wodurch dasselbe „für alle Angelegenheiten, welche nicht unmittelbar zu Unserer Privatdisposition belangen", als aufgehoben erklärt wurde, dann die Darlegung in einem Artikel der damaligen amtlichen „bayer. Zeitung" vom 13. Jan. 1866. Zu Folge eines Handschreibens des Prinz-Regenten Luitpold vom 29. Juli 1886 (G. u. V. Bl. S. 543) wurde das Cabinetssecretariat beseitigt und durch eine „Geheimkanzlei" ersetzt.

[2] Ges. Art. I. Verh. d. K. b. Abg. 1848 Beil. Bd. II S. 280.

[3] Der Begriff der Regierungsanordnungen umfaßt grundsätzlich alle Anordnungen des Königs in Staatsangelegenheiten, gleichviel, welches ihr Gegenstand ist. Vgl. die richtigen Ausführungen bei A. Samuely a. a. O. S. 15 ff. gegen L. v. Stein (Verwaltungslehre I). Unter den Begriff der Regierungsanordnung fällt die Abdankung nicht. Denn die Niederlegung der Regierung ist keine Regierungsanordnung. Hiemit im Einklange ist das Abdankungspatent König Ludwig's I. vom 20. März 1848 (R. Bl. S. 145) nicht gegengezeichnet, wohl aber das Regierungsantrittspatent König Maximilian's II. vom folgenden Tage (R. Bl. S. 153). Vgl. F. Hauke, die Lehre von der Ministerverantwortlichkeit S. 6 Anm. 5, und derselbe, die geschichtl. Grundlagen des Monarchenrechts, Wien u. Leipzig 1894, S. 155 ff., E. Radnitzky, die Parteiwillkür im öffentl. Recht, Wien 1888, S. 20 f. Man hat die Frage erörtert (Hauke a. a. O., Samuely a. a. O. S. 58 Anm. 1), ob der König bei der Ernennung oder Entlassung von Ministern der Gegenzeichnung für seine Entschl. bedürfe, und gesagt, dies müsse für den Fall verneint werden, wo die abtretenden Minister die Gegenzeichnung verweigern oder das ganze Ministerium suspendirt ist. Die Annahme, von der man hier ausgeht, ist die, daß andernfalls der König sein Ernennungs- und Entlassungsrecht nicht ausüben könnte. Indessen kann in solchem Falle der König in Einer Urkunde die Entlassung der Minister und die Ernennung von Nachfolgern oder Verwesern aussprechen und die Urkunde von den Neuernannten gegenzeichnen lassen. Vgl. G. Meyer, Lehrb. des deutschen Staatsrechtes, 3. Aufl., S. 209 Anm. 18, gegen H. Zöpfl, Grundsätze des gem. deutschen Staatsrechts II S. 423 f., K. F. v. Gerber, Grundzüge des deutschen Staatsrechts S. 102 Anm. 2. S. auch L. v. Rönne, Staatsrecht der preuß. Monarchie I S. 482 Anm. 2, E. Bornhak, preuß. Staatsrecht I S. 467; vgl. auch die Bemerkungen von Fr. Tezner, Grünhut's Zeitschr. f. d. Privat- u. öff. Recht der Gegenwart XXII S. 260 Anm. 15.

nister oder Ministerstellvertreter erforderlich, in deren Geschäftskreis die Anordnung fällt⁴. Die beiderseitige Entschließung ist hiebei von einander unabhängig.

Die Freiheit der Willensbestimmung des Königs in Regierungsangelegenheiten ist dadurch gesichert, daß er, wenn er sich mit dem Minister nicht zu verständigen vermag, denselben vom Amte entheben kann⁵. Der König kann aber andererseits den Minister nicht zwingen, einer Regierungsanordnung zuzustimmen oder sie selbst zu erlassen, wenn der Minister sie für gesetzwidrig oder auch nur für schädlich erachtet. Das Gesetz⁶ sagt: „Hält der Vorstand⁷ eines Staatsministeriums eine ihm angesonnene Amtshandlung für gesetzwidrig oder dem Landeswohl nachtheilig⁸, so ist er verpflichtet⁹, dieselbe abzulehnen, bzw. seine Gegenzeichnung unter schriftlicher Angabe der Gründe zu verweigern. Er ist berechtigt, seine Gründe dem Ministerrathe darzulegen, dessen Protokoll dem Könige vorzulegen ist." Der Minister oder Ministerstellvertreter kann ferner zwar den König nicht nöthigen, eine Regierungsanordnung zu treffen, die dem Könige nicht genehm ist, aber er kann, wenn er einen Regierungsakt als durch das Gesetz geboten oder vom Landeswohle gefordert erachtet, sein Verbleiben im Amte davon abhängig machen, daß der König seinen bezüglichen Anträgen Folge gibt¹⁰.

Das Gesetz¹¹ bestimmt für die beiden Fälle der Meinungsverschiedenheit zwischen König und Minister: „Ein Staatsminister kann zu jeder Zeit um Enthebung von seiner

---

Mißlicher ist die Frage, wie weit in Heerangelegenheiten die Nothwendigkeit der ministeriellen Mitwirkung besteht. Buddeus (Ministerverantwortlichkeit in constit. Monarchien S. 98 ff.), der die Sache näher erörtert, meint: „Diejenigen Verfügungen in Militärangelegenheiten, welche vom König selbst verfassungsmäßig ausgehen müssen, wenn er auch nicht selbst sein Heer commandirt, können ohne Beiwirkung des Ministers keine Giltigkeit haben; die, welche jeder oberste General, wenn er auch nicht König wäre, erlassen könnte, bedürfen dieser Beiwirkung nicht. Sie können aber auch gar nicht daran gebunden sein." Das klingt wie eine einfache Lösung der Frage, ist es aber nicht. Denn welches sind die einen, welches die anderen Verfügungen? Und wie steht die Sache da, wo verfassungsmäßig nicht bestimmt ist, daß und welche Verfügungen in Heerangelegenheiten vom Könige ausgehen müssen? Für das bayer. Staatsrecht wird man, da das Ministerverantwortlichkeitsgesetz über die Frage schweigt, bei der allgemeinen Fassung des Art. IV nicht weiter gehen dürfen, als zu sagen, daß bei denjenigen Befehlen des Königs, welche sich auf die militärische Verwendung der Truppen beziehen, die ministerielle Mitwirkung nicht nöthig ist. Zu eng werden die Grenzen der Verantwortlichkeit des Kriegsministers jedenfalls in § 5 der Verordn. vom 31. Jan. 1829, die Formation des k. Kriegsministeriums betr. (Weber II S. 457), gezogen, wenn es dort heißt, daß derselbe „Uns allein, den Ständen des Reiches aber nur in Bezug auf die Nachweisung des für die Armee bewilligten Budgets verantwortlich ist". Vgl. hieher P. Laband, Staatsrecht des Deutschen Reichs, 3. Aufl., II S. 511 ff., Hecker in K. Frhrn. v. Stengel's Wörterb. des deutschen Verw. Rechts I S. 63 ff., ferner unten § 399 Anm. 13.

⁴ Ein Antrag der Abg. Marqu. Barth u. Gen., Verh. d. K. d. Abg. 1866/69 Sten. Ber. I S. 427, bezielte die Vorlage eines Ges. Entw., wonach „künftig ein wirkliches Gesammtministerium mit voller Solidarität für alle Fragen von allgemeiner Bedeutung in Wahrheit bestehen" sollte. Der Antrag hatte jedoch kein Ergebniß.

⁵ Ges. Art. III Abs. II.   ⁶ Art. VII.

⁷ Dazu Verh. d. K. d. Abg. 1848 Prot. Bd. V S. 223. Vorstand bezeichnet auch den Stellvertreter.

⁸ Diese letzteren Worte, welche im Regierungsentw. fehlten, wurden auf Anregung des Abg. Frhrn. v. Closen eingefügt. Derselbe bemerkte (a. a. O. Beil. Bd. II S. 281): „Hieher gehört insbes. das wichtige Gebiet der Anstellungen und Beförderungen." Abg. Dr. Edel äußerte (S. 272): „Eine Niederlegung der Ministerstelle kann in einem solchen Falle von dem Minister nicht unbedingt gefordert werden. Er hat … die Befugniß, dies zu thun. Er kann aber auch abwarten, ob der Regent ihm die Entlassung geben oder sich bei der Ablehnung der ministeriellen Gegenzeichnung beruhigen will; es genügt, wenn der Minister gegen jede Nöthigung zur Ertheilung seiner Unterschrift gesichert ist." Der Umfang der Entschließungsfreiheit des Ministers ist im Art. VII des Ges. weiter bemessen, als nach Art. IX das Anklagerecht des Landtags.

⁹ Die K. d. Abg. (a. a. O. Prot. Bd. V S. 227 f., 230) setzte „verpflichtet" statt „befugt".

¹⁰ Verh. d. K. d. Abg. a. a. O. Beil. Bd. II S. 270.

¹¹ Art. III Abs. I.

Stelle bitten. Dieselbe darf ohne Rücksicht auf § 24 der IX. Verfassungsbeilage ¹² nicht verweigert werden, wenn sie aus dem Grunde erbeten wurde, weil der König in wichtigen Regierungsangelegenheiten ¹³ die Rathschläge seines Ministers nicht annehmen zu können glaubt."

Eine Reihe von gesetzlichen Vorschriften bezweckt, die sachliche Unabhängigkeit, welche dem Vorstande eines Ministeriums bei seiner Amtsführung eingeräumt ist, auch mit persönlichen Sicherungen zu umgeben ¹⁴.

Die Führung eines Ministeriums kann nur einem Staatsrathe im ordentlichen Dienste übertragen werden ¹⁵, welcher hiedurch einen sofort unentziehbaren Standesgehalt von 3000 fl. erhält ¹⁶, sofern ihm nicht aus früheren Dienstverhältnissen ein höherer zukömmt ¹⁷. Die Minister sind hienach besoldete Staatsräthe. Ihr Titel und Rang als Staatsräthe und ihr Standesgehalt ist ihnen nach Maßgabe der IX. Verfassungs-

---

¹² „Der Staatsdiener, welcher die Befugniß zur Dimission und Quiescenz ausübt, darf in Beziehung auf seinen Rückstande weder an anvertrautem Staatsgute noch an übertragener Hauptarbeit befinden." Zu bemerken ist übrigens, daß die Enthebung vom Ministerium nicht nothwendig Entlassung aus dem Staatsdienste oder Versetzung in den Ruhestand ist.

¹³ Ueber die Tragweite des Ausdruckes „wichtige" Regierungsangelegenheiten haben in der K. d. R. R., Prot. Bd. III S. 443—460, eingehende Erörterungen stattgefunden. Reichsrath Fürst Oettingen-Wallerstein beantragte, das Wort „wichtige" zu streichen, da Verwirrung eintreten müsse, wenn zwischen König und Minister Meinungsverschiedenheit darüber entstehe, ob eine Angelegenheit eine wichtige sei. Reichsrath Frhr. v. Freyberg dagegen meinte, das Wort müsse beibehalten werden, weil denkbarer Weise ein Minister sich mit dem Könige wegen Kleinigkeiten entzweien könne, um den Standesgehalt „bequemer sich anzueignen"! In solchem Falle könnten die Stände den Minister in Anklagestand versetzen. M. E. ist es völlig klar, daß das Recht des Ministers auf Enthebung vom Amte schon dann besteht, wenn er der Meinung ist, die Staatsangelegenheit, bei welcher er mit seinem Rathe nicht durchdrang, sei eine wichtige. Denn andernfalls stünde die Bestimmung mit dem Gedankengange des Ges. nicht im Einklange. Art. I geht davon aus, daß Niemand zur Annahme eines Ministeriums verpflichtet sei. Abg. Frhr. v. Closen, von dem Art. III (V im Entw.) herrührt, bezeichnete dessen Bestimmungen als „Folge des bereits oben aufgestellten Grundsatzes, daß Niemand gegen seinen Willen Minister sein soll". (Verh. d. K. d. Abg. Beil. Bd. II S. 280 f.) Wenn also auch die erste Kammer den Antrag Oettingen-Wallerstein ablehnte, so bleibt doch die Bemerkung des Reichsraths Frhrn. v. Zu-Rhein (Prot. Bd. III S. 450) richtig, daß der Ausdruck „wichtig" unbedenklich stehen bleiben könne, weil er einen relativen Begriff bezeichne. Niemand könne apodiktisch entscheiden, was wichtig, was minder wichtig sei. „Diese Frage muß in der persönlichen Ueberzeugung eines Jeden ihre Lösung finden." Hiefür spricht auch die Bestimmung in Art. VII, welche es in das persönliche Ermessen des Ministers stellt, die Vornahme einer Amtshandlung oder die Gegenzeichnung zu verweigern, wenn er die Amtshandlung für gesetzwidrig oder dem Landeswohle nachtheilig hält. Vgl. a. a. O. S. 467 ff. Brater (am oben § 115 Anm. 34 angef. Orte S. 5 f.) erörtert zutreffend, daß der Minister bei verweigerter Enthebung vom Amte den Rechtsweg nach Maßgabe des Staatsdieneredictes betreten könne.

¹⁴ Vgl. die Aeußerungen der Abg. Dr. Edel u. Frhr. v. Closen Verh. d. K. d. Abg. 1848 Beil. Bd. II S. 268 u. 280.

¹⁵ Dies ist keine Beschränkung des k. Ernennungsrechtes, da die Ernennung zum Staatsrathe mit der Ernennung zum Minister verbunden werden kann. Verh. d. K. d. R. R. 1848 Beil. Bd. III S. 87, Prot. Bd. III S. 414.

¹⁶ Nach dem Gehaltsregulative vom 11. Juni 1892 (G. u. B. Bl. S. 209) hat ein Staatsminister 12 600 Mark (Standes- u. Dienst-) Gehalt (vorher Regul. vom 12. Aug. 1876 10 800 Mark), 7200 Mark Functionsgehalt (vorher 5400 Mark) u. 5400 Mark Repräsentationsgelder, welch' letztere für den Staatsminister des k. Hauses u. des Aeußern 16 200 Mark betragen. Der Kriegsminister hat 12 000 Mark Gehalt u. 18 000 Mark Zulage aus der Generalmilitärkasse nebst Dienstwohnung und den etatsmäßigen Nebenbezügen. Nach der Form. Verordn. vom 9. Dec. 1825 (Weber II S. 261) § 3 hat ein Minister keinen Anspruch auf Gehaltsmehrung, wenn ihm gleichzeitig die Leitung mehrerer Ministerien übertragen wird. Ueber die früheren Gehaltsverhältnisse der Minister vgl. ebenda § 15 u. Verordn. vom 25. Oct. 1825 (R. Bl. S. 769); der Nachtrag vom folgenden Tage (R. Bl. S. 772), der von dem Rechte des Justizministers als Großrichters (Form. Verordn. § 58) in sehr bedingter Weise spricht, ist mit Wegfall des § 8 der IV. Verf. Beil. jedenfalls gegenstandslos geworden; dann Verordn. vom 12. Aug. 1876 (G. u. B. Bl. S. 567).

¹⁷ Ges. Art. I. Vgl. Verf. Beil. IX § 6 Abs. I. S. auch die Anm. 14 angef. Verh., ferner K. d. R. R. 1848 Prot. Bd. III S. 415 ff.

beilage ¹⁸ gesichert. Das Recht der Krone, den Standesgehalt der Staatsdiener zu bestimmen, ist hinsichtlich der Minister nur insofern eingeschränkt, als der Standesgehalt nicht niederer wie angegeben bemessen werden darf. Denselben höher festzusetzen, ist der König nicht behindert ¹⁹. Der Standesgehalt eines Ministers verbleibt ihm bei seiner Entlassung ungeschmälert, gleichviel, ob er sie erhalten oder ob er sie erbeten hat ²⁰. Der Minister braucht also, wenn er die Enthebung von der Ministerstelle nachsucht, nicht nach Verfassungsbeilage IX § 22 A seine Entlassung aus dem Staatsdienste unter Verlust seiner erworbenen Rechte zu nehmen. Der Minister hat aber in solchem Falle nur dann ein Recht, als Staatsdiener in den Ruhestand zu treten, wenn die allgemeinen verfassungsmäßigen Voraussetzungen eines solchen Anspruchs gegeben sind ²¹.

Die Leitung eines Staatsministeriums durch einen bloßen Ministerverweser ist für die Regel unstatthaft. Bei Erledigung eines Ministeriums sind daher die Verhandlungen zu dessen Wiederbesetzung sofort einzuleiten. In der Zwischenzeit, ferner in den Fällen, wo ein Minister an der Ausübung seines Amtes verhindert ist ²², kann die Leitung der Geschäfte eines Ministeriums einem Verweser, bzw. Stellvertreter übertragen werden. Derselbe muß aber entweder Vorstand eines anderen Ministeriums oder Staatsrath im ordentlichen Dienste sein ²³.

Eine persönliche Sicherstellung der Minister liegt auch in der Bestimmung, daß dem wirklichen oder abgetretenen Vorstande eines Ministeriums die amtlichen Behelfe

---

¹⁸ Vgl. insbes. §§ 18, 19.

¹⁹ Dies ergibt sich aus der Absicht des Ges., die Staatsminister im Interesse ihrer Unabhängigkeit gegen eine allzu geringe Bemessung ihres Standesgehaltes zu schützen, wie sie unter König Ludwig I. vorgekommen war. (Vgl. das Beispiel Verh. d. K. d. Abg. 1866/68 Sten. Ber. II S. 459 Sp. 1.) Zu diesem Zwecke wurde die betreffende Bestimmung des Art. I dem Kammern hinzugefügt. Hätte das verfassungsmäßige Recht des Königs (Verf. Beil. IX § 6), den Standesgehalt der Staatsdiener zu bestimmen, auch zu Ungunsten der Minister beschränkt werden wollen, so hätte dies irgendwo zum Ausdrucke kommen müssen. Soweit die Ausnahme des Art. I nicht reicht, bleibt es bei der Regel der Verf. Urk. Eine sehr unklare Erörterung der Frage fand 1868 in der K. d. Abg. statt. Beil. Bd. III S. 337 f., 343 ff., Sten. Ber. II S. 454 ff. Die Kammer beschloß u. A., „Verwahrung gegen die ohne ihre Zustimmung erfolgte Erhöhung des unentziehbaren Standesgehaltes eines Ministers von 3000 fl. auf 6000 fl." einzulegen. Die K. d. R. R. stimmte dieser Verwahrung mit Recht nicht bei. Beil. Bd. V S. 38 ff., Prot. Bd. VI S. 52 ff. Bei den Berathungen in der K. d. Abg. wurde, insbes. Seitens des Abg. Dr. Brater u. Dr. Völk, ausgeführt, daß, wenn auch Art. I des Verf. Ges. von 1848 so zu verstehen sei, daß der Standesgehalt von 3000 fl. einen Mindestbetrag bezeichne, doch eine Erhöhung desselben wegen des Budgetrechtes der Kammern nicht ohne Zustimmung der letzteren Platz greifen dürfe. Werde eine solche Erhöhung durch die Staatsregierung einseitig vorgenommen, so begründe dies zwar einen klagbaren Anspruch für den Minister, aber keine Verpflichtung des Landtags, die Mittel zu bewilligen. Es ist hier nicht der Ort, auf die unrichtigen Vorstellungen über das Budgetrecht des Landtags einzugehen, wie sie in jener Verh. zu Tage getreten sind. Hier mag nur soviel hervorgehoben werden, daß keine Bestimmung unseres Staatsrechts den König bei Ausscheidung des Standes- u. Dienstgehalts nach Verf. Beil. IX § 6 an die Zustimmung des Landtags bindet, und daß auch keine mittelbare Gebundenheit des Königs durch die Steuerbewilligung hier eintreten kann, weil im Budget Standes- u. Dienstgehalte der Staatsdiener nicht ausgeschieden werden. Eine solche Ausscheidung kann auch, eben wegen der Bestimmung der Verf. Beil. IX § 6, von den Kammern nicht gefordert werden. Vgl. über die Frage die nicht sehr klaren Ausführungen von K. Rehm, Zeitschr. f. d. ges. Staatswiss. XXV (1869) S. 1 ff., bes. 21 ff., Pözl, Lehrb. d. bayer. Verf. Rechts S. 477 Anm. 3.

²⁰ Ges. Art. III Abs. II. Verh. d. K. d. Abg. 1848 Beil. Bd. II S. 270.

²¹ Verf. Beil. IX § 22 B–D. Verh. d. K. d. Abg. 1848 Beil. Bd. II S. 281 (Bemerkung des Abg. Frhrn. v. Closen zu Art. 5 seines Gegenentw.), K. d. R. R. Prot. Bd. III S. 417 ff., 444 f., 459. Brater, Commentar S. 5. S. ferner das oberstrichterliche Erk. vom 29. Febr. 1856, Bl. f. Rechtsanw. XXI S. 456 f.

²² Hiezu zählt auch der Fall der Beurlaubung.

²³ Ges. Art. II. Nach dem Wortlaute des Ges. kann also ein Staatsminister a. D., welcher Staatsrath im a. o. Dienste ist, nicht mit der vorübergehenden Leitung eines Ministeriums betraut werden. Die Spitze der Bestimmung richtet sich gegen die verwesungsweise Besetzung von Ministerien, wie sie unter König Ludwig I. stattfand. Wegen des Kriegsministers vgl. unten § 400 Anm. 3.

zur Rechenschaftsablage über seine Amtsverwaltung nicht vorenthalten werden dürfen, wenn er derselben zu seiner Rechtfertigung vor dem Könige oder dem Landtage bedarf²⁴.

Die Form, in welcher die ministerielle Mitwirkung bei einer Regierungsanordnung nach gesetzlicher Vorschrift auszudrücken ist, ist die Unterschrift der Urkunde, welche die Anordnung enthält, durch den Minister. Diese Unterschrift tritt als Gegenzeichnung²⁵ auf, wenn die Regierungsanordnung vom Könige persönlich unter dessen Fertigung ausgeht. Gesetzlich nothwendig ist nur die Gegenzeichnung derjenigen Minister oder Ministerstellvertreter, in deren Geschäftskreis die Anordnung gehört²⁶. Doch sind nach verordnungsmäßiger Bestimmung die Gesetze, die Landtagsabschiede und die königlichen Verordnungen, welche nach Vernehmung des Staatsrathes ergehen, von dem Gesammtstaatsministerium gegenzuzeichnen²⁷.

Die Gegenzeichnung, welche nach dem Gesetze erforderlich ist, ist für die Wirksamkeit der königlichen Willenserklärung nach Außen²⁸ wesentlich. Anordnungen des Königs, denen die Gegenzeichnung fehlt, sind nicht vollziehbar²⁹. Staatsdiener, welche trotz dieses Mangels den Vollzug übernehmen, haften für die von ihnen vorgenommenen Handlungen, ohne durch die Berufung auf ihre dienstliche Gehorsamspflicht geschützt zu sein³⁰.

Werden Regierungsanordnungen des Königs nicht unter dessen Unterschrift, sondern auf dessen Befehl erlassen, so müssen sie die Fertigung der betheiligten Minister oder Ministerstellvertreter tragen³¹.

Eine gesetzliche Bestimmung, daß alle Ministerialverfügungen unter der Fertigung des Ministers oder Ministerstellvertreters ergehen müssen, besteht nicht³². Es ist sonach zulässig, daß die selbständige Behandlung einzelner Angelegenheiten Beamten übertragen wird, die dem Minister untergeben sind. Es steht jedoch nicht im Belieben des Ministers, sich in dieser Weise vertreten zu lassen. Er bedarf hiezu entweder verordnungsmäßiger oder besonderer Ermächtigung³³ des Königs. Diese kann aber nur ertheilt werden, wo nicht gesetzlich die eigene Thätigkeit des Ministers erfordert wird. Damit

---

²⁴ Gef. Art. VIII.

²⁵ Als Fachausdruck findet sich das Wort contre-signé zuerst in der franzöf. Verf. von 1791 Tit. III Cap. II Sect. IV Art. 4. Der Gedanke, daß durch Ausstellung einer Urkunde unter seiner Fertigung oder Mitwirkung der cancellarius eine Haftung übernimmt, ist weit älter. Vgl. Sohm, zur Trauungsfrage, Heilbronn 1879 (Zeitfragen des christlichen Volkslebens, herausgegeben von Mühlhäuffer u. Geffcken, Band IV Heft I) S. 14.

²⁶ Gef. Art. IV Abf. I.

²⁷ Form. Verordn. vom 9. Dec. 1825 (Weber II S. 261) § 123, Verordn., den Staatsrath betr., vom 3. Aug. 1879 (G. u. V. Bl. S. 736) § 15 a.

²⁸ Dem Minister gegenüber ist die k. Willenserklärung schon vorhanden, sobald sie ihm kund gegeben ist. Aus dieser Kundgabe erwächst ihm die Pflicht, sofern es sich um Erlaß einer Regierungsanordnung handelt, sich darüber zu entscheiden, ob er seine Mitwirkung hiezu leihen könne. Vgl. die Aeußerung des Staatsministers v. Riedel, Verh. d. K. b. Abg. 1877/81 Sten. Ver. II S. 37.

²⁹ Gef. Art. IV Abf. II.

³⁰ Das Gef. Art. V gibt diesem Gedanken einen ziemlich ungeschickten Ausdruck, wenn es sagt: „Derjenige Staatsbeamte, welcher den Vollzug einer ohne ministerielle Gegenzeichnung ergangenen Regierungsanordnung des Königs auf sich nimmt, macht sich des Mißbrauchs der Amtsgewalt schuldig." Ob ein solcher vorliegt, wird von der Natur der vorgenommenen Handlung abhängen. Vgl. hieher auch Brater, Commentar S. 6 f.

³¹ Vgl. Gef. Art. VI. Es ist selbstverständlich, daß die gesetzlichen Bestimmungen auch dann gewahrt sind, wenn der Minister eine nicht gegengezeichnete k. Anordnung unter seiner Unterschrift zum Vollzuge bringt. A. M., wie es scheint, der Abg. Schels, Verh. d. K. b. Abg. 1877/81 Sten. Ver. II S. 33. Vgl. auch oben Anm. 28.

³² Das Gef. fordert nur die dauernde Führung oder vorübergehende Leitung der Ministerien durch einen Staatsrath i. o. D., sowie die Gegenzeichnung der Anordnungen des Königs durch den Minister oder Ministerstellvertreter. Das Gef. erwähnt in Art. VI die Unterzeichnung der Ministerialverfügungen durch den Ministerialvorstand als einen Akt, der die Verantwortlichkeit begründet, sagt aber nicht, wie in Art. IV, daß eine solche Verfügung nur mit dieser Unterschrift vollziehbar sei.

³³ Da es sich um eine Abweichung von den Formationsbestimmungen handelt.

wird der Umkreis dieſer Vertretungsmöglichkeit weſentlich beſchränkt. Abgeſehen von geſetzlichen Einzelvorſchriften darf die Vertretung weder von ſolchem Umfange, noch von
ſolcher Art ſein, daß damit die geſetzlich geforderte Führung des Miniſteriums, die Leitung der Geſchäfte vom Vorſtande des Miniſteriums ganz oder theilweiſe aus der Hand
gegeben erſcheint. Es ſind alſo weſentlich Angelegenheiten untergeordneter oder formeller
Natur, bei welchen eine ſolche Vertretung als ſtatthaft zu erachten iſt⁸⁴. Durch eine allgemeine Rechtsregel läßt ſich dieſes Gebiet nicht abgrenzen. Keinenfalls darf die Vertretung dazu mißbraucht werden, die miniſterielle Verantwortlichkeit zu umgehen. Ein
derartiges Verfahren würde im Gegentheile die Verantwortung nur um ſo mehr begründen. Innerhalb des geſchilderten Umfanges aber iſt die Vertretungsbefugniß ge-
ſchäftlich vielfach nicht zu entbehren, wenn anders nicht gerade die Abſicht des Geſetzes,
daß der Miniſter die Geſchäfte l e i t e , vereitelt werden ſoll.

§ 118. Die Miniſterverantwortlichkeit.

Die ſtaatsrechtliche Stellung der Miniſter gegenüber dem Könige, wie ſie im Bisherigen geſchildert worden iſt, wäre auch unter der Vorausſetzung denkbar, daß die Miniſter in Bezug auf die Geltendmachung ihrer Verantwortlichkeit lediglich dem allgemeinen
Staatsdienerrechte unterliegen würden. Man kann nicht ſagen, daß in ſolchem Falle
die miniſterielle Stellung ohne allen thatſächlichen Werth für die Sicherung des öffentlichen Rechtes wäre. Denn es iſt ein ſehr weſentlicher Unterſchied, ob der Miniſter bei
ſeiner Mitwirkung zu Regierungsanordnungen des Königs lediglich die Pflicht des ſtaats-
dienerlichen Gehorſams oder auch ſeine freie perſönliche Ueberzeugung von dem, was dem
Geſetze gemäß iſt und was dem Staate frommt, in's Auge zu faſſen hat. Allein immerhin iſt, wie bereits früher erwähnt wurde, anzuerkennen, daß ein derartiger Rechtszuſtand
ein unvollkommener wäre. Der Miniſter iſt ein ſtaatliches Organ, deſſen Wille dem
Willen des Herrſchers in gewiſſem Umfange beſchränkend hinzutritt. Die Geltendmachung
dieſer Beſchränkung iſt unter beſtimmten Vorausſetzungen Pflicht des Miniſters. Die
Nichterfüllung dieſer Pflicht muß Verantwortung begründen. Es iſt klar, daß es nicht
genügen könnte, die Verwirklichung einer ſolchen Verantwortung ausſchließlich in das
perſönliche Ermeſſen desjenigen zu legen, dem gegenüber die Erfüllung jener Pflicht
unterlaſſen worden iſt. Aus dieſer Erwägung rechtfertigt ſich das dem Landtage zu-
geſtandene Recht, Anklage gegen die Miniſter zu erheben. Dieſes Anklagerecht wird aber
zweckgemäß ſo zu bemeſſen ſein, daß es dem Schutze der Rechte des Landtages dient, nicht
aber zu Beeinfluſſungen desjenigen Gebietes der Herrſcherthätigkeit führen kann, welches
der Einwirkung des Landtages entzogen iſt. Daraus erklärt es ſich, daß nach unſerem
Staatsrechte die Grenzen jenes Anklagerechtes enger gezogen ſind, als die Grenzen der
miniſteriellen Selbſtändigkeit bei der Mitwirkung zu königlichen Regierungshandlungen¹.

---

²⁴ Vgl. z. B. Verordn. vom 23. Jan. 1872 (Weber IX S. 288) § 6 Abſ. I u. II: „In eigener
Competenz hat die oberſte Baubehörde ſodann alle Anordnungen zu erlaſſen, welche auf die Prüfung
der Baucandidaten Bezug haben, und werden die Prüfungszeugniſſe derſelben durch dieſe Behörde aus-
geſtellt. Ebenſo kann ſie unmittelbare Weiſungen an die unteren Organe des Baudienſtes erlaſſen,
welche die Ergänzung des ihr vorliegenden Materials oder die Ueberwachung der Bauausführung zum
Ziele haben.“ Kr. Min. Bek. v. 17. März 1876 (Weber XI S. 468) § 4. Den Abtheilungen des
Kriegsminiſteriums kann ſelbſtändig übertragen werden: „die Erledigung von Dingen, bei welchen
es ſich nicht um principielle Entſcheidungen, ſondern nur um den Vollzug und die Ausführung bereits
feſtſtehender Anordnungen, um Erläuterungen hiezu, überhaupt um Verhältniſſe u n t e r g e o r d n e t e r
Natur handelt“, dann das „Einholen von Gutachten“, von „Detailausweiſen“. Verordn. vom 19. Febr.
1885 (Weber XVII S. 25) § 4 Abſ. II. Dem Finanzminiſter wird „anheimgegeben, der Miniſterial-
forſtabtheilung unmittelbare Correſpondenzen, welche blos die Inſtruction eines Gegenſtandes beziehen,
zu geſtatten“.
¹ Vgl. oben § 117 Anm. 8.

Damit man zu einer richtigen Auffassung des Rechtes der Ministeranklage durch den Landtag gelangt, ist es nöthig, sich gegenwärtig zu halten, daß der Minister, ungeachtet seiner verhältnißmäßigen Selbständigkeit, ein Regierungsorgan nicht neben dem Könige und unabhängig von demselben, sondern unter dem Könige, also ein Regierungsorgan des Königs ist. Er ist nicht verpflichtet, des Königs Minister zu bleiben, aber er ist, wenn er es bleibt, verpflichtet, dem Könige zu gehorchen. Aus dieser Stellung des Ministers zum Könige ergeben sich für das Verhältniß des Ministers zum Landtage wichtige Folgerungen.

Der Minister ist lediglich Regierungsorgan des Königs, er ist kein Organ des Landtages. Die Lehre von der parlamentarischen Regierung in dem Sinne, daß die königlichen Minister der Kammermehrheit genehm sein oder die Regierung nach deren Ansichten führen müßten, hat keinerlei staatsrechtlichen Anhalt. Die Minister haben bei ihrer Thätigkeit ihre Amtspflichten, also insbesondere die Gesetze des Staates, zu beobachten; im Uebrigen ist dieselbe lediglich vom Willen des Königs, nicht vom Willen des Landtages abhängig. Sie ist von dem letzteren unabhängig sowohl hinsichtlich ihres Inhaltes als hinsichtlich ihrer Dauer[2]. Das Verhältniß der Minister zu den Kammern ist kein Verhältniß der Verantwortlichkeit vor dem Landtage. Der letztere kann lediglich die dienstliche Verantwortlichkeit der Minister klagweise geltend machen.

Dieses Anklagerecht des Landtages ist kein Alleinrecht in dem Sinne, daß die Verantwortlichkeit der Minister nur durch den Landtag geltend gemacht werden könnte. Die allgemeine staatsdienerliche Verantwortung der Minister gegenüber dem Könige besteht daneben unberührt fort[3]. Das Anklagerecht der Kammern ist ferner nach bayerischem Staatsrechte ein beschränktes.

Man hat allerdings mehrfach die Lehre aufgestellt, daß das Recht der Volksvertretung, die Minister zur Rechenschaft zu ziehen, ein allumfassendes sein müsse. Dies wurde mit dem Gedanken begründet, daß der Volksvertretung ein Aufsichtsrecht über die gesammte Staatsverwaltung gebühre[4]. Man hat hieraus gefolgert, daß die Verantwortlichkeit der Minister gegenüber dem Landtage nicht nur durch Verletzung der Gesetze, sondern auch durch solche Verletzungen der Dienstpflicht begründet werde, die gegen kein Gesetz verstoßen. Ja, man hat es sogar zur Begründung einer Verantwortlichkeit genügend gefunden, wenn die Minister ihre Mitwirkung zu einer Regierungshandlung des Königs geliehen haben, die den Ansichten der Kammermehrheit von dem, was für den Staat gedeihlich ist, nicht entspricht. Diese Anschauung beruht indessen auf Irrthum. Ein allgemeines Aufsichtsrecht der Kammern über die Führung der Verwaltung besteht nicht. Es liegt in der Natur der Aufsicht, sich nur auf jene Gegenstände erstrecken kann, über deren Gestaltung dem Landtage rechtlicher Einfluß eingeräumt ist. Das ist im Verfassungsstaate bezüglich der Gesetzgebung und der Führung des Staatshaushalts der Fall. Die Regierungsthätigkeit innerhalb dieser Schranken dagegen ist eine vollkommen freie, vom Willen des Landtages unabhängige. Es fehlt daher auf diesem Gebiete für ein Aufsichtsrecht der Volksvertretung die innere Rechtfertigung.

Hiemit im Einklange bestimmt das Gesetz über die Ministerverantwortlichkeit[5]: „Ein Staatsminister oder dessen Stellvertreter, der durch Handlungen oder Unterlassungen die Staatsgesetze verletzt, ist den Ständen des Reiches verantwortlich"[6]. Der Minister

---

[2] Vgl. die Erörterungen Verh. d. K. d. Abg. 1881/82 Sten. Ber. II S. 344 ff., insbef. Staatsminister Dr. v. Lutz S. 347 f. Vgl. die Rede desselben Ministers a. a. O. I S. 80 f.

[3] Vgl. Art. VIII des Ges.: „Rechtfertigung vor dem Könige oder den Ständen des Reichs". Auch Closen'scher Entw. Art. X, Verh. d. K. d. Abg. 1848 Beil. Bd. II S. 287.

[4] So insbef. A. Samuely, das Princip der Ministerverantwortlichkeit S. 65 ff., dann S. 75 ff. Dagegen F. Hauke, die Lehre von der Ministerverantwortlichkeit S. 14 ff. Vgl. auch oben § 86 Anm. 29.

[5] Art. IX.

[6] Die Bestimmung lautete im Entw. (Art. 6): „Die Minister sind den Ständen des Reichs verantwortlich für jede vorsätzlich begangene oder wissentlich zugelassene Verletzung der Ges." Der Closen'sche Entw. sagte in Art. XII (Verh. d. K. d. Abg. Beil. Bd. II S. 287): „Anklage gegen einen

kann also von den Kammern nur wegen Verletzung der Staatsgesetze, nicht wegen sonstiger
Verletzungen seiner Amtspflicht angeklagt werden. Wegen der letzteren ist er nur seinem
Dienstherrn Rechenschaft schuldig. Sein Dienstherr aber ist nicht der Landtag, sondern
der König. Noch weniger kann natürlich den Minister eine Verantwortung dafür treffen,
daß er innerhalb der gesetzlichen Grenzen der Verwaltung den Willen des Königs vollzogen hat ⁷. Diesem Stande der Dinge entsprechend gibt auch die bayerische Verfassung
dem Landtage kein Mittel in die Hand, seinen Willen in dem Bereiche der freien Verwaltung zur zwingenden Geltung zu bringen.

Innerhalb des angegebenen Umkreises hat die besondere Verantwortlichkeit der
Minister folgenden Umfang. Die Verantwortlichkeit des Ministers besteht nicht blos da,
wo derselbe eine Verfügung gegengezeichnet oder unterzeichnet hat ⁸. Die Unterschrift des
Ministers ist nur eine unter Umständen nothwendige Form für die staatsrechtliche Giltigkeit der Verfügung, aber nicht für die Begründung der Verantwortung. In letzterer Beziehung bildet sie lediglich ein Beweismittel für die Mitwirkung oder die selbständige
Thätigkeit des Ministers. Diese aber, gleichviel, in welcher Weise sie sich geäußert hat,
ist für die Verantwortung das Entscheidende ⁹. Die Ministerverantwortlichkeit wird
durch die Verletzung jedes Gesetzes ¹⁰, nicht blos des Verfassungsrechtes begründet ¹¹.
Diese Verletzung kann in einem Thun oder in einem Nichtthun bestehen ¹². Da, wie
unten näher zu erörtern sein wird, die besondere Verantwortlichkeit der Minister eine

---

Minister findet nur statt wegen solcher Handlungen und Unterlassungen, wodurch Verf., Ges. oder
Amtspflichten erheblich verletzt werden." Closen meinte (S. 282): "Handlungen, welche dem
Wohle oder der Ehre der Nation in hohem Grade nachtheilig sind, werden sich immer unter eine dieser
drei Kategorien subsumiren lassen." Er bemerkte ferner (S. 284): "Die Anklage gegen einen Minister
hat immer mehr einen politischen, als einen juristischen Charakter." Edel (S. 273) beantragte folgende
Fassung: "Ein Staatsminister oder dessen Stellvertreter, der durch Handlungen oder Unterlassungen
die Staatsgesetze oder seine verfassungsmäßigen Amtspflichten verletzt, ist den Ständen des Reichs verantwortlich." Er fügte erläuternd bei (S. 274): "Es schien aber nicht genügend, blos die Verletzung
positiver Ges. als Grund der Verantwortlichkeit zu erklären; denn die Ges. können nie Alles enthalten,
was geschehen muß, und jeder Verwalter öffentlicher Angelegenheiten muß aus dem Geist der Ges. dasjenige ergänzen, was der Buchstabe nicht gibt. Insbesondere kann ein Staatsminister dem Geist der
Ges. zuwiderhandeln, das Staatswohl und die heiligsten Interessen des Landes gefährden, während er
dem Buchstaben der Ges. Gewalt anthut und scheinbar kein Ges. verletzt. Deßhalb schien es angemessen,
die Minister auch für solche Verletzungen ihrer Amtspflichten verantwortlich zu machen, welche mit
ihrer verfassungsmäßigen Wirksamkeit, wie sich solche aus dem Sinn und Geiste der Staatsverf. ergibt,
unvereinbar sind." So weit auch die Absicht des Edel'schen Vorschlags reicht, immerhin hat derselbe
nur Handlungen und Unterlassungen in fraudem legis im Auge. Der Ausschuß hat sodann (S. 277)
den Abstrich der Worte "oder seine verfassungsmäßigen Amtspflichten" beschlossen.

⁷ Schon im Begriffe der Ministerverantwortlichkeit liegt es, daß sie sich nur auf amtliche
Handlungen der Minister beziehen kann. So mit Recht Bluntschli. allg. Staatsrecht, 5. Aufl.,
S. 526, u. F. Hauke, die Lehre von der Ministerverantwortlichkeit S. 84, gegen A. Samuely
a. a. O. S. 75 u. R. v. Mohl, die Verantwortlichkeit der Minister S. 159.

⁸ Ges. Art. VI.

⁹ Hiefür H. Zöpfl, Grundsätze des gem. deutschen Staatsrechts II S. 419 ff. u. in den
Heidelb. Jahrb. 1859 S. 645 ff., A. Samuely a. a. O. S. 23 f., 59 ff., F. Hauke a. a. O. S. 6, 16,
83 Anm. 5; a. M. J. v. Held, System der Rechte der monarch. Staaten Deutschlands II
S. 368 Anm. 1; H. Bischof. Ministerverantwortlichkeit u. Staatsgerichtshöfe in Deutschland S. 35,
Budbeus, die Ministerverantwortlichkeit in constit. Monarchien S. 17.

¹⁰ Dazu Brater, Commentar S. 8 f. Es versteht sich von selbst, daß auch bei Verletzung eines
Reichsges. die Ministerverantwortlichkeit eintritt. Uebereinstimmend O. v. Sarwey, Staatsrecht des
Kgrs. Württemberg II S. 258, F. Thudichum, Annalen des Deutschen Reichs 1885 S. 644; and.
Ans. Th. Pistorius, die Staatsgerichtshöfe u. die Ministerverantwortlichkeit S. 190 ff. Dessen Be-
merkung S. 193 Anm. 3 ist irrig. Vgl. 1. Aufl. dieses Werkes Bd. II S. 313 Anm. 4.

¹¹ A. M. de lege ferenda R. v. Mohl, die Verantwortlichkeit der Minister S. 147 ff., dagegen
zutreffend F. Hauke a. a. O. S. 17 f.

¹² Vgl. R. v. Mohl a. a. O. S. 136 ff., 153 ff., F. Hauke a. a. O. S. 83 f. Gesetzesverletzung
durch Unterlassung liegt auch dann vor, wenn der Minister schuldhafter Weise Gesetzesverletzungen
untergebener Behörden nicht verhindert hat ("zugelassene Verletzung der Ges." in Art. 6 des Entw.).

dienstrechtliche, keine strafrechtliche Verantwortlichkeit ist, so folgt, daß der Minister nicht bloß für Arglist, sondern auch für Fahrlässigkeit haftet [13]. Die Anklage wegen bloßen Versuchs der Gesetzesverletzung ist nach dem Wortlaute des Ministerverantwortlichkeitsgesetzes ausgeschlossen [14].

Die Ministerverantwortlichkeit, wenn einmal begründet, bleibt für den Minister oder Ministerverweser auch nach dem Rücktritte von der Leitung des Ministeriums bestehen [15]. Dagegen kann sie, wie die dienstliche Verantwortlichkeit der Staatsdiener überhaupt, nicht mehr geltend gemacht werden, wenn der gewesene Minister aus dem Staatsdienste ausgeschieden ist [16].

Die rechtliche Natur der Ministerverantwortlichkeit ist Gegenstand lebhaften Streits. Von der einen Seite wird diese Verantwortlichkeit als eine strafrechtliche, von der anderen als eine dienstliche (disciplinäre) erklärt [17]. Der Streit ist vom Standpunkte des allgemeinen Staatsrechtes aus dann ein müßiger, wenn die Behauptung, die Ministerverantwortlichkeit müsse eine strafrechtliche sein, gegen die andere Behauptung steht, sie müsse eine dienstliche sein. Denn beide Sätze sind gleich unrichtig. Das Zutreffende ist vielmehr dies, daß der Gesetzgeber jene Verantwortlichkeit sowohl strafrechtlich als auch dienstrechtlich gestalten kann. Es ist eine Frage der Gesetzgebungspolitik, ob und wann die Verletzung einer staatsdienerlichen Pflicht zum Dienstvergehen oder zum Amts-Verbrechen, bzw. -Vergehen gestempelt werden will. Dabei mag man eine Erörterung darüber anstellen, ob der Gesetzgeber besser thut, die Fälle der Ministerverantwortlichkeit dem Gebiete des Strafrechtes oder des Dienststrafrechtes zuzuweisen. Hat aber der Gesetzgeber einmal gesprochen, dann kann die rechtswissenschaftliche Untersuchung nur die Aufgabe haben, zu ermitteln, in welchem Sinne der Gesetzgeber sich entschieden hat. Eine solche Untersuchung hat übrigens thatsächliche Bedeutung nur dann, wenn es zweifelhaft ist, ob die allgemeinen Grundsätze des Strafgesetzbuches auf die Fälle des Ministerverantwortlichkeitsgesetzes anwendbar sind oder nicht. Sind sie dies nicht, dann wird die wissenschaftliche Auffassung nicht von erheblichem thatsächlichem Belange sein.

Für das bayerische Staatsrecht nun steht es außer Zweifel, daß die Bestimmungen des Strafgesetzbuches auf die besondere Ministerverantwortlichkeit nicht anwendbar sind [18]. Abgesehen davon, daß die Strafen, welche im Gesetze als zulässig bezeichnet werden, dem Dienststrafrechte angehören und im Strafrechte nur in Verbindung mit anderen Strafen vorkommen [19], spricht für die dienstrechtliche

---

[13] Der Entw. des Ges. (vgl. oben Anm. 6) sprach nur von „vorsätzlich begangener oder wissentlich zugelassener Verletzung der Ges.". Dagegen nun Art. IX „mit Rücksicht auf den Grad des Verschuldens". Abg. Frhr. v. Closen (Verh. d. K. d. Abg. 1848 Beil. Bd. II S. 283) bemerkt unter Bezugnahme auf die Aeußerungen R. v. Mohl's (a. a. O. S. 183): „Subjectiv darf die Verantwortlichkeit nicht auf Vorsatz (dolus) beschränkt sein; denn wenn auch ein Irrthum, gegründet auf einer unklaren Gesetzesbestimmung, auf unrichtiger Ansicht der Dinge, jeden Minister von Strafbarkeit befreit, und der Erfolg einer Handlung nie darüber entscheiden kann, ob pflichtwidrig gehandelt wurde oder nicht, so wäre es doch nicht angemessen, die Fahrlässigkeit eines so hoch gestellten Beamten in Schutz zu nehmen." Ebenso Edel (Beil. Bd. II S. 273): Es kann „sowohl der böse Wille als die Fahrlässigkeit geahndet werden, und es hat nur auf die Strafe Einfluß, ob ein höherer oder geringerer Schuldgrad vorhanden war". Dazu Verh. d. K. d. R. R. 1848 Prot. Bd. III S. 477. Vgl. über die Frage H. Zöpfl, Grundsätze des gem. deutschen Staatsrechts II S. 425 ff., H. A. Zachariä, deutsches Staats- u. Bundesrecht I S. 311 ff., J. v. Held a. a. O. II S. 369. A. Samuely a. a. O. S. 43 f., 48, 88, F. Hauke a. a. O. S. 92 ff.

[14] Ges. Art. IX „der . . . die Staatsges. verletzt".

[15] Ges. Art. VIII. „Jedem wirklichen oder abgetretenen Staatsminister oder Verweser eines Staatsministeriums."

[16] Dies ergibt sich auch daraus, daß keine der Strafen, welche Art. IX des Ges. nennt, auf Jemanden anwendbar ist, dem die Eigenschaft des Staatsdieners fehlt. De lege ferenda sind gegen den obigen Satz A. Samuely a. a. O. S. 114 f., F. Hauke a. a. O. S. 73 f.

[17] In neuerer Zeit ist insbesondere F. Hauke a. a. O. S. 18 ff., 136 ff. für erstere Auffassung eingetreten, während A. Samuely a. a. O. S. 40 ff., 87 ff. die letztere Ansicht vertritt. Bei beiden auch die Literatur.

[18] Während das Ges. über den Staatsgerichtshof vom 30. März 1850 in Art. 1 dem Strafprozeßrechte aushilfsweise Geltung zuschreibt, enthält das Ministerverantwortlichkeitsgesetz keine entsprechende Bestimmung hinsichtlich des Strafrechts.

[19] Das Ges. unterläßt auch die Bezeichnung der Strafen als Verbrechens- oder Vergehensstrafen, was Prater, Commentar S. 9, als Lücke ansieht und zu ergänzen sucht. M. E. ist aber nicht

Natur der Miniſterverantwortlichkeit vor Allem der Artikel XIII des Geſetzes. Derſelbe ſagt, daß durch das Verfahren vor dem Staatsgerichtshofe „die zuſtändige Wirkſamkeit der ordentlichen Straf= gerichte bezüglich der etwa concurrirenden gemeinen oder Amts=Verbrechen oder Vergehen" „nicht ausgeſchloſſen" wird²⁰. Damit iſt klar geſtellt, daß die Verfolgung nach dem Miniſterverantwortlich= keitsgeſetze keine Verfolgung wegen Amts=Verbrechens oder =Vergehens iſt, daß eine ſolche vielmehr außerdem noch und ſogar wegen derſelben Handlung ſtattfinden kann²¹. Hätte das Miniſterverant= wortlichkeitsgeſetz eine ſtrafrechtliche Verfolgung zum Gegenſtande, ſo wäre es überdies nunmehr durch die Reichsgeſetzgebung beſeitigt²².

Bei der eben gegebenen Erörterung iſt davon ausgegangen, daß nur die Auffaſſung der Miniſter= verantwortlichkeit als ſtrafrechtliche oder dienſtſtrafrechtliche zur Wahl ſtehe. Allerdings findet ſich noch eine dritte Anſicht bei den Schriftſtellern vertreten. Dieſe Verantwortlichkeit ſoll eine „ſtaatsrechtliche", die Strafe, welche den ſchuldig erkannten Miniſter trifft, eine „ſtaatsrechtliche Strafe" ſein²³. Das erſtere iſt richtig, jedoch kein Gegenſatz zu den anderen Anſichten; denn die ſtrafrechtliche wie die dienſt= liche Verantwortlichkeit ſind ſtaatsrechtliche Verantwortlichkeiten. Was aber eine „ſtaatsrechtliche Strafe" im Gegenſatze zu der peinlichen Strafe und der Dienſtſtrafe ſein ſoll, iſt mir nicht klar.

§ 119. Verfahren bei Miniſteranklagen.

Das Recht, die beſondere Miniſterverantwortlichkeit geltend zu machen, ſteht dem Landtage zu. Das Geſetz ſagt, die Miniſter und Miniſterſtellvertreter ſeien „den Ständen des Reiches verantwortlich". Dies iſt aber, wie ſchon bemerkt, keine Verant= wortlichkeit vor dem Landtage; der Landtag hat nur ein Recht der Anklage¹. Ueber dieſelbe wird im Namen des Königs durch einen Staatsgerichtshof entſchieden. Das Anklagerecht ſteht nur dem Landtage als ſolchem, nicht jeder Kammer für ſich zu².

Das Verfahren zur Erhebung der Miniſteranklage iſt durch folgende Beſtimmungen geordnet.

Finden ſich die Kammern³ veranlaßt, gegen einen Miniſter oder Miniſterſtell= vertreter Anklage zu erheben, ſo ſind die Anklagepunkte beſtimmt zu bezeichnen und in jeder Kammer durch einen beſonderen Ausſchuß zu prüfen. Dieſe Ausſchüſſe ſind hiebei ermächtigt, mündliche oder ſchriftliche Gutachten von Sachverſtändigen zu erholen, die

---

im Entfernteſten daran zu denken, daß mit dem Urtheile des Staatsgerichtshofes, welches auf Ent= ſetzung lautet, für den Verurtheilten die Wirkungen einer Verurtheilung wegen Verbrechens nach dem St. G. B. verbunden ſein ſollten.

²⁰ Selbſtverſtändlich iſt der fernere Vorbehalt der „Verfolgung der Entſchädigungsanſprüche vor den bürgerlichen Gerichten" in Art. XIII.

²¹ Die Begründung (Verh. d. K. d. Abg. 1848 Beil. Bd. I S. 152) bemerkt, Art. 13 trage dafür Sorge, „daß der Angeſchuldigte auch dem Arme des ordentlichen Richters nicht entgehe, wenn er unter den Vorausſetzungen des Art. 6 (nun IX) zugleich das allg. Strafgeſetz im Verbrechens oder Vergehens= grade übertreten oder eine civilrechtliche Haftbarkeit auf ſich geladen haben ſollte". Vgl. auch Geſ. vom 30. März 1850 Art. 19 Abſ. II.

²² Th. Piſtorius a. a. O. S. 143 ff.

²³ Hieher Th. Piſtorius u. A. Lucz in den § 116 Anm. 1 angef. Schriften.

¹ Geſ. Art. IX.

² Verf. Urk. Tit. X § 6 Abſ. II, Geſ. vom 4. Juni 1848 Art. X Abſ. I, Geſ. vom 30. März 1850 Art. 3 Abſ. II. Der Regierungsentwurf von 1849 zu letzterem Geſ. wollte in Art. 3 jeder Kammer für ſich das Anklagerecht zugeſtehen (Verh. d. K. d. R. R. 1849/50 Beil. Bd. I S. 61). Vgl. oben § 115 Anm 37. Die K. d. R. R. ſtimmte dieſem Vorſchlage unter einigen Abänderungen nach eingehenden Verh. (Prot. Bd. I S. 98—163) zu; die K. d. Abg. dagegen lehnte die Faſſung der K. d. R. R. mit 106 gegen 24 Stimmen ab und verwarf auch die Faſſung des Regierungsentw., da hiefür nur 66 von 130 Stimmen abgegeben wurden. 87 Stimmen wären nemlich erforderlich geweſen, da eine Verfaſſungsänderung in Frage ſtand. (Sten. Ber. IV S. 223—231.) Die K. d. R. R. (Prot. Bd. V S. 453—458) pflichtete dann dem Beſchluſſe der K. d. Abg. bei. — De lege ferenda vgl. A. Samuely a. a. O. S. 68 ff. F. Hauke a. a. O. S. 95 ff. u. die dort angef. Schriftſteller; ferner Pözl, Lehrb. d. bayer. Verf. Rechts S. 573 Anm. 2.

³ Das Geſ. ſagt überflüſſiger Weiſe „oder eine derſelben". Es iſt ſelbſtverſtändlich, daß regel= mäßig eine Kammer die Anregung zur Anklage geben wird. Vgl. Verh. d. K. d. R. R. 1849/50 Prot. Bd. I S. 96 ff.

Vernehmung von Zeugen und Sachverständigen durch den ordentlichen Richter⁴ nach Maßgabe der allgemeinen Bestimmungen der Strafprozeßgesetze⁵ zu veranlassen⁶ und von den einschlägigen Staatsministerien die nöthigen Erläuterungen⁷ in Bezug auf den Gegenstand der Anklage zu verlangen⁸. Die Ausschüsse sind ferner verpflichtet, den betheiligten Minister oder Ministerstellvertreter mit seiner schriftlichen Verantwortung zu vernehmen⁹. Nach geschehener Prüfung der Anklagepunkte und Einvernahme des Beschuldigten erstatten die Ausschüsse ihrer Kammer über das Ergebniß Bericht.

Vereinigen sich beide Kammern über die Anklage, so bringen sie ihren Beschluß an den König¹⁰.

Dieser enthebt den Angeklagten vorläufig vom Amte. Er läßt sodann die Anklage durch einen besonderen Staatsgerichtshof unverzüglich zur Entscheidung bringen¹¹ und zu diesem Behufe den Landtagsbeschluß dem Präsidenten des obersten Landesgerichts mittheilen¹².

Das Verfahren kann, wenn die Anklage gegen Mehrere gerichtet ist, unter denselben Voraussetzungen, unter welchen dies nach Strafprozeßrecht zulässig ist, verbunden werden¹³.

Die Kammern wählen, jede für sich, aus ihrer Mitte mit absoluter Stimmenmehrheit Anklagebevollmächtigte zur Einreichung und Vertretung der Anklage¹⁴. Diese Bevollmächtigten haben außer den Rechten, die ihnen besonders eingeräumt sind, die gesetzlichen Befugnisse des Staatsanwaltes¹⁵. Eine Vertagung oder Auflösung des Landtages hat auf die Verfolgung der Anklage und auf die Stellung der Anklagebevollmächtigten keinen Einfluß¹⁶.

Die letzteren haben zunächst dem Präsidenten des obersten Landesgerichtes die Anklageschrift nebst den vorgenommenen Erhebungen zu übergeben und den Antrag auf Zusammenberufung des Staatsgerichtshofes zu stellen. Der Präsident läßt den Landtagsbeschluß und die Anklageschrift dem Angeklagten zufertigen und veranlaßt sogleich die Bildung des Staatsgerichtshofes¹⁷.

Der Staatsgerichtshof wird beim obersten Landesgerichte aus dem Präsidenten, sechs Räthen und einem Gerichtsschreiber, dann zwölf Geschworenen gebildet¹⁸.

Jede der beiden Parteien kann sechs Mitglieder des obersten Landesgerichts ab-

---

⁴ Vgl. dazu Verh. d. K. d. Abg. 1849/50 Sten. Ber. IV S. 223.

⁵ Vgl. Ges. vom 30. März 1850 Art. 1, Begründung Verh. d. K. d. R. R. 1849/50 Beil. Bd. I S. 68.

⁶ Die Ausschüsse müssen sich hiebei gemäß Art. 33 des Geschäftsg. Ges. (vgl. oben § 86 Anm. 10) der Vermittelung des Staatsministeriums der Justiz bedienen, das aber verpflichtet ist, den Anträgen der Ausschüsse Folge zu geben.

⁷ Darin liegt keine Verpflichtung zur Herausgabe von Urkunden. Vgl. oben § 88 Anm. 4, Verh. d. K. d. R. R. 1849/50 Bd. I S. 94 ff., 1849 Beil. Bd. III S. 236; ferner Verh. d. K. d. Abg. 1849/50 Sten. Ber. IV S. 223.

⁸ Ges. vom 30. März 1850 Art. 2.

⁹ Angef. Ges. Art. 3 Abs. I.

¹⁰ Angef. Ges. Art. 3 Abs. I, II.   ¹¹ Ges. vom 4. Juni 1848 Art. X Abs. I.

¹² Ges. vom 30. März 1850 Art. 3 Abs. III.

¹³ Ges. von 1850 Art. 12 mit 1.

¹⁴ Ges. von 1848 Art. XI Abs. II u. von 1850 Art. 3 Abs. III.

¹⁵ Ges. von 1850 Art. 13. Die Aeußerung des Justizministers v. Kleinschrod, Verh. d. K. d. R. R. 1849/50 Prot. Bd. I S. 188, der Staatsanwalt des o. G. H's. könne anwesend sein „und seine übrigen Functionen, insoferne es sich nemlich um die Einhaltung der gesetzlichen Bestimmungen handelt, auch vor dem Staatsgerichtshofe ausüben", ist, wie Reichsrath v. Heintz a. a. O. S. 189 f., 198 f. richtig ausführte, schon nach dem Entw. unzutreffend gewesen. Art. 13, den die K. d. R. R. einfügte (a. a. O. S. 202 ff.), stellt die Sache außer Zweifel.

¹⁶ Ges. von 1850 Art. 21.   ¹⁷ Ges. von 1850 Art. 3 Abs. III, IV.

¹⁸ Ges. von 1850 Art. 1.

lehnen. Gründe dürfen nicht angegeben werden. In Fällen der Ablehnung oder sonstigen Behinderung tritt das im Range oder Dienstalter nächste Mitglied an die Stelle. Die beiden im Dienstalter nächsten Räthe werden als Ergänzungsrichter zur Verhandlung beigezogen[19].

Zum Behufe der Bildung des Schwurgerichtes hat der Landrath jedes Kreises jährlich 50 Geschworene zu wählen. Die Wahl geschieht mit absoluter Mehrheit aus den Jahreslisten der Haupt- und Hilfsgeschworenen jener Landgerichte, die ihren Sitz innerhalb des Regierungsbezirkes haben, ohne Rücksicht auf die Kreisgrenzen. Landraths- und Landtagsmitglieder sind nicht wählbar[20].

Sobald die Bildung des Staatsgerichtshofes veranlaßt ist, haben die Regierungspräsidenten nach Aufforderung des Präsidenten des obersten Landesgerichtes die vom Landrathe angefertigte Geschworenenliste an den Präsidenten des Oberlandesgerichtes, das im Regierungsbezirke seinen Sitz hat, mitzutheilen. Gehört der Regierungsbezirk verschiedenen Oberlandesgerichten an, von denen keines seinen Sitz im Regierungsbezirke hat, so wird der Präsident des obersten Landesgerichtes zu bestimmen haben, an welchen Oberlandesgerichtspräsidenten die Liste zu senden ist[21]. In Gegenwart von vier Gerichtsmitgliedern und des Staatsanwaltes legt der Oberlandesgerichtspräsident die auf eine Kreisliste gesetzten Namen in eine Urne und zieht fünf Namen von Geschworenen für die bevorstehende Sitzung des Staatsgerichtshofes heraus[22]. Die Verzeichnisse der gezogenen Geschworenen sind sofort dem Präsidenten des obersten Landesgerichtes zu übersenden, der sie in ein Hauptverzeichniß zusammenstellen läßt.

Letzteres, sowie ein Verzeichniß sämmtlicher Mitglieder des obersten Landesgerichtes ist den Anklagebevollmächtigten und dem Angeklagten wenigstens acht Tage vor Eröffnung der Sitzung zuzuschließen. Die Parteien sind dabei auf das oben erwähnte Ablehnungsrecht mit dem Bemerken hinzuweisen, daß dasselbe binnen drei Tagen, vom Tage der Zustellung an, durch Einreichung der Erklärung bei der Gerichtschreiberei geltend zu machen sei[23].

Der Tag der Gerichtssitzung ist durch den Präsidenten in den Kreisamtsblättern wenigstens fünfzehn Tage[24] vorher bekannt zu machen. Angeklagte, Anklagebevollmächtigte, Geschworene, Zeugen und Sachverständige hat der Präsident besonders zu laden. Nur solche Zeugen und Sachverständige können vorgeladen werden, deren Vernehmung die Anklagebevollmächtigten oder der Angeklagte wenigstens acht Tage vor Eröffnung der Sitzung beantragt und deren Namen, Stand und Aufenthaltsort sie sich in derselben Zeit durch Vermittelung des Präsidenten gegenseitig bekannt gemacht haben[25].

Der Angeklagte, wenn mehrere Angeklagte vorhanden sind, jeder derselben, ist berechtigt, sich so viele Vertheidiger zu wählen, als ihm Anklagebevollmächtigte gegenüberstehen. Im Uebrigen unterliegt die Wahl der Vertheidiger keiner Beschränkung[26].

Am festgesetzten Tage geht die Verhandlung und Aburtheilung des Angeklagten

---

[19] A. a. O. Art. 9—11.
[20] Ausf. Ges. zur R. St. P. O. vom 18. Aug. 1879 Art. 72. M. E. vom 1. Aug. 1880 Ziff. XVIII (Weber XIV S. 542).
[21] Ges. von 1850 Art. 6 Abs. I. Das Ges. sagt: „dem Appellationsgerichtspräsidenten des Kreises". Nach der Verordn. vom 2. April 1879 bestehen indessen nur mehr fünf Oberlandesgerichte. Es wird nichts übrig bleiben, als wie oben vorgeschlagen, zu verfahren.
[22] Ges. von 1850 Art. 6 Abs. II.
[23] A. a. O. Art. 7, 8.
[24] Zwischen dem Tage der Bekanntmachung und jenem der Gerichtssitzung müssen „14 Tage in Mitte liegen".
[25] A. a. O. Art. 14, 15.　　[26] Art. 12.

auch dann vor sich, wenn letzterer richtiger Ladung unerachtet ausgeblieben ist. Sind nicht wenigstens dreißig Geschworene erschienen, so ist die Sitzung zu vertagen [27].

Im Uebrigen [28] richtet sich das Verfahren nach den allgemeinen Bestimmungen des Strafprozesses, insbesondere über das Verfahren vor den Schwurgerichten [29].

In jedem Stande des Verfahrens vor dem Endurtheile kann durch einen dem Staatsgerichtshofe mitzutheilenden Beschluß der beiden Kammern auf die weitere Verfolgung der Anklage verzichtet werden. Dieser Verzicht hat die Wirkung eines freisprechenden Erkenntnisses [30].

Wenn der Angeklagte für schuldig befunden wird, kann das Urtheil je nach dem Grade des Verschuldens und dem Erfolge der Pflichtverletzung auf einfache Entfernung vom Dienste unter Belassung des gebührenden Ruhegehaltes [31], auf Dienstesentlassung ohne Ruhegehalt oder auf Dienstesentsetzung (Cassation) lauten [32].

Gegen die Urtheile des Staatsgerichtshofes findet kein Rechtsmittel statt [33]. Der König hat bezüglich der Strafen, die vom Staatsgerichtshofe erkannt sind, kein Begnadigungsrecht [34]. Die Rehabilitirung [35] des Verurtheilten kann nur mit Zustimmung des Landtages erfolgen [36].

Die Bestimmungen über die Ministeranklage sind auf den Kriegsminister auch dann anwendbar, wenn derselbe Offizier ist [37]. Allein der Kriegsminister unterliegt in solchem Falle nur in seiner Eigenschaft als Civilstaatsdiener, d. h. als Minister und Staatsrath, der Aburtheilung durch den Staatsgerichtshof. Dagegen kann das Urtheil dieses Gerichtshofes niemals Wirkungen auf das Dienstverhältniß des Ministers im Heere äußern [38].

§ 120. Der Ministerrath und die Ministerien.

Die sämmtlichen Staatsminister als solche und abgesehen von den ihnen besonders zur Leitung überwiesenen Geschäftszweigen bilden als Gesammtstaatsministerium ein

---

[27] Art. 16, 17. Die Ausgebliebenen sind vom Gerichtshofe in die Kosten der Sitzung und nach Art. 18 in eine Geldstrafe von 180—900 Mk. (vgl. Ges. vom 8. Nov. 1875) zu verurtheilen.

[28] Insbes. auch hinsichtlich der Ablehnung von Geschworenen. Verh. d. K. d. R. R. 1849/50 Prot. Bd. I S. 181 ff.

[29] Art. 1. Gemeint ist das jeweils geltende Strafprozeßrecht. Art. XI Abs. I u. III des Ges. von 1848 spricht aus: „Die Verhandlungen des Staatsgerichtshofes sind mündlich und öffentlich. Ueber die Thatfrage der Anklage haben Geschworne, über die Rechtsfrage rechtskundige Richter zu entscheiden." Dazu Brater, Commentar S. 11. Ueber die Aufbewahrung der Akten u. das Akteneinsichtsrecht der Kammern Ges. von 1850 Art. 19.

[30] Ges. von 1850 Art. 20. Der Angeklagte hat kein Widerspruchsrecht. Vgl. Verh. d. K. d. R. R. 1849 Beil. Bd. III S. 255 f.

[31] Das Ges. sagt „nach § 19 der IX. Verf. Beil.". Es sollte heißen „nach Art. 1 u. 3 des Ges. selbst, bzw. nach § 19 der IX. Verf. Beil." Ueber den Grund des Versehens Brater, Commentar S. 9.

[32] Ges. von 1848 Art. IX.

[33] Ges. von 1850 Art. 22. Vgl. hieher Verh. d. K. d. R. R. 1849 Beil. Bd. III S. 256 ff., 1849/50 Prot. Bd. I S. 208 ff., Verh. d. K. d. Abg. 1849/50 Sten. Ber. IV S. 234. S. auch Mohl a. a. O. S. 504 ff., Hauke a. a. O. S. 144 f.

[34] Das Ges. sagt: „Der König wird von dem Rechte der Begnadigung keinen Gebrauch machen". Diese Ausdrucksweise kommt auch in der Verf. Urk. vor, vgl. z. B. Tit. VII § 22 Abs. I, Tit. X § 6 Abs. III. Es gilt hier, was Hauke a. a. O. S. 149 f. zum österr. Ministerverantwortlichkeitsges. bemerkt: „Die milde Fassung des § 29 (verb. „wird") thut dem imperativen Charakter desselben keinen Eintrag; sie findet ihre historische Erklärung wohl in dem Umstande, daß es sich um eine von der Krone hochherzig angebotene Beschränkung eines Kronrechtes handelte."

[35] Rehabilitirung setzt die vollzogene Strafe voraus. Vgl. Brater, Commentar S. 13 f., der aber von einer irrigen, strafrechtlichen Auffassung ausgeht.

[36] Ges. von 1848 Art. XII. Dazu Verh. d. K. d. R. R. 1848 Prot. Bd. III S. 487 ff. Vgl. Mohl a. a. O. S. 576 ff., Samuely a. a. O. S. 119 ff., Hauke a. a. O. S. 145 ff.; dann H. Zöpfl. Grundsätze des gem. deutschen Staatsrechts II S. 436 ff.

[37] Vgl. Verh. d. K. d. Abg. 1853/55 Sten. Ber. II S. 236 ff.

[38] Dies ergibt sich auch aus der Bezugnahme des Art. IX des Ges. auf das Staatsdieneredict.

berathendes Organ der Krone, den Ministerrath. Derselbe wird unmittelbar vom Könige geleitet[1]. Ein Ministerpräsidium besteht nicht. Den Vorsitz im Ministerrathe führt der Staatsminister des königlichen Hauses und des Aeußern[2]. Der Vorsitzende hat lediglich die formelle Geschäftsleitung, insbesondere bei den Sitzungen, welchen der König nicht beiwohnt. Der Ministerrath versammelt sich nur auf besonderen Befehl des Königs[3]. Eine bestehende allgemeine Anordnung wird indessen dem besonderen Befehle gleich zu achten sein.

Der politische Zweck der Einrichtung ist die Aufrechterhaltung der Einheitlichkeit in den leitenden Regierungsgrundsätzen[4]. Damit wird jedoch keine rechtliche Gesammtverantwortlichkeit der Minister begründet[5].

Das Gesammtstaatsministerium ist in Rücksicht auf seine Hauptaufgabe keine collegiale Behörde mit obrigkeitlichen Befugnissen. Dies würde mit dem Grundsatze der persönlichen Ministerverantwortlichkeit nicht im Einklange stehen[6]. Doch haben einzelne gesetzliche Bestimmungen dem Gesammtstaatsministerium derartige Befugnisse zugewiesen[7]. Da dem Gesammtstaatsministerium durch Gesetz verschiedene Aufgaben übertragen sind, ist es eine gesetzlich nothwendige Einrichtung.

---

[1] K. Entschl., Bildung des Gesammtstaatsministeriums u. Ernennung der k. Staatsminister betr., vom 25. März 1848 (Weber III S. 677) Ziff. II. Vgl. auch Verordn. vom 2. Febr. 1817 (R. Bl. S. 49), Cabinetsbefehl vom 15. April 1817 (R. Bl. S. 330) §§ 102, 103 (dazu k. Entschl., die Errichtung u. Instruction des Ministerraths betr., vom 9. Jan. 1821, abgedr. bei M. Frhrn. v. Lerchenfeld, aus den Papieren des k. b. Staatsministers M. Frhrn. v. Lerchenfeld, S. 393 ff.); Form. Verordn. vom 9. Dec. 1825 (Weber II S. 261) §§ 114—116.

[2] Allerh. Entschl. vom 1. Juli 1890 (G. u. V. Bl. S. 423 f., unter den Staatsdienstnachrichten Ziff. 2).

[3] Entsch. vom 25. März 1848 Ziff. II.

[4] Auch gewisse Personalvorschläge werden dem Könige durch den Ministerrath unterbreitet. Vgl. Ges. vom 8. Aug. 1878 (G. u. V. Bl. S. 369) Art. 5 Abs. IV: „Die Ernennung der Mitglieder des Verwaltungsgerichtshofes und der Staatsanwaltschaft an demselben erfolgt auf Vorschlag des Gesammtministeriums durch den König.

[5] S. oben § 117 Anm. 4. Vgl. als Gegensatz die Bestimmung des Art. 6 Abs. I des franzöf. Gef. vom 25./28. Febr. 1875 (loi relative à l'organisation des pouvoirs publics): „Les ministres sont solidairement responsables devant les Chambres de la politique générale du gouvernement, et individuellement de leurs actes personnels". — Vgl. hieher auch Ph. Zorn, die staatsrechtliche Stellung des preuß. Gesammtministeriums, Göttingen 1893, R. v. Gneist, die verfassungsmäßige Stellung des preuß. Gesammtministeriums rc., Berlin 1895, Fr. Tezner, die rechtliche Stellung des österr. Gesammtministeriums, Grünhut's Ztschr. f. d. Privat- u. öffentl. Recht der Gegenwart XXII S. 251 ff.

[6] H. Schulze, preuß. Staatsrecht, 2. Aufl., I S. 242, 245 f., bemerkt: „Es ist weder Zufall noch bloße Zweckmäßigkeitsrücksicht, sondern nothwendige staatsrechtliche Consequenz, daß das Collegialsystem, welches in den großen Centralbehörden des ständischen und absoluten Staates vorherrscht, in den Ministerien des constitut. Staates verschwindet." „Das Gesammtministerium beräth allerdings in Form eines Collegiums, eine bindende collegialische Beschlußfassung nach Stimmenmehrheit ist aber nicht denkbar; denn einerseits steht es dem König immer frei, die Ansicht der Minderheit zu der seinigen und damit zur allein durchschlagenden und siegreichen zu erheben, andererseits kann kein Fachminister gezwungen werden, eine seiner Ueberzeugung widerstrebende, von der Mehrheit beschlossene Maßregel in seinem Departement durchzuführen. Letzteres würde mit der Verantwortlichkeit der Ressortminister in Widerspruch stehen und sie aus selbständigen leitenden Staatsmännern zu Vollzugsorganen einer ihnen übergeordneten Instanz herabsetzen." Vgl. ferner die Ausführungen von R. Gneist, Gesetz u. Budget S. 36 ff., 214.

[7] Gef. vom 8. Aug. 1878 Art. 47: „Bei Abtretungen und Belastungen für Zwecke der Landesvertheidigung wird die Frage des gemeinen Nutzens und der zur zweckmäßigsten Verwirklichung des Unternehmens nothwendigen Eigenthumsabtretung oder Belastung durch Beschluß des Gesammtministeriums entschieden." Vgl. darüber unten § 211 Anm. 18 ff. Gef. vom 18. Aug. 1879, die Entscheidung der Competenzconflicte rc. betr. (G. u. V. Bl. S. 991), Art. 4 Abs. IV: „... Im Uebrigen wird der Geschäftsgang (des G. H.'s für Competenzconflicte) durch eine Geschäftsordnung geregelt, welche das Plenum auszuarbeiten und dem Gesammtministerium zur Bestätigung vorzulegen hat." — Vgl. auch Reger VII S. 436.

Eine dem Gesammtstaatsministerium nur ausnahmsweise zugewiesene Thätigkeit ist die des Regentschaftsrathes im Falle der Reichsverwesung [8].

Hinsichtlich der Vertheilung der Staatsgeschäfte unter die Minister ist auch nach Erlaß der Verfassungsurkunde das Organisationsrecht der Krone unbeschränkt geblieben [9]. Als verfassungsgesetzliche Vorschrift ergibt sich aus dem Gesetze über die Ministerverantwortlichkeit nur die eine, daß jeder Theil der Staatsthätigkeit dem Geschäftskreise eines Staatsministeriums zugewiesen sein muß.

Die Formationsverordnung vom 9. December 1825 [10] beließ es zunächst bei den fünf Ministerien [11] des königlichen Hauses und des Aeußern, der Justiz, des Innern, der Finanzen und der Armee, welch' letzteres durch Verordnung vom 26. März 1826 [12] die Bezeichnung Kriegsministerium erhielt. Nach der angeführten Formationsverordnung [13] sollte „als ergänzender Bestandtheil des Ministeriums des Innern" künftig „für die Angelegenheiten des Cultus, des Unterrichtes und der für diese beiden Zwecke bestimmten Stiftungen" eine eigene Ministerialsection bestehen. Ueber die Formation, den Wirkungskreis und den Geschäftsgang dieser Section, welche die Bezeichnung „oberster Kirchen- und Schulrath" führte, bestimmte eine Verordnung vom 17. December 1825 [14] das Nähere. Dem Ministerium der Finanzen war [15] die Generaladministration der Posten als Section beigefügt. Doch wurde durch königliche Entschließung vom 13. Januar 1832 [16] das Postwesen dem Ministerium des Aeußern zugewiesen, indessen im Jahre 1847 nebst allen Verkehrsanstalten [17] wieder an das Finanzministerium zurückgegeben [18].

Durch Verordnung vom 15. December 1846 [19] wurde vom 1. Januar 1847 an „zur Behand-

---

[8] Verf. Urk. Tit. II §§ 19 mit 12. Vgl. darüber oben § 68 Anm. 64.

[9] Vgl. oben § 112 Anm. 14, 21. Eine Anzahl der im Folgenden erwähnten Verordn. enthält ausdrücklich die Clausel: „insolange Wir nicht anders verfügen". Vgl. die Verordn. vom 31. Jan. 1829 (R. Bl. S. 209), 15. Dec. 1846 (R. Bl. S. 921), 27. Febr. u. 30. Nov. 1847 (R. Bl. S. 169 u. 1013). Ueber die sachlichen Gründe, welche eine „Beweglichkeit der Ministerressorts" fordern, R. Gneist, Gesetz u. Budget S. 46 ff.

[10] § 1. Der Zweck der Verordn. war nach ihrem Eingange, „den Aufwand im Staatshaushalte auf jede mit dem Hauptzweck vereinbarliche Weise zu mindern und den Verwaltungsorganismus zu vereinfachen". Ueber die Vorgeschichte dieser Verordn. ist Folgendes zu berichten. In der k. d. Abg. waren schon im Jahre 1822 (Repert. S. 60, 210 f.) und wiederholt im Jahre 1825 (Repert. S. 374) Wünsche nach einem einfacheren Verwaltungssysteme geäußert worden. Der Landtag von 1825 beschloß denn auch die Bitte an die Krone, baldigst einen den finanziellen Kräften des Landes und den Bedürfnissen des Volkes angemessenen, im System und in den Organen möglichst einfachen und wohlfeilen Verwaltungsorganismus einführen zu lassen. Nach der Meinung der k. d. Abg. sollte zu diesem Zwecke eine Commission aus erfahrenen Staatsdienern niedergesetzt werden. Der Landtagsabsch. vom 11. Sept. 1825 (G. Bl. S. 9) überging zwar diese Bitte mit Stillschweigen (vgl. die Bemerkungen im Eingange des Abschn. III u. im ersten Abs. des Schlusses), sachlich aber entsprach der König dem gestellten Antrage. Eine k. Entschl. vom 28. Oct. 1825 an den Staatsrath berief „zur Berathung der im Staatshaushalte zu machenden Ersparungen" eine Commission („Ersparungscommission"), die unter dem persönlichen Vorsitze des Königs aus dem Staatsminister Frhrn. v. Lerchenfeld, dem Staatsrathe u. Regierungspräsidenten v. Widder, dem Regierungspräsidenten Grafen Armannsperg u. dem Ministerialrathe v. Mieg, dann dem Staatsrathe v. Kobell als Protokollführer bestand. Die Sitzungen, bei denen hauptsächlich Graf Armannsperg Bericht erstattete, begannen schon am folgenden Tage u. endigten mit der zwölften Sitzung vom 27. Dec. gl. Js. (vgl. R. Bl. 1826 S. 63). Die wichtigsten aus diesen Berathungen hervorgegangenen Verordn. sind die Staatsrathsinstr. vom 18. Nov. 1825, die Verordn., betr. die Auflösung des Generalfiscalates, vom 27. gl. Mts., die Form. Verordn. für die Ministerien vom 9. u. für die Kreisregierungen vom 17. Dec. 1825, endlich die Verordn., das Finanzrechnungswesen für das Kgr. betr., vom 11. Jan. 1826 (R. Bl. 1825 S. 865, 921, 977, 1049; 1826 S. 169). Außerdem wurden durch Verordnungen vom 27. Nov. 1825 (R. Bl. S. 929, 931, 933) das Obermedicinalcollegium, das Reichsheroldenamt u. das geheime Taxamt aufgehoben.

[11] Cabinetsbefehl vom 15. April 1817; vgl. oben § 37 Anm. 29.

[12] R. Bl. S. 345. Vgl. auch k. Entschl. vom 30. Sept. 1822 (R. Bl. S. 1033).

[13] § 13.

[14] R. Bl. S. 1033, Döllinger VIII S. 263, IX S. 706.

[15] Nach Form. Verordn. § 14.

[16] R. Bl. S. 122, Weber II S. 263 Anm. 10.

[17] Die Leitung des Eisenbahnwesens war anfänglich beim Ministerium des Innern, seit 7. April 1845 (R. Bl. S. 220) beim Ministerium des Aeußern.

[18] R. Bl. 1847 S. 1021. Vgl. auch unten § 345 a. Anf.

[19] R. Bl. S. 921, Weber III S. 652.

lung der dem Ministerium des Innern zugewiesenen kirchlichen Angelegenheiten" ein eigenes Ministerium des Innern für kirchliche Angelegenheiten gebildet und dessen Leitung mit jener des Justizministeriums vereinigt²⁰. Der oberste Kirchen- und Schulrath wurde aufgehoben und verfügt, daß die Gegenstände der Volksbildung, der Erziehung und des öffentlichen Unterrichts künftig beim Ministerium des Innern „gleich den übrigen demselben zugetheilten Gegenständen" zu behandeln seien. Bald darauf wurde durch Verordnung vom 27. Februar 1847²¹ das neu geschaffene Ministerium zu einem Ministerium des Innern für Kirchen- und Schulangelegenheiten erweitert²².

Durch Verordnung vom 11. November 1848²³ wurde ein Staatsministerium des Handels und der öffentlichen Arbeiten²⁴ errichtet und diesem die Bearbeitung der staatswirthschaftlichen Gegenstände übertragen, die bisher den Ministerien des Innern und der Finanzen zugewiesen waren²⁵. Zugleich wurde das Staatsministerium des Innern für Kirchen- und Schulangelegenheiten aufgehoben und sein Geschäftskreis dem Ministerium des Innern zugetheilt, eine Maßnahme, die jedoch durch die Verordnung vom 16. März 1849²⁶ wieder rückgängig gemacht wurde. Das Handelsministerium wurde durch Verordnung vom 1. December 1871²⁷ aufgelöst. Von seinen Geschäftsgegenständen kamen die Verkehrsanstalten und das Zollwesen an das Ministerium des k. Hauses und des Aeußern, das technische und landwirthschaftliche Unterrichtswesen an das Staatsministerium des Innern für Kirchen- und Schulangelegenheiten, alles Uebrige an das Staatsministerium des Innern, bei welchem eine eigene Abtheilung für Handel und Gewerbe, Landwirthschaft gebildet wurde. Das Zollwesen ging zu Folge Verordnung vom 9. Juni 1874²⁸ an das Finanzministerium über.

Nach alledem bestehen nunmehr sechs Staatsministerien: des königlichen Hauses und des Aeußern, der Justiz, des Innern, des Innern für Kirchen- und Schulangelegenheiten, der Finanzen und das Kriegsministerium²⁹.

Der Personalstand der Ministerien bestimmt sich nicht mehr nach den früheren verordnungsmäßigen Festsetzungen, sondern jeweils nach den etatsmäßigen Mitteln. Er gliedert sich unter dem Minister als Vorstand³⁰ in die Beamten des Referatsdienstes und des formellen Dienstes (der Registratur, des Secretariates und der Kanzlei, der Expedition, der Buchhaltung und des Rechnungscommissariates)³¹. Bei den Civilstaatsministerien wird ein Generalsecretär aufgestellt. Derselbe hat die Ausfertigungen gegenzuzeichnen und führt die unmittelbare Leitung und Aufsicht über die Expedition, das Secretariat, die Registratur, die Kanzlei und die Dienerschaft³².

---

²⁰ Dies ist, wie sich aus §§ 2, 7 der Verordn. ergibt, der Sinn des höchst verworren gefaßten § 1 derselben.

²¹ R. Bl. S. 169, Weber III S. 659. Dazu k. Entschl. vom 26. April 1847, Weber III S. 661 Anm. 5.

²² Dasselbe erhielt durch Verordn. vom 30. Nov. 1847 (R. Bl. S. 1013) auch die Preßpolizei und Censur zugewiesen, die bei seiner Auflösung im folgenden Jahre an das Ministerium des Innern zurückfielen.

²³ R. Bl. S. 1105, Weber IV S. 4.

²⁴ Wegen der Zugehörigkeit der obersten Baubehörde vgl. Verordn. vom 30. Dec. 1848 (R. Bl. S. 17), dann vom 13. Nov. 1857 (R. Bl. S. 1621). Die Generaldirection der Verkehrsanstalten, bisher eine Section (Verordn. vom 6. Febr. 1851, R. Bl. S. 121) des Handelsministeriums, wurde durch Verordn. vom 6. Aug. 1858 (R. Bl. S. 1033) eine demselben untergeordnete Landesstelle. Vgl. ferner Verordn. vom 6. Dec. 1870 (R. Bl. S. 2369).

²⁵ „Alle auf die Production, Fabrication und Handel Bezug habenden Gegenstände, sowie die hiefür bestehenden Anstalten", Bauwesen, Zollwesen, Verkehrsanstalten, Statistik. Ueber das Telegraphenwesen Bek. vom 23. Nov. 1849 (R. Bl. S. 1251).

²⁶ R. Bl. S. 249, Weber IV S. 27. Das technische und landwirthschaftliche Unterrichtswesen verblieb indessen beim Handelsministerium.

²⁷ R. Bl. S. 1833, Weber IX S. 161.

²⁸ G. u. V. Bl. S. 333, Weber X S. 363.

²⁹ Uebersicht der Besetzung der Ministerien seit 1817—1890 bei Weber, Anh. Bd. S. 196.

³⁰ Form. Verordn. von 1825 § 112.

³¹ Dazu kommen noch die Diener und Boten. Vgl. Form. Verordn. von 1825 § 2.

³² A. a. O. §§ 124, 125. Ueber die Ernennung des Generalsecretärs vgl. a. a. O. § 4, geändert durch Entschl. vom 14. Aug. 1849 (Weber II S. 261 Anm. 4), Verordn. vom 11. Nov. 1848 § 4, vom 16. März 1849 § 2. Ueber die Anstellungen und Ernennungen Form. Verordn. §§ 5 ff.

Die Erledigung der Geschäfte der Ministerien geschieht im Bureauwege. Der Minister bestimmt die Geschäftsvertheilung. Die Referenten sind für die richtige Darstellung des Sachverhaltes verantwortlich[33]. Dem Minister steht es frei, die Referenten zu Conferenzen zu vereinigen, er ist jedoch an deren Beschluß nicht gebunden[34]. Der Minister allein entscheidet und ist für die Entscheidungen verantwortlich[35].

Die allgemeinen Grundsätze über den Wirkungskreis der Ministerien sind folgende.

Die Ministerien sollen sich in der Regel nur mit der obersten Aufsicht und Leitung der Angelegenheiten ihres Geschäftskreises befassen. Die Einzelheiten der Verwaltung sollen sie den untergeordneten Stellen und Behörden überlassen[36].

Jedem Ministerium steht die Fertigung der Etatsentwürfe für seinen Geschäftskreis und die unmittelbare Verfügung über die Etatssummen zu, die ihm durch das Budget zugewiesen sind. Für die Einhaltung der Etats ist, von unabweisbaren Ueberschreitungen abgesehen, jeder Minister persönlich verantwortlich[37].

Jedem Minister steht für seinen Geschäftskreis der Vorschlag der Gesetze und Verordnungen beim Könige zu[38]. Ferner obliegt ihm unter seiner persönlichen Verantwortlichkeit die selbständige Anordnung aller Vollzugsmaßregeln, die oberste Leitung derselben und die Entscheidung aller hiedurch veranlaßten Anstände[39], letzteres jedoch vorbehaltlich der Bestimmungen über den Instanzenzug in Verwaltungssachen und über die Zuständigkeit der Gerichte und der Verwaltungsgerichte[40].

Jeder Minister hat den Vorschlag zur Ernennung, Beförderung, Versetzung und Entlassung der durch den König ernannten Staatsdiener seines Geschäftskreises[41], ferner das Recht der Aufnahme und Entlassung der widerruflich angestellten Bediensteten seines Ministeriums, endlich die Dienstesaufsicht und Dienstespolizei über das gesammte Personal seines Geschäftsbereiches[42].

Streitigkeiten zwischen Ministerien über die Zuständigkeit oder über die sachliche Erledigung gemeinsamer Geschäftsgegenstände entscheidet der König nach Vernehmung des Staatsrathes[43].

§ 121. Vertheilung der Staatsgeschäfte unter die Ministerien.

Die Frage der Zuständigkeit der Ministerien beantwortet sich zunächst nach den bestehenden Bestimmungen für die einzelnen Angelegenheiten. Sind solche Bestimmungen für einen Gegenstand nicht vorhanden, so richtet sich die Zuständigkeit nach der Geschäfts-

---

[33] Vgl. Form. Verordn. §§ 117, 118, 119, 121.

[34] Form. Verordn. § 120.

[35] Form. Verordn. §§ 28, 112 und oben § 117. Vgl. H. Schulze, preuß. Staatsrecht. 2. Aufl., I S. 242: „Ein Ministerium .... ist kein Collegium, sondern nur ein, oft sehr mannfaltig gegliederter Hilfsorganismus für die persönliche Thätigkeit des Ministers, von welchem jede ministerielle Verfügung ausgehend gedacht wird."

[36] Form. Verordn. § 20.

[37] Form. Verordn. §§ 20—25.

[38] Form. Verordn. § 26. Ueber die Gegenzeichnung oben § 117 Anm. 25 ff.

[39] Form. Verordn. § 28. Der übliche Ausdruck für die Erlasse der Ministerien ist „Ministerialentschließung".

[40] Die Bestimmung in § 29 der Form. Verordn. über die Erstattung eines jährlichen Verwaltungsberichtes an den König ist aufgehoben.

[41] Bei Staatsdienern, die mehreren Geschäftskreisen angehören, haben sich die betheiligten Minister zu benehmen. Vgl. Form. Verordn. § 79. Wegen der Ernennungen beim V. G. H. oben Anm. 4.

[42] Form. Verordn. § 27.

[43] S. oben § 114 Anm. 11.

ausſcheidung im Allgemeinen, wie ſie der Miniſterialeintheilung zu Grunde liegt und, regelmäßig wenigſtens, in der Bezeichnung der Miniſterien zum Ausdrucke kömmt.

I. **Das Staatsminiſterium des königlichen Hauſes und des Aeußern** vereinigt in ſeiner Zuſtändigkeit vier Gruppen von Gegenſtänden.

Als Miniſterium des königlichen Hauſes zählt es zu ſeinem Geſchäftskreiſe die Rechtsverhältniſſe des Königs und der Mitglieder ſeines Hauſes als ſolcher¹, ferner die Aufſicht und oberſte Leitung des Haus- und Staatsarchivs².

Eine zweite Gruppe von Geſchäftsgegenſtänden bilden die Ordens- und Adelsſachen, ſowie die Thronlehen, letztere benehmlich mit dem Staatsminiſterium der Finanzen³.

Der Wirkungskreis des Miniſteriums als Miniſterium des Aeußern umfaßt vor Allem die Beziehungen Bayerns zum Deutſchen Reiche⁴ und zu fremden Staaten. Im Einzelnen gehören hieher: die Anſtellung und Anweiſung der diplomatiſchen Vertreter Bayerns⁵ einſchließlich der Bevollmächtigten zum Bundesrathe⁶, die Zulaſſung fremder diplomatiſcher Vertreter und Conſuln⁷, der amtliche Verkehr mit fremden Staaten und deren diplomatiſchen Vertretern am bayeriſchen Hofe in allen bei den verſchiedenen Miniſterien vorkommenden Geſchäften⁸, die Verhandlung, Schließung und Wahrung aller Verträge mit fremden Staaten, alle „active und paſſive Staatsprätenſionen", benehmlich mit dem Finanzminiſterium, alle Gegenſtände, welche ſich auf königliche Gerechtſame außer Landes beziehen, die Einſicht aller von den übrigen Miniſterien an die Kreisſtellen erlaſſenen Weiſungen, ſobald ſie das Benehmen mit Nachbarn betreffen, Grenzangelegen heiten⁹ und Streitigkeiten mit benachbarten Staaten, benehmlich mit den einſchlägigen Miniſterien, die Beſorgung und Vertretung der Angelegenheiten bayeriſcher Staats angehöriger außer Landes, einſchließlich der Dispenſationsgeſuche beim päpſtlichen Stuhle¹⁰, endlich die Beglaubigung aller Akte, welche außer Landes giltig ſein ſollen¹¹, und das „Paßweſen in das Ausland"¹².

Als Miniſterium der Verkehrsanſtalten hat das Miniſterium des Aeußern die oberſte Aufſicht über das Eiſenbahn-, Poſt- und Telegraphenweſen, die oberſte Leitung der Staatsanſtalten für den Verkehr (Poſten, Eiſenbahnen, Telegraphen, Fernſprecher, Dampfſchifffahrt, Ludwigscanal), die oberſte Aufſicht über die Privat-Eiſenbahn- und

---

¹ Form. Verordn. von 1825 § 40. Dazu oben § 63 Anm. 38 (Prozeſſe), 48 (Civilſtandsange legenheiten), § 67 Anm. 3—5 (Reichsverweſung).

² Form. Verordn. §§ 10a, 45.

³ Form. Verordn. §§ 10a, 39, 41—43, 48. Dazu oben § 80 Anm. 20 (einheimiſche Orden), § 78 Anm. 29—32, § 82 Anm. 68 (fremde Orden); § 81, insbeſ. Anm. 41 (Adel); § 52 Anm. 28 (Kronämter).

⁴ Form. Verordn. § 33 nennt „die Angelegenheiten des Deutſchen Bundes". Vgl. hieher oben § 73 nach Anm. 15.

⁵ Auch beim päpſtlichen Stuhle. Vgl. Form. Verordn. § 38. M. E. vom 25. März 1841 (Weber III S. 372).

⁶ Form. Verordn. § 31 und oben Anm. 4.

⁷ In der Form. Verordn. nicht ausdrücklich hervorgehoben. Wegen der Conſuln vgl. Reichs verf. Art. 4 Ziff. 7, Art. 56, dann Schlußprot. zum Bündnißvertr. mit Bayern vom 23. Nov. 1870 Ziff. XII.

⁸ Form. Verordn. § 30. Vgl. dazu W. Krais, Handb. der inneren Verwaltung ꝛc., 3. Aufl., I S. 69 f.

⁹ Vgl. oben § 83 Anm. 35.

¹⁰ Form. Verordn. §§ 30—32, 34—38.

¹¹ Form. Verordn. § 46. Vgl. hieher W. Krais a. a. O. I S. 155 ff.

¹² Form. Verordn. § 47. Vgl. jedoch hiezu unten § 290 Anm. 20 ff., W. Krais a. a. O. II S. 64 ff. — Weggefallen iſt § 44 der Form. Verordn., betr. die Verleihung der Staatsangehörigkeit nach Verf. Beil. I § 3, c, worüber oben § 75 Anm. 19.

Dampfschifffahrtsunternehmungen ¹³. Als Centralstellen für diese Aufgaben sind ihm die Generaldirection der Staatseisenbahnen und die Direction der Posten untergeordnet ¹⁴.

II. Dem Staatsministerium der Justiz überweist die Formationsverordnung „die oberste Leitung des ganzen Justizwesens in peinlichen und bürgerlichen Gegenständen, sowohl der streitigen als unstreitigen Gerichtsbarkeit, die Aufsicht und Handhabung der in dieser Beziehung erlassenen Gesetze und der Rechtsverfassung", die oberste Aufsicht über die Geschäftsführung der Justizorgane und über die „Attribute der Rechtspflege" ¹⁵, die Verhältnisse der Rechtsanwaltschaft und des Notariates ¹⁶. In den Wirkungsbereich des Justizministeriums fällt ferner die bürgerliche und Strafgesetzgebung und die Gesetzgebung über die Verfassung und das Verfahren der Gerichte ¹⁷. Die Zuständigkeiten des Justizministeriums hinsichtlich der standesherrlichen Vormundschaften und der Familienfideicommisse bemessen sich nach der Verfassungsurkunde Beilage IV § 10 und Beilage VII ¹⁸. Dem Justizministerium obliegt endlich die Antragstellung an den König über Begnadigungen und Strafnachlässe in strafrechtlichen Sachen ¹⁹, über Rehabilitationen, über Großjährigkeitserklärungen, Legitimationen und Adoptionen, endlich über alle Dispensationen, die nach den bürgerlichen Gesetzen dem Könige vorbehalten sind, insbesondere Dispensationen in Ehesachen ²⁰.

III. Das Statsministerium des Innern vereinigt in seiner Zuständigkeit die Hauptmasse der Verwaltungsangelegenheiten.

In seinen Geschäftskreis gehören:

1. „alle Gegenstände des inneren Staatsrechtes und der Landeshoheit" ²¹, soweit sie nicht anderen Ministerien überwiesen sind, insbesondere die staatsrechtlichen Verhältnisse der standesherrlichen Familien ²²;

2. die Einrichtung der Verwaltungsbehörden, die Dienstaufsicht über dieselben ²³

---

¹³ Verordn. vom 1. Dec. 1871 § 2 Ziff. 1, geändert (Wegfall des Zollwesens durch Verordn. vom 9. Juni 1874 (Weber IX S. 161, X S. 363). Zu den Eisenbahnen werden auch die Pferdebahnen (Trambahnen) gerechnet. Die Erledigung der betr. Angelegenheiten erfolgt durch das Ministerium des Aeußern benehmlich mit dem Ministerium des Innern.

¹⁴ Verordn. vom 17. Juli 1886 (Weber XVIII S. 123); vgl. unten § 345 Anm. 24 ff.

¹⁵ Hiezu gehören seit der Verordn. vom 27. Nov. 1869 (Weber VIII S. 442) auch die Strafanstalten.

¹⁶ Form. Verordn. §§ 49—52. Notariatsges. vom 10. Nov. 1861, Rechtsanwaltsordn. vom 1. Juli 1876. Weggefallen sind §§ 55, 56 der Form. Verordn. Ueber die Zuständigkeitsstreite unten §§ 144 ff.

¹⁷ Form. Verordn. § 54 unter Berücksichtigung der Zuständigkeit des Reiches nach Reichsverf. Art. 4 Ziff. 13.

¹⁸ Form. Verordn. §§ 57, 59. Vgl. hieher oben § 82 Anm. 59 und § 81 Anm. 68. § 58 der Form. Verordn. ist weggefallen, vgl. oben § 82 Anm. 100 Ziff. 1. Ueber den Justizminister als Mitglied des Familienrathes (Form. Verordn. § 60) oben § 63 Anm. 40.

¹⁹ Vgl. Verf. Urk. Tit. VIII § 4. Ueber das Begnadigungsrecht K. Binding, Handb. des Strafrechts, Leipzig 1885, I S. 860 ff.; H. Elsaß, über das Begnadigungsrecht hauptsächlich vom staats- u. strafprozeßrechtlichen Standpunkte aus, Mannheim 1888; P. Laband, Staatsrecht des Deutschen Reichs, 3. Aufl., II S. 463 ff.

²⁰ Form. Verordn. § 53. Wegen Aufhebung der Moratorien Ges. vom 25. Juli 1850 (G. Bl. S. 349).

²¹ Form. Verordn. von 1825 § 64. Hiezu gehören die Landesgrenzsachen (vgl. oben Anm. 9), die Angelegenheiten des Landtages u. des Reichstages, Staatsangehörigkeit, Ein- u. Auswanderung (Form. Verordn. § 65), Personenstandsangelegenheiten, Namensänderungen.

²² „Insoferne sie in das Gebiet der Justiz einschlagen, benehmlich mit dem Ministerium der Justiz". Form. Verordn. § 68. § 69, der sich auf die gutsherrlichen Rechte u. Gerichtsbarkeit bezieht, ist gegenstandslos geworden. Vgl. oben § 81 Anm. 69. Die dort erwähnten §§ 21, 22, 24 der VI. Verf. Beil. fallen in den Wirkungskreis des Staatsministeriums des Innern für Kirchen- u. Schulang.

²³ Ueber die Visitationsreisen des Staatsministers des Innern Verordn. vom 29. Dec. 1836 (Weber III S. 81) Ziff. IV, M. E. vom 3. Jan. 1837 (Döllinger XVIII S. 220).

und die Verhältnisse der Anwärter für den Dienst der inneren Verwaltung, was die Rechtscandidaten betrifft, benehmlich mit dem Justizministerium [24];

3. die Dienstaufsicht über den Verwaltungsgerichtshof und dessen Mitglieder, dann über die Staatsanwaltschaft bei diesem Gerichtshofe [25];

4. das Landesarchivwesen [26];

5. die Angelegenheiten der Orts-, Districts- und Kreisgemeinden, benehmlich mit den sachlich etwa außerdem betheiligten Ministerien [27];

6. „die gesammte Staats- und Landespolizei, dann alle dahin gehörigen Anstalten, welche die Erhaltung der öffentlichen Ruhe und guten Ordnung im Innern zum Zwecke haben" [28]. Mit diesen Worten wollen alle staatlichen Verwaltungsangelegenheiten bezeichnet werden, welche nicht anderen Ministerien zugewiesen und nicht wirthschaftlicher Natur sind. Dahin gehören insbesondere die Sicherheitspolizei [29], das Armenwesen, das Heilwesen [30].

Dem Geschäftskreise des Ministeriums des Innern fallen ferner

7. die Angelegenheiten der wirthschaftlichen Verwaltung in ihrer überwiegenden Mehrzahl zu; so Maß, Münze und Gewicht, Bau- und Feuerpolizei, Versicherungswesen, insbesondere auch Arbeiterversicherung, Creditwesen, Land- und Wasserstraßen, Landwirthschaft, Viehzucht mit Veterinärwesen, Forstpolizei, Jagd [31] und Fischerei, Bergwesen, Handel und Gewerbe [32]; sodann

8. das Bauwesen. Von der Zuständigkeit des Ministeriums des Innern sind jedoch jene Bauten ausgenommen, welche ihrem Zwecke nach in den Geschäftskreis anderer Ministerien fallen. Beim Staatsministerium des Innern besteht als besondere Abtheilung eine oberste Baubehörde [33]. Dieselbe ist auch das sachverständige Organ der Civilstaatsministerien [34] in Landbausachen.

Zum Ministerium des Innern gehört weiter

9. die amtliche Statistik des Landes. Hiefür bestehen bei dem Ministerium ein statistisches Bureau und eine statistische Centralcommission [35].

---

[24] Form. Verordn. §§ 67, 72, 76, 79 (theilweise nicht mehr giltig). Wegen der Oberaufsicht und Disciplin über die Rechtsanwälte in Verwaltungssachen s. § 77 u. Verordn. vom 24. März 1816 (Weber I S. 490). Dazu Verordn. vom 23. März 1816 (Weber I S. 406). Vgl. oben § 114 Anm. 21.

[25] Ges. vom 8. Aug. 1878 (G. u. V. Bl. S. 369) Art. 5.

[26] Form. Verordn. § 70.

[27] Form. Verordn. §§ 73, 75. Dazu die Ges. über die Districts- u. Landräthe vom 28. Mai 1852 u. die beiden Gem. Ordn. vom 29. April 1869. Selbstverständlich wird die sachliche Zuständigkeit eines anderen Ministeriums dadurch nicht ausgeschlossen, daß bei einer Angelegenheit eine Gemeinde betheiligt ist.

[28] Form. Verordn. § 74.

[29] Die Gensdarmerie „in Bezug auf ihre polizeilichen und dienstlichen Verrichtungen". Vgl. unten § 288. Ueber die Strafanstalten (Form. Verordn. § 74, b) oben Anm. 15.

[30] Ueber den Obermedicinalausschuß unten § 300 Anm. 18 ff.

[31] „Für Fragen der Forst- u. Jagdpolizei, dann für die Bewirthschaftung der Gemeinde-, Stiftungs- u. Körperschaftswaldungen ist die Ministerialforstabtheilung (des Finanzministeriums) technisches Organ des Staatsministeriums des Innern." Verordn. vom 19. Febr. 1885 (Weber XVII S. 25) § 5.

[32] Vgl. Form. Verordn. § 81, Verordn. vom 11. Nov. 1848 § 7 Ziff. I, vom 1. Dec. 1871 §§ 2, 4. — Die oben angeführten Gegenstände mit wenigen Ausnahmen, sowie die Statistik sind der Abtheilung für Handel, Landwirthschaft u. Gewerbe (s. oben § 120 Anm. 27) zugewiesen. Diese Ausscheidung ist jedoch ohne thatsächliche Bedeutung, da eine gesonderte Einrichtung der Abtheilung nicht mehr besteht.

[33] Form. Verordn. §§ 81 f, 82. Verordn. vom 23. Jan. 1872 (Weber IX S. 288); nach § 7 collegiale Berathung wichtigerer Gegenstände. Vgl. auch oben § 117 Anm. 34; unten § 215 Anm. 16 ff.

[34] „Für jedes derselben ist zu diesem Zwecke ein ständiger Referent aus den Mitgliedern der obersten Baubehörde aufzustellen." Verordn. vom 23. Jan. 1872 § 9 Abs. II. Das Bauwesen der Staatsverkehrsanstalten gehört nicht zum Landbauwesen.

[35] Form. Verordn. § 83, Verordn. vom 29. Jan. 1869 (Weber VII S. 582).

10. Das Ministerium des Innern ist auch das Ministerium für Heeresangelegenheiten, soweit hiebei eine Mitwirkung der bürgerlichen Behörden eintritt[36].

11. Es hat bei den Berathungen des Staatsministeriums der Justiz über die bürgerliche und Strafgesetzgebung mitzuwirken[37].

12. Das Ministerium des Innern führt endlich[38] die Aufsicht über die Herausgabe des Gesetz- und Verordnungsblattes und des Hof- und Staatshandbuches[39].

IV. Das Staatsministerium des Innern für Kirchen- und Schulangelegenheiten zählt zu seinem Wirkungskreise als Cultusministerium „alle auf Religion und Kirchen sich beziehenden Gegenstände"[40], zu seinem Wirkungskreise als Unterrichtsministerium „alle Gegenstände der Erziehung, des Unterrichts, der sittlichen, geistigen und künstlerischen Bildung und die dafür bestehenden Anstalten"[41], also nicht blos das eigentliche Schulwesen, sondern auch die Pflege der Wissenschaften und Künste als solcher[42]. Das forstliche Unterrichtswesen ist den Staatsministerien des Innern für Kirchen- und Schulangelegenheiten und der Finanzen gemeinsam unterstellt[43]. Als berathendes fachmännisches Collegium für die Oberleitung der humanistischen und technischen Mittelschulen besteht beim Staatsministerium des Innern für Kirchen- und Schulangelegenheiten der oberste Schulrath[44].

Dem genannten Ministerium obliegen auch die Angelegenheiten jener Stiftungen, deren Zwecke in seinen Geschäftskreis gehören, jedoch „benehmlich mit dem Ministerium des Innern in systematischen und principiellen Gegenständen"[45].

V. Der Wirkungskreis des Staatsministeriums der Finanzen[46] umfaßt:

1. die Verwaltung des Staatsfinanzvermögens einschließlich des Lehenwesens, jedoch mit Ausnahme der Thronlehen, welche dem Geschäftskreise des Ministeriums des Aeußern überwiesen sind[47];

2. die öffentlichrechtlichen Einnahmequellen des Staates und des Reiches[48];

---

[36] Form. Verordn. § 66. Ueber die jetzt geltenden Bestimmungen W. Kraiß, Handb. der inneren Verwaltung ꝛc., 3. Aufl., I S. 184 ff.

[37] Form. Verordn. § 80. Die Bestimmung ist auch hinsichtlich der Reichsgesetzgebung als fortgeltend zu erachten.

[38] Form. Verordn. § 71. Verordn. vom 29. Oct. 1873 (Weber X S. 149).

[39] Ueber das Anmeldeprotokoll für „Anbringen minder bemittelter Unterthanen" Verordn. vom 29. Dec. 1836 (Weber III S. 81) Ziff. XV.

[40] Verordn. vom 27. Febr. 1847 (Weber III S. 659) § 5 Ziff. I. Dazu Form. Verordn. von 1825 § 61, Verordn. vom 15. Dec. 1846 (Weber III S. 652) § 6, vom 16. März 1849 (Weber IV S. 27) § 1.

[41] Verordn. vom 27. Febr. 1847 § 5 Ziff. II (wo übrigens die Aufzählung theils unvollständig, theils nicht mehr ganz zutreffend ist). Dazu Form. Verordn. von 1825 § 62, Verordn. vom 16. März 1849 § 1, Verordn. vom 1. Dec. 1871 (Weber IX S. 161) §§ 2, 3.

[42] Form. Verordn. von 1825 § 62: „die Gegenstände in Ansehung der Geistescultur, sittlichen Bildung, Nationalerziehung und Anstalten für Wissenschaften und Künste".

[43] Verordn. vom 21. Aug. 1881 (Weber XV S. 415) §§ 3, 12, 14. Vgl. unten § 393 Anm. 65, 66.

[44] Verordn. vom 22. Nov. 1872, M. E. vom 19. März 1873 (Weber IX S. 570, 716). Vgl. unten § 393 Anm. 3, 4.

[45] Verordn. vom 27. Febr. 1847, § 5 Ziff. III, wo jedoch die Fassung „oberste Curatel der für die Zwecke des Cultus und Unterrichts vorhandenen Stiftungen" zu eng ist. Man denke z. B. an Stiftungen zum Ankaufe von Gemälden für öffentliche Sammlungen. Bei Stiftungen für Zwecke des forstlichen Unterrichtes wird nach Analogie der in Anm. 44 angef. Bestimmungen die Obercuratel gemeinsam mit dem Finanzministerium auszuüben sein. Wegen der Hofcultusstiftungen vgl. k. Entschl. vom 26. April 1847 u. Bek. vom 17. März 1863 u. 9. Sept. 1888 (Weber III S. 661 Anm. 5, VI S. 157, XIX S. 308).

[46] Vgl. J. Hock, Handb. der ges. Finanzverw. im Kgr. Bayern, Bamberg 1882, I S. 83 ff.

[47] Form. Verordn. §§ 84, 85, 92, 93. Vgl. oben Anm. 3. Ueber die Kronanwälte unten § 212 Anm. 27.

[48] Form. Verordn. §§ 86—88.

3. die Hauptredaction des Staatsbudgets und die Bethätigung der bezüglichen Vorlagen an den Landtag, dann die Assignirung der Generaletats auf die Staatskassen⁴⁹;

4. die obere Aufsicht und Leitung über die Verausgabung der Staatseinkünfte⁵⁰;

5. das Staatsschuldenwesen⁵¹;

6. „die Aufsicht über den obersten Rechnungshof, welcher nach den Gesetzen der Comptabilität über die ihm vorzulegenden Rechnungen unabhängig von dem Ministerium der Finanzen zu erkennen, demselben jedoch die Resultate seiner Prüfung vorzulegen hat"⁵²;

7. die finanziellen Beziehungen Bayerns zum Reiche;

8. „die Mitwirkung bei Anordnung der Kreisumlagen und gemeinschaftlich mit dem Ministerium des Innern die Geschäftsleitung in den Verhandlungen mit dem Landrathe"⁵³.

Für die Verwaltung des Staatsforstwesens einschließlich der Staatsjagden und der Triftanstalten besteht beim Finanzministerium eine besondere Ministerialforstabtheilung. In dieser werden wichtigere Gegenstände regelmäßig collegial berathen, die Leitung und Entscheidung steht jedoch stets dem Minister zu⁵⁴.

VI. Der Wirkungskreis des Kriegsministeriums (früher „Ministeriums der Armee") umfaßt nach der Formationsverordnung vom 9. December 1825 alle Angelegenheiten der Leitung, Verwaltung und Rechtspflege des Heeres, dann seiner Wohlthätigkeitsanstalten⁵⁵.

Das Ersatzgeschäft und die Heerlasten fallen in die gemeinsame Zuständigkeit der Ministerien des Innern und des Krieges⁵⁶.

Die Gensdarmerie untersteht in persönlicher und disciplinärer Beziehung dem Kriegsministerium, im Uebrigen dem Ministerium des Innern⁵⁷.

„Benehmlich mit den einschlägigen Ministerien" ist dem Kriegsministerium übertragen „die oberste Leitung über das Salpeterwesen und alle zur besseren Benützung dieses Regals erforderlichen Verfügungen, die Anordnung über die Pulvermühlen, den Absatz und Verkauf des erzeugten Pulvers"⁵⁸.

Dem Kriegsministerium obliegt endlich „die oberste Leitung des topographischen Bureau zur Benützung sowohl für das Ministerium der Armee selbst, als für alle anderen Ministerien"⁵⁹.

Die drei Ministerialsectionen des Dienstes, der Administration und der Justiz⁶⁰ wurden durch Verordnung vom 26. März 1826⁶¹ aufgelöst und in Bezug auf Einrichtung und Geschäftsgang die

---

⁴⁹ Form. Verordn. §§ 95, 96 mit 21—24.

⁵⁰ Form. Verordn. § 89 Abf. I, Abf. II (über die Hofetats) ist weggefallen. Vgl. oben § 53. Ueber die Hauptfinanzbuchhaltung J. Hock a. a. O. I S. 91 f.

⁵¹ Form. Verordn. § 91.   ⁵² Form. Verordn. § 94.

⁵³ Form. Verordn. § 97.

⁵⁴ Verordn. vom 19. Febr. 1885 (G. u. V. Bl. S. 29) §§ 1—4. Vgl. auch oben Anm. 31 und unten § 215 Anm. 29.

⁵⁵ Form. Verordn. §§ 98—101, 103, 105—107, 109—111. § 102 nennt auch „die Cartelsentwürfe im Benehmen mit dem Ministerium des Hauses u. des Aeußern" (vgl. unten § 397 Anm. 40).

⁵⁶ W. Krais, Handb. der inneren Verwaltung ꝛc., 3. Aufl., I S. 191 ff., 229 ff. Vgl. Form. Verordn. §§ 66, 100 (Transporte u. Etappen). Ueber die Auflösung der in § 66 angeführten Landwehr älterer Ordnung unten § 398 Anm. 9, 10.

⁵⁷ Form. Verordn. § 99 und unten § 288 Anm. 6, 11.

⁵⁸ Form. Verordn. § 108. Vgl. Form. Verordn. vom 17. Dec. 1825 (Weber II S. 279) § 32 u. W. Krais a. a. O. I S. 250. Die Bestimmungen über Salpeterwesen (s. unten § 244 Anm. 23) haben keine erhebliche Bedeutung mehr.

⁵⁹ Form. Verordn. § 104.

⁶⁰ Die 1. und 3. Section bildeten zusammen das Revisionsgericht.

⁶¹ R. Bl. S. 345.

Bestimmungen der Formationsverordnung vom 9. December 1825 entsprechend für das Kriegsministerium durchgeführt. In der Folge verfügte eine Verordnung vom 31. Januar 1829[62] die Eintheilung des Kriegsministeriums in sechs Sectionen und die Bildung eines Kriegsrathes als facultativen Beirathes des Ministers. Das bisher bestandene Armeecommando wurde aufgehoben und nur eine Generalinspection der Armee[63] beibehalten. Die Sectionen und der Kriegsrath wurden durch Verordnung vom 10. Januar 1857[64] wieder beseitigt[65] und die allgemeinen Vorschriften für die Ministerien auch auf das Kriegsministerium für anwendbar erklärt.

Durch königliche Entschließung vom 2. März 1876[66] wurde das Kriegsministerium in sieben Abtheilungen[67], je unter einem besonderen Chef, gegliedert. Die Abtheilungen sind keine Behörden, sondern Geschäftsorgane des Kriegsministers, in dessen Auftrage und unter dessen Verantwortlichkeit sie handeln[68]. „Der Kriegsminister ist befugt, die Erledigung von Dingen, bei welchen es sich nicht um principielle Entscheidungen, sondern nur um den Vollzug und die Ausführung bereits feststehender Anordnungen, um Erläuterungen hiezu, überhaupt um Verhältnisse untergeordneter Natur handelt, unter seiner persönlichen Verantwortlichkeit den Abtheilungen zu übertragen; auch das Einholen von Gutachten Seitens der äußeren Stellen, von Detailausweisen ꝛc. kann durch die Abtheilungen direct geschehen."[69]

4. Hauptstück.

Die Justiz.

§ 122. Entwickelung des Justizwesens von 1818—1848.

Die Verfassung der Gerichte und das Verfahren in bürgerlichen Rechtsstreitigkeiten und in Strafsachen sind nunmehr reichsgesetzlich geregelt.

Die Entwickelung des bayerischen Rechtes vom Erlasse der Verfassungsurkunde bis zur Einführung jener reichsrechtlichen Bestimmungen bildet indessen einen höchst wichtigen Bestandtheil der bayerischen Verfassungsgeschichte. Daher darf die Darstellung der mühevollen und lange erfolglosen Bestrebungen zur Erlangung befriedigender Justizeinrichtungen in Bayern nicht umgangen werden.

Die Verfassungsurkunde von 1818 handelt in ihrem achten Titel[1] von der Rechtspflege. Sie stellt den Grundsatz an die Spitze[2]: „Die Gerichtsbarkeit geht vom Könige aus. Sie wird unter seiner Oberaufsicht durch eine geeignete Zahl von Aemtern und Obergerichten in einer gesetzlich bestimmten Instanzenordnung verwaltet."

Eingriffe in die Rechtspflege werden als unzulässig erklärt[3]. Die Verfassung sagt[4]: „Die Ge-

---

[62] Weber II S. 457.
[63] Feldmarschall Fürst Wrede.　　　　　[64] R. Bl. S. 96.
[65] „Dem Kriegsminister sind nunmehr nebst dem Generalverwaltungsdirector und dem Generalsecretär auch die . . . Referenten mit Ausnahme jener für die Administration unmittelbar unterstellt." „Bezüglich der Administrativreferenten bleibt deren bisherige Unterordnung unter den Generalverwaltungsdirector aufrecht . . ." Verordn. Ziff. II, III.
[66] Kr. Min. Bek. vom 17. März 1876 (Weber XI S. 468; vgl. 607).
[67] Centralabtheilung, Abth. für persönliche Angelegenheiten, Abth. für allg. Armeeangelegenheiten, Militärökonomieabth. (Section für Bauwesen Weber XVII S. 669 mit XI S. 469 Anm. 4), Abth. für das Invalidenwesen, Medicinalabth., Justitiar, zugleich Militärfiscal (B. Bl. d. Kr. Min. 1893 S. 429). Diese Einrichtung ist jener des preuß. Kriegsministeriums nachgebildet. Vgl. P. Laband, Staatsrecht des Deutschen Reiches, 3. Aufl., II S. 574 f. — § 1 der Min. Bek. vom 17. März 1876 bemerkt: „Die Rechnungsrevision des Kriegsministeriums bleibt in gleicher Weise bestehen wie bisher"; vgl. jedoch nunmehr Min. Bek. vom 11. Febr. 1883 (Weber XVI S. 116). Ueber die Militärfondscommission Weber XVI S. 117; vgl. auch unten § 400 Anm. 35. Ueber die lithogr. Officin G. u. B. Bl. 1892 S. 105; f. auch 1881 S. 73.
[68] Weber XII S. 40, 286.
[69] Vgl. oben § 117 Anm. 34.
[1] Dessen Vorbild ist Tit. 5 der Constit. von 1808.
[2] Tit. VIII § 1.
[3] Ueber die persönliche Gewährleistung unabhängiger Rechtsprechung (Unabsetzbarkeit der Richter) f. Constit. von 1808 Tit. 5 § IV, Verf. Urk. Tit. VII § 3, Beil. IX § 4.
[4] Tit. VIII § 3.

richte sind innerhalb der Grenzen ihrer amtlichen Befugniß unabhängig." Der König kann „in keinem Falle irgend eine anhängige Streitsache oder angefangene Untersuchung hemmen". Er kann lediglich „in strafrechtlichen Sachen Gnade ertheilen, die Strafe mildern oder erlassen" [5].

Eine durchgreifende Neugestaltung der Gerichtsverfassung ist weder durch die Verfassungsurkunde selbst, noch in ihrem Gefolge bewirkt worden. Es blieb in der Hauptsache bei dem Bestehenden, insbesondere behielt die Pfalz die französischen Gerichtseinrichtungen [6]. Die Gerichtsverfassung in den Landestheilen diesseits des Rheines wurde bereits früher [7] geschildert.

Ein Hauptgebrechen dieser letzteren lag darin, daß die Trennung zwischen Rechtspflege und Verwaltung zum Theile überhaupt nicht, zum Theile unrichtig durchgeführt war [8]. In dem Zeitraume vom Ende des vorigen Jahrhunderts bis zum Erlaß der Verfassungsurkunde war die Staatsverwaltung nicht nur, was sie in Wahrheit auch ist, zum wichtigsten, sondern geradezu zum herrschenden Elemente der Staatsthätigkeit geworden. Diese Einseitigkeit lag in der Natur der Verhältnisse, und was sie an Nachtheilen brachte, konnte in jener Zeit großer Neugestaltungen über den Vortheilen vergessen werden. Aber immerhin war es ein Fehler, die Rechtspflege, die ihren Zweck in sich selbst trägt, in den Dienst der Verwaltung zu stellen.

Nur von der bürgerlichen und Strafrechtspflege ist hier die Rede; denn den Gedanken einer selbständigen Gestaltung der öffentlichen oder Verwaltungsrechtspflege hätte jene Zeit weder zu fassen noch zu verwirklichen vermocht. Aber auch in diesem engeren Sinne, dem der „Justiz" gefaßt, war die Rechtspflege vielfach verkümmert und von der Verwaltung abhängig.

Vor Allem war in der untersten Instanz, von den größeren Städten abgesehen [9], Justiz und Verwaltung in einer Behörde, dem Landgerichte, vereinigt. Trotz des richterlichen Namens dieser Behörde lag bei dem sogenannten „gemischten Dienste" das Schwergewicht in der Polizei. Die Macht der Verwaltung sollte durch die richterlichen Befugnisse verstärkt werden. Nebenbei machte man wohl auch Rücksichten der Ersparung geltend [10].

Dazu kam, daß im Interesse der Verwaltung der Umfang sowohl der bürgerlichen wie der Strafrechtspflege sich Einschränkungen gefallen lassen mußte. In ersterer Hinsicht war es insbesondere der unklare Begriff der administrativ-contentiösen Sachen, von welchen noch in anderem Zusammenhange zu sprechen sein wird, der zu Beeinträchtigungen des natürlichen Umfanges der Rechtspflege führte [11]. Auf dem Gebiete der Strafrechtspflege äußerte der Begriff der Strafpolizei die gleiche Wir-

---

[5] Tit. VIII § 4. Die Bestimmung ist dem § IV Tit. 5 der Constit. von 1808 nachgebildet. Ueber das Begnadigungsrecht s. die Angaben oben § 121 Anm. 19.

[6] Von einer näheren Erörterung derselben muß hier Umgang genommen werden. Uebersichtliche Darstellung in dem Vortrage des Reichsrathes v. Heintz über den Ges. Entw., die Gerichtsverf. betr., Verh. d. K. d. R. R. 1849 Beil. Bd. III S. 94 ff. — Auf das pfälz. Justizwesen beziehen sich folgende bayer. Bestimmungen: G. Bl. 1822 S. 163; 1825 S. 55; 1831/32 S. 229; 1843 S. 93; 1846 S. 105, 169; 1849 S. 5; 1853/55 S. 21; 1861/62 S. 125; 1866/69 S. 617, 1233, 1353; 1876 S. 281.

[7] § 39.

[8] Vgl. zum Folgenden C. Edel, das P. St. G. B. für das Kgr. Bayern vom 10. Nov. 1861, mit Erl., bei C. F. v. Dollmann, Gesetzgebung des Kgrs. Bayern, Th. III Bd. V, Erlangen 1862, S. 5 ff.

[9] Diese hatten ihre frühere Gerichtsbarkeit an die k. Stadtgerichte verloren. Vgl. Edict über das Gemeindewesen vom 24. Sept. 1808 (R. Bl. S. 2405) § 66: „Weder die Gemeinde noch der Municipalitätsrath können eine Art von Gerichtsbarkeit üben." Dazu org. Ed., die Gerichtsverf. betr., vom 24. Juli 1808 (R. Bl. S. 1785) §§ 4, 5 u. Verordn., die Anordnung der neuen Stadtgerichte im Kgr. betr., vom 8. Dec. 1808 (R. Bl. S. 2803). — Für die größeren Städte (München, Landshut, Ingolstadt, Straubing, Burghausen) hatte schon der Befehl der Generallandesdirection vom 4. Mai 1803 (R. Bl. S. 291) die Trennung der Rechtspflege von der Verwaltung durch Bildung gemeindlicher Stadtgerichte angeordnet. Ueber die gemeindlichen Gerichte in den kleineren Municipalstädten u. Märkten Verordn. vom 20. März 1806 (R. Bl. S. 129).

[10] Bezeichnend ist folgende Aeußerung König Ludwigs I. in einem Signate vom 2. April 1847, das auf einen Antrag des Ministerverwesers v. Maurer erging: „Der Trennung der Justiz von der Verwaltung in den untersten Stellen bin Ich nicht gewogen, sie schwächt die Kraft der Regierung. Zuwider mir immer gewesen Vermehrung der Verwaltungskosten im praesens mit der Aussicht der Verminderung in futuro. Entgegengesetzt habe ich's gehalten." Verh. d. K. d. R. R. 1848 Beil. Bd. I S. 202.

[11] S. auch unten § 129 Anm. 6. — Ueber die bürgerliche Gerichtsbarkeit der Polizeibehörden vgl. Instr. der Polizeidirectionen in den Städten vom 24. Sept. 1808 (R. Bl. S. 2509) § 88. S. auch C. Edel, das k. bayer. Gesetz vom 1. Juli 1856 rc., Nördlingen 1857, S. 35, u. derselbe, das k. bayer. Gesetz vom 10. Nov. 1861, 2. Aufl., Nördlingen 1862, S. 18 ff. Die fraglichen Bestimmungen wurden erst durch Art. 37 des Einf. Ges. z. St. G. B. u. P. St. G. B. vom 10. Nov. 1861 aufgehoben.

tung. Die Bestrafung der Polizeiübertretungen[12], eine Mehrzahl geringerer Rechtsverletzungen[13], auch von Gefällshinterziehungen lag in der Hand der Verwaltung. So bildete sich eine „Administrativjustiz", die weder Justiz war, noch, zu einem beträchtlichen Theile wenigstens, mit Verwaltungsrechtssachen es zu thun hatte.

Während die Verfassungsurkunde in diesen Beziehungen von einer Verbesserung des Bestehenden oder doch der Aufstellung eines Programms hiefür absah[14], griff sie nach einer anderen Richtung ändernd ein, wo das Interesse des Staates nicht eine Neuordnung, sondern die völlige Beseitigung des Vorhandenen gefordert hätte. In der vierten und sechsten Verfassungsbeilage wurde die stands- und gutsherrliche Gerichtsbarkeit und Polizeigewalt aufrecht erhalten und geregelt[15]. So blieb denn dieses wesentliche Hinderniß einer geordneten staatlichen Behördeneinrichtung noch ein Menschenalter hindurch in den Landestheilen diesseits des Rheines[16] bestehen, wohl das bedeutendste Stück Mittelalter, das über die Zeit der Montgelas'schen Umgestaltungen hinaus sich zu erhalten vermocht hat[17]. Nur insoferne trug die Verfassungsurkunde dem Staatsgedanken der Neuzeit Rechnung, als sie erklärte[18]: „Die gutsherrliche Gerichtsbarkeit kann nur von der Quelle aller Gerichtsbarkeit im Reiche, dem Souverän, ausgehen und wird nur aus dessen besonderer Ermächtigung, unter der Oberaufsicht Seiner Stellen ausgeübt." Damit schien wenigstens gesagt zu sein, daß der Titel der gutsherrlichen Gerichtsbarkeit nicht dem bürgerlichen, sondern dem öffentlichen Rechte angehöre[19].

Gutsherrliche Gerichtsbarkeit und Polizei konnte nur ein Adeliger besitzen[20].

Die Standesherren übten in ihren Gebieten die bürgerliche Gerichtsbarkeit erster Instanz durch Stadt- und Herrschaftsgerichte, die mittlere und Strafgerichtsbarkeit durch ein Collegium, die Justizkanzlei — all' dies nach Maßgabe der Gesetze des Staates und vorbehaltlich der Berufung an die höheren königlichen Justizstellen und der Oberaufsicht des Oberappellationsgerichtes[21].

Ferner stand ihnen die Handhabung der „unteren Polizei" durch ihre Polizeibehörden und Herrschaftsgerichte zu. Standesherren mit einem geschlossenen Gebiete von 14 000 Seelen konnten, ebenso wie für die Gegenstände der Justiz, auch für die Polizeigegenstände eine zweite Instanz in einem für beide vereinigten Collegium, der Regierungs- und Justizkanzlei, bilden. Letztere hatte für das standesherrliche Gebiet die Polizei in allen Gegenständen zu verwalten, welche zum Wirkungskreise der Kreisregierungen gehörten und diesen nicht ausdrücklich durch die Verfassung vorbehalten waren. Den Standesherren waren ferner Verwaltungsbefugnisse in Bezug auf Kirchen-, Schul- und Stiftungswesen eingeräumt. Sie waren im Besitze der Einkünfte und Nutzungen aus ihrer Justiz- und Polizeiverwaltung nach Maßgabe der staatlichen Gesetze[22].

Die übrigen adeligen Gutsbesitzer hatten das Recht der gutsherrlichen Gerichtsbarkeit für ihren Gutsbezirk dann, wenn dasselbe schon im Jahre 1806 hierauf begründet und eine Patrimonialgerichts-

---

[12] Vgl. angef. Instr. vom 24. Sept. 1808 § 90. Ueber das Polizeistrafverfahren Weis in K. Brater's Zeitschr. für Gesetzgebungs- u. Verwaltungsreform, Nördlingen 1859, S. 115 ff.

[13] St. G. B. von 1813 Theil I Art. 2 Abs. IV.

[14] Tit. VIII § 7 sagte nur: „Es soll für das ganze Königreich ein und dasselbe bürgerliche und Strafgesetzbuch bestehen." Aehnlich schon Constit. von 1808 Tit. 5 § VII

[15] Es war unter diesen Umständen nicht zu verwundern, daß auch bei den Gemeinden mit magistratischer Verfassung das Gelüste nach Wiedererlangung der Gerichtsbarkeit (vgl. oben Anm. 9) sich regte und in Vorstellungen an den ersten Landtag von 1819 (s. Repert. über die Landtagsverh. 1819 S. 327, 828 ff.) seinen Ausdruck fand. Die bezüglichen Verhandlungen trugen übrigens der K. d. Abg. nur eine königliche Rüge wegen Versuchs der verfassungswidrigen Ausdehnung ihrer Zuständigkeit ein. Vgl. Landtagsabsch. vom 22. Juli 1819 (G. Bl. S. 31) Abschn. III Ziff. 1. S. auch oben § 92, A Ziff. 1.

[16] Vgl. oben § 31 Anm. 18, § 81 Anm. 81, § 82 Anm. 37.

[17] Vgl. zum Folgenden E. v. Moy, Staatsrecht des Kgrs. Bayern I, 1 S. 262 ff. (sehr ausführlich), Pözl, Lehrbuch des bayer. Verf. Rechts, 4. Aufl., § 72 ff. (in der 5. Aufl. weggelassen); H. Wirschinger, Darstellung der Entstehung, Ausbildung u. des jetzigen rechtlichen Zustandes der Patrimonialgerichtsbarkeit in Bayern, München 1837, L. Prenizer, Handb. der gutsherrlichen Rechte u. der gutsherrlichen Gerichtsbarkeit in Bayern, Regensburg 1847.

[18] Beil. VI § 25.

[19] Vgl. übrigens E. v. Moy a. a. O. I, 1 S. 270, 277.

[20] Verf. Urk. Tit. V § 4 Abs. II Ziff. 1, Beil. V § 14, Beil. VI § 26. Ueber die Entschädigung derjenigen (insbes. der Stiftungen u. Körperschaften), welche in Folge dessen ihre 1806 noch besessene Gerichtsbarkeit verloren, vgl. k. Entschl. vom 4. März 1819 (Döllinger V S. 781).

[21] Verf. Beil. IV §§ 18—25.

[22] Verf. Beil. IV §§ 26—48, 50.

barkeit daselbst hergebracht war²³. Für die Regel war die gutsherrliche Gerichtsbarkeit auf die eigenen Grundholden des Gutsherrn beschränkt, doch waren mehrere bedenkliche Ausnahmen hievon zugelassen²⁴. Die gutsherrliche Gerichtsbarkeit wurde durch Herrschaftsgerichte und Patrimonialgerichte erster und zweiter Classe ausgeübt, die sich von einander durch den Umfang ihrer Zuständigkeit unterschieden. Eine peinliche Gerichtsbarkeit kam ihnen nicht zu²⁵. Die Herrschaftsgerichte handhaben die bürgerliche Gerichtsbarkeit und Polizei gleich den königlichen Gerichten erster Instanz. Die Patrimonialgerichte zweiter Classe hatten freiwillige, jene erster Classe auch streitige Gerichtsbarkeit erster Instanz, beide aber nur die niedere örtliche Polizei. Die Herrschaftsgerichte standen unter den Appellationsgerichten und den Kreisregierungen, die Patrimonialgerichte erster Classe hinsichtlich der Gerichtsbarkeit unter den Appellationsgerichten, in Polizei- und Verwaltungssachen unter den Landgerichten, die Patrimonialgerichte zweiter Classe nur unter letzteren. Die „Früchte" der patrimonialen Gerichtsbarkeit und Polizei kamen den Gutsherren zu²⁶.

Es sei gestattet, um in der Folge die Darstellung der weiteren Entwickelung der Gerichtsverfassung nicht unterbrechen zu müssen, hier die Geschichte der allmählichen Beschränkung und schließlichen Beseitigung der Patrimonialgerichtsbarkeit in Kürze vorzuführen.

Die Staatsregierung wurde bald inne, welchen verhängnißvollen Fehler die Verfassungsurkunde durch Aufrechthaltung der grundherrlichen Gerichtsbarkeit begangen hatte. Daher zeigte sich die Neigung, die verfassungsmäßigen Bestimmungen über die Voraussetzungen des Bestandes gutsherrlicher Gerichtsbarkeit in einem möglichst engen Sinne auszulegen²⁷. Die hierauf gegründeten „Vindicationen" von Gerichtsbarkeiten hatten vielfache Verfassungsbeschwerden der Betroffenen und zum Theile sehr erregte Verhandlungen im Landtage zur Folge²⁸. Ein Verfassungsgesetz vom 1. Juli 1834, die Vindicationen der Gerichtsbarkeiten betreffend²⁹, suchte durch Aufstellung fester Grundsätze für diese Vindicationen die entstandenen Schwierigkeiten zu heben. Zugleich war die Regierung bestrebt, von den Gutsherren im Wege freiwilliger Abtretung die Gerichtsbarkeit für den Staat zu erlangen. Auf eine königliche Erklärung vom 2. October 1829³⁰, die keine nennenswerthen Wirkungen äußerte³¹, folgte ein Gesetz vom 28. December 1831 über die Rechtsverhältnisse der Standes- und Gutsherren, die auf die Gerichtsbarkeit freiwillig verzichten würden³². Das Gesetz bot im Falle der Abtretung der gesammten Gerichtsbarkeit an den Staat Entschädigung für die Tazerträgnisse und stellte den Vorbehalt der niederen Polizei und deren Ausübung durch herrschaftliche Commissariate oder Patrimonialämter frei. Der Verzicht auf die gutsherrliche Gerichtsbarkeit sollte ohne Nachtheil für die Standschaftsrechte sein³³. Aber auch von diesem Gesetze wurde nur in verhältnißmäßig wenigen Fällen Gebrauch gemacht³⁴.

Nachdem in der Folge die Vindication der Gerichtsbarkeiten noch zu mancherlei Mißhelligkeiten Anlaß gegeben hatte³⁵, brachte endlich das Jahr 1848 die Beseitigung einer Einrichtung, deren Dauer

---

²³ Verf. Beil. VI § 27. Vgl. oben § 31 bei Anm. 15 mit § 39 Anm. 9—12, 15. Für einfache Patrimonialgerichte war kein geschlossener Gutsbezirk erforderlich. Verf. Beil. VI § 29.
²⁴ Insbes. unter gewissen Voraussetzungen der Tausch von Grundholden. Verf. Beil. VI § 28. Vgl. oben § 39 Anm. 16.
²⁵ Die Herrschaftsgerichte u. Patrimonialgerichte erster Classe hatten in Strafsachen nur die Ergreifung und Verwahrung des Angeschuldigten.
²⁶ S. das Nähere Verf. Beil. VI Abschn. II.
²⁷ Vgl. insbes. die vom Könige genehmigten Staatsrathsbeschlüsse von 1826 (Instr. vom 13. Nov. 1826) in den Verh. d. K. d. Abg. 1827/28 Prot. Bd. XIV S. 456—481 u. Döllinger V S. 249 ff.
²⁸ S. die oben § 93 Ziff. 3 erwähnten Kammerverh. und die Zusammenstellung bei J. Ritter v. Mussinan, Bayerns Gesetzgebung, München 1835, S. 297 ff.
²⁹ G. Bl. S. 37. Ueber die Kammerverh. Repert. für 1834 S. 144 ff. Vgl. auch Mussinan a. a. O. S. 320 ff.
³⁰ R. Bl. S. 801. Vgl. dazu R. Bl. 1835 S. 65.
³¹ Sie bot bei Abtretung der Gerichtsbarkeit nur Uebernahme der Lasten, und auch dies mit Einschränkungen, aber keine Entschädigung an.
³² G. Bl. S. 249. Ueber die Kammerverh. Repert. für 1831 K. d. R. R. S. 98 ff., K. d. Abg. S. 261 ff. Vgl. auch Frhr. v. Zu Rhein, Zeitschr. für Theorie u. Praxis des bayer. Civil-, Criminalu. öffentl. Rechts Heft I S. 75 ff., II S. 184 ff., III S. 304 ff.
³³ Vgl. oben § 98 Anm. 6.
³⁴ Es gab zu Anfang des Jahres 1848 noch 38 Herrschaftsgerichte, 665 Patrimonialgerichte, 2 herrschaftliche Commissariate u. 67 Patrimonialämter. Pözl bei C. F. Dollmann, Gesetzgebung des Kgrs. Bayern ꝛc., Th. I Bd. I S. 172 Anm. 1.
³⁵ Vgl. den Plenarbeschluß des O. A. G. vom 4. Juni 1847 u. die dadurch veranlaßten Verh. der K. d. R. R. 1847 Beil. Bd. I S. 268 ff. II S. 163 ff., Prot. Bd. II S. 482 ff.

nach Jahrhunderten zählte³⁶. In Erfüllung der Zusage, welche durch die Thronrede vom 21. März 1848 gegeben worden war, wurde beim Landtage ein Gesetzentwurf über die Aufhebung der standes- und gutsherrlichen Gerichtsbarkeit, dann die Aufhebung, Fixirung und Ablösung der Grundlasten eingebracht. Aus dieser Vorlage ging das Gesetz vom 4. Juni 1848³⁷ hervor. Durch dasselbe³⁸ wurde vom 1. October gl. Js. an die standes- und gutsherrliche Gerichtsbarkeit und Polizeigewalt aufgehoben³⁹. Ferner wurde bestimmt, daß jene Grundbesitzer, welche bis zum 18. April 1848 den Verzicht auf ihre Gerichtsbarkeit und Polizeigewalt erklärt haben würden, nach dem Gesetze vom 28. December 1831 zu entschädigen seien, die übrigen aber durch Uebernahme ihres Gerichts- und Polizeipersonales und der Pensionslasten auf den Staat für abgefunden erachtet werden sollten.

Noch in einer anderen Beziehung waren die Bestimmungen der Verfassung über das Gerichts- wesen unbefriedigend, ja sie enthielten sogar einen Rückschritt gegenüber dem früheren Rechtszustande. Das organische Edict über die Gerichtsverfassung vom 24. Juli 1808⁴⁰ hatte den einschneidenden Satz ausgesprochen: „Die Competenz der Untergerichte erstreckt sich auf alle in ihrem Bezirke angebrachte Real- und Personalklagen ohne Rücksicht auf die bisher bestandenen persönlichen Privilegien und Exemtionen". Ausnahmen⁴¹ wurden nur zu Gunsten der Mediatisirten, nicht aber der Mitglieder ihrer Familien, gemacht und für jene Personen vorbehalten, welche der König den ersteren etwa gleich- zustellen für gut finden würde⁴².

Durch die Verfassungsurkunde wurden die Gerichtsstandsvorrechte erheblich erweitert⁴³.

Den Standesherren⁴⁴ wurde in peinlichen Fällen ein Gericht von Ebenbürtigen zugesichert⁴⁵, in Real- und Personalklagen ein bevorzugter Gerichtsstand in erster Instanz vor den Appellations- gerichten, in zweiter Instanz vor dem Oberappellationsgerichte verliehen⁴⁶. Den letzteren, höchst bevor- zugten Gerichtsstand theilten die erblichen Reichsräthe⁴⁷; ob auch die höchsten Hof- und Staatsbeamten. war streitig. Die Adeligen, Collegialräthe und Geistlichen erhielten „einen von dem landgerichtlichen befreiten Gerichtsstand in bürgerlichen und strafrechtlichen Fällen"⁴⁸. Zum Vollzuge der letzteren Verfassungsbestimmungen wurden durch Verordnung vom 29. September 1818⁴⁹ die Stadtgerichte und das Kreisgericht Aschaffenburg in Kreis- und Stadtgerichte umgewandelt⁵⁰.

Wir kehren nunmehr zur Betrachtung der allgemeinen Entwickelungsgeschichte des staatlichen Justizwesens in Bayern diesseits des Rheines zurück.

Schon der erste Landtag von 1819, mit welchem eine Novelle zur Gerichtsordnung verabschiedet wurde⁵¹, stellte einen, durch die erste Kammer⁵² übrigens abgeschwächten Antrag an die Krone, daß im

---

³⁶ Die Bewegung gegen die grundherrlichen Rechte hatte eine sehr lebhafte Gestalt angenommen. Zahlreiche Eingaben gegen dieselben gelangten an die Staatsregierung und an die K. d. Abg., ja es kam sogar zu Ruhestörungen und Angriffen auf die Personen der Gerichtsherren.

³⁷ G. Bl. S. 97. Vgl. über die Entstehungsgeschichte Pözl (Commentar zum Ges.) bei C. F. Dollmann, Gesetzgebung des Kgrs. Bayern ꝛc., Th. I Bd. I, Erlangen 1855, S. 172 ff., Gerstner, system. Entwickelung des Ges. vom 4. Juni 1848, 2 Bände, Ansbach 1850.

³⁸ Art. 1. Darüber Pözl a. a. O. S. 180 ff.

³⁹ Ueber die Gerichtsbarkeit des Fürsten von Thurn u. Taxis oben § 82 Anm. 93—99. Dieselbe wurde, als auf besonderem Rechtstitel beruhend, durch das Ges. vom 4. Juni 1848 nicht berührt. Vgl. Pözl, Lehrb. des bayer. Verf. Rechts, 4. Aufl. § 77 Ziff. 3 u. Anm. 9.

⁴⁰ R. Bl. S. 1785. § 10.　　　⁴¹ § 11.

⁴² S. Verordn. vom 14. Dec. 1808 (R. Bl. S. 2885) — „erste Staats-, Hof- u. Militärbeamte", Majoratsbesitzer als „erste Unterthanen", ferner deren Gemahlinnen, Wittwen u. Kinder in väterlicher Gewalt; Verordn. vom 7. Jan. 1809 (R. Bl. S. 87) — Präsident des Oberappellationsgerichtes. — S. auch Verordn. vom 3. Nov. 1808 (R. Bl. S. 2810) — forum exemptum, nicht privilegiatum der Stadt- und Landrichter.

⁴³ Vgl. zum Folgenden J. v. Stürzer, theoret.-prakt. Bemerkungen zum dermaligen bayer. Civilgerichtsverfahren, München 1838, S. 151 ff.

⁴⁴ Vgl. hieher oben § 82 Anm. 100.　　　⁴⁵ Verf. Beil. IV § 8.

⁴⁶ Verf. Beil. IV § 6.　　　⁴⁷ Verf. Beil. V § 11.

⁴⁸ Verf. Urk. Tit. V § 4 Ziff. 8, § 5, Beil. V § 11.

⁴⁹ R. Bl. S. 1132.

⁵⁰ Dieselben waren Untergerichte mit örtlicher Zuständigkeit für den Stadtbezirk und persönlicher Zuständigkeit für die von der Gerichtsbarkeit der Landgerichte Befreiten.

⁵¹ Ges., einige Verbesserungen der Gerichtsordn. betr., vom 22. Juli 1819 (G. Bl. S. 59). Ueber die Landtagsverh. Repert. 1819 S. 333 ff. Von Gönner erschien ein Commentar zu dem Ges.

⁵² Dieselbe erachtete insbes. den Landtag für unzuständig, einen Antrag auf Trennung der Justiz und Polizei zu stellen, lehnte den Antrag auf Einführung der Schwurgerichte ab und drang auf ausdrückliche Hervorhebung des Gedankens, daß die Gerichtsbarkeit des Adels nicht berührt werden solle.

Civil- und Strafprozesse Oeffentlichkeit und Mündlichkeit des Verfahrens eingeführt werden möge[53]. Der Landtagsabschied[54] sicherte diesem Wunsche Berücksichtigung „bei der unverzüglich zu bearbeitenden Revision der Civilgerichtsordnung und des Strafgesetzbuches" zu. Auch auf den folgenden Landtagen der Jahre 1822[55] und 1825[56] kam man auf die Verbesserung der Rechtspflege zurück.

Bei dem Landtage 1827/28 wurden die lang ersehnten Gesetzesvorlagen eingebracht. An die Kammer der Abgeordneten gelangte der Entwurf einer bürgerlichen Gerichtsordnung[57] nebst den Entwürfen eines Einführungsgesetzes hiezu und eines Gesetzes über das Verfahren bei den mittelbaren Gerichten, dann Entwürfe von Verordnungen über die Gerichtsverfassung und über die Staatsanwaltschaft; an die Kammer der Reichsräthe die Entwürfe eines Strafgesetzbuches[58], das auch das Polizeistrafrecht umfaßte, und eines Gesetzes über die Errichtung von Ehrengerichten zur Verhütung von Zweikämpfen. Keiner dieser Entwürfe gelangte in den Kammern zur Erledigung[59]. Der Abschied für die Ständeversammlung vom 15. August 1828[60] sprach aus: „Wenn die Entwürfe eines neuen Strafgesetzbuches und eines auf der Grundlage der Oeffentlichkeit und Mündlichkeit ruhenden Gesetzes über das Verfahren in bürgerlichen Rechtsstreitigkeiten nicht mehr zur Berathung gebracht werden konnten, so erwarten Wir von einer künftigen Ständeversammlung, daß dieselbe die ihr mitgetheilt werdenden Gesetzbücher den vielseitigsten Erwägungen und Prüfungen unterzogen und zur möglichsten Vervollkommnung eines so wichtigen und umfassenden Werkes beitragen wird."

Dem Landtage des Jahres 1831, und zwar zunächst der Kammer der Abgeordneten, wurden unterm 29. November der durchgesehene Entwurf eines Strafgesetzbuches, dann unterm 19. December Entwürfe über das Verfahren in Strafsachen[61] nebst Einführungsgesetz[62] und über eine bürgerliche

---

[53] Ueber die Verh. Repert. 1819 S. 622 ff.

[54] Vom 22. Juli 1819 (G. Bl. S. 31) Abschnitt II C.

[55] Repert. 1822 S. 181 f.; Landtagsabsch. vom 1. Juni 1822 (G. Bl. S. 5) Abschnitt II: „Der Entw. eines neuen St. G. B.'s ist in Folge der von Uns ertheilten Zusicherung den Ständen im Drucke mitgetheilt, und Wir haben Unseren betreffenden Staatsministerien bereits den Befehl ertheilt, daß nebst jenem materiellen Theile des St. G. B.'s sich dieselben auch mit dem Entw. eines Ges. über das Verfahren in Strafrechtssachen und einer Civilgerichtsordnung, sowie eines allgemeinen Civilgesetzbuches unausgesetzt beschäftigen sollen, wo Wir sodann, sobald die dazu erforderlichen wichtigen Vorarbeiten vollendet sind, die Einberufung Unserer Stände zur Berathung derselben in außerordentlicher Versammlung verfügen werden."

Mit diesem Landtage wurde das wichtige Hypothekenges. nebst der Prioritätsordn. vom 1. Juni 1822 (G. Bl. S. 17 u. 101), Gönner's Werk, vereinbart.

[56] Repert. 1825 S. 285 f. — Mit diesem Landtage wurde das Ges., die Einführung des Wechselrechts u. der Wechselgerichtsordn. in den damit noch nicht versehenen Theilen des Kgrs. betr., vom 11. Sept. 1825 (G. Bl. S. 39) verabschiedet. — Ueber dieses altbayer. Wechselrecht oben § 9 Ziff. 1.

[57] Ueber den Gönner'schen Entw. von 1815 oben § 46 Anm. 16. Zu dessen Prüfung wurde 1823 eine Commission eingesetzt, deren Arbeit 1825 veröffentlicht wurde. Aus den Berathungen einer neuen Gesetzcommission, die König Ludwig I. nach seinem Regierungsantritte ernannte, ging der Entw. von 1827 hervor. Vgl. J. Ritter v. Mussinan, Bayerns Gesetzgebung 1835, S. 173 ff.

[58] Der Entw. war das Ergebniß der Durchsicht des Entw. von 1822 durch die in der vorigen Anm. erwähnte Gesetzcommission. Vgl. Mussinan a. a. O. S. 180 ff.

[59] Ueber die Verh. Repert. 1827/28 S. 76 ff., 134, 293 ff., 338 f., 386 f. Nur ein Ges. vom 15. Aug. 1828, die Militärgerichtsbarkeit in bürgerlichen Rechtssachen betr. (G. Bl. S. 41), welches die Militärpersonen in bürgerlichen Rechtsstreitigkeiten unter die Civilgerichte stellte, kam zur Annahme. Vgl. Repert. S. 256 f.

[60] G. Bl. S. 17.

[61] Dazu kam auch ein Gesetzentw. über das Verfahren der Polizei zur Stillung von Aufruhr u. Tumult, worüber unten § 292 Anm. 14.

[62] Der Entw. (über dessen Vorgeschichte F. Walther, Lehrb. des bayer. Strafprozeßrechts, München 1859, § 11; dann J. v. Rudhart, über den Entw. eines Gesetzbuches über das Verfahren in Strafsachen, aus dessen Nachlasse herausgegeben von G. Hohe, 1848) beruht auf dem Anklageverfahren. Merkwürdig ist seine Stellung zu den Schwurgerichten. Es wird davon ausgegangen, daß nicht derselbe Richter „über That und Recht zugleich" entscheiden dürfe. Die Geschwornengerichte seien zweifellos das beste Mittel, die Trennung der Aussprüche über die That- und die Rechtsfrage durchzuführen. Aber dazu gehöre eine Bekanntschaft des Volkes mit dem Rechts- und Gerichtsleben, die schon einige Zeit bestanden habe. Es bedürfe daher für Bayern eines Ueberganges, sonst sei der Versuch gewagt. So wird denn zur Vorbereitung die Einführung von Geschwornengerichten im Preßgef. für Preßverbrechen und -Vergehen und im Strafprozeßgef. für Frevelsachen vorgeschlagen. Ueber gemeine Verbrechen und Vergehen sollten neun Richter und ein Vorstand entscheiden, und zwar nach Bestimmung durch das Loos fünf (zur Rechten des Präsidenten) über die Thatfrage und vier (zu dessen Linken) nebst dem Vorstande über die Rechtsfrage. Vgl. die Ausführungen der Begründung Verh. b.

Gerichtsordnung ⁶² vorgelegt. Ein Gesetz vom 9. August 1831 ⁶³ über die Behandlung neuer oder revidirter Gesetzbücher traf Bestimmungen über das Verfahren in den Gesetzgebungsausschüssen der Kammern, sowie dahin, daß diese Ausschüsse auch nach Schluß oder Vertagung des Landtages sollten berathen können ⁶⁴. Die Erwartungen, welche jene Gesetzesvorlagen erregt hatten, fanden bald ein jähes Ende. Durch Entschließungen vom 26. November und 2. December 1832 wurden die ständischen Ausschußverhandlungen, ungeachtet erhobener Gegenvorstellungen, vertagt, „da die zur reifen Bearbeitung der Sache erforderlichen Gutachten noch nicht eingekommen seien“ ⁶⁵.

Als sodann der Landtag im Jahre 1834 wieder zusammentrat, wurde ihm sofort durch königliche Entschließung vom 13. März gl. Js. eröffnet, der König habe eine Durchsicht der Gesetzbücher für angemessen befunden, die im Jahre 1831 vorgelegt worden seien. Eine Berathung über diese Entwürfe könne daher bei der dermaligen Ständeversammlung nicht stattfinden ⁶⁷. Allerdings schien das Gesetz vom 1. Juli 1834, die fernere Behandlung neuer oder revidirter Gesetzbücher betreffend ⁶⁸, darauf hinzudeuten, daß man die Reformpläne nicht ganz aufgegeben habe. Hienach sollten die Gesetzgebungsausschüsse der Kammer auf königliche Einberufung gehalten sein, „in der Zwischenzeit des gegenwärtigen und des nächsten Landtages auch über solche Entwürfe von Gesetzbüchern zu berathen, welche von der Staatsregierung unmittelbar, und ohne vorerst den Ständen vorgelegt zu sein, an sie gelangen“. Allein die Hoffnungen, die man hieraus etwa schöpfen mochte ⁶⁹, erfüllten sich nicht. Den Wünschen, welche der Landtag 1837 wegen Vorlage der Justizgesetzbücher kundgab ⁷⁰, wurde im Abschiede für die Ständeversammlung vom 17. November 1837 ⁷¹ lediglich „Erwägung“ versprochen. Man begnügte sich mit einigen Verbesserungen im Einzelnen ⁷².

Der ähnliche Bescheid, welcher auf ähnliche Bitten ⁷³ im Landtagsabschiede vom 25. August 1843 ⁷⁴ ertheilt wurde, sicherte die Erwägung der Gesetzesvorlagen mit dem Beisatze zu: „insoweit die ständische Berathungsform mit der Lösung dieser Aufgabe in Einklang gebracht werden kann“.

Auch die Landtage 1845/46 ⁷⁵ und 1847 ⁷⁶ erzielten kein besseres Ergebniß. Es ergingen lediglich im Jahre 1846 einige wenige gesetzliche Einzelbestimmungen prozessualer Natur ⁷⁷. Indessen forderte

---

K. d. Abg. 1831 Beil. Bd. XIV, Beil. LXXX S. 141 ff. u. des Justizministers Frhrn. v. Zentner ebenda Prot. Bd. XXVII, Prot. Nr. CLIII S. 89 ff. Ein früherer Entw. über die Schwurgerichte Beil. Bd. IV S. 161 ff.

⁶² Vgl. die Nachweisungen Repert. K. d. Abg. 1831 S. 586 f., 124 u. 505 ff.

⁶³ G. Bl. S. 5. Dazu Repert. von 1831 K. d. R. R. S. 106 ff., K. d. Abg. S. 275 ff. Vgl. oben § 105 Anm. 15.

⁶⁵ Einige Bestimmungen über Beschränkung der Berufungen ꝛc. im Landtagsabsch. vom 29. Dec. 1831 (G. Bl. S. 57) Abschn. III Ziff. 8 ff.

⁶⁶ Verh. d. K. d. Abg. 1834 Prot. Bd. I S. 168 f., Beil. Bd. II Beil. X S. 41 ff. Der Abg. Edel bemerkte später (Verh. d. K. d. Abg. 1859/61 Sten. Ber. II S. 354): „Nach 1831, wir dürfen wohl sagen, von dem Tage an, wo Warschau gefallen war, machten sich andere Anschauungen in den Regierungskreisen geltend. Man wollte nunmehr von durchgreifenden Veränderungen und Justizreformen nichts wissen.“ Verh. d. K. d. Abg. 1855 Beil. Bd. I S. 487 erwähnt Edel eine k. Entschl. an die Staatsministerien der Justiz u. des Innern, „worin auf das Bestimmteste erklärt wurde, daß die in den Jahren 1829 u. 1830 beabsichtigte Trennung der Rechtspflege von der Verwaltung in erster Instanz in keiner Beziehung einzutreten habe“.

⁶⁷ Verh. der Ständevers. von 1834 K. d. R. R. Prot. Bd. I S. 26, K. d. Abg. Prot. Bd. I S. 25.

⁶⁸ G. Bl. S. 33. Dazu Repert. über die Landtagsverh. 1834 S. 151 ff.

⁶⁹ Vgl. J. Ritter von Mussinan, Bayerns Gesetzgebung S. 371 ff.

⁷⁰ Repert. S. 274 ff., 278, 279 ff.

⁷¹ G. Bl. S. 5. Abschn. I A, Abschn. III, F, XI des Absch.

⁷² Vgl. Landtagsabsch. vom 17. Nov. 1837 (G. Bl. S. 5) Abschn. I A u. B; Ges., einige Verbesserungen der Gerichtsordn. in bürgerl. Rechtsstreitigkeiten betr., vom gl. T. (G. Bl. S. 41—102); Ges. über die Verhütung ungleichförmiger Erkenntnisse bei dem o. G. H. in bürgerl. Rechtsstreitigkeiten, vom gl. T. (G. Bl. S. 105). Dazu Repert. über die Landtagsverh. 1837 S. 149 ff., 256 ff. — Laul, Archiv f. d. civ. Praxis XXII S. 297 ff.

⁷³ Repert. 1843 S. 38 ff. Dem Wunsche auf Trennung der Justiz von der Verwaltung stimmte die K. d. R. R. nicht bei. Verh. Prot. Bd. I S. 353. Ueber einen Ges. Entw., einige Abänderungen der bestehenden strafgesetzlichen Bestimmungen betr., ebenda S. 179 f.

⁷⁴ G. Bl. S. 33. Abschn. IV § 33; vgl. auch § 38.

⁷⁵ Repert. S. 38, Landtagsabsch. vom 23. Mai 1846 (G. Bl. S. 5) Abschn. I § 13, III § 20.

⁷⁶ Repert. S. 32 f.

⁷⁷ Landtagsabsch. vom 23. Mai 1846 Abschn. III § 39 (Recursfrist in Polizeistraffachen); Ges. über die Berufungssumme in Civilrechtsstreitigkeiten vom gl. T. (G. Bl. S. 165).

der König im Jahre 1847 den Leiter des Justizministeriums von Maurer auf, sich wegen der Grundsätze über die Verfassung der Gerichte als der Grundlage für die Bearbeitung einer Civil- und Strafprozeßordnung zu äußern. Ueber den erstatteten Vortrag wurde der Ministerrath vernommen. Dieser empfahl, trotz der Abneigung, die der König dagegen bekundet hatte ⁷⁸, in einem Antrage vom 14. Mai 1847 die Trennung der Rechtspflege und Verwaltung in der untersten Instanz und entwickelte die wesentlichsten Bestimmungen einer Neuordnung der Rechtspflege: Mündlichkeit in Civil- und Strafsachen, Vereinfachung des Instanzenzuges, Untersuchungsrichter und Staatsanwaltschaft „zur Vermittelung der Aufsicht der Regierung auf die gesammte Rechtspflege, insbesondere zur Einwirkung auf die Untersuchungen und zur Durchführung der Anklagen".

Der König genehmigte unterm 26. Mai 1847 diese Grundlagen. „Wozu es ständischer Beistimmung erfordert, soll an den nächsten Landtag gebracht werden, wobei zu vermeiden, nichts zu verändern, was Verfassungsfestsetzungen betrifft, wozu ⅔ Stimmenmehrheit es bedarf, demnach adelige Gerichtsbarkeit Anbelangendes unberührt zu lassen. Trennung der Richter- von der Polizeigewalt hat stattzufinden, letzterer aber weit mehr zu überlassen, als in der Pfalz. Keine Notare ⁷⁹ sind aufzustellen (wie denn dieses auch nicht beantragt wird), was die Staatseinnahmen verringern würde." ⁸⁰ Indessen erfolgte im nächsten Jahre ein Thronwechsel, und die Frage der Justizreform kam in ein neues Stadium.

§ 123. Entwickelung des Justizwesens von 1848 bis zur Einführung der Reichsjustizgesetze.

Mit dem Landtage des Jahres 1848 wurde zunächst ein unterm 12. Mai 1848 erlassenes Gesetz ¹ über die Behandlung neuer Gesetzbücher vereinbart, welche das bürgerliche, Handels- und Wechselrecht, das Straf- und Strafpolizeirecht, das Verfahren in bürgerlichen Rechtsstreitigkeiten und in Strafsachen betreffen würden. Das Gesetz bezog sich auf die Kammerausschüsse und deren Thätigkeit. Im Zusammenhange hiemit erging ein Gesetz vom gleichen Tage ², welches insbesondere anordnete, daß sofort Gesetze entworfen werden sollten, um vorläufig „in den Landestheilen diesseits des Rheines ein mündlichöffentliches Verfahren mit Schwurgerichten einzuführen".

Von der größten Bedeutung aber war das sogenannte Grundlagengesetz vom 4. Juni 1848 ³, das zugleich mit dem Landtagsabschiede erlassen wurde. Dasselbe stellte nicht Rechtsvorschriften, sondern ein gesetzgeberisches Programm auf. „Dieses eigenthümliche Gesetz," so äußerte später der Abgeordnete Dr. Ebel ⁴, „war ein feierlicher Vertrag zwischen der Krone und dem Volke; man verpflichtete sich gegenseitig, und zwar unter Einhaltung jener Formen, welche zur Abänderung von Verfassungsgesetzen nothwendig sind, diejenigen Grundsätze, die man beiderseits als nothwendig erachtete, in möglichst kurzer Zeit in der Gesetzgebung durchzuführen." Man hielt sich hiebei an das Vorbild der pfälzischen

---

⁷⁸ Die Einführung von Geschworenen lehnte der König in einem Signate vom 2. April 1847 entschieden ab. „Gegen die Geschworenen war Ich jederzeit, weder unter der Benennung Schöffen oder unter welch andern will Ich sie."

⁷⁹ Das Notariat, das in Bayern früher ohnedies keine große Rolle gespielt hatte, war durch die Verordn. vom 29. März u. 10. Sept. 1807 (R. Bl. S. 560, 1490) so gut wie beseitigt worden. Die kaiserl. u. päpstlichen Notarien wurden abgeschafft. Die vorhandenen oder künftigen Notare sollten auf die Anfertigung von Wechselprotesten (daher „Wechselnotare") beschränkt sein. Diese Wechselnotare waren zumeist Rechtsanwälte.

⁸⁰ S. die einschlägigen Aktenstücke Verh. d. K. b. R. R. 1848 Beil. Bd. I S. 182—202.

¹ G. Bl. S. 17. Verh. d. Landtages 1848 K. d. Abg. Beil. Bd. I S. 5 ff., 178 ff., Prot. Bd. II S. 26 ff.; K. d. R. R. Beil. Bd. I S. 227 ff., Prot. Bd. I S. 310 ff.; K. der Abg. Beil. Bd. I S. 318, Prot. Bd. II S. 268 ff. — Dazu Landtagsabsch. vom 4. Juni 1848 (G. Bl. S. 41) Abschn. I § 4.

² Einige Abänderungen des St. G. B.'s vom J. 1813 u. anderer Strafbestimmungen betr. (G. Bl. S. 33). Verh. d. Landtages 1848 K. d. Abg. Beil. Bd. I S. 261 ff., 303 ff., Prot. Bd. II S. 161, 267 ff., 375 ff.; K. d. R. R. Beil. Bd. I S. 1 ff., Prot. Bd. II. S. 54 ff.; K. d. Abg. Beil. Bd. II S. 231, Prot. Bd. III S. 331 ff. — Dazu Landtagsabsch. vom 4. Juni 1848 Abschn. I § 6.

³ Ges., die Grundlagen der Gesetzgebung über die Gerichtsorganisation, über das Verfahren in Civil- u. Strafsachen u. über das Strafrecht betr. (G. Bl. S. 137). Verh. d. Landtages 1848 K. d. R. R. Beil. Bd. I S. 45 ff., 147 ff., 167 ff., Prot. Bd. I S. 53, 200 ff.; K. d. Abg. Beil. Bd. I S. 320 f., Prot. Bd. II S. 293 ff.; K. d. R. R. Beil. Bd. I S. 269 ff., Prot. Bd. I S. 534 ff., K. d. Abg. Beil. Bd. II S. 49, Prot. Bd. III S. 83 ff.; K. d. R. R. Beil. Bd. II S. 35 ff., Prot. Bd. II S. 169 ff., K. d. Abg. Beil. Bd. II S. 245 f., Prot. Bd. IV S. 435 ff.; K. d. R. R. Beil. Bd. IV S. 207 ff., Prot. Bd. V S. 305 ff.; K. d. Abg. Prot. Bd. VII S. 202 ff.

⁴ Verh. d. K. d. Abg. 1859/61 Sten. Ber. II S. 354.

Einrichtungen, welche, wie der Justizminister H e i n t e bemerkte⁵, jenseits dem Volle lieb geworden
seien, und die man so sehnlich diesseits wünsche⁶.

Das Gesetz sprach vor Allem aus: „Die Rechtspflege soll von der Verwaltung, selbst in den
untersten Behörden, getrennt werden. Der privilegirte Gerichtstand der Standesherren, der erblichen
Reichsräthe, der Adeligen, der Geistlichen, der höheren Staatsbeamten und des Fiscus sollen aufhören." ⁷

Die Rechtspflege soll von Einzelgerichten, Bezirksgerichten und Handelsgerichten in erster ⁸, von
Appellationsgerichten in zweiter Instanz gehandhabt werden. Bei den Bezirksgerichten sollen Schwurgerichte bestehen. Die Geschworenen müssen aus Volkswahl hervorgehen⁹. „Der oberste Gerichtshof
hat als Cassationshof die Bestimmung, daß derselbe durch Vernichtung der Civil- und Strafurtheile,
welche eine Verletzung oder falsche Auslegung oder unrichtige Anwendung der Gesetze enthalten, die
Einheit der Rechtsprechung im ganzen Reiche vermittelt." ¹⁰

„Die Richter aller Abstufungen sind inamovibel. Sie können wider ihren Willen nur kraft
rechtskräftigen Richterspruches ihrer Stellen enthoben oder versetzt werden." ¹¹

„Einen wesentlichen Bestandtheil der neuen Einrichtung soll die Aufstellung von besonderen
Staatsanwälten bei den sämmtlichen Collegialgerichten bilden." ¹²

Das gerichtliche Verfahren soll in thunlichster Anlehnung an das pfälzische Recht öffentlich und
mündlich sein. „Niemand kann wegen Verbrechens oder Vergehens zu einer Strafe verurtheilt werden,
außer vermöge eines nach vorgängiger Anklage gefällten Erkenntnisses." ¹³

Das neue Polizeistrafgesetzbuch soll sich auf jene geringeren Rechtsverletzungen erstrecken, deren
Aburtheilung bisher den Polizeibehörden zugewiesen war und nun auf die Einzelgerichte übertragen wird ¹⁴.

Das Vormundschafts- und Hypothekenwesen soll den Einzelgerichten belassen, für die Notariats-
geschäfte aber sollen besondere Beamte aufgestellt werden. „Mit dem Notariats- und Prozeßgesetze hat
auch die Siegelmäßigkeit als Vorrecht aufzuhören." ¹⁵

Zwischen der Aufstellung dieses Programms und dessen vollständigem Vollzuge verfloß eine
lange Zeit.

Zunächst wurde mit den Gesetzgebungsausschüssen der Kammern eine Mehrzahl von Gesetzen
vereinbart, die das Strafrecht und die Strafrechtspflege betrafen ¹⁶. Das wichtigste dieser Gesetze war
jenes vom 10. November 1848 über die Abänderung des zweiten Theiles des Strafgesetzbuches von
1813. Dasselbe führte eine völlige Umgestaltung des Strafverfahrens in den Landestheilen rechts des

---

⁵ Verh. d. K. d. R. R. 1848 Prot. Bd. I S. 53.

⁶ Vgl. Ges. Art. 15, 16.

⁷ Ges. Art. 1, 2.

⁸ Mit der Scheidung der Einzel- u. Collegialgerichte (vgl. über den Einzelrichter E d e l Verh.
d. K. d. Abg. 1855 Beil. Bd. I S. 511) tritt der Gedanke der Trennung von Ober- u. Niedergerichtsbarkeit auf. In Civilstreitsachen sind die causae minores abgegrenzt durch die nach § 1 der Prozeß-
nov. vom 17. Nov. 1837 (G. Bl. S. 41) dem beschleunigten Verfahren im mündlichen Verhöre zugewiesenen Streitigkeiten. Dazu die freiwillige Gerichtsbarkeit, ausgenommen das Notariat, u. die
Aburtheilung geringerer Rechtsverletzungen. Diese Gedanken, im Ges. vom 1. Juli 1856 theilweise
durchgeführt, finden ihre abschließende Entwickelung im G. V. G. vom 10. Nov. 1861.

⁹ Ges. Art. 4—11.   ¹⁰ Ges. Art. 12.

¹¹ Ges. Art. 22. Diese „Inamovibilität" (Unabsetzbarkeit und Unversetzbarkeit) wurde durch
Art. 31 des G. V. G.'s von 1856 auf die Unabsetzbarkeit (wie nach der Verf. Urk.) beschränkt. Die Regierung hatte übrigens den Art. 22 nur als Programmsatz, nicht als Rechtssatz betrachtet.

¹² Ges. Art. 13.   ¹³ Ges. Art. 14—20.   ¹⁴ Ges. Art. 21.

¹⁵ Ges. Art. 7. Die Fassung der zuletzt angeführten Bestimmung verursachte besondere Schwierigkeiten zwischen den beiden Kammern.

¹⁶ 1. Ges. über die Einführung der Schwurgerichte vom 3. Aug. 1848 (G. Bl. S. 193), welches
wörtlich in das unter Ziff. 3 aufgeführte Ges. überging;

2. Ges., die Abänderung einiger Bestimmungen des I. Th. des St. G. B.'s vom J. 1813 betr.,
vom 29. Aug. 1848 (G. Bl. S. 217);

3. Ges., die Abänderungen des II. Th. des St. G. B.'s vom J. 1813 betr., vom 10. Nov. 1848
(G. Bl. S. 233);

4. Ges., die Abänderung der Verordn. vom 9. Aug. 1806 über den Wildbiebstahl betr., vom
10. Nov. 1848 (G. Bl. S. 385, vgl. dazu S. 393);

5. Ges., die Untersuchung u. Aburtheilung der Aufschlagsdefraudationen betr., vom 10. Nov.
1848 (G. Bl. S. 397). (Verhandlung u. Entscheidung den Polizeibehörden entzogen.)

Dazu Abschied für die ständischen Gesetzgebungsausschüsse vom 10. Nov. 1848 (G. Bl. S. 225).

Rheines und damit eine theilweise Verwirklichung des Grundlagengesetzes herbei ¹⁷. Auf dem Grundsatze der Oeffentlichkeit und Mündlichkeit beruhend, hob es die gesetzliche Beweistheorie auf. Es verfügte,
daß bei jedem Collegialgerichte ein Staatsanwalt aufzustellen, und daß dessen Anwesenheit bei jeder
Sitzung nothwendig sei.

Nach dem bisherigen Rechte waren, von den Vorrechten abgesehen, die Land- und Stadtgerichte,
bzw. Kreis- und Stadtgerichte Untersuchungsgerichte für Verbrechen und Vergehen ¹⁸. Die Entscheidung über Vergehen fällten die Appellationsgerichte in fünfgliederigen Senaten als Civilstrafgerichte,
über Verbrechen die Appellationsgerichte in siebengliederigen Senaten als Criminalgerichte. Zweite
Instanz war dort das Appellationsgericht ¹⁹, hier das Oberappellationsgericht.

Die Novelle von 1848 verfügte die Aufstellung ständiger Untersuchungsrichter für die Voruntersuchungen, die bei den Kreis- und Stadtgerichten zu führen waren. Die Kreis- und Stadtgerichte
wurden erkennende Gerichte über Vergehen in dreigliederigen und über Verbrechen in fünfgliederigen
Senaten. Zur Aburtheilung der schwereren Verbrechen ²⁰ sollten Schwurgerichte ²¹ bei den Kreis- und
Stadtgerichten zusammentreten. Die Appellationsgerichte waren Berufungsinstanz und Anklagekammern für schwurgerichtliche Sachen. Das Oberappellationsgericht als oberster Gerichtshof in
Strafsachen erhielt einen ständigen Criminalsenat ²².

Ein Gesetz vom 25. Juli 1850 ²³, die Gerichtsverfassung betreffend, bezweckte den weiteren Ausbau der Rechtspflege nach dem im Jahre 1848 vorgezeichneten Grundrisse. Dasselbe trat jedoch nicht
in's Leben. Es sollte zugleich mit einem zu erlassenden Notariatsgesetze zur Geltung gelangen. Der
Entwurf eines solchen wurde auch dem Landtage 1851/52 vorgelegt, jedoch wieder zurückgezogen ²⁴.
Statt dessen erging unterm 28. Mai 1852 ein Gesetz ²⁵, welches in theilweisem Vollzuge des Gesetzes
vom 25. Juli 1850 die Einführung des Einzelrichteramtes bezielte und die Zuständigkeit der Stadt-
und Landgerichte, die nach letzterem Gesetze zu errichten waren, auf sämmtliche Gegenstände der freiwilligen Gerichtsbarkeit erstreckte ²⁶.

Indessen geschah zur Durchführung der Gerichtsreform in den nächsten Jahren nichts. Vielmehr wurde dem Landtage im September 1855 ein Gesetzentwurf vorgelegt, der im Wesentlichen „die

---

¹⁷ Vgl. über das Ges. F. Walther bei K. Brater, Zeitschr. f. Gesetzgebungs- u. Verwaltungsreform, Nördlingen 1859, S. 141 ff., u. Lehrb. des bayer. Strafprozeßrechts § 11; v. Scheurl, erläuternde Anmerkungen zu der neuen Strafprozeßordn. für das diesrh. Bayern, München 1848,
Dollmann, das k. b. Strafprozeßges. vom 10. Nov. 1848 mit Erl., Erlangen 1857 f. (unvollendet).
¹⁸ Mit Ausnahme der Polizeifrevel und der den Polizeibehörden überwiesenen geringeren
Vergehen.
¹⁹ Die Rechtsmittel waren: gegen Erkenntnisse des Civilstrafgerichts Nichtigkeitsbeschwerde und
weitere Vertheidigung, gegen Criminalerkenntnisse nothwendige und freiwillige Revision (erstere bei
Todes-, Ketten- u. zwanzigjähriger Zuchthausstrafe).
²⁰ Welche mit Todes-, Ketten- u. Zuchthausstrafe bedroht waren.
²¹ Das Preßedict vom 4. Juni 1848 (G. Bl. S. 89) überwies auch die durch die Presse begangenen
Verbrechen u. Vergehen den Schwurgerichten, während die Aburtheilung der Preßübertretungen nicht
den Polizeibehörden, sondern den Gerichten zustehen sollte. (§§ 6, 7.)
²² Rechtsmittel der Nichtigkeitsbeschwerde (gegen Urtheile der Schwurgerichte und Beschlüsse der
Anklagekammern), dann Beschwerde zur Wahrung des Gesetzes. — Zu erwähnen ist hier auch das Ges.
vom 18. Nov. 1849 (G. Bl. 1849/50 S. 17), durch welches die Abschaffung des bürgerlichen Todes, der
öffentlichen Ausstellung u. der Brandmarkung verfügt wurde.
²³ G. Bl. S. 425. Vgl. Landtagsabsch. vom gl. Tage § 18, G. Bl. S. 201. Repert. über die
Landtagsverh. 1849/50 S. 28 f. Eine Vorlage wegen Durchsicht des Strafprozeßges. vom 10. Nov.
1848 blieb nach Durchberathung in der K. d. R. R. in der K. d. Abg. unerledigt. Repert. S. 62. Ueber
die Strafprozeßentw. der beiden folgenden Jahre s. F. Walther, Lehrb. des bayer. Strafprozeßrechts
§ 11 Ziff. 7. An Einzelges. sind aus den Jahren 1849 u. 1850 zu erwähnen die Ges. vom 18. Nov.
1849 (G. Bl. S. 17), 22. Dec. 1849 (G. Bl. S. 41), 26. Febr. 1850 (G. Bl. S. 69), 17. März 1850
(Preßstrafges., G. Bl. S. 85), 25. Juli 1850 (Jagdfrevel, G. Bl. S. 461).
²⁴ Repert. über die Landtagsverh. 1851/52 S. 49 f. Edel (Verh. d. K. d. Abg. 1859/61 Sten.
Ber. II S. 355) bemerkte: „Mit der Zurückziehung des Notariatsges. war eigentlich der Durchführung
des Organisationsges. der Stab gebrochen. Was nunmehr geschah, waren reine Palliativmittel.“ Vgl.
auch E. v. Zink bei C. F. v. Dollmann, Gesetzgebung des Kgrs. Bayern ꝛc., Th. II Bd. III, Erlangen 1863, S. 350 ff.
²⁵ Einige Bestimmungen über die Gerichtsverf. in den Landesth. diess. des Rh. betr., G. Bl.
S. 713. Repert. über die Landtagsverh. 1851/52 S. 34. — Unterm gleichen Tage erging auch ein Verf.
Ges. über die Siegelmäßigkeit, G. Bl. S. 325. (Besteuerung der Verträge der Siegelmäßigen; Taxation
bei Meidung der Nichtigkeit.)
²⁶ Edel a. a. O. (oben Anm. 24) nennt das Ges. „ein schlechtes Feigenblatt, welches die Blöße,
die hier entstanden war, nicht verdecken konnte“.

Aufhebung des Gerichtsorganisationsgesetzes vom Jahre 1850" und „die Aufhebung des Grundlagengesetzes von 1848 in allen seinen Bestimmungen, die noch nicht zum Vollzuge gediehen waren", bezweckte²⁷. Die Regierung überzeugte sich bald von der Aussichtslosigkeit ihres Gesetzesvorschlages, zog denselben zurück und brachte im März 1856 einen neuen ein, aus welchem das Gesetz vom 1. Juli 1856²⁸ hervorging. Der Entwurf hatte durch die Kammern ziemlich erhebliche Aenderungen erlitten²⁹.

Das neue Gesetz sah davon ab, die Trennung der Justiz von der Verwaltung bei den äußeren Behörden durchzuführen und ließ die bevorzugten persönlichen Gerichtsstände bestehen³⁰. Dagegen wurden die leitenden Gedanken der früheren Organisationsgesetze in folgenden Punkten durchgeführt³¹:

„1. Die Organisation der streitigen Civilrechtspflege erster Instanz auf Grundlage der Ausscheidung der wichtigeren, zur collegialen Behandlung geeigneten und der minder wichtigen, zur einzelrichterlichen Erledigung verwiesenen Rechtsstreitigkeiten (Ober- und Niedergerichtsbarkeit). Damit hängt die Errichtung der Bezirksgerichte als Collegialgerichte und die Organisation der Einzelrichterämter bei den Bezirks- und Landgerichten, sowie die Aufhebung der Collegialverfassung der Landgerichte zusammen . . . .³².

2. Die Organisation der nichtstreitigen Rechtspflege erster Instanz, unter Annahme des Grundsatzes, daß alle Geschäfte der nichtstreitigen Rechtspflege³³ in erster Instanz durch selbständige Einzelrichter der Bezirks- und Landgerichte erledigt werden sollen.

3. Die Organisation des Untersuchungsrichteramtes³⁴ für alle nach den Normen des Prozeßrechtes für Verbrechens- und Vergehensfälle zu behandelnden Strafsachen, woran sich die Normirung der Untersuchung und Aburtheilung der durch specielle Gesetze den Gerichten zugewiesenen Uebertretungen schließt."³⁵

Das Gesetz von 1856 konnte nur als ein, überdies sehr mangelhafter, Nothbehelf gelten³⁶. Das

---

²⁷ Ebel a. a. O., der dem Entw. folgende erbitterte Kritik widmet: „Diesen Entw. hätte man füglich als einen Entw. zur Desorganisation der Gerichte bezeichnen dürfen. . . ." Es „sollte die collegiale Verfassung der Landgerichte aufgehoben und die Entscheidung der Prozesse an den Landgerichten den Landrichtern in bureaukratischer Weise in die Hand gelegt werden. Eine solche Justizverbesserung, ein solches Aufgeben aller bisherigen Traditionen, ein solches Aufgeben der Errungenschaften aller bisherigen Kämpfe wurde uns damals zugemuthet, eine Zumuthung, wie niemals eine schmählichere an die bayer. Kammer gestellt wurde." Vgl. auch Ebels Vortrag Verh. d. K. d. Abg. 1855/56 Beil. Bd. I S. 486 ff.

²⁸ Einige Bestimmungen über die Gerichtsverf. u. das gerichtliche Verfahren in den Landesth. dießs. des Rh. betr. G. Bl. 1855/56 S. 339. Repert. über die Landtagsverh. 1855/56 S. 31 f. Vgl. über die Entstehungsgeschichte den Commentar von C. Ebel, das k. bayer. Ges. vom 1. Juli 1856 ꝛc., Nördlingen 1857, S. 1 ff.

²⁹ S. darüber C. Ebel, Commentar S. 15 ff.

³⁰ Die Bestimmungen des Art. 22 des Grundlagenges. vom 4. Juni 1848 (vgl. Ges. vom 25. Juli 1850 Art. 54) über die „Inamovibilität" der Richter wurden aufgehoben. S. darüber Ebel a. a. O. S. 165 ff.

³¹ Das Nachstehende ist dem Commentar Ebel's S. 8 f. entnommen.

³² Ges. Art. 2. Die Bezirksgerichte als Inhaber der Criminal- u. höheren bürgerlichen Gerichtsbarkeit können hienach nicht als bloße Fortbildung der Kreis- und Stadtgerichte aufgefaßt werden. Art. 22 Abs. II des Ges. enthält außerdem den ersten Ansatz einer zweitinstanziellen Zuständigkeit der Bezirksgerichte. Es sollte ihnen hienach die Aburtheilung in zweiter Instanz hinsichtlich aller Uebertretungen zustehen, über welche der Einzelrichter in erster Instanz zu erkennen hatte, mit Ausnahme der in Art. 20 bezeichneten, d. h. jener, die gleich Vergehen zu behandeln waren.

³³ Einschließlich des Hypothekenwesens. Ges. Art. 18.

³⁴ Einrichtung exponirter Untersuchungsrichter. Ges. Art. 20.

³⁵ An Einzelgesetzen, sämmtlich vom 1. Juli 1856, sind u. erwähnen: G. Bl. S. 323, 379, 387 (Ges. über die executorischen Urkunden, aus dem früheren Entw. des Notariatsgesetzes herausgeschnitten), 403. — Ueber die vorgelegten Entw. eines S. G. B.'s über Verbrechen u. Vergehen u. eines P. St. G. B.'s (Landtagsabsch. vom 1. Juli 1856 — G. Bl. S. 105 — Abschn. I § 13) und deren Schicksal vgl. K. Brater, ein Botum über die Entlassung der Gesetzgebungsausschüsse, in dessen Zeitschr. für Gesetzgebungs- u. Verwaltungsreform, Nördlingen 1859, S. 55 ff., u. C. Edel, bei C. F. v. Dollmann, Gesetzgebung des Kgrs. Bayern ꝛc., Th. III Bd. V, Erlangen 1862, S. 10.

³⁶ Art. 2 Abs. IV des Ges. ließ „die bisherige Competenz der Polizeibehörden in Bezug auf streitige Rechtssachen" „unverändert". Der Hauptwerth des Ges. lag in der Schaffung der Bezirksgerichte und in der Ausscheidung des landgerichtlichen Wirkungskreises nach seinen verschiedenen Bestandtheilen. Bemerkenswerth ist auch der gegen die Absicht der Regierung durchgesetzte Art. 30 des Ges.: „Der weitere Vollzug des Ges. vom 25. Juli 1850, die Gerichtsverf. betr., insoweit dasselbe durch das Ges. vom 28. Mai 1852, einige Bestimmungen über die Gerichtsverf. in den Landesth. dießs. des Rh. betr., nicht geändert ist, bleibt vorbehalten."

Jahr 1861 brachte endlich die Erfüllung der Verheißungen von 1848. In der Sitzung der Abgeordneten-kammer vom 25. Mai 1861 legte der Staatsminister der Justiz, Freiherr von Mulzer, die Entwürfe eines Gesetzes über die Gerichtsverfassung und eines Gesetzes über das Notariat auf den Tisch des Hauses ⁸⁷. Schon früher waren die Kammern, und zwar zunächst deren Gesetzgebungsausschüsse, mit den Entwürfen eines Straf- und Polizeistrafgesetzbuches, sowie eines Einführungsgesetzes hiezu befaßt worden ⁸⁸. Ueber sämmtliche Entwürfe wurde Einverständniß erzielt, und es ergingen unterm 10. November 1861 die entsprechenden Gesetze ⁸⁹, das Gerichtsverfassungs- und das Notariatsgesetz nur mit Wirksamkeit für die Landestheile diesseits des Rheines.

Das Gerichtsverfassungsgesetz nahm die Trennung der Rechtspflege von der Verwaltung auch in der untersten Instanz zum Ausgangspunkte, welche durch die Verordnung vom 24. Februar 1862, die Einrichtung der Districtsverwaltungsbehörden betreffend ⁴⁰, mit Wirksamkeit vom 1. Juli gl. Js. vollzogen wurde, und gliederte die Gerichte in Stadt- oder Landgerichte (Einzelgerichte), Bezirksgerichte, Appellationsgerichte und das Oberappellationsgericht ⁴¹.

Das Einführungsgesetz zum Straf- und Polizeistrafgesetzbuche traf u. A. Anordnungen über das Strafverfahren, insbesondere über die Schwurgerichte.

Durch das neue Gesetz wurden die Einzelgerichte (Stadt- und Landgerichte) als selbständige Aemter organisch ausgeschieden und erfuhren zugleich eine Erweiterung ihrer Zuständigkeit. Die Aburtheilung der Uebertretungen wurde ihnen überwiesen ⁴², während bisher über die Polizeiübertretungen in erster Instanz die Districtspolizeibehörden, in zweiter Instanz die Kreisregierungen, Kammern des Innern, zu erkennen gehabt hatten. Die Einzelgerichte hatten ferner bezüglich der nicht zu ihrer Zuständigkeit gehörigen Strafsachen das Recht des ersten Angriffs ⁴³.

In bürgerlichen Rechtssachen hatten sie die Niedergerichtsbarkeit und die freiwillige Gerichtsbarkeit mit Ausnahme des Notariats ⁴⁴.

Durch das Einführungsgesetz zum Strafgesetzbuche und Polizeistrafgesetzbuche ⁴⁵ wurde der § 88 der Instruction für die Polizeidirectionen der Städte vom 24. September 1808 ⁴⁶ aufgehoben und bestimmt, daß die Entscheidung der dort angeführten Streitigkeiten, „insoweit als es sich um Civilrechtsfragen handelt", von den Landgerichten als Polizeibehörden, der Polizeidirection München und den Magistraten der unmittelbaren Städte auf die Civilgerichte übergehe ⁴⁷.

Die Bezirksgerichte wurden die Träger der ordentlichen höheren Civil- und Strafgerichtsbarkeit ⁴⁸. In Strafsachen hatten sie die Voruntersuchung und die Aburtheilung der Vergehen ⁴⁹ und der ihnen besonders zugewiesenen Uebertretungen, vorbehaltlich der Zuständigkeit der Schwurgerichte. Sie waren ferner zweite Instanz über den Stadt- und Landgerichten in Sachen der streitigen und nichtstreitigen Rechtspflege ⁵⁰ und in Strafsachen. Sie waren vorgesetzte Dienstesbehörden der Einzelgerichte mit Oberaufsichts- und Disciplinarbefugnissen ⁵¹ und handhabten die Disciplin über die Notare ⁵².

---

⁸⁷ Repert. über die Landtagsverh. 1859/61 S. 45 f., 78.

⁸⁸ Repert. über die Landtagsverh. 1859/61 S. 27 f., 80 ff., 108 f.

⁸⁹ 1. Rotariatsges., G. Bl. 1861/62 S. 129; dazu Commentar von E. v. Zink bei C. F. v. Dollmann, Gesetzgebung des Kgrs. Bayern ꝛc., Th. II Bd. III, Erlangen 1863, S. 337 ff., nebst Nachtrag. 2. Ger. Verf. Ges., G. Bl. S. 209; Commentare von E. Edel, das k. bayer. Gesetz vom 10. Nov. 1861 ꝛc., 2. Aufl., Nördlingen 1862, u. K. Rehm bei C. F. v. Dollmann a. a. O. S. 163 ff. 3. Einf. Ges. zum St. G. B. u. P. St. G. B., G. Bl. S. 321; Commentar von E. Risch bei C. F. v. Dollmann a. a. O. Th. III Bd. III S. 1 ff. Die beiden Gesetzbücher selbst wurden gesondert veröffentlicht. M. Stenglein, Commentar über das Strafgesetzbuch ꝛc., 2 Bände, München 1861. E. Edel, das Polizeistrafgesetzbuch ꝛc., bei C. F. v. Dollmann a. a. O. Th. II Bd. V, Erlangen 1862.

⁴⁰ Weber V S. 589. Vgl. unten § 128.

⁴¹ Vollzugsverordn. vom 24. Febr. 1862 (R. Bl. S. 369). Ueber die weltlichen (prot. u. Dissidenten-) Ehegerichte vgl. G. V. G. Art. 74 Abs. II u. angef. Verordn. § 8, dann Ges. vom 2. Mai 1868 (G. Bl. 1866/69 S. 405) Art. 17 u. Verordn. vom 9. Juli gl. Js. (R. Bl. S. 1273).

⁴² „Soweit nicht durch die Ges. vom 10. Nov. 1861, die Einf. des St. G. B. u. P. St. G. B. betr., u. vom 10. Nov. 1861, die Einf. des allg. deutschen H. G. B.'s betr., ein Anderes festgesetzt ist." Ges. Art. 16, Einf. Ges. zum St. G. B. u. P. St. G. B. Art. 31. Vgl. auch Edel a. a. O. S. 64.

⁴³ G. V. G. Art. 17. ⁴⁴ Vgl. unten Anm. 60.

⁴⁵ Art. 37. ⁴⁶ Vgl. oben § 122 Anm. 11.

⁴⁷ Vgl. ferner Einf. Ges. Art. 32, Aburtheilung der „Uebertretungen der das Postregal betreffenden Strafbestimmungen" durch die Gerichte.

⁴⁸ G. V. G. Art. 26 ff.

⁴⁹ Die gänzliche Ausscheidung der Verbrechen hängt mit dem Systeme des St. G. B.'s von 1861 zusammen.

⁵⁰ G. V. G. Art. 30, 79 (Berufungssumme). ⁵¹ G. V. G. Art. 29.

⁵² Rotariatsges. Art. 113—116.

Die bei einzelnen Bezirksgerichten zu bildenden Schwurgerichte hatten über Verbrechen und Preßvergehen zu erkennen⁶³.

Die Appellationsgerichte waren zweite oder dritte Instanz über den Bezirksgerichten in Sachen der streitigen und nichtstreitigen bürgerlichen Rechtspflege, dann zweite, ausnahmsweise dritte Instanz über den Bezirksgerichten in Strafsachen⁶⁴.

Das Oberappellationsgericht endlich war Instanz über den Appellationsgerichten in bürgerlichen Rechtsstreitigkeiten, Cassationshof in Strafsachen für das ganze Königreich⁶⁵ und Oberaufsichtsstelle über den Appellationsgerichten.

Die Staatsanwaltschaft⁵⁶ wurde nach französischem Vorbilde, wenn auch mit erheblichen Abschwächungen, als Wächterin des Gesetzes durch alle Instanzen eingerichtet. Den Staatsanwälten an den Collegialgerichten wurde die Ueberwachung der Einzelgerichte in Sachen der nichtstreitigen Rechtspflege, jedoch ohne Befugniß eigenen Einschreitens, übertragen. Der Staatsanwaltschaft sollte ferner die Ueberwachung des Notariatswesens und eine aufsichtliche Mitwirkung bei Handhabung der richterlichen Disciplin zukommen.

In der Einrichtung der Gerichtsschreiberei⁵⁷ zeigen sich die Anfänge ihrer Ausbildung als eines selbständigen Organes nach dem Muster des französischen Rechtes.

Durch das Einführungsgesetz zum allgemeinen deutschen Handelsgesetzbuche vom 10. November 1861⁵⁸ wurde die Errichtung von Handels- und Handelsappellationsgerichten vorgesehen, in welchen zum ersten Male das Laienelement bei der bürgerlichen Rechtsprechung zugelassen wurde⁵⁹.

Das Notariatsgesetz übertrug die Geschäfte der nichtstreitigen Rechtspflege, insoweit sie nicht den Gerichten verblieben⁶⁰, besonderen öffentlichen Beamten, den Notaren.

Durch die neue Gesetzgebung kamen die bevorzugten Gerichtsstände⁶¹ und das Vorrecht der Siegelmäßigkeit bezüglich der nichtstreitigen Rechtspflege in Wegfall⁶².

Die Reform des Civilprozesses⁶³, dessen Grundlage noch immer der Codex judiciarius von 1753 nebst der Flickarbeit der späteren Novellen bildete, blieb damals noch ausgesetzt. Das Strafprozeßrecht war, wenn auch in eine Anzahl von Einzelgesetzen zersplittert, die sich in der Folge noch vermehrten⁶⁴, doch wenigstens nach neuzeitlichen Grundsätzen geregelt. Ein Strafprozeßgesetzbuch ist im Wege der bayerischen Landesgesetzgebung nicht mehr erlassen worden. Der Entwurf eines solchen wurde zwar im März 1870 der Kammer der Abgeordneten vorgelegt, aber im Februar des folgenden Jahres „mit Rücksicht auf Artikel 4 Ziffer 13 der Reichsverfassung" von der Staatsregierung wieder zurückgezogen⁶⁵. Dagegen kam eine einheitliche Regelung des Verfahrens in bürgerlichen Rechtsstreitigkeiten für die

---

⁵³ Einf. Ges. z. St. G. B. u. P. St. G. B. Art. 31 Abf. I.

⁵⁴ Wegen der Fideicommisse u. der Berggerichtssachen unten Anm. 60 u. 63.

⁵⁵ Durch Art. 1 des Einf. Ges. z. St. G. B. u. P. St. G. B. trat der Code pénal in der Pfalz außer Wirksamkeit. Vgl. über die pfälz. Strafgerichtsverf. C. Risch bei C. F. v. Dollmann a. a. O. Th. III Bd. III S. 165 ff.

⁵⁶ G. B. G. Art. 60 ff.

⁵⁷ G. B. G. Art. 68.

⁵⁸ G. Bl. S. 425. Art. 56 ff. Dazu Verordn. vom 19. April 1862 (R. Bl. S. 569).

⁵⁹ Handelsappellationsgericht in Nürnberg für die Landesth. r. des Rh.

⁶⁰ G. B. G. Art. 18. Hienach verblieben den Einzelgerichten das Hypotheken- u. Grundbuchwesen nebst den Ewiggeldsachen, das Vormundschafts- und Curatelwesen, die Verlassenschaften, endlich alle übrigen Geschäfte der nichtstreitigen Rechtspflege, welche nach den bestehenden Ges. eine gerichtliche Prüfung, Bestätigung oder überhaupt eine Beschlußfassung erfordern. Bezüglich der Behandlung der Familienfideicommisse blieb es bei den maßgebenden besonderen Ges.

⁶¹ G. B. G. Art. 76, 77.

⁶² Notariatsges. Art. 150 Abf. II.

⁶³ Durch das Bergges. vom 20. März 1869 (G. Bl. 1866/69 S. 673) Art. 240 Abf. III Ziff. 5 wurden das org. Edict über die Berggerichtsverf. vom 14. Sept. 1809 (vgl. oben § 39 Anm. 7) u. die Art. 75 u. 79 Abf. IV des G. V. G.'s vom 10. Nov. 1861 aufgehoben.

⁶⁴ Landtagsabsch. vom 10. Nov. 1861 (G. Bl. 1861/62 S. 49) Abschn. III § 30 (Untersuchung u. Aburtheilung der Aufschlagsdefraudationen).

Ges. vom 16. Mai 1868, das Ungehorsamsverfahren in den zur Zuständigkeit der Bezirksgerichte gehörigen Straffällen betr. (G. Bl. 1866/69 S. 537).

Ges. vom 16. Mai 1868, die Auslieferung von Verbrechern betr. (G. Bl. 1866/69 S. 634).

Ges. vom 26. Dec. 1871, den Vollz. der Einf. des St. G. B.'s f. d. Deutsche Reich in Bayern betr. (G. Bl. 1871/72 S. 81).

Ges. vom 25. Jan. 1874, die Zuständigkeit der Gerichte in Strafsachen betr. (G. Bl. 1874 S. 41).

⁶⁵ Verh. d. K. d. Abg. 1870/71 Sten. Ber. I S. 441, IV S. 387. Entw. in den Verh. des Gesetzg. Aussch. d. K. d. Abg. 1870 Abth. I S. 1 ff.

Landestheile dießſeits des Rheines und die Pfalz mit der Prozeßordnung vom 29. April 1869 und dem Einführungsgeſetze hiezu⁶⁶ zu Stande.

Das neue Geſetzbuch hatte, wenn es auch in formeller Beziehung keineswegs den Stempel der Vollendung an ſich trug, doch das unbeſtreitbare Verdienſt, die Zuſagen des Grundlagengeſetzes vom 4. Juni 1848 endlich erfüllt und die Oeffentlichkeit und Mündlichkeit des Verfahrens auch für den Civilprozeß durchgeführt zu haben. Ferner wurde der Gedanke zur Geltung gebracht, daß das Richter-amt von nichtrichterlichen Geſchäften frei zu halten ſei. Daraus ergab ſich der Grundſatz des Partei-betriebes des Prozeſſes, womit der Anwaltszwang bei den Collegialgerichten zuſammenhängt, ferner die Uebertragung der Vollſtreckung an beſondere Organe, die Gerichtsvollzieher, denen auch die Ver-mittelung des Verkehrs der Parteien zugewieſen wurde, endlich die ſelbſtändige Ausbildung der Gerichts-ſchreiberei. Die Civilprozeßordnung von 1869 war der letzte bedeutendere Akt der Landesgeſetzgebung auf dem Gebiete des Juſtizweſens⁶⁷. Mit dem Eintritte Bayerns in das Reich begann eine neue Zeit gemeinſamer deutſcher Rechtsentwickelung.

§ 124. Die Reichsjuſtizgeſetzgebung und das Landesrecht.

Die Reichsverfaſſung überweiſt in Artikel 4 Ziffer 13 und 11 der „gemeinſamen Geſetzgebung" „das gerichtliche Verfahren" und „die Beſtimmungen über die wechſel-ſeitige Vollſtreckung von Erkenntniſſen in Civilſachen und Erledigung von Requiſitionen überhaupt".

In letzterer Beziehung übernahm das Reich vom Norddeutſchen Bunde ein Rechts-hilfegeſetz vom 21. Juni 1869¹, deſſen Vorſchriften zum Theile über den Rahmen der Verfaſſung hinausgingen und insbeſondere auch auf die Rechtshilfe in Strafſachen ſich erſtreckten².

Eine gemeinſame Gerichtsbarkeit war, von der Beſtimmung des Artikels 75 der Reichsverfaſſung³ und von der Conſular- und Marinegerichtsbarkeit abgeſehen, durch die Verfaſſung ſelbſt nicht in Ausſicht genommen. Durch norddeutſches Bundesgeſetz vom 12. Juni 1869⁴ war jedoch ein Bundes-Oberhandelsgericht zu Leipzig errichtet worden, das nunmehr als Reichs-Oberhandelsgericht fortbeſtand. Das erwähnte Geſetz war zweifellos ein verfaſſungänderndes geweſen. Da eine Aenderung der Zuſtändigkeits-beſtimmungen der Bundesverfaſſung ſich nicht damit verband, ſo reichte die Verfaſſungs-änderung nicht weiter, als die neue Einrichtung ſelbſt. Man darf nicht ſagen⁵, daß da-mit ſtillſchweigend der bundesverfaſſungsrechtliche Satz eingeführt worden ſei, der Bund könne nach Belieben im Wege einfacher Geſetzgebung den Umfang der gemeinſamen Ge-richtsbarkeit erweitern. Denn ſtillſchweigende Verfaſſungsänderungen können nicht ſtatt-finden. Vielmehr lag in jeder ferneren Ausdehnung jener Gerichtsbarkeit eine neue Ver-

---

⁶⁶ G. Bl. 1866/69 S. 1283. Die Prozeßordn. iſt geſondert erſchienen. J. Wernz, Commentar zur Prozeßordn. in bürgerl. Rechtsſtreitigkeiten f. d. Kgr. Bayern, München 1871; G. Schmitt, der bayer. Civilprozeß ſyſt. dargeſtellt, 2 Bände, Bamberg 1870.

S. ferner Geſ. vom 6. April 1869 (G. Bl. S. 781, Perſonalhaft) u. vom 29. April 1869 (G. S. 1229, Gerichtsbarkeit des Fürſten von Thurn u. Taxis, worüber oben § 82 Anm. 93 ff., § 122 Anm. 39).

⁶⁷ Zu erwähnen iſt noch das Geſ., die Zuſtändigkeit der Gerichte in Strafſachen betr., vom 25. Juni 1874 (G. Bl. S. 41), welches zur Entlaſtung der Schwur- und Bezirksgerichte erging.

¹ Nordd. B. G. Bl. S. 305.

² Vgl. P. Laband, Staatsrecht des Deutſchen Reiches, 3. Aufl., II S. 319.

³ Nunmehr R. G. V. G. § 136 Ziff. 1.

⁴ B. G. Bl. S. 201. Durch § 5 des R. Geſ. vom 22. April 1871 (R. G. Bl. S. 87) vom 1. Juli gl. Js. an in Bayern eingeführt. Im Vollzuge der Civilprozeßordn. von 1869 erfolgte durch Verordn. vom 12. Juni 1870 (Juſt. Min. Bl. S. 169) die Errichtung von Handelsgerichten in der Pfalz u. eines Handelsappellationsgerichtes in Zweibrücken, durch Verordn. vom 11. Sept. 1871 (Juſt. Min. Bl. S. 261) die Bildung von Handelsappellationsgerichten bei den Appellationsgerichten von Ober-bayern, Mittelfranken u. Schwaben.

⁵ P. Laband a. a. O. II S. 318.

fassungsänderung für den einzelnen Fall. Erst durch das Reichsgerichtsverfassungsgesetz ist ein gemeinsamer oberster Gerichtshof für die ordentliche streitige Gerichtsbarkeit, das Reichsgericht, geschaffen worden, dessen Zuständigkeit im Wege der einfachen Reichsgesetzgebung bestimmt werden kann. Im Uebrigen ist die Gerichtsbarkeit den Bundesstaaten nach wie vor zu eigenem Rechte verblieben⁶. Soweit aber jene Uebertragung der Gerichtsbarkeit stattgefunden hat, ist es eine Uebertragung zur Ausübung.

Von der gesetzgeberischen Zuständigkeit, welche dem Reiche nach Artikel 4 Ziffer 13 der Reichsverfassung zukommt, ist in weitem Umfange Gebrauch gemacht worden. Es ergingen das Gerichtsverfassungsgesetz vom 27. Januar 1877 nebst Novellen⁷, die Civilprozeßordnung vom 30. Januar 1877 nebst Novelle, die Strafprozeßordnung vom 1. Februar 1877, sämmtlich mit den dazu gehörigen Einführungsgesetzen⁸, die Concursordnung vom 10. Februar 1877 nebst den Gesetzen vom 21. Juli 1879 und 9. Mai 1894⁹, die Rechtsanwaltsordnung vom 1. Juli 1878¹⁰, die Gesetze zur Regelung der Gerichtskosten und Gebühren vom 18., 24. und 30. Juni 1878, 7. Juli 1879, 29. Juni 1881, 11. Juni 1890¹¹, das Gesetz über die Consulargerichtsbarkeit vom 10. Juli 1879¹².

Eine eingehende Darstellung des Gerichtswesens nach seiner staatsrechtlichen Seite liegt, nachdem dasselbe überwiegend durch das Reichsrecht geregelt ist, außerhalb des Planes dieses Werkes¹³. Es muß genügen, die Gerichtsverfassung in Kürze vorzuführen und dabei jene Punkte hervorzuheben, welche entweder für das Verhältniß zwischen Reichs- und Landesrecht von besonderem Belange oder lediglich landesrechtlich bestimmt sind.

Die reichsgesetzliche Regelung bezieht sich nur auf die ordentliche streitige Gerichtsbarkeit. Sie erstreckt sich also nicht auf die Führung der Justizverwaltung und nicht auf die Handhabung der nichtstreitigen Rechtspflege.

Die ordentliche Gerichtsbarkeit umfaßt diejenigen bürgerlichen Streitsachen und Strafrechtssachen, welche vor die ordentlichen Gerichte, d. h. die Amts-, Land- und Oberlandesgerichte, das oberste Landesgericht und das Reichsgericht, gehören. Soweit nicht reichsrechtliche Vorschriften bestehen, bestimmt das Landesrecht den Umfang der sachlichen Zuständigkeit der Gerichte gegenüber den Verwaltungsbehörden oder Verwaltungsgerichten. Hievon wird in anderem Zusammenhange noch näher zu handeln sein¹⁴. Ferner kann, soweit nicht reichsrechtliche Regelung Platz greift, die Zuständigkeit der ordentlichen Gerichte landesrechtlich zu Gunsten solcher besonderer Gerichte beschränkt werden, welche § 14 des Reichsgerichtsverfassungsgesetzes zuläßt. Indessen kann sowohl

---

⁶ Es ist also nicht das „Reich" die Quelle dieser Gerichtsbarkeit, sondern die Gerichtsbarkeit wird von den Bundesgliedern kraft ihrer Souveränetät geübt. Hiemit steht es in vollem Einklange, wenn die Verordn. vom 24. Juli 1879 (Weber XIII S. 147), welche für „Entscheidungen der zur Ausübung der Gerichtsbarkeit berufenen Behörden" die Formel „Im Namen Seiner Majestät des Königs von Bayern" vorschreibt, nicht auf Grund des § 15 Abf. I des G. V. G.'s, sondern auf Grund des Tit. VIII § 1 der bayer. Verf. Urk. (f. oben § 122 Anm. 2) erlassen wurde.
⁷ Gef. über den Sitz des Reichsgerichts vom 11. April 1877 (R. G. Bl. S. 415), Gef. vom 16. Juni 1879 (R. G. Bl. S. 575), 17. März 1886 (R. G. Bl. S. 61), 5. April 1888 (R. G. Bl. S. 133). Bayer. Ausf. Gef. vom 23. Febr. 1879 (G. u. V. Bl. S. 273), Verordn. vom 23. Aug. 1879 (G. u. V. Bl. S. 1043) und 22. Mai 1890 (G. u. V. Bl. S. 298).
⁸ R. G. Bl. 1877 S. 41, 83, 253; 1886 S. 130.
⁹ R. G. Bl. 1877 S. 351; 1879 S. 277; 1894 S. 439.
¹⁰ R. G. Bl. S. 177.
¹¹ R. G. Bl. 1878 S. 141, 166, 173; 1879 S. 176; 1881 S. 178; 1890 S. 73.
¹² R. G. Bl. S. 197.
¹³ Eine solche Darstellung hat P. Laband, Staatsrecht des Deutschen Reiches, 3. Aufl., II S. 315 ff., unternommen.
¹⁴ R. C. B. G. §§ 12, 13, Einf. Gef. § 2. P. Laband a. a. O. II S. 340 ff. Vgl. unten § 131.

diese Sondergerichtsbarkeit unter selbständiger Regelung[15], als auch jede andere Art der Gerichtsbarkeit den ordentlichen Gerichten übertragen werden. An Verwaltungsgeschäften können nur Geschäfte der Justizverwaltung denselben überwiesen werden[16].

Als Sondergerichtsbarkeit besteht in Bayern

1. die Heergerichtsbarkeit[17];
2. die Familiengerichtsbarkeit im königlichen Hause[18];
3. die Gerichtsbarkeit der Rheinschifffahrtsgerichte, welche, soweit sie bisher den ordentlichen Gerichten übertragen war, in erster Instanz den pfälzischen Amtsgerichten, in deren Bezirke Rheinuferstrecken fallen, in zweiter Instanz dem Landgerichte Frankenthal, vorbehaltlich der Zuständigkeit der Centralcommission in Mannheim, zugewiesen ist[19].

Die Gerichtsbarkeit in den Angelegenheiten, welche nicht zur ordentlichen streitigen Gerichtsbarkeit gehören, ist in dem Umfange, wie sie in den einzelnen Landestheilen bisher bestand, nach Maßgabe des Ausführungsgesetzes vom 23. Februar 1879 zum Gerichtsverfassungsgesetze von den früheren auf die entsprechenden neu gebildeten ordentlichen Landesgerichte übergegangen[20].

Die Vorstände der Gerichte sind, neben der Staatsanwaltschaft, die Organe des Staatsministeriums der Justiz bei den Geschäften der Justizverwaltung. Sie können hiebei die Mitwirkung der Beamten in Anspruch nehmen, die ihrer Aufsicht unterstellt sind[21]. Die Gerichte sind ferner, gleich den Staatsanwälten, verpflichtet, auf Verlangen der Aufsichtsbehörden über Angelegenheiten der Gesetzgebung und der Justizverwaltung Gutachten abzugeben[22].

Das Hinterlegungswesen wird sowohl in der streitigen als in der nichtstreitigen Rechtspflege von den Gerichten besorgt[23].

Das Notariat bleibt aufrecht erhalten[24].

Beibehalten ist ferner das Mercantil-Friedens- und Schiedsgericht der Stadt Nürnberg in seiner bisherigen Einrichtung als Vermittelungsamt für Streitigkeiten in Handelssachen und mit seiner seitherigen Zuständigkeit zur öffentlichen Beglaubigung der Handelsbuchauszüge und Handelsvollmachten[25].

Das Vermittelungsamt der Gemeinden und Militärbehörden[26] in bürgerlichen

---

[15] Nach R. Einf. Ges. z. G. V. G. § 3.

[16] A. a. O. § 4. Ausf. Ges. z. R. G. V. G. Art. 8.

[17] Hievon unten § 125.

[18] Vorbehalt in § 5 des R. Einf. Ges. z. G. V. G. Vgl. oben § 63 Anm. 31 ff.

[19] Ausf. Ges. z. R. G. V. G. Art. 9, revid. Rheinschifffahrtsakte vom 17. Oct. 1868 (Weber VII S. 489), Landtagsabsch. vom 29. April 1869 (G. Bl. 1866/69 S. 801) § 25, Verordn. vom 18. Juni 1879 (G. u. V. Bl. S. 661).

[20] Angef. Ausf. Ges. Art. 8, 15, 27—31, 36, 42. — S. ferner R. Einf. Ges. z. C. P. O. §§ 11, 15 Ziff. 2, 3, 16 Ziff. 6 mit Ausf. Ges. z. R. C. P.- u. C. O. vom 23. Febr. 1879 u. Ausf. Ges. z. R. St. P. O. vom 18. Aug. 1879.

[21] Angef. Ausf. Ges. Art. 68.　　　[22] Angef. Ausf. Ges. Art. 75.

[23] Angef. Ausf. Ges. Art. 76. Dazu G. u. V. Bl. 1879 S. 1115, 1151, 1300 (Pfalz); 1882 S. 599, 601; 1888 S. 635 (Pfalz), 713; 1892 S. 273.

[24] Angef. Ausf. Ges. Art. 81. S. dazu G. u. V. Bl. 1879 S. 746, 1183, 1186, 1300, 1525; 1880 S. 98, 325; 1887 S. 358, 641; 1889 S. 347, 367; 1886 S. 307 (Pfalz). Weber XVIII S. 433.

[25] Ausf. Ges. zum R. G. V. G. Art. 7 Abf. II. Vgl. Einf. Ges. zum H. G. B. vom 10. Nov. 1861 (G. Bl. S. 425) Art. 61, Verordn. vom 19. April 1862 (R. Bl. S. 569) § 19 Abf. II, Einf. Ges. z. Pr. O. in bürgerlichen Rechtsstreitigkeiten vom 29. April 1869 (G. Bl. 1866/69 S. 1233) Art. 8 Abf. I, Verordn. vom 21. Juli 1892 (G. u. V. Bl. S. 585). Vgl. auch unten § 362 Anm. 22.

[26] Dieß. Gem. Ordn. Art. 100, 144 (die pfälz. Gem. Ordn. enthält keine bezügliche Bestimmung), vgl. unten § 154 Anm. 78; Ges., die Militärgerichtsbarkeit in bürgerlichen Rechtssachen betr., vom 15. Aug. 1828, § 5 (vgl. unten § 125 Anm. 10). Das Ges. spricht auch vom Vermittelungsamte der Universitätsrectorate. Darüber findet sich eine Bestimmung in den früheren Satzungen für die Studirenden an den k. b. Universitäten vom 1. Oct. 1849 (Weber IV S. 48) Tit. III § 38, g. In den geltenden Satzungen vom 22. Febr. 1891 (Weber XX S. 532) ist dieselbe weggelassen.

Rechtsstreitigkeiten besteht fort. Der Kläger ist aber nicht zur Anrufung eines solchen Vermittelungsamtes verbunden, und der Gegner unterliegt bei Nichterscheinen weder einer Strafe, noch einer Kostenersatzpflicht [27].

Die Vornahme des Sühneversuches in Beleidigungssachen, der in § 420 der Reichs-Strafprozeßordnung vorgeschrieben ist, kann Gemeindebehörden übertragen werden. Die Vorschriften der Gemeindeordnung für die Landestheile diesseits des Rheins über das Sühneverfahren gelten dabei für das ganze Königreich [28]. Diese gesetzlich zugelassene Uebertragung ist in der Weise erfolgt, daß der Bürgermeister oder der von ihm beauftragte Stellvertreter den Sühneversuch vorzunehmen hat [29].

Ausnahmegerichte sind unstatthaft. Niemand darf seinem gesetzlichen Richter entzogen werden. Die gesetzlichen Bestimmungen über Kriegsgerichte und Standrechte werden jedoch hievon nicht berührt [30]. Diese letzteren Bestimmungen sind für Bayern zufolge des Vorbehaltes im Bündnißvertrage vom 23. November 1870 [31] so lange die landesrechtlichen, als ein Reichsgesetz über den Kriegszustand nicht ergangen ist [32].

Die Gerichte sind Staatsgerichte [33]. Eine Privatgerichtsbarkeit ist, soweit die ordentliche streitige Gerichtsbarkeit in Frage kömmt, reichsrechtlich unstatthaft. Eine solche hat in Bayern bei Einführung des Reichsgerichtsverfassungsgesetzes nicht mehr bestanden. Dagegen ist die Gerichtsbarkeit des Fürsten von Thurn und Taxis aufrecht erhalten geblieben, da sie nach dem Gesetze vom 29. April 1869 auf die nichtstreitige Rechtspflege beschränkt ist [34]. Die Ausübung einer geistlichen Gerichtsbarkeit in weltlichen Angelegenheiten ist ohne bürgerliche Wirkung. Dies gilt insbesondere bei Ehe- und Verlöbnißsachen [35].

Das Recht der Einrichtung der Rechtspflege steht innerhalb der Grenzen der Gesetze dem Könige zu [36]. Er führt durch die gesetzlich bestimmten Organe die Aufsicht über die Justizbehörden. Diese Aufsicht erstreckt sich auf „die ordnungsgemäße Ausführung der Geschäfte", und sie kann von den Betheiligten wegen Verweigerung oder Verzögerung der Rechtspflege angerufen werden [37]. Sollte das Justizministerium einer solchen Beschwerde nicht Abhilfe verschaffen, so steht dem Beschwerdeführer noch der Weg zum Bundesrathe gemäß Artikel 77 der Reichsverfassung offen [38].

Die Bestimmungen über die Verfassung und die Zuständigkeit der Organe der Rechtspflege sowie über das Verfahren sind, soweit die reichsrechtliche Regelung dies offen gelassen hat, landesrechtlich ergänzt [39].

---

[27] S. das Nähere in Art. 11 des Ausf. Ges. zur R. C. P.- u. C. O. vom 23. Febr. 1879 Art. 11, dessen Vorbild Art. 222 der C. P. O. von 1869 ist.

[28] Ausf. Ges. z. R. G. V. G. Art. 80.

[29] Bek. vom 5. Aug. 1879 (G. u. V. Bl. S. 769). Dazu Weber XVI S. 102, XIX S. 78.

[30] R. G. V. G. § 16.

[31] III § 5 Ziff. VI. Dazu R. Ges. vom 22. April 1871 (R. G. Bl. S. 89) § 7 Abs. II; bayer. Einf. Ges. z. R. St. G. B. vom 26. Dec. 1871 Art. 3 Ziff. 12, Art. 64.

[32] Vgl. hierüber unten § 292 Anm. 69 ff.; über Militärstandgerichte unten § 125.

[33] R. G. V. G. § 15. P. Laband, Staatsrecht des Deutschen Reiches, 3. Aufl., II S. 353 ff.

[34] S. oben § 82 Anm. 93 ff., § 122 Anm. 39, § 123 Anm. 66.

[35] Vgl. Verf. Beil. II §§ 38 h, 60, 64 d, 65; Conc. Art. XIII, c; Civilprozeßordn. von 1869 Art. 8 u. dazu J. Wernz, Commentar S. 42 f.; R. Ges., betr. die Beurkundung des Personenstandes u. die Eheschließung, vom 6. Febr. 1875 (R. G. Bl. S. 23) §§ 41, 76. Vgl. auch unten § 376 Anm. 7 ff.

[36] Verf. Urk. Tit. VIII § 1.

[37] Ausf. Ges. z. R. G. V. G. Art. 69—74. Vgl. Weber XV S. 65, 73.

[38] P. Laband a. a. O. I S. 235, II S. 360.

[39] Ausf. Ges. z. R. C. P. O. u. R. C. O. vom 23. Febr. 1879 (G. u. V. Bl. S. 63), Subhastationsordn. vom gl. T. (S. 203) u. dazu Ges. vom 29. Mai 1886 (G. u. V. Bl. S. 239), Ausf. Ges. z. R. G. V. G. vom 23. Febr. 1879 (G. u. V. Bl. S. 273), Ausf. Ges. z. R. St. P. O. vom 18. Aug. 1879

I. Die ordentlichen Gerichte ⁴⁰ sind folgende:

1. Die Amtsgerichte. Diese sind Einzelgerichte und werden mit der erforderlichen Zahl von Amtsrichtern besetzt, von welchen einer die allgemeine Dienstaufsicht führt. Die Amtsgerichtsvorstände heißen Oberamtsrichter, die übrigen Einzelrichter Amtsrichter ⁴¹.

Bei den Amtsgerichten werden Schöffengerichte gebildet, bestehend aus dem oder einem Amtsrichter und zwei Schöffen ⁴². Die Schöffen üben regelmäßig das Richteramt gleich dem Amtsrichter ⁴³. Ihr Amt ist Ehrenamt ⁴⁴. Ueber ihre Auswahl bestimmen das Reichsgerichtsverfassungsgesetz und das Ausführungsgesetz hiezu ⁴⁵.

2. Die Landgerichte sind mit einem Präsidenten und der erforderlichen Anzahl von Directoren und Räthen besetzt ⁴⁶. Bei den Landgerichten werden Civil- und Strafkammern ⁴⁷, im Bedarfsfalle auch Kammern für Handelssachen gebildet ⁴⁸. Außerdem werden Untersuchungsrichter für die Dauer eines Geschäftsjahres nach Bedürfniß aufgestellt ⁴⁹. Die Dienstaufsicht und Geschäftsleitung hat der Präsident, letztere unter theilweiser Mitwirkung der Directoren und des Präsidiums, zu welchem außer dem Präsidenten als Vorsitzenden die Directoren und der älteste Rath gehören. Den Vorsitz führt im Plenum der Präsident, in den Civil- und Strafkammern der Präsident und die Directoren ⁵⁰. Die Civilkammern entscheiden in der Besetzung von drei, die Strafkammern als Berufungsinstanzen in der Besetzung von drei, sonst von fünf Mitgliedern ⁵¹. Die Kammern für Handelssachen entscheiden in der Besetzung mit einem Landgerichtsmitgliede als Vorsitzenden und zwei Handelsrichtern. Letztere sind Laien, dem Handelsstande entnommen und bekleiden ihr Amt als Ehrenamt. Sie werden vom Könige ernannt. Die Organe, welche zur Vertretung des Handelsstandes berufen sind, haben für jede Richterstelle zwei Personen vorzuschlagen ⁵².

Bei den Landgerichten treten zeitweise Schwurgerichte zusammen. Sie bestehen aus drei richterlichen Mitgliedern und aus zwölf Geschwornen. Der Vorsitzende des Schwurgerichtes wird für jede Sitzungsperiode vom Präsidenten des Oberlandesgerichtes aus den Mitgliedern dieses Gerichtshofes oder der untergebenen Landgerichte ernannt.

(G. u. V. Bl. S. 781), Ges. über das Gebührenwesen vom gl. T. (S. 903) nebst Novellen, jetzige Fassung vom 6. Juli 1892 (G. u. V. Bl. S. 489).

Dazu Bek. v. 27. Mai 1879, die Führung der Register über die zur Erhaltung des Vorzugsrechts angemeldeten Forderungen der Ehefrauen betr. (G. u. V. Bl. S. 637), Verordn. vom 3. Juni 1879, die Vollziehung der Personalhaft betr. (G. u. V. Bl. S. 649, dazu S. 653), Bek. vom 5. Juli 1879, das Armenrecht betr. (G. u. V. Bl. S. 693), Bek. vom 16. Aug. 1879, den Vollzug der §§ 167, 678, 679 der C. P. O. betr. (G. u. V. Bl. S. 1001), Verordn. vom 8. Sept. 1879, die Feststellung des Datums einer Privaturkunde betr. (G. u. V. Bl. S. 1161), Verordn. vom 20. Sept. 1879, die Ausführung des Reichsgerichtskostenges. und des Ges. über das Gebührenwesen betr. (G. u. V. Bl. S. 1283), Verordn. vom 25. Sept. 1879, die Ladung öffentlicher Beamter u. Bediensteter betr. (G. u. V. Bl. S. 1293; dazu G. u. V. Bl. 1882 S. 37). Die übrigen organisatorischen Verordn. u. f. w. sind an den geeigneten Orten angeführt.

⁴⁰ Der Grundsatz der Unentfernbarkeit der Richter ist vollinhaltlich als Regel durchgeführt. R. G. V. G. §§ 6, 8. Disciplinarges. für richterliche Beamte vom 26. März 1881 (G. u. V. Bl. S. 183, dazu S. 613, 615, Vollz. Vorschr. vom 24. Mai). Ueber die Stellung der Richter Verordn. vom 29. Aug. 1879 (G. u. V. Bl. S. 1043).

⁴¹ R. G. V. G. § 22, Ausf. Ges. hiezu Art. 16—22.

⁴² R. G. V. G. §§ 25, 26.　　　⁴³ R. G. V. G. § 30.

⁴⁴ Ueber die Reisekosten Verordn. vom 29. Juli 1879 (G. u. V. Bl. S. 731, 733).

⁴⁵ R. G. V. G. §§ 31 ff., Ausf. Gesetz Art. 23 ff.

⁴⁶ R. G. V. G. § 58. Ueber Ergänzungen Ausf. Ges. Art. 33.

⁴⁷ Ueber „detachirte" Strafkammern R. G. V. G. § 78.

⁴⁸ R. G. V. G. §§ 59, 100. Weber XIV S. 276.　　　⁴⁹ R. G. V. G. § 60.

⁵⁰ R. G. V. G. § 61 ff., Ausf. Ges. Art. 32.　　　⁵¹ R. G. V. G. § 77.

⁵² R. G. V. G. § 109 ff., Ausf. Ges. Art. 1. Dazu Verordn. vom 2. Sept. 1879 u. 7. Sept. 1891 (G. u. V. Bl. 1879 S. 1073; 1891 S. 323), Bek. vom 13. Sept. 1879 (G. u. V. Bl. S. 1180). Ueber die Führung der Handelsregister R. Bl. 1862 S. 581, G. u. V. Bl. 1889 S. 338; 1891 S. 364.

Den Stellvertreter und die beiden anderen richterlichen Mitglieder bezeichnet der Präsident des Landgerichtes aus den Mitgliedern dieses Gerichtes⁵³. Das Amt der Geschwornen ist Ehrenamt⁵⁴. Ueber ihre Auswahl bestimmen das Reichsgerichtsverfassungsgesetz und die landesrechtlichen Ausführungsvorschriften⁵⁵.

3. Die Oberlandesgerichte werden mit einem Präsidenten und der erforderlichen Zahl von Senatspräsidenten und Räthen besetzt⁵⁶. Bei den Oberlandesgerichten werden Civil- und Straffenate gebildet⁵⁷. In Bezug auf Dienstaufsicht, Geschäftsleitung und Vorsitz gilt dasselbe, wie für die Landgerichte, mit der Maßgabe, daß zum Präsidium die beiden ältesten Räthe des Gerichtes beizuziehen sind⁵⁸. Die Senate sind fünfgliederig⁵⁹.

4. Bayern hat allein unter den deutschen Staaten neben dem Reichsgerichte⁶⁰ ein oberstes Landesgericht⁶¹. Letzteres besteht aus einem Präsidenten und der erforderlichen Zahl von Senatspräsidenten und Räthen. Bei demselben werden Senate gebildet, deren Zahl das Staatsministerium der Justiz bestimmt⁶². Nach reichsgesetzlicher Vorschrift⁶³ finden auf das oberste Landesgericht die allgemeinen sowie die besonderen Bestimmungen der §§ 61—68, 126, 132—134, 137, 139, 140, 183 Absatz I des Reichsgerichtsverfassungsgesetzes in Sachen der ordentlichen streitigen Gerichtsbarkeit Anwendung. Nach landesgesetzlicher Vorschrift⁶⁴ finden auf alle Rechtssachen, die zur Zuständigkeit des obersten Landesgerichts gehören, die Bestimmungen der §§ 61—68, 133, 137, 139, 140 des Reichsgerichtsverfassungsgesetzes⁶⁵ Anwendung. Der Geschäftsgang beim obersten Landesgerichte wird durch eine Geschäftsordnung geregelt, welche das Plenum auszuarbeiten und dem Staatsministerium der Justiz zur Genehmigung vorzulegen hat⁶⁶.

Die Zahl der Gerichte, die Gerichtssitze und die Gerichtsbezirke werden vom Könige bestimmt⁶⁷.

II. Die Zuständigkeiten auf dem Gebiete der bürgerlichen Rechtspflege gestalten sich wie folgt.

Zur Zuständigkeit der Amtsgerichte (Einzelgerichte) gehören nach Reichsrecht:

1. die kleineren Streitsachen, d. h. solche mit einem Streitwerthe bis zu 300 Mark, ausgenommen die in § 70 Absatz II des Gerichtsverfassungsgesetzes bezeichneten Sachen und zuzüglich jener, welche § 23 Ziffer 2 desselben Gesetzes nennt⁶⁸;

2. die Concurse⁶⁹.

Nach Landesrecht sind die Amtsgerichte im Allgemeinen die Nachfolger der bis-

---

⁵³ R. G. V. G. §§ 79, 81—83.
⁵⁴ Ueber die Reisekosten Verordn. vom 29. Juli 1879 (G. u. V. Bl. S. 731, 733).
⁵⁵ R. G. V. G. § 84 ff., Ausf. Ges. Art. 34.
⁵⁶ R. G. V. G. § 119; über Ergänzungen Ausf. Ges. Art. 40.
⁵⁷ R. G. V. G. § 120.　　⁵⁸ R. G. V. G. § 121.
⁵⁹ R. G. V. G. § 124.　　　　⁶⁰ Darüber R. G. V. G. Tit. IX.
⁶¹ Einf. Ges. z. R. G. V. G. §§ 8, 10; R. Ges. vom 11. April 1877 § 1. Vgl. P. Laband, Staatsrecht des Deutschen Reiches, 3. Aufl., II S. 357 ff.
⁶² Ausf. Ges. z. R. G. V. G. Art. 43, 44.
⁶³ Einf. Ges. z. R. G. V. G. § 10.　　　⁶⁴ Ausf. Ges. z. R. G. V. G. Art. 45—48.
⁶⁵ R. G. V. G. § 126 deckt sich mit Ausf. Ges. Art. 43, § 132 entspricht dem Art. 44, § 134 erklärt die Zuziehung von Hilfsrichtern für unzulässig, § 183 Abs. I handelt von Ordnungsstrafen.
⁶⁶ Ausf. Ges. z. R. G. V. G. Art. 49.
⁶⁷ Verordn., die Bestimmung der Gerichtssitze u. die Bildung der Gerichtsbezirke betr., vom 2. April 1879 (G. u. V. Bl. S. 355; dazu Aenderungen G. u. V. Bl. 1879 S. 1524, 1552; 1880 S. 507; 1881 S. 31, 654; 1888 S. 160, 1892 S. 487); Bek. über die Bildung der Schwurgerichtsbezirke vom 30. gl. Mts. (G. u. V. Bl. S. 609); Verordn., die Bildung der Kammern für Handelssachen bei den Landgerichten betr., vom 2. Sept. 1879 u. 7. Sept. 1891 (G. u. V. Bl. 1879 S. 1073; 1891 S. 323); Verordn. vom 26. Juli 1890 (G. u. V. Bl. S. 505, Weber XX S. 299).
⁶⁸ Vgl. im Uebrigen R. G. V. G. § 24 u. dazu Th. Hauck, Commentar, Nördlingen 1879, S. 49.
⁶⁹ Conc. Ordn. §§ 64, 202, 208.

herigen Stadt- und Landgerichte [70]. Ihre Zuständigkeiten sind daher für die Landestheile diesseits des Rheines und für die Pfalz verschieden.

In den ersteren Gebietstheilen umfaßt die amtsgerichtliche Zuständigkeit insbesondere [71]:

1. Hypothekenwesen, Grundbuchwesen und Ewiggeldsachen;
2. Vormundschafts- und Curatelwesen [72];
3. Verlassenschaften, Todeserklärung Verschollener [73], erbschaftliche Liquidationsprozesse im Geltungsbereiche des preußischen allgemeinen Landrechtes [74];
4. alle übrigen Gegenstände der nichtstreitigen Rechtspflege, welche nach den bestehenden Gesetzen eine gerichtliche Prüfung, Bestätigung oder überhaupt eine Beschlußfassung erfordern und nicht einer anderen Zuständigkeit ausdrücklich überwiesen sind [75].

In der Pfalz sind die Hypothekensachen nicht den Amtsgerichten, sondern Hypothekenbewahrern übertragen, welche unter der Aufsicht der ersten Staatsanwälte an den Landgerichten stehen [76].

Am Vormundschaftswesen sind die Amtsgerichte zwar insoferne betheiligt, als der Amtsrichter Mitglied und Vorsitzender des Familienrathes ist, die Aufsicht über den letzteren obliegt aber dem Landgerichte [77].

In Verlassenschaftssachen hat das Amtsgericht lediglich die Anlegung und Abnahme der Siegel, im Uebrigen sind die Notare und für einstweilige Entscheidung von Streitigkeiten oder Anständen ist der Präsident des Landgerichtes zuständig [78].

Die pfälzischen Amtsgerichte besitzen endlich Zuständigkeiten in Bezug auf Errichtung von Adoptionsurkunden, Aufnahme von Notorietätsakten und Testamenten, Verification von Personenstandsregistern [79].

Die Landgerichte urtheilen nach Reichsrecht durch ihre Civilkammern, bzw. die Kammern für Handelssachen in erster Instanz über alle bürgerlichen Rechtsstreitigkeiten, welche nicht den Amtsgerichten zugewiesen sind; sie sind ferner Berufungs- und Beschwerdegerichte über den Amtsgerichten [80].

Nach Landesrecht, das in Folge reichsrechtlicher Ermächtigung geschaffen wurde [81], sind die Landgerichte ferner ohne Rücksicht auf den Streitgegenstand zur Bescheidung gewisser Ansprüche zuständig, welche gegen den Staat oder Staats- oder öffentliche Beamte erhoben werden. Den Landgerichten sind weiter landesrechtlich alle Angelegenheiten überwiesen, für welche bisher die Bezirksgerichte in erster Instanz zuständig waren [82],

---

[70] Ausf. Ges. z. R. G. V. G. Art. 15. Vgl. auch Art. 28 Abs. II.

[71] A. a. O. Art. 15 Abs. II.

[72] Einschließlich der Vermögensverwaltung für Abwesende Ausf. Ges. z. R. C. P.- u. C. O. Art. 96.

[73] Ebenda Art. 106.　　　[74] Ebenda Art. 150 ff.

[75] Hierüber Th. Hauck a. a. O. S. 254.

[76] Code civil B. III Tit. 18 Cap. 3 ff. Ges. vom 21. Ventôse VII, Verordn. vom 30. Oct. 1817, G. u. V. Bl. 1880 S. 327; 1887 S. 647. Ges. vom 26. April 1888 (G. u. V. Bl. S. 427, vgl. S. 709). Weber XIV S. 721.

[77] Code civil B. I Tit. 2 Cap. 4 Abschn. 4, Code de procédure Th. II, Buch I Tit. 10. Ges. vom 26. April 1888 (G. u. V. Bl. S. 427); Weber XIX S. 382. Vgl. auch Ausf. Ges. z. R. C. P.- u. C. O. Art. 176.

[78] Code de procédure Art. 907, 940, Ges. vom 11. Sept. 1825 (Amtsbl. S. 101), Ausf. Ges. z. R. C. P.- u. C. O. Art. 178, 179.

[79] Code civil Art. 353, 356, 70 ff., 985. Verordn. vom 5. Aug. 1817 Art. II—VII. Näheres bei Th. Hauck a. a. O. S. 253 f.

[80] R. G. V. G. §§ 70, 71.

[81] R. G. V. G. § 70 Abs. III, Ausf. Ges. z. R. G. V. G. Art. 26.

[82] Ueber das pfälz. Recht Th. Hauck a. a. O. S. 263.

soweit nicht andere Bestimmungen getroffen sind; dann die Handelssachen, welche nicht zur ordentlichen streitigen Gerichtsbarkeit gehören, die Führung der Musterregister, sowie eine Anzahl von Angelegenheiten von Genossenschaften und Gesellschaften⁸³. Die Landgerichte sind endlich zuständig für die Verhandlung und Entscheidung der Rechtsmittel in den Angelegenheiten, welche landesrechtlich den Amtsgerichten überwiesen sind⁸⁴.

Die Oberlandesgerichte entscheiden nach Reichsrecht über die Rechtsmittel der Berufung und Beschwerde gegen Endurtheile und Entscheidungen der Landgerichte in bürgerlichen Rechtssachen⁸⁵.

Landesrechtlich gehören zur Zuständigkeit der Oberlandesgerichte die Angelegenheiten, für welche bisher die Appellationsgerichte in erster Instanz zuständig waren⁸⁶; nemlich:

1. gewisse Klagen gegen Mitglieder des königlichen Hauses⁸⁷;
2. die Mitwirkung bei standesherrlichen Vormundschaften⁸⁸;
3. Familienfideicommißsachen nach der VII. Verfassungsbeilage.

Außerdem sind die Oberlandesgerichte zur Verhandlung und Entscheidung über Rechtsmittel in jenen Angelegenheiten zuständig, welche landesrechtlich zur erstinstanziellen Zuständigkeit der Landgerichte gehören⁸⁹.

Als oberste Gerichtshöfe in bürgerlichen Rechtssachen bestehen, wie bereits oben erwähnt, für Bayern das Reichsgericht und das oberste Landesgericht.

Die Zuständigkeit ist zwischen beiden in folgender Weise ausgeschieden. Die Zuständigkeit des obersten Landesgerichtes erstreckt sich vor Allem auf die Revisionen und Beschwerden in bürgerlichen Rechtsstreitigkeiten, welche nach allgemeinen Bestimmungen des Reichsrechtes zur Zuständigkeit des Reichsgerichtes gehören. Ausgenommen sind jene, welche dem Reichsoberhandelsgerichte zugewiesen waren und nun dem Reichsgerichte zugewiesen sind, oder die durch besondere Reichsgesetze dem Reichsgerichte zugewiesen werden⁹⁰. Darüber, ob die Zuständigkeit zur Verhandlung und Entscheidung einer Revision oder Beschwerde dem Reichsgerichte oder dem obersten Landesgerichte zukomme, entscheidet letzteres endgiltig und mit bindender Kraft auch für das Reichsgericht. Die bezeichneten Rechtsmittel sind daher stets zunächst beim obersten Landesgerichte einzulegen, das gegebenen Falles die Akten dem Reichsgerichte übersendet⁹¹. Das oberste Landesgericht verhandelt und entscheidet ferner über die weitere Beschwerde in Sachen der nichtstreitigen Rechtspflege⁹², endlich über die sonstigen Angelegenheiten, die nicht zur ordentlichen streitigen Gerichtsbarkeit gehören, wenn sie ihm durch besondere Landesgesetze zugewiesen sind, oder wenn hiefür vorher der oberste Gerichtshof zuständig war⁹³.

III. Auf dem Gebiete der Strafrechtspflege ist die Zuständigkeit in nachstehender Weise vertheilt⁹⁴.

---

⁸³ Ausf. Ges. z. R. G. V. G. Art. 28, 29.
⁸⁴ Ausf. Ges. z. R. G. V. G. Art. 27.
⁸⁵ R. G. V. G. Art. 123 Ziff. 1, 4.
⁸⁶ Ausf. Ges. z. R. G. V. G. Art. 36 Ziff. 1.
⁸⁷ S. darüber oben § 63 Anm. 33.
⁸⁸ S. darüber oben § 82 Anm. 59.
⁸⁹ Ausf. Ges. z. R. G. V. G. Art. 36 Ziff. 2.
⁹⁰ Ausf. Ges. z. R. G. V. G. Art. 42 Abs. I, II.
⁹¹ Einf. Ges. z. R. C. P. O. § 7.
⁹² Ausf. Ges. z. R. G. V. G. Art. 42 Abs. III, Ausf. Ges. z. R. C. P. O. u. C. O. Art. 62—67.
⁹³ Ausf. Ges. z. R. G. V. G. Art. 42 Abs. III. Dazu die Angelegenheiten, die oben bei den Oberlandesgerichten unter Ziff. 1—3 aufgezählt sind.
⁹⁴ Ueber die besonderen Bestimmungen für Forstrügesachen, Zoll- u. Steuerstrafsachen vgl. Ausf. Ges. z. R. St. P. O. Art. 32 ff., 85 ff., 98 ff. Ueber Forstrügesachen entscheiden die Amtsgerichte ohne Zuziehung von Schöffen. S. auch Verordn. vom 1. Oct. 1879, das Verfahren in Zollstrafsachen betr. (G. u. V. Bl. S. 1379, dazu S. 1381, 1409).

Die Schöffengerichte sind für alle Uebertretungen und für die geringeren, sowie für diejenigen Vergehen zuständig, deren Aburtheilung ihnen nach Maßgabe des Reichsgerichtsverfassungsgesetzes von den landgerichtlichen Strafkammern überwiesen wird ⁹⁵.

Die Strafkammern der Landgerichte sind in erster Instanz für diejenigen Vergehen zuständig, welche nicht zur Zuständigkeit der Schöffen- oder der Schwurgerichte gehören ⁹⁶; ferner für die in § 73 des Reichsgerichtsverfassungsgesetzes aufgeführten Verbrechen und die in § 74 desselben benannten strafbaren Handlungen. Die Strafkammern sind ferner zweite Instanz über den Schöffengerichten.

Die Schwurgerichte sind für die Verbrechen zuständig, welche nicht zur Zuständigkeit der Strafkammern oder des Reichsgerichtes gehören ⁹⁷.

Nach reichsrechtlicher Bestimmung ⁹⁸ bleiben ferner die landesgesetzlichen Vorschriften unberührt, wonach für strafbare Handlungen, die durch die Presse begangen werden, die Schwurgerichte zuständig sind. Demgemäß besteht diese schwurgerichtliche Zuständigkeit in Bayern, mit einigen Ausnahmen, für die Verbrechen und Vergehen, die mittels eines Preßerzeugnisses verübt werden ⁹⁹.

Die Strafsenate der Oberlandesgerichte sind nach Reichsrecht zuständig für die Verhandlung und Entscheidung über die Rechtsmittel

1. der Beschwerde gegen strafrichterliche Entscheidungen erster Instanz, soweit nicht die Zuständigkeit der Strafkammern begründet ist, und gegen Entscheidungen der Strafkammern in der Beschwerde- und Berufungsinstanz;

2. der Revision gegen Urtheile der Strafkammern in der Berufungsinstanz;

3. der Revision gegen Urtheile der Strafkammern in erster Instanz, sofern die Revision ausschließlich auf die Verletzung einer in den Landesgesetzen enthaltenen Rechtsvorschrift gestützt wird ¹⁰⁰.

Kraft reichsgesetzlicher Ermächtigung ¹⁰¹ ist nach Landesrecht das Oberlandesgericht München ausschließlich zuständig für die Verhandlung und Entscheidung der zur Zuständigkeit der Oberlandesgerichte gehörenden Revisionen und Beschwerden in Strafsachen ¹⁰².

Das Reichsgericht ist zuständig:

1. für die Untersuchung und Entscheidung erster Instanz in den Fällen des Hoch- und Landesverrathes gegen den Kaiser oder das Reich;

2. für die Verhandlung und Entscheidung über die Rechtsmittel der Revision gegen Urtheile der Strafkammern in erster Instanz, insoweit nicht die Zuständigkeit der Oberlandesgerichte begründet ist, und gegen Urtheile der Schwurgerichte ¹⁰³.

IV. Bei jedem Gerichte besteht eine Staatsanwaltschaft ¹⁰⁴.

Das Amt der Staatsanwaltschaft wird beim Reichsgerichte durch einen Oberreichsanwalt und Reichsanwälte ausgeübt, beim obersten Landesgerichte und bei den Oberlandesgerichten durch einen Oberstaatsanwalt, bei den Landgerichten durch einen ersten Staatsanwalt, denen sämmtlich die erforderlichen Staatsanwälte beigegeben werden ¹⁰⁵.

---

⁹⁵ R. G. V. G. §§ 27, 29, 75.   ⁹⁶ R. G. V. G. § 73 Ziff. 1.
⁹⁷ R. G. V. G. § 80.   ⁹⁸ Einf. Ges. z. R. G. V. G. § 6.
⁹⁹ Ausf. Ges. z. R. G. V. G. Art. 35.
¹⁰⁰ R. G. V. G. § 123 Ziff. 2, 3, 5.   ¹⁰¹ Einf. Ges. z. R. G. V. G. § 9.
¹⁰² Ausf. Ges. z. R. G. V. G. Art. 41.
¹⁰³ R. G. V. G. § 136. Dessen Abs. II enthält noch eine besondere Bestimmung wegen Zuwiderhandlungen gegen die Vorschriften über die Erhebung öffentlicher Abgaben und Gefälle, welche in die Reichskasse fließen (Reichsgericht facultativ dritte Instanz).
¹⁰⁴ R. G. V. G. § 142.
¹⁰⁵ R. G. V. G. § 143, Ausf. Ges. z. R. G. V. G. Art. 51. Ueber die persönliche Stellung der Staatsanwälte ebenda Art. 52, 53; Verordn. vom 23. Aug. 1879 (G. u. V. Bl. S. 1043) Tit. 2.

Bei den Amtsgerichten werden die Geschäfte der Staatsanwaltschaft entweder von besonders aufgestellten Amtsanwälten versehen, oder es werden hiemit durch die Staatsregierung andere Beamte oder sonst geeignete Personen betraut [106]. Die unmittelbaren Städte außer München sind verpflichtet, die Geschäfte der Amtsanwaltschaft für den Stadtbezirk gegen Entschädigung durch Gemeindebeamte besorgen zu lassen. Die Aufstellung dieser Beamten als Amtsanwälte erfolgt auf Vorschlag der Gemeindebehörden durch das Staatsministerium der Justiz im Einverständnisse mit dem Staatsministerium des Innern. In den übrigen Gemeinden kann die Verwendung von Gemeindebeamten als Amtsanwälte nur unter Zustimmung der gesetzlichen Vertreter der Gemeinde geschehen [107].

Die örtliche Zuständigkeit der Beamten der Staatsanwaltschaft wird durch die örtliche Zuständigkeit des Gerichtes bestimmt, für welches sie bestellt sind [108].

Die Nebenbeamten sind Vertreter des ersten Beamten der Staatsanwaltschaft. Die Oberstaatsanwälte bei den Oberlandesgerichten und die ersten Staatsanwälte bei den Landgerichten sind befugt, bei allen Gerichten ihres Bezirkes die Verrichtungen der Staatsanwaltschaft selbst zu übernehmen oder einen anderen als den zunächst zuständigen Beamten damit zu betrauen [109].

Die Aufsicht und Leitung obliegt dem Staatsministerium der Justiz hinsichtlich der gesammten bayerischen Staatsanwaltschaft, den Oberstaatsanwälten an den Oberlandesgerichten und den ersten Staatsanwälten an den Landgerichten hinsichtlich der staatsanwaltschaftlichen Beamten ihres Bezirkes. Die Staatsanwälte haben die dienstlichen Weisungen ihres Vorgesetzten zu befolgen [110], dagegen ist die Staatsanwaltschaft in ihren Amtsverrichtungen von den Gerichten unabhängig [111].

Die Staatsanwälte dürfen richterliche Geschäfte nicht übernehmen. Auch darf ihnen die Dienstaufsicht über die Richter nicht übertragen werden [112]. Die Aufsicht über die Notare ist ihnen verblieben [113]. Außerdem führen sie die Aufsicht über das Gefängnißwesen [114].

Die Beamten des Polizei- und Sicherheitsdienstes, ferner die Gemeindebeamten, die als Amtsanwälte aufgestellt sind, die Bürgermeister und deren Stellvertreter, dann die Polizeicommissäre in der Pfalz sind Hilfsbeamte der Staatsanwaltschaft [115]. Im

---

[106] R. G. V. G. § 143 Ziff. 3, Ausf. Ges. z. R. G. V. G. Art. 54. M. E. vom 27. Sept. 1879 (Weber XIV S. 82), wonach die Amtsanwaltschaft diesf. des Rheines regelmäßig von den „Organen der inneren Verwaltung" und zwar von den Bezirksamtsassessoren zu versehen ist. Vgl. auch Weber XIV S. 418. In der Pfalz sind eigene Amtsanwälte aufgestellt. Vgl. Ges. vom 29. April 1869, die Staatsanwaltschaft an den Landgerichten der Pfalz betr. (G. Bl. 1866/69 S. 1349), aufgehoben durch Art. 2 Ziff. 14 f. des Ausf. Ges. z. R. St. P. O. vom 18. Aug. 1879, Weber XIV S. 307.

[107] Ausf. Ges. z. R. G. V. G. Art. 55. Vgl. auch Art. 56, 58.

[108] R. G. V. G. § 144. Ausnahme bei Gefahr auf Verzug.

[109] R. G. V. G. §§ 145, 146. „Amtsanwälte können das Amt der Staatsanwaltschaft nur bei den Amtsgerichten und den Schöffengerichten versehen."

[110] R. G. V. G. §§ 147, 148. „In denjenigen Sachen, für welche das Reichsgericht in erster und letzter Instanz zuständig ist, haben alle Beamte der Staatsanwaltschaft den Anweisungen des Oberreichsanwalts Folge zu leisten."

[111] R. G. V. G. § 151.

[112] R. G. V. G. § 152. Auch nicht im Gebiete der freiwilligen Gerichtsbarkeit.

[113] Vgl. Min. Bek. vom 30. Mai 1881 (Weber XV S. 210).

[114] Ausf. Ges. z. R. St. P. O. Art. 23 ff. u. Vollzugsvorschr. hiezu. W. Henle, das Gefängnißwesen in Bayern, München 1887.

[115] H. Seuffert in K. Frhrn. v. Stengel's Wörterb. d. deutschen Verw. Rechts I S. 885 ff. H. Ortloff, Lehrb. der Criminalpolizei auf Grund der deutschen Reichsges., Leipzig 1881.

Bedürfnißfalle können noch weitere gemeindliche Beamte und Bedienſtete als Hilfsbeamte der Staatsanwaltſchaft bezeichnet werden ¹¹⁶.

V. Bei jedem Gerichte wird eine Gerichtsſchreiberei eingerichtet, worüber für die Landesgerichte durch die Landesjuſtizverwaltung Beſtimmung getroffen wird ¹¹⁷.

Das Gleiche gilt hinſichtlich der Gerichtsvollzieher ¹¹⁸.

Die Einrichtung des ärztlichen Dienſtes bei den Gerichten (Landgerichts- und Bezirksärzte) iſt durch Verordnung ¹¹⁹ beſtimmt.

Die Verhältniſſe der Rechtsanwaltſchaft ſind, ſoweit das Reichsrecht dies verſtattet, durch königliche Verordnungen und Miniſterialvorſchriften geregelt ¹²⁰. Die Reichsgeſetzgebung hat auf dieſem Gebiete eine einſchneidende Aenderung bewirkt, indem ſie an die Stelle ſtaatlicher Ernennung der Rechtsanwälte („königliche Advocaten“) die ſtaatliche „Zulaſſung“ derſelben treten ließ.

§ 125. Die Militärjuſtiz.

Die geſchichtliche Entwickelung der Rechtspflege des Heeres in Bayern¹ bis zur Herſtellung einer Gerichtsverfaſſung und Prozeßordnung, welche den Anforderungen des Rechtsſtaates entſpricht, bietet in mehrfacher Beziehung ſtaatsrechtliches Intereſſe².

Wie bereits in der geſchichtlichen Einleitung dieſes Werkes erwähnt, wurde durch Armeebefehl und Verordnung vom 16. und 19. Auguſt 1813³ die Geltung der Carolina für das bayeriſche Heer aufgehoben, das allgemeine Strafgeſetzbuch an die Stelle geſetzt und daneben ein vorläufiges Militärſtrafgeſetzbuch erlaſſen. Durch königliche Entſchließung vom 10. November 1818 wurde ſodann ausgeſprochen, daß das bürgerliche Strafgeſetzbuch nur in ſeinem materiellen, nicht auch in ſeinem prozeſſualen Theile für das Heer Geltung haben ſolle. In Bezug auf das Verfahren habe es bei der ſeither giltigen Prozeßform zu verbleiben.

Nach dem Erlaſſe der Verfaſſungsurkunde nahm die Staatsregierung den Standpunkt ein, daß die Beſtimmungen über das militäriſche Strafrecht und Strafverfahren ohne Mitwirkung des Landtages im Verordnungswege erlaſſen werden könnten. Dieſe Auffaſſung war Angeſichts der Vorſchrift in Titel VII § 2 der Verfaſſungsurkunde zweifellos nicht haltbar⁴. Nachdem der Entwurf eines Militärſtrafgeſetzbuchs, welchen das Generalauditoriat 1816 geliefert hatte, im folgenden Jahre zu den Akten gelegt worden war, fanden die Beſtimmungen über Militär-Strafrecht und -Strafverfahren als Capitel 42—45⁵ in die Dienſtesvorſchriften für das Heer Aufnahme. Dieſe Capitel wurden durch

---

¹¹⁶ R. G. V. G. § 153, Ausf. Geſ. Art. 56. Dazu Verordn. vom 31. Aug. 1879, die Hilfsbeamten der Staatsanwaltſchaft betr. (G. u. V. Bl. S. 1057; vgl. 1880 S. 545).

¹¹⁷ R. G. V. G. § 154, Ausf. Geſ. Art. 59—64. Dazu Verordn. vom 6. Sept. 1879 (G. u. V. Bl. S. 1110). Verordn. vom 23. Aug. 1879 (G. u. V. Bl. S. 1043) Tit. 3, vom 26. Nov. 1881 (G. u. V. Bl. S. 1319), vom 7. Juli 1887 (G. u. V. Bl. S. 357), vom 17. Mai 1890 (G. u. V. Bl. S. 255). Fin. Geſ. vom 26. Mai 1892 u. 11. Juni 1894 § 14. Verordn. vom 12. Juni 1892 (G. u. V. Bl. S. 267); Juſt. Min. Bl. 1892 S. 132, 137, Fin. Min. Bl. 1892 S. 98—107.

¹¹⁸ R. G. V. G. §§ 155, 156; Ausf. Geſ. Art. 65—67. Dazu Th. Hauck a. a. O. S. 189 ff., 280. Verordn. vom 6. Sept. 1879 u. 15. Juli 1881, die Gerichtsvollzieherordn. betr. (G. u. V. Bl. 1879 S. 1091, vgl. S. 1105; 1881 S. 821).

¹¹⁹ Vom 3. Sept. 1879 (G. u. V. Bl. S. 1081).

¹²⁰ Bek. vom 7. Juli 1879, die Ausführung der deutſchen Rechtsanwaltsordn. betr. (G. u. V. Bl. S. 685), Verordn. vom 19. gl. Mts. im gl. Betreff (G. u. V. Bl. S. 705), Bek. vom 10. Sept. 1879 (G. u. V. Bl. S. 1168), Verordn. vom 25. Sept. 1879, die Gebühren der Rechtsanwälte betr. (G. u. V. Bl. S. 1295). Vgl. auch Geſ. vom 18. Aug. 1879, die Penſionsanſtalt für die Wittwen u. Waiſen der Advocaten des Königreichs betr. (G. u. V. Bl. S. 987).

¹ Vgl. oben §§ 12, 28 Anm. 20 u. 21; 46 Anm. 8; 50 nach Anm. 24.

² Vgl. hieher die Darſtellung in den Verh. des Ausſch. der K. d. Abg. über die Entw. der Militärſtrafgeſetzbücher 1868/69 Abth. I S. 19 f., 136 ff. und L. Oberniedermayr, Commentar über das Mil. St. G. B. f. d. Kgr. Bayern, München 1870, S. 1 ff.

³ R. Bl. S. 1049.

⁴ Auch nicht in der Beſchränkung auf die militäriſchen Verbrechen und Vergehen, in welchem Sinne ſich der Staatsrath 1833 u. 1844 ausſprach, während er 1830 im Weſentlichen die richtige Anſicht vertreten hatte.

⁵ Cap. 42 u. 43 Strafrecht, 44 u. 45 Prozeß.

königliche Entschließung vom 17. November 1822 mittels Versendung lithographirter Abdrücke dem Heere bekannt gegeben⁶. Obschon in der Folge Zweifel an der Richtigkeit des eingenommenen staatsrechtlichen Standpunktes sich regten, so geschahen doch die späteren Aenderungen des militärischen Straf- und Strafprozeßrechtes gleichfalls im Verordnungswege. Dahin gehören die königliche Entschließung vom 17. December 1845 über das Cassationsrecht des Generalauditoriates, die Verordnung vom 14. April 1856⁷ nebst der abändernden Verordnung vom 7. Juli 1862⁸, endlich die Verordnung vom 31. März 1863⁹. Durch die beiden ersteren Verordnungen wurde die Strafprozeßnovelle vom 10. November 1848 als maßgebend für die Voruntersuchung und die Aburtheilung bei den Militärgerichten erklärt, soweit nicht die Verordnungen und die noch anwendbaren Bestimmungen der Dienstesvorschriften ein Anderes festsetzen. Es wurde ferner bestimmt, daß in allen Verbrechens- und Vergehens- fällen der Aburtheilung eine mündliche Hauptverhandlung vorherzugehen habe. Letztere sollte bei Verbrechen vor Kriegsgerichten, bei Vergehen vor einer größeren Kriegscommission erfolgen. Eine Staatsanwaltschaft wurde eingerichtet, das Generalauditoriat als Revisionsgericht aufrecht erhalten.

Ueber die Militärgerichtsbarkeit in bürgerlichen Rechtssachen war unterm 15. August 1828 ein Gesetz ergangen¹⁰, welches den Grundsatz aufstellte¹¹, daß die Militärpersonen in allen bürgerlichen Rechtsangelegenheiten, sie mögen zur streitigen oder nichtstreitigen Gerichtsbarkeit gehören, unter den bürgerlichen Gerichten stehen. Nur für das Heer im Felde wurde die gesammte bürgerliche Gerichts- barkeit in Personalsachen auf die Dauer des Kriegszustandes den Auditoren übertragen¹² und Letzteren auch bei Truppenzusammenziehungen außer Kriegszeiten Verlassenschaftsverhandlungen und einzelne richterliche Handlungen, wie Zeugenvernehmungen, Eidesabnahmen und dergleichen, zugewiesen¹³.

Durch das Militärstrafgesetzbuch und die Militärstrafgerichtsordnung vom 29. April 1869¹⁴, welche vom 1. Januar 1870 an in Kraft traten, wurden das Militär-Strafrecht und -Gerichtswesen neu und in verfassungsmäßiger Weise geregelt. Diese Gesetze be- zeichnen einen wesentlichen Fortschritt in der Rechtsentwickelung, den Einzug der Grund- sätze des neuzeitlichen Rechtes in die Strafrechtspflege des Heeres.

Nach der Militärstrafgerichtsordnung ist das Verfahren vor den Militärstraf- gerichten regelmäßig öffentlich und mündlich. Die Militärstrafgerichtsbarkeit wird durch die Militäruntergerichte, die Militärbezirksgerichte und Feldgerichte, das Militärober- gericht (Generalauditoriat) und die Militärstandgerichte ausgeübt¹⁵.

Die Untergerichte bestehen nach Maßgabe des Bedürfnisses bei den Commandant- schaften und selbständigen Abtheilungen. Sie sind aus dem Commandanten als Vor- stand, einem Offizier und dem Auditor, dann einem Actuar zusammengesetzt.

---

⁶ Die Hinausgabe der Dienstesvorschriften selbst erfolgte erst durch k. Entschl. vom 29. Juli 1823. — Die K. d. Abg. 1827/28 Prot. Bd. VIII S. 70 f. verlangte, daß Militärdienstreglement möge zur öffentlichen Kenntniß gebracht werden; ferner, eine Durchsicht der militärischen Strafgesetze solle angeordnet werden, worauf dieselben sodann, sofern sie die Freiheit der Personen oder das Eigenthum der Staatsangehörigen betreffen, den Ständen vorzulegen seien. Die K. d. R. R. versagte diesen An- trägen die Zustimmung; ebenda Prot. Bd. XVI S. 14. Das gleiche Schicksal hatte ein Antrag Closen wegen Ausscheidung des „gesetzlichen und instructiven" Theiles des Militärrechtes, den die K. d. Abg. 1831 annahm. Verh. 1831, K. d. Abg. Prot. Bd. XIX Prot. CVIII S. 22, Prot. Bd. XXI Prot. CXXI S. 74, Prot. Bd. XXVI Prot. CXLVIII S. 37; K. d. R. R. Prot. Bd. XI S. 49, 51.

⁷ Das militär. Strafverfahren betr. Kr. M. Bl. S. 53. Ueber deren Rechtsgiltigkeit vgl. Repert. über die Landtagsverh. 1855/56 S. 79 (unter: Untersuchungen, gemischt-gerichtliche), 1859/61 S. 109 (unter: Strafverfahren beim Militär in Untersuchungssachen); Bl. f. Rechtsanw. XXX S. 113 ff.

⁸ Kr. M. Bl. S. 59. Dazu Kr. Min. Rescr. vom 19. Juni 1863, Verh. d. bes. Aussch. d. K. d. Abg. 1868/69 Abth. I S. 137.

⁹ Aenderungen in den Bestimmungen der Cap. 42 u. 43 der Dienstesvorschr. betr. Kr. Min. Bl. S. 69.

¹⁰ G. Bl. S. 41. ¹¹ § 1. ¹² §§ 9, 10. ¹³ § 11.

¹⁴ Einf. Ges. dazu im G. Bl. S. 1341. S. auch G. u. V. Bl. 1889 S. 5. Die Gesetzbücher selbst sind gesondert veröffentlicht. Ausgabe von Cl. Koppmann, München 1870; L. Oberniedermayr, Commentar zum Mil. St. G. B., München 1870. Vgl. ferner Verordn. vom 21. Nov. 1869 (Weber VIII S. 425).

¹⁵ Abth. I Abschn. II.

Militärbezirksgerichte bestehen bei den höheren Commandostellen. An deren Statt treten für mobil gemachte Truppenkörper Feldgerichte. Beide Gerichte sind zusammengesetzt aus dem Commandanten als Vorstande [16], einem Auditor als Director, der erforderlichen Anzahl von Offizieren und Auditoren als Richtern und einem Secretär. Die Zusammensetzung des erkennenden Gerichtes ist verschieden, je nachdem es sich um gemeine Verbrechen und Vergehen, militärische Verbrechen oder Vergehen oder Beschlüsse über Einleitung des Strafverfahrens oder Voruntersuchungen handelt [17]. In Verbrechens- und Vergehenssachen mit Ausschluß der Ungehorsamsfälle und der Uebertretungssachen, die gleich den Vergehen zu behandeln sind [18], urtheilen die Militärbezirksgerichte unter Zuziehung von 12, bzw. 9 Geschworenen [19]. Die Bildung der Geschworenenbank geschieht aus Heeresangehörigen in der Weise, daß sich dieselbe als eine Art von iudicium parium darstellt [20].

Das Militärobergericht besteht aus einem Generale als Präsidenten, dem Generalauditor als Director, der erforderlichen Zahl von Auditoren als Richtern und einem Secretäre. Es entscheidet in Senaten von 5, bei Prüfung von Todesurtheilen von 7 Mitgliedern [21].

Die Militärstandgerichte sind außerordentliche Strafgerichte für bestimmte Verbrechen und werden für jeden einzelnen Fall durch diejenigen Commandanten niedergesetzt, welchen kraft des Gesetzes oder besonderer Vollmacht die Ausübung des Standrechtes übertragen ist. Das Militärstandgericht besteht aus einem Vorstande und 12 weiteren Richtern, welche in derselben Weise wie die Geschworenen berufen werden. Steht ein Auditor zur Verfügung, so ist dieser unter die Richter einzureihen.

Militäruntersuchungsrichter sind die Auditore der Heeresabtheilungen und Commandantschaften [22].

Die Bestimmungen über die Zuständigkeit der unteren und mittleren Militärgerichte erlitten nach wenigen Jahren erhebliche Aenderungen. Dem Obergerichte ist die Entscheidung über Nichtigkeitsbeschwerden, Beschwerden zur Wahrung des Gesetzes und Gesuche um Wiederaufnahme des Verfahrens, ferner die amtliche Prüfung der Todesurtheile, endlich die Entscheidung von Zuständigkeitsstreiten der Militärgerichte unter sich übertragen [23].

Durch alle Instanzen wurde eine Staatsanwaltschaft eingerichtet, die dem Kriegsministerium unterstellt ist. Beim Obergerichte ist ein Oberstaatsanwalt, bei jedem Militärbezirksgerichte ein Staatsanwalt aus dem Stande der Militärgerichtsbeamten aufgestellt; die staatsanwaltschaftlichen Aufgaben bei den Untergerichten versehen Offiziere oder Militärgerichtspraktikanten [24].

Eine Aenderung der hier erörterten Gesetzgebung bewirkte der Eintritt Bayerns in das Reich. Nach der Reichsverfassung [25] erstreckt sich das Gesetzgebungsrecht des Reiches auch auf das Militärstrafrecht und das Militärstrafgerichtswesen. Die Einführung des

---

[16] Vgl. jedoch Ges. vom 28. April 1872 Art. 100.

[17] M. St. P. O. Art. 40 ff. Dazu Ges. vom 28. April 1872 Art. 97, 98, vom 27. Sept. gl. Js. Art. 11.

[18] Vgl. jedoch Ges. vom 28. April 1872 Art. 95, vom 27. Sept. gl. Js. Art. 9.

[19] M. St. G. O. Art. 37—39. Nach dem Ges. vom 28. April 1872 Art. 96, bzw. dem Ges. vom 27. Sept. gl. Js. Art. 10 sind es 12, bzw. 6 Geschworene. — Ueber chemische und mikroskopische Untersuchungen in milit. Strafsachen Verordn. vom 4. Jan. 1889 (G. u. V. Bl. S. 5).

[20] M. St. G. O. Abth. I Abschn. VIII, insbef. Art. 70.

[21] M. St. G. O. Art. 53.   [22] M. St. G. O. Art. 31.

[23] M. St. G. O. Art. 50, 51.   [24] M. St. G. O. Abth. I Abschn. IX.

[25] Art. 4 Ziff. 13, 14, Art. 61.

preußischen Militärstrafgesetzbuches und der preußischen Militärstrafgerichtsordnung, welche Artikel 61 der Reichsverfassung vorsah, blieb für Bayern nach dem Bündniß= vertrage vom 23. November 1870²⁶ ausgeschlossen²⁷.

Indessen machte die Einführung des Reichsstrafgesetzbuches in Bayern mehrfache Aenderungen des bayerischen Militärstrafgesetzbuches und der Militärstrafgerichtsordnung nöthig, welche durch Gesetz vom 28. April 1872 geschahen²⁸.

Das bayerische Militärstrafgesetzbuch wurde bald durch das Militärstrafgesetzbuch für das Deutsche Reich vom 20. Juni 1872²⁹ ersetzt. In Folge dessen wurden weitere Abänderungen der Militärstrafgerichtsordnung erforderlich. Zu diesem Zwecke erging das Gesetz vom 27. September 1872³⁰. Fernere Aenderungen erfolgten durch das Aus= führungsgesetz vom 18. August 1879³¹ zur Strafprozeßordnung.

Das Einführungsgesetz zum Reichsgerichtsverfassungsgesetze hat in §7 ausdrücklich erklärt, daß durch letzteres Gesetz die Militärgerichtsbarkeit nicht berührt werde.

5. Hauptstück.

Die Verwaltung.

§ 126. Einrichtung und Verfahren der Verwaltungsbehörden im Allgemeinen[1].

Eine Darstellung der behördlichen Einrichtungen jenes vielgestaltigen Gebietes, welches man im weiteren Sinne unter dem Namen Verwaltung zusammenfaßt, muß sich, soweit sie im Rahmen des Verfassungsrechtes sich bewegt, große Beschränkung auferlegen. Man kann diese Einrichtungen nicht, wie jene der Rechtspflege, selbständig und vom ma= teriellen Rechte völlig losgelöst behandeln. Sie stehen hinsichtlich ihrer Erscheinungs= formen und der Vorschriften über das Verfahren in Abhängigkeit von der Natur der Verwaltungszwecke, denen sie dienen, und sind daher in ihren Einzelheiten nur im Zu= sammenhange mit dem materiellen Rechte verständlich zu machen. Dies gilt vor Allem im weitesten Maße von jenen Organen, welche der Wahrnehmung der staatlichen Inter= essen nach Außen ganz oder doch vorwiegend dienen, den Organen des Staatenverkehres und des Heerwesens. Dieselben sind aus der gegenwärtigen Betrachtung vorweg aus= zuscheiden, da hier wenig mehr als ein leeres Verzeichniß gegeben werden könnte. Hie= nach bleiben die Organe der Finanzverwaltung und der eigentlichen Landesverwaltung, der sogenannten inneren Verwaltung, übrig[2]. Die Finanzverwaltung theilt mit den beiden vorher erwähnten Verwaltungszweigen die Eigenschaft, daß sie Mittel zum Zwecke ist. Sie dient gleich jenen der Erhaltung des staatlichen Organismus. Die Landes= verwaltung dagegen ist die Verwaltung κατ' ἐξοχήν, sie hat die Förderung der gemein= samen Interessen des staatlich vereinigten Volkes zu ihrem unmittelbaren Gegenstande. Ihre Verfassung bildet daher den Kern der gesammten Behördenverfassung des Staates.

---

[26] III § 5 Ziff. I.

[27] Wegen der künftigen Militärstrafgerichtsordnung vgl. Repert. über die Landtagsverh. 1891/92 S. 141 ff. u. Landtagsabsch. vom 28. Mai 1892 (G. u. B. Bl. S. 121) § 22.

[28] G. Bl. 1871/72 S. 269. S. auch Ges. vom 5. Mai 1890 (G. u. B. Bl. S. 243) über die Vollziehung der Todesstrafe.

[29] R. G. Bl. S. 173.

[30] G. Bl. 1871/72 S. 421.

[31] Art. 77—81. Nunmehriger Wortlaut der M. St. G. O. bei Weber VIII S. 88.

[1] Literaturangaben bei H. Schulze, Lehrb. des deutschen Staatsrechts I S. 283 Anm. 1.

[2] Diese beiden Verwaltungszweige werden nach dem Sprachgebrauche des preuß. Rechtes unter der Bezeichnung der allgemeinen Landesverwaltung zusammengefaßt. Der Ausdruck „active Ver= waltung", der für die eigentliche Verwaltung nicht selten angewendet wird, rührt von der französ. Dreitheilung der administration active, consultative, contentieuse her.

Die Behörden, welche in Unterordnung unter die Ministerien die Geschäfte der Finanz- und der Landesverwaltung besorgen, scheiden sich nach der Art, wie ihre Zuständigkeit bemessen ist, in allgemeine und besondere Verwaltungsbehörden. Allgemeine Behörden sind jene, welchen innerhalb des Geschäftskreises, dem sie angehören, die sachliche Zuständigkeit so weit zukömmt, als sie ihnen nicht ausdrücklich entzogen ist, jene Behörden also, für welche auf dem angegebenen Gebiete die Vermuthung der Zuständigkeit spricht. Besondere Behörden sind jene, denen bestimmte einzelne Verwaltungszweige, zumeist mit Rücksicht auf deren technische Natur, zugewiesen sind. Diese letztere Ausscheidung kann entweder in der Art geschehen, daß besondere Behörden in Unterordnung unter allgemeine Behörden bestehen, oder in solcher Weise, daß ein Verwaltungsgebiet oder mehrere verwandte Verwaltungsgebiete eine selbständige Behördeneinrichtung besitzen. Man spricht in diesem letzteren Falle von einer centralisirten Verwaltung und nennt die Behörde, welche, dem Ministerium untergeordnet, die Geschäftsangelegenheiten einer solchen Verwaltung für den ganzen Staat zusammenfaßt, eine Centralstelle ³. Es bedarf wohl keiner näheren Darlegung, daß auch diese Behördeneinrichtungen ihre Behandlung zweckmäßiger im Zusammenhange mit der Erörterung der betreffenden Verwaltungsgegenstände finden.

Innerhalb eines gegebenen Verwaltungsorganismus sondert sich die Zuständigkeit der zugehörigen Behörden räumlich und sachlich; räumlich insofern, als einer Behörde ein abgegrenzter Theil des Staatsgebietes für die Entfaltung ihrer Thätigkeit, ein Amtsbezirk, zugewiesen ist, sachlich insofern, als eine Ausscheidung der Zuständigkeiten zwischen Behörden unterer und höherer Ordnung stattfindet. Im Wesen der Staatsverwaltung, die auf Zusammenfassung der Staatskräfte hinzielt, ist es gelegen, daß innerhalb eines jeden Verwaltungsorganismus ein System der Unter- und Ueberordnung der Behörden besteht, das seine höchste Spitze in einem der Ministerien findet. Hienach ergeben sich als regelmäßige Stufenfolge die äußeren Behörden — Orts- und Unterbehörden —, welche sich im Allgemeinen dadurch kennzeichnen, daß ihnen der „unmittelbare Vollzug" der Verwaltungsgeschäfte, „das eigentliche Detail der Verwaltung" ⁴ und damit zunächst der Verkehr mit den Unterthanen obliegt; die Mittelstellen — allgemeine und besondere Mittelstellen oder Centralstellen — als die „vollziehenden Organe" ⁵ der Ministerien und Organe der unmittelbaren Aufsicht über die Unterbehörden, endlich die höchsten Stellen oder Ministerien als Organe der Oberleitung und Oberaufsicht. Die bayerische Verwaltungssprache wendet auf die Unterbehörden insbesondere den Ausdruck Behörde, auf die höheren Behörden den Ausdruck Stelle (Kreisstelle, Centralstelle, höchste Stelle) an.

Die Ueberordnung einer Behörde über die andere und innerhalb einer Behörde die Ueberordnung des Vorstandes über die Untergebenen (Nebenbeamte, Unterbedienstete) äußert sich als Dienstgewalt, die zuständigkeitsmäßige Wirksamkeit einer Behörde nach Außen in Handhabung staatlicher Hoheitsrechte als Amtsgewalt. Die letztere fehlt bei rein fiscalischen Behörden.

Für das Verhältniß der verschiedenen oberen und unteren Behörden zu einander ist der Gedanke leitend, daß, unbeschadet des dienstlichen Gehorsams nach Oben, die untergebenen Organe nicht zu blinden Werkzeugen der höheren werden sollen, daß ihnen

---

³ Das Wort wird auch in einem anderen Sinne für solche Collegien gebraucht, welche Mittelstellen vorgesetzt sind, wie der Staatsrath als entscheidende Instanz, das oberste Landesgericht, der Verwaltungsgerichtshof, der oberste Rechnungshof, das prot. Oberconsistorium. Daneben stehen dann die centralisirten Aemter oder Verwaltungen, wie die Centralstaatskasse, das allg. Reichsarchiv ꝛc.
⁴ Worte der Form. Verordn. vom 17. Dec. 1825 (Weber II S. 279) § 19.
⁵ Angef. Form. Verordn. § 11.

die Selbständigkeit des Vollzuges zu belassen ist⁶. Die Sätze, welche die Formationsverordnung für die Kreisregierungen vom 17. December 1825 in dieser Hinsicht auf-
stellt⁷, können als gemeingiltige angesehen werden. Hienach sind die Mittelstellen „in
der Regel befugt, in allen Gegenständen des Vollzuges und der durch die Gesetze denselben
zugewiesenen Entscheidungen streitiger Fälle aus eigener Competenz und ohne weitere
Anfrage selbständig zu handeln und zu verfügen". Andererseits sind die Mittelstellen
verpflichtet, „die Competenz der Unterbehörden in keiner Weise zu schmälern, denselben
unter Vorbehalt der Beschwerde und der amtlichen Rüge den unmittelbaren Vollzug der
Gesetze und Verordnungen, sowie das eigentliche Detail der Verwaltung zu überlassen"
und insbesondere „den Unterbehörden jede örtliche Anordnung zur selbständigen Verhandlung hinzuweisen"⁸.

Aus dem Verhältnisse der dienstlichen Ueberordnung ergibt sich für die vorgesetzte
Behörde gegenüber den untergebenen Behörden das Recht der Aufsicht über die Geschäftsführung, der Entscheidung von Streitigkeiten der Unterbehörden über die Zuständigkeit
und über die Erledigung gemeinsamer Angelegenheiten, der Bescheidung von Beschwerden
gegen Verfügungen der Unterinstanzen, des aufsichtlichen Eingreifens, wenn durch solche
Verfügungen das Recht oder das öffentliche Interesse verletzt erscheint.

Nach ihrer Einrichtung scheiden sich die Behörden in solche mit bureaukratischer
und solche mit collegialer Verfassung. Die ersteren sind entweder nur mit einem einzigen
Beamten besetzt oder außerdem mit einem oder mehreren Nebenbeamten, welche die Geschäfte nach der Anweisung des Vorstandes und unter dessen Verantwortlichkeit zu erledigen haben. Die bureaukratische Verfassung ist bei den Unterbehörden vorherrschend
und herrscht ausschließlich in den Ministerien.

Die collegiale Verfassung besteht darin, daß die Ausübung der amtlichen Obliegenheiten einer Mehrheit von Beamten gemeinsam zugewiesen ist, deren vorschriftsmäßig ge-
faßter Beschluß den Willensakt der Behörde darstellt. Selbstverständlich sind diese Collegien keine Körperschaften. Auch bei den Collegialbehörden kann ein geschäftsleitender
Vorstand nicht fehlen. Die Collegialverfassung, in welcher man einst eine wesentliche
Sicherung gegen persönliche Willkür bei Führung der Staatsgeschäfte erblickte⁹, hat für
die Verwaltung ihre vormalige Bedeutung verloren. Die Verwaltung der Neuzeit huldigt jenem Grundsatze, den der Berichterstatter über das französische Gesetz vom 28. Pluviôse VIII mit den Worten ausgedrückt hat: Agir est le fait d'un seul et délibérer est le
fait de plusieurs¹⁰. Die Collegialverfassung ist daher auch bei den Verwaltungsmittelstellen, denen sie eigen ist, nicht für alle Geschäfte durchgeführt, sondern sie ist mit der
bureaukratischen Verfassung in der Weise verbunden, daß für den größeren Theil der Geschäfte diese und nur ausnahmsweise jene Art der Behandlung eintritt. Soweit der
Geschäftsgang bureaumäßig ist, stehen auch die Collegialbeamten zum Vorstande der
Stelle im Verhältnisse von Nebenbeamten.

Es liegt im Wesen der Verwaltung als einer freien, von Rücksichten der Zweck-
mäßigkeit bestimmten Thätigkeit, daß sich für dieselbe ein eigentliches, formstrenges
Prozeßrecht nicht ausbilden kann. Ein solches ist nur für die Verwaltungsrechtspflege
Bedürfniß, also für die Behörden der Verwaltung insoweit, als sie mit Aufgaben der

---

⁶ Vgl. die Bemerkungen in meinen Grundzügen einer allg. Staatslehre S. 82 f.
⁷ §§ 16, 19.
⁸ Vgl. hieher E. Löning, Lehrb. des deutschen Verw. Rechtes, S. 54 Anm. 3.
⁹ H. Schulze, Lehrb. des deutschen Staatsrechts I S. 292, G. Jellinek in S. Grünhut's
Zeitschr. für das Privat- u. öffentl. Recht der Gegenwart, X (1883) S. 308 f.
¹⁰ S. A. Batbie, traité théorique et pratique de droit public et adm., 2. éd., Paris
1885, III p. 207.

Rechtſprechung betraut ſind.   Wie ſpäter näher zu erörtern ſein wird, iſt die Trennung der öffentlichen Rechtsſtreitigkeiten von den Verwaltungsſachen in Bezug auf die prozeſſuale Behandlung erſt unvollkommen durchgeführt.   Es gibt ausgedehnte Gebiete der öffentlichen Rechtspflege, die dem Verwaltungswege überwieſen ſind.   Wenn nun auch hier dem unabweislichen Bedürfniſſe eines geordneten Rechtsverfahrens durch einzelne Vorſchriften Rechnung getragen iſt, ſo nehmen doch im Ganzen dieſe Rechtsſachen an den für die Verwaltung geltenden Formvorſchriften, bzw. an der Formloſigkeit der Verwaltung Theil.   In Einem Punkte jedoch kömmt trotz alledem der innere Unterſchied zwiſchen den Verwaltungsſachen und den öffentlichen Rechtsſtreitigkeiten zum ſcharfen Ausdrucke, nemlich darin, daß zwar die Entſcheidungen in letzteren, niemals aber die Verfügungen in erſteren einer Rechtskraft fähig ſind.   Wo in Verwaltungsſachen denjenigen, welche durch Verfügungen einer Verwaltungsbehörde betroffen ſind, der Beſchwerdeweg — die voie gracieuse des franzöſiſchen Rechtes — eröffnet iſt, da handelt es ſich nicht um einen Rechtsweg, ſondern um eine bloße Bitte an die höhere Inſtanz ¹¹.   Wohl mögen hiefür Friſten geſteckt und mag auf deren Verſäumniß der Nachtheil geſetzt ſein, daß verſpätet eingekommene Beſchwerden nicht mehr berückſichtigt werden.   Aber hiedurch entſteht keine Rechtskraft.   Denn für die Verwaltung ſelbſt bleibt die Verfügung abänderlich, während der rechtskräftige Richterſpruch, gleichviel, von welcher Behörde erlaſſen, für dieſe ſelbſt und die höheren Inſtanzen unabänderlich iſt, ſoferne nicht ein außerordentliches Rechtsmittel Platz greift.   Ein ſolches außerordentliches Rechtsmittel hat ſich für die öffentlichen Rechtsſtreitigkeiten, welche von den Verwaltungsbehörden als ſolchen zu entſcheiden ſind, dadurch herausgebildet, daß auf dieſelben eine Einrichtung angewendet wurde, deren Wurzel an ſich in der Dienſtaufſicht der höheren Verwaltungsbehörde über die untergebene zu ſuchen iſt.   Dies iſt der Eingriff in die Verfügung der Unterbehörde von Aufſichts wegen (Aufſichtsrecht der Mittelſtellen, Oberaufſichtsrecht der Miniſterien) ¹².   Die Zuläſſigkeit ſolchen aufſichtlichen Einſchreitens iſt, ſoviel die Verwaltungsſachen anlangt, in der Natur der Verwaltungsthätigkeit ſelbſt begründet.   Die Oberbehörde, welche, ſei es aus amtlicher Wahrnehmung, ſei es durch eine Beſchwerde darauf aufmerkſam gemacht, ſich davon überzeugt, daß durch einen Akt der Unterbehörde das öffentliche Intereſſe oder das beſtehende Recht in erheblichem Maße verletzt worden iſt, kann in den Beſtimmungen über die inſtanzielle Geſchäftsvertheilung weder ein Hinderniß dafür finden, das Geſchehene rückgängig zu machen, noch eine Entſchuldigung dann, wenn ſie unthätig zuſieht. Aber ſie darf allerdings, ſollen nicht im Wege der Ausnahme die oben erwähnten Grundſätze über die Wahrung der behördlichen Zuſtändigkeit und Selbſtändigkeit zerſtört werden, das außerordentliche Mittel nur in außerordentlichen Fällen anwenden ¹³.   Die Uebertragung des aufſichtlichen Eingreifens auf die im Verwaltungsverfahren geübte öffentliche Rechtſprechung hat demſelben für dieſes Gebiet eine andere rechtliche Natur, nemlich die eines außerordentlichen Rechtsmittels, gegeben.   Dieſes Rechtsmittel beſteht zunächſt im Intereſſe des Staates.   Daher iſt ſtrenge daran feſtzuhalten, daß es von der Aufſichtsbehörde zwar angewandt werden kann, aber nicht angewandt werden muß, und daß es zweckgemäß nur aus erheblichen Gründen des öffentlichen Intereſſes angewandt werden ſoll.   Die Parteien haben demnach kein Recht auf das aufſichtliche Einſchreiten. Inſoferne alſo iſt das aufſichtliche Einſchreiten als Rechtsmittel dem aufſichtlichen Einſchreiten als Verwaltungsmittel ähnlich.   Aber nach einer anderen Richtung zeigt ſich

---

¹¹ S. meine Grundzüge einer allg. Staatslehre S. 101 ff. Vgl. Reger XI S. 109.
¹² Hier iſt nur von der Aufſicht innerhalb der Staatsverwaltung, nicht von der Gemeindeaufſicht die Rede.
¹³ Vgl. auch W. Krais, Handb. der inneren Verwaltung ꝛc., 3. Aufl., I S. 66.

ein wesentlicher Unterschied. Das öffentliche Interesse a l l e i n gibt keinen genügenden Titel des aufsichtlichen Einschreitens ab, wo es sich um eine Entscheidung über das Recht handelt. Es ist außerdem nöthig, daß das Recht verletzt ist, sei es das formelle Recht bei Mangel der Zuständigkeit oder Mangel des rechtlichen Gehörs, sei es das materielle Recht. Sind diese Voraussetzungen gegeben, so kann das aufsichtliche Einschreiten sowohl von Amts wegen als auch auf Beschwerde (Nichtigkeitsbeschwerde) hin erfolgen [14]. Die aufsichtliche Entscheidung ist regelmäßig lediglich vernichtend, sie kann aber auch ab=ändernd sein [15].

Ueber das Verhältniß des Aufsichtsrechtes zur Verwaltungsrechtspflege ist bei Darstellung dieser letzteren zu sprechen.

Die Bestimmungen über das Verwaltungsverfahren sind der Mehrzahl nach be=sondere für die einzelnen Behörden und für die einzelnen Geschäftsgegenstände und daher zu einer zusammenfassenden Behandlung nicht geeignet [16]. An allgemein giltigen Vor=schriften für den Verkehr der Behörden mit den Parteien sind folgende zu erwähnen.

Beschwerden und Anzeigen, deren Absender sich nicht genannt hat, haben unberück=sichtigt zu bleiben [17]. Das frühere Verbot, Rechtsanwälte in „reinen Polizeisachen" zu=zulassen [18], ist für den schriftlichen Verkehr der Parteien mit den Behörden außer Kraft getreten [19]. In Bezug auf ihre Thätigkeit bei den Verwaltungsbehörden unterliegen die Rechtsanwälte deren Disciplin und den Vorschriften über Gebühren nach Landesrecht [20].

Hinsichtlich des persönlichen Verkehrs mit den Behörden ist anzuführen, daß die Thätigkeit und das Ansehen des Amtes gegen Ungebühr durch strafrechtliche Bestim=mungen geschützt sind. „Wer ungeachtet erfolgter Warnung durch ungeziemendes Be=nehmen vor einer öffentlichen Stelle oder Behörde dieselbe in ihrer Dienstverrichtung stört oder die ihr gebührende Achtung verletzt, soll, soweit nicht eine anderweitige gesetz=liche Bestimmung in Anwendung zu bringen ist [21], mit Haft bis zu drei Tagen oder an Geld bis zu 15 Mark bestraft werden." [22]

Bezüglich der Beschwerdeerhebung ist Folgendes zu bemerken. Wo eine ander=weitige besondere Bestimmung nicht getroffen ist, sind Beschwerden bei der ersten Instanz schriftlich oder zu Protokoll anzubringen. Nach der bestehenden Uebung wird indessen

---

[14] Vgl. die äußerst unklar gefaßte Ziff. XII der Verordn. vom 29. Dec. 1836 (Weber III S. 81). Bl. f. adm. Praxis XIV S. 177 ff.

[15] Letzteres da, wo nach Lage des Falles die aufsichtliche Entscheidung keinen Spielraum für eine selbständige instanzielle Entscheidung mehr läßt.

[16] Eine Ueberficht der wenigen allgemeinen Bestimmungen für das Gebiet der eigentlichen Ver=waltung gibt W. Krais a. a. O. I S. 66 ff., der sich auch, m. E. mit Recht, gegen die Anwendbarkeit der bayer. Gerichtsordn. von 1753 im Verwaltungsgebiete ausspricht. S. auch Entsch. d. V.G.H.'s XI S. 384 f.

[17] Verordn. vom 29. Dec. 1836 Ziff. XIII.

[18] Verordn. vom 16. Febr. 1815 und 24. März 1816 Ziff. 8 (Weber I S. 471, 490).

[19] M. E. vom 3. April 1869 (Weber VI S. 261 Anm. **), W. Krais a. a. O. S. 63. Für den mündlichen Verkehr in Verwaltungssachen besteht überhaupt kein Recht der Parteien, durch Bevoll=mächtigte aufzutreten. W. Krais a. a. O. S. 64.

[20] Verordn. vom 23. März 1813, die Disciplinarvorschriften für die Advokaten des Kgrs. betr. (Weber I S. 406, vgl. 409 Anm. *), Verordn. vom 24. März 1816, die Disciplinarbestrafung der Advokaten in Sachen des adm. Ressorts betr. (Weber I S. 490), Verordn., den Staatsrath betr., vom 3. Aug. 1879 s. oben § 114 Anm. 21, Advokatengebührenordn. für die Landesth. dieß. des Rh. vom 15. Dec. 1852 und Verordn. vom 23. Dec. 1875, die Advokatengebührenordn. x. vom 15. Dec. 1852 betr. (Weber XI S. 286, 287) Das pfälz. Recht hat keine einschlägigen Bestimmungen. — Näheres s. bei W. Krais a. a. O. I S. 63 f.

[21] Vgl. R. St. G. B. §§ 185, 196. R. G. V. G. §§ 177 ff. Ausf. Ges. z. R. G. V. G. vom 23. Febr. 1879 Art. 78 Abs. I.

[22] Ausf. Ges. z. R. St. P. O. vom 18. Aug. 1879 Art. 7.

auch der rechtzeitige Einlauf der Beschwerde bei der höheren Instanz, ja sogar die bloße Beschwerdeanmeldung als genügend erachtet²³. Die Beschwerden haben in der Regel, soferne nicht Gefahr auf Verzug steht, aufschiebende Wirkung²⁴.

Das Vollstreckungsrecht in Verwaltungssachen kömmt regelmäßig jeder Behörde hinsichtlich dessen zu, was sie verfügt hat²⁵. Besteht die Vollstreckung in persönlichem Zwange, d. h. hat sie ein Thun oder Nichtthun zum Gegenstande, so geschieht sie durch Anwendung der polizeilichen Zwangsgewalt. Hievon ist im Polizeirechte zu handeln. Hat die Vollstreckung eine Vermögensleistung zum Gegenstande, so beantwortet sich die Frage, wieweit die Verwaltungsbehörden oder die Gerichte hiefür zuständig sind, und bemißt sich das Verfahren im Allgemeinen²⁶ nach denselben Grundsätzen, wie sie für die Verwaltungsrechtspflege gelten²⁷.

Nach diesen Erörterungen über die Einrichtung der Verwaltungsbehörden und deren Verfahren überhaupt hat sich die folgende besondere Betrachtung auf die allgemeinen Behörden der Landesverwaltung zu beschränken, und zwar in der Weise, daß deren Verfassung und die wesentlichen Vorschriften über ihren Geschäftsgang zur Darstellung kommen. Was über ihre Zuständigkeit im Einzelnen und was über ihre Organe für bestimmte Geschäftsgebiete mit Rücksicht auf deren eigenthümliche Natur bestimmt ist, wird besser im Zusammenhange mit dem materiellen Finanz- und Verwaltungsrechte vorgeführt werden.

§ 127. Die Kreisregierungen.

Die Einrichtung der „obersten Verwaltungsstellen in den Kreisen", der Kreisregierungen, beruht im Wesentlichen auf den Grundlagen, welche durch die Verordnung vom 27. März 1817¹ geschaffen worden waren. Diese Verordnung, die vor Erlaß der Verfassungsurkunde ergangen ist, hat noch jetzt vielfach formell-gesetzliche Bedeutung insoferne, als sie die Grenzen zwischen den Gebieten der Verwaltung und der Justiz zieht². Im Uebrigen ist sie in der Folge durch die Verordnung vom 17. December 1825³ ersetzt worden⁴.

Die früheren Bezeichnungen der Kreise oder Regierungsbezirke nach Flüssen, sowie deren Grenzen⁵ erfuhren durch königliche Verordnung vom 29. November 1837⁶ Aende-

---

²³ Verordn. vom 29. Dec. 1836 Ziff. XI. W. Krais a. a. O. I S. 65 f.
²⁴ W. Krais a. a. O. I S. 68.
²⁵ Vgl. die Erl. bei W. Krais a. a. O. I S. 88.
²⁶ D. h. von den besonderen Bestimmungen für einzelne Gegenstände abgesehen.
²⁷ Ausf. Ges. z. R. C. P. O. u. C. O. vom 23. Febr. 1879 Art. 4—9. Vgl. unten § 143; ferner W. Krais a. a. O. I S. 90 ff.
¹ Vgl. oben § 38 Anm. 15.
² Vgl. W. Krais a. a. O. I S. 43. S. als Beispiel Form. Verordn. von 1817 § 20 mit Form. Verordn. von 1825 § 50 u. C. L. H. Matthäus, die Grenzen der civilgerichtlichen u. adm. Zuständigkeit, Nördlingen 1878, S. 82 ff.
³ Weber II S. 279. Die Verordn. ging aus den Berathungen der „Ersparungscommission" von 1825 hervor. Vgl. oben § 120 Anm. 10.
⁴ § 151 der Verordn. bemerkt: „Von sämmtlichen vorstehenden, den Wirkungskreis der Kreisregierung betreffenden Bestimmungen der gegenwärtigen Verordnung finden auf den Rheinkreis (die Pfalz) alle diejenigen keine Anwendung, welche mit den dortigen Institutionen, Ges. und den hierauf gestützten Verordn. nicht im Einklang stehen; in diesen Fällen bleibt es daselbst durchaus bei dem dermaligen Verfahren, und insbesondere darf aus gegenwärtiger Verordnung in den Competenzverhältnissen der ordentlichen Gerichte des Rheinkreises durchaus keine Veränderung gefolgert werden."
⁵ Vgl. oben § 38 Anm. 12, 13.
⁶ Die Eintheilung des Kgrs. Bayern betr. (Weber III S. 220) dazu Bek. vom 17. Jan. 1838 (Weber III S. 228). Die erstgenannte Verordn. bezeichnet als Zweck der verfügten Aenderungen den, „die alten, geschichtlich geheiligten Marken der Uns untergebenen Lande möglichst wieder herzustellen,

rungen. Die damals den Regierungsbezirken gegebenen Benennungen[7] sind seither bei-behalten geblieben. Dagegen hat deren Grenzbestimmung, abgesehen von jenen Wande-lungen, die durch Erwerb oder Abtretung von Staatsgebietstheilen sich ergaben[8], durch Verordnung vom 19. Juni 1879[9] eine neue Regelung erfahren. Ueber Aenderungen, welche in dem Umfange eines Regierungsbezirkes vorgenommen werden sollen, ist nach gesetzlicher Bestimmung die Vertretung der Kreisgemeinde, d. i. der Landrath, und, wenn dieser nicht versammelt ist, in unverschieblichen Fällen der Landrathsausschuß gutachtlich zu vernehmen[10].

Die Kreisregierungen sind die allgemeinen Verwaltungsstellen in den Regierungs-bezirken. Sie sind die Vollzugsorgane der Staatsministerien des königlichen Hauses und des Aeußern, des Innern, des Innern für Kirchen- und Schulangelegenheiten und der Finanzen „in Beziehung auf alle diejenigen Theile der Staatsverwaltung und inneren öffentlichen Angelegenheiten, welche zu dem Geschäftskreise der genannten Mi-nisterien gehören und nicht besonderen Centralstellen und deren Unterbehörden über-tragen sind"[11].

Die Kreisregierungen theilen sich in die zwei Kammern des Innern und der Fi-nanzen unter einem Regierungspräsidenten als gemeinsamem Vorstande[12]. Jede Kammer besteht aus einem Director, der erforderlichen Zahl von rechtskundigen Referenten[13] und Hilfsarbeitern, dann von fachmännischen Referenten und Hilfsbeamten[14], endlich von Rechnungsbeamten. Hiezu kommen die Organe des formellen Dienstes und das niedere Personal[15]. Einen ziemlich selbständigen und mehr äußerlich angegliederten Bestand-theil der Finanzkammer bildet die Forstabtheilung[16].

Der Präsident hat die Oberleitung aller Geschäfte der Kreisregierung. Sein Stell-

---

die Eintheilung Unseres Reiches und die Benennung der einzelnen Hauptlandestheile auf die ehrwürdige Grundlage der Geschichte zurückzuführen". Nach Art. XI der Verordn. sollten die Regierungssitze (vgl. oben § 38 Anm. 13) bis auf weitere Verfügung unverändert bleiben. Eine solche Aenderung erfolgte lediglich für Niederbayern, indem der Sitz der Regierung von 1. Juli 1839 an von Passau nach Lands-hut verlegt wurde. Vgl. Bek. des Präsidiums der Regierung von Niederbayern vom 26. Mai 1839, Intell. Bl. von Niederbayern S. 281.

[7] Oberbayern, Niederbayern, Pfalz, Oberpfalz u. Regensburg, Oberfranken, Mittelfranken, Unterfranken u. Aschaffenburg, Schwaben u. Neuburg.

[8] Vgl. oben § 83 Anm. 8, 19.

[9] Den Bestand der Regierungsbezirke u. Bezirksämter betr. (Weber XIII S. 50). Die Aende-rungen wurden „mit Rücksicht auf die ... Umbildung der Gerichtsbezirke (s. oben § 124 Anm. 67), sowie im Hinblicke auf die Wünsche der beiden Kammern des Landtags verfügt". Vgl. auch Repert. über die Landtagsverh. 1879/81 S. 92 u. Ges. vom 10. März 1879 (G. u. V. Bl. S. 165).

[10] Ges., die Landräthe betr., vom 28. Mai 1852 (G. Bl. S. 269) Art. 15, k, 33, a. Vgl. unten § 174 Anm. 2.

[11] Form. Verordn. vom 17. Dec. 1825 § 11.

[12] Form. Verordn. §§ 2, 3. Der Titel Generalcommissär, den der Präsident außerdem führte (vgl. auch oben § 38), wurde durch Art. XII der Verordn. vom 29. Nov. 1837 abgeschafft. Ueber einen Antrag auf Trennung der beiden Kammern u. Aufhebung der Präsidentenstellen Verh. d. K. d. Abg. 1877/81 Sten. Ber. II S. 249 ff.

[13] Regierungsräthe u. Regierungsassessoren. Letztere, durch die Form. Verordn. vom 27. März 1817 eingeführt (vgl. dazu Entschl. vom 28. Mai gl. Js., R. Bl. S. 593, u. Verordn. vom 23. Febr. 1818, G. Bl. S. 25), wurden durch die Form. Verordn. vom 17. Dec. 1825 § 4 bei den Kammern des Innern beseitigt (Regierungssecretäre 2. Classe R. Bl. 1836 S. 997, Döllinger XVII S. 100), jedoch durch k. Entschl. vom 29. Dec. 1850 (Döllinger XXXII S. 80) wieder eingeführt.

[14] Von diesen wird bei Betrachtung der betr. Verwaltungszweige die Rede sein.

[15] Vgl. Form. Verordn. vom 17. Dec. 1825 §§ 5, 7, 141, 142. Ueber die späteren Aenderungen Weber II S. 279 ff. in den Anm. und J. Hock, Handbuch der ges. Finanzverw. im Kgr. Bayern I S. 99. Wegen Führung des Anmeldeprotokolls für „Anbringen minder bemittelter Unterthanen" Verordn. vom 29. Dec. 1836 (Weber III S. 81) Ziff. XV.

[16] Verordn. vom 19. Febr. 1885, die Organisation der Staatsforstverwaltung betr. (Weber XVII S. 25); vgl. unten § 215 Anm. 32.

vertreter in Behinderungsfällen ist der Director der Kammer des Innern [17]. Die Regierungsausfertigungen ergehen unter der Unterschrift des Präsidenten oder seines Stellvertreters [18]. Der Director der Kammer der Finanzen haftet selbständig für die Verfügungen dieser Kammer und für Einhaltung der Etats. Alle Entwürfe und Ausfertigungen von Entschließungen der Finanzkammer und von Zahlungsbefehlen bedürfen daher seiner Unterschrift, und er ist verpflichtet, bei Nichtberücksichtigung seiner Erinnerungen Anzeige an das Staatsministerium der Finanzen zu erstatten [19].

Eine Reihe von Geschäftsgegenständen sind dem Präsidenten ("Regierungspräsidium") [20] zur persönlichen Behandlung übertragen. Hervorzuheben sind die jährlichen Visitationsreisen im Regierungsbezirke [21], die Erstattung zeitweiser Rechenschaftsberichte [22], die Personalangelegenheiten der ihm untergebenen Staatsdiener [23]. Der Präsident hat ferner „in Fällen bedrohter oder gestörter öffentlicher Sicherheit, wo Gefahr auf dem Verzuge haftet, oder der Erfolg der Maßregeln von der Bewahrung des Geheimnisses abhängt", auf seine Verantwortung entweder allein oder mit Zuziehung der Directoren und nach Belieben auch der betheiligten Referenten „die ersten auf die Gesetze gegründeten Verfügungen zu erlassen" [24]. Das Gleiche gilt, „wenn gegen einen Beamten gegründete Anzeigen eines Verbrechens oder Vergehens vorliegen, und bei eintretendem Verzuge die Vernichtung oder Erschwerung der Beweismittel zu besorgen wäre, oder der Beamte sich der Flucht verdächtig gemacht hat oder schon auf der Flucht begriffen ist" [25].

Der Geschäftsgang beider Kammern ist in der Regel bureaumäßig [26]. Der Präsident haftet für alle im bureaumäßigen Wege herbeigeführten Regierungsanordnungen. Er mag zwar solche Gegenstände collegialer Berathung unterstellen; doch verbleibt die Entscheidung und damit die Haftung bei ihm [27].

Berathung und Entscheidung durch das Collegium tritt nur ein, wo Gesetz oder Verordnung es ausdrücklich vorschreibt [28]. In den Sitzungen jeder Kammer führt der Präsident und in dessen Abwesenheit der Director den Vorsitz. Die Abstimmung geschieht nach dem Range und Dienstalter von oben nach unten. Fachmännische Referenten haben nur in Gegenständen ihres Faches entscheidende Stimme. Der Vorsitzende stimmt

---

[17] Form. Verordn. §§ 122, 123, 144. § 122 ist abgeändert durch Verordn. vom 21. Sept. 1854 (Weber II S. 315 Anm. 156). Vgl. auch unten § 175 Anm. 81 (Eröffnung u. Schluß des Landrathes).

[18] Form. Verordn. § 140 Abs. II mit Bek. vom 6. April 1874 (Weber X S. 240).

[19] Form. Verordn. §§ 131, 140 Abs. II.

[20] Form. Verordn. § 140 Abs. I.

[21] Dieselben geschehen durch den Regierungspräsidenten persönlich oder durch den Director in seinem Auftrage, nebstdem auch durch abgeordnete Collegialmitglieder, Rechnungscommissäre 2c. Vgl. Form. Verordn. §§ 116, 124, 125, 129 k; M. E. vom 24. Jan. 1833 (Weber III S. 82 Anm. 2); Verordn. vom 29. Dec. 1836 (Weber III S. 81) Ziff. III; dazu Weber IV S. 573, 688, IX S. 332, XI S. 474. Für das Finanzwesen vgl. J. Hock, angef. Handb. I S. 236 ff.

[22] Form. Verordn. §§ 79, 111, 127. Den Finanzrechenschaftsbericht erstattet jedoch der Director der Finanzkammer. Der Präsident kann aber nebstdem seine Aeußerung abgeben. S. übrigens Weber IV S. 582, Verordn. vom 29. Dec. 1836 (Weber III S. 81) Ziff. VI, XXXIII.

[23] S. im Uebrigen Form. Verordn. § 127.

[24] Vgl. unten § 292 Anm. 1.

[25] Form. Verordn. § 126. Ueber die Thätigkeit des Regierungspräsidenten bei Erklärung des Standrechtes unten § 292 Anm. 75 ff.

[26] Wegen des Revidits der Directoren Weber IV S. 623.

[27] Form. Verordn. §§ 128, 132, 133. Vgl. übrigens Verordn. vom 29. Dec. 1836 (Weber III S. 81) Ziff. XVI (gegen übermäßige Anwendung des § 133).

[28] Form. Verordn. § 129 (vielfach abgeändert, vgl. W. Krais, Handb. der inneren Verwaltung 2c., 3. Aufl., I S. 49 f.). Ueber Anberaumung der Sitzungen u. Förmlichkeiten §§ 137—139.

zuletzt. Die Beschlußfassung erfolgt durch Stimmenmehrheit; bei Stimmengleichheit gibt die Stimme des Vorsitzenden den Ausschlag[29].

Der Präsident muß den Collegialbeschlüssen regelmäßig freien Lauf lassen. Er kann dieselben jedoch auf seine Verantwortung hin hemmen, wenn er von deren Vollzug einen großen Nachtheil für das Staatswohl befürchtet, und er muß sie hemmen, wenn er glaubt, daß sie gegen die Gesetze oder höhere Anordnungen[30] verstoßen. Solchen Falles hat er an das zuständige Ministerium zu berichten und dessen oberaufsichtliche Entscheidung zu erholen. Ist der Gegenstand des Beschlusses ein Antrag an ein Ministerium, so kann der Präsident, falls er mit dem Beschlusse nicht übereinstimmt, dem Berichte ein Sondergutachten beifügen[31].

Die Referenten haften für richtige Darstellung des Sachverhaltes und für rechtzeitige und pflichtmäßige Bearbeitung des Gegenstandes. Von der sachlichen Vertretung der getroffenen Anordnung sind sie entbunden, wenn sie mit ihrer Meinung beim Präsidenten oder beim Collegium nicht durchgedrungen sind und dies zu den Akten vermerkt haben. Ihre Haftung beschränkt sich alsbann auf richtige Abfassung und zweckmäßige Ausführung der Entschließung[32].

Der Wirkungskreis der beiden Kammern wird durch die Formationsverordnung[33] im Allgemeinen[34] folgendermaßen umschrieben.

„In die Geschäftssphäre der Kammer des Innern fallen in der Regel alle jene Gegenstände, welche im höchsten Ressort den Ministerien des Aeußern und des Innern (beider Abtheilungen) zugewiesen sind, insoferne sie Gegenstand der Kreisverwaltung sein können und nicht besonderen Stellen zugetheilt sind. Hieher gehören insbesondere die staatsrechtlichen und militärischen Angelegenheiten, soweit letztere den Civilbehörden zuständig sind; die Angelegenheiten der Religion und der Kirche; jene der öffentlichen Erziehung, der Bildung, des Unterrichts und der öffentlichen Sitten; das Medicinal- (und Veterinär-)Wesen; die gesammte Landespolizei; das Communal- und Stiftungswesen; die staatswirthschaftlichen Gegenstände, welche nicht speciell der Kammer der Finanzen zugewiesen sind; das gesammte Bauwesen mit allen Zweigen desselben und die allgemeine Statistik mit der in alle diese Zweige einschlagenden Dienstübersicht und Dienstordnung.“

„Zur Geschäftssphäre der Kammern der Finanzen gehören: die Leitung der Finanzverwaltung in den Kreisen im Allgemeinen, insbesondere die Aufsicht über das Staatseinkommen; über den Staatsaufwand; die Direction der Kassen; das Etatswesen; das Rechnungswesen; die Aufsicht über das gesammte Finanzdienstpersonal; das Amtsbürgschaftswesen; fiscalische Prozesse; die Kreis- und Districtsumlagen und die Angelegenheiten des Landraths gemeinschaftlich mit der Kammer des Innern; die Finanzrechenschaftsberichte des Kreises.“[35]

Die Kreisregierungen sind innerhalb ihres Wirkungskreises regelmäßig befugt, aus

---

[29] Form. Verordn. § 134. — § 135 u. damit auch § 136 Abs. II ist nach der Einschränkung, die ihm durch k. Entschl. vom 29. Dec. 1851 (Weber II S. 319 Anm. 158) gegeben wurde, nunmehr gegenstandslos geworden. Ueber die in § 135 erwähnte Hofrathsordn. von 1779 oben § 7 Ziff. 2.

[30] Die Form. Verordn. sagt „Allerhöchste Anordnungen“, doch sind darunter nicht blos die k. sondern auch die ministeriellen Anordnungen zu verstehen, da letztere, was früher auch in der Form allgemein zum Ausdrucke kam, im Namen des Königs ergehen.

[31] Form. Verordn. § 136 Abs. I.

[32] Form. Verordn. § 130.　　　　[33] §§ 21, 87.

[34] Die näheren Bestimmungen sind in §§ 22 ff. 88 ff. enthalten, haben aber zahlreiche Abänderungen erfahren. S. die Anm. bei Weber II S. 286 ff. u. insbes. Verordn. vom 29. Dec. 1836 (Weber III S. 81) unter B, dann Entschl. vom 7. Mai 1848 u. 10. Aug. 1848 (Weber III S. 723).

[35] Das Nähere bei J. Hock, Handb. der ges. Finanzverw. I S. 99 ff., IV S. 3 ff.

eigener Zuständigkeit und ohne Anfrage selbständig zu handeln und zu verfügen. Die Erstattung von Berichten an die Ministerien und die Erholung der Genehmigung bei denselben hat nur einzutreten, wo dies ausdrücklich vorgeschrieben ist²⁶.

§ 128. Die äußeren Behörden.

Die Verfassung der äußeren Verwaltungsbehörden rechts des Rheines ist in ihrer geschichtlichen Entwickelung bis zur Trennung der Justiz von der Verwaltung bereits oben¹ erörtert worden².

In der Pfalz wurden durch königliche Entschließung vom 6. November 1817³ die bisherigen vier Bezirksdirectionen (Kreisdirectionen)⁴ aufgehoben und an deren Stelle zwölf Landcommissariate errichtet. Die Vorstände dieser Verwaltungsbehörden hießen Landcommissäre, die Nebenbeamten Landcommissariatsactuare⁵.

Durch Verordnung vom 24. Februar 1862⁶, welche im Vollzuge des Gerichtsverfassungsgesetzes vom 10. November 1861 erging, erfolgte auch für Bayern diesseits des Rheines vom 1. Juli 1862 ab die Trennung der Justiz und der Verwaltung in der untersten Instanz. Die Verordnung ist in allem Wesentlichen noch jetzt in Geltung. Die beigegebene Eintheilung der Regierungsbezirke in Verwaltungsdistricte ist durch Verordnung vom 19. Juni 1879⁷ geändert worden.

Durch Verordnung vom 19. April 1862⁸ erhielten die pfälzischen Districtsverwaltungsbehörden und deren Beamte die gleichen Bezeichnungen, wie in den Landestheilen rechts des Rheines. Durch weitere Verordnung vom 25. Januar 1863⁹ wurden für dieselben Dienstvorschriften „in der Absicht möglichster Angleichung" an jene Bestimmungen gegeben, welche für die übrigen Regierungsbezirke gelten. Für die Eintheilung der pfälzischen Verwaltungsdistricte ist gleichfalls die Verordnung vom 19. Juni 1879 maßgebend.

Ueber Aenderungen im Umfange der Verwaltungsdistricte ist nach gesetzlicher Vorschrift der Landrath des Kreises und, wenn dieser nicht versammelt ist, in dringlichen Fällen der Landrathsausschuß mit seinem Gutachten zu hören¹⁰.

Die Einrichtung der äußeren Verwaltungsbehörden gestaltet sich folgendermaßen. Die Regierungsbezirke zerfallen in „Verwaltungsdistricte", für deren jeden ein Bezirksamt in nächster Unterordnung unter die Kreisregierung besteht. Die unmittelbaren Städte diesseits des Rheines sind jedoch von der Zutheilung zu einem Bezirksamte aus-

---

²⁶ Form. Verordn. §§ 16 ff. u. dazu die Anm. bei Weber II S. 283 ff.
¹ §§ 122, 123.
² Vgl. hieher auch E. v. Moy, Staatsrecht des Königreichs Bayern, II, 1 S. 54 ff., 136 ff.; J. Reingruber, über den Wirkungskreis eines Landgerichts im Kgr. Baiern, 2 Bände, Landshut 1814; G. Chr. Wunder, Handb. der ges. Polizeiverwaltung der äußern Behörden im Kgr. Bayern diess. des Rh., Amberg 1854; Cl. Hellmuth, die k. bayer. Landgerichte diess. des Rh. vom 24. März 1802 bis zur Gegenwart, Nördlingen 1854. S. ferner Min. Bek. vom 23. Sept. 1857, die Instr. für den landgerichtlichen Dienst betr. (R. Bl. S. 1221).
³ Pfälz. Kr. A. Bl. 1818 S. 155. Vgl. oben § 114 Anm. 52.
⁴ Frankenthal, Kaiserslautern, Landau, Zweibrücken.
⁵ Vgl. hieher A. Geib, Handb. für die Gemeindebehörden der Pfalz, 2. Aufl., I S. 2 ff.
⁶ Die Einrichtung der Districtsverwaltungsbehörden betr. (Weber V S. 589). Vgl. oben § 123 Anm. 40.
⁷ S. oben § 127 Anm. 9. Dazu G. u. V. Bl. 1879 S. 1552; 1881 S. 13; 1883 S. 160; 1886 S. 296; 1888 S. 469, 648, 649, 685; 1889 S. 339, 577, 667; 1890 S. 622, 661; 1891 S. 24, 430.
⁸ Weber V S. 614.   ⁹ Weber VI S. 136.
¹⁰ Ges., die Landräthe betr., vom 28. Mai 1852 (G. Bl. S. 269) Art. 15, k, Art. 33, a. Vgl. unten § 174 Anm. 28.

genommen [11]. Die gemeinsame Bezeichnung für die Bezirksämter und die Magistrate der unmittelbaren Städte [12] als Staatsverwaltungsorgane ist Districtsverwaltungs= behörden. Die Verfassung der Bezirksämter ist bureaukratisch. Der Amtsvorstand heißt Bezirksamtmann, die Nebenbeamten führen den Titel Bezirksamtsassessoren. Regelmäßig hat jedes Amt einen Assessor. Die ersten Amtsschreiber (Bezirksamtsofficianten) werden vom Staatsministerium des Innern aufgestellt und entlassen; die übrigen Schreiber nimmt der Bezirksamtmann auf. Jedem Amte ist ein Bezirksamtsdiener beigegeben [13].

Der Bezirksamtmann leitet die Geschäfte unter seiner ausschließlichen persönlichen Verantwortlichkeit. Er unterzeichnet alle Entwürfe und Ausfertigungen. Ausfertigungen ohne seine Unterschrift sind ungiltig. Der Bezirksamtsassessor ist dem Bezirksamtmanne untergeordnet und hat sich nach dessen Anweisung den ihm übertragenen Geschäften zu unterziehen. Bei Abwesenheit oder Verhinderung des Vorstandes ist er dessen Stell= vertreter und handelt sodann auf eigene Verantwortlichkeit. Seiner Unterschrift hat er in solchem Falle die Bezeichnung als Stellvertreter beizusetzen [14]. In den Landestheilen rechts des Rheines kann, wo die örtlichen Verhältnisse es erheischen, ein Nebenbeamter in einem vom Sitze des Bezirksamtes entfernten Orte aufgestellt werden. Wirkungskreis und Stellung solcher „exponirter" Bezirksamtsassessoren wird besonders bestimmt [15]. Die Beamten der Bezirksämter sollen, von Fällen dienstlicher Abwesenheit abgesehen, während der Geschäftsstunden (8—12 Uhr Vormittags, 2—6 Uhr Nachmittags) in den Amtsräumlichkeiten für Jedermann zugänglich sein. Eine gleichzeitige Entfernung der sämmtlichen Beamten vom Amtssitze ist unzulässig, soweit nicht unabweisliche Dienst= verhältnisse eine Ausnahme rechtfertigen [16]. Für die Landestheile diesseits des Rheines bestehen besondere Vorschriften über die Amtstage. Zwei Tage in der Woche sollen zur Entgegennahme mündlicher Anträge fest bestimmt und an diesen auswärtige Geschäfte ohne bringenden Anlaß nicht vorgenommen werden. Außerdem sind in allen Amts= bezirken an den hiefür geeigneten entlegeneren Orten nach näherer Bestimmung der Kreis= regierung Amtstage abzuhalten [17]. Den Bezirksämtern ist schleunige Geschäftserledigung, den Bezirksamtmännern unmittelbarer Verkehr mit den untergebenen Gemeinden durch Bereisung des Amtsbezirkes zur Pflicht gemacht [18].

Die Bezirksämter sind die allgemeinen äußeren Behörden für das Gebiet der eigent= lichen Staatsverwaltung und demgemäß die Vollzugsbehörden der Staatsministerien, die Ministerien der Justiz und des Krieges ausgenommen, sowie der Kreisregierungen, Kammern des Innern [19].

Als Organe der Staatsverwaltung kommen außerdem noch die Gemeindebehörden in ihrem übertragenen Wirkungskreise in Betracht. Dieselben sind die regelmäßigen

---

[11] Verordn. vom 24. Febr. 1862 § 1 Abs. III.

[12] Ueber die sonstigen staatlichen Verwaltungsorgane in unmittelbaren Städten wird besser im Zusammenhange mit dem Gemeinderechte gehandelt.

[13] Verordn. vom 24. Febr. 1862 § 2, Verordn. vom 19. April gl. Js. Ueber die Bezirksamts= officianten Verordn. vom 20. Febr. 1891 (G. u. V. Bl. S. 23), M. E. vom gl. T. (Weber XX S. 529); über das niedere Personal W. Krais, Handb. der inneren Verwaltung ıc., 3. Aufl., I S. 31 ff.

[14] Verordn. vom 24. Febr. 1862 §§ 11, 12, v. 25. Jan. 1863 §§ 1, 2.

[15] M. E. vom 21. Mai 1862 (Weber V S. 631).

[16] Verordn. vom 24. Febr. 1862 § 13, vom 25. Jan. 1863 § 3. Dazu W. Krais a. a. O. I S. 22.

[17] Verordn. vom 24. Febr. 1862 §§ 13, 16. Dazu W. Krais a. a. O. I S. 22 f.

[18] Verordn. vom 24. Febr. 1862 §§ 14, 15, vom 25. Jan. 1863 § 4. Ueber den Geschäftsgang der Bezirksämter W. Krais a. a. O. I S. 38 ff.

[19] Ihre Zuständigkeit im Einzelnen könnte nur aufzählend beschrieben werden. § 10 der Ver= ordn. vom 24. Febr. 1862 sagt lediglich: „Der Wirkungskreis der Bezirksämter umfaßt im Allgemeinen alle Geschäftszweige, welche bisher der Zuständigkeit der Landgerichte als Districtsverwaltungsbehörden überwiesen waren."

örtlichen Verwaltungsorgane; die Gemeindebehörden der unmittelbaren Städte besitzen auch die Zuständigkeit von Districtsverwaltungsbehörden. Es empfiehlt sich, von diesen Verhältnissen im zweiten Theile dieses Buches bei Darstellung der Gemeindeverfassung zu handeln.

Die allgemeinen äußeren Behörden der Finanzverwaltung sind die Rentämter. Deren Bezirke sollen in der Regel einen oder mehrere Amtsgerichtsbezirke umfassen²⁰. Die Verwaltung der Rentämter obliegt einem einzigen Beamten, dem Rentamtmanne²¹, dem lediglich ein Rentamtsdiener²² beigegeben ist. Für das erforderliche Gehilfenpersonal hat der Rentbeamte selbst zu sorgen und es aus seinen Functionsbezügen zu bezahlen. Die Gehilfen stehen in persönlichem Dienstverhältnisse²³ zum Rentamtmanne²⁴. Die Haltung eines entsprechenden Gehilfenstandes ist aber eine Amtspflicht des Rentamtmanns deren Erfüllung nöthigenfalls aufsichtlich zu erzwingen ist²⁵. Gemäß Verordnung vom 21. März 1895²⁶ sind bei den Rentämtern Rentamtsofficianten aufzustellen, und zwar regelmäßig einer bei jedem Amte.

Die Hauptaufgabe der Rentämter besteht in der Verwaltung derjenigen Staatsgefälle, deren Vereinnahmung keine besonderen fachmännischen Kenntnisse fordert²⁷. Dahin gehören hauptsächlich die directen Staatssteuern.

Eine nähere Darlegung des Geschäftsumfanges und des Verfahrens der Rentämter kann nur im Finanzrechte gegeben werden²⁸.

6. Hauptstück.

Die Verwaltungsrechtspflege.

§ 129. Geschichtliche Entwickelung¹.

Die Einrichtung der öffentlichen Rechtspflege in Bayern war bis in die neueste Zeit eine ebenso unbefriedigende wie anderwärts.

Es bedarf kaum der Bemerkung, daß die Verwaltung zu Anfang des Jahrhunderts, da sie die Aufgabe zu erfüllen hatte, Bayern zu einem neuzeitlichen Staatswesen umzuschaffen, den Bestand einer

---

²⁰ Ueber den Bestand der Rentamtsbezirke Weber XIV S. 242. München hat vier Stadtrentämter und ein Landrentamt (vgl. Weber XIV S. 160 u. G. u. V. Bl. 1892 S. 725), Nürnberg zwei Rentämter (Weber XIV S. 162). Vgl. auch Verh. d. K. d. Abg. 1873/75 Beil. Bd. II S. 146, Sten. Ber. II S. 375. Landtagsabsch. vom 19. Mai 1881 (G. u. V. Bl. S. 417) Abschn. I § 4.
²¹ Verordn. vom 24. März 1802, die Einrichtung der Landgerichte betr. (Weber I S. 203) § IV. Vgl. oben § 36 Anm. 4. Ueber den Amtstitel Rentamtmann (früher Rentbeamter) F. M. Bl. 1895 S. 141.
²² Vgl. J. Hock, Handb. ꝛc. I S. 107 Anm. 8 u. S. 135.
²³ Vgl. unten § 162 Anm. 65 a. E.
²⁴ Verordn. vom 30. Mai 1872, die Bezüge der Rentbeamten betr., (Weber IX S. 409) § 3 Abs. II.
²⁵ F. M. E. vom 31. Juli 1868 (Weber VII S. 424). Vgl. im Uebr. J. Hock a. a. O. I S. 134.
²⁶ G. u. V. Bl. S. 136.
²⁷ J. Hock a. a. O. I S. 137.
²⁸ Vgl. übrigens J. Hock a. a. O. I S. 137 ff. und über die Besonderheiten der Pfalz (Steuereinnehmer) S. 142 f.
¹ Aus der allg. Literatur sind hervorzuheben: O. Bähr, der Rechtsstaat, Kassel u. Göttingen 1866; R. Gneist, Verwaltung, Justiz, Rechtsweg, Staatsverwaltung u. Selbstverwaltung ꝛc., Berlin 1869; R. Gneist, der Rechtsstaat u. die Verwaltungsgerichte in Deutschland, Berlin 1872, 2. Aufl. 1879; O. v. Sarwey, das öffentliche Recht u. die Verwaltungsrechtspflege, Tübingen 1880 (darüber E. Löning in Schmoller's Jahrb. für Gesetzgebung, Verwaltung u. Volkswirthschaft im Deutschen Reich V (1881) S. 801 ff.); G. Meyer, Lehrb. des deutschen Verw. Rechts, 2. Aufl., I S. 35 ff. E. Löning, Lehrb. des deutschen Verw. Rechts S. 771 ff.; K. Frhr. v. Stengel, Annalen des Deutschen Reichs 1875 S. 1314 ff.; 1876 S. 808 ff., C. E. Leuthold ebenda 1884 S. 321 ff.;

von ihr gesonderten öffentlichen Rechtspflege als ein Hinderniß ihrer Thätigkeit hätte empfinden müssen. Auch konnte, solange in der untersten Instanz die bürgerliche und Strafrechtspflege mit der Verwaltung noch vereinigt war, die Trennung der Verwaltungsrechtspflege von der letzteren kaum mit Erfolg angestrebt werden.

Man hatte in Bayern, so sehr man unter dem Ministerium Montgelas in Vielem an französische Vorbilder sich anschloß, doch die Einrichtung besonderer Organe des contentieux administratif nicht vollständig herübergenommen. Nur die oberste Instanz wurde im geheimen Rathe, später Staatsrathe, nachgeahmt². Für das Gebiet dieser Gerichtsbarkeit (Administrativjustiz) entwickelte sich der Zwitterbegriff der administrativ-contentiösen Sachen³.

Die Gerichtsordnung von 1753 und einige spätere Verfügungen hatten auf dem Gebiete der Polizei den Rechtsweg für Parteisachen⁴ offen gelassen. Dagegen sprach eine Entschließung vom 11. Januar 1799⁵ aus, daß „in Zukunft die in Polizeisachen entstehenden Streitigkeiten zwischen den Handwerkern und sonst über einen das Publicum vorzüglich interessirenden Gegenstand niemals mehr ad forum civile contentiosum gezogen werden sollen". Der Gedanke, der in dieser Redewendung ausgedrückt war, blieb für die weitere Ausbildung des Begriffes der administrativ-contentiösen Sachen leitend. „Im Allgemeinen," so lautet eine spätere, halbamtliche Begriffsbestimmung⁶, „läßt sich sagen: Wenn bei einer Privatrechtssache das Gemeinwohl in der Art betheiligt ist, daß eine bloße ausschließliche Behandlung der privatrechtlichen Forderung nach dem Privat- oder Civilrechte jenes höhere Interesse des Gemeinwohls verkürzen oder unberücksichtigt lassen könnte, so ist jene gemischte Gerichtsbarkeit begründet, welche administrativ-contentiös genannt wird." Glücklicher Weise ist es nicht mehr veranlaßt, zu versuchen, in diesen juristischen Widersinn Methode zu bringen⁷.

Abgesehen von anderen Einzelvorschriften gab insbesondere die Verordnung vom 8. August 1817⁸ ein Verzeichniß von 17 administrativ-contentiösen Gegenständen. Die Entscheidung in solchen Sachen erfolgte regelmäßig⁹ in erster Instanz durch die Districtsverwaltungsbehörden, in zweiter Instanz durch die Kreisregierungen, Kammern des Innern, in dritter Instanz, wenn eine weitere Berufung überhaupt zulässig war, durch den Staatsrath, und zwar theils in der Vollversammlung, theils im Ausschusse (früher Staatsrathscommission). Ueber die Veränderungen zu berichten, welche der Umkreis der administrativ-contentiösen Sachen im Laufe der Zeit erlitten hat, ist ohne Interesse¹⁰. Soweit das administrativ-contentiöse Verfahren nicht Platz griff, war die öffentliche Rechtsprechung eine Aufgabe der Verwaltung.

Die Bewegung zu Gunsten der Einführung eines Verwaltungsgerichtshofes in Bayern fand beim Landtage¹¹ zum ersten Male im Jahre 1865 Ausdruck. Die Kammer der Abgeordneten erhob einen Antrag Völk zum Beschlusse, wonach eine diesbezügliche Bitte an die Krone gerichtet werden sollte. Die Staatsregierung äußerte sich entgegenkommend¹².

Nach wiederholten Anregungen der Sache in der zweiten Kammer¹³ gelangte im November

---

L. v. Stein, Rechtsstaat u. Verwaltungsrechtspflege, Grünhut's Zeitschr. für das Privat= u. öffentl. Recht der Gegenwart VI S. 27 ff., 297 ff., K. Frhr. v. Lemayer ebenda XXII S. 353 ff., L. Jolly, die Verwaltungsgerichte, Zeitschr. für die ges. Staatswissensch. XXXIV S. 575 ff. Ph. Zorn im Verwaltungsarchiv II S. 74 ff., K. Frhr. v. Stengel ebenda III S. 178 ff. Weitere Angaben bei G. Meyer a. a. O. S. 35 Anm. 1.

² Vgl. oben § 37 Anm. 35 ff., § 113.

³ Darüber Pöhlmann, über das Wesen der administrativ-contentiösen Sachen mit bes. Rücksicht auf Bayern, Würzburg 1853. S. auch oben § 122 Anm. 11.

⁴ Wo de iure reali vel perpetuo der Parteien gehandelt werde, wo ein legitimus contradictor obhanden sei, wo iura partium et singulorum obwalten. Vgl. G. K. Mayr, Sammlung ꝛc., 1784, II S. 810, 905 (Generalverordn. vom 11. Jan. 1768 u. 25. Jan. 1775), I S. 162 (Hofrathsordn. von 1779 Art. 3 § 4), 1797, V S. 345 (Entschl. vom 8. April 1796).

⁵ G. K. Mayr, Sammlung ꝛc., 1799, VI S. 121.

⁶ Döllinger II S. 180.

⁷ Vgl. zum Folgenden Döllinger II S. 180 ff., E. v. Moy, Staatsrecht des Kgrs. Bayern II, 1 S. 35 ff., 72 ff., ferner oben § 113, insbes. wegen der Pfalz § 114 Anm. 23 ff.

⁸ R. Bl. S. 642.

⁹ Ausnahmsweise kamen auch die Finanzbehörden als erste Instanzen in Betracht. In einigen Fällen war der Staatsrath unmittelbar zur Entscheidung berufen.

¹⁰ Darüber oben § 113 Anm. 24.

¹¹ Vgl. zum Folgenden W. Krais, Ges. vom 8. Aug. 1878 ꝛc. erläutert, Erlangen 1879, S. 18 ff., Müller bei G. Kahr, das bayer. Ges. über die Errichtung eines Verwaltungsgerichtshofes ꝛc. (Commentar), Nördlingen 1879, S. XXXV ff., Verh. d. K. d. Abg. 1877/81 Beil. Bd. III S. 7 f.

¹² Verh. d. K. d. Abg. 1863/65 Beil. Bd. VI S. 337 ff., Sten. Ber. III S. 77 ff.

¹³ Verh. d. K. d. Abg. 1866/69 Sten. Ber. I S. 192, 376 ff. Beil. Bd. I S. 310 f.

1867 der Regierungsentwurf eines Gesetzes über die Errichtung eines Verwaltungsgerichtshofes zur Vorlage[14]. Dieser Entwurf erhielt für die bayerische Rechtsentwickelung bleibende Bedeutung durch den Vortrag, welchen der Abgeordnete Dr. B r a t e r darüber erstattete[15].

Die Aenderung in der Behördenverfassung, welche der Entwurf vorschlug, beschränkte sich darauf, daß über den bisherigen Unter- und Mittelinstanzen der Verwaltungsrechtspflege ein Verwaltungsgerichtshof stehen sollte. Dessen Zuständigkeit aber war aufzählend nach dem Gesichtspunkte bemessen, daß nur in „Parteistreitigkeiten aus dem Gebiete des öffentlichen Rechtes" der Verwaltungsgerichtshof solle angegangen werden können. Die Regierungsgewalt dürfe nie von der Verwaltungsrechtspflege vor ihr Forum gezogen und in einen Parteistreit mit den Regierten verwickelt werden. Dies ist, wie man sieht, jener Standpunkt, der in dem Bestande einer öffentlichen Rechtspflege eine Erniedrigung der Verwaltung und in der Verwaltung den eigentlichen Ausdruck der Staatsgewalt, in der richterlichen Gewalt aber eine fremde und hindernde Macht erblickt. Es ist begreiflich, daß bei einer Auffassung, die im Grunde genommen eine Verneinung der öffentlichen Rechtspflege enthält, eine befriedigende Gestaltung des Entwurfs nicht möglich war. Denn unter dem Einflusse eines solchen Gedankenganges mußte die Zulassung einer Verwaltungsrechtsprechung als ein möglichst zu beschränkendes Zugeständniß der Verwaltung an eine gegnerische Gewalt erscheinen. Mit treffendem Spotte bemerkte B r a t e r[16] über jenen Grundsatz, der vom Entwurfe übrigens nicht einmal folgerichtig festgehalten war: „Die nöthige Unbefangenheit des Urtheils wird den Verwaltungsbehörden in der Regel nicht fehlen, wenn sie die zweifelhafte Frage lösen sollen, wer die Herstellung des Blitzableiters auf einem Stiftungsgebäude oder des Wegweisers an einer Kreuzstraße oder die Kosten der Verpflegung eines erkrankten Arbeiters zu übernehmen habe, oder wenn ein Streit über Ausübung des Weiderechts, über Zehentbaulasten, über Gemeindemarkungsgrenzen und dergl. zur Entscheidung vorliegt. Auf Fälle dieser Art, bei welchen ein Conflict zwischen der administrativen und richterlichen Stellung der Verwaltungsbehörde nicht einzutreten pflegt, wird im Entwurfe der Verwaltungsgerichtshof fast ausschließlich angewiesen. Jene anderen Fälle aber, in welchen die Behörden am meisten geneigt sind, einer polizeilichen Rücksicht oder vormundschaftlichen Laune das Recht der Individuen und Corporationen zu opfern, in welchen daher ein erhöhter Rechtsschutz vor Allem nöthig ist, hat der Entwurf dem Wirkungskreise des Verwaltungsgerichtshofes durchgängig entzogen."

Der Ausschuß der Abgeordnetenkammer erachtete es daher für veranlaßt, eine sehr ausgiebige Erweiterung der Zuständigkeit für den Verwaltungsgerichtshof zu fordern[17]. Der Ausschuß ging davon aus, daß der Verwaltungsrechtsweg auch bei Streitigkeiten der Einzelnen mit einer Behörde, sowie zum Schutze der gemeindlichen Selbstverwaltungsrechte eröffnet werden müsse.

Nachdem in der Folge ein Wechsel in der Person des Staatsministers des Innern eingetreten war[18], zog die Staatsregierung im Januar 1869 ihren Entwurf zurück. Zugleich gab sie der Absicht Ausdruck, „noch beim gegenwärtig versammelten Landtage einen neuen Gesetzentwurf einzubringen, in welchem auch die Errichtung von Verwaltungsgerichten erster Instanz mit bürgerlichen Beisitzern vorgesehen und der Verwaltungsgerichtshof als zweite und letzte Instanz construirt" werden solle[19].

Die zugesicherte Vorlage kam bald darauf der Kammer der Abgeordneten zu[20]. Der H ö r m a n n'sche Entwurf, in formeller Beziehung vorzüglich ausgearbeitet, erwies sich zwar bei Bemessung des Umkreises der Verwaltungsrechtssachen in einigen Punkten entgegenkommend gegen die Anschauungen der Abgeordnetenkammer, schloß aber insbesondere den Schutz des gemeindlichen Selbstverwaltungsrechtes aus[21]. Er schlug ferner hinsichtlich der Verfassung der Verwaltungsrechtspflege neue Bahnen ein. Verwaltung und Verwaltungsgerichtbarkeit sollten durch alle Instanzen geschieden sein. Jeder Verwaltungsbistrict sollte ein ordentliches Verwaltungsgericht erster Instanz haben und dieses aus dem

<hr/>

[14] A. a. O. Sten. Ber. II S. 254, Beil. Bb. III S. 75 ff.

[15] Beil. Bb. IV S. 169 ff. Der Vortrag hat nicht blos praktischen, sondern auch hohen wissenschaftlichen Werth. Vgl. ferner B r a t e r's Aufsatz Bl. f. abm. Praxis VII S. 1 ff.

[16] Beil. Bb. IV S. 173.

[17] Vgl. die Verh. Beil. Bb. IV S. 185 ff.

[18] Frhr. v. Pechmann starb, u. W. v. Hörmann wurde sein Nachfolger.

[19] Sten. Ber. V S. 181.   [20] Beil. Bb. V S. 430 ff.

[21] Kaum zutreffend ist es, wenn die Begründung S. 436 es für unmöglich erklärt, „aus innern Erwägungen einen principiellen Begriff von Verwaltungsrechtssachen zu construiren". Dies ist im Gegentheile sehr leicht. Die Schwierigkeit liegt darin, daß es nicht gewünscht wird, den einfachen Begriff der öffentlichen Rechtssache bei Festsetzung des Gebiets der Verwaltungsrechtspflege zu Grunde zu legen. Je nach persönlicher Auffassung oder Zweckmäßigkeitsrücksichten will man bald dieses, bald jenes, was begrifflich zu den Verwaltungsrechtssachen gehört, aus denselben ausgeschieden wissen und verlangt, daß die Begriffsbestimmung sich diesen persönlichen Empfindungen anpassen solle.

Bezirksamtmanne, Polizeidirector, rechtskundigen Bürgermeister oder deren Stellvertreter als Vorsitzendem und vier bürgerlichen Beisitzern bestehen. Als außerordentliche Verwaltungsgerichte erster Instanz waren die mittelbaren Gemeindebehörden und fünfgliederige Senate der Kreisregierungen bezeichnet. Zweite und letzte Instanz sollte der Verwaltungsgerichtshof sein. Bei diesem sollte eine Staatsanwaltschaft aufgestellt werden.

Der Entwurf begegnete in der Abgeordnetenkammer großen und gerechtfertigten Bedenken. Abgesehen davon, daß die Bemessung der Zuständigkeit der Verwaltungsgerichte nicht ausgiebig genug befunden wurde, stieß man sich, meines Erachtens mit vollem Rechte, an der Hereinziehung von Laien in die Verwaltungsrechtsprechung[22] und an der Beseitigung der Kreisregierung als zweiter Instanz. Aus diesen Gründen lehnte die Kammer auf Vortrag Dr. Brater's[23] den Entwurf ab, nicht ohne die Vorlage eines neuen ausdrücklich zu erbitten[24]. Auf diesen Wunsch kam der Landtag 1875/76 zurück[25], und der Landtagsabschied vom 29. Juli 1876[26] sagte demselben Berücksichtigung zu[27].

Der dritte Entwurf eines Gesetzes über den Verwaltungsgerichtshof und das Verfahren in Verwaltungsrechtssachen wurde in Erfüllung dieses Versprechens am 28. September 1877 der Abgeordnetenkammer vorgelegt[28]. Der Entwurf fand eine schwierige Lage vor. Die Mehrheit der Abgeordnetenkammer stand zu der Staatsregierung in politischem Gegensatze. So erhoben sich denn Stimmen, welche die Annahme des Gesetzes als eine Frage des Vertrauens erachtet und daher dem Ministerium einen Verwaltungsgerichtshof nicht bewilligt wissen wollten. Sachlicher war die Gegnerschaft jener, welche es für nothwendig hielten, daß mit der Einführung des Verwaltungsgerichtshofes eine Vereinfachung der Verwaltungseinrichtung sich verbinde. Wenn die Vereinbarung des Gesetzes trotz alledem gelang, so trug dazu wesentlich der Umstand bei, daß, sobald die sachlichen Gegner des Entwurfes den Versuch machten, ihren Wünschen nach Umgestaltung der Verwaltungseinrichtung eine greifbare Fassung zu geben, eine sehr erhebliche Verschiedenheit der Meinungen sich herausstellte. Der Regierungsentwurf erlitt in der Kammer der Abgeordneten mehrfache Aenderungen, von denen einige indessen durch die erste Kammer nicht gebilligt wurden. Man kann nicht behaupten, daß diese Aenderungen durchweg Verbesserungen gewesen seien[29].

Das Gesetz[30] wurde unterm 8. August 1878 vom Könige sanctionirt. Dasselbe enthielt indessen in Artikel 51 Absatz I die auffallende Vorschrift: „Der Tag, an welchem dieses Gesetz in Kraft tritt, wird durch ein besonderes Gesetz bestimmt"[31]. Hienach stellte sich das Ganze mehr als die feierliche Verkündung der Absicht, künftig ein Gesetz zu geben, denn als Verkündung eines Gesetzes heraus.

---

[22] Brater bemerkte (Beil. Bd. V S. 601): „So verlockend aber jeder derartige Vorschlag klingt, so kann er doch nicht mit der allgemeinen Betrachtung erledigt werden, daß das Vordringen des Bürgerthums in die Beamtenstuben unter allen Umständen als ein Gewinn zu begrüßen sei. Es gibt für die Ausdehnung der bürgerlichen Ehrenämter bestimmte Grenzen, deren Ueberschreitung sich bitter strafen könnte. Der Bürger und Bauer, die hier zunächst in Betracht kommen, darf erstens mit öffentlichen Functionen nicht überhäuft und zweitens für keine Aufgabe in Anspruch genommen werden, der er nicht gewachsen ist."

[23] Beil. Bd. V S. 599 ff.   [24] Sten. Ber. XI S. 222—248.

[25] Verh. d. K. d. Abg. Sten. Ber. I S. 262 ff., der K. d. R. R. Prot. Bd. I S. 617.

[26] § 14.

[27] Ueber Gesetzentw., welche 1874 im Staatsministerium des Innern ausgearbeitet worden waren, aber nicht an die Oeffentlichkeit kamen, vgl. die Bemerkung bei W. Krais, Commentar S. 22. Die Entw. bezogen sich auf die Verfassung der Districts- u. Kreisgemeinden, sowie der inneren Verwaltung, dann auf den V. G. H.

[28] Verh. d. K. d. Abg. 1877/81 Sten. Ber. I S. 47, Beil. Bd. III S. 1 ff.

[29] Die bezüglichen Kammerverh. sind: K. d. Abg. Beil. Bd. III S. 119 ff., 163 ff., 207 ff., Sten. Ber. II S. 185 ff. — K. d. R. R. Beil. Bd. III S. 382 ff., 420 ff., Prot. Bd. I S. 487 ff. — K. d. Abg. Beil. Bd. IV S. 203, Sten. Ber. IV S. 23 f.

[30] Die Errichtung eines Verwaltungsgerichtshofes und das Verfahren in Verwaltungsrechtssachen betr. G. u. V. Bl. S. 369. — Das Ges. hat zwei treffliche Erläuterungen erfahren: Wilhelm Krais, Ges. vom 8. Aug. 1878 . . ., Erlangen 1879, mit zwei Nachträgen 1879, 1887 (aus der Sammlung: Gesetzgebung des Kgr. Bayern); G. Kahr, das bayer. Gesetz über die Errichtung eines Verwaltungsgerichtshofes . ., Nördlingen 1879. Außerdem sind zu erwähnen: Ausgabe von Max Müller, München 1891; Handausgabe von A. Dyroff (2. Aufl. der Ausg. von A. Reger), Ansbach 1894; Fr. Weber, die Verwaltungsgerichtsverfassung und der Prozeß in Verwaltungsrechtssachen rc. Würzburg 1879; F. Lindner u. Th. v. Hauck, der Verwaltungsgerichtsprozeß in Bayern, München 1894.

[31] Dieser Satz, den die K. d. Abg. einfügte, war ein Ergebniß politischer Taktik. Es sollte dadurch ein Druck auf die Regierung in dem Sinne geübt werden, daß dieselbe vorerst die vom Landtage in Petitionsform beschlossenen Aenderungen und Vereinfachungen der Verwaltungseinrichtung vor-

Unterm 10. März 1879 wurde ſodann ein weiteres Geſetz erlaſſen²², welches ausſprach, daß das Geſetz vom 8. Auguſt 1878 gleichzeitig mit dem Reichsgerichtsverfaſſungsgeſetze vom 27. Januar 1877 in Kraft treten ſolle.

Zum Vollzuge des Geſetzes ergingen die Verordnung vom 31. Auguſt 1879, den Verwaltungsgerichtshof betreffend²³, dann unterm 1. September gl. Js. Vorſchriften, welche vom Staatsminiſterium des Innern im Einverſtändniſſe mit den übrigen Staatsminiſterien über das Verfahren in Verwaltungsrechtsſachen getroffen wurden²⁴. Hiezu war die Staatsregierung durch Artikel 16 Abſatz III des Geſetzes ermächtigt worden.

Einige Beſtimmungen des Geſetzes vom 8. Auguſt 1878, nemlich Artikel 10 Ziffer 29 und 30 und Artikel 50, traten nicht in Wirkſamkeit, die erſteren nicht zu Folge Artikel 288 Abſatz III des Geſetzes über das Gebührenweſen vom 18. Auguſt 1879²⁵, letztere nicht kraft Artikel 29 des Geſetzes, die Entſcheidung von Competenzconflicten zwiſchen den Gerichten und den Verwaltungsbehörden oder dem Verwaltungsgerichtshofe betreffend, vom 18. Auguſt 1879²⁶. Das erſtere Geſetz, ſowie eine Mehrzahl von Geſetzen, die am entſprechenden Orte zu erwähnen ſein werden, enthalten Vorſchriften, welche das Gebiet der Verwaltungsrechtspflege erweitern. Die Verfügungen des Geſetzes vom 18. Auguſt 1879 gehören nicht in dieſen Zuſammenhang.

§ 130. Die Verwaltungsgerichtsverfaſſung¹.

Die öffentliche Rechtspflege hat mit der bürgerlichen Rechtspflege gemeinſam, daß ihre Aufgabe darin beſteht, zwiſchen Parteien beſtrittenes Recht feſtzuſtellen, alſo die Grenze zu ermitteln, welche nach der Rechtsordnung zwiſchen den Intereſſen der ſtreitenden Theile gezogen iſt. Dies geſchieht hier wie dort durch die Anwendung der objectiven Rechtsſatzung auf den zur Entſcheidung ſtehenden Fall im Richterſpruche². Der Richterſpruch iſt alſo nichts Anderes, als die viva vox iuris, das objective Recht in einzelner Erſcheinung.

Die öffentliche Rechtspflege unterſcheidet ſich von der bürgerlichen Rechtspflege dadurch, daß ſie ſich auf einem anderen Rechtsgebiete bewegt, als letztere. Die bürgerliche Rechtsordnung regelt diejenigen rechtlichen Beziehungen, in welche der Einzelne als ſolcher durch commercium und connubium tritt, ſonach die Beziehungen des wirthſchaftlichen Verkehrs und der Familie. Die öffentliche Rechtsordnung dagegen befaßt ſich mit der Regelung derjenigen Angelegenheiten, welche der Staat als ſolche des öffentlichen Intereſſes behandelt. Die Sphäre des öffentlichen Rechtes iſt an ſich die höhere gegenüber der Sphäre des bürgerlichen Rechtes, wie denn auch das öffentliche Intereſſe dem privaten Intereſſe vorgeht. Würde dieſe Ueberlegenheit des erſteren über das letztere von der Rechtsordnung mit ſolcher Rückſichtsloſigkeit durchgeführt, daß das privatrechtlich geſchützte Intereſſe dieſen Schutz nur innerhalb des Privatrechtes genöſſe, gegenüber dem öffentlichen Intereſſe aber gar nicht anerkannt, alſo gar kein Recht wäre, dann fände eine

---

nehme. Die bezüglichen Wünſche waren nicht ſehr weitgehend, und die K. d. Abg. zeigte ſich in der Folge hinſichtlich des Abmaßes der Erfüllung jener Bitte wenig ſchwierig. S. das Nähere bei W. Krais, Commentar S. 25 f.

²² G. u. V. Bl. S. 163. Dazu Verh. d. K. d. Abg. Beil. Bd. IV S. 349, Sten. Ver. III S. 479 ff., 488 ff.; der K. d. R. R. Prot. Bd. II S. 1059 ff.

²³ G. u. V. Bl. S. 1007.   ²⁴ G. u. V. Bl. S. 1014.

²⁵ G. u. V. Bl. S. 903.   ²⁶ G. u. V. Bl. S. 991.

¹ Vgl. zum Folgenden O. v. Sarwey, das öffentliche Recht u. die Verwaltungsrechtspflege, Tübingen 1880, S. 55 ff.; ferner C. E. Leuthold, öffentliches Intereſſe u. öffentliche Klage im Verwaltungsrecht, Annalen des Deutſchen Reiches 1884 S. 321 ff., H. Rehm, Bl. f. adm. Praxis XL S. 225 ff., G. Jellinek, Syſtem der ſubjectiven öffentlichen Rechte, Freiburg i. B. 1892.

² In dieſer Beziehung iſt die Thätigkeit der Verwaltungsrechtspflege weſentlich gleichartig mit jener der bürgerlichen Rechtspflege. Nur bedingt der Umſtand, daß es ſich um Rechte anderer Art als die Privatrechte handelt, auch eine andere Stellung des Richters bei der Rechtsanwendung. Vgl. hieher G. Meyer, Lehrb. des deutſchen Verw. Rechtes, 2. Aufl., I S. 45 ff.

öffentliche Rechtspflege kein Feld der Wirksamkeit. Der Einzelne würde auf dem Gebiete des öffentlichen Rechtes überhaupt nicht Rechtssubject, sondern lediglich ein willenloses Object der staatlichen Regierungsthätigkeit sein. Ein solcher Zustand der Rechtlosigkeit des Einzelnen gegenüber der Staatsgewalt ist indessen dem Verfassungsstaate fremd. Unsere öffentliche Rechtsordnung zieht vielmehr Grenzen zwischen den Interessen der Allgemeinheit und den Interessen des Einzelnen, sie bestimmt, inwieweit der Einzelne mit seinen privatrechtlich gewährleisteten Rechten vor den öffentlichen Interessen zurückzutreten[3], inwieweit er ferner mit seiner Person und seinem Vermögen zur Verfolgung dieser Interessen beizutragen hat. Dadurch entsteht für den Einzelnen auch gegenüber den Anforderungen des öffentlichen Interesses ein selbständiger Rechtskreis; er erscheint auf dem Gebiete des öffentlichen Rechtes als Rechtssubject mit gesetzlich begrenzten Pflichten und mit dem Anspruche darauf, daß in den Kreis seiner Privatrechte nicht über das gesetzliche Maß hinaus eingegriffen werde.

Aber der Einzelne ist im öffentlichen Rechte nicht auf diese mehr leidende Rolle beschränkt. Als Angehöriger des Staates und der öffentlichen Verbände, die innerhalb des Staates bestehen, hat er nicht blos thatsächlich den Genuß der Vortheile, welche aus der Regierungs- und Verwaltungsthätigkeit sich ergeben, sondern dieser Antheil wird auch vielfach zum rechtlichen Anspruche gesteigert[4]. Dazu kommt, daß die persönliche Heranziehung der Staatsangehörigen zur Mitwirkung bei der Wahrnehmung der öffentlichen Interessen rechtliche Ansprüche nicht blos zur Folge haben kann, sondern vielfach selbst die Natur eines Rechtsanspruches hat. Und so wird der Einzelne auf dem Gebiete des öffentlichen Rechtes nicht nur Träger von Pflichten, sondern auch Inhaber von Rechten.

Mit dem Vorhandensein subjectiver Rechte auf dem Gebiete des öffentlichen Rechtes, solcher Rechte also, die nur durch das Gemeinschaftsverhältniß des Einzelnen zum Staate oder zum Gemeindeverbande entstehen, ist von selbst gegeben, daß zwischen den Inhabern der öffentlichen Gewalten und den Einzelnen ebenso wie zwischen den Einzelnen selbst[5] Verhältnisse der Berechtigung und der Verpflichtung sich bilden. Mögen die öffentlichen Gewalten den Unterthanen auch sonst herrschend und befehlend entgegentreten: sobald die Grenzen der beiderseitigen Rechte und Pflichten in Frage kommen, erscheinen sie im Bereiche des öffentlichen Rechtes nicht minder wie in jenem des Privatrechtes als im Verhältnisse der Nebenordnung stehend, als Parteien. Der Rechtsstreit darf nicht einseitig nach dem Willen der einen Partei erledigt werden, sondern er muß, wie der Streit des Privatrechtes, durch objective Anwendung des Gesetzes seine Schlichtung finden. So ergibt sich die Nothwendigkeit eines Rechtsschutzes auch für das Gebiet des öffentlichen Rechtes.

Die öffentliche Rechtspflege hat mithin die Aufgabe, bestrittenes öffentliches Recht zwischen den Organen der öffentlichen Gewalt und den Einzelnen oder zwischen den Einzelnen festzustellen.

Die Grenze der öffentlichen Rechtspflege, einerseits zur Privatrechtspflege, andrer-

---

³ E. Löning, Lehrb. des deutschen Verw. Rechtes S. 785: „Das Verhältniß, das durch einen Eingriff des Staats in die Rechtssphäre des Einzelnen zwischen diesem und dem Staate entsteht, ist nicht ein privatrechtliches, sondern immer ein öffentlichrechtliches."

⁴ Selbstverständlich bildet aber nicht Alles, was Staatsaufgabe ist, auch den Gegenstand eines rechtlichen Anspruchs der Staatsangehörigen. Vgl. oben § 78 Anm. 43.

⁵ Dagegen Leuthold a. a. O. S. 346: „Der Unterschied zwischen dem öffentlichen Rechte und dem Privatrechte liegt hiernach in den Rechtssubjecten, welche bei den beiderseitigen Rechtsverhältnissen betheiligt sind. Bei den Rechtsverhältnissen des öffentlichen Rechts ist nemlich nothwendig das öffentliche (Gemein-) Wesen als Berechtigter oder Verpflichteter betheiligt, bei den Privatrechtsverhältnissen trifft diese Voraussetzung nicht zu, sie bestehen zwischen den Einzelnen."

ſeits zur Verwaltung, ergibt ſich hienach von ſelbſt. Die erſtere Grenze iſt eine Grenze des materiellen Rechtsgebietes bei Gleichartigkeit der Functionen; die letztere Grenze beruht auf der Verſchiedenheit der Functionen.

Die Verwaltung hat die Verwirklichung der öffentlichen Intereſſen innerhalb der Schranken zur Aufgabe, durch welche ihre Rechtsſphäre umſchloſſen iſt. In dieſem Bereiche der verwaltenden Thätigkeit iſt kein Raum für die Rechtspflege. Wohl mag auch die Thätigkeit, welche die Verwaltungsbehörden innerhalb ihrer Rechtsgrenzen entfalten, durch Vorſchriften beſtimmt ſein. Allein die Sorge für ihre Einhaltung iſt eine Sache des Dienſtes, keine Sache der Rechtspflege. Hieraus erhellt, daß Rechtspflege und Verwaltung ihre Aufgabe im Staate nach ihrem vollen Umfange erfüllen können, ohne einander zu ſtören oder zu beeinträchtigen, oder gar in ein Verhältniß der Ueber- und Unterordnung zu gerathen.

Es iſt an ſich eine Frage praktiſcher Erwägung, in welcher Weiſe die Handhabung der öffentlichen Rechtspflege geſtaltet werden ſoll. Man kann vom idealen Standpunkte aus und abſehend von den obwaltenden Verhältniſſen des einzelnen Staates die Forderung aufſtellen, daß die geſammte Rechtſprechung ein- und demſelben Organismus von Gerichten anvertraut werde⁶. Man kann aber andererſeits da, wo die Entſcheidung der Streitigkeiten des öffentlichen Rechtes in die Hände der Verwaltungsbehörden gelegt iſt, nicht ſagen, daß eine öffentliche Rechtſprechung nicht beſtehe. Es ſind eben dann zwei innerlich verſchiedene Staatsaufgaben denſelben Behörden anvertraut, deren Pflicht es iſt, jede dieſer Aufgaben der Verſchiedenheit ihres Weſens entſprechend zu erfüllen. Eine andere Frage iſt es freilich, ob eine derartige Einrichtung als zweckmäßig erachtet werden kann, und ob bei ſolcher Vereinigung von Rechtſprechung und Verwaltung die erſtere nicht zu kurz kömmt⁷. Die neuere Rechtsentwickelung hat den Bedenken, welche in dieſer Richtung obwalten, wenigſtens theilweiſe Rechnung getragen. Dieſe Entwickelung geht dahin, die öffentliche Rechtſprechung von der Verwaltung organiſatoriſch entweder vollſtändig oder doch in der oberſten Inſtanz zu trennen, ohne ſie jedoch mit der bürgerlichen und Strafrechtspflege zu vereinigen. Es ſind praktiſche Erwägungen, deren Gewicht ſich nicht verkennen läßt, welche von letzterer Maßnahme abgehalten haben. Vor Allem kömmt die Schwierigkeit für den Richter in Betracht⁸, neben dem bürgerlichen und dem Strafrecht auch das Verwaltungsrecht in allen ſeinen Theilen zu beherrſchen, eine Schwierigkeit, die ſich ſteigert einerſeits durch die oft verworrene Geſtaltung und ſtetige Vermehrung des Verwaltungsrechtes, andererſeits dadurch, daß das Staatsrecht vielfach eine andere Art der juriſtiſchen Auffaſſung erheiſcht, als das Privat- und Strafrecht. Hiezu tritt der weitere Umſtand, daß die Natur der öffentlichen Rechtsſtreitigkeiten eine beſondere Einrichtung des Verfahrens verlangt⁹. Wenn man alſo, was in Fragen, wie die hier erörterte, unbedingt zu geſchehen hat, auf den Boden der gegebenen Verhältniſſe ſich ſtellt, dann wird man ſich ſagen müſſen, daß, wie die Dinge dermalen liegen, die Sonderung der Verfaſſung der öffentlichen Rechtspflege von der Verfaſſung der übrigen Rechtspflege ſich empfiehlt¹⁰.

Was ſodann die weitere Frage anlangt, in welcher Weiſe dieſe ſelbſtändige Verwaltungsrechtspflege einzurichten ſei, ſo iſt zunächſt anzuerkennen, daß der Forderung eines richterlichen Schutzes der öffentlichen Rechte bereits dann grundſätzlich genügt iſt, wenn auch nur eine und zwar oberſte Inſtanz zur Entſcheidung öffentlichrechtlicher Streitigkeiten beſteht, die lediglich Gericht und mit der vollen

---

⁶ Vgl. darüber außer O. Bähr, Rechtsſtaat, meine Grundzüge einer allg. Staatslehre S. 93 ff., K. Frhr. v. Stengel, die Uebertragung der Verwaltungsrechtſprechung an die ordentlichen Gerichte, Annalen des Deutſchen Reichs 1875 S. 1313, K. J. Schmitt, die Grundlagen der Verwaltungsrechtspflege im conſtitut. monarch. Staate, Stuttgart 1878.

⁷ Vgl. O. v. Sarwey, das öffentliche Recht u. die Verwaltungsrechtspflege S. 81 f.

⁸ Vgl. insbeſ. R. Gneiſt, die engliſche Communalverfaſſung § 896 ff., vornehmlich die bei O. v. Sarwey a. a. O. S. 86 f. wiedergegebene Stelle.

⁹ Die Begründung zum Geſ. vom 8. Aug. 1878 (S. 9, auch bei G. Kahr, Commentar S. 34) bemerkt, die Uebertragung der Entſcheidung über öffentliche Rechtsſtreitigkeiten an die ordentlichen Gerichte empfehle ſich, „abgeſehen von verſchiedenen anderen Bedenken“, deshalb nicht, „weil es in hohem Grade zweifelhaft iſt, ob die Gerichte neben ihrer dermaligen Aufgabe auch noch das umfaſſende Gebiet der Verwaltungsrechtspflege entſprechend überblicken und bewältigen können, und weil es ferner regelmäßig unmöglich wäre, ſtreitige Verwaltungsrechtsfragen auf ſolchem Wege ohne unverhältnißmäßigen Zeit- und Koſtenaufwand zu erledigen“.

¹⁰ Vgl. zum Vorſtehenden O. v. Sarwey a. a. O. S. 86—92; ferner G. Kahr, Commentar S. 33 ff.

sachlichen und persönlichen Unabhängigkeit eines solchen ausgestattet ist. Bleibt hienach in den unteren Instanzen die Verwaltungsrechtspflege mit der Verwaltung vereinigt, so muß jedenfalls die sachliche Unabhängigkeit der Unterbehörden in ihrer Eigenschaft als Verwaltungsgerichte gesetzlich gesichert sein. Theoretisch genommen wird allerdings eine vollständig gesonderte Verfassung der Verwaltungsgerichte als ansprechender sich darstellen; doch können Erwägungen der Zweckmäßigkeit, insbesondere die Rücksicht auf Ersparung an Kosten und Zeit für den Staat und die Unterthanen, es gerechtfertigt erscheinen lassen, der ersteren Einrichtung den Vorzug zu geben. Dies ist denn auch in Bayern geschehen [11]. Von der Beiziehung bürgerlicher Beisitzer zur Verwaltungsrechtspflege hat man mit Recht abgesehen [12].

Die Verfassung der bayerischen Verwaltungsrechtspflege beruht auf folgenden Grundsätzen.

Die Verwaltungsrechtspflege ist von der bürgerlichen und Strafrechtspflege getrennt. Die Organe der ersteren sind, soweit nicht lediglich Eine Instanz besteht, in den unteren Instanzen zugleich Verwaltungsbehörden. Von wenigen Ausnahmen abgesehen [13] wirken nur die allgemeinen Unter- und Mittelbehörden der sogenannten inneren Verwaltung als Verwaltungsgerichte. Die Verwaltungsbeamten, welche hienach als Verwaltungsrichter thätig zu werden haben, sind zwar nicht mit den persönlichen Sicherungen umgeben, welche mit dem Richteramte verbunden zu sein pflegen. Sachlich aber genießt die Handhabung der Verwaltungsgerichtsbarkeit durch die genannten Behörden die volle Unabhängigkeit, welche zum Wesen der Rechtsprechung gehört. Es gibt ihren richterlichen Entscheidungen gegenüber kein Oberaufsichtsrecht der vorgesetzten Verwaltungsstellen [14]. Dagegen stehen sie auch bezüglich ihrer richterlichen Thätigkeit unter der Dienstaufsicht dieser Stellen. Beschwerden über Verweigerung oder Verzögerung der Rechtspflege sind daher nicht im Instanzenzuge der Verwaltungsrechtspflege, sondern im Verwaltungsbeschwerdewege geltend zu machen [15].

Die Unterinstanzen der Verwaltungsrechtspflege sind die Gemeindebehörden, die Districtsverwaltungsbehörden und die Kreisregierungen, Kammern des Innern und der Finanzen. Ueber ihnen steht als oberste (zweite oder dritte) Instanz der Verwaltungsgerichtshof, der lediglich Gericht und mit dem ganzen persönlichen und sachlichen Schutze eines solchen ausgestattet ist.

In einer Reihe von Fällen aber gibt es nur Eine Instanz der Verwaltungsrechtspflege, welche stets der Verwaltungsgerichtshof ist. In diesen Fällen [16] haben die Mittelstellen und Behörden (Kreisregierungen beider Kammern, Oberbergamt, Generaldirection der Zölle und indirecten Steuern, Flurbereinigungscommission, Bezirksämter), gegen deren Beschlüsse oder Verfügungen Beschwerde zum Verwaltungsgerichtshofe ergriffen werden kann, auch sachlich nicht die Eigenschaft von Gerichten. Dies kömmt durch die

---

[11] Ueber die gesetzgeberischen Erwägungen berichtet eingehend G. Kahr, Commentar S. 43 ff.

[12] Vgl. G. Kahr a. a. O. S. 49 Anm. * und die Aeußerung Brater's oben § 129 Anm. 22.

[13] Ges. über die Erbschaftssteuer vom 18. Aug. 1879 Art. 37, über das Gebührenwesen, Fassung vom 6. Juli 1892, Art. 211 (Regierungsfinanzkammern).

[14] Ges. Art. 15.

[15] Entsch. d. V. G. H.'s III S. 437 findet sich der Satz, die Zuständigkeit des Gerichtshofes zur Bescheidung einer Beschwerde wegen Rechtsverweigerung sei gegeben, wenn es sich in dem an die Unterbehörde gebrachten Antrage um eine Angelegenheit handle, die in Art. 8, 10 oder 11 des Ges. vom 8. Aug. 1878 aufgeführt sei. Diese Behauptung ist so, wie sie lautet, sehr bedenklich. In dem angef. Ges. findet sich nirgends eine Bestimmung, welche dem V. G. H. die Befugniß verleiht, über Beschwerden wegen verweigerter oder verzögerter Rechtspflege zu befinden und dienstaufsichtliche „Aufträge" in dieser Beziehung an die Unterbehörden zu erlassen. Man kann hier nicht einmal die „Analogie" des Reichsprozeßrechtes anrufen; denn letzteres hat die Regelung dieser Sache dem Landesrechte anheimgegeben und das Beschwerdeverfahren nicht darauf ausgedehnt. Uebereinstimmend W. Krais, Commentar S. 294. Vgl. auch oben § 124 Anm. 37.

[16] Ges. Art. 10, 11; Ges. vom 29. Mai 1886 (G. u. V. Bl. S. 271) Art. 17. Ueber spätere Aenderungen des Verzeichnisses der Fälle W. Krais, Commentar S. 363, 378 ff., 398 ff.

Bestimmung zum klaren Ausdrucke, daß hier die Geltendmachung des Oberaufsichtsrechtes nur gegenüber den Entscheidungen des Verwaltungsgerichtshofes, nicht gegenüber den Aussprüchen der genannten Verwaltungsbehörden ausgeschlossen ist [17].

Der Satz des Prozeßrechtes, daß zum ordentlich besetzten Gerichte zwei Gerichtspersonen, Richter und Gerichtsschreiber, gehören, gilt für die Verwaltungsuntergerichte im Allgemeinen nicht [18]. Dagegen ist bei den Verhandlungen der höheren Verwaltungsgerichte die Anwesenheit eines Protokollführers nöthig [19]. Der Verwaltungsgerichtshof hat ein Secretariat [20].

Besondere organisatorische Vorschriften für die untersten Verwaltungsbehörden als Verwaltungsgerichte bestehen nur hinsichtlich der unmittelbaren Stadtmagistrate. Diese können in Senaten entscheiden, welche einschließlich des Vorsitzenden mindestens fünf Mitglieder zählen müssen. Außerdem soll mit den vorbereitenden Verhandlungen und dem Vortrage in der Sitzung thunlichst ein rechtskundiges Magistratsmitglied betraut werden [21].

Die Kreisregierungen, Kammern des Innern und der Finanzen [22], entscheiden in Senaten, welche mit Einschluß des Vorsitzenden aus drei Mitgliedern bestehen [23]. Die Bildung der Senate und die Geschäftsvertheilung an dieselben erfolgt durch den Regierungspräsidenten im Benehmen mit dem Regierungsdirector [24]. Der Senatsvorstand ernennt die Berichterstatter, leitet die Sitzungen und handhabt die Sitzungspolizei [25]. Bei Verhandlungen von längerer Dauer kann der Senatsvorstand durch Vermittelung des Präsidenten Ergänzungsrichter zuziehen, welche der Verhandlung beizuwohnen und im Falle der Verhinderung eines Richters für denselben einzutreten haben [26]. Prozeßleitende und Vollzugsverfügungen erläßt der Regierungspräsident, der auch die Sitzungen bestimmt [27].

Für das Königreich besteht ein Verwaltungsgerichtshof mit dem Sitze in München. Derselbe ist aus einem Präsidenten, zwei Directoren [28] und der erforderlichen Zahl von Räthen gebildet. Hiezu kommt das entsprechende Unterpersonal [29].

Sind in einzelnen Fällen [30] so viele Mitglieder des Verwaltungsgerichtshofes verhindert, daß die zur Beschlußfassung nöthige Zahl [31] nicht mehr vorhanden ist, so können

---

[17] Ges. Art. 15. Vgl. W. Krais, Commentar S. 161. Ueber Natur u. Umfang des Oberaufsichtsrechtes oben § 126 Anm. 12 ff. sowie unten § 131 Anm. 64 ff.

[18] Ges. Art. 29, Vollz. Vorschr. vom 1. Sept. 1879 §§ 9 Abs. III, 11. W. Krais, Commentar S. 188; G. Kahr, Commentar S. 220 f.

[19] Ges. Art. 36 Abs. II, 38, 41 Abs. III.

[20] Verordn. vom 31. Aug. 1879 §§ 2 Abs. II, 11.

[21] Ges. Art. 30. Dazu G. Kahr, Commentar S. 221 f.

[22] Ges. über die Erbschaftsteuer vom 18. Aug. 1879 Art. 37 Abs. II, VI, Ges. über das Gebührenwesen Art. 211 Abs. I, V.

[23] Ges. Art. 31 Abs. II, 37; R. G. V. G. § 194 Abs. I. Ueber die Fälle, in denen bereits früher Senatsentscheidungen bei den Kreisregierungen vorkamen, W. Krais, Commentar S. 190.

[24] Näheres Vollz. Vorschr. vom 1. Sept. 1879 § 12.

[25] Ges. Art. 36 Abs. I, 37, 34 Abs. III; Vollz. Vorschr. §§ 12 Abs. V, 15 Abs. I.

[26] Ges. Art. 37, R. G. V. G. § 194 Abs. II.

[27] Ges. Art. 35 Abs. II, Vollz. Vorschr. §§ 15 Abs. II, 16 ff.

[28] Das Ges. sieht nur einen Director vor. Seit 1890 (Amtsbl. d. Staatsmin. d. Innern S. 211) ist auf Grund budgetmäßiger Willigung ein weiterer Director aufgestellt. Dies ist angängig, da man die gesetzliche Bestimmung wohl als Mindestforderung ansehen darf.

[29] Ges. Art. 1 Abs. I, II, IV; Verordn. vom 31. August 1879 §§ 1, 2 und wegen des Unterpersonales §§ 5, 7, 9—13, 17.

[30] Es ist also nur vorübergehende Aushilfe, nicht nebenamtliche Verwendung der Mitglieder des o. L. G.'s statthaft. Vgl. W. Krais, Commentar S. 36.

[31] D. h. die Zahl zur Bildung wenigstens Eines Senates oder zur Erlassung einer Plenarentscheidung.

zur Ergänzung Mitglieder des obersten Landesgerichtes beigezogen werden. Die Abordnung erfolgt auf Anregung des Präsidenten des Verwaltungsgerichtshofes durch den Präsidenten des obersten Landesgerichts ³².

Die Ernennung zum Richter des Verwaltungsgerichtshofes ist durch den Nachweis der Fähigkeit zum Richteramte ³³ bedingt; sie erfolgt auf Vorschlag des Gesammtministeriums und bei Rathsstellen nach gutachtlicher Vernehmung des Gerichtshofes durch den König ³⁴. Die Mitglieder des Verwaltungsgerichtshofes haben die Rechte der Richter. Sie können während der Dauer ihres Richteramtes im Verwaltungsdienste nicht verwendet werden ³⁵. Dieses letztere Verbot bezieht sich übrigens nur auf die ständige und auf die entgeltliche Uebernahme von öffentlichen Verwaltungsgeschäften ³⁶.

Die oberste Dienstaufsicht über den Verwaltungsgerichtshof, dessen Mitglieder und sonstiges Personal steht dem Staatsministerium des Innern in derselben Weise zu, wie dem Staatsministerium der Justiz über das oberste Landesgericht und dessen Mitglieder.

Die unmittelbare Dienstaufsicht über die Mitglieder, sowie über die sonstigen Beamten und Bediensteten des Gerichtshofes führt der Präsident. In wichtigeren Angelegenheiten ist hiebei die Beschlußfassung des Präsidiums zu veranlassen ³⁷.

Der Präsident ist der dienstliche Vorgesetzte sämmtlicher Beamten und Bediensteten des Gerichtes; er leitet und beaufsichtigt den Geschäftsgang ³⁸, erläßt, abgesehen von der Anordnung materieller Ergänzungen, die prozeßleitenden Verfügungen ³⁹ und hat den Vorsitz im Plenum und in seinem Senate. Bei seiner Verhinderung und ebenso bei Erledigung der Stelle wird er zunächst durch die Directoren nach dem Dienstalter vertreten, nöthigen Falles durch denjenigen Rath, welcher an Dienstjahren, bei gleichem Dienstalter an Lebensjahren der älteste ist ⁴⁰.

Das Präsidium des Gerichtshofes besteht aus dem Präsidenten, den Directoren und dem ältesten Rathe und wird, wenn erforderlich, in der eben angegebenen Weise ergänzt. Dem Präsidium obliegt die Mitwirkung bei der Handhabung der Dienstaufsicht, sowie die Bildung der Senate und die Geschäftsvertheilung an dieselben ⁴¹.

Im Uebrigen gliedert sich der Gerichtshof in das Plenum und in Senate.

Das Plenum tritt bei Ausübung der Rechtsprechung nur ausnahmsweise in Thätigkeit ⁴². In solchem Falle ist zur Fassung einer Entscheidung die Theilnahme von zwei Dritttheilen aller Mitglieder des Gerichtshofes erforderlich ⁴³. Außerdem ist das

---

³² Ges. Art. 1 Abs. III; vgl. Art. 6 Abs. III und 18 Abs. III. Vollz. Vorschr. vom 1. Sept. 1879 § 32. W. Krais, Commentar S. 289 Anm. 2.

³³ R. G. V. G. §§ 2, 4, 5, Einf. Ges. hiezu § 22.

³⁴ Ges. Art. 8, 5 Abs. III. Vgl. unten § 177 Anm. 2. Wegen des übrigen Personales Verordn. vom 31. Aug. 1879 §§ 3, 9, 12.

³⁵ Ges. Art. 2 u. 53. Dazu Verordn. vom 31. Aug. 1879 §§ 4, 8. G. Kahr, Commentar S. 28 ff., 270. Vgl. auch unten § 177 Anm. 14.

³⁶ Vgl. W. Krais, Commentar S. 37, 290, G. Kahr, Commentar S. 24 ff. Nach dem Wortlaute des Ges. kann die ständige, wenn auch unentgeltliche Verwendung eines Mitgliedes des V. G. H.'s im Verwaltungsdienste nicht als zulässig erachtet werden.

³⁷ Ges. Art. 5 Abs. I u. dazu R. G. V. G. § 1, bayer. Ausf. Ges. hiezu vom 23. Febr. 1879 Art. 68 ff., ferner Verordn. vom 31. Aug. 1879 §§ 14, 21. — Ueber den jährlichen Geschäftsbericht des V. G. H.'s an das Staatsministerium des Innern Vollz. Vorschr. vom 1. Sept. 1879 § 40.

³⁸ Verordn. vom 31. Aug. 1879 § 24, angef. Vollz. Vorschr. § 28.

³⁹ Vollz. Vorschr. §§ 29 Abs. II, 33 Abs. II. Vgl. Ges. Art. 40 Abs. III.

⁴⁰ Verordn. vom 31. Aug. 1879 § 15.

⁴¹ Ges. Art. 6 Abs. I, Verordn. § 14 Abs. I; Vollz. Vorschr. §§ 30, 31.

⁴² Ges. Art. 18 Abs. I, 43.

⁴³ Ges. Art. 44.

Plenum zur gutachtlichen Aeußerung in Angelegenheiten der Verwaltungsrechtspflege berufen. Geſetzlich vorgeſchrieben iſt dieſe Einvernahme hinſichtlich der Beſetzung der Rathsſtellen und des Erlaſſes miniſterieller Vollzugsvorſchriften über das verwaltungs⸗gerichtliche Verfahren⁴⁴.

Die Entſcheidungen des Verwaltungsgerichtshofes erfolgen regelmäßig durch Se⸗nate von fünf Mitgliedern einſchließlich des Vorſitzenden⁴⁵.

Die Eintheilung des Gerichtshofes in Senate und die Aufſtellung der regelmäßigen Erſatzmitglieder geſchieht durch das Präſidium für die Dauer eines Kalenderjahres⁴⁶. Eine nothwendig werdende zeitweilige Vertretung wird vom Präſidenten verfügt⁴⁷. Die Mitglieder des Gerichtshofes können mehreren Senaten angehören, die Directoren auch demjenigen, deſſen Vorſtand der Präſident iſt⁴⁸. Mit der Bildung der Senate wird zu⸗gleich die Geſchäftsvertheilung unter dieſelben vorgenommen⁴⁹. Jeder Senat hat einen Vorſtand. Letzterer ernennt die Berichterſtatter für die einzelnen Geſchäftsgegenſtände⁵⁰, leitet die Verhandlungen, Berathungen und Abſtimmungen, handhabt die Sitzungs⸗polizei⁵¹ und verfügt über die Zuziehung von Ergänzungsrichtern bei Verhandlungen von längerer Dauer⁵².

Eine Vertretung der öffentlichen Intereſſen durch eine Staatsanwaltſchaft beſteht im Allgemeinen nur beim Verwaltungsgerichtshofe. Daraus ergibt ſich, daß der Re⸗gierungsgewalt gegenüber den Entſcheidungen der Verwaltungsgerichte unterſter und mittlerer Inſtanz in der Regel kein Beſchwerderecht zur Verfügung ſteht. Nur vor den Senaten der Regierungsfinanzkammern tritt ein Vertreter des Aerars als Staats⸗anwalt auf⁵³.

Die Staatsanwaltſchaft beim Verwaltungsgerichtshofe beſteht aus einem Ober⸗ſtaatsanwalte als Vorſtand und der erforderlichen Zahl von Nebenbeamten⁵⁴. Die Mit⸗glieder der Staatsanwaltſchaft ernennt der König auf Vorſchlag des Geſammtminiſte⸗riums⁵⁵. Bei vorübergehender Verhinderung der Staatsanwälte erfolgt die Aufſtellung der etwa erforderlichen Aushilfsbeamten durch das Staatsminiſterium des Innern⁵⁶. Die Staatsanwaltſchaft am Verwaltungsgerichtshofe ſteht unter der dienſtlichen Aufſicht des Staatsminiſteriums des Innern⁵⁷. Sie kann jedoch hinſichtlich der einzelnen Streit⸗ſachen von den betheiligten Staatsminiſterien Weiſungen erholen und erhalten, welche ſie zu befolgen verpflichtet iſt⁵⁸. Der Oberſtaatsanwalt iſt dienſtlicher Vorgeſetzter ſeiner Nebenbeamten, welche ſeinen Dienſtbefehlen Gehorſam ſchulden. Er kann ſich bei allen

---

⁴⁴ Geſ. Art. 3 Abſ. II, 16 Abſ. IV, V.

⁴⁵ Geſ. Art. 37, 39; R. G. V. G. § 194 Abſ. I.

⁴⁶ Geſ. Art. 6 Abſ. I, dazu Vollz. Vorſchr. § 30.

⁴⁷ Geſ. Art. 6 Abſ. III. Gegebenen Falles findet Art. 1 Abſ. III (vgl. oben Anm. 32) An⸗wendung.

⁴⁸ Geſ. Art. 6 Abſ. II.

⁴⁹ Näheres Vollz. Vorſchr. § 31 Abſ. I.

⁵⁰ Geſ. Art. 36 Abſ. I, 41 Abſ. III. Dazu Vollz. Vorſchr. §§ 31 Abſ. II, 33 Abſ. I.

⁵¹ Geſ. Art. 37, 34 Abſ. III, 41 Abſ. III.

⁵² Geſ. Art. 37, 41 Abſ. III; R. G. V. G. § 194 Abſ. II.

⁵³ Geſ. über die Erbſchaftsſteuer vom 18. Aug. 1879 Art. 87 Abſ. III, Geſ. über das Gebühren⸗weſen Art. 211 Abſ. II.

⁵⁴ Geſ. Art. 4 Abſ. I, Verordn. vom 31. Aug. 1879 § 6 Abſ. I.

⁵⁵ Geſ. Art. 5 Abſ. III. Dazu Verordn. §§ 5, 6 Abſ. II, 8 Abſ. III, 22 Abſ. II; Vollz. Vorſchr. § 37 Abſ. III; k. Entſchl. vom 5. Nov. 1882 (G. u. V. Bl. S. 568) u. 31. Mai 1892 (G. u. V. Bl. S. 188).

⁵⁶ Verordn. § 22.

⁵⁷ Geſ. Art. 5 Abſ. II.

⁵⁸ Geſ. Art. 4 Abſ. II. Dazu W. Krais, Commentar S. 39.

Verhandlungen durch seine Nebenbeamten vertreten laffen. Letztere sind, wenn sie für ihn auftreten, zu allen Amtsverrichtungen desselben ohne den Nachweis eines besonderen Auftrages berechtigt [59].

Unter gewissen Voraussetzungen können Beamte, welche zur Mitwirkung bei Handhabung der Verwaltungsrechtspflege berufen sind, von der amtlichen Thätigkeit im einzelnen Falle entweder kraft Gesetzes ausgeschlossen sein oder durch Ablehnungsantrag einer Partei ausgeschlossen werden [60]. Ein solcher Ausschluß kann nur den Verwaltungsrichter, niemals den Protokollführer [61] oder den Staatsanwalt treffen.

Die bezüglichen Bestimmungen des verwaltungsgerichtlichen Prozeßrechtes lehnen sich mit einigen Abänderungen an die Bestimmungen der Civilprozeßordnung [62] an. Vorweg ist in dieser Beziehung zu bemerken, daß, wo besondere gesetzliche Vorschriften bestehen, die Anwendbarkeit der Vorschriften der Civilprozeßordnung vollständig ausgeschlossen ist [63].

Wo der Verwaltungsrichter von der Ausübung des Richteramtes kraft Gesetzes ausgeschlossen ist, hat er selbst aus eigener Bewegung sich der richterlichen Thätigkeit zu enthalten; er kann aber auch von der Partei abgelehnt werden [64]. Der Verwaltungsrichter ist gesetzlich ausgeschlossen, wo der Richter in bürgerlichen Rechtsstreitigkeiten nach den Bestimmungen der Reichs-Civilprozeßordnung ausgeschlossen ist [65].

Im Uebrigen kann der Verwaltungsrichter wegen Besorgniß der Befangenheit, d. h. dann abgelehnt werden, wenn ein Grund vorliegt, welcher geeignet ist, Mißtrauen gegen die Unparteilichkeit des Richters zu rechtfertigen.

Das Ablehnungsrecht steht in jedem Falle beiden Parteien zu [66]. Die Ablehnung wegen Besorgniß der Befangenheit [67] ist nicht mehr statthaft, wenn die Partei, ohne den ihr bekannten Ablehnungsgrund vorzubringen, vor dem Verwaltungsrichter sich in eine Verhandlung eingelassen oder Anträge gestellt hat. Im Falle späterer Ablehnung muß die Partei glaubhaft machen, daß der Ablehnungsgrund erst in der Folge entstanden oder ihr bekannt geworden ist [68].

Das Ablehnungsgesuch ist bei dem Verwaltungsgerichte, welchem der Verwaltungsrichter angehört, anzubringen [69]. Der Ablehnungsgrund ist glaubhaft zu machen. Da-

---

[59] Vollz. Vorschr. § 38. Dort ist beigefügt: „Ein Wechsel in der Person des Staatsanwalts bei Verhandlungen in einer und derselben Sache ist nicht ausgeschlossen, aber thunlichst zu vermeiden."

[60] Iudex inhabilis — iudex suspectus.

[61] Ges. Art. 18 Abs. I. Beweis die Worte: „Ablehnung eines Richters", „Ablehnung von Beamten, welche zur Mitwirkung bei der Entscheidung einer Verwaltungsrechtssache berufen sind". Vgl. G. Kahr, Commentar S. 188.

[62] §§ 41—48.

[63] Als solche besondere Vorschriften werden Art. 103 der diesf., Art. 78 der pfälz. Gem. Ordn. bezeichnet. Vgl. Entsch. d. V. G. H.'s II S. 103, III S. 371; G. Kahr, Commentar S. 188 f., W. Krais, Commentar S. 170. Ich habe in der 1. Aufl. Bd. II S. 426 Anm. 7 mich dieser Ansicht angeschlossen, muß aber nunmehr den Ausführungen von A. Luthardt, Bl. f. adm. Praxis XXXIX S. 234 ff., beistimmen. Derselbe bemerkt richtig: Durch Art. 103 (78) der Gem. Ordn. „soll nicht ein Streitstheil vor Parteilichkeit des Richters, sondern die Gemeinde vor der Selbstsucht ihres Verwalters geschützt werden".

[64] C. P. O. § 42 Abs. I.

[65] C. P. O. § 41. Vgl. Planck, Lehrb. des deutschen Civilprozeßrechts, Nördlingen 1887, I S. 116 ff. Entsch. d. V. G. H.'s XIII S. 125, 246. Einen gesetzlichen Ausschlußgrund f. auch in Art. 9 des Ausf. Ges. vom 5. April 1888 (G. u. V. Bl. S. 225), betr. die land- u. forstwirthschaftliche Unfall- u. Krankenversicherung.

[66] C. P. O. § 42.

[67] Die Ablehnung wegen Ausschließung kann jeder Zeit erfolgen.

[68] C. P. O. §§ 43, 44 Abs. IV.

[69] C. P. O. § 44 Abs. I.

bei kann auf das Zeugniß des abgelehnten Verwaltungsrichters Bezug genommen
werden. Letzterer hat sich auf alle Fälle dienstlich über den Ablehnungsgrund zu
äußern⁷⁰. Zur Glaubhaftmachung⁷¹ können alle Beweismittel benützt werden. Doch
ist in den beiden hier erörterten Fällen⁷² der Eid der Betheiligten nach den Grundsätzen
des verwaltungsgerichtlichen Verfahrens⁷³ und im zweiten Falle jeder Eid nach den
Bestimmungen der Civilprozeßordnung⁷⁴ ausgeschlossen. Eine Beweisaufnahme, welche
nicht sofort⁷⁵ erfolgen kann, ist unstatthaft⁷⁶.

Ueber das Ablehnungsgesuch entscheidet das Verwaltungsgericht, welchem der Abgelehnte angehört, mit der Maßgabe, daß Ablehnungsgesuche gegen Bezirksamtsvorstände
von dem Plenum der vorgesetzten Kreisregierung, Kammer des Innern, zu bescheiden
sind, wenn der Bezirksamtsvorstand die Ablehnung nicht selbst für begründet erachtet⁷⁷.
Hienach beschließt über die Ablehnung bezirksamtlicher Nebenbeamten der Vorstand,
über die Ablehnung von Magistratsmitgliedern der Magistrat, über die Ablehnung
eines Regierungsmitgliedes das Plenum der betreffenden Kammer⁷⁸, über die Ablehnung
eines Mitgliedes des Verwaltungsgerichtshofes das Plenum des Gerichtshofes⁷⁹. Die
Regierungen und der Verwaltungsgerichtshof entscheiden in geheimer Sitzung⁸⁰, letzterer
nach Anhörung des Staatsanwaltes⁸¹. In keinem Falle braucht eine mündliche Verhandlung dem Bescheide vorherzugehen⁸².

Gegen den Beschluß, durch welchen das Ablehnungsgesuch für begründet erklärt wird,
findet kein Rechtsmittel statt⁸³. Beschwerden gegen abweisende Beschlüsse⁸⁴ werden in dem
für die betreffende Prozeßsache vorgeschriebenen Verwaltungsrechtszuge, wenn es sich um
Ablehnung eines Bezirksamtsvorstandes handelt, vom Verwaltungsgerichtshofe erledigt⁸⁵.

---

⁷⁰ C. P. O. § 44 Abs. II, III. Nach Gebührenges. Art. 194 Ziff. 3 werden in dem Verfahren
wegen Ablehnung eines Beamten Gebühren nicht erhoben.

⁷¹ Ueber den Begriff Planck a. a. O. I S. 360 ff.

⁷² C. P. O. § 44 Abs. IV u. § 44 Abs. II.

⁷³ Ges. Art. 20 Abs. VII. Wenn auch diese Vorschrift zunächst nur den Beweis in der Streitsache selbst im Auge hat, so muß sie doch um so mehr auf Beweisführungen Anwendung finden, die
einen Nebenpunkt des Verfahrens betreffen. (Dagegen A. Dyroff, Bl. f. adm. Praxis XXXIX
S. 324 Anm. 69.) Der Vorbehalt „besonderer Gesetze" kann auf §§ 44 Abs. IV mit 266 der C. P.
O. nicht bezogen werden; denn offenbar sollen Ausnahmen nur mit Rücksicht auf die besondere Natur
des materiellen Streites zugelassen sein.

⁷⁴ § 44 Abs. II.

⁷⁵ Zeugen müssen gestellt sein, Urkunden müssen vorliegen.

⁷⁶ C. P. O. § 266. Die Anwendbarkeit dieses §, der im Ges. vom 8. Aug. 1878 nicht angeführt
ist, auf das verwaltungsgerichtliche Verfahren ergibt sich daraus, daß derselbe bestimmt, was unter
Glaubhaftmachung in § 44 zu verstehen sei.

⁷⁷ C. P. O. § 45 mit Ges. Art. 18 Abs. I. Daß im letzterwähnten Falle Plenarentscheidung
nöthig ist, ist im Ges. nicht deutlich ausgedrückt, ergibt sich aber aus der Begründung des Entw. Vgl.
G. Kahr, Commentar S. 186, 189.

⁷⁸ Auch die Finanzkammern kommen in Betracht. Vgl. oben Anm. 22.

⁷⁹ Ges. Art. 18 Abs. I.

⁸⁰ Dies erhellt mittelbar aus Art. 32 Abs. II u. 33 des Ges. G. Kahr, Commentar S. 189.

⁸¹ Ges. Art. 42 Abs. I.

⁸² C. P. O. § 46 Abs. I.

⁸³ C. P. O. § 46 Abs. II. Entscheidungsgründe müssen daher nicht beigefügt sein. Ges. Art. 21
Abs. II. Uebereinstimmend W. Krais, Commentar S. 418 Anm. 5.

⁸⁴ Diese müssen mit Entscheidungsgründen versehen sein. Ges. Art. 21 Abs. II. Vgl. ferner
Art. 22.

⁸⁵ Ges. Art. 18 Abs. II, Art. 32 Abs. III. Vgl. die zutreffenden Erörterungen von G. Kahr,
Commentar S. 189 f. Das Ges. spricht von „dem für Verwaltungsrechtssachen vorgeschriebenen
Instanzenzug". Kahr macht mit Recht darauf aufmerksam, daß es einen solchen regelmäßigen In-
stanzenzug nicht gibt.

Die Beschwerden werden von den Senaten der Kreisregierungen und des Verwaltungsgerichtshofes in geheimer Sitzung verhandelt und beschieden⁸⁶.

Ein abgelehnter Verwaltungsrichter hat vor Erledigung des Ablehnungsgesuches
nur solche Handlungen vorzunehmen, welche keinen Aufschub gestatten⁸⁷.

Das Verwaltungsgericht, welches für die Erledigung eines Ablehnungsgesuches
zuständig ist, hat auch dann zu entscheiden, wenn ein solches Gesuch nicht angebracht ist,
ein Verwaltungsrichter aber von einem Verhältnisse Anzeige macht, das seine Ablehnung
rechtfertigen könnte, oder wenn aus anderer Veranlassung Zweifel darüber entstehen, ob
ein Verwaltungsrichter kraft Gesetzes ausgeschlossen sei. Die Entscheidung erfolgt ohne
vorgängiges Gehör der Parteien⁸⁸.

Wird in Folge des Ausschlusses oder der für begründet erkannten Ablehnung eines
Verwaltungsrichters das betreffende Verwaltungsgericht beschlußunfähig, so hat die
nächstvorgesetzte Verwaltungsbehörde⁸⁹ das Erforderliche zu verfügen⁹⁰ und nöthigen
Falles eine andere Behörde der gleichen Kategorie wie die beschlußunfähige mit der Entscheidung der Sache zu beauftragen. Bei Beschlußunfähigkeit des Verwaltungsgerichtshofes tritt, wie bereits erwähnt⁹¹, Ergänzung aus dem obersten Landesgerichte ein⁹².

Das dargelegte Ablehnungsverfahren ist selbstverständlich nicht anwendbar, wenn
eine bereits erlassene Entscheidung durch Bemängelung eines Richters angefochten werden
will⁹³.

§ 131. Abgrenzung des Gebietes der Verwaltungsrechtspflege.

Neben der Frage nach der Verfassung der Verwaltungsrechtspflege ist die andere
Frage von hervorragender Wichtigkeit, in welcher Weise das Thätigkeitsgebiet dieser
Gerichtsbarkeit einerseits gegenüber den bürgerlichen Gerichten, andererseits gegenüber
der Verwaltung abzugrenzen sei. Man könnte versucht sein, zur Bestimmung dieser
Grenzen einfach jene allgemeinen wissenschaftlichen Grundsätze zu benützen, die wir oben¹
entwickelt haben. Allein man würde dabei zu Ergebnissen kommen, die mit dem geltenden
Rechte manchmal wenig im Einklange stünden.

Was zunächst die Grenzscheidung zwischen den ordentlichen Gerichten und den Organen der Verwaltungsrechtsprechung anlangt, so enthält das Reichsgerichtsverfassungsgesetz in § 13 Folgendes:

„Vor die ordentlichen Gerichte gehören alle bürgerlichen Rechtsstreitigkeiten und
Strafsachen, für welche nicht entweder die Zuständigkeit von Verwaltungsbehörden oder
Verwaltungsgerichten begründet ist, oder reichsgesetzlich besondere Gerichte bestellt oder
zugelassen sind.“²

---

⁸⁶ Ges. Art. 32 Abs. II, 41 Abs. III. G. Kahr, Commentar S. 229.
⁸⁷ C. P. O. § 47. Auf den gesetzlich ausgeschlossenen Richter ist die Bestimmung nicht anwendbar. Vgl. auch Planck, Lehrb. des deutschen Civilprozeßrechts I S. 121 Anm. 37.
⁸⁸ C. P. O. § 48.
⁸⁹ Also die nächsthöhere Instanz der Verwaltung, nicht des Verwaltungsrechtsweges.
W. Krais, Commentar S. 171, G. Kahr, Commentar S. 190. Hinsichtlich der Kreisregierungen
beider Kammern ist das Staatsministerium des Innern bzw. der Finanzen zuständig, ersteres ohne
Rücksicht darauf, ob die Streitsache selbst seinen Geschäftskreis berührt. Vgl. G. Kahr a. a. O. S.
184, 186.
⁹⁰ Vgl. G. Kahr a. a. O.   ⁹¹ Oben Anm. 32.
⁹² Ges. Art. 18 Abs. III.   ⁹³ Entsch. d. V. G. H.'s XIII S. 125.
¹ § 130 a. A.
² § 124 Anm. 14. Vgl. O. v. Sarwey, das öffentliche Recht u. die Verwaltungsrechtspflege
S. 287 ff., G. Prazák, die principielle Abgrenzung der Competenz der Gerichte u. Verwaltungsbehörden, Archiv f. öff. Recht IV S. 241 ff., Planck, Lehrb. d. deutschen Civilprozeßrechts I S. 27.

Hienach entscheidet über die Grenze zwischen der Rechtsprechung der ordentlichen Civilgerichte und der Verwaltungsgerichte im Wesentlichen das Landesrecht.

Das bayerische Recht hat jedoch keine gesetzliche Bestimmung des Begriffes der Civilprozeßsachen im Gegensatze zu den Verwaltungs- und Verwaltungsrechtssachen aufzuweisen[3].

Demzufolge ist davon auszugehen, daß die Grenze zwischen Civil- und öffentlichen Rechtssachen, welche auf wissenschaftlichem Wege zu ermitteln ist, auch die regelmäßige Grenze zwischen dem Gebiete der Justiz und der Verwaltungsrechtsprechung bildet, mit andern Worten, daß regelmäßig die Civilrechtsstreitigkeiten auch Justizsachen, die öffentlichen Rechtsstreitigkeiten Verwaltungsprozeßsachen sind. Für die Regel ist hienach die Begriffsbestimmung der Civilprozeßsachen als zutreffend anzuerkennen, welche J. A. Seuffert[4] gegeben hat: „Eine Civilprozeßsache ist vorhanden, wenn die Hilfe des Staates zur Geltendmachung eines Privatrechtsverhältnisses wider einen bestimmten, im entgegengesetzten Interesse betheiligten Gegner auf dem Grunde einer bestehenden Rechtsnorm angerufen wird," oder, wie Brater es noch besser formulirt hat, „wenn die Hilfe des Staates wider einen bestimmten Gegner zur Geltendmachung eines zwischen den Parteien bestehenden Privatrechtsverhältnisses angerufen wird"[5].

Es ist nicht Aufgabe dieser allgemeinen Darlegung, zu zeigen, wie unter Anwendung der angegebenen Regel die Zuständigkeitsverhältnisse für die einzelnen Arten von Rechtsstreitigkeiten sich gestalten[6].

Die Regel erleidet aber nach doppelter Richtung Ausnahmen. Es gibt Bestimmungen unseres Rechtes, durch welche die Entscheidung von Streitigkeiten des öffentlichen Rechtes den ordentlichen Gerichten überwiesen, und es gibt Bestimmungen, durch welche die Entscheidung von Streitigkeiten des bürgerlichen Rechtes den ordentlichen Gerichten zu Gunsten der Verwaltung entzogen ist. Da diese Ausnahmen lediglich auf Erwägungen beruhen, welche die betreffenden einzelnen Streitgegenstände angehen, so können sie nicht unter allgemeine Gesichtspunkte gebracht werden. Sie sind im Laufe der Darstellung des materiellen Rechtes an ihrem Orte zu erwähnen[7].

Wo Aussprüche der Verwaltung nur unter dem gesetzlichen Vorbehalte der Zuständigkeit der Civil- oder Strafgerichte ergehen, ist die verwaltungsgerichtliche Zuständigkeit stets ausgeschlossen[8].

---

[3] Auch die bayer. C. P. O. von 1869 sagt in Art. 1 lediglich: „Die bürgerlichen Rechtsstreitigkeiten sind, soweit nicht gesetzlich anders bestimmt ist, vor den bürgerlichen Gerichten zu verhandeln und durch dieselben zu entscheiden." Daraus ist ebensowenig zu entnehmen, wie wenn Art. 13 Abs. I Ziff. 1 des Ges. vom 8. Aug. 1878 sagt, die Zuständigkeit des V. G. H.'s erstrecke sich nicht auf Rechtssachen, welche vor die Civil- oder Strafgerichte gehören. Vgl. auch Entsch. d. V. G. H.'s XIII S. 65.
[4] Commentar über die bayer. Gerichtsordn. I Cap. 1 § 13, 1. Aufl., 1836, S. 117, 2. Aufl. (besorgt von K. Brater) 1855, S. 156.
[5] Vgl. hieher Pöhlmann, über das Wesen der sog. administrativ-contentiösen Sachen mit besonderer Rücksicht auf Bayern, 1853; K. Brater, Studien zur Lehre von den Grenzen der civilrichterlichen u. der adm. Zuständigkeit, mit besonderer Rücksicht auf bayer. Recht, 1855 (auch in den Bl. f. adm. Praxis, Bd. V); L. Hauser, die deutsche Gerichtsverf., 1879 (Zeitschr. f. Reichs- u. Landesrecht Bd. IV u. V, auch in bes. Abdr. erschienen).
[6] Eine eingehende Untersuchung der einzelnen Fälle nach dieser Richtung hat O. v. Sarwey, das öffentliche Recht u. die Verwaltungsrechtspflege, S. 295 ff., unternommen. Stoff für das bayer. Recht bieten die Entsch. des o. G. H.'s über Competenzconflicte bzw. nunmehr des G. H.'s für Competenzconflicte, worüber unten § 146.
[7] Vgl. hieher L. Hauser, Zeitschr. f. Reichs- u. Landesrecht IV S. 241 ff.; auch J. A. Seuffert, Commentar über die bayer. Gerichtsordn., 2. Aufl., I S. 166 ff.
[8] Ges. vom 8. Aug. 1878 Art. 13 Abs. I Ziff. 2. Dazu G. Kahr, Commentar S. 171, W. Krais, Commentar S. 155 f., 403 f., 409. Vgl. auch J. A. Seuffert a. a. O., 2. Aufl., I S. 228 ff., Entsch. d. V. G. H.'s III S. 364, V S. 280.

Hervorzuheben ist übrigens, daß eine prozessuale Ausnahmebestimmung keinen Einfluß auf die innere Natur des Rechtsverhältnisses selbst äußern kann. Ein Verhältniß des bürgerlichen Rechtes ist, mag darüber zu entscheiden haben, wer will, immer nach den Grundsätzen des bürgerlichen Rechtes, ein öffentliches Rechtsverhältniß immer nach den Grundsätzen des Staatsrechtes zu beurtheilen.

Soweit Ausnahmebestimmungen der eben erörterten Art nicht Platz greifen, entscheidet über die Zuständigkeit im einzelnen Falle die Natur des behaupteten Rechtsverhältnisses[9], nicht aber die behauptete Natur des Rechtsverhältnisses und ebensowenig die Natur des wirklichen Rechtsverhältnisses[10]. Die Natur des behaupteten Rechtsverhältnisses kann möglicher Weise erst durch die Einwendung des Beklagten klar gestellt werden. Wenn Jemand wegen Eingriffs in sein Privatrecht klagt, und wenn der Gegner den Eingriff auf einen öffentlichen Rechtstitel stützt, dann besteht kein Streit über ein Privatrecht, sondern über ein öffentliches Recht[11].

Eine weitere Frage allgemeiner Natur ist die, wie es sich mit der Zuständigkeit dann verhält, wenn die Entscheidung über einen Anspruch, welcher dem einen Rechtsgebiete angehört, von der Beantwortung von Vor- oder Zwischenfragen abhängt, die auf dem anderen Rechtsgebiete liegen[12]. Dabei ist vorweg zu bemerken, daß Fälle, wonach ein- und derselbe Anspruch zugleich dem bürgerlichen und dem öffentlichen Rechte angehören würde, logisch unmöglich sind[13]. Die Sache kann nur so unter Umständen gelagert sein, daß die Entscheidung einer Frage des öffentlichen Rechtes die vorgängige Entscheidung einer Frage des bürgerlichen Rechtes oder umgekehrt erheischt[14].

Die Grundsätze des französischen und des deutschen Rechtes bilden hier einen belehrenden Gegensatz. Das französische Recht führt den Grundsatz der Trennung von Justiz und Verwaltung auch hinsichtlich der Zwischenfragen eines Rechtsstreites folgerichtig durch. Ergibt sich bei Gericht eine question préjudicielle des Verwaltungsrechtes, so hat darüber die zuständige Verwaltungsbehörde zu entscheiden[15]. Das deutsche

---

[9] Dabei ist zu bemerken, daß der behauptete Rechtstitel für sich allein nicht entscheidet, soferne er seiner Art nach sowohl dem bürgerlichen als dem öffentlichen Rechte angehören kann, wie z. B. Verjährung, Herkommen, Vertrag, Vergleich, Geschäftsführung, Leistung aus Irrthum oder ohne Verpflichtungsgrund u. dgl. S. z. B. die Comp. Confl. Entsch. R. Bl. 1870 S. 141; G. u. V. Bl. 1875 S. 22; 1878 S. 19; 1877 S. 18: 1883 Anhang S. 10; Entsch. des V. G. H.'s V S. 46, VI S. 87 u. X. Vgl. hieher auch J. Wernz, Commentar zur Prozeßordn. in bürgerl. Rechtsstreitigkeiten f. d. Kgr. Bayern, München 1869, S. 7 ff.

[10] Hierüber eingehend O. v. Sarwey, das öffentliche Recht u. die Verwaltungsrechtspflege S. 661 ff. S. auch R. Brater, Studien ꝛc. S. 68 ff., W. Krais, Commentar S. 406 f., ferner Erk. d. G. H.'s f. Comp. Confl., G. u. V. Bl. 1881 Anh. S. 1 (S. 7 Schriftsteller und frühere Entsch.), Entsch. d. V. G. H.'s IV S. 494, XI S. 311, XIV S. 109, 346 (348).

[11] S. O. v. Sarwey a. a. O. S. 668 ff. Die bayer. Comp. Confl. Entsch. beruhen manchmal auf anderer Anschauung. Vgl. z. B. G. u. V. Bl. 1878 Anh. S. 1. Indeß ist nicht abzusehen, wie ein Civilrechtsstreit vorliegen soll, wenn Beklagter das vom Kläger behauptete Civilrecht nicht bestreitet, aber auf ein öffentliches Recht sich beruft. Richtig ist es, wenn R. Bl. 1872 S. 1975 bemerkt wird, daß für die Zuständigkeit „nicht das, was der Beklagte zum Zwecke seiner Vertheidigung gegen die Begründung des Klägers vorbringt", entscheidet, sondern die Natur des Klaganspruchs. — Vgl. hieher auch J. Wernz, Commentar zur Prozeßordn. in bürgerl. Rechtsstreitigkeiten für das Kgr. Bayern S. 4.

[12] Diese Frage kömmt für das Verhältniß der Strafrechtspflege zur Civil- oder Verwaltungsrechtspflege nicht in Betracht, da die strafrichterliche Würdigung von den Entscheidungen der Civil- u. Verwaltungsgerichte unabhängig ist. R. St. P. O. §§ 260, 261, 263, Einf. Ges. hiezu § 6. Vgl. die Ausführungen des G. H.'s f. Comp. Confl. G. u. V. Bl. 1883 Anh. S. 39 ff., insbes. S. 42 ff.

[13] So richtig O. v. Sarwey a. a. O. S. 648 ff. gegen R. Brater, Studien ꝛc. S. 45.

[14] Vgl. hierüber insbes. O. v. Sarwey a. a. O. S. 648 ff., L. Hauser, Zeitschr. f. Reichs- u. Landesrecht IV S. 257 ff.

[15] Dareste, la justice administrative en France p. 207.

Recht kennt diese scharfe Trennung der Zuständigkeiten nicht. Nach deutschem Rechte gilt die Regel, daß die Zuständigkeit, die durch die Natur des Streitgegenstandes begründet ist, auch über alle Vor- und Zwischenfragen sich erstreckt, welche bei der Entscheidung in Betracht kommen, gleichviel, ob diese Fragen auf demselben Rechtsgebiete liegen wie die Streitsache oder nicht [16].

Auf diesem Standpunkte steht auch die deutsche Civilprozeßordnung, wenn sie sagt [17]: „Das Gericht kann, wenn die Entscheidung des Rechtsstreites ganz oder zum Theil von dem Bestehen oder Nichtbestehen eines Rechtsverhältnisses abhängt, welches von einer Verwaltungsbehörde (bzw. einem Verwaltungsgerichte) festzustellen ist, anordnen, daß die Verhandlung bis zur Entscheidung der Verwaltungsbehörde (des Verwaltungsgerichtes) auszusetzen sei." [18]

Diese Bestimmung läßt, entsprechend dem Grundsatze über die Ausscheidung der Zuständigkeit, der in § 13 des Reichsgerichtsverfassungsgesetzes niedergelegt ist, alle Vorschriften des Reichs- und Landesrechtes unberührt, welche die Entscheidung gewisser öffentlichrechtlicher Fragen den Gerichten vollständig entziehen. Von einer Aufzählung dieser Ausnahmefälle kann hier abgesehen werden. Dagegen verdient die Frage nähere Untersuchung, wie weit die erwähnte Regel des deutschen Rechtes angewandt werden kann, ohne daß eine Vermengung der Zuständigkeiten entsteht.

Die innere Rechtfertigung der Regel liegt darin, daß die Entscheidung des Richters nur den Anspruch trifft, wegen dessen geklagt ist, die richterliche Würdigung von Zwischenfragen also nur die Bedeutung einer Begründung des Urtheils hat. Ist dies richtig, dann erscheint es nicht gerechtfertigt, die Zwischenfrage, ob ein Akt der Staatsverwaltung bzw. eines Organes derselben dem öffentlichen Rechte entspricht oder nicht, der Entscheidung des Civilrichters mit Rücksicht auf die Unabhängigkeit der Verwaltung zu entziehen [19]. Denn diese Unabhängigkeit kann nicht in Frage kommen, wo es sich um Recht oder Unrecht handelt, wo also nicht zu verwalten, sondern zu richten ist. Der Versuch einer solchen Abgrenzung kann nie die Nebenordnung von bürgerlicher Rechtspflege und Verwaltung, sondern nur die Nebenordnung von bürgerlicher und öffentlicher Rechtspflege zum Ausgangspunkte nehmen. Hält man hieran fest, so wird sich allerdings auch auf diesem Wege herausstellen, daß es Fälle gibt, wo die mehrerwähnte Zuständigkeitsregel nicht anwendbar ist, weil ihr innerer Grund nicht zutrifft.

Dies sind solche Fälle, in denen der Anspruch, welcher dem einen Rechtsgebiete angehört, objectiv nur entstehen kann, wenn ein gleichfalls bestrittenes Rechtsverhältniß gegeben ist, dessen Beurtheilung auf dem anderen Rechtsgebiete liegt [20]. Hier handelt es sich nicht blos um ein prozessuales Präjudicialverhältniß [21], sondern das eine Rechtsverhältniß kann erst in Folge des anderen in's Leben treten. Es ist nicht nur die Entscheidung des Rechtsstreites über den Anspruch, sondern die objective Möglichkeit des Vorhandenseins des Anspruches von jenem anderen Rechtsverhältnisse abhängig. Hier

---

[16] Vgl. Entsch. d. V. G. H.'s IX S. 123, X S. 51, XIII S. 14, 500.

[17] § 139.

[18] Vgl. dazu Planck, Lehrb. des deutschen Civilprozeßrechts I S. 96, L. Hauser, Zeitschr. f. Reichs- u. Landesrecht IV S. 257 ff., O. v. Sarwey a. a. O. S. 648 ff., W. Krais, Commentar S. 405 f.

[19] Dieser Weg wird gewöhnlich eingeschlagen. Vgl. L. Hauser, Zeitschrift f. Reichs- u. Landesrecht IV S. 265 ff. W. Krais, Bl. f. adm. Praxis XXXIII S. 70 ff., deutet S. 75 den richtigen Gesichtspunkt an und hebt ihn auch S. 108 f. hervor.

[20] Vgl. auch A. Dyroff, Handausgabe des Ges. vom 8. Aug. 1878 S. 72 f.

[21] Gegen die hier vertretene Ansicht R. Lippmann, Annalen des Deutschen Reiches 1885 S. 456.

würde also der Richter mit der Entscheidung über den Anspruch nothwendig nicht blos begründungsweise, sondern entscheidungsweise über eine Frage befinden müssen, die außerhalb seiner Zuständigkeit liegt [22]. Dies würde zu einer Verwirrung der Zuständigkeitsordnung führen. In solchen Fällen wird, auch wo eine ausdrückliche Gesetzesbestimmung nicht getroffen ist, die Klage erst angenommen werden dürfen, wenn die Möglichkeit des Bestandes des Anspruches dadurch feststeht, daß die zuständige Behörde über jenes Rechtsverhältniß entschieden hat, welches die sachliche Voraussetzung der Entstehung des Anspruches bildet.

In der bayerischen Rechtsprechung hat sich die hier erörterte Ausscheidung der Zuständigkeiten vorzugsweise an einer Gattung von Streitsachen herausgebildet, nemlich an den civilrechtlichen Entschädigungsansprüchen, die auf die Behauptung des gesetz- oder dienstwidrigen Verhaltens eines öffentlichen Beamten gestützt wurden. Hierüber soll unten [23] des Näheren gehandelt werden.

Aus unserer bisherigen Darstellung haben sich die Grenzen ergeben, durch welche nach dem geltenden Rechte die bürgerliche von der öffentlichen Rechtspflege getrennt wird.

Die Ausscheidung der Zuständigkeiten zwischen den Verwaltungsgerichten und den Verwaltungsbehörden [24], welche wir nunmehr zu betrachten haben, fällt nach bayerischem Rechte nicht durchweg mit dem Unterschiede von Verwaltungssachen und Verwaltungsrechtssachen zusammen. Wäre die Ausscheidung nach letzterem Gesichtspunkte bezweckt worden, so hätte die Zuständigkeit der Verwaltungsgerichte, wie dies zum Beispiele in Oesterreich geschehen ist [25], durch einen allgemeinen Grundsatz bestimmt werden müssen. Derselbe hätte nur dahin lauten können, daß jedem der Verwaltungsrechtsweg eröffnet sei, welcher wegen Verletzung eines ihm zustehenden öffentlichen Rechtes Klage erhebe. Die Gründe, warum die bayerische Gesetzgebung zur Aufstellung eines solchen allgemeinen Grundsatzes sich nicht entschlossen hat, sind praktischer Natur [26].

Die Einführung einer Verwaltungsrechtspflege, welche durch Verwaltungsgerichte gehandhabt werden soll, setzt nemlich, wie sich nicht verkennen läßt, ein materielles Recht voraus, das eine scharfe und klare Scheidung zwischen dem Gebiete der öffentlichrechtlichen Ansprüche und dem Bereiche der verwaltenden Thätigkeit durchgeführt hat [27]. Die Einsetzung einer Verwaltungsgerichtsbarkeit für ein Rechtsgebiet, auf welchem die Gestaltung des materiellen Rechtes dieser Anforderung nicht wenigstens einigermaßen entspricht, würde eine Art von ὕστερον πρότερον enthalten und den Verwaltungsgerichten eine Aufgabe überbürden, die ihnen nicht zukömmt, und der sie nicht genügen können, nemlich die, die Arbeit des Gesetzgebers zu ergänzen. Es ist nun allerdings vom Gesetzgeber zu verlangen, daß er, sobald er sich von der Nothwendigkeit der Einführung einer Verwaltungsrechtsprechung überzeugt hat, das öffentliche Recht allenthalben so gestalte, wie es gestaltet sein muß, damit ein richterlicher Schutz verletzter Rechte eintreten kann. Indessen wäre es doch kaum zu billigen, wegen der Unmöglichkeit, der öffentlichen Rechtsprechung sofort den ganzen ihr gebührenden Wirkungskreis einzuräumen, deren Einführung auf eine nicht absehbare Zeit zu verschieben. Läßt man diese Erwägung gelten, dann erscheint es gerechtfertigt, wenn der Gesetzgeber so verfährt, wie er in Bayern und anderen deutschen

---

[22] Man nehme z. B. folgenden Fall. Ein civilrechtlicher Entschädigungsanspruch gegen den Staat oder einen Beamten wird darauf gegründet, daß ein Verwaltungsakt vorgenommen worden sei, der dem öffentlichen Rechte nicht entspreche, oder daß ein Verwaltungsakt unterlassen worden sei, der nach öffentlichem Rechte hätte vorgenommen werden müssen. Hier würde das richterliche Urtheil, welches unter Würdigung der Giltigkeit oder des Gebotenseins des Verwaltungsaktes eine Entschädigung zuspräche, über jene öffentlichrechtliche Frage unmittelbar entscheiden. Es würde also über eine Streitfrage entscheiden, über die das Civilrecht nicht entscheiden kann. A. M. ist E. Löning, Lehrb. des deutschen Verw. Rechts S. 786 f. Vgl. auch Entsch. d. V. G. H.'s XII S. 310 (entsprechender Fall).

[23] § 132.

[24] Vgl. zum Folgenden E. Löning, Lehrb. des deutschen Verw. Rechts S. 806 ff.

[25] Ges., betr. die Errichtung eines Verwaltungsgerichtshofes, vom 22. Oct. 1875 (R. G. Bl. 1876 S. 85) § 2. Auch abgedr. bei O. v. Sarwey a. a. O. S. 205; Literatur ebenda S. 203 Anm. 1.

[26] Vgl. G. Kahr, Commentar S. 56 f.

[27] Vgl. meine Grundzüge einer allg. Staatslehre S. 92.

Staaten gethan hat, wenn er nemlich diejenigen Angelegenheiten aufzählend bezeichnet, bei welchen er glaubt, daß für dieselben nach dem Stande des materiellen Rechtes eine Verwaltungsgerichtsbarkeit in's Leben gerufen werden könne. So zweckmäßig aber auch ein solches Vorgehen des Gesetzgebers unter gegebenen Verhältnissen sein mag, so wird man doch in einer derartigen Bemessung der verwaltungsgerichtlichen Zuständigkeit nur eine vorläufige Abschlagszahlung erblicken dürfen. Es wird kaum zutreffen, hier von einem „Enumerirungs- oder Specialisirungsprincip" im Gegenhalte zu dem „Generalisirungsprincip" zu sprechen, denn einen Grundsatz stellt nur das letztere, nicht das erstere dar. Rechtsgrundsätze über die Abgrenzung der Zuständigkeit zwischen Verwaltung und Verwaltungsrechtspflege kommen allerdings auch bei einer solchen Aufzählung in Betracht, allein mittels dieser läßt sich nicht die Frage beantworten, in welchen Angelegenheiten die Rechtsprechung der Verwaltungsgerichte Platz greift, sondern nur die Frage, wie weit für diese aufzählend bestimmten Angelegenheiten das Gebiet der richterlichen Zuständigkeit reicht. Es beruht sonach, was das bayerische Recht anlangt, nicht auf einem Rechtsgrundsatze, sondern auf einer inneren Erwägung des Gesetzgebers, die in Nichtaufzählung der betreffenden Angelegenheiten zum Ausdrucke kömmt, wenn öffentliche Rechtsstreitigkeiten von der Verwaltungsrechtsprechung deshalb ausgenommen sind, weil Volksausschüsse, z. B. Steuerausschüsse, oder, wie bei Legitimationsprüfungen, die Kammern des Landtages oder die Vertretungen der Gemeindeverbände darüber entscheiden²⁸. Auf derselben Linie steht es, wenn die Gesetzgebung, von dem überdies nicht stichhaltigen Gedanken ausgehend, daß Regierungshandlungen der „obersten" Staatsgewalt der verwaltungsrichterlichen Entscheidung nicht unterstellt werden können²⁹, der höchsten Gattung von Gemeindeverbänden, den Kreisgemeinden, den Rechtsschutz versagt hat, welcher den Orts- und Districtsgemeinden gewährt worden ist³⁰.

Die Angelegenheiten, über welche die Verwaltungsrechtsprechung sich erstreckt, sind in den Artikeln 7 Absatz II, 8, 10 und 11 des Gesetzes vom 8. August 1878 aufgeführt und durch einige spätere Gesetze vermehrt worden. Die Bedeutung der Ausscheidung der Gegenstände in Artikel 8 einerseits und 10 und 11 andererseits ist lediglich eine prozessuale und daher weiter unten darzulegen³¹.

Eine Aufzählung der einzelnen Angelegenheiten an dieser Stelle würde keinen wissenschaftlichen Werth haben³². Angelegenheiten, welche zwar die innere Natur öffentlichrechtlicher Streitigkeiten haben, jedoch unter keinen der vom Gesetze aufgeführten Gegenstände fallen, können nicht im verwaltungsgerichtlichen Verfahren verfolgt werden.

Innerhalb des Rechtsgebietes, welches aus den oben erwähnten gesetzlichen Vorschriften sich ergibt, ist der Umkreis der Verwaltungsrechtsprechung durch folgende Grundsätze bestimmt.

Verwaltungsrechtssachen sind nur „bestrittene Rechtsansprüche und Verbindlich-

---

²⁸ Verh. d. K. b. Abg. 1866/68 Beil. Bd. IV S. 176. Die Ausnahme, welche für die Legitimationsprüfungen besteht, hat die parlamentarische Ueberlieferung für sich; innerlich gerechtfertigt ist sie nicht. Denn eine Gewähr dafür, daß die Entscheidung nach objectivem Rechte ausfällt, ist hier mindestens nicht in höherem Maße gegeben, als da, wo die Rechtsprechung in den Händen der Verwaltung liegt. — Vgl. die oben § 102 Anm. 1 angegebenen Schriften.
²⁹ W. Krais, Commentar S. 28.
³⁰ Der angegebene Beweggrund für diese Ausnahme kann im Rechtsstaate um so weniger als durchschlagend erachtet werden, als derselbe keineswegs eine gemeingiltige Grenze der Rechtsprechung bezeichnet. Ueberdies beweist er zuviel. Es gibt keine Abstufungen der Staatsgewalt in eine oberste, mittlere und untere, sondern die Staatsgewalt ist immer dieselbe, gleichviel, durch welches Organ sie sich äußert. Auch die richterliche Gewalt spricht im Namen des Königs Recht. Die hier in Frage kommenden Bedenken sind wohl mehr formeller Natur und von der Art u. Weise hergeleitet, wie die Landrathsbeschlüsse beschieden werden. Es ließe sich wohl eine Form finden, die jenen äußeren Bedenken Rechnung trägt und den Anforderungen eines gesicherten Rechtsschutzes entspricht. Vgl. übrigens Abschied für den Landrath von Oberbayern vom 5. Mai 1884 (G. u. V. Bl. S. 223) IV Ziff. 7 u. die Erörterungen Verh. d. K. b. Abg. 1883/86 Sten. Ber. V S. 475 ff.
³¹ Vgl. unten § 134 Anm. 5 ff.; G. Kahr, Commentar S. 58 ff.
³² Vorbehaltlich der näheren Erörterungen an den betr. Stellen des Systems ist hier auf die Commentare zum Ges. von Kahr u. Krais hinzuweisen. De lege ferenda hat schon im Jahre 1867 A. Luthardt, Bl. f. adm. Praxis XVII S. 65 ff., die Zuständigkeitsfrage behandelt. Vgl. auch die „Gegenvorschläge" ebenda S. 387 ff.

leiten" ³³.   Zum Begriffe des Verwaltungsrechtsstreites wird also gefordert, daß es sich um ein bestrittenes Recht handelt. Verletzung eines bloßen Interesses, welches nicht durch eine Rechtssatzung geschützt ist, begründet keine verwaltungsgerichtliche Klage. Auch für das öffentliche Recht gilt der Satz: Qui iure suo utitur neminem laedit ³⁴.

Wie später noch eingehender darzulegen sein wird ³⁵, bedingt das Vorhandensein eines Rechtsstreites im öffentlichen Rechte nicht nothwendig auch das Vorhandensein zweier Prozeßparteien. Ein Verwaltungsrechtsstreit liegt auch dann vor, wenn zwischen einem Organe der öffentlichen Gewalt, das nicht als Prozeßpartei auftritt, und einem Einzelnen oder einer Körperschaft öffentliches Recht streitig ist.

Wo über Anwendung öffentlichen Rechtes mit dem oder den Betheiligten kein Streit besteht, ist selbstverständlich keine Verwaltungsrechtssache gegeben ³⁶.

Die Frage, wann ein öffentliches Recht vorliegt, wann nicht, läßt sich nur auf Grund der einzelnen Gesetzesbestimmung beantworten. Sie bietet besondere Schwierigkeiten da, wo es sich um Abgrenzung des Handlungskreises der öffentlichen Verwaltung gegenüber dem Rechtskreise der ihrer Gewalt Unterworfenen handelt.

Das Gesetz ³⁷ bezeichnet in dieser Beziehung als den Gegensatz der Verwaltungsrechtssachen „Angelegenheiten und Fragen ³⁸, in welchen die Verwaltungsbehörden nach ihrem Ermessen zu verfügen berechtigt sind" ³⁹. Mit einer sehr ungenauen Abkürzung pflegt man hier von Ermessensfragen zu reden ⁴⁰. Das Gesetz meint hiemit jene Fälle, in welchen dem durch Zweckmäßigkeitsrücksichten bestimmten Handeln der Verwaltung kein Recht einer Person oder einer Körperschaft gegenübersteht ⁴¹. Daß in solchen Fällen ein Rechtsstreit nicht entstehen kann, ist eigentlich selbstverständlich und eben darum aus den angeführten Worten des Gesetzes selbst für die Bestimmung des Begriffes der Verwaltungsrechtsstreitigkeiten kein Gewinn zu ziehen.

Das Gesetz hat nicht jene Fälle im Auge, wo die Verwaltung thätig wird, ohne irgendwie mit der Willensfreiheit oder dem Vermögen des Einzelnen in Berührung zu kommen ⁴²; denn hier ist überhaupt ein Widerstreit zweier Willen nicht denkbar. Das Gesetz meint nur jene Fälle, wo die Verwaltung befugt ist, in den privaten Willens-

---

³³ Ges. vom 8. Aug. 1878 Art. 8. Dieser Grundsatz, der nur in Art. 8 ausdrücklich ausgesprochen ist, gilt allgemein, demnach insbes. auch für den Art. 10. Vgl. G. Kahr, Commentar S. 135.

³⁴ Vgl. meine Grundzüge einer allg. Staatslehre S. 101 f.

³⁵ § 135.

³⁶ Vgl. G. Kahr, Commentar S. 79 f.

³⁷ Art. 13 Abs. I Ziff. 3.

³⁸ Diese Redewendung soll ausdrücken, daß Verwaltungsfragen sowohl für sich allein als in Verbindung mit Verwaltungsrechtssachen vorkommen können. Vgl. G. Kahr, Commentar S. 172 f.

³⁹ Vgl. zum Folgenden im Allg. O. Gluth, Archiv f. öff. Recht III S. 612 ff.; Fr. Tezner, zur Lehre von dem freien Ermessen der Verwaltungsbehörden als Grund der Unzuständigkeit der Verwaltungsgerichte, Wien 1888; E. Bernatzik, Rechtsprechung u. materielle Rechtskraft, Wien 1886, S. 36 ff.; Grünhut's Zeitschr. f. d. Privat- u. öff. Recht der Gegenwart XVIII S. 148 ff. (Bernatzik), XIX S. 327 ff. (Tezner).

⁴⁰ Es wäre sehr zu wünschen gewesen, daß sich dieser Ausdruck nicht eingebürgert hätte, da er zu unrichtiger Rechtsauffassung verleitet. Vgl. auch W. Krais, Commentar S. 409 f.

⁴¹ Es ist also kein glücklich formulirter Satz, wenn es in einer Comp. Confl. Entsch. des V. G. H.'s (Entsch. II Nr. 28 S. 144) heißt: „Wenn aber Rechtsansprüche der Art an genugsam bestimmte thatsächliche Voraussetzungen wie hier geknüpft sind, fallen sie ... in das Gebiet der Verwaltungsrechtspflege ..." Denn sobald einmal die Frage zu bejahen ist, daß ein Rechtsanspruch vorliege, dann ist eine Verwaltungsrechtssache gegeben, und es ist einerlei, ob er an „genugsam bestimmte thatsächliche Voraussetzungen" geknüpft ist oder nicht.

⁴² Dieser Fall liegt auch da vor, wo aus der Thätigkeit der Verwaltung eine solche Berührung sich zwar ergeben kann, aber noch nicht ergeben hat. Vgl. z. B. Entsch. d. V. G. H.'s III S. 218, IV S. 311.

bereich einzugreifen, ohne daß diesem Eingriffe gegenüber der entgegenstehende Wille des Einzelnen rechtlich in Betracht kömmt[43]. Dieser letztere Umstand ist entscheidend, nicht der Umstand allein, daß bei Erledigung einer Sache das Ermessen eine Rolle spielt. Denn es gibt ein Ermessen von zweierlei Art[44]. Das Ermessen, welches vom Gesetze freigelassen ist, wo es sich darum handelt, zwischen zwei Parteien das Recht festzustellen[45], ist ein richterliches Ermessen. Es steht unter den Grundsätzen des Rechtes und hat nicht danach zu fragen, was dem öffentlichen Interesse frommt[46]. Eine Frage des Ermessens der Verwaltung liegt nur da vor, wo die Aufgabe nicht lediglich die ist, festzustellen, was für die Partei Rechtens sein soll, sondern wo die Entscheidung nur nach Rücksichten des öffentlichen Interesses zu treffen ist. Ein derartiges Ermessen hat aber nur insoweit Spielraum, als es durch kein gegenüberstehendes Recht eingeschränkt ist. Da das Ermessen der Verwaltung nirgends ein sachlich unbeschränktes ist, sondern stets nur innerhalb bestimmter sachlicher Grenzen sich bewegt, so ist auch in solchen Fällen die Möglichkeit eines Rechtsstreites nicht ausgeschlossen.

Im Uebrigen werden keinerlei allgemeine Erörterungen die Schwierigkeit der Unterscheidung zwischen Verwaltungs- und Verwaltungsrechtsfragen im einzelnen Falle beseitigen können, und zuweilen wird der Verwaltungsrichter für die Unzulänglichkeit des Gesetzes aufzukommen haben. Eine allgemeine Betrachtung kann höchstens versuchen, Auslegungsregeln zu geben, die überdies mit Vorsicht zu fassen und mit noch größerer Vorsicht anzuwenden sind[47]. Will man nicht die Gefahr unrichtiger Verallgemeinerungen laufen, so wird man sich in dieser Beziehung bescheiden müssen, Folgendes zu

---

[43] Vgl. hieher die vorzüglichen Ausführungen Brater's, Verh. d. K. d. Abg. 1866/68 Beil. Bd. IV S. 169, welche auch G. Kahr, Commentar S. 81, wiedergibt.

[44] Ein Beispiel dafür, daß ein- und dieselbe Frage des Ermessens je nach Umständen Gegenstand der Würdigung durch die Verwaltung oder durch den Verwaltungsrichter sein kann, bildet die Frage der Armuth. Diese ist an sich eine thatsächliche Frage. Deren Beantwortung fällt der Verwaltung anheim, wenn sie bei der Entscheidung über Verwaltungsmaßregeln, der Verwaltungsrechtspflege, wenn sie bei der Entscheidung über eine rechtliche Verpflichtung auftritt. Ersteres ist der Fall, „wo nur der sich als hilfsbedürftig Erachtende und um Unterstützung Nachsuchende der die Hilfsbedürftigkeit in Abrede stellenden und deshalb die Unterstützung verweigernden Armenpflege gegenübersteht". (Entsch. d. V. G. H.'s VI S. 235.) Wenn aber die Staatsaufsicht, auf Grund der Annahme der Hilfsbedürftigkeit, der Gemeinde, welche die Hilfsbedürftigkeit läugnet, die Unterstützungspflicht auferlegt, und wenn die Gemeinde hiegegen den V. G. H. anruft, dann stehen nicht mehr der Gesuchsteller und die Gemeinde, sondern der Staat und die Gemeinde sich gegenüber, und nun ist die Sache ein Streit um das Recht; denn es handelt sich darum, ob eine Verpflichtung der Gemeinde gegenüber dem Staate gegeben ist oder nicht. Der Bestand dieser Verpflichtung aber ist von der Thatsache der Armuth abhängig; demnach muß der Verwaltungsrichter über diese thatsächliche Frage entscheiden. Die Verpflichtung der Gemeinde geht nicht dahin, bei gegebenen sonstigen Voraussetzungen jeden zu unterstützen, den die Staatsaufsichtsbehörde für dürftig hält, sondern jeden, der es nach Art. 8 des Armenges. wirklich ist. Es handelt sich also dabei um keine Zweckmäßigkeitsfrage, sondern lediglich um eine Rechtsfrage. — Der V. G. H. hat anerkannt, daß, da der Arme kein Recht auf Unterstützung hat, dessen Beschwerde wegen Verweigerung der Unterstützung keine Verwaltungsrechtsache bilde, und mithin auch die Frage der Armuth durch die Verwaltung zu würdigen sei. (Entsch. I S. 452, II S. 67, 260.) Dagegen hat der V. G. H. im Widerspruche zu den Grundsätzen, die sonst von ihm festgehalten worden sind (vgl. insbes. Entsch. III S. 637, IV S. 245, VI S. 235), für die erwähnten staatsaufsichtlichen Fälle geläugnet, daß die Entscheidung über die Frage der Armuth in die Zuständigkeit des Verwaltungsrichters falle (Entsch. I S. 204, II S. 248). Ebenso G. Kahr, Commentar S. 143, W. Krais, Commentar S. 370 f. Die Ausführung des V. G. H.'s, daß „bei Würdigung der Frage der Hilfsbedürftigkeit der weiteste Spielraum gegeben ist", ist unerheblich. Das ist z. B. ebenso bei der Frage der Fall, ob einer Gemeinde aus einer Districtsanstalt erhöhte Vortheile erwachsen. Entscheidend ist, ob es sich um das Vorhandensein einer rechtlichen Verpflichtung der Gemeinde handelt oder nicht. Man kann nicht von dem Begriffe der Armenunterstützungspflicht die ersten zwei Silben der Verwaltung, die übrigen der Verwaltungsrechtspflege überweisen. Uebereinstimmend Fr. Tezner in Grünhut's Zeitschr. XIX S. 337 f. Vgl. hieher auch Entsch. II S. 64, 549.

[45] 3. B. quidquid paret dare facere oportet ex fide bona.

[46] Vgl. G. Kahr, Commentar S. 84.

[47] Vgl. hierüber die Erörterungen bei G. Kahr, Commentar S. 80 ff., und W. Krais, Commentar S. 157 f.

fagen. Von der nicht ganz bestimmten Fassung einer gesetzlichen Vorschrift ist nicht mit Nothwendigkeit darauf zu schließen, es könne keine Rechtsfrage vorliegen. Diese Annahme ist ebensowenig da unbedingt statthaft, wo das Gesetz für die Würdigung thatsächlicher Verhältnisse einen Spielraum gewährt⁴⁸. Solche Verhältnisse fallen vielmehr überall dann der verwaltungsgerichtlichen Beurtheilung anheim, wenn sie einen untrennbaren Bestandtheil eines verwaltungsrechtlichen Verhältnisses bilden. Auch muß hier davor gewarnt werden, daß man der Begründung zum Entwurfe und den Kammerverhandlungen über das Gesetz vom 8. August 1878 eine übertriebene Bedeutung beilege. Das Gesetz hat den Grundsatz der Unterscheidung zwischen Verwaltungsrechtsfragen und Verwaltungsfragen (Ermessensfragen) in entschiedener Weise aufgestellt. Dieser Grundsatz hat ausnahmslos zur Richtschnur zu dienen, wenn nicht die Zuständigkeit zu einem Spiele des Zufalles werden soll. Sollte sich dabei herausstellen, daß bei einer einzelnen Frage, z. B. anläßlich der Erörterungen über die Gegenstände, die in Artikel 8 und 10 des Gesetzes aufgezählt sind, in der Begründung des Entwurfes oder in den Kammerverhandlungen der Grundsatz irrig angewandt worden ist, so kann ein solcher Irrthum den gesetzlich ausgesprochenen Grundsatz nicht beeinträchtigen⁴⁹. Die Auslegung ist nicht verpflichtet oder vielmehr nicht berechtigt, einen derartigen Fehler mitzumachen.

Die Scheidung zwischen Verwaltungs- und Verwaltungsrechtsfragen tritt im Verfahren nicht immer zu Tage. Reine Verwaltungssachen können allerdings selbstverständlich nur im Verwaltungsverfahren, wie reine Verwaltungsgerichtssachen nur im verwaltungsgerichtlichen Verfahren behandelt werden. Dagegen kann, wo in einer Sache Verwaltungs- und Verwaltungsrechtsfragen sich ergeben, bei den unteren Instanzen, welche zugleich Verwaltungsbehörden sind, die Entscheidung der ersteren mit der Entscheidung der letzteren Fragen verbunden werden⁵⁰. Insbesondere erstreckt sich die Zuständigkeit der verwaltungsgerichtlichen Senate der Kreisregierungen auch auf „Fragen des freien administrativen Ermessens", welche bei Verwaltungsrechtssachen auftreten⁵¹. Nach dem Wortlaute und dem Zwecke dieser gesetzlichen Bestimmung kann aber eine solche Erstreckung der Zuständigkeit nur unter der Voraussetzung Platz greifen, daß überhaupt ein Verwaltungsrechtsstreit vorliegt⁵². Selbstverständlich ist (vgl. Artikel 15 des Gesetzes), daß, wo die Verwaltungsbehörden Verwaltungsfragen zugleich mit Verwaltungsrechtsfragen entscheiden, sie in ersterer Beziehung nicht als Verwaltungsgerichte handeln.

---

⁴⁸ Vgl. die Stelle aus der Begründung des Entw. bei Kahr a. a. O. S. 83: „Anders liegt die Sache in denjenigen Fällen, in denen für die Gestaltung der Verhältnisse im Ges. einzelne allgemeinere Richtpunkte angegeben sind, von denen es zweifelhaft ist, ob dieselben lediglich als Directiven für die an sich freie Beurtheilung der Behörden gedacht sind, oder ob sie eine, allerdings erst durch Sachverständigengutachten oder sonstige Behelfe festzustellende Unterlage von Rechten bilden sollen. In diesen Fällen wird das Hauptaugenmerk darauf zu richten sein, ob sich das Ges. mit Rücksicht auf die den Behörden obliegende Wahrung der öffentlichen Interessen oder blos deshalb einer unbestimmten Ausdrucksweise bedient hat, weil die Natur der fraglichen Verhältnisse eine positive Begrenzung unmöglich erscheinen läßt. In Fällen, in denen die Unbestimmtheit auf die erstere Rücksicht zurückzuführen ist, kann kein Zweifel obwalten, daß eine Ermessensfrage vorliegt."
⁴⁹ Vgl. als Beispiel Entsch. d. V. G. H.'s I Nr. 49 S. 206.
⁵⁰ Dagegen kann eine Frage, die im verwaltungsgerichtlichen Verfahren zu erledigen ist, nicht incidenter im Verwaltungsverfahren erledigt werden. Vgl. Entsch. d. V. G. H.'s V S. 234.
⁵¹ Ges. vom 8. Aug 1878 Art. 31 Abs. III. Es genügt, daß solche Fragen des Verwaltungsermessens bei Verwaltungsrechtssachen sich „ergeben"; es ist nicht nöthig, daß sie mit einer zu entscheidenden Rechtsfrage (vgl. G. Kahr, Commentar S. 226 f.), immerhin aber müssen sie mit der Sachentscheidung im Zusammenhange stehen (Entsch. d. V. G. H.'s IX S. 227). Die Zuständigkeit der verwaltungsrechtlichen Senate erstreckt sich auf solche Verwaltungssachen nicht, welche nicht nach freiem Ermessen, sondern in Anwendung von Rechtsvorschriften zu erledigen sind, wie z. B. bei Handhabung der Staatsaufsicht über Gemeinden oder Stiftungen. Entsch. d. V. G. H.'s IX S. 217, XI S. 166, 518.
⁵² Die Sache ist an sich sehr klar. Das Ges. will mit Rücksicht auf die Connexität (und zwar in dem weiteren Sinne, der aus der vorigen Anm. erhellt) die Zuständigkeit der verwaltungsgerichtlichen Senate auf Verwaltungsfragen erstrecken, wenn letztere auch nur in äußerem Zusammenhange mit einem Verwaltungsrechtsstreite stehen. Wo also ein solcher Streit nicht vorliegt (keine „durch Art. 8 als Verwaltungsrechtssache erklärte Angelegenheit"), da kann, weil überhaupt keine Zuständigkeit des Senates gegeben ist, dieselbe nicht erstreckt werden. Vgl. übrigens Entsch. d. V. G. H.'s IV S. 298, IX S. 227 (and. Ans.).

Die eben dargelegten Grundsätze dürfen wohl auch nach einer anderen Richtung hin entsprechend angewendet werden.   Mit einer Verwaltungsrechtssache, die durch alle Instanzen im verwaltungsrechtlichen Verfahren zu behandeln ist, kann eine andere Verwaltungsrechtssache im inneren Zusammenhange stehen, die bei den unteren Instanzen im Verwaltungsverfahren zu behandeln ist.   In einem solchen Falle wird es keinem Bedenken unterliegen, beide Sachen auch in den unteren Instanzen, insbesondere bei der Kreisregierung, gemeinschaftlich im verwaltungsrechtlichen Verfahren zu erledigen [53].

Eine völlige Trennung der Verwaltungsfragen von den Verwaltungsrechtsfragen tritt bei Anrufung der letzten Instanz ein.   Das Gesetz bestimmt, daß die Zuständigkeit des Verwaltungsgerichtshofes sich nicht auf Angelegenheiten und Fragen erstreckt, in welchen die Verwaltungsbehörden nach ihrem Ermessen zu verfügen berechtigt sind. „Steht ein zur Zuständigkeit des Verwaltungsgerichtshofes nicht gehöriger Gegenstand mit einem bei dem Gerichtshofe anhängigen im Zusammenhang, so wird dadurch die Befugniß des Gerichtshofes, seine Zuständigkeit auf den ersteren Gegenstand auszudehnen, nicht begründet, auch wenn dieser in denselben Akten behandelt ist." [54]   Im Verhältnisse der Verwaltung zum Verwaltungsgerichtshofe gilt also derselbe Grundsatz, wie ihn das französische Recht für das Verhältniß zwischen Justiz und Verwaltung aufgestellt hat.   Dieser Grundsatz ist aber hier ein naturnothwendiger.   Denn die Verwaltungsrechtspflege hat nur den Beruf, zu wachen, daß die Verwaltung sich in ihrem Rechtskreise hält, sie hat nicht die Aufgabe, in den Rechtskreis der Verwaltung bestimmend einzugreifen.

Die Zuständigkeit des Verwaltungsgerichtshofes zur Entscheidung einer Sache ist nur davon abhängig, daß die Angelegenheit materiell unter eine Gesetzesvorschrift fällt, durch welche diese Zuständigkeit begründet erscheint.   Nicht maßgebend ist der Umstand, ob die Sache in den Unterinstanzen als Verwaltungs- oder als Rechtssache betrachtet, und ob sie insbesondere bei der Regierung im Senate verhandelt wurde oder nicht.   So befremdlich dies auf den ersten Blick scheinen mag, so findet doch der aufgestellte Satz seine Erklärung darin, daß bei den Unterbehörden Verwaltung und Verwaltungsrechtsprechung in Einer Hand liegen.   Auch bei den Kreisregierungen kann die formelle Behandlung einer Sache im Senate, im Plenum oder im Bureauwege für sich allein über den weiteren Instanzenzug nicht entscheiden.   Denn keine dieser Geschäftsformen ist ausschließlich jenen Angelegenheiten eigen, die an den Verwaltungsgerichtshof, oder jenen, die an ein Ministerium im Beschwerdewege gebracht werden können.   Hievon abgesehen besteht auch keinerlei Anzeichen dafür, daß der Gesetzgeber gewollt habe, es solle, wenn die Unterinstanz irrthümlich eine Sache als Verwaltungs- oder als Rechtssache behandelt hat, zunächst durch die Oberinstanz, welche der irrthümlichen Auffassung entspricht, die Entscheidung vernichtet und alsdann das Verfahren nochmals begonnen werden [55].

Dem Gebiete der verwaltungsgerichtlichen Entscheidung sind die „vorsorglichen

---

[53] Dagegen wäre es unbedingt unstatthaft, beide Sachen im Verwaltungsverfahren zu erledigen. Vgl. Entsch. d. V. G. H's. XIV S. 153.

[54] Ges. Art. 13. Vgl. dazu G. Kahr, Commentar S. 172 ff.

[55] Wenn also z. B. von einer Regierung eine Verwaltungsrechtssache des Art. 8 in Folge falscher Rechtsauffassung nicht im Senate, sondern im Plenum behandelt wurde, so geht die Beschwerde gegen die erlassene Entscheidung nicht an das betr. Ministerium, sondern an den V. G. H. So auch eine Entschl. des Staatsmin. des Innern vom 5. Mai 1885 Nr. 2290. Uebrigens läßt sich nicht läugnen, daß dieser Rechtszustand zu Härten führt, insofern dadurch eine Partei mit Fristversäumniß gestraft werden kann, weil sie in der Zuständigkeitsfrage keine richtigere Einsicht hatte, als die Stelle selbst, von der die angefochtene Entsch. ausging. Vgl. hieher auch W. Krais, Commentar S. 306 f.

Maßregeln" der Verwaltung [56] grundsätzlich entrückt [57]. Solche Verfügungen können allerdings thatsächlich Verhältnisse ordnen, welche Gegenstand eines Verwaltungsrechts-streites [58] sind; aber sie entscheiden den Streit nicht, sondern regeln eine Sache nur vor-läufig aus dem Gesichtspunkte des öffentlichen Interesses, wenn letzteres nicht gestattet, die Entscheidung über das Rechtsverhältniß abzuwarten. Der verwaltungsgerichtlichen Würdigung ist sowohl die Zulässigkeit als die Nothwendigkeit und der Inhalt der vor-läufigen Verfügung entzogen. Es genügt, um die verwaltungsgerichtliche Zuständigkeit auszuschließen, daß die verfügende Behörde die Absicht gehabt und verwirklicht hat, eine vorsorgliche Maßregel zu treffen [59].

Die Einhaltung der Grenzen zwischen der Verwaltung und der Verwaltungs-gerichtsbarkeit ist ferner auch nach der Richtung hin gesichert, daß das Gesetz Eingriffe der ersteren in das Gebiet der letzteren ausdrücklich untersagt. Verwaltungsgerichtliche Beschlüsse können nicht von Aufsichts wegen aufgehoben werden [60]. Dieses gesetzliche Ver-bot gilt für alle Aufsichtsstellen [61]; es gilt, wo mehrere Instanzen des Verwaltungs-rechtsweges bestehen, gegenüber den Entscheidungen aller Instanzen. Dagegen gilt es, wo der Verwaltungsgerichtshof erste und letzte verwaltungsgerichtliche Instanz ist [62], nicht hinsichtlich der Entscheidungen der Unterbehörden, da diese hier nicht verwaltungs-gerichtliche, sondern nur Verwaltungsinstanzen sind [63]. In diesen letzteren Fällen ergibt

---

[56] Vgl. Fr. Tezner, zur Lehre von dem freien Ermessen der Verwaltungsbehörden ꝛc., Wien 1888, S. 84 ff. Tezner zieht gegen meine oben folgenden Ausführungen lebhaft zu Felde, übersieht aber, daß es sich dabei lediglich darum handelt, was geltendes bayer. Recht ist.

[57] Ges. Art. 13 Abs. I Ziff. 2. Vgl. Art. 24, worüber später. S. auch Entsch. d. V. G. H.'s I S. 27, 219, II S. 189, XII S. 423.

[58] Oder auch eines Civilrechtsstreites Entsch. d. V. G. H.'s I S. 405.

[59] Vgl. Entsch. d. V. G. H.'s III S. 405 (Comp. Confl. Entsch.), XI S. 56. W. Krais, Commentar S. 404, 409 Anm. 8. Die verwaltungsgerichtliche Prüfung der Frage, ob eine vorsorgliche Maßregel vorliegt, ist insoweit statthaft, als untersucht wird, ob die betreffende Verfügung über ein Recht entscheidet oder nicht. Die Annahme, daß die Verfügung über ein Recht habe entscheiden wollen, wird regelmäßig dann ausgeschlossen sein, wenn die Verfügung sich selbst als vorsorglich bezeichnet; denn damit ist der Verwaltungsrechtsweg vorbehalten.

[60] Ges. Art. 15: „Beschlüsse in Angelegenheiten, welche nach Art. 8 zur Zuständigkeit des V. G. H.'s gehören, sowie Beschlüsse dieses G. H.'s in Gegenständen der Art. 10 u. 11 können nicht von Oberaufsichts wegen durch die Ministerien aufgehoben werden." Von der z. Z. gegenstandslosen und wohl auch gegenstandslos bleibenden Ausnahme, die für die Fälle des Vorbehalts in Art. 9 Abs. III sich ergeben würde, ist im Texte abgesehen worden. Vgl. hieher G. Kahr, Commentar S. 178.

[61] Das Ges. nennt nur die Ministerien; aber der Schluß a fortiori ist hier ein zwingender. Vgl. W. Krais, Commentar S. 161, G. Kahr, Commentar S. 177 f.

[62] D. h. in den Fällen der Art. 10 u. 11 des Ges.

[63] Das Ges. äußert in dieser Beziehung theilweise eine Wirkung, die nicht beabsichtigt war. Art. 15 stimmt, abgesehen von der Anführung der Art. 8, 10 u. 11, mit Art. 12 des Entw. überein, der seinerseits auf dem Gedanken Brater's (Verh. d. K. d. Abg. 1866/69 Beil. Bd. IV S. 181) beruht. Die Erörterungen der Begründung (Verh. d. K. d. Abg. 1877/81 Beil. Bd. III S. 23) haben, ent-sprechend der Gestaltung des Entw., von den Fällen des jetzigen Art. 10 nur jene im Auge, die unter Ziff. 1—4 aufgeführt sind, also die Handhabung der Staatsaufsicht über Districts- u. Ortsgemeinden und Stiftungen. Bei Einstellung der übrigen Fälle in den nunmehrigen Art. 10 übersahen die Kammern, wie aus den Erklärungen zu Art. 15 jetziger Fassung (Verh. d. K. d. Abg. Beil. Bd. III S. 168, der K. d. R. R. Beil. Bd. I S. 406) ersichtlich ist, die prozessuale Bedeutung dieses Schrittes. Das Verfahren der Unterinstanzen ist auf dem Gebiete des Art. 10 kein verwaltungsgerichtliches, son-dern ein Verwaltungsverfahren. Das Aufsichtsrecht besteht also gegenüber den Unterinstanzen in allen Fällen des Art. 10. Vgl. die ausführlichen Erörterungen von G. Kahr, Commentar S. 175 ff. u. W. Krais, Commentar S. 160 f., dann die Erörterungen des letzteren als II. Staatsanwalts Entsch. d. V. G. H.'s IV S. 613 ff. And. Ans. ist das Plenum des V. G. H.'s ebenda S. 617 f. Ich muß bekennen, daß mir die Beweisführung des G. H.'s auf irrigen Anschauungen darüber zu beruhen scheint, inwieweit man der Begründung eines Gesetzentw. und Kammerverh. hierüber Einfluß auf die Auslegung des Ges. zugestehen dürfe. M. E. liegt die Sache so. Das Aufsichtsrecht hat in den Fällen des Art. 10 seither bestanden; bestehendes Recht kann nicht mittels gesetzgeberischer „Absichten" oder „Motive", sondern nur durch ausdrückliche Gesetzesbestimmung beseitigt werden. Eine solche ist hier

sich jedoch eine Beschränkung in Bezug auf die Art der Handhabung des Aufsichtsrechtes [64]. Da nemlich das Gesetz die Betretung des Verwaltungsrechtsweges eröffnet wissen will, so darf das Aufsichtsrecht nur in einer Weise ausgeübt werden, welche die Anrufung des Verwaltungsgerichtshofes nicht aus formellen Gründen unmöglich macht. Gegen Entscheidungen der Ministerien kann der Verwaltungsgerichtshof nicht angerufen werden. Hienach ergibt sich für die hier erörterten Fälle, daß die ministerielle Oberaufsicht sich nur in der Form der Cassation, nicht in der Form der materiellen Entscheidung der Sache äußern darf. Selbstverständlich sind die Rechtsanschauungen, auf welchen die Aufsichtsentscheidungen beruhen, für den Verwaltungsgerichtshof nicht bindend. Diese Erwägung und die Rücksicht auf die Entstehungsgeschichte des Gesetzes [65] werden eine vorsichtige und möglichst sparsame Geltendmachung des Aufsichtsrechtes rathsam erscheinen lassen. Dies ist auch statthaft, da selbst dann, wenn von einer Partei Aufsichtsbeschwerde ergriffen worden ist, der Beschwerdeführer kein Recht darauf hat, daß die angerufene Stelle ihre Aufsichtsbefugnisse ausübt. Um ein aufsichtliches Einschreiten zu veranlassen, wird, zumal da der Verwaltungsrechtsweg offen steht, es nicht genügen, daß ein materieller Rechtssatz oder eine Vorschrift über das Verfahren zum Nachtheile des Beschwerdeführers verletzt ist, sondern die Aufsichtsstelle wird auch zu der Ueberzeugung gelangt sein müssen, daß ein erhebliches öffentliches Interesse ihr Eingreifen erheische [66].

Die Anrufung der Aufsichtsthätigkeit ist an keine Frist gebunden [67]. Sie kann also auch dann noch eintreten, wenn der Verwaltungsgerichtshof nicht mehr angegangen werden kann. [68] Dagegen ist das aufsichtliche Einschreiten von dem Augenblicke an unbedingt ausgeschlossen, wo Beschwerde zum Verwaltungsgerichtshofe eingelegt wurde, dies auch dann, wenn die Aufsichtsbeschwerde früher erhoben war.

§ 132. Die Entscheidung über die Haftung öffentlicher Bediensteter [1].

Die Frage, ob ein Staatsdiener oder sonstiger öffentlicher Bediensteter seine Dienstbefugnisse überschritten oder seine Dienstobliegenheiten schuldhaft verabsäumt habe, kann nicht blos vom dienstaufsichtlichen Standpunkte aufgegriffen werden. Es ist auch möglich, daß diese Frage als Vorfrage auftritt, wenn es sich um die straf oder civilgerichtliche Verfolgung eines solchen Bediensteten mit Rücksicht auf die Ausübung seines Dienstes handelt. Der Gesetzgeber kann hier davon ausgehen, daß in solchen Fällen der Gerechtigkeit freier Lauf zu lassen sei, und daß demnach der Richter, wie andere Vorfragen, so auch diese zu entscheiden habe.

---

nirgends zu finden, vielmehr hebt Art. 15 klar und deutlich das Aufsichtsrecht allgemein nur in Angelegenheiten des Art. 8, in jenen des Art. 10 u. 11 lediglich gegenüber Beschlüssen des V. G. H.'s auf. Damit ist die Sache für die wissenschaftliche Auslegung erledigt. Vollends unerheblich aber ist, was Abg. Brater im Jahre 1868 über einen Art. geäußert hat, dem der Art. 15 zwar nachgebildet ist, aber unter Aenderungen des Wortlautes, die sich gerade auf den Punkt beziehen, der hier entscheidend ist.

[64] Mit dem Folgenden stimmt W. Krais, Commentar S. 414, überein.
[65] Vgl. Anm. 63. [66] Vgl. oben § 126 Anm. 13.
[67] Art. 49 des Ges. bezieht sich nicht hieher; Art. 45 hat nur den gewöhnlichen Verwaltungsbeschwerdeweg bei den unteren Instanzen im Auge.
[68] Auch in Sachen, wo zwei Prozeßparteien sich gegenüberstehen. Der Gegner desjenigen, zu Gunsten dessen etwa aufsichtlich eingeschritten wurde, erleidet hiedurch keine Verkürzung des Rechtsweges. Ist von einem Ministerium eine Entscheidung vernichtet und dem zu Folge neue Entscheidung getroffen worden, so kann er letztere beim V. G. H. anfechten.
[1] L. Hauser, Zeitschr. f. Reichs u. Landesrecht IV S. 265 ff., V S. 1 ff., H. v. Wand, Gem. Ordn. für die Pfalz, 2. Aufl., Kirchheimbolanden 1894, S. 616 ff., W. Krais, Bl. f. adm. Praxis XXXIII S. 33 ff. und angef. Commentar S. 292 ff., K. Lippmann, Annalen des Deutschen Reiches 1885 S. 421 ff., H. Becher, das rechtsrhein.bayer. Landescivilrecht ꝛc. S. 284 ff. Pözl, Lehrb. des bayer. Verf. Rechts S. 431, 487 Anm. 9, gibt nur sehr knapp gehaltene Bemerkungen.

Das Recht, welches in Bayern vor Einführung der Reichsjustizgesetze galt, hat sich jedoch nicht auf den Boden dieser Auffassung gestellt. Die Quellen dieses Rechtes waren für die Pfalz und für die Landestheile diesseits des Rheines verschiedene[2].

Für die Pfalz galt im Wesentlichen der Artikel 75 der Verfassung der französischen Republik vom 22. Frimaire VIII[3]. Diese Verfassung bestimmt zunächst in Artikel 74: „Les juges civils et criminels sont, pour les délits relatifs à leurs fonctions, poursuivis devant les tribunaux auxquels celui de cassation les renvoie après avoir annullé leurs actes." Im Anschlusse hieran sagt Artikel 75: „Les agens du Gouvernement, autres que les ministres[4], ne peuvent être poursuivis pour des faits relatifs à leurs fonctions, qu'en vertu d'une décision du conseil d'état[5]: en ce cas, la poursuite a lieu devant les tribunaux ordinaires."[6]

Der gesetzgeberische Zweck dieser Anordnungen[7] ist nicht so fast der persönliche Schutz der Verwaltungsbeamten, als die Sicherung[8] des Grundsatzes der Gewaltentheilung, der Unabhängigkeit der Verwaltung von den Gerichten. Es soll verhütet werden, daß in der Person des Beamten die vollziehende Gewalt vor den Richter gerufen wird[9]. Das französische Recht hat diesem Gedanken in der Form Geltung verschafft, daß die Zulassung der Rechtsverfolgung gegen Verwaltungsbeamte wegen Amtshandlungen von dem freien Ermessen des Staatsrathes oder der vorgesetzten Verwaltungsstelle abhängig gemacht wird (admission préalable). Dabei wird nicht die Frage des dienstlichen Verschuldens des Beamten als prozessuale Vorfrage entschieden, sondern nur vom Standpunkte des Staatsinteresses geprüft, ob der Rechtsweg zu gestatten sei.

Artikel 75 der Verfassung vom Jahre VIII ist auch bei seiner Anwendung in Bayern gleichmäßig auf straf- und civilrechtliche Fälle bezogen worden[10].

Neben diesen französischen Bestimmungen galt für die Pfalz auch Beilage IX § 16 der Verfassungsurkunde über die strafrechtliche Verfolgung höherer Staatsdiener[11].

In den Landestheilen diesseits des Rheines bestanden ausdrückliche Bestimmungen nur bezüglich der Vorgerichtstellung von Staatsdienern wegen Amtsverbrechen und Amtsvergehen. Unter gewissen Voraussetzungen bedurfte es zur Einleitung des Strafverfahrens gegen Staatsdiener einer Vorentscheidung des Staatsrathes[12].

[2] Vgl. zum Folgenden G. Kahr, Commentar S. 63 ff.
[3] Bull. des lois, 2ᵉ série, IXᵉ partie, n° 333.
[4] Für die Minister galten die Vorschriften der Art. 69—73.
[5] Ueber einzelne spätere Aenderungen hinsichtlich der Zuständigkeit des Staatsrathes G. Kahr a. a. O. S. 63 f. u. L. Hauser, Zeitschr. f. Reichs- u. Landesrecht V S. 7 Anm. 10.
[6] S. dazu die formule d'arrêté nach dem Beschlusse der Consuln vom 19. Germinal VIII, Bull. des lois, 3ᵉ série, t. I n° 44 p. 22. Vgl. hieher G. Wernz, Commentar zur Prozeßordn. in bürgerl. Rechtsstreitigkeiten f. d. Kgr. Bayern I S. 16, G. Kahr a. a. O. S. 65, K. Lippmann, Annalen des Deutschen Reichs 1885 S. 428 Anm. 1 (gegen die unhaltbaren Ausführungen in den Bl. f. adm. Praxis XX S. 305 ff., 328 ff.), Otto Mayer, Theorie des französ. Verwaltungsrechts, Straßburg 1886, S. 98 ff.
[7] Die in Frankreich durch Decret vom 19. Dec. 1870 aufgehoben wurden.
[8] Ich sage die Sicherung, nicht die Durchführung. Meine Auffassung steht also nicht im Widerspruche mit dem, was L. Hauser, Zeitschr. f. Reichs- u. Landesrecht IV S. 282 Anm. 9. bemerkt. Dareste, la justice administrative en France p. 510, äußert: „La garantie des fonctionnaires publics n'est même pas une conséquence du principe de la séparation des pouvoirs; car si le jugement d'un procès de ce genre soulève une question administrative, le conflit peut toujours être élevé."
[9] Vgl. hieher die bekannte Bestimmung des Ges. über die Gerichtsorganisation vom 16./20. Aug. 1790 Tit. II Art. 13: „Les fonctions judiciaires sont distinctes et demeureront toujours séparées des fonctions administratives; les juges ne pourront, à peine de forfaiture, troubler de quelque manière que ce soit les opérations du corps administratifs, ni citer devant eux les administrateurs pour raison de leurs fonctions." S. auch Ges. vom 16. Fructidor III (Bull. des lois, an III, IVᵉ trimestre n° 175 p. 14) u. Code pénal art. 187.
[10] Darüber G. Kahr a. a. O. S. 65.
[11] L. Hauser, Zeitschr. f. Reichs- u. Landesrecht V S. 16.
[12] St. G. B. von 1813 Th. II Art. 484 u. dazu k. Entschl. vom 8. Juli 1817 (Döllinger XVII S. 500); Verf. Beil. IX § 16; Staatsrathsinstr. vom 3. Mai 1817 Tit. II Ziff. 17, vom 9. Jan. 1821, dann vom 18. Nov. 1825 § 7 Ziff. 16; Ges., die Abänderungen des II. Th. des St. G. B.'s von 1813

Hinsichtlich der civilrechtlichen Belangung von öffentlichen Dienern wegen Verletzung der Dienstpflicht waren gesetzliche Anordnungen nicht getroffen, welche eine Vorentscheidung im Verwaltungswege darüber gefordert hätten, ob eine dienstliche Verschuldung vorliege. Gleichwohl gelangten Grundsätze zur Anerkennung, welche jenen des französischen Rechtes verwandt sind[13]. Dieselben kamen allerdings nicht ohne Widerstand Seitens der Gerichtshöfe zur Geltung.

Eine Entschließung des Staatsministeriums der Justiz vom 31. März 1825 an das Oberappellationsgericht[14] brachte „zur Beseitigung unstatthafter Anmaßungen der Gerichte" mit voller Schärfe den Gedanken zum Ausdrucke, daß Entschädigungsklagen gegen Beamte erst dann von den Gerichten angenommen werden dürfen, wenn „die Dienstesoberbehörde im Disciplinarwege" ausgesprochen habe, die Beamten hätten „ihre Pflicht in der angeschuldigten Art vernachlässigt". „Diese vorläufige Entscheidung der Dienstesoberbehörde," so wurde gesagt, „ist in der gesetzlich regulirten Stellung der Verwaltungsorgane nothwendig gegründet, indem nur die Dienstesoberbehörde den Geschäftskreis der ihr untergeordneten Officialen, die denselben vorgeschriebenen Instructionen und alle Dienstverhältnisse nach dem Dienstorganismus zu würdigen hat". Es wird auch bemerkt, daß die Feststellung des Schadens sogleich im Verwaltungswege geschehen könne, ob mit bindender Kraft für den Beschädigten oder nicht, wird wenigstens nicht bestimmt ausgedrückt[15].

Die Gerichtshöfe nahmen den Erlaß mit Verstimmung auf, zumal gerade damals über manche Eingriffe der Verwaltung in die Rechtspflege Klage geführt wurde. Hatte doch wenige Jahre vorher der Präsident des Appellationsgerichts des Obermainkreises aus solchem Anlasse amtlich sich mit Beschwerde an die Kammern gewendet[16].

Im Jahre 1830 kam ein Fall der Entschädigungsklage gegen einen Zolleinnehmer vor, in welchem die Gerichte gleichfalls ihre Zuständigkeit bejahten. Der Staatsrath erachtete zwar diese Zuständigkeit nicht für gegeben, sprach sich aber mit Rücksicht auf das bereits gepflogene gerichtliche Verfahren und die ergangenen Urtheile dahin aus, es sei „ohne alle Consequenz für künftige Fälle" die Fortsetzung des Prozesses „für diesmal nachzusehen".

Zu einer eigentlichen Entscheidung der grundsätzlichen Streitfrage kam es im Jahre 1832 anläßlich einer Entschädigungsklage, welche gegen einen Oberzollbeamten auf Grund angeblich rechtswidriger Amtshandlungen erhoben wurde. Auch hier bejahte das Appellationsgericht gegenüber dem Einspruche der Generalzolladministration die Zuständigkeit der Gerichte. Da das Justizministerium, welches diesmal für die Gerichte Partei ergriff, sich mit dem Finanzministerium nicht zu einigen vermochte[17], so gelangte die Sache an den Staatsrath. In der Sitzung vom 14. Juni 1832 sprach sich der Staatsrath mit überwiegender Mehrheit gegen die Zuständigkeit der Gerichte aus. Es wurde betont, daß nur dann, wenn die Verwaltungsbehörde eine Ueberschreitung der Amtspflicht aus-

betr., vom 10. Nov. 1848 Art. 70 ff. u. dazu Döllinger XXI S. 98. — Vgl. hierüber G. Kahr a. a. O. S. 63 u. L. Hauser, Zeitschr. f. Reichs- u. Landesrecht V S. 15 Anm. 30, gegen Pözl, Lehrb. des bayer. Verf. Rechtes S. 486 f.; W. Krais, Bl. f. adm. Praxis XXXIII S. 85 f., angef. Commentar S. 297 Anm. 7; K. Lippmann, Annalen des Deutschen Reiches 1885 S. 430 ff.

[13] Vgl. hieher J. A. Seuffert, Commentar über die bayer. Gerichtsordn., 2. Aufl., I S. 207 ff.

[14] Weber II S. 209; vgl. auch I S. 554 (Entschl. vom 24. März 1818).

[15] Den Anlaß gab die Klage eines Augsburger Gürtlers, dem aus einer Marktbude Waaren gestohlen worden waren, gegen den Magistrat. Der Gürtler forderte Entschädigung, weil die Wachanstalten mangelhaft gewesen seien. Die Gerichte bejahten ihre Zuständigkeit, und das App. Ger. wies die Klage nur angebrachter Maßen ab, weil das Collegium als solches nicht belangt werden könne, sondern lediglich die schuldtragenden Einzelnen, welche benannt werden müßten. Die Regierung hatte versäumt, den Zuständigkeitsstreit zu erheben. S. Döllinger II S. 284. Ein noch bemerkenswertherer Fall hatte den Staatsrath in der Sitzung vom 6. März 1823 beschäftigt. Ein Ausländer war im Aug. 1820 vom Magistrate Augsburg ausgewiesen worden. Der Ausgewiesene war im Verdachte gestanden, der Urheber von Angriffen auf Mädchen gewesen zu sein, denen Stich- oder Schnittwunden am Arme und im Gesichte beigebracht wurden — Vorgänge, die sich damals wie eine Seuche von Paris her verbreiteten. Der Ausgewiesene erhob wegen angeblicher Ausschreitungen bei seiner Ausweisung Klage gegen den Bürgermeister und die Magistratsräthe. Das Gericht nahm die Klage an. Da die Beklagten sich schließlich auf die Klage einließen, beschloß man, der Sache ihren Lauf zu lassen.

[16] Vgl. oben § 93 Ziff. 2.

[17] Vgl. über Zuständigkeit und Verfahren die k. Entschl. vom 22. Juni 1813 bei Döllinger II S. 282 u. Anm. a hiezu auf S. 283 f.

gesprochen habe, eine gerichtliche Klage gegen den Beamten auf Entschädigung zulässig sei; denn sonst „würden alle Ressortverhältnisse umgestürzt und würde die Regierungsgewalt gänzlich durch die Gerichte gelähmt werden". Gegnerischerseits hatte man hervorgehoben, daß keine gesetzliche Bestimmung die Zuständigkeit der Gerichte in Bezug auf Entschädigungsklagen, wenn diese gegen Beamte gerichtet seien, beschränke, daß eine dienstaufsichtliche Entscheidung, weil auf anderer Grundlage ruhend, die richterliche Entscheidung nicht binden könne, daß, wenn man der Entscheidung der Verwaltungsbehörde eine derartige Bedeutung für das richterliche Erkenntniß beilege, dies nichts Anderes heiße, als der Verwaltung eine Gerichtsbarkeit in Civilsachen einräumen¹⁸.

Der Staatsrath blieb in der Folge bei dem Standpunkte stehen, den er im Jahre 1832 eingenommen hatte, wenn auch manchmal Widerspruch sich regte¹⁹. Um ein beträchtliches Stück weiter als die bisherige Uebung ging eine Entschließung des Justizministeriums vom 6. December 1846²⁰, welche auf einem Staatsrathsgutachten vom 19. November gleichen Jahres beruhte. In demselben wird nicht nur gesagt, daß „über die Frage, ob einer Behörde oder einem Beamten eine pflichtwidrige Handlung oder Unterlassung zur Last liege", „die denselben vorgesetzte Dienststelle allein und ausschließend zu entscheiden habe", sondern noch überdies bemerkt: „Es kann diese Stelle zugleich auch über die Verbindlichkeit zum Ersatze des durch eine solche Handlung oder Unterlassung irgend einem Dritten zugefügten Schadens, sowie über dessen Betrag erkennen, in den gerichtlichen Bereich aber darf der Entschädigungspunkt nur dann gezogen werden, wenn die vorgesetzte Dienststelle das Dasein eines Verschuldens durch Disciplinarbeschluß ausgesprochen und dann über die Ersatzleistung überhaupt oder das Quantum derselben nichts bestimmt hat." Hier wird also, was die Entschließung vom 31. März 1825 nicht geradezu sagte. der Rechtsweg auch dann für ausgeschlossen erklärt, wenn die Verwaltungsbehörde nebst der Schuld die Entschädigung festgestellt hat²¹.

Die Einführung einer richterlichen Entscheidung der Zuständigkeitsstreite hatte eine Aenderung der leitenden Grundsätze nicht zur Folge. Die eben erwähnte Rechtsanschauung über die Feststellung der Entschädigung tritt allerdings nicht mehr auf²². Im Uebrigen aber hielt der Senat für Competenzconflicte beim obersten Gerichtshofe²³ an den Ueberlieferungen der staatsräthlichen Rechtsanschauung fest.

Diese Rechtsprechung stützte sich im Wesentlichen auf die Erwägung, daß die Gerichte den Verwaltungsbehörden nicht übergeordnet, also nicht befugt seien, die Verwaltungsbeamten wegen der Nothwendigkeit, Gesetzlichkeit oder Zweckmäßigkeit ihrer Amtshandlungen zur Verantwortung zu

----

¹⁸ Im gegebenen Falle kamen überdies noch die Bestimmungen des Ges., die Zollordn. betr., vom 15. Aug. 1825 (G. Bl. S. 185) §§ 34 Abs. II und 115 Abs. III in Betracht.

¹⁹ Beschlüsse vom 2. April 1834 (Klage gegen einen Bürgermeister, der einem Sonntagsschüler 6 Stockstreiche hatte geben lassen. Die gerichtliche Zuständigkeit wurde anerkannt, weil der Bürgermeister wegen seines Vorgehens bereits einen Verweis der vorgesetzten Stelle erhalten hatte); vom 10. April 1838, 28. März, 12. u. 30. Dec. 1845, 19. Nov. 1846 (in sämmtlichen Fällen handelte es sich um Beleidigungsklagen wegen Aeußerungen in amtlichen Schriftstücken; der Rechtsweg wurde als unzulässig erklärt); vom 8. Mai und 20. Oct. 1845 (Entschädigungsklagen gegen den Fiscus wegen Schadens, der angeblich durch Nachlässigkeit der Baubehörden entstanden war; die Gerichte wurden für unzuständig erkannt). Interessant ist der unterm 8. Jan. 1844 entschiedene Fall. Ein Offizier hatte sein Pferd in die Thierarzneischule zur Behandlung gegeben. Es wurde als gesund entlassen, war aber nach Behauptung des Offiziers in der Anstalt rotzkrank geworden und hatte noch ein anderes Pferd angesteckt. Der Offizier klagte auf Entschädigung gegen den behandelnden Thierarzt, Professor an der Schule. Der Staatsrath erklärte die Gerichte als unzuständig, weil der Professor in seiner amtlichen Eigenschaft gehandelt habe und zunächst dessen Verschuldung im Dienstwege festgestellt werden müsse.

²⁰ Weber III S. 651. Anlaß war eine Entschädigungsklage der Münchener Bierbrauer gegen den Fiscus wegen ungenügenden polizeilichen Schutzes bei einem Bierkrawalle.

²¹ Dies hebt auch K. Lippmann, Annalen des Deutschen Reiches 1885 S. 431 f., hervor.

²² Vgl. W. Krais, Bl. f. adm. Praxis XXXIII S. 83 f.

²³ Die Entscheidungen des letzteren sind nachstehend aufgezählt und dabei in Klammern beigefügt, um welche Gattungen öffentlicher Bediensteter es sich jeweils handelte: R. Bl. 1858 S. 930 (Bezirksgeometer), 969 (Landrichter als Verwaltungsbeamter), 1036 (magistratischer Polizeiactuar); 1865 S. 1073 u. 1577 (Gemeindevorsteher); 1866 S. 1527 (ebenso); 1867 S. 432 (ebenso), 881 (Fiscus wegen Handlungen des Bezirksamts); 1868 S. 2179 (Polizeioffiziant); 1869 S. 81 u. 2153 (Rentbeamter); G. u. V. Bl. 1878 Anh. S. 7 (Fiscus wegen Handlungen der Finanzbehörden), 17 (Offizier). In den beiden Fällen R. Bl. 1872 S. 2600 u. G. u. V. Bl. 1879 Anh. S. 7 handelte es sich um Civilklagen von Gemeinden gegen ihren Bürgermeister. Vgl. hieher auch W. Krais, Bl. f. adm. Praxis XXXIII S. 82 Anm. 37. Eine Uebersicht der oberstrichterlichen Entsch., welche auch die nicht auf Zuständigkeitsstreite bezügliche Rechtsprechung umfaßt, gibt K. Lippmann, Annalen des Deutschen Reiches 1885 S. 444 Anm. 1.

ziehen. Die Gerichte würden, wenn man jene Beschränkung ihrer Zuständigkeit läugne, oberste Auf=
sichtsbehörden über die Behörden der Verwaltung, während doch Justiz und Verwaltung von einander
selbständige Gewalten seien. Man führte wohl auch die Formationsverordnungen für die Kreis=
regierungen vom 27. März 1817²⁴ § 54 und vom 17. December 1825²⁵ § 81 an, wonach diesen gegen=
über den untergebenen Behörden und Beamten die Handhabung der Dienst= und Geschäftsordnung,
sowie der Disciplin übertragen sei. Allerdings sei der Beamte an sich auch nach bürgerlichem Rechte
haftbar, wenn er bei Gelegenheit einer Amtshandlung solcher Handlungen oder Unterlassungen sich
schuldig mache, welche „nicht aus seinen dienstlichen Verhältnissen fließen", oder wenn er im Dienste
„culpose oder dolose Ausschreitungen" begehe. Aber die Frage, ob dies der Fall sei, sei „ein öffentlich=
rechtlicher Präjudicialpunkt", der von der vorgesetzten Behörde des Beamten bereits oberaufsichtlich
entschieden sein müsse. So gelangte man dazu, bei Klagen, welche auf derartige Verfehlungen eines
Beamten gestützt waren, den Rechtsweg als „zur Zeit" unzulässig zu erklären, wenn die Verschuldung
des Beklagten nicht vor Erhebung der Klage im Dienstwege festgestellt war.

Eine eigentliche gesetzliche Grundlage hatte diese ganze Rechtsentwickelung nicht²⁶.
Was die Entscheidungen an Paragraphen anführten, entsprach mehr einem ornamentalen
Bedürfnisse. Die Bezugnahme auf die Vorschriften über Disciplin und Dienstaufsicht
war offenbar ohne allen Werth²⁷. Die disciplinäre oder aufsichtliche Einschreitung findet
im dienstlichen Interesse statt; die etwa ergehende Entscheidung würdigt das Thun und
Lassen des Beamten allerdings mit Rücksicht auf dessen Pflichtmäßigkeit, aber auch mit
Hinblick auf das dienstliche Interesse. Ein derartiger Ausspruch kann im Verhältnisse
zu Dritten keine rechtliche Bedeutung haben. Denn weder folgt aus dem disciplinären
Ausspruche, der Beamte habe im gegebenen Falle seine Dienstpflicht verletzt, mit Noth=
wendigkeit, daß er das Recht des Dritten verletzt habe²⁸, noch kann umgekehrt aus dem
Umstande, daß ein disciplinäres Vorgehen gegen den Beamten nicht für veranlaßt erachtet
wird, der Schluß gezogen werden, eine Verletzung des Rechtes eines Dritten könne gar
nicht vorliegen. Dazu kömmt noch, daß die disciplinäre Einschreitung im Ermessen der
Aufsichtsbehörde liegt. Die Verweisung eines Civilklägers auf die vorgängige discipli=
näre Entscheidung der Verwaltung über die Schuld des Beamten bedeutet also nichts
Anderes, als daß es von dem Belieben der Verwaltung abhängig gemacht wird, ob dem=
jenigen, der angeblich in seinem Rechte geschädigt ist, der Rechtsweg eröffnet sein solle
oder nicht.

Mehr Gewicht hatten jene Erwägungen, welche aus dem Verhältnisse zwischen
Justiz und Verwaltung abgeleitet wurden. Es läßt sich nicht läugnen, daß die Frage,
ob ein Verwaltungsbeamter seine dienstlichen Befugnisse überschritten, oder ob er seine
dienstlichen Pflichten nicht erfüllt habe, eine Frage des öffentlichen Rechtes ist. Denn
sie ist aus den Grundsätzen des bürgerlichen Rechtes nicht zu beantworten²⁹. Demnach
konnte man wohl sagen, daß hier die Zuständigkeit des Richters über die Civilklage nicht
dessen Zuständigkeit zur Entscheidung über eine Vorfrage zu begründen vermöge, die
ihrer Natur nach vollkommen außerhalb des Bereiches der richterlichen Wirksamkeit liegt
und im gegebenen Falle nicht bloß als Zwischenpunkt, sondern als Voraussetzung für
das Vorhandensein des Anspruches in Betracht kömmt³⁰. Mit anderen Worten, der
Grund für die Berechtigung jener Rechtsanschauung lag nicht darin, daß eine richter=
liche Entscheidung über das dienstliche Verschulden eines Verwaltungsbeamten der

---

²⁴ Weber I S. 514.　　²⁵ Weber II S. 279.

²⁶ Vgl. zum Folgenden auch die Würdigung der Rechtsprechung bei K. Lippmann, Annalen
des Deutschen Reiches 1885 S. 444 ff.

²⁷ S. auch L. Hauser a. a. O. S. 283 f.

²⁸ Dies hat auch die Rechtsprechung stets anerkannt.

²⁹ Dies ist nur da möglich, wo es sich nicht um ein öffentliches Dienstverhältniß, sondern um
eine locatio conductio operarum handelt. Vgl. Comp. Confl. Entsch. R. Bl. 1871 S. 303.

³⁰ Vgl. oben § 131 Anm. 20.

Natur der Sache widersprochen hätte, sondern darin, daß die Rechtsprechung auf dem Gebiete des öffentlichen Rechtes mit der Verwaltung vereinigt war[81].

Wenn nun gerade hier eine Hemmung, ja Versperrung des Rechtsweges manchmal als besonders gehässig empfunden wurde, so war dies doch nur eine Wirkung des allgemeinen Mangels einer selbständigen öffentlichen Rechtsprechung[82].

Eine durchgreifende Aenderung des bestehenden Rechtes vollzog sich durch § 11 des Reichs-Einführungsgesetzes vom 27. Januar 1877 zum Gerichtsverfassungsgesetze[83]. Derselbe sagt im Absatz I: „Die landesgesetzlichen Bestimmungen, durch welche die strafrechtliche oder civilrechtliche Verfolgung öffentlicher Beamten wegen der in Ausübung oder in Veranlassung der Ausübung ihres Amtes[84] vorgenommenen Handlungen an besondere Voraussetzungen gebunden ist, treten außer Kraft." Hiemit ist der Grundsatz ausgesprochen, daß die Gerichte bei Straf- und Civilklagen gegen einen öffentlichen Beamten im Allgemeinen befugt sind, auch über die Gesetzmäßigkeit seiner dienstlichen Handlungen zu urtheilen. Ferner sind jene Vorschriften beseitigt, welche die gerichtliche Verfolgbarkeit eines öffentlichen Beamten von der vorgängigen Ermächtigung einer Verwaltungsstelle abhängig machen.

Die Bestimmungen, welche in Bayern diesseits und jenseits des Rheines die Strafverfolgung der Beamten beschränkten, sind in Folge dessen mit Einführung der Reichsjustizgesetze außer Kraft getreten[85].

Dagegen ist, was die civilrechtliche Verfolgung der Beamten anlangt, für Bayern der Vorbehalt wirksam geworden, welchen Absatz II des angeführten § 11 enthält. Derselbe lautet:

„Unberührt bleiben die landesgesetzlichen Vorschriften, durch welche die[86] Verfolgung der Beamten entweder im Falle des Verlangens einer vorgesetzten Behörde oder unbedingt an die Vorentscheidung einer besonderen Behörde gebunden ist, mit der Maßgabe:

1. daß die Vorentscheidung auf die Feststellung beschränkt ist, ob der Beamte sich einer Ueberschreitung seiner Amtsbefugnisse oder der Unterlassung einer ihm obliegenden Amtshandlung schuldig gemacht habe;

2. daß in den Bundesstaaten, in welchen ein oberster Verwaltungsgerichtshof besteht[87], die Vorentscheidung diesem, in den anderen Bundesstaaten dem Reichsgerichte zusteht."

Diesen Bestimmungen ist der Artikel 7 Absatz II des bayerischen Gesetzes vom 8. August 1878 nachgebildet[88]. Hienach ist der Verwaltungsgerichtshof „nach Maß-

---

[81] Vgl. oben § 131 Anm. 19, W. Krais, Bl. f. abm. Praxis XXXIII S. 75.

[82] Vgl. hieher auch die Bestimmungen des preuß. Rechtes, worüber H. v. Schulze preuß. Staatsrecht, 2. Aufl., Leipzig 1890, II S. 642 ff.

[83] Ueber dessen Entstehungsgeschichte K. Lippmann, Annalen des Deutschen Reiches 1885 S. 439 ff.

[84] Ueber diese Ausdrucksweise W. Krais, Bl. f. abm. Praxis XXXIII S. 58 f.

[85] Bayer. Ausf. Ges. vom 18. Aug. 1879 zur R. St. P. O. Art. 2 Ziff. 1, 2, 3, 14g. Dazu Verh. d. K. d. Abg. 1877/81 Beil. Bd. V S. 15f. Vgl. auch K. Lippmann, Annalen des Deutschen Reiches 1885 S. 442.

[86] Civil- oder strafrechtliche. Hinsichtlich der strafrechtlichen Verfolgung hat jedoch Bayern von dem Vorbehalte keinen Gebrauch gemacht. Art. 7 Abs. II des Ges. vom 8. Aug. 1878 ist in dieser Beziehung zu Folge der oben angef. Bestimmungen gegenstandslos geblieben. Vgl. W. Krais, Commentar S. 43, G. Kahr, Commentar S. 71.

[87] D. h. zu der Zeit besteht, wo das R. G. V. G. in Kraft tritt.

[88] Die Aufnahme der Bestimmung in das Ges. war, mag man sie auch gegenüber § 11 des Reichsges. nicht als nothwendig ansehen, jedenfalls durch die Vorsicht geboten. Vgl. G. Kahr, Commentar S. 71. Wegen der Bestimmungen der früheren Entw. des Ges. über den V. G. H. vgl. K. Lippmann a. a. O. S. 439.

gabe der hierüber bestehenden oder zu erlassenden Gesetzesbestimmungen" berufen[39], in den Fällen civilrechtlicher Verfolgung von Beamten die oben bezeichnete Vorentscheidung zu treffen.

Die Frage, wie dieses neu geschaffene Recht auf das vorher geltende bayerische Recht einwirkt, ist eine ungemein schwierige. Bei der Untersuchung hierüber muß, da das Reichsrecht dem Landesrechte vorgeht, in erster Linie zur Auslegung der reichsgesetzlichen Bestimmungen geschritten werden.

Absatz I des mehrerwähnten § 11 entscheidet die Frage nicht, ob die Gerichte zuständig sind, über Klagen gegen öffentliche Beamte wegen der in Ausübung oder in Veranlassung der Ausübung ihres Amtes vorgenommenen Handlungen zu urtheilen. Er konnte diese Frage nach der Absicht der Reichsprozeßgesetze überhaupt nicht entscheiden. Denn gemäß § 13 des Gerichtsverfassungsgesetzes beantwortet sich die Frage, welche Streitigkeiten bürgerliche Rechtsstreitigkeiten im formellen Sinne sind, nach Landesrecht[40]. § 11 Absatz I sagt also nur, daß, soferne jene Klagen nach Landesrecht bei den bürgerlichen Gerichten angebracht werden können, die Verfolgung des Beamten fortan an besondere Voraussetzungen nicht mehr gebunden sein solle.

Die Regel wird aber durch die bereits erwähnte, in Absatz II des § 11 zugelassene Ausnahme durchbrochen. Es frägt sich, welche Tragweite der letzteren zukömmt.

Die Bestimmung, bei welcher man sich Angesichts der höchst unklaren Reichstagsverhandlungen hierüber[41] unbedingt an den Wortlaut zu halten hat, bezieht sich nicht auf die Ausscheidung der Zuständigkeit zwischen Rechtspflege und Verwaltung; sie spricht nur von der Verfolgbarkeit des Beamten. Sie kann sich nach dem oben Gesagten auf die erstere Frage gar nicht beziehen, weil die Ausscheidung jener Zuständigkeiten Sache des Landesrechtes ist. Wenn nach Landesrecht, sei es zu Folge ausdrücklicher Vorschrift, sei es nach den Grundsätzen des Landesstaatsrechtes über das Verhältniß der Rechtspflege zur Verwaltung, eine Frage von der Art ist, daß sie der Richter nicht entscheiden kann, so hat es dabei sein Verbleiben. Auch ist es dann gleichgiltig, ob die landesrechtliche Abgrenzung der Zuständigkeiten die Beurtheilung der Klage selbst oder die Beurtheilung einer Voraussetzung des erhobenen Anspruches trifft[42].

Die reichsgesetzliche Bestimmung bezieht sich lediglich auf die Aufrechthaltung jener landesrechtlichen Vorschriften, welche die Verfolgung der Beamten an die Vorentscheidung einer besonderen Behörde binden, welche also die Betretung des landesrechtlich zulässigen Rechtsweges nicht mit Rücksicht auf die Eigenschaft der Sache, sondern mit Hinblick auf die Eigenschaft des Beklagten als Beamten erschweren. Die reichsgesetzliche Bestimmung bezieht sich mit anderen Worten lediglich auf die Vorentscheidung nach dem Systeme des französischen und preußischen Rechtes. Das Reichsrecht läßt diese landesgesetzlichen Bestimmungen insoweit in Geltung, als sie darüber verfügen, wann die Vorentscheidung eintritt, und welche Wirkungen sie hat. Es ändert zugleich die landesgesetzlichen Bestimmungen in Bezug auf den Umfang der Feststellung, welche durch die Vorentscheidung zu

---

[39] Ueber die Frage, ob in den Fällen des Art. 20 Abs. V des P. St. G. B. die Vorentscheidung ausgeschlossen sei, L. Hauser, Zeitschr. f. Reichs- u. Landesrecht IV S. 296 f., W. Krais, Bl. f. adm. Praxis XXXIII S. 99 ff., K. Lippmann a. a. O. S. 424 ff. Sie ist m. E. zu verneinen. Ich halte die Ausführungen von Krais für überzeugend.

[40] Vgl. oben § 124 Anm. 14, § 131, dann L. Hauser, Zeitschr. f. Reichs- u. Landesrecht V S. 20 f., O. v. Sarwey, das öffentliche Recht u. die Verwaltungsrechtspflege S. 309.

[41] Eine Darstellung derselben bei L. Hauser, Zeitschr. f. Reichs- u. Landesrecht V S. 36 ff.

[42] Uebereinstimmend O. v. Sarwey a. a. O. S. 309 f. Von dem hier vertretenen Standpunkte aus ist die ganze Beweisführung des oberlandesgerichtlichen Erk. vom 13. Mai 1884, die K. Lippmann, Annalen des Deutschen Reiches 1885 S. 422 ff., wiedergibt, gegenstandslos.

treffen ist, und in Bezug auf die Behörden, welche zur Vorentscheidung berufen sind. In ersterer Beziehung wird die Feststellung darauf beschränkt, "ob der Beamte sich einer Ueberschreitung seiner Amtsbefugnisse oder der Unterlassung einer ihm obliegenden Amtshandlung schuldig gemacht⁴³ hat". Die Vorentscheidung soll nicht mehr die Natur der admission préalable, sondern einer Entscheidung nach Rechtsgrundsätzen haben. Bezüglich der Wirkung der Vorentscheidung wird das Landesrecht nicht geändert. Daraus ergibt sich für das Bereich des französisch-preußischen Rechtes, daß die Bejahung jener Frage nur die Bedeutung der Eröffnung des Rechtsweges, nicht der rechtskräftigen und für den Richter bindenden Entscheidung darüber hat, ob ein Verschulden vorliegt oder nicht⁴⁴.

Die zweite reichsrechtliche Aenderung des Landesrechtes besteht darin, daß für die Vorentscheidung stets der Ausspruch eines Gerichtshofes, des Verwaltungsgerichtshofes oder des Reichsgerichtes, gefordert wird.

Der Vorentscheidung ist hienach vorwiegend die Eigenschaft eines Schutzmittels aufgeprägt, welches dem Beamten Sicherheit gegen ungerechtfertigte Verfolgungen bieten soll.

Wenn wir nun daran gehen, die Ergebnisse dieser Untersuchungen für das bayerische Recht zu verwerthen, so ergibt sich Folgendes.

Die Rechtssätze, die sich in Bayern diesseits des Rheines bezüglich der Frage gebildet haben, welchen Behörden die Entscheidung über das dienstliche Verschulden eines Beamten zusteht, haben ihre Wurzel in staatsrechtlichen Grundsätzen über die Ausscheidung der Zuständigkeiten⁴⁵. Dieser Rechtsstand ist durch § 11 Absatz II des angeführten Reichsgesetzes überhaupt nicht berührt worden, und es war ein Irrthum, wenn Staatsregierung und Kammern von der Annahme ausgingen, dieses bisherige Recht werde vom Reichsrechte betroffen⁴⁶. Soweit also das diesseitige Bayern in Betracht kömmt, stellt sich Artikel 7 Absatz II des Gesetzes vom 8. August 1878 als eine Aenderung des bisherigen Rechtes dar, die außer jedem inneren Zusammenhange mit dem Reichsrechte steht. Der Artikel beabsichtigt, das bestehende Recht hinsichtlich des Erfordernisses der Vorentscheidung aufrecht zu erhalten. Er spricht allerdings nicht ganz genau von "Gesetzesbestimmungen", meint aber zweifellos auch die durch die Rechtsprechung entwickelten Rechtssätze⁴⁷. Hieraus ergibt sich sofort die Folgerung, daß die rechtliche Bedeutung der Vorentscheidung dieselbe geblieben ist, wie früher, d. h. daß dieselbe eine verwaltungs-

---

⁴³ Vgl. hieher L. Hauser, Zeitschr. f. Reichs- u. Landesrecht IV S. 804 f., V S. 22 Anm. 42 u. S. 28 f. Es handelt sich nach dem Wortlaute des Reichsges. wie des bayer. Ges. nicht blos um die Würdigung der objectiven Rechtswidrigkeit, sondern auch um Entscheidung über das dienstliche Verschulden.

⁴⁴ G. Kahr, Commentar S. 71 f.; L. Hauser, Zeitschr. f. Reichs- u. Landesrecht V S. 31 f.

⁴⁵ Vollkommen überzeugend sind die Ausführungen K. Lippmann's, Annalen des Teutschen Reiches 1885 S. 459 ff., daß von einem Gewohnheitsrechte hier nicht gesprochen werden kann. Vgl. übrigens auch W. Krais, Commentar S. 298 ff.

⁴⁶ Auf die Möglichkeit der hier vertretenen Ansicht weist G. Kahr, Commentar S. 68 Anm. *, hin. L. Hauser, Zeitschr. f. Reichs- u. Landesrecht IV S. 285, 303, V S. 1 ff. (vgl. auch O. v. Sarwey, das öffentl. Recht u. die Verwaltungsrechtspflege S. 308 ff.), zieht aus dem richtig erkannten Irrthume des Gesetzgebers eine m. E. unhaltbare Folgerung. nemlich die, daß Art. 7 Abs. II des Ges. vom 8. Aug. 1878 sich nur auf die Pfalz beziehe. Der Irrthum des Gesetzgebers war lediglich der, daß er glaubte, zu der vorgenommenen Aenderung der Zuständigkeit für Bayern diess. des Rh. reichsrechtlich genöthigt zu sein. Unbedingt sicher aber ist, daß er die Aenderung gewollt hat und die bisherige Zuständigkeit der vorgesetzten Dienstaufsichtsbehörde zu beseitigen beabsichtige. Dies hebt W. Krais, Bl. f. adm. Praxis XXXIII S. 109 ff. u. Commentar S. 298 Anm. 10, mit Recht hervor.

⁴⁷ Vgl. W. Krais, Commentar S. 43. Die Bezugnahme auf § 12 des R. Einf. Ges. zur R. C. P. O. mag als mittelbarer Beweis für diese Auffassung dienen. Der unmittelbare Beweis liegt in den Landtagsverh., worüber G. Kahr, Commentar S. 69 f. S. auch Entsch. d. V. G. H.'s II S. 615.

gerichtliche Entscheidung und für den Civilrichter unbedingt bindend ist[48]. Artikel 7 Absatz II ändert für das diesseitige Bayern das bestehende Recht nur insoferne, als er für die Vorentscheidungen gegenüber „Beamten" an die Stelle der bisherigen Zuständigkeiten die Zuständigkeit des Verwaltungsgerichtshofes setzt[49]. Was das Gesetz unter „Beamten" begreift, soll unten erörtert werden. Hier ist soviel festzustellen, daß, soweit der Begriff des „Beamten" nicht reicht, nicht etwa die Entscheidung der Vorfrage über das Verschulden der öffentlichen Bediensteten den Gerichten unbedingt freigegeben ist. Wo nach bisherigem Rechte die Entscheidung dieser Vorfrage aus Gründen sachlicher Zuständigkeit den Gerichten entzogen war, bleibt sie ihnen auch ferner entzogen, und die Vorentscheidung ist von denjenigen Behörden zu treffen, denen sie seither zustand.

Anders gestaltet sich die Sache für das pfälzische Recht. Das letztere wird vom Reichsgesetze getroffen. Für das pfälzische Recht hat hienach Artikel 7 Absatz II des Gesetzes vom 8. August 1878 den Zweck und die Bedeutung, dasselbe den Anforderungen des Reichsrechtes anzupassen. Daraus folgt, daß die Vorentscheidung nach pfälzischem Rechte zwar hinsichtlich ihres Umfanges sich geändert hat, indem sie auf die Beantwortung einer Rechtsfrage beschränkt ist, daß dagegen ihre Wirkung dieselbe geblieben ist, wie früher. Die bejahende Vorentscheidung bindet also den Richter nicht[50].

Da nach bayerischem Rechte die strafrechtliche Verfolgung eines Beamten nicht von einer Vorentscheidung abhängt[51], so folgt, daß eine Vorentscheidung dann nicht stattfinden kann, wenn das Verschulden des Beamten, aus welchem ein civilrechtlicher Anspruch hergeleitet werden will, unter das Strafgesetz fällt[52].

Es ist noch zu untersuchen, was Artikel 7 Absatz II a. a. O. unter „Beamten"[53] versteht[54]. Ein Doppeltes ist hier zu berücksichtigen. Da die landesrechtliche Vorschrift der reichsrechtlichen nachgebildet ist, so meint sie mit dem Worte „Beamten" jedenfalls dieselben Gattungen, wie das Reichsgesetz. Da ferner letzteres die Fälle, in welchen die Vorfrage zugelassen ist, keinesfalls vermehrt wissen wollte, so erstreckt sich Artikel 7 Absatz II, soweit er sich an das Reichsrecht anschließt, d. h. soweit er die Pfalz betrifft, auf jene Gattungen von Beamten, welche agents du gouvernement im Sinne des pfälzischen Rechtes sind[55].

Nach dem Sprachgebrauche der Civilprozeßordnung umfaßt der Begriff „Beamter" nicht nur die eigentlichen Civilstaatsdiener, sondern auch die mittelbaren Staatsdiener,

---

[48] Uebereinstimmend G. Kahr, Commentar S. 73, dagegen K. Lippmann, Annalen des Deutschen Reichs 1885 S. 467. Die Vorentscheidung ist eine „Theilentscheidung", wenn sie die Schuldfrage bejaht (Entsch. d. V. G. H.'s IV S. 174), eine Endentscheidung, wenn sie die Schuldfrage verneint. Die Frage, ob dem Antragsteller ein Schaden zugegangen ist, geht den vorentscheidenden Richter nichts an. Entsch. d. V. G. H.'s XIII S. 470.

[49] Damit ist auch die Begründung der Verwaltungszuständigkeit aus dem Gesichtspunkte der Disciplin verworfen, eine Begründung, die schon oben bei Anm. 27 als unhaltbar bezeichnet wurde.

[50] Uebereinstimmend G. Kahr, Commentar S. 74, W. Krais, Bl. f. adm. Praxis XXXIII S. 118. Diese Ansicht läßt sich aber m. E. nur dann mit Erfolg vertheidigen, wenn man sie auf die landesrechtliche Ausscheidung der Zuständigkeit stützt, nicht mit Berufung auf § 11 des R. Einf. Ges.

[51] Oben Anm. 36.

[52] Entsch. d. V. G. H.'s XII S. 329, XIII S. 494.

[53] Vgl. zum Folgenden W. Krais, Bl. f. adm. Praxis XXXIII S. 50 ff., 97 ff., 119 ff., Commentar S. 304.

[54] Gegenüber Behörden gibt es selbstverständlich keine Vorentscheidung im Sinne des Art. 7. Entsch. d. V. G. H.'s IV S. 549.

[55] Darüber G. Kahr, Commentar S. 63 Anm. **, H. v. Wand, Gem. Ordn. für die Pfalz S. 524 ff., L. Hauser, Zeitschr. f. Reichs- u. Landesrecht V S. 6 Anm. 7, K. Lippmann, Annalen des Deutschen Reiches 1885 S. 466 Anm. 1. Entsch. d. V. G. H.'s VIII S. 279, IX S. 344, 478, XII S. 332, XIII S. 464, 497.

also jene, welche im Dienste von Gemeinden oder Gemeindeverbänden stehen[56]. Aus dem
gesetzgeberischen Zwecke der hier erörterten Bestimmungen, wie nach dem bisherigen bayerischen Rechte ergibt sich jedoch, daß dieselben auf Richter, Notare und alle sonstigen Beamten, deren Thätigkeit der Würdigung der Gerichte untersteht, nicht bezogen werden
kann[57]; ebensowenig auf Verwaltungsbeamte, wenn sie in der Eigenschaft als Hilfsbeamte der Staatsanwaltschaft thätig geworden sind oder Vollstreckungshandlungen vorgenommen haben, über welche den Gerichten die Entscheidung zusteht[58]. Im Uebrigen
wird man, da eine Einschränkung des Begriffes „Beamter" aus dem Gesetze nicht zu entnehmen ist, für Bayern diesseits des Rheines die Beamten aller Verwaltungszweige,
nicht blos die Beamten der inneren Verwaltung unter den Begriff zu stellen haben[59].
Dagegen muß angenommen werden, daß Militärpersonen mit dem Ausdrucke „Beamten"
nicht gemeint sind. Hinsichtlich dieser bleibt es sonach bei dem Grundsatze des älteren
Rechtes, daß den Behörden jedes Verwaltungsgebietes innerhalb ihres Geschäftskreises die
Entscheidung der einschlägigen Fragen des öffentlichen Rechtes insoweit zusteht, als sie
ihnen nicht ausdrücklich entzogen ist[60]. Diese Ansicht rechtfertigt sich, wie mir scheint,
aus äußeren und inneren Gründen. Es ist nicht zu ermitteln, daß der Gesetzgeber an
Militärpersonen gedacht habe, und nicht anzunehmen, daß, wenn er daran gedacht hätte,
er sie in Artikel 7 Absatz II a. a. O. mit einbezogen hätte. Denn der Verwaltungsgerichtshof steht der Würdigung militärischer Dienstheshandlungen ebenso fremd gegenüber, wie das Civilgericht[61].

Für das Rechtsgebiet, in welchem die Nothwendigkeit der Vorentscheidung auf
Gründen der Zuständigkeitsvertheilung beruht, also für Bayern diesseits des Rheines,
ist auch noch die Frage zu beantworten, ob die Vorentscheidung in allen Fällen erfordert
wird, wo das dienstliche Verhalten eines Beamten zu würdigen ist, oder ob in dieser Beziehung eine Einschränkung besteht.

Eine solche allgemeine Einschränkung ist nach der Richtung hin behauptet worden,
daß die Nothwendigkeit der Vorentscheidung nur dann gegeben sei, wenn die zu beurtheilende Handlung oder Unterlassung auf Ausübung staatlicher Hoheitsrechte sich beziehe[62].

---

[56] Entsch. d. o. L. G.'s f. Bayern in Gegenst. des Civilrechtes rc. XII S. 146. Nicht dagegen Geistliche. Entsch. d. k. preuß. Oberverwaltungsgerichtes VIII S. 390, Entsch. d. B. G. H.'s XIV S. 135. Ueber Pfarrer als Kirchenverwaltungsvorstände Entsch. d. B. G. H.'s XIV S. 133. Ueber die Festellung der Verschuldung bei Collegialbeschlüssen Entsch. d. B. G. H.'s IV S. 549.

[57] Verh. b. Reichstages 1876 Sten. Ber. I S. 372 ff., insbes. S. 874 f. (Dr. Leonhardt) und 383 ff. (Dr. Gneist); II S. 925 ff. Verh. d. K. d. Abg. 1877/81 Beil. Bd. V S. 17 f., VI S. 205 f. (Justizminister Dr. v. Fäustle), Sten. Ber. II S. 216. — Ausf. Ges. vom 23. Febr. 1879 z. R. C. P. O. u. R. C. O. Art. 81 mit bayer. Ger. Ordn. v. 1753 Cap. XVI § 3 Nr. 1 (Syndikatsklage) u. Notariatsges. vom 10. Nov. 1861 Art. 113. Entsch. d. B. G. H.'s IV S. 467 (Gerichtsvollzieher), XIV S. 130 (Gerichtsschreiber u. Gerichtsvollzieher). W. Krais, Bl. f. adm. Praxis XXXIII S. 97, 120 f., R. Lippmann, Annalen des Deutschen Reiches 1885 S. 464 Anm. 2.

[58] R. G. B. G. § 153, bayer. Ausf. Ges. zum R. G. B. G. Art. 56; R. C. P. O. § 685, bayer. Ausf. Ges. zur R. C. P. O. Art. 7. Vgl. R. Lippmann a. a. O. S. 465 f. Entsch. d. B. G. H.'s XII S. 278.

[59] Vgl. die Begründung zum Entw. des Ausf. Ges. zur R. St. P. O. („im Gebiete der Verwaltung") bei G. Kahr, Commentar S. 68 f. Anm. **.

[60] Vgl. hieher die oberstrichterliche Entsch. G. u. V. Bl. 1878 Anh. S. 17.

[61] W. Krais, Bl. f. adm. Praxis XXXIII S. 120, will eine Ausnahme für Offiziere und Militärpersonen dann machen, wenn diese etwa unter besonderen Verhältnissen „der Civilbevölkerung gegenüber mit polizeilicher Zwangsgewalt bekleidet sein sollten".

[62] Von dieser Auffassung geht W. Krais in der angef. Abhandlung aus; s. insbes. S. 162 ff. Der B. G. H. hat sich derselben angeschlossen. Entsch. V S. 147, VI S. 20, XII S. 329, XIII S. 494. Wenn VI S. 23 behauptet wird, daß die frühere Rechtsprechung dieser Auffassung stets gehuldigt habe, so ist dies, wie auch R. Lippmann, Annalen des Deutschen Reiches 1885 S. 450 Anm. 1, bemerkt, nicht zutreffend. S. ferner ebenda S. 465.

Ich halte diese Auffassung nicht für zutreffend. Es ist vor Allem unbehelflich, wenn man sich hiefür auf die Reichstagsverhandlungen über den § 11 des Einführungsgesetzes zum Reichsgerichtsverfassungsgesetze beruft⁶³, da, wie bereits oben gezeigt wurde⁶⁴, diese reichsgesetzliche Bestimmung keinen Zusammenhang mit der Vorentscheidung des bayerischen Rechtes hat, welche hier in Rede steht. Ferner kann nicht zugestanden werden, daß die seitherige bayerische Uebung auf jener Auffassung beruht habe. Mindestens würde eine solche Einschränkung mit dem Zwecke, „die natürliche Abgrenzung des richterlichen und administrativen Zuständigkeitsgebietes aufrecht zu erhalten"⁶⁵, kaum in Einklang zu bringen sein. Der Grundgedanke, auf welchem die Einrichtung der Vorentscheidung beruht, ist der, daß das Bestehen eines civilrechtlichen Anspruches von der öffentlichrechtlichen Frage des Verschuldens eines Beamten abhängig ist. Der Beamte steht zu seinem Dienstherrn nicht im privatrechtlichen Verhältnisse der Dienstmiethe, sondern in einem öffentlichrechtlichen Dienstverhältnisse. Die Frage also, ob dem Beamten ein dienstliches Verschulden zur Last fällt, ist, gleichviel, um welche dienstliche Thätigkeit desselben es sich handelt, allemal eine Frage des öffentlichen Rechtes. Sie ist dies, wenn die Thätigkeit obrigkeitlicher Natur ist, auch im Rechtsverhältnisse nach Außen; sie ist es, wenn die Thätigkeit keine obrigkeitliche ist, im Rechtsverhältnisse nach Innen zum Dienstherrn. Mag sich z. B. das Verschulden eines Rentamtmanns auf die Vereinnahmung oder mag es sich auf die Verwaltung der Steuern beziehen, eine Verletzung der Dienstpflicht, also einer öffentlichrechtlichen Verpflichtung, liegt hier wie dort vor.

Die Zuständigkeitsgrenze, welche in den hier erörterten Fällen dem Civilrichter gezogen ist, ist eine objective. Der Richter hat sie daher unabhängig vom Parteivorbringen zu beachten⁶⁶.

Sehr erheblichen Schwierigkeiten begegnet die Beantwortung der Frage, wie die Zuständigkeitsverhältnisse dann sich gestalten, wenn der Dienstherr eines öffentlichen Bediensteten wegen dienstlichen Verschuldens des letzteren Entschädigungsansprüche gegen denselben erhebt. Es wird sich nicht verkennen lassen, daß die Sache rechtlich hier wesentlich anders liegt, wie bei der Entschädigungsklage eines Privaten. Der Anspruch des letzteren geht nicht aus einem öffentlichrechtlichen Verpflichtungsverhältnisse zwischen ihm und dem öffentlichen Diener hervor. Dagegen ist der Entschädigungsanspruch des Dienstherrn gegen den öffentlichen Bediensteten aus der Behauptung abgeleitet, daß der Beklagte seine Dienstpflicht gegenüber dem Dienstherrn verletzt habe. Der Anspruch entspringt also unmittelbar aus einem öffentlichrechtlichen Verpflichtungsverhältnisse, ist mithin selbst öffentlichrechtlicher Natur. Daß es sich um eine Vermögensbeschädigung und um das Verlangen einer Entschädigung hiefür handelt, kann dem Anspruche diese öffentlichrechtliche Eigenschaft nicht nehmen. Denn der Titel, aus dem geklagt wird, gehört lediglich dem öffentlichen Rechte an, und weder der Begriff der Vermögensbeschädigung, noch jener der Entschädigung sind solche, welche das Privatrecht als sein ausschließliches Besitzthum bezeichnen könnte⁶⁷.

---

⁶³ Entsch. d. V. G. H.'s V S. 147.   ⁶⁴ Bei Anm. 46.

⁶⁵ Entsch. d. V. G. H.'s VI S. 23.

⁶⁶ W. Krais, Bl. f. adm. Praxis XXXIII S. 116 f., L. Hauser, Zeitschr. f. Reichs- u. Landesrecht V S. 29.

⁶⁷ Im Wesentlichen übereinstimmend H. Becher, das rechtsrhein.-bayer. Landescivilrecht ꝛc. S. 185 f. Die Frage, ob aus einer Pflichtwidrigkeit ein Nachtheil entstanden ist, ist zunächst keine privatrechtliche und keine öffentlichrechtliche, sondern eine thatsächliche Frage. Sie wird Bestandtheil der privat- oder der öffentlichrechtlichen Würdigung, je nachdem die Rechtsverletzung, die dem Kläger gegenüber begangen wurde, eine öffentlichrechtliche oder eine privatrechtliche ist. P. Laband, Staatsrecht des Deutschen Reichs, 3. Aufl., I S. 432 f., welcher Bedenken trägt, den Entschädigungsanspruch

Von diesem allgemeinen Standpunkte aus würde sich also ergeben, daß derartige Ansprüche nicht civilrechtliche sind. Ist dies richtig, so würden die Gerichte nur dann berufen sein, darüber zu urtheilen, wenn sich eine ausdrückliche gesetzliche Bestimmung nachweisen läßt, welche eine solche Zuständigkeit begründet. Es würde ferner, wenn dieser Nachweis nicht gelingt, die unbeschränkte Zuständigkeit der Verwaltungsbehörden zur Entscheidung anzunehmen sein, sofern nicht etwa dargethan werden kann, daß kraft ausdrücklicher gesetzlicher Bestimmung eine verwaltungsgerichtliche Zuständigkeit Platz greift. Die Untersuchung über diese Fragen muß für die Landestheile diesseits des Rheines und für die Pfalz getrennt geführt werden [68].

Die Bestimmungen für die Landestheile rechts des Rheines beziehen sich, was zunächst die Staatsdiener anlangt, nur auf die Haftung aus Rechnungsführung und Vermögensverwaltung.

Den Ausgangspunkt bildet die Gerichtsordnung von 1753, welche [69] sagt: „gehören auch kurfürstliche Beamte in bloßen unter sich habenden Amtsstreitigkeiten, wie auch in Rechnungs- und anderen Cameralsachen ganz allein unter die Hofkammer, und haben sich die Justizdikasterien hierin nicht einzumischen, wenn nicht die Untersuchung zugleich Partei .... sachen mit berührt ...." [70]. Der Sinn der Bestimmung ist klar. Hinsichtlich der Haftungspflicht der kurfürstlichen Beamten gegenüber dem Landesherrn soll der Rechtsweg gänzlich ausgeschlossen sein. Eine gerichtliche Zuständigkeit wird nur insoweit als möglich angesehen, als es sich um Parteisachen, d. h. um Rechtsverhältnisse zu Privaten, handelt.

Die Hofkammerordnung von 1779 [71] schrieb sodann vor: „Wenn ein zur Zahlung eines Recesses verurtheilter Diener die Receßsache bei den Justizdikasterien anhängig machen würde, so soll, wenn der Reliquarius seinen Rückstand vor Allem ad cameram bezahlt haben würde, das Cameralinteresse durch den Kammerfiscal vertreten, wo sich aber durch Urtheil und Recht eine Rückbezahlung an den Reliquarius gegen die Cameralmeinung ergeben würde, diese Rückbezahlung sogleich bei Vermeidung der landesherrlichen Ungnade nach Maß richterlichen Bescheids von der Hofkammer bewirkt werden." Nach dieser Stelle erscheint gegenüber der Verwaltungsentscheidung die Betretung des Rechtsweges zugelassen; ob überhaupt oder nur insoferne es sich um privatrechtliche Verhältnisse handelt, ist nicht gesagt.

Aus den Novellen zur Gerichtsordnung [72] ist jene vom 25. August 1815 [73] hervorzuheben. Dieselbe bestimmt: „Das Quantum eines bestehenden Rechnungsrestes

---

des Staates gegen den Staatsdiener dem öffentlichen Rechte zuzuweisen, wird dadurch genöthigt, zu folgern, daß ein solcher Anspruch civilrechtlich als ein außercontractlicher behandelt werden müsse. Gerade diese Folgerung, durch welche zusammengehörige rechtliche Verhältnisse auseinandergerissen werden, dürfte m. E. geeignet sein, Bedenken gegen die Richtigkeit des Ausgangspunktes zu erwecken.

[68] Vgl. zum Folgenden für das Recht dieß. des Rh. W. Krais, Bl. f. adm. Praxis XXXIII S. 130 ff., Commentar S. 302 f., welcher von einer andern grundsätzlichen Auffassung ausgeht, als sie hier vertreten wird, und daher auch zu anderen Ergebnissen gelangt.

[69] Cap. I § 12 Nr. 8.

[70] In den Anm. wird auf die Hofrathsordn. von 1750 (vgl. oben § 7 Anm. 9) verwiesen, wo es in § 8 heißt: „soll der Hofrath in liquiden Kammergefällen keinen Prozeß gestatten, sondern vielmehr selbst auf Ersuchen die Execution befördern helfen, wo sich aber dergleichen Sachen auf den Rechtsweg qualificiren, soll zuvörderst mit der Kammer communicirt und, ehe dieses geschehen, kein Instand oder sonst etwas Verfängliches erkannt werden".

[71] § 5. S. oben § 10 Anm. 7.

[72] Vgl. oben § 46 Anm. 16.

[73] Nov. zur Gerichtsordn. III S. 183. Die Nov. vom 9. Nov. 1808 (a. a. O. 1 S. 278) wiederholt im Wesentlichen nur die Bestimmung der Hofkammerordn. „Die über den Ersatz der Kassaabgänge bestehenden Verordnungen gestatten keine Berufung an eine höhere Rechtsbehörde, bevor nicht der Ersatz geleistet ist. Entweder muß Ersatz oder genügende Caution geleistet sein."

hinein oder heraus kann von Niemandem, als von den Rechnungsbehörden und in oberster Instanz von dem königlichen obersten Rechnungshofe abgeurtheilt werden⁷⁴. Allein für Gegenforderungen des Beamten aus privatrechtlichen Gründen, wobei jedoch das Liquidum mit dem Illiquido nicht vermischt werden darf, kann die Justiz bei den Civilgerichten nicht verweigert werden." Hier sind wieder die Grundsätze der Gerichtsordnung mit Entschiedenheit festgehalten.

Das Gesammtergebniß der Betrachtung dieser Bestimmungen wird kaum anders als dahin ausfallen können, daß dieselben die Zuständigkeit der Verwaltung nicht blos für die Entscheidung über das dienstliche Verschulden der Staatsdiener begründen wollen, sondern daß auch die Feststellung der Ersatzpflicht der Staatsdiener nach Umfang und Betrag Sache der Verwaltung sein soll. In diesem Sinne hat sowohl die Rechtsprechung des Staatsrathes⁷⁵ als jene des obersten Gerichtshofes im Competenzsenate das geltende Recht aufgefaßt. Allerdings lassen die Erkenntnisse des letzteren zuweilen juristische Schärfe in der Rechtsanwendung vermissen⁷⁶, allein im Allgemeinen hat der Gerichtshof den meines Erachtens richtigen Grundsatz festgehalten, daß die Feststellungen der Verwaltungsbehörden über die Haftpflicht der Beamten keine vorläufigen, sondern endgiltige Entscheidungen sind, und daß nur insoweit der Rechtsweg beschritten werden kann, als besondere civilrechtliche Verhältnisse vorliegen⁷⁷.

---

⁷⁴ Vgl. Verordn., die Errichtung u. Bildung des obersten Rechnungshofes betr., vom 20. Oct. 1812 (R. Bl. S. 1785) §§ 7 u. 19: "In allen diesen Finanzrechnungsgegenständen steht dem obersten Rechnungshofe die letzte, definitive Bescheidsertheilung zu, welche executive Kraft hat." S. auch Verordn., das Finanzwesen für das Kgr. betr., vom 11. Jan. 1826 (Weber II S. 327) § 32.

⁷⁵ So billigte ein Staatsrathsbeschl. vom 5. Febr. 1838 die Rechtsanschauung des Finanzministeriums: "Den Administrativstellen steht die Befugniß, von den Gebrechen, die sich ein Rechnungs- und überhaupt Cameralbeamter in der Verwaltung seines Amtes zu Schulden kommen läßt, Cognition zu nehmen und über die Verbindlichkeit zum Ersatze des hieraus entstandenen Schadens abzuurtheilen, ungezweifelt zu." In einem Staatsrathsbeschl. vom 21. Oct. 1844 wurde derselbe Standpunkt eingenommen. "Ob ein Beamter in seiner Dienstverrichtung sich einer Fahrlässigkeit und in welchem Grade schuldig gemacht habe, wie diese zu ahnden, dann ob derselbe für den verursachten Schaden als haftend zu erklären und wie die Haftung zu realisiren sei, darüber gebühren die Untersuchung und Entscheidung einzig und allein den mit der Disciplinargewalt bekleideten Behörden." "Ist einmal von der zuständigen Disciplinarbehörde das Dasein eines groben dienstlichen Verschuldens erkannt, so ist dieses Erkenntniß, den festgestellten Ressorts nach, nimmermehr einer gerichtlichen Revision unterworfen, aus der zuerkannten Schuld und der zugemessenen Strafe aber ergibt sich die Verbindlichkeit zur Vergütung des Schadens als unmittelbare und nothwendige Rechtsfolge von selbst." Im gegebenen Falle wurde anerkannt, daß ein Universitätsverwaltungsausschuß befugt sei, die Haftung eines untergebenen Rentbeamten festzustellen.

⁷⁶ Dies gilt vor Allem von der völlig verworrenen Entsch. R. Bl. 1852 S. 825, wo das Fiscalat den klaren Wortlaut der Nov. von 1815 angerufen hatte. Der G. H. erkannte allerdings auch auf Unzuständigkeit der Gerichte, allein mit einer Begründung, in der man sich nicht zurecht finden kann.

⁷⁷ So wird in dem Erk. R. Bl. 1853 S. 910 ausgeführt, daß die Frage, ob durch Vernachlässigung administrativer Normen oder der Dienstvorschriften geschadet wurde, "kein Gegenstand der civilrechtlichen Cognition" sei. Wolle man den Civilrichter hier für zuständig erklären, so müßte sich seine Thätigkeit darauf beschränken, "aus dem Ergebnisse der Disciplinaruntersuchung lediglich die den Beamten treffenden Folgen abzuleiten". Eine solche Theilung der Functionen kenne das bestehende Recht nicht. Dem Beamten sei übrigens der Rechtsweg nicht abgeschnitten, wenn er glaube, aus civilrechtlichen Gründen einen Rückgriff gegen den Fiscus zu haben. In dem Erk. R. Bl. 1857 S. 5 wird die Nov. von 1815 dahin ausgelegt, daß "Gegenstand der richterlichen Zuständigkeit nur solche Ansprüche des Rechners an das Aerar sind, welche sich daraus ergeben, daß etwaige privatrechtlich zu begründende Forderungen desselben an das Aerar nach den Comptabilitätsnormen Anrechnung nicht finden konnten, oder daraus, daß bezüglich überbürdeter Ersatzposten die Nichtschuld gemäß civilrechtlicher Bestimmungen behauptet wird". Was letztere Alternative anlangt, so ist allerdings nicht abzusehen, wie eine auf öffentlichrechtlichem Wege festgestellte Schuld im civilrechtlichen Wege zur Nichtschuld werden soll. Das Erk. R. Bl. 1858 S. 33 erachtet die Verwaltungsbehörde für zuständig, auch über Zinsen aus einer zu leistenden Ersatzsumme zu urtheilen. R. Bl. 1863 S. 569 wird gerichtliche Zuständigkeit angenommen, weil ein "Privatrechtstitel", nemlich condictio sine causa, vorliege. Vgl. auch R. Bl. 1869 S. 927.

Auch auf dem Gebiete der Stiftungscuratel und der Gemeindeaufsicht hat die oberstrichterliche Rechtsprechung vor Erlaß der Gemeindeordnung von 1869 die Zuständigkeit der Verwaltung zur Feststellung der Haftungspflicht der betreffenden Beamten anerkannt[78]. Ebenso ging der Regierungsentwurf zur Gemeindeordnung (Artikel 150 Absatz IV und V) von derselben Anschauung aus. Zwar hat nunmehr Artikel 158 a. E. eine Fassung erhalten, die zur Annahme verleiten könnte, als habe man beabsichtigt, gegen den Beschluß über die Haftung, welcher im Verwaltungswege ergangen ist, den Civilrechtsweg unbeschränkt zu eröffnen. Indessen ergeben die Ausschußverhandlungen, daß man lediglich die Frage offen lassen wollte, ob und wie weit nach allgemeinen Rechtsgrundsätzen der Civilrichter in solchen Fällen noch angerufen werden könne[79].

Die Rechtsprechung des obersten Gerichtshofes und des Gerichtshofes für Competenzconflicte[80] hat nun allerdings der Ansicht Ausdruck gegeben, daß nur die Pflichtwidrigkeit und Haftungsverbindlichkeit des Gemeindebeamten im Verwaltungswege, dagegen die Entschädigung endgiltig im Civilrechtswege festzustellen sei. Hienach bestünde kein Unterschied zwischen den Fällen, wo ein Dritter, und jenen, wo der Dienstherr aus dem dienstlichen Verschulden einen Anspruch ableitet. Es ist aber doch wohl unerwiesen, daß der Gesetzgeber eine derartige Aenderung der bisherigen Ausscheidung der Zuständigkeit beabsichtigt habe.

Ich möchte vielmehr für die Landestheile diesseits des Rheines einen allgemeinen Rechtsgrundsatz des Inhaltes als geltend erachten, daß die Entscheidung über die Haftung öffentlicher Bediensteter[81] gegenüber dem Dienstherrn wegen dienstlichen Verschuldens den Gerichten völlig entzogen ist und ausschließlich der Verwaltung zusteht. Bekennt man sich zu dieser Ansicht, dann erscheint selbstverständlich der Artikel 7 Absatz II des Gesetzes über den Verwaltungsgerichtshof als unanwendbar auf solche Fälle[82]. Das Gleiche gilt übrigens auch, insoweit man die Betretung des Civilrechtsweges als zulässig erachtet, für Civilklagen des Beamten gegen Fiscus oder Gemeinde, da das Gesetz am angeführten Orte von Klagen gegen den Beamten, nicht von Klagen des Beamten handelt.

Was die Pfalz anbelangt, so ist zunächst hinsichtlich der Haftbarkeit rechnungspflichtiger Staatsdiener (comptables) gegenüber dem Staate zweifellos, daß das französische Recht die Feststellung dieser Haftung als eine Verwaltungssache erachtete. Streitigkeiten zwischen den Verwaltungen des Enregistrements und der Domänen oder der directen Steuern und den rechnunglegenden Beamten waren vom Finanzminister

---

[78] R. Bl. 1854 S. 929; 1858 S. 33; 1869 S. 927. Näheres bei W. Krais, Bl. f. adm. Praxis XXXIII S. 145 ff.

[79] Verh. d. bes. Aussch. d. K. d. Abg. 1867/69 Abth. II S. 565 f.; dann S. 691 Bemerkungen Kolb's u. des Ministers des Innern zur pfälz. Gem. Ordn. Art. 90. Ueber die Frage Bl. f. adm. Praxis XXI S. 346 und W. Krais ebenda XXXIII S. 149 ff.

[80] R. Bl. 1872 S. 2600, S. u. B. Bl. 1879 Anh. S. 7. Dazu W. Krais a. a. O. S. 155 Anm. 100.

[81] Also nicht blos der Bediensteten des Staates und der Ortsgemeinden, sondern aller öffentlicher Bediensteter.

[82] Entsch. d. V. G. H.'s V S. 142. Bei den Berathungen über das Ges. wurde in der Sitzung der Subcommission vom 5. Dec. 1877 beantragt, folgenden Art. einzuschalten: „Der Gerichtshof ist zuständig zur Entscheidung aller Beschwerden:
1. über Haft- u. Ersatzpflicht von Staats- u. Gemeinde-Beamten, bann -Bediensteten aus ihrer Dienstführung;
2. über Ersatzansprüche solcher Beamten u. Bediensteten gegen das Aerar oder die Gemeinde aus Anlaß ihrer Amts- oder ihrer Kassaführung."
Der Antrag, der an sich wohl beachtenswerth gewesen wäre, wurde abgelehnt, „weil hier theils civilrechtliche Fragen vorlägen, theils ein solcher Antrag Aenderungen des materiellen Rechts voraussetze".

vorbehaltlich der Beſchwerde an den Staatsrath zu entſcheiden[83]. Ebenſo waren die Entſcheidungen des Rechnungshofes gegenüber den Rechnern vollſtreckbar und durch Beſchwerde an den Staatsrath im contentiöſen Verfahren anfechtbar[84]. Die Beſtimmungen des franzöſiſchen Rechtes ſind zwar nunmehr durch die Beſtimmungen des bayeriſchen Finanzrechtes, insbeſondere die Verordnung vom 11. Januar 1826 erſetzt[85], ſie waren aber zu erwähnen, weil ſie die Grenze bezeichnen, welche das pfälziſche Recht hier der gerichtlichen Zuſtändigkeit gezogen hat.

Bezüglich der Gemeinde und Stiftungsbeamten in der Pfalz ſind, wie aus den Verhandlungen über Artikel 90 der pfälziſchen Gemeindeordnung hervorgeht[86], die Vorſchriften aufrecht erhalten geblieben, welche die Zuſtändigkeit zur Entſcheidung über ihre Haftpflicht regelten. Es wollte „keine neue civilrichterliche Zuſtändigkeit begründet, ſondern nur der geſetzlich überhaupt mögliche Civilrechtsweg vorbehalten" werden. Das franzöſiſche Recht[87] ſchließt aber den Rechtsweg hier aus. Die Zuſtändigkeiten beſtimmen ſich nunmehr nach der pfälziſchen Gemeindeordnung, und es iſt daher nicht mehr der Staatsrath, ſondern das Staatsminiſterium des Innern letzte Inſtanz. Für eine Vorentſcheidung durch den Verwaltungsgerichtshof iſt alſo auch nach pfälziſchem Rechte hier kein Raum.

Wenn der Dienſtherr (Staat, Gemeinde) wegen eines Verſchuldens des Beamten civilrechtlich in Anſpruch genommen werden will[88], iſt der Verwaltungsgerichtshof nach

---

[83] Vgl. Geſ. vom 12. Vendémiaire VIII (Bull. des lois IIe série 9ème partie n° 314 p. 10, 13). Loi qui régle un mode de poursuites pour le recouvrement du débet des comptables, vom 13. Frimaire VIII (a. a. O. n° 334 p. 1). Arrêté qui autorise le ministre des finances à prendre les mesures nécessaires pour le recouvrement du débet des comptables, vom 18. Ventôſe VIII (Bull. des lois IIIe série, t. 1 n° 10 p. 15). Arrêté qui autorise le ministre du trésor public à prendre des arrêtés exécutoires contre les préposés des payeurs généraux, vom 28. Floréal XI (Bull. des lois IIIe série t. 8 p. 427). Avis du conseil d'état sur les intérêts à payer par les préposés de l'administration de l'enregistrement et des domaines qui se trouvent en débet vom 9./20. Juli 1808 (Bull. des lois IVe série t. 9 p. 65). Décret imp. portant que le mode établi pour le recouvrement du débet des comptables est commun à leurs agents ou préposés, lorsque ceux-ci ont fait personellement la recette des deniers publics (Bull. des lois IVe série t. 14 p. 51). Bl. f. abm. Praxis XX S. 304.

[84] Loi relative à l'organisation de la cour des comptes vom 16. Sept. 1807 (Bull. des lois, IVe série, t. 6 p. 102) art. 17. Nach art. 18 hatte der Rechnungshof keine Gerichtsbarkeit über die ordonnateurs, d. h. die Ausſteller der Zahlungsanweiſungen. Er war nur Richter du fait du comptable, nicht du fait de l'administration.

[85] Hiefür auch Beſchluß des Staatsrathscomités vom 16. Oct. 1856.

[86] Verh. im beſ. Ausſch. d. K. b. Abg. 1867/69 Abth. II S. 691.

[87] Arrêté contenant règlement sur le recouvrement des contributions directes et l'exercice des contraintes vom 16. Thermidor VIII (Bull. des lois IIIe série, t. 1 n° 38 p. 1) art. 35. Arrêté relatif à une convocation extraordinaire des conseils municipaux vom 4. Thermidor X (Bull. des lois IIIe série, t. 6 p. 506) art. 20 u. 21. Avis du conseil d'état sur la question de savoir si les arrêtés des préfets, fixant les débets des comptables des communes et des établissements publics, sont exécutoires sur les biens de ces comptables sans l'intervention des tribunaux, vom 24. März 1812 (Bull. des lois IVe série, t. 16 p. 281—284).

[88] Die Frage, ob und inwieweit eine ſolche Haftung ſtattfindet, iſt hier nicht zu erörtern. Vgl. § 212 Anm. 6, § 287 Anm. 44. Soweit der Dienſtherr auf privatrechtlichem Gebiete ſich bewegt, iſt eine Haftung jedenfalls anzunehmen. Soferne es ſich dagegen um Akte der ſtaatlichen oder gemeinlichen Gewalt handelt, bedarf es m. E. zur Begründung einer derartigen Haftung einer geſetzlichen Vorſchrift. Als ſelbſtverſtändlich iſt ſie nicht anzuſehen, und privatrechtliche Beſtimmungen ſind nicht anwendbar, wenn ſie nicht ausdrücklich als anwendbar erklärt ſind. Hiefür auch die Entſch. des Reichsger. vom 8. April 1884 Reger V S. 260. Dagegen heißt es Entſch. d. o. L. G.'s f. Bayern in Gegenſt. des Civilrechts ꝛc. XIII S. 150: „Der Grundſatz, daß der Staat für den durch pflichtwidriges Verhalten ſeiner Beamten zugefügten Schaden erſatzpflichtig iſt, (hat) in der bayer. Geſetzgebung Anerkennung gefunden, und ſind deshalb die Ausſprüche verſchiedener deutſcher Gerichtshöfe, welche ſich gegen den Rechtsſatz erklären, für Bayern belanglos." Als allgemeiner Grundſatz iſt dieſer Satz aber nirgends ausgeſprochen. Insbeſondere iſt unerfindlich, wie ein ſolcher allgemeiner Grundſatz aus

dem Wortlaute des Artikels 7 Abſatz II des Geſetzes vom 8. Auguſt 1878 zur Vorentſcheidung nicht zuſtändig. Hier bleibt es alſo bei den früheren Zuſtändigkeits-
beſtimmungen⁸⁹.

§ 133. Rechtsquellen für das verwaltungsgerichtliche Verfahren.

Das verwaltungsgerichtliche Verfahren iſt durch das Geſetz vom 8. Auguſt 1878
nicht erſchöpfend, ſondern nur bruchſtückweiſe geregelt.

Ueber das Verhältniß der einſchlägigen Rechtsquellen zu einander gilt Folgendes.
Vorſchriften der Reichsgeſetze haben ſelbſtverſtändlich den unbedingten Vorrang vor
landesrechtlichen Beſtimmungen¹. Im Uebrigen bemißt ſich das verwaltungsgerichtliche
Verfahren zunächſt nach dem Geſetze vom 8. Auguſt 1878. Beſondere Vorſchriften des
älteren Landesrechtes kommen ſo weit zur Anwendung, als ſie mit dem Geſetze vom
8. Auguſt 1878 nicht im Widerſpruche ſtehen²; beſondere Vorſchriften ſpäterer Landesgeſetze gehen nach bekannter Rechtsregel den Anordnungen des Geſetzes vom 8. Auguſt
1878 vor. Das letztere Geſetz verweiſt in einer Reihe von Fällen auf die Beſtimmungen
der Reichsprozeßgeſetze. Dieſe Beſtimmungen gelten für das verwaltungsgerichtliche
Verfahren als Landesrecht, nicht als Reichsrecht. Die Aenderungen, welche die Reichsgeſetze in den erwähnten Beziehungen etwa erleiden, haben auf die Fortgeltung ihrer
zum Landesrechte erklärten Beſtimmungen keinen Einfluß.

Die Staatsregierung iſt ermächtigt, zum Vollzuge der geſetzlichen Verfügungen
über das verwaltungsgerichtliche Verfahren Vorſchriften zu erlaſſen³. Dies iſt, wie
bereits erwähnt⁴, unterm 1. September 1879 geſchehen. Solche Vorſchriften können das
Geſetz nicht ändern, ſondern nur deſſen Anwendung regeln⁵. Innerhalb dieſer Grenzen
aber können ältere, noch fortbeſtehende Anordnungen über das Verfahren, welche nicht
die Eigenſchaft formeller Geſetze beſitzen, umgeſtaltet werden⁶. Ferner können auch dieſe
Vollzugsvorſchriften auf Beſtimmungen des Reichsprozeßrechtes Bezug nehmen. Künftighin iſt vor Erlaß derartiger Vorſchriften der Verwaltungsgerichtshof mit ſeinem Gutachten zu hören⁷.

Soweit all dieſe Beſtimmungen über das verwaltungsgerichtliche Verfahren keine
Verfügung treffen, hat die prozeßleitende Gewalt des Verwaltungsrichters ergänzend
einzugreifen.

Verf. Beil. IV § 63, VI § 59 zu entnehmen ſein ſoll. Dort wird geſagt, daß der Standes- u. Gutsherr
für den Schaden, der aus den Amtshandlungen ſeiner Beamten entſteht, in eben dem Maße hafte, wie
der Fiscus in Anſehung der Amtshandlungen unmittelbarer Beamter. Es iſt aber nicht geſagt, wann
der Fiscus für die Staatsbeamten haftbar ſei. Es wird alſo hinſichtlich der Haftung des Fiscus nicht
ein Rechtsſatz aufgeſtellt, ſondern auf vorhandenes Recht verwieſen; die Frage, ob und wie weit ſolches
Recht vorhanden iſt, bleibt offen. H. Becher, das rechtsrhein.-bayer. Landescivilrecht S. 286,
beruft ſich gar auf Verf. Urk. Tit. IV § 8. Vgl. über die Frage E. Löning, die Haftung des Staats
aus rechtswidrigen Handlungen ſeiner Beamten, 1879, R. Piloty, Annalen des Deutſchen Reichs 1888
S. 245 ff., G. Jellinek, Syſtem der ſubjectiven öffentlichen Rechte, Freiburg i. B. 1892, S. 232 f.;
für das bayer. Recht P. v. Roth, bayer. Civilrecht I S. 250 ff., W. Krais, Bl. f. adm. Praxis XXXIII
S. 173 ff.
⁸⁹ W. Krais a. a. O. S. 170 ff., 302. Entſch. d. V. G. H.'s XI S. 337, XIII S. 470.
¹ Reichsverf. Art. 2. Vgl. dazu G. Kahr, Commentar S. 182.
² Geſ. Art. 16 Abſ. I, II. Dazu W. Krais, Commentar S. 164, G. Kahr, Commentar
S. 183 Anm.
³ Geſ. Art. 16 Abſ. III. ⁴ § 129 Anm. 34.
⁵ G. Kahr, Commentar S. 183.
⁶ W. Krais, Commentar S. 164.
⁷ Geſ. Art. 16 Abſ. IV. Abſ. V iſt von vorübergehender Bedeutung.

Man hat früher bei dem Verwaltungsverfahren die Vorschriften der Gerichtsordnung von 1753 und ihrer Novellen aushilfsweise und nach dem Maße ihrer Anwendbarkeit zu Grunde gelegt⁸. Dies ist zweifellos für das nunmehrige verwaltungsgerichtliche Verfahren nicht mehr statthaft, da dasselbe an das neue Civilprozeßrecht sich anlehnt, dessen Gestaltung von dem System der bayerischen Gerichtsordnung völlig abweicht⁹.

Es könnte hienach nahe liegen, für den verwaltungsgerichtlichen Prozeß die Reichsprozeßgesetze in demselben Sinne als aushelfende Rechtsquelle zu erachten, wie es früher die Gerichtsordnung von 1753 gewesen ist. Dies würde jedoch meines Erachtens nicht zutreffen. Denn es besteht keine gesetzliche Bestimmung, welche in der angegebenen Art auf das Reichsprozeßrecht hinwiese.

Es kann natürlich der Fall sein, daß bei denjenigen Vorschriften des Reichsprozeßrechtes, welche das Gesetz vom 8. August 1878 ausdrücklich in sich aufgenommen hat, der Weg der Auslegung darauf hinleitet, andere, nicht ausdrücklich aufgeführte Vorschriften in Betracht zu ziehen. Aber weiter wird die Anwendung des Reichsprozeßrechtes als Gesetzesrechtes im verwaltungsgerichtlichen Verfahren nicht gehen dürfen. Denn es ist klar, daß es unbedingt unzulässig ist, Bestimmungen als gesetzliche zur Anwendung zu bringen, wenn ein Ausspruch des Gesetzgebers fehlt, der diese Anwendung anordnet. Dies muß für den hier erörterten Fall um so mehr gelten, als der Gesetzgeber es ausdrücklich gesagt hat, wann und wie weit er die Vorschriften des Reichsprozeßrechtes entsprechend angewandt wissen will¹⁰. Man darf sich über diese Wahrheit durch Rücksichten der Zweckmäßigkeit oder der Bequemlichkeit nicht täuschen lassen. Damit ist jedoch nicht behauptet, daß die thatsächliche Bedeutung des Reichsprozeßrechtes in diese Grenzen gebannt sei. Das letztere kann vielmehr durch die oben erwähnte prozeßleitende Gewalt des Richters und innerhalb der Schranken derselben auch da Bedeutung gewinnen, wo es nicht Gesetzesrecht für das verwaltungsgerichtliche Verfahren ist¹¹. Denn es liegt nahe, daß der Verwaltungsrichter, wo das Gesetz ihm die Prozeßleitung frei gibt, die Richtschnur für die Handhabung seiner Gewalt in demjenigen Rechte sucht, an welches das Gesetz vom 8. August 1878 seine Vorschriften anlehnt. Aber das Reichsprozeßrecht ist für ihn in solchen Fällen kein zwingendes Recht; denn es dankt seine Anwendung erst der prozeßleitenden Gewalt des Richters selbst; der Richter steht über, nicht unter diesem Rechte. Die Art der Anwendung dieses Rechtes kann also, wenn sie nicht eine Verletzung der bestehenden Vorschriften des verwaltungsgerichtlichen Verfahrens enthält, niemals einen Fehler im Verfahren begründen¹².

§ 134. Zuständigkeit der Verwaltungsgerichte und Rechtszug.

Die Zuständigkeit der Verwaltungsgerichte zur Behandlung und Bescheidung einer Verwaltungsrechtssache bemißt sich theils nach der Art des Streitgegenstandes (sachliche Zuständigkeit), theils nach dessen Beziehung zu einem bestimmten Verwaltungsgerichtsbezirke (örtliche Zuständigkeit). Der sachliche Gerichtsstand ergibt sich einerseits aus dem Geschäftskreise, in welchen der Streitgegenstand gehört (Landesverwaltung, Finanzverwaltung), andererseits aus den Bestimmungen über den Instanzenzug innerhalb des Geschäftskreises.

Die Verwaltungsrechtspflege in Bayern ruht, von der obersten Instanz abgesehen, in den Händen der Verwaltungsbehörden. Als allgemeiner gesetzlicher Grundsatz über

---

⁸ Vgl. darüber G. Kahr, Commentar S. 179 f. Entsch. d. V. G. H.'s VIII S. 143. S. auch oben § 126 Anm. 16.

⁹ Uebereinstimmend Kahr a. a. O., W. Krais, Commentar S. 165.

¹⁰ Was würde man z. B. dazu sagen, wenn es dem Richter oder auch den Vollzugsvorschriften beifiele, die Bestimmungen des R. G. B. G.'s über die Sitzungspolizei (§§ 177 ff.) im verwaltungsgerichtlichen Verfahren für „analog" anwendbar zu erklären?

¹¹ So kann z. B. der Verwaltungsrichter und wird in der Regel, obschon dies gesetzlich nicht vorgeschrieben ist, Gegenansprüche, welche mit dem erhobenen Anspruche auf gleichem Rechtsgrunde beruhen, mit letzterem gleichzeitig verhandeln. S. darüber Entsch. d. V. G. H.'s VI S. 216, IX S. 445.

¹² Sachlich übereinstimmend G. Kahr, Commentar S. 180 f. Vgl. auch W. Krais, Commentar S. 165 ff., 415, Entsch. d. V. G. H.'s IV S. 394. In letzterer Entsch. wird — übrigens ohne nähere Begründung — ausgesprochen, daß die R. C. P. O. „für das verwaltungsgerichtliche Verfahren, insoweit specielle Vorschriften im Ges. vom 8. Aug. 1878 nicht gegeben sind, analog als Richtschnur zu dienen hat". Die weiteren Ausführungen zeigen, daß a. a. O. die R. C. P. O. als Rechtsquelle aufgefaßt wird.

die verwaltungsgerichtliche Zuständigkeit der untern Instanzen ist hienach aufgestellt, daß die Verwaltungsbehörden, wo nicht ausdrücklich eine Ausnahme gemacht ist, alle diejenigen Verwaltungsrechtssachen als Verwaltungsgerichte zu entscheiden haben, welche in Gegenständen ihres Wirkungskreises als Verwaltungsbehörden sich ergeben[1]. Die Darstellung der Zuständigkeitsverhältnisse, welche hieraus hervorgehen, kann demnach an diesem Orte nicht geliefert werden. Soweit allgemeine Vorschriften über die Zuständigkeit in Frage kommen, waren sie bei Betrachtung der Zuständigkeiten der Verwaltungsbehörden darzulegen; soweit für einzelne Gegenstände Besonderes verfügt ist, wird dies bei Entwickelung des materiellen Rechtes zu berücksichtigen sein.

Zu bemerken ist dabei, daß, wenn mehrere Verwaltungsgerichte in einer Sache zuständig sind, entsprechend der Natur des verwaltungsgerichtlichen Verfahrens, nicht der Kläger die Wahl des Gerichtes hat, sondern die erforderliche Verfügung von der nächstvorgesetzten Verwaltungsbehörde[2] zu treffen ist[3]. Noch weniger kann der Mangel der Zuständigkeit durch stillschweigende Unterwerfung oder durch Vereinbarung der Parteien geheilt werden[4].

Nur hinsichtlich des Instanzenzuges in Verwaltungsrechtssachen hat das Gesetz vom 8. August 1878 theilweise regelnd eingegriffen. Die hiefür geltenden Bestimmungen haben sich aber hiernach höchst verworren gestaltet. Allgemeine Grundsätze bestehen nicht. Demgemäß muß für jeden Fall erforscht werden, welches die erste zur Entscheidung berufene Instanz ist, und welche weiteren Instanzen gegeben sind. Selbstverständlich ist auch dies eine Erörterung, welche hier nicht Platz finden kann. Es bleibt auch in dieser Beziehung nur übrig, diese Zuständigkeitsfragen im Zusammenhange mit der Behandlung des materiellen Rechtes zu untersuchen. Nur einige wenige Gesichtspunkte sind hier aufzustellen.

Die sämmtlichen Verwaltungsrechtssachen zerfallen in zwei Gruppen: in jene, bei welchen der Verwaltungsgerichtshof erste und letzte Instanz ist[5], und jene, bei welchen er nur letzte Instanz ist. Ein durchgreifendes Merkmal, woraus erkannt zu werden vermöchte, ob eine Verwaltungsrechtssache in die erste oder in die zweite Gruppe gehört, besteht nicht[6]. Hierüber entscheidet lediglich die gesetzliche Einzelbestimmung[7].

---

[1] Ges. Art. 17 Abs. I: „Die Zuständigkeit der Behörden im einzelnen Falle ist nach den über deren Wirkungskreis jeweils bestehenden Bestimmungen zu beurtheilen." Dazu W. Krais, Commentar S. 167, G. Kahr, Commentar S. 184.
[2] Ges. Art. 17 Abs. II. Bezüglich der Ministerien gilt hier dasselbe, wie oben § 130 Anm. 89. Vollz. Vorschr. vom 1. Sept. 1879 § 2.
[3] Vgl. W. Krais, Commentar S. 167 f., 416, G. Kahr, Commentar S. 184 f. Entsch. d. V. G. H.'s XIII S. 86.
[4] Entsch. d. V. G. H.'s XII S. 435.
[5] Letzte Verwaltungsinstanz können hier sein: die Kreisregierungen beider Kammern, das Oberbergamt, die Generaldirection der Zölle und indirecten Steuern, die Flurbereinigungscommission, die „höheren Verwaltungsbehörden" der Krankenversicherungsgesetze.
[6] Ueber die Gründe der Ausscheidung, die mehr praktischer als wirklich staatsrechtlicher Natur sind, W. Krais, Commentar S. 118 ff.
[7] 1. Die Fälle der ersten Gruppe sind in Art. 10 u. 11 des Ges. enthalten. Sie sind noch durch folgende gesetzliche Bestimmungen vermehrt worden:
a) Ges. vom 21. März 1881, die Ausführung des R. Ges. über die Abwehr u. Unterdrückung von Viehseuchen betr., Art. 7;
b) Ges. vom 27. Jan. 1884, die Ausführung des R. Ges. über die Abwehr u. Unterdrückung der Reblauskrankheit betr., Art. 3;
c) Ges., die Flurbereinigung betr., vom 29. Mai 1886 Art. 35;
d) Ausf. Ges. vom 28. Nov. 1889 und 22. Mai 1892 zu dem R. Ges. über die Erwerbs- u. Wirthschaftsgenossenschaften und über die Gesellschaften mit beschränkter Haftung;
e) Ausf. Ges. zu den Arbeiterversicherungsges. vom 3. März 1888, 5. April 1888 Art. 23, 25. April 1890 u. 26. Mai 1892 Art. 3—5.

Da in den Fällen der ersten Gruppe das verwaltungsgerichtliche Verfahren erst mit Anrufung des Verwaltungsgerichtshofes beginnt, so bemißt sich das Verfahren vor den Unterinstanzen, die nicht Instanzen des Verwaltungsgerichtsverfahrens sind, nach den Vorschriften, welche für Verwaltungssachen gelten⁸. Dieses Verwaltungsverfahren ist daher aus dem Zusammenhange der gegenwärtigen Betrachtungen auszuscheiden.

In den Fällen der zweiten Gruppe herrscht eine bunte Mannigfaltigkeit des Instanzenzuges. Als feste Bestimmung hebt sich hier nur die einzige heraus, daß die Beschwerde zum Verwaltungsgerichtshofe, wo das Gesetz nicht ausdrücklich ein Anderes ausspricht, lediglich gegen Entscheidungen der Kreisregierungen, Kammern des Innern, ergriffen werden kann⁹. Eine thatsächliche Regel ist es sodann, daß der Verwaltungsrechtsweg drei Instanzen hat. Eine Reihe von Ausnahmen durchbricht aber diese Grundsätze.

Vor Allem ist hier zu bemerken, daß die Zuständigkeit der Behörden auch in ihrer Eigenschaft als Verwaltungsgerichte und damit die Frage, welche Behörde in einer einzelnen Sache erste Instanz ist, nicht nach Bestimmungen des Gesetzes über den Verwaltungsgerichtshof, sondern nach den Vorschriften sich beantwortet, welche für den Wirkungskreis jener Behörden als Verwaltungsbehörden jeweils bestehen¹⁰. Das Gleiche gilt für den ferneren Instanzenzug insoweit, als das eben genannte Gesetz nicht ausdrückliche Anordnungen trifft. Hienach können sich folgende verschiedene Instanzenzüge ergeben.

1. Die Gemeindebehörden als solche sind nur in wenigen Fällen¹¹ erste Instanz. Zweite Instanz ist alsdann die Gemeindeaufsichtsbehörde, d. h. die Kreisregierung, Kammer des Innern, oder das Bezirksamt, je nachdem die Gemeinde eine unmittelbare oder eine mittelbare ist; dritte Instanz ist stets der Verwaltungsgerichtshof¹².

2. Für die Mehrzahl der Verwaltungsrechtssachen, die hier in Betracht kommen, sind die Districtsverwaltungsbehörden erste Instanz¹³. Hier ist für die Regel die

---

Andererseits ist durch das Gewerbsteuerges. vom 19. Mai 1881 Ziff. 27 gegenstandslos und sind durch Art. 275 Abs. III des Ges. über das Gebührenwesen, Fassung vom 6. Juli 1892, Ziff. 29, 30 des Art. 10 beseitigt worden.

2. Die Fälle der zweiten Gruppe, welche man mit unzutreffendem Ausdrucke als eigentliche Verwaltungsrechtssachen bezeichnet, enthält Art. 8 des Ges. Das Verzeichniß ist durch folgende Bestimmungen erweitert worden:

a) Ges. über das Gebührenwesen Art. 155, 211;

b) Ges. über die Erbschaftssteuer vom 18. Aug. 1879 Art. 37;

c) Ges., die Aufhebung der unter dem Namen Neujahrsgelder u. dgl. bestehenden Abgaben der Israeliten betr., vom 26. März 1881 Art. 5.

d) Ges., die Haltung und Körung der Zuchtstiere betr., vom 5. April 1888 Art. 7.

e) Ges. vom 14. März 1890 (G. u. V. Bl. S. 111), Art. 33 der diesf. Gem. Ordn. betr.

⁸ Ges. Art. 45 Abs. I, III. Vgl. W. Krais, Commentar S. 204 f.

⁹ Ges. Art. 9 Abs. II.   ¹⁰ Ges. Art. 17 Abs. I.

¹¹ Einsprüche gegen die Wahllisten für Gemeinde- u. Kirchenverwaltungswahlen. Ges. Art. 8 Ziff. 33, 37, Art. 9; diesf. Gem. Ordn. Art. 176 Abs. V, pfälz. Gem. Ordn. Art. 105 Abs. V; Instr. für die Kirchenverwaltungswahlen diesf. d. Rhs. vom 25. Aug. 1869 (Weber VIII S. 267) Art. 7 Abs. V. Vgl. unten § 165 Anm. 51, § 385 Anm. 70, W. Krais, Commentar S. 362 f.

¹² Ges. Art. 9 Abs. I. Dazu die gründlichen Erörterungen von G. Kahr, Commentar S. 54 Anm., 127 f. Die Aeußerung von W. Krais a. a. O. S. 117, daß bei eigentlichen Gemeindeangelegenheiten mittelbarer Gemeinden vier Instanzen vorkommen können, erklärt sich aus seiner Auffassung der Gemeindebeschlüsse (ebenda S. 115) als instanzieller Bescheide. M. E. ist indessen Kahr darin beizustimmen, daß solche Gemeindebeschlüsse keine verwaltungsgerichtlichen Entscheidungen sind. Der Rechtsweg beginnt erst nach ihrer Anfechtung. Ebenso Entsch. d. V. G. H.'s I S. 8, 65, 211, IV S. 429, bes. 435. Vgl. nun auch W. Krais a. a. O. S. 358 ff. und unten § 154 Anm. 66, 89.

¹³ Bezüglich der unmittelbaren Magistrate ist zu beachten, ob sie im einzelnen Falle als Gemeinde- oder als Districtsverwaltungsbehörden thätig werden. Vgl. die Anführungen in Anm. 12. Die Zuständigkeit des Magistrats als Districtsverwaltungsbehörde wird durch die eigene Betheiligung

Kreisregierung, Kammer des Innern, zweite, der Verwaltungsgerichtshof dritte Instanz [14].

8. Die unter Ziffer 1 und 2 dargelegten Vorschriften erleiden in einer Reihe von gesetzlich bestimmten Fällen [15] Ausnahmen. Soweit nemlich in diesen Fällen nach den bestehenden Gesetzen oder Verordnungen die Districtsverwaltungsbehörde erste oder zweite Instanz ist, geht die Beschwerde gegen deren Entscheidungen unmittelbar an den Verwaltungsgerichtshof [16]. Diese Anordnung des Gesetzes begründet keine Zuständigkeit der Districtsverwaltungsbehörden, wo dieselbe nicht ohnehin vorhanden ist, sondern sie setzt zu ihrer Anwendbarkeit diese Zuständigkeit voraus [17]. Ferner ist zu beachten, daß bei jenen Districtsverwaltungsbehörden, welche zugleich Gemeindebehörden sind, also bei den unmittelbaren Stadtmagistraten, nur dann die Ueberspringung der Regierungs- instanz statthat, wenn die angefochtene Entscheidung vom Magistrate als Districts- verwaltungsbehörde, nicht wenn sie vom Magistrate als Gemeindebehörde ausging [18].

4. Erste Instanz in Verwaltungsrechtssachen können endlich die Kreisregierungen, Kammern des Innern [19] und Kammern der Finanzen [20], sein. Der Verwaltungsgerichts- hof ist alsdann zweite Instanz.

Ueberall, wo der Verwaltungsrechtsweg eröffnet ist, kann der Verwaltungs- gerichtshof in letzter Instanz unbeschränkt angegangen werden, und zwar selbst da, wo zwei Instanzen bereits entschieden haben und nach bisherigem Rechte die Berufung an die dritte Instanz ausgeschlossen oder eingeschränkt war [21].

Für diejenigen Sachen, welche, als das Gesetz vom 8. August 1878 in Kraft trat, nach den bisherigen Vorschriften bereits endgiltig entschieden waren, ist, von Fällen der Wiederaufnahme abge- sehen, der Verwaltungsrechtsweg verschlossen. Rechtshängige Sachen wurden, sofern sie nicht bereits in der Ministerialinstanz schwebten, den neuen Bestimmungen unterworfen. Soweit in den Fällen, wo nunmehr die Beschwerde vom Untergerichte unmittelbar an den Verwaltungsgerichtshof geht, die Kreisregierungen, Kammern des Innern, bereits mit Beschwerde angegangen waren, hatten diese zu entscheiden, jedoch war Beschwerde an den Verwaltungsgerichtshof alsdann noch zulässig [22].

§ 135. Die Parteien und deren Vertretung.

Der Verwaltungsrechtsstreit setzt wie jeder Rechtsstreit zwei streitende Theile voraus, von denen einer einen Anspruch erhebt, der andere ihn läugnet. Die beiden Streittheile können möglicher Weise auch Prozeßparteien sein; aber nothwendig ist dies nicht. Die Staatsgewalt als solche [1] verzichtet in der Regel, wenn ein öffentlicher Rechts-

---

der Gemeinde an einer Sache nicht ausgeschlossen. Dieß. Gem. Ordn. Art. 103, Ges. Art. 18. Dazu G. Kahr, Commentar S. 188, W. Krais a. a. O. S. 359 ff. Entsch. des V. G. H.'s II S. 675, IV S. 103. In letzterem Erk. wird richtig hervorgehoben, daß Ablehnung einer Behörde als solcher rechtlich überhaupt nicht möglich ist. Vgl. auch unten § 154 Anm. 89, § 161 Anm. 10.

[14] Ges. Art. 9 Abs. II.

[15] Ges. Art. 8 Ziff. 1, 2, 4, 5, 7, 9, 16, 17, 20, 21, 24, 25, 27, 31, 32, 33, 36, 37, 39, 40 (Ziff. 13, Flurbereinigung, ist weggefallen); Gebührenges., Fassung vom 6. Juli 1892 Art. 155.

[16] Ges. Art. 9 Abs. I.

[17] W. Krais, Commentar S. 114, Entsch. d. V. G. H.'s IV S. 197.

[18] W. Krais, Commentar S. 115 f., Entsch. d. V. G. H.'s I S. 8, 65, 211.

[19] Beispiele bei W. Krais a. a. O. S. 116. Dazu Ges. über die Neujahrsgelder der Juden vom 26. März 1881 Art. 5.

[20] Gebührenges. Art. 211, Erbschaftssteuerges. Art. 37.

[21] Ges. Art. 9 Abs. III, W. Krais, Commentar S. 116 f., G. Kahr, Commentar S. 130. Das Ges. fügt bei: „soweit die Reichsges. nicht entgegenstehen". Dieser Beisatz ist sowohl überflüssig als z. Z. gegenstandslos. In den Fällen der §§ 20, 21 der R. Gew. Ordn., welche man im Auge hatte, ist die Schaffung einer dritten Instanz nicht untersagt. Vgl. unten § 363 Anm. 46.

[22] Ges. Art. 52. Dazu G. Kahr, Commentar S. 267 ff.

[1] Nicht der Fiscus. Vgl. z. B. Entsch. d. V. G. H.'s IV S. 105.

streit zwischen ihren Organen und einem Einzelnen oder einer Körperschaft entsteht, auf die Rolle einer Partei im Prozesse ².

Dies hat sowohl einen inneren wie einen äußeren Grund. Der erstere liegt darin, daß die Staatsgewalt nach ihrer Natur und ihrer Stellung im öffentlichen Rechtsstreite es nicht darauf abgesehen hat, der Privatpartei gegenüber einen Sieg zu erfechten, sondern daß sie nichts Anderes wollen kann und wollen darf, als den Sieg des objectiven Rechtes. Die Staatsgewalt als Partei des öffentlichen Rechtsstreites will also oder soll doch nichts Anderes wollen, als was die verwaltungsrichterliche Thätigkeit bezweckt. Darum kann die Staatsgewalt auf eine Parteivertretung verzichten und, da im Verwaltungsrechtsstreite das öffentliche Interesse nichts Anderes fordert, als die Wahrung des öffentlichen Rechtes, die Wahrnehmung des ersteren als zusammenfallend mit der Wahrnehmung des letzteren lediglich dem Verwaltungsgerichte überlassen. Zu diesem inneren Grunde tritt der äußere, daß bei der Vereinigung der Verwaltung und Verwaltungsrechtspflege in den untersten und mittleren Instanzen der Verwaltungsrechtsstreit da, wo die Staatsgewalt Partei ist, meist durch Akte eben jener Behörde als Verwaltungsbehörde entsteht, welche für die Streitsache Verwaltungsgericht ist. Es läßt sich nicht verkennen, daß in solchen Fällen das Verwaltungsgericht aus der Rolle des unbefangenen Richters möglicher Weise hinausgedrängt werden kann. Der Befürchtung, daß dies eintrete, verdankt das Verlangen nach völliger Trennung der Verwaltungsrechtspflege von der Verwaltung seinen Ursprung. Indessen ist es immerhin amtliche Pflicht des Verwaltungsrichters, wenn er als solcher handelt, seine Eigenschaft als Verwaltungsbeamter zu vergessen, und sollte die Privatpartei der Meinung sein, dies sei ihm nicht gelungen, so steht der Weg zum Verwaltungsgerichtshofe offen, der nur Gericht ist. Der Rechtsschutz der Privatpartei wird sonach durch den Umstand nicht wesentlich gefährdet, daß in den unteren Instanzen die Verwaltung und die Verwaltungsrechtspflege denselben Behörden obliegt. Dagegen kann die mangelnde Rolle einer Prozeßpartei für die Staatsgewalt den Nachtheil haben, daß sie ein verwaltungsgerichtliches Urtheil, welches ihr nicht gerechtfertigt erscheint, der Partei aber genehm ist, über sich ergehen lassen muß, ohne ein Rechtsmittel zur Hand zu haben ³.

Eine Ausnahme von diesen Grundsätzen besteht nur für die Streitigkeiten vor den verwaltungsrechtlichen Senaten der Regierungsfinanzkammern ⁴. Hier ist die Staatsgewalt ⁵ durch einen Staatsanwalt vertreten, der die Rechte einer Prozeßpartei hat.

Eine völlig andere Stellung hat die Staatsanwaltschaft beim Verwaltungsgerichtshofe. Sie vertritt die Staatsgewalt nicht als betheiligte Prozeßpartei, sondern das „öffentliche Interesse" an einer richtigen und gleichmäßigen Rechtsprechung ⁶.

Das Auftreten als Prozeßpartei im verwaltungsgerichtlichen Verfahren setzt rechtliche Betheiligung an der Streitsache voraus; das Auftreten als Kläger das Vorbringen einer Verwaltungsklage, d. h. der Behauptung, daß der Kläger in einem öffentlichen Rechte verletzt worden sei, und das Verlangen der Abhilfe. Dadurch unterscheidet

---

² Darauf beruht die Unterscheidung zwischen Parteistreitigkeiten und Rechtsbeschwerden, die nur eine prozessuale, keine sachliche Bedeutung hat. Vgl darüber O. v. Sarwey, das öffentliche Recht u. die Verwaltungsrechtspflege S. 113 ff. Das Wesen des öffentlichen Rechtsstreites fordert nur, daß es sich dabei um öffentliches Recht handelt; dagegen ist es begrifflich gleichgiltig, ob die Parteien Privatleute oder Körperschaften oder die Träger öffentlicher Gewalten sind. Man kann nicht sagen, daß, wo letztere um öffentliches Recht streiten, die verwaltungsrichterliche Thätigkeit eine andere sei, als sonst, und daß sie dann das objective Recht in einer unmittelbareren Weise schütze, als in anderen Fällen. Vgl. die Unterscheidung bei G. Meyer, Lehrb. des deutschen Verwaltungsrechts, 2. Aufl., I S. 53 ff. (§§ 14, 15); dazu S. 50 ff.

³ Ganz selbstverständlich ist, daß eine Unterbehörde die Entscheidung einer Oberbehörde nicht im Verwaltungsrechtswege anfechten kann. Entsch. d. V. G. H.'s I S. 139.

⁴ Gebührenges. Art. 211, Erbschaftssteuerges. Art. 37.

⁵ Die beiden angef. Ges. sagen „das Aerar". Das ist aber nicht richtig. Der Fiscus, d. h. der Herrscher als Inhaber des Staatsvermögens, hat keine Steuer- oder Gebührenforderung, sondern die Staatsgewalt, d. h. der Herrscher als Inhaber der Finanzhoheit.

⁶ Ges. Art. 4 Abs. I. Dazu die Begründung des Entw. bei G. Kahr, Commentar S. 28 f., vgl. auch W. Krais, Commentar S. 39. O. v. Sarwey a. a. O. S. 713 f., der die Stellung der Staatsanwaltschaft bei dem bayer. V. G. H. richtig erkennt, bezeichnet sie gleichwohl als „nicht ganz klar". Die Sache scheint mir indessen, wenn man die oben erörterten grundsätzlichen Gesichtspunkte festhält, völlig klar zu sein. Es gibt hier keine „sachlichen öffentlichen Interessen", die über die „Wahrung des Gesetzes" hinausgehen.

fich die Verwaltungsklage von der Verwaltungsbeschwerde, welche lediglich eine Bitte an die höhere Verwaltungsbehörde enthält, daß letztere eine beschwerende Verfügung der Verwaltungsunterbehörde aufheben oder ändern möge. Gegenstand der Verwaltungsbeschwerde kann eine Rechtsverletzung oder eine bloße Interessenverletzung sein, Gegenstand der Verwaltungsklage nur eine Rechtsverletzung [7].

Die Prozeßrollen des Klägers und des Beklagten sind für das verwaltungsgerichtliche Verfahren da gegenstandslos, wo nur Eine Prozeßpartei auftritt. Sie haben aber auch da, wo zwei Prozeßparteien vorhanden sind, keine erhebliche sachliche Bedeutung. Es gibt im verwaltungsgerichtlichen Verfahren keine Beweislast, sondern die Ermittelung der objectiven Wahrheit ist Aufgabe des Verwaltungsrichters. Die materiell-rechtlichen Sätze darüber aber, was objectiv festftehen muß, damit ein Recht oder Rechtsverhältniß als vorhanden angenommen werden darf, gelten unabhängig von der verwaltungsgerichtlichen Prozeßrolle [8].

Das verwaltungsgerichtliche Verfahren kennt, abgesehen von den Verhandlungen des Competenzsenates beim Verwaltungsgerichtshofe [9], keinen Anwaltszwang. Der verwaltungsgerichtliche Prozeß ist Parteiprozeß. Die Parteien können den Prozeß allein oder unter Verbeistandung oder durch einen Prozeßbevollmächtigten führen [10]. Die Verwaltungsgerichte [11] sind jedoch befugt, mehreren im gleichen Interesse Betheiligten (Streitgenoffen) die Bestellung eines gemeinsamen Bevollmächtigten aufzutragen und im Weigerungsfalle einen solchen auf Kosten der Säumigen von Amts wegen aufzustellen [12].

Im letzteren Falle müssen die Streitgenoffen von der Aufstellung des Bevollmächtigten verständigt werden, sonst ist sie unwirksam [13]. Die amtliche Vollmacht gilt so lange, bis sie durch amtliche Verfügung zurückgenommen ist. Letzteres muß geschehen, sobald die Streitgenoffen ihrerseits einen Bevollmächtigten aufstellen und hienach die Zurücknahme der amtlichen Vollmacht beantragen [14].

Die Staatsregierung ist ermächtigt, die Befugniß zur Uebernahme einer Vertretung vor den einzelnen Instanzen näher zu regeln [15].

Im Allgemeinen können nur prozeßfähige Personen [16] als Bevollmächtigte oder Beistände bestellt werden. Personen, welche, ohne Rechtsanwälte zu sein, die Vertretung oder Verbeistandung vor Gerichten oder Verwaltungsbehörden geschäftsmäßig betreiben, kann die Zulassung als Vertreter oder Beistände in Verwaltungsrechtsachen versagt werden. Armenanwälte werden nicht beigegeben. Das Staatsärar wird im Rechtsstreite regelmäßig durch die Fiscale vertreten [17].

Die Bevollmächtigten, mit Ausnahme der Fiscale, haben schriftliche (auch protokollarische) Vollmacht zu den Akten abzugeben. Privaturkunden müssen durch eine öffentliche Behörde beglaubigt sein [18]. Ohne solche Vollmacht darf ein Bevollmächtigter nicht

---

[7] Vgl. hieher E. Löning, Lehrb. des deutschen Verw. Rechtes S. 794 ff.

[8] Das Gef. sagt stets „Betheiligte". Vgl. auch Reger XI S. 242.

[9] Vollz. Vorschr. vom 1. Sept. 1879 § 45.

[10] Gef. Art. 19 Abf. I.

[11] Entsch. d. V. G. H.'s VII S. 51.

[12] Gef. Art. 19 Abf. III. W. Krais, Commentar S. 173, 419 f.; G. Kahr, Commentar S. 191.

[13] Entsch. d. V. G. H.'s VII S. 51.

[14] Entsch. d. V. G. H.'s XIII S. 180.

[15] Gef. Art. 19 Abf. IV. G. Kahr a. a. O. S. 192.

[16] Im Sinne der R. C. P. O. §§ 50 ff.

[17] Vgl. die Ausführungen Entsch. d. V. G. H.'s XIII S. 287.

[18] Vollz. Vorschr. vom 1. Sept. 1879 § 4.

zugelassen werden¹⁹. Der Mangel der Vollmacht ist von Amts wegen zu berück-
sichtigen²⁰.

Die Vollmacht kann entweder eigentliche Prozeßvollmacht sein, d. h. auf die Führung des Rechtsstreites überhaupt sich beziehen, oder nur auf einzelne Prozeßhandlungen
sich erstrecken.

Im Allgemeinen hat das, was der Bevollmächtigte innerhalb der Grenzen seiner
Vollmacht thut oder unterläßt, unmittelbare Wirkung für die Partei²¹. Doch sind, entsprechend den Grundsätzen des verwaltungsgerichtlichen Verfahrens²², thatsächliche Erklärungen von Bevollmächtigten stets auf ihre objective Wahrheit zu prüfen. Sie
können also, falls sie sich als unrichtig herausstellen, den Vertretenen niemals schaden.
Die Kündigung der Vollmacht wird nach Außen hin erst mit der Anzeige bei dem Prozeß-
gerichte wirksam²³. Die Frage, ob durch Tod des Vollmachtgebers oder durch Aenderung in seiner Prozeßfähigkeit oder seiner gesetzlichen Vertretung die Vollmacht aufgehoben
werde, ist an sich eine Frage der Auslegung der Vollmacht. Indessen ist, zumal da im
Civilprozesse²⁴ für solche Fälle Fortdauer der Vollmacht angenommen wird, die Frage
im Zweifel wohl zu verneinen. Im verwaltungsgerichtlichen Verfahren kann es sich
übrigens vielfach ergeben, daß durch den Tod einer Partei der Rechtsstreit gegenstandslos wird.

§ 136. Leitende Grundsätze des verwaltungsgerichtlichen Verfahrens.

Die leitenden Grundsätze des verwaltungsgerichtlichen Verfahrens sind folgende.

Die Prozeßparteien haben Anspruch auf rechtliches Gehör¹, d. h. darauf, daß vor
der richterlichen Entscheidung ihnen die Möglichkeit der Rechtsvertheidigung geboten
werde. Das Gesetz fordert die Ladung der Betheiligten bei mündlicher Verhandlung unbedingt. Bei schriftlichem Verfahren vor dem Verwaltungsuntergerichte wird das rechtliche Gehör nur dann umgangen werden können, wenn lediglich Eine Prozeßpartei vorhanden ist, und das Gericht völlig zu Gunsten der Partei erkennt².

Das Verfahren ist regelmäßig mündlich³. Eine Ausnahme besteht für die Verwaltungsuntergerichte (Districtsverwaltungsbehörden). Mündliches Verfahren vor der
Beschlußfassung muß hier nur dann eintreten, wenn entweder besondere gesetzliche Bestimmungen dies vorschreiben⁴, oder mehrere Prozeßparteien vorhanden sind und diese
übereinstimmend darauf antragen⁵. Außerdem kann und soll⁶ der Richter über zweifel-

---

¹⁹ Anders R. C. P. O. § 85.
²⁰ Vgl. R. C. P. O. § 84 Abs. II.   ²¹ Vgl. R. C. P. O. § 81.
²² Ges. Art. 20 Abs. I mit 14 Abs. I.
²³ Vgl. R. C. P. O. § 83 Abs. I, Entsch. des V. G. H.'s III S. 469. Der Bevollmächtigte
kann also, wenn er gekündigt, aber Anzeige darüber beim Verwaltungsgerichte noch nicht erstattet hat,
für den Vertretenen noch bei Gericht handeln. Inwieferne er in dieser Beziehung Verpflichtungen
gegen den Auftraggeber hat, ist eine Frage des bürgerlichen Rechtes. Vgl. R. C. P. O. § 83 Abs. II
und dazu Planck, Lehrb. des Civilprozeßrechts I S. 231.
²⁴ R. C. P. O. § 82.
¹ Ges. Art. 27, 35 Abs. I, 41 Abs. III. Entsch. d. V. G. H.'s II S. 104 (Zeile 6 v. u.), IV
S. 453, XI S. 549.
² Vgl. W. Krais, Commentar S. 426 f. Es ist selbstverständlich, daß, wenn die Partei in
ihrer Eingabe an die Behörde bereits Alles gesagt hat, was zu sagen war, die Forderung des rechtlichen
Gehöres schon damit erfüllt ist.
³ Ges. Art. 33, 41 Abs. III.
⁴ Vgl. W. Krais, Commentar S. 186, G. Kahr, Commentar S. 218.
⁵ Ges. Art. 27 Abs. III. Daß, wo nur Eine Prozeßpartei vorhanden ist, diese keinen Anspruch
auf mündliche Verhandlung hat, ergibt der Wortlaut und der Zweck des Ges.
⁶ D. h. dies ist seine Amtspflicht, nicht ein Recht der Parteien. Denn die Würdigung, ob der
Beweisstoff zweifelhaft ist, ist Sache seines Ermessens.

haften Beweisstoff mündlich mit den Parteien ohne Zulassung eines Schriftenwechsels[7] verhandeln. Erachtet er dabei die Vornahme eines Augenscheines für nöthig, so muß er die Betheiligten hiezu laden[8]. Im Uebrigen ist es dem Richter anheimgegeben, ob er mündliche Verhandlung eintreten lassen will oder nicht[9].

Die Mündlichkeit der Verhandlung hat im Allgemeinen nur die Bedeutung, daß die Prozeßparteien erscheinen können, nicht daß sie erscheinen müssen. Die Verwaltungsgerichte sind jedoch befugt, das persönliche Erscheinen der Betheiligten zum Zwecke der Feststellung des Sachverhaltes anzuordnen, wenn dies nach Lage der Sache für nothwendig erachtet wird. Dies gilt auch dann, wenn eine Partei durch einen Bevollmächtigten vertreten ist[10].

Im verwaltungsgerichtlichen Verfahren gibt es kein Versäumnißurtheil. Wenn eine Partei zu einer Verhandlung nicht erscheint oder bei derselben nicht vertreten ist[11], so hat dies, wenn nicht einzelne Gesetze besondere Rechtsnachtheile androhen[12], lediglich die Folge, daß nach Lage der Sache erkannt wird[13].

Die mündliche Gerichtsverhandlung ist in der Regel auch öffentlich. Der Grundsatz der Oeffentlichkeit erstreckt sich im Allgemeinen blos auf die Verhandlung, nicht auf die Berathung und Abstimmung der Collegialgerichte, welche geheim ist[14]. Hinsichtlich der Oeffentlichkeit der Berathung und Beschlußfassung der Magistrate[15] verbleibt es jedoch bei den Bestimmungen der Gemeindeordnung[16].

Für die Verwaltungsuntergerichte ist die Oeffentlichkeit der Verhandlung nicht vorgeschrieben. Der Richter kann sie aber zulassen, soferne nach seinem Ermessen Rücksichten der Sittlichkeit oder des öffentlichen Wohles nicht entgegen stehen[17].

Bei den höheren Verwaltungsgerichten erleidet der Grundsatz der Oeffentlichkeit der Verhandlung sowohl allein, als auch zugleich mit jenem der Mündlichkeit einzelne Ausnahmen.

Durch Senatsbeschluß kann die Oeffentlichkeit der ganzen Verhandlung oder eines Theiles derselben aus Rücksichten der Sittlichkeit oder des öffentlichen Wohles beschränkt werden. In diesem Falle hat jeder Betheiligte das Recht, drei Vertrauensmänner zur Verhandlung beizuziehen[18]. Ueber die Beschränkung der Oeffentlichkeit wird in geheimer Sitzung verhandelt. Der Beschluß, welcher die Oeffentlichkeit beschränkt, muß öffentlich verkündet werden[19].

---

[7] Vgl. R. C. P. O. § 128 u. Ges. Art. 29.　　　[8] Ges. Art. 27 Abs. II.

[9] Vollz. Vorschr. vom 1. Sept. 1879 § 8.　　　[10] Ges. Art. 19 Abs. II.

[11] Wo persönliches Erscheinen angeordnet war, ist der Bevollmächtigte, der ohne die Partei erscheint, zurückzuweisen. G. Kahr, Commentar S. 191.

[12] Darüber W. Krais, Commentar S. 188, G. Kahr, Commentar S. 218.

[13] Ges. Art. 27 Abs. IV, 35 Abs. I, 41 Abs. III. Vgl. auch O. v. Sarwey, das öffentliche Recht u. die Verwaltungsrechtspflege S. 729 ff.

[14] Ges. Art. 36 Abs. V.

[15] Ges. Art. 30 Abs. II.

[16] Dies. Gem. Ordn. Art. 105 Abs. I—III. Vgl. W. Krais, Commentar S. 189, G. Kahr, Commentar S. 219.

[17] Ges. Art. 28; Vollz. Vorschr. § 10. Dies gilt auch für die vorbereitenden Verhandlungen vor dem magistratischen Commissäre nach Art. 30 Abs. I. G. Kahr a. a. O. S. 219.

[18] Ges. Art. 34 Abs. I, II, Art. 41 Abs. III. Ich erachte den Vorbehalt „besonderer gesetzlicher Vorschriften" in Abs. I des Art. 34 mit W. Krais a. a. O. S. 194 für gegenstandslos. G. Kahr a. a. O. S. 230 nennt als Ausnahmen die Fälle des Art. 94 Abs. V des Brandversicherungsges. vom 3. April 1875 und des § 21 der R. Gew. Ordn. Was die erstere Bestimmung anlangt, so betont diese die Oeffentlichkeit der Verhandlung nicht in einer Weise, daß man annehmen könnte, sie habe durch die spätere Vorschrift des Ges. vom 8. Aug. 1878 nicht berührt werden sollen, zumal ein innerer Grund hiefür nicht wohl abzusehen ist. Was die R. Gew. Ordn. betrifft, so entscheidet nun § 21 Ziff. 5 (Zusatz durch Art. 2 der Nov. vom 1. Juli 1883).

[19] Vollz. Vorschr. § 19 Abs. II.

Beschwerden, welche wegen eingetretener Rechtskraft des angefochtenen Bescheides offenbar unzulässig sind, können ohne weitere Verhandlung durch Senatsbeschluß in geheimer Sitzung, beim Verwaltungsgerichtshofe nach Anhörung des Staatsanwaltes²⁰, zurückgewiesen werden²¹. In zweifelhaften Fällen muß öffentliche und mündliche Verhandlung eintreten.

Beschwerden in Bezug auf Ablehnung oder Ausschließung eines Verwaltungsrichters, sowie in Bezug auf Zwangsvollstreckung müssen von den Senaten in geheimer Sitzung, beim Verwaltungsgerichtshofe nach Anhörung des Staatsanwaltes²², verhandelt und entschieden werden²³.

Bei dem Verwaltungsgerichtshofe ist außerdem in geheimer Sitzung zu entscheiden, wenn über die Nothwendigkeit einer Aktenergänzung Meinungsverschiedenheit zwischen dem Berichterstatter und dem Staatsanwalte besteht²⁴.

Der Satz, daß der Richter nur auf Anrufen, auf Klage hin thätig wird, gilt für das verwaltungsgerichtliche Verfahren nicht²⁵. Dieß ist nothwendige Folge theils der oben erörterten Eigenthümlichkeit dieses Verfahrens, daß die Parteien des materiellen Streites nicht nothwendig auch beide Prozeßparteien sind, theils der inneren Natur der Verwaltungsrechtssachen. Es kann nemlich geschehen, daß eine Verwaltungsbehörde, welche zugleich Verwaltungsgericht ist, in ihrer ersteren Eigenschaft auf Zweifel über ein Rechtsverhältniß stößt, deren Beseitigung ihre amtliche Pflicht und nur im Verwaltungsrechtswege möglich ist. In solchem Falle darf die Behörde nicht warten, bis sich etwa eine Prozeßpartei zur Betreibung der Sache gefunden hat, sondern sie muß das verwaltungsgerichtliche Verfahren von Amts wegen einleiten und dadurch das Auftreten der Prozeßpartei oder der Prozeßparteien hervorrufen²⁶. Aehnlich verhält sich die Sache dann, wenn die höhere Verwaltungsbehörde aus den angegebenen Gründen Anlaß zu einer Weisung in dem bezeichneten Sinne nimmt. Wo dagegen ein Interesse in Frage kömmt, das von den Verwaltungsgerichten als Verwaltungsbehörden nicht zu vertreten ist, oder wo das staatliche Interesse die Einleitung des verwaltungsgerichtlichen Verfahrens nicht erheischt, da ist selbstverständlich die verwaltungsgerichtliche Thätigkeit durch das Erscheinen einer Prozeßpartei bedingt.

Die „Verhandlungsmaxime"²⁷, d. h. der Grundsatz, daß das Gericht bei der Entscheidung an das Parteivorbringen und die Parteianträge gebunden ist, gilt für das verwaltungsgerichtliche Verfahren nicht²⁸. Die Feststellung des Sachverhaltes geschieht von

---

²⁰ Ges. Art. 42 Abs. I.
²¹ Ges. Art. 32 Abs. I, Art. 41 Abs. III. G. Kahr, Commentar S. 228 f., W. Krais, Commentar S. 191 f., 440 f.
²² Ges. Art. 42 Abs. I.
²³ Ges. Art. 32 Abs. II, Art. 41 Abs. III. W. Krais, Commentar S. 441 f. Eine Zuziehung der Parteien findet hier nicht statt. Beweis die Worte: „außer den in Art. 32 bezeichneten Fällen" in Art. 33.
²⁴ Ges. Art. 41 Abs. II.
²⁵ Vgl. Begründung: „Bestrittene Rechtsansprüche und Verbindlichkeiten" liegen vor, „wenn die bezüglichen Rechte oder Verbindlichkeiten von Betheiligten oder von den Verwaltungsbehörden bestritten oder beanstandet werden". G. Kahr, Commentar S. 181; W. Krais, Commentar S. 174 mit 421.
²⁶ Vgl. auch Vollz. Vorschr. § 14.
²⁷ Vgl. hieher auch Eccius, die Parteien im Verwaltungsstreitverfahren des preuß. Rechts. Hartmann's Zeitschr. f. Gesetzgeb. u. Praxis auf dem Gebiete des öffentl. deutschen Rechts III S. 233 ff.
²⁸ Es handelt sich hier natürlich nicht um solche Erklärungen, durch welche eine Prozeßpartei oder deren Vertreter innerhalb ihrer Befugniß über ein zustehendes Recht verfügen. Vgl. Entsch. d. V. G. H.'s II S. 567.

Amts wegen ²⁹. Die Verwaltungsgerichte sind nicht auf den Beweisstoff beschränkt, der von den Betheiligten geboten wird; sie haben vielmehr aus eigener Pflicht für Aufklärung des Sachverhaltes zu sorgen ³⁰.

Aus der Aufgabe des Verwaltungsgerichtes, den wahren Sachverhalt, selbst im Gegensatze zu dem Parteivorbringen, zu ermitteln, ergibt sich dessen Recht, unabhängig von den Parteianträgen die rechtlichen Folgerungen aus dem gefundenen Sachverhalte zu ziehen und denselben gemäß zu erkennen ³¹. Dies gilt für alle Instanzen des Verwaltungsrechtszuges, und es ist nur eine Anwendung jenes Grundgedankens, wenn das Gesetz ³² ausspricht, daß der Beschwerderichter auch zum Nachtheile des Beschwerdeführers die vorinstanzielle Entscheidung ändern kann ³³. Der Satz iudex ne eat ultra petita partium findet also auf das verwaltungsgerichtliche Verfahren im Allgemeinen keine Anwendung. Eine Ausnahme wird man nur für den Fall zulassen dürfen, wo eine Prozeßpartei ihren Anspruch selbst unter das gesetzlich zulässige Maß beschränkt hat, wenn kein öffentliches Interesse dabei durch das Verwaltungsgericht wahrzunehmen ist ³⁴.

§ 137. Zustellungen, Fristen, Tagfahrten, Protokolle.

Unter Zustellung ¹ wird auch im verwaltungsgerichtlichen Verfahren die vorschriftsmäßige Aushändigung eines Schriftstückes in Ur- oder Abschrift verstanden. Die Zustellungen können sich auf Schriftsätze der Parteien und auf gerichtliche Erlasse beziehen. Unter letzteren sind die Ladungen und die Entscheidungen hervorzuheben.

Die Zustellungen im verwaltungsgerichtlichen Verfahren erfolgen stets von Amts wegen. Sie geschehen im Allgemeinen durch dieselben Organe, deren sich die Verwaltungsbehörden als solche für diesen Zweck bedienen. Wichtigere Zustellungen, namentlich von Verfügungen, welche Rechtsnachtheile für den Adressaten im Gefolge haben können, sind in der Regel durch die Post gegen Zustellschein oder durch den Bürgermeister der Ge-

---

²⁹ Ges. Art. 20 Abs. I; vgl. Art. 14 Abs. I, 36 Abs. III.

³⁰ Ges. Art. 27 Abs. I.

³¹ Uebereinstimmend Entsch. d. V. G. H.'s XI S. 549; vgl. auch V S. 333 (339), VIII S. 115, 152, XIV S. 50 (54), 215, 364 (368).

³² Ges. Art. 36 Abs. IV, 41 Abs. III.

³³ Vgl. die bei G. Kahr, Commentar S. 234 f., angef. Aeußerungen und Beispiele, welche das Verhältniß vollkommen deutlich machen. Der Grundsatz gilt auch für die Fälle des Art. 10. Entsch. d. V. G. H.'s XI S. 310. O. v. Sarwey, das öffentliche Recht u. die Verwaltungsrechtspflege S. 728, bemerkt zu Art. 36 Abs. IV, es sei nicht ganz klar, was das Ges. hiemit gewollt habe. Er knüpft an diese Bemerkung einige Fragen, die aber m. E. nicht beweisen, daß das Ges. unklar ist; denn sie sind sämmtlich leicht zu beantworten. Der Gedanke des bayer. Rechtes ist einfach der, daß der Verwaltungsrichter so zu entscheiden hat, wie er es als objectiv richtig erkennt, gleichviel, was die Parteien beantragt haben. Er kann in der That dem „Kläger" mehr oder Anderes zusprechen, als derselbe verlangt hat.

³⁴ A. M. ist E. Löning, Lehrb. des deutschen Verw. Rechts S. 822 (vgl. auch S. 825 f.): „Das Verwaltungsgericht hat dem subjectiven Recht nur nach Maßgabe des von dem Kläger erhobenen Klageanspruchs Schutz zu gewähren; es kann daher der Partei nicht mehr und nichts anderes zuerkennen, als dasjenige, was sie selbst beantragt hat." Löning fügt anmerkungsweise bei: „Die bayer. Gesetzgebung hat diesen Grundsatz nicht ausdrücklich ausgesprochen; seine Geltung ergibt sich aber aus der ganzen Construction des Verfahrens." Aus der letzteren ergibt sich m. E. gerade die entgegengesetzte Regel. Löning führt zu Gunsten seiner Ansicht die Entsch. d. V. G. H.'s II S. 460 an, die mir indessen keinen Beleg dafür zu erbringen scheint. Die Frage, ob und inwieweit einem Verzichte oder einem Anerkenntnisse rechtliche Bedeutung zukömmt, läßt sich allgemein nicht beantworten. Es liegt aber in der Natur des öffentlichen Rechtes, daß der Wirksamkeit solcher Willenserklärungen enge Grenzen gezogen sind. Vgl. Entsch. d. V. G. H.'s II S. 166, V S. 186, VI S. 70, VIII S. 87, XI S. 430 (432), 549.

¹ Vgl. Ges. Art. 21 Abs. IV, 23.

meinde, in welcher der Adreſſat ſich aufhält, zu bewirken.   Ueber ſolche Zuſtellungen iſt amtlicher Nachweis zu den Akten zu bringen ².

Die Zuſtellung geſchieht an die Prozeßpartei oder deren geſetzlichen Vertreter, bzw. den Prozeß- oder Zuſtellungsbevollmächtigten ³.   Wenn weder die Prozeßpartei ſelbſt, noch ein Prozeßbevollmächtigter derſelben im Amtsbezirke derjenigen Diſtrictsverwaltungs-behörde wohnt, welche in der Sache erſte Inſtanz oder mit der Sacherhebung betraut ⁴ iſt, ſo kann ihr die Aufſtellung eines daſelbſt wohnhaften Zuſtellungsbevollmächtigten aufgetragen werden.   Damit iſt die Warnung zu verbinden, daß bei Nichtbefolgung des Auftrages die künftigen Zuſtellungen als Einſchreibſendungen der Poſt übergeben würden, und die Zuſtellung alsdann ſelbſt bei Unbeſtellbarkeit als geſchehen angeſehen werden würde ⁵.

Bei Zuſtellungen an den gemeinſamen Prozeßbevollmächtigten mehrerer Betheiligter genügt die Uebergabe einer einzigen Ausfertigung oder Abſchrift.   Bei Zuſtellungen an den gemeinſamen Zuſtellungsbevollmächtigten mehrerer Parteien müſſen dagegen, wenn letztere ſich nicht mit einfacher Zuſtellung zufrieden erklären, ſoviel Ausfertigungen oder Abſchriften übermittelt werden, als Betheiligte vorhanden ſind ⁶.

Im Uebrigen kommen hinſichtlich der Zuſtellungen die Beſtimmungen der §§ 166—170 und §§ 182—189 der Reichscivilprozeßordnung ⁷ mit der Maßgabe zu entſprechender Anwendung, daß ſtatt der Niederlegung auf der Gerichtsſchreiberei (§ 167) Niederlegung bei derjenigen Diſtrictsverwaltungsbehörde eintritt, in deren Bezirk der Zuſtellungsort liegt ⁸.

Ladungen können an die Prozeßparteien, dann an Zeugen und Sachverſtändige ergehen.   Hiebei ſind gegenüber Militärperſonen und öffentlichen Beamten und Bedienſteten die beſtehenden beſonderen Vorſchriften ⁹ zu beachten ¹⁰.   Für die Ladungen der Kreis-regierungen und des Verwaltungsgerichtshofes ſind Formulare vorgeſchrieben.   Die Ladungsurkunden ſind in der Regel mit Umgehung der Vermittelung der Bezirksämter gegen Nachweis zuzuſtellen ¹¹.

Die Prozeßfriſten ſind richterliche oder geſetzliche, je nachdem ſie der Richter nach Ermeſſen feſtſetzt ¹², oder ihre Dauer durch das Geſetz beſtimmt iſt.

Geſetzliche Friſten ſind die Beſchwerdefriſten.   Sie betragen vierzehn Tage, wenn nicht einzelne Geſetze eine k ü r z e r e Friſt vorſchreiben ¹³.   Die Beſchwerdefriſten ſind zu-gleich Nothfriſten, d. h. ſie können weder abgekürzt noch verlängert werden ¹⁴.   Eine Er-wähnung derſelben in der Entſcheidung oder Belehrung darüber iſt nicht geboten ¹⁵.

Die Dauer der Beſchwerdefriſt wird in der Regel von der Zuſtellung der ſchrift-

---

² Vollz. Vorſchr. § 6 Abſ. I.
³ A. a. L. § 8 Abſ. II. Entſch. d. B. G. H.'s XII S. 153.
⁴ Geſ. Art. 31 Abſ. I.   ⁵ Vollz. Vorſchr. § 6 Abſ. III.
⁶ Vollz. Vorſchr. § 6 Abſ. II; vgl. auch § 26.
⁷ Dazu Ziff. 1 der Min. Bek. vom 16. Aug. 1879, den Vollzug der §§ 167, 678, 679 der R. C. P. O. betr. (Weber XIII S. 190), u. Art. 20 des Ausf. Geſ. vom 23. Febr. 1879 z. R. C. P. O. u. R. C. O.
⁸ Vollz. Vorſchr. § 6 Abſ. IV—VI. — Vgl. hieher Entſch. d. B. G. H.'s I S. 85, III S. 381, IV S. 422, X S. 184 (187), XII S. 169, XIV S. 211.
⁹ Ausf. Geſ. vom 23. Febr. 1879 Art. 20, Verordn. vom 25. Sept. 1879 (Weber XIII S. 775; vgl. auch XV S. 544).
¹⁰ Vollz. Vorſchr. § 6 Abſ. VI.
¹¹ Vollz. Vorſchr. §§ 16, 35.   ¹² Vgl. z. B. Geſ. Art. 19 Abſ. III.
¹³ Geſ. Art. 22 Abſ. IV, 45 Abſ. II (an letzterer Stelle kein Vorbehalt kürzerer Friſten). Vgl. hieher G. Kahr, Commentar S. 203 ff., 249; W. Krais, Commentar S. 179, 205.
¹⁴ Geſ. Art. 22 Abſ. V, vgl. R. C. P. O. § 202 Abſ. I.
¹⁵ Entſch. des B. G. H.'s I S. 329, 388; II S. 714, 716.

lichen Entscheidung an berechnet [16]. Die Beschwerde kann jedoch schon nach Verkündigung der Entscheidung erhoben werden [17]. In den Fällen, wo der Verwaltungsgerichtshof erste und einzige richterliche Instanz ist [18], läuft die Beschwerdefrist von der Eröffnung des angefochtenen Bescheides an [19]. Eine Beschwerde, welche erhoben wird, ehe die Entscheidung amtlich verkündet wurde, wird in keinem Falle als innerhalb der Frist erhoben anzusehen sein [20].

Der Lauf richterlicher Fristen beginnt, soferne nicht bei deren Festsetzung ein Anderes bestimmt wird, mit der Zustellung des Schriftstückes, in welchem die Frist festgesetzt ist, bzw. mit der Verkündigung der Frist [21].

Bei Berechnung einer Frist, die nach Tagen bestimmt ist, zählt der Tag nicht mit, auf welchen der Zeitpunkt oder das Ereigniß fällt, nach welchem der Anfang der Frist sich richten soll. Eine Frist, die nach Wochen oder Monaten bestimmt ist, endet mit Ablauf desjenigen Tages der letzten Woche oder des letzten Monats, welcher durch Benennung oder Zahl dem Anfangstage entspricht. Fehlt dieser Tag im letzten Monate, so endet die Frist mit Ablauf des letzten Monatstages. Fällt das Ende der Frist auf einen Sonntag oder allgemeinen Feiertag, so endet die Frist mit Ablauf des nächstfolgenden Werktages [22]. Bei Fristverlängerungen wird die neue Frist vom Ablaufe der vorigen an berechnet, wenn nicht im einzelnen Falle ein Anderes bestimmt ist [23].

Gegen die Versäumung einer Nothfrist kann auf Antrag Wiedereinsetzung in den vorigen Stand gewährt werden, wenn eine Prozeßpartei durch Naturereignisse oder andere unabwendbare Zufälle [24] verhindert war, die Nothfrist einzuhalten [25]. Das Verschulden eines Prozeßvertreters gilt nicht als unverschuldetes Versäumniß für die Partei. Ebensowenig kann aus den Rechten der Minderjährigen [26] ein Wiedereinsetzungsgrund hergeleitet werden [27]. Die Wiedereinsetzung muß innerhalb einer Frist von zwei Wochen beantragt werden [28]. Diese Frist beginnt mit dem Tage, an welchem das Hinderniß gehoben ist. Nach Ablauf eines Jahres, vom Ende der versäumten Nothfrist gerechnet,

---

[16] Ges. Art. 22 Abs. V. Vgl. dazu Entsch. des V. G. H.'s I S. 388 (Feststellung der Verkündigungszeit), XII S. 153 (durch Zustellung an die Parteistelle statt an den Prozeßbevollmächtigten — vgl. oben Anm. 3 — wird die Frist in Lauf gesetzt).

[17] G. Kahr, Commentar S. 205, Entsch. d. V. G. H.'s I S. 320. Anders R. C. P. O. § 477 Abs. II.

[18] Ges. Art. 10.

[19] Ges. Art. 45 Abs. I, II. Vgl. Entsch. des V. G. H.'s III S. 225 f. S. auch I S. 194. IV S. 131.

[20] Mit dieser Beschränkung möchte ich der Ansicht von W. Krais, Commentar S. 180, beipflichten. Das Ges. scheint mir (vgl. G. Kahr, Commentar S. 205) nicht mehr fordern zu wollen, als daß die angefochtene Entscheidung im Augenblicke der Beschwerdeerhebung bereits verkündet, also rechtlich in's Leben getreten ist. Dagegen glaube ich nicht, daß verlangt werde, die amtliche Eröffnung der Entscheidung an den Beschwerdeführer müsse bereits geschehen sein. Vgl. Entsch. d. V. G. H.'s I S. 320, VII S. 183 und W. Krais, Commentar S. 430 Anm. 5. Es mag hier erwähnt werden, daß, während der § 477 der R. C. P. O. die Einlegung der Berufung vor Zustellung des Urtheils als wirkungslos erklärt, das französ. Recht dem entgegengesetzten Grundsatze huldigt. Insbes. werden auch Beschwerden an den Staatsrath vor förmlicher Eröffnung der angefochtenen Entscheidung zugelassen. Vgl. Sirey, jurisprudence du conseil d'état IV p. 267, V p. 387.

[21] R. C. P. O. § 198 Abs. I. Nach Art. 22 Abs. VI des Ges. gelten für die Berechnung der Fristen die Bestimmungen der C. P. O. Unanwendbar ist also, was deren § 202 in Abs. I, II u. § 212 Abs. II Satz 2 über die Fristenverlängerung bestimmt.

[22] R. C. P. O. §§ 199, 200.   [23] R. C. P. O. § 202 Abs. III.

[24] Vgl. über letzteren Begriff Entsch. des V. G. H.'s IV S. 425 f. S. auch ebenda I S. 452, II S. 49, wo richtig erörtert wird, daß Rechtsirrthum kein Wiedereinsetzungsgrund ist.

[25] Ges. Art. 22 Abs. VI, R. C. P. O. § 211 Abs. I.

[26] Minderjährige selbst, Fiscus, Gemeinden, Kirchen- u. milde Stiftungen ꝛc.

[27] R. C. P. O. § 210.

[28] Zutreffende Ausführungen über die Unanwendbarkeit des § 213 Abs. I der R. C. P. O. in Entsch. des V. G. H.'s I S. 451.

kann Wiedereinsetzung nicht mehr beantragt werden²⁹.   Das Wiedereinsetzungsgesuch³⁰ muß die begründenden Thatsachen und deren Beweismittel angeben, auch muß die versäumte Prozeßhandlung zugleich nachgeholt oder, wenn dies bereits geschehen ist, darauf Bezug genommen werden³¹.   Ueber das Gesuch entscheidet das Verwaltungsgericht, welchem die Entscheidung über die nachgeholte Prozeßhandlung zusteht³².   Dabei kann das Verfahren über den Wiedereinsetzungsantrag mit jenem über die nachgeholte Prozeßhandlung verbunden oder vorerst gesondert erledigt werden.   Auf die Entscheidung über die Zulässigkeit des Antrages und auf die Anfechtung der Entscheidung finden die Bestimmungen Anwendung, welche in dieser Beziehung für die nachgeholte Prozeßhandlung gelten³³.   Dem Gesuche muß stattgegeben werden, wenn die gesetzliche Begründung nachgewiesen ist³⁴.

Tagfahrt (Termin) ist ein Zeitpunkt, welcher von dem Gerichte für die Vornahme irgend einer Handlung vor dem Gerichte festgesetzt wird.   Die Tagfahrten werden bei den Verwaltungscollegialgerichten regelmäßig vom Vorstande der Stelle³⁵, ausnahmsweise auch vom Senate³⁶ bzw. Plenum bestimmt.   Sie werden an der Gerichtsstätte abgehalten; bei den Verwaltungsuntergerichten können sie auch auswärts stattfinden, und zwar nicht blos, wo dies, wie bei Augenscheineinnahmen, nothwendig ist, sondern auch in anderen Fällen, z. B. bei Gelegenheit von Dienstreisen oder auswärtigen Amtstagen³⁷.   Durch Vereinbarung der Parteien kann eine Tagfahrt nicht aufgehoben werden.

Ueber jede mündliche Gerichtsverhandlung ist ein Protokoll aufzunehmen.   Im Verfahren vor den Verwaltungsuntergerichten kann das Protokoll sowohl von dem Einzelrichter oder Gerichtscommissäre persönlich (Registratur), als auch unter dessen Leitung von einem Protokollführer geführt werden.   Nur bei Abnahme eines Eides oder einer Betheuerung an Eidesstatt, sowie bei Vernehmung von Zeugen und Sachverständigen, soweit letztere ihr Gutachten nicht schriftlich abgeben, ist die Zuziehung eines Protokollführers geboten³⁸.   Das Protokoll soll nur das Ergebniß der Verhandlung feststellen.   Dabei ist auszuscheiden, was unter den Prozeßparteien anerkannt, was bestritten ist, unter Anführung der Gründe und der Beweismittel³⁹.   Das Protokoll ist von den Betheiligten anerkennen zu lassen und von diesen, dann vom Richter und gegebenen Falles vom Protokollführer zu unterschreiben⁴⁰.

Bei den höheren Verwaltungsgerichten wird über den Gang und die wesentlichen Ergebnisse der Verhandlung durch einen vereideten Schriftführer ein Protokoll aufgenommen⁴¹.   Der Protokollführer steht unter der Leitung des Vorsitzenden⁴².   Die

---

²⁹ R. C. P. O. § 212.
³⁰ Ueber die Form (schriftlich sowohl wie protokollarisch) richtig G. Kahr, Commentar S. 205.
³¹ R. C. P. O. § 214 Abs. I.   ³² R. C. P. O. § 215.
³³ R. C. P. O. § 216. Entsch. d. V. G. H.'s VI S. 278.   § 216 Abs. III bestimmt: „Die Kosten der Wiedereinsetzung fallen dem Antragsteller zur Last, soweit sie nicht durch einen unbegründeten Widerspruch des Gegners entstanden sind."
³⁴ R. C. P. O. § 211 Abs. I. Beweis die Worte: „ist zu ertheilen".
³⁵ Ges. Art. 35 Abs. II, 41 Abs. III; Vollz. Vorschr. vom 1. Sept. 1879 §§ 16 Abs. I, 18, 35.
³⁶ Ges. Art. 36 Abs. V, 41 Abs. III.   ³⁷ Vgl. G. Kahr, Commentar S. 221.
³⁸ Vollz. Vorschr. §§ 9 Abs. III, 11.
³⁹ Ges. Art. 29, Vollz. Vorschr. § 9 Abs. I, II.   „Schriftliche Ausführungen zu Protokoll einzulegen oder Erklärungen zu Protokoll zu dictiren, ist den Betheiligten nicht zu gestatten." Vgl. hieher W. Krais, Commentar S. 188, G. Kahr, Commentar S. 219 ff.
⁴⁰ Ges. Art. 29, Vollz. Vorschr. § 9 Abs. IV. Können oder wollen die Parteien nicht unterschreiben, so ist dies unter Angabe des Grundes zu bemerken.
⁴¹ Ges. Art. 36 Abs. II, 41 Abs. III. Ueber den Inhalt des Prot. Vollz. Vorschr. §§ 24 Abs. II, 25, 34 Abs. II, 35.
⁴² Vollz. Vorschr. §§ 24 Abs. I, 35.

Verlesung des Protokolls und dessen Anerkennung durch die Betheiligten ist nicht vorgeschrieben[43]. Das Protokoll ist von dem Senatsvorstande und dem Schriftführer zu unterzeichnen[44]. Ueber die geheime Berathung und Abstimmung wird kein Protokoll geführt[45].

§ 138. Prozeßleitung und Ordnungsstrafrecht.

Unter dem Rechte der Prozeßleitung versteht man die Befugniß des Gerichtes, innerhalb der Grenzen und unter Befolgung der bestehenden Bestimmungen den Gang des Verfahrens zu regeln und die Ordnung bei demselben aufrecht zu erhalten. Die wichtigste Aufgabe der Prozeßleitung ist die Sacherhebung, von welcher noch besonders zu sprechen ist. Prozeßleitende Verfügungen sind der Rechtskraft nicht fähig und daher nicht durch Beschwerde anfechtbar[1].

Die Prozeßleitung steht bei den Einzelgerichten dem Einzelrichter zu, bei den unmittelbaren Stadtmagistraten für das vorbereitende Verfahren dem Vorstande, bzw. dem Commissäre, in der Sitzung dem Vorsitzenden[2].

Für die Kreisregierungen gelten folgende Bestimmungen. Der Regierungspräsident verfügt über die Erhebungen und Ergänzungen, die vor öffentlicher Verhandlung einer Sache nothwendig sind, ebenso über die Anordnungen, die zum Vollzuge von Entscheidungen oder Zwischenbescheiden erforderlich werden[3]. Die Anberaumung der Sitzungen und die Ladungen für dieselben obliegen gleichfalls dem Präsidenten[4]. Die Bestellung des Berichterstatters für den Vortrag in öffentlicher Sitzung geschieht durch den Senatsvorstand[5]. Letzterem steht ferner die Leitung der öffentlichen Sitzungen, sowie der geheimen Berathungen und Abstimmungen zu[6]. Ueber Anstände, welche sich bei der Prozeßleitung ergeben, entscheidet jedoch der Senat[7], ebenso über die Anordnung von Vervollständigungen des Beweisstoffes[8], sowie über Beschränkung der Oeffentlichkeit[9].

Beim Verwaltungsgerichtshofe erläßt der Präsident, vorbehaltlich der sofort zu erörternden Beschränkungen, die prozeßleitenden Verfügungen, welche der Verhandlung vorhergehen[10]. Der Senatsvorstand ernennt den Berichterstatter[11]. Letzterer prüft im Benehmen mit dem Staatsanwalte, ob Ergänzungen nöthig sind. Ueber Meinungsverschiedenheiten entscheidet der Senat in geheimer Sitzung. Ist diese Entscheidung getroffen, oder sind Berichterstatter und Staatsanwalt einig, so verfügt der Präsident das Weitere, entweder zur Erholung der Ergänzungen, oder zur Anberaumung der Sitzung[12]. Hinsichtlich der Prozeßleitung in den Sitzungen der Senate und des Plenums gilt entsprechend das Nemliche, wie für die Kreisregierungen[13]. Der Staatsanwalt ist von jeder Anberaumung einer öffentlichen Verhandlung oder einer geheimen Sitzung, an welcher er Theil zu nehmen hat, zu benachrichtigen[14].

---

[43] G. Kahr, Commentar S. 234.　　　[44] Vollz. Vorschr §§ 24 Abs. III, 35.

[45] Vgl. Ges. Art. 38.

[1] Ges. Art. 21 Abs. II, Art. 22 Abs. I. Entsch. d. V. G. H.'s II S. 55, 556.

[2] Ges. Art. 30.

[3] Ges. Art. 35 Abs. II, Vollz. Vorschr. § 15 Abs. II.

[4] Ges. Art. 35 Abs. II, Vollz. Vorschr. §§ 16, 18.

[5] Ges. Art. 36 Abs. I, Vollz. Vorschr. § 15 Abs. I.

[6] Ges. Art. 37, Vollz. Vorschr. § 20.

[7] Vollz. Vorschr. § 20.　　　　[8] Ges. Art. 36 Abs. III.

[9] Ges. Art. 34 Abs. I.

[10] Ges. Art. 35 Abs. II, 41 Abs. III, Vollz. Vorschr. § 29 Abs. II.

[11] Vollz. Vorschr. § 33 Abs. I.　　　[12] Ges. Art. 41, Vollz. Vorschr. § 33 Abs. II.

[13] Ges. Art. 41 Abs. III, Vollz. Vorschr. § 35.

[14] Vollz. Vorschr. § 36.

Zur Aufrechthaltung der Ordnung beſtehen folgende Vorſchriften.

Der Vorſitzende eines Senates einer Kreisregierung oder des Verwaltungsgerichts-hofes, dann des Plenums dieses Gerichtshofes [15] kann Jeden, mit Ausnahme einer Prozeß-partei oder ihres Vertreters [16], entfernen laſſen, der Zeichen des Beifalles oder des Miß-fallens gibt oder ſonſt Störung verurſacht [17].

Enthält eine Beſchwerde [18] einen groben Verſtoß gegen den öffentlichen Anſtand, ſo kann der Beſchwerdeführer in eine Geldſtrafe bis zu 200 Mark verurtheilt werden, welche für den Fall der Uneinbringlichkeit ſofort in entſprechende Haftſtrafe nach Maß-gabe der Beſtimmungen des Reichsſtrafgeſetzbuches umzuwandeln iſt. Der Strafausſpruch erfolgt gleichzeitig mit der Entſcheidung in der Hauptſache und iſt auch dann anfechtbar, wenn der Beſtrafte ſich in der Hauptſache bei der ergangenen Entſcheidung beruhigt [19].

Entſcheidet der Verwaltungsgerichtshof in dritter Inſtanz [20], und wird die Be-ſchwerde verworfen, ſo kann der Beſchwerdeführer, wenn ihm Muthwille zur Laſt fällt, in eine Geldſtrafe bis zu 200 Mark verurtheilt werden [21]. Eine Umwandlung dieſer Strafe in Freiheitsſtrafe iſt unzuläſſig [22].

Dem Gebiete des richterlichen Ordnungsſtrafrechtes gehören auch jene Strafen an, welche nach den hier anwendbaren Beſtimmungen der Reichscivilprozeßordnung wegen Verweigerung des Zeugniſſes verhängt werden können [23].

§ 139. Sacherhebung und Beweis.

Die Sacherhebung (Inſtruction) umfaßt die Vernehmung der Betheiligten und die Feſtſtellung des Sachverhaltes.

Ein Beweis liegt dann vor, wenn die Wahrheit einer Thatſache dem Richter außer Zweifel geſtellt iſt; Glaubhaftmachung dann, wenn der Richter das Vorhandenſein einer Thatſache in einem nach ſeinem Ermeſſen hinlänglichen Grade wahrſcheinlich findet.

Aus der bereits erörterten Natur des verwaltungsgerichtlichen Verfahrens ergibt ſich, daß demſelben der Begriff einer eigentlichen Beweislaſt oder Beweispflicht der Par-teien in Bezug auf den materiellen Streit fremd iſt [1]. Die Beweisanerbietungen der Prozeßparteien unterſtützen den Richter nur bei Erfüllung ſeiner amtlichen Aufgabe der richtigen Ermittelung des Sachverhaltes, aber ſie binden ihn nicht in ſeiner Thätigkeit. Der Richter iſt auch nicht verpflichtet, alle Beweiserhebungen vorzunehmen, welche die Parteien fordern. Er kann Erhebungen ablehnen, welche er als nicht zur Sache gehörig erachtet, oder von welchen er ſich kein Ergebniß verſpricht [2]. Auch der übereinſtimmenden

---

[15] Bezüglich der Unterinſtanzen war eine ſolche Beſtimmung unnöthig, da die Oeffentlichkeit der Verhandlung für ſie nicht vorgeſchrieben iſt.

[16] So richtig W. Krais, Commentar S. 194. Die Beſtimmungen des § 178 des R. G. V. G. u. des § 144 der R. C. P. O. können, Mangels jeden Anhaltspunktes hiefür, nicht „analog" an-gewandt werden.

[17] Geſ. Art. 34 Abſ. III. Außerdem gelten die allgemeinen Beſtimmungen gegen ungebühr-liches Benehmen vor einer Behörde. Vgl. Ausf. Geſ. z. R. St. P. O. vom 18. Aug. 1879 Art. 7, 102; ſ. auch oben § 126 Anm. 22.

[18] D. h. eine Beſchwerde gegen eine inſtanziell ergangene verwaltungsrechtliche Entſcheidung. Entſch. b. V. G. H.'s IV S. 329.

[19] Geſ. Art. 25. Dazu W. Krais, Commentar S. 183, G. Kahr, Commentar S. 212 f.

[20] Hier ſind in den Fällen des Art. 10 die Verwaltungsinſtanzen mit einzurechnen. Vgl. Geſ. Art. 45.

[21] Geſ. Art. 40 Abſ. IV. [23] G. Kahr, Commentar S. 241.

[22] Geſ. Art. 20 Abſ. VI.

[1] Vgl. zum Folgenden auch A. Dyroff, Handausgabe S. 91 ff.

[2] Vgl. ferner Gebührengeſ., Faſſung vom 6. Juli 1892 Art. 192: „Bei Anträgen auf Vor-nahme einer Handlung, mit welcher baare Auslagen verbunden ſind, iſt auf Erfordern ein zur Deckung

Aussage der Prozeßparteien oder dem Geständnisse einer Partei in Bezug auf eine That-sache steht er frei gegenüber. Er ist sogar in solchen Fällen zur Beweiserhebung ver-pflichtet, wenn er Zweifel über die Richtigkeit eines solchen Vorbringens oder Zugeständ-nisses hegt ³.

Eine Pflicht der Parteien zum Beweise oder zur Glaubhaftmachung ihrer Be-hauptungen besteht nur ausnahmsweise da, wo sie durch besondere Bestimmung eines Gesetzes begründet ist, sowie in Bezug auf prozessuale Fragen. Die Partei, welche Wiedereinsetzung in den vorigen Stand gegen Versäumung einer Nothfrist erbittet, hat die Thatsachen zu beweisen, die das Gesuch begründen ⁴. Die Partei, welche einen Richter ablehnt, hat den Ablehnungsgrund ⁵, die Partei, welche Wiederaufnahme des Verfahrens nachsucht, hat das Vorhandensein der gesetzlichen Voraussetzung hiefür glaubhaft zu machen ⁶.

Der Verwaltungsrichter hat das Ergebniß der Beweisaufnahme, soferne er nicht durch besondere gesetzliche Bestimmungen gebunden ist ⁷, nach seiner freien Ueberzeugung zu würdigen ⁸. Es gibt im verwaltungsgerichtlichen Verfahren keine Beweistheorien. Auch durch ein strafrichterliches Urtheil ist der Verwaltungsrichter in der freien Beweis-würdigung nicht behindert ⁹.

Die Sacherhebung und Beweisaufnahme geschieht zunächst durch die Districts-verwaltungsbehörden. Dabei sind etwaige Nebenpunkte zugleich mit der Hauptsache zu erheben. Die Sacherhebung obliegt den Districtsverwaltungsbehörden nicht blos dann, wenn sie selbst ¹⁰, sondern regelmäßig auch dann, wenn die Kreisregierungen, Kammern des Innern, erste Instanz sind ¹¹. Ausnahmen in letzterer Beziehung durch besondere gesetzliche Bestimmungen sind vorbehalten ¹². Wo solche Bestimmungen nicht entgegen-stehen, ist es den Districtsverwaltungsbehörden auch unbenommen, die erforderlichen Vor-erhebungen ohne Auftrag der Kreisregierung hinsichtlich solcher Angelegenheiten zu be-wirken, die bei ihnen anhängig geworden, aber von der Kreisstelle in erster Instanz zu entscheiden sind. Die Verhandlungen sind alsdann der zuständigen Kreisregierung. Kammer des Innern, zur weiteren Verfügung vorzulegen ¹³.

In ihrer Eigenschaft als Verwaltungsgerichte zweiter Instanz können die Kreis-regierungen die Vervollständigung des Beweisstoffes anordnen ¹⁴.

Die unmittelbare Vernehmung von Zeugen und Sachverständigen in besonderen Fällen und die Erholung schriftlicher Aeußerungen Seitens anderer Behörden als der

derselben hinreichender Vorschuß von dem Antragsteller zu zahlen. Die Ladung und Vernehmung von Zeugen oder Sachverständigen auf Antrag der Parteien kann von der vorgängigen Zahlung eines zur Deckung der Auslagen hinreichenden Vorschusses abhängig gemacht werden.“

³ Ges. Art. 20 Abs. I: „Die Feststellung des Sachverhaltes in Verwaltungsrechtssachen erfolgt von Amts wegen.“ Art. 27 Abs. I: „Die Districtsverwaltungsbehörden haben vor Allem für richtige Ermittelung des Sachverhaltes zu sorgen und zu diesem Behufe nicht blos das von den Betheiligten gebotene, sondern auch das sonst zur Aufklärung dienende Material zu den Akten zu bringen . . .“

⁴ Vgl. oben § 137 Anm. 31.
⁵ Vgl. oben § 130 Anm. 70.
⁶ Ges. Art. 26. Der Fall, wo Wiederaufnahme von Amts wegen veranlaßt ist, gehört selbst-verständlich nicht hieher. Vgl. G. Kahr, Commentar S. 214.
⁷ Darüber W. Krais, Commentar S. 176.　　　　　　⁸ Ges. Art. 21 Abs. I.
⁹ Vgl. Einf. Ges. z. R. C. P. O. § 14 Ziff. 1.
¹⁰ Ges. Art. 27 Abs. I, II, Art. 30 Abs. I.
¹¹ Ges. Art. 31 Abs. I. Dazu G. Kahr, Commentar S. 223 f. Selbstverständlich können in solchen Fällen die Districtsverwaltungsbehörden von der Kreisstelle Weisungen über die Art der Sach-erhebung erhalten.
¹² Hierüber G. Kahr a. a. O. S. 224 f.
¹³ Vollz. Vorschr. § 14.
¹⁴ Ges. Art. 36 Abs. III. Dazu Entsch. des V. G. H.'s II S. 556.

Districtsverwaltungsbehörden wird indessen den Kreisregierungen, Kammern des Innern, nicht verwehrt sein ¹⁵.

Für die Sach- und Beweiserhebung bei den Regierungsfinanzkammern als Verwaltungsgerichten bestehen keine gesetzlichen Vorschriften.

Der Verwaltungsgerichtshof entscheidet auf Grund des Sachverhaltes, welcher von den Vorinstanzen erhoben ist; eine Beweisaufnahme findet vor demselben nicht statt ¹⁶. Dies gilt auch für die Fälle, wo der Gerichtshof erste und letzte Instanz ist, die Unterinstanzen also Verwaltungs-, nicht Verwaltungsgerichtsinstanzen sind ¹⁷.

Dem Verwaltungsgerichtshofe bleibt jedoch unbenommen, die Vervollständigung des Beweisstoffes durch die Vorinstanzen zu veranlassen, fachmännische Obergutachten zu erholen und Sachverständige, welche dieselben verfaßt oder dabei mitgewirkt haben, zur öffentlichen Sitzung beizuziehen ¹⁸.

Die Beweismittel im verwaltungsgerichtlichen Verfahren sind Augenschein, Zeugen, Sachverständige, Urkunden und Eid.

Der Augenschein ist stets von den Districtsverwaltungsbehörden unter Ladung der Betheiligten zu mündlicher Verhandlung vorzunehmen ¹⁹.

Zeugen und Sachverständige werden eidlich vernommen ²⁰. Das Verfahren bei Abnahme des Eides richtet sich nach den Vorschriften der Reichscivilprozeßordnung ²¹. Bei Streitigkeiten von geringerem Werthe kann von der Vereidigung abgesehen werden, wenn die Betheiligten zustimmen ²². Der Eidesleistung wird es gleichgeachtet, wenn ein Mitglied einer Glaubensgesellschaft, welcher der Gebrauch gewisser Betheuerungsformeln an Stelle des Eides gesetzlich gestattet ist ²³, eine Erklärung unter der Betheuerungsformel dieser Glaubensgesellschaft abgibt.

Sind Sachverständige für die Erstattung von Gutachten der betreffenden Art im Allgemeinen vereidigt, so genügt die Berufung auf den geleisteten Eid ²⁴; andernfalls haben sie zu schwören, daß sie ihr Gutachten unparteiisch und nach bestem Wissen und Gewissen erstatten werden ²⁵.

Hinsichtlich der Verpflichtung, sich als Zeuge oder Sachverständiger vernehmen zu lassen, hinsichtlich der Folgen der Weigerung und hinsichtlich der Zulässigkeit der Beeidigung kommen die Bestimmungen der Reichscivilprozeßordnung ²⁶ entsprechend zur Anwendung ²⁷. Gerichtliche Entscheidungen über die Vernehmungspflicht sind selbständig

---

¹⁵ Vgl. Vollz. Vorschr. § 16 Abs. L

¹⁶ Ges. Art. 40 Abs. I.

¹⁷ Ges. Art. 45 Abs. III.

¹⁸ Ges. Art. 40 Abs. II. Dazu G. Kahr, Commentar S. 240.

¹⁹ Ges. Art. 27 Abs. II.

²⁰ Vgl. hieher Entsch. d. V. G. H.'s X S. 181.

²¹ Vollz. Vorschr. § 5 Abs. I; R. C. P. O. §§ 340 Abs. II, 356 Abs. I, 357, 440—445.

²² Im Uebrigen steht es nicht im Belieben der Prozeßparteien, auf die Vereidigung zu verzichten. W. Krais, Commentar S. 175. Die Begründung zum Ges. Entw. bemerkt ferner: „Ist die Vereidigung in einzelnen Fällen speciell im Ges. vorgeschrieben, so ist diese Vorschrift selbstverständlich für die Behörden bindend." Vgl. darüber W. Krais a. a. O. und G. Kahr, Commentar S. 194.

²³ Verordn., die feierlichen gerichtlichen Aussagen der Mennoniten betr., vom 20. Oct. 1811 (Weber I S. 357) Ziff. 3, worüber unten § 374 Anm. 18; R. C. P. O. § 446, Ausf. Ges. zur R. C. P. O. u. R. C. O. vom 23. Febr. 1879 Art. 22. Vollz. Vorschr. vom 1. Sept. 1879 § 5 Abs. IV. Dazu G. Kahr, Commentar S. 194 f.

²⁴ Ges. Art. 20 Abs. II—V.

²⁵ Vollz. Vorschr. § 5 Abs. II.

²⁶ §§ 341, 345—355, 358. Vgl. auch unten § 184 Anm. 8 (Dienstgeheimniß).

²⁷ Ges. Art. 20 Abs. VI. Nach dem Gebührenges., Fassung vom 6. Juli 1892, Art. 194 Ziff. 4, werden für die Verhandlung und Entscheidung über die Pflicht zur Abgabe eines Zeugnisses oder Gutachtens Gebühren nicht erhoben.

anfechtbare Zwischenbescheide ²⁸. Bezüglich der Beschwerden gelten die allgemeinen Bestimmungen des verwaltungsgerichtlichen Verfahrens ²⁹.

Bestimmungen über den Urkundenbeweis in Verwaltungsrechtssachen bestehen nicht. Eine prozessuale Pflicht der Parteien zur Vorlegung von Urkunden ist daher nicht anzunehmen. Glaubt eine Partei gegen eine andere einen civilrechtlichen Anspruch auf Herausgabe oder Vorlegung einer Urkunde zu haben, so hat sie denselben nöthigenfalls vor den bürgerlichen Gerichten zu verfolgen. Es wird vom Ermessen des Verwaltungsgerichts abhängen, ob das Ergebniß eines solchen Rechtsstreites abgewartet werden will. Im Uebrigen ist es amtliche Pflicht des Gerichtes, die ihm zugänglichen und für die Sache erheblichen Urkunden selbst beizuschaffen ³⁰.

Der Parteieneid ist im verwaltungsgerichtlichen Verfahren regelmäßig ausgeschlossen. Eidliche Bestätigungen der Betheiligten zum Zwecke der Beweisführung finden nur statt, wo besondere Gesetze dieselben zulassen ³¹, ein Vorbehalt, der übrigens zur Zeit gegenstandslos ist ³².

§ 140. Entscheidungen, Rechtskraft und Rechtsmittel.

Unter Entscheidungen sind im Allgemeinen alle gerichtlichen Aussprüche zu verstehen, durch welche über einen materiellen oder prozessualen Streitpunkt erkannt oder sonst eine Anordnung getroffen wird. Im ersten Falle kann man von Entscheidungen im engeren Sinne, Urtheilen oder Erkenntnissen reden. Im zweiten Falle wird man, wenn die Anordnung von einem Richtercollegium ausgeht, passend von Beschluß, wenn sie von einem einzelnen Beamten getroffen wird, von Verfügung sprechen ¹.

Die Entscheidungen im engeren Sinne (Urtheile) sind entweder Endbescheide (Endurtheile), d. h. solche, welche den Rechtsstreit ganz oder theilweise (Theilurtheil) endgiltig entscheiden, oder Zwischenbescheide (Zwischenurtheile), welche lediglich über eine Vor- oder Zwischenfrage Entscheidung treffen ².

Jeder Endbescheid, sowie jeder Zwischenbescheid, gegen welchen auf Grund besonderer gesetzlicher Bestimmung selbständig Beschwerde erhoben werden kann ³, ist mit Entscheidungsgründen zu versehen. Beschwerdeinstanzen können auch auf die Entscheidungsgründe der Vorinstanzen verweisen ⁴.

Die Entscheidungen sind den Betheiligten in schriftlicher Ausfertigung zuzustellen ⁵. Die Form der Entscheidungen und der Ausfertigungen ist, was die Verwaltungsuntergerichte anlangt, die nemliche, wie sie bei den Districtsverwaltungsbehörden als

---

²⁸ Ges. Art. 21 Abs. II mit R. C. P. O. §§ 352 Abs. III, 355 Abs. III.

²⁹ Ges. Art. 22 ff. W. Krais, Commentar S. 422.

³⁰ Vgl. Ges. Art. 27 Abs. I.

³¹ Ges. Art. 20 Abs. VII.

³² Der einzige Fall, bezüglich dessen es (nach der herrschenden Rechtsauffassung über die israelitischen Cultusgemeinden) allenfalls fraglich erscheinen konnte, ob er hieher gehöre, war die Verpflichtung zur Leistung des Offenbarungseides bei Streitigkeiten über israelit. Cultusbeiträge. Der V. G. H. hat jedoch (Entsch. I S. 265) mit Recht ausgesprochen, daß der Vorbehalt besonderer Gesetze in Art. 20 Abs. VII a. a. O. auf Statuten einer israelit. Cultusgemeinde nicht zutreffe.

¹ Indessen besteht keine feste Ausdrucksweise. Insbes. ist im Ges. selbst eine solche nicht zu finden. Der Ausdruck Entscheidung, entschieden findet sich Art. 7 Abs. II, 9 Abs. I, II, 11, 18, 21, 22 Abs. III, 25 Abs. II, 31—33, 37, 39, 40, 43, 45 Abs. IV, 46 Abs. I, 47, 49, 50; Bescheidung ꝛc. Art. 10, 18, 21, 22 Abs. I, V, 26 Abs. I, 52 Abs. I; erkennen Art. 14 Abs. II, 36 Abs. IV; Beschluß, beschließen Art. 6 Abs. I, 15, 26 Abs. II, 34 Abs. I, 36 Abs. V, 41 Abs. II, 46 Abs. IV, 47; Verfügung Art. 35 Abs. II, 36 Abs. III, 46 Abs. IV.

² Vgl. hieher Entsch. d. V. G. H.'s X S. 310, XI S. 182. A. Dyroff, Bl. f. adm. Praxis XXXIX S. 305 f., XLIII S. 247 ff., 259 ff.

³ Dazu G. Kahr, Commentar S. 199.

⁴ Ges. Art. 21 Abs. II, Vollz. Vorschr. § 22 Abs. III. Entsch. des V. G. H.'s II S. 55.

⁵ Ges. Art. 21 Abs. IV.

solchen üblich ist⁶.   Für die Kreisregierungen und den Verwaltungsgerichtshof sind besondere Formvorschriften getroffen⁷.

Die Entscheidungen der genannten Collegialgerichte müssen außerdem in öffentlicher Sitzung verkündet werden⁸.   Die Verkündung geschieht durch Verlesung der Entscheidungsformel und der Entscheidungsgründe⁹.

Hinsichtlich der Beschlüsse und Verfügungen in Verwaltungsrechtssachen bestehen keine eigenen Formvorschriften.   Schriftliche Verfügungen ergehen stets mit der Fertigung des Vorstandes der Behörde oder Stelle¹⁰.

Unter Rechtskraft¹¹ einer verwaltungsrechtlichen Entscheidung versteht man, daß sie für die gerichtlich erledigte Sache unter den Parteien des Streites¹², nicht blos unter den Prozeßparteien¹³, das Recht feststellt.   Die Regel, daß die Rechtskraft nur für die Parteien des Streites wirkt, erleidet eine naturgemäße Ausnahme in denjenigen Fällen, wo eine gewisse öffentlichrechtliche Eigenschaft (Status) einer Person oder Sache Gegenstand der verwaltungsgerichtlichen Entscheidung war¹⁴.   Die Rechtskraft hat die prozessuale Wirkung, daß die Entscheidung nicht mehr durch Beschwerde angefochten werden kann; sie hat die materielle Wirkung, daß der Inhalt der Entscheidung, soweit das entschiedene Rechtsverhältniß in Frage kömmt, für die Parteien bindend ist.   Der Begriff der Rechtskraft in Verwaltungsstreitsachen ist auf das verwaltungsgerichtliche Verfahren nicht beschränkt.   Er findet auch da Anwendung, wo die Verwaltungsbehörden als solche, und ohne daß ihnen in dieser Beziehung eine richterliche Stellung eingeräumt wäre, über öffentliche Rechtssachen Entscheidung treffen¹⁵.   Selbstverständlich kann von einer Rechtskraft der verwaltungsgerichtlichen Entscheidung stets nur insoferne die Rede sein, als letztere auf die Abgrenzung der Rechtskreise zwischen den Parteien des Streites sich bezieht.   Dagegen kann die Rechtskraft niemals den Parteien des Streites, und insbesondere nicht der Staatsgewalt, die Freiheit des Handelns innerhalb ihres Rechtskreises benehmen oder schmälern.   Der rechtskräftige Ausspruch, daß eine Anordnung der Verwaltungsbehörde kein öffentliches Recht verletze, hindert die Behörde innerhalb der Grenzen ihres amtlichen Ermessens nicht an der Zurücknahme oder der Abänderung dieser Anordnung¹⁶.

Die Rechtskraft einer verwaltungsrechtlichen Entscheidung erstreckt sich auf Alles, was zur Entscheidung gestellt war, von der entscheidenden Behörde entschieden werden wollte und von derselben entschieden worden ist.   Das Gesetz vom 8. August 1878 enthält insbesondere bezüglich der verwaltungsgerichtlichen Entscheidungen keine Bestim-

---

⁶ Vgl. Entsch. d. V. G. H.'s IV S. 390, wo das, allerdings vollkommen sinnlose, Beschwerdevorbringen gewürdigt wird, die Ausfertigung einer bezirksamtlichen Entsch. dürfe die Unterschrift des Richters nicht in Urschrift, sondern nur abschriftlich unter Bestätigung des Gleichlautes mit der Urschrift enthalten! — Empfehlenswerth wird es sein, daß die Districtsverwaltungsbehörden ihre verwaltungsgerichtlichen Entsch. ausdrücklich als solche bezeichnen.

⁷ S. dieselben in §§ 22, 23, 34, 35 der Vollz. Vorschr. Vgl. auch § 26.

⁸ Ges. Art. 36 Abs. V, 41 Abs. III.

⁹ Vollz. Vorschr. §§ 28 Abs. I, 35. Es ist also unstatthaft, die Entsch. zu verkünden, ehe Entscheidungsformel u. Gründe schriftlich abgefaßt sind.

¹⁰ Vgl. Ges. Art. 35 Abs. II, 40 Abs. III, 41: Vollz. Vorschr. §§ 15 Abs. II, 29 Abs. II.

¹¹ Vgl. hieher im Allgemeinen E. Bernatzik, Rechtsprechung und materielle Rechtskraft. Wien 1886.

¹² Entsch. d. V. G. H.'s IV S. 460, XIII S. 505, XIV S. 272 (273).

¹³ Vgl. oben § 135.

¹⁴ Entsch. d. V. G. H.'s XIII S. 480 (Heimat).

¹⁵ Vgl. Ges. Art. 45 und oben § 130 Anm. 7, § 134 Anm. 5.

¹⁶ Vgl. hieher O. v. Sarwey, das öffentliche Recht u. die Verwaltungsrechtspflege S. 733 f. und oben § 126 Anm. 11.

mung, durch welche die Rechtskraft derselben auf die Entscheidungsformel beschränkt würde [17].

Eine solche Vorschrift konnte in dem Gesetze auch aus äußeren wie aus inneren Gründen nicht enthalten sein. Das Gesetz ordnet die äußerliche Trennung zwischen Entscheidungsformel und Entscheidungsgründen nicht an. Die Vollzugsvorschriften vom 1. September 1879 [18] verfügen dies nur hinsichtlich der Entscheidungen der Kreisregierungen und des Verwaltungsgerichtshofes. Die Vollzugsvorschriften waren, auch abgesehen hievon, überhaupt nicht in der Lage, der Sonderung der Entscheidungsformel von den Entscheidungsgründen eine sachliche Bedeutung zu verleihen, wenn ihr das Gesetz eine solche Tragweite nicht eingeräumt hat. Letzteres nun ist nicht der Fall und konnte nicht der Fall sein. Soweit der Satz, daß Entscheidungsgründe der Rechtskraft nicht fähig sind, lediglich formell verstanden werden will, also lediglich die Nöthigung für den Richter enthalten soll. Alles in die Entscheidungsformel zu stellen, worüber er entscheidet, würde er einen Formalismus enthalten, der schon im Civilprozesse seine Gegner hat, mit den freieren Grundsätzen des verwaltungsgerichtlichen Verfahrens aber vollends im Widerspruche steht. Soweit aber, und dieses ist der wesentlichste Punkt, jener Satz einen materiellrechtlichen Inhalt hat, steht er mit der Natur des öffentlichen Rechtsstreites geradezu im Widerspruche. Schon früher [19] wurde erörtert, daß im verwaltungsrechtlichen Verfahren die Parteien des Streites nicht nothwendig Parteien des Prozesses sind; es wurde ferner dargelegt, daß der Verwaltungsrichter an den Parteivorbringen und den Parteianträgen keine gebundene Marschrichtung hat, daß vielmehr die Wahrung der öffentlichen Interessen, die ihre Vertretung regelmäßig nicht durch eine Prozeßpartei finden, in seine Hand gelegt ist. Dies ist eine Lage der Dinge, die zu dem imperium litis der Parteien des Civilprozesses [20] in dem schärfsten Gegensatze steht, der sich denken läßt. Der Satz des § 293 der Reichscivilprozeßordnung: „Urtheile sind der Rechtskraft nur insoweit fähig, als über den durch die Klage oder durch die Widerklage erhobenen Anspruch entschieden ist", ist hienach auf das Verfahren in Verwaltungsrechtssachen ganz und gar unanwendbar. Es geht also, abgesehen von den früher [21] dargelegten allgemeinen Erwägungen, hier aus zwingenden inneren Gründen nicht an, die Reichscivilprozeßordnung als „entsprechend anwendbar" zu erklären [22]. Nur soviel kann man zugestehen, daß die Aussonderung zwischen dem, was die entscheidende Behörde in die Entscheidungsformel, und dem, was sie in die Entscheidungsgründe aufgenommen hat, unter Umständen eine Bedeutung für die Auslegungsfrage haben kann, was die Behörde habe entscheiden wollen.

Die Rechtskraft einer Entscheidung tritt, wenn dieselbe in letzter Instanz ergangen ist, sofort nach der Verkündigung ein [23], in den übrigen Fällen dann, wenn eine Anfechtung der Entscheidung Seitens der Prozeßparteien durch ordentliches Rechtsmittel nicht mehr möglich ist [24].

Das ordentliche Rechtsmittel des verwaltungsgerichtlichen Verfahrens [25] ist die Beschwerde [26]. Die Beschwerde kann sich sowohl auf Mängel des Verfahrens als auf den

---

[17] Uebereinstimmend Entsch. d. V. G. H.'s XIV S. 376.

[18] §§ 22, 35.

[19] § 135.

[20] Vgl. Planck, Lehrb. des deutschen Civilprozeßrechtes I S. 280 ff.

[21] § 133 Anm. 10.

[22] So der V. G. H. Entsch. II S. 289, vgl. S. 284, auch XI S. 535. S. ferner A. Luthardt, Bl. f. adm. Praxis XXXI (1881) S. 292 Anm. , G. v. Kahr, bayer. Gem. Ordn. f. d. Landesth. diesf. des Rh. I S. 188 Anm. 9.

[23] Gegen Entsch. des V. G. H.'s gibt es also keine Beschwerde. Vgl. G. Kahr, Commentar S. 214, 238, 239, 245; Entsch. d. V. G. H.'s III S. 600.

[24] Vgl. auch A. Dyroff, Bl. f. adm. Praxis XXXIX S. 307.

[25] Die Remonstration ist kein Rechtsmittel dieses Verfahrens, hindert also die Rechtskraft nicht. Entsch. d. V. G. H.'s I S. 193, II S. 363. Die Remonstration kann, soweit es sich um Entsch. eines Verwaltungsrechtsstreites handelt, schon deshalb keine Wirkung äußern, weil das Gericht seine erlassene Entsch. nicht mehr zurücknehmen darf.

[26] Dieser Ausdruck wird im Ges. fast durchweg gebraucht. Wenn in Art. 9 u. 11 von Berufung die Rede ist, so beruht dies nur auf Nachlässigkeit bei Abfassung der Aenderungen, die von der K. d. Abg. beschlossen wurden. Vgl. G. Kahr, Commentar S. 129.

Inhalt der angefochtenen Entſcheidung beziehen²⁷. Ein Unterſchied zwiſchen Berufung und Nichtigkeitsbeſchwerde beſteht nicht²⁸.

Das Geſetz enthält keine Beſtimmung darüber, daß und welche Mängel des Ver=
fahrens Nichtigkeit desſelben bewirken²⁹. Es begnügt ſich mit der Beſtimmung³⁰, daß
die höhere Inſtanz „die Aufhebung des Verfahrens wegen weſentlicher Mängel desſelben
von der Zeit des eingetretenen Beſchwerdgrundes an ausſprechen" könne³¹. Dies
kann unabhängig von dem Vorbringen des Beſchwerdeführers auch von Amts wegen
geſchehen³².

Der Standpunkt, welchen das Geſetz hier einnimmt, iſt in der Natur des verwaltungs=
gerichtlichen Beſchwerdeverfahrens wohl begründet. Es ſind ſelbſtverſtändlich eine Reihe von
Mängeln des Verfahrens ſo ſchwerer Art denkbar³³, daß dieſelben mit Nothwendigkeit das Verfahren
nichtig machen. Allein es beſtand für das Geſetz und beſteht auch für deſſen wiſſenſchaftliche Erörterung
kein Bedürfniß, dieſelben hervorzuheben. Denn die Beſchwerdeinſtanzen des Verwaltungsrechtsweges
ſind, wie ſpäter noch näher darzulegen ſein wird, ſämmtlich volle Inſtanzgerichte, nicht Caſſations=
oder Reviſionsgerichte. Die Beſchwerdeinſtanz würdigt die Sache in demſelben materiellen Umfange
und mit derſelben Freiheit gegenüber dem Parteivorbringen wie die Unterinſtanz. Für den Geſetzgeber
lag daher kein Grund vor, den Beſchwerderichter zu zwingen, daß er wegen gewiſſer Fehler das Ver=
fahren vor der Unterinſtanz unter allen Umſtänden aufhebe und die Sache zur nochmaligen Ent=
ſcheidung zurückverweiſe. Es war genügend, dem Beſchwerderichter die Möglichkeit hiezu zu geben.
Derſelbe wird nach ſeinem Ermeſſen darüber befinden, ob der zu Tage getretene Mangel ein weſentlicher
iſt, ob ferner „innere Gründe vorliegen, aus welchen die Aufhebung des durch den Mangel betroffenen
Verfahrens angezeigt erſcheint, oder ob des . . . Mangels ungeachtet ohne wirkliche Schädigung der
prozeſſualen Rechte der Betheiligten ſofort materiell entſchieden werden kann"³⁴.

Unter dieſen Umſtänden begreift es ſich von ſelbſt, daß die verwaltungsgerichtliche
Entſcheidung, welche aus einem mit weſentlichen Mängeln behafteten Verfahren hervor=
gegangen iſt, unter denſelben Vorausſetzungen der Rechtskraft fähig iſt, wie jede andere
verwaltungsgerichtliche Entſcheidung.

Der Verwaltungsgerichtshof kann, da ihm die Würdigung reiner Verwaltungs=
fragen entzogen iſt, nur innerhalb ſeiner Zuſtändigkeit über die Rechtmäßigkeit des Ver=
fahrens und über die Zuſtändigkeit entſcheiden³⁵.

In Bezug auf die ſachliche Begründung der Beſchwerde iſt vorgeſchrieben, daß
Bemängelungen des Sachverhaltes, welcher der angefochtenen Entſcheidung zu Grunde
gelegt iſt, genau anzugeben, daß ferner etwaige Anträge auf Ergänzung des Beweis=
ſtoffes in gleicher Weiſe zu ſtellen ſind³⁶. Die Nichtbeachtung dieſer Vorſchriften bewirkt
in Bezug auf die Sache ſelbſt keinen Rechtsnachtheil für den Beſchwerdeführer, da das
Recht und die Pflicht des Verwaltungsgerichtes zur amtlichen Ermittelung des Sach=
verhaltes davon nicht berührt wird. Dem Beſchwerdeführer iſt es ferner unbenommen,
auch noch in der höheren Inſtanz mit neuen Behauptungen oder Einwendungen aufzu=
treten³⁷. Nur hinſichtlich der Prozeßkoſten kann in all dieſen Fällen dem Beſchwerde=

---

²⁷ Im Begriffe der Beſchwerde liegt, daß ſie nicht gegen eine Entſch. erhoben werden kann, die
vollſtändig zu Gunſten des Beſchwerdeführers ergangen iſt. Letzterer kann zwar eine reformatio in
peius erfahren, aber ſie nicht beantragen. Vgl. Entſch. d. V. G. H.'s X S. 377.
²⁸ Vgl. G. Kahr, Commentar S. 202, Entſch. d. V. G. H.'s III S. 470, IV S. 181 (zu Art.
45 Abſ. II des Geſ.).
²⁹ Vgl. G. Kahr, Commentar S. 237 f.   ³⁰ Geſ. Art. 14, 36 Abſ. III, 41 Abſ. III.
³¹ Vgl. R. C. P. O. § 501.   ³² Entſch. d. V. G. H.'s IV S. 453.
³³ Vgl. R. C. P. O. § 518.
³⁴ Entſch. d. V. G. H.'s II S. 104 f., 195 f.; vgl. auch II S. 54, IV S. 453, VIII S. 297 (301),
X S. 348, XI S. 549.
³⁵ Geſ. Art. 14. Dazu G. Kahr, Commentar S. 174 f. Entſch. d. V. G. H.'s II S. 295, III
S. 99, 258, 654. Andererſeits Entſch. IV S. 298.
³⁶ Geſ. Art. 22 Abſ. III.
³⁷ Entſch. d. V. G. H.'s XII S. 217.

führer ein Nachtheil erwachsen, wenn durch sein Verhalten Kosten entstehen, die ohne dasselbe nicht entstanden wären [38].

Der Beschwerdeführer ist aber, soweit nicht reichsgesetzliche Bestimmungen in Frage kommen [39], überhaupt nicht gehalten, seine Beschwerde näher auszuführen; er kann sich darauf beschränken, Entscheidung nach Lage der Sache zu beantragen [40].

Die Beschwerdefrist beträgt, wie bereits oben [41] bemerkt, regelmäßig vierzehn Tage [42]. Diese Frist läuft nur für die Einlegung der Beschwerde, nicht für deren Ausführung, da letztere keinen gesetzlich nothwendigen Bestandtheil der Beschwerde bildet [43].

Sind an dem streitigen Rechtsverhältnisse, das durch die untere Instanz entschieden wurde, Mehrere betheiligt, und ist dasselbe zugleich von der Art, daß es allen Betheiligten gegenüber nur einheitlich oder gemeinsam festgesetzt werden kann, dann kömmt es Allen zu gut, wenn auch nur Einer rechtzeitig Beschwerde erhoben hat. Dies ergibt sich, wenn auch eine ausdrückliche gesetzliche Vorschrift mangelt [44], daraus, daß die erhobene Beschwerde beschieden werden muß und nicht anders als unter Mitberück-

---

[38] Vgl. W. Krais, Commentar S. 179, G. Kahr, Commentar S. 208 f. Es ist wohl nur ein Schreibverstoß, wenn die bei Kahr angef. Stelle der Begründung des Gesetzentw. von Verwirkung des Anspruches auf weitere Erhebungen redet. Vgl. oben § 139. Denn entweder sind die Erhebungen nothwendig, dann muß das Gericht sie stets anordnen, oder sie sind nicht nothwendig, dann braucht es sie überhaupt nicht anzuordnen.

[39] R. Gew. Ordn. § 20. Vgl. dazu meine Abh., Annalen des Deutschen Reiches 1881 S. 622; ferner Entsch. d. V. G. H.'s I S. 20, 388.

[40] Ges. Art. 22 Abs. III. Die Bestimmung ist mit Rücksicht darauf getroffen, daß kein Anwalts-zwang besteht und auch ein thatsächlicher Anwaltszwang vermieden werden wollte. Es ist nicht nöthig, daß gerade die Formel: „Entscheidung nach Lage der Sache" gebraucht wird; es genügt die Bekundung der Absicht, daß Beschwerde erhoben sein solle. Entsch. d. V. G. H.'s IX S. 377.

[41] § 137 Anm. 13.

[42] Ges. Art. 22 Abf. IV, 45 Abf. II. Ueber die Berechnung oben § 137 Anm. 22. Diese Frist-bestimmung gilt nur für das verwaltungsgerichtliche Verfahren und für die Erhebung der Beschwerde an den Verwaltungsgerichtshof in den Fällen der Art. 10 u. 11. Soweit Verwaltungs-rechtssachen im Verwaltungswege auszutragen sind, verbleibt es bei den hiefür geltenden (vgl. Entsch. d. V. G. H.'s I S. 39 ff.) Fristbestimmungen. Ebenso G. Kahr, Commentar S. 249. Anders wird die Vorschrift des Art. 45 Abf. II des Ges. in der Plenarentsch. des V. G. H.'s (Entsch. IV S. 608) vom 26. Oct. 1883 ausgelegt. Hienach soll sich die Anordnung einer vierzehntägigen Beschwerdefrist auch auf die Beschwerden beziehen, welche gegen Beschlüsse der Unterinstanzen an die Mittelinstanzen gerichtet werden. (S. W. Krais, Commentar S. 205, 450 f. u. angef. Entsch. IV S. 610 ff.; vgl. auch X S. 134). M. E. beruhen die Ausführungen des V. G. H.'s auf einer fehlerhaften Anwendung der Grundsätze über die Gesetzesauslegung. Die Entsch. gibt sich viele Mühe, darzuthun, daß es die Absicht des Gesetzgebers gewesen sei, die Beschwerdefristen für die Fälle der Art. 10 u. 11 durchgreifend zu regeln. Ich halte die beigebrachten Gründe nicht für überzeugend, ja sogar das, was über die Be-deutung des Wortes „Verfahren" bemerkt wird, geradezu für künstlich. Aus der Stelle Verh. d. K. d. Abg. Beil. Bd. III S. 168 B ist für die Auffassung des V. G. H.'s nichts zu entnehmen, über die Meinung der Staatsregierung, die doch auch in Betracht kömmt, ganz bestimmt nichts. Aber selbst zugegeben, der Nachweis jener oben erwähnten Absicht des Gesetzgebers wäre gelungen, so ist dies für die Auslegung des Ges. völlig gleichgiltig. Die Erforschung der gesetzgeberischen Absicht ist ein Aus-legungsmittel für das, was der Gesetzgeber gesagt hat, aber kein Ergänzungsmittel für das, was er nicht gesagt hat. Art. 45 Abf. II spricht nur von den „nach den genannten Art.", d. h. den Art. 10 u. 11, „zulässigen Beschwerden". Die bezeichneten Art. aber reden nur von den Beschwerden an den V. G. H. Dieser Wortlaut des Ges. legt nicht blos, wie die angef. Plenarentsch. meint, „die Annahme nahe", daß sich Art. 45 Abf. II nur auf Beschwerden an den V. G. H. beziehe, sondern er kann gar nicht anders verstanden werden. Wollte der Gesetzgeber mehr als dies, wollte er auch bezüglich der Be-schwerdefristen bei den Unterinstanzen das bestehende Recht ändern, so mußte er dies sagen. Was der Gesetzgeber lediglich gewollt, aber mit keiner Silbe zum Ausdrucke gebracht hat, kann nicht als Rechts-satz behandelt werden. Diese Grenze muß von der Auslegung inne gehalten werden, wenn sie nicht den Boden unter den Füßen verlieren soll. Die bloße Absicht, einen Willen zu erklären, und vollends die bloße Vermuthung einer solchen Absicht gilt nirgends der Willenserklärung gleich, auch beim Gesetzgeber nicht.

[43] Entsch. d. V. G. H.'s II S. 537 f.

[44] Daß die R. C. P. O. in § 59 Aehnliches bestimmt, bietet keinen Ersatz für diesen Mangel. Vgl. oben § 133 Anm. 10.

sichtigung der übrigen Betheiligten beschieden werden kann. Es handelt sich hiebei nur um die sachliche Wirkung der Beschwerde eines Anderen, um eine Folge des materiellen, nicht des Prozeßrechtes. Daher darf hieraus demjenigen, der nicht oder nicht rechtzeitig Beschwerde erhoben hat, ein ungerechtfertigter prozessualer Vortheil über das Maß des sachlich Nothwendigen nicht zugehen. Wenn also z. B. auf Beschwerde eines Betheiligten der Bescheid erster Instanz bestätigt worden ist, so kann der Bescheid zweiter Instanz nur von diesem, nicht von einem anderen Betheiligten angefochten werden. Dagegen würde ein solcher anderer Betheiligter allerdings dann beschwerdeberechtigt sein, wenn etwa in Folge der Beschwerde des Mitbetheiligten der Bescheid erster Instanz zu seinem Nachtheile geändert worden wäre⁴⁵.

Eine Beschwerde, die mit einer Beschwerdebeantwortung verbunden wird, ist nur dann rechtzeitig eingelegt, wenn sie innerhalb der Beschwerdefrist eingereicht wurde⁴⁶.

Das Beschwerderecht geht schon vor Ablauf der Beschwerdefrist für die Prozeßpartei verloren, wenn sie sich der ergangenen Entscheidung unterworfen hat. Letzteres ist insbesondere dann der Fall, wenn eine erhobene Beschwerde zurückgezogen wurde⁴⁷.

Die Beschwerden sind bei der ersten Instanz des Verwaltungsrechtszuges, in den Fällen, wo der Verwaltungsgerichtshof erste und letzte verwaltungsrichterliche Instanz ist, bei derjenigen Verwaltungsinstanz einzulegen, welche die angefochtene Entscheidung erlassen hat⁴⁸. Indessen wird die Einreichung einer Beschwerde bei der unrichtigen Behörde dann als unschädlich zu erachten sein, wenn die Beschwerde durch Vermittelung dieser Behörde noch rechtzeitig in den Einlauf derjenigen Behörde gelangt ist, bei welcher die Beschwerde hätte eingelegt werden sollen⁴⁹. Die Einlegung der Beschwerde kann schriftlich oder zu Protokoll geschehen⁵⁰.

Die Beschwerde geht an diejenige Instanz, welche nach dem Rechtszuge, der für die Beschwerdesache besteht, die nächsthöhere ist. Ein Irrthum in Bezug auf die anzurufende verwaltungsgerichtliche⁵¹ Instanz schadet dem Beschwerdeführer nicht⁵². Das irrthümlich angegangene Gericht hat die Sache an die zuständige Instanz zu verweisen.

---

⁴⁵ Entsch. d. V. G. H.'s III S. 384 (wo aber S. 381 die vorgesetzte Inhaltsangabe ungenau gefaßt ist), 510, V S. 176, VIII S. 239, IX S. 467, XI S. 181, XIII S. 412 (Berücksichtigung der Verspätung beim Kostenpunkte).

⁴⁶ Entsch. d. V. G. H.'s III S. 184 f., V S. 339, IX S. 40, XII S. 351, XVI S. 119. W. Krais, Commentar S. 432 f. G. Kahr, Commentar S. 208.

⁴⁷ Entsch. d. V. G. H.'s II S. 538, X S. 331.

⁴⁸ Ges. Art. 22 Abs. II, 45 Abs. II. Dazu G. Kahr, Commentar S. 250, Entsch. d. V. G. H.'s I S. 7, 8, 11, 64, 101, III S. 165, 299, IV S. 492, VII S. 75 Die letzteren Entsch. führen richtig aus, daß die Erklärung, man werde Beschwerde erheben, keine Beschwerdeerhebung ist.

⁴⁹ Vgl. Entsch. d. V. G. H.'s I S. 448, IX S. 447, XII S. 108. — Der V. G. H. hat ferner mit Recht ausgesprochen, daß die Rechtzeitigkeit einer Beschwerdeeinlegung durch einen Irrthum der Vorinstanzen in Bezug auf Zuständigkeit und Verfahren nicht beeinflußt wird. Entsch. d. V. G. H.'s VIII S. 119, XI S. 204.

⁵⁰ Ges. Art. 22 Abs. II. Dasselbe wird wohl auch für die Fälle des Art. 45 Abs. II gelten. Auch telegraphische Beschwerdeeinlegung, wenn dieselbe fehlerfrei ist, muß zugelassen werden. Entsch. d. V. G. H.'s I S. 370.

⁵¹ Anders liegt die Sache, wenn der Beschwerdeführer ausdrücklich den Verwaltungsweg, nicht den Verwaltungsrechtsweg betreten hat. Entsch. d. V. G. H.'s III S. 108.

⁵² Dies ergibt sich daraus, daß das Ges. dem Beschwerdeführer lediglich die Einlegung der Beschwerde bei der ersten Instanz, nicht aber die Benennung der angerufenen höheren Instanz vorschreibt. Diese Benennung ist also kein rechtlich nothwendiger Bestandtheil der Beschwerdeschrift, ein Irrthum in derselben kann daher nicht schaden. Da kein Anwaltszwang besteht, ist das auch sachgemäß. Man denke ferner an den Fall, daß der Beamte, welcher die Beschwerde protokollirte, den Beschwerdeführer unrichtig belehrt hat. Mit der hier vertretenen Ansicht stimmen überein Entsch. d. V. G. H.'s I S. 281, IV S. 201, VI S. 113; dagegen nicht I S. 33. Vgl. auch W. Krais, Commentar S. 431 Anm. 7.

Hat ein Untergericht in einem Falle erstinstanziell entschieden, wo die Mittelstelle zu entscheiden gehabt hätte, so ist letztere zur Bescheidung der erhobenen Beschwerde zuständig [53].

Die Einlegung der Beschwerde hat die Wirkung, daß die Rechtskraft der angegriffenen Entscheidung gegenüber allen Prozeßparteien gehindert und daß die Streitsache vor das Beschwerdegericht gebracht wird.

In ersterer Beziehung bestimmt das Gesetz [54]: Die Beschwerden haben, soferne nicht durch besondere gesetzliche Bestimmungen etwas Anderes vorgeschrieben ist [55], aufschiebende Wirkung. Wenn das Gesetz außerdem den Vorbehalt beifügt, daß die Verwaltungsbehörden [56] trotz eingelegter Beschwerde das Recht haben, vorsorgliche Anordnungen zu treffen, so ist dies an sich keine Ausnahme von dem angegebenen Grundsatze. Denn das Recht der vorsorglichen Verfügung ist ein Recht der Verwaltung, das außerhalb des verwaltungsgerichtlichen Verfahrens steht. Die rechtliche Bedeutung jenes Vorbehaltes ergibt sich erst aus dem gemachten Beisatze, wonach solche vorsorglichen Anordnungen nur zulässig sein sollen, wenn bei Gefahr auf Verzug oder bei drohendem Nachtheile für Leben, Gesundheit oder Eigenthum das öffentliche Interesse ein derartiges Eingreifen verlange. Es handelt sich also nicht um eine Beschränkung der aufschiebenden Wirkung der Beschwerde, sondern vielmehr um eine Beschränkung des Rechtes der Verwaltung zu vorsorglichen Anordnungen [57] in jenen Fällen, wo eine Sache im Verwaltungsrechtszuge sich befindet. Die Verwaltung soll zu derartigen Anordnungen nur dann befugt sein, wenn bringende Gründe gegeben sind. Allerdings entscheidet sie selbst, und ohne daß hiegegen der Verwaltungsrechtsweg beschritten werden könnte, über deren Vorhandensein.

Durch die Beschwerde wird, soweit die Anfechtung beabsichtigter oder nothwendiger Weise reicht [58], die Streitsache, wie sie zwischen den Prozeßparteien der Vorinstanz lag [59], an das Obergericht gebracht. Die Beschwerde hat stets die prozessuale Wirkung der Berufung. Auch der Verwaltungsgerichtshof ist Instanzgericht [60]. Eine Adhäsion kennt das verwaltungsgerichtliche Verfahren nicht [61]. Soweit die Beschwerde reicht, kann übrigens das Beschwerdegericht den Anträgen Berücksichtigung zuwenden, welche der Gegner des Beschwerdeführers gestellt hat. Denn das Gericht kann kraft seines Rechtes und seiner Pflicht, materielles, nicht formelles Recht zu sprechen, auch zum Nachtheile des Beschwerdeführers die Entscheidung der Vorinstanz ändern [62].

Der Beschwerderichter hat, wenn die Sache spruchreif ist, in der Sache zu entscheiden [63]. Ist der Beweisstoff unvollständig, so kann er ihn ergänzen lassen. Er kann aber auch, wenn die Beweiserhebung oder das sonstige Verfahren der Vorinstanz an wesentlichen Mängeln leidet [64], das Verfahren vom Zeitpunkte des eingetretenen Mangels

---

⁵³ Entsch. d. V. G. H.'s IV S. 201. ⁵⁴ Art. 24.

⁵⁵ Vgl. über diese Ausnahmen W. Krais, Commentar S. 182, G. Kahr, Commentar S. 209.

⁵⁶ Als solche, nicht die Verwaltungsgerichte. Kahr a. a. O. S. 209 f.

⁵⁷ Ges. Art. 13 Abs. I Ziff. 2 (oben § 131 Anm. 57). Vgl. Entsch. d. V. G. H.'s III S. 418.

⁵⁸ Die Beschwerdeschrift ist hinsichtlich des Umfanges der Beschwerde für den Beschwerdeführer nicht bindend. Er kann noch in der öffentlichen Verhandlung seinen Beschwerdeantrag erweitern. Entsch. d. V. G. H.'s V S. 67. W. Krais, Commentar S. 432 Anm. 12.

⁵⁹ Vgl. Entsch. d. V. G. H.'s II S. 466. ⁶⁰ Vgl. Entsch. d. V. G. H.'s II S. 285.

⁶¹ Vgl. oben Anm. 46.

⁶² Vgl. oben § 136 Anm. 33.

⁶³ Er kann dies m. E. auch dann thun, wenn die Entscheidung der Vorinstanz unvollständig war. Zu formalistisch für das verwaltungsgerichtliche Verfahren scheint mir die Frage Entsch. d. V. G. H.'s IV S. 395 f. aufgefaßt, wo wegen Unvollständigkeit des Bescheides im Kostenpunkte „in Rücksicht auf die Wahrung des Instanzenrechtes" die Sache an die Regierung zurückverwiesen wurde.

⁶⁴ Vgl. oben Anm. 31.

ab vernichten und neue Sacherhebung und Beschlußfassung anordnen ⁶⁵. Wegen Mängeln in der materiellen Entscheidung der Vorinstanz kann eine solche Vernichtung an sich nicht verfügt werden; dies kann nur dann geschehen, wenn Mängel im Verfahren sich damit verknüpfen, wenn also z. B. eine als irrig befundene Rechtsanschauung die vollständige Sacherhebung gehindert hat.

Es versteht sich von selbst, daß die Rechtsauffassung, welche in einer rechtskräftigen Theilentscheidung einer höheren Instanz ausgedrückt ist, von der unteren Instanz bei der weiteren Entscheidung zu Grunde gelegt werden muß ⁶⁶.

Besondere Vorschriften über die Beschwerdeführung wurden durch den Umstand veranlaßt, daß die Unter- und Mittelinstanzen der Verwaltungsrechtspflege in der nemlichen Streitsache Fragen des öffentlichen Rechtes als Gerichte und Fragen ihres Ermessens als Verwaltungsbehörden erledigen können ⁶⁷.

Ist dies der Fall, so ist die etwaige Verwaltungsbeschwerde ⁶⁸ innerhalb derselben Frist und bei derselben Behörde wie die Verwaltungsrechtsbeschwerde vorzubringen ⁶⁹. Beide Beschwerden können in Einem Aktenstücke verbunden werden. Ist nur Ein Betheiligter vorhanden, so hängt es von dessen Antrage ab, ob zuerst die Verwaltungsoberbehörde oder das Verwaltungsobergericht entscheiden soll. Wenn ein solcher Antrag fehlt, oder wenn mehrere Betheiligte ⁷⁰ vorhanden sind, so entscheidet zunächst der Verwaltungsgerichtshof ⁷¹. Die entsprechenden Grundsätze gelten dann, wenn die angefochtene Entscheidung anläßlich derselben Streitsache verschiedene Rechtsfragen erledigt hat, die in zweiter Instanz vor verschiedene Obergerichte gehören ⁷².

Als außerordentliches Rechtsmittel gegen rechtskräftige Endbescheide ⁷³ ist die Wiederaufnahme des Verfahrens ⁷⁴ gewährt ⁷⁵. Die Wiederaufnahme kann ⁷⁶ eintreten ⁷⁷, wenn glaubhaft dargethan ist ⁷⁸, daß eine Thatsache ⁷⁹ vorliegt, die bei den voraus-

---

⁶⁵ Ges. Art. 36 Abs. III, 41 Abs. III. Dazu G. Kahr, Commentar S. 234.

⁶⁶ Die Frage ist sehr gut behandelt Entsch. d. V. G. H.'s II S. 282 (vgl. I S. 354). Dazu Bl. f. adm. Praxis XXXI S. 291 Anm. In dem dort entschiedenen Falle wurde auch die Rechtskraft der Entscheidungsgründe erörtert. Darüber oben nach Anm. 16.

⁶⁷ Vgl. Ges. Art. 31 Abs. III.

⁶⁸ Auch dann, wenn nur eine solche erhoben wird.

⁶⁹ Vgl. auch Entsch. d. V. G. H.'s III S. 108, XI S. 179.

⁷⁰ Nicht: Beschwerdeführer. So richtig Krazeisen, Bl. f. adm. Praxis XXXVIII S. 33 ff.; a. M. G. Kahr, Commentar S. 264, W. Krais, Commentar S. 457.

⁷¹ Ges. Art. 49. Die Vollz. Vorschr. fügen in § 44 bei: „Hat jedoch in einem der in Art. 9 Abs. I des Ges. bezeichneten Fälle in der Ermessensfrage zunächst die Kreisregierung, K. d. J., entschieden, und ist gegen deren Entscheidung die Berufung an das betr. Ministerium zulässig, so hat die Abgabe der Akten an den V. G. H. erst dann zu erfolgen, wenn die etwa eingekommene Berufung von dem zuständigen Ministerium beschieden oder die Berufungsfrist verstrichen ist, ohne daß die Berufung an das Ministerium erhoben worden wäre." Vgl. hieher W. Krais, Commentar S. 211 ff., G. Kahr, Commentar S. 262 ff.

⁷² Vgl. die zutreffenden Erörterungen von W. Krais a. a. O. S. 212 ff. u. Entsch. d. V. G. H.'s I S. 278. Zu letzterer ist zu bemerken, daß Art. 49 hier nicht „analog", wie es in der Ueberschrift heißt, sondern wörtlich anwendbar ist; der dritte Satz der Ueberschrift (vgl. die Entsch. S. 281) enthält einen unstatthaften Versuch der Verbesserung des Ges. S. auch ebenda XI S. 179.

⁷³ Vgl. Entsch. d. V. G. H.'s II S. 366, VI S. 31.

⁷⁴ S. hierüber A. Dyroff, Bl. f. adm. Praxis XXXIX S. 295 ff.

⁷⁵ Ges. Art. 26. Entsch. d. V. G. H.'s XI S. 298. Vgl. Art. 52 Abs. I: „Gegenstände, welche vor dem Tage, an welchem dieses Ges. in Wirksamkeit tritt, nach den bisherigen Vorschriften ihre Erledigung gefunden haben, können, soferne nicht eine Wiederaufnahme des Verfahrens in Frage steht, nicht mehr vor den V. G. H. gebracht werden."

⁷⁶ Jeder Zeit. Entsch. d. V. G. H.'s VII S. 180.

⁷⁷ Vgl. A. Dyroff a. a. O. S. 325 ff.

⁷⁸ Vgl. oben § 139 a. A.

⁷⁹ Auch ein Beweismittel. Vgl. G. Kahr, Commentar S. 214, W. Krais, Commentar S. 184.

gegangenen Verhandlungen [80] dem Verwaltungsrichter [81] nicht oder nicht hinreichend bekannt gewesen [82], deren Berücksichtigung aber geeignet ist, zu einem anderen als dem früheren Endbescheide zu führen. Auf Grund neuer rechtlicher Gesichtspunkte kann Wiederaufnahme nicht stattfinden [83], auf Grund neuer Thatsachen dagegen sogar wiederholt [84]. Zuständig zur Beschlußfassung über die Wiederaufnahme ist diejenige Behörde, welche in der Sache den letzten rechtskräftigen Endbescheid erlassen hat [85]. Die Wiederaufnahme kann auf Antrag der Betheiligten [86] oder von Amts wegen verfügt werden [87].

Gegen Entscheidungen des Verwaltungsgerichtshofes über die Wiederaufnahme des Verfahrens gibt es kein Rechtsmittel; Entscheidungen der Unterinstanzen können durch Beschwerde in dem Instanzenzuge und dem Verfahren angefochten werden, die für die wiederaufzunehmende Sache vorgeschrieben sind [88]. Beschwerde ist sowohl gegen solche Entscheidungen zulässig, welche einen Antrag auf Wiederaufnahme ablehnen, als auch gegen solche, welche die Wiederaufnahme auf Antrag oder von Amts wegen anordnen.

Nach verfügter Wiederaufnahme des Verfahrens wird die Sache selbst in dem hiefür bestehenden Instanzenzuge erledigt [89]. Die Bestimmungen über die Wiederaufnahme des Verfahrens beziehen sich zwar nach dem Wortlaute des Gesetzes nur auf das eigentliche verwaltungsrechtliche Verfahren. Gleichwohl wird man dieses Rechtsmittel für alle Instanzen auch in jenen Verwaltungsrechtssachen zulassen müssen, bei welchen das verwaltungsrechtliche Verfahren erst mit der Anrufung des Verwaltungsgerichtshofes beginnt [90].

§ 141. Prozeßkosten [1].

Die Prozeßkosten sind theils gerichtliche, theils außergerichtliche. Erstere sind an die Staatskasse zu zahlen, entweder als Ersatz für die behördliche Thätigkeit — Staatsgebühren, oder für gemachte Auslagen, wie Zeugen- und Sachverständigengebühren [2]. Die außergerichtlichen Prozeßkosten können mannichfachster Art sein, Anwaltsgebühren, Reisekosten, Postgebühren u. dgl.

In allen Fällen, in welchen für die Prozeßpartei ein Rechtsanwalt handelt, ist für die Entrichtung der Gebühren, Auslagen und desfallsigen Vorschüsse nicht der An-

---

[80] Entsch. d. V. G. H.'s II S. 366.

[81] So richtig A. Dyroff a. a. O. S. 316 ff.

[82] Entsch. d. V. G. H.'s VIII S. 187. Vgl. auch A. Dyroff a. a. O. S. 315.

[83] Entsch. d. V. G. H.'s III S. 44, 459.

[84] G. Kahr, Commentar S. 218.

[85] Entsch. d. V. G. H.'s VI S. 87, X S. 169. Die Uebergangsbestimmung in Art. 52 (vgl. oben Anm. 75 u. § 134 bei Anm. 22) sagt: „Gesuche um Wiederaufnahme des Verfahrens werden in solchen Fällen von derjenigen Behörde nach Maßgabe der Bestimmungen des gegenwärtigen Ges. entschieden, welche hienach zur erstinstanziellen Bescheidung in der Hauptsache zuständig wäre." Dazu G. Kahr, Commentar S. 268. Entsch. d. V. G. H.'s VI S. 87.

[86] Vgl. Entsch. d. V. G. H.'s XIII S. 480 (Wiederaufnahme des Verfahrens in der Richtung gegen einen Dritten, der am früheren Streite nicht betheiligt war).

[87] Der Wortlaut des Ges. umfaßt beide Fälle. Auch entspricht die Zulassung der Wiederaufnahme von Amts wegen den Grundsätzen des verwaltungsgerichtlichen Verfahrens. Vgl. G. Kahr, Commentar S. 214.

[88] So ist der Ausdruck „regelmäßiger Instanzenzug" in Art. 26 Abs. II zu verstehen. Vgl. G. Kahr, Commentar S. 214. Entsch. d. V. G. H.'s III S. 500.

[89] D. h. sie geht an die zuständige erste Instanz. Entsch. d. V. G. H.'s VIII S. 187. Dagegen A. Dyroff a. a. O. S. 341 ff.

[90] Entsch. d. V. G. H.'s VIII S. 187; A. Dyroff a. a. O. S. 296 ff.

[1] W. Krais, Commentar S. 423 ff.

[2] Gebührenges., Fassung vom 6. Juli 1892, Art. 5.

walt, ſondern die vertretene Partei verhaftet, wenn nicht der Anwalt ausdrücklich die
Zahlung für die Partei übernommen hat⁸.

Hinſichtlich der Staatsgebühren entſcheiden die Beſtimmungen des Geſetzes über
das Gebührenweſen.

Schuldner der Gebühren und erſatzpflichtig für die Auslagen iſt gegenüber dem
Staate diejenige Prozeßpartei, welche die gebührenpflichtige Amtshandlung veranlaßt
hat⁴. Bei Anträgen der Parteien auf Vornahme ſolcher Handlungen und Vernehmung
von Zeugen oder Sachverſtändigen kann Koſtenvorſchuß verlangt werden⁵.

Ueber Gebührenfreiheit und Gebührenſtundung gelten in Verwaltungsſtreitigkeiten,
abgeſehen von beſonderen Vorſchriften für einzelne Gegenſtände, die allgemeinen Beſtimmungen des Gebührengeſetzes⁶. Gebührenfrei ſind ferner der Schriftenwechſel zwiſchen
Behörden, dienſtliche und prozeßleitende Verfügungen einſchließlich der Beſtimmung und
Aenderung von Friſten und Tagfahrten, wenn dabei kein Verſchulden einer Partei vorliegt, das Verfahren wegen Ablehnung eines Verwaltungsrichters und über die Pflicht
zur Abgabe eines Zeugniſſes oder Gutachtens⁷.

Der Eigenthümlichkeit des verwaltungsgerichtlichen Streites, wonach nur Eine
Prozeßpartei vorhanden ſein kann, wird durch folgende Beſtimmung Rechnung getragen.
Gebühren werden für das Verfahren in der Beſchwerdinſtanz dann nicht erhoben, wenn
der Beſchwerde vollſtändig ſtattgegeben wird, und die Koſten nicht einem Prozeßgegner
zur Laſt fallen. Wird der Beſchwerde nur zum Theile ſtattgegeben, ſo kann die ent-
ſcheidende Behörde theilweiſe oder auch vollſtändige Gebührenfreiheit bewilligen⁸. Die
Verwaltungsgerichte ſind ferner befugt, unbeſchadet des ärarialiſchen Erinnerungs- und
Beſchwerderechtes, Gebühren, welche durch eine unrichtige Sachbehandlung ohne Schuld
der Betheiligten entſtanden ſind, niederzuſchlagen. Sie können außerdem für abweiſende
Entſcheidungen, wenn der Antrag auf nicht anzurechnender Unkenntniß der Verhältniſſe
oder Unwiſſenheit⁹ beruht, Gebührenfreiheit gewähren¹⁰. Umgekehrt kann auch zur
Strafe der Leichtfertigkeit ein Verfahren, das an ſich gebührenfrei iſt, von der Behörde
als gebührenpflichtig behandelt werden.

Hinſichtlich der Höhe der Staatsgebühren ſind die Artikel 164 ff. des Gebühren-
geſetzes zu vergleichen¹¹. Die Gebühren, welche von den Betheiligten „wegen der Be-
mühung einzelner Perſonen bei der Erledigung der Geſchäfte" zu entrichten ſind, werden
durch Verordnung beſtimmt¹².

Streitigkeiten über Gebühren des verwaltungsgerichtlichen Verfahrens werden
regelmäßig in derſelben Weiſe erledigt, wie Gebührenſtreitigkeiten im Allgemeinen¹³.

---

³ Gebührengeſ. Art. 254. Vgl. dazu W. Burkhard, Commentar, Erlangen 1889, S. 455 f.
⁴ Gebührengeſ. Art. 191, W. Burkhard a. a. O. S. 365 f.
⁵ Gebührengeſ. Art. 192. Vgl. oben § 139 Anm. 2.
⁶ Art. 3, 4. Entſch. d. V. G. H.'s III S. 619; auch I S. 216. Ein Armenrecht im Sinne der
C. P. O. beſteht nicht. Entſch. d. V. G. H.'s V S. 25.
⁷ Gebührengeſ. Art. 194 Ziff. 1—4.
⁸ Gebührengeſ. Art. 194 Ziff. 6. Entſch. d. V. G. H.'s III S. 246.
⁹ Ignorantia iuris rustica.
¹⁰ Gebührengeſ. Art. 195. Der Art. iſt gleichlautend mit § 6 des Gerichtskoſtengeſ. f. d. D. R.
vom 18. Juni 1878.
¹¹ Ueber die Feſtſtellung der Gebühren Gebührengeſ. Art. 253. S. auch Vollz. Vorſchr. vom
21. Sept. 1879 § 2; Ausf. Verordn. vom 20. Sept. 1879 §§ 5 ff. (Weber XIII S. 641, 572).
¹² Gebührengeſ. Art. 5; angef. Ausf. Verordn. §§ 9, 10 Abſ. II. Vgl. dazu insbeſ. Verordn.,
Gebühren der Zeugen u. Sachverſtändigen betr., vom 22. Sept. 1879 (Weber XIII S. 710). Zuſammenſtellung der Beſtimmungen bei W. Burkhard a. a. O. S. 98 ff. Vgl. auch Entſch. d. V. G.
H.'s XIII S. 399.
¹³ Gebührengeſ. Art. 195; dazu angef. Ausf. Verordn. §§ 3, 4. W. Burkhard a. a. O.
S. 376 ff.

Wird jedoch in einer Angelegenheit, die zur Zuständigkeit des Verwaltungsgerichtshofes gehört, in der Hauptsache Beschwerde an den Verwaltungsgerichtshof ergriffen, so entscheidet dieser auch über etwaige Beschwerden wegen der Gebühren und Auslagen, wenn diese Beschwerden mit der Beschwerde in der Hauptsache verbunden werden. Hinsichtlich des Ansatzes der bei dem Verwaltungsgerichtshofe selbst anfallenden Gebühren findet nur Gegenvorstellung statt, deren Bescheidung gebührenfrei ist[14].

Die bisher erörterten Bestimmungen beziehen sich nur auf den Umfang der Prozeßkosten und auf die Verpflichtungen der Parteien gegenüber dem Staate und den Hilfspersonen des Prozesses. Diese Vorschriften geben keinen Aufschluß darüber, wie die endgiltige Belastung mit den Kosten des Rechtsstreites im Verhältnisse der Parteien zu einander sich gestaltet[15]. Diese Frage kann sich naturgemäß nur dann erheben, wenn Parteien im verwaltungsgerichtlichen Verfahren als Gegner sich gegenüberstehen. Wo nur Eine Prozeßpartei vorhanden ist, kann deren prozessualer Sieg nur Wirkung auf die Gebührenpflicht nach Maßgabe der oben erörterten Bestimmungen äußern[16].

Das Gesetz vom 8. August 1878[17] sagt lediglich: „Mit jedem Endbescheid ist ein Beschluß über den Kostenpunkt nach Maßgabe der bestehenden Gesetze zu verbinden." Dieser Satz könnte zu der Annahme verleiten, daß die Frage, wann eine Prozeßpartei einer anderen gegenüber zur Kostentragung verpflichtet sei, für das verwaltungsgerichtliche Verfahren in irgend welchen Gesetzen allgemein geregelt sei, und daß darauf hingewiesen werden wollte. Weder dieses noch jenes ist jedoch der Fall. Bei Einfügung der Worte „nach Maßgabe der bestehenden Gesetze" hatte man nur die Gebührenpflicht im Auge[18]. Bestimmungen darüber aber, wer die Kosten des Verfahrens zu tragen habe, finden sich nur in einzelnen Gesetzen[19]. Daraus ergibt sich, daß im Uebrigen die Entscheidung über den Kostenpunkt zwischen den Parteien auf das richterliche Ermessen gestellt ist; denn eine Gesetzesquelle ist hier, wie bereits früher[20] erörtert wurde, die Reichscivilprozeßordnung nicht. Das richterliche Ermessen ist aber kein willkürliches, sondern erhält seine Richtschnur durch jene allgemeinen Grundsätze über die Kostentragung, welche sich nach der Natur eines Rechtsstreites mit Nothwendigkeit ergeben. Die unterliegende Prozeßpartei wird daher die Kosten des Streites zu tragen und insbesondere die Kosten des Prozeßgegners zu ersetzen haben, soweit letztere zur zweckentsprechenden Prozeßführung erforderlich waren[21]. Wenn jede Partei theilweise siegt und theilweise unterliegt, werden die Kosten zu vergleichen oder verhältnißmäßig zu theilen sein, außer es wäre das Uebergewicht des Sieges auf der einen Seite ein so großes, daß die Ueberbürdung aller Kosten auf den Gegner sich rechtfertigt. Bei Durchführung dieser Grundsätze im Einzelnen wird der Verwaltungsrichter Anhaltspunkte in den Bestimmungen

---

[14] Gebührenges. Art. 197 Abs. III—V. Entsch. d. V. G. H.'s XIII S. 535.

[15] Die Verurtheilung einer Partei in die Kosten wegen Sachfälligkeit kann also nicht auf Art. 191 (früher 189) des Gebührenges. gestützt werden. Denn abgesehen davon, daß Art. 191 nur von der Gebührenpflicht handelt, hat die dort festgesetzte Gebührenpflicht ihren Grund nicht in der Sachfälligkeit. Dies ist in mehreren Entsch. d. V. G. H.'s übersehen oder doch nicht klar zum Ausdrucke gebracht. Vgl. z. B. I S. 10, 58, 117, 122. Auf vollkommen richtigem Standpunkte steht dagegen in dieser Beziehung die Entsch. IV S. 393.

[16] Vgl. Entsch. d. V. G. H.'s II S. 352 (Nr. 64).

[17] Art. 21 Abs. III.

[18] Vgl. G. Kahr, Commentar S. 199.

[19] Vgl. G. Kahr a. a. O.   [20] § 133 Anm. 10.

[21] Dazu gehören auch die Anwaltskosten (Entsch. d. V. G. H.'s IV S. 397 f.), aber nicht weil die C. P. O. so vorschreibt, sondern weil es berechtigte prozessuale Sorgfalt der Partei ist, wenn sie einen Anwalt nimmt. Ebenso gehören die Kosten für etwa sonst nöthige Parteivertreter hieher, worüber Entsch. d. V. G. H.'s XI S. 418.

der Reichscivilprozeßordnung ²² finden, deren Einflusse er sich um so weniger entziehen wird, als er annehmen darf, daß dieselben dem allgemeinen Rechtsbewußtsein entsprechen ²³.

Die Entscheidung über den Kostenpunkt ist ein gesetzlich nothwendiger Bestandtheil jedes ²⁴ Endbescheides ²⁵. Gegenüber der ausdrücklichen Vorschrift des Gesetzes ist es unzulässig, den Mangel eines solches Ausspruches als stillschweigende Kostenvergleichung auszulegen ²⁶. Der Bescheid im Kostenpunkte, bzw. dessen Mangel oder Unvollständigkeit kann für sich allein Gegenstand der Beschwerde sein ²⁷. Der Instanzenzug ist jener der Hauptsache ²⁸.

§ 142. Gang des Verfahrens.

Der Gang des Verfahrens bei den Verwaltungsuntergerichten, den Districtsverwaltungsbehörden, ist nur in einzelnen Punkten, die sich aus der bisherigen Darstellung bereits ergeben haben, durch feste Vorschriften bestimmt. Im Uebrigen ist dem Richter lediglich zur Pflicht gemacht, „je nach Umständen die möglichst einfache, die Betheiligten wenigst belästigende Behandlung der Sache anzustreben" ¹.

Bei den unmittelbaren Magistraten ergibt sich in Folge ihrer collegialen Einrichtung eine Trennung zwischen Sachvorbereitung und Sachverhandlung. Erstere soll thunlichst durch ein rechtskundiges Magistratsmitglied geschehen, und ein solches soll auch bei der Beschlußfassung im Senate oder Plenum Vortrag erstatten ².

Bei den Kreisregierungen als Verwaltungsgerichten erster oder zweiter Instanz und bei dem Verwaltungsgerichtshofe treten die erwähnten beiden Prozeßabschnitte gleichfalls ein. Die eigentlichen Erhebungen geschehen aber stets durch die äußeren Behörden ³.

Für Beschwerdesachen ist allgemein vorgeschrieben, daß die Beschwerden bei der ersten Instanz einzulegen sind ⁴. Die Beschwerden sollen von letzterer den übrigen Betheiligten zur Kenntnißnahme und Wahrung ihrer Interessen abschriftlich mitgetheilt werden. Die hienach nöthigen Abschriften hat der Beschwerdeführer mit einzureichen; bei Protokollarbeschwerden hat er die Kosten für die Besorgung der Abschriften vorzuschießen ⁵. Eine Frist zur Beschwerdebeantwortung wird nicht vorgesetzt. Den Betheiligten steht frei, schriftlich ihre Bemerkungen vorzubringen oder seiner Zeit zu der mündlichen Verhandlung sich einzufinden.

Das Sacherhebungsverfahren ist bei den Regierungen und beim Verwaltungsgerichtshofe zum Theile verschieden geregelt.

Bei den Kreisregierungen steht die Sachvorbereitung unter der Leitung des Präsidenten; die erforderlichen Entschließungen entwirft der Berichterstatter unter Mitzeichnung bzw. Erinnerungsabgabe des Senatsvorstandes ⁶.

---

²² § 87 ff.
²³ Vgl. Entsch. d. V. G. H.'s XI S. 43 f., 383 (Fälle des Art. 10). Ueber die Entscheidung im Kostenpunkte in den Fällen des Art. 7 Abs. II des Ges. (Vorentscheidung bei Klagen gegen Beamte oben § 132 Anm. 33 ff.) vgl. Entsch. d. V. G. H.'s IV S. 174.
²⁴ Jede Instanz hat also, vorbehaltlich des Beschwerderechtes, die Kosten festzusetzen, die bei ihr erwachsen sind. Entsch. d. V. G. H.'s XI S. 418.
²⁵ Ueber den Kostenpunkt bei Wiederaufnahme des Verfahrens Entsch. d. V. G. H.'s VIII S. 187.
²⁶ Entsch. d. V. G. H.'s IV S. 398.   ²⁷ Ges. Art. 22 Abs. I.
²⁸ Entsch. d V. G. H.'s II S. 351, III S. 145 (Nr. 27).
¹ Vollz. Vorschr. vom 1. Sept. 1879 § 7.
² Ges. Art. 30.   ³ Ges. Art. 31 Abs. I, 40 Abs. II.   ⁴ Ges. Art. 22 Abs. II.
⁵ Ges. Art. 23. Dazu W. Krais, Commentar S. 181, G. Kahr, Commentar S. 207 ff. Letzterer bemerkt, daß es sich nicht um eine gebührenpflichtige Abschriftenanfertigung durch die Behörde, sondern um Vermittelung der Abschriften durch die Behörde gegen Ersatz der Baarauslagen handelt.
⁶ Ges. Art. 35 Abs. II, Vollz. Vorschr. § 15.

Beim Verwaltungsgerichtshofe hat der Berichterstatter die Akten zu prüfen und alsbann dem Staatsanwalte zur Einsicht mitzutheilen. Beide haben sich auf dem kürzesten Wege über die Ergänzungen zu benehmen, die etwa vor der Verhandlung erforderlich sind. Einigen sie sich über die Nothwendigkeit solcher Ergänzungen, so sind im Einvernehmen mit dem Senatsvorstande beim Präsidenten die veranlaßten Entschließungen zu erwirken. Einigen sie sich nicht, so entscheidet der betreffende Senat in geheimer Sitzung[7].

Nach Abschluß des Vorbereitungsverfahrens erfolgt die Verweisung der Sache zur geheimen oder öffentlichen Sitzung.

Bei den Kreisregierungen und beim Verwaltungsgerichtshofe sollen die öffentlichen Sitzungen regelmäßig an ständig vorausbestimmten und öffentlich bekannt gemachten Tagen der Woche oder des Monats abgehalten werden, unbeschadet der Anberaumung außerordentlicher Sitzungen im Bedürfnißfalle[8]. Die Ansetzung der Sache auf die Tagesordnung einer Sitzung geschieht unter gleichzeitiger Ladung der Betheiligten und gegebenen Falles der Zeugen und Sachverständigen auf Vorschlag des Berichterstatters und Senatsvorstandes durch den Präsidenten. Die Geladenen sind auf die Folgen des Nichterscheinens hinzuweisen[9]. Die jeweilige Tagesordnung der Sitzungen ist durch Anschlag vor dem Sitzungssaale rechtzeitig zu veröffentlichen[10]. Den Senatsmitgliedern und beim Verwaltungsgerichtshofe dem Staatsanwalte[11] ist eine Abschrift der Tagesordnung zuzustellen. Den Senatsmitgliedern ist die Einsichtnahme der Akten vor der Verhandlung zu gestatten[12].

Die öffentliche Verhandlung vor dem Senate, zu welcher die Parteien erscheinen können, der Staatsanwalt beim Verwaltungsgerichtshofe erscheinen muß[13], beginnt nach Aufruf der Sache mit dem Vortrage des Berichterstatters. Derselbe hat sich auf die Darlegung des Sachverhaltes zu beschränken. Einen Schlußantrag darf der Berichterstatter nicht stellen. Hierauf werden die Betheiligten[14] mit ihren Erinnerungen und Anträgen gehört und die erforderlichen Beweisaufnahmen vollzogen, beim Verwaltungsgerichtshofe die etwa beigezogenen Sachverständigen vernommen[15]. Beim Verwaltungsgerichtshofe ist dem Staatsanwalte auf Verlangen im Laufe der Verhandlung, jedenfalls aber vor deren Abschluß das Wort zu geben[16].

Der Vorsitzende leitet die Verhandlung. Er hat jedem Gerichtsbeisitzer, beim Verwaltungsgerichtshofe auch dem Staatsanwalte zu gestatten, Fragen an die Betheiligten, die Zeugen und die Sachverständigen zu richten. Auch die Betheiligten und deren Vertreter können durch den Vorsitzenden oder mit dessen Bewilligung unmittelbar Fragen an Zeugen und Sachverständige stellen. Zweifel über die Zulässigkeit einer Frage und sonstige Anstände in Bezug auf die Prozeßleitung entscheidet der Senat[17].

Nach Schluß der öffentlichen Verhandlung erfolgt, wenn thunlich, unmittelbar die Berathung und Abstimmung über die zu fassenden Beschlüsse[18]. Die Bestimmungen über Berathung und Abstimmung sind für die Fälle öffentlicher und geheimer Sach-

---

[7] Ges. Art. 41 Abs. I, II, Vollz. Vorschr. § 33.
[8] Vollz. Vorschr. §§ 18 Abs. I, 35.
[9] Ges. Art. 35 Abs. I, Vollz. Vorschr. §§ 16 Abs. I, 35.
[10] Ebenso, wenn ein Sitzungstag ausfällt.
[11] Vollz. Vorschr. § 36 Abs. I.   [12] Vollz. Vorschr. §§ 18, 35.
[13] Vollz. Vorschr. § 37 Abs. I.
[14] Hiezu gehört auch der Staatsanwalt bei den Finanzkammern.
[15] Ges. Art. 36 Abs. I, 40 Abs. I u. II, 41 Abs. III.
[16] Vollz. Vorschr. § 37 Abs. I.   [17] Vollz. Vorschr. §§ 20, 35, 37 Abs. II.
[18] Ges. Art. 36 Abs. V, 41 Abs. III.

verhandlung dieselben ¹⁹. Berathung und Abstimmung sind geheim ²⁰. Der Protokollführer und beim Verwaltungsgerichtshofe der Staatsanwalt dürfen dabei nicht anwesend
sein ²¹. Die Personen, welche zu ihrer rechtswissenschaftlichen Ausbildung bei den Kreisregierungen beschäftigt sind, können zugelassen werden, und zwar auch, wenn sie das
Protokoll führen ²².

Der Senatsvorstand leitet die Berathung, stellt die Fragen und sammelt die
Stimmen. Bei Meinungsverschiedenheiten über den Gegenstand, die Fassung und die
Reihenfolge der Fragen oder über das Abstimmungsergebniß entscheidet der Senat.
Kein Richter darf die Abstimmung über eine Frage verweigern, weil er bei der Abstimmung über eine vorhergegangene Frage in der Minderheit geblieben ist. Die Entschei-
bungen erfolgen nach absoluter Stimmenmehrheit. Bilden sich in Bezug auf Summen,
über welche zu entscheiden ist, mehr als zwei Meinungen, deren keine die Mehrheit für
sich hat, so werden die Stimmen, die für die größte Summe abgegeben sind, den Stimmen,
die sich für die nächstgeringere ausgesprochen haben, so lange hinzugerechnet, bis sich eine
Mehrheit ergibt. Bei der Abstimmung stimmt der Berichterstatter zuerst; im Uebrigen
richtet sich die Reihenfolge nach dem Dienstalter und dem Range. Der Jüngste stimmt
zuerst, der Vorsitzende zuletzt ²³. Die gefaßten Beschlüsse sind womöglich sofort öffentlich
zu verkünden ²⁴. Ist dies nicht thunlich, so hat die Verkündung an einer späteren Tagfahrt zu geschehen, welche nur aus einem besonderen Anlasse über eine Woche hinaus verlegt werden darf. Diese Tagfahrt ist sogleich anzuberaumen und bekannt zu geben ²⁵.

Beim Verwaltungsgerichtshofe tritt unter Umständen Verhandlung und Entscheidung der Sache im Plenum ein ²⁶. Dies hat, abgesehen von dem bereits erörterten Falle
der Richterablehnung ²⁷, dann zu geschehen, wenn ein Senat in einer Rechtsfrage von
einer früheren Entscheidung des Gerichtshofes oder eines Senates abweichen will. Der
Senat hat die Sache alsdann vor das Plenum zu verweisen ²⁸. Das Plenum hat die
Sache wiederholt und vollständig zu verhandeln. Für das Verfahren gelten dieselben
Vorschriften, wie für die Senate. Der Vorsitzende, der sich übrigens stets an der Abstimmung zu betheiligen hat, gibt bei Stimmengleichheit den Stichentscheid ²⁹. Die Plenarentscheidungen haben keine bindende Kraft für künftige Fälle ³⁰.

Das Verfahren des Verwaltungsgerichtshofes bei der Vorentscheidung darüber, ob
ein Beamter sich einer Ueberschreitung seiner Amtsbefugnisse oder der Unterlassung einer
ihm obliegenden Amtshandlung schuldig gemacht hat ³¹, richtet sich im Allgemeinen nach
den Bestimmungen über das verwaltungsrechtliche Verfahren ³². Es tritt nur auf An-

---

¹⁹ Ges. Art. 37.
²⁰ Ges. Art. 37, R. G. V. G. § 195 Abs. I.
²¹ „In denjenigen Fällen, welche ohne vorherige öffentliche Verhandlung zu erledigen sind, hat
sich der Staatsanwalt nach der auf den Vortrag des Referenten abgegebenen Aeußerung zu entfernen."
Ges. Art. 42 Abs. III.
²² Ges. Art. 37, 38, 42 Abs. II; R. G. V. G. § 195 Abs. II; Vollz. Vorschr. § 25.
²³ Ges. Art. 37, 41 Abs. III, R. G. V. G. §§ 196—199.
²⁴ Dazu Vollz. Vorschr. § 23. Vgl. oben § 140 Anm. 9.
²⁵ Ges. Art. 36 Abs. V, 41 Abs. III.
²⁶ Vgl. oben § 180 Anm. 42, unten § 148 Anm. 11.
²⁷ Vgl. oben § 130 Anm. 79.
²⁸ Ges. Art. 43. Dazu die näheren Ausführungen bei G. Kahr, Commentar S. 244 ff.
²⁹ Ges. Art. 44.
³⁰ Ueber die Präjudicienbücher, dann über die Herausgabe der Entsch. des V. G. H.'s (unter
Leitung des Staatsministeriums des Innern) Vollz. Vorschr. §§ 27, 35, 39. Die „Sammlung von
Entscheidungen des königlich bayerischen Verwaltungsgerichtshofes" erscheint seit 1880 jährlich in einem
Bande.
³¹ Ges. Art. 7 Abs. II. Vgl. oben § 132.
³² Vgl. hieher G. Kahr, Commentar S. 74 f.

trag des angeblich Beschädigten, nicht des Beamten ein³³. Vor der Verhandlung sind die etwa nöthigen Erhebungen zu veranlassen. Auch muß die Dienststelle einvernommen werden, die dem beklagten Beamten vorgesetzt ist. Zur Verhandlung ist sowohl die Partei, welche den Antrag auf Vorentscheidung gestellt hat, als auch der Beamte zu laden. Von der ergangenen Entscheidung ist der genannten Dienststelle Abschrift zu übermitteln³⁴.

Einige Eigenthümlichkeiten weist das verwaltungsgerichtliche Verfahren vor den Senaten der Regierungsfinanzkammern auf, wenn es sich auch im Allgemeinen nach jenen Bestimmungen bemißt, die für das Verfahren vor den Senaten der Kammern des Innern gelten³⁵.

In Erbschaftssteuersachen sind die Erinnerungen gegen die Steuerpflicht oder die Höhe der zu entrichtenden Steuer, sowie Ansprüche auf Rückersatz bezahlter Steuern beim Rentamte schriftlich oder zu Protokoll zu erheben³⁶.

Alle Erinnerungen und Ersatzansprüche, die in Erbschaftssteuersachen oder in Streitigkeiten über Gebühren nach Abtheilung VII des Gebührengesetzes bei den Regierungsfinanzkammern einlaufen, sind vorerst dem Sachreferenten zuzuweisen, der nach der Geschäftsvertheilung zuständig ist. Stellt sich der erhobene Einwand oder Anspruch sofort als begründet dar, so hat die Finanzkammer als Aufsichtsbehörde im Bureauwege Verfügung zu treffen. Der darauf gerichtete Antrag des Referenten ist jedoch dem Senatsvorstande zur Einsicht vorzulegen. Erscheint der Parteiantrag dem Referenten oder dem Senatsvorstande als unbegründet oder zweifelhaft, so ist die Sache in die öffentliche Sitzung zu verweisen, und der Senatsvorstand hat hiefür den Berichterstatter zu bestellen. Die Staatsanwaltschaft, welche von dem Fiscalbeamten, gegebenen Falles einem Mitgliede der Finanzkammer, vertreten wird, hat die prozessualen Rechte, welche nach den §§ 33 Absatz II, 36, 37 Absatz I und II der Vollzugsvorschriften vom 1. September 1879 zum Gesetze vom 8. August 1878 der Staatsanwaltschaft beim Verwaltungsgerichtshofe zukommen, sowie das Recht der Beschwerdeführung. Sie muß in wichtigen Fällen die Weisungen des Staatsministeriums der Finanzen erholen und befolgen.

Das Verfahren in erster Instanz vor den Senaten der Finanzkammern ist gebührenfrei³⁷.

Die Entscheidungen können für vorläufig vollstreckbar erklärt werden³⁸.

§ 143. Vollstreckungsverfahren.

Die Regelung des Zwangsvollstreckungsverfahrens¹, welche das Gesetz vom 8. August 1878 vorgenommen hat, bezieht sich auf alle Angelegenheiten, für welche dieses Gesetz den Verwaltungsrechtsweg eröffnet². Die einschlägigen Bestimmungen gelten auch in jenen Fällen, wo der Verwaltungsgerichtshof erste und einzige ver-

---

³³ Entsch. d. V. G. H.'s V S. 145.   ³⁴ Vollz. Vorschr. § 41.

³⁵ Gebührenges. Art. 211 Abs. V, Vollz. Vorschr. vom 21. Sept. 1879 (Weber XIII S. 641) § 69 Abs. I; Ges. über die Erbschaftssteuer vom 18. Aug. 1879 Art. 87 Abs. VI, Vollz. Vorschr. vom 21. Sept. 1879 (Weber XIII S. 622) § 22 Abs. III.

³⁶ Erbschaftssteuerges. Art. 37 Abs. I.

³⁷ Vollz. Vorschr. zum Gebührenges. § 69, zum Erbschaftssteuerges. § 22.

³⁸ Gebührenges. Art. 211 Abs. III, Erbschaftssteuerges. Art. 37 Abs. IV.

¹ Ueber den Begriff vgl. auch Entsch. d. V. G. H.'s IV S. 87.

² Nicht auf Vollzugsanordnungen der Verwaltung als solcher. Entsch. d. V. G. H.'s II S. 235, III S. 525.

waltungsgerichtliche Instanz ist, hinsichtlich der Entscheidungen der unteren Verwaltungsinstanzen[3].

Voraussetzung der Einleitung des Vollstreckungsverfahrens[4] ist, daß eine rechtskräftig gewordene Entscheidung gegen eine Prozeßpartei[5] vorliegt. Die civilprozessuale
Einrichtung einer vorläufigen Vollstreckbarkeit findet, soferne nicht besondere gesetzliche
Bestimmungen eine Ausnahme machen[6], keine Anwendung. Sie ist durch die Befugniß
ersetzt, welche den Verwaltungsbehörden als solchen, nicht den Verwaltungsgerichten[7],
zukömmt, bei Gefahr auf Verzug oder bei drohendem Nachtheile für Leben, Gesundheit
oder Eigenthum im öffentlichen Interesse vorsorgliche Anordnungen zu treffen[8].

In den Fällen, wo bei rechtskräftiger Entscheidung ein Gesuch um Wiedereinsetzung
in den vorigen Stand[9] oder um Wiederaufnahme des Verfahrens[10] vorliegt, besteht
nach dem Wortlaute des Gesetzes kein Recht auf Hemmung des Vollstreckungsverfahrens.
Es fehlt an gesetzlichen Bestimmungen darüber, ob und unter welchen Voraussetzungen
in solchen Fällen die Vollstreckung gehemmt werden kann, und wer hiefür zuständig ist[11].
Die Zulässigkeit der Einstellung des Vollstreckungsverfahrens wird schon deswegen anzuerkennen sein, weil unter Umständen durch Fortsetzung des Verfahrens ein unersetz-
barer Nachtheil entstehen, das ergriffene außerordentliche Rechtsmittel also, schon ehe
über das Gesuch entschieden ist, theilweise wenigstens wirkungslos gemacht werden könnte.
Die Frage, ob und unter welchen Sicherungen die Einstellung bewilligt werden will, wird
die zuständige Behörde nach ihrem Ermessen zu entscheiden haben[12]. Als zuständig zur
Verfügung der Einstellung wird zunächst jene Behörde zu erachten sein, welche über das
ergriffene Rechtsmittel zu entscheiden hat[13], unbeschadet des Rechtes der vollstreckenden
Behörde, auch nach eigenem Ermessen innezuhalten[14].

Die Vollstreckung obliegt, soferne nicht besondere gesetzliche Vorschriften eine Ausnahme begründen[15], den Districtsverwaltungsbehörden. Zuständig ist diejenige Districtsverwaltungsbehörde, welche in erster Instanz entschieden oder die Sachvorbereitung vorgenommen hat[16].

Die Vollstreckungsmittel sind dieselben, „welche zum Vollzuge rechtskräftiger Ur-

---

[3] Beweis die Worte: „in den im gegenwärtigen Ges. bezeichneten Angelegenheiten" Art. 46
Abs. I des Ges. S. G. Kahr, Commentar S. 252 f. Soweit also Art. 46 des Ges. reicht, ist Art. 21
des P. St. G. B.'s nicht mehr anwendbar. Entsch. d. V. G. H.'s I S. 117 (Nr. 26), III S. 107,
V S. 107, XIII S. 291.

[4] Der Natur des verwaltungsgerichtlichen Verfahrens entsprechend besteht keine Vorschrift
wonach die Einleitung des Vollstreckungsverfahrens von einem Parteiantrage abhängig wäre.

[5] Entsch. d. V. G. H.'s VI S. 174.

[6] Vgl. oben § 142 Anm. 38.

[7] Vgl. G. Kahr, Commentar S. 209.

[8] Ges. Art. 24; vgl. P. St. G. B. Art. 20.

[9] Vgl. oben § 137 Anm. 25.

[10] Vgl. oben § 140 Anm. 75.

[11] Man könnte vielleicht aus Art. 22 Abs. VI ableiten, daß, nachdem bezüglich der Wiedereinsetzung in den vorigen Stand die Bestimmungen der R. C. P. O. angewendet werden sollen, auch § 647
der R. C. P. O. bei der Wiedereinsetzung anwendbar sei. Indessen hat das Ges. offenbar nur die Vorschriften über das Prozeßverfahren, nicht jene des VIII. Buches über die Zwangsvollstreckung im Auge.

[12] Als Anhalt kann hiebei § 647 der R. C. P. O. dienen.

[13] So bestimmt auch die R. C. P. O.

[14] Uebereinstimmend G. Kahr, Commentar S. 253.

[15] Darüber die Nachweisungen bei W. Krais, Commentar S. 207 f., 455 f., und G. Kahr,
Commentar S. 258 f. Solche Ausnahmen treten natürlich vor Allem in jenen Fällen ein, wo die Behörden der inneren Verwaltung überhaupt nicht betheiligt sind.

[16] Ges. Art. 46 Abs. III., Vollz. Vorschr. vom 1. Sept. 1879 § 43.

theile in bürgerlichen Rechtsstreitigkeiten gegeben find"[17]. Die Art ihrer Anwendung richtet sich nach der Reichscivilprozeßordnung, soweit sich nicht aus der Besonderheit des verwaltungsgerichtlichen Verfahrens und aus den für dasselbe geltenden Bestimmungen über Zuständigkeit und Instanzenzug ein Anderes ergibt[18].

Im Allgemeinen können die Districtsverwaltungsbehörden bei der Zwangsvollstreckung sich ihrer eigenen Vollzugsorgane oder der Gerichtsvollzieher bedienen[19].

Der Weg der Beschwerde (Instanzenzug) gegen Verfügungen und Entscheidungen, welche die Zwangsvollstreckung betreffen, und das Beschwerdeverfahren sind stets dieselben, wie sie für die Hauptsache gelten, mit der Maßgabe jedoch, daß die Senate der Kreisregierungen und des Verwaltungsgerichtshofes in geheimer Sitzung ohne Zuziehung der Prozeßparteien entscheiden[20].

Die dargelegten Bestimmungen finden auf die Zwangsvollstreckung wegen Geldforderungen keine Anwendung. Das Verfahren gestaltet sich in solchen Fällen folgendermaßen.

Die Entscheidungen oder Urkunden, welche die einzutreibende Geldleistung betreffen, sind von der Vollstreckungsbehörde mit der Vollstreckungsklausel zu versehen, was nicht eher geschehen darf, als bis die gesetzlichen Voraussetzungen der Vollstreckung gegeben sind[21]. Das weitere Verfahren bemißt sich nach den Bestimmungen der Reichscivilprozeßordnung. Dabei scheidet sich die Zuständigkeit in der Weise, daß da, wo die Civilprozeßordnung für Vollstreckungshandlungen eine Verfügung des Gerichtes fordert[22], das Vollstreckungsrecht den Gerichten zusteht. Wo hingegen nach der Civilprozeßordnung eine gerichtliche Verfügung zur Vornahme einer Vollstreckungshandlung nicht nöthig ist, können die Verwaltungsbehörden dieselbe durch ihre Vollzugsorgane oder durch die Gerichtsvollzieher bewirken lassen.

Einwendungen und Streitigkeiten, welche sich im Vollstreckungsverfahren wegen Geldleistungen ergeben, sind theils im Instanzenzuge der Hauptsache, theils durch die Gerichte zu entscheiden. Der Verwaltungs- bzw. Verwaltungsrechtsweg ist bei Einwendungen zu betreten, welche den Rechtsbestand oder die Auslegung der Entscheidung der Verwaltungsbehörde oder die Frage betreffen, ob die Forderung, wegen welcher vollstreckt wird, überhaupt oder in der angesprochenen Größe entstanden ist; ferner bei Einwendungen, welche die Zulässigkeit der Vollstreckungsklausel betreffen, all das insoweit, als das Verhältniß, in welchem die Forderung ihren Grund hat, dem Verwaltungsgebiete angehört. In den übrigen Fällen entscheiden die Gerichte[23].

---

[17] Ges. Art. 46 Abs. I, R. C. P. O. §§ 708—795. Unanwendbar sind mit Rücksicht auf Art. 24 des Ges. §§ 796—822 der R. C. P. O.; vgl. G. Kahr, Commentar S. 254.

[18] G. Kahr, Commentar S. 254 ff.　　[19] Ges. Art. 46 Abs. III.

[20] Ges. Art. 46 Abs. IV (ungenau gefaßt), 32 Abs. II, 41 Abs. III. Vgl. die näheren Ausführungen bei G. Kahr, Commentar S. 259. Letzterer bemerkt: "Eine Ausscheidung zwischen Rechts- und Ermessensfragen findet bezüglich der Zuständigkeit des V. G. H.'s im Zwangsvollstreckungsverfahren nicht statt." Dies hat darin seinen Grund, daß es sich hier nicht um Fragen des Verwaltungsermessens, sondern um solche des richterlichen Ermessens handelt. Uebereinstimmend W. Krais, Commentar S. 453 Anm. 2.

[21] Ausf. Ges. vom 23. Febr. 1879 zur R. C. P. O. u. C. O. Art. 6, Verordn. vom 14. Juli 1879 (Weber XIII S. 116). Dazu die Begründung zum Gesetzentwurfe bei G. Kahr, Commentar S. 255 f.

[22] R. C. P. O. §§ 730, 745, 754, 755, 758, 780, 782. S. auch angef. Ausf. Ges. Art. 9 Abs. III.

[23] Ges. Art. 46 Abs. II, angef. Ausf. Ges. Art. 7. Dazu G. Kahr, Commentar S. 257 f. Vgl. auch Entsch. d. V. G. H.'s VIII S. 155. Ueber die Zwangsvollstreckung gegen den Fiscus, die Gemeinden, öffentlichen Körperschaften u. Stiftungen angef. Ausf. Ges. Art. 9.

7. Hauptstück.

Die Zuständigkeitsstreite.

§ 144. Begriff und rechtliche Natur des Zuständigkeitsstreites.

Die staatlichen Aufgaben sind theils mit Rücksicht auf ihre sachliche Verschiedenheit, theils mit Rücksicht auf die räumliche Gliederung des Landes an eine Mehrheit von Behörden vertheilt. Dies hat zur Folge, daß zwischen Behörden ein Zwiespalt der Ansichten darüber entstehen kann, wohin eine Angelegenheit zu ihrer geschäftlichen Erledigung gehört. Ein solcher Zwiespalt kann in doppelter Form auftreten: entweder in der Weise, daß mehrere Behörden gleichmäßig ihre Zuständigkeit behaupten¹, oder in der Art, daß sie gleichmäßig ihre Zuständigkeit ablehnen. Obschon eigentlich nur im ersten Falle ein Streit vorliegt, spricht man hier wie dort von Zuständigkeitsstreit (Competenzconflict) und unterscheidet die zwei Gattungen von Fällen, die unter diesem Ausdrucke zusammengefaßt sind, als bejahende und verneinende Zuständigkeitsstreite.

Entsteht der Zuständigkeitsstreit zwischen Behörden desselben Dienstkreises, so kann er seine Erledigung in dem Instanzenzuge dieses Dienstbereiches finden; eine besondere Einrichtung zu diesem Zwecke ist wenigstens nicht nöthig.

Jene Art der Erledigung ist aber ausgeschlossen, wenn die Behörden, die über ihre Zuständigkeit uneinig sind, verschiedenen Dienstkreisen angehören, also, vom Herrscher selbst abgesehen, einer gemeinsamen höheren Instanz nicht unterstehen. Diese Fälle sind es, auf welche der Ausdruck Zuständigkeitsstreit (Competenzconflict) vorzugsweise angewandt wird². Solche Streitigkeiten können sich zwischen Verwaltungsbehörden verschiedener Geschäftskreise und zwischen Gerichten verschiedener Gattung (bürgerlichen und Strafgerichten, Verwaltungsgerichten, Militärgerichten) ergeben. Man könnte nun vielleicht sagen, daß derartige Streitfälle naturgemäß von derjenigen Instanz zu entscheiden seien, welche allein den Streittheilen gemeinsam ist, vom Herrscher. Es besteht auch kein Bedenken, bei Streitigkeiten zwischen den Behörden verschiedener Verwaltungsgebiete diesen Gesichtspunkt maßgeben zu lassen. Dagegen würde sich dies, soweit die Zuständigkeit von Gerichten in Frage steht, mit dem Grundsatze des Verfassungsstaates nicht vertragen, daß die Unabhängigkeit der Gerichte gewahrt bleiben und keine Cabinetsjustiz (justice retenue) stattfinden soll. Man wird daher stets genöthigt sein, die Entscheidung solcher Streitigkeiten einer richterlichen Instanz zu übertragen.

Es ist oben der Möglichkeit eines Zuständigkeitsstreites zwischen Gerichten und Verwaltungsbehörden nicht gedacht worden. Dies ist aus dem Grunde geschehen, weil die Frage, ob eine solche Möglichkeit überhaupt besteht, noch der näheren Untersuchung bedarf.

Zu dem Begriffe eines Zuständigkeitsstreites im engeren Sinne gehört die gegenseitige Unabhängigkeit der streitenden Behörden von einander; es gehört ferner dazu die

---

¹ Wie sich zeigen wird, hat die Gesetzgebung diesen Fällen auch solche gleichgestellt, wo eigentlich kein Streit, sondern nur die Möglichkeit eines solchen (Anhängigkeit einer Sache bei Gericht) vorliegt. Hier paßt der Ausdruck Zuständigkeitsstreit (Competenzconflict) strenge genommen nicht. Indessen soll der Kürze halber und im Anschlusse an den gesetzlichen Sprachgebrauch im Folgenden von der ausdrücklichen Hervorhebung der letzteren Fälle abgesehen werden. Vgl. O. v. Sarwey, das öffentl. Recht u. die Verwaltungsrechtspflege S. 685 Anm. 4.

² Die französ. Rechtssprache bezeichnet die Zuständigkeitsstreite zweier Behörden gleicher Art als conflits de juridiction, Zuständigkeitsstreite zwischen Justiz u. Verwaltung als conflits d'attribution.

rechtliche Möglichkeit, daß sie in ihrer amtlichen Thätigkeit mit einander in einen Zwiespalt kommen können, bei welchem die Rechtsanschauung der einen Behörde der Rechtsanschauung der anderen Behörde mit formeller Gleichberechtigung und Gleichwerthigkeit
gegenüber steht.

Es ist wichtig, diese Sätze, welche zunächst, abgesehen von dem bestehenden Rechte,
auf dem Wege der rechtswissenschaftlichen Logik ermittelt sind, auch ebenso in ihren staatsrechtlichen Folgen zu entwickeln.

Geht man von dem Satze aus, daß die Aufgabe der Rechtsprechung die ist, zwischen
Parteien bestrittenes Recht festzustellen, die Aufgabe der Verwaltung aber die, innerhalb
der Grenzen des Rechtes das öffentliche Interesse wahrzunehmen, so gelangt man nothwendig zu dem Schlusse, daß ein Zuständigkeitsstreit in dem eben aufgestellten Sinne
zwischen Behörden der Rechtsprechung und Behörden der Verwaltung gar nicht möglich
ist ³. Denn wenn Jemand einer Verwaltungsbehörde gegenüber behauptet, er sei durch
deren Thätigkeit in seinem Rechte verletzt worden, so ist die Entscheidung darüber, ob
diese Behauptung richtig ist oder nicht, allemal eine Sache der Rechtspflege. Die etwaige
Gegenbehauptung der angegriffenen Verwaltungsbehörde, sie habe innerhalb ihrer Zuständigkeit gehandelt, ist ein Parteivorbringen gegenüber dem Kläger, eine Bestreitung
seiner Klage, aber nicht eine Bestreitung der gerichtlichen Zuständigkeit. Denn jene
Gegenbehauptung enthält nur die Begründung für das Läugnen der geschehenen Rechtsverletzung.

Daraus ergibt sich, daß, wo Rechtspflege und Verwaltung in ihrer Behördenverfassung glatt getrennt sind, ein eigentlicher Zuständigkeitsstreit nur zwischen verschiedenen Arten von Verwaltungsbehörden oder verschiedenen Arten von Gerichten entstehen
kann, aber nicht zwischen Gerichten und Verwaltungsbehörden. Denn letztere beide bewegen sich in gesonderten Kreisen und können niemals in einen Widerstreit ihrer amtlichen Gewalt kommen. Bei einem solchen Stande der Dinge ist kein anderer Grundsatz
im Verhältnisse von Rechtspflege und Verwaltung innerlich gerechtfertigt, wie der, welchen
§ 17 des Reichsgerichtsverfassungsgesetzes an die Spitze stellt: „Die Gerichte entscheiden
über die Zulässigkeit des Rechtsweges."

Anders liegt die Sache da, wo und insoweit für Streitigkeiten des öffentlichen
Rechtes eine Gerichtsverfassung nicht besteht, wo vielmehr die öffentliche Rechtsprechung,
sei es ganz, sei es theilweise, den Behörden der Verwaltung übertragen ist. Hier ist in
der That ein Zuständigkeitsstreit (conflit d'attribution) zwischen Gerichten und Verwaltungsbehörden möglich, da eben letztere auch eine Gerichtsbarkeit besitzen und demnach mit den Gerichten über die Grenzen der beiderseitigen richterlichen Zuständigkeit in
Streit gerathen können.

Man mag es als einen Fehler in der Einrichtung ansehen, wenn Aufgaben der
Verwaltung und der Rechtsprechung in solcher Weise denselben Behörden übertragen
werden. Aber man wird nicht verkennen dürfen, daß, wenn und soweit dies geschehen
ist, es nur als folgerichtig bezeichnet werden kann, wenn die Gesetzgebung für Zuständigkeitsstreite zwischen den Gerichten und den rechtsprechenden Verwaltungsbehörden
den oben erwähnten Satz des Reichsgerichtsverfassungsgesetzes nicht gelten läßt. Sind
den ordentlichen Gerichten nur bürgerliche und Strafrechtssachen überwiesen, Streitigkeiten des öffentlichen Rechtes aber der Verwaltung — sei es den Verwaltungsbehörden
ausschließlich, sei es diesen und Verwaltungsgerichten —, dann läßt es sich nicht rechtfertigen, die eine Gerichtsbarkeit über die andere zu stellen. Es ergibt sich vielmehr dann

³ Vgl. oben § 130 a. A.

gleichfalls die Nothwendigkeit, eine besondere richterliche Instanz zu schaffen, welche über Zuständigkeitsstreite der beiden Gerichtsbarkeiten urtheilt.

Aus dem Gesagten ist klar, daß der innere Grund für die Zulassung einer solchen Entscheidung von Zuständigkeitsstreiten zwischen Justiz und Verwaltung nicht in der sogenannten Unabhängigkeit der Verwaltung, sondern in dem Bestande einer Verwaltungsgerichtsbarkeit liegt.

Man würde indessen sehr irren, wenn man annähme, daß es dieser Gedankengang sei, welcher für die Regelung des Zuständigkeitsstreitverfahrens in Deutschland und Bayern maßgebend gewesen wäre.

Für die Einrichtung des Verfahrens bei Zuständigkeitsstreiten zwischen Justiz und Verwaltung ist vielmehr in erheblichem Maße das französische Recht bestimmend geworden. Die Rechtsauffassung aber, auf welcher der französische conflit d'attribution sich aufbaut, ist eine wesentlich andere, als die von uns entwickelte. Das französische Recht wird von dem rein formal durchgeführten Grundsatze der Gewaltentheilung beherrscht. „Les juges ne pourront, à peine de forfaiture, troubler de quelque manière que ce soit les opérations du corps administratifs ni citer devant eux les administrateurs pour raison de leurs fonctions."⁴ Die Thätigkeit der Verwaltung ohne Rücksicht auf die rechtliche Natur der Angelegenheit, auf welche sie sich bezieht, soll dem Richterspruche entzogen sein⁵. Nur en matière criminelle kann der conflit d'attribution nicht erhoben werden⁶. Hienach wirkt also die Streitentscheidung nicht nothwendig stets als Ausscheidung rechtsprechender Zuständigkeiten (zwischen juridiction und contentieux administratif), sondern unter Umständen auch als Sperrung jedes Rechtsweges.

Der Fehler in der deutschen Rechtsentwickelung lag nun darin, daß man bei Herübernahme der französischen Gestaltung des Zuständigkeitsstreites übersah, wie das deutsche Recht jene formale Gewaltentrennung des französischen Rechtes nicht kennt, vielmehr, von einzelnen Ausnahmen abgesehen, die Entscheidung von Rechtsstreitigkeiten je nach ihrer Natur als Justizsachen oder Verwaltungsrechtsachen den Gerichten oder den Behörden der Verwaltungsrechtsprechung zugewiesen wissen will⁷. Dadurch ist es gekommen, daß einerseits die deutschen Einrichtungen manche Fehler aufwiesen, und daß andererseits die innere Berechtigung des Zuständigkeitsstreites bei Trennung der bürgerlichen und öffentlichen Rechtsprechung zwischen Justiz und Verwaltung verkannt wurde.

Aus der Aufdeckung dieses Verhältnisses ergibt sich für uns ein Satz, dessen nicht unerhebliche Tragweite in der Folge sich bewähren wird.

Nach deutschem Rechte ist es als die Regel anzusehen, daß ein Zuständigkeitsstreit zwischen Justiz und Verwaltung die Behauptung oder Läugnung des Rechtes zur Entscheidung der Sache, also den Bestand der beiderseitigen Gerichtsbarkeit zum Gegenstande haben muß. Soll ausnahmsweise die Erhebung des Zuständigkeitsstreites zum Zwecke bloßer Versperrung des Rechtsweges zulässig sein, also lediglich zu dem Ende, die Sache der gerichtlichen Entscheidung zu entziehen, ohne daß sie der verwaltungsrechtlichen Entscheidung zuzuführen wäre, so muß eine besondere Gesetzesbestimmung nachgewiesen werden, welche einen solchen Zuständigkeitsstreit zuläßt. In einem derartigen Falle handelt es sich aber in Wirklichkeit um keinen Zuständigkeitsstreit, sondern darum, die

---

⁴ Vgl. oben § 132 Anm. 9.

⁵ Vgl. O. v. Sarwey, das öffentl. Recht u. die Verwaltungsrechtspflege S. 188, 650. Comp. Confl. Erk. vom 12. Juli 1853, R. Bl. S. 1091.

⁶ Ordonnanz vom 1. Juni 1828. A. Batbie, traité théorique et pratique de droit public et adm., VII p. 360 sv.

⁷ Vgl. O. v. Sarwey a. a. O. S. 674.

Zuſtändigkeit in Bezug auf die Entſcheidung der materiellen Rechtsfrage theilweiſe den Gerichten zu Gunſten des Gerichtshofes für Zuſtändigkeitsſtreite zu entziehen. Der letztere ſoll darüber vorerſt entſcheiden, ob im gegebenen Falle die Möglichkeit eines Rechtsanſpruches überhaupt vorhanden iſt. Das iſt aber keine Entſcheidung eines Zuſtändigkeitsſtreites, ſondern eine Vorentſcheidung in der Sache ſelbſt.

Es bedarf nur der Erwähnung, nicht näherer Ausführung, daß die vorſtehenden Erörterungen gleichmäßig auf jene Einrichtungen anwendbar ſind, welche die Erledigung der Zuſtändigkeitsſtreite zwiſchen Verwaltungsbehörden und Verwaltungsgerichten bezwecken.

§ 145. Entwickelung des bayeriſchen Rechtes.

Die Entwickelung der bayeriſchen Beſtimmungen über die Schlichtung der Zuſtändigkeitsſtreite zwiſchen Juſtiz und Verwaltung hat ſich ſowohl unmittelbar vor als nach Erlaß der Verfaſſungsurkunde vorzugsweiſe an die franzöſiſche Geſetzgebung angeſchloſſen¹. Der Rechtszuſtand, welcher in dieſer Beziehung nach Verkündigung der Verfaſſungsurkunde noch mehr als ein Menſchenalter hindurch herrſchte, mochte den Grundſätzen der unbeſchränkten Einherrſchaft gemäß ſein, den Anforderungen des Verfaſſungsſtaates entſprach er nicht.

In den Landestheilen rechts des Rheines entſchied über Zuſtändigkeitsſtreite zwiſchen Gerichten und Verwaltungsbehörden der König nach Vernehmung des Staatsrathes², über Zuſtändigkeitsſtreite zwiſchen den Gerichten gleichfalls der König auf Vortrag des Juſtizminiſteriums³. Nach pfälziſchem Rechte hatte in den erſteren Fällen der Staatsrath als erkennende Stelle mit königlicher Beſtätigung zu entſcheiden; in den letzteren Fällen entſchieden die Gerichte ſelbſt⁴.

Die Zuſtändigkeitsſtreite innerhalb der Verwaltung waren zunächſt im Dienſtwege zu erledigen, ſoferne aber Miniſterien über die Grenzen ihrer Geſchäftskreiſe ſtritten, entſchied der König nach Berathung im Staatsrathe⁵.

Nach Erlaß der Verfaſſungsurkunde war in der Kammer der Abgeordneten anläßlich erhobener Beſchwerden über Eingriffe in die Rechtspflege⁶ wiederholt die Anſicht zu Tage getreten, daß es mit den Grundſätzen der Verfaſſung über die Rechtspflege nicht im Einklange ſtehe, wenn die Entſcheidung der Zuſtändigkeitsſtreite zwiſchen Juſtiz und Verwaltung durch den Staatsrath erfolge. Eine geſetzliche Regelung der Sache ſei wünſchenswerth.

Im Jahre 1828 wurde dem Landtage der Entwurf eines Geſetzes über die Competenzconflicte vorgelegt. Derſelbe wollte in der Hauptſache den beſtehenden Zuſtand beſtätigen. Solche Streitigkeiten ſollten vom Staatsrathe entſchieden werden, deſſen Beſchlüſſe aber der königlichen Genehmigung bedürfen. Die Stände forderten dagegen, daß die Entſcheidung einer Commiſſion übertragen werde, die aus vier Staatsräthen und drei Oberappellationsgerichtsräthen beſtehen ſolle. Erſteren ſolle weder

---

¹ Vgl. über letztere E. Löning in W. Hartmann's Zeitſchr. f. Geſetzgebung u. Praxis auf dem Gebiete des deutſchen öffentl. Rechtes V (1879) S. 357 ff., A. Batbie, traité théorique et pratique de droit public et adm. VII p. 352 sv.

² Staatsrathsinſtr. vom 18. Nov. 1825 (Weber II S. 250) § 7 Ziff. 10, Form. Verordn. vom 9. Dec. 1825 (Weber II S. 261) § 56. — Nach der Conſtit. von 1808 Tit. 3 § II u. dem org. Ed. vom 4. Juni 1808 über die Bildung des geh. Rathes hatte letzterer über die Zuſtändigkeitsſtreite zu entſcheiden. Ebenſo der Staatsrath nach Verordn. vom 2. Febr. 1817 u. Cabinetsbefehl vom 15. April 1817. Dagegen wies § 7 der Staatsrathsinſtr. vom 3. Mai 1817 die Zuſtändigkeitsſtreite in den berathenden Wirkungskreis des Staatsrathes. Vgl. oben § 113 Anm. 14.

³ Angef. Form. Verordn. § 55.

⁴ Ueber die conflits d'attribution ſ. règlement pour l'organisation du conseil d'état vom 5. Nivôſe VIII (Bull. des lois, II⁰ série, 9⁰ partie, n⁰ 340 p. 10), art. 11, avis du conseil d'état vom 22. Jan. 1813 (Bull. des lois, IV⁰ série, t. 19 p. 130). Ueber die Entſch. von Zuſtändigkeitsſtreiten zwiſchen den Gerichten in der Pfalz, dann den Gerichten dieſſ. des Rh. u. der Pfalz Et. Rinecker bei C. F. Dollmann, Geſetzgebung des Königreichs Bayern ꝛc., Th. 2, Bd. I, Erlangen 1855, S. 293 f.

⁵ Staatsrathsinſtr. von 1825 § 7 Ziff. 9.

⁶ Vgl. die oben § 93 Ziff. 1, 2 erwähnten Verh. von 1819 u. 1822 über die Beſchwerden Khiſtler u. Lamberg.

ein Ministerium noch sonst ein Verwaltungsamt anvertraut sein⁷. Der Abschied für die Ständeversammlung vom 15. August 1828⁸ wies diese Anträge unter dem kaum begründeten Vorwurfe ab,
die Kammern hätten ihren verfassungsmäßigen Wirkungskreis überschritten⁹.

Im Jahre 1831 kam der Landtag unter Erörterung der bestehenden Mißstände auf die Sache
zurück. Es wurde die Vorlage eines Gesetzes erbeten, welches die Entscheidung der Zuständigkeitsstreite
einer aus unabhängigen Richtern zusammengesetzten Stelle übertrage. Inzwischen möge dem Staatsrathe nicht bloß die Begutachtung, sondern die Entscheidung solcher Streitigkeiten zugewiesen werden¹⁰.
Der Landtagsabschied vom 29. Dezember 1831¹¹ begnügte sich mit der allgemeinen Zusicherung „reifster
Erwägung" der Anträge.

Es blieb indessen, mancher Anregungen unerachtet, bei dem seitherigen Stande der Dinge, bis
endlich im Jahre 1849 der Regierungsentwurf eines Gesetzes, die Competenzconflicte betreffend, an die
Kammer der Reichsräthe gelangte¹². Derselbe führte nach eingehenden Verhandlungen¹³ zur Vereinbarung. Hienach erging das Gesetz vom 28. Mai 1850¹⁴. Dieses Gesetz bezeichnet einen entschiedenen Fortschritt. Es handelt in drei Abschnitten von den Zuständigkeitsstreiten zwischen Gerichts-
und Verwaltungsbehörden, zwischen den Gerichten in den Landestheilen diesseits des Rheines, endlich
zwischen Gerichten der diesseitigen Landestheile und Gerichten der Pfalz¹⁵.

Bezüglich der erstgenannten Streitigkeiten wurde bestimmt, daß sie beim obersten Gerichtshofe
durch einen Senat zu entscheiden seien, welcher aus einem Vorstande dieses Gerichtshofes, drei von
letzterem aus seiner Mitte gewählten Räthen und drei vom Könige ernannten Verwaltungsbeamten
zu bestehen habe. Die Amtszeit der Senatsmitglieder war auf drei Jahre beschränkt¹⁶. Die Erkenntnisse
des Senates sollten durch das Regierungsblatt veröffentlicht werden¹⁷.

Die übrigen Abschnitte des Gesetzes, die hier nicht interessiren, wurden bei Einführung der
bayerischen Civilprozeßordnung vom 29. April 1869 insoweit beseitigt, als sie sich auf Zuständigkeitsstreite zwischen Gerichten in bürgerlichen Rechtsstreitigkeiten und Sachen der nichtstreitigen Rechtspflege
beziehen. An die Stelle traten die Artikel 34—37 der genannten Prozeßordnung und Artikel 4 Absatz II
des Einführungsgesetzes hiezu.

Mit der Einrichtung einer Verwaltungsrechtspflege, wie das Gesetz vom 8. August 1878 sie in
Aussicht nahm, war, zumal da die Zuständigkeit des Verwaltungsgerichtshofes auf die im Gesetze
einzeln aufgeführten öffentlichen Rechtsstreitigkeiten beschränkt wurde, eine neue Quelle von Zuständigkeitsstreiten eröffnet. Das genannte Gesetz traf daher in Artikel 50 Anordnung über die Entscheidung solcher Streitigkeiten zwischen den Gerichten und dem Verwaltungsgerichtshofe und zwischen
dem letzteren und der Verwaltung. Diese Bestimmungen, welche „bis zur weiteren gesetzlichen

---

⁷ Die Verh. sind nachgewiesen Repert. 1827/28 S. 48 ff. S. deren Darstellung bei St.
Rineder a. a. O. S. 286 ff.

⁸ G. Bl. S. 17.

⁹ Abschn. I D: „Indem die Stände zu dem Gesetzentw. über die Competenzconflicte mehrere
Modificationen vorgeschlagen haben, durch welche das dem Könige zustehende Recht der Bildung der
öffentlichen Stellen und Behörden und der Ernennung zu diesen beschränkt werden soll, sind dieselben
aus den Grenzen ihres verfassungsmäßigen Wirkungskreises herausgetreten."

¹⁰ Die Verh. sind nachgewiesen Repert. 1831 K. d. R. R. S. 126, 223, K. d. Abg. S. 126, 557.

¹¹ G. Bl. S. 57 Abschn. III Ziff. 1.

¹² Verh. d. K. d. R. R. 1849/50 Beil. Bd. I S. 84 ff. Vgl. Frankfurter Reichsverf. § 181.

¹³ K. d. R. R. Beil. Bd. I S. 221 ff., 309 ff., Prot. Bd. I S. 256 ff.; K. d. Abg. Beil. Bd. III
S. 238 ff., Sten. Ber. IV S. 289, 485 ff.; K. d. R. R. Beil. Bd. IV S. 421 ff., Prot. Bd. VI S. 10 ff.;
K. d. Abg. Beil. Bd. III S. 479 ff., Sten. Ber. V S. 8 ff., 28.; K. d. R. R. Beil. Bd. V S. 109, Prot.
Bd. VI S. 256 ff. Vorbild ist die französ. Ordonnanz vom 1. Juni 1828. Dazu französ. Verf. vom
4. Nov. 1848 Art. 89: „Les conflits d'attribution entre l'autorité administrative et l'autorité
judiciaire seront réglés par un tribunal spécial composé de membres de la Cour de cassation et de
conseillers d'Etat, désignés tous les trois ans en nombre égal par leurs corps respectifs. Ce
tribunal sera présidé par le ministre de la justice." Näheres s. Batbie a. o. Anm. 1 a. O.

¹⁴ G. Bl. S. 161. Dazu der bereits Anm. 4 erwähnte Commentar von St. Rineder.

¹⁵ Vgl. auch die vorhergehende Bestimmung im Ges. vom 10. Nov. 1848, die Abänderungen
des II. Th. des St. G. B.'s vom J. 1813 betr. (G. Bl. S. 233), Art. 3.

¹⁶ Ges. Art. 1.

¹⁷ Ges. Art. 8 Abs. VI. Eine übersichtliche Zusammenstellung der von 1851 bis einschl. 1877
ergangenen Erk. gibt C. L. H. Matthäus, die Grenzen der civilgerichtl. u. adm. Zuständigkeit nach
den Erkenntnissen des Competenzconflictssenates am o. G. H. in Bayern, Nördlingen 1878 (Beilagen-
band zu den Bl. f. adm. Praxis, Jahrgang 1878); bis 1893 reicht die Zusammenstellung bei Weber
Anh. Bd. S. 264 ff.

Regelung" gelten sollten, waren für den Fall berechnet, daß das Gesetz vom 8. August 1878 vor den Reichsjustizgesetzen in Kraft treten sollte. Da dies nicht geschah, so konnte das, was der angeführte Artikel 50 in Ziffer 1 über die Zuständigkeitsstreite des Verwaltungsgerichtshofes mit den Gerichten bestimmte, überhaupt keine Geltung erlangen, während sein übriger Inhalt wenigstens einer Neugestaltung bedurfte[18].

Die Reichsjustizgesetze enthalten nemlich Bestimmungen, mit welchen die Einrichtung des Competenzconflictsenates, wie das Gesetz vom 28. Mai 1850 sie geschaffen hatte, und Artikel 50 Ziffer 1 des Gesetzes vom 8. August 1878 sie in Aussicht nahm[19], nicht vereinbar war.

Das Reichs-Gerichtsverfassungsgesetz schreibt vor[20]:

„Die Gerichte entscheiden über die Zulässigkeit des Rechtsweges.

Die Landesgesetzgebung kann jedoch die Entscheidung von Streitigkeiten zwischen den Gerichten und den Verwaltungsbehörden oder Verwaltungsgerichten über die Zulässigkeit des Rechtsweges besonderen Behörden nach Maßgabe der folgenden Bestimmungen übertragen[21].

1. Die Mitglieder werden für die Dauer des zur Zeit ihrer Ernennung von ihnen bekleideten Amts oder, falls sie zu dieser Zeit ein Amt nicht bekleiden, auf Lebenszeit ernannt. Eine Enthebung vom Amte kann nur unter denselben Voraussetzungen wie bei den Mitgliedern des Reichsgerichts stattfinden.

2. Mindestens die Hälfte der Mitglieder muß dem Reichsgerichte oder dem obersten Landesgerichte oder einem Oberlandesgerichte angehören. Bei Entscheidungen dürfen Mitglieder nur in der gesetzlich bestimmten Anzahl mitwirken. Diese Anzahl muß eine ungerade sein und mindestens fünf betragen.

3. Das Verfahren ist gesetzlich zu regeln. Die Entscheidung erfolgt in öffentlicher Sitzung nach Ladung der Parteien.

4. Soferne die Zulässigkeit des Rechtsweges durch rechtskräftiges Urtheil des Gerichtes feststeht, ohne daß zuvor auf die Entscheidung der besonderen Behörde angetragen war, bleibt die Entscheidung des Gerichtes maßgebend."

Während hienach die Bestimmungen des ersten Abschnittes des Gesetzes vom 28. Mai 1850 und des Artikels 50 Ziffer 1 des Gesetzes vom 8. August 1878 einer Umgestaltung bedurften, wenn man den Grundgedanken der bisherigen Einrichtung aufrecht erhalten wollte, wurden die Vorschriften des Landesrechts über die Entscheidung der Zuständigkeitsstreite zwischen Gerichten in Sachen der ordentlichen streitigen Gerichtsbarkeit durch reichsrechtliche Bestimmungen ersetzt[22]. Ueber die Erledigung solcher Streitigkeiten zwischen den Gerichten in Gegenständen, welche nicht zur ordentlichen streitigen Gerichtsbarkeit gehören, dann zwischen bürgerlichen und Militärgerichten verfügte das Ausführungsgesetz zum Reichsgerichtsverfassungsgesetze vom 23. Februar 1879[23].

Das Gesetz, welches an die Stelle des Gesetzes vom 28. Mai 1850 zu treten bestimmt war, hatte sich hienach darauf zu beschränken, für die Entscheidung der Zuständigkeitsstreite zwischen Justiz und Verwaltung neue Anordnungen zu treffen und damit eine entsprechende Umgestaltung der Vorschriften des Artikels 50 des Gesetzes vom 8. August 1878 zu verbinden. Dies geschah durch das Gesetz vom 18. August 1879[24].

---

[18] Vgl. hieher G. Kahr, Ges. über die Errichtung eines V. G. H.'s ꝛc., Nördlingen 1879, S. 265 f.

[19] In den oben erörterten Fällen sollten dem Competenzconflictssenate des v. G. H.'s statt der drei höheren Verwaltungsbeamten drei Mitglieder des V. G. H.'s angehören.

[20] § 17. (Dazu R. Einf. Ges. zum R. G. V. G. § 17: „Auf Antrag eines Bundesstaates und mit Zustimmung des Bundesrathes kann durch kais. Verordn. die Verhandlung und Entscheidung der im § 17 des G. B. G.'s bezeichneten Streitigkeiten dem Reichsgerichte zugewiesen werden.")

[21] Dazu R. Einf. Ges. zur R. C. P. O. § 15 Ziff. 1, wonach „unberührt bleiben" „die landesgesetzlichen Vorschriften über die Einstellung des Verfahrens für den Fall, daß ein Competenzconflict zwischen den Gerichten und den Verwaltungsbehörden oder Verwaltungsgerichten entsteht."

[22] R. C. P. O. § 36, R. St. P. O. §§ 14, 19.

[23] Art. 10—14. Ueber Streitigkeiten der ersteren Art hat das nächste gemeinsame Obergericht, Mangels eines solchen das oberste Landesgericht zu entscheiden. Ueber Streitigkeiten der zweiten Art s. unten § 147.

[24] Die Entscheidung der Competenzconflicte zwischen den Gerichten und den Verwaltungsbehörden oder dem Verwaltungsgerichtshofe betr. G. u. V. Bl. S. 991. Dazu Landtagsverh. 1877/81 K. d. R. R. Beil. Bd. II S. 791 ff., 854 f., Prot. Bd. II S. 1079, 1093 ff.; K. d. Abg. Beil. Bd. IV S. 873 ff., 903, 966 ff., Sten. Ber. III S. 752 ff. (keine Erörterung).

§ 146. Zuständigkeitsstreite zwischen Justiz und Verwaltung[1].

Die Entscheidung von Streitigkeiten über die Zuständigkeit zwischen den Gerichten einerseits und den Verwaltungsbehörden oder dem Verwaltungsgerichtshofe andererseits erfolgt durch einen „Gerichtshof für Competenzconflicte"[2].

Der Gerichtshof besteht aus einem Präsidenten und zehn Räthen. Der Präsident und die Hälfte der Räthe werden dem obersten Landesgerichte oder einem Oberlandesgerichte, die übrigen fünf Räthe dem Verwaltungsgerichtshofe entnommen. Die Ernennung der Mitglieder erfolgt durch den König für die Dauer der Bekleidung des Hauptamtes, welches sie zur Zeit ihrer Berufung in den Gerichtshof für Competenzconflicte innehaben.

Die Enthebung vom Hauptamte hat das Ausscheiden aus dem Gerichtshofe von Rechts wegen zur Folge. Die unfreiwillige Enthebung vom Richteramte im Gerichtshofe für Competenzconflicte unabhängig von der Entfernung aus dem Hauptamte kann nur in den nachbezeichneten Fällen eintreten.

Ist ein Mitglied zu einer Strafe wegen einer entehrenden Handlung oder zu einer Freiheitsstrafe von längerer als einjähriger Dauer rechtskräftig verurtheilt, so kann dasselbe durch Plenarbeschluß des Gerichtshofes seiner Mitgliedschaft verlustig erklärt werden. Vor der Beschlußfassung sind das Mitglied und der Oberstaatsanwalt zu hören.

Ist wegen eines Verbrechens oder Vergehens das Hauptverfahren gegen ein Mitglied eröffnet, so kann die vorläufige Enthebung desselben von seinem Amte als Mitglied des Gerichtshofes für Competenzconflicte durch Plenarbeschluß des letzteren nach Anhörung des Oberstaatsanwaltes ausgesprochen werden.

Wird gegen ein Mitglied Untersuchungshaft verhängt, so tritt für die Dauer derselben die vorläufige Enthebung von Rechts wegen ein[3].

---

[1] Vgl. Rabbyl bei K. Frhrn. v. Stengel, Wörterb. des deutschen Verw. Rechts I S. 808 ff.

[2] Ges. Art. 1.

[3] R. G. V. G. § 17 enthält in Abs. II Ziff. 1 den Satz: „Eine Enthebung vom Amte kann nur unter denselben Voraussetzungen wie bei den Mitgliedern des Reichsgerichtes stattfinden." Diese Voraussetzungen sind in §§ 128—131 a. a. O. enthalten. § 128 sagt, daß durch Plenarbeschluß des Reichsgerichtes ein Mitglied des Gerichtes des Amtes und Gehaltes für verlustig erklärt werden könne, wenn es wegen einer entehrenden Handlung oder zu einer Freiheitsstrafe von mehr als einjähriger Dauer rechtskräftig verurtheilt worden sei. Das Mitglied und der Oberreichsanwalt seien vorher zu hören. § 129 handelt von der vorläufigen Enthebung vom Amte wegen eröffneten strafgerichtlichen Hauptverfahrens oder verhängter Untersuchungshaft. Die §§ 130, 131 beziehen sich auf die Versetzung in den Ruhestand.

In Art. 2 Abs. IV des bayer. Ges. vom 18. Aug. 1879 wird jener Satz des § 17 des R. G. V G.'s wörtlich wiederholt. Darüber, was diese Wiederholung bedeuten solle, schweigt die Begründung, trotzdem eine Aeußerung wohl veranlaßt gewesen wäre. Denn der Satz, der im Reichsges. Anweisung für den Gesetzgeber ist, soll im Landesgesetze die Bedeutung einer unmittelbar anwendbaren Rechtsvorschrift haben. Die Begründung begnügt sich damit, es als selbstverständlich zu bezeichnen, daß neben den reichsgesetzlich geforderten Gewährschaften den Mitgliedern des Comp. Confl. Hofes ihre landesverfassungsmäßigen Rechte, insbes. ihre Pensionsansprüche, gewahrt bleiben. (Verf. Beil. IX § 23, Ges. vom 8. Aug. 1878 Art. 2 Abs. I.)

Wie es scheint, hat sich der bayer. Gesetzgeber das gedacht, was der preuß. Gesetzgeber (in der Begründung zu dem nicht zu Stande gekommenen Comp. Confl. Ges., Sten. Ber. des Herrenhauses 1878/79 II S. 27) gesagt hat: „Die Bedeutung und Anwendbarkeit dieser Bestimmungen (des § 17 Ziff. 1 des G. V. G.'s) kann zwar zu begründeten Bedenken Veranlassung geben; dieselben sind gleichwohl im Hinblick auf die zwingende Kraft der reichsgesetzlichen Vorschrift unverändert aufgenommen." Eine Musterkarte der möglichen Auslegungen des Satzes giebt der Commissionsbericht des preuß. Abg. Hauses (1878/79 Anl. Bd. II S. 1869): „Von der einen Seite wurde derselbe dahin interpretirt, daß die dem Reichsgericht nach Tit. 9 des deutschen G. V. G.'s über seine Mitglieder zustehenden disciplinären Befugnisse ihm auch über die Mitglieder des G. H.'s zur Entscheidung der Competenz-

Der Gerichtshof entscheidet in der Besetzung von sieben Mitgliedern, von welchen vier dem obersten Landesgerichte oder einem Oberlandesgerichte, drei dem Verwaltungsgerichtshofe angehören müssen [4].

Der Präsident vertheilt die Geschäfte und leitet die Verhandlungen. Er wird im Falle der Verhinderung durch dasjenige dem obersten Landesgerichte angehörige Mitglied vertreten, welches dem Dienstalter und bei gleichem Dienstalter der Geburt nach das älteste ist. Im Uebrigen wird der Geschäftsgang einschließlich der Reihenfolge, in welcher die Mitglieder an den einzelnen Sitzungen Theil nehmen, durch eine Geschäftsordnung geregelt, welche das Plenum auszuarbeiten und dem Gesammtministerium zur Bestätigung vorzulegen hat [5].

Das Amt der Staatsanwaltschaft beim Gerichtshofe für Competenzconflicte wird durch die Staatsanwaltschaft beim obersten Landesgerichte ausgeübt [6]. Die Geschäfte der Gerichtsschreiberei werden durch die Gerichtsschreiberei des obersten Landesgerichtes besorgt [7].

----

conflicte zuständen. Von Anderen wurde der erwähnte Satz dahin verstanden, daß der Disciplinargerichtshof insbes. den nichtrichterlichen Mitgliedern des G. H.'s gegenüber die zuständige Behörde sei. Wieder von anderer Seite wurde ausgeführt, daß zwischen den nicht richterlichen und den richterlichen Mitgliedern des G. H.'s nicht unterschieden werden dürfe. Alle seien gleichberechtigte Mitglieder eines und desselben G. H.'s. Die Suspension eines Mitglieds von seinem Hauptamte könne die Suspension von seinem Nebenamte nicht ohne Weiteres nach sich ziehen ... Die Vertheidiger dieser Ansicht nahmen deshalb an, daß der G. H. zur Entscheidung der Competenzconflicte an die Stelle des Reichsgerichtes trete und nur eine Bestimmung dahin zu treffen sei, wer an Stelle des ... Oberreichsanwaltes zu treten habe.«

Eine sehr klare Stellung zu der Frage hat das württ. Ges., betr. die Entscheidung von Competenzconflicten, vom 25. Aug. 1879 (R. Bl. S. 272) genommen. Dasselbe sagt in Art. 2 Abs. V: »Eine Enthebung vom Amte kann außer dem Fall, wenn sie Folge der Enthebung aus einem schon zur Zeit seiner Ernennung bekleideten sonstigen Amte ist, nur unter denselben Voraussetzungen wie bei den Mitgliedern des Reichsgerichts stattfinden. Die §§ 128, 129, 131 des R. G. V. G.'s finden mit der Maßgabe entsprechend Anwendung, daß die Functionen des Reichsgerichts von dem Competenzgerichtshof, die Functionen des Oberreichsanwalts von dem ersten Staatsanwalt bei dem Oberlandesgericht versehen werden.« Die Begründung (Verh. d. württ. K. d. Abg. von 1877 bis 1879, Beil. Bd. I, Abth. 2 S. 475) bemerkt hiezu: »Die Fassung des § 17 ist zwar insoferne nicht ganz klar, als die allgemeine Regel des zweiten Satzes unvermittelt neben den Grundsatz des ersten Satzes, daß die Function in dem Comp. Ger. Hof für die Dauer des Hauptamtes zu übertragen ist, gestellt wurde. Auch die Verh. der Justizcommission geben darüber, wie diese beiden Grundsätze sich zu einander verhalten, keinen Aufschluß. Darüber kann jedoch kein Zweifel sein, daß dieselben nur dann in Uebereinstimmung stehen, wenn der zweite Satz nur auf den Fall der Entziehung der Function in dem Comp. Ger. Hof ohne Enthebung vom Hauptamte bezogen, unter Amt im zweiten Satze nur das Amt eines Mitgliedes des Comp. Ger. Hofs verstanden und vorausgesetzt wird, daß bezüglich der Entfernung vom Hauptamte, dessen selbstverständliche Folge auch die Entziehung der Function im Comp. Ger. Hof ist, die sonstigen landes- u. reichsgesetzlichen Vorschriften maßgebend sind. Die Absicht konnte nicht dahin gehen, mit dem zweiten Satze die Stellung des betreffenden Beamten auch in seinem Hauptamte unter die Garantien der Richterstellung der Mitglieder des Reichsgerichts zu stellen. Andernfalls würden die Worte im ersten Satz „für die Dauer des Hauptamtes“ ganz entbehrlich gewesen sein. Dieser Auslegung der Nr. 1 ist in Abs. V des Art. 2 Ausdruck gegeben, wobei als selbstverständlich angenommen ist, daß die Vorschriften des R. G. V. G.'s über die Mitglieder des Reichsgerichtes auf die Mitglieder des Comp. Ger. Hofes keine wörtliche, sondern die entsprechende Anwendung zu finden haben. Insbes. ist dies bezüglich der Verweisung auf § 131 des R. G. V. G.'s hervorzuheben. Da das Amt eines Mitgliedes des Comp. Ger. Hofes mit seinem Gehalt verbunden sein wird, kann selbstverständlich die Versetzung aus diesem Amt in den Ruhestand, mag sie auf Ansuchen oder in Anwendung des § 131, ohne beantragt zu sein, (geschehen), erfolgen, ohne mit einem Ruhegehalt verknüpft zu sein.« Diese Erörterungen befinden sich, wie mir scheint, in der That auf dem richtigen Wege. Für Bayern werden nur die §§ 128, 129 des G. V. G.'s anwendbar sein.

[4] Ges. Art. 3.

[5] Ges. Art. 4. Die Gesch. Ordn. ist durch Entschl. des Gesammtministeriums vom 3. Jan. 1880 festgestellt worden.

[6] Ges. Art. 5. Die Staatsanwaltschaft wird auch hinsichtlich dieser Thätigkeit unter der Dienstaufsicht des Staatsministeriums der Justiz stehen und von diesem, erforderlichen Falles im Benehmen mit den anderen betheiligten Ministerien, Weisungen empfangen können.

[7] Ges. Art. 6.

Die Bestimmungen der Reichscivilprozeßordnung und der Reichsstrafprozeßordnung[8] über den Ausschluß und die Ablehnung der Gerichtspersonen finden auf die Mitglieder des Gerichtshofes und den Gerichtsschreiber entsprechende Anwendung[9]. Die genannten Bestimmungen greifen jedoch nicht Platz, wenn Mitglieder des Gerichtshofes als Mitglieder des obersten Landesgerichtes oder des Verwaltungsgerichtshofes an einer früheren Entscheidung dieser Gerichtshöfe in einer Angelegenheit Theil genommen haben, die zur Entscheidung des Gerichtshofes für Competenzconflicte gelangt[10].

Die Erhebung des bejahenden Zuständigkeitsstreites ist nicht auf Gegenstände bestimmter Art beschränkt, sondern sie ist in allen Fällen zulässig, welche überhaupt zum Zuständigkeitsstreite zwischen Justiz und Verwaltung führen können. Sonach kann nicht blos auf dem Gebiete der bürgerlichen streitigen Rechtspflege, sondern auch bei Gegenständen der nichtstreitigen Rechtspflege, bei Strafsachen und Dienststrafsachen der Zuständigkeitsstreit angeregt werden[11].

Die Voraussetzung für die Erhebung des bejahenden Zuständigkeitsstreites ist, daß in einer Sache, die bei einem Gerichte anhängig ist, von der Verwaltung der Rechtsweg für unzulässig erachtet[12] und die Gerichtsbarkeit in Anspruch genommen wird. Diese letztere Voraussetzung ist zwar im Gesetze nicht ausdrücklich hervorgehoben[13], aber selbstverständlich, weil sie aus dem Begriffe des bejahenden Zuständigkeitsstreites nothwendig sich ergibt. Die rechtliche Möglichkeit, daß die Verwaltung einen uneigentlichen Zuständigkeitsstreit blos zu dem Zwecke erheben könne, den Rechtsweg durch eine Entscheidung des Gerichtshofes für Competenzconflicte zu sperren, ist, wie bereits oben[14] erörtert wurde, nur da anzunehmen, wo das Gesetz dies ausdrücklich zuläßt. Dies ist aber im Verhältnisse zwischen Justiz und Verwaltung nicht der Fall[15].

---

[8] R. C. P. O. §§ 41 ff., R. St. P. O. § 22 ff. Die St. P. O. ist, wie die Begründung bemerkt, angeführt, da, wenn auch nur in seltenen Fällen, Zuständigkeitsstreite zwischen den Strafgerichten und der Verwaltung vorkommen können.

[9] Ges. Art. 7.

[10] Die Begründung zu Art. 7 des Entw. betont „zur Vermeidung allenfallsiger Bedenken" ausdrücklich die Unanwendbarkeit des § 41 Ziff. 6 der R. C. P. O. und des § 23 Abf. I der R. St. P. O. auf solche Fälle. Hiefür wird geltend gemacht, daß der G. H. für Comp. Confl. keine Oberinstanz über dem o. L. G. u. dem V. G. H. sei, daß er ferner die Zuständigkeitsfrage unter einem anderen Gesichtspunkt entscheide, wie letztere, daß endlich andernfalls bei vorgängigen Plenarentscheidungen der letzteren Gerichtshöfe alle Mitglieder des G. H.'s für Comp. Confl. ausgeschlossen sein könnten.

[11] Ges. Art. 1 „über die Zulässigkeit des Rechtsweges" mit Art. 27 „nicht zur streitigen Gerichtsbarkeit gehörige Angelegenheiten". Dazu die Begründung des Entw., Einleitung a. E., dann zu Art. 1 u. 28. Das ältere Ges. vom 28. Mai 1850 war in demselben Sinne ausgelegt worden. Vgl. die älteren Erk., die in der Einleitung der Begründung angeführt sind; dann St. Rinecker, Commentar S. 311, 340.

[12] Ges. Art. 8 Abf. I. Die Verwaltung muß die Zuständigkeit in einer Weise in Anspruch nehmen, welche die gerichtliche Zuständigkeit ausschließt. S. die Beispiele bei Matthäus a. a. O. S. 1 ff.

[13] Das Ges. vom 28. Mai 1850 sagte dagegen ausdrücklich in Art. 2: „Wenn einem Gerichte gegenüber in irgend einer Sache die Zuständigkeit von Seite der Verwaltung in Anspruch genommen wird (bejahender Competenzconflict), so x." Dazu Art. 5 Abf. II: „Zu diesem Behufe erklären sie (die Verwaltungsstellen) unter Anführung der Gründe, daß sie die Verhandlung u. Entscheidung der Sache für die Verwaltung in Anspruch nehmen."

[14] § 144 a. E.

[15] Die Frage ist eingehend in zwei Erk. des G. H.'s f. Comp. Confl. vom 4. März 1885 (G. u. V. Bl. Beil. I, II) erörtert. Das Staatsministerium des k. Hauses u. des Aeußern hatte den Zuständigkeitsstreit erhoben, weil gerichtliche Anordnungen nach § 666 der R. C. P. O. gegen den österreichischen Staat erlassen worden waren. Das Ministerium bemerkte in seiner Denkschrift: „Indem das k. Staatsministerium des k. Hauses u. des Aeußern gegen die vorliegenden Handlungen der Gerichte in der Richtung der Rechtsprechung und Zwangsvollstreckung gegen einen fremden Staat Einspruch erhebt, liegt es ihm selbstverständlich fern, sich selbst die Entscheidung über das zu Grunde liegende Rechtsverhältniß zu vindiciren oder überhaupt eine andere Competenz in Anspruch zu nehmen,

Die Erhebung des bejahenden Zuständigkeitsstreites steht den Gerichten nicht zu [16]. Befugt hiezu sind nur die Kreisregierungen [17] und die Centralverwaltungsstellen [18], in

---

[16] Vgl. Begründung zu Art. 8, St. Rinecker a. a. O. S. 319 ff.

[17] Nicht die Regierungsfiscalate. R. Bl. 1866 S. 1562.

[18] Hiezu gehören auch die Ministerien. G. u. V. Bl. 1885, Anh. S. 15, 34. Vgl. hieher auch R. Bl. 1851 S. 927; 1853 S. 169, 1075.

---

als die, Störungen in den freundnachbarlichen Beziehungen zu dem österr. Staate hintanzuhalten und primär, unter Ausschluß jeder einheimischen richterlichen Cognition, der Frage näher zu treten, ob in einem gegebenen Falle die behauptete Verletzung von Privatinteressen und Rechtsansprüchen bayer. Staatsangehöriger eine derartige ist, daß sie eine Intervention auf diplomatischem Wege veranlaßt und möglich erscheinen läßt."

Der G. H. entwickelte folgende Ansicht: „Zu dem Begriffe einer solchen Streitigkeit (über die Zulässigkeit des Rechtsweges) gehört zwar unbedingt die beiderseitige Inanspruchnahme der Zuständigkeit zur Behandlung der Sache innerhalb und nach Maßgabe der beiderseitigen Amtsbefugnisse. Die weitere Anforderung aber, daß von dieser oder jener Seite oder vollends gar von beiden Seiten auch das Recht, eine eigentliche Entscheidung im engeren Sinne zu treffen, sich vindicirt werde, kann aus den Art. 1 u. 10 des jetzt geltenden Ges. vom 18. Aug. 1879 mit Recht nicht abgeleitet werden. Eine solche Entscheidung kann je nach Lage und Art der ressortmäßigen Behandlung einer außerhalb des Rechtsweges sich bewegenden Rechtsangelegenheit überhaupt gar nicht veranlaßt und möglicher Weise selbst nicht einmal auf Seite des Gerichts zu treffen sein." Als Beispiel wird die „Inanspruchnahme der Zuständigkeit zur Behandlung der Verlassenschaft einer fürstlichen Person der Gerichte und des k. Staatsministeriums des k. Hauses u. des Aeußern" angeführt. Dieses Beispiel ist indessen nicht beweiskräftig für das, was behauptet wird, sondern kann eher als Gegenbeweis verwerthet werden. Die Behörde, welche einem Gerichte die freiwillige Gerichtsbarkeit bestreitet, muß eben diese Gerichtsbarkeit für sich in Anspruch nehmen, und ebenso muß eine Behörde, welche einem Gerichte die streitige Gerichtsbarkeit anficht, die Befugniß zur Erledigung des Rechtsstreites für sich behaupten.

Der G. H. legt nun des Weiteren dar, daß nach Art. 2 mit 5 des Ges. vom 28. Mai 1850 die Erhebung des Zuständigkeitsstreites in einer gerichtlich anhängigen Streitsache der Verwaltung nur verstattet gewesen sei, wenn sie die Entscheidung für sich in Anspruch nahm. Dieser Rechtsstand sei aber nach dem Ges. vom 18. Aug. 1879 ein anderer geworden. Der grundlegende § 17 des R.G.V.G.'s umgrenze „den Begriff des Competenzconflictes sachlich nur mit dem Erfordernisse des Vorhandenseins einer Streitigkeit über die Zulässigkeit des Rechtsweges". „Der Wortlaut des § 17 wie auch dessen Bestimmung, als Grundnorm für sämmtliche deutsche Bundesstaaten und insbesondere auch für diejenigen Gesetzgebungsgebiete zu dienen, welche bis dahin bei ihrer Regelung der Behandlung eines Competenzconflictes diesen Begriff in weiterem Sinne als Art. 5 bayer. Ges. vom 28. Mai 1850 aufgefaßt hatten, lassen über vorstehende Tendenz des Reichsges. keinen Zweifel."

Es ist nicht ganz klar, welche Tendenz hier gemeint ist. Völlig sicher aber ist es, daß die Urheber des § 17 des R. G. V. G.'s nicht entfernt daran dachten, den Begriff des Zuständigkeitsstreites im Sinne des französ. conflit d'attribution für die Bundesstaaten obligatorisch zu machen und denjenigen Staaten, welche auf dem Standpunkte des Art. 5 bayer. Ges. vom 28. Mai 1850 sich befanden, zu verwehren, auf diesem, der gerichtlichen Zuständigkeit günstigeren Standpunkte zu bleiben. Abs. I des § 17 des R. G. V. G.'s beweist dies zur Genüge. Es wird sich also hauptsächlich darum handeln, ob nachgewiesen werden kann, daß das Ges. von 1879 den Standpunkt von 1850 zu verlassen beabsichtigte und verlassen hat. Diesen Nachweis versucht der G. H. in folgender Art zu erbringen.

Die Begründung zum Gesetzentw. gebe zwar der Absicht Ausdruck, an dem bisherigen Rechte, soweit die Rücksicht auf das Reichsrecht es gestatte, festzuhalten. Es sei aber auch betont, daß „der Geltungsbereich des Ges. sich auf alle Gegenstände erstrecke", welche Zuständigkeitsstreite zwischen Justiz und Verwaltung veranlassen könnten; insbes. sei beigefügt, es empfehle sich, sobald ein Conflict überhaupt möglich sei, auch die Mittel zu seiner Entscheidung darzubieten. Vergleiche man Art. 1 Abs. I u. Art. 8 des neuen mit Art. 1 u. 2 des alten Ges., so „springe in die Augen", daß nach ersteren zu einem Zuständigkeitsstreite schon die „beiderseitige Annahme einer Ressortzuständigkeit im Allgemeinen" genüge. In der Begründung zu Art. 8 sei zwar gesagt, daß die Worte „wenn der Rechtsweg von der Verwaltungsbehörde für unzulässig erachtet wird" gleichbedeutend seien mit den Worten des Art. 2 des älteren Ges. „wenn die Zuständigkeit von Seite der Verwaltung in Anspruch genommen wird", das beweise aber nichts, weil die frühere Auffassung nicht auf Art. 2, sondern auf Art. 5 Abs. II a. a. O. sich stütze.

Ich halte diese Beweisführung nicht für überzeugend. Was der G. H. behauptet und darthun will, ist nicht mehr und nicht weniger, als daß der Begriff des Zuständigkeitsstreites nach bayer. Rechte durch das Ges. von 1879 eine völlige Veränderung seines Wesens in dem bereits erörterten Sinne erfahren habe. Die Auffassung des Begriffes, wie sie bisher herrschte, ist, wie schon dargethan, die natürliche und selbstverständliche, die gelten muß, wenn der Gesetzgeber sie nicht ausdrücklich verwirft; die

den Sachen, die beim Verwaltungsgerichtshofe anhängig sind, auch [19] der Staatsanwalt
bei diesem Gerichtshofe. Letzterer kann den Zuständigkeitsstreit aus eigener Bewegung
und muß ihn auf Beschluß des Gerichtshofes erheben [20].

Die unteren Verwaltungsbehörden haben, wenn sie in einer bei einem Gerichte anhängigen Sache den Rechtsweg für unzulässig erachten, der vorgesetzten Kreisregierung
oder Centralverwaltungsstelle Anzeige zu erstatten [21]. Die Erhebung des Zuständigkeitsstreites durch eine Unterbehörde ist wirkungslos [22]. Erhebt jedoch die Unterbehörde den
Streit auf Grund vorgängigen Auftrages der vorgesetzten und zuständigen Verwaltungs-

---

Auffassung des G. H.'s dagegen legt dem Worte Competenzconflict eine Bedeutung bei, die ihm an
sich nicht zukommt, und die als vom Gesetzgeber gewollt aus den getroffenen Bestimmungen nachgewiesen
werden müßte. Man darf nun wohl sagen, daß, wenn der Gesetzgeber eine Aenderung von solcher Tragweite beabsichtigt hätte, er dies auf das Schärfste betont haben würde. Dies ist nicht der Fall. Aus
dem Ges. selbst ist nichts zu entnehmen. Denn der Ausdruck „Zulässigkeit des Rechtsweges" verhält
sich zu der Frage völlig neutral. Er beweist nicht, daß man unter Competenzconflict nunmehr etwas
Anderes habe verstehen wollen, als bisher. Die vom G. H. angeführten Aeußerungen in der Begründung scheinen mir, soweit sie sich nicht auf Art. 8 beziehen, überhaupt ohne Belang. Denn dort
ist von Competenzconflicten die Rede, ohne daß eine Begriffsbestimmung derselben gegeben wäre, wie
man sie wohl erwarten durfte, wenn der Begriff sich ändern sollte. Was aber die Begründung zu
Art. 8 sagt, beweist geradezu gegen den G. H. Dort heißt es, die Ausdrucksweise des Abs. I sei gleichbedeutend mit der in Art. 2 des Ges. von 1850. Es ist doch wohl gleichgiltig, daß die Begründung
nicht auch den Art. 5 Abs. II des letzteren Ges. anführt. Dies war in der That überflüssig. Denn aus
Art. 5 ergibt sich lediglich, was der Gesetzgeber in Art. 2 unter einem bejahenden Competenzconflict
versteht, und wenn also der Gesetzgeber von 1879 auf Art. 2 Bezug nimmt, so nimmt er eben auf den
Begriff des Competenzconflicts Bezug, wie er aus Art. 2 mit 5 sich ergibt, und wie er der wissenschaftlich
richtige ist. Daß auch im Landtage die Sache so aufgefaßt wurde, zeigen die Aeußerungen des Berichterstatters der k. d. R. R., Dr. v. Neumayr, welche der G. H. unbeachtet gelassen hat. Derselbe sagte
(Prot. Bd. II S. 1097) in seinem einleitenden Vortrage: Die Staatsregierung ist bei Vorlage des
Ges. Entw. „im Allgemeinen nicht weiter gegangen, als die Nothwendigkeit gegeben war, sondern sie
hat in dem Entw. die Grundzüge des Ges. vom Jahre 1850 in allen wesentlichen Beziehungen aufrecht erhalten, nur mit verhältnißmäßig wenigen Modificationen und Zusätzen, die nicht princi-
pieller Natur sind, . . . und mit Anpassung des Verfahrens an die reichsgesetzlichen Bestimmungen.
Abgesehen von diesen theils nicht principiellen, theils nothwendigen Modificationen
reproducirt der Entw. das Ges. vom Jahre 1850 dem Sinne nach in allen wesentlichen Punkten."
Daß es sich nun hier um eine wesentliche und grundsätzliche und zugleich nicht nothwendige Aenderung
handelt, wird nicht zu leugnen sein. Zu Art. 1 des Entw. aber bemerkte der Berichterstatter (a. a. O.
S. 1099): „Der Ausdruck: die Entscheidung von Streitigkeiten über die Zulässigkeit des Rechtsweges
entspricht der Sprachweise des Reichsges.; es wird aber dadurch an dem dermalen bestehenden
gesetzlichen Begriffe des Competenzconflictes nichts geändert. Ich beantrage also Zustimmung." Diese Worte sind so klar, als man nur wünschen kann.

Uebrigens machen gerade die Fälle, welche zur Beurtheilung des G. H.'s f. Comp. Confl. lagen,
es deutlich, wie bedenklich der vom G. H. aufgestellte Begriff des Zuständigkeitsstreites ist. Aus der
Geschäftsaufgabe des Ministeriums des Aeußern, Störungen der freundnachbarlichen Beziehungen
zu einem fremden Staate hintanzuhalten, folgt keine Beschränkung der Zuständigkeit der Gerichte.
Noch weniger kann aus der Geschäftsaufgabe desselben Ministeriums, Privatinteressen bayer. Staatsangehöriger diplomatisch zu vertreten, diesen Staatsangehörigen ein Hinderniß erwachsen, ihr Recht
vor den einheimischen Gerichten zu suchen. Es handelte sich in Wirklichkeit um gar keinen Zuständigkeitsstreit; denn die diplomatische Thätigkeit des Ministeriums und die richterliche Thätigkeit berühren sich
rechtlich überhaupt nicht. Es handelte sich lediglich um die Frage, ob die Gerichte die C. P. O. richtig
angewandt hatten oder nicht. Dies zu untersuchen, ist aber nicht Aufgabe des G. H.'s f. Comp. Confl. —
Zur Sache selbst, um die es sich handelte, vgl. nunmehr R. Ges. vom 3. Mai 1886 (R. G. Bl. S. 131)
und R. Bl. 1887 S. 153.

[19] Die Befugniß der vorher genannten Stellen zur Erhebung des Zuständigkeitsstreits bleibt
also daneben bestehen. Vgl. Begründung zu Art. 9.

[20] Ueber die Aenderung in der Fassung, die am Entw. vorgenommen wurde, Verh. d. k. b. R. R.
1877/81 Prot. Bd. II S. 1107 f.

[21] Ges. Art. 9. Derselbe entspricht in Abs. I u. III dem Art. 3 des Ges. von 1850, worüber
St. Rinecker a. a. O. S. 318 ff.

[22] Auch dann, wenn die Unterbehörde erklärt, im Namen der zuständigen Stelle zu handeln,
ohne einen Auftrag hiezu zu haben. R. Bl. 1869 S. 1681.

telle und ertet der Erklärung, daß fie im Auftrage ..... e. ft die Staatserrichtung e... von der zuständigen Stelle ausgegangen zu erachten.

Die formelle Vorausfezung zur Anregung eines .... kann in doppelter Weise beftimmt werden. Das Gefez kann .... mit der zulaffen, wenn die Gerichte ihre Zuftändigkeit bereits .... oder .... in Anfpruch genommen haben. Dies war der Standpunkt des Gefezes vom 25. Mai 1850[23]. Er fand in der Geftaltung des älteren bayerifchen Civilprozeffrechtes feine Begründung[24], rief jedoch bei Einführung der Civilprozeßordnung von 1869 .... bevor[25]. Das Gefez kann aber auch — und dies ift dem Syfteme des .... angemeffen — die Erhebung des Zuftändigkeitftreites fchon dann geftatten, wenn eine Sache bei Gericht angebracht ift, ohne Rückficht darauf, ob leztere feine Zuftändigkeit bereits in Anfpruch genommen hat oder nicht. Es handelt fich dann .... nicht um einen wirklichen, fondern um einen möglichen Zuftändigkeitftreit. Die Gefahr, daß die Verwaltung mit der Streiterhebung zu fpät kömmt, wird vermieden und dafür der jedenfalls geringere Nachtheil eingetaufcht, daß unter Umftänden eine Streiterhebung in einem Falle hervorgerufen wird, wo die Gerichte felbft ihre Zuftändigkeit verneint haben würden.

Das Gefez vom 18. Auguft 1879[27] läßt die Erhebung des Zuftändigkeitftreites zu, wenn eine Sache bei einem Gerichte „anhängig" ift, und fchließt fie aus, wenn die Zuläffigkeit des Rechtsweges durch rechtskräftiges[28] Urtheil des Gerichtes "ftehet"[29]. Angefichts diefer gefezlichen Vorfchrift erhebt fich die Frage, ob mit der dort getroffenen Beftimmung über den Zeitpunkt, von welchem ab der Zuftändigkeitftreit foll erhoben werden können, der vorhin erörterte gefezgeberifche Gedanke zur Geltung gebracht worden ift. Es wird fich dabei um dreierlei handeln, darum nemlich, ob jener Gedanke den reichsrechtlichen Vorfchriften gegenüber gefaßt werden durfte, ob er wirklich gefaßt worden ift, endlich, ob er im Gefeze Ausdruck gefunden hat.

[23] R. Bl. 1863 S. 1951, vgl. auch G. u. V. Bl. 1884, Anh. S. 6.

[24] Art. 5 Abf. I: „Die Verwaltungsftellen haben den Competenzconflict anzuregen, fobald fie auf was immer für eine Weife erfahren, daß fich ein Gericht mit einer zur Zuftändigkeit der Verwaltung gehörigen Sache befaßt." Dazu St. Rineder, Commentar S. 326 ff.

[25] Hier hatte der Richter die vollftändige Leitung des Verfahrens fofort bei eingereichter Klage. Durch Zulaffung der lezteren zur Verhandlung war er mit der Sache „befaßt".

[26] Der Zeitpunkt, in welchem der Richter mit der Sache „befaßt" wurde, verfchob fich nunmehr. In mehreren Comp. Confl. Entfch. (G. u. V. Bl. 1873 S. 947, 951, 970; 1874 Beil. II; 1875 Beil. II; 1876 Beil. IX; vgl. auch Matthäus a. a. O. S. 11 ff.) wurde ausgefprochen, daß die Anhängigmachung einer Sache bei Gericht noch nicht den Zuftändigkeitftreit rechtfertige, daß ein Befaffen mit der Sache erft vorliege, wenn das Gericht über die Sache verhandelt und entfchieden oder doch eine Verfügung oder Gerichtshandlung vorgenommen habe, welche die Inanfpruchnahme der Zuftändigkeit in fich fchließe. Hienach war, da eine eventuelle Streiterhebung unftatthaft war (R. Bl. 1860 S. 312; 1861 S. 416; 1872 S. 425), der Fall fehr leicht möglich, daß die Verwaltung poft feftum kam und den Zuftändigkeitftreit gar nicht mehr erheben konnte (wenn die Entfcheidung fofort nach der Verhandlung erging und Mangels der Berufungsfumme fogleich rechtskräftig war). Vgl. auch Bl. f. adm. Praxis XXII S. 11 29, XXIII S. 347.

[27] Art. 8.

[28] R. C. P. O. § 645. Planck, Lehrb. des deutfchen Civilprozeßrechtes I S. 254 ff. Comp. Confl. Entfch. G. u. V. Bl. 1888 Beil. II. Auch durch die Zuläffigkeit der Revifion wird die Rechtskraft gehemmt. — Ueber das frühere bayer. Recht die Comp. Confl. Entfch. R. Bl. 1861 S. 217, G. u. V. Bl. 1879 Beil. I.

[29] Vgl. hiezu die Begründung. Das württ. Gef. vom 25. Aug. 1879 Art. 5 Abf. I fchließt die Erhebung des Zuftändigkeitftreites auch dann aus, wenn ein civilgerichtliches Urtheil nur noch mittelft Revifion an das Reichsgericht anfechtbar ift. (Dazu die Begründung Verh. d. württ. K. d. Abg. 1877/80, Beil. Bd. I Abth. 2 S. 478 f.) Das bayer. Gef. ift diefem Vorgange nicht gefolgt. — Gegen die Beftimmung in § 17 Ziff. 4 des R. G. V. G.'s O. v. Sarwey, das öffentl. Recht u. die Verwaltungsrechtspflege S. 680 ff.

Nach dem Reichsgerichtsverfassungsgesetze kann durch die Landesgesetzgebung die Entscheidung von Streitigkeiten zwischen den Gerichten und den Verwaltungsbehörden oder Verwaltungsgerichten über die Zulässigkeit des Rechtsweges besonderen Behörden übertragen werden. Ihrem Wortlaute nach trifft diese Bestimmung unleugbar nur jene Fälle, wo ein Gericht seine Zuständigkeit bereits irgendwie in Anspruch genommen hat, und die Verwaltung nun gleichfalls mit dem nemlichen Anspruche hervortritt. Denn nur dann kann man von einem Streite über die Zuständigkeit zwischen beiden Theilen reden, wenn beiderseits Handlungen vorliegen, aus welchen ein Zwiespalt der Rechtsauffassung erhellt. Trotzdem ist nicht anzunehmen, daß das Reichsgesetz so streng wörtlich verstanden sein will.

Der jetzige § 17 desselben ⁸⁰ hatte in seiner ersten Fassung einen Wortlaut, der die Erhebung des Zuständigkeitsstreites nicht an die Voraussetzung eines schon bestehenden Streites zwischen Justiz und Verwaltung band, indem er des Ausdruckes „Streitigkeiten" sich nicht bediente ⁸¹. Aus den Verhandlungen der Justizcommission ⁸² und des Reichstages selbst ⁸³ ist nicht ersichtlich, daß durch die Aenderung in der Fassung des § 17 die Erhebung des Zuständigkeitsstreites von einer förmlichen Streitbefestigung zwischen Gericht und Verwaltung abhängig gemacht werden wollte. Das Reichsgesetz verhält sich überhaupt gegen die Art der Inscenirung des Zuständigkeitsstreites gleichgiltig. Es kümmert sich nicht um den Zeitpunkt, von welchem ab dieser Streit statthaft, sondern nur um jenen, von welchem ab er nicht mehr statthaft sein soll. Hienach ist kaum zweifelhaft, daß die Worte des jetzigen § 17 „Streitigkeiten über die Zulässigkeit des Rechtsweges" lediglich eine deutsche Uebersetzung des Ausdruckes „Competenzconflict" sein sollen. Letzterer aber bezeichnet, entsprechend dem hier bestehenden Zusammenhange der deutschen mit der französischen Rechtsentwickelung, nach dem rechtswissenschaftlichen Sprachgebrauche dasselbe, wie conflit d'attribution. Die französische Rechtssprache nun hat mit dem Ausdrucke conflit nicht stets und nicht allgemein die Bedeutung eines förmlich festgestellten Streites zwischen Behörden der Rechtspflege und der Verwaltung verbunden ⁸⁴. Es scheint sonach, daß die Frage, von wann ab die Erhebung des Zuständigkeitsstreites statthaft sein soll, reichsrechtlich eine offene ist.

Von dieser Auffassung sind auch die bundesstaatlichen Gesetzgebungen, insbesondere der Königreiche Preußen, Württemberg und Sachsen, ausgegangen, indem sie den Zu-

---

⁸⁰ Er beruht auf einem Antrage Lasker mit Verbesserungsanträgen von Struckmann, Herz und Grimm.

⁸¹ Er lautete als § 5 a in Abs. II: „Besondere Behörden zur Entscheidung über die Zulässigkeit des Rechtsweges sind nach Maßgabe der Landesgesetze nur zulässig, soweit es sich um das Zuständigkeitsverhältniß zwischen den ordentlichen Gerichten und den Verwaltungsbehörden oder den Verwaltungsgerichten handelt. Dabei ꝛc."

⁸² Prot. der Justizcommission des Deutschen Reichstages 1876 S. 481 ff., 583 ff.

⁸³ Verh. d. Reichstages, II. Legisl. Per., 4. Sess., Sten. Ber. I S. 210 ff.

⁸⁴ Vor Erlaß der Ordonnanz vom 1. Juni 1828 war die Zulässigkeit eines arrêté de conflit nicht davon abhängig, daß der Richter sich bereits für seine Zuständigkeit entschieden habe. Vgl. Taillandier, Commentaire sur l'ordonnance de 1828 p. 152: „Un préfet apprenait, soit par une partie intéressée, soit par le bruit public, ou par toute autre voie, qu'une affaire qui lui paraissait administrative était soumise à la connaissance d'un tribunal, il prenait aussitôt un arrêté au moyen duquel il requérait qu'il fût sursis au jugement jusqu'à la décision du Conseil d'État sur la question de compétence. Cet arrêté de conflit, communiqué au tribunal par le ministère public, paralysait son action, et, sans que le juge eût été mis à même de prononcer sur sa compétence, il se voyait ainsi enlever violemment une cause qu'il aurait peut-être renvoyée lui-même devant l'autorité administrative, s'il eût été averti des difficultés relatives à la compétence." Nach dem jetzt geltenden Rechte, wie es in der oben angef. Ordonnanz enthalten ist, muß allerdings dem arrêté de conflit ein déclinatoire vorausgehen, wodurch das Gericht erster Instanz aufgefordert wird, sich über seine Zuständig-

ständigkeitsstreit zulassen, selbst wenn das Gericht seine Zuständigkeit noch nicht in Anspruch genommen hat[35].

Es frägt sich nun ferner, ob auch die bayerische Gesetzgebung auf dem gleichen
Standpunkte steht, ob sie von der reichsrechtlich offen gelassenen Möglichkeit, den Zuständigkeitsstreit in dem weiteren Sinne des Wortes einzuführen, Gebrauch machen
wollte und Gebrauch gemacht hat. Der Gerichtshof für Competenzconflicte hat beide
Fragen verneint[36]; meines Erachtens sind sie jedoch zu bejahen.

Was zunächst die gesetzgeberische Absicht anlangt, so geht aus den Verhandlungen, welche über
den Gesetzentwurf zwischen den Ministerien stattfanden, mit voller Sicherheit hervor, daß die Staatsregierung den weiteren Begriff des Zuständigkeitsstreites im Auge hatte. Dies hätte vielleicht in
dem Entwurfe urb dessen Begründung noch deutlicher zum Ausdrucke kommen können, als es geschehen
ist, aber zum Ausdrucke ist es immerhin gelangt.

Die Begründung zu Artikel 8 sagt: „Die der Ausdrucksweise des Reichsgerichtsverfassungsgesetzes angepaßte Fassung in Absatz I — wenn der Rechtsweg von der Verwaltungsbehörde für unzu-
lässig erachtet wird — ist dem Sinne nach gleichbedeutend mit der in Artikel 2 des Gesetzes vom
28. Mai 1850 — wenn die Zuständigkeit von Seite der Verwaltung in Anspruch genommen wird.
Voraussetzung[37] der Erhebung des Conflictes ist die Anhängigkeit der Sache bei Gericht. Ob eine
Sache als beim Gerichte anhängig zu erachten sei, bemißt sich nach den für dieselbe maßgebenden
Prozeßgesetzen. (Man vgl. Art. 235 der R. C. P. O., §§ 168, 170, 414 b. R. St. P.L.)“
Der Gesetzentwurf aber enthielt in Artikel 10 die Bestimmung: „Wenn in einer Sache über die

---

teit schlüssig zu machen oder dieselbe abzulehnen (de se dessaisir). Wenn aber die Partei gegen das
Urtheil, welches dem déclinatoire stattgibt, Berufung ergriffen hat, so kann der Präfect, wie die
Uebung seit 1840 entschieden hat, ohne neues déclinatoire den Conflict beim Obergerichte erheben.
„Si le déclinatoire est admis, le préfet pourra également élever le conflit dans la quinzaine
qui suivra la signification de l'acte d'appel, si la partie interjette appel du jugement“ Art. 8
der Ordonnanz. Vgl. hieher A. Batbie, traité théorique et pratique de droit public et adm.
VII p. 378 sv., insbes. p. 381 n. 1.
     [35] Vgl. für Preußen die Erörterungen im Commissionsberichte des Abg. Hauses (Verh. von
1878/79 Anl. Bd. II S. 1870 f.), dann die Verordn. vom 1. Aug. 1879 (Ges. Samml. S. 873) §§ 1 mit
4. Obschon § 1 die Entscheidung der Streitigkeiten über die Zulässigkeit des Rechtsweges dem
G. H. zur Entscheidung der Comp. Confl. überweist, sagt doch § 4: „Der G. H. entscheidet, wenn die
Verwaltungsbehörden den Rechtsweg in einem bei den Gerichten anhängigen bürgerlichen Rechtsstreite für unzulässig erachten und deshalb der Competenzconflict erhoben wird.“
     Das württ. Ges. vom 25. Aug. 1879 (R. Bl. S. 274) Art. 4 läßt gleichfalls den Zuständigkeits-
streit „in einer bei dem bürgerlichen Gericht anhängigen Sache“ zu. Die Begründung (Verh. d.
württ. K. d. Abg. von 1877/80 Beil. Bd. I Abth. 2 S. 477) bemerkt: „Die Rechtshängigkeit bei den
bürgerlichen Gerichten bestimmt sich nach den Vorschriften der C. P. O. §§ 230, 233, 235. Sie tritt
mit der Erhebung der Klage ein, welche durch Zustellung eines Schriftsatzes nach Bestimmung des
Termines erfolgt. Es würde allerdings nahe liegen, die Erhebung des Competenzconflictes an die Voraussetzung zu knüpfen, daß das Gericht sich selbst für zuständig erklärt hat, da in dem Falle, wenn das
Gericht seine Unzuständigkeit aussprechen würde, die Entscheidung des Comp. G. H.'s vom Standpunkte der den Competenzconflict erhebenden Behörde aus entbehrlich wäre. Allein da das Gericht zu
einer Zwischenentscheidung über die Einrede der Unzulässigkeit des Rechtswegs zwar berechtigt, soferne
die Partei nicht die Verhandlung zur Hauptsache verweigert, nicht aber verpflichtet ist (§ 248 C.P.O.),
und da nach Art. 10 (des Entw.) gegen eine rechtskräftige Entscheidung des Gerichtes. durch welche
dasselbe für die Zulässigkeit des Rechtswegs erkannt hat, ein der Competenzconflict erhoben wurde,
dieser nicht mehr erhoben werden kann, ist es, wenn der Zweck erreicht werden soll, geboten, die Erhebung des Conflictes sofort mit dem Eintritt der Rechtshängigkeit zuzulassen.“
     Das k. sächs. Ges. vom 3. März 1879, die Entscheidung über Competenzstreitigkeiten zwischen
den Gerichten u. Verwaltungsbehörden betr. (G. u. V. Bl. S. 65), unterscheidet zwischen Erhebung
des „Competenzstreites“, bevor und „nachdem ein die Zuständigkeit des Gerichts stillschweigend oder
ausdrücklich anerkennendes Urtheil (oder eine solche Entscheidung) verkündet worden ist“. Im ersten
Falle ist dem Gerichte noch Gelegenheit gegeben, den Zuständigkeitsstreit abzuschneiden. Es hat „über
die Zulässigkeit des Rechtsweges Beschluß zu fassen und, soferne es dessen Zulässigkeit anerkennt, die
Einstellung des Verfahrens bis zur Erledigung der Competenzstreitigkeit auszusprechen“.
     [36] Erk. vom 18. März u. 2. Dec. 1880, G. u. V. Bl. 1880, Anh. Beil. II, VI.
     [37] Die folgenden Worte wurden dem ursprünglichen Entw. der Begründung beigefügt, um
„jedes Bedenken“ darüber „zu beseitigen“. daß die Erhebung des Zuständigkeitsstreites lediglich die
Anhängigkeit der Sache bei Gericht zur Voraussetzung habe.

Zulässigkeit des Rechtsweges Zweifel entstehen, so soll das Gericht vor seiner Entscheidung die Verwaltungsstelle um eine Erklärung darüber ersuchen, ob der Competenzconflict erhoben werde." Die Begründung bemerkte hiezu, es empfehle sich vom praktischen Standpunkte aus, „daß die Gerichte, soweit möglich, ihre Entscheidungen bis nach Eintreffen der Erklärung der Verwaltungsstelle ausgesetzt sein lassen".

Hier wird klärlich die Erhebung des Zuständigkeitsstreites auch dann als möglich erachtet, wenn das Gericht zur Zuständigkeitsfrage noch keine Stellung genommen hat. Das Gericht soll sogar etwaige Zweifel nicht selbst lösen, sondern der Verwaltung Gelegenheit geben, die Entscheidung an den Gerichtshof für Competenzconflicte zu bringen.

Es ist eingewandt worden³⁸, daß, selbst wenn die Staatsregierung beabsichtigt habe, die Erhebung des Zuständigkeitsstreites schon im Falle bloßer Anhängigkeit einer Sache bei Gericht zu gestatten, dies nicht zu einer Auslegung des Gesetzes berechtige, die dem Wortlaute des Artikels 1 desselben widerspreche. Denn es fehle der Beweis, daß auf Seite der Kammern die gleiche Absicht bestanden habe, ja in den Aeußerungen des Berichterstatters der Kammer der Reichsräthe³⁹ sei sogar offenbar die entgegengesetzte Absicht ausgedrückt⁴⁰. Es ist richtig, daß diese Aeußerungen so gedeutet werden können, nicht aber, daß sie so gedeutet werden müssen, und sie beweisen daher nicht für die Absicht des Landtages. Wenn der Berichterstatter darauf Bezug nahm, daß das neue Gesetz gegenüber dem früheren den Begriff des Zuständigkeitsstreites nicht ändere, so ist zu erwägen, daß die ganze Streitfrage über den Zeitpunkt, von wann an der Streit erhoben werden könne, nicht im Gesetze von 1850, sondern in der Aenderung des Civilprozeßrechtes durch die Prozeßordnung von 1869 ihren Anlaß hatte. Und so konnte man sehr wohl die Aeußerung des Berichterstatters, der neue Entwurf passe das Verfahren an die reichsgesetzlichen Bestimmungen an, auch darauf beziehen, daß der Entwurf beabsichtige, um mögliche Mißstände zu beseitigen, den Zuständigkeitsstreit schon mit Anhängigkeit der Sache zu gestatten. Jedenfalls mußten die Kammern, wenn sie in diesem Punkte mit der Staatsregierung nicht einverstanden waren, dies ausdrücklich bekunden. Durch den Abstrich des Artikels 10 des Entwurfes ist dies nicht geschehen; denn dieser erfolgte lediglich aus Gründen, die mit der hier besprochenen Frage außer Zusammenhang stehen⁴¹.

Hienach erübrigt noch zu erörtern, ob der Wortlaut des Gesetzes, so wie er nunmehr liegt, für die Auslegung spricht, welche der Gerichtshof für Competenzconflicte angenommen hat, oder für jene, welche von der Staatsregierung durch die Fassung ihrer Vorlage erzielt werden wollte.

Der Gerichtshof stützt sich auf folgende Erwägungen. Der Ausdruck „Streitigkeiten" in Artikel 1 des Gesetzes habe „schon seinem Begriffe nach eine Verschiedenheit der beiderseitigen Ansichten, einen Widerspruch zwischen denselben" zur Voraussetzung. Das Gleiche gelte vom Ausdrucke „Competenzconflicte", der zur Bezeichnung des Gesetzes selbst und des durch dieses geschaffenen Gerichtshofes diene. Der Artikel 8 aber stehe zweifellos „unter der Herrschaft des Artikels 1". Allerdings spreche Artikel 8 von einer „anhängigen Sache". Allein, so äußert sich der Gerichtshof wörtlich, „hieraus folgt wohl, daß eine Erhebung des Conflictes nicht möglich ist, solange die Sache bei Gericht überhaupt noch nicht anhängig geworden ist, oder wenn sie nicht mehr anhängig ist, nicht aber kann jene Bestimmung dahin aufgefaßt werden, daß schon die bloße Anhängigkeit der Sache bei einem Gerichte genüge, um die Verwaltungsbehörden zur Erhebung eines Competenzconflictes zu berechtigen".

Hiegegen ist Nachstehendes einzuwenden. Es handelt sich nicht um den gewöhnlichen sprachlichen Sinn der Worte „Zuständigkeitsstreit" oder „Competenzconflict", sondern um deren Sinn als Ausdrücke der Rechtssprache. In dieser Beziehung wurde bereits dargethan, daß sowohl das französische Recht als auch die deutsche, insbesondere die neueste deutsche Gesetzgebung die Worte in einer Bedeutung verwenden, die über deren engeren sprachlichen Sinn hinausgeht⁴². Der Artikel 1 des Gesetzes wollte ferner nach der Begründung lediglich die Bezeichnung des Gerichtshofes geben und seine Thätigkeit im Anschlusse an die Ausdrucksweise des Reichsgesetzes im Allgemeinen umschreiben. Das Reichsgerichtsverfassungsgesetz aber beabsichtigte, wie bereits oben⁴³ erwähnt, nicht, die landesgesetzliche Regelung der Voraussetzungen des Zuständigkeitsstreites nach der hier erörterten Richtung zu beschränken. Hienach erscheint die Annahme ausgeschlossen, daß der bayerische Gesetzgeber schon im Artikel 1 hierüber

---

³⁸ G. u. V. Bl. 1880 Anh. S. 37.
³⁹ Dieser Berichterstatter ist der damalige Präsident des G. H.'s f. Comp. Confl., Dr. v. Neumayr.
⁴⁰ S. diese Aeußerungen Verh. d. K. d. R. R. 1877/81 Prot. Bd. II S. 1095, 1097, 1104.
⁴¹ Verh. d. K. d. R. R. 1877/81 Prot. Bd. II S. 1109 ff.
⁴² Vgl. O. v. Sarwey, das öffentl. Recht u. die Verwaltungsrechtspflege S. 685 Anm. 4.
⁴³ Bei Anm. 30 ff.

habe bestimmen wollen; dies um so mehr, als, wenn dies der Fall wäre, zwischen Artikel 1 und 8 ein Widerspruch bestünde. Denn die Auslegung, welche der Gerichtshof für Competenzconflicte dem Artikel 8 gibt, um ihn mit seiner Auslegung des Artikels 1 in Einklang zu setzen, scheint mir in der That nicht angängig zu sein. Wäre sie richtig, so wäre der Gesetzgeber von dem Vorwurfe nicht frei zu sprechen, daß er in einer Weise das Licht an die Sonne gehalten habe, wie es kaum bei einem Commentator als zulässig erachtet würde. Soll der Zuständigkeitstreit erst statthaft sein, wenn das Gericht seine Zuständigkeit in einer Sache in Anspruch genommen hat, so versteht es sich von selbst, daß die Sache anhängig geworden sein muß. Womöglich noch selbstverständlicher aber ist, daß es keinen Zuständigkeitsstreit mehr geben kann, wenn eine Sache bei Gericht nicht mehr anhängig ist. Hienach gelangt man nothwendig zu dem Schlusse, daß die Bestimmung im Artikel 8 des Gesetzes überhaupt nur dann einen Sinn hat, wenn man sie ihrem Wortlaute nach dahin auslegt, es solle die Verwaltung den Zuständigkeitstreit von dem Augenblicke an erheben können, wo eine Sache bei Gericht anhängig ist, gleichviel, ob das Gericht seine Zuständigkeit schon in Anspruch genommen hat oder nicht.

Nach diesen Ergebnissen ist dazu überzugehen, festzustellen, was der Gesetzgeber mit Anhängigkeit einer Sache hat bezeichnen wollen.

Die Anhängigkeit einer Civilprozeßsache ist gleichbedeutend mit deren Rechtshängigkeit. Letztere wird durch die Erhebung der Klage begründet und dauert bis zum Eintritte der Rechtskraft oder der sonstigen Beendigung des Rechtsstreites⁴⁴. Für den Begriff der Anhängigkeit in den übrigen Fällen⁴⁵ gibt das Gesetz keine bestimmten Anhaltspunkte⁴⁶. In Straf- und Dienststrafsachen wird eine Sache als anhängig zu betrachten sein, wenn eine richterliche Thätigkeit vorliegt, durch welche die Verjährung der Strafverfolgung unterbrochen wird. In Sachen der freiwilligen Gerichtsbarkeit wird es genügen, daß das Gericht mit einer Angelegenheit befaßt ist. Es wird indessen hier mit der Erhebung des Zuständigkeitstreites jedenfalls zugewartet werden können, bis der Richter ausdrücklich oder stillschweigend die Zuständigkeit in Anspruch genommen hat.

Der Zuständigkeitstreit kann innerhalb der zeitlichen Grenzen, welche aus Artikel 8 des Gesetzes sich ergeben, von jeder hiezu befugten Behörde erhoben werden. Innerhalb dieses Zeitraumes schließt die Zurücknahme der Streiterhebung durch eine Behörde die Wiedererhebung des Streites nicht aus. Denn die Erhebung des Streites geschieht nicht zur Wahrung subjectiver Rechte, sondern im Interesse der Einhaltung der gesetzlichen Anordnungen über die Vertheilung der staatlichen Geschäfte. Die Zurücknahme der Streiterhebung kann daher niemals die Natur der Verfügung über ein Recht der Behörde, also eines Verzichtes haben. Keine Behörde ist befugt, auf die Erfüllung ihrer amtlichen Obliegenheiten zu verzichten⁴⁷.

---

⁴⁴ Begründung zu Art. 8, welche den § 235 der R. C. P. O. anführt.

⁴⁵ Ges. Art. 27.

⁴⁶ Die Begründung zu Art. 8 führt die §§ 168, 170, 414 der R. St. P. O. an.

⁴⁷ Das Gesetz hätte, wenn es der Zurücknahme der Streiterhebung die Wirkung beimessen wollte, daß dadurch die Streiterhebung endgiltig ausgeschlossen werden solle, dies im Einzelnen regeln müssen. Denn andernfalls blieben eine Reihe unlösbarer Fragen. Soll die Zurückziehung durch die Regierung das Ministerium an der Streiterhebung hindern? Soll die Zurückziehung durch die Regierung dem V. G. H. die Möglichkeit der Streiterhebung benehmen? u. s. w. Von den vorhandenen Entsch. beziehen sich jene nicht hieher, welche — auch vom hier vertretenen Standpunkte aus vollkommen richtig — annehmen, daß die Ertheilung einer Streitgenehmigung Seitens einer Verwaltungsstelle diese an späterer Erhebung des Zuständigkeitstreites nicht hindere. Vgl. die Entsch. bei Matthäus a. a. O. S. 14 Ziff. 39. Dagegen hat die Entsch. R. Bl. 1872 S. 521 ausgesprochen, daß die Zurücknahme eines angeregten Zuständigkeitstreites von der Verwaltungsstelle nicht widerrufen, oder richtiger, daß der Zuständigkeitstreit nicht neuerdings erhoben werden könne. Dies wird damit begründet, daß den Parteien des Prozesses ein Recht auf die Erledigung der Zuständigkeitsfrage, wie sie im Verzichte enthalten sei, erwachse. Dieser Grund scheint mir nicht zutreffend. Denn die Feststellung der Grenzen der staatlichen Zuständigkeitsordnung zwischen Justiz und Verwaltung ist eine rein staatliche Angelegenheit, keine Parteisache. Es handelt sich weder um ein subjectives Recht der in Zuständigkeitstreit gerathenden Behörden, noch um ein subjectives Recht der im Rechtsstreite befindlichen Parteien.

Die Erhebung des Zuständigkeitsstreites erfolgt bei dem Gerichte, bei welchem die Sache anhängig ist, durch die schriftliche Erklärung der Verwaltungsbehörde, daß der Rechtsweg für unzulässig erachtet werde. Dieser Erklärung soll eine Begründung beigefügt werden⁴⁸.

Durch die Erhebung des Zuständigkeitsstreites wird das gerichtliche Verfahren für die Dauer des Zuständigkeitsstreitverfahrens unterbrochen⁴⁹. Durch die Erhebung des Zuständigkeitsstreites werden vorsorgliche Verfügungen des Gerichtes wie der Verwaltungsbehörden nicht ausgeschlossen⁵⁰.

Das Gericht hat die Verwaltungsbehörde vom Eintreffen der Erklärung, die Parteien unter Mittheilung einer Abschrift der Erklärung von der Erhebung des Zuständigkeitsstreites zu benachrichtigen⁵¹.

Die Instruction des Zuständigkeitsstreites obliegt stets dem Gerichte erster Instanz. Daher sind, wenn die Sache bei einem Gerichte höherer Instanz anhängig ist, die Akten an den Gerichtsschreiber des Gerichtes erster Instanz einzusenden und die Erklärung der Verwaltungsbehörde, sowie die Zustellungsurkunden über die Benachrichtigung der Parteien beizufügen⁵².

Anders gestaltet sich die Einleitung des Zuständigkeitsstreitverfahrens beim verneinenden Zuständigkeitsstreite. Ein solcher liegt vor, wenn einerseits die Gerichte, andererseits die Verwaltungsbehörden oder der Verwaltungsgerichtshof⁵³ durch Entscheidungen, welche nicht mehr anfechtbar sind, ihre Unzuständigkeit in einer Sache ausgesprochen haben. Hat jedoch „das Reichsgericht die Unzulässigkeit des Rechtsweges ausgesprochen, so haben die Verwaltungsbehörden oder der Verwaltungsgerichtshof die rechtliche Beurtheilung, welche dem Ausspruche zu Grunde gelegt ist, auch ihrer Entscheidung zu Grunde zu legen"⁵⁴. Die hier wiedergegebene Fassung des Gesetzes scheint nur die Fälle im Auge zu haben, wo die reichsgerichtliche Entscheidung der Verwaltungsentscheidung vorhergeht, dagegen die Möglichkeit einer umgekehrten zeitlichen Folge der Entscheidungen zu übersehen. Da es indessen die ausgesprochene Absicht des Gesetzgebers ist, „die Parteien nicht rechtlos zu stellen"⁵⁵, so wird man annehmen müssen, daß das reichsgerichtliche Erkenntniß, welches die gerichtliche Zuständigkeit verneint, in den Fällen

---

Selbstverständlich hebt das in Art. 9 verliehene Recht der Erhebung des Zuständigkeitsstreites das dienstliche Unterordnungsverhältniß der Verwaltungsbehörden in diesem Punkte nicht auf. Das Ministerium kann also, wenn von einer untergebnen Stelle oder vom Staatsanwalte am V. G. H. aus eigener Bewegung der Zuständigkeitsstreit erhoben ist, diese Erklärung zurückziehen.

⁴⁸ Ges. Art. 10. Der Ausdruck „Verwaltungsbehörde" ist lediglich deshalb gewählt, um auch den Staatsanwalt am V. G. H. zu treffen. Die Fassung des Art. 5 Abf. I des Ges. von 1850 „die Verwaltungsstellen haben den Competenzconflict zu erheben", ist nach der Begründung vermieden, weil es den Verwaltungsbehörden überlassen werden wollte, zu bemessen, ob eine Sache „genügend wichtig" zur Anregung des Zuständigkeitsstreites erscheine.

⁴⁹ Ges. Art. 11 Abf. I. Die „Unterbrechung" tritt kraft Gesetzes ein, nicht wie die „Aussetzung" durch Gerichtsbeschluß. Die Erörterung der Wirkungen der Unterbrechung auf die gerichtliche Thätigkeit gehört dem Prozeßrechte an. Vgl. Ges. Art. 11 Abf. II, III, Art. 12, dann die Begründung zu Art. 12, 13 des Entw.

⁵⁰ Ges. Art. 13. Vgl. Ges. von 1850 Art. 6 Abf. II u. die Anmerkungen von St. Rinecker a. a. O. S. 330. Die Begründung zu Art. 14 des Entw. bemerkt: „Zur Vermeidung unnöthiger Collisionen werden sich beide (Gerichte und Verwaltungsbehörden) über gemeinschaftliche Anordnungen zu verständigen haben. (Vgl. Seuffert, Comm. zur Gerichtsordn., 2. Aufl., I S. 236 N. 290.)"

⁵¹ Ges. Art. 14.   ⁵² Ges. Art. 15.

⁵³ Aus dem Worte „oder" erhellt, daß es genügt, wenn nur eine Verwaltungsbehörde oder nur der V. G. H. die Zuständigkeit abgelehnt hat. Dies muß aber mit der Begründung geschehen sein, daß die Sache Justizsache sei. Letztere Begründung ergibt sich von selbst, wo der Competenzsenat des V. G. H.'s die Zuständigkeit der Verwaltung überhaupt verneint hat. Ges. Art. 29 Ziff. 5.

⁵⁴ Ges. Art. 22. Dazu Begründung zu Art. 23 des Entw.

⁵⁵ Worte der Begründung zu Art. 23 des Entw.

der letzteren Art die gleiche Wirkung äußert, wie eine Entscheidung des Gerichtshofes für Competenzconflicte. Die Verwaltungsentscheidungen, welche dem Urtheile entgegenstehen, werden alfo „als nicht erlaffen anzusehen" sein ⁵⁶.

Liegt ein reichsgerichtlicher Ausspruch nicht vor, so entscheidet über verneinende Zuständigkeitstreite der Gerichtshof für Competenzconflicte auf Antrag einer der Parteien ⁵⁷. Dieser Antrag ist bei dem Gerichte, bei welchem die Sache in erster Instanz anhängig war ⁵⁸, schriftlich ⁵⁹ oder zu Protokoll des Gerichtschreibers zu stellen. Er ist vom Gerichte der Gegenpartei und der Verwaltungsbehörde, welche in letzter Instanz entschieden hat, bzw. dem Staatsanwalte am Verwaltungsgerichtshofe mitzutheilen ⁶⁰.

Die weiteren Vorschriften über das Verfahren find für die Fälle des bejahenden und des verneinenden Zuständigkeitstreites die gleichen ⁶¹.

Sowohl die betheiligte Verwaltungsbehörde als die Parteien können in der Gerichtschreiberei des Gerichtes erster Instanz Einsicht von den Akten nehmen und innerhalb eines Monates ⁶² Denkschriften über den Zuständigkeitstreit einreichen. Die Denkschriften der Parteien ⁶³ müssen von einem Rechtsanwalte, wenn sie für das Staatsärar eingereicht werden, von einem Fiscale unterzeichnet sein. Das Gericht hat die Denkschrift jedes Betheiligten den übrigen Betheiligten mitzutheilen ⁶⁴.

Nach Eintreffen der Denkschriften oder Ablauf der Einreichungsfrist werden die Akten an den Staatsanwalt beim Gerichtshofe für Competenzconflicte eingesendet ⁶⁵. Letzterer gibt, sobald er seinen Antrag in der Sache vorbereitet hat, die Akten an die Gerichtschreiberei des obersten Landesgerichtes ab. Diefelben werden sodann dem Präsidenten des Gerichtshofes für Competenzconflicte vorgelegt, der den Berichterstatter ernennt. Ist der Berichterstatter zum Vortrage vorbereitet, so beraumt der Präsident die Sitzung an. Der Gerichtschreiber ladet die Parteien ⁶⁶.

Die Sitzungen des Gerichtshofes ⁶⁷ sind öffentlich. Die Vorschriften des Reichsgerichtsverfaffungsgesetzes ⁶⁸ über Oeffentlichkeit und Sitzungspolizei, dann der Reichscivilprozeßordnung ⁶⁹ über die Protokollaufnahme finden entsprechende Anwendung ⁷⁰.

In der öffentlichen Sitzung hält der Berichterstatter Vortrag über die bisherigen Verhandlungen, wobei Schriftstücke verlesen werden können. Sodann werden die Par-

---

⁵⁶ Gef. Art. 23 Abf. IV.   ⁵⁷ Gef. Art. 22 Abf. I.
⁵⁸ Dorthin sind die Akten und Abschriften der Entscheidungen höherer Instanz gemäß R.C.P.O. §§ 506, 529 zu leiten.
⁵⁹ In diesem Falle „ist die erforderliche Zahl von Abschriften mit dem Antrage einzureichen".
⁶⁰ Gef. Art. 23 Abf. I, II. Das Gef. hat leider vergessen, zu sagen, welcher Verwaltungsbehörde die Mittheilung zu machen ist. Die oben vorgeschlagene Ergänzung der Lücke scheint mir die sachgemäßeste zu sein. Hat der V.G.H. entschieden, so wird entsprechend der Bestimmung in Art. 9 Abf. II des Gef. der Staatsanwalt bei diesem G.H. die Mittheilnng zu erhalten haben.
⁶¹ Vgl. Gef. Art. 23 Abf. III.
⁶² Das Gef. sagt nicht, von wann an die Frist zu berechnen sei. Wohl vom Tage der Zustellung der Mittheilung an die Parteien oder vom spätesten dieser Tage an. Es handelt sich übrigens um keine Ausschlußfrist, und eine verspätet eingekommene Denkschrift ist nicht zurückzuweisen, sondern nöthigen Falles nachzufischen. Denn die Denkschriften liefern dem G.H. f. Comp. Confl. lediglich Stoff für die rechtliche Beurtheilung des Falles. Vgl. auch St. Rinecker a. a. O. S. 331.
⁶³ Selbstverständlich nicht die Denkschrift der Verwaltungsbehörde. Begründung zu Art. 15 bis 17 des Entw.
⁶⁴ Von den Parteien und der Verwaltungsbehörde sind daher die erforderlichen Abschriften mit einzureichen. Das Gef. spricht aus Versehen von der „Erklärung".
⁶⁵ Gef. Art. 16.
⁶⁶ Gesch. Ordn. §§ 1—3, Gef. Art. 18 Abf. I, II.
⁶⁷ Ueber die Senatsbildung bestimmt die Gesch. Ordn. §§ 4, 5.
⁶⁸ §§ 170—185.
⁶⁹ §§ 145 ff.   ⁷⁰ Gef. Art. 17.

teien gehört, soferne sie durch Rechtsanwälte vertreten sind. Das Staatsärar kann sich durch Fiscale vertreten lassen. Hierauf hat der Staatsanwalt seinen Antrag zu stellen und zu begründen.

Die Abstimmung erfolgt nach den Vorschriften des Titels XVI des Reichsgerichtsverfassungsgesetzes mit der Maßgabe, daß zuerst das jüngste Mitglied aus der Zahl der Oberlandes bzw. Oberstlandesgerichtsräthe, dann der jüngste Rath des Verwaltungsgerichtshofes seine Stimme abgibt und in dieser Art abwechselnd fortgefahren, die Stimme des Vorsitzenden aber zuletzt abgegeben wird ⁷¹. Das Urtheil kann nur von denjenigen Richtern gefällt werden, welche der Verhandlung beigewohnt haben, die dem Urtheile zu Grunde liegt.

Die Urtheilsverkündung erfolgt in der Tagsahrt, in welcher die mündliche Verhandlung geschlossen wird, oder in einer sofort anzuberaumenden Tagsahrt, die nicht über eine Woche hinaus angesetzt werden soll ⁷². Die Verkündung geschieht durch Verlesen der Urtheilsformel. Die Bekanntgabe der Entscheidungsgründe findet statt, soferne der Gerichtshof es für angemessen erachtet, und zwar entweder durch Verlesen oder durch mündliche Mittheilung des wesentlichen Inhaltes ⁷³. Im Urtheile sind die Namen der mitwirkenden Richter anzugeben. Die Ausfertigungen unterzeichnet der Präsident ⁷⁴.

Das Urtheil kann bei bejahendem Zuständigkeitsstreite lediglich die Zuständigkeit oder Unzuständigkeit der Gerichte aussprechen. Beim verneinenden Zuständigkeitsstreite bestimmt das Urtheil, ob die Zuständigkeit der Gerichte oder der Verwaltung begründet ist ⁷⁵. Dagegen kann dasselbe im letzteren Falle nicht aussprechen, ob eine Verwaltungs oder eine Verwaltungsrechtssache vorliegt. Ein verneinender Zuständigkeitsstreit über letztere Frage ist nach den später darzustellenden Bestimmungen gesondert auszutragen ⁷⁶.

In den Fällen verneinder Zuständigkeitsstreite sind die Entscheidungen, welche dem Urtheile des Gerichtshofes für Competenzconflicte entgegenstehen, als nicht erlassen anzusehen ⁷⁷. Die vernichtende Wirkung jenes Urtheils erfaßt also nicht das ganze Verfahren desjenigen Instanzenzuges, der als der zuständige erkannt wird. Sie greift nur so weit zurück, als die ungerechtfertigt befundene Ablehnung der Zuständigkeit reicht. Hat also erst die höchste oder die Mittelinstanz die Unzuständigkeit ausgesprochen, so leben die Unterentscheidungen, welche materiell auf die Sache eingegangen sind, wieder auf. Den Parteien muß daher vom Zeitpunkte, zu welchem ihnen das Erkenntniß über den Zuständigkeitsstreit zugestellt wird, eine neue Frist laufen, binnen welcher sie die bestehen gebliebene Entscheidung nach Maßgabe der Grundsätze des betreffenden Verfahrens anfechten können.

In allen Fällen ist eine Urtheilsausfertigung mit den Akten an das Gericht zurückzusenden, bei welchem die Sache anhängig war. Das Gericht hat der Verwaltungsbehörde und den Parteien das Urtheil von Amts wegen zustellen zu lassen ⁷⁸.

---

⁷¹ Ges. Art. 17 Abs. III—VI. Vgl. St. Rinecker a. a. O. S. 333 ff.

⁷² Ges. Art. 19 Abs. I, II.　　⁷³ Gesch. Ordn. § 6 Abs. II.

⁷⁴ Ges. Art. 19 Abs. III, IV.

⁷⁵ Ges. Art. 23 Abs. IV.

⁷⁶ Hieraus ergibt sich, daß, wenn die Parteien nicht völliger Rathlosigkeit verfallen sollen, die Verwaltungsbehörden oder der V. G. H. bei Ablehnung ihrer Zuständigkeit aussprechen müssen, ob dies aus dem Grunde geschieht, weil die Sache Justizsache oder weil sie Verwaltungs oder Verwaltungsrechtssache ist. Für den V. G. H. ist das durch Art. 29 Ziff. 1 Abs. II des Ges. ausdrücklich vorgeschrieben.

⁷⁷ Ges. Art. 23 Abs. IV.

⁷⁸ Ges. Art. 20. Art. 21 fügt bei: „Ist der Rechtsweg für unzulässig erklärt, so hat das Prozeßgericht nur noch über die Verpflichtung, die Prozeßkosten zu tragen, zu erkennen." Diese Bestimmung bezieht sich nur auf die bejahenden Zuständigkeitsstreite.

Das Verfahren, welches durch die Erhebung eines Zuständigkeitsstreites veranlaßt wird, ist kostenfrei. Dagegen werden den Parteien ihre Auslagen nicht erstattet [79].

Gegen die Urtheile des Gerichtshofes für Competenzconflicte ist kein Rechtsmittel gegeben [80].

Dieselben werden in einem Anhange zum Gesetz- und Verordnungsblatte veröffentlicht [81].

§ 147. Zuständigkeitsstreite zwischen bürgerlichen und Militärgerichten [1].

Die Entscheidung von Streitigkeiten über die Zuständigkeit zwischen bürgerlichen und Militärgerichten [2] erfolgt durch einen Senat beim Oberlandesgerichte in München, welcher aus dem Präsidenten und drei Räthen dieses Gerichtshofes und drei Richtern des Militärobergerichtes (Generalauditoriates) besteht [3]. Das Amt der Staatsanwaltschaft wird vom Oberstaatsanwalte bei dem genannten Oberlandesgerichte versehen [4].

Die Voraussetzung der Erhebung des Zuständigkeitsstreites ist, daß entweder Gerichte beider Arten die Zuständigkeit beansprucht oder daß sie durch nicht mehr anfechtbare Entscheidungen ihre Zuständigkeit verneint haben [5].

Die Erhebung der Zuständigkeitsstreite geschieht von Amts wegen. Im Falle ein solcher Streit vorliegt, sind sowohl die bürgerlichen wie die Militärgerichte und die Untersuchungsrichter verpflichtet, dem Oberstaatsanwalte am Oberlandesgerichte München sofort Anzeige unter Vorlage der Akten zu erstatten. Der Oberstaatsanwalt ist aber auch ohne solche Anzeige berechtigt und verpflichtet, die Aktenvorlage zu veranlassen, sobald er irgendwie vom Bestehen eines Zuständigkeitsstreites verlässige Nachricht erhalten hat [6].

Mit Eintritt des Streites haben die Gerichte oder Untersuchungsrichter, welche im Streite befangen sind, sich des weiteren Verfahrens in der Hauptsache zu enthalten. Eine Ausnahme tritt hinsichtlich derjenigen Handlungen ein, welche zur Vorbereitung der öffentlichen Klage oder zur Einleitung der Untersuchung und Erhebung des Thatbestandes nöthig sind, insbesondere wenn Gefahr auf Verzug ist [7].

Der Oberstaatsanwalt veranlaßt weitere Erhebungen, wenn er sie für nöthig hält.

Der Competenzsenat entscheidet in geheimer Sitzung nach mündlichem Vortrage des Berichterstatters und Anhörung des Oberstaatsanwaltes, welches Gericht zuständig

---

[79] Ges. Art. 25. Dazu St. Rinecker a. a. O. S. 373 ff.

[80] Ges. Art. 24.   [81] Ges. Art. 26.

[1] G. Weigel, die Zuständigkeitsgrenzen zwischen den Militär- und Civilstrafgerichten in Bayern, München 1893, insbes. S. 92 ff.

[2] Ausf. Ges. vom 23. Febr. 1879 (G. u. V. Bl. S. 273) Art. 11—14. Die Kammerverh. find nachgewiesen Repert. 1877/81 S. 125 f. Durch die angef. Art. wurden die Art. 14 ff. des Ges., die Comp. Confl. betr., vom 28. Mai 1850 (s. hiezu Entschl. des Justizministeriums vom 16. Aug. 1850, Bl. f. Rechtsanw. XVI S. 49) ersetzt. Eine ausführliche Erörterung darüber, daß die Landesgesetzgebung zur Regelung solcher Zuständigkeitsstreite zuständig ist, in der Begründung des Entw. Verh. d. K. d. Abg. Beil. Bd. V S. 127.

[3] Ges. Art. 11. Das O. L. G. München ist an die Stelle des o. L. G.'s getreten, weil letzteres mit Straffachen nicht mehr befaßt ist, ersteres aber durch Art. 41 des Ges. die Entscheidung der Revisionen und Beschwerden in Straffachen überwiesen erhalten hat, welche zur Zuständigkeit der Oberlandesgerichte gehören. Vgl. oben § 124 Anm. 102.

[4] Ges. Art. 12, 14.   [5] Ges. Art. 11.

[6] Ges. Art. 12. Vgl. dazu St. Rinecker a. a. O. S. 354 ff.

[7] Ges. Art. 13. Dazu Begründung a. a. O. S. 128. Eine Erörterung über die Bedeutung des Vorbehaltes in Abs. II des Art. 13 (Art. 12 des Entw.) Verh. d. K. d. Abg. 1877/81 Beil. Bd. VI S. 110 f.

ist. Die Abstimmung erfolgt nach Titel XVI des Reichsgerichtsverfassungsgesetzes mit der Maßgabe, daß zuerst der jüngste Oberlandesgerichtsrath, dann der jüngste Militärrichter seine Stimme abgibt und in dieser Art abwechselnd fortgefahren, die Stimme des Vorsitzenden aber zuletzt abgegeben wird ⁸.

§ 148. Zuständigkeitsstreite zwischen der Verwaltung und dem Verwaltungsgerichtshofe.

Die Entscheidung von Streitigkeiten über die Zuständigkeit zwischen der Verwaltung und dem Verwaltungsgerichtshofe erfolgt bei letzterem durch einen „Competenzsenat" ¹. Dieser besteht aus dem Präsidenten des Gerichtshofes oder seinem Stellvertreter als Vorsitzendem, drei Räthen des Gerichtshofes und drei höheren Verwaltungsbeamten. Die Beisitzer sowie die erforderliche Zahl von Stellvertretern werden vom Könige auf die Dauer des Hauptamtes ernannt, welches sie zur Zeit ihrer Ernennung bekleiden. Die Mitglieder des Competenzsenates, welche bei der Vorentscheidung betheiligt waren, sind von der Verhandlung und Entscheidung so weit ausgeschlossen, als noch unbetheiligte stellvertretende Mitglieder vorhanden sind.

Das Amt der Staatsanwaltschaft bei dem Competenzsenate wird durch den Staatsanwalt beim Verwaltungsgerichtshofe ausgeübt ².

Die Möglichkeit eines Zuständigkeitsstreitverfahrens wegen beiderseitiger Verneinung der Zuständigkeit durch die Verwaltungsbehörden und den Verwaltungsgerichtshof ist gesetzlich ausgeschlossen.

„Wenn und soweit der Verwaltungsgerichtshof unter Ablehnung seiner Zuständigkeit in einer Sache die Zuständigkeit der Verwaltungsbehörden anerkannt hat ³, so können die letzteren ihre Zuständigkeit aus dem Grunde, weil der Verwaltungsgerichtshof zur Entscheidung berufen sei, nicht mehr ablehnen." Hienach ist auch die vorher erfolgte Ablehnung als nicht geschehen zu betrachten. Die fragliche Entscheidung hat indessen nur Wirkung im Verhältnisse zwischen dem Verwaltungsgerichtshofe und den Verwaltungsbehörden, nicht im Verhältnisse zu den Gerichten ⁴.

Der bejahende Zuständigkeitsstreit kann erhoben werden, wenn „in einer Sache oder Frage, welche zur Zuständigkeit der Verwaltungsbehörden gehört, die Entscheidung des Verwaltungsgerichtshofes angerufen wurde" ⁵. Durch die Worte „Sache oder Frage" wird nicht nur auf jene schon früher erörterten ⁶ Rechtsgrundsätze hingewiesen, durch welche materiell das Gebiet der öffentlichen Rechtsprechung begrenzt ist. Sie bringen vielmehr auch den Gedanken zum Ausdrucke, daß die Verwaltung zur Erhebung des be-

---

⁸ Ges. Art. 14. Dazu Begründung a. a. O. S. 128 f. u. St. Rinecker a. a. O. S. 357 ff.
¹ Dieser Senat ist also ein Bestandtheil des V. G. H.'s, kein selbständiges Gericht.
² Ges. vom 18. Aug. 1879 Art. 29 Ziff. 3. Dazu W. Krais, Commentar S. 254 f., G. Kahr, Commentar S. 301 f.
³ Dazu G. Kahr a. a. O. S. 299.
⁴ Die Gerichte sind also nicht behindert, ihre Zuständigkeit zu bejahen, die Verwaltungsbehörden nicht gehindert, ihre Zuständigkeit zu Gunsten der Gerichte zu verneinen. Vgl. W. Krais a. a. O. S. 219 f., G. Kahr a. a. O. S. 297 ff. Kahr weist S. 298 auf die Bestimmungen des Art. 49 Abs. I des Ges. vom 8. Aug. 1878 hin. Dieselben sind jedoch hier nicht in allen Fällen anwendbar. Handelte es sich von Anfang an nur um eine einzige Frage, bezüglich welcher der V. G. H. schließlich erkennt, sie gehöre vor die Verwaltungsbehörde, oder sind außer der Frage, hinsichtlich welcher der V. G. H. diesen Ausspruch thut, nur solche vorhanden, die gleichfalls vor die Verwaltungsbehörde gehören, so trifft die Voraussetzung nicht zu, daß „in ein- und derselben Entscheidung einer unteren Instanz gleichzeitig Fragen erledigt" worden sind, „welche zur Zuständigkeit verschiedener Oberbehörden gehören".
⁵ Ges. vom 18. Aug. 1879 Art. 29 Ziff. 2 Abs. I.
⁶ Oben § 131 Anm. 24 ff.

jahenden Zuſtändigkeitsſtreites gegenüber dem Verwaltungsgerichtshofe nicht blos in
Fällen eines eigentlichen Zuſtändigkeitsſtreites, alſo da befugt ſein ſoll, wo ſie für ſich
die Gerichtsbarkeit in Anſpruch nimmt[7], ſondern auch dann, wenn ſie den Beſtand eines
öffentlichen Rechtsanſpruches mit der Behauptung leugnet, es liege eine Frage ihres Er-
meſſens vor[8]. Nur in den Fällen der erſteren Art handelt es ſich wirklich um die Entſcheidung eines Zuſtändigkeitsſtreites; in den letzteren Fällen um eine materielle Vorentſcheidung darüber, ob die Möglichkeit eines öffentlichrechtlichen Anſpruches gegeben ſei[9].

Die Erhebung eines bejahenden Zuſtändigkeitsſtreites iſt ausgeſchloſſen, wenn der
Verwaltungsgerichtshof über eine Sache oder Frage unter Anerkennung ſeiner Zuſtändigkeit entſchieden hat[10].

Hievon abgeſehen gelten über die Anregung des Zuſtändigkeitsſtreites folgende
Vorſchriften.

Nimmt der Staatsanwalt am Verwaltungsgerichtshofe wahr, daß der letztere in
einer Sache oder Frage zur Entſcheidung angerufen iſt, die zur Zuſtändigkeit der Verwaltungsbehörden gehört, ſo hat derſelbe zu beantragen, daß der Verwaltungsgerichtshof
zunächſt eine Vorentſcheidung erlaſſe, die ſich auf die Zuſtändigkeitsfrage beſchränkt.
Dies' geſchieht in öffentlicher Sitzung nach Ladung der Parteien[11].

Erklärt der Gerichtshof ſich für zuſtändig[12], ſo hat der Staatsanwalt, wenn er
gleichwohl die Zuſtändigkeit der Verwaltungsbehörden als gegeben erachtet, ſofort dem
betheiligten Staatsminiſterium Anzeige zu erſtatten. Letzteres iſt befugt, binnen zwei
Wochen, von der Verkündung der Entſcheidung in öffentlicher Sitzung an gerechnet, den
Zuſtändigkeitsſtreit anzuregen[13].

Wird der Zuſtändigkeitsſtreit erhoben, ſo bemißt ſich das Verfahren im Allgemeinen nach den Beſtimmungen, welche für das Verfahren des Verwaltungsgerichtshofes in Verwaltungsrechtsſachen gelten, vorbehaltlich der folgenden beſonderen Vorſchriften.

Die Erklärung des Miniſteriums, wodurch der Streit angeregt wurde, iſt den Betheiligten abſchriftlich mitzutheilen, dem Miniſterium Empfangsbeſtätigung zu geben.

Das Miniſterium und die Betheiligten können die Akten beim Verwaltungsgerichtshofe einſehen und innerhalb eines Monates[14] Denkſchriften einreichen. Die Denkſchriften
der Parteien müſſen von einem Rechtsanwalte, die Denkſchriften des Aerars von einem
Fiscale unterzeichnet ſein. Der Gerichtshof hat die wechſelſeitige Mittheilung ſämmtlicher Denkſchriften zu bewirken[15].

Als Vertreter oder Beiſtände der Parteien bei der öffentlichen Verhandlung ſind
nur Rechtsanwälte, ſowie die königlichen Fiscale zuzulaſſen[16].

---

[7] Alſo mit der Behauptung, ein öffentlicher Rechtsſtreit ſei zwar gegeben, derſelbe falle aber
nicht in die Zuſtändigkeit des V. G. H.'s.
[8] Geſ. vom 8. Aug. 1878 Art. 13 Abſ. I Ziff. 2, 3. Vgl. oben § 131 Anm. 37 ff.
[9] Vgl. oben § 144 Anm. 3 ff.; W. Krais a. a. O. S. 369 f. Anm. 7.
[10] Geſ. vom 18. Aug. 1879 Art. 29 Ziff. 1.
[11] Die Vorentſcheidung kann, wenn die Vorausſetzungen hiezu vorliegen (vgl. oben § 142
Anm. 26), auch durch das Plenum erfolgen müſſen. Vgl. G. Kahr a. a. O. S. 301.
[12] Erklärt er ſich für unzuſtändig, ſo iſt die Zuſtändigkeitsfrage nach Art. 29 Ziff. 1 Abſ. II
des Geſ. ſofort erledigt. Der G. H. wird dann zugleich auch über den Koſtenpunkt zu entſcheiden haben.
Vgl. G. Kahr a. a. O. S. 300 f.
[13] Geſ. Art. 29 Ziff. 2.
[14] Ueber die Berechnung der Friſt oben § 146 Anm. 62.
[15] Die hiezu erforderlichen Abſchriften ſind mit einzureichen.
[16] Vollz. Vorſchr. vom 1. Sept. 1879 (zum Geſ. vom 8. Aug. 1878) § 45.

Die Abstimmungen des Competenzsenates erfolgen in der Weise, daß zunächst der jüngste Verwaltungsgerichtsrath, dann der jüngste Verwaltungsbeamte seine Stimme abgibt und in dieser Weise fortgefahren, die Stimme des Vorsitzenden aber zuletzt abgegeben wird.

Der Ausspruch des Competenzsenates kann auch dahin lauten, daß die Zuständigkeit sowohl der Verwaltungsbehörden als des Verwaltungsgerichtshofes zu verneinen sei.

Die Entscheidung ist für den Verwaltungsgerichtshof und die Verwaltungsbehörden [17], nicht aber für die Gerichte bindend. Entsteht in Folge dessen ein Zuständigkeitsstreit mit den Gerichten, so ist er nach Maßgabe der früher erörterten Bestimmungen vor dem Gerichtshofe für Competenzconflicte auszutragen.

Die Entscheidungen des Reichsgerichtes über die Unzulässigkeit des Rechtsweges haben auch hier den unbedingten Vorrang.

Hat der Competenzsenat die Verwaltungsbehörden für zuständig erklärt, so hat der Verwaltungsgerichtshof nur noch über die Verpflichtung zur Tragung der Kosten zu erkennen, welche vor dem staatsanwaltschaftlichen Antrage auf Vorentscheidung erwachsen sind. Das Verfahren, welches durch letzteren Antrag und durch Erhebung des Zuständigkeitsstreites veranlaßt wird, ist kostenfrei [18]. Die Auslagen, die den Betheiligten hiebei erwachsen sind, werden nicht erstattet.

Die Entscheidung des Competenzsenates ist dem Ministerium, welches den Zuständigkeitsstreit erhoben hat, sowie den Parteien in schriftlicher Ausfertigung zuzustellen.

Die fraglichen Entscheidungen werden in einem Anhange zum Gesetz- und Verordnungsblatte veröffentlicht [19].

4. Abschnitt.

§ 149. Die Reichsbehörden.

Da der Bund der deutschen Staaten auf eine Reihe von Regierungsthätigkeiten sich erstreckt, so ergibt sich die Nothwendigkeit des Bestandes von Behörden, welche allen Staaten gemeinschaftlich sind. Diese Behördenverfassung ist von der Bundesnatur des Reiches wesentlich beeinflußt. Die Aufgaben des Reiches sind begrenzte. Es hat nur bestimmte, einzelne Gesetzgebungsgebiete, und auch für diese ist es die überwiegende Regel, daß die Durchführung der reichsgesetzlich geordneten staatlichen Aufgaben Sache der Bundesstaaten ist. Nur ausnahmsweise besteht eine gemeinsame Verwaltung für die Staaten von Reichs wegen. Im Uebrigen hat die Gesammtheit im Umkreise der gesetzgeberischen Zuständigkeit des Reiches nur ein Recht der Aufsicht über die Führung der bundesstaatlichen Verwaltung [1].

Aus dem Allem erklärt es sich, daß die Behördeneinrichtung des Reiches eine fragmentarische ist. Sie umfaßt einzelne Theile eines staatlichen Regierungsorganismus, die ihre Ergänzung für jeden einzelnen Bundesstaat in dessen Behördeneinrichtungen finden. Da aber die Verwaltung des Reiches, insoweit sie besteht, eine gemeinsame Verwaltung verbündeter Staaten ist, so ergibt sich, daß die allgemeinen staatsrechtlichen Grundsätze über die Staatsbehörden auch auf die Behörden des Reiches Anwendung finden.

---

[17] Letztere können also nicht, wie in dem oben Anm. 4 erwähnten Falle, ihre Zuständigkeit mit der Begründung ablehnen, daß die Gerichte zuständig seien.

[18] Vgl. dazu G. Kahr a. a. O. S. 305.   [19] Ges. Art. 29 Ziff. 4.

[1] Reichsverf. Art. 4 im Eing.

Reichsbehörden sind jene Behörden, welche Geschäfte des Reiches im Namen des Reiches führen ².

Die Reichsbehörden sind der Art ihrer Geschäfte nach Behörden des Reiches, ihrer dienstlichen Unterordnung nach regelmäßig kaiserliche Behörden, d. h. Hilfsorgane des Kaisers bei Führung der Reichsgeschäfte. Je nachdem die nächste Beziehung zum Kaiser oder die höhere Beziehung zum Reiche, d. h. zu den Verbündeten, in den Vordergrund gestellt wird, erhalten sie die dienstliche Bezeichnung nach dem Reiche oder nach dem Kaiser. Im Allgemeinen geschieht ersteres bei den höchsten, letzteres bei den untergeordneten Reichsbehörden. Die Vereinigung beider Bezeichnungen wäre Pleonasmus. Man sagt daher nicht „kaiserlicher Reichskanzler".

Die Thätigkeit der Reichsbehörden als Hilfsorgane des Kaisers bestimmt sich naturgemäß nach der Art der Befugnisse, welche dem Kaiser übertragen sind. Sie sind Aufsichtsbehörden, insoweit sie dem Kaiser bei Ausübung seiner Befugniß zur Seite stehen, die Ausführung der Reichsgesetze zu überwachen ³; sie sind Verwaltungsbehörden, insoweit sie in Geschäftsgebieten thätig sind, für welche der Kaiser verfassungsmäßig zum obersten Leiter der Verwaltung erklärt ist. Die Reichsgerichte aber üben ihre richterliche Thätigkeit nicht als Beauftragte des Kaisers, sondern unmittelbar des Reiches. Sie erkennen nicht „im Namen Seiner Majestät des Kaisers", sondern „im Namen des Deutschen Reiches".

Soweit die Reichsbehörden dem Kaiser dienstlich untergeordnet sind, sind sie ihm nicht in seiner Eigenschaft als Herrscher, sondern in seiner Eigenschaft als Bundespräsidium unterstellt. In Bezug auf ihren Geschäftsauftrag, d. h. im Rechtsverhältnisse nach Innen, sind sie zunächst Beauftragte des Kaisers, in Bezug auf ihre Amtsgewalt, d. h. im Rechtsverhältnisse nach Außen, in der Ausübung der gemeinsamen Hoheitsrechte sind sie unmittelbare Vertreter der Verbündeten oder des Reiches ⁴.

Das Recht der Einrichtung von Reichsbehörden steht, soferne nicht Verfassung oder Gesetz ein Anderes bestimmen, dem Bundesrathe zu ⁵.

Die Spitze des Behördensystemes des Reiches bildet der Reichskanzler ⁶, der zugleich Vorsitzender des Bundesrathes und der einzige kaiserliche Minister ist ⁷. Die Reichsverfassung ⁸ bestimmt, daß alle Anordnungen und Verfügungen des Kaisers der Gegenzeichnung des Reichskanzlers bedürfen, welcher dadurch die Verantwortlichkeit übernimmt. Der Reichskanzler, welcher jeder Zeit auch ohne eingetretene Dienstunfähigkeit seine Entlassung erhalten und fordern kann ⁹, hat daher jenes Maß von Unabhängigkeit, welches nach constitutionellem Staatsrechte einem Minister zukömmt ¹⁰. Dem Reichstage steht

---

² P. Laband, Staatsrecht des Deutschen Reiches, 3. Aufl., I S. 324.

³ Reichsverf. Art. 17.

⁴ Vgl. P. Laband a. a. O. I S. 327 f.

⁵ Reichsverf. Art. 7 Ziff. 2. P. Laband a. a. O. I S. 328 ff.

⁶ S. hierüber meinen Commentar zur Verf. Urk. f. d. Deutsche Reich S. 121, 133; P. Laband a. a. O. I S. 332 ff.; G. Meyer, Lehrb. des deutschen Staatsrechts, 3. Aufl., S. 381 ff.; Joël, Annalen des Deutschen Reiches 1878 S. 402 ff., 761 ff., P. Hensel ebenda 1882 S. 1 ff.; Hänel, Studien zum deutschen Staatsrecht II S. 24 ff., 31 ff.; W. Rosenberg, die staatsrechtliche Stellung des Reichskanzlers, Straßburg 1889; H. Preuß, Zeitschr. f. d. ges. Staatsw. XLV S. 420 ff.

⁷ Ueber die Frage der Reichsministerien vgl. die Zusammenstellung Annalen des Deutschen Reichs 1886 S. 321 ff.

⁸ Art. 17.

⁹ Reichsbeamtenges. vom 31. März 1873 § 35.

¹⁰ S. oben §§ 116, 117. Ueber die Reichstagsrede des Reichskanzlers Fürsten Bismarck vom 24. Febr. 1881 s. meine Ausführungen in der Krit. Vierteljahrsschr. f. Gesetzgebung u. Rechtswiss. N. F. V (1882) S. 275 ff. Vgl. auch Hänel, Studien II S. 46 ff., und P. Laband a. a. O. I S. 511 Anm. 1.

ein Recht der Reichskanzleranklage nicht zu. Für den Reichskanzler kann Stellvertretung nach Maßgabe des Reichsgesetzes vom 17. März 1878 [11] eintreten. Diese Stellvertretung kann eine allgemeine oder eine besondere sein, letztere jedoch nur für Geschäftskreise eintreten, die sich in der eigenen unmittelbaren Verwaltung des Reiches befinden.

Die Reichsbehörden sind dem Reichskanzler dienstlich untergeordnet. Ausgenommen von dieser Unterordnung sind die Justiz- und Verwaltungsgerichte des Reiches bezüglich ihrer richterlichen Thätigkeit, der Reichsrechnungshof hinsichtlich der Rechnungsprüfung, die Reichsschuldencommission, ferner die Reichsschuldenverwaltung und die Verwaltung des Reichsinvalidenfonds innerhalb des Bereiches ihrer „unbedingten" Verantwortlichkeit.

Eine Darstellung der gesammten Behördeneinrichtung des Reiches liegt außerhalb der Aufgaben dieses Werkes. Nur Folgendes ist zu bemerken. Der Wirkungskreis einer Anzahl von Reichsbehörden erstreckt sich überhaupt oder theilweise nicht auf Bayern, weil ihre amtliche Thätigkeit sich auf Gebieten bewegt, hinsichtlich deren Bayern kraft verfassungsmäßiger oder gesetzlicher Sonderrechte von der Reichsgemeinschaft ausgenommen ist. Hieher gehören aus dem Geschäftskreise des Reichsamtes des Innern die Normalaichungscommission [12] und das Bundesamt für das Heimatwesen [13], ferner das Reichspostamt [14] und das Reichseisenbahnamt [15], aus dem Geschäftskreise des Reichsjustizamtes das Reichsgericht, soweit die Zuständigkeit des bayerischen obersten Landesgerichtes reicht [16].

Hervorzuheben ist endlich, daß Reichsbehörden und Staatsbehörden in ihrer dienstlichen Stellung von einander unabhängig sind. Von vereinzelten und wenig bedeutenden Ausnahmen abgesehen [17] kann weder eine Reichsbehörde einer Staatsbehörde noch diese jener Dienstbefehle ertheilen. Etwaige Meinungsverschiedenheiten sind im Wege der Verständigung zwischen Reichs- und Staatsregierung, gegebenen Falles durch Beschluß des Bundesrathes [18] auszugleichen.

Diese Sätze gelten auch für jene Fälle, wo Staatsbehörden im Vollzuge oder in der Anwendung von Reichsgesetzen handeln, wo also das Reichsaufsichtsrecht Platz greift [19]. Dem Kaiser steht die Ueberwachung der Ausführung der Reichsgesetze [20], dem Bundesrathe die Beschlußfassung über die wahrgenommenen Mängel zu [21]. Aber weder der Kaiser noch der Bundesrath noch irgend eine Reichsbehörde haben das Recht unmittelbaren Eingriffes in die Landesverwaltung [22]. Auch der Beschluß des Bundesrathes ist keine instanzielle Entscheidung über die Thätigkeit der Landesbehörde, sondern eine Fest-

---

[11] R. G. Bl. S. 17.

[12] R. Ges. vom 26. Nov. 1871 § 3.

[13] Reichsverf. Art. 4 Ziff. 1.   [14] Reichsverf. Art. 52.

[15] Reichsverf. Art. 46 Abf. II, III.   [16] S. oben § 124 Anm. 90 ff.

[17] Vgl. z. B. Consulatsges. vom 8. Nov. 1867 § 3; Ges. über die Rinderpest vom 7. April 1869 § 12, Ges. über die Viehseuchen vom 23. Juni 1880 § 4, Ges. über die Reblauskrankheit vom 3. Juli 1883 § 5. S. auch oben § 124 Anm. 110.

[18] Reichsverf. Art. 7 Abf. I Ziff. 3.

[19] Reichsverf. Art. 4 im Eing.

[20] Reichsverf. Art. 17, 36 Abf. II.

[21] Reichsverf. Art. 7 Abf. I Ziff. 3, Art. 36 Abf. III. Vgl. dazu P. Laband a. a. O. I S. 225 ff.

[22] Die Ausnahme in Art. 63 Abf. III der Reichsverf., die sich an die Stellung des Kaisers als Bundesfeldherrn knüpft, findet auf Bayern nach dem Bündnißvertr. vom 23. Nov. 1870 keine Anwendung.

stellung gegenüber dem betreffenden Bundesgliede. Letzterem erwächst dadurch die Bundespflicht, dem Mangel abzuhelfen, der vom Bundesrathe festgestellt ist. Sollte dies nicht geschehen, so erübrigt nur die Anwendung des bundesmäßigen Zwanges gegen das Bundesglied, die Bundesexecution ²³.

---

²³ Reichsverf. Art. 19. Vgl. dazu Wiener Schlußakte vom 15. Mai 1820 (Weber II S. 40) Art. 32: „Da jede Bundesregierung die Obliegenheit hat, auf Vollziehung der Bundesbeschlüsse zu halten, der Bundesversammlung aber eine unmittelbare Einwirkung auf die innere Verwaltung der Bundesstaaten nicht zusteht, so kann in der Regel nur gegen die Regierung selbst ein Executionsverfahren stattfinden."

Pierer'sche Hofbuchdruckerei. Stephan Geibel & Co. in Altenburg.

Lightning Source UK Ltd.
Milton Keynes UK
UKOW041848230112

185899UK00007B/29/P